法 科 知 识 人

现代中国早期60位典型人物重述

LEGAL INTELLECTUALS
Portrait of 60 Representative Figures in Early Modern China

孙笑侠 著

目　录

黑袍士界（自序） ……………………………………………… 1

第一章　新知先行者

第一节　除旧布新
沈家本——布新，必须除旧 ……………………………… 27
伍廷芳——谔谔之士的法科"棱角" ……………………… 58

第二节　先知启蒙
严　复——先懂西学者，先知法学 ……………………… 82
梁启超——法政宣传家的平凡与非凡 …………………… 106

第三节　革新赓续
董　康——功名得失，律人止欲 ………………………… 137
江　庸——跨时代的"后浪"领袖 ………………………… 160
汪有龄——朝阳校父履历之谜 …………………………… 182

第二章　政治行动者

第一节　速成与立宪
刘春霖——从末代状元到法科海归的蝶变 ……………… 213
褚辅成——屡挫屡战的立宪人生 ………………………… 235
沈钧儒——好石取坚 ……………………………………… 258

第二节　知识与革命 ... 277

马德润——拒孙文、不入盟的留德博士 ... 277

张知本——革命宪制与社会本位 ... 301

章士钊——知识人独立难，寡欲更难 ... 324

李大钊——守常与超越 ... 346

第三节　法科与外交 ... 370

关　炯——身处公廨夹缝，何以服人？ ... 370

郑天锡——缘起英伦，梦落英伦 ... 393

顾维钧——制度弱国的外交精英 ... 411

冯炳南——"华人禁入公园"案终结的民间推手 ... 432

徐　谟——外交官的标本 ... 454

第四节　专业与政治 ... 480

王宠惠——"好人"之"迂" ... 480

余绍宋——法部高官的闲暇生活 ... 500

罗文干——"好人内阁"的豪气奇才 ... 521

王世杰——法理型官僚的样板 ... 542

郑毓秀——是玫瑰，还是树丫？ ... 569

胡次威——非典型性"弃学从政" ... 593

第三章　职业行动者

第一节　在朝同袍 ... 617

杨荫杭——女儿杨绛眼里的"疯骑士" ... 617

余棨昌——"见"与"隐" ... 641

郁曼陀——黑袍诗人 ... 665

郭云观——士君子的气节与骨力 ... 689

夏　勤——法制童稚时代的赤子 ... 720

向哲濬——东京审判，检察官为何是他？ ... 745

梅汝璈——率性与理性 ··· 768

　　杨兆龙——与庞德交集的往事 ································· 795

　　倪征㠖——淡泊与平庸的边界在哪？ ························· 823

第二节　在野法曹　841

　　刘崇佑——卷舒有道，在野直声 ······························ 841

　　林行规——出则见庙堂，退则行民间 ························· 866

　　王开疆——创办三所大学的蹈海者 ···························· 898

　　陈霆锐——律师的对价与公义 ·································· 921

　　郭　卫——"野外"生长者之野史 ······························ 947

　　张志让——隐秘的半生路遇 ····································· 967

　　何世桢——寄啸山庄，豪门何"忧"？ ························· 986

　　魏文瀚——先之，劳之，无倦 ································· 1014

　　史　良——女律师的职涯与命运 ······························ 1033

第四章　学术静观者

第一节　回心转型 ··· 1063

　　戴修瓒——"劫"后的学术余生 ································ 1063

　　陈瑾昆——奔赴延安的"旧法"教授 ·························· 1088

　　史尚宽——民事立法宗师 ······································· 1107

　　吴经熊——超越？抑或人格分离？ ··························· 1130

　　徐道隣——问学何必两抱恨 ···································· 1158

第二节　针砭济世 ··· 1180

　　张君劢——35岁前后的学问与爱情 ···························· 1180

　　周鲠生——书斋内外的知行极限 ······························· 1201

　　燕树棠——纵议天下，洞明法理 ······························ 1239

　　陈顾远——"五四"法科青年一生的行与知 ················· 1264

　　钱端升——激情四射的政法学家 ······························ 1285

费　青——童心傲骨九天渺 …………………………………… 1310

第三节　书斋觅境 ………………………………………………… 1343

　　梅仲协——沉默于学问与命运的秘境 …………………………… 1343

　　盛振为——半壁法科，于斯为"盛" ……………………………… 1367

　　杨鸿烈——清华国学院出身的异才 ……………………………… 1385

　　李浩培——无感逆运乐于知 ……………………………………… 1409

　　周　枏——艰难存活的罗马法种子 ……………………………… 1435

　　芮　沐——法之中庸，正道与定理也 …………………………… 1463

附：本书所涉法科知识人名单 ……………………………………… 1491
后记 ……………………………………………………………………… 1496

黑袍士界（自序）

知识的分科立学，基本上是与大学起源同步发生的。大学出现过程中就遇到专门知识的排序问题，哪些学科应该被列入大学？11世纪博洛尼亚出现了以学馆为最初形式的"法学院"[①]。职业训练是大学教育的主要目的，[②] 进而出现知识分科后的律师、医师、牧师、教师等职业。中世纪有四种典型学院：文学院、医学院、神学院和法学院。为什么是这些而不是其他的知识领域走进了大学呢？[③] 学科知识的重要性排名一直有争论：有人主张文学是世俗科学和哲学的顶端，仅次于神学；有人认为法学应高于医学；医科作为唯一的技术学科成了大学科目，便有人质疑建筑学为何被排除在大学之外[④]……如此等等，争执不休。这似乎是西方"知识次序链"争论的最初版本。

那么，中国的知识分科遇到过什么样的问题？中国法科知识人的成长曾经有过怎样的路径？

一

华夏民族自古就是尊崇伦理人文的礼仪族群，中国文人是个崇尚诗书

---

① 11世纪在博洛尼亚出现了"同乡会"式私立的法学专业化教育，12世纪初出现"大学馆"（studium generale）式的巴黎大学法学院。它们对法律文本进行解释和评注，开展法科教育，其普遍特征在于：教学语言是拉丁文，"常常成为把法律书籍和评论翻译成本国语言的一个理由。这样的翻译作品能自由传播"。"这些文本基本上都来自《民法大全》和《教会法大全》"，因声誉和法律上的供求而在欧洲其他地区被推崇、被自由交流。参见〔瑞士〕瓦尔特·吕埃格主编：《欧洲大学史》（第1卷），张斌贤等译，河北大学出版社2008年版，第38、429—435页。
② 〔瑞士〕瓦尔特·吕埃格主编：《欧洲大学史》（第1卷），第24页。
③ 〔瑞士〕瓦尔特·吕埃格主编：《欧洲大学史》（第1卷），第27—28页。
④ 〔瑞士〕瓦尔特·吕埃格主编：《欧洲大学史》（第1卷），第28—32页。

传家的风雅群体。一个民族像人一样,在知识创造上会有一些"天赋"的特性。《论语》与《诗经》这样的经典,便是基于这种"天赋"而产生的。经术与文学是最受尊崇的知识,成为科举选拔官员的必考内容。然而,唐代科举就开始出现的经术与文学孰先孰后之争,一直持续到元代。⑤ 宋哲宗就科目纷争做过微调,倡导进士分立经义与诗赋两科取士,但此动议最后没有着落。⑥ 基于种种因素的作用,生成了一种稳定的知识偏好,科举即是以制度的形态来安排知识次序或秩序。文人追求知识、真理的动力,也被作了单一化的制度安排。既然入仕是文人的唯一出路,问学从教便无从独立成"职业",无须分科立学,更不必设立大学。不得入仕者,被淘汰进入社会,设塾从教,或成为刑名幕友,等等,这也在无形中形成了知识的"次序链"甚至"鄙视链"。

律例象征着森严的王权和国威,而律学在士大夫心目中却并无相应的地位,反而处在知识"秩序链"的底端。这一矛盾现象颇令人费解。当中国与外部世界开始通商、交涉的那个特殊时代到来之际,却发现原来的"天下观"彻底崩塌,知识"秩序链"出现了断崖式短板。中华文化的经术与文学,西方文明的逻辑和法理,东西方两种思维恰于此时发生严重冲突。大清帝国无法面对世界并与之沟通,于是只能拱手让出一系列主权利益,其中包括领事裁判权。⑦ 中西两种截然不同的知识体系、思维方式和价值标准,在通商中碰撞交涉,短兵相接,而中国人仍不知国际法为何

---

⑤ "宋初科场延续了唐代的经术与文学之争。到北宋中叶,科举取士的经术与诗赋之争愈演愈烈,进入了针锋相对的冲突阶段,许多著名人士都卷了进去。大体划分,两派争论中,范仲淹、司马光、王安石等属于经术派,欧阳修、苏轼等属于文学派。"王安石借助宋神宗的王权,进行了科举制改革。此次考试内容和方法的改革,突出了经义、策、论在取士中的作用。元代社会的知识秩序已高度一元化——"元代社会的文教政策主导思想是程朱理学,统治者也以朱熹所注儒家经典为考试的主要内容和评卷标准"。参见刘海峰:《科举制与儒学的传承繁衍》,载《中国地质大学学报》(社会科学版)2009 年第 9 卷第 1 期。

⑥ 刘海峰:《科举制与儒学的传承繁衍》。

⑦ 1843 年 7 月 22 日,中英《五口通商章程:海关税则》在香港公布,其第 13 款即西方列强在华取得领事裁判权的第一个条约依据,其后外国在华领事裁判权逐渐扩大,出现会审公廨,由此中国开始了长达百年的收回法权运动。参见李育民:《近代中国的领事裁判权制度》,载《湖南师范大学社会科学学报》1995 年第 4 期。

物，外交沦为被动接招、粗鄙应对的"交涉"。甲午战败严重冲击了这个陈旧而稳定的知识"秩序链"，这才有了张之洞的东渡劝学，清国留日学生如过江之鲫，继而有了"速成法科"。

汉语"法科"一词由日本人根据汉语造词而来，[8] 或许这与日本传承自中国的"明法科"[9] 一词有着词源上的关联，但在近代，"法科"是分科立学的一个概念。早在1871年，日本文部省就组建了学制调查委员会，其主要成员箕作麟祥、森有礼等以西方制度为基础，制定了《大学规则》，提出在大学设立五科，包括：教科、法科、理科、医科、文科。其中法科、医科、理科是完全按照西方的学科分类建立的。[10] "法科"概念最初在中国早期报刊上使用时，大都是用来介绍外国事务的用语，比如1898年《知新报》介绍日本法科大学学制从三年延长为四年[11]，或介绍日本法学家时采用"法科博士某某某"。

西学东渐，分科立学，各执一门，渐成趋势。中国法科教育起于何时，是个有不同理解的问题。这要看我们怎么定义"法科"。如果把法科教育理解成"有法律课程的教育"，那么丁韪良1867年在京师同文馆（1862年设立）讲授《万国公法》，[12] 就可以被当作法科教育的肇始了。然而，同文馆只是有了法律课程教育，清廷尚未把法律学作为专门科目，没有把司法官作为"专官"，也没有把司法当作专门化的工作，这就缺失了法科的某种价值观。因此，说同文馆拉开了"中国近代法律教育的序幕"是需要商榷的。这种说法把时间提前了数十年，却把法科教育的专业性或

---

[8] 〔日〕实藤惠秀：《中国人留学日本史》，谭汝谦、林启彦译，北京大学出版社2012年版，第278页。
[9] "唐宋取士皆有明法一科"，参见沈家本、伍廷芳：《法律大臣奏请专设法律学堂折》，载《南洋官报》1905年第24期。
[10] 臧佩红：《试析日本近代教育改革的起点》，载《南开日本研究》（2015年卷），天津人民出版社2015年版，第215—216页。
[11] 《亚洲近事：日本法科大学增年》，载《知新报》1898年第63期。
[12] 1867年丁韪良出任京师同文馆（1862年设立）教师，讲授《万国公法》，至1879年，同文馆学生参加公法学大考者有9名，1888年8名，1893年12名。参见何勤华：《中国近代法律教育与中国近代法学》，载《法学》2003年第12期。

职业性本质虚化了，实为勉强。

1895年这一年注定载入史册：4月，甲午战败导致《马关条约》签订；5月，康有为公车上书；7月，盛宣怀与美国人丁家立（Charles Daniel Tenney，1857—1930）正式议定《拟设天津中西学堂章程》，呈请北洋大臣王文韶上奏，经光绪皇帝御批照准。其中《头等学堂章程》规定：头等学堂的专门学分为五门，即工程学、电学、矿务学、机器学和律例学；律例学所习功课包括大清律例、各国通商条例和万国公法学等。[13]头等学堂请二品衔候选道伍廷芳任总理。由此，"律例学"成为中国最早大学之最早设立的"专门学"，或称"学门"，相当于后来的（法律）系科。天津中西学堂律例学门在创建之初按照西方大学的课程设置，开设了中国最早的法学高等教育课程。由此可知，1895年天津中西学堂（后改名北洋大学）的"律例学"是中国法科教育的滥觞。

那么，大学究竟应该选择何种学科、设立何种学院、传授何种知识？值得关注的重点在于，究竟应该采用什么标准来筛选？欧洲中世纪大学四大学院的设置，并非因为考虑四个学科的社会需要，否则，建筑、军事、造船、机械制造和开矿方面的课程，都应该出现在当时的大学里面。法兰克福大学原校长瓦尔特·吕埃格（Walter Rüegg）说，"这些学科的训练对中世纪社会都是必需的，因此，如果从社会需要考虑，政治和经济上的统治阶级就应该对这些领域的专家培养和知识发展拥有强烈的兴趣"；然而事实上，这四种学院的设立"并不是社会应用知识的需求，而是由于某些学科的存在表明了其对某些社会要求的价值，导致了大学的建立"。[14]尽管有争议，但四个学院的模式却一直持续到19世纪。为什么能持续这么久？瓦尔特·吕埃格对此给出了解释："固守四个学院的体系是探索知识欲望的结果"，这种学院"只会在那些将知识传授作为一项公共事业，并基本上向所有能够达到智力标准的人开放的学校中才会出现"；而"只有当大

---

[13] 《头等学堂章程》，载《时务报》1896年第8期。
[14] 参见〔瑞士〕瓦尔特·吕埃格主编：《欧洲大学史》（第1卷），第26页。

学建立、罗马法的接受者打开眼界、司法的原则的推导和实施，以及思维方式在教学中的地位超出了从法律实践中形成的知识范畴，法学院才会具有国际吸引力"。⑮ 法科教育在西方大学制度中的这种内在必然性和优先性告诉我们：法科本质上具有"对某些社会要求的价值"，是为探索知识真理而存在的。

法科的这些特质是我们应该秉持却因种种原因而遗忘的。如果抛弃这些特质，那么，法科或法学院与市场营销学院、警察学院、影视娱乐学院、高尔夫学院还有什么区别呢？

二

中国本土创办法科比中国人到西方学习法科晚了将近20年，当时甚至已有中国人获得外国律师职业资格——1877年伍廷芳从英国林肯律师会馆获得律师资格。1876年，上海徐家汇的马建忠赴法国学习法律，1879年11月获得法国政治私立学校（巴黎政治学院前身）法学学位。⑯ 但这些只是偶发的少数个例，此时的中国，官方对法律教育的名称还没有确定。1896年李端棻主张设立京师大学堂时，虽提出"惟益加专精，各执一门，分斋讲习"，但他没有提到法科，而只提到"交涉"。同年七月，孙家鼐指出"各国分科立学，终道器分形，略于体而详于用……而杂霸规为，未能进于三代圣王之盛治"，因此建议京师大学堂分立十科，其中第四科为"政学科，附西国政治及律例"。⑰ 1898年，总理衙门筹议京师大学堂，按照西学门类将大学堂功课划分为"溥通学"和"专门学"两类，各十种。"专门学"之"高等政治学"下注明"法律学归此门"，即归入高等政治

---

⑮ 参见〔瑞士〕瓦尔特·吕埃格主编：《欧洲大学史》（第1卷），第30页。
⑯ 权赫秀：《马建忠留法史实辩误二则》，载《江苏社会科学》2004年第1期。
⑰ 庄吉发：《京师大学堂》，台湾大学文史丛刊1970年版，第43页。

学。⑱ 但此议未实行，1898 年建立的京师大学堂，作为中央官办的大学，其分科晚了多年。

  清廷于 1902 年在京师大学堂创制了仕学馆、进士馆和译学馆三种速成法律教育形式。⑲ 1902 年阴历正月，张百熙复奏请将预备科课程合政、艺二科：以经史、政治、法律、通商、理财等事隶政科，以声、光、电、化、农、工、医、算等事隶艺科。半年后的 7 月，张百熙奏进《京师大学堂章程》，即所谓《钦定京师大学堂章程》，拟定大学专门分科为政治、文学、格致、农业、工艺、商务、医术七科。"法律"一科不见了，政治科分为二门，即政治学和律学。⑳ 1903 年阴历闰五月，清廷上谕曰"京师大学堂为学术人才根本，关系重要"，要求重定张百熙所拟《钦定学堂章程》，添派张之洞会同张百熙和管学大臣荣庆商办。㉑ 1904 年 1 月，清政府又颁布了由张之洞、张百熙、荣庆联名重订的《奏定学堂章程》，规定大学分科除原有七科外，增设经学科，列在各大学分科之首，合为八科。其中，政法科分为政治门和法律门，具有现代意义的法政教育由此奠基。㉒ 但是，1904 年，张之洞等大臣进呈之《洋务纲要》强调"其私设学堂，概不准讲习政治法律专科"，"且政法一科，惟大学堂有之。高等学堂预备入大学政法科者习之"。㉓

  法律教育到了不得不重视的地步，然而，官方在法律设科之名称上，政策仍然处在慎之又慎地拿捏、掂量、斟酌的不确定状态之中。

  民间社会亦急需法律人才，但关注的角度与官方有所不同。早在 1903 年，上海的《申报》即刊登了一篇文章《中国宜特设法律学堂议》，强调

---

  ⑱ 《军机大臣总理各国事务王大臣会同筹议京师大学堂章程清单》，载《万国公报》（上海）1898 年第 116、117、118 期。
  ⑲ 杨瑞：《北京大学法科的缘起与流变》，载《近代史研究》2015 年第 3 期。
  ⑳ 庄吉发：《京师大学堂》，第 29、45 页。
  ㉑ 杨瑞：《北京大学法科的缘起与流变》。
  ㉒ 庄吉发：《京师大学堂》，第 30 页。
  ㉓ 朱有瓛编：《中国近代学制史料》（第 2 辑上册），华东师范大学出版社 1987 年版，第 88 页。

应特设法律学堂的理由,从培养律师角度另辟蹊径,其逻辑大致是:"华律"与"洋律""迥乎不同";华洋在会审公廨诉讼,华人只能请洋人,因为华人不懂洋律。如果官派随使出洋至洋人法律学堂,"回华授为国家律师,使之办理交涉事实并可为民间治狱。若是西官亦必视与西律师平等",但毕竟留洋"海归"太少,需要办法律学堂。文章从这个角度论述培养华人律师的重要性。[24] 可见,上海的媒体对法律教育的功能作了不同的理解,不着眼于培养执法官吏,而是一种更贴近民间社会功能的阐述。

1904年5月,梅谦次郎在日本开设法律方面的速成科,招收中国留学生,其名为"法政速成科"。其"法政"一词很可能是为迎合中国官方的口味。中国在介绍这一消息时,仍然使用"法政""速成法政",强调目的是"养成法律政治之人才"。[25] 同年,修律大臣奏请专设法律学堂讲到中国情形之时,依学务大臣《奏定学堂章程》之用语使用了"政法科",而讲到游学西洋者,则使用了"法科",有云"出洋游学毕业法科者,虽不乏人而未谙中国情形亦多扞格。伏思为学之道,贵有本原"。[26] 公文以这样的理由当然更容易获得批准。修律馆法律学堂于1905年就开办招生了。当时《时报》的报道却做了自己的"演绎",称在伍秩庸(廷芳)倡议下,"拟设法科学校","专课法律以为办理外交之一助"。[27] 在中国语境下使用了"法科"概念,说明在新闻舆论看来,修律馆的法律学堂就是或应该是"法科"学校。

到了此时,政法或法政好不容易被重视,可是仍有质疑的杂音。有篇先前发表于《汉口日报》的旧文《论实业之效大于法政》,影响很大,1904年《东方杂志》《济南报》等著名媒体都做了转载。[28] 文章先介绍张季直(謇)指出的留洋生多习政治与法律专业,从张氏的微词引出分析,

---

[24] 《中国宜特设法律学堂议》,载《申报》1903年12月29日。
[25] 《日本新设法政速成科开校记》,载《学报汇编》(《北洋学报》)1900年,第570页。
[26] 参见《法律大臣奏请专设法律学堂折》,载《南洋官报》1905年第24期。
[27] 《拟设法科学校》,载《时报》1904年7月4日。
[28] 《论实业之效大于法政》(录□月□日汉口日报),载《东方杂志》1904年第12期。

认为"实业之效大于法政"。学科分工和功能差别是两码事，却放在一起比高低，但再怎么样也抵挡不了时代需要法科的大势。

有学者在研究中发现，"《奏定学堂章程》颁布不久，朝野之间对法科的称谓截然两分，形成两种不同的表述系统。官方用语多数袭用'政法'名称……社会上则广为使用'法政'一词"[29]。据笔者考察，其实早在1905年一些地方政府创办法律学堂时，实际上就使用"法政"而不是"政法"了。比如1905年6月直隶臬署法政学堂又称直隶法律学堂，[30]它由中外教习对本省官员开课，"各选三十名为正额，二年毕业，已与学务处日员渡边龙圣酌拟章程十条，暂行试办。每星期内地理学、宪法学、历史学各二小时，教育学、交涉学各三小时，政治学、理财学、法律学各四小时，中国律例学十二小时……按上年直督曾奏设学习发审公所，嗣复派选官绅赴日学习法政，莫非为整顿吏治起见，顾行政执法者官佐官以行政执法者幕，今复有法政学堂之开办，官幕兼培中西、兼习良法，美意更臻完备矣"[31]。如果从1905年的情况来看，直隶法政学堂并不是唯一的。安徽和江苏也同样有办法律学堂的做法。[32]法政学堂的办学目的是培养官吏，即行政兼司法的所谓"执法者"，或者说它是在职短期进修班。

尽管1902年已启动修律变法，可是朝廷仍然对法政科有歧视性政策，明确规定："游学欧洲之官费学生，以已入大学习医、农、工、格致四科之专门学者为限，习法、政、文、商各科者，虽入大学，不得给官费。"[33]

清末朝廷的中央官方文件中，实际上一直没有正式使用"法科"一词。1910年京师大学堂分科大学正式开办，设有法政科大学，法律与政治两门全设。[34]1910年，一些地方官报中频频出现"法科"二字。比如1910年

---

[29] 杨瑞：《北京大学法科的缘起与流变》。
[30] 徐保安：《清末地方官员学堂教育述论——以课吏馆和法政学堂为中心》，载《近代史研究》2008年第1期。
[31] 《议办法政学堂》，载《济南报》第15期（1905年第117期）。
[32] 《议办法政学堂》，载《时报》1905年12月27日。
[33] 陈学恂、田正平编：《中国近代教育史资料汇编·留学教育》，上海教育出版社1991年版，第305页。
[34] 庄吉发：《京师大学堂》，第54页。

的《湖北官报》设置"法科"栏目，但不是指法学教育，而是指针对法官的考试。[35] 直到1913年1月12日，民国教育部公布的《大学规程》规定，大学"法科"分为法律学、政治学、经济学三门，修业年限为4年。"名称前后之易，意味着法科之意涵发生特定指向，表征了时人对其认知自模糊而清晰、自表浅而深入的历史演化，现代法学在清季知识谱系中逐渐脱开政治学的羁绊，走向以其自身为中心的学术建制。"[36]

从1896年提出分科立学，到1905年左右才确定"法政"或"政法"的名称，到1913年才正式定名"法科"。法科本质上所具有的"某些社会要求的价值"，本来要将一系列重要的法律价值观带入这个社会，可它却在这个过程中被消解甚至发生变异。这种价值观以法科知识人的思想为载体存留着，也与实践中的政治发生着紧张和冲突。

近代中国接受西方法制与法科，其需求首先来自官方对付外交、改良司法的直接需要。因此，这一过程是由朝廷自上而下推进而发展的。晚清变法的此一背景非常特殊，这决定了它不是社会自下而上的自觉需求，相反，它首先是朝廷自上而下的一种权宜之计。中国法制和法科在走向近代化之始，就带着强烈的国家主义烙印。政治决定着法制内容和形式的选择，因而这套全新的法科知识在融入中国社会的过程中，既有消化，也有消解。对这种消化和消解起决定作用的，是"中体西用"意义上政治选择的价值标准。

法律与政治在事实上存在着难舍难分的关系，那么观念上该如何对待呢？法律与政治分不开，这是事实，然而事实与价值不可混淆。中国人的观念注重法律与政治的事实状态，难免怀揣并隐藏着某种对法律与政治的关系的隐忧。谈"法"者，必离不开"政"，按同样的逻辑，他们更希望把"政"放在"法"前面。在西方人的观念中，法律与政治是

---

[35] 1910年《湖北官报》中设置"法科"专门栏目，如"法科：法部奏本届举行法官考试暂拟推广与考资格折"，载《湖北官报》1910年第136期。

[36] 杨瑞：《北京大学法科的缘起与流变》。

可分离的关系,法律之上还有更高级的价值参照标准——自然法,此种法律可作为检验政治正当性的标准。尤其以罗马法为代表的西方法律传统,立足于民间社会,从个体自由和权利出发,并依据个体对物权、自由权的需求而产生和发展,经过欧洲中世纪的罗马法复兴,成为西方近代法律的基因和源头。

中国语文历来以诗意与修辞魅力取胜,以至官方用语也只是讲究用词的艺术,而不讲究概念的准确定义,更不会去界定词语所包含的价值和精神。与此相反,在对待外来敏感词汇时,却揣摩、猜忌和怀疑,以所谓"中体西用"原则来筛选过滤。词语的接受较容易,而概念的接受则很难,概念中的价值被接受则难上加难。[37]"法科"这一舶来词语,在今天已无甚敏感度,然而清廷在使用时却表现出神经质般的谨慎。更不用说法科知识体系中的价值真谛,自然躲避不了被过滤和消解的命运。西方舶来的新词汇和新制度进入中国固有的律例与法制的同时,其价值与精神常常被大打折扣,工具考量多于价值吸收。好在法科知识人是法律价值承载的主体,他们的智识中携带着法律的价值与精神。所以,考察法律制度之外,还要观察法科知识人。

三

法科教育的性质本身就包含专门性、专业性和"职业性"(professional)的内涵,不同于大学内文理学科那种"通识性"教育。在中国,法科出现之前,"司法专官"的提出就有这样的动机。"专官"这个词,很可能首先用在诸如"舆地"(古地理学)等学科,如1893年已提出"舆地之学,原有专门""地学宜设专官"[38]。1895年(光绪二十一年),清

---

[37] 比如中国接受并使用了"人权"这个词语,但"人权"概念却迟迟得不到正确理解。参见拙文:《汉语"人权"及其舶来后的最初三十年》,载《法学》2022年第3期。

[38] 《论地学宜设专官》,载《字林沪报》1893年8月13日。

廷官员吴宗濂提出要设立专理讼狱的"专官"。[39] 这一观点与今天所谓司法官"专业化"类似，但还说不上是法律职业主义（Legal professionalism）。1902年启动的修律，正是因司法改良的需要，实体法从删除刑律上的酷刑切入，程序法从民刑诉讼与司法官培养上启动。"司法专官"的培养，不能光靠"未谙中国情形亦多扞格"的留洋生，还需要在本土开展法律教育。

"司法专官"的概念后来还发展为另一层意思，与司法制度专业化改革有关，专指司法权从行政权分离之后的司法专门人员。1907年，有条陈主张"地方法司设专官"，但当时人们的反应是"不胜骇异"，认为万一如此，"州县不亲狱讼，疆臣不问刑名"，很可能是坏事，因此受到质疑。[40] 直到1910年（宣统二年）2月7日，经宪政编查馆两年多的核议，清廷正式颁布《法院编制法》，对司法官专业化提出了具体要求。从1895年提出"司法专官"至1910年这一提议落实到制度，花了15年时间。自此，中国开始"司法专官"队伍的组建，开始了司法官的职业化变革。根据《法院编制法》第一百零六条之规定，推事、检察官须经二次考试合格，始准任用。[41]

法科知识进入中国，犹如西方格致科知识进入中国一样，是一场数千年未有之全新知识运动。胡适说，"一个时代要有一个时代的'士大夫'"[42]，法科知识人也带着老传统和新知识登上了历史舞台。绝大多数法科知识人仍然按照入仕的传统惯性，选择进入体制。1905年起，学部设立游学生考试，授洋举人和洋进士，海归在得到官方"认证"之后，以掣签或选任方式派入做官的职场。法科知识人常常扮演形形色色的不同角色，从法科知识人变成法政机器中的从业者，诸如修律官员、行政官员、立法者、外交官、法官、检察官、律师、法律教授或其他行当。这些具有体制性的官方角色，容易遮蔽他们作为知识人的本质。他们总是不知不觉

---

[39] 《上某当道匡时策》，载于宝轩：《皇朝蓄艾文编》（卷三），上海官书局1903年版。
[40] 《地方法司设专官条辩》，载《申报》1907年4月10日。
[41] 《宪政编查馆奏核订法院编制法并另拟各项暂行章程折併单》（五续），载《盛京时报》1910年3月1日。
[42] 欧阳哲生主编：《胡适文集》（第5卷），北京大学出版社1998年版，第416页。

地陷入体制或职业，或多或少使自身的法律价值观与政治价值观之间产生某种冲突。当代法学研究者鲜有关注作为专业知识分子的他们，而往往关注他们的职业角色，诸如某某法官、某某律师，或者把他们笼统地当作法学家来研究。这样容易忽略他们作为专业知识分子的整体的和本质的身份。法官、律师、检察官或其他，无论他们为何种职业角色，以其拥有的知识为标准，他们首先构成一个知识共同体，进而才成为职业共同体。

近代法科知识人，是近代知识分子中的一种专业类型。法科知识人在中国，是最早冲破知识"鄙视链"而呈规模化异军突起的知识群体，是最早接触制度文明的先遣群体，是最早被政治急需的一个知识群体，是反传统和反专制而遭遇阻力和困难最强劲的职业群体，是最直接影响中国社会秩序而又极度无奈的前沿群体，是人文社科领域中最早形成规模化的专业群体，也许还是近代中国思想最解放、最活跃的一个知识群体。他们智识上吸收了法科的价值观，但法律作为政权的工具，又容易排斥这种价值观。这是一对矛盾，也是百余年来近代法制史的一对矛盾。

本书知识人物之范围，依出生年份从1840年至20世纪初，年龄跨度大约为70年。而他们知识活动的时间跨度主要是在20世纪。本书从近代300多位法科知识人中遴选出60人进行生平考证和评述，另有240多位中外法律人物附于各篇。他们当中有的人并不全是严格意义上的"知识分子"，有些人物名声显赫，却不具有"知识分子"的实质要素，或者前后发生变化。从政的法科知识人也并非全然不是知识分子，这是由某种品性决定的，涉及知识分子定义的要素。康德以"有勇气运用理性"来定义知识分子。[43]索维尔（Thomas Sowell）则用"理念的处理者"以区别于技术意义上的专家，他的知识分子概念的核心是"理念的处理者"，[44]理念的

---

[43] 康德1784年9月30日在"An Answer to the Question: What is Enlightenment?"一文中，指出"'Have the courage to make use of your own intellect!' is hence the motto of enlightenment."（"有勇气运用理性"是启蒙运动的座右铭）。参见 Immanuel Kant, *Toward Perpetual Peace and Other Writings on Politics, Peace, and History*, Yale University Press, 2006, pp.17-23。

[44] 〔美〕托马斯·索维尔：《知识分子与社会》，张亚月、梁兴国译，中信出版社2013年版，第5页。

运用才是知识分子最重要的特征和品质。法科知识人当中,有索维尔所谓"理念的处理者",也有他所谓擅长技术的"专家"——"终端产品是他们所提供的服务"[45]。余英时在康德的定义句中加上定语——"有勇气在一切公共事务上运用理性"[46]。此处可解读为三个关键:一是针对公共事务的批判——这是公共性;二是有"勇气"(courage)——这便是具备内在良知和无畏风险的公开发言;三是运用 intellect(指思维逻辑的领悟力),可称为"理念"——在认识论的基础上,具有做出价值判断的能力。这才是知识分子最重要的特征和品质。当然,法科知识人中仍然不乏标准的"知识分子"。我把 intellectuals 加 legal 组合成 legal intellectuals——"法科知识人"。本书的写作思路,是要把法科知识人放进知识人整体之中,去考察他们的知识学习、运用、传承和生产活动,发现他们在哪些方面具备知识分子的本质,发现他们与整体知识界的关系。同时,也考察法科知识与社会现实的关系,考察法科知识与政治运行的关系,观察法科知识生产与应用的历史演变轨迹。

"士"之一词,有"事"与"思"的基本关系,[47] 这构成后来中国知识人"行"与"知"的范畴。这与西方知识人"行动的人生"(vita activa)与"静观的人生"(vita contemplativa)的划分,[48] 有着绝妙的吻合与呼应。本书从知识功能与发展进程的角度,对中国法科知识人进行了历史阶段与进化类型上的划分:新知先行者、政治行动者、职业行动者和学术静观者。

在西方法学专业知识尚未普遍传入中国的时期,一些懂西方、懂西学的非法科知识人,起到了法科知识人的替代性启蒙的作用。这种新知识和新理念最初来自法政启蒙学者,如严复、康有为、梁启超等人,他们为文

---

[45] 〔美〕托马斯·索维尔:《知识分子与社会》,第30页。
[46] 余英时加上"在一切公共事务上"以限定"运用理性"的范围,参见余英时:《中国知识人之史的考察》,广西师范大学出版社2004年版,第115页。
[47] "事"是儒家关于"士"的核心范畴之一,如《说文解字》与《白虎通》均提到"士,事也"。"思",同样是儒家关于"士"的核心范畴之一,如《论语·宪问》即有"君子思不出其位"之语。
[48] 余英时:《中国知识人之史的考察》,第115—116页。

明进步，客观上也为修律变法做了新知识和新观念的储备。以此来看，严复、康有为、梁启超等人是法学方面有"新知"的知识人，但是他们并不直接从事法律实务，也没有固有的律学知识。法科知识人首次有组织地聚集，应该发生在修订法律馆，最典型的是1907年沈家本以修订法律馆的名义奏调的法学菁英。其名单中有严锦镕、王宠惠、陈篆、章宗元、李方、章宗祥、曹汝霖、陆宗舆、吴振麟、范熙壬、江庸、许同莘、汪有龄、张孝栘、高种、熊垓、程明超、朱献文等，共计三十人。[49] 这批人才的教育背景结构，大致有三类，一是本土刑曹出身，二是留日海归，三是欧美海归。他们中的多数都是新知先行者，可以视为中国第一波法科知识人。

继第一波"新知先行"的法科知识人之后，第二波是投身政治实践的法科知识人。大批早期法科知识人以行动来服务社稷，有直接从政的，也有在野从事立宪的，有西洋归国的外交家，也有执掌司法的高官。这一波法科知识人的出现有一定的历史必然性。当时尚未形成职业化的法律活动，法律职业共同体尚未成型，因此他们行动的政治性多于职业性，甚至完全是政治性的。第三波是司法职业化阶段涌现的行动者。这与法制秩序的初步建立和相对成熟有关，出现了一批有专门化知识和素养的法律职业从业者，比如北洋时期大理院的推事和同时期的律师。在逐渐养成的法律职业共同体中涌现了一批具有现代知识分子色彩的有思想、有作为的职业知识人。法科或法律学是一种职业性知识，是基于专业主义（professionalism）的知识。职业（profession），"这个术语指的是一个群体……在公共服务的精神下，把一门学问作为一种共同的使命来追求——至少是一种公共服务，因为它可能碰巧是一种谋生的手段。以公共服务的精神追求博学技艺是其主要目的"[50]。律师天然具有对价性和公义性的双重属性，如果只讲对价，不重公义，那么律师这个职业角色在中国永远成不了正当性的职业。法科

---

[49] 《折奏类一：又奏调通晓法政人员折》，载《政治官报》1907年第42期。
[50] 此语出自罗斯科·庞德（Roscoe Pound），成为美国法律职业伦理教程中的经典定义。参见 D. L. Rhode, David Luban, *Legal Ethics (third edition)*, Foundation Press, 2001, p. 4.

知识人从专业知识中提炼出民主、自由、平等、权利、控权和法治,这些概念不止于法科课本和法律条文,而是深入到法科知识人的头脑,成为他们观念和理念的重要组成部分,也成为他们办事的准则和信条。当法律活动职业化到了一定阶段,出现了以学术为业的独立法学家阶层,这便是第四波,静心从学的法科知识人。1917 年,教育部将北洋法科并入北大法科,蔡元培说,"现在我国精于政法者,多入政界,专任教授者甚少,故聘请教员,不得不聘请兼职之人,亦属不得已之举"[51]。他推进大学学术化,始以法科乃治"术"非治"学"为由,欲将其脱离北大,终因反对声音甚烈作罢,继而倚重"英美派"对法科施以学术化改造,改变"留日派"独掌北大法科的局面。[52] "英美派"的到来"始组成正式的法科,而学生亦渐去猎官的陋见,引起求学的兴会"[53]。1919 年改"学门"为"学系","法科"改为"法律学系",[54] 可谓法科学术化演进的重要标志。静心从学的法科知识人是专门从事法律学术和教育的知识人群体,"法学教授比律师更具备知识分子的品质……在我们看来,是因为他的唯一目标就是保存、传递或扩展知识"[55]。他们整体上是最晚出现的法科知识人类型,以法学学术为业,治学从教,疏离体制,独立于政治。

  法科知识人的这四种类型是知识进化的结果,依历史角色演变的先后顺序,登上历史舞台。或者说,这四类知识人是四波先后出现和成长的群体,在社会演变中逐渐成形。在不同阶段,法科知识人整体性地对应着不同阶段的历史使命,形成类型化,应时而出。中国法科知识人最初经历了"行"与"知"模糊并列和交错的实践形态,形成了以政治行动为主业的法科知识人,随着分工专业化,发展出职业行动的法科知识人,进而发展

---

[51] 《蔡元培任北京大学校长之就职演说》(1917 年 4 月)。
[52] 杨瑞:《北京大学法科的缘起与流变》。
[53] 蔡元培:《我在教育界的经验》,载高叔平编:《蔡元培全集》(第 7 卷),中华书局 1989 年版,第 199 页。
[54] 杨瑞:《北京大学法科的缘起与流变》。
[55] 〔法〕雷蒙·阿隆:《知识分子的鸦片》,吕一民、顾杭译,译林出版社 2005 年版,第 215 页。

出以学术为主业的法科知识人。从政或从事法律职业的法科知识人是行动派，即便如此，他们仍然坚持专业之"知"，因为他们一旦放弃专业之"知"，就会失去立身笃"行"之地。因此，法科知识人中的这一批人，仍然坚持专业知识人的本色、原则和立场。

  法科是世俗的学问，法科知识人比一般知识人更多浸淫于社会。况且，法科还另有一个显著特点，其法言法语、概念与规则思维都与人文社科学者格格不入。鲁迅在谈及当年《语丝》的影响范围时说："一纸风行的，还是在几个学校，尤其是北京大学，尤其是第一院（文科）。理科次之。在法科，则不大有人顾问。倘若说，北京大学的法，政，经济科出身诸君中，绝少有《语丝》的影响，恐怕是不会很错的。"[56]鲁迅敏锐地发现，法科人对文学既不过问，也不受其影响。游离在知识人"圈"外，是法科知识人的一个普遍现象。而整体知识界的文化人似乎与他们有一层思想交流上的隔膜。不过，本书60位法科知识人中，有相当一部分与法科之外的文化知识界有密切交往。比如董康、梁启超、沈钧儒、刘崇佑、王宠惠、章士钊、林行规、张君劢、戴修瓒、顾维钧、罗文干、李大钊、周鲠生、王世杰、燕树棠、夏勤、钱端升、杨鸿烈等人，均与擅长社交的胡适有所交往，有的还结下了深厚友谊。[57]

四

  本书这种汇集一批法律人传记的写法，是群体画像，我把它称为群体性传记。欧洲11—13世纪出现法科教育，出现了规模化的法科知识人，[58]

---

  [56] 鲁迅:《我和"语丝"的始终："我所遇见的六个文学团体"之五》，载《萌芽月刊》1930年第1卷第2期。

  [57] 另外，有的属于胡适的评论对象，如伍廷芳、江庸；有的是胡适不来往的人，如吴经熊；也有胡适给差评的人，如郑毓秀。

  [58] 12世纪末13世纪初，博洛尼亚来的外国教授数量之多给人留下了深刻印象，大多数法律毕业生占据国家或教会重要的管理职位——这应该可推断为欧洲法科教育和法科专业人士出现的时间。参见〔瑞士〕瓦尔特·吕埃格主编:《欧洲大学史》(第1卷)，第442—446页。

而中国法科知识人的出现则晚了将近七个世纪。欧美对于法学家和法律家的"群体性传记"也早有相关作品,较有影响的如:(1)1849年,约翰·坎贝尔勋爵(Lord John Campbell)所著《英国首席大法官的生平——从诺曼征服到曼斯菲尔德勋爵去世》(Lives of the Chief Justices of England: From the Norman Conquest till the Death of Lord Mansfield);(2)1914年,约翰·麦克唐纳爵士(Sir John Macdonell)和爱德华·曼森(Edward Manson)组织一批学者选取并考证了世界上26位法学家,在美国波士顿出版了《世界上伟大的法学家》(Great Jurists of the World);(3)1926年,英国伯肯黑德伯爵(The Right Hon. The Earl of Birkenhead)撰写并于伦敦和纽约出版了《十四位英国法官》(Fourteen English Judges);(4)1975年,德国格尔德·克莱因海尔(Gerd Kleinheyer)、扬·施罗德(Jan Schröder)主编并出版了《九百年来德意志及欧洲法学家》(Deutsche und europäische Juristen aus neun Jahrhunderten,中译本2005年在中国出版);2018年德国的彼得·黑贝勒(Peter Häberle)等三位学者主编了《20世纪公法学大师》(Staatsrechtslehrer Des 20, Jahrhunderts,中译本2022年在中国出版)。近年来,我国法律史学关注并挖掘历史上法律人的"失踪者",出版了一批论著[59],其中不乏优秀作品。这是一项很有意义的工程,如果不去做,那么我们很快会把一百年前的人和事彻底忘记。

自中世纪出现法科知识人以来,据说黑袍就代表智识成熟的专业知识人,同时也代表职业法律家。[60] 中世纪博洛尼亚大学的成员们,"用他们的衣着和他们职位的标志,搞起贵族的象征","他们身披长袍,披风的兜帽

---

[59] 如侯宜杰《〈逝去的风流:清末立宪精英传稿〉》、华友根《〈20世纪中国十大法学名家〉》、李贵连《〈沈家本传〉》、何勤华《〈法科留学生与中国近代法学〉》、侯欣一《〈百年法治进程中的人和事〉》、程燎原《〈清末法政人的世界〉》、陈夏红《〈风骨——新旧时代的政法学人〉》、王伟《〈中国近代留洋法学博士考(1905—1950)〉》、陈新宇《〈寻找法律史上的失踪者〉》、李在全《〈变动时代的法律职业者:中国现代司法官个体与群体(1906—1928)〉》、吴斌《〈法苑撷英:近代浙籍法律人述评〉》、陈健《〈清末知识人的国家建制构想〉》等等。

[60] 据说这是来源于罗马著名的长袍——托加(拉丁语:Toga,希腊语:τήβεννος),罗马官员都穿着托加以彰显其威仪。

是灰鼠皮做的，经常还带着银鼬皮的衣领，更重要的还有在中世纪作为社会等级和权力的象征的长手套"。[61] 知识人有种种弱点和短板，为显示荣誉和高贵，也会装模作样。但他们与装备着武器和权杖的人相比，也有一些优势，诸如追求科学与民主、法治与人权、正义与真理——正如西塞罗在《论责任》中曾引用的一句诗："武器屈服于长袍；桂冠屈服于对文官的赞颂。"[62] 即使这只是人们的一种美好的愿望和向往。

可以形象地说，法科知识人群体实为一个典型的"黑袍士界"，其专业性格和时代情绪都是十分特殊的。这是一个有生命的知识族群，它构成我们今天法律人乃至所有知识人的前生今世和喜怒哀乐。因此，本书以"典型人物群像"来定位，融个体于群体，以这批人物为近代典型的法科知识人，把他们个体作为历史群体的典型"样本"，从中既找到专业与历史的统一性，也找到个体的差异性。

从专业统一性上看，首要的当然是他们具有法科的一致的价值理念，具体表现在专业思维、职业素养、专业功能、分工类型等各方面。他们都是法科知识界的近代人物，属于近代专业共同体的成员，因而具有近代知识阶层的相对一致的特征。无论中外，法科知识人不能像工程师那样创造日用实物，不能像牧师一般慰藉心灵创伤，也不能像医师那样医治人体疾病，但他们有独特的社会功能。法科知识人是社会民众的眼睛，观察着外面的世界；他们是社会民众的大脑，思考着制度的文明；他们是社会民众的嘴巴，呼吼着法治的方向。在传统文人群体向现代知识分子的转型过程中，百年前的70后、80后、90后、00后知识人在中国近代化过程中起到了重要的作用。他们与传统、与时代、与政治、与人性既相逢于种种重大事件，又发生着种种猛烈冲突。

从历史统一性上看，他们在文化传统、时代背景、思维特性、事功类

---

[61] 〔法〕雅克·勒戈夫：《中世纪的知识分子》，张弘译，商务印书馆1996年版，第111页。
[62] 〔古罗马〕西塞罗：《论老年 论友谊 论责任》，徐奕春译，商务印书馆2003年版，第125页。

型、历史命运及情感体验等方面具有共性特征。近代法科知识人又具有某些混合的特点，比如他们在观念上，既有西方法学知识和法科价值理念，又保持着传统惯性，修齐治平、依附体制，这一传统又持续了半个世纪。他们多数都受过四书五经的传统熏陶，又多数是有西学背景的法科海归，即便没有熟读传统经典，也都受过传统文化的影响。他们中多数是传统的、严正的、具有士大夫气质的法科知识人。近代法科知识人与政治有着天然联系，从政成为早期法科知识人实现理想抱负的普遍选择。从法科知识人与政治的密切程度来看，有完全从政的，有政学兼顾的，有从学问政的。他们多数都在新旧更替的青黄不接之条件下，成为时代的弄潮儿，成为历史大任的担当者，但同时也共同经历了中国社会必然经历的艰难曲折。因此，历史的曲折和巨变，也是早期法科知识人"被失踪"与"不失踪"的重要原因。

从个体差异性来看，人物种类复杂多样。本书所涵盖的三百多位近代法科知识人（正篇六十人，旁及二百余人），其中有在朝的，也有在野的；有法律家，也有法学家；有中国的，也有与中国有关的外国法律人；有留洋的，也有本土成长的；有男性，也有女性；有科班的，有非科班的；有获博士学位的，也有肄业弃学的；有从学做教授的，也有从政做官的；有革命的，有接纳革命的，也有回避革命的；有严肃端正的，也有变态扭曲的；有贤哲、英烈和君子，也有精致利己者乃至变节的奸人。总之，如果把百年法制化进程比作一个舞台，那么法科知识人中，生、旦、净、末、丑，样样齐全。六十个人物，六十种人格，六十种经历，六十种人生，六十种个性，六十种情感，六十种活法……在我即将完成本书时才发现，六十个人物的籍贯分布呈现了无意的"集中"现象，分别是：江苏14人，浙江10人，广东8人，上海6人，湖南6人，湖北4人，河北3人，福建3人，安徽、江西、陕西、云南、四川、天津各1人。有的是各个时代具有标志性的法律人物，有些是默默无闻或销声匿迹的，个别还是有人格缺陷或受到诟病的；有生平行迹模糊的，也有耳熟能详却被幻化解读的；有被神化追捧至今的，也有被概念化遗忘的。因此，本书在法科知识人的遴选标准上，考虑了人物样本的多样性和代表性，也考虑了法学各学科的平衡。本书并不只选择和塑造"高大全"的法律人，原本被我们尊奉为"著名法学家"的光辉人物中，也有被误读和虚构的成分，书中甚至包括和隐藏着若干"矮小丑"之人物，有待读者在阅读中去寻找和判断。

经常有朋友问我，这批人物中谁是最伟大的中国法律家？谁是最伟大的中国法学家？这些问题其实并没有困扰我，因为我原本就不想对他们作这样的"评比"。但是在写作过程中，却不知不觉地作了心证。读者在阅读过程中可以发现，其实我的观点已经隐藏在书里。

本书尽可能地讲述他们各自独特的个性和思想，作客观展示和解读评论。这就是本书所追求的既"典型"又"个体"的基本思路。从历史统一性和个体差异性中，可以看到那个时代"黑袍士界"的整体面貌。从这些人物身上可以阅读中国百年法科知识分子的身世命运、青涩瑕疵、知识家谱、事功长进、多元情感，以及他们与法制演进的同步变迁，与法科教育的薪火传承，与政治变幻的曲折纠缠，与良法善治的复杂关联，与文明进步的同频共振。法科知识人从无到有，先弱后强，成败交错，瑕瑜互见，显隐交替，忧喜参半，悲欣交集。钱穆所谓对本国历史的那种"温情与敬意"，同样适用于"黑袍士界"。法科知识人的过去就是我们今天法科知识人的情感记忆，正如每个人的家族先祖是他生命的根，这才有了寻根的必要，从寻根中找到自己的内心力量。百年前和今天的法科知识人有相同的专业，因而会有相似的职业体验。历史与历史人物都是一面面镜子，后人既能从中看到一些屡见的覆辙和丑陋的人格，也能从中发现有趣的灵魂和珍贵的品质。

多数法科知识人的人生精彩片段，大都发生在他们的中青年时代。因此本书偏重于对人物中青年时代的挖掘，以窥探他们各自拥有怎样的青葱岁月、个性特征和风骨道行。对于年轻的法科生和法律人来说，似乎缺乏一部法律人生的"教科书"。如果说中国近代史是法律文明的继受进步史，那么，它也是法科人物的悲欣交织史。从历史中发现自己，也如同信仰宗教，能"使每个人发现自己内在非凡的意义和价值"，"使受苦的悲剧在人的生命中产生，而正是借由悲剧，才使得历史充满人性的内涵"。[63] 从法律文明继受进步史和法科人物的悲欣交织史中，你我能否去发现、坚守与呵护那些必要的价值，积极地找到职业和生命的真正方向，让当下知识人的生命有新的激情、新的伦理、新的制度和新的文化？这就靠我们每个人自己的悟性了。至少，今天的法科知识人，可以从中知晓那些过往的人和事，曾经发生和存在过的意识、品格和价值。正如一句流行的歌词：

> 我吹过你吹过的风，这算不算相拥？我走过你走过的路，这算不算相逢？

隔着百年时空，今天的法律人也能感受到彼时法科知识人的专业意识与群体情绪，这也是本书的主题之一。一方面，法科知识人整体的专业意识与情绪，总是与近代知识分子的意识与情绪相关联。比如19世纪末至20世纪救亡图存的时代，那种贯穿清末、"改良"、"五四"、"抗战"、民国末期知识分子群体的特殊的家国情怀。在法科知识人普遍具有的"自由主义"意识和情感之外，还明显具有中国知识人整体的一般特点，包括：士大夫在"知行"冲突中的纠结意识与情感，知识人的"从政"意识与情感，知识人的"忧患"意识与情感，知识人在面对政治兴衰时"见"与"隐"的意识与情感，甚至因国运不济而"一死见志"的意识和情感。但另一方面，法科知识人又是一个"专业性格共同体"和"专业情感共同体"。不仅存在法科知识人的一般性的专业性格和专业情绪，还存在个人差异的专业性格和特殊情感。作为理性的法科知识人，其个体身世命运和

---

[63] 〔德〕乌维·维瑟尔：《欧洲法律史——从古希腊到〈里斯本条约〉》，刘国良译，中央编译出版社2016年版，第131页。

多元情感往往被过去的研究所忽视。

美国历史学家芭芭拉·罗森宛恩（Barbara Rosenwein）曾批评传统的历史研究："作为一个学术分支，历史学最早研究政治的变迁。尽管社会史和文化史已经开展了有一代之久，但历史研究仍然专注硬邦邦的、理性的东西。对于历史研究而言，情感是无关重要的，甚至是格格不入的。"[64] 以往法律史学研究，除人物传记外，大多关注法制事件或法学思想的演变，这当然是必要的，但往往忽略法律史演进过程中的法律人个体，忽略对人物主体及其个性、意识与情感的关注。中国近代法科知识人作为历史人物，他们的法律思想可能会过时，但我们可以关注那些相对恒久的东西，诸如职业生态、专业情绪、个体品性以及内心追求等等。如何尽可能"展示他们广泛的法律活动，而不仅仅局限在狭义的'学术'成就上"？[65]

据我个人体验，研究单个历史人物时，往往容易形成爱憎"偏倚"的心理暗示，有时还会生出一种"粉丝"对"偶像"的盲目崇拜和迷信，或者说受人物生平影响而弱化了评价的中立性。为了努力克服这种主观性偏差，本着"典型个体"的定位，在尽可能客观中立地叙述事实的前提下，兼作主观评价。与其说本书是六十个人物的传记，不如说本书是对六十个人物的重述。本书对不同人物采取了不同的写作方式，因人而异，更换视角，或注重梳理评析，或偏向考证补遗。对于读者熟知的人物，写作中尽量注意避免概念化、模式化描述，避免简单粗暴的定义式诠释，加强对他们作为个体的生活状态和内心世界的解析。对于被误读或遗忘或隐埋的人物，更多进行补充考证，恢复人物历史原貌。为便于读者对人物的了解，尽可能呈现人物完整的生平。为保存和呈现一定程度的史料，笔者有意识地采取"掉书袋"式写法，包括年谱式经

---

[64] Barbara Rosenwein, "Worrying about Emotions in History", *The American Historical Review*, Vol. 107, No. 3, 2002, p. 821.

[65] 〔德〕格尔德·克莱因海尔、扬·施罗德主编：《九百年来德意志及欧洲法学家》，许兰译，法律出版社2005年版，第1页，"第1版前言"。

历，明列原文献材料的出处和线索，还有笔者然否斋收藏之珍本墨宝。为尽量广泛地介绍典型法科人物，笔者以注释或穿插介绍的方式，顺便介绍更多的法科知识人。

孙笑侠

2022 年 7 月 17 日谨识

第一章
新知先行者

第一节 除旧布新

沈家本——布新，必须除旧

图 1 沈家本（1840—1913）

一条小胡同内，正在举行 34 名犯人的处决仪式。"刽子手只有一名，他一口气将 33 名犯人斩下头颅，前后时间不超过 3 分钟。""当刽子手逼近的时候，这 33 名死刑犯中，没有一个人表示反抗，或者发出一声呼叫。"当第一颗头颅被砍下之后，"从围观的人群中跑出一名男人，他蹲在已倒下的刑犯躯体一旁，手里拿着一只陶罐和一把类似灯芯草的小棒。他将一根一根的小棒浸在死者的鲜血之中，等其浸透了鲜血，再将小棒放在陶罐里"。据说，"这种浸透着人血的小草棒可以充作药用"。剩下的是首犯，应执行凌迟刑。"刽子手在犯人的额头上划了两刀，又在左胸上重砍了一刀。接着，用刀在犯人大腿前侧割下一块一块的皮肉。……从刽子手向犯人砍第一刀到犯人整个躯体从立柱上倒下以及头颅被割下,前后经过了4—5分钟。"① 刑场行刑就是这么开放式进行着,砍掉的人头就在围观的人群脚下,几头猪在尸体之间来回走动,吮吸着路面小坑中聚集的人血。

这一天是1851年7月30日,地点在广州。英国领事T.T.梅多斯正挤在现场的围观人群中,他观察到的行刑过程,一一记录下来写进他的《广州行刑纪实》。② 这种行刑过程连同凌迟之类的酷刑,对于18世纪中叶即已废除酷刑的西方人,是难以接受的,这恰恰成为他们后来逼迫清廷变法的一个把柄。

一、诗国之刑曹

1864年8月,过了24周岁生日,沈家本到上海,搭乘洋轮从海路北上。他以郎中之职分任刑部,奉命进京报到。他先转道烟台,拜访他的偶像、在此做官的心岸居士③。久别重逢,令其既惊又喜,匆匆告别时,他内心却弥漫起一股忧郁的情绪。进京任职,本可谓意气风发,可他诗中没有"春风得意马蹄疾",反而自怜"奔驰笑我为浮名"④。这是为什么?因为京城对他来说乃是"宣南如旧梦",因为他羡慕心岸居士的超脱修行,更重要的是,因为他热爱诗赋,不喜欢刑部律政。

说是湖州人,其实他是个老北京——6岁时就随任职刑部的父亲沈丙莹居住在北京。从6岁到24岁,这18年里先后经历了原聘妻子死于战火、父亲被调离北京前往贵州——于是他也相随辗转于湘黔长达三年,颠沛流

---

① 此处所引是英国驻华领事T.T.梅多斯《广州行刑纪实》一文中的描述。参见〔美〕布迪、莫里斯:《中华帝国的法律》,朱勇译,江苏人民出版社1995年版,第105—106页。
② 参见〔美〕布迪、莫里斯:《中华帝国的法律》,第105—106页。
③ 笔者曾向沈家本公四世曾孙沈厚铎先生请教,确认心岸居士潘霨(1826—1894)是沈家本的堂姐夫,时任山东布政使。沈家本未婚妻遇难后,同山东候补运同陈瑞麟之女郑氏重新订婚、结婚,就是潘霨做的媒。参见沈厚铎:《沈寄簃与姐丈潘霨的挚友深情》,载《法治周末》文化副刊"品读寄簃公专栏",2019年11月6日。
④ 沈家本:《烟台访心岸居士留别三章》,载沈厚铎等编:《玉骨冰心冷不摧——沈家本诗集》,浙江文艺出版社2020年版,第102页。

离，简直如"磨蝎宫"。屈指数来，从 6 岁到 24 岁，除了中间湘黔三年，沈家本在北京生活有 15 年之久。

沈家本于 1864 年 11 月（同治三年十月）赴刑部报到。谁能料到，他此行进京后的人生剧本，竟是如此跌宕起伏：数十年为科举所累，屡次落榜；"复困"于刑曹生涯三十余年，深陷大清帝制机器；熬到花甲暮年，却"压"过来一个国运攸关却又极其艰难的修律大任——律例虽是老本行，可是时过境迁、物是人非，修订新法一切都得从头开始；等他大刀阔斧地除旧之时，却遭遇强大的反对势力；当改革渐入佳境之时，他却被无情地免职；当法制初创即将转型之际，帝制轰然覆灭，凝结着他心血的律例终止了效力，有些还被新政权拿走……他几乎大半辈子都身处这种"中世纪"的体制。这算不算悲催的人生？

值得庆幸的是，他有诗文做伴。阅读《沈家本诗集》，你可以发现他的大部分诗是通过怀古咏物来寄情言志。沈家本一生共创作了 600 多首诗，直到当代，仍有学者从沈家本的诗中研究他的忧患意识，[⑤] 也有诗学者从他留下的诗中探寻他诗外的内心意识和情愫。[⑥] 或许他性格中原本就有忧郁的一面。

沈家本常常在不经意间流露出对从事律学和刑曹的无奈之情。比如《寄簃文存》"小引"中有言："癸未后复困于簿书，所讲求者案牍之文，多作狱讼驳诘之语，昕夕从公羊，幸无陨越而已。迨癸卯岁，奉命修订律例，不得不研究法学之编。"[⑦] 1883 年（癸未年）考取进士，他自叹"复困于簿书"，感叹"惯为他人作嫁衣，年年压线计全非。而今彳亍随班去，羽换宫移曲又希"。李贵连在《沈家本传》中对沈诗作了许多恰当的诠释，认为其诗句中流露出对"漫长刑曹生涯的厌倦"。[⑧] 负责刑务直到十年后

[⑤] 王宁、倪复贤：《谈沈家本的诗和他的忧患意识——一个入世者的精神悲剧》，载《中国文化》2006 年第 1 期。

[⑥] 参见梁嘉莹、胡淑娟：《论沈家本仕履诗歌中的思想意识》，载《吉林省教育学院学报》2018 年第 9 期。

[⑦] 《〈寄簃文存〉小引》，载李贵连编著：《沈家本年谱长编》，山东人民出版社 2010 年版。

[⑧] 李贵连：《沈家本传》（修订本），广西师范大学出版社 2018 年版，第 77—78 页。

的1893年，沈家本才时来运转，得薛允升⑨推荐，简放天津知府——这次外放机会是他梦寐以求的。1893年是沈家本刑部任职的第30个年头，消极情绪到了极点⑩，他发出"薄宦久经谙世味，高歌翻羡作诗狂"⑪的感叹。还有一首代表其困顿心境的诗，云："深锁雕笼傍绣帏，主人情重许相依。何如脱却金羁去，海阔天空任意飞。"⑫沈氏被压抑的心情化作难得高亢的诗句，从心底喷涌而出，向往自由的那颗心，跃然纸上。这种职位处境与内心追求之间难言的冲突感，在沈家本的诗句中时常流露。"在沈家本被委以重任、授以高位的最辉煌的年代里，他的诗毫无昂扬之气，却仍然带着隐隐的忧思，透露出身在奔忙而心在悒郁的双重生活。"⑬1903年（癸卯年）被任命为修律大臣时，他仍然说"不得不"研究法学。诗文有心灵自由之精神，而律学是帝国刑制之工具，二者构成的对极，却都集于他一身。到花甲之年，这种冲突感已化成为淡定和淡泊。

诗文与经术不分家，沈家本不仅是诗人，更是传统人文学者，典型的士大夫。他有着深厚的国学造诣和文史成就。据沈厚铎先生文，这些成就大体涉及五类：一曰经学，二曰史学，三曰版本目录，四曰诗歌与日记，五曰古籍整理与杂纂。⑭沈家本继承了我国学术传统中宝贵的考据方法和求实精神。他的文史研究之硕果，恰恰又说明他并不满足于法律之学，而是超越律法本职。换个角度，我们也可以看到，文史研究和人文积淀，恰恰给沈家本法学学术以丰厚的资源。

那么，诗性对于官员个体有何种意义？至少在沈家本身上，诗性使他

---

⑨ 薛允升（1820—1901），字克猷，号云阶，陕西西安人，进士出身，历任山西按察使、山东布政使、署漕运总督、刑部右侍郎、刑部尚书等职。晚清著名律学家，廉直大臣。著有《读例存疑》《汉律辑存》《唐明律合编》《薛大司寇遗集》等，系中国陕派律学在晚清的重要代表。

⑩ 李贵连：《沈家本传》（修订本），第81页。

⑪ 沈厚铎等编：《玉骨冰心冷不摧——沈家本诗集》，第167页。

⑫ 参见沈家本：《笼中鸟》，载沈厚铎等编：《玉骨冰心冷不摧——沈家本诗集》，第195页。

⑬ 王宁、倪复贤：《谈沈家本的诗和他的忧患意识——一个入世者的精神悲剧》。

⑭ 沈厚铎：《"沈学"的建构与沈家本先生非法学著作浅谈》，载《重庆大学法律评论》（第1辑），社会科学文献出版社2018年版，第42页。

保持人性的体验、正义感的表达，还能记录对国运和人生的思考。诗性之于沈家本的意义，首先是保持清澈灵动的人性体验。有诗学研究者曾举一例，说沈氏早年途经河北某乡村时，亲眼见到歌女的凄惨生活并赋诗一首《歌女词》，表达他对歌女的同情，不齿其父母让女儿干这种乞讨的生意，批评当地利用女儿当歌女不务正业挣钱的"土风"。[15] 其次是保持和表达正义感。比如，1898年戊戌变法失败的消息传来后，身为官员的沈家本对蒙难者有明显的同情，赋诗哀悼道："自首竟同归，青山惨埋骨。千秋万载后，畴秉董狐笔。"[16] 沈家本的刑部同僚赵舒翘[17]为官清廉正直，在庚子年的复杂形势下，仍能理性判断时局，他反对清廷利用义和团来对抗列强，反而被扣上支持义和团的罪名，加上列强威逼，被慈禧赐令自尽。[18] 沈家本闻讯后，悲愤交加。当沈家本到达西安时，被免去山西按察使一职，候补期间，他专程拜谒赵氏故居大元村。哭奠赋诗，回忆知己，怜惜英才，愤恨冤屈，哀叹腐败，"这是一篇悼亡诔文，也是一首为赵氏洗刷罪名的长赋。对亡友的伤悼，对愚顽亲贵的谴责，对侵略者的抗议，都在这首长诗中发泄出来"[19]。诗文从另一角度佐证了沈公的正义感和端正的价值观。"诗承载了他的坎坷经历，也揭示了他的情感与心理的变化。"[20] 保定囚禁时期，是他写诗最多的时间段。[21] 最后是诗性伴随沈家本思考国运

---

[15] 梁嘉莹、胡淑娟：《论沈家本仕履诗歌中的思想意识》。
[16] 李贵连：《沈家本传》（修订本），第111页。
[17] 赵舒翘（1848—1901），字展如，号琴舫，晚年号慎斋，陕西长安（今西安市）人。1870年科试一等补廪生，1873年中举，翌年中进士，经主事分刑部。1882年后，历任刑部员外郎、湖广司郎中、安徽凤阳知府、浙江温州道、浙江布政使。1895年升任江苏巡抚，1897年内召入京，任刑部左侍郎兼礼部左侍郎，次年晋升为刑部尚书，刚直不阿，不畏权贵，多次平反冤案。1899年，为总理各国事务衙门大臣，继任军机大臣，兼管顺天府（今北京市）府尹。八国联军入京，被指为祸首，慈禧屈从联军，予以革职，后定为斩监候，1901年赐令自尽。
[18] 慈禧屈从列强淫威，把对赵舒翘的"革职留任"改为"交部严惩"，再改为"斩监候"，最后定为"斩立决"。消息传出，西安城内绅民三百余人联合为赵请命，愿以全城人保其免死。迫于此情形，慈禧太后被迫不敢将赵公开处死，下诏改为"赐死"，令其在西安家中自尽，并令陕西巡抚岑春煊前往监督执行。当日，赵吞金自尽未死，又服砒霜仍未死，在岑春煊逼迫下，家人被迫用纸糊七窍，灌以烧酒方才身亡，时年54岁。
[19] 李贵连：《沈家本传》（修订本），第174页。
[20] 沈厚铎等编：《玉骨冰心冷不摧——沈家本诗集》，第348页。
[21] 李贵连：《沈家本传》（修订本），第161页。

和人生，成为他的精神寄托。沈家本经历庚子之变，在保定被侵略军关押近4个月，被释放后远走西安避难，其间同袍道友被冤杀、自己被朝廷免职候补，他亲身体验了国运大变局中的人间苦难，所有这些，都在他的诗中充分体现。

归安沈氏，宦迹不显，却诗文传家，是中国这个诗文之国的典型家族。我们到底该怎么看这种经术兼诗意的传统生活方式？一方面，在田园诗般意境下注重个人内在修炼的生活令人向往，它无疑是一种很高级的古典生活方式。所以它传承数千年，成为民族的一种文化自豪感。然而，另一方面，这种传统或境界，历来只是少数文化人或士大夫独享的"舒适感"。这种经术加诗意的生活不能为绝大多数不识字的民众所分享。占人口少数的士大夫的田园生活状态，不等于社会结构性的基本制度安排。这是士大夫的一种居高临下的"自私"，但它在客观上有一定的激励作用。西方人发现了中国社会的这个特点，比如马克斯·韦伯说"那些通过考举并因此受过文学教育的人，是为家庭、宗族和村庄提供礼仪和法律事务咨询的顾问"[22]。让熟读经术与诗文的文人为官，更能够引领草根百姓的风俗教化。底层民众用对温饱、富裕的物质需要，与官方要求的忠诚进行交换，[23] "通过用交换与忠诚的因素灌输进这种柔化了的赤裸裸的统治"[24]。中国文化下的古代生活是一种独特伦理哲学下的奇特生活方式，诗性与刑制像善恶并存于人心一样，截然分裂，却又和谐并存。处于知识秩序最顶端的经术与文学，构成道德伦理与文辞风雅，既成为一种民族优势和文化自信，也成为一种知识禁锢和认知短板。百余年来，中国文化既深受赞美也饱受诟病，原因多半即在于此。这种本土"文化"很复杂，它在封闭孤立状态下显得美轮美奂，当它遭遇异域文明之际却捉襟见肘。归根结底，取决于对"文明"的不同理解和评判，有待人们去作个体性的解释和

---

[22] Max Weber, *Economy and Society*, University of California Press, 1978, p. 818.
[23] 孙笑侠：《儒家哪些传统有悖法治？——读昂格尔的 *Passion: An Essay on Personality* 序言》，载《中国书评》第4辑（2006年6月）。
[24] Roberto M. Unger, *Passion: An Essay on Personality*, The Free Press, 1984, p. 67.

理解。

诺贝特·埃利亚斯（Nobert Elias）在《文明的进程》第 1 章中说："'文明'是指一个过程，至少是指一个过程的结果，它所指的是始终在运动，始终在'前进'的东西。""'文明'使各民族之间的差异有了某种程度的减少，因为它强调的是人类共同的东西，或者说，应该是共同的那些东西——至少对于那些已经'文明'了的人来说是这样。"[25] 以变法或改革，走向文明进程，这可以成为我们今天理解鸦片战争以来中国人奋起变法图强的圭臬所在，也是认识中国传统文化优劣与否的基本立场。

至 1893 年，近 30 年的刑曹生涯，沈家本一边本分守土，履行职责，一边以诗寄心，以文做伴。所谓"君命，大夫与士肄，在官言官，在府言府"[26]，这种"在其位谋其政"的态度，落到实处，就是尽职尽责的本分。薛允升、赵舒翘、沈家本三人，前后相继，是刑部当家的律例大师。基于为官职责所在，更因家国情怀，沈家本恪尽职守。他后来潜心研究律政法务，并不是"律"本身有什么魅力，而是因为它有经世济用的"术"之功能。至 1903 年，沈家本已逾花甲，即便他此时退休了，有诗文为伴，也依然能安享晚年。

二、布新必除旧

已逾花甲之年的沈家本怎么也料不到，吊诡的历史大事件，却给他带来了机会，也给千年未遇之大变局带来了一次转机。1901 年，在西安避难的慈禧以光绪皇帝的名义颁布《变法诏书》，重新打起变法旗号。有意思的是其最后一段话，在《光绪实录》中为"欲去此弊，其本在于公而忘私，其究归于实事求是"[27]。当年公布时的原文却加上了更多的话：

---

[25]〔德〕诺贝特·埃利亚斯：《文明的进程——文明的社会发生和心理发生的研究》，王佩莉、袁志英译，上海译文出版社 2013 年版，第 2、3 页。
[26]《礼记·曲礼下》。
[27]《光绪实录》卷四百七十六，参见李贵连：《沈家本传》（修订本），第 249 页。

> 欲去此弊，慎始尤在慎终，欲竟其功，实心更宜实力，是又宜改弦更张以袪积弊，简任贤能，上下交儆者也。朕与皇太后久蓄于中，物穷则变，转弱为强，全系于斯。倘再蹈因循敷衍之故辙，空言塞责，遇事偷安，宪典具在，决不宽贷。将此通谕知之，钦此。[28]

这无非是想掩饰那种政治险境下的被动，欲显示朝廷的长期"思想准备"，达成"统一思想"。慈禧在联军倒逼之下，做出无奈选择，以光绪的名义发布变法之诏。残杀变法志士的凶手，又打起维新志士的变法旗号，虽然无耻至极，但毕竟宣示了变法自救的重要性。

1901年阴历五月廿八日，沈家本自西安重新返回京城。"终南山翠上征鞍，雨后烟光画里看。刘项兴亡都不管，西风送我出长安。"[29] 这诗里是否隐约显现了战士出征的雄壮与潇洒？

1901年阴历十月，沈家本以刑部右侍郎之职名列朝班。1902年2月20日（正月十三日），转任刑部左侍郎。二月初二朝廷下诏"责成袁世凯、刘坤一、张之洞慎选熟悉中西律例者，保送数员来京"。三人联衔保举沈家本与伍廷芳。慈禧极其慎重，拖延至四月初六（5月13日），由光绪帝下令："现在通商交涉事益繁多，著派沈家本、伍廷芳，将一切现行律例，按照交涉情形，参酌各国法律，悉心考订，妥为拟议。"[30]

这道谕旨中以"交涉"为背景关键词，中国法律史的一次转型巨变由此开始，这也是中国和平地、主动地融入世界文明的一次绝好机会，而这个历史使命降临到了花甲之年的沈家本身上。可是如何变法？如何参酌？如何修律？何谓拟议之"妥"？慈禧没说，皇上也只是原则性地发话，模棱两可。变法之诏是交涉和交易中逼出来的，毕竟是被迫无奈。然而这对

---

[28] 光绪变法诏书最后这一段话，在李贵连《沈家本传》的摘录中没有出现，可能是后来编纂《光绪实录》时被删除。参见《谕旨（光绪二十六年十二月初十日）》，载《选报》1901年第1期。

[29] 沈家本：《五月二十八日西安晨发》，载沈厚铎等编：《玉骨冰心冷不摧——沈家本诗集》，第257页。

[30] 《清实录·德宗实录·卷四九五》（第58册），中华书局1986年版，第577页。

沈家本而言，却是他修齐治平的最后一次机遇，也是大清朝廷抵挡列强铁蹄践踏、改变国运的最后一次机会。放到历史长河中，这更是古老中国法制转型的一次重大机遇。

沈家本虽得晋升重用，可是一个已逾花甲之年的老人，如何面对他一生中最为重要的机遇？又将如何应对这样的关乎国家命运的改革难题？

沈家本在修律馆筹备的这一年多时间里，已经做了许多工作，包括律例馆更名、聘请外国专家顾问、挑选熟悉中西律例的法律人、调取法政海归、筹措经费等等。[31] 沈家本延聘东洋法律顾问，派董康"东航数度，计先后聘得法学博士冈田朝太郎[32]、松冈义正[33]、小河滋次郎、志田钾太郎，充馆中顾问暨学堂教习"[34]。搜罗法律人才，调留学各国之毕业生（这一努力一直持续），如调丁士源[35]未成，最后以兼职借调方式办理。

他做这些筹备工作的过程中，实际上在酝酿修律工程中的一个核心问题——如何对待"新"与"旧"的问题。

---

[31] 李贵连：《沈家本传》（修订本），第258页。

[32] 冈田朝太郎（1868—1936），日本刑法学家，1891年毕业于东京帝国大学法学科，后受日本政府派遣赴德国和法国，回国后被聘为东京大学法科教授，1901年获得法学博士学位。1906年被清政府高薪聘请担任刑律起草的顾问。

[33] 松冈义正（1870—1939），日本民法学家，梅谦次郎的学生，1892年毕业于东京帝国大学法科，曾获得法学士学位，并于1916年被授予法学博士学位。在1906年来华前，他任东京上诉法院推事。在和清政府签订的三年聘期里，他在京师法律学堂承担了民法总则、物权、债权、亲族法、相续法、民事诉讼法和破产法的讲授。他直接参与《大清民律草案》起草，参照《德国民法典》编名和次序。还担任清政府民诉法的起草成员，根据日本民诉法并参引别国法进行讲授。他的讲授，经汪有龄口译，并由熊元襄依据讲堂笔记和讲者的著述，编成《民事诉讼法》一书，作为"京师法律学堂笔记"之一种，于清宣统三年（1911）印行。

[34] 董康：《中国修订法律之经过》，载《董康法学文集》，中国政法大学出版社2005年版，第462页。

[35] 丁士源（1879—1945），字文樵，浙江吴兴人。早年入上海圣约翰书院就读，毕业后于北洋水师学堂学习。1902年赴英国新林肯大学学习法律专业，1904年毕业，回国后历任清政府陆军部军法司司长、高等巡警学堂总办等职。1906年升任清政府陆军参领。1907年带领赴法留学生至法国。回国后继续在陆军任职，1912年后，历任北洋政府副官长、外交部江汉关监督、兼任外交部特派湖北交涉员、京绥铁路管理局局长、龙烟铁矿公司会办、京汉铁路局局长、陆军中将。1920年加入中国进步党，成为安福系骨干分子，因附乱业、滥用职被褫夺官职查办。1922年获特赦，1924年后历任财政整理会副会长、内国公债局总理。1932年后沦为汉奸，历任伪满洲国外交部顾问、驻日公使、驻国联代表等职。

过去洋务新政以"布新不除旧"为特征。当年维新志士侧重"布新"而忽视"除旧"。"除旧"相当于改革中触及旧势力和既得利益，因此"布新"表面看来更为容易，但几乎总是沦为改革的幌子或旧势力攫取"红利"的机会。一言以蔽之，"布新不除旧"几乎成为一切改革失败的定律。布新与除旧的关系，在戊戌变法前就被提了出来。严复针对清廷只"布新"、少"除旧"，于1898年1月在《拟上皇帝书》（后人改称为《上皇帝万言书》）中敬告曰，"为政之道，除旧布新，相因为用"，"新旧并存，理自竭蹶"[36]，新旧自相冲突消耗。严复其后虽然提到光绪急需解决的三件大事是"联各国之欢"、"结百姓之心"、"破把持之局"，[37]但仍然没有讲清楚"除旧"与"布新"的关系。康有为在1898年《各省改书院淫祠为学堂折》中也提到，开办大学堂、停止八股、举办经济常科，从这些措施中可以看出"我皇上除旧布新，兴学堂育才至意"[38]。深入论述"除旧"与"布新"关系的是梁启超，他于1898年12月在《论变法后安置守旧大臣之法》中写道："变法之事，布新固急，而除旧尤急，譬犹病痞者，不去其痞而饵以参苓，则参苓之功用，皆纳受于痞之中，痞益增而死益速矣。虽然，变法之事，布新固难，而除旧尤难。譬犹患附骨之疽，欲疗疽则骨不完，欲护骨则疽不治。故善医旧国者，必有运斤成风，垩去而鼻不伤之手段，其庶几矣。"[39]梁启超更明确指出问题的要害，他说："苟不务除旧而言布新，其势必将旧政之积弊，悉移而纳于新政之中，而新政反增其害矣。"[40]就改革而言，除旧是布新的逻辑前提，除旧比布新更重要。殊不知，在不知除旧的前提下，有多少创新都成为艳丽而短

---

[36] 严复：《拟上皇帝书》，载王栻主编：《严复集》（第1册），中华书局1986年版，第69页。

[37] 王可珍：《从〈拟上皇帝书〉看维新时期的严复》，载《中国近代启蒙思想家——严复诞辰150周年纪念论文集（福建省严复学术研究会会议论文集）》，第273页。

[38] 《京外近事：康工部奏请饬各省改书院淫祠为学堂折》，载《知新报》1898年第63期。

[39] 《本馆论说：论变法后安置守旧大臣之法（变法通议四）》，载《清议报》1898年第4期。

[40] 梁启超：《戊戌政变记》，载中国史学会主编：《戊戌变法》（第1册），上海神州国光社1953年版，第273—274页。

命的肥皂泡。

　　修律布新必须除旧，包含着对新旧"关系"的把握、除旧具体内容的选择、律例修订中的制度设计等等。沈家本奉命修律后的一年多时间里，伍廷芳尚未回国，这一系列任务就压在了沈家本肩上。1902年至1903年筹备修订法律事宜，1904年4月1日（光绪三十年二月十六日），由律例馆更名的修订法律馆开馆。除开始着手西文书籍的翻译之外，就除旧任务怎样落实的问题，沈家本征求众议，采纳了董康的意见："自宋以后，刑制日趋于重，若凌迟尤形残酷，今欲中外划一，须从改革刑制始。如蒙俞允，始知朝廷非虚应故事也。"[41] 这是对"除旧"一个投石问路的试探策略。于是，沈氏小心翼翼地于4月7日（二月廿二日）先上了一个《奏申明定例以慎刑章折》，奏请饬下严格依律例定罪判刑。4月28日（三月十三日），奏请删除《大清律例》344条，也得到批谕依议。"除旧"的策略性尝试之后，接下来，沈家本就开始大刀阔斧地干了。

　　光是1905年，沈家本就和伍廷芳合上了十个修律奏折，仅5月5日（三月廿日）一天就上了四个奏折，包括《删除律例内重法折》《议复江督等会奏恤刑狱折》《奏请专设法律学堂折》和《奏请于各省课吏馆内专设仕学速成科》。[42] 这四个奏折，前两折内容实为"除旧"，后两个是"布新"。刑法中的凌迟、枭首、戮尸等死刑，不仅最残酷，而且多年来最受外国人指责。这虽有相对较广泛的共识，但想要"除旧"，论证理由很重要。首先是除旧的理由如何论证？沈家本讲得很到位：其一，"西人每訾为不仁。其旅居中国者，皆借口于此，不受中国法律之约束"，他说，这不光司法主权没了，还倒过来污我不仁之名；其二，"墨守旧章，授外人以口实，不如酌加甄采，可默收长驾远驭之效"；其三，"治国之道，以仁政为先……刑法之当改重为轻，固今日仁政之要务"；等等。[43]

---

[41] 董康：《中国修订法律之经过》，载《董康法学文集》，第461页。
[42] 陈柳裕：《法制冰人——沈家本传》，浙江人民出版社2006年版，第60、315—316页。
[43] 《删除律例内重法折》在当时也称《修律大臣外务部右侍郎伍刑部左侍郎沈奏酌拟变通刑法折》，参见《东方杂志》1905年第2卷第6期。

禁止刑讯也一样，这项"除旧"得清廷允准，顺利通过。1905年5月至10月的另外4个奏折也清一色都是"除旧"之奏，涉及"变通盗窃条款""宽免徒流加杖""变通妇女犯罪收赎银数""轻罪禁用刑讯笞杖改为罚金"。1906年4月25日和6月21日，又有"虚拟死罪因改流徒折"和"禁革买卖人口变通旧例议"，另有关于伪造外币治罪、诉讼法试办等若干"布新"的奏折。1907年的奏呈更多，上了"司法权限""改良监狱"等10个奏折。当然，由于到此阶段除旧与布新已连成一体，比如改良监狱既要除旧又要布新，因此它们究竟是除旧还是布新已经不那么分明了。1905年至1907年这三年里，沈家本完成了一个完整的除旧计划，包括削减死罪条目、禁革人口买卖、删除奴婢律例、统一满汉法律、禁止刑讯、改革野蛮行刑、停止影响司法独立的会审制等一系列除旧主张。沈家本对旧刑律中残忍或不仁的行刑旧制，有专门的论述，他反对死刑公开执行，主张"别设刑场一所"，"不令平民闻见"。[44]他以仁、仁爱、仁政之语来促成除旧的可接受性。他和伍廷芳等人在清理和改造旧律上的理念和意志，果敢坚定，促成改革的奏折数量增长，犹如井喷似的节奏。

年逾花甲的沈家本，反倒生出他年轻时少有的锐气，一种除旧布新的锐气。这一点与许多人相反——往往青年时代锋芒毕露，年长之后反倒韬光养晦。沈家本修律的文化符号意义，就在于敢于以实际行动对以往变法"布新不除旧"定律的逆反。

除旧对于中国有何种意义？民国法史学家杨鸿烈敏锐意识到并回答了这一问题。他在引述沈家本《删除律例内重法折》后评价说："这文将中国法律'最落后'、不合时宜的部分真能剀切披陈，可算是对'中国法系'加以改造的一篇大'宣言'！"[45]在引述沈氏《虚拟死罪改为流徒折》后，杨氏评价说："这是进一步要使中国旧律例的规定'世界化''一般

---

[44] 沈家本：《变通行刑旧制议》，载《北洋法政学报》1909年第120期。
[45] 杨鸿烈：《中国法律思想史》（下册），商务印书馆1998年版，第312页。

化'。"㊻ 在我看来，文化艺术讲究特色，而制度文明则要强调统一化和世界化。除旧的意义在于，用新的制度文明对抗以文化形态顽固存在的陈旧之物，打破固有制度文化之个性化和特色化，追求制度文明之统一化，使本国融入世界。当然，制度的除旧是一方面，观念的除旧是另一方面。旧观念会严重阻碍制度变革，这也是之后礼教派阻止法理派变法的原因之所在。

1906 年，刑部改法部，大理寺改大理院。沈家本任大理正卿，开始着手筹备大理院。为在中国初创独立之司法权，他考古今中外之异同，制定《法院编制法》，明确规定行政长官及检察官不得干涉法官的审判活动。当年一份《北京五日报》，在"纪事"中记载"大理院之独立"一条，内容为："大理院办事之权限虽系独立，然于创办伊始，均须商之法部会同具奏。惟于调员、请款二事，并未与法部会衔。"㊼ 清代以官制改革欲达成审判与行政的分立，根基在于官制，今天而言，就是涉及政治体制问题。

不久，沈家本的大理院独立改革遭遇抵制。鄂督张之洞于 1907 年 2 月 16 日（正月初四）"又电咨编制馆力驳司法独立"。㊽ 然后是 5 月 14 日（四月初三日），法部尚书戴慈鸿上折《酌拟司法权限缮单呈览折》，得到皇帝谕准。这就是法部与大理院的司法权限冲突，实为行政权兼司法权混合传统于此时爆发之故。身为大理正卿的沈家本，不顾皇帝谕准，毅然于 5 月 20 日（四月初九）提出《酌定司法权限并将法部原拟清单加具案语折》，对法部方案中的谬误之处提出了全面的批驳意见。清廷在沈氏奏折上批谕：双方"会同妥议，和衷协商，不准各执意见"。两天后，清廷将大理正卿沈家本与法部右侍郎张仁黼对调任职。所谓"部院之

㊻ 杨鸿烈：《中国法律思想史》（下册），第 314 页。
㊼ 《纪事：大理院之独立》，载《北京五日报》1906 年 12 月 11 日第 54 期。
㊽ 《中国大事月表（丁未）1907 年》："正月初四日，鄂督张之洞又电咨编制馆力驳司法独立"，载《新民丛报》1906 年第 4 卷第 17 期。

争",在糊涂人看来是权力之争,是本位之争,误以为沈家本是为"本位主义"而争。沈家本被人误解和陷诬的风险也随之到来,"沈大臣为人崎龁,曾裁撤大臣一职,将馆并归法部(时刑部已改法部)。嗣朝廷颁行立宪年限,复将法律馆独立。政府知斯职非沈家本不能胜任,令其复职"。⑭

当时有几份英文报刊就以赞赏的口吻报道沈家本与伍廷芳搭档实行的法律改革,称他们的改革是为"更符合现代文明的要求"。⑮ 就在此时,上海《申报》于1907年6月7日发表《沈家本曷为而入法部乎》,把这个道理讲清楚了。文章开头就说,"一士之谔谔不敌千夫之诺诺",认为沈家本"于独立审判持之甚坚",此方结论,切中要害——"沈所争者,为大理院也,为法部也,非为个人之位置也。个人之位置可朝东而暮西,法部、大理院职掌所分,断不能强彼以就此"。⑯ 1907年6月25日起,《申报》为支持审判独立,连载大理院正卿沈家本的《奏陈调查日本裁判情形清单》⑰和《奏陈调查日本监狱情形清单》⑱。

沈家本主持改革之前,"没有发现他对西方法治有什么了解"⑲。那么他的国际视野和西方知识从何而来?何以成为中西比较法学家和立法大师?

有学者研究发现,任天津知府时,沈家本开始了与西方文化的第一次接触,这与他后来修律时能中西融会贯通,多少存在一定的联系。⑳ 也有学者发现沈家本的《借书记》共记录了348本书,"最令人惊讶的是其中

---

⑭ 董康:《中国修订法律之经过》,载《董康法学文集》,第462页。
⑮ "Their Excelleneies Shen Chia-pen and Wu Ting-fang", *The North-China Herald and Supreme Court & Consular Gazette*（1870-1941）, February 9, 1906. 同样报道文章还刊于 *The North-China Daily News*（1864-1951）, February 9, 1906, p. 7.
⑯ 《沈家本曷为而入法部乎》,载《申报》1907年6月7日。
⑰ 《申报》自1907年6月25日起至7月19日六次连载《大理院正卿沈家本奏陈调查日本裁判情形清单》。
⑱ 《申报》自1907年7月1日起至7月16日三次连载《大理院正卿沈家本奏陈调查日本监狱情形清单》。
⑲ 李贵连:《沈家本传》(修订本),"代自序",第5页。
⑳ 陈柳裕:《法制冰人——沈家本传》,第31页。

还有一些早期西方传教士的著作或译作,以及明末清初启蒙思想家的代表作"。其中包括三类西学书籍:一为西方地理民俗类,二为西方科学类,三为明末清初启蒙思想家的代表作《日知录》和《明夷待访录》。㊱西方的"人格"概念传入中国,较早见于严复1903年翻译的《群己权界论》(即密尔的《论自由》)。有学者发现,《群己权界论》译著出现不久,沈家本就在文章中多次使用了"人格"一词。㊲如《禁革买卖人口变通旧例议》中说:"现在欧美各国,均无买卖人口之事,系用尊重人格之主义,其法实可采取。"㊳可见沈氏不仅好学,还是活到老学到老的学问家。作为修律大臣,沈家本的知识不只限于刑律的范围内,还提出民商法的作用,倡导公法与私法的分离。他在光绪三十三年(1907)《奏开馆日期并拟办事章程折》中就指出:"民、商各法,意在区别凡人之权利义务,而尽纳于轨物之中。"㊴他不只学习西方司法,还了解西方的政治体制。1911年他在《法学名著序》中讲:"近今泰西政事,纯以法治,三权分立,互相维持。其学说之嬗衍、推明,法理专而能精,流风余韵,东渐三岛,何其盛也。各国法学,各自为书,浩如烟海,译才难得,吾国中不能多见。"他看到了日本西学法科人才给日本带来的积极一面,指出"朝廷设馆编纂法学诸书,将改弦而更张之矣"㊵。

修律变法,人才是根本。1907年11月7日(光绪三十三年十月初二日)沈家本为修律馆人事问题正式"打报告"——在《奏调通晓法政人员折》中"就平日所知证以时论"列了一大串名单:大理院刑科推丞许受

㊱ 参见曾尔恕、黄宇昕:《中华法律现代化的原点——沈家本西法认识形成刍议》,《比较法研究》2003年第4期。
㊲ 李贵连、俞江:《论沈家本的人格平等观》,载《环球法律评论》2003年第3期。
㊳ 沈家本:《禁革买卖人口变通旧例议》,载《寄簃文存》卷一,商务印书馆2015年版,第17页。
㊴ 《修订法律大臣奏开馆日期并拟办事章程折(附章程)》,载《政治官报》1907年第61期。
㊵ 沈家本:《沈侍郎法学名著序》,载《法政杂志》(上海)1911年第1卷第6期。

衡、民科推丞周绍昌[61]、署民政部参事章宗祥、大理院推事王仪通[62]和姚大荣[63]、署推事吴尚廉、民政部郎中陆宗舆、前学部参事陈毅、大理院推事金绍城、署大理院检察官熙桢、法部员外郎吉同钧、外务部主事曹汝霖、农工商部主事吴振麟、法部主事顾迪光、内阁中书范熙壬[64]、大理院行走李方[65]（1905年第二届法科进士）和章宗元、大理院行走分省知事江庸、张孝栘、熊垓，大理院行走留学日本学生汪有龄、程明超、高种以及1907年自欧美回国的严锦荣（镕）、王宠惠和陈箓，日本尚未回国的朱献文等等，共计三十人。[66]沈家本从地方和中央衙门"抢"海归法律人才，也受

---

[61] 周绍昌（？—1926），字霖叔，广西灵川人，光绪甲午进士，改翰林院庶吉士，前清刑部秋审处主稿，1907年补授大理院民科推丞。1911年辛亥革命时署理大理院少卿，民国成立后，1912年11月任司法部秘书，1913年1月任直隶司法筹备处处长，1914年3月任直隶内务司司长，4月因同籍回避免职，转任政治讨论会秘书，1915年7月任平政院评事，1916年8月代理司法官惩戒委员会委员长，同年进叙一等。

[62] 王仪通（1864—1931）又名王式通，字书衡，寄籍山西汾阳，原籍浙江绍兴。光绪戊戌科进士，历任编书局、学务处等职。1906年在日本东京考察，兼在法政大学留学。归国后任内阁中书，调任刑部山东司主事、安徽司员外郎、大理院推事、大理院少卿等职。1912年7月任司法部次长，旋转任约法会议秘书。1914年任袁世凯总统府内使，1915年10月任政事堂机要局局长。次年5月任国务院秘书长，6月转任国务院参议。袁死后失势。1917年就任全国水利局副总裁，不久到参议厅任职。1920年8月退职。1925年后任清史馆编修等职，自著《志盦诗文集》《刑法志》《邦交志》《弭兵古义》，修撰国史、清史、四库书目等，精于法律、史地，民初之中小学地理课程为其手泽。1931年10月病逝于北平。

[63] 姚大荣（？—1939），字俪桓，号芷灃，贵州普定人。光绪九年（1883）进士。历任内阁中书、起居注主事、刑部主事、学部图书局行走，1907年向学部建议中国宜改用阳历与各国一致，同年奏请孔庙为大祀。1910年补大理院刑科推事，1914年任平政院书记官、记录科主任，1919年升简任职。辛亥革命后，住北京，专事文史、画论等著述，著有《墨缘汇观撰人考》《惜道味斋集》《马阁老洗冤录》《木兰从军时地表微》《西王母国故》等。1939年4月21日在天津去世。

[64] 范熙壬（1878—1938），字任卿，号耘勤，门人尊称"莱园"先生。湖北黄陂人，范轼之子，张之洞得意门生，曾参加"公车上书"。1903年京师大学堂第一次派赴日留学生，与余棨昌、张耀曾等同赴日本留学。在日本与同盟会会员黄兴、宋教仁过从甚密，追随孙中山；1906年在东京创办《新译界》（The New World of Translation），任杂志总理（主编），曾翻译《资本论》，探求立法救国。民初任国会众议院议员，系中国清末民初司法体系的理论构建者与实践者。

[65] 李方（1868—？），广东五华人。早年赴英国留学，剪辫，毕业于剑桥大学法律科，回国后在汉口当律师。1906年经好友颜惠庆相告，北上一试，参加1906年（丙午）第二届学部留学生考试，张榜时得知居第六名，"不觉笑了"。廷试之后，戴着假辫子在颐和园接受光绪皇帝召见，与陈锦涛、施肇基、张煜全同批授予法政科进士出身，分派至大理院，1910年补大理院推事。其本人不愿意，"以为自己是干外交好"，遂找唐少川（绍仪）请求转移，不成，1910年被派赴欧美考察监狱。

[66]《折奏类一：又奏调通晓法政人员折》，载《政治官报》1907年第42期。

到阻力。比如调留日学生（未毕业）范熙壬、朱献文回国，委以官职，遭到学部反对，[67] 最后无奈磨了一阵才成功。1908年，沈家本以起草刑、民律限期甚速，商诸军机，请调伍廷芳归国同办。[68]

可以说，沈家本一生的最大事功，首先在于除旧，唯有除旧才能布新。他在"布新"方面的事功是后人都看到的，包括建立法律学堂、主持中国第一部"民法典"草案（《大清民律草案》）的起草，创造中国最早的诉讼程序法，确立"审判独立"制度，等等。因此，唯独他成为清末真正意义上的法律改革家。

三、锐气见新理

《大清新刑律》从起草到1911年1月25日钦定本颁布，历时六年，时间之长，争论之烈，前所未有，最终闯过难产大关。那么，沈家本"除旧"的障碍在哪里？"除旧"任务首先是删除旧律中以纲常名教量刑的条款，这极其艰难，遭遇无数次的反诘和辩驳。但他甘冒被斥为悖逆纲常、离经叛道的风险，起而论辩。在围绕《大清律例》中有关"子孙对尊长正当防卫"和"无夫奸"等有关礼教的规范时，礼教派"群起而讧议之"[69]，甚至以"败坏礼教""祖庇革党"等[70]大扣帽子进行非难。当时的报刊称"沈家本所订刑律注重人道进化主义""劳乃宣极端反对""劳仍剌剌不休"[71]。礼教派的核心观念集中在了父子关系与男女关系，一是孝，二是贞，而两者正是关乎礼教最顽固死守的"大问题"。

在我们今天看来，"子孙对尊长正当防卫"意味着个体的平等人格和独立尊严，而礼教派强调尊亲管束子孙、子孙尽孝道，主张"子孙不可有

---

[67] 冯立昇、牛亚华：《京师大学堂派遣首批留学生考》，载《历史档案》2007年第3期。
[68] 《沈家本以民刑等律草案限期甚速商诸军机请调伍使归国同办》，载《新闻报》1908年9月28日。
[69] 江庸：《五十年来中国之法制》，载《清华法学》2006年第2期。
[70] 董康：《前清法制概要：在本校第七届毕业典礼之演说词》，载《法学季刊》1924年第2卷第2期。
[71] 《修律大臣沈家本所订刑律注重人道进化主义劳乃宣极端反对》，载《时报》1910年9月1日。

正当之防卫以防卫其尊亲属"[72]。法理派敏锐地指出，不能混淆尊亲管束幼稚子弟与不正当侵害之界线。"子孙防卫"的辩论在最后表决时，赞成劳乃宣的仅少数人，法理派胜利。

然而，"无夫奸"去罪化，更为不易。所谓"无夫奸"，用今天的话来讲，强调的是没有丈夫的女性要严守"性"的贞操；因此无夫之女性犯和奸，构成刑事犯罪。"无夫奸罪"本质上象征着礼教之下刑法在维护道统方面更宽泛的功能。这一罪名，意味着直接用刑法干预那些属于道德范畴的行为，惩罚那些私领域的行为。沈家本试图把"无夫奸"去罪化，从现代法治与自由理论上讲是个什么问题？这可以看成是：有无必要用刑法去干预个人的"性"自主权的问题。到了议场议决"无夫奸"时，争论持续五个钟头，僵持到最后只得付诸表决，结果还是以礼教派得胜、沈家本等法理派落败而告终。可见，旧观念严重阻碍制度变革，除旧之路任重而道远。

早在沈家本奏上新刑律草案时，就出现上下掣肘的局面：下有部院督抚大臣的排挤指斥，上有"修改新刑律不可变革义关伦常各条"的上谕。沈家本与礼教派正面遭遇，进行了多次大辩论。大清帝国资政院修律的辩论不只是法律之争，还是文化和意识形态争论甚至是政治斗争。专制之下的改革总是潜藏着暗流汹涌的风险，这是可预见的。其论敌中，先有位高权重的张之洞，他还是沈氏出任修律大臣的关键保举人。一向以开明著称的张之洞，率先以"中国名教"反对新法律中的父子异财、兄弟析产、夫妇分资，反对男女平等，[73]指责沈家本"袒庇革党""蔑弃礼教"。而沈家本的论辩对手劳乃宣是资深大员、捍卫礼教的急先锋。劳乃宣也刻意指责沈氏迎合外国人的口味。[74] 以张、劳二人为代表的礼教派思想背后的靠山，

---

[72] 李贵连：《沈家本传》（修订本），第434—435页。
[73] 光绪三十三年（1907）七月，张之洞就《刑事民事诉讼法》草案在《遵旨核议新编刑事民事诉讼法折》中提出驳议。
[74] 陈柳裕：《法制冰人——沈家本传》，第217页。

则是整个根深蒂固的旧文化势力,倘若胆怯者必然退避三舍。自古以"贤明"誉人,"贤"者善也,"明"者,判断力也!一个人是否真正贤明,不是看他常态下是否和善,关键是看他面对陈腐或愚顽时,有无"超越"的理性和不懈的意志。沈家本除旧的锐气从哪里来?这是一个值得深究的问题。是刑部的资历?是律学的功底?是经学的涵养?是诗人的敏锐?或是接受新知的开明?或许这些因素都是他锐气的来源。整体来看,经过一甲子的磨砺,诗性之魅,加上文史之道,均赋予沈家本坚韧的锐气,虽年逾花甲却终成大器。我更关心的问题是,在与礼教派的争论中,沈家本多大程度上阐发了他的法理思想?

改革需要锐气,除旧需要新理。我们知道法理派与礼教派争论中最根本的分歧,在于新法与旧制的连接问题。这也是后来数十年甚至百余年立法上争执不休的一个课题。1911年大清覆灭之前,即有多位学者对新刑律发表批评意见,其中一篇代表性文章是崔云松[75]的《新刑律争论之感言》。他说,新刑律草案提出以来,屡受驳击台谏,"函电交驰,皆视为一种不可行之物",但争论双方,"所据之理由与对象物全属隔膜"。崔文把问题引向"法律根本原理本身",认为旧律新律"所据之原理","导源不同,分派自异",比如犯罪的概念在中西就有不同,吾国犯罪是个伦理概念,"苟不反乎伦理礼制,国家即不得而罪之"。"和奸无夫妇女违反父兄教令诸条,皆属旧律之根本理想。据之以论新律,反对赞成二者见解不同。"

---

[75] 崔云松(1878—?),字叠生,陕西咸宁(今西安)人。1905年赴日本留学,入明治大学,1908年在日本与陕籍留日学生谭耀堂(焕章)、郗朝俊(立丞)等创刊《关陇》杂志。留日期间在国内发表多篇文章,论述新刑律、评论时事,认为在新旧刑律交替期间,法官应当"补二律之鸿沟,自当以新律精神为标准"。1911年毕业归国回陕,参加清政府举行的游学生考试,被授予法政科举人。辛亥革命后任陕西财政局长。1912年任西北大学创设会委员、文科学长。民国初任陕西都督府参事、法制局长。1913年1月起历任陕北观察使、陕西榆林道道尹,精明干练,胆识兼优,莅任两年,勤能卓著。1915年3月奉令卸任,"着开缺另有任用",1916年4月由陕西巡按使吕调元以"才堪致用"呈请提前任用,被从优叙官,授四等嘉禾章,奉交政事堂存记。1917年6月去职,1918年8月,被选为安福国会众议院议员。1933年12月安徽地方政务研究会成立时,与马凌甫分别担任该会正副主任。卒年未详。

如果不讲清楚背后的原理依据，则"新旧混淆"便是"东施效颦"。[76] 崔云松的观点可称为"原理差异论"。

我们再来听听晚于沈家本变法四十年的一位法学家蔡枢衡[77]的评论，也与崔氏有相似的洞见。蔡枢衡在《近四十年中国法律及其意识批判》一文中，将"三四十年来"在中国存在的"沈派"与"反沈派"作了总结，评价了各自的得失。他指出反沈派"肯定新法和法律史不联接"；而沈派的缺陷在于着眼政治上撤销领事裁判权和变法图强的需求，忽略了"新法和社会不适合这问题"，"遗弃了法学的哲学性和社会科学性"。[78] 他认为沈派"太看重了政治对于法律的本质性，忽略了政治对于社会的形式性，所以免不了反沈派要把法律和社会不适合这问题作理由来反对。反沈派太看重了法律对于社会的形式性，而不知政治对于法律也有本质的作用，所以尽管叫破了喉咙，也得不到立法政策的共鸣"[79]。他认为"反沈派尽管主张国情论，却始终没有人说明：为什么法律和国情不符便要不得？为什么搅乱人民固有的生活秩序的法律便是要不得的法律"[80]？这个问题非常重要，涉及固有秩序与先进文明的关系。法律和国情不符，哪些要得，哪些要不得？进一步说，中国特色与世界文明在何种意义、何种问题、何种程度上具有融合的可能性？本文暂且不去回答问题，还是先看蔡枢衡对沈家本的评论。

---

[76] 崔云松：《新刑律争论之感言》，载《北洋政学旬报》1911年第15期。

[77] 蔡枢衡（1904—1983），江西永修人。曾受私塾教育，后入新式学堂，中学毕业后留学日本，先后就读于日本中央大学法学部、东京帝国大学，师从日本著名刑法学家牧野英一，专攻刑法学。回国后，从1935年开始任北京大学、西南联大法律系教授。1948年初担任北大学生孟宪功辩护人之一，为其取保候审和出庭进行辩护。此案结后回到家乡永修探亲，被家乡父老、学术界强烈挽留，终于留在南昌，开始主持江西中正大学法律系，任教授兼系主任。国民党撤退时，他被推举主持中正大学校务委员会。代表作有《中国法律之批判》《中国法理自觉的发展》和《刑法学》。

[78] 蔡枢衡：《近四十年中国法律及其意识批判》，载蔡枢衡：《中国法理自觉的发展》，清华大学出版社2005年版，第32、33页。

[79] 蔡枢衡：《近四十年中国法律及其意识批判》，载蔡枢衡：《中国法理自觉的发展》，第64页。

[80] 蔡枢衡：《近四十年中国法律及其意识批判》，载蔡枢衡：《中国法理自觉的发展》，第44页。

蔡枢衡认为沈派和反沈派二者均缺乏某种新立场、高维度的世界观、法律观和方法论，因此在二者之外需要建立"第三立场"，抛弃没有方法论的态度。蔡氏所谓"第三立场"是指"抛弃其撤销领事裁判权和当时所谓'图强'的具体内容，而保存其抽象的促进社会发展和维持社会秩序的目的观。法律是达到政治目的的手段。政治本身也不过是为着维持社会秩序、促进人类历史发展、完成历史过程而存在的一种组织"。蔡氏认为沈派缺乏"第三立场或第三阶段的世界观和法律观"，没有从理论上告诉我们理由，"不发一言"。[31] 蔡氏说，如果"沈派把握住了这一点"就"能占上风"。[32] 蔡氏的意思是，沈派没有跳出就事论事的窠臼，应当在除旧改革立法的立意上更高远一些。蔡氏关于设置"第三立场"即寻求更高维度的理论依据的论述，这个归纳和观点也很有见地。他所洞见的世界观、法律观和方法论，可以说是更高"维度"的新立场，至今仍然值得我们来重视。

的确，沈家本在立法过程中唯一一篇指名道姓的短文中，关于"无夫奸"去罪化，只列举"欧洲法律""俄律"及"近日学说家"的主张[33]，虽然沈氏不作阐述，但态度鲜明。如果结合沈家本派论证"无夫奸"去罪化的实际情况来看，沈派并非"不发一言"，并非只局限于这一两项政治政策或目的。事实上，支持沈家本的杨度也有更高的维度——以国家主义代替家族主义。所以蔡氏的评论与事实有一定出入和误解。下面我们来看看沈家本是否阐发过"更高维度"的理由。

在《大清新刑律草案》第23章"关于奸非及重婚之罪"按语中，沈派明确指出"径以社会、国家之故科以重刑，于刑法之理论未协。例如，现时并无制限泥饮及惰眠之法，原以是等之行为非刑罚所能为力也。奸非

---

[31] 蔡枢衡：《近四十年中国法律及其意识批判》，载蔡枢衡：《中国法理自觉的发展》，第44页。

[32] 蔡枢衡：《近四十年中国法律及其意识批判》，载蔡枢衡：《中国法理自觉的发展》，第43页。

[33] 李贵连：《沈家本传》（修订本），第388—389页。

之性质亦然。惟礼教与舆论足以防闲之，即无刑罚之制裁，此种非行亦未必因是增加"。意思是，无夫奸和喝醉酒、睡懒觉属于同类性质的问题，都是个人私域问题，不应该动用刑罚手段。这是他们的立法理由，背后所据之原理不可谓不清晰。杨度也从社会效果上指出，子女犯无夫奸的父母"如真以为耻，必秘而不宣，决不欲以国家之刑法审判之。所以，此条不加入正条，正所以养社会之廉耻"。[84]刑律起草顾问冈田朝太郎的说理水平无疑是最高的，他尖锐地指出刑法适用的界限问题。他说"须划清个人道德和社会道德之界限……然此观念尚未完全发达之时代，往往刑律适用过广"，"自刑律发达之程度观之，凡法典之进步者，概无和奸罪之规定"，"以法理言，凡害及社会之行为，有刑罚之效力所能及者，亦有不能及者"，即使入刑，"轻微处分，终不足禁制男女之私情"，最后得出结论，"泥于礼教，不明法理，其法决非完全之法……苟因此无益之问题，致贻笑柄于环球法学界中，是岂仅资政院之耻耶"?[85]由此可见，法理派对刑法惩罚范围的有限性问题还是作了阐述的，对于礼教派来讲，这是一种超越"旧理"的"新理"。从以上的事实可知，沈家本派已经揭示了超越政治目的实用的更高"维度"的理由。

用我们今天的标准来看，沈家本派阐述的"新理"，似乎不够深入。近年有学者研究指出，沈家本派的道德观与边沁、密尔有一定关联。边沁在1789年的《道德与立法原理导论》中将伦理视为指导人们行动得到最大幸福的艺术，区分了"自我管理"的"私人伦理"与立法的"公共伦理"。同时，该学者认为法理派"遵循了密尔对'伤害'的界定，即只要没有侵犯他们的利益，国家就不应该借助法律等强制手段进行干预"[86]。这种挖掘不失深刻。然而，作为清末觉醒者的法理派，主张废除"无夫奸罪"其实还没有那么深刻的理论资源，而只是一种初步却伟大的自觉意

---

[84] 李贵连：《沈家本传》（修订本），第398页。
[85] 李贵连：《沈家本传》（修订本），第399—401页。
[86] 文扬：《礼法之争是简单的道德与法律之争吗?》，载《河南财经政法大学学报》2021年第5期。

识——法理派主张刑法废除"无夫奸罪",就是主张不应该用国家刑法来干预个人"性"的平等自愿自主。法理派意识到要把刑法干预范围加以缩小,认为国家最严厉的惩罚手段在适用范围上应该有所节制。这是一种现代刑法理念的觉醒,事关国家权力与个人自由的界限问题,是将法律与道德"分离"思想的具体化,也是中国法制近代化所需要直面的形式法(formal law)问题。沈家本逝世后不久,有位欧洲思想家提炼了欧洲法的一个重要观念——"把伦理和法分开"(separation of law from ethics)[87]。这个人就是马克斯·韦伯。同时韦伯还在评论传统中国法时说,中国至少在历史上"没有相应的法学家阶层,也没有专门的法律培训"[88]。这也正是法理派在废"无夫奸"这个问题上败北的原因——不是沈派缺乏所据之原理,而是有相当复杂的原因,传统礼教、中体西用等等,另外,也与缺乏专业法学家阶层更缺乏专业共识的支持有关。"吾朝野礼教主义之观念依然如故"[89],因此,如果沈派的"新理"再深入下去,就可能陷入"鸡同鸭讲"的境地。这是历史的局限性。

沈家本修律的许多事例告诉我们,沈派是有"新理"原理作依据和标准的,本质上就是被我们称为"法理"的东西——往往体现现代法律文明的新理念和新思想,所以我们称沈派为法理派。比如,1907年沈家本关于日本监狱制度的报告云:"人类之对于劳动,有道义的权利及义务也。人虽犯罪,亦为人类,则不得不勉全人类之道义的权利及义务。纵为囚人,不得悉视之为无人格。既认之为有人格,则又不可不认其有为人类之道义的权利及义务,而使之就劳动者。故对于犯罪者,拘于监狱不令劳动,是使就无味之徒食,大反道义所要求。然劳动自古以来以为奴隶及下等人类之本职,上流社会之人类决不着手于劳动,卑视劳动之观念,至今仍继续于社会之习惯中。故使囚徒从事劳动者,欲以耻之苦之。与今日所谓人类

---

[87] Max Weber, *Economy and Society*, University of California Press, 1978, p. 810.
[88] Max Weber, *Economy and Society*, University of California Press, 1978, p. 818.
[89] 崔云松:《新刑律争论之感言》,载《北洋政学旬报》1911年第15期。

对于劳动有权利义务者,其感想适相反。殊不知,使囚徒从事劳动,并非欲使囚徒因是而感痛苦耻辱,实借此以全囚徒为人类之道义的权利义务也。"⑨ 在监狱改良上,他认为"监狱者,感化人而非苦人、辱人者也"⑨。把人当人对待,才能感化人,这是一种人性和人道。显然,沈家本的监狱劳动观念已经接受西方教育刑的人权观念。同样,在禁止买卖人口问题上,沈家本1906年就积极呼应两江总督周馥首倡的禁止买卖人口之议,1909年再次疾呼禁除买卖人口,也体现了类似人权的观念。沈家本认为,"凡人皆同类,其人而善也者,茂林翘秀也;其人而恶也者,丛拨荒芜也。法之及不及,但分善恶而已,乌得有士族匹庶之分"?人在法律面前,只有为善为恶,没有"士族"与"匹庶"之分。⑨ 沈家本以"善恶"为唯一标准来解释刑罚平等之正当性,又近似于自然法观念。他在这里讲生命,讲人格,就是新理、法理。这种观念本来是新文化时代的产物,却以词语的形式提前出现在了沈家本的笔下。更令人钦佩的是,沈家本还有世界文明和法制文明的外来意识,这来自他对西方法律文明的阅读和理解。他曾明确使用"尊重人格之主义"⑨ 之表述。有学者还指出,沈家本曾在1909年《进呈修订刑律草案折》中谈到权利平等问题时,用了"权由天畀,于法律实不应有厚薄之殊"。⑨ 这可能来源于严复在《辟韩》中提到的"民之自由,天之所畀",其实暗合了卢梭之名句"Man is born free"(人生而自由)。沈家本不一定读过卢梭,或许读过严复的《辟韩》,但不能不说沈家本受了他们影响,和他们有一致的平等和人道思想,甚至有朴素的人权观念。这些观念用今天的话来讲就是自由。只不过,他没有把这些观念像严复那样用"自由"概念来表达。这说明沈家本在平等观念、人权观念和司法改良等方面均有极强的悟性,并且,沈家本的"高阶"理由,远在杨

---

⑨ 沈家本:《外政通纪:日本监狱情形清单》,连载《政艺通报》1907年第11至18期。
⑨ 沈家本:《监狱访问录序》,载《寄簃文存》卷六。
⑨ 《历代刑法考·刑制总考三》,第34页。
⑨ 沈家本:《禁革买卖人口变通旧例议》,载《寄簃文存》卷一。
⑨ 南玉泉:《试论沈家本的法学思想基础》,载法大沈家本法学思想研讨会编:《沈家本法学思想研究》,法律出版社1990年版,第87页。

度的"国家主义"之上。总之，沈家本及其法理派并不是只限于领事裁判权和变法图强的就事论事，并非没有"更高维度"的理由。

从前面的事实，我们再来分析沈家本朴素而更高"维度"的新理从何而来：一是朴素的观念，二是外来的知识。这两方面在他思想中有汇聚，新理是交融的结果。人权这一观念，其实是来自朴素的同情心和同理心，来自人类的良知和理性。沈家本把朴素的人道、人性和人权观念运用到他的除旧和布新之中，成为他的高"维度"的新理。这并不需要复杂的理论，只需要人性和良知的发现。在人权观念没有传入中国之前，人亦是有同理心和同情心的，这些都天然存在于人性本身，它们构成与人权相类似的人性、人情、人道、人本的朴素观念。霍存福在评价沈家本时颇为准确地说，"一方面努力寻找中西法律、法学之'形成基础'的差异性——经验与学理，俾其互补；另一方面更注意发掘中西法律、法学之'构成基础'的共同性——情理，使其互鉴；得出'新学往往从旧学推演而出''然大要总不外情理二字'及'无论旧学、新学，不能舍情理而别为法也'的重要结论，并提出'融会贯通'中西的策略"[65]。当一个人接触到外来先进知识和思想后，就与朴素的观念相结合。因此，人权观与人道观、人性观，是咫尺之遥的事，却总被某种政治和功利的意图和意识所屏蔽。这虽然朴素，但大道至简，朴素并不影响其价值判断，并且在世界观、法律观和方法论上，远远高于反沈派所谓礼教道统的顽固不化论调，因为这些论调是为着稳定政治统治的专制秩序的，是讲求眼前的、本位的、功利的标准，本质上是非人道的、反人性的、逆文明的。

至此，我们可以来回答前面的问题——法律和国情不符，哪些要得，哪些要不得？进一步追问，中国特色与世界文明在何种意义、何种问题、何种程度上具有融合的可能性？我们的回答是：制度与艺术不同，后者可以越具有民族特色越具有国际性，但在制度建构上应当基于人性立场才符

---

[65] 霍存福：《沈家本"情理法"观所代表的近代转换——与薛允升、樊增祥的比较》，载《华东政法大学学报》2018年第6期。

合文明方向，为了人性甚至可以违背传统。一言以蔽之，唯有追随文明大势，才能使中国跻身于现代文明之域。

四、涅槃传薪火

作为大刀阔斧除旧布新的改革家，沈家本后来的命运如何？刘廷琛上书清廷，指斥修律大臣沈家本离经叛道，"修订法律专主从新"。刘廷琛之奏参，实为传统势力对沈家本的弹劾。但此时社会舆论已非旧日，上海《申报》有文章称"刘廷琛奏参沈家本一事，闻者莫不大哗"。文章摘出刘氏原奏言词"用夷狄之法变中国之法"，奏折中列举新刑律中无夫奸、子孙违犯教令皆为无罪以及民律中结婚不必经父母承认等新条款，认为"夫纲夷，父纲灭，君纲安能独存乎？势非酿革命之祸不止也"[96]。压力之下，沈家本被迫辞职——1911年3月22日清廷下谕免其修订法律大臣和资政院副总裁两项职务。风雨飘摇的清廷，硬撑着组建"袁记内阁"，沈家本又做了最后三个月的司法大臣，就随宣统皇帝退位而自然去职。历史是无情的，沈家本们苦心修律为之服务的国体也随之覆灭。人们可能因此会认为沈家本的修律以悲剧告终。如果这样思考问题，那么人生何尝不是虚空和悲剧呢？孙中山不也是"革命尚未成功"吗？

袁世凯手下胡惟德、陆徵祥、段祺瑞三番五次延请沈家本出山任司法总长，被沈公婉言谢绝，却之不恭，只接受了"总统法律顾问"的虚职。[97]章太炎就认为民国政府法部"惟有仍任沈家本，为能斟酌适宜耳"。[98]"南方有举余为司法长之说"，沈家本日记中自言"虚名之累人也"。[99] 其实1912年的他，已经专注于更有意思和更有意义的可为、必为之事——专治法史考证，将孤本旧钞"公诸天下"，"长留于天壤"。其人生的最后一年

---

[96] 《刘廷琛参沈家本之原奏》，载《申报》1911年4月2日。
[97] 沈厚铎整理：《沈家本日记摘钞》，载《法律史论集》（第1卷），第592—593页。
[98] 章太炎在列举民国政府各部人选时，把沈家本与汤寿潜、蔡元培、张謇、伍廷芳并列。汤志钧编：《章太炎政论选集》（下），中华书局1977年版，第529页。
[99] 沈厚铎整理：《沈家本日记摘钞》，载《法律史论集》（第1卷），第589页。

完成了《汉律撼遗》和《枕碧楼丛书》。民国二年（1913）端午节（6月9日）沈家本逝世于北京金井胡同枕碧楼。

沈家本逝世时，法界均为悼叹。[100]袁世凯曾对沈家本有"高名垂后以书传"的评论。6月19日，由其哲嗣沈承熙扶柩回籍，火车至津，航海至沪，转乘船回吴兴（湖州），大总统饬令沿途地方民政长妥为照料。[101]大总统给予治丧费2000元，尊称其为"法部正首领"，并在"司法部衙门建立碑碣用垂纪念"。[102]熊希龄与梁启超撰写的纪念碑文中称沈家本"修订法律，沟通新旧，贯澈中西，厥功甚伟"[103]。1921年9月大总统下令，因"沈家本功在法律学行可风"，特准建立专祠[104]，后因种种原因最终并未实施。

"高名"只是一种虚幻，"书传"也只是一种形式。作为知识人，沈家本的当代意义究竟是什么？如果说沈家本的思想和事功集中表现在他的除旧布新，那么这背后知识运用的规律，才是值得我们今天反复回味的，包括中西知识会通、知识更新、知识批判、知识传承等等。

第一，知识会通的领袖。清廷任命的修律大臣这个角色，实际上首要使命是要了解和吸收西方法律，如果对世界文明缺乏开阔的胸怀和视野，是不能胜任的。沈家本必须聚集人才，领导修律，并引领这个体制朝向一个陌生的文明方向转型。不懂西方，拒绝世界人类文明，何以变法？所以后世学者都承认沈家本在移植西法、融合中西、镕旧铸新方面的贡献。

在主持修律的过程中，他自我更新、自我转型，从中西比较中看到了文明的真相。他把中国置于世界背景下，借以说明海禁大开以后的中国万

---

[100] 《时报》1913年6月13日。
[101] 《内务公报》1913年第2期。
[102] 《铨叙局呈大总统核议前法部正首领沈家本给恤缘由请批示遵行文并批（中华民国二年六月二十四日）》，载《政府公报》1913年第408期。
[103] 引自国务总理熊希龄与司法总长梁启超1913年11月22日呈大总统关于在"司法部衙门建立碑碣用垂纪念"的呈文。参见《政府公报》1913年第560期。
[104] 《大总统指令第二千八十号（中华民国十年九月五日）》："令司法总长董康：呈前修订法律大臣沈家本功在法律学行可风拟恳特准建立专祠并由官给款补助工作由"，载《政府公报》1921年第1989期。

难固守祖宗成法，否则"以一中国而与环球之国抗"，优劣之势，不言自明。他坚持以"会通中西"为修订法律的原则，为了贯彻"务期中外通行"的修律方针，他"参考古今，博稽中外"，大兴研究西法的风气，输入资本主义法律、改革中国封建旧律。沈家本在此过程中实际成了比较法学家，成了考校中西制度文明的冰人，成了中西制度会通的实际领导人。

第二，知识更新的先驱。中国历代没有所谓法律专业人士。律学之特点在"非穷理尽兴之书也"[105]，它是一门以实用目的为导向的注释律典技术，故总是被视为一种"术"，属于官学范畴，虽涵括丰富实践经验并呈一定系统性的方法，但没有形成阐释性法理，缺乏学术的"超越性"。因此，起自汉代的律学正统，不可能转型为12世纪的罗马法学，甚至也不可能像16世纪的欧洲那样出现职业法学家阶层。"法典的拟订并不出于法律家的手笔。读书人只要对前代和当代的法律有相当的涉猎，便有精通法学之誉，可负此责。历代的法典，除汉律外，都成于这些儒臣之手。"[106] 虽然有儒家经典作理论资源，但因为制度环境，决定了它不具备外在或超越于实定法之上的学理资源。

1913年有篇悼念沈家本的文章，说冈田朝太郎"语人曰先生为支那大官中最可敬爱之人物，谓自薛庸庵先生以还，此土治法律学者，盖以先生为巨擘也"[107]。"薛庸庵"乃薛福成，此处应为薛允升。但至少说明时人对沈氏的高度评价。中国律学源远流长，最后的律学家就是薛允升和沈家本。沈家本在知识结构上既不同于他的老领导、刑部尚书薛允升，也不同于法科"海归"伍廷芳。沈家本有自我否定的勇气，敢于推翻自己以前的价值判断。[108] 他从帝制机器中的一员，向具有现代新观念和新思想的知识人转型，这是一种凤凰涅槃似的自我更新。

第三，知识批判的典范。他敢于质疑并废除现行法律乃至传承数千年

---

[105] 《晋书·杜预传》，中华书局2000年版，第669页。
[106] 瞿同祖：《中国法律与中国社会》，中华书局1981年版，第305、306页。
[107] 定思：《吊法学大家沈家本先生》，载《神州日报》1913年6月19、20日。
[108] 李贵连：《沈家本传》（修订本），第7页。

的礼教法统。从他开始,近代中国的法学才有了这种超越和批判实定法的法理研究。沈家本深知旧律之弊,政治上倾向改良,有西学思想特别是朴素的人权思想和民主主义法律思想,强调经验与学理并重、互相结合,"大抵中说多出于经验,西学多本于学理"这个判断正是由他首次提出。[109] 由此,他对一系列涉及法理学的基本问题作出了明确的回答,包括法的概念、法律作用、法律与政治、法与道德的"合一"与"分离"关系、法治主义、立宪、三权鼎峙、司法独立、律师制度、法律统一原则、平等原则、罪刑法定、监狱管理、法律与专门人才、公法与私法的区分、人格、私人财产权、破产法等等,甚至还有朴素的人权思想。他不仅有经验和洞见,还有智慧和悟性,因此他精微的思想中富有法理和哲思。

第四,知识传承的巨擘。沈家本和伍廷芳都意识到知识传承需要法科教育,他们于 1905 年两次奏请:一是奏请通饬各省课吏馆增设一法律普通科,令地方官均往学习。[110] 二是奏请设京师法律学堂。"新律既定,各省未预储用律之才,则徒法不能自行,终属无补","亟应广储裁判人材,以备应用",设立京师法律学堂以造就"新律"——新型法律人才。[111] 1906 年,经过一年时间的筹备,中国第一所中央官办法律专门学校——京师法律学堂正式开学。沈家本被任命为管理京师法律学堂事务大臣,建议仿古制设立"律博士"教习法律,使国家的中枢以至地方官吏皆能知法。他聘请了冈田朝太郎、松冈义正、小河滋次郎和志田钾太郎等做顾问兼教习,冈田在中国工作了 10 年。沈家本支持冈田博士出版《法学通论讲义》作为学堂的基础教本。

1910 年,沈家本主持的法律馆和京师法律学堂中,以汪有龄、江庸两职员为主联络北京的立法、司法界同仁筹设中国历史上第一个全国性法学会——北京法学会时,沈公说"余喜法学之甫有萌芽者,渐见滋生也,亟

---

[109] 沈家本:《历代刑法考》,中华书局 1955 年版(四册本),第 2225 页。
[110] 《伍廷芳沈家本附片奏请通饬各省课吏馆增设一法律普通科令地方官均往学习》,载《时报》1905 年 5 月 1 日。
[111] 《修订法律大臣伍、沈会奏请设立法律学堂折》,载《政艺通报》1905 年第 10 期。

赞成之，并捐资为之助"[112]。1910年11月，北京法学会成立，公推沈家本为会长。有资料记载法学会成立大会讨论三件事："一发行法学杂志……一设立法政学校，分设法制经济各科，设立专门大学，各级延聘中外教员，养成专门人才。一设立法学讲演会……"[113] 1912年，汪有龄和江庸等人筹办"民国大学"（后改为朝阳大学）时，实际上与沈家本的支持直接相关，朝阳大学与沈家本主持的法学会是不可割裂的一体三面。为何有"原计划邀沈家本任校长"[114]之说？这与沈氏在法律教育和育人用人上的行迹与思路不无关联。汪有龄和江庸均由沈氏聘入修订法律馆。汪江二人商议办大学事宜，颇合沈家本之意。但遗憾的是沈氏已72岁高龄，因身体原因无法就任，遂公推汪有龄当校长。[115] 从此，朝阳大学现代法科教育的这面旗帜，就交给下一代人了。正所谓，提携青年，奖掖后学，沈氏的历史使命完成了，他的接力棒也后继有人了。

1912年的政局不稳定，沈公作《小园诗二十四首》云"海内风尘还未息，不知何处是仙源"，"新旧但能参一性，千条万蕊密阴齐"，这显然是对时局的关切和希冀。又咏梅云"疏枝冷落暗香含""嚼蜡偏能为解嘲"，但转而写水仙的"玉骨冰心冷不摧"。"与世无争许自由，蠖居安稳阅春秋。小楼藏得书千卷，闲里光阴相对酬"[116]，作为72岁的古稀老人，诗中透露出无奈之后的清醒和理性。

沈家本，一位深陷帝制机器而能保持清醒的诗人刑曹，在年逾花甲之后仍以智识完成自我转型，终成时代大器！大器晚成，正应了他后来自谦的大实话，称自己是"余性钝拙，少攻举子业，进步极迟"[117]。沈家本何以

---

[112] 沈家本：《法学会杂志序》，载《法学会杂志》1913年第1卷第1号。
[113] 《北京法学会的发展》，载《法政杂志》第2卷第4号。
[114] 《不应忘却的朝阳大学》，载《北京晨报》2017年9月24日，引自《北京地方志·教育志》。
[115] 《不应忘却的朝阳大学》，载《北京晨报》2017年9月24日，引自《北京地方志·教育志》。
[116] 沈厚铎等编：《玉骨冰心冷不摧——沈家本诗集》，第298—299页。
[117] 《寄簃文存》小引。

晚成"大器"？一是有坚韧毅力和隐忍品性，二是饱阅风尘和经验丰富，三是开阔视野和先进理念。幸亏他是士大夫，儒家经义与诗性给予他人性、人道及朴素的人权等善恶标准，有了超越体制和实定法的批判力。其坎坷而丰硕的一生，背后惊人的坚韧毅力和隐忍品性足以令人叹服。正是这惊人的坚韧毅力和隐忍品性，促使他"烈士暮年，壮心不已"，在年逾花甲而面临文化的历史性冲突中，能自我蝶变，且锐气弥坚！唯独他能够"等"得到这样的历史性机遇。因此，他成为自我更新、成功转型的知识人，成为中西法制文明的冰人，成为法制除旧布新的领袖。

在这个有着知识等级化和知识鄙视链传统的国度，在这个盲目自信、封闭排外的国度，沈家本清楚认识到体制和律例的严重缺陷，意识到布新必须首先除旧，意识到中国法应当尊重人格尊严并从善如流地追赶世界文明的步伐，这是难能可贵的。一个国家和民族，拒绝人类智慧，拒绝知识和制度更新，就无以除旧布新，无以走向文明富强大国。或许，这正是我们今天重温沈家本的意义之所在。

伍廷芳——谔谔之士的法科"棱角"

图 1　伍廷芳（1842—1922）

1877年（光绪三年）1月，以自费留学英国的伍廷芳在伦敦林肯律师会馆（学院，Lincoln's Inn）通过了律师资格考试，[①] 成为最早获西洋法科文凭和外国律师资格的中国人。当时只有见多识广的人，才可能从报纸等媒体上听闻外国律师，或在租界口岸亲眼见过西洋律师。相对于大清法统而言，中国人当上律师，完全是个历史的偶然和例外，因为大清压根就没想过要设律师制度。伍廷芳原籍广东，出生在新加坡，成长于香港，独特的出身和环境，使得这种"例外"有了偶然的可能。

众所周知，伍廷芳在修订法律、支持共和、中外交涉等方面颇有建树，但他也有棱角个性。鲜为人知的是，他曾经自定年薪，身价"非每年六千金不可"。他是被官方公开指责为办事"多与事体相反"的外交官，

[①] 参见 Linda Pomerantz-Zhang, *Wu Tingfang (1842–1922)*, Hong Kong University Press, p. 33。

是为剪辫子上折第一人,又是辛亥革命后最早提出优待皇室的人。伍廷芳离世仅十天,有个"新文化"领袖人物发表文章,把伍氏的事功说成"福份",说他的性格"古怪"和"浅薄"。应该怎么评价伍廷芳?时间过去百年,人们对其为人之个性、做事之格局以及生活之格调却并不了解,乃至有误解。法律人原本鲜明的专业性格,在有"棱角"的伍廷芳身上更加放大,因此更容易受误解。在笔者看来,伍廷芳有"棱角"却受各方认可,是有其原因的。

一、有"棱角"何以被认可?

大清帝国虽然已有口岸通商,但在对外交涉事务时懂西洋者不多,懂西律者更是凤毛麟角。1877年1月,伍廷芳还在英国留学,郭嵩焘派黎庶昌等三位随从前去伍廷芳住所,商谈聘用伍出任使馆翻译一事,遭到伍廷芳的拒绝。郭氏求贤若渴,以为伍廷芳嫌所给职位太低,遂决定提高价码,改作公使随员,令黎庶昌连夜去见伍廷芳,务必设法留用。无奈伍廷芳去意已决,黎等只好空手而归。郭又转向直隶总督李鸿章求援,并与副使刘锡鸿联名上奏保荐伍廷芳,朝廷立即批复,着照所请。[②] 这可能是清廷高官第一次打伍廷芳的主意。

早在此事之前,处在洋务与外交一线的李鸿章就已经意识到通晓西律人才的重要,于1876年亲自挑选了上海徐家汇马相伯的弟弟马建忠[③]去法国学习法律,还推荐给中国驻英国公使郭嵩焘,郭后来兼任驻法公使,马

[②] 黄淼章、邝桂荣:《伍廷芳其人其墓》,载《岭南文史》2002年第1期。
[③] 马建忠(1845—1900),别名乾,学名斯才,字眉叔,江苏丹徒(今属镇江)人。从小读经史,1853年马家为避战乱搬上海,开始与四哥马相伯(马良)一起就读于天主教耶稣会徐汇公学,学习法文和拉丁文。后又入耶稣会在上海设立的初学院作修士,继续学习法文、拉丁文、英文、希腊文等外语达十余年。1870年,经二哥马建勋引荐成为李鸿章的幕僚,随办洋务。1876年,以郎中资格被李鸿章派往法国学习国际法,同时兼任中国驻法公使郭嵩焘的翻译。1879年11月获得法国政治私立学校(巴黎政治学院前身)法学学位,成为第一个获得法国文凭的中国人。1880年回到天津,重新在李鸿章幕下办理洋务。1890年开始撰写《富民说》,1896年与上海《时务报》主笔梁启超相识,1898年出版《马氏文通》一书。主张收回关税主权,发展对外贸易,扶持民营工商业,致力于推行洋务,并称许西方议会制度;同时建议开设翻译书院,提倡国人多学洋文,汲取外国科学文化知识。

建忠成为郭的法语翻译。伍廷芳1877年毕业后从伦敦回到香港做律师不久，李鸿章"久闻其人熟悉西洋律例"，经人引荐，伍于1877年10月在天津与李鸿章会面。李求贤若渴，但伍开出的薪水要求甚高，引荐人探其意，伍廷芳"非每年六千金不可"④。李鸿章做不了主，随即向朝廷奏请重金聘请伍廷芳。李在奏折中提到，"泰西各国欺我不谙西律""查中国通晓西律，尚未有人"。⑤在李鸿章这一奏折中，有一段对伍的介绍，颇有意味：

> 久闻其人熟悉西洋律例。曾在英国学馆考取上等。于其来谒，虚衷询访，俱能指陈窾要。虽住香港及外国多年，尚恂恂然有儒士风，绝无外洋习气，尤为难得。

一方面是西律特长，另一方面是儒士之风，可见李氏对伍氏之欣赏。这是李鸿章的人才标准，也反映了当时选人任贤的价值观。但伍氏要价过高，此事无疾而终。

次年，伍廷芳在香港首开华人之先河，被封为"太平绅士"（Justice of the Peace，简称JP）。1879年，律政司长因事返英，港督委其署理，足见其威信之高。1880年，受港督轩尼诗和香港华人领袖推荐，伍廷芳成为香港开埠以来第一位立法局华人议员。1882年，李鸿章再次敦聘，伍廷芳才正式进入李鸿章幕府，成为李中堂身边的红人，开始从事繁忙的对日外交及后来的对美洲外交。中国官方正式启用留洋通晓西律之华人，这是首例。那时中国的读书人唯一出路是入仕，伍廷芳与之不同，他似乎并不稀罕做官。对李鸿章的召唤，他也是半推半就，姗姗来迟。

伍廷芳英文名除 Wu Tingfang 之外，还有个名字为 Mr. Ng. Choy。1883年5月英文报纸 The North-China Daily News（《字林西报》）有两则

---

④ 侯欣一：《百年法治进程中的人和事》，商务印书馆2020年版，第38—40页。
⑤ 侯欣一：《百年法治进程中的人和事》，第38—40页。

消息报道伍廷芳,说"一位记者从北面写信给我们,谈到 Mr. Ng. Choy 在总理衙门的顾问中所扮演的角色。……我们的记者并不认为中国政府因聘请法律顾问自然会对外国人的行为产生偏见,而是恰恰相反"。[6] 另一则报道说,"由于 Mr. NG. Choy 被聘为政府法律顾问,因此,总理衙门对外国官员采取了咄咄逼人的态度,非属常规的方式。然而,我们私下收到了该外交官员的意见","这一意见充分证明了我们先前表示的怀疑"。[7] 外国人很关注伍廷芳咄咄逼人的态度,总是揣摩伍廷芳充任政府法律顾问后产生的效果,也对他的新角色充满期待。

由科举统一模式塑造的文官集团内,不可避免地产生思想单一、人身依附、思维僵化的结果。但是伍廷芳不同,他是有棱有角的,这位有南洋、西洋背景的法科"海归",无论身份、个性还是见识都是出众的,可谓鹤立鸡群。

甲午惨败,他脱口就说"中国没有革新希望","没有比这事更加伤害我,宁愿同归于尽"。[8] 伍廷芳参与洋务而又亲见洋务崩败,自然有一种无以摹状的悲愤,但作为朝廷官员,口出糙言,个性颇为另类。由此态度背后的逻辑,自然可以理解他于辛亥之年的态度,何以不顾一切地倾向孙中山而不是朝廷。但毕竟他懂西方,懂法律,清廷还是需要他。然而一旦受命,伍廷芳在外交中的专业作用即被看好,甚至有外文报纸称:有人期待伍廷芳是下任中国驻日本的使臣。[9] 1895 年,中国第一所大学——天津中西学堂创办,其头等学堂请二品衔候选道伍廷芳任总理。[10] 1896 年,伍廷芳被清政府任命为美国、西班牙和秘鲁公使,可是他在这节骨眼上却借口老家祖坟年久失修,奏为顺道回籍修墓。

1902 年伍廷芳应召回国,受重用,授四品候补京堂衔。这时代,法律

---

[6] *The North-China Daily News (1864-1951)*, 7th May, 1883, p. 3.
[7] *The North-China Daily News (1864-1951)*, 21th May, 1883, p. 3.
[8] 李忠兴:《伍廷芳晚清政坛的"新型官僚"》,《档案与史学》1996 年第 6 期。
[9] *The North-China Daily News (1864-1951)*, 13th May, 1895, p. 3.
[10] 《奏设天津中西学堂章程》,载《时务报》1896 年第 8 期。

与外交密不可分，他作为法科"海归"，自然被当作"多面手"，先后任修订法律大臣、会办商务大臣、外务部右侍郎、刑部右侍郎等职。不久，他"不稀罕做官"的毛病又表现出来了。1902年10月，他在美国接旨派充会议商约大臣，辗转回到上海，修墓之事又耽搁了三年。1904年，伍廷芳上折请病假并请简派署，谕旨"着赏假一个月勿庸派署"。[11] 1906年，伍侍郎因回籍修墓中途病发奏请开缺（辞职），奉旨着赏三个月，不准辞职；后又以病未痊愈仍请假，请求开去法部右侍郎及法律馆差缺，以免旷误职守，"朱批着照所请"。[12] 1907年，伍氏再次出任驻美国、墨西哥、秘鲁、古巴公使两年，大受西洋人重视和好评。在中外人士眼里，他完全是旧式体制内的新型官僚。

从他出任修律大臣前的早年奏折看，伍廷芳往往意见独到，观点尖锐，言语直接，"棱角"分明。早在1898年2月10日（光绪二十四年正月二十日），伍廷芳奏请变通成法折，主张为广拓商务，应变通成法，主动开放通商口岸。他对皇上说话的口吻也是直来直去，"如以为可，则明降谕旨"，"今既破除成例，各处通商，即当仿行西法，加重入口税"，"夫法无不变，制贵因时"。这样的奏折，口气几近于对朝廷喊话。伍氏这个奏折，直接把通商、交涉与修律三点一线联系起来，比光绪帝变法诏书，早了三年，也成为三年后辛丑年变法诏书乃至后来清末系列变法的主题。

光绪变法诏书下令："现在通商交涉事宜繁多，着派沈家本、伍廷芳，将一切现行律例，按照交涉情形，参酌各国法律，悉心考订，妥为拟议。"[13] 三位联衔保举人和朝廷的目的很清楚，让他与本土法律家沈家本搭档修律，就是看重伍廷芳在西律与交涉方面的卓越见识。上任后，他竭力主张全面引进西方各国的法律制度。伍廷芳任修律大臣期间还兼外交职

---

[11] 《上谕伍廷芳奏因病请假并请饬派署缺一折》，载《秦中官报》1904年第21期。
[12] 《伍侍郎奏请开缺》，载《北京五日报》1906年10月26日第54期。
[13] 《清实录·德宗实录·卷四九五》（第58册），中华书局1986年版，第577页。

务,但就在身兼数职期间,他仍对修律发挥了重要作用。资深刑曹出身的沈家本更欣赏和倚重伍氏,但凡奏议常常由伍廷芳署名在前,议题往往惊世骇俗,却一奏一个准。1903年,他们首先制定了《商人通例》、《公司律》、《破产律》,打破中国没有商事立法的历史。1905年4月,伍氏与沈家本联名奏请永远删除凌迟、枭首、戮尸等项酷刑,1906年又上奏请订诉讼法,要求将刑法与诉讼法分离。

伍廷芳在外交界工作,与一般外交官办事风格不同,其有"棱角"的外交风格,曾遭遇闲言碎语。1908年《外交报》"使节纪闻"中明文记载了这样一段话:"驻美伍秩庸星使前以使臣办事多与事体相反,殊失设官本意,特议规约八条,呈请政府鉴核。"⑭ 目前虽未查到八条规约是什么,但至少可知伍廷芳受过严厉的批评指责。

他作为留洋法科"海归"出身的外交官,怎么可能与普通官员一个模子,按部就班办事呢？他甚至大胆上奏,要把男人后脑勺的辫子剪掉。伍廷芳敢于直抒己见,因为他笃信文明进步的方向。日本早于1871年就开始允许自由散发,成为个人自由权。1876年,江浙等省出现"剪辫谣言甚重越传越开",至1877年春又在天津、北京传出"剪辫谣言"。⑮ 从现存文字记载来看,伍廷芳是为"剪辫"而上奏折的第一人。1910年,他单独向清廷呈递了《奏请剪发不易服折》,今天来看这只是剪除发辫之小事,但在当时简直是对祖宗成法的"妄议",而伍廷芳就敢于直抒己见。摄政王阅后与诸枢臣商议,据说认为这是"徒讲形式上之文明以自欺",结果驳了回来。⑯ 这根辫子由是一直拖到了辛亥革命才剪除。

到了辛亥前后错综复杂的形势下,他反倒更受各方需要,更受欢迎了。当革命军兴,清廷大震,立即下立宪之诏,亲贵退政,组织汉人内

---

⑭ 《交涉录要：使节纪闻：驻美伍秩庸星使前以使臣办事》,载《外交报》1908年第8卷第5期。

⑮ 《大清国：剪辫谣言又起》,载《万国公报》(上海)1877年第9卷448期。

⑯ 《伍廷芳奏请剪发无效》,载《申报》1910年7月20日。又据《前驻美使臣伍廷芳奏请断发贝勒载涛复极力提倡摄政王意颇动询于枢臣均不赞成》,载《时报》1910年8月11日。

阁。清廷尤其对伍氏器重有加，任命伍为外务部尚书。在野民意也一样欢迎伍廷芳，1911年9月初，就传闻说伍廷芳将接替梁敦彦任外务大臣。[17] 各地大小报刊总是关注他，对他的举动抱以期待或支持。至于外国人，就更加看好伍廷芳了。武昌起义后刚一个月，各国驻上海领事团开会决议与民军交涉，公认伍廷芳为"民军外交总长"，"不再承认前上海道刘襄孙为华人之代表"。"以伍君熟悉交涉，深致欢迎。闻已众意佥同公认伍廷芳为军政府外交总长。"[18] 如此说来，伍廷芳担任民国外交总长的时间早于孙中山就任临时大总统的时间。[19]

后来，伍廷芳在反袁立场上，表现出执拗挑刺、得理不让人的士人风骨。直到袁死后，他才肯复出担任外交总长。在法科人才奇缺的时代，伍廷芳的法律人外交官的身份和表现，令人印象深刻。法科知识人的思维是依逻辑展开的，讲究概念、规则与推理，还会借所谓法理与价值观避免意识形态之争。因而其法律思维往往生长了某种令人莫名的"棱角"。伍廷芳被人需要，这不奇怪，受人欢迎却十分难得。

1922年6月23日，伍廷芳逝世，当时媒体称其为"在中国最先代表共和主义之人""中国民治主义之祖"[20]，评价堪称贴切。然而，有份创刊不久的《努力周报》，却于7月2日《这一周》栏目发表了一篇社论。文中说："他的死耗传出之后，无论南方北方，无论孙派陈派，都对他表示一致的敬意和哀悼，我们对他的为人，也表示相当的敬意。"接着，该文用一种轻佻的口吻说："至于他的盖棺定论，我们想用'福人'两个字包括他的一生。"文章紧接着讲到他的"大福分"：其一，民国六年伍氏任国务总理时，始终拒绝对解散国会的命令予以副署，认为"确可以表示伍氏的人格"。文章说黎氏也有表示人格的机会，但反而为伍氏提供了独享盛

---

[17] 《伍廷芳将任外务大臣》，载《申报》1911年9月7日。
[18] 《伍廷芳为民军外交总长》，载《时报》1911年11月12日。另见《外交团欢迎伍廷芳》，载《申报》1911年11月12日。
[19] 鲍明钤：《鲍明钤文集》，鲍丽玲、毛树章译，中国法制出版社2011年版，第19页。
[20] 《伍廷芳病故广州》，载《中华英文周报》1922年第7卷第165期。

名的机会。其二,说他对孙中山的由始至终的帮助,也是他人格的表示。凭其年辈和名望都可以使西南政府增加重量。伍氏逝世,恰当孙文失败,"这个时候死去,不但他自己始终不变节的人格,格外从失败里照耀出来,并且使人对他晚年扶助的那个虽失败而究竟不失为正义的旗帜,格外发生一种同情的敬意"。[21] 明明是讲伍氏的人格、名望、气节,却用"福分"来概括,实在有点文人的酸味。

这篇文章又不乏尖刻地说:"他在海外做外交官时,全靠他的古怪行为与古怪议论,压倒了西洋人的气焰,引起了他们的好奇心,居然能使一个弱国的代表受许多外人的敬重。他的见解是很浅薄的,他对于东西文化的见解尤其是很浅薄的,然而西洋人被他那'老气横秋'的大模样震服了,竟有人尊他为中国式的学者的代表人物!这种福泽已是很难得了。他在外交界占的地位,使他在国内政治上的事业也格外顺溜。"这篇文章对伍氏的评论,虽属鸡蛋里挑骨头,酸味很重,但也挑不出什么大毛病。

此文到底出自何人之手?署名"适",从语句、语气、风格看,疑似出自胡适之手笔。再加上文章的另一段文字署名"H",应该是 Hu Shih 的缩写。再者,《努力周报》是胡适于1922年与同仁共同创办的政论刊物。文章说别人给予伍廷芳人格"一致的敬意",同时又忍不住讥讽他的学识浅薄。可见这篇文章的作者自恃学识渊博,爱对他人评头论足,应该是符合胡适的特点了。三十而立的胡适,难道也避免不了年轻气盛、骄狂自信?遗憾的是,经查证,此文编入1928年出版的《胡适文存二集》卷三,作者的确是胡适。[22] 伍廷芳比胡适年长近50岁,胡适此文不免轻佻,他恐怕也想不到自己16年后竟也当上了驻美大使。

这里有两个问题值得一说,一是胡适说伍氏的两个"大福分"到底是怎么回事?二是,胡适说伍氏在海外的言行"古怪"和"浅薄",究竟该

---

[21] 适:《这一周》(1922年7月2日),载《努力周报》(北京)1922年第9期。
[22] 此文编入上海亚东图书馆1928年9月出版的《胡适文存二集》(卷三),第176—177页。参见李忠兴:《伍廷芳晚清政坛的"新型官僚"》,《档案与史学》1996年第6期。

怎么看？下文就此分为做事与做人两部分来讲述。

二、"福分"？做事之格局气象

说伍氏的两个"大福分"，必须先讲伍廷芳与孙中山的关系。伍廷芳不仅性格有棱有角，且思想锐进，行动果敢，甚至越到晚年越有强化趋势。他发现自己多年对国家命运前途的设想，与孙中山不谋而合。孙中山革命思想尤其是三民主义思想之所以得到海外华侨的支持，就是因为其中有世界文明的共同价值观。这也是伍廷芳所认可的。至辛亥年，他已是年近70岁的古稀老人，可是武昌起义爆发时，这位老人立即响应，在上海宣布赞成共和。

武昌起义后不久，湖北黎元洪即来电告知伍氏，十一省公推伍廷芳为民国代表。10月19日，伍复电称"谊不敢辞，唯此间组织临时政府，各省留沪代表未许廷一日远离，又交涉甚繁，实难遵召，未克赴鄂亲聆大教，歉甚。恳即转唐公速度来沪上，公（共）同谈判，即由尊处立派专轮护送尤妥"。[23] 11月11日，各国驻上海领事团开会，"集议均以伍君熟悉交涉深表欢迎"，众议公认伍氏为军政府外交总长。[24] 11月13日，各大报刊登了伍廷芳与唐文治、张謇、温宗尧等人电请摄政王逊位电文原稿。[25] 美国钢铁大王卡耐基致电伍氏表示祝贺，伍氏复电要求他承认中华共和国。[26] 11月17日，伍氏在上海致电各国，其中致美国总统之电文谓请其强迫清帝逊位，电文中称有十四省代表不日将在上海组织国会。[27] 伍氏还通过美国新闻媒体，请友邦承认中华共和国。[28] 1911年11月23日，有报道

---

[23] 《复武昌黎元洪电》，载观渡庐编：《共和关键录》，著易堂书局1912年版，第1页。

[24] 《外交团欢迎伍廷芳》，《申报》1911年11月12日。

[25] 《伍廷芳等电请摄政王逊位原稿》，载《时报》1911年11月13日。

[26] 《伍廷芳君就交涉总长之职后曾接美国钢铁大王卡匿基贺电伍君……》，载《新闻报》1911年11月13日。

[27] 《据上海电称伍廷芳上书各国请其强迫清帝逊位书中谓有十四省之代表不日将在上海组织国会》，载《申报》1911年11月17日。

[28] 《伍廷芳请各友邦承认中华共和国电》，载《时事新报》（上海）1911年11月19、20日。

称"民军外交总长伍廷芳照会驻沪各领事谓南京将有战事属宁外人宜即迁往他处"等。㉙

70岁老人还像条血气方刚的汉子。11月下旬，伍廷芳以宣言式电报"致清庆邸书"，明确提出"扫除专制积弊""电请皇上及监国逊位同赞共和，以应时机"等语，"或将责廷芳以不忠，然此非廷芳之辜恩，实由忠言不听于前，至于今日，舍此别无良策也"。伍在电文接着说，"比闻涛邸及良弼等重募死士，暗杀汉人，悬赏三等，廷芳亦在应杀之列，道路传闻，必非无因而至。窃谓若此野蛮举动，原非亲贵所宜为，且汉人百倍于满，果使挺刃寻仇，互相报复，为满旗计，后患何堪设想，利害安危之机，惟殿下审度而图维之天下幸甚"，㉚明确表达了支持共和，要与清廷决裂，显然他要豁出去了。

1911年12月，伍氏任民国总代表，领衔与袁内阁全权代表唐绍仪举行南北议和谈判。伍廷芳的自主决定权较大，很多谈判的主张与条件都是伍廷芳自主提出并决定后再上报孙中山，孙中山多无异议。相比之下，唐绍仪的自主性就差许多。㉛12月18日（阴历十月廿八日）在上海议事厅刚一落座，伍氏首先开腔："今日未开议以前，有一事先提出解决，两方定约于19日起一律停战。……故今所当先解者，须请贵代表电致袁内阁，饬令各处一律停战。"㉜既针锋相对、咄咄逼人，又合情合理，于是获得唐使赞同并当日致电袁世凯，请其下令停战。四天后，袁世凯接二连三复电："贵方仍有民军到固镇、临淮关等地，希诘阻。"伍廷芳迅速复电曰："会议曾声明停战期间两军均不得进攻。至于军事上之调遣，与进攻不同，未为违约。"㉝这滴水不漏的逻辑，着实让袁世凯无言以对。这是第一个回合——停战。

㉙ 该报道载《申报》1911年11月23日。
㉚ 《伍廷芳致清庆邸书》，载《时事新报》（上海）1911年11月26日。
㉛ 戴博文：《伍廷芳与清帝退位优待问题之研究》，载《黑龙江史志》2015年第12期。
㉜ 《南北代表会议问答速记录：第一次会议录》（辛亥十月二十八日），载观渡庐编：《共和关键录》，著易堂书局1912年版，第5页。
㉝ 《袁世凯致伍廷芳电》、《伍廷芳覆袁世凯电》，载《中国革命记》1911年第14期。

我们知道，彼时有个重大问题即清帝逊位后的优待条件问题。它是谁先提出的？伍廷芳在第二次谈判时即提出立宪政体问题，并主张共和立宪，否定君主立宪。伍首次提出："不过须令君主逊位，其他满人皆可优待，皇位尤然。"[34] 显然，伍氏很清楚，要共和立宪必须保障清帝待遇，这位留英"海归"无疑是有见识的明白人。唐绍仪听完却对此没任何反应，因为唐的关注点在谁当大总统。唐代表只是说：黄兴已致电袁世凯"云若能赞成共和必可举为总统"，"袁氏亦赞成（共和），不过不能出口耳"——袁氏想当总统当然赞成共和，却又希望由别人的口来提出。接着，唐又说，"我共和思想尚早于君，因我在美国留学素受共和思想"。[35]直到在第三次谈判会议上，唐代表才借"那王"之口问及"优待条件"问题，不料伍廷芳将事先充分考虑过的"清皇帝之待遇"和"满蒙回藏之待遇"各五条清晰地列出，给出清帝退位优待的详细提案，主要包括：以待外国君主之礼对待清帝；退居颐和园；优给岁奉数目由国会定之；陵寝及宗庙听其奉祀；保护清帝原有财产……[36]从三轮谈判中可以看到唐绍仪、袁世凯等人的"小家子"格局。相形之下，伍廷芳有大格局和大气势。"伍廷芳作为南方全权代表在处理清帝退位优待的问题上是多方考虑并统筹全局的。"[37] 这为皇族退位、共和政体、临时约法、南北妥协、国家和平统一等一系列重大事项提供了达成一致的前提性条件。

1912 年，孙中山担任临时大总统，擅长外交且早已被大家公认为外交总长的伍廷芳，因孙文坚持王宠惠当外交总长，因此伍氏只能屈就司法总长，毫无怨言，可见其之识大体。上任司法总长后，他高举共和与法治的大旗，主张司法独立、陪审制，并宣扬律师辩护制度，制定、颁布一系列

---

[34]《南北代表会议问答速记录：第二次会议录》（十一月初一日），载观渡庐编：《共和关键录》，著易堂书局 1912 年版，第 11 页。

[35]《南北代表会议问答速记录：第二次会议录》（十一月初一日），载观渡庐编：《共和关键录》，著易堂书局 1912 年版，第 12 页。

[36]《南北代表会议问答速记录：第三次会议录》（辛亥十一月初十日），载观渡庐编：《共和关键录》，著易堂书局 1912 年版，第 18 页。

[37] 戴博文：《伍廷芳与清帝退位优待问题之研究》，载《黑龙江史志》2015 年第 12 期。

的法令法规。当革命党人的胜利果实被袁世凯窃夺,共和之制渐渐化为乌有之时,伍廷芳大为不快,便隐居上海,袁世凯万般殷勤,派人请他出任要职,伍清心寡欲不为所动。他吃斋念佛,读报思考,胜似闲云野鹤,对中国棒球队倒是颇为热心。㊳ 直到袁世凯死后,伍廷芳才复出,担任外交总长。

　　伍廷芳追随和协助孙中山,且不是那种没有主见的盲从者。他当年对清廷的"要价"——"非每年六千金不可",在孙中山面前却只字不提薪酬待遇,因为他认同共和,愿与孙中山共进退,连性命也愿意搭进去。他理解和支持孙中山,且颇受孙中山尊重和仰仗。伍氏于广东非常国会开幕、军政府成立之际,亦前往参加,嗣后在南方做过多项贡献。凭其年辈和名望都可以使西南政府增加分量,给予孙中山自始至终的帮助,这是胡适不得不给予好评的事实。

　　那么,胡适所谓伍廷芳的"大福分",第一条就发生在黎元洪解散国会的关键时刻。伍廷芳的共和民主倾向非常鲜明,处理事务再次彰显其独特鲜明的人格。黎元洪任总统时,伍廷芳得参众两院支持,于1917年5月25日以外交总长出任代理总理。㊴ 1917年6月,因黎元洪被张勋诱逼之下欲解散国会令,伍廷芳坚决不答应副署,于6月12日辞职。㊵ 这样一来,黎元洪欲解散议会就缺了一个副署者。7月7日清晨,伍廷芳抵达上海。7月8日,他致电驻外国各公使,在上海把"举国一致反对复辟"公布了出来,以防止各国承认伪政府。㊶ 当时世人并不知道,伍氏带着一个重要的"东西"南下避赴上海——这件东西就是总理官印。即便更换总理,这官印也得重刻——反而留下伪造印信把柄。这就是所谓伍廷芳"携

　　㊳ 《中国棒球队与美国水手比赛连胜八次摄影纪之立于右方者会长伍秩庸先生也[照片]》,载《中华全国商会联合会会报》1915年第2卷第8期。

　　㊴ 《代理国务总理伍廷芳就职日期通告(中华民国六年五月二十五日)》:"为通告事本年五月二十三日奉大总统令外交总长伍廷芳着暂行代理国务总理此令……",载《政府公报》1917年第493期。

　　㊵ 《大总统令(中华民国六年六月十二日)》:"代理国务总理外交总长伍廷芳呈请辞职伍廷芳准免代理国务总理兼职此令……",载《政府公报》1917年第511期。

　　㊶ 《伍廷芳电告驻外各使》,载《益世报》(天津)1917年7月9日。《伍廷芳声明脱离外交关系电》,载《益世报》(天津)1917年7月16日。

印辞职"的来历。伍廷芳作为公务员,敢于违抗上司命令,乃是基于理性和良心,值得称道。这是符合情理和法理的,也是文明之法所认可的。

1918年,有报道称:"最近以形势变迁,颇持消极态度又将回复其卫生主义。昨某方面转来伍博士致岑春煊一电,略谓老病衰弱恐难为国效命,刻拟携子赴港养疴云。"[42] 1919年选举巴黎和会全权大使时,在参众两院投票中伍廷芳与孙文双双当选。[43] 但考虑多种因素,又推选了王正廷为全权特使赴法参加巴黎和会。后来王正廷引咎自责的电报,就是发给时任政务会议总裁的伍廷芳。[44] 伍廷芳反对岑春煊,于1920年离粤赴上海,并阻止广东应得的关余57.54万两白银再汇往广州,而在上海汇丰银行以伍廷芳自己的名义存储。与章士钊打赢一场官司后,[45] 1920年3月广东所得的关余54.8万两亦照同样手续办理,又存于上海。4月,伍廷芳愤恨政学系之专政,联合孙中山,携关余之款赴广东,与孙中山等同谋国事,再组军政府。[46] 1921年,伍廷芳又被任命为广州军政府外交总长兼财政总长,后又兼任广东省长,直到1922年逝世。伍廷芳在复杂背景下,能被各种阶层和各方势力认可与接受,此特征在中国政坛实属罕见。

1922年6月16日,陈炯明炮轰孙中山为首的广州军政府,促孙中山下野事发,孙中山避入永丰舰,下令海军开炮还击。第二天,80岁的伍廷芳立即上舰会晤孙中山。有学者通过史料分析认为,伍廷芳"既不满于陈炯明的悍行,也对孙中山的回应举措持反对意见",在逝世前对孙中山后期的固执有不满,[47] 伍孙二人关系由此终结。笔者查阅1922年《申报》,

---

[42] 《伍廷芳之消极》,载《大公报》(天津)1918年4月14日。所谓伍氏之"卫生主义",是指其养生之道。参见《伍廷芳之养生术》,载《中西医学报》1910年第1期。

[43] 《参议院移付议决特任伍廷芳孙文为赴欧和平会议全权大使咨请查照办理文》,载《众议院公报》1919年第5期。

[44] 《伍廷芳抄送王正廷江电函》,载《众议院公报》1919年第8期。

[45] 《关余争执案之判决,公廨判准伍廷芳自由提取》,载《益世报》(天津)1921年1月24日。

[46] 伍廷芳对于关余案辩诉原文,载《申报》1920年4月30日。

[47] 参见郭世佑:《从〈纽约时报〉看伍廷芳病逝前夕与孙中山的关系真相》,载《学术研究》2011年第6期。

有一文称："6 月 17 日，海军炮击省垣，伍在岭南学校闻知，大为叹惜。恐人民受当池鱼之殃，于是乘岭南校之小轮，赶往海军舰，谒孙中山，婉劝不可开炮，徐图解决，免商场糜烂，人民惊恐。孙中山允之。伍遂告辞，仍乘小轮返岭南校。"[48] 这说明他登舰时表达了自己的态度，站在大局与人民立场，确实对孙中山的炮击行动表示不同意见，并给予劝阻，并因此有了伍廷芳 20 日发表的辞职通电。

伍廷芳"忧愤成疾"[49]，回去便卧病不起，不到一周，即于 6 月 23 日乘鹤西去。当然，孙中山仍然对他敬重有加。1925 年 1 月，孙中山抱病在身，还为伍廷芳的墓地亲撰长篇墓表，讲到伍公"弥留时，犹谆谆授公子朝枢以护法本末，昭示国人，无一语及家事。盖其以身许国，数十年如一日，故易篑之际，精明专一，有如此也"，"文自元年与公共事，六年以后，频同患难，知公弥深，敬公弥笃"。胡适评论中所谓第二条"大福分"，即是指伍廷芳死的时间点恰逢其时。这里重复一下胡适之评语，或许可以更准确地解读伍廷芳的人品与功德——"这个时候死去，不但他自己始终不变节的人格，格外从失败里照耀出来，并且使人对他晚年扶助的那个虽失败而究竟不失为正义的旗帜，格外发生一种同情的敬意"[50]。

作为法科知识人，伍氏法律观的核心词依然"三句不离本行"——"共和""平等""民权"。他大声疾呼"不战而抗行欧美"，唯有"上下一心，变法图强而已"[51]。在他拟定的以改革民国现状为目的的《宪纲大旨七条》中，强调保障人身权利，革除社会陋习。伍廷芳针对当时情况，提出"司法问题，范围甚广，关系外交及收回治外法权"之大事。他说，"中国政治，欲有所进步，须先从司法一门入手"，认为司法问题"关系商民安居与国家富强，……是为缔造民国一大机枢"。他认为司法之独立原则是文明国

---

[48] 《伍廷芳逝世之详情》，载《申报》1922 年 7 月 1 日。
[49] 佚名辑：《伍秩庸博士哀思录》，民国十二年（1923）纪念辑。
[50] 适：《这一周》（1922 年 7 月 2 日），载《努力周报》（北京）1922 年第 9 期。
[51] 《中华民国图治刍议》，转引自张晋藩：《伍廷芳的法律思想》，载《现代法学》1981 年第 4 期。

之标志,强调司法人员接受高等教育,并把这作为"改良审判"的"第一要义"。[52] 伍廷芳在担任南京临时政府司法总长期间,曾以法令的形式正式宣布废除刑讯。伍廷芳做人做事之大格局和大气象,令人钦佩。作为那个时代的法律人,难能可贵的是,他能够敏锐地发现,司法在中国有两大顽疾,一是野蛮,二是不独立。坚决把司法的文明和独立,看成是中国政治进步的要务,是缔造民国的重要措施。的确,司法权常常免不了——对上受迫于权势,对下施辱于人权,总之,面对着独立与文明这两大问题。

的确,法学总是秉持某些固有不变的、具有相对统一性和保守性的常识和通识。然而,知与行的关系之所以其中隔了一层,原因就在于,当你居高位之时,是否敢于身体力行。伍廷芳从朝廷大臣的改良立场,逐渐转向支持孙中山所领导的民主革命,是他作为有理念的知识分子的一种自我进化和升华。因为他能够辨别什么是文明的方向,什么是正义的目标。辛亥革命爆发后,他在电促清帝退位和担任南北议和全权代表时,明确坚持以废清与共和为首要条件。袁世凯复辟帝制,他坚决反对;张勋逼迫黎元洪解散国会时,身为外交总长及代理总理,他坚决拒签解散国会令。甚至在孙中山与陈炯明的关系中,他也很可能是一个保持理性的调和者。[53] 他的追求是共和与法治,他的格局是世界与文明。文章至此,所谓伍廷芳"福分"之说,我们不能不说年轻的胡适此论显得小家子气了。

联系伍廷芳的"棱角"和格局,颇有"士之谔谔"[54] 的风骨气象。古人所谓"安故重迁,谓之众庶;辨然否,通古今之道,谓之士"[55],对士与众庶作了区别,说明"士"具有分辨是非的能力。对照下来,古人只讲对了一半,只通古今,不通中西,还是有局限性。士总是有"棱角",直言

---

[52] 《中华民国图治刍议》,转引自张晋藩:《伍廷芳的法律思想》。
[53] 郭世佑:《从〈纽约时报〉看伍廷芳病逝前夕与孙中山的关系真相》。
[54] 《墨子·亲士》曰:"君必有弗弗之臣,上必有谔谔之下。分议者延延,而持敬者谔谔,焉可以长生保国。"《史记·商君列传第八》曰:"千人之诺诺,不如一士之谔谔。"
[55] [汉]刘向《说苑·修文》曰:"触情从欲,谓之禽兽;苟可而行,谓之野人;安故重迁,谓之众庶;辨然否,通古今之道,谓之士。"

敢怒,即所谓"士之谔谔",这是"辨然否"的外在表现。之所以说伍廷芳的"棱角"是"士之谔谔",是因为他为大格局而争。形式上的"谔谔"不难,有些人如井底之蛙为私利却可以咄咄逼人。伍廷芳因通晓中西,领悟文明,能以法理分辨是非,只不过,他的"谔谔"不只是面对皇上,还面对众庶。因此,伍廷芳的"棱角"里面还交织着法律人的专业性格,是传统士大夫所罕见的。

三、生活中的"古怪"与"浅薄"

胡适还说伍廷芳"古怪"和"浅薄",这怎么看?要解读胡适这个评论,我们须从伍氏的出身、家风和人格来看他的生活格调。

伍廷芳虽然是华人,但在文化上属于中西方混血儿,这是与本土中国人形成差异的基本点,也是他有"棱角"的文化成因。伍氏1842年7月20日生于新加坡,四岁从新加坡归国,居香港,入私塾,受发蒙。他自幼在教会氛围中成长,常去家附近的福音教堂听讲,受教堂的英国牧师晏惠林影响,后又在基督教背景的香港圣保罗书院读书。1860年伍廷芳协助友人在香港创办第一家中文报纸《香港中外新报》,在此报馆兼职四年,其间竭力保护华人权利。伍廷芳受六年西式教育,于1861年毕业,被香港高等审判庭录用并担任翻译一职。1864年,伍廷芳与牧师何福堂年近18岁的女儿何妙龄(1847年9月19日—1937年6月17日)结婚。看人品,须看家风和家人。何福堂为中华基督教第二位华人牧师。其次女何妙龄,自幼入学,知书达礼。何妙龄和赵秉钧夫人何箕龄是同父异母姐妹。伍妻何妙龄的三个兄弟何卫臣(Ho Wyson)、何启(Sir Kai Ho)[56]和何祐(Ho

---

[56] 何启(1859—1914),字迪之,号沃生,祖籍广东南海,生于香港。香港中央书院(现皇仁书院)毕业,后赴英国留学,入阿伯丁大学,1879年医科毕业后受妻子、英国下议院议员之女雅丽氏·获根(Alice Walkden)的影响,进入林肯学院修读法律。1882年1月考取英国大律师资格,成为继伍廷芳之后获得此资格的第二位华人。1882年回香港从事律师工作。1887年为纪念亡妻创办香港雅丽氏医院,并附设西医书院,任法医科教授,既是孙中山的老师,也是孙中山在道济会堂的亲密教友。1890年任香港立法局华人议员。1895年参与筹划兴中会广州起义,起草对外宣言。辛亥革命后,受孙中山邀请返回广东,担任广东省都督胡汉民的外交顾问。1914年7月21日病逝于香港。

Yow）也曾在英国学习法律，[57] 成为最早留洋的华裔法律人。在 19 世纪后期到英国寻求法律培训的 17 名中国人中，只有四人获得英国律师资格。伍廷芳是第一个，此外还有两位也与伍廷芳有家族纽带的联系：妻弟何启爵士 1872 年就在英国留学，读完医科后也入林肯律师会馆，1882 年 1 月成为第二位华人大律师；另一位也是伍氏妻子的兄弟何卫臣，于 1887 年 6 月顺利通过英国律师考试。[58]

  伍夫人婚后是伍的贤内助，丈夫留洋她出钱。婚后约十年之时，32 岁的伍廷芳不满足于现状，放弃了优越的工作，决定自费到英国留学。留学费用极为昂贵，至少需要三四百英镑。[59] 伍夫人何妙龄"以私蓄助其夫留学英国"，他才得以自费赴英。1874 年 4 月 27 日，伍廷芳获得批准，5 月 8 日正式进入林肯律师会馆攻读法律。按林肯会馆规定，有四个主要学习领域，包括法理学、衡平法、不动产和个人财产法以及普通法；每个领域的讲座由权威学者每周举办两次，加起来每周共八次。他很用功，几乎每天在图书馆的同一个位置上看书。但他也关心公共事务，比如在抵达伦敦后仅七个月，他就参与了新成立的英东禁止鸦片贸易协会（Anglo-Oriental Society for the Suppression of the Opium Trade），首次发表演讲就详细阐述了鸦片对中国人民和中华民族造成的难以言喻的伤害。1875 年 7 月 6 日《泰晤士报》发表了他所写的措辞严厉的信函。在这封超过 4000 字的信函中，他有理有据地表达了自己对中国鸦片贸易的看法，颇具训练有素的大律师在法庭辩护的气势和意韵。[60]

---

  [57] Li Chen, "Pioneers in the Fight for the Inclusion of Chinese Students in American Legal Education and Legal Profession", *Asian American Law Journal*, Vol. 22, 2015, p. 8.

  [58] Li Chen, "Lawyers as the Emerging Diplomatic Elite in China: the Making of the First Chinese Barrister at the English Bar", *The Chinese Journal of Comparative Law*, Vol. 2, No. 2, 2014, pp. 337-376.

  [59] 他必须预付大约 150 欧元的注册费和可退还的押金，还得预留 94 英镑用以支付大律师公会的必要费用。参见 Li Chen, "Lawyers as the Emerging Diplomatic Elite in China: the Making of the First Chinese Barrister at the English Bar", *The Chinese Joural of Comparative Law*, Vol. 2, No. 2, 2014, p. 346。

  [60] Li Chen, "Lawyers as the Emerging Diplomatic Elite in China: the Making of the First Chinese Barrister at the English Bar", *The Chinese Journal of Comparative Law*, Vol. 2, No. 2, 2014, p. 346.

经两年多学习，伍廷芳在 1876 年的夏季学期提前结束课程学习。是年 5 月 29 日至 6 月 2 日，他花了 5 天时间完成毕业考试。6 月 2 日，也是他刚刚结束考试的当天，美国《加州华人》就发表了伍廷芳写给《泰晤士报》的为在美华人权益鼓呼的文章。按规定，伍廷芳需要完整三年的居住年限，才能获得律师资格。在此剩余的时间里，伍氏边学习边游历英国和欧洲大陆。1877 年 1 月他终于获得律师资格，起航返港，成为香港法庭执业律师。[61]

我们今天都知道"冷门绝学"是什么意思。某种知识和学问之所以成为热门或冷门，是基于对知识和学问的工具性、实用性的认知，这也反映了社会或知识界的"生态环境"。在晚清外交中，甚至到清末修律改革以前，以刑法为主的旧律学，仍然处于"知识鄙视链"的末端。西方法学是"冷门绝学"，学习西方法学的第一位华人律师伍廷芳的出现，在中国就是这样一个稀有的角色。他长期不在这个"生态环境"下，不受这种"鄙视链"环境的影响和约束。当某种特殊需要到来的时候，与之匹配的人就成为凤毛麟角。可是这种匹配也纯属偶然，只能说是国家和社会的侥幸。

胡适说伍廷芳言行"古怪"与"浅薄"，主要指伍氏任美国公使时的言行。这是否属实？胡适说："他在海外做外交官时，全靠他的古怪行为与古怪议论，压倒了西洋人的气焰，引起了他们的好奇心，居然能使一个弱国的代表受许多外人的敬重。他的见解是很浅薄的，他对于东西文化的见解尤其是很浅薄的，然而西洋人被他那'老气横秋'的大模样震服了，竟有人尊他为中国式学者的代表人物！"[62] 若说"古怪"与"浅薄"，最典型一事，就是伍大使在美国时，吹嘘自己的养生法，还说"已发明长生之法"。[63] 这在胡适这样的新式知识人看来，作为外交官却有如此言论，的确

---

[61] 参见 Linda Pomerantz-Zhang, *Wu Tingfang (1842-1922)*, Hong Kong University Press, 1992, HKU, p. 33。

[62] 适：《这一周》（1922 年 7 月 2 日），载《努力周报》（北京）1922 年第 9 期。

[63] 参见《伍廷芳之养生术》，载《中西医学报》1910 年第 1 期。另参见《伍廷芳演说灵魂》，载《中西医学报》1916 年 10 期。

显得浅薄,但也无可厚非。反正当时的美国人对中国文化的理解也很肤浅,伍廷芳能用浅薄的中国习俗文化,展示中国外交官的独特性,总比一味强硬或僵化的外交官要好吧?"他在外交界占的地位,使他在国内政治上的事业也格外顺溜。"㊹ 这也不足为怪,反而说明他在外交上有成果,有地位。

我们也可以认为,伍氏注重健康的生活方式是热爱生活的表现。伍氏40岁之后即注意于养生学。1910年,他与李煜瀛共同拟定"慎食卫生会"章程,针对国人不讲究卫生之习惯,倡导改良食品研究、讲究科学卫生饮食。㊺ 伍还写了一篇《卫生新法撮要》㊻,后来还著有《延寿新法》一书。在当时,以华人的文化气度,赢得洋人的钦佩,也不是什么坏事。伍氏还用英文写过一本 *America: Through the Spectacles of An Oriental Diplomat*(后来被译为中文《一个东方外交官眼中的美国》。拿中国与美国比较,所思所想,大都谈生活直觉和趣味,的确像今天地摊书店的大众读物那么肤浅。我们承认胡适对伍氏的这番评语不失精准,但作为19世纪初的中国外交官,能以拉家常的方式对外国人说点文化比较的话题,也可以理解。

伍廷芳虽出生在新加坡,是海外归侨,然而,"他在幼年时的儒家教育,给他的人生观留下了持久的印记"㊼。个性沉静,耐劳苦,具卓识,负重举业,都表现得比传统士子更士子。他接受西方文明,主张中国社会革新,但意识深处却是个完全的东方人。这可以在《一个东方外交官眼中的美国》一书中得到确证。比如他讲到中西服装服饰时,明显是保守的中国思维和审美观。他反对西式服装,认为中国服装更有"让人四肢舒适伸展的自由,因为它明显要比你们来自巴黎的时髦裙装更合理、更舒适"。㊽ 对

㊹ 适:《这一周》(1922年7月2日),载《努力周报》(北京)1922年第9期。
㊺ 《慎食卫生会章程 伍廷芳(秩庸)李煜瀛(石曾)同拟》,载《申报》1910年10月2日。
㊻ 新会伍廷芳:《卫生新法撮要》,连载于《申报》1910年12月3—6日。
㊼ 参见 Linda Pomerantz-Zhang, *Wu Tingfang (1842−1922)*, Hong Kong University Press, 1992, HKU, p. 27.
㊽ Wu Ting Fang, *America: Through the Spectacles of An Oriental Diplomat*, Frederick A. Stokes Company Publishers, 1914, p. 139.

于女性服装,他说"我们倒宁可女士的衣服穿得更宽松些,那样的话三围就不显得十分明显"。[69] 可见他在女性审美观上并不是西化的,恰恰相反,他对西方突出"三围"的性感审美情趣和习惯,是不待见的。所以才有了后来伍廷芳反对中国议会在服装上的崇洋媚外。[70] 连赴美担任外交官,他都穿着中式马褂招摇于华盛顿和纽约街头。他偶尔去听歌剧会,还会因"不吸引我"而提前退场。[71] 总之,在伍的思想意识深处,他保留着深厚的儒家传统。就连剪辫子的奏折,也是以"不易服"为前提的。

另外,我们从一些民间相传的伍氏轶事中,亦可了解伍氏个人品性之一斑。伍廷芳在清末民国时期的民间社会,广受仰慕尊敬,享有私德口碑。人人知道他生性节俭,不吃烟不喝酒,不解异性风情。伍氏驻外的日子虽然已接触不少西洋的风尚习惯,但他没被沾染。传说有一次奥地利驻美国公使伯拉模举办宴会,其他各国公使及夫人、女公子和美国的外交人物通通与会。宴会间跳起舞来,各人均已配定舞伴上场。伍的舞伴就是伯拉模的女公子,其秀发常常碰到伍博士的脸,他很不舒服,总要把脸避开。有一次避得太急了,差点把女公子拽拉跌倒。下场后伍博士对人笑道:那天吃的苦头真够受的,若不上场跳舞,人家笑我外行,偏偏和我配舞的是个姑娘,我又向来不惯体贴,女人的两手握着,脸却要躲避,实在万分吃力。[72]

伍廷芳不懂新潮时尚,却熟悉西洋生活,深谙外交幽默。传说当驻美公使时,听闻老罗斯福总统(西奥多·罗斯福,Theodore Roosevelt)爱喝酒但不喜欢烈酒,伍托人办了几坛花雕到纽约,再用玻璃瓶装好相送,后来老罗斯福每每见面总是赞美这黄酒。有一次老罗斯福探望伍廷芳时酒瘾

---

[69] Wu Ting Fang, *America: Through the Spectacles of An Oriental Diplomat*, Frederick A. Stokes Company Publishers, 1914, p. 134.

[70] Wu Ting Fang, *America: Through the Spectacles of An Oriental Diplomat*, Frederick A. Stokes Company Publishers, 1914, pp. 159-160.

[71] Wu Ting Fang, *America: Through the Spectacles of An Oriental Diplomat*, Frederick A. Stokes Company Publishers, 1914, pp. 241-242.

[72] 陈此生:《伍廷芳轶事》,上海宏文图书馆1925年印行,第5—6页。

犯了,问:那种酒还有吗?伍一想先前还剩下半坛酒,因此说:有的有的。谁知那剩下的半坛酒已被仆人偷吃了大半。因为已答应了老罗斯福,伍廷芳为此十分为难,正自踌躇间,忽见桌上有罐荔枝汁,就用它倒入花雕酒瓶,送给了罗斯福。结果美总统品尝后对伍说:"这次的酒放时间长点更醇更好喝了!"伍廷芳心中暗笑,支吾地应答。第二次办的花雕到纽约后,没想到罗氏尝了之后说"这不如那回吃的酒好"。伍廷芳笑道"你要吃上次的酒很方便",说着就把荔枝汁掺和进花雕给罗氏喝,老罗斯福这才和伍一起大笑起来。[73]

另一则轶事,是说袁世凯称帝请了美国人古德诺[74]当顾问来帮腔。此时伍廷芳已归隐避之,息踪沪上。不料古德诺来了一封信,放言高论中国搞君主立宪制的道理,伍一笑置之不作回复。后来美公使馆秘书来沪拜访,伍对他说道:"如果古德诺是英国人或日本人,发表这通观点倒也罢了,偏偏他是个合众国的国民,真是辜负自由平等四个字。古氏的意思是要我赞助,但我终不信这是他良心上的主张。不过是受了位高势大的主使唤罢了。你要见到他时,请把我的话转给这位先生!"[75]

历史传奇人物不仅总会在传颂中被误解,甚至还会被恶意利用。[76] 但为了澄清一些与伍廷芳有关的事实,更为了让读者了解伍廷芳这位历史人

---

[73] 陈此生:《伍廷芳轶事》,第19—20页。
[74] 古德诺(Frank Johnson Goodnow,1859—1939),美国法学家,生于纽约布鲁克林,曾在美国阿姆斯特学院获得文学学士(1879)和文学硕士学位(1887),1882年毕业于哥伦比亚大学法学院,获法学学士学位。从1884年到1913年在哥伦比亚大学任教。曾在法国巴黎和德国柏林等地学习。1883—1914年在哥伦比亚大学教授法律。1913年来华担任民国政府的宪法顾问,拟订了一篇民国宪法草案。因担任约翰斯·霍普金斯大学校长(1914—1929),任中国政府兼职顾问(1914年8月3日起至1916年5月2日止),薪金减半为每月美金五百元。1915年发表《共和与君主论》,认为共和制度不适宜中国,作为美国行政法学、公共行政与市政学的重要的奠基人和学术权威,在中国卷入复辟帝制的风波。著有《中华民国宪法案之评议》《比较行政法》《政治与行政》等书。
[75] 陈此生:《伍廷芳轶事》,第21页。
[76] 近年市面流传一本《解码赵泰来》(杨小村著,广东人民出版社2013年版),讲了一个漏洞百出的奇闻:原籍广东东莞的英国华侨赵某某,在伦敦郊外继承了一个庄园,发现神秘的地窖中藏着一个巨大的中国文物宝藏——多达6万件历代文物,相当于广州市博物馆藏品总量。赵氏宣称自己的外婆是伍廷芳的私生女,而他就是伍氏的曾外孙!媒体和好事者据此画出了"宝藏继承路线图":伍廷芳→伍丽芳→郑月娥→赵某某。

物的人格及法科知识人应有的品格，有必要进一步讲述伍廷芳的家庭状况。

伍廷芳只有一个儿子，叫伍朝枢[77]。伍廷芳和原配夫人何妙龄婚后直到不惑之年一直没有生育。"在个人生活方面，他与王韬的通信记录表明，伍一直没有子嗣，非常苦恼。在1884年或1885年的一封信中，王催促伍纳一个合适的妾。1886年伍氏终于有了唯一的儿子伍朝枢。丈夫晚年得子，伍夫人也便相夫教子。朝枢的生母姓叶，据说他对待生母和伍太太何妙龄都十分孝顺周到。"[78] 伍朝枢的出生时间一般认为是1887年，但根据Linda Pomerantz-Zhang 的严谨考证，应该是1886年。伍朝枢1898年随父赴美国，15岁入西方高等小学，17岁升入大西洋城之高等学校；1908年又以官费派送英国留学，入伦敦大学研究法律，三年考试以第一名卒业，1911年获法学学士学位，并得奖金一千镑，后入林肯律师会馆学习，以第一名成绩获大律师资格，1912年回国。

伍朝枢于1912年携新婚妻子北上，任湖北省外交司司长[79]，从此和父亲一样成为外交家。1915年时任政事堂参议的伍朝枢，又因其外交才能，被袁世凯任命为兼署外交部参事。[80] 袁称帝后，伍廷芳让儿子引退。1916年，伍朝枢提出辞去政事堂参议，袁世凯未准，5月初批示给两个月假期以示安慰。[81] 袁世凯死后，黎元洪接任，伍廷芳复出，于11月就任外交总长时，又发生了一件有趣的事。伍朝枢向黎大总统提请辞任外交部兼职，

---

[77] 伍朝枢（1886—1934），字梯云，伍廷芳之子，生于天津。1898年随父赴美，先后就读于华盛顿多所学校。1906年归国居于北京，攻读国学。不久，赴英国入伦敦大学专习法律，三年后获法学学士位，在林肯律师会馆深造，考取大律师资格。后从政，1912年开始外交官生涯。1934年1月3日病逝于香港。

[78] 参见 Linda Pomerantz-Zhang, *Wu Tingfang (1842-1922)*, Hong Kong University Press, 1992, HKU, p.76。

[79] 《大总统任命鄂省各司长令（五月十四日）：任命伍朝枢为湖北外交司长》，载《警务丛报》1912年第1卷第7期。

[80] 《外交部呈拟请任命政事堂参议伍朝枢兼署本部参事并请仍照原叙等级文并批令（中华民国四年七月三十日）》，载《政府公报》1915年第1162期。

[81] 《政事堂参议伍朝枢呈请免职由（中华民国五年五月三日）》，载《政府公报》1916年第119期。

理由是"父子同部"，他说"查文官服务令虽无亲族回避明文，但前清惯例相沿已久，父子向应回避同部办事，恳转呈大总统免去兼署"[82]。12月3日，外交部呈文称"查该兼署参事伍朝枢在部有年，办事极为得力"，"呈请回避，自为远嫌起见，惟新章并无父子同部应行回避明文，究竟应否回避之处理"，呈请大总统训示。[83] 结果，黎元洪同日批文下达，不同意其辞职请示，认为父子同部任职没有问题，"照旧供职勿庸回避"。[84] 伍氏父子一致坚持共和主义。1917年伍朝枢响应孙中山赴粤参加护法运动，1918年任职广东军政府外交部，曾任次长。1927年5月，任南京国民政府外交部部长。1929年1月，任驻美公使。

伍朝枢的家庭情况更被传为佳话。伍朝枢奉父母之命迎娶了何妙龄的外甥女、何启的女儿何瑞金（后改名何宝芳），1912年诞下长子伍竞仁，此后伍艳庄、伍砺琼、伍继先、伍庆培、伍砺瑛、伍砺瑜、伍砺琨等子女相继出生。[85] 伍竞仁、伍庆培与伍砺瑜先后以优异成绩考入香港大学。老五伍庆培娶陈策上将长女陈琼蕙为妻，婚后回国，伍庆培在岭南大学授课，陈琼蕙则受聘于广州大学，后定居于加拿大。老大伍竞仁退休前任职于休斯飞机公司，妻子伍郑镜宇是洛杉矶著名的"伍夫人花园"中餐馆主人，深受好莱坞明星追捧。伍郑夫妇有两个儿子和三个孙子女，两个儿子分别是市政府律师和加州高级法庭法官，其中伍乔治（1950年生）2006年由布什总统提名出任加利福尼亚州中区联邦法院法官。这些伍廷芳家族的后人将中西合璧的文化基因传承至今。

难怪梁漱溟说，"伍先生的价值很高。假如有人问我，你一生所亲自见到的、最佩服的人是谁？那我就回答是这个"，"我认为（伍）是一个

---

[82] 《外交次长代理部务夏诒霆呈大总统据兼署参事伍朝枢呈称父子同部请免兼职应否回避请示遵文》，载《政府公报》1916年第332期。

[83] 《外交次长代理部务夏诒霆呈大总统据兼署参事伍朝枢呈称父子同部请免兼职应否回避请示遵文》，载《政府公报》1916年第332期。

[84] 《大总统指令第五百七十八号（中华民国五年十二月三日）：呈据兼署参事伍朝枢呈称父子同部请免兼职应否回避请示遵由》，载《政府公报》1916年第330期。

[85] 参见伍竞仁等：《伍梯云先生讣告》，民国二十三年（1934）。

纯正的儒家，脚踏实地的儒家……表现在他的生活"。[86]

最后再做点小结吧。法律专业"棱角"，加上伍廷芳性格的"棱角"，双重"棱角"在他身上更为彰显并放大了。如果伍廷芳出庭当辩护人，他一定是个标准而称职的律师，甚至也会有"死嗑"风格。法律人的专业性格是讲规则，讲逻辑，讲事实，规矩中正，因此刻板钻研有余，圆融世故不足。胡适看伍廷芳，极为类似于今天某些人看律师一样，有难言的别扭。

而他的"棱角"在当时能被各方接受，是因为伍廷芳做事的格局和受人敬重的人格。其人格与格局的独特性就在于，规矩中正，学融中西，洞明国是，独立思索，秉公果敢，勇立潮头，超越自我，拼搏终老。与其同僚们唯唯诺诺的沉沉暮气形成鲜明对比的是，伍廷芳通中西，辨然否，有格局，面对旧制度敢于运用新理念新知识，是为谔谔之士也。他对待世界文明潮流和民族前途命运，有异乎寻常的积极态度。他之行止与贡献亦因此而超越了时代的局限，具有了历史穿透力。无论在当时，还是当下，伍廷芳式的"棱角"都是必要的，独特的，珍贵的。

---

[86] 梁漱溟、〔美〕艾恺：《这个世界会好吗：梁漱溟晚年口述》，生活·读书·新知三联书店2015年版，第132页。

第二节　先知启蒙

严复——先懂西学者，先知法学

图 1　严复（1854—1921）

1898 年 9 月 14 日（戊戌年七月廿九日），28 岁的光绪皇帝在乾清宫召见了 45 岁的严复。二人有一段对话，① 现转换成白话文如下：

光绪：本年夏间有人说你在天津《国闻报》馆担任主笔，其中的议论可都是你的笔墨吗？你近来尚在《国闻报》馆担任主笔否？

严复：臣非该馆主笔，不过时有议论交予该馆登报耳。

光绪：你所上报之文，其中得意的文章有几篇？

严复：没啥得意文章，唯独今年正月写了《拟上皇帝书》，其文颇长，

---

① 孙应祥：《严复年谱》，福建人民出版社 2003 年版，第 126 页。原文记载于光绪二十四年八月初四日《国闻报》。

当时分作六七天登报，不知皇上看了没？

光绪：他们没呈上来，你可抄录一份进来，朕急着想看呢。

严复：臣当时是希望皇上变法自强，……现在皇上已经做了，我的言论已多余了。

光绪：没关系，你可抄一份上来。但你说的变法，是要变什么法？

严复：皇上于未变法之前，可先到外国转转，以联各国之谊，并到中国各地，结百姓之心。

光绪：唉！中国就是守旧人太多，咋办？

之后，光绪皇帝听严复讲了许多外国见闻，足有三刻钟。严复还不知道光绪皇帝啥时候发动变法，岂料这一天竟成了维新变法开始实施的日子！光绪要发动维新变法，而严复见多识广，这是他接受维新派人士推荐，召见严复的用意所在。

一、跨界与涉法

促成这次光绪帝召严复入京觐见的起因，是维新派的举荐。光绪要听严复谈西洋见闻，原因可想而知——圈内有名望者出过国喝过洋墨水的太少了。此前，光绪先后召见康有为和梁启超，只是谈人事任命或译书等变法实务。当时的维新派，如康有为，只去过一次香港购置"地球图"而已。梁启超、谭嗣同等人都没出过洋。9月21日戊戌政变，康梁二人分别逃往日本，这是他们首次出洋。那时，没有人比严复更懂世界，更懂西学。

法学东渐之前，中国只处在律学时代，或可称为"前法学时代"。从严复这里可以看到中国"前法学时代"的特点——谁先懂西学，谁就先懂法学。严复非法科出身，可他是近代中国最懂世界的翻译家，因而也是熟谙法理的学问家，并因此成为法学启蒙思想家。他的译著和文章在当时的知识界可谓振聋发聩，影响了学术界，也影响了国家的政治与法律。

我们通常关注严复的译书立说，对其实务和实践较少关注。殊不知，他一生有学、兵、政、报、商、教等实务经历,其跨界幅度之广,使人们难以把这些与他思想家的身份联系起来。

严复原本"武人"②出身,早年学船政,与邓世昌等同为福建船政局学堂驾驶班第一届毕业生,毕业后在军舰上实习了五年之久。1876年受直隶总督兼北洋大臣李鸿章招聘,严复第一次来到天津,准备接收并驾驶我国第一次向英商订购的炮船,在天津逗留了近两个月。大约在1877年,他作为第一批船政留学生之一赴英,就读于格林威治皇家海军学院(Royal Naval College, Greenwich)。可是这位上军校的留洋学生却与法律很有缘分,"涉法"很早。目前所知,早在留英学海军时,他就接触和思考英国法了。

皇家海军学院第一年的课程不光是画海道图、学铁甲船、掌水师船,还学习"论德、法两国交战及俄、土交战事宜"。③这一年,清政府首次派往西方的第一任公使郭嵩焘也已在伦敦。④一位是年方23岁的留学生,一位是大清公使,二人在英伦的两年时间也重叠在一起。就在这两年中,严复曾陪同郭嵩焘到巴黎考察市政建设,一路阔论西方法治与市政建设的关系,居然让郭公使连连称是。郭氏日记虽多次提及留英学生,但是关于严复的记载最多,达几十处。严复的独到见解常与主张洋务的郭公使旨趣相投。严复还曾到英国法庭旁听。他回忆说:"犹忆不佞初游欧时,尝入法庭,观其听狱,归邸数日,如有所失。尝语湘阴郭先生,谓英国与诸欧之所以富强,公理日伸,其端在此一事。先生深以为然,见谓卓识。"⑤

---

② 此言出自郑孝胥:《郑苏龛严又陵酬和近作:答严几道》,载《广益丛报》1908年第185期。

③ 郭嵩焘:《郭嵩焘日记》(第3卷),湖南人民出版社1982年版,第406—407页。

④ 1875年郭嵩焘写成《条陈海防事宜》上奏,认为将西方强盛归结于船坚炮利是非常错误的,中国如果单纯学习西方兵学"末技",是不能够起到富国强兵的作用的;只有学习西方的政治和经济,发展中国的工商业才是出路。郭嵩焘因此名噪朝野。此时,云南发生"马嘉理案",英国借此要挟中国,要求中国派遣大员亲往英国道歉,清政府最后指派郭嵩焘赴英"通好谢罪"。八月,清廷正式加授郭嵩焘为出使英国大臣。因"马嘉理案"未果而拖延至1876年冬才启程赴英国。

⑤ 严复:《〈法意〉卷十一按语》,载王栻主编:《严复集》(第4册),中华书局1986年版,第969页。

他学成归国后回福建船政学堂任教习。李鸿章十分欣赏严复的才干，点名聘他到天津水师学堂。1880年（光绪六年）夏，约七、八月间，严复到天津拜见了李鸿章。次年学堂开办，严复出任北洋水师学堂所属两堂之一"驾驶学堂"的"洋文正教习"。李鸿章致信学堂督办吴赞诚，要吴派严宗光（严复）随同赫德考察，参与考察及与英商谈判购买练船等项具体工作，⑥ 因与英商谈判免不了涉及英国法务。1890年严复升为北洋水师学堂总办，却因与上司李鸿章不合，有意跳槽退出海军界，另谋发展。

1896年9月24日，严复捐款资助梁启超与汪康年在上海创办《时务报》。1897年（光绪二十三年），他和王修植、夏曾佑、杭辛斋等在天津创办我国第一张民办报纸《国闻报》和《国闻汇编》，宣传变法维新的主张。1898年（光绪二十四年），直隶设洋务局，官方派李岷琛主其事，严复与张翼、奭良、荫昌、杨文鼎会同商办。⑦ 1898年8月，严复又受聘进入刚刚复苏的天津北洋水师学堂任教。⑧ 同年撰《拟上皇帝书》，敬告"大势岌岌，不治则亡"，极力倡导变法。⑨ 是年，光绪皇帝亲命严复来京觐见，阐述变法主张。1900年（光绪二十六年）严复避居上海，参加汪康年、唐才常发起的"中国议会"，被选为副会长，汪唐两派相争时，他并无倾向，这是他最初的议会实践。⑩

1901年（光绪二十七年）应开平矿务局总办张翼邀请，严复赴天津，任开平矿务有限公司"中国华部总办"，主开平矿务局事。⑪ 1904年冬，开平矿务局发生涉外诉讼事件⑫，为协助清政府收回开平矿务局，严复于

---

⑥ 戴健：《从新发现的史料看李鸿章与严复》，载《历史档案》1988年第2期。

⑦ 《湘报》1898年第166期。

⑧ "It is reported from Tientsin that the Viceroy Jung Lu has appointed the expectant Taotai Yen Fu to be a member of the newly resuscitated Peiyang Naval Bureau", *The North-China Daily News (1864-1951)* 1898年8月18日。

⑨ 严复：《拟上万言书稿》（录《国闻报》），载《岭学报》1898年第11期。

⑩ 桑兵：《论庚子中国议会》，载《近代史研究》1997年第2期。

⑪ 德璀琳为开平矿务有限公司议事首领，严幼陵与梁镇东为开平矿务有限公司中国华部总办。相关记录参见《开平矿务有限公司试办章程》（光绪二十七年四月十八日），载《河北矿务汇刊》1930年9月编印。

⑫ 《开平矿务局控案伦敦按察使佐斯君堂断》，载《外交报》1905年第5卷第7期。

1905 年随开平矿务局总办前往伦敦助讼交涉，结果发现自己被利欲熏心的中方官员所欺骗，因而未等诉讼结束即脱离此事。

　　严复还是商务印书馆的股东。他在日常生活中不知不觉会用西方法律办事。严复致张元济信中多次提到版税问题。他说"此稿既经公学贰千金购印，则成书后自为公学之产，销售利益应悉公学得之。但念译者颇费苦心，不知他日出售，能否于书价之中坐抽几分，以为著书者永远之利益"。他还强调说"此于鄙人所关尚浅，而于后此译人所劝者大，亦郭隗千金市骨之意也"。张元济答应了他的要求，同意给二成版税。这大约是我国近代较早实行版税制度的实例之一。[13] 1903 年他就发表了对版权问题的看法。[14] 宣统三年（1911）四月廿三日其日记有云："寄张菊生（元济）保险信一封，内附股息收条 5476 元。"保险信即挂号信。照这个股息数目推算，严复拥有的商务股份额，当不下于五万元。严复在商务还有大额的存款，日记中常有托张元济收兑款项的记载。大约由于他的很多译作都在商务出版，可能以所得稿费的大部拨充了股份和存款。[15]

　　如果要考察严复的法学观念，还有一个途径就是考察他对学科门类划分与法科教育的认知和主张。1903 年他在京师大学堂译书局时对学科门类作了划分。由严复手订之《京师大学堂章程》中[16]，教科门类有"一地舆，二西文律令，三布算，四商功……三十三公法"，其中"大学堂考选学生章程"之大学堂预备科上三班考试有"名理法律各六问"[17]。此前已经有一个《钦定京师大学堂章程》（在经梁启超和康有为之手的《奏议京师大学堂章程》基础上形成），这是中国官方最早的学科分类，但它只在"政治科"下设政治学和法律学。而经严复手订之"译书局章程"是钦定

---

[13] 1899 年 3、4 月间严复给张元济的复信。参见陈应年：《严复与近代的翻译出版工作》，载《出版工作》1981 年第 10 期。
[14] 《严又陵观察上管学大臣论版权事》，载《华北译著编》1903 年第 16 卷。
[15] 谷林：《严复辛亥日记》，载《中国历史博物馆刊》1979 年第 3 期。
[16] 《严几道先生手订京师大学堂章程》，载《大公报》（天津）1903 年 8 月 29 日。
[17] 《京师大学堂译书局章程》，载《经济丛编》1903 年第 31 期。

章程之后的学科分类新版本，其中的"西文律令"是指西方法律，"公法"[18]是指国际法，此处虽然只限译书，但严复将二者分开，突出法学，细分法科，颇有见地。

严复最早介入办学有两个经历，其间均重视法科教育。1905年他从英国回到上海，协助马相伯创办复旦公学。严复制定的《复旦公学章程》中，"正斋三年毕业，学科分二类，一、政法科，文科、商科大学之预备。二、理科，工科、农科大学之预备。……专斋大别为二：一、政法；二、实业"。[19] 1905年严复还出席了复旦开校典礼。据1905年11月16日出版的《广益丛报》报道，有一则新闻《复旦开校》，称"吴淞复旦公学昨日行开校礼。是日来宾及职员学生等到者约三百人。……午后二时先奏开校军乐，次校长马君相伯演说"，"次则名誉教员严君又陵以中国员幅日狭、民族日凋，不畏外强之侵凌，须忧吾人之不振，所望全校学生须勉力勤学，万不可有告假偷闲之举。庶几日异月新，为将来之国用，云云"。然后"由英文正教员李君登辉以英文演说谓中国之衰弱皆由教育之不兴"，"至四时始由校员袁君观澜摇铃散会"。[20]

同年，官方拟聘严复入考察政治馆主持译务。[21] 1906年严复任复旦公学校长，同时被安徽巡抚恩铭聘去安庆任安徽师范学堂监督。1906年3月中旬，严复任安庆高等学堂监督，起初设计学制，"先课普通三年后，分法政与实业两大科"，[22] 可见其对法科教育的重视。结果因学潮未得贯彻，

---

[18] 汉语"公法"一词大约出现于19世纪70年代，当时指各国间外交议定的条约或规则。如"各国会聚于幽香时国京，议立续增公法之事……不日便可刊印颁发布告矣"，参见《大比利时国事：议定公法将刊印颁发》，载《万国公报》1874年第314期。又如"欲于万国公法中立一条款以免用兵之要件倘有某国与某国失和应将用公法中之条款查办两国失和之意，何国当错则照公法办理，即可永息干戈"。参见《大荷兰国事：万国公法会》，载《万国公报》（上海）1875年第8卷第354期。

[19] 钱益民：《李登辉传》，复旦大学出版社2005年版，第57页。

[20] 《复旦开校》，载《广益丛报》1905年第89期。

[21] 纪闻：《拟聘严复入考政馆》，载《广益丛报》1906年第114期。

[22] 《严几道辞退安庆高等学堂监督意见书》，载《直隶教育杂志》（别录）1907年第8期。

遂辞去安庆高等学堂监督一职。[23]

1907 年严复再转入体制内。1907 年 8 月 24 日,考察政治馆改为宪政编查馆,直属军机处。同年严复以两江学务总参议名义到沪。[24] 1909 年 5 月（宣统元年四月）,他被派充为宪政编查馆二等咨议官。同月,学部奏请由严复担任"编定名词馆"总纂,监率分门编订学科名词。[25] 1912 年,严复被袁世凯任命为北大校长,至少干了五六个月。[26] 1913 年,严复被黎元洪邀去商议要务,[27] 黎氏正是其在驾驶学堂的学生。同年起,严复担任袁世凯总统府外交法律顾问。1914 年 1 月 26 日,严复被举为约法会议议员,后被任命为参政院参政。

至此,其跨界领域涉及兵、学、政、报、商、教等,实务经历丰富。他恃才傲物,特立独行,远非一般知识分子所能及,因而在这种跨界实践的过程中,其交往自然也不是平庸之辈,先后结交各界引领风骚之士。由于他在中国近代有启蒙思想家之誉,因此遮蔽了他在法政方面的贡献,包括他的法律思想和法政实践。大凡政治、军事、财政、教育、经济、社会等著述,均离不开法学,以至于学界还曾就他是不是法家展开讨论。[28] 严复是不是法家？这在今天已经不是个真问题,不应该把一个近代思想家纳入固化的旧概念、旧知识体系之中来认识。就好比我们今天说法学教授是法家一样,

---

[23] 《严几道辞退安庆高等学堂监督意见书》。
[24] 《督院辕抄摘要：补四月二十八日,两江学务总参议严复由沪来,候补道汪瑞闿辞赴沪》,载《南洋官报》1907 年第 81 期。
[25] 《本部章奏：奏本部开办编订名词馆并遴派总纂折》,载《学部官报》1909 年第 105 期。
[26] 1912 年袁世凯任命严复为京师大学堂总监督,这一任命存在是否合法的问题。严复本为革命派人士所不容,蔡元培主政的教育部 5 月 1 日下发命令：京师大学堂改称北京大学校,大学堂总监督称校长；大学校校长由教育部于分科学长中举荐一人任命之。因之,5 月 3 日袁世凯根据蔡元培的呈文,正式任命严复署理北京大学校校长。但是他忍受不了屈辱,于 10 月初辞去校长职务。参见皮后锋：《严复辞北大校长之职的原因》,载《学海》2002 年第 6 期。
[27] 《武昌黎副总统各省都督均鉴国务院卅一电程都督江电均悉道仁推举严复王世澄两君共同讨论》,载《秦中公报》1913 年第 271 期。
[28] "文革"期间严复被塑造为"法家人物"。"拨乱反正"时期,学界反思严复是"法家人物"的观念,据此否定严复与法家的关联,尤以李泽厚的观点具有鲜明代表性。他以翔实的史料为依据,力证严复并非法家。参见李泽厚：《论严复》,载《中国近代思想史论》,人民出版社 1979 年版,第 249—256 页。

是个伪命题。

严复在翻译西学尤其是法学著作时，颇为适应汉字用语习惯煞费苦心，也准确把握了西语概念的内涵。比如 liberty（自由）一词，1895 年的《论世变之亟》文中用了"自由"，但是"自由"早就被中国诗文用滥了，用过"自由"的诗词就不下十种㉙，况且"自由"常受误解，士大夫目之为洪水猛兽之邪说。因而八年后的 1903 年，严复翻译穆勒的 On Liberty，将书名译为"群己权界论"，兼用"自繇"来代替"自由"。他说："十稔之间，吾国考西政者日益众，于是自繇之说，常闻于士大夫。顾竺旧者既惊怖其言，目为洪水猛兽之邪说。喜新者又恣肆泛滥，荡然不得其义之所归……学者必明乎己与群之权界，而后自繇之说乃可用耳。"㉚

严复固然不属于法律科班出身，但因为他懂西学，所以对法学有直观的感受。严复的法学思想是其启蒙思想的重要组成部分，正如有学者已经总结的：从法理着眼揭露封建专制弊端，论述中国的变法、西化、科学、自由和民权，从政体分类论述中国的君主立宪，从"三权分立"论述中国的司法权威、国群自由、地方自治等等。㉛ 严复懂西学，因而懂法学。严复那个时代是个知识封闭、匮乏和垄断的时代，普遍地不懂西学，不懂世界，更不懂法学。这是那个时代知识人群体的一大特点。在严复时代，若论懂西方法学的法律家，法律界屈指可数，如沈家本和伍廷芳。沈是清末过渡性的法律家，伍是英属港岛的留英海归。沈、伍这些特殊个体的出现具有偶然性，除此之外，独立的法律家阶层与法科知识人群体在整体上尚未兴起。与此同时，晚清政学两界重视制度变革之气候已经形成，但能熟

㉙ 诸如白居易的"盛衰不自由，得失常相逐""卧逃秦乱起安刘，舒卷如云得自由""时泰岁丰无事日，功成名遂自由身"和"始惭此日，得作自由身"，此外还有杜牧的"百感中来不自由，角声孤起夕阳楼"，刘商的"寸步东西岂自由，偷生乞死非情愿"，司空图的"一任喧阗绕四邻，闲忙皆是自由身"，贯休的"如斯标致虽清拙，大丈夫儿合自由"，罗隐的"乾坤有意终难会，黎庶无情岂自由"，李煜的"花满渚，酒满瓯，万顷波中得自由"，李咸用的"兼济直饶同巨楫，自由何似学孤云"，苏舜钦的"应愁晚泊喧卑地，吹入沧溟始自由"，等等。
㉚ 王栻主编：《严复集》（第 1 册），中华书局 1986 年版，第 131—132 页。
㉛ 林平汉：《严复的法学思想探略》，2004 年中国近现代史史料学国际学术研讨会论文。

悉西方制度而对中国制度进行批判性反思者,又属凤毛麟角。因此,先懂世界者,先懂法学。从这个意义上讲,严复具有知识占有与知识垄断的典型性。但凡接触西方法学并撰文议论者,都成为那个时代引领社会的旗帜性人物,像严复和梁启超,成为那个缺乏法学家与法律家时代的启蒙性、奠基性、替代性或过渡性的"政法学家",就再自然不过了。但严复胜于梁启超一筹的是,他更早地懂外语,懂西学,懂世界。因此,他至少有三个方面的代表性:一是代表国家体制初步建构时代所急需的启蒙思想,二是代表"法政合一"时代的知识人群体,三是代表学科未分、知识复合的知识结构状态。

二、除旧与布新

严复曾骄傲地公开声称:"彼中尽有数部要书,非仆为之,可决三十年中无人为此者。"[32] 意思是,如果我不干,30年内无人能做。所谓"数部要书",首推他选定的八部名著——赫胥黎的《天演论》,穆勒的《穆勒名学》与《群己权界论》,亚当·斯密的《原富》,斯宾塞的《群学肄言》,孟德斯鸠的《法意》,詹克斯的《社会通诠》,杰文斯的《名学浅说》,堪称严译"天龙八部"。他不事文学翻译而作学术翻译,是有明确政治目的的[33],准确地讲,他是直言不讳地针对中国政治痼疾和治理体系的。比如他在《论世变之亟》中说,接触认识西方社会之"命脉"所在,"不外于学术则黜伪而崇真,于刑政则屈私以为公而已",[34] 他明确宣称自己的译著是为了"指斥当轴之迷谬,……从其后而鞭之"[35]。也就是说,他认识到西方经验之命脉在于法制,而这正是他要鞭策的中国政治的积弊之

---

[32] 严复:《与张元济书》,载王栻主编:《严复集》(第3册),中华书局1986年版,第525—526页。
[33] 林平汉:《严复的法学思想探略》,2004年中国近现代史史料学国际学术研讨会论文。
[34] 严复:《论世变之亟》,载王栻主编:《严复集》(第1册),第2页。
[35] 〔英〕亚当·斯密:《原富》,严复译,商务印书馆1981年版,"译事例言",第9页。

所在。[36]

严复1895年发表"天演论序"《论世变之亟》《原强》之后，于1897年发表了署名"观我生室主人"的文章《辟韩》，文章"恨"韩子"原道篇""于道于治之浅"，对人们习以为常的君臣关系提出了质问，猛烈抨击了黑暗的封建专制政治。谭嗣同读后拍案叫好，猜到此文出自严复之笔。同时，严复的《救亡决论》明确提出"中国不变法则必亡"。如果说这四篇文章标志着他从船政海军专业转向哲学社会科学，那么1906年撰写的六篇连载《论英国宪政两权未尝独立》[37]，则是他继翻译西方名著之后的纯法学领域的标志性作品。他在译介西方名著过程中，积累并强化了他的法学思想。严复选择翻译约翰·密尔《论自由》、孟德斯鸠《法意》，说明他不仅有法学学术之独到眼光，还对中国的体制与制度弊端有深刻的思考，这正是他成为一代启蒙思想家的过人之处。

同样的翻译家，也会有极大的思想差异。与严复同时代还有位曾受严复推崇的翻译家，即闽侯陈季同。但二人在翻译上的作用不可同日而语，陈季同的英译是把中国的东西译介到西方，如《中国人自画像》《中国人的娱乐》《中国戏曲》等七八种法文著作，是"自内而外"的。陈季同针对西方社会"把我们中国人想象成了一种被驯化了的类人动物"[38]，因而奋起向世界介绍中国的文化习俗，为中外文化交流作了贡献。而严复"自外而内"的汉译与之不同，严复的意义与陈季同不可同日而语。在西学东渐过程中，过去往往都是西洋传教士为主，并且翻译进来的大多是数理、机械等所谓"格致"类西学知识。严复是主动遴选、介绍西方哲学社会科学的中国翻译家。如果说陈季同是"文化外宣"第一人，那么严复则是"思想启蒙"第一人。在那个时代，显然"启蒙"重于

---

[36] "当轴"泛指政治要员或当局，如"官居要职积以论事，为当轴者恨"（《宋史·苏轼传》）。

[37] 严又陵：《论英国宪政两权未尝分立》（六篇连载），载《外交报》1906年第153期至158期。

[38] 陈季同：《中国人自画像》，贵州人民出版社1998年版，第3页。

"外宣"，况且在没有实力的情况下，"外宣"往往沦落为新瓶装旧酒的包装和叫卖。

和陈季同试图改变中国国际形象的"外宣"式翻译意图相比，严复的翻译意图是什么？很显然，他的翻译不是文化意义上的，而是政治意义上的，换言之，他是有明确政治意图的。我们今天来考察严复的命题意图和分析路径，大致有以下三个层次：第一，从他对中国问题的分析来看，他有"内七外三"之论，即"中国之积弱，至于今为已极矣。此其所以然之故，由于内治者十之七，由于外患者十之三耳"[39]。"内七"问题在严复看来是制度问题，所以重点是内治问题，变法问题。第二，他毫不含糊地竭力推崇变法，说出了一句名言："其在内治云何？法既敝而不知变也。臣闻天下有万世不变之道，而无百年不变之法。"[40] 第三，如何变法？其思路是"布新除旧"。他向清廷大声疾呼尽快变法以图自强："自仆观之，则为标之所最亟而不可稍或迟缓者也。其事维何？曰：必朝廷除旧布新。"[41]

"除旧布新"在严复思想中的重要性不可低估，他后来多次重申"除旧布新"，比如1905年前后，由严复起草并居首署名的《复旦公学募捐公启》中也提道，"他若进民行、卫民生、言除旧、言布新，皆非不学无术者所可幸成"[42]。"除旧布新"一词来源于《左传·昭公十七年》，谓："彗，所以除旧布新也。"汉语"彗"字就是扫帚，引申为除旧布新。黄遵宪的《西乡星歌》中即有"除旧布新识君意，烂烂一星光射人"。这"西乡星"是指日本"明治三杰"之一西乡隆盛。他明知西乡"无端忽唱征韩论"，但仍称他"烂烂一星光射人"，是"一世之雄旷世才"，对他的维新贡献大加褒赏。

---

[39] 王栻主编：《严复集》（第1册），第61—62页。
[40] 王栻主编：《严复集》（第1册），第63页。
[41] 王栻主编：《严复集》（第1册），第32页。
[42] 据然否斋所藏单行本《复旦公学募捐公启》，署名倡议人依原序为严复、曾铸、陈涛、汪诒年、汤寿潜、庞元澄、黄公续、袁希涛、萨镇冰、熊希龄、陶在宽、姚文楠、王清穆、沈卫、熊元锷、李钟钰、张謇、方硕辅、叶景葵、吴馨、沈桐、陈季同、刘钟琳、王维泰、蒯光典、施则敬、况仕任、狄葆贤，共28人。今说均认为严复为起草人，该文亦编入黄克武：《严复卷》（中国近代思想家文库），中国人民大学出版社2014年版，第482—483页。

在中国人对于西方法学茫然无知的时代，尽管不乏主张变法之人，然而大都着眼于"布新"，却未敢触动旧势力来"除旧"。而严复却已经大胆地提出，变法必须"除旧"与"布新"同时并举，唯有这样，才能"相因为用"而见效。㊸严复在"布新"与"除旧"二者间，更强调"除旧"。他对二者关系作了揭示："迩岁以来，朝野之间，其言变法以图自强者，亦不少矣。……大抵皆务增其新，而未尝一言变旧。夫国家岁入之度支有限，而新政之日增无穷，新旧并存，理自竭蹶。臣闻为政之道，除旧布新，相因为用者也。"㊹ 有意思的是，梁启超 1898 年写《戊戌政变记》时，也用了"除旧"与"布新"，并对二者关系作了深刻分析，认为"凡改革之事，必除旧与布新，两者之用力相等，然后可有效也。苟不务除旧而言布新，其势必将旧政之积弊，悉移而纳于新政之中，而新政反增其害矣"㊺。梁氏这段话与严复的观点高度相似，那么，究竟是谁先提出这对关系的呢？我们知道，严复这段话出自其 1898 年（清光绪二十四年，岁次戊戌）《拟上皇帝书》，陆续刊发于 1898 年 1 月 27 日至 2 月 4 日的《国闻报》。而梁启超《戊戌政变记》写于 1898 年 9 月 21 日戊戌政变之后。显然，梁启超的这段论述是受严复的启发。

更有意思的是，严复在 1898 年给光绪皇帝上书推崇变法的那句："臣闻天下有万世不变之道，而无百年不变之法"成为 1901 年慈禧以光绪名义所颁"变法诏书"中第一句话的逻辑起点——"世有万古不易之常经，无一成不变之法治"。㊻

严复用外部思想来启蒙，其政治意图在于促"内治"和"自强"，是为中国"练内功"，这比"外宣"的难度大得多。他从制度变法入手，主张从内部"除旧布新"，主张"布新"更强调"除旧"，为的是实质性地

㊸ 齐国华：《〈天演论〉与严复的政治观》，载《史林》1991 年第 1 期。
㊹ 王栻主编：《严复集》（第 1 册），第 68—69 页。
㊺ 梁启超：《戊戌政变记》，载《戊戌变法》（第 1 册），上海神州国光社 1953 年版，第 273—274 页。
㊻ 《光绪实录》卷四百七十六，《清实录》（五十八），第 272—275 页。转引自李贵连：《沈家本传》（修订本），第 249 页。

更新中国。从内部"除旧"比"布新"的意义要深刻得多,但这个共识最初只存在于严复、梁启超以及后来的修律大臣等少数知识人中。

三、启蒙与保守

严复早在 1900 年就有立宪的言论,在立宪与革命的选择上,倾向前者。他对辛亥前后光绪帝的评论,更能判断其君主立宪的主张。

宣统三年八月十三,即 1911 年 10 月 4 日(武昌起义前六日),由严复填词的国歌《巩金瓯》,被清政府确定为正式国歌。从歌词中的"清时幸遭。真熙皞,帝国苍穹保",就可以读出严复对大清帝国的拥戴。1911 年 10 月 30 日的清廷诏书,严复也注意到,皇上发誓要永远忠实服从不久就要召开的国会的意愿,不让任何皇室成员进入内阁,对所有政治犯实行大赦,宪法由议会制定并将被无条件接受。1911 年 11 月 28 日,严复在给英国《泰晤士报》记者莫理循的信中就表白自己倾向于君主立宪的立场,以为中国现状适合于"保存君主,削其权力,适度立宪以使政府比前更具活力,得因时制宜,不断进步"。[47] 严复的君主立宪论之出发点仍然是民权。他认为,如果缺乏民权,即便存在法律,也无法实现对君权的监督和制约:"有民权之用,故法之既立,虽天子不可以不循也。使法立矣,而其循在或然或不然之数,是则专制之尤者耳。有累作之圣君,无一朝之法宪,如吾中国者,不以为专制,而以为立宪,殆未可欤!"[48]

严复主张君主立宪制其实就意味着对革命的深忧。严复在与熊纯如[49]的通信中曾言:"不佞以革命为深忧","凡卒然尽覆已然之局者,皆为仆所不取"。1916 年,严复在给熊纯如的信中两次提到革命时代最危险的是

---

[47] 欧阳哲生:《辛亥革命时期严复的思想演变及其抉择》,载《北京大学学报》(哲学社会科学版)2011 年第 48 卷第 5 期。
[48] 严复:《〈法意〉按语》,载王栻主编:《严复集》(第 4 册),第 940 页。
[49] 熊纯如是严复晚年最相知的朋友,生卒年不详,名锡育,江西南昌人,系严复得意门生熊元锷的从弟。元锷早死,后严复与熊纯如成忘年交,通信频繁,倾心相诉,无话不谈。严复给熊纯如所写书信中,于政治、思想、个人生活,无所不谈,最能反映严复辛亥革命以后晚年的生活与思想。

人人爱"走直线",这句话见于雨果小说《九三年》中"西穆尔登"一节。其中,严复在1916年4月4日函中写道:"今夫中国立基四千余年,含育四五百兆,是故天下重器,不可妄动,动则积尸成山,流血为渠。……法哲韦陀虎哥(指维克多·雨果)有言:'革命时代最险恶物,莫如直线。'任公理想中人,欲以无过律一切之政法,而一往不回,常行于最险直线者也。"[50] 在严复眼中,甚至连梁启超这样的改良派也被看作过激的"理想主义者"。在他眼里,梁任公是陷入理想而不懂实务的人。论及戊戌变法,他在书札中说:"卤莽灭裂,轻易猖狂。"对于革命党人,他质疑和反对,说:"往所制刃施轰者,岂皆悉合于天理?"[51] 还说,如果没有康梁,"其母子(指慈禧和光绪)固未必生衅"[52]。

在共和制与君宪制二者间,严复推崇君主立宪。这和他熟悉西方宪制法治有关。尤其是他留英,对英国君主立宪制有好感,而对革命持忧虑和抵触心态。概言之,严复之所以主张在中国实行君主立宪制,是他内心矛盾情绪的反映。他一方面痛感君主制的腐败,不变法不行;但另一方面,他也看到中国还处于落后的宗法社会,人民的力、智、德水平太低,"其民不足以自治也",不可能实行民主制度,自然就应保留君主,但又要避免君主专制,所以只能通过设立议院,实行君民共权的君主立宪制。[53]

不赞成革命,而主张社会渐变,这与严复的社会进化思想有密切关联。他在《天演论》导言中言:"天演之事,不独见于动植二品中也,实则一切民物之事,与大宇之内日局诸体,远至于不可计数之恒星,本之未始有始以前,极之莫终有终以往,乃无一焉非天之所演也。"[54] 严复又用这一思想来论述中国的社会发展规律,"吾乃观其会通,而籀为政治之公例"[55]。严复虽不是提出变法的第一人,但他是以社会"天演"论述政治

---

[50] 严复:《与熊纯如书》,载王栻主编:《严复集》(第3册),第632—633页。
[51] 严复:《与熊纯如书》,载王栻主编:《严复集》(第3册),第610页。
[52] 严复:《与熊纯如书》,载王栻主编:《严复集》(第3册),第632页。
[53] 张志建:《严复学术思想研究》,商务印书馆1995年版,第44页。
[54] 赫胥黎:《天演论》,严复译,商务印书馆1981年版,第6页。
[55] 王栻主编:《严复集》(第5册),中华书局1986年版,第1248页。

变革的首创者。他选择政体也联系中国社会之"民质"来考虑——"（法兰西）才智之士，仁慈之君，咸欲以一旦夕之所为，转其国于盛治，卒之徒变于政，未变于群，害塞于此，弊形于彼"（《群学肄言·智絃》）。其民质渐进思想来源于斯宾塞。"中之人好古而忽今，西之人力今以胜古"[56]，他通过中西文化与政治传统的对比，为中国政治体制提出设想，其理想目标是"君不甚尊，民不甚贱"[57]。这八个字的意思，实际上就是要限制君主权力，平等对待民权，这不正是君主立宪制的特点吗？严复是否明确主张"君主立宪"？是的！"有谓近世现行有两种政制：一为独治之专制，一为自治之民主者。此其言非也。当云有独治之专制，有以众治寡之立宪。以众治寡之制，虽不足当政界极诣之自治，而立宪则舍此殆无他术，故为今日最要政体。"[58] 所谓"以众治寡之立宪"是"今日最要政体"，也即严复心目中最理想的政体。申言之，严复之所以对法国大革命持坚决的否定态度，就缘于其终生信奉的人类社会渐进演进的信条。[59]

作为启蒙者，严复却是个保守派，这似乎很矛盾。细品严复，可以帮助我们了解作为一类知识人的复杂性格及其典型意义。

严复1854年1月8日出生在福州闽侯。此地自明清以来，人文荟萃，屡开风气之先。在严复之前有林则徐（1785—1850）、陈季同（1851—1907）、林纾（1852—1924）等，在严复之后还有辜鸿铭（1857—1928）、萨镇冰（1859—1952）、郑孝胥（1860—1938）、林长民（1876—1925）、刘崇佑（1877—1942）、林觉民（1887—1911）……严复12岁丧父，学馆中辍，放弃科举之途。13岁入福州船政学堂学习驾驶，改名宗光，字又陵；17岁从福州船政学堂毕业，为该学堂第一届毕业生，先后在舰船实习五年；18岁取得选用道员资格，改名复，字几道。严复学的是船政和海军，他任性地转向了哲学社会科学，再转向西方名著翻译。自1895年至1906年从事社

---

[56] 王栻主编：《严复集》（第1册），第1页。
[57] 王栻主编：《严复集》（第1册），第22页。
[58] 王栻主编：《严复集》（第5册），第1301页。
[59] 辛红光：《严复法国大革命思想溯源》，载《史学史研究》2011年第1期。

会科学西方著作翻译达十一年之久，介绍西方宪法与法律思想和制度，成为推动中国社会转型的启蒙思想家。严复爱恨分明，意志顽强，思想敏锐，恃才傲物，往往在理性与任性、求新与保守之间徘徊，他的个性是相当复杂的。正如有学者指出的，严复"性情沉毅、理性，忧戚一生"[60]。

这种复杂个性最集中表现在他的知与行颇不协调一致。1906年，严复兼任复旦和安庆两所学校的校长，任人唯亲、遥控两校的结果，最终导致他在两校都遭到学生的不满与驱逐。[61] 1909年，他受邀在上海圣约翰大学毕业典礼上致辞，主题是"How an educated man ought to life（一个受过教育之人应该怎样生活）?"的确，这个选题就显示出其切入点的与众不同——不是谈一般人的人生，而是论"受过教育之人"。同时，他并不迎合这所基督教名校的风格，避谈宗教教义，而是从古今中外哲学家的论述中，引经据典，层层递进，阐述的结论是受过教育的人应当"图最大多数人之幸福"。[62] 这种理念和价值观着实是很先进的。可是，1912年严复又从北大校长位置上被迫去职，这与他公然违背国务院通令和教育部照会，接受总统府顾问官兼职等事有关，为新派人物所不能容忍，甚至于被诬吸食鸦片、作风散漫。[63] 这种知与行的隔阂与冲突似乎伴随着他的一生。

1913年5月，推崇孔子、建议孔教入宪的"宗圣社会"在山西太原成立，并创刊《宗圣汇志》。[64] 严复作《与〈宗圣汇志〉杂志社书》，表示支持，还流露出自我否定的态度："鄙人早习旁行，晚闻至道。旧所纂著，不皆折中。"[65] 1913年8月，孔教会陈焕章、严复、夏曾佑、梁启超、王式通等，向北京政府呈送请愿书，说："吾国自古奉孔教为国教，亦自古

---

[60] 李宝红：《严复苛锐评骂梁启超原因分析》，载《华中师范大学学报》（人文社会科学版）2003年第6期。
[61] 张仲民：《严复与复旦公学》，载《历史研究》2009年第2期。
[62] 严复：《万航渡圣约翰学堂年终散学演说》，载《约翰声》1909年第20卷第2期。
[63] 尚小明：《民元北大校长严复去职内幕》，载《北京大学教育评论》2013年第2期。
[64] 《宗圣社会简章》，载《宗圣汇志》1913年第1卷第1期。
[65] 严复：《与〈宗圣汇志〉杂志社书》，载孙应祥：《严复年谱》，第422页。

许人信教自由，二者皆不成文之宪法，行这数千年，何尝互相抵触呼？今日著于宪法，不过以久成之事实，见诸条文耳。”(66) 他们认为孔教与宪法不矛盾，是统一的，如此真诚、可爱、可笑，乃至后来被利用到后悔莫及。

图2 1913年7月严复题赠“宗圣社会”的肖像照

四、交情与理念

严复与袁世凯之间有二三十年好交情。严复在乙卯年（1915）的日记中曾提及：“吾与袁公交，垂三十年。”(67) 往前推算就是1885年左右二人结识，但事实不明。有文字明确记载他与袁世凯的交往，则是在光绪丙申、丁酉年（1896—1897）期间，那么至少也有二十年交情。严复还曾回忆1896年前后与袁世凯交往的情状：

辛斋老友别三十年矣。在光绪丙申、丁酉间，创《国闻报》于天津，实为华人独立新闻事业之初祖。余与夏君穗卿主旬刊，而王菀生

(66) 余衔玉、马亚丽：《民初关于孔教入宪的激烈争议》，载《文史精华》2004年第9期。
(67) 王栻主编：《严复集》（第5册），第1551页。

太史与君任日报。顾余足迹未履馆门，相晤恒于菀生之寓庐。时袁项城甫练兵于小站，值来复之先一日必至津，至必诣菀生为长夜谈。斗室纵横，放言狂论，靡所羁约。时君谓项城，他日必做皇帝，项城言："我做皇帝必首杀你。"相与鼓掌笑乐。不料易世而后预言之尽成实录也。(68)

袁世凯与严复等人此番斗室夜谈，放言狂论，鼓掌笑乐，足见他们情谊之深。这显然可以解释他后来对袁氏的护短态度。1911 年 10 月武昌起义后，11 月 1 日清廷任命袁世凯为内阁总理大臣。12 月 2 日下午 4 点，严复在北京面晤袁世凯，有日记为证——"十月十二日（即 12 月 2 日）四点，往谒袁内阁，得晤"。所谈内容不详，但联系严复 12 月日记，很可能就是围绕以下六条(69)：

车驾无论何等，断断不可离京。

须有人为内阁料理报事。禁之不能，则排解辨白。

梁启超不可不罗致到京。

收拾人心之事，此时在皇室行之已晚，在内阁行之未迟。

除阉寺之制，是一大事。又，去跪拜。

设法募用德、法洋将。(70)

"内阁"是指袁世凯。严复建议袁内阁千万别离京，要稳住；要做好新闻舆论工作；要把梁任公聘入京城；稳定人心，皇室出面已没戏，由袁内阁稳定人心不迟；革除旧宦官制度，免除帝制旧式跪拜之礼；军事上要募用洋将。这六条显然是严复给新任内阁总理大臣袁世凯支的招。

---

(68) 严复为杭辛斋的《学易笔谈》二集所写的序言。参见王栻主编：《严复集》（第 2 册），中华书局 1986 年版，第 356 页。

(69) 1911 年 10 月 9 日至 12 月 23 日严复的日记册，最后空白页上，写了这六行字。

(70) 王栻主编：《严复集》（第 5 册），第 1513 页。

严复对梁启超的"轻率妄发"早有批评[71]，而此时为何要向袁世凯推荐梁氏呢？因为严复十分清楚梁启超在思想言论界的影响力，曾言"任公文笔，原自畅遂，其自甲午以后，于报章文字，成绩为多，一纸风行海内，观听为之一耸"[72]。袁世凯给梁启超 3000 大洋，可是严复 1912 年任北大校长并受聘"经文科"师资教席时，每月薪水仅银壹佰两。[73]

袁执掌中央大权后，严复支持总统制。有学者著文详细论证了严复曾在辛亥秋参与南北议和，为袁世凯效奔走之劳。而严氏日记中却三言两语，尽管不动声色，但支持总统制的线索清晰。袁当政后，严复处处为袁着想，维护袁的地位和利益。1915 年 6 月，他言"今大总统雄姿盖世，国人殆无其俦"。[74] 虽然鼓吹之言显得肉麻，但从当时格局下袁氏显示的能力地位及朋友交谊而论，也不出所料，情有可原。其任性之气，还见于严复维护袁氏利益和地位的多篇文章和观点，有历史学者予以列举整理，兹摘录其涉及法律问题之篇目如下：

1913 年 4 月，袁世凯要制定一部新宪法以取代《中华民国临时约法》。严复发表了《宪法刍议》，主张赋予大总统否决权，扩展总统权限。其文辩解道："大总统之事国，将无异于大臣之事君……夫施用否裁权，不过其一事耳，未见总统之滥用职权，置宪法于不顾，而使中午之人出简以议其后也。而国基底定，民生日进之余，亦未见阁员之逢长阿谀，使盛治复返于专制。凡此，皆事之无可致疑者也。"[75]

当袁世凯不满于国会的诸多限制，急欲解散国会时，严复随即发表《论国会议员须有士君子之风》一文，对国会议员进行严厉的批评，为袁

---

[71] 李宝红：《严复苛锐评骘梁启超原因分析》。
[72] 严复：《与熊纯如书》，载王栻主编：《严复集》（第 3 册），第 648 页。
[73] 民国元年五月十五日（1912 年 5 月 15 日）校长严复聘高毓浡为经文科教席。聘书规定，高毓浡在聘用期内，"每月致送薪水京足银壹佰两，自到堂之日起支"。高毓浡（生卒年不详），光绪二十九年（1903）进士，宣统二年（1911）由京师大学堂总监督柯劭忞恣聘为经科教席。
[74] 王栻主编：《严复集》（第 3 册），第 620 页。
[75] 李喜所、贾菁菁：《严复与袁世凯关系释论》，载《天津师范大学学报》（社会科学版）2006 年第 4 期。

世凯顺利解散国会帮忙。

当议及党派问题时，严复发表了《说党》一文，指出两党制的诸多弊端，这又在客观上为袁世凯打压反对党，进一步集权制造舆论。

多年至交，朋友一场，尽管情感上任性，然而，严复深知袁氏知识水平、视野见地、用人心胸之不足。严复在私人书信中，也有许多对袁的数落。严复认为袁"极其能事，不过旧日帝制时，一才督抚耳"。最初，他指出袁的不足在于"太乏科哲知识，太无世界眼光，又过欲以人从己，不欲以己从人，其用人行政，使人不满意处甚多"。但是回头一想，严复又谓："顾居今之日，平情而论，于新旧两派之中，求当元首之任，而胜项城者，谁乎？"[76] 当下又有谁能担当元首呢？因此他对袁的态度十分矛盾和纠结。

随着时间推进，时局变化，袁世凯的种种行径使严复看到袁的狡诈，他们身份不同、思想不同，二人之间显然存在不可弥补的裂痕。其中最重要之事件，就是宋教仁被刺杀案和大借款案。严复云："恐从此国事日就葛藤，喋血钩连，殆无时已，而国命与之俱去。"[77] 严复对袁氏及其政府失去信心。

按理说，"道不同不相为谋"是知识人之共识，但他仍然参与袁主演的制度变换大戏。1914年5月，袁世凯宣布废除《中华民国临时约法》，颁布了《中华民国约法》，改责任内阁制为总统制，总揽大权。作为约法会议议员，严复参与了对增修约法的审查，虽然没有公开表示支持，但也并未反对。5月25日，严复出任参政院参政。1914年10月，严复在参政院提出"导扬中华民国立国精神建议案"，洋洋数千言列举英美德法俄日之立国精神，提出"忠孝廉节"为中华民族之特性，从立国精神上围绕"忠孝节义"拟定办法数条，包括"举群经圣哲垂训"，将忠孝节义的历史故事编入通俗歌曲或戏剧，国家表彰奇节卓行，编译西方忠孝节义的故

---

[76] 王栻主编：《严复集》（第3册），第624页。
[77] 王栻主编：《严复集》（第3册），第609页。

事，等等。[78] 此项建言大抵是意识形态的内容，几乎不关系到政治制度建设，与其早年启蒙思想家的身份很不匹配，令人大跌眼镜。1915 年 5 月，严复被袁世凯聘为宪法起草员。内史监设立后，严复成为袁世凯的贴身内务机要。

严复与袁世凯的关系不是一般知识分子与政治家的关系，他相对袁氏具有双重身份，一是老友，二是参谋。这里需要区分出三个状态：其一，严复不赞成激烈的变革，这是他作为知识人思想中的理性使然。其二，严复对袁世凯的护短甚至吹嘘，暴露了严复因友情而有任性的一面。第三，严复是否支持袁氏称帝？还需要细致分析。

这里有必要提到美国顾问古德诺的作用。坊间相传古德诺说过"帝制政府比共和政府更好"[79]，甚至说古氏支持袁世凯称帝。事实如何呢？古德诺致袁大总统的备忘录之"为中国献言"中明确讲道："从共和改回王朝，必须满足以下的条件。"什么条件？第一，"中国人民和外国列强都不反对这种改变"；第二，"继承人问题没有法律上的障碍"；第三，"对中国今后的长远利益有利"。"过去就曾有人建议，现在也还有人提议由共和回归帝制。上述三条必备的条件是否确属必需，就有待既谙熟中国的国情，又能为中国的将来发展负责的人来考虑了。如果现在就已具备了这些条件，这一改变必将有利于中国。"[80] 古德诺很明智地把这个问题推给知识分子并且设定了苛刻的条件——"谙熟中国的国情，又能为中国的将来发展负责的人"。有谁敢对中国的未来负责？显然，从古德诺备忘录行文的逻辑关系和语气来看，这位美国法学家不但不支持复辟，而且是不赞成改回帝制的。据此不妨大胆推定，他赞成的是君主立宪制。他不因受高薪聘请而讨好袁世凯，也不隐瞒自己的观点。那么古氏所谓"现在也还有人提议"，

---

[78] 《严几道新提出之立国精神建议案》，载《申报》1914 年 10 月 25 日。

[79] 古德诺明确否认说，他没说过这样没有条件的话。参见鲍明钤：《鲍明钤文集》，鲍丽玲、毛树章译，中国法制出版社 2011 年版，第 35 页。

[80] 《古德诺之备忘录》，原载 Far Eastern Review，August, 1915; Hornbeck, Contemporary Politics in the Far East, p. 413 et seq. 。参见鲍明钤：《鲍明钤文集》，第 297 页。

是指哪些人呢？显然是"筹安会"那帮人。

严复在"筹安会"中列第三，他支持袁氏称帝吗？我们来看看严复是如何被拉入"筹安会"，他又是如何后悔的。1915年，40岁的杨度[81]张罗着成立一民间机构"筹安会"，为袁氏称帝背书。该会名义上要研讨政体，可是其人员构成很不正常。所谓"筹安六君子"中，杨度、孙毓筠、李燮和、胡瑛都是政客，唯独刘师培是学术造诣颇深的知识人，但不是法政出身，而是经学家。成为历史笑话的是，孙、刘、李、胡四人都曾参加过同盟会，还曾是名噪一时的革命党人。严复亦名列"六君子"中，因此一直以来颇受诟病。

此事真相如何？在严复致熊纯如的书信中详细记载了"筹安会"始末：杨度以筹安名义，"强拉发起"，严复与杨初会之时即告知，共和与君宪两种政体哪个适宜中国，此议题不尽快解决，面临的问题就是谁来当君主？现如今，即便有圣人也无法判断，莫知适从。如果武断主张，则很危险。是故严复只同意与会，而不做发起者。杨度没等严复讲完，就扬长而去。[82]"鄙意颇不欲列名，以避烦聒，杨乃以大义相难，谓'某既知共和国体无补救亡，即不宜苟安，听其流变。'又云：'此会宗旨，止于讨论国体宜否，不及其余。'就令反对君主亦成表见，意态勤恳，乃遂听之。而次日贱名乃登报矣。"[83]信中一句"鄙意颇不欲列名，以避烦聒"，严复内心真意昭然。他不乐意参与此事，但半推半就，马虎参与，立场不稳。以上所述仅凭严复本人一家之言，但也大致可知有此一事。但是，严复晚年为此耿耿于怀，追悔莫及，说明他是有反省的。他有文字留下："不幸年老气衰，深畏机阱，当机不决，虚与委蛇，由是严复之名，日见于介绍，虚

---

[81] 杨度（1875—1931），原名承瓒，字皙子，湖南湘潭人。清末反对礼教派的主要人物之一。从清末到民初，杨度反对共和革命，参与策划袁世凯复辟帝制活动，主张君主立宪救国论。五四运动后，与李大钊等人接触。1929年秋，申请加入中国共产党，经批准成为秘密党员。1931年逝世。

[82] 王栻主编：《严复集》（第3册），第636页。

[83] 王栻主编：《严复集》（第3册），第627页。

声为累,列在第三,此则无勇怯懦,有愧古贤而已。过是以往,犹皦然也。"[84] 严复真是追悔莫及了。

那么袁世凯对恢复帝制是什么态度？1915年9月6日袁致函参政院,言语虽反对恢复帝制,但建议参政院注意这个问题:"改革政体,极应审慎,如急速轻举,恐多障碍。……如征求多数之民意,自必有妥善之办法。"[85] 从其中的语气,应该是想谨慎顺利地恢复帝制。因此,12月11日参政院实行记名投票表决,计票时,公布结果是1993票一致赞同君主立宪制。经参政院请示和形式上的谦让后,袁世凯接受了皇位,其在25日宣布,次年为洪宪元年。

那种认为严复支持袁世凯复辟帝制的观点,未免过于抽象。先要确定一点,在已经推翻帝制后再恢复帝制,显然是历史的倒退。但是严复支持什么样的"帝制"呢？这是个要作甄别的问题。人民"反对复辟帝制"中的"帝制"是一切帝制,包括君主立宪制,而严复支持的是君主立宪制。其实这问题早就是明确的。他当初向袁世凯建议网罗梁启超到京,就有所表态,因为严复明确知道梁启超本来就是主张君主立宪制的。严复反对共和革命,倾向于君主立宪,是受斯宾塞、柏克、托克维尔、亚当·斯密等人影响[86],也是经过中西比较与论证的,但这在政治上是错误的,或者说是"政治不正确"的。在官方的压制下,几乎没有多少反对恢复帝制的声音。梁启超公开发表《异哉所谓国体问题者》明确反对袁氏称帝,袁世凯派人拿四万元支票请严复撰文反驳梁氏,严复拒绝了。即便被匿名威胁,也绝不介入是非。总体来看,严复与袁世凯有交情的成分,但在袁世凯称帝问题上,严复的理性被交情和任性所左右,最后自悔与自清的复杂心态又模糊了理性,他也懒得去自辩了。

鲍明钤有一段话很中肯,他说:"要成立一个新朝廷,寻找一位德才

---

[84] 王栻主编:《严复集》(第3册),第636页。
[85] 鲍明钤:《鲍明钤文集》,第35页脚注。
[86] 辛红光:《严复法国大革命思想溯源》。

兼备并能担任首届皇帝的人,实在困难。尽管袁世凯很能干,也有才能,中国人承认他是当时唯一能够主持政府并使国家维持统一的人,也是唯一能使中国不受外国侵略的人。但是,中国人从来就不承认他的道德和操守可以使人民拥戴他为皇帝。既然上天不可能垂悯人民,特意恩准降临一位明君圣主,加上人民对帝制又有反感,所以恢复帝制实际上是决不可能的事。"[87] 从人类文明进步的维度看,共和与帝制是文明的进步还是倒退的原则性问题,它绝不可以是"哪个更适合中国"的这种实用性标准问题。

1915 年经历"筹安会"之事后,严复进入晚年,他的健康状况很不好。年逾花甲的严复,人老气衰,患多种疾病:失眠、气喘、神经痛以及肠胃不良等,其治疗多用麻醉剂,包括吸食鸦片、注射吗啡,也使用按摩的办法。[88] 这位任性孤傲的启蒙思想家,对自己的一生可能实在不堪回首。1919 年春,严复因哮喘病久治无效,回到福州闭门养疴,不再出山。1921 年 10 月 27 日,严复在福州郎官巷住宅与世长辞,终年 68 岁。

---

[87] 鲍明钤:《鲍明钤文集》,第 89 页。
[88] 谷林:《严复〈辛亥日记〉》,载《中国历史博物馆馆刊》1979 年 6 月,第 107 页。

梁启超——法政宣传家的平凡与非凡

图 1　梁启超（1873—1929）

梁启超 18 岁到上海时，还不知道世界上有五大洲，可是到他 30 岁时，就能提前十年准确预言清朝的垮台，并预告清朝灭亡后中国经历的五个时代——分治时代、统一时代、殖产时代、外竞时代、雄飞时代。[1] 他是在 1902 年发表的《新中国未来记》，以小说的笔法作了这些预测。一百多年来中国变迁的事实，几乎都被他言中了。

在袁世凯眼里，他不只是个谋士，还是个懂法政的谋士，袁世凯曾委任其为司法总长。作为近代中国的大学问家，梁启超仅自认为"以宣传为业"[2]。他有没有主动当谋士的意愿？从他为袁世凯当谋士的过程可以了解

---

[1] 饮冰室主人（平等阁主人）：《政治小说：新中国未来记（稿本）》，载《新小说》1902 年第 1 卷第 1 期至第 3 期，包括绪言、第 1—4 回。
[2] 梁启超：《清代学术概论》，载《饮冰室合集：专集之三十四》，中华书局 1989 年版，第 62 页。

这一点。把他列入法科知识人范畴，是因为在那个法学知识贫乏的时代，他起到了在法科知识之传布方面的过渡性、替代性和启蒙性作用。他的一生，在无数个非凡角色中转换。在法政方面，梁启超不仅是法政宣传家，还是法政实务家。鲜为人知的是，他还创办过一所法政大学，并担任校长。本文聚焦他从政治谋士到司法总长再到法政宣传家这三个角色的转换过程，以重温梁任公的平凡和非凡之处。

一、政治谋士及其内心苦乐

评说梁启超这样的知识分子，必须从他与政治家的复杂关系切入。梁启超与政治家交集中最复杂者，应该就是与袁世凯的关系，当时他40岁，正到了不惑之年。

梁启超与袁世凯之间纠葛甚多。根据已知的情况，在此把梁袁之复杂关系作个简单归纳，大致有四：第一，他们之间有"仇怨"关系。戊戌变法失败，袁世凯脱不了干系，因此康梁二人视袁世凯为仇人，曾经要倒袁（1908年）。可以料想，彼时他们之间的关系尚需要"修复"，至少交往不会不设防。第二，梁袁二人有"异质"关系。1911年武昌起义后不久，受清廷信任的袁世凯组成"责任内阁"。他俩一个是朝廷危急却大权在握的重臣，一个是矢志救国而失意多时的"日漂"；一个是深谙权谋的练兵强人，一个是名重海内的学术大师。第三，他们之间有"利用"关系。袁世凯虽不懂梁之学术，但知其学术地位和社会声望日隆，加上严复"梁启超不可不罗致到京"的推荐，想拉拢梁启超这个"大秀才"。袁内阁任命远在日本流亡的梁启超为法律副大臣（沈家本为法律大臣）。梁任公不为所动，并不是不愿意介入政治，而是对"副大臣"还看不上眼。他郑重其事地致电袁世凯请辞，并提出建议，"戡乱图治，必须视全国民多数意向"，"别择要区，如上海之类，速开国民会议"[3]。从梁启超整体建言的逻辑起点来讲，他最担心各派争斗导致国家分裂，因此认为需要选一个适合中国的政体，建立一个强有

---

[3] 《梁启超致袁世凯电》，载《时报》1911年11月26日。

力的政府。为此，他还是对能人袁世凯抱有希望的。"项城若能与我推心握手，天下事大有可为。"④ 11 月底开始，梁氏通过友人（如罗瘿公）以书信或文章为媒，向袁隔空喊话，间接沟通。梁启超隔空对袁世凯谈论的，都是国事中之大事，诸如政体问题、国家财政、政党政治。不管你袁内阁听进去多少，他都按学者角色和抱负献计献策。因此二者间多了一层"咨政"关系，或者说临时性的"谋士与元首"关系，这是第四层关系。

他对袁氏也不失循循善诱。梁启超建议共和制政体，还在信中对行伍出身的袁世凯说，袁应组建一个自己的政党。他说："既以共和为政体，则非有多数舆论之拥护，不能成为有力之政治家。"这显然是在开导袁世凯，让他努力成为合格的政治家。梁氏甚至还不惜用私密露骨的口吻劝说道："善为政者，必暗中为舆论之主，而表面自居舆论之仆。"⑤ 劝说当政者要掌握舆论的明暗两手，可谓用心良苦。

随着这种尚未确定的"谋士与元首"关系的推进，梁启超在国内众多粉丝的呼唤声中，逐渐下定决心归国。1912 年 3 月 10 日，袁世凯在北京宣誓就任临时大总统。11 月，梁启超结束长达 14 年的流亡生活，到达天津。梁氏归国盛况空前，如英雄凯旋，万人瞩目。时任大总统袁世凯、参议院及内阁均派代表到天津迎接，各持不同政见的党派、报社、学界、军队、地方、团体提前涌到天津港，大街小巷的客栈人满为患。

梁氏对于做袁氏的谋士一开始并不太主动。既然袁氏对自己如此有诚意，舆论也颇有支持倾向，加上待遇不薄，也就从了。那么，梁启超从袁世凯那里拿到多少月薪呢？他写信给当时远在日本读女师的长女梁思顺（小名令娴）说"项城月馈三千，受之与否，亦尚未定，旅费家费皆极繁，恐不能不受也"，还提及"项城已为我备一宅"。⑥ "项城月馈三千元，已

---

④ 丁文江、赵丰田编：《梁启超年谱长编》，上海人民出版社 1983 年版，第 569 页。
⑤ 丁文江、赵丰田编：《梁启超年谱长编》，第 617 页。
⑥ 民元年十月十三日《与娴儿书》，载丁文江、赵丰田编：《梁启超年谱长编》，第 653 页。

受之，一则以安反侧，免彼猜忌，二则费用亦实浩繁，非此不给也。"⑦ 除三千大洋月薪的价码外，袁世凯还许诺，如果梁氏组建起一个政党，还将赞助经费。光这个三千元月薪，几可购一套四合院。1912年北大校长严复聘"经文科"师资教席，每月薪水仅银壹佰两；⑧ 而留日学生每月在东京的食宿费相加才15元左右。⑨ 梁启超笑纳了袁世凯三千大洋的月薪，对女儿令娴说了两个理由：一是让袁氏安心，不再"虚与委蛇"，猜疑反侧；二是这待遇确实丰厚，也是和我之地位作用相匹配的。此举也标志着"谋士"梁启超与"元首"袁世凯走到了一起。人们总会问：一个享有清誉的学术大师，怎么能和袁世凯同流合污呢？根据多数史实和通说，可以概括地说：梁之于袁的关系，从心理上不是依附，也不是结盟，而是相互利用。只不过，梁启超的"利用"，是想既引导袁氏选择宪制共和，不走流血道路，又建立强固的政府从而避免国家分裂。这是梁启超选择立宪政体的立场和出发点，也是他的理念，使得他内心或行为整体上不与世故妥协。可是，这种高昂报酬的"有偿服务"关系，是否会改变他与袁总统合作的初衷呢？他没写出来，但我们可以根据他后面的表现作出分析。

比如，先选总统还是先定宪法？按理应该先定宪法。可是，一方面袁世凯急于要当总统，另一方面制宪需要时间。梁任公不赞成革命党的主张，也并非对袁氏的野心和手腕没有认知。出于他此时的"理智"——他可能最担心的是国家分裂，因此也只能附和并支持临时大总统袁世凯。再

---

⑦ 民元年十一月一日《与娴儿书》，载丁文江、赵丰田编：《梁启超年谱长编》，第658页。
⑧ 民国元年五月十五日（1912年5月15日）校长严复聘高毓浵为经文科教席。聘书规定，高毓浵在聘用期内，"每月致送薪水京足银壹佰两，自到堂之日起支"。高毓浵（生卒年不详），光绪二十九年（1903）进士，宣统二年（1911）由京师大学堂总监督柯劭忞聘为经科教席。
⑨ 〔日〕实藤惠秀：《中国人留学日本史》，第123页。

加上袁聘请的日本法律顾问有贺长雄⑩也持此观点⑪,为此梁氏不惜放弃先前的主张,支持先选总统,还专门就此写了文章为这违反常规的做法寻找理由。⑫他从法律与事势这对范畴的关系中切入,来分析道理,认为"离事势而言法律,迂儒之谈也,恃法律以拘制事势,尤妄人之见也"⑬。这里不得不让我们怀疑,这种报酬高昂的"有偿服务"关系,会不会影响他的独立立场。

1913年10月25日,北京法政同志研究会主办的《法政学报》发刊,第1卷第1期摘登了梁启超草拟之《中华民国宪法草案》,其中第1章第1条关于国体的规定为:"中华民国永远定为统一共和国,其主权以本宪法所定之各机关行之。"梁氏在说明中称:"临时约法第2条,采主权在民说,与国家性质不相容。无论何种国体,主权皆在国家,久成定说,无俟喋引。国体之异,则在行使国家主权之机关,有单复专共之异耳。本宪法所规定各机关,即所以表共和之实也。"⑭按照梁启超当时的宪法知识,他不会不懂共和制下的主权在民原则。况且,梁氏曾于1901年谈及卢梭《民约论》时就明确肯定"主权在民"思想。⑮之所以持此"主权在国家机关"之论,想必与他1906年的《开明专制论》中的思想有关,是出于

---

⑩ 有贺长雄(1860—1921),日本明治、大正时代法学家。1882年从东京大学文学部毕业,1884年成为元老书记官,1886年起,先后留学德国、奥地利,获文学和法学博士学位,曾任教于早稻田大学、法政大学、东京帝国大学。在甲午战争(日本称之为日清战争)和日俄战争中,被日本政府聘为法律顾问。1913年3月起在中国担任国际法顾问五个月,专门帮助政府起草宪法。后被续聘担任北洋政府顾问,历经袁世凯、黎元洪和冯国璋等大总统,在华任职长达六年之久。直至1919年7月底合同期满后回国。主要研究领域为宪法学、国际法学和外交史学等,主要著作有《国家学》《国法学》《日本古代法释义》《行政学讲义》《万国战时公法》《近时外交史》和《观弈闲评》等。
⑪ 有贺长雄也附和袁世凯的主张:"此项重大问题,万不可专据学理以为衡,极须审度中国现在之大势,折衷拟订,庶与法理事实均无妨碍,仍以先定宪法关于选举总统之一部,即日将总统选出,实为救时之要义。"有贺氏以权威的口吻告诫国民党说:"无论党派为何,亦当一致共喻此义,方能达利国福民之目的。至诸友邦承认问题,刻正视此问题为进止。"参见《有贺博士对于选举总统之建议》,载《宪法新闻》1913年第3期。
⑫ 解玺璋:《梁启超传》,化学工业出版社2018年版,第705页。
⑬ 《饮冰室文集》之三十。
⑭ 梁启超拟《中华民国宪法草案》,载《法政学报》(北京)1913年第1卷第1期。
⑮ 梁启超在《卢梭学案》中就曾明确指出:"然主权当常在于国民中而无分离。……是故主权之用可分,而主权之体不可分,是民约论之旨趣也。"参见《饮冰室文集》之六。

迁就或牵强之因，不难看出他的违心和尴尬。

那么，如此高报酬的"谋士"身份，他是否心甘情愿、愉悦坦然呢？自归国起他无异于亲身从政，但我们要说清他与政治或政治家的关系，不能只看他与袁世凯的"谋士与元首"关系。梁任公不是历史上常见的那种依附型"谋士"。他内心还藏着一个具有"本我"的"梁启超"——毕竟是知识分子，有一定的独立性。那么，这种"内心"之事何以得见？从他公开的文章或官场信函中当然无法得知其内心真实之思想和情感。但我们可以通过另一个途径尝试解读。

回国后不久，梁启超就陷入国事的忙碌和愤恨之中。但他再忙也保持给年仅19岁的"小棉袄"写信的习惯。一有纠结之事，或者有情绪，心绪不平，他总是选择长女作为其倾诉对象。这位父亲在信中却对她直言直语，似乎根本不考虑她是否能读懂，是否能读懂政治。1912年11月13日，他在给女儿的信中说："两日来为俄蒙事，都中风起水涌，内阁殆将必倒，而此难题将落于吾头上，我安能毫无预备而当此者，抵死决不肯就也。再逼我，我返东矣。中国必亡，决无可救，在此惟有伤心饮泪，不知今年作何过法也。"⑯ 此信可见，他有随时退隐的心理准备。12月20日，他又写信给女儿，说自己"烦躁异常，又见国事不可收拾，种种可愤可恨之事，日接于耳目，肠如滃汤，不能自制，（昨夕大雪……吾独处不适，狂饮自遣……）……几欲东渡月余，谢绝一切，以自苏息也，大抵居此五浊恶世，惟有雍乐之家庭，庶少得退步耳。吾实厌此社会，吾常念居东之乐也"⑰。显然，他在政治旋涡中是有厌恶、抵触和排斥心理的。虽然这不是针对袁世凯。

1913年，梁启超置身于三四个党派诡异繁杂的政治纷争之中。2月24日，梁启超加入共和党，致信女儿，自称"为事势所迫"，"此后真躬临前敌也"，"借款各路俱绝，政局危险不可言状，此时投身其中，自谋实拙，

---

⑯ 梁启超致长女梁思顺信。参见丁文江、赵丰田编：《梁启超年谱长编》，第660页。
⑰ 梁启超致长女梁思顺信。参见丁文江、赵丰田编：《梁启超年谱长编》，第662页。

惟终不能袖手，奈何？"[18] 看来他的心态时常处在被迫和无奈状态。3月5日，他给令娴的信中说："国内种种棼乱腐败情状，笔安能罄，公立所言，殆未能尽其万一，吾在此日与妖魔周旋，此何可耐，要之无论何路，皆行不通，而不能不行，此所以为苦也。"[19] 从中可看到知识分子眼中的政客形象，也可见他知道许多事行不通，却又不能不为，由此引发内心的无比痛苦。他接着写道："吾生日各人为我庆祝，相约不谈时事，免致败兴，已在苦中寻乐两日，廿七日之夕又会谈起来，烦恼已接踵而至矣。以吾之地位，处此时会，惟以忧患终其身而已。"[20] 他这句话，一方面很在乎自己"地位"，不免自恋而自信，另一方面也的确出于他个性中的"担当"。

3月20日，宋教仁被刺，梁氏也在重大嫌疑之列。25日梁启超致令娴信中说："宋氏之死，敌党总疑是政敌之所为……其所指目之人第一为袁，第二则我云"，"在中国政界活动，实难得兴致继续，盖客观的事实与主观的理想，全不相应，凡所运动皆如击空也"。[21] 梁启超其实对宋教仁的评价很高，认为宋是"我国现代第一流政治家"，"歼此良人，实贻国家以不可复之损失"。[22]

3月27日，他给令娴的信中抱怨："今日又瞎忙了一日，自早起至今，未尝一刻断客，顷已一时半矣，乃须埋头作文，精神惫倦已极，从何作起，而所立须作者，乃新党之宣言书也，真苦极矣。""不审众人许我否，若不许我，则我将不复与闻也。现状实无可为，新党亦绝办不好，吾既不能置身事外，又不值得与之俱毙，故处此职可以立于半积极半消极之地位耳。吾性质与现社会实不相容，愈入之愈觉其苦。"[23] 他似乎实在不能忍受这样的政治争斗，也会憋不下去，萌生告退的想法，因为他还可以有自己

---

[18] 梁启超致长女梁思顺信。参见丁文江、赵丰田编：《梁启超年谱长编》，第663页。
[19] 梁启超致长女梁思顺信。参见丁文江、赵丰田编：《梁启超年谱长编》，第663—664页。
[20] 梁启超致长女梁思顺信。参见丁文江、赵丰田编：《梁启超年谱长编》，第663—664页。
[21] 梁启超致长女梁思顺信。参见丁文江、赵丰田编：《梁启超年谱长编》，第663—664页。
[22] 参见丁文江、赵丰田编：《梁启超年谱长编》，第665页。
[23] 梁启超致长女梁思顺信。参见丁文江、赵丰田编：《梁启超年谱长编》，第665页。

创办的报纸和私立学校,还有自己的书斋。各党竞选中,国民党胜,共和党败。4月18日,他又在信中向令娴倾诉自己的恶劣心绪:"吾党败矣。吾心力俱瘁(敌人以暴力及金钱胜我耳),无如此社会何,吾甚悔吾归也。……吾今拟与政治绝缘,欲专从事于社会教育,除用心办报外,更在津建立私立大学,汝毕业归,两事皆可助我矣。若能如此,真如释重负,特恐(共和)党人终不许我耳。"梁氏在政治纷争中明显有退缩、回避情绪,可是他紧接着又冒出一句自我暗示——"做今日中国人安得不受苦,我之地位更无所逃避"[24]。4月22日和23日,他连续写信给令娴,提道"新党成立后,吾不复与闻党事,盖愤极民主党诸人之所为","民主党二三狂傲之辈"[25]。4月29日信中又出现了他对自己"地位"与不可"逃避"的自白——"要之生为今日之中国人,安得有泰适之望,如我者则更无所逃避矣。"[26] 这是知识分子从政者不同于政治家之处——梁氏的从政有自己的目的、立场和责任感。

通常来讲,给儿女写信,比自己写日记还要感性、细腻和畅达。因此其心理活动是基本可信的。致令娴的信,大致有两种话题:一是如慈母般地唠叨家事及关心女儿读书,二是公务。其中后者占据更大的篇幅,除了偶尔自乐自满于公务——体现梁氏的天真和书生从政的新鲜感之外,多数内容都是向女儿倾诉其从政的怨气。令人不解的是,梁启超为何如此直接地把对政治与国事的牢骚情绪,毫无保留地倾诉给一个19岁的女儿呢?是为自己情绪找个通泄渠道?为促使女儿成熟面对社会?还是为这段沉潜而诡异的从政经历保存最原汁原味的心境,以求今后还原或洗清那个"本我"的自己?其女儿读的是师范,他并非要把长女培养成政治家。为人之父,难道不想想这会给年轻人蒙上心理阴影的吗?依梁氏为父的成熟、细致,他绝不会没有顾忌的。那又为何如此行事呢?给女儿写信,或许具有

---

[24] 梁启超致长女梁思顺信。参见丁文江、赵丰田编:《梁启超年谱长编》,第668页。
[25] 梁启超致长女梁思顺信。参见丁文江、赵丰田编:《梁启超年谱长编》,第669页。
[26] 梁启超致长女梁思顺信。参见丁文江、赵丰田编:《梁启超年谱长编》,第669页。

让他自己保持冷静的功能。至少客观上说明，他内心因为国事充满矛盾，但他又不愿意放弃这次实现宪制的良机。

梁启超内心有痛楚，但他有文人雅兴，会自我调节。1913年4月8日，他突然发现明天是个重要日子，于是临时起意办了一件令他感到痛快的"第一次乐事"。4月9日（阴历三月初三），梁启超邀集40余位名士于京西万牲园"修禊"。梁启超在次日致女儿令娴的信中讲道发动此事的缘起："今年岁在癸丑，与兰亭修禊之年同甲子，人生只能一遇耳。吾昨日在百忙中忽起逸兴，召集一时名士于万牲园修禊赋诗，到者四十余人，老宿咸集矣。竟日游宴，一涤尘襟，归国来第一次乐事。"[27] "修禊"雅集上，有友有诗有酒有音乐，其中林宰平（志钧）[28]后来有诗一首，曰"癸丑三月三日饮冰先生召集万牲园分韵得天字"，其诗云："峥嵘岁月重三节，淡沱风光尺五天；胜会何常今视昔，好春如梦静还妍；闲中触绪成佳日，酒半牵肠入小弦（座有唐采芝琵琶）；乘兴悠然忘主客，风流争似永和年。"[29]

梁启超对违背原则与理念之人，都不留情面，语言也近乎刻薄。那么，他对袁世凯呢？1913年7月，梁启超发出劝告袁世凯的三封信，但梁氏在信中都是从国会问题上就事论事地相劝，如"乘此时机，使内阁通过、宪法制定、总统选出，然后国本始固，而欲达此目的，则以维持议员三分之二以上为第一要义"[30]，"今欲戡乱图治，惟当挟国会以号召天下，名正言顺"[31]，另外针对袁颁授上将之事，还劝袁不宜滥用"名器"并推

---

[27] 丁文江、赵丰田编：《梁启超年谱长编》，第665—666页。
[28] 林宰平（1879—1961），即林志钧，号北云，福建闽县人。1903年癸卯科举人，辛亥革命前留学日本，1907年参加游学（留洋）毕业生考试，得优先第十名。1913年任北洋政府外交部佥事，1914年任司法行政部参事、第三次万国保和会会员，1915年任参事兼代民事司长，1918年署司法部司长，1921年任考核法官成绩委员会委员、甄拔律师委员会委员，1924年起任教于北大法律系，后为清华研究院导师。系闽派著名诗人、大学问家，擅长画论，20世纪20年代起研究佛学和哲学，是张君劢玄学派的主将之一。1949年后为国务院参事室参事。
[29] 林志钧：《癸丑禊集诗：癸丑三月三日饮冰先生召集万生园分韵得天字》，载《庸言》1913年第1卷第10期。
[30] 丁文江、赵丰田编：《梁启超年谱长编》，第674页。
[31] 丁文江、赵丰田编：《梁启超年谱长编》，第675页。

荐陈炯明。[32] 这都是其作为"政法谋士"的分内之事。然而，知识界早在1913年就已经十分反感袁世凯，连女诗人吴芝瑛都写出数千言之致总统公开信，劝袁氏告退，"公朝去，而吾民早安。公夕去，而吾民晚息。公不去，而吾民永无宁日"[33]。同样曾任总统高级顾问的章太炎，也在1913年给袁连写三封信，1月29日更提出辞职，未获准。章太炎被袁世凯软禁在北京，又写一信，正告"防民之口，甚于防川"，指斥袁世凯以强制手段钳制其口，并提出"出居青岛"的要求。1913年11月22日，章在第三封信中直言："炳麟以深山大泽之夫，天性不能为人门客。游于孙公者，旧交也；游于公者，初定也。既而食客千人，珠履相耀，炳麟之愚，宁能与鸡鸣狗盗从事耶？"[34] 梁与章都有理念和气节，但不同的是，章这种"不为门客"的刚烈气节在梁启超身上是不存在的。梁氏的气节，被他的性格、理念与无谓的担当给约束住了。

自1913年9月起，梁启超在司法总长位置上只干到1914年2月就辞职了。辞呈未及批准，即被改任为币制局总裁，半推半就上任，不到半年又提出辞职。1915年（旧历）正月，袁克定与杨度宴请梁启超，席间"隐露变更国体，求我赞同之意"，梁氏"知祸将作，乃移家天津"。2月12日，袁世凯任命其为政治顾问，果断未就。直到他听闻筹安会之事闹大，于4月下旬致函袁世凯，"墨与泪俱"，"公义私情，两难恝默"，言语仍持之谨慎委婉，称"国体问题已类骑虎，启超良不欲更为谏阻，益蹈忿嫌"，"所最痛忧者，我大总统四年来为国尽瘁之本怀，将永无以自白于天下"，劝言"法者，上下所共信守，而后能相维于不敝者也，法令一失效力，则民无所措手足，而政府之威信亦隳。愿大总统常以法自绳……"[35]，这算是最锋利的言辞了。

梁启超的"君主立宪观"由他在政治上的基本立场决定。他不反对任

㉜ 丁文江、赵丰田编：《梁启超年谱长编》，第676页。
㉝ 《吴芝瑛女士上袁大总统书（民国二年七月廿一日）（附廉湖与吴稚晖书）》，载《中华妇女界》1916年第2卷第5期。
㉞ 《章太炎上袁大总统书》，载《盛京时报》1913年12月2日。
㉟ 丁文江、赵丰田编：《梁启超年谱长编》，第714—716页。

何国体,他说政论家谋国体"实不自量之甚也",谋变更国体便是极端之"革命"。是故,他只谈政体——立宪,不问国体——君主或共和。㊱梁氏的这一理念成为他与袁世凯之间的一条雷池界限,但它在实践中却是容易变异的,野心家凭借威权可以在政体与国体的缝隙中浑水摸鱼。

在 1915 年 8 月 22 日给令娴的信中,梁启超吐露了对发起帝制运动的"筹安会"忍无可忍之心情,他连夜写了文章要发到中英文报刊上,说"吾实不忍坐视此辈鬼蜮出没,除非天夺吾笔"。㊲但这只是针对"筹安会"杨度之流发的火,仍然不把牢骚发到袁世凯身上。按梁启超的脾气,他对违背理念与原则之事,会痛恨得通宵不寐。即便在日常生活中,他无论对己对人、因公因私,都比较严厉。这让我想起 1926 年 10 月徐志摩与陆小曼结婚时的一件往事。梁启超把这桩婚事定性为"不道德"㊳,他一方面表示反对,却又不得已而充当证婚人,结果在婚礼上发表训词,痛骂徐陆二人。第二天,梁启超就写信给令娴:"我昨天做了一件极不情愿做的事,去替徐志摩证婚。……我屡次告诫志摩而无效。胡适之、张彭春苦苦为他说情,到底以姑息志摩之故,卒徇其请。我在结婚礼堂演说一篇训词,大大教训一番,新人及满堂宾客无一不失色,此恐是中外古今所未闻之婚礼矣。"人们可能以为,徐陆之间是真爱情,天经地义。可是你听听梁启超的婚礼训词,就可以知道梁启超的原则和理念:"爱情神圣,我很承认;但是须知天下神圣之事,不止一端,爱情以外,还多着哩。一个人来这世界上一趟,住几十年,最少要对于全世界人类和文化,在万仞岸头添上一撮土。这便是人之所以为人之最神圣的意义和价值。"这段不亚于痛斥的话的确有点狠。不久,志摩与小曼来清华园向梁启超表示谢意,没想到梁氏居然还把在婚礼上的训词,托人裱成手卷交给徐志摩保存。㊴

㊱ 解玺璋:《梁启超传》,第 718—719 页。
㊲ 梁启超致长女梁思顺信。参见丁文江、赵丰田编:《梁启超年谱长编》,第 720—721 页。
㊳ 按梁氏原话就是"他的新妇是王受庆(赓)夫人,与志摩恋爱上,才和受庆离婚,实在是不道德之极"。参见解玺璋:《梁启超传》,第 976 页。
㊴ 解玺璋:《梁启超传》,第 976—978 页。

1915年7月，梁启超进京试探袁世凯，袁始终否认要恢复君主制。7月6日，袁氏组织宪法起草，梁列入委员会，并赴会二三次，8月19日起草委员入谒元首时，梁启超犹豫再三，终以病为由推托。[40]考察一个人是不是真正意义上的知识分子，要看他是否如康德所谓"有勇气运用理念"，梁启超显然具备运用理念之勇气，因为他有"开明专制论"。但他的性格使其行为表现得藕断丝连、拖泥带水，与章太炎有不同的外在表现。不过他如果能以章氏的严酷和刻薄针对袁世凯，那么梁启超就不是梁启超了。

二、司法总长及其友谊旨趣

1913年9月11日，梁启超被任命为司法总长，15日就任。[41]梁本人并非法科出身却出任司法总长，因此有些出人意料，自然也遇到些麻烦。梁氏有自知之明，致康有为函中有言："弟子初入司法部，部员即群起谋相窘，以向来未尝服官之人，公事一切不谙，部员稍恶作剧即可以令长官闹大笑话，全国哗然。"[42]事实上，他在司法上不是外行，而是个有理论研究的内行。早在辛亥革命前夕的1910年，尚在日本流亡的梁启超一篇题为《将来百论》的长文中，即专论"司法独立之将来"，指出"欲使国民沐司法独立之泽"，并提出中国走向司法独立难以具备的两大条件：第一，"当求所司之法，善美完备，实足以为人民公私权之保障"；第二，"当求司法官有相当之法律知识，且有独立不挠之气节"[43]。梁启超也知道在用人上要注重专业人才。他在致康有为信中说，任司法总长后，"一面须荐用万木人才，一面须荐用进步人才，数月来所荐用者亦不为少矣"，"各部用人，皆有部中取定资格，即如法官任免，全权在我……"[44]再后来，他还

---

[40] 丁文江、赵丰田编：《梁启超年谱长编》，第719页。
[41] 《司法总长梁启超就任日期通告》，载《政府公报》1913年第491期。
[42] 《致康有为函》。参见丁文江、赵丰田编：《梁启超年谱长编》，第681页。
[43] 梁启超：《将来百论·司法独立之将来》，载《梁启超全集》，北京出版社1999年版，第2307页。
[44] 《致康有为函》。参见丁文江、赵丰田编：《梁启超年谱长编》，第680—681页。

对法官修养有所思考。㊺

1913年12月28日，上任才三个月，梁总长新官上任"头把火"做了一个大动作——发布一个关于司法独立的《决定》。梁总长与国务总理、内务总长一起提出了有关司法独立的《决定》草案，有意思的是此《决定》公文竟经大总统钤印发布。《决定》全文俨然是司法改革的总纲领和宣言书。此文开篇宣称："司法独立为万国共由之大义。欲进国家于法治，宜悬此鹄以期成。"转而以大总统口气曰："本大总统昔任疆圻，首为提倡黾勉迄今不渝，此志愿尝深维司法独立之本，意在使法官当审判之际，准据法律返循良心以行判决，而干涉与请托无所得施，斯明恕之实克举，而治理之效乃彰。然必法官之品格学识经验确堪胜任，人才既足以分配，财力尤足以因应，然后措施裕如，基础巩固。"㊻这显然是梁任公做"通"了袁大总统的"思想工作"，以大总统的名义来说这番话。此文全面而严谨地勾画了司法独立的宗旨、设想和举措，堪称绝伦。从文字措辞风格来看，显然出自梁总长之笔。这是他司法观的魂魄所在，也确实抓住了牛鼻子。

司法次长江庸是梁总长在日本结识的一位可靠熟人，也是其老友江瀚的儿子。因此梁江二人搭档颇为顺畅和默契。1914年2月初，梁氏兼任法律编查会会长㊼，亲自任命了汪有龄和董康为副会长。这样的人事结构按理来说是很理想的，可是他自己很快就辞去了司法总长和法律编查会会长职务。其实，上任之后不久，他就发现了司法制度的弊端以及难以克服的积弊背后的原因。1914年2月18日，梁启超向总统袁世凯呈递请辞书，欲辞去司法总长一职。其理由是"以一介书生未谙从政"，"平居所怀理想按诸事实而多不可行，且赋性本属迂疏，责以繁剧而罔能为理，以故尸位

㊺ 后来任司法储才馆馆长时，梁启超发表过《法官之修养》（演讲记录稿），指出法官真正独立就要有特别的修养，做到三点：一是独立的勇气，二是深切的责任心，三是美满的精力。而现实中的法官却是去做行政官的傀儡，大半敷衍将事。参见梁启超：《法官之修养》，载《法律评论》（北京）1927年第4卷第204期。

㊻ 《大总统令（中华民国二年十二月二十八日）》，载《政府公报》1913年第595期。

㊼ 《法律编查会会长梁启超致汪有龄先生聘任为法律编查会副会长书（中华民国三年二月三日）》，载《政府公报》1914年第633期。

既久建白毫无","不能廓清积习善用法权"。㊽从这诚恳的行文可知,他自认不能称职,流露出痛苦和无奈。梁启超有自知之明,还是辞职为好。就梁启超而言,他也是大材小用。有的职位是具有可替代性的,换别人也同样能干好甚至干得更好,然而大理论家却是不可替代的。

辞去司法总长不是故事的结束,更精彩之处在于他2月18日辞职后的言行。

2月19日午后二时,他在监狱后身玻璃厅召开了80多人的会议,向司法部下属通报了自己辞职一事,这是为何?他说明了辞职的原因,"并非以部务办理棘手,纯系他方面之政治问题",还强调各国事务官"不随长官为进退"的文官职业化道理,㊾颇有稳定下属人心之意味,细致体贴而不失担当。他还作了演讲,主题是司法部与大理院合并的问题。这是个行政与司法关系的体制问题,梁氏在此时谈出,何意?联系其辞职的各种原因,想必此项便是其中一端。这也成为对后来再起"部院之争"的一个先知般的预言。

1914年2月20日,总统决定同意梁启超辞去司法总长之职,后者向袁总统递上《呈请改良司法文》㊿,列举十事,请他采择施行。[51]毕竟已经干了一年多司法工作,他还是放心不下。梁启超条陈司法计划十端,包括:法院审级、轻微案件宜省略形式、明立审限、上诉限制变通、速编刑律施行法、酌复笞杖等刑、设立法官养成所、严限律师资格、部分罪犯划归厅外审判、严禁法外干涉、保存现有机关而由国税支应经费……在这篇长达3000余字的公文中,他力主司法改良。但在笔者看来,更重要的是他观察和分析的细致与透彻。

㊽ 《司法总长梁启超呈请辞职文(中华民国三年二月十八日)》,载《政府公报分类汇编》1915年第16期。

㊾ 《梁总长辞职后之谈话会》,载《申报》1914年3月1日。

㊿ 《政治会议呈复议决前司法总长梁启超条陈司法计划十端情形请鉴核文(中华民国三年四月二十七日)》,载《政府公报分类汇编》1915年第16期。

[51] 丁文江、赵丰田编:《梁启超年谱长编》,第683页。

1914年1月15日，也就是梁启超辞职前一个月，在《司法公报》登载的《呈大总统详论司法急宜独立文》中，梁启超对司法现状作了不乏细致而深刻的专业性分析。比如，“朝出学校，暮为法官，学理既未深明，经验尤非宏富，故论事多无常识，判决每缺公正，则登庸太滥所致也”，这是讲法官素质和选任门槛问题。比如“服官本籍，接近乡邻，法律有所难施，亲故因而请托”，就会导致“法庭莫保尊严，官吏日堕威信”，原因在于“人地不宜所致”，这是讲法官任职的地域回避制度。当讲到司法组织设置问题时，他说：“改组之初，稍事铺张，庭数固未得平均，人员尤不敷分配，加以程序有定，不易变通，故案多积压，人有烦言，任事者或授人以口实之资，责难者亦莫悉局中之苦，则组织未完之所致也。”谈到司法审判，他说“司法独立之精神未可根本反对”，建议“暂以一部分司法权委代理于县知事”以做为当时改革基层行政兼司法的权宜之计。再如，他说：“新纂诸律，折衷未周，或拘牵他邦之法谭，违反本国之习俗，或浮骛严密之程序，睽乖简易之民情，又民商等律尚未编颁，既无确实之准规，但凭裁量为判决，在练达者欲求比附之允惬，犹未易言，在不肖者或寓喜怒于爱憎，遂丛百弊，则法规不善之所致也。”(52) 这是他分析法律本身不完善，指出毛病在于移植之法与本土习俗之间、程序与民情之间折中未周；民商法缺乏，要么被比附，要么被擅断。这番话说明梁总长对司法还是很在行的。这都与他对法学理论、法治理念的认知有关，比一般知识人和多数司法官员的认识更深刻。

梁启超对中国法律职业也曾有过怪论，1914年曾极力主张废弃检察制度和律师制度，其理由是“检察制度弊余于利，施行此制之国如德如日俱无良効。彼在日多年深灼见矧，在中国尤属不宜。至律师制度，非不可行，但中国现时社会程度尚不足以语此。须先注意于国民道德增高方可议

---

(52) 《呈大总统详论司法急宜独立文》，载《司法公报》1914年第2卷第4期。又据《梁启超全集》，该文撰于1913年。参见梁启超：《呈总统文》，载《梁启超全集》（第5册），第2648页。

及律师制度云”(53)。他认为律师制度宜暂缓推行，待国民素质提高后再推行之。

我们都以为，凭梁任公的智慧，他辞司法总长后一定潇洒地走开了。孰知就在2月19日当日，他即被任命为币制局总裁。梁半推半就上任，不到半年又提出辞职，国务卿徐世昌以“专门名家尤为难得，该总裁务全大局”批复为不同意。(54) 1915年，他再请辞，才于12月27日准免本职。他并不是理想的司法总长，但从他能够高屋建瓴地发布那个“独立”宣言，还是可以看出他某些适任的成分。

在司法部任职时期，梁启超缠身于司法体制与机制，根本顾不了也不懂人际关系网，所以司法总长也当得短暂。但是梁氏对自己的各种失败是什么感受呢？“我信仰趣味主义……我生平对于自己所做的事，总是做得津津有味，而且兴会淋漓，什么悲观咧，厌世咧，这种字面，我所用的字典里头可以说完全没有。我所做的事常常失败——严格的可以说没有一件不失败——然而我总是一面失败一面做，因为我不但在成功里头感觉趣味，就在失败里头也感觉趣味。我每天除了睡觉外，没有一分钟一秒钟不是积极的活动。”“我是个主张趣味主义的人，倘若用化学分析‘梁启超’这件东西，把里头所含一种原素名叫‘趣味’的抽出来，只怕所剩下仅有个零了。”(55) 梁启超曾谓“我生平最受用的有两句话，一是‘责任心’，二是‘趣味’”(56)。这或许正是笔者常说的，人生要“有意义”和“有意思”，一生有两个“意”，坐拥之足矣。

梁任公朋友很多，在司法系统确实交了几位有“趣味”的朋友，其中

---

(53) 《梁卓如整顿法曹之意见》，载《盛京日报》1914年6月3日。

(54) 《币制局总裁梁启超呈请辞职文并批令（中华民国三年八月二日）》，载《政府公报》1914年第808期。

(55) 丁文江、赵丰田编：《梁启超年谱长编》，第953页。

(56) 梁启超：《敬业与乐业》，载《饮冰室合集》（文集之三十九），中华书局1959年版，第28页。

包括蹇念益[57]、林志钧、余绍宋、江庸、黄群[58]等。在此重点介绍他和蹇、林、宋的关系。

蹇念益比梁启超小四岁,在日本因共同志趣结为莫逆之交。反袁护国时,蹇念益与梁启超志同道合,关系愈密。蹇与蔡锷、梁启超、戴戡、王伯群、陈国祥、汤睿在天津汤宅密会,这就是护国运动前有名的"天津七人密会",会上一致决定组军讨袁。[59]梁任公许多事都由蹇念益代为办理,比如时任云南省财政厅厅长籍忠寅的家属,就是由蹇念益于1916年1月接到天津的,梁任公函中提到"尊眷已由季常等迎移至津"。[60]传说中的"梁谋蹇断"之说,的确是有事实根据。又比如梁启超在1916年初准备为反袁入滇与蔡锷共谋申讨,但在犹豫中。2月17日致娴儿书中提道:"吾行否现亦尚未大定,因季常丈颇不主张我远行,昨正函商,候彼复书。"[61] 2月18日致娴儿书中说:"此行乃关系滇黔生死,且全国国命所托,虽冒

---

[57] 蹇念益(1877—1930),号季常,贵州遵义人。生于1877年11月14日(丁丑年十月十日),幼年随父就读于四川,25岁其父死后家道中落,扶柩返家主持内外事务。1902年(壬寅年)东渡留学入清华学校学习普通学,1903年9月至1907年在早稻田大学专门部(政治经济科)深造。1902年在日本与同学发布《劝滇黔人士游学日本启》:"优胜劣败之世,绝无不学之国民生存竞争之途,安有闭门之杰士?"以此动员穷乡僻壤的学子。1905年留日学生返国活动时,与江庸等发起组织维持会,与梁启超结为莫逆之交。1907年学成回国,授七品京官,任度支部(清末财政机关)行走,曾调任河南财政监理副职。1914年5月被任命为肃政史。1915年袁世凯称帝,他辞职并与梁启超一起密谋反袁,联络蔡锷,往返京、津间。护国战争结束后,中国仍处于北洋军阀统治之下,他不愿担任军阀政府职务,只图以议员身份共商国是。后蛰居都下,与酒做伴。1930年逝于北京。

[58] 黄群(1883—1945),原名冲,字旭初,后改为溯初,浙江温州人。父辈从平阳郑楼迁居温州朔门。1901年到杭州师从陈介石、宋恕。1902年随师到上海。1904年留学日本,入早稻田大学,攻读法科。回国后先后在湖北督署调查局、政法学堂工作。辛亥年十一月,与汤尔和等五人被推为都督府代表。1912年被推举为临时参议院议员,参与制定《临时约法》。次年当选为第一届国会众议院议员,同时参加共和党(后改组为梁启超的进步党)。讨袁护国时,先后三次赴南京与冯国璋洽谈"速取消帝制"。后弃政从商,"殖产"救国。1928年编印"敬乡楼丛书"。1933年,将其家族私立之郑楼小学全部校舍、场地及一切设备悉数捐公,改办温州师范学校。同时,与友人在温州积谷山麓创建瓯海医院,占地13亩,设有内、外、五官、妇产等科,即今日温州医学院。1936年经营失败,东渡日本。汪伪时期,洁身自好、立场坚定,为高宗武出走进行周密筹划。1945年4月在重庆逝世。抗战胜利后,黄夫人捐赠温州籀园图书馆6000余册藏书。1947年9月,象棋大师谢侠逊自重庆扶送黄群灵柩至上海,安葬于上海虹桥公墓;同年出版其遗著《敬乡楼诗》。

[59] 陈荣德:《蹇老未及写出的一篇文章——蹇念益先生简介》,载《贵州文史丛刊》1996年第5期。

[60] 丁文江、赵丰田编:《梁启超年谱长编》,第754页。

[61] 丁文江、赵丰田编:《梁启超年谱长编》,第756页。

万险万难不容辞也……想季丈（指季常）在此亦无异辞也。”(62) 可见去不去云南，也由蹇念益来决断。4 月 27 日致娴儿书说：“陆督有五千元托希哲汇吾家，代交彼家，为暂时支持家用，可先交二千元，其余三千元交季丈，妥为存储，随时支用。”(63) 是年，段祺瑞受袁之惑，意欲出而组织内阁，以为军警实权可以归其掌握，蹇季常劝告段氏别上袁氏的当，陈叔通致函梁任公，提道“嗣由季常告以勿受愚，如出而任事，袁必以种种破坏，使段失威信，不如阴结军警，袁退位后出而维持，段已变计”(64)。

蹇季常饮酒海量，讨袁失败之后，便蛰居京城，以酒做伴，放浪形骸。1923 年夏，徐志摩曾作《“石虎胡同七号”：赠蹇季常先生》，最后一段诗云：“我们的小园庭，有时沉浸在快乐之中；雨后的黄昏，满院只美荫，清香与凉风，大量的蹇翁，巨樽在手，蹇足直指天空，一斤，两斤，杯底喝尽，满怀酒欢，满面酒红，连珠的笑响中，浮沉着神仙似的酒翁！我们的小园庭，有时沉浸在快乐之中！”(65) 徐志摩因父亲与蹇念益是至交，1922 年从英国留学归来，初到北京，就借住于蹇念益任职的松坡图书馆内。(66) 梁启超为馆长，蹇念益为主任干事，松坡图书馆除北海快雪堂外，还有专藏外文书籍之处，即西城（西单牌楼）石虎胡同七号官房。徐志摩所谓“小园庭”，即蹇念益工作地和住所。1927 年，蹇念益 50 岁生日，任公为其作贺寿妙联曰：“四十九年穷不死，三百六日醉如泥。”(67) 又赠诗云：“最有味，是无能，但醉来还醒，醒来还醉；本不住，怎生去，笑归处如客，客处如归。”(68) 1929 年任公逝世后，蹇念益深觉知交零落，生活寡欢，

---

(62) 丁文江、赵丰田编：《梁启超年谱长编》，第 757 页。
(63) 丁文江、赵丰田编：《梁启超年谱长编》，第 775 页。
(64) 丁文江、赵丰田编：《梁启超年谱长编》，第 777 页。
(65) 徐志摩：《“石虎胡同七号”：赠蹇季常先生》，载《文学》（旬刊）1923 年（8 月 6 日）第 82 期。
(66) 陈菉德：《蹇老未及写出的一篇文章——蹇念益先生简介》，载《贵州文史丛刊》1996 年第 5 期。
(67) 《妙联（梁启超致蹇季常念益的诗）》，载《晨报副刊 · 星期画报》1927 年第 2 卷第 67 期。
(68) 《妙联（梁启超致蹇季常念益的诗）》。

又逢半身偏废，1930年于北京从容饮药，身殉士林，时年54岁。

再说林宰平（志钧）。林乃法界名宿，著名诗人。他与沈钧儒同为癸卯科举人，早年留学日本，1907年与李登辉等数十人一同参加游学（留洋）毕业生考试，得优先第十名。[69] 1908年"引见"（经部试、廷试后的第三道程序）后，最终以二等洋举人分派外交部。林宰平习法政，事外交，充司法，却隐逸于文学、艺术、佛教和中西哲学。1910年，林宰平在北京诞一麟儿，即后来的北大教授林庚。1913年，他在外交部曾负责调查昌黎日警击毙华警案；1914年任司法部叙列三等参事，擅长参与处理外交事务，曾受派调研华洋诉讼事宜；1915年曾代理民事司司长，12月称病辞职。[70] 1916年林宰平复出并任职于司法部，曾与王鸿年一起调查日本兵枪杀中国士兵案。1918年底林宰平署司法部民事司司长，[71] 1920年前往欧洲调查司法事宜。约1924年起，林宰平在北大法律系教授民法债权法。[72] 梁启超担任储才馆馆长时，因事务繁忙，委林宰平为学长兼教务长。林宰平坚辞，梁启超遂聘另一好友余绍宋为储才馆学长。[73] 沈从文到香山慈幼院图书馆做办事员，得以有了一份固定的工作，就是经由林宰平和梁启超的推荐。[74] 林氏先系北大教授，后被聘为清华哲学系教授。因林宰平的安排，熊十力得与梁启超交往并居住北海公园快雪堂松坡图书馆读书。林还是哲学家金岳霖和牟宗三的伯乐，被称为"民国学界伯乐"。[75] 梁漱溟晚年称"林先生是我很佩服的，在思想上，乃至为人都是我很恭敬，很佩

---

[69] 《谨将考试游学毕业分数缮具列表恭呈》，载《时报》1908年10月17日。
[70] 《司法部呈参事林志钧因病恳请辞职林志钧准免本职（中华民国四年十二月二日）》，载《司法公报》1915年第49期。
[71] 《大总统令（中华民国七年十二月十日）》："任命林志钧署司法部司长，此令"，载《政府公报》1918年第1032期。《司法部令第五四七号（中华民国七年十二月十九日）》："派林志钧充民事司司长，此令"，载《政府公报》1919年第1056期。
[72] 《林志钧先生所授法律系二年级民法债权总论课已讲毕》，载《北京大学日刊》1924年第1470期。
[73] 《余君绍宋充任储才馆学长》，载《法律评论》（北京）1927年第4卷第27—28期。
[74] 杨建民：《沈从文结缘林宰平》，载《人民政协报》2011年6月9日，转引自《文学教育》（下）2011年第7期。
[75] 张建安：《民国学界伯乐林宰平》，载《中华读书报》2016年11月9日，转引自《工会信息》2017年第2期。

服，也是对我有影响的一个人"，"林先生这个人，人品最高了"，"他最为梁启超所佩服"。[76] 他在法律界具有的典型性在于超脱和隐逸，甚至离开法学界也是如此。中外历史上确有不少人，青年时代都曾读过法律或干过法律行当，但后来成为法学的"逃逸者"[77]，与其说他们是成功转行，毋宁说是天赋使然，错入行当。

　　林宰平这位民国法律界的清士高人，深得梁启超的信任和钦佩。1928年9月，病逝前的梁启超为家乡四十余良民冤狱案，致函林宰平和黄晦闻，请他们帮忙，云："弟以久病之向躯，国事且不过问，遑论乡事；特以此狱在目前为四十余良民性命所系，将来为五环诸乡万余人性命所系，诚不忍坐视。扶病作此书，几于沥血。乞两公以情切达任帅，呼祈所以善处之。"[78] 不久此案得以解决，梁氏致书林宰平表示感谢，说："宰平我兄足下：前以乡社细故，重烦清虑，致书粤中当局，为之道地，当局亦以我兄一言九鼎，特见渝拨，概释宁家，父老欣欣，感同再造。弟当即致书乡人，郑重申儆，告以后此益当安分守己，无负长吏曲成之德。谨此致谢，并请函便更向当道代述感激之忱。"[79] 梁启超去世前，将所有手稿托付给林宰平审定发表，这才有了《饮冰室合集》。林宰平早年还曾为亡友黄远庸编辑出版遗著《远生遗著》，而他自己及其学问却总是被人们遗忘，可叹！

　　1926年9月，司法部为推进撤回领事裁判权、培养司法人才，准备建立司法储才馆。王宠惠和罗文干急匆匆地邀请任公出马。出于对司法意义重大的认知，梁启超"我还有甚么话可以推辞，当下便答应了"。但他深知难度大加上自己太忙，他要"求好副手"，首先想到了一个人，"这个人

---

[76] 梁漱溟、〔美〕艾恺：《这个世界会好吗？——梁漱溟晚年口述》（增订本），第130页。
[77] 外国名人中法科生出身或曾经是法科生有：彼得拉克、薄伽丘、阿利盖利·但丁、哥白尼、弗朗西斯·培根、勒内·笛卡儿、皮埃尔·德·费马、莱布尼茨、歌德、威廉·格林、巴尔扎克、舒曼、马克思、福楼拜、柴可夫斯基、莫泊桑、列宁、弗兰兹·卡夫卡、加西亚·马尔克斯、泽连斯基（任总统前为喜剧演员）……在中国也有，仅当代就有大家熟悉的金庸（查良镛）、海子（查海生）等人，在青年时代都曾读过法律，甚至干过法务。
[78] 丁文江、赵丰田编：《梁启超年谱长编》，第1191页。
[79] 丁文江、赵丰田编：《梁启超年谱长编》，第1191页。

我提出来，亮俦（畴，指王宠惠）、钧任们都拍手……其人为谁？林宰平便是。他是司法部的老司长，法学湛深，才具开展，心思致密，这是人人共知的。他和我的关系，与蒋百里、蹇季常相仿佛，他对于我委托的事，其万分忠实，自无待言"[80]。所以梁启超请林出任副馆长，可是林解释说"学长及教务长名义上不愿居，及开馆期迫，商请余越园兄出任"。[81]

至于余绍宋（越园），在司法部与任公共事，算来已有十余年交情。从余氏现存日记看，他们于1917年1月9日就曾共宴。[82] 1928年余绍宋离京返乡前寓居天津，寄居意租界友人家，距梁启超饮冰室不远。余绍宋在《〈梁氏饮冰室藏书目录〉序》中提到"与任公梁先生过从最密"，"朝夕探讨"，"大约间日必相见"，"如是者年余"。[83] 可以说梁启超逝世前交往最密切的朋友就是余绍宋了。《梁启超年谱长编》中1928年这段时间里，却几乎没有提及余绍宋，这很可能是他俩之间已经没有空间阻隔——几乎都在一起，不需要书信来往，一有空就打一种叫"无奇不有之戏"或称"竹戏"之牌。4月23日，余绍宋从北京到天津。4月26日"下午访任公"，然后从四月底开始到五、六、七月，隔三岔五地见面，要么任公招去打牌，要么"任公招饮"，要么"为检目录之书"，要么为任公"补丛帖目"，要么"畅谈至夜始返"。[84] 7月14日，余绍宋已经订好南归轮船票，致书津门友人告别。当日，余绍宋日记篇幅以梁启超为主题，似告别总结二人的关系，曰："以旧藏查士标大幅山水赠任公并话别，余与任公向不亲近，自去秋来津始多往还，然所论俱学问之事，绝不言政治，余并力劝其以后宜安心著述，渠颇谓然。自二月间来此，因作书画录解题向其借阅书多种，未尝有所吝惜，盛意可感，故以此画报之也。" 7月16日，"前以查梅壑山水巨帧赠任公，任公必欲余加以题识，今日因去题之……

---

[80] 丁文江、赵丰田编：《梁启超年谱长编》，第1090页。
[81] 丁文江、赵丰田编：《梁启超年谱长编》，第1090页。
[82] 《余绍宋日记》（第1册），中华书局2012年版，第2页。
[83] 余绍宋：《〈梁氏饮冰室藏书目录〉序》，载夏晓虹编：《追忆梁启超》，生活·读书·新知三联书店2009年版，第348页。
[84] 《余绍宋日记》（第3册），中华书局2012年版，第706—760页。

夜十二时始归”。7月20日，余绍宋早餐毕即启程离津返浙江。(85)

1929年1月19日午后2时15分，梁任公溘逝，享年57岁。1月20日，远在杭州的余绍宋次日即从上海报纸上得知噩耗，日记云：“任公先生已于前日作古，不胜悲悼，余去岁以来，在津时与之过从至密，相见俱论学，获益不浅，虽时有微疾而精神体格尚强，以为无碍，不图一别遂不得再见也。世变日亟，此后担当天下事者更何人哉？为之竟夕不宁。”(86) 余绍宋和友人们都觉得任公逝世太意外。今天我们才得知其病逝之真相——梁启超1925年发现小便出血，直至1926年2月才入协和医院，检查右肾有黑点。当时的医学权威林某在手术中竟将左右侧弄错，将完好的左肾摘除，把坏死的右肾留下了。这便是轰动一时的“梁启超被西医割错腰子”案。梁任公毅然在《晨报》上发表《我的病与协和医院》一文，公开为协和医院辩护，并申明：“我盼望社会上，别要借我这回病为口实，生出一种反动的怪论，为中国医学前途进步之障碍。”(87)

1月26日，余绍宋撰挽任公联云：“志书正待商量，忽失据依，太息前尘真梦幻；年谱未遑自订，更谁论定，追怀别绪益酸辛。”余氏对此挽联有解释，他说任公当时知其喜治方志，“曾两次论及《广东通志》事，且曰他日当与子谋续修”。他还提到自己刚刚接受广东方志总纂任务，任公却于此时辞世：“追想前事，悲何可言。今夏余将南归，先生默然，索赠言甚切……”他建议梁任公自订年谱，内讼其失，“先生光明磊落之怀益可大暴于天下。先生极以为然，谓当于六十岁时订定以自寿”。(88) 梁任公真是没有料到，自订年谱计划来不及实施了。

三、政法宣传家及其历久“数变”

梁启超既不是合适的谋士，也不是理想的司法总长，那么他合适的身

(85) 《余绍宋日记》（第3册），第761页。
(86) 《余绍宋日记》（第3册），第797页。
(87) 岑湘梅：《梁启超病逝真相》，载《金秋》2019年第3期。
(88) 《余绍宋日记》（第3册），第788页。

份是什么呢？

梁启超对法学的热衷由来已久。早在戊戌变法前一年（1897年），梁启超在上海创设大同书局，明确翻译的对象"以东文为主而辅以西书，以政法为先而次以艺学"[89]。

鲜为人知的是，梁启超曾有法科办学经历。上海有一所私立神州法政学校，创办时间不详。现据查考，上海神州法政学校提请备案的时间是1914年，梁启超作为学校代表具呈公文。[90] 同年，梁氏以学校代表名义向江苏教育厅呈请教育部公费，派出校青年人才、校监凌翼赴德国留学。[91] 1915年，江苏巡按使正式批准认可私立神州法政学校，谓"该校教授管理均甚认真，学生缺席甚少，调阅各科毕业成绩亦均可观。基金息款及收入学费足资维持"等语。[92] 1915年6月，上海神州法政学校得到湖南故绅袁树勋等21人慨捐巨资兴办，沪海道尹向教育部报，遵例呈请大总统徐世昌。经照前例，所捐数目与先例相符，大总统批准颁发特奖匾额，以昭激劝。据称袁树勋早在民国元年四月，即为该校办学捐款三万元。[93] 由此可见，梁启超筹办上海私立神州法政专门学校的时间，应该是1912年。这比徐谦1922年创办的上海女子法政大学早了十年，比章太炎、王开疆、董康他们1926年创办的私立上海法科大学更早了十多年。根据1917年的私立神州法政专门学校校友会名录，会长为梁启超，副会长为张嘉璈，会董为张嘉森（君劢）、张东荪等14人。1917年8月，学校有24名法律本科毕业生。[94] 这个

---

[89] 梁启超：《饮冰室文集类编》（上），华正书局1974年版，第741页。

[90] 《江苏省行政公署批第七百八十四号》："原具呈人私立神州法政专门学校代表梁启超：教育司案呈据该校先后呈送表册及报部事项清折请转报立案等情"，载《江苏省公报》1914年第238期。

[91] 《本省之部：批私立神州法政专门学校代表梁启超呈请援案派遣该校监学赴德留学由（十二日）》，载《江苏教育行政月报》1914年第14期。

[92] 《咨江苏巡按使私立神州法政学校应予正式认可文（第六百九十二号，四年三月十三日）》，载《教育公报》1915年第11期。

[93] 《教育部为湖南故绅袁树勋慨捐巨赀兴办上海神州法政学校遵例呈请特奖以昭激劝文并批令（中华民国四年六月十八日）》，载《政府公报》1915年第1120期。

[94] 《私立神州法政专门学校法律本科毕业生名单（核准毕业案见本期公牍门咨第二千四百零九号）》，载《教育公报》1917年第4卷第13期。

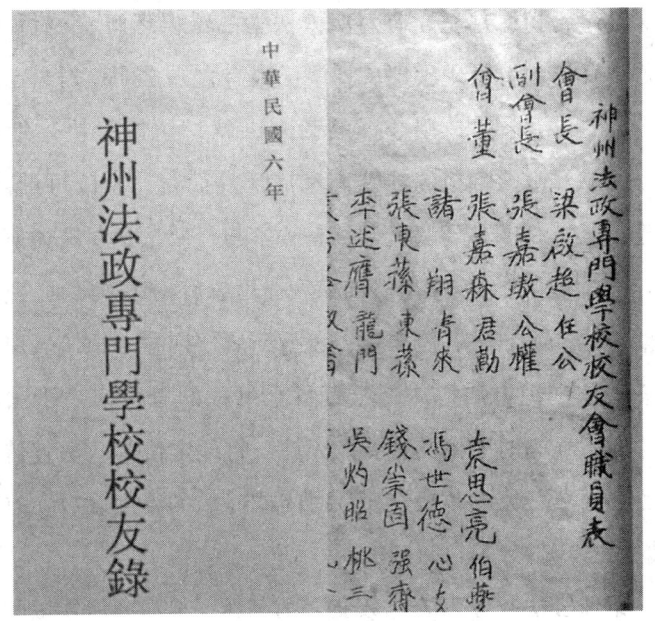

图 2　梁启超创办的上海私立神州法政专门学校 1917 年校友录

数量在当时已达中上水平的私立大学规模。1918 年的法律别科毕业生达到 85 人。[95] 1920 年的法律别科毕业生亦为 85 人。[96] 1921 年之后没有毕业生,也没有该校其他相关信息,疑为 1921 年停办。

相对于充谋士和当总长的从政经历,梁启超的学者身份更持续,更顺畅,也更有成就。那么,他的法学学术水平怎么样?短板在哪里?严复早就对梁氏有所批评,也时有劝告和指导,对此有学者专门做过研究。严复"在与他人的私人通信中,有大量的评骘梁启超的文字,言辞相当苛锐",比如"西学学养严重不足却轻率妄发"。[97] 今人更对梁启超的法学不稀罕,

---

[95]　《江苏私立神州法政专门学校法律别科毕业生名单（核准原案见本期公牍门咨第六百七十八号）》,载《教育公报》1918 年第 5 卷第 8 期。

[96]　《江苏私立神州法政专门学校法律别科毕业生名单》,载《教育公报》1920 年第 7 卷第 3 期。

[97]　李宝红:《严复苛锐评骘梁启超原因分析》,载《华中师范大学学报》(人文社会科学版) 2003 年第 6 期。

认为所论大都是常识,甚至还有对西方法学的错误理解。[98] 对任何历史上的人物,都要在历史背景中去评价。梁氏很有自知之明,对自己的定位是"启超复专以宣传为业"[99],用今天的话来讲就是"短平快"地传播新思想。就法学知识和政法理论的涉及面和广泛性而言,梁氏可谓前无古人。从其论著看,梁至少涉猎了法理学、宪法学与行政法学、法律制度史与思想史、国际法学等,[100] 对儒墨道法四家法律思想有论述,还对亚里士多德、霍布斯、斯宾诺沙、培根、笛卡尔、孟德斯鸠、卢梭、边沁、康德等西方政治法律学者的学说有研究。这位百科全书式的思想家之于法学涉猎广泛、成果丰富,在当时无出其右者。因此,将他定位为政法宣传家是合适的。依鄙见,对梁任公的政法学,从时间或时代的维度来看,有两个问题值得思考:

其一,梁任公法政思想的"数变"的问题。梁启超所钦佩的至交林志钧曾揭示"任公先生之学凡数变",最重要之"变"则是"追由美返日本,思想乃一变"。[101] 我的同事赖骏楠也注意到这次重要之"变"——以光绪三十三年(1907)为分水岭。骏楠对此"一变"作了深入的分析,认为"'人与政治'之间的关系,能够成为考察梁启超广义的政治思想的一个核心线索"。"这其中的'人'表示主观性、思想性与文化性的因素,而'政治'则表示客观性、制度性与结构性的因素。在光绪三十三年秋季之前的梁启超的政治思想中,就'人与政治'之间的关系而言,决定性的因素都是前者。"[102] 换一种说法,梁氏从重视人(国民与政治家)的因素转变为重视制度的因素,这一变化在我看来,也是他的一个重大觉醒——

---

[98] 范忠信认为梁氏对西方自然法的理解不准确,参见范忠信:《梁启超与中国近代法理学的主题与特征》,载《法学评论》2001年第4期。

[99] 梁启超:《清代学术概论》,载《饮冰室合集:专集之三十四》,第62页。

[100] 范忠信:《认识法学家梁启超》,载《政治与法律》1998年第6期。

[101] 林志钧:《〈饮冰室合集〉序》,载夏晓虹编:《追忆梁启超》,生活·读书·新知三联书店2009年版,第51页。

[102] 赖骏楠:《晚清时期梁启超宪法思想中的"人民程度"问题》,载《清史研究》2016年第1期。

中国历来重人不重制度，而他终于撇开"人民程度"高低的束缚，跳出传统人文思维，把国家与人民、政治与体制放到了关于政法制度的社会科学框架中来分析。他完成了从传统士大夫向现代政论家的转变，或者说这是他从传统人文学者向近代"社会科学家"过渡的一个转折点。

林志钧说，"任公独奋然以力学经世为己任。其涉览之广衍，于新故蜕变之交，殆欲吸收当时之新知识而集于一身，文字、思想之解放，无一不开其先路"[103]。在他那个时代，中国仍以旧式律学为主，法学知识和理论是极其稀缺的，需要启蒙和补课。同时，整个中国近代法学都是"救亡图存"之学。因此，梁启超的学术是随着时势发展变化的，他在"救亡图存"这一点上能灵动地把握国运大势，在立宪运动中转向宪制研究，值得称道。

但他往往在资政的见解与纸面的见解之间，具有某种"间隔"。他思维中有一个重要范畴叫"理念与事势"。比如当他讲司法独立时，也有理念与事势之分。1913年12月，司法总长梁启超在给江西高等审判厅厅长魏祖旭的信中说："司法独立为立宪政治之根本，收回法权之要图。"[104] 显然，前者是理念，后者是事势。从理念与事势、理论与实践的关系来看，法学与政治是否永恒地存在这种既紧张又胶着的关系？至少可以说，梁启超的政法学实践观，是具有临时性和策略性色彩的。因此有学者认为"梁启超不是坐而论道的书斋学者，他的宪法思想不是学术研究的结果，不能从体系化与本质主义的角度来理解。梁启超的宪法思想是对实践过程的表达，是宪法实践在梁启超心镜中的投射。因此，应当根据'见之于行事'的理路来看待梁启超的宪法思想"[105]。因此梁启超的政法论著，既不同于王国维式的国学大师，也不同于学院派的海归博士。他不用什么社会科学方法论，既不要精细考证，也省略理由论证，而是直抵结论。

---

[103] 林志钧：《〈饮冰室合集〉序》，载夏晓虹编：《追忆梁启超》，第51页。
[104] 丁文江、赵丰田编：《梁启超年谱长编》，第688页。
[105] 喻中：《见之于行事：梁启超宪法思想的液态属性》，载《政法论丛》2015年第2期。

其二，梁启超法政思想的"历久"的问题。梁漱溟曾说"任公者，亦是学问上不能深入之人。其一生所为学问除文学方面（此方面特重情感）外，都无大价值"[106]。据说，梁漱溟还曾得出结论，说梁启超的学问"不能绵历久远"，果真如此吗？非也。梁启超在政法学上往往以格言式、启蒙式的简洁语言提出问题或判断，其中有些判断和设问是很有洞见的，既有"中国问题意识"，又对当代具有现实意义，因而也是"绵历久远"的。以下择其要者例举之。

1. 关于法学与世界文明、学习西方法律与融入西方文明的关系，他认为西方法律是西方文明之"形质中的精神"，主张学西方文化，首在学习西方法律。[107] 最精彩莫过于《论中国宜讲求法律之学》中的这段话："今吾中国聚四万万不明公理、不讲权限之人，以与西国相处，即使高城深池，坚革多粟，亦不过如猛虎之遇猎人，犹无幸焉矣。乃以如此之国势，如此之政体，如此之人心风俗，犹嚣嚣然自居于中国而夷狄人，无怪乎西人以我为三等野番之国，谓天地间不容有此等人也，故今日非发明法律之学，不足以自存矣。"[108] 就中国自身特色而言，我们够多了，可是仍然不明公理、不讲权限，以独特的国势、政体、风俗而自居，不仅会与世界格格不入，而且会被世界看成是野蛮的怪物。如果盲目拒绝西方法律，实质上就是把自己孤立于世界文明之外。他之所以重视国际法及其更新[109]，道理也在于此。

2. 关于除旧与布新的关系——"凡改革之事必除旧与布新，两者之用力相等，然后可有效也。苟不务除旧而言布新，其势必将旧政之积弊，

---

[106] 梁漱溟：《写在〈纪念梁任公先生〉一文之后》，载夏晓虹编：《追忆梁启超》，生活·读书·新知三联书店 2009 年版，第 223 页。
[107] 梁启超：《国民十大元气论·叙论》，载《饮冰室文集》之二。
[108] 梁启超：《论中国宜讲求法律之学》，载梁启超：《饮冰室文集类编》（上），华正书局 1974 年版，第 99—100 页。
[109] 梁任公提醒女婿周希哲："将国际法重新研究一番，因为欧战以后国际法的内容和从前差得太远了。十余年前所学现在只好算古董，既已当外交官，便要跟着潮流求自己职务上的新智识。还有中国和各国的条约全文，也须切实研究。"参见丁文江、赵丰田编：《梁启超年谱长编》，第 1047 页。

悉移而纳于新政之中，而新政反增其害矣"⑩。梁启超对洋务派只言"布新"不务"除旧"的危害性似乎更探深一步。今天来看，只讲创新制度而不破除旧弊，只会使具有旧弊的制度在新的外衣掩护下潜伏下来，这样反增新政之危害。

3. 关于国法与良知、习惯、公理的关系。他认为法的本质是"良知所同然"；"夫人之性质，万有不齐，驳杂而无纪。苟顺是焉，则将横溢乱动，相阋而不可以相群。于是不可不以人为之力，设法律而制裁之。然此法律者，非由外铄也，非有一人首出，制之以律群生也。盖发于人心中良知所同然。以为必如是乃适于人道，乃足以保我自由而亦不侵人自由"⑪。"主治者与受治者之关系既确定，惯习变为惯习法；主治者复以其意之所是非，制为禁令。而一国人皆有服从之义务。此法律发达之第一级也。"⑫这也可解释公法与私法的形成。他还论述了法与公理、权限的关系——"礼者何，公理而已；义者何？权限而已"⑬。

4. 立法与法律可行性——"立法非以为观美也，期于行焉。欲养成人民尊重法律之习惯，则当一法之将颁，必先有能推行此法之实力以盾其后。若法意虽甚美，而形格势禁，不获举而措之，则毋宁暂缓以焉俟诸方来之为得也……夫使法律成为纸上空文，则渎法律之神圣莫甚焉。国民法律思想本已薄弱，更从而薄弱之，则恶影响所及于将来者，更宁忍道耶？"⑭

5. 法治与人民自治及其能力的关系。他说"凡善良之政体，未有不从自治来也"⑮。"故人民之办自治者，一面以轻而易举故，不必奇才异能，已可胜任；故地方自治，实人民参政最好练习场，而宪政基础之第一

---

⑩ 梁启超：《戊戌政变记》，载《戊戌变法》（第1册），上海神州国光社1953年版，第273—274页。
⑪ 梁启超：《新民说·论自治》，载《饮冰室专集》之四。
⑫ 梁启超：《论中国成文法编制之沿革得失》，载《饮冰室文集》之十六。
⑬ 梁启超：《论中国宜讲求法律之学》，载《饮冰室文集》之一。
⑭ 梁启超：《箴立法家》，载《饮冰室文集》之二十八。
⑮ 梁启超：《新民说·论自治》，载《饮冰室专集》之四。

级也。真正的自治，必须人民自己来办，不要搞挂羊卖狗的'官办自治'。"[116]

梁任公在当时的敏锐设问和审慎洞见，至今有现实意义，或可成为今天法学教授和博士生们的课题，可继续作精细的研究和论述。法学发达水平是由时代发达程度决定的，也是由一代一代人接力的。梁氏所处的"救亡图存"时代之法学或政法学，更需要的是观念启蒙、知识移植和制度奠基。梁氏在这三个方面都去做了。正所谓"感应敏速，而能发皇于外，传达给人"。甚至他比科班的一些人更有影响力，因为他不仅是法科人士，还是有广泛影响力的学术大师和公众人物。因此，尽管非法科出身，梁启超却深知时代需要什么样的知识和理论，以什么样的样式呈现。也正因如此，他才会被梁漱溟认为是"缺乏含蓄深厚之致，因而亦不能绵历久远"。但他的法学知识和政法理论对那个时代至少是有填补空白作用的，因而他也以学问家的身份兼而成为"过渡性"或"替代性"法学家。

"在他以法学权威特别是以一名宪法学权威（的身份）登上政治及学术舞台之前，他的大部分时间是以朝廷'钦犯'的身份亡命异域。"[117] 我们今天看到他的法学天赋和惊人的创作能力，其实与他的勤奋分不开。有人统计过，在梁氏三十多年的写作生涯里，共完成近五千万字的著述（包括信函、电报稿、序、跋、墓志铭等等），平均每天写作五千字。1916年3月，护国战争结束前夕，梁氏取道越南往广西。自香港搭乘一艘日船偷渡到越南后，因当时法国人统治越南，没有护照不得入市旅住，他只得藏匿于海阳的一个日本人经营的牧场里，等候安排回国。正是在匿身牧场的这一周里，他写成了长达五万言的《国民浅训》一书。该书就"国体之由来""何谓立宪""何谓自治"等等向国民作了深入浅出的解说。[118] 可以

---

[116] 梁启超：《新民说·论政治能力》，载《饮冰室专集》之四。
[117] 范忠信：《认识法学家梁启超》。
[118] 范忠信：《认识法学家梁启超》。

说，他的法学成就是"在颠沛流离中所获得的"。[119]

有人认为梁启超的学术，虽覆盖面广、影响巨大，但是不深刻、不久远。梁漱溟就这么认为："任公的特异处，在感应敏速，而能发皇于外，传达给人。他对各种不同的思想学术极能吸收，最善发挥。但缺乏含蓄深厚之致，因而亦不能绵历久远。像是当下不为人所了解，历时愈久而价值愈见者，就不是他所有的事了。"[120]梁任公天资极好，直觉力与想象力强，极端聪明。早年在东渡轮船上学会日语一事，人们早有所闻。他的涉猎面几乎是百科全书式的。梁启超很尊重年轻学者，常常不耻下问。1921年他向胡适借《墨辩新诂》三册，看完送还，《清代学术概论》交给胡适审阅，并诚恳接受胡适提出的意见，略有补正。他的新书《墨经校释》还请胡适作序。[121]可见他看学人不看资历，只认学术水平。他寓居天津去世前一年，还在编订丛帖版本目录。活到老学到老，脑力之旺盛世所罕有，甚至经常打"无奇不有之牌"到深夜。梁启超对自己的优点和毛病也很清楚，我们来听听梁氏对自己的评价：

> 启超与康有为最相反之一点：有为太有成见，启超太无成见，其应事也有然，其治学亦有然。有为常言之："吾学三十岁已成，此后不复有进，亦不必求进。"启超不然，常自觉其学未成，且忧其不成，数十年日在旁皇求索中。故有为之学在今日可以论定，启超之学则未能论定。然启超以太无成见之故，往往徇物而夺其所守，其创造力不逮有为，殆可断言矣。启超"学问欲"极炽，其所嗜之种类亦繁杂；每治一业则沉溺焉，集中精力，尽抛其他。历若干时日移于他业，则又抛其前

---

[119] 范忠信：《认识法学家梁启超》。
[120] 梁漱溟：《纪念梁任公先生》（1943年），载《忆往谈旧录：梁漱溟回忆录》，中国文史出版社2012年版，第93页。
[121] 曹伯言整理：《胡适日记全编》（1919—1922，第3册），安徽教育出版社2001年版，第230、240、242页。

所治者。以集中精力故，故常有所得；以移时而抛故，故入焉而不深。[122]

梁任公的知识人模式是基于责任以学问政。为袁世凯作谋士，他以为这是对国家的担当，信以为能够引导袁氏。这里固然有中国知识人的传统式弱点，但梁任公在袁氏恢复帝制的关键时刻，能站出来反对，并据理力争：共和国一旦建立，就不可能再倒退回到君主制，历史上也从来没有过这样再倒退的记录；变更国体，就会导致革命，而变更政体，则会导致进步。[123]梁漱溟曾评论，"任公先生之知悔，遂在袁氏帝制时，有奋起倒袁之举"[124]，"后来任公颇自悔其从政之错误，专心讲学……"[125]。

梁任公的敏锐与趣味是他的为学品格，理性与责任是他的理论品格，理念与宽容构成他的为政品格。那么，就个性品格而言，梁任公有时天真与理想多于实际，责任与趣味交织并存，甚至感性与仁心遮蔽了理性。知识人以探求真理为圭臬，因此应该随时纠正错误，这是"知悔"的品格和勇气。任公的"数变"是自我怀疑和自我否定，数变历久，这是他能够跟上时代变迁的才华，印证了他常常引用的格言："切勿犹疑以今日之我宣判昨日之我。"他是非凡的知识人，但他有凡人的趣味和心态，于学问，坦然求新，于生活，真实不装。

---

[122] 丁文江、赵丰田编：《梁启超年谱长编》，第1203页。
[123] 梁启超：《异哉所谓国体问题者》。原文："夫变更政体，则进化的现象，而变更国体，则革命的现象也。"
[124] 梁漱溟：《纪念梁任公先生》（1943年），载《忆往谈旧录：梁漱溟回忆录》，中国文史出版社2012年版，第93页。
[125] 梁漱溟：《梁启超二三事》（原载1984年2月18日《团结报》），载夏晓虹编：《追忆梁启超》，第226页。

第三节 革新赓续

董康——功名得失,律人止欲

图 1 董康(1867—1948)

董康早年受薛允升器重和指导,在刑曹岗位上,律学功底见长。后在修律大臣沈家本手下同馆共事,酣畅淋漓地大干过一场。尤其在修订律例、对日交流、法律史研究上,董康发挥了重要作用,在中国法制近代化过程中有过贡献,也有地位。从前清一路走到民国,董康位高权重,造诣非凡。但在当代,文化界对董康的藏书有较多研究,反而法律界对董康了解却很模糊。仅有少数学者对董氏法学贡献作过研究,但其生平行迹仍然不甚清晰。这或许是董康之生平相对比较复杂使然。董康之生平,可分为四部分来叙述:一是律政之功,二是法学之名,三是藏书之得,四是节操之失。

一、律政之功

董康，字授经、绶经、绶金，号诵芬主人，江苏武进（今江苏省常州市）人，1867 年生于武进。1885 年，董康考中秀才；1888 年参加江南乡试中举人，"戊子余捷秋闱"；1889 年参加礼部会试，"己丑联捷南宫"；1890 年，"庚寅补殿廷诸试"，录为庚寅恩科三甲进士，"观政西曹"，进入刑部学习。此时刑部左侍郎是薛允升，董康在其悉心指导之下受益匪浅。[1] 1898 年董康中"戊戌"进士，1901 年任刑部提牢厅主事，总办秋审兼陕西司主稿。1902 年董康因母亲去世居家守丧逾期，庚子和议结束后，晋升刑部员外郎、郎中。此后，董康作为校理进入修订法律馆，经沈家本提为提调，兼京师法律学堂教务提调、宪政编查馆科员，至辛亥年武昌兵变前，任大理院刑庭推事、大理院刑科推丞，官居正四品，[2] 相当于最高法院刑庭庭长。

董康在修律大臣沈家本、伍廷芳手下任事，酣畅淋漓地大干过一场。他不仅在修订律例的清末修法中是沈家本的得力助手，还在与日本法律界的交流中发挥了独特的作用。1906 年，董康等三名司法官员受命赴日考察裁判、监狱事务。[3] 回国后他主持编译、出版了一批重要资料，为诉讼法的修订、司法改革作准备；在日本法律家帮助下，他短期内又牵头制定了《大理院编制法》（1906 年）、《刑事民事诉讼法》（1906 年）、《各级审判厅试办章程》（1907 年）。1907 年，董康与汪荣宝等人共同编定了《宪法大纲》，经过资政院审核、清皇帝认可，以《钦定宪法大纲》的名义颁行，是中国历史上第一部以"宪法"之名颁行的根本大法。1907 年，董康参与制定的《大清新刑律草案》完成，该草案采用了资产阶级刑法的体例和原则。当法理派与礼教派围绕草案激烈争论时，董康坚定地支持沈家本等人，对

---

[1] 刘舟祺：《游离于法理派与礼教派之间——近代法制改革巨匠董康的一生》，载《人民法治》2018 年第 10 期。
[2] 《二月二十六日内折传旨事由单》："法部奏左丞会鉴仍回本任推事董康仍署大理院刑科推丞事奉旨依议……"，载《政治官报》1911 年第 1221 期。
[3] 《刑部奏派本部司员饶麟昌董康麦秩严前赴日本考查法律定于初五日由京首途》，载《时报》1906 年 4 月 24 日。

礼教派的反对逐项作了批驳，力主草案不定无夫奸罪。1908 年 12 月，董康被派为"大理院推丞上行走"。④ 1909 年，董康一手起草了国籍法。⑤ 1911 年，董康为颁布《法院编制法》《刑事诉讼律草案》《民事诉讼律草案》做出了贡献，还参与了《大清民律草案》（1911 年颁布）的编纂工作。⑥ 大清亡后，作为前清正四品官员的董康，东渡避于日本游学，修习法科。董康在前清律界的资深地位，对民国时期他后来的职业生涯又影响几何？

法律界人士中，从前清一路走到民国的，董康算是少有的位高权重之人物。这或许也证明了一点——以法制之工具性和形式性，法律人之专业性和稀缺性，即使改朝换代，法律和法律专业人士也能继续发挥作用。1912 年民国初建至 1922 年，他在民国司法要职上有十年履职经历：1912 年 11 月"京师总检查厅厅丞董康着补大理院刑科推丞"⑦。董康受邀回国后，于 1914 年 2 月 10 日任法律编查会顾问，⑧ 2 月 20 日大总统任命董康署理大理院院长，并要求 26 日到院视事。⑨ 然而，2 月 24 日传出消息"大理院长董康将辞职"⑩，同日他出任文官高等惩戒委员会委员长⑪。5 月 14 日董康充任法律编查会副会长，章宗祥⑫接替梁启超为会长，汪有龄亦为

---

④《大理院奏推事董康请派在推丞上行走毋庸开去底缺亦毋庸列入司员京察折》，载《政治官报》1908 年第 442 期。
⑤《国籍法由董康一手拟稿现宪政编查馆无甚改易》，载《新闻报》1909 年 3 月 24 日。
⑥ 以上关于董康修律及法政事务清单，参见何勤华：《董康其人其书》，载《国家检察官学院学报》2005 年第 2 期。
⑦《十一月十七日奉旨内阁请简总检查厅丞各缺许受衡着补授京师总检查厅厅丞董康着补授大理院刑科推丞》，载《时报》1912 年 1 月 7 日。
⑧《公函：致董康先生等聘任为法律编查会顾问书（三年二月十日）》，载《司法公报》1914 年第 2 卷第 6 期。
⑨《大理院通告》："中华民国三年二月二十日奉大总统令任命董康署大理院院长……"，载《政府公报》1914 年第 651 期。
⑩《署大理院院长董康将辞职》，载《时报》1914 年 2 月 25 日。
⑪《董康已任为高等文官惩戒会会长》，载《时报》1914 年 2 月 25 日。
⑫ 章宗祥（1879—1962），字仲和，浙江吴兴人，1898 年由南洋公学首批派赴日本，入东京帝国大学法科，与杨廷栋、富士英、杨荫杭、胡礽泰、雷奋同期，1903 年获明治大学法学士。译著有《日本刑法》（1901）、《各国国民公私权考》（1901）、《国法学》（1905）。1903 年回国后，在北京京师大学堂任教，清廷赐进士，曾任法律馆纂修官、工商部候补主事、民政部财例局提调、宪政编查馆编制局副局长、总统府秘书、法制局长、大理院长、司法总长等职。1916 年任驻日全权公使，因出卖国家领土与主权，1919 年被北洋政府免职。次年起与日本人从事金融业。1928 年后退出金融界，长期居住青岛。1942 年 3 月，与曹汝霖一起出任伪华北政务委员会"咨询委员"，兼任日本人控制下的电力公司的董事长。日本投降后迁居上海，直到 1962 年病死。

副会长。[13] 7 月 11 日，董康兼任的文官高等惩戒委员会委员长辞呈被批准。[14]

有意思的是，2 月 24 日的总统任命是"署理"，董康有推辞之意而未到任。迟至是年 8 月 1 日，发生了两件事：一是大总统重新颁令"特任董康为大理院院长"[15]；二是大理院增设刑事一庭，署理院长董康自愿暂兼庭长不另支俸。[16] 8 月 8 日，国务卿徐世昌呈据铨叙局详称"大理院院长董康系署理改为实授"，特地说明其"特任官"之性质，呈请大总统批示。[17] 此时，他与司法总长章宗祥在《大清新刑律》的基础上，合纂《暂行新刑律》出版。1915 年，董康受命完成《第一次刑法修正案》，同年兼法典编纂会副会长、全国选举资格审查会会长，9 月接替章宗祥担任司法总长。[18] 1916 年，董康获得政府一等嘉禾章。[19] 1917 年 12 月，高等捕获审检厅成立，董康兼充高等捕获审检厅厅长。[20]

董康与小他 15 岁的王宠惠是当时法律界的两个"大神"，二人或共事修法，或轮流掌法。1918 年 7 月，董康与王宠惠奉命任修订法律馆总裁，筹备组建修订法律馆。[21] 同年，董康与王宠惠一起完成《第二次刑法修正

---

[13] 《署大理院院长兼法律编查会副会长董康、司法总长兼法律编查会会长章宗祥、参政院参政兼法律编查会副会长汪有龄呈请拨发调查经费文并批令（中华民国三年六月十三日）》，载《政府公报》1914 年第 759 期。

[14] 《十一日大总统策令》："大理院院长董康呈恳开去文官高等惩戒委员会委员长兼职应照准此令"，载《时报》1914 年 7 月 14 日。

[15] 《大总统策令（八月一日）》："特任董康为大理院院长此令"，载《奉天公报》1914 年第 854 期。

[16] 《呈明大理院奉准增设刑事一庭署理院长董康自愿暂兼庭长不另支俸并拟派该院推事潘昌煦随时代摄苴庭文并批令（八月一日）》，载《司法公报》1914 年第 2 卷第 11 期。

[17] 《国务卿呈据铨叙局详称大理院院长董康系署理改为实授应否觐见请示遵文并批令（中华民国三年八月八日）》，载《政府公报》1914 年第 814 期。

[18] 《章宗祥任教育总长、董康任司法总长》，载《时报》1915 年 9 月 17 日。

[19] 《策令》："董康给予一等嘉禾章此令（三月十二日）"，载《司法公报》1916 年第 56 期。

[20] 《高等捕获审检厅成立日期通告（中华民国六年十二月十五日）》："为通告事本年十一月十三日奉大总统令任命董康兼充高等捕获审检厅厅长"，载《政府公报》1917 年第 689 期。

[21] 《修订法律馆总裁董康、王宠惠呈大总统为具报本馆组织成立文（中华民国七年七月十九日）》，载《政府公报》1918 年第 901 期。

案》。1920年7月，董康被大总统徐世昌、国务总理靳云鹏任命为大理院院长，[22]但董康没来得及上任，因为8月国务总理换成了萨镇冰，故又被任命一次大理院院长。[23]这次任命，董康也未就任。到了9月，被任命为司法总长，董康欣然上任。[24]那时的司法总长比大理院院长地位高、权力大。后来坊间传内定王宠惠为大理院院长。[25]果然，王宠惠于1920年8月出任大理院院长。[26]1921年，董康又出任梁士诒内阁司法总长、大理院院长、司法官惩戒委员会委员长。至1921年12月司法总长董康去职，王宠惠继任。这两三年间，大理院长和司法总长就在董康和王宠惠之间轮流转换。作为一国最需要稳定的最高审判机关——大理院，其院长却不断换人。自1920年之后，时局变幻多端。1922年6月，大理院院长由罗文干担任。[27]逾三月，1922年9月大理院代理院长由余棨昌担任。[28]1923年2月余棨昌正式就任大理院院长。[29]

值得一提的是，1922年的董康最受媒体追捧，彼时亦最是其人生之高光时刻，但这一年也是董康大顺大逆的魔幻之年。他先是负责清理财政部债券贪污案件，大获成功。可是，5月起他参与解决领事裁判权问题，却因政局混乱、情势错综复杂而内外交困。董康在担任司法总长期间，为了进一步实现法制改良的理想，进一步加强了对外国法律制度的引进，并由当时的司法部参事厅专门组织设立了"外国法典编印处"，取代了原修订

---

[22]《大理院院长董康就任日期通告（中华民国九年七月三十日）》，载《政府公报》1920年第1602期。

[23]《大总统指令第一千九百十六号（中华民国九年八月四日）》："令大理院院长董康呈报就职日期"，载《政府公报》1920年第1607期。

[24]《大总统指令第二千二号（中华民国九年八月十七日）》："令署司法总长董康呈报就职日期"，载《政府公报》1920年第1620期。

[25]《余绍宋日记》（第1册），第145页。

[26]《大总统令（中华民国九年八月十四日）》："特任王宠惠为大理院院长"，载《政府公报》1920年第1617期。

[27]《大理院通告（中华民国十一年六月十七日）》："为通告事本年六月十五日奉大总统令特任罗文干为大理院院长"，载《政府公报》1922年第2260期。

[28]《大总统指令第二千九百十三号》（1922年9月）："令代理大理院院长余棨昌呈报就职日期"，载《政府公报》1922年第2357期。

[29]《大总统指令第三百六十九号（中华民国十二年二月十日）》："令大理院院长余棨昌呈报就职日期"，载《政府公报》1923年第2487期。

法律馆。1922年5月，董康短暂兼任北洋政府法权讨论委员会委员长，参与司法改良计划的拟定，督促各级司法机关做好应付列强考察等相关事宜，力争通过列强的考察以尽快解决以领事裁判权为核心的治外法权问题，收回会审公廨。到了是年5月底，董康出任财政总长兼币制局督办、盐务署督办、全国烟酒事务署督办。在财长任上，董康雷厉风行，将部内尸位素餐者裁撤二千余人。后来被裁闲员混迹于讨薪队伍中，伺机将董康一顿痛殴，"此次部员找到国务院里，向董康索薪，被裁撤的人员，杂到里面，把董康打了个落花流水，头也破了，手也伤了，衣裳也撕了，这真是政界中空前未有的笑话"。㉚法律人依法行事的习惯，总是触及官僚的利益，引来歇斯底里、鱼死网破的抵制。这场斗争以董康遭受大辱斯文扫地而告终。

1922年夏，正是31岁的胡适搞"好人内阁"之后。胡适某日与董康谈政治，回家在日记中说："此人是一个好人，但不配处于这个时代这个地位。我很可怜他。"㉛他给55岁的前总长董康的评价，听来似乎给予褒扬，又模糊中带有难言的深意：首先，胡适肯定董康是好人。其次，好人"不配"处在这个时代——指1922年董康受辱而无奈的情节。最后，"不配"的另一层意思，似乎也表达了胡适对董康这类前清遗老的定位——落伍于时代，所以有"可怜"之情。胡适总是带着"组织部长"的挑剔眼光看人，他连王宠惠都看不上，更不用说董康了。

1923年6月，曹锟逼迫总统黎元洪出京，并于10月5日贿选成为大总统。政局混乱，董康退出政坛，以考察法制为名前往美国散心。是年因小道消息传出，受到沪上律师协会关注，律师界公开登报表示对董康到沪的欢迎。㉜1923年秋至1924年春，董康移居上海。董康此次南下是做长期打算，于是成为上海滩一大新闻，俨然大人物的到来。事实也是如此，部

㉚ 刘舟祺：《游离于法理派与礼教派之间——近代法制改革巨匠董康的一生》，载《人民法治》2018年第10期。
㉛ 参见胡适1922年7月1日日记，载曹伯言整理：《胡适日记全编》（1919—1922，第3册），第713页。
㉜ 《法界预备欢迎董绶经》，载《申报》1923年3月19日。

级高官退下来，还是受沪人另眼看待的。董康颇受江苏省政府官员和上海地方士绅的尊重和重视。[33] 董康初到沪上，在名流云集的上层交际圈如鱼得水，也曾一度关心公共事务，比如1925年他与马相伯联袂致京津苏同乡函电，声明监算交代会之范围。[34] 他还致力于收回法权的运动[35]，参与中国政府收回会审公廨、成立上海特别法庭的活动。1925年重新成立的"法权筹备委员会"更换人马，董氏不再担任委员，但他仍然积极为中国政府无条件收回会审公廨努力奔走，直至1929年。

二、法学之名

旧时代律法之职，通常会面临以下几个风险。其一，律法之事，总难免因政局变幻而变更乃至失效，"立法者大笔一挥，法律条文就可变更"[36]。"'只要立法者的三句话，整柜整柜的书就可以毁掉。'……法律教育之所以可能，只是因为法是由变动不居的条文以外的其他东西所构成"，"还存在着一些不能随意变更的其他要素，因为它们是同我们的文明和思想方式密切联系着的：立法者对它们像对我们的语言或我们的推理方式一样，无法施加影响"。[37] 法谚云"战争一开始，法律就沉默"（Inter arma silent leges）[38]，而律法之人事，亦随律法变故而更迭，这是任何人都避免不了的。其二，自古从事律法者不少，总有职业病之风险。轻者，思维机械刻板，究于条款文字功夫；重者，狭隘自私且刁钻尖刻，倘若不习职业操守、不修养品性，则法条将沦为其手中攫取私利的锐器。霍姆斯曾提出一个对法律人十分重要的问题——我们"辛辛苦苦地学习一个枯燥而又技术

---

[33]《省署召集各县士绅会议之昨闻，钱孙卿董绶经与徐省长之谈话》，载《锡报》1925年11月27日。

[34]《马湘伯（相伯）董绶经致京津苏同乡电声明监算交代会之范围》，载《申报》1925年5月11日。

[35]《收回沪廨运动之进行，董绶经之谈话》，载《中国报》1926年5月7日。

[36]〔法〕勒内·达维德：《当代主要法律体系》，上海译文出版社1984年版，第23页。

[37]〔法〕勒内·达维德：《当代主要法律体系》，第23页。

[38] 或曰"枪炮作响法无声"，参见孙笑侠、陈林林等：《西方法谚精选——法、权利和司法》，法律出版社2005年版，第5页。

性的系统，热切地保护当事人和商人经营术的惯例，以及关注贪婪的利益之间乱哄哄的冲突，这些东西如何能构成人的一生？"[39] 接着霍姆斯回答自己的问题说："先生们，我立刻承认，这些问题并非徒劳无功，它们可能被证明是无法回答的，我常常觉得它们是无法回答的，但我相信是有答案的。在任何形式的实际生活中，你都会遇到同样的问题……但如果他有理想主义者的灵魂，他就会使——不是说寻找——他的世界成为理想。当然，法律不是艺术家或诗人该去的地方，法律是思考者的使命。"[40] 暂且不说从事律法实务者，即使从事律法学术者也难免这两种风险。

董康，就是因政治风险的变故，从政坛云霄跌入平阳谷底。董康虽属于旧时代的从律者，但他是否避免了后一种风险呢？如果从其学术造诣而言，他是超越了此种风险的，因为他属于新人一族。董康并不停留于旧式律学，他从事法学，因而蝶变成法学家。据相关学者列举，董康在修律期间于制定近代刑法典、考订古代法史尤其刑法史、刑法学与比较刑法研究、监狱改良、司法制度改良和法律教育改革等方面，有过历史性贡献。[41] 董康因此不仅是一位法律家，还是中国近代有历史贡献的法学家。董康对古代法律史尤其中国刑法史的考证研究很重要，但他更值得后人关注的，应该是其在法学上的思想。

董康退出政坛在上海从业律师的十年间，仍专心致力于学术，先后在东吴和北大法学院讲学，尤其于 1926 年以后成果迭出。1928 年他出版《刑法比较学》上册，发表《新旧刑律比较概论》《虞舜五刑说》；1930 发表《唐律并合罪说》；1931 年起连载发表《科学的唐律》。董康在此期间著述丰硕，被誉为"我国学界及司法界之权威者"。历史人物总是有局限

---

[39] 1886 年 2 月 17 日霍姆斯给哈佛大学法学院学生演讲时提出过这个问题。参见 Max Lerner（ed.），*The Mind and Faith of Justice Holmes: His Speeches, Essays, Letters and Judicial Opinions*, The Modern Library by Randon House, Inc., 1943, p. 31。

[40] 参见 Max Lerner（ed.），*The Mind and Faith of Justice Holmes: His Speeches, Essays, Letters and Judicial Opinions*, The Modern Library by Randon House, Inc., 1943, p. 31。

[41] 何勤华：《董康其人其书》。

性的,董氏的法学思想也一样。[42] 所以,重点中的重点,应该是董康在法学思想上有哪些具有穿越时空意义的亮点?试列如下四项,简作评论:

其一,中外刑法考证、比较与移植相结合。董康寓居上海时在上海法科大学讲课,将其讲义撰成《新旧刑律比较概论》一文,发表在《法学季刊》第3卷第5期。文章对中国刑法发展的历史阶段、法理学家吴经熊关于刑法史的观点的评述、中国古代刑法的编纂特征(民刑不分、程序法与实体法相混)、民国初期新刑法的特点,以及他与王宠惠合作起草的《第二次刑法修正案》的内容与优点等,都作了详细的说明。《第二次刑法修正案》无论从体例形式上,还是从内容原则上,无不吸收世界上最先进的刑事立法经验。比如,第一章"法例"第二条"从新法",相当于法不溯及既往原则;"不为罪"章,相当于罪刑法定主义;"妨害商务罪",相当于保护商业;等等。[43] 这些都是中国刑法上的首创。董康结合刑法历史,认为:"凡事之进步的约分过去、现在、将来为三时期,现在乃过去所蜕化,又所以孳孕将来者也。"[44] 这在法律历史观上看,既朴实又深刻,是相当有见地的。1933年,董康在上海法学编译社出版了《刑法比较学》,选择十余国刑法典进行比较,"充分发挥其中国法律史的深厚功底","在结合阐述每一条刑法条文以及引述外国刑法条文的同时,均能比较透彻地论述中国古代相关的刑法规定及其演变的历程"。[45]

其二,批驳并阐明中国"重刑轻民"现象背后的道理。董康针对法律界流行至今的关于中国古代的"重刑轻民"问题,提出独到之见,他认为中国并不是轻民法,而是民事事务用礼来调整。"有疑中国重刑事不重民事者,此殊不然。从立国之原则言,礼为维持社会必要之具。易言之,即

---

[42] 有学者评价其不足:"主要是指导思想上的,他企图拿中国古代法制史料作为素材来戴上西方法典形式的帽子,或者说套用西方法律术语来解释我国古代法制,都未免有生搬硬套之嫌。"见张伯元:《董康与法律文献整理——〈书舶庸谭〉读后》,载《法律文化研究》2005年卷。
[43] 华友根:《董康与近代中国立法》,载《南京大学法律评论》2010年第2期。
[44] 董康:《新旧刑律比较概论》,载《法学季刊》(上海)1927年第3卷第5期。
[45] 何勤华:《董康其人其书》。

社会之一种公法（依当代理论实为"普遍之习俗"——引者注）也。社会间之接触，无时不有民事行为，即在处处无时不有礼教之维持力。刑为最小部分之最后制裁。以是观察，谓为民事为礼教所熔化则可，谓为不重民事则不可。"[46] 这里涉及刑法与民法的关系、国法与习俗的关系、法律与道德的关系，董康阐明了一个中国式现象——古代民事事务实际上多由社会习俗（礼教）来调整。申言之，民事属于私领域，其独特性在于，民事立法要尊重社会习俗，或可以允许依习惯办理。这个观点到今天才有小范围的共识，可见董康观点之前沿、认识之深刻。

其三，结合中国实际倡导和推进司法之独立。1914年担任大理院院长之初，董康就提出司法程序的言词辩论原则。[47] 1922年5月他担任法权讨论委员会副委员长，这段短暂经历增强了董氏关于司法独立意义的认识。董康1923年就指出中华法系独立于世界法系之林，本不可"强我从人"，但中国以科举取士，用非所学，"审判之权，操自胥吏幕僚，上级机关负覆核之责。不过就文字，稽钩其瑕隙，内容无从研索也"。[48] 他认为在中国现实中，司法并未能够独立，而是受到了政治的太多干预，列举了因党争而不照司法程序逮捕财政总长罗文干的事例予以说明。"余痛斯积弊，抱除旧布新主义，所拟草案……俱采各国最新之制。凡奏折公牍及签注辩论，其中关于改革诸点，阳为征引载籍，其实隐寓破坏宗旨。"[49] 他以公开形式的征引载籍，暗中以"隐寓"司法改革。在皇权专制之下，如此着力，甚为高明。他说："司法独立之制，创自泰西各国，日本仿之。因以收回治外法权，著有明效。所谓独立者，非惟行政官不能预闻，即上官亦不能干涉也。按《日本宪法》第五十八条，司法权以天皇亦不能干涉也。"[50]

---

[46] 董康：《刑法比较学》（上册），上海法学编译社1933年版，第7页。
[47] 《大理院示（中华民国三年十月二十九日）》："为示知事本院受理民事上告案件认为必须言词辩论……"，载《政府公报》1914年第895期。
[48] 董康：《民国十三年司法之回顾》，载《法学季刊》1923年第2卷第3期。
[49] 何勤华：《董康其人其书》。
[50] 董康：《调查日本裁判监狱报告书》（1907年）。参见何勤华、魏琼编：《董康法学文集》，中国政法大学出版社2004年版，第643页。

其四，他还有远见地提出司法职业化改良的先进理念和措施，仿英制设治安审判厅，受理小额民事和轻微刑事案件。这涉及对审判之繁简的区分与认识，便于当事人，也利于提高审判效率。他还提出任用法官，定年资进级法，下级亦得进叙优等俸级，以固其治事之决心。这涉及法律职业保障制度，他看到了法官薪俸对司法公正与独立的意义。他揭示了司法公正、人的因素和法律教育三者的关系。他从国内层面之人与人交往、国际层面之国与国交往切入，指出"为交际上保持其公平者何？曰：属于司法权之法律是。而法律不能自动，何法为之活动？并何法可收活动之功效？厥维法律教育！"他作为体制内出局之人，也自认"保守"，但公然宣称此问题是其"最有兴味之问题也。不妄本保守之观念，以说明之"[51]。尤其难能可贵的是，作为大清遗老的董康，能够揭示"律师为保障人权之必备"之规律。[52]

董康在民国时期颇有影响，被誉为"中国四大法学名家"之一，另三人为江庸、王宠惠、张知本。把董康放到这个位置上，实有其成立之理。自清末法学家沈家本以还，跨清末民初法律界者，董康当名列前茅。有意思的是，董康法学思想的以上"亮点"，几乎都是1923年他退出政坛之后的论述。这也验证了一句古话：在野比在朝看得更清，看得更深。其实，也许是在野比在朝时思想更自由，更纯粹。

1924年春，董康初居上海，就混得风生水起。东吴法学院授予他和王宠惠二人荣誉法学博士学位，6月14日下午，董康出席了东吴法学院毕业典礼。[53] 1926年，他出任东吴大学法学院教授。1927年，董康来上海，曾主持上海法科大学法学院，所培养的学生中有著名女律师史良。董康于1928年4月加入上海律师公会，律所设于爱多利亚路39号，[54] 不久迁至神

---

[51] 董康：《我国法律教育之历史谭》（1934年《法学杂志》），转引自何勤华：《董康其人其书》。
[52] 董康：《民国十三年司法之回顾》，载《法学季刊》1923年第2卷第3期。
[53] 《东吴法科昨行毕业典礼并授董康王宠惠学位》，载《申报》1924年6月15日。
[54] 《上海律师公会会员录》，载《上海律师公会报告书》1928年第24期。

州路九号五楼。(55) 据上海滩的媒体来看，他律师业务做得不多，但因身份特殊，影响很大。

董康是何时重返北平的？有种说法是1933年冬。其实他此时在北平只是偶尔兼任北京大学法科、国学研究所的授课，并在1933年前后专程四次赴日本讲授中国法学史。他迁回到北平，实际上是1936年10月前后，这个时间点的根据是1936年10月出版的《法令周刊》的一则新闻，报道了董康在北平被自行车撞伤的消息。(56) 之后，董康就呆在北平，作为公众关注的名人，他似乎日渐被微词攻讦。1938年上海《东方日报》发了一篇评论云“董绶经也上北方去了”，对其北上颇有诟病，认为这把年纪了，何必呢？(57) 这显然是有人从他此时北上的行迹中嗅到了某种怪味。

三、藏书之得

董康精力旺盛，兴趣广泛又学养深厚，是近代著名的文化人。其在文化领域的贡献与地位，可与罗振玉辈比肩，(58) 且在中日文化交流上，为日本文化人所尊崇。董康之文化与学术成就涉及戏曲、藏书、刻书、古籍整理、历史、敦煌、书法等众多领域。他的主要学术作品有《书舶庸谭》《毗陵掌故录》《曲海总目提要》《诵芬室初刻戏曲书刊丛书》《诵芬室丛书》《曲目韵编》《盛明杂剧》《敦煌石窟遗书》等。董康是个经历和人格均较复杂的历史人物。“在其身上集中了太多不协调、反差极大的东西。”(59) 他是好古之人，1926年曾参与发起“古泉学社”，以古董藏品集会

(55) 《会员迁移事务所》，载《上海律师公会报告书》1928年第23期。

(56) 《法界名宿董康氏受伤》，载《法令周刊》1936年第329期。

(57) 《董绶经也上北方去了》，载《东方日报》1938年1月18日。

(58) 近年披露了20世纪初罗、董参与中法文化交流的物证，即法国吉美博物馆收藏的罗振玉致伯希和书信七通、董康致伯希和书信三通，罗、董合致伯希和书信一通。参见蔡渊迪：《法国吉美博物馆藏罗振玉、董康致伯希和书信四通考证》，载《嘉兴学院学报》2020年第5期。

(59) 淮茗：《董康和他的东游日记〈书舶庸谭〉》，载《寻根》2005年第2期。

观摩。㉚但是好古与修律却在他一人身上汇合，他究竟是个怎样一个人？律法之功，法学之名，尚不足以完整地标识斯人。因此，此处仅择其要，说说他的藏书之得。董康藏书有以下特点：

其一，眼光独到，收藏的书特别珍稀。有些藏家对不登大雅之堂之小说、戏曲不屑一顾，而董康不囿于门户，他比照法国人与日本人看重小说、戏曲等通俗文学，又比照自敦煌石室发现的古写本之小说，认为"可见唐时斯道大昌"。他日记中抄录了日本内阁文库所藏之中国古代小说的许多罕见文本，有明版的小说、戏曲，样态丰富，近百余种，不少为亡佚版本。董康或设法通过日本友人借印这些书，或录其回目以便参阅，使其能在国内重新流传。㉛董康对小说的访求，对后来的孙楷第和王古鲁赴日将一些小说影照携归，有搭桥铺路之功。因此，胡适为董氏《书舶庸谭》作序，称赞董康"是近几十年来搜罗民间文学最有功的人"。㉜

其二，讲究技巧，零敲碎打，随聚随散。董康藏书之事，始于其得中进士进京为官之时。起先，大宗藏书和价昂之书多不敢问津，但他鉴别能力过人，常能从书商的破书旧纸堆里发现珍本秘籍。据北大图书馆李云先生讲，董康经常往返于琉璃厂书肆，搜访古籍旧书。他曾以8元的价格购入清法式善手抄《宋元人小集》80册。1916年他再得宋本周密撰《草窗韵语》一部，这是数百年来历代藏书家未曾提及的一部秘籍，当时书界人士称之为"尤物"。董康后来将此书以2000元高价卖给了蒋汝藻，蒋如获至宝，其书阁也因此易名为"密韵楼"。董康聚书，有钱时购入，拮据时出售。㉝李云先生在分析董康一件藏书的情况后，得出的结论是："董康由于经济条件所限，没有能力广聚宋元善本，于是他把精力集中在了对价格相对较低且版本价值和文献价值要高于普通典籍的名家抄本和名家刻本的

㉚ 《董绶经等组织古泉学社》，载《申报》1926年9月9日。
㉛ 李春光：《略论董康日本访书》，载《日本研究》2003年第3期。
㉜ 胡适：《书舶庸谭》序，参见董康：《书舶庸谭》（全三册），上海大东书局民国十九年（1930）版。
㉝ 李云：《北京大学图书馆藏"大仓文库"述略》，载《大学图书馆学报》2014年第5期。

搜集上。"[64] 上海地方高等法院院长沈锡庆[65]曾在日记中记载，1932年1月5日，沈氏一好友孙氏听说董康有谈刻《太平广记》一部，托沈氏与董康商恳转让，愿出价500元。次日，沈氏拜访董康，得知此书已转让他人，董说：我现存只有许刻版本，是明代刻版，比谈版更少见。经再三商恳，以170元原价过付。孙氏友人非常高兴，当晚慷慨请客。[66]

其三，视野开阔，出洋搜访中国古代经典文献。由于中国战乱与社会动荡，大量珍贵文献散失海外。董康为搜索中国古代文献及珍贵书目，出洋访书，以至成为书目版本考证的大师。那时国人使用相机还很少，更无复印机，因此见到好书只能抄录。董康一生，因公因私共七次到日本。光绪三十一年（1905）赴日本调查司法与监狱，是董康首次到日本。辛亥革命爆发后，董康一度前往日本避难。1926年他又去日本避难。董康第四次至第七次到日本的活动情况，记录在《书舶庸谭》（1939年修订版）一书中。这时日本的汉籍图书价格也上涨得非常厉害，董康因此常常流露出"客囊久罄，暂无以应"、"非寒所能过问"（1927年1月6日）的遗憾，但他仍没有放弃。当购书之愿难以实现的时候，他就利用传统的方法——抄写。[67] 董康还得到了日本许多文化界、学术界好友的赠书，数量远远超过他自己购买的图书。这部日记的内容，有八九成与访书、购书、抄书等事有关，篇幅达九卷。前人已收录的传统佚存古籍，经他发现仍有遗漏且有讹误的，董氏为此在日本进行了全面的考察和搜求。对一些佚存古籍，他总是穷追不舍，彻底调查以求网罗无遗，到如此痴狂地步，非一般藏书

---

[64] 李云：《北京大学图书馆藏"大仓文库"述略》。

[65] 沈锡庆（1884—1936），字庆生，绍兴东浦人，徐锡麟表侄，曾助徐办热诚学堂，并加入光复会，1905年赴日本留学。皖案后，徐锡麟弟徐伟被捕，沈营救甚力。1910年毕业于早稻田大学法科，1911年回国参加辛亥革命，任绍兴临时军政分府民事部治安科员。此后历任私立浙江法政专门学校讲师、浙江省法院刑庭推事、江苏高等审判厅推事、湖南高等审判厅推事、永嘉（温州）地方审判厅厅长、湖北武昌地方审判厅厅长等职，1923年出任上海地方审判厅厅长，至1927年3月国民革命军进抵上海后去职。1928年任职于浙江高等法院，1929年10月赴山东高等法院担任书记官长职务，1930年转任南京政府司法行政部刑事第三科科员。1932年调任上海地方法院院长，兼东吴大学法科教授。

[66] 沈锡庆：《沈锡庆日记》，高利华整理，凤凰出版社2019年版，第144页。

[67] 江庆柏：《董康诵芬室藏书与日本的关系》，载《北京图书馆馆刊》1999年第4期。

爱好者所能至。

其五，校订考证，力图穷尽，这决定了其藏书的高质量。他不仅爱读书，还喜好校订考证——考书。特别是古代法律相关的文献，其考证水平更是精湛。有位朋友寄给他一页宋版本的书页，是一张残纸。鱼尾下标"断"字，根据一个"断"字，董康首先认为它是法律书中"断狱律"律目内的一页。其次，根据书页上顶格所印若干"考囚""鞫狱官"等文字，以及第二行低一字格的"类说"二字，董康认为：顶格的是律文，"类说"以下是解释。最后，董康结合他对唐律的知识，从其文字内容、刻版版式等方面加以考证，判定它是"宋人之撰述"，是一部宋代法律的解释书中遗存的书页。⑱ 浩繁的敦煌资料中有大量法律古文献，多次访日期间，董康特别对敦煌遗书倾注了大量精力。董氏《敦煌书录》抄本二册中就有不少敦煌史料以及敦煌法律文献目录及其考证，还有来源于巴黎图书馆藏本、大英博物馆藏本、伯理（希）和博士藏本中有关的汉文书录。对重要书目题记，或摘抄，或存目，或做提纲式读书笔记，只要是与法律有关的敦煌史料，大体逃不出他的眼睛。在1922年8月间，阁议派员赴欧美考察商务实业，董康以专使身份出国考察。在法期间，他居然知道巴黎图书馆有他想要的东西，并在那里如饥似渴地抄录敦煌史料，特别是我国唐代的法律史料。进入21世纪之后，中国法学界才出现"敦煌法学"概念。⑲ 如此看来，董康可谓敦煌法学的最早开拓者。

董康海外访书，以造访公私藏书机构为方式，以珍本典籍和戏曲小说为目标，涉及读书、搜书、藏书、借书、购书、校书、录书、印书、考书、论书等活动。哪种玩票爱好能有这样的坚持和功力呢？傅增湘在评价董康在整理古籍方面的贡献时说："如君之于书，始之以鉴藏，继之以校

---

⑱ 《书舶庸谭》卷九的日记中曾讲到这件事。参见张伯元：《董康与法律文献整理——〈书舶庸谭〉读后》，载《法律文化研究》2005年卷。

⑲ 2006年兰州大学成立了敦煌法学研究中心，作为敦煌法学研究和人才培养的学术基地，认为它是敦煌学的分支学科和组成部分，以敦煌及其周边地区石窟艺术和敦煌文献中所反映的中国古代敦煌法律现象、法律关系、法律文化、法律生活为主要研究对象。

雠，终之以传布，好尚之专，成功之大，同时朋辈殆难比伦。"⑩ 在书籍收藏与保护方面，董康是有眼力、有恒心、有品位、有事功之人。诵芬室大批藏书于 1917 年售与日本藏家大仓氏；2008 年起，北京大学图书馆用 18 亿日元（按当时汇率约 1 亿多人民币）重金购回大仓藏书。直到 2013 年 12 月，此批诵芬室旧藏才完整回国，入藏于北大图书馆。⑪ 董康之法律学问被其人文造诣所掩盖，有文章评论说董康"平生苦心经营的事业未必经久，倒是那些玩票式的爱好传了下来"。⑫ 此话说对了一半，但董康藏书并不是"玩票式的爱好"，其藏书家身份是十分地道的，实可谓：董康硕学文盖律，诵芬博大"室"如"楼"。

四、节操之失

七七事变后，北平知识界该撤的都撤离了，而董康却是逆行。果然，正如时人从董康北上之行踪中嗅到的那种"怪味"——董康的失节，就发生在他北上之后。1937 年，60 岁的董康在北平的日伪政府中一度曾很活跃，最终晚节不保——1938 年出任伪中华民国临时政府法院院长、司法委员会委员长和大理院首席法官。欲望在底线丢失之际就成了魔鬼。究竟是"老人变坏"还是"坏人变老"？这是定律吗？人总是随着年龄增长经历世事，灵动的志趣会随时间而消磨，仿佛良心的明镜上落上了尘埃。但有的人会随时清除尘埃，甚至随着年岁增长更加保持仁厚的清澈；有的人不但不清除尘埃，还任其积累着市侩的污垢。

董康在日伪高官中，是最年长的三汉奸之一。另外两位，一是伪满洲国总理郑孝胥，1938 年 71 岁时病逝，二是伪北平市长江朝宗，1943 年 76 岁时病逝。这两位死后，董康成了在抗战期间被人深恶痛绝地唾弃的重点

---

⑩ 傅增湘：《藏园群书题记·附录二》（《书舶庸谭》序），转引自李春光：《略论董康日本访书》，载《日本研究》2003 年第 3 期。

⑪ 李云：《北京大学图书馆藏"大仓文库"述略》。另见《北大斥资 18 亿日元藏购中国典籍》，载 2014 年 5 月 6 日《新民晚报》（数字报）。

⑫ 淮著：《董康和他的东游日记〈书舶庸谭〉》。

对象。有人扒出他在上海的私生活,说吴稚晖曾在蔡元培葬礼上公开大骂董康。[73] 1941年1月20日,上海一董姓律师被两名刺客持枪狙击身亡,重庆《益世报》报道称此律师乃董康之侄董俞。[74]

汉奸当中法科出身或从事法政的人并不少。比如毕业于日本早稻田大学法科的胡礽泰(1876—?)1938年当上伪新政府司法行政部部长。章宗祥与曹汝霖于1942年3月一起出任伪华北政务委员会"咨询委员"。同样是早稻田大学毕业的林棨(1885—?),历任进士馆及仁学馆教习、学部参事、京师法政专门学校教务长、京师大学堂法政科监督、民国教育部专门教育司司长、大理院推事,曾任京师、江苏等地高等审判厅厅长。1932年,林棨任伪满洲国最高法院院长。还有位中国留学生中最早获得日本法学博士学位者,叫赵欣伯(1890—1951),河北宛平人,1913年参加二次革命,革命失败后逃到大连,更名刘笑痴,充当日本人的中文教师;1915年他留学日本,从明治大学法科毕业后,任日本陆军大学校的中文讲师。1925年,赵欣伯成为第一个获得日本法学博士学位的中国留学生。留日期间,他结识了土肥原贤二和板垣征四郎等日本少壮派军官。1926年学业结束归国后,受日本驻华公使馆陆军武官本庄繁的推荐,赵欣伯被张作霖任命为"东三省保安司令部"法律顾问。1931年10月,赵担任伪沈阳市长兼高等法院院长、保安队监督、东三省民报社社长等职。[75] 1945年日寇投降后,他被国民政府北平市当局逮捕,羁押在北平第一监狱。当时适值东京国际法庭开庭,我国选派的检察官倪征燠正收集日寇侵华的证据,找到赵欣伯时,他答应写证据材料。但之后当倪征燠向赵欣伯索要所写证据材料时,他却把已写好的材料丢进火炉烧毁。[76]

法科汉奸中似乎多为留日海归,难道留学欧美的法科海归就不会当汉奸吗?其实不然。比如留学法国的孙绍康(1896—?),1919年获巴黎大

---

[73] 《汉奸嘴脸满身俗骨的董康》,载《前线日报》1940年11月6日。
[74] 《沪被刺之律师乃董逆康之侄》,载《益世报》(重庆)1941年1月22日。
[75] 《辽高院长日方委赵欣伯兼任》,载《法律评论》(北京)1931年第9卷第4期。
[76] 倪征燠:《淡泊从容莅海牙》,法律出版社1999年版,第110页。

学法学博士学位,后来担任汪伪上海特别市高等法院院长,据说当时两名法官被害都与他之出卖有关。[77] 又如原清华毕业留美的乔万选(1897—?),1926 年获法律博士学位,曾短暂担任清华校长,后来在上海"高三分院"当院长,可能 1941 年已成附逆,[78] 后来 1944 年当了汪伪特别法庭庭长,继而任伪首都高等法院院长。[79] 又比如原东吴法科毕业留学美国的张鑫长(1907—1962),1935 年获印第安纳大学法律博士,1937 年还在大夏大学讲坛上对学生作"国难期中我们应有的努力"的讲演,[80] 日本人来了后,他却当了伪县长。

这些人为何当汉奸?有一种泛泛的解释是:已淡出政治舞台的失意政客、官僚、军人,亟图恢复往日的荣耀和地位,通过向日本投降,谋取私利。主动投敌和在逼迫下被动当汉奸的都有。有位法律家叫姒艮成[81],日本占领天津时要他出任天津教育局局长,他拒绝;逼他去日本,也拒绝。但他担心受日本人迫害,就答应加入伪北京高等法院任司法图书馆馆长、检察署简任秘书、司法官养成署主任,或许他认为在法院从事这类工作罪

---

[77] 《李素文孙绍康毒计害杨高》,载《国际新闻画报》1947 年第 75 期。
[78] 《国民政府指令第十五号(三十年一月十日)》:"令行政院:三十年一月八日行字第四九九号呈一件:为据司法行政部补送江苏高等法院第三分院推事兼院长乔万选等七员履历表,转呈鉴核备案由",载《国民政府公报》(南京 1927)1941 年第 124 期。
[79] 《国民政府指令第一千三百八十五号(三十三年八月三日)》:"令特别法庭庭长乔万选:为呈报就职视事日期,仰祈鉴核备查由",载《国民政府公报》(南京 1927)1944 年第 677 期。
[80] 张鑫长在演讲中一番宏论指出,我们在国难严重中,不要做精神的"死人","躯壳虽好,灵魂已亡,世之所谓'行尸走肉'是也"。参见《张鑫长讲国难期中我们应有的努力》,载《大夏周报》1937 年第 13 卷第 26 期。
[81] 姒艮成(1896—1972)字兼山,浙江绍兴人,早年就读于南开中学,后进入北洋大学法科学习。曾和梅贻琦、周恩来等并列为"南开十大学子"。在南开演话剧《一元钱》时,周恩来演戏,姒拉幕。周的日记中也有与他交往的记载。北洋大学毕业后曾于天津地方法院、高等法院、地方检察处、高等检察处历任书记官、推事、检察官、首席检察长等职,并创办了保定高等法院、河间地方法院。1932 年以浙江同乡会常务理事身份,创办了浙江小学。1938 年,与沈钧儒的妹妹沈慧儒共同创办浙江中学。虽为校长,却不从学校领薪水。学校经费困难时,卖掉自家房屋来购买学校的实验仪器。1949 年,应黄钰生之邀以专家身份审核、管理天津图书馆古籍图书。姒艮成与周恩来一直保持联系。1951 年张伯苓去世,和周恩来一起为张执绋。他喜好文史,酷嗜藏书,是藏书家,所藏珍稀古籍中既有明清刻本,也有稿本、抄本、批校本,具有重要价值。他晚年还为中华古籍的鉴定、研究做了大量工作。1972 年,姒艮成因脑溢血于天津去世。以上据姒喜苏《忆父亲姒艮成》一文和天津图书馆宋文娟回忆文章,参见为《姒兼山藏书目录》所作的序。

孽稍轻一些。但也有在被逼迫之下以死相争的，比如王开疆（参见专篇），被逼迫得走投无路而蹈海。

1936年，日本外务省发布了新的"对华文化事业"计划。1937年春，外务省对华文化事业部拟邀请董康牵头成立中国文化协会。董康出任司法伪职后，仍然热衷于文化，或者说，他以伪职身份，借助日伪势力，使搜集藏书更顺风顺水。他后来还受聘于日本人的"东方文化协会"担任评议员。今国家图书馆藏有《董康书札底稿》，一函两册，总计一百余封，均为董康1938年的信函，涉及伪政府的司法、政务、人事等方面事务，其中包括致若干日本人和中国书友的12封关于文化和书籍的信函。在致日本人函件中总是出现"为谋东亚文化精神团结""发扬文化，甚盛事也""敦睦日华两国邦交、沟通东亚文化"，或"春和景明，樱花世界"等字样。[82]而董康在致中国人的信函中，却处处流露无奈的哀叹，如"倏忽三年，横流满目。人世沧桑，忧生之嗟，匪言可喻"[83]，可见其心情并不轻松。比如，董康急切想得到日伪出版的《大清实录》一书，致函"日满文化协会"会长罗振玉，云："弟委蛇乱世，靖献惟心，蒿目横流，重长大理，颇拟阐扬有清一代法治为《刑典》一书，以为万世法。而《实录》一书，尤为需要。"[84]此函至少告诉我们，董康搜书心情之切，以撰写"万世法"为由，求助于日伪。又如，藏书家刘承干担忧日军袭扰后的藏书境遇，曾致函董康。董康在回复刘氏的函中提道"惟书楼迫迩战区，恐遭劫焚，能早日运沪为宜。前闻君坦言，已与众异言之，究竟有无办法？近闻君坦之弟公孟已入众异幕中，或可就近接洽办法也"，并劝刘北上，"倘能北来，极所欢迎"。[85]他建议刘氏将书籍转运至上海租界内，并暗示由伪行政院院长梁鸿志从中斡旋，又劝刘"北上"，实为"入伙"。当然，刘承干还明智，没有答应北上。董康不是不知道附逆给他身后名誉带来的风

---

[82] 梁帅：《国家图书馆藏董康友朋书札考释》，载《文学研究》2021年第2期。
[83] 梁帅：《国家图书馆藏董康友朋书札考释》。
[84] 梁帅：《国家图书馆藏董康友朋书札考释》。
[85] 梁帅：《国家图书馆藏董康友朋书札考释》。

险。他不会不知道，日本人在对待中国典籍上的举措，是一种文化掠夺和侵略。有学者从这些信函中发现，董康有极复杂的情绪："追逐学术的理想与委身于日伪政府的现实牵绊，使董康滋生了极复杂情绪，信中随处可见他颇为无奈的表述。"[86] 董康附逆之动机中，不无为搜集和保护图书的成分，但归根结底，还是无底线的欲望使然。

如果没有晚节不保一事，那么董康堪称中国近代法律界和文化界的巨匠，或称"大师"也不为过。可是自从附逆之后，他就被人戏称为"圣人"，还是写"艳诗"的"圣人"。[87] 董康确实擅长写诗，所作多为缠绵悱恻的抒情之诗，其日记中也有提到一些情诗的来历。

此处不得不提到一件事。1930年董康为《书舶庸谭》请胡适作序。6月28日夜，胡适读完《书舶庸谭》后，提笔作序，其中说："我在东京都见的各位支那学家，人人都极口赞叹董先生功力之勤苦。现在我读这四卷日记，想象这位六十岁的学者伏案校书的神情，真使我这个少年人惭愧汗下了。"胡适序中就访求古书、搜访小说两点作了感言，不仅高度评价了董氏的藏书与版本学贡献，还提到第三点——"董先生是个多情的人，他的一生曾经历过几度很深刻的恋爱历史，在日记里留下许多情诗，记着几番绮梦……"[88] 胡适专门提到董康1月13日的一个梦境：

> 夜梦柳丝随一姥至似初嫁者絮絮情话并出一素缣索书于余……柳丝者，昔年金陵棘围中所梦女子，怀中抱一儿，自言今名，与余前世结褵，未久弃世，遗蜕葬某刹前柳树下，嘱为改葬。自后每值患难，或病中，辄梦之。往岁漫游，欧美往复，两度梦之于横滨港舟中，频年马齿加长，无复韦皋之壮略玉箫犹相随。呵护于冥漠中亦异事也。[89]

---

[86] 梁帅：《国家图书馆藏董康友朋书札考释》。
[87] 《董康艳诗》，载《海报》1942年5月10日。
[88] 胡适：《书舶庸谭》序，参见董康著《书舶庸谭》（全三册），上海大东书局民国十九年（1930）版。
[89] 胡适：《书舶庸谭》序，参见董康著《书舶庸谭》（全三册）。

董康这梦境说的是，梦见一名叫柳丝的女子，早年来自金陵，自言与董康前世成婚，不久离弃，死后葬于一古刹前的柳树下。每次遇到患难或疾病，都会梦回旧日，并漫游往复于欧美，然后至横滨港的船上……胡适说，这些梦境情愫的描写，"使我约略窥见董先生性情，知道他不仅是一个书虫，不仅是个法家，而且是一个富于情绪的老少年"。这时候，董康乃已年近古稀奔七之人。有意思的是，胡适还感慨董康日记中谈到的日本武士的死法。这或许是为老而尊之人必然思考之"归宿"问题。律人何为？胡适有回答。他在"序"的最后，和了一首打油诗，本是共勉式的赠言。不得不佩服的是，胡适似乎对董康的人生结局有先见之明，无意中，一语成谶：

　　　　一死不足惜，
　　　　技拙乃可耻。
　　　　要堂堂的生，
　　　　要堂堂的死。⑩

1934年9月，胡适与董康仍有来往。一次晚饭后，胡适日记说"甚感觉此辈人都是过去世界里生活"⑪。抗战胜利后，董康经历过什么？1946年，某新闻记者听说董康将出狱，便跑到监狱准备采访。只见董康患着很重的病症，睡在病床上，由他的一个夫人、一个婢女和一位青年把他弄到救护车上。记者凑近想向董康说几句话，可是董微微睁了睁眼，没有说什么了。⑫还有一个说法，说他1946年差点死去，所谓"死去活来"，说他最后还是受审，还不如当初就死。⑬《立报》报道称董康于1946年5月被

---

　　⑩　胡适：《书舶庸谭》序，参见董康著《书舶庸谭》（全三册）。
　　⑪　曹伯言整理：《胡适日记全编》（1931—1937，第6册），安徽教育出版社2001年版，第410页。
　　⑫　孟冬：《董康出狱记》，载《新上海》1946年第36期。
　　⑬　《命里注定上公堂，老奸董康死去活转来》，载《泰山》1946年"革新"第1期。

河北省高院检察厅起诉,并摘录了起诉书要旨。[94] 另有《益世报》1946年9月13日称,董康于9月12日出狱。[95] 这则报道中有具体出狱原因和时间。

关于董康的死,有学者写到这样一个情节:日寇投降后,国民政府惩处汉奸,戴笠以邀宴的方式诱捕汉奸多人,"伪华北政委会常委、司法委员会委员长董康在戴笠宴客之前托病住进德国医院。戴笠仍指示马汉三整理了董的汉奸材料,移送法院。但法院大概出于对同行的照顾和怜悯,在审理中以他是'法界名宿',予以缓期审理,继续住院治疗。后董于1947年死于德国医院,始终未被作汉奸起诉处理"[96]。这些不足为证的小道消息,也有一定史料价值:一是说明社会舆论对汉奸董康很关注,二是说明董康很可能没有被正式审判。然而事实上,他战后应是受过北平法院的审判并被关过监狱的。虽至今没有查到官方文献关于董康受审的消息,但依据常理,受汉奸罪指控是免不了的。

董康逝世时间的另一说法,听来相对可靠——1948年5月5日《大公报》有文章称,"董逆因年岁较高,被逮捕后即卧病,未等审判即呈准冀高院保外就医,约达两年之久,于本月3日下午三时死于寓所",云云。[97] 这印证了1946年《益世报》的说法。"保外就医"说可能性最大。据《立报》《益世报》和《大公报》这三大报刊之报道,大致可推定董康于1946年5月被起诉,1946年9月12日因保外就医出狱,1948年5月3日去世,这是目前为止讲得最清楚亦相对可靠的相关讯息。

本文虽分为四部分,但并非指其失节只占四分之一,相反,失节是致命的。拙文至此,遂以七言打油诗记之,名曰"律人止欲":

---

[94] 《平军事汉奸移送军法处,董康已提公诉》,载《立报》1946年5月16日。
[95] 《司法巨奸董康昨保出就医》,载《益世报》(天津)1946年9月13日。
[96] 张益珲等主编:《蒋家王朝——一代枭雄蒋介石的兴衰历程》(第3册),经济日报出版社1998年版,第1837页。
[97] 《董逆康病死,汉奸案迄未审理》,载《大公报》(天津)1948年5月5日。

律随政息纸稿朽，
人因节失肉尸走。
止有书藏诵芬楼，
欲问董康何所求？

江庸——跨时代的"后浪"领袖

图1　江庸（1878—1960）

修订法律馆的"后浪"中，江庸是最优秀的一位。他后来行走法界与政坛，跨界律务与文坛，穿梭于新旧，奔波于朝野。从前清到民国，从北洋到南京，从国民党到共产党，江庸为何历来受各方尊重和仰赖？本文带着这个问题，一探江庸这位法科知识人独特性之究竟。

一、家学厚，起点高

书香传承的名门，是一个高起点，历来受人尊崇。江庸就生长于这样一个名门，他祖籍福建长汀，1878年4月29日出生在璧山县署（现重庆市璧山区），因其祖父当时是璧山知县。欲了解江庸，不得不提其祖辈。他的祖父江怀廷，咸丰元年（1851）辛亥科举人，咸丰三年（1853）癸丑科进士，先后任四川璧山、南充等知县，清官一生，"居官三十年无一椽寸土"。江庸祖母陈氏也是明世理之人，临终前特意将子孙叫到面前，告诚"官可不做，人不可无为"。①

江庸之父江瀚，既是教育家、新式官员，又是诗人和学问家。江瀚（1857—1935）字叔海，号石翁，幼承庭训，经史辞章均多受之其父。江瀚天生秉质聪慧，"四岁能联句，年十五通六籍"；光绪二十四年（1894）在苏州充任江苏高等学堂监督，"教士有法，不染浮嚣"，积极倡导维新；曾任河南开封署理布政使，惩治贪官，被百姓称为包青天再世。1907年江瀚以学部参事官被遵旨举荐，称其为"志趣超迈，学问优长于中国政教沿革，各国情势异同靡不细心考究"，"如试以吏事，性能展其所长"。② 1909年，学部参事江瀚条陈"请清讼狱等语据称自停止刑鞫以后残酷之风虽减，拖延之害愈深……民间受累无穷，各省讼费名目繁多，百端需索，冤纵护理，家产已倾"。军机大臣奕劻、张之洞、那桐等人代奏此条陈，并奏称"若如所陈情形，实堪痛恨，着京外问刑各衙门将一切弊端认真厘别，不得视此旨为具文"。③ 江瀚之条陈，为民请愿之心跃然纸上。民国建立后，江瀚先后任参政院硕学通儒参政、第一届高等文法官考试主考，以及山西大学、京师大学等多所大学教授和京师图书馆馆长等职；著有《论孟卮言》《北游草》《诗集》《诗经四家异文考补》等十几部著作。江瀚一生支持维新变革，与梁启超、杨锐、陈三立等交往甚密；有趣的是，后来父亲的朋友梁启超又和江庸成了同事和至交。

江庸，字翊云，是江瀚的长子。④ 幼年便随父读书。有其父必有其子，江庸青春年少即才华早露。十岁，随其父入湖南易方伯幕府；易氏调至江苏，家属随迁苏州，江庸跟从幕府内学习小篆，读《文选》；1892年，江父掌教重庆致用书院时，江庸跟从巴县一老师学习艺文；1893—1898年，

---

① 廖进林、邹子彬：《"丁屋岭三杰"》，载《闽西日报》2008年3月13日。
② 《遵旨保荐学部佥事官江瀚前湖北候补道钱绍桢四川候补道邓维基等才堪大用录奏行知文》，载《两湖官报》1908年第7卷。
③ 《上谕》："监国摄政王钤章初三日奉：上谕都察院代奏学部参事江瀚条陈请清讼狱等语据称自停止刑鞫以后残酷之风虽减拖"，载《政治官报》1909年第473期。
④ 江庸"妻毛淑，四川温江（今属成都）人……育有二子三女：长子庸；次子尔鹗（字子立）；长女琼（字伯华），适张孝栘（字棣生）；次女瑛（字仲玉），留日学美术，早卒；瑄（字季璧），适陈瑾昆"。江瀚：《长汀江先生著书》五种，民国十三年（1924）太原铅印本。

随父迁至重庆东川中学读书;⑤ 1894 年，跟从芝县赵氏学习古文诗赋；1898 年，其父受川督聘为参赞，入成都中西学堂，因该学堂只办有英文、法文二斋，乃选学英文；1900 年，入京应顺天乡试，值义和拳之变，5 月取道宣化、大同，由晋、秦乘驿马日以继夜奔驰达十三天，回到四川。后来江庸回忆称，自少年锻炼筋骨，极为壮快。

1901 年，川督派遣学生赴日本留学，23 岁的江庸获得机会，入读成城学校。1903 年，江庸就读私立早稻田大学师范部法制经济科，⑥ 与中国第一批留日学生之一唐宝锷⑦同年进入早稻田。1905 年 8 月 20 日，在东京赤坂区头山满提供的民宅二楼榻榻米房，同盟会成立，百余热血青年从各地汇集而至，却不见江庸的踪影——不然，他的人生和命运又将是一种截然不同的轨迹。

1905 年 11 月，"取缔"留学生事件引起抗议骚动，中国留学生也分为回国派和反对回国派，而江庸是"反对回国派"的领袖，有自己的观点和立场。让我们先看看事件的导火线：1905 年 11 月 2 日，日本文部省公布了《关于使清国人入学公私立学校之规程》，其中包括"入学申请书中，必须附加清国驻本邦公使馆之介绍书""并将来往公文信件等登记汇存"

---

⑤ 江庸：《我与重庆中学故址东川书院之关系》，载《四川省立重庆中学重庆同学会会刊》1944 年第 1 期。

⑥ 江庸：《江庸自传》，载《文史集萃》（第 6 辑），文史资料出版社 1985 年版，第 34 页。

⑦ 唐宝锷（1878—1953），字秀锋（秀丰），族名宗鎏，祖籍广东香山，生于上海。1896 年从上海回乡考取秀才。清廷总理各国事务衙门首次选派留日学生时应试入选，于 1896 年阴历三月被派往日本。1899 年亦乐书院毕业后，被清廷任命为驻日本长崎领事馆代理副领事，1901 年调任驻东京公使馆馆员，期间在东京早稻田专门学校邦交行政科学习国际法，1903 年毕业后，升入早稻田大学政治经济部学习，1905 年毕业，成为中国在日本取得法学学士学位的首位留学生。回国参加清廷留学生殿试考核，被着赏一等"洋进士"。1906 年至 1911 年间，历任北洋司法官养成学校监督、洋务局参办、陆军部一等首席参事官、川粤铁路督办等职。辛亥革命后南北和议中，曾任北方总代表唐绍仪的参赞。民国肇建后，历任北方政府国会众议院议员、大总统顾问、直隶都督府顾问、外交科长、绥远将军署高等顾问、荣旗垦务督办署秘书长、归绥警务处处长等职。国会解散后，1924 年 11 月退出政界，定居天津专执律师职业。1948 年停止律师业务，1953 年病逝。

"转学或退学时,其申请书内必须附加清国驻本邦公使馆之承认书"等条款。⑧ 这在客观上确实给许多中国留学生以"限制"的印象,因此中国留学生怀疑这是清政府与日本政府暗中勾结的结果,而日本方面认为这是给中国留学生带来方便。1927 年舒新城编辑出版的《近代中国留学史》中也提到,新规程"更与中国留学生以便利"。⑨ 这《规程》显然不是"取缔"却被误传成"取缔"。

11 月 5 日以后,便爆发了清国留学生抗议"取缔"事件。留学生分为两派,一派主张以罢课和回国表达抗议——抗议者中回国人数众多,比如褚辅成和秋瑾差不多同时回国。有的则回国后又返回日本继续留学,比如黄尊三⑩1905 年回国,次年 3 月又返回日本。其中陈天华于 12 月 8 日愤而投海自杀。1906 年 2 月,大批留日学生返抵上海,其中姚洪业等在吴淞创办中国公学,因办学艰辛而自杀。回顾清末留学青年的爱国热情,我们今天仍然为之感动万分,但也不得不为之叹息不已:信息不对称导致误解,从众心理又导致群体情绪"极化"而不顾学业和未来。

另一派主张继续留学,即所谓"反对归国派",江庸就是"维持留学同志会"的"代表人"之一。当时刘崇佑、张知本等都在日本留学,他们都选择继续在日本学习。回国派和反对归国派之间还发生激烈笔战和聚集辩论,又于半夜或凌晨互撕贴出的海报。⑪ 这早年涌现于异国的疑似"大字报",着实让日本人见识了中国青年的热血。反对归国派"维持留学同志会"的四个代表人中,第一位是江庸,第二位是比他年长且更早赴日留

---

⑧ 有学者认为,"从当时留日学界所述的反对理由来看,他们对规程及其说明书的性质和内容存有诸多误解"。参见李喜所、李来容:《清末留日学生"取缔规则"事件再解读》,载《近代史研究》2009 年第 6 期。

⑨ 舒新城编:《近代中国留学史》,中华书局 1927 年版,第 69 页。

⑩ 黄尊三(1880—1951)字德生,原名礼达,后改名尊三,字达生,湖南省泸溪县武溪镇人。1897 年,中秀才,旋入湖南高等学堂读书。1905 年 5 月,由湖南官费赴日本留学,同年底回国,次年春返日本,先后在宏文书院、正则英文学校、早稻田大学就读,1910 年入明治大学学习法科。武昌起义爆发后,于 1911 年 11 月 22 日回到上海,准备为革命效力,三四个月后却因失望,再次回到明治大学完成学业。1912 年 7 月毕业回国。后入同盟会,曾任教各大学,又创办私立民国大学、泸溪县立简易师范学校。

⑪ 〔日〕实藤惠秀:《中国人留学日本史》,第 339 页。

学（1900）的蹇念益（参见梁启超篇相关注释）。他们在《大陆报》发表《会章》,[12] 申明他们的宗旨在于"维持学界秩序"（《会章》第一条），"对于留学界一切善后事宜当协助办理，以期增进同学之公益"。[13] 由此亦可见，江氏是个极有独立主见之人。

江庸性格开朗，善于交友，在日本结识了流亡日本的梁启超，也和秋瑾、蒋方震等人有交集。江庸诗《秋瑾墓》提及"骏河台舍久为薪"，据注解云"昔与女士同寓骏河台"，用了"同寓"二字，看来还颇像有那么一段故事。1905年7月秋瑾最后一次抵日数月后，正赶上中国学生抗议"取缔规则"之时，秋瑾参与抗议活动，但她没有马上回国，而是在1906年春回到上海。有一点值得关注，江庸在辛亥革命时并未参加革命，相反，他于1911年冬作为唐绍仪随员，南下武昌参加与南方革命军的议和。1906年，清廷拟派遣各省提学使赴日考察学务，学部先致电驻日公使杨枢，告知"提学使拟华历六月初在沪会齐东渡，本部派留学生蹇念益、梁志宸、江庸为照料委员，望转致"。[14] 自6月中旬至9月下旬，13位提学使加上8名随从在日本考察学习，江庸派充照料委员三个多月，行程结束后于1906年9月回国。

江庸的起点高，还表现在他的留学文凭——他是当时留日法科中正式获法学文凭的少数人之一。当时大多数留日学生为速成法科，学一二年就急着返国找工作。江庸得法科文凭后一回国就作为难得的人才被"争抢"。当时中国正筹备创办两所最早的法科学堂，一是北洋法政专门学堂，二是京师法政学堂[15]。清光绪三十三年（1906），为推动北洋新政，讲法求治，时任直隶总督袁世凯委任黎渊为天津北洋法政专门学堂首任监督（即校长），负责筹建；1906年12月30日启用学堂钤印，1907年8月正式招生。

---

[12] 江庸、蹇念益、熊垓：《维持留学同志会会章》，载《大陆报》1905年第21期。
[13] 江庸、蹇念益、熊垓：《维持留学同志会会章》。
[14] 《学部官报》第2期，转引自安东强：《旧学与新制：清末提学使东游见闻与认知》，载《学术研究》2009年第7期。
[15] 京师法政学堂是清末官办的法政专门学校，于光绪三十二年十二月（1907年2月）由学部奏设于北京。

28岁的江庸回国后，先被直隶总督兼北洋大臣袁世凯聘为北洋法政专门学堂总教习，但未及到任就被清廷调任为学部普通司司员，同时兼任京师法政学堂总教习，随后又任清廷大理院推事等职；未久，又被修订法律大臣沈家本调去任修订法律馆专任纂修兼京师法政学堂教员，据其后人讲，后来可能还担任过总教习。[16] 这是当时海归法科人才被"争抢"的一则个例，由此可知其时之海归法科人才有很大的用武之地。

有意思的是，已经工作的江庸报名参加了1908年8月举行的游学生考试，得75.84分，进入第二档即"优等"，这已经是不错的成绩。[17] 但等到廷试结果报给皇太后和皇上之后公布时，他已经排列在第一档"最优等"第四名。[18] 最后，江庸被授法政科进士："大理院候补正六品推事江庸著以正六品推事归原衙即用。"[19]

二、资格老，气节保

说江庸资格老，是因为他不仅是清末修律变法的重要参与者，还在辛亥后的国家制度化过程中发挥了法律家的专业引领和法理抗争作用。

1911年，江庸作为唐绍仪随员参加与南方革命军的南北议和。民国元年，33岁的江庸留任大理院推事兼北平法政专门学校校长，9月，任京师高等审判厅厅长。江庸是中国早期法律教育的主要开创者之一。1912年为民国元年，国政更新，人才缺乏，江庸以及同事汪有龄与法学会同仁谋办大学于京，适逢黄群和蹇念益等人也在为大学之事奔走四方，相议一致后筹款创立朝阳大学。怀抱"为天地立心，为生民立命"的情怀，他们集资创办了私立朝阳大学。这也是后来"无朝（阳）不成（法）院，无朝不开庭""北朝阳，南东吴"佳话的源头。

---

[16] 江靖：《忆父亲江庸》，载《世纪》2008年第2期。
[17] 《谨将考试游学毕业分数缮具列表恭呈》，载《时报》1908年10月17日。
[18] 《廷试游学毕业生等第名次单》，载《政治官报》1909年第570期。
[19] 《谕旨》："监国摄政王钤章五月初三日内阁奉，上谕此次引见之廷试游学毕业生（名单）"，载《政治官报》1909年第591期。

1913 年，袁世凯任命梁启超担任司法总长。梁总长踌躇满志欲改良司法，当然要举荐最得力的副手，但此时他深感用人之难。梁任公与江庸是在日本相识的老熟人，选择司法次长时，梁任公并没有当然地想到江庸，而是想到另一人。梁说："初吾特色次长，求诸党人中，欲以所信爱之某君任之，某君自陈断不胜任，非如欲得人非江庸莫可。吾憬然悟，力挽江君，江亦感激。知己肯出而相助，今乃大得其力。"[20] 是年 9 月，35 岁的江庸担任了司法次长。[21]

江庸不仅起点高、资格老，还清高有傲骨，不趋炎附势。江庸天性耿直，"恃才傲物"，加上法律人的严谨做派和职业素养，很难融入那个"城头变幻大王旗"的混乱时代。历任军阀政客都倚靠他的法律专长和文化才能，但他又是不畏权势反复拒任或辞职的"第一人"，至少次数之多超过蔡元培。现就其在司法部的任职来排列几次主要任职与辞职情况，可了解江庸为人做事的节操与气节。

第一次是袁世凯当总统时期。1915 年 7 月，作为司法次长的江庸赴奉省调查司法积弊。[22] 考察后他向袁世凯直言反映吉、奉二省官员腐败问题，要求严加处理，因此惹怒了袁世凯。袁氏认为江庸妄议自己的亲信，干涉行政。江庸此后即呈上一辞职书，语甚激切。袁大怒，拟立免江的职务，袁的秘书长向袁进言："江庸辞职乃是一时负气。自总统就任以来，无敢非议时政的，现有个江庸，岂非好事？何不温语慰留，以示总统虚怀宽容，以收人心，岂不甚好。"袁怒稍息，着秘书长拟一批令留之，但正色对幕僚王式通说："你告诉江庸，以后但做官，少说话。"[23] 8 月江庸又呈文"妄议"时政，称"司法乏才"，且司法制度遭破坏，"法官志气沮丧"，"司法独立制度为一定不易公例"。[24] 又据《时报》报道，江庸其时

---

[20] 丁文江、赵丰田编：《梁启超年谱长编》，第 680 页。
[21] 《临时大总统令（中华民国二年九月二十三日）》："任命江庸为司法次长此令"，载《政府公报》1913 年第 499 期。
[22] 《江庸赴奉调查司法事宜》，载《申报》1915 年 7 月 6 日。
[23] 江靖：《忆父亲江庸》。
[24] 《江庸呈文内容略谓今法界乏才半由前此程功太骤》，载《申报》1915 年 8 月 4 日。

因"八厘公债票案","行政官与司法官互争意见"而欲辞职。[25] 江庸于8月拟辞职,但未获准;[26] 至11月,江庸与其父江瀚均欲辞职。[27] 因不满袁世凯,江庸终于1916年坚辞而去。

第二次是黎冯交替的北洋时期。1917年5月底,李经羲任国务院总理,[28] 不久,司法总长张耀曾辞职。[29] 6月16日大总统任命江为司法次长代理部务,[30] 7月26日任命江庸为司法次长,[31] 但他坚辞不就,避往汤山,次日张勋复辟。

第三次是冯国璋任大总统时期。1917年12月冯国璋颁大总统令,特任江庸署司法总长。[32] 1917年12月至1918年3月止,江庸在短短数月任内,放手大干,连续处理了一批高级官员违法违纪案件,依法作出"停职并提交法庭讯办"的决定。一是奉天高等审判厅推事兼民庭庭长刘大魁废弛职务一案,[33] 二是奉天第一监狱典狱长李藩违背职守义务交付惩戒案,[34] 三是湖南前宝庆县知事欧卓匿案不报交付惩戒案,[35] 四是吉林饶河县知事

---

[25] 《八厘公债票案之覆讯行政官与司法官互争意见江庸姚震之辞职即因此故》,载《时报》1915年8月4日。
[26] 《江庸辞职不准》,载《时报》1915年8月2日。
[27] 《参政江瀚及其子江庸均拟辞职》,载《时报》1915年11月6日。
[28] 《大总统令(中华民国六年五月二十八日)》:"特任李经羲为国务总理此令",载《政府公报》1917年第496期。
[29] 《大总统令(中华民国六年六月二十九日)》:"司法总长张耀曾呈请辞职张耀曾准免本职此令",载《政府公报》1917年第527期。
[30] 《为布告事中华民国六年六月十六日奉大总统令任命江庸署司法次长暂行代理部务此令》,载《政府公报》1917年第518期。
[31] 《中华民国六年七月二十六日奉大总统令任命江庸为司法次长此令》,载《政府公报》1917年第549期。
[32] 《中华民国六年十二月一日奉大总统令特任江庸署司法总长此令》,载《政府公报》1917年第678期。
[33] 《大总统训令第一百四十七号(中华民国六年十二月二十日)》:"令署司法总长江庸:据司法官惩戒委员会呈议决奉天高等审判厅推事兼民庭长刘大魁废弛职务一案……",载《政府公报》1917年第694期。
[34] 《大总统训令第一百五十四号(中华民国六年十二月三十一日)》:"奉天第一监狱典狱长李藩违背职守义务交付惩戒案",载《政府公报》1918年第703期。
[35] 《大总统训令第一百五十三号(中华民国六年十二月三十一日)》:"湖南前宝庆县知事欧卓匿案不报交付惩戒一案",载《政府公报》1918年第703期。

陆迈疏脱监犯交付惩戒案，[36] 五是河南督军兼署省长赵倜呈前署内乡县知事王嗣曾擅释要犯请付惩戒案，[37] 六是河南宜阳县知事杨僖超疏防监犯越狱逃逸请交付惩戒案，[38] 七是山西崞县知事牛葆忱疏脱监犯请付惩戒案，[39] 八是前津浦铁路管理局局长王家俭租车购车舞弊案，[40] 九是四川富县知事杨祖唐滥用刑责案，[41] 十是山东恩县知事朱是疏脱监犯案，[42] 十一是四川綦江县知事谢直违法滥刑案，[43] 等等，掀起一场反腐风暴。此际，江庸还提拔了杨荫杭，使其进叙一等。[44]

1918年3月，在北洋政府要他在赦免复辟要犯张镇芳的法律文件上签字时，他与总统、阁员意见不合，严加拒绝并愤而辞职。[45] 他回忆说："当时民国刚恢复，张勋尚在逃，倘若马上赦免张镇芳，怎么能惩前毖后？……民国以来负政治责任而辞职者，庸尚属第一人也。"[46] 1918年4月，江庸拒绝副署特赦洪宪复辟罪犯的政令，请辞司法部总长时，写了一首诗给梁启超：

回天讵有鲁阳戈，日薄崦嵫可奈何。世乱青山难独往，酒酣燕市

---

[36] 《大总统训令第一百五十二号（中华民国六年十二月三十一日）》："吉林饶河县知事陆迈疏脱监犯交付惩戒一案"，载《政府公报》1918年第703期。
[37] 《大总统训令第二号（中华民国七年一月五日）》："河南内乡县知事王嗣曾擅释要犯请付惩戒"，载《政府公报》1918年第703期。
[38] 《大总统训令第三号（中华民国七年一月十一日）》："河南宜阳县知事杨僖超疏防监犯越狱逃逸请交付惩戒"，载《政府公报》1918年第709期。
[39] 《大总统训令第四号（中华民国七年一月十六日）》："山西督军兼署省长阎锡山呈前崞县知事牛葆忱疏脱监犯请付惩戒"，载《政府公报》1918年第714期。
[40] 《大总统指令第三百二十三号（中华民国七年二月十一日）》："前津浦铁路管理局局长王家俭等租车购车舞弊一案"，载《政府公报》1918年第740期。
[41] 《大总统训令第十二号（中华民国七年二月二十五日）》："卸任四川富县知事杨祖唐滥用刑责一案"，载《政府公报》1918年第752期。
[42] 《大总统训令第十四号（中华民国七年二月二十五日）》："山东恩县知事朱是疏脱监犯案"，载《政府公报》1918年第752期。
[43] 《大总统训令第十一号（中华民国七年二月二十五日）》："四川綦江县知事谢直违法滥刑一案"，载《政府公报》1918年第752期。
[44] 《大总统指令第二千一百二十三号（中华民国六年十二月二十六日）》："令署司法总长江庸：呈请进叙京师高等检察厅检察长杨荫杭官等由"，载《政府公报》1917年第698期。
[45] 余绍宋1918年2月25日日记，参见《余绍宋日记》（第1册），第51页。
[46] 《江庸自传》，载《江庸诗选》，中央文献出版社2000年版，第221页。

且悲歌。急流尚幸抽身早，阅世初知获咎多。何事中年要陶写，纵横书卷待摩挲。㊼

梁启超函复江庸云："得书及诗，深佩。不得其职则去，不亦君子乎！世乱方殷，倘得偕隐，从事于诵读述作，亦所以保天年也。"㊽ 可见梁启超与江庸情谊之深挚。

1918年4月，江庸从司法总长位置上传奇般辞职，得到各界赞许。不久留日自费生围使馆，被捕数人，公使无法应对，教育总长傅增湘商请江庸就任留日学生总监督之职。他想，与其在北京被折腾，不如跳出是非场到日本干点实事，于是答应。江庸到日本后保释被捕学生，给自费生按月发给官费生学费，可是后来北洋政府财力有限，无法持续资助学生，江于是"便托词回国"，于1919年底提出辞去总监督之职。㊾ 1920年1月1日传出消息，他的请辞已被批准。㊿ 传说是他父亲江瀚亲函徐世昌大总统陈请始得允。(51) 之后，他被大总统暂任为外交顾问，俟有机会再调整位置，江庸尚表示不就之意。(52) 1920年7月29日，大总统特派江庸为法律编查馆总裁，8月3日到任，(53) 不久又兼故宫博物院古物馆馆长。1921年初，江庸呈请大总统撤回派充法权讨论会副委员长之成命，总统于3月19日发话不允，曰"呈悉。该总裁研精法学亟赖悉心诠镜共策进行。所请着毋庸议"。(54) 当时的最高领导人都知道，江庸是个难得人才。9月18日，江庸就领事裁判权问题发表看法，认为我国撤废领事裁判权之主张应附期限。(55)

㊼ 《梁启超致江庸书札》，天津古籍出版社2005年版，第43页。

㊽ 《梁启超致江庸书札》，第43页。

㊾ 《江庸自传》，载《江庸诗选》，第223页。

㊿ 《日留学监督江庸辞职照准》，载《申报》1920年1月1日。

(51) 《江庸开去监督系其父瀚亲函徐总统为陈情始允》。载《时报》1920年1月3日。

(52) 《江庸充公府外交顾问》，载《大公报》（天津）1920年1月11日。

(53) 《修订法律馆通告》："本年七月二十九日奉大总统令特派江庸充修订法律馆总裁此令"，载《政府公报》1920年第1606期。

(54) 《大总统指令第六百六十九号（中华民国十年三月十九日）》："令修订法律馆总裁江庸：呈请收回派充法权讨论会副委员长成命由"，载《政府公报》1921年第1822期。

(55) 江庸：《我国宜主张附期限撤废领事裁判权》，载《学林》1921年第1卷第2期。

江庸此时的地位已完全是个法界名士了：《法学会杂志》再次复刊由他撰写发刊词——实际这本杂志从创刊始已经两度停刊两次恢复，这是第三次了。[56] 1922年9月江庸著文《五十年来中国之法制》，虽曰五十年，实为对自清末以来20余年法制史作回顾和总结。1923年，国际律师协会第三次大会在菲律宾举行，江庸被推选为会长。[57] 多年后，媒体就那五年的转折，评论江庸说他"处事绝顶圆通而机敏"。[58]

第四次，曹锟贿选总统后，江庸见其总是重用些不学无术之人，尤其是1923年罗文干案后，江庸即辞去修订法律馆总裁之职。[59] 据报刊云，当时江庸公开通电的辞呈中声明辞职的原因"为当局干预司法，破坏法令"，还提到司法总长程克勒令京师地方检察厅逮捕已依法释放的罗文干，显与刑事诉讼条例不合，干涉司法竟出自司法当局；通电还同时发向各省法界、商学界、报馆等，称"既此绝望，法律徒存具文，何必从事修订"，言辞极其激烈。[60] 后来各省法界挽留江庸，他再次提出辞呈，[61] 但是实际经过不详。实际上他于1923年1月15日，以国际律师协会会长不得担任公职为由递交辞呈，辞去修订法律馆总裁之职。[62] 这个理由还是温和的。4月19日，他就南下返沪，受到上海总商会的热烈欢迎。[63] 不几日江庸便南下广州去拜会孙中山，聆听孙对革命形势的分析。这时候江庸加入了北京律师公会，入会时间登记为1923年11月2日，登记地址为"小方家胡同四号"。[64] 接着，他开办了律师事务所，创办了《法律评论》周刊，自任社长。但是，他辞去修订法律馆总裁的后半段经过是："总统慰留，即于

---

[56] 江庸：《法学会杂志发刊词》，载《法学会杂志》1921年第1期。
[57] 《国际律师协会举江庸为会长》，载《法律评论》（北京）1923年第12期。
[58] 坦夷：《江庸》，载《建言》（福州）1946年第7期。
[59] 《江庸因罗案辞职》，载《申报》1923年1月22日。
[60] 《江庸辞职出京之情状》，载《益世报》（天津）1923年1月21日。
[61] 《因罗案引起之司法潮，各省司法界请留江庸，江庸辞呈再上》，载《时报》1923年2月4日。
[62] 《修订法律馆江总裁辞呈（中华民国十二年十月十五日）》，载《法律评论》（北京）1923年第17期。
[63] 《江庸昨已到申》，载《新闻报》1923年4月20日。
[64] 《北京律师公会会员录》，1925年6月。

翌日再申前请在案迄今十月未蒙批示,庸亦未到馆视事,职务久旷,心滋不安,膺请迅予免去本职以便登录加入律师公会执行职务。"⑥

第五次,1924 年上海律师公会推举江庸为驻京代表交涉公廨案。⑥⑥ 1924 年江庸任国立法政大学校长职,1925 年辞职,同年 8 月担任国宪委员会委员,⑥⑦ 9 月受北洋政府派遣赴广州调查"沙基惨案"。1925 年,湖南省电请江庸出任该省司法考试委员会委员长。⑥⑧

三、从教久,理念强

20 世纪三四十年代流行一个说法:中国法律界分三个"大系":一是"日法系",即留日法科,因为出国回国早,大都为司法界元老;二是"英美系",大都为少壮派;三是"北洋系","颇多任职于中级之法官",并认为江庸即为"北洋系领袖"。⑥⑨ 其实"法日系"和"英美系"并无具体的领袖人物,连留美第一人的王宠惠,也没有赢得这样的头衔,却唯独江庸被称为"北洋系领袖"。江庸乃留日法科出身,本应该属于"日法系",为何号称"北洋系领袖"呢?

其实,江庸还有另一个身份——他是中国最早的法科教育家之一。早在沈家本修律的京师法律学堂,他就是教员之一。⑦⑩ 他后来与汪有龄创办朝阳法科名校(朝阳大学),从 1913 年至 1927 年,汪有龄担任朝阳大学校长时期,江庸一直是朝阳的主要领导成员。根据京师法律学堂第一班同学录记载,除两位日本籍教员外,江庸的同事还有吉同钧、姚大荣、汪有

---

⑥ 《修订法律馆江总裁辞呈(中华民国十二年十月十五日)》,载《法律评论》(北京)1923 年第 17 期。

⑥⑥ 《上海律师公会推江庸君为驻京代表交涉公廨案》,载《法律评论》(北京)1924 年第 54 期。

⑥⑦ 《国宪起草委员会委员一览表(十四年八月十七日)》,载《国宪起草委员会公报》1925 年第 1 期。

⑥⑧ 《湘省电请江庸君为该省司法官考试委员长》,载《法律评论》(北京)1925 年第 3 卷第 19 期。

⑥⑨ 侧帽:《江庸桃李遍天下》,载《万象》1946 年第 3 期。

⑦⑩ 参见农工商部:《京师法律学堂第一次同学录》。另参见李贵连:《沈家本传》(修订本),第 466 页。

龄、钱承志、张孝栘等，这些与他同期的法科教员，要么早早改行，要么断断续续从政兼从学，而江庸即便从政，仍然兼任法科教授，因此其法科教育家这个身份是连续的。江庸后来又担任了十年的校长，不仅是中国法科创始元老之一，还是持续从事法政教育、桃李满天下的法科教育家。法学教授未必是法科教育家，要成为后者，至少得满足两个条件：一是具有系统的法学教育理念，二是从事法科教育革新的实践。

北洋时期的各级法院需要专业的司法官，朝阳毕业生大都充实到法院任推事。这个学校的人才培养功绩还得到国际上的认可。1926 年在海牙举行的世界法学会，特邀朝阳大学为会员，江庸出席了这次会议，会议期间各国代表高度肯定朝阳大学为"中国最优秀之法律学校"。他不仅参与创办朝阳大学，还担任过十数年的朝阳校长，对朝阳的影响之大，甚至可以说不亚于首任校长汪有龄。1927 年，教育总长刘哲插手干预朝阳的学潮动向，汪有龄校长以上海有事为由拒绝行政干预。在朝阳大学危难之时，"经敦恳现院长江翊云先生出任艰巨，其事变寝"[71]，可见江庸之责任和担当。这也与其父江瀚的影响力分不开，江瀚先生原是北大教授，也是刘哲最尊敬的老师。[72] 这样一来，刘哲不得不有所顾忌。

从 1927 年至 1936 年，江庸担任朝阳校（院）长近十年（1929 年，朝阳大学更名为"私立北平朝阳学院"）。1937 年 2 月，其辞职才正式得到朝阳董事会同意。[73] 江庸任院长期间，集中聘任大量法学界专家学者，名师云集，均为当时著名的法学家，其中陈瑾昆（字克生，参见专篇）教授是江庸的妹婿。[74] 1927 年朝阳开始招收女生，[75] 开启了朝阳大学男女同校的新制，朝阳正式成为男女合校的大学，亦成为北方最有影响的一所法科

---

[71] 参见潞河王郁骢：《校史志略》，载《朝阳大学毕业同学录》，1932 年编印。
[72] 程波：《"法学津梁"——法学家夏勤与朝阳大学》，载《朝阳法律评论》2009 年第 2 期。
[73] 《朝阳学院院长江庸辞职照准》，载《益世报》（天津）1937 年 2 月 26 日。
[74] 1952 年江庸作诗云"壬辰元旦，妹婿陈克生至沪，邀同晚酌"，相约赴雁荡山游玩。参见《江庸诗选》，第 165 页。
[75] 1927 年，朝阳首招女生，乐毅、罗壁蓉、李芙蓉三女生入学习律。参见邱志红：《朝阳大学法律教育初探——兼论民国时期北京律师的养成》，载《史林》2008 年第 2 期。

大学。从然否斋藏品“民国二十九年（1940）九月私立朝阳学院江庸校长聘函”可证明，江庸继张知本之后，在1939—1941年间还担任过朝阳校长。也就是说，他是唯一两度出任该校校长之人。按照日法系、英美系和北洋系的三“系”划分逻辑，江庸应该是跨日法系和北洋系的名宿。1945年，他已经不是朝阳院长，但仍然与学院董事长居正以及谢冠生、夏勤一起发起朝阳办学基金募集活动。[76] 抗战胜利后，为便利西南学子求学，他又推动设立“正阳学院”，即朝阳在重庆的分院。江庸把正阳学院视为与其父之东川、致用两书院一样的厚礼，留给重庆，留给西南人民。[77]

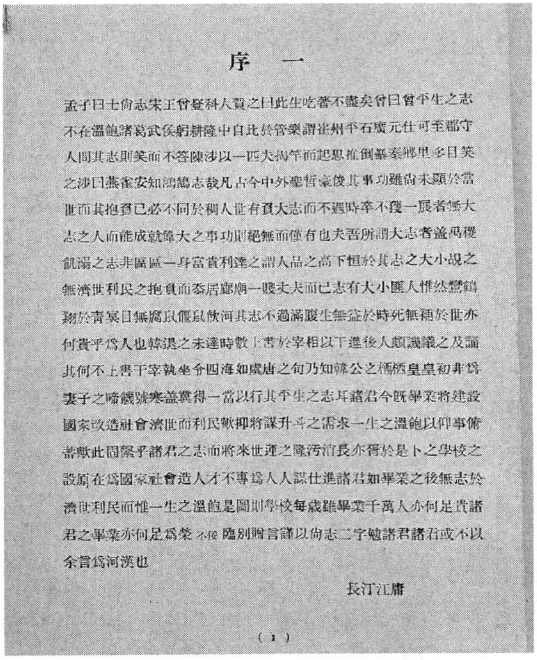

序　一

孟子曰士尚志宋王曾登科人賀之曰此生吃著不盡矣曾曰曾平生之志不在溫飽諸葛武侯躬耕隆中自比於管樂謂崔州平石廣元仕可至郡守人問其志則笑而不答陳涉以一匹夫揭竿而起思推倒暴秦鄉里多目笑之涉曰燕雀安知鴻鵠志哉凡古今中外聖哲豪俊其事功雖尚未顯於當世而其抱負已必不同於稠人世有負大志而不遇時卒不獲一展者無大志之人而能成就偉大之事功則絕無而僅有也夫吾所謂大志者蓋禹稷飢溺之志非區區一身富貴利達之謂人品之高下恒於其志之大小覘之無濟世利民之抱負而忝居廊廟一賤丈夫而已志有大小匪人惟然鸞鶴翔於青冥目無腐鼠偃鼠飲河其志不過滿腹生無益於時死無補於世亦何貴乎爲人也韓退之未達時數上書於宰相以干進後人頗譏議之及誦其何不上書干宰執坐令四海如虞唐之句乃知韓公之栖栖皇皇初非爲妻子之啼饑號寒蓋冀得一當以行其平生之志耳諸君今既畢業將建設國家改造社會濟世而利民歟抑將謀升斗之需求一生之溫飽以仰事俯畜歟此固繫乎諸君之志而將來世運之隆污消長亦胥於是卜之學校之設原在爲國家社會造人才不專爲人人謀仕進諸君如畢業之後無志於濟世利民而惟一生之溫飽是圖則學校每歲雖畢業千萬人亦何足貴諸君之畢業亦何足爲榮不佞臨別贈言謹以尚志二字勉諸君諸君或不以余言爲河漢也

長汀江庸

（1）

图2　江庸1932年赠别朝阳毕业生文

江在朝阳任校（院）长期间，不只管理行政事务，更有深层的法科教育理念，因而不是一般的院校官长，而是真正的法科教育家。笔者在史料

[76] 《私立朝阳学院筹募基金缘起》，载《中华法学杂志》1945年新编第4卷第9期。

[77] 江庸作序，载《正阳法学院二周年纪念专刊》1947年纪念专刊。

中发现一页原始材料，系 1932 年时任朝阳校长江庸赠别毕业生时的一篇文章（见图 2），读后可知其教育理念和情怀：

> 孟子曰：士尚志。宋王曾登科，人贺之曰："此生吃着不尽矣"。曾曰："平生之志不在温饱。"诸葛武侯躬耕隆中，自比于管乐，谓崔州平石广元仕可至郡守，人问其志，则笑而不答。陈涉以一匹夫揭竿而起，思推倒暴秦，乡里多目笑之，曰："燕雀安知鸿鹄志哉。"凡古今中外圣哲豪俊，其事功虽尚未显于当世，而其抱负已必不同于稠人。世有负大志而不遇时卒不获一展者，无大志之人而能成就伟大之事功，则绝无而仅有也，夫吾所谓大志者盖，禹稷饥溺之志非区区，一身富贵利达之谓人品之高下恒于其志之大小觇之。无济世利民之抱负而添居廊庙，一贱丈夫而已。志有大小，匪人惟然鸾鹤翔于青冥目无腐鼠。偃鼠饮河，其志不过满腹。生无益于时死无补于世亦。何贵乎为人也。韩退之未达时，数上书于宰相以干进，后人颇讥议之及，谓其何不上书干宰执坐，令四海如虞。唐之旬乃知韩公之栖栖皇皇初，非为妻子之啼，饥号寒盖，冀得一当，以行其平生之志耳。诸君今既毕业，将建设国家改造社会济世而利民欤，抑将谋升斗之需求，一生之温饱，以仰事俯蓄欤，此固系予诸君之志而将来世运之隆污消长，亦胥于是卜之。学校之设原在为国家社会造人才，不专为人人谋仕进。诸君如毕业之后，无志于济世利民，而惟一生之温饱是图，则学校每岁虽毕业千万人亦何足贵，诸君之毕业亦何足为荣。不佞临别赠言，谨以尚志二字勉励诸君，诸君或不以余言为河汉也。
>
> 长汀江庸

江庸的法科教育理念还体现在他创办的《法律评论》周刊。1923 年他在该周刊的发刊词中谈到对时局的不满，但也谈到民国司法有两大优点："一是人才整齐，胜于其他机构也"；"二是贿赂之事，确较少于往时之司谳也"。目前法官为社会诟病,原因在于司法不独立。他说:"当此世风颓靡,廉耻道丧之时,为天地留正气,为士类争气节,为历史光采,不能不有所厚望于今日之司法官矣。今当本刊发韧之始,聊书所感,无所避忌,如承阅者谅其愚诚而赐以参考,则区区所祷祀以求者也。"[78] 由此可见,江庸办刊的理念是基于整体的司法改良,基于人才培养的总体目标,他的法科教育理念具有相当的系统性。作为中国历史上第一本法学刊物,《法律评论》并非官署所办,而是由江庸等人自筹经费所创,坚持每周一刊,简直是奇迹。1928年,他创办五年的《法律评论》,因首都迁移,经与法制局王雪艇局长、最高法院夏敬民庭长商议,移址南京续办。[79] 1928年他在文章中谈了"本刊今后之希望",说:"夫学术者,天下之公器也,当与天下人共讨论之,使各竭智虑,推究其蕴奥,辨析其是非,而发为言论,庶几真理辈出,学术得日以昌明……深冀海内俊彦,对于本刊内容宜如何改良,吾国法治宜如何促进,世界潮流宜如何应付诸点,发抒鸿论,慨赐名篇……启法制革新之机,通思想融会之邮,匪独鄙人之幸,亦吾国法学之幸也。"[80]

江庸在法科教育领域的"江湖地位"也正体现在这种深刻、专业而系统的法科理念和教育情怀上,这也是他与"朝阳之父"汪有龄的不同之所在。江庸对专业事务的判断力之强,也是他一大特点。举个例子,1937年,有人冒充林森题匾"品格清超",送友人悬挂。有人认为这构成刑法上所谓伪造文书罪。这是个法律上颇易误解成出入人罪的案例。几乎没人对此案作出回应。江庸写了篇文章,分析了中国和外国刑法,认为不构成伪造文书罪。他说,刑法上所谓"文书",德国刑法以证明权利义务之文书为限,法国则以足生损害于公众或他人之文书而言,我国立法亦同。伪造文书是否构成犯罪,应以是否致生损害于公众或他人为断;"品格清超"

---

[78] 江庸:《法律评论发刊词》,载《法律评论》(北京)1923年创刊号。
[79] 江庸:《法律评论停刊宣言》,载《法律评论》(北京)1928年第235—260期。
[80] 江庸:《本刊今后之希望》,载《法律评论》(北京)1928年第235—260期。

四字之區，其不足生损害于公众或他人，此举也断无几微有损林主席名誉之心。㉛ 这一对"文书"概念的限缩性解释，体现了刑法上之罪刑法定主义，也是以自由人权为判断原则，既体现专业性，又体现他的价值观。

四、诗人心，士夫情

1918年政坛风云变幻中，江庸有一首赠友人的诗，透露其潇洒气度，诗中云："最好倚栏看落日，不妨酌酒慰征衣；天风吹帽身将举，沧海逃名计岂非。"㉜ 江庸一生遭遇乱世，在激流中敢退敢进，经历了多个政权，存续了性命。钱穆曾言，"苟全性命"绝不是苟全生命之义，他把"性命"二字，解释为"包涵着生命的本质与可能，包涵着生命之意义与价值"。把"苟"字作了新解，不是"姑且"，是"差不多"。如果这样解释，那么诸葛亮的"苟全性命于乱世"，就可以说是"在乱世要努力地坚持做人的原则"。㉝ 所以，从江庸的诗中可以看到他做人的原则和洒脱。

江庸为人大气温和，平日不露锋芒，但是个原则性极强的铁面人物。但凡损害原则的人和事，他都能拉得下"脸"。我前面提过的赵欣伯（1890—1951），1925年成为第一个获日本法学博士学位的中国人。赵在留日期间，结识了土肥原贤二和板垣征四郎等日本少壮派军官。1926年学业结束归国后，受日本驻华公使馆陆军武官本庄繁的推荐，赵被张作霖任命为"东三省保安司令部"法律顾问兼辽宁冯庸大学法科主任。这个赵欣伯在1931年搞了个"东北时局讨论会"，江庸闻其行径，愤怒致电赵欣伯痛陈：

> 东北时局讨论会，国人皆指目为吾弟主持，顷阅所发宣言，至为

㉛ 江庸：《冒名题區是否即刑法上所谓伪造文书》，载《中华法学杂志》1937年新编第1卷第8期。
㉜ 江庸：《逭暑江岛示南湖一首》，载《新无锡》1918年7月16日。
㉝ 钱行：《诸葛亮苟全性命》，载《读书》1991年第3期。

狂谬，国民在政治上无论对于任何方面有所不慊，当以国民自力解决，即不得已诉之武力，亦可不恤；若凭借外力，为虎作伥，是卖国之行为，为国人所共弃。望速猛醒，勿再与闻，如不见听，从此绝交，痛切陈词，务希洞察。[84]

江庸

意思是，你赵某人如果不听我警告，那就绝交！后来他们确实绝交了，赵欣伯成了有法科博士学位的汉奸第一人。

江庸在抗战期间，不畏日寇，不惧强权，寻求和平。1936年，他受聘为国民政府法制委员会委员。1936年8月，他又代表中国律师协会赴维也纳出席国际律师协会第七届会议。[85] 回国后，因深感日本侵略势力在华北扩张，江庸于是计划把家从北京迁到上海，不久定居于静安寺的梵王渡路（今万航渡路）吉司非尔路92弄5号；设事务所于虹口四川路33号，从事律师业务。刚到上海的这一年，就遇到"救国会七君子"案，他义愤填膺，作为资深律师，和当时也在上海执业的刘崇佑律师等人一起，联合了在上海、苏州执业的律师，义务为"七君子"辩护。江庸选了"罪行"最难辩的王造时先生，担任其首席辩护律师。

抗战全面开始后，江庸多次拒任政府职务，继续从事律师业务。蒋介石恐吴佩孚出任伪华北政府首脑，请江庸出面劝吴，得到吴的答复"将坚持民族气节"。1938年江庸经汉口到重庆，7月被选为国民参政会参议员。1939年，他观察到日本人的侵略行径日益加剧，在《反侵略》杂志公开发文《日本人肚皮中炸弹快要爆发了》，呼吁英法美诸国，要和中国一起抗日，称这不是援助不援助的问题，而是其自身利益的问题。[86] 1941年，

---

[84] 《江庸警告赵欣伯：卖国行为人所共弃》，载《法律评论》（北京）1931年第9卷第2期。

[85] 江庸、陈耀东：《律师协会出席国际律师协会代表报告》，载《法学丛刊》1936年第4卷第8—9期。

[86] 江庸：《日本人肚皮中炸弹快要爆发了》，载《反侵略》1939年第1卷第10期。

江之妻子徐琛携三女江满、九子江康到渝。1943 年，江之八子江靖从西南联大毕业。同年，江庸因口碑好又无党无派，被选为重庆国民参议会主席团成员。抗战胜利后，他向媒体开腔第一声就说，要速办周佛海，认为他罪孽深重。[87]

1948 年宪法公布后，南京政府提名他为国大代表，江庸却不参加竞选。蒋介石提名他担任"大法官"，监察院选举中名列第一，任命状也公布了，[88] 但江庸仍然力辞不就，致电总统称"久列宦情，且对宪法亦少研究，对大法官一职，深恐不胜其任"。[89] 何应钦至沪造访邀请他担任司法部部长或政府委员，仍不允。1949 年 1 月，受李宗仁个人名义邀请，江庸与颜惠庆、章士钊、邵力子等组成"上海和平代表团"，以非官方身份去北平作"和平"试探。这里有两个小插曲。第一个是急事，自抗战结束后国共之间两地通邮问题，一直不曾解决。南方邮政总局的人知道江庸要代表上海北上和谈，连夜赶来找江庸，希望他帮忙与中共沟通。江庸当即答应这一临时"任务"。[90] 第二个小插曲，是有位朋友来拜访江庸，问江："大哥你什么时候赴北平啊？"江庸答道："不去了不去了。"这位朋友说："听说共产党也希望和你们谈谈国是呀。"江庸答："当然，我们是希望同他们谈谈国是。但不知道我们所要谈的国是和他们所要谈的国是是不是一样。这就很难判断了。"[91] 这一小插曲真实反映了当时的情形。对中国前景，别说老百姓，连国共双方，可能谁都吃不准会是什么样的结局。但是凡事均在人为，大家都在努力，包括江庸、颜惠庆、章士钊、邵力子这些热忱为公的人们。

2 月 14 日代表团到达北平，江庸一行先与叶剑英会谈，后转赴石家庄

---

[87]《江庸等主张速办周逆佛海》，载《国际新闻画报》1946 年第 55 期。
[88]《〈总统令〉（三十七年七月十四日）》："提任江庸、燕树棠、黄右昌等为司法院大法官"，载《总统府公报》1948 年第 49 期。
[89]《江庸电总统辞让大法官》，载《中央日报》（重庆）1948 年 7 月 17 日。
[90]《江庸做第一个"绿衣使者"》，载《新闻杂志》1949 年新 2 第 8 期。
[91] 君左：《章士钊与江庸：敲吧！和平之钟响了》，载《新希望》1949 年第 1 期。

晤毛泽东。㉒ 24 日，毛泽东、周恩来在西柏坡与他们达成关于国共和平谈判的八点秘密协定。据说，后来江苏邮政管理局派人去淮阴与中共商谈通邮问题，也顺利解决了。㉝ 1949 年第一届政协会议筹备其间，要推选政协与会人员，初步拟定的名单有 600 人，后来实际推选的只剩 300 人。在这 300 人中，由毛泽东亲笔手书邀请的人士只有两人，一是孙中山夫人宋庆龄，另一位就是法律家江庸。

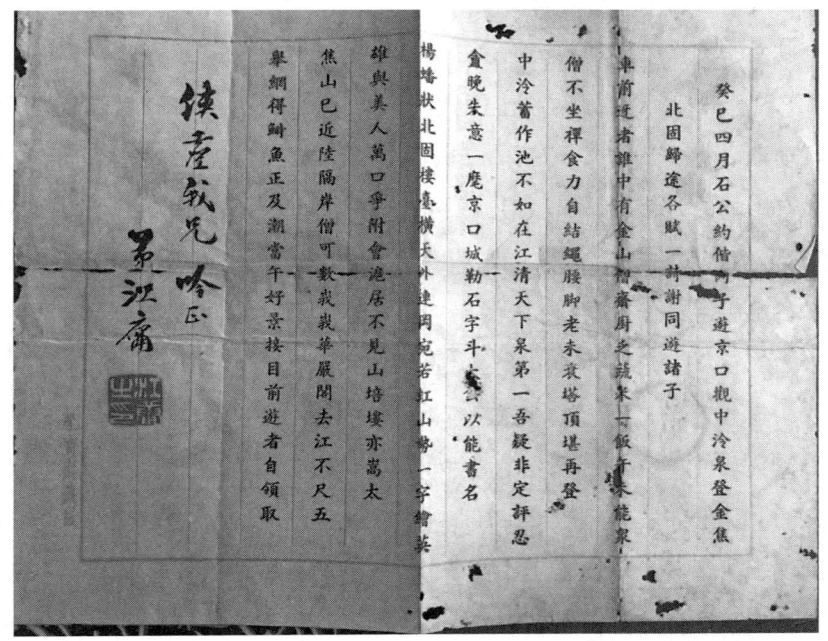

图 3　江庸 1953 年赠画家唐云（字侠尘）《北国归途各赋一诗谢同游诸子》游记（然否斋藏）

最后还必须要提的是，江庸还是个潇洒豪气的文人。看不惯身边的政客，他就断然离去，这是他的一大魅力。艺文能给人力量，也是其潇洒的勇气和底气。他热衷交友，广结善缘，通透超脱。早年在北洋法政做事，

㉒《上海人民代表于二月中旬赴平斡和平》，载《中美周报》1949 年第 326 期。
㉝《江庸做第一个"绿衣使者"》，载《新闻杂志》1949 年新 2 第 8 期。

就支持余绍宋创办"宣南画社"。他的诗一半写河山景色，一半颂友人情谊。从已出版的诗集看，主题就包括：怀胡文澜、和林长民、别章宗祥、哭陈衡恪、示傅增湘、奉章士钊、挽蒋百里、赠王献堂、题朱镜宇、和黄炎培、答余绍宋、谢沈钧儒、忆秋女侠、谑沈尹默、悼余棨昌、寄梅兰芳、怀张大千、念唐文治、寿刘崇杰、偕任鸿隽、迎陈瑾昆、邀冒广生、题吴湖帆、致陈三立……江庸有诗人和艺术家气质，嗜老酒，爱咖啡，抽雪茄，曾一度中风，后缓转。

其文学创作以诗和游记为多，诗情游艺于名山大川，出版了《趋庭随笔》《华岳日记》《台湾半月记》《华山、黄山游记》《菲律宾游记》《欧洲航琐记》等十几部文学著作，被同仁誉为"法学界的奇才"。他在文学界最有影响的是诗歌，出版有《百花山诗集》《南游诗草》《苏生诗稿》《积跬步斋诗稿》《蜀游草》《澹荡阁诗集》等诗集。[64]他曾于1957年1月为准备出版诗集作序，曰："余自少喜为诗，积累稿不下千篇。兹录存者仅十之二三。家有敝帚享之千金，聊以自娱而已。赵云菘云'到老始知非力取，三分人事七分天'。斯集付印后，吾诗可不复作矣。"[65]陈毅元帅评价称其："大作早岁以情韵胜，晚岁以健劲胜。"新中国成立后，一批爱好诗歌的文化老人发起"乐天诗社"，包括柳亚子、沈尹默、江庸、江问渔、贺天健、胡厥文、马公愚、潘伯鹰、白蕉等社会和文化名流。1954年元旦社友会上，经众诗友疾呼，又增补吴湖帆、孙雪泥、周炼霞、陈小翠等有实力的文人为理事。[66]江老在上海虽从事律师工作，但与沈尹默、姚虞琴、商笙伯、唐云、申石伽、郑逸梅等艺术家素有交往，也参与一些笔会。江庸爱竹，早年在北平时就请客居北平的吴江徐北汀先生来家中教他画竹。后来到上海凡动笔总是画竹题诗。他热爱竹的挺拔、坚毅、清幽和通透，尤对祖籍地汀州客家山村竹海赞美有加，如《别莫干山》一诗中写道：

---

[64] 廖虹：《著名爱国民主人士和诗人江庸述评》，载《龙岩学院学报》2010年第2期。

[65] 赵云菘指清代赵翼的《论诗五首》，前句为"少时学语苦难圆，只道工夫半未全"。参见《江庸诗选》，自序。

[66] 田一平：《上海书画名家社会生活（1937—1966）》，载《史林》2011年第5期。

"长汀号多竹,吾祖有竹山。仕宦去乡井,弃置无复关……"李约瑟曾说:中国文人墨客把竹子空心、挺直、四季青等生长特征赋予人格化的高雅、纯洁、虚心、有节、刚直等精神文化象征。1960年2月9日,江庸因病在上海逝世。一代名士,走完82年人生历程。

纵观江庸一生,其见识、事功、德性,在同时代的法科知识人中都具有样本的独特性、典型性和象征性。他赓续法政,传承薪火,化育人才,穿越时代,诚可谓:

追求法治节如竹,穿越时代翼比云。

汪有龄——朝阳校父履历之谜

图 1　汪有龄（1879—1947）

汪有龄相对于董康，算是法科"后浪"；他与同时代的江庸是同辈，但相比之下，汪有龄的出身、学历、天资逊色不少。可正是他，在 35 岁之前至少做了三件历史性的大事：一是创立中国第一个全国性的法学会，二是创办《法学会杂志》，三是开办法科名校朝阳大学。到不惑之年，还做了第四件事——启动中国律师的国际交流。尤其他创办的朝阳大学，开创了中国法科教育的新格局，并产生了巨大的持续影响力。所谓"无朝不成院""无朝不开庭"，说的就是因为有朝阳法科，才有中国的法院，才有中国法律教育之格局。但是我们对他的学历、工作经历的了解还是有不少模糊之处，比如他的留日学历的曲折，民国后从政与引退的经历，创办朝阳时那场轰动一时的官司，南下律师执业的情况，等等，已有文献多语焉不详。本文对汪有龄的履历生平作了一些考证和填补。

一、留日机会之来历

汪有龄,字子健,清际附生,1879年生于浙江杭县(今杭州)。钱塘汪氏,书香名门,世代官宦。尽管家境背景有利,但汪有龄求学之路相当曲折,具有诙谐色彩和戏剧命运。其留日经历很曲折,也很模糊,特别是时间和过程,一直很不清晰。笔者先对这其中的谜团作一番求证。

1897年(光绪二十三年),18岁的汪有龄曾在上海入南洋公学求学数月。1897年3月南洋公学师范生入学学生名单里有"汪有龄"的名字。1897年3月2日,"孟瑢、蒋礽琮、沈齐贤、汪有龄等30人,给予白色木版印制的试业据,规定'两月期满后,察其递合定格一层,即递给一层之据,以蓝绿黄紫红五色为五层之等差'"。但"7月19日(六月二十日)师范生刘垣、林文彬、胡洪雅、孙福保、吴光庆、周德裕、雷奋、潘灏芬、白作霖、徐兴范10人已换得第一层蓝据,不合格的蒋礽琮、沈齐贤、汪有龄3人被退回家修业"①。

被南洋公学退学,那么18岁的附生汪有龄却为何能于1897年赴日本留学,且以官派名义呢?这不得不提到一个人物——光绪十八年进士、《时务报》经理汪康年。浙江钱塘(今杭州)人汪康年1890年应张之洞招,为其孙授课,因而既与张之洞、刘坤一有交往,又与康有为、梁启超有交集,极其活跃,堪称社会活动家。1896年8月,汪康年和梁启超创办的《时务报》在上海问世,因主张创开风气、维新变法,"一时风靡海内,数月之间销行万余份,为中国有报以来所未有"。②

汪康年虽然年长汪有龄十九岁,但按辈分论,汪康年却为其族侄。说来也巧,就在汪有龄被南洋公学退学回家之时,杭州正在大兴教育,做一些领风气之先的事。1897年,杭州知府林启根据陈汉通与汪康年建议,决定创办求是书院(即浙江大学);同年,拟在杭州开办蚕学馆,获浙江巡

---

① 参见《南洋公学1897年(光绪二十三年)纪事》,载上海交通大学校史编纂委员会编:《上海交通大学纪事(1896—2005)》(上卷),上海交通大学出版社2006年版,第7页。
② 丁文江、赵丰田编:《梁启超年谱长编》,第68页。

抚廖寿丰支持。1898年3月，设于西湖金沙港的杭州蚕学馆正式向全国招生，4月1日开学，4月3日正式上课。连外国报纸都专门报道杭州成立蚕学馆之事，惊呼"中国的蚕丝，将重新崛起"。

杭州蚕学馆开办于1898年，却提早一年于1897年派出留学生？这是怎么回事？原来，1897年在蚕学馆筹备期间，《农学报》主编罗振玉和日本大阪华商、浙江留日学生监督孙淦（字实甫），建议知府林启派人留学日本。可见，在蚕学馆开办之前，就决定通过派遣留日学生、招聘日本教习、翻译日本书籍等方式，学习借鉴日本的成功经验。据《农学报》载，"（杭州蚕学馆）出洋学生：湖州德清附生嵇侃（嵇慕陶，名侃）、杭州钱塘附生汪有龄，丁酉孟冬赴日"③，丁酉年即1897年。可想而知，被举荐出洋留学，这在当时一定是颇费心思的。当然，凭汪康年的地位以及他与林启、孙淦的私交，汪有龄得到如此重要的机会，也就不奇怪了。

杭州蚕学馆率先派官费生留日，不同于由政府组织选拔留学生，④这是学校选拔、官费派遣，因此开创了中国近代由一所学校公派留日学生的

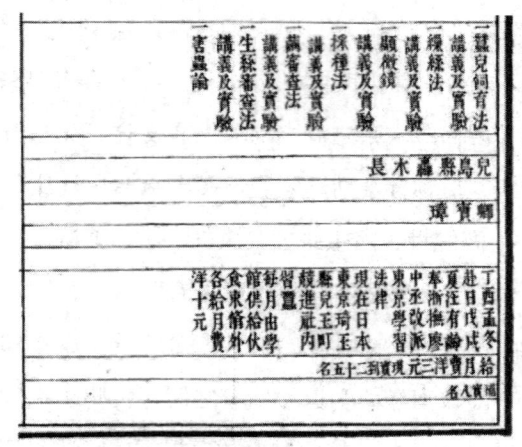

图2 《农学报》之《浙江蚕学馆表》

---

③ 《浙江蚕学馆表》，载《农学报》1898年第41册。
④ 中国近代由政府组织选派留学生，起于1896年唐宝锷等13人被驻日公使佑庚派往日本东京高等师范学习。参见〔日〕实藤惠秀：《中国人留学日本史》，第16页。

先河。1897年（光绪二十三年）11月，杭州蚕学馆汪有龄赴日。嵇侃、汪有龄二人也因此成了中国第一批由一所大学"校派公费"的留日生。但从蚕学留日生来讲，蚕学教育史上提及首批留学生，从来不提"二人"而是"一人"，这是因为只有嵇侃在毕业后于1901年夏回国，担任蚕学馆教员。那么汪有龄去哪了呢？

二、留日转学之经历

目前有这样的说法："嵇侃以病早归，汪有龄辛丑（1901）夏卒业。而据蒋絅裳所编《浙江高等学堂年谱》，汪有龄原为浙江蚕学馆所派，稍后回国要求改习法政，1898年又随浙江首批官费留日学生再次东渡。"⑤ 其实这里的两个说法都有问题。一是把病归的主角讲错了，二是把汪的卒业时间说错了。

1897年12月起，汪有龄和嵇侃在山本宪所开汉文家塾"梅清处塾"仅仅学习了三四个月的日语，就"语学大进""操语甚熟"。⑥ 此时，汪康年从国内到访日本，其间于1898年1月份由孙中山专程陪同至大阪，与孙淦、留学生汪有龄、嵇侃等人共同会见《大阪每日新闻》记者。⑦

其实，习蚕学也有身体条件的要求，需要视力好。1898年（光绪二十四年）2月的《农学报》《时务报》公开刊出了《杭州蚕学馆招生章程》，对学生要求"无论举贡生童，有家世业蚕，文理通顺，年二十左右，明敏笃静者准其报考。文字虽佳，仍须面向养蚕成法，以定去留，惟短视人于显微镜不相宜"。⑧ 其中最后一句话格外醒目。"短视"实指近视，而汪有龄却恰恰是近视眼，不符合要求。这对汪有龄将来从事蚕学会有影响，可

---

⑤ 参见《分校分府现在人数统计表》，载《浙江潮》1903年4月17日；蒋絅裳：《浙江高等学堂年谱》1957年油印本。转引自桑兵：《留日浙籍学生与近代中国》，载《西北大学学报》（哲学社会科学版）2018年第3期。
⑥ 吕顺长：《康有仪与其塾师山本宪》，载《浙江外国语学院学报》2013年第1期。
⑦〔日〕藤谷浩悦：《戊戌变法与东亚会》，载《史峰》1989年第2号。
⑧ 聂庆艳、贺俊杰：《林启与杭州蚕学馆首批官派留学生》，载《绍兴文理学院学报》2014年第5期。

想而知，这让汪有龄面临着要不要放弃留学的问题。

他很可能又通过汪康年"疏通"，这才有了1898年《农学报》第41期所载《浙江蚕学馆表》中公开提到的那段话："丁酉孟冬赴日，戊戌夏，汪有龄奉浙抚廖中丞改派东京学习法律。现在日本东京琦玉县儿玉町竞进社内习蚕，每月由学馆供给伙食束脩外，各给月费洋十元。"⑨ 由此可知，1898年汪有龄到东京改学法律很顺利，对外讲则是奉浙抚廖中丞改派。

汪有龄的机遇也真是不错，2月份得知视力限制条件，仅四个月后，就有了新机会。1898年6月，高楠顺次郎在东京本乡西片町创办了"日华学堂"。⑩ 这是当时为数不多的专为从速教成中国学生的学校。创校宗旨是"专门教育清国学生，务使学生速习我国语言，熟习我国风俗，并修普通各科，从而养成修习专门学科之学力"。其中有正科1—2年，特别科约1年或无定期。⑪ 此时，日华学堂第一批中国留学生是求是书院派来的四名学生⑫，于8月抵日，他们是钱承志、陆世芬、陈榥、何燏时。汪有龄则据说于6月入学，自费生吴振麟于10月入学。⑬ 汪有龄1898年转入日华学堂是可以确定的，但是前面这个6月入学的说法，缺乏根据。日本武藏野大学栾殿武根据《日华学堂章程要览》和《汪康年师友书札》中《汪有龄 十九》考证的结论是汪于9月25日转入日华学堂。⑭

近一年以后的1899年9月上旬，汪有龄从日华学堂进入高等学校攻读法科。这也是有确切证据的。据一份明治三十二年（1899）九月十三日的日本外务省资料（如本文图3），日华学堂高楠顺次郎给在杭州速水领

---

⑨ 《浙江蚕学馆表》，载《农学报》1898年第41册。
⑩ 〔日〕实藤惠秀：《中国人留学日本史》，第35页。
⑪ 〔日〕实藤惠秀：《中国人留学日本史》，第35页。
⑫ 不久，求是书院林启与陈汉通等又资助了蒋百里赴日留学，避免了他因议论朝廷被开除而陷入困境。
⑬ 舒新城编：《近代中国留学史》，第26页。
⑭ 日本武藏野大学环球学院栾殿武根据《日华学堂章程要览》和《汪康年师友书札》中《汪有龄 十九》（上海图书馆编：《汪康年师友书札》，上海古籍出版社1986年版），考证所得结论。参见栾殿武：《日华学堂在早期留日学生教育中所起的作用》，载《东北亚外语研究》2020年第1期。

事馆事务代理和高平外务次官的报告称"本月得到作为听讲生帝国大学及高等学校入学许可",除钱承志入帝国大学(农艺化学专业)之外,陆世芬、陈㮣、何燏时、汪有龄、吴振麟均为高等学校入学者。这与舒新城书中信息是一致的。因此可以肯定其中有两个法科学生,一是汪有龄,一是自费生吴振麟[15]。光绪二十四年十月(1898),吴振麟自费赴日本留学,入日华学堂,后转为官费,入第一高等学校、东京帝国大学法科[16]。在日本期间,吴参加译书汇编社[17]。1903年那篇署名"攻法子"的著名的《世界五大法系比较论》[18],于一百多年后的2017年,经华东政法大学陈灵海研究,证明"攻法子"正是吴振麟——是他首次将"法族"转译为"法系"[19]。汪有龄同期同学之非凡水平,由此可见一斑。

那么,汪有龄到底何时中断留学回国的呢?目前大概有三种(时间)说法:一是汪有龄因视力问题提前回国时间是1898年8月[20]。从1898年6月入学日华学堂的证据看,8月这次很可能是留学受阻但没有离开日本。二是汪有龄辛丑年夏卒业[21],1901年卒业后汪是否真的回国了?这种

---

[15] 吴振麟(1877—?),字止欺,笔名攻法子,浙江嘉兴人。1898年10月私费留学日本。1903年以汉语"法系"翻译日文中的"法族",为首创汉语"法系"第一人。1904年6月,毕业于东京帝国大学,获法学学士学位。次年与伊泽乙女在东京结婚后回国,任农工商部主事。1907年10月,入宪政编查馆任统计局副科员。1910年任中国驻日使馆代办,向清廷外务部递交了日本"谋并"朝鲜的密报。因中日关系动荡,有"私婚日妇"之累,不得不长期在俄国、西班牙等国担任外交官。20世纪30年代,中日关系趋紧,因拒绝伊泽家族对其赴伪满洲国任职的逼迫,不得不离开日本,渐失经济来源。1943年流落香港,日本占领香港后失踪。参见陈灵海:《"攻法子"与"法系"概念输入中国——近代法学史上的里程碑事件》,载《清华法学》2017年第6期。

[16] 《辛亥革命浙江史料选辑》,浙江人民出版社1981年版,第68页。吕顺长:《清末浙江与日本》,上海古籍出版社2001年版,第32页。

[17] 沈殿成主编:《中国人留学日本百年史(1896—1996)》,辽宁教育出版社1997年版,第69页。

[18] 攻法子:《世界五大法系比较论》,载《政法学报》(原名《译书汇编》)1903年第3卷第2期。

[19] 陈灵海:《"攻法子"与"法系"概念输入中国——近代法学史上的里程碑事件》。

[20] 聂庆艳、贺俊杰:《林启与杭州蚕学馆首批官派留学生》,载《绍兴文理学院学报》2014年第5期。

[21] 《分校分府现在人数统计表》,《浙江潮》1903年4月17日。《浙江潮》系浙江留日学生在1903年于东京创办的刊物。其第7期发表的《敬上乡先生请令子弟出洋游学并筹集公款派遣学生书》一文载:"至若吾浙江者,岁丁酉已有官派学生嵇君伟('伟'疑'侃'之误)、汪有龄二人到东学蚕业,于辛丑年夏卒业回国。汪君以病早回国。"

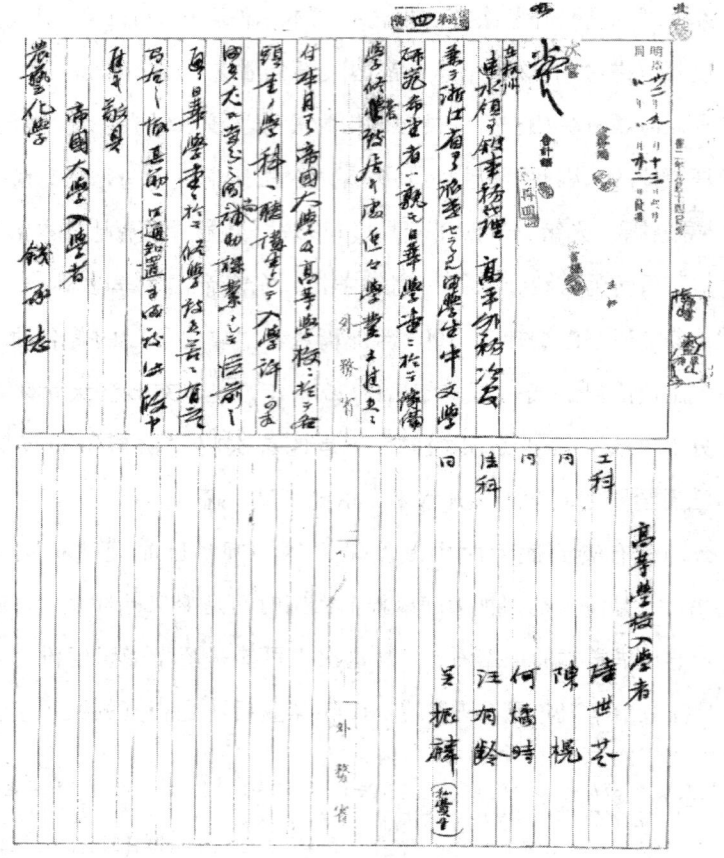

图 3　明治三十二年（1899）九月十三日的日本外务省资料

说法显然与上述日华学堂的证据相抵触。三是 1899 年 9 月底因病退学，之后搭船回国。看来较为可信的只有第三种说法了。

汪有龄获高等学校入学许可，可是两周后，汪有龄的"曲折"又来了。据明治三十二年（1899）九月廿五日日华学堂给三桥书记官的报告，上有"浙江省杭州留学生汪有龄身体虚弱、神经衰弱，付主任医师劝告：依了一时，归国保养"等字样。此时汪有龄已经获得帝国大学入学许可，但很可能汪在日华学堂由于过度用功，加之体质本不强健，身体状况渐感不佳。

我们来梳理一下相关史实：汪有龄 1897 年 11 月来日本"梅清处塾"

学习若干月，1898 年 6 月入日华学堂，8 月接"视力"不符之令并没有提前回国。接着就是 1899 年 9 月 13 日的日华学堂高楠顺次郎报告的"高等学校入学许可"。1898 年 6 月至 1899 年 9 月在日华学堂时间为一年零三个月，加上"梅清处塾"的若干个月，这就差不多符合日华学堂入高等专门学校的 2 年预备修业的年限要求[22]。这也就是他能入帝国大学法科的前因。9 月 13 日"入学许可"至 9 月 25 日在日华学堂的"神经衰弱"之变故，毕竟身体出问题是扛不住的，他被迫回国。

基本可以确定，汪有龄因身体原因，别无选择，只能于 1899 年 9 月底回国。所以紧接此后的一些国内活动就有了汪有龄的身影，比如汪康年、唐才常在上海等筹划的著名的"中国议会"，于 1900 年 7 月 29 日在愚园召开第二次会议。我们知道，汪有龄与汪康年之间彼此信任，因此汪有龄也参加了会议，并且还当选为三位书记之一。与正副会长容闳、严复以及汪康年、唐才常、郑观应等干事在一起，汪有龄年仅 21 岁，是最年轻的领导层成员。[23]

他后来有没有返回日本继续学习？这是另一个谜。很多人都说汪有龄在东京法政大学学习，还获毕业。如果是面向中国留学生的法政速成科，那最早就是法政大学校长梅谦次郎[24]于 1904 年 5 月 7 日设立的一年制法政速成科。[25] 如是，也就是说，汪氏 1906 年应聘修律馆，那他必须于 1905 年之前再重返日本入读法政大学，并且花至少一年时间读完法政速成科，但这在证据上存在缺漏。况且，实藤惠秀在《中国人留学日

---

[22] 舒新城编：《近代中国留学史》，第 25—26 页。
[23] 桑兵：《论庚子中国议会》，载《近代史研究》1997 年第 2 期。
[24] 梅谦次郎（1860—1910），日本明治时代法学家、日本近代民法起草者。幼年受系统儒学教育，1880—1884 年在司法省法学校就读，1885 年留学法国里昂大学，1889 年转入德国柏林大学作比较法研究，未获学位即回日本。历任东京大学法科大学教授、法典起草委员会委员、东京大学法科大学校长兼法制局长官。1899 年出任和佛法律学校校长、日本文部省总务长官。1903 年，和佛法律学校改称法政大学，续任校长。应中国留学生要求，于 1904 年—1908 年在法政大学开设法政速成科，培养中国法科留学生千余人。1906 年访问中国，会见张之洞与袁世凯，接纳清廷要求，终止招收速成科学生，改设三年制普通科，毕业生可入法政大学预科或大学部继续攻读。
[25] 〔日〕实藤惠秀：《中国人留学日本史》，第 40 页。

本史》中谈及留日学生归国后的活动时，依大学列举了各校著名的中国校友，但法政大学名单中却没有更著名的"汪有龄"。严谨考证史实的实藤惠秀应不会搞错。

另一条可参考的线索也证明汪有龄游离于留学生群体，这就是留学生译书群体。有研究者指出："早期浙江留日学生两年共计15人，其中除派往习蚕的嵇侃（1901年即回国）和习陆军的吴锡永等5人外，其余所有习文科的学生全都参加了译书活动。"这15个来自浙江的从事译书工作的学生中，没有汪有龄。[26] 译书汇编社的14位社员名录中也无汪有龄。[27] 励志社27人中，更没有汪有龄。[28] 汪有龄虽然在同期有译作，但他没有与这些译书组织成员在一起。

不管怎么说，汪氏1899年秋回国了，有没有回日本读法政科已经不重要了，因为他至少在日文方面打下了良好的基础。汪有龄糟糕的身体状况，想必与他在日本留学时的心情有着必然的关系。当年的留日学生都有一样的复杂难忍的心情：从中国大上海坐船出发前看到的还是污秽不堪的市容，一到东京却见到整洁优雅的街区；清王朝小伙子脑袋上拖着辫子，可是人家日本早在二十多年前（1871年）就留自由发式，以致在日本大街上频频被孩童嘲弄"猪尾巴，猪尾巴"；日式饮食难以下咽，恐会影响身体；[29] 语言不通，上课听不懂，表达吃力，功课还那么紧张；愈紧张愈生病，一生病就得花钱去看西医……更令人不堪的是，作为甲午战败国的学子，却心甘情愿地到强势的侵略国去留学！"国人对日本的态度可谓爱恨交加，卷入漩涡的留日学生更是五味杂陈，如此这般的纠结，反映了中日两国间恩怨情仇的错综复杂。"[30] 正如后来陈寅恪"群趋东邻受国史，

---

[26] 参见吕顺长：《清末浙江籍早期留日学生之译书活动》，《杭州大学学报》1996年第6期。
[27] 〔日〕实藤惠秀：《中国人留学日本史》，第179页。
[28] 冯自由：《革命逸史》（初集），中华书局1981年版，第98—99页。
[29] 〔日〕实藤惠秀：《中国人留学日本史》，第15页。
[30] 桑兵：《留日浙籍学生与近代中国》。

神州士夫羞欲死"的慨叹。㉛ 因此，但凡能够坚持留学直至获得毕业者，大都有坚定的毅力或者远大的抱负。而这种毅力或抱负，基本都来自儒家的修齐治平情节，因此家国情怀成为他们治心病和励志气的最好药物。

汪有龄的身体状况是客观因素，他在日本的短暂留学期间，主观上并非不努力。不仅如此，他还很有抱负，很有大格局。在日本学习之余，他还留心时政，对时事政治表现出浓厚的兴趣。通过观察时局，他敏锐地预言，中国"大局日非，伏莽将起"㉜。1900年汪有龄担任中国议会书记时就有豪言壮语："得死君国，不失为忠；委屈求济，不失为智；稍有建树，不失为勇；扶顺抑逆，不失为义。左之右之，惟其是而已。否则事不阅历，跬步荆棘，一腔热血，无处施展，岂不惜哉。"又说："大局日非，伏莽将起，我辈愿为大局效力，必须联络人才，以厚其势……即有事起，各竭其力。"㉝

结合其各种情况判断，汪有龄在1899年回国前没有正规的法科学习经历。如果后来曾赴日本留学攻读法科学位，则可能在之后的两个时间段：一是从1899年回国到1906年入修律馆，其间相隔8年左右的时间，有无可能赴日留学？另一个时间段，则是1908年至1910年10月的近三年里，汪氏几乎没有消息，这期间他也有机会再赴日本学习。这只能留待以后的考证了。

三、回国从政之经历

我们知道汪有龄后来入修订法律馆，还在修律馆专任纂修以及京师法律学堂教席。汪有龄是何时入修律馆的？

沈家本主持的修律工作于1902年开始筹备，1904年4月1日，律例

㉛ 浦江清：《清华园日记西行日记》（增补本），生活·读书·新知三联书店1999年版，第36页。
㉜ 吕顺长：《清末浙江与日本》，上海古籍出版社2001年版，第18、22页。
㉝ 上海图书馆编：《汪康年师友书札》（一），上海古籍出版社1986年版，第1058—1059页。转引自桑兵：《留日浙籍学生与近代中国》。

馆改名为修订法律馆,并开馆运行。目前所知,汪有龄 1899 年秋从日本回国后曾担任湖北农务局翻译。也有学者提到汪担任了《商务官报》主编。㉞ 他回国后的发表的文章内容几乎与法科无关。1900—1903 年,关注的是教育问题,发表了少量介绍日本教育的文章,如 1901 年翻译的《学校卫生学》和《福泽谕吉传》,1902—1903 年则是关于日本教育规程的内容。㉟ 1906 年至 1907 年,汪有龄在《商务官报》上发表了 70 余则短篇译文,基本是关于世界经济与工商类的内容;㊱ 他同时在《北洋官报》上发表了若干则短篇译文,内容多为欧瀛经济类信息。㊲ 此外,汪有龄确实曾翻译了日本人工藤武重编《日本议会史》,于 1904 年出版,此书没有纳入留日学生的译书馆出版系列,而是由"江苏通州翰墨林书局"(通州即现南通市)出版。㊳ 这比章宗祥 1905 年译《日本刑法》(北京修订法律馆印)还早了一年,算是由留日学生所译最早的日本法律书之一。

1906 年,修订法律馆京师法律学堂开学,翌年,沈家本在修订法律馆奏设 30 名"法学精研或才识优裕"者加盟。光绪三十三年十月初二日(1907 年 11 月 7 日)的《奏调通晓法政人员折》中列了一大串名单,其中包括"大理院行走留学日本学生汪有龄"㊴。这说明在进入沈家本的修订法律馆之前,汪有龄已从湖北农务局翻译变成大理院临时人员。光绪皇帝准奏时间是光绪三十三年十月二十日(1907 年 11 月 25 日),因此可确定汪氏的入馆时间大约在 1907 年底。

1908 年至 1910 年 10 月的三年里,汪有龄应该是在修律馆从事幕后的

㉞ 桑兵:《留日浙籍学生与近代中国》。
㉟ 汪有龄:《东京府师范学校内规》,载《教育世界》1902 年第 32 期。又如《日本明治五年学制》,连载《教育世界》1902 年第 39、40 期和 1903 年第 41 期。再如《公德养成条例》,载《教育世界》1902 年第 31 期。
㊱ 如《论近世英国商业政策之发展(日本国家学会杂志)》,载《商务官报》1906 年第 2 期。如《中国宜为内国博览会之准备议》,刊于《商务官报》第 16 册"论丛",1906 年 9 月 22 日。
㊲ 如汪有龄译:《欧瀛经济界杂志六则(节录汪氏有龄译稿):伦敦金融谭》,载《北洋官报》1906 年第 1205 期。
㊳ 参见吕顺长:《清末浙江籍早期留日学生之译书活动》。
㊴ 《又奏调通晓法政人员折》,载《政治官报》1907 年第 42 期。

文字资料工作，几乎没有看到他的消息。到 1910 年，修订法律馆京师法律学堂创办"法学会"，汪有龄才浮出水面。1910 年冬，汪子健、江翊云、汪乐园、陈鲤庭、王璞川、熊飏咨等以及京师法律学堂学员熊君煜、王克忠诸人，欲筹设法学会，向沈家本咨询，沈赞成并为之捐资。后来由汪有龄、江庸两职员为主联络北京的立法、司法界同仁，筹设北京法学会。沈家本后来撰文表示"中国法学于焉萌芽，庚戌之冬汪君子健、江君翊云、汪君乐园、陈君鲤庭、王君璞川、熊君飏咨……咨诸君纠合同志筹设会来质于余。余喜法学之甫有萌芽者，渐见滋生也，极赞成斯议，并捐资为之助。会事属江君、子健总其成……"㊵。"江君、子健"中的"子健"，就是汪有龄。当时京师法律学堂有董康、曹汝霖㊶、张孝栘㊷等海归，还有吉同钧㊸、姚大荣、王仪通等十数员律政宿将，办法学会这么重要的事，沈家本让汪有龄牵头，可见沈公对汪有龄的器重。1910 年（庚戌

㊵ 《法学会杂志序》，载《法学会杂志》1913 年第 1 卷第 1 号。
㊶ 曹汝霖（1877—1966），字润田，祖籍浙江，出生于上海，1900 年赴日，先后入早稻田专门学校、东京法学院读书。1904 年 3 月，与范源廉一起向法政大学校长梅谦次郎建议开办法政速成科，得到赞同。1904 年回国从政，授六品奏任官主事，归商部候补。曾任修订法律馆法律学堂教务提调。1909 年 7 月署理外务部右丞，旋任左参议署理左丞。1911 年春任外务部副大臣。1913 年任第一届参议院议员，同年 8 月任外交部次长。1913 年 9 月 23 日在北京登录律师，因其律师证号为 No.01，成为中国律师"第一号"。1915 年，与外交总长陆徵祥一起，是《二十一条》交涉的主要人物。1916 年后历任交通总长，兼署外长、交通总长、财政总长。1919 年五四运动中，与陆宗舆、章宗祥一同被斥为卖国贼，其住宅赵家楼被烧毁。1921 年参与内务部创设北京济贫院。1922 年任劝办实业专使。1928 年任关税自主委员会委员。后从事实业与银行业，1929 年，其中华汇业银行的股东财产被查封。1936 年任冀察政务委员会委员。抗战后在北平办医院做慈善。1949 年去台湾，后去日本，在美国底特律去世。
㊷ 张孝栘（1881—?）字棣生，又号遂非。湖北江夏（武昌）人，日本早稻田大学法科毕业。回国后，历任京师法政学堂及京师法律学堂教员、修订法律馆纂修、编查馆科员、清朝大理院五品推事、大理院详谳处行走。民国成立后，1915 年出任京师总检察厅首席检察官。1928 年 4 月，曾暂代京师总检察厅厅长。后任司法部司法讲习所教员。历任北平大学法学院、法商学院、河北大学、北京大学教授。1940 年 5 月，汪精卫伪政权创设最高法院华北分院，张孝栘出任院长。
㊸ 吉同钧（1854—1936）字石笙，号顽石，陕西韩城人。37 岁中进士，授刑部主事，"读书卅年，始获一第京宦"，后为奉天、四川各司正主稿，判案平允，提升秋审处坐办，兼外律例馆事务。精于律学，遇事善断，深为两任尚书倚重。后奉命任总纂修订法律。精研历代律典，删繁汰冗，编成《大清现行刑律》，居五位总纂官之首。在京师法律学堂任教习，主讲《大清律例讲义》，所编讲义集成六册，由法部核定出版，沈家本为之作序。他博览欧美各国法律，荟萃古今，编成《大清律讲义》，后又有《现行律讲义》《秋审条款讲义》《审判要略》《西曹公牍》等书相继问世。

年，宣统二年）11月，法学会成立，公推沈家本为会长，汪有龄总理会务。这是继长沙唐才常的公法学会[44]解散之后第一个全国性的法学会。在清末变法到辛亥革命的时代裂变之际，北京法学会的成立，成为一股悄然而动却意义深远的事件。1911年春，在法学会下设法学研究所，不久，便创刊了《法学会杂志》，其总发行所地址西城大药房胡同广兴里汪宅，疑即为汪有龄住所。辛亥革命之前，杂志办了五期，到武昌起义时暂停，民国成立后，法学会恢复活动，杂志复刊。

　　创办法学会和杂志这样重要的机会为何落到汪有龄身上？此处顺便提一层私人关系——汪康年是汪有龄的族侄，汪康年有个大名鼎鼎的堂兄，叫汪大燮。[45]汪大燮因中年丧妻，在1893年（癸巳）9月24日娶沈家本长女为妻；[46]1902年曾任留日学生监督；1907年任外务部右丞；[47]1910年从邮传部左侍郎改任出使日本大臣；1911年曾被传为"内阁总协理大臣"[48]；1913年任教育总长兼驻日代表。汪有龄是汪康年族叔，而汪康年的堂兄汪大燮是沈家本的女婿，这样一来，汪有龄—汪康年—汪大燮—沈家本，就形成了一条暗线。因此，不排除汪有龄通过汪康年和汪大燮而进入沈家本的视线，成为沈家本信任和栽培的对象。后来沈家本支持汪有龄主事创办法学会、《法学会杂志》与朝阳大学三件大事，无论于公于私，提携年轻人成就其事业，也就很自然了。

　　有意思的是，到了民国元年，北京法学会又开了一次"成立大会"。改换朝代之际法学会重启成立大会仪式，这是具有戏剧性的。1912年10月20日下午1时，北京法学会在化石桥尚志学会召开成立大会。到会者九十余人，首由汪有龄报告该会之经过情形，谓该会于前年（1910）十月

---

[44] 1898年唐才常在长沙创办"公法学会"并制定章程。参见唐才常：《公法学会叙》，载《湘报》1898年第43期。另参见毕永年：《公法学会章程》，载《湘报》1898年第47—48期。

[45] 马忠文：《戊戌保国会解散原因新探汪大燮致汪康年函札考》，载《东北师范大学学报》（哲学社会科学版）1995年第6期。

[46] 李贵连：《沈家本传》（修订本），第85页。

[47] 《上谕汪大燮现在出使外务部右丞》，载《外交报》1905年第5卷第26期。

[48] 《四月二十六日召见内阁总协理大臣汪大燮、松茂》，载《湖北官报》1911年第97期。

成立至今虽未能发达亦并未间断，彼时入会诸君日益增多，此后必可希望发达云云。次由马湘伯（即马相伯）先生演说，大致分五段：其一，法律之必要；其二，法律与国家之关系；其三，性法（指良心上所发现之一种观念，如有自然之法律传来者——原注）；教法（宗教上之道德行为）与国法；其四，中国之无法律；其五，今后之希望。再次由司法总长许世英代表祝词。之后选举议员汪有龄、曹汝霖、章宗祥、江庸、施愚[49]五人为干事。又续选评议员二十四人。是日晚六时散会。[50] 这个重开成立大会的事实，得到另一资料的佐证。沈钧儒1912年岁末发起创刊的《法政杂志》，曾就北京法学会成立后的活动作过一段记叙，他特地讲道："现值民国成立，该会会员云集京师，大图发展。特假座化石桥专门学校，开成立大会。前司法总长王宠惠及现总长许世英、大理院院长章宗祥、法制局长施愚，及北京法界重要人物，多数出席。"可见沈氏此处所述指1912年的新成立大会。[51] 之所以重新召开成立大会，笔者理解，可能是主事者们以为，宣统二年（1910）成立的法学会，是代表前朝的旧产物，进入民国时代需要更新罢。

这次新的成立大会还讨论了三件事："一发行法学杂志……一设立法政学校，分设法制经济各科，设立专门大学，各级延聘中外教员，养成专门人才。一设立法学讲演会……"[52] 可见，法学会成立的初衷，是把朝阳大学、法学杂志与法学研究所作为法学会不可割裂的一体三面。1913年2

---

[49] 施愚（1875—1930），字鹤雏（又作鹤初），号小山，四川涪陵人。光绪年间进士。1898年起先后留学日本习法政，回国后任翰林院编修，1905年为考察宪政大臣顾问，嗣从考察欧美，留学柏林，对德国政治法律有研究，跟从于式枚赴德考察宪制，调查和译述颇多。历任宪政编查馆委员、法制院副使、弼德院参议、山东巡抚顾问。民国成立后袁世凯大总统府秘书，后任筹备国会事务局委员长，1912年7月底被临时大总统任命为法制局局长。1912年12月任法典编纂会会长。1914年任约法会议副议长兼参政院参政，获授少卿、二等嘉禾章。1915年10月任参政院参政，袁世凯称帝时，获封一等伯爵。袁死后，任国际事务委员会委员，后担任江苏督军李纯的幕僚。1918年12月起任南北议和北方代表之一，参与南北议和。1925年8月被选聘为国宪起草委员会委员。1927年1月任安国军总司令部政治讨论委员会委员。1930年逝世。

[50] 《记北京法学会之成立》，载《神州日报》1912年10月28日。

[51] 《北京法学会的发展》，载《法政杂志》第2卷第4号。参见李贵连：《沈家本传》（修订本），第469—470页。

[52] 《北京法学会的发展》，载《法政杂志》第2卷第4号。参见李贵连：《沈家本传》（修订本），第470页。

月15日《法学会杂志》复刊（第1卷第1号），沈家本为创刊号作《法学会杂志序》。沈《序》中把法学会、研究所和杂志社三件事的来龙去脉做了介绍，尤其突出讲了汪有龄在其中的作用，他说："会事属江君、子健总其成，子健热心毅力订章程、筹经费，规模略具，力图进行，乃议设法政研究所及编辑杂志，以导其先。辛亥春，研究所既成立而杂志亦于是年五月出版，乃八月以后国事扰攘遂中辍，良可惜也。"[53] 新制定的《法学会章程》也刊登于这期杂志上，其中第五条"本会应办事业"有设立大学或法政专门学校、调查关系法制问题、发行法学会杂志。[54]《法学会杂志》是当时的权威杂志，刊登的文章大都是名家大作，如康有为、汪荣宝、林棨、章宗祥等，还有古德诺、冈田朝太郎、有贺长雄等人的文章。

尽管处在改朝换代的当口，但汪有龄的仕途和汪大燮一样都很顺利：1912年（民国元年），南京临时政府成立后，汪有龄进入新政权，出任法制局参事。袁世凯任临时大总统后，汪有龄于八月初五任北京陆徵祥政府司法部次长，司法总长为许世英。[55] 同月国务总理换成赵秉钧，9月汪有龄呈请辞职，经临时大总统袁世凯9月20日批准，赵秉钧、司法总长许世英署名，免去汪司法次长职务。[56] 也就是说，汪有龄只当了一个多月的司法次长。1914年，根据2月1日公布的《法律编查会规则》规定，其设会长一人，由司法总长梁启超兼任，副会长二人，由会长聘任。2月3日，法律编查会会长梁启超聘汪有龄为该会副会长。[57] 6月13日汪以参政院参政兼法律编查会副会长身份，与司法总长章宗祥、副会长暨大理院院长董康联署，为法律编查会呈请拨发调查经费。[58] 1914年10月，汪有龄以

---

[53]《法学会杂志序》，载《法学会杂志》1913年第1卷第1号，第1—2页。
[54]《法学会章程》，载《法学会杂志》1913年第1卷第1号，第111页。
[55]《临时大总统令（中华民国元年八月初五日）》："任命汪有龄为司法次长"，载《政府公报》1912年第98期。
[56]《司法次长汪有龄呈请辞职汪有龄准免本官此令》，载《政府公报》1912年第144期。
[57]《法律编查会会长梁启超致汪有龄先生聘任为法律编查会副会长书（中华民国三年二月三日）》，载《政府公报》1914年第633期。
[58]《政府公报》1914年6月17日。

1500元在北京安福胡同购买一房产，由警厅准发房产凭单。[59] 据《政府公报》所载信息，1915年仍有其以副会长身份"汇报三年份编查各项法律缮单请鉴"，1916年后即无"法律编查会副会长"的信息可查。[60] 这份工作很可能只持续到1915至1916年之交。

此后汪有龄较热心于文化。目前所知在1918年，他与严昭明、蔡元培等11位浙籍知识人共同以校董身份，为天津浙江旅津公学十周年举行征文活动。此校是1908年创办于天津租界的一所私立学校，当时天津租界内从来没有为中国人所办的学校，而外国人所办学校对于中国人不适宜。于是，天津浙江籍人士于天津英租界捐资创办此校，"设高等国民各级教育，招收租界内各省学龄子弟，俾得受完全教育"。征文公告中还提及十周年纪念活动："各界诸君赐以诗文联语……勉其将来，或风声所播，庶有同志者，相继而起，使将来租界内学校林立，俾各家子弟番得受正当之教育，以造成中正之人格。"[61]

鲜为人知的是，自1918年至1919年，汪有龄在政坛相当活跃。1918年5月初，他和梁士诒、周自齐、朱启钤等人当选为交通银行董事。[62] 同月，汪作为徐树铮的《公言报》记者至上海，据上海《民国日报》时评文章称，段祺瑞、徐树铮"虚声继续言战"实为"秘密图和"，指记者汪有龄为段徐谋调和。[63] 是年6月底，他在原籍杭县当选为参议院的五个浙省议员之一。[64] 10月初，有传闻他受徐东海委托，将到上海与长江诸督军商议时局事宜。[65] 同月，他与国务院秘书曾毓隽同时被张作霖聘为三省巡

---

[59] 《批警厅准发汪子健置买房产凭单文（十月八日）》，载《市政通告》1914年第71期。
[60] 《政府公报》1915年2月16日。
[61] 《教育周报》（杭州）1918年第206期。
[62] 《梁士诒周自齐朱启钤汪有龄孟锡珏被举为交通银行董事》，载《时报》1918年5月28日。
[63] 力子：《时评三：汪有龄》，载《民国日报》1918年5月17日。
[64] "参院沈铭昌吴钟镕沈金鉴潘补汪有龄当选……"，载《时事新报》（上海）1918年7月2日。
[65] "十月一日北京电汪有龄受徐东海委托与长江诸督……"，载《民国日报》1918年10月2日。

阅使顾问。⑥⑥ 果然，到了11月，他和徐佛苏南下至沪，与南方代表唐绍仪、章士钊接洽，疑为南北和议之事。⑥⑦ 11月4日，他与熊希龄、谷钟秀、张一麐等作为"和平期成会"（南北议和）北方代表，晋谒总统徐世昌，面陈预定的议和大体。⑥⑧ 12月，国务院派定南北议和的北方代表，委任朱启钤为总代表，汪有龄与吴鼎昌、王克敏等共九人担任南北议和之北方代表，由国务院等颁发委任证。⑥⑨ 这说明他在政坛上还是有一定影响力的。

汪有龄办事很认真，但是看来他免不了被北方军阀和政客利用，很容易被耍弄。1919年2月开始的南北议和，因受制于想武力统一的段祺瑞，北方代表不诚心谈和，好多代表不愿意去上海掺和这事。汪有龄只是代表，却要代表北方与南方总代表唐绍仪在议和规则上签字，他似乎觉得不妥，便带到南京递给朱总代表审阅后签字。⑦⓪ 5月底，他回到北京，因受安福派反对，因而表示不肯再赴沪。⑦① 可是，到了6月中旬，南北议和代表汪有龄又颇受媒体关注，有报章报道，他专门跑到天津与总代表朱启钤商南北议和事。⑦② 显然是"皇帝不急太监急"。人家要他代理总代表，他当然也没那么好糊弄，表示不愿意当这个代理总代表。6月中旬他曾生气地放话：如果非多数代表参加，那我决不单独去上海。⑦③ 可是6月底，他和江绍杰又南下到上海来和谈。⑦④ 因总代表朱启钤无心谈和，7月有传闻说汪有龄为北方议和代理总代表。⑦⑤ 7月中旬到了上海继续和谈不顺利，

---

⑥⑥ 《张作霖函聘曾毓隽汪有龄充三省巡阅使顾问》，载《时报》1918年10月8日。
⑥⑦ 《汪有龄徐佛苏将赴沪接洽唐绍仪章行严》，载《时报》1918年11月21日。
⑥⑧ "四日北京电和平期成会代表熊希龄谷钟秀张一麐汪有龄于今日上午晋谒徐总统……"，载《神州日报》1918年11月5日。
⑥⑨ 《国务院委任证第一号（中华民国七年十二月十一日）》，载《政府公报》1918年第1034期。
⑦⓪ 《会议规则已由唐总代表签字由北代表汪有龄》，载《锡报》1919年2月12日。另参见《汪有龄昨携会议规则来宁请朱桂莘总代表签字》，载《时报》1919年2月14日。
⑦① 《安福派反对汪有龄，汪遂不允赴沪》，载《新闻报》1919年6月3日。
⑦② 《汪有龄行踪之津讯》，载《时报》1919年6月24日。
⑦③ "汪有龄表示非多数代表同赴沪渠一人决不……"，载《神州日报》1919年6月22日。
⑦④ 《汪有龄江绍杰今日南下》，载《时事新报》（上海）1919年6月28日。
⑦⑤ 《汪有龄将代理总代表》，载《盛京时报》1919年7月10日。

汪想回北京，电报请示却被拒了。[76] 7月下旬，他致电北方代表催促南下谈和，可是朱总代表执意不来，还说"总代表须正式内阁出现方可决定"，[77] 意谓他不是正式内阁，不便担当此任。9月初，他又和施愚二人来沪。[78] 10月底返回北京向总统报告议和情形。[79] 总之，这样往复折腾了整整一年，至12月底，汪和刘恩格在国务院催促下，再来上海参加和谈。[80] 直到1920年4月，他还在为南北和议的事操心，还向徐总统建议取消军事协定，以促进和平。[81]

据说1921年3月他有出任司法次长机会，但最终是余绍宋获任。1921年6月汪出任国际律师协会主席。从回国到1921年，在政坛经历了二十多年的风雨，1923年他再次得病，从此无缘也无意于政坛，结束了仕宦生涯。

四、朝阳创办之经历

创办朝阳学院这件载入史册的大事，就发生在1912年，当时汪有龄才33岁。他和原修订法律馆同事、京师高等审判厅厅长江庸等志同道合者，创立了这所大学并担任校长。有一个说法是"原计划邀沈家本任校长，沈因身体原因，无法就任，遂公推汪有龄当校长"。[82] 此时的沈家本已年老重病，而汪大燮是教育总长，还传为"内阁总协理大臣"，算是大总统的红人。无论这个说法是否确切，汪有龄受沈家本提携又得汪大燮扶持应是不争的事实。当然汪有龄这种借力，不为谋私，而是图公，这是要作清晰区分的。

学校创办之初，定校名为"民国大学"。之后为何改为"朝阳大学"？1912年10月，因校址问题——"校址为旧翰林院，国务院准于前，而工

---

[76] 《汪有龄江绍杰电请回京覆电阻止》，载《时报》1919年7月22日。
[77] 《汪（有龄）江（绍杰）又来电促议和代表南下》，载《时报》1919年7月31日。
[78] 《汪有龄施愚两分代表拟今日晚车赴沪》，载《时报》1919年9月19日。
[79] 《汪有龄王克敏施愚来京报告沪会情形》，载《新闻报》1919年10月26日。
[80] 《国务院函促代表王（克敏）吴（鼎昌）汪（有龄）回沪》，载《时报》1919年12月25日。
[81] 《汪有龄谒徐总统请取消军事协议否则和议难》，载《时报》1920年4月1日。
[82] 《不应忘却的朝阳大学》，载《北京晨报》2017年9月24日。

商部翻于后,幸诉争得直,始经调整拨给东城海运仓址以代,鸠工葺集,成为现校舍"[83]。作为校长,汪有龄据理力争,"控工商总长刘揆一侵害本大学所有权",将工商部起诉至京师地方审判厅,成为民国第一起国民对政府之诉讼。刘揆一也是日本海归,两个月前受袁世凯任命于8月6日刚上任,在京城没有根基,且政治上亦有一堆烦恼之事。

时任上海申报馆青年编辑杨荫杭,以笔名"老圃"于1912年12月3日、5日、6日连载发表短评《汪有龄与刘揆一》,分析了此案。他首先整理出争议焦点:此案管辖争议和本案性质,究竟是行政诉讼还是普通诉讼管辖?行政审判厅未成立之前,凡关于行政诉讼是否寻常审判厅有兼理之权?翰林院旧址所有权属何人?杨荫杭从法学研究的角度提出了法官和律师值得研究的法律问题。杨荫杭说,据刘揆一言,此案由行政处分而起;据汪有龄言,则属私诉。杨文据欧陆法与英美法上的区别,谈了自己的看法,认为汪关于此问题审判厅当然有解释权,不能由刘揆一以公函作覆谓审判厅无兼理之权,但也不同意汪所主张的审判厅自行断定管辖之争。杨认为"当特设一审判机关以审判之",此特设机关就当由司法总长为审判长,这样就"不至偏袒司法,亦不偏袒行政"。[84]杨在第二篇中分析认为,此案性质究竟是行政诉讼还是普通诉讼,要看工商部的占领行为是否为行政处分性质?如果工商部以为这是取得一产业,则与平常人取得一产业无异,是私诉,属于普通管辖。分析结论认为,工商部的占领行为无论为所有权还是管理权,皆为工商部之私权,故其占领行为仅能谓之行使私权,不是行政处分。[85]杨氏在第三篇续文中分析翰林院旧址所有权归属,认为要看大总统拨房产时有无明示所有权转移。他认为该旧址属于教育部管辖,"今为奖励法律教育计,拨为民国大学之校产,在大总统固无丝毫违法之处"。由此他主张民国大学拥有所有权,而工商部只有租借权,所有

---

[83] 潞河王郁骢:《校史志略》,载《朝阳大学毕业同学录》。
[84] 老圃:《汪有龄与刘揆一》,载《时事新报》(上海)1912年12月3日。
[85] 老圃:《汪有龄与刘揆一(续前)》,载《时事新报》(上海)1912年12月5日。

权人可随时结束租借关系。⑧⑥ 可见杨荫杭的结论是汪有龄可胜诉。同时，他依据现行法律认为普通审判厅无权审理行政诉讼，因此建议尽快设立行政诉讼制度，以保护人民之权利。

此案在法律界争议颇大。1912 年 12 月初就有一篇外地法官拟就之"判决书"公开发表于报刊，现职法官公开谈论未经审判的案件，这在今天看来有违法官职业伦理。该"判决书"之"判决主文"认为"旧翰林院署应归工商部不应归入民国大学"。⑧⑦ 12 月下旬，法庭开庭，刘揆一不到庭，并在传票上批字"刘某无作此案被告之义务，详陈前两函"云云。⑧⑧ 国务院有另拨校产之公函，审判厅主办推事始终执国务院公函意欲主持和解，而原告不同意。⑧⑨ 法庭遂作出缺席判决。12 月底，杨荫杭又发表一则极短的评论《刘揆一败诉》，谈"汪刘案之缺席判决"，他敏锐地指出，"虽此案尚须观法庭之执行能力如何，而以判决言，则固能实行司法独立者也"⑨⓪。看来审判厅的确作出过令杨荫杭满意的缺席判决。那么，一审判决理由究竟如何呢？

1913 年 1 月，据说有要人出面从中调停，可望和息。⑨① 1 月 13 日，刘揆一不服一审判决，上诉于高等审判厅。⑨② 媒体报道刘揆一不服上诉，把一审判决理由也作了重述：工商部交付翰林院废署，判决理由为国家对此产"握有私法上之所有权"，"批予民国大学是国家之意思表示，属私法上之赠与行为"，"即有交付标的物之义务，乃工商部既无权利之可主张，即无拒绝交付之理由，今因以刘揆一个人之意思任意不为履行，致国家蹂躏

---

⑧⑥ 老圃：《汪有龄与刘揆一（续昨）》，载《时事新报》（上海）1912 年 12 月 6 日。
⑧⑦ 《拟汪有龄与刘揆一争旧翰林院署一案判词》，载《时事新报》（上海）1912 年 12 月 8 日。
⑧⑧ 《今午（廿一日）开审民国大学与工商部争地案刘揆一不到并于传票内批字》，载《时报》1912 年 12 月 22 日。
⑧⑨ 《昨日（廿一日）余（访员自称）观审民国大学与工商部争地案刘揆一未到》，载《时报》1912 年 12 月 23 日。
⑨⓪ 老圃：《刘揆一败诉》，载《时事新报》（上海）1912 年 12 月 30 日。
⑨① 《民国大学与刘揆一诉讼案·闻由有力者出为调停·可望和息》，载《时事新报》（上海）1913 年 1 月 20 日。
⑨② 《刘揆一上诉民国大学案》，载《时事新报》（上海）1913 年 1 月 13 日。

私人之权利,殊属不以国家为前提,而民国大学虽非完全取得所有权,然既属特定物债权,并无交付困难情形,因依审判所章程第三十九条第二项,为即时判决"云云。[93]判词中理由论述很充分,用词以法言法语,颇为专业。1月27日报道说"法制局长调停已归无效",二审于"明日下午一时开审"[94]。时任法制局局长为施愚,1912年8月初到任。刘揆一于1913年7月辞职,而翰林院旧址并没有拨回给民国大学,最后汪有龄的大学校址定于北京朝阳门海运仓库旧址。1916年校董事会根据校址在朝阳门,故改名为"朝阳大学"。

"民国二年(1913)八月开始招生,投考者极踊跃,经严格甄别,得专门部同学百余名,大预同学数十名,九月十日开学。弦育之声,至是乃由静寂仓址发响。"[95]1914年9月,校董会成立,当时该校内设大学部、专门部和预科三部分。大学部只设法商两科,法科分法律学、政治学和经济学三系。[96]1912—1933年间,朝阳大学先后聘请专、兼任教授和讲师327人,聘请的外籍教授有冈田朝太郎(日本人,讲授《刑法》《刑事诉讼法》)、巽来次郎(日本人,讲授《国际公法》)、岩谷孙藏(日本人,讲授《商法》)以及讲授外国语的外教老师(施华罗讲授英文、原冈武讲授日文、何德美和魏德根讲授德文等)。华籍教师中有留学英、美、日、德等国取得法学硕士、博士学位的教师,多达150人,占了全体教师的46.9%,[97]并且很多教师都有在法院、大理院等司法机构工作的经历。[98]1914年5月19日,教育部第六号褒奖公文称"朝阳大学学生入学资格甄

---

[93] 《刘揆一上诉民国大学案》,载《时事新报》(上海)1913年1月13日。
[94] 《民国大学一案工商总长刘揆一不服判决上诉于高等审判厅》,载《时报》1913年1月27日。
[95] 参见潞河王郁骢:《校史志略》,载《朝阳大学毕业同学录》。
[96] 参见《朝阳大学概览》,1927年编印,第1页。
[97] 邱志红:《朝阳大学法律教育初探——兼论民国时期北京律师的养成》,载《史林》2008年第2期。
[98] 《前任教员姓名略历》,《朝阳学院概览》,1933年编印,第18页。

拨较严教授管理均属合法，各班试验成绩亦大致可观，应即准予认可"[99]。至于朝阳大学得教育部认可立案之时间，据1933年编印之《朝阳学院概览》中的"概况"介绍，1914年9月19日以教育部第六号布告认可立案。[100] 依惯例，自应以教育部布告之时间为准。

据笔者查阅，在汪有龄校长任内，政府对朝阳所发行政令中，唯有一次是批评整顿训令——1919年4月12日，教育部发训令第一百五十号致朝阳大学校长汪有龄，明文指出："据本部视察员报告内称私立朝阳大学学生缺席比较往时为多，听讲亦不甚注意，足证管理较前稍形疏懈等语。合亟令行该校仰即励行整顿以求进步。"[101] 由此可见，当时教育部的监督甚严。而汪校长在朝阳法科办学的质量，更多是受到政府褒奖，批示的清单及其嘉许评语如下：

1914年（民国三年）5月19日，《教育部第六号褒奖》称："朝阳大学校学生入学资格甄拨较严，教授管理均属合法，各班试验成绩亦大致可观，应即准予认可。"

1918年（民国七年）3月4日，《教育部训令第一零六号》称："私立朝阳大学各科教授认真、管理合法，调阅教员及学生平时出席簿，缺席人数尚少……足证该校整理有方，深堪嘉许，应予传知褒勉以昭激劝……"

1918年（民国七年）2月30日，《司法部指令第二九二八号》称："此届法官考试，该校毕业各员取录较多，且占甲等前列者尤不乏人，足证该校教授管理均臻优美，故能成绩昭著，可为私立各法校之模范……"

---

[99] 得教育部认可之时间有不同提法。据《朝阳大学毕业同学录》"本校简介"，为民国四年五月九日，即1915年5月9日。

[100] 《朝阳学院概览》，第1页。

[101] 《部令：训令第一百五十号（民国八年四月十二日）》："令北京私立朝阳大学校长汪有龄：朝阳大学学生缺席过多应严行整顿"，载《教育公报》1919年第6卷第6期。

1921年（民国十年）12月10日，《司法部批第一五五五号》称："司法官考试凡甲等合格者咸以该校毕业学员占居多数，足见课士程功历久不渝实至名归亦固其所……"

1922年（民国十一年）6月17日，《教育部第三零二号》称："呈悉查上年司法官考试居首选者又系该校毕业学生，足证办学认真教授有方殊堪嘉许，应予传知褒勉，籍昭激劝……"

1924年（民国十三年）2月10日，《司法部第三四号》称："呈悉据陈增设英德文法律科及择优资遣出洋留学各节，具证课程邃密造就益宏……"

1927年（民国十六年）2月14日，《教育部批第四二号》称："呈件均悉，查该校毕业学生应本届司法官考试录取多名，且获首选具见该校办理认真成效卓著亟应再予传知褒奖以励观摩……"

1927年（民国十六年）2月11日，《司法部批第九九号》称："呈表均悉。本部历届考试法官取录在前者多属该校毕业生，此次复取录三十九名就中王材固一名，又以第一人及格与林尚滨后先媲美。该校成绩优异弥足征信……嘉许良深……"

1929年（民国十八年）1月15日，《司法行政部批第一四八四号》称："查该校自创办以来成绩卓著殊堪嘉尚仰仍本已往之精神，就目前之需要设法扩充，益求精进有厚望焉。"[102]

朝阳法科，风生水起，校绩丰硕，遂成名校。汪有龄校长对朝阳法科的司法型职业定位很明确。他主张"余维综核学说，研求法理，此学法者之事也。依据法条，平亭狱讼，此用法之事也。用法学法，虽分为二事，而其本则一"。[103] 其以司法官训练为目标的法科教育实用理念和实证方法可见一斑，因而与北洋大学、东吴大学的法科形成了特色上的分野。教学质

---

[102] 以上均引自《朝阳大学学则》（暂行），1929年9月。
[103] 1917年汪有龄为朝阳编写第1版讲义所写"初版序"。

量之所以高，与教育理念有关，与师资有关，更与教材讲义有关。朝阳法科的教授多有法政界要职，多有法学名宿，而他们上课基本上以自己编纂的讲义为主，深受各法律院系师生和各级司法官员的欢迎，被赞为"价值连城"还高价争购。他们的讲义不仅能理论联系实际，且能把外国法律原理中国化而自成体系。

汪有龄校长对学生国际视野的培养相当重视，曾因学生赴日本旅行一事致函教育部，认为政府有歧视私立大学学生的倾向。教育部明文批示称"此次派遣赴日旅行团对于私立各校并无歧视仰即晓谕各生"。[104] 朝阳学生出国留学者比率较低，尤其赴欧美者更少。创校以来获欧美博士学位者只有一人——海南人林奕轩（1902—1967），于1931年获法国南锡大学法学博士学位。[105] 中国近代法学和司法传统的基因里面，有大量来自日本或曰大陆法系的元素。因朝阳主要培养法曹，这个现象可以理解。

汪有龄担任朝阳大学校长直至1927年北京政变之后，北洋政府当局对朝阳学生的学潮动向很不放心，教育总长刘哲还意欲改组朝阳大学。汪有龄校长与同事们商量对策，将校长职务由"靠山"更硬的江庸兼任。[106] 汪有龄校长以上海有事为由拒绝到校处理校务，随后辞职。干了15年的法律教育，汪氏办学有方，桃李丰硕，功不可没。

五、律师职业的经历

汪校长在创办朝阳大学的同年，以担任法政法律学堂教员五年以上的资历取得了律师资格，1913年加入北京律师公会，入会登记时间与住址为"民国二年九月二十八日"和"西城大蒋房胡同"。[107] 早在1914年，他就成为著名的律师，在"陈璧谋杀案"中就有专业精湛的表现，由于被任命

---

[104] 《教育公报》1924年第11卷第5期。

[105] 王伟：《中国近代留洋法学博士考（1905—1950）》，上海人民出版社2011年版，第222页。

[106] 程波：《"法学津梁"——法学家夏勤与朝阳大学》，载《朝阳法律评论》2009年第2期。

[107] 《北京律师公会会员录》，1925年6月。

为法律编查会副会长,有官方身份,因而中途辞去辩护人之职。[108]

在他担任朝阳校长期间,他还干过一件助力法律界国际交流、促进律师界国际化的大事。1921 年 6 月 23 日,中华民国律师协会开会,依国际律师协会章程,推荐本届国际律师协会职员及代表委员,并公推招待员。据 7 月 9 日出刊的《英语周刊》报道,汪有龄被推选为国际律师协会会长,并表示 10 月在北京召开国际律师大会。[109] 汪有龄会长亲自出面与交通部协商外籍参会律师铁路免票事宜,得到交通部"此事关系国际联络,慨然应允"的积极回应。10 月 23 日,国际律师大会第一次总会在北京正式开幕。参加会议的有日本律师协会 73 人(东京 22 人,地方 17 人,朝鲜 34 人),菲律宾律师 14 人,美国律师 6 人(来自上海美国法院),俄国律师 5 人(来自哈尔滨俄国律师协会);暹罗、香港、印度各律师协会来函声明不能赴会。中国参会律师共 350 余名,分别来自全国 41 个律师公会。

在此会上可听到汪有龄的两个重要见解,一是关于律师职业,一是关于治外法权。汪会长 23 日全体会议之祝词曰:"法律为公开之物,律师事业非可与他事业同视,律师愈发达,则人权愈得保障……律师事业在乎保障人权。"[110] 关于律师与人权的关系的这个见解在那个时代已是较流行的常识和通说,但他强调律师事业与其他事业之不同,这是难能可贵的。10 月 23 日晚上的国际律师恳亲会上,汪有龄会长提出了治外法权的议题,"自世界大战以后,人类尚平等,法律尚公平,国际律师协会即本平等公平之宗旨而成立者。然返观吾国,至今尚存有治外法权,殊与平等公平之旨不合",并重申通过法制建设与改革的方式予以解决——"我国固应改良法制,整顿司法,以期早日撤废治外法权",并表达了寻求与会者的声援支

---

[108] 《公函:致汪有龄先生聘任为法律编查会副会长书(三年二月三日)》,载《司法公报》1914 年第 2 卷第 6 期。
[109] 《英语周刊》1921 年第 301 期。
[110] 王志林:《近代中国律师对外交往的先声——1921 年"国际律师协会"北京第一次总会纪略》,载《西部学刊》2014 年第 9 期。

持之意,"今日与会之友邦君子倘能尽力赞助,敝国同人之所厚望也"[11]。

自从 1923 年远离政坛后,他仍关心着公共事务。1925 年北京因"九六公债"(因公债发行额 9600 万元而得名)发生风潮,他以民间人士的身份发声,呼吁安格联、张嘉璈引咎辞职,并要求政府彻查。[12] 1925 年 8 月起汪氏担任国宪委员会委员。[13] 1926 年 5 月,他再次当选交通银行董事,其间可能短暂从事工商经营。

1928 年,汪有龄在《法律评论》第 6 期发表《对于本刊之希望》一文,认为:"觇一国之文野,不在其国专门法学之士之众寡,而在其国民众是否具有法律常识。"他认为比之欧美先进诸国,我国一般民众缺乏法律常识。"本刊为我国唯一之法学刊物,其已往成绩,无待不赘抑,自今而后,应别开新径,唤起举法义,以促宪政之早观厥成,而进国家于文明,以表示余所希望于本刊者,愿与同社诸子交勉之。"[14]

同一期《法律评论》又报道了"汪有龄在沪执行律师执务"的消息,称汪有龄"在北平执行律师执务有年,承办各种重大案件为全国人士所深知。年来移居沪上担任银行界事务,迄未在沪登记。月前汪氏因有余暇时间,特向沪法院登记执行律师职务。居沪上者权利有保障矣"[15]。上海《申报》和《新闻报》对他来沪执行律师职务的报道,是 1928 年 9 月 18 日,[16] 由此可知,汪有龄正式在上海地方法院登录并转往上海专执律师的时间应该是 1928 年 9 月。其律师事务所设于上海静安寺路静安里 673 号,[17] 后迁至上海西

---

[11] 王志林:《近代中国律师对外交往的先声——1921 年"国际律师协会"北京第一次总会纪略》。

[12] "汪有龄列举安格联张嘉璈历次发表关于九六之文件、宣言证……",载《时报》1925 年 12 月 21 日。

[13] 《国宪起草委员会委员一览表(十四年八月十七日印布)》,载《国宪起草委员会公报》1925 年第 1 期。

[14] 《对于本刊之希望》,载《法律评论》(北京)1928 年第 6 卷第 1 期。

[15] 《法律评论》(北京)1928 年第 6 卷第 1 期。

[16] 《法学专家汪有龄莅沪执行律务》,载《申报》1928 年 9 月 18 日。《汪有龄莅沪执行律师职务》,载《新闻报》1928 年 9 月 18 日。

[17] 邱志红:《朝阳大学法律教育初探——兼论民国时期北京律师的养成》,载《史林》2008 年第 2 期。

摩路660弄15号。[118] 汪有龄在上海从业律师期间有以下几件事值得一书。

1929年12月，为收回会审公廨、撤销领事裁判权事宜，上海律师公会提出一系列设想，呈给上海临时法院。王正廷外长正在上海。当时汪有龄忽接董康律师私函，董以代表身份南下至南京，意在请上海律师界推选人员，并称"王外交长（指王正廷）来沪联合同仁就近接谈"。汪有龄将董康函转呈上海律师协会常务委员会。[119] 由此可知，汪有龄律师在上海有参与联络这项重大商议事务。

1930年，上海某小报报道："著名律师汪有龄，日前自其事务所出门将登汽车，突遇多人以粪汁向其头上扑去，颇淋漓尽致，一人被逮捕后，据称实系误认，汪大律师可称触霉头矣。"[120] 律师执业有风险，在当时亦然。

1932年陈独秀被捕入狱消息传出时，中央研究院院长蔡元培等去电营救，汪有龄与章士钊、张耀曾、董康、郑毓秀等著名大律师都自告奋勇愿做义务辩护人。最后，陈独秀决定只请老友章士钊、彭望邺等三个律师，于11月初确定担任辩护人。[121]

1934年，《上海商报》因登载上海大亨哈同的管家姬觉弥被控诱奸少妇徐玉英一事，总编张季平被姬觉弥指控为侵犯名誉，汪有龄出任辩护人。[122] 姬觉弥，本名潘小孬，江苏徐州人，得哈同赏识，成为爱俪园管家，办仓圣明智大学，实为野鸡大学，自任校长。据当时报纸称，1933年，徐玉英诉姬觉弥诱奸案曾一度至法院，经一个月审理，有人证物证，却被宣判无罪。上海特区第一法院初审对被告张季平判处有期徒刑4个月，一时间舆论哗然。上海新闻界、日报公会及记者公会多次组织讨论："一致声

---

[118] 《汪有龄致〈法律评论〉新年恭贺年禧》，载《法律评论》（北京）1936年第14卷第9—10期。

[119] 《上海律师公会报告书》1929年第26期。

[120] 《天津商报画刊》1932年第4卷第15期。

[121] Y. P. Ma：《三律师为陈独秀辩护》（中英文对照），载《英语周刊》1932年新第10期。

[122] 《上海商报总编辑张季平妨害名誉上诉一案已聘请律师汪有龄等出庭辩护》，载《法治周报》1934年第2卷第12期。

援。中央方面，亦以维护新闻事业，早有明令，特电令郑重办理。各界对此，咸深切注意。"法院判决后，该报专门向外界发出"请求正义书"，称该事件为"新闻界的奇耻大辱"。[123] 上海《申报》报道，张季平聘请的律师为汪有龄、蒋持平、唐豪。[124] 3月13日，对张季平上诉案开庭审理，宣告辩论终结。21日作出终审判决，撤销原判，处罚金400元。[125]

1936年作为"七君子事件"中21位律师[126]组成的辩护团的成员，汪有龄与鄂森、陈志皋搭档，义务担任被告人李公朴的首席辩护人，赢得同行与社会的尊敬。

汪有龄在上海滩无疑是享有好口碑的名律师。汪氏次子汪一彪，留学美国麻省理工学院，学工业机械专业，毕业回国后任职于亚细亚火油公司，1932年娶叶恭绰之女，由朱庆澜证婚。[127] 自1936年后，曾经的法界名宿汪有龄长达十年间音讯几无。这正值抗战和内战期间，亦不奇怪。1947年汪氏病逝于上海，享年68岁，原葬于杭州留下东岳社区的王家坞小方井北胥家河头"十八亩"处，1980年迁到现址王家坞马鞍山。

汪有龄算是修律馆的"后浪"，他与同时代的江庸、曹汝霖、章宗祥、施愚等人相比，在学历及天资上均有所逊色，甚至文思平平，事业命运也可谓曲折多舛。不过，他在沈家本的器重和支持下，35岁之前就做成了三件载入法制史册的大事，不惑之年又启动了中国律师的国际交流。他是知识人，是厚道人，有责任心，办事认真，但他着实玩不过军阀和政客，难以与之为伍，因此退出宦海；在律师生涯中，他亦有职业素养和公义精神。因此，毫无疑问，他在中国近代是一位有历史贡献和重要地位的法律家。

---

  [123] 操瑞青：《政治干预下的职业抗争——清季民初新闻业"有闻必录"理念的奠定》，载《新闻与传播评论》2018年第3期。
  [124]《申报》1934年3月13日。
  [125]《申报》1934年3月21日。
  [126] 包括刘崇佑、江庸、张耀曾、张志让、陆鸿仪（曾任北洋政府大理院院长）、吴曾善（苏州律师公会会长）、陈霆锐（前东吴法学院教授）、刘世芳，以及俞钟骆、俞承修、刘祖望、唐豪、鄂森等实力派律师。
  [127]《汪有龄次子结婚，新娘为叶恭绰之女》，载《时事新报》（上海）1932年8月12日。

第二章
政治行动者

第一节　速成与立宪

刘春霖——从末代状元到法科海归的蝶变

图 1　刘春霖（1872—1942）

中国传统文人的沉浮充满变数，但科举中榜的人，其仕途命运通常具有高度的确定性。然而中国历史上最后一位状元刘春霖，却渡海留学，习法科，这彻底改变了状元在人们心目中的形象，犹如一个时代的奇观，成为传统文人在此"百年大变局"中转型的一个象征。

刘春霖的变数是他自己掌握的。中状元之后不久，便赴日本留学，入东京法政大学深造。他是一位追逐历史巨变机遇的知识人。在认知上超越自己，便是超越时代。旧式士大夫转变成近代法科知识分子，如何可能？通过他，我们可以看到这个时代知识人的崭新转型，也可以看到遗留在他身上的传统文人的固有气息。我们来看看刘状元身上双重属性之间有着怎样的矛盾。

一、状元新知源何处？

刘春霖（1872—1942），字润琴，号石云、石筼，直隶省肃宁县（今河北省肃宁县）人。1872年2月11日（正月初三），出生在肃宁县北石宝村。祖父刘昆仪世代为农，家境贫寒。父刘魁书，先为农，因家境困难，到济南府衙当差，母亦在知府家为女仆。刘氏兄弟二人，其兄刘春堂亦好学。哥哥后随父母到保定府衙居住并求学。刘春霖小时候在老家随叔伯生活，自幼执着刚毅，内敛好静，聪明好学，4岁与哥哥随堂兄读书。至10岁，其书法、诗文已在乡里出名。兄弟二人刻苦攻读四书五经，数年之后，几经波折，1888年春堂和春霖兄弟二人双双考入保定莲池书院大学堂学习。1895年，春霖考中拔贡生。次年刘父病故，兄弟二人为父亲完孝三年。因此，刘春霖到1898年才离开莲池书院，在保定、北京做私塾家教。光绪二十八年（1902）庚子、辛丑并科，刘氏兄弟双双考中举人。次年会试春堂中榜进士做了知县，而春霖不第，为陈伯平家当家教，[1] 也曾在北京原驻德大臣家做家教。[2]

此时，一方面是留洋潮涌，另一方面还有科举遗存。千年科举沿袭至清末，所不同的是，经历甲午战败，科举制度已经有所动摇。1898年6月23日，光绪帝下诏，废除八股，凡乡会试和生童岁科各试一律改试策论，不久又明令取消诗赋小楷。1901年（光绪二十七年）7月政务处礼部会奏《变通科举事宜折》，曰："我朝沿用前明旧制以八股文取士，名臣硕儒多出其中，其时学者皆潜心经史文艺"，"乃行之二百余年，流弊日深，士子但视为弋取科名之具，剽袭庸滥于经史大义，无所发明，急宜讲求实学，挽回积习，况近来各国通商，智巧日辟，尤贵博通中

---

[1] 刘海云：《刘润琴殿撰行述》（一），载《盛京时报》1942年4月1日。
[2] 孟东岭：《中国最后一位状元——琴心侠骨刘春霖》，花山文艺出版社2017年版，第420页。

外，储为有用之材，所有各项考试不得不因时变通，以资造就"。③ 因此，自第二年开始实行新的科举考试，增设中外政治、史事、策论。这是一种时代对人才需求的风向标，说明传统的知识秩序有所松动和变化，朝廷更需要适时的、务实的知识。

光绪三十年（1904），甲辰正科，适逢慈禧太后70岁寿辰，设考恩科。这也是中国最后一届科举考试。因庚子辛丑变乱，北京贡院被八国联军焚毁，故此"恩正科"于是年阴历三月借河南闱会试。刘春霖参加会试。之后为照顾学子，殿试不返京，仍就地举行，但推迟一个月，于同年阴历五月廿一日举行，273名录取的贡士参加了殿试，刘春霖是其中之一。

1904年阴历五月廿一日，甲辰科殿试正式举行。光绪皇帝的策问文字较多，约800多字，首先介绍了增开本科的原因及皇帝登基以来的勤政表现，然后出策题4道，从吏治、兵制、财政、教化等方面问治国之策，即官吏如何应对世局变化，汉唐以来兵制与今日情势，中国古代理财与现今各国预决算的比较，教育、科举和气节问题等，最后皇帝表示自己将亲自阅卷，请考生"直言无隐"。④

刘春霖以他最擅长的馆阁体，进行"对""策"，共计1953个字。"对""策"中充分展现了刘春霖的思维和视野。

第一个对策，关于吏治，相当于"政治建设"。刘春霖答曰："王者不吝改过，故盛世有直言极谏之科；学者义取匡时，故贞士有尽忠竭愚之志……任官治兵之要，裕财正俗之方，类能指陈利害，上广人主聪听，下系四海安危，非仅在词章之末也。"⑤ 他认为"世局日变，万政待兴，举凡学堂、警察、交涉、工艺诸政，皆非不学之人所能董理。将欲任以繁剧，必先扩其见闻，是在长官加意陶成，俾咸具溥通之知识，而后委之

---

③ 《政务处礼部会奏变通科举事宜折》，载《北京新闻汇报》1901年11月。
④ 邓洪波：《中国状元殿试卷大全》，上海教育出版社2005年版，第2097—2098页。转引自于素敏：《刘春霖〈甲辰科状元策〉探源》，载《保定学院学报》2014年第2期。
⑤ 肃宁县地方志办公室：《肃宁史话》，方志出版社2006年版，第394页。

以任而不惑，责之以事而不迷，纲举目张，不劳而理"⑥。他认为察吏之道在于重视守令的任用，"民间疾苦，惟守令知之最真，故欲平治天下，必自重守令始"，而"博采公论，慎选贤绅"是正确的察吏之道。他认为，一是加强对官吏的监督，让各级行政长官真实了解民间疾苦，上下之情沟通顺畅，避免欺下瞒上现象；二是各级行政官员应该顺应时势要求，不断学习西方，了解西方，增长见闻，这样在任才能游刃有余，做出较好的政绩；三是可由本地士绅担任地方官员，更了解当地行政利弊得失。

第二个对策，关于治军，相当于"国防建设"。刘春霖提出了加强军备建设的重要性，指出当今世界各国都崇尚武力，如无一支精兵，就不能"并立于群雄之间"。至于治军，"自有国家以来，必不可一日去兵"，"今日群雄角逐，战术之变幻，器械之精利，虽日召其兵而教练之，犹未必胜人"。

第三个对策，关于财政，相当于"经济建设"。刘春霖认为重在"开源"，"理财于今日，节流不如开源之尤要"，"盖自通商以来，利源外溢，虽百计节省，而无救于贫"。"节流不如开源"，而开源之道在"振兴实业""扩充商务"，要鼓励人们进行科技的创新与发明，要与西方各国加强经贸往来，这样就能改善财政困境，并提出若干切实可行的措施。"中外交通以后，闽粤濒海之人，类能仿造洋货，果其加意提倡，不难日出新制，则宜振兴工艺……中国商业不兴，漏卮日钜，欲图抵制之道，则宜扩充商务。"⑦

第四个对策，关于励士，相当于"思想建设"。刘春霖回答："今日浮荡之士未窥西学，已先有毁裂名教之心，故欲正人心，端士习，必以明伦为先。欲明伦理，必以尊经为首。此即国粹保存之义。"⑧ 他又表示不能完

---

⑥ 肃宁县地方志办公室：《肃宁史话》，第 394 页。
⑦ 肃宁县地方志办公室：《肃宁史话》，第 396 页。
⑧ 肃宁县地方志办公室：《肃宁史话》，第 396 页。

全接受西方文化，而应兼顾传统，即推崇儒家经典，用儒家思想来引导人们的思想价值观念。

在精练的文字中，前三"策"显示了刘春霖简朴的西学思维和国际视野，至少他超越了传统的文学与经义之学。值得一提的是他最后的"励士"，强调明伦、尊经，这正反映了旧式士大夫的固化思想，也可以看到知识人在政治意识形态上的某种思维惯性。

殿试廷对卷被呈报给慈禧的前五名是：朱汝珍、刘春霖、金梁、商衍鎏、张启后。结果慈禧改变了这个顺序，第一名状元刘春霖，第二名榜眼朱汝珍，第三名探花商衍鎏。这里有个传说，据说是因为"朱汝珍"的名字，让慈禧联想到她厌恶的"珍妃"，又因她特欣赏刘春霖精湛绝伦的小楷书法，不仅早有耳闻，还让人请他抄过佛经。朝廷内宫演绎之事，此处不多评说。许多年后其哲嗣刘海云亦坦率地说，其父亲得益于精湛书法以及阅卷得诸先生与皇帝青睐，他说："先严书法者咸谓必居大魁，虽馆阁前辈，亦自叹弗及"，"是科廷对卷在杨莜村阁学手，元和陆文端公同与读卷，见而赏之，移置前列，又力荐于仁和王夔公（指王文韶——引者注），得以第二卷进呈，其终膺状头者，则景皇帝特拨之也"。⑨ 1904年7月殿试发榜，刘春霖中状元，授翰林院修撰，"即入进士馆，益究新学"。⑩

刘春霖的西学思维与国际视野是从哪里来的？这不得不追溯到他在莲池书院的学习经历。

莲池书院可谓是当时的北方"名校"，因为此时有名师张裕钊。文学家张裕钊与黎庶昌、吴汝纶、薛福成先后入曾国藩幕府，人称"曾门四弟子"。值得一提的是，张师不仅学问好，还是书法大家。刘春霖原本有良好的书法基础，加上受张师影响，功力明显长进。关键还不在此，而是1890年吴汝纶（1840—1903）接替张裕钊来主持莲池书院。吴师乃晚清文学家、教育家，系同治四年进士，授内阁中书，曾先后任曾国藩、李鸿章

---

⑨ 刘海云：《刘润琴殿撰行述》（二），载《盛京时报》1942年4月2日。
⑩ 刘海云：《刘润琴殿撰行述》（二）。

幕僚及深州、冀州知州。吴长期主讲莲池书院，晚年被任命为京师大学堂总教习，并创办桐城学堂。中日甲午战争之后，吴汝纶曾分析日本取胜之原因，与二十年前日本人出洋"或学政治工商，或学水陆兵法，学成而归，用为将相，政事一变，雄视东方"[11] 关系密切。"西学当世急务，不可不讲"，包括"声光电化之学"，还兼容"西文、西语、算学、天文"以及"西国政治各书"。"中西交涉及西国政法各书，阅之可以增加识见，不为迂腐守旧之谈。""能通西文，然后能尽读西书，能尽读西书，然后能识西国深处。"所以，他主张"开学堂以西学为主"，中学则"使之文理粗明足矣"。[12] 1902 年 6 月至 10 月，吴汝纶以清廷五品大员的身份对日本教育制度、教育思想和发展教育的具体方法措施进行考察，写下《东游丛录》，同年担任京师大学堂总教习兼伦理学等科教习。

刘春霖自 1888 年至 1895 年居莲池书院七年[13]，又先后遇到执长书院的两位名师，深得张裕钊和吴汝纶两任院长赏识。刘氏表面上看至少能文能武，文练书法，武习摔跤。但从内在来看，则是国学与西学的初步通晓和结合。保定市莲池博物馆于素敏研究员找到刘春霖当年在莲池书院学习的档案，即现存于河北省博物馆的刘春霖"莲池书院课卷"，当年练习的就是"对策"，上面还有老师的评语"笔意挺拔，其秀在骨"。[14] 1892 年，刘春霖院试中试，为秀才。所谓名师出高徒，重点在于名师的眼界与境界对学生的影响。

虽然此时莲池书院仍然是主要为科举考试服务的传统书院，但由于吴汝纶主持书院时期大量引进西学课程，其教学和人才培养目标已悄然发生了变化。刘春霖进入书院大学堂学习，学习内容有经、史、文、诗和西学，其中，西学占有很大比重，"学为古文辞，讲求时务"[15]。据吴汝纶主

---

[11] 朱有瓛编:《中国近代学制史料》（第 2 辑上册），华东师范大学出版社 1987 年版，第 16 页。
[12] 陈贤忠、程艺:《安徽教育史》（上），安徽教育出版社 2006 年版，第 438 页。
[13] 孟东岭:《中国最后一位状元——琴心侠骨刘春霖》，第 22、419 页。
[14] 于素敏:《刘春霖〈甲辰科状元策〉探源》，载《保定学院学报》2014 年第 2 期。
[15] 刘海云:《刘润琴殿撰行述》（一）。

持莲池书院期间的课程设计,大学堂西学课程有"《万国史要》、《西国哲学史》、《世界文明史》、《西国事物起源》、《海上权力史》、《欧洲外交史》、《世界国势要览》、《博物教科书》、《植物教科书》(以上均为新译日本书),《谈天》、《几何》(后四卷)、《重学》、《各国交涉公法论》、《法国律例便览》、《西医内科全书》、《西药大成》、《天演论》、《佐治刍言》、《原富》"⑯等科目。

刘春霖居莲池七年苦读,不仅在经学、史学、文学上功底扎实,而且奠定了西学基础,对外国的政治和文化制度有了比较详细的认识,成为有一定先进思想特征的青年知识人。虽然是末科状元,但他毕竟处在一个新旧交替的时代夹缝,相比于那些陆陆续续出现的留洋海归,即便是状元,是否还有往日的优势呢?要知道,这时候一些同龄人早已出国留洋了,仅1904年这一年,26岁的江庸已经在早稻田大学师范部法制经济科读大二了;⑰26岁的马德润已经在德国柏林大学读了两年。可是刘春霖为科举功名,已经拖到了32岁的"高龄",在科举制度框架下,他还只是知识秩序体系中过渡性的一员。从状元刘春霖身上,我们看到了知识急剧转型的一种典型形态,不难想见那些名落孙山的文人,会面临多么"内卷"的境地。

二、状元蝶变促立宪

逾一年,状元刘春霖有了一个新的机会。时值清朝学部奏请派所有甲辰科进士在内班的学员,均送入日本东京法政大学补修科,其外班之部分学员有志留学者则分别选择送该大学速成科。也就是说,这批最后一次科举的进士都有机会公派到东洋留学。1906年,刘春霖遂奉诏东渡日本留

---

⑯ 吴汝纶:《与陆伯奎学使·附学堂数目》,载《吴汝纶全集》(三),施培毅、徐寿凯点校,黄山书社1994年版,第376—378页。
⑰ 江庸:《江庸自传》,载《文史集萃》(第6辑),文史资料出版社1985年版,第34页。

学,一同前往的还有榜眼朱汝珍⑱、探花商衍鎏⑲,这是非常独特的一年,甲辰科前三名并肩出洋。另外一同赴日的还有末科进士汤化龙⑳、沈钧儒等人。因此刘与汤、沈等人交往密切。刘春霖进入东京私立法政大学法政速成科政治部学习。校方得知他是保定莲池书院培养出来的,是精通中国古典经学的学者,又是新科举的状元,因而法政大学的教师们时常和他讨论中国古典文学。刘春霖的聪敏和独到的见解,颇受日本学者的赞赏。当时在东京法政大学的中国学生很多,且多为保举的官绅,良莠不齐,据记载"其人非纨绔即腐儒,大都舍图功名富贵以外无他志"。然而刘春霖在这里则专心于学习,并得到老师的赞许,他曾回忆到"留学日本法政大学时,讲师为创学说,余与问难推理至极,讲师嘉叹,卒不能答"㉑。刘春霖在这里系统地接触了西方文明和先进思想,对立宪主义理论有了全面认

---

⑱ 朱汝珍(1870—1943),字玉堂,号聘三,又号隘园,广东省清远人。1904年,甲辰科进士殿试以第一甲第二名钦点榜眼及第,诰南书房行走、奏翰林院编修。1906年,被选派到日本东京法政大学读法律。1908年毕业后回国。1909年为拟定商业法,奉派往各地商埠调查现代商业操作习惯,提交长达数十万言的调查报告。1910年,清朝举办第一次法官招聘考试,委派其往贵州出任主考。1911年辛亥革命后,留在溥仪的小朝廷里十三年(1912—1924),在紫禁城从事《德宗实录》等史成工作,衔至头品顶戴光禄大夫(正一品)。1924年阴历十月停职,奔于津、沪间,在天津开设印刷馆。后南归,1929年移居香港,创办隘园学院,自任院长,兼任香港清远工商总会会长。1932年谢绝溥仪再事"皇朝"之邀请,旋即回港。1933年,任香港孔教学院第二任院长。1941年底香港沦陷,与居港同乡组织归乡指导委员会,协助同乡3万多人疏散返乡。1942年避居北京,当年病逝,享年72岁。

⑲ 商衍鎏(1875—1963),字藻亭,号又章、冕臣,晚号康乐老人,清代为广州驻防正白旗汉军人籍,后改称广东番禺人。1904年甲辰科中一甲第三名探花,任翰林院编修。1906年至1909年被派往日本东京法政大学学习法政。后历任翰林院侍讲衔撰文、国史馆协修、实录馆总校官、帮提调等职。1912年,受聘于德国汉堡殖民学院(Hamburgisches Kolonialinstitut,旧译:汉堡殖民学堂)东亚系(Ostasiatischen Seminar)研究助理,1916年聘约期满回国(汉堡殖民学院成立于1908年4月,于1919年第一次世界大战后被撤销)。归国后,历任北京副总统府顾问、江苏督军署内秘书、大总统府谘议、江西省财政特派员。1927年任国民政府财政部秘书,同年辞职。抗战时辗转入川,1946年返南京。1960年7月任中央文史研究馆副馆长。1963年8月28日在广州逝世,终年88岁。

⑳ 汤化龙(1874—1918),字济武,湖北蕲水(今浠水)人。1904年甲辰科中进士,授法部主事,山西大学堂国文教习。1906年自请资送留学日本,入日本法政大学专门部学习法律,曾与同学组织留日教育学会,出版《教育杂志》。1908年秋毕业回国,历任湖北省谘议局议长、湖北省军政府民政总长、南京临时政府陆军部秘书处长、北京临时参议院副议长、众议院议长、教育总长兼学术委员会长。与立宪派首领梁启超关系往来密切,民国初著名立宪派头面人物。1914年任教育总长兼学术委员长,翌年辞职赴沪,参加护国运动。1918年出国考察,在加拿大维多利亚市被国民党人王昌刺杀身亡。

㉑ 《河北文史资料》总第39期。

识。当时留日的中国学生大多思想比较进步，他们或支持共和革命或支持君主立宪，刘春霖不赞成革命，接受了君主立宪的思想。

传说刘春霖于1907年7月回国，8月其夫人逝世。[22] 据其哲嗣刘海云回忆，实际上并不如此。1907年8月夫人王氏逝世，刘春霖在日本得到噩耗，速速请假，匆匆搭船，自日本回国为夫人主丧。[23] 刘回国后曾授记名福建提学使，但很快离去。袁世凯深器刘春霖的才华，曾奏请慈禧太后，让刘春霖留籍襄理新政。[24] 慈禧答应让其作个礼部侍郎，可是刘春霖婉言推辞了。刘春霖是怎么想的？谜底在他的《六十自述》里。其中提到此事，曰："余顾同列，常自惭才短。世人谓余愚，余认为，人有巧拙。拙者，在我之短亦即我之长。若欲效人，恐用力愈多，而见功愈寡也。"[25] 这番话说明他看人能力之长短，想得通透，颇有自知之明。

不愿做官却有他自己的志趣——"独以教育英才为己任，充监督至七年之久"，"而未尝自计阶资，淡泊之性，高位非所慕也"。[26] 这段经历所涉的史实，据说起因于当时新接任的直隶总督杨士骧亲自登门，邀请他出任直隶高等学堂监督，[27] 他慨然答应。学堂坐落在保定，是天津北洋大学的预备学校，学生毕业后，不经考试即可升入北洋大学正科。刘春霖不愿进入中央机关，却欣然赴保定上任，之后热衷于教学改革，仿效外国大学，又对应北洋大学堂的专业设科，设有农业、法律、土木、矿冶、师范等，还派学生出洋留学。1908年，刘春霖被任命为直隶省城女学堂校长，在这样的岗位上，刘春霖仍有捐款助学义举，"任事以来擘画经营不遗余力，复以该学堂经费支绌，慨捐银元一千六百元合银一千一百余两"，被直隶总督赞许为"急公好义"，上折请奖给翰林院侍讲衔。[28] 为此，学部

---

[22] 孟东岭：《中国最后一位状元——琴心侠骨刘春霖》，第420页。
[23] 刘海云：《刘润琴殿撰行述》（一）。
[24] 刘海云：《刘润琴殿撰行述》（一）。
[25] 孟东岭：《中国最后一位状元——琴心侠骨刘春霖》，第172页。
[26] 刘海云：《刘润琴殿撰行述》（一）。
[27] 刘海云：《刘润琴殿撰行述》（一）。
[28] 《又奏修撰刘春霖捐助学费请奖折》，载《政治官报》1910年第1038期。另见《会奏议覆直督奏修撰刘春霖捐款兴学请奖折》，载《学部官报》1910年第142期。

亦上奏折为刘春霖捐款兴学请奖。㉙刘春霖不仅有志于从事教育办学，还屡屡展示其思路和能力。因刘春霖在籍办学成绩卓著，1917年获大总统一等奖章嘉奖。㉚

留学回国的刘春霖已经不只是末代状元，而且是一位有立宪主义思想的法科知识分子。那么，在参与社会改良的公共事务方面，他还有怎样的表现呢？

1908年5月，直隶绅民国会请愿时，推举他为请愿书的领衔人和赴京代表。㉛不久之后，总督委任他为筹办谘议局的协理。1909年，他当选为谘议局议员；1910年担任资政院议员。他积极投身到清末立宪运动中，这段时间是他在政坛上最活跃的时期。刘春霖对预备立宪的九年"时间表"也有批评，认为时间太长。他为人刚直，不俯仰趋时，又珍惜声名羽毛，非经认真了解，不轻易作出行动。因状元名声在外，当时发生了一件轰动直隶的新闻舆论事件。

1910年6月，直隶数万人签名请愿速开国会，但需要一位有名望之士领衔，于是有人擅自背着刘春霖将其名列为请愿书领衔人。不料惹起新闻舆论风波，《大公报》轻听一面之词，暗指刘春霖是知情后签名，事后又否认签名。㉜刘春霖接到顺直请愿同志会来函，当即复函说明原委——鄙意非不赞成国会，但此次并未列名，尤未预闻领衔之事。刘春霖告诉同志会，近在保定组织自治协会……鄙人未见书稿，声明不愿列名，亦不投票，诚慎之耳。㉝另据《闽报》所载文章，情况是：刘春霖事先同意领衔，但事后发现签名人数达数万人，察觉其中有冒名署名之嫌疑，他质疑"签

㉙ 《学部会奏议覆直督奏修撰刘春霖捐款兴学请奖折》，载《政治官报》1910年第1105期。
㉚ 《教育次长暂行代理部务袁希涛呈大总统直隶职绅总统府秘书刘春霖在籍办学成绩卓著请给予一等奖章文》，载《政府公报》1917年第510期。
㉛ 《光绪三十四年七月大事记：初六日京师士绅孙毓文等直隶士民刘春霖等均呈递国会请愿书》，载《东方杂志》（上海）1908年第5卷第8期。
㉜ 侯宜杰：《逝去的风流》，北京师范大学出版社2013年版，第334页。
㉝ 侯宜杰：《逝去的风流》，第335页。

名是否出自己意",倘若非出自己意,则代表信用扫地。这才有了他拒绝签名一事。㉞ 保定国会请愿事务所经过调查,核实刘春霖所述属实,这才真相大白。刘春霖的刚毅、孤高、诚实在此表现无遗。

1910年10月,第一届资政院会议召开,刘春霖作为议员出席。22日,速开国会方案表决通过,刘春霖信心满怀地说:"今天因为速开国会一事合体赞成,无一反对者,真可为中国前途贺。""国会之期限至早当是明年,而今年之资政院要当就其相合处,实力作成国会之基础。"㉟

当时有十八省封疆大吏联名致电军机处,奏请实行"立宪政治",似乎也是政治正确的一种集体表态。设了咨议局、资政院等宪制机构,这些传统官僚却又不予尊重。恰好有湖南巡抚杨文鼎不经省咨议局决议而发行国债。㊱ 因言论犀利而成公众人物的湘籍议员易宗夔㊲,在资政院提出"质问"(说贴),认为资政院即议院,应当有执行机构,军机大臣必当如各国之内阁,是否对各部各省政府负责? 11月8日,资政院针对湖南"公债抵款"事件咨度支部查核,㊳ 而军机大臣们操纵发布上谕,称此事纯属疏漏,不必追究,既奉旨允准。

面对这种无视资政院权威的做法,刘春霖9日在会上斥责道:"'庶政公诸舆论'一语屡见上谕。今资政院所议决的不能不算舆论,现在何以忽然不'公诸舆论'了呢? 本议员想,造成这个原因的就在军机大臣。"刘

㉞ 《刘春霖反对国会》,载《闽报》1910年7月19日。
㉟ 《资政院速记录》第9号,参见侯宜杰:《逝去的风流》,第334页。
㊱ 《资政院收覆各省电:十月二十六日收湖南咨议局电资政院钧鉴寒电祗悉公债案既不交局议》,载《政治官报》1910年第1111期。
㊲ 易宗夔(1874—1925),字蔚儒,又字味腴,原名易鼐,湖南湘潭人。早年与谭嗣同等创立南学会。戊戌变法期间,任《湘学报》史学编辑。1903年赴日本留学于日本东京法政学堂,未几返国。常有诗文发表。1909冬,被选为第一届资政院湖南十议员之一。1912年任法典编纂会纂修。1913年被选为众议院议员,旋被选为宪法起草委员。国会解散(1914)后,携眷回湘,经营实业。1916年,第一次恢复国会时,仍任众议院议员。1918年致信陈独秀、胡适,表示赞成新文化和白话文但主张不必废文言文,与胡适交好,为朱经农做媒。1922年,第二次恢复国会时,再任众议院议员,主张两院制。1923年3月,任北京政府国务院法制局局长,1924年5月被免职。
㊳ 《资政院咨度支部据湖南咨议局电称公债抵款不实请查核办理文》,载《政治官报》1911年第1163期。

春霖直言不讳地把矛头指向军机大臣。他说:"军机大臣有意侵资政院权,违资政院法,借此方案以为尝试……推原军机大臣的本意,不过借此稍示其端,且看资政院之权可以侵不可以侵,资政院之法可以违不可以违。若本院不复质问,便是默示承认,默认之后,恐军机大臣对于资政院侵权违法之事,必相逼而来。"㊴

这时有议员插话说,军机大臣在外不敢如何,可是心里很不舒服。刘春霖当即机智地补充道:"我们资政院必要求着军机大臣心里舒服,还成个什么资政院呢?许议员又说应提出处分违法之议案,现在议决的案军机大臣就不照行,将来无论再提出何等议案,一定是无效的,就是将来军机大臣侵权违法,也不过以疏漏二字了之。还是请军机大臣来院答辩,问他到底是何意思,将来别项方案才能解决。"㊵

12月18日,资政院上奏迅即组织内阁。摄政王载沣颁下两道朱谕,要求资政院不要干预内阁用人和军机大臣是否负责任。19日,刘春霖十分明确而激动地说,"昨天两道朱谕大家一看,非常惶惑,因为这两道朱谕与预备立宪的时代不相符合","上谕慰留军机大臣这是无碍的,因为用人是君主大权。不过,是军机大臣不负责任,资政院不能过问这个话,可是与预备立宪很不合的"。这时又有议员插话劝他对朱谕说话稍为留意。㊶刘春霖马上答道,"自古有直言敢谏之人,实在是国家之幸福",否则"本员对于此事,主张不能持积极主义,宜持消极主义,即全体辞职是也","如无决心为积极主义,其实不如取消极主义"。㊷他一针见血地分析指出,摄政王不了解宪制,是因为军机大臣没有向摄政王讲解立宪的精神,没有向摄政王讲明政府与国会的对待情形。㊸后来讨论明定军机大臣责任案奏稿时,刘春霖还指出不叫军机大臣负责的弊端,他说,从两道朱谕看:"不

㊴ 《资政院速记录》第15号。又据肃宁县地方志办公室编:《肃宁史话》,第395页。
㊵ 《资政院速记录》第15号。又据肃宁县地方志办公室编:《肃宁史话》,第395页。
㊶ 侯宜杰:《逝去的风流》,第338页。
㊷ 《宣统二年第一次常年会资政院会议速记录》第27号(宣统二年铅印本),北京师范大学图书馆藏,第65页。
㊸ 侯宜杰:《逝去的风流》,第338页。

叫军机大臣负责任,而君主与人民直接立于对待的地位,于立宪精神很相背驰,将来立宪政体很不牢固,仍恐要变成专制的。我们这个上奏案,要请收回成命,非军机大臣负责任不可。上奏之后,请明定出责任来,我们才可以弹劾……"⑭刘春霖认为资政院作为最高民意机关,只有议员自重,资政院才不会屡屡遭到权贵的轻视,他还指出某些议员"未必尽能为国民代表。在议场时,满口国民说话,而昏夜奔走于权贵之门,奴颜婢膝,种种怪状,实启政府轻视之渐"⑮。这里不仅态度鲜明,条理清晰,针锋相对,命中要害,"显示了令人可敬的风骨"⑯,还理论底气十足,显示了他在留学时掌握的宪制理论功底和实战应用能力。

1911年宪友会成立,刘春霖被推为直隶支部发起人之一。特别是在资政院时期,刘春霖作为民选议员,表现积极,成为资政院实际的主导者之一,他"既有状元功名,又从日本法政大学毕业,对传统文化和宪政理论皆颇有造诣。刘春霖演说生动、持论'公允',钦选、民选议员都可接受,因而常引来'满场欢动'"⑰。

状元在我们心目中的旧形象至此完全颠覆了。刘春霖从科举制度下的状元,变成了留洋法科知识人,又变成民主宪制实干家!他完全可以像往常的进士那样成为既得利益者,但刘春霖没有这样做——这显示了知识人在思想上的与时俱进。

刘春霖后来对革命的态度如何呢?革命之于这位前清士大夫,是一次难以主动应对的大事件。辛亥革命后,刘春霖一度隐居家中,"旋值国变,痛心桑海,无复用士之志"⑱。毕竟是状元,尊孔读经已成为包括刘春霖在内的传统文人的惯性。新旧知识的交融,使他成为"复合型"人才,也构成他思想观念的复杂性。当政局稍许明朗后,他于1914年受邀出任袁世

---

⑭ 《宣统二年第一次常年会资政院会议速记录》第27号(宣统二年铅印本),第62页。
⑮ 《宣统二年第一次常年会资政院会议速记录》第27号(宣统二年铅印本),第65页。
⑯ 侯欣一:《百年法治进程中的人和事》,第70页。
⑰ 罗华庆:《略论清末资政院议员》,载《历史研究》1992年第6期。
⑱ 刘海云:《刘润琴殿撰行述》(一)。

凯大总统府内史，从事些文字应酬。袁世凯"接受"帝位前，刘春霖作为直隶省领衔人，参加了全国请愿联合会奏请袁世凯早正皇帝大位。[49] 据1915年年底的媒体报道，还有一个情节——在筹备登基大典时，内史王寿彭和刘春霖两状元拟就总统辞职书呈览。[50] 该报道之外，有个说明——"民国大总统辞职书系内史王寿彭手笔，登极前尚须经此手续"，[51] 意谓这是大总统改称帝的一道仪式性手续。知识人这不光彩的败笔，固难洗涮，但他这种被大流推着走的方式，与主动为袁世凯策划的杨度之流相比，又显得情有可原。

经整理，刘春霖在辛亥革命后的履历如下：1913年10月，袁世凯任大总统，受邀出任大总统府内史监内史，在袁家当家教，带袁克文读书。1916年6月，黎元洪任总统时，出任总统府秘书厅厅长。[52] 1917年3月，受邀担任中央农事试验场场长，刘春霖慨然答应。[53] 1918年10月徐世昌任临时大总统，刘春霖再任总统府秘书厅厅长。1920年7月受直隶省长保荐，国务总理萨镇冰批准交国务院存记。[54] 1922年，直隶地方自治筹备处成立，刘春霖担任处长，[55] 负责全省自治筹备事宜。1923年10月，曹锟当大总统，刘继续当总统府秘书厅厅长。1928年北伐军进北京，刘春霖韬晦引退。

作为总统府秘书厅厅长，他似乎并不热衷于官场，而只乐于从事文化教育类活动。曾两次代表徐世昌到山东曲阜主持孔子大成节典礼，并因此再次名噪一时，被称为"状元拜圣"。[56] 1922年，以大总统代表的身份出

---

[49] 侯宜杰：《逝去的风流》，第341页。

[50] 《内史王（寿彭）刘（春霖）两状元拟就总统辞职书呈览》，载《时报》1915年12月25日。

[51] 《民国大总统辞职书系内史王寿彭手笔》，载《时报》1915年12月25日。

[52] 孟东岭：《中国最后一位状元——琴心侠骨刘春霖》，第421页。

[53] 《农商部委任令第四〇号（中华民国六年三月十六日）》："令派刘春霖为中央农事试验场场长"，载《政府公报》1917年第426期。

[54] 《大总统指令第一千七百二十八号（中华民国九年七月九日）》："令国务总理萨镇冰：呈核直隶省长曹锐保荐人才刘春霖等"，载《政府公报》1920年第1581期。

[55] 《直隶地方自治筹备处八日成立，刘春霖为处长》，载《新闻报》1922年9月10日。

[56] 《刘春霖出席孔教会》，载《大公报》（天津）1922年10月17日。

席世界语大会，宣读总统致辞。[57] 担任直隶地方自治筹备处处长时，他倒是热情洋溢，在出席教育界恳亲会作演讲时，大谈教育与自治的关系，在他看来，"学务为自治事业之重要部分"，与教育界人士一起畅谈，被他视为"吾省自治成功之先兆也"。他在会议上澄清了两点：其一，自治不是"官办自治"，而"应由人民自办"，"自治筹备处与自治局不同，自治局乃真正自治机关，直接经理自治事项，应由人民自办矣"。他身为自治筹备处处长，却说"自治筹备处乃官厅行政机关，为促成自治之设施，以官力为提倡者也"。[58] 其二，他主张要加强与地方绅界、团体联络。他强调的原因是绅界与团体才是真正民间力量，他说如果不加强与他们联络，则只能专托于县知事，而"县知事于地方自治或虑其捣乱，或恐其分权，遂不免有阻挠或延宕（宕）之举，官民之声气不通，自治之施行必因之不进"。他毫不避讳，把自治的道理和问题，讲得很直接，很通透。尔后又讲筹备处的设置，准备引入法政人才，建立自治讲习所，培养自治人才，等等。[59] 然而，这份工作亦非其初志。

1928年后，刘"日以诗酒自娱，间亦涉览山水，历游云岗、岱岳、西湖、普陀诸胜，所至留题"，曾谓："纲维陨坠，大乱将起。但得匿迹田野，艾苟全性命，斯为幸矣！尚何进取为哉！"[60] 这种心情是源于他的旧身份——朝廷的人，实为一种旧文人的传统思想。他有法科知识人和旧传统文人的双重属性，念旧情感与立宪思想之间，还存在着某种张力。

三、大节小过见性格

他是怎样性格的人？这可以从以下几个方面来了解。

刘春霖中状元后，以殿撰之尊，却没有在老家广修"状元府"来光耀

---

[57] 《刘春霖在世界语联合大会宣读大总统演说词》，载《晨报副刊》1922年12月22日。
[58] 《直隶全省自治筹备处处长刘润琴对教育界恳亲会之演说》，载《益世报》（天津）1922年4月14日。
[59] 《直隶全省自治筹备处处长刘润琴对教育界恳亲会之演说（续昨）》，载《益世报》（天津）1922年4月15日。
[60] 刘海云：《刘润琴殿撰行述》（三），载《盛京时报》1942年4月6日。

自家的门庭,而在本村修建了一所小学堂,学堂的房屋、教椅、教桌及教具等,全由刘春霖出资捐助,并在学堂门口题有"铸才炉"匾额一方,立有石碑一座,作有《劝学篇》一文留念。这所"北石宝小学堂"是肃宁县最早的,也是唯一的一所私人捐资办的"义学"。

刘春霖不事虚华时好,不善巧言奉迎。刘春霖考中状元两年后,原配夫人去世,亲友竞相给刘提亲。有张姓者,系河北省沧州之世家,经过多次说合,正当刘春霖有允意将成之际,刘春霖的老师杨文敬公也来说媒。杨先生给刘春霖提说的是皇亲满人贵族裕庚之次女裕容菱(容龄),这是一位慈禧身边的女官,也是美国舞蹈家邓肯训练出来的大美女。刘春霖却婉言谢绝,说:"裕老贵胄高门,生所不及。婚后往还,势难相比,如高攀成就,恐日后殆害格格终身,请师代为婉辞。"刘春霖拒绝容龄后迎娶的是河北沧州张姓之女。过门后,夫妻非常和谐,张氏夫人曾对刘春霖说:"我之所以和你结亲,是钦佩你的品德正直,决不是为了你的功名。"对这桩婚事,刘春霖曾在其《六十自述》诗中以"不崇高第崇高行,阃内观型藻鉴真"之言,来赞许张氏夫人之品德和夫妻间之谐美。[61] 刘春霖夫妇有2子2女。长子刘式撰生于1904年,又名海云,后改为新民,据云"幼承家学,博览群籍,诗文有唐宋人风"[62],毕业于北京大学工学院,后留校工作,成为讲师、副教授,曾任如皋县知事;次子刘式中;长女尚娴,嫁河北满城县某农家;次女令娴,字沅颖,又名芷云,1925年10月与"鸳鸯蝴蝶派"作家徐枕亚在北京结婚,状元夫妇为主婚人。[63] 但次女婚姻不幸。孙刘大中(1924年生),自5岁起,刘春霖便亲自教他认字、写字,后来毕业于北京的中国大学法学院经济系。刘大中先生在法政部门工作数十年。[64]

---

  [61] 王清平、王德彰:《第一人中最后人(上)——末科状元刘春霖轶事》,载《文史精华》1996年第7期。
  [62] 刘海云:《刘润琴殿撰行述》(一)。
  [63] 《刘状元之女芷云女士与玉梨魂作者徐枕亚订为伉俪》,载《晓报》1925年10月23日。
  [64] 王清平、王德彰:《第一人中最后人(下)——末科状元刘春霖轶事》,载《文史精华》1996年第8期。

有友人深知刘春霖的脾气，为其仕途担忧，刘春霖却笑答：我的性情沉滞，天然的笨拙、愚蠢，不能随机应变，这是我的短处，但这也是我的长处。如果以我的拙取别人的巧，恐怕非但学不好，还会适得其反。刘海云说父亲"素性和易，与物无忤，交友久而弥笃"。1925 年，有报道说前总统曹锟"身独影只，咎固自取"，所有从前趋炎附势的利禄小人，均逃避不遑，刘春霖却眷念曹锟，特于除夕日赴京探视，陪伴度岁，多日未归天津。⑥⑤ 刘春霖眷念曹锟是事实，但显而易见的是，他只是念旧情，而不是放弃求共和立宪而去赞成帝制复辟，毕竟念旧情乃是出于人之常情。这十五年的官宦生涯，是他最年富力强的时光，可是他并没有什么显赫政绩。这是为什么？

1928 年 4 月初，刘春霖被任命为直隶省教育厅厅长，可他迟迟未到任，这让教育厅"青黄不接"。虽此位置亦不乏逐鹿者，但刘受各方拥戴，天津各校代表赴京劝驾。⑥⑥ 直到 5 月中旬，他才勉强上任。⑥⑦ 刘春霖"经再三劝驾，允勉为其难"，上任前约法三章，其中一条即教育"经费为最要"，可是据说直隶教育厅"茶锅已断烟火"。⑥⑧ 初始，各校教职员纷纷向刘请命，他感于教育经费支绌，故一度极力奔走筹备。⑥⑨ 同时，上任初就通函各校宣布办学宗旨，折中新旧学说，倡导"道德为体，学术为用"的主张。⑦⑩ 未过几月，性情孤高、不善逢迎的刘春霖愤然辞官，养晦寓居于上海、北平，以诗书自慰。他原在北京的住所，是西城西四牌楼北大街路西帅府胡同 16 号，临大街，工作时上下班很方便。当他归隐后，为图安静，便在西城智义伯大院 8 号购一房屋，定居下来。《六十自述》中开篇一诗即写"我生性僻爱林泉"。除读书、写字外，爱下棋、养花，喜昆曲、

---

⑥⑤ 《刘春霖尚惓念曹锟》，载《益世报》（天津）1925 年 2 月 3 日。
⑥⑥ 《津校代表赴京劝驾》，载《益世报》（天津）1928 年 4 月 14 日。
⑥⑦ 《大元帅指令第四五十三号（民国 17 年 5 月 18 日）》："令直隶省长孙世伟呈转陈教育厅厅长刘春霖视事日期"，载《政府公报》1928 年第 4328 期。
⑥⑧ 《刘春霖上台前之约法三章》，载《益世报》（天津）1928 年 4 月 17 日。
⑥⑨ 《刘春霖奔走教育经费》，载《益世报》（天津）1928 年 5 月 3 日。
⑦⑩ 《刘春霖主张道德为体学术为用》，载《益世报》（天津）1928 年 4 月 30 日。

京剧，还常静坐养神。有时和亲友、家人以打麻将牌消遣，故有"坐忘渐悟神仙诀，饱食犹为博弈贤"的诗句。

刘春霖作为状元又是法科海归，两头都占优势，本来在仕途应该是风生水起、如鱼得水。可是他生性僻爱林泉，在这个社会"混"得很一般。

刘春霖毕竟是文化人，热衷于教育之外，还有助推知识界风尚的举动。1913年起，他就在北京和平门外琉璃厂文化街中段路南开设一古书店，专营古版书籍，商号名为"直隶书局"，由他的侄子主管经营。陈独秀1907年曾就读日本东京正则英语学校，后转入早稻田大学，陈刘二人在同时期留学日本。陈独秀任北京大学文科学长时，刘春霖曾到北京大学讲学，与陈独秀相识。陈独秀创办《新青年》杂志后，仍与刘春霖有联系。1917年初，陈独秀为杂志发行寻求帮助，带着《新青年》杂志合订本一套，来刘春霖寓所拜访。1917年3月，陈独秀又派人到刘春霖府上，商谈直隶书局发行杂志具体事项。刘春霖当即写信给所辖几个书局，要他们立即着手发行事宜。[71] 另外，李大钊在天津北洋法政专门学校读书时，刘春霖为直隶高等学堂监督，多次应邀为天津北洋法政专门学校讲学，因此李大钊与刘春霖也有师生缘分。李大钊也曾为《新青年》发行一事直接找刘春霖。[72]

刘春霖是一位造诣极高的书法家和收藏家。他的书法自幼深积功底，练就一笔好正楷，有凛然正大之气象。连书家郑孝胥都佩服地说："刘状元的楷书，有赵、褚之风，行书有张、米之气，规矩之中带有潇洒，严谨之中含有奔放，吾常静读其帖。"中状元前的1888—1903年间，刘就为宫内慈禧抄过佛经，抄本后被友人拿到上海公开出版为字帖，包括《大唐三藏圣教序》《兰亭序》等小楷字帖多部，甚至书市出现盗版。清政府于光绪三十一年（1905），专出告示，警告禁止翻印。百年迄今，法律界已忘记刘春霖，但书法界一直对"刘小楷"推崇备至。刘在诗书画上均有极高

---

[71] 孟东岭：《中国最后一位状元——琴心侠骨刘春霖》，第288页。
[72] 孟东岭：《中国最后一位状元——琴心侠骨刘春霖》，第289页。

的造诣，尤擅小楷，其小楷书法有"楷法冠当世，后学宗之"之誉，书法界还有"大楷学颜（真卿）、小楷学刘（春霖）"之说。其"群玉山房"中，收藏各类书籍1万余册，古籍以明清刻本居多，其藏书印有"刘春霖印""石云鉴藏之章""石云收藏""润琴刘春霖"等。可怜的是，他曾一度中风，无法握笔达七年之久。

1931年7月，发生了一件事。刘春霖被上海洋商大亨哈同膜拜已久，可是哈同死前没有机会与其见面。哈同在世时，已聘前清三鼎甲之榜眼和探花为"点主"，唯独状元未得手。哈同弥留之际，其养子兼管家姬觉弥费尽心思缠上了刘春霖，以重金六千元聘请刘春霖到上海爱俪园作"点主"。[73]

其实爱俪园做这种勾当不是第一次。早在1916年，王国维就曾误入爱俪园。1916年阴历正月初，王国维从日本京都回国，就是应哈同之邀，希望他来任教。等到王先生造访爱俪园内之仓圣明智大学时，大失所望，在一周后致友人罗振玉的信中道破天机，说这大学"其中仅有中学二年级及小学也"。说到校长姬觉弥，曰："其人随处自显势力，一无学术及办事方法，而主意绝多，复随时易变……语及学术随口胡诌。"姬觉弥当日想聘王国维先生为教务长，被先生婉拒。[74]

1931年，刘春霖被姬觉弥多次诱劝，乃允前往。曾谓未去上海前连日做怪梦，至一堂皇富丽之园林，遇见"刁钻古怪之金佛"，所以赴西湖灵隐、南海普陀进香一次以压此梦。媒体评论说，这梦就是暗指上海爱俪园，"刁钻古怪之金佛"即指死后之哈同。[75] 这可能有臆想成分，因为从外形、言行和性质看来，这恰恰是暗指那位染着上海滩特有习气又装神弄鬼的假面人姬觉弥。据说姬觉弥曾商之于湖南郑沅（探花），被唾弃一通，"谓为侮辱斯文，摒使者于大门之外"。[76] 可是刘春霖却答应此请，出席哈

---

[73] 《状元与哈同之因缘》，载《益世报》（天津）1931年7月29日。
[74] 罗继祖：《王国维先生笔下的哈同仓圣明智大学》，载《社会科学战线》1982年第2期。
[75] 《状元与哈同之因缘》，载《益世报》（天津）1931年7月29日。
[76] 《刘状元点主笔润，哈同代价六千元》，载《盛京时报》1931年7月30日。

同丧事奠祭活动。当他7月到爱俪园与姬觉弥见面后，尚能看穿小人，还算他有眼力。但无论如何这是刘状元的一次小过。刘春霖作为知识人，理应警惕这种"江湖学术"，可他没有经得住引诱，足见其作为新式知识人，身上仍染有旧文人的迂腐气。

附和称帝请愿，担任爱俪舍"点主"，这是他两次典型的"过失"。但相比于后来的大节，只能算是小过了。九一八事变后，恰逢他60岁大寿，子女和朋友都要为他祝寿，他却表示："忧国忍能看彩戏，为传雪已兆丰年。"1934年，郑孝胥拉拢他共同辅佐溥仪，邀其出任伪满洲国教育部部长。郑孝胥和刘春霖都是清末立宪派的代表，曾有过相同的政治主张，且都是前清遗老、书界好友。面对汉奸郑孝胥的拉拢，刘春霖严词拒绝，宣布和溥仪决裂，称"君非昔日之君，臣亦非昔日之臣"。此时的刘春霖已突破传统的"忠君爱国"意识。他从此退隐民间，以卖字为生，保持了晚节。

抗日名将宋哲元向来尊崇文化名流，对刘春霖更是尊敬有加。1935年宋哲元聘刘状元为其写家史。宋将军向北平市政府推荐其出任中山公园内中山图书馆馆长，据说月薪六十元。[77]但他不愿就任馆长，提请准予辞职。[78]1936年宋曾延请刘春霖讲解四书，聘其为顾问。据说宋亲自把聘书送上门，行三揖礼，每月车马费四百元，"约定每星期二四六日，由宋备车迎至武衣库本宅，为宋及二十九军干部人物，讲演论语、诗经、左传"[79]。同年7月，宋将军女儿婚礼在中南海举办，刘状元做证婚人。[80]1937年抗战爆发前的端午节，宋哲元特给老状元刘春霖送来衣料和食品。刘春霖有一封致宋答谢函，从中可以看到这对文武名士间的情谊，读到刘春霖对国家艰危形势的关切。函中表达感谢之意后，曰：

---

[77] 《状元月薪六十宋哲元顾念私交刘春霖如愿以偿》，载《民报》1935年12月12日。
[78] 《北平中山图馆长更替》，载《中华图书馆协会会报》1935年第11卷第3期。
[79] 《宋哲元师尊刘状元》，载《立报》1936年3月6日。
[80] 《宋贾联婚礼成，老状元刘春霖证婚 冯玉祥赠书剑为贺》，载《益世报》（天津）1936年7月27日。

> 伏念我公当国事艰危之际，方愁看海上三山，于政躬劳瘁之余，犹眷念田间一叟，高情远贲，下悃何安，翘首望云，倾心祝露，遥想梓乡高会，发云扬风起之歌，敬颂萱室承欢，进粽智蒲香之奉，何日旌旗遄返，国人企盼良深……㉛

1935年12月，宋哲元出任冀察政务委员会委员长。1937年4月，刘春霖被冀察政务委员会聘为冀察政务委员会委员。㉜抗日战争全面爆发后，眼看北平即将失守，好友金选三担心刘春霖的安全，于是以自己生病为名把他骗到天津来，并且在英国租界为他找好了住处，他知道真相后坚决要返回北平，称："父老惨遭蹂躏，我当了逃兵，真是愧对先祖之教导。"㉝

北平沦陷后，汉奸王克敏、王揖唐等人组成伪"华北政务委员会"傀儡政权，王任伪委员长。王揖唐与刘春霖是同科进士、留日同学，平日也有些交情，王亲自带着金条厚礼去请刘出任伪职，刘当即表示誓不依附外国人，并怒斥王揖唐等人是"软筋骨的东西"㉞，此后闭门谢客。为此，日伪当局将其历年收藏的书画珍宝洗劫一空。他说，"宁作华丐，不当汉奸"。1938年后居天津，时发足疾，浮肿，并有心脏衰弱，仍然于次年毅然返回北平，杜门简出，时与老友唱和。偶闻状元手病震颤，仍写经不辍。㉟

刘春霖患有心脏病，经受日伪劫掠后，病情逐渐加重，于1942年1月18日因心脏病再发，逝世于北京，时年70岁。在那个战乱时代，媒体上几乎没有什么动静，只见有人作一挽诗，云"状元从此成千古，耆旧于

㉛ 《一封骈体书简，出自状元手笔》《宋哲元送端节礼，刘春霖吃喝不尽》，载《星华》1937年7月2日革新第7号。
㉜ 《公牍：冀察政务委员会聘书：聘字第二七二号（二十六年四月七日）》："为聘刘润琴先生为冀察政务委员会委员由"，载《冀察政务委员会公报》1937年第126期。
㉝ 河北省政协文史资料委员会：《河北文史集萃》（文化卷），河北人民出版社1991年版，第8页。
㉞ 河北省政协文史资料委员会：《河北文史集萃》（文化卷），第9页。
㉟ 《刘状元病手颤但仍写经不辍》，载《盛京时报》1939年3月29日。

今少一人",表达对他的悼念。⑧ 末代状元、法科名士、书法大师刘春霖先生安葬于河北保定市。

刘春霖以书法写过一个集诗对联,十分精到地提出了一个反思性的问题：不同时代的知识人有不同时代的使命,这对联似乎把知识与知识人更新的时代特征说明白了：

   能诗岂是经时策,⑧⑦
   重镇还须济世才。⑧⑧

---

⑧ 非诗人：《挽刘春霖》,载《新天津画报》1942年第1卷第27期。
⑧⑦ 上联取自韦庄《对雨独酌》,原诗句为"能诗岂是经时策,爱酒原非命世才"。
⑧⑧ 下联取自杜甫《奉待严大夫》,原诗句为"殊方又喜故人来,重镇还须济世才"。

褚辅成——屡挫屡战的立宪人生

图 1　褚辅成（1873—1948）

近代法科知识人历史上，在所谓"行动的知识人"中，有一个非常特别的人，此公堪称行动派之一绝。他从 30 岁起直到 75 岁去世，几乎大半生都在劳碌，天下发生的大事似乎都跟他有关。他急公好义，隔年就会摊上"大事"。可谓大事连年，屡挫屡战，至死不渝。

此人便是褚辅成，字慧僧，浙江秀水（今嘉兴）人，1873 年 5 月 27 日出生在嘉兴南门梅湾街盐井弄 9 号，有弟兄八人，排行居六，他从小好动，"有尚武精神"，其父"常戒之"。① 幼年从二兄褚赞成在家攻读，先后从同里两先生攻读儒家经典。22 岁时，做成了两件大事，一是经过县、府、院三级考试合格，成为县学生员入邑庠当秀才，"然志不在科第"。二是与业师沈安甫次女结婚，24 岁生长子，26 岁生次子，28 岁生女。褚辅成从 23 岁

---

① 王天松：《褚辅成先生年谱长编》，2008 年自印稿，第 2 页。

起，目击国家连年之不幸事件，甲午战败、公车上书、戊戌政变、联军入侵，亲睹清廷腐败，国势阽危，深受感触，这些无疑都在给褚辅成上课。因此，他一生都在关注大事，参与大事，在大事中受挫，又在大事中爬起。

一、秋瑾密友

褚辅成从小读书"不沾沾事章句"，而立以后，他边思考，边行动。1903年他又做了件大事——出资购地，拆庵办学，自任南湖学堂堂长。同年与嘉兴反清志士敖家熊一起组织"体育竞争会"。江浙之地，风气先开，陆续有敖家熊、蔡元培、徐锡麟、陶成章等反清义士出没于江浙。旧时知识人少，即便空间阻隔着社交，也不影响知识人淳朴敦厚的友谊。褚辅成在方圆百十里认识许多志同道合的朋友，其中有位女士，即桐乡语溪徐自华（字寄尘，号忏慧，1873—1935）。她应父母之命，早年嫁湖州南浔，婚后7年夫亡，年少寡居，以诗赋自遣。褚徐二人年龄相同，且都是有见识的青年，故交往甚密。

到1904年，清国赴日留学生人数急剧增加，从这一年的1300人攀升到1905年的历史最高峰8000人。② 褚辅成虽志不在科第，但"居常郁郁，闻国中俊良群集一东瀛，乃决心东渡"③。这次东渡对他一生影响深远，学了知识，开了眼界，交了朋友，定了身份——他最先的身份，是同盟会的革命者，而不是立宪主义者。

女诗人秋瑾跟着做官的丈夫在京，因厌倦了做京官太太的生活，于1904年夏初，28岁的她决定只身赴日本留学。丈夫王廷钧一听差点崩溃，可他嘴笨自知辩不过老婆，于是找妻子的好闺蜜、京师大学堂日籍教员服部宇之吉博士的妻子服部繁子，求她答应做秋瑾去日本的"引路人"。"假如您不肯带她去，我妻将不知如何苦我呢。"④ 这句话倾尽了小丈夫的可怜处境！繁子考虑道："我若拒绝了他，他就会受到家庭女神的惩罚，那实

---

② 〔日〕实藤惠秀：《中国人留学日本史》，第389页。
③ 王天松：《褚辅成先生年谱长编》，第7页。
④ 马自毅：《秋瑾夫妇关系考辨》，载《历史教学问题》2005年第1期。

在可怜!"⑤对,那时就已经在用"女神"二字了。1904年7月3日,在王家及好友的资助下,秋瑾离开北京的家赴日留学。临别之际,王廷钧带着两个孩子到永定门车站为妻子送行,提醒妻子一路保重,到日本后来信。列车开动,他"抱起男孩向车中招手","面带哀伤,发辫在风中吹得零乱"。⑥

秋瑾到达日本,先后在青山女子学校、实践女子学校学习,改原名"闺瑾"为"瑾",字"竞雄"。同年严冬,褚辅成与嘉兴同乡青年陈仲权等多人赴日本留学,南湖学堂托友人管理。褚辅成32岁才动身留洋,实属"老学生"。他好动,所以先选东京警察学校,尔后才转法政大学。当时陈天华在该校读大三。⑦褚辅成在东京读书、见识、交友,结识留学生,接触新思想。1905年8月13日,留日学生在横滨富士见楼聚会欢迎孙中山到来。20日,褚辅成随四百人在富士见楼宣誓加入同盟会。这么多人,他不一定认识秋瑾,至今没有证据表明他们当时有交集。但他俩至少同在富士见楼加入同盟会成为同志。

不料,是年11月,文部省颁布《关于准许清国学生入学之公私立学校之规程》,大部分留学生以其中的条款具有"歧视性"而举行抗议。12月5日,褚辅成所在的法政大学留日学生以多数决集体罢课。⑧横滨近三百名留学生又在富士见楼聚会,实践女子学校秋瑾作为全体女子留日学生代表,发表了激烈的演说,提议联合罢课,会议最后决定罢课。⑨陈天华于7日夜写完《绝命书》,8日上午把《绝命书》寄给神田区的杨度。9日传来陈天华投海自杀的消息。自杀原因,实为悲愤于抗议学生的"放纵卑

---

⑤ 〔日〕服部繁子:《回忆秋瑾女士》,高岩译,金中校,载郭延礼编:《秋瑾研究资料》,山东教育出版社1987年版,第179页。
⑥ 〔日〕服部繁子:《回忆秋瑾女士》,高岩译,金中校,载郭延礼编:《秋瑾研究资料》,第181页。
⑦ 〔日〕实藤惠秀:《中国人留学日本史》,第332—333页。
⑧ 〔日〕实藤惠秀:《中国人留学日本史》,第326页。
⑨ 〔日〕实藤惠秀:《中国人留学日本史》,第326、328、331页。

劣性情"。⑩ 于是，留学生中出现两派——集体归国派和反对归国派。

褚辅成的态度怎样呢？两派当中都没有他的资料记录。他显然相对成熟，但可想而知，他和许多留学生一样参加过抗议和罢课活动，他似乎与同盟会更密切，我们来看看他当时周围的好友都是些什么人物。与褚同批的同盟会会员有：早稻田的陈仲权；被推为嘉属同乡会会长的王维忱——早在1900年就与蒋百里、敖嘉熊等组织浙江省最早的反清组织"浙会"，1901年赴日留学；1905年入东京物理专科学校的计宗型和范古农，1910年回国，秘密从事反清革命活动；陆军士官学校的陆初觉，回国后在嘉兴组织商团矢志反清；以新科进士身份公派赴日的东京私立法政大学法政速成科沈钧儒。这个时期，立宪派人物梁启超也在日本，但褚辅成的注意力在革命，对保皇与立宪并不感兴趣。

1905年下半年回国的留学生有两波，一是因抗议而主张集体回国的，一是因同盟会革命使命纷纷奉派回国的。褚辅成属于后者，他留学才满半年就于1905年年底受命回国，作为同盟会浙江支部部长，参加了革命。秋瑾呢，除兼有前面两种因素之外，还有第三重因素——这次在日本不到一年，因将带去的钱资助长沙起义失败东来日本的同志，她经济告竭，此行回国乃筹措学费。秋瑾1905年3月初回到上海，1905年7月14日再赴日本。在日本经历了年底那场罢课和集体回国的抗议运动后，秋瑾于1906年春带着愤怒再次回国，在上海参与中国公学、开设女报馆，四处奔波亦不断碰壁，她感到使命来临，决意反清。

1906年3月初的一天，秋瑾持陶成章信到嘉兴会见褚辅成、敖家熊。"秋瑾为革命运动先至嘉兴晤褚先生，即于水渚上谈首义始事。"⑪ 他们志趣相投，从此往来甚密。"徐锡麟安庆发难，浙江等省响应，秋瑾二次来禾（嘉兴），重至南湖学堂，假言视学，一宿去杭、绍。"⑫ 褚辅成对秋瑾

---

⑩ 〔日〕实藤惠秀：《中国人留学日本史》，第333页。
⑪ 《南园系年杂事》，载王天松：《褚辅成先生年谱长编》，第11页。
⑫ 《逸庐年纪》，载王天松：《褚辅成先生年谱长编》，第12页。

的言行举止显然是接纳认可的。褚辅成惜其诗才，也希望秋瑾有份稳定的工作，便想到了自己的桐乡友人、正在南浔办学的徐自华。南浔女学开办于1906年初，[13]聘请徐自华出任校长。于是褚辅成推荐秋瑾到南浔女学任教习。秋瑾拜访徐自华，两人一见如故，又与其妹徐蕴华相识，三人义结金兰。不久，徐氏姐妹在秋瑾的帮助下加入同盟会。徐自华由于父亲病重，也辞去了南浔女校之职，回到崇福侍奉双亲。

秋瑾在出事前的1907年初，再赴嘉兴，就住在褚家或南湖学堂。秋瑾决意武力反清，2月赴绍兴任大通学堂校长，兼附设体育会教员，带徒习武。五月中，秋瑾为策划浙江起义急需军饷，着男装来桐乡崇福找徐自华商量。临行订生死交，以如遭不幸请"埋骨西泠"相托嘱。"皖省未发动前二月，秋瑾曾至禾来探视同盟会，诸君接待，由慧僧招待，寓在南湖小学，住二日去杭。"这就是说，女侠5月初来嘉兴与褚辅成见面，密谈的话题，居然就是"六月初边"（7月19日左右）的首义之事。

秋瑾多次来嘉兴找褚辅成，二君常在鸳鸯湖放鹤洲的静谧美景之中密谈，那么褚辅成夫人沈氏会不会有想法？褚辅成对此有过回答，在纪念亡妻的《亡室沈夫人悼述》中讲道："秋瑾女侠屡至吾家。时党祸方亟，人闻女侠之名，惊心怵目，而夫人识见深远，殷勤招待。"[14]此时的秋瑾已经毫不掩饰女侠气质，"身不得，男儿列；心却比，男儿烈"，也坦然流露她的尚武倾向，"赤铁主义当今日，百万头颅等一毛"。诗文气势恢宏，胜过男子。褚辅成秘密担任同盟会浙江支部部长，返回嘉兴，就在南门外南湖边继续办他的南湖学堂，自任校长，又兼任嘉兴府中学堂教员，以南湖学堂作为革命人士聚会之所。但是，褚辅成与秋瑾的想法有些不同，他知道秋瑾主张武力反清，但他想不到秋瑾这么快会豁出命来。不能不承认，作为秋瑾的"男闺

---

[13] "富商张弁群、虞亚青、邱问清等人竭力组织，虞青城允将述志医院空屋借作校舍，常年经费由邱水壶、张弁群各出百元，创办了南浔女校，招收女生30余人。"参见《南浔女学》，载《广益丛报》1905年第79期。

[14] 《亡室沈夫人悼述》（1945年7月），载王天松编：《褚辅成文存》，中国文史出版社2011年版，第603页。

蜜"，褚辅成在秋女侠面前，想必会受到自愧的刺激，也受到强烈的感染。

1907年7月13日，秋女侠在大通学堂被清兵包围，虽持手枪却寡不敌众被捕。据浙江办理秋瑾案档案"秋瑾口供"看，女侠滴水不漏，所"供"笔录不到350字，笔录中只有已被掌握的徐锡麟、赵洪富、程毅、竺绍康、王金发五人名字。[15]秋女侠7月15日于轩亭就义。

顿时，一片肃杀，风声鹤唳！闺蜜自华、蕴华姐妹及桐城吴芝瑛"一恸几绝"，她们在悲痛中冒险密谋着。褚辅成闻讯，悲痛万分，紧急协助，赶赴杭州，在西泠桥畔为女侠觅得安葬之地。秋瑾的三位金兰好友于阴历十一月结队，冒风雪渡江去绍兴文种山，将停厝在此的女侠灵柩冒险迁出护送至杭州，由廉南湖（名泉，1868—1931）在西湖断桥接应。"含泪泣血瘗侠骨于西湖之滨。"[16]1908年正月，褚辅成赶赴杭州，2月25日和吴芝瑛等各界400人，将秋女侠安葬于杭州西泠桥畔，举行会葬后，继续商议下一步策略和行动计划。褚辅成钦佩女侠精神，感念秋瑾情义，安葬秋瑾后，又与徐自华姐妹、陈去病等人密结"秋社"，以继遗志，徐自华被举为社长（民国成立后，孙中山曾任名誉社长）。九月，清廷御史常徽奏请削平秋墓，参奏主事者徐自华、吴芝瑛为同党，下令通缉。年底，褚辅成又与陈其美等人在上海浙江各府属代表商议起事，结果被叛徒刘师培出卖，褚等人改装易服总算逃脱。[17]因湘浙两省争葬秋女侠遗骨，经多年往复之后，1912年9月，"旋因浙江前民政司褚辅成禀呈谭都督，请将女侠灵柩归葬西湖，当经都督令行秋侠之子王沅德遵照办理在案……秋侠为革命巨子，世界公认，不敢一家私有，已许秋社同人迁葬"[18]。10月27日，秋瑾灵柩从湖南运回杭州，还葬杭州西湖西泠桥西侧原葬处。褚辅成主祭。[19]辛亥革命后的1912年12月9日，褚辅成曾陪同孙中山去杭州祭奠

---

[15] 中国第一历史档案馆：《光绪三十三年浙江办理秋瑾案档案》，载《历史档案》2011年第4期。
[16] 惠毓明：《吴芝瑛传》（无锡双飞阁藏版），1936年印，第17页。
[17] 冯自由：《记刘光汉变节始末（革命逸史）》，载《大风》（香港）1939第35期。
[18] 《申报》1912年9月20日。
[19] 《申报》1912年10月29日。

秋瑾。

二、议会"推手"

"立宪"这个词早在 1899 年就出现在汉语刊物上，当时只是介绍"白耳时"（比利时）"立宪"的比例代表制。[20] 1901 年梁启超以"爱国者"署名发表《立宪法议》解释"宪法者何物也"，建议朝廷宣布定中国为立宪君主国万世不易，派三重臣出洋考察立宪，回来设立法局云云。[21] 于是，有了五大臣出洋考察。随后，1909 年 3 月 6 日，朝廷要搞"预备立宪"以回应社会各界要求。浙江反应很快，4 月份就有响应了——4 月 16 日杭州召开咨议研究会，筹备成立浙江咨议局，嘉兴推举褚辅成为议员。他从此与议会与立宪一事终生不离不弃了。

褚辅成以嘉兴议员身份参加浙江咨议局会议，后在上海出席七省咨议局代表会上海立宪公会。是年 11 月，经浙江省咨议局公举，褚辅成、沈钧儒、陈敬第等七位担任资政院议员。[22] 但是褚辅成不能没有生活来源，于是他在 1910 年开设协源丝行，任嘉兴商会会长，参加江宁南洋劝业会。1911 年 8 月，褚加入光复会。10 月 10 日，武昌爆发起义，浙江响应，褚辅成密切配合陈其美，往来于沪杭嘉之间穿针引线，运送枪支，组织人马。11 月杭州光复后，群举褚辅成为浙江都督，褚让与汤寿潜，他则出任浙省政事部部长，总揽所有民政、财政、交通、外交、教育、实业，协调处置省内大事，抚恤贫民，稳定秩序。辛亥当年，南湖学堂和嘉兴府中学堂在褚辅成的发动和影响下，剪辫子的"光头教员和学生特别多"。[23] 1912 年 8 月 25 日，同盟会等团体正式改组为国民党，在北京召开成立大会，

---

[20] 《白耳时"凡立宪列国所行之议员选举法"》，载《亚东时报》1899 年第 18—19 期。
[21] 梁启超：《立宪法议》，载《清议报》1901 年第 81 期。
[22] "资政院议员浙省定额七名现由咨议局公举沈钧儒陈敬第邵羲王廷扬褚辅成……"，载《时报》1909 年 11 月 25 日。
[23] 茅盾在《辛亥年的光头教员与剪辫运动》《我所见的辛亥革命》两篇文章中均有回忆。参见《纪念褚辅成诞辰 140 周年——学术研讨会论文汇编》，嘉兴市文史研究会 2013 年编印，第 17—18 页。

褚辅成出席大会，并与于右任、马君武、徐谦[24]、陈明远等一起被推举为参议。

反清革命成功了，可是后面的路还很长很复杂。作为法科知识人，褚辅成深信还有另一条路可以救中国，那就是建立议会制度。他被称为民国"从事议会工作最久的'老参议士'"[25]。

1912年8月，全国还没有统一的选举法时，浙江在褚辅成推动下已选举成立参议院。中央政府命令停止各地方参议院选举，而作为都督属官的民政司长褚辅成，在浙江擅违中央电令，浙江都督蒋百器只好下令，褚辅成"民政司长"职务于8月20日被撤换。[26] 除此原因外，免职还有一背景，便是因褚氏厉行禁止鸦片贸易，触犯大英帝国利益，引起外交交涉。[27] 刚被免职第二天，蒋都督迫于压力自动退职，新任浙江都督朱介人（瑞）向袁大总统发电报，请挽留褚先生。[28]

1913年4月8日，褚辅成出席第一届国会并当选众议院议员。袁世凯在未征得国会同意的情况下，向英法德日俄五国银行借款2500万镑，褚辅成对此坚决反对，在国会领衔反对袁世凯，并称"此次政府借五国巨款，允许外人监督财政，违法丧权，全国共愤"。这时还没发生"称帝"，更没出现"讨袁"，褚辅成就公开反对袁世凯，于是成为袁的眼中钉。1913年8月，袁世凯借机将褚逮捕入狱，这一关就是三年。嘉兴各镇商会

---

[24] 徐谦（1871—1940），字季龙，江西南昌人。早年中举人、进士。1905年入京师大学堂攻读法律政治。1907年任翰林院编修、法部参事。次年任京师审判厅厅长，升任京师高等检察厅检察长。辛亥革命爆发后，与许世英等组织国民共进会。1912年任北京政府司法部次长，不久因反袁告退，8月参与组织国民党。"二次革命"失败后到上海当律师。1916年复任北京政府司法部次长。1917年7月随孙中山南下广州，历任军政府秘书长、司法部部长。1919年自巴黎和会回国，在天津任《益世报》总编辑。1921年4月任广州临时政府司法部部长，旋改任大理院院长。1922年9月任北京政府司法总长，不久辞职复南下广州。1924年在上海创办上海法政大学。1940年9月26日在香港病逝。主要著作有《民法总论》《刑法丛编》《诗词学》《安庐吟草》等。

[25] 本社记者：《当代做大事的人：褚辅成先生》，载《中外春秋》1944年第2卷第1期。
[26] 《都督蒋令知民政司长褚辅成遵令撤任另行遴委署理文》，载《浙江公报》1912年第188期。
[27] 王天松：《褚辅成先生年谱长编》，第53页。
[28] 《浙江辛亥革命回忆录》，第203页，转引自王天松：《褚辅成先生年谱长编》，第53页。

及进步党发电报，请为保全，称其"对商界及地方公益素具热心"，希望保释以彰显"惜人才而扬仁风"，㉙ 但于事无补。㉚

这时候，徐自华和妹妹徐蕴华在挂念狱中的褚辅成。徐蕴华写下一首词《意难忘》，词前小序云"薄暮视鉴湖，旧舍归沿河，往浦滩軿窗写感，有寄慧僧"，词曰：

> 遮眼高轩正冷，枫摇落雁思初繁。惊秋无限意，抚鬓已微秃。遵北辙，折南辕，泫是未归魂，苦眼中，纷驰长路，马殆车烦。
>
> 伤情幂外，霜痕有凉灯。吐暝市，吹流暄。林阴分域界，铃语破朝昏。思往事，略温存，胜日定难言，渐付凭谁家，管领水陌花暾。㉛

与褚辅成同年出事的，还有他留日的嘉兴乡友同学陈仲权，在"二次革命"失败后遭通缉，化名流亡日本，1915年返沪后被袁世凯派人暗杀。褚辅成在安庆狱中蹲了三年，牢中也不浪费时间，研究阳明心学。幸亏1916年袁世凯早死，褚辅成才于6月获释。出狱后，他马不停蹄北上参加恢复的国会，与王正廷组织政余俱乐部。1916年10月陈仲权灵柩运抵嘉兴，褚辅成题写墓碑，并发起在城中天后宫举行追悼会。

1916年12月，褚辅成与阮性存㉜等人在杭州发起政治商榷会。㉝ 1917年的国会监督活动频繁，褚辅成在参议院建议，"沪报载预算会受贿应由院

㉙ 《褚辅成有人电请保全》，载《新闻报》1913年11月23日。

㉚ 《日前传言浙督电倪督谓褚辅成朱念祖二员确与乱党有关请暂缓释放》，载《时报》1914年1月30日。

㉛ 徐蕴华：《意难忘（薄暮视鉴湖旧舍归沿河往浦滩軿窗写感有寄慧僧）》，载《香艳杂志》1915年第9期。

㉜ 阮性存（1874—1928），字荀伯，浙江余姚人，生于1874年，早年留日，回国后创办浙江私立法政学堂，为杭州早期著名律师。曾主持浙江省宪法草工作。1909年春，与褚辅成、沈钧儒、陈敬第等发起组织立宪国民社，以推动浙江省的立宪运动。1927年任浙江省政府委员兼司法厅厅长。氏是阮毅成之父，1928年病逝。

㉝ 《各要人为消泯意见改良政治起见定今日一日借座西湖迎宾馆组织政治商榷会》，载《民国日报》1916年12月2日。

咨政府根究可决"。㉞ 1917 年 8 月，褚辅成随孙中山南下护法，当选为非常国会众议院副议长。这算是他一生中做的最大的官了，可是革命状态下的"官"只是短暂的，甚至有送命的风险。1918 年 8 月，褚辅成与林森、汤漪㉟、彭允彝等被军政府任命为政务会议参议。㊱ 9 月，褚随中山先生自粤返沪。1918 年 12 月，褚辅成与林森、吴景濂及议员一百一十五人署名通电，宣布北方派兵入陕闽两省破坏和议之罪。㊲ 1919 年上半年乃多事之秋，国际上是巴黎和会，国内是南北议和。褚辅成一边与吴景濂就《电知议和代表条例》致电唐绍仪，一边与林森、吴景濂共同致电巴黎中国代表团声援中国代表，并致电王正廷"望诸公坚持到底，勿为所屈，全国人民当一致为诸公后盾，即希亮察"㊳。1920 年褚辅成与林森、吴景濂宣布岑春煊通北谋苟和罪状。㊴ 1920 年，他又与林森、吴景濂赴上海、南京协商南北和议事宜。㊵ 1920 年至 1921 年，他在沪上与沈钧儒等人发起组织全浙公会。

㉞《众议院褚辅成动议沪报载预算会》，载《时报》1917 年 5 月 2 日。

㉟ 汤漪（1881—1942），原名文漪，字斐予，江西泰和人。1903 年参加南昌乡试中举人，旋东渡日本求学，在日本留学期间，参加了同盟会。1906 年毕业于日本庆应大学预科，后于 1907 年进入美国密西根大学预科学习。1909 年毕业。1910 年，游历考察了英国、法国、比利时、意大利、德国、奥地利、俄国。1911 年回国后参加江西新军起义，被公推为江西军政府都督代表，赴上海出席各独立省都督代表会议。1912 年为临时参议院议员，是国民党理事长孙中山的重要助手。1913 年 4 月任参议员，6 月当选宪法起草委员会委员长，10 月主持起草中华民国第一部宪法（《天坛宪法草案》），受袁世凯干预，不予理睬，被下令逮捕入狱。1916 年袁病逝后国会复会，仍出任宪法起草委员会委员长，继续主持修改宪法草案，从事议会与立宪活动。1925 年当选为临时参政院参政会副议长，重新提出宪法草案纲目。1927 年 7 月就任北京法权讨论委员会委员长，并在上海出任《民国日报》社社长。1928 年 7 月被南京国民政府下令通缉。1934 年发表《中华民国宪法草案初稿汇评》。1936 年解除通缉令。1938 年 4 月任行政院赈济委员会委员，并由上海迁居香港。1941 年 12 月只身转移至重庆，1942 年在重庆逝世。

㊱《军政府令：任命林森褚辅成汤漪彭允彝曾彦吕志伊易次干谢持牟琳为政务会议参议此令（中华民国七年八月廿六日至九月二日）》，载《军政府公报》1918 年 9 月 4 日（修字第 2 号 213）。

㊲《林森、吴景濂、褚辅成及议员一百一十五人署名通电宣布北方派兵入陕闽两省破坏和议》，载《新闻报》1918 年 12 月 23 日。

㊳《申报》1919 年 2 月 21 日。

㊴《林森、吴景濂、褚辅成宣布岑（春煊）罪状》，载《时报》1920 年 4 月 8 日。

㊵《李督军派员赴申迎请旧国会林森吴景濂褚辅成三议长来宁协商和议事务》，载《时报》1920 年 4 月 27 日。

1921年4月，褚辅成赴广州继续护法革命。10月，陈独秀夫妇和包惠僧、杨明斋等人在上海法租界被法国巡捕拘捕。陈独秀隐名为"王坦甫"。当天黄昏，褚辅成和邵力子二人去探望陈独秀。即使不提正义感，为朋友敢于两肋插刀这一点就很可贵。可是褚辅成也是个敦厚迂板的书生，一见面就直呼陈独秀名字。这一喊不要紧，却导致巡捕确认"王坦甫"就是陈独秀。因此，褚辅成也马上被抓进去审查，幸亏还没闯大祸。当天获释后，褚辅成即报告孙中山。奉孙先生之命，褚和张继二人出面，通过法国方面的关系很快将陈独秀保释出来。1921年8月，褚辅成、沈钧儒等人以参观人身份出席嘉兴选举，发生"极大风潮"，知事喝令卫队长枪击、刀刺并殴伤褚辅成、沈钧儒等人，演成流血惨剧，迫使褚沈等人向高检厅提起刑事诉讼。[41]

　　1922年6月，褚辅成随孙中山于广州蒙难，自广州返沪。8月他参加北京国会第一次宪法审议会，倡导民主、统一与分权。1923年10月底，褚沈二人到杭州接洽浙江省自治事宜，并召集法团人士开会，商议省宪法修订。[42] 1923年至1924年，褚辅成50岁，在嘉兴创办民丰造纸厂；1924年8月起江浙战事，在沪设救济灾民会；与此同时开始推动苏浙皖三省联合自治，配合北伐。1925年1月，褚氏受邀任善后会议委员赴京；[43] 3月，他为临时执政府组织案、公团会议在善后会议的权限等事，向执政府提议，得到反馈；[44] 6月，因不遗余力地为国是奔走，身心劳累，他相约好友王正廷同游桐庐七里泷，在严子陵钓台留下"渔樵乐"一照。

　　褚辅成以身许国，却不事生计。反专制，反军阀，立宪法，扬民意，促民权，他写了很多，仅目前保留下来的就有洋洋百万字，但不是论文，而是往来信件、檄文和时评，字字珠玑，犹如投枪匕首。"君子之为学，

---

[41]《嘉兴县此次省选发生极大风潮演成流血惨剧知事喝令卫队长警枪击刀刺殴伤参观人褚辅成沈钧儒等》，载《时报》1921年8月26日。
[42]《浙省准备宣布自治，褚辅成沈钧儒之谈话》，载《民国日报》1923年11月1日。
[43]《段执政召集善后会之东电，本埠被邀者王九龄杨庶堪褚辅成虞洽卿等》，载《时报》1925年1月5日。
[44]《执政府特议应付褚辅成案》，载《民国日报》1925年3月25日。

以明道也，以救世也。"他的"救世"行动，屡挫屡战，又坚忍前行。正如他的遗言："志存报国，五十年来，无敢间息。所憾国家多故，外患迭乘，忠义仅存，涓埃无补……始终以法自持，以廉自励，以惠养民，以诚待友……现当国事蜩螗，兆民涂炭，世界大势所趋，非真正民主，实施宪法，无以救国……"㊺

殊不知，为立宪这事，死了多少人？仅褚辅成身边的嘉兴好友就死了陈仲权、姚定生、龚宝铨、王家驹、唐经勋、敖家熊、徐小波。褚辅成在立宪救国事业上，有自己法科知识人独特的信念，不信威权，不信枪炮，只信议会。他就是认宪法和议会这个死理。

三、法科校长

1926年，褚辅成又遇到一大事——有朋友要创办上海法科大学，他一开始只是应邀友情出任校董。此事起因纯属偶然。话说徐谦创办的上海法政学院，1926年夏有一百多名学生与校方发生意见分歧，决意离校。学生们拜访沪上爱国大律师王开疆（参见专篇），希望他另立法科校门。王律师见学生言之切切，便与章太炎商量创办上海法科大学。选址法租界浦柏路（今太仓路）479—483号。初推章太炎及董康为正、副校长，王开疆为校务主任，潘大道㊻为教务主任。褚辅成只是参与协助王开疆、董康、于右任等人创办，1926年9月6日上海法科大学开学。㊼

㊺ 1948年3月20日，褚辅成写下遗言。参见王天松：《褚辅成先生年谱长编》，第619页。

㊻ 潘大道（1888—1927），字力山，四川开县（重庆临江人）人。早年留学日本，考入早稻田大学政治经济科，并师从章太炎学习经史子学，其间加入同盟会。1911年回国，参加清政府学部考试，中法ªº举人，派邮传部小京官。后被四川当局聘为四川省法政专门学校教授。1912年4月任成都法制局局长，参与创办共和大学。共和大学解散后，离蓉去沪，常为《雅言》《大中华》《甲寅》等杂志撰稿。1917年秋回四川，历任省政府秘书长、国会议员、政务厅厅长、代理省长。1918年春，任北京大学教授，是胡适好友。1919年冬留学美国，专攻政治。1922年回国，被选为国会宪法起草委员会委员。1923年因反对曹锟贿选被迫离京去沪。曹锟倒台后，回京执业律师兼任北京法政专门学校教务长。1926年三一八惨案后，为学生出庭辩护，不久举家赴沪就任上海法科大学副校长。1926年夏，就任上海法科大学校长。1927年创办《党论旬刊》。1927年被暗杀身亡。

㊼ 吴兴农、马学强：《褚辅成与上海法学院》，载《档案与史学》2002年第6期。

褚辅成担任校董，最多只参与做些决策事宜。因为他是"全浙公会"干事长，主要工作在主持该会董事会，配合全国调解孙传芳与蒋介石之间的危局；与蔡元培等以苏浙皖三省联合会名义，拟以民意促使孙传芳撤退援军接洽革命。不久章太炎先生因难忍校务行政之繁琐，坚辞校职，暂由郑斌代之。经重新推选董事会，由潘大道等邀请王正廷、李根源、于右任、褚辅成、沈钧儒、钱永铭（新之）、马君武等组成新的董事会。是年10月召开了上海法科大学董事会，会上通过了该校组织大纲，结果把社会事务繁忙的褚辅成推选为董事长，董康为校长，潘大道为副校长。⑧ 潘大道是早稻田大学政治学毕业生，1923年在北京参议院反对贿选，1925年任北京法政学校教授，1926年与褚辅成来沪，担任法科大学教务长，旋任副校长。⑨ 1927年，褚辅成任浙江省政府委员兼民政厅长。4月清党时，褚辅成和沈钧儒被误认为"左派"或"中共"，押解南京，差点被枪决。褚的昔日学生马文车在蒋总司令身边当秘书处长，得知逮捕并枪决褚沈二人的命令时，暗中通报，得蔡元培、宋庆龄及蒋的老师等人营救，方才释放。⑩

在这种恐怖的形势下，法科大学内，"学生中显分国民党和非国民党两派，影响于校长和副校长。董（康）校长非国民党员，当然不愿受党部的拘束。潘副校长名列国民党籍，不得不接受党议。两派学生初仅揭帖传单，互相攻击，后竟扩大范围，把董、潘两校长卷入漩涡……校长无法解决。⑪ 经校董会推慧僧及沈衡山（钧儒）、吴凯生等四人出面排解，如今双方学生代表数度谈话，意见渐趋接近，两派各派代表已分别向董、潘两校长谢罪，风潮本可平息"⑫。不料，1927年10月13日，上海法科大学接国民党上海市党部函，谓校中有"跨党分子"12人，须限期离校，措辞

---

⑧ 吴兴农、马学强：《褚辅成与上海法学院》。
⑨ 《法大校长潘大道被杀》，载《兴华》1927年第24卷第40期。
⑩ 王天松：《褚辅成先生年谱长编》，第360页。
⑪ 吴兴农、马学强：《褚辅成与上海法学院》。
⑫ 王天松：《褚辅成先生年谱长编》，第362页。

十分严厉。校长董康不肯执行,副校长潘大道以党部来函措辞严厉,深恐危及学校,通告 12 名被指之学生自动暂行离校(或退学)。[53]

10月14日,潘大道于校门口遭人暗杀,"察其致命枪伤,弹丸系由后小脑入",[54] 送医院抢救,不治身亡。校内一片纷乱。"学校闹风潮,在中国虽属司空见惯,但至校长因此而被暗杀,实开古今未有的创例。"[55] 法捕房发告示要求学校暂时关闭,限令所有学生在 24 小时内离校。校长董康无力收拾,遂提出辞职。全校陷入瘫痪。作为校董会董事长的褚辅成在南京闻讯,迅速赶回上海,着手处理潘大道的身后事宜,继而召开董事会议,讨论学校善后。会议结果,一致把褚辅成推举成"暂行代校长",沈钧儒为教务长。[56] 董康也被指控"勾结共党"参与谋杀潘大道,直到1928年 3 月江苏高等法院下文才得澄清。[57]

褚校长在上海法科大学最艰难的时日里接了重担。他当即派出校董、留法法学博士吴凯声[58]出面,与法租界当局疏通交涉。11 月初,褚辅成一再与法租界磋商,但法租界当局意见仍主稍缓。[59] "当时唯一紧要的事情,便是复课。但出了惨案以后,法租界巡捕房即把校内文卷搜去检查,并派

---

[53] 王天松:《褚辅成先生年谱长编》,第 362 页。

[54] 《申报》1927 年 10 月 17 日。

[55] 褚辅成:《十年的回顾与感想》,载《上海法学院十周年纪念刊》,转引自王天松:《褚辅成先生年谱长编》,第 363 页。

[56] 吴兴农、马学强:《褚辅成与上海法学院》。

[57] 《政府批:第二一三号(中华民国十七年三月二十三日)》:"兼代司法部部长蔡元培:呈复关于上海特别市党部及潘大道等呈董康勾结共党谋杀潘大道一案令据江苏高等法院院长查复所控董及郑斌事多出于误会并无确证可否免予通缉请核示由",载《国民政府公报》(南京 1927)1928 年第 44 期。

[58] 吴凯声(1900—1997),江苏省宜兴人,1918 年就读上海仓圣明智大学文科,1921 年 7 月毕业赴法留学,1925 年在法国里昂大学获法学博士学位。1926 年回国,在上海法租界成为第一个用英语、法语辩护的中国律师。1927 年 1 月,作为国民政府主要代表之一,主持从英国收回汉口租界。1928 年任国民政府外交部秘书,后转任外交部、中央银行法律顾问,仍在上海执行律师事务。1929 年任国际联盟中国代表办事处秘书长;8 月任驻瑞士使馆代办、全权公使。1930 年回国,任国民政府外交委员会委员,上海法科大学、东亚大学等校董及教授。1931 年,与施肇基(驻英公使)、王家贞(外交部次长)出任国联代表。1932 年,担任共产党人陈延年(陈独秀长子)的辩护人。1933 年 3 月,在廖承志和陈赓两案同庭审理中,为陈赓辩护。1940 年,出任汪伪政府伪考选委员会副委员长、伪外交部次长、伪最高国防委员会副秘书长等要职,成为历史污点。1951 年被送到上海郊区大丰农场劳改。1982 年,被聘为上海市文史馆馆员。

[59] 《申报》1927 年 11 月 4 日。

巡捕看守,禁止学生出入,几经交涉,始将文卷发还,然犹不准学生进校上课。嗣托华董向总领事及工部局疏通,复由吴校董凯声多方运动,偕慧僧往见领事及总巡,声明负责保证,此后不致再发生同样情事,至 11 月 21 日始获照常上课。"[60] 12 月 4 日,上海法科大学召开潘大道追悼大会,由褚代校长主持,明确讲"力山之死,是为学校而牺牲的"。会议最后,确定了他提出的纪念潘大道的四项举措:创办校刊,以志纪念;新校舍建筑后,为力山先生铸一铜像;图书馆改名为力山图书馆;改大礼堂为大道堂——获一致通过。

1928 年 1 月,上海法科大学校董会第 14 次会议,"照学校现状,必无人肯来接任,代理也非久计",遂推举褚先生任校长,改选钱新之为董事长,并决定添办银行专修科。褚校长正式接任后,厘定章制,增添合作银行及实习法庭。"所幸校内职员,皆能精诚团结,不辞劳苦,合体同学亦能安分读书,不生纠纷,在平静的过程中忽忽过了一学期。"5 月初,法科大学学生四百余人,在大道堂紧急召开全体大会,一致通过成立反日运动委员会。其后,学生还举行抵制日货活动,褚校长与沈钧儒教务长表示支持。[61] 8 月 2 日,学校因原校址租房被收回,遂租新校址,迁至江湾路和平坊办学。[62]

1930 年 1 月起,上海法科大学招收大学部法律、政治、经济各系一二三年级,以及专门部三科一二年级新生。

1930 年 6 月,一批新教室、新宿舍陆续落成。褚校长办学思路在当时就颇为领先,特别重视海内外师资的聘任,尤其注重有海外留学背景的师资。但他很了解海归教员的短板,遂要求教员在课程方面要注意与"中国国情"的结合问题。为此,他特别要求加入几种特殊问题的讲授,譬如在

---

[60] 褚辅成:《十年的回顾与感想》,载《上海法学院十周年纪念刊》,转引自王天松:《褚辅成先生年谱长编》,第 364 页。
[61] 褚辅成:《十年的回顾与感想》,载《上海法学院十周年纪念刊》,转引自王天松:《褚辅成先生年谱长编》,第 366 页。
[62] 《申报》1928 年 8 月 2 日。

政治方面增加讲授近百年来西方列强侵略中国等历史内容；在经济方面，加讲中国经济的现状、世界经济机构之类的课目，以补足其他课目之不足。在办学条件方面，法律系开设诉讼实习，政治系有模拟议会，经济系则完善合作银行，建成"力山图书馆""大道堂"，学校规模日益壮大。由于基础打好了，经教育部批准学院"立案"——正式被官方认可为私立大学。这一"转正"，非常了不起，在当时是极为重要的一步，由此学校地位、规模和信誉日益显著。此时，先后毕业的同学已有五百余人，沙千里、史良等著名人物都是褚先生的学生。这些毕业生职业生涯发展颇著成效，有前往外国留学的，有从教、从商也有从政的，有担任县长、普通文官、经理等职者，亦有受任外交官、司法官、律师，约占全数五分之三以上。前来报考的人数逐年增多。1930年度下学期招生时，全校学生达到九百余人，是创校以来从未有之规模。由于学校的一些专业适应了社会需要，人才供不应求。褚辅成深知学校的生存发展，依赖于良好的师资队伍和先进的课程设置。从他担任校长起，就十分注意引进海外留学的人才。1930年，在聘请的13位教授中，大多在国外大学获得学位，其中7位留学日本，4位留学美国及欧洲的一些知名大学，1人留学苏联莫斯科大学，还有1人则毕业于北京大学。

经过褚校长精心筹划和实施，是年12月，上海法科大学得以改名为上海法学院（Shanghai Law College），从此正式被官方立案认可，此前的毕业生需要追认。[63] 当时，私立大学要获政府立案，须以自建校舍为必要条件。未立案之大学与立案之大学享受不同待遇。上海法科大学已有两届毕业生，因此不能不申请立案手续，所以筹集甚多，建筑校舍成为当务之急。褚校长、钱董事长、沈教务长等多次进京拜访大学院（教育部前身），也找了院长（部长）蒋梦麟，期间波折多次，准予立案令终于在11月下

---

[63]《教育部咨：第一五一六号（二十年十一月九日）》"为上海法学院立案效力不能溯及于以前上海法科大学惟其毕业生资格得依追认办法请求追认咨复查照由"，载《教育部公报》1931年第3卷第44—45期。

发,实现全校师生多年的愿望。㉔褚校长变成"褚院长"后,更全身心地投入学院工作:1931年,决定增设大学部春季班,扩充银行科范围改为商业专修科,还设立了会计统计组。学院内一些特色组也陆续成立。当时被称为"蔚为东南研究法学的一大学府"。他在此校(院)长任上一干就是21年之久。

上海法学院不仅专业上日益精湛,连院风也深受褚院长影响。早在1928年5月,济南发生日军屠杀我军民的惨案,上海法学院(当时还称上海法科大学)的教职员工及同学闻讯奋起,组织反日运动委员会,举行反日活动,以资援助,并实行军事训练制度,此为全国之首倡。九一八事变爆发后,褚院长勇担上海市"东北义勇军后援会"的领导,上海法学院的师生因专业训练及学校主持者在爱国方面的身体力行等原因,走在上海高校学生反日运动的前列。到了1932年1月28日晚,日军向上海中国守军发动进攻,即一·二八事变,日军炮火导致上海法学院校舍化为灰烬,所藏中外图书同付劫灰。㉕褚院长悲愤中横下决心,要在废墟上重建校园。他成立"复兴校舍委员会",誓言修复校舍,重整旗鼓。师生上下协力,同舟共济,首先募集到数万元的捐款,于1933年春动工兴修校舍。不到半年,所有校舍在7月份被整修一新。法学院的学生由法租界迁回江湾旧址,添置图书,扩充设备。结果教育部对该校少数学生的言行不满,下令停止招生。于是校园再次激起千层浪,学生发起护校行动。在这种情况下,褚校长发表告全校学生书,言辞恳切地劝慰学生,主张大家努力从我做起,才是护校的最好行动。㉖此时的褚辅成先生已60多岁,在重建法学院的同时,褚辅成还在参与组织浙江的抗战工作。

褚辅成总是出手帮助他认为该帮的人。1932年4月,张煊在苏州被

㉔ 褚辅成:《十年的回顾与感想》,载《上海法学院十周年纪念刊》,转引自王天松:《褚辅成先生年谱长编》,第366页。
㉕ 王天松:《褚辅成先生年谱长编》,第395页。
㉖ 《私立上海法学院院长褚辅成告全体学生书》,载《新闻报》1933年8月4日。

捕，褚辅成出面请求保释。⁶⁷ 当时上海法学院学生压根不知道，就在法科大学被日军轰炸后不久，他们的褚院长执行了一件"谍战片"式的秘密工作。1932年4月29日，上海虹口公园正在举行日本派遣军"庆祝胜利大会"，突然一声巨响，发生了爆炸，日军总司令白川当场被炸死。原来，这是朝鲜独立党党魁、大韩民国临时政府领导人金九（金白凡）指挥策划的炸弹爆炸。爆炸案后，日军疯狂搜捕，遭日寇通缉的金九在上海藏匿二十多天后，被侦探发现。在万分紧急关头，褚辅成出手了，他安排金九从上海转移至自己老家嘉兴，先后住到儿子褚凤章媳妇老家，日本侦探闻讯常在沪杭线沿途搜查。为避倭警，金九甚至还曾藏身于南湖上的游船。金九避居四年的嘉兴，也就成了大韩民国临时政府的秘密办公之地。1935年10月下旬，经金九在嘉兴筹划，韩国临时议政院16名议员会集南湖，在南湖一艘船上举行了非常会议。之后，金九被韩国人称为国父。61年后，1996年韩国政府鉴于褚辅成救助金九等韩国独立运动人士的功勋，决定授予褚辅成"大韩民国建国勋章"。这算是褚辅成"劳碌命"大事中顺利成功的个例。褚辅成营救金九的故事后来在2012年被拍成电影《非常营救》。

到1936年，上海法学院褚辅成院长聘请的师资，光是教授就有32位，其中17人留学欧美或日本的名校，其余几位教授，或曾就读于教会学校如上海圣约翰大学，或毕业于北京大学等国内知名大学。虽比不上朝阳、东吴，但其中还是有相当质量的名师。这样的师资队伍，甚至不输给我们今天一些著名法律院校。

这一年年底，又接连发生西安事变和"七君子案"。褚先生的老搭档沈钧儒11月23日被拘，次日释出，就被张耀曾送到褚辅成家。这些天褚先生既要为沈钧儒事操心，又要忙碌于西安事变的事——褚与张寿镛、刘湛恩、刘海粟、顾毓琇、胡文耀、何炳松、吴经熊、颜福庆等上海各大学

---

⑥⁷ 《褚辅成等请求保释张煊》，载《时报》1932年4月25日。

校长分别致电中央和张学良。[68] 不久七君子正式在苏州入狱，褚开始与杜月笙、钱新之等人设法营救。沈钧儒致信其子谓"褚慧僧老伯必甚念我"，要求其子把自己到苏州监狱的情况向褚汇报。患难兄弟间，惺惺相惜，无须多言。果然，褚的来信寄到狱中。虽然后来的去信总是被查扣，但沈衡山心里明白，褚慧僧一定会使尽全力搭救他。5月4日，褚至苏州探监。5月23日，沈获悉褚辅成允诺为七君子事要面见蒋中正，"非常可感"。杜月笙、钱新之、褚慧僧等人决定具保书。[69] 至7月31日，七君子被全部释放。

1937年日军攻入上海，八一三战役发生，上海法学院校址成为炮火横飞的战场，褚公苦心经营的校舍再次被炸毁。褚辅成和沈钧儒被迫内行，奔走国事，从事抗日民主运动。院务由其二子褚凤仪教授代理。褚辅成1938年入川去重庆，参与国民参政会的抗日活动。1939年，他参与考察新成立的川康建设委员会，动员禁烟。1940年他又被聘为万县办事处主任。在万县，他成诗一律，曰："抗战追随两载余，消磨岁月半舟车。鞠躬瘁尽犹忘老，弃政期延待遂初。还我河山愿将了，乐天知命岂当归？行年正遇龙蛇厄，仰企贤人愧不如。"就在他以年迈之身在四川奔波之时，最让他念念不忘的还是他的法学院建设。

到了1941年，上海形势更加险恶。除了几所外国教会大学外，大学都面临被轰炸或侵占的危险。圣约翰大学熬到1941年，校长突然易人，换成华人沈嗣良，卜舫济匆匆离沪返美，可见形势十分危急。为抗日形势所逼，上海法学院于1941年辗转迁徙，先至浙江兰溪，后至皖南屯溪。部分师生转移到内地，进行抗日活动。在多方努力下，1942年，年过70的褚辅成在四川万县创办了上海法学院万县分院，在内地继续他的未遂志愿。直到抗战结束，万县分院仍然在招聘师资（参见图2）。褚院长决定

---

[68] 王天松：《褚辅成先生年谱长编》，第527页。
[69] 王天松：《褚辅成先生年谱长编》，第532页。

把万县分院留在当地,可见当时西迁大学与西部百姓的鱼水情深。

1946年,万县分院的同学给上海本部师生来信,深情说道"分院在万县成立以来已经毕业了很多同学,他们都能获得社会人士的好评。在川东我们是最高学府,有领导川东文化的使命,全体老师和同学们都能为学校争光,为文化努力,负起这个伟大的责任","川东父老赤诚地挽留着我们,希望法学院永远建立在川东,一方面我们也舍不得这个青秀富饶的山城,教育部不准有分院之设立,为了纪念我们院长褚辅成先生,就把万县分院易名为辅成学院",还加了一句安慰的话"其实不过是改个名字罢了,实际仍是一家人,仍是亲兄弟","院长仍是前分院长褚一飞先生担任",褚一飞正是褚辅成的哲嗣。[70]

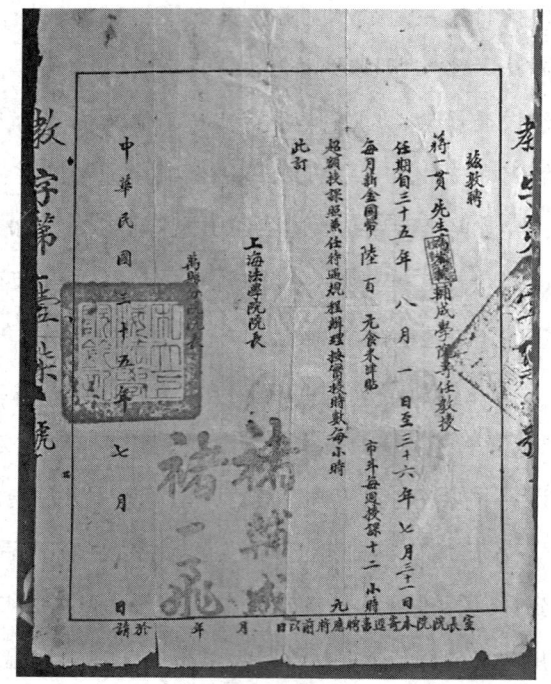

图2 1946年(民国三十五年)7月时任上海法学院院长褚辅成钤印颁发"敦聘蒋一贯先生为本校辅成学院专任教授"聘书(然否斋藏)

---

[70] 李福中:《万县来鸿》,载《上海法学院二十周年纪念特刊》1946年10月。

四、老代议士

1943 年，70 岁的褚辅成赴云南组织滇黔经济动员策进会。1944 年，他在昆明作诗一首，其中一句云"最后五分钟到了，且当艰苦奠邦基"。1944 年，他是国民参政会年事最高的参政员。"在政治上主张精诚团结，一致对外，肃清贪污，实施宪制。这是他四十年如一日的努力目标。所以凡有利团结的任务，他是不辞奔走的，凡是有利于人民的工作，他是无有不愿尽力的。"他的方式是"当面解决"，"认定公开讨论是一定可以辩明事实，解释误会的"。⑦ 这也是宪制的一种商谈精神。

1945 年 6 月 2 日，为团结问题之政治解决，褚辅成领衔，黄炎培、王云五、傅斯年、左舜生、章伯钧等七人致电毛泽东、周恩来，"希望继续商谈"，"从速完成团结，俾抗战胜利早临，即建国新奠实基"。⑫ 1945 年 7 月 1 日，73 岁高龄的褚辅成与黄炎培、左舜生、傅斯年、章伯钧等六人以参政员名义，由王若飞陪同由重庆抵达延安，毛泽东、朱德、周恩来等十余人到机场迎接。抗战胜利后，褚辅成东还，以社会贤达身份参与政治协商会议。

抗日战争胜利后，1946 年 5 月，褚辅成参与组织创办九三学社，任中央理事。后见内战又起，知"国事益不可为"，遂一意倡明学术，继续主持上海法学院院务。辗转迁徙的法学院于 1945 年 8 月迁回上海，先借金陵路正行女中⑬开课，1946 年迁回原址。褚院长于回沪后的 6 月 6 日对师生发表书面讲话，云："于今宪政民主已势所必行，辅成以毕生精力致力于此，今犹期以耆耄之年，见其实现，窃愿与本院师生共谋努力。"⑭ 这时的上海法学院设有四个系：法律系（司法组、行政法学组）、政治学系、

---

⑦ 本社记者：《当代做大事的人：褚辅成先生》。
⑫ 《致毛泽东、周恩来电》（1945 年 6 月 2 日），载《解放日报》1945 年 6 月 30 日。
⑬ 1932 年杜月笙捐资创办上海正始中学，设女子部。1934 年女子部改称正行女子职业中学，与正始中学脱离关系，褚辅成与沈钧儒任校董。
⑭ 褚辅成：《回沪时书面讲话》（1946 年 6 月 6 日），载王天松编：《褚辅成文存》，中国文史出版社 2011 年版，第 609 页。

经济学系、会计学系，附设商业专修科（银行组、统计会计组）和报业专修科。

1946年秋，政治局面极为危险，美国特使做军事援助，美货充斥市场，灾荒遍及全国，褚辅成与王卓然、张西曼、许德珩于10月30日发表《呼吁和平六点意见》，声明"吾人要求蒋主席立即回京，下令永远停止内战，负责主持和平谈判，以求真正的和平民主之实现"，"根绝党化教育，尊重讲学及办学之充分自由"。[75]

1947年，褚辅成于8、9、12月三次牵头会同孟宪章、王造时、李惟城、臧克家、顾执中、吴觉农等人在上海《大公报》发表公开信，阐明对日和约的中国民间立场，呼吁珍惜八年抗战的胜利成果。1948年3月初，褚辅成先生在上海的寓所不慎倾跌，遂病不起。3月20日，写好遗嘱。3月29日，在上海四川路寓所，这位被人们誉为"中国民主宪制之长城"的老人，离开了人世，享年76岁。

参议员褚辅成其实只是一介平民，一介书生，然而因其一生活动轨迹，光看他的"朋友圈"便可以串起一部中国民主革命史。他的"朋友圈"中有孙中山、章太炎、秋瑾、于右任、马君武、徐谦、王开疆、陈明远、沈钧儒、邵力子、王正廷、李根源、钱永铭、金九、黄炎培、左舜生、傅斯年、章伯钧，还有陈独秀、王若飞、毛泽东、周恩来等等。

褚辅成是真正的"生平不愿做大官，但要做大事"。他一生的行动，浓缩进了这句话，得到公众舆论赞许，称其为"当代做大事的人"。[76] 在中国，知识人面临一个老传统：做官才能做事，或者欲做事者必做官，做大官方能做大事。如果有人一生不谋做大官，只求做大事，那么他就非常的另类。近代以前旧制度下，知识人抱着修齐理想，除了做官没有其他出路，无其他职业可寻，教师、学者还不是一种职业，更遑论有职业的独立性。所以这种自古形成的传统，也影响到近现代知识人，仍然以做官为最

---

[75] 《呼吁和平六点意见》，载《新华日报》1946年10月31日。
[76] 本社记者：《当代做大事的人：褚辅成先生》。

佳出路。这种在做官与做事之间模糊化的"统一性",也掩盖了不少人做事与做官何者为目的的问题。不少人做了大官却不做事,更有人只为谋求大官而做官,目的被颠倒。当然,历史上也有做官的人是这么做的。比如曾国藩为官三十余载,从一介书生到位极人臣,他当官的原则是"做官宜公而忘私,自尽厥职",升官发财在他眼里是可耻的——他当官之初便立志:绝不凭做官发财,绝不留钱给后人。

一介书生褚辅成,是个充满传奇的戏剧性人物。他是个迂板的士大夫,却在民主政体上不懈探索;他是个传统的老夫子,却在新式法科教育中匠心独运;他是个文弱的知识人,却在革命行动中固执弄潮。在专制面前,他貌似大战风车的唐·吉诃德,但实际更接近于西方文化史上出现的与"静观的人生"相对应的那种"行动的人生"(vita activa)。一方面,他从"修齐"中形成救世思想,并以"诤谏"为"天职"(calling),为认定的目标拼搏终老。另一方面,他在读书和革命中所获得的民主宪制新思想,形成他的"改变世界"的终生行动。他是为做大事而行动一生的知识分子。从他的活动轨迹,可以判断在他思想深处,隐藏着一个传统知识分子和现代知识分子交汇融合的非典型而又独具魅力的人格。

他干革命,屡挫屡战被捕坐牢;他办学校,屡建屡毁东躲西迁;他为朋友,两肋插刀义薄云天。帮秋女侠、助孙逸仙、保陈独秀、保金白凡、救七君子……光是这样的行动,就足以无愧于朋友圈了。倡代议制,主参议会,议分权论,推自治省,办法学院,保公民权,倡宪法事,促和平业,他一生"劳碌命",虽壮志未酬,但已然明道矣!章士钊曾作词赞褚慧僧云"君七十浑如少日,雄杰见真稀"[77]。褚辅成做了一辈子想推动的那件"大事",到底是什么?说到底就是两个字——宪制,就是人民享民主、政府降风险、民族增富强,利民利国利民族。

---

[77] 章士钊:《满庭芳:褚慧僧以七十自寿索贺诗》,载《台湾建设》1948年第1卷第2期。

沈钧儒——好石取坚

图 1　沈钧儒（1875—1963）

早年褚辅成身边，一直有个搭档，像忠实的跟班随从一样，他就是沈钧儒。如果说褚辅成有西式新派气质，那么沈钧儒则是地道的传统夫子——进士出身，与甲辰状元刘春霖同科，是取得过功名的人。可是他东渡日本速成法科，回来不久便辞官搞立宪运动。后来当了律师，自己却被捕，还得请别人来为他辩护。沈老夫子身为律师，干的却不是真正职业律师的活。那么，他都干什么去了？

一、厌法部，崇民治

爱诗文而厌拒律法，是中国传统的知识"鄙视链"，也是古代读书人的偏好。可是老天的安排总会与人开玩笑，就像沈家本一样，沈钧儒也有同样的命运。

沈钧儒出自晚清时期嘉兴的一个士大夫家庭。1875 年 1 月 2 日出生在苏州。3岁时由母亲教他识字，5岁入私塾启蒙，"自幼聪颖，指物能吟，出口成章，有七岁能诗之誉"①。"喜读朱子《小学》，《礼记》中的《曲礼》《学记》《儒行》，《陈宏谋遗规》《曾文正家书》《求阙斋日记》等。"② 沈钧儒13岁回嘉兴秀水老家应童子试，16岁就中秀才，诗赋列为第一。1894年，20岁的沈钧儒与张象徵女士结婚。1900年沈父去世，他随任职陕西学政的叔父到陕西三原学署任文案。28岁沈钧儒赴顺天乡试，中举人第19名。而立之前连续两年中举人、中进士，这种传统教育，使他有了夫子的底子和气质。年轻时，他爱好诗文，未曾接触过律法，也不爱律法之术。

清末最后一次科举考试时，即1904年，沈钧儒应殿试得"赐进士出身"衔，考取进士二甲第78名。按清廷惯例，殿试得二甲之人，就可以当翰林了。等文书发下来一看，他却被分到了刑部任贵州司主事。一打听，原来是他那一手工整的小楷起反作用了。此届殿试主考官徐世昌，看了沈钧儒试卷，非但不赞赏，还颇有微词："在这个时代，这人尚斤斤于楷书之工整，实在要不得。"卷子就这样被随意而轻蔑地放在了刑部里面，很多人都为沈钧儒鸣不平。③

沈钧儒被分配进了刑部，很不乐意。当时正值留日热潮，他于1904年在北京学务部请咨赴日，1905年9月辞去刑部主事，得以新科进士身份被清政府派赴日本，入东京私立法政大学法政速成科政治部学习，后继入补修科。据日本学者讲："法政大学的速成科，学期为一年半，各种讲义都由中国人传译。教师和学生都非常用功，故有连暑假也不休息的学习风气。连速成科的学生，都是在本国有学问基础的人，具有进士出身的人也很多，其中甚至有状元出身的。沈钧儒在入法政大学速成科以前，便已在中国考取了进士，故虽然是短期，但其成绩却是意外的良好，比三年制的

---

① 沈谱、沈人骅：《沈钧儒年谱》，中国文史出版社1992年版，第3页。
② 沈谱、沈人骅：《沈钧儒年谱》，第5页。
③ 朱菲菲：《新中国第一任最高人民法院院长沈钧儒》，载《中国审判》2006年第1期。

正科生，更为优异。"④

当时留日学生在政治倾向上有两派，一是革命，二是立宪。沈钧儒因为是官派留学，所以政治倾向起先并不明显，据说他与在东京的革命党人章太炎、陶成章、徐锡麟等有往来，但未入同盟会，也与主张君主立宪的杨度交好。1906年秋，听说清廷预备立宪，沈钧儒便回国了，结果未见有立宪的动静，又返回日本。1907年1月，杨度于东京创办《中国新报》搞立宪宣传，还成立了"留日学生宪政会"，沈钧儒是其中的成员。

鲜为人知的是，沈钧儒在日本留学期间曾干了一件有影响的大事。他在"留日学生宪政会"朋友圈中有两个志同道合者，一是熊范舆⑤，为其同年参加殿试的三甲进士，又同为在东京的留学生；二是恒钧⑥，乃满族留学生中的佼佼者，身为著名将军后裔。1907年9月下旬，沈钧儒以"法部主事"头衔排名第二署名，与"湖南即任知县"熊范舆、"花翎应封宗室"恒钧、"附生"雷光宇四位代表起草了《民选议院请愿书》，率百余人联署向皇太后、皇上请愿，要求清廷于一二年内开设议院，落款时间为"光绪三十三年八月十八日"，即1907年9月25日。⑦此请愿书后被国内

---

④〔日〕平野义太郎：《梅谦次郎博士与中国留学生》，原载《草原》第4号，转引自〔日〕实藤惠秀：《中国人留学日本史》，第49页。

⑤ 熊范舆（1878—1920），字铁崖，贵州贵阳人，光绪三十年（1904）三甲三十九名进士，后官费留学日本早稻田大学，与杨度组织"留日学生宪政会"，任会长；建立民选议院。1907年翻译出版笕克彦《国法学》、美浓部达吉《行政法总论》。回国后曾任北洋法政学堂监督、天津知县、云南知府等。民国成立后任贵州都督府总务厅长。1912年6月，受财政总长熊希龄指派前往云南调查财政。1913年6月因云南省议会弹劾，辞去云南都督府秘书长、云南省国税厅筹备处处长职务。1915年起任中国银行贵州省分行主任、省署秘书长，1920年11月11日因贵州军阀派系斗争被黔军总司令王文华杀害。著有《论前明时满洲于中国之关系》《立宪国民之精神》《国会与地方自治》《再论国会与地方自治》《日本国民之国会运动》等文章。

⑥ 恒钧（1886—?），字诗峰，满洲镶蓝旗人。鸦片战争时靖逆将军奕山之玄孙，为人急公好义，弱冠立志名儒，后弃旧从新，习法政之学。1905年曾任北京崇实学堂总理，后赴日本早稻田大学留学，1907年在东京加入杨度组织的"留日学生宪政会"，并与其他满族留学生共同创办《大同报》月刊，任总经理。作为满族人，主张满汉融合，反对革命党人的种族主义倾向，辛亥革命发生后，仍坚持君主立宪观点。1913年当选众议院议员。1916年国会恢复，任众议院议员。

⑦《民选议院请愿书》，载《大同报》（东京）1907年第4期，以及《中国新报》（东京）1907年第1卷第8期。

诸报刊登。又据说他们把请愿书送到北京"呈送都察院代奏"。⑧ 从东京派人送到北京，很可能是沈钧儒回国带回来的。因为他速成法科结束正好于1907年秋回国。无论如何，这是中国历史上为开设议院提出的第一份请愿书。当时汉语还没有"请愿"一词，而是日本学者创造的汉语词汇。⑨ 查阅近代大量汉语报刊，在1907年以前未曾使用过"请愿"或"请愿书"这样的汉语法学概念。因此，这也是中国第一份以"请愿书"命名的文书。

沈氏回国后，仍回老单位任主事，只不过原来的刑部已于1906年改名为"法部"，虽一字之差，却表明清廷司法改良的新气象。而沈钧儒尽管是法科速成，但毕竟是西学，开阔了眼界。就在回国不久，他又为立宪做了一件事——就"预备立宪要旨"上奏。⑩ 1908年9月，沈钧儒被派往原籍任浙江谘议局筹办处总参议，这很可能是一份临时的工作。11月，浙江巡抚奏请："在部呈准给假回籍省亲，查该员才具明通，乡望素孚，在东游学有年，于中外政法尤能留心考察。……恳天恩俯准将法部主事沈钧儒暂留原籍差委，免扣资俸。"⑪ 得上谕：由法部议奏。于是沈钧儒就返回浙江工作。这很可能就出自他本人不愿意从事法部工作的心思，找一个理由和机会，才有了这样的结果。

现成的京官不当，却回到家乡。1909年春，沈钧儒与阮性存、褚辅成、陈敬第等发起组织立宪国民社，以推动浙江省的立宪运动。10月沈钧儒当选为浙江省谘议局副议长。同时，他参加了江苏省谘议局发起的国会请愿代表谈话会，三次进京请愿速开国会，均遭失败。自此，他看出清廷的所谓预备立宪，只不过是一种骗局，转念倾向革命。1913年，浙江教育司长沈钧儒"被攻去位"，经都督电请大总统，任命三十出头的章士钊接

---

⑧ 侯宜杰：《逝去的风流——清末立宪精英传稿》，第395页。
⑨ 参见〔日〕实藤惠秀：《中国人留学日本史》，第282页。
⑩ 《法部主事沈钧儒敬陈预备立宪要旨折》，载《现世史》1908年第5期。
⑪ 《折奏类二：又奏主事沈钧儒留浙差委免扣资俸片》，载《政治官报》1908年第427期。

任，章不肯来浙江，而沈急于交卸，都督无奈，只得请浙江高等学校校长陈大齐接任。[12]

早在1917年，沈钧儒就和日本法科海归余绍宋有过短期交往。他某日在余家聊天谈到一观点：中国数千年来未尝有政治。余绍宋起先不以为然。沈钧儒接着说：君子与小人争，君子往往失败，咎在所谓君子者无奋斗心，故政治无由进步。余氏对此甚表赞同，谓"精辟之论，无以易也"[13]。沈氏本人，可能就是他所揭示的有"奋斗心"的一位真君子。此言论所显示的，是一个有棱角的沈钧儒。

1919年，沈钧儒就宪制问题，提出关于省级组织机构的设计方案，认为参事会是执行机构，对省议会负责。[14] 1920年至1921年，他在沪上与褚辅成等人发起组织全浙公会。1920年9月4日，沈钧儒被任命担任南方军政府总检察厅检察长。[15] 1920年9月17日申请领到律师证。[16] 当年陆宗舆因五四期间被指为卖国贼，被革职，其参议院浙江籍议员身份也被撤销，由浙江省替补陆宗舆之议员位置的人，正是候补议员沈钧儒。[17] 1922年11月初，他在参议院当选宪法起草员，[18] 1923年担任参议院宪法会议秘书长。[19] 而副秘书长是褚辅成。1926年，沈钧儒发表《联省自治谈》，主张以"民治"取代"自治"。[20] 1927年3月底杭州发生工界冲突，沪杭客车停阻。4月1日，他以省务委员会委员兼秘书长身份从杭州乘坐军车到上

---

[12] 《浙江教育司改任消息：浙教育司沈钧儒被攻去位》，载《教育杂志》1913年第4卷第10期。

[13] 余绍宋1917年1月8日日记，载《余绍宋日记》（第1册），第2页。

[14] 沈钧儒：《以省参事会为完全执行地方最高自治机关而于行政组织不设司长等官意见书》，载《宪法会议公报》1919年第52期。

[15] 《司法部指令法字第一二零号（中华民国九年九月十三日）：令总检察厅检察长沈钧儒：司法部令总检察厅据呈报就职日期文》，载《军政府公报》1911年修字210号。

[16] 《司法部批字第五十八号（中华民国九年九月十七日）：具呈人沈钧儒：呈一件为请核给律师证书由》，载《军政府公报》1911年修字211号。

[17] 《国务院咨送议员沈钧儒递补名册文（十月三十一日）》，载《参议院公报》1922年第3期第1册。

[18] 《参院补选宪法起草委员》，载《民国日报》1922年11月9日。

[19] 《宪法会议秘书录（中华民国十二年十月十日编录）》，载《参议院公报》1923年第3期12册。

[20] 沈钧儒：《联省民治谈》，载《浙江》1926年第1卷第2期。

海，2日下午赴新西区蒋总司令处有所陈述。[21] 沈氏此行据说是为报告工界运动形势。[22]

1926年夏，新创办的上海法科大学重新推选校董会，沈成为董事。1927年10月，褚辅成被推举为上海法科大学"暂行代校长"，沈钧儒担任教务长，他俩又成为搭档，沈配合褚辅成做了大量工作，二人形影不离。不久，上海法科大学就有了"反日运动委员会"，1928年起，他和褚辅成编辑《反日运动专刊》，开始反日宣传。[23]

沈钧儒1928年起当律师大约十年，到1937年开始为抗战奔走而停止。沈钧儒在律师界、社会及其朋友圈威望甚高。杭州友人阮性存1928年去世后，其子阮毅成与母亲阮夫人之间发生了兴业银行争遗产之事。1932年9月，陈叔通和沈钧儒、沈锡庆、陈元崧四人共同商议解决此事。大家议决：遗产归阮夫人；阮夫人逝世后，遗产归阮毅成。最后大家推举沈钧儒为遗产管理受托人，办理一切。[24]

1937年日军攻入上海，沈钧儒与褚辅成被迫内行，奔走国事，从事抗日民主运动。从这个时候开始，他与老搭档褚辅成各有自己的道路——褚成为九三学社创始人之一，沈成为民盟领袖。国民参政会从1938年成立，至1948年结束，十年间褚辅成均连续高票当选参政员，后来成为九三学社发起人。沈钧儒似乎比褚辅成更有斗争锐气，而不被体制接纳。1939年9月，沈钧儒与邹韬奋、章乃器等在重庆发起成立统一建国同志会。1941年为调解国共冲突，统一建国同志会改组为第三党性质的中国民主政团同盟，沈钧儒任中国人民救国会主席。1942年7月公布的国民参政会第三届参政员，沈钧儒被排除在名单之外。1944年9月中国民主政团同盟改组为中国民主同盟，沈钧儒当选为中央执行委员、常务委员。

---

[21] 《沈钧儒来沪》，载《民国日报》1927年4月3日。
[22] 《沈钧儒来沪报告工界情形 总工会方面亦有代表到沪》，载《时报》1927年4月3日。
[23] 沈钧儒：《反日运动专刊 发刊辞》，载《反日运动专刊》1928年专刊。
[24] 沈锡庆：《沈锡庆日记》，凤凰出版社2019年版，第124—125页。

沈钧儒似乎对法律职业有他自己的看法。他把儿子送到德国留学，学的不是法科而是医学。沈钧儒虽然是法科知识人，却被人称为"文学家"。后来他专职当律师，但似乎并不满足于律师业务，或者说律师只是他的一个次选的职业，他总是把眼光放大到法条之外的社会。

二、当律师，尚公义

沈钧儒于1928年5月加入上海律师公会，通讯地址登记为贝勒路底恒庆里59号。[25] 他53岁才当律师，在律师这个以中青年为主的群体中，这是个很少见的现象。少数与他年纪相仿的老律师，有的都是1912年入会的会员。他成为上海滩律师群体中"年轻"的长者。可是他并没有太用力于律师业务。

五四以来中国每遇国耻，学生必兴运动。1931年九一八事变后，"军警扒其刃以向青年"，沈钧儒于12月25日，在上海发表致蔡元培并转四届一中全会的公开信，为学生运动请命。[26] 1932年一·二八事变起，沈钧儒立即投入抗战宣传。4月，国民政府在洛阳召开国难会议，沈钧儒与李次山[27]、王造时、史量才等国难会会员拒绝出席，致电政府提出结束一党专制、停止内战、抗日到底、确保民主权利等主张。如此有棱角，难怪他在律师界干了多年，外界仍然认为他是个"穷光蛋"。[28]

上海律师公会自1930年起改"会长"为"常委"，不设会长，而由三名律师以常务委员身份主持公会工作。沈钧儒加入律师公会才5年，就在

---

[25] 《上海律师公会会员录》，载《上海律师公会报告书》1928第24期。
[26] 《沈钧儒为学生运动请命》，载《时报》1931年12月25日。
[27] 李次山（1887—1936），号时蕊，1887年出生于安徽六安州英山县（今属湖北），1911年毕业于安徽官立法政学堂，同年参加辛亥首义，高擎十八星旗引导革命军攻打武昌。1916年，在陈独秀创办的《新青年》等杂志上发表《青年之生死关头》以及政治与司法制度变革方面的文章。1919年创办李次山律师事务所和联合通讯社。1920年继续为《新青年》撰稿并参与编辑，连续多次参与营救陈独秀。1924年加入国民党。1932年，参与上海律师公会联络上海各界组织成立各团体救国联合会，成为上海各界救国运动的领袖。1933年一度被捕、吊销律师执照，后被营救，被迫退出律师公会后，继续投入抗日救亡工作。1936年3月17日在上海病逝，年仅49岁。
[28] 《沈钧儒是穷光蛋》，载《上海报》1930年1月27日。

上海律师界树立了很高的威信。1933年4月23日，举行换届及新职员就职典礼，21位执监委员投票选出三名常务委员，当选者为：沈钧儒以12票的最高票当选常委，分工为负责总务；王维桢11票，负责文书；陈霆锐8票，负责会计。当天的会议上就针对租界当局干涉租界内工厂检查权，推举沈钧儒、陈霆锐等委员起草宣言，以唤起各界关注。㉙自沈钧儒担任常委以来，上海律师公会的各项活动明显起色，与法院沟通顺畅，乃至事无巨细，甚至因法庭宽大、声浪散发要求法庭改善律师座席等都与法院作了良好的沟通。㉚

1934年2月，上海各校减租运动兴起，沈钧儒担任法律顾问。㉛ 1934年9月，沈钧儒当选全国律师协会七常委之一。㉜ 1934年4月，经镇江、吴县、江宁、江都等20余家律师公会倡议，上海律师公会常委沈钧儒为最早响应者，经过执监委决议，开始着手推进成立全国律协贫民法律扶助会。㉝

从上海律师公会三常委联署的公函可以看到律师公会在公共事务方面的参与程度。1930年至1931年的三常委联署公函只有60余件，㉞ 1931年换届后约为40件，1932年约为40件，1933年约为35件。㉟ 可是，到了1934年沈钧儒和陈霆锐等三人搭档成为常委后，他们签署发出的公函明显增加。1933年起，上海律师公会沈、陈、王三常委为维护律师权益的公函就有：提请完善律师惩戒手续的事项㊱以及为维护多项律师权益㊲、解救被

㉙《上海律师公会报告书》1934年第32期。
㉚《上海律师公会报告书》1933年第31期。
㉛《各校减租运动会议推马家振为常务委员 沈钧儒等为法律顾问》，载《申报》1934年2月17日。
㉜《全国律师协会昨选出常委七人》，载《民报》1934年9月7日。
㉝《律师公会贫民扶助会将成立》，载《民报》1934年9月3日。
㉞《上海律师公会报告书》1930年第27期。
㉟《上海律师公会报告书》1931年第29期、1932年第30期、1933年第31期。
㊱《致上海第一特区地方法院函（为函请注意惩戒律师手续由）》，载《上海律师公会报告书》1934年第32期。
㊲ 如《致天津律师公会函（为函复天津益世报故意侮辱律师此后如有关系文件发表请迳交本会发表以作援助由）》，载《上海律师公会报告书》1934年第32期。

捕律师㊳的事宜。此外，涉及社会公共事务的公函也很多，比如：1933年6月一致主张于宪法中规定保护状及废止民事调解法，㊳ 1933年8月以上海房屋租赁规则违反民法事由致函司法行政部请求撤销，㊵ 为请援助租界电力工潮致函市政府，㊶ 为儿童权益立法致函立法院，㊷ 为修改全国律协贫民法律扶助会规则致函全国律师协会，㊸ 为纠正市土地局不动产抵押注册规则与中央立法冲突的事宜，㊹ 为制止使用电刑致函，㊺ 为宪法规定司法经费的事宜致函立法院，㊻ 为贫困者减租事宜致函市政府，㊼ 为停止租界电话费加价致函法国驻沪领事公署和公共租界工部，㊽ 等等。

1935年5月，在上海出版的《新生》周刊第2卷第15期发表编辑艾寒松署名"易水"的杂文《闲话皇帝》，文中谈到日本天皇空有其名而无实权，"日本军部、资产阶级才是日本真正的统治者"等语。日本驻沪总领事向中国政府提出抗议，政府当局畏惧退让，查封《新生》周刊社，法院违法受理此案，并以诽谤罪判处主编杜重远徒刑，被称为"文字狱"。㊾

㊳ 如，《致上海市政府函（为请饬知公安局对王述樵案迅速依法办理由）》，载《上海律师公会报告书》1934年第32期；《致上海市政府函（为函陈王述樵律师与乃兄亚荪之政治嫌疑并无关系请免移提由）》，载《上海律师公会报告书》1934年第32期。

㊴ 《致中华民国律师协师会函（为请一致主张于宪法中规定保护状及废止民事调解法由）》，载《上海律师公会报告书》1934年第32期。

㊵ 《呈行政司法院文（为呈请另饬废止上海市租赁房屋规则由）》，载《上海律师公会报告书》1934年第32期。

㊶ 《致上海市政府函（为函请援助租界电力工潮由）》，载《上海律师公会报告书》1934年第32期。

㊷ 《呈立法院文（为呈请制定保障儿童法律以培国本由）》，载《上海律师公会报告书》1934年第32期。

㊸ 《致中华民国律师协会函（为函复本会对贫民法律扶助会暂行规则意见请采纳由）》，载《上海律师公会报告书》1934年第32期。

㊹ 《致上海市政府函（为请纠正与中央法令抵触之市土地局不动产抵押注册规则第五条之规定由）》，载《上海律师公会报告书》1934年第32期。

㊺ 《致上海市政府函（为函请再与公共租界当局继续交涉制用电刑由）》，载《上海律师公会报告书》1935年第33期。

㊻ 《致立法院宪法起草委员会函（为请于宪法中规定司法经费及保障独立由）》，载《上海律师公会报告书》1935年第33期。

㊼ 《致上海市政府函（为请转呈行政院迅予明令减租运动标准由）》，载《上海律师公会报告书》1935年第33期。

㊽ 《致法国驻沪领事公署，公共租界工部局函（为函请制止电话加价由）》，载《上海律师公会报告书》1935年第33期。

㊾ 《新生周刊之文字狱》，载《兴华》1935年第32卷第26期。

沈钧儒在宣判后第5天杭州归车中悲愤难忍,以悲愤的心情用铅笔在报纸一角写下了《我所爱之国》,摘录如下:

> 国之为物兮/听之无声/扪之无形/不属于一人之身兮/而系于万民之心/呜呼嘻兮!/我所爱之国兮/求此心于何从兮/我泪淋浪其难禁。

而江苏高等法院第二分院驳回杜妻侯御的上诉。于是,沈钧儒以上海律师公会名义起草"异议书",向司法院呈请纠正江苏高等法院第二分院对于《新生》周刊杜重远案之违法判决,揭露其中领事有无合法的诉讼资格、剥夺上诉权等多处问题,驳斥这份荒唐的判决。[50] 这是上海律师公会以法律业界"异议书"形式抗议法院判决的一份公文。

据1934年至1935年《上海律师公会报告书》记载,沈钧儒、陈霆锐与王维桢三常委为履行律师职责发出的公函超过100件,其中1934年为57件,1935年为64件。[51] 相比前些年,沈钧儒领衔的律师公会在参与公共事务方面,作为和担当要明显增多。在他之后,上海律师公会报告书陡然锐减。1936年,上海金陵路正行女中[52]负责人出走,无人管理,濒于夭折。校董会主席沈钧儒出而维持,安排好内部各部门的负责人,临危担任校长,才于短期内复课,使学校走上正轨。[53] 至1936年11月沈钧儒被捕后,上海律师公会常委出具的公函锐减,且再也见不到沈常委署名的公函了。

三、爱石头,像石头

通常法律人都冷峻坚硬而缺乏趣味。朴实无华的沈钧儒也一样,其形

---

[50] 《呈司法院文(为呈请纠正江苏高等法院第二分院对于新生周刊杜重远案之违法判决由)》,载《上海律师公会报告书》1936年第34期。

[51] 以上数据系笔者经"全国报刊索引"网站检索,《上海律师公会报告书》1934—1935年刊登的公函统计结果。

[52] 1932年杜月笙捐资创办的上海正始中学设女子部,1934年改称正行女子职业中学,与正始中学脱离关系,褚辅成与沈钧儒任校董。参见《正行校史》,1938年。

[53] 《正行女中本学期中途发生问题,黄校长出走,负责无人》,载《中锋》1936年第10期。

象和性格给我们的印象,犹如石头一般朴实坚硬。殊不知,沈钧儒有一个颇有趣味的嗜好,那就是收藏石头,可谓痴迷至极。1939年沈钧儒自题《与石居》诗一首:"吾生尤好石,谓是取其坚。掇拾满吾居,安然伴石眠。至小莫能破,至刚塞天渊。深识无苟同,涉迹渐戋戋。"他也是有诗兴之人。

他写的诗平仄不拘,新旧兼融,不像同时代的文人那样大都擅长古典诗词,或许正是石趣替代了诗意。沈氏的客厅、卧室、书房处处都陈列着千姿百态来自各地的奇石、美石、矿石、化石等等。其嫡孙沈宽说:"爷爷的奇石藏品丰富,光矿石标本就有200多枚。"其书斋命名为"与石居",这里一度成了南北爱国志士的聚会场所。抗战期间,于右任应邀题匾,写道:"衡山兄爱石成性,所至选石携陶陈列室中以为旅行纪念。为题斋额并缀于词。"词云:"求石友伴髯翁,取不伤廉,用不穷,会见降旗来眼底,石头城下庆成功。"

中国自古以来,文人士大夫都与石头有"交情"。就赏石、藏石而言,古代文人士大夫通过书斋案头的一块雅石,观照自然天心,体味生命人格。与历代藏石家不同的是,沈钧儒所藏之石并非古玩市场所购,而是平常每到一地都会拣石留念。早在1900年,他还是个小伙子的时候,就开始在陕西汉水襄河拣石,从此养成习惯,以后他在贵州安顺、广西百色、甘肃玉门都收罗石头。每一块石头,他都用小纸片仔细记录——何时何地捡的,是自己拾到的还是朋友送的,有何历史纪念意义,等等。[54] 以石头立志,也是其一生经历的记录和积累。那个年代生活颠沛流离,怎会好石成癖,爱石头捡石头藏石头也能坚持一生?孰知这里的个中奥秘——沈钧儒出生在一个七代藏石世家,其曾祖父沈濂是道光癸未(1823)进士,曾任清代刑部主事,祖父沈玮宝曾任苏州知府,父亲沈翰曾任苏州候补知府,皆爱好收藏美石。原来他是个祖传的石头迷!

---

[54] 文清:《沈钧儒和他的"与石居"》,载《中国拍卖》2010年第6期。

沈钧儒的思维可不像石头那样呆板僵化,他有极灵敏的大脑。那个时代,如果安分守己,法律人总能在专业轨道上发挥特长。但沈氏并没有按这样的路线走下去,而是从事了许多不同类型的工作。先后从事过议会议席(1908)、师范校长(1909)、革命成员(1911)、教育司长(1912)、法部秘书(1917)、检察厅厅长(1920)、报社主笔(1922)、宪法起草(1922)、政务委员(1926)、法科教务(1927)、执业律师(1928)、民盟骨干(1933)、女中校长(1935)、七人君子(1936)等等。

1936年4月上海律师公会举行换届选举,虽然他并没有在律师事务上投入很多精力,可是沈钧儒再次入选三常委。11月初,纪念鲁迅筹委会成立,蔡元培、宋庆龄、沈钧儒、内山完造等为筹备委员,沈负责悼念。[55] 11月间,沈钧儒、邹韬奋等七人(人称"七君子")因宣传抗日,反对投降,被以危害民国嫌疑而逮捕。不久,沈致函上海律师公会执委会呈请辞去律师公会常委职务。[56] 1937年1月初,其律师职务被江苏高等法院首席检察官依照司法行政部相关规定宣布停止,并撤销会员资格。[57] 12月4日被移送江苏高等法院。[58] 他很快作出决定请辩护律师,他选择的律师是张耀曾和陈志皋,张陈二律于12月8日挟带委托手续前往苏州会见,其他六位被押人员也先后聘请了律师。[59] 他们暂押高院看守分所,后被一同关在苏州监狱达8个月,七人一起吃饭睡觉聊天看书,狱中还用一根绳子拉起来打排球,沈钧儒在一旁当拉拉队呐喊。他擅长太极拳,所以他在狱中经常练太极拳。1938年6月11日正式开审。[60] 由21位律师组成庞大豪华的辩护团,可谓空前绝后。沈氏本人就是资深律师,在法庭上可以给法官"上课"。1937年7月30日江苏高等法院宣布,由于被告"羁押时逾半

---

[55] 《本市各界成立纪念鲁迅委会》,载《申报》1936年11月4日。
[56] 《沈钧儒辞律师公会常委》,载《民报》1936年11月29日。
[57] 《沈钧儒律务停止》,载《申报》1937年1月16日。
[58] 《沈钧儒等将移送高法院》,载《申报》1936年12月3日。《沈钧儒等六人昨午解苏》,载《申报》1936年12月5日。《沈钧儒等解苏侦讯,暂押高院看守分所尚优待》,载《申报》1936年12月6日。
[59] 《沈钧儒等已委定辩护律师》,载《民报》1936年12月8日。
[60] 《沈钧儒等七人案开审》,载《申报》1937年6月11日。

载，精神痛苦，家属失其购赡养等情，声请停止羁押。本院查核尚无不合，应予照准"。7月31日下午五点后，七人被保释出狱，受到各界人士和群众的热烈欢迎，吴县抗敌后援会的歌咏团等候在花园饭店，与七人共同合唱义勇军进行曲。8月1日返回上海，2日夜奉命赴南京晋谒总统蒋介石，被称"谒蒋请训"。[61]

尽管保释出狱有了个说辞，但背后究竟有什么内情？

据刘崇佑律师哲嗣刘广定先生透露，1937年第一次开庭前，政府即通过叶楚伦出面，试图通过杜月笙、钱新之，劝沈钧儒等人同意宣判认罪，进"反省院"，但为沈钧儒等人拒绝。6月13日杜钱二人再度赴苏州斡旋，沈等原则同意接受顺楚伦意见，致函委员长蒋中正，只言出于"爱国心长"，只承认文词轻重有问题，"易被认为过当，迄今思之，殊为抱憾……嗣后如获钧座领导之下，竟其驽骀，为国效力，不胜大愿"。[62]

可能蒋对此函不满意，一直拖到7月21日，七君子同意再上一函电，先是肯定了蒋中正昭告国人为抗战作最后牺牲之决心，云："深信在此伟大号召之下，必能使全国人心团结愈固，朝野步骤齐一无间，同在钧座领导下，以趋赴空前之国难。钧儒等身羁囹圄，心怀国族，寇氛日亟，倍切忧惶，赤诚共抱，企望旌麾，无任神驰。"七人整齐署名。大约是此电文给足了面子，终得保释成功。[63]

法律人沈钧儒参与政治革命，一生围绕一个中心线索，就是孜孜不倦地追求宪制。他自己晚年回忆道，"留日以后，醉心宪政，自辛亥前后一直到现在，议席生涯占领了我壮岁经历很长的片断"。[64]法律人都知道，在法律与革命之间，总是有紧张关系。他作为法科出身的民主革命人士，内心不是不明白。早在1927年，沈钧儒在日记中写道："余思法律终为最紧

---

[61] 《沈钧儒等保释出狱今晋京聆训后周内即返沪 沈表示继续努力救国运动》，载《申报》1937年8月1日。另参见《申报》1937年8月3日。

[62] 刘广定：《理性之光——民国著名律师刘崇佑》，生活·读书·新知三联书店2015年版，第219—220页。

[63] 刘广定：《理性之光——民国著名律师刘崇佑》，第220—221页。

[64] 周天度：《沈钧儒文集》，人民出版社1994年版，第475页。

要之物，除非组织天天改变，主义天天进步，那就不能规定一种法律，因为此时如有法律，法律即为障碍，否则无论何种国家社会，法律岂可一日无耶？枝枝节节，各以竞相模仿，此等现象，久必不安。”(65) 这段话几乎可以写进今天的法理教科书。他准确描述了法律稳定与革命动荡之间的矛盾，也写出了他在那个旧时代下冷静思索的苦恼。但是，后来的事实证明，他作为法律人，懂得如何在“夹缝”中运用法律。他的经历，不断变换角色几乎终其一生，却又始终不离宪制这一主线。恰如大浪淘沙中的石头一般，无论经受怎样的磨砺，棱角磨光即便成了鹅卵石，我依然是石头。沈钧儒无疑是中国近代立宪主义运动的铺路石。

四、护韬奋，善“斗法”

1941 年 2 月，邹韬奋在各地创办的生活书店再次被查封。在国统区内的 40 余家分店全部被当局封闭，职工或被逮捕或予遣散，只剩重庆分店还苟且地维持着。此时，沈钧儒与邹韬奋老哥俩已在重庆住了两年零四个月。

沈、邹二人 1935 年一次会议上认识，便成了好友。“七君子案”出狱后各自忙碌一阵，于 1938 年 9 月同赴江西慰问前线战士，10 月下旬同乘一架小飞机到达重庆，直到 1942 年 2 月生活书店被封，他俩一起在重庆住了两年零四个月。沈在良庄，邹住衡舍，步行相距十分钟，每隔三两天就见面。

邹韬奋为书店被封接连抗议，无效，遂“以继母在港有病为辞”，要求准许购买飞机票去香港。邹韬奋对沈钧儒说：“这是什么景象！一点不要理由，就是这样干完了我的书店！我无法保障它，还能保障什么！我决意走了！”(66) 沈钧儒最初劝留，后来同意邹韬奋办好会议报到手续，借以麻痹当局。沈钧儒回忆与邹韬奋分别时的情景时说：“我听了好久，想不出

---

(65) 周天度：《沈钧儒文集》，第 188 页。

(66) 沈钧儒：《悲痛的回忆》（民主战士青年导师邹韬奋先生逝世二周年纪念特辑），载《风下》1946 年第 33 期。

一句可以劝慰和挽留你的话来，只说了一个字：'好！'你去了。第二天晚上你拿了参政员辞职书，连同关于替书店辩白的长篇文字交给我，说了许多话，说明天早上一定走。彼此握手珍重，都不觉得什么。第二天天没有亮，我就赶出门，马路上还笼罩着雾气，到衡舍，你和夫人已立在门首。就在这一刹那间，看你一步步上坡上桥，最后的影子终于在雾气中消失看不见了，才别你夫人移步回家。哪晓得这一刻正就是我和你人天分手的时期呢！唉！"[67] 从这段回忆的文字中，可以看到沈钧儒柔软细腻的情感。二人相差20岁，虽属忘年交，却感情甚真甚笃。1941年2月23日邹韬奋暗中坐汽车逃离重庆到了桂林，再由桂林飞往香港。沈钧儒当日清晨登门送别邹韬奋后，写了一首《衡舍桐花》的诗怀念他："马鞍山下粉墙边，一树桐花紫可怜。揽尽锦江春万里，低回不及此门前。"[68] 这也是沈钧儒与邹韬奋的最后一次见面，邹于1944年在香港病逝。

第二届国民参政会第一次会议上3月1日在重庆开幕。邹韬奋在开幕前摔掉国民参政员的乌纱帽，一时朝野哗然，震动了重庆政界。蒋介石下令追捕邹韬奋。而沈钧儒这位末代进士[69]、法科海归，作为国民参政员在会上提的一个议案——《为提议保障文化出版事业案》，又以老辣的法律"刀法"给出一刀。沈氏《提案》指出："查出版事业"在"训政时期约法及抗战建国纲领均有明文规定，予以保障"。沈在议案中提议："一、通令全国，重申保障文化出版机关，维护合法商业之意，不得非法查封书店或拘捕人员。如仍有不经法定手续，滥施封闭拘捕者，应予惩处。二、令伤各地开释在押人员，并启封已封闭书店，发还没收财产。"但是会前，沈氏没有对邹韬奋透露过这个意图。

沈氏提案后，当局虽对启封生活书店未见让步，但对各地军警特机关随意捕人，还是有所顾忌的，至少对提案所涉法律问题，还是颇为紧张

---

[67] 沈钧儒：《悲痛的回忆》（民主战士青年导师邹韬奋先生逝世二周年纪念特辑）。
[68] 蠹木：《高山仰止的友谊——记沈钧儒与邹韬奋》，载《贵州文史天地》1999年第4期。
[69] 1904年夏，沈钧儒赴北京应殿试。1905年清政府发布"上谕"，宣布废止科举。

的。国民党中央委员会秘书处立即将“提案”转发中央宣传部王世杰部长，指出对沈钧儒“所请各节，应如何依法处理，兹将原件随文转发，即希分别核办为盼”(70)。

沈钧儒与王世杰，一个是上海法科大学教务长，一个是原北京大学宪法学教授。两个法律人，此时各居不同位置，在书店是封是启这个难解之题上，都提到了“依法”。3 月 22 日，国民党军事委员会发出“代电”，向王世杰部长转达国民党中央秘书处“侍秘川字”指示，其实代表蒋中正的主意——居然惊动最高领导人亲自出面收摊子。中央宣传部接到代电，当即由副部长潘公展批示：“拟发交中央图书杂志审查委员会，遵照指示原则与寅铣侍秘川代电并案妥拟处理办法具覆。”3 月 24 日国民党中宣部副部长潘公展批示：“拟将原件密发中央图书杂志审查委员会，拟具意见候报核办。”但不敢一人负责，最后又慎重附笔：“先呈部长核示。”王世杰看了批办意见后，当即批了四个大字：“如拟速办”。可是怎么个“速办”，没明说。国民党中央并没有视若等闲，而是认真转发有关部门作为“速办”处理的。中央图审会的官员们只好挖空心思，在覆文中“妥拟”两条“处理办法”：一、“生活书店经理如情不甘服，除得提起行政诉讼，别无他途可循。若由第三者贸然请求启封，并依法惩处封闭书店之机关，似未免玩忽政府法令，应毋庸议”。二、“至因案被捕之人犯，如情节并不重大，自可从宽准予保释也”。(71)

显然，这第一条指出，只有当事人邹韬奋回来，通过行政诉讼解决。沈钧儒作为“第三者”无权要求启封。第二条，虽然判断“情节重大”与否的尺度仍由当局掌握，但似已明显由严转宽的态度。官方这种政治性压迫举动，显然是被沈钧儒这位资深法律家“逼”入了“依法办事”之路，双方只能在法律上“狭路相逢”。上至最高领导人，下至党政军各方，不露声色，配合默契，不是连哄带骗，也算循规蹈矩，最终总算渡过法律

(70) 陈陵：《沈钧儒反对查封生活书店的一件“提案”》，载《学海》1993 年第 5 期。
(71) 陈陵：《沈钧儒反对查封生活书店的一件“提案”》。

的难关。这一切都是为了应对沈氏依法"提案"引发的法律危机，为了对付刚毅如石的沈钧儒。王世杰这位法律人作为中央宣传部部长，角色差异不是一般地大。他一定是感到巨大压力，于1941年5月17日的日记中写道："余近日最大苦恼，为宣传政策问题。予觉共党问题如在本党报纸予以激烈的攻击，初不能使共党警觉，徒引起国内外之恐慌，并且使中苏关系益陷危境。"[72]

五、铁石心，何太急？

沈钧儒十分豁达开朗而多情。1919年有一首《得春字》："相逢且作岭南人，座上宁论两旧新。今日百杯须满饮，初过十月尚余春。杀鸡何必非高隐，同轧由来视比邻。对酒当歌聊尔尔，冯君莫问殿屎民。"[73] 自从与张象徵女士结婚，直至1934年沈夫人遭风寒病故，始终同甘共苦、感情甚笃，尤其是他的那些悼亡诗，诸如《一直到现在》《花底》《二月五日夜之梦》《鸳鸯砚》等皆伤感动人。路过夫人家乡苏州，情不自禁吟道："忽惊窗外是苏州，昨岁分明记共游。并坐玉肩相依紧，余温猛自上心头。"（《苏州车站》）[74]我们很难把一个爱石头像石头的人与诗歌联系在一起。

沈钧儒后来连家庭生活中也犹如石头般的坚毅性格，尤其是对子女。其四子沈谅曾留学德国，学电力，在德国认识了年轻漂亮的德国人姑娘，后来成婚。这位德国女郎早在上中学时就酷爱外语，利用课余时间自学并精通英、法、西班牙、意大利四国语言，同时又请中国留学生教她中文。她很快熟悉并掌握了中文，被当时她所在的中学同学称为活字典。在德国肠城（Darmstadt）被誉为语言天才。她后来毕业于柏林大学中文系，二战结束后与沈谅在柏林结婚，并一起回中国。他们在上海和阔别十年的沈钧儒相聚。1946年3月，沈谅经人介绍带着妻子去台湾工作。沈谅在台南工

---

[72] 王世杰1941年5月17日日记，载《王世杰日记》（第3册），台北"中央研究院"近代史研究所1990年版。
[73] 沈钧儒：《禹楼清尊集第六集：得春字》，载《南社》1919年第21期。
[74] 潘涌：《评沈钧儒先生的诗歌创作》，载《浙江经专学报》1998年第4期。

学院（今成功大学）教授电机专业，妻子在此学院教授英语。女儿沈艾琳也出生在台湾。可是到了 1949 年初，形势发生变化，沈谅于 1949 年 1 月为摆脱台湾特务的监视只身离开台湾回到大陆。当然，他对留在台湾的妻子和出生不久的女儿很惦记，母女回大陆的事，他也无能为力。

到了 4 月至 5 月，毛朱发出进军命令。沈钧儒代表民盟和其他民主党派联合发表声明，坚定地表示拥护。5 月 18 日和 6 月 1 日，沈钧儒两次写信给沈谅[75]，提及儿媳和孙女回来的问题，坚定地表示要想办法让他们回来，还多方托人。沈钧儒于 1949 年 6 月 9 日又写信给儿子沈谅，让儿媳必须离台。[76] 原来，沈钧儒在 3 日前就致函副主席周恩来，恳求他想方设法通过香港地下党，帮助儿媳母女"脱险"回大陆。[77] 在这个 6 月份里，沈钧儒正担任新政治协商会议筹备会常务委员会副主任，并在 26 日又任新法学研究会筹备委员会主席，决定创办新法学研究院并任院长。孙女沈艾琳后来回忆说，"从这些家书中可以看出，爷爷在迎接新中国诞生的重要历史时刻，在紧张而繁忙的政治活动中，日理万机，仍然惦念和关切在台湾未归的我们母女。"[78] 态度坚定的沈钧儒，经过反复多次的努力，终于把儿媳和孙女从台湾接回大陆。

故事到此还没有结束。沈谅的媳妇带着两岁零九个月的女儿离开台湾前，急匆匆中，还有两个箱子没顾得拿，落在了台湾。丈夫沈谅心疼箱子里的书，埋怨指责妻子，妻子也自责。但令人难以置信的不幸发生了，她居然从自责到了绝望的地步，1949 年 12 月 31 日自杀身亡！半个多月前的 12 月 12 日，这位年轻漂亮的德国女郎刚刚过完 27 岁的生日。[79] 这简直是沈钧儒家的一个悲剧，也是人间悲剧！

这件事对沈谅的打击可想而知。沈谅在年轻爱妻死后，带着悲凉的心

---

[75] 《沈钧儒家书》，群言出版社 2008 年版，第 228—229 页。
[76] 《沈钧儒家书》，第 230 页。
[77] 沈艾琳：《看家书，忆家事》，载《群言》2008 年第 8 期。
[78] 沈艾琳：《看家书，忆家事》。
[79] 沈艾琳：《看家书，忆家事》。

情离开他工作的沈阳电业局，带着三岁多的女儿沈艾琳，于 1950 年 1 月初回到沈钧儒身边，在家赋闲近一年。看到四子失去爱妻情绪低落，沈钧儒认为，人已死了，陷在悲哀中毫无意义。他要儿子振作起来，以劝慰的口吻，铿锵有力地说出八个字："瓮已碎矣，顾之何益！"[80] 这真是个铁石心肠的父亲。在当下讲究幸福感的时代，我们可能很难理解这位老人和他的往事。

　　沈钧儒的一生，是政治的人生。从有棱角的石头变成鹅卵石，也是一场政治人生的磨砺，而且愈磨砺愈健康长寿，75 岁还担任了最高人民法院院长，最终以 88 岁高龄逝世。

---

[80] 沈艾琳：《看家书，忆家事》。

第二节　知识与革命

马德润——拒孙文、不入盟的留德博士

图 1　马德润（1878—1935）

通说认为中国同盟会最早于 1905 年 8 月在日本东京成立。可是 1905 年春，也就是同盟会在日本成立前数月，孙中山就已经在欧洲组织同盟会。孙先生曾数次亲自到德国柏林大学一位留学生的宿舍，动员他加入这个革命组织，可是这位留学生拒绝了大名鼎鼎的革命家孙中山。本文将会讲述这段历史，并展示这位中国留学生后来的人生轨迹。

这是一位留德博士，后来成为中国首位留德法科博士，也是获欧洲法学博士的中国第一人。此人叫马德润。他是一个什么样的人？拥有如此显赫的学位头衔，他后来有怎样的表现？笔者带着这样的问题，作了一番考证，从稀疏的历史资料中勉强"拼"出他的生平和行迹的模糊图

像，兹分留学、办刊、仕途和下野四部分，回顾其生平经历，解读其人格特点。

一、留学经历

马德润，又名玉琨，字海饶，德文姓名为 Ma Do-Yun，湖北枣阳人，出身湖北枣阳马氏旺族。按马氏字辈"大德仁义宏仙祖业克振家声"，估计是"德"字辈。但关于他的生卒时间，一直不太明确。有论著说马德润卒年为1937年。① 不少早年的资料证明，马氏去世时间似乎是1935年。比如1935年9月27日《申报》报道，据北平26日专电，"中国在德第一人得博士学位之马德润今因肺炎病逝，享年58岁"。② 又如1935年10月6日《时代日报》报道，马德润于1935年9月25日因心脏病发而逝世，卒年58岁。这两份报道除对其病因交待有差异，整体是可信的。《申报》的报道是作为次日的新闻报道发布，1935年9月26日专电当天逝世，此消息中的逝世时间相对更可靠。那么，享年58岁，按虚岁习惯推算，马德润应是1878年生人。

那个时代刚时兴赴日本留学，为什么马德润会留学欧洲呢？这与他中学教育背景有关。马德润早年考取秀才，1899年入武昌自强学堂。这是张之洞为培养"精晓洋文"的外交人员的一所新式学校，1893年奏请清政府创办，是中国近代教育史上第一所真正由中国人自行创办和管理的新式高等专门学堂。自强学堂由甲午之后的"方言商务学堂"改名。所谓"方言"即外国语——把外语称为"方言"，可见大清帝国的那种"自信"和自傲。自强学堂设在武昌城内铁政局旁，以讲授西学为主，设方言、算学、格致、商务四门，③ 专门培养外语和商务人才。"方言"一门后扩大为英语、法语、德语、俄语4门。1902年，自强学堂由三佛阁迁至东厂口，同时重新改名为"方言学堂"——相当于今天的外国语学校。这种开风气

---

① 王伟：《中国近代留洋法学博士考（1905—1950）》，第321页。
② 《马德润在平逝世》，载《申报》1935年9月27日。
③ 《论鄂省创设自强学堂之益》，载《字林沪报》1893年12月9日。

之先的外语教育，是马德润掌握德语的重要机遇。

马德润留学德国时，还没有废除科举，而他却以湖北官费派出。中国官派留学德国的历史一般从1872年李鸿章派卞长胜等7人到德国学习军事算起，之后才有同文馆学生随使馆官员出国学习。从1898年到1917年总共有73名中国留学生在柏林大学注册学习，所学专业以法学和国家经济学为主，其次是在学习物理、化学、地质、德语的学生。73名注册的中国学生中，就有31名法学专业留学生。第一位注册读法学的学生是薛葭，他也是柏林大学第一位中国留学生，④ 但未获学位，1922年在署理驻德使馆主事位置上开缺回国。⑤

马德润是什么时候赴德国留学？又是如何进入读柏林大学的呢？有文章认为，1903年在柏林大学注册入学的学生为唐德萱和永祜。⑥ 另有文章提到，1904年到1907年，有11名中国学生注册学习法学，入学的中国学生主要由湖北的端方派出，还说到马德润"就读三年后于1907年成为中国留德法学博士第一人"。⑦ 那么马德润入学究竟是1903还是1904年呢？其实端方早在1903年就派出8人到德国留学，这8个人里就有马德润。⑧ 可见马德润1903年入读，至1907年获得法学博士。所以他不是"三年"而是四年。本科和硕士都没有读，就直接拿到博士学位？的确，当时德国学位制度采取单一的博士学位制，没有学士、硕士学位，只有博士学位。⑨

---

④ 杜卫华：《1898—1918年德国柏林大学中国留学生研究》，载《江苏师范大学学报》（哲学社会科学版）2013年第4期。

⑤ 《外交部令：署理驻德意志使馆主事薛葭开缺回国遗缺派曾宪恒署理此令》，载《政府公报》1922年第2291期。

⑥ 徐健：《晚清官派留德学生研究》，载《史学集刊》2010年第1期。

⑦ 杜卫华：《1898—1918年德国柏林大学中国留学生研究》，载《江苏师范大学学报》（哲学社会科学版）2013年第4期。

⑧ 端方：《奏派学生赴美俄德三国游学折》，转引自王伟：《中国近代留洋法学博士考（1905—1950）》，第321页。

⑨ 王伟：《中国近代留洋法学博士考（1905—1950）》，第319页。

介绍马德润不得不提到另一位紧随其后的中国留学生——周泽春[10]，1881年生，与马德润一样也是湖北籍，随县（今随州）人，1904年赴德国留学，入柏林大学攻读政治、法律，1909年获得柏林大学法学博士学位，花了五年时间——比马德润多了一年。1910年周泽春回国，据其官方履历记载，任职"前清法制院民刑律等科主任、宪法行政法等科兼任陆军部司法官、外务部和会司司员兼德俄股股员、学部普通司司员、驻德考察宪政大臣随员……"。[11]周氏1910年参加庚戌年学部"考验游学毕业生"。作为留德博士，周氏却在这种考试中发挥不了优势，法政科举人只名列第24名，还不如留日法学学士余绍宋（名列法政科举人第4位），进入外务部担任翻译。1911年，发生一起事件：周泽春控告随州总董孙显时撤销教员，提学司批复称"总董孙显时声名颇好，来禀任意污蔑殊出情理之外"，"原禀系由邮递，究竟是否该员主稿抑被撤教员所捏造，应彻底根究"。[12]这事后来没有下文。不久周泽春受外务部指派任山东青岛交涉副使，旋于1912年2月撤销正副交涉使，任交涉委员专办青岛交涉事宜。[13]同年9月至10月，从署京师高等检察厅检察长，[14]一个月后升任京师地方审判厅厅长。[15]周氏被袁世凯边缘化，1915年8月变成"特派四川交涉员"放到四川。直到1916年袁死后，才由"明威将军"陈宧呈保，

---

[10] 周泽春（1881—1963），字福介，湖北随县（今随州）人。1904年赴德国入柏林大学，攻读政治、法律，1909年获得柏林大学法学博士学位。1910年参加庚戌年学部"考验游学毕业生"，授法政举人。1912年9月署京师高等检察厅检察长，同年10月任京师地方审判厅厅长。去职后，任国立北京大学法政大学教授。1915年任外交部四川特派交涉员，1928年任南京政府外交部秘书、条约委员会委员。1934年任外交部鄂、湘、赣、皖、川五省外交专员。1949年后任国际贸易促进委员会编译员、研究委员。

[11] 《元年总壹字第二百二十七号（中华民国元年九月二十日）》："周泽春履历考语开单呈核文"，载《政府公报》1912年第159期。

[12] 《提学司王批随州外务部翻译举人周泽春禀控总董孙显时由》，载《湖北官报》1911年第91期。

[13] 《外交部派周泽春为青岛交涉委员致德国驻青岛办事大臣麦照会》，载《临时政府公报》1912年第38期。

[14] 《署京师高等检察厅检察长周泽春就任日期通告》，载《政府公报》1912年第152期。

[15] 《京师地方审判厅长周泽春呈大总统报明任事日期文》，载《政府公报》1912年第188期。

存记于国务院。⑯ 周泽春后来著有《四十年外交纪略》，自述履历中对于参加革命的经历更详细：辛亥革命时，在天津办《天民报》。1912 年初，应孙中山电召至南京，任山东交涉使兼山东招讨副使。后调署北京高等检察厅检查长，京师地方审判厅厅长，步军统领衙门参事。⑰ 总之，周泽春有革命意向和行动，和马德润形成了反差，这是后话。

据周泽春在《欧洲同盟会发起之经过》⑱ 中回忆，1904 年冬，孙中山抵伦敦。柏林兵工大学留学生朱和中接比同学通知后，即告知柏林的周泽春等人，并嘱接济旅费。孙中山来欧洲的消息在欧洲同学中秘密传开。同学们兴奋不已，平时亟欲晤面的革命家，此时能在欧洲得以相见，幸愿何极！于是各出马克五六百元交人朱和中代表赴比利时，商谈接孙中山转道来德国的事宜。同时，在欧洲留学的同学开始秘密筹商组织，当时学生中流品不齐，视革命为大逆不道者仍大有人在，因此需要严密审慎以察其究竟。1905 年春（应该是一月下旬），孙中山抵柏林，下榻在德国柏林工科大学机械工程留学生宾步程寓所，亦作为同学们聚会所，由宾步程、朱和中、周泽春负责接待。闻风而至者皆介绍与孙先生接谈，"以觇其志之所向"。⑲

朱和中、周泽春二人曾事先屡次探询马德润，欲知其有无革命志向，但他"仅为门面语，总不作决定之表示"。孙中山先生征求同志爱才若渴，曾亲自与朱和中、周泽春至马德润同学寓所数次，"冀能引为同志"。但马德润同学"百般推诿，未肯加入同盟"。"卒以志趣不同，行迹有异，让成后日割先生革囊，盗约坏盟之举。"周泽春回忆中认为"马德润者，富名利思想而人甚精明"。后来，孙中山在柏林大约居住十来天，"先生聚集同人，书立盟约"，"俾同仁有所遵守"，"当时同人多面面相觑"。孙先生

---

⑯《大总统指令第八百十六号（中华民国六年五月七日）》："令国务总理段祺瑞：呈核明威将军陈宧呈保前外交部特派四川交涉员周泽春请予存记由"，载《政府公报》1917 年第 475 期。

⑰ 周泽春：《四十年外交纪略》（节录），载《近代史资料》1957 年总第 13 期。

⑱ 周泽春：《欧洲同盟会发起之经过》，载《政治生活》1945 年第 2 卷第 5 期。

⑲ 周泽春：《欧洲同盟会发起之经过》。

"历述各国政党之入党原愿书,乃为不可少之手续,况有此可灭少反覆之行为,以免无所顾忌,无所制裁","言至此,同人皆无异议。先生乃将盟约方式写出,同人等即次第书约宣誓,惟毕某托词推诿,不敢加盟,立不泄会中消息字据而退"。[20] 经笔者加标点符号后,盟约文字如下:

革命同盟宣誓人〇〇〇,当天盟誓,驱除鞑虏,恢复中华,创立民国,平均地权,矢信矢忠,有始有卒,有渝此盟,人神共殛,此誓。

监誓人 孙文 黄帝纪元四千六百八十四年月日某某立

后来同盟会入党誓书文字为:

联盟人……当天发誓,同心协力,驱除鞑虏,光(恢)复中华,创立民国,平均地权,矢信矢忠,有始有卒,如或渝此,任众处罚。中国同盟会会员某某(姓名)[21]

以上盟誓两相对照,除"人神共殛"改为"任众处罚"以及增加"同心协力"四字外,誓言主文完全相同。"恢复"二字也用作"光复"。可见1905年春在德国的同盟会誓言,是1905年在日本成立同盟会时的誓言之前身。

通说认为中国同盟会成立于日本,从孙中山1905年春在欧洲留学生中开展的活动来看,这个通说似乎并不符合史实。确实,孙中山本人对此也有叙述:"乙巳(1905年春间),予重至欧洲则其地之留学生已多数赞成革命,……予于是乃揭橥吾生平所怀抱之三民主义、五权宪法以号召之,而组织革命团体焉。于是开第一会于比京,加盟者三十余人;开第二会于

---

[20] 周泽春:《欧洲同盟会发起之经过》。
[21] 《同盟会入党誓书》,载《中国革命史迹》1936年第1集,第54页。

柏林，加盟者二十余人；开第三会于巴黎，加盟者亦六十余人；开第四会于东京，加盟者数百人，中国十七省之人皆与焉；惟甘肃尚无留学生到日本，故阙之也。此为革命同盟会成立之始。"[22] 孙中山这段话，很明显把同盟会成立分为四次"加盟"会，并把欧洲的三次"加盟"会，列在日本同盟会之前。这说明柏林大学这次在留学生中的发动，是同盟会的加盟活动之一。日本东京的同盟会只是人数规模上最大而已，在留日学生于1905年秋成立同盟会之前，同盟会组织已经在欧洲出现了。

孙中山在柏林吸收留学生入同盟会半年之后，1905年8月20日，同盟会在日本召开成立大会。据此，欧洲同盟会作为地区性支部，比同盟会在日本成立大会的时间早了半年多。清末留学生大致都是时代青年知识分子，其中反清反帝反封建者或抱有革命倾向者占很大比例。尤其留日学生中更加明显，甚至被认为"如果没有留日学生，则中国革命，特别是辛亥革命，是难有进展的"[23]。显然，留德的马德润并没有留日学生那样的革命氛围。这只是外因，其内因有些什么？

马德润相比于周泽春，区别首先在于是否有推翻大清朝廷的"革命"志向。当然，"不革命"者及其原因有很多，比如梁启超是出于改良主义的理念。马德润的同龄人江庸，在同盟会成立时正好在东京，他就是没随大流，后来辛亥革命，他也没参与。相同的时空下，知识人有不同的大脑和思想。对于历史人物，不能以有无"革命志向"作"站队式"的评论。何况加入同盟会的人，后来不同时期出现分道扬镳，甚至发生分裂变化，投靠支持袁世凯复辟的也不乏其人。

"视革命为大逆不道"，这恐怕是马德润"不革命"的原因之一。然而，这些恐怕还不是本质的因素。结合马德润的后半段经历，我们可以进一步了解他的旨趣，他的为人处世。

---

[22] 孙中山：《建国方略》，载《孙中山文集》（第6卷），中华书局1985年版，第237页。
[23] 〔日〕佐藤慎一：《近代中国的知识分子与文明》，刘岳兵译，凤凰出版传媒集团、江苏人民出版社2008年版，第297页。

二、办刊旨趣

马德润是一位热衷学术的留学生。鲜为人知的是，他留学期间，写了一部德文版介绍中国文化的书，叫 China Erläuterungen von，[24] 可译为《中国的诠释》，于 1906 年在柏林出版。

马德润一生办过两个法学期刊。据周泽春回忆，留德期间，留欧"同学等组办一定期刊物，移译各宗学说以饷国人，定名为《欧美法政介闻》"，推举马德润与周泽春二人为总编辑。[25] 可见马德润对此事很有兴趣。这本在欧洲编辑、国内出版的中文杂志名称简称《法政介闻》（见图2），封面上就印着马德润和周泽春二位的名字，称编辑员，实为主编。刊物扉页的"简章"中介绍说，"此刊初创之时，财力绵薄，除由本社员竭力维持继续印刷外，其捐资赞助者，本报除登其衔名推为名誉会员并按期赠报以为酬答"，杂志社社员采取"搜罗欧美各国法政凡我同人研究斯学而与本报表同情者，无论为理想为实际皆可出其闻，寄稿本报，本报即认为同业社员"。刊物宗旨为"本报惟期在泰西法政界内实际学说输入我国，其普通政论不涉本旨者皆不刊入"。通讯机构为"柏林中国学会"。此刊后来得到一些赞助，捐赠人称为"名誉赞成员"，包括：驻德公使孙宝琦（字慕韩）捐德币五百马克，湖广总督赵尔巽（字公让）捐纹银三百三十三两三钱三分等，此外据说还有陆徵祥等钦使的有力支持。该刊在商务印书馆出版了十余期，终因经费问题而停办。1908 年，驻德考察宪政大臣于式枚[26]任命周泽春担任宪政编查员。于式枚出于宪制考察心切加上爱才惜

---

[24] Ma Do-Yun：*China Erläuterungen von*，Druck und der National-Zeitung G. m. b. h. Berlin 1906.

[25] 周泽春：《清末留德学生与外务部：三十年服务外交回忆录之二》，载《政治生活》1945 年第 3 卷第 3 期。

[26] 于式枚（1853—1916），字晦若，祖籍四川营山，生于广西贺县。光绪六年（1880）进士，授兵部主事。充李鸿章幕僚多年，奏牍多出其手，官至正二品、从一品，担任过清史馆副总裁、清史稿总阅等职。1896 年参加康有为倡设的保国会。1906 年任广东提学使，广西京官联名上奏荐其兼任广西铁路公司总理，规划建筑广西境内铁路。1907 年充出使考察宪政大臣，但因反对立宪受舆论讥讽。历任邮传部侍郎、礼部侍郎、学部侍郎、修订法律大臣、国史馆副总裁。辛亥革命后，隐居青岛，谢绝袁世凯聘为参议。乃郭沫若夫人于立群祖父。1916 年移居上海后病死。

才，亲赴周泽春寓所劝导，以重薪酬报，恳请周等人收集并翻译外交与国际法方面资料。但是周泽春自觉"所译多注重于行政各法，至外交方面，……无甚交涉，余惟随时至德国外交部及枢密院，搜集文献规章，以资考证"[27]。

图 2　1908 年 7 月创刊于欧洲的《法政介闻》第 1、2 期封面

1907 年马德润写成博士论文《中国合于国际公法论》（*Der Eintritt der chinesischen Reiches in den volkerrechtlichen Verband*）获得德国柏林大学法学博士学位。[28] 1907 年是清光绪三十三年，马德润成为大清第一个获得德国法学博士学位者，也是第一个获得欧洲大学法学博士学位的中国人。整个 20 世纪前 50 年，中国人获得德国法学博士的人很少，据目前统计仅 18 人，其中 1939 年二战开始前在德读书的，只有 12 人。[29] 二战期间在德就读博士学位者，更少得可怜。据说，马德润能顺利进入柏林大学得博士候选人资格，在报考时，时任柏林大学"法政系院长"可烈亚（Kohler）讲

---

[27]　周泽春：《清末留德学生与外务部：三十年服务外交回忆录之二》。
[28]　王伟：《中国近代留洋法学博士考（1905—1950）》，第 321 页。
[29]　王伟：《中国近代留洋法学博士考（1905—1950）》，第 320 页。

究中德邦交友谊，才"易于通过"㉚。这位"可烈亚"是谁呢？他是一位重要的法学家，后文还会提到。

马德润 1907 年获博士学位后，不知是否立即回国。据周泽春讲，1908 年秋，马德润与周泽春等同学联合在德、日、暹罗（泰国）等国学者组织了一个亚洲协会，按理事制，推举马德润、周泽春、一日本学者、柏林《太阳报》一学生主笔四人为理事，主持会务。周泽春在《太阳报》发表著述，宣扬中国文化，"由是德国社会，对中国人之心理稍为转移"。但是这个协会由于他们回国后，便停办了。㉛ 这便是后来所谓周泽春"留德同学会会长"一说的真实情况。如果依通说，他 1907 年（光绪二十四年）获授法政举人，那么他应该 1907 年回国才能获得法政举人。如果要"兼顾"这个机会，那么他至少应当在 1907 年底回国。如这一点属实，那么周泽春前面回忆讲的"1908 年"应该是误记。从 1908 年公布的上一年游学毕业生廷试名单看，马不在此列。㉜ 说明他 1907 年没有报名，也没有参加考试。至于马氏回国及考试的时间，后文再叙。

马德润在留学期间，除了博士论文之外，还关注哪些问题？从他在《法政介闻》上发表的文章可以看到他的问题意识和学术旨趣。他 1908 年在《法政介闻》第 1 和第 2 期发表的署名译作包括：（1）连载两篇译作《德意志帝国民法全书》（*Bürgerliches Gesetzbuch*），共翻译刊登了第 1 至第 50 条；这时候虽然王宠惠已经翻译出整部《德国民法典》英文版，可是中国国内还没有汉译版。马德润近水楼台先得月，他应该是第一个用汉语选译《德国民法典》的人。（2）连载两篇《孟德斯鸠波士书函》（即《波斯人信札》）译文。（3）简译了卢梭《忏悔录》，以《卢索忏状》为题，第 1 卷（1712—1719）和续前期（1719—1723），分两次在《法政介闻》第

㉚ 周泽春语。引自王伟：《中国近代留洋法学博士考（1905—1950）》，第 320—321 页。
㉛ 周泽春：《清末留德学生与外务部：三十年服务外交回忆录之二》。
㉜ 《廷试游学毕业生等名单》，载《北洋官报》1908 年第 1713 期。

1—2期上刊登㉝。（4）连载两篇译作《铁路政策论》（作者 A. v. d. Leyen）。（5）还有译作《法学哲理与世界法学史》之第1章"法学哲理与自然法"㉞。

　　值得一提的是马德润翻译的这篇《法学哲理与世界法学史》之第1章"法学哲理与自然法"。该文原作者可烈亚㉟，即科勒（Josef Kohler, 1848—1919），是新黑格尔主义在法学中的代表，该文针对中世纪自然法学思想，以黑格尔的历史哲学为基础，探讨法学与文明的关系，探究法律与文明的关系，认为"法学等于文明现象"㊱。一方面，科勒秉持法学进化论思想，认为法律和法律思想是永恒改良和永恒进化的，反对存在永恒不变法，科勒认为永恒的观点充满了宗教神学色彩，而一旦去除神学基础，则永恒法顷刻间不复存在。另一方面，科勒从文化差异性出发，强调各文明所孕育的法律思想具有差异性，认为每种文明的实质都是尊己而抑人，贱彼而贵我，并无高低之分，不能用此种文明的法律思想去规制其他文明，因此，更不存在所有文明都必须遵循的单一的永恒法。每种文明对法律价值有着不同的理解，追寻着不同的法律目标。科勒的观点是对自然法的批判，他认为，人类经历了文化活动，法律通过保护现存的价值、促进新的价值，在文化生活的发展中起着重要作用。每种文明的形态有与自己相适应的法律，法律必须与不断变化的文明状况相适应。科勒还于1909年主编过著名的《国际法杂志》，他比马克斯·韦伯（1864—1920）年长，在当时影响很大，被称为百科全书式的法学家和杂志主编专业户。㊲

　　马的师弟周泽春，在柏林大学完成毕业论文，获得法学博士学位。周

㉝ 马德润译：《卢索忏状》，载《法政介闻》1908年第1—2期。
㉞ 《法政介闻》1908年第1—2期。
㉟ 周泽春语。引自王伟：《中国近代留洋法学博士考（1905—1950）》，第320页。
㊱ 《法学哲理与世界法学史》之第1章"法学哲理与自然法"，马德润译，载《法政介闻》1908年第1—2期。
㊲ 郑永流：《文章载道，哲人风骚——一个协会及会刊的百年回望》，载《政法论坛》2009年第5期。

的论文题目有多种翻译[38],周本人介绍说题目为"中国变法宜参照欧西立国三权酌予修整论",并在科勒、李嗣特教授等创办的国际法学联合会的会刊上发表。[39]钦使荫昌(1859—1928)荐周泽春入清政府为搜罗留洋人才而设的"储才馆"。但周泽春未就,他与马德润不同,他志在"留德练习司法,以为将来收回领事裁判权",遂在柏林各级法院工作了一段时间。当时许世英带队来德参加第七次国际监狱会议,先进行考察司法。中国驻德使馆为准备此事需要人手,推荐正担任"练习法官"的周泽春参与接待并作为随员担任翻译,代为商洽德国司法部和外交部。因而,此次接待比五大臣出洋考察时端方受到的外交待遇还要优渥。在法院考察时,周一边与德国法官讨论即审案件,又翻译给许世英等人听,许闻周对司法如此娴熟,大为惊喜,云"周君返国,当与吾等共入司法界工作,余今日即为预定"。由此缘分,周泽春后来在许世英任司法总长及总理时,受到器重。[40]周泽春毕业后也推迟了一年,于1910年回国。

1910年马德润在国内发表《中国应列公法国内之的义》,被两个杂志刊登[41]。这也是他博士学位论文的主题,应该是其学位论文的摘登。当时所谓"公法"乃指国际公法,马氏向大清政府建议中国在外交上应当重视国际公法,确实是针对当时的政府外交处在因不懂国际法而被动的境地。他说国际法可"遇交涉而不为人吓",[42]直白之中,颇多酸楚和无奈。文章还批驳德国国际法学家黎斯特所谓"中国是半文明国家,尚未列入国际公法"之说。1911年,马德润似没有留下踪迹。1912年,他继续翻译德国民法典亲属编,以《德国民法亲属编》为题在《司法公报》刊出。[43]

马德润虽然任职于中央政府,可在旨趣上与他留德时一样仍是个"小

---

[38] 旧译《中国宪政法律之改良史》,参见王伟:《中国近代留洋法学博士考(1905—1950)》,第322页。
[39] 周泽春:《清末留德学生与外务部:三十年服务外交回忆录之二》。
[40] 周泽春:《清末留德学生与外务部:三十年服务外交回忆录之二》。
[41] 《协和报》1910年第4期。《广益丛报》1910年第255期。
[42] 马德润:《中国应列公法国内之的义》,载《协和报》1910年第4期。
[43] 《司法公报》1912年第1期。

格局"的书生。到了 1923 年 7 月,也正是他有一定官位之后,可能是当年在德国创办《法政介闻》的经验令他念念不忘,他在北京绒线胡同 29 号创办另一法学期刊——《法律周刊》。该刊设有论说、杂述、国内法律及法院新闻、国外法律新闻、外国法律研究、收回法权关系文件、大理院新判例、大理院解释等等栏目。办刊经费来源可能以广告费为主,通常不付稿酬,编辑部声明中称,"来稿欲得报酬者务乞随函声明"。《法律周刊》第一期创刊号有汪大燮、余棨昌、张继斋、杨芷的颂词,刊有马德润的发刊词,说明办刊宗旨:鉴于"各国都会皆有法律专报,而吾国无之",有意在北京创办一个高水平的法学学术刊物。他希望"海内法学巨子"踊跃讨论法律问题,以期"影响多数人之心理",改良司法,达于法治,进而"收回领事裁判权"。[44] 张志让那篇被周鲠生关注并商榷的文章《收回旅大法律上之根据》就发表在创刊号上。后来,周鲠生的商榷文章发在《法律周刊》第 10 期。王世杰与张志让商榷文章《论宪法上残余权及解释问题致张志让书》,发表在《法律周刊》1923 年第 19 期。张志让当时就是马德润引进修订法律馆的。张志让后来回忆说:"当时有个修订法律馆,有一时期是马德润做总裁。他是早期德国留学生,学法律。在京与我认识,找我去作总纂,担任起草民法典中的一部分。我辞谢未就,因为我觉得历来起草民法典的做法太无意义,无非是以一个外国民法典为依据,参酌其他几国的民法典增删修改而成。"[45] 其实,张志让也是个有革命志向的青年,他所谓"起草民法典无意义"可能只是托词,背后真实的原因,很可能就是:跟着马德润干,太无意义。

马德润在自编的《法律周刊》发表多篇频有见地的专业短文,如《劝军人勿干涉司法说》,强调司法独立,排除私情牵制、金钱利诱和强权压迫。[46] 再如《论宪法有附以施行法之必要》,针对国会"于数年悬案,流

---

[44] 马德润:《发刊词》,载《法律周刊》1923 年第 1 期。
[45] 《张自让自传》,载中国人民政治协商会议全国委员会文史资料研究委员会编:《文史资料选辑》(第 85 辑),文史资料出版社 1983 年版,第 95 页。
[46] 《法律周刊》1923 年第 2 期。

会四十余次不能议一字”之现状，呼吁宪法施行之重要性。㊼ 另有多篇介绍国外法律制度的文章，如《德国判例》《俄国民法概要（续）》《俄国新民法概要（转译德国法律杂志）》，另有连载《德国审判程序（民法部）》《德国审判程序（民法部）：关于法律行为之文书》等3篇。㊽ 金问泗㊾、苏希洵㊿、钱泰(51)、戴修瓒等人成为主要作者，甚至王宠惠也有文章在上面刊登。可见《法律周刊》在当时颇有影响。到1924年，共出刊58期，可惜后来最终停办了，原因是什么呢？

马德润从留学期间到1923年创办《法律周刊》，有学术旨趣，学术活动颇为活跃。不可否认，马德润在创办法律期刊上，还是有一定贡献的。特别是《法律周刊》，办得非常有质量，名家作品云集。可是他本人的学术造诣却是另一回事。除其博士论文和回国后的少数应景的时评短文外，基本局限于翻译介绍，始终未见其单独所作的学术性文章。德国法科博士之中国第一人，看来学术并不是那么过硬，这也印证了周泽春所讲述的

㊼ 《法律周刊》1923年第15期。

㊽ 《法律周刊》1923年第4、7、8、10、11、12、13期。

㊾ 金问泗（1892—1968），小名连，号纯孺，浙江嘉兴人。1910年毕业于复旦公学。1915年获天津北洋大学法学士学位。1916年夏，应北京政府外交官领事官考试，获隽后以政务科学习员入外交部。1917年夏，派为驻美国使馆学习员，同时入哥伦比亚大学习国际公法及外交学。1919年1月初，任中国出席巴黎和会代表团副秘书，并获准许，提早应考毕业，获法学硕士学位。1922年2月回国后，先后在财政部、外交部、上海特别市政府工作。1928年起历任外交部司长、驻江苏交涉员、农矿部参事、实业部参事、外交部代理常务次长以及驻荷兰、捷克、波兰等国外交官。1946年任出席巴黎和会中国代表团副代表，1949年任驻比利时大使兼驻卢森堡公使。50年代辞去大使和公使。退休后至美国，1968年4月21日在华盛顿病逝。

㊿ 苏希洵（1890—1970），字子美，广西武鸣人，壮族。1901年入私塾，1905入广西公立政法学堂就读。1911年毕业，1912年到上海补习法语，1913年考取广西官费生赴法国留学，1913年赴法国巴黎大学法学院攻读7年，1920年与周鲠生同时取得法学博士学位，博士论文为《中国银行业研究》。在学期间还著有《现代宪法的趋势》等论文，并把法文版的《法兰西第五共和国宪法》译成中文。回国后从政，时有论文发表，任梧州海关监督兼特派交涉员，1923年6月调司法行政部派在参事厅办事，1925年任修订法律馆纂修，1929年11月任法官训练所教务主任，曾短期任司法院秘书、司法行政部总务司长，1932年任上海法租界中国法院常川代表。1933年6月起任广西政府委员，1940年10月任广西教育厅长，1943年9月任省府秘书长。1948年当选行宪后第一届立法委员，1949年当选大法官，1949年赴台。1970年于台北逝世。

(51) 钱泰（1886—1962），字阶平，浙江嘉善人。1906年丙午科优贡。1914年毕业于法国巴黎大学，获博士学位，在中国法科博士中，他是第二位获得法国博士学位者，博士论文为《中国之立法权》。1915年任司法部秘书。1918年起从事外交工作，1921年5月任外交部条约司司长，并一度代理外交部次长。长期从事司法与外交方面工作。1950年从法国到台北定居，1962年逝世。

图 3　1923 年创办的《法律周刊》封面

"易于通过"的特殊因素。马德润热衷于学术是"不革命"的原因之二。但马氏的这类学术，还是缺乏底气和格局的。

三、仕途行迹

目前推断，马德润回国后约于 1907 年底或 1908 年初由清廷学部"拟请旨赏给法政科举人"，时间到底何时呢？

据查《学部奏会考游学毕业生事竣折》，马德润于 1908 年 8 月，参加了光绪三十四年游学毕业生考试，这是自 1906 年以后朝廷举行游学毕业生考试的第三届（年）考试。据《学部奏会考游学毕业生事竣折》，同批游学毕业生共有 178 人报名，事先"施行甄选，凡学业未及高等程度与在年学年限稍有短欠以及外国语不能直接听讲、普通学无根底者，概加摈斥，不准与考，以杜冒滥，计应考者一百二十七名。于八月二十九日九月初二日在臣部新建署分场考试"。[52] 考试程序遵照奏章先期调取科学优长的

---

[52]《学部奏会考游学毕业生事竣折》，载《时报》1908 年 10 月 17 日。

十四员会集署内，担任襄校（考官），如程明超（1907年最优等进士）、吴宗濂、曹汝霖、林棨、罗振玉以及直隶候补道严复等等。结果，1908年的最优等数量达到15人，比1907年的最优等7人多了一半。优等达到45人，比1907年的17人多了28人。1907年的最优等中没有法政科，优等法政科有福建同安李登辉[53]、江苏上海颜志庆、福建侯官高种、福建闽县林志钧等。[54]

"部试"之后是"廷试"，再之后是"引见"，因此是跨年的。1908年戊申游学考试到"引见"程序，已经是1909年（己酉）4月，因此本届"游试"实为"戊申己酉届"。[55] 试卷经襄校各员各就所长悉心校阅，再根据所入学堂所得文凭之高下，详加比较酌定等第，按照文凭等第和试卷分数两项给定平均分。[56] 参试者中，最优等有15人，其中法政科有陈箓[57]（86.59分）、廉隅[58]

---

[53] 李登辉（1872—1947），字腾飞，福建同安人，1891年赴美入威斯雷阳大学，旋转入耶鲁大学，1899年得文学士学位。1905年自南洋返国来上海，加入基督教青年会，筹组"寰球中国学生会"，任会长逾10年。1906年他出任复旦公学的教务长，兼授英、法和德文等科目。1908年赴北京应游学毕业生考试，最后中举人，报名清单中注明"游美习法政科"，不知是否有误，待考证。参见《文牍：考试游学毕业生名单》，载《学部官报》1907年第34期。

[54] 《文牍：考试游学毕业生名单》。

[55] 杨和平：《考场遗恨——萧友梅文科举人、七品小京官考》，载《中国音乐学》2015年第1期。

[56] 《学部奏会考游学毕业生事竣折》，载《南洋官报》1908年第130期，第36—37页。另参见《时报》1908年10月17日。

[57] 陈箓（1877—1939），字任先，号止室，福建福州人。民国时期外交家。1894年进入铁路总局附设矿化学堂，后入武昌自强学堂，1901年毕业后留校任法文教师，后转赴法国，进入巴黎大学学习法律，1907年毕业，是中国第一位在法国获得法律学士学位的留学生。在清廷法部、外务部任职，民国担任外交官。1938年3月，投靠日本，沦为汉奸，出任伪新政府外交部部长。1939年被军统特工刺杀身亡。

[58] 廉隅（生卒年不详），字励清、励卿，江苏无锡人，诗人廉泉（1868—1931）胞弟。早年从大理院候补从五品推事赴日留学，1905年毕业于日本京都帝国大学，获法科学士学位，1908年应游学生廷试列最优等，授进士，着以正五品推事归原衙门，民国成立后留院办事，1912年7月被拟作为代理推事，但未获准，任推事兼民庭庭长。1913年1月受命任浙江高等审判厅厅长，3月1日到任，改组法院，并亲自办案。1914年任直隶高等审判厅长。1917年发表《司法改革意见书》。1918年得司法部准叙列二等。旋由直隶高等审判厅长调署河南高等审判厅厅长，1920年"因病恳请辞职"准免署职，实为因任职期间法院财务不清问题，先行停职，交付惩戒。1920年10月由司法总长董康以"款项不清查多弊混"提交交付惩戒，1921年2月惩戒议决书确认其身为长官任用书记官一任弊混毫无觉察，无卷逃情事，其废弛职务洵非寻常，予以撤职处分。得许世英重改任国务院参议。1928年政府南迁，隐退家园当律师。1937年附逆汪伪，1939年起担任伪实业部部长、伪外交次长、伪外交总长、伪驻满大使等职。1947年仍在逃被通缉，后事不详。

(85.59分)、朱献文(84.38分)、黄德章(59)(81分)、程树德(80.42分);优等共45人,其中法政科有马德润(77.79分)、江庸(75.84分)、刘崇佑(74.17分)、黄佑昌(73.34分)等;另有考得中等47人。不足60分的有20名,不在录取之列。(60)

前面这个"部试"分数不是定局。据《政治官报》1909年公布的"廷试"(在己酉年四月二十七日)"引见"(己酉年五月初二、初三)结果为:黄德章(一等第一名)、江庸(一等第四名)、程树德(一等第十六名)、马德润(一等第十九名)。二等中包括林志钧、张煜全、廉隅、黄右昌。刘崇佑列三等。(61) 最后再看分派情况,据"谕此次引见之廷试游学毕业生"著派记载(1909),这批洋进士洋举人的派送岗位情况是:黄德章、程树德等四人着授为翰林院编修,朱献文等四人着授为翰林院检讨,张煜全等四人着改为翰林院庶吉士,黄右昌等着以内阁中书补用,刘崇佑等着以知县分省即用,外务部候补主事林志钧(1907年优等第十名)着以本部主事即用举人,大理院候补从五品推事廉隅着以正五品推事归原衙门即用举人,大理院候补正六品推事江庸着以正六品推事归原衙即用举人。那么,马德润和另外十人,则"着以主事,按照所学科目分部补用"。(62) 从此马德润进了外务部。

1910年,俄公使徇俄商之请照会我国外务部,要改《满洲商约》,外

(59) 黄德章(1870—1923),字滋蕿(又作滋萱),四川新繁县人,原为丁酉科拨贡,分省试用直隶州州判,1903年底由京师大学堂派遣留学日本,入京都帝国大学法科,习民法毕业。1908年,以81分成绩得最优等游学进士,授翰林院编修,曾入京师法政学堂担任翻译,1910年3月法部奏调宪政筹备处行走,历充法官考试游学毕业考试、京师法律学堂毕业考试、襄校官、法政学堂教习。1912年8月,司法部呈准任命为司法部编纂,1913年11月任命为大理院推事。1914年任命为约法会议议员资格审定会会员,6月署京师地方审判厅厅长,10月授四等嘉禾章。1915年8月任京师地方审判厅厅长。1917年晋三等嘉禾章,旋赴任江西高等检察厅检察长,至1920年改任京师地方审判厅厅长,1920年调任大理院推事、民四庭庭长。1922年2月调任总检察厅检察官。在司法界任职,素负盛望,1923年9月9日病逝。

(60) 《谨将考试游学毕业分数缮具列表恭呈》,载《时报》1908年10月17日。

(61) 《廷试游学毕业生等第名次单》,载《政治官报》1909年第570期。

(62) 《谕旨:监国摄政王钤章五月初三日内阁奉,上谕此次引见之廷试游学毕业生(名单)》,载《政治官报》1909年第591期。

务部饬颜惠庆、马德润、陈箓等少数懂西方法律者，详细研究商约修改的利弊。[63] 回国后，这位热衷学术的留德法科博士第一人也意识到，自己需要得到朝廷的官方认可。马德润脱不了传统文人的老路径，也由此开始步入政坛。他笃定于自己的洋文凭，也默认这个满清的朝廷，一定没有意识到革命的意义和势头。当革命来临的时候，想必也惊慌失措。

师弟周泽春在南京临时大总统府外交部任职，可见比马德润志向明确，行动力强。1912年3月，周泽春就担任了山东交涉副使兼青岛交涉委员。[64] 1912年9月，周泽春担任了京师高等检察厅检察长，[65] 同年10月25日又转任京师地方审判厅厅长。[66] 可是马德润此时还没有机会，好在有洋博士文凭和一技之长。"总检察厅长一缺关系重要，未便久悬，自应遴员，呈请先行简署"，"查有留学德国法学博士周泽春堪以接署"，因而周泽春被提拔简任总检察厅厅长。[67] 于是周泽春的原位置京师地方审判厅厅长需要补缺。果然，马德润的机会来了。1913年5月29日袁世凯发布大总统令，任命马德润署京师地方审判厅厅长，并于6月2日就职。[68] 不得不说，这个时期更彰显出马德润和周泽春这对师兄弟在同僚中的印象有差距，甚至可以说他俩的格局和整体素质不在一个水平之上。梁启超任司法总长时深感用人之难。选司法次长时，梁任公受求诸党人，"非如欲得人非江庸莫可"，"吾惕然悟，力挽江君"，"今大得其力"。[69] 江庸与马德润年龄相同，江庸只是个留日的本科学士，而马氏是留德博士。然而，留德博士马德润根本入不了梁启超的法眼。同年12月25日，司法总长梁启超发布

---

[63] 《俄公使徇俄商之请照会外务部要改满洲商约外务部饬颜惠庆马德润陈箓等详细研究利弊》，载《时报》1910年1月14日。
[64] 《外交部派周泽春为青岛交涉委员致德国驻青岛办事大臣麦照会》，载《临时政府公报》1912年第38期。
[65] 《署京师高等检察厅检察长周泽春就任日期通告》，载《政府公报》1912年第152期。
[66] 《京师地方审判厅长周泽春呈大总统报明到厅任事日期文》，载《政府公报》1912年第165期。
[67] 《司法部呈：大总统请以刘蕃等简署总检察厅检察长等缺并将周泽春履历考语开单呈核文附单》，载《上海法曹杂志》1913年第11期。
[68] 《政府公报》1913年第390期。
[69] 丁文江、赵丰田编：《梁启超年谱长编》，第680页。

313 号令，称参事马德润等一干人"均照旧供职"[70]，又回到参事位置。[71]

1915 年马氏以平政院评事身份，有书面建议陈请（内容不详）大总统袁世凯，3 月 20 日，大总统批复，"平政院代呈评事马德润条陈管见祈鉴由"，"财政部会同农商交通部核议"。[72] 这貌似过去给皇上的奏折，又相当于现在的资政建言。1916 年 9 月 19 日，平政院发布第八号令，由于第一庭评事范熙壬辞职，指定第二庭评事马德润兼代仰该文牍科。[73] 即指令马氏以第二庭长身份兼管该科。平政院是 1914 年设立的专理行政诉讼和官吏违法行为的法院，设院长一人，评事十五人，设三个庭，每五人一个庭。马氏在平政院工作，就这样过去了五年。按理，平政院的工作并不很忙，1921 年 7 月 24 日，总理靳云鹏、司法总长董康发布大总统徐世昌任命令，马德润就任平政院第二庭庭长。[74] 1921 年 8 月 23 日，马德润兼任司法官惩戒委员会委员。[75] 1923 年 2 月，程克当上司法总长，给马德润带来了好运。程克（1878—1936），字仲渔，河南开封人，河南大学堂毕业，留学日本东京帝国大学，获法学学士位，同盟会会员。辛亥前后倒向袁世凯，成为袁世凯的亲信，1912 年袁为迎接孙中山到北京，就是派程克等人到上海迎接的。[76] 1915 年担任阿尔泰副都统兼办事长官，曾被议员告发有"劣迹"。1919 年还曾争遂教育次长。当上司法总长的程克仍带着官僚习气，众议员以破坏司法之名弹劾之。1923 年 10 月，直系军阀曹锟通过贿选当上了北京政府大总统，并于 10 日就职。修订法律馆长江庸于 10 月愤

---

[70] 《司法部部令：第三百十三号（中华民国二年十二月二十五日）》："参事马德润徐彭龄余绍宋等照旧供职"，载《政府公报》1913 年第 597 期。
[71] 《司法部部令：第三百十三号（中华民国二年十二月二十五日）》："参事马德润徐彭龄余绍宋等照旧供职"，载《政府公报》1913 年第 597 期。
[72] 《政府公报》1915 年 1029 期。
[73] 《政府公报》1916 年第 263 期。
[74] 《大总统指令第一千七百十七号（中华民国十年七月二十四日）》："令平政院院长张国淦：呈报庭长马德润评事吴敬修就职日期由"，载《政府公报》1921 年第 1946 期。
[75] 《政府公报》1921 年第 1976 期，第 7—8 页。
[76] "袁总统派蓝建枢程克赴沪迎孙文黄兴昨得复电谓旬白后乘海琛兵船……"，载《时报》1912 年 8 月 6 日。

然辞职，副总裁陆鸿仪[77]和石志泉[78]也辞职。10 月 23 日，程克暂兼总裁，并经运作很快任命了马德润、蔡寅[79]为修订法律馆副总裁。[80] 马德润被程克这样的人欣赏，想来也是很自然的。1924 年 1 月 10 日，大总统曹锟任命马德润为修订法律馆总裁，马德润 11 日就任总裁一职。[81] 另有周克昌补任副总裁。[82] 程克后来改任内务总长，还曾任国务总理，但这样的劣质官僚很快就会把马德润一脚踢开。政治形势越是混乱，马德润仕途越亨通。与他的同龄人江庸相比，值得回味的区别可能就在于知识人的气节吧。

马德润历来是一位谨小慎微、回避革命的"小格局"书生，可是他的搭档——副总裁蔡寅，与马德润的性格、立场几乎迥异。蔡寅是位诗人革命党，原先是位留日法科速成的革命党人，有激情干劲却也鲁莽冒进。1903 年"苏报"案发时，蔡寅与人设法延请英国律师琼斯为章太炎、邹容辩护。后来蔡寅为避此祸赴日本留学，入早稻田大学攻读法政，结识孙

---

[77] 陆鸿仪（1880—1952），字棣威，号立，苏州人，光绪二十九年（1903）进士，钦点翰林院庶吉士。1907 年选送日本中央大学，攻读法律，宣统三年（1911）夏，学成归国。辛亥革命后，先后任北京政府司法部佥事，大理院推事、庭长，修订法律馆总纂、副总裁。1923 年，因曹锟贿选总统，愤然辞职，南归故里苏州。后在苏州设立律师事务所，为民申冤，揭露贪赃枉法，不徇私情。1936 年"救国会"七君子事件发生后，他担任第二被告章乃器的第一辩护律师。

[78] 石志泉（1889—1960），名美瑜，号有儒、有如，湖北孝感人，14 岁考入日本东京帝国大学攻读法律专科。1905 年加入同盟会。回国就职于湖北军政司法部，后辞职去北京政府司法部任职。再赴日，1914 年获东京帝国大学法学硕士学位，1916 年归国。归国后历任奉天高等审判厅厅长，北京政府大理院推事、司法部次长等职，1922 年调任北洋政府司法部次长。1923 年投身于教育界，专心从事法律研究，先后任国立政治大学教务长、北京大学法学院主任、院长、司法储才馆馆长。1932 年任国民政府司法行政部常务次长。抗战时期，任教于重庆大学。著有《民事诉讼条例释义》《新民事诉讼法评论》。1949 年去台湾。

[79] 蔡寅（1874—1934），字冶民，又名清任，别号壮怀，江苏吴江人。1903 年"苏报案"发，与人等设法延请英国律师琼斯为章太炎、邹容辩护，未果。遂避祸赴日本留学，入早稻田大学攻读法政。1905 年，加入中国同盟会，结识孙中山、黄兴。1907 年开始在日本翻译发表法政文章，如翻译的《论公法之本质》发表于《法政学交通社杂志》第 5—6 期。1910 年回国，参加游学毕业生廷试优等（二等），中法政科举人，初任浙江宁波地方检察厅检察官，旋即辞职。辛亥革命后在上海担任沪军军法司司长，1912 年 1 月曾组织租界律师在上海发起成立中国律师协会，后被伍廷芳的中华律师联合会取代。1913 年 4 月任江苏省政府秘书，署江苏司法筹备处处长，8 月被褫职。1914 年起加入南社，又从事司法，"二次革命"时担任代理江苏省都督，1916 年被褫职，成自由诗人。

[80] 《大总统指令第二千七十三号》："令修订法律馆副总裁马德润、蔡寅呈报就职日期由"，载《政府公报》1923 年第 2748 期。

[81] 《署修订法律馆总裁马德润就职日期通告》，载《政府公报》1924 年第 2810 期。

[82] 《署修订法律馆总裁马德润就职日期通告》。

中山、黄兴，加入同盟会。蔡寅曾于 1907 年起发表一些日本公法学者的译作，如《论公法之本质》[83]。辛亥革命前夕回国，任浙江宁波地方检察厅检察官，辛亥革命爆发后任临时大总统府秘书、沪军都督府军法司长。[84]后来于 1912 年在上海创立中国第一个律师公会。1913 年宋教仁遇刺后，蔡寅曾协助程德全追查凶手。5 月被任命署江苏司法筹备处长，可是不久，他受黄兴命，捏造都督省长之名义，委任多名司法官员，结果被国务总理报请大总统，于 8 月 1 日被褫职，由高等审判厅厅长杨荫杭兼理司法筹备处长。[85] 1916 年袁世凯死后，蔡寅和一批被免职的人员得以开复。[86]他致电黎总统段总理表示庆贺。[87]因爱诗，早年入南社，1919 年起便宅家作诗度日。奇怪的是，1923 年作为修订法律馆"编纂"的普通工作人员，蔡寅竟然被程克提拔为副总裁，简直令法界震惊。[88] 1924 年 12 月免职。1925 年作《感事再迭无量韵》。蒋介石在南京建立政府之后，蔡寅于 1928 年 6 月供职于司法部参事，[89] 1929 年 9 月受命为浙江高等法院第一分院院长，赴浙江温州任职，[90] 1934 年病逝于上海。

1923 年至 1924 年，是马德润仕途最顺的巅峰期。可是不久，1924 年 12 月 27 日，新任司法总长章士钊宣布：马德润、蔡寅、刘含章"另有任用"，对三个专业法律人予以免职，章士钊自己兼任修订法律馆总裁，石志泉任副总裁。[91]司法总长章士钊这个任免决定虽然颇受争议，但他瞧不

---

[83] 笕克彦：《论公法之本质》，蔡寅译，载《法政学交通社杂志》1907 年第 5—6 期。
[84] "司法总长伍三复陈英士书云前接贵府军法司长蔡君寅来函知从者因公赴宁故对于姚荣泽案定……"，载《新闻报》1912 年 3 月 24 日。
[85] 《司法部呈大总统拟将署江苏司法筹备处长蔡寅先行褫职请鉴核施行文（中华民国二年八月一日）》，载《政府公报》1913 年第 458 期。
[86] 《大总统指令第四百十五号（中华民国五年十一月二日）》："令司法总长张耀曾：呈查明司法机关因公褫职人员张鸿鼎杨謦龙蔡寅冯国鑫陈英等拟请准予援案开复褫职处分由"，载《政府公报》1916 年第 299 期。
[87] 《蔡寅致黎总统段总理电》，载《时事新报》（上海）1916 年 7 月 2 日。
[88] 《法律馆风潮之扩大程克自兼总裁 全馆一体辞职》，载《时事新报》（上海）1923 年 10 月 29 日。
[89] 《任命蔡寅为司法部参事希查照由》，载《司法公报》1928 年第 14 期。
[90] 《司法行政部指令指字第七九一九号（九月十三日）：代理浙江高等法院第一分院院长蔡寅就职日期》，载《司法公报》1929 年第 38 期。
[91] 《来复报》1925 年第 329 期。

上马德润，乃是意料之中的事。或许是由于失去修订法律馆的平台，或许是马德润经历政坛被免职而心灰意冷，只办了两年就声名鹊起的《法律周刊》也就此戛然停刊。

四、下野踪影

首位留德法学博士马德润，1924年底下野之后，沉寂了。除了1927年有一份无头无脑的资料之外，1925年至1935年他逝世，马德润这十年里没有任何的文章、任职或行踪信息。

一个偶然机会，笔者发现了一本民国十四年六月（1925）发行的《北京中央大学法律科毕业纪念册》，装帧十分考究，其紫红色布面封面上，以凹凸版印有"北京中央大学法律科毕业纪念册""马德润署"，马氏半楷半隶的题署清晰可见。内有学校教职员照片，其中首张为马德润的肖像照，头衔署为"前本校校长马海饶先生德润"。其后又是一位"本校前校长"黎元洪的照片，头衔为"前本校校长黎宋卿先生元洪"。再接着是现任校长"孙尧卿先生武"（曾任鄂军军务部部长、曾在武昌办纺纱厂）。这本《纪念册》中还记载了一些校务人员，较有名的如：事务长兼学监主任为清末外交家张棣华（荫棠）；代理校长为曾任川鄂钦差大臣的张则川（汉溪），等等。这说明北京中央大学首任校长是马德润，后来由黎元洪、孙尧卿等接任。黎与马二人都是湖北人，一个黄陂，一个枣阳。况且而黎与孙二人又曾经营企业，有资本，创办大学的经费应该不是问题。孙尧卿是吴佩孚的铁杆[32]，1924年是吴佩孚的巅峰期，因此由孙尧卿出任中央大学校长。

1925年这本毕业纪念册的史实未见其他官方文件佐证，尚不能确定。经查教育史料，民国十三年十一月出版的《教育公报》上，载有是年中央大学专门部第八班法律本科毕业生名单，共有112位法律毕业生。[33] 这不

---

[32] 《孙尧卿居士逝世》，载《佛学半月刊》1940年第196期。
[33] 《中央大学专门部第八班法律本科毕业生名单》，载《教育公报》1924年第11卷第10期。

仅佐证了北京中央大学确实存在过,还证明了北京中央大学至少有1924年和1925年完整的两届法律科毕业生。如果本科按三年推算,北京中央大学成立时间不晚于1921年。比1928年成立于南京的中央大学,至少早了七八年。因此,大约可推断,马德润于1921年在平政院任职时,已经在北京中央大学办学了。

马德润并没有长期在北京中央大学当校长,可能是因为办学不景气,他要另谋生路。经查,马德润于1925年加入北京律师公会,登记时间与地址为"民国十四年三月七日"、"按院胡同二十八号"。[94]

1927年,《政府公报》上出现一份马德润"呈一件关于本院嗣后创废判例及公报出版期建议案由"致大理院函。[95]此时的马德润是以北京律师公会会长的身份出现。经查,他的前任是著名的林行规(参见专篇)律师——1925年至1927年的北京律师公会会长,只是当时叫律师公会"代表"[96]。

马德润在此公函中建议大理院创废判例及公报出版事宜。时任大理院院长余棨昌给予答复说,判例是有的,只是因经费问题公布判例有所断续。[97]可见马德润于1926年被免去公职后,愤然离开政坛,在北京天津一带从事专职律师职业了。他的客户中有德籍个人或企业,担任中德烟厂法律顾问。[98]1930年他个人在天津《大公报》的律师广告就达40余次,1931年的广告达到300条。可见其律师业务颇为可观。马德润律师事务所办公地址在天津法租界三十号路同德里3号。按他的学历和资历,担任律师公会会长也不奇怪。

1935年《时代日报》有篇报道《道德律师马德润的死状谈》,称赞他

---

⑭ 《北京律师公会会员录》,1925年6月。
⑮ 《大理院批(中华民国十六年五月五日)》:"具呈人北京律师公会会长马德润:呈一件关于本院嗣后创废判例及公报出版期建议案由",载《政府公报》1927年第3970期。
⑯ 《北京律师公会开选举会,选举律师协会代表,林行规与熊才当选》,载《时事新报》(上海)1925年9月30日。
⑰ 《大理院批(中华民国十六年五月五日)》:"具呈人北京律师公会会长马德润:呈一件关于本院嗣后创废判例及公报出版期建议案由",载《政府公报》1927年第3970期。
⑱ 《律师马德润受任德中烟厂法律顾问通启》,载《大公报》(天津)1931年7月31日。

"公正廉谨，得以传于后世"，"留学生飞黄腾达，率皆意气不凡，独马氏和平谨慎，言行中矩，老少交誉"，早年专攻国际法，从业律师后，兼攻民刑，接受案件，"计划周密，情理兼顾"，"秉性公正，操守廉谨"，深受德国侨民和本国人称颂，"马氏有道德律师之称"。[99] 此报道还提到马德润律师生前最后办理的两起案件，一是荫昌夫人及公子析分财产，马律师一人周旋，免于诉讼，和平解决。另一案件是端方之媳陶何逢仙诉袁世凯之第六子追索华山碑，因被告方理由不充分，受法庭驳斥，陶氏胜诉。[100]

1935年（民国二十四年）12月27日司法行政部指令（第24933号）称"令河北高等法院院长。……转报律师马德润……病故应均撤销登记"[101]。

欧洲法学博士学位之中国第一人，就在这个时代如昙花一现，悲乎！

---

[99] 《道德律师马德润的死状谈》，载《时代日报》1935年10月9日。
[100] 《道德律师马德润的死状谈》。
[101] 《国民政府公报》（南京1927）1936年第1939期。

张知本——革命宪制与社会本位

图 1　张知本（1881—1976）

张知本在近代法律家中算是宿耆之一。论辛亥革命的资格，直追法科革命家宋教仁[①]和王宠惠，他辛亥 10 月就参与制定《鄂州约法》，后担任民国第一任司法部部长。论创办法科教育资历，早于创办朝阳的汪有龄和江庸，1908 年就担任武昌官立法政学堂（辛亥革命后改建为湖北公立法政专门学校）监督，还在上海与北京多地担任法科大学校长。说张知本"精于法学，长于政事"[②]是有道理的。他著述颇丰，且首倡"社会法律学"，

[①]　宋教仁（1882—1913），字得尊，号遁初，湖南省常德人。1904 年 2 月，长沙成立华兴会任副会长，同年因长沙起义失败，前往日本，入日本法政大学学习西方法律与政治。1905年，加入中国同盟会，任司法部检事长。1909 年被取消留学生资格回国，任司法部检事长。1911 年 10 月 11 日，湖北军政府在武昌成立，致力于建设民主共和政权，大力宣传革命宗旨。1912 年，中华民国成立，任法制院院长。1912 年 8 月，中国同盟会改组为国民党，四处演说为国民党争取多数席位。1913 年 3 月 20 日，宋教仁在上海火车站遇刺。

[②]　张知本先生九秩嵩寿筹备会编：《张怀九先生九秩大庆纪念论文集》，1969 年印行，第 248 页。

主张社会本位的法律，这与他的革命立宪活动有着怎样的关联？

一、法科生的革命资历

张知本，字怀九，号龙甲，别名礼恭，1881 年 2 月 15 日（辛巳年正月二十二日）出生在湖北江陵县张公垱一个中医家庭。五岁读毕四书，有神童之称；15 岁考入两湖书院，与黄兴为友，毕业后经张之洞公派留学日本。但留学时间有多种说法。一是 1900 年；[③] 二是 20 岁[④]，即 1901 年；三是 1904 年[⑤]。要说他的资历，确定时间很重要。当时留日学生均须先读一年预科。已知张氏先入宏文书院，再转法政大学。而宏文书院 1902 年才创办[⑥]。出自宏文书院后来成为著名人物的，第一班有陈天华、陈叔通、罗杰、雷光宇、余绍宋等，第二班有汪兆铭、胡汉民、朱执信、宋教仁、张知本等，第三班有阮性存等，第四班有沈钧儒、居正[⑦]等。[⑧] 因此，张知本赴日时间是 1900 年和 1901 年的可能性不大。1904 年赴日就读宏文预科，一年后 1905 年入学法政预科第二班，这两个时间是可信的。

那么回国时间呢？一说为 1905 年，是年在东京加入同盟会，张知本三次与孙中山见面，"同年法政大学毕业归国，经朝考，以按察司经历补用"[⑨]。同样有文章介绍是加入同盟会后不久回国，任广济中学堂堂长。[⑩] 一说为 1907 年。据冯天瑜文章，张知本"1907 年毕业归国，任武昌官立

[③] 汪洪：《张知本》，载《荆州师专学报》（社会科学版）1992 年第 1 期。
[④] 黄天鹏文，载张知本先生九秩嵩寿筹备会编：《张怀九先生九秩大庆纪念论文集》，第 251 页。
[⑤] 冯天瑜和侯欣一均指出张知本的赴日时间是 1904 年。参见冯天瑜：《法政大学中国留学生与〈鄂州约法〉的制订》，载《江汉大学学报》（人文科学版）2011 年第 5 期；侯欣一：《百年法治进程中的人和事》，第 195 页。
[⑥] 〔日〕实藤惠秀：《中国人留学日本史》，第 37 页。
[⑦] 居正（1876—1951），原名居之骏，字觉生，号梅川，湖北广济人。1903 年赴日本留学，在弘（宏）文学院就读，后入日本法政大学预备部和本科法律部，由宋教仁介绍加入中国同盟会，1906 年辍学回国。曾连续出任国民政府委员、司法行政部部长等一系列显赫的司法要职，1932 年至 1948 年任司法院院长十六年。
[⑧] 冯天瑜：《法政大学中国留学生与〈鄂州约法〉的制订》。
[⑨] 汪洪：《张知本》。
[⑩] 刘作忠：《辛亥革命首任司法部长张知本》，载《武汉文史资料》2001 年第 9 期。

法政学堂监督等职"[11]。但是冯文又讲到：张氏在日本入读"清国留学生法政速成科"的学生中，"第二班有汪兆铭、胡汉民、朱执信、宋教仁、张知本等"，这是可信的。此法政速成科是由梅谦次郎于1904年开办，最初，一年即可毕业。[12]那么第二班则为1905年入学。汪兆铭1905年入读法政速成科，1906年6月毕业。胡汉民1904年冬再次东渡日本，也应该是1905年才能入日本法政大学速成法政科。宋教仁1905年6月，创办革命杂志《二十世纪之支那》，1905年入读日本法政大学。因此，张知本入读法政速成科的时间应该可确定是1905年，1906年6月毕业，1906年回国的可能性较大。

回国后经朝考，张知本以按察司经历获得补用，先后任湖北广济中学堂堂长、武昌官立法政学堂监督、荆州中学堂堂长等职，并秘密出任同盟会湖北支部评议长。[13]这时期他积极从事办学和地方自治运动。

1910年，清宣统二年，张知本在《湖北地方自治研究总会杂志》陆续发表文章。其中有《论铁道与农业之关系》，以美国铁道发展历史阶段为例，来倡导中国铁路的兴起对农业发展有利。[14]《说地方警察费》一文，认为警察是一种专业，他论述了警察对于地方自治的作用。[15]

10月武昌首义革命党人数次聚集于蛇山南麓的湖北谘议局办公楼，商讨成立"中华民国军政府鄂军都督府"，订立《中华民国军政府组织条例》。张知本先任军政府政事部副部长，后转任司法部部长，开共和之后司法行政之先河。在推选军政府各部首长时，与会者一致赞同年仅30岁的张知本为司法局局长（后改称司法部部长）。他冒雨赶往革命党人聚会会场，对大家说："我年纪轻，见识浅，实在不能负此重任！"大家纷纷勉慰他："这是责任，不是权利，义不容辞！"年轻的张知本推辞不过，就欣

---

[11] 冯天瑜：《法政大学中国留学生与〈鄂州约法〉的制订》。
[12] 〔日〕实藤惠秀：《中国人留学日本史》，第40页。
[13] 汪洪：《张知本》。
[14] 张知本：《论铁道与农业之关系》，载《湖北地方自治研究总会杂志》1910年第9期。
[15] 张知本：《说地方警察费》，载《湖北地方自治研究总会杂志》1910年第10期。

然从命。受命后拿起笔书写八个大字"维持秩序，整肃纲纪"，挂于辕门左右，又书"不侮鳏寡，不畏强御；如临深渊，如履薄冰"悬于大堂。[16]青年张知本的"老资格"就此奠定。

过去我们以为民国的法制是1911年10月武昌首义之后的事。事实上在首义之前，就有革命的法制建设举措。张知本接受的法律知识，在辛亥革命前后的法制建设中发挥了效用。这方面的工作可往前追溯到1911年9月26日，鄂军政府司法部筹设江夏（今武汉）临时审判所。张知本委任前清北京法律学堂毕业、湖南长沙人谢震充任所长兼刑庭长。其文曰："为札委事，案照本部呈请设立江夏临时审判所，……惟江夏为各属之领袖，审判所为司法独立之机关，而临时设立尤贵因时制宜，不拘成规则。所长综理所内一切事务，自非学擅专长富有经验，不足以资表率而收成效。兹查谢君震，法学湛深，热心义务，以之充当该所所长兼刑庭长，谅能胜任愉快。"[17] 这段文字可看到张知本司法观念的关键词，一是司法独立性，二是司法官专业性。所以，张知本还是首创法官考试第一人。1912年1月19日，主持举行民国第一次司法官考试，录取了18名。[18]当时湖北的法科毕业生人数，包括省内法政学校及法科海归，约有四五百人，这是中国历史上第一次"考Bar"，录取率简直是严苛至极了。有审判机构和司法人员，然后制定司法诉讼规范，创立制度，11月司法部公布《江夏临时审判所暂时条例》。"思以法律保障人民，是该所成立时之迅速与节省经费之实在也"，"稍有外界之干涉，谢震函致各部总稽查处，得高君振霄、陈君宏浩等呈请都督，分饬各机关禁止，以保司法独立之精神"[19]。

在这个基础上，要着手立宪——临时约法的起草了。宋教仁1911年10月28日抵汉，张知本、张国溶、黄中恺与宋教仁、汤化龙皆为日本法

---

[16] 刘作忠：《辛亥革命首任司法部长张知本》。

[17] 摘自军政府司法部于民国元年六月向原湖北革命实录馆送交之《开办江夏临时审判所之经过》，参见武汉市档案馆：《湖北军政府设立中华民国江夏临时审判所经过》，王银华等编，载《民国档案》1991年第4期。

[18] 刘作忠：《辛亥革命首任司法部长张知本》。

[19] 武汉市档案馆：《湖北军政府设立中华民国江夏临时审判所经过》。

政大学学习法律的同学，相见即切磋法制建设，对《鄂州临时约法草案》的制定有所赞画。[20] 从张知本主管司法的职责来讲，鄂州临时约法中明确体现司法审判独立的观念，应该与他有直接关系。

据目前所掌握的资料，《鄂州临时约法草案》前后有两个版本：一是"七章版"，其中第六章标题为"法司"，由第55条至58条共四个条文构成，没有关于司法或审判独立行使的条文。二是后面的"八章版"即修正案，由第48第至52条共五个条文，把第六章改为"法院"，其第51条中明确规定"法官不受上级审判之干涉"，但后半句有"但书"——"但关于大总统之统一权不在此限"。这是个很有趣的条文，并用大段文字作了立法理由的说明，阐述司法权独立的必要性。只是关于司法独立与总统权力之间，认为司法独立"盖由人民自身求得独立，而后及于司法者代表人民而独立，不能以独立而加诸总统人民之上"，"今我华审判制度既不完备，司法者但恃独立为护符，不受元首及上级之干涉几无人可过问其曲直，俨然司法皇帝矣。凡人民之受司法专制侵害者，又不许其向元首省长据理起诉请求救济以为法律无正条之规定也"，"级级独立者，实官官相护，事事推诿之代名词也"。[21] 尽管其中说理较为勉强，但从革命阶段的宪制来看，不仅能自圆其说，还十分先进，坚持了有限的"独立司法原则"。不到一个月即颁布《鄂州约法》，这是民国第一个宪制文本。可见辛亥革命后至民国建立前的特殊时期，独立审判观念已经在张知本等人的强调之下，得以确立。

二、法政知识与立宪政治

1913年1月17日爆出一事，武汉有报纸称张知本"私卖法官事"，说

---

[20] 冯天瑜就留日法科学生与《鄂州约法》的关系时说道，"宋教仁、汤化龙、张知本等为其代表，而他们在法政大学接受的西方法律知识，在辛亥年间发挥了效用"。参见冯天瑜：《法政大学中国留学生与〈鄂州约法〉的制订》。

[21] 《中华民国临时约法修正案（计八章共六十条，附修正案语四则）》，载《四明喉舌报》1911年第1期。

张下令法庭让报刊交出报道的记者。而武汉报界致函大理院并军政和民政两府，要求张离任。[22] 报道此事的是《时报》。但此事再无下文，不到一个月同样是《时报》，于 1913 年 2 月 12 日又有一个报道：张知本受副总统黎元洪荐为宪法起草员（也称宪法研究员）赴京。[23] 其他报刊也得到验证，1912 年 2 月张知本确实被推举为宪法研究员。[24] 当时行政与司法关系混乱，张知本担任"法司"（司法部部长的简称）努力维护司法审判权的地位和尊严。1913 年 12 月，司法部致电湖北民政长，"据法司张知本号电称民政长迫调汉口审判厅卷宗擅加判词，并饬法司撤销法官"，司法部电文称"乞查核示，遵以维法权等"。司法部电文提到张知本的意见："情形如果属实，希即速切实详晰，电覆为盼"，并引用张的原话"法官独立审判，不受上级官厅之干涉，载在约法第五十一条，无论该厅是否错误，自有正当办法"。[25] 显然张知本在维护审判厅的独立审判权。

袁世凯死后，未独立省份要求恢复议会者，以湖北呼声最高。1916 年，湖北地方议会开会久拖难决，内部发生矛盾冲突，张知本从中调停。[26] 1918 年 9 月，躲在天津的总统黎元洪接到张知本的训斥问责式电报。张在电文铿锵有力地单刀直入："名推首义，位极元首，国民遇公，可谓厚矣，而公所以报国民者，解散国会，酿成复辟"，"正宜为国，驰驱以赎前愆，乃当国命乘危之秋，竟昧匹夫有责之义，匿迹津门自鸣高尚，窃恐天下后世将谓陈仲子率天下至于无用也"。最后点出要害——"赴义与争利迥殊，弃职与越权同罪"[27]，署名"参议院议员张知本"。这电文像训孙子一样痛

---

[22] 《武汉民报揭破司法司张知本私卖法官事，张嗾令法庭勒该报交出访员》，载《时报》1913 年 1 月 17 日。

[23] 《黎副总统派张知本罗兆鸿充宪法起草员即日进京》，载《时报》1913 年 2 月 12 日。

[24] 《武昌来电（二月八日到）》："北京国务院各省都督民政长均鉴阳电悉元洪推举张知本、罗兆鸿为宪法研究员"，载《秦中公报》1913 年第 272 期。

[25] 《公电：司法部致湖北民政长据法司张知本电称情形如果属实希详晰见覆电（十二月二十一日）》，载《司法公报》1913 年第 5 期。

[26] 钟鸣：《鄂议会现形记资格案久悬弗决 梁钟汉二次诘问 张知本调停无效》，载《民国日报》1916 年 11 月 18 日。

[27] 《国会议员张知本等责黎冯电》，载《民国日报》1918 年 9 月 14 日。

快，更像教训学生一样直逼人心。10月，南方议员张知本，发出"箴兼职议员意见书"，要求他们"毅然反省，按期出席，以重法守"。㉘ 12月，致电谭延闿，恳劝其"坚持正义与暴力奋斗为民治争最后之优胜"。㉙

1919年形势严峻，内外危机交困，张知本心急如焚。1月初，张知本一方面向国内呼吁，一方面又向国外喊话。他致电湘西鄂西的各军，呼吁和平，"吾人酷爱和平敦崇信义"，"天下事成于惧而败于忽"，"惟以制定宪法为天职，籍慰渴望自治之民情，尤冀诸公坚持初衷勿为假和议所蒙"。㉚ 他在致函日本各政党中，声明"贵国政府视我为敌，诚两国国民之羞也"，"诸君……应先以最诚挚之意思最高尚之能力，举贵国军阀派援段政策扫荡廓清，而谋两国国民意志之联络……"，"我国民能自由行使主权，顺世界民治潮流，建设良善政府，则永久和平及法律统一之目的完全可达"。㉛

在1919年这样的形势下，他在思考一个鲜为世人关注的问题——政治道德的理论问题。1919年，他连续发表的《政治道德论》共三篇㉜，他说"道德之本原，存于吾人之良心"。㉝ 在《政德界说篇第三》中他首先区分政治道德的类别，他把政治道德分为三种：国家对人民的道德，人民对国家的道德，国际上国家对国家之间的道德。然后论述政治道德与国体、政体的关系。㉞ 这在中国应该是早期论述"政治道德"最完整的代表作之一。㉟

㉘《旧议员张知本箴兼职议员意见书》，载《益世报》（天津）1918年10月29日。
㉙《广州国会议员张知本致谭延闿电》，载《益世报》（天津）1918年12月27日。
㉚《张知本致湘西鄂西各军电》，载《民国日报》1919年1月1日。
㉛《张知本致日本各政党电》，载《益世报》（天津）1919年1月22日。
㉜ 张知本：《政治道德论（一、二、三）》，载《惟民》（周刊）1919年第1卷第1、2、4期。
㉝ 张知本：《政治道德论：道德分类篇（二）》，载《惟民》（周刊）1919年第1卷第2期。
㉞ 张知本：《政德界说篇第三》，载《惟民》（周刊）1919年第1卷第4期。
㉟ 目前所知，最早在中国介绍"政治道德"概念的文章是"The Morals of Politics"，The Shanghai Courier, Jun. 28, 1879, p. 2。较早讨论政治道德的汉语文章见诸1910年前后，如：《立宪政体与政治道德》，载《国风报》1910年第1卷第3期。

1922年5月，社会上响起请孙中山、徐世昌同时下野的呼声。6月3日，由蔡元培领衔，北京教育文化界知名人士200余人致电广州非常大总统孙中山与非常国会，吁请孙中山停止北伐，与北京政府总统徐世昌同时下野，史称"江电"。后蔡元培又致电在天津的黎元洪，请其回京复位。6月6日，拥护孙中山的章太炎与张继分别致电蔡元培，对蔡元培领衔发表的"江电"进行驳斥。6月10日，张知本致电黎元洪、吴景濂道："复位则于法无据，继徐则于人格有损，受曹吴拥戴则民心不服"。㊱ 正当章太炎、张继与蔡元培驳诘两个回合时，张知本声称"为章蔡驳诘进一辞"，于15日致电蔡元培和章太炎，内云："太炎先生为国学泰斗，系举世所宗仰；蔡君子民居最高学府，为徐酋所委任，以立身行己言，诚不可同日而语。"这态度，袒章抑蔡意在言外。张知本借王阳明《传习录》语，曰"惟知责诸人，不知及诸己"，先君子谆谆以此为训，"亦欲蔡君子民返躬自省，曾否身受伪命耳？"㊲ 明显是偏向章太炎一边，最后明确表态要蔡元培反省。10月，徐树铮据延平一隅，擅设建国军政置府，张知本致函孙文，恳切提醒曰："此举动于民国前途是否有益，于我公主义能否无忤，均大费考量"，"望公详计审处，杜渐防微"。㊳

1923年2月，北京国会通过诸项决议，如教育总长和司法总长人选，张知本发出通电，严厉斥责国会。㊴ 5月初，由上海同人委托赴湖南宣传联省自治，谈到国家统一方法有三：武力、立宪、联治，前二者均无效果，唯有联省自治，合国情民意。㊵ 6月由湖南返沪。7月初，张致电顾维钧和颜惠庆，有意思的是，他巧妙地分别引用顾炎武的《日知录》和颜之推的《颜氏家训》中的逢劝他俩"慎重自处"，颇有讽劝顾颜二氏读祖训之意，云："今京师沦于贼手，洁身自好之士，避之若浼，两君素负时誉，

㊱ 《江苏公团联杭县律师张知本电茅祖权兴》，载《大公报》（天津）1922年6月10日。
㊲ 《张知本为章蔡驳诘进一辞》，载《民国日报》1922年6月16日。
㊳ 《国会议员张知本致孙文函》，载《益世报》（天津）1922年10月16日。
㊴ 《张知本责北京国会电》，载《民国日报》1923年2月6日。
㊵ 《湘省对于时局之关系，张知本到湘之任务》，载《时报》1923年5月10日。

独盘桓有所希冀，宁非国耻。"㊶ 张知本的坚持信念和胆识令人不得不佩服，此外，其国文与经学之深厚功底，也在时人之上。后来，顾维钧与颜惠庆被小报奚落了一番，说他俩接到张知本函电后碰头了，都说不知道《日知录》和《颜氏家训》，二人遂决定合资购书一读。㊷

8月，张知本先致电湖南省议员，断言国会的延长任期决议，至为可耻，均在法律不生效力。㊸ 再致电湖北省教育会，以他长期研究宪法的底气道："宪法在保障人民自由，非以拥护个人之权位。"㊹ 他认为国会无效。㊺ 10月10日上海护法议员在大世界举行"双十"祭典，他于10月初即拟就双十祭文，纪念为国捐躯的先烈，祭文道："为国而死，虽死犹生"，"死生亦大矣哉，或重于泰山，或轻于鸿毛"。㊻

从革命，到立宪，目标是一致的，张知本立下的信念没有改变。但是他迫于形势，已经心灰意冷，于1924年5月1日向国民党中央委员会辞去党务。㊼ 他接下来要去做什么？

三、法科教育界的资深元老

其实，张知本早年回国后，曾面临职业规划和选择。张知本最初的志愿是什么？侯欣一对此已作过归纳，回国后摆在他面前的两条路：一是从事法科教育，二是从事革命活动。但他是个孝子，父亲年老多病，如投身革命则无精力照顾家庭，因而选择了教职。㊽ 朝考后，先任湖北广济中学堂堂长。辛亥革命后，张氏担任第一任司法部部长期间，创办法律专科学校及法学函授学校，兴学弼教；1912年与黄兴、宋教仁创办江汉大学，张

㊶ 《张知本致顾颜电婉劝慎重出处》，载《申报》1923年7月20日。
㊷ 忘祖：《昨顾颜在某处晤》，载《时报》1923年7月26日。
㊸ 《张知本电复鄂教育会，谓北京国会决案本无效力》，载《时报》1923年8月29日。
㊹ 《张知本致湘省议员电：宪法在保障人民自由》，载《申报》1923年8月16日。
㊺ 《张知本电复鄂教育会谓北京国会决案本无效力》，载《时报》1923年8月29日。
㊻ 《双十祭典之祭文已由张知本草就》，载《申报》1923年10月10日。
㊼ 《张知本函辞党务》，载《时事新报》（上海）1924年5月2日。
㊽ 侯欣一：《百年法治进程中的人和事》，第196页。

知本曾继任校长；1920年，提请诉曹汝霖。[49] 袁世凯解散国会后，张氏回武汉重操旧业，很可能从教。当时武汉有一所湖北公立法政专门学校，前身即1908年5月由原湖广总督赵尔巽主持创办的湖北法政学堂，1924年更名为湖北省立法科大学。湖北督军肖耀南为抵制曹锟、吴佩孚势力的侵入，延揽旅居上海、北京之国民党元老回鄂，会谈结果公推张知本担任校长。

20年代初张知本寓居上海，极力鼓动徐谦夫人沈仪彬再办法校。1924年9月，上海法政大学创办，徐谦任首任校长，张氏不仅为第一届招考命题，还为确定课间休息时间是10分钟还是5分钟而与徐谦夫妇一起讨论细节。[50] 学校办成后张氏返回武汉。1926年校董冯玉祥出资5万元，在打浦桥金神父路口购地建舍，同年秋迁入。1927年国民党政治清党，校长徐谦去职，上海法政大学一度停办，全校学生一时前途黯淡，不知所措。张知本为学生考虑为续办大学多方游说。在1927年这样的关键时刻，张知本接任停办的上海法政大学校长，与教师一道努力之下，学校在半年内得以重新开张。

正当张知本校长在校务上得心应手之时，1927年12月底被任命为湖北省政府主席。[51] 于是他回到武汉，花了不到半年时间，着手民生财政全新的治理。1928年6月办了《湖北省政府公报》[52]。可是到了1929年4月，张知本被报道说卷走政府80万元巨款外逃，不久又报道已经归还款项。[53] 1929年6月17日因"桂系余逆"之名被中央监委会开除出党，[54] 被除名

---

[49] 《司法部指令谊字第二百八十八号（中华民国九年一月廿四日）》："令总检察厅检察长林翔，据呈报八年度已结未结案件一览表业经核阅所有未结案件应即令催各高检厅从速送卷具复分别办结其众议员张知本等请诉曹汝霖等卖国拘传被告一案仰即搜齐证据依法起诉文"，《军政府公报》1911年修字144号。

[50] 此前已办有女子法政学校，张知本主张法政不必区分男女。见侯欣一：《百年法治进程中的人和事》，第197页。

[51] 《鄂省府将易新委员张知本王世杰等十二人》，载《益世报》（天津）1927年12月24日。

[52] 张知本《本公报发刊词》，载《湖北省政府公报》1928年6月第1期创刊号。

[53] 《张知本亏款已偿清关树芳亦释放》，载《民国日报》1929年5月19日。

[54] 《中监会议决张知本等开除党籍》，载《申报》1929年6月18日。

人员还包括李济琛、胡宗铎、张华辅等。(55) 不久，张知本又恢复党籍成为中央委员。1930 年 8 月，张氏在北平参加“中央党部扩大会议”即汪兆铭“倒蒋会议”(56)。会后不久即辞中央党部扩大会议委员职。1932 年转向主张民众运动。1934 年 1 月补去世的伍朝枢中央执委一职。1935 年 9 月，他提出司法改良，特别是改变县长承审初审案件，在县级普设地方法院。(57) 就这样带着当年的革命理想从政折腾了多年。

1937 年 2 月底，张知本受朝阳学院董事会聘请接替江庸担任北平私立朝阳学院第三任院长。(58) 朝阳学院创办于 1912 年，汪有龄是创校校长。直至 1927 年汪有龄辞职。1927—1936 年，由江庸继任朝阳校长。1937 年 3 月 31 日，张知本在就职典礼上对学生说，“志趣要大，欲望要小”，(59) 通俗易懂，却内涵深刻。可是朝阳学院的办学很快进入一个特殊而艰苦的时期——卢沟桥事变后，日军入侵。1938 年 2 月间张知本被任命为司法院秘书长，不久经武汉赴重庆就任。(60) “是时（1938 年）8 月伪组织北京大学农学，……竟不顾一切，将本校校址强占。”朝阳学院只得被迫迁校，“最初沙市，嗣由沙市而成都，由成都而重庆。一再搬迁，其间精神物质上之损失，不知若干”(61)。朝阳学院临时转移到沙市，此地文化与交通均不如成都理想，为考虑师生着想，张知本于 7 月初赴成都考察校址。曾对记者言，将来战后仍让朝阳分校办在成都。(62) 从成都回到重庆不久，张知本的

(55) 《一批开除党籍者李济琛张知本胡宗铎张华辅中监会议决昨中常会通过》，载《益世报》（天津）1929 年 7 月 2 日。

(56) 《中央党部扩大会议第一次会议召开》，载《益世报》（天津）1930 年 8 月 8 日。此次会议主题内容为倒蒋，会议决定称“此次倒蒋最大意义在蒋藉党治之名行个人独裁之实，自号称训政以来于今三载，人民方面权利剥夺无余赞成极端黑暗之局，扩大会议成立后拟即本此倒蒋要旨求党的真实意义实现其基本条件”云云。参见《今日中央党部扩大会议谈话会》，载《先锋周刊》1930 年第 92 期。

(57) 《普设地方法院，张知本拟提出司法会议》，载《益世报》（天津）1935 年 9 月 14 日。

(58) 《张知本昨到朝院办公》，载《益世报》（天津）1937 年 4 月 2 日。

(59) 《朝院新院长张知本就职》，载《益世报》（天津）1937 年 4 月 1 日。

(60) 《张知本到汉转渝就司法院秘长》，载《申报》（汉口）1938 年 2 月 10 日。

(61) 王郁：《校史志略（一）》，载薛君度、熊先觉、徐葵主编：《法学摇篮：朝阳大学》，东方出版社 2001 年版，第 10 页。

(62) 《张知本赴成都筹划朝大迁校事宜》，载《新闻报》1938 年 7 月 4 日。

儿子因车祸而亡。据说，1938年学院在张知本院长家的宗祠中开课，在喘息未定的情况下，依然弦歌不断并开夜班补授在北平因战事所辍废了的课业。在沙市半年间，法律系亦有同学毕业，并曾招收法律、政治、经济三系新生各一班。因居正董事长的指示和川省校友的欢迎，朝阳学院于同年秋由沙市迁至成都。经川省校友的热心奔走拨得成都东门外法云庵为校址，略加修建，初具规模，继续办学，成为从沿海大城市迁到成都的众多高等学校之一。

这个阶段是朝阳大学创办以来，办学条件最恶劣的时期。由此可以想象，张知本身为校长，经历搬迁途中办学的艰难险阻。1939年3月官方印制的《全国公私立专科以上学校一览表》上，私立朝阳学院院址在成都，院长仍为张知本。[63] 张知本院长思想开明，在成都办校时聘请了邓初民、马哲民和黄松龄等进步教授来校授课。邓初民1913年5月赴日本入东京法政大学攻读政治学，1938年发起成立湖北省战时乡村工作促进会，后经

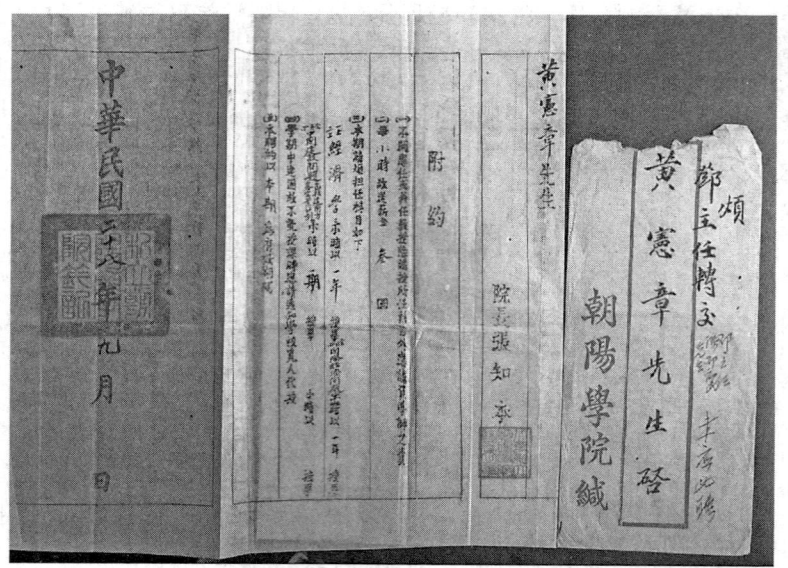

图2　1939年朝阳学院院长张知本颁黄宪章教授聘书（然否斋藏）

---

[63]　《全国公私立专科以上学校一览表》，1939年3月教育部高等教育司编印。

石首赶往沙市任朝阳学院政治系主任，10月学校迁往四川成都，继续在该校任教。马哲民1924年夏东渡日本，进早稻田大学学习政治经济学，在日本组建中共和中国社会主义青年团驻日支部，1938年秋继邓初民任朝阳学院政治系主任，随院去成都。黄松龄1915年春赴北平求学，考入中央法政专门学校学法律。1924年留日，入明治大学，先加入国民党，1925年加入中共，次年回国。在他们的影响下朝阳学生积极掀起了抗日救国和争取国家民主的学生运动，朝阳学院成为当时成都学生运动的中心，因而被誉为"成都抗大"。

四、从法理专家到宪制推手

1933年，立法院宪法草案起草委员会成立，孙科为委员长，张知本与吴经熊担任副委员长。2月9日召开第一次会议，张知本提议起草宪法程序案。2月16日第二次会议上，指定张知本、吴经熊、傅秉常担任宪法草案初稿主稿委员。[64] 这时有先后两个版本，一是五月份吴经熊起草的宪法草案。5月1日接任务，5月8日吴氏在家中宴请孙科、伍朝枢、张知本等人。[65] 吴氏在30天内完成宪草。分五编，即总则、民族、民权、民生和宪法之保障。吴稿条文繁杂，共214条。光"国民教育"就设一章，写了足足十二条，像个教育基本法。关于总统年龄，定为35岁以上，颇为国际化。总统任期六年，不得连任。吴氏写到最后像写论文似的，规定了一条说，为保障宪法实行和纠纷，"应设立国事法院"。这哪像宪法条文，倒更像专家建议。[66] 经孙科同意以吴氏个人名义发表以征求意见，孰知引来诸多批评。

于是有了六月底的张知本版的宪法草案。草案分五章，即基本原则、民族、民权、民生、附则，共171条，相比吴氏宪草显得精炼简约。媒体

---

[64]《立法院宪法草案起草委员会第一次至第三次会议议事录（二十二年二月九日至二十二年二月二十三日）》，载《立法院公报》1933年第46期。
[65]《吴经熊宴孙伍等，商宪法起草问题》，载《民报》1933年5月8日。
[66]《吴经熊之宪法稿》，载《民报》1933年6月8—9日。

均称之为“张知本宪法草案”。(67) 张版宪草规定，总统年龄为40岁以上，任期三年，非隔一任后不得连任；军人退职未满三年者，当选无效。媒体称此宪草“对防止弊端，设想均甚周密。”(68) 与吴版对照，可了解张版精彩处甚多。现举一例：吴版规定“法官根据法律独立审判，不受非法干涉”（第108条）(69)，其实这会引起误解，让人以为法律只能依据现成的法律。在实践中，其实法官审判并不都能有现成之法律，有时在法律漏洞的情况下，法官可依习惯、道德、学理等等进行审判。另外，干涉司法难道存在合法与非法之分吗？所以张知本在“独立审判”前删去“根据法律”“干涉”前的“非法”等冗语，把它修改为“司法官独立审判，无论何人，不得干涉”（第93条）(70)。这个条文最早出自十年前的“双十宪法”（1923年）第101条规定“法官独立审判，无论任何人，不得干涉之”(71)。无论如何，张知本这个表述言简意赅，掷地有声，堪称经典。

后经起草委员会修订于1936年5月5日公布宪法草案，简称“五五宪草”。后来因抗战爆发而搁浅。

张知本在重庆任司法院秘书长和朝阳院长期间，还发表了多篇论文，如：

> 《法治与抗战建国》（《新民族》1938年第2卷第8期）、《大时代青年应有的基本精神训练》（《青年向导》1938年第18期）、《国联盟约第十六条援用之前后》（《中央周刊》1938年第1卷第11期）、《抗战建国中司法设施之方针》（《中华法学杂志》1938年新编第1卷第

(67) 如《法治周报》1933年第1卷第30期，《民报》1933年7月2日，《法律评论》（北京）1933年第10卷第47期，等等。

(68) 《张知本另草宪法稿》，载《新闻报》1933年6月29日。

(69) 《吴经熊之宪法稿（续）》，载《民报》1933年6月9日。

(70) 《张知本氏宪法草稿（续）》，载《法治周报》1933年第1卷第31期。

(71) 陆鼎揆曾对1923年宪法与1922年国是会议宪法草案作过对照比较，其中也对照了司法权行使原则的规定。陆鼎揆：《国是会议宪法草案对于北京新宪法之影响（附表）》，载《东方杂志》1924年第21卷第1期。

12期)、《战时司法及战时司法官应该具有的精神和责任》(《法治周刊》1938年复刊第1期)、《把握时代与把握群众》(《中央周刊》1939年第1卷第30期)。

1940年,张知本为倡导自治,在成都发表了多篇论文,如:

《地方自治与民众团体》(成都《地方自治》1940年第1卷第11期)、《地方自治与县长人选》(《地方自治》1940年第1卷第9期)、《乡镇制度之过去及今后实施之商榷》(《地方自治》1940年第1卷第12—13期)、《如何完成宪政的基础:新县制和地方自治》(《地方自治》1940年第1卷第5期)。

1939年下半年,因当局要驱逐著名进步教授邓初民、马哲民、黄松龄,张知本辞职,由此引发挽留院长张知本,反对迫害邓、马、黄的学潮。但张知本院长于1940年1月最终辞职,由江庸再任朝阳院长,呈报教育部备案。[72] 邓初民、马哲民、黄松龄都是进步知识分子,张知本聘请邓、马、黄三位入朝阳任教,显然是对他们的学问和思想主张有一定的认同。抗战胜利后,张知本曾任苏浙皖"接受大员"。他后来身居国民党要职,为寻求国共两党友好合作做了不懈努力。这样的行动与他一定程度上接纳时代先进思想有关,也和他法学思想中的一种似曾相识的理论元素有关,容后文再述。

抗战期间人的生死都是很平常的事,加上交通和通讯不便,也很容易误传。1941年9月间,全国各地不少报纸刊登一则消息——张知本"逝世"。上海《申报》也作了这则报道:"国民政府八日令",先简要介绍了张知本的履历之后,说他"遒闻夏时疾逝,悼惜良深,应予明令褒扬,并

---

[72] 《朝阳学院院长张知本辞职》,载《新闻报》1940年1月14日。

发给治丧费五千元，以示追思旧勋之意，此令"。[73]《东方日报》也以头版大幅报道了此消息，还对张知本作了详细的介绍。[74] 直至1943年2月18日调任行政院院长，[75] 人们才知道张知本还活着。可见原本不爱社交的张知本，在这几个年头里，"宅"的功夫到达顶峰了。

1944年至1947年，他继续"宅"着，又发表了10余篇文章，如：

《宪政与舆论》（《宪政》1944年第2期）、《中国需要怎样的宪法及如何实施宪政》（《时事月报》1944年第30卷第1期）、《从军法之治说到宪法之治》（《中央周刊》1944年第6卷35期）、《五权宪法之基本精神》（《民主世界》1944年创刊号）、《实施宪政之训练》（《中山月刊》[重庆]1944年第5卷第2期）、《论辛亥革命》（《三民主义半月刊》1944年第5卷第10期）、《宪政与政治思想》（《三民主义半月刊》1944年第4卷第1期）、《行政法院业务推进办法之拟议》（《文风杂志》1944年第1卷第6期）、《法治与法学为建国的两个根本问题》（《民主政治》1945年第5期）、《战时国际公法概论序》（《三民主义半月刊》1945年第6卷第8期）、《五权宪法中的司法建设问题》（《三民主义半月刊》1945年第6卷第4期），等等。

从文章主题看，除了行政院的工作之外，他基本上是在思考战后的宪制建设和战后国际法的问题。1946年，他担任战后接收清查团团长。[76] 他对媒体所谈的话题，除清查接收工作之外，大致也不外乎宪制[77]、民主、

---

[73] "国民政府十八日令，张知本逝世……"，载《申报》1941年9月20日。
[74] 《最近逝世之张知本》，载《东方日报》1941年9月20日。
[75] 《张知本调任行政法院院长》，载《中央日报》（《扫荡报》联合版）1943年2月19日。
[76] 《张知本返沪清查团在杭继续工作》，载《申报》1946年9月12日。
[77] 张知本：《宪法中应行商讨的几个问题》，载《中央日报》1946年12月6日。《张知本谈宪政与宪法》，载《益世报》（上海）1946年10月2日。

法治、司法等主题。[78] 1947 年发表的文章有：

  《竞选与争选》(《中央日报》1947 年 11 月 17 日)、《宪法中之司法制度》(《中央日报》1947 年 1 月 3 日)、《检察制度与五权宪法》(《三民主义半月刊》1947 年第 10 卷第 3 期)、《法治与经济及文化建设》(《三民主义半月刊》1947 年第 10 卷第 11 期)、《民主政治真诠》(《三民主义半月刊》1947 年第 10 卷第 1 期)。

  到 1946 年初，有了政治协商会议关于宪草审议委员会，有国共代表以及青年党、无党派、会外专家共计 35 人。张知本作为年近花甲老人，不在名单内。不过他没有放下宪法这件大事。1947 年 11 月，张知本与林彬、史尚宽等三十人发起筹备的五权宪法学会，已由社会部批准。[79] 当时宪法是 1946 年底通过，1947 年 1 月颁布的，至此才经过一年，但在张知本看来，已经到了修改的时候。12 月 25 日，五权宪法学会正式成立，推举张为主席，夏勤、史尚宽、楼桐孙[80]、林彬、胡次威、陈顾远、杨玉清、郭云观等当选理事。"临时提议"聘蒋中正为名誉会长，吴敬恒、孙科、戴传贤、居正、于右任为名誉理事长，另有一批要员担任名誉理事。会议发表了一个宣言，总结认为"本会之成立，即以五权宪法的阐扬和实现为其主要任务"[81]。1948 年 3、4 月间开始，对修宪有赞成的，也有反对的。比如居正、张群和张君劢都是反对方。4 月 15 日，"国大"开会，由张知

---

 [78] 张知本：《司法制度之商榷》，载《中央日报》(重庆) 1946 年 3 月 3 日。《张知本阐述民主与法治》，载《益世报》(上海) 1946 年 9 月 3 日。

 [79] 《张知本等筹组五权宪法学会》，载《益世报》(上海) 1947 年 11 月 4 日。

 [80] 楼桐孙（1896—1992），字佩兰，浙江永康人。1915 年毕业于浙江法政专门学校，1923 年获法国巴黎大学法科硕士学位。曾任上海、浙江法律专门学校校长，法科大学政治系主任。1928 年起历任立法委员、国民党中央执委、制宪国大代表。1948 年移居台湾，曾任"立法院"秘书长、中国合作事业协会理事长，应聘为中兴大学教授、中国文化大学教授兼经济研究所暨合作经济研究所所长。著有《三民主义研究》《法学通论》《经济思想史》《基本经济学》等。

 [81] 《五权宪法学会成立，聘请蒋主席为名誉会长张知本夏勤等当选理事》，载《中央日报》1947 年 12 月 26 日。

本领衔的 871 人联署提出宪法修改的两个重要条文，包括第 27 条"国民大会职权"和第 29 条"国民大会每几年举行一次"。张知本登台作了理由说明，"于其三分钟之简短发言中，会众曾热烈鼓掌凡六次，且有多人喝彩。情绪至为高昂"[82]。如前所述，早在 15 年前的 1933 年，他曾与吴经熊分别起草过一个宪法草案，可是当时流产了。眼下这部宪法虽然才一年，已经历沉痛的检验，在他看来是时候修改宪法了。张知本从辛亥时期推动立宪开始，积蓄数十年的内力即将爆发。花甲之年的张知本，从法理专家一跃成为修宪先锋。1948 年 5 月初张知本与林彬、史尚宽等人筹备宪法起草研究会，声称"为将来修宪作准备"。[83] 5 月下旬，行政院长张知本萌生辞去院长一职之意，提出后被挽留。[84]

1949 年 4 月 15 日张知本调任司法行政部部长，在就职时仍然以"革命精神"鼓励属僚。[85] 与刚刚受命担任民国政府首席检察长的杨兆龙一起，释放狱中在押的大批爱国热血青年。[86] 9 月，他以视察司法名义去台湾。据报道，当时有 200 多名司法人员撤退到各地，到台湾的最多，其次是去四川的。[87] 11 月 14 日张氏飞回重庆主持司法部会议，[88] 后再返台湾就再没有返回大陆。张知本先生长女张纯苏留在上海，夫婿郭星孙，是留学加拿大的医学海归，在上海开办了诊所，20 世纪 70 年代末郭被安排到上海电影制片厂做了医务室的主任。张知本于 1976 年 8 月 15 日在台北病逝。

五、社会本位的法学思想

20 世纪三四十年代就有一个说法，张知本与王宠惠、董康、江庸被并

---

[82] 《修宪共计十三案 宪法几全部推翻，六案宣读七案未提大会，张知本说明理由获喝采》，载《益世报》（天津）1948 年 4 月 16 日。
[83] 《张知本等筹组修宪研究会》，载《申报》1948 年 5 月 2 日。
[84] 《行政法院院长张知本辞职》，载《申报》1948 年 5 月 23 日。
[85] 《司法行政部长张知本就职即将赴穗一行》，载《益世报》（上海）1949 年 4 月 16 日。
[86] 穆广仁：《杨兆龙的功与"罪"》，载《杨兆龙文集》，复旦大学出版社 2018 年版，第 679 页。
[87] 《张知本即来渝》，载《大公报》（重庆）1949 年 10 月 21 日。
[88] 《张知本抵渝》，载《大公报》（重庆）1949 年 11 月 15 日。

称为民国"四大法学家"。这个说法并不那么准确,但也反映出外界对他们各自地位和影响所作的评论。张氏事功与学问两不误,并且日文基础扎实,法学研究不限于实定法规范和制度层面,而是有理论或学术追求。1931 年 9 月上海法学编译社出版了他的《社会法律学》,次年 9 月再版。他还翻译出版了安部矶雄的《土地公有论》(上海华通书局 1932 年)、松冈义正的《民事证据论》(上海法学编译社 1933 年)。1933 年 4 月,他在上海会文堂新记书局出版《破产法论》;1946 年在会文堂新记书局出版《宪法论》《宪政要论》《法学通论》等专著;1948 年 9 月在大成出版公司出版《辛亥革命》;1952 年 4 月与王宠惠合著的《五权宪法研究》在台北帕米尔书店出版。1971 年元月《张知本先生孔孟学说研讨集》在台北孔孟月刊社出版。

最值得关注的是他的法理学专著——《社会法律学》,主张法律的社会本位,这是张知本的法学思想基调,即"社会本位论"。他在该书"自序"中开门见山地说:"现代法律学界有两种极端对立之思潮,一曰个人主义法律观念,一曰社会主义法律观念。"[89] 接着,他说前者"以法律为保护个人权利之具,其极也,则使少数富有者得以本其既得之财产所有权,尽量发展其自私自利之欲,而不顾及贫者之利益",后者"以法律为支配阶级压迫被支配阶级之具,其极也。则使贫者为图解放压迫起见,止有扩大其阶级斗争之范围,以消灭其敌视富有者之忿怒"[90]。他指出,今日世界各国贫富斗争日趋激烈,都是因为这两种法律观念之极端对立而助长出来的。转而谈中国问题,他说:"近年以来,吾国社会上之骚扰,已达极点。其主要原因,自应归诸一般人民生活上之不安。欲求安之之道,即不能不从法律问题入手。"[91]

张氏在上世纪 30 年代提出如此具有现实批判性的观点,并且点到我

---

[89] 张知本:《社会法律学》,上海法学编译社 1932 年版,"自序",第 1 页。
[90] 张知本:《社会法律学》,"自序",第 1 页。
[91] 张知本:《社会法律学》,"自序",第 2 页。

们耳熟能详的"阶级压迫"和"阶级斗争",这显然不是空穴来风。汉语"社会"一词来自日本,而在中国历来只有"社稷",所谓"寡人危,社稷殆矣"(《韩非子·难一》),就是指王土或国家。所以"社稷"只是个国家范畴的概念。换言之,中国原来既没有"社会"概念,也没有"社会"观念。当"社会"概念传到中国时,实际上打开了中国知识人的一条认知通道,它揭示了没有"社会"就等于野蛮之地。[92] 1898年,英国"社会达尔文主义之父"赫伯特·斯宾塞的思想被译为《社会学新义》引介到中国。[93]"有社会才有文明","社会进化论"把进化理论适者生存学说应用到社会学。与此同时,加上严复翻译赫胥黎的《天演论》,极大地激起了更多知识人对中国社会急需"进化"的共识,由此启迪了寻找救国道路的知识人。而马克思的社会主义理论,则于新文化运动时期首先在少数知识人中产生强烈震荡。

张知本把个人主义和社会主义观念转化为法理问题。在张知本的观念里,个人本位与社会本位之对立法律观,如何处理?这是他的问题意识,也是个独到的立论。从提出的问题看,知识分子的忧国忧民,法学家的制度批判与建构意图,以及他独立性与中立性之立场,跃然纸上!虽然他针对的是20世纪二三十年代的贫富对抗之历史背景下的当时现实,但百余年之后的今日,我们的贫富差距,我们的低收入者与垄断资本,如何从法律上进行分配和调控,这一"法律本位"问题仍然值得我们深思。

《社会法律学》全书共分7章。第1章"社会法律学之意义",认为社会法律学是"就法律现象而加以研究之学问也",他认为这也是法律学之一种,虽研究对象相同,但研究方法与目的不同。社会法律学的研究方法是用社会学方法,而一般法律学只是单纯的、只注意于法规本身的研究,以展开其抽象的形式理论,或者替法律建立纯理论之根据,或者从现实法(实定法)而为分析的研究,以为法律属于主权者命令(分析法学派)。

---

[92] 〔日〕古城贞吉:《论社会》,东文报译,载《时务报》1896年第17—18期。
[93] 〔英〕斯配查:《社会学新义》,〔日〕澁江保编,韩昙首译,载《东亚报》1898年第1期。

或者从历史上探究已往之成规，以为法律是根据于民族心理而来，只有传统之习惯，始能作为法律之依据（如历史法学派）。而社会法律学，"即着眼于社会之实际的人类生活及其变迁状况之谓也。用社会学之方法以研究法律，即是认定法律现象，不是单纯的法规之法律，而是形成社会现象之法律，其唯一注意之点，专在讨探法律之实在价值。质言之，即专在研究适合于社会实际生活之法则，以备立法者之采择"[94]。他于此揭示了社会法律学不同于以往一般法律学的特征，准备揭示"法律之实在价值"，并且揭示了社会法律学对立法的意义和作用。

说完研究方法的不同之后，他开始谈研究目的的不同。他说，一般法律学，"不论自然法学、历史法学与分析法学，都是囿于传统之思想，唯以保持固有的法律精神为目的，即个人自由主义观念，已是深印于彼等之脑海，目的仅在拥挤个人自由之权利"。而社会法律学的目的，"则在企图调和社会上之人类间利害冲突，以增进多数人类生活上所要求之最大利益"[95]。

这一章旗帜鲜明地提出"社会法律学"概念并阐明它与"一般法律学"的方法与目的的两大区别。这不正是今天所谓"社科法学"与"教义法学"的区分吗？当然，其中可以讨论或质疑的是，张氏把历史法学和分析法学并列为一般法律学，把自然法学与此二者并称为"传统法学"，与他的新法学——社会法律学相对应。但最重要的亮点，也是张知本与社科法学明显不同的是，他的社会法律学研究目的是具有鲜明的价值导向的——"增进多数人类生活上所要求之最大利益"，这与他在序言中所谓的"人民生活上之不安"联系在了一起。而今天的社科法学研究中并没有揭示出这一目的。

第2章阐述"社会法律学之产生"之后，于第3章介绍"社会法律学之派别"，述评了起源于孔德到斯宾塞等的机械学派别社会法律学，述评

---

[94] 张知本：《社会法律学》，第12页。
[95] 张知本：《社会法律学》，第13页。

了以达尔文生物进化论为依据的生物学派社会法律学，美国、德国和法国的心理学派社会法律学，述评了英美法律哲学界最著名学者巴恩特（从理论内容判断实为罗斯科·庞德［Roscoe Pound］）的综合统一派社会法律学，尤其还述评了以马克思为代表的"唯物派社会法律学"，并明确写道："马氏以经济关系为法律之唯一基础，此与吾人意见相合"，"以人类可以推动社会前进，因之法律亦不能漠视人类之努力，亦觉适当"。他还举例说，民法商法等不过是将经济关系记录出来布告出来之故，而劳动保护法等，大都是由于人类努力斗争而来。[96] 这显然说明张知本赞同马克思的观点。张知本同时也指出马克思理论中要商榷的地方，指出"马氏对于法律所认定之意义，以及对于法律问题之解决，尚不无可以辩驳之处"[97]。张氏对马克思理论的了解，一方面可能来自当时日本某些学者著作的中介，另一方面也和当时已经在中国知识分子中传播已久的马克思理论有着直接的密切关联。

第4章论述"由社会法律学见地之法律观"，是张氏的主要观点。第1节就讲"法律之经济的基础"，这完全是马克思的理论。接着各节分别论述法律之社会的目的、法律之权利否定、法律与道德之一致、法律之强制性如何、法律之保守性与进化性、裁判上立法之正当。第5章谈"社会之进化与法律"又是借用马克思的社会历史类型说，只是用"市民社会与法律"代替了资本主义和社会主义的法律。第6章谈"今日应有之立法"，第7章谈"现代法律社会化之趋势"，从法律社会本位的立场，以国际的视野而不仅是中国的视角，论述了宪法、民法、刑法、劳动法、土地法的改良，以顺应资本家与劳动者在权利本位上的社会连带，反对极端利己主义，提出"须朴素的尽量确保最大程度之共同利益"。难能可贵的是，他当时就看到，"在现代法律社会化趋势下，其法律组织之立法上的实际变迁情形，约有两种：一为旧法律部门之改良；二为新法律部门之创设"。

---

[96] 张知本：《社会法律学》，第45页。
[97] 张知本：《社会法律学》，第45页。

我们今天的经济法、消费者法、反垄断法、知识产权法、环境法，都是他当时所预言的新法律部门创设的结果。

当时学术规范不那么严格，国外文献引用不那么受重视，因此张氏的著作在遵守学术规范方面不无遗憾。可是，一个留学日本才一年的"清国人"、参加辛亥革命的革命者、投身法科教育的法律家、充当修宪先锋的法学家，居然具有这种前沿的法理学思想，其社会正义心和历史穿透力，还是令人佩服的。张知本跨革命、教育、理论"三界"，不愧为资深的革命家、教育家和理论家，因此，他是最资深的"三栖"法律家，一个知行兼顾的法科知识人。

章士钊——知识人独立难，寡欲更难

图1　章士钊（1881—1973）

章士钊没有法科文凭，但他是一位读过法科、干过律师的人，还充当过司法总长。在那个年代他于法学有一定的先行引领作用。特别是在办刊过程中，有独立性，思想敏锐，为民主法制鼓吹和启蒙。虽然做过官，但他更多体现出的是知识分子从政的面貌，既有革命思想和行动，也有弄权作势、为虎作伥的行径。他的确是个充满矛盾的知识分子，把知识分子的优点和弱点都集于一身。只不过他是个"大号"，优点和弱点都比别人更明显。通过章士钊这个典型人物，可以把中国知识分子的劣根性"放大"了来看。

一、革命

章士钊1881年3月20日出生于湖南长沙县，20岁前，在家乡受传统教育，和旧文人一样熟读四书五经。1902年，到南京进江南陆师学堂，第二年，便成为学潮领头人，带领30多位同学退学，到上海投奔蔡元培、吴稚晖等组织的革命团体——爱国学社。

章士钊与陈独秀1902年邂逅于南京。《苏报》主人、湖南衡山人陈范（1860—1913，字梦坡，原名彝范）欣赏章士钊之文才，"图将其女陈撷芬配之而未言，即招章人馆司主笔"①。1903年5月27日章士钊到任，欲借《苏报》"于万籁无声之中陡发此天空大震之霹雳"，"唤醒我四万万同胞以救中国"。② 是年，陈独秀自日本回国在安庆筹建安徽爱国会，因被清廷察觉，出走上海，与章士钊重逢。陈独秀因宣传革命思想而声名远播，章士钊将陈独秀在安庆的爱国演讲词刊发于《苏报》，引起强烈反响。章士钊与爱国学社同仁合作，把《苏报》本来已有的自由、民主、革命倾向发挥得淋漓尽致，并刊登了邹容、章太炎等人以及他自己的激烈批判文章，甚至有人称其为言辞极端、情绪极端、取向极端。

清廷极为恼怒，委派上海道袁树勋与江苏候补道俞明震办理此案。俞氏1900年任江南陆师学堂附设路矿学堂监督，后为江苏候补道兼陆师学堂总办，以开明著称，培养了鲁迅、章士钊、赵声等学生。③ 这次来上海，其任务十分棘手，因为要捉拿之人，恰是自己非常欣赏的学生章士钊，《苏报》馆主陈范是"旧熟人"，并且大部分革命党人都是俞之子俞大纯的同志。结果巡捕到场只抓走一个账房先生。④ 但此事并未了结。这起言论治罪案办得略显"诡异"，一方面有俞明震这样的开明人士，另一方面因发生在英租界，英国领事沉默"作梗"，其他国家领事也不闻此事。继而在政府施压之下，爱国学社被查封，《苏报》也于7月7日被封，于是酿出这震动一时的"《苏报》案"。章士钊因得最先主办此案的江苏候补道俞明震"通风"⑤，未予追究，侥幸得脱。之后，章太炎等被抓，邹容接

---

① 吴稚晖：《〈苏报〉案纪事》，载《组织》1943年第2卷第7期。
② 章士钊：《覆侯君书》，载《苏报》1903年7月3日。
③ 李日：《俞明震与"〈苏报〉案"新论》，载《湖湘论坛》2008年第5期。
④ 吴稚晖：《〈苏报〉案纪事》。
⑤ 颜廷亮：《俞明震与"〈苏报〉案"》，载《鲁迅研究月刊》1994年第11期。

章信也来自首。自7月起一直拖延到12月才在会审公廨宣判，章太炎判三年、邹容两年，判陈范之子"姑准交保寻父到案"。⑥

一个月后（1903年8月7日），《国民日报》创刊，又由章氏主编，继承《苏报》传统，继续热情洋溢地宣扬民主、自由和革命思想。可是这家报纸也很快被清廷禁售，同年10月被迫关闭。与此同时，他办印刷厂，印制《黄帝魂》《孙逸仙》等宣传革命的书刊，参与组织秘密革命团体——华兴会，章氏和儒雅的蔡元培等人都加入暗杀团，四处奔走，风尘仆仆。1904年，因受刺杀广西巡抚王之春案牵连，章士钊身陷囹圄40天，出狱后东渡日本。

陈范的女儿陈撷芬，1899年冬在上海创办《女报》，并担任主笔。《女报》随《苏报》附送。在此期间，章士钊与陈撷芬经常以诗词相唱酬，留下几十首诗词，由相互倾慕而产生爱情。《苏报》案发时，陈范被大家安排到章士钊后来的岳父吴彦复（保初）家。⑦ 在章士钊赴日之前，陈撷芬已随其父陈范前往日本。后就读于日本横滨基督教共立女学校，毕业后嫁四川人杨镳，随后双双赴美留学，1923年逝世时，年仅40岁。

此时章士钊已经在反思自己，"上海之新败也，吾才短力脆，躁妄致敌，潜怀我杀伯仁之惧，兼蓄愿为周处之思；加以未达壮年，了无学殖，人众茫然无主，事到不知所裁，眼前失机犹小，将来误事必大；愿假数年之力，隐消大过之媒，际兹大党初建，应以分工为务……大队趋重实行，小队容其攻苦"。⑧ 他有知识人的反省意识，这句话的意思是说：以前我才疏学浅，太浮躁，遇事不冷静，应该隐消几年。他决心克服自己的弱点。可见《苏报》案后，他开始冷静独立思考了。于是，他在东京闭门苦读。1905年春，章士钊在日本与19岁的同盟会会员吴弱男相逢。此时，革命者聚集在东京筹组中国同盟会，热火朝天。章士钊却在家读书。孙文、黄

---

⑥ 《〈苏报〉案判词》，载《北洋官报》1904年第300期。
⑦ 吴稚晖：《〈苏报〉案纪事》。
⑧ 章士钊：《与黄克强相交始末》，载《章士钊全集》（第8卷），文汇出版社2000年版，第314—315页。

兴邀章加盟，他不给面子，坚决拒绝。章太炎知道章士钊倾慕吴弱男，便接受了张继的意见，与吴弱男商议，请她劝章士钊加入同盟会。章太炎和孙少侯为逼他参加，甚至把他关了两天，他仍不答应。

他后来反思革命，云："前清末造，士夫提倡革命，其言词之间，略无忌讳，斥载湉为小丑，比亲贵于贼徒者，惟香港、东京之刊物能为之，在内地则不敢，抑亦不肯。洎如是者，词锋朝发，缇骑夕至，行见朋徒骇散，机关捣毁，所期者必不达"，而当年他编辑《苏报》时，偏偏就是"并为爆炸性之一击"。[9]

1905年章士钊25岁，这一年确实是他的一个不小的转折点。此前是愤青，激进鲁莽。此后的章士钊钻研文史哲，屡有发表，如1907年，章氏向学部提交一份书稿，专论词性分类，作为中国文法教材，比《马氏文通》更适合中学生，因此被学部给予高度评价，定名为"中等国文典"，[10]同年9月就得以出版。[11]1907年冬，到英国阿伯丁大学（University of Aberdeen）修法律、政治，兼攻逻辑学。1908年开始研究康德美学。[12] 1909年4月，他与吴弱男在伦敦结婚。此后虽能反思革命，冷静细思，但脱不了骨子里的愤青性格，所思所想正确与否，也只能另当别论。这正是所谓，知识人都求"道"，但每人"都自以为看到了'道'的全貌"[13]。

二、情商

早在1914年5月，章士钊在东京与北大教授办《甲寅》月刊。1917年11月起担任北大逻辑学教授兼图书馆主任（馆长），1918年5月在辞职离任时，向蔡元培校长鼎力举荐李守常当馆长。然后，就任护法军政府秘书长。1918年6月推荐湖南一师的同乡好友杨昌济到北大任教。1919年

---

[9] 1957年，年近八旬的章氏在回顾半个世纪前的《苏报》案时，把悔醒更清晰地表达了出来。章士钊：《〈苏报〉案始末记叙》，载《章士钊全集》（第8卷），第150页。
[10] 《审定书目：长沙章士钊呈初等国文典请审定禀批》，载《学部官报》1907年第31期。
[11] 《章士钊赠初等国文典一部》，载《神州日报》1907年9月30日。
[12] 章行严：《康德美学》，载《学报》1908年第1卷第10期。
[13] 余英时：《中国知识人之史的考察》，第5页。

初回到上海,作为南方代表来参加 2 月"南北议和"会议,之后就长住了一阵。

陈独秀首次以"独秀"署名在章士钊的《甲寅》上发表《爱国心与自觉心》,讨论个人与国家的关系问题,认为爱国问题上,感情用事者如屈原,智识超凡者如老聃,两者皆不可取,且如今的国人却二者俱无。结论是"恶国家"不如"无国家"。此言一出,留学生强烈抨击之为"狂徒",可是只有章氏支持陈独秀。后来,章陈二人出现分歧与"攻讦"。1918 年,陈独秀对章士钊为军阀、政客卖力从政极为不满。翌年 2 月,章还代表南方军政府到上海参加南北和平会议,成了军阀的代言人与调停人。陈独秀对章士钊的变化更难以接受。

其实陈独秀与章士钊二人在政治见解上的分歧,在五四运动爆发后就日益加深。章士钊旅欧归来,思想从以前的激进转向温和之后,又由温和转入保守。章氏不仅坚决反对新文化运动,而且宣扬礼教复兴,反对白话文,提倡文言文,反对工商立国,提倡"农业救国"。陈独秀大失所望,开始对章士钊"开历史倒车"的行为展开激烈批判。[14] 1919 年 6 月 11 日陈独秀被捕,章士钊于 6 月 22 日致电代理国务总理龚心湛,为其求情,云:"请即饬警厅速将陈君释放。钊与陈君总角旧交,同岑大学(可能指南京陆师同学——引者注),于其人品行谊知之甚深,敢保无他,愿为左证。执事居为国惜才之职,幸体缨冠往救之怀,公谊私情感同身受。"[15]

就在此时,湖南长沙的《湘江评论》创刊号发表署名"泽东"的文章,其中提到章士钊营救陈独秀的事,云:"于陈君被捕,即有一电给京里的王克敏,要他转达警厅,立予释放……章氏又致代总理龚心湛一函,说得更加激切。"此文还大段抄录了章致龚的信。[16] 过了一年,泽东(毛润之)于 1920 年 5 月初自北京来到上海,手持老师杨昌济的一封信,拜

---

[14] 杨帆:《从朋友到政敌,友谊长在——陈独秀与章士钊交往录》,载《人物春秋》2013 年第 3 期。
[15] 《章士钊请释陈独秀》,载《民国日报》1919 年 6 月 23 日。
[16] 泽东:《陈独秀之被捕及营救》,载《湘江评论》1919 年创刊号。

访章府，上海福熙路（Avenue Foch，原名"长浜路"），今天叫延安中路，这条路上的720弄7号那幢高级洋房就是章府。

毛润之恭敬地递上杨信，并说明来意——筹款。这信，是杨昌济先生1月份去世前写的遗嘱式推荐信。杨先生当时是在北京一家德国医院病床上抱病举贤，向章士钊郑重推荐毛润之、蔡和森二位青年才俊，信中说："吾郑重语君：二子海内人才，前程远大。君不言救国则已，救国必先重二子。"教育家这句荐语，充满预言式的笃定，其分量之重，力透纸背！章先生看完老朋友的信，问筹款派什么用场？毛润之解释说他有批湖南同学要去巴黎勤工俭学，缺经费。当时湖南新民学会有十来个会员在上海等候船期，准备赴法留学。这是新民学会继1919年赴法后的第二批成员，毛自己却没随群留洋。

章先生与毛润之一样都属蛇，刚好大他一轮。没过几日，章士钊即从他的沪上朋友圈筹到两万大洋相赠。这对于每月仅有3元零用钱的湘籍同学们，简直就是一笔巨款，约莫可造一幢小楼。高情商的章氏顾及老友杨昌济教授的面子，为湘籍后浪解了燃眉之急，其仗义之举传为佳话。

但是章士钊的高情商中，还夹杂着冲突型人格。这典型地表现在他与李大钊的关系上。在章氏离任北大图书馆馆长时，推荐了李大钊。1925年章夫人吴弱男请李大钊为其三个儿子讲授社会学，每月到家上课两次。由于两个家庭关系密切，李大钊叫女儿李星华认吴弱男为干妈。谁都没有想到，当上司法总长的章士钊，居然会在1926年的三一八惨案时刻，翻脸不认人，章总长亲自下令通缉李大钊！详情容后文再述。可是，1927年4月，李大钊被奉系军阀逮捕并杀害，章士钊夫妇从营救到安葬，亦尽了最大努力。

1932年10月，陈独秀等人在上海被捕时，章士钊已是一枚在野平民，他于1931年经从欧洲回到上海，从事律师业务。[17] 为陈独秀辩护的，有章

---

[17] 《新入会会员》，载《上海律师公会报告书》1932年第30期。

士钊、彭望邶、吴之屏等。我们来看看章士钊是怎么辩的。

起诉书中确认陈独秀的政治活动还处于宣传阶段,因此章律师的辩护就从言论自由开始。他指出:近世文明国家,无不争取言论自由。一党执政,任凭天下人公开评论,他们通过国会,召集会议谈论看法,或是在报纸上、书籍中发表言论。而私下议论,无论批评达到什么样的程度,只要"动因为公,界域得以'政治'二字标之,俱享有充分发表之权"。"至若时在二十世纪,号称民国,人民反对政府,初不越言论范围,而法庭遽尔科刑论罪,同类无从援乎,正士为之侧目。新国家之气象,黯淡如此,诚非律师之所忍形容。"[18]

章士钊所阐述的,有两点要害:一是言论自由是文明国家趋势;二是言论尺度问题。他说到言论之"界域",意思是说即便言论尖刻到令人难受,也都应当享有发表权。这正是言论自由尺度的关键问题,他把握得非常专业,这一辩护观点在当时是非常先进的。进而,章律师又在法庭辩护中以孙中山观点为根据来谈陈独秀的言论之正当性。他说,孙先生就说过:"民生主义就是社会主义,又名共产主义,即是大同主义。"而且还说:"国民党既是赞成三民主义,便不应该反对共产主义,因为三民主义中之民生主义大目的,就是要众人能够共产。"章律师进行了推理:既然作为国父的孙中山都这样说了,那么抓陈独秀还有必要吗?于是章士钊质问道:"今孙先生之讲义,全国弦诵,奉为宝典,而陈独秀之杂志,此物此志,乃竟大干刑辟,身幽囹圄。天下不平之事,孰过于斯?"[19] 章士钊结论是:请求法庭宣告陈独秀无罪。其他几位辩护人也阐明了意见。章士钊的辩护,多少引起了一些震动,他的辩词当时在社会上传诵一时。

当然,章律师的辩护也受到同行的批评,比如有评论文章引述坊间对章律师的评论,说他"言不及现行之法律,辩词纵横泛滥,文采流溢,颇

---

[18] 强重华等编:《陈独秀被捕资料汇编》,河南人民出版社1982年版,第176—177页。
[19] 强重华等编:《陈独秀被捕资料汇编》,第180页。

类政论家言,有失法家风度"[20]。这个批评从常规的辩护词来讲,很有道理。但是对于政治犯的辩护,律师如果拘泥于律条,则无异于自投罗网。因为刑事实定法上的规则是确定的,也是可解释的,要不是跳出规则之外来证明法律自身的不正当性,则无论如何辩护都无法使封闭的法律得以解锁。章律师的法庭辩护词,有专业切口也有政治说词,在辩护技巧和策略上还是说得过去的。此一审判决后,陈独秀还进行了上诉,但最终被驳回,法庭仍"以文字为叛国之宣传"的罪名,判陈独秀有期徒刑 8 年(先是判 13 年,后改为 8 年)。

高情商的章士钊在当律师时,办案中也显示出一些业务短板。章律师曾办理过马陆氏诉马相伯(马良)家族财产纠纷案。马相伯侄儿本拥有属于自己的地产契约,侄儿逝世后地产契约由夫叔马相伯"暂为代管"。1936 年,遗孀马陆氏考虑到夫叔马相伯时年 97 岁,年事已高,欲将亡夫约为土地 5500 亩全部地产单据收回自行管理。马陆氏遂于 1932 年委托章律师,向其夫叔兼族长马相伯提出索回地产契约的要求。章士钊为此发出通告,又给马相伯的法律代理人谭毅公律师去信,讨论此事的解决方法。其信函中所坚持的一条基本法律原则,即"守志之妇合承夫分,凡夫承管之产一律由其接管,自为当年法赋之权能无可动摇"。而这一主张与当时相关法律不符,法律规定:凡是有宗祧继承关系存在的情况下,女方只有财产使用权,而没有财产所有权。这一点是当时章士钊律师在接受此案时所忽视的。而他对马相伯的代理律师只强调,"将马陆氏全产单据如期交到,俾免讼争致妨马氏信誉"[21]。

事实上,江苏政府清丈土地时,族长马相伯理应将代为保管的原领单据悉数交还,以便于重新登记。然而马家方面非但不交出,还私持旧单

---

[20] 李学灯:《对于陈独秀案章律师辩护之平议》,载《法律评论》(北京)1933 年第 10 卷第 37 期。

[21] 陈同:《民国时期上海本土律师的法律业务》,载《社会科学》2006 年第 5 期。

契，前去登记，其用意明显是不想把这一部分田产给马陆氏。[22] 可是章律师并没有指出这一有利事实，双方未达成协议。1935年8月马陆氏在章律师协助下将马良告上地方法庭。[23] 章律师在上述诉状中明确提出"伏请钧院票传审讯，判令全部如数交还（田地390亩，每亩估值20元，总计价值国币7800元），并负担讼费"。章士钊为马陆氏打赢了一审。到了二审，达成和解：于必要时得为处分二百亩内田地契纸，并即有上诉人检交被上诉人自行保管——马陆氏最终只得到了200亩。[24] 5500亩地只拿回200亩，可见这次诉讼虽胜犹败。如果分析原因，重点应当是章律师对法律规定和关键事实都没有做充分把握和应对准备。

三、交际

他早年不识孙文，只听湖北籍朋友王慕陶说起。孙文原本不叫"孙中山"，只有个日本名字，叫"中山樵"——姓中山，名樵。章士钊不知日式姓氏的规矩，在他书面文字里贸然将"中山"缀于"孙"下，连读之即为"孙中山"。王慕陶知道这不伦不类的名字后，生气地找他理论："你怎么能把两个姓摞起来用了？根本讲不通嘛！"章士钊辩解说："已经这样了，不好改了啊。"结果，让他意外的是，听说孙文本人"似亦闻而默认"。孙中山——这名字是章士钊误取的。

辛亥年应孙文之邀，章氏由英伦留学回国主持同盟会机关报。不久他又和孙文"翻脸"——章氏认为同盟会不合西方政党标准，主张"毁旧党造新党说"，遭同盟会会员反对，章不买账，愤而辞职，应袁世凯之邀北上。袁赠巨宅，委以北京大学校长，未就。1913年又从北京来过上海，拜晤孙中山、黄兴，奉孙中山命，联岑春煊反袁，还草拟了《二次革命宣言》。"二次革命"失败后，流亡日本。章士钊提出立宪主义的许多主张，

---

[22] 陈同：《民国时期上海本土律师的法律业务》。
[23] 《九七老人马相伯，被其侄媳马陆氏诉》，载《立报》1936年11月4日。
[24] 陈同：《民国时期上海本土律师的法律业务》。

也经历了许多事,既然不"对路",也就和孙中山渐行渐远。1918年5月,桂系军阀排挤孙中山,改组广州护法军政府,推举军阀岑春煊为主席总裁,一直有从政愿望的章士钊受岑春煊之邀,出任政务会议秘书长。

章士钊是知识人中交友最广泛,也最擅长的一位。他在评价黄兴时,可以看到他交友的特点。他说:

> 吾弱冠涉世,交友遍天下,认为最难交者有三人:一陈独秀;一章太炎;一李根源。但吾与三人都保持始终,从无诟谇。吾答或问:吾恃以论交之唯一武器,在"无争"二字,然持此以御克强,则顿失凭依,手无寸铁。何以言之?我以无争往,而彼之无争尤先于我,大于我。且彼无争之外。尤一切任劳怨而不辞,而我无有也。由是我之一生,凡与克强有涉之大小事故,都在对方涵盖孕育之中,浑然不觉。因而我敢论定:天下最易交之友,莫如黄克强。[25]

章氏所谓"难交"与"易交",其标准在"无争"。知识人所谓"争",即争观点、争水平、争名气、争地位。而陈独秀、章太炎、李根源三人共同点都是读书多、水平高且脾气大,况且李根源是文武兼备。而黄兴呢,憨厚平实、容忍谦恭、光明磊落,不道人之短,不说己之长,做事有功不居,受谤不言诠,受害不怨尤。这正是知识分子所缺乏的。这样"无争"的朋友,当然在章士钊心目中有了"先于我、大于我"的高大形象。当然,黄兴的性格也反衬出知识分子的软肋。

国人交谊会友方式莫过于餐聚酒叙,章士钊也如此。鄙斋藏有章士钊毛笔手书的宴请宾客名单和住址。此件系章士钊毛笔手书"七月八日上午十二时假座贞吉里觉庐酒叙"宴请宾客名单,一份两页,只是没写年份。使用的稿纸是"驻沪川边善后筹账奖券事务局用笺"。宾客名单包括陈柏

---

[25] 章士钊:《与黄克强相交始末》,《章士钊全集》(第8卷),第321页。

生、曾云沛、瞿湘蕲、彭希明、李希愚、袁士权、蒋雨岩、张季鸾、李抱冰、方立之、周孝怀、冷御秋。宾客名字下方均附各人住址,从宾客住址可判断,宴设于上海。这个"贞吉里"正是今天的黄浦区成都北路597弄。从这个酒叙的宾客名单可知章氏的人脉遍及政界、商界、媒体和学界。以下对此酒叙时间作些考证。如果时间指向同一个年份,那么连同章士钊在内这十三人必须同时出现在上海。

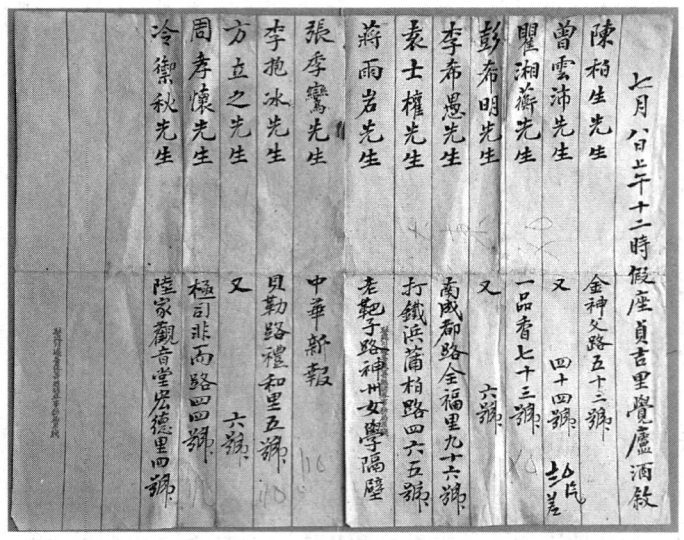

图2 章士钊毛笔手书宴请宾客名单和住址(然否斋藏)

既然是章士钊以东道主身份邀集酒叙,他应当已经住在上海。可以排除的时间是1918年,因为章刚刚担任护法军秘书长,主要精力在广州。目前所知,他1919年2月15日开始在上海为南北议和会议("和平会议")起草议事规则,1921年春离沪赴欧洲考察政治。[26]"七月八日"的十三人酒叙日子,究竟是1919年,还是1920年?

让我们先了解一下章士钊1920年所处的政治窘境。当年的形势是,

---

[26]《章士钊行将赴法》,载《申报》1921年2月16日。

章士钊先被瞄准攻击,进而岑春煊被推翻。㉗ 斗争颇为激烈。1920 年 1 月 23 日,章士钊因破坏宪法会议之名在参议会大多数投票通过而被除名。㉘ 4 月,章士钊接岑春煊电报,起诉伍廷芳保管关税剩余金问题,㉙ 并委托洋人律师向会审公廨要求汇丰银行防止伍廷芳提取此款。㉚ 到了 5 月初,章士钊又致信伍廷芳道歉,说:"区区关余问题,致启诉讼,抚躬自疚,无可为地。特此番涉讼非钊所愿亦非军府本心……"㉛ 到 1920 年 10 月岑春煊下野,章士钊从政失败。1921 年 2 月,章士钊在黎元洪资助下,赴欧洲考察政治去了。这也就是说,章士钊 1920 年忙得身心疲惫,不太可能在上海有雅兴与老友聚会。

经以上初步分析,1918 年、1920 年的可能性很小。那么 1919 年的"七月八日"可能性如何呢?下面进入细节来分析一下。

聚会客人其中六人都是常住上海的:李希愚住南成都路全福里 96 号;袁士权住打铁浜蒲柏路 465 号;蒋雨岩即蒋作宾(1884—1942),1919 年 2 月从国外回到上海,住老靶子路神州女学(1912 年创办)隔壁;冷御秋住陆家观音堂宏德里 4 号。张季鸾住中华新报,因为张氏 1916—1924 年任北京、上海两地的《中华新报》总编辑。最值得一提的是周孝怀,即周善培(1875—1958),清末四川实业家,时任总统府顾问,长期住在上海,即极司非而路(今万航渡路）44 号。1919 年巴黎和会期间,周孝怀 1 至 6 月在法国,所以章士钊在他回到上海后,相约一聚很正常。除周孝怀、蒋雨岩、张季鸾之外,其余三人不明身份,但基本可肯定他们属于上海码头的人。

从酒叙名单及各自地址来看,有六位寄宿于旅店:陈柏生和曾云沛住

㉗ 《民党攻击政学派由弹去章士钊进而推翻岑春煊有不达目的不止之势》,载《时报》1920 年 2 月 1 日。

㉘ 《章士钊除名通过》,载《大公报》(天津)1920 年 1 月 29 日。

㉙ 《章士钊控诉伍廷芳》,载《大公报》(天津)1920 年 4 月 15 日。

㉚ 《章士钊请论汇丰留军府欠项预防伍廷芳提取》,载《申报》1920 年 4 月 14 日。

㉛ 《军府将自行取销章士钊覆岑春煊》,载《大公报》(天津)1920 年 5 月 5 日。

金神父路 52 号和 44 号，瞿湘蘅和彭希明分别住上海一品香 73 号和 6 号，李抱冰和方立之分别住上海贝勒路礼和里 5 号和 6 号。这六位很可能均为外地来沪客人，其中陈柏生、彭希明、方立之三位身份和来历不明，可予忽略。已知李抱冰（1877—1948）曾任湘军第八混成旅旅长，1921 年，其领导的第八旅被解散，[32] 李抱冰、瞿湘蘅与蒋雨岩曾一起在辛亥革命镇军起义会攻南京。因此李抱冰和瞿湘蘅来上海，蒋雨岩作为上海东道主到场很正常。

曾云沛是谁呢？曾云沛即曾毓隽（1875—1967），字云霈，1918 年 10 月至 1919 年 12 月，任交通部次长兼国有铁路督办。1919 年 12 月，任交通总长。那么关键问题来了，他什么时候来上海？据查，曾云沛是段祺瑞的密友，1920 年被指系"段祺瑞主谋"，有助款。[33] 1920 年 7 月 14 日直皖战争爆发，皖系失败，曾云沛被通缉，逃进日本使馆，后转道日本返天津租界居住。1920 年 7 月 8 日这个日子，正是直皖战争爆发前夕，曾云沛不可能出席这次酒叙。

因此，"七月八日"酒叙日子的年份可以得出结论：这次酒叙正是章士钊作为南北和会代表在上海的时间，是八旅旅长李抱冰来沪期间，也是总统府顾问周孝怀从巴黎和会回国不久的时间，更是段祺瑞的密友、交通次长曾云沛来沪期间。因此，"七月八日"的酒叙日子无疑是 1919 年的"7 月 8 日"。酒叙的关键人物是曾云沛，是实权人物，他才是章士钊宴请的主宾！

在那个没有手机通讯的传统时代，章士钊一次宴请就把这么多达人邀聚酒叙，其社交能力之外，更可见段祺瑞执政府在章士钊心目中的重要性。事实上，曾云沛北归后不久，即有密议传出要"与西南再战"。[34] 这里的"西南"在当时就是指南方军政府。令人无语的是，在这个南北和议的纷乱时段，南方代表章士钊却身在曹营心在汉，"勾搭"着北方段执政的要员。酒

---

[32] 《李抱冰第八旅勒令解散》，载《新闻报》1921 年 6 月 24 日。
[33] 《姚步瀛朱镇九供词：段祺瑞主谋曾云沛助欸》，载《益世报》（天津）1920 年 7 月 31 日。
[34] 《曾毓隽宅又有密议，准备与西南再战》，载《民国日报》1919 年 9 月 18 日。

叙后不久，章士钊即染时疫，颇重。事实上他对南北议和之事也是三心两意，据传 1919 年 10 月他向南方岑西林辞职，㉟ 准备赴欧洲学习。㊱

章士钊这种才子型的人，在硕儒型的人看来，更容易显示出反差，所以梁漱溟很佩服他。梁漱溟晚年曾多次评价章士钊，他说："我是很佩服行严（章先生字行严——引者注）的思想、头脑周密、精细，人格又这样有独立性。"当然，梁先生也点到他"多欲望"："多才多艺亦复多欲。细行不检，赌博、吸鸦片、嫖妓、蓄妾媵……非能束身自好者"㊲，"可是佩服他之后，我又失望，怎么失望呢？因为这位章老先生，他比我岁数大了很多，他是一个很有才的人，多才，多才嘛他就多欲，欲望多，所以他的生活很腐烂——吃鸦片、赌博、赌钱、娶妓女、娶姨太、娶妾，一个、两个、三个，我很失望，我很不喜欢"㊳。甚至有传说章士钊早年常与黄金荣等出入风月场所，朋友多而杂，且文武兼汇。知识分子"不党"，不等于不交朋友。但章士钊好交朋友，其朋友圈是三教九流，五行八作。朋党意识与友道意识不同，"中国之友道意识，乃儒家所特看重。朋友之相交，赖志同道合"㊴。

可是章士钊就是如此矛盾的人格。到了 1924 年 11 月，凭借他与段祺瑞的关系，出任段氏执政府司法总长。㊵ 12 月，他断然免去修订法律馆马德润等人，自任该馆总裁。㊶ 得势后变脸比翻书还快。

四、权债

1925 年，章士钊因用权过火而欠下权债，陷入四面楚歌，官司缠身，控告者纷至沓来。北大教授高一涵和中央大学梁济康等，自 2 月起向高检

㉟ 《章士钊有辞职消息》，载《盛京时报》1919 年 10 月 23 日。
㊱ 《章士钊君行将赴法》，载《民国日报》1919 年 10 月 18 日。
㊲ 梁漱溟：《访章行严先生谈话记》，载《章士钊全集》（第 7 卷），文汇出版社 2000 年版，第 117 页。
㊳ 梁漱溟、〔美〕艾恺：《这个世界会好吗：梁漱溟晚年口述》，第 117 页。
㊴ 唐君毅：《中国文化之精神价值》，正中书局 1987 年版，第 273 页。
㊵ 《司法总长章士钊就职日期通告（中华民国十三年十一月二十六日）》，载《政府公报》1924 年第 3117 期。
㊶ 《临时执政令（中华民国十三年十二月二十七日）》："修订法律馆总裁马德润副总裁蔡寅刘含章另有任用均免本职此令"，载《政府公报》1924 年第 3146 期。

厅控告章士钊"侮辱诬告",要求立即票传章总长。案件起因是高一涵"为姜案质问移京理由"而联名具呈,章士钊居然下令京师地检厅两次非法传讯高一涵。㊷ 后来又有女师大学生控告章士钊。㊸ 这些零星的官司除外,章士钊仅在平政院,就还有三起行政诉讼的控告。

第一起是湖北高等审判厅厅长李煜俊㊹向平政院起诉章士钊。李于是年1月刚由司法总长章士钊呈请大总统批复准叙二等,㊺ 可是章士钊无故呈请段执政于2月23日下令免去李煜俊职务,而未经惩戒委员会程序。诉讼理由称:章"以政治活动手段为倒行逆施之处分","违法专横",并且依法律之规定,"法官免职非司法总长得能擅专,虽经呈奉令准,仍得由被害人陈诉以防加害之。违法呈请免职"。㊻ 最后,平政院审理后依法裁决司法部之处分应予撤销,院长汪大燮下令着交新任司法总长,查照执行平政院决定。㊼ 第二起控告则是翁敬棠㊽为"金佛郎案"检举章士钊向政府瞒报此案实情。㊾

㊷ 《高一涵等呈章士钊原状》,载《申报》1925年3月28日。另参见《高一涵等质问检厅何以不传讯章士钊》,载《法律评论》(北京)1925年第92期。

㊸ 《章士钊与刘百昭被控,控诉人为女师大受伤学生》,载《大公报》(天津)1925年8月28日。

㊹ 李煜俊(1878—?),1923年2月暂署湖北高等审判厅厅长,8月正式担任湖北高等审判厅厅长。1924年3月任湖北各县承审员考试典试委员会典试委员长。1925年2月被司法总长章士钊无故免职,旋向平政院起诉章士钊,胜诉后仍不得复职。1930年起在山东青岛任执业律师。

㊺ 《临时执政令:临时执政指令第六十五号(中华民国十四年一月十四日)》:"令司法总长章士钊:呈请叙署湖北高等审判厅厅长李煜俊官等由",载《政府公报》1925年第3159期。

㊻ 《前鄂高审厅长李煜俊控前司法总长章士钊之诉状(附司法部答辩书)》,载《法律评论》(北京)1925年第3卷第7期。

㊼ 《临时执政训令第一百五十九号(中华民国十四年十一月二十日)》:"令署司法总长杨庶堪:据平政院院长汪大燮呈审理前湖北高等审判厅厅长李煜俊为不服司法部呈请免职之处分……",载《政府公报》1925年第3460期。

㊽ 翁敬棠(1885—1957),字剑洲,福建闽侯人,秀才出身,全闽大学堂毕业后入日本法政大学法律系学习,1910年毕业回国,考取法政举人列第二。民国初年任闽侯地方检察厅检察长,秉公办案,愤于时势,挂冠辞职。1914年起,历任北京地方检察厅检察官、天津地方审判厅厅长、北京地方检察厅检察长、总检察厅检察官、最高法院刑庭庭长。1937年赴沪筹组最高法院上海特区分庭,并任庭长兼理第三审民刑审判。抗战期间不为日伪诱逼所动,1941年奉命把分庭迁往浙江永康。1945年改任中央公务员惩戒委员会委员长。1948年膺选为大法官,但辞不受命。1949年当选为福州市各界人民代表会议代表、福州市第一届人大代表、第一届福建省政协委员等职。1957年9月病逝。

㊾ 《翁敬棠检举章士钊之究竟,由津上呈法郎罪证难望成立》,载《大公报》(天津)1925年10月13日。

1925年4月，段执政任命章士钊兼署教育总长。㊿ 而章总长上任不久即面临北京女子师范大学的学生运动。在女师驱逐校长杨荫榆运动中，身为教育总长的章士钊试图干预，反火上加油。章总长于5月13日提出辞呈，而学生联合会紧急开会决定恳请段祺瑞批准章之辞呈。㊱ 7月7日，学生发表宣言反对章复职。㊲ 8月10日，女师大学生自治会全体学生为"抗议杨荫榆勾结章士钊武装封锁女师大，摧残教育蹂躏女权事"，发布《泣告全国同胞姊妹兄弟驱逐教育界蟊贼杨荫榆章士钊宣言》。㊳ 时任教育部社会教育司第一科科长、教育部佥事的鲁迅，因支持女师大学生驱逐校长杨荫榆，被教育总长兼司法总长章士钊算计——8月12日章呈请段祺瑞政府免去鲁迅的职务。呈文中陈述：

> 敬折呈者，窃查官吏服务，首在恪守本分，服从命令。兹有本部佥事周树人，兼任国立女子师范大学教员，于本部下令停办该校以后，结合党徒，附和女生，倡设校务维持会，充任委员，似此违法抗令，殊属不合，应请明令免去本职，以示惩戒（并请补交高等文官惩戒委员会核议，以完法律手续）。是否有当，理合呈请鉴核施行。谨呈临时执政。㊴

第三天，鲁迅就被免职了。这就引起第三起行政诉讼——鲁迅不服，没请律师，15日就拟好诉状，向平政院起诉章士钊，状称"查文官免职，

㊿ 《兼署教育总长章士钊就职日期通告（中华民国十四年四月十五日）》，载《政府公报》1925年第3249期。
㊱ 《章士钊今（十三日）早将辞呈递政府，下午梁鸿志转呈段》，载《大公报》（天津）1925年5月14日。
㊲ 《学生反对章士钊复教长职之宣言，谓章压迫爱国运动者》，载《大公报》（天津）1925年7月7日。
㊳ 《国立北京女子师范大学学生自治会全体学生为杨荫榆勾结章士钊武装封锁女师大摧残教育蹂躏女权事泣告全国同胞姊妹兄弟驱逐教育界蟊贼杨荫榆章士钊宣言》，载《大公报》（天津）1925年8月10日。
㊴ 张映勤：《鲁迅打官司》，载《黄河》2021年第5期。

系属惩戒处分之一。依《文官惩戒条例》第 18 条之规定，须先交付惩戒始能依法执行。乃竟滥用职权，擅自处分，无故将树人免职，显违《文官惩戒条例》第 1 条及《文官保障法草案》第 2 条之规定。此种违法处分，实难自甘缄默"⑤。平政院把副本送达章士钊，章明知程序有瑕疵，答辩书只能以事态为借口，称："乃其时女师大风潮最剧，形势严重。"11 月 28 日，学生冲击了章士钊在北京魏家胡同十三号的住宅。章匆匆逃离北京，躲到天津。鲁迅于 1926 年 1 月 18 日回到教育部继续任职。3 月 22 日，平政院开会做出最后裁决，鲁迅胜诉。⑤ 章士钊作为学过法律之人，未经交付惩戒，即决定免职，程序违法，滥用职权。法外事态总是权力滥用者的万能借口。

  知识分子，一旦掌权在位，居然会如此拙劣表演，令人难以置信。时人如何评价章士钊？有批判者说他从一个"鼓吹革命办报兴学之名理大名家"，变成"学生集众格杀勿论"的论调提出者。⑤ 吴稚晖算是一位"和事佬"，他在 1926 年 1 月有篇文章，原本是应约稿写写章士钊的，但他不便单独评论章士钊，于是把章和陈独秀、梁启超放在一起评论。他反对时人把章士钊看成"开倒车者"，把陈氏看成"共产党的急先锋"，把梁氏看成另一种"外国人的工具"，他说，平心而论他们三人都是爱国者，此共性均在于给东亚病夫开药方。不同之处在于他们的药方。⑤ 吴稚晖就这样和稀泥了一通。可是章士钊后来变本加厉"开倒车"的做法，估计是大家想不到的。

  1926 年 1 月 3 日，段祺瑞聘章士钊为执政府顾问，月薪六百元外加津贴四百元。⑤ 每月一千大洋的高薪，章士钊是否会利令智昏？

  2 月 22 日夜，段祺瑞下手谕派章士钊升任秘书长。⑥ 为解决"金佛郎

---

⑤ 张映勤：《鲁迅打官司》。
⑥ 张映勤：《鲁迅打官司》。
⑤ 不死：《章士钊欲何为？》，载《京报副刊》1926 年第 447 期。
⑤ 稚晖：《章士钊、陈独秀、梁启超》，载《京报副刊》1926 年第 393 期。
⑤ 《段聘章士钊为本府顾问、月薪六百元、加津贴四百元》，载《时报》1926 年 1 月 4 日。
⑥ 《段昨下手谕派章士钊为府秘书长》，载《时报》1926 年 2 月 24 日。

案"，章士钊和段祺瑞沆瀣一气，强行逼迫司法部在"金佛郎案"上按照他们的意志行事，章士钊以施加不利来威逼司法总长卢信。3月18日，北京学生5000余人在李大钊等率领下在天安门集会，抗议列强逼迫"大沽口撤防"。时任执政府秘书长的章士钊，在起草通缉令时，竟然将同是知识人的徐谦、李大钊、李煜瀛等人列为通缉对象。训令共产党是犯有"内乱罪"的也是章士钊。他浑然不顾李大钊是自己北大的同事兼好友。

三一八惨案被鲁迅先生称为"民国以来最黑暗的一天"。章氏在其中成为段祺瑞的爪牙打手，一逃一回，复出仅两三天，就把司法部总长卢信和次长余绍宋都给免职了。军阀如走马灯，段氏很快被迫于当年4月21日，率二子与章士钊并家人乘车逃窜，[61] 吴佩孚、张作霖两方面表示要请拿办章士钊。[62] 章士钊也随之结束了这段颇遭非议的从政生涯。于是，章被陈独秀骂为"放屁狗""无用的厌物"。作为三一八惨案主犯，章士钊与段祺瑞、梁启超等人一起被通缉，无奈之下携家人远走欧洲。[63] 直到1928年庆祝北伐胜利的北平市民大会上，还决议要通缉的"三一八祸首"，章士钊名列段祺瑞后，排名第二，可见他民愤极大。[64]

查章士钊于1935年至1937年之间，曾担任上海法政学院院长。[65] 但他兼作律师，并无精力投入院务。1936年他因担任冀察法制会主席公职，[66] 停止律师职务，退出上海律师公会。[67]

---

[61] "段祺瑞今（二十）日上午一时，率二子及章士钊并家眷多人由本宅分乘四辆汽车，向东交民巷疾驰而去"，载《时报》1926年4月21日。

[62] 《吴佩孚张作霖两方面表示请拿办贾德耀章士钊汤漪曾毓隽姚震》，载《时报》1926年4月21日。另据《汉口吴佩孚决定通缉章士钊等三十余人或曰今后握大权者对于一般号称之要》，载《时报》1926年4月23日。

[63] 杨帆：《从朋友到政敌，友谊长在——陈独秀与章士钊交往录》。

[64] 《北平庆祝北伐胜利，天安门昨开市民大会议决通缉三一八祸首晚间举行提灯游行万众腾欢秩序良好》，载《民国日报》1928年7月8日。

[65] 参见《抄发改善囚犯衣食禁扣囚粮案》，载《法令周报》（上海）1935年第52期。另参见《上海法政学院改选院长》，载《教育生活》1937年第4卷第11期。

[66] 《冀察法制会主席易人：邓哲熙请辞，章士钊继任》，载《法令周刊》1936年第330期。

[67] 《司法行政部指令：指字第二九一五六号（二十五年十二月十九日）》："呈报律师章士钊现就公职声请撤销登录祈鉴核备案由"，载《国民政府公报》（南京1927）1936年第2240期。

五、洞见

知识人大都关心"国是"。而中国知识人还有一个特征就是喜欢把"国是"与传统文化联系在一起思考。这是因为每个人都曾不知不觉地生活、浸淫于传统而不能自拔。传统知识人，会思索一个问题——如何保持国家的特色，推动中华文化重焕荣光？这被称为"牵动知识人心灵"的问题。[68] 这个问题的前提是要搞清楚：传统文化致命的弊端在哪？

章士钊在政党政治、法治与自由、"调和立国论"等方面的认识都有深刻的论述。尤其值得关注的是他关于传统文化的认识。这表现在他对孔学或儒家的批判，以及对传统文化的基本态度上。袁伟时教授曾著文《从章士钊看20世纪中国思潮》，把章氏关于传统文化的认识提炼出了两点，根据重要程度笔者把它们排列为：一是儒家好些基本观点是极为错误的；二是不满孔孟之徒言行不一。第一点更突出，涉及政治的公共领域，是根本的；第二点是关于个人私德的。现结合袁教授文章，谈谈笔者自己的看法：

其一，章氏指出了儒学在国家与个人观念上的基本错误。例如，国家与统治者（君主）不分，"报国之事，同于报君"，"儒家既以此垂为大训，历世之独夫民贼，复崇其说以取便于己。以是举世之聪明才力，悉为所禁制，而不敢一为是非常之思"。[69] 又如，抹杀个人的欲望和权利，并披上"为公""国家至上"等华丽外衣。他抨击说：国家与个人关系根本不能以损此益彼去概括，而是要各自找到恰当的位置。"国家之职务，一面在巩固个人之私权，一面在维持社会之秩序"，"为国之道，不在毁民之所有以集乎公，而在致民之所有于相当之位……民利不张，国利胡有？民力不坚，国力胡生，民求民利，即以利国……凡言毁民而崇国者，皆伪国家主义也"，"公私不得其平……国家根本问题，坐是无由了处。而真正之和

---

[68] 袁伟时：《从章士钊看20世纪中国思潮》，载《浙江学刊》2002年第3期。
[69] 章士钊：《自觉》，载《章士钊全集》（第3卷），文汇出版社2000年版，第180—181页。

平幸福，举冥冥堕坏于名分经制诗书礼义之中"。[70]

其二，章氏揭露孔孟之徒言行不一，属于私德领域。章氏在肯定基督教在西方和中国的贡献后，认为："吾孔子之徒，……口仁义而心盗贼，敢为伤天害理之事，倡尊孔愈甚，修行愈恶者，视之大有愧色焉。"[71] 说白了，就是儒家很容易导致个人的伪善或虚伪性。因此，章氏认为，中国要前进就必须冲破传统文化的束缚。他说："吾人议设政制，亦多就其制本质求之可矣，不可为吾国历史见象所束也。苟见束矣，则惟有始皇再世，明祖复兴，然后足以解决中国之政治问题。吾人今日之悲观，正悲旧历史之重演。"[72] 意思是说：我们所议论的政制，是要从本质上追求，而不能从表象上求之，不应该被历史现象束缚。今日要避免历史的重演。

袁伟时教授在评论章士钊时，提出过有助于揭示20世纪中国思潮变迁的两个重要现象和问题：一是一茬又一茬的革命者和革命政党，如何避免各种幼稚病，走向成熟？二是如何保持国家的特色，推动中华文化重焕荣光？[73] 这两个问题是联系在一起的，但第二个问题更具决定性，也很有现实意义。作为有古老文化传统的大国，如何评价和取舍？这确实是"最牵动知识阶层心灵的问题"之一，也是当下中国最需要反思的现实问题。

章氏此处所谓"现象"和"本质"，似不准确，实为传统文化的两域划分。解析一下，也就是说，其实这里有个重要的区分：私域和公域。

从私域的"现象"来看，私域的个人有身、心、灵的修炼，属于道德和宗教范畴。要求无止境且因人而异。儒家传统文化强调个人道德和私域的伦理，这是值得发扬光大的。比如"君子"论，"士与道"论，乃至后来的"知行合一"强调内修，都是做人的良知、道理和修养，至今有生命力。甚至连"父父子子"等差序身份伦理，在家庭或家族秩序中，当儿子

---

[70] 章士钊：《自觉》，载《章士钊全集》（第3卷），第184、185、180页。
[71] 章士钊：《孔教》，载《章士钊全集》（第3卷），第74页。
[72] 章士钊：《论政治与历史》，载《章士钊全集》（第3卷），第159页。
[73] 袁伟时：《从章士钊看20世纪中国思潮》，载《浙江学刊》2002年第3期。

的要像个儿子，当爹的要真正像个父亲，这也有一定合理性。

但是，从公域的"本质"来看，如果把这些私域的道德伦理混用于政治的公共领域，则是有害的。儒家的"仁政"不是当代民主法治的应有内涵，甚至是冲突的。政治的公域在本质上是强调制度设计的平等性和民主性，而不是私域的差序性，更不应该是"卡里斯玛型"和"家长制传统型"的权威性。政治的公域需要法理型的权威，因为它是物理性的力学关系，虽然公务员要做好人，但是好人也会犯错，在为政者个人私德之外更需要有权力制衡的法治——这就是用制度把权力关进笼子。而这一点在儒家学说中是最致命的软肋。

这二者在今天来看，应该是常识。然而，章士钊氏对传统文化的认识，在当时算是有清晰而深刻洞见的。

章士钊有知识分子的优点，甚至还颇为突出，比如关心国是，理念做事，独立思考，判断敏锐，见解独到。"行严先生在学术界才思敏给，冠绝一时，在时局政治上自具个性。"[74] 章士钊曾经也是立志"整理"这个世界的独立文人。论智商和情商，章氏属于"高双商"人士。同时，章氏确有一大特点——在矛盾夹缝中生存。徐复观曾说到章先生，"死后寿衣的格式，古装？唐装？西装？列宁装？听说很费了一番踌躇。死后火化，但棺材却要用美国制品，一切似乎都显得不太调和，带有若干矛盾的气息。不错，章先生正是在矛盾夹缝中生存，也在矛盾夹缝中死去。把矛盾统一于现实生活之中，这正是章先生非常杰出的地方"[75]。因此，徐复观说中国知识分子缺乏"为知识而知识"的传统，不认学术自身有自足的价值，高端者如章士钊——为了天下国家而知识，低端者为了暖衣饱食而知识，[76] 以至于他们对于"势力"的分野只计算其大小而不分左右、不分前

---

[74] 梁漱溟语。梁漱溟：《访章行严先生谈话记》，载《章士钊全集》（第7卷），第117页。
[75] 徐复观：《现代中国知识分子的特性——悼章士钊先生》，载《中国知识分子精神》，华东师范大学出版社2004年版，第87页。
[76] 徐复观：《现代中国知识分子的特性——悼章士钊先生》，载《中国知识分子精神》，第87—88页。

进与反动。这三条恰恰概括了许多所谓的"知识分子"的特点。思想独立、才思敏给，反倒更使他不屑于"为知识而知识"地全身心读书投入学问，而是伺机从政，"出主入奴，好勇斗狠，非将自己所标榜以外的东西，完全打倒不可"。[77] 今天所谓的知识分子不仅依旧如故，反而更胜一筹。

知识人为何有时清醒有时糊涂？因为多欲会阻碍其独立性，而保持寡欲时，才有清晰思路和深度思想。知识人的独立与否，取决于能否最低限度地控制欲望。

---

[77] 徐复观：《现代中国知识分子的特性——悼章士钊先生》，载《中国知识分子精神》，第88页。

李大钊——守常与超越

图 1　李大钊（1889—1927）

李大钊在天津北洋法政专门学校读了 6 年，学习了许多法律课程，选择的却不是司法科。他在北洋法政的同学，教书的教书，当官的当官，后来当法官、当检察官的不乏其人。[①] 他还有许多法律界的朋友，诸如郁嶷、夏勤、汤化龙、刘春霖、章士钊等等。他还在早稻田大学读法政本科，可是李大钊后来还是没有从事法律工作。他给自己取名叫"守常"，却始终在"超越"——他超越了专业，超越了定法，甚至超越了生死。他这一连串的超越，究竟是怎样完成的？

---

① 如其同学张永德，直隶乐亭人，历任河北、陕西、湖北等地检察官，1921 年任吉林长春地方审判厅厅长。1922 年任吉林延吉地方审判厅厅长，奉天高等检察厅首席检察官。1923 年任奉天安东地方检察厅检察长。1926 年任热河都统署审判处处长。1932 年 3 月，署热河高等法院院长。参见李继华：《李大钊在北洋法政学堂校友考辨》，载《天津法学》2015 年第 3 期。再如其同学白坚武，先是投靠吴佩孚去做官，20 世纪 30 年代初开始当汉奸，1937 年 11 月被正法。

一、超越专业

李大钊一辈子到生命终止那一刻,都不知道自己的出生年月。当年留日到达东京不久,在基督教青年会补习英文时,用英文写过八行字的《我的自传》,其中把自己的出生时间错写成 1890 年。1927 年 4 月 28 日走上绞刑架就义之前,他在监狱写下《狱中自述》,仍自陈"现年三十九岁"。直到 1978 年,经学者研究考证,才确定他生于 1889 年 10 月 29 日阴历十月初六。② 所以,李大钊赴刑场时实为 38 岁。

18 岁时,李大钊想读书,从家乡河北乐亭跑到天津找大学。"钊感于国势之危迫,急思深研政理,求得挽救民族、振奋国群之良策,乃赴天津……","其时有三种学校正在招考,一系北洋军医学校;一系长芦银行专修所;一系北洋法政专门学校"。他说:"军医非我所喜,故未投考。银行专修我亦被考取,但理财致个人之富,亦殊违我素志。故皆决然弃之,而入政法。"③ 这段话说的是选专业,反映的是一个人的个性旨趣或志向抱负。有人从他 1908 年写的两首诗中读出了李大钊的忧愤和痛苦。④ 从李大钊的自述中可以看到,他在报考大学时就思考"国势"和"政理"问题。也就是说,他之所以学法科,是带着问题来的——"急思深研政理"。

1907 年 9 月,李大钊通过考试进入北洋法政专门学校。从此开始,他的名字有了变化。从《北洋法政专门学校同学录》"专门豫科英文甲班"31 名同学名录中,他的名字是"李钊",号"铁尘",20 岁,籍贯直隶乐亭,通信处地址为"乐亭华聚湧转交大黑坨"("乐亭华聚湧"是当地一家百年老杂货店)。表格中还有在家排行,"行一"。⑤ 他是父母双亡的孤儿,原名李耆年,1908 年才在大学更名为"钊",号"铁尘",曾自署斋名

---

② 李义彬:《关于李大钊同志的生年月日问题》,载《历史研究》1978 年第 9 期。
③ 李大钊:《狱中自述》,载《李大钊全集》(第 5 卷),人民出版社 2006 年版,第 226、523—524 页。
④ 李大钊 1908 年诗作《登楼杂感》,载《李大钊全集》(第 5 卷),第 233 页。
⑤ 该信息来自 1908 年印刷的《北洋法政专门学校同学录》,李大钊的信息在第 34 页。

"筑声剑影楼"。⑥ 此外这份同学录第52页中，还能看到李大钊有位同学叫郁嶷（宪章）⑦，时年19岁，后来他俩成为好友。

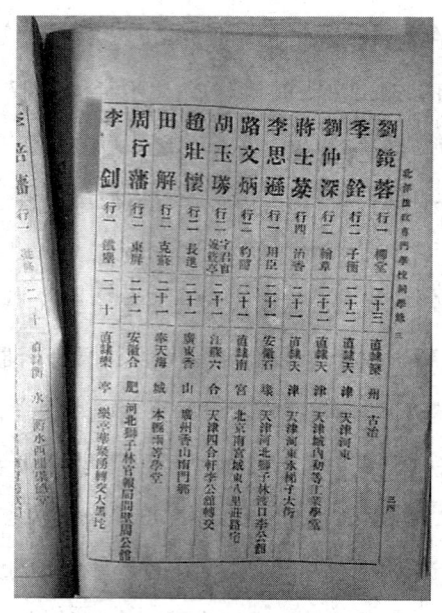

图2　1908年《北洋法政专门学校同学录》中李大钊的信息

学校分专门与简易两科，前者实为专业学习的正科，需要预科3年再进入专门科。专门科有司法科、行政科、政治经济科等。那么，李大钊在北洋法政专门学校到底读了什么专业？

我们先了解一下当时的社会背景。1910年1月开始，也就是在李大钊在北洋法政学校即将结束预科转读正科之际，知识界和民众要求召开国会的集会游行请愿活动兴起。当时中国北部政治运动的中心不是北京，而是

---

⑥　王勇则：《李大钊早年求学史事新探》，载《党史文汇》2016年第4期。
⑦　郁嶷（1890—1938），字宪章，又名祖述，号愤园，湖南津市人。1907年考入天津北洋法政专门学校，是李大钊的同学，1913年毕业后与李大钊创办并主编《言治》杂志。1914年任教于奉天省立法政学校。1916年与李大钊共同主办《晨钟报》，竖起"青春中华之再造"的大旗。此后担任《宪法公言》《甲寅日报》《言治》季刊编辑。曾任江宁地方审判厅庭长、湖南代理财政厅厅长、国民政府法制局编审，1918年起在朝阳大学、北京大学、中国大学兼任教授。1928年秋，出任国民政府法制局编审，参与起草《亲属法》。

天津，天津又是以北洋法政学校为中心。⑧ 或许与专业有关，北洋法政师生尤其活跃。有位在此校执教过的老师叫白毓崑，经常在课堂上讲演天下大势，很得学生信任。后来白先生从事秘密革命活动，响应武昌起义，被捕牺牲。李大钊对这一切已经关注多时。他当时还特别注意阅读那些进步刊物，如上海的《克复学报》和《民立报》、福建的《民心报》、香港的《中国报》……⑨这些都是革命的报纸或接受革命思想的报刊。可以说，20世纪初的学校和学生都存在一个普遍现象，他们的读书空间是在书斋与社会之间，甚至有时连续罢课或停课数月。因时代所迫，他们是在救国的正义行动中，同时又学会思考、寻找知识、获得真知、推动进步。

另一份稍晚的《北洋法政专门学校同学录》（1913年6月编印）记载："李钊"，政治经济科，号寿昌，年二十五。⑩ 李大钊的这个"寿昌"，与他后来的"守常"，应该就是谐音转来。李大钊转正科时，选择了政治经济科，而没有选择司法科。但是，因为是法政专门学校，其正科课程当然包含一批法政课程，包括政治学、政治学史、经济学史、比较行政法、地方自治论、大清会典、中国法制史、选举制论、大清律例、警察学、商业通论、民法要义、外交通义、外国贸易论、刑法总论、财政学、经济学原理、应用经济学、货币论、银行论、社会学、外交史、国际公法、国际私法、外国语等等，每周课业达36小时。有些课程采用日本教材，也有日籍教授。⑪

1910年12月，李大钊亲历了天津的请愿活动。当时日本要强迫攫取安奉铁路，东三省代表到天津求援，天津学生开会欢迎，李大钊所在的北洋法政学校学生也响应了号召。选出8名代表，李大钊是其中之一。⑫ 当

---

⑧ 李大钊：《十八年来之回顾》，载《李大钊全集》（第4卷），人民出版社2006年版，第383页。
⑨ 李大钊：《十八年来之回顾》，载《李大钊全集》（第4卷），第384页。
⑩ 王勇则：《李大钊早年求学史事新探》，载《党史文汇》2016年第4期。
⑪ 朱成甲：《李大钊传》，中国社会科学出版社2009年版，第42—43页。
⑫ 郭德宏、张明林：《李大钊传》，红旗出版社2016年版，第27页。

天相约罢课，到省议会请愿，要求立宪开国会，还要立时等回电，还在路上把马车上的道台打了个不亦乐乎，马车也碎了，才把道台放走。[13] 法政学校流血者三人。[14]

辛亥革命对在北洋法政学校读书的李大钊无疑产生巨大启示和影响。他把黄花岗烈士称为"纯洁的青年"。他先后结交了国会请愿运动领导人孙洪伊、中国社会党北京领导人陈翼龙、第一届众议院议长汤化龙，深受他们的器重。他把这种反专制的民主革命体验，写进了他的文章。与1912年形势相关，李大钊撰写了他生平初期的两篇文章，一是《隐忧篇》，一是《大哀篇》。一忧一哀，吾国吾民，忧的是吾国有"六忧"[15]，哀的是吾民之"人权"[16]。在那个时代的中国知识人，明确言"人权"者，可谓凤毛麟角。李大钊应该是最早准确谈论人权的学者之一。[17] 这个姐妹篇尽管是短文，但彻底展现了他忧国忧民的初心，也开始超越他法政专业之领地。

1913年4月，他与北洋法政老同学郁嶷共同创办并主编的《言治》杂志，发表诗文三十五篇，涉及政论之文约有十五六篇，不仅有学术含

---

[13] 李大钊:《十八年来之回顾》，载《李大钊全集》（第4卷），第384页。

[14] "法政学校流血者三人"之说来自"北洋法政学会"编译之《〈支那分割之运命〉驳议》，据考当时北洋法政学校学生，确有断指血书、刺破肘臂等举动。参见郭德宏、张明林：《李大钊传》，红旗出版社2016年版，第27页。

[15] "蒙藏离异，外敌伺隙，领土削蹙，立召瓜分，边患一也；军兴以来，广征厚募，集易解难，饷糈罔措，兵忧二也；雀罗鼠掘，财源既竭，外债危险，废食咽以，财困三也；连年水旱，江南河北，戾癸之呼，不绝于耳，食艰四也；工困于市，农叹于野，生之者敝，百业凋蹶，业敝五也；顽梗未净，政俗难革，事繁人乏，青黄不接，才难六也。"

[16] 李大钊在《大哀篇》一文中使用了"人权"概念，云："暴秦以降，民贼迭起，虐焰日腾，陵轹黔首，残毁学术，范于一尊，护持元恶，抑塞士气，摧折人权，莫敢谁何！口谤腹诽，诛夷立至，侧身天地，荆棘如林，以暴易暴，传袭至今。噫嘻！悲哉！此君祸也，吾言之有余痛矣。"

[17] 在康有为1913年发表的《大同书》中有"欲去家乎，但使大明天赋人权之义，男女平等皆独立，故全世界人，欲去家界之累乎，在明男女平等，各有独立之权始矣，此天予人之权矣。"陈独秀1915年在《敬告青年》中三次提到"人权"分别是，"自人权平等之说兴，奴隶之名，非血气所忍受"，"科学之兴，其功不在人权说下，若舟车之有两轮焉"，"国人而欲脱蒙昧时代，羞为浅化之民也，则急起直追，当以科学与人权并重"。《敬告青年》一文原载1915年9月15日《青年杂志》（后改名为《新青年》）第1卷第1号。此外，柳亚子1903年"读卢梭《民约论》，倡天赋人权之说，雅慕其人，更名曰人权，字亚卢"。时间虽早，但这还不算是论述在论著中论述"人权"概念。参见《柳亚子文集·自传·年谱·日记》，上海人民出版社1986年版，第8页。

量,且能唤醒和启迪民众。[18] 在 1913 年 6 月出版的《言治》月刊第 3 期上,李大钊发表过《裁都督横议》和《论民权之旁落》两文,阐述了裁撤都督的必要性和具体办法,进而便提出了为防政府专横腐败,求政治改良,应从振兴国民教育入手的主张。[19] 比如宋教仁被暗杀后,他所写的《暗杀与群德》,表示哀悼惋惜,也表达对群德衰落的愤怒和呼吁。

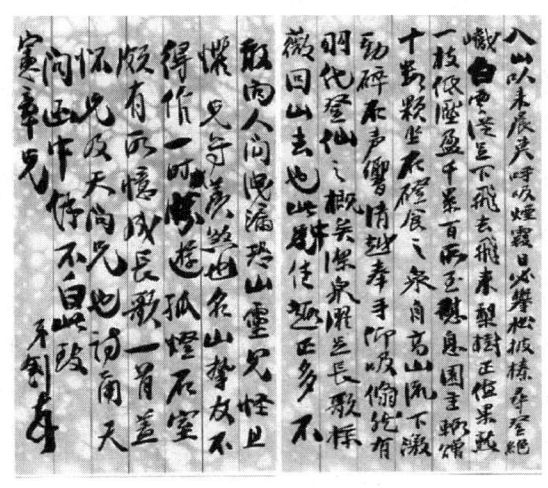

图 3　李大钊 1913 年致郁嶷书

阅读李大钊本科时期的文章,就可以看到他的国学、历史、社会、法政、哲学等多方面的扎实功底。因诗文基础好,其语言矜炼典雅;文章因陆王"心学"哲学与托尔斯泰诸哲"文明"思想交织,其意境深邃雄浑。学以致用,而不空谈心性道德,李大钊因此被誉为"北洋三杰"。

这时,李大钊接到留日同学来信,邀请他赴日本留学。他自己也"感学识之不足"[20],对于留学有点动心。可是李大钊家贫,只有薄田十亩,在北洋法政的六年学习完全是自费。家中比他大 6 岁的结发妻子赵纫兰,带

---

[18] 郭德宏、张明林:《李大钊传》,第 53—54 页。
[19] 王世儒:《李大钊与蔡元培》,载北京大钊学社:《李大钊研究论文集》,1999 年。
[20] 李大钊:《狱中自述》,载《李大钊全集》(第 5 卷),第 226 页。因政论文章名重当时的李大钊,这种"学识不足"已经不是指一般的求职就业的知识需求,而是比知识需求更高的理想追求。

着两个孩子住在老家乐亭，靠典当挪借，使他勉强坚持到1913年6月本科毕业。孙洪伊和汤化龙得知李大钊留学经费无着，主动给予资助，才促成李大钊如愿赴日留学。

李大钊在日本入学的时间一直有不同说法。有的说是1913年12月[21]，有的说是1914年1月[22]。现已发现的资料表明，李大钊到日本后的名字就从"李钊"改为了"李大钊"。根据大正三年（1914）九月起开始记录的"李大钊学费簿"，上面明确写着"大正3年9月9日入学"，即1914年9月9日入学。这比根据早稻田大学《清国留学生部章程》之规定推测出来的时间（9月8日）更可靠。[23] 到东京后住在早稻田大学所属的基督教青年会信爱校舍处。还与比他早来日本留学（1912年）的法科留学生、年仅20岁的夏勤（参见专篇）结为好友。

李大钊没有随大流去读速成法科，而是经短期英语学习后，进入早稻田大学大学部学习法政本科。他选在政治经济学科，其中有法律课程，包括国家学原理、帝国宪法、民法要论、刑法要论，每周各3学时，授课教师中有时为讲师的美浓部达吉。李大钊第一学年修业11科，据早稻田大学学籍档案记载，考试成绩为：国家学原理77分，帝国宪法75分，经济学原理85分，经济学原理（财政）65分，民法要论60分，刑法要论55分……[24]这显示他的经济学成绩高于法律课目。1915年9月起，他进入第二学年。按规定要学习国法学、行政法泛论、政治学史、财政学、货币及信用论、民法要论以及若干选修课。他对经济学的兴趣超过了法律学。看这态势，他和历史上曾经攻读法科的彼得拉克、哥白尼、莱布尼茨、马克思、柴可夫斯基等人一样，将要成为法学院的"逃逸者"[25]，或是法科的"超越者"。

---

[21] 朱文通：《李大钊赴日本留学时间辨析》，载《近代史研究》1996年第2期。
[22] 郭德宏、张明林：《李大钊传》，第66页。
[23] 有学者考证，李大钊于1914年9月8日入学。参见朱成甲：《李大钊传》，第229—231页。
[24] 朱成甲：《李大钊传》，第232页。
[25] 参见拙著：《法门穿行》，法律出版社2016年版，第25—32页。

到了 1916 年 1 月，国内有梁启超、孙洪伊、汤化龙召李大钊回上海计议，他响应了。这样一来一回，大约两周后，李大钊就返回日本。可是，早稻田大学因李大钊上课"长期缺席"，于 2 月 2 日宣布不再承认其学籍。

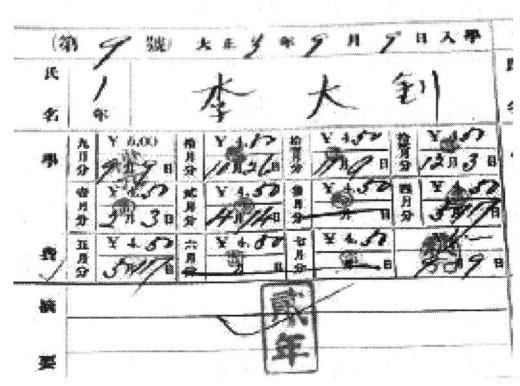

图 4　李大钊学费簿上的入学时间为大正三年（1914）九月

其实，李大钊兴趣早已不在法政课堂内。早在 1914 年首次到达日本东京后，他于 11 月以前就在《甲寅》上发表三篇文章，分别以"李守常"、"李大钊"署名。一是《风俗》[26]，发表于《甲寅》1914 年 8 月 10 日，同期另有一篇短文《物价与货币购买力——致〈甲寅〉杂志记者》。另一篇题为《国情》[27]，发表于《甲寅》1914 年 11 月 10 日。几乎与此同时，又有一长篇论文《政治对抗力之养成》，发表于《中华杂志》，他引经据典地论述宪法问题，并认为政治需要人民养成对抗力。[28]

《甲寅》杂志由章士钊于 1914 年 5 月在日本创刊。李大钊知道后，便向《甲寅》投一篇信件与文章合体的稿子，同时还寄了一篇《风俗》为题的文章。于是就有了章士钊与李大钊因文结友的后续故事。章士钊从邮件中突然接到论文一篇，读之，"惊其温文醇懿，神似欧公。"察其署名为

---

[26]　李守常：《风俗》，载《甲寅》（东京）1914 年第 1 卷第 3 期。
[27]　李大钊：《国情》，载《甲寅》（东京）1914 年第 1 卷第 4 期。
[28]　李守常：《政治对抗力之养成》，载《中华杂志》1914 年第 1 卷第 11 期。

"李守常",不认识其人,问朋友也不知道。没办法,想见见这位作者,就复函邀其来见。次日,李守常果真来了。于是章李二人在小斗室畅谈,以士相见,二人14年的生死交谊,从此开始。[29] 章士钊问他,你怎么不署名"李大钊"呢?李大钊抚然笑答:"吾何敢与先生同名?"章氏对李大钊的评价之中,最赞最贴切,莫过于两句,一是"盖守常乃一刚毅木纳人也",这是借孔子自评之语来评论其形象与性格;二是"其生平才不如识,识不如德",这是评论他的见识与品德。因此,恃才傲物的章士钊能够与"木纳之人"李大钊相交至死,甚至在李被捕后欲奋力营救。

人在东洋,心系祖国。李大钊时刻关注着国内的政治动态。袁世凯欲搞君主立宪,其所聘的美人古德诺和日人有贺长雄两位顾问,为支持袁氏而大谈中国国情。李大钊1914年发表的《国情》一文,十分敏锐地提出问题——你们是代表日本国情和美国国情吧?他说:"今国人信为足与谋国情者,为日人有贺长雄与美人古德诺。二氏学诣之所造,吾不敢知。但知古德诺氏之论国情也,必宗于美,否亦美洲人目中之中国国情,非吾之纯确国情也。有贺氏之论国情也,必比于日,否亦日本人目中之中国国情,亦非吾之纯确国情也。"转而矛头直指大总统袁世凯,说他花国库的钱请外国博士来阔论中国国情,"一人意志之所专恣,所能容与斟酌于国情者之量几何"。他进一步阐明:"言国情者,必与历史并举,抑知国情与历史之本质无殊,所异者,时间之今昔耳。"李大钊指出了一个重点——国情是随时间改变的。他反驳道:"昔日之国情,即今日之历史;来日之历史,尤今日之国情。谈宪法者,徒顾国情于往者,而遗国情于近今,可怪也。"意思是说,过去的国情是历史,未来的历史是今天的国情。你们谈宪法,却把过去的国情放到今天来说,不很奇怪吗?"吾以为近今之国情,较往昔之国情为尤重要,盖宪法为近今之国情所孕育。风云变色,五彩旗翻,曾几何时?汉江之血潮未干,盟誓之墨痕宛在,共和政治之真

---

[29] 章士钊:《序》,载张次溪:《李大钊先生传》,北京宣文书店1951年版。

义，尚未就湮，人且弃之若遗。"㉚

实际上，李大钊在日本留学的这几年，正是国内反袁高潮迭起之时。反"二十一条"时，他被推举为主笔撰写了《警告全国父老书》，又撰写了《国民之薪胆》。给陈独秀《新青年》写稿，从其中著名的《青春》㉛，就可以看到一个满怀豪情、特立独行的旧世界颠覆者之形象。不久，李大钊读了陈独秀《爱国心与自觉心》之后，写了篇批陈文的《厌世心与自觉心》。李大钊胸怀坦荡为人厚道，有不同观点径直说理，不妨碍朋友情谊。他忙碌得几乎到了忘我地步。他还参加了两个组织，一是神州学会，一是中国经济财政学会。在经济学领域大有长进，他一方面广博地阅读，缜密地著作，另一方面以文会友，参与留学生反袁活动。

二、超越定法

1916 年 1 月，李大钊从上海返回东京，继续参与留学生反袁活动。1916 年 5 月又从东京返回上海。此时李大钊已经写完一篇《民彝与政治》。5 月，由他主编的留日学生总会的机关报《民彝》杂志创刊于东京，于是此文在《民彝》创刊号上发表。这篇凝练而强劲、饱满而健硕的雄文，开篇即从"民彝何为而作也？"这一问题切入，言："大盗窃国，予智自雄，凭藉政治之枢机，戕贼风俗之大本。"可是后来不少人误以为这篇文章是专为反对袁世凯而作。㉜ 其实不然，文章所反对者乃泛指一切专制者。《民彝与政治》一文思想丰富，从法学角度看，阐述了他的三层法理思想：

㉚ 李大钊：《国情》，1914 年 11 月 10 日《甲寅》杂志第 1 卷第 4 号。
㉛ 《青春》一文中有这样一段："夫人寿之永，不过百年，民族之命，垂五千载，斯亦寿之至也。印度为生释迦而兴，故自释迦生而印度死；犹太为生耶稣而立，故自耶稣生而犹太亡；支那为生孔子而建，故自孔子生而支那衰，陵夷至于今日，残骸枯骨，满目魆然，民族之精英，澌灭尽矣，而欲不亡，庸可得乎？"（《青春》原刊于 1916 年 9 月 1 日《新青年》第 2 卷第 1 期）
㉜ 1916 年 5 月李大钊《民彝与政治》发表在东京《民彝》创刊号之时，袁世凯已宣布取消帝制。可能文章写作之时正值袁世凯称帝期间，即 1915 年 12 月至 1916 年 3 月，做了 83 天皇帝。袁称帝复辟很可能是此文的直接动因。

其一，借古喻今，以彝论宪。李大钊认为"彝"有"训器"、"训常"、"训法"三个形态，分析了"彝"在器物、习惯和法律上的三个形态。李大钊先用古代钟鼎之"宗彝"比拟罗马十二铜表，认为"宗彝"乃民之彝，故曰"民彝"，具有象征性。他说"彝又训法"，即彝又可解释为法则。他引用了《尚书·冏命》："永弼乃后于彝宪。"该篇讲到周穆王勉励贤臣伯冏永远用常法辅助自己的政务。常法是由风俗礼教等转化而来的习惯法，民彝最终要靠政治上民主的宪法得以实现。由此进而推出他的结论性思想——"民彝者，民宪之基础也"，"盖政治者，一群民彝之结晶，民彝者，凡事真理之权衡也"。㉝ 此文的现代意义在于，李大钊看到法律和政体都是建立在国民生活习惯、风俗之上的，宪制和法律要从中国本民族文化中生长出来。这与历史法学派萨维尼的观点不谋而合，又与强调超越实定法价值取向的自然法学有异曲同工之妙。或者说是兼有历史法学与自然法学神韵的朴素思想。

其二，抨击人治，崇尚法治。文章抨击人治之语贯穿始终，如："一夫窃国，肆志披昌，民贼迭兴，藐无忌惮。虽以今日民权丕振、宪治普行之世，光化之下，犹有敢以一身演曹操、王莽……路易十四、拿破仑第三之历史，而犯其应有尽有之罪恶者。"李大钊骂得淋畅淋漓，一腔怒火喷涌而出。其实李大钊不只是抨击袁世凯，而是借袁氏来警告和否定他所谓的某种"神武"之人。㉞ 李大钊文章的深刻之处在于，他分析国人有"忧乱思治之切者"好搞个人崇拜，他们总是"祷祀以求非常之人物出而任非常之事业。从而歌哭之，崇拜之"㉟，或称他为中国的拿破仑或中国的华盛顿，或称他为"内圣外王"的尧、舜、汤、武再世。李大钊进一步揭示这种利用国民心理搞个人崇拜，他说："吾民宜举国权而托诸其人也。神奸悍暴之夫，窥见国民心理之弱，乃以崛起草茅，作威作福，亦遂蒙马虎

㉝ 李大钊：《民彝与政治》，载《民彝》杂志1916年5月第1期。
㉞ 所谓"神武"人物，李大钊在这篇文章中也称"英雄"人物。实指实行人治的英雄。他有语"故英雄者，神人也"，又言"故英雄者，人神也"。参见《民彝与政治》。
㉟ 李大钊：《民彝与政治》。

皮",实为"凡夫权势利禄之资,无不为收拾人心之具。……相率趋承缘附于其侧,以供奔走驱策之用,而颂言斯人为'神武'"。㊱他进一步揭示"神武"之人的规律与危害说:"兹世亦安有是物,特一群心理,以是相惊,伯有之厉,遂为黎丘之鬼,而'神武'之势成,而生民之祸烈矣。例证不远,即在袁氏。"㊲

他认可"古人'人存政举,人亡政息'之言,终寓有不磨之理。若惩人治之弊而专任法律,与鉴法治之弊而纯恃英雄,厥失维均,未易轩轾"。在主张"英雄主义"的人治与崇尚立宪主义的法治之间,他明确反对英雄主义,认为"盖唯民主义乃立宪之本,英雄主义乃专制之原。而立宪之所以畔夫专制者,一则置重众庶,一则侧重一人;一则使知自重其秉彝,一则多方束制其昇性;一则与以自见其我于政治之机,一则绝其自现其我于政治之路"。文章对西方法学亦广征博引,说:"英伦宪法之美,世称为最。戴雪尝论之曰:'英伦宪法,吾人自束发受书,即稔闻之。'""夫代议政治,虽起于阶级之争,而以经久之历验,遂葆有绝美之精神焉。论善治标准最精者,莫如弥勒(指约翰·穆勒——引者注)。"他以拿破仑为例,说:"唯民主义乃立宪之本,英雄主义乃专制之源。"强调立宪基础在于民主,而非个人。李大钊认为民彝是天赋的,不可予夺,在政治制度上,用立宪政治取代专制制度。

其三,理高于法,平流并进。李大钊于此文出现了一对范畴,即"理"与"法",以此辨析了法哲学意义上的一对关系——法律保守与历史进步,如何处理它们的关系?"群演之道,在一方固其秩序,一方图其进步。前者法之事,后者理之事。"㊳李大钊举例说,文艺复兴时期,路德新教的理之力摧毁了罗马教皇宗教权威的法之力;法国大革命时期,法国人民要求民权共和的理之力冲决了贵族和僧侣压迫平民的法之力。在这

㊱ 李大钊:《民彝与政治》。
㊲ 李大钊:《民彝与政治》。
㊳ 李大钊:《民彝与政治》。

里，他基于"进化论"的历史观，强调"理"对"法"的"摧毁"和"冲决"，实现历史的革命性进步和突破。从他这里对旧制度与旧秩序的否定和摧毁之态度，可发现李大钊有"恶法非法"的意识，并认可社会革命。今日也有学者认为李大钊基于"内在超越"这一传统道德价值，以此来论证政治理想中"德性统治"的正当性。[39] 这固然是另一种解读。同时也可以看到，李大钊在理论潜意识里用"理"与"法"对实定法作了鉴别，认为"理"高于"法"，这非常接近于自然法理念，又与他前面的"民彝真理论"一脉相承。

有意思的是，从他接下来的论述可以发现，1916 年的李大钊认可革命但并不主张革命，而是主张用法与理的关系，来避免革命，日新改进。他认为，民彝与国法二者是在不断相摩相荡中演进的，它们分别代表理之力和法之力，历史是在法律的秩序价值和民彝的进步价值二者"平流并进，递演递嬗"关系中向前发展的。他说："既以理之力为法之力开其基，更以理之力为法之力去其障，使法外之理，无不有其机会以入法之中，理外之法，无不有其因缘以失法之力。"[40] 法律的目的是维持社会秩序，民彝则表现为追求进步，"理之力"和"法之力"处在斗争之中。当处理好"理"与"法"的关系，使之"平流并进，递演递嬗，即法即理，即理即法，而后突发之革命可免，日新之改进可图。是在民彝与国法疏通之脉络途径何如耳，是在吾民本其秉彝之能以为改进之努力何如耳"[41]。总之，只要"日新之改进可图"则"突发之革命可免"。在当时李大钊思想中，革命只是历史进步的不得已选择，至少它不是最佳选择。由此观之，也可以说李大钊有自由主义思想。他所谓的改进，强调的是新国民、新使命和新理想。他说"膜拜释、耶、孔子而外，不复知尚有国民之新使命也；风经访典而外，不复知尚有国民之新理想也。""吾人生千百年

---

[39] 段炼：《从"心力"到"民彝"：民国初年李大钊关于政治正当性的思考》，载《史林》2017 年第 2 期。
[40] 李大钊：《民彝与政治》。
[41] 李大钊：《民彝与政治》。

后，俯仰今昔，惟有秘契先民创造之灵，而以创造新国民之新历史，庶以无愧于先民。"

从"民彝论"看其知识结构，至少有三：一为国学经典。从文字到思想来源，都呈现国学这种古典学问的扎实功底。这与他1905年前准备科举考试、研读传统经典的功力有关。在永平府，李大钊得知科举废除谕旨，他进入永平中学堂学习，拓宽视野。永平中学堂从"永平府校士馆"更名而来，但仍然保持国学的分量，注重读经。从中学堂毕业，意味着已读过《孝经》《四书》《易》《书》《诗》《左传》及《礼记》《周礼》《仪礼》节本，共计十经；而且要习中国各体文辞，包括诗辞赋，故展现他后来一贯的"慕古之思"[42]。二为中西史学。对中西历史娴熟于心，史实信手拈来。他熟知希腊称英雄为Demigod，译言"半神"，他从耶稣、释迦到孔子，从路易十四、拿破仑到华盛顿，从托马斯·卡莱尔（1795—1881）、爱默生、托尔斯泰到威尔逊，而且对于历史进步的哲学理论，也有深入研究，熟练自如地运用赫胥黎"天演之迹，进化之理"。三为宪制理论。既讲到卢梭、孟德斯鸠、伏尔泰，又谈到英伦宪法，还引述戴雪观点，引用穆勒《代议制政府》，长篇阐述其"非自由不可"思想。他还引用我们并不熟悉的约伯·E. 赫奇斯（Job E. Hedges）的书 *Common Sense in Politics*（《政治常识》），这是1912年刚出版不久的西方政治学著作。由此可见李大钊娴熟的英文能力之一斑。这篇贯通中西、针砭时弊、启迪民智的哲理雄文，在当时难怪会受到知识界的热捧。李大钊文章中具有历史穿透力的思想，至今仍有现实意义和学术价值。

在李大钊《民彝与政治》文中，我们还可以隐约看到另一个思想倾向。他论述了"英雄违抗权威"的问题，说"于是忧乱思治之切者，骇汗奔呼，祷祈以求非常之人物出而任非常之事业"。他比较了加莱罗、耶马逊、托尔斯泰三者的"英雄论"，他只赞同托尔斯泰的观点，认为"独

---

[42] 李大钊1913年《游碣石山记》云："倦游归去，长歌采薇，悄然有慕古之思矣。"

'托'氏之论,精辟绝伦,足为吾人之棒喝矣"㊸,"离于众意总积则英雄无势力焉",谓英雄如果没有众意支持,则出不了英雄。有"超越"思想的李大钊赞同托尔斯泰的观点,并非没有道理。托尔斯泰曾深受美国亨利·梭罗的Civil disobedience("公民不服从")观念的影响。这个观念特点在于超越实定法,认为人民面对恶的法律或制度,基于良心原则,则可以违抗既定的法律。此即所谓"公民不服从"、"公民抗命",意思是当基于良心而故意违背法律,与之抗争又愿意接受既定法的处罚。因此可以基于良心而违抗既定法律。"英雄违抗权威"便是基于"恶法非法"的自然法理论的一种超越法律的态度和理念。他后来走上绞刑架的那种从容淡定,与这种理性思想有着必然的联系。

1916年5月李大钊从日本回国。他在北京《晨钟报》任主编数月,离开前在此报发表《祝九月五日》,论述"宪法者,国命之所托"、"良善之宪法"。9月,他与高一涵等人筹办《宪法公言》杂志,李氏在创刊号发表《国庆纪念》一文,提出"宪法者自由之保证书,而须以国民之血钤始生效力者也","国民所获自由之量,亦罔不准其流血之量而为损益","而后共和之华始克畅育苗壮于血光之中","而其实议士诸公之任乃在寻现代国民斑斓之血迹而如量彰之于宪典","宪法之精神则酿于革命,旗翻诸先民断头绝脰之日也",显示了他此时为民主宪法而浴血奋斗的决心。㊹不久李大钊又发表《省制与宪法》一文,讨论国家结构形式。1917年1月,李大钊担任复刊的《甲寅》(日刊)主笔4个月,他一人就发表了60多篇文章。其中有《孔子与宪法》一文,讨论"孔道入宪"问题,认为孔子是数千年前之残骸枯骨,宪法是现代国民之血气精神,两不相涉。这个时期,他与法律界交往颇多,早在日本结识的夏勤、郁嶷等相继回国任教于朝阳大学。很可能是夏勤、郁嶷等人的原因,李大钊也曾在朝阳大学

㊸ 李大钊:《民彝与政治》。
㊹ 李大钊:《国庆纪念》,载《宪法公言》1916年第1期。

任教。据《朝阳大学学则》，法律学系、政治学系及经济学系均开设社会学课程，且教员缺乏，李大钊是最早兼任朝阳学院社会学课程的教授。[45]从专业上看，李大钊从法政学者转变为社会学学者，继而又成为图书馆专家。

李大钊是没有文凭的留洋海归，然而其读书之广博、思想之先进，却在知情的同行看来是超乎常人的。他爱书如命，在日本期间订阅了大量杂志和图书，仅以他1920年向北大图书馆捐献的日文杂志计，就有267册，如《太阳》《外交时报》《支那》《雄辩》《经济论丛》等30余种。[46]章士钊时任北大逻辑学教授兼图书馆馆长，他对李大钊的文笔和超常的阅读量非常欣赏。1918年1月，章氏向蔡元培校长、陈独秀学长推荐李大钊，欲让他接任图书馆长。"两君皆推重守常，当然一说即行。"[47]为什么没有博士文凭，也未经职称评审，就"一说即行"？因为在蔡、陈诸君看来，李大钊的水平已经不需要借助学位和职称来评断，这就是一种学术实质性评估。在蔡元培主导的北大气氛中才有这种可能。

李大钊对图书馆有新观念，认为现在图书馆已经不是藏书的地方，而为教育的机关，和教授法有密切关系。其任馆长5年期间，北大图书馆的藏书更新与科学管理发生了大变化。不久李大钊便参加了《新青年》编辑工作，与陈独秀、胡适等人举起了民主和科学的大旗；[48]同时还与林纾等旧派人物展开新旧文化论战；"巴黎和会"期间支持学生、爱护学生，发动五四运动。李大钊不仅有人格亲和力，还经常从自己140元左右的工资中拿出钱来帮助穷学生，[49]更用言行影响周围的年轻人——包括在北大图书馆作图书馆助理员的湖南青年毛润之，也深受李大钊思想的影响。其

---

[45]《朝阳学院概览》，第18页。
[46] "本校新闻：捐赠杂志：本校图书馆主任李守常先生……"，载《北京大学日刊》1920年第637期。
[47] 章士钊：《我所知道的守常》，载《回忆李大钊》，人民出版社1980年版，第145页。
[48] 王世儒：《李大钊与蔡元培》，载北京大学学社：《李大钊研究论文集》，1999年。
[49] 李大钊曾为刘仁静学宿费写过担保书："哲学系学生刘仁静君学宿等费，由鄙人暂为担保，一俟家款寄到，即行缴纳不误。此上，会计课。李大钊。"

实，此时的李大钊心中已初步拥有了他所追求的"道"。而胡适作为实用主义在中国的传人，发表了《多研究些问题，少谈些"主义"》。李大钊看到胡文之后，以书信体写了《再论问题与主义》予以反驳。尽管为"问题与主义"争论，但他们之间仍然保持君子般的私交，相互尊重。1920年7月，李大钊改为教授，兼图书馆主任。北大的特殊位置，使李大钊实现了从普通学者到知名教授的角色超越，得以开展更广泛的新文化和新思想播种。

天津《大公报》在1918年就报道过李大钊等20余人在天津发起"英租界红灯路创办孔德中学"的消息。1919年5月9日蔡元培请辞北大校长一职，当天晚上，全体北大教员召开会议，做出"如蔡不留，即一致总辞职"的决议，并推举李大钊、马叙伦、马寅初、王星拱等8人为代表，赴教育部，要求政府挽留蔡元培。1919年5月13日《申报》刊发的题为《北京学界新潮之别报》的报道中，李大钊的名字第一次出现在《申报》。[50]

在回国后以及北大期间，他还不负好友汤化龙之生前所托，辅导其遗孤汤佩松读书。汤佩松1925年从清华毕业后赴美留学，1927年在美国明尼苏达大学以特优等生毕业，[51] 1933年获得约翰·霍普金斯大学植物生理学博士。在这位生物学家的回忆中，李大钊显然给孩子留下平静、温和、严厉而有责任心的深刻印象。

他在图书馆主任任职期间，从社会学家、图书馆专家，又转变成一种新思想的传播者。张勋复辟时，李大钊南逃，侨寓沪上，因此他对上海租界一带较熟悉。1919年11月，李大钊发电报给正在上海逗留的北大学生许德珩，让他为陈独秀租房。陈独秀出狱快五个月了，警察还在监视他。北大的文科学长也不能再做了，为躲避监控，他和李大钊商量后，准备从

---

[50] 牟文鹏：《〈申报〉视野中的李大钊》，载《党史研究与教学》2022年第1期。
[51] "美国敏涅索达（Minesoto）大学毕业试验，我国留学生汤佩松以特等成绩，压倒全校，列第一名，是为我国留美学生空前之荣誉"，载《晨报星期画报》1928年第3卷第127期。

北京秘密迁移前往上海。许德珩此时正在上海等候去巴黎留学的船期。接到李老师电报之后,许立马就和流亡到上海的北大学联领袖张特立(国焘)四处寻找,最后租下渔阳里 2 号的一栋房子㊷——后来成了陈独秀在上海的故居。可是陈独秀怎么出城呢? 31 岁的李大钊蓄着两撇大胡子,看起来比年长他 10 岁的陈独秀还要老气。李大钊把自己化装成北方商人模样,雇了辆骡车,后面加个轿子,他坐在车辕上,背着个包袱,包里放上一些账目,操着京东口音,俨然是财主收租的样子。陈独秀不会讲北方话,一口安徽土腔,李大钊就让他坐轿子车里面别出来。在护送陈独秀出京途中,李大钊同他商量了他们共同的一件事。这两位北大的同事兼好友,相约在北京和上海分别活动。此时的李大钊已经大量阅读马克思主义著作,结合他前面"英雄违抗权威"、超越定法的倾向,他显然正在进行思想上的另一个超越。

1920 年 3 月,李大钊、邓中夏等 19 人在北大设立"亢慕义斋"(德文 kommunismus 音译)。他用自己的工资来资助这个"亢慕义斋"。蔡元培为他们拨了北大马神庙西斋两间房子,里面挂了一幅不太对仗的对联——"出研究室入监狱,南方兼有北方强"。上联出自陈独秀,这下联,便是出自李大钊。这应该就是后来传说中的"北李南陈"的源头。对联没有横批,不过今天可以补上四字横批——"北李南陈"。

1921 年夏天,李大钊未能出席在上海和嘉兴召开的中共"一大"。北大学潮仍在继续,教育部部长范源濂把调停学潮的条件由蒋梦麟转交教职员代表,"不意马夷初他们还要别生枝节"。蒋氏很着急,7 月 12 日半夜拉着胡适等人去找李大钊,"谈了许久,他也不赞成再生枝节,答应明天一早就去力劝王兆荣、马夷初"。7 月 14 日晚上胡适得知,调停一事全部解决了,"四个月之学潮——三月十四日至七月十四日——至此始有一个比较可以满意的解决"㊽。1922 年 8 月底的中共"西湖会议",采纳了李大

㊷ 许德珩:《为了民主与科学——许德珩回忆录》,中国青年出版社 1987 年版,第 96 页。
㊽ 曹伯言整理:《胡适日记全编》(1919—1922,第 3 册),第 369—372 页。

钊提出的中共党员有条件地加入国民党的建议，他开始担负同国民党主要负责人联络的工作。因此，他多次到上海，还曾到复旦大学作过一次演讲，这是1923年4月5日下午，演讲题目为"史学与哲学"。据报道，"听者甚众，李氏将史学与哲学之关系，解释极为透彻"。[54] 4月15日，上海大学于右任校长邀请李大钊作演讲，题目为"演化与进步"。[55] 此时的广州市已经在筹划聘请李大钊担任广州市市立师范学校校长，[56] 5月8日市长孙科发布任命训令。[57] 6月，李大钊南下广州参加中共第三次代表大会。是年11月13日和23日，他又出现在上海大学和中国公学商科大学作演讲。[58] 据1924年10月初的《北京大学日刊》显示，李大钊仍然兼任北大校长室秘书，他有多次告假出京的公示。[59] 可见，1922年至1924年间，他频繁奔走于大江南北，被称为"革命统一战线诞生的助产士"。[60]

有一件很少被提及的事，或许可更清楚地理解李大钊超越法律的理念。那就是1924年围绕中苏关于外蒙古的加拉罕协议[61]，李大钊带领北大师生组成有8至10名成员的代表团与外交总长顾维钧进行抗议性对话。据顾维钧回忆，李大钊的回答令他震惊，"他说即便把外蒙置于苏俄的支配和统治之下，那里的人民也有可能生活得更好"[62]。这在顾氏这个讲究"定法"的外交总长看来，这种观点是不可思议的。但要知道，李大钊此时已投身领导蒙古族革命。如果从革命的角度来看，李大钊这样的观点，亦是一种对定法的超越。

---

[54]《复大敦请名人演讲李守常与伍朝枢》，载《时事新报》（上海）1923年4月6日。
[55]《前北京大学教授李大钊现已莅沪，闻上海大学校长于右任君于今日（星期日）上午十时邀请李君到校》，载《新闻报》1923年4月15日。
[56]《孙科咨教育委员会请委李大钊为市立师范学校校长由（咨第六二号，四月廿四日）》，载《广州市市政公报》1923年第76期。
[57]《孙科训令教育局新委市师校长李大钊委任令一件仰转发由（训令第四四四号，五月八日发）》，载《广州市市政公报》1923年第77期。
[58]《社会主义释疑：李守常先生在上大社会问题研究会讲演》，载《民国日报》1923年11月13日。《李守常昨日演讲记》，载《民国日报》1923年11月24日。
[59]《北京大学日刊》1924年10月6—9日，"校长室公告"。
[60] 郭德宏、张明林：《李大钊传》，第254页。
[61] 王正廷作为政府派出的代表欲签字，而顾维钧作为外交总长反对签字。
[62]《顾维钧回忆录》（第1分册），中华书局2013年版，第324页。

三、超越生死

李大钊的革命行迹大家都了解,但未必知道他生命终止前后所经历的事,更不会细想他超越生死从容就义的内心状态。

1926年9月的一天,京师警察厅侦缉处处长吴郁文[63]接警察厅命令,马上派人到北郊警察署审理共产党的案子。[64] 1927年初,隐蔽在张作霖大帅府的中共地下人员获悉,张作霖已下令逮捕李大钊。同志亲友纷纷劝李大钊离开北京,他拒绝了。自己坚守北京保存革命实力,却让同志化装转移。他心中有"道",不怕死。警察审问一个叫李渤海的共产党员时,得知他就是李大钊的学生。李渤海"经多方劝导,很配合"[65],供出了李大钊藏匿之所——东交民巷苏联使馆。4月6日,李大钊与夫人赵纫兰及两个女儿一起被捕。

此讯一出,举国震惊,除中共党组织外,教育界、知识界、新闻界、河北乐亭乡贤等各界人士,分别进行了千方百计地营救。4月9日,北京9个国立大学的校长专门开会讨论营救办法。4月12日,北京25所大学的校长又开会商议营救办法。好友如章士钊、吴弱男夫妇等就不用说了,连一些不同道者,如杨度、梁士诒、罗文干也为营救李大钊去政府找人求情,和新闻界一样,认为处置党案"应依普通手续,交付法庭办理",主张宽恕。

张作霖派参谋长杨宇霆出马,以同乡身份劝降:"李先生,只要你肯为张大帅、吴大帅效劳,保你官职在我之上。"李大钊回答:"张作霖是狰狞之子,吴佩孚是狼狈之儿,我岂能为他们效劳。大丈夫生于世间,宁可粗布以御寒,糙食以当肉,安步以当车,就是断头流血也要保持气节!"[66]

---

[63] 1949年2月2日,北平市公安局郊七分局局长朱文刚奉命前去接管国民党警察局外七分局管辖的功德林监狱,发现当年那部绞刑架。1951年6月20日,原李大钊被害案之主谋人吴郁文被抓捕归案,对罪行供认不讳,人民法院根据他所犯罪行,判处其死刑。

[64] 张福兴:《李大钊遇害之谜》,载《人民文摘》2008年第2期。

[65] 时任京师警察厅司法科长的沈维翰,直到20世纪70年代,才在台湾透露了当年逮捕李大钊的内幕。

[66] 张福兴:《李大钊遇害之谜》,载《人民文摘》2008年第2期。

李大钊被捕后，敌人对他刑讯逼供，用竹签扎指甲缝，最后索性剥去双手指甲。但他始终不屈，严守机密，正气凛然。

他在狱中写下了《狱中自述》，一如他惯常的凝练浑厚、深邃遒劲的文笔。简要回顾自己出身、从学、从教经历，之后用大段文字讲述自鸦片战争以来至今的国势命运和民族未来，强调中国"已不能再用日本维新时代之政策"，"必须采用一种新政策"；用新政策"对内唤起国内之多数民众，共同团结于一个挽救全民族之政治纲领之下，以抵制列强之压迫，而达到建立一恢复民族自主、保护民众利益、发达国家产业之国家之目的"。此文可见其初心。他始终以国民党员身份或共产主义研究者身份，不暴露自己是共产党员，回顾追随孙中山的革命经历和活动。在该文最后一段，他说：

> 钊自束发受书，即矢志努力于民族解放之事业，实践其所信，励行其所知，为功为罪，所不暇计。今既被逮，惟有直言。倘因此而重获罪戾，则钊实当负其全则。惟望当局对于此等爱国青年宽大处理，不事株连，则钊感且不尽矣！

约 2700 字的《自述》，行文至末尾处，李大钊又想起一件事——重要的遗物吩咐要保存好，是什么遗物呢？他惦记的是书啊！他补充道：

> 又有陈者：钊夙研史学，平生搜集东西书籍颇不少，如已没收，尚希保存，以利文化。谨呈。

1927 年 4 月 28 日，张作霖掌控的"特别军事法庭"判处李大钊死刑。罪名是"妄图扰害公安、颠覆政府，实犯刑律之内乱罪及《陆军刑事条例》之叛乱罪"。当日下午 2 时，李大钊等 20 人被押往司法部街后面的刑场执行死刑。当时有几则媒体报道：

比因李毫不恐怖，即以相当礼貌送入汽车，其余则有绳绊。到看守所后，由地方厅每二人合照一相，照完之后，即送入刑台。刑事以隔离为原则，彼此不能看见。李就刑时，则呼天字。(67)

未几执行吏来，首以李大钊送往绞刑台。李见此，知已不免，乃曰："请以纸笔来，俟书一遗嘱。"执刑者曰，此时已晚，由不得汝矣。李无言，神色尚未变，既上。执刑者令其颈稍伸长，李如言应之，厥态殊从容。二十分钟始绝。(68)

李大钊惨遭绞杀，年仅38岁！坐狱之际，还惦记着青年、书籍、文化！生死关头，还步履从容，神色不变，"态度甚为从容，毫不惊慌"，表现出"俨然一共产党领袖之气概"。(69) 这简直太淡定了！要是了解这是怎样一种内心力量渊源，我们就不会为一个人死前的"从容"觉得惊奇。这不得不提到李大钊曾经写下的多篇关于"死"的文章——其中包括1919年的《牺牲》《青年厌世自杀问题》和《新自杀季节》，1920年的《哭冯国璋》，1922年的《论自杀》等等。

1919年11月9日，李大钊撰写了一篇以《牺牲》为题的96个字的气势恢宏的精短散文，用笔名"孤松"发表在1919年《新生活》杂志第12期。这篇文章首次抒发了他的生死美学观点——"绝美"和"绝壮"的"牺牲"。他说：

人生的目的，在发展自己的生命，可是也有为发展生命必须牺牲生命的时候。因为平凡的发展，有时不如壮烈的牺牲足以延长生命的音响和光华。绝美的风景，多在奇险的山川。绝壮的音乐，多是悲凉的韵调。高尚的生活，常在壮烈的牺牲中。(70)

(67) 《李大钊等二十人昨被绞决》，载《世界日报》（北平）1927年4月29日。
(68) 《处决李大钊等琐闻》，《北洋画报》1927年5月7日。
(69) 李葆华：《回忆父亲李大钊的一些革命活动》，载《人民日报》1979年10月29日。
(70) 李大钊：《牺牲》，载《新生活》杂志1919年第12期。

在《青年厌世自杀问题》中,他说:"诸君须知,创造今日的新俄罗斯的,是由千八百五十年顷自杀的血泡中闯出去的青年。创造将来的新中国的,也必是由今日自杀的血泡里闯出去的青年。我悯吊这厌世自杀的青年,我不能不希望那造世不怕死的青年!我不愿青年为旧生活的逃避者,而愿青年为旧生活的反抗者!"[71] 他强调自杀者逃避不如反抗。李大钊在《哭冯国璋》的随感录中,认为冯氏只是空空的掷掉了一生,其人生毫无价值,相反,李大钊对被军阀杀害的湖南劳工会领袖黄爱、庞人铨"表无限的敬意",他认为黄、庞是"为他所信仰的主义而死"。[72] 李大钊的生死观更体现在他 1922 年发表的《论自杀》一文中。他分析自杀有社会制度缺陷的原因以及自杀者厌世心态,他认为应当"拿出自杀的决心,牺牲的精神,反抗这颓废的时代文明,改造这缺陷的社会制度,创造一种有趣味有理想的生活"。[73] 青年时代的李大钊无疑有儒家"杀身成仁"、"舍身取义"的死亡价值观。他在成为马克思主义者之后,更明确生死目的论中的"义"字——他特别强调死亡的"为造世"为"创造新生活"的价值评判。"我们断断不可只为厌世。为生苦而不怕死,应该为造世为求乐而不怕死。……不愿青年为新生活的绝灭者,而愿青年为新生活的创造者。"[74]

李大钊就是这样为他的"主义"、"信仰"从容赴死,这就是所谓"从容就义"。其"超越"何止限于专业和定法,他真正达到了对生死的超越。可是,李夫人赵纫兰和孩子们当时并不知道李大钊已经遇害。[75]

当晚,和李大钊一起被捕的李夫人赵纫兰和两个女儿李星华、李炎华被释放,回到曾经租住的灰厂豁子内朝阳里的家中。此时李葆华 18 岁,大女儿星华仅 15 岁,次女炎华 7 岁,次子光华只有 4 岁,小儿子欣华出生只有几个月。《顺天时报》刊短文云,"李大钊平昔不事储蓄,身后极为萧

---

[71] 李大钊:《青年厌世自杀问题》,载《新潮》1919 年第 2 卷第 2 号。
[72] 李大钊:《哭冯国璋》,载《新生活》1920 年第 20 期。
[73] 李大钊:《论自杀》,载《学艺杂志》1922 年第 3 卷第 8 期。
[74] 李大钊:《论自杀》。
[75] 李玉勤:《李大钊葬礼坎坷举办始末》,载《世纪风采》2019 年第 7 期。

条",李宅室中"空无家俱,即有亦甚破烂"。这样的家境,连收殓安葬费用都困难!在得知他被害消息后,生前好友纷纷为赵纫兰及孩子们捐款。捐款人员既有李大钊教育界、文化界的同事同仁,如白眉初、章士钊、蔡元培、蒋梦麟等,也有国民政府的官员,如马叙伦、邵元冲、蒋伯诚等。[76] 梁漱溟、白眉初、李青峰、李凌斗等人捐款,派人向德昌槥厂老板伊少山购买一副上好的棺柩重新装殓李大钊的遗体。[77] 5月1日,素不相识的平民老板伊少山,带着16名工人抬着棺柩来到长椿寺内,用药水擦拭李大钊遗体后,换上寿衣、寿帽、寿鞋,装殓入新的棺柩。大家含泪再三祭拜。11时许,由24人抬着新棺到妙光阁街浙寺南院暂时寄放,并和寺主人讲好,每月租费4块大洋。5月11日,重病中的赵纫兰和孩子们,在李大钊北洋法政同学李青峰的护送下,乘车离开北京,回到老家乐亭县大黑坨村。

1933年,赵纫兰带着孩子们找到周作人、沈尹默、蒋梦麟、胡适等李大钊生前的同仁请求帮助,大家都表示一定让李大钊遗骨入土为安。1933年4月10日,由北大校长蒋梦麟带头,周作人、胡适、傅斯年、沈尹默、钱玄同等共13人联合向社会发起募捐和公葬活动。经与赵纫兰商量,蒋梦麟在万安公墓为李大钊选好墓地,办好手续,又请刘半农为李大钊撰写了碑文。全文370余字,介绍了李大钊生平,并对其人品、学识给予高度评价。因官路被军阀当局破坏,此碑未能立于李大钊墓前。1933年4月23日,李大钊公祭仪式在浙寺举行,轰动北平。[78] 李大钊在牺牲6年后,终于入土为安了。当年5月27日,李夫人赵纫兰于协和医院去世。[79]

守常,是他的品德;超越,是他的境界。

---

[76] 李玉勤:《李大钊葬礼坎坷举办始末》,载《世纪风采》2019年第7期。
[77] 李凌斗找到德昌槥厂的老板伊少山购买棺柩。作为一个商人,伊少山平素并不关心政治,但他痛恨奉系军阀胡作非为,敬佩李大钊先生的高洁人品,因此主动将一口标价260块大洋的柏木棺材降价140块,并让柜上的师傅特意用20斤松香和桐油熬制、漆刷,再用十几斤黑生大漆前后刷了五道漆。参见李玉勤:《李大钊葬礼坎坷举办始末》。
[78] 李玉勤:《李大钊葬礼坎坷举办始末》。
[79] 李玉勤:《李大钊葬礼坎坷举办始末》。

第三节　法科与外交

关炯——身处公廨夹缝，何以服人？

图 1　关炯（1879—1942）

　　非科班出身的关炯，却是上海租界会审公廨的著名法官。关炯因"黎黄氏"拐卖人口案赢得盛名，他被民间当作"智斗洋人"的传奇人物传颂至今。不久后清廷变法修律，删去奴婢旧律，禁止人口买卖，废除奴隶制度。前后对照来看，关炯似乎又是维护那套愚蛮的奴婢旧制的法官。这位被过度渲染成传奇的"爱国者"究竟是个什么样的人物？我们应该怎么评价关炯？

　　关炯传奇人生的特殊背景在于：会审公廨是中西混搭的怪异法庭——中西之间主权、利益、文化和观念的冲突，几乎都聚焦在这个夹缝中的法庭。关炯在会审公廨的审判工作首先涉及外交，处在中西夹缝里，在各种势力冲突的缝隙中办案。所以，评价关炯有两个重点：其一，作为会审公廨法官的关炯，如何履行具有外交性质的法官职责的？其二，关炯在政治与法律关系上，是如何处理规则问题的？

一、"黎黄氏拐匪案"背后的外交问题

1905年12月6日晚，一名由川返粤坐船途经上海码头的少妇尚未下轮船，即被公共租界巡捕登船给拘捕了。① 巡捕房得到情报称，此妇人带着15个年幼婢女来上海贩卖，西捕以"拐匪"嫌疑将案子送到上海北浙江路（今浙江北路）新厦——公共租界"会审公廨"，英文为 Mixed Court，是清政府设于租界的审判机构，所有案件由正会审官（Magistrate，老话称"谳〔yàn〕员"）主审，诸国驻沪领事轮值陪审，另有辅审官，叫襄谳，构成三人会审。

此案迅即于12月8日升堂审讯。这少妇被押上法庭的同时，15个年幼婢女也一同到庭。少妇抬头一看，上面坐着一个中国人和一个西人。右边是个严肃的襄谳，名叫金绍成②。左边这西人就是英国驻沪副领事、陪审官，汉名叫德为门（B. Twyman）。正在抬头和张望间，堂上二人的正中坐下一个形态雍容、气度不凡的年轻法官——他就是26岁的正会审官——关炯。他和我们电视剧中猥琐的清朝官员形成反差。别看他年纪轻轻，关炯法官不光熟悉涉外业务，对公廨的外交宿弊也颇有洞晓。这是他

---

① 马长林：《1905年大闹会审公堂案始末》，载《档案春秋》2007年第4期。
② 金绍城（1878—1926），一名金城，字拱北，一字巩伯，号北楼，又号藕湖，吴兴南浔人，为京官金焘长子，捐候补知县，在上海法国学堂学习英文和法文共四年。1902年兄妹三人自费赴英国铿司大学（King's College，伦敦国王学院）学习"理财政法科"。1905年归国后任上海道署翻译，道台袁树勋"以先生谙国际法令"，派其任上海公共租界会审公廨谳员。不久因"大闹会审公堂案"而罢官，1907年受沈家本保举，进京担任编订法律馆编修，成为沈家本的重要助手，兼任大理院刑科第三庭推事。1910年，创立中国画学研究会，任会长。1910年8月起赴欧美作环球旅行考察，以中国代表身份在纽约参加第八次监狱会员大会（美洲万国监狱改良会议），赴欧美考察监狱。1911年5月归国，免考以原官任用。辛亥革命后出任内务部金事，众议院议员，1913年8月调外务部任用。1914年派充陕西勘矿事务所总办。1916年，"监修仁民医院"期间被查"工料不符并有侵蚀各款情弊"。1918年派任防疫区域视察员，1924年任蒙藏院参事。金氏善诗词，精绘画，尤善山水，间作花鸟，曾主办中日绘画联合展。1926年9月6日在上海病逝，终年48岁。

所经办的一个普通案件，可是，此案却以极不寻常的节奏上演了。

经三官审讯，得知此少妇是一粤籍官眷黎黄氏，此次因丈夫在四川去世扶柩回乡，从四川乘船途经上海回广东，经当庭查问，黎黄氏因老公去世还有余钱，便花钱从四川赎来15个婢女，准备领回广东老家去承担家族工务。法官当庭问道，有买卖凭证吗？少妇当庭出示了买卖契据。关炯据此当即决定：以"诱拐人口"证据不足拟判暂押公廨女班房候讯。不料，英人德为门却硬要押往西人所设"西牢"③，德为门当场喝令西捕抢夺人犯，据说殴伤廨役两人，襄谳金绍城遭西捕持棍袭击，官服撕破、朝珠散地。最后，众西人破门而出，强抢黎黄氏等将其押入西牢。④

从德为门角度讲，他之所以强硬，是因为他决意认定"诱拐人口"是极不人道的。在英国人看来，买卖人口蓄养奴婢是对人权的侵犯，是野蛮的犯罪行为。这和当时的列强观点一致——憎恶大清野蛮愚昧的法律。从关炯角度讲，他早已对西人强硬干预公廨事务感到反感和愤怒，此事则令其极为恼怒。在中国民众角度来看，民俗使国人根本不能接受女犯押入"西牢"，况且德为门公然蔑视中方公堂，令人愤怒难遏。媒体在报道中亦推波助澜，谴责德为门及其巡捕肆意侵犯中国司法主权的行为，称之为"大闹会审公廨"事件，引发上海市民的抗议，事态进一步扩大。

因此，双方从观点不同，到言语冲突，到肢体接触，导致外交摩擦。法庭被大闹当天，关炯与金绍城襄谳立即赴上海道署呈报详情，并引咎辞职。可是这道台袁树勋不仅婉言慰留，还赞赏关炯尽职守保主权。在袁道台鼓励下，关炯提出对策，得到袁氏赞同：停讯罢审，并随即照会各领事。没想到的是，黎黄氏案演变成"大闹会审公廨"进而酿成震惊中外的

---

③ 所谓"西牢"，就是当时公共租界工部局在虹口华德路（现长阳路147号）擅自建造的监狱，1903年5月竣工启用，名为"上海公共租界工部局警务处监狱"，当时俗称"西牢"，也称"提篮桥外国牢监"。以其规模号称"东方第一监狱"，另有"东方巴士底狱"之称。当年"苏报案"的邹容、章太炎就监禁于西牢，邹容在刑满前一个半月（1905年4月3日）死于西牢。参见石子政：《对〈1905年大闹会审公堂案始末〉的补正》，载《档案春秋》2007年第9期。

④ 马长林：《1905年大闹会审公堂案始末》。

外交事件。此事关涉中英两国关系,英国人为此会晤了两江总督兼南洋大臣周馥,对此提出质难。此案之冲突表现为司法主权与尊严问题,质言之,此案象征着大清愚蛮的律例与欧美法律文明之间的冲突。

那么,撇开外交与政治,我们就事论事,从个案事实与法律来审视被告人权益问题。本案重点在于黎黄氏是否被冤?有两个关键:一是她构不构成"诱拐"?二是该不该被押西牢?

虽然清律规定"庶民之家不准存养良家男女为奴婢",但条文所要突出的不是禁止庶民拥有奴婢,而是不准变良民为奴婢。⑤ 这就在制度运行事实上造成默认存养婢女的漏洞。今天的人们一定会质问:难道养婢女是正当的吗?这是大清律例的立法问题,乃关烱职权之外,超出其判断范围。面对这样的难题,履行当下职责才是关键。所以关烱以证据不足,暂予休庭,实乃明智之举。但西人借此大闹法庭,关烱心里明白:兹事体大,这显然是在藐视本国主权!上海道致外国公使照会中也依"各婢女均有身契可验",抗议捕房"凭空诬为诱拐","夺去行李置呈验护照身契于不问并酿成哄堂夺犯交涉以致黎黄氏等久押西牢,实属冤累无辜"。⑥ 其实本案的实质问题不在于此,实质在于女犯关押地点——司法主权问题。

再说第二个关键问题。女犯押西牢的争执,源于一个重要起因——"责放人犯"之权的归属问题。依司法原则,此权限理应归公堂,当堂释放,以符章程。可是租界内,不同国家领事陪审却因人而异,关烱认为需要明确统一。早在 1905 年 6 月,沪道台就与英领事交涉,要求撤走西捕看守公廨,女犯不得关押西牢。⑦ 9 月和 11 月,关烱就曾分别致函上海道台和英国总领事交涉。⑧ 但没有得到结果,不料 12 月初即有"黎黄氏"案——成为矛盾爆发的契机。此后,美、德陪审官均照章办理,唯独英陪

---

⑤ 李启成:《清末民初刑法变革之历史考察——以人口买卖为中心的分析》,载《北大法律评论》2011 年第 1 辑。
⑥ 《沪道会俄领袖总领事文(为黎黄氏被诬事)》,载《时报》1905 年 12 月 13 日。
⑦ 《西报论印捕看守公廨及女犯押西牢事》,载《时报》1905 年 6 月 17 日。
⑧ 《关谳员上沪道袁观察禀(为捕房更换西捕看门请撤回事)》,载《申报》1905 年 9 月 16 日。《关谳员覆英总领事函(为西捕晚堂观审事)》,载《申报》1905 年 11 月 24 日。

审官德为门骄狂，反而派印捕和西捕到公堂巡逻以示监督。经过多次照会抗议无效之下，关炯决定以牙还牙，于12月6日派公堂差役也到福州路工部局中央巡捕房昼夜轮班巡察监视，以相抵制。这是自会审公堂成立以来，中国会审官第一次采取如此强硬态度。⑨ 正因此，大闹会审公廨案就在两天后爆发了。就西人"大闹公廨"讲，侵害中国司法主权。可是从历史来看，会审公廨本来就没有完全的主权，一旦遇到具体争议，则交涉不停。

《申报》《时报》和《万国公报》等把西人大闹法庭这事捅出去了。消息传出，民情鼎沸，当时致函声援和恳留关炯的著名绅商计有527人，商行211家。⑩ 10日至15日，均有集会、签名等抗议活动。12月13日，北京外国公使团接清政府外务部抗议，电令上海领事团西人将黎黄氏押回会审公堂女班房释放。工部局迫于北京公使团的电令，于15日下午将黎黄氏一行送往广肇公所释放，故意不交还给会审公堂，以示轻侮。工部局如此举动，激发了17日群众性集会的高潮。⑪ 12月18日，公共租界之内，华商罢市，英商工厂船坞华工罢工。总商会虞洽卿出面调停，袁道台亲往南京路劝告开市，均未果——西人认错之前，商绅拒不开市。⑫ 西人见工商损失，欲采打压，然无异火上加油。上海一片混乱，西人四面楚歌。这真是个棘手的大难题：一方面是主权受辱，不能退让；另一方面是中西各方损失巨大，唯有平息。经过多轮交涉，西人松口了。今天来看这个问题，不得不承认：在这个弱国"弱外交"的时代背景下，除了专业人士有限的作用之外，还得靠民众运动式的抗争。

在束手无策之下，工部局总董安徒生等于19日下午二访袁道台，口头承认女犯押西牢不符合原订的《会审章程》，巡捕哄闹公堂确实失礼，答应今后"在会审公堂重开后，妇女囚犯将送往公堂监狱"，即女犯一概

---

⑨ 石子政：《对〈1905年大闹会审公堂案始末〉的补正》，载《档案春秋》2007年第9期。
⑩ 石子政：《对〈1905年大闹会审公堂案始末〉的补正》。
⑪ 马长林：《1905年大闹会审公堂案始末》。
⑫ 石子政：《对〈1905年大闹会审公堂案始末〉的补正》。

归会审公堂收禁[13]。德为门撤换一事由中英政府外交解决，现暂易他人陪审，并恳请关谳员出面劝说商人开市以恢复秩序。[14] 民众运动式的抗争虽然起作用了，可是接下来，要劝说民众平复秩序又成为难题。

关炯面对难题没有畏首缩脚，随即就说：既然让我出马，可以啊，但你得派英军水兵和西捕或印捕各五十名，听我调遣。安徒生满口答应。于是乎，那天的情景十分壮观：关炯骑上高头大马，带领百名英兵和西捕、印捕上街，沿租界多条大街边行走边行礼，关炯对街道两边民众喊话：工部局、巡捕房已经认错悔过啦！女犯今后不再押西牢啦！关炯还用英语指挥英军、西捕沿街向市民行礼。因此，关炯这次行动被后世盛传为一个碾压西人气焰的爱国故事。关炯这位清朝基层官员的身上，不只有本能的爱国情感，还有智慧的简朴方法。市民从来没见过这样的场面——英军、西捕听从一位华官率领上街，可谓租界史上第一次。他这一招的火候颇合"比例"原则，既消解民众怒火，又整压西人气焰，既让西人"兴师认罪"，又对民众作理性示范，平复了城市和市场秩序。

12月23日，会审公廨重新开庭，又值英方陪审，德为门出席，被关炯拒绝，逼得英方只好换人。"大闹公堂案"的交涉结果是：其一，释放黎黄氏；其二，领事团同意今后女犯一概依清国法律由公廨收押发落，并将以前所押西牢女犯都送回公廨；其三，工部局承诺"闹堂西捕俟查明之后从严惩办"。[15] 这个个案结果在当时大清法律规则下是一个合理预期，也是中英双方交涉达成折中的最佳结果。拨开民众运动的迷雾，本案中英交涉最后能够获得共识，一个重要前提往往被疏忽，那就是遵从既定规则。今天所谓国际法治，恐怕更要基于规则展开外交。

个案归个案，由此引发的制度进步没有因此而停止。当时被英方照会质难的两江总督周馥，很可能处于对旧制度的反思之中。周馥乃有识有势

---

[13] 《关于会审公堂事件会见上海道台的备忘录》，上海市档案馆藏。
[14] 石子政：《对〈1905年大闹会审公堂案始末〉的补正》。
[15] 《闹堂西捕候查明严办》，载《新闻报》1905年12月27日。

之士，于光绪三十二年（1906）二月初十上奏"禁革买卖人口折"，[16] 结合欧美各国废除蓄奴制度的经验，提出"奏为买卖人口有伤天地之和、未洽文明之化，请旨禁革以昭仁政，恭折仰祈圣鉴事"。此折经军机处抄出后，由政务处奉朱批会同各部议奏。刑部知会修律大臣沈家本。沈家本接到刑部来片后，于同年闰四月二十一日上《禁革买卖人口变通旧律议》，其中讲到："现在欧美各国均无买卖人口，系用尊重人格之主义，其法实可采取。"[17] 1910年经修订公布的《大清现行刑律》中禁止人口买卖，继又得到1911年公布的"新刑律"的进一步确认。关炯在个案中保护了被告人黎黄氏的个人权益，周馥通过沈家本在修律中废除蓄奴，朝着文明方向进步。这是一个值得细细品味的个案，它促成了制度变革与进步。我们不得不钦佩地方官周馥和立法者沈家本，也不得不钦佩基层法官关炯之。他们在不同岗位上有不同的职责，但都在难题面前做了最恰当的工作。

二、中外称道的外事人才

"大闹会审公廨"案"胜利"的消息传开后，民众对关炯赞誉有加。"关粉"暴涨，他们还扒出关炯的身世，说他是汉代名将关羽第62代裔孙，盛赞其急公好义的"关公遗风"，被称为"关老爷"。

关炯（1879—1942），名炯，字絅之（又作䌹之），号别樵，外文报道中的英文名为 Mr. Kuan Chun。[18] 1879年4月13日生于湖北汉阳新隆信（今荆州）。其父关季华，善诗词书法，授徒讲学，被尊为"汉阳先生"，颇受张之洞器重。关炯自幼耳濡目染，聪颖好学，17岁中秀才，1896年赴省乡试时得知父亲在上海病重，即退出乡试与母亲急速赶赴上海，汉阳先生气息奄奄，于次日离世。不到一年关炯母亲也病故，从此成了孤儿，

---

[16] 《江督周奏请旨禁革买卖人口折》，载《万国公报》1906年第207期。
[17] 沈家本：《历代刑法考》（第4卷），中华书局1985年版，第2039页。
[18] 关絅之名"炯"，"絅之"是字。外界一般都称其字为"关絅之"，只有上级任命、札令中称其名"关炯"。参见石子政：《对〈1905年大闹会审公堂案始末〉的补正》，载《档案春秋》2007年第9期。

与姊相依为命。1897年，关炯入读基督教循道公会1885年创建的Wesles College Wuchang，即武昌博文书院，接受新式教育，学习近代科学知识，专修英文和数学。他的英文在这时已有了极深造诣，为日后打下了良好基础。1900年和1901年庚子辛丑并科举人。受张之洞"中学为体、西学为用"思想的影响，立志继承父业，致力于兴办教育事业。1902年，24岁的关炯参加湖北省壬寅乡试，考中第20名举人。[19] 中举后正在家等待朝廷颁旨授衔之时，便与陈曾寿在武昌创办湖北民办普通中学和速成学堂，培育近代新式人才。这两所学堂对湖北省的教育近代化起了促进作用。关炯也因数年成就高才甚众，提倡教育，转移风气为最先，被称为"小汉阳先生"。

民众也都晓得关炯出道的经历：1903年10月，关炯年方25岁，奉旨得授同知衔，被两江总督张之洞分发到江苏任职。[20] 11月23日，上海道台袁树勋鉴于洋务人才匮乏，聘其为道署洋务翻译。这是关炯第二次到上海，从此开始其官宦生涯。后来，他和上海会审公廨有了不解之缘，先后四次任职于此，前三次是：

第一次，1904年2月3日至3月18日，25岁，以同知衔到任上海公共租界会审公廨会审官。[21] 因年轻被认为稚嫩，很快被人替代了。据说，关炯在这一个多月里做了两件事：一是纠正前任的错案，二是由公廨为一名妓女主持择良婚配。当然，这两事无法考证，这种传说也都是民间对他的好感而传出的美谈罢了。1904年2月25日，《申报》译载了《字林西报》的一段报道讲到公廨为何频繁易人，特别提到"幸于三礼拜前易以才能最著之关司马。关司马为武昌孝廉，精英文，各国领事翻译方幸得此才能之员任此繁重之职，以会审各种紧要之案件。"[22] 英国在华发行的著名报

---

[19] 彭晓亮：《关炯之与上海会审公廨》，载《史林》2006年第4期。

[20] 彭晓亮：《关炯之与上海会审公廨》。

[21] Mr. Kuan Chun, "the Newly-appointed Magistrate for the Mixed Court, Sat for the First Time Yesterday", *The North-China Daily News*, 1904年2月5日。

[22] 《情殷借寇》，载《申报》1904年2月25日。

纸《字林西报》，是上海租界工部局的喉舌，"才能最著"透露出对关炯最初的好评。真是不打不相识，西洋人后来才知道关炯的脾气。

第二次，1905年3月17日，到任接印，接替被革职的前任；12天后新谳员到任时交印。

第三次，1905年7月7日至1907年11月12日，到任会审官，才26岁。到任第三天的7月9日，关炯出示谕告申明自己为官的原则，谦虚地说自己上次在任"毫无泽惠及民，深有愧疚，惟此廉洁矢守谅为士民共信"，现在我又旧地重来，声明"下车伊始，尤当首杜苞苴以为先务，诚恐本乡人等在外招摇，或有不肖匪徒托名撞骗，合行出示晓谕为此示伸。各色人等知悉本分府诗礼世族，素以清白为家法，决不敢自违祖宗遗训以贻子孙羞。如有以上情事，尔等切勿受其欺愚，准其随时扭禀指控，定当尽法惩治，无论何人，决不稍为宽贷。倘有甘自受辱或竟扶同徇隐，一经查觉，取与同科。本府言出法随，切勿视为寻常具文，以身尝试，具各凛遵勿违，切切特示"。㉓"十五婢女案"引发西人"大闹公廨"的事就发生在这两年。1907年11月离任后赴任江苏通州知州。㉔ 就在这两年任期内，发生了关炯调离或留任的阵阵风波。

自1868年《洋泾浜设官会审章程》订立，到1927年会审公廨收回，共有18位正会审官任职于上海公共租界会审公廨。历任正会审官中，有的任职时间极短暂，少数如陈福勋、翁延年、屠作伦均前后二次任职。多数会审官多以贪污腐败而声名狼藉，唯有陈福勋与关炯二人不仅任职时间久，且皆以清正廉明、刚毅无私、雷厉风行而深受官场及百姓称道。㉕ 关炯不仅懂西方，还是个熟悉本土传统的基层官员，比如到中元节，他就停止审讯一天。㉖ 因此赢得中外人士的尊重，常有"一些上海士绅和知名商

㉓ 《关谳员关防示》，载《申报》1905年7月10日。
㉔ 《上海公廨谳员关炯委署通州》，载《申报》1907年10月15日。
㉕ 彭晓亮：《关炯之与上海会审公廨》。
㉖ 《昨日系中元令卫英美等国租界会审谳员关炯之司马盾例停讯一日》，载《时报》1905年8月16日。

人聚集在一起，向关炯先生赠送了纪念卷轴和牌位"。[27]

会审法官不仅要得到中国政府和百姓的支持，还要得到西人的认可，因为西人拥有话语权。关炯为人本分，虽不求迎合西人，但他为官公正做事认真，并且懂西方，有国际视野，自然也得到外国领事和西人的赞许。但是关炯非但不取悦西人，反而要和西人争取中国主权。比如按照租界章程，公廨华官颁布告示均要经领事和工部局签字盖章，可是领事和工部局的告示却不用与华官商议也不用签字盖章认可即予公布；而且西牢时有瘐毙人犯，但从不通报华官。关炯认为这显然"与中国主权相碍"，又"轻视民命"，为此向新上任的沪道瑞莘儒报告，要求照会外国领事。[28] 如果说严复是"因懂西学而懂法学"，那么关炯则是"因懂交涉而懂审判"。

1907年6月发生一个变故。6月初传出消息，有的报纸传说关炯"本月24日即离沪赴任"。[29] 关炯将要被调离上海赴东省吉林任职，确有其事。上海道方面也为会审公廨接任人选感到忧虑，遂出面干预劝上面暂留关炯。[30] 有意思的是，西人更着急。英国公使听说关炯要调离上海赴东北任职，急忙到中国外务部吁请关炯勿调，留任上海，认为"上海公堂交涉乏才，殊为可虑"。[31] 不几天，有英文报刊发文称："关炯先生要辞去他在会审公廨的职务，去接受唐绍仪总理给他的一个更好的职位，我们不得不表示遗憾。自19世纪70年代混合法庭成立以来在此任职的法官中，我们敢断言，关炯法官，是有史以来最能干、最受欢迎的官吏。因为有影响的端方总督和张之洞总督一直欲留任关炯先生，并拒绝让他离开。因此，我要

---

[27] 参见 *The North-China Daily News*，1907年7月3日。
[28] "上海英美会审公廨谳员关炯之司马以租界章程……"，载《东方杂志》1906年第3卷第5期。
[29] 《关炯之太守准以调赴东省》，载《时报》1907年6月2日。
[30] 《沪道致上海县函为酌举公廨谳员敬启者关炯之现奉徐菊帅奏调赴吉》，载《时报》1907年6月4日。
[31] "英公使朱尔典到外务部声称上海会审委员关炯办事认真诸臻妥协，今闻调往东三省差遣，上海公堂交涉乏才，殊为可虑，请将关炯留任上海勿调"，参见《时报》1907年6月8日。

向全体华人同胞表示衷心的祝贺。据我们进一步了解,领事机构也一样,希望关先生继续留在会审公廨。"㉜ 云云。是年 9 月,仍有媒体消息称他调离上海,任职海门厅,㉝ 反映了舆论对他的关注。

最后,关炯还是留任了,直到他 1907 年 10 月调任通州知州。㉞ 他到了通州,干得仍然有声有色。1908 年 9 月通州自治局议事会董事会成立,关炯有个致辞,反映了他立宪主义的先进观念,他说:"贤有司答立宪之法肇始自治三权分立总以议事实行之董事成之提之挈之……"㉟

1911 年 10 月 10 日,武昌起义爆发。11 月 4 日,上海光复。11 月 6 日,沪军都督府成立。此时 32 岁的关炯已是同盟会会员。上海道台刘燕翼奉命于当日将公廨原人马革职,把江苏通州的关炯请回来,重新委任为正会审官,主持公廨事务。公廨的案件多而杂,租界一日不可没有公廨法官。关炯刚刚回来法官席还没坐热,案件就上来了。㊱ 这次回归,他再次受到媒体热烈的响应,称赞他的人格和过去在这个位置上的荣誉。㊲ 因就任司法官,他辞去充康保险公司总经理、上海商会议董之职。㊳ 估计这是他在离开通州返沪后新担任的企业职务。

11 月 9 日,关炯下令公差役除去清服大帽,并将公廨所有公簿上的宣统年号删除,改用黄帝纪元。同日,与聂宗羲、王嘉熙两位副会审官剪辫,以示国家政体变更。可是两天后出事了。

11 月 11 日,关炯正出差,驻沪领事团趁机宣布公廨已无上级管辖,转由领事团接管,巡捕房接管公廨押所,暂时承认关炯等三位会审官继续主持公廨事务。巡捕房总巡率众巡捕荷枪实弹准备接收。等关炯出差回到

㉜ "Expectant Prefect Kuan Chun", *The North-China Daily News*, 1907 年 6 月 12 日。
㉝ 《关炯之太守将调海门厅之消息》,载《时报》1907 年 9 月 29 日。
㉞ 《专电:上海公廨谳员关炯委署通州》,载《申报》1907 年 10 月 15 日。
㉟ 关炯:《通州自治局议事会董事会成立颂词》,载《申报》1908 年 9 月 23 日。
㊱ 11 月初到任不几日,上海公共租界即发生一起无名女尸案,捕房委托关炯之进行验尸。参见《委关炯之验尸》,载《新闻报》1911 年 11 月 9 日。
㊲ Mr. Kuan Chun, "Mixed Court Magistracy", *The North-China Herald and Supreme Court & Consular Gazette*, 1911 年 11 月 11 日。
㊳ 《关炯之告辞总理议董》,载《新闻报》1911 年 12 月 2 日。

公廨时，捕房收管，公廨失权已成事实。但他心里明白，无论依旧法和条约规则，还是依民族主权尊严，都不能让步。西人多次要他签字，关炯始终不肯签字承认，以示抵制。此时的关炯处于极其尴尬境地，甚至一度想到辞职，离开这"混搭"得不伦不类的鬼地方。在各界人士的极力挽留下，想到民国即将成立，孙中山即将就任大总统，他最终还是决定继续留任公廨会审官，站好"最后一班岗"。

1911 年的最后一天，也就是 12 月 31 日，关炯亲命差役，将原有宣统年号的传提票一律上缴，以待民国成立后更换民国年号。第二天是 1912 年元旦，上午 10 时，孙中山从上海起程，前往南京就任大总统。此时，会审公廨的会审官丢弃清朝官服，特地改换西装，至各国领事馆，恭贺新年，以示提醒西人，我们是民国的法官。1 月 5 日，沪军都督府正式任命关炯为公共公廨正会审官。[39]

1912 年 1 月，有传闻说关炯要被解职。租界外国领事团又着急了，开会商量挽留关炯的对策。[40]因关炯口碑之好，远近闻名。1912 年的副总统黎元洪还在湖北时，就曾多次邀请关炯回湖北工作，称："执事宏才素所仰篡，内政外交富于经验，前次函邀，又派员往请，谅表同情，祈早回鄂以资臂助幸甚。元洪。"[41] 为此，上海总商会致电黎副总统挽留关炯，称："惟关君任廨委华洋交涉，众商倚重，廨员去留关系甚巨，似宜暂缓调动以顾大局。"[42] 关炯给黎副总统回电云："惟现领廨务，沪都人士以炯去留为有关系责，望过情一时不易脱卸，容稍缓设法摆脱即行趋侍高贤，听候指挥。"[43] 1912 年 11 月起，上海公共租界会审公廨归江苏提法司管，每月抄报刑事审讯公牍。关炯于 11 月下旬带领聂、王二襄谳前往苏州谒见提

---

[39] 彭晓亮：《关炯之与上海会审公廨》。
[40] "昨报纪公廨委员关炯之有解职之说闻领事团于两日前业有成说昨日会议之后更行决定已于今……"，载《时报》1912 年 1 月 11 日。
[41] 《副总统赏识关炯之》，载《时报》1912 年 8 月 17 日。
[42] 《上海总商会致黎副总统挽留关炯之电》，载《时报》1912 年 8 月 19 日。
[43] 《关炯之覆黎副总统电》，载《时报》1912 年 8 月 20 日。

法司，商筹租界上诉案件上级公堂事宜。[44]

1914年，因协助浙江办理案件，经浙江督军提议，大总统给关炯颁发了勋章。[45] 1917年，因属外交人才，关炯被大总统下令破格擢用。[46] 关炯成为公众人物，生病请假也会被著名的媒体曝光。[47] 1918年，上海督军聘关炯为顾问。[48] 按传统习惯，1918年阴历4月23日是关炯40岁（虚岁）寿诞，上海商界闻人在哈同花园为关炯庆寿。[49] 1920年关炯被聘兼任江苏督军署外交顾问，媒体称其多年办理华洋案件，"又交涉情形颇称熟悉"[50]。1921年，关炯为赈灾领衔捐款200大洋。[51] 1922年，关炯提出查禁淫书公害问题。[52]

关炯在中西两方的口碑是个有趣的现象。在中国人看来，关炯是为人好。但在西洋人看来，这并不是全部。关炯在西人面前既不猥琐迎合，也不激昂亢奋。他懂西方，重规则，讲法理，根据法理、事理、常理，据理力争。这反倒让西人服了，反而得到西人的赞赏和尊重。不讲规则地胡乱争斗是达不到这个效果的。这是个令人深思的外事和外交现象。

三、"大变局"中的大方向

关炯第四次走进会审公廨，时值"大变局"，大案要案迭出。正是这

---

[44] 《会审公堂须归法系，谳员公回》，载《新闻报》1912年11月25日。

[45] 《大总统批令（中华民国三年十二月十五日）》："兴武将军督理浙江军务朱瑞呈上海会审公堂历次协助浙江缉捕匪盗要犯拟请将在事出力华洋人员关炯等分别奖给勋章以励前劳而策后效由"，载《政府公报》1914年第940期。

[46] 《大总统指令第一千九百三十七号（中华民国六年十一月二十九日）》："令迪威将军正黄旗满洲都统江朝宗：呈敬举外交人才请将关炯王笃基二员破格擢用由"，载《政府公报》1917年第673期。

[47] 《关炯之生病》，载《民国日报》1917年3月28日。《关炯之病愈》，载《民国日报》1917年4月7日。

[48] 《李督军新委上海会审公廨正会审官关炯为本署顾问副会审官俞应望王嘉熙为咨议官》，载《新闻报》1918年6月17日。

[49] 《关炯之做寿》，载《新闻报》1918年5月1日。

[50] 《关炯之兼督署外交顾问》，载《民国日报》1920年12月27日。

[51] 《江苏赈务处经收捐款公告第八号》："关炯大善士，捐洋二百元。"载《江苏省公报》1921年第2863期。

[52] 《呈省长为转呈上海公共租界会审官关炯呈淫书贻害社会请转呈通令查禁文（第一零七六号，十月二十日）》，载《江苏教育公报》1922年第5卷第10期。

四次赴任长达16年的会审官生涯，为关炯的人生再增添了传奇色彩。

民国初创，百废待兴，然而历史风云偏偏诡谲多端。1913年3月20日夜，关炯在半夜接到报警：宋教仁在上海火车站遇刺！按今天史家们的分析，这是民国史上重大转折点。宋案之前，革命派、立宪派、北洋派和地方势力共同推翻清王朝，创建了中华民国，孙中山、黄兴北上大力支持袁世凯，各派合作。然而宋案之后，不同派别各趋极端，爆发了大规模内战。而且，是谁要杀宋教仁？疑点重重。那么，身处历史复杂大背景下的基层官员，一定冒着政治风险乃至生命危险，具体应当怎么应对才是正确的呢？这里不只是"政治正确"，更考验为人为官、判断处事的心念。

当夜接到"三二〇"案报警，身为公共租界会审公廨主事的会审官，关炯第一时间作出判断，凶犯很有可能往租界逃匿。他立即连夜起身，发出缉拿传单牌票，速交捕房，迅速通知总巡卜罗斯，立即组织力量查缉凶犯，要求务必尽速捕获！[53] 这是他的职守，分内的事，眼前的事！

就是他前面这个半夜发令的动作，有了结果。三天后，3月23日半夜，主凶应桂馨、凶手武士英在租界被捕获。关炯命襄谳立即提讯，自己干吗去呢？细阅查抄来的信件！这外表看起来旷达的关老爷，其实是个心思极其缜密之人。他居然从大批信件中发现一个突破口——应氏疑犯在法租界还有第二套住宅！关老爷立即通知法租界捕头进行第二次查抄。结果在第二套住宅，搜出重要公文和行刺时所用的手枪！这就是说，关老爷这一运作，找到了本案的关键证据！26日又叫英捕房总巡派人第三次搜查物证。关炯开始他漫长而艰难的预审，从3月31日开始到4月12日终结，预审达七次之多，[54] 且始终亲自出马担任主审官，仔细把握好这一复杂疑难案件事实审查的各个细节。

预审到庭的人员，除中国主审官、领事陪审官之外，还包括中国政府聘请的律师德雷斯，公共租界巡捕房律师侃克，宋教仁家属聘请的律师佑

---

[53] 彭晓亮：《关炯之与上海会审公廨》。
[54] 石子政：《关炯之的一生》，载《档案与史学》1999年第2期。

尼干（Jernigan）、梅吉言，被告的辩护律师爱理司、沃沛、罗利士等，工部局总巡卜罗斯和50号西捕总目安姆斯托朗等均有出现在法庭。虽然已是民国，但此时公共租界会审公廨诉讼制度还是具有大清与英美结合的特点——以公共租界会审公廨为代表的会审制度移植了英美律师制度、抗辩式诉讼程序和援引中外判例的法律推理方式。应桂馨与武士英的辩护人多为英美西人，因此在法庭上难缠的诘问一个接一个。由于没有公诉人制度，因此法官有时不免陷入代表国家的公诉角色。但这是制度导致的，作为会审公廨的谳员，要在这种混合式的怪胎法庭中尽到职责，其角色交错、职责复杂，压力自然要比今天人民法院的法官压力大得多。

最后一次预审，被告律师沃沛辩驳：此案已由公堂宣告表面证据确凿，并非证明就已定案。因公廨没有确定移交地点的权限，所以应该声明将来的办法——言下之意是要说清楚归哪里管辖，不然预审不可下判断。沃沛认为此案关系政治，凶手武士英曾在公堂供称杀宋是为四亿同胞利益，与寻常案件不同；强调武士英杀人的动机是为国事。显然辩护律师抛出一个很难处理的问题。

听完辩护人意见，关炯严词总结：暗杀为重大刑案，且此刑案发生地在沪宁铁路上海站，属于华界刑案，按会审章程应移交中国内地政府审判。关炯最后果断结束预审，作出预审宣判："此案预审明确，案氏发生车站，应即商明领事团，移交中国内地法庭讯办，应桂馨仍着还押候示。"⑤ 他接着补充道：即使该犯逃至英国境内，按国际法也应引渡回中国。关炯一下抓住本案争辩的两个要害，确认刑事性质，避开政治；据凶杀地点，确认依法归中国法院管辖。言下之意，不要故意纠缠拿政治说事。一锤定音！预审结束后，4月16日和17日公廨将两犯移交中国法庭审理。

智勇双全的关炯做事还极为精准严密。为确保安全起见，关炯于18

---

⑤ 《刺宋案预审之终结》，载《申报》1913年4月13日。

日亲自将所有证物、文件加火漆烙印再贴封条，在公堂当众移交给江苏都督的特派代表，并开具收条备案。这还不算，关炯亲自率捕头等一起陪同护送至交涉使署。后来，宋教仁遇刺案大白于天下，关炯主持的7次预审、果断判移凶犯、迅速严密地移交罪证，起了关键作用。㊱

然而局势更加紧急。1913年6至8月，孙中山发起的"二次革命"讨袁失败，袁世凯大肆捕杀革命党人。7月2日，袁世凯下令褫夺黄兴及陈其美等人一切荣典、军职，并发出通缉令。同时允以"特别利益"，勾结租界当局协拿。上海工部局遂于7月23日提出取消黄兴与孙中山等人租界居留权。关炯再次遇上"大事"。

在袁世凯手下大吏"捉拿黄兴"的命令下，上海有关方面要求会审公廨传讯黄兴，公廨虽传讯了两次，可是关炯以司法部未送凭证为由，一再延期。这一动作，给黄兴在一周内有了逃脱机会。7月30日，黄兴由上海赴香港，后又由港折沪，前往日本。与此同时，上海镇守使又探得孙中山隐藏在公共租界某处，即密令关炯立即签发牌票派捕逮拿。

此时公廨里已经有一位法科海归，"精通英语，熟悉外交"㊲，也是关的结拜兄弟、公廨秘书长杨润之㊳。关炯秘密急派杨秘书长，吩咐他按地址速速前往通知孙中山尽速躲避。孙中山因此逃过一劫。当时正值上海难耐的盛夏，孙先生手握一把折扇，临走时就把手里的折扇交给杨秘书长，托他带给关炯以作纪念。等杨秘书长回来后，关炯确认孙中山已经逃走，再装着公事公办的样子，派巡捕去捉，自然就扑了个空。第二天孙中山在

㊱ 石子政：《关炯之的一生》。
㊲ 《杨润之委充公廨秘书》，载《新闻报》1913年1月6日。
㊳ 杨润之（生卒年不详），名国枢，广东人，幼时赴美留学，不幸抱病而归，旋复东渡日本求学，考入明治大学法科习法律，得辩护士学位。约1910年回国后出而从政以知府分发奉天，1911年辛亥革命后旋回沪受任会审公廨总翻译供职5年。1912年请假赴澳门，公廨案件繁杂无熟手处理，关炯只好致电召回。1916至1917年任外交办事处秘书长。1918年春以县知事分发江苏。应前大总统冯国璋聘为法律顾问。1925年复应江苏交涉公署法律顾问之聘。1918年获北洋政府四等嘉禾勋章。20年代末至30年代居上海专任律师，洞明法意力障人权，风采隐然。参见《海上名人传》，上海文明书局1930年版，第76页。1916年3月被上海银行家周晋镳聘为法律顾问。参见《民国日报》1916年3月28日。

友人的帮助下偕胡汉民乘船离开上海前往日本。

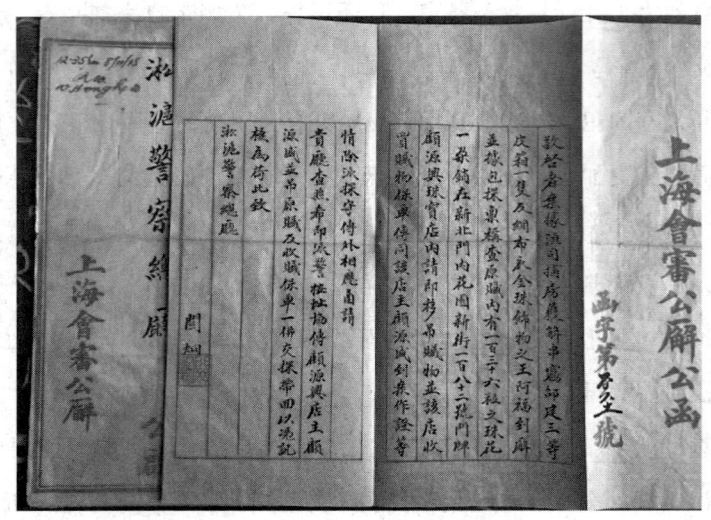

图2　1915年关炯毛笔手书"上海会审公廨公函"（然否斋藏）

"关老爷"的精彩故事一直在继续，其传奇也一直在续写。

1918年，第一次世界大战以协约国胜利而告终，各战胜国纷纷举行庆祝活动。中国亦是战胜国之一，作为中国法庭的会审公廨便悬挂起中国国旗——五色旗，以示庆祝。这次升旗却引起各国驻沪领事的非议，他们宣称会审公廨性质属于混合法庭，不应只悬挂中国国旗。关炯立即向驻沪领事交涉，认为按照租界地皮章程，会审公廨是完全的中国衙门，悬挂中国国旗名正言顺。1920年，江苏督军聘关炯为外交顾问。[59]

上海租界外人士捕杀青蛙兜售，向无相关禁令，频受西人排斥和讥讽。1921年，有卖青蛙的三小贩被控告到会廨。关炯审理后所作的判决是：判处三被告罚款5元，青蛙送交佛教净业社。关炯还为青蛙事与各国领事磋商多次。为保护青蛙，他却不再有据理力争的气势了。关炯反而与王一亭等人致函上海警察厅厅长，劝其协助发布禁令。函中说理非常中肯独到，"青蛙护稻福利民生，尤非他物之比。……非惟爱惜物命，抑亦祈

---

[59]　《苏督聘关炯之为顾问》，载《申报》1920年12月27日。

祷丰年也"⑥。1922年10月，会审官关炯以"淫书为害社会影响甚巨，业在租界内从严查禁已著成效，"因此转呈报告给江苏省长，经省政府同意"兹恐传播内地贻害青年，拟请通令查禁，具征关心风化，深堪嘉许，除指令准予据情转请通令查禁外，理合备文呈请"。⑥

1923年3月突然传闻关炯辞职，⑥《申报》称："职务20余年，颇著贤劳，历经中政府予各种勋章，日政府意政府亦授予高等勋章。"还说："关君卸任后，将以耕读为务云。"⑥ 这说法虽属传言，但说明关炯深受媒体关注和好评。1924年5月又传来消息称"关炯辞意坚决"，并且说得有板有眼——"领事团曾竭力挽留，允给假九月……"，并且说，关炯自称已经提出三次，这次实难从命。⑥ 然而，媒体舆论沸沸扬扬，上海政商界人士纷纷挽留关炯。⑥ 有消息说，关炯耽心佛学辞意坚决，外国律师公会推举刚留洋回国的谢永森律师，出任会审公廨正审官，接替引退的关炯之。⑥ 一些商会团体致信江苏省长，省长回复请交涉署拿主意，而交涉署亦出面极力挽留，而关炯亦确实是出于身体的原因而欲引退。但是劝慰者听不进这番话，仍鼎言慰留说你可以就医养病，但不可以辞职。⑥ 这样挽留一位法官的情景，恐怕古今历史上都难得一见。那么，关炯最后是否辞职成功呢？

迭经商界慰留，交涉员许沅致函各路商界联合会云："关会审官引退一事，先准上海总商会函嘱慰留，当以关君奉职勤能、望孚中外、久为各界所交推，鄙人共事数年，诸劳赞助，曾经恳切慰留，总商会代表商民、情殷惜寇，出诸至诚，务希俯顺舆情……并接关君函称，此次奉身求退，

---

⑥ 《致上海警察厅严厅长书》，载《大云》1926年第4期。
⑥ 《呈省长为转呈上海公共租界会审官关炯呈淫书贻害社会请转呈通令查禁文（第一零七号，十月二十日）》，载《江苏教育公报》1922年第5卷第10期。
⑥ 《关炯之请辞会审职务》，载《新闻报》1923年3月18日。
⑥ 《申报》1923年3月18日。
⑥ 《关炯之辞意坚决》，载《民国日报》1924年5月23日。
⑥ 《政商界挽留关炯之》，载《民国日报》1924年5月11日。
⑥ 《公廨正审官易人问题，外国律师公会推举谢永森》，载《时报》1924年6月2日。
⑥ 《商界挽留关炯之之交署复函，交涉署已极力挽留》，载《申报》1924年6月16日。

实因脑力日拙、兼之肝胃梗楚……恐致贻误。"在各界人士和许交涉员的苦苦慰留劝求之下，关炯的软心肠最后又服从了，答应只休假。[68]

不料才过了一年，他又遇上1925年的"五卅惨案"，纷繁复杂的案件压过来了。会廨审理青年学生被巡捕房指控案，关炯顶住压力，与陪审领事反复争辩，批驳工部局巡捕房的指控，最终作出判决："本公堂讯得被告人等，大多数系属青年学生，因日本工厂内工人被杀，在租界内结队演讲、散发传单。本公堂认为无欲暴动之意……"，最后释放爱国学生。办完"五卅"学生案件之后，关炯已筋疲力尽。这一切都没有逃过媒体的眼睛——"近因积劳，精神颇瘁"，正值暑假期间，告假20天，返乡休养。[69] 1927年上海公共租界工部局成立影片审查委员会，聘请关炯担任委员，他也在是年辞职离沪，同时向委员会提出辞职。[70]

人都有爱国之心，但关炯的爱国心和普通民众不同。在"五卅惨案"发生后，巡捕指控学生致庭的审讯中，他一方面确认学生没有欲暴动之意，一律开释；同时他在法庭上对年轻学生言："以中国现状而言，尔以为宜建设乎？抑破坏乎？""凡属国人，均应具爱国心，惟爱国须先辨定途径，择其有益而舍其有损为之，尔其勉旃。"意思是，我们都是中国人，都爱国，只是爱国要理性地分辨不同的途径和方法，应该选择有益的。[71]

1926年，外交方面收回上海会审公廨的筹备工作紧锣密鼓地进行，关炯和他的副会审官一起被多方聘为咨议。[72] 12月，正在筹备中的上海临时

---

[68] 《关炯之打消辞意》，载《民国日报》1924年6月16日。
[69] 《关炯之告假》，载《时报》1925年7月20日。《关炯之返申销假》，载《申报》1925年8月11日。
[70] 《本局致关炯君函：本局影片审查会会员关炯君（一九三一年一月二十六日）》，载《上海公共租界工部局公报》1931年第2卷第6期。
[71] 参见潘仲彦：《大闹会审公廨案之后——忆曾外祖父关炯之》，载《档案春秋》2013年第10期。
[72] 《两会审官奉委为咨议：关絅之与俞奠孙》，载《时报》1926年6月1日。

法院筹备主任徐维震[73]特前往会审公廨拜访关炯。[74] 1927 年 1 月 1 日中国政府收回会审公廨，关炯完成历史使命，亦终因身体原因而辞职，得到新任江苏交涉员（相当于省政府外事全权代表）许沅的核准其辞职。《法律评论》称关炯在办理廨务十余年中"不避劳怨，聿著勋勤"，特别提到："民国改元政府变更事上困难倍蓰，而如公廨信印之保留、通用中律之争执协约、战胜之独悬国旗、特别传单之限制加租讼案之驳回，凡心力所能为均坚忍以相济。自五卅案起纠纷滋甚震撼堪虞，该正会审官遇案持平保全尤大举其华洋大者十余事，或崇国体或协人情，概念时艰弥钦孤诣……"[75]在交接仪式上，许沅对其任职以来的显著功绩，给予很高评价。[76]关炯于会审公廨在任长达十六年，卸任时48岁。上海商界为纪念关炯任职期间的功劳，提议为关炯建立"去思碑"，称其任职会审官以来"廉洁冰清，中外舆论翕然"，"窃念地方长官，有德于民，一旦归田，凡吾人民，理当有以歌颂，一以表示去思，再则勉励将来……"。[77]一位法律人有这么好的口碑，不知道今后还能有几许？

四、人生下半场和归宿

1929年关炯任江苏印花税局副局长。因业务上与外国人打交道的需要，关炯副局长常常发挥他的优势；[78] 1931 年 3 月升任局长；1932 年 5 月

---

[73] 徐维震（1881—?）字旭瀛，浙江桐乡人。1904 年毕业于上海南洋公学，后赴美留学，先后就读于加利福尼亚大学、芝加哥大学、印第安纳大学。1909 年毕业于印第安纳大学，获法学士学位。1912 年任北京政府大理院推事，后任上海警备司令部国际公法及外交法律顾问，高等捕获审检厅评事。1919 年后，历任山西高等审判厅厅长、山西高等法院院长。1926 年，奉命筹备上海公共租界会审公廨收回，组建上海公共租界临时法院。1927 年 1 月 1 日，任上海公共租界临时法院院长兼上诉院院长，后任工商部参事、司法部参事、湖北省司法官典试委员长、上海公共租界临时法院院长、上海高二分院院长。1941 年 3 月 4 日下午被汪伪绑架。因在日本侵华时汪伪政府下任过地方要职，抗战胜利后被上海高等法院判刑 4 年。

[74] 《徐维震昨访关炯之》，载《新闻报》1926 年 12 月 14 日。

[75] 《接收上海公共公廨详情：许交涉员核准关炯之辞职指令》，载《法律评论》（北京）1927 年第 4 卷第 29 期。

[76] 潘仲彦：《大闹会审公廨案之后——忆曾外祖父关炯之》。

[77] 《提议为关炯之立去思碑》，载《民国日报》1927 年 1 月 7 日及《申报》1927 年 1 月 7 日。

[78] 《关絅之邀宴法当局》，载《新闻报》1930 年 3 月 7 日。

任湖北省印花烟酒税局局长；1933年2月被免职。关炯去官后致力于宗教及慈善事业，1933年在大场创办上海佛教慈幼院，自任院长，还主导成立了动物保护会。⑦ 1937年八一三战役爆发后，作为救济难民委员会的主要成员之一，他利用自己的影响筹集捐款，建立难民收容所，并输送难民参加新四军。上海沦为"孤岛"后，他断然拒绝日伪诱惑，不出任伪职。

按理说，他和中国古代所有的判官一样都是儒生出身，没学过法律，可是他却不仅能当好法官，并且总是作出经得起历史检验的判决。在不同时期、不同背景、不同局势和不同案件面前，无论为官还是为人，关炯真是"太难了"。在那个时代，论官职，关炯算不上多大的官，如果他权衡个人利害，心生杂念，则顾后瞻前、首鼠两端、犹豫不决，时间长了就变成个一身猥琐的人。可是"关老爷"传奇的传奇在于，任职于租界会审公廨这怪胎中，在中西势力冲突的夹缝中，尤其在大众激情与公共理性的矛盾中，他以爱国的本能和简朴的智慧，合乎"比例"地处置了夹缝中的尴尬和矛盾。值得我们深思的是，为什么他总能够作出准确到位的抉择，做到无悔无愧？

关炯处事，摒除杂念，无自我之利害，只有职责之是非。同样，人在难题面前，关键在于能否放空杂念，简单做人。

"关炯心理素质非常好，遇事极其镇静，不乱方寸。在复杂的对外交涉中，他并非盲目排外之辈。在与对手较量中，能做到正气凛然、有理有节。"⑧ 关炯认为"办理弱国之外交，亦自有道：开之以诚，布之以公，折之以理，动之以情，交际与手腕并用，彼方亦容有就范之时"⑧。

关炯42岁时皈依佛教，专修净土。⑧ 笔者并不是把上面的问题简单归因于宗教。再说关炯在信奉佛教之前就已经办了许多正确的案件。前面讲到1911年他已是同盟会会员，这一点值得关注：他在思想上，已经完成

---

⑦ 《保护动物会，昨日举行宣传大会，关炯之致演词》，载《申报》1935年10月5日。
⑧ 彭晓亮：《关炯之与上海会审公廨》。
⑧ 关炯：《会廨补阙记》，载《新闻报》1927年1月4日。
⑧ 潘仲彦：《大闹会审公廨案之后——忆曾外祖父关炯之》。

了一个转变,从效忠皇帝的晚清官吏,转变为有朴素民主思想和公共理性的知识分子和专业官僚。关炯朴素的民主思想代表着当时一批晚清知识人蝶变的轨迹。

关炯家庭观念极重,在家中也是个威严之人,家规森严,疾恶如仇,但又有长者独有的诙谐。他喜欢丝竹歌唱,爱好京剧,擅长小生,虽公务繁忙,也要偷闲自娱一番。[83] 关炯的家人情况不详,只知有长子,次子关君宏[84],爱女关楚慧[85]。关炯有个表外甥即赵朴初。在表舅生命的最后时光,年轻的赵朴初都在病榻前服侍。舅舅关炯是赵朴初进入佛门的引路人。

在中国现代佛教史上,关炯有着很重要的地位。他与周舜卿、沈心师、谢泗亭等人于1922年发起成立佛教居士林,这是全国第一个居士林团体。同年,关炯等创办净业社,施省之任董事长,关炯任副会长。1927年,净业社迁入觉园。净业社是上海江浙佛教联合会下属单位,赵朴初就在这里做秘书,收发报纸,起草文件。关炯对赵朴初要求很严。第一次看到赵朴初起草的文字时,关炯皱着眉头,一边拿笔批改,一边婉言批评:"你的国文很好,毛笔字也好,但佛教有佛教的门径,你要多看佛书。"从此,赵朴初开始研究佛经,这也使他后来成了佛教的一代领袖。后来,关炯建上海佛教慈幼院并任院长,日常工作即由赵朴初去做。1929年4月,中国佛教会成立,关炯被选为九人常委之一。从此,赵朴初和全国高僧大德的接触更加频繁了。年轻的赵朴初在这样一个佛化气氛里,不知不觉也走上了慈善为本、普度众生的道路。

1942年7月2日晨,发烧多时的舅舅召朴初至榻前,说道:"我此时心中甚清净,一切均能放下。专心求生净土,自觉求生净土不难。现已一步一步走近。我病中常观想普陀山荷花池及前寺观世音大士像,亦曾数次

---

[83] 潘仲彦:《大闹会审公廨案之后——忆曾外祖父关炯之》。
[84] 石子政:《对〈1905年大闹会审公堂案始末〉的补正》。
[85] 《关炯之女公子之婚礼》,载《新闻报》1925年5月12日及《图画时报》1925年第252期。

梦见；惟愿大士救度苦厄，接引生西。此生死大事，烦汝相助。"当日下午，据说他见到了观音大士，说："观音菩萨就在莲池当中，莲花围绕，我这时快乐极了！"这让我想起王守仁阳明先生临终前说的话："此心光明，亦复何言？"关炯此时正如阳明先生所言。1942年7月3日中午12时20分，关炯先生气息转微，由微而尽。

或许，是佛禅立于本心之出世智慧在助他思考，是儒家传统士文化的入世勇气在帮他抉择。在不同时期、不同背景、不同局势和不同案件中，关炯不仅总遇到急事、疑事、大事，而且总能做出准确到位的抉择，而又无愧无悔。身处公廨夹缝，何以服人？就是心正身正地为人，守职本分地做事。关炯是"圆满"的，在那个国家民族处于危亡边缘的时期，他扮演好了命运赋予他的历史角色。他在人生最后的20余年，爱国守责，遵从规则，救民济世，尽了那个时代一个知识人和司法官所应履行的职责。

郑天锡——缘起英伦，梦落英伦

图 1　郑天锡（1884—1970）

作为第一位在英国获得法学博士学位的中国人，郑天锡一生主要在从政，尤其是从事外交。无论天赋还是勤奋，无论才能还是机遇，无论自我期许还是同僚评价，他都是时代的一个宠儿，但又成为时代的一片落叶。他在命运之神的安排下，在历史潮流的冲刷中，从留学英伦到享誉英伦再到出使英伦，最后流落英伦，客死英伦。

一、法务起步

郑天锡（Cheng Tien-Hsi），字云程，号莆庭，因此英文名又用 F. T. Cheng，1884 年 7 月 10 日（阴历五月十八日）出生在广东香山县（今中山市）三乡镇一个叫雍陌的村庄。相传他早年就读于香港皇仁书院。早年有报纸上的文章介绍过郑天锡，说他幼习英文于香港，西人所授英文，他能过目成诵，进步甚速。1907 年，郑天锡 24 岁，这才赴英国留学专攻法律。

为什么这么晚才留学呢？因为他曾在香港某洋人所设的洋行中任过买办，对当地商界情形颇为熟悉。他既有同乡相帮，又精于算计，①本来是个从商之才。可是经过五年，他以志不在商乃急流勇退而辞职；为求深造，自筹巨资只身赴英国学习法律。②这个说法介绍了郑氏的教育背景、英文水平和经商履历，也使我们了解郑氏留洋较迟的原因。虽没有佐证，但也不妨作为参考。

1912 年，郑天锡毕业于伦敦大学法律系，1913 年在中殿律师学院（Middle Temple Inn）考取英国大律师资格，近而立之年才回国。过了一年，他又二度赴英留学——1914 年再次赴英深造，在伦敦大学攻读国际法专业博士，学位论文题为《确定缔约能力的国际私法规则》（The Rules of Private International Law Determining Capacity to Contract）。③ 1916 年获伦敦大学法学博士学位（LL. D.），成为第一位在英国获得法学博士学位的中国人。在他之前，虽然早有人在英国攻读法学博士，如刁作谦④曾在伦敦大学注册为法学博士候选人，但最终没有获得博士学位，于 1910 年获授法政科进士。郑天锡 1917 年到香港做律师。可是过了一年，他的职业生涯轨迹发生了改变。

这一年他应留英好友罗文干（曾于英国牛津大学学习法律，1909 年毕业）邀请，赴北京任北洋政府司法部法律翻译监督，就此 35 岁的郑天锡才开始了从政生涯。1918 年其自香港北上，9 月初司法部决定郑天锡为修订法律馆纂修，准叙五等。⑤ 1919 年 4 月初，司法部任命郑天锡为大理院

---

① 《郑天锡由商而仕》，载《东方日报》1940 年 4 月 23 日。
② 《郑天锡由商而仕》。
③ 王伟：《中国近代留洋法学博士考（1905—1950）》，第 167 页。
④ 刁作谦（1880—1974），原名庆传，字斐立，亦字成章，广东兴宁人。英国剑桥大学毕业，获法律学士、文科硕士学位。1905 年考获英国大律师执照，翌年回国入储才馆。1908 年受学部委派任欧洲留学生总监。1908 年再获剑桥大学文学硕士学位，任中国留学生监督秘书。1910 年（宣统二年）归国，应留学生考试，被授予法政科进士，经过第三届廷试，授翰林院编修。除 1920 年短期出任清华学校监督外，长期从事外交工作。
⑤ 《大总统指令第一千四百九十五号（中华民国七年九月九日）》："令司法总长朱深：呈请叙修订法律馆纂修郑天锡官等由"，载《政府公报》1918 年第 944 期。

推事，准叙列三等，给三等五级俸。⑥ 任大理院推事后，郑氏兼职于北京大学、朝阳大学教授法律。1920年10月余绍宋代理次长后不久，郑天锡即进入余氏朋友圈，常常约请司法部余次长在北京饭店吃饭，甚为频繁⑦，他也是余家每周末举办的"宣南画社"书画雅集的常客。

1921年2月，他被司法部派到上海办理关税余款案件。⑧ 这一年，他的长子出生在北京。是年，他又一次转型，任中国出席华盛顿会议代表团专门委员，从司法界进入了外交界。1922年，郑天锡回国出任中国出席关税特别会议专门委员、法权调查委员会准备处处长、国际法权委员会代表、国务院商标局法律顾问。1922年被任命为修订法律馆总纂，准叙列二等。⑨ 1923年11月郑天锡辞去总纂一职。⑩ 1924年2月23日郑氏加入北京律师公会，登记住址为东城甘雨胡同三十二号。⑪

1924年至1926年郑氏较多出现在北大法律系和朝阳大学的讲台，主讲英美法和判例，1926年1月起担任法权会议代理委员。⑫ 1927年3月中英关于天津租界问题进行谈判，他被司法部指派为谈判委员，⑬ 后又由外交部派赴讨论改订中日商约事宜⑭。或许是不满意于这样"零星"的从政模式，他萌生了退意。他热衷于美食和交际，浅斟低酌，眼饧耳热，郑宅一度成为京城法律界交谊宴会厅。但他的仕途并不顺利，或者说他本身也

---

⑥ 《大理院令第八号（中华民国八年四月四日）》："本院推事郑天锡现经呈准叙三等给三等第五级俸此令"，载《政府公报》1919年第1139期。

⑦ 余绍宋日记1920年10月10日、16日、24日，参见《余绍宋日记》（第1册），第151、152页。

⑧ 《司法部因关余案派郑天锡赴沪接洽》，载《时报》1921年2月12日。

⑨ 《大总统指令第二千四百十九号》："令署司法总长王宠惠：呈请叙修订法律馆总纂郑天锡官等由"，载《政府公报》1922年第2280期。

⑩ 《大总统令（中华民国十二年十一月四日）》："修订法律馆总纂郑天锡署总纂潘元玫呈请辞职"，载《政府公报》1923年第2746期。

⑪ 《北京律师公会会员录》，1925年6月。

⑫ 《调查法权委员会全权代表王宠惠呈临时执政请派郑天锡为本会代理委员文（中华民国十五年一月九日）》，载《政府公报》1926年第3511期。

⑬ 《中英谈判委员，司法部派郑天锡金问泗》，载《大公报》（天津）1927年3月9日。

⑭ 《郑天锡派赴外部讨论改订中日等商约事宜》，载《法律评论》（北京）1927年第4卷第34期。

不适应从政。混迹京城法律界近十年后，45 岁的郑天锡于 1928 年再次辞去公职，同年 4 月加入上海律师公会，律所地址为上海博物馆路 20 号。[15]

中断从政，南漂沪上，郑天锡重操旧业，做起了执业律师。郑氏在律界干了三年左右的时间，其间兼任东吴大学法学院教授。

二、重返司法

郑氏毕竟是中国留英法科博士第一人，1930 年司法院任命郑天锡为收回法权筹备委员会委员。[16] 但他仍然专职从事律师。1931 年底又迎来了从政机会。还是那位铁杆老友——刚刚接任司法行政部总长的罗文干，邀请郑天锡返回政坛。1932 年 1 月被任命为国民政府司法行政部常任次长，同时罗文干还兼任外交部部长。至 7 月，司法部政务次长何世桢因久未就任被免职，郑天锡因而有机会改任司法部政务次长。[17] 这是郑天锡从政生涯以来登上的最高行政职务。此时发生了著名的"牛兰夫妇案"[18]，宋庆龄、蔡元培、杨杏佛等人出面营救、保释，逼得在风口浪尖的司法部官员罗文干和郑天锡差点辞职。[19] 牛兰被释放后，二人打消了辞意。此后罗文干对媒体称与宋、蔡无关，称宋、蔡亦是"仁者之用心"，"余等辞职者实因牛兰夫妇相率绝食，妄肆非理要求"。[20]

郑天锡对中国收回法权还是做了一些贡献的。依原约定，《上海地方临时法院协定》将于 1933 年 3 月 31 日到期，需要在 1932 年 8 月底开始修订工作。中国政府需派出司法与外交人员同英、美、法、荷、挪威、巴西

---

[15]《上海律师公会会员录》，载《上海律师公会报告书》1929 年第 25 期。
[16]《司法院聘函：公字第一六四号（十九年四月十五日）》："函聘郑天锡为收回法权筹备委员会委员由"，载《司法公报》1930 年第 68 期。
[17]《行政院决议案，何世桢免职郑天锡继任石志泉为法部常次》，载《申报》1932 年 7 月 9 日。
[18] 共产国际联络部在上海的秘密交通站负责人牛兰，本名雅各布·马特耶维奇·鲁德尼克，于 1931 年和夫人、儿子一起被捕，关押到南京老虎桥监狱。8 月 20 日，宋庆龄和爱因斯坦、蔡特金、高尔基、史沫特莱等国际知名人士发起成立了设在欧洲的"国际营救牛兰委员会"，使营救牛兰的行动演变为一次世界性的运动。
[19]《宋庆龄再保释牛兰移入鼓楼医院，江苏高等法院批准暂予保释 牛夫妇离法院后表示即复食 罗文干郑天锡已允今日复职》，载《中央日报》1932 年 7 月 18 日。
[20]《罗文干郑天锡辞意可望打消》，载《申报》1932 年 7 月 15 日。

等六国驻华公使进行商酌。[21] 这次修订协定的任务是"改我国完全自主的司法机构为原则",涉及执行、司法人员任免、外籍律师出庭。郑天锡与徐谟共同代表中国,与英格兰进行了磋商谈判。[22]

1932 年冬,郑天锡带队去浙闽两省考察司法,在杭州与司法行政部的老领导、书画家余绍宋见面。据当时陪同考察的年轻人倪征燠讲:"两人都用广东话大讲书画,与司法毫不相涉。"[23] 郑天锡和余绍宋一样都是这样边做官边以雅好消遣的人。这在倪征燠他们年轻人看来,颇不习惯。早在 1933 年 8 月便传出消息说司法部部长罗文干将辞职,并且由郑天锡代理司法行政部部务。[24] 同年 12 月 2 日,罗文干辞去外交部部长职位。但郑氏并没有代理司法部务。

1934 年 12 月,郑天锡与梁鸿志二人被聘为外交部顾问。[25] 是年,郑担任了首都承审员临时考试典试委员会委员长。[26] 坊间还传说郑可能担任司法院秘书长。"留英法科博士第一人"这个牌子还是很受用的,加上大理院和司法部的履历也很引人注目,郑氏又有了一次机会:1935 年 5 月,郑天锡出任法权研究会副委员长。[27] 这次法权研究会是继 1926 年江苏省交涉署奉外交部指令成立法权研究会后的第一个全国性研究会,这次由司法部牵头并挂帅。同月,司法院会议决定拟派郑天锡参加国际刑罚和刑法有关的两个会议。[28] 这两个会议于 1935 年 8 月举行,分别是德国柏林的刑罚监狱会议和丹麦的刑法统一会议。[29] 有意思的是,国内迟迟未报道郑参加的

---

[21] 《沪特区法院协定准备进行修改》,载《申报》1932 年 8 月 26 日。
[22] 《修改沪特区法院协定,由徐谟郑天锡与应(英)格兰磋商》,载《新闻报》1933 年 2 月 7 日。
[23] 倪征燠:《淡泊从容莅海牙》,法律出版社 1999 年版,第 46 页。
[24] 《前日政治会议通过昨已下令 郑天锡代理司法行政部部务 罗一周内启行计划移犯筑路开发交通》,载《民报》1933 年 8 月 18 日。
[25] 《外部添聘顾问梁鸿志郑天锡二人》,载《中央日报》1934 年 12 月 11 日。
[26] 《国民政府昨(廿六)日命令派郑天锡为首都承审员临时考试典试委员会委员长》,载《中央日报》1934 年 9 月 27 日。
[27] 《法部聘郑天锡充任法权研究会副委员长》,载《中央日报》1935 年 5 月 17 日。
[28] 《司法院昨开第四次院会》,载《中央日报》1935 年 5 月 22 日。
[29] 《郑天锡出席国际两刑法会议经过》,载《中央日报》1936 年 5 月 24 日。

这两次会议，直到 1936 年 5 月，才在《中央日报》做了事后的介绍。

1936 年对于郑天锡来说是不平常的一年，这是他人生的高光时刻。他领导筹备的伦敦中国艺术品国际展览会获得巨大的成功。而伦敦展览会上的中国艺术品还在运返的海轮上之时，郑天锡已经得到消息：多个国家推举他担任常设国际法院法官。中国首位在常设国际法院任法官的是王宠惠：1922 年 1 月王当选候补法官，1930 年当选常设国际法院法官，1935 年应政府之召，辞去常设国际法院法官。中国在海牙法院的法官位置出现了空缺，各国逐鹿者甚众。1936 年 3 月传出消息称中国拟推郑天锡继任，[30] 6 月波兰推荐郑天锡[31]，7 月美洲巴拿马推荐郑天锡，[32] 8 月日本推荐郑天锡。[33] 人在"高光时刻"，总是受到媒体关注，因此《中央日报》才于此时报道了郑 1935 年参加的两次国际会议。

郑天锡于 1936 年 10 月正式当选常设国际法院法官。法界闻人江庸律师向郑天锡发来贺信，祝贺他荣任国际法庭法官，此职"不限于本国人充补，非执事学问声誉，为各国学者所敬仰，决难获选，故执事之得补亮畴斯缺，较充国内任何要职尤为荣誉，且非惟个人荣誉，实亦全国法学界之荣誉，实亦国家之荣誉"。然后江庸又叙及他本人曾前往海牙，在法院目睹过王宠惠的办公室，艳羡之至，又想到下一位进入这个位置的人是谁呢，猜测"未必即为吾国人，又不无惋念之意"。因此得悉此喜讯，欣慰之情自不同于众人，于是提两点希望：一是"以该职为毕生事业"，在海牙"专心于法律之学，以期贡献国家"；二是推举郑氏为《法律评论》名誉社长，"以后如有撰述，不时惠赐，法庭判决，悉恩寄给副本，当一一译刊，以示国人"。[34]

正当他 1936 年结束伦敦展览会回国的时候，李四光也从英国回国。

---

[30] 《王宠惠辞职后拟推郑天锡继任》，载《国民导报》1936 年 3 月 4 日。
[31] 《海牙法庭代表波兰推举郑天锡 补王宠惠之遗缺》，载《申报》1936 年 6 月 26 日。
[32] 《巴拿马建议推荐郑天锡为国际法官》，载《申报》1936 年 7 月 17 日。
[33] 《国际法庭法官日本推荐郑天锡补任》，载《申报》1936 年 8 月 9 日。
[34] 《江庸函贺郑天锡荣任国际法庭法官，望在海牙专心法学》，载《大公报》（上海）1936 年 10 月 13 日。

他们二人受到首都留英同学会的热烈欢迎,同学会专门为他俩举办了欢迎聚会。遗憾的是,李四光因故未到会,[35]因此郑李错过了一次见面机会。如果知道他俩后面的最后一次戏剧般的交集,读者就明白,本文为何特意提到这次偶然的"错过"。这是后话。

1937年,郑天锡接海牙法院电促,因2月1日召开年会即开庭期,法院希望他提前到任。于是郑天锡偕夫人以及男女公子一行四人,乘坐德国邮轮香霍斯脱号启程。[36]1937年1月21日,郑天锡在中国驻荷兰公使金问泗的陪同下抵达海牙,正式走马上任。[37]不久第二次世界大战爆发,常设国际法院于1939年几乎处在停止工作状态。郑氏于1940年离开海牙,避居瑞士。中国在抗战,国际社会在反法西斯,瑞士此时是个安全岛。他有了闲散时间撰写一些闲文。当然,也做了些好事。据说,他在关键时刻将国际常设法院的重要文件档案转移到中立国瑞士的日内瓦,使这些文件在二战期间得到妥善保存,为保存国际重要文件档案立下了功劳。可以说,他还是尽到分内职责的。

他于1945年2月即被重新任命为司法行政部次长。[38]但事实上他还没有回国。二战结束前的1945年4月初,联合国法学家委员会举行会议,讨论国际正义永久法庭的规章第二十三条至三十三条之规定,[39]实际就是后来新的联合国国际法院之规约。中国方面受到邀请的是王宠惠博士。[40]

1945年10月,郑天锡从苏黎世出发前往海牙,参加国际法庭会议。按照旧金山会议决议,此次会议讨论国际法庭移交新国际法庭以及战后相关事宜。[41]1946年,联合国国际法院取代了常设国际法院,同样设立于荷兰海牙和平宫。原常设国际法院正式解散,新国际法院重新选举新国际法

---

[35]《首都留英同学会欢迎李四光郑天锡》,载《中央日报》1936年6月7日。
[36]《郑天锡出国赴任》,载《法律评论》(北京)1937年第14卷第11期。
[37]《国际法官郑天锡就任》,载《申报》1937年1月23日。
[38]《行政院昨例会,郑天锡任司法部次长》,载《大公报》(重庆)1945年2月7日。
[39]《国际法庭法学家续议规章》,载《中央日报》(重庆)1945年4月13日。
[40]《联合国法学专家委员会昨在美开会》,载《正报》(西安)1945年4月10日。
[41]《国际法庭日内在海牙开会》,载《中央日报》(重庆)1945年10月26日。

官,中国政府于 12 月提名徐谟为候选人。徐谟已是"内定"人选,可是郑天锡也获得一些国家的提名,于是他公开表示放弃参选,表示"以助其他中国籍候选人"当选。㊷ 此后,他转入外交工作。

三、外交生涯

1946 年 7 月,62 岁的郑天锡担任中国驻英国大使,7 月 21 日从中国出发,8 月到达伦敦,向英女王递交国书。㊸ 中国顽强抵抗日本法西斯,战争胜利后,英国各界对中国人及驻英大使都十分尊敬。1946 年 11 月,中殿律师学院授予郑天锡大使一个名誉头衔——中殿律师学院荣誉审判官。㊹ 这是他母校给予的一个非常高的荣誉。郑天锡这次重返伦敦,以法律家身份出任外交官,很适应西方外交官这个圈子,如鱼得水。除长子郑斌㊺与父亲同在伦敦外,其夫人与次子及女公子均留在瑞士,其前任郭泰琪大使留下的庖丁继续为郑氏服务。㊻

郑天锡 20 多岁留学以来,除去在上海担任了三年执业律师和在海牙担任了三年国际法官之外,前后两个五年在北京做官,此外,其一生中有五十年在海外,近半个世纪。做官或外交,或许是青少年时代埋下的种子。其英文几乎达到母语水平,他先后将中国法律翻译为英文,如《民法初稿》《最高法院的判决》《捕获审判所规则与审判》,以及中英文本的《大理院判例》《大理院判例讨论》《暂行新刑律例》。这些书不是学术著作,已无太多价值。他在外交生涯中贡献如何,至今鲜有记载。但他从事外交活动期间,亲历了一些重大历史事件,这些事件本身留给我们一些回味和启示。现举几个案例。

㊷ 《新国际法院法官郑天锡提名选举》,载《中央日报》(重庆)1946 年 1 月 24 日。
㊸ 《驻英大使郑天锡向英王呈递国书》,载《中央日报》1946 年 8 月 5 日。
㊹ 《郑天锡大使荣誉任英法学馆名誉审判官》,载《中央日报》1946 年 11 月 3 日。
㊺ 郑斌(Bin Cheng,1921—2019),出生在北京,早年随父赴英,后去瑞士,1944 年毕业于日内瓦大学,娶 40 年代外交官傅秉常千金。1950 年在伦敦大学法学科获哲学博士,后留校任教,从事太空法研究,曾任伦敦大学法律系副主任和系主任、法学院院长。
㊻ 《新任驻英大使郑莆庭博士》,载《申报》1946 年 10 月 2 日。

第一个案例,是郑天锡参与过的"沪廨案"交涉。

所谓"沪廨案"是指为上海公共租界会审公廨的收回问题与各国使团交涉的事务。上海公共租界会审公廨初设于 1864 年。自辛亥革命以后,国内民众一直有收回公廨的要求。自 1913 年冬至 1925 年春,以北京政府外交部为主体共进行了 5 次交涉,均因不得要领无果而终。"五卅惨案"后,作为惨案"远因"的会审公廨再次成为焦点。北京方面外交部与各国公使团代表的交涉,总是被外方断然拒绝。"沪廨案"的交涉状况令北京外交、司法两部很无奈,无计可施。"北京现处政务停顿之下,各项悬案无从进行交涉,不如由沪各法学家赴省请愿、派员主持交涉。"[47] 1926 年 4 月,民间力量聚集起来了,聪明的上海绅商酝酿着以地方力量来磋商——上海总商会、上海律师公会、公共租界纳税华人会等法团,纷纷策划、推选代表、联络政府、沟通呼吁,表达了上海商民要求收回公廨的意见。[48] 收回会审公廨被列为上海工商学联合会所提对外交涉要求中的重要内容。在江苏省孙传芳的支持下,5 月 4 日,成立淞沪商埠督办公署来进行民间性的交涉,留英海归地质学家丁文江就任总办,开始采用新交涉策略。

与洋人交涉尤其需要从规则法理上商谈,也需要有对西方习性熟悉的有识之人。在此时的外交谈判中,官方交涉过于正式,而民间愤怒也无以解决问题。我方提出地方性、民间性的交涉,外方代表接纳了。这民间性交涉实质上是以知识分子身份出面,以丁文江为代表开始在上海交涉。但北京政府也不是坐视不管。1926 年 8 月 3 日,北京司法部派时任法权讨论会秘书长郑天锡前往上海,应对姿态比较独特:一方面探询真相,另一方面传递缓和信息。郑天锡以私人资格列席旁听了 8 月 6 日的会议。但在其与丁文江交流沟通时,却遭到了外方代表巴尔敦的强烈反对。英国领事以"两地之会议根据绝然不同"为由,"极端反对在此会议中涉及北京谈判",

---

[47] 《收回沪廨案近讯》,载《申报》1926 年 4 月 11 日。
[48] 《收回沪廨案运动》,载《民国日报》1926 年 4 月 28 日。

丁文江在严词力争后也无可奈何。㊾ 郑天锡代表北京，没起到多大的实质性作用。他也颇为“识相”，在外交中只能把握火候，退出会场。

此时，社会民众舆论反对声浪四起，双方颇为冷静，对此不为所动。经10月初至11月底的8次委员会会议，经过往返磋商，双方对有关法庭的各项问题包括公廨交回日期达成共识。12月31日，双方正式换文。次日，即1927年1月1日，有50多年历史的会审公廨被中方收回，继之设立临时法院。㊿ 大量资料证实，“沪廨案”能于1926年底得到顺利解决，中国收回司法主权，与三个方面无意间的默契“配合”有关：一是可以有民意舆论，但要隔绝民粹过激的“义和团”式行动；二是地方与中央交替进行理性温和外交，体现了外交智慧；三是“民间外交”，对外交涉要既讲商业对价，又讲规则智识。

第二个案例，是郑天锡任特使督导的中国首次艺术国际展览会，亦是一次文化外交。

1935年，中国政府遇到一个对外展示形象的难得机会，但也很可能丧失这个良机。而郑天锡虽然还不是外交官，但他是这个机会的重要筹备人和实施者——伦敦中国艺术品国际展览会筹备委员会特派员。(51) 当时负责文化建设的教育部，为此成立了一个筹备委员会，教育部部长王世杰担任主任，故宫博物院内成立选件委员会，由马衡院长任主任。当时的国民政府特派留英博士郑天锡以特使身份，督导整个展览事宜。

30年代以前的欧美人对中国人很不了解，以为就是伦敦橱窗里展示的后脑扎辫子的中国人塑像模型那样。最初产生这个计划的，是英国多位对中国艺术品研究造诣颇深的专家，他们萌发出一个想法：能否把分散在各国博物院的中国艺术品，通通集中到英国来，举行一次国际性的大规模展

㊾ 谷小水：《1926年上海公共租界会审公廨收回交涉述评》，载《历史档案》2007年第2期。

㊿ 谷小水：《1926年上海公共租界会审公廨收回交涉述评》。

(51) 《伦敦艺展会我国古物定期开箱》，载《中央日报》1935年8月6日。

览会？他们便向中国驻英国大使馆试探。当时的中国驻英大使是郭泰琪，他 1932 年至 1935 年任驻英大使，曾获伦敦大学所授名誉法学博士学位。郭大使认为这是一个绝好机会，可使欧美一般平民了解中国的伟大和中国艺术的精美，便赶快把此事报告给了国内政府。中国方面有过激烈争论，对于此事的看法大致有两种：一是持慎重态度的人认为，把国宝运到这样遥远的地方去，如果途中发生意外，将无法向国人交代；一是支持对外文化传播的人提出，在英国城市中，衣冠齐楚的黄种人都被认为是日本人，既然有了解中国文化的西方人士做出这样的提议，这是个好机会，不仅能宣传中国艺术，而且能让欧美人士了解中国和中国人。

最后，故宫博物院理事会提出了多条结论，其中包括为了文物的安全，与英方洽商，由英国军舰载运护送。当中国政府把文物准予出国展览的决定通知英方几位发起人后，他们非常高兴，当即给这个展览会取名为 International Exhibition of Chinese Art，London（伦敦中国艺术国际展览会）。[52] 政府还为郑天锡选派了两位秘书，一位是教育部督学出身的唐惜芬，他做郑天锡的英文秘书；另一位是庄尚严，专门帮助郑天锡解答中国艺术展览品的有关问题，兼负运英文物保管、陈列之责。[53] 在组织机构前提下，展览会制订了周密的实施计划。从国内挑选出的近千件展品被置于 93 个集装箱，装在承担运输和护送任务的萨福克号英国军舰巡洋舰上，于 6 月 7 日黎明从上海启程，一个半月后运抵英国。[54]

展览于 1935 年 11 月 28 日，亦即英王陛下和王后银婚纪念日这天正式开幕。其间，英国国王乔治五世、玛丽王后携皇室成员前来参观，均由郑天锡作陪讲解翻译。据说玛丽王后对其中一件宝物很感兴趣，请郑天锡先生给些解答。他做了解答之后补充说，该物在莎士比亚的诗中曾被提到

---

[52] 陈建宁：《轰动欧洲的中国国宝展及其风波》，载《档案与史学》2003 年第 3 期。

[53] 陈建宁：《轰动欧洲的中国国宝展及其风波》。

[54] 王瀛三、陈卫：《伦敦〈中国艺术国际展览会〉——记河南省博物馆首次参加的出国展览》，载《美育学刊》2017 年第 4 期。另参见节弘：《第一次远征——1935 年中国艺术国际展览会在伦敦》，载《中国书画》2004 年第 6 期。

过，于是气定神闲地把莎翁原诗背诵出来。玛丽王后听了，非常钦佩，从此有了私人友谊。据说连玛丽王后高兴之余还订购了一款中国宝石蓝的裙子。自 1935 年 11 月 28 日至 1936 年 3 月 7 日在皇家艺术院所在地伯琳顿（Burlington House）展出。十四周的展期里，共有 422048 人次，包括许多来自德、意、法、比、奥、美等国的观众，专程前来参观了欧洲有史以来规模最大的一次中国艺术展。如此受欢迎的程度在伯琳顿馆的展览史上排名第二，仅次于早年的意大利艺术展。[55] 1936 年 5 月 18 日，中国艺术品安全运抵上海。[56]

1935—1936 年在伦敦举行的国际中国艺术展览，是中国在海外宣扬中华历史和艺术的国际盛事。英方展览发起人称中国"其人民超脱日常物质生活之精神，尤为对西方人民思想之一种具有刺激性的兴奋剂"[57]。郑因此得到当时最高领导人的嘉奖。[58] 从这次文化外交盛事中，我们能够看到中国外交官的风采。在 1935 年 12 月的一次演讲中，郑氏特别借中国艺术创作灵感来源于爱好和平、美德与正义的本性与愿望，来阐明中国文化与文明的根基，他显然是针对当时日本军国主义者在中国东北挑起九一八事变的形势而发表的一种态度。[59] 此时的郑天锡是法权委员会副委员长，虽然不是以外交官身份出现在伦敦的，但他作为文化使者，也具有半个外交官身份，在首次国际中国艺术展上代表中国形象，任务完成得简直完美！这次经历，加上留英经历和国际法专业背景，为他后来担任外交官奠定了基础。然而这不是他外交官底色的唯一要素。

---

[55] 节弘：《第一次远征——1935 年中国艺术国际展览会在伦敦》。

[56] 《参加伦敦艺展古物昨日已抵上海今晨运京展览》，载《大公报》（上海）1936 年 5 月 18 日。

[57] 郑天锡：《参加伦敦中国艺术国际展览会报告（一）》，载《大公报》（上海）1936 年 8 月 8 日。

[58] 《国民政府指令：第一三六四号（二十五年六月二十三日）》："令行政院：二十五年六月十五日第一四五二号呈一件，为据伦敦中国艺术国际展览会中国特派员郑天锡呈报视察伦敦中国艺展及督理展品往返经过情形，除指令嘉慰外，检同原附报告书，转请鉴核备案由"，载《国民政府公报》（南京1927）1936 年第 2083 期。

[59] 范丽雅：《郑天锡与 1935 年伦敦中国艺术国际展览会》，载《美术观察》2023 年第 3 期。

第三个案例，是郑天锡参与处置的西藏夏格巴护照外交事件。

1947年12月30日，西藏有个商务代表团面见美国驻印度大使馆官员，为其美国之行做准备。该团逗留印度期间，英方在夏格巴等人所持的西藏地方政府"护照"上签发了他们进入香港的签证。于是，这个代表团只好先到中国内地来。他们虽然可以利用西藏地方政府（即噶厦政府）的"护照"及英方的签证前往香港，却不得不用国民政府驻加尔各答领事馆为其签发的中国护照从香港进入内地。抵达南京后，国民政府蒙藏委员会官员劝告夏格巴等人不要自行前往美英。夏格巴后来也假意表示拟由上海经香港、印度返藏，但是他们离开南京之前却私下获得了英国在南京的驻华大使馆签发的赴英签证。

当时英国多年来从未明确承认中国对于西藏的主权，在西藏当局中培植起一股亲英势力，企图把西藏从中国分裂出去。对于英国驻华大使馆给持有噶厦政府"护照"的夏格巴等人签发赴英签证的做法，南京政府并不奇怪，也曾就此事对英提出交涉，这个交涉就是由郑天锡实施的。

当时郑天锡是驻英国大使。他接到政府通知后，立即派驻英使馆段参事向英方严厉交涉，提出英国驻南京大使馆不应给夏格巴等人签证。英国外交部主管官员答称："以英国惯例，对于国籍不明者如请求签证，不需当地政府之护照，只需其本人之宣誓书即予以签证。"段参事当即驳斥道：西藏为中国领土，绝非国籍不明者可比。对方亦无言以对，只说事已如此，表示歉意。最后，英国当局只好承认，其驻南京大使馆签发此项签证是"出了技术性差错"。[60]

第四个案例，是郑天锡参与过的"九龙城寨"案件。

九龙城寨位于九龙半岛东部，面积不到7英亩（约0.026平方千米）。鸦片战争后，仍然属于中国领土，清政府在此设立九龙巡检司，1847年修建九龙城寨，从此成为清政府在这一地区的政治、军事中心。1860年中英

---

[60] 参见胡岩：《南京国民政府反对帝国主义分裂西藏的历史考察》，载《民国档案》2003年第2期。

《北京条约》迫使中国割让九龙半岛，英国占领区已逼近九龙城寨。在 1898 年中英关于展拓香港界址的谈判中，清政府虽同意英国租借深圳河以南的新界，但坚持保留城寨主权。20 世纪 30 年代香港城市化加速，城市已扩张到了九龙城寨边缘。

1948 年城寨问题再起争端。1948 年 1 月 5 日，香港政府强拆九龙城寨民宅，逮捕两名居民，引发中英双方围绕战后香港问题的一次较量。整个事件呈现出中英两国外交当局、香港政府、广东地方政府、九龙城寨居民和中国内地民众在"两国多方"格局下的角力。事件之初，国民政府一方面通过外交解决，另一方面也试图利用民众运动与新闻舆论迫使英国让步。[61] 但由于广州民众运动火候过猛，引发"沙面事件"，[62] 促使国民政府软化立场，转向寻求妥协。而英国则态度谨慎，对于涉及城寨管辖权的问题寸步不让，在谈判过程中以拖待变。整个交涉过程一波三折，最后中英双方未达成任何协议，无果而终。

殖民地部官员提出将城寨问题交海牙国际法庭仲裁，战后新任香港总督葛量洪则主张维持现状，容许 1948 年 1 月 12 日以后在城寨重建的木屋继续存在，但不能搭建新屋，港府在正常情况下不会干预城寨居民生活。在葛量洪看来，与其建成中英共管的公园，还不如维持现状。中国政府在当时的背景下，完全是以弱国面对大英帝国。所谓弱国无外交，在这件事上表现得很明显。驻英大使郑天锡明知如此，还是做最后的努力。他与英国友人、法律专家克利浦斯爵士是老朋友，知道他同外相贝文关系密切，恳请克利浦斯爵士协助解决迁延多日的城寨问题。可是最后，克利浦斯向郑氏提出，如果未来公园出现涉法案件，由中英两国的董事凭借英王陛下资格进行处理。也就是说，中国如果想解决此事，那就只能这样。由于希望尽快了结此案，外交总长王世杰表示"大体接受"，此事才这样草草了结。[63]

---

  [61] 茂亭：《九龙城与沙面事件》，载《曙光》1948 年第 2 卷第 3 期。
  [62] 《沙面事件目击记（摘自香港工商日报）》，载《侨声》（广州）1948 年第 2 期。
  [63] 参见孙扬：《大国梦幻中的弱势外交——1948 年中英九龙城寨事件交涉析论》，载《南京大学学报》（哲学·人文科学·社会科学版）2008 年第 1 期。

四、临界败局

民国以来，中国驻英使节都是留美出身，只郑天锡一人除外。郑天锡之所以能够出使英国，与他早年留学伦敦，与他主持伦敦国际中国艺术展览有关。但更重要的是他作为外交官的中国传统文化素养。直到 1949 年 1 月，他还在剑桥主持中国画展揭幕。[64] 郑天锡驻英大使任内，说不上折冲樽俎，但谙熟西方文明和行事规则，善于与英国朝野人士发展文化关系，感情融洽。在他效力过的旧政权即将败退之际，他还以私人关系呼吁英美法苏介入中国内战的调停，但被各国拒绝。[65] 4 月中旬他接命令携前驻苏联大使傅秉常回了一趟中国。1949 年 5 月，国民党当局获悉英国打算承认新中国，企图通过外交途径拉住英国，希望英国不要承认新中国。外长顾维钧只能趁英国外相贝文访美之机亲自登门劝说，而驻英大使郑天锡却在伦敦专门宴请英国首相艾德礼，"力劝其切勿承认中共政权"。后来，郑天锡还曾想再度会见艾德礼首相。[66] 6 月，英国商船被中国空军炸毁，受到英方抗议，外相贝文将抗议书面交郑天锡。[67] 郑天锡在伦敦开展了不少活动，欲借力阻止对新政权的承认。

1949 年 10 月，新政协召开了，新中国成立了，国内公布了李四光为政协委员的消息。当时，李四光正在英国。即将过气的民国政府驻英大使馆转来台湾给李的一份电报，内容是要李四光发表声明，拒绝新中国给予的政协委员职务。李四光在离开英国时，给驻英大使郑天锡留下了一封信，大意是：我决不发表你们要我发表的声明，我要立即返回祖国。他劝告郑大使不要再为蒋介石干事了。[68] 第二天，大使馆果真派人来找他，并奉上郑天锡的一封信和 5000 美元。最后李夫人把信交给来人，并把钱退了回去。[69]

---

[64] 《郑天锡在剑桥揭幕中国画展》，载《新闻报》1949 年 1 月 14 日。
[65] 《郑天锡访晤英外相，法（国）不愿调停中国内战》，载《中华时报》1949 年 1 月 20 日。
[66] 参见周军：《论美英围绕是否承认新中国问题的一次外交矛盾》，载《南京政治学院学报》1993 年第 2 期。
[67] 《英船"艾契斯特"号，昨再度被轰炸》，载《大公报》（重庆）1949 年 6 月 23 日。
[68] 周国钧：《记我国卓越的科学家——李四光》，载《化石》1977 年第 4 期。
[69] 李林：《周总理与父亲李四光》，载《科学新闻》2001 年第 20 期。

直到 1949 年 11 月，英国政府还把郑当作中方"大使"，应约至英国外交部，引起伦敦各大媒体的关注。原因是，国民党空军为关闭港口而实施轰炸，英政府担心英国商船安全而召见"郑大使"。[70] 郑天锡也曾想为他服务的旧政权使劲，做最后的挣扎，保留旧政权在英国的领事馆，但这么做显然回天无力。倘若撇开其政治立场，作为一国外交官，其能力还是可圈可点的。数月后的 1950 年 1 月，英国政府承认中华人民共和国为中国唯一合法政府后，同日发表声明，撤销对国民政府的外交承认。从此，位于伦敦的原中国大使馆关闭，郑天锡亦不再享受外交待遇，永久留在了英国。虽离开外交界，但仍然担任"国联调整委员会"和"国联仲裁委员会"委员等职。[71] 他远离祖国，成为一个旧政权在海外飘零的遗落者。1970 年 1 月 30 日，他在伦敦病逝，终年 87 岁。

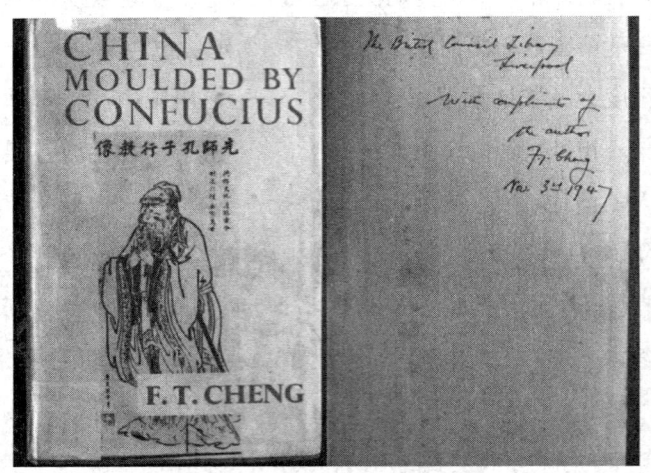

图 2　郑天锡 1947 年签赠利物浦英国文化交流协会图书馆的
China Moulded by Confucius（然否斋藏）

作为一名外交官，郑天锡还是一位对中国哲学与文化有广泛涉猎的学者，其研究兴趣涉及文化艺术比较研究。1947 年，他在伦敦出版了 China Moulded by Confucius，副标题是 The Chinese Way in Western Light。他在扉页

---

[70] 《郑天锡应约访英外部》，载《大公报》（重庆）1949 年 11 月 8 日。
[71] 范丽雅：《郑天锡与 1935 年伦敦中国艺术国际展览会》。

给了一个中文书名,叫《孔子模型之中国人——华道西光》。1949 年 3 月,此书再版。[72] 在"导言"中,他就谈了这样几个问题:世界对中华文明的兴趣是如何觉醒的,世界向中国抗战致敬,中华文明与人类的关系,误读中国文明的原因和实例,中国对世界文明的贡献,二战前的中国观,二战以来的中国观……然后进入第二部分"一般检视",谈到中国人如何看待自己,其他人如何看待中国人,正确认识中国和中国人所需的事实,中国人对事物的一般看法,中国的三个特色——礼(Propriety)、君子(Gentleman)、情(Sentiment),礼是中国文化的重要组成部分,等等。这样的问题意识和广博视野,使作者的宽广胸怀豁然展现在世人面前。在平等而儒雅的态度上,进行文化上的交流和讨论,这世上还会有谁不接受呢?

全书内容从宗教、哲学、家庭、婚姻、友谊谈到文学和艺术。当他谈哲学的时候,首先写"中国作为哲学的国度",还讲到"中国人对学问和美德的尊崇"。当他讲到艺术的时候,他说:"艺术从来不具有破坏性,但科学有可能。"(Art is never destructive; science may be.)[73] 这种角度和观点特别体现中国民族性,而其中的观念,却无不具有世界性。在全书的结论部分,他只有一首诗:

> 不要说东方是东方,西方是西方;/因为他们是血亲兄弟。/他们不是双胞胎;/因为东方比较古老,而且在某些方面她也更明智。/正如谚语所说,愿他们拥有和谐!/"会给人类带来这样的许多快乐的日子"。

郑天锡用注释的方式对诗中"东方比较古老""更明智"做了解释,他说:"在历史和诗歌中,在宗教表现和哲学思辨中,东方是西方的前身。

---

[72] 《郑天锡著〈儒教之中国〉再版》,载《新闻报》1949 年 3 月 16 日
[73] F. T. Cheng, *China Moulded by Confucius: The Chinese Way in Western Light*, Stevens & Son Limiited, 1947, p. 245.

所以我们必须寻求去了解她，以便我们更好地了解自己……随着对东方认知的发展，我们将看到一个新的世界，一个在古代没有怀疑过的奇妙文明。"[74] 此外他还著有《中国文化与艺术》《东方与西方》等等，都是关于中国哲学和文化的书，郑的哲学和文化功底可从中窥见一斑，也可以看到一位中国外交官的文化素养和文化自信。

郑天锡既有法科背景又有西方教育背景，既懂司法又有文化素养，既熟谙国际法又擅长文化交流。他在收回法权、主权独立、国际交流、中英外交、国际司法等历史经历中，曾经起到过重要作用，无疑是民国外交官中的佼佼者。

---

[74] F. T. Cheng, *China Moulded by Confucius: The Chinese Way in Western Light*, Stevens & Son Limiited, 1947, p. 257.

顾维钧——制度弱国的外交精英

图 1　顾维钧（1888—1985）

百余年前，一个"80后"的上海帅小伙，24岁从纽约留学回国即成为最高领导人的秘书（1912）；25岁被总理相中，后来当了总理的女婿（1913）；27岁出任中国驻美国公使（1915）；31岁作为巴黎和会中国"五人代表"之一（1919）；34岁担任外交总长（1922）……此人一生从事外交，是一个时代的奇观。

这个小伙子就是顾维钧，在中国外交史上是个传奇人物。其一生从事外交，不乏成功或传奇案例。人们常说"弱国无外交"，这句话似乎成为近代中国的一个定律，可是以顾维钧为代表的法科知识精英却能够让这个定律存在一定的变数。

一、外交精英的独特素养

外交家顾维钧是中国知识封闭和知识垄断时代的奇观。但我们不可否认，他的成功也与其自身特殊的品质个性和知识结构分不开。即便在"弱国无外交"的国势之下，他仍用一生的勤勉创造了外交传奇。这传奇里的密码是什么？

这传奇的密码首先是他独特的精英个性。他的身上汇聚了许多似乎天成的气质与品质，诸如专业勤勉、思维缜密、儒雅开明、亲和细腻等优秀外家官的必备素养。这些素养，或许透过他的出身与成长历程，可发现些许的原始踪影。

顾维钧，字少川，1888年1月29日出生在江苏省嘉定县（今上海市嘉定区）的顾家。父亲顾溶，原报关行职员，转官办招商局帮账。母亲蒋氏，操持家务。少川跟随祖母长大，3岁便与二哥被送去上学，在一位朱先生的私塾中读书。这时相当于现在上幼儿园的年龄。他在私塾中学习，一直到上小学。学习之余可以玩各种传统儿童游戏，给他打开一个自由而欢乐的世界。他爱念书，也爱玩，玩得很开心。他玩当时孩子们可能接触到的各种玩具，诸如扔石子、滚铜钱、斗蟋蟀、纸灯笼、踢毽子、放风筝；也玩其他孩子所没有玩过的，诸如学画、吹笛、拉琴，甚至刺绣……玩乐方面完全自由，父母并不干预。直至1898年他10岁时，尽管他不愿意，父亲仍然决定让他转学。最后到了英华书院，开始接触英文，受按英语成绩排名抢座的刺激，他不仅兴趣极浓，还有争抢动力。13岁时，进入圣约翰书院读书，受英美思想和留日中国老师的影响，开始接触社会改革思想。1904年，他16岁，到了上大学的年龄，他自作主张置西服，答应与施肇基的两个侄子一起赴美国留学，甚至去理发店剪掉每个中国人身上最具象征意义的那根辫子！

1904年8月，在留美海归施肇基的带领下，顾维钧到达美国，用一年时间在库克学院完成预科。他又自主决定，选择在纽约上美国名校哥伦比亚大学。结果成功通过考试，进入哥大读书，并在大一那年，就成为纽约中国学生联谊会主席。他还在1905年末至1906年初接触到了来访的五大臣立宪考察团。1908年还接触了来美国访问的唐绍仪和伍廷芳。唐就是在这次短期访美期间召集 40 个留学生代表的时候，对顾维钧留下了好印象。

由上可知，顾氏不同于多数中国人因科举形成的固化思维，其传奇的密码是他的思想观念和国际视野。但这显然不是全部。更重要的还有国际法和外交学的知识素养。

顾维钧到美国前选定的目标就是坐落于纽约的哥伦比亚大学，在哥大第一学年末就想好了要选政治学与外交学。因此不顾康乃尔同窗的劝阻进入哥大。① 读其回忆录中的那段叙述，可发现他潜意识里有一种"一对一"较量的勇气。② 当接触了清政府五大臣考察团之后，中央政府派出的外交官形象给了他更直观的印象，更坚定了他当外交官的志向。当他的同学在选专业的问题上，还纠结于专业兴趣与未来就业养家糊口之类问题的时候，他已经在选专业、选课、选教授的问题上，有着比一般的本科生更清晰的方向感，并且对教授和导师有自己独到的认知和主动的探寻。正因为这种方向感，他能够接触到诸如王宠惠、汪大燮、唐绍仪等当时的中国外交界大咖。

他在哥大花了七年时间读书。1908 年读完大学本科，1909 年注册为法学院的学生，同时是政治系研究生，同年获得学士学位和硕士学位，并进入博士研究生阶段，接触到哥大顶级的师资和课程，比如宪法教授伯吉斯（John William Burgess，1844—1931）——许多中国法科生只能通过日文读到他的书籍《政治学及比较宪法论》，行政法教授古德诺，国际法与外交学的教授穆尔（John Barssett Moore，1860—1947）——后来担任过助理国务卿，等等。③ 他确定的博士论文题目为《外国对中国政府的权利要求》，得到了穆尔教授的支持和指导。1911 年，是他写论文非常忙碌的一年。1911 年 6 月，他在《留美学生年报》上发表《中国外交私议》，全文共 11 页之长，作为留学生，他在文中系统阐述中国外交问题，列举中国

---

① 顾维钧：《顾维钧回忆录》（第 1 分册），中华书局 2013 年版，第 25—29 页。
② 顾维钧：《顾维钧回忆录》（第 1 分册），第 28 页。
③ 顾维钧：《顾维钧回忆录》（第 1 分册），第 31—33 页。

"外交放失权利",包括上海租界的"领土权""交涉案""赋税权"多件实例,外国人游历内地及教案问题,两国交战时的条约废止问题等等,十分细致而清晰地历数了中国外交官失败的例证和教训。[④] 此时的他担任留美学生会会长。[⑤] 没过几个月,辛亥革命爆发的消息传到美国,对包括顾维钧在内的留学生产生了震动,他们好几天都对学习失去了兴趣,把注意力集中在报纸上,预测着革命成功的概率。

1912年2月中旬,他收到来自中国驻华盛顿使馆的一封公函,邀请他去拜访张荫棠公使。一见面才知道是袁世凯总统的秘书长发来一电报,转达总统的邀请,要他去他的办公室当英文秘书!顾维钧的博士论文正在紧张地写作中,他当然没有心思答应这个邀请,于是他回绝了。可是当他的导师穆尔教授知道这一消息后,惊讶之余,教训了他一顿说:你读博士学位就是为了回国服务,可是这次就是效力国家的好机会,可使年轻人进入国家机关,发挥年轻人在外交中的作用。他预感到这次拒绝不会被同意。但穆尔教授继续说,如果再有机会绝不可再拒绝了。不久,北京方面果然又让公使来公函劝告催促。

顾维钧的论文写了两年,穆尔教授给他特别的机会——让他把已经完成的论文引言作为他的论文全文,题目修改为《外国在华之地位》(The Status of Aliens in China)[⑥]。这篇引文相当详尽地签核了外国和外国侨民在中国以条约形式规定的权利和义务,以及外国侨民居住、经商、工作和传教所享有的治外法权和领事裁判权。穆尔教授对这篇引言很满意。经穆尔教授和其他主要教授的商量沟通,1912年3月份就进行了第一次口试。导师组很庞大,因为他上了政治系的所有课程,是这个系的所有教授的学生。考试进行了2个多小时,最终他通过了。[⑦] 博士论文即这篇"引文"构成的学位论文还没有完成,所以无法答辩。穆尔教授让他在回国途中修

[④] 顾维钧:《中国外交私议》,载《留美学生年报》1911年第1期。
[⑤] 《留美学生会职员肖像:顾维钧(会长)》,载《留美学生年报》1911年第1期。
[⑥] 王伟:《中国近代留洋法学博士考(1905—1950)》,第142页。
[⑦] 顾维钧:《顾维钧回忆录》(第1分册),第72页。

改完成，争取6月份授予博士学位。当时的机打文稿都需要校对，他的政治学导师比尔德教授的夫人居然答应为他校对。顾维钧的好学与受欢迎程度可见一斑。他在回国横渡大西洋的轮船上，完成了对"引言"的修改，在轮船靠岸英国码头时，他将论文寄回到美国。也就是说，顾维钧人已经回国了，博士学位论文还在邮寄途中。当然，他的博士学位——哥大Ph.D.（哲学博士学位）是不是在6月份就被授予，顾维钧没说起。但是在1913年6月10日中国外交部文书科所编印的《外交部职官履历录》中，对顾维钧的介绍是"美国哥伦比亚大学毕业，国际法法学博士"。[8]

顾维钧的政治观念比较特别，他虽从政但避谈革命。与顾氏形成鲜明对比的人就是另一位哥大法律博士，也是他圣约翰的师弟——戴恩赛[9]。二人在哥大相隔6年，导师都是穆尔教授。1918年，戴恩赛成为继顾维钧之后第二位获哥大法学Ph.D.的中国人。与顾维钧不同的是，戴恩赛奉行革命，回国后没有选择走体制内的从政道路，而是加入革命家孙中山的南方军政府，充当外交部秘书。[10]因孙中山反对女儿孙婉与有妇之夫王伯秋结婚，在孙科的安排下，戴恩赛与孙婉结识，并于1921年3月结婚，从此成为国父孙中山的"半子"。[11]戴恩赛对国父忠心耿耿，对孙婉恩爱有加，有过梧州市长、海关监督、驻巴西大使等经历，是国父政治遗嘱的九位见

---

[8] 王伟：《中国近代留洋法学博士考（1905—1950）》，第133页。

[9] 戴恩赛（En-Sai Tai, 1892—1955），原籍广东省长乐县（今广东省梅州市五华县河东澄塘），1892年5月6日生于香港。少年时期入读香港育才书社（今育才中学）。1906年来到上海，13岁进入圣约翰（大学所属）预备学校读书，1909年毕业后，继续在圣约翰大学读本科，1913年毕业后考入北京清华学校，1914年由清华学校资助赴美留学，1914年9月入美国哥伦比亚大学政治学院学习，1915年获文科硕士学位。后于哥大继续攻读博士学位，习国际法，1918年获国际法专业Ph.D.，同年回国追随孙中山，来到广州担任广东军政府外交部秘书、政治组组长。1921年与孙中山的女儿孙婉结婚，同年任梧州市政厅长（即市长），1923年10月任大本营财政部梧州关监督，兼外交部特派广西交涉员。1925年1月起赴北京为岳父侍疾，直到孙中山病逝，是国父政治遗嘱的见证人。1925年7月任广东省治河处处长。1929年底，任驻巴西公使。1932年1月调回国内，历任上海、厦门、广东海关监督。1938年任澳门中山纪念中学校长。1949年留在澳门。1955年1月病逝。

[10] 《圣约翰大学章程汇录（1919年至1920年）》，上海美华书馆1919年出版，第200页。此资料系1919年刊出，但未写戴恩赛获得哥伦比亚大学博士学位，却注明"现充南方外交部秘书"。

[11] 孙中山逝世后，戴恩赛在其亲手题写的挽联中自称"半子"："三民主义，阐化万方，九原应无遗憾；半子恩情，侍疾累月，寸心唯以永伤。"

证人之一，最后在澳门担任中山纪念中学校长。

顾维钧和戴恩赛这两位哥大国际法博士，求学经历与专业背景如此相近，却走了两条截然不同的道路：一个是当权政府的外交官，一个是革命政府的外交官。二人的从政生涯判若云泥，法科人生之百态实在令人感叹！

顾维钧在哥大勤奋学习了七年，到博士论文答辩前，就被作为精英召回国，进了政府部门。顾维钧是那个时代的知识精英。笔者本来不喜欢用"精英"一词，但在顾氏身上，没有比这个词更恰当的了（此处的"精英"是中性的，没有价值判断的褒贬之意）。之所以这么说，既是因为那个时代的国势与背景的衬托关系，也是因为他本人的精英特征：他有世界眼光，有国际视野，有法律知识，有规则意识；留洋法科，英语流利，处事冷静，形象英俊，虽然身高只是国人的平均个子，但精气神十足，在国际舞台为国人长脸。

二、弱国政治家的知识需求

1912年4月，回国后的顾维钧到达北京的第二天，内阁总理唐绍仪便领他去中南海见袁世凯。唐绍仪对袁总统说，顾博士除了在总统府任职外，还须兼做他的秘书。袁总统不大高兴，声调有些激动地说："我请顾先生来是你保荐的呀！应该在我这里做我的秘书，帮我的忙。"唐绍仪说："你这里事情不多，我想他可以两边跑。"顾看着袁唐二人小小的无恶意的争执，恭恭敬敬地保持沉默。后来他说，显然，在总统府和国务院供职，必须具备某些资格——学过政治学、国际法、外交或人文学科。[12] 8月，国务总理兼外交总长陆徵祥呈请任命顾维钧与张煜全等一批海归为国务院秘书。[13] 12月，顾维钧被外交部任命分掌统计科。[14] 1913年4月，顾维钧

---

[12] 顾维钧：《顾维钧回忆录》（第1分册），第78页。
[13] 《临时大总统令（中华民国元年八月十六日）》："国务总理兼外交总长陆徵祥呈请任命翟青松、张煜全、许同范、顾维钧为秘书"，载《政府公报》1912年第109期。
[14] 《外交部部令第十三号至第十四号（中华民国元年十二月初十日）》："秘书许同范分掌文书科、张煜全分掌会计科、顾维钧分掌统计科"，载《政府公报》1912年第226期。

又快速晋升，他被外交总长陆徵祥派为署理参事。[15] 同年，唐绍仪把女儿唐宝玥介绍给顾。不料待顾与唐择定 6 月 2 日为结婚日时，唐绍仪本人也要在此时结婚，征求他俩意见，问他俩能否将婚礼推迟几天。[16] 由此他俩推迟了几天，也在上海虹口公园结婚。[17] 外交总长陆徵祥以"保和会准备会会长"名义报呈大总统曰："会中应行各事请以会员外交部参事顾维钧暂行主持。"[18]

法律制度落后的国家，即是制度弱国。在国际上，如果一国政治家不懂得国际通行的规则思维，那么这个国家也不是个制度强国和政治强国。尽管到了民初，但中国仍然保留着清朝落后的特点，仍然是制度弱国和政治弱国。袁世凯是政治弱国的代表。当然，经过清末改良和辛亥革命，政治家一般都已经知道法律的重要性，知道法科知识人的必要性。袁世凯对顾维钧的器重，就是一例。

袁世凯尽管政治经验丰富，手腕能力超强，但在知识"鄙视链"旧秩序中，他的认知和视野也是十分封闭的。他在一步一步上升过程中，意识到西学和西方政制的重要性。当他到了大总统位置执掌大权的时候，在知识需求方面特别重视宪法和法律。因为他知道宪法和法律是回应社会共和意识的必要知识，也是稳固自己地位的重要工具。1912 年秋，顾维钧在一次向总统报告西藏问题之后，袁世凯要和顾谈话。他向顾提问：中国怎样才能成为一个共和国？像中国这样的情况，实现共和意味着什么？当顾从共和的源起讲到中国情况时，袁氏又问顾：共和的含义是什么？顾答：共和是公众的国家和民有的国家。袁应道：那需要多长时间，不会要几个世纪吧？顾的结论是："袁世凯不懂得共和国是个什么样子，也不知道共和

---

[15] 《外交部部令（中华民国二年四月五日）》："外交总长派顾维钧署理参事"，《政府公报》1913 年第 331 期。

[16] 顾维钧：《顾维钧回忆录》（第 1 分册），第 94 页。

[17] 《顾维钧君与唐绍仪君第五女公子唐宾玥女士结婚摄影［照片］》，载《妇女时报》1913 年第 10 期。

[18] 《保和会准备会会长陆徵祥呈大总统报明会中应行各事请以会员外交部参事顾维钧暂行主持（中华民国三年四月二十七日）》，载《政府公报》1914 年第 713 期。

国为什么一定比其他形式的政体优越。……看来他根本没有实现共和或民主的愿望。"[19]

袁身边的梁启超鼓吹"聘请东西法学大家数人为顾问,以收集思广益之效"。[20] 1913年2月,袁世凯经政治顾问莫理循(George Ernest Morrison,1862—1920)介绍,聘请了日本明治时代的知识精英、国际法学家有贺长雄担任五个月的国际法顾问,专门帮助政府起草宪法。有贺后来在回顾应聘始末时也说,1913年1月,袁世凯曾发电报给驻日公使汪大燮,请汪与大隈重信联系,督促有贺应聘。有贺迟了一个月到任,1913年3月有贺到北京时,国会即将于4月份召开,袁世凯急需法律顾问,以便在制定法律特别是起草宪法时,能够发出自己的声音,施加自己的影响。1914年5月,袁世凯公布《中华民国约法》以取代《中华民国临时约法》,规定实行大权独揽的总统制。[21]

袁世凯聘请法律顾问的政治考量十分谨慎。他对日本人有贺长雄只给了5个月的聘期,却给了另一位外国法学家无期限的法律顾问头衔——他请了美国行政法学家古德诺,也就是顾维钧在哥大的老师。1913年夏,古德诺辞去哥伦比亚大学教授一职,担任袁世凯的法律顾问,其任务是"襄办宪法编定事宜"。1913年夏天到达北京的古德诺,对袁世凯尽心尽责,于同年秋天即撰写了《中华民国宪法案之评议》[22],1914年秋回美国接受约翰·霍普金斯大学校长任命后,迅速返回中国,继续担任袁世凯的政府法律顾问,而校长一职则由普林斯顿大学法律学和政治学教授威廉·富兰克林·韦罗贝代理。1915年古德诺发表了《共和与君主论》。1916年洪宪帝制失败,袁世凯忧郁而死,古德诺仍然继续担任北京政府法律顾问,直

---

[19] 顾维钧:《顾维钧回忆录》(第1分册),第86页。
[20] 梁启超:《专设宪法起草机关议》,载《庸言》第1卷第3号。
[21] 尚小明:《有贺长雄与民初制宪活动几件史事辨析》,载《近代史研究》2013年第2期。
[22] 古德诺:《中华民国宪法案之评议》(民国二年十一月校印),然否斋藏书。

到 1917 年 5 月 3 日为止。[23] 但顾氏后来在其回忆录中，显然较少谈古德诺，也不敢给予过高的评价，只是提到古氏是第一次来华裔旅行时求见并认识袁世凯的。顾氏还说古氏是在第二次见袁世凯时强调了中国需要帝制的国情，古氏"极端赞成中国复辟帝制，建立君主政府，因此，他遭到国外一些人的非议"[24]。

但是，两位法学家毕竟是外国人，他们在政治上比较超脱。当法律或法学观点失去价值追求的时候，它就是枪支弹药一样的工具。因此，他们的超脱，同时也决定了他们可以不顾法律的价值维度——无论建立君主立宪还是复辟帝制，在中国知识人已然苏醒的价值观上，都是决不会接受的。年纪轻、资历浅的顾维钧，当然对此不会做出任何反驳。即便到了中年以后，无论在谁的政权机器中，他也只在外交方面充当一个专业精良、方法精细、谨慎敬业且温和顺从的技术官吏。

顾的外交才能在袁世凯面前得到充分展示，也得到袁的充分信任。1915 年 7 月参事司长顾维钧等奉令授官，[25] 紧接着，9 月他被任命为驻墨西哥特命全权公使。[26] 10 月，调任驻美国公使兼古巴公使，因人在国外，又系调任，因此有"可否免觐应请查照呈明"之"免觐折"一说，公文以国务卿陆徵祥名义奏请"皇帝陛下圣鉴训示遵行谨奏"。[27] 官员任命还要行"觐见"总统之礼仪，很显然这时的总统已经不是共和国性质的总统了。1916 年 2 月，因国号改为"洪宪"，顾维钧又被袁世凯重新颁旨任

---

[23] 张学继：《有贺长雄、古德诺与民国初年宪政体制的演变》，载《档案与史学》1997 年第 4 期。

[24] 顾维钧：《顾维钧回忆录》（第 1 分册），第 104 页。

[25] 《大总统批令（中华民国四年七月十二日）》："外交部呈本部参事司长顾维钧等奉令授官代陈谢悃由"，载《政府公报》1915 年第 1142 期。

[26] 《大总统批令（中华民国四年九月二十七日）》："驻墨西哥国特命全权公使顾维钧呈奉给勋章恭陈谢悃由"，载《政府公报》1915 年第 1218 期。

[27] 《国务卿奏据铨叙局详称驻美利坚合众国特命全权公使兼充驻古巴国特命全权公使顾维钧拟请免觐折并批令（中华民国四年十二月二十五日）》，载《政府公报》1915 年第 1307 期。

命。㉘据顾氏回忆,"陆(征祥)总长说袁世凯总统决心已定,一心一意要我代政论履行在华盛顿的职责,我的推辞将会使他大失所望"。通过墨西哥转任美国公使,"这样一转,我就不会给人以过于少不更事的印象了"。原来,前面三个月的任命节奏,是"皇帝陛下"袁世凯亲自为顾维钧"突击提干"所做的巧妙铺叠!可见袁世凯对其之重视。不过顾维钧也没对帝制复辟表示过什么态度,反而欣然接受了任用。这或许是他惯有的"精致"一面。后来袁死后不久,黎元洪继任大总统,段祺瑞任总理。顾维钧致电段总理曰:

> 天津段总理钧鉴……此次内变猝生,中外震骇,幸赖我公率师讨逆,得保共和,以维邦本,莫名庆慰。钧迭接伪外务部电嘱,将复辟伪诏告美政府,并转知美洲当以反叛民国概置不理,一面并即电请冯副总统设法维持共和以慰众望。至美国对我情形,自报载复辟舆论均不赞成,政府亦深叹惜。经钧将我国人倾向共和情形密告美外部,彼乃稍慰,但仍虑张逆在京暴动或致惹起外邦干涉,兹奉前电即遵向报界发表并面告美国外部,均甚佩慰。除此后情形随时电陈外,谨先电复。维钧八日。㉙

当时袁刚死,黎元洪继任总统,国家陷入混乱,国库空虚。财政总长陈锦涛向顾维钧求助,希望他想方设法至少弄到500万美元的美国贷款,顾居然办成了。㉚ 1916年10月,顾维钧与章宗祥、施肇基、胡惟德、颜惠庆等人获授二等宝光嘉禾章。㉛ 有意思的是,有一个在顾氏回忆录中没有

㉘ 《驻美利坚合众国兼驻古巴国特命全权公使顾维钧奏接任日期并敬陈谢悃折(洪宪元年二月十一日)》,载《政府公报》1916年第42期。
㉙ 《驻美公使顾维钧电》,载《政府公报》1917年第534期。
㉚ 顾维钧:《顾维钧回忆录》(第1分册),第137—138页。
㉛ 《大总统令(中华民国五年十月十一日)》:"章宗祥施肇基胡惟德颜惠庆刘镜人顾维钧等二等宝光嘉禾章",载《江苏省公报》1916年第1026期。

提及的事件：就在这次贷款不久，墨西哥华侨"被难"贫困急宜保护赈济，驻美公使顾维钧致电外交部，称"在墨被难华侨急宜保护赈济请拨款拯救侨民"等语。12月的总统令中回复称："寄居海外值此乱离，其播迁饥困情形闻之实深悯恻，着财政总迅拨帑银折合美金二万五千元，汇交该使妥为赈济并着随时切实保护毋任失所。"㉜顾氏不是墨西哥公使，却为在墨华侨致电政府请求赈济。且这么大的数目对于一个财政空虚且混乱的政府来讲，简直是难以想象，却能得到总统同意。可见新政府急于树立海外形象的心情，也足见顾维钧在当时外交界甚至整个政坛的地位。

1918年9月1日，考察国外议会制度的汤化龙在加拿大被国民党在海外的刺客枪杀身亡。顾维钧立即将此事件报告中央政府，总统徐世昌颁令，予高度评价并表示悼念，为灵柩回国与抚恤后事做了安排。㉝此事表明多方势力纠缠混战的政局，而顾氏在此中始终冷静中立地履行职责。

1918年顾维钧在布朗大学给中国留学生做过一个演讲。他指出，据与他接触的众多欧美留学海归，出国和回国时均踌躇满志，孰知临事则甚少成功。他说："所谓成功非徒享巨俸负盛名尸高位之谓，乃能达其所以学之初志之谓也。"他指出留学归国者大抵有四个毛病，即自视过高、不屑小就、忽略小节、不能耐劳，而这四种均由"立场不坚"所致。他指出："诸君苟信予言为救国根本，……予深信所见正确，至死不变，其强毅坚定，有如此者人之生也。"㉞

顾氏既有专业才能、国际视野和恤民情感，又有救国抱负。可是，这样的外交精英仍然在外交与政坛上难以自如地施展能力。这不得不触及一个问题：所谓"弱国"的根本究竟是什么？顾维钧在回忆录中，以1912年至1928年为例但不限于这个时期，专门谈了"民主政治在中国失败的

㉜ 《大总统令》："外交部呈据驻美公使顾维钧电称在墨被难华侨急宜保护赈济请拨款拯救等语……着财政总迅拨帑银折合美金二万五千元汇交该使妥为赈济……（十二月二十三日）"，载《财政月刊》1917年第4卷第37期。

㉝ 《大总统令（中华民国七年九月十二日）》："驻美公使顾维钧电称前内务总长汤化龙在坎拿大维多利亚地方突被枪击伤重身亡……"，载《政府公报》1918年第947期。

㉞ 顾维钧：《留学生归国后之难题》，郑学海译，载《约翰声》1918年第29卷第1期。

一些看法"。他认为失败的原因有以下几点：

第一，中国没有根深蒂固的代议政治传统。自帝位世袭以后，中国政治即形成以拥有无限权力的国家元首为全国首脑的中央集权国家。虽然有监察制度，承认监察御史们有直接向皇帝上奏之权，但是对皇帝的规劝和诤谏是否被采纳，则取决于皇帝的个人品德。中国缺乏民主制度或代议政治的传统。人民很难有表达意志的机会。㉟

第二，中国没有民主与民主精神根基。皇权思想有如此长久的势力，以致军阀们虽身处民国，却从来未能理解民主为何物，或应采取何种方式实现民主。顾氏与袁世凯谈话时，袁问他关于"民国"一词的含义后，袁表示他对中国百姓能否有足够的一心为公精神来建成真正的民国很感怀疑。袁虽是个爱国者，即他在处理对外关系中，唯恐丧失中国的主权，但他对于民主的内容则是一无所知。顾氏认为袁氏的思想可以代表当时中国所有领导人的态度。仅有的例外，也只是少数几个曾在国外学习、旅行和看过民主在西方如何实行的少数知识分子。㊱

第三，中国缺乏互谅的精神和不能正确理解言论自由的原则。他以1942年中国关于收回香港的讨论为例。当时英美提出了取消在华治外法权问题，同时要以平等原则谈判订约。这对中国是个机会。领导人蒋中正召集数十人的部长会议，定调说香港问题中国必须坚持，但不应当签约。蒋点名让顾维钧发言，顾实际上已经提前做了调研准备，还把意见提前与蒋中正汇报沟通过。顾作为驻英大使，最了解英国情况，且深知英美领导人的态度——英美归还治外法权是出于对中国的善意，他们想为表示友好而送上礼物。结果，会议上只有顾一人表示说应当签订条约。言下之意是，在外交中唯有平等签约才能归还香港。可是这引起蒋中正对顾维钧的反感。显然顾氏犯了"政治"不正确。顾氏后来说，在中国，任何公开集会上都不能容忍批评和反对意见。他认为此乃中国人的心理，中国人根本就

㉟ 顾维钧：《顾维钧回忆录》（第1分册），第349页。
㊱ 顾维钧：《顾维钧回忆录》（第1分册），第350页。

不习惯于承认言论自由的意义，至于遵从大多数人的意见就更说不上了。顾氏总结说，通过讨论和争辩来弄清情况或达成妥协，这种做法不是中国方式。民主的决定不是根据某一两个人的意见，而是根据大多数人的意见做出的，或者如有可能的话，根据妥协的方式做出。[37] 显然，其他与会者都站位"正确"地支持领导人意见，或保持沉默。

第四，中国缺乏对法治重要性的认识。政府成员自总统而下，对于国会的立法职能的理解相当差。他们不完全明白国会在政府中应起的并理应为政府行政部门尊重的合法作用。相反，他们把国会看作是令人厌恶的东西。他们对议会和议员的不尊重，以政治需要而采取选举作弊来顾及政治目标。顾氏提出需要在国民教育中加强代议政治原则的教育，强调了进行法治教育的重要性。最后，他也说：不过我们也不必丧失信心，这只不过是时间和训练问题。[38]

三、巴黎和会上中国团队的"内斗"

弱国的政治之弱是弱国外交被动和失败的最根本原因。顾维钧在1919年巴黎和会上的表现，总是被人传诵。可是，当我们细看1919年巴黎和会那个"大变局"中的知识精英的作用，就知道外交精英内部也存在巨大的问题。过去研究者较多关注列强欺凌，而对外交团队存在的"尴局"和内讧着墨不多。

先看当时国际国内形势。国际上，巴黎和会是美、英、法、中等协约国与德、日等参战国政府的战后分赃，议程持续半年。4月30日，中国山东问题交涉失败，列强决定接受日本继承德国山东权益的要求，并写入对德和约。换言之，如果中国代表在《凡尔赛和约》上签字，那么德国在山东的权益就会被转让给日本。从当时国内形势看，因巴黎和会有关中国外交失利的消息传到北京，爆发了五四运动。国人愤怒，舆论汹涌，学潮四

---

[37] 顾维钧：《顾维钧回忆录》（第1分册），第351—352页。
[38] 顾维钧：《顾维钧回忆录》（第1分册），第353—356页。

起。但是当时通讯不便,加上政府无能与信息封闭的神秘主义鬼魅作怪,出现信息不对称。传回的小道消息与政府掌握的外交现场实际情形有一定的距离。

再看中央政府。1918年,在选举民国第二届总统之际,段祺瑞、冯国璋相持不下,一向两面讨好的徐世昌遂作为"理想人选",得任总统,但他畏首畏尾。徐世昌自幼丧父,家境贫寒,后来的经历与身份也使他处在混乱政坛夹缝里,勤勤恳恳、忍气吞声、逆来顺受、时现时隐,是清贫可怜的文人政客,是北京临时政府的总代表。但是,北京政府受以段祺瑞为首的亲日派牵制。[39]

从中国代表团外交官的构成角度看,团长、亲日派、外交总长陆徵祥(49岁),从主张签字,到压力下称病请辞。其他出席巴黎和会的主要代表按年龄排列分别是:资深外交家、驻法公使胡惟德(57岁),康奈尔大学哲学博士、资深外交家施肇基(43岁),南方政府代表、耶鲁海归王正廷(38岁)[40],留学比利时的博士、时任中国驻比公使魏宸组(35岁)。最年轻的是留美国际法博士顾维钧(31岁),而他的第二任妻子唐宝玥于1918年10月刚刚病逝。

作为资深外交官的施肇基、颜惠庆以及后来当外交官的王正廷等人,虽然不是外交和国际法的科班出身,但他们毕竟留过洋,还是有经验或学识的职业外交家,是中国当时的知识精英。可是北京政府在他们1月份到达巴黎后,才于1月21日确定五人排序并致电代表团,座次顺序居然确定为陆、顾、王、施、魏。[41]年龄最小、资历最浅的顾氏成为第二号人物。这样一来就引发了"五代表"内部的不和与不满。[42]其中,胡惟德是个有

---

[39] 完颜绍元:《王正廷传》,河北人民出版社1999年版,第79页。
[40] 曾有人怀疑王正廷不是南方政府代表,但事实证明王的确是代表南方政府的。参见完颜绍元:《王正廷传》,第87—89页。
[41] 《大总统令(中华民国八年一月二十一日)》:"特委陆徵祥顾维钧王正廷施肇基魏宸组充赴欧参与和会全权委员此令……",载《江苏省公报》1919年第1831期。另参见顾维钧:《顾维钧回忆录》(第1分册),第165—166页。
[42] 顾维钧:《顾维钧回忆录》(第1分册),第165—167页。

绅士风度的老外交官，对头衔并无所求。魏宸组博士虽然是个识大体的外交官，但其顺从的性格决定了他不敢做决断。外交能人、资深外交家施肇基主张拒签，加上因排序问题心中就憋了一肚子气。最值得一说的是南方代表王正廷，属于孙中山系，本来与北方政府之间就存在立场上的隔阂，争取外交主动权，是实际排名第二的代表。他强硬挤迫陆徵祥，并产生内部"摩擦"是情有可原的。[43] 顾维钧一生最厌恶的同僚可能就是王正廷，缘由应该就起于巴黎和会。据顾的回忆录称，王正廷在巴黎和会的关键时候，造谣说顾维钧娶了亲日派曹汝霖的女儿。后来顾质问过王，王以"有闻必报是我的责任"予以默认。[44] 国内对此也有报纸戏说王正廷传播此则消息的文字。[45] 此消息传播较广，也有报纸为此辟谣。[46] 从顾氏角度看，这是王正廷的政治手腕、野心和品德所致。而根据《王正廷传》作者收集的资料和分析来看，则是日本人造的谣，王正廷只是被问而随口答"可能有此事"。[47] 总之两方各有一词，本书对此不作评论。但实际上导致他俩冲突和隔阂的关键，是他们的政治立场和行事风格不同。撇开他们的政见、利益和个性因素，他们的矛盾集中反映在对外交的认知上。顾维钧自恃在外交上的专业，因而精雕细琢。而在王正廷看来，这场外交就是政治而已，在爱国名义之下强硬拒绝签字，是一种政治正确；况且这次无论输赢，都由北京政府或别人承担道德成本和代价，因而他意气用事，激情澎湃，甚至在关键时刻欲请假回国。[48] 巴黎还传回来消息称："当此欧和紧急之际，王正廷乃忽有辞职意……虽经政府挽留，然亦可见王之对和会之进行，不能若赴欧之气概。"[49] 外交上光靠政治激情、意气用事甚至利用国人的爱国情感，是对国家和民族不负责任的表现。

---

[43] 完颜绍元：《王正廷传》，第91页。
[44] 顾维钧：《顾维钧回忆录》（第1分册），第182—183页。
[45] 《戏拟王正廷说顾使离婚》，载《益世报》（天津）1919年7月31日。
[46] 当时一些报纸对此谣言有辟谣，认为顾维钧对日态度坚持未变。如《顾维钧缔姻之不确》，载《中华英文周报》1919年第1卷第6期。
[47] 完颜绍元：《王正廷传》，第91—93页。
[48] 《王正廷欲请假归国》，载《益世报》（天津）1919年4月24日。
[49] 《王正廷辞职》，载《时报》1919年4月27日。

王施二人的立场和态度，加上利用国内知识界和民众的压力，恰恰强化了他们拒签的政治决心和简单方式。在"窝里斗"中，顾维钧受到王施二人公开的挤压。"五代表"之间就是这样的"尬局"，由此可知，二号人物顾维钧处在被火烤的位置。

焦点在于：是签字还是拒签？北京政府本来下定决心要签字，但在国内五四运动压力之下，一直没有明确表示态度。到了6月24日，北京外交部居然电告说，签字一事请陆总长自行决定。骨瘦如柴、身心疲惫的陆徵祥，内心是想要完成这次签约任务的，但可能是想回避纷争，或为静心思考，或确因病情加剧，他早已住进巴黎郊区的圣·克卢德医院。中国代表团必须在24日至27日的四天内做出抉择——要么签字，要么拒签。这个难题，无疑给官方排名第二的顾维钧造成了巨大压力和困惑。与主要列强代表交涉斡旋的任务，就落在顾维钧的肩上。

在与西方列强的斡旋中，这位年仅31岁的留洋国际法博士是最受"欢迎"的中国代表。1919年2月初，国内报道说顾维钧在巴黎和会发表演说后，除日本之外其他代表均环绕其身边，与之握手。[50] 5月，国内又传来巴黎的消息——"欧和会之我国代表顾维钧氏已请美国委员赞助"，即中国在保留山东青岛条款前提下签约，得到美国支持。[51] 他一边要应对代表团"窝里斗"的挤压，一边还在巴黎追求第二任妻子黄蕙兰。[52] 一年后，顾维钧9月调任驻英大使，[53] 11月在布鲁塞尔结婚。[54] 任务之重，势态之急，政府之衰，内务之争，加上他资历之浅，可知他有多大的压力。不过，从其回忆录和其他人的回忆资料来看，他至少没有因此而胆怯退

---

[50] 《国外大事记（中华民国八年二月八日）》："北京日报云据外人通讯云我顾维钧大使在巴黎平和议会演说中国对于青岛之位置及其他情事……"，载《来复》1919年第47期。

[51] 《国外大事记（中华民国八年五月二十六日）》："巴黎电云欧和会之我国代表顾维钧氏已请美国委员赞助……"，载《来复》1919年第62期。

[52] 顾维钧第二任妻子唐绍仪之女唐宝玥于1918年病逝，在巴黎追求第三任妻子黄蕙兰。参见《王正廷传》，第89、92页。

[53] 《外交部呈大总统拟请明令调任顾维钧为驻英吉利国特命全权公使（中华民国九年九月二十八日）》，载《政府公报》1920年第1664期。

[54] 《Current Events：顾维钧在比京结婚（中英文对照）》，载《英语周刊》1920年第268期。

缩。他内心首先明确此事的底线，即不能让山东权益从德国转给日本。他知道拒签很简单，而且还能在国内获得良好印象——所谓"政治正确"。但这会导致协约国内部的裂痕，中国就会被摒弃于协约国庞大体系之外，很危险，还会给中国引来一堆难以预料的严峻棘手的后遗症。显然，他不像王正廷和施肇基拒签态度那样的简单、粗暴、强硬，甚至可谓不负责任。

这位年轻的国际法博士，被谣传将要与曹汝霖之女结婚，在沮丧、愤慨之余，却头脑冷静，思维清晰。他试图找到这个死局的最佳折中方案，把中国实际上面临的选择排列出了三种，并书生气十足地分析给协约国列强代表听：一是将保留附于和约之内；二是将保留附于和约之后。这两种都是破先例的，遭各列强反对。退到第三步，即由中国在预备会议上做一口头声明，虽然中国签字，但不接受山东条款。⑮ 这第三方案显然是让中国退让到最底线。他初次表现出灵活应对、寻求妥协的外交风格。可是连他这个幼稚迂愚的方案也被列强代表拒绝了。明天即 28 日要签字并散会，在这最后的夜晚，内心细腻的顾维钧来看望住院的陆总长，看看最后时刻还有没有新转机。28 日，"五代表"没有一人到会签字。直至当天下午 3 点，中国代表团才接到北京政府一个"马后炮"式的电报回复，指令代表团拒签。

顾氏专业上的精致外交策略和他不当"卖国贼"的内心底线，成就了他的历史声誉。如果说无能总统徐世昌对巴黎和会的决策无所作为的话，那么，事后发生的一切证明了，腐朽的北京政府任命 31 岁的顾维钧为代表，并让他排名第二，是北方政府与南方政府斗争的一颗极有用的棋子。尽管外交经验显得稚嫩，但他在牛刀小试的关键时刻，没有完全听命于亲日派牵制的北方政府，还是凭着其法科知识人的独立人格和中国人的正直良知做出了选择。因此，他的母校圣约翰大学于 1919 年 11 月将从未颁发

---

⑮ 顾维钧：《顾维钧回忆录》（第 1 分册），第 194 页。

的名誉律学博士学位授予顾维钧以及施肇基、颜惠庆等四人。[56]

客观地说，弱国无外交局势下，只有知识界和人民站在一起，才使中国在这次重要外交事件中没有输光，这不能说不是幸运。而顾维钧这个专业知识人角色的存在，加上王正廷的"无成本"特殊立场下的强硬，不能不说是北京政府的一个"侥幸"。

四、弱国外交中精英作用的有限性

以顾维钧为代表的外交人才一回国，就被当作宝贝。在总统与总理走马灯似地变幻之下，顾维钧却一直在外交官或外交总长的位置上。我们今天所知顾维钧的外交贡献在于：联美制日外交，推动修约运动，促进盟国援华，提高国际地位……当人们说到一个成功的历史人物时，总会说"时势造英雄"，或者说"来得早不如来得巧"。这些说的都是机遇或运气。顾维钧固然与时势、机遇有关。如果说知识人在今天与过去时代有什么不同的话，那就是过去只有少数人拥有获得知识的机会，因而获得知识之后会迅速攀升到社会精英的顶峰。那时绝不会存在像当今社会这样的知识泛滥与知识阶层扁平化的现象。他年近古稀还迎来新的工作。1956年5月，他离开华盛顿去纽约，计划着退休后的生活。谁知国际法院法官徐谟病故，他被中国、智利、多美尼加、厄瓜多尔、洪都拉斯、伊朗、黎巴嫩、尼加拉瓜、菲律宾等多个国家提名为国际法院法官候选人，[57]结果高票当选，在海牙又干了九年国际法官。

从1912年到1967年，顾维钧职业外交官生涯共计55年。虽有不顺利，但总是活跃于国际舞台。一个专业人士能够把外交做成专业技术活，

---

[56] 顾维钧自己在回忆录中没有提及此事，但《圣约翰大学章程汇录（1919年至1920年）》中记载了授予名誉博士学位这件事。与3位律学博士同时被授予学位的还有亚诺尔，其他学科名誉博士还有张伯苓、黄炎培、李登辉，他们获得名誉文学博士。圣约翰大学最早一次授予名誉博士学位是在1915年，即授名誉文学博士给周诒春。参见《圣约翰大学章程汇录（1919年至1920年）》，第218页。

[57] "Election of a member of the International Court of Justice to fill the vacancy caused by the death of Jodge Hsu Mo, list of candidates nominated by national groups", note by the Secretary-General, New York: UN, 2 Oct. 1956.

而不受政治风浪颠簸的影响，仅凭这一点，无人能比。并且在国势衰弱的外交中，他发挥了职业外交家的独特作用。他付出辛劳，也创造传奇。

他的外交艺术可谓专业精湛。他生长在有国际元素的环境中，较早接触西学，七年留洋都泡在外交学与国际法上。后来通晓西方人文，在思维习惯上就进入国际主流"朋友圈"，给西方外交官以亲善和信任感。同时，他观察敏锐，遇事冷静，表达谨慎，尤其是外交刀法细腻，行动语言敏锐，主次利害清晰，妥协艺术娴熟。他后来在总结外交家素养的时候就强调："一个外交家和一个情报人员一样，需要注意每一细节，并应设法弄清其意义，看看有否隐藏的含意。"[58] 他认为，在外交上不能接受"宁为玉碎，不为瓦全"，因为国家是不能任其破碎的。而这是王正廷这样的角色所体会不到的外交真谛。"外交上也不能指望百分之百地成功：如果你想达到百分之百成功，而对方也这样要求，那就不可能有成功的外交，因为这样就无法达成协议。"他还说："'人民外交'总是以百分之百成功为口号，是永远成功不了的。那样只能把谈判搞糟……""当办理重要交涉时，唯一影响你的考虑的应当是民族利益，而不是政党和政治利益，更不能考虑个人政治上的得失，因为如果有了这些考虑，你的外交从民族利益的观点来看就不会成功"，"在人民外交当中，由于离不开公众舆论和大众的支持，一个人很容易做一些讨好公众的事，而不总是光考虑民族利益。如果是民族利益，那就是永恒的，不因时间、舆论或党派而改变"[59]。顾氏的这些观点体现了他的外交理念——反民粹主义。当然，我们也不得不承认周鲠生的观点，即职业外交官有专业的手法，也许只有职业外交官清楚，"但若讲到一般的外交方针，就不见得公众的见地不如所谓外交家"[60]。当弱国在外交不顺利或受挫败的时候，"人民外交"是能够起到一定的有利作用的。

---

[58] 顾维钧：《顾维钧回忆录》（第 1 分册），第 378 页。
[59] 顾维钧：《顾维钧回忆录》（第 1 分册），第 378—379 页。
[60] 周鲠生：《解放运动中之对外问题》，太平洋书店 1927 年版，第 286 页。

"人民外交"成功的案例,如中国和葡萄牙关于澳门界址设定的谈判。此谈判开始于1909年7月。内容主要是要解决1887年《中葡和好通商条约》第二款中需要确定澳门"界址"事宜。这被称为"中国建立共和制以前西方势力困扰中华帝国的最后问题"。当时高而谦[61]任澳门划界谈判大臣,历时四个月,前后共举行了九次会议,在重重压力下进行了艰难的谈判。[62]中国方面本来不把葡萄牙这个西方小国放在眼内,曾任两广总督的张之洞甚至主张"葡乃小国,乘间搅扰,尽可直言驳斥"。[63]同时,广东民众、士绅、华侨等"联合各省社会""誓以死争"。有学者在研究了原始资料的基础上指出,是广东民间的力量促成清政府要与葡国进行划界谈判,而谈判期间葡国以武力威吓及将事件提交国际法庭,希望以此争取更大的话语权力;反之,中国方面则是迫于广东民间强烈反响的压力,清政府"不得不表示俯顺舆情,对葡采取强硬态度"。[64]最后,中方利用民意取回一点话语权,使谈判以无结果而告终。澳门与中国内地界线问题就这样成为一个未决的历史遗留问题,直到1999年主权回归。

鸦片战争以后的中国外交官,总带着自卑而要自强的扭曲心态,不懂或不善于运用国际法和国际惯例,却搬用"孙子兵法"的各式奇怪手法来进行所谓的交涉——对抗心态下的外交,甚至不惜动员和利用低端愚昧的"人民外交",搞民粹式的外交斗争。有意思的是,我们在法制建构中常常

---

[61] 高而谦(1863—1918),字子益,福建长乐县(今长乐区)龙门人。举人出身,福建马尾船政学堂第三届制造班毕业。1905年以江苏候补知府身份公派出洋游学。在日本东京考察学务一个月而归。清光绪三十三年(1907年8月),钦定补授清政府外务部右参议,1908年任云南交涉使。1909年因在云南处置匪事有功,加头等顶戴。1909年7月至12月任澳门划界大臣,与葡方谈判达4个月,12月以无结果而告终,由澳门返回,回京请安。民国二年(1913)12月,被北洋政府任命为驻意大利公使。民国四年9月,辞职回国。民国六年3月31日,出任北洋政府外交部次长。同年7月,张勋复辟时,被任命为外交部右侍郎,不久去职。1918年5月逝世,终年55岁。
[62] 黄雁鸿:《清末中葡澳门勘界谈判过程中的博弈与周折》,载《中国文化研究》2014年第2期。
[63] 黄雁鸿:《清末中葡澳门勘界谈判过程中的博弈与周折》。
[64] 黄鸿钊:《清末澳门的勘界谈判》,载《南京社会科学》1999年第12期;黄鸿钊:《清末民初中葡关于澳门的交涉和新约的签订》,载《中国边疆史地研究》1999年第2期"澳门专号"。

采取上层的力量和自上而下的路径，然而，外交中却常利用自下而上的民间力量。这正是弱国的显著特点。相反，真正的强国是由法治化文明程度决定的。所谓强国，是指法治程度强国和文明程度强国，其外交的特点在于认同世界文明的共同价值观，讲究规则下的利益博弈，发挥专业外交家的作用。当外交需要辅以"人民外交"时，这是弱国外交的一种自发现象和无奈补充。这种"人民外交"极有中国传统特色。这是一种无章法的"打法"，压根不懂得利用国际法的话语权。况且"人民外交"难以控制，甚至关键时刻会给外交前线带来被动局面，给国家带来难以挽回的损失。众所周知，职业精英与社会大众之间会因知识程度、信息掌握的不同而形成不同的意见。一个制度弱国或法治弱国，势必会强化意识形态。国内政治只能通过强化意识形态，误导愚弄百姓，对百姓进行"洗脑"，使民众形成不良世界观。这样被误导的人民一旦介入外交，会产生极大的副作用。外交官在不良世界观的作用下，带着狭隘的斗争思维，往往会因惧怕民粹主义而屈从民粹思想，讨好大众，有时还以民粹主义为幌子和武器，来反对职业精英的见解。这是非常可悲的。

外交官既要有民族大义，还要有世界文明认同；既要有国际胸怀，还要有专业素养。所谓"弱国无外交"，本质上说的是法治弱国无外交。神州大地，即便积贫积弱，也不缺外交精英，真正缺的是良好的政治与法治文化土壤。

冯炳南——"华人禁入公园"案终结的民间推手

图 1　冯炳南（1888—1956）

大凡中国人，都耳闻过旧上海租界华人禁入公园之说。事实上，"华人与狗禁止入内"的文字告示牌未必是真，但"华人禁止入内"的纠纷确有其事。持续斗争多年，租界公园一直不对华人开放，成为困扰华人数十年的心事，也是中国外交中的难题。

直到1928年，上海英美租界内那个公园对华人开禁了。是什么原因？有哪些人参与推动？我们至今仍没有清晰的信息和定论。实际上，公园开禁与上海滩一个神秘人物的出现有关，他使用了专业的"绝招"，才使这一外交难题得以顺利解决。经查，这位关键性神秘人物叫"冯炳南"。冯炳南是谁？然否斋藏品中藏有他的部分资料，据此可了解这位真实而神秘的人物及公园开禁的来龙去脉。

一、租界公园案的神秘华人

历史真相总是躲在时间帷幕背后，让人揣摩不透。一代一代人像走马灯一样，有什么可以复原历史的证据呢？

1926年3月31日《申报》第13版有一则报道，标题为《工部局总董复冯炳南函》，副题为《为开放公园问题》。这则新闻报道没有具体介绍"冯炳南"这个人是谁，也没刊登"冯炳南"信函原文，只在介绍中略提了一句。这则报道全文如下：

> 日前冯炳南氏致函工部局总董，根据《洋泾浜章程》第六条之规定，要求工部局迅将本埠公园开放，取消不准华人入内之规章。兹闻工部局总董对于冯君提出之意见极表容纳，已函复冯君。现觅得其复函，译刊如左：
>
> 径复者：接奉本月二十号大函，敬审种切，名言谠论，读之无任欣快。阁下所提出之问题，敝局亦认为非常切要。查此问题，于此整顿本埠情形之时期内，确为敝局所亟应加以严密考虑者，此亦为鄙人现可向阁下切实声明者。鄙人除上述者外，暂时固无其他足以奉达左右。但敝局于此最短之时期内，当必有对此问题之切实宣示。幸纡台注为荷。此复。并颂日绥。
>
> 费信惇敬启。三月二十七号。①

这个署名"费信惇"的人，是时任上海英美租界市政委员会的最高长官——工部局总董，来自美国的费信惇（Stirling Fessenden，1875—1943）。那句"与其死在海上，不如死在上海"，就是日军侵华期间他在上海说的。

《申报》这则报道中提到的《洋泾浜章程》，又是什么呢？其更早的官方名称为《上海土地章程》（The Shanghai Land Regulations），是1845年

---

① 《工部局总董复冯炳南函——为开放公园问题》，载《申报》1926年3月31日。

由当时上海道台宫慕久（1788—1848）代表清政府与英国驻沪领事巴富尔（George Balfour, 1809—1894）会商并议定的。就是这个文件，成为日后上海英美租界的基本法规，被租界当局讷为租界之"根本大法"。它的名称五花八门，称《上海租地章程》《地产章程》《上海第一次地皮章程》《地皮章程》都可以，又因原苏州河支流洋泾浜成为租界和华界的分界线（后来被填成一条马路，即今天的延安东路），故又名《洋泾浜章程》。后来该章程于1853年、1869年、1877年、1900年修改过四次，仍叫这些名称。

那么这个"冯炳南"信中提到的所谓"第六条"之规定是什么呢？第6条中与本案有关之部分就是一句话："一、惟此种公路及公园均应归公众享用，并归居住于租界内一般民众之卫生娱乐及休憩之用。"此处"一般"在原文中使用了"all"。

关于租界公园开放问题，费信敦及其同事以前多次收到华人联名信，而眼前这封信居然是一个独立署名的华人来信。

当时在华的日本人、朝鲜人（高丽人）和印度人都能进入租界公园，而华人不能进。华人对租界公园的不平等待遇，从1878年开始就有抗议发声，也有华人联名给租界当局写信，要求公园对华人开放。据上海地方志有关资料，截至1923年，计有九次华人的发声，爬梳结果如下：

第一次发声是1878年6月21日刊登在《申报》第2版的《请弛园禁》[②]，意即请开放园禁。

第二次是1881年4月6日虹口医院恽凯英等八人曾就此事向租界代表洋人利益的最高管理机构工部局致函。

第三次是1885年11月25日，又有唐茂枝等八位华人用很礼貌的语言写了很长的信，递给工部局，还提出建议，但《申报》没刊登。结果秘书回复说："你们可以采取一些措施，设法在明年二月份让外国纳税人把这个问题作为议案，在纳税人年会上提出来。"可是这反而被更有理由地拖

[②] 《请弛园禁》，载《申报》1878年6月21日。

第四次是《申报》1885年12月8日第1版刊登《论华商函致工部局请准华人得共游公家花园事》。③

第五次是《申报》1888年9月21日第1版登载《论公家花园》。④

第六次是1889年3月11日，上海道台龚照瑗写信给英国驻沪总领事许士（P. J. Hughes）函，要求工部局允许普通中国人进入公共花园。当月22日，工部局主席麦格雷戈通过英领事转告上海道台表示拒绝。工部局主席麦格雷戈致许士函中说："工部局要我通知你并转告清政府，租界董事会花园委员会在几年前，就已经允许受尊敬的品格高尚的中国人采用事先申请发券的方式，每星期不超过一次进入花园。"

第七次是1890年上海市公共娱乐场委员会报告给洋泾浜以北租界工部局的文件中提到，对华人采用凭游园券入园的制度仍然存在问题。1909年5月27日，工部局董事会议内部决议仍然是"进入公园的权利应保留给西方人"。

第八次是《申报》1922年10月8日第13版刊登《公园拒绝华人入内之公道谈》。⑤

第九次是1923年，经华（人）顾问等数度与工部局磋商此事，亦无结果。

细查《申报》，1878年至1923年这四十多年间，《申报》关于上海租界公园问题的报道，至少有五篇，如《不准华人入内之上海公园》（1909年1月27日）等。《申报》的报道无疑代表华人的抗议，但每次的合理请求都遭到拒绝。

冯炳南给工部局写信的时间是1926年3月20日，他居然3月27号就得到租界总董的回复。更奇怪的是，工部局总董费信敦的回复居然一改以

---

③ 《论华商函致工部局请准华人得共游公家花园事》，载《申报》1885年12月8日。
④ 《论公家花园》，载《申报》1888年9月21日。
⑤ 《公园拒绝华人入内之公道谈》，载《申报》1922年10月8日。

往断然拒绝的傲慢态度,肯定了这件事的重要性,"极表容纳"。如前文所示,费信敦给冯氏回复的大意是说:你提的这事我也觉得重要,但我们需要研究一下,目前我也只能跟你说这些,我会尽快拿出方案。

看到这里,你一定会问:冯炳南给工部局总董的信里面究竟说了些什么呢?除《申报》提了一句之外,目前查到的内容是《1926年3月31日会议记录》里的两句话——冯氏信中指出,"工部局以前不许华人进入那些公园,在今年内可能引起争端",因此建议此事"最好及早得到考虑,为此,在下一次年会上应做出一个声明,表示工部局愿意做到这一点"。这口气完全不同于以往的华人联名来信。更令人惊讶的是这冯某人的语气,听起来像是个懂阴阳预测大势的人,还带着点威胁的口吻,似乎在说:"你若不听我的,今年要摊上大事啦!"这不禁让人想起1881年4月6日虹口医院恽凯英等八人曾就此事给租界代表洋人利益的最高管理机构工部局的函,一如既往地质问其条文依据,并说:"先生,我们都是租界的居民,而且是纳税人,想请问你有什么条文规定中国人不可以进入公共花园?我们没有见到官方有关这方面的文件。昨天,我们中有位先生冒昧地想进入花园,不料被门警阻挡了。"结果工部局让租界秘书回复就打发了。

那么,租界当局这次为什么如此爽快地开始松口呢?联系此前一年的"五卅惨案",你就明白1925年的局势已使华洋关系紧张到了极点。不能不说,这对于解决华人进入租界公园一事是个有利的大气候。可是别人没有这么做,而是这"神人"冯炳南找准这个时间节点,给总董写信,显然他在时机上是有选择的。而且,冯炳南第一次致信工部局总董,就把问题引到《洋泾浜章程》这部"根本大法"上来说事。这是华人入园权益抗争史上第一次拿法律说话。正是冯氏这封信,促使剧情发生了逆转——工部局"当即容纳其建议"(《申报》语)。

在冯炳南这封信的敲震之下,英美租界当局有了明显的"积极"反应和举措。工部局董事会很快做出决议:"在下次年会中建议任命一个西侨和华人居民的联合委员会,以调查允许华人进入外滩公园的条件。"华人可以派人进入工部局这个联合委员会一起商量了,联合委员会称"开放公园委员会",简称"公园委员会"。于是,上海总商会很快推选出三个人选。一位叫吴蕴斋(1886—?),江苏镇江人,早年留学日本,毕业于日本早稻田大学,并获得商学士学位,曾任上海商业保险公司董事长、中国投资管理公司董事长等职。此人写得一手好书法,还爱好书画收藏,当时与日本人上层有交往。另一位是刘鸿生(1888—1956),浙江定海(今舟山)人,出生于上海,大实业家,人称"火柴大王""煤炭大王""毛纺业大王"。而第三个委员找的谁呢?上海总商会选择了冯炳南。为什么?原因不明,可能是因为他写了这封信。当时《申报》报道,沪人与总商会均推举冯炳南为"公园委员"。⑥

1926年9月20日委员会开会讨论,冯炳南和吴蕴斋到会(仅刘鸿生因离沪之故未曾出席)。会上,冯炳南坚持强调依据《洋泾浜章程》,华人本有与西人同等享用公园之权利,他在会上说:请诸位委员注意一下《洋泾浜章程》第六条!这"一切人"就是"华洋一律"啊!

可是西人代表反驳认为,1845年制定《洋泾浜章程》时租界里住的全是西人,"一切人"本来就是指租界内的所有西人;现因洪秀全之乱逼许多华人入住租界,这"一切人"就不是原来的"一切人"了。所以租界西人和租界当局执意要按《章程》原意做限制解释。尽管冯炳南对此予以有力驳斥,但仍然没有被租界当局采纳。

转眼到了第二年。1927年2月10日,冯炳南写了论证更为详细的第二份意见书。冯氏针对对方的观点进行了反驳。他说,在1869年间,租界内之华人居民为数已经不少,如果工部局当时有意拒绝租界内华人出入公园,1869年、1877年、1900年三次修订时,为何不在"一般"(all)及"民众"之间加入"西人"字样呢?这不明摆着说明,所有公园

---

⑥ 《沪人士希望冯炳南就公园委员》,载《申报》1926年7月8日。另见《总商会仍请冯炳南就公园委员》,载《申报》1926年7月12日。

均由包括华人在内的一切人共享吗?!⑦ 冯氏在这第二次意见书中，运用章程修改前后的历史背景事实，来解释章程第六条修订前与后的概念内涵的一致性。最后，公园委员会的西人委员也不得不服了，在闭会时做出一致议决："极斯斐路公园、虹口公园、昆山公园、白利商路草地宜开纳中国人士与外人一律。"

可是过不了几天，又节外生枝。工部局总董提交纳税西人年会上决议，同意上述公园一律开纳华人与外人进入，但此决议并不当即生效，而是等待"中国排外风潮停终之后，本埠情形恢复如常，方与实行"。这样又拖了一年多。

到了 1928 年 4 月，冯氏第三次出手，再写了一份意见书。冯氏还把意见书寄给租界董事会新增的首批三个华人董事，显然是为了和华人董事先通个气，让他们在合适的时机下备足"弹药"。冯炳南"致三华董书"的重点是说：西人在报纸上说公园为西人而设，意在反对开放，其实他们不懂《地皮章程》。我现在又起草了一份英文意见书，已经送往上海各西方人报社，现把它附呈给你们，以备开会时无法议及此问题时做参考；同时，我也给已送中文报纸照登。⑧ 于是，1928 年 4 月 18 日《申报》在第 13 版一则报道中再度出现"冯炳南"这个名字。

这三位华董都是当年上海滩的风云人物，是租界董事会的三个华人董事，分别是：贝淞荪（1892—1982），即金融家贝祖诒（贝聿铭之父），1914 年毕业于交通大学（唐山），1914 年进入中国银行北京总行，先后担任广州、香港、上海分行经理及总行副总经理；袁履登（1879—1954），1900 年毕业于圣约翰大学，时任上海总商会副会长。赵晋卿（1882—1965），1901 年毕业于南洋公学，时任上海总商会董事，次年当选常务委员。

---

⑦《申报》1927 年 4 月 13 日。
⑧《申报》1928 年 4 月 18 日。

清政府治下可说是弱国无外交，连上海道台龚照瑗从外交上进行交涉，也被租界当局拒绝。可是，华人社会以及民间冒出来的人物和报纸，尤其是在民国建立以后，却让西方人另眼相看，不敢怠慢。

民间报纸最有代表性的是《申报》，光《申报》对此事就一共报道了11次，包括1922年前已有5次报道。1926年3月，冯炳南介入之后直到1928年公园开放为止，又报道了6次，包括：

《工部局复冯炳南的函原文》（1926年3月31日）
《华人游公园须先领执照》（1926年8月18日）
《西人公园开放之经过》和《西报载工部局议案之修正》（1927年4月13日）
《冯炳南为开放公园问题意见》（1928年4月18日）
《公共租界纳税西人会昨开年会》（1928年4月19日）
《租界公园昨日开放》（1928年6月2日）

1928年4月18日下午2点，公共租界纳税西人年会在市政厅开会。"费信惇继起宣称，……鄙人于一年前曾提出'开放梵王渡公园、虹口公园、外白渡桥公园、浦滩草地及其沿岸、昆山公园、白利南公园，使华人与外人受同等待遇'一案。……其反对开放之主要争论而值注意者，为恐下等华人充斥公园，反使外人及上等华人不得入内。工部局审慎考虑该问题后，敢决如许开放各公园，则自有适当方法防杜此种恐慌之实现。尚有一事须注意者，……且近一二年来常有许多公正之人莅沪观察，彼等继在内国各界自由表示意见，而尤注重公园问题，其势力与好意皆与此租界前途有极大关系，吾人对于此节亦未便漠视。"

这就是《申报》在会议次日于第13版刊登的那条内容丰富的报道中的部分内容，会议记录中还提到"许多公正之人"。《申报》记者如此迅速做出反应，把昨天下午工部局开会的记录全文发出来了，实在令人惊叹。《申报》这 11 则新闻报道，及时、持续、客观如实报道事件的进展。从《申报》最后一则报道可知，1928 年再次出马的，还是冯炳南！有人会说，此案的解决与 1928 年南京政府成立的有利形势有关。这固然受大环境改变的影响，但主权和尊严的事也未必都能因此迎刃而解，比如领事裁判权一事就拖延到抗战结束。可以说，"华人禁入公园"案就是冯炳南的"临门一脚"，才迫使租界当局正式决定向华人开放公园。我们至今不知道他这"临门一脚"是怎么踢的。

二、冯炳南是何方神人？

冯炳南独立署名于 1926 年、1927 年、1928 年连续发出三个意见书，最终迫使租界当局决定公园开禁。冯炳南连续三年出马，"招式"很特别。尤其他"临门一脚"的第三个意见书，隐藏着专业者的独到"武功"。该意见书一共有五项，最后一点"戊"是重点：

> 谨启者：
>
> 租界内之公园、草地乃出工部局开设办理，照《地皮章程》行事，乃近见外人之中有投书西报，对于开放公园、草地容纳华人一事发表意见，观其言论，足见其绝不知《地皮章程》为何事，其所举各事，于一九二六、二七两年公园委员会开会之时，即已为鄙人与刘、吴两委员所指答……今所欲言者：
>
> （甲）……
>
> （乙）……
>
> （丙）……
>
> （丁）《地皮章程》之第六款明载："道路、公园照章筑路办理，备公众之用，及租界内一切人民卫生娱乐休养之需。"倘使所指道路、公园乃对租界外之路、园而言，则如虹口及极斯斐路之公园，宜为租界以内一切人民卫生娱乐休养之需，毫无疑义。

（戊）所谓"一切人"等自应并包中国居户在内，此种解释之不误，有事可为确证。盖当该第六款载在《地皮章程》以内之时，租界之内已有中国人士甚众，若原意欲屏中国之人于花园之外，则何以不明言"外人"而顾代之以"一切人"乎？"外人"两字用于该章程之十九条，该条所言乃工部局开纳税人会议之时，与会之人宜有何等资格，即此可为铁证。知第六款之"一切人"乃包含一切之名词，各国之人理应告在其内。至于租界内之公园、草地，理应开纳华人与外人一律。……

　　工部局之存在，全恃《地皮章程》，若欲逐华人于公园之外，是不啻渎侵中国人士与外人一律同有之公权也。鄙意以为入园收费或加其他限制，似非《地皮章程》所许，若非更改章程使该局有权为此，则该局无权收何费用，惟为救济起见，鄙意诚不反对略收入门小费耳。

　　鄙人亦知租界内之外人以卫生上之原因而不免心慌者，其意似不知公园、草地正与公共大路无异，若公园须受人种差别之待遇，则公共道路及其他公共利益之具亦可适用此种差别矣。此种忧思，鄙意甚属无据。……

　　就以上种种而论，从法律、道德两端立言，足见公园应开纳华人其理甚明，且鄙见以为照工部局《地皮章程》而言，并无权力不准中国人或其他国籍之人入其所管理之公园也。

如果把意见书的（戊）这段原文换成白话，大意就是：《地皮章程》第六条明确规定，租界公园对"all"开放！all 是什么意思你们不知道吗？在多次修订《地皮章程》的时候，租界内已经有很多中国人，并且其他条文都有加上"西人"，这第六条为何不加？如果不想让中国人进公园的话，为何在条款中不明说只许"西人"呢？况且《地皮章程》也没授权对公园收费啊！工部局的存在也全凭这《地皮章程》，这不是在打自己耳光吗？

一千多字的意见书，够专业，够精彩！我们细读冯氏的三次意见书，就知道他不是一般的公园游客。他始终以《洋泾浜章程》尤其第六条来论证。第一次，他只从社会形势的外围来说这条规定必须执行。第二次，他对第六条中的"一般人"概念，针对西人反对意见，从历史角度进行了解释。第三次，其实是个综合的法律论证，它从语义、体系和历史等多个角度，辨法析理，逻辑严密，层层递进，有据有理，把事理、法理和情理说透，不仅言简意赅，还非常专业。把 all 的译词从过去的"一般（人）"改译为"一切（人）"，更贴切，也加强了"all"词义的确定性。他运用了语义解释、体系解释和历史解释，这可是法律人的专业"手术刀"。这让西人和租界当局不得不服了。

1922 年以前的八次发声，虽代表了国人的不满和抗议态度，可是，在中外双方制定的规则面前，中国人大谈尊严、强调平等、说尽公道、高唱爱国，能有什么用呢？因为以前的声明、呼吁都没有抓住一个"牛鼻子"——规则——实为双方签订的协议。那么，这份如此重要的法律文件，它在哪里呢？

这个协议文件一直没有以中文版公布，普通国人也没机会看到英文文本。我国历史研究者只看到一个 1852 年刊于 *North China Herald*（《北华捷报》）的英译本，本文下方所附照片则是后来 1898 年的英文版本。直到 20 世纪 90 年代，在英国国家档案馆的某个角落里，中英两国学者发现了一件尘封的旧文本，封皮上有英文大字"Land Regulation"，即"土地章程"；另有英文小字"Regulation respecting ground rent and purchase of land Shanghai Received 16th May 1846"，意为"有关租地和土地租金的章程，上海，1846 年 5 月 16 日收到"。打开一看，竟是中文毛笔正楷抄本，共 11 页。⑨ 这正是《洋泾浜章程》的中文版本，居然躺在英国档案馆的角落

---

⑨ 该中文文本，是中英学者通力合作写就、于英国国家档案馆发现的一件抄本（档案号 PRO, F. 0. 223/96 PP. 15-5）。原件共 11 面，每页直栏 9 行，以毛笔正楷抄写，无修改痕迹。参见《1845 年〈上海土地章程〉》，载《档案与史学》1995 年第 1 期。

里。这也难怪一直以来中国人抗议租界公园禁入，却连依据都不知道在哪里。

显然，这连续三个意见书出自行家里手之笔！他的"招式"显示了专业的方法和素养。莫非这冯炳南是法律人出身？

冯炳南是个什么样的人？2012年有位史学者关于"华人与狗"史实翔实的论文中也提到1926年"有华人致信工部局"一事，但没有提到冯炳南的名字。[10] 近些年，有研究冯炳南"五教"（儒、佛、道、耶和回）观的学者顺便考证并讲述了冯炳南这个人，但往往关注他"五教观"倡导者的身份，偶尔提到他是律师，或上海滩的"粤商"。[11] 我们不禁要问：冯炳南是哪个法学院毕业的？

根据近年一些片断叙述以及然否斋的资料，笔者尝试着把冯炳南这个历史人物做一些复原。现在我们知道了，冯炳南的真实身份的确是上海滩的职业律师。他以民间人士的身份，以法律规则说事，推动解决了这个外交难题。冯炳南所写的三份意见书就是今天律师出具的"法律意见书"，甚至可以说是今天法律教科书式的经典范例。这说明，民间专业人士也能解决外交难题。这也说明，与西方人的"交涉"也好，外交也罢，要讲究规则。关键时刻，专业的事还是要由专业的人来做。

冯炳南，1888年9月14日出生于广东高要县（现肇庆市辖区）一个世代贫寒的旧式传统家庭。父亲冯锡华娶长房、二房，均无子嗣，遂于1886年又娶了高要当地文氏能耀公的第六个女儿，1871年生人，时年15岁，不到18岁生下冯炳南。[12] 冯炳南在哀悼母亲的《先母文太夫人行述》中说："我家素来寒微，祖先不曾做过一官半职，个人家庭对于社会并没有甚么特殊的贡献。"[13] 他童年时随父经商迁至上海。冯锡华经营一家地产

---

[10] 吴恒：《"华人与狗"与"'华人'与'狗'"——以公共租界工部局档案为中心重新检视近代上海租界公园歧视华人的史实与传闻》，载《近代史学刊》2012年辑刊。
[11] 彭国翔：《再论民国时期的"五教"观念与实践》，载《宗教与哲学》2016年年刊。
[12] 冯炳南：《先母文太夫人行述》，冯积善堂1940年编印，第7面。
[13] 冯炳南：《先母文太夫人行述》，第2面。

小公司，还常年在湖北等外地经商。父亲回来时，总会带他去外滩玩。他9岁那年经历了一件事。这天父亲带他在外滩玩，结果被外国巡捕耀武扬威地一顿呵斥。父子俩听不懂英语，更无法对答。后来一打听才知，那个公园不许华人入内。事后父亲跟他讲，中国人受洋人欺负，就是因为不懂英语，靠那些翻译去交涉，也没啥结果，因为那些翻译往往是狐假虎威的。[14] 这只是冯氏自己的说法。但从当时旧上海国人的经历和感受来讲，这种说法并不离奇。

冯炳南像多数中国孩子一样，十五六岁时完成了旧式私塾教育。到了1904年有个机会出现——华商郑陶斋、唐杰臣、陈辉庭捐银3万两，用于建造一所学校，地址在克能海路（今康乐路），是由上海工部局批准开办第一所华人学校，叫工部局华童公学。这是西式学校，中英双语教学，准备在1904年9月1日举行开学典礼。于是，冯炳南的父母和叔父等全体家庭成员一起召开会议，决定不再让他进旧式的私塾，而送他到工部局华童公学读书。这是冯家传统教育观念的重大改变。可是就在他准备赴华童学校念书时，父亲重病卧床不起。结果，等母亲不露声色地把学费筹来的时候，学校已经开学一个月了。他终于上了学。事后才知道，父亲病情严重而小公司面临倒闭危险，家境已外强中干，生活境况甚苦，医药费开支巨大，因此无法支付他每学期才40元的学费。[15]

冯炳南是华童公学的首届学生。当时学生共55人，分成4个班，有华籍、西籍教员，课程分中西两部，学程为8年。到1907年，学生已扩增至400人，学校师资最初大多为校长聘请的英国剑桥大学毕业生，也聘有不少华人教师，例如胡适在1910年留美前曾受聘兼职于华童公学教书。

按华童公学学制规定，应该修业八年。如此推算，冯炳南1911年从华童公学毕业，随即进入会审公廨任文牍一职，相当于租界法庭英文翻译兼书记员。撇开殖民性质，会审公廨作为集合中西法律元素的矛盾体，对

---

[14] 冯炳南：《先母文太夫人行述》，第7面。
[15] 冯炳南：《先母文太夫人行述》，第7—8面。

于冯炳南学习法律倒是很有锻炼作用。冯炳南在会审公廨接触了法律，也多年亲历诉讼运行。虽然没有系统的理论学习，但职业训练形式上颇像那种师徒式的律师训练。但他一个小伙子在这种机构不仅没有前途，而且收入甚微。干了若干年后，他已经熟谙法务，准备离开这里独立执业。因为有会审公廨多年文牍工作经历，冯炳南向会审公廨提出申请，获准在租界做律师，初期就职于爱礼司律师事务所，深受爱礼司器重。[16] 于是他开始独立执业办理华洋案件。

1912年，他被选为五族少年保国会名誉会长，成为少年领袖。[17] 1916年，他父亲去世，当时冯炳南28岁。随着年龄和执业阅历的增长，青年律师冯炳南在摸爬滚打中成长。随着业务的发展，声望和影响力也扩大，冯炳南所在的爱礼司律师事务所更名为"同仁法律事务所"，规模还相当大，收费也很高，律师人数比一般的律所多。所内全部律师和职工，全由他一人聘用。1919年起，冯炳南担任南洋烟草公司董事，他一加盟，公司就做出了一个奇迹般的举措——南洋烟草公司简氏兄弟于1920年6月用私款派遣中国青年学生留洋，面向中国顶级的北大、北洋、燕京、圣约翰、复旦、之江等十八所大学，每年选派十五名，三年内派足四十五名。[18] 1920年8月，他辞去兄弟烟草公司职务，公司董事部挽留无效。据其自言，系因体弱多病。[19] 冯大律师有钱有文化，连投资方向都是选择公共事业或文化方面，比如他在上海电力公司、南洋烟草公司及世界书局都有投资。年轻的冯炳南一边从事执业律师，一边关注公共事务。冯炳南后来回忆说，到了30多岁之后，思想趋于成熟，心境渐趋平和，对行善知所奋勉，对已往知所追悔，开始形成"做人要忠于己、忠于事，忠于人"的"三忠主义"。[20] 由此可知，这位在千里洋场里成长的律师，似乎特别懂得

---

[16] 《工商人物志：南洋兄弟烟草公司董事冯炳南》，载《东方日报》1944年11月1日。
[17] 《冯炳南为少年领袖》，载《新闻报》1912年11月17日。
[18] 《南洋兄弟烟草公司选派外国留学生简章》，载《民国日报》1920年6月20日。
[19] 《冯炳南辞职续志》，载《申报》1920年8月2日。
[20] 冯炳南：《先母文太夫人行述》，第12面。

公共服务精神[21]。但他的公共精神具有中国式的理念。在为公众服务的过程中，他也成长为上海滩著名的大律师。

三、急公好义懂外交

早在1922年，冯炳南在《新闻报》发表《外交胜利之预备功夫》，分析中国外交屡战屡北之形势，认为是逊清与现政府因果相承的原因。逊清夜郎自大，而现政府急于获得各国承认。他的结论是，外交胜负固然系于国之强弱，但国之强弱系于教育之是否普及，以及物产之是否丰富。他尤其提到，晚清之外交人才大都是八股能手。可见培养外交人才之重要。由此，他认为外交胜利需要重视预备功夫。[22] 1923年5月在山东省临城县（今枣庄市薛城区）境内发生了一起火车旅客绑架案，英、美、法、意、比五国公使先后就此案向北京政府提出了最严厉的抗议，被称为继义和团运动以后中国最严重的涉外事件，史称"临案"。当时国人中普遍有观点认为中国政府无责任。冯炳南连载发表文章《临案之责任问题》，从国际公法的国家对外之责任原理来说明道理：国家有代替责任，但不负责代为赔偿其本国不法者无法赔偿的责任。[23] 是年10月10日，他还发表《领事裁判权之利弊与收回方法》一文。当时关于收回法权的呼声很高，可是冯氏却从领事裁判权的利弊两方面来谈。这很有可能被污为"不爱国"的言论，但他却敢于理性地分辨两方面因素，指出领事裁判权弊端的同时也有两个"利端"，一是可以使驻在国（指中国）免去管理不同风俗习惯之人民的困难，二是限制外商之居住和势力之扩张。当然，他最后分析的结论还是认为，从占领他国裁判权以狡诈取巧的事实来看，那么对驻在国的"利"也是不值一提的。[24]

---

[21] Roscoe Pound, "What is a Profession—the Rise of the Legal Profession in Antiquyty", *Notre Dame Law Review*, Vol. 19, Issue 3, 1944, pp. 203-228.
[22] 冯炳南：《外交胜利之预备工夫》，载《新闻报》1922年1月1日。
[23] 冯炳南：《临案之责任问题》，载《新闻报》1923年9月28日、30日。
[24] 冯炳南：《领事裁判权之利弊与收回方法》，载《新闻报》1923年10月10日。

1924年，租界纳税华人会理事长聘冯炳南出任名誉理事长，冯氏婉拒之，原因是什么？因为他不满租界当局的做法，也对纳税华人理事会不为华人说话做事有看法。㉕但是他并不放弃对租界当局的批评，公开撰文，据理力争。㉖他对工部局的批评是持续的。1925年工部局调整电话费，涨价幅度甚巨，华人居民议论哗然，他就公开发文认为这是违反《洋泾浜地皮章程》所规定之工部局权限的。㉗当然，不只是批评洋人当局，冯氏也批评本国政府，曾撰文《论政府与民生问题》，抨击政府在"内乱频仍、兵匪满地、民不聊生"的情况下"嬉戏自若"。㉘冯炳南还特别关切平民之教育问题。他就美国庚子赔款用途发表文章，提出了独到的想法，认为赔款应当全部用于平民教育及初等教育。其中一条理由是，庚款是因义和团拳乱引起欧美入侵，认为"拳乱由于平民愚陋无知"，因此使用此款当"提高一级平民之智识"。㉙在那个年代，冯氏就能对"拳乱"做出准确评断，对外交与民智的复杂关系做出异于常人的清晰论述，言时人所不曾言，实为难得。1925年他再发表文章，力主工部局董事会增设华人董事。㉚最后促成了三位华人董事被增列到工部局董事会。同年5月他被总商会聘为顾问。报章称他"湛深法理、中西文学，俱具根柢，近年对租界内发生之交涉，时抒正论，指导群众"。㉛1926年，他发文呼吁上海临时法庭应试行陪审员制。㉜

1928年他发表对废止内战的看法。㉝也是在1928年，浙江省政府委员马寅初提出"废两改元"（废用银两，改用银元）。是年4月，"废两改元"法案被民国政府通过，但此法案直到1933年才正式在上海先行实施。就

㉕ 冯炳南：《函复纳税华人会婉辞名誉理事》，载《时报》1924年4月16日。
㉖ 冯炳南：《对于洋泾浜章程及附律之意见》，载《申报》1924年4月12日。
㉗ 《冯炳南对电话加价之意见》，载《申报》1925年1月4日。
㉘ 冯炳南：《论政府与民生问题》，载《新闻报》1924年5月27日。
㉙ 冯炳南：《美退赔歀用途之刍议》，载《大陆报》1924年"双十节纪念增刊"。
㉚ 冯炳南：《上海工部局华董问题》，载《新闻报》1925年10月10日。
㉛ 《总商会聘任冯炳南为顾问》，载《新闻报》1926年5月23日。
㉜ 冯炳南：《论上海临时法庭应试行陪审员制》，载《新闻报》1926年10月10日。
㉝ 《冯炳南君对于废止内战之商榷》，载《钱业月报》1932年第12卷第7期。

在此前的 1932 年，撰文与马寅初讨论"废两改元"问题。认为"废两改元"貌似意见趋于一致，但并非没有可斟酌的余地。㉞ 就在冯炳南发表文章的不久，吴经熊也发表文章与马寅初商榷。于是就有了《申报》1932 年 7 月 22 日辟专栏进行的三人公开辩论。㉟

1932 年 9 月，冯炳南与胡朴安（江苏民政长）、李续川、李寿镛等人筹建中国文化书院，社址设在金神父路（今瑞金二路）花园坊 55 号，讲习国学。1935 年，第一部中国人撰写的英文版《中国年鉴》(*The Chinese Year Book 1935-1936*) 在商务印书馆出版。此年鉴的十二个董事会成员中有蔡元培、郭秉文、李石曾和冯炳南等。㊱

因久患胃溃疡重症，1937 年，冯炳南在《光华医药杂志》等医疗刊物公开征集诊治意见，得到许多名医响应，各路医生纷纷给出治疗意见。㊲ 也有消息称"粤商冯炳南病愈，经本社之方编辑用内功运气收功"。㊳ 1937 年八一三战役后，他患严重的患胃溃疡隐居在家养病，同时研读经书、思考问题、总结写作。他还与东吴大学法学院的教授有来往。笔者保存了一份冯氏于 1940 年致东吴教授蒋保釐㊴律师的信函。

1927 年，冯炳南的名字首次出现在《上海律师公会会员名录》中。㊵ 可是政府迁都南京后，实行新的律师资格制度，重新审查前北京政府颁发的律师执照，对于不符合新规定的获得律师资格者予以撤销，因此上海律

㉞ 冯炳南：《与马寅初讨论废两改元问题》，载《钱业月报》1932 年第 12 卷第 8 期。
㉟ 《吴经熊与马寅初讨论废两改元问题》，载《申报》1932 年 7 月 22 日。
㊱ 彭国翔：《冯炳南的"五教"观念与实践》，载《中国文化》2014 年第 1 期。
㊲ 《冯炳南先生胃病经过之自述》，载《光华医药杂志》1937 年第 4 卷第 5 期。
㊳ 《中医世界》1937 年第 12 卷第 4 期。
㊴ 蒋保釐（生卒年不详），字屏周，江苏上海人。1918 年入东吴大学法学院，1919 年任上海学生联合会代表出任全国国民外交大会，1921 年辞外交部职务，1922 年 6 月毕业，获东吴大学法学学士学位，1923 年 8 月月获密歇根大学法律博士学位（J. D.），1924 年 4 月开始在上海执行律师业，办理多所学校纠纷。1925 年 3 月加入上海律师公会，在上海从事律师业，曾在东吴大学担任兼职教授七年。1933 年 4 月起受上海工部局法律室主任博良之聘，担任法律顾问之一。1946 年出任军事法庭法官，审判汉奸案。1948 年 8 月任司法院参事。1949 年后定居澳洲。
㊵ 《上海律师公会会员录》，载《上海律师公会报告书》1927 年 11 月（改组增刊）。

师公会上报的十二位不符新规的律师名单中，就有冯炳南。[41] 1928年《上海律师公会会员名录》中就没有冯炳南律师的名字了。[42] 在司法部公告中称：冯炳南等十二位律师，因法科教育资格问题，于1929年被撤销律师执照。[43] 但是没有律师资格并不妨碍他以智识为公共事业服务的实践。

1933年的上海滩出了个大事——因聘请美国专家研制并首次采用了水表制，在工部局、自来水公司、房产公会和居民之间发生了用水纠纷大案。各方利益纠缠，情况极为复杂，各执一词，拖延数月，没有一天不断水，市民生活混乱不堪。甚至民众提着水桶集合向工部局要求水料，几乎酿成暴动事件。冯炳南看到这种情形，毅然挺身免费出马，精准设计了以调剂各方负担为目标的"水价分级制"，并召开工部局、自来水公司、房产公会和居民代表多方协调会，解决了这个大案。[44] 这"水价分级制"就这样一直在上海被沿用了下来。

30年代，他和上海的慈善家们一起长期致力于创办社会福利事业。甚至在1937年9月日军攻入上海的第五天，冯炳南还和颜惠庆一起在国际饭店筹备"国际红十字委员会"，成立了十六人的执行委员会。9月24日执行委员会会议第一次会议就是在冯炳南府邸举行的。紧接着，他配合红十字会进行难民救济和伤残士兵救护工作。

冯炳南撰文表示要救济难民。他引用英国文学家的话说："人类若不互相资助，将至毁灭。"他提出了几种办法：一是各收容所之救济工作宜有相当系统，因陋就简，均宜举行，防范传染病；二是做好难民登记工作；三是根据难民的自能负担者、能担负部分费用者和赤贫者，进行分类

---

[41] 《国民政府司法院司法行政部通告：普字第二号（中华民国十七年十二月二十九日）》："为通告事查前据戴继恩冯炳南陈忠荫徐和卿蔡麟卿吴麟坤郑希涛潘家田陈芝藩葛祖俊顾汉黎李煜文等十二人"，载《国民政府公报》（南京1927）1929年第60期。

[42] 《上海律师公会会员录》，载《上海律师公会报告书》1928年第24期。

[43] 《国民政府司法院司法行政部通告：普字第二号（中华民国十七年十二月二十九日）》，载《国民政府公报》（南京1927）1929年第60期。

[44] 冯炳南：《先母文太夫人行述》，第20面。

管理；四是了解返乡后的生活能力；五是妥当安置家宅在战区的难民。[45] 1940年，日本兵进驻上海租界后，日伪准备胁迫秦润卿、袁履登和冯炳南出任伪上海商会要职，冯与秦二人躲进静安寺附近的两所房子，使得日伪计划落空。关键时刻，还是人的良知底线为自己把好了致命一关。冯炳南于40年代长期生病，但他作为市政府咨询委员，为上海市民的粮食问题担忧，他向市政府提出建议，并刊登于《申报》，指出政府行使粮食统制期间，也要"履行粮食配给之义务，不可低于人民健康上所需之最低限量"。[46] 1942年，他捐助贷学金8000元以嘉惠学子。[47] 到1945年，病重到三年不能下楼，而他以其私人所有之有价证券和不动产，易款五万万元，为发起组织社会福利社慷慨解囊，举办教员、宗教、医药、文化等五种互助金。[48] 一直到40年代末，他还在为贫病失医者筹备上海新闸卫生试验区募捐……可见人们称誉冯先生为慈善家，是有道理的。

四、尽孝崇文有智识

冯炳南生活中也是平凡人，是个孝子。他20岁时，母亲就开始生病，医生无法诊断，他就去买了本医书研读，欲代以诊断，长期服侍母亲。1929年，冯母做寿，冯炳南就拒收寿礼。1940年10月，长期患病的冯母恰逢七十大寿，凭他的实力完全可以大庆一番。但冯母是素性淡泊之人，那到底做不做寿呢？思考再三他决定："与其采取浮文褥节，不如用较能持久的方法，以为纪念。"他为纪念母亲寿辰举办三件事：第一件事，发起社会福利事业，先行举办五项基金，设立教育人员补助基金、新闻从业人员补助基金、宗教补助基金、健康补助基金、失业自助补助基金。第二件事，冯炳南凭英文能力，自己动笔翻译19世纪英国大儒、伦理学家、

---

[45] 冯炳南：《对遣送难民的建议》，载《中国红十字会月刊》1937年第27期。
[46] 《解决民食问题须足量配给》，载《申报》1945年2月18日。
[47] 《冯炳南先生惠助贷学金八千元》，载《新闻报》1942年3月23日。
[48] 《冯炳南之三万万义举，创设福利社办理互助金》，载《东方日报》1945年6月30日。《冯炳南慷慨解囊五万万元善举》，载《光化日报》1945年6月23日。

社会改革家塞缪尔·斯迈尔斯（Samuel Smiles，1812—1904）关于自助论、人格论、职责论、节约论以及人生与工作的五部名著，以补五教入门之不足。第三件事，请名儒硕学，在上海八仙桥青年会讲授儒释道耶回"五教"要义。一方面延请通才，编撰五教入门讲义。这就是全国知晓的所谓"五教同台演讲"传说的来历，也是今天一些哲学界学者把冯炳南"五教"观念作为研究对象的缘由。其中有著名佛学家、儒学家蒋竹庄（笔名应是子）先生，他是蔡元培先生好友、民国首届教育部成立时的秘书长。冯炳南自己到底信不信教呢？1940年他说过："世界有三种宗教……我不属于上述任何一种宗教，可是我却相信有神。"由他出资并组织的"五教"同台演讲是交流宗教哲学思想的平台，80余年过去了，仍然成为学者们关注和研究的对象。

作为洋场大律师加慈善家，他还怀揣人文精神，热心于文化事业，积极参与知识界的活动。他研究哲学、宗教、文化、社会问题，还亲自翻译英国哲学著作，不是为出版，而是印发给民众阅读，以启发国人心智。

1943年冯母逝世时留下的遗嘱是八个字——"天下太平，忠孝和睦"。从这就知道，有其母必有其子。冯母逝世的时候，冯炳南作长文《先母文太夫人行述》，编印成书。第一句话就是很催人泪下的泣语："我从此没有一个母亲可以侍奉了！我谨用热泪、热爱与热情，拿起笔来写这篇行述。"[49]

他回忆总结了母亲的懿德，此外还谈宗教信仰理论，谈战争和人类文化，谈忠孝和睦标准。冯炳南先生80年前留下的文字，折射出贫弱忧患的国情之下国人的焦虑和悲悯，凝结着知识分子与慈善家的宁静和哲思，也渗透着对亲人的眷恋和对国人的关爱。从一个不起眼的学校毕业的华童，到一名依附于会审公廨的小人物，接着成长为一名忧国忧民、服务国人的大律师和慈善家，再到一位有公共关怀和人文精神的知识分子，这本

---

[49] 冯炳南：《先母文太夫人行述》，第1面。

身就一个励志的传奇故事。可是冯先生仍然带着平常心,很低调,后来一直不提这件事。然否斋主只是在其哀悼母亲的文章中读到,他轻描淡写地说:"许多年后,当我在社会上做事的时候,我根据上海租界地皮章程的规定,提出抗议,要求开放公园,准许华人入内。结果颇为圆满。此事不在本文范围之内,待将来有相当机会时,再作详细叙述。"[50]但他后来并没有作过任何叙述。或许在他心里,这事的圆满解绝不是他一个人在战斗,而是中国人合力抗争的结果。这是一个低调到几乎被历史遗忘的历史人物。低调之所以成为美德,前提是他有实力,有思考,更有作为。

冯炳南的五个儿子,为"振"字辈,分别为威、梁、铎、声、镰。据冯先生嫡孙、80多岁的冯宝善先生对我讲,冯炳南曾因一个"历史问题"被查过,原因是"他的侄儿把冯的工厂物资卖给日本人",但这事一直没有被澄清,笔者也无法妄自下判断。联系他抗战期间生病以及躲避日伪诱逼的情况来看,他的民族气节是不容怀疑的。抗战结束后,黄炎培的中华职教社从重庆复迁上海。1946年9月4日,经二届一次理、监事会联席会推选,冯炳南出现在名誉理事名单中。名单中的其他人还有孔祥熙、李祖绅、宋汉章、贝祖贻、陈光甫、刘鸿生、荣德生、雷震、张群、康心如、许沅……[51]

1956年10月17日,冯炳南在上海逝世,享年69岁。

有作者根据他做投资办公司,便推定冯炳南不属于知识界。这是一种偏见。从前文所述冯炳南的行迹来看,他恰恰是严格意义上的知识分子。但凡看一个人是不是知识分子,不是看他的文化程度,也不是看他的学历高低;不论其所在行业,更不论其收入;不看他是理论型,还是实践型,是学究式的,还是革命式的,是愤青激昂型,还是低调谦卑型,是建设性的,还是批判性的。判断知识分子的关键是看他有没有追求社会改造和公

---

[50] 冯炳南:《先母文太夫人行述》,第7面。
[51] 《中华职业教育社复员一周年:复员以来之总社》,载《教育与职业》1946年第201期。

共进步的思想和行动,用范仲淹的话讲就是"先天下之忧而忧",用康德的话讲就是"有勇气在公共事务上运用理性"。冯炳南是法科知识人,当律师,赢过大案;为公义,发过声音;办企业,做过慈善;修内功,学过五教。从本质上说他是一位不折不扣的知识人,一个融贯东西文化、结合传统与现代的知识分子。

徐谟——外交官的标本

图 1　徐谟（1893—1956）

现代外交官需要什么样的素养？

徐谟是个现代外交天才。了解徐谟就了解了现代外交官的专业素养。他出身寒门却充满书香气质，早年就被称为"少年饱学，英才出众"。从其经历看，徐谟年轻时外语就好得出奇，擅长中英文演说，留洋学法；当过外交秘书，当过英语教师，当过外交学院教授，当过刊物主编，还当过租界法官，当过外交官员，管过欧美司，做过地方交涉署的交涉员，还当过外交次长，是"二战"后联合国海牙国际法院首位中国籍法官。但这些都只是表面现象。

一、因果巷之"因"与"果"

要了解徐谟，必须先从他的家庭和母亲说起。

苏州因果巷（原名鹦哥巷）江氏家族是个书礼官宦之家。① 江仲熊遭洪杨之乱进身商界，有女名漱芳（1868—1929），字兰陵，性淳孝，娴诗书，是知识女性，1898 年先行放足以为表率，系"放足会"成员。江漱芳 19 岁与祖籍河北人徐肖石结婚，共生过六子二女。生下荄、苴二男之后，再生一男，于当年冬季夭折。② 1893 年 10 月 21 日（阴历九月十六日），26 岁的江漱芳产下第四子，取名谟，字叔谟。徐父求功名未成，游幕于滇，家道艰涩异常。当谟儿还在襁褓之中时，荄、苴二子皆及学龄时，母亲"日于绣具之旁，教之读书。手中抽丝，而口中教授"。徐谟四五岁时，父亲归里，才识父颜。徐父赋闲七载，债台高筑，全靠母亲一人绣花以供全家日支。1898 年后，母亲江漱芳又生二女二儿，均夭折。是故，徐谟成为徐江夫妇三子中最小的一个。

书香家庭尽管清贫，但文化和母爱是一家富贵的源泉。1897 年（丁酉光绪二十三年）正月③，30 岁的江漱芳决定以"主持家政、改良母教"为宗旨在苏州因果巷祖宅内开设女学，名曰兰陵。当时女子鲜有入学者，因此特设奖品以提倡招女童会考。这就是中国人所创办的第一所新式女子小学——苏州兰陵女学，第一年应试 12 人，第二年有 30 人报考。初期入学者三四人，后来增加到七八十人。学校开设国文、历史、英文、乐歌、图画等课程。江漱芳亲自执教，主持校务。她放弃部分自产收入，借大伯的大厅、花厅扩充教室，因陋就简，讲求实用。在经费困难的情况下，也从不求助于官府，只是典质家资，艰苦支撑。④ 江漱芳在苏州兴办女学 12 年。

童年时的徐谟和他的哥哥都就读于母亲创办的兰陵女校。母亲提供给

---

① 沈延国：《苏州兰陵女学及其创办人江漱芳》，载《团结报》1985 年 3 月 16 日。
② 参见江漱芳：《兰陵自传》，载《苏州文史资料》1986 年第 15 辑。又见《徐谟丧母记》，载《福尔摩斯》1929 年 1 月 14 日。
③ 《江苏省志·教育志》记载，江苏最早的由国人自己创办的新式女校出现在 1897 年，是江漱芳于苏州创办的兰陵女学。又参见江漱芳：《兰陵自传》，载《苏州文史资料》1986 年第 15 辑。
④ 苏迷：《因果巷内第一所新式女子小学》，载"个人图书馆"，http://www.360doc.com/userhome/5701732，最后访问日期：2021 年 6 月 12 日。

他的，不是别的，而是这贫寒家庭的书香意气与坚韧毅力。

1904年，徐谟11岁，随父亲徐肖石迁赴上海，就读于南洋公学附属小学。徐谟从小就是大头娃娃，宽宽的脑门，明亮的大眼，又多才多艺，口齿伶俐，尤善辞令辩才，擅长演讲。据说有一次外交家伍廷芳到南洋附小参观时，徐谟被推为学生代表，用英语致欢迎辞。伍廷芳听了极为高兴，抚摸着徐谟的大脑袋，对他大加勉励。⑤

1910年徐江兰陵束装赴沪，僦屋一椽，重行设学。⑥继又在上海成都路开办私立复兰女子初高等小学校（即复兰女学），经沪海道尹公署认可在案。复兰女校在上海成都路办学3年，成效昭著，扩充校舍，增加学额，改良课程，添聘教员，并兼收12岁以下的男生。1915年8月，自成都路乔迁至英租界派克路益寿里（昌寿里），8月26日于新校址开学。⑦至1917年1月，复兰女校举行初等四年级学生毕业典礼，颁发毕业奖品，教师代表演说，校长致辞并透露正在续招新生20名，并于正月十八日开学。⑧7月又有一批学生毕业，复兰女校举行毕业仪式，江校长一如往常地颁发毕业奖品，致辞并宣告下学期将大加扩充学额。⑨1924年，终因江漱芳积劳成疾，复兰女学经历12年（1912—1924）后停办。

徐母江漱芳是个伟大的女性。她办学艰辛，又从不申请官费，也不筹款，所得舌耕之款，不敷儿子学费。徐谟每学期先度置学膳等费，不敢移作他用。母亲哀叹"贫士读书，颇非易事"。同年，在长兄资助下，徐谟完婚，娶兰陵女校毕业生许兆敏为妻。许氏五六岁即入女校，自小与江校长情如母女，11岁与徐谟订婚。兰陵迁沪后，许氏入苏州省立第二女子师范学校修学业，毕业后留校担任附小教务，后辞职归来，成为兰陵校长的助手。⑩

---

⑤ 汪毓苹：《海牙国际法院首任中国法官徐谟》，载《苏州文史资料》1986年第15辑。
⑥ 江漱芳：《兰陵自传》。
⑦ 《复兰女校之乔迁》，载《申报》1915年8月18日。
⑧ 《复兰女学之毕业式》，载《时报》1917年1月13日。
⑨ 《复兰女学之休业》，载《时报》1917年7月19日。
⑩ 江漱芳：《兰陵自传》。

家境贫寒与否，固然取决于经济因素，但有些贫寒家庭中却有浓浓的书香，这是文化因素。因此家境贫寒可分两种，一是赤贫，一是清贫。徐谟的这种清贫家境，之所以不同于赤贫的那种人，就在于其家庭有知识和文化传承，有见识和教养。一些小市民即便来自大城市，因为缺乏家庭文化教养，也可能是"赤贫"者。经个人奋斗改变命运，"从鸡窝飞出金凤凰"。所谓"凤凰男"，本质上并不是指原生家庭贫困，而是指"三观"层次较低。比如，为什么而读书？对于此问题的不同回答，就可区分出不同的"三观"层次。如果大学毕业或留洋回来当外交家，有的人会把外交官职业只当作挤入"上流社会"的踏板。民国时期的法科生和今天不同，当时流行当外交官，因而趋之若鹜。"凤凰男"外交官不少见——或小家子气，或鼠目寸光。这样的外交官，势必在西洋人面前缺乏自信，要么媚态巴结，要么盲目排斥。这是修养和底气匮乏的表现。

二、北洋法科高才生

徐谟1909年升入上海南洋公学，读了四年的中学。1914年南洋公学毕业后，入天津北洋大学法科。当时北洋大学头等学堂只有工科[11]和法科（叫"律例学"）两门。法科早已采用英语教育，有中国与美国籍教师多名。据北洋法科研究学者讲，外籍教授主要包括：（1）陶木森（Yeo. J. Thompson）1914年11月至1917年7月任英国法教员；（2）林文德（Edgar Pierce Allen，1866—1921），传教士林乐知的长子，生于上海，1900年在美国大学毕业后来上海执律师业，1903年任北洋大学法科教员，并在津执律业，民国后一度任北洋政府交通部法律顾问，卒于北京；（3）爱温斯（Richard Taylor Evans，1885—1941），在津执业的美国律师，1909年来北洋大学法律科任教授，直至1920年法科停办，后来在津继续执业直到去世。（4）法克斯（Charles James Fox，1877—？），在津执业的美国律师，1914年来北洋大学法律科任教授，直至1920年法科停办。（5）孔爱格，

---

[11] 头等学堂分设专门学五门，即工程学、电学、矿物学、机器学和律例学。

奥地利的法学博士，从 1917 年起任商法教员。⑫

徐谟的法科校友阵容也很强，曾先后出过王宠惠（1900）、王正廷（1900）、张煜全（疑为1900）、严锦镕（1901）、罗泮辉（早于1906）、周宗华（1906）、赵天麟⑬、冯熙运⑭、王恩泽（1907）、燕树棠（1914）、郭云观（1915）、金问泗（1915）、施肇夔等法科校友。王伟考证的最早留美法律博士前五名、留美第一位法学博士（Ph.D.）、第一位留法的法科博士（陈继善，1907）都出自北洋大学。⑮ 可以说，在上海东吴法科创办前，北洋法科在全国尤其是英美法教育特色上呈现一种碾压的态势。此处顺便一提，侯欣一颇有见地说到北洋法科有一个特别之处，就是"整体的理性"⑯。这个特征的确非常明显地表现在学潮中，也表现在北洋法科被合并到北京大学之后，直到 1919 年，法科"并未合并，不过以后不再续招而已"，法科在校生仍然保留在天津北洋大学直到毕业，时任校长赵天麟为法科出身，被工科攻击，认为他不懂工科。法科生对此虽然愤怒，但非常理性，写了一份"通告书"在报刊发表，表达他们的质疑，说："此不过欲挟其独立工科大学主义，蔑视法科而已。实无充分理由。"还列举了爱温斯、法克斯、冯仲文等一批中外师资，反驳所谓赵校长"滥聘法科师资"之辞，认为有人在故意污蔑法科师资，呼吁各团体和教育界"心切救

---

⑫ 贾鸽：《近代北洋大学法科教育探析》，载《社会纵横》2014 年第 8 期。
⑬ 赵天麟（1886—1938），字君达，天津人。早年就读于官立中学堂，是首届毕业生，考入北洋大学法科，为该校首批派往美国的留学生。1909 年获哈佛大学文学学士学位，继在哈佛法学院攻读法律，1911 年取得法学士学位。1912 年回国后任北洋大学法律兼理财学教员。1914 年至 1920 年间担任国立北洋大学校长。五四运动后，当局令校方采取高压手段阻挠学生罢课，赵天麟愤而辞去北洋大学校长职务，1920 年起，任开滦矿务局协理。1934 年出任天津耀华中学校长。1938 年，在步行去学校途中，被日本宪兵队暗杀团两名特务枪杀，中弹牺牲。
⑭ 冯熙运（1886—1951），字仲文，天津人。1901 年入官立中学堂，1904 年毕业，1905 年考入北洋大学堂法科，1907 年由该校派赴美国留学。1910 年毕业于哈佛大学，获法学士，后就读于芝加哥大学研究院，1912 年获 J.D.（法律博士）。同年归国任直隶省审判厅推事。1914 年至 1919 年任北洋大学法学教授。1920 年接替赵天麟任北洋大学校长。后辞校长，任开滦矿务公司法律顾问，并兼任启新洋灰公司、开滦矿务局、耀华玻璃厂等八大企业的董事。
⑮ 王伟：《中国近代留洋法学博士考（1905—1950）》，第 63—64、194 页。
⑯ 侯欣一：《百年法治进程中的人和事》，第 316—317 页。

国、智机远照,幸希主持公论"云云。⑰ 这体现了徐谟母校学风的理性特点。

徐谟深受院风师风影响,身上也有这种北洋法科生的特质。他于1915年创办北洋大学国语讲演会和英语辩论会,身任两个会长。徐谟在校期间会用英文编剧、演出,自任主角,其他学生分任配角。读书期间徐谟就显示了他娴熟的英文能力。徐谟曾写就一篇英文文章"A Man Significant and Insignificant"(《一个既至高无上又无关紧要的人》),毕业前发表在《北洋大学校季刊》,署名 Lincoln Hsü,并用中文注明"灵根徐谟"。文章讲述的是英国国王与英国1688年革命,以娴熟而富有激情的英语,表达了他对君主立宪制民主的称赞。⑱

1916年(民国五年)徐谟从北洋法科毕业,⑲ 获法学学士学位。因家境困难急于就业,他由天津回到江苏,在江苏省省立扬州第八中学任英语教师。⑳ 1919年,八中学生自6月初开始罢课,而徐谟于8月报名外交官招聘考试,经遴选后列入39名应试者名单。㉑ 9月,徐谟和所有考生参加了四轮严格的考试。当时已经实行新颁布的《外交官领事官考试法》,考试程序分为四轮,平均合取者为及格。第一试科目为国文、英法德俄日等一国以上之文字。第二试科目为宪法、国际公法、国际私法、外交史四门主科,不得取舍。第三试科目可从行政法规、刑法、民法、商法、刑事诉讼法、民事诉讼法、政治学、经济学、财政学、殖民政策、商业史十一门科之中任选四科。第四试科目为约章成案、外交事件、草拟文牍、外国

---

⑰ 《北洋大学法科之通告(国立北洋大学法科合体)》,载《时事新报》(上海)1919年11月17日。

⑱ Lincoln Hsü(灵根徐谟):Law and Political Science:A Man Significant and Insignificant,载《北洋大学校季刊》1916年第2期。

⑲ 有作者把徐谟从北洋大学毕业的时间写成1917年,实为民国五年,即1916年。参见《徐谟略历》,载《民国日报》1946年2月8日。另参见《当选国际法院法官略历》,载《中央日报》(重庆)1946年2月8日。

⑳ 汪毓苹:《海牙国际法院首任中国法官徐谟》。

㉑ 《外交官领事官考试甄录委员会通告(八年八月三十日)》,载《政府公报》1919年第1283期。

语。前两科先笔试后口试，第三科用国文或外语考试。考试及格者，由外交部分派驻外使领各馆学习，时间以两年为限。学习届满由使领馆长官出具考语咨报外交部，成绩优良者作为候补由外交部咨行国务院铨叙局注册备案，归外交部准用荐任文职。㉒ 从考试科目可以看到，民国时期对外交官知识结构的要求是以法律为主，其次才是外交、政治与经济等知识。另据《外交官领事官考试法施行细则》，四轮考试平均 60 分为及格，60 分以上为中等，70 分以上为优等，80 分以上为最优等。㉓ 同年 10 月，考试结果公布，从 39 名外交官领事官应试者中，共取 10 名，徐谟名列最优等第一名而被录取。

从当时的外交官考试情况来看，当时留洋海归少，而国内大学毕业生质量相对较高。有学者根据 1919 年第二届文官高等考试外交官领事官考试《报考诸生在各学校肄业一览表》、《外交官领事官甄录试验及格各生名册》两份资料，来分析民国外交官的学历，发现：其一，全部 97 位报名者中，留学生 28 人，约占总人数的 28.9%，剩余国内学生占 71.1%。其二，28 位报名的留学生中，留日者达 24 人，留欧美等其他地区仅 4 人。其三，经甄录试验及格的 28 人中，留学生 11 人，约占其总人数的 39.3%。国内学校毕业或肄业者 17 人，约占及格总人数的 60.7%。其四，他们的专业分布主要是法政和外语两大类。㉔

1920 年 4 月，徐谟被派往驻美使馆见习，㉕ 任华盛顿会议中国代表团秘书，并在华盛顿大学学习法律与政治，英文名 Hsü Mo。因外交职务原因，获准提前毕业，获硕士学位。㉖ 一边做外交官，一边留学，这是当时中国政府外交人才培养的一条经济而实用的捷径。比如徐谟之前有郭云观，1917 年奉命派驻美国使馆，并由外交部资送哥伦比亚大学研究院研修

㉒ 《外交官领事官考试法》，载《政府公报》1919 年第 1279 期。
㉓ 《外交官领事官考试法施行细则》（教令第十八号），载《教育公报》1919 年第 6 卷第 9 期。
㉔ 岳谦厚：《民国外交官学历背景之量化分析》，载《安徽史学》2005 年第 1 期。
㉕ 江漱芳：《兰陵自传》。
㉖ 《徐谟略历》，载《民国日报》1946 年 2 月 8 日。

国际法学及外交学。后来许多外交人才都采用这种"在职攻读"方式，比如从圣约翰大学肄业的龚钺㉗直接被外交部派到欧洲工作，同时在职读书，成为优秀的职业外交家和法学家。

1921 年至 1922 年 7 月，徐谟继续留在华盛顿，在涉及战后事宜的华盛顿会议上，担任中国代表团秘书。1922 年 7 月回国，仍回外交部任事，迨军阀争斗，徐谟见事无可为，便决定离开政坛，宁执教鞭去了。他受聘于天津南开大学，在政治系担任法学、政治学教授。他携家眷同往天津，每月给母亲汇款以补贴家用。谁知母亲 1922 年劳累过度，身体虚弱，写下"自传"交给亲戚保管，再转给徐谟妻子许兆敏保管。多年后，许氏抄录一份，备份交给徐谟在新加坡的女儿徐宝青保管。

时人有评论说徐谟"命中无官"但"为人诚恳，勤于职守，口才极佳"。㉘ 他不仅有演说才能，还重视对学生演讲口才的培养。他在学校常常给学生做演讲，有关于当时新制定的宪法的演讲，㉙ 也有关于演说方法的演讲㉚。他有篇"关于演说的演说"，堪称演讲与口才经典教学大纲，不仅时人无法超越，且迄今仍不过时。㉛ 他也以演讲的方式做法学方面的演讲，深受学生欢迎。㉜ 他曾担任《南开大学周刊》顾问、学校国文演讲竞赛主席、英文演说竞赛主席等职。在教学之余，他热心参与并指导学生的演讲和辩论活动，给予发音、语调、手势等方面的技术指导。㉝ 他曾代表

㉗ 龚钺（1902—1997），字骏礼，福建闽县人，在上海圣约翰大学中学部毕业后，就读文科后肄业，1923 年起任驻日斯巴尼亚（西班牙）使馆主事，1924 年到法国留学，先后就读于巴黎政治科学院外交科（今巴黎政治学院）和巴黎大学法科，1934 年获法国格勒诺布尔（Grenoble）大学法学博士。曾在海牙国际法学院做研究，是巴黎比较法律学会会员兼编撰，1929 年任驻巴黎总领事馆副领事，之后又任代理领事、领事。1935 年回国，先后被聘为上海法学院教授、天津育德大学教授兼法学院院长。抗战前出使西班牙和法国。抗战后被派往日本，任驻日本代表团专门委员兼法律处处长。1953 年离开日本返回中国，定居南京，任江苏省法学会副会长等职。著有《比较法学概要》《欧美各国现行宪法析要》，译有《蒙古帝国史》。
㉘ 《徐叔谟命中无官》，载《苏报》1947 年 1 月 18 日。
㉙ 徐叔谟：《中华民国的宪法》，邰光谟记录，载《南中半月刊》1923 年第 1 卷第 1 期。
㉚ 徐叔谟：《演说的方法》，许承钰记录，载《南中半月刊》1923 年第 1 卷第 4 期。
㉛ 徐叔谟：《演说的方法》。
㉜ 徐叔谟：《中华民国的宪法》。
㉝ 《南开学术名家志 著名法学家、政治学家——徐谟》，载《南开学报》（哲学社会科学版）2007 年第 6 期。

南开大学出席在北京召开的华北六校演说联合会会议。[34] 1925 年徐谟当选为南开大学文学院院长（文科主任）。

在南开工作共 4 年，其间曾短期兼任著名的天津《益世报》主笔，并执业律师。[35] 担任《益世报》主笔，得自己亲自写稿发社论。徐谟于 1926 年以笔名"平章"，在《益世报》发表了一批颇有锋芒的时评文章，多数文章均为社论，涉及外交、司法主权及法政问题等主题，切中时局要务，很受社会各界人士的欢迎，影响甚大。包括：

《金佛郎案与法律尊严》（1 月 18 日）、《事实政府之要件》（1 月 21 日）、《今日本埠之市民大会》（1 月 24 日）、《东路风潮感言》（1 月 28 日）、《出版法废止后之言论自由》（2 月 3 日）、《北海美兵行凶事件》（2 月 6 日）、《庆祝乙丑年之成功》（2 月 8 日）、《丙寅年之希望》（2 月 19 日）、《设置上海特别法院问题》（2 月 22 日）、《国际联盟理事会与中国》（2 月 26 日）、《□□□（原文印刷不清——引者注）支配庚款用途事敬告英国当局》（3 月 8 日）、《大沽口日舰炮台互击事件》（3 月 15 日）、《北京之危机》（3 月 20 日）、《北京检察官所司何事》（3 月 22 日）、《息战言和此其时矣》（3 月 27 日）、《段政府解散后应注意之两事》（4 月 14 日）、《战争与主义》（4 月 16 日）、《上海工部局增加华董之议案》（4 月 20 日）等等。

徐谟在《庆祝乙丑年之成功》一文中，慷慨激昂地说："军阀之残虐，尚可咬牙忍受，外人之侵略，莫敢须臾忘怀，帝国主义既并力抵御，不平等条约复协办抗争，五卅事起而兴国鼎沸，金币案发而舆论哗然，关税则齐呼自主，法权则共图恢复，知识阶级倡导于前，社会群众响应于后，凡此皆由于民族思想之焕发，而为中华史乘所未见者，国人有此伟大之民族思想，副以百折不回之毅力，则政治虽恶，而国家不亡，国家虽亡，而民

---

[34] 《徐叔谟教授因公赴京》，载《南开周刊》1925 年第 1 卷第 12 期。
[35] 《徐谟略历》。

族不亡。"㊱ 在《设置上海特别法院问题》一文中，他向政府提出三点建议：其一，特别法院必须完全是中国的法院，外国领事不得观审；其二，特别法院须有直接拘传当事人并执行其判决之权；其三，特别法院须分三级，以解决上海市民人口多（150万人）、华洋杂居、商工幅辏、诉讼之繁的问题。"概可想见，则自应定为独立之司法区域，以壮观瞻"，"会审公廨之改革，不仅在公廨之撤废，尤在推行吾国司法尊严于租界之内，故特别法院之设置，自始即应组织纯粹之司法机关为鹄的，苟迁就于今日，将贻患于无穷，愿司法当轴，于此三思……"。㊲ 正当徐谟在天津《益世报》干得酣畅淋漓之时，上海这边中国收回会审公廨、设立临时法院的进展，借"五卅"一周年之际，形势大好。

1926年9月27日正式公布《收回上海会审公廨暂行章程》，将原本公共租界的会审公廨改为临时法院，并定于1927年1月1日在上海北浙江路（现浙江北路191号）的会审公廨进行交接仪式。时任临时法院院长的徐维震，知其才干，聘徐谟为推事兼刑庭庭长。公共租界临时法院，说起来是审判机关，而事实上有大量外交事务。徐谟在此时对这种背景下的涉外司法审判运行有了相当的体验。1927年3月6日英文报纸 *The China Press* 刊载一简讯，徐谟法官主审一起23岁华人"陆阿仔"（音译）在租界抢夺财物的案件。美国领事雷蒙迪诺（Ramondino）到庭观审，徐法官决定以40美元予以保释，这引起了雷蒙迪诺领事的强烈抗议，认为"对如此严重的罪行予以保释，只会助长犯罪"。㊳ 尽管徐谟对这种抗议不予理睬，但这种外国领事干预中国司法的情景，无疑给了徐谟一次最为感同身受的直观印象。毕竟这只是"暂行章程""临时法院"，这次司法受辱经历，为他后来争取司法主权的努力，铺垫了经验与情感的底色。徐谟在临时法院担任刑庭庭长期间，还亲自担任审判长，审理过一些重大案件。其中一起

㊱ 平章：《庆祝乙丑年之成功》，载《益世报》（天津）1926年2月8日。
㊲ 平章：《设置上海特别法院问题》，载《益世报》（天津）1926年2月22日。
㊳ "Flash from the Provisional Court", *The China Press*, 1927年3月6日。

伪造货币罪案，属于新型犯罪，被告人有 9 人，最后判决 4 人构成伪造货币罪，另外 5 人系因债务关系卷入本案，不是共犯，宣告无罪释放。[39]

1927 年 5 月初，院长徐惟震以就医名义引退去职。[40] 1927 年 6 月初，能力超群的徐谟调任丹徒地方审判厅厅长（法院院长）[41]。在 7 月 1 日的就职典礼上，他发表演讲，表示今后努力工作的方针是廉洁服务、独立裁判、便利诉讼，并要办案迅速、依法送达、准时开庭、铲除讼棍。[42] 从书记官记录的发表稿来看，他很可能是脱稿演讲，字字句句均很具体，没有虚言大词。

1928 年 3 月，徐谟受北洋大学同学金问泗推荐，调入国民政府外交部，任外交部参事；4 月调任外交部第一司司长；6 月调任第三司司长。就在徐谟忙碌于外交部的公务之际，母亲江漱芳重病，他多次返回家中探望母亲。1928 年 12 月 4 日母亲病逝前，徐谟从南京星夜赶赴母亲在苏州的寓所。母亲闭眼之前已不能言，仅颔首示意。当夜徐母病逝，孝子徐谟向外交部请假，欲守制居家。可是因为政务纷繁，百端待理，而外长王正廷一再电促，劝其节哀顺变，为国珍重，故徐谟未办完母亲丧事即匆匆返回岗位。[43] 此时的徐谟已然成为国之栋梁大器，从一言一行可以看到他内心有爱、有理性。这位伟大的母亲播种下的"因"，终于在儿子徐谟身上有了优异硕果。

三、"交涉员"与外交官

1928 年 8 月 14 日，徐谟代表外交部到上海办理与各国修订条约的重大事务。[44] 1929 年 5 月，外交部欧美司司长徐谟兼任了一个重要的外交角

---

[39]《新判例：刑事：强盗等罪俱发：上海公共租界临时法院刑事判决书（16 年刑字 262 号）》，载《法学季刊》（上海）1927 年第 3 卷第 5 期。
[40]《临时法院院长徐维震去职》，载《申报》1927 年 5 月 12 日。
[41]《徐谟调任丹徒地方审判厅厅长》，载《申报》1927 年 6 月 28 日。
[42] 徐谟:《丹徒地方审判厅条就职演词》，载《法学季刊》（上海）1927 年第 3 卷第 6 期。
[43]《徐谟丧母记》，载《福尔摩斯》1929 年 1 月 14 日。
[44]《徐谟来沪办修约》，载《中央日报》1928 年 8 月 15 日。

色——外交部驻江苏省（上海）交涉署交涉员。㊺"交涉"这个词很有意思，带着一种怪味。这还得从"交涉"的来历说起。

清廷及其官员长期不懂外交为何物，因为 1840 年国门打开，不是主动开放，而是被洋枪洋炮打开的。大清官员长期在闭关锁国下，从盲目自信，到盲目拒斥，对外国人既陌生，又有外交恐惧症。不知起于何时，汉语"交涉"一词就这样代表了外交事务。目前的资料表明，19 世纪 70 年代上海著名报纸《申报》就已经使用"交涉"一词指称外交。㊻《官场现形记》第九回曾云："不与洋人交涉，宦途甚觉顺利。"外交事务不称"外交"（diplomatic），而称"交涉"，而其英文为 negotiation，把丰富的外交事务简单化为对抗式谈判，显然这只是一种幼稚、简单、低端的外交。1861 年 3 月清政府才正式成立"总理各国事务衙门"，那么外交人才稀缺到什么程度呢？清政府发现一个叫蒲安臣的美国人，"处事和平，洞悉中外大体"，便于同治六年（1867）11 月任命他为"办理各国中外交涉事务大臣"。㊼这个蒲安臣是谁呢？蒲安臣（Anson Burlingame，1820—1870）是个律师出身的美国外交官，是林肯总统任命的美国第十三任驻华公使，1862 年 7 月 20 日来到北京，是第一批入驻北京的外国公使之一，任期为 6 年。一个还在驻华公使任内的美国人成为中国的钦差，成为"双重"外交官，尽管荒唐却是事实。

外交与国际法关系密切，但中国对国际法却十分陌生了。丁韪良 1864 年起在中国进行国际法"传教"时，为了让中国接受国际法，他把《万国公法》与儒家经书进行"附会"，试图让中国人相信《万国公法》是中国自己的东西。㊽恭亲王在为此请求允许刊印出版的奏折中提到，他在对外

㊺ 《徐谟兼任沪交涉员》，载《中央日报》1929 年 5 月 7 日。
㊻ 《西报论中日交涉事》，载《申报》1875 年 12 月 1 日。
㊼ 《汇集奉使各国旨敕照会：命美国使臣蒲安臣为奉使各国大臣谕旨一道、命蒲安臣奉使英国敕》，载《中国教会新报》1870 年第 86 期。
㊽ 〔日〕佐藤慎一：《近代中国的知识分子与文明》，刘岳兵译，凤凰出版传媒集团、江苏人民出版社 2008 年版，第 63 页。

交涉时"彼此互相非毁之际",才知有此书。他认为洋人和我们打交道都"窃查中国语言文字"和书籍,"往往辩论事件,援据中国律例相难"。[49]这道出了官方急需国际法专门人才和专业外交官的原委,也说明了《万国公法》得以出版的原因和初衷——作为外交中"攻击对方的手段"[50]。恭亲王对《万国公法》的理解只停留在"交涉"与"算计"层面。[51] 1873年,日本学者箕作麟祥(1846—1897)用汉语把International Law翻译成"国际法"。汉语"公法"一词最早在中国出现,大约是19世纪80年代初,如1883年的《字林西报》中文版《字林沪报》使用"显违公法",[52]即指违反国际法。马相伯批评清廷时曾言"慨清廷外交凌替,一不知公法,二不习制造"[53],前者是外交规则,后者泛指外交急务,两端都不行。

过去设有交涉署,内有交涉员,这是个什么机构和角色呢?交涉署是清政府为便利中外交往而在各主要口岸城市设立的外交机构。上海自1843开埠后,根据不平等条约,各国陆续设有租界或公共租界。上海最初的对外事务悉由上海道台兼理。江苏省在上海的对外事务机构,历经特设洋务局(1899)、沪军都督府内设交涉司(1911)、驻沪通商交涉司(1912)、北京政府外交部特派驻沪通商交涉使(1913)、北洋政府外交部特派江苏驻沪交涉员公署(1916)。

清代较早的外文报刊大约于1868年开始使用英文Diplomatists,而汉语"外交官"一词的出现则迟一些。1898年《清议报》在介绍俄国外交官时,用过"外交官"这个词。[54]这可能是第一次使用,比Diplomatists在中国的出现晚了三十年。1897年已经流传有一本叫《各国交涉公法论》的书,说明中国人在此之前已经意识到交涉与公法的密切关系。到了1901

---

[49]《同治朝筹办夷务始末》卷二十七。
[50]〔日〕佐藤慎一:《近代中国的知识分子与文明》,第53—54页。
[51]〔日〕佐藤慎一:《近代中国的知识分子与文明》,第74页。
[52]《字林沪报》1883年4月14日。
[53]《马相伯笔录》,载复旦大学校史编写组编:《复旦大学志》第1卷(1905—1949),复旦大学出版社1985年版,第27页。
[54]《俄国外交官评言》,载《清议报》1898年第1期。

年少数中文媒体书刊还有介绍外国外交官的文章，如《清议报》和《译书汇编》。1902年《外交报》刊登了两篇文章，叫《论外交官与国际之关系》和《论外交官领事官宜画定驻地》，首次从学理上讲述外交官的作用地位以及派驻办法。(55) 但这两篇都是从日文翻译而来。1905年《外交报》首次有中国作者撰写的论述中国外交官的文章，即《论政府宜竭力援助外交官》，谈外交官“观其言语丰采、学识智虑以视外国之外交官，瞠乎后矣。此我国清议所以凡遇外交事件无不归狱于外交官，而外交官亦无辞以自解也”，当然，作为《外交报》自身的立场，它亦在最后提醒，光靠外交官是不行的，还要靠国家，“我中国今日其亡乎亦必外交官为之也。然而外交官之主力，则不在于外交官，而在于全国家”。(56) 从清末民初实践来看，让专业外交官有用武之地，说明是一种进步。顾维钧曾评论说：“民国初年，当政者均为旧派人物，因为在清末的五六十年间，外交事务常常成为绊脚石，甚至成为许多高官显贵倒台的原因，故视办理外交为畏途。他们害怕牵连，因而宁愿交给‘外交专家’，即对外交及对外关系有专长的人去办理。”(57) 中国近代法制转型，始于外交。虽然未必讲外交法制化，但外交讲究国际规则。应把外交之事交给专业者，也就是懂世界和懂国际法者，因为常态外交是讲法治的，也就是今天所谓“国际法治”。

徐谟任职的这个交涉署是省级外交机构。早在1927年3月，国民革命军占领上海时，沿用原驻沪交涉员公署旧制。1929年1月，徐谟任外交部欧美司司长不到半年，原驻沪交涉员金问泗调任出使荷兰。上海交涉员这事关外交特殊使命的重要位置，缺一人选。而金问泗与徐谟在外交部同事20年，金是徐的上级，徐一直是金最得力的助手，关系十分密切。

1929年5月6日，徐谟受命兼任外交部特别江苏交涉员，实际工作在

---

(55) 《论外交官与国际之关系》，载《外交报》1902年第2卷第18期。《论外交官领事官宜画定驻地》，载《外交报》1902年第2卷第24期。

(56) 《论政府宜竭力援助外交官》，载《外交报》1905年第5卷第9期。

(57) 顾维钧：《顾维钧回忆录》（第1分册），第375—376页。

上海，所以又称驻沪交涉员。(58) 5月16日，其前任金问泗在上海交涉公署外交大楼举行交接仪式，在欢迎辞中他回顾与徐谟在外交部的同事关系，声称徐谟是他的"固定继任者"。的确，自金从第一司司长位置调任上海交涉员后，徐谟就以参事名义主持第一司的工作。金同时说，他和徐谟沟通过，交涉员是一特殊的、临时的、必须裁撤的职务，相信他能够完成这个使命。(59)

接着，徐谟发表就任致辞。他的演说谦虚文雅，洋洋洒洒，而又滴水不漏。他谈到与金君共事之默契，金君对上海交涉事务布置井然。此次出任，是"为裁撤交涉员而做交涉员"。(60) 他表态要"有一分力尽一分力"，"更有诸位同仁之合作，私衷尤慰"，又对下属同仁提出"但吾希望诸位真正合作、知己爱己"，顺口就用苏格兰谚语说"自己知自己"，"不寡吾所希望诸君者如此，吾亦以此自勉也。……请诸君明了为党国服务，非为私人效力，则大可各安本职矣"。徐谟这"新官到任"给下属的政治定位，讲究说话艺术。接着又返回平常心："此后日常办事及纪念周中，正可不时会晤，诸君如有意见，亦可尽量见告云云。"(61) 可见他不只是演讲水平高，言之有物，又事理清晰独到。5月18日，举行了徐谟任职补行宣誓仪式，外长王正廷代表国府讲话，上海特别市市长张群发表演讲。

果然，"为裁撤交涉员而做交涉员"，徐谟任职半年左右就有效果了。1929年年底，全国各地交涉署陆续撤销。12月31日，江苏交涉署撤销，(62) 徐谟这位江苏（上海）交涉员的光荣使命亦随之告终。紧接着就是处理华洋案件上诉审的临时法院设置问题，要用国家间的协定固定下来。他外交经验丰富，然而能者多劳，1930年2月间，因上海临时法院设置之谈判问

(58) 《徐谟兼任沪交涉员》，载《中央日报》1929年5月7日。

(59) 《江苏交涉员徐谟就职纪：金问泗与徐谟之演词》，载《大公报》（天津）1929年5月20日。

(60) 《徐谟谋交涉人员善后》，载《琼报》1929年10月30日。

(61) 《江苏交涉员徐谟就职纪：金问泗与徐谟之演词》。

(62) 《沪交涉署实行撤销，临时法院亦遵令改隶中央》，载《大公报》（天津）1930年1月7日。

题，徐谟又担任首席代表，代表中国与各国领事谈判。他出席谈判，起草协定，往返于京沪间数次，催促相关各国领事与临时法院签字。[63] 1930年2月17日，徐谟作为外交部部长唯一代表，与巴西、美国、英国、挪威、荷兰、法国政府代表，在南京签订《上海公共租界中国法院之协定》。[64] 1931年1月，徐谟任外交部代理常务次长。1931年7月28日，与吴昆吾一起代表中国政府与法国驻华公使赖歌德、甘格兰签订《关于上海法租界内设置中国法院之协定》。[65] 司法主权问题的解决有了阶段性的胜利成果，一时间国人为之振奋。他给媒体的感受是完全不同于旧式官员的迂腐守旧，媒体称其"尤善辞辩"[66]，为国人长脸，给人以清新的现代外交官形象。此时的徐谟已是个公众人物，他带着家眷同住沪上，为避媒体记者而三易其宅，然而行踪亦颇受新闻记者关注。完成临时法院设置之后，3月的某天，徐谟终于喘了一口气，在上海短暂休整，忙中偷闲去了趟江西路通孚拍卖行，竞拍古董——旧时称"买叫货"，居然被小报记者发现跟踪了。[67]

我们知道，中美外交中有一个重要的文化交流项目——庚款教育项目，由中华教育文化基金董事会（中基会）负责处理。美国政府1924年与时任驻美公使施肇基商定，庚子赔偿余数之全部退回中国，[68] 建立由中美委员会负责的一个文化建设之项目。1930年7月2日，在南京举行第六次中华教育文化基金董事会董事年会，照章改选。其中有中美双方董事，中方当选董事有蔡元培、赵元任、蒋梦麟、任鸿隽、胡适、李煜瀛等。因

---

[63]《徐谟赴沪催沪法院签字》，载《中央日报》1930年2月2日。
[64]《上海公共租界中国法院之协定（中华民国十九年二月十七日）》，载《国民政府公报》（南京1927）1930年第408期。
[65]《关于上海法租界内设置中国法院之协定（中华民国二十年七月二十八日）》，载《外交部公报》1931年第4卷第3期。
[66]《徐叔谟旅邸之秘密》，载《金钢钻》1930年3月27日。
[67]《徐谟买叫货》，载《福尔摩斯》1930年3月14日。
[68]《美国退还庚款消息》，载《民国日报》1924年5月23日。

"中基会"具有涉外性质,外交部欧美司司长徐谟就列席了这次会议。[69]

图 2 1930 年中华教育文化基金会第六次董事年会合影,前排左起:赵元任、孙科、蔡元培、蒋梦麟、徐谟;后排左起:翁文灏、任鸿隽、胡适、孙本文

从近代到现代,外交事务已经发生很大变化。以军事与武力为主的"交涉",或剑拔弩张,或施以孙子兵法式的巧计。现代外交还有合作,还包含政治、经济、行政、司法甚至深层的文化意义。正是基于规则与合作,尊重不同的文化与价值,才使得外交这件事在"人类命运共同体"中具有丰富的意义。这才是真正意义上的"外交"。一百年前就有外交学者指出:"我们可能会注意到另一个事实:一个国家对平等和独立权利的要求不仅仅依赖于民族主义;它最终取决于它的政治、行政和经济条件。……另一个重要的事实是经济形势及其在国际关系中日益增长的重要性,国际法学家现在必须将注意力转向这些经济问题。'较旧的论文最关注战争状态;未来和平关系将占据四分之三的空间和注意力。战争法将沦为刑事诉讼在国内法体系中相对不重要的地位。'和平关系主要

---

[69] 《中华教育文化基金董事会第六次年会详纪本年支配款项共三十五万元 改选董事翁文灏辞金绍基继》,载《中央日报》1930 年 7 月 6 日。

是经济性质的。”(70) 随着国际法与外交事务的现代化，日益讲究规则和文明，没有法科知识分子的参与，没有文化内涵的外交，注定是不成功的外交。

四、法治和外交的深层关系

徐谟正是有这种与时俱进的外交理念的知识分子，并且他深谙国际法、比较法，了解法治精神和现代外交的深层关系。下面我们来了解一下徐谟的外交思想。

早在1923年11月他发表过一篇关于宪法的文章，论述外交权的属性问题。他就中国“新宪法”（“曹锟宪法”）上总统订立条约权几无限制问题(71)，指出“大总统所订之条约，不经国会批准即生效力，……实背世界外交渐趋公开之潮流”。他分析说：“外交与立法较，昔人视立法重、外交轻，故立法需民主、外交已属行政，且以为折冲樽俎，必有专术，断非群众所能过问。逮至近世，战争之祸渐酷，推原其故，莫不归咎于秘密外交。欧战以还，外交公开、外交监督之声浪日高。”(72) 1921年瑞士宪法规定特种条约须经国民直接表决，国民对外交的监督即发轫于此。因此，“今日之外交，决非如昔日可为一二人所垄断，条约之同意权，应有绝对之规定，不应限于列举者而已也。况我国方以外交往史可痛，设有类似二十一条之条约发生，……无需经国会之同意，一经政府签押即生效力，是岂吾国民之所愿耶？故曰：宪法条约权之规定，实背世界外交渐趋公开之潮流，并违反我国之国情者也”(73)。徐谟把外交之国际趋势、宪法之民主原理与本国之历史教训密切结合，阐明了一个极其重要的问题，也是迄今仍有现实意义的宪法问题。

---

(70) Ching-Lin Hsia, *Studies in Chinese Diplomatic History*, The Commercial Press, ShangHai, China, 1925, p. xi.

(71) 1923年“曹锟宪法”就总统外交订约权只有四种情况才需经国会批准，即媾和、关系立法事项、割让领土、增加国库负担。此外大总统所订之条约，不需要经国会批准即生效力。

(72) 徐谟：《新宪法之两要点》，载《益世报》（天津）1923年11月21日。

(73) 徐谟：《新宪法之两要点》。

1923 年，徐谟在南开大学任教期间，发生了一起导致国际纠纷的事件：有美国商人挟现款出境，中国守兵对美国商人开枪。徐谟有一封致《华北明星报》主笔的公开函，刊登在 12 月 21 日《华北明星报》上。函文引用相关国际法规则，从法律原理上讲清了道理，认为如果中国守兵枪杀事件属实，中国政府理应依法严惩罪犯并予赔偿损失，劝告舆论和媒体应该注意国际法问题。[74] 在这里，徐谟并不附和民族主义的所谓民意，只讲究国际规则与法理。

1925 年，徐谟发表了多篇文章。这一年 5 月初发生了沪案，即"五卅运动"的前奏，有英、日等国人欺负中国人，可是段执政府却不对英日两国而向领事团三次发出公开通牒。在天津的徐谟于 5 月 8 日致电政府，指出其做法的不妥，认为杀害我同胞者，明明是英国人和日本人，与他国无涉，何必向各国领事团抗议呢？以我国外交，应付一国已觉掣肘，欲与多数国周旋，更难操胜。他明确讲："政府通牒，牵动他国，似属不当。"[75]事态在扩大，或者说此时"五卅运动"如火如荼。徐谟在 5 月的《南大周刊》上发表了一篇长文《中国的言论自由》，从政府、言论界和民众三个主体存在的"不是之处"进行了分析，认为："政府方面对于言论自由应该规定一种最低的限制，无理的压迫不仅是不可能的，而且是不利于政府的。出版界方面，应该处处服从法律，损人名誉的言论，是一种最大的罪过。民众方面要知道自己的权利，要辨别言论的是非，唾面自干，不是维持法律尊严的态度，人云亦云，不是造成社会舆论的方法。若使三方面都已尽了他们的责任，中国言论自由的问题，也就完全解决了。"[76] 徐谟不附和民族主义的民意，也不赞成政府压制言论的政策，而是从国际规则和法理出发，冷静地思考并提出清晰可见的观点，着实体现了一位法科知识人的理性。

---

[74] 《徐谟先生致华北明星报主笔函》，韦光煐译，载《南开周刊》1923 年第 55 期。
[75] 《南开大学教授徐谟上政府电》，载《益世报》（天津）1925 年 6 月 9 日。
[76] 徐谟：《中国的言论自由》，载《南大周刊》1925 年第 19 期。

这个时期，中国政府在外交与关税问题上处于被动，政府将于 10 月召开关税会议，邀请八个外国政府来华参加会议。徐谟在《南开周刊》上发表了《关税会议的背景与前途》，对此次会议做了观察和分析，指出中国政府在关税乃至外交问题上存在的困难，认为要避免仅凭爱国心的冲动而不顾本国利益。[77] 此文显示了这位外交专家对国际形势、关税问题的现状了如指掌。1926 年，他发表《领事裁判权与司法行政》，认为关税问题没有解决，领事裁判权问题接踵而来，中国司法现状还存在一系列问题，因此撤废领事裁判权还需要政府厉行司法改革，并提出改革的思路。[78] 同年，他在《凡尔赛、罗卡诺与日内瓦》一文中分析了"一战"后的国际形势，针对协约国的外交局势，提出自己的论断。[79]

1932 年 1 月，徐谟任外交部常务次长。[80] 1932 年至 1941 年 8 月任外交部次长长达十年。这十年间，外交部部长频繁换人，先后有罗文干（1932 年 1 月—1933 年 12 月）、汪精卫（1933 年 8 月—1935 年 12 月）、张群（1935 年 12 月—1937 年 3 月）、王宠惠（1937 年 3 月—1941 年 4 月）、郭泰祺（1941 年 4 月—1941 年 12 月）五任外交部部长。而徐谟"始终蝉联，毫无更动"，"每任外交部长都把徐谟倚为左右手，部中一切用人行政、对外交涉，仍须咨询徐氏意见，然后施行"。[81] 王宠惠曾评价徐谟："对外宣言及重要照会之中英文稿，往往亲自撰拟，其负责精神，尤为常人所不及。"[82] 顾维钧在忆及徐谟时曾说："1931 年 9 月日本人突然攻占沈阳后，我们同在特别外交委员会，后来，为处理危机我担任外交部长，他是次长之一。"[83] 如果加上这段不太明确的经历，那么徐次长经历了六任外长。

---

[77] 徐谟:《关税会议的背景与前途》,载《南开周刊》1925 年第 1 卷第 3—4 期。
[78] 徐谟:《领事裁判权与司法行政》,载《现代评论》1926 年 1 周年纪念增刊。
[79] 徐谟:《凡尔赛、罗卡诺与日内瓦》,载《南大周刊》1926 年第 28 期。
[80] 《罗外长昨日到部视事,召集职员训勉努力职务,常次徐谟昨亦到部视事》,载《中央日报》1932 年 1 月 31 日。
[81] 《铁面无私之徐谟》,载《东方日报》1939 年 11 月 28 日。
[82] 祁怀高:《徐谟：联合国国际法院的首位中国大法官》,载《世界知识》2010 年第 8 期。
[83] 顾维钧:《顾维钧回忆录》（第 13 分册）,中华书局 2013 年版,第 6 页。

1933年10月6日，民国政府任命徐谟、周鲠生、柳诒徵、夏勤、张君劢等15人兼任考试院高等考试典试委员会委员。[84] 1934年2月8日，徐谟在南京扶轮社例会发表关于和平的演讲。他的精彩演讲总是言之有物，细数和回顾世界外交史的典型事件，最后得出结论认为，好的外交总是以法律的方式结束争端。[85] 可见他处理国际事务的明智和清晰的思路。1935年2月至5月，徐谟代表中国政府，为1930年签订的中法关于越南与中国边省商务条约的附件，与法国经过多次磋商，4月30日，法国驻华公使赴南京外交部拜访外交次长徐谟，再次交换关于中法越南商约附件的意见，[86] 终于5月4日签订。

　　1935年4月初，鉴于领事裁判的司法主权仍然未能彻底解决，《上海特区法院协定》行将期满，司法行政部提议成立法权研究委员会。5月徐谟兼司法行政部法权研究委员会委员。司法行政部任命郑天锡为副委员长，徐谟、罗志希、贺其燊、谢冠生为委员。[87] 徐谟不只是实践上的外交官，在外交理论上也很有造诣。1931年至1937年，他兼任中央政治大学外交系主任。[88] 1937年7月，因七七事变爆发，政府通告首都官员迁出南京，徐谟全家五口从南京迁居到上海鲁班路幸福坊。[89]

　　1941年1月25日晚，外交次长徐谟应国际广播电台之邀请，通过电台对美国发表广播演讲，题目是《保卫世界文明》。[90] 他的演讲不是基于某国利益，而是基于"世界文明"，这在当时无疑是个独到的立论，引起美国和西方国家的积极反响。有意思的是，四年后的1945年11月13日，

----

　　[84] 《考试院公报》1933年第10期。
　　[85] 《京扶轮社昨日例会，外次徐谟讲国际和平 定期举行成立庆祝会》，载《中央日报》1934年2月9日。
　　[86] 《韦礼敦昨访徐谟交换中法越南商约附件意见》，载《中央日报》1935年5月1日。
　　[87] 《司法行政部聘函：聘书第二号至第六号（二十四年五月十七日）》："函聘徐叔谟等为本部法权研究委员会委员由"，载《司法公报》1935年第42期。
　　[88] 《外交系主任徐叔谟先生讲演领事裁判权问题》，载《中央政治学校校刊》1937年第132期。
　　[89] 《徐谟迁眷幸福坊》，载《金钢钻》1937年8月12日。
　　[90] 《徐谟今晚对美播讲》，载《大公报》（重庆）1941年1月25日。

英国首相艾德礼（Clement Attlee）对美国两院联席会议发表演说，他与徐谟一样，也强调为"保卫世界文明与安全"，联合国要研究建立和平的最佳方法。[91]

国际法是世界文明的产物，是世界文明的重要组成部分。由此，我们知道，交涉员与外交官的区别，也正在于有没有正确的"世界文明观"，有没有世界文明的大格局。

五、誉满国际为哪般？

1941年7月，徐谟出任中国驻澳大利亚公使。在澳四年间，他给澳大利亚人留下了深刻印象，被认为是一位雄辩的演说家。1943年墨尔本大学授予他名誉法学博士学位。1944年11月21日，重庆行政院任命徐谟为驻土耳其大使。仅一天之后，即奉派赴美国旧金山会议中国代表团顾问，出席关于一般规定之第一大组委会及安理会之和平调整委员会与司法组织第四大组委员会国际法院委员会等会议。[92] 1945年4月，徐谟赴华盛顿出席联合国法律专家委员会，代表中国参加起草国际法庭章程，并任旧金山联合国组织会议中国代表团顾问。"同时国际法学家组织顾问委员会审阅联合国宪章全文，亦由徐氏代表我国审阅。"[93]

顾维钧曾说"二战"结束时徐谟在国外尚无名望，[94] 这是否属实呢？1945年12月，徐谟被我国政府提名为联合国国际法院（International Court of Justice）法官候选人，差不多同时，郑天锡被荷兰代表团提名为候选人。[95] 后来郑天锡向联合国统筹委员会表示放弃候选人资格，以助其他中国籍候选人当选。[96] 法官候选人需要在联合国安理会和联合国大会分别获

---

[91] 《英首相阿里特对美国两院联席会议演说 联合国组织应确立办法》，载《无锡晚报》1945年11月14日。
[92] 《徐谟略历》。
[93] 《徐谟略历》。
[94] 顾维钧：《顾维钧回忆录》（第13分册），第6页。
[95] 《联合国永久会址决议设美东海岸，筹委会八小组委会任务完成 郑天锡提名为国际法庭法官》，载《中央日报》（重庆）1945年12月24日。
[96] 《新国际法院法官郑天锡提名选举》，载《中央日报》（重庆）1946年1月24日。

得绝对多数赞成票才能当选,每届任期9年,每三年改选三分之一,以保持国际审判工作的稳定性和连续性。1946年2月6日早晨,联合国大会及安全理事会投票选举联合国最高司法机构国际法院之法官。法官定额为15名,第一轮投票中,30多位候选人中只选出13位,第二轮才选出剩余的2位法官。54岁的中国候选人徐谟,首轮获得41票——也是唯一超过40票的最高票。紧接着,安理会11个理事国对国际法院法官进行投票,得全票者只有中国的徐谟和苏联的克莱罗夫。当选法官最长者70岁,多数在60岁以上,徐谟是当选法官中最年轻的两位法官之一(另一位是52岁来自巴西的亚兹韦图法官)。当日会议上还确定了国际法院法官的年俸为54000荷币。[97] 从此,2月6日成为国际法院历任法官的上任日。

  1948年10月,他任职满三年后,在五位法官中又以最高票48票和安理会的10票当选,徐谟连选连任。根据规定,三年期满连任的法官,第二次任期则为九年,也就是到1957年退休。[98] 徐谟在国际法院工作期间,以他精湛而独到的专业思考而闻名,他共发表过五份单独意见(separate opinions)。1951年,有个挪威与英国关于渔业纠纷案件(Fisheries Case. United Kingdom v. Norway),海牙国际法院经过审理,做出判决:"本院认为,这一问题纯粹是地方性的、次要的,应由沿海国来解决。鉴于以上原因,法院拒绝所有相反的提交,以10票对2票,认定1935年7月12日挪威皇家法令所采用的划界方法不违反国际法;并以8票对4票,认定该法令在适用这种方法时所确定的基线并不违反国际法。"然而,法官 Alvarez 和 Hsü Mo(徐谟)给出了各自的异议意见,他们认为某些基线没有根据国际法确定下来。法官 MeNair 和法官 Read 对前述两法官持不同意见。[99]

  徐谟原则上同意法院的判决结论,但认为在挪威采用此方法所划定的

---

  [97]《国际法官十五名选定我徐谟大使得票最多》,载《中央日报》(重庆)1946年2月8日。

  [98]《国际法庭法官选出,我国徐谟当选票数最多》,载《大公报》(上海)1948年10月23日。

  [99] William W. Bishop, "Fisheries Case (*United Kingdom v. Norway*)", Jr., *The American Journal of International Law*, Vol. 46, No. 2, 1952, pp. 348-370.

所有基线中，有两条基线是不符合国际法有关原则的。徐谟就管理领海划分的原则做出详尽说明，认为应该从低潮时的海岸线量起。他幽默地说："大自然创造了一系列海湾，它们彼此邻近但又彼此分隔，沿海国却没有权利利用主权的权威，通过在相距甚远的两点间画条直线的办法，将其变成一个海湾。"至于挪威在该案中主张的历史权利，他指出："挪威依据当地人民的习惯性捕鱼行为和对外国人捕鱼行为的禁止来支持其历史依据。至于沿岸居民的捕鱼活动，我仅需指出，个人根据自身意愿，出于自身利益而未经其政府任何授权所从事的活动，并不能赋予其国家以主权，尽管时间在推移而无他国人民的干扰。"(100)

作为职业外交家出身的徐谟对于细节的把握能力是非常强的。徐谟关于"直线基线"（straight baselines）问题上的意见，后来得到1958年联合国第一次海洋法会议制定的《领海与毗连区公约》的确认，该公约以国际条约形式肯定了直线基线规则。而随后的1982年联合国第三次海洋法会议上通过了《海洋法公约》，再一次对直线基线方法做了肯定，并做了详细规定，由此形成《公约》第7条"直线基线"一共6款的内容。(101)徐谟的"直线基线"意见被国际法确认，或者说，关于海洋权利国际规则之方向，被徐谟提前预见到。中国人并不缺乏智慧，国人今天所渴望的国际规则话语权，也不是遥不可及的事。但这一定是超越那种只停留在"交涉"之低端外交的。

徐谟在15位法官中因年纪较轻，常常被请负责起草咨询意见。1956年徐谟法官赴西班牙参加国际法学会，当选为大会副会长。1956年6月28日，也是他担任国际法院法官的第10年，徐谟因突发心脏病于海牙逝世，

(100) 祁怀高：《徐谟：联合国国际法院的首位中国大法官》，载《世界知识》2010年第8期。

(101) 《联合国海洋法公约》第7条"直线基线"规定了6款，包括："1. 在海岸线极为曲折的地方，或者如果紧接海岸有一系列岛屿，测算领海宽度的基线的划定可采用连接各适当点的直线基线法。2. 在因有三角洲和其他自然条件以致海岸线非常不稳定之处，可沿低潮线向海最远处选择各适当点，而且，尽管以后低潮线发生后退现象，该直线基线在沿海国按照本公约加以改变以前仍然有效。3. 直线基线的划定不应在任何明显的程度上偏离海岸的一般方向，而且基线内的海域必须充分接近陆地领土，使其受内水制度的支配……"

终年 63 岁。

就国际法院法官的智识而论,徐谟可谓"正当盛年突然故世"。时任国际法院院长赫克·沃斯(Haek Worth)在追悼徐谟的演说中对他做了极高的评价:"在担任法官期间,他具备了最高的品德和精深的法律知识,而且聪明绝顶,对于最复杂的案件,都易于掌握问题所在。他深受中国古老文化的熏陶,也由衷地接受西方文化。他表达自己的意见准确明了,他虽功成名就,但仍好学深思。……他是仁爱的友人,也是国际正义的斗士。"[102]

徐谟是激情与理性、智识与仁爱兼备之人。当教师,他是个富于激情和爱心的教师;当报刊主笔,他是个富于激情和担当的记者;从事司法工作,他是个富于激情且有良知的法官;从事外交工作,他是个富于激情又专业精湛的外交官。在生活中,他是个温暖有"趣"之人,工作到哪里,就带全家迁居到哪里,能把公务与家庭生活兼顾周全。他是家庭观念很强的丈夫和父亲。1934 年 6 月,徐谟的女儿重病,只得送其往九江牯岭疗养院治疗。他在繁忙工作之余,奔波于南京和九江之间,去牯岭探望养病的女公子。如果关注徐谟,还会发现他有纯粹而童真的一面。二三十年代有上海小报记者追踪窥探他,为避记者,他先后搬迁两处临时住所,记者发现他两处卧室的壁纸居然采用的是儿童图案。其实这也容易解释,其三子女中,尚有未成年人。徐谟的女儿徐宝青现在新加坡。[103] 徐宝青的儿子(即徐谟外孙)黄锡义(Michael Hwang)1943 年出生于悉尼,1965 年毕业于牛津大学法律系,旋返归新加坡外交部,2003 年任新加坡驻瑞士大使,离外公曾经工作的地方越来越近了。

徐谟在文章中也总喜欢谈及儿童。比如当选国际法官后,他于 1946 年 5 月在《民国日报》上发表了一篇《希望的寄托》,文章居然用儿童做比喻,来说明成人应当将心比心,意思是"己所不欲,勿施于人"。他说

---

[102] 祁怀高:《徐谟:联合国国际法院的首位中国大法官》。
[103] 徐宝青的丈夫黄延康是伊利诺伊大学工程博士,其曾祖父黄遵楷是黄遵宪胞弟。

如果能做到这一点，贪官污吏就不存在了，汉奸也就不会出现了。转而又说："再于国际方面，一个国家若能将富强本国的希望推之于全世界，将本国所拟的振兴方针贡献于世界，则以强侵弱的现象也将会循迹，而世界将求为和平与康乐了。"[104] 这篇短文很能显示他作为法律人和外交官的理想和情怀，也颇能体现他童真的个性。注目他的肖像，你是否会发现他的面容神似童颜呢？

　　文章至此，我们有怎样的启发？什么叫知识人的世界观？外交官徐谟心目中的世界与文明是完整的，而不是撕裂的。他能够把国际法与世界格局、中国情境进行一体化思考，在他的视野中，国际规则与本国事实不是"两张皮"，而是构成整体的，规则与事实、理论与实践在他身上达成了统一。那些不懂国际法的政客式外交官，那些只在国际法纸面规则上做翻译和注释的学者，就相形见绌了。用今天的话来讲，徐谟是外交官的标本，也是具有国际法治理念的国际法专家。

---

[104] 徐谟：《希望的寄托》，载《民国日报》1946年5月24日。

第四节　专业与政治

王宠惠——"好人"之"迂"

图 1　王宠惠（1881—1958）

王宠惠的一生几乎就是中国近代史的缩影，经历丰富，事功无数，官至"好人内阁"总理，至今被人称为"西方绅士，东方君子"，堪称"好人"。但是，唯有胡适对他不乏尖锐的批评。以胡适的公信力，其批评究竟是否公允？王宠惠究竟是个什么样的人？写王宠惠的书不少，人们一直讲述他的事功和贡献、优点和特点，这反倒难以观察其性格特征。本书尝试从他的生活细节，甚至缺点入手，希望更清晰地再现一个生动真实的王宠惠。

一、"Don't Come Longer" 的留洋经历

王宠惠在北洋中西学堂律例学门（法科）学习四年，接触到中西洋律

例的课程，诸如法律通论、商务律例、大清律例、罗马律例、英国犯罪律、英国合同法等，且练就了熟练的英语。1899年底，他毕业后，受聘到上海南洋公学任教。1901年转赴日本留学，因亲近革命党人，见过孙中山，办过《国民报》。

20岁的王宠惠和许多留日法科学生似乎有些不同，至少有两件典型之事显示其性格。其一是他憨厚地拒绝了日本房东女儿"和子小姐"的仰慕、献媚和追求。《王宠惠传记资料》中记载，这位"和子小姐"得不到王宠惠的回应，最后只能"破釜沉舟"，毅然赤身裸体钻入王宠惠的被窝，令他大惊失色，高喊来人。① 其二是他对日本法科不满意或不满足，很可能是发现日本法科的某种问题，于是王宠惠1902年就转赴美国留学，先就读于加利福尼亚大学，后转入耶鲁大学攻读法学硕士。

耶鲁法学院自1824年成立近80年来，没有华人拿到过法律学位。据记载，留美幼童梁敦彦②曾在耶鲁读了三年法律，却因1881年李鸿章召回首批留美学生而被迫放弃最后一年的学习。所以最早从耶鲁拿到法律学位的，只有王宠惠等两人（另一人下面马上会讲到）。他在耶鲁的情况怎么样？现有书籍和文章鲜有记载。

然否斋收藏有一本耶鲁大学法学院1904年5月印制的精美毕业纪念册。其中有当年毕业的每位本科生和研究生的简介。其中研究生栏只有九名毕业生。在第84页的研究生介绍中，可以看到王宠惠皮肤黝黑的肖像照和简介，绰号是"Judge"（法官）。毕业纪念册用俏皮的语言对每个毕业生做了描述，对王宠惠的描述是：

　　他是他父亲家里第一个10磅重的男孩。他早年来到耶鲁，同学

---

① 参见祝曙光：《法官外交家王宠惠》，福建教育出版社2015年版，第26页。
② 梁敦彦（1857—1924），字崧生，广东顺德人。1872年作为第一批留美幼童被清政府派往美国留学，1878年考入耶鲁大学学习国际法，1881年应召停止学习回国。1904年任汉阳、天津海关道。1907年起，任清外务部右侍郎、会办大臣兼尚书等职。1914年任北京政府交通部总长。曾推荐留美同学詹天佑修建中国第一条自主设计的铁路，力促清华大学的创办，是欧美同学会创始人之一。

们的学识和灵气可能会给他留下深刻印象，也许还有教授们的灵感。他最喜欢的"运动"是逃课。他一直在专门研究美国"单身女郎"的地位，据认为，不久他将开始"已婚女子"的研究。6 月，他将收到一个 D. C. L（别再来了——don't come longer）。③

王宠惠 1881 年 12 月 1 日（阴历十月初十）④ 出生在香港荷李活道 75 号的道济会堂。祖父是基督徒，因广东反教之风，自广东迁居香港。父亲王炳耀自宠惠出生后当了牧师，有六子三女，宠惠在六子中排行第四。十磅重，相当于我们讲的"九斤"胖小子。耶鲁同学的运动项目总是划船啊、棒球啊，他呢？运动队名单上压根看不到，什么歌咏、辩论，也没有他的名字。原来，学霸喜欢的"运动"居然是翘课。他研究单身女郎的兴趣，或许就是从和子小姐"钻被窝"开始的，持续到了耶鲁，还行将研究已婚女子——事实上他的博士论文中就研究了已婚女子，研究兴趣居然还那么广泛而另类，天赋异禀而又若愚若迁。当年 6 月王宠惠正好收到耶鲁民法学博士候选人的通知书，Doctor Civil Law（民法学博士）的缩写 D. C. L 与 Don't Come Longer（别再来了）相同，同学们因此戏称他为"别再来了"。

其实，最早从耶鲁拿到法律学位的不止王宠惠一个。他的同学中，还有位比王宠惠更被师生看好的中国帅哥，他就是张煜全⑤，耶鲁 1904 年的

---

③ *Yale Shingle 1904*, editor J. N. Shlzberger, published annually by the senior class, Department of Law, Yale University, New Haven, Conn., May, 1904, p. 83.

④ 其生日阴历十月初十常被误认为公历生日。从其好友余绍宋日记看，王宠惠的生日应该是 12 月 1 日。参见余绍宋 1926 年 11 月 13—14 日日记，载《余绍宋日记》（第 2 册），中华书局 2012 年版，第 574 页。

⑤ 张煜全（1879—1953），字昶云，广东南海人。早年就读于福州英华书院、香港皇仁书院、北洋大学堂，1899 年 3 月底留日，东京帝国大学学习政治学肄业。1901 年 8 月，先就读于美国加利福尼亚大学，1904 年与王宠惠同时在耶鲁大学获硕士学位。后赴德国，1906 年参加清廷举行的第二次留学欧美毕业生考试，是九名最优等之一，赐进士（法政科），任教育督察。1907 年任留日学生副总监督。1909 年廷试，以进士为翰林院庶吉士。1910 年任交通学院校长。民国成立后，任北洋政府大总统府秘书，外交部参事、秘书，出使墨西哥。1918 年 7 月至 1920 年 1 月，任清华学校校长。1940 年起，任汪伪政府伪华北政务委员会法制局局长等职。

硕士毕业生。张煜全在校时的绰号是大法官（Justice），又叫"刺客"（Stabber）。毕业纪念册上对他的描述是：

> 一个非常熟练的"刺客"。他有能力愚弄所有的教授。这一切都使他在班上大受欢迎。他和王（宠惠）在班级中争夺首席大法官的位置；但他的同学常说："这两个人中，张是最强者。"人们通常会发现他在法学大楼的楼梯上跑上跑下，这是他一直渴望的消遣。

从纪念册第86页的Corbey Court（耶鲁法学生组织）名单来看，张煜全和王宠惠的名字——Yu Chuan Chang 和 Chung Hui Wang 双双出现。二人似乎有并驾齐驱之势。他俩十多年后的情形分别是：王宠惠从复旦回到北京后，于1918年7月担任法律修订馆总裁；张煜全出任清华校长。五四运动爆发前的1919年5月初，王宠惠一边与熊希龄、林长民、蔡元培等人以"国民外交协会"名义呼吁主权，反对签署丧权辱国的条约，一边与汪大燮、林长民等人出任自愿担保人，营救被捕的学生。可是清华张煜全校长的情况完全不同，当学生会召开成立大会时，张校长请派巡警干涉，将电灯关灭，引起学生公愤，数月后被迫辞去校长职务。这个结局是人们根本想不到的。

再回到耶鲁1905年的王宠惠。6月，王宠惠只花了一年时间，获得了民法学博士学位，成为第一位在耶鲁获得法学博士的中国人。其博士论文题目就令人眼睛一亮——《住所——一个比较法方面的研究》。

首先，他的选题就具有学术的独特眼光，充满学术灵气。一般留学生学位论文选题（今天也一样）都是"宪法的中的某制度""某国刑法某制度研究""国际法某制度研究"等等平庸呆板而宏大的题目。而王宠惠关注每个人生活中的一个细节，也是日常生活必需品——住所。我们从"小"口径问题中切入，才能发现真问题和新问题，研究细节才有创新。这就是我们今天的导师们强调和提倡"小题大做"的原因。他清晰地知道文章要研究到什么程度。他在第一部分讲明本文研究方法是比较法方法以及原因，并申明本文研究目的不是对该课题做全面研究，而只是做启发性的思索，确定了自己的思考范围。

其次，他在第二、三部分，运用比较法方法研究住所，从英、美、法、德、意、西等六个国家法律中，来比较它们对住所的不同定义、不同国家对住所的分类和标准，又从罗马法、各国学说、判例中做历史、现实与理论上的考证。这使研究打开视野，带人进入一个宽阔而深邃的世界。

最后，他以提问方式带读者深入到小问题里面去探寻。他提出的问题是："一个人是否可以没有住所？"其研究发现，德国法理（萨维尼）上"可以没有住所"存在三种情形。而英国法规定"没有人可以没有住所"是一条固定的原则；美国法上与英国相似；法国法上没有直接规定，但有弥补性程序规定；德国法上没有规定，但他发现德国在法理上坚持一个人不能没有住所。他就此展开研究住所的冲突问题，分为消极冲突（第四部分，即无住所的冲突）和积极冲突（第五部分，即多个住所的冲突）。当他对消极住所进行理论分析时，提出了一个发现："大家普遍承认住所包含两个因素，即事实因素和意图因素，只不过在这两个因素的本质问题上，存在分歧。"此外，第六部分还针对已婚妇女与未成年人的住所进行了研究。第七部分，基于全文规则、案例、学理、社会的动态比较，提炼归纳出自己的判断和结论。

这篇论文尽管用今天的标准看还有些毛病，但它选题独到而精当，论题新颖，文献翔实，剖析入微，条理清晰，不仅是明显的比较法论文，还有法律职业式就事论事的精致。从其强烈的"真问题"意识和踏实的学风，可以知道这是一位精细、务实、早熟的学术天才。

说一个人"学术天才"，其实不是说他生下来就具有学术能力。王宠惠出生于香港一基督教家庭，父亲重视子女教育，幼年入圣保罗学校学习"西学"。课余时间，其父聘请当地的儒学名家周松石给王宠惠讲授国学典籍，十岁入香港皇仁书院攻读英文课程时，继续兼修国文。这样，西学和中学两头算是兼顾了。15岁的王宠惠在香港报名并参加了考试,被天津西学学堂录取为法科学生。1900年正月,王宠惠和其他第一届北洋大学堂"新式大学生"毕业。耶鲁1904年毕业纪念册上的"Honors",荣誉榜首,赫然印着的是王宠惠1899年年底获得的北洋大学文学学士学位最优等生。他作为北洋大学堂第一届毕业生中的第一名、最优等生,由"钦差大臣办理北洋通商事务直隶总督部堂"裕禄亲自颁发考凭(即毕业证书),上书"钦字第壹号"。因此他所持的文凭被认定为我国第一张大学毕业文凭,王宠惠因此被称为"近代中国第一张新式大学文凭的获得者"。

据梁启超在《新大陆游记》回忆,他1903年游览了耶鲁,"当时吾国学生有三人在焉"。他还提到当年夏季耶鲁毕业典礼,说:"法律科,王君褎然为举首。受卒业证书时,王君代表全校四千余人致答词,实祖国一名誉也。"⑥ 王君即是王宠惠,代表毕业生登台致辞。梁氏所提到这三人,除王、张之外,还有谁? 还有位1906年毕业的经济学博士陈锦涛(1871—1939),广东南海人,一毕业就急着回国求官,参加清廷学部考试获第一名,授法政科进士后依照清代惯例从政,担任度支部预算司长,后来因受贿罪入狱,抗战时投靠日本,成为汉奸。

可是王宠惠1905年拿到博士学位后,没急着回国,他跨洋直奔英国,研究国际公法,并通过律师会馆的训练考核,获得了英国大律师(出庭律师)资格。就在短短两三年间,还赴欧陆进行法律比较研究。据1906年外务部咨询驻德大臣杨晟查询到的信息,内有一些鲜为人知的细节:与王宠惠同时继续留在德国的,还有王宠佑、严锦荣,三位"愿再留德致力专门之学"。另有吴桂灵已"定赴北洋",王宠惠的耶鲁同学张煜全也从德国回国,"已在出洋考察政治大臣处供差"。⑦ 王宠惠、王宠佑、严锦荣这三位均为广东东莞人,王宠佑(1879—1958)学矿冶,是王宠惠的三哥(宠

---

⑥ 梁启超:《新大陆游记》,湖南人民出版社1981年版,第55页。
⑦ 《外务部前咨出使德国大臣杨晟查询在德国留学生兹据杨大臣电覆》,载《时报》1906年5月29日。

惠排行第四）。⑧

说王宠惠绕不开严锦荣，此人也叫严锦镕⑨，1905年6月14日获哥伦比亚大学法学 Ph. D.（博士学位），比王宠惠获博士学位（1905年6月28日）早了半个月⑩。这两位广东籍学子双双成为中国最早的法科留洋博士。严格意义上讲，严锦荣是世界上第一个获得法学博士学位的中国人。严锦荣在离开柏林之后，和王宠惠一样也来到了伦敦。"当时，王已经作为伦敦中殿律师学院学生前往伦敦准备律师资格考试。相比之下，严锦荣可能失去继续深造的机会，因为他似乎受到了精神疾病的袭击。"⑪陈立博士根据一份精神病患者的入院记录，确认严氏于1909年8月11日入住伦敦东北部埃塞克斯郡的一家精神病院——克莱伯里医院。在那里接受了十个多月的治疗后，严氏于1910年6月5日出院——尽管病历显示他在没有康复的情况下出院，这表明他提前出院的唯一原因是被遣返中国。⑫一个月后，1910年7月28日《申报》报道说："两天前，一名身着西服的中国人严锦荣在一艘日本客船上失去了理智。在船上的人向船舶经营者报告了他怪异的行为后，后者通知了上海市警方。后来他被带到上海的会审公廨接受讯问。"1910年8月3日，《申报》发布了一份通知，希望了解严锦荣亲属的下落，让他们出来领回患有精神疾病的严锦荣。1910年8月10日《申报》再次更新，进一步提供信息：经调查，警方找到了严氏的一位医生朋

---

⑧ 刘宝东：《出山未比在山清：王宠惠》，团结出版社2010年版，第9页。

⑨ 严锦镕（生卒年不详），即严锦荣，英文名Yen Chin-Yung，广东东莞人。1901年毕业于北洋大学采矿专业，同年夏，与王宠惠、张煜全、陈锦涛等人作为北洋官费生派往美国留学。1901年赴美途中经檀香山，作《游檀香山日记》（发表于《清议报》1901年第96期）。到达美国时，先被加州大学伯克利分校录取，一年后转入哥伦比亚大学专攻美国宪法，并获大学奖学金。1905年6月获哥伦比亚大学法学Ph. D. 学位，博士论文为《美国宪法第十四修正案中的公民和私人权利》。毕业后于1905年10月继续公费赴德柏林大学留学，1910年7月底回国，调入法部。严锦镕系患精神疾病而英年早逝。参见Li Chen, "Shattering the Glass Ceiling: The World's First Chinese Ph. D. Graduate", *The Law Teacher*, Vol. 53, No. 3, 2019, pp. 321-337.

⑩ 王伟：《中国近代留洋法学博士考（1905—1950）》，第140页。

⑪ Li Chen, "Shattering the Glass Ceiling: The World's First Chinese PhD Graduate", *The Law Teacher*, Vol. 53, No. 3, 2019, pp. 321-337.

⑫ Li Chen, "Shattering the Glass Ceiling: The World's First Chinese PhD Graduate", *The Law Teacher*, Vol. 53, No. 3, 2019, pp. 321-337.

友王氏，他是一名精神疾病医学专家，当时就职于苏州市的美国长老会医院（南区）伊丽莎白布莱克医院。警方于是安排严锦荣乘火车到苏州求医。1910年9月15日，发布公告，通知严氏的五件大小不一的行李在中国衙门等候领取。这是关于严锦荣的最后一个信息，此后，他从所有的书面记录中消失了。⑬

再说王宠惠。1907年，他在柏林完成了于耶鲁留学时开始的《德国民法典》英文翻译工作，还在德国被选为柏林比较法学会会员。其实，在王宠惠翻译《德国民法典》之前，已经有不少英译本问世。因王版的翻译水准高超，该书旋即在伦敦出版，成为英美各大学法学院指定的必读书目。然否斋这部藏品就是1907年首版，是从美国明尼苏达大学法学院图书馆淘回的馆藏本，有该图书馆藏书签、目录编号和图书报废章。这也是王译《德国民法典》英文版在英语世界风行的一个佐证。

1907年2月，王宠惠的留学费用就有了着落——"留学美国法学博士王宠惠现由外务部调入储才馆仍令在欧洲继续留学所有学费由外务部拨给"。⑭ 这意思是说，王宠惠在美国留学的时候，就属于外务部。王宠惠回国后很快从外务部调入储才馆，但经费仍然由外务部拨款。1907年3月份，法部为延请西洋法科留学人员，奏调王宠惠"办理部事"，获旨"依议"。⑮ 与其同时受法部"奏调"的还有自巴黎回国的法科学士陈箓以及留美兼留德的严锦荣。同年12月，法部再次奏调王宠惠"到部当差"。⑯ 然而，王宠惠一直没有回国。

直到1911年大清灭亡前夕的那个春季，编纂宪法大臣溥伦、载泽看

---

⑬ Li Chen, "Shattering the Glass Ceiling: The World's First Chinese PhD Graduate", *The Law Teacher*, Vol. 53, No. 3, 2019, pp. 321–337.

⑭ 《留学美国法学博士王宠惠现由外务部调入储才馆仍令在欧洲继续留学所有学费由外务部拨给》，载《时报》1907年2月16日。

⑮ 《法部奏调西洋毕业法律学生陈箓、王宠惠、严锦荣等办理部事奉旨依议》，载《时报》1907年3月18日。

⑯ 《法部奏调留英毕业学生王宠惠（在美国时已得博士）到部当差》，载《时报》1907年12月4日。

中王宠惠精通英法德三国文字,跨洋致电召王宠惠回京翻译各国宪法。[17]或许正是收到这封电报后,他才离开欧洲回到中国。武昌起义后,袁世凯令王宠惠协助陈锦涛向各国公使借款,王不从,离京南下。[18]

二、迁而不腐的外交部部长

1912年1月3日,临时大总统孙中山力排众议,提名刚过30岁而无任何从政经历的王宠惠担任外交总长。对于被社会和革命党人普遍看好的资深外交家伍廷芳,反而安排了个司法总长位置。读史者常问:孙中山为什么要这样安排?这就不得不提到孙文与王宠惠的交情。

孙中山早年就与王家关系非同一般。王宠惠的祖父是基督徒,父亲王煜初是牧师。王煜初先生乃有识之士,是倡导使用标点符号的先驱。1887年孙文在香港读医时,就在王煜初任职的雅丽氏医院附属西医学院学习,二人从此相识。1895年10月,孙中山正被清廷追捕时,参加过王宠惠长兄在广州的婚礼。王宠惠早在北洋读书时就同情反清革命,1901年刚到日本留学就融入反清革命行列,共同发起"广东独立协会",在横滨再次见到孙中山,"一见握手,道前日事,悲喜交集"。[19]

1904年夏,也就是王宠惠在耶鲁刚开始攻读D.C.L时,听说孙中山到了纽约,王宠惠专程去拜会,两人同住华埠基督教堂许芹牧师家。孙文嘱托王宠惠为他送手函给美国友人麦克威廉,后者与孙氏见面后即建议孙中山撰写一篇文章,以阐明中国革命的意义。于是孙文和王宠惠合作写就一文。后来孙中山对麦克威廉说:最后五页是我写的,英文不太好,你注意修改一下;其余部分是王先生(指王宠惠)和我合写的。[20] 这篇文章就是《第一次对外宣言》(1904),即《中国问题的真解决》(The True Solu-

---

[17] 《编纂宪法大臣溥伦载泽以王宠惠精通英法德三国文字,因电留德学生召回京翻译各国宪法》,载《时报》1911年4月8日。
[18] 《王宠惠已由京南下》,载《时报》1911年11月28日。
[19] 参见刘宝东:《出山未比在山清:王宠惠》,第8—9、36页。
[20] 参见刘宝东:《出山未比在山清:王宠惠》,第43—44页。

tion of Chinese Question），通篇内容是对国际社会的一次表达革命目的之庄严宣告。可见王宠惠对孙文的意图和脉络，把握得多么准确和贴切。与此同时，孙中山和王宠惠在美国还探讨过五权宪法，据说足有两个星期。但王宠惠从来不公开提这事，公开讲话时只提五权宪法由孙总理首次揭示于1905年。[21]

虽被提名为外交总长，可是王宠惠有自知之明，他当然知道不少人反对他当外交总长。于是当时他就给孙大总统写了辞临时政府外交总长呈文，曰："顷奉尊电，以惠承乏外交总长，无任惭悚。惠学识疏陋，且未尝周旋于外交界。当民国艰难缔造之时，对外交涉，关系甚大，非于外交富有经验之人，不能胜任。……伍、温两公（指伍廷芳、温宗尧——引者注）[22]担任外交，使全国军民对外交涉，得所依托，而外国舆论，亦极表赞成。此时外交总长舍两公外，实难其人。……"[23] 王宠惠以谦虚恳切之词，明确表示推辞，并认为伍廷芳是外交总长的不二人选，展现了他的温良恭俭让，传统美德溢于纸面。可是，孙中山此意已决，不再改变。孙中山的解释是：对于新政权来说，法律比外交更重要。[24] 笔者以为，其实这是官话、托词。分析原因，可能有三：其一，七十岁老人伍氏当部长可以，但问题是让这前清老官员担任外交总长，至少有国家形象上的问题，这固然有孙文的政治谋略考虑；其二，相较之下，王宠惠年轻，有干劲、有活力；其三，也是更重要的原因，孙文与王宠惠早有故交，他了解甚至欣赏这个年轻法科海归的性情和志气。

---

[21] "在总理遗教内，可得而考者，五权宪法实首次公开揭示于满清光绪乙巳年（1905年）。"参见王宠惠：《五权宪法》（1939年7月1日），载《王宠惠法学文集》，法律出版社2008年版，第88页。

[22] 1911年11月20日，全国各独立省区代表在上海议决，推定"伍廷芳、温宗尧二君为民国外交总、副长"。参见刘星南：《辛亥各省代表会议日志》，载中国史学会编：《辛亥革命回忆录》（六），文史资料出版社1981年版，第241页。

[23] 王宠惠：《辞临时政府外交总长呈文》（1912年元月），载《王宠惠法学文集》，第317页。

[24] 孙中山在答《大陆报》记者问时说："中华民国建设伊始，宜首重法律。本政府派伍博士任法部总长，职是故也。"参见《孙中山全集》（第2卷），中华书局1982年版，第13—14页。

推辞不成，恭敬不如从命，王宠惠鼓起勇气担起外交总长职责。南京临时政府成立才是真正宣告清王朝的覆灭。但是，当时毕竟是临时政府，要得到西方大国的国际法承认，实属不易。不到十天，各国驻华使团在北京开会，相约在中国统一政府未成立之前，不做任何承认。作为外长的王宠惠，连连致电美、英、日等国外长，恳切要求承认临时政府的合法性。按说海外华侨是推翻清王朝革命的重要支持力量，可是东南亚一带的华侨却受荷兰殖民者的欺凌。最典型的是发生在印尼东爪哇省省会泗水市的"泗水事件"。

这是王宠惠从政以来第一次碰到外交难题，也是他第一次经受如此严峻的考验。2月26日，孙中山主持内阁会议，王宠惠汇报"泗水事件"进展后，内阁会议做出强硬决定；㉕ 3月，孙中山与外交部发起对荷外交后援，强烈声明要求立刻放人，否则宣布与荷兰断绝关系，视为无约国。㉖ 新政府一改以往清廷的软弱外交形象，迫使荷兰政府收手服软。在短短数月内，王宠惠协助临时大总统孙中山，处理内外事务，成为得力助手。可是，不久大总统变成袁世凯，华侨国外权益保护危机愈演愈烈，王宠惠给北京政府的袁世凯连发三次急电，沟通、催促和协调，㉗ 痛陈外交事件"事关国体民命"，请转饬驻荷兰中国公使与荷兰政府交涉，以存国体，而慰侨望。同日又致电当地侨民组织，表示慰问，告知政府正在尽力与荷兰方交涉。

然后便是一系列的政局跌宕：南北议和，孙文辞任，袁唐新政。王宠惠被任命为新政府的司法总长，立即提出司法改革，可是刚过三个月，因

㉕ 《临时政府公报附录·电报：孙大总统外交部总次长鉴泗水华侨被官虐待一案》，载《临时政府公报》1912年第24期。《附录（中华民国元年二月二十九日）电报：孙大总统外交部各部总次长参议院鉴泗水来电》，载《临时政府公报》1912年第25期。

㉖ 《临时政府公报·附录（中华民国元年三月二十九日）：电报：南京孙大总统外交部鉴各团体因泗水案发起对荷外交后援团议决请速与荷使严重交涉（上海来电二十）》，载《临时政府公报》1912年第42期。

㉗ 《外部照称各节及办理情形文》《外部照称释放泗水华侨文》《外部肯主和平交涉文》，载《临时政府公报》1912年第42期。

不满袁世凯,他便与蔡元培、宋教仁、王正廷一起于 1912 年 7 月 2 日辞职。[28] 10 月,王宠惠专程赴天津邀劝梁启超入国民党,被任公婉拒。[29] 梁启超是反感革命的,此时刚回国也正在从事建党活动。但梁氏主张他的政党不是竞争政权,而是"不入政界,专以指导国民为务"。[30] 看来,王宠惠这个倾向于革命和竞争政权的法律人,对梁任公及其当时的思想和动态根本不了解,否则就可免去这番碰钉子的尴尬。这也反映了他这个书生"迂"的一面,但他迂而不腐。

此后,他决意南漂上海,从学从教,出任中华书局英文编译部主任。1913 年与杨兆良结婚。1915 年,与耶鲁校友李登辉搭档,出任复旦公学副校长。袁世凯手下派人来劝王宠惠支持帝制,被他"不能同流合污"而严词回绝。尽管初尝政治旋涡席卷的失败,但王宠惠还是保持了知识人的清高。袁世凯死后,王宠惠才于 1917 年初返回北京继续从政,1918 年 7 月担任修订法律馆总裁,10 月与熊希龄、张謇、蔡元培等 24 人发起通电宣告成立"和平期成会",12 月发起"国民制宪倡导会"和"协约国国民协会",在北大和北京政法学校兼课,1919 年 6 月,王夫人杨兆良因二胎难产逝世,是年冬天结识 19 岁的朱学勤,其间郑毓秀(参见专篇)横插一杠,直到 1922 年才与朱学勤订婚,1927 年结婚。

王宠惠早年就享有国际声誉,或许因为其法律头脑与外语能力超乎常人,自翻译《德国民法典》起即受到国际同行的认可,且并不只限于学术影响。孙中山组阁时,《泰晤士报》著名记者莫理循就连连赞赏王宠惠是个非凡的人物。[31] 孙中山力排众议让王宠惠出任外交总长,而让伍廷芳任司法总长,其理由一方面是孙口头上所强调的法律重于外交,[32] 另一方面

---

[28] 《同盟会派阁员蔡元培、宋教仁、王宠惠、王正廷昨日(初二日)亲向袁总统当面辞职其为决绝》,载《时报》1912 年 7 月 4 日。
[29] 《王宠惠专诚赴津劝梁任公入国民党任公婉词谢之》,载《时报》1912 年 10 月 17 日。
[30] 丁文江、赵丰田编:《梁启超年谱长编》,第 648 页。
[31] 刘宝东:《出山未比在山清:王宠惠》,第 60 页。
[32] 刘宝东:《出山未比在山清:王宠惠》,第 58 页。

也是因王宠惠之国际影响以及他所具有的新式知识人形象。1921年11月，施肇基、顾维钧、王宠惠三人代表中国政府赴华盛顿会议。王宠惠虽被总统列名居第三，[33] 却在会议上发挥得极好。尤其是11月25日，王宠惠在华盛顿会议专门负责撤废领事裁判权案的提出，"列强允于一定时期后，取消治外法权，一面声明附以修正条款，逐渐改革，终至废除"。[34] 他在这个问题上的论述，非常精彩。[35]

王宠惠1923年春赴海牙出任国际常设法庭候补法官，也与他这种新式的国际化形象分不开。1926年，曾任清政府修律顾问的日本法学家、大审院部长松冈义正与董康在东京会面时，曾提及自己在荷兰国际法院会晤一"兼通德法语"之中国学者，谓其"法律头脑至敏锐"，董康立马判断他就是王宠惠。[36]

三、"好人"的毛病

世间最大的差异，莫过于知识分子之间的认识差异。何况还加上专业差异、职业差异和年龄差异。按今天的说法，王宠惠是"80后"，胡适是"90后"，二人资历不同，然而水平常常被视为伯仲。[37] 在"90后"文化人胡适眼里，"80后"的法律人王宠惠有不少毛病：一是"大骂西洋"，还攻击白话文；二是顽固；三是太老实，没能力；四是违背司法独立；五

---

[33] 顾维钧：《顾维钧回忆录》（第1分册），第207页。

[34] 《华盛顿电王宠惠已提治外法权案交股员会审查》，载《申报》1921年11月29日。

[35] 王宠惠就治外法权历数五大弊害：侵害中国主权；扰乱司法程序；无统一法规；拖延诉讼时间；外侨恃为护符，规避税课。他指出，现在中国司法已大有进步，各国应兑现"在中国司法改良后放弃领事裁判权"的承诺。他还以列强所一直企盼的让中国开放内地的前景相劝告，指出"此制一日不废，则中国未便开放内地任外人居住贸易"。12月10日，会议通过《关于在中国之领事裁判权案》，以中国司法制度达到西方国家水平为撤废领事裁判权的"先决条件"，决定在三个月内成立一委员会，调查中国司法现状，再由各国"自由取舍该委员会建议之全部或任何一部"，"逐步或用他种方法放弃各该国之临时裁判权"。这次关于领事裁判权的交涉，虽然无果而终，但为后来的继续交涉提供了法理根据。参见刘宝东、郭洪川：《王宠惠与顾维钧在华盛顿会议上的外交合作——兼议民国职业外交家群体的形成》，载《华北电力大学学报》（社会科学版）2002年第3期。

[36] 董康：《书舶庸谭》（中册，3月4日日记），上海大东书局民国十九年（1930）版。

[37] 1948年，中央研究院第一届院士投票后，王宠惠与胡适均当选院士，合影时，他俩并排紧挨在一起。十年后的1958年，"中央研究院"在台北重建，他俩合影时，又一左一右紧挨着。

是吝啬，经常蹭饭……

1922年3月31日晚餐，胡适参加陆定先生请客的饭局，席上有司法总长和教育总长王宠惠等人。若是不在乎的人，是不会把他写入日记的。当晚胡适日记中记道："亮畴大骂西洋的野蛮，事事不如中国，只有两件事好的：（一）请客吃饭只到一处，不重复，不许一餐赴数处；（二）宴会很简单，不用许多肴菜，不糜费。"[38] 1922年4月1日，胡适在日记中写道："亮畴的顽固真不可破！钧任（罗文干字钧任——引者注）也不下于他。亮畴攻击白话文，说：'严又陵的周秦诸子文，固是极端；你们的拉车的白话文，也是极端。譬如钟摆，才摆向东，又摆向西，都不好；须是在中间，方才是中庸之道。'"不过胡适也不得不承认，"亮畴此次在美京有大功，远在施肇基、顾维钧二人之上，这是不可没的"。[39]

1922年5月12日，胡适为《努力》杂志写的稿子，经蔡元培、梁漱溟、李大钊、陶孟和、顾孟余、汤尔和、徐伯轩等同意列名。下午三点，王宠惠、罗文干等来，"略有讨论，修改了几处，也都列名"[40]。作为司法总长和教育总长的王宠惠，就成为这篇《我们的政治主张》签字的16个人之一。5月22日，蔡元培、王宠惠、梁启超等联名致电曹锟、吴佩孚，要求恢复民国六年国会，南北举行和会，完成制宪。

7月底，黎元洪和辞职的代总理颜惠庆都明确推举王宠惠代理，可是王氏宣誓不干，被顾维钧竭力劝止。8月8日，吴佩孚再次致电黎元洪，请其提名王宠惠为正式内阁总理，似乎是众望所归。其实，王宠惠是有思想斗争的，他看起来"黏糊"，其实只是反应比较"迂"，内心明智而善良。最后组成好人内阁是基于一个"拒绝清高"的念头——这也是行动。王宠惠刚要组织内阁，胡适便不无担忧地表示王宠惠太老实了，不知能不能干下去。1922年8月，胡适就在《努力周报》上写道："现在事实上是

---

[38] 曹伯言整理：《胡适日记全编》（1919—1922，第3册），第597—598页。
[39] 曹伯言整理：《胡适日记全编》（1919—1922，第3册），第602页。
[40] 曹伯言整理：《胡适日记全编》（1919—1922，第3册），第665页。

王宠惠出来组织内阁了……我们希望他先定一个大政方针，然后上台；我们希望他抱一个计划而来，为这个计划的失败而去。无计划的上台，无计划的下台，是我们决不希望于王氏的！"[41] 为了解决索薪风潮，王宠惠决定邀请胡适出来担任教育次长。胡适没有答应，他推荐了汤尔和。在胡适、蔡元培的劝说下，汤尔和也答应了，但前提是让王宠惠指定用关税来做教育经费。一开始，对于这一条件，王宠惠并不答应，但最终在胡适的劝说下，王宠惠勉强答应了。

1922年9月22日，王宠惠、胡适、顾维钧等20人到王世杰家吃饭时，王宠惠一进门就大发了20分钟的牢骚，大家都生气了。[42] 10月27日，王宠惠、罗文干又大发牢骚。当天胡适在日记中总结道："'好人'政府不等于'好'政府。好政府不但要人格上的可靠，还要能力上的可以有为。亮畴竟是一个无用之人；钧任稍胜，但也不能肩此重担；少川稍镇静，头脑也稍明白，但他终为罗（文干——引者注）、王（宠惠——引者注）连累，不能有为。"[43] 11月4日，王宠惠与罗文干、顾维钧等人与胡适、蔡元培受汤尔和之邀一起吃饭。胡适在日记里写道，王宠惠看见胡适写的文章责备他，说："你给我找到一个接手的人，我请你喝三瓶香槟，也请他喝三瓶香槟。我不是'恋栈'，是不肯'不负责任'。"蔡说的话也很激烈，王宠惠屡次说："你们不要看轻了我们维持北京秩序的功劳。"胡适实在忍不住了，老实对他说："你们不要把自己看得太重要了。你们走了，中国不会就塌下来的！"[44]

1924年1月6日，胡适在日记中又写道："钧任为我谈王亮畴逸事数则，可补史料之缺：亮畴性极吝啬，几个极熟的朋友给他取个绰号，叫做'办法'。他在北京时，已做很大的官了，但家中不用厨子，不开饭。早饭随便吃一点稀饭。午饭晚饭则到熟人家去吃。晚饭尤其如此。"还举了好

---

[41] 适：《对王内阁的要求》，载《努力周报》1922年第15期。
[42] 曹伯言整理：《胡适日记全编》（1919—1922，第3册），第804页。
[43] 曹伯言整理：《胡适日记全编》（1919—1922，第3册），第870页。
[44] 曹伯言整理：《胡适日记全编》（1919—1922，第3册），第877页。

多例，比如饭点到了还不走，比如请主人出去吃饭，真出去吃饭了趁大家抢着会钞他总是落后……"亮畴今年往欧洲，张绍曾托他带一信与孙中山，他索价三千元。张绍曾如数给了他。""以上几则故事，可以解释前年'好人政府'的失败了！"⑮胡适把好人内阁失败与王宠惠的吝啬扯到一起，这个推论不严谨，但也不无内在联系。

胡适对王宠惠另有一个较正经的批评，倒是有根有据的。但这次批评不是发生事件的当时，而是时隔40年后了。胡适说："过去我和亮畴先生闹翻了的。司法一贯独立的制度，从前清起到民初，一直到罗文干、董康几个人，都能严格维持下来。到了亮畴先生，他手下的两个人在上海的胡闹，把这个制度弄坏了，我很生气。"⑯

胡适所谓"两个人在上海的胡闹"是指什么事？这是指1927年民国政府饬令司法部部长王宠惠严行查办上海公共租界临时法院涉嫌"袒庇共产党徒"⑰的院长卢兴原⑱。王宠惠没有抵制这种对司法的政治干预，反而执行这一命令，旋派刑事司长王淮琛与中央工人部委员李焕章二人前往上海查办卢案，引起风波。⑲当时只有外国领事团有激烈的反响，认为这是对司法独立的破坏。⑳而国内的舆论，从围绕卢兴原案所展开的、对于

---

⑮ 曹伯言整理：《胡适日记全编》（1923—1927，第4册），第156—157页。
⑯ 1961年4月1日，胡适与曾任王宠惠特别护士的徐秋皎谈到王宠惠。参见胡颂平编著：《胡适之先生晚年谈话录》，新星出版社2007年版，第131页。
⑰ 《中华民国国民政府训令：第五号（中华民国十六年十月四日）》："令司法部长王宠惠：为令遵事据查上海临时法院长卢兴原袒庇共产党徒办理不力……"，载《国民政府公报》（南京1927）1927年第1期。
⑱ 卢兴原（1884—？），广东新会人，英国牛津大学文学士，获伦敦内殿法律学堂大律师，1916年回国后于上海执行律师职务三年，护法运动中追随孙中山南下广州，执行律师职务，并任军政府外交部总务、政务司长。1921—1922年任大理院民刑庭长兼任平政院庭长，代理大理院平政院务，1923—1926年任总检察厅检察长，1925年任特别刑事审判厅厅长，1926年兼任司法行政委员会委员、广东高等审判厅厅长、法官考试委员会委员长。1927年4月底出任上海临时法院院长，时年43岁。1931年专职执行律师职务。抗战中拒任伪职，直至抗战胜利。参见《卢兴原奉委为临时法院院长》，载《新闻报》1927年4月30日。
⑲ 《中华民国国民政府批：第二八七号（中华民国十六年十一月七日）》："司法部部长王宠惠：呈送据查该部刑事司长王淮琛暨中央工人部委员李焕章关于查办上海临时法院院长卢兴原袒庇共党等情一案报告书请鉴核办理由"，载《国民政府公报》（南京1927）1927年第8期。
⑳ 《中外大事记：上海新闻：临时法院院长卢兴原免职》，载《兴华》1927年第24卷第40期。

南京国民政府时代的司法与行政关系的争论，转变成了民族主义语境下对于司法主权如何进行捍卫的讨论。"中国公众在民国政府在此次行动中没有觉得有什么不当的地方。"[51] 实际上，"在此次惩戒中，展示了司法改革从西式的司法独立向司法党化的转向，亦开启了南京国民政府时代司法权及其权威变化的时代"[52]。查办卢兴原案具有政治干预司法的典型性，胡适的批评是有根据的，因此不得不说，司法部部长王宠惠对两人的"胡闹"负有一定的责任。这也表现出他在权力斗争格局中的软弱，造成他在这次涉及原则性的司法问题上缺乏决断。

至于王宠惠蹭午饭和晚饭，揩朋友的油，确有此事。罗文干作为王宠惠的铁杆兄弟，他也曾表示，王宠惠即便已贵为司法总长，但家里还是不聘厨师。常被王宠惠"白吃白喝"的，都是好朋友，如罗文干、黄晦闻、周诒春、顾维钧、蒋梦麟等，他们给他起了外号，叫"办法"。有人罗列王宠惠揩油的多种"办法"，比如下午忙完公事后，到某位朋友家中，坐到六七点还不走，主人只好留他吃饭。此时他还假客气地说："时间尚早，还是回家吃吧！"主人再三挽留，他就不客气地说："有啤酒吗？有酒我就在这里吃。"比如与他一同上馆子吃完要付账时，他就会走在最后面，让别人抢着掏钱出来，有时会说："我忘记带钱了！"王宠惠初次代理国务总理后，一次大家在顾维钧家吃饭。有人提议，以后每周大家轮流做东，定期举行会餐，商议问题，交换意见。大家都赞成了。王宠惠力言不必吃饭。"何必吃饭！喝喝茶就够了。"他连说了五六遍。他每说一遍，在座的周诒春便用力拧旁边的罗文干一把。罗文干回家后解衣一看，臂上被周诒春拧得青紫了一大块。这可能是他的真"毛病"，但这侧面也反映了他不搞公款吃喝。王宠惠生性悭吝，据顾维钧回忆，他1908年夏天回国省亲转道伦敦时，曾和王宠惠一起待了两天，王只请顾吃过一次中饭，而且不

---

[51] 姚尚贤：《民国司法改革中的法官惩戒与政治博弈——以1928年上海临时法院卢兴原撤职案为例》，载《深圳社会科学》2019年第3期。

[52] 姚尚贤：《民国司法改革中的法官惩戒与政治博弈——以1928年上海临时法院卢兴原撤职案为例》。

是下馆子——因为伦敦的馆子太贵——而是在开洗衣店的广东同乡家起居室吃了顿家常饭。[53] 1917年王宠惠自上海返京后，3月起即与司法部官员余绍宋有交往。据余氏1917年至1927年的日记记载，他们交往颇常，王隔三岔五地和余绍宋商量事儿，谈工作之后，受余或余之友人邀请吃饭或参加法学会"会食"，但也偶尔做东"招宴"。王宠惠这种过分的节俭、悭吝、抠门的确属实，必成不可原谅的迂腐。

王宠惠自律甚严、生活简朴是有名的。其著名的"三不倦"，其中有"不倦于正当娱乐"，欣赏古典音乐、电影，看戏、打球、下棋、扑克也是他调节工作之疲的爱好，然后就是抽几口烟、喝几杯酒。抗战胜利后，随政府迁南京，他没有官邸，也没有事先自置的住宅，寄居在法学家吴昆吾[54]家中，托友人设法代找了一简陋小房，他二话没说就住了进去，一直到离开大陆前。他的轿车也是20世纪30年代的型号，从不要求更换。其独子大闳结婚时，只办了一桌婚宴。1949年受日本友人邀请，资助旅费赴日讲学，可是他受"私人用费"之困，只好请友人代向总统请示批准。友人大为吃惊，没有想到王宠惠做高官几十年却如此穷困，建议他求助于曾经的追求者、富有的郑毓秀，被他拒绝了。这真是"士窘见节义"。[55] 精明的郑毓秀喜欢王宠惠，八成是因为他"迂"得可爱。根本上讲，知识人有这样的"迂"，才不同于常见的政客。

---

[53] 顾维钧：《顾维钧回忆录》（第1分册），第44页。
[54] 吴昆吾（1888—?），字昆吾，以字行，四川铜梁人。1913年留学法国，获巴黎大学法学学士后，转入瑞士日内瓦大学，研究民法；同时外交部派其任驻瑞士使馆二等秘书官，遂就近就职。1919年获法学博士。1920年回国后任司法行政部佥事，其间久不到任。热衷学术，二三十年代有大量法学作品，曾翻译德国宪法（1919）。历任北京政府法制局秘书、司法部秘书及佥事、驻瑞士公使馆二等秘书、华盛顿会议专门委员，1924年后历任临时法制院参事兼善后会议法制委员、全权公使、京兆政务厅长兼北运河河务局局长，1927年8月被聘为法权讨论委员会副委员长。1931年与徐谟一同代表外交部为在上海租界设立中国法院，与法国签订条约。1947年后历任江西高等法院院长、司法院参事兼代秘书长、交通部法规委员会委员长、军事委员会委员长成都行辕军法处长、松江高等法院首席检察官、嫩江高等法院院长、江西高等法院院长。曾任朝阳大学、中正大学等名校教授，在国际法领域具有独到的研究，有《条约论》《不平等条约概论》《国际公法纲要》《比较宪法》等名著传世。参见龚汝富：《庙谟未定星霜易，又是萧萧芦获秋——法学家吴昆吾在江西》，载《江西师范大学学报》（哲学社会科学版）2015年第1期。
[55] 祝曙光：《法官外交家王宠惠》，第13—14页。

文史哲研究给了胡适灵动而清醒的头脑，但他很"聪明"，向来不屑于接办琐务，因此可以保持清醒的大脑。或许可以说他有时是"站着说话不腰痛"。大凡做实事的人，总是好行中庸。而"好人"进了"好人政府"也难以周旋，不足以抵挡外围的权力争斗。缠身于事务者，一般都容易迷失方向——理性或价值观。但是，入世的王宠惠是个例外，他并不缺乏方向感，只是时有糊涂的耐力。王宠惠的一生几乎就是中国近代史的缩影。请原谅笔者为节省字数，权且用四字短句来概括其经历过的一生：

北洋毕业，钦字壹号；攻读耶鲁，首助孙文。
赴欧游学，跨越法系；英伦律师，比较会员。
德国民法，英译经典；流传欧美，举世无双。
同盟入会，革命干将；军中顾问，光复上海。
南北议和，襄助伍公；临时政府，主政外交。
泗水事件，维护国威；弱国外交，初战告捷。
元帅颁状，开国元勋；北洋掌法，无道则辞。
静心构划，宪法当议；袁帝世凯，破坏约法。
唐王联袂，毅然辞职；中华书局，主持译事。
襄助复旦，筚路蓝缕；研究公法，兼长副校。
宪法刍言，著作问世；回归北京，编查法律。
担纲会长，修法总裁；法典编纂，兼课北大。
巴黎和会，维护主权；助钧拒签，振奋国人。
五四运动，解救学生；华府会谈，据理力争。
大理院长，改革司法；国际法庭，为国争光。
好人谋国，倡导开明；南北分立，会商统一。
法权会议，力争主权；注重民权，改进司法。
主持修律，制定民法，训练法官，实施法治。
收复租界，争回法权；训政之初，起草约法。

五院法草，奠定基础；民国立宪，诠释分权。
抗战临危，接任外长；抗议暴行，呼吁美欧。
力图交涉，外求共存；宣传抗战，鼓励士气。
开罗会商，起草宪章；定稿签字，国威空前。
内主法政，外争主权；知难行难，无所畏惧。
首届院士，名符其实；劳碌一生，瑕不掩瑜。

俗话说"没有功劳也有苦劳"，王宠惠的功劳和颇受诟病的"苦劳"，伴随了半个多世纪的混乱和变迁。他似乎把近代中国的积贫积弱和国人的拒辱抗外，都写在了他隐忍和抑郁的脸上。

余绍宋——法部高官的闲暇生活

图 1　余绍宋（1883—1949）

　　黎明，早起，翻开日历，1922 年 11 月 24 日（壬戌年十月初六）。今天是他 40 岁寿诞。清晨盆浴后，开始祀神、祀灶，又到乐寿堂祀先。拜母太夫人，受子侄辈拜。诸多亲好来电话说要来拜访，并祝贺他不惑之年的寿诞。自从去年辞职以来，他还是与往常一样，官场人气一直不减。官场自道尹统领（若今日之县团级）以下皆来人来电祝贺，甚为壮观，但他一一谢绝。昨天为避送礼者坌集，他整日躲到一朋友家，晚上 8 点才回家和家人老小一起，欢畅享用生日家宴。

　　下午，他在书斋安静下来，但不想画画，而是写了 30 余纸屏联。晚上，与七八位司法界好友喝酒，诸人皆醉，可谓尽欢。夜宴席间，忽闻一则消息，说财政总长罗文干（参见专篇）因赃被捕！他当即反应是，"文干非贪赃者，必别有原故"。继而细思，他又觉得罗文干这事"可为锐进者戒矣"。①

这"寿星"何许人也？40岁做寿躲避亲友，去年还辞过职，说罗文干"锐进"，会书画，这是个什么样的人物？少年得志，清高傲气，不锐进，有才艺，这四个方面恰恰是他的特点，此人正是余绍宋。

一、法部高官

余绍宋于1883年11月24日（阴历十月初六）出生在衢州一个诗画传世的官宦人家。原籍浙江龙游，号越园，樾园，别署寒柯。自幼聪颖，博闻强记。5岁识字，7岁入家塾，13岁时祖父和父亲相继去世，遵父嘱师从一位名叫王耀周的先生读书，达7年之久。1903年废科举，熟读诗书的余绍宋没有出路了，在龙游凤梧高等小学堂任教。后来到江山文溪中学堂讲学，与校长毛云鹏、青年教师马叙伦等人共事，还共同创办杂志，宣传新思想。1905年夏秋之际，余绍宋因浙江保送百名留学生赴日，遂赴日本留学。原本想读铁道专业，以实业救国，可结果阴差阳错地进了东京法政大学，学了法律回国，也就顺应着吃这碗饭了。

余绍宋1910年8月从日本留学回国，来到北京，参加学部留学生考试。据《清实录宣统朝政纪》卷之四十二所载，庚戌年"学部考验游学毕业生"，余绍宋获赏法政科进士，在268位法政科进士中名列第四，并授外务部主事。法政科举人人数远远超过医科举人（5人）、格致科举人（11人）、文科举人（11人）、农科举人（20人）、工科举人（26人）和商科举人（50人）。②

1911年起，余绍宋在《法学会杂志》发表文章，有两篇刑法文章：《累犯处分论》，连载两期；③《论犯人死亡与刑罚之关系》，文末提到参考

---

① 余绍宋1922年11月24日日记，载《余绍宋日记》（第1册），第333—334页。
② 《清实录宣统朝政纪》卷之四十二。参见中国社会科学网"数据中心"，http://ex.cssn.cn/sjxz/xsjdk/zgjd/sb/jsbml/qslxtczj/201311/t20131120_849968.shtml，最后访问日期：2022年2月25日。
③ 余绍宋：《累犯处分论》，载《法学会杂志》1911年第1卷第3—4期。

日本人富田于此问题研究极精,"半采其说,半出己意"④。1911年辛亥革命爆发,他回到杭州,在阮性存创办的浙江公立法政学校任教。民国元年,重返故京。⑤ 1913年余绍宋与马德润等人一起任司法部参事,⑥叙列四等秘书。⑦

1914年,总统府从司法部选人,司法总长章宗祥以余绍宋"熟习部务,办事勤慎",向大总统推荐选在总统府办事。⑧ 1915年,司法部公报处归并参事厅,两机构合并,由余绍宋任参事厅主任。⑨ 1918年1月暂代司法次长,⑩同时被任命为司法官再试典试委员会委员。⑪ 6月初至7月初,奉派到浙江调查民商事习惯。⑫ 1919年3月5日受大总统令担任管理敌国人民财产事务局"评议"一职。⑬ 4月,赴江苏做考察。⑭ 1919年5月以司法部司长身份在沪浙做考察。⑮ 1920年10月8日受大总统命暂行兼代司法部次长。⑯ 1921年3月8日任典试委员会委员长⑰,3月11日任司法

---

④ 余绍宋:《论犯人死亡与刑罚之关系》,载《法学会杂志》1911年第1卷第5期。
⑤ 《大总统指令第九十四号(中华民国二年十二月十二日)》:"令国务总理、司法总长:据该总理等呈称拟将司法部参事余绍宋叙列四等秘书",载《政府公报》1913年第579期。
⑥ 《司法部部令第三百十三号(中华民国二年十二月二十五日)》:"参事马德润徐彭龄余绍宋",载《政府公报》1913年第597期。
⑦ 《大总统指令第九十四号(中华民国二年十二月十二日)》:"令国务总理、司法总长:据该总理等呈称拟将司法部参事余绍宋叙列四等秘书……",载《政府公报》1913年第579期。
⑧ 《司法总长章宗祥呈大总统遵谕开送本部参事余绍宋秘书徐承锦二员呈候拣派一员在府办文并批(中华民国三年五月十二日)》,载《政府公报》1914年第725期。
⑨ 《司法部裁公报处归并参事厅派余绍宋为主任》,载《时报》1915年2月19日。
⑩ 《司法部令余绍宋暂代次长职》,载《新闻报》1918年1月15日。
⑪ 《一月十九日王金镜加陆军上将衔此令派余绍宋钱泰胡贻敷梁尹充司法官再试典试委员》,载《民国日报》1918年1月21日。
⑫ 《司法部签事余绍宋前奉派来浙调查民商习惯现拟日内回京云》,载《时报》1918年7月24日。
⑬ 《大总统令(中华民国八年三月五日)》:"派余绍宋为管理敌国人民财产事务局评议此令……",载《江苏省公报》1919年第1871期。
⑭ 《司法部现派参事余绍宋南下调查各省司法状况现已到苏不日来浙》,载《时报》1919年4月29日。
⑮ 《司法部司长余绍宋昨日由沪来杭》,载《时报》1919年5月29日。
⑯ 《大总统指令第二千四百二十三号(中华民国九年十月八日)》:"令暂行兼代司法次长余绍宋",载《政府公报》1920年第1671期。
⑰ 《大总统令(中华民国十年三月八日)》:"派余绍宋为司法官再试典试委员会委员长此令……"载《政府公报》1921年第1811期。

部次长[18]，1921年12月辞职。[19] 这次辞职的原因，后文再作分析。

1923年，余氏在《法律评论》就读者来信关于征税是否可适用强制执行法问题，有一篇解答。[20] 1925年7月，余绍宋被浙江省夏省长推荐担任国宪起草委员会委员。[21] 1925年8月，中华民国宪法起草委员会有了《议事规则》，据此多人提出数个版本的"国宪纲目"，包括：汤漪提出的版本、林长民提出的版本、江亢虎提出的版本、齐振林提出的版本。由余绍宋领衔提出"国宪纲目案"，另有陈建、周斌、刘人杰、姚震、余棨昌、江庸等10人附议，该版国宪纲目被列首位，[22] 与各版宪法纲目均在8月14日下午2点的国宪起草委员会开议。[23] 此外，余绍宋还与林行规、沙彦楷[24]等人合作提出"国宪关于两院之组织问题议案"[25]，还有关于参议院或中央参事会之性质问题的议案。[26] 当时有马邻翼委员的"行政组织提议案"中首先从"总统制之害"说起。马氏认为"以总统负行政全责，则独当其冲，

---

[18] 《大总统指令第六百十三号（中华民国十年三月十一日）》："令署司法次长余绍宋"，载《政府公报》1921年第1814期。

[19] 《大总统令（中华民国十年十二月二十九日）》："署司法次长余绍宋呈请辞职余绍宋准免署职此令……"，载《政府公报》1921年第2099期。

[20] 余绍宋答王家标：《凡地方官厅发布一种征收捐税规则》，载《法律评论》（北京）1923年第15期。

[21] 《执政府秘书厅抄送浙江夏省长推举余绍宋为本会委员真电（十四年七月十一日）》，载《国宪起草委员会公报》1925年第1期。

[22] 余绍宋、陈筑山、戴秉清、莫永贞等：《国宪纲目案》，载《国宪起草委员会公报》1925年第2期。

[23] 《议事日程：国宪起草委员会议事日程：第一号》："中华民国十四年八月十四日（星期五）下午二时开议……"，载《国宪起草委员会公报》1925年第2期。

[24] 沙彦楷（1875—1970），字武曾，又字伯躬，晚年更名慎。回族，江苏宜兴人。自幼就读私塾，1900年考取秀才，翌年又考中举人。1907年9月考取京师法律学堂，3年毕业后，候补浙江监伎职衔。民国初年为国会众议院议员，因拒曹锟贿选率一部分议员冒险南下，1913年2月分发南京，任江苏第一高等审判分庭推事，兼民事庭庭长。1914年3月调任北京地方审判厅推事。1916年4月兼民事庭庭长。1918年2月调任京师高等审判厅推事，1919年12月兼庭长。1922年以来，任众议院议员时提出议员不转任官吏等多项改良议案，就"金佛郎案"发声。1924年在江苏上海、吴县等地从事律师，与沈钧儒合办律师所。1926年继续为立宪、自治开展活动。1936年改在常熟执业律师，善诗文。与张君劢有四十年交情，在民社党任中常委兼秘书长。五十年代初任最高法院顾问，第一、二、三、四届政协委员。1970年逝世。

[25] 林行规、余绍宋、沙彦楷等：《议案：国宪关于两院之组织问题》，载《国宪起草委员会公报》1925年第3期。

[26] 沙彦楷、陈筑山、余绍宋等：《议案：参议院或中央参事会之性质》，载《国宪起草委员会公报》1925年第3期。

使一国最高行政地位易于动摇而国家常呈现阢陧不安之象","总统既有可以动摇之机会,则一般野心家必多方激发政潮以期遂其攘夺之欲望","人之智识才力各有所长亦各有所短以一人负全国行政全责难保无颠倒错乱之患"。马氏同时还提到"内阁制之益"。㉗ 余绍宋就此单独提出"总统与内阁调和制"的议案,连署者有余棨昌、江庸、陈筑山等11人。㉘ 另外,余绍宋还在"国宪内宜设国计民生专章"中领衔附议。㉙

余绍宋的个人修养极好,常在日记中反省白天的言辞是否过激。其厚道、耐心、好客的为人,使他在司法界很受欢迎,工作圈也变朋友圈。但并非所有的人都能结交。在他看来,老友罗文干是个锐进之人。罗文干原是余绍宋的司法界老熟人,常一起小饮,二人偶尔酩酊。㉚ 但他们的抱负和性格均截然不同。有一次,罗在办公室和余相晤,大谈立身处世之道,说:"若做事专从个人地位着想,则利害得失之念终日横梗于中,精神上必受异常之苦,若能觑破此关,其受益当如茹素、运动等更大。"意思是,为公家做事如果不计较个人得失,就能免除精神痛苦,比吃素和运动还有益! 罗文干和余绍宋完全是两类人。听完罗文干这番志气高昂的话,余氏感佩罗氏的"见道之言",认为他"洵能卓自树立者矣"。但其实余氏深知,自己不会像罗文干这样处事,他自有另类活法。

长期身处中央政府司法行政高官之位的余绍宋,当然关注政坛的嘈杂琐事。但他心态平和,生活从容,关注点在官场大事,对知识界尤其思想界的大事并不关心。1922年5月13日发表在《努力周报》上的那篇关于"好人政府"的重要文章,他根本没有注意到。但他有自己的朋友圈,是个极其聪明之人,对官场态势有天才般的敏感。1922年8月7日早晨读报知道王宠惠已经组成了"好人内阁"。这的确出乎他的意料,但他深知此

㉗ 《马邻翼委员"行政组织提议案"》,载《国宪起草委员会公报》1925年第4期。
㉘ 《余绍宋议案:行政组织采总统与内阁调和制案》,载《国宪起草委员会公报》1925年第4期。
㉙ 《郭葆琳议案:国宪内宜设国民生计专章案》,载《国宪起草委员会公报》1925年第5期。
㉚ 余绍宋1917年1月13日日记,载《余绍宋日记》(第1册),第3页。

时政坛的风险，对新的"好人内阁"不以为然。他在日记中写道："晨起读报，知王亮畴居然组阁矣，轻于一试，甚可惜也。"在他看来，王宠惠的内阁以及知识界为"好人政府"呼吁的那班人，都是迂腐的书生——这种军阀争斗局势下的内阁，你们居然也轻于一试？你们这班书生啊，太可惜了！余绍宋似乎已经预料到这个内阁的风险和结局。所以，当他知道罗文干被抓捕的事，一点也不觉得奇怪。

二、两次辞职

今人传说，余绍宋两次出任司法次长又两次辞职，但两辞的原因都说不清楚。

余绍宋1921年3月正式任司法次长，12月27日辞次长职。[31] 这次任职时间只有9个多月。这次辞职并非他本意，而是有人暗中使坏。此人正是他的上司、司法总长董康！从他日记来看，余绍宋辞职的过程是这样：

1921年12月下旬，一切工作正常运行。24日上午上班，"巡视看守所工程。下午办本部学习员、雇员等进等级事，甚繁琐。又分发新考取各法官，亦甚费斟酌也"。晚上赴友人宴后，又与好友江庸去影院看了电影《大盗感恩录》。他平时的生活就是这样应酬多多，消遣丰富。次日即25日，听到消息说内阁已确定梁士诒为总理，王宠惠为司法总长。同时，在王未到任总长前，暂由新任大理院院长董康兼任。余绍宋以法律人的敏锐立即想到：此令与内阁原理大背——司法怎能兼行政呢？他猜想，董康决不会接受。

26日星期天，余氏晨起画画，戴修瓒（参见专篇）等友人来访，聊天。可是到了中午，大理院院长董康忽然登门，来干吗呢？劝余辞职！这董康够厉害的！董康说：是内阁总理梁士诒想换罗文干接你当司法次长，故不得不如此。董康还说：虽然请你辞职，但罗文干到任前仍由你维持现状！

---

[31] 余绍宋1921年3月5日日记，载《余绍宋日记》（第1册），第168页。余绍宋1921年12月26日日记，载《余绍宋日记》（第1册），第215页。

当天他日记中自我表白地写道:"余本以现职难居,正思引退,忽得此言,不胜欣慰。"可是余绍宋心想:这真是奇怪!梁士诒为何不等司法总长人选王宠惠回国,就考虑换次长?既然把我的次长换人了,又为何叫我继续维持?于是他又在日记继续写出了他一朋友的怀疑:"此事非出梁某之意,或仍是绶金(董康——引者注)为群小所惑……"遂做出决定——既然不被人信任,也就决定明天一定提出辞呈。[32]

27日上午,余绍宋带着辞呈先去董康处探听口吻。董康推说是梁总理征求总统意见后的主意,让王宠惠当总长,罗文干任次长。看来余绍宋没有一点希望了,这更加坚定了他的辞意,于是上交了辞呈并致电告知王宠惠。然后到法律修订馆找江庸。江庸明确怀疑这事是董康所为——董康当初想当大理院长,最担心的就是罗文干和他竞争,为保住自己的大理院长位置,故意把罗推荐到司法次长位置。余绍宋忽然感到后悔:这数月来竭诚为董康办事,却吃力不讨好,结果如此,殊自悔耳。[33]可见余氏第一次辞职是因为董康在背后使坏。但是余对董并没有撕破脸,仍保持联系,1923年8月22日,董康自沪返京,访余绍宋时称"将在上海开刻字店"[34],这是董康自京南迁上海后的二人第一次见面。1932年二人在沪杭间有来往,直到1936年余绍宋在杭州、董康于上海北上当汉奸前,余绍宋仍然与董康有联系。[35]

1926年3月17日,余绍宋第二次就任次长,[36] 4月17日被免[37],刚满一个月。

1926年,余绍宋第二次接任次长与法律界一位正直之士有关——司法

---

[32] 余绍宋1921年12月26日日记,载《余绍宋日记》(第1册),第215页。
[33] 余绍宋1921年12月27日日记,载《余绍宋日记》(第1册),第215页。
[34] 余绍宋1923年8月22日日记,载《余绍宋日记》(第2册),第399页。
[35] 1936年2月6日,董授经自沪来,袁润民即约往三义楼午饭。2月7日,余答访董授经,中午设宴相款。3月22日,余作书致董授经。参见余绍宋1936年2月6—7日、3月22日日记,载《余绍宋日记》(第5册),中华书局2012年版,第1335—1336、1342页。
[36] 《司法次长余绍宋就职日期通告(民国十五年三月十七日)》,载《政府公报》1926年第3571期。
[37] 《法长卢信、法次余绍宋免职》,载《时报》1926年4月20日。

总长卢信㊳。卢信与余绍宋非亲非故，但久闻余氏为人，据说是王宠惠推荐，㊴故力邀其出任次长。卢总长七次给余家打电话，还托王宠惠来劝说。余绍宋在日记里写道："以夙无交情之人而相爱若此，士为知己，古有明言，今世道衰微，乃能得此知己，亦无可憾，至是盖不得不允其请矣。"㊵

余绍宋担任次长后，首先遇到两大难题，一是"金佛郎案"，二是北京广场枪杀学生的"三一八惨案"。"金佛郎案"是1924至1926年间涉及政府外交的重大金融事件。段祺瑞执政府与法国签订《中法协定》，接受了法国的要求：法国以退还一部分庚子赔款、恢复中法合办的"中法实业银行"为诱饵，要中国以金佛郎（即法郎，当时法郎纸币贬值）偿付对法庚子赔款。总检察厅指派余绍宋的留日同学翁敬棠调查该案。翁敬棠经秘密调查向总检察厅呈文检举财政总长李思浩、外交总长沈瑞麟触犯刑律，要求将二人依法治罪。"金佛郎案"使中国蒙受巨大损失。1926年余氏第二次任次长不久，段祺瑞政府秘书长章士钊要司法部卢总长批驳翁敬棠的检举呈文。为解决"金佛郎案"，章士钊以施加不利来威逼司法总长卢信。卢总长不为所动，余次长无所惧亦无所恋。同时，政府硬指三一八学生爱国运动为共产党所为，强调府卫队开枪致学生死伤200余人是为防卫。地方检查厅力主查办开枪的府卫队军警，引起章士钊辈对司法部尤其是卢和余的不满。司法部如何应对，成为总长和次长面临的难题。4月中旬"国民一军驱段放曹降吴，政局大变"。国民军前敌总司令鹿钟麟急袭段祺瑞，枪炮声中，段祺瑞因政变而离职，卢信总长已多日不来办公，余氏亦生辞职之心。

4月17日上午，余绍宋接电话通知，要他代为卢总长赴国务院开会。

㊳ 卢信（1885—1933），字信公，广东顺德人，早年赴日本和美国学法律。同盟会会员，历任檀香山《民生日报》《自由新报》《大声报》《中国日报》主笔。中华民国成立后，任广东省临时议会副议长，兼财政委员。"二次革命"失败后，与唐绍仪集资办保险公司。1917年随孙中山南下护法。1922年，出任农商总长，旋去职。1924年，任浦信铁路督办。1926年3月任司法总长，不久因"金佛郎案"与"三一八惨案"辞职。著有《美国宪法志》《不彻底原理》等。

㊴《余绍宋被任法次之经过情形》，载《法律评论》（北京）1926年第3卷第38期。

㊵ 余绍宋1926年3月11日日记，载《余绍宋日记》（第2册），第542页。

不去！他心想：再逼我，我只有辞职。卢信来电说，政府又向司法部催办"金佛郎案"和"三一八惨案"两案，声言否则直接免戴修瓒司长一职。[41] 于是，余绍宋辞职决心已下定。晚饭后，郑天锡来余绍宋家，正商量此事，王宠惠忽来电，约余绍宋到郑天锡家，有要事相商。当夜10点，三人在郑家尚未坐定，卢信总长来电说：咱们已经来不及辞职了，要直接被免职了！果然，18日一早，报纸头条就已经刊发四道令：连免鹿钟麟、卢信、余绍宋三人，并任命王文豹为司法次长。段祺瑞被政变后杀回来复职，跃过国务会议，神速下达了司法总长和次长的任免令！段祺瑞复职后最重要的事，正在于此。两天后段祺瑞又逃走了！

余绍宋说："辞职本非所愿，免职真实获我心，是固求之而不得者也。"[42] 5月份大理院、总检察厅及高地四厅开会，公举余绍宋复任次长，他一口拒绝，[43] 可见，悠游于宦海的余绍宋也有愤世之忧。

在司法部从参事到中层，干了十多年，好不容易当上副部长，只当了不到一年就被总长董康给耍了。5年后再当次长，刚满一个月又去职。这在当时其实很正常，只是当时北洋政府混乱政坛的冰山一角。那么，余绍宋是个怎样的人？

三、悠游异才

余绍宋是当时官场一个性情大度随和而又独树一帜之人。两度辞职，除了与政坛势态有关，也和他的身世、习性、观念有关。

前面我们知道，余绍宋在司法部是个"老干部"。他在司法历史上留下的事功，在今天的法律史学看来几乎都是过眼云烟，可以忽略不计。他既不像王宠惠那样老黄牛般苦干一生，也不像罗文干那样愣头青似的昙花一现。当司法次长的那些日子里，按照他日记的记载，也就是处理大理院清理积案诸员位置事，谈上海设立特别法院事，发令废去已任命法官重送

---

[41] 余绍宋1926年4月17日日记，载《余绍宋日记》（第2册），第549页。
[42] 余绍宋1926年4月18日日记，载《余绍宋日记》（第2册），第549页。
[43] 余绍宋1926年5月17日日记，载《余绍宋日记》（第2册），第554页。

成绩事，整顿各省监狱并养成人才办法事，商定设狱务研究所事，等等。北洋政坛令人难以有所作为，这是大背景。这些事都是眼前的本职工作，该做的就做了，他从不放心里，也不关注什么改革创新的事。在司法未职业化的时代背景下，余绍宋虽然有专业能力，是司法"专官"，但他算不上是职业化的司法官。

一个浙西山区小城出来的年轻海归，在京城法律界混得风生水起，受人尊敬，实属罕见。余氏出身书香门第，眉清额宽，气宇轩昂，一表人才。他既受传统教育，又有东洋法科背景，而且心胸开阔、修养温润、性格平和、诚恳待友。令人称奇的是，他从17岁开始写日记，一直到67岁逝世为止，从未间断，即便再忙甚至生病住院，也要补记。余绍宋文字古雅，更珍贵的是，日记是他的工作和日常生活的详细"流水账"，包括法律界每件大事发生的缘由、过程、人物、转机和情节，也包括他因公因私交友、活动、内容、亲疏，甚至也包括他私生活的家庭、起居、嗜好、行迹和情感等等。所以余绍宋留下日记，等于留下半部北洋和民国之政坛关系史和官员生活史。

他在北京法政学校兼职授课，少则每周两个半天，多则每周四个半天，但他经常不按照学校的作息时间按时上课，有时8点，有时9点，有时10点。有时因睡眠不好起床晚了，就请假不去授课。但他会做人，致电过去，态度很谦恭，毕竟是司法部高官，人家也就谅解他。不过法政大学办学秩序和学风也实在不敢恭维，学生三天两天闹学潮，有时一停课就是三四个月。可见北洋时期的法科教育之窘境。他在法政学校兼授行政法课甚多，但只是勉强为之，看不出对行政法学下过多少功夫。他真正喜欢的正经事是作国画、写画论、编方志，其次是从政做官。他做官不谋私利，不收不明不白之礼，还能恪守清廉，磊落大方，进退自如，不算计，不钻营，不吹嘘，不锐进，不自大。做官的乐趣在于，这可以给他带来更多的朋友，带来其乐融融的满足感。

在无常的政坛和无聊的公务中，余绍宋的生活却过得风生水起，悠然自得。家中有一妻一妾二子，以及老母亲和众子侄。妾为周氏，余氏称其为"姬人"，小他10岁。但妻妾二人身体都不好，他自己也有严重痔疾和轻微胃病，嗜酒爱烟，加上爱与朋友夜饮，睡眠差。他日常八点或九点到署上班，常常午饭后或三点左右即下班回家。虽三天两头在家宴客或外出应酬，但是很有家庭观念，每月汇款500元归家。平时生活散漫中见定律，每日必做之事有四，一是书画，二是手谈（围棋），三是会友，四是日记。这个习惯一直保持到1949年去世前。

当他静心读闲书时，必是政坛平稳常态之时。所读之闲书多为文史类，诸如《说文释例》《庄子》《古诗歌》《商君书》《墨子》《五家评杜诗》《红楼梦索隐提要》《渔洋诗话》《困学纪闻》《离骚》《古今谭概》《班马异同》《楚辞》《宋学士集》《说诗晬语》《资治通鉴》等等。据云其藏书十分丰富。抗战初期，他从杭州向老家转移时，笔者据其日记估算，搬运的书籍足有180箱，[44] 这些书全部被运回龙游。因此后人也称其为藏书家。抗战后，余绍宋的"劫后余书"约有八千余卷捐赠给龙游图书馆。[45]

1915年，经余绍宋倡议，他与司法界朋友们创办"宣南画社"，每周日必有法律界同仁聚于他的寓所，谈艺论文，切磋书画。除非政坛风云骤急，雷打不动。其中常客有十余人，知名的法律人有江庸、余棨昌、刘崇佑、石志泉、姚次之、林宰平、胡子贤等。他们拜汤定之为师，另有著名画师陈师曾等人参与，一般都是围观汤定之作画，画毕以拈阄之法确定归属。即便在政坛风暴连连的多事之秋，甚至1917年段祺瑞免职总理，张勋入京，解散国会，徐谦辞职，杨荫杭逮捕许世英，他们的画社照旧运行，余绍宋这位身居司法中枢的高官，照样气定神闲地超然处世。

"宣南画社"为民国初期北京美术社团的创立开了先河。余绍宋的山

---

[44] 余绍宋1937年8月6日日记，载《余绍宋日记》（第5册），第1441页。
[45] 余绍宋：《以劫余书八千余卷捐赠龙游县立图书馆聊抒所怀示馆长祝鸿逵》，载《浙江省通志馆馆刊》1945年第1卷第1期。

水画在当时政法界颇有名气,作为业余画家达到相当高的水准,偶尔有佳作,尤注重构图的空灵和意境,但平心而论,其笔法还是带有业余国画家的拘谨和造作。余氏最著名的作品既不是法学,也不是绘画,而是书画理论,其名作《中国画学源流之概观》连载于《晨报副刊》,是1926年5月6日应校长博晨光(Lucius Chapin Porter,1880—1958)之邀在燕京华文学校的讲演记录,[46]此文是我国较早的美术史论作品。

1933年冬至,他在龙游寒柯堂为梁启超"饮冰室藏书目录"作序。[47]余绍宋1934年9月15日在杭州开元路创刊《金石书画》(报纸),系《东南日报》所属,其创刊词谓"金石书画有裨于学术与人生,而为一国文化之表现",[48]此认知颇为精到。1933年在中华书局出版了《画法要录》四册,多次再版。另有《书画书录解题》,十三卷六册,是我国第一部书画类著作的专科目录,共收录东汉至近代的著作863种。[49]他的画论研究水平在当时有很高的声誉,甚至受燕京大学聘请,与梁任公、梁漱溟、张君劢、胡适之等人一起上中国文化研究的专题课程,他主讲中国美术。余氏嫌其范围太广,特请徐志摩转告只能讲绘画一门。[50]他擅长山水画,其30年代的润例标准,以山水画中堂为例,三尺40元,四尺70元,五尺90元,六尺140元。

余绍宋还是个诗人,《寒柯堂诗》是余氏作于1937至1945年间的诗,乃抗战期间的诗集,比如在丽水《抗战建设》上发表《处州名胜:秦淮海祠》等五首诗词。[51]余氏家宅在杭州寓菩提寺路萱寿里2号,1938年,家

---

[46] 听讲者悉为西洋人,校长博晨光亲自为其翻译。余绍宋:《中国画学源流之概观》,载《晨报副刊》1926年5月24、26、29、31日及6月2日。
[47] 余绍宋:《序跋汇录:梁氏饮冰室藏书目录序》,载《图书馆学季刊》1934年第8卷第1期。
[48] 余绍宋:《发刊词》,载《金石书画》(特刊合订本第1册)1934年第1卷第1期。
[49] 余子安:《先祖父越园公及其日记》,载《余绍宋日记》(第5册),第1711页。
[50] 余绍宋1926年1月5日日记,载《余绍宋日记》(第2册),第535页。
[51] 余绍宋:《处州名胜:秦淮海祠》,载《抗战建设》(丽水)1939年创刊号。

宅被日军所劫，书籍、文物被洗劫一空。[52] 抗战期间，余绍宋常有诗作表达经历与悲愤，如《亡书叹》，发表于 1938 年，其中有曰："草堂既遭劫，他物宁足怀。缥缃十万卷，失去良堪哀。尤伤失丛稿，一散不可回。"[53] 1939 年为鼓舞抗战士气，给《伤兵阵地》写诗。[54] 比如 1940 年的《省母九首》。[55] 比如 1945 年有自云和至景宁的诗，[56] 1946 年有诗写日本投降、劫后杭州等五篇，分别是《云和大坪闻日本投降：口占用杜老〈闻官军收河南河北〉韵》《前诗既成意有未达再赋一首》《哀富阳》《劫后西湖》《还杭杂感六首》。[57]

余绍宋除了绘画、画论和诗词造诣之外，还在地方志领域有重要贡献。1925 年作《龙游县志》，120 万字，是我国近代方志中的经典之作，由梁启超作序，得到梁的称赞。[58] 余氏还主持重修《浙江通志》，填补了自雍正以来的浙江地方志之空白。1931 年的《瞿兑之方志考序》，是关于方志理论的文章，发表于《浙江图书馆报》第 6 卷。[59] 1943 年，他推动浙江通志馆建设，考虑到六个困难，为增强方志馆的功能，从管理体制上提出可行性建议。[60] 1945 年 2 月 15 日新创刊的《浙江通志馆馆刊》，发刊词就是他写的，他陆续在此刊上发表多篇文章。[61]

---

[52] 王鲲徒：《余越园杭寓被劫作长篇见示余所遭尤酷赋此答之兼慰经子渊》，载《大风》（香港）1938 年第 19 期。

[53] 余绍宋：《亡书叹》，载《新阵地》1938 年第 29 期。

[54] 余越园：《怜孤山梅花》，载《伤兵阵地》1939 年新号。

[55] 余越园：《省母九首》，载《浙赣月刊》1940 年第 1 卷第 8 期。

[56] 余绍宋：《龙凤诗存：甲申七月自云和至景宁记事四首》，载《龙凤》1945 年第 1 期。

[57] 余绍宋五篇诗作，载《浙江省通志馆馆刊》1946 年第 2 卷第 1 期。

[58] 余绍宋：《龙游县志叙例（附梁启超龙游县志序）》，载《浙江省立图书馆刊》1933 年第 2 卷第 4—5 期。

[59] 余绍宋：《瞿兑之方志考序》，载《浙江图书馆报》1931 年第 6 卷。

[60] 余绍宋：《筹设浙江通志馆意见书》，载《浙江省通志馆馆刊》1945 年第 1 卷第 1 期。

[61] 《发刊词：通志为一省之史乘》，载《浙江省通志馆馆刊》1945 年第 1 卷第 1 期。余绍宋：《浙江省通志编纂大纲草案》，载《浙江省通志馆馆刊》1945 年第 1 卷第 1 期。《略评旧浙江通志兼述重修意见》，载《浙江省通志馆馆刊》1945 年第 1 卷第 1 期。《龙游高阶余氏家谱叙例》，载《浙江省通志馆馆刊》1945 年第 1 卷第 2 期。《答修志三问》，载《浙江省通志馆馆刊》1945 年第 1 卷第 3 期。《衢县郑公墓志铭》，载《浙江省通志馆馆刊》1945 年第 1 卷第 4 期。

1948年是他逝世前最后一次出游，乘坐浙赣线火车，叹"坐卧两用车甚觉安适"。[62] 1949年1月，为促进国内和平早日实现，由浙江各界团体组成的浙江和平促进会推举竺可桢、余绍宋、张强、吕公望、鲍祥龄、周仰松、刘湘女七人为常委，余绍宋担任主委。[63] 在浙江广播电台"空中和平座谈会"上，余绍宋呼吁和平，称："本人是一个无党无派的人，近十数年来除修志和研究书画外，只做民意机关代表，无非替老百姓说句公道话，说句良心话……只求得到真正和平，享受几年民主自由的幸福，了此残生。"[64] 他为和平、民生发声，其中的桑梓之情，反映出余绍宋是个很传统的士人。1949年6月，余绍宋在杭州逝世。[65]

读《余绍宋日记》才知此公朋友之多，种类甚杂，堪称政坛奇观。日记后的人物索引，从二画的丁姓开始，一直排到十七画以上。据编辑《余绍宋日记》的人讲，其日记涉及人物数以千计。

余氏常往来的书画界朋友有丁辅之、王云、王福庵、王式园、王荣年、叶恭绰、江瀚、汤定之、阮性山、汪慎生、陈师曾、陈宝琛、林风眠、胡穆清、郭芸夫、高鱼占、韩登安。余和黄宾虹有交往，专门探讨过篆法。[66] 林风眠1925年冬回国，任国立北平艺术专科学校校长，林风眠欲聘余绍宋担任国画系教授兼主任，通过王荣年出面介绍。[67] 为了聘请余绍宋，林风眠可谓三顾茅庐。1925年11月29日王荣年来拜访，余绍宋辞之。1927年2月17日王荣年又带人来请，仍未允。2月23日，林风眠再派人来拜访，"意甚诚笃，余仍不允就"。2月25日，林风眠亲自登门拜访，"仍约任艺术专门学校事，余坚辞主任"。"凤眠此次扶疾来，情词极诚恳，不得已

---

[62] 余绍宋：《乘浙赣路坐卧两用车甚觉安适漫成俚句奉颂：苏民先生之功》，载《浙赣路讯》1948年第447期。

[63] 《本会发动组织浙江省和平促进会，该会已成立推余绍宋为主委》，载《浙江民意》1949年第24期。

[64] 《我们呼吁和平》，载《浙江民意》1949年第25期。

[65] 《余绍宋"遗墨"竟成谶》，载《大报》1949年7月30日。

[66] 余绍宋：《论学书十首：与黄宾虹教授论篆法书》，载《学术世界》1936年第1卷第12期。

[67] 刘衍文：《读〈余绍宋日记〉话旧》，载《余绍宋日记》（第1册），第12页。

许其为教师，渠又坚请任八小时之多，余仅允任四小时。"⑱ 余绍宋没有说什么理由，大略猜测应该是看不惯林风眠那种西化了的国画风格。余绍宋的国画非常传统，内心有古意，所以下笔就是文人士大夫的韵味。

文化与政界两栖的朋友，也都是名流，比如马一浮、马叙伦、马君武、汤化龙、汤尔和、严修、汪大燮、陈仲恕、陈宝琛、邵裴子、林长民、梁启超、蒋梦麟、傅增湘、熊十力等等。⑲ 他每天至少要与友人见一面，少则三五人，多则十数人。余氏偶尔节假日约朋友带上姬人郊游或赏花。每天日记中少不了写上一串来访人名，或与某某人见面，又是一串人名，但基本不提聊了什么。由此可以判断他与朋友见面只是一种习惯，是一种生活方式，而不是为所谈话题。即便不见面，也要提笔写上几封信，这显然是旧时一种优雅的生活方式和文人风俗。他一生最尊敬、通信最多的人应当是祝劼庵老先生（龙游人，曾任河南新野孟津等地知县），通信有二三百封。

与他往来的法律界朋友人数之多就更不用提了。按密切的说也有二三十人，依姓氏笔画，有王宠惠、石志泉、刘崇佑、江庸、阮毅成、何基鸿⑳、余棨昌、沈家彝㉑、陈叔通、林宰平、郁曼华、罗文干、郑天锡、经寿安、

---

⑱《余绍宋日记》（第 2 册），第 575—576、592—593 页。
⑲《余绍宋日记》（第 5 册），第 1671—1707 页。
⑳ 何基鸿（1888—?），字海秋，河北藁城人，日本东京帝国大学法学士。1913 年历任大理院书记官、大理院推事，1917 年起历任司法部参事、国民政府考试院编撰、司法部进叙三等参事，兼任北京大学法科（本科）民法教授等职。1922 年 4 月当选国立北京大学法律系主任。1923 年 9 月赴英、德等国留学，归国后再任国立北京大学法律系主任，主讲民法总则、德国法、民法债编总论、法院组织法等课程。1930 年辞去系主任职，1931 年任教务长兼第三院（社会科学学院）主任。1926 年任大理院民事第五庭庭长。与沈钧儒合著《宪法要览》。1935 年 6 月后历任河北省政府教育厅厅长、冀察县司法处审判官训练所副所长、监察院监察委员、战区第二巡察团主任委员（1944）。
㉑ 沈家彝（1881—1954），即沈季让，江苏江宁人，原籍浙江吴兴（今湖州）。年少时随父久居武汉、南京。通读诗书，视野开阔，学贯中西。光绪二十三年（1897）中举，第二年去北京会试未中，进京师大学堂学习 1897 年中举，1898 年会试未中后入京师大学堂，仕学馆毕业，1906 年官费赴日本留学，入日本帝国大学法科。1912 年毕业归国，历任奉天省审判厅厅长，1920 年任大理院庭长，1921 年任京师高等审判厅厅长，兼任法权讨论会顾问，1927 年 7 月引咎辞职。1929 年任北平特别市政府秘书长。1932 年至 1936 年任江苏高等法院第二分院（上海）院长兼律师惩戒委员会委员长。抗战期间，断然拒绝日本人的拉拢。1949 年后在北京任中央文史馆馆员。有 8 子 3 女，其中次子沈崇海，于 1937 年淞沪会战期间驾飞机俯冲攻击黄浦江上日本"楚云"号舰船，壮烈殉国。六子沈崇健因参加革命改名为韩叙，是新中国外交部干部，20 世纪 80 年代曾任外交部副部长。

钱阶平、凌志钧、顾维钧、董康、程克、蔡寅、戴修瓒、阮性存等等。阮氏之子阮毅成也是他的朋友。阮性存逝世后，宋为之作墓表，对其一生给予全面总结和高度评价。[72] 他有一大帮固定的画友、棋友、书友、酒友，俨然成为司法界官员休闲娱乐活动的中心人物。他天天应酬交友，乐此不疲。但他也有某些文人缺点，偶尔被朋友怒怼。比如刘崇佑是个多次怼他的好友，他虽然心里不快，但懂得礼让。他决不怼别人，反而是儒雅、圆通、谦恭、礼让。即便吃亏或被人得罪了，他也只在晚上写日记时，记上一句自悔或反省的话而已。有一次到《晨钟》报社聊天，余回来当天日记云："菘生（即崇佑——引者注）待我无礼我不怪，惟彼既以政治为生活，不宜如此，故盛词以折之，既而又自悔无涵养也。"[73] 但他与刘崇佑关系一直很密切。他待人不分亲疏贵贱，有时衢州龙游老家来人或法界青年求他帮忙，他也耐心热情相待。

江翊云与他合作创办画社，王宠惠总爱找他商议谋事，郑天锡老拉他吃饭聚饮，刘崇佑喜欢找他下棋学画，戴修瓒常找他单聊文艺……端午节时部里没钱过节，向银行贷款，银行却传话说要有余绍宋签字才可以。1926 年辞次长后，他的口碑和人气更旺。学界亦然，燕京校长博晨光邀其讲中国艺术课，南开校父严修（严范孙，1860—1929）以书扇子相赠，更不用说梁启超了。任公最信任他，邀其入法律储才馆当学长，他是任公晚年交往最密的朋友，后文再叙此事。

四、事不糊涂

他的智商和情商都高，大事小事都不糊涂，又极有涵养和度量。就大事而言，试举几例。

其一，司法部总是面临司法尊严危机，余绍宋常常竭力维护司法独立性。1923 年，毫无司法经历的行政官僚程克居然当上了司法总长。余绍宋

---

[72] 余绍宋：《故浙江省政府委员兼司法厅长阮君墓表》，载《浙江省通志馆馆刊》1945 年第 1 卷第 2 期。

[73] 余绍宋 1917 年 8 月 12 日日记，载《余绍宋日记》（第 1 册），第 31 页。

认为这是民国建立十二年来前所未有之事,他认为"司法事业关系人民者至重,而政府乃以为各党派之酬酢物,至可伤心"。㉔ 于是他率先在同袍面前提出法律界应当有所表示,经商量他们起草了一份意见书,提出三点警告:一是筹款补发欠薪,二是不得在部中增派额外人员,三是不得变更任用法官历来办法。如果程克不遵守,则同仁罢工以示抗议。在如此恶劣的政治环境中,能做个明白人也真不容易。

其二,法官序补用轮次办法是余绍宋五年前在部时所定,此制目的在于杜绝讨官要官,禁绝请托之风。但是,程克和章士钊掌部时嫌其不便,搁置不用。㉕ 余绍宋的脑子很清晰,他认准这一制度的初衷,因此复任次长后,决心坚持实施。可是政局不稳,甚至连连发生政府内部欠薪索薪事件,此制最终无机会推行落地。

其三,再举一例就是三一八惨案。学生运动被定性为共产党暗中指使,政府下令缉捕徐谦、李大钊、李煜瀛等五人,说他们是共产党,只字不提学生被杀之事,说被杀者均为乱党。余绍宋虽不完全明白事件背景,但他判断政府这样做不符合事实,会带来反动效果,他怀疑似乎有人借此泄私愤。于是他向总长卢信直言政府之令甚为不妥,"本来此事政府宜于发生时立派大员查办事件真相,然后下令公平处断,令一味栽赃,何以服人"。他认为,既然命令已出,不能收回,也应当设法补救。他还提出补救办法:"由国务院布告,谓查出被杀者皆各校学生受党人利用以致如此,情甚可悯,亟宜从优抚恤,一面则对于卫队长官加以惩处。"并且他告知卢总长,如果此意见在国务会议上被拒,则辞职。"下午回署知此主张不为诸阁员所同意,仅允下抚恤令,而措词殊不得宜,信公遂辞职,诸阁员和之,于是有总辞职之事。"㉖ 显然他是爱护学生,主张给予抚恤,并惩处卫队官员。卢总长也和他一条心,同意余的意见。余绍宋在大是大非面前

㉔ 余绍宋1923年1月13日日记,载《余绍宋日记》(第2册),第343页。
㉕ 余绍宋1926年3月30日日记,载《余绍宋日记》(第2册),第545页。
㉖ 余绍宋1926年3月19、20日日记,载《余绍宋日记》(第2册),第543—544页。

有原则，有气节。"金佛郎案"与"三一八惨案"在他看来，"皆为社会上最愤慨之事，而均有关于司法办理，偶一失当或稍偏颇，不特个人名誉扫地而使司法牵入政治漩涡，必大损司法之尊严与其威信，所关非细也"[77]。他写信给祝劼庵，云"卢君与侄维持司法，不畏强御之精神乃大白于天下"[78]。

1926年冬，司法行政部为收回法权做准备，决定设立司法储才馆，总长罗文干依储才馆章程聘梁启超任馆长。因事务繁忙，梁任公委林宰平为馆长兼教务长。林宰平坚辞，梁启超便聘好友余绍宋为储才馆学长。[79] 1927年1月初开馆。但梁氏自言："司法储才馆下礼拜便开馆，以后我真忙死了，每礼拜大概要有三天住城里。清华功课有增无减，因为清华寒假后兼行导师制，每教授担任指导学生十人。"[80] 从《余绍宋日记》看，1926年12月31日午饭后入储才馆，与王宠惠等二人谈了两个小时。梁启超2点半来，"坚约余任学长事，极诚挚，因许之"。1927年1月1日中午，梁约余及请第一学期任课教师饮东兴楼。2日，余拜访王宠惠，约其任外国法成案讲席。4日，与人商定储才馆课程表。5日，郁曼陀来辞比较刑法讲席。9日，与人商量馆务进行，确定15日开第一次教员会议，17日举行开馆典礼。[81] 余绍宋1月11日致梁启超信曰："任公先生大鉴：弟已于日昨来馆视事，诸务渐次就绪，工程限十六日完峻，定十七日开馆礼，十八日甄录英文，二十四日开课，通告业已发出。教员方面商量课目大体亦已妥洽，诸请释怀。"[82] 实际上开馆工作从一开始就是由余氏操办的。梁启超在清华国学院，精力顾不上司法储才馆，事实上都由余绍宋打理馆内事务。6月1日，余绍宋早起访陈仲恕，谈时局，下午又与卢信谈，预测时势的观点大致为"将来入主北京政局者必为冯氏，北方局面从此将

---

[77] 余绍宋1926年4月19日日记，载《余绍宋日记》（第2册），第550页。
[78] 余绍宋1926年4月19日日记，载《余绍宋日记》（第2册），第550页。
[79] 《余君绍宋充任储才馆学长》，载《法律评论》（北京）1927年第4卷第27—28期。
[80] 丁文江、赵丰田编：《梁启超年谱长编》，第1106页。
[81] 余绍宋1926年12月31日至1927年1月1日日记，载《余绍宋日记》（第2册），第582—583页。
[82] 丁文江、赵丰田编：《梁启超年谱长编》，第1108页。

有变动"⑧。当天，余越园致梁先生一书，云："近日时局变化频剧，馆中事有亟欲商承办理者。公能早日来城，最所切盼，并盼到后即予电知，以便趋谈。"⑧ 6月2日写字赠送前5位优秀学生。3日，梁启超来馆和余绍宋面谈颇久，连罗文干来讲演也懒得去听。余对罗的口气有点不满，日记里嘀咕道："钧任谈时局殊隔阂，大约官大便有此情形耳。"⑧ 6月中下旬，余绍宋都有去储才馆办公或监考，至6月29日"与梁任公信言储才馆结束事"。据《梁启超年谱长编》记载，余越园致梁任公一函时间为7月5日，言结束司法储才馆事，云："连日冒暑摒当书籍，大体已就绪，后日约可赴津矣。去职事，前日晤翔公，略知梗概，但复书务请俟绍宋到津面谈后再发，内中亦尚有斟酌之处，必须面陈也。"⑧ 余绍宋和梁启超准备辞任储才馆，余绍宋很细心，辞职问题要赶往天津面商细节。7月初，朋友们知道余绍宋要离开北京赴天津，不无黯然之意。余日记中写道："盖京师气候佳，朋友多，又为文艺渊薮，他处万万不能及也。余所任储才馆、法律馆及国立法政、师范两大学、艺术专校事，本与政治无涉，原不必辞，今兹决然辞去者，以世变方殷，远居京师，徒增太夫人之忧戚，而太夫人年渐老衰，不肖奔走四方，三十年来未尝略致孝敬，甚亏人子之道，亦欲归侍慈颜，聊报深恩而已。特此间南行殊不易，去人太多，天又奇热，故欲在津小住……"⑧

1928年，他寓居天津，寄居友人郭芸夫家。郭芸夫是津门绅商、诗人，其宅也在意租界，距梁启超的饮冰室不远。因此余绍宋与老友梁启超关系更加密切，常一起切磋文艺和玩牌。是年5月6日，余在梁宅打牌时，聊到日本军队在济南残杀军民一事，余绍宋至堪愤懑。任公等人都说这事是日本田中欲借此事维持内阁之政策。余绍宋则认为这固然是个原因，但日军能到达济南，完全是津浦、胶济两条铁路为之运送导致的。他

---

⑧ 余绍宋1927年6月1日日记，载《余绍宋日记》（第2册），第611页。
⑧ 丁文江、赵丰田编：《梁启超年谱长编》，第1144页。
⑧ 余绍宋1927年6月2、3日日记，载《余绍宋日记》（第2册），第611—612页。
⑧ 丁文江、赵丰田编：《梁启超年谱长编》，第1149页。
⑧ 余绍宋1927年7月3日日记，载《余绍宋日记》（第2册），第618页。

认为这一点很可疑。余氏涉及大是大非问题，常有独到见解，也很精准。他说自己平时日记不太记这类事，因为平时友人谈及此事总是不谈这个方面的原因问题，所以把这事记了下来。⑧ 余梁二人在天津"如胶似漆"地交往，酣畅淋漓地玩牌、聊天、畅饮，也帮彼此做了书目的整理。1928年7月20日，余绍宋离津南下到杭州。

就小事而言，余绍宋精通人际礼数，心敏行健。1926年初，北京法政学校欲聘任王宠惠为校长，王征求余绍宋的意见，余建议王谢绝之。可是不久法政学校又通过刘崇佑来邀请余绍宋出任校长，还说通过郑天锡去跟王宠惠解释，言辞恳切，而余坚辞不就。他在给朋友的信中解释道：当初是我力劝王宠惠勿接受校长一职，现在偏偏让我接受这校长职务，我阻止宠惠为自谋，岂不失了体面？⑧ 司法次长的任命状下达后，他不温不火地到署上任，令人佩服的是，他第一时间拜访司法部各司科及参事厅，然后就职，部员200余人都来谒恭贺，余氏一一鞠躬，已经很疲惫，但同日仍去大理院、总检察厅、修律馆、法权讨论会、高等审检两厅、地方检审两厅，拜会各机构长官，可知其礼数十分到位。⑨ 三一八惨案爆发后，北方政局出现变化，蒋梦麟被北洋军阀列入黑名单，躲进东交民巷六国饭店，余绍宋与王宠惠等人一同前往探望。

早年，他与江庸、石志泉等人偶尔为"樗蒲"之戏（即赌博），但晚上写日记时就会警醒自己，写道："无益之事，今后当改之矣。"⑨ 尽管他没能做到杜绝陋习，但也能看出他有反省自责之意。余氏懂事理，通世故，谨细节。郑天锡一度三天两头约他吃饭喝酒，他有点烦又不好意思推托。某日郑又邀请余到他家吃饭，余氏日记云："莼庭又来招饮，始知今日为其夫人生日，因馈陈酒两坛。"⑨

---

⑧ 余绍宋1928年5月17日日记，载《余绍宋日记》（第3册），第715页。
⑨ 余绍宋1926年2月10日日记，载《余绍宋日记》（第2册），第538—539页。
⑩ 余绍宋1926年3月17日日记，载《余绍宋日记》（第2册），第543页。
⑪ 余绍宋1917年4月9日日记，载《余绍宋日记》（第1册），第14页。
⑫ 余绍宋1926年3月11日日记，载《余绍宋日记》（第2册），第542页。

余绍宋其人,价值观上既有新知识分子的思想,又有老夫子的观念。北大请了个法国女学者来北大讲男女青年避孕法。余绍宋这老夫子一听说讲学内容后,就在日记中大骂此女人为"洋淫妇",大加批驳讥讽,并连同蔡元培也一起骂。

他还多次在日记中提及,遇到公务繁忙就困顿。从他的言行看,不能说他做官不是为了做事,但也只是本职必做之事,甚至乏善可陈。很多人做官都像打了鸡血似的有企图甚至贪图,而他却不这样。那么,他做官的目的是什么呢?恕笔者直言,他没有远大的司法改革理想和目标,只是做到在位一时尽其职责而已。他乐于为官却不钻营宦海之道,只为了能交天下友朋,怡然自得于友朋之乐。这正是其独特之处,也是劣政背景下官员勉强健康心态之写照。他身处宦海却一直很清醒,知"不良政治之误人",能洞明事理。

在那样恶劣的环境下,他不当次长,潇洒地拂袖而去,一点不带愁云,却是很过瘾的事。余氏有书画做伴,为官做人有这样一些心怡所好也确是幸事。政治败坏也好,战乱纷繁也罢,有艺术相伴实在是不幸中之幸事。"艺术可以称为人生的花朵。"[93] 艺术创作和欣赏可以使人暂时忘却生命意志。或许他和尼采的理解不谋而合了——艺术是"生命的最高使命和生命本来的形而上活动"[94]。艺术"只是作为审美现象,人世的生存才有充足理由"[95]。相反,"同艺术家相比,科学家的出现确实是生命的某种限制和降级的标志"[96]。看来,这才是余绍宋"游于艺"的乐趣之源泉。偶得打油诗两句,以概括余绍宋其人:

无奈无为无过无是非,惟求游艺;
有才有艺有趣有朋友,难得良知。

---

[93] 叔本华:《作为意志和表象的世界》,石冲白译,商务印书馆1982年版,第369页。
[94] 尼采:《悲剧的诞生》,周国平译,生活·读书·新知三联书店1986年版,第2页。
[95] 尼采:《悲剧的诞生》,第275页。
[96] 尼采:《悲剧的诞生》,第363页。

罗文干——"好人内阁"的豪气奇才

图 1　罗文干（1888—1941）

20世纪二三十年代的文坛或官场，风云人物个个着洋装制服，是精气神十足的。可就是有一位邋里邋遢的人，"瓜皮帽，黑眼镜，小胡子，大绸长衫，满身油渍，近看像老牌名士，如果在话剧舞台扮演起北洋官僚来可以不用化装，土豪也蛮像，但是如果扮演法官缺少严肃，扮演外交官更是不像样，可是他偏是在法律和外交方面有成就的人，而且是曾经身兼司法行政和外交两部部长"①。

此人就是罗文干。大家都知道他和王宠惠都是"好人内阁"的成员，可是不久就入狱。至今有些人总是以"罗文干案"借题发挥，认为"好人政府"是知识分子的"政治天真"，是老一套的"贤人政治"。这话说得不免草率，既是对当时"好人政府"的误解，也是对罗文干的误

---

① 简史：《罗文干的几个镜头》，载《人物杂志》1946年第1卷第1期。

解。关于罗文干，仍然有三个问题是模糊的：其一，怎么看"好人内阁"？其二，罗文干被捕案的真相是什么？其三，罗文干究竟是个怎样的人？

一、"好人内阁"？

如所周知，"好人政府"或"好人内阁"的概念源自《我们的政治主张》，刊登在1922年5月14日的《努力周报》第2期上。② 其来历大致是这样：1922年5月11日，胡适在家为《努力周报》写稿子，后来想："此文颇可用为一个公开的宣言。故半夜脱稿时，打电话与守常商议，定明日在蔡先生家会议，邀几个'好人'加入。"③ 5月12日7时，胡适"打电话与蔡先生，借他家里开会，讨论《我们的主张》，其余各人，也在电话上约定十一时相见"④。到会的梁漱溟、李大钊、陶孟和、顾孟余、汤尔和、徐伯轩等都同意列名。下午三点，王宠惠、罗文干等来，"略有讨论，修改了几处，也都列名"⑤。作为司法总长和教育总长的王宠惠，是签字的16个人之一。

那么，胡适最早谈"好人政府"或"好政府主义"起于何时何地？据初步查证，应该是1921年8月初在安徽的演讲。根据是1921年8月5日的胡适日记，这天上午他做了两场公开演讲，上午8时讲"国语运动与国语教育"，9时半所讲主题正是"好政府主义"。他指出"好政府主义是一种有政府主义，是反对无政府主义的"，然后他论述了无政府主义的三个缺点。好政府主义的基本观念是一种政治的工具主义（political instrumentalism）。他在"引申的意义"中强调："从此可得一个批判政府的标准"，"从此可得一个民治的原理"，"从此可得一个革命的原理"——"政府不良，监督他，修正他；他不受监督，不受修正时，换掉他"。胡适

---

② 蔡元培等：《我们的政治主张》，载《努力周报》1922年第2期。
③ 曹伯言整理：《胡适日记全编》（1919—1922，第3册），第664—665页。
④ 曹伯言整理：《胡适日记全编》（1919—1922，第3册），第665页。
⑤ 曹伯言整理：《胡适日记全编》（1919—1922，第3册），第665页。

说:"这是我第一次公开地谈政治。"⑥

1922年5月14日刊登的《我们的政治主张》,主张"好政府"。此件由胡适起草,署名的"提议人"如下:

> 蔡元培(国立北京大学校长),王宠惠(国立北京大学教员),罗文干(国立北京大学教员),汤尔和(医学博士),陶知行(国立东南大学教育科主任),王伯秋(国立东南大学政法经济科主任),梁漱溟(国立北京大学教员),李大钊(国立北京大学图书馆主任),陶孟和(国立北京大学哲学系主任),朱经农(国立北京大学教授),张慰慈(国立北京大学教员),高一涵(国立北京大学教员),徐宝璜(国立北京大学教授),王徵(美国新银行团秘书),丁文江(前地质调查所所长),胡适(国立北京大学教务长)。⑦

这无疑是16位读书人对时局、宪制、政府的一次发声、一个宣言。对"好人政府"的内容,我们应该怎么看?对照《我们的政治主张》,我们可以从其内容中体会到这16个读书人的良苦用心:

> (一)政治改革的目标
> 我们以为现在不谈政治则已,若谈政治,应该有一个切实的、明了的、人人都能了解的目标。我们以为国内的优秀分子,无论他们理想中的政治组织是什么(全民政治主义也罢,基尔特社会主义也罢,无政府主义也罢),现在都应该平心降格地公认"好政府"一个目标作为现在改革中国政治的最低限度的要求。我们应该同心协力地拿这共同目标来向中国的恶势力作战。⑧

---

⑥ 曹伯言整理:《胡适日记全编》(1919—1922,第3册),第414—417页。
⑦ 蔡元培等:《我们的政治主张》,载《努力周报》1922年第2期。
⑧ 王宠惠:《王宠惠法学文集》,第74页。

"谈政治,应该有一个切实的、明了的、人人都能了解的目标。"——政治是大众的事,因此必须切实明了,人人能了解。

"应该平心降格地公认'好政府'一个目标,作为现在改革中国政治的最低限度的要求。"——这是为"切实""明了"起见,也是胡适用白话文的用意。以三个字表明政治改革的目标,并说明它是当时"中国政治"的最低限度的要求,而不是世界上最好政府的要求,很切实际。

(二)好政府的至少涵义

我们所谓"好政府",在消极的方面是要有正当的机关可以监督防止一切营私舞弊的不法官吏。在积极的方面有两点:

(1)充分运用政治的机关为社会全体谋充分的福利。

(2)充分容纳个人的自由,爱护个性的发展。⑨

第二点阐明两个方面:一是好政府要有监督机关——这是强调最低限度的制度的重要性。二是好政府要为人民谋福利且容纳个人自由和个性发展——这实际是强调政府对公民权利的积极(作为)职责与消极(不干预)职责。实际上这三方面既是底线,又非常全面。

(三)政治改革的三个基本原则

我们对于今后政治的改革,有三个基本的要求:

第一,我们要求一个"宪政的政府",因为这是使政治上轨道的第一步。

第二,我们要求一个"公开的政府",包括财政的公开与公开考试式的用人,等等。因为我们深信"公开"(Publicity)是打破一切黑幕的唯一武器。

---

⑨ 王宠惠:《王宠惠法学文集》,第74页。

第三，我们要求一种"有计划的政治"。因为我们深信中国的大病在于无计划的飘泊；因为我们深信计划是效率的源头；因为我们深信一个平庸的计划胜于无计划的瞎摸索。⑩

三项原则即宪制原则、公开原则和计划原则。宪制是"轨道的第一步"，公开是"唯一武器"，计划是"效率的源头"，先有一个平庸的计划也行！

(四) 政治改革的唯一下手工夫

我们深信中国所以败坏到这步田地，虽然有种种原因，但"好人自命清高"确是一个重要的原因。"好人笼着手，恶人背着走。"因此我们深信，今日政治改革的第一步在于好人须寓有奋斗的精神。凡是社会上的优秀分子，应该为自卫计，为社会国家计，出来和恶势力斗争。……民国五六年以来，好人袖手看着中国分裂，看着讨伐西南，看着安福部的成立与猖獗，看着蒙古的失掉，看着山东的卖掉，看着军阀的横行，看着国家破产丢脸到这步田地！够了！罪魁祸首的好人现在可以起来了！做好人是不够的，须要做奋斗的好人；消极的舆论是不够的，须要有决战的舆论。这是政治改革的第一步下手工夫。⑪

这一段的核心是"做好人是不够的，好人须具有奋斗的精神"——通过揭示"好人自命清高"的弊病和危害，来激发知识分子的勇气，并鼓励积极作为的奋斗精神。这也正是当时知识人最明显的毛病。

第（五）点是针对当时的政治问题提出"南北协商""召集国会""完成宪法""协商裁兵""改革选举""财政公开""统筹支出"的建

---

⑩ 王宠惠：《王宠惠法学文集》，第74页。
⑪ 王宠惠：《王宠惠法学文集》，第74—75页。

议。⑫ 这些建议从宏观到微观，有具体思路、措施和办法。

二、财长被捕

1922 年 8 月 5 日，罗文干被罗致于国务总理王宠惠的"好人政府"中，任财政总长。他开始积极整理国家财政，大刀阔斧地埋头苦干。罗财长，或者说这个内阁，他们能干多久？其实他们正陷于国内与国际两个糟糕的背景格局之中：

一是国内军阀与派系争斗。这一届内阁，是以直系洛阳派吴佩孚为后台，并与以吴景濂为首的国会暂时取得谅解后的产物。⑬ 但是，直系保定派曹锟想取代总统黎元洪，而吴景濂想取代王宠惠当内阁总理，二人正策划着联手打击内阁。二是中国欠巨额外债加上复杂的国际债务关系。"一战"结束后，购买债券的英、法、德、意诸国的债权人，要求中国偿还借款或另外发行新债券，并以此作为承认中国新增关税的前提条件。而新增关税对解决财政困窘很重要。

此时，奥地利向中国政府要求重议战前原中奥借款合同内容，此前中国历任财长均未能解决。鉴于此，罗文干迅速与委托代办此事的华义银行经理柯索利谈妥借款展期，于 1922 年 11 月 14 日签订《奥国借款展期合同》，同意将旧债票换为新债票，照票面九折发行，本息合计为 577.719 万英镑，分十年偿清，年息八厘。合同签订后，华义银行支付财政部 8 万英镑，又以 3.5 万英镑作为手续费。这笔钱进了哪个口袋？罗文干办理此项借款，并未提交国会通过，这就给政敌提供了攻击的口实。吴景濂以财政总长罗文干签订借款合同事件为由，寻找突破口。

1922 年 11 月 18 日晚 7 点，众议院正副议长吴景濂、张伯烈出门了。二人手持众议院印函，带着证人华义银行买办李品一，以及证据——华义借款概要、说明书和几张汇票，直奔东厂胡同黎元洪大总统处，秘密揭发

---

⑫ 王宠惠：《王宠惠法学文集》，第 75—76 页。
⑬ 参见顾维钧：《顾维钧回忆录》（第 1 分册），第 231—232 页。

罗文干在签订《奥国借款展期合同》过程中受贿之事。吴景濂要求总统黎元洪签字将其逮捕。

黎元洪看完相关文件，犹豫不决。他知道签字意味着什么——既不符合法定程序，又会引起轩然大波。按照法律，就算内阁成员有违法之举，逮捕令也需要经过内阁同意才能生效。倘若黎元洪仅凭一面之词直接下令逮捕阁员，不但越出了总统的职权范围，更是对责任内阁制度的严重破坏。[14] 吴景濂在一旁以威胁口气道：如果罗文干逃走，那么责任就全在总统身上了，请总统不要再犹豫了……

当夜 11 点左右，罗文干、黄体濂被军警拘捕，送入京师地方检察厅看守所羁押。

可是，到底是谁下令抓捕罗文干？这在历史上一直是个谜。目前有一种说法，说黎元洪在吴景濂的逼迫下签字。因为黎总统性格柔弱，思维糊涂，面对逼迫，一咬牙索性签了字。另一说法来自当时的内阁外长顾维钧，他说没有任何人签字。罗文干被捕，顾维钧闻讯后第二天上午去总统府想搞清楚这事。他被叫进了一个会议室，总统黎元洪、众议院议长吴景濂、参议院议长王家襄、卫戍司令王怀庆等人都在场。顾维钧当场发言表示这行动会有国际影响，想问是谁下令逮捕罗文干。最后疑点集中在总统黎元洪和卫戍司令王怀庆之间——黎元洪说自己没有下令逮捕，是司令部下的令；卫戍司令王怀庆却说是总统指示他去办的。黎元洪说他没有逮捕的意思。王怀庆说："我问是不是依法办理，你说放手去办吧。"黎元洪又说："我没有命令你逮捕他。"[15]

吴景濂是个怎样的人？他也是知识人出身的政客。从政后，说脏话、出洋相、闹丑闻接连不断。1922 年 11 月 15 日，吴景濂当面质问王宠惠："国会要你下台，你为什么赖着不走？"王说："难道你就是国会？"吴出口

---

[14] 刘宜庆：《政学两界中的罗文干》，载《同舟共进》2016 年第 2 期。
[15] 顾维钧：《顾维钧回忆录》（第 1 分册），第 239 页。

就骂王"混账",并说:"议长当然可以代表国会。"⑯1923 年 3 月 10 日,吴景濂与另一议员及随从住进东方饭店打麻将,为打牌侍女 50 大洋赏钱一事,指使手下殴打茶房,砸毁房间陈设,甩下查封饭店的恐吓后拂袖而去。事情闹大了,60 多名议员联名要求惩戒吴景濂,吴最后被迫道歉又赔偿。到了是年 9 月,时任众议院议长吴景濂帮助曹锟贿选总统,国会因此被称为"猪仔国会"。曹锟当选总统后,否认让吴景濂担任国务总理的承诺,吴一气之下悄然离开北京到天津寓居。以后几次想要复出,均未成功。

11 月 22 日,黎元洪派孙宝琦到地方检察厅迎接罗文干出狱,留在公府礼官处,但罗文干表示愿意接受法律裁判,如有罪,自然应当伏法;如果没有罪,进总统府也无此必要了。受此牵连,11 月 25 日,内阁阁员全体辞职,昙花一现的"好人政府"也于 11 月 29 日倒台。罗文干仍回地方检察厅看守所。12 月,罗文干聘请林行规(参见专篇)律师为辩护人。⑰罗文干虽身陷囹圄,但自认清白。然而所谓其所收回扣都用于财政部,这一点难以证明。因而在各方角逐中,罗文干被再三折腾。1923 年 1 月 11 日,北京检察厅宣告证据不足,对罗文干免于起诉,罗文干无罪释放。当时的司法总长程克,因媚附吴景濂,竟越权以部令授意地检厅再次拘罗,罗文干第二次被捕。

这里有一个小插曲:罗氏第一次被捕后,张君劢曾北上到狱中探望他,次日并寄赠其新著《国宪议》一书。不过数日,法庭宣告其无罪释放,所以罗来不及阅读该书。后来第二次被捕又半月余,罗氏方才于寂然枯坐中读张君劢书以自遣,认为张氏观点"略有相同异者,执笔书之或亦君劢所乐闻欤。狱中既无参考书复无朋友讨论,墨漏必多。此篇之草聊作

---

⑯ 陶菊隐:《北洋军阀统治时期史话》,生活·读书·新知三联书店 1983 年版,第 1197 页。
⑰ 《罗文干聘林行规律师为辩护》,载《新闻报》1922 年 12 月 7 日。

狱中消遣品，强述其所见云尔"[18]。于是有了后来的罗氏《狱中人语》一书之上篇《君劢国宪议书后》。该书中篇为《民国十二年之回顾》，下篇为《我们希望民国十三年之中国政治设施》。

此案是两个矛盾的产物，一是直系内部洛阳派吴将军与保定派曹将军之间的争斗，二是国会与内阁的矛盾。案发时间点正好是未实施的"天坛宪草"（1913年10月31日完成）与中国近代第一部公布的成文宪法《中华民国宪法》（1923年10月1日公布）之间。这个时期可谓是宪法真空期，既无宪法亦无宪制。王宠惠作为内阁总理却借助于吴将军，吴景濂作为议长却借力想当总统的曹将军，黎元洪作为总统虽想迁怒却又屈服于吴将军，而吴将军又对曹将军的军事实力有所顾忌。因此看似超脱于军阀政客斗争的文官，实际是被军阀政客利用的，而不是被宪法法律确认的。因此"好人内阁"只有随时倒台解散的命运。这种状态下的卑劣政坛，活像一台人肉"绞肉机"。罗文干成为"绞肉机"式政坛中任人宰割的牺牲品。

然而，如果说民众和社会有幸的话，则是中国毕竟还有怀揣良知的知识精英，他们分布于新闻、文教、司法等各界。当时新闻媒体算是比较透明的，"此案所有经过情形，皆见报章，中外人士无不知之"[19]。各大报刊迅速报道，知识人在报刊上的言论及社会各界的反应，大多是持理性态度支持罗文干，认为他不幸卷入政治斗争。舆论对"罗案所生之悲观，以为不仅限于罗案之本身问题，而实影响于法律之生命也"[20]。1月18日，北大校长蔡元培"痛心于政治清明之无望"[21]，有感于行政权力干涉司法独

---

[18] 罗文干：《狱中人语》，载沈云龙主编：《近代中国史料丛刊》（第2辑），文海出版社1967年版，第1页。

[19] 《律师刘崇佑启事》，载《晨报》1923年5月14日。

[20] 季啸风、沈友益主编：《中华民国史史料外编——前日本末次研究所情报资料（中文部分）》（第10册），广西师范大学出版社1997年版，第498页。转引自经先静：《内阁、国会与实力派军阀——20世纪20年代罗文干案始末》，载《史学月刊》2004年第4期。

[21] 季啸风、沈友益主编：《中华民国史史料外编——前日本末次研究所情报资料（中文部分）》（第10册），第484页。

立,人权遭蹂躏,愤而辞职,引发北大学潮。1月19日,修订法律馆总裁江庸辞职,曰:"司法总长……破坏法令,……司法独立,既经绝望。法律徒存具文,何必从事修订,因于本日辞职。"并通电全国,得到法律界人士的支持。㉒一时全国司法界哗然。1月28日,东北三省特别法院通电谴责司法部破坏司法独立,各地司法界(湖北、安徽、奉天、河南、山东)一致响应。司法总长程克将特别法院院长李家鳌免职,又引发特别法院全体辞职。㉓

4月,案件进入正式起诉程序,罗文干的侄子罗明佑拜见京城大律师刘崇佑(参见专篇)先生,委托他出手为罗文干辩护。刘律师十余日后查得重要反证,认为可解此冤案,遂同意为罗氏义务辩护。与此同时,黄体濂的夫人也前来委托,考虑二人属于同案,且当时法律允许,刘律师便一并接受辩护委托。㉔

罗案尚在审理中,北京又发生更大的事——政变。黎元洪6月11日逃到天津。直系保定派为了"在全世界面前维持一个政府",邀请顾维钧担任外交总长。顾维钧以此为机,也劝逼吴景濂和程克保证释放罗文干。1923年6月22日,罗案开庭。政局动荡,相比之下,罗案是小事了。顾维钧任职后的第二天,即6月29日,京师地方审判厅再度宣布罗文干、黄体濂无罪释放。㉕

但事情很快又发生变化,司法总长程克仍不甘心,唆使检察官杨绳藻提出"上诉"(今谓抗诉),罗文干第三次成为被告,又一次入狱。公诉人详陈不服判决的七项理由,声称对伪造公文书与诈财图害国家罪的指控,被告"毫无狡卸之余地",而原判均宣告无罪,实属错误,提请二审法院

㉒ 季啸风、沈友益主编:《中华民国史史料外编——前日本末次研究所情报资料(中文部分)》(第10册),第504页。
㉓ 经先静:《内阁、国会与实力派军阀——20世纪20年代罗文干案始末》。
㉔ 刘广定:《理性之光——民国著名律师刘崇佑》,第179页。
㉕ 《罗案判决书(续前)》,载《法律评论》(北京)1923年第4期。

"撤销原判，依法公判"。㉖未待二审法院审理，地检厅检察长蒋棻突然于7月31日主动向京师高等审判厅撤销上诉。于是，"高等厅即日通知被告罗文干、黄体濂二人，地方检察厅既丧失其上诉权，是此案即于昨日确定无罪"。㉗

在无宪法更无宪制的劣政之中，性格耿直、办事粗犷的财长罗文干，只能成为这台"绞肉机"中的肉。后人也一定感叹，黑暗中幸有蔡元培、胡适、江庸、刘崇佑等各界知识人，作为社会的良心，如灯塔一般，照亮人间一隅。

这"好人政府"的主张，反映了知识分子焦虑之中的理性，也反映了其家国之切的情感。"好人政府"背后并非一定是"贤人政治"，而是情急中的简单办法——赶紧换人，换我们读书人看得过去的人！这才是当时16位知识人的用意和心声。他们对谁上台都会有批评，事实也如此，例如胡适就公开指责王宠惠的"能力弱"，但是总比一些贪官军阀、窃国大盗要来得顺眼！

"自由主义在中国的失败并不是因为自由主义者本身没有抓住为他们提供了的机会，而是因为他们不能创造他们所需要的机会。自由主义之所以失败，是因为中国那时正处在混乱之中，而自由主义所需要的是秩序。自由主义的失败是因为，自由主义所假定应当存在的共同价值标准在中国却不存在，而自由主义又不能提供任何可以产生这类价值准则的手段。它的失败是因为中国人的生活是由武力来塑造的，而自由主义的要求是，人应靠理性来生活。"㉘简单地说，制度与理性才是关键！

罗案发生期间，胡适也承认在当初那篇宣言里，没有给"好人"下过

㉖《罗案上诉理由书（中华民国十二年七月十二日）》，载《法律评论》（北京）1923年第5期。
㉗《法界消息·罗案已撤销上诉》，载《法律评论》（北京）1924年第33—34期；《国内法律及法院新闻·罗案撤销上诉》，载《法律周刊》1924年第31期。
㉘〔美〕格里德：《胡适与中国的文艺复兴：中国革命中的自由主义（1917—1937）》，鲁奇译，江苏人民出版社1989年版，第377—378页。

定义。胡适进一步反思说：我们理想中的"好人"至少有两个方面，一是人格上的可靠，一是才具上可以有为。在普通人的心里，"好人"至少要有可靠的人格。罗案发生，正是实验"好人政府"的最低条件的机会。"好人政府"的涵义是，进可以有益于国，退可以无愧于人。我们对于王、罗诸君政治上的才具，确是不很满意，但我们至今还承认他们人格上的清白可靠。我们希望这一案能有一个水落石出，叫大家知道"好人政府"最低限度的成效是"人格是禁得起政敌的攻击"。[29]

官员人品有最低和最高标准。借胡适这番话，我们可以进一步阐明一个法治的道理：政府好与不好，并不在于政府官员有多么高尚，对官员人格做圣人般的要求，反倒会带来虚伪的"两面人"。其实只要在"好"的制度之下，官员只要具备清白可靠这一"基本好"的条件即可。

令人遗憾的是，"好人政府"政治改革理想中的三个"基本原则"的第一条——宪制，在当时的大环境下没有任何实现的机会。那么，在宪制、法治的"硬件"和理性的"软件"缺乏的情况下，政治就成了人与人互相绞动的"绞肉机"，任何好人坏人都可能被它绞得粉碎。所以历史告诉我们，人是靠不住的，还是制度靠得住。"制度好可以使坏人无法任意横行，制度不好可以使好人无法充分做好事，甚至会走向反面。"[30]

罗文干作为法律人，至少要明白：巨额债务展期一事，可能涉及国家重大财政损失，况且他办事程序不规范，只报告王总理而未经内阁会议议决，将与买办签订展期合同的签署地点放在个人家中[31]（据王宠惠说因重感冒），回扣的款项入财政部，无开支明目，且未作记录证据，等等，不免有渎职嫌疑。经此入狱折腾，罗文干感慨万千，曾撰写《狱中人语》，用于自嘲和反思。那么，罗文干到底是怎样一个人？

---

[29] 参见杨天宏：《罪与非罪："罗文干案"的审断与案情原委》，载《近代史研究》2016年第6期。

[30] 《党和国家领导制度的改革（1980年8月18日）》，载《邓小平文选》（第2卷），人民出版社1994年版，第333页。

[31] 顾维钧：《顾维钧回忆录》（第1分册），第240页。

图 2　1914 年的罗文干

三、罗氏其人

罗文干，字钧任，1888 年出生在广东番禺的一个小商人家庭。原籍江西，迁广东番禺。张君劢与罗文干在 20 世纪 30 年代末交往较密切，又经王宠惠的介绍，对罗氏有更多了解。张先生曾于 1941 年罗文干逝世后写过一篇《述罗钧任先生生平》，谈到江西人时说："这类人因曾跋涉几千里路，所以都能刻苦耐劳。……所以特别倔强刚直，尚保存古代中国人的面目。"[32] 这揭示了罗文干性格的渊源。

1904 年，年仅 16 岁的罗文干就赴英国留学，其外语在哪里学的？张君劢透露了一个鲜为人知的背景。罗父当时在安南（今越南）做席子生意，所以罗文干幼时在越南学法文。[33] 罗父注意培养儿子读书，花费不少银两聘请粤籍老翰林教书。罗文干自幼得名师指导，接受了良好的传统文化教育。罗文干 1904 年被送到英国牛津大学，还进了荣誉班读书，在普通功课外，又加上四门特别功课，即德文、拉丁文、罗马法、法制史四门课程，由此打下法学基础。四年后罗氏从牛津毕业，1908 年又进入伦敦

---

[32]　张君劢：《述罗钧任先生生平》，载《大公报》（重庆）1941 年 12 月 20 日。
[33]　张君劢：《述罗钧任先生生平》。

"内殿学院"(Inner Temple),但未获律师资格。㉞

罗文干哪年回国?有一种说法提到他是 1909 年回国的。但据张君劢讲:"宣统末年他回国应留学生考试,他考取进士。"罗氏早年一同僚说他"十一年回国"㉟,另有朋友讲道,"留学英伦牛津,后走法比各国"㊱。想必他离开伦敦后,周游了欧洲其他国家,凭他的家产财力,这也是很自然的事。所以罗氏 1911 年回国的说法是相对可信的。他回国后应学部留学生考试,授法政科进士。不久后辛亥革命起,罗文干便回到广东,在都督胡汉民手下任司法司长。

1912 年 9 月,北京政府司法总长许世英给罗文干来了四封极其殷切的电报,先说:"中央总检察长非公莫属。民国初立,贤哲匡时,大义所关,公无可诿,伏望赐教并乞电覆。"然后又说:"公到京约需十日,此时接替检察官不可无人,现拟先任二员,一为朱深,一为李杭文,皆留学日本之杰出者。"再电云:"焚香以俟,盼如期来。"最后电曰:"两得胡都督电留公在粤,此间望君如望岁,万乞恳请都督派员接替,赶速启行。"㊲ 然后,许世英还致电广东都督胡汉民曰:"奉大总统令为总检察长,请公俯念司法重要,转知罗君从速交代,克日启程,感谢感谢!许世英敬。"㊳ 1912 年 8 月,罗文干被大总统任命为北京政府总检察厅检察长,㊴ 但他此时正担任广东省"司法司长"。胡汉民致电大总统称:"罗君自粤反正之初即受任为粤省司法司长,一切司法经营多出其手,现办理甫有头绪,遽难骤易他人。务望大总统俯念粤省司法重要,先行派员署理高等检察厅长,一俟该员办理就绪再行晋京就职。京师人才如海,必不至兴才难之叹也……"并且此电文提到,"原电高等检察厅长系总检察厅检察长之讹",这是对原

㉞ 张君劢:《述罗钧任先生生平》。
㉟ 龚德柏:《罗钧任先生生平补遗》,载《大公报》(重庆)1941 年 12 月 23 日。
㊱ 平野:《悼罗文干先生》,载《申报》1941 年 10 月 18 日。
㊲ 《司法总长致广东罗司法司电四则》,载《山西司法汇报》1912 年第 4 期。
㊳ 《司法总长致广东都督电》,载《山西司法汇报》1912 年第 4 期。
㊴ 《总检察厅职员表:检察长,罗文干》,载《政府公报》1912 年第 167 期。

电报的纠正。因此电文之后附"国务院覆广东都督电",确认了这一点。㊵可见罗文干于1912年8月被袁世凯任命为总检察长后,北京和广东都需要他,胡汉民舍不得他离开广东,拖了一阵,1913年1月才到任。㊶这时,他才25岁。

罗文干为什么一回国就这么受重用?一方面是因为他是法科专业人才,虽然没有硕士或博士学位,但是留英法科,且是牛津大学,这简直是稀世之才。另一方面是因为他回国时间早。1911年回国时罗氏只有23岁,与从欧洲回国的王宠惠同年回国,比顾维钧戴博士帽回国(1912)早了一年,比郑天锡从英伦回国(1917)整整早了六年。

晋京履行总检察长职之后,罗文干还被司法总长梁启超任命为法律编查会编查员。㊷1915年2月,袁世凯为拉拢人心,授江庸为上大夫,罗文干为中大夫。㊸袁世凯复辟帝制在即,罗文干于9月以母亲病重为由辞职。㊹袁氏帝制失败后,罗文干参加对袁世凯"筹安会"的弹劾,行使检察职权,票传袁世凯不获,遂弃官南下广东,策动反袁。罗于1918年任修订法律馆副总裁,次年,出国到欧洲考察司法。从外部观察,罗文干是北洋政府体制中的一员行动派干将。但其言语不多,难得见其内心所思所想。目前可见的一次私密闲聊,是他与余绍宋的交谈。1917年初,罗文干开始与余绍宋有交往,2月27日,在余办公室谈及立身处世,云:"做人要知足知止,不可妄想,亦不可绝望,若做事专从个人地位着想,则利害得失之念终日横梗于中,精神上必受异常之痛苦,若能觑破此

㊵ 《广东都督胡汉民呈大总统电:大总统钧鉴准司法总长电奉大总统令罗文干简为高等检察厅长》,载《山西司法汇报》1912年第4期。

㊶ 《总检察厅检察长罗文干呈大总统报明就任日期文并批(中华民国二年一月八日)》,载《政府公报》1913年第246期。

㊷ 《司法总长梁启超致罗文干先生等聘任为法律编查会编查员书(中华民国三年二月十日)》,载《政府公报》1914年第647期。

㊸ 《大总统批令(中华民国四年二月四日)》:"司法次长江庸授上大夫,总检察长罗文干、前署京师高等检察长朱深、署京师地方检察长尹朝桢呈谢授中大夫由",载《政府公报》1915年第986期。

㊹ 《司法部呈总检察厅检察长罗文干电陈母病未痊恳请辞职据情代陈请鉴示文并批令(中华民国四年九月十日)》,载《政府公报》1915年第1204期。

关,其受益当较茹素、运动等更大……"⑤ 这番话显得颇有为官做事的理想和公心,作为私下内心表露,并无功利用意,可相信这是他真实而朴素的表达。

罗文干回国后,便兼任北京大学刑法教员,算是北大法科资格较老的兼职教员。当然他在学术上并不算出色。当时北大原法科教师,有的是政府官员兼职,有的是不学无术之人,有的是外国使馆介绍来的滥竽充数的所谓教员。他们在上课时,不是陈词滥调,夸夸其谈,就是海阔天空,胡拉乱扯,致使教员讲课无兴趣,学生听课打瞌睡。1917年蔡元培着手逐渐解聘了一批不称职的国内外教员,辞退了兼职官吏,聘请当时有真才实学的法科教员。在法本科和法预科数十位教授之外,还聘请钟赓言⑯、余棨昌、林行规、严鹤龄⑰、张煜全、罗文干等50余人为法本科和法预科讲师。1918年设法科研究所,分置三个门所:一为法律学门研究所,一为政治学门研究所,一为经济学门研究所。在法律学门所,王宠惠为比较法律教员,罗文干为刑法教员⑱。1919年北大法律学系成立,

---

⑤ 余绍宋1917年2月27日日记,载《余绍宋日记》(第1册),第9页。
⑯ 钟赓言(1882—?),字子飚,浙江人海宁人,日本东京帝国大学毕业,1906年起翻译、发表刑事人类学文章,1908年发表宪法与政治学文章。1906年由东京第一高等学校一部英语、法科毕业,升入东京大学法学政治学研究科,1911年毕业,获法学士。归国后参加学部举行的留学生考试,列最优等,被授予法政科进士。1912年起任北京大学法科教授,1923年暂行兼代法制局事务,1924年12月任临时法制院评议。在北京大学、朝阳大学讲授行政法、宪法与商业政策三门课。1923年在北京朝阳大学出版《行政法讲义》和《宪法讲义》,前者为中国行政法第一本行政法教科书。
⑰ 严鹤龄(1879—1937),字履勤,亦字侣琴,浙江余姚人,1903年毕业于上海圣约翰大学。1907年至1908年任复旦公学讲师,并兼任学监。1908年考取浙江留学欧美学生,赴美国哥伦比亚大学研究宪法学,1911年获博士学位(Ph. D.),博士论文题目为《中国宪法发展调查》。回国后经朝廷留学生考试获最优等奖,被授予法政科进士头衔,进入清政府外务部。辛亥革命爆发后,担任浙江都督府外交司长。1912年12月,调任外交部秘书。1913年2月,被荐任外交部佥事,1917年擢升参事,又兼充宪法委员会委员。1920年任清华学堂代理校长,不久继续任外交部参事。1924年任农商次长,1925年出任驻美国公使馆一等秘书。1932年任互换中美公断条约全权代表,任驻美公使代办。1937年4月12日逝世。
⑱ 《法律门研究所已聘定罗文干先生为刑法研究教员特此通告》,载《北京大学日刊》1918年第42期。

1920 年又聘黄右昌、周龙光、燕树棠、陶孟和及英国人毕善功[49]为法律系教授,张孝栘、左德敏、何基鸿、陈瑾昆、程树德、王宠惠、罗文干为法律系讲师。[50]

后来,1924 年前后的北大法律系已经名师荟萃,余棨昌(民法总则)、郑天锡(外国法)、王世杰(宪法)、燕树棠(罗马法、法律哲学)、黄右昌(民法亲属)、林志钧(债权总论)、黄右昌(民法物权)、陈瑾昆(民事诉讼法、强制执行)、周鲠生(国际公法)、夏勤(刑事诉讼法)、程树德(国际私法)、石志泉(民事诉讼法)、张志让(外国法)、张孝栘(刑法分则)等人,都在北大法科讲坛。[51]可此时罗文干已经不在北大了。

1921 年,罗文干任中国出席华盛顿会议代表团顾问,与 3 个全权代表之一的王宠惠一同赴华盛顿。罗氏"对山东问题主张强硬,鞭策各代表不遗余力"[52]。是年末,出任梁士诒内阁的司法次长。1922 年 8 月被任命为"好人内阁"财政部部长,随后被拘入狱。1924 年,任俄国退还庚子赔款委员会中方委员。1925 年"五卅血案"发生后,罗文干以北京最高法院执行院长身份,与丁文江、胡适、颜任光四人就"五卅血案"联署发表《中国血案》(*China's Case*),向英国民众及首相张伯伦提出抗议。6 月,此文在英国由"旅英华人各界代表联合会"(The Union of Chinese Associations)出版,并分送英国各界,此书又名《致英国民众请愿书——并敬答张伯伦先生》(*An Appeal to the British Public: A Reply to Mr. Austen Chamberlain*)。文末"国立北京大学多名教授就上海五卅惨案的声明"落款时间

---

[49] 毕善功(Louis Rhys Oxley Bevan,1874—1946),英国人,1899 年获剑桥大学法学学士(LL. B.),1900 年任大律师(Barrister),1902 年来华,1906 年被时任山西大学堂监督的解荣辂(1875—1929)聘为代理大学堂西斋教务,设法律、矿学和格致三科。1910 年 12 月法律学科首届学生有 18 人毕业。1910 年至 1941 年先后任北京大学、燕京大学教授,住在盔甲厂,著有《中国的宪政建树》等。

[50] 张国福:《北京大学法律学系前期的教学改革及其优良传统》,载《中外法学》1998 年第 3 期。

[51] 张国福:《北京大学法律学系前期的教学改革及其优良传统》。

[52] 龚德柏:《罗钧任先生生平补遗》。

为 1925 年 6 月 9 日。[53]

  1927 年，罗文干出任顾维钧内阁的司法总长。1928 年被聘为东北边防司令长官公署顾问，次年，任调查中东铁路事件专员。1928 年 6 月张作霖发表"出关通电"，罗也离开北平，但没有路费，向外交部借了三千块钱，后来在沈阳归还借款。[54] 当时他应东北大学聘请，到文法学院任教授。1931 年，罗文干被东北大学聘为大学委员会委员，可就在同年，他又出任北平政务委员会委员、国民政府司法行政部部长。1932 年任外交部部长，又兼署司法行政部部长。

  1932 年一·二八事变发生，日本大使向罗文干提出抗议，罗驳斥说："闸北是中国地方，日本兵在中国打仗，这就证明是日本挑起战争。"日本大使无言以对。当十九路军奋起抗战时，罗文干力主支持援助。国民政府与日方先后签订《淞沪停战协定》和《塘沽协定》，罗文干不肯去签订，蒋介石说："你不去就对你不利。"罗文干回答说："不利就不利。如果我签字，就会受到后人唾骂。"因此，外交部部长一职改由汪精卫代理，由汪派人签署《塘沽协定》。1933 年 5 月，罗文干奉命到新疆调解马仲英与盛世才之争，无果而回。8 月底再赴新疆巡视，[55] 11 月中旬回来，提出开发新疆交通计划。[56] 1935 年 11 月，西南政务委员会派罗文干任广东治河委员会委员兼黄埔埠筹备处主任。[57] 他演讲口才一般，但很幽默洒脱。在广西，当地主人把请过路名人来演讲称为"过路纳税"。1935 年有一次罗出差广西，被邀请做"纳税"演讲，他一听说胡适三天前刚刚来做过精彩演讲，上台就大喊自己"倒霉"，说胡适是有钱人，该纳的"税金"高，自称是个穷人，交不起"税"。[58]

---

[53] Lo Wen Kan V. K. Ting, Hu Shih, K. L. Yen, *China's Case*, 1925, Published by The Union of Chinese Associations.
[54] 龚德柏：《罗钧任先生生平补遗》。
[55] 《出巡新疆，罗文干昨晨启飞》，载《中央日报》1933 年 8 月 26 日。
[56] 《罗文干条陈开辟新疆交通计划》，连载《中央日报》1933 年 12 月 27、28、29、30 日。
[57] 《罗文干就黄埔埠主任》，载《益世报》（天津）1935 年 11 月 29 日。
[58] 菲零：《罗文干先生印象记》，载《七日谈》（上海）1935 年第 1 卷第 11 期。

抗战开始后，1938 年罗文干任国防会议参议、第一届国民参政会参政。同年，任西南联合大学教授，讲授罗马法和中国法制史。值得一提的是他有篇名为《东西文化问题》的文章，其中流露了他对中国传统法律文化的基本看法。当时保存传统文化与接受西洋文化之争，往往说不清楚东西之特点，罗氏文章则就法律传统文化做了东西方对比，讲了一连串的中西重要区别。比如西方重视个人主义，中国重视家族制度；比如西方讲权利，而中国重义轻利，能让不争，不争则少讼或无讼。[59] 这时，他完全静心做学问，一直惦记着写一部《中国法制史》，却未竟心愿。

当听说吴佩孚被日本牙医治死了，罗文干写了副挽联，或许可作为他自己的写照：

大节凛然，汉奸能无愧死！
一贫如故，贪污何以为人？[60]

1941 年，罗氏回广东为儿子办婚事，明言中西婚礼任由儿子选择，最后儿子懂父亲，选择了中式婚礼。同年 10 月 16 日，罗文干因恶性疟疾在广东乐昌去世，[61] 年仅 54 岁。

罗逝世消息传出后，许多政要和法界人士致电哀悼，但也有不少人因不知其家属地址而无法发电报。聪明的驻美大使胡适和周鲠生、刘锴联袂，于 18 日从美国致唁电到香港《大公报》，要求转达给罗氏家属。[62] 在一个月内，多地陆续举行追悼仪式。重庆和昆明是当时中国的政治文化中心，11 月 17 日，国民参议会约三百余人在重庆为罗文干、张季鸾、陆伯鸿三位陆续逝世的参议员举行合祭，蒋中正主祭。[63] 11 月 23 日，昆明举行

---

[59] 罗文干：《东西文化问题》，载《民族文化》1941 年第 2 期。
[60] 《罗文干挽吴子玉将军》，载《政治路线》1947 年第 1 卷第 3 期。
[61] 《罗文干逝世》，载《中央日报》（重庆）1941 年 10 月 18 日。
[62] 《胡大使等电唁罗文干氏家属》，载《大公报》（香港）1941 年 10 月 20 日。
[63] 《参政会昨公祭，罗文干张季鸾等》，载《申报》1941 年 11 月 28 日。

罗文干追悼大会,由西南联大常委蒋梦麟校长主祭。[64] 直到他去世后多年,仍在报端可看到怀念罗文干的文章。有说他幽默的,有说他不修边幅的,有说他是官场另类的,有说他清廉的,有说他抗日爱国的……

罗文干是个什么样的人?有些街头小报会说他因"嗜酒如命"而仕途受挫,似言过其实。[65] 也有小报说他是"诗酒风雅、土豪姿态、刚强性格"。[66] 其实罗文干一点都不"风雅",也不会诗赋。嗜酒倒是真实,熟人也说他常常觥筹酩酊。[67] 罗文干最认可的人是王宠惠,罗与王的友谊非同一般,是铁哥们。王宠惠大他八岁,做人做事缺乏罗氏那种粗犷和果敢的豪气,因此二人十分互补、合拍,常一起谋事。因此有人批评罗氏在官场上凭友谊意气,比如丁文江1926年8月16日致胡适函语:"你批评钧任等这班人的话,我完全同意。不但如此,我更觉得他们对于朋友根本是感情用事,不论是非。这种团结如何是可以干政治?"[68] 但他粗犷到不懂人情世故,更不擅长人际。有一次余绍宋生病,近百人都争相前往探望,可他作为宋的好友,却只知忙于公务,就是不露面。[69] 这或许是因为罗、余二人在志趣上不是一个频道的人,或者用余的话来说,罗是个"锐进"之人,而从罗的角度看,他俩完全不是同路人。余绍宋把刘崇佑和罗文干的先后逝世称为"更恸同时亡二豪",称刘为"天生奇俊",罗为"霸气奇才"。[70] 其实罗文干并不是霸气,而是豪气,称"豪气奇才"更贴切。

罗氏虽然留英,却不穿西装,只穿长袍布履。有人评论道,"身任外长,终年衣一长袍","好饮酒,办公室中,案牍盈尺外,惟绍酒瓶与雪茄相伴,常饮至两目红肿如胡桃,未肯稍抑其酒兴,豪情侠肠,至老不衰。氏迭任要职,从不妄用公家分文,氏家本富有,以氏从政故,恒移家产以

---

[64] 《凄风苦雨,滇追悼罗文干由蒋梦麟主祭》,载《前线日报》1941年11月24日。
[65] 徐大风:《罗文干嗜酒丧生》,载《大都会》1946年第4期。
[66] 简史:《罗文干寂寞死去》,载《飘》1946年第8期。
[67] 余绍宋1917年1月13日日记,载《余绍宋日记》(第1册),第3页。
[68] 参见刘广定:《理性之光——民国著名律师刘崇佑》,第257页。
[69] 余绍宋1926年7月16日日记,载《余绍宋日记》(第2册),第563页。
[70] 余绍宋:《寒柯堂诗》,龙游县政协文史委员会2002年点校重印,第138页。

补廉俸之不足"。[71] 还有报刊文章说他是"拿家里的钱和借女婿的钱出来花的一位不注意外水的官"。有一次他在政府大楼参加一个外国公使呈递国书的典礼,他依旧穿着油渍满身的大绸袍,但是手里却挟着一件新的蓝袍和黑褂,典礼时才穿上,等到仪式完毕,他跑出国府廊房上汽车的时候,依旧和来时一样,飘然而去。[72]

  罗文干一生游走于学者与官员之间,仕途跌宕起伏,乃至出现前文所述的入狱经历。进入政坛后,他表现果敢,勇于任事,特立独行,没有官僚习气,却有官场文职"武夫"风格。他刚直清廉,政治锐进,不好世故,简单粗犷,坦白不"装",天真幽默,与官场格格不入。罗文干的性格和往事都很传奇,可惜他文辞粗浅,没留下自己一生传奇的回忆。

---

[71] 平野:《悼罗文干先生》,载《申报》1941年10月18日。
[72] 简史:《罗文干的几个镜头》,载《人物杂志》1946年第1卷第1期。

王世杰——法理型官僚的样板

图 1 王世杰（1891—1981）

在新文化时代，与胡适、傅斯年、罗家伦齐名的新文化健将当中，似乎没有一位法科人物？非也，王世杰就是其中一位。后来他以纯粹的学者身份投身政治，官至部长以上，成为政治中枢人物。

在王世杰"新文化健将"和"民国政治家"这双重身份之下，却隐藏着一个有精彩故事的人，一个有独特思维优势的人，因而是个有典型意义的人。后人较少关注他的青春经历、个人品性、为政特点、思维方式。事实上他37岁从政之前，就见过"大世面"，有精彩的故事。他曾经是"理工男"，参加武昌起义、留学欧洲、任教北大，都显示他独特大脑的思考力和身体的行动力。探视王世杰的青年时代经历、学术水平影响、从政思维特征，就能感受到他所代表的时代人物之"天花板"。

这些早年经历，与他后来成为专业官僚有着怎样的密切关联，值得细细品味。我们应该怎么看王世杰？笔者搜索了他的人生经历，从大学时代、武昌起义、巴黎留学、北大任教，再到他后来独特的从政经历，特别是签署中苏协定，放弃外蒙以及东北利益。从这些事实中，我们可以发现一个从政的法科知识人的崭新形象。

一、见"大世面"的"理工男"

王世杰，字雪艇，1891年3月10日出身在湖北崇阳县一个农民家庭。其父王步嬴善于经商，别号"三老板"，"经商业屠，富甲乡里"[①]，算是乡村富商。其经营的商号为"王寿春"，主要从事杀猪卖肉、发曲酿酒、做豆腐、卖杂货等营生。较为优裕的家庭条件为王世杰读书求学提供了可能。[②] 王世杰作为王家十个子女中的老五，敏而好学，"每试辄冠其侪"[③]，从小在父亲为族人所建塾中读书，熟读传统经典。王世杰在二十岁前就有特殊的教育背景，其大跨度的经历可列举三项：

其一，少年时代进入张之洞倡导创办的新式学堂——省城武昌南路高等小学堂，在此学习修身、读经、中文、算术、历史、地理、格物、绘画、体操等课程，几乎覆盖了德智体美文史数理。他的成绩优异到让两广学政梁鼎芬称赞，受到张之洞的单独召见。被召见时王世杰对答如流，受赐举人。1907年，从南路高等小学堂毕业后，考入两湖书院改办的湖北省优级师范理化专科学校，分在理化科。在四年的中学教育里，他又接受了科学教育。

其二，1910年秋，19岁就只身来到天津，就读于北洋大学采矿冶金科。从南路高小到湖北优师再到北洋大学，如果说传统经典成为他品性构成的第一重因素，那么自然科学训练即为第二重因素。

其三，1911年武昌起义时，他闻讯后投笔从戎，从天津直奔武汉。王

---

① 崇阳县志编纂委员会编纂：《崇阳县志》，武汉大学出版社1991年版，第701页。
② 王学堂：《王世杰与〈现代评论〉》，载《赤峰学院学报》（汉文哲学社会科学版）2010年第9期。
③ 王书麟等编：《王氏族谱》，1993年版，第20页。

世杰在日记中称，他假称家中有事，以新买的皮衣典当所得之钱连夜南下。他苦于陆路不通，只好搭乘海船经上海赶赴武汉。他自此加入同盟会。④ 最初担任了鄂省军督府秘书，往返鄂湘，驰援守城。这是他早年最显示性格的一次行动。民国创立后，王世杰受命组建国民党湖北支部，任组长。此后参与"二次革命"。此际之革命精神，在当时愤青学生身上并不稀奇，但亲身参与辛亥革命的，实为凤毛麟角。

从他20岁以前的经历不难看出，他不仅受传统与西学的"双重教育"，还有跨文理学科的教育背景，并亲身经历辛亥武昌起义，可谓见过"大世面"，有可塑性和潜力。但我们对王世杰了解不多的是，他在民国创立后做了些什么。据《王世杰传》说，"邀约数人在武昌创办经济杂志社"，⑤ 但此事语焉不详。王世杰这位"理工男"怎么会办经济杂志呢？

据查，在1912年的确有一份杂志叫《民国经济杂志》。据《民国经济杂志社简章》第二条，"本社以研究经济学理、调查经济状况，供政府改良、学者讨论之资料为宗旨"。第三条写明社址为"先设事务所于鄂垣，次第分设于各省"。鄂垣旧指湖北省省城武昌。杂志社简章中规定设"经理部"，设总经理一人；编辑部，设总编辑一人；调查部，设总调查一人。⑥ 杂志社的成员很多，有蒋义明、吕嘉荣、董玉墀、郭泰祺和周汝翼等24人为编辑部成员，调查部有甘鹏云、王麟阁等31人。那么经理部的成员呢？

在"本社职员一览表"中，王世杰是在杂志社经理部工作，名字列为"经理"栏下。⑦ 经理部仅有四位，王世杰列首位⑧，此外，还有王世杰在南路学堂的同学董永森、张国恩和何家栋。从董永森与王世杰的老同学关系来看，王世杰很可能是总经理。后来王世杰创办武汉大学时，董永森为

---

④ 参见王学堂：《王世杰与〈现代评论〉》。
⑤ 薛毅：《王世杰传》，武汉大学出版社2010年版，第8页。
⑥ 《民国经济杂志社简章》，载《民国经济杂志》1912年第1卷第2期。
⑦ 《民国经济杂志》1912年第1卷第2期。
⑧ 《民国经济杂志》1912年第1卷第2期。

筹建委员会秘书兼总务会计。那么张国恩是谁?

张国恩(1880—1940)是董必武[9]的黄安老乡,二人在青少年时代就是形影不离的挚友。王世杰赴伦敦留学后不久,张与董于1914年1月自费东渡日本,考入东京都神田区的私立日本大学法科[10],成为留洋法科生。当董必武得知孙中山组新党的消息后非常高兴,经居正介绍,和张国恩一起谒见孙中山,受到当面鼓励。[11] 翌年6月,贤琮与国恩二人受孙中山派遣回国,准备组织策动军队的反袁活动。然而他们一回国就发觉自己的行踪被监视,于是潜回黄安家中。1917年4月,董贤琮和张国恩合办一个律师事务所,办了第一个案件,迅速获得胜诉。[12] 后来的事就是大家熟悉的内容。由《民国经济杂志》经理部的人员构成来看,王世杰与董永森、张国恩能走到一起,说明他们均为志同道合的挚友,董永森还一直与王世杰保持密切关系,参与筹办武汉大学,直到40年代末还在武大任职。

《民国经济杂志》1912年第1卷第2期"专著"(即论文)第一篇就是王世杰的《财政革命篇》(连载之第一部分)。开篇即言:"尝读过去百年间之政史,默审中国政治上之趋势,继自乾嘉以降,国家财政现象早即于枝叶凋零之境,而根本摇动已有岁计不足之动机。同光而还,吏治不振,民生益困。海禁既开,中外之局势一变,晳种人(指洋人——引者注)操吮精吸髓之术,以攘利取赢,国民暗于经济竞争之常识,为之牺牲鱼肉者,不知何许。自是国家财政之糜烂,国民生计之穷蹙,益不可问。

---

[9] 董必武(1886—1975),原名董贤琮,又名董用威,号壁伍,湖北黄安(今红安)县人。17岁时考中秀才。1911年10月参加武昌起义,1914年1月与张国恩等一同赴日留学,考入东京私立日本大学法科。翌年6月,受孙中山的派遣与国恩回国反袁。1917年2月再赴日本参加毕业考试,正式结业后回国;同年4月,和张国恩合办一个律师事务所。1919年2月,与张国恩去上海主持湖北善后公会,从渔阳里李汉俊处接触马克思主义的外文书籍。1920年7月,接李汉俊信,嘱在武汉筹建共产党组织。经与陈潭秋、包惠僧等人筹划,8月,在张国恩律师事务所成立湖北首个共产主义小组。1921年在上海参加中共一大,后来成为中国共产党第一代领导集体的成员和国家的重要领导人。

[10] 但是,实藤惠秀把董必武划入梅谦次郎办的法政大学。参见〔日〕实藤惠秀:《中国人留学日本史》,第101页。

[11] 董必武:《回忆第一次谒见中山先生》,载《新文摘旬刊》1938年第1卷第8期。

[12] 集体编写组:《董必武年谱》,中央文献出版社1991年版,第37页。

虽然如是种种政府当日果绝无计及者耶，即其筹备立宪之时代，固无日不以改革语国民，无如秉国钧者，既乏财政改革之识力，因无财政改革之决心，而尤不得一财政改革之机会。"[13] 这开头一段即把清廷不懂财政常识、受尽外侮的历史背景和改革的必要性讲明白了。接着他说民国建立以来关于政治建设问题："数月以来，主国是者，关于政治上之建设，不出敷衍和翻绎两派……"他认为，前者是"袭满清政治之遗传，大率抱投鼠忌器之惧"；后者是"以政治为一种讲义，一种辞典"。全文有两部分，一是"币制之革命"，论述了"货币宜采虚金本位制度"（载于第2期），"纸币宜采渐进统一主义"（载于第3期），等等。[14] 二是"银行之革命"，续载于第4期。[15] 这个学采矿冶金的理工男，谈起财经问题居然如此娴熟，令人心生疑虑。

有意思的是，王世杰还在《民国经济杂志》第2期上选编了"明末遗民诗"，包括洪瀛、彭士望、潘陆，还有八大山人（朱耷）等等明末遗民诗，多达40首。为什么"理工男"既懂财政学，又会欣赏遗民诗呢？此"王世杰"是王雪艇吗？那么关键问题来了——编诗者的署名恰恰是"雪艇王世杰选"[16]，这就证明了此刊之"王世杰"正是他，绝无差错。

二、从留学生领袖到未名湖教授

1913年秋，时任湖北军政府秘书的王世杰被公派留英，就读于伦敦大学政经学院，就读期间受到了"费边社"改良主义影响。[17] 1917年留学法国，入巴黎大学，选择了公法作为毕生专业。目前学界对王世杰留学英国的情况有比较详细的了解，[18] 而对他在巴黎留学的情况却鲜有记述，在此做些补遗。

---

[13] 王世杰：《财政革命篇》，载《民国经济杂志》1912年第1卷第2期。
[14] 王世杰：《财政革命篇》（续），载《民国经济杂志》1912年第1卷第3期。
[15] 王世杰：《财政革命篇》（续），载《民国经济杂志》1912年第1卷第4期。
[16] 王世杰选编：《明末遗民诗》，载《民国经济杂志》1912年第1卷第2期。
[17] 薛毅：《王世杰传》，第12页。
[18] 薛毅：《王世杰传》，第11—13页。

留学法国时，他在《旅欧杂志》上连载发表的《欧战与中国之前途》[19]，很有影响，被《新闻报》转载了整整一个礼拜，又被《东方杂志》全文转载。人在欧陆，心系祖国，王世杰向国内著名杂志投稿，发表了对欧洲战争与中国前途的评论。

王世杰在巴黎大学攻博期间遇上了世界大事——1919年巴黎和会召开。他"被旅欧同学会选为代表，往见我国出席和会代表，陈述不可签约之主张，终得阻其签约。民国九年，又代表留欧同学会先后赴比利时和意大利，出席国际联盟同志会"[20]。这个"国际联盟同志会"，至今没有佐证。近年偶尔看到有的书报介绍说李麟玉、李宗侗等人在巴黎和会期间组织了一个"国际和平促进会"，说他们于1919年1月，为了在留欧学生和华人中成立一个组织，以作为中国代表团的声援，抑制日本在山东问题上的要挟，在巴黎圣日尔曼大街一家旅馆底层成立了"国际和平促进会"。还提到其中有王世杰、王凤仪、陈和铣、何鲁等几个留法学生。据说这个组织与巴黎和会中国代表团有过接触：陆总长率领的中国代表团抵达巴黎后，"国际和平促进会"的这群年轻人邀请代表团与之对话，陆、王、顾、施、魏五位全权代表都到场了。[21] 此事不知真假，但这个说法中的"国际和平促进会"的名称是写错了，"国际联盟同志会"更不准确。

1919年8月1日出版的《旅欧杂志》特刊第4号中记载，王世杰参加的这个机构叫"国际平和促进会"，不是"和平"而是"平和"。现已查明以下事实：

"八年（1919年——引者注）七月四号下午三钟开会。到会者五十四人，来宾有汪精卫、张默君、金仲文诸先生。首由书记李君麟玉报告内部经过事件。次由书记王君世杰报告对外经过事件。次由传言陈君和铣报告

---

[19] 王世杰：《欧战与中国之前途》，载《旅欧杂志》1917年第13—15期。
[20] 陶英惠：《王世杰》，载《珞珈》第112期。转引自薛毅：《王世杰传》，第15页。
[21] 赵柏田：《民初气象：变乱之年的暴力、阴谋与爱情》，长江文艺出版社2019年版，第165页。

会中经济状况。次汪、张、金三先生相继演说,末选举职员。七钟散会。"[22] 据李麟玉"国际平和促进会内部经过事项之报告",这是促进会成立后的第一次会议。李介绍说:"我国代表到此一月有余,内部意见甚不一致……外间尚不知我国代表所做何事。比时预定签约在三个月内举行,所以此间同学对于此举颇为着急。……此间同学当然不能坐视,遂亦蓄意为国民外交之活动。其时,波铎同学褚民谊君都鲁司同学谭仲逵君应此间同学之召,皆来巴黎相与商量组织一机关,以期集群力进行,收效万一。乃于二月十三日组成一会,取名'国际平和促进会',当即举定干事五人执行同人决议。此本会之缘起也。"促进会同人的主张为两项:一是"对于和议中国提案主张完全取消中日条约廿一款",二是"对于国外表示国人态度以作外交后援"。[23] 可见此组织成立于1919年7月4日下午3点,名称为"国际平和促进会",李麟玉与王世杰是主事者,到会人数有50余人,其中来宾中有汪精卫、张默君等人。

促进会有没有与中国代表团"五代表"对话呢?李麟玉接着报告说:"当时最要紧第一件事,即问明代表团的态度,所以于二月十六日在华法教育会开全体大会。约请代表团出席表示态度。到会者六十余人,代表到会者有陆宗祥、王正廷、魏宸组、施肇基四先生。各有演说。会终,陆代表有'政府如果变态度,当以去就争'之语,对于外交主张,则以外交问题不便发表等语为词。"[24]

同期《旅欧杂志》上,有一篇王世杰署名的《国际平和促进会对外经过事项》的报告。其中说道:"本会对外事项共有四件:(一)在和会曾用旅欧华人各种团体名义上请愿书,要求取消中日条约廿一款,当时曾开大会表决,呈递请愿书,递后各处陆续都有回信。(二)五月九日为中日协约纪念日,本会曾召集同人开国耻纪念会。其时山东问题已经和会决定,

---

[22] 李麟玉:《国际平和促进会内部经过事项之报告》,载《旅欧杂志》1919年特刊第4号。
[23] 李麟玉:《国际平和促进会内部经过事项之报告》。
[24] 李麟玉:《国际平和促进会内部经过事项之报告》。

会终决议致英法美意议和首领各一电，要求山东决案收回成议，复行审察。是日下午开中法大会，表示否认决案。……（三）对于各国'万国同盟'各机关，本会正在接洽。（四）赠美总统纪念铜镜一节，美总统临行时，本会用旅欧华人名义，致书表明赠镜意思。嗣后得其复函，情词恳挚。兹移译如左：诸君六月廿六日大札使我欢悦无量。诸君以我为中国真友，鄙人竭诚籍美政府之力，俾贵国大国民得公道待遇，必不令诸君失望。诸君赠我以古式铜鉴，鄙人感谢无涯，将宝而藏之以为友谊推诚之表示。威尔逊六月二十七日。"㉕

至此，王世杰在这个名为"国际平和"的促进会中所起的作用基本上清楚了。他是巴黎和会期间"国际平和促进会"的"书记"即主要领导人，分管对外事务。可见，他早在留学欧洲时，就是一位有外交实践经历的法科留学生。

1920年王世杰完成博士论文《联邦宪法权限的分配》，获巴黎大学法学博士。回国的第一份工作没有犹豫，而是径直选择到北大法律系任教。他什么时候入职并开始上课呢？1920年底即被北大延揽入职，并列入开课计划，可是12月10日的校刊登出通知说"法国法教授现聘王世杰先生暂时不能来校"，延期至下学期开课。㉖原因是他家中母亲逝世，遂于12月份返乡葬祭母亲。这说明他回国时间最晚大约是12月份，到北大开课则是下学期的事。1921年初被北大蒋梦麟校长聘为教授，在北大讲授行政法与比较宪法。不料刚上课不久，有习行政法、国际法的学生向教务长反映，对王世杰和燕树棠之独特"讲义制"教学方法有意见，"不愿从"。这两位海归青年教授"颇以为异"，立即致函教务长，态度强硬，坚持自己的教学方法，函中云："纯粹的讲义制，直接垄断学生思想力，间接防止学生翻阅参考书籍，其弊甚多。用是采用简单讲义方法，意在给学生以

㉕ 王世杰：《国际平和促进会对外经过事项》，载《旅欧杂志》1919年特刊第4号。
㉖ 《注册部通告：法律系一二年级法国法教授现聘王世杰先生担任暂时不能来校定于下学期上课》，载《北京大学日刊》1920年第768期。

讲演的概要，使其自作笔记，并以余暇翻阅参考书籍。……"还说你要我们改很难，如果得不到学生谅解，学校也有维持纪律之义务，你不维持，"杰棠等亦不愿牺牲正当方法"。[27]

很难想到，他一个枯燥法科生的私生活中，却充满着艺术气息。1922年8月，王世杰与音乐家萧友梅的妹妹萧德华在北京结婚，蔡元培为证婚人。萧德华女士系广东香山人，是位颜值、气质非凡的才女，擅长花鸟画，1921年曾在北京大学蔡校长担任社长的《绘学杂志》上发表多幅画作，署名"香山萧德华"。[28] 同期发表的还有徐悲鸿、刘海粟、陈师曾、汤定之、马晋等画坛名师的文章和作品。萧女士的花鸟不是一般业余文人写意，而是专业工笔花鸟，构图精妙，笔线老练，造型写实，画面富有透视、明暗以及丰富的色彩，有明显西画特征，可推测她是训练有素、富有功力的女画家，无论在当时还是今天，堪称一流花鸟画家。王世杰酷爱赏画和藏画，还表现在他后来的工作中：比如20世纪20年代武汉大学优美校址与恢宏建筑方案的选定；比如执掌教育部时，为伦敦中国艺术品国际展览会成立筹备委员会，亲自担任主任。1937年4月，教育部在南京鼓楼国立美术陈列馆举办全国第二次美展，王世杰慧眼识佳作，发现了差点被遗漏的青年画家彭友善；[29] 50年代负责台北故宫博物院《故宫名画300种》画册出版；60年代撰写出版《艺苑遗珍》；好友中多半是能一同赏画的朋友；70年代张大千成为其晚年挚友；[30] 等等。

我们考证王世杰在巴黎攻读公法博士的细节已经很困难，但了解他回国在北大的经历，便可知道他在巴黎的学术积累有多扎实。从他的著作和文章清单来看，绝大多数为专业著述，包括5本专著和近50篇文章，均出自1922年至1926年的短短五年间。

---

[27] 《燕树棠王世杰先生致教务长函》，载《北京大学日刊》1921年第884期。
[28] 萧德华：《芙蓉（一幅）》，载《绘学杂志》1921年第2期。《萧德华女士工笔花卉屏（两幅）》，载《绘学杂志》1921年第3期。
[29] 吴惠生：《王世杰慧眼识佳作》，载《世纪》1998年第5期。
[30] 王秋华：《回忆我的父亲王世杰》，载《湖北文史》2009年第2期。

1924 年，他与胡适、周鲠生等北大教授一起参与广东大学（今中山大学）的创办筹备委员会。在起草章程时，因反对教育部颁布的"大学条例"中关于大学董事会的规定，他们起草的《国立广东大学规程》中只有校长，不设董事会。[31] 理由是，全世界只有美国等少数国家的大学有董事会，而它们均只履行筹款职责。[32] 1926 年 5 月至 7 月，校长曾让其代理教务长工作，[33] 履职数月后辞职，专心任教，著书立说。1926 年周鲠生与王世杰分别以 19 票和 15 票当选北大评议会委员。[34]

1924 年底，《现代评论》周刊创办。实际上王世杰担任主编（但周刊上并未显示），以陈西滢、燕树棠、唐有壬、王世杰、周鲠生、胡适、彭学沛等为主将，是发文主力，此外还有杨端六、王星拱、陶孟和、罗家伦、凌叔华、熊十力、吴稚晖、沈从文、钱端升、成仿吾、陈翰笙、裴复恒、徐志摩、郁达夫、闻一多也有文章或诗发表。《现代评论》"自认'思想的杂志'，不是'宣传的机关'"。该周刊自 1924 年 12 月 13 日创办，至 1928 年 12 月 29 日第九卷第 209 期，毫无预兆地停刊，[35] 持续出版了四年。

《现代评论》至今仍成为知识界研究的对象，人们从不同的角度进行研究，如民众运动、自由主义、知识人内斗、新文化群体分化、文学史、新闻史、政治学、教育学、期刊编辑等多种角度。《现代评论》既是知识界分化的一个阵营，又是当时中国政治状态的缩影，在很大程度上影响了 20 世纪中国知识界和政治的走势。以《现代评论》与《语丝》为阵营，知识界形成了现代评论派和语丝派。近年许纪霖对两派的冲突有解释，他从绅士与名士的身份与"惯习"（habitus，布迪厄提出的社会学概念）出

---

[31] 《国立广东大学规程（民国十三年七月二十六日广东大学筹备委员会通过）》，载《太平洋》（上海）1924 年第 4 卷第 8 期。
[32] 《大学条例激起之波澜》，载《教育与人生》1924 年第 23 期。
[33] 《校长布告：教务长职务请王世杰先生暂行代理此布》，载《北京大学日刊》1926 年第 1919—1949 期。
[34] 参见《北京大学日刊》1926 年第 1987 期。
[35] 据当时的《益世报》文章说是被官方查封。参见《学者出身的王雪艇》，载《益世报》（上海）1946 年 11 月 13 日。

发,认为《现代评论》的主将大都是任教于北大的海归,"与语丝派那些短期求学日本的'土鳖'教授在精神上截然不同,他们深受中西主流文明的熏陶,厌恶玩世不恭的名士派头,身上既有儒家士大夫的道学家遗韵,也有西洋文明的绅士气质"㊱。许纪霖着重从他们的身份"惯习"差异上解释,也看到了现代评论派的专业主义立场。确实,当面对社会问题,是否浪漫率性地"一味拉高声调、采取激进的姿态",正是人文类学者与社科类学者的本质差异所在。其实也还有其他的因素决定二者的冲突是必然的,笔者个人以为,《现代评论》的作者主流是社会科学,至少有法学、政治学、外交学这样的社科学问,即使他们阵营中搞文学的人也大都受过西洋科学主义的熏陶。而《语丝》的作者主流则是文史类传统学者群体。两派之争,固然有学问风格和身份认同的意气之争,但本质上是传统人文与现代学科在知识结构和思维方式的差异所致。与其说二者是绅士与名士的"惯习"冲突,不如说是人文与社科各自对世界不同看法的直接碰撞。鲁迅把对手称为"特殊知识阶级",恰恰说明他意识到这个问题,也是揭示本质的。"特殊知识阶级"就"特殊"在他们的科学主义和理性主义。《现代评论》与《语丝》在批评对象上有政治与国民性这两个共同"标的",但二者的差异和冲突恰恰在于给出什么样的理由和依据,是率性痛快的讥讽和启迪,还是理性科学的说理和对策。客观地说,根据受众对象不同,功能各有千秋。甚至当面向大众时,几十个法学家也折抵不了一个鲁迅。从王世杰来看,作为法科知识占主导的社会科学家,他有什么表现呢?下面举一例,即可了解王世杰的科学理性主义思想特征。

有学者统计,王世杰先后发表在《现代评论》上的文章有60篇,从中可看到他的入世精神。1926年三一八惨案时,王世杰发表《这几种法令还不废止吗?》,强烈呼吁废止"恶法","一方面给予了鲁迅式的痛声讨伐,另一方面又以一个法律学者的身份冷静地观察思考"。"王世杰敢于在

㊱ 许纪霖:《绅士、名士、斗士与流氓——知识人的内战与"文化惯习"的冲突(1924—1926)》,载《华东师范大学学报》(哲学社会科学版)2021年第2期。

段祺瑞政府枪口下发表这样的言论，在烈士们热血未冷时高声疾呼，而且头脑冷静，理性地分析案情，提醒人们注意搜集证据，以便扳倒无道政府，相对于鲁迅等人选择'沉默呵，沉默呵'，不能不令人佩服！"㊲

1926年王世杰在《现代评论》上有篇著名的关于言论自由的文章，叫《对于中国报纸罪言》。他认为，中国报纸如果放到伦敦或纽约，恐怕不出一周，就要倒闭。不是触犯刑律受刑罚，就是违反民律负担赔偿责任。他指出中国新闻界的两大问题，一方面是自由往往被束缚和扼杀，另一方面却有许多报刊存在着"自由"过度的现象。军阀政府对于报界妨害公安、损害个人名誉以及妨害社会风纪的惩治规定不可谓不严厉，但在实际执行上却只盯着所谓"妨害公安"的内容，对其他两项反倒听之任之。报界慑于淫威，一方面回避敏感的政治话题，一方面津津乐道于他人隐私和低级趣味，官方对后者听之任之。接着王世杰认为，把一个政治言论者之口"完全缄住，或是把他关在监里，不见得比纵容他在街上宣传要安全些。至于损害名誉与妨害风纪的言论，则不论在什么时期，都是应受法律与道德的制裁的"㊳。他的这个观点在当代仍然具有启示意义：不妨把他所谓的两种言论姑且分类为"涉政治性言论"与"涉法律性言论"。前者未必是洪水猛兽，反而能促进政治清明；而管理媒体的权力者，却把重点放在前一半问题上，恰恰放任了后一半的问题，事实上这后一半涉法律性言论却真正具有危害性。王世杰还提到中国的文艺批评，指出文艺批评是批评作品而不是批评作者，讲到英美诸国法律上"不批评作者"有两条，第一不攻击作者的人格，第二不攻击作者发表作品的动机。如果你破坏这两层限制，而致他人受不当之损害，你就得负法律上的责任。㊴王世杰的思想具有法科知识人思维的专业特征，讲究规则与逻辑，无疑具有科学理性和现实主义。正因如此，他后来担任国民党中央宣传部部

㊲ 王学堂：《王世杰与〈现代评论〉》。
㊳ 王世杰：《对于中国报纸罪言》，载《现代评论》1926年第一年周年纪念增刊。
㊴ 王世杰：《对于中国报纸罪言》。

长时，法律思维能影响到他的工作思路——主张舆论自由，"未尝停一报或封一报"。[40]

他在北大还有一项具有学术史地位的成果，那就是 1927 年出版的名著《比较宪法》，这最初是他在北大任教的讲义。《比较宪法》出版后，钱端升写过一篇书评，他拿新近七八年来社会科学的书来说事——这打击面够广的，要么是译本及小册子，要么"撮述几个欧美或日本学者的唾余，东涂西抹而成的书；真有价值、真有贡献的著作真是'凤毛麟角'。因此，王世杰氏的《比较宪法》，特别的值得我们的重视"。最后还说："它的内容的详尽，态度的纯正，叙述的简当，议论的中肯，见解的透彻，俱足以使它在中国的社会科学出版物中取得特殊的地位。"[41] 就连恃才傲物的顾颉刚，也购置、阅读、珍藏王氏《比较宪法》（现为笔者然否斋藏品）。的确，此书在出版当年就是一部广受关注的名著，王世杰年仅 36 岁就已经成为一位杰出的宪法学家。

难以想象的是，也正是此书出版当年的 6 月 3 日，王世杰被任命为中央法制委员会委员，[42] 6 月 17 日，被任命为国民政府法制局局长，执掌行政立法（草拟、修订、编纂法律条例）。因此，1927 年是他改变一生之命运的转折点——学术上如日中天的青年法学家转而进入政坛，从此走上不归路，成为职业政治家（vocational politician）。是不是令人为之惋惜？别着急，重点还是要看他官做得怎么样——数十年的从政经历，他以连续的卓著政绩，创造了一个难以复制的法科职业官僚的标本。

三、大棋局中最苦命的棋子

1927 年 6 月王世杰步入政坛，连续受官方重用，可谓稳健的步步高

---

[40] 薛毅：《王世杰传》，第 95 页。
[41] 钱端升：《王世杰氏的比较宪法》，载《现代评论》1927 年第 7 卷第 157 期。
[42] 《中央执行委员会政治会议咨（中华民国十六年六月三日）：为咨行事本日本会议第一百零一次会议决加派周览王世杰林翔为中央法制委员会委员》，载《国民政府公报》（南京 1927）1927 年第 51 期。

升。其从政生涯以抗战爆发前后为界，大致分两个阶段。

蔡元培聘其为中央研究院筹备委员（1927 年），出任湖北省政府委员兼教育厅长（1928 年 12 月 19 日），出任海牙公断院公断员（1928 年 10 月 2 日）[43]、立法院首届立法委员（1928 年）、立法院法制委员会委员（1928 年）。1929 年至 1933 年创建并执掌武汉大学。因显著的治校能力，开始进入蒋中正视野，四次在庐山为蒋讲授政治制度课（1931 年），担任国难会议委员、国防设计委员会法律组组长（1932 年），1933 年 4 月出任教育部部长，1935 年当选国民党中央候补监察委员。王世杰在教育部部长（1933 年 4 月至 1938 年 1 月）任上，全面抗战爆发，对教育和大学的战时政策发生改变，体现了他懂行而果敢的风格。

尔后王世杰的仕途进入第二个阶段，历任中枢要职，尽心擘画。1938 年 1 月从教育部部长位置，改任中央政治委员会外交专门委员会主任。1938 年 4 月起，担任军事委员会参事室主任，兼国民参政会秘书长。参事室实质上是承担抗战时期智囊团功能。这象征着王世杰成为蒋介石的重要智囊。1939 年 1 月起，出任国防最高委员会委员，1939 年 11 至 1942 年 12 月任中央宣传部部长（任职三年）。1941 年 1 月至 1943 年 8 月，在蒋中正任总裁的中央设计局担任秘书长。1945 年 7 月 30 日担任外交部部长，殊不知，他是在一个什么样的艰难时刻挑起这副重担的？

王世杰一生最艰难的时刻，是什么时候？不是在武大，也不是在教育部，更不是在宣传部，而是在非常时期担任外交部部长。这一段历史之所以值得关注，既是因为这"非常"时期的非同一般，也是因为它给中国留下一个巨大的历史"遗憾"——外蒙独立。王世杰从政生涯中最艰难的时刻，也就是在两次互相关联的艰难谈判之时，且都在发生在他担任外交部部长后的两个月内。事情很复杂，现有的记载一直处在线索模糊状态。在此通过梳理史实来呈现王世杰所处的艰难程度。

---

[43] 《国民政府命令（二件）》（中华民国十七年十月六日）："派伍朝枢王世杰李锦纶为海牙公断院公断员此令……"，载《司法公报》1928 年第 19 期。

时间定格在 1945 年年初，当时的外交部部长是王宠惠，面临的国际大背景是：美英允诺苏联取得在中国大连、旅顺和东北铁路的特权，并且外蒙古独立出中国；美英苏最后签署《雅尔塔协定》，此协定于 6 月才转达到中国政府。也就是说，在这两项严重侵害中国的主权和利益的大事上，中国却没有发言机会。处在风口浪尖上的外交部部长王宠惠，内心本来就不强大，加上 65 岁高龄的老气横秋和懦弱，身体极度虚弱，行政院院长宋子文对他也有不满。而王世杰在抗战期间，实际上是蒋的外交顾问。据顾维钧讲，王宠惠外交的主要困难来自王世杰，因为他的主张总是遭遇王世杰的批评。且王世杰比王宠惠有新思维，博览群书，又谨慎勤勉。那么王世杰是在什么情况下出任外交部部长的？

6 月 25 日宣布由行政院院长宋子文接替王宠惠，兼任外交部部长。接着宋氏 6 月 30 日赴莫斯科，就大连、旅顺、东北铁路以及外蒙古独立等问题，与斯大林有过 5 次会谈。斯大林既要中国东北利益，又要中国承认外蒙独立。双方大致已商议就绪。宋回国汇报，准备在请示最高领导人之后再赴莫斯科签署条约。可是，宋子文到最后关头，因怕担负责任退却了。

7 月 24 日，宋子文"一再敦促"王世杰接任外交部部长。次日，王世杰赴黄山请示蒋中正，"蒋先生也促予兼任外交部长。蒋先生说，子文因中苏谈判涉及承认外蒙战后独立之事，颇畏负责……由此可见子文之意在觅人与之共同负担此次对苏谈判结论之责任"㊹。王世杰仍未应允，他感到十分为难：如果拒绝，便为畏惧负责之表示；如果答应兼任外长，则涉及自己的毁誉。可是他细思之后，仍然想到"毁誉不宜在予考虑中也"。他在黄山考虑了两天。7 月 27 日，再次见蒋，表示如果接任外长，则希望解除宣传部部长一职，王还表示不愿意去莫斯科。谁都知道，如果签字，必定会成为历史罪人。7 月 29 日，王与宋见面时又说：你能否先去莫斯

㊹ 摘自王世杰日记，转引自薛毅：《王世杰传》，第 129—131 页。

科，等回来再考虑外长人选？宋说：这个得由你去请示蒋先生，但无论如何，你得和我一起去莫斯科。

王世杰知道此时已无退路可走。7月30日，国防最高委员会同意宋辞去外长，任命王世杰为外交部部长。王世杰作为法律家，深知国际法规则以及条约生效程序的意义，他于31日向蒋表明"中苏拟订协定时，不可有任何私密协定。外蒙问题亦宜于批准前向立法院及参政会驻会委员会报告，否则于国家及负折冲之责者均不利。蒋先生以为然"㊺。也就是说，王世杰以法律程序为防线，给蒋中正、宋子文以及他自己设置了个假想的安全阀。这是他在国家主权利益攸关的紧急时刻，唯一能想到的"没有办法的办法"。可是他没有想到的是，就在赴莫斯科签字的前四天，宋子文又跟他说，中苏条约只由王世杰一人代表中国来签字。王问：可否由你我共同签字？宋答：不可以，除非斯大林也亲自签字。实际上，宋早就知道苏方是由外长签字。

1945年8月5日，临危受命接任外长不到一周的王世杰，赴莫斯科。一路上，他心情无比沉重，感到肩上的责任从未有如此之重。这次赴莫斯科就中苏条约签字一事，也是他从政以来卓著政绩积累和驱使的结果，是难以推辞的一桩苦差事。他心里再明白不过：他作为签字者就到了"跳火坑，入地狱"的境地。作为外交部部长的王世杰心里明白，当时的中苏关系对于中国和平与统一的意义。

苏联把中共作为自己与国民党政府谈判的政治筹码。结果，1945年8月14日即王世杰在《中苏友好同盟条约》上签字的当天，蒋介石给毛泽东发出第一封邀请电报。可以说《中苏友好同盟条约》的签订也促成了毛泽东赴重庆谈判。

文章至此，把前面叙述的形势做个归纳——这是一盘由"三国四方"博弈的大棋，棋局是：美国罗斯福借《雅尔塔协定》，促使苏联出兵东北

㊺ 摘自王世杰日记，转引自薛毅：《王世杰传》，第131页。

收拾日本关东军；苏联斯大林借此机会恢复沙俄在东北失去的利益，并把中共当作中苏政府谈判的筹码；国民党蒋介石为争取苏联的支持和承诺，[46]宁愿放弃蒙古和东北等主权利益。一句话，美苏以牺牲中国利益为前提达成了联盟。在这个四方下棋的格局中，王世杰只是个棋子！但他的头绪没有乱，他紧紧抓住和平统一这个主题。他想清楚了，因此他无法顾及个人毁誉，他只能豁出去了，他一个人，在莫斯科的中苏条约上签字了！

一切很顺利，毛泽东于 1945 年 8 月 28 日飞抵重庆。王世杰又被列为四个主谈人之首。早在 1943 年的两党谈判中，王世杰是最早派出的国民党代表，谈判对手是董必武。这两位在不同党派的法科知识人，试图寻求国共冲突缓和的办法，但当时大都只围绕中共边区的军事问题。1944 年至 1945 年，共产党方面特别是毛泽东不只是在军事要求上步步紧逼，一次次加码，而且格局也大，比国民党只求军事和平的主旨来得更大，还谈到陕甘宁边区地位和建设、全国的民主政治以及政党平等待遇问题。面对强劲的对手，这种谈判必然是艰难的。

毛泽东飞抵重庆当晚，王世杰一同出席蒋介石为毛泽东等举行的晚宴后，即前往毛泽东下榻的寓所做礼节性拜会，并当面转交了胡适致毛泽东的奉劝电报。1945 年 8 月底开始至 10 月持续 43 天的重庆谈判，分三个阶段，其中第一个阶段是 8 月 29 日至 9 月 3 日，时任外交部部长王世杰参加。9 月 2 至 3 日，毛泽东与王世杰对谈，毛泽东的主张涉及政治问题、国民大会问题、自由问题、政党问题、释放政治犯问题、解放区行政问题、中共军队问题等。

王世杰可能草拟过一个与毛泽东对谈的文本，其中有关于"自由问题"一条，这显然是法学家王世杰的专业知识，更是他推行法治、促进宪

---

[46] 苏联出兵已是箭在弦上，中国东北及新疆的统一更全在苏联的威胁之下，蒋介石最终还是出于内政的需要，决定"牺牲"，条件是苏方能够切实保证：尊重中国东北三省领土、主权及行政之完整，且今后不再支持中共与新疆之"匪乱"。斯大林均一一允诺。参见杨奎松：《20 世纪三个中苏条约形成经过之回顾与比较》，载《俄罗斯研究》2001 年第 3 期。

制的理念表达。难怪后来有人把王氏"定位"为国民党"自由派"代表。㊼ 王世杰亲自所拟文字大意为"抗战结束后，关于身体信仰言论出版集会结社等事，当给予人民以一般民主国家人民在平时所享有之自由，同行法令当依此原则分别予以废止或修正"，对此条款，毛泽东表示"完全赞同"。㊽ 当毛提出各政党合法地位时，王回应称"小党林立法国之覆辙可为鉴戒"。可是，毛泽东以"中国情形不致蹈法国覆辙"㊾一语以堵之。王世杰在毛泽东的气场和超大格局面前，也只能更加谨慎，有所让步。王世杰在重庆谈判期间还赴伦敦开会一个月。按他预估，谈判会是顺利的。王世杰8月31日日记云："予决定赴伦敦出席五外长会议。因中共问题大致可望成立协议，予纵不参加到底，亦似无妨也。"离渝赴英前夜，他致信毛泽东："告以如对具体问题要求过甚，则谈判又或僵持。并告以彼与蒋先生在性格及信念上，似不难合作。"㊿ 居然有这么一个细节，可见王世杰为官处事之细心。

可是他在中苏条约上签字是"大处"出错，成为后来被诟病和攻击的缘由。无疑他是历史罪人之一。但他也不顾个人毁誉，事后也不做任何的解释。这种艰难的状态，是他自己要承受的。政治谈判永远是苦差事。何况这是一次彻底的无退路的赔本买卖。王世杰当时为何不辞职？像蔡元培那样保持清名，彻底地一了百了？这要做进一步的分析。

四、"政治作为一项事业"

知识分子从政在中国近代很普遍，但是王世杰的特殊性和典型性是什么？我们称他是教育家、外交家、政治家，都不足以讲清楚他的历史身

㊼ 英国《曼彻斯特导报》和《泰晤士报》曾发文章盛赞王世杰为"具有大才干而思想开明的自由派"，他使"自由派分子在国民党里的优越地位明显增强了"。转引自《王世杰传》，第215页。

㊽ 《政府代表王世杰与毛泽东谈话记录》（1945年9月2日），载薛毅：《王世杰传》，第119页。

㊾ 《政府代表王世杰与毛泽东谈话记录》（1945年9月2日），载薛毅：《王世杰传》，第119页。

㊿ 参见薛毅：《王世杰传》，第121页。

份。究竟怎么定义王世杰，成为此处的一个核心问题。为了让这个问题清晰起来，我们来一次"倒带"，回到他从政经历的每一个岗位，这样可以更清晰地了解这位曾经在割让外蒙和东北利益的条约上签字的这个人。

（一）创办武汉大学。1929年2月，国民政府急需人才，决定在原武昌高等师范学校的基础上组建一所全国一流水平的综合性大学，即国立武汉大学，校址由王世杰和李四光等人圈定。王世杰时任湖北省教育厅长，武大校园选址后遇到迁坟阻力，湖北省政府做出妥协决议，他果断向湖北省政府磋商，吁请变更决议；同时呈报中央，声明原择定校址不可变更，工事照预定计划执行。王世杰上任校长前就四处筹集经费，亲自主持校舍设计。1929年3月任命他为首任校长，但他还未从前一个职务中脱身。政府令中写明：王世杰未到任前，由理工学院院长王星拱代理。[51] 在他就任武汉大学校长时，他原来在北大法律系、政治学会、经济学会的学生们给他来信，他于1929年7月30日亲自回复说："诸位同学钧鉴：接展来书，至为感动。杰离校虽历两年，无日不企盼北大早复旧观继续发展，俾个人亦得恢复旧日恬然自得之教学生活。今春来长武大，实违本愿，惟责任既已落身，一时殊难解脱。此种情况想诸君必能谅解……"[52] 此中师生情谊，着实令人感动！上任校长后，更是殚精竭虑，励精图治，不仅开明办学，而且治校有方，全国各地学界名士纷纷应聘。1929年，从中央大学挖来了周鲠生，又从中央研究院聘来了竺可桢，被媒体称为"武汉大学之新气象"。[53] 殊不知，北大周鲠生与杨端六、皮宗石是"铁三角"哥们（参见周鲠生篇），撬任何一个，等于为武大带来三个学科带头人。后来这三位都去了武大。总之，王世杰为武大的学科齐全、综合性和治校风格奠定了基础，也为经费独立、教授治校、提高待遇、严整校纪等方面实施了规划。

---

[51] 《国民政府令：任命王世杰为国立武汉大学校长此令（中华民国十八年三月五日）》，载《行政院公报》1929年第28期。

[52] 《王世杰先生覆法科同学函》，载《北大日刊》1929年第2222期。

[53] 《武汉大学之新气象，周鲠生被聘来武大竺可桢请设气象台》，载《中央日报》1929年9月17日。

（二）出任教育部部长。在上任教育部部长后，他一改其前任朱家骅的思路和作风，不再像从前那样对大学进行政治训练，不再监视大学师生的言行。王是晚清以来任职教育部部长时间最长的一位，适逢民国政府成立以来发展最好的"黄金十年"，他重视教育制度建设。1933年4月至1938年1月，王世杰出任国民政府教育部部长，为期4年零8个月。从1934年起，整理院系，取缔不良学校，限制招生，充实设备，增设新学科，改变重文轻理的学科结构，厉行教员专任制，集中校舍，慎选师资，详订课程纲要，整顿大学的不良学风，完善教育规章制度，使中国高等教育走向规范化时代。

在日本加紧侵略节奏的背景下，王世杰作为能够接近蒋氏中枢的一员，他"在中央阻止'某部分人'的胡为"[54]。到了1937年七七事变后，他一改平时维护教育自主权的态度，果敢运用手中的行政权力，强硬维持教育秩序，着手战区学校和失学学生的安排，下令尽量收容战区借读生。[55]他果断决策，组织大学内迁。他自己也和家人内迁至重庆，其夫人萧德华1939年作为国防委员会职员眷属，担任国防会议队队长，也投入抗战之中。[56]抗战期间，正是他任职最多最繁忙的时期。

（三）接任参事室主任。1938年4月起，王世杰担任军事委员会参事室主任。参事室实质上承担抗战时期智囊团功能。这是因为他具备国际关系与国际法知识的特长，才被蒋介石"借脑"，成为外交与军事智囊。1938年当蒋介石让他当军事委员会参事室主任之前，曾想让他出任中央宣传部部长，后来又提议他当参事室主任。他在当天日记里说，担心宣传部部长一职落到他身上，"以余性情能力均与此不相合也。……今晨余因恐宣传部工作落予肩上，遂应允"[57]。作为军人当政的政治核心人物，虽有明

---

[54] 胡适1935年6月20日致王世杰函。
[55] 《抗战开始后教育部设施之第一着：专上学校应尽量收容战区借读生》，载《教育研究》1937年第79期。
[56] 《关于新生活妇女工作队》："国防会议队：（一）组织：队长由王萧德华女士担任……"，载《妇女新运》1939年第2期。
[57] 王世杰1938年4月21日记，参见薛毅：《王世杰传》，第72页。

显启用文人从政的"借脑"意图，但当时的政治家未必清晰地知道，专业官僚的优势何在。

（四）勉强接受宣传部部长一职。1939年至1942年王世杰担任中央宣传部部长期间，作为宪法学家，他主张舆论自由，这也导致他"未尝停一报或封一报"。然而，担任宣传部部长期间，是他的政治作为最少、声音最轻的时期，可见这份职责对他是不合适的。当年他听同僚读到蒋欲任命其为宣传部部长，他当天的日记中就曾言："以余性情能力均与此不相合也。"同日日记还提到，他当时是因为担心蒋要任命他做宣传部部长，才答应了当参事室主任。[58] 可见他在宣传部部长和参事室主任二职之间，还是宁可选择后者。他很了解自己，不管官有多高、权有多重，对于自己不喜欢做的事，也要加以分辨而避。有学者从王世杰日记中，研究皖南事变中王世杰对中共的态度，认为他对共产党问题的具体处理策略，与国民党内一些上层人士主张一味强硬的态度颇不相同。1941年皖南事变后，国民党的宣传策略与王的态度有直接关系。这是其在皖南事变后力主对共处置"从缓"的主要考虑，使国共冲突得到化解或控制在政治解决的层面，并为此做了种种努力。[59] 究其原因，一方面，他对国内局势的意见多以国际背景为虑，担心国内的冲突影响英美的援华政策；另一方面，更与他的法科思维有关。1944年复任中宣部部长后，他提出"放宽新闻检查"、"中共问题，力求相互攻击之停止"等宣传方针。

行文至此，应当不难对王世杰这位专业化、职业化的官僚做出评析了。王世杰所处的时代，正是中国专业官僚壮大的时代。韦伯所谓"专业官僚""职业政治家"出现的特点，就是"官吏团体已发展成一支高度素质化的专业劳动力，经过长期的预备性训练后各有专长"。他们是"建立

---

[58] 1938年4月21日蒋中正任命王世杰为参事室主任，王在同时日记中所言。参见薛毅：《王世杰传》，第72页。

[59] 左双文、何健：《皖南事变后国民党上层对中共的态度——以〈王世杰日记〉为中心的再考察》，载《中共党史研究》2009年第5期。

在劳动分工基础上的专业官员，经过五百年的逐渐发展而出现"[60]，但王世杰作为法律专家，可以做专业法官，但他却从事政治事务，并没有寻求所谓"专业对口"，而是从事比法律更广阔的事——以政治为业，成为"职业政治家"，并且一生都从事政治活动。王世杰所处的时代正是中国专业官僚壮大的时代，他也成为这个时代的典型代表。

他是留洋法科职业政治家的典型，是继法科出身的伍廷芳、王宠惠等零星出现的职业政治家以来最著名的政治人物。与伍廷芳、王宠惠不同的是，在伍廷芳、王宠惠从政的时期，中国法科知识分子尚未成气候，伍、王等法科"海归"的出现是个体现象，与个人机遇与选择有关，是偶然因素。王世杰不同，他不是零星的和偶然的。与他同期回国的法科海归已经成群结队。1920—1930年间，留洋法科人士不计其数，仅以法科博士计，留法法学博士有59位[61]，留美法学博士和法科哲学博士共计54位[62]，加上英、德、比、意、瑞、加、日等国合计近20位留学海归。在这个时期所有这100多位法科海归中，王世杰是专职从政经历最长，官阶最高，也是政绩最多的一位。王世杰应该算是韦伯所谓"职业政治家"在那个时代的标杆。

王世杰不仅是法科从政第一人，还被称为"蔡孑民先生以来学人从政之第一人"[63]。就蔡元培从政后的影响力，谁还记得他原来是学什么专业的？就这个意义上讲，王世杰既超越了法科专业领域，又彰显了法科专业在政治中的特色。他比蔡元培差不多小两"轮"，整整是两代人，他俩都拥有知识人的独立性品格，但是王世杰和蔡元培不同的是，他既有以政治为事业的"献身"精神，又保持着法科知识人的专业性格。这是王世杰从

---

[60] 〔德〕韦伯：《学术与政治》，冯克利译，生活·读书·新知三联书店1998年版，第67—68页。
[61] 王伟：《中国近代留洋法学博士考（1905—1950）》，第118、284页。
[62] 王伟：《中国近代留洋法学博士考（1905—1950）》，第118、154页。
[63] 杭立武在《王雪艇先生事略》一文中对王世杰的评价，参见薛毅：《王世杰传》，第212页。

政的一个风格特点,除此之外,他在政坛还有个特点:从政期间,他从不脱离学者群体,他是政坛与知识界紧密联结的桥梁。他与胡适、周鲠生、钱端升等等大批知识分子保持密切的交往。政治中枢要知识分子出力的时候,好多场合都是王世杰在张罗。比如抗战期间派出专家赴欧美从事国民外交,就是由他指派落实的。钱端升与周鲠生为抗战外交到达美国后,与王世杰保持着十分频繁的"汇报工作"式的信函沟通[64]。

韦伯在论述"政治官吏"时讲到,他们不是"靠政治生存",而是"为政治而生存","从内心里将政治作为他的生命。他或者是因拥有他所行使的权力而得到享受,或者是因为他意识到服务于一项'事业'而使生命具有意义,从而滋生出一种内心的平衡和自我感觉"[65]。"他们任何时候都可以被随意调动,他们可以被撤职,或至少被'暂时停职'。"[66] 韦伯讲到"以政治为业"的政治人格时,提出三种"前提性的素质"——献身的"激情"、责任感和恰如其分的判断力。[67] 我们结合韦伯的论述,来分析王世杰的内在特征,有以下三点值得细品:

第一,以政治为事业。韦伯所谓政治人格的三种"前提性的素质"之献身的"激情",不是某些从政者常有的"无生育力的亢奋"或浪漫主义关怀。这种激情是不脱离实际的意识,是具有客观责任的意识,因此也叫献身于政治事业。总之,是把"政治作为一项事业"。[68]

王世杰早年即参加辛亥革命,海外留学时又积极投身维护国家主权的活动,北大任教时也不是个象牙塔型的学者。从《现代评论》时期的言论可以看出,"他对于政治抱有很大的热情","不仅仅是对时局的针砭,做旁观之语,而是想积极投身社会政治活动,一展自己所长"。[69] 王世杰

---

[64] 参见任骏选辑:《周鲠生等为汇报美国外交走向事致王世杰函(1939年4月—1944年5月)》,载《民国档案》2010年第2期。
[65] 韦伯:《学术与政治》,第63页。
[66] 韦伯:《学术与政治》,第70—71页。
[67] 韦伯:《学术与政治》,第100—101页。
[68] 韦伯:《学术与政治》,第103页。
[69] 王学堂:《王世杰与〈现代评论〉》。

1927年6月步入政坛，最初从事国民政府法制工作，但王世杰一生的从政轨迹，却职无定所，无确定持久的从政岗位，而是大跨度的角色，放到哪里，干到哪里。从他政治生涯的外在表现来看，他在法制、教育行政、国防、宣传、外交等诸多领域穿梭，他一定是有思想准备的。王世杰不是"靠政治生存"，而是"为政治而生存"。王世杰在教育部部长任上五年，重视教育质量，整顿高等教育，措施严厉，但都是基于教育的务实举措，决不以"无生育力的亢奋"来折腾大学和教授。这五年恰恰是高等教育发展最好的一段时间。虽然有些职务并非其所愿，但他一直未有脱离政界的念头。他当宣传部部长，也绝不是个煽动家，反而给了报刊相当宽松的自由度。当外交部部长，他在艰难的处境下，稳健处理外交难题，不亢奋张扬，也不消极退缩。如果没有"献身于一项事业"的"激情"，则该事业会成为难以承受之重。王世杰绝无"纯属个人的自我陶醉"，绝无知识人普遍存在的"缺乏客观性"的"虚荣"的"职业病"。[70] 即使成为身处高位的政治家，他也绝无官僚的亢奋、空洞和虚妄，而是务实、理性与本色的特征。

以政治为事业，如何不会成为政客？这就要谈到职业政治家的其他素质。

第二，何为职业政治家之"责任感"？何为"客观责任意识"？韦伯说要避免"徒具知识关怀的浪漫主义"，避免空洞无物，还要避免庸俗的虚荣，[71] 用今天的话来讲，这可以称为"作"和"装"——就是庸俗的虚荣。有客观责任感的官员就不会有这类表现。专业官僚或职业政治家的"权力本能"是他的正常品质，但权力是用来做事的，大权是用来做大事的。缺乏客观性和无责任感，权力就会使他自我陶醉。

从王世杰从政的数十年间，我们看不到他高调、亢奋和虚荣的表现，而只看到他在位尽责，敬业勤政，心正身正，严肃严谨，隐忍坚毅，甚至

---

[70] 韦伯：《学术与政治》，第100—101页。
[71] 韦伯：《学术与政治》，第100—101页。

无奈苦楚。他是位严肃、不苟言笑的高官,这恐怕是"责任感"使然。官员能否隐忍,是考验他有无责任感的绝佳标准。王世杰在政治生涯中多次遭遇困境险阻,但仍在政治漩涡中屹立不倒。比如在教育部部长任上,因经费困难,王氏颇受居正等人不满,甚至被当众挥拳殴打,王提出辞职,被蒋予以挽留。更不用说他在签订《中苏友好同盟条约》一事上,无怨言地接受毁誉荣辱。后来,果然不出王世杰所预料,毁誉问题来了——1946年3月5日,王世杰在国民党六届二中全会做完外交报告后,遭遇多人(邹鲁、白崇禧、王正廷等九人)激烈攻击,谴责其秘密外交的错误,有人提议罢免王世杰外长职务,或劝告其自动辞职。[72] 甚至传出消息,他因属"党内右派""不忠于党""秘密外交"将被开除党籍。[73] 据说蒋中正亲自出面为他澄清,指出"雪艇是最负责任的外交部长",此语肯定了王世杰作为专业官僚勤勉尽责的事实。在连续攻击之下,王世杰于次日晚向蒋中正提出辞职,蒋未同意。蒋于3月19日回复王,劝其打消辞意,谓"局外人不知国势之艰危"。显然,王的外交妥协和无奈,是蒋的主意。但王在辞去外长后,从来不提中苏条约的幕后实情,亦是隐忍、明智而有担当的表现。到台湾后,蒋让他出任"行政院长",他就毫不犹豫地予以婉拒。直至60年代,李敖等人仍抨击他。《中苏友好同盟条约》的结果验证了韦伯所说的"政治行为的最后结果往往——甚至经常——完全不合初衷,甚或时常同它截然相悖"。王世杰是有罪过的,但他当时的责任感是不可抹灭的。

第三,专业判断力使他成为法理型职业化官僚。韦伯所谓的第三个前提要素是"恰如其分的判断力","这是对政治家具有决定性意义的心理素质:他能够在现实作用于自己的时候,保持内心的沉着冷静"。[74] 这也恰恰是王世杰的专业优势所在。王世杰在政治活动中,身处官场高位,却是体

---

[72] 海庵:《二中全会席上被人抨击之王世杰》,载《七日谈》1946年第13期。
[73] 行者:《将被开除党籍之国民党四要员:冯玉祥、王世杰、张群、邵力子》,载《海风》(上海)1946年第18期。
[74] 韦伯:《学术与政治》,第100—101页。

制内的自由派,或者说知识人的本色不改。他既保持技术官僚的知识人本色,又坚持法科知识人的自由主义理念和专业思维方式。知识人做官最容易忘记知识人的本色和"初心"。知识人为何从政?初心是为了知识运用,而不是把知识当跳板和摆渡船。王世杰作为政治家,却有法律家和自然科学家共有的求真务实精神。他的宪法学和国际法专长,也给予了他后来从政生涯良好的专业品质——精细而宏大,务实而超越。他后来在中苏条约问题上,提出条约生效前提的程序性意见,是专业理性(artificial reason)思维。他在统一与和平的大局下,被迫承认苏联的东北利益和外蒙独立,也只能是利害结果之轻重在比例上的权衡,这是他理性、严谨、务实精神的外在表现。因此他这位职业政治家又兼备了法科专业官僚的特长和优势,可称之为法理型职业官僚,即以法学智识运用于政治。这正是韦伯所提出的欧洲职业政治家的第五种——"法律家"出身的政治家。韦伯认为这些人能够做到"以促进理性化国家的发展为方向的政治革新"[75]。当然"他在付出政治关怀,获得政治影响力的同时,也失去了对政治权力的批判",[76] 比如1935年胡适为抗日政策担忧,三次致信王世杰,劝他向高层建议,而王却迟迟不予回信[77],更不会对蒋有所批评,表现得颇为无奈和无力。

1949年,王世杰带着家人以及萧友梅的长子萧勤去台湾。从大陆迁往台湾的法科知识人,心情相似,而选择各有各的不同,比如民国立法要人史尚宽去台湾,转型成为民法学大师。而王世杰曾经试图以更鲜明的自由派思想影响政治,与雷震、胡适、杭立武等等自由派知识分子在1949年

---

[75] 韦伯:《学术与政治》,第74页。
[76] 王学堂:《王世杰与〈现代评论〉》。
[77] 基于日本对中国的"伪国承认"和"独霸东亚"表现,胡适三次致信王世杰,希望他对高层的对日态度有所影响,尽快采取"苦战"行动。从胡适1935年6月20日的信函来看,已经是第二次致信,后来6月27日再次致函王世杰。参见胡适1935年6月20日、27日致王世杰函。

11 月创办了《自由中国》杂志,[78] 直到 1960 年 9 月 "雷震事件" 爆发,《自由中国》杂志被迫停刊。他似乎处在矛盾当中。另外,他继续担任着台湾当局领导人办公室秘书长,又难免受到政敌 "蒙混舞弊,不尽职守" 的攻击;他继续学术事业,主政 "中央研究院",但陷入经费拮据而不得不与政治势力摩擦和周旋。

  王世杰从政数十年,"手不释卷"。许倬云先生曾回忆说:"与他谈话时,他条分缕析的思考习惯,十足是一位学者谈话的态度。而生活习惯谨饬修整,不烟不酒,也别无不良嗜好,仍是十足的书生本色。由于他态度严肃,不苟言笑,从未沾染政坛上巧言令色的浮躁习气,初识者会以为他在'摆架子','有官僚气',但是相处稍久者,必可发现这一本正经的态度,正是他内外一致之处。"[79] 几无世俗嗜好,只有对学术和艺术的挚爱,这很可能是王世杰始终保持文人气质的根源。因此他的武大新校舍设计得如此美轮美奂,因此他能当好校长和教育部部长,因此他会重视文物保护,因此他会收藏唐宋明清字画。他在台湾去世前的遗嘱中对孙女说:"以后为我立碑时,去掉所有头衔,只须刻上'前国立武汉大学校长王雪艇先生之墓'。"作为鉴赏家,他想把全部收藏捐给武汉大学,可是武汉大学并未迁至台湾;他思念着自己一手打造的美丽珞珈校园,但他再也回不去了……

---

  [78] 胡适当时在美国,但他回忆起《自由中国》创办时,他是其中一员,事实上他也是该刊积极的投稿人。参见何卓恩:《思想与角色:胡适在〈自由中国〉的言论解读》,载《安徽史学》2009 年第 5 期。
  [79] 许倬云语,参见薛毅:《王世杰传》,第 215 页。

郑毓秀——是玫瑰，还是树丫？

图 1　郑毓秀（1891—1959）

在"当当"、"淘宝"或"天猫"，随便搜一本叫《不寻常的玫瑰枝》的书，你就会被这浪漫的书名引入无限的想象空间。其广告语是："在巴黎和会前夕，她以玫瑰枝伪装成手枪，阻止中国代表在和约上签字……"此书系主人公——郑毓秀女士的口述自传。这个"玫瑰枝"当手枪的传说流传了一百年，到底是真是假？这位中国留洋法科女博士第一人的真实面貌是怎样的？

一、"玫瑰枝"的传说

"玫瑰枝"当手枪的传说，发生在1919年"巴黎和会"期间，准确地讲，是6月27日晚上，也是《凡尔赛和约》最后签署并结束巴黎和会的前一夜。

是年5月初，因国人听闻巴黎和会外交失利的消息，国内爆发了五四运动，全国甚至全世界华人都在焦急地等待明天的结果。"和约"涉及中国山东青岛条款，是签字还是拒签？北京政府本来下决心要签字，但在国内压力之下一直没有明朗态度。中国代表团实际上只有三种选择：一是签字，山东从德国转让给日本；二是有保留条款的签字，破了先例，会遭国际反对；三是拒签，虽获得国内良好印象却分裂协约国，引来一大堆严峻棘手问题。① 6月24日北京外交部电告说，这事请代表团团长、外交总长陆徵祥自行决定。陆总长一向身体虚弱，在这紧要关头，北京居然要他"自行决定"，他病情加重，住在巴黎圣·卢德克医院。②

27日晚饭后，"五代表"之一顾维钧（参见专篇）去医院探望陆徵祥。中国驻巴黎公使馆参赞兼代表团秘书长岳昭燏（1879—？，浙江嘉兴人）正好也在看望陆总长。三人商议着明天如何对付《凡尔赛和约》签字的问题。数小时后，岳昭燏起身告辞，要返回巴黎住所睡觉。再过几小时，也就是28日，是《凡尔赛和约》最后签署并结束会议的日子。过了两三分钟，岳昭燏惊慌失措地折回病房，脸色苍白地对外交总长说，他在医院花园里遭遇到了一群人的袭击！

医院门口抗议者达百人，是一群来自巴黎和欧洲其他地方的中国留学生和欧战华工。连日来，他们在中国使馆、中国代表团驻地聚集和抗议，甚至围攻参会的中国外交官，试图阻止《凡尔赛和约》的签订。这群人见岳出来，就拦住他，诘问他为何赞成签约。岳是前清遗留的官员，胆子小，连忙解释说：我只不过是代表团的秘书长，对签字与否并无发言权。他们很愤怒，听起来好像是岳已获悉外交总长陆徵祥决定要签约的样子。人群还是围住岳不放，其中有人扬言要将他痛打一顿，也有人威胁说要杀死他。

此时，人群中有一个带浓重广东口音的高个子女生，当真用她外衣袖口里的手枪对准了岳！岳吓坏了，出不了医院，只好返回陆总长的病房。

---

① 顾维钧：《顾维钧回忆录》（第1分册），第194页。
② 顾维钧：《顾维钧回忆录》（第1分册），第195页。

他决意今晚住在医院里，这样比较安全。最后在顾维钧的劝慰下，他才敢下楼。③

这持枪威胁岳的女生是谁？数十年过去后，顾维钧在纽约才得知，圣·卢德克医院花园事件中那位持枪威胁岳的女生就是郑毓秀，她当时是巴黎大学前身索邦大学法律专业的广东籍留学生。顾氏晚年与郑毓秀夫妇常常在纽约会面。她与顾维钧等人聊起1919年6月27日晚上聚众事件的情景，大谈顾氏在危机时刻何等勇敢。

令人惊异的是，她当时外衣口袋里所谓的"枪"，根本不是枪。那她口袋里放着什么呢？据顾维钧说，那不过是藏于口袋之中的一段树枝而已！④郑毓秀说："你猜得很对，可是岳先生当时真吓坏了。"不管怎么说，应当肯定，这段经历是郑毓秀革命经历中一段重要的传奇故事，是她人生最闪光的篇章。

可是到了郑毓秀的文学化自传里，总是说那天晚上陆徵祥所在的地址是她从某位中国官员太太那时获得的，并隐晦而夸张地说，是她的举动阻止了中国代表团的签字。⑤可是她连圣·卢德克是医院还是什么场所都讲不清楚。她总是对人说，那是玫瑰枝！在百年历史长河中，这不算什么值得考证的史实。但郑毓秀这个人物因此具有了传奇色彩。历史总是被人在言说中不断地演绎下去。在笔者看来，她本人到底是一枝玫瑰，还是一截树丫，倒是成了历史之谜。

二、反叛女的义举

郑毓秀1891年出生在广东广州府新安县西乡乡屋下村（今广东深圳市宝安区西乡镇乐群村）一个官宦世家。生日是哪天，她自己也不知道。据她讲，这是个大家庭，有60多口人住在一起，家中还有40多个仆役，

---

③ 顾维钧：《顾维钧回忆录》（第1分册），第196—197页。
④ 顾维钧：《顾维钧回忆录》（第1分册），第197页。
⑤ 郑毓秀：《不寻常的玫瑰枝——郑毓秀自述》，赖婷婷译，中国法制出版社2018年版，第113—118页。

有个四季如春的花园。祖父郑姚为香港富甲一方的地产商人，在世时，每年两次邀请广东穷苦的人来家里大吃一顿。⑥ 父亲郑文治是当朝户部官吏。家境富裕的郑毓秀自幼聪明伶俐又享受优渥生活，但她性格叛逆，不愿裹足。年幼时，祖母就把她许配给当时两广总督的儿子，还订了婚约。13 岁时，当她得知这个婚约后，极为不满，竟拿起笔给男方写信，要求对方立即解除这个未经她本人同意的婚约。为此她惹出了一场风波，遂离家出走，北上到了天津。这一年是光绪三十一年（1905），郑毓秀 14 岁，进入了天津教会学校"崇实女塾"，接受了西式教育。也正是在这一年，秋瑾在《女子世界》发表了《致湖南第一女学堂书》，她说，"欲脱男子之范围，非自立不可，欲自立非求学艺不可"，"我诸姐妹如有此志，非游学日本不可"。⑦

1907 年，16 岁的郑毓秀随姐姐东渡扶桑。在日本期间，郑毓秀受反清革命思想熏陶，经廖仲恺介绍，于 1908 年加入了同盟会。不久，郑毓秀回国从事革命活动，参与、协助过清末民初的多次暗杀活动，包括 1910 年刺杀载沣、1912 年暗杀袁世凯。这显示出她作为女性不同寻常的一面。1914 年，形势发生骤变，据说她自己被列入暗杀名单。于是只好"走为上"，郑毓秀被迫赴法国留学，进入了巴黎大学，学习法律。1917 年以优异的成绩获得巴黎大学法学硕士学位，继而进入攻读博士阶段。

法国是"自由、平等、博爱"思想的故乡，而巴黎被称为世界的花都。作为天生性格叛逆的富家千金，郑毓秀在法国巴黎如鱼得水，多年的法国生活使她更加坚定了男女平等的信念。她深感"中国女子受旧空气之闭塞"。早在民国初年，孙中山就意识到了女子教育与男女平等、共和建设的重要关联，他提出"女界平权，然后养成真正共和民国"。新文化运动带来了西方"自由平等"观念，深刻影响着新一代女青年，《劳动与妇女》《新妇女》《妇女杂志》《妇女界》等十几种刊物相继问世。而在此

---

⑥ 《郑毓秀女士自述（彭望芬记录）》，载《生活》（上海）1927 年第 3 卷第 1 期。
⑦ 《留学日本秋女士瑾致湖南第一女学堂书》，载《女子世界》1905 年第 2 卷第 1 期。

时，正经历了五四运动，时代在呼唤她们，不仅要在反缠足、反旧婚俗方面，还要在女子教育方面冲破封建旧习俗、旧思想之罗网。中国知识界精英，能够从社会文明进步的整体上高瞻远瞩，少数社会精英家长亦不愿子女再委身丈夫和家庭，而是希望她们通过女学，与男子一样平等求学。他们推动的男女平等思想正在蓬勃兴起。这固然是潮流趋势，但此中也有极端的思想，提出"应力辟贤母良妻之谬妄教育"⑧。如果说郑毓秀们的男女平等思想是一种个体性格的偶然，那么社会的男女平权运动则是历史潮流的必然。

1920 年，应"留法勤工俭学"运动发起人之一、四川籍教育家吴玉章邀请，郑毓秀从法国回国，赴四川宣传男女平权思想，鼓励女生出国留学。同年 12 月，郑毓秀与蔡元培、张申府等人同船返回法国。郑毓秀不仅为女生们筹措旅费，还亲自带了李鸿鸣、朱逸询、朱一逊、张雅兰、张振华等五六位四川女生自重庆出发赴法。据四川文史资料记载，截至 1921 年 11 月，在巴黎华法教育会名册上，由郑毓秀统率的四川女同学就有 13 名补登记在内。⑨ 她们大多数是在 16—25 岁之间的中学毕业生。但也有小孩，最小的是 12 岁的王书堂，最长的是 56 岁，她叫葛健豪，于 1919 年 12 月和儿子蔡和森、女儿蔡畅以及后来的儿媳妇向警予等 30 人一起起航赴巴黎留学。1921 年 10 月，因勤工俭学生"学习程度不够"，里昂大学拒绝他们入学，从而引发了学生"占领里大"事件。这就导致 10 月 14 日蔡和森、陈毅等首批 104 名学生被法国政府遣送回国。由于"一战"后的经济形势，法国许多工厂停工，留学生找不到勤工俭学的机会，生活十分艰苦。⑩ 这时候，郑毓秀还是很有侠气和担当的。据说，天生具有交际应酬本领的郑毓秀，结识一位法国的美籍参议员格儒（Hugues Le Roux）的夫

---

⑧ 戴绪恭、姚维斗编：《向警予文集》，湖南人民出版社 1985 年版，第 31 页。
⑨ 川籍女留学生共为 492 人（其次是湖南 480 人），约占全国留法勤工俭学生总数的三分之一，为留法勤工俭学生最多的一省。见中国人民政治协商会议四川省委员会文史资料研究委员会：《四川文史资料选辑》（第 23 辑），四川人民出版社 1980 年版，第 3 页。
⑩ 霍益萍：《20 年代勤工俭学学生在法受教育实况》，载《近代史研究》1996 年第 1 期。

人，郑请她在一段时间内援助中国留学生向警予等人的生活费。因此，格儒夫人给予中国女留学生很多帮助。1921年3月起，在法女留学生40余人，每人每月得格儒夫人300法郎的资助，10月后减至200法郎，后于1923年改设8个奖学金名额，专门资助女生学习。据统计，中国留法女生中至少有一半人接受到了高等教育。⑪ 向警予1916年女校毕业之后，主动回到故乡，创办了溆浦女校，任校长3年后赴法国留学。后来保存的向警予烈士的书信中，有向警予1922年3月14日给中法协会的信，其中多处提到郑毓秀在巴黎帮助她们解决困难的活动。郑毓秀也因此获得法国外交部颁授的"文学奖章"，经外交部请示中央政府，大总统批准同意接受并佩带。⑫ 郑毓秀帮助女性赴欧洲留学，是她这个时期的无私义举，也是她一生中最值得肯定的贡献。

1925年，郑毓秀在法国获得巴黎大学法学博士学位，成为中国女性法学博士的第一人。这之于中国法科，乃至中国社会，都是有标志性意义的。中国女性中的第一位留学生金雅妹1872年赴日本留学，1881年赴美留学，但她是医科生。⑬ 女留学生成批增长大约在20世纪初。据1904年的统计，留学日本的女生大约只有14人，分别来自安徽（5人）、江苏（3人）、浙江（2人）、湖南（2人）和湖北及旗籍（各1人）。但以师范、工艺两科为主，⑭ 包括卫生、保育、音乐、洋画、编物、造花等所谓"女艺"。⑮ 在近代中国人观念上，女性只适合从事女红、女艺，法科非女性之知识，因为1912年以前在制度上就不允许女性从事律师工作，似乎法律工作本身就天然具有男性特征。

在那个时代，杰出女性不免被"神化"，如崔淑言1933年获巴黎大学

---

⑪ 霍益萍：《20年代勤工俭学学生在法受教育实况》。
⑫ 《法国政府赠给郑毓秀女士文学章应否准其佩带乞代呈咨陈（十年八月一日驻法陈公使咨陈）》，载《外交公报》1921年第4期。另据《大总统指令第一千九百十七号（中华民国十年八月十七日）》："令外交总长颜惠庆呈法政府赠予女士郑毓秀文学章应否收佩请示由"，载《政府公报》1921年第1970期。
⑬ 《第一个女留学生金雅妹》，载《兴华》1937年第34卷第2期。
⑭ 《留学人数》，载《女子世界》1904年第7期。
⑮ 《特别调查：留学女艺》，载《女子世界》1905年第2卷第3期。

法学博士学位,1939年回国时,国内的报刊媒体就"神化"她,讹传她有三个博士学位。[16] 据王伟对1949年以前留洋的法科博士的统计,女性只有16名,在全部442名留洋法科博士中,只占3.62%。[17] 自郑毓秀获博士学位之后,其他15位法科女博士中,从教的有周蜀云、宋渊如、陈蜀琼、谭明德、王涤、饶詹华、陈芳芝、程修玲;[18] 从政的有钱剑秋、崔淑言[19]、程琇(刘南溟妻)、国瑜、盛愉;另外王世熊[20]、李彩霞不详。夫妻均为法律人的有郑毓秀(夫魏道明)、周蜀云(夫徐汉豪[21])、程琇(夫刘南溟[22])、陈蜀琼(夫江海潮)。但这十多位女性中,多数从事的是政治或行政工作,从事律师或学术的只是少数。

女性就读法科及从事法务的历程之艰难,不只是在中国,其他国家亦

---

[16] 1939年2月7日下午,受云南大学国际问题研究会邀请,胡崔淑言博士今在云大讲演"各国对我抗战之观感"。昆明的《益世报》称:"闻崔女士留欧九年,先毕业于苏联法政大学,又在巴黎大学研究,获得司法、治律史、罗马法三博士学位。(对)苏俄之新宪法甚有研究,后日(九日)即将飞渝,任外交部要职云。"参见《胡崔淑言博士今在云大讲演》,载《益世报》(昆明)1939年2月7日。

[17] 王伟:《中国近代留洋法学博士考(1905—1950)》,第379页。

[18] 王伟:《中国近代留洋法学博士考(1905—1950)》,第107页。

[19] 崔淑言(1902—1973),女,法文名字Hou-Ts'ouei-Yen,因随夫(胡纯赞)姓,又名胡崔淑言。辽宁沈阳人。1930年随中苏会议(中俄会议)中方全权代表莫德惠赴莫斯科,充任中苏会议随员。曾任哈尔滨东省铁路理事会秘书。1933年获法国巴黎大学法学博士学位,博士论文为《位于北京的最高法院(大理院)之工作与中国债法》。1939年回国,到重庆任外交部要职。曾任中国天主教文化协进会妇女工作委员会主任委员。1946年当选制宪国大代表。1947年任监察院监察委员,1947年任四川西康监察使。1948年从沈阳化装逃抵北平。1949年后去台湾。

[20] 王世熊(1914—?),江苏无锡人,上海著名律师王传璧的女公子,1935年夏毕业于东吴大学法科,同年8月赴美国留学,入纽约大学攻读研究生,学习国际法、罗马法。她曾翻译并连载发表过卡多佐的《判案方法之性质》,应该是中国最早介绍卡多佐的学者之一。参见《王世熊女士赴美》,载《民报》1935年8月25日。〔美〕Cardozo:《判案方法之性质》,王世熊译,载《法学杂志》(上海)1938年第10卷第3期、1939年第10卷第6期、1939年第11卷第1期。

[21] 徐汉豪(1907—1984),字迈群,江苏省崇明(今属上海)人。1928年毕业于上海复旦大学社会科学学科,旋赴法国学习,入法国立南锡大学博士班,1931年获法学博士学位。1931年夏回国后,于1932年应聘任四川大学教授。次年转往厦门大学任教。1935年任国民政府福建省参议,后到上海大夏大学任法律系主任。曾在江苏省第三选区递补当选第一届立法委员。

[22] 刘南溟(1902—1976),江西都昌人,毕业于国立北京大学,约1930年代初赴法国留学,入法国统计学院,获博士学位。回国时间未详,曾发表人口、统计等领域的文章,1942年9月任江西省政府统计长,在江西任职直到1949年,并历任国立中央大学、国立中央政治学校大学部、国立重庆大学、国立中正大学教授。到台湾后,历任台湾大学、东吴大学、"国防研究院"等校教授。1976年逝世。

如此。日本到 1927 年才有女性律师。[23] 其实 20 世纪 20 年代的美国也如此。据康乃尔大学法学院辛西娅·鲍曼教授的研究，20 世纪 20 年代的美国虽然有少数法律院校接收女性念法科，但是当她们就业时，仍会受到律所的排挤。这种情况持续到 20 世纪 60 年代，据此时的哈佛法学院女性毕业生讲，在她们毕业半年后，这个班 15 名女性中的大部分都没有找到固定工作。鲍曼教授在文章最后还提出令人深思的问题："如果这些早期的女律师没有坚持追求要求受到平等的待遇又会怎么样呢？"[24] 女性的解放与平等，的确是人类共同的主题。由此可见郑毓秀的标志性意义，在于她代表了时代女性（当时也称"摩登女性"）在中国法制舞台的一次光辉亮相。

三、嘉年华的女主

性格外向、热情好动的富家女郑毓秀在法国的留学生活会是怎样的境况呢？她在自传中坦承："法国的生活很愉快，我仅有的自由时间都和朋友在一起，当时我们组了个小型国际社团，有美国人、英国人和法国人，我位于拉丁区的房子被昵称为'小公使馆'。我从中国带了位很会做菜的女佣，通常无论是下午茶或是自助式的晚餐，都会有中国菜点。"一个学生带着女佣去出国留学，这简直是奇观！据说，郑毓秀入住的是巴黎市区克瑞桑街 6 号，房屋宽敞，几乎等于一大杂院，同住的除了从中国带来的管家董五与厨子韩、李两女佣外，还有亲朋好友数名。郑毓秀有家庭的资助，还有广东政府的公费助学金，因此她不同于一般来法国的"勤工俭学"学生。她个性豪爽且慷慨热心，"郑公馆"的客厅总是高朋满座，不仅是留学生爱去的地方，也是王宠惠、张静江、李石曾、胡汉民等昔日革

---

[23]《外国法制新闻：日本将有女律师》，载《法律评论》（北京）1927 年第 5 卷第 21 期。
[24]〔美〕辛西娅·格兰特·鲍曼：《20 世纪 20—70 年代的女性法律职业者：从她们的经历中我们能学到关于法律与社会变迁的什么？》，杨小嘉译、邱昭继校，载《法学教育研究》2015 年第 1 期。

命同志、当时的政府要人到巴黎时聚会所在地。㉕

郑毓秀和王宠惠是广东同乡，又同专业。1919 年 6 月王宠惠夫人杨兆良逝世。可是 1919 年冬天，王宠惠经清华大学校长周诒春撮合，认识了 19 岁的天津姑娘朱学勤。朱毕业于女子师范学校，贤惠聪明。即将离开祖国的王宠惠于 1922 年 12 月 16 日和朱学勤订婚，却一直不结婚，由此可知他有多纠结。1920 年至 1924 年是郑毓秀"人生中较低调的几年"。㉖ 他俩见面机会最多的时期，是 1923 年王宠惠到荷兰海牙任职之后。1922 年 11 月，心灰意冷的王宠惠辞去任职仅两个多月的"好人内阁"总理一职，谢绝了孙中山的邀请，远涉重洋，于 1923 年抵达荷兰海牙，就任两年前就当选的国际常设法院候补法官。国际法院法官平时不忙，何况是候补法官。这一次，他有机会远离国内政坛的污浊和纷扰。更重要的是，前几年他的家室发生了变故。王宠惠内心有双重伤痕，需要疗愈。

郑毓秀对王宠惠的学问和人品自然很有好感，乃至递上玫瑰枝。热情奔放、大大咧咧的她，在与大她十岁的宠惠大哥的交往中，也亲近得没大没小。王宠惠对她也很照顾，有一次政府迟发留学生学费，王宠惠代为向教育部交涉，得以快速解决。她在巴黎期间，对来巴黎的王宠惠的朋友，也是热情招待。据王宠惠在北洋大学时的同学李晋回忆，"我当时以亮畴之故，亦时为其座上客"。"平日逛公园、游名胜、购办新奇物品，由于她的指导指点，使我初旅花都，不致如堕五里雾中，其热情亦足动人。"有一次驻法公使陈箓还吩咐李晋说，郑毓秀是有丈夫的，姓曾，在京奉铁路局任职，"你得劝她对亮畴不要过分接近啊"㉗。1925 年，王宠惠从海牙出差回国前，路经巴黎，她在名为万花楼的中餐馆为王、李二人饯行。她对李晋说：你们在欧洲的事务还未了，三个月后国际

㉕ 胡晓进：《自传之外的郑毓秀》，载《书屋》2017 年第 4 期。
㉖ 郑毓秀：《不寻常的玫瑰枝——郑毓秀自述》，第 131 页。
㉗ 祝曙光：《法官外交家王宠惠》，第 13 页。

法院还有个重要会议,你得负责陪亮畴出席啊。李晋这才明白,她一直在追求王宠惠。

她是怎么拿到博士学位的？先看看她自己是怎么描述拿博士学位时的情景,她说:

> 我终于从巴黎大学毕业。毕业那天是我人生中重要的一天,……想起那天,我人生中那样一个重要的时刻,至今还是很开心。那天我特别精心打扮,像是为了我的婚礼一样慎重。我穿着一袭浅蓝色洋装,简单的中式剪裁,搭配玉耳环和玉胸针,展现了中国风情,但头发则剪成时下最流行的鲍伯短发。由于这场合具有特殊意义,学院院长预定了最大的礼堂,表扬我的荣誉。礼堂内没有什么装饰,只有墙上挂着华美的哥白林挂毯,主考官们就坐在室内正中央的那张桌子前。主考官穿着传统的红色貂皮滚边长袍,我站在他们面前,以颤抖的声音回答关于论文（我的毕业论文是《中国宪法新草》[The New Draft Chinese Constitution]）的问题。我的声音往上传递,在空荡的哥特式拱顶内碰撞,产生回音。[28]

这个情景,几乎不像博士毕业答辩,反而更像是富家小姐的嘉年华派对。无论何时何地,有博士学位者,学术涵养难免参差不齐。但无论如何,人品比文凭更重要。论文代笔作假很难发现,何况在当时没有确切实据。如果一个人外语水平不高,要写成一篇外文博士论文,并非一般水平所能混过去的。即便求人翻译成外文,本身也不符合学术规范的要求。一个有真正学术素养的人,他/她在回忆拿博士学位的情景时,一定不会只字不提答辩内容,更不会只谈自己的打扮装束、环境氛围。她通过博士论

---

[28] 胡晓进:《自传之外的郑毓秀》,载郑毓秀:《不寻常的玫瑰枝——郑毓秀自述》,第230页。

文答辩、获得巴黎大学法学博士学位的时间,她自己讲是1924年[29]——这一点应该不会有假。在此之前,中国还从来没有女子获过法科博士学位。郑毓秀当之无愧成为中国历史上第一位女性法学博士。这顶博士帽无疑使她成为中国女性独立的标杆性人物。

有人整理胡适日记,发现其中曾提到郑毓秀答辩时,"全不能答,每被问,但能说:'从中国观点上看,可不是吗?'(An point de vue Chinoise, nest ce pas?),后来在场的法国人皆匿笑逃出,中国人皆惭愧汗下。"[30]她的博士论文也一直被怀疑是王宠惠代笔捉刀。外交家凌其翰[31]的说法则非常肯定。凌在其《我的外交官生涯》中回忆他的早年经历时,说到自己曾于1926年八九月间因上海学潮罢课辍学,到女律师郑毓秀那里任法文秘书,认识了刚从北京南下的著名法学家王宠惠。凌其瀚直截了当地说:"郑毓秀曾获巴黎大学法学博士学位。其实她的法文程度很糟,博士论文是由王宠惠捉刀,再由中国驻法使馆秘书谢东发翻译成法文的。我在她的事务所工作期间,曾把她的有关美国宪法的博士论文译成中文,仍用她的名义,不作为翻译,由世界书局出版。"[32]胡适1930年也听说过此事,他有个熟人,此人真够糊涂的,居然请胡适署名给郑毓秀发电报贺年。胡适明确拒绝说:"请不要放我的名字……这班女人太不爱惜脸面!"[33]

---

[29] 郑毓秀:《不寻常的玫瑰枝——郑毓秀自述》,第131页。
[30] 曹伯言整理:《胡适日记全编》(1928—1930,第5册),第809页。转引自胡晓进:《自传之外的郑毓秀》,载郑毓秀:《不寻常的玫瑰枝——郑毓秀自述》,第229页。
[31] 凌其翰(1907—1992),上海人,早年就读于上海震旦大学,1927年赴法国留学,1928年转入比利时鲁汶大学法学院,1929年获政治外交硕士,1930年在布鲁塞尔大学获海洋法硕士学位,1931年获得法学博士学位。1931年回国后,任职《申报》,兼任东吴大学法学院教授。1933年起进入外交部,历任驻比利时公使馆二等秘书、礼宾司司长、驻法国公使等职。1949年在驻法使馆通电宣布起义,1950年回国,历任外交部法律委员会专门委员、法律顾问、国际问题研究所顾问、民革中央监察委员会常务委员、欧美同学会名誉副会长、全国政协委员及常委。
[32] 凌其翰:《我的外交官生涯——凌其瀚回忆录》,中国文史出版社1993年版,第2页。
[33] 胡晓进:《自传之外的郑毓秀》,载郑毓秀:《不寻常的玫瑰枝——郑毓秀自述》,第229—230页。

其实与郑毓秀同年获得巴黎大学博士学位的不只她一人，但都是男生，其中一位是江西九江人魏道明（1900—1978）[34]。这位魏博士，其貌不扬，甚至还有点磕碜，但"天性冷静、勤奋好学"，"温暖"，有"敏锐的幽默感"，郑说他能"协助我作决定"[35]。魏比她小9岁，在郑毓秀眼里显然是小弟，他很听话，感觉还靠得住。他毕业后立即回国，来到了上海，而她在巴黎多待了一年，她特别强调说多待一年是为"照顾我的女弟子"[36]。其实，这时在欧洲，准确说在海牙国际常设法院，还另有一位让她牵挂的人。

四、上海滩的闻人

因当时中国律师制度只限男性，因此她1925年回国后借助法国留学的关系，在上海法租界获得做律师的资格。后来郑、魏二人成立了联合律师事务所。

早在1921年，郑毓秀还没从欧洲毕业，她的大幅玉照就已登上上海的媒体，还在照片上印着"政治家郑毓秀"[37]。上海滩的媒体，爱八卦那些洋泾浜的新鲜事儿，有了女博士，各媒体争抢发她的照片，郑博士也来者不拒，乐于露面。1926年开始媒体小报八卦她的很多，有说她当校长的[38]，也有说她经陈箓介绍与王宠惠订婚的。[39]也有人说是1926年，两人在杭州结婚。她自己的书中讲是1927年8月与魏道明在上海乡间举行了

---

[34] 魏道明（1901—1978），字伯聪，江西德化县（今九江县）人，早年留学法国，1925年获巴黎大学法学博士学位。1926年回国，在上海从事律师事务。1927年与郑毓秀结婚，任国民政府司法部主席秘书，同年冬任司法部次长、代理部长兼建议委员会常务委员。1928年任司法行政部部长。1930年任南京特别市市长。1935年任《时事新报》《大陆报》《大晚报》总经理。后任行政院秘书长。1941年任驻法国大使。1942年任驻美国大使。抗日战争胜利后，任国民政府立法院副院长。1947年任台湾省政府首任省主席。1978年5月18日在台北病逝。

[35] 郑毓秀：《不寻常的玫瑰枝——郑毓秀自述》，第133、135页。

[36] 郑毓秀：《不寻常的玫瑰枝——郑毓秀自述》，第133页。

[37] 《政治家郑毓秀女士》，载《解放画报》1921年第7期。

[38] 谣传她被教育部任命为北京女子师大校长。参见《郑毓秀女士已任为女师大校长》，载《寰球中国学生会周刊》1926年第240期。

[39] 《男女博士订婚记：王宠惠郑毓秀两先生》，载《上海画报》1926年第96期。

婚礼。㊵ 暗藏玫瑰的她总是长袖善舞,丈夫魏道明也于 1930 年当上了民国南京特别市市长。郑毓秀结婚时,王宠惠已奔五了。性格拖泥带水的王宠惠尽管犹豫了好多年,但他经过冷静慎重的考虑,还是决定斩断情丝。就在郑毓秀结婚不久,1927 年 11 月 17 日,王宠惠与朱学勤女士在上海圣约翰大学教堂举行了婚礼。从订婚到结婚的过程长达 5 年之久。㊶ 后来,王宠惠当司法部部长,启用郑毓秀为其部属。她与同样粗线条的罗文干在性格和工作上都有冲突,王宠惠还是不为左右袒,婉转地处理妥当。㊷ 1929 年 1 月南京政府立法院指定郑毓秀和傅秉常、焦易堂、史尚宽、林彬五人组成民法起草委员会。

自从戴上博士帽之后,她就是第一位法科留洋女博士,尔后的日子她就成为多个"第一"——中国第一位女性律师,中国第一位审判厅女厅长,中国第一位地方法院女院长……那么问题来了,她作为女性是怎么当上法院院长的?

上海地方审判厅厅长(又称审检厅厅长,即院长)这个位置,从 1923 年起是由正派清官沈锡庆担任的。沈院长干得好好的,可是至 1927 年春,突然遭遇一场危难——审判厅先遭持器械的便衣队百余人任意捣毁,遭前上海地方警察厅司法警察绑架,诬陷沈锡庆院长为反对革命,以枪毙威胁之。3 月,沈锡庆院长交卸任内所有信印、财物、文卷,移交郑毓秀。㊸ 据当时媒体报道,郑毓秀于 1927 年 5 月 16 日,即担任了上海地方审检厅长。㊹

她社会活动中的积极主动,也是有口皆碑的。例如上海房租协会助北

㊵ 郑毓秀:《不寻常的玫瑰枝——郑毓秀自述》,第 151 页。
㊶ 祝曙光:《法官外交家王宠惠》,第 11 页。
㊷ 祝曙光:《法官外交家王宠惠》,第 13 页。
㊸ 沈锡庆:《沈锡庆日记》,凤凰出版社 2019 年版,第 218 页。
㊹ 《郑毓秀兼理地检厅长》,载《民生晚报》1927 年 5 月 14 日。

伐军饷委员会，她与周鲠生、王世杰及上海律师蒋保厘、吴凯声、梅华铨[45]等法律界人士担任该会顾问，1927年6月在上海参加了会议。[46] 1927年是中国政坛十分诡异的年份，孙传芳败退，北伐军进驻，上海一时陷入混乱。而郑氏却在这一年混乱中上位，从此进入宦海。

因形势变化，体制变更，上海地方审判厅（审检厅）定于1927年10月1日撤销，只剩卢兴原的上海公共租界临时法院。[47] 10月9日，公共租界临时法院院长卢兴原被撤职，原地方审检厅长郑毓秀被任命为临时法院院长。[48]

她是怎么上位的呢？据何世桢（参见专篇）在《记上海公共租界临时法院》中透露，在何世桢1928年担任上海公共租界临时法院院长前，江苏省政府已先后有过两次任命，第一次公布的是郑毓秀，第二次公布的是谢永森。何世桢讲到，郑毓秀曾发生过这样的事：

> 据说这位郑博士为了要这个差使，曾向当时的司法部长王宠惠大撒其娇，把王办公桌上的文房四宝摔得干干净净，王不得已，就同钮永建商量，由江苏省政府免了卢兴原的职，委郑接手。不想明令到达上海后，领事团表示拒绝，理由是郑对此任"not fit"（不适宜）。郑

---

[45] 梅华铨（Mei Hua-chuen，1888—?），广东台山人，出生于美国旧金山。1908年至1911年在哥伦比亚大学学习，获理学学士学位，1911年至1913年在哥伦比亚大学法学院学习，获法学学士学位及文学硕士学位。1913年至1914年在纽约大学学习，1914年6月获法律博士学位（J. D.），1910年至1915年任纽约法院中文翻译。1915年至1925年任东吴大学法科教授，讲授契约法。1916年3月起在上海基督教青年会夜校授英文课。1917年夏，得驻沪按察使暨领事衙门准许，开始在上海四川路开办律师事务所，从事律师业。1925年6月，为"五卅惨案"暴动学生担任辩护人，出庭辩护。1927年2月声请宣誓脱离美国律师身份，1928年8月注册成为中国律师。1930年10月受上海律师公会指派担任华人"陆莲峤惨案"（陆莲峤被美国人开汽车撞死一案）代理人。1931年任中国华洋义赈救灾总会扬子流域赈务顾问委员会名誉书记。

[46] 《上海房租协助北伐军饷委员会，昨函邀该会顾问郑毓秀、郭泰祺、周鲠生、王世杰、蒋保厘、吴凯声、黄镇盘、梅华铨等开会》，载《申报》1927年6月3日。

[47] 《上海地方审检厅将改名法院，郑厅长昨日摄影纪念》，载《申报》1927年9月25日。

[48] 《省委郑毓秀任临时法院院长》，载《申报》1927年10月10日。

毓秀气极了，发誓说："我总有一天要做上海的法院院长给他们看看。"㊾

可是，她在临时法院院长位置上不到3个月，1928年1月就辞去了临时法院院长，㊿据她自己讲，是因为担任江苏省政务委员很忙，并且她想回到南京和丈夫在一起。㉛这个说法似乎没什么说服力，好不容易"争"来院长位置，又辞去院长，是很奇怪的事，原因到底是什么？后文再叙。

再说郑毓秀担任上海法政学院院长的表现。1927年底，首任院长徐谦亦因清党被通缉，于是逃往香港，张知本为学生考虑，曾出手一度执掌校务，但很快被调任湖北省政府要职。由于郑毓秀在政治上有一定根基，比如建设委员会委员㉜、外交部聘法律顾问㉝，等等。因此她有了机会——当上了上海法政学院院长。法律系主任只有50元薪水，而她作为院长却拿200元。㉞她在《不寻常的玫瑰枝》一书中对法政大学院长任职与工作的事，只是轻描淡写。显然在她看来，要么这份工作并不重要，要么有难言之隐。

关于她在上海法政学院院长任期起止时间，一直无定论，有的说是1931年至1937年。可是事实上，就在1929年12月爆发的上海法政学院学潮中，她受到学生的驱逐。"学校当局办事毫不负责，校潮酝酿已久，均以郑毓秀压逼学生"，引发了"驱郑"高潮。12月26日，学生会召集校务改进会，宣布校方的八大罪状，郑氏带人以凳子痛击学生，引发骚乱。㉟1928年2月刊出的《上海法政大学校刊》称，"郑校长奉国府命、

㊾ 何世桢：《记上海公共租界临时法院》，载吴汉民主编：《20世纪上海文史资料文库·第10辑：司法社会》，上海书店出版社1999年版，第75页。
㊿ 《郑毓秀辞临时法院长即将赴欧》，载《民国日报》1928年1月18日。
㉛ 郑毓秀：《不寻常的玫瑰枝——郑毓秀自述》，第151页。
㉜ 《中央政治会议公函：兹经第一四八次会议推定戴传贤陈辉德郑毓秀为建设委员》，载《建设》1929年第2期。
㉝ 《外交部聘郑毓秀为法律顾问》，载《环球画报》1930年第4期。
㉞ 《上海法政学院职薪增减比较表》，载《法政周刊》（上海）1931年第3卷第1期。
㉟ 《上海法政学院发生风潮》，载《申报》1929年12月27日。

行将去国",校董会议决"聘教务长现任地方法院院长杨肇熉暂代理校长职务,业于本月 20 日就职","全校教职员暨学生对郑校长固依依不舍……"[56] 因此,她任院长的时间至少早于 1928 年 2 月。那么,她什么时候离任该院院长呢?有史料证明,章士钊接任该院院长不晚于 1935 年 4 月。[57] 因此,郑毓秀任院长时间大约是在 1928 年至 1935 年 4 月。那么,这位杨肇熉为何受郑毓秀信任呢?他是地方法院院长兼代理校长,究竟是什么身份?此人在后文还会出现。

她这 8 年法政学院院长干得怎样呢?1935 年 7 月教育部对上海法政学院发出警告训令看,这个训令几乎是对郑毓秀院长工作的一个十分严厉的批评性总结,明确指出,"院长及重要负责人员时多更动,虽有整顿计划,无从实施","所谓专任教员,实际多在校外另兼职务,招收新生仍嫌宽滥,学生缺席及教员请假缺课者亦多有之。课堂秩序紊乱,学生并未注意听讲,教材徒凭讲义,学生成绩平庸,已往不良学风迄无矫正",等等。[58] 1937 年章士钊离任后,改由王宠惠任院长。

事实上,在当法政学院院长期间,她不仅校务没干好,在社会上也多次遇到令她狼狈不堪的事。郑毓秀当律师时,就有被惩戒的记录。当时上海滩的大要案、名人案都来委托她做代理律师。因为她是上海滩的闻达名流,而且还有政界、学界的大堆事务要应付,郑律师实在太忙了。凭着留法女博士的光环,郑毓秀在上海滩非常风光,秘书也有多个,甚至上海滩的京剧名伶李桂芬也成为她的秘书。郑博士总是浓妆艳抹,身着裘皮大衣,像个富太太,带着秘书出席各种社交场合。[59] 1929 年,她从原来租界律师转成中国律师——1929 年 8 月加入上海律师公会,律所地址在霞飞路

---

[56] 《欢送郑校长欢迎杨代校长及新教授纪事》,载《上海法政大学校刊》1928 年第 1 期。

[57] 章士钊 1935 年至 1937 年担任上海法政学院院长。参见《改善囚犯衣食禁扣囚粮案》,载《法令周报》(上海) 1935 年第 52 期。另参见《上海法政学院改选院长》,载《教育生活》1937 年第 4 卷第 11 期。

[58] 《教部训令:私立上海法政学院切实改进》,载《民报》1935 年 7 月 20 日。

[59] 1929 年 3 月,天津招商局局长沈慕芬之女沈佩华与某高校高才生朱漱梅结婚,郑毓秀与她的女秘书参加了结婚合影。参见《图画时报》1929 年 3 月 13 日。

354号。[60]

前面讲到令她狼狈不堪的事，首先要提到1929年她辩护的一桩案子。当时上海有位公开身份为"买办"的罗步洲[61]，因涉嫌政治犯罪被提起公诉。1929年由特种法庭移交江苏高等法院审理，被判徒刑。罗步洲不服判决，提出上诉，并聘请上海律师李时蕊、徐元诰、郑毓秀担任上诉辩护人。1930年该案发回江苏高等法院重审。罗步洲在诉讼过程中未见郑毓秀对案件做过片纸只字的工作，认为涉嫌"怠行律师职务"。于是委托李时蕊先后于是年9月两次致函郑毓秀，要求退还1000元律师公费（即律师费）。郑毓秀没退还。罗步洲向上海律师公会投诉她违背《律师章程》之规定，指控郑毓秀接受委托、收受公费、背弃义务，要求律师公会依法秉公处理。

上海律师公会致函郑毓秀，要求她在5天内对罗的指控做出解释。[62]郑毓秀很快复函了，她答称：罗案系由李时蕊会员介绍合办，经李之手收受公费1000元，商定一切上诉手续、撰状、辩护等均由李主办。因李律师未将委任状及辩诉状送来，罗本人也自始至终未来事务所接洽，所以未在辩诉状上署名。至于退还公费问题，绝未稍持异议，曾电话通知随时持收据前来领取，但李迄今未来，该款仍留存。[63] 从郑律师复函听起来，她自己也承认她只是名为合办的"挂名"，没有为罗案办理任何事务；但收取1000元属实，退还费用问题不及时。这与罗步洲的指控大致相符。按上海律师收费的标准，讨论案情每小时8元，刑事出庭每次50元，刑事

---

[60] 《上海律师公会会员录》，载《上海律师公会报告书》1929年第25期。
[61] 罗步洲在1925年是南京英国公司"和记洋行"的买办。"五卅运动"中，和记洋行的工人举行罢工。7月1日晚上，工人与学生到买办罗步洲家评理。罗步洲被工人和学生代表簇拥出门，到国民外交协会评理谈判，后罗步洲被乘车赶来的警察抢走。工人、学生包围了警察厅，要求将罗步洲交出。此时，英国领事向省长公署提出抗议，要求立即释放罗。江苏省长在压力之下，指示警厅放人。在此交涉之际，英国武装人员于7月2日带人冲进警察厅，将罗步洲劫走。
[62] 《致郑毓秀会员函》，《上海律师公会报告书》1931年第29期。
[63] 《附录郑毓秀会员复函》，《上海律师公会报告书》1931年第29期。

案件一二审收费每审最高为 800 元。[64] 而郑律师收取 1000 元还未帮委托人做事。

上海律师公会组织人员开展调查后，召开执监会议，认定罗步洲所控属实，一致认定郑毓秀律师违反了《律师章程》第 18 条规定的 "律师应以诚笃及信实行其职务，对于法院或委托人不得有欺罔之行为"[65]，决定为：其一，依据《律师章程》第 35 条第 1 项规定[66]，呈请江苏律师惩戒委员会予惩戒；其二，依照《上海律师公会会则》第 8 条第 5 款规定，予以退会处分，缴销郑毓秀公会会员证章；[67] 其三，依规定呈报上海地方法院、上海特区地方法院、江苏高等法院、江苏高等法院第三分院、法租界会审公廨等审判机关鉴核施行。[68] 据笔者分析，当时《律师章程》和《上海律师公会暂行会则》做这样的制度设计确实有助于律师执业的规范化，但对律师存在司法与公会的"双重监管"，二者相互次序关系和边界不清晰，同时所谓"欺罔之行为"的界定比较模糊。从郑大律师违规之事实看，其行为与"欺罔"之原意尚有一定距离。律师公会的处分决定是过于严厉的，但也说明郑氏多么不受待见。

这虽然没有敲掉郑大律师的饭碗，但对于一位名流达人，这一处分无疑影响巨大。郑毓秀对上海律师公会的退会处分很恼火，不服，遂呈文江苏高等法院检察处，要求撤销处分决定。江苏高等法院检察处调阅、复核全部卷宗后，认为上海律师公会的处分于法不合，于 1931 年 8 月 14 日宣

---

[64] 1928 年《上海律师公会暂行会则》（民国十七年十二月奉国民政府司法行政部第 173 号指令批准）第 32 条之规定，并于第 35 条规定："会员收受公费须遵照本暂行会则办理，不当滥行加增。"

[65] 1927 年《律师章程》（1927 年 7 月 23 日国民政府司法部令第一号颁布）第 18 条规定："律师应以诚笃及信实行其职务，对于法院或委托人不得有欺罔之行为。"

[66] 1927 年《律师章程》第 35 条第 1 款规定："律师有违反本章程及律师公会会则之行为者，律师公会会长应依常任评议会或总会议之决议声请所在地方法院首席检察官将该律师付惩戒。"

[67] 《致郑毓秀律师函：为通知退会缴销证章证书由》，载《上海律师公会报告书》1931 年第 29 期。

[68] 《致上海地方法院函：为请将郑毓秀律师提付惩戒》，1931 年 7 月 28 日，档案号 Q-1-13619，上海市档案馆藏。

示：上海律师公会的处分决议无效，但提付惩戒部分继续呈送江苏律师惩戒委员会办理。[69] 上海律师公会不接受江苏高等法院首席检察官的撤销决定，于 8 月 23 日召开执监会议，商议如何应对。会议上，上海律师公会常委沈钧儒也发表意见，他指出，该宣示书并未指明本会决议案违背何项法律，此种含糊解释，对律师公会以后的决议会产生不利影响。经讨论认定，江苏高院首席检察官呈请上级机关撤销其宣示，呈请文稿由沈钧儒等执监委员负责起草，但在最终解决以前，暂时准许郑毓秀恢复会籍。[70]

9 月 6 日，第 87 次执监会议决定将沈钧儒等委员起草的呈请司法行政部和最高法院的纠正文稿交陈则民等审核发出，另推沈钧儒等负责起草文稿，呈请监察院弹劾江苏高等法院首席检察官违法。[71] 上海律师公会为此案还屡屡呈文司法行政部、高等法院以及监察院，要求撤销江苏高检的错误决定。然而，司法行政部仍然支持江苏高等法院首席检察官的决定，维持江苏律师惩戒委员会的决定：郑毓秀没有违背职务及欺罔情形，不予惩戒。

郑氏在本案的律师执业活动中，确实存在对委托人不够负责，收取律师费却马虎行事的问题，导致了被指控，被处分，还对簿公堂，一直闹到司法部。虽然她保住了律师公会会员资格，但其实她已经在业界丢失了信誉和脸面。这么多个"第一"的名气真是不堪重负。她的照片、新闻、广告总是接连出现在报刊上。1931 年秋，有消息误传郑毓秀辞去法政大学校长一职。[72] 1932 年，夫妻双双成为外交官赴欧美宣传，不亦乐乎。

混得"好"的人，不是碰不到指责，而是这种指责根本不碍其自信的脸面。是玫瑰还是树枝，仍要继续观察。

---

[69] 《江苏上海地方法院检察官第 40 号指令》，载《上海律师公会报告书》1932 年第 30 期。

[70] 《本会纪事》，载《上海律师公会报告书》1932 年第 30 期。《致各级法院函：为呈报郑毓秀律师暂准回复会籍由》，载《上海律师公会报告书》1932 年第 30 期。

[71] 《本会纪事》，载《上海律师公会报告书》1932 年第 30 期。

[72] 《郑毓秀辞法政学院长》，载《申报》1931 年 10 月 9 日。

五、弹劾案的被告

1933年1月，郑毓秀再次陷入舆论风暴的旋涡——监察院的监察委员高友唐[73]，弹劾前上海地方审判厅厅长郑毓秀。

这位高友唐有"铁面御史"之称，是监察院提出弹劾最多的委员。1931年九一八事变后不久，高友唐提案王正廷弹劾案呈文国府，案由是外长王正廷"巧于趋奉误国丧权串通日商垄断面粉案"。[74] 1932年5月，继续发起弹劾，这次目标是行政院长汪兆铭。监察院提劾理由是，"对于此次上海停战协议不交立法院议决遽行签字案"，呈文写明"案据监察委员高友唐提案称"，可见对汪氏的弹劾案也是由高友唐发动的。[75] 1932年6月，高友唐以"海军部长陈绍宽、次长李世甲不思御敌种烟自肥"，与邵鸿基、周利生等委员共同提案。弹劾理由是："自暴日在东三省发难以后，迄于淞沪失守，所有吾国海军不独未开一炮，且避匿无踪，更未于海防江防布置水雷，以致日舰长驱直驶，如入无人之境。环球万国无此怪事！"[76] 高友唐得罪的不是一个人，而是整支军队！同年7月，海军开始组织"反攻"高友唐！陈绍宽以海军部名义，向行政院指控监察委员高友唐破坏军

---

[73] 高友唐（1881—1935），原名继宗，字友唐，原籍山东，生于辽宁铁岭，隶八旗汉军，后冠汉姓高，即高继宗，又名维宗。约于1896年从湖北自强学堂法文班毕业，20岁得官派赴湖北任职，随张之洞办学多年，锐意兴革，卓然有声。后从事新闻工作，曾兼汉口《楚报》馆通讯员，《汉报》馆主笔。张之洞识其才，罗致幕下凡十三载，重要奏折多出其笔，1909年补学部员外郎，并记名以道员补用。参加辛亥革命和讨袁运动后，历任中国国民党直隶支部总务干事，在上海协助于右任创办《民呼》《民吁》《民立》《新闻》等，任主笔、通讯员。1915至1916年任江苏青浦县知事，后任京都市政公所坐办，1924年离开宦海，寓沪从商，曾与友人创办上海五洲大药房。1931年得于右任倚重，出任监察院监察委员，积极履职，为人爽直，持正敢言，不避权贵，铁面无私，是所有监察委员中对于贪官污吏弹劾最多者。一生秉"耿直忠正"之志，如弹劾外长王正廷、行政院院长汪兆铭、海军部部长陈绍宽等，捍卫国家外交与领土尊严，震动全国，被誉为"铁面御史"。1935年3月24日登雨花台返家，后端坐而逝。

[74] 《弹劾案：提劾外交部部长王正廷巧于趋奉误国丧权串通日商垄断面粉案：本院呈国民政府文》，载《监察院公报》1931年第7—12期。

[75] 《弹劾案：提劾行政院院长汪兆铭对于此次上海停战协议不交立法院议决遽行签字案：本院呈中央党部监察委员会文（二十一年五月二十一日）》，载《监察院公报》1932年第13—14期。

[76] 《弹劾案：提劾海军部部长陈绍宽次长李世甲不思御敌种烟自肥案：本院呈国民政府文（二十一年六月十日）》，载《监察院公报》1932年第15期。

誉、摇惑人心、淆乱院章，请转呈究办。(77) 1933年3月张学良因热河失陷引咎辞职，实为监察院发起弹劾案的结果，准确地说，弹张案也是以高友唐为主发动的。1933年3月7日，高友唐与刘我青、刘三、于洪起、高一涵等监委发起弹劾张学良、汤玉麟。监察院即呈文国民党中央政治会议，要求“将违玩命令失陷地方之张学良、汤玉麟等，尽法惩治，以肃国纪”。(78) 当天，行政院决议将热河省主席汤玉麟免职查办。同一天，张学良致电国民党中央，请求辞职。3月8日，蒋介石与何应钦等商议处理北方军情的办法，准张学良辞职。

再说高友唐弹劾郑毓秀，呈文指控她任职上海地方审判厅厅长期间，曾于1926—1927年伙同上海特区法院院长杨肇熉侵占巨额公款利息，并指明杨肇熉的身份——他是郑毓秀妹妹郑慧琛的重婚丈夫。(79) 这不由让我们联想起前面留下的那个疑问——郑氏为何在担任院长才三个月就匆匆离开法院？是因为担心事情败露？目前无法确定这是不是一个原因。高友唐委员是民国时期以弹劾提案闻名的“铁面御史”，对此，郑毓秀不是不知道。据相关报道称（上海电讯），郑毓秀于1月17日登报做出声明《郑毓秀质问高友唐》，“郑在各报登广告质问高：（一）沪地方法院侵占案系郑任内职员邓权所为，邓已畏罪潜逃，不能以郑为主体。（二）监委不能弹劾非公务员。弹劾案内涉及前沪第一特区法院长杨某。杨亦登报质问”。(80)

知识界对此事的反响在媒体上也非常强烈，纷纷谴责郑。著名的有郁达夫和邹韬奋。郁达夫在1933年1月13日发表了一篇实名文章《营救郑毓秀博士》，有意思的是，他以戏谑之语说：我现在因为要营救被告贪赃

(77) 《海军部呈（中华民国二十一年七月十二日）：呈行政院：呈为监察委员高友唐破坏军誉淆乱院章请转呈究办由》，载《海军公报》1932年第38期。

(78) 《监察院各委弹劾张学良汤玉麟案全文》，载《时事新报》（上海）1933年3月9日。

(79) 《监委高友唐弹劾郑毓秀杨肇熉之原文》，载《法律评论》（北京）1933年第10卷第16期。

(80) 《郑毓秀质问高友唐》，载《实事白话报》1933年1月17日。

枉法的郑博士等，特郑重提出两条办法如下，一是行政会议做个决定"应毋庸议"来取消法律的起诉，二是请王宠惠、魏道明两博士组织一个调查组先来调查事实，然后再据法理来研究应否得罪之类的事情。[81] 这显然是愤怒之下的一个冷讽。据说郑毓秀还向高友唐行贿。邹韬奋于5月20日有篇文章《高友唐拒绝行贿》，他讲到，高友唐说："当在沪调查时，郑竟托第三者示意，愿贿六万圆，求了案，余拒之，讵对方误会嫌少，来函愿再加四万，余除将原函于院长外，并复长函，谓须知中国官吏亦有不爱钱者。"[82]

1933年8月30日《中央日报》刊登了关于法院对该案审理的新闻，其中提到"郑毓秀的妹妹慧琛及杨肇煋等之通同舞弊一案"，可见此案涉及郑院长以亲属联合的形式舞弊，其性质十分恶劣。报道中还提到此案"交江宁地方法院受理以来，因郑等畏罪潜逃、无从传讯，只将牵涉嫌疑之司法行政部秘书钮传椿扣留羁押"。[83]

此案的结果怎样呢？郁达夫的冷讽，一语成谶。弹劾案矛头指向她，结果却是她的书记官长钮传椿被判了刑。"高友唐弹劾郑毓秀"案，就以这样的结局而告终。再怎么了不起的监察委员也无可奈何。高友唐于1935年逝世，十多年后，他还被人们铭记着。傅斯年1947年曾在参政会上针对官员腐败问题时谈到，如果高友唐现在还活着的话，一定会痛痛快快地尽情弹劾他们。傅斯年还向于右任提议，为纪念高友唐，联合发起在五洲公园竖立一纪念高友唐的石碑，将他作为监察大员的模范。此举得到于右任的赞同。[84] 不管后来有没有立碑，像高友唐这样正直的监督者，这碑将会永久矗立在民众心中。

郑毓秀自1933年至1942年，沉寂了将近十年。1942年，其夫魏道明接替胡适任驻美大使，郑毓秀成了驻美大使夫人，协助夫君开展外交，自

---

[81] 郁达夫：《营救郑毓秀博士的提议》，载《论语》1933年第10期。
[82] 韬奋：《高友唐拒绝行贿》，载《生活》第8卷第20期，1933年5月20日。
[83] 《郑毓秀等舞弊案，法院今日公开审讯》，载《中央日报》1933年8月30日。
[84] 《傅斯年纪念高友唐！》，载《新上海》1947年第58期。

然又是长袖善舞。1947年初夏,她丈夫魏道明走马上任台湾省主席,她随行,一到台湾,又很高调。6月27日,她为台湾妇女做报告,据说到场欢迎郑毓秀的人数达三千人,郑在主讲席上大讲女权运动。[85] 这是其夫魏道明走马上任台湾省主席后郑氏的一次露面。1948年,陈诚取代魏道明任台湾省主席,同年郑毓秀夫妇移居美国,从此淡出了政治舞台。50年代,她和魏道明又去了巴西,从事商业活动。但经营不善,外加人脉生疏,夫妇俩在巴西漂泊数年后又返回美国。郑毓秀63岁被切除癌变症状的左臂。68岁病魔缠身,1959年12月病逝于洛杉矶。1962年,魏道明娶荣毅仁的妹妹荣辑芙为续弦。

郑毓秀无疑是位有个性、有故事、有贡献的女性。她曾是勇敢的反清斗士,还是积极帮助女性留学的热心推动者,也是中国女性平权运动的先驱,对社会进步做过积极的贡献。仅仅这几条就足以令人尊敬。如果欲望适可而止,贪心不那么膨胀,她一生也就完美了。享有声名的郑毓秀有"人设",会包装。郑毓秀1920年就在法国出版了她的法文回忆录 *Souvenirs D'enfance et de révolution*(《童年与革命回忆》),署名 Soumé Tcheng。她1927年出版自己的《一个来自中国的女孩》,[86] 被时人讥讽为"皮装之,金标之"的"造时势之书"。[87] 40年代在丈夫当驻美大使时就乐此不疲地写自传、口述传记。其自传和传记的版本就不计其数,诸如:*My Revolutionary Years: The Autobiography of Madame Wei Tao-Ming*(Charles Scribners Sons, 1943),《我的革命岁月:郑毓秀自传》,由法国人B. 凡·沃斯特笔录的《来自中国的少女:郑毓秀自述》,此外还有美国版的《玫瑰与枪》,中国版的《穿越世纪苍茫:郑毓秀传》(唐冬眉著),以及近年出版的《不寻常的玫瑰枝:郑毓秀自述》。

---

[85] 《台湾妇女三千:欢迎魏郑毓秀,席上大讲女权运动》,载《大公报》1947年6月27日。

[86] 《郑毓秀女士致本刊的信》中提到自己写的书 *A Girl from China*,见《生活》(上海)1927年第3卷第1期。

[87] 丹翁:《郑毓秀博士书书后》,载《上海画报》1927年第302期。

所谓首位法科女博士,在这片林子里算是"第一枝"了。她究竟是玫瑰,还是树丫?可以说,她代表着时代夹缝中被压迫而奋起抗争的广大女性,但因缺乏知识人修养和法律人伦理,在上海滩的花花世界变异成了一朵奇葩。

胡次威——非典型性"弃学从政"

图 1　胡次威（1900—1988）

蔡元培曾直截了当地批评法科人士从政兼职从教，曰："盖以法科为干禄之终南捷径也。"① 这种格局后来出现变化，至 20 世纪 20 年代，法学学术已普遍成为一种独立职业，法科知识人不再像他们早期的同行那样走仕途。本篇要讲的人物，原本是一位以学术为志业且才华横溢的法学教授。可是，正当他在学问上如日中天的时候，突然放弃教职，转入政坛，成为一名穷乡僻壤的县长。他的人生以 33 岁为界，前半段叫胡长清，是大学者，后半段叫胡次威，成地方官。实际上他是一个法科知识人从政的

---

① 1917 年蔡元培在就任北大校长的演讲中讲到："外人每指摘本校之腐败，以求学于此者，皆有做官发财思想。故毕业预科者，多入法科，……盖以法科为干禄之终南捷径也。因做官心热，对于教员，则不问其学问之浅深，惟问其官阶之大小。官阶大者，特别欢迎，盖为将来毕业有人提携也"，"我国精于政法者，多入政界，专任教授者甚少，故聘请教员，不得不聘请兼职之人，亦属不得已之举"。参见《就任北京大学校长之演说（1917 年 1 月 9 日）》，载中国蔡元培研究会编：《蔡元培全集》（第 3 卷），浙江教育出版社 1997 年版，第 8 页。

独特模式，是非典型的"弃学从政"。

今天学界提到法学家胡长清，要么引用他的民法学观点，要么介绍他在地方自治方面的经历与思想。本篇根据目前掌握的资料，将胡次威生平分为从学、县政和抗战三个时期来叙述和分析。

一、长清教授的成长

胡长清1900年出生于四川万县（今属重庆）武陵镇。其祖父为乡村郎中，兼开药店。父亲做小买卖，家境并不宽裕。胡长清自幼机灵好学，小学毕业后，祖父曾让他去当学徒，而老师见得意门生面临失学，于是力劝其读中级师范，以节省学费。据说有件事对胡长清触动很大——在中师读书期间，舅父的女儿被婆家虐待，两家人为此打了三年官司，家财耗尽。他就因这家事而改变求学志愿，萌发了改学法科的念头。[2] 1919年，20岁的胡长清以优异成绩从中级师范毕业后独自出川，远赴北京，考入朝阳大学专门科学法律。1923年，他从朝阳大学毕业，但他没有像其他毕业生那样赴司法岗位工作，而是于同年受朝阳母校指派赴日本留学。据胡长清先生的后人讲，他后来在学校资助下，"公费派日本明治大学专攻科修刑法"[3]，胡长清受朝阳大学资助，很可能此时已经受到校方重视，予以重点培养。

日本明治大学专攻科修刑法，起源于1881年的明治法律学校，1921年4月在法学部又设置"专门部"。那么"专攻科"是什么意思？目前尚不知当年（大正）明治大学的学则规定，但根据日语"专攻科"的含义，参照昭和时期《日本大学学则》之规则，我们大致可知这是一种本科后的深造研究经历。"大学设置专攻科。目的是在学部的一般和专门教育的基础上，教授更加精深的学术理论和应用，指导其研究。"专攻科的修业年

---

[2] 敖从庆：《胡长清生平与著述综览——兼述其地方自治思想》，载《朝阳法律评论》2015年第2期。

[3] 参见胡敏：《怀念父亲》（代序），载胡长清：《中国民法总论》，中国政法大学出版社1997年版，第Ⅰ页。

限为一年。在部工作超过一年的，必须得到主管学部长的许可。但是，不能超过两年就读。第九十四条第二款规定"专攻科就读一年以上，经认定完成所定的课程，颁发修了证书"④。此处"专攻科"之"修了证书"，相当于今天所谓研究生课程结业证书。由此可知，胡长清的文凭相当于"修了"研究生课程。胡长清在日本游学、留学期间，即翻译了日本学者冈田朝太郎的《刑法总论》⑤。他的最后学历就停留在这种没有太大竞争力的水平上。何况他留日时间处在中国留日潮流的晚期或末尾。可就是这样一个"低"学历之人，后来却令人钦佩。

1926年回国时，朝阳校长仍为汪有龄。作为优秀毕业生校友回国，胡长清当然被邀入朝阳任教。胡长清开始讲授刑法，并兼任出版部主任⑥。1927年胡长清出版其著名的《劳动立法原理》，鉴于世界大势及本国国情，主张非以劳动立法不足以消弭劳资斗争。⑦ 这应该是目前所知中国最早的劳动法著作。

就在胡长清赴日留学当年（1923年）6月，江庸等人在北平创办《法律评论》，江庸任社长，夏勤任副社长兼总编辑。1926年他回国后任朝阳大学教员不久，便担任了《法律评论》杂志社经理一职。⑧ 所谓"经理"，可想而知，负责刊物的经营发行。江庸和夏勤慧眼识才，他们都非常看重朝阳弟子胡长清的行动力和执行力。由此也说明，朝阳大学派胡长清去留学，正好为朝阳法科和《法律评论》培养或储备了一位难得的人才。

1928年至1933年间，迁往南京后的《法律评论》由夏勤任主编。胡长清也来到南京，是朝阳学院出版部主任，实际上他在南京兼任夏勤的副手，十分得力。夏勤回忆说："因个人公私猬集，未能专力于此，六载以

---

④ 《日本大学学则》（1951年制定、1983年修订）第3章"专攻科"第93—94条之规定。

⑤ 〔日〕冈田朝太郎：《刑法总论（凡例）》，胡长清译，北京朝阳大学1925版。

⑥ 《法界消息：要闻十三则：朝大教员胡次威之新著作》，载《法律评论》（北京）1927年第5卷第15期。

⑦ 《法界消息：要闻十三则：朝大教员胡次威之新著作》。

⑧ "本校校董及教职员通讯录一览表"，载《朝阳学院大学部毕业同学录》，1931年编印，第7页。

还,端赖胡次威先生协力维持,晨夕勤劳,寒暑与俱,本刊六年来之生命,得胡先生之灌溉者为独多,当此本刊重返故都之会,适胡先生奉命出长浙江兰溪实验县,故友远行,追念往事,不禁感慨系之。"⑨ 1931 年九一八事变后,形势对刊物影响很大,"计每月不敷之数,平均达三百元以上,虽其数无多,然以本刊正大之立场,当然不能如一般政治性之刊物,接受任何机关任何党派之津贴,因之近两年来之维持,率出自汪子健先生之私囊,汪先生慷慨捐助,其情可感,而受益拜赐者,固不仅本刊已也"⑩。胡长清对编辑工作十分认真,广泛阅读法律外的文章。现发现他于1931 年曾致信《综合》杂志主编李毓田,为转载一篇柯凌汉⑪先生的文章,信全文为:"毓田吾兄:综合前载有柯凌汉先生典权之初步研究一文,华实并茂。法评拟为揭载,借广宣传。如蒙俞允尚乞,见复专肃奉恳即叩,著安!"署名:"小弟长清再拜 九,五。"⑫

1929 年 7 月,中央政治学校在南京改组成立,⑬此后不久,胡长清进入该校任教授。1931 年,中央政治学校设置政治系、地方自治系、财政系、社会经济系共四个系,政治系下设法律组。⑭ 1932 年该校本科改为大学部,⑮设为六个系,其中有法律系,胡长清很可能就是此时担任了法律

---

⑨ 夏勤:《本刊出版满十周年之感想》,载《法律评论》(北京)1933 年第 10 卷第 52 期。
⑩ 夏勤:《本刊出版满十周年之感想》。
⑪ 柯凌汉(1896—1985),字梅初,福建长乐岱西村人,1912 年考入福建私立法政专门学校,攻读法律本科。毕业时学校公费资助赴日本留学,入早稻田大学学习,精民法学。常在《法律评论》(北京)发表文章。1916 年回国,参加全国第一届文官高等考试,进入司法界,先后在闽侯地方法院、福建高等法院分院、最高法院历任检察官、首席检察官、推事、庭长、院长等职务,还在福建私立法政专门学校、福建学院兼课。1948 年辞去最高法院推事的职务,回福建学院任教。1949 年 2 月任福建学院院长。7 月,因病辞去院长职务。1951 年夏,福建学院解散,法律系并入厦门大学,柯凌汉任厦门大学法律系主任。1953 年秋厦大停办法律系,回福州定居。先后当选为民革福州市委委员、民革福建省委委员、福州市政协学习委员会副主任、政治业务学校副校长兼政法工作组组长、福建省政协政法工作组副组长等职务。80 年代任福建省法学会名誉会长、民革福建省委顾问、福建省律师协会顾问等职务。1985 年 8 月 3 日病逝。
⑫ 《胡长清致毓田信》,载《综合》1931 年第 1 卷第 7—8 期。
⑬ 《中央党校将改组改称政治学校 毕业学期增加为三年》,载《中央日报》1929 年 6 月 30 日。
⑭ 《中央政治学校确定各学系分组办法》,载《中央日报》1931 年 2 月 3 日。
⑮ 《中央政治学校本科改为大学部》,载《大公报》(天津)1932 年 5 月 16 日。

系主任。但同时他还继续在《法律评论》办刊。1931 至 1936 年集中出版了著作和教材，法律评论社编写出版了《劳动法》《各国民法条文比较·总则编》等多部书籍，1931 年在商务印书馆"万有文库"出版了《契约法论》和《民法债总论》。

后来，商务印书馆出版"大学丛书"，丛书委员会汇聚了当时最为权威的学者，个个名字如雷贯耳，且年龄大都在三四十岁。最年长者是 59 岁的教育家蔡元培和 45 岁的医学家颜福庆，此外还有 39 岁的出版家王云五、38 岁的地质学家李四光、37 岁的史学家何炳松、37 岁的气象学家竺可桢、36 岁的哲学家胡适、34 岁的地质学家朱家骅、32 岁的哲学家冯友兰、31 岁的历史学家傅斯年、30 岁的教育家罗家伦、29 岁的文学家郑振铎、28 岁的法学家王世杰和吴经熊。而 33 岁的胡长清一人进入这套"大学丛书"的就有四本民法学独著教材，这是绝无仅有的。他这四本独著分别是：《中国民法总论》（1933）、《中国民法债篇总论》（1935）、《中国民法亲属论》（1936）和《中国民法继承论》（1936）。这四部民法学著作型教材，呈现在 20 世纪 30 年代的大学法科师生面前，这在那个教材奇缺的时代犹如狂飙席卷而来，影响了无数法科学子。其权威地位和影响力相当于我们熟悉的"统编"规划教材。

胡长清值得关注，不只是因为这些留下来的书籍。事实上，还有我们今天难以读到的大量文章。他于 1925 年到 1933 年的七八年里，发表了百余篇文章，如井喷似的呈现在读者面前。为了便于今后学者研究，特以文献索引形式详列。1925 年至 1928 年发表的文章约有 30 篇，如下：

《英国陪审制度述要》（连载 5 篇，《法律评论》［北京］1925 年第 3 卷第 1—5 号第 105—109 期）、《假释制度比较论》（《法律评论》［北京］1925 年第 3 卷第 11 号第 115 期）、《第九次国际监狱会议议题》（译述，《北京朝阳大学旬刊》1925 第 3 年第 14 期）、《英法上民事不法行为述要》(《北京朝阳大学旬刊》1925年第3年第14—15期)、《日本劳动组合法案》(译文,《北京朝阳大学旬刊》1925年第3年第15期)、《日本劳动组合法案之骨子》(译文,《北京朝阳大学旬刊》1925年第3年第16期)、《缓刑制度比较论》(连载3篇,《北京朝阳大学旬刊》1925年第3年第17—19期)、《日本现在之人口》(译述,《北京朝阳大学旬刊》1926年第4年第1期)、《撤废领事裁判权商榷(二)》(《北京朝阳大学旬刊》1926年第4年第1期)、《陪审制度概论》(连载《法律评论》[北京]1926年第147—148期)、《日本陪审制度述要》(《法律评论》[北京]1926年第150期)、《常识的法律解释》(《法律评论》[北京]1927年第200期)、《保安处分与刑罚》(《法律评论》[北京]1927年第5卷第226—228期)、《德国刑法一九二七年草案正文》(连续6篇,《法律评论》[北京]1927年第229—234期)、《社会法制概论》(《法律评论》[北京]1927年第217期)、《孝道与法律》(《法律评论》[北京]1928年第235期)、《离婚之研究》(《法律评论》[北京]1928年第239期)、《英国律师制度考》(《法律评论》[北京]1928年第241期)、《紧急行为之研究资料》(《法律评论》[北京]1928年第242期)、《日本检察厅法案》(《法律评论》[北京]1928年第243期)、《俄国一九二二年刑法正文(一、二、三)》(《法律评论》[北京]1928年第244—246期)、《读南京司法部限制置妾通令》(《法律评论》[北京]1928年第245期)、《我国之家族制度》(《法律评论》[北京]1928年第248期)、《读检查电影暂行规则》(《法律评论》[北京]1928年第252期)、《济南事件》(《法律评论》[北京]1928年第255期)、《意大利刑法改正新草案》(《法律评论》[北京]1928年第256期)、《德国之刑事仲裁制度(一、二)》(《法律评论》[北京]1928年第270—271期)、《立法院与法制局》(《法律评论》[北京]1928年第264期)、《陪审制度的特质》(《法律评论》[北京]

1928年第265期)、《陪审制度之文化的意义》(《法律评论》[北京] 1928年第266期)、《欧洲古代的民众裁判》(《法律评论》[北京] 1928年第267期)。

胡长清发表和译介文章最多的年份是1929年,除夏勤与胡长清合作的《工厂法私案》(《国立北京大学社会科学季刊》1929年第4卷第3—4期)之外,全部发在《法律评论》(北京)上,主要包括:

《官吏之本质与其责任》(1929年第273期)、《名誉权之本质》(1929年第274期)、《工厂法草案之母性保护与国际劳动条约》(1929年第278期)、《论审监对立》(1929年第280期)、《时间上之劳动限制与各国现行法》(连载4篇于1929第281—284期)、《论养子制度》(1929卷第285—286期)、《礼与法》(1929年第287期)、《论四级三审制》(1929年第288期)、《读中华民国亲属法及继承法草案》(1929年第289期)、《论大赦》(1929年第292期)、《再论大赦》(1929年第294期)、《论事实婚与法律婚》(1929年第299期)、《相奸者结婚不应禁止乎》(1929年第300期)、《意定代理之立法问题》(1929年第301期)、《委任之本质》(1929年第303期)、《评已嫁女子追溯继承财产施行细则》(1929年第304期)、《论父债子还之不当》(1929年第305期)、《论司法官之官俸》(1929年第307期)、《铺底权之研究》(1929年第312期)、《民法之基础观念》(1929年第313期)、《新亲属法草案之特色》(1929年第315期)、《领事裁判权之末日》(1929年第324期)……⑯

1930年至1933年,他继续以同样的频率发表论文。除《对于新民法

---

⑯ 参见《法律评论》(北京)1929年第6—7卷。

总则第一章之商榷》（《国立中央大学法学院季刊》1930 年第 1 卷第 1 期）、《新民法之基础的概念》（《国立中央大学社会科学季刊》1931 年第 1 卷第 1—2 期）、《新民法之基础的概念》（《朝大季刊》1931 年第 1 卷第 2—3 期）、《裁判离婚问题》（《国立中央大学法学院季刊》1930 年第 1 卷第 2 期）之外，多数文章发表于《法律评论》（北京），包括：

《新民法债编释名》（1930 年第 325 期）、《撤废领事裁判权与改善司法官之待遇》（1930 年第 326 期）、《苏俄新亲属法上之婚姻：与我国新亲属法草案之比较研究》（1930 年第 327 期）、《新民法债编编别上之特色：民商法之合一》（1930 年第 328 期）、《婚姻习惯之研究》（1930 年第 329—330 期合刊）、《两人权保障法案拟议》（1930 年第 331 期）、《民法债编编别上之特色（二）：债权发生之原因》（1930 年第 333 期）、《论宗祧继承》（1930 年第 334 期）、《协议离婚问题》（与马存坤合作，1930 年第 346 期）、《读陈长蘅氏"对于民法亲属继承两编应先决各点之意见"》（1930 年第 352 期）、《唐律残篇之研究》（1930 年第 353—354 期）、《家产法制私案》（1930 年第 358 期）、《论不定期刑》（1930 年第 360 期）、《家制论（一、二）》（1930 年第 367—368 期）、《罚金刑之立法趋势》（1930 年第 373 期）、《论民法总则编之非总则性》（1931 年第 383 期）、《民法第一六四条第一项后段之研究》（1931 年第 384 期）、《论民法第一九七条所谓无法律上之原因》（1931 年第 386 期）、《新民法与亲属结婚之限制》（1931 年第 389 期）、《论对待给付与危险负担》（1931 年第 391 期）、《读意大利新刑法》（1931 年第 393 期）、《新民法第二二七条强制执行之法意》（1931 年第 395 期）、《再论撤销领事裁判员权与改善司法官之待遇》（1931 年第 396 期）、《美国各州关于小额事件之处理》（1931 年第 401 期）、《论买卖之标的》（1931 年第 415 期）、《夫妻财产制之一考察：夫妻对于债务之责任及家庭生活费用之负担》（1931

年第 416 期)、《英美之判例集》（1932 年第 457 期)、《日本学者观察下之中国民法总则（一、二）》（1932 年第 450—451 期)、《郑继成杀张宗昌之法律问题：再论法律与国民感情》（1932 年第 466 期)、《牛兰案与大津事件：司法官能否独立行使职权之试金石》（1932 年第 452 期)。

另有几篇发表于《图书评论》《时代公论》上，包括：

《评王效文著新中华商法》（与楼桐孙合作，《图书评论》1932 年第 1 卷第 3 期)、《司法官训练问题》（《时代公论》1932 年第 20 期)、《读剿匪区内各省农村土地处理条例》（《时代公论》1932 年第 31 期)、《陈井包运日货案之管辖问题》（《时代公论》1932 年第 22 期)。

1933 年只发表了 2 篇文章：

《宪法草案与土地问题》（《时代公论》1933 年第 65—66 期)、《我国宪法中关于土地事项应有之规定》（《宪法论文选刊》1933 年第 3 期、《地政月刊》1933 年第 1 卷第 6 期和《法律评论》[北京] 1933 年第 510 期)。

这些论文不只限于他擅长的民法，还广泛涉及其他领域，有私法，有公法，也有社会法。文章形式上有译文，如介绍当时世界上最新鲜（前沿）的法律制度，如英、德、日、俄、美、意等国的法律制度，也有论文。还可从文章主题上看到三个特点：一是切中当时中国急需解决的重大问题或迫切要建立的制度，如撤销领事裁判权、工厂法、劳动法、名誉权、事实婚、女子继承权、女权保护、意定代理、婚姻家庭法改革、假释制度、紧急行为、司法官官俸、审监对立、大赦制度、土地与宪法、司法权独立，甚至电影审查存在的问题，等等。二是结合中西方制度比较的基础理论进行思考，许多属于法理学-法哲学问题，如法律解释、社会法制论、官吏本质与责任、立法院与法制局分工、孝道与法律、民法基本观念、礼与法、陪审文化、法律与国民感情，等等。三是论述精细独到，解决难题。比如我们行政法上的职务行为与个人行为界线问题，至今没有合理的精细化理论，而他在1929年发表的《官吏之本质与其责任》，对于官员行为的认定做出了十分精准的划分。他从官吏"广义的行为"中，剥离出"个人行为"归个人承担责任之后，剩下"狭义的官吏行为"与"职务行为"，进而从"狭义的官吏行为"中区分了片面行为和两面行为。他认为，所谓"片面行为"指纯狭义的官吏行为，"两面行为"指"表面"与"里面"的两种官吏之行为，并从法律要件上分析它们的构成。[17] 这种逻辑严密的精细划分，对于重构今天的行政行为理论仍然具有借鉴意义。

短短七年时间，胡长清犹如一颗学术巨星冉冉升起，俨然成为大牌法学家的态势。可是我们难以想象的是，胡长清到1933年却戛然结束其学术"井喷"。这是为什么？

二、次威县长的理念

1933年6月下旬，浙江省根据上峰指示，把兰溪县定为地方自治实验县。8月底，时任中央政治学校法律系主任的胡长清，被浙江省任命为兰溪实验县县长。9月1日，兰溪地方自治实验县成立，胡次威走马上任。[18] 有意思的是，笔者从史料中发现，他使用名字是有所选择的，在做官后，改用"胡次威"，官方文件或做官后的媒体报道，都用"胡次威"，只在发表法学论著时才用"胡长清"。这显然是有意为之，其用意不得而知。从此，"胡长清"的名字淡出学界，而政界却多了个"胡次威"。

所谓实验县，是民国政府于1933年8月推出的自治实验县，实为县

---

[17] 胡长清：《官吏之本质与其责任》，载《法律评论》（北京）1929年第6卷第13期。
[18] 《浙省兰溪实验县》，载《时事新报》（上海）1933年9月2日。

制改革之举措。当时内政部正式颁布《各省设立县政建设实验区办法》，实验县政府权限比一般县大，设县政建设委员会，聘请专家，调查事实，制订计划，训练人才。各省陆续设置实验县，浙江省确定兰溪为实验县。有 11 省的 20 个县参与，"最负时誉"者是四个实验县：定县、邹平、江宁和兰溪。[19] 河北定县是晏阳初平民教育会的基地，先后由三位留洋博士担任县长。山东邹平是梁漱溟主持的山东省乡村建设研究院的基地，县长由研究院提名，省政府任命。江苏江宁实验县是官方最早成立（1933 年 2 月）的实验县，县长梅思平是中央政治学校行政系主任。那么浙江兰溪实验县是继江宁之后由官方成立的实验县。这四个实验县也好，全国的实验县也罢，有相当大的自主空间，可谓八仙过海。从县政建设的实验方式上来看，将学术研究和政治建设相结合是县政建设运动最为明显的特征。[20] 县政建设运动是由国家力量和社会力量共同参与的一个乡村改造实验，这两种不同质的力量又可分为三个派别：定县的平教会实验派，山东邹平的梁漱溟乡建实验派和江宁、兰溪的国民党实验派。他们分别代表了不同的理念、主张和利益团体。

关键是，胡次威当县长，不是兼职或"挂职"，而是真抓实干。胡次威按照政府的目标，运用自己的理念，进行他独具特色的"实验"。胡县长受命后，第一件事就是，从中央政治学院调二十余位毕业生组成第一期工作人员，离校前往兰溪实验县赴任。县政府分六科：民政、财政、公安、教育、建设、土地。除留用原有职员外，6 位科长、秘书及科员均由毕业生担任。[21]

两个月后，就有个别媒体报道兰溪实验的负面消息，说胡县长整顿市容，使一大批小本买卖的商贩失业了；还讥讽胡县长，说他就职典礼上有

---

[19] 李伟中：《知识分子"下乡"与近代中国乡村变革的困境——对 20 世纪 30 年代县政建设实验的解析》，载《南开学报》（哲学社会科学版）2009 年第 1 期。

[20] 王先明、李伟中：《20 世纪 30 年代的县政建设运动与乡村社会变迁——以五个县政建设实验县为基本分析样本》，载《史学月刊》2003 年第 4 期。

[21] 《校闻：胡次威先生任兰溪自治实验县县长；第一期同学调廿余人前往工作》，载《中央政治学校校刊》1933 年第 63 期。

一番引起非议的讲话:"别的不必说,我来做实验县县长,自己自有主张,照主张做,不怕人反对。你们不满意,尽管去告好了。我是不怕告的,告到行政院里也好,告到监察院里也好。"㉒既然当县长,他有自己的行政理念和主张,"不怕人反对",不满意可以告他。其实这话从法理上讲并没有什么毛病,反而显示出他有担当,有责任意识。

胡次威从政,是否一如人们常见的"书生从政"的通病?后来的事实证明胡次威的政绩是相当扎实有效的。胡县长到任不久,发现兰溪"红丸"行销,遍地皆是,立即致电浙江高级法院,建议援引《浙江省肃清毒品暂行条例》第五条的规定,"亟宜肃清,抱具决心,督饬所属,严厉查禁"㉓。此建议得省主席鲁涤平的支持,迅速下令,通过省内各级法院迅速肃清"红丸鬼"。言必行,行必果,树立县府威信。

胡次威的工作目标和切入点与其他三个典型实验县不同,他从制度改革的理念着手,要"彻底改革地方行政"㉔。这与"科学的"定县㉕之"平民教育"、"哲学的"邹县㉖之"儒家复兴"不同,兰溪的实验主要是一种"政制改革"的实验。这与他法科专业出身有关。当时有记者报道兰溪的做法,其中包括"训练人民行使四权"。"四权"是指选举权、罢免权、创制权、复决权。㉗兰溪当时有百分之八十以上的文盲,欲求短期内训导他们行使"四权",实非易事。该县当局认为欲求训政工作之迅速完成,应在自治组织之下筹办群众行使四权的训练,在每一乡镇筹办初级小学一所,并在小学内设民众补习学校。㉘一年后,胡县长对自己的工作做了客

㉒ 《警钟:实验县气煞兰溪人》,载《时代日报》1933年11月2日。
㉓ 《浙江省政府公函秘字第一五二一九号(中华民国二十二年十月二十一日)》:"高等法院据兰溪实验县县长胡次威代电为孥获贩卖红丸犯王樟林等四名拟从严处理可否将犯证解省讯办请核示等情除指令外请转饬各级法院援引条例从重处办由",载《浙江省政府公报》1933年第1967期。
㉔ 《校闻:胡次威先生任兰溪自治实验县县长;第一期同学调廿余人前往工作》。
㉕ 胡长清:《什么叫做实验县》,载《时代公论》(南京)1934年第140期。
㉖ 胡长清:《什么叫做实验县》。
㉗ 从20年代延续至30年代,一直到40年代末,官方持续强调人民之四权。
㉘ 叶凤生:《浙省兰溪实验县考察记》,载《时事新报》(上海)1934年3月23—24日。

观的总结；后来也有不少专门研究者对胡县长的县政实验做过研究和总结，都很详尽。现仅选择其重点举措，做三方面的简要列举：

其一，地方自治，科学管理。胡县长把县政制度和县财政的改革放在实验的首位。县政制度的改革主要有：裁局改科，废止区公所，乡镇合署办公；扩大秘书组织，提高县长权限；乡村编制改闾邻制为村里制，设置实验区，推行保甲制；实行县财政预决算制度；集中处理公文，确立现代档案制度；等等。这些改革体现当时国家权力向乡村社会进行渗透的需要，扩大并集中行政权力，提高了政府的行政效率。[29] 兰溪的保甲推行，形诸明令，既吸收了西方地方自治的制度，又借鉴了传统的村里制、保甲制，辅之以现代行政科学，以中西合璧的保甲管理体制取代了运行不良的自我管理体制。[30]

其二，瞄准地政，带动财政。专攻民法的胡县长，对土地问题特别敏感。中国历来的"三农"问题，土地是核心。兰溪自宋代起就有"鱼鳞册"，是按地形分别载录田地、山塘形貌，以及标明各块田地、山塘所属主人、类别、四至等，因图所绘状如鱼鳞，故称"鱼鳞册"。它是历代县衙为征派赋税、徭役和保护土地所有权而编制的土地登记簿册，全县土地历史信息都浓缩于此，清代有746册，相当于古代县域土地"大数据"。可是这纸册总是历经毁损，胡县长发现后，组织人员于1934年前后进行重新复丈、核对、补编。[31] 复丈、核对、补编土地，要花许多钱，"但是在农村破产有加无已的兰溪，要老百姓拿出几十万块钱整理土地，不是要农民的命吗？"他在权衡之下，咬紧牙关，由县政府出钱，改变方针：按亩计税、按丘制串、合并税目和改订征期。[32] 土地清查后，他进行了田赋征收制改革，最后发给土地营业证。采用该种方式，按照新方法统计，结果

---

[29] 李伟中：《知识分子"下乡"与近代中国乡村变革的困境——对20世纪30年代县政建设实验的解析》。
[30] 王先明、李伟中：《20世纪30年代的县政建设运动与乡村社会变迁——以五个县政建设实验县为基本分析样本》。
[31] 戴志坚：《兰溪鱼鳞册的历史与现实意义》，载《大众文艺》2016年第1期。
[32] 胡长清：《什么叫做实验县》。

比原鱼鳞册亩数还增加了数万亩。而县政府这次复丈、核对、补编新册，只花了七千多块钱。胡长清说："我始终认为不能向老百姓要钱，所以未加一捐，未抽一税。"[33] 我们可以理出胡县长的工作成效的脉络：利用古代"鱼鳞册"整理地政，整顿苛捐杂税以增加税收，既减轻了民众负担，又促进了乡村商品经济的发展，更增加了政府税收，也就解决了财政问题。[34] 竺可桢在1936年到兰溪考察的日记中，也感叹地提到胡次威县长以鱼鳞册丈量土地，"所费微而收效甚大"。

其三，经济为要，教育为本。"治安既无问题，财政又已得相当之整理，于是进而办理狭义的建设事业"，一是工务，二是实业。所谓工务，重点在交通问题。正如数十年后流行的"要致富先修路"之说。他迅速决定筹款，着手修建兰溪百姓最殷切期待的兰寿路，并限期修通这条要道。[35] 他还促办农工商实业，与浙江大学合作组织农场，从一所农民信用所扩大到27所信用合作社。这与我们今天所说的"扶贫脱贫""共同富裕""人民获得感"有异曲同工之处。教育问题，他采取乡镇学校制和中心学区制，登记合格师资，以循环讲习会举办师资班，教育经费较以前增加了一倍。针对县里三万学龄儿童只有五分之三的入学率，胡县长增加班级，凡贫寒子弟一律免费入学，仅半年就增加2400多名学生。[36]

1937年5月17日，胡次威在中央政治学校有个公开演讲，介绍他在兰溪实验的经过。在最后总结时，他说："只须吾人脚踏实地……在最短期内，必可解除人民之痛苦，增进其福利。"[37] 当时舆论也给予他好评："作为县长的胡次威，自己更是以身作则，不改书生本色，处事干练，注

---

[33] 胡长清：《什么叫做实验县》。

[34] 王先明、李伟中：《20世纪30年代的县政建设运动与乡村社会变迁——以五个县政建设实验县为基本分析样本》。

[35] 《请示筹款筑兰寿路》，载《浙江省建设月刊》1933年第6卷第7期。《路政：限期完成兰寿路》，载《浙江省建设月刊》1934年第8卷第2期。《兰寿衢兰两路接线》，载《浙江省建设月刊》1934年第8卷第2期。

[36] 胡长清：《什么叫做实验县》。

[37] 《胡次威先生继续讲演兰溪实验县政经过》，载《中央政治学校校刊》1937年第132期。

重民生。据时人回忆，这位年轻的县长为人低调，出行不坐轿不骑马，而是以驴代步。"[38] 在当时来说无疑是给旧官场带来了新风气。

胡次威的兰溪实验县长从 1933 年 9 月一直当到 1938 年 8 月。从一个民法学权威教授，成功转型为实验县长，使一个不知名的山区小县成为与晏阳初、梁漱溟所在的定县、邹县齐名的实验县。胡县长的治理风格具有法治化治理特点，在民众教育、财政管理、保卫团训练等各个方面均制定规划和地方性规章，比如制定民众教育规划。[39] 此外，还制定各类成文的管理办法，如小学校长会议暂行办法、县发给私立小学补助费暂行办法、县区立小学征收学费暂行办法、各小学最低限度设备暂行标准、小学教师抽调训练抽调办法、各小学学生转学暂行办法、办理民众学校应注意事项、小学学生成绩抽考暂行办法、小学学生演说竞赛会暂行办法、指办成年班及附设民众学校经常费发放办法、训政人员养成所师资班特约实习小学办法等等[40]。

我们容易疏忽的是，从政的胡次威成为近代中国官僚中的一个具有非典型意义的官员。我们更容易遗忘的是，在近代地方自治与平民教育方面，胡次威几乎与晏阳初、梁漱溟等知识人具有同等历史地位。只不过胡县长的特色在于强调制度设计，强调把理念运用于制度。而县政改良的实验县，是他制度理念的实验场。如同马克斯·韦伯理性官僚制理论中所揭示的官僚模式，他的风格既不是传统型，也不是个人魅力型，而是法理型。

令人钦佩的是，无论他怎么转型，终究保持学者本色，他对县政与地方自治有实务经验和理性思考。和他前期研究民法一样，这期间他在县政与地方自治方面的著作和论文，仍然呈现了"井喷"现象，只不过署名用的是"胡次威"。其著作包括：《乡镇自治》（1942）、《省政问题》（胡次威 1943 年在中央训练团党政高级训练班的教材）、《建立乡镇》（1944 年

---

[38] 马铭德：《胡次威与兰溪鱼鳞册》，载《世纪》2015 年第 1 期。
[39] 《兰溪实验县实施公民训练计划》，载《内政研究月报》1936 年第 5—6 期。
[40] 参见《教育改进》1936 年第 2 卷第 3—4 期。

与汪镕三合编)、《参议会组织实务》(1946)、《四权行使法概论》(1946)、《参议员选举实务》(1946)、《怎样实施新县制》(1947)、《省组织法论》(1947)、《乡镇自治提要》(1947)、《土地行政》(地方行政实务丛书,1948)、《省县公营事业》(地方行政实务丛书,1948)、《地方公债》(地方行政实务丛书,1948)、《民国县制史》(1948)、《地方行政概要》(1948)、《省县公营事业》(与薛次莘合著,1948)。1934 年还有论文,发表了《清查土地与整理田赋:兰溪实验县的县政建设》(一至七连载于《时代公论》1934 年第 116—122 期)、《县政府制度的实地试验》(一至三连载于《时代公论》1934 年第 131—133 期)、《什么叫做实验县》(载《时代公论》[南京] 1934 年第 140 期)。1936—1937 年又发表了大量关于县治实验的文章。

三、抗战厅官的事功

胡次威身为县长,可骨子里仍然是知识分子。后来晋升为厅官后,仍然保持知识人的理念。

他当实验县长时,仍然是个非党人士。直到抗战之初,他才加入中国国民党,并积极投入了抗战工作。1937 年 3 月民国政府免其浙江省第四区行政督察专员兼第四区保安司令职,另候任用。[41] 3 月 24 日受江苏省政府派任代理第十区行政督察专员。[42] 1937 年七七事变后不久,蒋介石和汪精卫联名邀请全国各界名流学者在江西庐山召开谈话会,出席者中有 4 位胡姓的学者名流,有胡适之、胡安定、胡健中,再就是胡次威。1938 年,胡次威曾短暂担任湖南省民政厅厅长。从 1938 年 5 月至 8 月《湖南省政府公报》看,胡氏从事湖南民政工作大刀阔斧,做了大量的事务。作为民政厅长,其最后一项决定是 8 月 31 日关于华容县管狱员纵放盗卖积谷一案

---

[41] 《国民政府任免令二十二件(二十六年三月三十日)》:"浙江省第四区行政督察专员兼第四区保安司令胡次威另候任用",载《国民政府公报》(南京 1927)1937 年第 2315 期。

[42] 《江苏省政府令:第四号(中华民国廿六年三月廿四日)》:"派胡次威代理第十区行政督察专员",载《江苏省政府公报》1937 年第 2539 期。

的处理决定。㊸ 此事尚未处理完，同年 8 月 1 日，蒋介石已经派胡次威接任四川省省府委员兼民政厅厅长。

胡次威 1938 年 8 月底或 9 月初入川，9 月 8 日到任视事，香港《大公报》都做了报道。㊹ 随省政府迁到成都郊外办公，住在城内鼓楼附近，不断受到日军的狂轰滥炸，有一次差点被炸死。赴任前，他路过汉口见了蒋介石一面，蒋要求他在四川这个鸦片大省"厉行禁烟"。可是四川省许多边区的县份种植鸦片，"禁烟绝对来不得"，要禁烟就会引起军阀打仗，那就会影响团结一致的抗战。省主席要他别听蒋先生的那一套。

胡次威想：如果真要在四川禁烟，那么首先是我自己就有被人暗害的危险，可是蒋介石要禁又不能不禁。这棘手的事让他很为难了。于是，他想出了一个办法，后来被他称为"拍苍蝇不打老虎"的权宜办法——拟先从"禁吸"入手。他与省禁烟委员会的人商量，对于一般贫苦烟民，由省里制发戒烟丸药，免费施戒。他一面托人征求中医的戒烟药方，一面让卫生实验处用西药，用作比较。经过试用，中西两种药方各有短长，如以药价而论，中药每剂的成本要比西药低一半左右。㊺ 上司总热衷于下达无比正确而纯属空想的命令，胡次威创造性地设计了这么个可行的禁烟方案，使这个"不可完成的"任务化解为可操作的逐步推进办法，同时也缓解此事在省内引起的震动，避免影响抗战大局。这里面有理念与操作的矛盾。那么，他是怎么实施这个方案的呢？

1939 年夏，行政院通过了他所拟的禁烟计划，并决定由财政部拨发戒烟丸药二百万剂的制药经费。可是绝对没有想到的是，财政部临时提出一个议案，要四川省政府负责收买全省的烟土，但只按两元——相当于原价

㊸ 《湖南省政府训令：民字第八七一一号（中华民国二十七年八月卅一日）》："令各县政府、各警察局：为据民政厅签据华容县长代电称该县管狱员纵放盗卖积穀在押区长刘以约请察核等情除指令外仰通饬所属一体协缉务获解究由"，载《湖南省政府公报》1938 年第 918 期。

㊹ 《川民厅长胡次威昨就职》，载《大公报》（香港）1938 年 9 月 9 日。

㊺ 胡次威：《辛亥以后四川的烟祸》，载《文史集萃》（第 6 辑），文史资料出版社 1985 年版，第 212—213 页。

每两四元的半价收买。而四川省有一万担烟土,这样一来,财政部一次就进账 2000 万元。胡次威知道自己不便提出反对,只是坚持一点:收买存土关系太大,应该由财政部直接派人办理,四川省只能协助。行政院为此不顾一切地通过了财政部的议案。同年冬天碰到蒋介石,胡次威把行政院会议经过告诉了他。蒋后来决定特设一个禁烟督办公署,蒋亲自兼任督办,至少也是对行政院财政部搞猫腻的一种制约。

就这样,财政部下拨了几十万元的制药经费,胡次威用换来的经费一共配制了中西戒烟丸药二百万剂,分别发放下去。在烟土买卖矛盾夹缝中,他机智地处理,最低限度地保护了四川烟民的戒烟丸药问题。之后,他又敢冒着被批的风险,去说服财政部部长孔祥熙提价,最后终于同意提高一倍,达到每两四元,[46] 既执行了禁烟政策,又保护了四川的地方财政。他总是善于从创造性的制度设计中考虑和解决难题。

1940 年初,四川省行政人员训练团成立,设在成都市文庙前街原石室中学(已疏散到外县)旧址。时值蒋介石短暂兼任四川省政府主席和省训团主任,民政厅长胡次威兼任省训团下设机构教务处处长。1940 年 5 月,国民政府行政院内政部通令各省设立警察训练所,分期分批调训在职警官和长警。省主席王缵绪任命民政厅长胡次威兼所长。据 1940 年至 1945 年《四川省政府公报》记载,胡次威在四川开始了禁烟运动,优待出征军人家属,抓吏治,规范县区长更调办法,限制县府职员眷属住宿,惩治贪污舞弊,在川北地区调研,废止各县分区标准,依保甲制度推行乡镇公所和联保办公处组织,开展战时人口普查,嘉奖和抚恤战时军事征雇之伤亡民夫,等等。

1942 年冬,胡次威从四川省政府新任主席张群处得知一机密信息:为了打击日军,中美签订了秘密协定,要在四川建筑华西空军基地,包括九个大型机场,对外称四川特种工程,由美国出资,中国出力。胡次威被任

---

[46] 胡次威:《辛亥以后四川的烟祸》,第 213—215 页。

命为征工总处处长，负责征调建设九个机场的民工，并组织他们建设机场，直至完成这个巨大的秘密工程。[47] 我们难以想象，一个民法教授的一生中，曾经承担并完成过一件涉国防机密的国家级"重大项目"！

他一算，大约要征调21个县的民工。要在一百个晴天内完成九个机场的建设任务。他做了充分的计划，毕竟是法律人出身，满脑子都想着民工的权利。他提出的十个涉及民工权益的问题，全部得到政府认可，包括：依《土地征收法》征地，民工劳动保障，民工医疗保障，酬金按日支付，雨天不出工仍按日给以口粮，民工做夜工不得超过三小时。三个多星期后，他已做完计划并分三批，共征工165万人。[48] 可是施工过程中，又暴露出很多问题，特别是进度赶不上，需要调五百辆八吨大卡车，可是四川境内没有这么多。于是要打电报向蒋介石求援。张群要胡次威起草一份简捷有力的电报。胡次威拟的电报稿中有八个字："贻误戎机，孰尸其咎？"这才落实了这五百辆八吨大卡车，使工程进度得以顺利进行。[49] 民工劳动条件差，强度大，常有受伤的，胡次威亲自去医院看望民工，使他们很受鼓舞。九个机场按时完成，美国总统派特使来视察，听完胡次威的总结报告后说：我原来以为你们"一定是严刑峻法、强迫命令的结果，听了报告才知道这次建造九大机场，将新县制的组织及其精神实质用于各飞机场，产生了很好的作用"[50]。

胡次威就是这样的一个官员，他在履行职责时能惦记着平民百姓的利益，理性谨慎地行使公权力，既保护并落实民众的权利，又保证工作任务的高效顺利完成。这效果来自他的行政能力，来自政治道德，更来自智识理念。

---

[47] 胡次威：《建筑华西空军基地》，载《上海文史资料选辑》（第57辑），上海人民出版社1987年版，第71页。
[48] 胡次威：《建筑华西空军基地》，载《上海文史资料选辑》（第57辑），第75—76页。
[49] 胡次威：《建筑华西空军基地》，载《上海文史资料选辑》（第57辑），第78—80页。
[50] 胡次威：《建筑华西空军基地》，载《上海文史资料选辑》（第57辑），第82页。

抗战时期的胡次威在繁忙的行政工作之余，一直在思考县地方自治问题。[51] 抗战结束后，就发表了他的研究成果——《省组治法论》，这是他继《县自治法》后的另一部论地方自治的专著。[52] 内容包括省组织法之体系与理论、省组织法案、省组织法施行法案等三篇。此书由张群作序。1947 年又出版了《乡镇自治提要》。[53] 胡次威的地方自治理论总是与他在地方的实践密切结合。尽管民国时期的地方自治并不算成功，但胡次威的实践与理论还是为后世提供了学术资源和实证经验。

任厅长期间，他曾兼任四川大学特约教授。在川大校刊的教授名录中，有这样一段介绍："胡氏对中国民法之全部，有极精深之研究，所著民法总则、债编总论、亲属法、继承法、中国婚姻法等书，均早刊行问世，而为学者所推重不已。胡氏现任四川省民政厅长，建树亦多，颇得地方人士之称誉。胡氏能于百忙中来本校讲学，以作育人才，其精神实值得钦仰也。"[54] 同期介绍的著名教授还有经济学赵人儁、史地学束世征、政治学萧公权、法学裘千昌[55]、外文罗念生、史地学徐仲舒、法学吴永权[56]等等。1945 年，胡次威当选为候补中央执行委员。当年有媒体刊文《胡次威这个人》，说他"虽然长于识学，但于官场应酬之道，似

---

[51] 《省县新自治机构不仅为政治组织且为一经济组织——胡次威谈自治通则精义》，载《中央日报》1947 年 12 月 10 日。
[52] 胡次威：《省组织法论》，正中书局印行 1947 年 2 月初版。《〈省组织法论〉新书介绍》，载《中央日报》1947 年 4 月 24 日。
[53] 胡次威：《乡镇自治提要》，上海大东书局 1947 年版。
[54] 《本校教授题名录：胡次威》，载《国立四川大学校刊》1943 年第 15 卷第 4 期。
[55] 裘千昌（1895—1969），浙江奉化裘村人，1926 年在日本九州帝国大学法科留学，得法学学士学位，归国后曾短暂出任浙江省立法科科长、安徽省民政厅厅长等职，后弃政从教，历任国立中山大学教授、安徽大学教授兼法律系主任，1936 年起任四川大学法律系教授，后曾任法律系主任。从事民法债编研究，兼及民刑诉讼法及商事法。抗战期间与胡元义、余群宗共同创办并主编《法学月报》，著有《中国民法债编总论》。1950 年 7 月，调任川西人民法院副院长。1955 年，任四川省人民政府参事室参事。以后任西南政法学院、成都大学等高校法学教授，曾当选为四川省人大代表和政协委员。
[56] 吴永权（1886—1961），字君毅，四川成都人，早年东渡日本，在东京帝国大学得法学学士学位，后赴英国、德国，在伦敦大学、柏林大学从事专门研究，回国后历任国立北京法政大学教务长、政治系教授、政治系主任，曾任北京大学讲师、法制院参事、成都大学教务长及法学院代理院长、四川大学法学院院长等职。长期从事政治学、中国政治史方面的教学与研究。

乎不甚习惯,每日除了奉公守法的孜孜办公八小时外,不请客,不钻营,也从来也不作任何活动……","这种作法,这种生活,如果是在政治已上轨道的国家,当然是扶摇直上,毫无问题,但在现在的中国,恐怕未必能够由苦干而得到擢升的希望"。[57] 看来胡次威先生的书生形象是当年就被人认识的。他虽然于1947年1月底担任内政部常务次长[58],可是1948年7月就被免职了,任免令曰"另有任用,胡次威应免本职",其实是改任内务部政务次长。[59] 胡次威实干而低调,难怪我们至今找不到一张他早年的肖像照片。

1949年,他被劝赴台,但被他婉拒了。他相信自己平生做事对得起父老乡亲,对得起良心。他从四川辞官回沪,后经张治中将军介绍入华东司法部干训班(华东人民革命大学四期)学习。1953年出版《中国刑法总论》。1956年加入中国国民党革命委员会,1957年当选为上海市民革市委员会常务委员及对台工作委员会副主任委员,是民革市委第四届(1961.5—1964.12)、第五届(1964.12—1980.1)、第六届(1980.1—1984.4)委员。1960年6月起任上海市人民政府参事室参事。1988年7月,病故于上海,享年89岁。

从政是早期法科知识人最普遍的选择。从政者数量之多,不胜枚举。在现实实践中,他们与政治的关系也表现得千头万绪,形态各异。或许是时代背景的原因,知识人整体上都具有"行动派"的特点,可称之为"政治行动的知识人"。根据中国传统知识人"知行观"中的"知"与"行"这对范畴,[60] 他们有的偏重于"行",有的偏重于"知",可以简单区分为"行动者"与"静思者"两种。马克思在谈哲学家作用的时候所阐述的与

---

[57] 《胡次威这个人》,载《诚报》1949年1月8日。
[58] 《国府二十九号令:任命胡次威为内政部常务次长》,载《大公报》(天津)1947年1月30日。
[59] 《总统令(三十七年七月八日)》:"内政部常务次长胡次威另有任用,胡次威应免本职。任命胡次威为内务部政务次长。"载《总统府公报》1948年第43期。
[60] 《尚书》的"知之非艰,行之惟艰"是古代关于知行关系和"知易行难"的最早表述。

"解释世界"相对应的也正是"改变世界"。[61] 中国传统观念往往重事功而轻认知,这种传统到了近代法科知识人那里,有怎样的联系和表现呢?由于法科知识具有世俗应用的实践性,因此,除少数"静思者"外,近代法科知识人中的"行动者"是最为普遍的。法科人从政,大致分为完全从政、政学兼顾、从学问政这样三类。从"完全从政"类的具体形态来看,有终身从政者,也有先从政后退出政坛者;有推动立宪改良运动的活动家,也有发起和参加革命者;有以专业官僚身份从事司法者,也有以专业官僚身份从事行政官或外交官者。

无疑,胡次威属于"政学兼顾"类中的从事行政的专业官僚。但他有非常特别之处。胡次威一生,在形式上的最大特点是截然两段。他既有精深的学术造诣,又有高超的行政能力,他在学术与行政上的两种能力都出类拔萃,他属于"政治行动的知识人"。但胡次威在本质上的最大特点是,弃学从政后仍然是有理念的知识分子,他把学术与政治有机地结合,并适当地处理。正如康德所言:"'有勇气运用理性'是启蒙运动的座右铭。"("Have the courage to make use of your own intellect!" is hence the motto of enlightenment.)[62] "知识分子是理念的处理者","知识分子的工作开始于理念并终结于理念",[63] 就是强调他们用理念来影响其对象。胡次威正是具有理念特质的知识分子,他值得我们称颂和回味之处就在于此:一心不二用,干什么像什么;不鹜做大官,只求做实事;貌似普通的弃学从政,实质上仍坚持法科知识人的思维和信念,谨慎克制地行使公权力,保护并落实百姓的权利;敢于以专业的理念处理事务,从政为民。

---

　　[61] 马克思1845年写成的《关于费尔巴哈的提纲》第11条中"哲学家们只是用不同的方式解释世界,而问题在于改变世界"。参见《马克思恩格斯选集》(第1卷),人民出版社1995年版,第61页。
　　[62] 康德1784年9月30日在"An Answer to the Question: What is Enlightenment?"一文中,阐明了这个观点。参见 Immanuel Kant, *Toward Perpetual Peace and Other Writings on Politics, Peace, and History*, Yale University Press, 2006, pp. 17–28.
　　[63] 〔美〕索维尔:《知识分子与社会》,张亚月、梁兴国译,中信出版社2013年版,第5页。

第三章
职业行动者

第一节 在朝同袍

杨荫杭——女儿杨绛眼里的"疯骑士"

图 1 杨荫杭（1878—1945）

翻译《堂·吉诃德》的杨绛评价父亲杨荫杭时，说父亲是一个自以为在"卫护民主法治的疯骑士"。父亲出事儿的时候，女儿杨绛还只有 6 岁。杨绛后来记录父母的片断回忆说，"一夜的电话没有停"，"都是上级打来的"，"第二天父亲就停职了"，"我当时年幼，只记得家里的马车忽然没有了，两匹马都没有了，大马夫、小马夫也走了"。① 后来杨绛同钱钟书订婚与结婚，都在苏州举行，因为杨荫杭退隐后一直住在苏州。

---

① 杨绛：《回忆我的父亲》，载《将饮茶》，生活·读书·新知三联书店 2015 年版，第 20 页。

其实杨荫杭在他那个时代就非常有名。有留日、留美的"双料"法科背景,这种"横跨东西"的法律人,如果不是最早,也是早期极少见的。[2] 其学术功底和汉语写作能力十分了得,遗憾的是他没有从事学术,女儿杨绛的文学天赋多半就是遗传自父亲。他一生最高职务是京师高等检察厅厅长,相当于现在的北京市检察长。那么杨荫杭为何退隐?他经历了什么?他是个怎样的人?让我们对杨荫杭的生平作些考证,并以杨荫杭这个人物为中心来考察那个时代法律人之间的"斗法"与"活法"。

一、放弃激进,横跨法系

杨荫杭,字补塘,江苏无锡人,1878年7月19日[3]出生于江苏无锡的寒素家庭。兄弟姐妹共六人,他排行第三,北京女子师范大学校长杨荫榆是他的妹妹。杨绛在《回忆我的父亲》中讲,父亲1895年入读天津中西学堂即北洋大学堂,1897年因学潮而被开除,同年考入南洋公学读书。1899年,他成为被南洋公学派留东学生六人之一[4]。但据《南洋公学大事记》载[5]:光绪二十四年(1898)冬,派师范院生章宗祥、雷奋[6]及中院生杨

---

[2] 目前所知,在19世纪末20世纪初,与杨荫杭有留日又留美的相似经历者,还有张煜全、王宠惠二人。张比杨晚一年,于1899年3月底留日,东京帝国大学学习政治学肄业。1901年8月,就读于美国加利福尼亚大学。王宠惠则是1901年赴日留学,不久即转赴美国,与张煜全同时在耶鲁大学获硕士学位。

[3] Li Chen, "The Origin and Early Development of Chinese Connections at the University of Pennsylvania Law School", *Asian Journal of Legal Education*, Vol. 7, 2020, pp. 195-214.

[4] 杨绛:《回忆我的父亲》,载《将饮茶》,第6—8页。

[5] 《南洋公学大事记》,载朱有瓛:《中国近代学制史料》(第1辑下册),华东师范大学出版社1986年版,第524页。

[6] 雷奋(1871—1919),字继兴,江苏娄县(今上海松江)人。初在上海南洋公学学习,1899年被派赴日本留学,入早稻田大学法政科。1900年入励志会,参与创办《译书汇编》。归国后,任上海《时报》编辑,主编《本埠新闻》,并在城东女学、务本女塾等校任教。1906年12月当选宪政研究会副总干事。1908年参加预备立宪公会活动,1909年任苏属自治筹办处顾问,旋任江苏省咨议局议员,资政院民选议员。1910年任国会请愿团干事。1912年任松江自治公所总董。1919年因病在上海逝世。

廷栋⑦、富士英⑧、杨荫杭、胡礽泰留学日本。杨荫杭到底什么时候去日本留学的？笔者的同事陈立曾考订确认杨荫杭"在北洋学习三年之后，1898年转入上海南洋公学"，次年即1899年被南洋公学送往日本留学。⑨ 舒新城在《近代中国留学史》中提到杨荫杭等一行留学生入学的时间是"明治32年（1899）1月"⑩。有学者以《日华学堂章程要览》和宝阁善教提交给青木外务大臣的报告为依据，更明确具体地考证出六人留学日期，称"1899年1月20日，南洋公学派遣的章宗祥、富士英、雷奋、胡礽泰、杨荫杭、杨廷栋入学。他们留学的目的是希望学习政治和法律。由于学生日语水平不同，学堂设立了甲乙两个班，分别教学。"⑪ 因此，杨荫杭是1898年被南洋公学确定为留日六人之一，1899年1月20日抵日入学日华学堂。"1899年1月，南洋公学的学生入学，再加上两位自费生入学后，人数达到14人，房间拥挤，且学堂初具规模，便于3月30日搬至本乡区

---

⑦ 杨廷栋（1879—1950），字翼之，江苏吴县人，早年在南洋公学就读，1898年被派赴日本留学，入早稻田大学法政科，留学期间参加励志会和译书译社，参与创办《译书汇编》杂志，翻译许多法学著作，是卢梭《社会契约论》第一个完整中译本的翻译者。回国后在上海端午印书馆任编辑。1902年与秦力山在上海四马路创办《大陆》杂志，传播新思想，至1906年停刊。1906年加入预备立宪公会。1909年任江苏地区自治筹办处顾问，后任谘议局常驻议员，参与策划谘议局长张謇发动的国会请愿运动。1911年当选预备立宪公会董事。武昌起义后任江苏都督府外交司次长。1913年当选第一届国会众议院议员。1914年任农商部矿政局局长。1917年中华职业教育社选举中以得票居第七位，与黄炎培、沈恩孚、郭秉文、张元济等十二人一同当选议事员。后承办中国红十字会上海北市医院，曾投身于实业救国。恢复旧国会，兼任议员。1935年任国民政府铁道部秘书。1950年于香港逝世。

⑧ 富士英（1880—1926），字意诚，浙江海盐人。14岁去上海，先后就读于南洋小学和上海方言馆。1898年2月赴日本早稻田大学留学，4年后毕业返国，在总理各国事务衙门从事外交工作，1912年任外交部秘书长，掌管总务厅事务。1913年8月至1919年5月，任驻朝鲜汉城总领事达七年半。回国后改任外交部参事。为人忠厚，为官清廉，生活简朴。1925年5月受外交部派任俄文法专校长，20天后辞职。1926年因病逝世于北京。

⑨ Li Chen, "The Origin and Early Development of Chinese Connections at the University of Pennsylvania Law School", *Asian Journal of Legal Education*, Vol. 7, 2020, pp. 195-214.

⑩ 舒新城：《近代中国留学史》（1927年中华书局初版），上海科学技术文献出版社2014年版，第26页。

⑪ 栾殿武：《日华学堂在早期留日学生教育中所起的作用》，载《东北亚外语研究》2020年第1期（总第28期）。《日华学堂章程要览》载："本学堂明治三十一年六月开办，……初由求是书院派来文学生四名。本年一月由南洋公学堂派来文学生六名。……明治三十二年（1899）一月入学：浙江湖州府乌程县人章宗祥、浙江嘉兴府海盐县人富士英、江苏松江府华亭县人雷奋、江苏太仓州宝山县人胡礽泰、江苏常州府无锡县人杨荫杭、江苏苏州府吴县人杨廷栋。"

驹达东片町一四五番地。这幢建筑原是下宿屋，名叫'金花楼'。根据现存的借据，这是一幢木结构二层瓦房，一层面积是 75 坪 3 合 3 勺（约合 249 平方米），二层面积是 76 坪 1 合 3 勺（约合 251.7 平方米），一个月的租金为 75 日元。"⑫ 该文还提到，1899 年 9 月，7 名学生进入第一高等学校学习，开创了留学生进入日本旧制高中读书的先河。其中，何燏时、陈榥、陆世芬进入工科；汪有龄、吴振麟、钱承锽、章宗祥、胡礽泰进入法科；富士英、雷奋、杨荫杭、杨廷栋、王建祖、周祖培进入东京专门学校。⑬ 这所东京专门学校，即早稻田大学的前身。

杨荫杭留日时间，比中国第一位获日本法科学位的唐宝锷（1896）只晚了三年，比朝阳校父汪有龄 1898 年 9 月 25 日转入日华学堂，只晚了三四个月。可见杨氏在中国法律界的资深程度。

1899 年秋，清国留日学生的第一个社团"励志会"在东京成立，成员有 44 名，其中日华学堂出身的学生就有雷奋、杨荫杭、杨廷栋、金邦平、富士英、章宗祥等 17 名。⑭ "励志会"内分"稳健派"和"激烈派"，杨属于激烈派。⑮ 激烈派或激进派组织留日学生结成革命团体，参加早期革命运动，对其后东京青年会、军国民教育会、清国留学生会馆、中国同盟会的形成都产生了重要的影响。⑯ 1900 年，留日学生译书团体——译书汇编社成立，最初的名称是"励志会译书处"，社长戢翼翚是 1896 年来日留学的 13 名学生之一，此时已经进入东京专门学校（早稻田大学的前身）学习。其余社员多数来自日华学堂，如陆世芬、雷奋、杨荫杭、杨廷栋、周祖培、金邦平、富士英，另有章宗祥、汪荣宝、曹汝霖、钱承锽、吴振麟等。⑰ 他们参与出版月刊《译书汇编》，翻译政治和法律方面的文

---

⑫ 栾殿武：《日华学堂在早期留日学生教育中所起的作用》。
⑬ 栾殿武：《日华学堂在早期留日学生教育中所起的作用》。
⑭ 栾殿武：《日华学堂在早期留日学生教育中所起的作用》。
⑮ 杨绛：《回忆我的父亲》，载《将饮茶》，第 9 页。
⑯ 栾殿武：《日华学堂在早期留日学生教育中所起的作用》。
⑰ 《译书汇编社社员姓氏、壬寅年译书汇编担任译员及干事之姓氏》，载《译书汇编》1902 年第 2 卷第 1 期。

献。译书汇编社最主要的贡献是，首次向中国人系统地介绍了当时西方政治学或国家学以及法学等方面的基本内容。[18] 目前能找到有两种译述署名杨荫杭：一是翻译加藤弘之的《物竞论》，1901年5月27日由《译书汇编》第4期刊出，以后又在第5期、第8期连载，1902年7月由上海作新社再版；二是《名学》，据说是他花了十几天时间据日文写成的西方逻辑学著作，参以中国古代典籍中的典故编译而成的，1902年5月由东京日新丛编社出版，同年又以《名学教科书》为名，由上海文明书局再版。[19] 还有学者说，雷奋和杨荫杭还翻译过孟德斯鸠的《论法的精神》。[20] 经查《译书汇编》，的确自1900年第1期起至1901年第3期，确有孟德斯鸠书之汉译名《万法精理》，"于是由何礼之者遂译为日本文，是为万法精理输入东方之始。今所译者即何氏本也"[21]。另外值得关注的是，"自然法"概念在此被译为"性法"，与"人法"（人为法）对应，亦应属首次。但正如《译书汇编》惯例，译者未署名。由此至少可以知道，当时留学生接触孟德斯鸠《论法的精神》比严复翻译出版《法意》要早好多年。

1901年5月，杨荫杭与戢翼翚、杨廷栋等于东京创办《国民报》月刊，旨在"破中国之积弊，振国民之精神"，鼓吹民族主义、天赋人权、自由平等，指名批驳康有为、梁启超保皇谬论，呼吁国人反清排满，改革中国政治。1902年，杨荫杭从日本东京专门学校（今早稻田大学）本科卒业。1902年回国后与雷奋、杨廷栋同被派往译书院译书。在上海澄衷等校任教，鼓吹革命，据说"招致清廷通缉"。[22]

杨荫杭二度入东京专门学校（早稻田大学），1907年获该校法学学士学位，这是没有疑义的。问题是杨氏第二次进早稻田是什么时候？陈立博

---

[18] 栾殿武：《日华学堂在早期留日学生教育中所起的作用》。
[19] 邹振环：《辛亥前杨荫杭著译活动述略》，载《苏州大学学报》1993年第1期。
[20] 栾殿武：《日华学堂在早期留日学生教育中所起的作用》。
[21] 〔法〕孟德斯鸠：《万法精理》，载《译书汇编》1900年第1期。
[22] 杨绛：《回忆我的父亲》，载《将饮茶》，第12页。

士认为"在 1902 年短暂回国后，他再次前往日本"[23]。这"短暂"之说是存疑的。杨绛在回忆中讲到父亲再度赴日本的时间是 1906 年。其证据是早稻田大学的学籍簿，载明杨荫杭于 1906 年 9 月入该校研究科，专研法律；1907 年 7 月毕业。[24] 再度出国时间，陈立的说法与杨绛说的不一致。据光绪三十二年（1906）六月十九日出版的《北洋官报》载"本省近事"载，"留学日本毕业生杨荫杭"禀报学台"恳请给咨（资）重赴日本留学"。[25] 据此，可判断杨荫杭 1906 年才为重赴日本留学申请经费。同时它也证明，"招致清廷通缉"之语，只是杨绛听来的"传闻"。虽然未必遭通缉，但他革命的激进派立场和态度还是可信的。

自从他第二次进入早稻田大学后，冷静了许多，甚至改变了他早年"鼓吹革命"的激进派角色。1906 年至 1909 年，远处东京的杨荫杭在《商务官报》上以"杨荫杭"署名发表近 80 篇介绍外国经济、财政、贸易、航运、商业，甚至银行钞票、美国糖业等方面的文章，尤以 1906 年为最。[26] 可见他的专业兴趣和特长是远离政治且相当务实的，或者说，他 1909 年以前的学习重点和研究兴趣并不是法科，甚至可以怀疑他所学专业并非严格意义上的法科。

杨荫杭后来赴美国宾夕法尼亚大学法学院学习，1910 年获得法学硕士（LL. M.）学位。那么，杨荫杭哪一年赴美留学？据陈立的考证，杨氏申请进入美国"在宾夕法尼亚州费城上大学"的申请，于 1907 年 10 月 16 日被批准，1908 年秋被宾夕法尼亚大学录取。[27] 杨荫杭成为当年宾夕法尼

---

[23] Li Chen, "The Origin and Early Development of Chinese Connections at the University of Pennsylvania Law School", *Asian Journal of Legal Education*, Vol. 7, 2020, pp. 195-214.

[24] 杨绛：《回忆我的父亲》，载《将饮茶》，第 12 页。

[25] 《学台批示》："留学日本毕业生杨荫杭禀……"，载《北洋官报》1906 年第 1091 期。

[26] 杨荫杭 1906 至 1909 年发表约 80 篇文章，参见《商务官报》1906 年第 1—29 期，以及 1907 年第 1—32 期，1908 年第 13—30 期，1909 年有 3 篇。

[27] 陈立还详尽地考证出杨荫杭"1908 年 5 月 4 日上午去见了院长刘易斯。就在同一天，院长写信给杨，分享了很多关于法学硕士（L L. M.）项目及其入学要求的细节。"宾夕法尼亚大学是美国最早招收中国学生的大学之一，这与宾大法学院院长刘易斯与伍廷芳的友谊有关。参见 Li Chen, "The Origin and Early Development of Chinese Connections at the University of Pennsylvania Law School", *Asian Journal of Legal Education*, Vol. 7, 2020, pp. 195-214.

亚大学首批录取的五名研究生之一,也是宾夕法尼亚大学法学院第一位中国研究生。杨也是他们中第一个在日本获得法科学位后选择在美国继续法律研究的人。[28] 陈立认为,不清楚的是,他 1908 年秋被宾夕法尼亚大学录取之前在做什么?陈立猜测他很可能是在阿什伯纳姆(Ashburnham)提高他的英语水平。这一点与杨绛说的"他初到美国,住在校长(不知什么学校)家里学习英语"[29] 可以互相印证。

杨荫杭在宾夕法尼亚大学学习期间,他没有选择当年较流行的宪法行政法或国际法,而是攻读商法,且专注于美日商法比较。院长刘易斯(William Draper Lewis)是他的导师。杨曾选修过几门商法相关课程,以帮助他准备一篇比较法论文。在刘易斯耐心指导下,杨撰写了一篇大约 30 页的单行距论文,题目是"日本商业协会的法律特征——此类协会与美国合伙企业和商业公司的比较"。[30] 杨撰写的这篇比较法论文得到了刘易斯院长的认可。然而,为了毕业,他必须发表他的论文。因此,杨把他的论文变成了文章格式,随后以长篇幅文章发表在 1909 年 10 月和 11 月的《宾夕法尼亚大学法律评论》,这与杨绛提到钱钟书的讲法[31]是一致的。

由于他未能在 1909 年 6 月毕业典礼前发表论文,他在 1910 年才获得了法学硕士学位。在 1910 年 6 月 15 日的毕业典礼上,他是唯一一位获得法学硕士学位的学生。在三个同学中,杨是 1910 年第一个获此殊荣者,[32] 是第一个获宾大法学院法科硕士的中国人。值得一提的是,还在念硕士的第二年,他花一年时间进行了《日本商法典》的翻译工作,此时他已经完成了他的课程和论文,只是在等待他的正式毕业。1911 年《日本商法典》

---

[28] Li Chen, "The Origin and Early Development of Chinese Connections at the University of Pennsylvania Law School", *Asian Journal of Legal Education*, Vol. 7, 2020, pp. 195-214.

[29] 杨绛:《回忆我的父亲》,载《将饮茶》,第 13 页。

[30] Li Chen, "The Origin and Early Development of Chinese Connections at the University of Pennsylvania Law School", *Asian Journal of Legal Education*, Vol. 7, 2020, pp. 195-214.

[31] 钱钟书曾对夫人说过岳父杨荫杭在美国毕业前发表论文之事。参见杨绛:《回忆我的父亲》,载《将饮茶》,第 13 页。

[32] Li Chen, "The Origin and Early Development of Chinese Connections at the University of Pennsylvania Law School", *Asian Journal of Legal Education*, Vol. 7, 2020, pp. 195-214.

译本在美国出版。㉝ 经历留美学习，其旨趣专注于美国商法与日本商法的比较，㉞ 他从政治激进者"脱离"革命转向学术研究，且法学知识横跨法系，成为中国较早"学跨东西"的法科知识人。

二、法治初春的料峭

杨荫杭在宾大获法学硕士学位回国后，由张謇推荐，在北京法政学校授课。1911 年 6 月，正是中国第一个全国法学会成立之时，《法学会杂志》创办。有传言说杨荫杭是主编，这应该是误传，但从杨荫杭发表的文章来看，说明他至少有参加法学会的工作。1911 年他开始在国内发表法学专业的短篇文章，就刊登在《法学会杂志》第 2、3 期，有《英美契约法》㉟和《和奸罪》㊱ 两篇，后文即《和奸不为罪考》㊲，另有《讼师考》㊳《长跪听审考》㊴ 等。1912 年杨氏还有"民主国宪法汇编"系列文章连载于《时报》。㊵ 从这些文章可以读出杨荫杭学术上的特点：第一，不仅古汉语功底深，而且语言优美雅致。难怪老友"侯士绾"侯皋生称"补塘兄深于说文音韵之学"。㊶ 第二，从这些文章可以看到，杨氏对中国古代法律史很熟悉，可信手拈来与欧美作比较。比如在《和奸不为罪考》一文，谈到"无夫无妇之和奸不治罪，不独欧美之法然也，即中国古法亦有之。周礼媒氏掌万民之判，中春之月令会男女于是时也，奔者不禁"，他还引用郑玄的注解，对周礼所谓男女之"会"、法家所谓"奔"加以说明。㊷ 杨荫杭还把

㉝ Li Chen, "The Origin and Early Development of Chinese Connections at the University of Pennsylvania Law School", *Asian Journal of Legal Education*, Vol. 7, 2020, pp. 195-214.
㉞ Li Chen, "The Origin and Early Development of Chinese Connections at the University of Pennsylvania Law School", *Asian Journal of Legal Education*, Vol. 7, 2020, pp. 195-214.
㉟ 杨荫杭:《英美契约法》，载《法学会杂志》1911 年第 1 卷第 2 期。
㊱ 杨荫杭:《和奸罪》，载《法学会杂志》1911 年第 1 卷第 3 期。
㊲ 杨荫杭:《和奸不为罪考》，载《吉林司法官报》1911 年第 7 期。
㊳ 杨荫杭:《讼师考》，载《吉林司法官报》1911 年第 6 期。
㊴ 杨荫杭:《长跪听审考》，载《吉林司法官报》1911 年第 8 期。
㊵ 杨荫杭:《民主国宪法汇纂》，载《时报》1912 年 1 月 15 日。
㊶ 杨绛:《回忆我的父亲》附录"补塘兄挽词五首"，载《将饮茶》，第 68 页。
㊷ 杨荫杭:《和奸不为罪考》，载《吉林司法官报》1911 年第 7 期。

周礼与欧美法加以比较，虽然文章短小精悍，却彰显其比较法的方法和思路。比如在《讼师考》中，杨氏讲到古代也有类似律师之角色，他列举《左传》中有宁武子为"辅"，士荣为"大士"，皆为代原被告辩护者也。㊸第三是他的学术敏锐性，对中国法弊端的挖掘，总是以小见大，所言总是发他人之未发。比如杨荫杭的《长跪听审考》中提出了"审事免跪"问题。

中国狱讼原被告有"跪"惯例，虽无明文规定却日久相袭，长期沿用，遂成定例。据笔者考证此"跪"例最早被打破是1906年的事。1906年有传说大埔县官胡太爷在审理案件时"免跪"，除非是"十分不好作贼之人"，㊹然而这种免跪只是个别官员个人行为。正式作为规则确定的免跪，出现在上海法租界会审公廨——1906年7月4日上海法租界工部局法籍总董提出："嗣后审案之时，如身穿长衣之体面商人，无论原被告须裁判官唤跪方跪，否则不得擅自呼喝。各宜遵照毋违。"㊺预备立宪以来，修律馆在拟订的民刑事诉讼法中，有允许站立陈述之条。1907年在"天津试办审判厅，有不令跪供之章程"，广东有人建议，督宪批示曰"粤省自可仿办"。㊻1908年上海法租界会审公廨会审委员（法官）聂榕卿㊼（聂司马）规定，根据案件分类决定是否免"跪"。"凡钱债田什及寻常纠葛等事，集讯时无论原被一律免跪至案"，"关奸拐逃遁流氓痞棍犯科违法盗贼等被告仍照旧章，惟原告免跪以示分别"。㊽这大体是按照刑诉与民诉的区

㊸ 杨荫杭：《讼师考》，载《吉林司法官报》1911年第6期。
㊹ 《审事免跪》，载《潮声》1906年第4期。
㊺ 《谕免跪讯案牍》，载《申报》1906年7月5日。
㊻ 《实行民事诉讼免跪》，载《振华五日大事记》1907年第35期。
㊼ 聂榕卿（生卒年不详），即聂宗羲，字榕卿，安徽六安人。早年在上海任淞海防厅分府同知（约1904—1907），1907年5月27日，担任上海公共租界会审公廨会审员。为官正直平和，公正严明。在法租界会审公廨的任职时间大约是1907年至1908年6月间、1912年至1920年间、1920年至1929年间，至少三度担任上海法租界会审公廨华籍谳员（推事）。1912年曾奉陈其美命调查陶成章被刺案，1913年曾参与办理宋教仁被刺案，1925年以义父身份主持黄金荣与露兰春的离婚事宜，1927年任改组会审委员会委员。参见："抚辕牌示：谕分发同知聂宗羲通判张炳文……"，载《南洋官报》1904年第111期；《本埠新闻》，载《新闻报》1908年6月22日、6月26日，1912年9月16日；《申报》与《民国日报》1920年7月15日；《申报》1927年3月2日。
㊽ 《涉讼冤跪》，载《申报》1908年10月26日。

分,来免除民事当事人之"跪"。1908年8月有报刊简要报道云:"法部通饬各省,所有讼案两造到堂审讯一律免跪"[49],据查实际并非属实。直到1910年,厦门鼓浪屿会审公廨"曹王二君"(指公廨谳员)仍然在为此事倡导,认为"以现当立宪时代急宜尊重国体敬重人格,遂照会各国领事及工部局,凡此后公堂案件无论华洋讼事……一概免跪,惟犯盗贼拐刦案件……"。[50] 原因很简单,在华洋案件中,洋人听审没有跪的习惯,华人却跪着听审,这至少在直观上很不平等。可见至辛亥革命前大清都未统一审视免跪之例。杨荫杭1911年的《长跪听审考》一文,提出废除旧诉讼之"跪"。其中谈到中国旧制度民刑事诉讼中,均需长跪听审,为西人所诟病。继而,他从古代法中找到证据,认为古代有"出庭名曰坐狱",如列举《左传》中有"坐狱",《周礼·小司寇》有"听万民之狱讼,凡命夫命妇不躬坐狱讼"。狱者乃刑事诉讼,讼者乃民事诉讼,说明不论刑民事案件的原被告,皆"坐而不跪"。[51] 杨荫杭的《长跪听审考》则是就诉讼程序改良彻底免除"跪"例而提出的意见。果然,1912年的《暂行新刑律》出台后,司法部作了一个司法解释,谓"跪审惯例凌虐人权揆诸暂行新刑律第一百四十四条规定在当然废止之列","通令京外凡有审判权者嗣后审判案件务须一律废除跪审以重人道"。[52]

辛亥革命前夕,杨荫杭南归,到了上海在申报馆做编辑。1913年2月8日杨荫杭被推举为宪法起草委员会委员。[53] 同月13日,江苏省司法处筹备开始,司法部令杨荫杭暂署江苏省高等审判厅厅长,[54] 15日任江苏省高

---

[49] 《法部通饬各省所有讼案两造到堂审讯一律免跪》,载《时报》1908年8月15日。
[50] 《废止法庭跪诉之定议》,载《申报》1910年1月22日。
[51] 杨荫杭:《长跪听审考》,载《吉林司法官报》1911年第8期。
[52] 《司法部部令》:"查跪审惯例凌虐人权揆诸暂行新刑律第一百四十四条规定在当然废止之列……",载《政府公报》1912年第95期。
[53] 《盛京来电(二月八日到)致武昌黎副总统暨各省都督并转民政长》:"宪法起草委员会敝处推举杨荫杭",载《秦中公报》1913年第272期。
[54] 《公电:复苏州司法筹备处令杨荫杭等暂署各缺电(二月十三日)》,载《司法公报》1913年第6期。

等审判厅厅长,[55] 据说又是经张謇推荐。此职相当于江苏省高级法院院长。审判厅有推事8人,预备推事2人,书记官6人,其中有位名叫张汝霖的推事。[56] 张汝霖,字稷人,江苏如皋石庄人,通州师范第一班毕业,曾赴日本学法律,后在如皋从事律师。辛亥十月初三,如皋宣布独立,张汝霖任检察厅厅长。如皋独立后还组成了临时县议会,正议长为张汝霖。

是的,辛亥革命犹如开天辟地,法治呈现从无到有的广阔天地。因国家规定本省人回避本省的官职,1914年4月12日,杨荫杭就任浙江省高等审判厅厅长。[57] 杨荫杭年轻又有新知,崭新时代的法律人似乎真可以酣畅淋漓地大干一场。除了常规办案和陆续核准律师执业区域之外[58],杨厅长在浙江省请设省内十八处承审员,[59] 解决基层缺乏法院、无力承办案件的问题。杨厅长还将"徒刑改笞杖,来月一日实行"。杨荫杭恢复古代笞刑以代替部分徒刑,可能是有他创新的理念和理由,但他作为厅长,深知此事需要慎重,他强调"以此系规复旧制,务须出诸慎重,并通饬各县承审各官,勿尚意气,重视民命"[60]。结果,这一措施被推广为全国普遍试行的笞刑制度,出台规则,限定竹制笞之尺寸重量并只许击打臀部。[61] 他有时亲自坐堂,审理要案。[62] 他还告诫下属不得压抑当事人上诉,[63] 等等。是

---

[55] 《临时大总统令(二月十五日)》:"任命杨荫杭署江苏高等审判厅长陈福民署江苏高等检察厅检察长此令",载《上海法曹杂志》1913年第14期。
[56] 《江苏高等审判厅职员一览表》,载《新闻报》1913年6月17日。
[57] 《新任高等审判厅长杨荫杭已于昨日接事旧任蔡谷清君向各当道辞行赴》,载《时报》1914年4月13日。
[58] 《浙江高等审判厅通告(中华民国三年一月六日):浙江高等审判厅核准律师指定区域布告》,载《浙江公报》1914年第682期。
[59] 《高等厅长杨荫杭请设余杭等县十八处承审员》,载《时报》1914年12月6日。
[60] 《徒刑改用笞杖此间定来月一号实行高等厅长杨荫杭以此系规复旧制务须出诸慎重并通饬各县承审各官勿尚意》,载《时报》1914年11月16日。
[61] 《公文:司法部呈为试行笞刑拟请将笞式量予修正文并批令》,载《浙江警察杂志》1915年第16期。
[62] "前玉环县知事于振越冤杀平民胡姜琪一案昨由高等厅长杨荫杭亲自审讯该知事词穷理屈案虽未决然恐难贷一死闻系未经……",载《时报》1914年11月14日。
[63] 《浙江高等审判厅饬:第一百四十三号(中华民国三年六月十六日)》:"诰诫不得压抑上诉暨私收费用由",载《浙江公报》1914年第842期。

年，杨厅长获得大总统勋章。(64)

同年11月，上海律师公会副会长高朔律师登报澄清一事，据云有传言高朔律师被杨荫杭厅长惩戒停职，高律师声明至今未接到通知。(65) 可见这是谣言，但由谣传可知，杨荫杭在社会上已被关注。

三、“拘许案”中法律人“群殴”

1915年2月，杨荫杭被任命为京师高等检察厅检察长，4月到任。(66) 1916年，交通部所属津浦铁路管理局前后两任局长王家俭、盛文颐涉租车购车舞弊案，正在天津审理。许世英(67)作为交通总长，瓜田李下，颇受怀疑。调查津浦铁路管理局租车购车舞弊案时，京师高等检察厅厅长杨荫杭于1917年5月4日指派检察官张汝霖“逮捕”交通总长许世英，将其押入看守所，并对其京津两处私宅进行了搜查。此案一石激起千层浪，震动一时。女儿杨绛后来说父亲是堂·吉诃德式的“疯骑士”，很可能就是指这件事。

交通总长许世英（1873—1964）历经晚清、北洋、民国三个时期，宦海浮沉60余年。他并非法科人士，但曾是资深法律官员，民国成立后任直隶都督秘书长、大理院院长、司法总长、政治会议委员及福建民政厅长。“二次革命”失败后，许世英辞去司法总长职，与段祺瑞结拜为“盟兄弟”。1916年6月任内务总长，7月15日兼任交通总长。交通部发生舞弊案后，许世英提出辞职，1917年5月3日，大总统批准许世英辞去交通总长职务。(68) 许世英被“捕”是在其离任后第二天，即5月4日。事实上，

(64) 《大总统批令（中华民国三年七月二十五日）》：“司法部呈浙江高等审判厅长杨荫杭奉给勋章感激下忱据情转呈钧鉴由”，载《政府公报》1914年第798期。

(65) “敬启者前读贵报新闻栏内载称苏高厅长杨荫杭告发敝律师从受伪职先行停止职务一则查敝律师”，载《新闻报》1913年11月4日。

(66) 《京师高等检察厅检察长杨荫杭任事日期通告》，载《政府公报》1915年第1057期。

(67) 许世英（1873—1964），字静仁，号俊人，安徽省至德县（今东至县）人。19岁中秀才，光绪二十三年（1897）以拔贡生选送京师参加廷试，得一等，以七品京官分发刑部主事，从此跻身官场，历经晚清、北洋、民国三个时期。曾任大理院院长，1921年出任安徽省省长，1925年任北京政府国务总理，旋兼财政总长。1949年移居香港，1950年赴台。

(68) 《大总统令（中华民国六年五月三日）》：“交通总长许世英呈请辞职许世英准免本职此令”，载《政府公报》1917年第471期。

杨荫杭捕许世英时，许已经不是交通总长。

杨荫杭与许世英不是陌生人，他们曾经有过一次公务上不愉快的交集。这要回溯到四年前的一件事。1913 年 3 月 20 日，宋教仁在上海火车站被刺。凶手在租界被抓后，即将由会审公廨移送地方法院审理。杨荫杭时任江苏高等审判厅厅长，他正进行着所辖范围内地方审判厅的改组。据《申报》5 月 19 至 20 日连续报道此事：高等审判厅杨厅长指派张汝霖到上海县督促地方审判厅改组事宜。可是据传出的消息称，张汝霖是个有"问题"的检察官，他曾在江苏如皋枭匪案件中有教唆庇护情事。[69] 据称上海县议事会议员查知，张汝霖系"通缉未获之刑事嫌疑犯，呈请行政官惩办在案。上海吴知事已电请都督省长请为核办"，[70] 云云。又据附电文认为张汝霖（时任如皋律师）为教唆庇匪刑事嫌疑犯，"兹派员问询属实，似此朦任法官"，"地方公民引为大辱"。所附核办电文称"吴知事已电蔡处长、杨厅长取消另委，并将张汝霖扣留发如皋审检厅归案审办"。[71] 既然张汝霖系通缉嫌疑犯，那么媒体强烈质问杨荫杭"何以为情"。[72] 张汝霖为此作了辩解和澄清。5 月 21 日，《申报》刊登了张汝霖致上海都督省长函，张汝霖公开申辩称自己在担任如皋律师时，曾"因案被诬，早经到庭对质，由转移管辖之江宁地方检察厅认为诬陷决定不起诉"。[73] 至此，风波才平息下来。

然而杨荫杭因改组一事，被司法总长许世英公开指责有"避政府授意改组，阻碍宋案之嫌疑"。[74] 法部驳斥杨荫杭改组审厅之不合，称"此次改组各厅，诸多不合"，就沪厅情形揭示：一曰"宋案由廨甫经接收审理，忽易生手，贸然从事，各界惶惑阻碍进行"；二曰"黄陈两长相继辞职，

---

[69]《请求惩戒张汝霖》，载《申报》1913 年 5 月 19 日。
[70]《县议会推倒张汝霖》，载《申报》1913 年 5 月 20 日。
[71]《县议会推倒张汝霖》。
[72]《请究刑事犯朦充法官三志，杨荫杭何以为情》，载《新闻报》1913 年 5 月 20 日。
[73]《张汝霖上书辩白》，载《申报》1913 年 5 月 21 日。
[74]《许世英向人云前次告诫江苏高等审判厅长杨荫杭乃避政府授意改组》，载《时报》1913 年 6 月 12 日。

部意以宋案方着手办理未允所请乃部中络绎电留,该厅长率行撤换以致办理两歧";三曰"即以改组而论,亦应由中央呈请任命新旧交替,始有专责,乃事前并未呈明遽行发布,迨经部询,始据电陈用人权限不明,置部中威信于何地";四曰"改组法院无非任用合格人员,以资整理沪厅旧日法官,非尽不合资格,该厅长漫不考查,一律撤换,显系意气用事";还有第五,第六……[75]可见杨荫杭所犯的"错误"之"严重",至少"意气用事"之情节的确存在,他若不知道官场这一忌,那就是太书生气。

杨厅长很可能对这位张汝霖不那么了解就给予了特别信任,后来还在赴京任职时随身带到北京工作,孰料后来又发生了大麻烦,实在是用人不慎。这位张汝霖后来还继续从政,直到20年后,在担任江苏东台县长期间,因受贿而被处理。[76]

杨荫杭拘许世英,此事犹如官场地震般,瞬间形成两派,一是反对派,一是同情派。两派人马中均有法律人。反对派中最具代表性的是外交总长伍廷芳和司法总长张耀曾[77]这两个内阁成员,而多数法律界人士均认为这是检察长分内职事,因而同情派人数众多。

5月5日,时任外交总长、法界名宿伍廷芳联合农商总长谷钟秀,在国务会议上率先发飙,"对高等检察厅杨荫杭捕许世英极愤,主张将杨荫杭褫职,已拟令送公府盖印,后复撤回,一面由权量率部员三人江朝宗派一科长往保,已将许保释放。闻杨以滥用职权将付惩戒"。伍、钟二人为

---

[75] 《法部驳斥杨荫杭改组审厅之不合》,载《新闻报》1913年5月28日。
[76] 《东台县长张汝霖受贿被扣》,载《申报》1934年6月19日。
[77] 张耀曾(1885—1938),号镕西,笔名崇实,云南大理喜洲镇人,白族。18岁入京师大学堂,1904年赴日本留学,加入同盟会,同李根源、赵坤在东京创办革命刊物《云南》杂志,担任总编辑。1911年弃学回国参加辛亥革命。1912年任南京临时政府"临时约法"起草委员会委员,帮助孙中山起草《中华民国临时约法》。从1913年起,历任众议院议员、众议院法制委员长、云南都督府参议,北京大学法科教授等职,参加起草《天坛宪草》。1914年再次东渡日本复学,获东京帝国大学法学士学位,回家乡云南协助蔡锷策划护国反袁起义。袁世凯死后,曾在司法总长位置上三起三落。1922年起,任"法权讨论委员会委员长"兼司法总长,以收回领事裁判权启动调查与改良,是推动中国司法独立的最初领导者。1926年因政局飘摇,辞去司法总长,寓居沪上,执业律师,却难以养家,40多岁起生病,穷困潦倒,53岁英年早逝。

此"以去就争",认为许为内阁,法庭无确证,仅凭报纸遽捕实犯刑律滥用职权罪。[78]于是,5月7日杨荫杭被停职。有意思的是杨停职后没有呆在家中,而是重拾早年爱好,去植物园收集并制作植物标本。[79]

未等澄清许世英是否真有贪腐,司法部即开始行动。5月8日,杨荫杭被司法部呈请内阁讨论。[80]同日,司法总长张耀曾正式具呈请将杨张二人停职交付惩戒。张耀曾认为"侦查犯罪本属检察官之职权,惟必有相当之证据、较著之事实,方能认为有犯罪之嫌疑。何能仅凭报纸纪载、议会质问遽行逮捕许世英并将其押入看守所",认为是滥用职权。该呈文还认为应将杨荫杭张汝霖均予停职,交付法官惩戒委员会议处,经国务会议通过,杨张停职交付惩戒之命令,并经办好倘不发生如何障碍则此命令即日准可发表。[81]

司法总长张耀曾是个什么样的人呢?为官清廉,且有心胸,格局很大,"抱负可谓宏大已极"[82],一心促进国家法治与宪制。按道理,也是笃信法治之人,可是位置不同认识相异,对杨荫杭拘许世英之案亦极力反对。

5月17日有消息称,惩戒委员会已开会讨论此案中杨荫杭的惩戒问题。[83]而众议院有议员对杨荫杭被交付惩戒提出质疑。[84]传讯在当时的法律上不属于强制处分。传讯的目的在获得证据,可以对告发人、证人使用,更何况对犯罪嫌疑人。检察官没有拘押许世英。人们对传讯的性质不了解,以为传讯就是拘押。问题的关键在于,当时刑事诉讼法尚未颁布,对犯罪嫌疑人应该采取何种侦查手段?许世英有犯罪嫌疑的情况下,可否传讯、搜查?传讯、拘捕、逮捕在当时法治条件下难以区分,许多报刊都误

---

[78]《高等检察厅长杨荫杭因逮捕许(世英)事拟停职》,载《时报》1917年5月7日。
[79] 杨绛:《回忆我的父亲》,载《将饮茶》,第20—21页。
[80]《惩戒杨荫杭事仍由司法部呈请今日(八日)提出阁议》,载《时报》1917年5月9日。
[81]《杨荫杭之惩戒问题》,载《大公报》(天津)1917年5月9日。
[82] 张耀曾1927年12月7日日记,载杨琥编:《宪政救国之梦——张耀曾先生文存》,法律出版社2004年版,第215页。
[83]《杨荫杭交惩戒该委员会已付审查》,载《时报》1917年5月17日。
[84]《众议院对于杨荫杭交惩戒提出质问》,载《时报》1917年5月17日。

作“逮捕”解。无论传讯、拘捕还是逮捕，都会失去人身自由，这对官员而言，尤其难以接受。连天津《大公报》这样的名报，都刊登文章揣摩杨与许的过往关系以及杨捕许的行为性质。(85)

5月21日，杨本人提出的答辩书在媒体公布，申辩逮捕许世英的理由，答辩书12个问题共写了12页，在当时算是很长的文书。(86) 所以杨的答辩提出并阐明了十二个问题，一为“对于犯罪人非有相当证据能否传讯”；二为“对于犯罪人，非有相当证据，能否抵押”；三为“对于犯罪人，非有相当证据，能否搜查”；四为“对于犯罪人，非有较著事实，能否传讯抵押搜查”；五为“许世英是否有嫌疑”；六为“并未奉令交办之案，检察官能否自行开始侦查”；七为“无人告诉告发，检察官能否开始侦查”；八为“仅以报纸之攻击、议会之质问、道路之传闻，能否开始侦查”……(87)

但这一答辩书抛出之后，官方迟迟没有下文。原因可想而知，当时内政外交之大事要事重重，政局成乱局，无暇顾及这桩“小事”。在“杨荫杭惩戒案”中，法律人“斗法”的法律逻辑和理性，被政治立场与亲疏好恶所消解，反而转变成像赌博一样，看运气——全都寄托在政局变幻的大机遇里面了。时任大总统为黎元洪（任期为1916年6月7日—1917年7月1日）。1917年5月下旬，总理段祺瑞被免职。6月9日，司法总长张耀曾因公民闹议会，借口请假或辞职不上班，徐谦代理部长。6月11日，黎大总统决意欲解散国会，时任总理伍廷芳不肯副署，黎大总统未能发布命令。6月14日司法代总长徐谦辞职。6月18日，江庸出任司法总长。(88) 这样一来，杨荫杭的案子就有转机的希望了。7月6日，直系军阀冯国璋以副总统代理大总统。这就是所谓“走马灯”的节奏。

1917年8月28日，国务总理段祺瑞、司法总长林长民下令杨荫杭、

(85) 《许世英与杨荫杭》，载《大公报》（天津）1917年5月8日。
(86) 《杨荫杭提出答辩书》，载《新无锡》1917年5月23日。
(87) 《杨荫杭之声辩书》，连载于《大公报》（天津）1917年5月23—24日。
(88) 《余绍宋日记》（第1册），第20—21页。

张汝霖二人不受处分。[89] 9月初，惩戒委员会最后决定杨张二人不受惩戒。[90] 惩戒委员会作出不惩戒决定，并说明了事实理由。当时缺乏关于刑事诉讼的相关法律依据，唯有总检察厅呈司法部备案的《检察执务应行注意事项规则》，其中第十六款载："因现行犯告诉、告发、自首、报纸风闻及其他闻见之事物证明或逆料有犯罪之嫌疑者，应即开始侦查。"第三十一款规定"就犯罪或证据物件所在处所，认为有搜索之必要时，得为搜索处分，但于家宅建筑物或船舶时得户主或管守者之承诺……"。第三十四款规定"侦查中有必要时得传唤被告或就其所在听其陈述……"等等。惩戒决议书分析了杨荫杭的行为情节，认为杨检察长"认明许世英有刑事嫌疑，饬令检察官张汝霖等开始侦查实施搜索处分并用传票传唤各节按诸执务规则各该款规定，尚无违背"[91]。

决议书署名包括代委员长周绍昌以及委员朱深、姚震、邵章、陆鸿仪、李杭文、张一鹏[92]、胡诒穀、张孝栘。[93] 江庸新任司法总长后，于1917年12月26日呈请杨荫杭进叙一等。[94] 杨荫杭的运气还算不错。

---

[89] 《大总统令：大总统指令第一千三百四十一号（中华民国六年八月二十八日）》："令司法官惩戒委员会委员长：呈议决京师高等检察厅检察长杨荫杭检察官张汝霖违背职务交付惩戒一案不应受惩戒处分请鉴由"，载《政府公报》1917年第581期。

[90] 《惩戒委员会议决京检厅长杨荫杭不受惩戒应请复职》，载《时报》1917年9月3日。

[91] 《杨荫杭不受惩戒之议决书，逮捕许世英之余波》，载《时报》1917年9月4日。

[92] 张一鹏（1873—1944），字云博，苏州府吴县人。早年进入南洋公学，后辍学并加入兄长张一麟创办的苏学社。1893年中癸巳科举人。此后赴日本留学，1906年初向清廷学部呈请创办法政杂志获准，于是年2月在东京创办并主编《法政杂志》并在中国发行，发表大量文章。约1907年毕业于日本法政大学速成科。归国后任法部主事，在《北洋法政学报》发表一批法学译文，1908年任京师地方检察厅厅长，1912年任苏州地方检察厅厅长，1913年2月任苏州司法筹备处处长。1914年5月任平政院庭长，1916年曾任代理院长。1917年底署司法次长。1918年1月兼任司法官甄录试及初试典试委员长，5月任北洋政府的署理司法部次长。1919年受派在上海查办烟土。1920年7月任代理司法总长，兼任法权讨论委员会副委员长。1921年3月以病辞职得准，南下上海，5月加入上海律师公会从事律师业，1923年曾任会长。1927年3月，国民革命军在苏州成立吴县临时行政委员会任主席兼民政局长。1943年12月任汪伪司法行政部长。翌年7月14日猝死。

[93] 《杨荫杭不受惩戒之议决书，逮捕许世英之余波》，载《时报》1917年9月4日。

[94] 《大总统令：大总统指令第二千一百二十三号（中华民国六年十二月二十六日）》："令署司法总长江庸：呈请进叙京师高等检察厅检察长杨荫杭等由"，载《政府公报》1917年第698期。

四、法律人"活法"的差别

1917年10月,北京律师界发生一个引人关注的案件。前农商部顾问雍涛因购买北京大佛寺庙产一案,有侵占及诈财嫌疑,被京师地方检察厅拘捕,以故意买赃物罪名提起公诉。雍涛发挥其平时之手腕运作,京城许多要人为之请求保释。据媒体报道,法庭刚刚表示允许,即有律师唐宝锷、包世杰二人趁机而起,向雍氏家属以大言相欺,称如果肯出五万元"运作费",即可"包办"释放。雍氏家人信以为真,遂先交出五千元。包某得3千,唐某得2千。事隔多日,雍涛仍被拘。此事走漏风声,法庭闻之,恐冒受贿之嫌,不敢如允保释。[95]经"雍氏案"法庭查知,唐包二律师实有欺诈行为。遂于1917年10月18日在唐宅将其拘捕,收入看守所。包律师潜往某外国人住处,尚未就获。[96]

这位唐宝锷就是中国第一位在日本取得学士学位的法科"海归"。唐律师滥收律师费案显然是杨荫杭经手的。京师检察厅多次派员提审,唐氏十分狡诈,不予承认,称其2千元系雍家预支的辩护费。还由其胞兄唐宝钟律师向地检厅呈请保释。[97]1918年4月,京师地方审判厅审查后认为不构成犯罪,宣告无罪予以取保释放,但其以律师身份对当事人实行欺诈,行为当受惩戒,遂提交司法部实行惩戒。[98]巧合的是,唐律师案到了杨荫杭手里——京师高等检察厅检察长杨荫杭以律师唐宝锷滥收律师费用案,移付惩戒。

1918年5月4日,京师律师惩戒会作出惩戒训令,唐律师接受额外费用的事实为:雍涛以"再有发生之事仍祈大力维持"为由表示感谢之意;但是会不会发生继续的诉讼程序,无法预料,唐律师何得以此视为预行委托?至于收取费用,其名称、数目均应按照定章办理。唐律师别立名目径

---

[95] 《唐宝锷律师被捕》,载《大公报》(天津)1917年10月20日。
[96] 《唐宝锷被拘之原因》,载《新闻报》1917年10月23日。
[97] 《唐宝锷诈财案之近闻》,载《新闻报》1917年10月30日。
[98] 《律师唐宝锷惩戒之结果》,载《新闻报》1918年6月19日。

向当事人索取，共计 1250 元。凭空所收取之费用均为北京律师公会会则所未规定。最后决议对唐宝锷的律师资格予以除名处分。[99] 如果惩戒令的事实属实，那么，唐律师的行为不属犯罪，而是欲望太大太强，因而违反职业规范，进而言之，这样的处理结果是合适的。这个唐某人极端聪明，转而利用南北政府的矛盾，向南方军政府司法部递交一纸，称自己被非法政府扣留律师证书、枉断除名，请求取消非法处分。此函中还故意扯上"政治关系"，以博取同情。1919 年 1 月 4 日，南方军政府司法部发文，称"据参众两院议长议员林森等十二人公函请予取销非法处分，自可照准"。[100] 因此，唐氏从军政府司法部部长部徐谦手里重新获得执照，执业律师。后来唐氏继续出任（南方）众议院议员[101]，40 年代还在做律师。[102] 可见他欲望之强烈，头脑之机灵，在不少人眼里，应当是个"成功人士"吧？

同样是法科知识人，杨荫杭就没有这样的欲望。他出身寒素人家，是个有操守的书生。早年在上海当律师时，家中七八口人的生活与学费，全靠他一人的律师收入维持。[103] 在杭州任浙江省高等审判厅厅长时，因维护司法独立与省长屈映光叫板，被屈氏后人称为"直头硬"。[104] 杨荫杭早就看破这一切，不想当官了。1919 年 10 月辞职，[105] 而他没等辞职照准即南归，来火车站送行的人一大片。[106] 辞了京官回到南方却没有自家的房产，

---

[99] 《司法部训令第二四一号（中华民国七年五月四日）京师律师惩戒会惩戒律师唐宝锷一案决议书（七年第二号）》，载《政府公报》1918 年第 823 期。

[100] 《司法部咨陈众议院议员唐宝锷为非法政府扣留律师证书、枉断除名，请予取销非法处分自应照准文》，载《军政府公报》1919 年修字 4—修字 90 号。

[101] 《众议院议员唐宝锷对于宪法草案通过二读会各条文宜先开三读会宣布成立意见书》，载《宪法会议公报》1922 年第 57 期。

[102] 《实业部批工字第一二四号（三十一年四月四日）》："为据呈律师唐宝锷等代表天津植物油灯合作社筹备处登报声明专利等情，查该律师等所称无案可稽批仰知照由"，载《实业公报》1942 年第 16 期。

[103] 杨绛：《回忆我的父亲》，载《将饮茶》，第 15 页。

[104] 杨绛：《回忆我的父亲》，载《将饮茶》，第 18 页。

[105] Li Chen, "The Origin and Early Development of Chinese Connections at the University of Pennsylvania Law School", *Asian Journal of Legal Education*, Vol. 7, 2020, pp. 195-214.

[106] 杨绛：《回忆我的父亲》，载《将饮茶》，第 23 页。

到了无锡，在提前租下的房子住下，不久就病倒了。病愈后，于1920年又到上海申报馆，当主笔，任副编辑长，后来担任副主编。他在著文之余亦兼任律师，用他的话讲就是"帮人吵架"。

杨绛说父亲"是上海律师公会创始人之一"，这个说法显然有误。上海律师公会创建于1913年3月，而杨荫杭1920年5月才加入上海律师公会，时年44岁，律所联系地址登记为"静安寺路11号申报馆内"[107]，看来是借住在申报馆宿舍。不到三年就把通讯地址改到"英租界爱文义路（今北京西路）1182号"[108]，可能是挣了些钱换住址了，据说他当律师走红不是因为别的，而是因为在法庭上跷起一条腿，第二天被报纸报道了，因此暂时成了"名"律师。[109] 和别人南下到上海干律师不同，他嫌上海社会太复杂，决计定居苏州。1923年迁居苏州，任执业律师和自由评论家，全家仍然是租房子住。后来买下一明代破房子，叫"一文厅"，花掉了他的人寿保险费和律师收入，修葺一部分，拆掉大部分，方得入住。杨荫杭与妻子唐须嫈生四个女儿之后，又育两个儿子，最后又得两个女儿。在观念上，他反对置买家产，认为如此一方面把自己当家产的奴隶，另一方面对子女也是个大害，鼓励子女"自食其力"。他说"我的子女没有遗产，我只教育他们能够自立"。女儿杨绛有评论，觉得父亲的家产观念和原则颇接近于共产主义。杨荫杭在上海和苏州两次执业律师，但他"不爱做律师。他当初学法律，并不是为了做律师"。他把律师的"光荣任务"称为"帮人吵架"，认为民事诉讼十之八九是为了争夺财产。有些事无论报酬多高，他决不受理。曾经有位30来岁的当事人来找杨荫杭，要他设法对付其异母庶出的妹妹，不让她继承遗产。杨荫杭拒绝了他的委托请求。认为"那么个又高又大的大男人，有脸说出这种话来"[110] 这样的话语，很容易被理解成"法盲"说的，其实不然。学法律的人，并非个个都爱争辩，都

---

[107] 《上海律师公会会员录》，载《上海律师公会报告书》1921年第1期。
[108] 《上海律师公会会员录》，载《上海律师公会报告书》1923年第9期。
[109] 杨绛：《回忆我的父亲》，载《将饮茶》，第16页。
[110] 杨绛：《回忆我的父亲》，载《将饮茶》，第31—35页。

具有做律师的兴趣和能力。对于一个性情天生与俗世、与争辩"违和"的人来说，这样的心情是很自然不过的了。1931 年上半年，杨荫杭退出上海律师公会。[111] 此后似乎无固定工作。但从他发表的杂文来看，可以略知这个法科知识人独特的"活法"。

其实杨荫杭是位极具功底和特色的杂文作家，笔名"老圃"。他爱读诗，最爱杜甫诗，有文学功底。"他特别好小学，为了考证名物，溯流探源，不但精研中国南北各种方言，以及少数民族语言，而且兼通朝鲜、越南、缅甸、泰国、马来、印度、锡兰语言，甚至中亚西亚许多已经死掉的语言。"[112] 早年写经济类文章，后来改发时评杂文，署笔名"老圃"。笔者通过"全国报刊索引"近代期刊数据库搜索统计，"老圃"的杂文发表情况是：1912 至 1913 年间在上海的《时事新报》有其数百篇时评杂文，其中 1912 年发表了 243 篇，1913 年发表了 34 篇。如果这是他的第一个时期，那么 1920 至 1925 年是他时评杂文写作的第二时期。其中 1920 年在《申报》就发表了 125 篇杂文，1921 年在《申报》发表了 187 篇杂文，1922 年在《申报》发表 135 篇，1923 年在《申报》发表 90 余篇，1924 年《申报》上发表 65 篇，1925 年在《时报》上发表 33 篇。第三个时期则是 20 世纪 30 年代，发文最高峰是 1931 年在《罗宾汉》发表近 70 篇时评杂文。另外 1934 年，在《十日谈》发表了约 20 篇。

杨荫杭的杂文多以社会和政法时评为主题，兼及文化生活。比如有篇批评北京市政府的文章，说到五月是中国国耻日最多的一个月，可是北京市袁市长为招待各国使馆外宾作游园大会，找了女大学生特别是 60 余名燕京大学的女生当招待员，引起该校抗日会的抗议。此文对此进行公开揭露和批评。[113] 另有一篇《乡居杂谈》说自己到乡村去，体会到陶渊明的生活，同时也观察了农村家庭。人家为何四世、五世同堂？因为乡下的父母

---

(111) 《上海律师公会 1931 年"退会会员"名单》，参见《上海律师公会报告书》1931 年第 29 期。

(112) 李慎之：《通才博识，铁骨冰心》，载《读书》1994 年第 10 期。

(113) 老圃：《国耻月中的北平空前盛举》，载《十日谈》1934 年第 29 期。

给自己儿子娶大岁数的媳妇,既可以干活,又可以服侍自己。但产生的弊端是,媳妇发育充足,而丈夫年纪太小不能满足她的欲望,便有好多的风流事儿演出来,她们并不用到旅馆里去,就发生在那大自然的麦地里。[114] 每写完这样一篇文章以后,往往会对夫人唐须嫈说"我今天又放了一个大臭屁"。1923 年 9 月 4 日,杨荫杭在《申报》发了篇《新文化两种》,讥讽新文化倡导者把白话文和男女同校当作新文化,在杨氏看来,"中国人能说白话,远在文字以前","男女同校乃西人旧习。今日美国之趋势,皆喜男女分学,故新式女子学校,为社会所欢迎",因此这两种都只是复古而已。[115] 岂料,9 月 9 日胡适把文章剪下来存进他的日记本,显然胡适读到了这篇文章,日记没有发表任何评论,但在同日致黄炎培信中"并评老圃的《新文化两种》"。[116]

李慎之曾于 20 世纪 90 年代从杨绛处获赠《老圃遗文辑》,评论道:"篇幅都很短,……最长不过千把字,……因此全书少说也有六七百篇文章,所涉及的范围也不仅是文字训诂,而主要是评论时事政治,由此而旁及法律、历史、经济、社会、文化以至古代地理、民族源流……几乎无所不包。总而言之,是一部不折不扣的'小小百科全书'。""补塘先生之博学多闻,往往使我挢舌不能下。无论什么材料,都是信手拈来皆成妙谛。尤其难得的是,它们并不是专门著作,而是排日作文,触事生感,随写随刊的东西,然而文章诗词,中外故实都准确得就像从电脑信息库中调出来的一样,无怪乎杨绛先生要对我说'我爷的书都是嚼烂了吃到肚皮里的'"。[117]

从杨荫杭的文笔来看,他是入错了行,是个被法政耽误的学问家或文学家。甚至他内心并不真正亲近法务工作,故而才用学问或文学作补充。这种法科出身的人士,并不鲜见,他们转行一定是发现法学有某些不能满

---

[114] 老圃:《乡居杂谈》,载《十日谈》1934 年第 38 期。
[115] 老圃:《新文化两种》,载《申报》1923 年 9 月 4 日。
[116] 曹伯言整理:《胡适日记全编》(1923—1927,第 4 册),第 44 页。
[117] 李慎之:《通才博识,铁骨冰心》。

足他们的地方——专业训练十分刻板、职业生涯过于单一、社会政治瓜葛太多、世俗性学问缺乏浪漫的趣味……

1937年，日军入侵，杨家无奈迁居上海法租界。杨荫杭在上海震旦女子文理学院、上海私立大同大学教书。据杨绛在忆父文中说，"生活程度不能高"是父亲常挂在口头的话，他两次作《生活程度说》，主张"欲求生活程度之增高，当先求人格之增高。与其生活程度高而人格卑，不如生活程度卑而人格高"。又说："中华人与西方人接触以来，凡西方人坚苦忍耐之美德，皆熟视而无睹。独羡其生活程度之高，不恤沐猴而冠以效之。"可想而知，八年抗战中，杨家过着清贫的生活。熬到1945年胜利前夕，杨荫杭却在苏州家中中风去世。关于他去世的时间，黄恽先生作过考证，他在《钱杨撷拾：钱锺书、杨绛及其他》中提到，杨绛在一个自编大事记里，提到其尊人的逝世日期是1945年3月27日。但据黄先生查找1945年3月26日《江苏日报》，在头版的左下角，刊登了"杨宅报丧"的方框。其文曰：

> 杨补塘先生讳荫杭，痛于国历三月二十二日丑时，寿终苏州庙堂巷七十一号本宅，谨择于二十六日（旧历二月十三日）二时大殓。特函报闻
>
> 恕不另报　　择吉安葬
>
> 痛辞发指　　不再讣告
>
> 安徐堂启

因此，1945年3月22日丑时（午夜过后2点前后），这才是他真实的具体去世时间。[118]

杨荫杭是不是堂·吉诃德式的"疯骑士"？他迎面大战所面对的，不

---

[118] 黄恽：《杨荫杭死于何日》，载《钱杨撷拾：钱锺书、杨绛及其他》，东方出版社2017年版，第137页。

是"假想敌"风车，而是真材实料的权势人物。因此，杨荫杭不是堂·吉诃德式的"疯骑士"。杨绛理解的堂·吉诃德是有骑士美德和卓识的，"有很强的理性"，"宁可舍掉性命，决不放弃理想和他信仰的真理"，[⑩] 因此表现得可笑是因为他不知自己迂腐的那份严肃和执着。从这个意义上讲，那么杨荫杭就是堂·吉诃德式的"疯骑士"。这个"疯"是指与常人不同，其实他只不过是"秀才的毛巾"——包书（输）。可是与权势战斗，哪个书生不是输呢？如果大家都这么认输，那这个世界谁来保卫理性和真理呢？这个意义上讲，杨荫杭和堂·吉诃德一样是个"可悲可敬的英雄"，难能可贵的是杨荫杭是身居体制内的堂·吉诃德。杨绛说："在贪污腐败的势力面前，我父亲始终是个失败者。"那么怎么看待失败呢？其实个人意义上的成功，绝不是人生全部的意义。况且有些法律人的"斗法"是"为法律而斗争"。杨荫杭可以像很多人那样继续在官场苟且着，而他斗争到最后以"失败"而退隐，这样的人生并非"失败者"一词所能定义。

[⑩] 杨绛：《杨绛译文集》，译林出版社1994年版，第12—13页、第16页。

余棨昌——"见"与"隐"

图 1　余棨昌（1882—1949）

有这么一本书，它不仅翔实地记录了北平古都旧事，包括皇城、城门、街道、胡同、寺庙、官署、使馆、医院、大学、中学、饭店、馆舍、名宅等相关的变迁轨迹，还讲述了北平城的城市格局、地名演化、建筑用途变迁、故都风物典故，甚至连城墙和建筑的精准尺寸都一一列明。它叫《故都变迁纪略》，是研究旧北京城变迁的重要文献。

书稿于 1941 年 7 月完成，作者名叫"怡园老人"，那么，他是谁？

一、从怡园老人寻皇城隐士

1941 年（民国三十年）7 月的北平，正是日伪统治下阴暗破败的旧都。此时在北平积水潭西海北沿一个叫"濯梦楼"的旧居里，住着一位自称"怡园老人"的人，他正在完成一本关于京城变迁的书，取名为《故都变迁纪略》，内容包括旧北平的城垣、旧皇城、内城、外城、郊坰、轶闻等共十一"卷"(章)。目前所知,《故都变迁记略》曾有一个出版于 1977 年 12 月的台北版本,由"吴县陈克明秋水校勘",在广文书局正式出版。①

这位"怡园老人"是何许人?据此书"自序"言,作者称"予于清光绪壬午年出生在京师,忽忽六十年,予既衰老,都城亦非昔日之旧,良时不再,此固无可如何者矣"。这说明作者 1882 年出生在北平,当时已届花甲之年,好日子不再拥有,实为无可奈何。言语讲述的是城市变迁,实则暗含着对生活在日伪统治下的愤恨与无奈。接着作者又言:

> 予家侨居于京师者三世。予复狃于小人怀土之私,鲜事远游,虽幼时侍先夫人省觐先外王母于台湾,因依先舅维卿先生读书于台南北官署者数年,弱冠游学日本者又数年,然自壮岁服官京曹,即未出国门一步,前后四十余年中,更庚子辛亥之变,凡建置之兴废、名迹之存亡、道路里巷之变更,无一不目睹而心识之。在今日事过境迁、人皆淡忘,独予于往日之旧京,犹拳拳于怀而不能恝置焉……

从中可知作者祖籍北平,少年时随母亲至台湾寄居于舅舅家读书。青年时期还曾游学日本,壮年起在北平曾任职于司法部门,此后从未出国,因此对京城很有感情,也很熟悉。作者为何要写此书?自序中有记录:

> 夫以声明文物绵延六百余年之故都,予幸生其间,既见其盛,旋见其衰,复见其陵夷(指由盛到衰——引者注),以至于今日,而予

---

① 怡园老人:《故都变迁纪略》,广文书局 1977 年版。

犹偷息于此。此予之悲咽而不能自已者也。近见报章有征求街巷旧名者，故老凋零，能知往事者盖已寡矣。更百数十年，此庄严宏丽之故都，其遗迹或至湮没而莫可稽考，不亦大可慨乎？

作者出于对其生长之旧京城的情感，亲历由盛至衰的故都变迁，心生无限哀叹，浓浓恋土情感跃于纸面。但从书中所记文字来看，不虚不夸，"不敢妄逞臆说而务求翔实"，"亦不敢征引繁琐而务求简明"，以方便访古者浏览。纵观全书，语言客观而准确，史实翔实而细致，极尽史家治史治学之能力。根据书中"例言"，作者云："本记略以记变迁为主，惟所谓变迁者，为自清末光绪庚子变乱后以至民国二十六年卢沟桥事变时止之变迁而言。其以前以后皆不载。"此书为研究近代北京城市史提供了极为珍贵的史料。

目录所列的十一卷分别为：卷一"名称·城垣"，卷二"旧皇城一"，卷三"旧皇城二"，卷四"内城一"，卷五"内城二"，卷六"内城三"，卷七"内城四"，卷八"外城一"，卷九"外城二"，卷十"郊坰"，附录。遗憾的是，此书并没有如目录所列的十一卷，而是止于"卷七"，并且封面注明"笔记六编"，实际上只有城垣、旧皇城、内城三编。

"怡园老人"到底是谁？仔细看台北版本，发现内文有署名——"绍兴余棨昌戟门氏编"。此"绍兴余棨昌"非他人，正是我国著名民法学家、大理院院长余棨昌也！唉！谁会想到，一本记载古城变迁的书居然出自一位大理院院长之手？

现经本人查阅《中法汉学研究所图书馆馆刊》1945年第1期，发现一则"图书介绍"——《故都变迁记略》的书名赫然印在篇中！该书署名正是"余棨昌编"，初版刊印于民国三十年（1941），铅印本，线装二册。书中介绍"此书所记变迁，自庚子拳乱起，至民国二十六年止，其以前以后皆不载"，文尾云："上册，卷一至卷七，记：名称，城垣、旧皇城、内城；下册，卷八至卷十，记：外城、郊坰、附录故都掌故轶闻四十余事以殿之"。② 笔者终于恍然大悟,原来怡园老人余榮昌于1941年7月写完此书之后,即付梓刊印,并且是原封不动的完整十一"卷"。

诚如图书介绍所言,"纪载翔实,征引简要,可资修志之考镜,访古之向导"。以下摘录1977年版书中几段与法律有关的旧城变迁情况:

> 北京大学第二院在景山东街即清末京师大学堂校舍,本为四公主旧邸。……大学东为松公府,民国后亦并归大学改为图书馆……北京大学第三院在北河沿,为清末译学馆旧址。北京大学第一院在沙滩,民国三四年间胡次珊仁源长校时所筑。(旧皇城二,第55—56页)

> 胜清六部九卿官署多设于天安门皇墙外左右两侧……阙西至北而南为銮仪卫次太常寺、次都察院、次刑部,又次大理院,俱东向。銮仪卫之西北为律例馆……(内城一,第65页)

> 朝阳学院旧名朝阳大学在东直门南小街,为海运仓旧址,民国二年立,对面仓神庙今尚存……(内城二,第86页)

> 西皮市后与之平行者为司法部街,旧名刑部街,后又称法部街,清初称西公生门直街……司法部街街西旧有銮仪卫太常寺、都察院、刑部、大理寺五署……大理院民国仍之国都南迁后废为大理院档案保管处,旋北平地方法院迁入之(地方法院原在四眼井)。司法部署为民国三年就刑部旧署所改,建国都南迁后废为司法部档案保管处,后又改为省党部。(内城三,第91—92页)

> 刑部本明锦衣卫故址,内有杨椒山先生祠……清大理寺署本明南镇抚司署故址,民国初为京师高等审判厅,后建新署于双沟沿,此署遂废,今已歇业之懋业银行即其旧址。銮仪卫夹道西为律例馆,为清代纂修律例之处,清末馆虽移于旗守卫胡同,而其地仍名律例馆大

---

② 《图书介绍:〈故都变迁记略〉(余榮昌编)》,载《中法汉学研究所图书馆馆刊》1945年第1期。

院。民国初司法部设司法讲习所，以训练法官，即就旗守卫巷内之律例馆为之。（内城三，第92页）

　　北平大学法商学院第一院在象房桥，第二院在象来街，一院为众议院旧址（清末资政院故址）。二院为参议院旧址（清末法律学堂故旧址）。（内城二，第94页）③

以上所提到的京师大学堂校舍、北京大学各院、刑部、大理院、律例馆、朝阳大学，对这位隐士般的怡园老人来说，有怎样的故事和情感呢？殊不知，这些建筑都是他的人生驿站，这里有他的青春，他的足迹……他是怎么变成皇城隐士的？后文将作详述。

二、从京师东渡到大理院长

余棨昌（1882—1949），棨字念 qǐ，字戟门，浙江绍兴籍，1882年11月中旬④生于北京。幼时随母亲省亲至台湾台南，在舅舅家读书若干年，尔后回京续读，入京师大学堂（北京大学前身）学习。

余棨昌在此读书时，正是京师大学堂剧变革新之时，它正经历了义和团运动、联军入京、中外议和，朝廷痛定思痛，一意振兴，命京外臣工参酌中西政事，各抒己见，以求培养人才，复兴国势。于是1902年1月，朝廷派张百熙为管理大学堂事务大臣，相当于校长。百废待兴之际，为收急功速效，暂不设专门分科，先设大学预备科，分政、艺二门，暂设速成一科，分仕学、师范二馆。⑤其中"政"门，即有经史、政治、法律、通商、理财等。从课程来看，1902年的速成仕学馆已经有刑法总论、刑法分论、刑事诉讼法、民事诉讼法、法制史、罗马法、日本法、英吉利法、法兰西法、德意志法、国法、民法、商法等课程，另外交涉学还开设公法，政治

---

③ 怡园老人：《故都变迁纪略》，第55—56页，第65、86页，第91—92页，第94页。
④ 余绍宋1941年11月13日日记提到"作七言句寿戟门"，应为戟门庆祝生日之前。参见《余绍宋日记》（第5册），中华书局2012年版，第1653页。
⑤ 庄吉发：《京师大学堂》，台湾大学文史丛刊1970年版，第27页。

学还开设行政法。⑥

1902 年，正值中国官方启动官派留日制度之初，当时的日本已逾四五百中国留学生，仅东京就有百余人，其中官费生顶多只有一半。⑦ 京师大学堂管学大臣张百熙从速成科师范馆和仕学馆的学生中选拔，派出第一批 47 名留学生，"以备将来学成回国，可充大学教习"⑧。可见当时派留学生的目的是培养大学堂的师资。舒新城所撰的《近代中国留学史》中记载，管学大臣张百熙"奏陈京师大学堂宜派学生出洋分习专门以备教习之用"，"二十九年在京师大学堂速成科中选余荣昌等三十一人派往日本"，因"费重道远往者不多"，赴西洋各国共 16 人。⑨ 到 1903 年 12 月管学大臣张百熙手上已经有了这 47 名留洋生的名单，⑩ 其中分留东洋和西洋两批。31 名留日学生中，包括后来著名的学者，如历史学家王桐龄、哲学家史锡绰等等。他们中除个别人之外，多数集中在一起出发，由章宗祥护送至日本。而余荣昌他们很可能于 1903 年底或 1904 年初从上海出发，30 余人陆续到达日本。

那么赴日留学生攻读法科者有多少人呢？有两种说法，一说为 9 人⑪，另一说是 11 人⑫。到底是多少人？据一份 1936 年关于"太学遗闻"记载，"各馆既齐开，深感于教习乏才"，"派赴西洋者十六人"中包括学法科的林行规、左承询（雪艅）、范绍濂、魏渤等 6 人，法科占了大头。⑬ 其中京师大学堂第一次派赴日本的留学生名单，习法科者中，余荣昌名列第一，

---

⑥ 庄吉发：《京师大学堂》，第 47 页。
⑦ 梁启超：《行人失辞》，载梁启超《饮冰室文集类编》（上），第 728—732 页。
⑧ 张百熙等：《奏派学生赴东西洋各国游学折》，载《光绪朝东华录》（第 5 册），中华书局 1958 年版，第 5113—5114 页。
⑨ 舒新城：《近代中国留学史》（中华书局 1927 年初版），上海科学技术文献出版社 2014 年版，第 34 页。
⑩ 冯立昇、牛亚华：《京师大学堂派遣首批留学生考》，载《历史档案》2007 年第 3 期。
⑪ 据上海交大数学史教授萨日娜《东西方数学文明的碰撞与交融》一书的考证。参见萨日娜：《东西方数学文明的碰撞与交融》，上海交通大学出版社 2016 年版，第 306 页。
⑫ 冯立昇、牛亚华：《京师大学堂派遣首批留学生考》。
⑬ 冯立昇、牛亚华：《京师大学堂派遣首批留学生考》。

此外依序为曾仪进[14]、黄德章、屠振鹏[15]、朱献文、范熙壬、张耀曾[16]、陈发檀[17]（法科兼文科）、钟赓言、朱深[18]、周宣（信息不详）共 11 人。[19] 并且法科这 11 人只是法律学科，不含法科政治学科（如陈治安等人）。另

---

[14] 曾仪进（1888—?），字叔度，又名彝进，四川华阳人，祖籍广东嘉应，出身书香仕宦之家，祖父为翰林改官。1893 年（癸巳）乡试中副榜，官派留学日本，毕业于日本东京帝国大学法政科。回国后，中恩科副榜。历任工部主事、大理院六品推事、邮传部主事。辛亥革命后仍为原职，曾任袁世凯大总统秘书，1914 年任政事堂参议、约法议员，与马相伯、施愚、杨度等同为宪法起草委员，向大总统条陈实行地方自治、整理财政办法，主张以京兆为模范省实行福利政策，曾批示四川发现之苏轼等画墨竹真迹转京师图书馆保护。任国务院参事达十年，著有《我所经手二十一条的内幕》一文，讲述他在袁世凯与日籍顾问有贺长雄之间进行联络时所知内幕。1917 年对德宣战后，以外交研究委员会委员名义草拟通牒文稿"维护公法、维持人道"。1918 年 3 月国务院设备议筹备处，任秘书长。同年发明军home通信新式旗语受嘉奖，后从事国语改良教育，任"国语统一筹备会"委员，建电报实验室，在改良电码方面发明电报中文发音应用技术。1919 年 1 月任管理敌国人民财产事务局局长，曾被提议拟任驻日公使，后任法制院平议，1920 年被任命兼代经济调查局副总裁，曾任文官普通考试典试副典试官、考察宁海边务专员。1922 年曾因被免职而与王宠惠起交涉。1924 年底与潘大道、钟赓言等担任临时法制院评议。1925 年任国宪起草委员会委员。1930 年被聘为北平市政府公安转款委员会委员。

[15] 屠振鹏（1879—1926），字宝慈，江苏武进人，1908 年由东京第一高等学校升入东京帝国大学法科政治学专业。归国后，任南京临时政府实业部参事。北京政府时，历任农工商部参事秘书、金事科长、商品陈列所所长、劝业委员会委员及国货展览会主任等职。曾编辑全国农商统计表。1922 年，奉派为赴日考察文化专使，磋商取消庚子赔款移用教育事业事。后辞官经商，创办天津裕大纺织公司。1926 年，因经营失败，积忧成疾病逝。

[16] 据梁漱溟回忆，张氏于 1903 年考入京师大学堂，1904 年赴日，在东京第一高等学校留学，四年毕业，升入东京帝国大学法科后肄业，中间因病辍学。另据张耀曾后人回忆，张氏 1902 年考入京师大学堂，因父母先后病故推迟一年赴日留学，次年回国，1913 年避乱赴日，继续完成学业。参见杨琥编：《宪政救国之梦——张耀曾先生文存》，第 514—516 页。

[17] 陈发檀（?—1944），海口市灵山镇东头村（原属广东琼山）人，清末秀才，1911 年日本帝国大学毕业，钦差进士，民国初年当选国会议员，海口市灵山镇东头村人，幼承庭训，勤学苦读，参加留学选拔考试被录取，1904 年派往扶桑入日本帝国大学法科攻读，时逢孙中山在日本东京创立同盟会，陈发檀秘密加入，清宣统元年（1909）毕业归国。依照清律御赐进士，1912 年元旦，孙中山在南京就任临时大总统时，任孙中山秘书，参加临时约法的制定，1912 年 9 月，在孙中山参加的在京广东同乡会座谈会上，发起倡议海南建省。1913 年与林文英及胞弟陈治安等，当选国会议员。

[18] 朱深（1879—1943），字博渊，河北霸县人。优廪生出身，后考入京师大学堂（北京大学前身）。1903 年，作为京师大学堂首批派遣的留学生，赴日留学。先入东京第一高等学校，1907 年升入东京帝国大学法科，学习法律学专业，兼修德国法。1911 年底毕业归国，任清廷法制局法典编纂会编纂。1912 年元旦，中华民国成立，朱深转为总检察厅检察官。1913 年 1 月，改任京师地方检察长。8 月署理京师地方检察厅厅长兼任朝阳大学罗马法教员。1914 年 11 月，改任直隶顺天府京师高等检察厅厅长，兼约法会议员资格审查委员会委员。1915 年 9 月任总检察厅检察长，1918 年 4 月 1 日任段祺瑞内阁司法总长。1919 年任靳云鹏内阁司法总长、京师警察总监等职。1925 年任京师警察总监，兼京师市政督办。1934 年下海作实业。1937 年抗战爆发后，任伪华北临时政府议政委员会常务委员、伪法制部部长、伪华北政务委员会委员长等。1943 年 7 月病死。

[19] 《太学遗闻》，载《实报半月刊》1936 年第 14 期。

外，还有一些从别科改学法律专业的留学生，比如唐演[20]从史学改为法科，杜福恒从哲学改为法科，顾德邻从地质学改为法科，刘冕执从应用化学改为法科，席聘臣从动物学改为法科，刘成志从电气工学改为法科。法科所占比例从三分之一上升到超过二分之一，可见当时法律颇受重视。这三十一人均按惯例，先入以日语为主课的预科班，再进入各自申请考试的正式大学学习。余棨昌大约于1907年预科结束后，进入东京帝国大学法科，学习法律学兼修德国法。后来专攻商法，遂成其长期系统深入研究的领域。

众所周知，京师大学堂于1912年5月24日才更名为"北京大学校"。[21]可是"北京大学"这个名称早在1908年就已经在日本东京被公开使用了。是谁这么干的呢？考其缘由，是和余棨昌这批首次派日留学生有关。其中有27人在东京成立了一个"北京大学留日学生编译社"，人员当然包括余棨昌，此外还有陈发檀、黄德章、朱深、唐演、钟庚言、张耀曾以及其他学科共27人。[22]编译社《章程》规定社员资格为"以北京大学留学生创办本社者充之（东西京帝国大学及第一高等学校），其他现存东京各大学及专门高等各学校留学生与本社宗旨相同者由本部社员介绍（一人以上）经评议部认可得为社员"，"编译分为七科如左：法律科、政治科、文学科、工科、理科、农科、医科"，"定期出版，定名'学海'每月出甲乙两编以介绍各科之学说为主"。[23]

1908年2月出版的月刊《学海·甲编》创刊号，封面上就公然改变了校名"京师大学堂"而使用了"北京大学"。这也很有创造性甚至是挑战性吧！不过他们办刊得到留日学生监督、出使大臣、湖南抚院的捐助，

---

[20] 唐演（生卒年不详），江苏人，1905年入东京帝国大学法科大学，1909年毕业归国，参加1910年学部举行的游学毕业生考试，廷试列优等（二等），赐法政科举人，以内阁中书补用。
[21] 《京师大学堂改定名称及启用新刊关防通告》，载《政府公报》1912年第26期，第7页。
[22] 《本社发起人姓名》，载《学海·甲编》（东京）1908年第1卷第1期创刊号。
[23] 《北京大学留日学生编译社章程》，载《学海·甲编》（东京）1908年第1卷第1期创刊号。

有一千也有六百、三百不等，甚至两江督部端方捐助了六百，东三省督部徐世昌捐三百，奉天抚院唐绍仪捐三百，等等。看来擅自改校名是得到官方默认的。《学海·甲编》共办了五期，发文最多者为唐演（18篇）、余棨昌（12篇）、陈发檀（10篇）。[24]

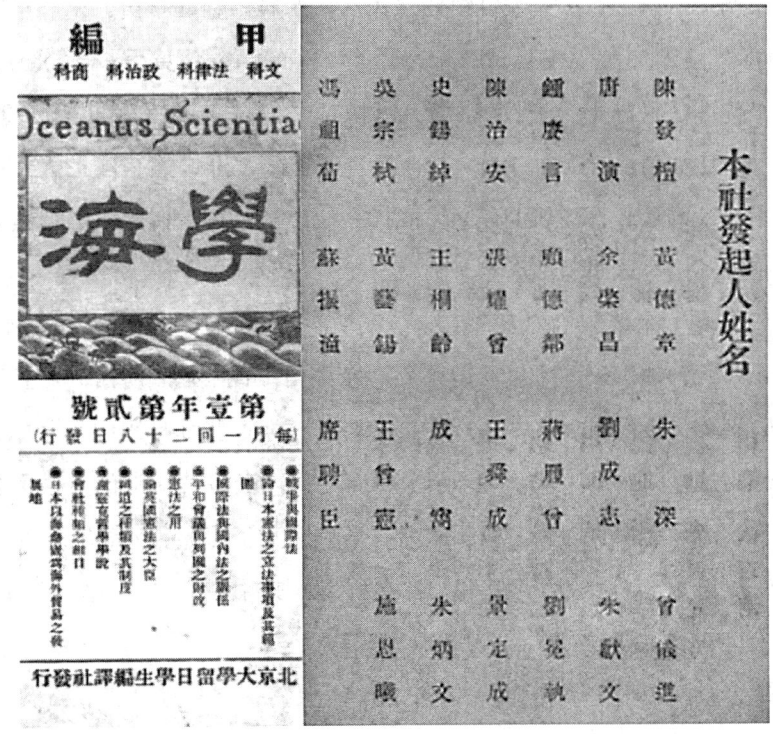

图 2　东京出版的《学海·甲编》第一年第二号

1908 年，余棨昌开始在《学海·甲编》刊物第 1 卷第 1 至 5 期上发表论文和译文，包括：古贺氏著译文《悖加利亚（Beccaria，今译"贝卡利亚"——引者注）之事迹及其学说》（第 1 卷第 1、4 期连载）、《战争与国际法》（第 1 卷第 2 期）、《论法信说》（第 1 卷第 3—4 期连载）[25]、《法

---

[24] 参见《学海·甲编》（东京）1908 年第 1 卷第 1 期创刊号。
[25] 所谓"法信说"（Ueberzeugungstheorie），由德国法学家萨维尼首倡，指"以法之原力归之于国民之法律确信者"。参见余棨昌：《论法信说》，载《学海·甲编》（东京）1908 年第 1 卷第 3—4 期。

律行为之原因》（第 1 卷第 5 期）。而他的同学钟赓言更早，1906 年就开始中日文、中英文的翻译，并发表文章。㉖

这 31 人回国时间也有先后，少部分人应学部考试，获得"游学"洋进士或洋举人的头衔，比如东京帝国大学法科同学朱献文，于 1907 年被法律馆调用回国，在法律编订馆任《民法·亲属》篇起草员。朱和黄德章于 1908 年就参加游学生廷试，朱得了 84.38 的高分，黄得了 81 的高分，均为最优等法科进士，朱授翰林院检讨，黄授翰林院编修。也有 1909 年回国的，比如唐演，参加 1909 年的游学生廷试，得二等获洋举人。回国的同学从政的从政，任教的任教。同样是法政科，可他们后来的命运走向却有很大不同，这是后话。

1910 年，余棨昌与钟赓言毕业获法学学士学位，回国后任户部主事，但很快离开，他们去了哪里？1912 年，余棨昌出任南京政府法制局参事兼文官甄别委员会委员、文官惩戒委员会委员。但这些都是闲职或兼职，不可能成为这些海归的本职。1912 年 5 月 24 日，京师大学堂仕学科更名为北京大学。北大法科在当时已很兴盛，学生总数里法科生几乎占一半。比如说，1914 学年度北大共有 423 名本科生，其中法科 213 名、文科 103 名、工科 78 名、理科 29 名。

笔者查到一项史料信息——1913 年 11 月，余棨昌以"北京大学法科大学学长名义"，具呈大总统袁世凯函，揭露"中央学会选举议员之弊"。袁氏批复后下发呈阅，由国务院第 229 号批文公布于《政府公报》。㉗ 可见余氏此时已经担任北大法科大学学长，即今天所谓法学院院长。由此推测，余氏进入北大的时间可能是京师大学堂更名前后，至迟是在 1913 年 11 月，这远远早于人们过去所说的 1918 年。1917 年北洋大学法科并入

㉖　1906 年和 1908 年，钟赓言发表刑事人类学的译文和文章多篇，参见《新译界》1906 年第 1、2、3 期，以及《学海·甲编》（东京）1908 年第 1 卷第 3 期。

㉗　《国务院批第二百二十九号（中华民国二年十一月二十五日）》："原具呈人国立北京大学法科大学学长余棨昌等：奉大总统发下该学长余棨昌等呈阅悉所陈中央学会选举议员之弊"，载《政府公报》1913 年第 563 期。

北大，1918年1月北京大学成立法律学门，设教授会，其中当然有余棨昌，还有他的两位留日同学钟赓言和屠振鹏，以及1908年的游学廷试同科黄右昌（黻馨），此外还有张孝栘、康心孚、雷孝敏、左德敏、梁宓、周家彦、陈介、何基鸿、王景歧等人。㉘ 以上回顾的是余棨昌与北大的关系。

1913年底，北洋政府大理院拟添一民庭，当时懂民法者极少，任命余棨昌、廉隅为推事。㉙ 在北大与大理院之间兼职，如蔡元培所言，这是当年法科师资的通行惯例。1914年，余棨昌正式调任大理院推事。同年任甄拔司法人员委员会审议员。㉚ 1915年2月，大总统颁令授余棨昌为"上大夫"（又称"秩序大夫"）㉛。同年还授杨荫杭、江庸为上大夫，朱深授为中大夫并加上大夫，姚震、汪燨芝、罗文干、林荣、黄德章、尹朝桢授为中大夫。㉜ 据《司法公报》刊登的信息，余棨昌1915年已经是大理院庭长，㉝ 任民二庭庭长，司法部司法讲习所讲师。

1916年5月，他与检察厅厅长朱深、大理院姚震条陈主张新约法，"致厅院人员诘质"后，公开声明只是三人的个人意见。㉞ 1919年3月余棨昌任惩戒委员会委员。㉟ 1920年11月17日辞庭长职，1922年9月任大理院代理院长。㊱

㉘ 《本校纪事：法律学门教授会纪事：四月二十一日午前十一时法律学教授会开会》，载《北京大学日刊》1918年第122期，1918年4月27日。

㉙ 《大理院添一民庭，拟以余棨昌廉隅为推事》，载《时报》1913年12月31日。

㉚ 《甄拔司法人员会同人通告》，载《政府公报》1914年第610期。

㉛ 《大总统批令（中华民国四年二月一日）》："大理院庭长余棨昌、姚震、汪燨芝呈循序大夫"，载《政府公报》1915年第983期。

㉜ 《大总统策令：余棨昌授为上大夫此令（四年一月二十七日）》，载《司法公报》1915年第39期。

㉝ 《大理院庭长余棨昌君（照片）》，载《司法公报》1915年第42期。

㉞ 《总检察厅朱深、大理院余棨昌、姚震条陈主张新约法》，载《时报》1916年6月26日。

㉟ 《大总统令（中华民国八年三月十一日）》："任命余棨昌兼充司法官惩戒委员会委员"，载《政府公报》1919年第1114期。

㊱ 《大总统指令第二千九百十三号》："令代理大理院院长余棨昌呈报就职日期由"，载《政府公报》1922年第2357期。

1923年2月余棨昌升任大理院院长。[37] 1923年3月兼任惩戒委员会委员长。[38] 这时候，军阀和政客又要折腾了——10月23日，司法总长程克接替江庸暂兼修订法律馆，两位副总裁陆鸿仪、石志泉辞职，被换成马德润和蔡寅。余棨昌目睹这个不懂法律的外行来主政司法行政部，当即公开表示反对，并以大理院院长名义向大总统申明利害，其理由是：时值预备收回领事裁判权之际，修订法律极关重要，两位副总裁正起草条文，已历多年，即将成功，不便交予生手。他强调"法典重要，易员修订恐致延迟，恳请收回成命"[39]。不久，遭逢家中长辈丧事回籍奔丧，请假两个月，委托庭长潘昌煦[40]代行院长职务。[41]

清末立法修宪至民国典章订立的活动中，有留洋法科背景的"洋举人"们，在立法乃至政治上起到不可替代的作用，余棨昌是其中一位典型代表。1923年至1927年间，余棨昌任大理院院长，执掌当时中国最高审判机关，兼司法官惩戒委员会委员长、司法讲习所所长、修订法律馆[42]总裁。1925年8月起担任国宪委员会委员，[43] 时有法律议案提出，曾与曾仪进、林行规、汪有龄、姚震等人共同联署支持梁士诒提出的议案，反对专门设立监察机关。[44] 但凡典章创立、法律修订、司法改革等活动，余棨昌

---

[37] 《大总统指令第三百六十九号（中华民国十二年二月十日）》："令大理院院长余棨昌：呈报就职日期由"，载《政府公报》1923年第2487期。
[38] 《兼司法官惩戒委员会委员长余棨昌就职日期通告》，载《政府公报》1923年第2512期。
[39] 《余棨昌反对更动法律馆副总裁》，载《黎明报》1923年10月31日。
[40] 潘昌煦（1873—1958），字由笙，苏州人。光绪甲午科（1894）乡试举人，光绪戊戌科（1898）进士，清末翰林，历任翰林院编修、国史馆协修、武英殿协修。留学日本习法科，回国后任大总统府顾问，任北京政府大理院法官，曾任刑一庭庭长，倡"司法独立"。曾任北京燕京大学法律教授，国立清华大学政治学教授。长期任大理院刑庭庭长，1921—1924年因王宠惠赴法，任代理大理院院长。1928年至1933年在燕京大学政治系任讲师、教授。执教五年后，告老近乡，写诗作赋。沦陷时，为避日伪骚扰，发表了"足不出户"声明，拒任伪职。五年后告老回乡。1953年，当选苏州市第四届人民代表，1958年1月3日逝世，享年86岁。
[41] 《余棨昌请假治丧》，载《黎明报》1924年1月21日。
[42] 其前身即原北洋政府所设立法典编纂会，专司编纂民法、刑法、商法、诉讼法等。1914年，该会更名为法律编查馆，1918年，又改称修订法律馆。
[43] 《国宪起草委员会委员一览表（十四年八月十七日印布）》，载《国宪起草委员会公报》1925年第1期。
[44] 《议案：监察机关不必特设之理由》，载《国宪起草委员会公报》1925年第5期。

均有参与。最著名的便是 1925 年至 1926 年间由他起草《第二次民律草案》之总则编,对于整部民律起到龙头统领作用。

在法官惩戒委员会委员长任期内,他亲自处理了一批法官违法失职案件。比如 1927 年 10 月至 12 月,余棨昌作出多件惩戒案决议,如浙江鄞县地方厅临海县分庭监督推事方壮猷违背并废弛职务惩戒案(征取缮状费不出具收据、擅自处分司法收入提成充赏),[45] 大理院推事蒋福琨因遗失案卷行为作出惩戒决议,[46] 黑龙江高等审判厅厅长邱廷举前在同级检察厅厅长任上违背并废弛职务惩戒案(监狱建筑费、丢失卷宗、积压案件、违规赦免人犯)[47]。1928 年 2 月余棨昌任修订法律馆总裁。[48] 余总裁上任后向政府争取增加经费,[49] 可是他没有想到修订法律馆即将撤销,他是最后一任总裁。就在他末任尾上,还帮同袍戴修瓒(参见专篇)逃过一劫。修订法律馆最后的任务就是完成刑法第三修正案[50]。1928 年 9 月起,旧修订法律馆办公用房及家具被司法部档案局北平档案馆借用。[51]

南京政府成立后,政治发生剧烈变动。余棨昌于 1928 年秋结束他 15 年的司法和立法生涯,淡出政坛。

三、从书斋隐逸到公案激辩

法科是世俗学问,是文科中离政治最近、离"诗文"或"斯文"最远的专业。但有意思的是,往往法科名家都有文学艺术的修养和雅好,或

---

[45] 《司法官惩戒委员会委员长、大理院院长余棨昌呈大元帅为议决浙江鄞县地方厅临海县分庭监督推事方壮猷违背并废弛职务交付惩戒一案依法应受褫职处分文(附议决书)(中华民国十六年十月七日)》,载《政府公报》1928 年第 4199 期。

[46] 《司法官惩戒委员会委员长、大理院院长余棨昌呈大元帅为议决大理院推事蒋福琨惩戒案缮具议决书呈鉴文(附议决书)》,载《政府公报》1928 年第 4209 期。

[47] 《兼司法官惩戒委员会委员长大理院院长余棨昌呈大元帅为议决署黑龙江高等审判厅厅长邱廷举惩戒案缮具议决书呈祈钧鉴文(附议决书)》,载《政府公报》1928 年第 4238 期。

[48] 《修订法律馆总裁余棨昌就职日期通告》,载《政府公报》1928 年第 4264 期。

[49] 《修订法律馆经费行将增加》,载《法律评论》(北京)1928 年第 235—260 期。

[50] 《北京刑法第三次修正案(民国十七年一月北京修订法律馆改正稿)》,载《法律评论》(北京)1928 年第 235—260 期。

[51] 《函司法部档案保管处(中华民国十七年九月六日):借用旧修订法律馆房屋及椽具由》,载《北平特别市公用局季刊》1929 年第 1 期。

者说是这种修养和雅好保持了他们的书生性情,促成了同袍间的友谊。正因如此,政坛受挫之后,逸趣游艺从文者也不少。

余棨昌也一样,虽属法科人士,但素持士大夫"游于艺"的雅好。1915 年"宣南画社"成立之初,他和余绍宋、江庸等法律界书画闻人是共同发起人,会同司法界同仁林宰平、梁和均、胡子贤、杨劲苏、孟莼荪、蒲伯英等十余人,邀请江南名画家汤定之指导。余棨昌是"宣南画社"相当固定的常客,热衷交流、鉴赏书法绘画作品活动。1918 年后,画社一度转移至其寓舍举行,每周日一次,甚为频繁。余家总是高朋满座,甚至老名士林琴南亦到其家中作客。[52] 余棨昌从大理院长、修订法律馆馆长退职后,更加潜心书斋,钻研法学之余,也欣赏艺术与文物。

受宣南画社启发和影响,北平于 1920 年 5 月出现了"中国画学研究会",1925 年由溥雪斋等人组成了以满族宗室画家为主的"松风画会"。随后 1927 年还出现"湖社画会"等等,从而产生了一大批艺术领军人物,形成了在 20 世纪 20、30 年代北京书法绘画艺术的鼎盛时期。可见余棨昌这批京城书画业余爱好者,还曾为北平书画事业作了开拓性的工作。

余棨昌的法曹生涯之余,游艺于书画艺术的朋友圈。从余绍宋现存日记(1917 年 1 月至 1942 年 3 月)看,余棨昌在 1917 年 1 月初开始就是余越园日记中的老朋友,一直高频率交往保持到 1928 年余绍宋南归,此后二人一直保持书信往来。他是余绍宋日记中提到最多的人之一,也是交往持续最久的法律人之一。1934 年 10 月余绍宋重访北京,呆了 20 多天,他们"厮混"在一起的时间多达十天,会友人,游公园,聊艺术,爬香山,赏书画,觅古籍,喝夜酒,到离京南归那天,余棨昌和林宰平、黄晦闻等十余人来告别相送。

民国初因职务的原因,余棨昌曾长期居住在北平西四毛家湾三号。《故都变迁纪略》自序落款处写明"民国三十年岁在辛巳七月廿四日怡园

---

[52] 余绍宋 1919 年 8 月 31 日日记,载《余绍宋日记》(第 1 册),第 113 页。

老人记于积水潭濯梦楼"。说明此时余氏住所已迁至积水潭蛰居。积水潭濯梦楼是什么地方呢？余先生什么时候起迁居于此？读余先生《故都变迁纪略》"内城四"，可解开谜底。他提到净业寺西水关之左之太平庵，为明代工科给事中王聚洲所建，称洁具省香火院，有明崇祯七年重修碑。碑文载：草创经始，掘出一块石头，上刻"太平庵"三字，故此为名，"今为余氏宗祠"。余先生说自己于民国二十七年（1938）冬得此余氏祠堂碑铭，得之狂喜。从此碑铭文方知"会稽余氏本迁自诸暨"，"此碑即我本宗祠堂之碑"，所以"于翌年又得此庵地。荒废已久，颓殿仅存，亟修葺之改为家祠，临湖筑楼数楹，以为祭余饮饯之所"。[53] 这史实与什刹海研究会编辑的《什刹海志》所载事实大致吻合——1941年，余榮昌在位于西海北沿的原西水关5号（后改为西顺城街60号）的太平庵内，设置余氏宗祠。书中另载芜湖洪铸生写太平庵余氏祠堂的诗：

敬瞻庙貌净湖旁，御史宏规绍暨阳。三百年来几桑海，四千里外两祠堂。

世承阴德门斯大，地接清流泽益长。渐见风烟长乔木，新枝应比旧枝强。

净业伽蓝迹已遐，太平庵小锡名嘉。一楼景纳湖全面，三亩基开族万家。

宅泛鸥波张钓叟，亭传虾菜李长沙。谿山大好无南北，疑是何郎访若耶。[54]

最后一句这"何郎"是何许人？书中有编者注释曰"先生曾与何燮侯前辈游诸暨，故云"。何燮侯，诸暨人氏，求是书院（浙江大学前身）首届公费派出留日的化学家。他比余氏更早毕业于东京帝国大学，是余榮昌

---

[53] 怡园老人：《故都变迁纪略》，第126页。
[54] 怡园老人：《故都变迁纪略》，第126页。

的绍兴老乡兼好友。所以，余先生 1941 年的新居所，就是积水潭太平庵余氏宗祠的濯梦楼[55]。此处有多阔绰，风景有多优雅，有《北平余氏宗祠记》为证："登斯楼也，泛湖烟景，近纳于槛楹，西山爽气，远挹于几案"等文字。"濯梦楼"之名，取自何处？余先生在书中引用明代诗人黄景昉的五言诗，云：

> 不远城隅胜，风尘已觉宽。隔溪鸣布谷，新果荐文官。铁瓦通泉古，冰壶濯梦寒。春衣仍可典，无畏酒杯干。[56]

离开政坛之后的余棨昌更沉浸于游艺，除在朝阳学院传道授课之外，过着书斋隐逸生活。从"士"与"道"的关系中来理解，这是一种古典文人特色的生活，也反映了传统文人的生存模式。孔子说"士志于道"，最早揭示了"士"是基本价值的维护者。一方面"士"成为自由的知识人，另一方面"士"从只追求"天道"到兼追求"人道"。"士不可以不弘毅"，对后世中国知识人产生了深远的影响。所以"士志于道"、"明道救世"等等价值观，是中国传统知识人的特征之一。在自然与人的关系上，是"天人合一"之道，在家与国的关系上是"家国合一"之道，这成为"士"所维护的基本价值。"道术将为天下裂"，即当时所谓的"礼崩乐坏"，实为"崩坏"发展为"突破"。于是士大夫面对外在形势的变化，儒家和道家有不同的回答，却殊途同归，产生了士所特有的观念和行为规律。

儒家主张"天下有道则见，无道则隐"（《论语·泰伯》），于是有了"见"与"隐"这一对范畴。"见"即入世，在"世间"谋世事，体现的是儒家入世的精神；"隐"即"超世间"，体现道家的出世精神。中国之

---

[55] 余氏濯梦楼在什刹海附近，与诸多文化名人故居毗邻，诸如"小西涯居士"法式善的净业湖畔"小西涯"、"芦中穷士"王照的"水东草堂"、"爽襟楼"、"西山逸士"溥心畬的"寒雨堂"、"西海老人"周怀民的"云水阁"、"双柳书屋"、顾随的"两三竿竹斋"、贺孔才的"潭西书屋"，等等。

[56] 怡园老人：《故都变迁纪略》，第 126 页。

"士"在二者之间，崇尚非此即彼，不寻求"平衡"，所谓"宁为玉碎不为瓦全"，因此常常出现辞职下野，仿效道家的超然归隐。林语堂说，"中国学者在官位时，就搞道德，不在官位时，就作诗，通常是挺妙的道家诗歌"，他还说："因为道家是中国人的游戏精神，正如儒家是他们的工作精神一样。这可用来解释如下事实，每一个中国人在成功时是儒家，在失败时是道家。道家的自然主义是抚慰中国人受伤的安慰剂。"[57] 徐复观把"见"与"隐"的关系解释为，儒家有"大众实践性"的"中庸"思想，道家避免与大众冲突的"恬淡"思想，认为二者互相结合，形成大部分知识分子为人处世的人生观。[58]"见"与"隐"的关系，与部分西方学者的观点有相似之处。比如有西方学者指出，知识分子和国家权力之间的关系是什么？"这里有着两种截然不同的传统在起作用，一种是超然的传统，一种是介入的传统。""对于知识分子来说，超然与介入的冲突，一直是一个令人烦恼的问题，有时甚至成为痛苦的根源。这一冲突的性质决定了它任何时候都不可能得到完全解决。"[59] 不难看出中西方知识人还是有一定的不谋而合之处。

这其中可能存在多重值得思考的涵义：其一，当政治无道，比如为倡乱武人所据，抗争无效时，引退也是一种最低限度的抗争。其二，与其苟且的光鲜荣耀，不如引退的自由逍遥。其三，下野或归隐后，应该怎么做才不失初心？这涉及下野或归隐后的生存方式。法科知识人"隐"的方式也多样化，比如研究学问，大学任教，执业律师，或与诗文为伴，这些都可以成为一种相对远离政治的世外桃源。这在我国近代法科知识人中不在少数，比如江庸、汪有龄、余绍宋、杨荫杭、何世桢、戴修瓒、徐道隣，等等。"曾经沧海难为水，除却巫山不是云"，所以下野或退隐成就了一种新境界。当然，这种思想对于年轻人，另当别论：其一，毕竟每个年龄段有不同的职业进阶和人生使命。人不必过早"看透"，少些犹豫张望，反

---

[57] John C. H. Wu, *Beyond East and West*, Sheed and Ward, 1951, p. 215.
[58] 徐复观：《中国知识分子精神》，华东师范大学出版社2004年版，第4页。
[59] 〔美〕Irwing Idowe：《知识分子的定义和作用》，载《现代外国哲学社会科学文摘》1985年第9期。

而应勇往直前。其二，人生字典里不存在"失败"二字，经历挫折也是一种历练，不经历风雨，怎能到达新境界呢。何况为"道"引退是一种价值坚守的行动。

余榮昌虽为法科知识人，但也有明显的传统士大夫气质。他的"见"和"隐"很有节奏感。1913年至1928年，这十五年是他的"见"，不管有没有"道"，他总是在仕途的"道"上，有家国情怀，有修齐思想，以其法科知识服务于国家。1928年以后，他处于"隐"，过着逸士游艺的生活。但是，他"隐"中偶尔有"见"，这取决于他认为是不是有必要"见"。举个例子，轰动民国的"替父复仇女刺客"案一发生，余榮昌就曾义无反顾地"见"。他在朝阳任教期间，曾短暂兼任过律师。可就是在这短暂的兼职期间，他承办了这起公案。

案情要回溯到1925年秋，时任奉系第二军军长施从滨，在皖北固镇的交锋中兵败受俘，被孙传芳枭首于蚌埠车站，示众三日。噩耗传来，年仅20岁的女儿施剑翘，悲愤中作诗云："被俘牺牲无公理，暴尸悬首灭人情。痛亲谁识儿心苦，誓报父仇不顾身。"施剑翘从此立志要为父报仇！1928年，她结识一军人施靖公，因其表示愿意替她父亲报仇，遂同意嫁于他，从北京迁居太原。然而迟至1935年，丈夫施靖公仍无报仇的动静。在父亲受难十周年之际，施剑翘通过外科手术，放开金莲裹足，并开始练习行刺枪法，购置手枪。她一边探听孙氏行踪，一边精心策划。

1935年11月13日，施剑翘十年磨一剑，化名居士，潜入孙传芳在场的天津居士林佛堂，趁众人念佛之际，拔出勃朗宁手枪，果决地射出两颗仇恨的子弹，当场击毙孙传芳。枪声响后，佛堂大乱。施女侠将提前准备好的《告国人书》和身着将校服的父亲照片抛向人群，大声宣布自己的姓名及行刺目的，并拨通了警察局的电话，决意自首！[60]

此案被移送到天津地方法院。归隐多年的余榮昌出于公义，毅然"出

---

[60] 《施剑翘刺孙之自白》，载《玲珑妇女图画杂志》（上海）1935年第5卷第46期（214号）。

山"，与胡学骞律师一起出庭为施女侠义务辩护。显然，本案辩护关键要旨在于，提出并回答了两个问题：一是既然杀人动机是报父仇，其情状是否可恕，应否酌量减轻？二是被告犯罪后的行动是否自首？可否减轻其刑罚？余胡二位辩护人就此提出问题并发表辩护意见：其一，孙传芳杀害施将军是杀俘虏的行为，为国际战争法所不许。被告施剑翘之痛父之切，伺隙刺杀孙传芳，正为春秋所褒许者。当此道德凌夷、蔑视孝敬之时代，被告舍身杀仇之壮烈行为，真足以风当世而厉薄俗。请贵院援用刑法第五十九条酌予减轻其刑。其二，刑法第六十二条所谓对未发觉之罪自首而受裁判之规定，自应参酌唐律以为解释。被告于击毙孙传芳后，当即掷传单，声明系为父报仇，并请人为之报警。岗警王某到来，被告立即声称自首，并将来手枪及余弹交出，从容随警赴局。此自首情节应属于法定减轻情节。[61]

该案历经三审，余荣昌积极奔走，最终法院判决施剑翘为父报仇，情有可恕，减至最低刑，判处有期徒刑七年。其后经社会各界多方呼吁，"直接以复父仇，间接即除国憝"，施剑翘被特赦。因此有了 2018 年北京的新话剧《特赦》[62]，辩护律师余荣昌为剧中男一号。今天的媒体称之为"用民国传奇演绎'复仇'与'宽恕'"。

余荣昌 1935 年在高光中乍然一"见"，接着就是进入抗战阶段。1937 年七七事变后，北平沦陷期间，北大沦为日伪文人的据点。有人多次"邀请"他出任北京大学校长，他拒绝一切伪职。不配合，就是一种反抗。这又是他的"隐"，并且深"隐"了八年之久，因此写出了《故都变迁纪略》上下册。

四、从朝阳教授到跨"代"院长

自 1928 年秋辞去修律馆馆长起，余荣昌专以教学与著述为生，除短期兼任法制局参事、司法官惩戒委员会委员、司法官训练处处长兼法典编

---

[61] 《施剑翘杀人案余胡两律师辩护意旨》，载《大公报》（天津）1935 年 12 月 1 日。

[62] 根据这个案件情节编排，由中国国家话剧院出品、演出的话剧《特赦》于 2019 年 3 月 13 日至 3 月 24 日在国家话剧院剧场演出十场。

纂委员会顾问之外，他专职在大学任教，包括专、兼职于朝阳大学、北平大学法学院任教授和法律系主任、北京大学法科学长等，其中时间最长的便是朝阳大学。1912年朝阳建校，他从此时起就在学校讲授民法。当时朝阳法科在司法界的影响力远胜北大法科。据余棨昌哲嗣余樾撰文回忆，在任大理院院长期间，余棨昌于朝阳兼课，念及经费拮据，他"义务执教，不取分文"。

1931年刊印的《朝阳学院大学部毕业同学录》赫然印着余棨昌的头像，本校教员名单中也列着余氏的名字、略历和主讲课程——民法与民事判例。[63] 1933年刊印的《朝阳学院概览》上，余棨昌名列校董之一，并作为"现任本科教员"担任民法与票据法教师，略历中注明"现任国立北平大学教授兼法律系主任"。[64] 1936年《朝阳学院教职员录》中，只在朝阳"法律评论"社职员名单中出现"余棨昌 戟门"，以及家庭住址"本市西四北前毛家湾三号"，可见他此时已经不在朝阳任专职教授。

数十年来，余棨昌一直在朝阳大学兼职或专职教书授课，并先后讲授民法总则、物权、亲属继承、票据法等重要课程，潜心培养法科人才，堪称朝阳之功勋教授。李祖荫介绍民法总则编施行（1929年10月10日）后关于民法总则之著作时说："最有精彩可作大学之参考书用者，有余棨昌教授之《民法要论总则》、陈瑾昆教授之《民法通义总则》、胡元义氏之《民法总则》、徐谦氏之《民法总论》、周新民氏之《民法总论》以及胡氏（长清——引者注）之《中国民法总论》。"[65] 朝阳大学崇尚大陆法系，选聘教授又大多留学德日，教授们的诸多研究成果和讲课讲义，不仅是经典的教科书，还是司法官员培训所使用的教材。余棨昌是最有代表性的民法教授之一，由于他系统学习了日本民法商法精深的理论体系，并把这带到中国，又积累授课和研究心得，著述颇丰，如《民法亲属编》、《实用司法

---

[63] 《朝阳学院大学部毕业同学录》。
[64] 《朝阳学院概览》，第20页。
[65] 李祖荫：《学术书籍之绍介与批评：胡长清著中国民法总论》，载《国立北京大学社会科学季刊》1936年第6卷第3期。

令辑要》、《票据法》（1931）、《民法要论·总则》（1931）、《民法要论·物权》（1931）、《民法要论·亲属继承》（1933）等等，大都是朝阳大学法律科的讲义。《朝阳大学概览》（1929）"各系科教员姓名略历一览表"中，仅讲授"民法各编"者就有18位，近年学人据此制简表，余棨昌名列首位。[66]这排名并不是因为他留学或归国时间早，比他早回国的还有翁敬棠。经由此表，可见余氏学术地位之高，影响之远。但凡说朝阳，必提余棨昌。朝阳毕业生在历次司法官考试中连冠于全国各法科院校，诚与余先生精湛的民商法课程传授直接有关。

今天在回顾中国近代民法学历史之时，学者都知道"20年代末30年初国民政府民法典及公司、票据等商事特别法颁行后，中国民法学逐渐摆脱了初创时期单纯翻译和介绍外国民法的状态，发展成为比较成熟的科学理论体系"[67]。但是，学界对余棨昌尚未足够了解，更未给予学术史上的恰当评价和定位。继1902年《泰西民法志》翻译出版以来，先有日本梅谦次郎的《民法讲义》、富井政章的《民法原论》和志田钾太郎的《商法总则》等，再就是30年代初中国民法学快速发展时期，当时有少数早期民法学者及其所著的民法书籍和教材，其中余先生就是重要代表之一。他在民法学界不只是资格老，其民法思想在当时即颇有特点，意识到继受大陆法系的民法，还要注重中国传统的继承。何勤华就曾在文章中提及余棨昌的亲属法思想，"其《民法要论·亲属继承》（北平朝阳学院出版部1932年版）一书中对中国传统礼教以及婚姻家庭规范体系十分怀念，明确指出他对中国民法模仿西方、对中国亲属制度作出剧烈改革有一定看法，认为中国古代亲属制度还是很有特色、很有长处的"。因此，他在解释亲属法时，自认为"不能以释明法典之规定为能事，而于旧日之制度，亦不厌详

---

[66] 李秀清：《品读朝阳》（代序），载《朝阳法科讲义》（第1卷），上海人民出版社2013年版，第4页。

[67] 柳经纬：《回归传统——百年中国民法学之考察之一》，载《中国政法大学学报》2010年第2期。

细敷陈，以备读者之参考焉"。⑱ 因此，余先生被称为"中国民法学的开拓者"之一，实不为过。

当年北平各大学法科学生，无人不知余棨昌先生。有人说他"喜欢穿一身灰色长袍，黑色马褂，永远不改老样子，短短的威廉式八字胡，衬托着一付严肃的方面孔，走起路来，双目平视，温文尔雅"。"走上讲堂，第一先见他拿的那个书包，就可成为教授中之另一派别。四方的一块白布，里头就包着他所用课本参考书等，这块白布不但可以用做书包，而且还可以铺桌上当作桌布，以免污了先生的衣服，坐下后展开书本，于是就开始授课了。""每逢上课后，先生就是板着一副不苟言笑的神态。"⑲ 对他那么严肃的派头，学生既尊敬又有距离感，有人揣摩说，可能是当过大理院院长的原因吧。其实人不可貌相，余先生外表严肃，内心却温暖得很。余老夫子性情恬淡纯粹，不苟言笑，也不屑于行政琐务。

以下把他与朝阳学院的关系作一梳理：1912 年至 1927 年，汪有龄创办朝阳任创校校长期间，余棨昌兼任教授。1927 年至 1936 年，由江庸担任朝阳第二任校长，余棨昌兼任教授。1937 年至 1939 年，张知本任朝阳学院第三任院长，余棨昌兼任教授。1939 年至 1941 年，迁重庆改名正阳学院，江庸继任校长。余棨昌未往重庆。1941 年至 1945 年，居正任院长，夏勤任副院长。1946 年至 1948 年，余棨昌担任朝阳代理院长。是年 9 月特务军警入校，残暴殴打进步学生。1948 年余棨昌染病不起，1948 年 10 月下旬，余棨昌辞去朝阳学院代理院长职务，由夏勤接任代理院长。⑳ 此时余先生已年迈，应该是处于居家静养的状态。所以人们都认为他在朝阳任职至 1948 年止。

可奇怪的是，鄂斋藏品中有一份民国三十八年（1949）3 月 21 日朝阳大学（朝阳学院）的文件令人生疑。此件系关于学生通行证致北平公安局

---

⑱ 何勤华：《中国近代民商法学的诞生与成长》，载《法商研究》2004 年第 1 期。
⑲ 《余棨昌的画像》，载《大学新闻周报》1935 年第 2 卷第 18 期。
⑳ 《夏勤出长朝院》，载《燕京新闻》1948 年第 15 卷第 18 期。

的公函原件一页（有朝阳学院印章等）。"兹有本校学生关宗国，系辽宁省沈阳县人，现年廿二岁，拟赴上海道经天津青岛相应函请贵局准予发给通行证为荷。此致北平市公安局。"朝阳学院抗战期间内迁，最后校址在重庆。朝阳复员北平前，校方决定毕业班留在重庆兴隆场学习至毕业，其他各班则停休半年，于1949年上半年复员北平。同时在北平海运仓老校址招收了一年级新生。1949年初解放军推进北平后，北平公安局成立的时间是1949年2月18日。根据此件落款时间"3月21日"，应该是北平设立公安局刚满一个月。公函钤朝阳学校大方印，并钤签批人印。签名章居然是"余棨昌"三个醒目大字！其上盖有代表校方职务的竖印——"朝阳学院临时校务维持委员会主任委员"！虽年代久远，字迹模糊，但仍依稀可辨。

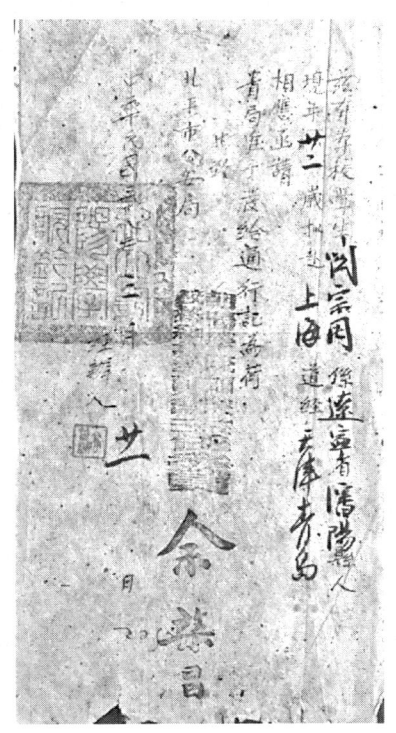

图3　1949年3月21日余棨昌代表朝阳学院签署
学生通行证致北平公安局的公函（然否斋藏）

此件关于学生通行证的公函，反映了当时北平的政治局势，再现了"临时维持"的朝阳校情，承载了办学 38 年的朝阳学院的最后命运，更证明了余棨昌在逝世前担任朝阳学院临时校务维持委员会主任的重要史实。此件文物是余棨昌先生去世前不久签发的一份校务文件，也是余先生生命最后活动的缩影和象征。

此件证明余棨昌于 1949 年又从归"隐"中再"见"了！然而遗憾的是，该公函签发后的第 17 天，余棨昌因病于 4 月 7 日逝世，享年 68 岁。这位法律家兼法学家的一生，几乎与朝阳同生共亡。到生命的终点，他仍然与朝阳学院、朝阳学子联系在一起。

郁曼陀——黑袍诗人

图1　郁曼陀（1884—1939）

万里乘风去复来，只身东海挟春雷。
忍看图画移颜色，肯使江山付劫灰！
浊酒不销忧国泪，救时应仗出群才。
拼将十万头颅血，须把乾坤力挽回。

——秋瑾《黄海舟中》（1904年）

的皪初阳照海门，一波一抷荡秋魂。
万家巷哭逢新战，六幕天骄失外藩。
生事渐随华发尽，狂名犹拥布衣尊。
昆仑可作归墟想，却恐虮蝨卧帝阍。

——曼陀《黄海舟中》（1905年）

一、诗艺和情绪的交织

秋瑾与曼陀这两首诗都以"黄海舟中"为题。前者为秋瑾1904年首次渡海赴日途中所写,逝世当年的1907年才发表在上海。① 后者为曼陀乙己年(1905)渡海赴日途中所写。两首诗作于同一地点、同一片海域,诗名也相同,不知是不是巧合。但目前没有证据显示曼陀和秋瑾二人有过交集。②

两位诗人在《黄海舟中》有相似的情绪——家国恨,救国志。不同之处在于,秋瑾是豁命的干脆,而曼陀则是揪心的焦虑。郁诗中"新战"指1905年,日俄大战在中国东北爆发,2月18日留日爱国学生发起成立抗俄铁血会。他虽然"想"把昆仑填入深海,可是又"恐"虬螭横卧天门。秋瑾有着早期革命义士的抱负和志向,流露出"赴汤蹈火"的勇气,而曼陀带着早期知识分子的情结和认知,夹杂着"知其不可为"的困惑。他留日初期的诗大都是景物风情与思乡情愫的描写。曼陀究竟是怎样的人?

他是郁达夫的大哥,本名郁庆云,幼名莲生,字曼陀,又名郁华,浙江富阳人。1884年出生在富阳镇满洲弄(今达夫弄)一个贫困的私塾教师兼世代行医的家庭。二弟名养吾。③ 1896年,即曼陀12岁那年的12月7日,弟弟达夫出生,小他12岁,同生肖,都属马。1899年,郁父去世,家庭陷入了窘迫的境地,靠寡母摆摊和几亩薄田维持生计,苦度光阴,养育三子。曼陀为长兄,达夫为三弟,④ 曼陀对两个弟弟如父兄长辈似的照

---

① 我们今天所读到的秋瑾《黄海舟中》是被改了题目的,原题为《黄海舟中感赋》,实际发表于1907年秋瑾逝世当年。参见秋瑾:《黄海舟中感赋》,载《女子世界》1907年第2卷第6期。当时秋瑾尚未被捕杀害。7月就义后,此诗约在9月之后再刊于《神州女报》(上海神州女报社)1907年第1期。
② 秋瑾在日本与法科留学生江庸、褚辅成等人均有密切交往,以她的性格和活动范围特点,她与郁曼陀有交集并不奇怪,但没有证据,仍是一个谜。
③ 郁养吾后来得力于长兄郁曼陀培育,毕业于国立北京医专,1930年前后回乡行医,1971年逝世。参见王昆仑:《郁华烈士传略》,载祝惜峰、蒋增福主编:《法官、诗人、画家——郁曼陀烈士》,中国和平出版社2006年版,第3页。
④ 王昆仑:《郁华烈士传略》,载祝惜峰、蒋增福主编:《法官、诗人、画家——郁曼陀烈士》,第3页。

顾。曼陀自幼天性安静，据其少年时代的乡里好友丁鸿文称，郁曼陀"太夫人命从名师读，过目成诵，不数年而毕群经，通韵语，太夫人亦督之严，故自少即以能文名于邑中"[5]。又有文章称其"文思敏捷，记忆力异常坚强，所为作品，尤富创造性"，"弱冠之年，即曾遍览十三经、二十四史"[6]。郁曼陀喜爱唐诗，常常躲在附近小隐山读书。在他的诗集《静远堂集》中，有一首早年的诗中提到："小隐荒村百事宜，独惭衣食累明时。几家燕乳春移垒，半夜蛙喧雨到池。漆竹纪愁埋塚久，蜡灯积泪校书迟。他年流寓知谁传，自定山居甲子诗。"（郁曼陀《村居即事》）曼陀常爱沉思，喜欢古典文学，更重要的是，曼陀有诗人气质，"诗才俊逸"（柳亚子《静远堂诗画集序》）。尽管后来读法律，但他一直爱诗。"他的天性，却是颇向艺术的。他闲时作泼墨山水，很有我们乡贤董文恪公的气派，而写下来的诗，则又细腻工稳，有些似晚唐，有些象北宋人的名句。"[7] 在哥哥影响下，性情好动的弟弟达夫也热爱文学。郁氏兄弟一静一动，一个自律，一个任性，性格迥异。

当时已废除科举，杭州已设杭府中学，曼陀"从母命肄业其间"。1901年，时值科试，因已读中学"得免县府二试，迳投院试，以第一名入泮，年甫十七也"[8]。郁曼陀17岁参加杭州府道试，得第一名，补博士弟子员。后来哥哥要出洋留学，兄弟第一次离别，达夫还在私塾学习。郁曼陀有《晓发别诸弟》诗云"轻装过狭巷，好梦满重城。弱弟偏怜我，依依为送行。"

郁曼陀何时赴日本留学？一种是模糊处理，比如"年约二十"[9]，又比如郭沫若在《郁曼陀先生血衣冢志铭》中说："年十六即入庠，冠其群，

---

[5] 丁鸿文：《忆郁华先生》，载《文艺新闻》1939年第8期。
[6] 1940年1月，即郁曼陀被暗杀不久，有署名"王一之"的先生从荷兰寄文给《申报》投稿，以志哀思。王一之对郁曼陀非常了解，疑似郁曼陀的中学老同学。参见王一之：《郁华轶事》，载《申报》1940年1月26日。
[7] 郁达夫：《悼胞兄曼陀》，载新加坡《星洲日报·晨星》1940年2月21日。
[8] 丁鸿文：《忆郁华先生》。
[9] 王昆仑：《郁华烈士传略》，载祝惜峰、蒋增福主编：《法官、诗人、画家——郁曼陀烈士》，第3页。

旋以官费赴日本留学。"[10] 另一种说法是1903年[11]。据已知信息，郁曼陀首先入读的是早稻田大学清国留学生部师范科之历史地理科。而早稻田大学清国留学生部创立于1905年9月11日。[12] 因此曼陀入读该校的最早时间只能是1905年9月。另一证据是，弟弟郁达夫悼文中讲哥哥郁曼陀"实系浙江省派遣留学生的首批一百人中之一"，[13] 而浙江保送百名师范生留学日本的时间正是1905年，曼陀以杭府中学高才生之姿，考取此次官费。因此，郁曼陀1905年秋赴日本留学，可以说他是早稻田大学清国留学生部创立后的第一批留学生。

留学日本后，郁庆云改名"郁华"[14]，其中或许有某种情愫。不久，出现了一个轰动中日两国的重大事件——中国留日学生掀起一个巨大的抗议日方"取缔"清国留学生的回国浪潮。对于郁曼陀来说，他是公费留学生，何况天生冷静内敛，他当然会继续留在日本，好好学习。

在日本留学，亲眼看见并亲身体验日本社会之后，他的诗明显流露出对日本审美情趣的接纳和喜爱。写于1905—1907年间的《东京竹枝词》，就是这个时期的代表。其73首竹枝词均为七言绝句，描写日本社会生活的风俗人情，有细腻而俳谐的笔触。尤其描写夜会礼服、妙龄女生、男女聚会、观景赏花，对风土人情把握娴熟，心理描写也细腻入微。[15] 郁曼陀早在辛亥革命之前，便参加了清末爱国文学团体——南社。1905年，他在日本留学之初，曾作《东京竹枝词》亦名《东京杂事诗》七十余首，大都在《南社丛刊》上刊布。在南社诸社友中，是颇有影响的诗人之一。[16] 当时胡适"不过十七八岁，在报上读这些诗，颇爱读他

---

[10] 郭沫若：《郁曼陀先生血衣冢志铭》，载祝惜峰、蒋增福主编：《法官、诗人、画家——郁曼陀烈士》，第6页。
[11] 张建华：《凝血与山川共碧——郁华烈士传略》，载祝惜峰、蒋增福主编：《法官、诗人、画家：郁曼陀烈士》，第113页。
[12] 参见〔日〕实藤惠秀：《中国人留学日本史》，第41页。
[13] 郁达夫《悼胞兄曼陀》，载新加坡《星洲日报·晨星》1940年2月21日。
[14] 丁鸿文：《忆郁华先生》。
[15] 黄清华：《南社爱国诗人郁曼陀和他的诗》，载《徐州师范学院学报》1989年第1期。
[16] 黄清华：《南社爱国诗人郁曼陀和他的诗》。

们",胡适又说:"我重读这些诗,毫不觉得有诗意,这可见年纪与见解的长进。"[17] 这不只是因为胡适年纪与见解长进,更多的是因为胡适开始提倡白话诗了。

曼陀在日本有一批诗友,有的还是爷爷辈的诗人,比他年长数十岁,相互多有交往酬唱。据国内学者研究发现,与曼陀交往的日本汉诗人,依时间为序有十来位。[18] 其中典型的有四位:一是日本汉诗人、留美学者的永井禾原(1853—1913),郁曼陀留日期间亦常至其"来青阁"。1907年(丁未)作《宴集来青阁赠永井禾原久一郎》《永井禾原招饮小丁香馆》,后者有联云"渝裙褉事花三月,中酒情怀雨一帘。橡瓦翠璃新砚谱,药阑红虋旧香奋。"[19] 二是曾修阳明学的日本汉诗人土居香国(1850—1921),比曼陀年长30多岁。1907年郁曼陀作《赠土居香国通豫》,末句云:"由来私社声名盛,垂老风华别样新。"曼陀重访日本时,于1914年(甲寅)又作《偕土居香国关泽霞庵彦由三宜亭过辨天祠》。土居暮年依然热心诗社活动创作才情不减。[20] 三是有日本三大词家之称的森槐南(1863—1911)。郁曼陀有《赠森槐南大来》《戏柬槐南》二首,前者云:"金燕词华高北斗,玉堂歌板识东坡。"后者云:"一将擒王万马瘖。"郁曼陀目之为诗坛盟主。1909年槐南随伊藤博文到中国东北与俄国财政总长戈果甫佐夫谈判,10月26日抵达哈尔滨车站时,伊藤被朝鲜人安重根刺杀身亡,槐南亦右臂中弹返回国内救治。郁曼陀此时作《慰森槐南秘书》云:"乞病好成《丁卯集》,订交重忆戊申年。相逢定作掀髯笑,道是蓬山劫后

---

[17] 胡适在1942年1月3日的日记中提到,"郁曼陀的儿子兴民在这里(纽约胡适家中)吃饭"。讲到自己年轻时读曼陀早年的《东京杂事诗》,"颇爱读他们。他前年在上海被人暗杀了,很可惜。死后一班朋友把曼陀的诗集印出来,我重读这些诗,毫不觉得有诗意,这可见年纪与见解的长进"。参见曹伯言整理:《胡适日记全编》(1938—1949,第7册),第462页。
[18] 有的则是1913年再度访日交往的诗人。高平:《南社诗人郁华留日诗歌考论》,载《中国文学研究》(辑刊)2012年第2期。
[19] 高平:《南社诗人郁华留日诗歌考论》。
[20] 高平:《南社诗人郁华留日诗歌考论》。

仙。"对槐南进行慰勉，情谊之重可以想见。[21] 四是曾出仕大藏省的冢原梦舟（1847—1927）。1908年郁曼陀为其作《纳凉寒翠山庄赠冢原梦舟周造》，其尾联云："何处羲皇卧，云根冷石床。"冢原虽为官，且为日本海洋运输、教育、保险、救生等制度的创立者，但亦为风雅散淡之人。1913年郁曼陀重访日本时，作《寒翠山庄观枫次主人冢原梦舟韵》赠之。[22]

郁曼陀与日本诸位汉诗界大佬的交往，对其提高诗艺大有裨益。可是，年轻的郁曼陀在当时没有意识到，像森槐南这样的有深厚汉学修养的诗人，却有着强烈军国主义思想。郁曼陀没有识别到他们身上具有两面性，没有想到日本人会对中国发动侵略战争，更没有想到自己后来的命运竟然与日本人有关。

曼陀约有240余首旧体诗，在时间跨度上，从1905年的《黄海舟中》（七律）到1939年春的《见达夫〈毁家诗纪〉后又复重圆有感》的最后一首七绝，历时三十余年。[23] 这组《毁家诗纪》写于1936至1938年冬，郁达夫已过中年。"毁家"指的是自己与二婚妻子王映霞婚变的过程，情辞哀婉，凄恻动人。郁曼陀最后这首七绝，就是哥哥读弟弟《毁家诗纪》后的寄语，通透达观的劝慰与告诫，跃然纸上：

明知覆水难收日，犹是余情未了时。
一语着君君莫恼，他年重忆毁家诗。

郁达夫性格缺憾明显，然而中年以后的曼陀则近乎品格完人，有更多传承士大夫传统，严于律己，正直宽厚，有情有义，且有"临难不苟的态度"，"他行事不苟，接人待物富有长者的温厚之风，则凡和他接近过的

---

[21] 高平：《南社诗人郁华留日诗歌考论》。
[22] 高平：《南社诗人郁华留日诗歌考论》。
[23] 郁曼陀早年参加南社，一生所写240余首诗中，七言律诗98首，七言绝句108首，五言律诗21首，其他还有五言绝句、五言长句若干首。参见黄清华：《南社爱国诗人郁曼陀和他的诗》。

人,都能够说述"。[24] 青年曼陀内心多情而柔弱,在《抵大沽口》一诗中也有这种情结:"才短难谋国,时危敢息机。"据说他留给后世240余首旧体诗中,有七言律诗98首,七言绝句108首,五言律诗21首,其他还有五言绝句、五言长句若干首,其表现形式是多变的。上世纪80年代有学者研究郁曼陀的诗,认为"诗歌创作贯穿于他生命的全过程,成为他生命的重要组成部分。就题材而言,郁曼陀先生的诗作涉笔广泛,社会内涵丰富。其中有个人感情的点滴流露,也有忧国忧民的叹世之情;有酬答唱和的闲情雅韵,也有异域情调的精雕细刻"[25]。其实,曼陀的诗在不同阶段有不同的情绪。

二、诗文与刑律的穿梭

1908年郁曼陀在早稻田大学学习历史地理科三年后毕业,旋入明治大学专门部法律科。[26] 这位学"史地科"的天才诗人却转变成法科生。他显然要忍受习法的各种枯燥。从他的这一选择,可以看到法科在清末骤然跃升的地位,也可以知道郁曼陀宁愿不从兴趣而认同法科功用的那种倔强态度。

又逾三年,郁曼陀顺利毕业,1910年(宣统二年)获法学士学位。[27] 那么他什么时候回国呢?时间模糊到只能用一首诗来作证——1923年余绍宋太夫人寿诞时,郁曼陀作《送余越园(绍宋)南归祝太夫人寿》。其中首句:"碧海同归八月槎,十年相聚在闲衙。"[28] 说明二人均自日本留学归国,诗中的"八月"应该是农历,说明1910年9月他们同船而归。但二人回国后失联了,直到十年后才相聚在法界"闲衙"。

---

[24] 郁达夫:《悼胞兄曼陀》,载新加坡《星洲日报·晨星》1940年2月21日。
[25] 黄清华:《南社爱国诗人郁曼陀和他的诗》。
[26] 多个资料提到郁曼陀的法科学校为日本明治大学法科。参见《一个法官之死——纪念郁曼陀先生》,载《珠江日报》1940年3月24日。另参见丁鸿文:《忆郁华先生》。
[27] 高平:《南社诗人郁华留日诗歌考论》。
[28] 郁华:《送余越园(绍宋)南归祝太夫人寿》,载祝惜峰、蒋增福主编:《法官、诗人、画家——郁曼陀烈士》,第292页。

郁曼陀 1910 年 9 月回国后入外交部。1911 年 4 月举行的游学生廷试，郁曼陀是否和其他海归一样参加了考试呢？查《清实录宣统朝政纪》，他 4 月 15 日参加了考试。经部试和廷试，他成绩不错，获法政科举人，名列第 26 名。[29] 同时获法政科举人的还有余绍宋（第 4 名）、翁敬棠、徐维震、朱斯蒂、周泽春、周秉钧、殷汝熊、潘大道、陆家鼐[30]等 268 人。依游学生考试章程，廷试之后由学部带领考生"引见"皇上，由朝廷派着各机构。以掣签方式公布的结果是：朱斯蒂派着农工商部郎中，殷汝熊为农工商部小京官；翁敬棠、徐维震等派着学部主事，周泽春与鲁迅的挚友许寿裳（1883—1948）等派学部小京官；潘大道等派邮传部小京官；陆家鼐派着浙江知县。余绍宋中进士，派外务部为主事，另有三十员外务部小京官中有郁曼陀、周秉钧，等等。[31]

　　此后郁曼陀在直隶（天津）交涉公署任翻译两年。1910 年是他诗文创作最盛的一年，曼陀发表在《国风报》的诗和散文多达 30 篇。[32] 在日本五年，回国已是 26 岁，在当时算是该嫁娶的大龄青年。[33] 1911 年他只发表了一次作品（10 首诗），因为这一年对曼陀来说很特殊——郁曼陀与安徽泗县孤女陈碧岑（1893—1982）结婚。陈碧岑比郁曼陀小 9 岁，幼年父母双亡，赖姐抚养，刻苦自学。婚后由丈夫指点习唐诗，遂成女诗人。后来，郁曼陀夫妇共育有四女二子。[34] 此处还需提到一个细节：据郁曼陀子女称，父母 1913 年回国还带回一个日本乳母，他们仨未曾见过，但从家

---

[29]《清实录宣统朝政纪》卷之四十二。参见中国社会科学网"数据中心"，http://ex.cssn.cn/sjxz/xsjdk/zgjd/sb/jsbml/qslxtczj/201311/t20131120_849968.shtml，最后访问日期：2022 年 2 月 25 日。

[30] 陆家鼐（1887—?），江苏崇明人（今属上海市），字才甫，1911 年参加游学生考试，获法政科举人，派着浙江知县。1912 年在上海从事律师业，1914 年加入上海律师公会，以派克路益寿里 57 号注册为律所办公地。不久退出上海律师公会，1927 年 2 月再次加入上海律师公会，30 年代偶尔从事律师业务。

[31]《畿辅近事：廷试游学生分部分省掣签名单》，载《北洋官报》1911 年第 2822 期。

[32] 参见《国风报》1910 年第 1 卷第 8 期至 19 期。

[33] 据说郁曼陀赴日留学前有原配王氏，曾作《还乡梦》以示追念。参见王一之：《郁华轶事》，载《申报》1940 年 1 月 26 日。

[34] 祝惜峰、蒋增福主编：《法官、诗人、画家——郁曼陀烈士》，李国光序一。

庭相册看，她是"瓜子脸、蛾眉、凤眼、薄唇……"。[35] 在"姐姐郁风之前，父母有过三个孩子：芳子、中武和万之"，但都"夭折在日本岛上"。[36] 这应该是指曼陀在日本留学的五年期间，曾与一日本女子结婚，生下三个孩子。这在当时的留日学生中不属鲜见。

1912年，郁曼陀考取法官资格，到京师高等审判厅任推事，据说是受江庸推荐。[37] 郁曼陀办完几个案件后，于1913年春以"修习实务员"名义被派赴日本考察司法制度。他给法官同事写下告别诗《将去日本话别同曹陈礼庭经蔡古清元康谭问羹鼎》，"便挂一帆沧海去，长征那复计瓜期"，诗意中留下他匆匆离去的背影。此时弟弟郁达夫已满17岁，哥哥和嫂子决定带弟弟随行前往日本。[38] 4月启程东渡，来到东京后，郁曼陀让妻子碧岑进入东京锦秋高等女校就读，碧岑平时还同达夫一起学习日语，切磋诗词。郁曼陀则忙于他的司法考察，节假日则与日本汉诗人雅集。1914年7月，郁达夫考入日本东京第一高等学校，就读于医科部特设预科。安顿好弟弟，大哥大嫂也放心了。

1914年1月有司法部催促公文，"于该国司法现制应切实调查从速报告"，并在必要费用上"实报实销"。这个公文也把赴日调查的目的与任务也讲得很清楚，云："派赴外国修习实务之举以适合吾国之度为主，就吾国司法而论应取实际主义不应取形式主义，此非特目前之图抑亦为久远之规画。""该员研究法学素有心得，在东京日久熟知外情，对于修习事项无论其为积极的效法抑为消极的鉴戒，均须切实调查从速报告。"[39] 郁曼陀夫妇在日本大约一年半，于1914年秋结束司法考察任务从日本回国，继续

---

[35] 此事实来自郁曼陀三个儿子的回忆。参见郁隽民、郁晓民、郁兴治：《文士的气节》，载祝惜峰、蒋增福主编：《法官、诗人、画家——郁曼陀烈士》，第51页。

[36] 此事实来自郁曼陀三个儿子的回忆。参见郁隽民、郁晓民、郁兴治：《文士的气节》，载祝惜峰、蒋增福主编：《法官、诗人、画家——郁曼陀烈士》，第51页。

[37] 丁鸿文：《忆郁华先生》。

[38] 高平：《南社诗人郁华留日诗歌考论》。

[39] 《公牍：令文：训令：令派赴日本修习实务员郁华于该国司法现制应切实调查从速报告文（三年一月八日第一五号）》，载《司法公报》1914年第2卷第5期。

在京任职。许世英任大理院院长兼司法行政部部长时，郁曼陀又任大理院刑二庭推事，兼司法储才馆及朝阳大学刑事判例课程，其弟弟郁达夫也曾在朝阳任"英文银行论"课程。[40] 1916 年郁曼陀的女儿郁风在北京出生。在夫妇俩的感染和熏陶下，女儿与父亲一样热爱文学和绘画，后来考入北平艺术专科学校，成为专业画家。

从日本考察司法回国后，政局又进入辛亥以来倒退和动荡的时期。北洋政权各派系军阀轮番窃据国柄，在如此混浊局面下，曼陀身为推事也只能尽责守土，把对国家时局的忧虑写入诗中。郁曼陀职业上是法官，生活中是诗人。这种悬殊反差堪称"两极"。在"法官郁曼陀"和"诗人曼陀"之间，转变着角色，转换着思维，这倒给他带来了奇妙的人生体验，非吾辈所能悟察。

笔者特在此列举郁曼陀推事审理的三个案件，一为管窥郁曼陀法官当年的审判生涯，二为了解辛亥年革命后北平社会状况及风土人情。

1912 年（民国元年）11 月，郁曼陀参与办理"龚守仁等侵占烟土案"二审，此系地方检察官不服控告（今称抗诉）案。龚守仁是巡警区长，他在侦查某大宗烟土案中，得知要支付眼线费五百元巨款，可是官方出不了这笔钱。于是龚决定将查获的烟土以多报少，令下属将少报的烟土变卖充赏。下属在设法伪装变卖过程中被查获，按规定 24 小时移送赃物却未按法定时限上交，龚守仁等人构成侵占行为。经京师高等审判厅二审，认为龚犯身为区长，有督率全区之责，无论眼线费有无和多寡本不足信，而甘心舞弊，有犯罪故意且并非消极行为，依法构成渎职与侵占二罪，当以重处。原判只处五等徒刑四个月，处罚过轻。现判决加重，处三等徒刑三年。[41]

1913 年 2 月，京师高等审判厅推事郁曼陀担任"代理审判长推事"，

---

[40] 《朝阳学院概览》，第 13、18 页。
[41] 《京师高等审判厅判决地方检察官蒋邦彦因龚守仁等侵占烟土不服控告一案（1912 年十一月三十日）》，载《司法公报》1913 年第 4 期。

与另二位推事共同审理了一起"马四奸拐张耕田之妻"刑事二审案,系检察官"不服上告"案件(今为抗诉)。本案所谓"奸拐",指男女和奸,又诱拐奸占。经查证事实:张耕田之妻张刘氏自幼即与马四奸通,前夫郭氏死后改嫁张耕田,但仍与马四暗中往来。辛亥年腊月忽然逃匿。张耕田遂起诉,法院以证据不足被判"互相寻找"了案。张耕田不服上告后检察厅决定拘留未获。马四在压力下携此女投案。经一审二审法院查明,实系二人和奸且由马四诱拐。按当时法律,男女和奸构成犯罪。清末沈家本修律为删除"无夫奸"和礼教派辩论失利,因此未能取消这个罪名,直到民国后的新刑律仍然保留此罪。本案还涉及大清至民国新旧政权前后新旧法之矛盾,涉及程序管辖问题和法律适用依据等复杂问题。最后撤销原判,作出改判。此案判决理由竟占判决书的三分之二,条分缕析,论述充分。[42]

1913年2月下旬,京师高等审判厅郁曼陀推事参与一起检察官不服上告之刑事案件审理,案情据一审判决称:王彩臣素吸鸦片尚未戒净,其厨师李奎元因事辞退,挟嫌报警,警方以缺乏证据为由未及搜查,李厨师即纠集王玉标等人入王彩臣家搜查,并取走王彩臣手表一只。王彩臣喊来警员撞门而入,抓获王等人犯。本案关键在查明两点:一是是否冒充公差,二是取走他人手表的证据与行为性质。从二审法庭判决来看,工作细致,查明两个疑点:第一,王玉标等人在王彩臣家私自搜查时手持营务处执照说话,显然在冒充公差。第二,被王彩臣喊来的警员证明,从王玉标身上搜出银链钢表一只,属王彩臣家中私人财产。本案终审判决认为原判过于从宽,因此作出改判。[43]

作为一线办案的法官,郁曼陀在早年还有理论著述。2006年出版的《法官、诗人、画家——郁曼陀烈士》中附录了郁曼陀《刑法及判例讲义》,这究竟是什么时候开始写的呢?此书曾于民国二十九年即1940年出

---

[42] 《京师高等审判厅判决检察官因马四奸拐张耕田之妻不服判决上告一案(1913年二月初一日)》,载《司法公报》1913年第8期。
[43] 《地方检察官黄成霖因王玉标等冒充公差私办烟犯不服控告一案(二月二十九日)》,载《司法公报》1913年卷第8期。

版，郁曼陀的学生富阳李宝森有"弁言"，"本书为郁先生曼陀之遗著，系在前司法部司法讲习所及同泽新民储才馆讲学时所编之讲义"，据李宝森"弁言"所述，根据所引判例和注释可判断此书有两个版本，一是司法讲习所版本，依据"暂行新刑律"，二是同泽新民储才馆版本，依据的是1928年9月施行之刑法。㊹那么他在司法讲习所讲学的时间是什么时候？经查，他于1915年在司法讲习所授课时有一份讲义《现行刑律及判例》，在《司法讲习所讲义录》1915年第1卷第2期发表。㊺由此可知《刑法及判例讲义》一书开始于1915年备课之时。

同样是1915年，郁曼陀作词《共和国，老少年（花名）》，一反他忧郁委婉的风格，直白地抨击时政，表达对袁世凯的愤恨和对民族命运的担忧：

>　　智庵已逝节庵犹生，文官要钱武官怕死；我战则克新式枪炮，人维求旧清陈烟膏。南有斗北有斗可惜民无升斗，东亦狼西亦狼能否炮打两狼？旧同盟新同盟由革命而国民，由国民而逃犯；大总统副总统自临时而正式，自正式而终身。约法议宪法待议政治财政均会议，日日空言民福。关税抵盐税又抵路矿杂项皆作抵，单单只剩地丁。戴天冠戴天仇，自来血自来水。㊻

在诗坛声名鹊起的郁曼陀在故乡为母亲营造别墅，黎元洪总统为其题"松筠别墅"匾额。从交友来看，亦可知其为人品性。在北京任刑曹的日子里，郁曼陀与一批志同道合的士人为友。他以"曼陀"和"郁华"双重身份穿梭于刑律与诗文之间，也反映了他朋友圈的两大基本构成。与郁曼陀有交集的诗友包括：陈宝琛（号弢庵，郁诗《寒食节宴集弢庵寓

㊹　李宝森为郁曼陀《刑法及判例讲义》写的《弁言》，载《法官、诗人、画家：郁曼陀烈士》，第255页。
㊺　郁华：《现行刑律及判例》，载《司法讲习所讲义录》1915年第1卷第2期。
㊻　郁华：《共和国，老少年（花名）》，载《余兴》1914年第1期。

所》)、柳亚子、章士钊（郁诗《饯别章行严士钊》）、林庚白（郁诗《新历除夜林庚白招饮酬原韵》）等等。诗友中还有司法界同袍，如维新改良派名士萧叔衡[47]（郁诗《山贝子花园燕萧叔衡师》，载《小说新报》1915年第7期）、川籍留日法科同仁余达父[48]、东北分院院长孔昭焱[49]（郁诗《万泉河水心亭雨中观荷奉呈孔希白昭焱院长》）、大理院推事潘昌煦（1920年郁诗《送潘由笙 昌煦庭长乞养南归》）、留日同学余绍宋（郁诗《送余越园（绍宋）南归祝太夫人寿》）等等。从他的诗里，可知曼陀的交友品位、志趣和心境。陈宝琛与郁曼陀有诗赋之交，有一句"偶斋谏疏郁华诗，晚及交君未恨迟"。郁曼陀有诗《寒食节宴集殁庵寓所》：

头衔合署酒中仙，拚醉安期岛外天。热海莺花三月雪，冷厨樱笋几家烟。

数来羊胃皆余子，啖到牛心便少年。安用香山图九老，使君裙屐正翩翩。

1915年，有《墨隐庐诗选：甲寅四月京师留别同曹》和《山贝子花

---

[47] 萧叔衡，即萧文昭（1862—?），字叔衡，号同甫，一字君恳，湖南省善化县（今湖南长沙）人。1894年甲午科进士，名列三甲二十二名，初授刑部代递主事。甲午海战后，深受维新改良思想影响，与康有为等人交往甚密，1897年加入康有为发起的保国会。戊戌变法时，通过刑部代为上书光绪皇帝，提出茶桑建策七项，主张设立茶务学堂及蚕桑公院，因政变而被外派，历任杭州任候补知府、衢州知府、处州知府、绍兴知府、浙江高等学堂提调。在两度（1907年和1910年）出任浙江处州（今丽水）知府期间，创办处州种植学堂，历经沧桑，先后更名，现为丽水职业技术学院。著有《治枭善后刍议》。

[48] 余达父（1870—1934），名若琛，字达父，出生在四川水潦，1910年毕业于日本东京法政大学，归国经满清学部考试后，得法政科举人，曾任贵州省立法院临时副议长、贵州省法院高等审判厅刑庭庭长、贵州省政府顾问等职。崇儒尚法，倾向于立宪而不是革命，但后来同情革命、倾向革命、赞美歌颂革命家和革命者。存有《邃雅堂诗集》十四卷，是毕节历史上杰出的文学家。

[49] 孔昭焱（1881—1943），字熙伯，又作希白，南海盐步南村人，清贡生。早年师从康有为，曾任澳门《知新报》撰述，后留学日本法政大学速成科。回国后任两广法政大学堂教务长、广东高等巡警学堂教务长、《两广官报》总编、广西抚署交涉科参事等。1912年后，历任大总统府秘书，后在广西、广东等地为官，任第四届司法官考试典试委员长，1928年任最高法院东北分院院长，后又北平市禁烟委员会委员及市自治讨论会常委等。1943年在香港去世。著有《议会通诠》《上海法权问题》等。

园燕萧叔衡师》。后面这首赠萧叔衡诗云：

贝子名园近玉泉，春来芡藬满溪田。筑楼别贮宣和画，劝稼新颁少府钱。

雨后林塘宜卯饮，日边冠剑忆丁年。师门胜事知何限，可有佳图抵辋川。㊽

川籍彝族文学家余达父是郁曼陀留日时同期回国的同学，高才硕学，文学著作丰厚，与曼陀意趣相投，精神相惜，却不能在一起共事研讨。1920年余达父自贵州来书，作《得余达父黔中书却寄》：

此身已逐尘沙老，一夕携家去不回。百万军前磨盾过，八千里外寄书来。

为言避世都无计，却恐求田亦费才。何日溪桥重握手，披蓑闲话劫余灰。

1919年，郁曼陀在大理院的同袍、刑一庭庭长潘昌煦，因母亲重病，不愿弃母来京，这个孝子毅然辞职。1920年春，轰动全国的孙几伊案终审判决在大理院开庭，郁曼陀推事与审判长徐彭龄（参见刘崇佑专篇）等四人组成合议庭，于1920年5月14日作出终审判决。㊿

1920年郁曼陀作诗赠潘昌煦《送潘由笙昌煦庭长乞养南归》：

投牒匆匆乞养亲，衔杯还与话酸辛。非关私谊存余恋，端为明时惜此人。

㊽ 郁华：《墨隐庐诗选：甲寅四月京师留别同曹》《山贝子花园燕萧叔衡师》，载《小说新报》1915年第7期。

㊿ 《大理院刑事判决九年上字第四三六号判决》（即孙几伊案终审判决书），第25—26页。

许报春晖怜弱草，苦耽秋味忆寒莼。平生怀抱终难忘，莫向江湖久隐沦。

自税街西数间屋，与君咫尺作邻家。不嫌古木连穷巷，来对青山放晚衙。

乞帖教赊婪尾酒，数钱分买担头花。可从别后成追忆，一种尘因记莫差。

在南社诗人柳亚子眼里，郁曼陀“尤擅绘事”。的确，他读中学时就热爱绘画。据说有一次物理课大考，郁曼陀不能准确回答试题，便异想天开地把当天教室实验仪器统统画入考卷，略加诠注，反比呆写答案者为精妙。老师阅卷大悦，成绩高列前茅。(52) 1923年，郁曼陀与闵籍著名诗人徐慎侯等成为中华圣教（孔教）总会《爱国报》的义务撰写员。(53)

曼陀与司法界画家余绍宋也有交集。二人均是1905年赴日留学，又同是1910年法政科举人。但二人失联长达十年，余氏日记首次出现“郁曼陀”或“郁华”的名字，是1922年2月19日。(54) 第二次出现则是三年后他们一起南游了。曼陀虽与余绍宋是留日同学，但关系并不特别密切，可能是因为地位和思想都有距离。然而曼陀礼节周到，1923年余绍宋太夫人寿诞，作《送余越园（绍宋）南归祝太夫人寿》。1925年5月18日，余绍宋是日上午“九点启程回南省亲，戟门、曼陀同行”，即余棨昌和郁曼陀与他同行南下。途经上海，于21日到达杭州城站。(55) 27日余棨昌欲游严子陵钓台，与多位友人同往。抵富阳，才与曼陀会合。(56) 可见曼陀一到杭州未游即归富阳故里。是年8月16日，宣南画社雅集，“郁曼陀新入

(52) 王一之：《郁华轶事》，载《申报》1940年1月26日。
(53) 《义务撰述员一览表》，载《爱国报》1923年第10期。
(54) 余绍宋1922年2月19日日记，载《余绍宋日记》（第1册），第223页。
(55) 余绍宋1925年5月18日日记，载《余绍宋日记》（第2册），第499页。
(56) 余绍宋1925年5月27日日记，载《余绍宋日记》（第2册），第502页。

社”。(57) 同年10月4日，画社首次在“郁曼陀家始开画会，汤、贺各作一扇”。(58) 曼陀中年后学国画，习山水，兴致很浓但功力远不如余绍宋。1926年7月，余绍宋生病，郁曼陀前往看望。1927年1月5日，郁曼陀来向余绍宋辞法政学校比较刑法教席，“只得请其担任刑事法规与判例”。(59) 这是他最拿手的课程。

1927年，时任大理院推事、司法储才馆讲师的郁曼陀，有多篇专业文章在《法律评论》发表：一是讲座稿《刑律研究法》(60)，二是《判例与批评》(61)，三是《教唆犯罪》(62)。1930年至1931年间，郁曼陀还为最高法院东北分院主办的《司法杂志》“质疑”专栏作法律解答人，对“质疑人”（民众询问）提出的刑法问题进行解释。(63) 他擅长的刑事解释与判例分析，在讲义中对条文的解释，切中要领并辅以若干案例，精到而实用，吸收刑法教义学，形成自己独特的风格。

长期在诗文与刑律间辛勤耕耘，自然会影响视力和形象，难怪有见过郁曼陀的晚辈回忆说，他“深度近视，看去果然在慈祥中有点严肃”。(64)

三、气节与理性的熔铸

如前所述，郁曼陀早在1915年即以诗为武器，独立思考，抨击时政，痛斥袁大总统，担忧民族命运。文人不一定都有批判精神，他们甚至会在大义面前犯错，历来附逆者和告密者中，有不少文人。所以文人并不都是严格意义上的知识分子。郁曼陀并不只是个诗人或画家，也并不只具有文

---

(57) 余绍宋1925年8月16日日记，载《余绍宋日记》（第2册），第514页。

(58) 余绍宋1925年10月4日日记，载《余绍宋日记》（第2册），第521页。

(59) 余绍宋1927年1月5日日记。载《余绍宋日记》（第2册），第583—584页。

(60) 郁曼陀：《刑律研究法》，载《法律评论》（北京）1927年第4卷第38期。

(61) 郁华：《判例与批评》，载《法律评论》（北京）1927年第4卷第34期。

(62) 郁华：《论教唆他人自杀未遂之态样》，载《法律评论》（北京）1927年第4卷第41期。

(63) 《司法杂志》1930年卷第33期、第46期、第53期、第54期。

(64) 蒋祖怡：《春兰秋菊见精神》，原载《富阳风貌》，北京燕山出版社2004年版。祝惜峰、蒋增福主编：《法官、诗人、画家——郁曼陀烈士》，第96页。

人素养。郁曼陀留洋接触进步思想，学习法科深谙法理。虽然其诗赋艺术造诣超过专业理论建树，但恰恰是这后者的复合，强化了他身上素有的理性和气节，使他成为有现代思想的知识分子。

1928年10月，大理院东北分院成立，孔昭焱（希白）任院长。[65] 1929年，郁曼陀调沈阳任东北分院推事，1931年7月2日任刑庭庭长。[66] 这个时期有两首诗均与孔院长有关，一是《万泉河水心亭雨中观荷奉呈孔希白昭焱院长（辛末）》，其中提到"风雷危幕"可知是九一八事变前后，其中"毕竟此心无著处，又随征梦度辽西"的诗句，描述了当时的情境。另一首是《偶感和希白院长原韵》，写道："觚棱劫火梦初残，避地凭求一息安。好景都从愁里过，老怀强向酒边宽。"可见此时的处境已经十分危险。据说九一八事变前夕，日寇通知郁曼陀不得擅自离沈，郁曼陀料到日本人要利用他，遂逃而避之，投奔皇姑屯一农家。事后日本军部确有发出指示"另有要职委托"云云。[67] 五天后，郁曼陀从农家化装出行，与表弟戴福年会合，一起脱离危险逃回关内，取道大连，急渡青岛，自大沽返京。[68] 逃亡途中赋诗《辛未中秋渤海舟中》[69]，流露的伤心，有着知识人的明白和脆弱：

> 忍见名城作战场，不辞接浙办严装。
> 橹楼灯火秋星碧，席帽烟尘海月黄。
> 正借长风谋急渡，暂偷余息进颓觞。
> 眼前无限伤心事，哪有闲情忆故乡。

---

[65] 《东北临时保安委员会（中华民国十七年十月二十八日）》："委托孔昭焱为最高法院东北分院院长"，载《奉天公报》1928年第5964期。

[66] 《最高法院东北分院庭长李泰三因病辞职应照准遗缺即以郁华等分别升调》，载《司法杂志》1931年第59期。

[67] 王昆仑：《郁华烈士传略》，载祝惜峰、蒋增福主编：《法官、诗人、画家——郁曼陀烈士》，第3页。

[68] 戴福年：《忆表兄郁曼陀》，载祝惜峰、蒋增福主编：《法官、诗人、画家——郁曼陀烈士》，第80页。

[69] 郁曼陀另有《抵大沽口》，曰："七载投荒客，今朝落魄归。才短难谋国，时危敢息机。浑河浮地出，群水背天飞。万方争战处，凭吊一沾衣。"

1932年郁曼陀被调至上海，在公共租界任江苏省高等法院第二分院刑庭庭长，全家移居上海。不久收到弟弟郁达夫《有怀碧岑长嫂却寄》家书，达夫诗云："病入新秋最忆君。"哥哥遂作《酬达夫弟原韵》，以"一家年少最怜君"七言安慰，兄长手足给力，暖男形象立现。郁曼陀总算有个新的落脚点，兼任东吴法科、上海法政大学教授。

因弟弟达夫的缘故，郁曼陀在上海与鲁迅成为朋友。1932年10月5日，郁达夫夫妇在上海聚丰园设宴，鲁迅夫妇、柳亚子夫妇和郁曼陀夫妇在座。鲁迅的"横眉冷对千夫指，俯首甘为孺子牛"名诗，就与这次餐聚有关。据曼陀夫人讲，此诗就在席间所赋。[70] 而鲁迅自己怎么说的？《鲁迅日记》1932年10月12日中，记载了这首《自嘲》诗的创作情况："午后，为柳亚子书一条幅云：……达夫赏饭，闲人打油，偷得半联，添成一律以请之。"这说明此诗是在"达夫赏饭"那天酝酿并答应给柳亚子写条幅的。全诗为："运交华盖欲何求，未敢翻身已碰头。破帽遮颜过闹市，漏船载酒泛中流。横眉冷对千夫指，俯首甘为孺子牛。躲进小楼成一统，管他冬夏与春秋。"后来，郁曼陀家还保存了鲁迅这首诗的复制墨迹，悬挂在家中。

有人评论说曼陀的诗中有"民族义愤"和"亡国之忧"。确实，这种"忧"在经历逃亡之后愈加浓烈。1932年的《登千佛山示碧岑》展现得更明了——"塞上烟花惨不春，繁霜一夜遍关津。晴迷絮帽齐烟淡，寒逼衣棱岳色新……尽多感逝伤时意，说与君听倍怆神"。一种"忧之愈深，爱之愈烈"的爱国热忱体现在他的整个生命中。毕竟有知识人的思考和判断，诗人曼陀的公共意识使他的政治敏感性和判断力得以增强。1933年他送长子兴民赴美留学时的赋诗《送兴民赴美洲》中透露的惓惓父子情和凄凄离别意，不都维系在忧国这根主线上吗？[71]

---

　　[70] 据曼陀夫人陈碧岑回忆，参见祝惜峰、蒋增福主编：《法官、诗人、画家——郁曼陀烈士》，第16页。
　　[71] 黄清华：《南社爱国诗人郁曼陀和他的诗》。

1935 年，长女郁风已经 20 岁，她参加了中共地下党外围组织，还参与一些文化人士的活动，化名为"英茵"轮流扮演话剧《武则天》的主角。母亲陈碧岑反对说："一个法官的女儿怎么到舞台上抛头露面？"郁曼陀则主张子女只要不走歪门邪道，可任其个性自由发展，他慢腾腾地说："是条龙就上天，是条泥鳅就钻洞。由她去吧！"在子女的印象中，曼陀是个通情达理且非常幽默的父亲。[72]

　　当时，二分院设在上海公共租界，管辖英租界案件，他利用所处的特殊位置，积极帮助知识分子，庇护进步人士。当田汉、阳翰笙、廖承志等在英租界被捕后，郁曼陀参与营救多所尽力，设法使其获释。1933 年 3 月，廖承志在上海公共租界被捕，南京军法处要求引渡，郁曼陀坚持司法管辖权规定，坚决不同意交给特务机构，这为其他方面营救廖承志赢得了时间。宋庆龄曾委托唐鸣时[73]律师向郁曼陀庭长说明情况，最后廖承志获释就是由郁曼陀所在的高二院决定的。[74] 廖母何香凝绘《春兰秋菊图》一幅，赠郁曼陀表达谢意。[75]

　　典型的法官是独立的判断者，这无异于知识人问学求真。涉政治的案件往往最是考验法官的时刻。当时看来，郁曼陀有"通共"或"共党嫌疑"——这种"嫌疑"恰恰表明郁曼陀法官有独立性思考和判断。这和当时许多忧国忧民的知识分子一样，只不过因为他审判职守所在，内心倾向和判断，必然外化为判决或行动。1936 年"七君子"案交江苏高等法院

---

[72] 此情节来自郁曼陀三个子女的回忆。参见郁隽民、郁晓民、郁兴治：《文士的气节》，载祝惜峰、蒋增福主编：《法官、诗人、画家——郁曼陀烈士》，第 52 页。

[73] 唐鸣时（1901—1982），浙江嘉兴人，1923 年毕业于之江大学，获文学士学位，入商务印书馆任英文编辑，曾任杭州《爱物新和》旬刊主笔，之江大学弥洒社发起人，《弥洒》月刊主笔，1925 年与北京女子师范大学江苏松江人侯佩莹结婚。1926 年毕业于东吴大学法学院（夜校），参加上海律师公会，入上海罗家衡法律事务所任律师，兼任上海大学英文系教授，1927 年参加宋庆龄主持的"上海济难会"，以法律顾问身份营救进步人士。经史沫特莱介绍加入中国民权保障同盟，抗战爆发后，曾任《导报》代理经理，后改入《申报》。1954 年到北京，在全国人大常委会编译室工作。著有《法权恢复运动》（1928 年）。参见陈江：《唐鸣时和钱江春的事略》，载《鲁迅研究动态》1984 年第 5 期。

[74] 赵树帆：《执法如山 以身殉职》，载祝惜峰、蒋增福主编：《法官、诗人、画家——郁曼陀烈士》，第 71 页。

[75] 1954 年何香凝补题画上："1933 年承志入狱，其时得曼陀先生帮忙，特赠此画纪念。"

审理，刑庭庭长郁曼陀就是此案审判长。"郁曼陀庭长偕聂（昨日之讯问推事）、萧二推事升座。第一庭首提沈、李、王三人，问后退庭，开评议会。再开庭，宣读裁定，谓：'本案被告住越界筑路处，本院无管辖权，不能移提。'辩护人问：'拘票是否撤销？'答：'然。''则众被告当释放。'答：'须交捕房，由捕房与公安局办理交涉。'辩护人谓：'拘票既已撤销，公安局又未正式拘到人犯，则此三被告应恢复原状，与未曾被拘之普通人相等，送回原址。尽可再由公安局直接向越界筑路处拘提人犯，不应使捕房即在当庭非法逮捕被告。'相持1小时许，捕房以强暴手段将三人拖去。"[76] 从中可以了解到，郁曼陀作为庭长从程序上依法作出"拘票撤销"的判断，也显示其对此政治案件的态度和倾向。也正是郁曼陀的这种态度，使得律师团能够在法庭上充分发挥辩护作用。

1937年抗战全面爆发后，日寇加紧实施恐怖高压政策，对上海抗战名士进行利诱或威胁。当时也有人经不住利诱或迫于威胁，不顾名节，厚颜事仇，投靠附逆。1938年，沪江大学刘湛恩校长坚决拒绝出任伪政府教育部部长，日寇最终给上海的日伪汉奸下达死命令，必须除掉刘湛恩。1938年4月7日，刘湛恩和家人搭乘车外出时，遭暗杀身亡。凶手曾某系"七十六号"日伪特务所派。曾某受审时，正好是由高二院刑庭承办。身为刑庭庭长的郁曼陀不顾自身安危，亲自担任审判长，守正不阿，当庭痛斥案犯。他不顾汪伪特务警告，坚决判处死刑。刘湛恩之子刘光华说："我曾亲睹郁华庭长不顾自身安危，当庭痛斥被现场群众捕获的刺客曾某，并判以极刑，其高风亮节，秉公执法，确实令人佩服。"[77] 令人难以置信的是，刘校长被暗杀这惨烈一幕，会在郁曼陀家门口重演！

刑庭庭长本来不算什么要人，可汪伪特务三番五次加紧对他施加利诱和威胁，这是为何？容后文一一考证，解开谜底。郁曼陀坚拒敌伪之利诱

---

[76] 参见汪葆楫1936年11月24日日记，载《汪存志堂文选》（四）。
[77] 郁隽民、郁晓民、郁兴治：《文士的气节》，载祝惜峰、蒋增福主编：《法官、诗人、画家——郁曼陀烈士》，第49页。

和威胁,日伪汉奸对他极端仇视,他置之不理,并且对惩办汉奸执法更严。友人劝他外出避祸,他说:"国家民族正在危急的时候,怎么能够抛弃职守呢?我应当做我应做的事,死生就不去计较了。"[78]不久,郁曼陀从家人那里得到一个令他震惊的噩耗——他母亲在富阳沦陷后,因不愿为日本人侍候炊饭,逃匿鹳山树林中,竟冻饿而死![79]1939年春,郁曼陀又接到所谓"反共锄奸团"的恐吓信。[80]

郁曼陀有一首写于被害当年(1939)的诗,叫《为张绪先写大岭山一角乱后失去孙颂陀(肇圻)得之骨董肆中嘱为题识书三绝归之》,时间署款"已卯"。这是跟一位叫"孙颂陀"的人有关。[81]孙颂陀(1881—1953),名肇圻,字北萱,号颂陀、蒲石居士,江苏无锡人,是钱钟书父亲钱基博的表兄,孙公遗著有《甲申杂咏》,是他1937年至1944年所写的200首抗战记事诗合集,以诗代史,真实再现了作者所在地江沪地区,在抗战沦陷前后的现场实情。孙公从一·二八事变写到八一三战役,从上海彻底陷入敌手写到抗战胜利前夕。[82]孙颂陀晚年避居上海,工书善画,尤精诗词。一个是抗战诗人孙颂陀,一个是抗战诗人郁曼陀,由此可推测二"陀"志趣相投。

1939年10月还有一首诗,特别值得一提。当时曼陀夫妇知晓在西南联大读书的长子兴民正被一个高官的女儿追求。陈碧岑急了,"我们这样的家庭将来怎么侍候得起一位阔媳妇"?曼陀急电儿子兴民返沪,并立即设法把他送往美国留学去了。还赠诗一首《送兴民赴美洲》(民国二十八年十月),诗中流露他对家国眼下境况的担忧,嘱咐儿子出国勿忘祖国,

---

[78] 赵树帆:《执法如山 以身殉职》,载祝惜峰、蒋增福主编:《法官、诗人、画家——郁曼陀烈士》,第72页。

[79] 郁风:《面临生死抉择的心路历程——纪念父亲郁华烈士殉难五十周年》,载祝惜峰、蒋增福主编:《法官、诗人、画家——郁曼陀烈士》,第35页。

[80] 赵树帆:《执法如山 以身殉职》,载祝惜峰、蒋增福主编:《法官、诗人、画家——郁曼陀烈士》,第71页。

[81] 郁曼陀诗《为张绪先写大岭山一角乱后失去孙颂陀(肇圻)得之骨董肆中嘱为题识书三绝归之》注明"已卯",即作于1939年。

[82] 肖伊绯:《孙肇圻:钱钟书表叔的抗战记事诗》,载《太湖》2018年第5期。

抱着抗战必胜的信心激励年轻人。云：

> 故园旧业已无存，三宿凄然出国门。针线若谙慈母意，钗钿宁负美人恩。似闻曹鬼犹谋社，敢斥三经是寓言。伫待将军新破虏，海天尽处望中原。

1939年11月23日上午8时三刻左右，郁曼陀早餐后步出家门（原善钟路今常熟路）欲驱车去法院，时正大雨，就在跨进车门的刹那间，突然发现弄堂里有几个陌生人，显然是遭预先埋伏。只见一彪形大汉逼近朝他吼，"你竟不给脸"，言毕立出手枪，连开三枪射杀，郁曼陀当即倒卧车中，以身殉职。[83] 这是个诡异的时代，反而是第三方势力租界当局，动员全体警务处警力，一个装甲警车满载中西探捕，只能眼巴巴看着疑凶从眼皮下溜走。[84]

最终连个凶手也没抓到，因此郁曼陀遇害的原因不明。但是有人迅速把他的诗发出来，说他"不轻易将他诗发表。两年前，他曾将他的诗选了一部分，油印出来，叫做《静远堂诗稿》，令人读了，有直追宋人之慨"。最后附带还说了一句："可见他是一个家国之感甚深的人，遇害原因，或许就这一点，亦未可知。"[85] 当时写悼念文章者甚少，目前所知只有乡里老友丁鸿文先生著文哀悼郁曼陀，称："君之为人，天资绝顶聪明，而素性淡泊，胸襟洒落，故浮沉法曹几三十年，绝不以名位相矜尚，平日以诗画自娱，功力甚深，尤爱富春山水，当以归老江乡为志。今遭此惨变，不禁老泪为之滂沱，然君能舍身成仁，为国牺牲，国家发有令典以善其终，他年光耀史策，为富春山水增色，君其可以瞑目欤！"[86]

直到1940年3月，上海各界人士示威性地为郁曼陀烈士举行盛大追

---

[83] 佚名：《一个法官之死——纪念郁曼陀先生》，载《珠江日报》1940年3月24日。
[84] 佚名：《一个法官之死——纪念郁曼陀先生》。
[85] 《郁华及其遗诗》，载《文艺新闻》1939年第8期。
[86] 丁鸿文：《忆郁华先生》。

悼会。4月，上海律师公会为郁曼陀建纪念碑，书曰："执法不挠抗忠自矢遭逢多难风节崒然……树丰碑聿彰公道呜呼褒忠有典竚看纶綍之荣须祭社可期庶慰风云之壮志。"国民政府于1940年6月就郁曼陀遇难善后发布训令，作出评价，称"供职法曹历念余载，勤慎公明，夙著声称，比年在沪处理中外诉讼，持法平允，尤洽舆情，不幸为奸逆所忌，竟遭狙击殒命，殊深轸惜，应予明令褒扬。给治丧费二千元。……生平事迹存备宣付史馆"。[87] 远在新加坡的弟弟郁达夫寄来亲笔书写的文章，回忆郁曼陀保护他成长的往事，"对我实系兄而又兼父职的长辈"。内附一副挽联：

　　　　天壤薄王郎，节见穷时，各有清名扬海内；
　　　　乾坤扶正气，神伤雨夜，好凭血债索辽东。[88]

郁曼陀被害的原委细节，在若干年后才有灵通消息在小报上公布。结合1939年《申报》对当时案件审判的跟踪报道，可整理出郁曼陀被害的原委：1939年，《申报》编辑兼律师瞿绍伊（瞿鉽）因发文揭露汪精卫被记恨；汪伪"七十六号"于6月17日上午派人持枪行刺瞿重伤，凶手陈某当场抓获后被起诉到上海特区第一地方法院。8月12日开审，汪伪威胁一审承办法官傅琳，但傅法官不畏惧，坚持以"杀人未遂"判凶手八年有期徒刑。[89] 被告不服，上诉到高二分院。庭长郁曼陀法官明知有危险，但他仍然亲自担任该案审判长。不料陪审推事蔡鼎成[90]已暗通"七十六号"，曾数次

---

[87] 《国民政府训令：渝文字第六五一号（二十九年七月二十日）》："令行政院、司法院、监察院：据本府主计处呈核江苏高等法院第二分院刑庭庭长郁华治丧费行政院拟请在二十九年度特种抚恤费项下动支案令仰转饬查照由"，载《国民政府公报》（南京1927）1940年渝字第277号。

[88] 郁达夫：《悼胞兄曼陀》，载新加坡《星洲日报·晨星》1940年2月21日。

[89] 《本报记者瞿绍伊遇险案昨开审》，载《申报》1939年8月13日。

[90] 蔡鼎成早年曾任律师，1929年代理吴县地方法院首席检察官而辞律师。1933年11月任南昌地方法院首席检察官，1938年因南昌地方法院因下属违法，因牵连被中央公务员惩戒委员惩戒，后寓沪住在上海地方法院，担任陪审推事。参见《中央公务员惩戒委员会议决书（鉴字第五零一号，二十六年十月二十九日）：蔡鼎成被付惩戒议决书》，载《司法公报》1938年第236—237期。

请托求郁法官减刑无果。"七十六号"派员亲访，郁法官仍申明观点，一秉至公坚决拒绝，并称"我为重庆国民官员，根本和你们不相干，决难遵命"。于是来员回去后把交涉情形报告上峰。等到宣判那天，郁法官亲自莅庭，判决是维持原判。于是，就有了"七十六号"对郁氏的暴行。[91]

这些原委细节才能使我们明白，郁曼陀的死是为职守责任，为法律尊严，为民族大义，也为知识人的气节。抗战胜利后，敌伪汉奸特务头子丁默村等在各界人士检举下先后落网，1946年在南京公开受审时，郁夫人陈碧岑出庭控诉罪行。最后经法庭判决，丁逆伏法毙命。

1945年秋，远在印尼苏门答腊的弟弟郁达夫也被日本宪兵杀害。1947年，富阳县参议会在鹳山营造郁曼陀血衣冢，曾有计划树郁达夫纪念碑，但终因郁达夫下落不明而未能如愿。1951年，郁曼陀被安葬于上海大场烈士公墓，次年被上海市人民政府呈报中央批准为革命烈士。

事有蹊跷的是，1989年，一位汽车司机在杭州西天目山岭路旁，发现一块石碑，遂写信报告文管部门。石碑刻于1944年，高113厘米，宽52厘米，碑文共548个字，竟然是《郁曼陀先生传》![92] 此碑目前由临安文物馆收藏。[93] 碑文撰写者为浙江于潜（今临安）罗霞天（1898—1980），系1924年德国柏林大学政治系毕业生，1933年起任浙江省党部常委，曾兼任《东南日报》社董事，1944年时，为浙江省党部主任委员。于此引碑文数语如下：

　　含棘院之英，种槐阶之德；骋摩诘之绮思，凝苌弘之碧血；允宜荣衍椒馨，芳腾竹帛，斯正气所弥沦，足以塞江潮而震山丘。

---

[91] 法侦：《敌伪七十六号血案之一：高二分院刑庭长郁华殉国内幕》，载《快活林》1946年第14期。

[92] 郁风：《面临生死抉择的心路历程——纪念父亲郁华烈士殉难五十周年》，载祝惜峰、蒋增福主编：《法官、诗人、画家——郁曼陀烈士》，第33页。

[93] 郁象：《关于郁曼陀碑》，载祝惜峰、蒋增福主编：《法官、诗人、画家——郁曼陀烈士》，第90页。

郭云观——士君子的气节与骨力

图 1　郭云观（1889—1961）

郭云观,一生行走于多个角色之间。他从外交官转向司法官,官至上海高院院长;他在法院院长位置上,经历却如谍战英雄,可歌可泣堪称传奇;他任教于燕京大学时,曾主持校务,是司徒雷登的副手;他学问好,曾是中研院首届院士全国推选的候选人……李祖荫、倪征𣍯、王铁崖、潘汉典乃至胡兰成、严景耀、瞿同祖都是他的学生,严景耀应征报名提篮桥监狱副监狱长资格不符合,还是他向租界工部局推荐的。

读郭云观的经历时,总有一连串事实不清晰的问题:一是他在早期成长中形成了怎样的特点?二是好不容易选择从教从学,他为何又从燕京大学离开?三是化装出逃的那四年,他是怎么活下来的?四是晚年官场引退,从学从教的他有怎样的内心触动?五是他的家庭和亲友构成他怎样的生活世界?……写郭云观时,笔者脑海里总萦绕着一个问题:从人格上很难用一个词来概括，怎么给他定位？唐文治曾用一个词来给他概括——士君子。这个概念之于当下国人已非常陌生，我们以郭云观为样本，来看看"士君子"到底是怎样的一种存在。

一、志业有成，跨界两系

郭云观是温州玉环人，可是玉环划归台州后，温州人几乎不记得他是谁。郭云观是复旦大学校友，可是复旦校史馆展板未作展示。他哪年入复旦？已知郭云观毕业于1911年夏天，复旦公学的预科是四年，因此，郭云观入学时间应该是1907年秋季，也就是马相伯1905年创办复旦公学后的第三届，此时校址在宝山境内的吴淞提辖旧址。

1911年毕业后，郭云观与金问泗考入天津国立北洋大学法科，并在此开始了四年的本科学习。可是到1911年秋患病，他只好从天津南归温州，疗养近一年。1912年曾在温州中学任英文教员，暑假后返回北洋大学读书。1913年9月暑假，郭云观回乡成婚。[①] 据说这位新娘，是温州百里坊一位马姓女子，芳名智憎。但我们现有的文字中都没有讲到她的身世，后文将作些考证。

1915年，他撰写的毕业论文《法庭采证准绳》获通过，并获得法学学士学位。作为本科毕业生，郭云观同学达到怎样的学术水平呢？介绍几件事：其一，该毕业论文以特殊优异成绩参加全国大专学校成绩展览会展出。[②] 其二，毕业前就在《北洋大学校季刊》1915年第1期发表论文《法官采证准绳（自序）》[③]。其三，他的英文基础很棒，在校刊同一期还发表他的英文论文，题目叫 The Practical Importance of the Study of English Law to Chinese Students（《中国学生研究英国法律的实际意义》）[④]。《北洋大

[①] 姜增:《郭云观先生年表》，载《郭云观论学集》，商务印书馆2019年版，第435页。

[②] 姜增、吴斌:《郭云观司法改良理念述评》，载《浙江档案》2018年第9期。

[③] 这是他毕业论文的自序，参见郭云观:《法官采证准绳（自序）》，载《北洋大学校季刊》1915年第1期。

[④] Kuo Yun Kuan, "The Practical Importance of the Study of English Law to Chinese Students", *PeiYang University Quarterly*, No. 1, 1915, pp. 4–18.

学校季刊》采用中英文混合版，后半部分是英文版，从后面倒数页码，因此郭同学的英文论文排序在第二篇。其四，他又在 The Chinese Social and Political Science Review 1916 年第 1 卷上发表 A Critical Exposition of the Essence of Chinese Family Law（《中国亲属法要论》）和 The Legitimate Bounds of Most-favored-Nation in China（《中国国际条约上利益均沾之范围》）两篇长篇论文。

从传统经典到西学法科，可以说大学的训练，使郭云观完成了从旧式士子到新式知识人的转变，同时，也塑造了他热爱学术与济世救国的复合性格。可是郭云观离开本科校园后，没有留洋，而是参加了 1916 年第一届外交官领事官考试，以最优等成绩被录取在外交部秘书处实习，由此开始得到外交部赏识和重用。用今天的话说就是英才过早就业了。论家境，他完全可以深造，可是他并没有走这条道路；论外语，他能翻译并用英文写作专业文章，完全可以出国留洋；论学术，他完全有能力成为一流大学者。遗憾的是他没有继续深造，这是那个时代知识人修齐治平的抱负和社会从政风尚使然。这一年 9 月 18 日，长女郭蕊（心晖）出生，可是女儿见到父亲则是几年后的事。⑤

尽管郭云观从政了，但他总在从政与从学之间徘徊。报刊上一直出现他的专业文章。工作的第一年，他边工作边从事国外资料翻译，还在《政治学报》发表了《政府之率导与权力》《中华政治学会叙言》《制宪平观》《论中国森林关系民生之切要》等译文。⑥ 同年 12 月 21 日，外交总长伍廷芳派郭云观与郭泰祺、金问泗等五人为"保和会准备会会员"。⑦ 此会是 1913 年 5 月成立的政府为外交"保和"的筹备机构，由外交总长牵头，军

---

⑤ 女儿郭蕊在回忆中，误以为父亲 1916 年考试是为留学美国，实际是为外交官考试。参见郭蕊：《春草池塘忆舅家——从书画家马孟容、马公愚舅父说到二一岁的马天戈》，载《孟容公愚书画传家三百年》，国际文化出版公司 2003 年版，第 22 页。

⑥ 郭云观翻译的美国韦罗璧著《政府之率导与权力》，美驻华公使芮恩施著《中华政治学会叙言》，美国约翰斯·霍普金斯大学教员、中国政府宪法顾问韦罗贝著《制宪平观》，中国农商部农林顾问畲佛西著《论中国森林关系民生之切要》。参见《政治学报》1916 年第 1 期。

⑦ 《外交部令第五十二号（中华民国五年十二月二十一日）》："派郭泰祺范绪良朱鹤翔郭云观金问泗充保和会准备会会员此令"，载《政府公报》1916 年第 349 期。

政要员参与。[8]

1917年，郭云观奉命派驻美国使馆，并由外交部资送哥伦比亚大学研究院研修国际法学及外交学，并修毕相应课程。在即将毕业拿学位时，却因提前赴欧洲而未获硕士学位。[9] 然后他就进入紧张混乱的局势之中。1919年春，郭云观随中国政府代表团首席代表、北方政府外交总长陆徵祥参加巴黎和会，担任南方专使王正廷的秘书，出席并见证了这次席卷世界和中国的"巴黎和会"。因此有了郭云观的《巴黎和会纪闻》——写于1919年6月15日和8月15日的两篇现场纪录，等到公开发表时，已是十九年后的1938年。[10] 郭氏在这篇纪实文章中以其古雅谆正的文字讲述弱国外交的复杂困局，字里行间流露了他对河山家国的情仇心境。此文留下历史风云的侧面存照，又记载了青春岁月的难忘经历。

1920年他从法国回外交部，此时还是"学习外交官"。他又发表英文论文 As Will Throw Light upon the Questions of Reform and Abolition of Extraterritoriality in China（《论中国法律改革与治外法权的废除》）[11]。由于在外交部的优异表现，在严苛的外交官、领事官考核中，他又被认定为"成绩甚为优良"，从而顺利摘除"学习"二字，直接被授以外交官领事官候补的职位。据官方《准称金问泗郭云观二员成绩优良办事得力请录用事咨查由》，"称外交官领事考试及格之金问泗郭云观二员……在校肄业成绩甚优，并先后随同赴欧办事颇资得力，请照章录用等因。查郭云观一员现已令其回部办事，业经函达贵公使查照在案。该员等统计前后学习期间已满二年且成绩甚为优良，照章应准销去学习字样，以外交官领事官候补"[12]。后来还有报纸介绍郭云观时说他在当年的外交官考试中的优异成绩，记载

---

[8]《保和会准备会将成立》，载《时报》1913年5月23日。

[9] 姜增：《郭云观先生年表》，载《郭云观论学集》，商务印书馆2019年版，第435页。

[10] 郭云观：《巴黎和会纪闻》，载郭云观：《法学丛论》，张祜编，（1938年初版）1948年修订版，第77—81页。

[11] Kuo Yun Kuan, "As Will Throw Light upon the Questions of Reform and Abolition of Extraterritoriality in China", *The Chinese Social and Political Science Review*, Vol. 5, 1920, pp. 255-274.

[12] 姜增、吴斌：《郭云观司法改良理念述评》。

为：徐谟第一，金问泗第二，郭云观第三。[13]

在外交部任职后，他又于1920年10月出任修订法律馆纂修兼修订法律编纂室主任，准叙五等。[14] 为了招收法科生来馆工作，王宠惠选郭云观搭档——亮畴和闵畴"两畴"共同举行面试。[15] 郭云观此际先后担任北京政府外交部条约研究委员会委员，司法部法权讨论委员会委员，并兼任北京大学法科导师。1920年11月12日外交总长颜惠庆又给他压任务，派他兼在通商司办事。[16] 11月底，司法官再试典试委员会决定郭云观"应免甄录试初试"，[17] 也就是说他获得免试待遇，此决定书呈报司法总长即可。

此时外交部的事务又极忙，郭云观极受"外交系"的器重。国民政府为研究收回租界法权事宜，于1920年11月在司法部设立法权讨论会。郭云观作为修订法律馆纂修，被聘为讨论会会员。在讨论会上，郭云观发表了《上海应设特别法院以代会审公廨暨外交方面应如何进行议》的意见。他提出的收回治外法权的策略、规划、方法均十分稳健，具有可操作性。郭先生的弟子、编者张祜总结得较准确："长此因循，恐收回无望。操之过急，复虑引起反感。计惟采取定期收回办法，较为稳健。宜即与各国磋商渐进方案，期以十年，完全收回法权。"[18] 在当时众多急于求成或消极被动的态度面前，不得不说，郭云观的方案在当时是一种既超前又稳健的理性观点。

当郭云观在外交系崭露头角之时，他的知识和才能博得各部门赞赏，

---

[13] 《郭云观院长小史》，载《东方日报》1941年3月9日。
[14] 《大总统指令第二千五百四十九号（中华民国九年十月二十四日）》："令署司法总长董康：呈请叙修订法律馆纂修郑天锡、郭云观等官等由"，载《政府公报》1920年第1685期。
[15] 《法律系教授会布告：本系四级生愿译英文书籍及英文名辞报名册已送交王亮畴郭闵畴》，载《北京大学日刊》1920年第734期。
[16] 《外交部令第一百八十九号（中华民国九年十一月十二日）》："派郭云观兼在通商司办事此令"，载《政府公报》1920年第1706期。
[17] 《司法官再试典试委员会通告第三三号（中华民国九年十一月三十日）》："为通告事兹经本会续行议决郭云观孙再二名应免甄录试初试并再试陈保浚一名应免甄录试初试……"，载《政府公报》1920年第1723期。
[18] 张祜为《上海应设特别法院以代会审公廨暨外交方面应如何进行议》撰写的编语，载郭云观：《法学丛论》，张祜编，（1938年初版）1948年修订版，第85页。

接着，伴随他似乎有人才被"抢"的节奏：1921年3月因司法总长董康呈保，总统批准郭云观与郑天锡同为简任职。[19] 3月19日，郭云观被大理院院长借调，外交部同意所有和约研究会会员事务指派张煜全暂行代理。[20] 但他在3月下旬仍以外交部秘书身份履职。[21] 9月调任国际联盟约法委员会中国代表团专门参议，11月被外交部派为太平洋会议秘书，[22] 赴美国华盛顿裁军会议，郭以中国代表团秘书处股长身份出席。看来他并没有遵照前面的任命直接去大理院，而是继续在外交部工作到从华盛顿会议归来。后来从外交系到司法系的调动决定了他一生的轨迹。那么，他到底是什么时候自外交界转入司法界到大理院工作呢？据查"大总统命令"，郭云观1922年12月5日获司法部任命，担任北京政府大理院推事，准叙三等。[23]

晚清以降，近代中国的外交与司法有着千丝万缕的纠缠。然而懂司法者大都不懂外交，懂外交者几乎不懂司法。郭云观和一般法律人相比，独特之处在于外交与司法复合，中国法与外国法双修，理论和实践兼顾。他任职期间即已兼任朝阳学院"英文民法"讲席。在朝阳讲过这门课的人除郭云观之外，还有郑天锡、燕树棠、何鸿基[24]、应时、万兆芝等。[25]

---

[19] 《大总统指令第六百十五号（中华民国十年三月十二日）》："令国务总理靳云鹏：呈奉交司法总长董康呈保郭云观等以简任职存记应予照准由"，载《政府公报》1921年第1815期。

[20] 《外交部令第五十号（中华民国十年三月十九日）》："郭云观现经大理院院长借调所有和约研究会会员事务派张煜全暂行代理此令"，载《政府公报》1921年第1824期。

[21] 《交通部参事陆才甫外交部秘书郭云观均因公来宁》，载《时报》1921年3月25日。

[22] 《外部派太平洋会议秘书》，载《新闻报》1921年11月11日。

[23] 《大总统指令第八百九十三号》："令代理部务司法次长罗文干：呈请叙大理院推事郭云观官等由"，载《政府公报》1922年第2216期。《大总统命令：司法总长程克呈请任命郭云观为大理院推事应照准此令（十二月五日）》，载《法律评论》（北京）1923年第25期。

[24] 何鸿基（1892—？），字海秋，河北藁城人。其弟为抗日名将何基沣。1912年毕业于日本东京帝国大学，获法学学士学位，并曾赴英、德留学。1918年起历任任司法部参事、大理院书记官、大理院推事庭长、河北省政府委员兼教育厅厅长（1935年任）、国民政府考选委员会委员、监察委员、国民参政会参政员等职。曾任国立北京大学法律教授兼系主任（法律系第一任系主任）、教务长兼第三院（社会科学学院）主任及政治系主任、清华大学法律学系教授、北平大学法商学院名誉教授，主讲英文民法、民法总则、德国法、公司法、劳工法、民法债编总论、法院编制法等课程。1946年3月7日，何基鸿与陈岱孙、顾颉刚等北平名流41人对东北问题发表意见，表示坚决反对雅尔塔条约及九一八事变在东北重演。著有《宪法要览》（与沈钧儒合著，1922）、《国立北京大学沿革述略》（1929）。

[25] 《朝阳学院概览》，第11、17、18页。

二、法权中流，折冲砥柱

在从学与从政之间游离，分身无术，郭云观拖垮了身体。他于 1925 年 1 月因病辞职，1 月 18 日获得批准，[26] 同年夏天南归温州。他在信河街沧河巷租了一宅小楼房。[27] 据笔者少年时体验，此处步行至百里坊郭云观岳父岳母家约五分钟路程。这是他自上大学以来第二次养疴，也是入职从业以来第一次辞职。非要辞去大理院推事一职，这背后显然是个巨大的决心，更预示着他下一步的走向。养疴一年后，郭云观于 1926 年 9 月北上。他没回外交部，也不去大理院，而是去燕京大学政治学系担任教授，兼清华教授。不久吴雷川出任燕京大学校长，司徒雷登退居教务长，郭云观兼任了燕京的校务行政从事管理。[28] 他在燕京政治系的资格很老，与郭教授同在政治学系的同事吕复[29]、刁敏谦[30]、潘昌煦等人，到 1928 年还只是讲师。[31] 1929 年，郭云观在燕大作题为《女子继承财产权》报告，被记录发表。[32] 1930 年秋，燕京大学遵照国民政府教育部公布的《私立学校规程》，分文、理、法三学院，初创法律学系，郭云观被聘为首任系主任。

---

[26]《司法总长章士钊呈大理院推事郭云观因病恳请辞职应照准此令……（一月十八日至一月二十九日）》，载《法律评论（北京）》1925 年第 84 期。

[27] 郭蕊：《春草池塘忆舅家——从书画家马孟容、马公愚舅父说到二一岁的马天戈》，载《孟容公愚书画传家三百年》，国际文化出版公司 2003 年版，第 22—32 页。

[28]《董事及大学行政人员：郭云观先生（照片）》，载北平私立燕京大学学生会编辑委员会编：《燕大年刊》1930 年卷。

[29] 吕复（1879—1955），河北省涿鹿人。1903 年考中举人，1905 年、1909 年两度公派赴日，入明治大学法科。在东京加入同盟会。1911 年回国，当选为国会众议院议员。1914 年 11 月在东京任留学生基督教青年会干事。参加反袁、立宪运动。1921 年后，经李大钊介绍在北京中国大学教授"社会学原理"，任校务主任。曾在燕京大学讲授《中国法制史》《比较宪法》等课程达七年，1933 年，出版《比较宪法论》。1935 年至 1936 年，任河北省定县实验县县长。1937 年拒绝日伪引诱，离开北平，经香港南下广州，担任中央大学教授。抗战胜利后，回北京任中国大学校长，直到 1949 年。

[30] 刁敏谦（1888—?），字德仁，广东兴宁人。刁作谦胞弟，七岁即被其父送往美国火努鲁鲁，1900 年回国入上海圣约翰大学，1907 年毕业留校；1909 年赴伦敦大学学习国际法，1916 年获伦敦大学法学博士（LL. D.）。1916 年 9 月回国后在清华学校任教，讲授国际法与英语，兼任北京《英文导报》总编辑。1922 年起接触外交部工作，历任外交部秘书、参事秘书、外交部情报司司长、驻新加坡总领事。"文革"期间受迫害致死。著有《中国国际条约义务论》《中国新宪法》等书行于世。

[31] 北平私立燕京大学学生会编辑委员会编：《燕大年刊》1928 年卷。

[32] 郭冈畴：《女子继承财产权》（演讲稿，陈云豹记录），载《燕大月刊》1929 年第 4 卷第 1 期。

1932年春，外交部部长罗文干兼署司法部部长，慕郭氏之人品和才能，力邀至司法部任参事。㉝ 依罗文干的性格，求贤若渴，素来"强"人所难。而儒雅的郭云观舍不得燕京大学的教职，但又盛情难却，无法拒绝。1932年5月郭云观被任命为司法行政部参事兼司法部编纂室主任。罗文干比他只年长一岁，一心从政，早已是部级高官。而郭云观热衷于从学从教，四十好几了还被"挖"回体制内当参事。当时他手下有个年轻人叫倪征㠇，是他在东吴的弟子。倪征㠇后来回忆说："稍后到任的编纂室主任是当时燕京大学法律系主任郭云观……在他的领导下，我们翻译一些外国法典，并共同研究特别是上海等租界内法院报回来的外国领事裁判权实施情况以及外国对我实施新颁布法律后的反映等。"㉞ 事实上郭云观仍然兼任燕京大学教职。

郭云观当年那篇关于收回法权的文章，预期十年"定期收回，设特别法院以代会审公廨"的观点，果然在七年后得到了实现和验证，㉟ 并且，他自己也进入了这个工作的第一线。1932年1月，上海第一特区地方法院院长杨肇熉被控贪污，同年9月与郑毓秀同案被弹劾㊱，急需有人接替这个重要岗位。按当时新成立的上海第一特区地方法院的特殊"规格"，需要特别挑选司法人才，事实上这里汇集了全国法律精英，尤其在法律与外事能力上都很突出。郭云观可谓是特区法院院长的"标配"。郭云观舍不得燕京大学的教职，拖到11月，郭云观只好奉命南下，就任地处公共租界的上海第一特区地方法院代理院长，㊲ 成为中外瞩目的一个角色。

㉝ 《郭云观院长小史》，载《东方日报》1941年3月9日。
㉞ 倪征㠇：《淡泊从容莅海牙》，法律出版社1999年版，第45页。
㉟ 1927年1月，我国收回上海公共租界会审公廨，设上海临时法院及上诉法院。但在享有领事判权的外侨为原告时，外国领事仍有观审权。1930年春，国民政府在上海公共租界设立中国法院，称"上海第一特区地方法院"。1931年5月，国民政府又将法租界会审公廨收回，改设第二特区地方法院及江苏高等法院三分院。
㊱ 弹劾案：提劾前上海特区法院院长杨肇熉前上海地方审判厅厅长郑毓秀书记官长钮椿会计主任郑慧琛等违法侵占案：本院移付中央公务员惩戒委员会文（第十九号，二十一年九月十九日）》，载《监察院公报》1932年第16期。
㊲ 《郭云观明日来沪》，载《民报》1932年11月9日。

在他上任前，便于 1932 年 11 月 10 日到母校法学院作了拜访。[38] 复旦老校友金通尹等 20 余人设宴欢迎他南下到沪任职。[39] 12 月 5 日，上海第一特区地方法院举行郭云观就职宣誓仪式。这成为上海滩中外关注的一个重要事件。The Shanghai Times 和《申报》等多家中英文媒体陆续报道了郭云观就职第一特区新院长的消息。[40] 郭到任后不久，老部下倪征燠也调到该院，担任第一特区法院推事，再次成为郭云观的同事。半个月后，司法行政部把郭云观的代理院长改"代"为"署"，任命为院长。[41] 有意思的是他到任两个月后，司法行政部于 1933 年 2 月决定郭云观另有任用，[42] 但这个决定实际上没有执行，他仍在此岗位上。

郭云观在第一特区法院院长任上很敬业，干得很专心。特区法院地处公共租界，虽然司法已独立于领事，但仍纠缠于华洋之间，郭院长常面临外交上的斗争。1934 年 6 月初，工部局对华人非法施用电刑，达 17 次，释放后已成残疾，特一院准备传讯被控告的洋捕，可是工部局却将传票退还。郭云观认为此举违反协定，提出强烈抗议。[43] 1936 年发生"许晚成案"，许氏乃上海龙文书局编辑，因在报刊撰写发行工作报告，内载司法黑幕调查，言语不慎被拘捕，不准交保，罹病于牢狱之中。中央研究院院长蔡元培闻此于 6 月 26 日致函郭云观，云："下笔不慎，事实错误，迹近污蔑"，"许君疏忽之咎，自不容辞，然事出无心，似堪曲恕，夙仰台端执法，鉴定平衡，倘蒙察讯之后，……稍轻定谳"。[44] 8 月份许氏获保释出

---

[38]《老同学郭云观君原任司法行政部参事》，载《复旦同学会会刊》1932 年第 2 卷第 2 期。

[39]《复旦老同学举行聚餐欢宴郭云观任法院院长》，载《申报》1932 年 11 月 17 日。

[40] New Court Official Arrives Here, Dr. Kuo Yun-kuan Comes From Ministry Of Justice Post, *The Shanghai Times*, 1932 年 11 月 11 日。《第一特区新院长郭云观宣誓就职》，载《申报》1932 年 12 月 6 日。

[41]《郭云观改代为署》，载《民报》1932 年 12 月 24 日。

[42]《司法行政部参事郭云观另有任用（二十二年二月十日至二月十四日）》，载《司法行政公报》1933 年第 27 期。

[43]《沪工部局非法用刑，郭云观提出抗议》，载《益世报》（天津）1934 年 6 月 7 日。

[44]《许晚成案蔡元培昨函郭云观 黄警顽等亦为声援》，载《大公报》（上海）1936 年 6 月 27 日。

狱。⑤ 后来因上海各法院回避，许案被转移管辖至吴县地方法院审理，一审判罚金 30 元，缓刑两年。但许氏认为自己毫无恶意，提出上诉，1937 年 1 月终审维持原判。⑥

特区司法的复杂性加之上海码头水之深，知识人在法院做事很难。上海地方法院院长沈锡庆与他一样，也是 1932 年来上海任职的。沈氏有早稻田法科留学背景，他们都是知识人，是价值观相近的同类人，相处十分融洽。郭云观与沈院长成了同袍好友。郭曾对沈说："现当小人道长、君子道消之世，吾辈更应扶持正义，务使君子道长，则小人自然道消矣。否则君子愈加退避，小人肆无忌惮，则君子之道愈消，小人之道愈长也！"⑰ 沈锡庆深以为然，曰："噫！此真慨乎。其言之也，惟予觉现在之世，正因君子之道无人提倡主持，故世风日下，至有今日，将来更不知伊于胡底。"⑱ 不料一语成谶，1934 年，50 岁的沈锡庆受到来自一个不存在的所谓"联合会"的匿名诬告中伤，并起造谣风波，上海一些报纸盛传沈氏辞职消息。至 1935 年 4 月，司法部指令江苏高等法院调查沈氏被控受贿一事，却认定他"废弛职务，应予记过"。⑲ 沈氏心力交瘁由此被免职，"殊深欣慰"。次日一早，郭云观院长即来拜访落职院长沈锡庆。⑳ 沈锡庆后来供职于浙江实业银行，一年后于 1936 年 6 月病逝。

从当时沪上报纸看，郭云观在上海的口碑可不是一般的好。有赞誉者曰"法理精湛，品行高洁，生平不为世俗之应酬，法曹中仅见之贤者也"。㉑ 1934 年 7 月，郭院长被司法行政部晋叙为荐任一级。㉒ 1935 年郭云

---

⑤ 《许晚成被沪法院羁押现已保释出狱》，载《中央日报》1936 年 9 月 1 日。
⑥ 《许晚成上诉判决》，载《申报》1937 年 1 月 24 日。
⑰ 沈锡庆：《沈锡庆日记》，第 224 页。
⑱ 沈锡庆：《沈锡庆日记》，第 224 页。
⑲ 沈锡庆：《沈锡庆日记》，第 353—354 页。
⑳ 沈锡庆：《沈锡庆日记》，第 298 页。
㉑ 《林我将与郭云观》，载《时代日报》1933 年 6 月 28 日。
㉒ 《司法行政部训令（训字第二三三八号，二十三年七月十一日）》："令署江苏高等法院第二分院院长沈家彝：饬知奉行政院训令郭云观俸给准照叙等因仰转饬知照由"，载《司法行政公报》1934 年第 62 期。

观被母校复旦大学校董会授予法学名誉博士学位。郭云观身在司法,但热心法学教育,他在法学教育界的声望也很高。1936年2月初,在全国18所法律院校倡议下,中华法学教育会在上海举行成立大会暨第一次年会,东吴大学校长杨永清任会长,郭云观与张耀曾二人受邀在大会作主旨演讲,复旦李登辉校长、上海法学院院长沈钧儒、东吴法学院长盛振为以及法律界人士张志让及金通尹等出席大会。[53]

三、日寇威逼,化装逃亡

抗战开始后,上海军政机关几近撤离殆尽,只剩特区司法机关留在"孤岛"上海,在日伪包围下,处境十分险恶,工作无法正常开展。郭云观签署的法院工作公告,最后一项的日期是1937年11月8日。[54]郭云观在之后的四年均无任何信息——直到1940年12月才在上海媒体上两次出现一则信息,可又只是个署名"院长郭云观"的例行公告。[55]再往后的公开信息竟然为零!

郭院长在险恶的形势下,拒绝和抵制了敌伪多方诱逼威胁。"经常收到恐吓信,其中甚至附有子弹。据说郭云观曾手书文天祥《正气歌》,率全体司法人员一起共勉,与敌伪周旋,随时准备以身殉国。"[56]1938年,郭云观在危险境地迎来五十诞日。他写下《五十览揆感言》,这篇不到850字的文章,透露了他当时危险处境中的所思所想。在日寇肆虐之下,他想到人生短暂,也担忧自己的人生和意义,感慨"人生天地间,如蜉蝣蛮触,如朝露石火,眇焉其微,霎焉其蹔也。姑无论耄耋稀龄,纵使寿至百岁,亦不过三万六千余日。此在往古来今之无尽宇宙中,直一须臾耳"。接着他说二百余位称帝称王者,也不过平均年龄为四十有一。帝王虽尊,

---

[53]《中华法教会组织成立:杨永清主席报告成立宗旨,并请郭云观张耀曾等演讲》,载《青岛教育》1936年第3卷第10期。
[54]《江苏上海第一特区地方法院第五五二五号公告》,载《新闻报》1937年11月15日。
[55]《江苏上海第一特区地方法院第九九八八号公告》,载《新闻报》1940年12月18日。
[56] 尤俊意:《我所知道的郭云观先生》,《文汇报》2016年7月6日。

但多数死于穷奢极欲。转而列举张睢阳、岳武穆、文信国、陆秀夫及明代一些忠烈，得年最高不过四十有六，能跻于五十者，盖无一人。旋而列举绩学才艺之士，如贾长沙、曹子健、王仲宣、王献之、柳子厚、王弼、王勃、文中子，这些人也都死于三四十岁。"然年寿之短不足以称其才德"，古代如此，当代也如此。这是他在对照五十岁的自己！意谓我已经到了五十岁了，老天已让我的寿命超过先贤了。文章最后一段如下：

念昔人之道德文章功业，我无其万一，而天假之年，乃有逾于贤哲忠烈才智之士。何天之厚之耶？抑厚之而适以愧之耶？矧余鬓虽苍而头未童，视虽茫而齿未豁，志气犹壮，筋力未衰，殆尚不止于五十而遽化为异物乎？虽然，君子所贵乎寿者，不在形骸，而在心志。老子有言，死而不亡者寿。故复圣类子，虽形体早逝而德修行卓，名垂宇宙，自君子视之，其寿无疆。……嗟乎，圣人五十而知命，贤人五十知非，余虽不能知命，将并不能知非而求所以寡其过乎？思之勉之。[57]

这篇《五十感言》中多次重复"贤人"和"君子"二字。虽然写自己的五十感言，却是一篇感人至深的言志美文。从中可解读出他内心的做人标准，更是读出他对时刻到来的危险的思想准备。

1941年，上海高二分院院长徐维震于3月4日下午被汪伪绑架后，郭云观又奉命兼任高二分院院长。[58] 这个消息很快传遍上海各大媒体和街头小巷，实际上这时候出任此职，是时刻冒着危险的。这项任命的效果可想而知，其实不只是把郭云观往火上烤，还是往深渊里推，但司法主权不能丢啊，总要有人去扛，去牺牲。

---

[57] 郭云观：《五十览揆感言》，载郭云观：《法学丛论》，张祜编，（1938年初版）1948年修订版，第83—84页。

[58] 《高二分院长被绑后由郭云观暂代》，载《申报》1941年3月8日。郭思永：《郭云观先生年谱》，载《玉环县文史资料选辑》，1989年，第17—18页。

果然，1941年12月8日，日军包围并占领法院，变本加厉地逼他就范，但他坚拒不就。此后处境日益艰难，夙夜应对，身体渐衰。法院是最遭敌伪疑忌霸据的机构，而在环境最恶劣之时，郭云观暗暗决定洁身引退。然而院长职责所在，在引退前如何处置？院长郭云观与首席检察官向哲濬（参见专篇）、书记长查良鉴[59]等商量对策，最后决定先让其他推事及工作人员撤退，自己与首席检察官等少数人仍照常坐镇法院，守至最后一分钟。[60] 临别时，郭院长赠给查良鉴诗句：

穷通得失寻常事，不肯模糊是此心。
临别殷勤重寄语，长珍途重寒守身！[61]

明知风险，底线在心，不肯模糊，守身为重！这是郭院长对年轻同袍的临别嘱咐，也是他自己决意的表达。

为全院撤离险境，他坐镇院长室三个日夜：8日，既不引起敌人怀疑，又紧急召集所辖上海三院会议，布置、处置一切紧急事务；致函三院告以本人即时停止行使职权，退隐养疴，实为示范；旋即夜宿办公室检集，连夜焚毁机密文件。9日派人冒大险向银行商支款项，分发第一特院同人的当月薪俸以维持生计。郭云观兼任院长的高二分院因一日之差，来不及按此办理。当日工部局派来一日籍高级职员，找郭院长诱劝，被郭院长严词

---

[59] 查良鉴（1904—1994），字方季，浙江省海宁人，查良钊之四弟，查良镛的堂兄。出生于河北天津，1926年毕业于南开大学政治系，1926年毕业后入东吴大学法学院，1929年获东吴大学法学学士学位后，赴美留学，1931年获美国密西根大学S.J.D（法学博士）。回国后历任省立安徽大学法学教授、国立中央大学国际私法教授。1933年调司法行政部任职，任上海第二和第一特区法院推事。抗战开始后一度赴重庆，历任四川高等法院检察官、司法行政部参事、重庆地方法院院长。1941年回上海第一特区地方法院任推事兼书记长官。与郭云观院长一起，经得住日伪利诱和胁迫。1946年接收上海法院后，任上海地方法院院长等职。1949年去台湾，历任台湾大学教授、"司法行政部"次长、"最高法院"院长，曾任教于台湾东吴大学，创办东海大学。

[60] 《孤岛敌军侵入租界后我司法界坚贞不屈，郭云观严词拒敌誓死执行我方使命设计不售乃于十日晨武力强占法院》，载《前线日报》（1938—1945）1942年3月3日。

[61] 魏文华：《一个少壮实干的司法官：地方法院院长查良鉴》，载《现实：新闻周报》1947年第1期。

回绝。㉒ 9日，与敌周旋，着手微服乔装的准备。10日凌晨，郭闻敌军即将强占法院，形势更恶劣，决定与向哲濬乘日军换岗之隙先后离院。临别之际，他和向哲濬含泪握别，相互叮咛，为国珍重。㉓ 于无声处，如此一幕，堪比壮士惜别，感人肺腑！

郭院长乔装打扮成勤杂人员，怀藏安眠药12片，以备危急时刻吞服殉难，免遭凌辱；假装若无其事，哨兵不识，只身惊险逃出了第一特区法院，拐进街区里弄。黄昏后微服步行两里外，借商店给家里打了个电话，才得知敌人已经到家中询踪数次，夫人小孩已经惊避他处。㉔

从此郭云观消失达4年之久，连敌伪特务都找不到。1941年12月24日上海警务当局还在登报悬赏1000元，试图以这种方式查寻郭云观的下落。㉕ 25日傍晚，郭云观从他秘密联络人处得知，妻子让上学的子女停学，与长女带他们投奔上海亲友处。郭夫人很机智，把四个子女分散开来，分别寄宿不同的亲友寓所，并随亲友家姓，以防不测。㉖ 这个时候长女已经结婚。

重庆方面只知道郭院长和部分人员已经撤离上海，一部分辗转到达重庆。但就是不知道院长郭云观的下落。㉗ 1942年《前线日报》中央社重庆报道"孤岛敌军侵入租界后，我司法界坚贞不屈"，特别提到："郭云观严词拒敌誓死执行我方使命，敌计不售乃于十日晨武力强占法院。"㉘ 郭云观失踪了！他居然与重庆方面也不通报消息，完全失联了。

时间过去了两三年，到了1944年底，才有消息灵通人士探到郭云观

㉒ 《孤岛敌军侵入租界后我司法界坚贞不屈，郭云观严词拒敌誓死执行我方使命敌计不售乃于十日晨武力强占法院》，载《前线日报》1942年3月3日。
㉓ 郭云观：《辛巳蒙难记》，载郭云观：《法学丛论》，第87页。
㉔ 郭云观：《辛巳蒙难记》，载郭云观：《法学丛论》，第87页。
㉕ 《警务当局访查郭云观氏住址》，载《申报》1941年12月24日。
㉖ 郭云观：《辛巳蒙难记》，载郭云观：《法学丛论》，第87页。
㉗ 《孤岛敌军侵入租界后我司法界坚贞不屈，郭云观严词拒敌誓死执行我方使命敌计不售乃于十日晨武力强占法院》。
㉘ 《孤岛敌军侵入租界后我司法界坚贞不屈，郭云观严词拒敌誓死执行我方使命敌计不售乃于十日晨武力强占法院》。

的一丝行踪,据其文章讲:1942 年,因敌伪追捕甚紧,2 月郭云观化名由浦东登船赴宁波。可是行至半路,老毛病疝气复发,未能继续西进前往内地,中途隐居于浙江宁波附近一处名叫"郧山"(可能是宁波城西五里大卿桥南的郧山书院旧址)之"月湖西畔"。在此杜门读书,经过了两个寒暑。因水土不习,营养缺乏,致身体日益衰弱。有新闻报道说有人意外与郭云观在温台一带某地相遇,只见他双目障有药水棉花,拄一拐,摸索而行。据云郭氏离沪后沿途遭遇各种不幸,又生眼疾,当地缺少医药,病势殊堪殷忧。记者还不忘评论一番说,郭氏"静默寡言笑,然待人接物则蔼然可亲,盖纯粹学者风度也"[69]。

那么,郭云观的妻子和家人知道他的下落吗?这是个问题。直到 1945 年上海《正报》刊登一则报道才透露了一个消息:郭云观化装逃出后加入单帮行列搭乘宁绍轮到宁波。事前由其女郭蕊告知夫翁张寿镛,特派一亲信陪其至鄞西石塘翁文灏(1889—1971,浙江鄞县人)老家旧居躲避。郭氏自称姓蔡,系北大教授,平日闭门读书,足不出户;直到今年夏天,郭氏才离开鄞县来沪。[70]媒体都在关注这个失踪的大活人,可是得到的都是这些只零片爪的消息。隐藏的信息很重要:终于有了郭云观还活着的消息……但仍然有疑问:郭氏为何借住在鄞县?他与张寿镛的这层姻亲关系是否真实?似乎还没有得到证实。

抗战结束时,这个谜底仍然没有解开。1948 年,郭云观发表了《辛巳蒙难记》,才使连串之谜底得以揭晓,世人方知其蒙难匿名流亡的全部真相,犹如谍战动作片:在他影响下,全沪三院几十名庭长、推事和书记官也纷纷离开法院,得司法部密电嘉奖。郭院长离院后暂宿医院,辗转伏匿于穷巷僻弄,玄帽素结,粗衣布履,留须蓄发,变换仪容,三易其名,惊魂闯关,寻机东行,居无定所,潜入浙东。敌人发觉后恼羞成怒,在上海各报刊公告悬赏缉拿郭云观,并下令搜捕家属,幸在夫人及子女事先避难

---

[69] 君仪:《郭云观祸不单行》,载《东方日报》1944 年 12 月 14 日。
[70] 《郭云观潜甬逸闻》,载《正报》(上海)1945 年 10 月 3 日。

他处。[71] 为防不测，他写下了一份给各大报馆与亲朋好友的声明，抄 25 份，秘存于联络员，让他在受难时寄出，声明曰：

> 倘余不幸被捕，誓必绝食殉国。如有以余之名义发表文件或谈话者，必皆出诸假借，请勿信之，务祈亮察。郭云观。[72]

显然，他已经作了赴死的最后打算！所幸熬到抗战结束时，他苟活了下来。这期间都经历了什么？任何语言难以诉说。俗话说"有图有真相"，我们来看看他的照片就能感受到，苦难中历险流亡是如何折磨人的。1948 年出版《辛巳蒙难记》时，正值郭先生六十周甲之辰，弟子张祐和郭师其他门徒商议，为《法学丛论》之 1938 年第一版增订再版。书中附有郭云观 6 张对比照片，从当初的气宇轩昂到后来的体貌渐衰，我们可以看到一个人的容貌在八年里发生如此之大的变化，每张照片均有其文字注解：

（一）平昔。民国二十六年二月摄，时长上海第一特区地方法院，淞沪战事未起，处境正常，起居有节。

（二）乔装。二十六年秋至三十年冬，此四年间，抵抗敌伪多方威胁；嗣又兼长高院，处境愈艰，夙夜忧伤，体貌渐衰。特区沦陷后，洁身引退，留须蓄发，伏匿穷巷，准备微服离沪。

（三）穷居。闯关出走，行至浙东，疝气复发，未能进入内地；遂化名遁居郧山月湖西畔，杜门读书，两阅寒暑；以水土不习，营养有阙，致体益衰弱。

（四）困厄。自三十三年夏，体惫不支，乃扶病潜行来沪就医，被敌军宪兵队侦悉，欲拘入司令部，以病暂免，仍严禁行动自由，至

---

[71] 郭云观：《辛巳蒙难记》，载郭云观：《法学丛论》，第 86 页。
[72] 尤俊意：《我所知道的郭云观先生》。

一年二个月之久。

（五）闻捷。三十四年八月，久病新愈，值抗战胜利，立薙须发，旋奉中央电令接收全沪法院监所，筹组上海高等法院及地方法院。

（六）复常。在高院任内，整理三年，庶事重趋常轨，起居有度，渐复健康，然体重视战前尚少差焉。[73]

国人能在八年抗战中留下肖像对比，展示历史证据，真是难得一见。更值得欣慰的是郭云观于1941年就写下了《辛巳蒙难记》，实为后人留下这位"路末难民"的传奇和气节。原来，他于1944年夏，疾病加剧，体力不支，只得扶病潜回上海就医。可是，刚在上海落脚，就被日军宪兵队侦悉，险些被拘捕到敌军司令部，好在以患病为由才暂予免拘，但被控制行动自由达一年二个月之久。此时的他已经形貌枯槁，全然难民模样。然而观其眉宇神情之间，不失士夫清气！他不甘为汪伪政权效力，为保持自己民族气节，宁愿抛弃一切，持续了长达4年的逃难生涯！

1945年8月，日寇投降，郭云观久病新愈，立马剪须理发，庆贺胜利，重新进入人们的视野。不久奉中央电令，他出任上海高等法院院长，并请他负责接收全上海的法院和监所，重新筹组上海高等法院及地方法院。[74] 9月15日接收，郭院长于16日宣布所有诉讼暂缓，17日宣布所有在伪法院出庭的律师暂缓办理诉讼事务。据查上海当时有1200名律师，在日伪法院办案的律师中，华人律师有300余人，另有日、德、捷、奥、苏等国律师19人。尚有800余律师，有的改行经商，有的内行西迁，有的进入伪政府任职，一时难以统计。据1939年司法部规定，凡律师入日伪组织者一律由律师公会予取消律师资格。[75] 10月初开始上海各法院恢复案件审理。

---

[73] 郭云观：《辛巳蒙难记》，载郭云观：《法学丛论》，第92页。
[74] 《伪高等地方两法院今日办理移交，郭云观院长主持接收》，载《前线日报》1945年9月15日。《伪高等地方法院定今晨接收》，载《申报》1945年9月15日。
[75] 《上海高等法院院长郭云观先行视事，一切普通诉讼暂停审理》《前伪法院理讼之律师暂缓出庭静候甄核》，载《前线日报》1945年9月16—17日。

图2 郭云观（闵畴）先生蒙难留影（原书藏于然否斋）

四、暗流涌动，明哲勇退

郭云观此时主持着院务整顿和惩办敌伪汉奸的工作。郭云观的同袍向哲濬与倪征噢，从这里奔赴东京，参与远东国际法庭审判工作，一个担任检察官，一个担任中国检察组首席顾问。向哲濬先行赴东京，向夫人带着孩子们从重庆迁回上海，郭院长考虑很周到，向检察官不在，担心她们住在外面会不安全，就邀请并安排她们入住高院宿舍。[76] 1946 年 11 月 16 日，郭云观以上海高院筹组院长身份举行茶会，招待燕京大学的老校长、老搭档、美国驻华大使司徒雷登，对他为中美商约的缔结之努力表示感佩。[77] 11 月 26 日，行政院会议正式决定任命郭云观为上海高等法院院长。[78] 在其位谋其政，郭云观在高院任内，因人才与经费缺乏，惨淡经营三年，整理、恢复战后的审判事务，才使上海的司法机构和工作走上了正常化轨道。

抗战结束时的郭云观已近花甲之年，加上健康欠佳，报章早已传闻说他曾萌生退意。[79] 行动属于职责，思想归于内心，表面上的履行职责不等于他没有自省心思。仅凭郭云观对学术的热忱来判断，他一定在政治与学术之间权衡考虑过。不出所料的是，后来他出任光华大学教授，筹备设在文学院的法律系。[80] 这无疑是他想离开政坛的一个信号。这发生在什么时候？校长张寿镛于 1945 年逝世，张校长指定副校长朱经农，时任教育部次长，拖到 1946 年 9 月底才到校视事。而《申报》于 1946 年 2 月 13 日就

---

[76] 周芳：《良师爱侣忆思明——向哲濬夫人周芳回忆录》，载向隆万编：《东京审判·中国检察官向哲濬》，上海交通大学出版社 2010 年版，第 257 页。
[77] 《中美商约的缔结由于司徒之努力郭云观院长表示意见》，载《益世报》（上海）1946 年 11 月 27 日。
[78] 《政院例会通过鲁省府改组，郭云观任沪高等法院院长》，载《新闻报》1946 年 11 月 27 日。
[79] 勤孙：《郭云观有倦勤说》，载《海光》（上海）1946 年第 27 期。
[80] 当时光华大学有文理商三院，以设于文学院的法律系"最为出色"，教授均来自本市司法界，除郭云观外，还有李良、刘毓桂、查良鉴等。参见冯树人：《迈进中的光华大学》，载《读书通讯》1948 年第 154 期。另参见韩成：《战后私立大学校长的治理困境——以朱经农执掌光华大学为例》，载《安徽史学》2018 年第 5 期。

报道"光华大学法律系聘请郭云观主持",㉛这表明郭云观出任光华大学法律系主任的时间早于朱校长到任,显然是张寿镛校长逝世前的邀请,他们事先就商量过聘郭云观,并主持筹备光华大学法律系的事。

1948年12月,郭云观果然到南京向司法总长谢冠生提出辞职。据说上司竭力劝说挽留,但他返沪后一直不到任。㉜当时不少司法高官离任,欲新任命却大都推辞,比如司法部部长人选梅汝璈就是其一。本来要任命倪征燠当上海高院首席检察官,他也未接受。㉝这个时期的政治与军事形势不妙,加上司法机构内部弊端积重难返,比如1948年1月,上海地方法院为增设庭长职数问题闹出一件大事,下属中有推事向院长查良鉴呈文表达不满之外,还给高等法院郭云观院长致函,表示不满。司法院长居正顺道来沪时询问此事,仍得不到解决。㉞郭云观拒绝继续就任的原因是可想而知的。郭云观早年就体质差,接连患病养疴。就他思想的主观原因和身体的客观原因看,辞职这事自然很符合情理,且一定是他深思熟虑过的。从时间节点看,1948年这一年正值郭先生六十周甲之辰,无论心态抑或境界都到了一个拐点,他一定会自省和总结过去的经验教训。

弟子为给老师六十岁周甲之辰贺寿,张祜和郭师其他门徒商议,为《法学丛论》(1938年原版)增订再版。原上海交通大学校长、国学家唐文治(蔚芝)先生欣然题词,对郭云观给予高度评价,云:"呜呼!士君子生当世,气节而已矣。"并作联"人生惟有气节量,世界须凭骨力撑"。"闻郭君之风,当必瞿然内省,悚然自惕矣。"㉟郭云观秉持理念,守身如玉,这个"士君子"的定位,用到他身上,简直太准确了。

让我们接下来继续沿着时势进展追寻郭云观的态度。1949年初,上海

㉛ 《光华大学法律系聘请郭云观主持》,载《申报》1946年2月13日。
㉜ 《高等法院院长郭云观坚辞由李良暂代》,载《前线日报》1948年12月12日。
㉝ 倪征燠自己说的理由是已经接受母校东吴大学之聘,从事教学工作,谢冠生见他执意婉拒,未有进一步表示。倪征燠:《淡泊从容莅海牙》,法律出版社1999年版,第128页。
㉞ 《庭长之尊非等闲遴选标准应郑重,地院全体推事具呈郭云观》,载《立报》1948年1月9日。《新庭长问题闹大居正召推事面询郭云观作二点答复》,载《立报》1948年1月11日。
㉟ 《附录唐蔚芝先生题辞》,载郭云观:《法学丛论》,第91页。

同济学潮中的一批学生殴辱市长吴国桢。此案在地方法院一审中被判刑，在上诉程序中，郭云观所在的高院，以二审宣告轻判或无罪释放。[86] 此举引起市长吴国桢大怒，指责其"违法判决，助长学潮"。郭云观虽身居要职，却保护学生，虽无党无派，仍坚持正义。

临界时刻，高等检察院、地方法院院长都来劝行，司法部部长要他转往台湾，还为他一家人留下机票，但他选择不离开大陆。他还利用身份便利采取法律手段释放一些"政治犯"。[87] 任弼时的妹夫单先麟后来在回忆文章中，说自己"返回上海后，在爱国人士郭云观和姐夫张天福的帮助下，打入上海高等法院看守所，我任所长，任培辰任女监训育员，掩护地下工作者戴宗义、吴克坚同志"[88]。

1949年5月，解放军进入上海，郭云观卸任高院院长。他从1932年至1949年5月份上海解放，在上海法院从事审判和院长工作达18年之久。1950年，他开始担任东吴大学法律研究所教授。不料1952年院系调整，东吴法学院撤销，他到了华东政法学院。次年他带病退职在家，后以教授英文谋生。1957年，上海市政府聘郭云观为文史馆馆员，他不肯接受聘书。[89] 1959年，上海市新成区[90]人民检察院以郭云观在国民党政府任职之由，以反革命罪向区法院提起诉讼，在审理过程中郭云观因病保外就医。[91] 1961年3月，郭云观先生病逝于上海，享年73岁。

---

[86] 《上海新闻：上海高等法院于十六日最后提讯同济大学生殴辱吴市长国桢一案》，载《东风画报》1948年第23期。

[87] 他还通过关系将被关押在警备司令部常德路拘留所的地下党员朱世政营救出狱。在地下党组织努力下，因禁在上海高院直属女监的一批女共产党员，在获得他的支持帮助并予以批准后，被以普通刑事犯名义释放出狱。参见尤俊意：《我所知道的郭云观先生》，《文汇报》2016年7月6日。

[88] 谢良福：《郭云观：两任上海法院院长的传奇经历》，载《今日玉环》数字报2014年11月13日，http://yhnews.zjol.com.cn/yuhuan/system/2014/11/13/002735459.shtml，最后访问日期：2021年12月17日。

[89] 姜增：《郭云观先生年表》，载《郭云观论学集》，第441页。

[90] 1945年至1960年，上海取新闸、成都两路首字为名设区，面积4.27平方公里，即现上海市区中部。

[91] 1985年11月11日，上海地方法院判决撤销1959年的刑事裁定，宣告郭云观无罪，还以清白。

五、学养长青，桃李满疆

郭云观作为职业法官，在长达 30 余年司法实践中渐成中流砥柱，是资深法律家和司法改革家。他在司法改革的设计理念中特别重视司法主权、司法改良、司法方法、职业养成与伦理修养。他在司法理论上贡献颇多，集中在他的论文与杂文集《法学丛论》（1938 年初版，1948 年再版），曾是燕京大学法学教材。[82] 其中《法官采证准绳绪论》和《法官采证准绳举证篇》是他在早年毕业论文《法庭采证准绳》基础上修订出版的著作，论述了法官评价证据的证明标准。1932 年他在《中华法学杂志》发表《法律适用修正条例刍议》，对当时的立法院起草《法律适用条例》作了修改，结合德、瑞、日等国作比较，他发现规范文本中"行为"与学理上的"行为能力"之区别，建议在中国语境中使用"行为能力"，并针对条文作出修改并予充分论证。[83] 其《论执法应先寡欲》一文，早在抗战期间就广为传诵。他是一位融专业秉性、综合天赋、传奇经历和传统精神于一身的职业司法官。

郭云观作为法学家，有国际视野，中西融合，造诣深厚，学养常青。他早年从事外交官，学术上专攻国际私法，所著的《中国国际私法沿革概要》（1932），从唐律"化外人"条款，到清律再到民国，考证了中国国际私法的历史。组织编写了《中外条约司法部分辑览》（1935）、《涉外民事法例第二草案理由书》（又称《中国国际私法新草案》，系作者起草草案的说明，1949 年版）、《法律适用条例修正草案附理由书》（系作者起草草案的说明）。其许多观点在当时影响了两代人，即便今日，关于法官采证准绳、陪审利弊、司法推理、司法伦理、法科教育等重要观点仍属前沿和必要，具有时代穿透力，因此他更是位有外交和司法实务经验的法学家。其学术特色和地位如何？从他的文章中可以看到与众不同之处，他有

---

[82] 谢良福：《郭云观：两任上海法院院长的传奇经历》。
[83] 郭云观：《法律适用条例修正刍议》，载《中华法学杂志》1932 年第 3 卷第 5 期。

一种明显的倾向：试图把本土文化与西方制度结合，儒家传统价值观与西方法学理念的融会贯通，他是真正称得上"学贯中西"的为数不多的法学家。

中央研究院选举第一届院士时，郭云观从1947年全国提名的510人中进入402人名单，最后进入1948年的正式候选人150人名单。其中法律学候选人（不包括归入政治学科的周鲠生和钱端升），只有王宠惠、王世杰、燕树棠、郭云观、李浩培和吴经熊六人。最后投票结果是"六中二"——仅王宠惠和王世杰当选。这严格的遴选，也足以证明郭云观的学术地位。曾在中国担任民国政府顾问（1946年7月至1948年11月）的哈佛大学法学院庞德院长，也接触过郭云观。1949年，庞德邀请他赴美任教，但郭先生认为他的事业在中国，也婉言谢绝了。[94]郭云观在海外也有一定影响，曾受瑞士政府聘请担任国际调解委员会委员。[95]

郭云观还有一个身份是不可遗忘的——他是法律教育家。他的《谈改良中国法律教育》（1936）一文，观点精到又相当系统，涉及教学质量、教学方法、良好师资、课目课时，以及法律人的应有道义、学者之人生观念和人格修养等等。他长期坚持在大学法学院兼任教学，采用案例教学，避免概念艰涩枯燥的弊病，并以学识渊博、讲演生动而深受学生欢迎。校内其他学院系科的学生也纷纷请求郭先生为他们作法律报告，邻校清华大学也来请郭先生前去讲课，郭先生为他们每星期演讲2小时。[96]

从任职燕京大学到光华大学，他在法科教育理念、师资、教材、教学方式等方面都有理论与实践。当年在燕京大学法律系的办学计划，与当时司法部和教育部共同撰写的最新法科教育要求相吻合，他把这当年的计划按新课程计划付诸光华法科的实践，还建立了已故张校长泳霓奖学金；还

---

[94] 姜增：《郭云观先生年表》，载《郭云观论学集》，第440页。
[95] 姜增：《富贵不淫贫贱乐，男儿至此是豪雄——郭云观的法律生涯与中国司法近代化》，载《郭云观论学集》，第2页。
[96] 谢良福：《郭云观：两任上海法院院长的传奇经历》。

聘请了刘世芳⁹⁷、查良鉴、杜保祺等一批有司法经验的法官检察官担任民刑、诉讼法、法律哲学等课程的教员。⁹⁸

郭先生在朝阳、燕京、清华、光华、东吴的学生中，后来有许多成为学界名人。以燕京的著名校友为例，比如毕业于燕京的胡兰成也在《今生今世》里写到了当年燕京名教授，说他21岁那年，"九月里到北京，进燕大副校长室抄写文书……赵泉澄与我说那是周作人，那是数学博士，连地球有几何重他都会算，那是有名的西北史地学教授陈垣，那是当代法律学家郭云观，我虽不听他们的课，亦觉望之如天上人。凡是燕大各系的学科我皆觉非同小可，叫人惊喜"⁹⁹。我们都知道严景耀担任提篮桥监狱副监狱长的事，这事也与郭云观有关。按1935年12月公布的招聘条件，他不具有"陆海军、警务或狱务之经验"，实际上是在原燕京老师郭云观（时任第一特区法院院长）的推荐下，他才能在1936年9月1日出任提篮桥监狱"帮办狱务监督"（即副典狱长）。

法科学生则更多了。朝阳的学生李祖荫⁽¹⁰⁰⁾赞叹郭老师"教过我班的英

---

⑨⑦ 刘世芳（生卒年不详），浙江镇海人，1912年考入上海高级中学学习。1917年考入北京清华学校学习。1921年由清华学校资送美国，在欧白林大学获文学学士学位，旋改进耶鲁大学法学院，1924年毕业获耶鲁 LL. B.（法学学士）学位。继由清华转送德国，在莫定根及柏林大学研究多年，后又到法国葛奈罗薄大学研究法学一年，历任万国学生会会长、耶稣大学中国学生会会长，中国留美学生会副会长，1927年2月回国，6月加入上海律师公会，与陆鼎揆、徐砥平、沙彦楷、俞承修合组律所。在东吴大学法学院兼任法理学、德国民法教授。1934至1936年在东吴法学杂志发表多篇论文。1936年为"七君子事件"21位律师之一，为王造时的辩护人。1939年代表律师公会妥善处理解决了犹太难民在上海擅自组织"公断法院"事件，维护了中国司法主权。40年代曾任上海工部局委员。抗战胜利后曾任沪高二分院民庭长，1946年审判汉奸时，担任上海军事法庭庭长。是年7月至1948年4月受邀在美国讲学。

⑨⑧ 《光华大学法律系聘请郭云观主持》，载《申报》1946年2月13日。

⑨⑨ 谢良福：《郭云观：两任上海法院院长的传奇经历》。

⁽¹⁰⁰⁾ 李祖荫（1897—1963），字糜寿，湖南祁阳人。1927年毕业于朝阳大学法律系，东渡日本，就读于明治大学法律系专攻科，未毕业。1930年回国，历任燕京大学讲师、副教授，兼任朝阳大学教授、名誉教授及《法律评论》（北京）总编辑。1936年起转北大专任教授。1937年底抵达长沙，参加由北大、清华、南开三校联合临时大学。次年三校迁往昆明，留在湖南大学，为湖大创办法律系，任系主任；后又兼任训导长、法学院院长等职，直至1949年，历任中央人民政府法制委员会委员兼民事法规委员会主任等职。著有《比较民法总则编》《中华民法总则评论》《民法概要》《法律学方法论》等。

文民法，循循善诱，引人引兴"[100]。燕京的学生瞿同祖于 2004 年还记得在燕京大学听过郭云观讲过法学概论等方面的课，他说："燕京大学的法律系比较薄弱，课程不多。当时的法学院跟现在的概念不一样，我在的社会学系就属于法学院，还有政治系、经济系。我听过政治系吕复教授讲授的'比较宪法'，另外，我还听了郭云观的'法学通论'。"[102] 学生聂昌颐则是郭云观于 50 年代在东吴法学院培养的研究生，聂氏回忆道，"郭先生对我们说，今天新中国已建立，为了维护我国权益，学习与研究国际私法，已成为当务之急"，"郭教授当年的预见已被事实证明"。[103] 此外，郭云观学生中还有王铁崖、潘汉典等等。

1946 年 4 月，郭云观撰写了一篇纪念他当年在朝阳任教时的学生李次升的文章，讲到当年在课堂上认识两个青年才俊，谓"得二李"——即李次升和李祖荫。李次升毕业后考入司法储才馆，旋赴上海第二特区法院任推事。郭云观文章讲到日军占领上海侵入"特二院"进行逼迫时，大赞李次升："谔谔陈词，洞烛其隐，四座叹服……洁身引退，韬隐自全"，"敌伪征之不出，禄之弗受，捕置囹圄，凌辱兼旬，至绝粒七日，终不屈"。[104] 自己的门生与自己一样受敌伪欺凌而保持气节，为师者怎能不心满意足呢?!

六、书香熏陶，君子群芳

士君子是怎么成长的？这必然要追述郭云观的家庭和朋友圈。

郭云观，原名云衢，字明洲，后改闵畴，号文田，英文名 Minchou Y. K. Kuo，回族，1889 年 1 月 17 日生于浙江省温州市玉环县（今属台州）坎门镇后沙街的望族郭氏大家族。其父经商有道，乐善好施，出资开

---

[100] 姜增：《富贵不淫贫贱乐，男儿至此是豪雄——郭云观的法律生涯与中国司法近代化》，载《郭云观论学集》，商务印书馆 2019 年版，第 5 页。
[102] 王健：《瞿同祖和他的法律社会史研究——瞿同祖先生访谈录》，载《中外法学》1998 年第 4 期。
[103] 尤俊意：《我所知道的郭云观先生》。
[104] 郭闵畴：《序李君次升国难集》，载《国防月刊》1948 年第 6 卷第 4 期。

辟了一条街道——日新街。还出资赞助二公子创办镇上第一所新学堂——公溥学堂。郭父在1916年去世时，获得浙江巡按使题赠的"造福枌榆"匾额。郭家祠堂[⑯]门口有两个旗杆架，祠堂内有黎元洪、王宠惠题写的匾额。祠联云"左右水潆洄，源远流长思祖泽；前后山环抱，灵钟秀毓萃人文。"

郭云观在家兄弟排行老四[⑯]，被称为"四相"[⑯]。郭云观自幼聪颖，敏而好学。小学毕业于其父兄办的玉环中西学堂（原名环海书院，后改名公溥小学堂），学习四书五经、英语和自然科学。16岁到温州府城中学，补习英文。1905年（光绪三十一年），郭云观参加科举考试中了秀才（光绪三十一年乙巳科），不料清朝取消科举，遂成为末科秀才。[⑯] 有前半段的科举考试，却无后半段的入仕待遇，于是他进入温州府城中学（今温州中学）读书。此校前身创办于清廷"新政"时，1902年（光绪二十八年），国学大师、教育家孙诒让（1848—1908）商请温处道童兆蓉和温州知府王琛，将温州府属中山书院改为温州府学堂。[⑯] 有这样的基础，所以他的古汉语及国学功底很深，写作文辞古朴典雅。

1906年（光绪三十二年），温州地方政府决定以旧校士馆为址创建温州师范学堂，时任温处学务分处总理的孙诒让亲操筹办。就在此时，"四相"云观离开温州来到上海寻找新式教育。他考入上海中等商业学堂，也许是他不感兴趣，不久转入马相伯创立不久的复旦公学。在吴淞（原址吴淞镇与炮台湾之间）读书，与浙江老乡金问泗、金问洙均为复旦公学第一届预科学生，成为同学，结为好友。"四相"于1910年以最优等成绩毕业。

[⑯] 尤俊意教授回忆说："我1938年就出生在这条街上，小时候经常到后沙街他们家族的郭源顺南货店买酱油。"
[⑯] 《郭云观院长小史》。
[⑯] 老家温州民间对兄弟排行之俗称。郭氏七兄弟，分别为"大相"、"二相"直至"七相"，云观排行第四即"四相"。参见尤俊意：《我所知道的郭云观先生》，《文汇报》2016年7月6日。
[⑯] 姜增：《郭云观先生年表》，载《郭云观论学集》，第435页。
[⑯] 温州府学堂后改名温州府中学堂、浙江第十中学堂、浙江第十中学校、浙江省立第十中学校等。

英俊的"四相"于1910年复旦毕业当年春天订婚。1913年9月暑假,"四相"回乡成婚。[110]新娘叫马智悎,她是谁?笔者翻阅温州马氏的不少材料,在读了一本《孟容公愚书画传家三百年》的书后,才恍然大悟!原来马智悎是我国著名古琴大师马寿洛先生的千金,因前有五兄,多了一个女儿,故名六诜(shēn)。温州百里坊马家[111],是浙江文史与音乐世家,诗文、金石、书画传家凡二百年,有"家学传承两百年,琴书手泽故依然"[112]之称。家中历代均有文学家和艺术家。马智悎的大哥马孟容和二哥马公愚是我国著名的书画家和金石家。兄弟二人于20年代在上海,与郑曼青创办中国艺术专科学校。刘海粟创办上海美专后聘马孟容为美术教授。郭云观五十岁后置闲章两枚,极可能是篆刻大师、妻兄马公愚亲手所制:一曰"家在三山二水间",一曰"出岫无心处在行"。前章谓其家乡地貌,怀记自己的根。后章则寓其名字,"惟其无心,故不以得失萦怀。心无窒碍,故能自在"[113]。郭云观的婚姻家庭,验证了一句古训,所谓"门当户对"——不在于财产与阶级,本质上实为价值观的认同、匹配与呼应。

　　郭云观的女儿郭蕊(心晖)出生时,正值父亲考外交官时,几年后才见到他。"儿时的记忆里,父亲是遥远而陌生的;窈窕白皙的母亲才是我最亲爱的。闲来无事,我最喜欢看母亲绣花。……在一群珠光宝气、庸脂俗粉的伯娘婶婶中,母亲真像一丛幽兰似的,与众不同。……三四岁数时,因为父亲在国外,母亲经常带我坐轮船去外婆家,一住就是好几个月。"1925年夏天,父亲因病辞大理院推事来温州疗养,郭蕊在沧河巷与父亲一起生活了一年。郭蕊后来在温州一中上学,九岁离开,继在北京上

---

[110] 姜增:《郭云观先生年表》,载《郭云观论学集》,第435页。
[111] 温州百里坊马家是文艺世家。马寿洛(1869—1962),字祝眉,晚号菊叟,浙江温州人,古琴大师。自幼从父马元熙学琴。育有五子一女,长子马孟容(1892—1932),次子马公愚(1893—1969),三子马味仲(1897—1995),四子马颂平,五子马素达,女儿马智悎(六诜),即郭云观先生夫人。
[112] 郑孟特:《为永嘉马祝眉先生题春晖堂琴谱(诗词)》,载《越风》1936年第9期。
[113] 郭云观:《闲章答儿问》,载郭云观:《法学丛论》,第84页。

学。⑭ 郭家住在朗润园，⑮ 郭云观给女儿购了一套"万有文库"，郭蕊翻阅中尽量吸收自己能看懂的东西。1932 年 11 月因郭云观工作调动，全家从北京未名湖畔迁到上海愚园路。⑯ 后来她和张寿镛先生的公子张芝联⑰缔结秦晋之好。郭云观的亲家、光华大学校长张寿镛（1875—1945），字伯颂，号泳霓，别号约园，浙江省鄞县（今宁波市鄞州区）人，是著名爱国教育家、藏书家、文献学家，上海光华大学创校校长，为明末著名抗清民族英雄张煌言的后裔，与翁文灏是鄞县老乡，也是亲家。原来是女儿郭蕊和亲家张寿镛施以援手，把亲家翁文灏的鄞县老宅让给郭云观避难。郭、张二人均为正人君子，气味相投。因此 1945 年张寿镛校长在逝世前，考虑过聘郭云观主持筹备光华大学法律系的事。

他那四年避难流亡，难以想象的是，妻子马智愔和儿女承受了多少的苦难！郭云观为何能在四年避难中活下来？正是儿女亲家张寿镛先生的帮助！这个被历史尘封的传奇之谜，终于有了圆满的答案。

文章至此，不得不多说几句郭云观子女的事。1925 年 10 月 11 日长子郭思永出生。1930 年 1 月 11 日次子郭思勉出生。作为复旦校友，郭云观在战后十分艰难的情况下，通过儿子思永的名义请四位友人协助，陆续募得 200 万元，交给复旦章益校长发起的基金会。⑱ 据温州籍学者尤俊意教授回忆，郭先生的公子郭思永专业也是法学，且继承父亲志业从事国际私法，1979 年归队于上海社科院法学所国际法室。郭思永的儿子郭纪曾也从

---

⑭ 郭蕊：《春草池塘忆舅家——从书画家马孟容、马公愚舅父说到二一岁的马天戈》，载《孟容公愚书画传家三百年》，第 22—32 页。

⑮ "我初次踏进朗润园时，年龄比我的外孙还小。我家住在称为'西所'的北院。30 年代后期，它成为翻译家戴乃迪的父亲泰勒教授的住宅。"参见郭蕊：《燕归来——我和第三代的故事》，载《群言》1991 年第 12 期。

⑯ 郭蕊：《春草池塘忆舅家——从书画家马孟容、马公愚舅父说到二一岁的马天戈》，载《孟容公愚书画传家三百年》，第 22—32 页。

⑰ 张芝联（1918—2008），浙江鄞县人，先后就读于燕京大学西语系、光华大学，在耶鲁大学研究院、牛津大学研究历史，回国任北京大学任历史系教授，是我国著名的法国史专家，也是人权研究专家，著有《从〈通鉴〉到人权研究》，生活·读书·新知三联书店 1995 年版。

⑱ 《郭云观至章益手迹》，载徐忠主编：《复旦大学档案馆藏名人手札选续集》，复旦大学出版社 2005 年版，第 23—24 页。

事法律工作，先是在公证处，后在律师事务所执业律师。祖孙三代从事法律专业已不多见，然而，郭家第四代、郭纪曾的女儿也从华东政法大学毕业从事了法律工作。[119] 郭思勉在北京和平与发展研究中心从事学术研究，是国际问题专家。

他的女儿郭心晖一直在燕京大学读书和任教。1936年秋，"一二·九文艺社"决定出版一种文学期刊，定名为《青年作家》，由她和历史学家程应镠任编辑，十二月八日创刊号出版。她最后成为北京大学教授，曾任哈佛大学图书报驻北平采访部主任，著有《人生·友谊·爱情》。[120] 1957年3月起，她在北大外国留学生班任教，1964年转入北大历史系中国古代史教研室，主讲"中国历史文选"。20世纪90年代，她还在回忆自己重病住院时，丈夫张芝联用圆滚滚整煮的鸡肫给她烧面，竟然阴差阳错地治好了她的重病。[121] 她活到80岁，1995年4月27日病故前，郭心晖有一篇极特别的遗言——《告别亲人友好》，写于1995年2月23日病中，原件现藏于然否斋。"此文代替讣告，文后注明生卒年月日，不举行任何仪式，不留骨灰。"这份遗言用童话般虚拟手法讲述她的一间"小木屋"——实为她心灵的世界。她说："我有一间小木屋，面积刚巧10平方米。自从唐山大地震以后，我与它结下了不解之缘。……它仿佛是童话里的一朵鲜蘑菇，依附在百年老树上，撑着一把小伞，竭尽全力，为我遮挡深冬的寒流，仲夏的滂沱大雨。""我有一间小木屋，春来渗透满室的槐香，让人追忆初恋的情怀……"，"小木屋啊小木屋！你为我迎来亘古如一的晨曦；又为我送别依依无语的残月……"，"告诉我吧，小木屋！你忠实地为我储藏了多少往事的全息摄影？"从郭心晖的"小木屋"中，我们可以看到郭云观留给儿女的精神世界。最后一段，她写道：

---

[119] 尤俊意：《我所知道的郭云观先生》。
[120] 郭蕊：《春草池塘忆舅家——从书画家马孟容、马公愚舅父说到二一岁的马天戈》，载《孟容公愚书画传家三百年》，第22—32页。
[121] 郭蕊：《丁香花开——人生小插曲》，载《群言》1993年第3期。

小木屋啊！我在你这里探索几千年历史的是非，英雄和凡人的真实面目。我不会像16岁少女描绘梦幻的蓝图，而要学60岁哲人思考生活的课题：真伪、美丑、善恶、纯洁与邪佞、勇敢与懦弱、贪婪与廉正。假如人间不存在这些区别，爱憎无法分明；那么，我宁愿飘浮在永恒冷寂的太空。

这段话像是总结她自己一生的感悟，也像是在写她的父亲。郭云观除父母家人之外，其亲友同事中，还有金问泗、金问洙、马孟容、马公愚、王宠惠、张寿镛、唐文治、翁文灏、向哲浚、倪征燠、刘世芳、朱经农、司徒雷登、庞德等等，以及一批杰出的弟子……他周围的人，不乏君子风范，正所谓"物以类聚，人以群分"。而这些古训背后的真谛，不在于钱财名望，也不在于家世门第，只在于价值认同。在他这样的价值观相同的人际氛围中，士君子的存在就不是偶然的。

郭云观是很传统、很严正的知识人。他是怎么看待家庭与家庭伦理的？1929年7月，郭云观在燕京大学朗润园寓所，为温州老家玉环郭氏家谱作序。有毕业生来告别，瞥见郭先生桌子上的家谱，惊异地问道：这是旧时代宗法社会之所尚，当今训政伊始，风尚丕变，立法者方谋改革旧制，为何先生还要支持修家谱呢？当时，已经出现"家族之念轻，国家社会之念重"的现象。他当时回答说：你所提问题，我还没有深思。在《家谱后序》中他后来的认真思考写了下来，郭云观说："人类之争起于不相敬爱，独亲其同类，而敬其所由出，则若出诸天性，非强而为之。圣贤因性利导，教人以孝悌之道，使之爱其亲、敬其祖、厚其族。多方尽力以培养此敬爱之天性，由是体恕而行，爱其亲以及人之亲，厚其族以及人之族。推而至于民吾同胞，物吾与也。其为教，务本而近情。自迩而远，便于实践。大抵中国古来文化基于人类之同情心，而肇端于家族之亲厚。"[12]

---

[12] 郭云观：《玉坎郭氏家谱后序》（民国十八年七月），载郭云观：《法学丛论》，第94页。

郭云观在这里，把家族亲厚与社会同情联系在一起，胸怀博大，且有说服力。

郭云观经历过生死危急，因此悟得"生死义节观"。回看1941年，是他冒险流亡的起始年，敌伪稽查户口甚严，他随时可能被发现。因此常常遇到紧急状况，生死问题时时伴随自杀念头，"尝思及时自裁，一死见志"庶可免累居停（寄宿处主人——引者注）。[23]入夜倚枕难寐，总是默诵孟子"可以死，可以无死，死伤勇"（《离娄》）和"生，亦我所欲也；义，亦我所欲也。二者不可得兼，舍生而取义者也"（《孟子·告子上》）。要不要自杀？要是去死就会有损勇敢的名声。他常思考人生气节问题，或记述心声。另有一篇也写于1941年的《明哲保身释义》，孟子云"守身为大"，而他认为人之失节，同样是失身。"明哲保身，犹言明澈义理，克保身份，克守节操耳。"世人往往断章取义，借古人所谓"明哲保身"，"或渎于富贵，或屈于威胁，枉道徇人，同流合污"。他明确提出：死生问题不可不衡量轻重，言："士君子既以身许国，死生之际，即不可不审其重轻。"当生与义二者不可得兼时，他主张"一死见志，取义成仁；存正气于人间，明是非于百世。然后死得其时，死得其重"[24]。"善自处于死生之际"[25]，郭云观乃真正高人也！

唐文治先生评价郭云观的对联——"人生惟有气节量，世界须凭骨力撑"，这正是士君子的两个要素——气节是为人节操，骨力是做事能力。而郭云观先生的气节是传统的，而他的骨力是现代的。这双重要素结合的人，成为一个时代的知识人的标杆，也是这一代人留给今天的珍贵遗产。

---

[23] 郭云观：《辛巳蒙难记》，载郭云观：《法学丛论》，第89页。
[24] 郭云观：《明哲保身释义》，载郭云观：《法学丛论》，第85页。
[25] 郭云观：《明哲保身释义》，载郭云观：《法学丛论》，第85页。

夏勤——法制童稚时代的赤子

图 1　夏勤（1892—1950）

　　夏勤 16 岁就已进入修律馆京师法律学堂，与那些 30 来岁的在职官员们一起开始学法律，可能是有史料记载的近代法科生中最年轻的一位。他经历了沈家本修律变法时代，一直"穿越"到 1949 年民国政府撤退。有意思的是，夏勤的友人和同袍们都称他为"夏子"，比如留日老同学李大钊称他为"夏子竞氏"，北洋法政诗人万宗乾[①]称他为"夏子敬民"，到

[①]　万宗乾（约 1887—?），字幼新，别名翰林风月楼主，一署风月楼主，晚号铜江归钓客，亦号铜江钓客，贵州铜仁人，出生在铜仁县老寨板栗源。自幼蒙家学，其父亲以穷经教品为勗，15 岁时以小三元入泮，被称"必以文章名世"。1907 年，入天津北洋法政学校治法学，毕业后赴日留学，与海内外名师良友相往还，毕业后经考试得进士翰林出身。相传其"博古通今，凡南北名胜之地无不到"。著述甚富，刊行最广即外国报纸，以登载其诗歌为荣幸。虽当选议院议员，不改清高之本性。生平以血性文章自命，耻为歌功颂德之作诗，讽刺时政，文章多关于世道人心，识者咸以诗史目之。历任护法国会参议员、大总统府顾问、政治善后讨论委员会委员、国政商榷会会员，官至简任职，因有劬劳于国家，迭膺二等大绶宝光嘉禾章、二等文虎章等。1913 年至 1918 年间，在北洋法政学校《言治》杂志发表数十篇法政文章和诗词。著有诗作《翰林风月楼诗钞》，其中有诗《答友人问留学北洋卒业出身》，曾言"仲舒明道非谋利，岂为功名始读书"。参见万宗乾：《翰林风月楼诗钞》，贵阳文通书局 1932 年版（1933 年再版），"小传"、"序"。

1946年，夏勤已官居最高法院院长，司法院院长居正还在《法学通论》序中赞誉有加，亦称其为："夏子敬民"。近代以来鲜用"子"字来作为尊称或昵称。夏勤一直被称"夏子"，这一称呼用在他身上真是奇妙无比。

由于历史久远，我们今天对夏子的许多细节并不了解。比如他入读沈家本创办的法律学堂之办学条件如何？他在留学时对英国法学家梅因（Sir Henry Sumner Maine，1822—1888）的名著《古代法》作何理解？在日本与李大钊有怎样的关系？他与《法律评论》的关系如何？他与朝阳大学的关系如何？他执长司法时为何与胡适有交集？为什么他1948年没有被提名为大法官？为什么他1949年没有去台湾而是去香港？等等。根据他所经历的法律学堂、日本留学、朝阳学院、《法律评论》、司法工作等相关的史料，本文试图再现这位法科知识人的人格、学识和事功等方面的特点。

一、京师法律学堂的少年

夏勤，原名夏惟勤，字敬民，一字竞民，1892年出生在江苏泰州，祖上自浙江会稽而来。夏勤未满周岁，父亲去世，由长兄惟默抚养与培养。因国学基础较好，1908年，夏勤16岁时，考入由伍廷芳、沈家本于1905年奏请成立的京师法律学堂。

为了解夏勤这个人物，也为了解中国法科和法制的幼年时代，我们先借助夏勤来了解一下清末开办法律学堂的情况。

夏勤入学的这所京师法律学堂，应该是中国最早的中央级法科教育机构之一。1905年（光绪三十一年），伍廷芳、沈家本二大臣奏请设立京师法律学堂。该奏折中写道："在京师设立一法律学堂，考取各部属员，住堂肄习。毕业后派往各省，为佐理新政、分治地方之用。"[②] 从上述奏折中可以看出，最初学堂的学生不是普通学生，而是"在职"官员，经过学堂学习，肄业之后被分派到各省以佐助各地主官实施新政。

虽得到皇上恩准，但万事开头难，一切都不是人们想象中那样顺利。

[②] 《修订法律大臣伍沈会奏请专设法律学堂折》，载《东方杂志》1905年第8期。

该学堂隶属于修订法律馆，而不属于1905年12月设立的学部。这样的特殊体制下的新生事物，必然存在经费问题，教学条件也捉襟见肘。一些省抚院接到"所有学年经费望查照原奏数目饬司按年解京"的通令后，回复却是，"筹商于无可设之法中，勉力每年解银一千两以答台命"。[③] 让地方出经费，很勉强，但总算还是给点面子。

修律大臣沈家本很有创业精神，且思想很先进，组织学生学习之外，还倡导学生自治。1906年，第一届学员设立了一个"京师法律学堂学员同人会议"——或许是中国最早的"准法律人共同体"。在第一次同人会议上，通过了一个《讲堂自治规则》。现摘录如下：

——此次所议规则自治之起点，故曰《讲堂自治规则》。盖自治不从讲堂上办起无从入手，至规则内容一切全系准情酌理专注重在讲堂上肃静整齐为宗旨，绝无丝毫强人所难之处。

——上堂时一经摇钟请即同时入堂不可迟缓。

——进堂时请将斗篷及风帽毡帽耳帽皮帽圈等在堂门外，一律预行脱去，下堂时宜候到门外再……（字迹不清，下同——引者注）

——到堂后无论教习已否上堂请即各就本位静坐，不可高声喧笑及隔坐于友杂坐……

——大声痰嗽最碍公益，如万不得已而咳者请以衣袖掩口勿使声泪四出。

——如不住堂者到堂或在开讲以后其坐位偏东者由东门入，偏西者由西门入……

——教习上堂下堂时无论前后坐位请一律起座立正致敬，其时刻以教习……

——有质问者请书写纸条注明姓名送至监学官转呈教习……

[③] 《抚部院曹行司等筹解京师法律学堂经费文》，载《秦中官报》（秦事汇编）1905年9月第6期。

············④

以上只是自治规则的部分条款。这批"在职攻读"的官员拟出的自治规则，今天看来，水平低到如此地步，令人唏嘘，我们从中当可了解晚清官员之素质，以及中国法科教育之起点。

光绪三十三年（1907）九月，京师法律学堂"招生简章"发出。据发出的"添立新班招考学员"的"通知"，其一，招考对象为"招考在京候补候选各员，并由各省考取已有实官之员送京，肄业不论官绅，统归提学使详加考验，宁缺勿滥，以品端质敏中文素优为合格，年岁限十六岁以上三十岁以下，三年毕业"。其二，招考名额为"现因堂舍不敷，每省送京人数定在十名以内"。其三，学费标准，"照学部新法政学堂预科别科学生之例，每月收学费二元，入学时先缴三个月，以后第三个月合缴一次，膳宿均由本员自备"⑤。于是，一些地方还通过报刊如《新闻报》予以广而告之。⑥

通知下发后，当年报考并不像我们想象的那样热门。有的省因报考者尚在"观望"，比如吉林官方告示指出"限期已迫慎勿观望自误，切切此示"⑦。有的省报名人数寥寥无几，比如直隶学台有"牌示"，"兹查报考者仅只七名，不敷开考，合再牌示……仰报考候补候选各官绅一体知悉。如愿入此项学堂者查明前章先交照片及执照呈验听候于十一月初五日考试。切切此示"，⑧也就是说，报考人数不足，再发一次通知。山东经提学司考试选派了8名，武昌选派了10名，二省还把姓名公布于《时报》。⑨

---

④ 《讲堂自治规则》（京师法律学堂学员同人第一次会议），载《大公报》（天津）1906年12月25日。

⑤ 《署督宪杨准管理京师法律学堂大臣咨添立新班招考学员事札饬提学司查照文》，载《北洋官报》1907年第1519期。

⑥ 《新闻报》1907年10月11日。

⑦ 《吉林官报》1907年第38期。

⑧ 《文告录要》，载《北洋官报》1907年第1569期。

⑨ 《时报》1907年12月11日。

江苏省将"期限甚促即迅速选派"的十名官绅名单，报给两江总监端方，并提出"各员绅生计本不充裕，远道求学，其志可嘉，可否发给川资津贴"的请示。端方审批时发现有个问题，十员中有"周文鑫、周广铺、夏宏祚、刘懋昭等四人均非实官，与沈大臣来电不符"。然而端大人有见识有魄力，说："惟现在预备立宪，法律知识期于普及，姑准一律咨送，缮就咨文一角随批印发……克日启程，免误期限，至该员绅等远道求学其志可嘉应准每人发给川资洋银一百元，由财政局迅速筹拨……"⑩ 江南一带风气就是不同凡响。这时来了个小插曲——同在江苏省的江宁府十分积极，江宁提学司经专门请示"宁苏学额能否两学司各送十名"，经复准电复后，结果两司各向京师法律学堂选送了十名。⑪ 也就是说，1907年这一届的学员，光江苏省就有20人。

京师法律学堂从1906年开班授课，至1907年共完整招收、培养了两届学生。1908年招收的第三届学员中，包括16岁的夏勤。京师法律学堂教学情况似大有长进，有毕业的学员还想再回来听课。据《北洋官报》载，某法政学堂毕业学员顾赓明禀呈请咨送京师法律学堂插班学习，请示学台希望再被官方选送，得到学台的答复是："业经考选备文详咨在案，未便再行考送。"此生曾经选送并毕业，现自愿继续学习法律，那就"报名投考可也"，不再选送。⑫ 另有储才所毕业生李晋等禀请咨送京师法律学堂肄习法律，学台批示云，"京师法律学堂开学久已，不能插班，该生有志肄习法政俟今夏北洋法政学堂招生届期报考"⑬。

京师法律学堂与当时的京师法政学堂合并，也就是夏勤这一届在学期间。京师法政学堂于1907年2月由学部奏设于北京，校址在原进士馆。培养目标以造就完全法政通才为宗旨。5年毕业，预科2年，正科3年。

---

⑩ 《政治官报》1907年第64期。
⑪ 《政治官报》1907年第63期。
⑫ 《学台批示录要：法政学堂毕业学员顾赓明禀呈请咨送京师法律学堂插班肄业由》，载《北洋官报》1908年第1618期。
⑬ 《学台批示：储才所毕业生李晋等禀请咨送京师法律学堂肄业由》，载《北洋官报》1908年第1669期。

因为这个原因，夏勤这届学生比京师法律学堂前两届学员多学了一年，夏勤在法律学堂学了整整四年，即 1908 至 1912 年。

夏勤在京师求学的最初期，主持学堂的监督（校长）沈家本加大力度聘请中外师资，当时国内一些资深学者、法务官员以及来华参加修律的日本法律顾问均担纲教习、授课。在中国法课程中，主要由国内知名的法律学者讲授，像"大清律例"这门课，就由享誉京师的"陕派"律学家吉同钧主讲。汪有龄、汪鹿园等人也是中国法教习之一。在华参加修律的日本法律专家担任教员，可以使法典制定过程中遇到的各种专业问题直接反映到课堂的教学当中。外国法课程主要由当时日本法律专家讲授，如日本学者冈田岩井、松冈义正主讲"民事诉讼法"。

据《法律学堂章程》，所设三年制（原称正科）学生主课为法律原理，主要学习大清律例及唐明律、现行法制及历代法制沿革、法学通论、经济学通论、体操、外语（指日语）等课程。以上所有的课程中，除"大清律例""唐明律"及"现行法制及历代法制沿革"三门课程的课本有现编的之外，其他无教本，只能采用日本法科学校所用教材。另一类是学制一年半，称"速成科"，目的是培养更多辅助地方官员的懂法律的助理。速成科主要学习刑律、诉讼、裁判等纯专业课程，学习科目数量为十四门。[14]

毕业之际，学堂会评选 5 名最优等和 15 名优等学员。学员对这个评奖事宜十分看重，据说 1910 年毕业之际，就有学员从中阻挠以致久未公布评奖名单。[15] 之所以这么重视，是因为优等学员可得"副贡"，最优等者"优保升阶并保送引见候"，换言之，评优关系到学员的官位晋升。当时伍沈二大臣 1905 年的奏折中就提到比照学部仕学馆奖励章程办理。可是仕学馆的旧章程并不适用于法律学堂。实际上问题出在按仕学馆旧章程，法律学堂之中等学员就得不到奖励。这种对法律人才不利的局面，引

---

[14] 李阁：《清末京师法律学堂创办始末》，载《北京档案》2020 年第 5 期。
[15] 《京师法律学堂毕业之等第》，载《华商联合会报》1910 年第 11 期。

起各界关注。此次应援引何例令人颇觉为难，故久拖未决。这显然是旧制度与新制度之间的对抗。新事物需要新制度，可是在帝制之下制度变革很难。宣统二年（1910）五月十七日学部上奏，认为除最优等和优等之外，中等学员也应该给予奖励。其中一条理由是，法律学堂以培养司法人才为宗旨，可是最后评奖结果却是以行政官为主。⑯ 同时，法部也奏请京师法律学堂毕业学员改用法官办法，即以法官编制法中的法官待遇来评定，⑰ 直至是年八月初五皇上予奏准，"经学部奏准，考列中等以上均给副贡出身外悉照法院编制法办理，不再按照原官请奖"⑱。这在今天看来真是不可思议，学生毕业评奖都要皇上批准。

到毕业典礼的时候，会议非常隆重，学部、法部、外部、大理院等官员四五十人到场祝贺并致训词，然后是中日各主要教习也相继演讲，会议上会宣布最优等和优等学生名单，最后由完全科、监狱专修科学员代表各一人致答词。⑲ 可见法科在最初被当作朝廷要务，关涉到司法官专门化。另一方面，中国法律教育一开始就带有官方色彩，是自上而下推动的产物。

二、留日时期的作品与友人

1912 年，夏勤 20 岁东渡，入日本东京中央大学深造，毕业后又在东京帝国大学刑事法学研究室专攻刑法。

1913 年，夏勤在日本刻苦学习之余还翻译英文论文，在《言治》发表三篇译述论文，一是《自然律与衡平律》（载《言治》[月刊] 1913 年)，二是汉密尔顿（Hamilton）的《亚非利加土人之习惯及其法律》（译自英文《比较立法协会杂志》第 22 号，载《言治》[月刊] 1913 年）。三

---

⑯ 《学部奏京师法律学堂毕业各生酌拟奖励折》，载《浙江教育官报》1910 年第 25 期。
⑰ 《法部奏酌拟京师法律学堂毕业学员改用法官办法折》，载《南洋官报》1910 年第 120 期。
⑱ 《又奏京师法律学堂乙班毕业考试办法片》，载《北洋官报》1910 年第 2558 期。
⑲ 《京师法律学堂毕业纪事》，载《申报》1910 年 7 月 8 日。

是《产业社会进化论》（载《言治》［月刊］1913 年）。其中《自然律与衡平律》一文原作者为英国著名法学家梅因，正是其名著《古代法》[20] 第三章，今译《自然法与衡平》。这很可能是中国人最早介绍梅因到法制童稚时代中国的一个作品。而这篇译文的发表，却又与另一位著名的法科知识人——李大钊相交集。

1913 年底，李大钊赴日本留学，与夏勤等人相见。李大钊对夏勤赞赏有加，他说："吾友夏子竞氏，青年锐志，奋学不懈。去岁初秋航海来江户，余亦与泽民、凝修相继至。残冬风雪，海外相逢，感朋友之私，则相与欣喜；谈祖国政俗之衰，则相与唏嘘感慨。"[21] "未几学会以书来征文。"李大钊所说的"学会"系指北洋法政学会，是北洋法政专门学校的学生组织。《言治》杂志为该会在天津的机关刊物，编辑所（部）设在天津新开河北洋法政专门学校内，编辑人员有 50 余人。[22] 郁嶷与李大钊均为编辑部长。1913 年的创刊词《言治宣言书》就由郁嶷所撰。这个学会给李、郁发来征稿信，李大钊遂向"学会"推荐了夏勤的译文《自然律与衡平律》，在《言治》上发表。该《杂志》文末多附跋、识之类，李大钊为夏勤此译文写了"识"。[23] 其中前后提到两段话，有助于我们了解夏勤和李大钊对于法律的看法：

> 吾国治法学者，类皆传译东籍。抑知东人之说，亦由西方稗贩而来者。展转之间，讹谬数见，求能读晳文而通者，凤毛麟角矣。继兹而犹不克自辟学域，尚断断以和化为荣，或虽守西籍而不克致用，汉土因有之学，非将终无以自显，不亦羞神州之士而为学术痛耶！

---

[20] 最早汉译版本为 1931 年方孝岳、钟建宏翻译，于商务印书馆出版的《古代法》。
[21] 李大钊：《自然律与衡平律识》，载《李大钊文集》（上），人民出版社 1984 年版，第 88 页。
[22] 《本会启事》，载《言治》1913 年第 1 卷第 1 期。
[23] 朱文通：《李大钊赴日本留学时间辨析》，载《近代史研究》1996 年第 2 期。

这里，李大钊指出了当时通过日本人翻译西方法学所存在的问题，懂西方法学却又不能致用。

  夏子语余曰："衡平律之于英法，当为事英法者所重视。顾吾国习英法者既寡，而为华英对照译述之以惠初学者，亦阒焉无闻。盖其通者，则以学士自矜，异轻是区区者，而不屑为。下焉者，则又病未能，诚缺憾也。"今一为之，实吾《言治》，意在为初学者之一助焉。吁！夏子之心苦矣。读者其勿忽诸。钊识于东京。[24]

夏勤确实考虑很周到。李大钊所引述的夏勤的话，是说翻译英美法以满足初学者需求的作品很少，而通西文者又不屑于做法学翻译之事。李大钊谓之"心苦矣"，说明守常对夏子的观点和做法（双语）很赞成。

在东京，夏勤非常勤奋，他还作了一项非常有意思的犯罪学研究——犯罪与气候的关系，这就是今天所谓的"交叉学科"，并且有数据支持。他的文章叫《犯罪与气候的关系》，发表在1913年的《言治》"专论六"。分两部分，一是他根据东京巢鸭监狱1907年（明治四十年）7月至1909年（明治四十二年）6月之间的刑事统计数据，在1865名犯人中选择殴打罪和抗命罪的犯罪百分率作了分析，他发现犯殴打罪数量特多，且6月为犯罪高峰期，12月则是最低谷。另外他还引用美国学者的统计研究结论"温度增则犯罪之数亦随之以增"。但他研究认为，温度增加亦有限度。他给出了男女不同的耐热限数，男子67℃，女子85℃。如果再增加一度的限度，"则意气沮丧，无复斗之念"。此外他还引用了德国1912年的最新资料——官吏抗拒罪的统计和欧洲一百年间所起的骚扰罪的统计，来佐证他的"夏季多发"的分析论述。夏勤还指出，不仅是气温，温度也与犯罪有关系，认为"温度过高，不但感情受其影响，且足以沮丧意志之活动"。

---

[24] 《李大钊文集》（上），第88页。

其二是强奸罪与气候的关系。他使用了英国与法国的数据、德国与意大利的数据，来说明强奸罪与12月的关系。[25]

这项研究可能是中国人最早关于犯罪与气候的论文，今天看来显然很稚嫩，正如他文章最后指出的"只是梗概耳"，但在当时，学者普遍关注国务时事评论、研究规范制度构建的背景，夏勤的研究是独辟蹊径、令人耳目一新的。该文发表后，直到1921年，才在上海出现普及性的文章来讲述犯罪与气候的关系，比如上海《申报》1921年3月和11月刊登了两篇相关的文章，但内容均没有超出夏勤文章的范围。[26]

夏勤似乎对法律科学性或者说社会科学的科学性有一种特别的兴趣或天赋的敏感。从东京中央大学毕业后，夏勤继续在东京帝国大学法科研究部专攻刑法。这期间很可能又研究了犯罪学与刑事侦查领域的重要课题——指纹法，在当时中国这是个空白领域。他说指纹法"较之我国之刺面，西邦之测身，尤为有准则之可循，而况其术易知，其事易举，举而措之，为无难乎。综揽东西众篇，创为《指纹法》一编，藏之箧中。归国后，讲学京中各校间，以斯法为课。同学诸子促付剞劂，余亦以我国斯法未行或行之而程功寡也，乃不辞谫陋，略事董理，公诸于世"。这就是说，此文写于日本留学期间，搁藏直至回国后，夏勤在京各法律学校讲授指纹课，受学生欢迎，才于1918年编印出了教学讲义《指纹法》。指纹鉴定至今仍是犯罪学与刑事侦查学中的重要证据技术，夏勤当是中国指纹鉴定课程之第一人。

夏勤留日时的同学万宗乾，曾回忆他对夏勤的印象，"赋其孤介，不好征逐，自顾同居北城，杜绝尘俗。朝夕潜研，陶然互乐"[27]。老同学郁嶷亦感慨国人"喜征逐，蹑浮响，或枉道辱身以求荣，或纵情歌舞以堕志"之习性，尤其以京师为最。然而夏勤在他的印象中却完全相反，谓"同学

---

[25] 夏勤：《犯罪与气候之关系》，载《言治》1913年"专论六"。
[26] 《申报》1921年3月28日，《申报》1921年11月12日。
[27] 万宗乾序，载夏勤、郁嶷：《法学通论》，朝阳大学出版部1919年版，第1页。

夏子敬民，年少才俊，志守端直，处京师纷华之会，值政局扰攘之秋，而抗志千古，独行踽踽（意指孤独——引者注），励品竺学，殚心撰述"[28]。老同学之间特别知根知底，这寥寥数语却很能说明夏勤的儒雅性格，静心、内敛、平和、笃志、脱俗。万氏还称其为"学行优美，常冠其曹，毕业首选，誉闻海外"[29]。这所谓"毕业首选"一词是有故事来历的——因为夏勤尚未回国，就受国内青睐被"预订"了。1916年（民国五年）8月23日，时任司法总长江庸向京师地方检察厅检察长尹朝桢"呈一件请将夏勤留厅供职由"的司法部第二八八号指令。[30] 江庸对夏勤很了解，早在夏勤就读于京师法律学堂时，大理院推事江庸就接触过这位青年学生。童稚时代，法科紧俏，人才难得，方有"预订"的做法。就好像顾维钧在哥大毕业前，就被袁世凯和唐绍仪"预订"了一样。所以，夏勤1917年回国后，即任京师地方检察厅检察官。这样的人才，当然北京各校都抢着请他兼课。"以其学诏后进，所成就甚众，凡京师各法政学校无不有夏子讲席焉。"[31]

1920年12月，夏勤曾说"余主讲是校，五稔于兹"。[32] 这么说来，夏勤与朝阳大学较早就有往来——夏勤于1915—1916年间就开始在朝阳大学执教。可是他1917年回国，会不会是中间回国来兼职讲课？这种可能是存在的，毕竟日本至中国海轮里程时间不长。1917年，夏勤与郁嶷合著朝阳大学法律学讲义《法学通论》，体例独特，设国家论、法律论、权利论和法学论四编。此书至1927年，10年内共再版了六次，一直到1946年，居正为此书再版作序，称"夏子敬民，蜚声法界，垂三十年，探颐妙门，精穷奥义"[33]。

---

[28] 郁嶷序，载夏勤、郁嶷：《法学通论》，第3页。
[29] 万宗乾序，载夏勤、郁嶷：《法学通论》，第1页。
[30] 《政府公报》1916年第236期。
[31] 万宗乾序，载夏勤、郁嶷：《法学通论》，第1页。
[32] 夏勤：《再版序》，载夏勤、郁嶷：《法学通论》，1928年版。
[33] 居正：《法学通论序》，载《夏勤法学文集》，法律出版社2015年版，第84页。

三、学术赤子加盟朝阳

夏子的法学论著中，有许多是填补空白的，除最早期的法律气候学、指纹学之外，他1920年就作《刑事政策学》讲义成书。笔者查考刑事政策学著作，1920年有三本名为《刑事政策学》的书，一是夏勤的，二是黄右昌的，三是1920年7月有一位叫何启澧㉞的人的书在商务印书馆出版。何氏曾向内务部申请著作权登记注册给照，原始档案中称其为"所译刑事学一种之著作"，可知此书为译著。㉟ 可见夏勤的刑事政策学至少是与北大名师黄右昌同时出版的最早两本专著之一。

夏勤总是以古雅词句来表达新颖而精细的专业观点，比如他论"判例制"会阐释下级法院遵奉上级法院判例的理由，㊱ 他论"民法法源"会专门阐述习惯与法理渊源，㊲ 他论"公设辩护人"会讲对于贫苦人之特殊裨益，㊳ 他研究司法问题会细致地深入到"审判笔录"的细节之中，㊴ 他讲刑法会联系到唐律的优劣传统来讲现行刑法的缺点，㊵ 他反对《宪草修改原则》时会基于两个维度专门阐述司法权统一和独立的含义，㊶ 他为李祖荫的法律学方法论作序却对法律方法的重要性及中国研究之论著"仅有五篇"了如指掌。㊷ 以上列举的部分作品，包括他从政后不同时期的代表作。

㉞ 何启澧（生卒年未详），广东顺德黄连村人，毕业于北京大学法律系，毕业论文《刑事政策学》（商务印书馆出版）受到蔡元培等人称誉，后留学日本庆应大学学习法律。回国后去家乡广州工作，1928年任广州市政厅科长，陈济棠治粤时期，于1931年7月接任广东省建设厅长之职，主政期间以办轻工业为主，先市后县，以厂养厂，以厂扩厂，曾兼任市立银行董事，1937年7月任审计部第一厅厅长。晚年居乡。

㉟ 《内务部批第五二四号（中华民国九年七月八日）》："原具呈人何启澧：呈一件呈送刑事政策学请注册给照由"，载《政府公报》1920年第1588期。

㊱ 夏勤：《论判例》，载《国立北京大学社会科学季刊》1925年第3卷第2期。

㊲ 夏勤：《论新民法之法源》，载《国立中央大学法学院季刊》1931年第1卷第3期。

㊳ 夏勤：《论公设辩护人制度》，载《中华法学杂志》1936年新编第1卷第1期。此文发表后，1939年即实行公设辩护人制度，实施《公设辩护人条例》（二十八年三月十日公布）。

㊴ 夏勤：《审判笔录之研究》，载《中华法学杂志》（战时法规专号）1940年新编第2卷第3期。

㊵ 夏勤：《由现行刑法联想及唐律》，载《夏勤论学集》，商务印书馆2019年版，第121页。

㊶ 夏勤：《司法权的统一与独立》，载《中华法学杂志》1946年新编第5卷第2—3期。

㊷ 夏勤：《法学方法论专辑序言》，载《法律评论》（北京）1947年第15卷第7期。

可见，他后来从政做官了，仍然坚持不间断地研究专业问题。他是学术赤子，如果专事学问，也是一把学术好手。

我们知道朝阳大学与修律馆、与沈家本、汪有龄有着"同宗"嫡亲血缘关系。而夏勤的"根"在修律馆，因此，他后来正式加盟朝阳大学是很自然的事。那么，时间是什么时候呢？有记载称是1919年[43]。

当时的朝阳校长是汪有龄。汪校长是位活动家，既兼任法律编查会副会长，与会长梁启超搭档，又兼任参政院参政。校务加兼职，公务繁忙。1919年4月，汪有龄还因管理疏懈、学生缺课较多，被教育部发了"警告"的训令，要求整顿。[44] 因此，朝阳急需一位教务管理者。1920年12月，夏勤在《朝阳大学法律学讲义》再版序言中说："近复承乏教务，与诸君相处即久，与是校关系尤切。"[45] 从这里可知，他担任朝阳教务长应该始于1920年。据朝阳大学"本校概况"介绍，"民九年以后夏敬民先生来长教务，从中擘画……教备方面遂得逐渐增加"[46]。此处"民九年"讲得更清楚，夏勤任教务长的时间无疑是1920年。

夏勤执掌朝阳教务以后，不负汪有龄的重托，各种办学设施完备有明显起色。"现已有新建讲堂二十余座，寄宿舍二百五十余间，并于十三年建筑图书馆一座，购备英法德日及中文文学法律政治经济商业各项书籍三万五千余册，按新式分类陈列，于十四年开馆，并于同年秋就园隙地开辟大运动场数处，面积约占数十亩，增设各项运动器具均已略具规模。"[47] 在教学上，夏勤通过撰述"朝大讲义"，慎重选聘教师，鼓励学生参加法科讲义疏注等方式，提高了朝阳大学的教学质量。[48] 1924年，夏勤还在北京大学兼职授《刑诉法》课。[49] 他爱生如子，同情学生进步活动。当时朝阳

---

[43] 《夏勤先生年表》，载《夏勤法学文集》，第350页。
[44] 《教育公报》1919年第6卷第6期。
[45] 夏勤：《再版序》，载夏勤、郁疑：《法学通论》，1928年版。
[46] 《朝阳学院大学部毕业同学录》，第2页。
[47] 《朝阳学院大学部毕业同学录》，第2页。
[48] 程波：《"法学津梁"——法学家夏勤与朝阳大学》。
[49] 《北京大学日刊》1924年刊登多则关于夏勤先生给法律系授课的教务通知。参见《北京大学日刊》1924年第1467、1563、1587等期。

大学学生较多，校舍较大，京师各校学生积极分子往往到朝阳宿舍秘密集会，引起军警注意，时有学生被捕，夏勤会暗中帮助学生。1926年至1927年间，军阀干扰朝阳办学，身处危机的汪有龄校长有意躲避，夏勤主持校务并助力校长更换，江庸接替，夏勤任副校长，使学校得以度过危机。㊿ 1929年制定的《朝阳大学学则》（暂行），也是夏勤主持下进行的，这使朝阳开始制度化运行。

说夏勤和朝阳的关系，还必须穿插着讲讲他与早期著名法律刊物《法律评论》的亲密关系。这要追溯到1910年法学会成立大会时讨论的"一刊物、一大学、一讲演会"的三件事。㉛《法学会杂志》1911年创办不久因辛亥革命而停刊，1913年2月15日《法学会杂志》复刊（第1卷第1号），1914年又停刊。1923年6月，江庸等人在北平重新筹办法学刊物，初名为《法律周刊》，但是此刊名已被人使用在先，只好更名为《法律评论》。所以，《法律评论》无论后来怎么变化，都撇不开它与朝阳学院乃至与更早的修律馆的嫡亲关系以及江庸、汪有龄与夏勤的师生关系。所以，夏勤总把朝阳学院和《法律评论》当作自家的事。

江庸任社长，夏勤任副社长兼总编辑。㉜ 创刊号有张耀曾、梁启超、章宗祥、林长民等人所题贺词。此刊并非朝阳大学所属，经费则由汪有龄个人赞助。最初是周刊，英文名为 *The Law Weekly Review*，创刊号于1923年7月1日出刊，每号12页，中文8页，英文4页。第2期于7月8日出刊，一周一期，可见其工作量之大。加之办刊之初，经费困难，许多名家作者都不拿稿酬。㉝ 该刊"发行之初，订户不过数百，销行限于一隅，经

㊿ 程波：《"法学津梁"——法学家夏勤与朝阳大学》。
㉛ 《北京法学会的发展》，载《法政杂志》第2卷第4号。
㉜ 创刊号上有一则《本社紧要启事》，提到"因此名经人采用特更今名以免混淆。"参见《法律评论》（北京）1923年7月1日创刊号。
㉝ "本社创办之际，即未募集基金，并宣言不受政府之补助，今勉强支撑"，"本社中坚文字之秉笔者，皆庸之至交畏友，例如石君志泉、陆君鸿仪、朱君文伯、郑君天锡、陈君瑾昆，均不受报酬，故开支可以撙节"。参见江庸：《法律评论周岁志感》，载《法律评论》（北京）1924年第53期。

过不断之努力，销数乃得突破两千，足迹且遍全国”(54)。九一八事变后，形势对刊物影响很大，“计每月不敷之数，平均达三百元以上，虽其数无多，然以本刊正大之立场，当然不能如一般政治性之刊物，接受任何机关任何党派之津贴，因之近两年之维持，率出自汪子健先生之私囊，汪先生慷慨捐助，其情可感，而受益拜赐者，固不仅本刊已也”(55)。

朝阳大学1924届经济科两班、专门法律科共计117人毕业。夏勤因公务开始繁忙，没有参加毕业典礼，但他致信表示祝贺，云：“诸君将尽出其所学以用诸世矣。前途珍重，可为国家得人预贺也。夫入斯校则注意学识，所以致知也。出斯校则注意经验，所以力行也。”接着他结合王阳明和孙中山所言，谈知行关系，谈知易行难。又谈到今日各国经济与法律的制度变迁，学说蜕新，日新月异，不可株守成说、斤斤自足。“尚望诸那君于充实经验之时，更以研求常识为必要。”(56)

夏勤和众多法科知识人一样有从政经历，但他的从政基本都在专业部门——司法职业领域。1924年12月23日，司法总长章士钊呈请任命夏勤署总检察厅检察官。(57) 1925年8月，夏勤署总检查厅检察官。(58) 1927年8月，夏勤任国民政府法制局编审。不久，北伐完成，国民政府在南京成立，夏勤于是年南下，供职于首都南京，暂与《法律评论》杂志社分离。

1927年，《法律评论》创刊5周年之际，社长江庸商得时任朝阳校长汪有龄和教务长夏勤同意，把《法律评论》刊物移交朝阳大学出版，并于9月将朝阳《法律评论》移到南京发行。《法律评论》继续由夏勤担任副社长兼总编辑，实际负责刊物的运行。发行由朝阳大学出版部主任胡次威负责，编辑由郁嶷负责。除夏勤、胡长清、郁嶷之外，还聘请了一批兼职

(54) 夏勤：《本刊出版满十周年之感想》，载《法律评论》（北京）1933年第10卷第52期。
(55) 夏勤：《本刊出版满十周年之感想》。
(56) 夏勤：《欢送朝大本届毕业生词》，载《北京朝阳大学旬刊》1924年第2卷第8期。
(57) 《临时执政令（十三年十二月二十三日）》，载《法律评论》（北京）1925年第80期。
(58) 《夏勤为总检厅检察官此令（八月三十一日）》，载《法律评论》（北京）1925年第3卷第11期。

的法律人担任编辑工作，如时任燕京大学教师的李祖荫（参见郭云观专篇注 100）。于是在发行上得各种便利。就在此时，实际负责刊物的编辑和运行的夏勤，发表感言，"学术盛衰，与国家治乱，类互为因果"。他结合欧美与我国法学和法治的对比，回顾 5 年来追随江庸社长办刊的历程，主张在北伐完成后全国统一的新形势下，遵循办刊的宗旨，展望未来。[59] 1928 年至 1933 年的 5 年间，刊物的"重要事项，虽秉承汪江两先生意旨，而实际负责，则由勤自负，虽朝惕夕励，不敢自怠"。1933 年，即朝阳《法律评论》第 11 卷起，又从南京移到北平，仍然由朝阳出版部负责发行，专门负责，另有其人。夏勤在十周年之际发表感言，寄语"编辑方针，当由决定，唯宣传法治主义，灌输法治知识，以促进法治为本刊发生存在之基本精神，必不容稍有变易，此则勤所敢负责预告者也"[60]。《法律评论》在抗战时停办，抗战胜利后，任命朝阳校友李景禧为主编，于 1947 年在南京复刊，到 1949 年停刊。

身在南京的夏勤仍在朝阳挂职，担任校董和副校长，并借机在南京设立朝阳学院南京法政讲习所，发挥其针对司法人员在职培训的职能。夏勤亲自担任所长兼教员，主讲公司法。由胡次威担任南京讲习所教务主任，并兼授刑法课程。夏勤延聘了 10 余位教员，民法有最高法院庭长叶在钧，宪法有最高法院推事杨天寿，刑诉法有最高法院推事高熙，商事法有最高法院推事韩焘，刑法有司法行政部训练所教授张承运，国际公法有最高法院检察处检察官狄侃，违警罚法兼教务科主任有赵庚庆律师，等等。[61]

抗战期间，夏勤仍与朝阳学院教育工作分不开。1937 年 7 月北平沦陷后，1938 年朝阳自北平碾转南迁，至重庆北碚。居正任院长期间，夏勤任副院长，聘请教员，管理校务。[62] 夏勤于 1945 年"暂代朝阳学院院长"，

---

[59] 夏勤：《对于本刊之感想》，载《法律评论》（北京）1928 年第 6 卷第 1 期。
[60] 夏勤：《本刊出版满十周年之感想》。
[61] 《本校校董及教职员通讯录》，载《朝阳学院大学部毕业同学录》，第 2 页。
[62] 程波：《法律教育的实像：以〈夏勤法学文集〉的点校说明为中心展开》，载《夏勤法学文集》，法律出版社 2015 年版，第 9—10 页。

这应该是指重庆朝阳学院。民国政府《第二次中国教育年鉴》统计，正阳法学院创办之初，设法律、经济二系及会计专修科，成立之初仅有教师 18 人，学生 419 人，1947 年朝阳学院"教师人数增至 39 人，学生则达到了 783 人，可见学校主办者工作之勤力"。[63] 这后来的人数应该是指复员后北平朝阳学院的师生数。北平朝阳学院（总部）1946 年至 1948 年，由余荣昌担任朝阳代理院长。1948 年 10 月下旬，余荣昌辞去北平朝阳学院代理院长职务，夏勤再次被聘为朝阳学院代理院长。1949 年接替夏勤负责校务的仍是余荣昌。

我们知道，朝阳学院在重庆曾改名为"正阳法学院"。这到底是什么时候改名的呢？1947 年 11 月江庸在正阳法学院二周年纪念致辞时讲，"重庆正阳法学院，实即北平朝阳学院之分院"[64]。从 1947 年 11 月正阳法学院两周年纪念来推算，应该是 1945 年 11 月，其时正是抗战胜利后大学复员，与众多大学一样，朝阳迁回北平。当时，应西南校友的要求，考虑到"有志于法学者，西南独多，为免地域之隔，应环境所需，乃由在渝校友请于校长居先生、副校长夏先生，筹设分校，定名为重庆朝阳学院，仍由居夏两先生分任正副院长"[65]。但不久教育部要求改用"正阳法学院"。这说明朝阳复员北上后，夏勤名义上仍然是重庆正阳法学院的副院长。

前些年有史学者撰文补充正阳法学院的历史，当时居正亲自担任了学院董事长，并延请了陶惟能、肖绍、王缵绪、刘航琛、潘昌猷、杜岷英、江庸、夏勤等政法界要人担任学院董事。学院院长、副院长分别由居正、夏勤担任，由于二人并不常驻重庆，实际掌管院务的是担任教务、训导、总务三处主职的易世珍、肖绍、赖健君。[66] 那么正阳法学院的后续怎样呢？

---

[63] 刘波儿：《南京中国近代史遗址博物馆藏正阳法学院文献二则考》，载《档案与建设》2015 年第 7 期。

[64] 江庸：《正阳法学院二周年纪念专刊序》，载《正阳法学院二周年纪念专刊》1947 年纪念专刊。

[65] 赖健君：《校庆献词》，载《正阳法学院二周年纪念专刊》1947 年纪念专刊。

[66] 刘波儿：《南京中国近代史遗址博物馆藏正阳法学院文献二则考》。

据近年发现的一件负责学院校务的易世珍致居正的信函，得知：1949 年 6 月正阳法学院"拟将法律系三四年级两班（三百余人），迁往新觅定的四川达州宣汉县马鞍山新校舍作为第二院"，这个第二院是指正阳法学院的第二院，"其余经济、会统、合管三系及法律系一二年级学生（七百余人）仍在校本部。定明天起开始缴费注册，每人缴学杂费银元三十七元五角，寄宿生另缴宿费六元（较渝区私中犹低），二十一日起正式上课。教员大部分聘齐，惟少数特殊课程因渝方无适当人选，正向立法院、外交部及政治大学迁渝人员中物色，预料本学期教授阵容可能较以往更为整齐"，直到 1951 年受命合并。[67] 至此可知，朝阳学院为西南人民奉献了一个珍贵的礼物——正阳法学院。不同于王宠惠、孙科、谢冠生等人对正阳两周年纪念的四字题词，作为副院长的夏勤亲笔题词文字最多，全录于此：

育才昌学，问观陪京。济济多士，东箭南金。经纬计然，圭臬韩申。源张法治，弼教明刑。龙门身价，天下文章。切磋讲贯，媲美朝阳。百年树干，千仞成墙。蜀山之麓，涪水之旁。奠基永固，源远流长。

四、夏子的本色与悲愤

自 1924 年到 1949 年从政担任公职期间，夏勤仍然坚持著述、教务与授课不断。其多数论著目前已收集于《夏勤法学文集》《夏勤论学集》等著作中相继出版，也有当代多位学人予以研究，故在此不再赘述。身为高官，夏勤仍保持学者本色。

---

[67] 正阳法学院战后又迁至重庆达州马鞍山。1951 年 10 月奉西南军政委员会文教部令，正阳法学院与中国公学、相辉文法学院合并为重庆财经学院。1952 年院系调整时，随同重庆财经学院调入西南人民革命大学。1953 年又随西南革大三处合并入四川财经学院，最终成为今天西南财经大学的前身之一。刘波儿：《南京中国近代史遗址博物馆藏正阳法学院文献二则考》。

1928年5月28日，国民政府发布命令，任命了一批最高法院庭长，[68]其中包括夏勤的任命令，[69]此外还有黄镇盘[70]、林鼎、章林发、童杭时、刘含章[71]。1928年6月9日，法官惩戒委员会任命夏勤为法官惩戒委员会委员。[72]据目前资料可知夏勤于民国二十一年（1932）出现在中央公务员惩戒委员会委员之列，1933年3月11日的惩戒决定书中已被列为主席，具体任命时间不详。[73]

抗战开始后，夏勤随国民政府转移重庆，1938年调任司法行政部常务次长。自1941年起，兼任司法官考试典试委员。夏勤为官很朴实，对下属很亲切，还保持学术兴趣。他比部长谢冠生资格老，年龄长，可是夏勤作为部长谢冠生的副手，仍然任劳任怨，朴实为官，亲力亲为。据倪征燠参事回忆，夏次长与他这个下属交往亦很朴实，夏勤与倪出差总是轻车简从，与郑天锡次长的阔气排场形成天壤之别。[74]

---

[68] 《申报》1929年8月13日。

[69] 《国民政府命令：任命夏勤署最高法院庭长（民国十七年五月二十八日至六月一日）印》，载《司法公报》1928年第13期。

[70] 黄镇磐（1873—1942），湖北武昌人。早年留学日本，毕业于东京早稻田大学。曾参加同盟会。辛亥革命后曾任上海地方检察厅检察官。早年发起全国禁烟会，1916年向京师地方检察厅控告某参议员贩毒品案，后主持全国禁烟会。孙中山任大元帅时，大本营任命其为广东省高等检察厅厅长，1924年执业律师，任中华全国道路建设协会法律部董事。1927年支持北伐，与郭泰祺、周鲠生、王世杰、郑毓秀、蒋厘厍、吴凯声等担任上海房租协助北伐军饷委员会顾问。1928年—1939年任南京最高法院刑庭庭长。1929年因营救廖承志出狱，与蒋介石发生矛盾。后兼任南京《法学季刊》社务委员和常务委员，1932—1934年，任中央公务员惩戒委员会委员，与毕鼎琛、王开疆一起承办大量惩戒案，铁面无私，秉公办案。1939年从最高法院退休后在上海执行律师职务，因坚拒出任汪伪国民政府司法院院长兼司法行政部部长，1942年被汪伪特务头子李士群威逼而死。

[71] 刘含章（1880—?），福建闽侯（福州）人，刘崇佑律师亲侄，民国初期任大理院推事，五四时期同情学生，1919年曾参与营救周恩来、郭隆真等南开学生的活动。国民政府迁南京后任最高法院民事庭庭长，抗战时期任贵州高等法院院长，曾先后受聘于燕京大学、中央大学、贵州大学和南京中央法官训练所担任法学教授。1948年重病辞官，隐居上海，病逝时间不详。据刘含章哲嗣刘广梣先生回忆，参见《1920年7月刘崇佑为周恩来担任辩护律师》，https://www.chinanews.com/cul/2013/08-19/5178972.shtml，最后访问时间：2022年4月17日。

[72] 《国民政府令（民国十七年六月九日）》："任命夏勤为法官惩戒委员会委员。主席谭延闿，常务委员蔡元培、张人杰、李烈钧、于右任"，载《法官惩戒委员会汇刊》1928年第1期。

[73] 《中央公务员惩戒委员会议决书（二十一年度鉴字第二十二号）》，载《司法公报》1933年第65期。

[74] 倪征燠：《淡泊从容莅海牙》，第65页。

鄙斋藏有时任司法行政部常务次长的夏勤致蒋慰祖[75]及"子波"的毛笔信札，标点为笔者所加，内容如下：

> 来函得悉，——当此国难期间，吾辈职司听讼者，唯有各就本位，努力迈进，何得遽萌退志。子波兄辞呈未经部长核准，即弟亦不愿子波兄此时言去也。两兄惠我食品业已收到，谢谢！专复顺请时安！弟夏勤顿首 卅二，二，十八。

信中仍可见到那个努力迈进不退志的少年法律人形象。他与友人通信常用毛笔字，但从几件亲笔函来看，夏勤的毛笔字和他的性格一样，有纯真的稚嫩。

夏勤在抗战期间为国事奔走，夫人和子女留在上海。目前所知，夏勤有一女，名道都，三子道京、道师、道泰（为金陵中学1934级初中部学生）。道师毕业于光华大学，20世纪40年代初赴美国威茨康辛大学攻读法律。道泰在重庆时，曾跟从倪征噢学英文，站在防空洞的长凳上背诵和朗读英语。夏道泰后来赴耶鲁读法律，得博士学位，长期在美国国会图书馆工作（担任法律馆远东法律部主任）。[76]

毕竟司法工作不像抗战一线，夏勤可利用工作之余静心研究法律。他长期从事司法工作，擅长法律释义。《刑事诉讼法》（1935）颁布实施了近十年，却无人研究，或许与抗战动荡有关，或许与释义的专业权威性有

---

[75] 蒋慰祖（1910—?），字柏森，江苏吴县人，生于1910年10月8日，上海大夏大学法律系毕业。曾任江苏、上海、四川、贵州等地方法院一、二审检察官、推事，首席检察官及院长等职，兼任东吴大学和政治大学教授。抗战胜利后，于1945年8月奉任台湾高等法院首席检察官。1947年改业律师，执业三十余年。当选为行宪国民大会代表，任全国律师公会常务理事、秘书长等。著有《中华民国宪法释论》《亲属法新论》《法院组织法论》等。

[76] 倪征噢：《淡泊从容莅海牙》，第191页。

关。当时在重庆任推事的青年谢怀栻[77]撰文云,如此重要法律"自公布施行以来将近十年间,学术界竟除少数之简略释义或概论式书籍外,尚无就之加以详密研究之著作出现,使今日习刑诉法者仍须以关于旧法之著作(如陈瑾昆著通义、戴修瓒著释义)为重要读物,此诚我国法学界之缺憾"[78]。1944年三四月间出版了《刑事诉讼法要论》和《刑事诉讼法释疑》,谢怀栻在介绍和评论这两本著作时,讲到夏勤有填补空白的贡献。

夏勤口碑好,颇受重用。1945年1月起他担任最高法院院长,并兼任刑庭庭长,[79] 2月到任后,他开始忙碌于战后法院接收的准备工作。1945年11月14日飞北平接收伪最高法院华北分院,"斟酌北方各省第三审案件上诉案件之繁简,并分析接收案件之内容,再行决定通行办法"[80]。12月6日自北平搭机飞抵上海,对上海各级法院有所指示。逗留数日后再返重庆处理最高法院复员事务。[81] 1946至1948年,夏勤忙碌于最高审判机关的各种行政事务,同时,他也关注司法改革与体制建设的理论问题,坚持研究问题,发表自己的独立见解。

1948年形势骤变。蒋介石单独召见夏勤,要求最高法院在地方成立"特种法庭",专门审理涉及政治如共产党的案件。夏勤对此不认同,没有执行此令,据说受到打压。[82] 1948年5月24日,胡适为北京大学学生孟宪

---

[77] 谢怀栻(1919—2003),湖北枣阳县人,1937年高中毕业后,他考入清华大学机械系。1942年毕业于中央政治大学法律系,1943年5月任重庆地方法院见习法官,1944年参加高等文官考试以及复试均取得第一名的成绩,被任命为重庆地方法院推事。1945年日寇投降,任台湾地区高等法院推事,奉命参与接收台湾地区高等法院以及台中、台南、高雄等地方法院。1947年出任上海地方法院推事,1948年任国立同济大学法学院教授。1951年至1958年任中央政法干部学校教员。1979年到中国社会科学院法学研究所民法研究室工作,是我国著名的民法学家。

[78] 谢怀栻:《介绍夏勤氏刑诉新著二种》,载《中华法学杂志》1944年新编第3卷第9期。

[79] 1945年1月29日,国防最高委员会决定任命夏勤为最高法院院长兼刑庭庭长,参见《夏勤任最高法院长》,载《中央日报》(重庆)1945年1月30日。

[80] 《夏勤抵平接收法院》,载《大公报》(上海)1945年11月17日。

[81] 《夏勤今由平飞沪》,载《前线日报》1945年12月6日。

[82] 《学仕交资 知行合一——记民国法学家、朝阳大学创办人夏勤》,载《夏勤论学集》,第8—9页。

功一案,致信夏勤,他们之间有过通信往来。胡适来信开头说:"国民大会期中,曾因鲤生兄介,得与先生联座接谈,甚以为快。可惜那天我匆匆走了,不得畅谈,致信怀念。"接着提出了"今天有一件事想向先生陈述一点意见"[83]。胡适叙述北大学生孟宪功因共产党嫌疑案的管辖问题:孟案经河北高等法院判决不受理,现上诉于最高法院,请为撤销原判,发回原法院审理。胡适认为此案涉及青年人权益,法院当判不判,当结而不结,是有损司法尊严的。孟生案无论实体法和程序法均"应当由普通法院审理,而不应向特种刑事法庭移送"。"所以我大胆地把这种情景向先生陈说。去年孟宪功被捕时,其时北平正因某另案捕人甚多,故北平青年学生曾感不安,我同各校行政当局曾劝告军警当局早日将孟生等移送法院处理。后来河北高院不受理的判决实不免动摇人民信赖法院的心理。所以我私心甚盼贵院能对此案有所挽救。……以上是一个不懂法律人的愚见,千万请先生原谅。"[84]

这显然是官方指示安排特种法庭专门审理这类案件。胡适为北大学生向只有一面之交的最高法院院长写此长信,放下身段,苦口婆心,精神可嘉。而夏勤得胡适函之后,立即过问此案,并在七天内快速回复,云:"适之校长先生道鉴:都门得亲芝宇,至快。顷奉五月二十四日惠书,遵即饬查孟宪功案卷宗尚未到院,依照程序,当由孟本人向河北高等法院声请,谨以复闻。顺颂 崇安 弟夏勤顿首 卅七,五,卅一。"[85] 回复虽简明扼要,但可见其对胡适先生的礼节,依法指明孟案程序死结中的正当通道。作为最高法院院长,对此类政治敏感案件能公允而谨慎地"点拨"到这一地步,实属真诚而负责。寥寥数语,却可以映射出夏子作为知识人的内心。为解救学生来求情的胡适,应当是能隐约"接收"到夏勤的内心情绪的。

---

[83] 《胡适致夏勤函》,载《夏勤论学集》,第337页。
[84] 《胡适致夏勤函》,载《夏勤论学集》,第337—338页。
[85] 《夏勤致胡适函》,载《夏勤论学集》,第338页。

看来，夏勤被蒋介石打压，并非空穴来风。按 1947 年 12 月出台的《司法院组织法》，司法院大法官应该是 17 位。1948 年，蒋介石提名 17 位大法官人选中没有夏勤。7 月，经监察院选举，17 人只出线了 12 位，即江庸、黄右昌、燕树棠、郗朝俊、张式彝、李伯申、胡伯岳、洪文澜、张于浔、林彬、刘克儁、沈家彝，此外，刘通、张映南、周蜀琴、史尚宽、陈一清五位提名人未过半数，[86] 这一结果于 1948 年 7 月 14 日公布了。就在此前早一天，7 月 13 日，蒋中正颁令，批准夏勤恳辞最高法院院长，迅即改由谢瀛州继任院长。[87] 夏勤作为资深的法律家，又担任最高法院院长多年，按理他完全有资格获得首次司法院大法官提名。这种阴气十足的政治打压手法，对于一个恪尽职守了大半辈子的资深司法官来说，是多么的落寞和悲愤！10 月 25 日《燕京新闻》刊载一则消息云"朝阳学院代理院长余棨昌辞职，董事会已聘请夏勤代理"[88]。从"恳辞"最高法院院长，三个多月后才转为私立法学院院长。这一变化中，夏勤内心的变化又是个怎样的过程？

实际上，夏勤的"恳辞"是大势所迫，也与蒋氏对他的不待见，甚至打压有关。这要追溯到 1947 年他对司法院改革方案有相当的"异见"。如果注意他当时的两篇文章，就会发现夏勤一改他平日极温和的文风。一是 1947 年的一篇激烈文章。这篇文章叫《宪法中司法制度之研究》，是他针对司法院的组织、地位和职掌发表激烈意见的一篇文章。显然，夏文不赞成 1946 年政治协商会议《宪草修改原则》搞的"大法官制"，他认为应当依照宪法草案实行院长制，司法院长由总统任命而不必得监察院之同意，司法院长不对总统负责而径对国民大会负责，司法行政权应归司法院。[89] 这一连串旗帜鲜明的反对意见，都是他根据国父五权宪法精神、宪法草案

---

[86]《大法官的提任》，载《南京中央日报周刊》1948 年第 5 卷第 3 期。
[87]《总统令（三十七年七月十三日）》，载《总统府公报》1948 年第 47 期。《夏勤院长恳辞最高法院，改由谢瀛州继任院长》，载《司法黔报》1948 年第 76 期。
[88]《夏勤出掌朝院》，载《燕京新闻》1948 年第 15 卷第 18 期。
[89] 夏勤：《宪法中司法制度之研究》，载《中华法学杂志》1947 年新编第 5 卷第 9—10 期，合刊"制宪专号"。

进行解释阐述的，同时也有比较法上的立法例和实践根据。

另一篇文章，是1948年的《法律时评：宪法的使命》，读了这篇文章我们就更能理解他这种激愤心情了。夏勤在这篇文章中出现了相当激烈的语词，他坚持孙中山的宪制之初意，抨击当时蔑视宪法的行径，比如他说："唯或人以为宪法施行后，国家政治即可转危为安，宪政之良果可垂手可得，势必失望，失望之余，必归咎于宪法，其实宪法并不足咎，因宪法本身原无此效能也！"他揭示宪法的三个使命，一是"可使中国政治上轨道"，二是"能使中国政治日趋稳定"，三是"可使中国政治生命得到归宿"。最后他提出"在消极方面，要能防患政治上旧有之罪恶，使腐恶势力，不能抬头，而在积极方面，更应督促政府进行建设事业，以解决民生疾苦，然后始不负宪政之美名……苟重蹈民国初年之复辙，因循误事，则非吾人所望于国人矣"[90]。字里行间凝聚着法理，也充满着正气。然而，这些专业的学理阐述，对于政治家或政客来说，简直是对牛弹琴！

前面提到，17位大法官，只出线了12位，5位未过半数，再加上后来江庸、黄右昌等三人陆续辞退，因此还需要补选八位。1949年1月李宗仁任总统后，夏勤才获得了提名，他与魏大同[91]、梅汝璈、翁敬棠、叶在均[92]、向哲濬、李浩培、苏希洵等八人，于是年3月在监察院选举通过，当选为司法院大法官。[93]可是这事一波三折，没想到梅汝璈、向哲濬、李

---

[90] 夏勤：《法律时评：宪法的使命》，载《法律评论》（北京）1948年第16卷第1期。
[91] 魏大同（1893—1950），号羑唐，吉林扶余人（原籍山东省寿光市）。毕业于北平朝阳大学法律系。曾任职上海特区，哈尔滨特区，北京大理院等。1928年奉命回东北筹设最高法院东北分院。并兼东北大学教职。九一八事变后抵北平，任命为福建高等法院院长。后来奉调回北京，曾任职最高法院及司法行政部司长。1940年调至陕西高等法院。1945年抗战胜利后，先调回东北任吉林高等法院院长，后任职武昌，嗣被提名大法官。1949年迁至台湾。
[92] 叶在均（1885—?），字乃崇，福建福清人，毕业于公立京师法政学堂法律科。1912年起，历任京师地方审判厅推事、代理庭长、庭长、京师高等审判厅推事，1919年曾任宋教仁胞弟自诉案犯洪述祖民事诉讼案审判长。1920年在京师高等审判厅主审《国民公报》案时主动辞职。1920年9月任大理院推事，叙列三等。之后曾执行律师业，直至1928年12月署南京政府最高法院推事，1931年任最高法院刑一庭庭长、高等考试司法官临时考试再试典试委员等职。1937年曾兼任中央政治大学刑法教员。抗战胜利复员后仍从事审判工作。
[93] 《监察会议：大法官及考试委员缺额人选，李代总统提经监院同意》，载《外交部周报》1949年第111期。

浩培等人都不到任，夏勤也不看好这个政权。

1949年国民党政府撤退时，法律界分为两批，一是去台湾，二是留大陆。居正经过一阵逍遥之后，于11月离开大陆。江庸、黄右昌、梅汝璈、向哲濬、李浩培等人留在大陆，而夏勤既没有去台湾，也没有留大陆，他前往香港九龙。1950年夏勤因患糖尿病在香港逝世，年仅58岁。从1908年工作算起，他经历了逾40年的职业法律人生！一个永远的法科少年，法治赤子，终此一生！

夏勤是第一代职业化的司法官，他的司法审判权独立理念不只写在他的著作中，还体现在他四十年的职业行动之中，更坚持于他观念和思维之中。因此他对政治家的粗暴干预，那种出于专业性的内心排斥，是极其强烈的。而蒋氏之所以打压夏勤，是因为他对夏勤有不满——职业化的法律人常常不受政治家和行政官的待见。在他们看来，法律人原则太强，固执教条，不事通融，只有细节，没有大局。在任何国家的法治幼稚时代，法律人的专业性与政治性始终是一对紧张关系，而这正是检验法治成熟与否的一大标准。

向哲濬——东京审判，检察官为何是他？

图 1　向哲濬（1892—1987）

1930年设立的上海第一特区地方法院，是废除领事裁判权的一个重要成果，也是一个"对外窗口"。自成立以来，此院总是人才济济。据推测，此院的人员构成经过了特别的遴选和配置。1932年11月，郭云观到任院长。1933年9月，向哲濬被选任为该院首席检察官。[①]

向哲濬在上海"特区"以检察官身份代表中国。十多年后的1946年1月，他又被选任为远东国际军事法庭的中国检察官，又一次以检察官身份代表中国。这先后两个重任，为何都落在向哲濬的肩上？本文拟从他的履历与人格入手，对此作一些挖掘和补充，试图揭开这个谜底。

---

① 《司法行政部指令：指字第一五二六九号（二十二年十月六日）》："令署江苏高等法院第二分院首席检察官王振南：呈一件呈报上海第一特区地方法院首席检察官向哲濬接印视事日期请叙俸由"，载《司法行政公报》1933年第43期。

一、品格与知识：渊源得正传

向哲濬 1892 年 1 月 29 日[②]出生在湖南省宁乡县双江口向家塅一个向姓中农家庭。父母给他取名哲文，字明思。1899 年至 1904 年，他在湖南宁乡向家塅祠堂道兴小学读书。1905 年至 1908 年，在长沙中路师范附属小学读书。1908 年入读长沙修业中学，1910 年毕业。质朴勤劳的父母是他人生的第一导师。但他的成长中也遇到了第一位引路的"贵人"，向哲文还在宁乡向家祠堂办的小学读书时，成绩优异，就被回家省亲的"构父叔祖"发现。"这位长辈认为明思是向姓族人中的一位可造之材，不可让他埋没在农村。不久将他带到长沙继续入学。"[③] 向哲濬夫人周芳后来还多次提到这位"叔祖"，向哲濬结识周芳并结婚，也是"构父叔祖"作冰人促成的。可是向夫人一直没有具体讲"构父叔祖"是什么人。为了讲清楚向哲文的成长故事，绕不开这位"叔祖"。请允许我稍作"离题"来介绍一下向哲文的这位长辈。

向构父（1879—1970）先生，名瑞彝，字肯生，湖南宁乡人。幼年在家读私塾，稍长进入湖南财务学堂。少时与挚友蔡锷弃举子业入梁启超创办的时务学堂，庚子拳变后赴湘西响应唐才常，事败卸甲入师范肄业。1905 年（光绪三十一年）与黄兴共谋起义，事败，东渡日本留学，与孙中山相识。留日期间，他与梁启超组建"政闻社"。据向构父回忆，当时重要社员除向构父之外，有马相伯、蒋观云、熊希龄、张君劢、张季直、汤化龙、孙洪伊、刘崇佑……[④]

构父先生很神奇，是民主革命的大义士，也是位大隐士。从其行迹中可以发现一大特点：平时像个不见踪影的隐士；一旦社会有大事发生，或

---

② 向哲濬的出生时间，据他 1946 年在东京审判时提交的履历是 "December 30, 1896"（1896 年 12 月 30 日）。此处 1967 年 7 月 29 日其手书的履历（以下简称"手书履历"），参见向隆万：《向哲濬东京审判函电及法庭陈述》，上海交通大学出版社 2014 年版，第 11 页。

③ 周芳：《良师爱侣忆思明——向哲浚夫人周芳回忆录》，载向隆万编：《东京审判·中国检察官向哲浚》，第 218 页。

④ 刘广定：《理性之光——民国著名律师刘崇佑》，第 33 页。

者朋友遇有难处，他总会出现并且出手。比如武昌起义后，他热心办刊，为革命鼓吹，之后又隐于大学（他曾在上海任教于神州大学）；1915年袁世凯复辟帝制，他撰文请诛筹安会，1916年与蔡锷共同讨逆，亲送蔡锷化装离京；1917年返湘创办中原银行，当孙中山南下护法，军费困难，他于1921年慷慨捐银，倾囊相助；1931年4月至1934年5月间，汉口证券物品交易所被停业，向构父、彭振之代表汉口证券物品交易所，先后五次向实业部提出复业申请；⑤抗日之初，向构父即起而声援抵抗；抗战胜利后，他与张君劢等组织中国民主社会党，任该党中央常委，1947年任民社党湖南主席。⑥后来去台湾直至病逝。

向哲文出身农家，父母的质朴品格形成了他性格上的基调。但是，理想与抱负的启蒙却离不开"贵人"。有向构父先生的引路，这是向哲文成长的重要影响因素。

向哲文放眼望世界，还是从接受西学开始。1910年留美学生肄业馆（清华学堂前身）首次招生。按长沙修业中学校规，不许投考外校，向哲文遂自作主张，按《尚书》中"濬哲文明"改名为"哲濬"，报考了清华。在长沙和湖南省试均为榜首而被录取；到清华后会考，又获佳绩。张榜公布时，向哲濬名列榜首。一同参加复试的吴宓荣列第二，他在自编的年谱中，对此作了记述：

在游美学务处门外墙上，高贴横榜：第一名向哲濬，湖南人。第二名吴宓，陕西人。第三名刘朴，湖南人。……⑦

1911年至1917年，在北京学习的七年期间，向哲濬常常在向构父家度过节假日，"叔祖"对他也很满意。他在清华学堂期间狠学英语，接受

---

⑤ 柳丽：《民国汉口证券交易所概述》，载《档案记忆》2020年第11期。
⑥ 《向构父任民社党湘负责人》，载《大公报》（上海）1947年2月13日。
⑦ 《吴宓自编年谱1894—1925》，生活·读书·新知三联书店1995年版，第98页。

西式教育，打开了放眼看世界的视野。

1913年9月，达德学会（The Committee of The Tsing Hua Culture Union）改选会长，向哲濬被高票推举为会长。1913年，他还在达德学会会刊《益智》上发表过一篇介绍美国新科技的文章《免除睡眠之创闻》，说哈威德大学（Harvard，今译哈佛）教授与麻省精神病院医生共同发明了一种免除睡眠的椅子，人坐在上面就可以不睡眠地连续工作。⑧ 随着眼界打开，兴趣的萌芽已让他连接着这个丰富多彩的世界。丁巳级同学到1917年为高四级暨毕业班，此时全班共有46名同学，其中有汤用彤、查良钊等人，但没有吴宓的名字。⑨ 1917年在清华完成游美肄业的学业后，通过庚子赔款奖学金，向哲濬被派往美国耶鲁大学。毕业之际，向哲濬还代表毕业同学，饱含深情地撰写了《丁巳毕业生别母校书》：

民国六年夏，清华学校开办之七年也。丁巳级同人毕业行将渡美，以竟其学。于是眷怀人我，追抚今昔，百感交集，中肠若结，殆有不能已于言者。因述所积，窃比于古人赠言之义。同人自入清华以至今日，久者七年，暂亦一载。沾国家资护培植之泽最厚，受师友煦育启迪之惠最深，而自顾碌碌依然。故我樗材驽质，有负匠心，则怦然以感，恧然以惭。更念千里一堂，联歌把臂，春风秋月，促坐开襟，逸兴方遒，骊歌遽唱，海天回首，异域兴怀。故国山河，徒绕烟云，清华水木，空萦魂梦，则又眷顾依依，若有不胜此别者。或谓同人此行，为游学，为成志，此日判袂之苦，正以增他日聚首之欢；去国离乡之感，正以激踔厉奋发之气。后会方长，前途皆坦，则亦何所用其悽恋哉。然而人情莫不昵所常近而恋所久留。一树一石，儿时之所盘桓而摩挲者，白首不能忘也。矧以聚合之久，契感之深，如清华师友者乎。处兹师道沦夷，友谊斫丧，形式张皇，精神弁弃之际，而

---

⑧ 向哲濬：《免除睡眠之创闻》，载《益智》1913年第2卷第1期。
⑨ 《清华同学录》，载《清华周刊》1917年夏第3次临时增刊。

同人犹怅怅于此别，盖必有欲别而不忍别者在也。至若修行积学，备为世用，固知智拙才空，资浅积薄，终未必有所补报于国人。而历年经师长提撕之勤，得同学他山之助，颇晓然于一己应为之事与夫力学致用之方。益以目悚时艰，心切国难兴亡大责，刻锲五中，敢不矢志集力，奋发淬砺，期副师友万一之望，尽国民分子之责。所畏时异境迁，道心莫持，鞭策既失，惰志或生，则驰骛功利，纷靡声华，或等于无舵之舟，脱羁之马。下堕己事，上贻国羞，前辙昭然，后车岂容再蹈。同人此行，知自省矣。督促匡戒之责，仍所望于清华师友。倘亦师友之所乐许欤。⑩

1917年8月18日，向哲濬与留美同学一起由上海登船起程。他怀揣着"国家资护培植之泽""师友煦育启迪之惠"和"国难兴亡大责"，来到了耶鲁，进入 Yale College（耶鲁本科学院）学习。向哲濬在美国留学的情况，一直有一些不详之处。其哲嗣向隆万教授曾努力收集父亲的海内外资料，但美国两所大学依规不能提供档案，这在客观上也造成资料不全。目前所知，向哲濬1920年毕业并获耶鲁文学学士学位；尔后，注册成为耶鲁大学法学院学生，在耶鲁法学院以国际法为主攻方向。据乔治·华盛顿大学法学院的证明，向哲濬"于1923年从耶鲁法学院转学到乔治·华盛顿大学法学院"，准确地说，他"1923年1月16日至1925年2月23日在乔治·华盛顿大学法学院学习"。⑪ 这也就是说，向哲濬在耶鲁读了3年本科毕业后，又在耶鲁法学院读了3年。当时耶鲁法学院院长写信给乔治·华盛顿大学法学院院长，推荐向哲濬转学到乔治·华盛顿大学法学院。⑫ 他在乔治·华盛顿大学法学院读了2年，1925年从乔治·华盛顿大

---

⑩ 向哲濬：《丁巳毕业生别母校书》，载《清华周刊》1917年夏（第3次临时增刊）。
⑪ 乔治·华盛顿大学法学院院长劳伦斯的证明来信。参见向隆万编：《东京审判·中国检察官向哲濬》，第328页。
⑫ 乔治·华盛顿大学法学院副院长的来信，参见向隆万编：《东京审判·中国检察官向哲濬》，第222页。

学毕业，获得 LL. B.（法学学士）学位。

```
INTERNATIONAL PROSECUTION SECTION
         CHINESE DIVISION
        Judge Che-Chun Hsiang
        Associate Prosecutor

Born in Hing-Hsiang, Hunan, China on December 30, 1896
Education:  Graduate of Tsing Hua College, China
            B.A., Yale University, New Haven, Conn., U.S.A.
            LLB, George Washington University, Washington, D.C.
            U.S.A.
Positions held in China:
    A. Present   Chief Prosecutor Of Shanghai High Court.
    B. Past      Instructor of English, National Peking University.
                 Member of Peking Bar Association.
                 Professor of Law, National Central University.
                 Secretary, Ministry of Justice.
                 Member of Treaty Commission, Ministry of Foreign
                   Affairs.
                 Secretary, Ministry of Foreign Affairs.
                 Judge and President of Soochow District Court.
                 Chief Procurator of First Special District
                   Court of Shanghai.
                 Prosecutor of the Supreme Court of China.
```

图 2　向哲濬在东京审判时提交的简历（该资料由陈立教授提供）

向哲濬曾在"手书履历"中提到，在美国期间，"先后在耶鲁大学、哈佛大学、乔治·华盛顿大学学习文学、经济学和法学，取得文学士和法学士学位"[13]。说明他曾在哈佛游学过。那么，他为什么从耶鲁转学到乔治·华盛顿大学呢？据后来乔治·华盛顿大学法学院副院长那封来信，提到向哲濬"曾担任耶鲁中国学生会会长和耶鲁世界学生会会长，并在华盛顿会议上任八个中国人民联合组织的秘书"，"耶鲁毕业后，他获得去华盛顿国会图书馆学习的机会，国会图书馆给予必要的资助"[14]。从这些信息中可作以下合理推测：其一，向哲濬活跃在有关留学生的公益活动中，这给了他许多认识自我并拓展能力的机会。其二，向哲濬从事华盛顿会议（1921—1922）相关的秘书工作，类似经历者还有与他年纪相仿的陈霆锐

---

[13]　据向哲濬1967年7月29日手写的履历，参见向隆万：《向折濬东京审判函电及法庭陈述》，插图第11页。

[14]　摘自乔治·华盛顿大学法学院副院长的来信，参见向隆万编：《东京审判·中国检察官向哲浚》，第222页。

（参见专篇）。从纽海文到华盛顿之间来回奔波，忙碌于秘书工作（耽误耶鲁的成绩也是可能的），同时也熟悉并爱上了首都华盛顿的环境。其三，更重要的是，他得到坐落于华盛顿的美国国会图书馆奖学金，可以方便使用图书馆资料进行比较法的研习。

一个人的本科阶段很重要。在耶鲁长达6年的学习经历带给向哲濬哪些重要的东西？1980年5月初，即"耶鲁学院"1920届本科生60周年聚会前，向哲濬致信筹委会，表达了他对母校耶鲁的感恩，其中提到两点：其一是耶鲁的服务精神，"受到耶鲁服务精神的鼓舞，主要在法律与英语领域，我一直对来自北京、南京和上海的教授、教师和学生进行无偿帮助"。其二是耶鲁的所学知识。"作为两个领域知名学会——上海法学会和上海国际关系学会理事，我深感从耶鲁所学的作用和价值。"[15] 服务精神与法律知识，这是向哲濬看重的两样东西。

二、外交与司法：胶着亦复合

1925年秋，向哲濬结束留学回国。自1925至1926年，他先在北京大学任讲师[16]，教英文，后在北京交通大学兼国际公法教授。1926年，他在北大晋升为副教授[17]，还兼北京法政大学教授。[18]

1927年7月王宠惠任司法行政部部长。当时中国，司法改良与外交上"收回法权"运动直接关联，成为一体化的国家要务。老一辈人像王宠惠这样有法律兼外交专长的"两栖"专业人才很缺，体制内急需新一代法科青年。向哲濬有八年留美背景，通晓西学英文好，又和王宠惠同是法科海归和耶鲁校友，因此受到王宠惠赏识是很自然的事。1927年向哲濬放弃北

---

[15] 向隆万编：《东京审判·中国检察官向哲濬》，第318页。
[16] 据向哲濬1967年7月29日手写的履历，参见向隆万：《向哲濬东京审判函电及法庭陈述》，第11页。
[17] 据向哲濬1967年7月29日手写的履历，参见向隆万：《向哲濬东京审判函电及法庭陈述》，第11页。
[18] 向隆万：《向哲濬东京审判函电及法庭陈述》，第310页。

京教职南下，到南京司法行政部当秘书，[19] 开始他在南京的从政生涯。1928 年 1 月被任命为司法行政部秘书。[20] 他心静得连当行政秘书也能做出学问来，实际上是个对法学专业有浓厚兴趣和热情的书生。不久，他又在南京中央大学兼任教授，持续时间为 1928 至 1931 年。[21]

向哲濬 1932 年至 1933 年任外交部秘书。[22] 作为司法行政部秘书，为何又兼任外交部秘书？从他主观条件讲，有法科背景，尤其专于国际公法。留美期间，他于 1920 年就作为华盛顿会议中国八个联合组织的秘书，参与了真刀真枪的外交活动实践。[23] 从客观背景讲，司法部兼外交部秘书，在当时特殊背景下是一种绝妙的工作机制。因为，中国自清末以来"收回法权"的外交主题，始终伴随、交织、牵扯着"司法改良"问题。换言之，要早日收回法权，就得尽快改良司法。司法部与外交部的业务关系不像今天这样分工清晰，而是密切交错，以至于后来司法总长罗文干还兼任外交部部长。概括地讲，"收回法权"的时代任务，使外交与司法呈"胶着"式存在，需要外交与法科的复合型精英。

1929 年 9 月 27 日，民国政府收回法权筹备委员会[24]在南京成立。据 1929 年 8 月 1 日公布的《收回法权筹备委员会章程》第二条规定，委员"以司法院院长、副院长、司法行政部长次长为当然委员。其余委员由司法院院长就富有司法、外交、学术经验人员中出任或派充之"[25]。请注意章

---

[19] 据向哲濬 1967 年 7 月 29 日手写的履历，参见向隆万：《向哲濬东京审判函电及法庭陈述》，第 11 页。

[20] 《司法行政部令：派王蔼祥谭毅武向哲濬朱庸寿署本部秘书令（一月七日至十一月二十三日令）》，载《法律评论》（北京）1928 年第 6 卷第 8 期。

[21] 据向哲濬 1967 年 7 月 29 日手写的履历，参见向隆万：《向哲濬东京审判函电及法庭陈述》，第 11 页。

[22] 据向哲濬 1967 年 7 月 29 日手写的履历，参见向隆万：《向哲濬东京审判函电及法庭陈述》，第 11 页。

[23] 向隆万：《向哲濬东京审判函电及法庭陈述》，第 310 页。

[24] 原成立于 1925 年的机构称为"调查法权筹备委员会"，参见《调查法权筹备委员会通告（中华民国十四年十二月八日）》，载《政府公报》1925 年第 225 期。

[25] 《司法院院令：收回法权筹备委员会章程（八月一日）》，载《司法公报》1929 年第 32 期。

程的措辞——"司法、外交、学术经验人员",这是委员的遴选标准。司法院院长魏道明为委员会主席。司法院任命的委员分为"派"与"聘"两种,于9月14日公布委员名单。由司法院"派"的委员为"兼充"委员,包括钱泰、徐维震、向哲濬等13位委员。[26] 同日由司法院所"聘"的委员名单中,包括稽镜、周龙光、徐谟、张我华、刘师舜、江华木、朱世全、许沅生、于焌吉、宋沅,共十位。[27] 随后的9月19日,司法院又增"派"汪楫宝、林鼎新等4位委员。[28] 由此合计为27位委员。9月27日委员会成立时,共24人参加合影,向哲濬同框于内。[29]

1929年,司法行政部秘书向哲濬专事司法制度研究。他以"司法行政部施政报告"的名义,于12月5日在中央广播无线电台,作了《扩充全国法院及监狱之计划》的报告,并被《司法公报》和《中央日报》刊载。[30] 他讲到,民国十五年以前,除大都市和重要商埠设立法院外,其他地方司法由县知事兼理司法权与行政权。他说,这从人民的角度讲,同一国家的人民享受司法上的不同的待遇,很不合理。全国司法机构仅64个,数量也很不够用,因此要扩充法院。在一两年内要在县级设立法院1367所,这样就逐渐废除县知事兼理司法的制度。各省埠旧府治州治及商务繁盛或靠近铁路的县,两年内筹设地方法院。第三年,把已经设立的县法院改为地方法院……另外还要改造旧式的监牢,俾使感化政策得以落实。[31] 这是中国"收回法权"背景下,政府关于司法改良规划的第一次权威信息

---

[26] 《司法院院令:令钱泰等兹派该员兼充收回法权筹备委员会委员此令(九月十四日)》,载《司法公报》1929年第38期。

[27] 《司法院公函:公字第三四八号至三五七号(九月十四日)》:"函聘稽镜等为收回法权筹备委员会委员由",载《司法公报》1929年第40期。

[28] 《司法院院令:派汪楫宝等兼充收回法权筹备委员会事务员由(九月十九日)》,载《司法公报》1929年第39期。

[29] 《收回法权筹备委员会成立摄影(民国十八年九月二十七日摄于司法院)》,载《司法公报》1929年第41期。

[30] 《司法行政部施政报告:扩充全国法院及监狱之计划(司法行政部秘书向哲濬于十二月五日在中央广播无线电台报告)》,载《司法公报》1929年第50号特载。又参见向哲濬:《扩充全国法院及监狱之计划》,载《中央日报》1929年12月7日。

[31] 《司法行政部施政报告:扩充全国法院及监狱之计划(司法行政部秘书向哲濬于十二月五日在中央广播无线电台报告)》,载《司法公报》1929年第50号特载。

发布，就出自向哲濬之口。

　　这个时期，政府大造司法权独立性及其制度改良的声势，而相关的改革规划和公开舆论，又大都出自这位秘书之手。1929年11月21日，向哲濬在中央广播无线电台又作了一个讲演，题目是《五权宪法中司法院之组织及职权》，[32] 这份报告的记录稿在多家刊物发表，[33] 包括《司法公报》《中央日报》《民国日报》等报刊连载或转载。向哲濬向全社会解释国家五种权力中的司法权，具有独特性质和意义，他说："司法权行使的时候，要是稍有不能独立，受他机关任意的干涉，法律命令便要成为废纸，这时候人民的生命和财产的安全和自由，都失掉保障，故司法权在五权宪法的作用，甚为重要。"[34]

　　1930年1月23日向哲濬以司法行政部秘书的名义在中央广播无线电台作《司法改良》的报告。[35] 在这次演讲中，他强调指出司法改良与收回法权的关系，改良司法是主动的，不是被动的，是主观的不是客观的。还讲到，领事裁判权这种畸形的司法制度，严重损害我国主权，干扰我国司法制度，在一般法理上应当废止。然而近十余年来，司法改良有五大障碍，一是司法权不能统一，二是司法制度未臻完善，三是司法人才缺乏，四是司法经费不能确定，五是军阀专横，对司法或漫不加意或时加干涉。要解决这些障碍，必须理出司法改良的思路和举措，向哲濬列出七项要务：一是司法官党化；二是养成司法人才（设法官训练所、督促法律教育）；三是筹备普设县法院；四是力求司法官独立之职务保障；五拟采巡回法庭制；六是限制无理由的上诉以减少积案；七是拟设幼年法院。[36] 此文在当时因代表官方声音，影响很大，并被多家刊物转载，包括《司法公

---

[32] 《五权宪法中司法院之组织及职权：（十一月廿一日星期四）司法行政部秘书向哲濬在中央广播无线电台讲演之讲稿》，载《监狱杂志》1930年第1卷第2期。

[33] 向哲濬：《五权宪法中司法院之组织及职权》（十一月廿一日在中央广播无线电台讲演之讲稿），载《司法公报》1929年第47期。

[34] 《五权宪法中司法院之组织及职权》，载《中央日报》1929年11月22日。

[35] 《司法院施政报告：司法改良（司法行政部秘书向哲濬于十九年一月二十三日在中央广播无线电台报告）》，载《司法公报》1930年第57期。

[36] 向哲濬：《改良司法》，载《中央日报》1930年2月1日。

报》、《中央日报》、天津《大公报》等。

1931年，向哲濬继续研究司法问题，并以司法行政部司法改良官方名义发表题为《中国之部：最近一年之司法》的文章，分八次连载，包括：（一）现行司法制度、（二）法院之增设、（三）监狱之增设、（四）反省院之筹设、（五）司法人才之训练、（六）法权之收回、（七）法令之解释、（八）十九年度公布修正及适用之司法法规一览表。[37] 这份报告内容丰富全面、思路缜密清晰，足见向哲濬秘书对司法改良大格局的把握，以及他在工作中亲身接触的事务之深度。他还十分重视研究和借鉴国外的司法制度，1931年他还写了长篇译文《英国证据法》，发表于著名专业刊物《中华法学杂志》。[38]

向哲濬深度介入司法改良公务，他已到了接近不惑之年，却依旧是单身。如此晚婚在当时实为罕见。然而内心阳光的向哲濬，始终保持那少年般的帅气纯正、书生般的温文尔雅。就在他忙于司法改良的时候，他遇到了司法行政部那位秀外慧中的杨听松小姐。1931年，二人结为夫妻。次年长子出生，可是发生了悲剧——向夫人因难产，数日后不幸去世。[39]

1932年12月，向哲濬出任吴县地方法院院长，[40] 这是他首次在地方法院主政。向哲濬对待审判工作极为审慎，尽心尽责。上任才数月，口碑就传开了，记者评论道："办事谨慎，为历任院长所不及。每日必至各法庭视察"，"并时时参观押所，备极周详"。并且，向哲濬还对以前三五年内的已决案件，"任意抽调卷宗，详细察核。遇有疑义，务必研讨有无破绽"，他尤其把核查重点放在前任法官现充律师所办之案件。"职事之故，年来院内法官无不小心翼翼。"[41] 这种治院风格，显然与其专业、严谨、审

---

[37] 向哲濬：《中国之部：最近一年之司法》，载《时事年刊》1931年第1期。
[38] 〔英〕Adward Jenks：《英国证据法》，向哲濬译，载《中华法学杂志》1931年第2卷第7期。
[39] 周芳：《良师爱侣忆思明——向哲浚夫人周芳回忆录》，载向隆万编：《东京审判·中国检察官向哲浚》，第224—225页。
[40] 向隆万：《向哲濬东京审判函电及法庭陈述》，第310页。
[41] 辛丑生：《向哲濬注意宿案》，载《大光明》1933年3月30日。

慎、敬业的性格和态度分不开。

1933年8月，向哲濬被任命为江苏上海第一特区地方法院首席检察官。㊷

三、智识与能力：锤炼成大器

上海租界是"收回法权"的"一线"城市。江苏上海第一特区地方法院是中国政府在原公共租界设立的法院。这是根据中国与英、美、法、荷兰、挪威、巴西等6国在南京所订关于《上海公共租界内中国法院之协定》，于1930年（民国十九年）4月1日成立。它和同时成立的江苏高等法院第二分院院址，均设在上海北浙江路191号。上海第一特区地方法院（内附检察处）成立之初，原名为江苏上海特区地方法院。1931年（民国二十年）8月1日，上海法租界内成立江苏上海第二特区地方法院后，江苏上海特区地方法院改称江苏上海第一特区地方法院。

依照1930年《上海公共租界特区法院协定》㊸，上海特区法院不再受外国领事"观审"，但局面仍然很复杂：一方面，特区法院在租界代表中国自己成立的法院，中国百姓无不额手称庆；另一方面，特区法院牵扯中外居民权益，外国领事、外国议员或外籍媒体的眼睛，时时盯着特区法院和审判活动。因此上海的两级四个法院，从院长、首席检察官到办案的推事和检察官，都是由中央按照特别严格的条件精挑细选的。在上海的特区法院，要代表新面貌下的中国司法官，唯有温文而严正的君子气质，才能树立中国的司法尊严和国际形象。由此可以理解，自1927年建立上海临时法院开始，到1931年改为特区法院，何世桢、吴经熊、郭云观、向哲濬、倪征�（参见专篇）等等这批一流的海归法律精英，为什么都会先后聚集到这个法院。

㊷ 据向哲濬1967年7月29日手写的履历，参见向隆万：《向哲濬东京审判函电及法庭陈述》，第11页。

㊸ 《上海公共租界特区法院协定全文》（1930年4月），载《国立中央研究院社会科学研究所专刊》1933年第8期。

向哲濬于1933年8月担任上海第一特区地方法院首席检察官，人还没到沪，上海滩的大报已经提前报道。㊹ 9月15日，向哲濬至沪，先行就职视事。㊺ 上海第一特区地方法院位于公共租界，向首席深知这个岗位不只是平常的司法问题，还是个敏感的外交问题。向首席到沪后，礼节性拜访了美国总领事克宁瀚，而克宁瀚总领事也立即到第一特区地方法院回访向首席。㊻ 11月11日上午3点，向哲濬首席检察官在法院举行了宣誓仪式。㊼ 江苏高等法院二分院首席检察官王振南出席并监誓。㊽

与此同时，向哲濬把苏州的家搬到上海，把母亲向老太太也接过来奉养。还把在南京读书的妹妹叫到上海来，准备送她继续升学。虽然丧偶，但家庭生活总算安顿了下来。㊾ 母亲看他仍是孑然一身，要儿子赶快组织新家庭，还拜托那位当时住在上海的"叔祖"，拜托他代为"注意"。㊿

向构父叔祖对哲濬母亲所托之事，很上心。向构父有位在上海的老友叫周震鳞，也是孙中山的战友，国民党元老。早在这位首席检察官就职前，周震鳞就收到"向哲濬"署名发来的请柬。这使老先生突然想起早年在长沙修业中学当董事长时，校长给他提起过高才生向哲文。周震鳞问了向构父，才知道这位向哲濬就是向哲文。于是他们就有了往来。周家有千金名周芳，沪江大学毕业才一年，24岁。周震鳞对向哲濬印象特好，再加上老友向构父的推波助澜，就这样，向哲濬与周芳相识相恋。1934年10月，向哲濬与周芳在上海结婚，程潜与章士钊分别担任证婚人和介绍人。(51)

㊹ 《上海地方法院首席检察官向哲濬》，载《申报》1933年9月2日。

㊺ 《第一特院首检易人，向哲濬昨接印视事》，载《民报》1933年9月16日。

㊻ 《美总领事答访向哲濬》，载《申报》1933年11月4日。

㊼ 《向哲濬今日补行宣誓》，载《申报》1933年11月11日。

㊽ "The oath-taking ceremony of Mr. Hsiang Cheh-chun, newly-appointed chief procurator of the First Special District Court, took place at 3 pm. yesterday." *The North-China Daily News*, 1933年11月12日。

㊾ 周芳:《良师爱侣忆思明——向哲浚夫人周芳回忆录》，载向隆万编:《东京审判·中国检察官向哲浚》，第226页。

㊿ 周芳:《良师爱侣忆思明——向哲浚夫人周芳回忆录》，载向隆万编:《东京审判·中国检察官向哲浚》，第226页。

(51) 周芳:《良师爱侣忆思明——向哲浚夫人周芳回忆录》，载向隆万编:《东京审判·中国检察官向哲浚》，第228—229页。

在特区法院主事或办案，比其他普通法院要难得多，需要更多的谨慎，因此也需要更高的职业素养。当时不光是在中国的领事和外国人要监督特区司法权，连远在外国的洋人也都会把眼睛盯着上海特区法院。有位在伦敦的英国议员，向议会提出要敦促中国上海特区法院提高办案效率。[52] 既是中国的法院，又受制于外国人，这就是中国当时"半殖民地"性质下法院的处境。特区法院一改原来会审公廨的怪胎式司法面貌，廉洁执法，公正严明，但也无时不在中外人士的监督之下。以第二特区地方法院来说，他们中有位姓涂的推事，在办理破产案件中，勾结朋比为奸，违法袒庇，而院长王思默在本案中有滥用职权和失职行为，因此被当事人先发制人，被弹劾并由监察院移付惩戒。[53] 由此可见作为首席检察官承担的责任之重。

　　特区监狱也属于法院职权范围。当时的特区监狱设施陈旧拥挤，法租界的特区监狱只能容纳850人，却关押了2000余人犯。[54] 按向哲濬在司法改良规划方案中的设想，由国家财政拨款来落实司法改良的各项举措，包括建设特区法院的监狱。[55] 因此，向首席到任后，正面临着司法机关百废待兴、千头万绪的重任，他参与了上海特区法院监狱建筑的筹备与基建任务，承担了法官训练所筹建、监舍重建、狱务人员训练管理等工作。

　　向哲濬从1933年到任，至1941年离职，这八年的工作任务之繁杂，涉外事务之敏感，是当时中国任何地方的法院院长和首席检察官的工作都难以比拟的。在这种司法一线复杂格局中独当一面的锤炼，使他拥有了非凡的智识与能力。

---

[52] 《英议员质询上海特区法院问题》，载《中央日报》1933年7月26日。

[53] 《第二特区法院院长王思默 推事涂身洁违法失职》，载《大公报》（上海）1936年8月12日。

[54] 《上海特区法院监犯之拥挤》，载《法律评论》（北京）1933年第10卷第26期。

[55] 事前审计案，《监察院训令第二七二号（二十三年十一月八日）》令审计部："奉国府令中政会议决议通过司法行政部编转法官训练所添班经常费暨上海特区法院建筑监狱工程费加列二十三年度国家司法费类岁出经临概算转行饬遵令仰该部遵照由。"载《审计部公报》1934年第45期。

四、尊严与人格：考验见智勇

首席检察官向哲濬比他的院长郭云观小3岁。根据笔者考察推测，他俩在品格气质上的温文严正颇为相似，是难得的一对儒雅君子。他俩在法院工作上是同袍，在法学研讨上有共同爱好，生活中成君子之交，惺惺相惜。笔者的这一点推测，与向夫人周芳女士的证明相一致："郭院长学贯中西，思明与之志同道合，十分投机。"(56)

1939年以来，继高二分院郁曼陀庭长和特一法院庭长先后被暗杀后，徐维震又于1941年被绑。向哲濬即与院长郭云观被迫迁居于北浙江路特一法院之内，为保护司法官安全，捕房饬派华探多名，不分日夜随侍。向哲濬和院长郭云观他们都承受着司法尊严的严峻威胁，也经历了个人人身和生命安全的严峻威胁。

向哲濬家住麦特赫司脱路445号弄48号，其住宅内由工部局警务处饬派华捕两名，常川驻守保护。1941年4月中旬，"乃前日深夜十二时许，突有衣中山装之壮汉五名，乘坐汽车一辆，疾驰抵……弄口下车，其中两人，各出盒子炮向该弄司阁捕二五四八号威吓声张，并夺其武器加以监视，然后复至四十八号后门口，先将派驻保护之二九六号、四二〇号两华捕监视，并将其所佩手枪内子弹二排予以夺去，然后进入屋内，加以搜查"(57)。这批来人以为向检察官必定回家居住，拟加绑架。不料他住在法院宿舍并未回家。后来捕房当局只得加派探捕，对向氏等重要人员严加保护。(58) 后来才知道，这批"怪客"是汪伪在上海的"七十六号"派来的。

1941年12月8日，日军包围并占领第一特区地方法院。不少人员已不愿受日本人欺凌逃离法院。当时决定秘密疏散法院法官和工作人员

---

(56) 周芳：《良师爱侣忆思明——向哲浚夫人周芳回忆录》，载向隆万编：《东京审判·中国检察官向哲浚》，第226页。

(57) 《首席检察官向哲濬寓所突来怪客》，载《申报》1941年4月15日。

(58) 《首席检察官向哲濬寓所突来怪客》。另参见《险遭意外之向哲濬》，《东方日报》1941年4月16日。

的郭院长和向首席,仍坚守阵地到最后时刻,他俩都住在法院。[59]郭云观在其后来写的《辛巳蒙难记》中,就提到了首席检察官向哲濬。他俩坐镇办公室三个日夜,到12月10日凌晨,只剩向哲俊和郭院长两人,于是他俩决定,趁日军换岗之隙先后离院,二人含泪握别叮咛为国珍重……[60]

他俩在办公室装扮成普通职员。向哲濬让院长先离开法院,然后计算时间,估计郭云观大概已过浙江路桥,他才下楼,从容走出。平时门警看见首长出来,一定举手敬礼,但这次他们心领神会,装作不在意,让他们先后离开了法院大门。[61]郭云观开始了四年的化装流浪逃难生活。向哲濬呢,离开法院大门后,不敢轻易回家,而是躲进一位商界朋友顾松林家。向夫人周芳也怕汉奸上门逼着要人,她带着三个孩子住进朋友开的医院。[62]

向哲濬在顾先生的多方协助和打听,知道有一批纸商要到内地去做生意,遂和他们联系,得到允许。向哲濬约了同院的年轻推事[63],他们一起混进纸商群里,乘坐火车先到杭州,再一起辗转到了浙西地区的金华,这就脱离了沦陷区,来到国民政府的管辖区。他们很快登上汽车,沿公路经湖南直奔重庆。中途到湖南宁乡时,向哲濬改变主意,想起在湖南家中的老母亲,便与年轻推事辞别。

回到湖南宁乡家中看望母亲,向哲濬只花了一天时间便安顿好家里的事,接着再去看望在长沙附近避难的岳母。一天后他就火速朝陪都重庆赶路——有责任感有担当的人总是不容易迷失方向。当时交通条件极其落后

---

[59] 周芳:《良师爱侣忆思明——向哲浚夫人周芳回忆录》,载向隆万编:《东京审判·中国检察官向哲浚》,第242页。
[60] 郭云观:《辛巳蒙难记》,载《郭云观论学集》,第253—255页。
[61] 周芳:《良师爱侣忆思明——向哲浚夫人周芳回忆录》,载向隆万编:《东京审判·中国检察官向哲浚》,第242页。
[62] 周芳:《良师爱侣忆思明——向哲浚夫人周芳回忆录》,载向隆万编:《东京审判·中国检察官向哲浚》,第242页。
[63] 向哲濬夫人周芳回忆说这位同行的年轻推事是倪征𰳹,但倪本人回忆录《淡泊从容莅海牙》中谈到他撤离上海是与另外四人同往重庆。

不便，今天难以想象，当年从杭州到重庆要经历怎样的不堪。一到重庆，他就向司法行政部汇报上海沦陷及法院被迫停止办公的情况，得到了高度赞许和慰问。1942 至 1944 年，他在重庆任司法行政部参事。[64] 1943 年，他在王宠惠推荐下进入国防最高委员会担任秘书。7 月任最高法院检察署代检察官。他在重庆工作了一年半之后，由司法行政部决定转移到湘南郴州邻近的桂阳县，设立高等法院湘粤分庭检察官，因日军侵湘，未能办公。[65] 此后不久向哲濬的母亲逝世，他为避免和家人分居，全家都搬到这交通不便的偏远县城，后来又带着湘粤分庭迁移到嘉禾县城。一家老小就这样过着颠沛流离却也苦中作乐的生活，熬到了抗战胜利。就在他着手准备部署湘粤分庭和检察处迁回桂阳的时候，接到了来自上海的电报——要他立即返回上海。

1945 年 9 月，郭云观负责上海高等法院、地方法院及监所的接收工作，并负责筹组上海高等法院及地方法院。[66] 向哲濬于 1945 年 10 月被任命为上海高等法院首席检察官，[67] 10 月底，他从湖南返回上海。[68] 在那个战争过后的离乱年代，向哲濬与郭云观这哥俩又走到了一起，人和人的缘分或许是注定的。

五、温文与严正：兼融显特质

向哲濬回到阔别 3 年的上海，在上海高院任首席检察官才不到 2 个月，就得到消息要代表中国出任远东国际军事法庭检察官。12 月 10 日，外交部致电魏道明大使，通报中国政府决定"我国已派向哲濬、梅汝璈两人为代表"。12 月 29 日，司法行政部谢冠生部长致函向哲濬，通报任命：

---

[64] 据向哲濬 1967 年 7 月 29 日手书履历，参见向隆万：《向哲濬东京审判函电及法庭陈述》，第 11 页。

[65] 据向哲濬 1967 年 7 月 29 日手书履历，参见向隆万：《向哲濬东京审判函电及法庭陈述》，第 11 页。

[66] 《伪高等地方法院定今晨接收》，载《申报》1945 年 9 月 15 日。

[67] 据向哲濬 1967 年 7 月 29 日手书履历，参见向隆万：《向哲濬东京审判函电及法庭陈述》，第 11 页。

[68] 《新任沪高等法院首席检察官向哲濬自湘返沪》，载《立报》1945 年 10 月 31 日。

"上海北浙江路高等法院向哲濬兄勋鉴：关于派赴日本远东国际军事法庭法官事，我方先派兄与梅汝璈充任我国代表，业已知照美方，兄应即赴日协助美检察长准备一切。请速飞渝于一星期内到达，以备洽商。"[69] "协助美检察长"，此言已锁定向哲濬的角色是检察官，而不是法官。向哲濬毫无怨言地接受了这个职务。1946年1月3日，外交部部长王世杰两次致电魏道明大使："向哲濬任检察官，梅汝璈任法官，向即赴日，梅俟法庭组成后前往。"[70]

所谓"美检察长"是美国人季南，他是远东军事法庭的检察长，也是当然的首席检察官。纽伦堡法庭宪章规定各国检察官平等，均为首席检察官。依照远东国际军事法庭宪章，所有检察官都是"陪席检察官"，只是实行"首长制"，设检察长，由盟军最高统帅指定，检察长的权力非常大，负责对远东审判法庭所审讯的各个被告执行检察的全责。[71] 这样，其余的各国检察官地位则降低了。侵略中国的日本战犯，并非全部由中国检察官负责提起指控。

从法官与检察官的角色来看，差别很大。在职业角色上，法官是被动中立的判断者，更强调资深和稳重；检察官是主动对抗的起诉者，可偏重斗志和激情。按职业角色的特点选人，合乎常理的安排是向哲濬资深稳重，适合任法官，梅汝璈活力四射，适合当检察官。况且向教授的年龄、资历和学历背景绝不在梅教授之下。梅教授时年42岁，年富力强，血气方刚，而温文尔雅的向教授已经55岁了。可是，为什么出任法官的不是温文尔雅的向哲濬，却偏偏是激情外露的梅汝璈呢？

向哲濬受命之后，当务之急是寻找精通法律和英语的秘书，先确定了

---

[69] 向隆万：《东京审判征战记——中国检察官向哲濬团队》，上海交通大学出版社2019年版，第20页。

[70] 向隆万：《东京审判征战记——中国检察官向哲濬团队》，第20页。

[71] 梅汝璈：《远东国际军事法庭》，法律出版社1988年版，第78—79页。

裘劭恒[72]，后又请示外交部增派了刘子健[73]为秘书。按梅汝璈的说法，是由于当时政府不重视东京审判，只允许带两名秘书，随着审讯的进展，经有关方面的再三请求和呼吁，在审讯的后期，才允许增加几位顾问，包括倪征噢、吴学义、鄂森和桂裕。[74] 2月6日，向哲濬一行出发，7日抵达东京，8日会见季南检察长，从此开始他的检察官工作。从向哲濬与国内电报联络来看，他直接向外交部部长王世杰汇报工作。4月，向哲濬回国收集证据期间在上海招聘秘书和翻译，高二分院刘世芳推荐了高文彬[75]。经向哲濬亲自面试，高文彬、周锡卿、张培基、刘继盛与郑鲁达等5位翻译被录用。同年6月外交部还给向检察官增派了朱庆儒为秘书。这样，向检察官就有3位秘书和5位翻译，组成中国检察官团队。

远东国际军事法庭对日本战犯的审判不只是一个国际法和刑事审判问题，还是个带外交性质的问题。其中许多有争议的疑难问题需要创造性地去克服。向哲濬的法科留洋背景使他深谙法科理论和西学思维；他长期在司法改良与收回法权的体系内工作；又有十余年首席检察官的实战经验；他以司法与外交的综合才能和实战经验，成为难得的复合型精英；更重要的，他是一位严正而温文的资深检察官。兼通外交与司法的精英并不多，

---

[72] 裘劭恒（1913—2009），江苏无锡人。1931年就读于上海音乐专科学校，半年后转入东吴大学，1935年毕业，获东吴大学中文和法律两个学士学位。1946年任向哲濬检察官秘书，出征东京审判。1961年，入上海对外贸易学院任教，1981年12月至1984年1月任上海对外贸易学院副院长，此后一直担任上海对外贸易学院名誉院长。

[73] 刘子健（1919—1993），祖籍贵阳，长于上海，就读于北平清华大学。日寇侵占北平后，清华南迁，旋入读燕京大学。太平洋战争爆发后，燕京部分师生被怀疑从事抵抗活动，一度被捕。战争结束后，出任远东国际军事法庭的中方检察官代表团秘书，前往东京。1959年，出版《宋代中国的变法》。受燕京大学导师洪业引导，到美国从事政治时事方面的研究。1950年，获匹兹堡大学博士学位，并在该大学及其他学校任教。1960年，成为斯坦福大学教员。1965年，任普林斯顿大学教授。2002年，其著作《中国转向内在——两宋之际的文化内向》在中国出版。

[74] 梅汝璈：《远东国际军事法庭》，第82页。

[75] 高文彬（1922—2020），祖籍浙江宁波，生于上海，1929年就读私立澄衷中学（小学、初中），于民国二十七年（1938）毕业；1938年9月至1941年7月就读东吴大学附属中学（高中）并毕业，1941年进入东吴大学法学院学习，1945年夏毕业，任上海地方法院刑庭书记官。1946年任远东国际军事法庭中国检察官秘书出征。1949年继续在上海工作，1952年因"泄露国家机密"罪名被判刑，1960年刑满，1979年任上海海运学院教授。1992年原错误判决撤销。

像王宠惠、郭云观这样的，都已经上了年纪。已届 65 岁的王宠惠为东京审判之事推荐 54 岁的向哲濬，说明他有伯乐的眼光。在我们的印象中，担任国际法院法官，待遇、地位、声誉都更高。据说，当时法官或者检察官，任他二选一，向哲濬感到必须向全世界揭露战犯罪恶——"为了完成这个使命，检察官的责任更重，所以他选择了检察官而不是法官"[76]。尽管此说未能得到其他佐证，但他毫无怨言地承担了检察官的角色，并勤勉尽职地履行了使命。他的"服务精神"和君子品质都已经显示在我们面前。后来向哲濬的公开发言，提到自己是东京审判的检察官，都只围绕日军侵略事实、东京审判的客观过程、日本歪曲篡改历史，我们未曾找到过向哲濬亲口或亲笔宣扬他个人的资料。

从 1946 年 2 月 6 日起至 1948 年 12 月 8 日，他在远东军事法庭工作了近三年。尽管为收集证据或陪同法庭外方人员访问，须经常往返于中日之间，但他为汇报和联系工作致国内外交部、司法行政部等机构的重要工作函电就有 83 件[77]；在东京审判法庭参加了 414 次庭审，在法庭作陈述或辩论的发言共计 20 次[78]，他经手的相关史料字数达数百万计。值得一提的是，向检察官在东京审判的 20 次发言中，能看到这位检察官的技艺和风范。兹作简要归纳如下：

第一，作为检察官，他敏锐把握争辩问题的要害并清晰作出回应。东京审判与欧洲纽伦堡审判都有一个共同特点，即纳粹战犯及其辩护人提出的法庭管辖权与援引实定法问题。向检察官在法庭的第一次发言（1946 年 5 月 14 日）中，尽管检方同事在不同场合已经作了答辩，但他的第一次发言还是要亮明态度，首先解决这个涉及国际正义的要害问题。他说："我们现在就是依据这份宪章（指远东国际军事法庭宪章——引者注）开展工作。我们的主张是我们没有制定新的法律，不像辩方律师所指控的那样。

---

[76] 周芳：《良师爱侣忆思明——向哲浚夫人周芳回忆录》，载向隆万编：《东京审判·中国检察官向哲浚》，第 254 页。
[77] 向隆万：《向哲濬东京审判函电及法庭陈述》，第 1—77 页。
[78] 向隆万：《向哲濬东京审判函电及法庭陈述》，第 78—81 页。

该宪章只不过包含了现行的法律与原则。"[79] 又比如，当辩方抛出观点认为中日未曾宣战因此中日之间"不存在战争"时，向检察官予以明确而有力的反驳。这些都是不可让步的要害问题。第二，作为检察官，基于提交的证据数量之多，他总是先作"开场陈词"或"引言"式陈述，根据情况，他会作简明扼要或精确深入的分析。比如关于日军对平民的暴行及使用鸦片等毒品的罪行，在提出证据之后，他对证据要证明的事实作出描述，以免法庭陷入具体的单个证据，而忽视事实之全貌。并且，他在每次长篇发言之后，又会作出简洁明了的总结，使观点清晰而有条理地呈现。第三，作为检察官，他能随机作出敏捷而及时的应对。比如1947年1月17日他宣读"溥仪笔迹鉴定报告"，证明宣统皇帝致南次郎将军的信不是溥仪签名，而是伪造。法庭庭长指出，这位鉴定人应当宣誓。而向检察官表示："按照中国的惯例，经作者本人签署的文件，不再要求宣誓词。"庭长马上改口说："好，他人在东京应当出庭接受询问。"这位鉴定人是北大张凤举教授，人不在东京。向检察官灵机一动马上说："为此我们将尽力取得誓词。"[80] 三天后，1月20日的庭审中，向哲濬检察官手里已经拿着鉴定人张凤举签字的宣誓书，并在法庭上进行了宣读。第四，作为检察官，他能适时提升站位和格局。比如他把中国的抵抗战争作了历史性的定位——"中国不仅为自己而奋斗，而且通过维护和平也为人类做出了贡献"[81]。这彰显了中国人与世界共同的价值观，而不陷入狭隘的民族主义，不只是强调抵抗国的功劳或者被害国之民族仇恨，从而赢得国际社会道义上的支持。面对世界，如果没有大格局，怎么为国做事呢？

1948年向检察官还在东京时，南京政府就向他表示，要任命他为最高法院检察署检察长，他在东京就推辞了。1948年6月的一次回国述职时，

---

[79] 《向哲濬第一次法庭发言》，参见向隆万：《向哲濬东京审判函电及法庭陈述》，第81—82页。

[80] 《向哲濬第六次法庭发言》，参见向隆万：《向哲濬东京审判函电及法庭陈述》，第94—97页。

[81] 《向哲濬第一次法庭发言》，参见向隆万：《向哲濬东京审判函电及法庭陈述》，第82页。

他又对当局有关负责人表示，自己"不会就任新职"。1948 年 12 月 8 日，行政院仍然任命向哲濬为最高法院检察署检察长。[82] 1948 年 12 月东京审判的法庭扫尾工作结束，[83] 他乘轮船回国到达上海。就这样，他在东京奋战了近三年，历经调查、出庭、起诉、辩论，费尽心血[84]，可谓"心力交瘁"。[85] 东京回来，他循例到司法部外交部作汇报时，党政军已人心涣散，几近作鸟兽散，汇报一事也就因此不了了之。

向哲濬从满腔热忱到心灰意冷，这种跳崖式落差，是可想而知的。到 1949 年 3 月，监察院选举增补了八位大法官，向哲濬"被"当选[86]，但他没有到任。国民政府要他速往台湾赴任，他没去，留在上海。

1949 年 2 月至 1952 年 9 月，向哲濬在上海东吴大学法学院、大夏大学兼任教授，讲授国际公法、国际私法、国际审判等课程。[87] 1952 年 10 月至 1956 年 7 月，因院系调整时调派，他在复旦大学兼任教授。1956 年 8 月至 1958 年 7 月，在复旦大学法学院任教授，经校领导决定，由外文系兼任教授转法律系兼任教授。1958 年 8 月，随复旦大学法律系全体师生转入新成立的上海社会科学院，任教授，从事国际问题研究和英语教学，至 1960 年 8 月止。1960 年 9 月至 1964 年 10 月，调任上海财经学院教授，从事英语教学兼任英语教研室主任。1964 年 5 月，"因年老耳聋申请退休，10 月经上级批准，10 月 28 日离校"[88]。此年，向先生 73 岁。1967 年 7 月 29 日，他向调查人员手写了这份两页纸的简历——记载的，却是一位温文

---

[82] 《人物新闻：向哲濬：行政院十二月八日政防会议通过任命为最高法院检查署检查长》，载《外交部周报》1948 年第 103 期。
[83] 据向哲濬 1967 年 7 月 29 日手书履历，参见向隆万：《向哲濬东京审判函电及法庭陈述》，第 11 页。
[84] 周芳：《良师爱侣忆思明——向哲浚夫人周芳回忆录》，载向隆万编：《东京审判·中国检察官向哲浚》，第 242 页。
[85] 倪征燠：《淡泊从容莅海牙》，第 128 页。
[86] 《大法官人选监院同意提名夏勤翁敬棠李浩培梅汝璈向哲濬魏大同苏希洵为大法官》，载《益世报》(上海) 1949 年 3 月 29 日。
[87] 周芳：《良师爱侣忆思明——向哲浚夫人周芳回忆录》，载向隆万编：《东京审判·中国检察官向哲浚》，第 263 页。
[88] 据向哲濬 1967 年 7 月 29 日手书履历，参见向隆万：《向哲濬东京审判函电及法庭陈述》，第 11 页。

而严正的检察官的一生。1987年8月31日,向哲濬在上海病逝,享年95岁。

　　向教授比梅教授年长且资深,却没有出任东京审判的法官,有人猜测说梅汝璈有某某高级人物的关系。在如此事关国家要务的大局之下,这种猜测之说都不能成为理由。无论人们如何猜测,客观事实就摆在那里:第一,东京审判中的检察官任务极其复杂而繁重,无疑超过法官的工作难度;第二,东京审判的检察官,必须由最能胜任最信得过的人来担任。

　　从向哲濬的自身条件来看,他历来从事检察工作,检察官生涯和经验使他"固定"在了检察官的角色上。从这个角度来看,我们就能理解,为什么代表中国出任东京审判的首席检察官之重任,会落在向哲濬的肩上了。但这不是唯一原因。

　　向哲濬经历过那么丰富而精彩的职业生涯,跌宕起伏,可歌可泣,可是他几乎没有留下回忆文字。温文而严正的他就是这么淡泊和低调,这些也构成他独特的精神气质。现在,我们可以清楚地知道,派赴远东国际军事法庭的检察官与法官,中国都选对了人。之所以让向哲濬出任检察官,如果还需要理由的话,那么这些理由也已经不言自明,向哲濬是不二人选:其品格与知识的渊源得正传,其外交与司法的经验有复合,其智识与能力的锤炼成大器,其尊严与人格的考验见智勇,其温文与严正的兼融显特质。向哲濬检察官在国际军事法庭的表现,正是专业精湛,言行持重,尽职守责,不负使命,构筑了人们心目中法律家的崇高典范!

梅汝璈——率性与理性

图 1　梅汝璈（1904—1973）

1946 年 3 月 20 日，梅汝璈早晨醒来，一看表已经七点钟！作为中国派赴东京审判的法官，今晨九点半他要从江湾机场起飞，前往东京。他显然是睡过头了，因为昨晚与朋友尤其是自东京归来的向哲濬，谈话太多，睡得太晚。他匆匆梳洗，已是七点半了，连吃早点的工夫都没有，就连忙出发赶往机场。九点半飞机准时起飞时，他的肚子还是空空如也，连茶水都没有喝过一口。①

赴东京审判，意味着他肩负中华民族雪耻的伟大使命。而睡过头的这件事，就这么记入他当天的日记，还好没载入史册。

我年轻时喜欢梅汝璈，是因为他是东京审判的法官。今天喜欢梅汝璈，是因为他的性格。梅汝璈的生平还有许多鲜为人知的故事，比如，他

---

① 梅汝璈：《东京大审判——远东国际军事法庭中国法官梅汝璈日记》，江西教育出版社 2005 年版，第 26—27 页。

在清华读书时有怎样的文思激情,他在大学任教有怎样的频繁"转会",他在学界成名有怎样的标志性经历,他曾主编过一本怎样的著名刊物,他在担任立法委员时有怎样的贡献,他在破产法领域有怎样的贡献和造诣……最为蹊跷的是,如果从性格和履历来看,其实梅汝璈并不是国际法庭法官的最合适人选,那么,为何选他出任东京审判的法官?本篇将对以上问题一一考证和分析。

一、从清华社论主笔,到海归山西

1996年夏天,笔者在一个偶然的机会认识了梅小璈,想从他那里获得一些关于他父亲的信息,可是他对父亲履历和行迹的了解也不见得比别人更多。21世纪初,笔者曾专门去南昌朱姑桥探访梅氏故居。经当地村民指认,在一个红色石栏围砌的小池塘边,发现一座明清老宅,就是我要寻访的目的地。那幢老宅,当时一半失修,墙壁坍塌后的房梁上还悬挂着一副寿棺;另一半尚属完整,有几户梅姓村民带着小孩住在里头。看着一个约莫3岁的小男孩,憨诚,顽皮,我努力想象着这位远东国际法庭大法官小时候的模样,试图在这破败的百年老宅里发现梅汝璈可能留下的印迹,这当然是徒劳。后来,我从一些旧报刊中找到一些梅汝璈的相关信息,作了些整理和阅读。

梅汝璈,字亚轩,1904年11月7日出生在南昌青云谱朱姑桥梅村的一座老宅,13年后,他就离开这座老宅,告别南昌赴北京上学了。梅汝璈的父亲梅晓春是地图测绘专家,曾参与江西陆军测量局测绘二十万分之一的中国地图,于1919年8月被授予大总统勋章。[②] 之后,梅晓春曾担任江西土地测量学校校长。[③]

[②] 《大总统指令第二千二十四号(中华民国八年八月十三日)》:"令陆军总长靳云鹏:呈核参谋本部请将江西陆军测量局著有劳绩人员梅晓春等奖给勋奖各章由",载《政府公报》1919年第1265期。

[③] 《公牍:江西土地局咨:为咨送事据江西土地测量学校校长梅晓春呈称》,载《土地月刊》1929年第2卷第8期。

梅汝璈1916年进清华学堂时,向哲濬已经是清华高三学生。梅是清华中二级106名学生之一。这级同学中,年长的有十五六岁,如他的同学梁思成,而梅汝璈只有十三岁。④ 后来读完预科,再读本科,他在清华园一呆就是八年,可谓是清华少年。他进清华第二年的时候,外交部为管理"庚款"之巨款,于1917年成立了清华董事会。到了1920年左右,校内因董事会权力过大,校长权力受制,因而董事会被师生群起而攻之。1921年清华发生学生"同情罢考"事件。师生就校内纠纷特别是校内管理秩序变动中的混乱,在《清华周刊》上有许多讨论,极为热烈。(闻)一多、(潘)光旦、(陶)行知等人都在《清华周刊》上署名发表文章。1922年4月,迫于压力,清华换了校长。

清华在这个混乱的时期,学生和教授们一起以学校主人的角色,发起自治运动,风头强劲。作为清华在校学生,梅汝璈担任了《清华周刊》的主笔,经常撰写署名文章,但都以《清华周刊》社论的形式发表。而他要论述的话题往往是十分棘手难缠的问题。比如1923年清华人正在讨论"物质与精神生活关系问题",有人主张要降低物质要求,提高精神追求。这被称为"唱高调"。众所周知,但凡这类"人各有志"的难题,支持"唱高调"一方总是处于劣势。而梅汝璈奉命于1923年9月17日发了一篇文章,他毫不避讳,观点鲜明,直率地发表意见支持这个"高调"。梅氏认为清华学生应当减低物质生活,注重祖国文化与国情。⑤

这还不是最难的话题。更难的话题是清华师生对于外交部把持的清华董事会权势的不满。董事会多以外交官为主,师生大都认为缺少教育家参与,带来极大的弊端。因此,清华园内继续为董事会改组人选及校长人选等问题发生激烈争论。1923年10月22日梅汝璈又撰写了文章《改组董事会亟应讨论之问题》,他独辟蹊径,从制度设计上专谈董事会、校长与外交部的职权关系的制度安排问题,文章认为,近二三年来讨论都围绕人选

---

④ 《中二级一百零六名学生》,载《清华周刊》1917年(第3次临时增刊)。
⑤ 梅汝璈:《清华学生之新觉悟》(社论),载《清华周刊》1923年第285期。

问题，而鲜有关注董事会职权问题。而梅汝璈主张要讨论并设计好董事会与校长职权在制度上的合理分配。⑥ 这又在《清华周刊》作为社论发表。

1923年11月18日，梅汝璈署名发的周刊"社论"，是谈个人与群众运动的关系。他主张在加入群众运动之前要"冷静而深思之"，加入之后要"坚强以悍持之"。⑦ 1924年的《清华周刊》，由梅汝璈与梁朝威、胡毅等人组成编辑室。当年春天泰戈尔到访中国，住在清华园。梁朝威作一文章《中国的太古尔》，把泰戈尔和辜鸿铭作比较，拟乞学校敦请辜先生执掌教席。梁建议梅汝璈撰一篇关于辜氏著作的文章，以示补充。于是，梅汝璈也简单写了几段话，大意是说辜先生很有学问，清华欲聘其来讲学，可是政府当局干预此事。梅汝璈转而评论道："辜氏对于政治社会宗教各种主张对不对，另是一个问题；不过我以为学校聘请教授应该纯拿他的学问及教授的能力为标准，不应该管他旁的主张，因为凡是一个大学者，他自己总有他的主张，而他的主张又常常与他人——尤其是政府当轴——不合。如果凭他主张的异同而为聘拒的标准，那我们便只能得着二三等的平庸学者，永远得不着头等的渊博学者。"他说："学校应不应请辜先生来当教授，我不敢妄参末议，不过我对于这种因为与当局旁的主张（不是教授上的主张）不合而拒绝教授的原则，根本怀疑"，"只希望把聘教员的原则弄清楚，与辜氏个人当教授的事没有多大关系"。⑧ 他这短短几句话，把这事理讲得多透彻。比梅汝璈早一年的同学中，顾毓琇也是《清华周刊》的活跃分子，1915年进入清华学堂，所以顾氏与梅氏是校友兼好友。顾氏1923年毕业去麻省理工后不久便给编辑室来信，介绍清华同学在美国的情况，说麻省理工学院的60余中国学生中有大半是清华的。顾毓琇和威茨康辛的李迪俊等都是校外编辑或积极供稿者。⑨ 学生自主编辑校刊，自由

---

⑥ 梅汝璈：《改组董事会亟应讨论之问题》（社论），载《清华周刊》1923年第298期。
⑦ 梅汝璈：《辟妄说：反对改组董事会者听者，清华全体同学听者》，载《清华周刊》1923年第295期。
⑧ 梅汝璈：《谈话记"后记"》，载《清华周刊》1924年第313期。
⑨ 《顾毓琇来信（通讯：麻省理工新闻）》，载《清华周刊》1923年第300期。梁朝威、胡毅、梅汝璈：《编辑室共话》，载《清华周刊》1924年第302期。

发表意见，这对他们个性成长，是一种多么美妙的锻炼机会。

梅汝璈1924年清华毕业后，也赴美国留学，入斯坦福大学学习经济学。1926年以最优等生的成绩获文科学士学位，并被选入"怀·白塔·卡帕"荣誉学会。1926年夏至1928年冬，他在芝加哥大学学习，获J.D.（法律博士）学位。1929年他赴欧洲各国考察，游历苏联后归国。⑩

就业首选的工作很能说明一个人的志趣和取向，也大致能看到一个人的未来。作为海归，梅汝璈回国后去了哪里？他到了山西大学法学院当教授。这一年梅二十五六岁，要去从政也不是难事，但他选择从教。话说山西大学，早年就以两个学科见长，一是工科，二是法科。⑪ 1914年2月，山西大学聘早年留英法科海归阮志道为法科学长。阮是奉贤人，志在官场，辞去教职后，于1918年8月进入司法部刑事司任职。⑫ 山西大学于1914年聘冀贡泉⑬为法科学长。冀贡泉是1912年的明治大学法科学士，从日本回国后到教育部社会教育司任职，1913年起与鲁迅相识为友，蔡元培

---

⑩ 梅汝璈：《远东国际军事法庭》，第291页。

⑪ 1902年6月，山西大学堂在太原正式成立。1906年大学堂聘英人毕善功代理西斋教务，西斋设法律、矿学和格致三科。时任大学堂监督的解荣辂（1875—1929）为西斋和法科的创办起了重要作用。进入民国后大学堂改名大学校，撤中西斋改设预科和本科（分文、法、工三科），法科设法律学门，中斋首批学生、后留学日本早稻田大学学习法政专业的刘绵训任代理法科学长，旋辞职，1914年2月聘早年留英法科生阮志道为法科学长，不久阮辞职，聘冀贡泉为法科学长。参见王健：《山西大学法科百年发展掠影》，载《中国法律评论》2022年第1期。

⑫ 《司法部令第三三六号（中华民国七年八月十七日）》："主事阮志道仍回部办事此令"，载《政府公报》1918年第927期。

⑬ 冀贡泉（1882—1967），字育堂，山西汾阳人。1900年中秀才，1904年参加学台"征文"考试，被录取入山西大学堂。1905年参加山西省官费留日考试，名列第一，赴日本入明治大学学习法律，获法学学士学位，1912年回国在教育部社会教育司任职。1913年起与鲁迅相识为友，蔡元培离开教育部时，回到太原。1915年担任山西公立法政专门学校校长达10余年，约1914年起兼任山西大学法科学长。1925年6月起被推举为国宪起草委员会委员，在拟定宪法案纲目中发挥主要作用。1927年在山西参加北伐战争，后出任山西省司法厅长。1929年裁撤司法厅，将全体人员编名法院后，自请引退，到山西大学任教。1930年8月代表阎锡山参加国民党中央党部扩大会议（倒蒋会议）。1932年，任山西省政府委员、教育厅长兼山西省普通考试襄试处主任。1937年，以父病为名，辞职归里，携老父、幼子撤至汉口。1938年2月起在武昌汉口两地院区域执行律师职务。1939年赴美国，任《华侨日报》主编。1947年回国，在北京大学法律系任教，任法律系主任。1949年后，历任中国政法大学第三部主任、中央法制委员会委员、山西省人民代表、省政协委员、省文教委员会主任、省政协副主席等职，曾参加起草《婚姻法》。1967年逝世于北京。长子冀朝鼎是中国国际贸易促进会副主席兼中国人民银行副董事长、中国拉丁美洲友好协会副会长；次子冀朝铸曾任联合国副秘书长。

离开教育部时,冀贡泉也离开北京回到太原。[14] 1915年冀贡泉兼任山西公立法政专门学校校长。1928年,时任山西省司法厅长[15]的法科名宿冀贡泉,在面临裁撤山西高等法院并入最高法院分院命令时[16],自请引退,回到山西大学任教。梅汝璈1929年到山西大学任教,应该是受冀贡泉之邀,他率性地答应了。但是梅汝璈在山西大学只工作了一年余,又率性地"转会"了。

二、自南开演讲成名,转武大任教

1930年秋,梅汝璈开始任教于南开大学。是年10月28日,他在南开政治学会发表演讲"训政与约法",谈训政时期是否应该有宪法?第一,梅汝璈为"在野学者"胡适辩护,他说,当年胡适发表《人权与约法》《我们什么时候才可有宪法》二文后,被禁言,这仿佛与孙先生"天下为公"的精神以及国民党保障言论自由的政策有点不符。第二,现在蒋介石先生提议可讨论"训政时期之约法",但没有具体下文。"兄弟是赞成训政时期要有约法的,所谓约法即是训政时期的宪法,它是规定政府与人民相互间权利义务上关系的一种契约,这种契约是政府与人民两造共订共守的,任何一方都不能破坏。"第三,有人说去年政府的《人权保障令》即是约法,这是个错误,因为它对于政府并没有限制,而只是对于人民加以约束。第四,就流行的反对制定约法的四种理由进行了逐条反驳。特别是针对"党权高于一切就不要约法"之说,他认为党权高于一切是对于政府之权、官吏之权、军人之权而言,并非指对人民之主权而言。"党用革命的力量,倾覆已存的政府,因而攫得最高的政权,但他并未取得人民的主权。"[17] 四个观点张本继末,旗帜鲜明,掷地有声。这篇演讲稿应该是他的

---

[14] 郭汾阳:《〈鲁迅日记〉中的冀贡泉》,载《鲁迅研究月刊》1992年第12期。
[15] 《山西司法厅正式成立》,载《法律评论》(北京)1927年第5卷第3期。
[16] 《司法部公牍电字第一○六号》:"电北平阎总司令为拟合晋察绥为最高法院山西分院管辖区域或于组织北平最高分院时将山西分院并入请核示由",载《司法公报》1928年第17期。
[17] 梅汝璈:《训政与约法》,载《南开大学周刊》1930年第94期。

成名作，影响颇广，被《大公报》《益世报》和《政治月刊》等著名报刊全文转载。

1931年5月25日梅汝璈受邀在北大法律学会（法学会）作了一次讲演，题目是《现代法学之趋势》。他首先肯定了北大法学会。他认为过去把法律当混饭的工具或技能，法学会意在"把法律当做学术研究"，"我国办了几十年法政教育，而毫无进步之可言"。接着，他讲法学趋势，第一，从分析的研究转向机能的研究，即朝向法律实际执行上的研究。第二，由自满的态度转向合作的态度，以前法学满足于专用自己的方法和材料，以前的法学家认为自己是独立的科学，我们现存还要研究法律的心理效用，提倡"各种社会科学的合作运动"。⑱梅氏这两个趋势的分析，比今天法学界热炒的"社科法学"足足早了80多年。此外，他还讲了法律应用的两个趋势，一是笼统的应用趋向个别的应用，二是事后救济趋向事前预防。特别值得关注的是他关于从"笼统"到"个别"这一点，指出"普遍的原则和方式去解决，至于每个案件中的特别事实，那是他们所不问的"，"在个别的趋向下，他们便把每个案件都看作单一的，它的解决全应依照它本身的特殊事实"。这两种趋势在过去随历史阶段会交替进行。不像以前的简单农业社会中"笼统"以法律原则处理事务是可行的，在工业经济下的城市生活，那是很难达到公平的，所以现代法学家关注"个别"。梅氏以契约自由为例，说笼统地讲就行不通了。⑲第三个趋势是法律观念，其一是由个人出发点趋向社会出发点，其二是法律处分万能转向法律处分有限。最后认为现代法学对于司法工具的改良是非常注重的。⑳

和前面关于训政约法相比，这一讲偏重于学术，更有影响。梅汝璈对于西方法哲学脉络相当熟悉，又避免了食洋不化，能结合中国法律现实，有抽象总结的高度，这在当时是非常有新意和启发性的。演讲稿被许多刊

---

⑱ 梅汝璈：《现代法学之趋势》（五月二十五日在北大法学会讲演），载《新时代半月刊》1931年第2卷第3—4期。

⑲ 梅汝璈：《现代法学之趋势》（五月二十五日在北大法学会讲演）。

⑳ 梅汝璈：《现代法学之趋势》（五月二十五日在北大法学会讲演）。

物转载和追捧：天津《大公报》率先于 5 月 31 日发表，6 月 1 日至 2 日被《北晨：评论之部》连载。当年 12 月 16 日，被《新时代半月刊》1931 年第 2 卷第 3—4 期转载。直到次年，还有刊物转载，如朝阳《法律评论》1932 年第 9 卷第 19—20 期，再次转载了这篇演讲稿。他在南开工作这一年，时间太短，似乎只留下这两次公开演讲，令人印象深刻。

1931 年 5 月梅汝璈还是以南开教授的身份去北大演讲，但不久便转任武汉大学教授，时间从 1931 年至 1933 年。㉑ 武大是他专职任教时间最长的大学，珞珈山的三年书斋静思生活，是他一生学术状态最好的时段。当时武大有《国立武汉大学社会科学季刊》，梅汝璈在此每每有文章发表。梅汝璈在武大这份校内刊物上首次发表的论文，题目是《盎格罗沙克逊法制之研究》。㉒ 这是外国法制史的文章。接着下一期又发表《票据法之国际统一运动》，㉓ 这是票据法的文章。1932 年，梅汝璈又在此刊连续发表《陪审制》（一、二）㉔ 和《中国旧制下的法治》。㉕ 这两篇是诉讼法与法理学的文章。同年，又与周鲠生同时关注当时的时事热点——"国联调查团报告书"，于是同期发表了各自的专业性评论。㉖ 1932 年 8 月梅汝璈在上海新月书店出版了他的法理学著作《现代法学》（署名"梅如璈"疑为印刷之误）。

1933 年梅汝璈在《国立武汉大学社会科学季刊》发表三篇论文，即《拿坡仑法典及其影响》㉗《苏俄革命法院之历史及组织》㉘ 和《英国民事

㉑ 梅汝璈：《远东国际军事法庭》，第 291 页。
㉒ 梅汝璈：《盎格罗沙克逊法制之研究》，载《国立武汉大学社会科学季刊》1931 年第 2 卷第 2 期。
㉓ 梅汝璈：《票据法之国际统一运动》，载《国立武汉大学社会科学季刊》1931 年第 2 卷第 3 期。
㉔ 梅汝璈：《陪审制》，载《国立武汉大学社会科学季刊》1932 年第 2 卷第 4 期。
㉕ 梅汝璈：《中国旧制下之法治》，载《国立武汉大学社会科学季刊》1932 年第 3 卷第 1 期。
㉖ 周鲠生、彭学沛、梅汝璈：《国联调查团报告书书后》，载《时事月报》1932 年第 7 卷第 5 期。
㉗ 梅汝璈：《拿坡仑法典及其影响》，载《国立武汉大学社会科学季刊》1933 年第 3 卷第 3 期。
㉘ 梅汝璈：《苏俄革命法院之历史及组织》，载《国立武汉大学社会科学季刊》1933 年第 3 卷第 4 期。

诉讼之新程序》[29]。另外在此刊他还发表了两篇书评。其中一篇是介绍1931年牛津大学出版的 Problems of Peace, Fifth series (Lectures delivered at the Geneva International Relations, August 1930.)(《和平问题，系列五［1930年8月在日内瓦国际关系会议上发表的演讲］》)，其中就论及国际常设法院及国际法问题。同年他还就蒙古问题发表文章和演讲，[30] 这是涉及国内法与国际法的问题。他还就宪法问题发表文章，[31] 据说，他还参与过土地法及水利法等法律的起草。1934年还发表过两篇宪法草案评论[32]和一篇刑法草案评论[33]等三篇文章。1935年在《武大季刊》发表零星的几篇文章，其中有关于破产法的。[34]

这三年间发表的文章，有两个共同点，主题前沿、文献新鲜。他关注国内正欠缺的问题领域，能及时拥有和阅读丰富的英文学术文献。同时这也说明他撰写论文并不局限于某个领域，而是率性地随着学界和社会需要来发表自己理性的看法。但是，从传统学术眼光看，这种松散的主题，不够聚焦。一般学术圈都会聚焦在一个点，成为专家。这种有异于学界通常的做法，或许正是他率性的行事风格？抑或正是他为未来某个不期而遇的大事做准备？

三、居南京任职立委，迁重庆办刊

1933年夏，30岁的梅汝璈离开武汉大学法学院。8月19日他被任命为内政部代理参事兼财务委员会委员，[35] 享受四级俸。1934年1月，改支

---

[29] 梅汝璈：《英国民事诉讼之新程序》，载《国立武汉大学社会科学季刊》1933年第4卷第1期。

[30] 梅汝璈：《内蒙自治问题之合理的解决》，载《时代公论》(南京) 1933年第86期。

[31] 梅汝璈：《宪法初稿评议：宪法初稿中宪法保障编之批评》，载《时事月报》1933年第9卷第2期。

[32] 梅汝璈：《宪法草案初稿修正案评议》，载《时事月报》1934年第11卷第3期。

[33] 梅汝璈：《评刑法修正案初稿》，载《时代公论》(南京) 1934年第105—106期。

[34] 梅汝璈：《破产法草案各问题之检讨》，载《国立武汉大学社会科学季刊》1935年第5卷第4期。

[35]《任免事项》："一，派梅汝璈代理本部参事 (中华民国二十二年八月十九日)"，载《内政公报》1933年第6卷第33—37期。

简任六级俸。[36] 这是他初入政坛的开始。当时的财政部长是孔祥熙，是实力派人物。但是财经委员职位对于一位擅长法理的学者，的确不是长久之计。梅氏于 1934 年对刑法修正案发表了研究论文。[37] 同年 12 月应《时代公论》约稿写了《宪法的施行问题：读了宪法草案末条的感想》[38]。这个时间节点，正是国民政府立法活跃期，显然这一年他在关注立法问题。

此时，立法院民法委员会自 1933 年起已有傅秉常、林彬、吴经熊、史尚宽、徐元诰五人，1934 年徐元诰改派刑法委员会，9 月换入立法委员陶履谦。陶氏前充北平市政府参事及外部特派广州交涉员，1930 年任浙闽粤桂黔五省外交巡阅使。1933 年孙科出任立法院院长，加速推动立法工作，1935 年 1 月 19 日任命立法委员傅秉常、林彬、史尚宽、吴经熊、陶履谦、董其政、夏晋麟七人为民法委员会委员。[39] 因为吴经熊很忙，经常无法出席民法委员会会议，不久改派吴氏到外交委员会，而民法委员会需要一个人补缺。于是，梅汝璈于 1935 年 1 月 26 日辞去参事一职，[40] 旋于 2 月填补为立法院民法委员会委员。[41] 他很可能是应孙科之召，率性地进入立法圈。

可是没想到，无心插柳柳成荫了！梅委员正赶上破产法起草，他参与其中并对外也有发表文章。比如《谈谈新破产法草案》，他说是被刊物编辑怂恿，才来谈自己正在做的事。他认为，不能说此草案尽善尽美，但大致如已有之评论，诸如与中国传统相符、与三民主义相符、与世界立法趋势相符。值得关注的是，他专门谈了颇有意思的两点：第一，中国破产法

---

[36]《公布参事梅汝璈改支俸给等级（中华民国二十三年一月十八日）》，载《内政公报》1934 年第 7 卷第 3 期。

[37] 梅汝璈：《刑法修正案中八大要点评述》，载《法令周刊》1935 年第 235 期。

[38] 梅汝璈：《宪法的施行问题：读了宪法草案末条的感想》，载《时代公论》（南京）1935 年第 144—145 期。

[39]《院令第七六号（二十四年一月十九日）》："令立法委员傅秉常、林彬、史尚宽等：兹派立法委员傅秉常等为民法委员会委员指定傅委员秉常召集会议令仰遵照由"，载《立法院公报》1935 年第 66 期。

[40]《参事梅汝璈辞职照准（二十四年一月二十六日）》，载《内政公报》1935 年第 8 卷第 5 期。

[41]《院令第七八九号训令：令委员梅汝璈为民法委员会委员》，载《立法院公报》1935 年第 67 期。

重视和解制度，尤其是商会的和解；破产宣告前的和解，的确符合世界趋势，又与我国情相吻合，创有"商会和解"制度，债权债务人在商会监督调停下，得以从容磋商其清理负欠之方案，实为我国之一大特色。第二，中国破产法宽待破产人，尤以视其未能清偿之债务为清减一点为最。旧时常把破产人当罪犯看待，最不人道的是未能清偿的债务仍不被视为消灭，如是，即使未来有获得，也会被债权人尽攫以去，债务人永难有翻身出头之日。梅还讲道："但处今世，一人事业之失败，由于外界境遇之不可抗力，如市场衰落，经济危机，以及市价意外变动……等类之事项所致者，比比皆是。"[42]

如前所述，他还在武汉大学《社会科学季刊》上发表了一篇破产法论文。此文对中国破产法历史沿革作了梳理之后，结合国外破产法立法例，进行比较研究，指出此次破产法草案的特点，继而对草案中的争议的重点和具体条文作了介绍和分析。[43] 看来他无疑是位破产法的前沿专家。1935年4月20日，他在东吴大学法学院作了"中国破产法草案之我见"的演讲。他在讲演中引用德国法哲学家柯勒（Josef Kohler）关于破产法的话："破产是一种调协的制度，这种制度可使机会之残酷性减轻而产生一种结果，这结果便是要使在法律上同等者于可能范围之内得着同等的重视与发展。"梅氏同时介绍了柯勒关于"维持债权人之间公平"和"保持破产人财产之完整"的两个问题，作了深入分析，他认为这是柯勒还没有脱离个人本位的时代观念。在梅氏看来破产法是为谋社会安定与健全，为债务人之人道主义着想，指出这是一种社会利益的观点。[44] 虽然不是破产法专家，但梅汝璈能从整体与本质上把握破产立法的精神，理论上既有高度又有说服力，这放在那个时代，确实是令人闻之脑洞大开。

---

[42] 梅汝璈：《谈谈新破产法草案》，载《半月评论》1935年第1卷第9期。
[43] 梅汝璈：《破产法草案各问题之检讨》，载《国立武汉大学社会科学季刊》1935年第5卷第4期。
[44] 梅汝璈：《中国破产法草案之我见》（四月二十日在东吴大学法律学院讲），载《法令周刊》1935年第252期。

马礼逊在《字典》(1815—1823)中把 Bankruptcy 译为"倒行"。1865年9月在上海发生一起外商破产案件[45]，该案以英文报道。此后整个19世纪的中国报刊，都只有关于"破产"或"破产法"的外文介绍。汉语"破产法"一词出现在中国，是1906年（光绪三十二年）大清破产律草案。1907年日本人撰写的《读大清新破产法》作了简要的理论阐述，大抵也是什么主义什么主义之类。[46] 1914年法院碰到破产案件，只好"参酌中西破产法大意"来审判。[47] 1922年大理院司法解释称："有地方习惯法，则依习惯法，前清废止的破产律，有时仅得作为条例。"[48] 1929年上海群治大学教授屠景山[49]的一部《破产法原论》著作由大东书局即将出版。[50] 1930年有消息透露立法院着手起草破产法。[51] 1934年8月13日，全国会计师协会呈请尽快公布破产法。[52] 从清末破产律到民国破产法，近三十年没有破产法，商业与市场生活极其不便。对于学界来讲，在梅汝璈之前没有一篇从理论上阐述破产法原理的文章。他碰巧遇到机会，居然在这半年时间里，成为破产法中国理论的最早亦是早好的阐释者！

但事实上，立法工作已有史尚宽等几位好手，况且这份工作对梅氏而言并不是最适合的。从我们今天来看，他最合适的并不是从政做官。可是他才30出头，还年轻率性。中山文化教育馆这个为纪念孙中山学说的文

---

[45] 1865年9月22日，一位名叫 Charles Bradley Barker 的破产外商因犯，被从上海领事监狱释放出狱，免受逮捕。中国和日本最高法院派出的破产登记官，举行第一次债权人会议，登记官将收到债权人的债务证明，债权人可选择一个或多个破产人参加法院的旁听。参见 The Bankruptcy Act 1861, Charles W. Goodwin, Registrar in Bankruptcy, *The North-China Herald (1850-1866)*, September 30, 1865.

[46] 〔日〕加藤正次：《读大清新破产法》，王凤翘译，载《法政学交通社杂志》1907年第5期。

[47] 《令奉天高审厅迅将志成信破产一案参酌破产法大意办理文（三月二十五日第六六八号）》，载《司法公报》1914年第2卷第7期。

[48] 《大理院解释破产法》，载《民国日报》1922年11月16日。

[49] 屠景山于1929年编著有《英国宪政论》在世界书局出版；同年《破产法原论》在大东书局出版，是他在上海各公、私立大学授课的讲义基础上增删编写而成，是中国第一部破产法著作；1933年至1935年他发表多篇航空法的论文。

[50] 《破产法原论将出版》，载《申报》1929年8月27日。

[51] 《破产法在起草中》，载《申报》1930年3月26日。

[52] 《全国会计师协会，呈请颁布破产法》，载《申报》1934年8月14日。

化工程，于 1933 年在上海筹备，1935 年 3 月迁南京，中山文化教育馆新建启用，由理事长孙科全权负责。1934 年 7 月至 1935 年 7 月一整年之间，酝酿筹组理事会之时，均没有出现梅汝璈。当时的常务理事会有孙科、马超骏（叶公绰代）、史量才、蔡元培、黎照寰等人。1935 年下半年起，梅汝璈居然转任中山文化教育馆编译部副主任兼《时事类编》（旬刊）主编。㊾ 这本《时事类编》1933 年 8 月 10 日创刊于上海，1935 年 3 月与中山文化教育馆一同迁至南京。他在这段时期与孙科的交集是可以肯定的，孙科可能因此成为他后来一个重要的"贵人"。但梅氏凭个人才华，并不是那种有心"攀附"之人。

《时事类编》旬刊的主要任务是选译外国著述、汇集外国统计、介绍外国对华评论，等等。梅汝璈担任《时事类编》主编，干得怎样？他发表大量关于国际关系的文章，以至于外界以为他是国际政治专业的学者。这相当于又回到他在《清华周刊》当主笔的那个激情而青涩的时代。然而对于多数人来讲，这不是个官职，而是个闲职。梅汝璈为何在学术上一路被看好的时机下，却放弃大学教职，这真是个令人费解又遗憾的问题。

1937 年，《时事类编》因抗战烽烟起，改为《时事类编特刊》（月刊）。他在"特刊"的首期，发表了一篇文章来回答"我们为什么要发行特刊"的问题，他说本刊办了五年了，现在暂时舍弃原来的风格，是因为"抗战全面展开，许多平时的事业都变成战时的利器。这小小的特刊也正是为了这个缘故"。㊿ 连续发行 70 期（1937 年 9 月—1942 年 1 月），发行地从南京移到汉口，1938 年 3 月又移到重庆，1942 年 1 月停刊。笔者统计，从 1937 年到 1942 年，以"汝璈"之名发表的文章多达 62 篇，以"梅汝璈"发表的文章有 23 篇，可能还有他以笔名署名的文章。最后一篇文章就是最后这第 70 期上发表的《时事类编之第十年》，写于 1942 年元

㊾ 《中山文教馆新任职员》，载《中央日报》1935 年 11 月 6 日。
㊿ 梅汝璈：《抗战期中之时事类编：我们为什么要发行特刊》，载《时事类编》1937 年特刊第 1 期。

旦。他说，神圣的抗战踏进第六个年头，《时事类编》又正开始着其生命的第十年。他回顾了前面经历的艰难，说许多刊物都陷于覆灭或出没无常的境地，本刊却始终能够不间断地站在它自己的岗位上努力。梅主编再次重申刊物的目的，舍弃原有风格，纯事宣传抗战国策和商讨有关抗战的各种问题，使它从富于"专门性"的刊物转变成一本战时读物。他在表示要继续办刊决心的同时，也透露了苦衷：太平洋战争爆发，物价再度波动，纸料印工价格的飞腾上涨，使本刊经费预算陷入更感不足的境地，加上国外文章来源的阻塞，这些都是构成本刊今后的重大困难。他说，基于此，本刊在"量"上难免会受影响，但在质的方面我们一定要保持一贯的水准，并力使其提高。[55]从他最后一篇看，刊物实际上已经到了难以维系的程度。所以这本抗战名刊的第70期和梅主编的这篇文章，竟成了绝唱！

随着《时事类编特刊》自南京西行，梅汝璈也从南京到汉口，1938年3月又到了重庆。此时，他的清华校友、时任教育部次长顾毓琇，正在重庆中央政治学校兼任教授。顾氏邀请梅教授加盟中央政治大学，于是率性地应顾之邀聘，成了中央政治学校法律系教授。1942年，梅汝璈的宪法学英文著作 *Towards Constitutional Government in China* 在加尔各答 Newman's Printing Press 出版。[56] 10月，他被复旦校长吴南轩聘为法学院法律学系兼任教授。[57] 1944年，梅汝璈研究"五五宪草"，[58] 1945年发表了《礼治与法治》[59]。

他的性格使他闲不住，在重庆，梅还曾任行政院院长宋子文、外交部部长王世杰的助手，还为孙科写书评。[60]他仍然兼任立法委员，要审查外

---

[55] 梅汝璈：《时事类编之第十年》，载《时事类编》1942年特刊第69、70期。
[56] 复旦大学校史馆展厅藏品《梅汝璈履历》，参见王伟主编：《复旦大学法学院历史图片集——百年法律教育珍档》，复旦大学出版社2019年版，第53页。
[57] 复旦大学校史馆展厅藏品《梅汝璈聘书存根》，参见王伟主编：《复旦大学法学院历史图片集——百年法律教育珍档》，第52页。
[58] 梅汝璈：《五五宪法草案的认识》，连载《时事新报》（重庆）1944年4月10、13、14日。
[59] 梅汝璈：《礼治与法治》（上、下），连载《东方文化》1945年第2卷第1—3期。
[60] 梅汝璈：《"中国的前途"评介：孙院长英文新著 *China Looks Forward* 之介绍及批评》，载《新中华》1944年复2第12期。

交委员会的各种法律草案,直到抗战结束。他还有一个兼职便是1943年至1946年兼任国防最高委员会专门委员。

梅汝璈30岁左右开始率性地从政,但他在官场并没有获得什么实质性提升。其实他擅长学术,却率性于政学之间。他的率性是直率、耿直、质朴和潇洒,这不是后天的修养所能养成的,而是与生俱来的,这在今天的知识分子中很少见,因此也显得更珍贵。直率而有激情的性格,使他淡定从容地面对名利得失,随遇而安,不懂、不擅也不屑于为自己"经营"。从清华社论主笔,到美国法律博士,再到武大法科教授,梅汝璈的学术风格具有一脉相承的特点——务实,前沿,透彻,广泛。换言之,中国缺什么我就以国外最新资料和视野来研究什么。这很可能是他热衷于刊物编辑的热情源泉所在。也正是这份主编工作,使他避免了宦海的尘埃污染,保持着法科知识人的本色。可是,形势转瞬便进入艰苦的抗战,他的学术之路还会一如既往地那样率性,那样"无心插柳柳成荫"吗?

梅汝璈一直率性到不惑之年,仍然过着单身生活。直到抗战胜利前才认识他的另一半——萧侃(婉如)女士,1945年4月15日梅汝璈结婚。1945年秋,梅汝璈又率性答应了复旦大学邀请,担任法学院政治系教授。可是没多久,他就飞赴东京,担任远东国际法庭的法官。

四、在复旦接受使命,赴东京审判

用法律来审判战犯,这个想法确实是人类文明的伟大进步。1941年就任美国司法部部长的弗朗西斯·比德尔(Francis Beverley Biddle,1886—1968)[61],早在战争结束前就意识到一场审判的历史意义要远远大于一次报

---

[61] 弗朗西斯·贝弗利·比德尔(Francis Beverley Biddle,1886—1968)是美国律师和法官,二战期间担任美国司法部部长,并在战后纽伦堡审判期间担任美国主要法官。1911年至1912年,他首先担任最高法院法官小奥利弗·温德尔·霍姆斯(Oliver Wendell Holmes, Jr.)的私人秘书,后来在费城从事法律工作27年。其间1922年至1926年,他担任宾夕法尼亚东区美国检察官的特别助理。1934年,被总统罗斯福提名为全国劳资关系委员会主席。1939年2月,受罗斯福提名担任美国第三巡回上诉法院法官。仅任职一年就于1940年1月辞职,成为美国副检察长。1941年罗斯福提名他担任美国司法部部长。1945年罗斯福去世后,应总统杜鲁门的要求,辞去司法部部长职务。不久之后,被杜鲁门任命为纽伦堡国际军事法庭的法官。

复性的仇杀。他在给罗斯福总统的一封信里说:"公正、有效地解决问题的方式在于使用法律手段。在审判之后,宣告这些罪犯有罪,才能进一步最大限度地赢得我们这个时代的公众的支持,并且赢得历史的尊重。除此之外,使用这种法律手段,还将使全人类在未来的岁月里,能获取研究纳粹罪行与犯罪程度的真实记录。"[62] 比德尔的国际法治理念最终被同盟国接受。比德尔本人后来担任了纽伦堡审判法官。

1945 年 12 月,同盟国决定成立远东国际军事法庭。当时中国政府接到驻日盟军统帅总部的通知,行政院便指示外交部和司法部遴选派往东京的外交、司法人员。派往东京参审的法官、检察官是最重要的两个角色,由外交部会同司法行政部为主从全国范围内挑选精英。[63] 1945 年 12 月 8 日,蒋介石批复外交部部长王世杰:"所拟以派向哲濬、梅汝璈等二人为远东国际军事法庭我国代表一节已交行政院照派。"[64]

远东国际军事法庭审判日本战犯,是一个带外交性质的国际司法活动。国内物色的人选只是一比一,报给盟军最高统帅,没有选择余地。因此至少说明一点,梅汝璈与向哲濬一样都是独一无二的人选,二人在民国司法与外交界得到普遍认可,口碑好,深受信任。

梅汝璈有家国情怀,但政治上不太活跃,他的率性甚至有点特立独行。他涉猎广泛,全科综合,对国际事务有长期的研究,虽非精于专一,却能触类旁通。如果说他是行动派,但他的个性并不适合于从政。虽然有行动力,但他不是顺从型或服从型人物。在成年后的儿子梅小璈的眼里,"其实他脑子里在考虑很多事情,有很多想法。他的内心是汹涌澎湃的一种状态"。他是个内心情感很丰富的人,日记中常描述景色与心情,天气

---

[62] 何其生:《梅汝璈及其国际法思想评述》,载《武大国际法评论》2007 年第 1 期。
[63] 1945 年 1 月孙科出任国民政府副主席兼立法院院长,国民党中常委。行政院院长改由外交部部长宋子文接任,1945 年 8 月王世杰担任外交部部长。司法行政部部长仍为谢冠生(1937 年 8 月至 1948 年)。
[64] 《蒋介石批准向哲濬梅汝璈二人为出席东京审判中国代表的公文》,载向隆万著:《向哲濬东京审判函电及法庭陈述》,第 6 页资料照片。

或环境的变化，“很容易对他的心情造成影响”(65)。从抗战胜利后，他养成每天打一次太极拳的习惯，或许正是为了调节自己。他个性独立，思想敏锐，语言锋利，情感丰富，反应机敏，行动果敢。无论在哪个时代，如果没有特别的事件发生，这位理性法律人将都会是一个与政坛格格不入的角色。

正如笔者在向哲濬专篇中所述，按职业角色特点与性格选人，合理的安排是向哲濬任法官，梅汝璈任检察官。可是偏偏是刚刚40出头血气方刚的梅汝璈担任了东京审判的法官。是什么原因？向哲濬夫人回忆说，王宠惠向蒋介石推荐了向哲濬，然后向哲濬又推荐了他的清华学弟梅汝璈。可是出任国际法官需要法官经历，他没有，怎么办？通过有效办法，梅汝璈很快担任了新疆省的法官。(66) 梅是否临时担任新疆法官，尚无其他证据。另外可能的猜测是，说梅汝璈有某某更高级人物的提携，比如宋子文、孙科或王世杰等都对梅氏很熟悉。或者说检察官的工作任务更重要或更繁重，或者说梅汝璈没有检察官经历就当法官了。无论如何猜测，最客观摆着的事实就是——向哲濬历来从事检察工作，过往的检察官生涯和经验使他“固定”在了检察官的角色上。这两人的角色分工看似别扭，到后来却产生了令人意想不到的近乎完美的效果！因为这不是国内法庭，而是国际军事法庭。从外交策略看，中国需要派一位有“血性”的法律人。

曾有记者向梅汝璈追问其态度，梅教授直率地说自己曾经表示推辞，后来考虑到自己是法律专业出身，对审判战犯很感兴趣，才答应出征。(67) 1945年12月29日，外交次长甘乃光致函梅汝璈通报任命：“汝璈吾兄惠鉴：关于派兄为远东国际法庭我国代表事，已与孙院长洽妥。且接魏大使电。谓已将此事转告美方。故兄不必再行推辞，并请迳谒孙院长洽谈，并

---

(65) 傅适野：《东京审判大法官梅汝璈之子：不应过分美化父亲》，载《澎湃新闻》2016年9月11日。

(66) 据向哲濬夫人周芳回忆。参见向隆万编：《东京审判·中国检察官向哲浚》，第254—255页。

(67) 《血债清算：梅汝璈先生赴日审判战犯》，载《一四七画报》1946年第2卷第6期。

即来到渝一行为荷。”(68) 电函指明“孙院长”，可知孙科对人选的决定有关键作用。这封电函的口气，所谓“兄不必再行推辞”，与梅自己所说的“曾经表示推辞”是吻合的。

1946年1月初，即传出消息，国际法庭近期可成立，我国代表已派定。(69) 消息传到复旦大学，1946年1月9日晚上七点，复旦政治学会在复旦大礼堂举行欢送会，(70) 1月31日，梅教授给校长章益写一封信，说“弟因奉派参加审判远东战犯即将赴日一行短期内恐不能返校所任政治系教授职务拟请自二月份起准予辞卸事非得已至希”，章校长当日在信笺上批示云：“复：请作为告假，一学期以后候返国后再领教。益。”(71) 复旦校刊则说梅教授向章校长的当面承诺“一俟公毕，仍将返校任教”，显然是误传。(72) 1946年2月，梅教授赴重庆，估计是作临行前的各种准备和沟通。2月12日自重庆返回上海，等候出发的指令。也就是说，他从重庆来上海复旦只有五个星期，就要离开了。

1946年3月20日，梅汝璈在复旦大学附近的江湾军用机场，乘坐一架美军中型运输机飞往日本东京。昔日江湾军用机场，正是今天复旦法学院所在地。出于保密，当时新闻媒体没法跟踪消息。但事后对梅法官行踪的报道，确实是像追星一样地铺天盖地。

到东京不久，梅汝璈在东京给复旦政治学系主任（1941—1946）胡继纯教授来信，梅教授说：“弟系上月20日抵达东京，次日即赴远东国际军事法庭（院址为昔军部大厦，环境建筑均极为壮丽），就职为该院九法官（受降国，签字国，每国仅遴选一人）之一，总部对于法官之待遇备极优

---

(68) 向隆万：《东京审判征战记——中国检察官向哲濬团队》，第20页。

(69) 《国际法庭近期可成立，我国代表已派定》，载《益世报》（天津）1946年1月5日。

(70) 《奉派赴日审判战犯梅汝璈教授之荣誉：政治学会特开欢送会》，载《复旦》1946年第18期。

(71) 《梅汝璈1946年1月31日致复旦大学章益校长函》，来自复旦大学校史馆展厅藏品，参见王伟主编：《复旦大学法学院历史图片集——百年法律教育珍档》，第79页。

(72) 《学者名流纷来执教：秉志陈清华武堉斡谢循初萧干周予同孙大雨储安平褚凤仪等教授本学期将任教本校，赵琛梅汝璈两教授亦将归来》，载《复旦》1946年第26期。

沃，饮食供应，一切与美国高级将领所享受者相同，弟之居所为东京最高贵华丽之帝国饭店 Suite 一个共为三间（客堂、卧室、沐浴间），每日四餐均为'将军阶级'之配备，总部并发 Sedan 汽车牌一辆专供弟一人使用，由美国军曹驾驶护卫，车之前后均添有我国国徽，是故刻下东京大街小巷莫不知有 Judge Mei 其人！（一笑）。日前麦帅设宴招待，席间畅谈达两小时之久，渠对我国情况备极关切，惟认识似仍微欠正确耳。此间防军司令兼第八军军长艾氏（麦帅将领中之一红人）曾以私人飞机招待弟游日本中部南部，在几小时之间，弟得遍览全日三分之二（富士山、火山、广岛、原子弹炸区均曾经历）洵快事也。苏联法官刻尚未抵日（大抵明后天可到），正式起诉书大约二十日左右始能提出，公开审判殆一个月后之事也。金料法院全部工作，八月中旬或可完毕，但事实上是否可能，诚一无法预料之事也……"[73]

他把在东京的所见所闻、所作所为、所思所想，不管是工作还是生活，是理性的还是感性的，是深沉还是天真，都一概不避讳地写入日记。梅汝璈把最初见面和交往的各国法官、军官及友人作了介绍和评论，也记下了他在东京生活的细节。他大概比较在意自己的形象，比如年龄轻（他是法官中最小的两人之一）、个子矮（他身高只有 1 米 60 多），给人感觉不够老成（他说东方人形象就是显年轻），等等。因此他在东京开始蓄胡子，他在日记中不止一次讲到这事，还多次提到蓄须与修剪胡须的事。他在中大的老领导、教育部次长顾毓琇校长前来观审，却一直陪伴梅法官左右，以至被人误以为是梅法官的秘书。顾氏很风趣，说这样也好，我可以利用你的种种便利去掩护和进行我的工作（负责调查日本的工厂、资源、科学设备等）。

别看他刚到东京时的私信和日记如此轻松率真，可是接下来的实际工作，却是难以想象的复杂和艰巨，而中国所承受的压力大都只能由梅法官

---

[73] 《莅日初期之法官生活，梅汝璈教授来函报道》，载《复旦》1946 年第 22 期。

一人扛着。显然，人们预料的"八月中旬或可完毕"，过于乐观了！事实上这场仅仅对28个甲级战犯的审判，就持续了两年零七个月！

五、将所有情绪凝固，以法律聚焦

中国人回想八年来，不，应该是十数年来，简直是如地狱般的生存环境。日寇对中国人实施杀人、轰炸、放火、奸淫、抢劫，像"野兽机器"那样屠杀中国无辜平民，对中国人民犯下滔天罪行。现在到了审判战犯的时刻了！国内舆论大振，有报刊使用了四个字——"血债清算"[74]，这四个大字简直一吐国人苦水，代表了中国人积压在心头的仇恨，堪称经典！确实，对于中国百姓而言，对第一批28名日本甲级战犯的审判，梅大法官就是去东京复仇去的。他有着知识人中少见的那种挺拔明朗的轮廓线条，少有的坚毅果敢和血性神气。他在远东国际军事法庭审判中担任法官，代表着民族的尊严和骄傲。

媒体和国人一样都很关注梅汝璈在东京的消息。梅法官的一举一动都牵动国人的心，坊间还给了他一个美称叫"梅老爷"[75]。某天突然国内有传闻，说梅法官的汽车在日本被扣。国内不知情者都以为是被日本人所扣，怒火又上来了。实情是梅大法官的专职美军司机因违规，汽车被美军所扣。[76] 这是美国人自己的事，当然用不着通知梅法官本人。

可是在国人看来，东京审判经历17个月后，连一个案子都没判下来。国内人对这军事法庭开始表示怀疑了，甚至还有认为这是美国人在故意拖延。[77] 原因实际上是信息不对称。麦克阿瑟对这个远东国际军事法庭的筹策中，似乎也意识到这一点：十一国不分大小各派法官；既然主检察官由美国人担任，那么庭长就由来自南半球的法官担任，美国法官只是十一分之一；每个被告有两个辩护人，既有日本律师，也有美国律师，而美国律

---

[74] 《血债清算：梅汝璈先生赴日审判战犯》。
[75] 《梅汝璈人称梅老爷》，载《新园林》1948年第5期。
[76] 《梅汝璈谈各国法官情形，梅所乘汽车被扣事不确》，载《法声》1947年第116期。
[77] 王定：《访问国际法官梅汝璈》，载《现实：新闻周报》1947年第4期。

师是高度敬业于委托人的立场，通俗讲就是他们的辩护是来真的。所以在执行绞刑那天，麦克阿瑟公开讲："我没有理由去变更远东国际法庭对被告们所判的刑罚。如果这样缜密的诉讼程序还不能信赖的话，如果这样博学的法官们还不能信赖的话，那么，世界上便不会有任何可以信赖的事物了。"[78]

然而，法律的审判程序与民众的复仇心态是两种不同的思维。它涉及无数的法律问题，不断出现在审判前和审判过程中。其中有法律与战争的关系、法律与外交的关系、法律与政治的关系。"东京法庭既是法律场合，又是政治、外交场合，不能将它等同于普通法庭。各国利益诉求不同、世界格局发生变化，这些因素都不可能不影响东京法庭的审判。同时，这里也存在着类似'实体正义'与'程序正义'那样的纠葛。"[79]

家国仇恨与法律理性的关系，都集中在这位受害国的法官身上，这是梅汝璈第一个要面对的难题。在国际法庭上，他是代表本受害国来审判吗？如果不是，那么纠结来了——"处身外国的人，对自己国家不争气最感痛苦"。（梅日记1946年4月9日）梅汝璈的日记就说到一个典型的情景。顾毓琇在东京赠梅法官一把宝剑，颇寓古意，古人谓"三尺"，既指剑，又指法律。梅汝璈接过宝剑说道："'红粉送佳人，宝剑赠壮士。'可惜我非壮士，受之有愧。"顾毓琇则说："你代表四万万五千万中国人民和几千几百万死难同胞，到这侵略国首都来惩罚元凶祸首。天下之事还有比这再'壮'的吗？"梅汝璈激动地说："戏文中常有'尚方宝剑，先斩后奏'，可是现在是法治时代，必须先审后斩，否则我真要先斩他几个，方可雪我心头之恨。"[80]"我今天能高居审判台上来惩罚这些元凶巨憝，都是我千百万同胞的血肉换来的，我应该警惕！我应该郑重！"（同上1946年5月3日记）他的率性中有血性，但此时被法科的理性约束克制了。"各

---

[78] 梅汝璈：《远东国际军事法庭》，第8—27页。
[79] 梅小璈：《"东京审判"法官梅汝璈的家国情怀》，载《法制日报》2015年5月22日。
[80] 梅汝璈1946年3月29日日记。参见梅汝璈：《东京大审判——远东国际军事法庭中国法官梅汝璈日记》，第42页。

国派来的都是有经验、有地位的老法官,我得兢兢业业,郑重将事,决不马马虎虎。"(同上1946年4月10日日记)

这位才40出头的中国法官,为了在形象上也给人一个老成的印象,他蓄起了胡子。去东京时满头黑发,在远东军事法庭审理战犯期间回国述职时,头发已花白,可见审理颇费周折。[81] 尽管压力大,但冷静是法庭和法官的天性。

1946年4月15日是梅汝璈与妻子萧侃(婉如)结婚一周年的日子。梅汝璈在东京想起他们的结婚日子,他日记中说:"我现在连她在什么地方都不知道,或许她已离开重庆,正在赴沪途中……中国交通这样困难,使我对她发生无限的怀念。"[82] 直到1947年7月至8月的休庭期间,他利用回国述职的机会,[83] 才得以与妻子见面。

历史舞台机遇和角色的大小,与其压力和艰辛的多少是成正比的。梅汝璈要冷静面对的,还不只是上面这个家国仇恨的问题。他还时时要处理许多随时突发的和潜在固有的争议问题。笔者把这些争议连同梅法官的观点和处置方法,列举如下:

第一,中国地位之争。1946年5月2日下午4点,法庭最后一次"预演"并且要拍照。庭长韦勃宣布:法官座席的次序是美、英、中、苏、法、加、荷、新、印、菲,并说这是经过盟军最高统帅同意了的安排。中国法官梅汝璈和加拿大法官当即表示反对。梅汝璈大声道:"这个安排是荒谬的,它既非按照受降国签字的次序,又非按照联合国安理会五强排列的次序,亦非按照一般国际会议以国名字母先后排列的顺序,用意何在,殊属费解。我不能接受这种安排,并不拟参加今天的预演仪式。"[84] 说完,他愤然脱下法袍,欲退出预演,以示抗议。在不到一小时时间内,韦勃庭长三次来梅法官办公室沟通。梅与之强硬对话,坚持按照受降国家签字的

---

[81] 梅小璈:《"东京审判"法官梅汝璈的家国情怀》。
[82] 梅汝璈:《东京大审判——远东国际军事法庭中国法官梅汝璈日记》,第92页。
[83] 《远东军法庭审理战犯情形,我法官梅汝璈返国述职》,载《法声》1947年第102期。
[84] 梅汝璈:《远东国际军事法庭》,第63页。

先后次序来安排法官的席位，认为这是唯一合法合理的办法。最后，终于迫使庭长按受降国签字的顺序确定了法官座席，除澳籍庭长韦勃坐中间外，依次是美、中、英……在推迟了一小时之后，预排才开始。[85]

梅法官心里明白，他代表的是中国，这座次牵涉着国人的敏感神经。笔者窃思，如果换成别的中国法律人，临场能否如此果敢锐利、斗志昂扬而又有理有节作出及时处置和应对呢？

第二，审判后期围绕对战犯的量刑问题，法官之间产生了激烈争辩。法官是保持审判独立原则的。要让来自11个不同国家、对战争有不同感受、对刑法有不同看法、对人道主义有不同理解的法官统一思想是不可能的。梅法官在开庭或案件讨论中，借助充分的证据揭示和分析日军的暴行，远甚于德军集中营单纯用毒气杀人的残酷。仅在南京大屠杀中，日军就犯下了砍头、挖心、水溺、火烧、砍四肢、割生殖器等令人发指的暴行。梅汝璈分析后得出结论说："如不能依法严厉制裁日本战犯，既有悖于本法庭的宗旨，也违背《波茨坦公告》之精神。"在梅法官的影响下，各战犯的死刑投票有所逆转，6比5、6比4或7比3，才把7名战犯送上了绞刑架。[86]

第三，有人主张判决书统一书写，但梅汝璈认为，有关日本军国主义侵华罪行的部分，中国人受害最深，最明白其痛苦，最有发言权，因此，这部分理当由中国人来书写。经过他的交涉，由这次历史性审判而形成的长达90余万字的国际刑事判决书中，留下了梅汝璈代表4亿多受害中国人民写下的10多万字。[87]

---

[85] 梅汝璈：《远东国际军事法庭》，第63页。
[86] 陈新宇：《东京审判量刑问题再审视——以"死刑投票6比5"为中心》，载《清华大学学报》（哲学社会科学版）2014年第4期。
[87] 有学者根据梅法官撰写的半部《远东国际军事法庭》，统计出了数据——历时两年零7个月的远东国际军事法庭审判，共公开开庭818次，英文庭审记录4.8万余页，包括日本在内的12个国家共419名证人出庭作证，779人书面作证，有关证据资料达8000件，其中检察方提供的证据资料21200页，辩护方提供的证据资料26800页，法庭判决书长达1231页，详细列举了判罪理由，宣读判决就用了7天时间。何其生：《梅汝璈及其国际法思想评述》，载《武大国际法评论》2007年第1期。

人们没有想到的是，常规下作为消极中立的法官，在东京审判的过程中却经历了上述一系列的外交性冲突与抗争，这正好发挥了梅汝璈的优势。就是这位小个子的江西"老表"，具有天然的硬汉形象和"血性"人格，加上美式法律人的职业化训练，使梅汝璈能根据美式程序据理力争，成了我们心目中不可替代的远东国际法庭大法官。在这场关系到伸张民族尊严和人类正义的审判中，这位身材不高内心蕴藏着无穷力量的中国法律人，恰恰把他的血性和理性，发挥到最佳状态，使人间正义在法庭上得到伸张，把中国人的心声表达得淋漓尽致。当初那种"别扭"的角色安排，却获得了完美的效果和结局。

1948年12月24日，司法部部长谢冠生新任司法院秘书长。而新任司法行政部部长梅汝璈尚在东京未返，谢冠生只好暂行兼理。[88] 1949年1月初，有新闻报道说，"两梅不允入阁"，"孙科伤透脑筋"。这"两梅"指的是梅贻琦和梅汝璈。报道称梅汝璈在东京看到报纸刊登行政院任命他为司法行政部部长，公开表示对此"极为惊异"。还说他将在1月中旬从东京带回来36箱资料和书，准备回国研究远东军事审判，写两本历史与法律的著作。[89] 还有一个小插曲，就是1949年初的司法院大法官补选——依《司法院组织法》应该是17位大法官，早在1948年7月司法院只选出12位大法官，还需增补5位，因此到1949年1月李宗仁任总统后，提名夏勤、魏大同、梅汝璈、翁敬棠、叶在均、向哲濬、李浩培、苏希珣八人，于3月在监察院选举通过，梅汝璈当选为司法院大法官。[90]

后来我们知道，梅法官因对当时政府失望，在东京就公开声明拒绝回国赴任。1949年6月中旬，梅汝璈由东京设法抵港，6月19日，他接受香港《大公报》记者采访，发表了揭露"蒋美"的谈话，重点讲了三条，

---

[88] 《中央日报》1948年12月25日。《申报》1948年12月25日。
[89] 《孙科曾伤透脑筋，两梅不允入阁记：教部长梅贻琦愿教书不愿做官，梅汝璈忙于著作薄司法部不为》，载《珠江报》1949年新54期。
[90] 《监院会议：大法官及考试委员缺额人选，李代总统提经监院同意》，载《外交部周报》1949年第111期。

一是对冈村判刑结果吃惊，要求重审冈村；二是旧政府把 200 多名战犯送到美军麦克阿瑟手里，关在巢鸭监狱，将来新政府通过签订对日和约保留十至二十年请示引渡战犯的权利，押回来审判；三是美帝特意庇纵战犯。[91] 不久秘密由港赴京。这时候，梅法官还没有子女。

1950 年长女梅小侃出生在香港。梅小侃后来继承父亲的专业，硕士、博士就读于北京大学法律系国际法专业，后来赴美国入丹佛大学获国际问题研究专业硕士，曾在美国律师事务所工作，后加入跨国集团公司任大中华区法律顾问多年。1952 年，梅汝璈在奔五的岁数有了儿子梅小璈。

60 年代初，日本军国主义阴魂复活，右翼分子在名古屋为东条英机等七个被处死的战犯树碑立传，把他们吹捧成"殉国烈士""民族英雄"。梅汝璈拍案而起，着手编写了《关于谷寿夫、松井石根和南京大屠杀》（1961）一文。世界反法西斯战争的胜利，决定了国际法朝向正义方向发展，而其背后则是战后国际法庭审判中对诸多传统国际法规则与惯例的滞后与漏洞问题，进行解释和弥补。而这种解释和弥补，一方面要符合国际法的法理和方法，另一方面又要结合人类对正义追求的激情与理性。远东军事法庭对国际法尤其是战争法有重大的发展和贡献，其中也包括梅汝璈的贡献。1962 年开始他把两年多审判中遇到的国际法问题作了梳理，1965 年 7 月完成了《远东国际军事法庭》的前半部分，包括国际军事法庭的管辖权、普通战争罪之外的违反人道罪和破坏和平罪如何适用的问题、个人责任的追究问题、官职地位与上级命令的追责问题。有些是在二战后的审判中发展起来的。比如过去任何战争法规和惯例都没有预料和规定，人类会发生如此骇人听闻的暴行，因此只好叫作"违反人道罪"。[92] 此书后半部分应该会讲审判与讨论定罪的最精彩环节，可是很遗憾，此书没有来得及写完，1966 年的运动就开始了。

---

[91] 《蒋美如何庇护战犯，梅汝璈用他亲见的事实指出蒋美一连串的阴谋》，载《大公报》（香港）1949 年 6 月 19 日。

[92] 梅汝璈：《远东国际军事法庭》，第 8—27 页。

梅汝璈非常敬重武大老校长周鲠生，他们年龄相差十五岁，学术辈分上也是两代人。上世纪 60 年代末 70 年代初，他与晚年的周鲠生关系特别密切。周先生在夫人逝世后，每到病重不堪时，周家保姆阿姨就自然想到梅汝璈，给梅先生打电话，梅一接电话就会到周宅或医院看望照顾，一头联系医院，另一头联络外交部领导，梅成为周与医院和外交部的联络人。直至周鲠生 1971 年逝世。[93] 可是过了两年，梅汝璈也患病了，于 1973 年 4 月 23 日逝世。他的遗著《远东国际军事法庭》（未完成稿）到 1988 年才由法律出版社出版了。

梅小璈和姐姐觉得"父亲的影响其实没那么大，他政治上不太活跃，一生最大的事情其实就是参与了东京审判，那是历史的契机，无法躲避，但也不该过分美化"[94]。梅小璈后来评论说："综观父亲行迹，与众多经历着社会巨变的知识分子一样，他始终处于时代和历史生成的矛盾中。在传统家国情怀和英美法治理念之间，在作为受害国代表的复仇意愿和法官必须不偏不倚的身份要求之间，这种精神困境，生活在相对平稳状态下的人们，未必能够体会。"[95] 笔者对此深表赞同。

梅汝璈本是一位学术思考者，可他却率性地做成了行动者。他接受的是美国 J. D.（法律博士）的职业化训练，使他拥有法律职业的技术理性和诉讼实战优势。尽管担任教授，但并不热衷于那种书斋里的学问，他是行动的法科知识人。最终因东京审判，使他具有了历史符号意义的身份——国际法官。梅先生的最大性格特点在于，保持人格上的独特性——敏锐的头脑和坚定的意志，笃志刚毅，言行一致，喜怒于形，却不是任性，而是一种率性，是装不出来的气质。这率性是一种人格魅力，这率性是传统和当代知识圈难得一见的天赋和品格。在捍卫民族尊严之时，他能凭着法律人的思维和伦理，把爱国情感、复仇意愿从专业理性中分离开

---

[93] 陈一周：《怀念外祖父周鲠生》，载《武大国际法评论》2019 年第 2 期。
[94] 傅适野：《东京审判大法官梅汝璈之子：不应过分美化父亲》，载"澎湃新闻"2016 年 9 月 11 日。
[95] 梅小璈：《"东京审判"法官梅汝璈的家国情怀》。

来，又在更高级层面上赢得了同袍的信任，赢得了世界的尊重，更赢得民族历史上的口碑。

古典名句曰："天命之谓性，率性之谓道，修道之谓教。"（《中庸》）梅先生的率性与理性如此协调，就在于遵循自然天性、激发主观心性、展现自由本性。梅汝璈定格在民族历史特殊的时刻，却放射出耀眼而永久的光芒。

杨兆龙——与庞德交集的往事

图 1　杨兆龙（1904—1979）

梅汝璈和杨兆龙都是 1904 年生人，同年同月相差一天出生，梅是 11 月 7 日阴历十月初一，杨是 11 月 8 日阴历十月初二。二人有相似的耿直性格，却有不同的命运。

和大家一样，笔者敬佩杨兆龙先生坚持真理不妥协的精神，也为他后来的悲惨遭遇深感痛心。目前已有同门学友郝铁川对杨兆龙做了全面而扎实的研究，花多年心血撰写出版了《杨兆龙传》。鄙斋藏有一些杨兆龙与庞德交集的资料，还有一本庞德撤离中国前亲笔签赠杨兆龙的书，因此，本篇仅对杨兆龙与罗斯科·庞德交集的往事，作些拾遗补漏。

一、交集如何发生？

杨兆龙是怎么认识庞德的？有个流行甚广的"六度分隔说"作过论

断,你只需要通过6个人,就可以认识世界上任何一个陌生人,诸如比尔·盖茨,或者埃隆·马斯克。那么,我们来看看,江苏金坛农村出身的小伙子杨兆龙,认识美国哈佛大学法学院院长庞德(Roscoe Pound,1870—1964),须要通过几个人?

1916年至1922年杨兆龙在镇江教会私立润州中学就读,练就娴熟的英语,19岁以第一名毕业。该校校长约翰·林顿·斯图尔特(John Linton Stuart),特意安排杨兆龙与他的儿子——燕京大学校长司徒雷登(John Leighton Stuart)相识。[①] 杨兆龙1922年考入北京燕京大学攻读哲学心理学。在北京每年所费150余元,第一年勉强承担,可能是经济困难,第二年"经一老师帮助",于上海一民立中学觅得一份教学职位,日间教书,晚间在东吴法学院攻读法律。[②] 这位帮助他转校的燕京老师,正是时任校长的司徒雷登先生。杨兆龙1923年来到上海东吴大学法学院就读。次年,吴经熊从哈佛回国,到东吴法学院任教。因此,杨同学结识了青年教师吴经熊。

杨同学对吴经熊钦佩不已。而这个出身贫寒的学生不仅形象儒雅贵气,而且人品纯朴端正,求学真诚,谦逊勤奋,很受人欢迎。倪征𣋈曾赞叹师兄杨兆龙,说他"学业高超,且擅长行政"[③]。杨兆龙1924年在东吴期间秘密加入国民党。[④] 他当学生期间就很活跃,"五卅"运动时期,是学生领袖。1925年6月23日,他发起上海学生联合会法律委员会,居八个发起人之首。[⑤] 青年教师吴经熊对小他五岁的杨兆龙很欣赏,两人自然有着不同寻常的亦师亦友般的情谊。

1927年夏,杨兆龙从东吴毕业,承法学院新上任的院长吴经熊介绍,

---

① 郝铁川:《杨兆龙与司徒雷登、庞德——民国政府末任最高检察长杨兆龙(六)》,载《世纪》2015年第3期。
② 杨兆龙1976年手写交海宁县委统战部的《自传》,载《杨兆龙文集》,正文前页照片。
③ 倪征𣋈:《淡泊从容莅海牙》,第133页。
④ 杨兆龙1976年手写交海宁县委统战部的《自传》,载《杨兆龙文集》,正文前页照片。
⑤ 龙:《上海学生联合会法律委员会以结束在即,由杨兆龙等八人发起……》,载《光报》1925年6月23日。

进入上海法政大学，破格担任教授。不久杨兆龙有了司法工作经历的机遇，出任上海公共租界及上诉法院推事。国民党清洗党员时，杨兆龙就"轮到"被清洗，从此不复加入国民党。⑥ 担任推事期间，杨兆龙因娴熟的英语和法律素养，专办华洋诉讼案件。据云他"确曾设法维护中国人权利，与外国陪审领事不时发生冲突"，导致"外国领事怀恨在心，欲除之而后快"，不断向司法行政部交涉，不准他在改组后的法院任职。所以，1929年上海临时法院及上诉法院改组为上海特区法院和高等法院分院之际，部长魏道明"顺从外国领事之要求"，将杨兆龙免职。⑦

免职一事的原因很蹊跷也诡异。1930年有媒体记者著文写《记杨兆龙》，讲到最近临时法院法官的所作所为，与"多能尊重国权，与素以帝国主义威权自命之无礼之徒"不同，"不若以前会审公廨时代之事事仰人鼻息，国人俱以为幸"，还专门以杨推事为例，曰："日前，该院推事杨兆龙，亦以询问案件而与英领事赫勃脱暨英籍律师葛福莱冲突，其事已详各报，足见杨推事不屈不挠之精神……"⑧ 那么，问题来了，这样一位与英领事叫板的法官为何遭遇免职？《记杨兆龙》一文中又讲到一个细节，说杨推事"尝一度执教鞭于沪南民立中学，素以三不怕著称全校，当革命军底定申江时，各校学生俱有无上权威，学校行政胥握若辈之手，于是一辈教师均以媚事校长者媚事学生，对于功课多抱放任主义，独杨则严厉一如往昔，学生之不规则者，从不姑纵，因此见嫉于该校，被校中学生会所开除，杨遂愤而之（至）东吴研究法律。徐维震长院后，知其才，乃任为推事。观其此次一事，刚毅之态，仍与曩昔无异"。⑨ 这篇文章不仅把杨兆龙的刚毅倔强性格讲清楚了，还把他鲜为人知的经历作了补充。原来，国民革命军进城时，众人欢呼，媚情浩荡，而他却还在严厉地逼学生读书，这不是对学生的革命热情泼冷水吗？以他的这种态度，早就

---

⑥ 杨兆龙1976年手写交海宁县委统战部的《自传》，载《杨兆龙文集》，正文前页照片。
⑦ 杨兆龙1976年手写交海宁县委统战部的《自传》，载《杨兆龙文集》，正文前页照片。
⑧ 黄莺：《记杨兆龙》，载《琼报》1930年3月17日。
⑨ 黄莺：《记杨兆龙》。

就这样，杨兆龙被免职后，得到持志大学何世桢（参见专篇）校长之邀，进入持志大学担任了教务处主任，还在上海和镇江兼任律师，又在东吴法学院兼职任教。[10] 但他仍然保持着对政治的热心关注，1931年有篇充满社会批判性和革命积极性的文章《应养力，毋泄气!》，借胡汉民的话，批评社会改革缓慢、法律改良不够、知识分子浮躁等等，把问题总结为"好虚荣""无恒心""畏艰难""重私益"。[11] 杨兆龙思想上进，观点鲜明，年轻锐进，颇有理想。过了三四年，他又有了重入体制内的机会，1932年4月19日，转入司法行政部被任命为科长。[12] 这一年，他24岁的女友沙溯因（1908—1966）发表了散文《小游》[13]，全文描写着岁月静好，散发着少女柔情。也是在这一年，他俩订婚了。事业上当上科长，爱情也有了另一半，就这样过了两年，他迎来了一个重要机会——赴美国。杨兆龙在司法部任职才两年，为什么赴美？

目前通说只是讲：1934年5月，吴经熊向其当年的研究导师、哈佛法学院院长庞德推荐了杨兆龙，杨氏申请该院J. S. D（法学博士学位）候选人。此时，这位美国社会法学派的领袖人物已近65岁高龄，是他Dean（院长）[14] 任期（1916—1936）的第十八个年头。他是一位颇具传奇色彩的法学家，作为内布拉斯加（Nebraska）大学植物学博士，未曾获得任何法学学位，[15] 却成为哈佛法学院任期最长的院长。但是当时中国法学界对

---

[10] 《杨兆龙推事：教务处主任（照片）》，载《持志年刊》1930年第5期。

[11] 杨兆龙：《应养力，毋泄气!》，载《民力》1931年第1卷第4期。

[12] 《国民政府指令第三六五号（二十一年四月十九日）》："呈据司法行政部荐请任命李泰三为秘书潘元敉廖维勋为科长刘定宇杨兆龙署科长费呈履历转请鉴核令遵由"，载《国民政府公报》（南京1927）1932年洛字第5号。

[13] 沙溯因1932年开始发表散文《小游》，充满女性文学青年的细腻与柔情。参见沙溯因：《小游》，载《中央日报》1932年9月1日。

[14] Dean这个职务最早出现在哈佛大学。1870年4月8日，哈佛大学法人集团采用了一个新的大学条例。这个条例对法学院产生了深远影响，其中至今还实行的一条是：每个职业性学院（professional school）都选一个Dean，其职责是坚持本系科经历记录，准备公务，当校长缺席时主持本系科会议……参见Arther E. Sutherland, *The Law at Harvard*, Belknap Press Harvard, 1967, p. 167.

[15] 1889年至1890年庞德曾在哈佛大学法学院学习，但未获得法学学位。

他知晓者寥寥无几。中国最早研究庞德的人应该是吴经熊，他那篇 The Juristic Philosophy of Roscoe Pound（《罗斯柯滂恩的法律哲学》）初发在 1924 年美国《伊利诺伊大学法律评论》上，据说后来收入东吴《法学论丛》，把 R. Pound 的汉译名字译为"滂恩"。[16] 最早翻译庞德原著并在中国出版的中国人是谁呢？两年后的 1926 年 11 月，商务印书馆出版了 Roscoe Pound 的《社会法理学论略》（Scope and Purpose of Sociological Jurisprudence），译者是吴经熊的东吴老同学陆鼎揆[17]，他把 Roscoe Pound 译为"滂特"，吴经熊为之作序。1928 年由原上海法政大学经济系主任雷沛鸿（宾南）翻译了《法学肆言》，郑毓秀为之作序。1931 年商务印书馆出版雷宾南翻译的"滂恩"《法学史》。但是，这三本译著在中国没有引起太多关注和影响，中国法律界对这位"滂恩"或"滂特"先生也没有留下什么印象。

杨兆龙通过司徒雷登父子以及吴经熊认识哈佛法学院院长庞德，"六度分隔"的中介只有三个人。不过，杨兆龙认识庞德的过程有所不同的是，他不光为了认识，还要成为庞德的博士生，他要花费更多努力的时间。这位年轻人有燕京、东吴两所教会大学的履历，年纪轻轻就有法院推事、大学教授和司法官员的三重经历；更何况杨兆龙有着儒雅端庄、玉树临风的东方美男子形象，显然会受到美国人的青睐，会受到庞德的赏识。

问题是，杨兆龙刚刚在司法部任职，怎么会申请赴美留学？1934 年 10 月东吴大学《老少年》有报道称，杨兆龙于 1934 年 9 月 4 日乘杰弗逊总统号轮赴美，其中一句："由司法行政部派赴欧美各国考察司法"[18]，这个司法部派出的性质是否属实？究竟是考察司法还是攻读博士？

---

[16] 梁鋆立：《滂恩教授对于现代法学之贡献》，载《东方杂志》1935 年第 32 卷第 16 期。
[17] 陆鼎揆（生卒年不详），字叙伯（叙百、叙白），英文名 Loh Ting-Kwei，江苏无锡人。1920 年获东吴法学士学位，与吴经熊同级同学，并同时赴美留学，同入密歇根大学法学院，1921 年获 J. D（法律博士学位），回国后在上海从事律师业。
[18] 《杨兆龙君赴欧美考察司法》，载《老少年》1934 年第 11 卷第 5 期。

二、考察司法？攻读博士？

到美国留学时，他与司法行政部是什么关系？我们先来看杨兆龙在哈佛法学院的研究选题。

杨兆龙选定中国司法制度改革作为自己申请博士论文的研究课题。哈佛法学院导师组，通过对杨兆龙的学业成绩和他社会工作经历的认真考查，确认杨兆龙非常优秀，同意录取杨兆龙为博士候选人，导师为美国诉讼法学权威摩根教授。[19]

文章至此，必须交代一个鲜为人知的细节，那就是杨兆龙攻博时的身份。他是以什么身份来哈佛攻读博士学位的？他当时仍然是在职的中国官员，并且以"司法行政部专员"出国考察司法的身份，赴美国和欧洲考察司法行政。与此相关的史料证据有当时公开的权威刊物的文章或官方通讯。例如杨兆龙在《现代司法》刊发一文《出席美国政治社会科学研究会报告书》，这是杨兆龙于1935年4月5日赴费城出席美国政治社会科学研究会第39届年会所作的报告。此会议规模浩大，有来自世界主要国家的千余人参加。会上有22位代表作主旨演讲，主题为近代民治主义的缺点、应付之方法。杨文对保守主义、渐进派、急进派关于"应付"之主张作了全面介绍。[20] 杨氏在这篇报告书前面附了一份给司法行政部的报告，称"谕派职代表出席费城美国政治社会科学研究会年会"，并明确提及自己"奉司法行政部总务司之派"[21]。正在哈佛攻博的杨兆龙代表中国司法部，就很正常了。

关于杨兆龙"在职"攻博身份的另一证据，是中国驻意大利使馆1936年第十号通讯。此通讯更详细载明"司法行政部专员杨兆龙来义考察"的性质和具体内容，它揭示了这一尘封已久的故事，现摘录

---

[19] 郝铁川：《杨兆龙与他的恩师吴经熊》，载《人民法院报》2017年7月21日。

[20] 杨兆龙：《出席美国政治社会科学研究会报告书》，载《现代司法》1935年第1卷第2期。

[21] 杨兆龙：《出席美国政治社会科学研究会报告书》。

如下：

> 前岁（指1934年——引者注）出国赴美、英、德、法、瑞士诸国调查，迄今已届二载，对各国司法行政之概况，观察甚精，而于监狱制度之改进，尤有深刻之研究。本年（指1936年——引者注）三月中旬，杨君行抵罗马，以时日匆促，未能详细参观，即由本馆一等秘书暂代馆务朱英，设法介绍访晤前吾国法律顾问，现任义大利罗马最高法院庭长赖班亚氏。赖氏于担任吾国法律顾问时，与杨君原称相得，海外相逢，倍觉亲切。彼此对中义法制之最近状况与趋势，交谈至三小时之久，极臻详尽。旋赴罗马大学，考察义国法律教育。杨君在义勾留三日，因考察事竣，于三月二十七日转赴拿波里，搭康脱浮地轮，回国复命云。三月卅日。[22]

这就是说，杨兆龙1934年到哈佛攻博时，带着"司法行政部专员"身份和特殊使命——进行欧美司法调查。一年后，1935年5月，杨兆龙便顺利完成并通过了博士论文答辩。1935年起，哈佛法学院对此学位提高了门槛，要求对法学有重大贡献的毕业论文。杨兆龙只花了一年时间拿到了J. S. D——法学博士学位，成为第三位在哈佛获此学位的中国人。[23] 杨兆龙拿到博士学位后，他没有立即回国，而是继续赴欧洲多国考察司法制度。在欧洲考察时间是在1935年5月之后至1936年3月底之间。

当然，作为官员在职攻读，并不影响我们对杨兆龙博士学术水平的判断。杨兆龙的博士论文题目为《中国司法制度之现状及问题研究——与外国主要国家相关制度之比较》。这种实践与理论相结合的研究路径，反而增强了问题意识和研究深度。这篇文章围绕中国司法制度的问题，进行了

---

[22] 《使领馆通讯：驻义大使馆通讯（第十号）：司法行政部专员杨兆龙来义考察》，载《外部周刊》1936年第112期。

[23] 前两位是章任堪和卢峻，分别于1931年和1932年获得哈佛法学院S. J. D（法学博士）。参见王伟：《中国近代留洋法学博士考（1905—1950）》，第39—40页。

比较和探讨，相当系统地提出一系列司法改革措施。对当时正在进行的中国司法改革提出了自己的见解。文章分两个方面，一是现行制度展示，二是有关问题的讨论。第一部分是历史考察，第二部分是对司法制度现状进行讨论，包括司法等级制度、法院组织、法院权限、司法人员、新的法院组织法等。第三部分是关于"中国司法制度的有关问题"，选择最紧要的问题，包括行政案件管辖、巡回法院、检察官制度。

这篇博士论文很有针对性，瞄准当时中国司法制度现状及其未决或需改革的真问题。其司法制度的比较研究方法，运用了大量外文文献，涉及欧美多国，这与他实地考察欧美司法制度分不开。他能够引用借鉴国外制度和理论，比如杨文在论述中国是否需要建立行政法院的时候，还引用了庞德的一篇关于法庭组织（Organization of Court）文章中的观点，关于"组织统一的法院取代多重法院的合理性"，庞德从法官（杨文译为推事）职业化角度来论述，认为重要的是必须使处理案件的法官成为专家，专门化的出路是应有专家法官。专门的法官比专门的法院组织更重要。杨文经过各国比较后，最后的结论也是按照庞德的这一观点，主张中国不适合搞行政法院。[24] 从其用于比较的文献资料之全面与前沿程度来看，也无疑是上乘之作。

杨兆龙1935年有篇关于美国法院改革的文章，在前面附有的一个2月18日致司法部部长、次长的"报告"，称"呈为呈报事经职于去年八月奉令赴欧美调查法制事宜，当于九月四日由沪乘杰弗逊总统号先行来美，于同月二十一日抵美国西部之西雅图，旋以鉴于东部各州为该邦文化先进之区，各种设施有可观，乃决定先赴该处从事研究数月以还，一面在麻省之哈佛大学法学院自由探讨，一面往附近各处实地调查，期于学理事实能兼顾，并收兹届季报之期理合先就美国最近良革法院组织之运动，节录梗

---

[24] 杨兆龙：《中国司法制度之现状及问题研究——与外国主要国家相关制度之比较》，载《杨兆龙文集》，第98页。

概恭呈钧鉴用备"[25]。注意这份报告里用了"兼顾",这便是杨兆龙本人提供的关于其"在职"攻博身份的证据。至此,我们已经清楚了,杨兆龙来美国,就是考察司法兼顾攻读博士。

1935年5月的杨兆龙博士论文答辩会由院长庞德亲自主持,历时四小时,据说杨兆龙赢得了庞德及其同事们的认可和赞赏,论文被评为优秀。于是,杨兆龙获得哈佛大学S.J.D(法学博士)——这一学术性的博士学位。答辩会后,庞德对杨兆龙说:"你是接受我考试的第一个中国人。东方人的思维方法引起了我很大的兴趣。"[26]

庞德这个"兴趣"不是空穴来风,他曾派他的美国弟子到中国做律师。[27] 庞德对中国的兴趣还是一个真实的信号。果然,庞德于1935年8月15日到达上海。背后推手是谁?经查,当时上海的一份英文报纸于1935年8月17日报道了庞德即将到访的消息。从报道来看,是吴经熊和梁鋆立[28]接待。吴经熊介绍说:"他可能是现代法学家中学识最渊博的。但他仍然像花卉一样吸收他的学识。在他所有的作品中,我们可以找到一种实证而欣然,丰实而精致,威力而得体的完美结合。作为教育

---

[25] 杨兆龙:《报告:美国最近改革法院组织运动之略述》,载《现代司法》1935年第1卷第1期。

[26] 郝铁川:《杨兆龙与他的恩师吴经熊》。

[27] 庞德曾介绍哈佛法科毕业生来华执律师业,比如陶木森(George J. Thompson, 1886—1957)结束其在纽约的两年律师执业生涯后,接受哈佛法学院院长庞德的推荐,携新婚妻子于1914年11月26日来华赴天津北洋大学任教。参见 Leslie Intemann, "Pro. George Jarvis Thompson", *Cornell Law Forum Faculty*, Vol. 25, 1998, p. 11. 转引自李洋:《近代在华美国法律职业群体形象的多重建构》,载《中外法学》2019年第1期。

[28] 梁鋆立(1903—1979),浙江新昌(今回山镇樟花村)人。出身书香门第,早年就读于上海南洋大学,并于上海曙光大学夜间部补习法文,1922—1924年为《中华英文周报》撰写500多篇国际时事中英文读物。1926年获东吴法科法学士,先后任职于上海中华书局及商务印书馆、交涉署华洋上诉处审判官、法官惩戒委员会秘书、上海临时法院推事。1929年5月派任驻美华盛顿公使馆秘书,1930年获美国国家大学法学S.J.D.(法学博士),旋又出席海牙国际法编纂会议,1932年任第十届国联大会中国代表团专委。1933年任外交部秘书兼东吴大学教授。1937—1946年任驻英大使馆一等秘书、参赞、国联中国代表团顾问。1945年起参与战后国际事务和国际法编纂,参加过旧金山联合国制宪会议,是见证联合国诞生的少数中国人之一。1945年3月当选劳秀斯协会会员。1946年起担任联合国秘书处国际法编纂司司长,主持国际法发展和编纂工作至1964年退休。1968年赴台湾。著有《最近国际法上几个重要问题》《国际法之法典化》(法文)、《中日满洲事件之国际法》(英文)等。

家，他与孔子和苏格拉底相伴为伍，也不必感到羞愧。"[29] 吴经熊急于把庞德推介给中国读者，以他无比娇美的语言作了夸大性的推介。庞德此行是受他的学生、东吴法学院院长吴经熊邀请来观光，同时"佐吴氏设计东吴法学研究所组织和教材"，吴经熊还把刚从檀香山讲学回国的东吴大学校长杨永清拉过来陪同。东吴同学会、哈佛同学会及上海律师公会忙着接待和宴请。[30] 吴经熊与庞德夫妇的留影上了报，当时有的媒体仍然称他为"滂恩"。[31] 在上海逗留三、四天，即赴香港——他对香港的兴趣似乎比内地更浓。8月25日晨，庞德夫妇坐船自香港经上海返美，上岸后与孙科会面谈了一个半小时。之后，离开上海由香港返回美国，吴经熊及哈佛同学会宴请并送别。报道还提到，庞德定于明年底再来中国给东吴法学院讲学。[32]

为配合庞德的十天访华之行，梁鋆立博士还发表了一篇文章，专门论述了庞德对于现代法学之贡献，还提到他与吴经熊"均曾负笈其门，于涉猎其著作之外，幸得亲炙其讲演"。[33] 1935年还有汉语介绍美国学者评介庞德的译文出现。[34] 中国法学界对庞德的印象似乎有所升温。遗憾的是，这次庞德到访，杨兆龙虽已获得博士学位但不在中国。因为他在欧洲考察司法。

按照中国驻意使馆通讯的说法，杨兆龙结束欧洲司法考察，回国时间是1936年3月。据《新闻报》1936年4月18日的报道称杨氏"奉部派出洋、继续研究并考察欧美先进诸邦司法实况"，又称"取道意大利乘轮返国，约月底月初即可抵沪云"。[35] 杨兆龙回国后，兼任中央大学法学教授，

---

[29] Dean Pound, *The China Press*, Saturday, August 17, 1935, p. 5.
[30] 《美国法学家庞德博士莅沪》，载《申报》1935年8月16日。
[31] 《著名法学家滂恩教授（Prof. Pound）过沪时留影（照片）》，载《东方杂志》1935年第32卷第18期。
[32] 《庞德博士昨由港过沪返美》，载《新闻报》1935年8月26日。
[33] 梁鋆立：《滂恩教授对于现代法学之贡献》，载《东方杂志》1935年第32卷第16期。
[34] 〔美〕格罗斯孟：《滂德法律哲学述评》，陈恩成、威伯译，载《新民月刊》1935年第1卷第2期。
[35] 《杨兆龙学成回国》，载《新闻报》1936年4月18日。

还兼任国防最高委员会专员。

庞德是位爱好旅行和交友的学者。《庞德传》中讲到，“庞德最亲密的友谊，尤其是在过去二三十年里，一直是与法律界的工作人员。这种交流甚至不受语言、国籍、法律制度或文化背景的影响。读到他的信件，看到他与印度、中国、南非、欧洲大陆的人们之间自然的轻松和绝对的自由交流，这是令人惊讶的”。[36] 中国之行给庞德留下美好印象，他对中国和中国人颇有好感。

或许是师徒二人的约定，或许是中国法律界对庞德的热忱，庞德于1937年第二次访问中国。这一次，杨兆龙不会错过了。2月26日庞德到达南京，司法部部长王用宾[37]接待，下午在法官训练所演讲。2月26日下午五点到中央大学演讲“法律之理想运动”。晚上七点半由王世杰、罗家伦及哈佛同学会在国际联欢社欢宴庞德夫妇。27日飞北平，哈佛校友蒋梦麟在机场迎接。后参观北平监狱，预定3月2日返沪，转印度赴英国参加英皇加冕。[38] 庞德这次再度到访，受到更多主要媒体的关注，杨兆龙虽然鞍前马后，但还不是“大人物”，报纸也没提他的名字。

杨兆龙还陪同庞德夫妇在中山陵合影留念，这张照片直到多年之后的1946年才寄给庞德老师。[39] 他们当时根本没有想到，这一次相聚之后，再见会是那么难，居然相隔了整整九年！

---

[36] Paul Sayre, *The Life of Roscoe Pound*, Iowa City College of Law Committee, State University of Iowa, 1948, p. 310.

[37] 王用宾（1881—1944），字利臣、理成，号太蕤，山西临猗人。1899年院考府首。1900年，县府保送考入太原府学堂，不久又转入山西大学堂。1904年以官费送留学日本，由日本盐仓铁道专科学校转入法政大学攻法律。1905年参加孙中山创立的同盟会，为同盟会山西支部部长。民国成立后，历任山西省临时议会议长、参议会议员、国民党山西支部筹备处处长、河南省代理省长、国民党北平政治分会秘书长、国民政府立法院立法委员、立法院法制和财政委员会委员长、考试院考选委员会委员长，1934年12月至1937年8月任国民政府司法行政部长。1944年4月7日病逝。

[38] 《庞德抵京》，载《申报》1937年2月27日。又参见《庞德飞抵平》，载《申报》1937年2月28日。

[39] 1946年2月19日杨兆龙致信庞德时，才将照片寄给庞德。参见《杨兆龙文集》，第536页。

图 2　庞德 1937 年 2 月第二次访问中国船上留影，左起杨兆龙、庞德夫人、庞德、佚名、盛振伟（傅秉常摄影，图片由傅、Y. W. Foo 和布里斯托大学图书馆提供，www.hpcbristol.net）

三、从推介庞德，到师徒失联

Roscoe Pound 在中国的汉译名字，最初有"滂恩"或"滂特"，那么"庞德"是谁最早译的呢？

正是杨兆龙在努力向中国法律界推荐中首先使用了"庞德"这一汉语名字。1935 年 2 月 18 日——也就是庞德夫妇第一次访问中国的半年前，杨兆龙撰写了《美国最近改革法院组织运动之略述》，发表于《现代司法》1935 年第 1 卷第 1 期。文章专门介绍美国司法最新改革动态，开篇即隆重推荐他的导师庞德——没错，用的就是这两个汉字。文章说："法界巨子，如哈佛大学法学院教务长（Dean 的另译——引者注）庞德氏（Roscoe Pound）等既倡导于先，美国律师公会等有力机关，复附和于后。一时改革之声，遍于全国，舆论所归，行见改革实现之期，当不远矣。"⑩

---

⑩　杨兆龙：《报告：美国最近改革法院组织运动之略述》，载《现代司法》1935 年第 1 卷第 1 期。

1935 年 6 月，杨兆龙又在哈佛大学法学院图书馆完成一篇《美国之司法制度》，发表在上海的《法学杂志》。[41] 对照其中的内容，不少文献、引注都与其博士论文相同。值得注意的是，这篇文章的最后第六部分，谈了美国"最近改革司法运动"，突出地介绍了庞德。他说"该国法制改革家哈佛大学法学院院长庞德氏及美国律师公会等，对此鼓吹颇力，若辈所竭力提倡者，为一由专家组成之单一法院（a unified court with specialist judges）。"然后对其特点作了简要介绍。其中引注了庞德的《法庭组织》（Organization of Court）和《国家进步的法律问题》（Juristic Problems of National Progress）两篇文章，以及庞德的《程序改革的若干原则》（Some Principles of Procedural Reform, *Illinois Law Review*, Vol. 4, 1910）和《程序改革的准则》（The Canons of Procedural Reform, *American Bar Association Journal*, Vol. 12, 1926）。[42]

有意思的是，在杨兆龙向中国法律界隆重推荐庞德之后的 1935 年 7 月，商务印书馆再版了陆氏翻译的《社会法理学论略》这本书，但是原作者名字仍然用"滂特"。

回国后的杨兆龙，聚焦于司法制度问题发表了一系列文章。比如 1936 年在《现代司法》上连续发表多篇关于司法改革的文章，包括：《论三审制之存废或改革》（《现代司法》1936 年第 1 卷第 9 期）、《关于疏通监狱之研究》（《现代司法》1936 年第 1 卷第 9 期、第 10 期连载）、《美国司法现状之一瞥》（《现代司法》1936 年第 2 卷第 1 期）。1937 年 1 月，东吴大学《法学杂志》第 9 卷第 5 期策划了检察制度的专题研讨，组织了八篇相关论文，其中有张知本、孙晓楼等名家，而杨兆龙的《由检察制度在各国之发展史论及我国检察制度之存废问题》（东吴《法学杂志》1937 年第 9 卷第 5 期），放在张、孙文章之前。有意思的是，这一期的前言中，就引用庞德的名言："诉讼法者工具也，非目的也。"此时，在中国法律界至少

---

[41] 杨兆龙：《美国之司法制度》，载《法学杂志》1935 年第 8 卷第 4 期。

[42] 杨兆龙：《美国之司法制度》。

在杨兆龙周围的法律朋友圈，庞德已成"名人"了。

庞德在美国被称为"思想与行动（thought and action）领域最伟大的人"[43]。这与中国的知行合一不正是相同的知识人价值观吗？而他这位中国弟子杨兆龙呢？从他出国考察司法与攻读博士，到他回国后的行迹来看，正是以思想和行动合二为一，与庞德"思想与行动"的衣钵高度吻合了。"杨兆龙是一个典型的传统文化熏陶出来的士大夫。"[44]那么，他的传统性和士大夫特征是什么呢？他有士大夫"经世济用"思想，并追求这种理想人格。释氏主于出世，儒者重于经世。果然，杨兆龙1937年创办《经世》半月刊，1月15日，他担任主编的《经世》半月刊创刊，"经世"——正是杨兆龙人生的一个关键词！他在这一期发表了《欧美司法制度的新趋势及我国今后应有的觉悟》（第1卷第1期）。《经世》半月刊由河南大学文学院院长萧一山任社长，于开封创办。按照当时的通讯条件，编稿子没有今天的网络或微信，杨本人很可能也在开封。可是不到半年，卢沟桥事变爆发，抗战开始了，杨兆龙的工作和生活发生了巨变。因此，他与庞德之间也失联了。我们来了解一下他这段时间的经历。

抗战开始后，杨兆龙的《经世》就开辟了"战时特刊"——此时的"经世"就是"抗战"。杨兆龙夫人沙溯因于1938年4月至1939年2月，也在《经世》上连续发表战斗的檄文，共六篇，其中三篇为连载的《如此江南》，以某位流亡人的经历记述这段惊心动魄的过程：从雨花台失守、撤出南京、船渡重庆，又折回汉口，她详细写下全过程的所见所闻。沙溯因一改女文青的温柔浪漫，她完全颠覆女文青的形象，愤怒揭露日寇造成的人间地狱，痛斥日军惨无人道的暴行。"我们应该怎样来洒雪这种耻辱，报复这种仇恨？""大家要抱着与敌人清算这笔血账的决心！"[45] 她用手中

---

[43] 《庞德传》作者保罗·塞尔（Paul Sayre）在评价庞德时说："我们在思想和行动领域最伟大的人，几乎总是随着岁月的流逝而调整自己的努力。" Paul Sayre, *The Life of Roscoe Pound*, Iowa City College of Law Committee, State University of Iowa, 1948, p.383.

[44] 郝铁川：《杨兆龙晚年悲剧的原因——民国末任最高检察长杨兆龙（十七）》，载《世纪》2019年第4期。

[45] 沙溯因：《如此江南！》，载《经世》1938年第25、27期"战时特刊"。

的笔宣传抗战鼓舞军民!

尽管战乱中生活颠沛流离,夫人和杨兆龙一起在战斗。杨兆龙一边开始转入抗战的工作与生活状态,一边继续研究司法制度问题。他在刊物上照常发表关于司法制度改革的文章,其中在其主编的《经世》上还发表了《法治的评价》(第1卷第3期)、《党化司法之意义与价值》(第1卷第5期、第6期连载)、《领事裁判权之撤废与国人应有之觉悟》(第1卷第12期)、《司法改革声中应注意之基本问题》(第2卷第1期)。杨兆龙在"党化司法"问题的讨论中有独到见解,把"党化司法"分解为三种:一是由党员主持的司法,二是受制于党的司法,三是建立在党的主义上的司法。他认为第三种是完善的。[46]

1938年6月杨兆龙针对抗战形势,在《经世》上发表了《我们的出路》,分析形势,总结前阶段的过失,指出"出路"在于"以坚毅果敢,切实沉着,团结一致的精神继续抗战"。此文落款是"二十七年六月九日汉口",[47]沙溯因5月中旬发表的文章中也提到"此次从重庆到汉口"[48]。看来他在抗战开始后,至迟到1938年6月之前已转移到汉口。但6月底他又离开汉口,《经世》也转由他人担任主编。[49]他去哪里了呢?抗战期间许多大学西迁,西北联大法商学院迁至陕西南郑。原来,杨兆龙曾在此校受邀担任过短期的西北联大法商学院院长。1941年至1944年,杨兆龙在教育部工作。[50] 1945年4月,他出任司法行政部刑事司司长,着手战争罪犯审判及汉奸惩治等相关准备工作,并在随后组建战犯罪证调查室,领导七百余名工作人员,搜集了日寇侵华罪行材料三十余万件。

与此同时,杨兆龙还从事着一项重要工作,那就是策划着邀请庞德

---

[46] 杨兆龙:《党化司法之意义与价值》,载《经世》1937年第1卷第5期。
[47] 杨兆龙:《我们的出路》,载《经世》1938年第17期"战时特刊"。
[48] 沙溯因:《一个相当严重的问题》,载《经世》1938年第15期"战时特刊"。
[49] 1938年7月1日出刊的《经世》之《编辑后记》提及"本刊主编杨兆龙先生因事暂时离汉,编辑之责,社长萧先生同同人勉嘱协中代理……"载《经世》1938年第18期"战时特刊"。
[50] 杨兆龙1945年10月28日致庞德信,载《杨兆龙文集》,第535页。

院长来华担任司法部顾问。但他与庞德一直失联。

1945年8月抗战结束。杨兆龙在这八年的战乱和负重中，不断挂念失联已久的美国老师，尤其是庞德院长。实际上，庞德也记挂着战乱中的中国学生杨兆龙，1940年庞德还把自己的新著作寄给杨兆龙。可是颠沛流离中的杨兆龙压根就不知道也没有收到这本代表庞德院长一番心意的书。[51]

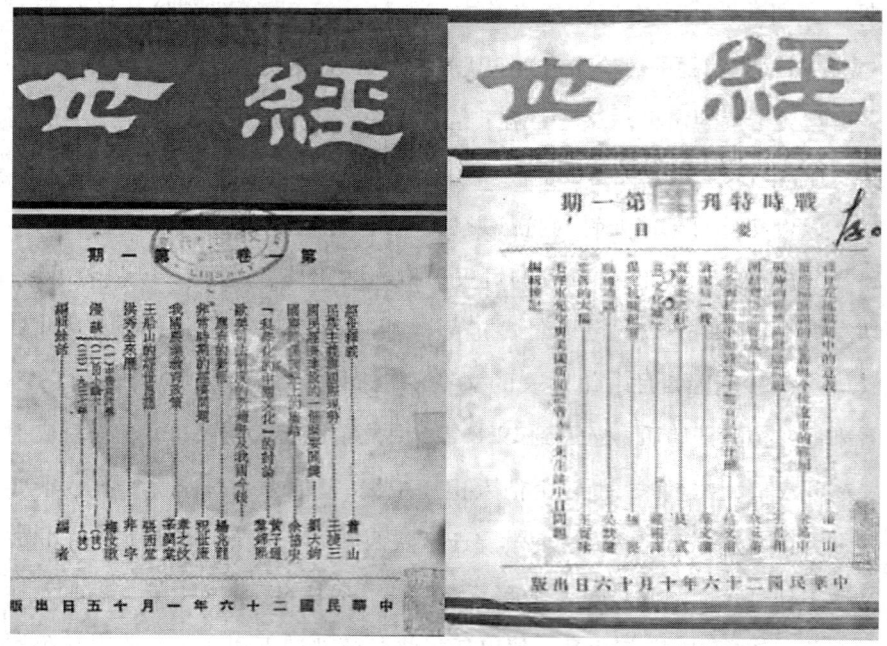

图3　杨兆龙的《经世》创刊号与《经世·战时特刊》

四、战后师徒之缘

1945年10月28日，杨兆龙在重庆提笔给他的老师庞德写信，他按照哈佛当年法学院同学校友的习惯，尊称庞德为"Dean Pound"（庞德院长），信中说：

---

[51] 《杨兆龙文集》，第536页。

尊敬的庞德院长：

八年的战争拉长了我们之间的地理距离，但是，如果不能说每一天的话，至少每一周都和您连在一起。无论是工作中还是日常生活中，这些年来学生不时地受到您的大作及思维方式的启发，这使您鼓舞人心的形象在学生的脑海里历久弥新。

我想您也依然记得我们在南京机场相遇的那个早上，其时您和夫人正准备离开南京去中国古老的首都北京。自那时起时事变迁甚大。战争把我们逼到了重庆，而将父母、子女及众多的亲戚朋友留在了敌占区，同时饱受生活中的其他艰辛。㊿

接着，杨兆龙向老师汇报自己八年来的工作经历，他说："过去六年里，我从未放弃过法律教育工作，如今我依然在重庆的一些法学院里教授比较法和法理学。"再接下来，他转入正题——中国政府在司法和立法体系的改革问题。他向庞德提到了司法行政部谢冠生㊼部长，说：

谢博士和我近年来经常谈起您，我们一致认为您最有能力帮助我们完成这件大事。谢部长已就此事与行政院的宋（子文——引者注）博士商谈过。他已愉快地同意司法行政部特邀请您做顾问的想法。

考虑到您年事已高以及您在美国的重要地位，在做此邀请前我们当然也曾犹豫不决。但您对中国以及中国学生的同情以及您过去对法

㊿ 《杨兆龙文集》，第535页。
㊼ 谢冠生（1897—1971），名寿昌，浙江嵊县（今嵊州）人，1922年毕业于上海震旦大学法科，赴法留学，入巴黎大学法学研究所。1924年，获巴黎大学法学博士学位。回国后任教于震旦大学并兼任复旦大学、持志大学、中国公学及法政大学教授。1926年冬，出任武汉国民政府外交部秘书，旋即任职于南京政府外交部，兼任中央大学法律系主任及法学院代理院长。1927年任国民政府外交部条约委员会委员，1927年至1929年任外交部条约委员会简任秘书。1930年4月年任司法部秘书长，1937年8月起任司法行政部部长。1945年5月，任国民党六届中央监察委员。1948年历任行政院政务委员、公务员惩戒委员会委员长兼司法院秘书长。1949年8月去台湾。

律改革的执着，让我们坚信：您一定会做出对我们最有利的决定。一旦收到您的同意，我们将会把盖有司法行政部印章的正式任命文件寄给您。

由于美元对中国货币的汇率偏高，所以尽管中国存在通货膨胀，中国的生活成本依然远低于美国。我相信您会很容易适应在中国生活。[54]

信中还接着谈到庞德75岁华诞纪念文集的事，提到请庞德给他这八年来的大作清单的事，请问候"失联"八年的哈佛法学院老师。最后，细心的杨兆龙还想到了庞德不会写中文，附寄了用中文写好的谢冠生和他本人的地址字条，说："需要给我们寄信时只需要把字条贴在信封上就可以了……"落款："您的学生：杨兆龙。"[55]

庞德如期给杨兆龙发来了电报并随后又寄来了信函，对司法行政部谢部长和杨兆龙的邀请表示了同意，并初步确定1946年6月到中国。而且，庞德真的向哈佛法学院同事转达了杨兆龙的问候。

中国自清末以来，因法律转型的需要，政府聘请顾问是有惯例的。过去有一批日本法学专家，后来北洋政府聘古德诺等人。南京政府自1930年起，就有立法院聘请美籍许理律师（曾任美国驻华检察使）为法律顾问一事。[56] 1933年7月即传出聘请意大利"拉温瓜"为法律顾问的消息，[57] 但未见后续报道。1933年11月决定聘法国籍爱斯嘉拉（参见魏文瀚篇第25脚注）为司法行政部法律顾问，任期两年，据云"为各院部参考国际法律情形起见"，"月薪二千元，爱约于明年一月左右抵华"。[58] 事实上，爱氏早在1923年就担任中国修订法律馆法律顾问。[59] 前面那个"拉温瓜"

---

[54] 《杨兆龙文集》，第535页。
[55] 《杨兆龙文集》，第536页。
[56] 《立法院聘任外籍顾问》，载《克雷斯》1930年4月21日。
[57] 《司法行政部聘义顾问》，载《申报》1933年7月8日。
[58] 《国府聘外籍法律顾问》，载《时事新报》（上海）1933年11月17日。
[59] 《上海律师公会欢宴爱斯嘉拉》，载《申报》1934年11月7日。

就是意大利人 Dr. Sttilio Lavagua（后官方译为"赖班亚"），1934 年至 1935 年，与爱氏同期先后聘任为法律顾问，他是意大利刑法学家、都灵大学法学博士，历任都灵刑庭庭长、罗马最高法院法官、建设部部长。1934 年赖氏来中国担任司法部顾问，与杨兆龙共事过，他俩还合作发表了一篇论文《意大利今日之法律学校》[60]，赖氏于 1935 年 10 月 10 日离开中国回意大利。[61] 此后，就面临战争前夕，政府有没有聘请新的法律顾问，不得而知。此次聘请庞德当顾问，启动于 1945 年 10 月，此时距离抗战结束仅一个月，足见政府对法制建设的重视。

1946 年 1 月，东吴大学教授倪征燠当时正好因公在美国考察，并专门去哈佛大学法学院拜访了庞德院长，当面向庞德谈定来华具体安排。[62] 这一连串的邀请举动背后，还有着更多鲜为人知的故事。一次偶然的机会，笔者在哈佛兰代尔图书馆的庞德档案里，竟然翻到了谢冠生亲笔题赠给庞德的个人肖像照片。在那个年代，赠送个人肖像照片，是十分正式的表达感情的方式。这位以书法（尤其隶书）闻名的司法部部长，亲笔用中英文题写：

庞德先生惠存　　谢冠生敬赠　一九四六、二、八。

"Hsieh Kwan Chen, Minister of Justice of China 1946"（谢冠生，中国司法部部长，1946）

照片的赠送时间恰恰是在邀请庞德的时间点——1946 年 2 月 8 日。此后，中国司法行政部拿到了行政院的批准文件，2 月 15 日，谢冠生给庞德发电报，正式确认了庞德担任顾问的聘请决定。2 月 19 日，杨兆龙继续给庞德写信，说："我们如期收到您的电报及随后寄来的信函，司法行政部长谢博士和我都感到一种难以言表的荣幸。"并告知庞德，已经从行政院

---

[60] 赖班亚、杨兆龙：《意大利今日之法律学校》，载《法学杂志》（上海）1934 年第 7 卷第 3 期。
[61] 《司法行政部顾问赖班亚返国》，载《新闻报》1935 年 10 月 12 日。
[62] 倪征燠：《淡泊从容莅海牙》，第 96 页。

拿到同意任命的正式文件。杨兆龙还在信中谈到了更多细节，包括是否与夫人一起来中国，政府给庞德的薪酬将每月寄给他，庞德及夫人的国际旅费最好是到达之后按实际支出支付，等等。[63] 在这封信中还有一件事值得一提，杨兆龙信中说："由于需要使用中文名字，我们斗胆为您选了一个由两个汉字组成的名字，发音与您的名字相似，意为'崇高的美德'或'伟大的人格'……中国报纸对您接受顾问任命一事深感兴趣……"[64] 至此，"庞德"对照"滂恩"和"滂特"这两个怪怪的名字，实在令人唏嘘。汉字很奇妙，洋文汉译更奇妙：不同的字虽然读音相同却有不同的含义、不同的尊敬程度。

2月中旬，司法行政部即把这一消息透露出去，中西文各大报纸争相报道这一消息。庞德自己也于2月13日在美国对媒体透露，说司法部顾问一事已经签约了。[65] 20天后，1946年3月9日，庞德很高兴地回信，称："我正通过电报告诉你我将坐飞机去中国（如果可能的话），我夫人伴我同行。你们对我的薪酬的安排我很满意，事实上真的令我感激。""非常感谢你们为我取了个中国名字，但想要名符其实恐怕真的不容易啊！"[66]

五、从得力助手，到无言分手

77岁的庞德在哈佛即将退休，加上他"thought and action"（思想与行动）的抱负和性格，壮志未酬似的，这都决定了他会风风火火地积极应聘。果然，他于次年1946年6月23日（星期六）偕夫人自美国乘飞机抵达上海，不日赴南京。[67]《中央日报》以社论形式发表了《欢迎庞德教

---

[63]《杨兆龙文集》，第536页。
[64]《杨兆龙文集》，第536页。
[65] "Dean Emeritus Roscoe Pound of Harvard Law School said on Wednesday that he has tentatively accepted the appointment from the Chinese Ministry of Justice", *The North-China Daily News*, February 16, 1946, p. 5.
[66]《杨兆龙文集》，第537页。
[67] Dean Roscoe Pound Expected Here Soon, *The Shanghai Evening Post and Mercury*, June 26, 1946, p. 1.

授》(68)。这是他第三次来中国，但角色和任务完全不同于前两次。

只花了十多天工夫，庞德接连产出到中国后的“成果”，这显然是离不开杨兆龙的协助。7月12日，庞德发表了四点“初诊”意见：（1）保持中国现行的大陆法系。（2）现行法典大体完善，法律思想亦颇进步。（3）应对自己抱有信心，不盲从外人，尤应于最短期内创造、培养合于自己国情之法律制度。（4）要填补“解释法典”的编纂。(69) 8月7日，庞德在杨兆龙的协助下，草拟完成创设“中国法律中心”计划纲要，建议中国成立研究中国法律的中心组织，编写《中国法通典》。8月20日，又提出关于改进中国法律教育问题的报告。司法行政部根据其建议，曾决定邀请国内法学专家编纂一套具有相当权威性的法律教科书，以利于培养法律人才。名义上由谢冠生主持，实际上由杨兆龙与庞德合作来推动此项工作。(70) 8月30日，谢冠生陪同庞德到庐山牯岭拜访了蒋介石。蒋与夫人宋美龄设晚宴招待，对庞德为中国改革司法制度表示感谢。席后，蒋介石兴致甚浓，宾主于行辕林间弈棋散步，至23点才欢散。(71) 这种场合，留法海归谢部长一定是拉上杨兆龙陪同并作英语翻译的。的确，谢冠生1965年在台北写《追怀庞德教授》时，没有提及大陆的杨兆龙，这已有妥适的解释。(72) 实际上，庞德在中国与官方几乎所有的交谈，都有杨兆龙在场。庞德认为“五五宪草”相关规定极适合中国国情，不赞成某些人认为的两院内阁制。(73) 这个观点很可能是这次牯岭会面时说的。

庞德这次在中国短暂停留了两个多月。9月17日午后，“赴江湾机场，送庞德顾问行，以机件欠佳未飞，改至明日”(74)。9月18日，庞德夫妇暂

(68) 《欢迎庞德教授》，载《中央日报》1946年7月3日。

(69) 郝铁川：《杨兆龙与司徒雷登、庞德——民国政府末任最高检察长杨兆龙（六）》。

(70) 郝铁川：《杨兆龙与司徒雷登、庞德——民国政府末任最高检察长杨兆龙（六）》。

(71) 《主席宴庞德》，载《中央日报》1946年8月31日。另参见《主席夫人欢宴庞德》，载《民国日报》1946年8月31日。

(72) 《杨兆龙文集》编者在注释中解释称，因杨在中国大陆，故谢氏不提杨。参见谢冠生：《追怀庞德教授》，载《杨兆龙文集》，第669页。

(73) 《庞德教授的临别赠言》，载《申报》1946年9月19日。

(74) 谢冠生：《追怀庞德教授》，载《杨兆龙文集》，第671页。

时离开中国返美。[75] 这多半是为处理退休的事宜。果然，1947 年 6 月，庞德从哈佛办完退休手续。[76]

就在庞德暂回美国期间，刑事司司长杨兆龙也率中国司法考察团赴美。他原定 1946 年 11 月出发，后因故（很可能是航空改海船的交通问题）延到 1947 年 1 月。杨兆龙一行 1 月 30 日到达旧金山，并给庞德写信报告了到达信息。杨在美期间协助庞德拟定《中国法通典》(*The Institutes of the Chinese Law*) 的计划大纲，这是庞德顾问就中国司法改革提出的系列创意——创设"中国法学中心"的一个首要工作。[77] 6 月 10 日，庞德为杨兆龙写了 11 封推荐信，介绍他到美国国务院艾奇逊、华盛顿参议院三议员处拜访，此外还有推荐信致英国剑桥大学三位教授、英国牛津古特哈特教授、奥地利维也纳大学一教授、荷兰海牙一先生、意大利罗马一教授。其中给欧洲的推荐信提到"他正在欧洲购书准备重置司法行政部的图书馆，因其在日本侵占期间被损坏"。[78] 杨 6 月 20 日到达英国，7 月 10 日代表中国参加一个国际会议，8 月后返回中国。[79]

整整一年后，庞德偕夫人于 1947 年 9 月 17 日重返中国。[80] 这一回，他是准备在中国长呆一段了。中国的英文报纸报道这一消息，说："最近从哈佛大学法学院退休的院长罗斯科·庞德正准备自本周六起在中国工作，他将在这里修订和完善中国的法律法规。庞德将由杨兆龙博士陪同，

---

[75] "Dean Roscoe Pound, of the Harvard Law School, and Mrs. Pound left for the US 1: 30 pm.", *The Shanghai Evening Post and Mercury*, September 17, 1946, p. 2. 另参见《庞德将返美半年后再来》，载《大公报》（天津）1946 年 9 月 10 日。

[76] "庞德希望 1947 年 6 月能完成他在哈佛大学 37 年的教学生涯，以及半个多世纪的教学生涯。"参见 Paul Sayre, *The Life of Roscoe Pound*, Iowa City College of Law Committee, State University of Iowa, 1948, p. 12.

[77] 庞德、杨兆龙：《关于撰写中国法通典的计划大纲》，载《杨兆龙文集》，第 554 页。

[78] 庞德为杨兆龙写的 11 封推荐信。载《杨兆龙文集》，第 541—543 页。

[79] 杨兆龙 1947 年 7 月 7 日从巴黎致美国庞德信。载《杨兆龙文集》，第 543—544 页。

[80] Paul Sayre, *The Life of Roscoe Pound*, Iowa City College of Law Committee, State University of Iowa, 1948, p. 384.

杨博士是他在哈佛大学 1935 年的学生,他将担任庞德的助手。"[81]谢冠生回忆说"9 月 25 日,庞德顾问夫妇与杨兆龙司长,自美行抵南京。"[82]此处提到了"杨兆龙司长"。次日庞德谈工作计划,10 月 10 日,亮公(王亮畴)先生来找谢冠生谈了好久,"对庞德顾问计划,认为过于庞大,应就我国需要作标准,酌加修正"。[83]

1947 年 11 月上旬在南京召开的国民政府全国司法行政检讨会上,时任刑事司司长杨兆龙与庞德顾问合作联名提出三项司法改革的议案,分别是《请确定简化诉讼程序之斟酌原则案》《关于公务员违法分割人民之自由或权利的惩戒与赔偿应如何实施案》《关于人民身体自由之保障程序应如何实施一案》。[84]

1948 年 6 月 14 日,庞德任团长、杨兆龙为副团长的司法调查团一行17 人从南京到达上海。正副团长下榻汇中饭店。上海高地两级法院负责接待。14 日中午,高院郭云观院长、地院查良鉴院长宴请调查团。下午考察高地两院及高检地检两处。15 日调查上海监狱及第一、二、三看守所。16日司法人员与治安机构代表座谈会,以提供行宪后修改法律之参考。17 日调查社会局、市警局及其他救济机关。18 日赴杭州沿浙赣线一路进行调查。新闻中还提到该美籍团长不会讲中国话,由副团长杨兆龙翻译。[85]

1948 年 6 月 18 日,庞德一行自上海抵达杭州。6 月 19 日,庞德、杨兆龙在杭州司法调查座谈会。[86]司法调查团在杭州调查各司法机关,并出席杭州市律师公会举行的"律师及司法问题"座谈会。1948 年 6 月 15 日教育部(部长朱家骅)令称:"查司法行政部顾问庞德先生此次率领司法

---

[81] "Dean Roscoe Pound Recently Retired From the Harvard University Law school", *The North-China Daily News*, Shanghai, September 22, 1947.
[82] 谢冠生:《追怀庞德教授》,载《杨兆龙文集》,第 671 页。
[83] 谢冠生:《追怀庞德教授》,载《杨兆龙文集》,第 671 页。
[84] 《杨兆龙文集》,第 545 页。
[85] 《司法调查团到上海当天开始调查工作,美籍团长庞德氏的薪津等于二百个法官的月俸》,载《大公报》(天津)1948 年 6 月 17 日。
[86] 《杨兆龙文集》,第 552—553 页。

调查团赴各地考察道经沪杭，业由本部商请，在沪杭作公开讲演以资倡导法律教育。其地点及日期除在杭讲演由浙江大学负责接洽举行外，在上海应由同济、复旦、暨南、上海法学院、东吴、大厦联合举行，由同济大学与庞德先生就地洽定负责邀集举行。"[87]庞德在杨兆龙和浙大法学院李浩培院长陪同下，向师生作了学术演讲，李浩培亲自担任翻译。6月21日，同济大学法学院院长徐道隣致电杭州高等法院转司法调查团副团长杨兆龙，称："此间同济、复旦、暨南、上法、东吴、大厦六大学拟请庞德先生本月二十九日晚八时讲演，时间方便否，请惠询电示。"杨兆龙接电后经与庞德沟通，确定了此事，最后按徐道隣的请求，于6月29日晚上8点一刻，庞德在震旦大学礼堂顺利开讲，题目为"法律之社会化"，七校师生及社会人士参加了演讲会。[88]

1948年春，还在中国的庞德曾应 Harvard Law School Record（《哈佛法学院纪事》）的询问，写了一篇《我对中国的印象》，其中讲到中国从抗战胜利后的迅速变化。他说我到中国的时候，政府刚从重庆搬回到南京，但是建设很快，变化很大，包括恢复大学，也包括恢复司法系统。他还提到说，我每天看报，现在中国的报纸随意批评政府，可是中国现在是战争状态，如果是美国处在这种战争状态，是不容许这样的自由的。特别强调了中国"官员资格很高"，说他们大都有良好的教育背景，还专门列举他印象深刻的人士，评价最高的是陈立夫，然后讲到孙科、朱家骅、谢冠生、王宠惠还有上海临时法院院长（指吴经熊），认为他们完全可以与美国官员比肩。[89]庞德没有提到他的学生杨兆龙。看得出来，庞德对国民政府的工作有许多肯定，并抱有期待和信心。但从他的观察和分析来看，作

---

[87] 《教育部（部长朱家骅）为洽定庞德先生在沪讲演事宜致同济大学令》（1948年6月15日），载同济大学法学院编：《继往——同济大学法学院创办档案辑存（1945—1949）》，第185页。

[88] 同济大学法学院编：《继往——同济大学法学院创办档案辑存（1945—1949）》，第185—186页。

[89] Dean Roscoe Pound：《我对中国的印象》，祖印译，载《北方杂志》1948年第3卷第6期。

为顾问和客人，他其实只是个局外人，压根不知道这个政府的深层危机，更不懂这片土地上根深蒂固的文化问题。

文章至此，读者一定关心一个问题，庞德在中国一年半，薪酬到底是多少钱？官方在聘任手续中没有透露，从杨兆龙给庞德的信来看，是每半年一付。当时天津《大公报》有文章说，中国政府支付给庞德"每月薪水两千元，另外还有津贴五百元"。报道的副标题有一条"美籍团长庞德氏的薪津等于二百个法官的月俸"。[90] 一个疑问是，庞德1946年下半年不在中国，也收到了半年的薪酬。[91] 会不会是在美国期间的全年都支付？不过他在美国的这一年也为中国政府做事，比如把中国《临时宪法》和《政府组织法》作英译，答复中国司法部提出的问题，审阅一些司法改革与法律教育的文件。有学者从谢冠生1945年10月28日致庞德信及其他佐证中得知，庞德总薪酬为37500美元。[92]

庞德赴各地演讲，成为当时中西法学交流的盛事，这期间大部分是由杨兆龙陪同并担任翻译的。离华之前他仍然继续作演讲，1948年10月2日上午，庞德在南京中央大学参加中国社会学年会，并作演讲《社会学与法学的关系》。下午在金陵大学参加会议，3日在金陵女大作演讲。[93] 在计划中，庞德还将赴武汉大学、北京大学等作演讲。

庞德在中国担任法律顾问期间，与传记作者保持两地书沟通，因而他在中国的活动也有少量录入这本《庞德传》之中。1947年9月30日，庞德在中国最后一次给保罗·塞尔写信说：

> 我在这儿很好，很便利，有良好的供应，已经向部长提交了一份12页的项目报告，分五部分：一是典型省份和全国的司法、民事和刑

---

[90] 《司法调查团到上海当天开始调查工作，美籍团长庞德氏的薪津等于二百个法官的月俸》，载《大公报》（天津）1948年6月17日。

[91] 据杨兆龙1946年9月24日致庞德信。载《杨兆龙文集》，第538页。

[92] 据谢冠生1945年10月28日致庞德信。参见王婧：《庞德论中国法律：社会学法理学思想的一次应用》，载《华东政法大学学报》2010年第4期。

[93] 《中国社会学社昨举行年会》，载《益世报》（天津）1948年10月3日。

事行政调查；二是法官、法学教师和执业人员会议；三是一个中国统一的司法中心，效仿美国法律制度模式，创制一系列中国法制度，其中我已经提交了详细的计划；四是关于中国法律教育的第二份报告，特别涉及正式的法律院校课程；五是实践性法律职业机构。前两项正在为以后的工作做准备，但我会推动第三项的组织工作。这是我做过的最大的工作。但这里的人都和我在一起，看来我能成功。[94]

这封信的字里行间流露出对这个异国环境的满意，也可以看到，庞德这个阶段的工作很顺利，他也充满信心和乐观的愿景。《庞德传》的作者保罗·塞尔谈到庞德来中国工作，是这么解读的：

在思想上，罗斯科·庞德多年来一直是一个世界人物。最近，尤其是他的海外旅行和他关于国际法的著作，在这个动荡的世界和这个关键时刻产生了巨大的影响。这次对中国的正式访问也是他作为世界法学家服务的一部分。中国是世界上人口最多、文化传统最悠久、最伟大的民族之一。罗斯科·庞德为这个令人惊讶的正自我更新的国家之法律秩序作出了智识贡献，这实际上是一件很难想象的事情。

从正式意义上说，他那时去中国将标志着一个全新的职业生涯，尽管他所有的努力都有内在的一致性。他将在中国待多久还不能估计。他认为他目前在那里的工作范围将意味着，在那个国家工作几年，甚至更长时间。无论如何，他要离开本国去东方工作，他带着工作所包含的永恒内涵而离开。[95]

可是一个多月后，1948年11月16日，美国驻华大使司徒雷登催促庞德

---

[94] Paul Sayre, *The Life of Roscoe Pound*, Iowa City College of Law Committee, State University of Iowa, 1948, p. 385.

[95] Paul Sayre, *The Life of Roscoe Pound*, Iowa City College of Law Committee, State University of Iowa, 1948, p. 12.

离华返美！谢冠生回忆中说："连日徐州战事，我方颇称得手，但美使馆根据共方广播，谓徐州已于十五日失陷，昨一日间，发通告四次，催庞氏离京"。11月21日庞德夫妇离京返美，"据言迫于美使馆之敦促，不得不行"。(96)

就在这一年，保罗·塞尔完成并出版了《庞德传》，传记写了庞德的丰富经历：童年、学校读书、钻研植物学、从业律师、政治领导力、州法院法官、法律教学、哈佛法学教授、哈佛法学院院长、行政事务、友谊与休闲、法学家等。《庞德传》很快寄给了远在中国的庞德。1948年11月16日——正是司徒雷登四次催促庞德的那一天，庞德把亲笔签名的《庞德传》赠送给杨兆龙。这也就是说，他离开中国前五天，把书赠送给了杨兆龙。可以想象，庞德一定是带着"壮志未酬"的沮丧心情离开中国的。这本赠书，成为庞德留给杨兆龙的最后一件礼物。在经历半世纪风雨之后，敝斋有幸收藏了这本有象征意义的赠书。

图4　罗斯科·庞德1948年11月16日签赠给杨兆龙博士的*The Life of Roscoe Pound*（《庞德传》）（然否斋藏）

(96) 谢冠生：《追怀庞德教授》，载《杨兆龙文集》，第672页。

对于个人情感来说，这本书无疑是庞德和杨博士师徒二人情谊的见证，浓缩了赠书人与受赠人之间的往事与情感；对于历史事实来说，它也是庞德与中国法制缘分的见证，代表着法科知识人在法制变革中发挥作用的一段特殊路径。

1949年1月中旬，庞德在美国麻省家中接受了记者采访，他分析并预测说："余不信中国今日之局面较日本侵华时更严重。"他不相信民国政府会失败。[97] 可是他没有想到的是，他的学生杨兆龙刚刚受命担任民国政府的首席检察长，受妻妹沙轶因的劝说，正在暗中帮助中共地下组织，释放了一大批地下党和爱国热血青年。

---

[97] 《庞德教授深信我能抗御共党》，载《中央日报》1949年1月18日。

倪征燠——淡泊与平庸的边界在哪?

图 1　倪征燠（1906—2003）

今天的人们都把倪征燠称为著名"法学家"，实际上他是长期从事民事审判实务的法官，是终身从事司法实务的法律家。人们常会把法学家与法律家的角色混淆，连法律界人士也不例外。倪征燠在我们法律晚辈心目中，是怎样的印象？他是位低调、淡泊、谦逊、儒雅的人。倪征燠最注重"淡泊"心态，自传就取名为《淡泊从容莅海牙》。殊不知他年轻时却是个张扬、时尚、不淡定的大学生，被姐姐痛批为"锋芒太露"，"二用其心，恐难一志"。这些都是他的自传《淡泊从容莅海牙》中没有写到的。

那么，淡泊是一种怎样的体验？淡泊与淡定，与平庸，它们之间的界限在哪里？这是个极难界定的问题。通过倪征燠，或许可作些解读。

一、锋芒太露，二用其心

倪征燠，字哲存，1906 年 7 月出生于苏州府吴江县（现苏州市吴江区）黎里镇的一个富裕的书香大家庭。苏州是江南水乡，人杰地灵，历史文化源远流长，文化人物辈出。有人从 1894 年中日甲午战争到 1949 年前的半个世纪中，收集到家在苏州先后去国外的留学生有 967 人，其中去美国的有 451 人，日本有 314 人，法国有 59 人，英国有 57 人，德国有 49 人，比利时有 13 人，此外还有意大利、加拿大、奥地利、瑞士、西班牙、苏联、捷克等等，所读专业遍及各个领域。[1]

仅吴江县，历史名人就有春秋时期的范蠡、唐代文学家陆龟蒙、清代天文学家王锡阐、辛亥革命风云人物陈去病、南社创始人柳亚子以及费氏三兄弟等。倪家是当地的大户人家，倪征燠的父亲是老秀才，五子四女 9 人中，倪征燠排行最幼。除了让他接受正式的学堂教育，倪父每晚为他讲授《史记》《汉书》。倪家兄弟姐妹大都是读书人，且清秀俊美，唯幼弟征燠五官宽大、富态憨相。有父母和家人的宠爱，又深受哥哥姐姐们的影响，他是个骄而不娇的小弟。

倪征燠 1919 年完成吴江县第四高等小学的学业，离开家乡，来到中西文化交汇的大上海读书，曾在上海澄衷中学和有浸信会背景的沪江大学附中就读。他 1924 年直接进入沪江大学选读文科。他爱好广泛，喜欢中国戏曲，尤其精通昆剧，还能登台表演。他在晚年时回忆说昆剧、京剧中有许多讲冤案审判的戏，"我受小说和戏剧的影响，对清官十分向往，这对我后来选择要学法律，有很大影响"[2]。倪征燠在沪江没到毕业，即于 1925 年转学至东吴大学法学院，在夜班学习法律。

东吴法学院夜班生倪征燠转眼读完两年，知道自己该"收心"了。他打算赴美国留学，准备报考斯坦福大学的 J. D.（法律博士），但他这时缺乏斯坦福 J. D. 的申请资格——除三年法律学习之外，还需要文学士学

---

[1] 姚永新：《苏州留学生名录（初稿）》，载政协苏州市委员会文史资料研究委员会编：《苏州文史资料》（十五），1986 年版，第 179 页。

[2] 倪征燠：《淡泊从容莅海牙》，第 14—15 页。

位。③ 此时持志大学校长何世桢教授正在东吴兼任刑法课。征噢便请教何教授。何教授知其英文能力强，建议他插班入读持志大学文科英文系，随即为倪征噢入学持志大学提供了便利。④ 1927年，倪征噢在插班后短短的一年时间里，仍然活跃于持志大学的课外活动，担任《持志年刊》英文编辑主任⑤，他英文好到能当老师去母校澄衷中学教课。征噢同学天性聪慧，是个精力旺盛到"一分为三"有"分身术"的人。他包了一辆人力车，每天在持志、澄衷（兼任教员）、东吴三校之间跑，早晨先去持志赶上两堂课，然后去澄衷教课，午饭后即返东吴宿舍，接着在东吴上夜课。⑥ 在持志虽只有一年，但有良师授课，课外活动丰富。他爱好广泛，热衷于各种文体活动，甚至诸如游艺，表演火棍，还担任校内"游艺场主任"。⑦ 他还代表持志大学参加高校英语演说比赛，获得英语演说第一名。⑧ 所以他本人后来也说，持志的课外活动比东吴只有模拟法庭，显得更丰富多彩，因为东吴只是一所夜校。⑨

1928年6月，东吴法学院14位毕业生获法学士学位，倪征噢、鄂森、李浩培（参见专篇）都在其中，清一色男生。征噢同学系上蝴蝶结领结，去拍了毕业照。⑩ 与此同时，倪征噢在持志大学获得文学士学位，又是持志同届13位男女毕业生之一。⑪ 拿到双学士学位时，他只有22岁。有意思的是毕业纪念册上，倪征噢毕业照旁边，附了胞姐征玢给弟弟的一段赠言——《勉噢弟毕业持志词》，把弟弟在沪江的"问题"含蓄地"兜"了

---

③ 斯坦福大学 J. D. 学位的申请资格，参见王伟：《中国近代留洋法学博士考（1905—1950）》，第52页。
④ 俞可：《持我此志而努力教育》，载《上海教育》2013年第9期。
⑤ 《一九二八年年刊社职员：倪征噢，英文编辑主任（照片）》，载《持志年刊》1928年第3期。
⑥ 倪征噢：《淡泊从容莅海牙》，第27页。
⑦ 《游艺场主任倪征噢（中）表演火棍（照片）》，载《中国摄影学会画报》1927年第97期。
⑧ 《本校国语英语演说得胜利》，载《持志年刊》1928年第3期。
⑨ 倪征噢：《淡泊从容莅海牙》，第28页。
⑩ 东吴大学1928级毕业同学中有多位从持志转学或跨校学生，如倪征噢、李浩培等，因此《持志年刊》上刊登的东吴同学会合影。参见《持志年刊》1928年第3期。
⑪ 《持志大学1928届英文系毕业生合影》，载《持志年刊》1928年第3期。

出来。现照录如下（标点为笔者所加）：

> 自来造物忌才，古有明戒。顾造物虚空缥缈，漠然廖廓。何与于人之荣辱得失哉？大抵锋芒太露，则易招物忌。物忌多则举措荆棘而挫折随之。方吾弟在沪江时，课外复从事他艺，二用其心，恐难一志，已为弟怼焉忧之矣。迨民国十四年，转学东吴法校，因永昼多暇，分闲任教于澄衷母校。两地奔波，教读并进，心力易瘁，尤窃为虞之。十六年秋，复兼读持志大学文科，数业兼营，仆仆为劳。致弱冠华年，渐形衰老。而弟毅不辞劳，锐意进取。今夏且卒业东吴持志，此后晨昏，更不知若何粟禄。呜呼！莽莽神州，中原多故，忧世方殷，养生有待。孟子曰"持其志勿暴其气"。噢弟勉乎哉？爰缀数语以赠曰：江流浩瀚，大海朝宗，不让土壤。泰山是崇，茫茫前程。积健为雄，养我浩然，先哲可风。廖此数言，余心忡忡。胞姐征玙书于吴江尊师堂。⑫

图 2　姐姐倪征玙给弟弟的一段毕业赠言（1928）

---

⑫《倪征噢文学士》，载《持志年刊》1928 年第 3 期。

这姐姐汉语功底之深厚，思想表达之精到，真不是一般的姐姐。征嗯的这个姐姐名叫倪征玛，毕业于苏州景海女学[13]，即景海女子师范学校。[14]她曾多次在上海圣玛丽亚女校样刊或妇女杂志发表文章[15]，如《望国人力争取消二十一条》[16]。征玛在《程叙》一文中有这样一段寄语圣玛利亚学生会的话："圣玛利亚之有学生会，始于民国八年，当五四运动剧烈之时，全国同志组织学生联合总会于上海，吾校同人以为'天下兴亡匹夫有责'，爱国举动，何让须眉，故亦尝奔走呼号，竭尽棉薄。"[17] 从其所写的多篇文章看，[18] 推测应该是该校中文系教师，是经历过五四运动洗礼的文学青年。有这样的姐姐引领，为人做事有方向感，真是弟弟的福分。

姐姐这篇赠言，对弟弟的影响不同凡响，对我们读者来讲信息量也很大。不妨听姐姐说吧：弟弟在沪江时，爱好广泛，才华横溢，然而一心二用，难以专一，受过挫折。爱弟弟知弟弟者，姐姐也！姐姐知其才气侧漏，锋芒毕露。弟弟的特点和毛病跃然纸上！姐姐深知弟弟在未结束沪江学习之前，就有反思，怒焉（nì yān，忧思伤痛）如捣，沉痛反思。弟弟在沪江"遭遇"专业上的挫折后，遂于1925年离开沪江，转学入读东吴大学法科。可是他精力过盛，仍然很拼。一边在东吴读法科，一边还在母校澄衷中学兼课，奔波劳累，姐姐尤其为弟弟心力和身体担忧。姐姐给弟弟提出了期待和建议："忧世方殷，养生有待。"别着急呀，身体是革命的本钱，"积健为雄，养我浩然，先哲可风"，未来一切有你施展之天地也。可是，这里还有个问题不清楚——在沪江之"一心二用"，到底发生了什

---

[13] 倪征玛：《国文范作：书韩退之答刘秀才论史书后》，载《妇女杂志》（上海）1916年第2卷第11期。

[14] 景海女子师范学校原为美国传教士海淑德的"景海女塾"，建于1902年，1917年改名为景海女子师范学校。它是中国近代新式教育的早期代表，赵斋石、杨荫榆、王季玉、吴贻芳等著名教育家都曾在此任教或求学，为近代中国培养了一批杰出人才。景海女校旧址现位于苏州市姑苏区十梓街1号苏州大学本部校园内。

[15] 倪征玛：《中文甲子级级史》，载《凤藻》（上海）1924年第6期。

[16] 倪征玛：《望国人力争取消二十一条》，载《凤藻》（上海）1924年第6期。

[17] 倪征玛：《程叙》，载《凤藻》（上海）1926年第8期。

[18] 倪征玛：《望国人力争取消二十一条》，载《凤藻》（上海）1924年第6期。倪征玛：《程叙》，载《凤藻》（上海）1926年第8期。

么"实质性"事件?

倪征𣋉同学确实是个有福之人。1928年9月,他顺利赴美求学,入斯坦福大学攻读J. D.学位。留学期间,他一如既往地"拼",仅一年时间,就结束学习,于1929年获斯坦福大学博士学位。1930年—1931年,倪征𣋉任美国约翰斯·霍普金斯大学法学研究所荣誉研究员。[19] 可是,问题又来了,从美国拿到法律博士学位毕业了,为什么不回国,怎么又去美国东部?为何进了约翰斯·霍普金斯大学?

原来,倪征𣋉1924年从沪江附中直接升入沪江大学后,认识了一位比他年长的同级女同学张凤桢。她是"上海城里人"[20],是沪江大学1923级社会学系学生,清秀聪慧,品学优异。就此我们可以知道倪同学在1924至1925这一年发生了什么。大二的倪征𣋉转学到了东吴法学院,二人仍然保持联系。倪征𣋉比张凤桢晚了一年——张凤桢1927年从沪江毕业后赴美,入约翰斯·霍普金斯大学学习心理学。倪征𣋉1928年6月24日参加了隆重的东吴毕业典礼,获得法学士学位。两个月后,他沿着张凤桢的步伐,登船赴美。虽然比张凤桢晚一年到美国,但倪征𣋉却比张凤桢早一年拿到了博士学位。1929年6月从斯坦福毕业后,本来可以直接回国。但倪征𣋉风尘仆仆横跨美国,从西岸来到东岸,进入约翰斯·霍普金斯大学作研究。为什么?他在自传中绕半天只说仰慕约翰斯·霍普金斯大学,仰慕古德诺(Goodnow)教授,等等。[21] 实际上,关键原因在于——他的女神张凤桢在这里。直到1983年他去美国纽约大学演讲时,才幽默地一语点明去霍普金斯大学的原因:"当时我的未婚妻在那里学习。"[22] 张凤桢获得哲学博士学位时,两人的爱情也瓜熟蒂落。1930年6月14日他们在美国结婚,搭"灰狗"巴士从东岸到西岸全程蜜月旅行后,登船回到上海。[23]

---

[19] 王伟:《中国近代留洋法学博士考(1905—1950)》,第84—85页。
[20] 倪征𣋉:《淡泊从容莅海牙》,第35页。
[21] 倪征𣋉:《淡泊从容莅海牙》,第34—35页。
[22] 倪征𣋉:《淡泊从容莅海牙》,第192页。
[23] 倪征𣋉:《淡泊从容莅海牙》,第35页。

二、专一其志，投身司法

倪氏夫妇1930年7月回到上海，不久，凤桢的姐姐维桢带着夫婿罗家伦来上海看望他们。倪夫人已在姓氏前加倪字——倪张凤桢进入中西女塾任教，[24]后来在大夏、东吴任教。当年到上海从事律师的法科海归不少，倪征𣋎在东吴和斯坦福的同级老同学鄂森[25]，1929年冬先于倪征𣋎一步回国，在上海执业律师。于是，倪征𣋎与鄂森一起做律师。倪征𣋎于1930年下半年加入上海律师公会。[26]他与鄂森还兼在东吴大学、大夏大学、持志大学讲授国际法、国际私法、比较民法、法理学等课程。倪征𣋎在《持志年刊》上的教授介绍中，肖像照片尤其时尚，英俊潇洒。

倪征𣋎的淡定从容到底何时开始的？据笔者阅读，自从大学毕业收到姐姐倪征玘的评语后，他开始有所触动。和他的女神凤桢结婚后，就开始拥有淡定从容的心态了。不时会想到劳逸结合，一到节假日，他就和夫人作短程旅行，常熟、昆山、佘山是常去之地。[27]倪征𣋎当律师也遇到过出名的机会：1931年春，著名影星胡蝶与林雪怀因订婚三年为解除婚约闹翻，胡蝶向公共租界的上海特区法院起诉，由该院民庭审理，倪征𣋎与鄂森共同担任被告林雪怀的律师。2月28日上午，倪鄂二律师在第一次庭审中有尚佳的表现，在上海滩轰动一时。[28]另据八卦说，法院判决解除婚约并由林支付六百元给胡蝶。可是后来林雪怀无力支付，胡蝶申请强制执行

---

[24] 中西女塾的年刊《墨梯》师资介绍中有倪张凤桢。参见 Faculty: Pastory: Mlle. A. Simonet、Miss Wong Tsei Kyoen（王采娟）、Mrs. Yi（倪张凤桢），载《墨梯》1931年第1931期。

[25] 鄂森（1902—1970），又名鄂浚，字吕弓，江苏省扬州人，1919年获林肯大学法学学士学位，1928年东吴大学法律学院毕业后赴美，攻读斯坦福大学J.D.（法律博士）。未获学位即于1929年回国，在上海任律师，并兼任东吴大学法律学院教授。1944年，短暂担任东吴大学法学院院长，1945年8月，任上海社会局第一处处长，半年后辞职。1947年以检察官顾问身份，参与日本东京同盟国远东军事法庭。1948年2月，任南京国民政府行政院参事，五个月后辞职返沪任教。1949年后，担任东吴大学法学院教务长、院务委员。1953年因历史问题受管制3年。

[26] 《上海律师公会会员录》，载《上海律师公会报告书》1931年第28期。

[27] 倪征𣋎：《淡泊从容莅海牙》，第53页。

[28] 《上海特区法院中之胡蝶与林雪怀》，载《益世报》（天津）1931年3月5—6日。

才封了林的账号。

不久淞沪战起，律师业务和日常生活受影响，倪征噢准备另谋出路。或许可以推测，倪氏并不热衷于律务，还是认为安稳点舒适。于是经原东吴比较刑法老师董康向司法行政部罗文干部长推荐[29]，他于1932年进入司法行政部编纂室工作，从事国外司法资料的翻译。在这里工作的还有魏文瀚和后来的查良鉴等人。当时取消领事裁判权、收回治外法权和司法改良仍是中国社会一个相当持久的"连环"主题。但中国在司法改良上没有经验，最好的路径是借助于他山之石。作为留美海归，当然关注美国司法改革，倪征噢注意到美国亦有学者建议要借鉴英国司法制度，于是他抽空翻译了美国学者 Samuel Clark 的《英国民事案件上诉程序》全文，刊于中华法学会的月刊《中华法学杂志》。[30] 这是他这些年来唯一的文章。后来，北大法律系主任郭云观教授来当编纂室主任。在主任领导下，倪征噢他们翻译了一批外国法典，并共同研究上海租界内的法院报过来的外国领事裁判权实施情况，以及外国对中国实施新法后的反映。因罗文干而得以出任司法次长的郑天锡，带队赴浙闽两省考察司法，年轻人倪征噢是唯一被点名参加的，这成为他此生第一次以官员身份外出考察，见了"世面"，初次体验了社会百态。

笔者发现，司法行政部1933年2月有份撤销律师登录的第2746号令，其中有吴经熊撤销律师执照，同时另一位被撤销律师执照的律师叫倪张凤桢。[31] 倪张凤桢于1931年8月至1932年12月间加入上海律师公会。[32] 这大概是受倪征噢律师的影响，学社会学、心理学的夫人倪张凤桢也考取了律师执照。1933年上半年，倪征噢被派往上海，出任位于原公共租界的特

---

[29] 倪征噢：《淡泊从容莅海牙》，第44页。
[30] Samuel Clark：《英国民事案件上诉程序》，倪征噢译，载《中华法学杂志》1932年第3卷第6期。
[31] 《司法行政部指令：第二七四六号（二十二年二月二十二日）》："令署江苏高等法院院长林彪：转报律师吴经熊倪张凤桢等二员撤销登录祈鉴核由"，载《国民政府公报》（南京1927）1933年第1075期。
[32] 《新入会会员》，载《上海律师公会报告书》1932年第30期。

区法院推事。倪氏现在作了法官，其夫人有律师执照一旦执业，便有职业伦理上的冲突问题。但是根据当时的《律师暂行章程》（1912年及1921年《修正律师暂行章程》），均无类似回避的限制性规定。㉝ 这很可能是倪夫人基于各种考虑，主动放弃律师资格，或因夫妻考虑职业伦理而主动回避。

  他或许没有想到，两年前在特区法院以律师身份出庭，可是现在回来却担任了推事。由此，倪推事开始了他漫长的法官生涯，或许这正是自己反思和姐姐劝告的结果，使他专一于司法职业工作。在这里他也遇到一位好领导——院长郭云观，郭比倪早几个月到沪。倪征燠曾被放在江苏高等法院第二分院民事庭当推事，陪席一段时间，再调回地方法院。㉞ 倪征燠在江苏高等法院第二分院担任推事到了第五年，抗战开始，南京政府陆续撤退到重庆。但是上海租界的法院因性质和使命特殊，只能留在上海租界，法院继续运行，法官继续办案。倪氏夫妇婚后近十年没有生育。直到1940年的战乱中，女儿倪乃先在上海出生。

  1941年珍珠港事件后，上海的外国租界遭到日军及汪精卫政权的侵占。是年12月初，上海两级四个法院均受日本人威胁和包围被迫停止办公，法院人员为免日本人追踪纠缠而秘密疏散逃离。倪征燠只好把夫人和孩子留在上海，他和查良鉴等四人，在查家帮助下坐火车先到杭州，然后步行加舟车到了浙西金华，这才脱离了沦陷区，直奔他们的目的地、中央政府所在地重庆。他到达重庆后拜访司法行政部部长谢冠生等人，得到慰问。不久倪征燠受朝阳学院孙晓楼院长邀请在该院兼民诉法等课。谢冠生有意提携倪，想让他升为即将"简任"的重庆地方法院院长，为了"升级

㉝ 直到1941年的《律师法》才有第38、39条的明确规定。参见《律师法》（中华民国三十年一月十一日公布），载《浙江司法半月刊》1942年第1期。

㉞ 1933年7月，江苏高等法院第二分院民事庭1933年7月3日的一起建筑纠纷案件上诉审判决书，审判长为李栋，两位推事，其中一位为倪征燠推事。"杨文咏上诉奚籁钦苏高二分院判决：变更原判令被上诉人给付上诉人造价：江苏高等法院第二分院民事判决二十一年上字第六一三四号判决（中华民国二十二年七月三日）"，载《建筑月刊》1933年第1卷第8期。

台阶"的安排，1942 年 11 月先让倪征噢担任了江津法院首席检察官。㉟

1943 年作为陪都的重庆，外来人口激增，外国人增多，涉外案件也随之增多，事务殷繁。司法当局考虑到这些变化的事实，参照前首都地方法院组织办法，将四川高等法院第一分院改为由司法行政部直属，重庆地方法院行政事务即由该第一分院核办，并将该高院、地院院长和首席检察长均改为"简任"。就在这个新举措过程中，有司法经验且擅长外事交流的倪征噢，成为新制下法院院长的合适人选。倪氏在江津才两个月，到 1 月份即被任命为重庆地方法院院长。

倪院长 3 月 16 日到院视事，㊱ 5 月 10 日补行宣誓就职。㊲ 他到任后亦信心满满地根据地方法院的院情和外国人增多的新变化，开始肃整风气，在中外当事人中树立法院尊严。㊳ 可是此时重庆法院的任务很繁重：1944 年 4 月底，司法行政部为开展司法改革，推出《实验地方法院办理民刑诉讼补充办法》，简化诉讼程序提高办案效率。㊴ 倪院长所在的重庆地方法院于同年 6 月开展简化诉讼程序改革㊵，设立公证处，实施律师费限额、提升法警素质等举措。司法当局决定于 7 月 1 日起改组为重庆实验法院，得到国民政府批准。㊶ 在重庆艰苦的工作条件下，司法改良任务叠加，使他"全部精神致力于行政事务"，加上战时首都，人际交错繁杂，难以应付。

在敌机轰炸中还要承受司法改革任务，压力之下，倪征噢"受不了那些继续不断、难以描述的各种侵扰，不得不屡次请辞"。㊷ 毕竟他是个书

㉟ 倪征噢：《淡泊从容莅海牙》，第 61 页。
㊱ 《渝地方法院新院长视事》，载《益世报》（重庆）1943 年 3 月 17 日。
㊲ 《重庆地方法院院长倪征噢昨宣誓》，载《中央日报》（重庆）1943 年 5 月 11 日。
㊳ 《司法尊严渐树立法院执行职务极顺利——重庆地方法院长谈话》，载《大公报》（桂林）1944 年 1 月 18 日。
㊴ 《实验地方法院办理民刑诉讼补充办法》（三十一年四月二十八日司法行政部公布国防最高委员会准予备案同年五月一日施行），载《法令周报》（重庆）1944 年第 1 卷第 19 期。
㊵ 《简化诉讼程序，今秋在渝地方法院实验》，载《大公报》（重庆）1944 年 6 月 6 日。
㊶ 《国民政府指令：渝文字第九六二号（三十三年七月二十日）》："司法行政部呈报重庆地方法院于本年七月一日改组为重庆实验地方法院"，载《国民政府公报》（南京 1927）1944 年第 26 期。
㊷ 倪征噢：《淡泊从容莅海牙》，第 63—64 页。

生，没有全面负责过法院工作。他宁可作些学问，作些外国司法翻译工作。[43] 因此他于 1944 年秋与查良鉴对调，由查氏来掌渝院，9 月份，重庆实验法院院长一职又由他人补缺。[44] 而倪征㠭调回司法行政部任参事——闲差一个。他宁可不当院长而去干闲职。人们可以认为查良鉴行政能力比倪征㠭强，但我们也可以认为倪氏比查氏更清高脱俗些。这就是被他自己称为"渝院承乏"的经历。

抗战期间的司法部参事，的确是个闲职，倪征㠭能有什么事可做呢？不久有小报消息透露说，上海重庆地方法院两法官在美国考察。[45] 果然这两名法官中就有倪征㠭，闲着也是闲着，找了个机会赴亚非美欧四洲考察司法。这时，谁也不知道抗战什么时候结束。据他自己讲，当时以为抗战还至少要一年半载，没想到一个月就结束了。[46] 1945 年 7 月 15 日，坐飞机从重庆经昆明转印度加尔各答，再坐美国军用飞机由此前往美国。无巧不成书，倪征㠭在加尔各答一小旅社的大统铺，被睡在对面下铺的中国半老男人的鼾声吵醒，一看大惊，居然是他的老师吴经熊！原来吴经熊是以旧金山会议中国代表团法律顾问的身份从美国结束公务回国，途经此地等候转机。[47] 这真叫无巧不成书。

倪征㠭在美国期间，除考察司法外，还与连襟罗家伦一起拜访了美国联邦大法官富兰克福特（Felix Frankfurter），1946 年 1 月中旬又一起去哈佛，见了赵元任，还完成了司法部拍电报交代的任务——与法学院前院长庞德会面，就司法部先前联系好的聘其担任顾问事宜谈具体安排。[48] 1946 年 7 月他才回到中国。这年冬天，刚好有新的重任在等待他，那就是参加

---

[43] 倪征㠭：《节译印度民事诉讼法》，载《中华法学杂志》1944 年新编第 3 卷第 1 期。
[44] "收复区法院即恢复……汪廉继任重庆实验法院院长"，载《大公报》（重庆）1945 年 9 月 20 日。
[45] 《上海重庆地方法院两推事奉命在美考察》，载《立报》1945 年 12 月 4 日。
[46] 倪征㠭：《淡泊从容莅海牙》，第 74 页。
[47] 倪征㠭：《淡泊从容莅海牙》，第 74—76 页。
[48] 倪征㠭：《淡泊从容莅海牙》，第 96 页。

东京审判的中国检察官向哲濬回国请示增派人员。[49] 1946 年 10 月 10 日，国民政府对抗战有功人员进行大规模的表彰，倪征燠被列入这个数以千百计的名单，获得抗战胜利勋章。[50]

倪征燠说："我的一生没有离开过一个'法'字。"其实准确地说，再加一个词，他一生没有离开过"司法"。他在司法一线长期担任法官和短暂的法院院长，虽然乏善可陈，但他是典型而平凡的职业法曹。当然，他在理论研究上也偶有作品问世。比如 1946 年他翻译了庞德在中国的法学演讲稿《法学第二讲：法院组织与法律秩序》，[51] 他考察美国司法回来，撰写了一份长篇《考察美英司法报告》，于 1947 年连载发表于《法声》杂志；[52] 1947 年有一篇《司法问题研究》在《中华法学杂志》发表。[53] 当然，他在此之前的履历中也没有理论研究方面特别的表现。他后来被称为"法学家"，是多种因素促成的。

三、淡泊从容，晚年光环

倪征燠的《淡泊从容莅海牙》实际是他的自传。书中语言和心境都很淡泊。用这个书名，他有个解释——来自老友刘子健赠诗的最后一句，"淡泊从容莅海牙"。[54]"淡泊"的确是他一生的写照。1949 年后，倪征燠经历东吴任教、院系调整、同济任职以及一系列运动，所幸未受"重点批判"，[55] 即便在 1966 年之后，他也没被冲击和批斗，还从容地和好友经常

---

[49] 倪征燠：《淡泊从容莅海牙》，第 104—105 页。
[50] 《国民政府表彰令（三十五年十月十日续）》，载《国民政府公报》（南京 1927）1946 年第 2655 期。
[51] 庞德：《法学第二讲：法院组织与法律秩序》，倪征燠译，载《新中国月报》1946 年新 1 第 2 期。
[52] 倪征燠：《考察美英司法报告》，长篇连载于《法声》1947 年第 118—163 期。
[53] 倪征燠：《司法问题研究》，载《中华法学杂志》1947 年新编第 5 卷第 8 期。
[54] 全书其实是他的自传，而这书名把读者的关注点误引到了海牙法院。本来倪先生到海牙法院任法官，不存在淡泊从容与否的问题。但联系刘子健前后句"沧桑历尽翱翔去，淡泊从容莅海牙"，便可以完整理解了。倪征燠：《淡泊从容莅海牙》，第 16、245 页。
[55] 倪氏自述"没有被当作重点批判"。参见倪征燠：《淡泊从容莅海牙》，第 157 页。

爬山，听昆曲。㊱

倪征燠与李浩培，这两位东吴同窗，同年同月出生，同级同届毕业。他们外在特征上有许多相似之处，诸如转学、东吴、留洋、专业、晚年出任国际法院法官等等。但有意思的是，他俩有许多个性上和事业上的差异：其一，李浩培出身贫寒，严肃拘谨，在职业上是从学派，在专业上是技术派；而倪征燠家境优越，乐观浪漫，是"半从政"的专家型法官。其二，李浩培是国民党撤台前任命但拒绝到任的大法官之一；倪征燠国民党撤台前只是东京审判的检察官团队中的配角。其三，李浩培50年代在外交部从事外交研究和教学；倪征燠50年代在上海做过法律系主任或图书馆主任。其四，李浩培刻苦于学术，心无旁骛、成果累累，倪征燠专一于司法，与世无争，述而不作。这就显示出两种不一样的"淡泊"。有意思的是，李倪二人最后的归属又具有相当高的相似性，有殊途同归之命运，甚至倪征燠比李浩培更早出任国际大法官，倪先生的地位在某些官员眼里，有时还高过李浩培。

除了不宜过多解读的复杂社会现象外，笔者也要解读一下倪征燠"淡泊"的个人因素。倪征燠对平时凡俗事务看得较淡，比如他不追求高官，也从未当过高官。从前当上重庆地方法院院长，却因嫌行政事务繁杂而主动辞离。从1941年去重庆至1948东京回国，这7年左右的时间里基本和夫人张凤桢分居。他经常感念夫人独力抚养年迈的老人和幼女。后来的"淡泊"更明显，对无法把握的环境变化学会顺从，对坏结果的心理准备或不在意。比如1954年他被分配到同济大学图书馆当主任，他照样把这份工作做得很认真。因为他心平气和地作长期打算，本来是"做好长期准备"，没想到两年后就结束——总理兼外交部部长周恩来调他去外交部工作。到了晚年却枯木逢春——改革开放的20世纪80年代，他获得了以国际法专家的身份出国交流，参与外交，在国际舞台上亮相，接触国际法特

㊱ 倪氏自述"没有成为斗争的对象"。参见倪征燠：《淡泊从容莅海牙》，第199页。

别是海洋法这个新领域研讨的机会，也结交了各国同行朋友。这为他晚年"老来俏"带来了春天的契机。

1984年11月，倪征燠当选海牙国际法院法官，成为新中国第一位国际法院的中国籍法官。他在学术上的成果也大都出自80年代之后。比如其代表作《国际法中的司法管辖问题》于1985年在世界知识出版社出版。这是他在法学理论领域的代表作。1987年，他当选为国际法研究院联系院士，1991年，转为正式院士。夫人张凤桢1988年2月13日，因肺癌在荷兰海牙病逝。1994年2月他从国际法院法官席上退休，外交部顾问史久镛[57]当选继任。1999年，他完成自传，正式出版时用"淡泊从容莅海牙"的书名，突出了一生最值得自豪的那段最后经历。2003年9月3日，倪征燠病逝，享年97岁。

"淡泊"似乎是倪先生的一种个性符号。淡泊的内涵是复杂而丰富的，既可以是缺乏能力或消极无为的平凡甚至平庸，也可以是舍弃功利的平常心、勤勉心、专业心、无取舍之心。下面笔者以倪征燠的几个可圈可点的事迹为例，在不同场景下对"淡泊"作些诠释。

其一，早年出手帮助有"共党嫌疑"者，是一种人性的平常心。倪征燠回国后与鄂森一起当律师不久，接到持志大学校长何世桢的电话，约倪去他家商量事情，原来是反蒋人士邓演达等人被捕，同时被捕的还有邓的朋友任先生之子。倪征燠一听就明白这是涉共党嫌疑案，须由特区高等法院审理，倪征燠二话没说，当即答应为任子辩护人。次日一早就在公共租

---

[57] 史久镛（1926—2022），浙江宁波人，出身染料商家庭，1944年考入上海圣约翰大学，毕业获政治学学士学位，1948年赴美留学，进入哥伦比亚大学研究院公法系深造，1951年夏获国际法硕士学位后，继续在母校攻读国际法，1954年秋末放弃学位回国。1955年1月，由高教部分配到南京师范学校讲授"西洋历史"。1956年接国务院调令进外交部工作之际，遭一起留学的梁氏检举，受到审查。后经审查，被外交部下属的国际关系研究所录用，当两年助理研究员。1980年起在众多国际会议与组织中担任过中国政府的法律代表或顾问。1984年受聘为外交学院教授讲授国际法。1985年到1993年任中英联合联络小组中方首席代表处法律顾问。1993年夏，被提名为国际法院法官候选人，1994年2月6日，任联合国国际法院大法官，2000年2月至2003年2月任国际法院副院长，2004年2月6日当选联合国国际法院院长，是自联合国国际法院1946年成立以来首位担任院长的中国籍法官。

界的特区高等法院出庭。坐在他旁边的张志让是邓演达的辩护人。倪律师抓住关键点——同案人任子只有 13 岁，出示材料，证明其确实未届应负刑事责任的年龄。结果邓演达他们被移交淞沪警务司令部，而任子当场释放，交家长管教。㊳ 再比如为邻居林太太的女儿辩护。"林太太"女儿杨本纹因"共党嫌疑"而被捕，"林太太"不知女儿是死是活，束手无策，当知道倪征𡹊是律师，来请教。此时他已不作律师，但他请鄂森出马，出庭辩护，直到杨本纹被释放出狱。30 多年后在北京才知道"林太太"就是"革命老妈妈"陶承。当年他出手相救，就是出于人之常情，是一种平常心——无论是谁求助，出于职业意识和同情关怀就是善的。

其二，参与东京审判，是基于职业的责任心。1946 年冬，向哲濬从东京回国述职并希望增派人员。此时，远东国际军事法庭战犯审判到了关键时刻。一方面，中国国内对日本战犯之痛恨，都寄希望于这次审判，不判几个主犯死刑不足以平复人民心中的创伤，派出的代表个个压力巨大，否则无脸见江东父老；另一方面是法庭采用英美式辩护制，依法庭证据规则，指控侵华主犯板垣征四郎、土肥原贤二的证据还有缺漏。向检察官推荐了四个人作为顾问增派，并得到司法部部长谢冠生的核准，此四人即倪征𡹊、鄂森、桂裕和吴学义，倪为首席顾问。㊴ 在这关键时刻，倪征𡹊临危受命，他和老同学鄂森搭档，利用法庭进程间隙很短的空档时间，冒着腊月风雪，赴北平取证，走访军人、汉奸、被害人家属，虽困难重重，但也劳苦功高。一到东京倪征𡹊即刻投入紧张工作。两名甲级战犯板垣征四郎、土肥原贤二由倪征𡹊直接负责公诉，在被告个人辩护阶段展开仔细盘问和反诘。反诘是英美诉讼中的 cross examination，这是对被告人自我辩护和辩护证人的反提问，"是诉讼双方斗争的焦点所在，反诘执行人必须绞脑竭思，全力以赴，他对证人的证言要无孔不入，无隙不乘，无所不用其

㊳ 倪征𡹊先生生前可能不知道，其实邓演达 1930 年在柏林时，就与他堂姐倪征琮的男友刘绍光相识。病理学家刘绍光后来与医学博士倪征琮结婚，成为倪征𡹊的堂姐夫。
㊴ 倪征𡹊：《淡泊从容莅海牙》，第 105—107 页。

极"[60]。可以说，反诘是一个极其耗费脑力的工作，而倪征燠对板垣的反诘长达整整三天，迎头痛击并揭露两战犯的恶行。最后，土肥原和板垣被判处死刑，分列七名死刑犯的第一、第三位。事实证明，临危受命的倪征燠，出庭效果是相当震撼的。按他的话说是"几乎以自己的生命为'质'"。[61]虽然经历抗战的国人都有爱国心，但在国际法庭上，更需要的是这种专业和敬业，因而此处的勤勉心胜于常人的爱国心。

其三，1979年任中美"湖广债券"案的中国政府顾问，这也体现了倪征燠专业的勤勉心。1979年11月，美国亚拉巴马州公民杰克逊等9人代表300名美国公民，通过集体诉讼方式，向该州联邦地方法院起诉中华人民共和国，要求偿还1911年前清政府发行的湖广铁路债券欠款。外交部面临国际法难题。更糟糕的窘境在于，该州联邦地方法院于1982年9月，对中国作出了缺席判决，命令中国偿付美国原告41,313,538美元。外交部找了许多专家，论证应对方案。倪征燠是其中主要人物。他对相关国际法问题很熟悉，包括外国主权国家的司法豁免权问题、美国诉讼程序等，特别是美国诉讼中"法院之友"的程序惯例。他的分析是：中国政府外交部可促使美国国务院，以"法院之友"来对独立司法的美国法院施加外交机构的影响。[62]1983年8月，外交部官员只带着倪征燠一个专家，赴美国华盛顿进行"工作"。[63]1984年2月，美国亚拉巴马州地方法院作出判决，撤销其1982年所作的缺席判决。倪征燠把人人都有的爱国心转化为专业心，从容而有效解决了外交难题。

其四，1984年当选国际法官，不迎不盼，是无取舍之心。倪征燠被专为法官选举而委派的国家团体提名为国际法院法官的候选人。此时中国尚未参加常设仲裁法院，因此这个提名不是中国政府的意志，而是具有国际

---

[60] 梅汝璈：《远东国际军事法庭》，第247页。
[61] 梅汝璈：《远东国际军事法庭》，第130页。
[62] 倪征燠：《淡泊从容莅海牙》，第178—179页。
[63] 倪征燠：《淡泊从容莅海牙》，第190页。

性的提名。这是新中国成立以来中国籍人士第一次出现在这个提名名单中。候选人必须在联合国大会和安理会都获得绝对多数票，才能当选。倪征𣋉又面临着一次考验。结果，他不负众望，1984年11月的竞选中，他当选了！他说："这不仅是我个人的荣誉，从根本上说是我们国家的荣誉。"[64] 直到78岁，倪征𣋉于1984年在联合国第39届大会及安理会上当选联合国国际法院法官，成为新中国恢复联合国席位后的国际法院首位中国法官，任期9年。

1985年，倪征𣋉在国际法院首次办案。该案是突尼斯对国际法院1982年的"突尼斯与利比亚大陆架划界案件"之判决申请"复核"。按照规定，国际法院的判决一审终结，不得上诉。但突尼斯不是上诉，而是申请复核，但依规定有非常严格的条件限制。结果院长知道该院所有法官中只有他有基层法官的经历，于是要他准备一份关于再审程序的材料。他说："我初到国际法院，就遇到这样一个性质特殊的案件，在国际法院历史上还是绝无仅有的，顿时感觉到责任重大，只能以'勤勉'两字自勉。"[65] 倪征𣋉提供的材料后来被大家公认为很有帮助。在各自撰写的个人意见书中，他在全面检阅国际法院历史资料基础上，首先强调判决的"既判力"的重要意义。但他发现，突尼斯复核的结果说明，即便新证据在当时原审程序中提出，也因突尼斯自己的过失而不能让突尼斯获胜。他的意见书与大家书面交流之后，被推选为判决书两个起草人之一，于是，他们奋战了几天，拿出判决书草案，最后经合体法官讨论定稿，成为此案的正式宣判的判决书。

淡泊和平凡、平庸如何区分？貌似都很从容，怎么界定"淡泊"呢？淡泊的本来意义是不刻意追逐名利。淡泊是针对名利的态度而言，平庸是针对为人做事的能力而言。年轻时候的淡定不叫淡泊，而叫自甘平庸或"躺平"。有事业成就后，才有淡泊。淡泊是以事业有成为前提的，淡泊这

---

[64] 倪征𣋉：《淡泊从容莅海牙》，第242页。
[65] 倪征𣋉：《淡泊从容莅海牙》，第262页。

种为人态度，不影响做事，一个真正淡泊的人往往在做事与名利之间，坦然做事，但不重名利。尤其在救国济民的动荡年代，在公共事务具体职责上的淡泊，会使人缺乏勇敢担当，甚至不思进取。

倪征𣋉在大学时代逐渐放弃早年那种好胜与好高骛远，使他有了专注力和平常心。按他这种淡泊心态的"贵"气，最合适的选择是从事学术，可是"淡定"或"淡泊"没有使他转化为学术兴趣，而是选择当法官。他的淡泊，使他心如明镜，也是一种福气。

谁会想到，倪征𣋉78岁还会承担一份国际要职。淡定人生的高光时刻，却已是云淡风轻之年。可以肯定的是，一方面，如果没有早年的法律经验和贵气修养，这种机遇是不可能降临到他头上的。另一方面，倪征𣋉与同时代法律精英的大起大落相比，这是一种少有的福分。在政局动荡和政权更替的变局中，这种淡泊却"淡"化了所谓的"历史问题"，在改革开放的宽松氛围下，这反而成为某种"优势"，所以，这是他难得的福分。

第二节　在野法曹

刘崇佑——卷舒有道，在野直声

图1　刘崇佑（1877—1941）

卷舒有道在随时，隐约何须感慨为。
末路老夫甘退缩，华途吾友尚驱驰。
准绳行义当趋正，淘练文章自出奇。
举世岂无人具眼，未应终不贵和随。

——［宋］王炎《和吴梦授韵》

我们对五四时期许多"大案""要案"的主角都耳熟能详，诸如北大学生刘仁静和鲁士毅、南开学生周恩来、《益世报》主编潘智远、《国民公报》编辑孙几伊、"索薪运动"发起人马叙伦等等。殊不知,这些著名案件的辩护人或代理人,都是同一个律师,他就是刘崇佑——中国律师制度初创时期横空出世的一位伟大律师。

了解刘崇佑律师,可以知道中国律师制度从初创到发展的背景、脉络和环境,更可以了解一名好律师的素养、人格和信念。刘崇佑从留日法科生到清末立宪派人士,再从立宪人物转变为专职律师,其间经历了些什么?从刘崇佑身上可以看到律师的哪些特质?本文带着这几个问题,结合刘崇佑的生平及其所办的几个案件做一探究。

一、第一代刑辩律师

孙中山亲自主持起草的《中华民国律师暂行章程》,于 1912 年 9 月 16 日颁布实施。[①] 从此,中国人生活中有了自己的律师制度。章程第十四条规定:"律师受当事人之委托或审判衙门之命令,在审判衙门执行法定职务。"律师权利只有这么一条规定,简单得略显稚气,但它给律师的职业权利和执业空间留下相当大的用武之地。

然而,按《律师暂行章程》第四条之规定,免试可当律师者,唯有公立学校毕业生。有人对此不满,1913 年 1 月给司法行政部来函,针对这条规定,建议增加私立学校毕业生,要与公立学校学生在免考上一视同仁。这个提修改意见者,是一名在平津地区执业的律师,他就是刘崇佑。司法部为此给予答复:鉴于律师是"司法三职之一",有律师资格即可免试担任法检二职,故律师资格不得不严,待私立学校改善以后再作调整。[②] 刘律师这个意见很有道理,法科学生不应该因公立与私立作区别对待。但司法部也很讲道理,这个"不得不严"的理由也很充分,毕竟当年律师可免

[①] 《司法部部令:元年参字第七十四号(中华民国元年九月十六日):律师暂行章程》,载《政府公报》1912 年第 142 期。

[②] 《司法部批第五号(中华民国二年一月九日)》:"原具呈人福建私立法政学校代表刘崇佑等:据呈请修正律师暂行章程第四条加入私立学校等情……",载《政府公报》1913 年第 252 期。

试直接担任司法官,如果律师资格门槛太低,岂不影响司法官素质?一正一反的观点,展示出的矛盾,恰恰都是因为律师制度初创,配套不周全。

因早年的复杂经历,此时的刘崇佑已是一位知名人士,但使他在刑事辩护上声名大震的,乃是一起大案——北京"陈璧谋杀案"。此案与同年的上海"宋教仁被刺案"并列为民国肇建时的两大巨案。

1913年8月30日凌晨,前清老尚书陈璧之侄、时任陆军参谋部科员陈绳失踪。直到9月23日,因要取水,才在陈老尚书之北京西城东斜街私宅水井中发现陈绳尸身。据仆人董升称,自陈绳失踪后,陈尚书即不准仆人在此井取水。据陈宅厨役黄贵供称,亲眼见老尚书之子陈绎等六人进卧室用菜刀杀死陈绳。另据称,老尚书陈璧一直怀疑其侄陈绳与其第五妾在京有奸情,平日常骂陈绳,欲将侄逐出家门。疑点均指向陈璧。消息传出后,媒体和舆论已将陈璧定为杀人嫌犯。甚至媒体报道称律师均不愿意为陈璧辩护。③

律师不敢为陈璧案辩护的原因有以下几点:其一,被害人陈绳有军方背景,是海军总长刘冠雄的准侄女婿,且被传与其党亲近。其二,案情曲折离奇,审理中又出现翻供。其三,因黄贵等人举发,检察官匆匆起诉,陈璧、陈绎父子被抓,已被关押于监所。其四,传闻诡谲,陈璧平日口碑不好,被视为"钱能通神"。其五,在第一次公讯之后,陈绳生前所在的参谋部中七十余人递呈,要求将该案移送陆军部军法审判,未获批准。又有人带兵士前往检察厅抄写案卷,司法部因此呈明袁世凯,谓此举妨害司法独立,亦无结果。其六,陈璧父子的原审辩护人是朝阳学院校长汪有龄律师,在1914年2月第一次开庭后即辞去委托。这些复杂因素粘连在一起,构成诸多案外因素,使原本扑朔迷离的案件更加复杂,成为一个重大疑难案件!

但是,陈璧的闽侯同乡林纾为之奔走,福建旅京同乡中素有声望者十

---

③《陈绳被杀一案律师均不愿为陈璧辩护审判厅昨又开庭详询》,载《时报》1914年3月1日。

余人亦签名联保。④ 1914 年 3 月初，陈氏父子的辩护人换成著名记者兼律师黄远庸⑤。而陈璧的儿女亲家沈瑜庆，则找了刘崇佑律师做陈氏父子的辩护人。沈瑜庆（1858—1918），福建侯官（今福州市区）人，沈葆桢第四子，娶刘齐衔之女刘拾云为妻，这样按辈分排起来，就是刘崇佑的表叔。⑥ 刘崇佑碍于和陈璧的这层姻亲情面，不便推辞。黄远庸律师只收取"最低度的"律师费，而刘律师则力辞报酬，并达成一项罕见的"约定"，⑦ 刘律师把这个"约定"坦率地向媒体做了公开，称此委托"非通常契约也"，"不受丝毫公费及谢金"，如果"不能行法律师之职务时，则仆等皆可自由离脱"。⑧ 这体现了他的坦荡，也反映了刘崇佑律师接手此棘手案时的复杂心情。但是我们可以从他后续的办案中看到，刘律师承办此案，实际上是锁定在基于职业的技术性立场。

再复杂的案件也都要从纷繁中抽取出核心的关键问题。本案关键在于事实和证据。究竟是谁杀害了陈绳？两位辩护律师的依据有所不同，黄律师辩护大体从理论逻辑上推理，刘律师大体从证据事实上立论。⑨ 这个案件其实并不需要太多的理论，而关键在于证据和事实。从刘律师的辩护意见来看，他提出的事实分析大都是有实地勘查作为支撑的，并据此得出辩

---

④ 宋雪：《法制肇建时代的新闻追踪与社会观察——民初北京陈绳被害案背后的文化心态》，载《汉语言文学研究》2015 年第 3 期。

⑤ 黄远庸（1885—1915），又名远生，江西德化（今九江）人，1900 年中秀才，1903 年中举人，1904 年参加最后一次科举殿试，中进士。无意仕进，1905 年东渡日本，入中央大学学习法律。1909 年学成回国，历任参议厅行走、邮传部员外郎兼编译局纂修、法政讲习所讲员、宪友会江西支部发起人等职，主张立宪。辛亥革命爆发之后辞去官职，从事新闻工作。1912 年创办和主编了《少年中国周刊》，之后他还主编过梁启超创办的《庸言》月刊，担任过上海《申报》《时报》《东方日报》的特约记者。短短四五年时间里，写下了大量的新闻通讯和时评政论。为袁世凯所揽，诱其为帝制鼓吹，大窘七八天，最终拒绝，发表《反对帝制并辞去袁系报纸聘约启事》，1915 年在加拿大被中华革命党美洲支部暗杀，年仅 31 岁。遗著被林志钧编辑成《远生遗著》出版。

⑥ 刘广定：《理性之光——民国著名律师刘崇佑》，第 91 页。

⑦ 陈璧委托函中提及："允为弟暨小儿陈绎辩护，并力辞报酬。极佩高谊至先生预约本案审理中无论何时可以自由脱离，自应遵命。"参见刘广定：《理性之光——民国著名律师刘崇佑》，第 93 页。

⑧ 《陈璧案中之辩护人》，载《申报》1914 年 3 月 14 日。

⑨ 有当代研究者认为，黄律师辩护大体从理论上立论，刘律师大体从事实上立论。参见宋雪：《法制肇建时代的新闻追踪与社会观察——民初北京陈绳被害案背后的文化心态》。

护意见。从中可以看到刘律师辩护工作的细致与敬业程度，我们试举几例：

第一，社会舆论对陈璧不利？刘律师多次向法庭表示，陈璧居官之素行与是否犯罪是两回事，要加以区分。⑩ 这是为排除不利的舆论和法官的先入为主。第二，四个干粗活的家丁系陈璧父子谋杀共犯？刘崇佑在细致的社会调查中发现，陈绳被害次日，有人冒其名到双兴估衣店、万成皮箱店购物。此人身材高大，非南方口音，为穿长衫的斯文人。刘律师认为，既然与陈氏父子实施杀人的其余四人皆为粗人，他们冒充不了斯文人，据此驳斥检察官所谓陈璧六人谋杀之荒谬起诉。第三，六人进卧室用菜刀杀人？刘崇佑亲自查访所谓的杀人现场即陈绳的卧室，亲自测量尺寸，能够把卧室"南北一丈零五，东西七尺七寸"报出来。他认为卧室小，"空隙极少，五六人不可能同时进入来杀一素有武力的人。杀人后帐褥无血迹，其他对象整齐如故。将尸体抬出门岂能无声，也未惊醒睡在外间的死者胞弟"。⑪ 第四，陈璧曾阻止家丁从水井取水？刘律师亲自实地测量水井，"井深一丈五尺余，水面至底一丈，不取水尸身不会出现，只凭外观更不知井里有尸"。⑫ 刘律师经调查发现了实情：陈璧阻止水井取水实因当时葡萄已熟不必浇水，且因辘轳待修理。而后来发现陈绳尸体的那次取水，恰恰是陈璧提出的。命人取水，可反证主犯绝非陈璧。

这一系列的事实调查与分析推理都在第二次开庭时展开。刘律师等辩护人揭穿黄贵等人所谓"证言"之矛盾和疑点，迫使黄贵承认了受董升教唆而供，促使本案另行起诉了新的被告，指控对象增加了陈璧家之佣工董升及其弟董珍。

然而，检察官在陈璧父子等六人究竟有罪无罪问题上，不愿发表意见。法庭也明知有新的嫌疑犯，却不取消对陈璧的起诉。第三次开庭时，

---

⑩ 刘广定：《理性之光——民国著名律师刘崇佑》，第94页。
⑪ 刘广定：《理性之光——民国著名律师刘崇佑》，第97页。
⑫ 刘广定：《理性之光——民国著名律师刘崇佑》，第100页。

刘律师明确指出"此案两种嫌疑之事实,绝无并在之理。且反证既出,则前之嫌疑当然消灭"。刘律师认为:指控陈璧父子的主要证据,大多出自黄贵之口供。他要求法官宣告陈璧父子等六人无罪。刘律师和黄律师参与了在高等审判厅的 21 次开庭,[13] 1914 年 4 月 25 日,陈璧、陈绎等七人无罪释放,依十条犯罪证据判处董升死刑,董珍无期徒刑。辩护人刘崇佑和黄远庸获得了胜利,刘崇佑律师声名大震。

此案至今仍有许多事实和证据上的疑点,被史家研究和质疑。但史家所谓之事实毕竟是"客观事实",它不同于"法律事实",后者是以法庭上的证据重构出的程序中的事实。

1915 年,时任律师、日本法科海归熊垓[14]被控"诈欺取财共犯"。刘崇佑再次和黄远庸搭档,为熊律师辩护,从证据上、法律上据理力争,最终熊垓被京师地方审判厅判处两年徒刑。[15] 1916 年 1 月熊垓被准以特赦,[16]并于 1919 年 8 月调外交部工作。[17] "熊垓案"成了刘黄二律师搭档的终结——黄远庸律师于 1915 年 12 月在加拿大遇害。

在这类疑案大案中,刘崇佑作为辩护律师发挥了作用,确立了声望。刘崇佑在北京、天津承办了许多大案要案,渐成有名的京津大律师。在1914 年 3 月初的一次新闻采访谈话中,刘崇佑表示:"若罪人不得,或有所纵,则是无国法。惟刑事贵真实,此法官之职务,亦辩护人之职务也","如此震动社会之奇案,必不容草率认定,罪数人以悦一时之耳目","使

---

[13] 有资料显示,此案共开庭 24 次,在 1914 年 5 月京师地方审判厅三次公审。其中高等审判厅的上诉审,自 1914 年 7 月至 10 月连续 21 次公开审理。参见宋雪:《法制肇建时代的新闻追踪与社会观察——民初北京陈绳被害案背后的文化心态》。

[14] 熊垓(1882—?),江西高安人,早年留学日本,习法政科。1905 年与江庸、蹇念益、陈幌共同发起《维持留学同志会》,回国后在北京当律师,住南池子。1913 年日本商人松元因诉讼事宜,通过冈田朝太郎聘请为代理律师。后因诉讼代理费等事宜发生冲突,被控告伪造私文书、诈欺取财,被判刑。1916 年被特赦,1919 年调入外交部工作。

[15] 《熊垓案起诉文追加理由书并判决文》,载《司法公报》1915 年第 35 期。

[16] 《司法部奏核议定武上将军张勋电请特效熊垓一案(洪宪元年一月二十八日)》,载《江苏省公报》1916 年第 773 期。

[17] 《外交部令第一百十四号(中华民国八年八月二十日):熊垓调部任用此令》,载《政府公报》1919 年第 1273 期。

社会共闻共见,认为至允当至公正之判决,则司法威信受益无穷"。[18] 可见刘崇佑在民国法制初创时代,在树立司法典范方面,是一位有追求的律师。

二、大律师的早年身份

图 2　中年刘崇佑肖像

京城名律刘崇佑是个什么样的人?

刘崇佑,字厚诚,号菘生,福建闽县人。祖父刘齐衔(冰如)系林则徐长婿。刘崇佑 1877 年 8 月 13 日出生在福州宫巷士夫世家。兄弟六人,[19] 姐妹四人。1894 年,刘崇佑 17 岁乡试中举人,与廖孟同(1873—1960)女士结婚。1905 年东渡日本留学,入早稻田大学专门部法律科学习

---

[18] 《陈伯台被杀案之详志》,载《亚细亚日报》1914 年 3 月 10 日。另可参见宋雪:《法制肇建时代的新闻追踪与社会观察——民初北京陈绳被害案背后的文化心态》。

[19] 刘氏六兄弟中,崇杰(子楷)毕业于早稻田大学政治经济科,后来历任学部咨议官、驻日使馆参赞、横滨总领事、外交部参事、驻日使馆一等秘书、驻俄使馆一等秘书、驻日使馆参事、国务院参事兼外交部参事、巴黎和会专门委员、驻西班牙兼葡萄牙全权公使、外交部常务次长、驻德兼奥地利特命全权公使;崇乐后来历任清华等大学生物学教授;崇鋐曾任教于清华、北大历史系。参见《病逝海上之刘崇佑》,载《东方日报》1941 年 9 月 26 日第 1 版。最小胞弟崇佺,留学康奈尔、麻省理工学院,后改学飞行,1938 年因抗战担任飞行任务而遇难。参见刘崇佑:《述亡弟崇佺之生平》,载《大公报》(香港)1938 年 9 月 17 日。

3年,"闭居一室,闻有胜景而未及观",除论文外,选课22门。创校人大隈重信夫人曾赠其纪念册一本。在留日期间,加入梁启超"政闻社"。在留学期间曾译织田万著《法学通论》为中文,1907年8月由商务印书馆出版。至1930年的20多年间共印19次,成为清末民初的法律畅销书。1908年5月毕业回国。1908年8月,回国不久的刘崇佑,匆匆参加了游学生廷试,得了70.41分,挤入优等,授为洋举人,著以知县分省即用。[20]

回国当年获选福建咨议局议员,并当选副议长。从此投入立宪、办学等活动。[21]刘崇佑对清廷是有一些不满的,但他主张立宪和地方自治。早在留日期间,他加入梁启超"政闻社",与中国同盟会推翻帝制的主张不同。据向构父回忆,当时重要社员有马相伯、熊希龄、张君劢、向构父、张季直、汤化龙、刘崇佑……约有500人,1908年自东京迁到上海,半年后即被清廷查禁。[22]他并不是革命者或者盲从革命派,而是投入立宪运动。他深感中国民主法治匮乏,主张法治和立宪主义。他抱着宪制救国之理想,先从老家福建开始,其活动轨迹整理如下:

继清廷颁布"速设咨议局"上谕(1907年9月)后,1908年8月21日,福建省咨议局筹办处开办。1909年9月完成选举程序,10月,福建省咨议局成立,刘崇佑任咨议局副议长(实为咨议局核心领导人)。经刘崇佑推荐,其早稻田政经科学友、1909年毕业刚回国的林长民(1875—1926)任咨议局书记长[23]兼官立法政学堂教务长。[24]

1909年12月18日至25日,各省咨议局代表55人齐集上海,召开"请愿代表谈话会",刘崇佑出席并担任大会主席。当时省咨议局来自9府2州的72名议员,共议设校推广法政教育之必要。当时因福建官立法政学堂招生有限以及教员中新旧派的冲突,林长民受排挤被免职。最后促使刘崇佑、

---

[20] 《谕旨:监国摄政王钤章五月初三日内阁奉,上谕此次引见之廷试游学毕业生(名单)》,载《政治官报》1909年第591期。
[21] 刘广定:《理性之光——民国著名律师刘崇佑》,第1—6页。
[22] 刘广定:《理性之光——民国著名律师刘崇佑》,第33页。
[23] 程式:《旧中国福建省的代议机构(一)》,载《福建人大月刊》1994年第3期。
[24] 刘广定:《理性之光——民国著名律师刘崇佑》,第28页。

林长民酝酿创办一所私立法政学堂，以开通风气、开启民智、培育人才。

1910年1月、6月、9月，立宪派在北京领导和举行了三次请愿活动，刘律师起到骨干作用。刘崇佑等人第一次以人民的名义正式向清政府提出立宪要求，以实际行动向民众做了参政示范，抨击了清政府的腐败无能，也使大多数立宪派人士对清政府感到失望，开始倾向于同情革命。[25] 1910年冬，在刘崇佑和林长民的倡议下，立宪派与革命派共同创办《建言报》，成为革命党人宣传革命的机关报。刘崇佑还曾通过地方公益社团帮助革命党解决联络事宜。[26]

1911年2月，刘崇佑与林长民创办私立法政学堂（后改名福建学院，今福建师范大学前身之一），呈请福建提学司咨部立案获准。他把刘家祖传私人花园（在福州乌石山麓白水井）捐献出来作为办学场所。[27] 1911年3月19日，私立福建法政学堂正式成立。刘崇佑被选为学堂维持员会（相当于董事会）会长，林长民为监督（相当于校长），从千余报名者中招收第一批本科生100人，于1912年8月开课授业。学制三年，模拟法庭就叫"白水大理院"。该学堂迅速成为当时全国最大的3所私立法政大学之一。1916年学校代表人刘崇佑任期届满，公推林长民接任，并推刘以芬为校长。[28] 1925年私立福建法政专门学校拟将改组为福建大学，将原学校的维持员会改组为董事会，公推刘崇佑为董事长。[29]

1911年6月，刘崇佑作为福建支部发起人在北京参与成立宪友会。辛亥革命及福建独立后，立宪与革命两派合作，刘崇佑参与其中。

1912年1月，刘崇佑、林长民与汤化龙等人在上海发起组织"共和建

---

[25] 许金柜：《福建学院创始人的历史影响》，载《福建政法管理干部学院学报》2001年第4期。

[26] 刘广定：《理性之光——民国著名律师刘崇佑》，第43页。

[27] 刘广定：《理性之光——民国著名律师刘崇佑》，第30页。

[28] 《福建巡按使公署饬第三千二百五十二号（中华民国五年六月十六日）》："饬私立法政专门学校准教育部咨代表人刘崇佑任期已满公选林长民继任并聘定刘以芬为校长并送教职员一览表应准备案仰知照由"，载《福建公报》1916年第84期。

[29] 郭公木：《私立福建学院始末》，《福建文史资料》（第16辑），福建省政协文史资料研究委员会1987年编印。

设讨论会",并组建民主党。11月,汤刘二人在江浙沪各地演讲,联络同志。1912年10月北京律师公会成立,刘崇佑12月22日入会,登记住址为"北京宣内鲍家街十九号"。[30]

1913年1月,以民主党代表身份参加议会未正式开会前的"宪法讨论会",4月,中华民国第一届国会在北京召开,汤化龙当选众议院议长,民主党刘崇佑、林长民被选为众议院议员。7月,为制定《中华民国宪法》,刘崇佑成为宪法起草委员会委员。10月,为免受个别政党约束以求尽快妥善完成宪法制定,他与张耀曾、沈钧儒等15人发起新"民宪党",积极参与宪法起草,出台了中国第一部由不同政党起草的宪法草案。[31]但袁世凯对这部约束其权力的宪法草案并不满意。

1916年6月袁世凯死后,黎元洪任总统,段祺瑞任内阁总理。1916年8月,刘崇佑、林长民在重开的国会上,也重新列名为众议院议员。刘崇佑与汤化龙素称莫逆之交,他们与蒲殿俊一起于8月15日创办《晨钟报》,刘崇佑任法律顾问[32],编辑主任先后有李大钊、陈筑山[33]、刘以芬。刘崇佑、汤化龙等人组建的宪法案研究会,于1916年9月与梁启超、林长民等人成立的宪法同志会合并为宪法研究会,即所谓"研究系"。是年10月25日,刘崇佑因在国会宪法审议会当场大骂议长,被定性为阻碍宪法制定,国会决定对其加以惩戒。[34]

---

[30] 《北京律师公会会员录》,1925年6月。
[31] 刘广定:《理性之光——民国著名律师刘崇佑》,第68—70页。
[32] 许金柜:《福建学院创始人的历史影响》。
[33] 陈筑山(1884—1958),又名光煮,贵州贵阳人,出生在贵州贵阳一书院山长家庭,16岁考中秀才。民国成立后当选第一届国会参议员,反对袁世凯乱政,不遗余力。1913—1916年在日本早稻田大学政治经济科学习,其间与李大钊、林伯渠等成立了神州学会。毕业后回国,于1916年8月与李大钊创办进步刊物《晨钟报》,后接任总编。后再赴日本留学学习哲学5年,又入美国密歇根大学学习2年。1923年回国,被聘为吴淞中国公学学长、代理校长(校长梁启超常驻北京),1923年6月在上海筹办商科大学。1925年,创办中国第一份《人权》月刊,是人权研究专家。曾任国宪起草委员会委员。历任私立民国大学教授、北平法政大学校长。1926年辞卸校长职务,加盟晏阳初的"平教总会",任平民文学部主任兼平民教育部主任,在定县从事平民教育实践。1937年12月至1938年8月,陈筑山任贵州省政府委员、贵州省农村合作委员会委员长。1938年至1942年任四川省政府委员、省政府秘书长,兼建设厅厅长。1958年逝世。
[34] 《刘崇佑惩戒案》,载《民国日报》1916年10月29日。

是年12月8日，国会发生了激烈的冲突，以致被称作"打成一团"的"大捣乱"。刘广定先生的《理性之光》中有一段简短描述："12月8日之审议会中，……等议员竟以拳脚、木椅或墨盒将刘崇佑……等打伤。"㉟ 刘崇佑在《晨钟报》刊登了一则启事，云："崇佑近因病已十余日不能出席议会，本月八日因宪法审议会省制问题关系重要不得已力疾到会。不料休息后投票结果有争执者。崇佑适从休息室入场行至演台下，忽有刘成禺挥拳相击……"㊱ 然而查阅当年的一些媒体报道，所记载的情况有一定的出入。12月11日《时报》较客观中立地报道：刘崇佑等人以原告身份将此事向检察厅起诉，检察官介入调查，提取证据，称原被告均有伤。㊲ 可是12月13日《时报》报道则明显转向，指责刘崇佑等人用墨盒、椅子为器，殴伤多名议员，称其"目无法纪，破坏议场，逞凶殴人"，被提议惩戒。㊳《盛京时报》报道：12月8日下午2点国会讨论宪法关于"省长由总统任命"之条款，因票数差一票而流产。会场出现混乱，喧嚣不可遏止。林长民等人忍无可忍，大发脾气，刘崇佑冲上演讲台，正要发表意见，迎面遭到一议员老拳相加，刘敏捷躲开。㊴ 汤化龙迅速把此情向黎总统、段总理做了汇报，黎只说"总是能调和的吧"，段总理说"立法行政机关均处困难地位"，云云。㊵

目前来看，这段公案的事实很可能是：对投票流产结果不满意者开始有谩骂指责之言语，刘崇佑从休息室入场行至演台下，刘成禺即挥拳相击，刘崇佑躲开并开始指责或有反击。这应该是符合常理的。无论是刘崇佑被殴，还是刘崇佑殴人，国会会场这出为立宪主义角斗的大戏，恰恰是显示了刘崇佑绝不妥协性格的精彩一幕！

㉟ 刘广定：《理性之光——民国著名律师刘崇佑》，第73页。
㊱ 刘广定：《理性之光——民国著名律师刘崇佑》，第73页。
㊲《检察官王维翰验》，载《时报》1916年12月11日。
㊳《议员刘崇佑等肆凶殴人请付惩罚案》，载《时报》1916年12月13日。
㊴《八日宪法审议会之大捣乱，刘成禺要打刘崇佑陈国祥逃汤化龙跑议员打成一团好一台热闹戏》，载《盛京时报》1916年12月12日。
㊵《昨日汤陈谒黎总统段总理报告宪法案》，载《时报》1916年12月11日。

1917年5月底，刘崇佑对议会失去信心，辞去议员。刘律师在职场很直、很酷，可是在生活中、在朋友当中，是位很有性情的人。他也是余绍宋、江庸等人所在的"宣南画社"的成员，刘崇佑当律师时兼任众议院议员，每周一聚，热爱书画，是该社的常客。大家围观汤定之作画，画毕以拈阄法定归属。[41] 据余绍宋日记，1917年刘律师每周一次聚于宋家，观汤定之作画，拈阄得画，与友围棋。但也曾经一度因忙于工作，长达三个月未参加画社聚会。后来画社也曾在他家相聚。[42]

张勋复辟那年，溥仪12岁。某日，他和林宰平、余绍宋等聊天，林宰平讲到早年有人给宣统皇帝算命，说他20岁便无运。大家听得正津津有味，刘崇佑突然冒出一句："不必算命，以理势推之亦是如此。"[43] 他和余绍宋、林宰平这样的委婉儒生不一样，他具有刚毅、干脆和自信等特有性格。他是个心直口快的人，可能对余绍宋的一些观点和闲散之习有看法，亦常直言不讳。1917年8月12日余绍宋日记提及"崧生待我无礼我不怪"。1919年9月6日又提及"刘崧生对余发言殊非是，余未与计较，自问尚有涵养也"。[44] 二人因为同为留日同学，加上都爱书画，成为至交，但他们在性格上不是同类。余氏虽不快，但仍然保持友谊和往来。而刘氏压根就不知道何时得罪过人家。刘崇佑就是这样，胸襟坦荡好交友，神情威仪多情怀。

刘崇佑的表叔兼好友沈瑜庆深知其可贵的为人品格与曲折的从政经历，曾在"陈璧案"结后，赠诗一首，云："崧生罢议员充律师，徇余女莫邪之请，伸陈尚书父子之狱……"其中一句"折冲已无地，护法终有术"[45]，仅此十个字，预测了刘崇佑后来转型至执业律师的命运轨迹。1918年，沈瑜庆邀他同游杭州西湖，赋诗两首，即《同宣甫彝俶游杭州遂偕刘

---

[41] 余绍宋日记1917年2月18日，载《余绍宋日记》（第1册），第8页。
[42] 据余绍宋日记，1917年1月至5月刘律师每周必到，5月底至8月中旬未见刘律师出席画社。参见《余绍宋日记》（第1册），第8—31页。
[43] 《余绍宋日记》（第1册），第7页。
[44] 《余绍宋日记》（第1册），第31、114页。
[45] 刘广定：《理性之光——民国著名律师刘崇佑》，第92页。

崧生林鲁生携妓至富春归憩云栖寺诗》《偕贻书崧生谒严祠登钓台西观谢翱羽先生痛哭处》。[46] 这是沈瑜庆此生最后一次出游，不久便因病逝世。

《晨钟报》于1918年9月24日被查封。也在这一年，刘崇佑的好友汤化龙在温哥华被国民党买凶暗杀——这成为刘崇佑思想的一个转折点。为纪念好友汤化龙，刘崇佑与蒲殿俊于1918年12月再办《晨钟报》，并改名《晨报》，刘崇佑兼《晨报》和中国银行总行法律顾问。[47] 刘崇佑与汤化龙私交甚笃，汤的死对他刺激很深，他由此对政治感到灰心，鉴于国事日非，于曹锟贿选前辞职，退出政界。立宪止步，报刊被封，再加上汤化龙和沈瑜庆两位好友于同一年先后离世，这给刘崇佑离开政坛、专职从事律务以强烈的心理暗示。这很可能是大律师横空出世的转折点！

三、孙几伊"言罪"辩护及其背景

"热极了！更没有一点风！"白话诗鼻祖胡适的这句诗，常被人当茶余饭后的笑料——被戏称为"胡诗"或"歪诗"。殊不知，胡适这首《一颗遭劫的星》讲述的是一起报社和编辑"因言获罪"的案件。了解这个案件，也就理解胡适这首"歪诗"的内容和寓意。

"孙几伊案"是一起新闻人"因言获罪"或曰"言罪"案件。案情很简单，时值五四运动，33岁的报刊编辑孙几伊（江苏吴江人）在1919年7月18日、30日，9月15日，以及10月10日的《国民公报》上，编辑刊登了俄国"无政府主义运动的最高精神领袖"科洛扑秃金（Pyotr Alexeyevich Kropotkin，又译克鲁泡特金）的自叙二则、"新人生活一则"及"学生界空前大庆祝"。因这四篇文章，京师警察厅派员封禁北京《国民公报》，以犯"内乱罪"起诉并审判该报编辑孙几伊。一审辩护人是留英海归、著名律师林行规（参见专篇）。1919年12月4日，地方审判厅判处孙几伊一年零两月有期徒刑。

---

[46] 《沈瑜庆同宣甫彝俶游杭州遂偕刘崧生林鲁生携妓至富春归憩云栖寺》《偕贻书崧生谒严祠登钓台西观谢翱羽先生痛哭处》，载《东方杂志》1918年第15卷第9期。

[47] 许金柜：《福建学院创始人的历史影响》。

此案充分展现了当时社会矛盾的热点和焦点，引起社会各界的关注，尤其是知识界的强烈反响。"孙几伊案"一审判决下来后，胡适在压抑中写出了《一颗遭劫的星》一诗[43]：

热极了！／更没有一点风！／那又轻又细的马缨花须，／动也不动一动！／好容易一颗大星出来；／我们知道夜凉将到了：——／仍旧是热，仍旧没有风，／只是我们心里不烦躁了。／忽然一大块黑云／把那颗清凉光明的星围住；／那块云越积越大，／那颗星再也冲不出去！／乌云越积越大，／遮尽了一天的明霞；／一阵风来，／拳头大的雨点淋漓打下！／大雨过后，／满天的星都放光了。／那颗大星欢迎着他们，／大家齐说"世界更清凉了！"

胡适在这首诗前有一段说明：

北京《国民公报》响应新思潮最早，遭忌也最深。今年十一月被封，主笔孙几伊君被捕。十二月四日判决，孙君定监禁十四个月的罪。我为这事做这诗。

诗中"大星"既可理解为本案的被告孙几伊，也可理解为《国民公报》及其文章体现的新思潮。"乌云越积越大，遮尽了一天的明霞"，显然是在谴责北洋军阀政府封禁报刊、压制舆论的罪行。最后四句"大雨过后……'世界更清凉了！'"是对未来社会必然趋势的预测和期待。知道胡适这首诗的背景，就知道知识分子批判精神之可贵了。"歪诗"也好，"打油诗"也罢，代表了一种态度，成为抗争的表达。

孙几伊不服一审判决，上诉至京师高等审判厅。时任厅长为日本东京

---

[43] 后来这首诗还编入其白话诗处女作《尝试集》，1920年还在《新青年》刊载。

帝国大学法科海归朱献文[49]，是和刘崇佑同科的洋进士，乃推崇法治之有识之清士。辩护人除一审林行规律师外，增加了刘崇佑律师。1920年3月6日二审判决孙几伊无罪，可以猜想胡适和中国知识界当时有多高兴！

可是二审的司法人员有压力：审判长叶在均虽然宣告孙几伊无罪，但他颇为不安，旋于5月挂冠而去。而经办这桩案件的检察官辞呈到部，经办的推事单毓华被官方借题发挥——设局捉赌，逮捕于京师警察厅，被罚了十块大洋。京师高等检察厅厅长是个政客，叫尹朝祯[50]，他不服判决"上告"了，用现在的术语讲，就是检察院抗诉。

一审判有罪，二审判无罪。那么接下来的复审，对于法官和律师来说，都是个高难度的活。与陈璧案不同，孙案的基本特征是：案情事实很简单——这些文章确实刊登了。但它构不构成犯罪呢？因为这是个"言罪"案，也是新闻权案件，因此在法律上相当特殊也相当"难办"。对于起诉者，检察官虽然轻松地证明刊登事实，可是要去论证其犯罪之构成，却是很费劲的事。所以，官方不宜轻易触发"言罪"。那么，对于律师和法官来讲，这个刊文之事实在法律上如何认定呢？当时的《出版法》第十一条规定，"图书有妨碍治安情事者不得出版"。什么叫"妨碍治安情事

---

[49] 朱献文（1872—1949），字郁堂，原名昌煌，浙江义乌人。由拔贡考入京师大学堂仕学馆，研习法政。1903年底派赴日本入东京帝国大学法科。1907年被法律馆调用回国，在法律编订馆任起草员，1911年起草完成《大清民律·亲属编》。1908年应试得84.38的高分，入一等中法政科进士，授翰林院检讨。1911年任资政院议员。1912年后，历任国务院法制局参事、大理院推事、江西高等审判厅厅长、京师高等审判厅厅长、江苏高等审判厅厅长。1927年挂冠归里，只兼任司法院参事。抗战前期，参与监督地方司法事务，建言献策。1945年当选浙江省临时参议会议长。一生布衣蔬食，不事奢华。1949年4月8日，在金华逝世。

[50] 尹朝祯（1882—1951），字尧卿、垚新、尧星，四川乐山人，1903年在省城会试中癸卯科举人，拣选知县，1905年留学日本法政大学法律科，与郭沫若的长兄郭开文同是帝国法政大学的同学，1906年曾上《嘉定府福太尊书》，建议学习日本开办新学。毕业后历任北流政府民政部内城巡警总厅办事委员、候选直隶州知州、警卫长。1912年8月司法部呈准任命署京师地方检察厅首席检察官。1913年7月补授实缺，12月给予五等嘉禾章。1914年3月署京师地方检察厅检察长，6月晋四等嘉禾章。1915年1月任京师地方检察厅检察长。1916年调离，暂留司法部参事厅。1917年因"释囚脱逃解款疲玩"被司法总长张耀曾提起惩戒，1918年拟升任总检察长，以"资格浅"理由被取代，旋于1919年任京师高等检察厅检察长，晋二等嘉禾章。1921年1月调部派在参事厅办事月给津贴二百元。1922年被调出司法系统。1924年任直隶高等检察厅检察长。1931年4月任四川省政府秘书长。1934年后，任直隶高等检察厅检察长，拟任陕西高等检察厅检察长，辞不赴任。一生中的最后官职为四川省政府秘书长。

者"？这成为本案争议的焦点。小前提"报纸刊登文章"与大前提"妨碍治安情事"之间的关系难以界定。即便法律有明文规定，也总是过于抽象——因为立法者难以界定，也故意留有余地。因此需要由律师进行法理论证，从而帮助法官做出个案的法律解释。

现在可好了，一审判有罪，二审判无罪，同样都是法院判决，却得出两个截然相反的结论。你可以想象，此案对于法官、律师来说难度之高，抗诉程序中的终审法官压力之大！

面对"言罪"案件，既没有客观事实上的争议，也没有专业技巧上的特殊性可言。本案关键在于如何围绕法条进行解释和论证。而关键的关键在于所刊登的文章内容如何解读和认定。刘崇佑律师精心准备，写了近5000字的辩护意见，时称"答辩理由书"[51]，抓住要害，在法庭上对适用法律及解释问题做了充分的论证说理。那么，法官对律师意见、对本案作何反应呢？

经笔者核对刘律师答辩理由书与判决书，辩护人的意见被判决书大量引用。"辩护人刘崇佑律师认为：'按科洛扑秃金虽然系无政府党领袖，（然而）其为人实立于学者地位而非暴动之实行家。请读英文百科全书便知其详，自叙传著作在数十年以前，所叙者乃其前半生经历之史实。有哲学地理学的种种名言，不得谓为鼓荡革命之作。此书译本遍于各国，为当世学者所必读内容，如何有目共见如此世界名著决非中国人之浅陋多怪所能厚诬？'"这是刘律师对本案关键问题的一个立论。既然讲到"鼓荡革命"，刘律师进而又把"革命"做了阐述："革命二字意义观之，亦指广义的之改革或革新之意。"[52] 这几个关键意见均出现在判决书中。

---

[51] 刘广定：《理性之光——民国著名律师刘崇佑》，第291—297 页。
[52] 摘自"大理院刑事判决九年上字第四三六号判决"（即孙几伊案终审判决书），第15—16 页。

此案终审的审判长,是大理院刑事第二庭庭长徐彭龄[53],另有郁华(曼陀)等三位推事共同组成四人合议庭,于1920年5月14日做出终审判决,以孙几伊在该报刊载科洛扑秃金自叙及各种评论,判处孙几伊五个月有期徒刑。孙已经被关押了六个多月,按当时法律规定,羁押候审期两日折抵一日计算,孙几伊再熬了一阵后,就出狱了。

法律人的专业理性在律师和法官身上具有共性。孙几伊案的法官终审判决书,长达26页!其中有四个看点:

其一,法官公开审理这样一个"言罪"的难题案件,进行裁判和说理,写了26页的判决书,可见法官有多谨慎,至少说明他不是个草菅人命的法官。其二,在当时的中国,要判某种思想的传播者有罪,阻力还是很大的。如前所述,官方最好不去触发"言罪"诉讼。其三,刘律师关于法律适用与解释的重点辩护意见,得到法官判决书的充分引用。判决书中可见律师与检察官之间针锋相对的意见,有准确的复述,有详尽的展示,更有深刻的分析。其四,北洋政府治下的法官,在有限空间里,也能做出理性的让步——判了五个月徒刑。这相比于爆发更大的社会危机,至少具有技术上的相对合理性。法律人虽然具有保守性,但他们建构的法律空间却是国家和社会的安全阀。

现代法治在这方面都事先设定一个可操作的具体尺度:除非言论具有"明显而即时的危险"(clear and present danger),最好不要发动这样自虐式的公诉和审判。徐法官是个旧时代的法官,撇开历史的和意识形态的观点,他撰写了26页的判决书,技术性地终结了这个案件。这在今天都是难能可贵的。

---

[53] 徐彭龄(1872—1929),字企商,上海青浦人。1902年以文行兼优选为优贡生,是年乡试举孝廉。1903年中进士,旋以公费留学日本攻法律。卒业回国,任刑部主事。辛亥革命青浦光复后任县民政署民政长。年底发生城北农民抗租风潮,于次年初辞职,旋赴司法行政部任参事。1914年任司法部刑事司司长,1919年2月出任大理院刑事第二庭庭长,兼任编辑解释文件汇览事宜,叙列二等给二等第三级俸,1920年叙列一等给一等第二级俸。办案不畏权贵,不徇私情,秉公执法。1923年获二等宝光嘉禾章。1927年仍在大理院刑二庭办案,后因患肺病离职,寄寓苏州休养,1929年6月加入上海律师公会,从事律师业务。1929年9月因病逝世。

政府不顾舆论提起这桩诉讼，其真实内幕直到后来清理北洋政府内务部的档案时才被揭示出来——抓捕编辑、查封报社，实为查禁学界联合会组织。1919 年 10 月 4 日《京师警察厅查复北京各界联合会处所及主脑人物呈》中写道：

> 兹据查得（北京）大学教员何尚平前于七月间，在东安门外韶九胡同东安客寓租赁四十八号房间，以作各界联合会办事处。其内容组织：何尚平为干事部主任，《国民公报》经理孙几伊为干事，并有北大学生张国焘、王文彬等数人，曾往各处拍电联合，均属主脑人物。……又查得宣武门外《国民公报》馆为学界联合会事务所，蓝公武为所长，与一主干公员周某，恒在该报馆密商组织进行，并与上海联合会通连。是日联合会包围府院，该报馆亦曾由教场口泰丰和成衣铺赁得棉被五十件，用车运供给。㊴

"项庄舞剑，意在沛公"，抓孙几伊实为查禁北京各界联合会而已。那时的北洋政府是愚蠢的，且没治理经验，更无法治意识。涉及新闻和言论整治之事案，一旦打压或公诉，势必纠缠于政治，政府自损信誉。一个有趣的现象是，律师在法庭的言论可能比"孙几伊们"的言论还要"激烈"，为什么"刘崇佑们"没有受到起诉或追责？

这就是律师职业角色的特殊性！律师角色，是民主法治上重要的、巧妙的设计，是特意用来制约权力、保护权利的程序性"对立面"，是法律专业性的挑剔者，是司法分权性的制约者，是行为合规性的监督者，是制度稳定性的维护者。对律师与人权、法治的密切关系，在旧中国司法官中已有正确认知者。早在 1921 年，大理院代理院长潘昌煦就曾明确表达律师的司法职务角色，即"律师职务为司法三大职务之一，其责任在依据正

㊴ 陈镐汶：《五四期间报界十大案（下）》，载《新闻记者》1989 年第 4 期。

义人道,拥护人权。顾此正义人道实为世界所共通而无国境之区别"[55]。1926 年,刘震[56]发表《律师道德论》,将律师的任务定位为"维护正义,保障人权,协助司法之进行,巩固法治之精神"[57]。这是目前所知最早论述律师职业伦理的文章,也是首次清晰阐述律师四大功能的作品,此后不久他出版了专著《律师道德论》[58]。

四、伟大律师的横空出世

从辩护艺术上或许可以说,刘崇佑是第一批"京派"辩护律师的代表,但这只是形式意义上的。实际上,立宪主义者刘崇佑律师之独特性,在于他刑事辩护所展现的大格局和大手笔。五四游行火烧赵家楼后不久,五月八日,刘崇佑所在的北京律师公会即做出决议:如曹汝霖方面请律师,出任何报酬一律不就。如有不遵此议者,对待以积极的手段。学生若请律师,愿尽义务。[59]果然,此后对学生的诉讼中,刘崇佑本此诺言,一再为学生义务出庭辩护。

1919 年至 1920 年这两年,刘崇佑律师为被捕或起诉的学生、知识分

---

[55] 摘自大理院代理院长兼刑庭庭长潘昌煦在 1921 年 10 月 23 日召开的国际律师协会第一次总会上的演讲。佚名编:《国际律师协会第一次总会报告书》(1922)。

[56] 刘震(生卒年不详),浙江人,早年赴日本留学,获日本明治大学法学士,曾任朝阳大学、北京法政大学教授,主讲民法物权、债权各论。1918 年与张君劢合作发表《未来议和大会中国应提出之议和条件》《欧洲议和大会之预测》二文于法政大学《法政学报》,在该刊还有独著文章《中国往昔刑事政策之概略》《中国币制改革论》,1919 年译日本国际法外交杂志的文章发表于《东方杂志》,1920 年在《法政学报》发表《战前战后刑法之社会的任务》、译文《证人之心理:判断证人陈述之标准——审判心理学之价值》,1921 年发表《一九〇三年俄国新刑法之大概》,1927 年在《法律评论》(北京)发表《从社会现象以观察犯罪》。20 年代初曾任东省特区高等审判厅推事。专著《律师道德论》1935 年 3 月由商务印书馆出版。另据1936 年编印的《朝阳学院教职员录》显示,刘震居上海法租界劳尔东路怡庐。

[57] 刘震:《律师道德论》,载《法律评论》(北京)1926 年第 3 卷第 29 期。

[58] 该书此前有一初版,从石志泉作序的时间"民国十五年十月",可推测此著首现于1926 年,与刘震的同名文章是同一年。经查《法律评论》(北京)1926 年第 4 卷第 18 期刊登石志泉序和刘震自序外,还为此书的刊印发布了"本社启事",称"本社商得刘君同意,刊印专册。……所有关于律师现行章制及应注意之法令,均搜集无遗,尤便检阅,取价极廉,每册三角"。林志钧封面题词"律师道德论",王宠惠题词"正谊明道",江庸题词"可以攻错",邵章题词"直方无不利",汪有龄题词"治律准绳"。

[59] 《晨报》1919 年 5 月 9 日。参见夏晓虹:《刘崇佑:抗辩政府的大律师》,载《读书》1999 年第 5 期。

子辩护，忙得不可开交。因此，他成为五四时期为知识分子和青年学生辩护最多的大律师，深得师生赞誉，曾受赠大银杯存念。除了在《国民公报》案中担任孙几伊的辩护人之外，他还担任了许多知识分子与青年学生的辩护人。比如 1919 年 5 月 23 日，潘智远主编的《益世报》刊登了山东第五师一万零八十名军人的集体通电。电文反映了爱国军人的焦虑和铲除国贼的决心。当晚报纸被查禁，随后潘智远被起诉。刘崇佑担任了《益世报》主编潘智远的辩护人。[60] 1919 年 8 月为鲁士毅等十一名五四运动学生辩护，[61] 刘崇佑义务担任鲁士毅的辩护人，最后法院判决宣布刘仁静、易克疑、狄福鼎等五人无罪。[62] 1920 年 5 月，刘崇佑为北京抗议福州日本领事的"二四"事件的蔡咸章等 40 余位学生作无罪辩护。[63]

在此，还值得提及的是他与周恩来的交集和缘分。1920 年 7 月，南开大学学生周恩来、郭隆真等四人被捕。受天津学生联合会委托，刘崇佑义务为周恩来出庭辩护。[64]

1920 年 1 月 29 日，天津各学校数千人，在天津学联的组织和率领下，为反对山东问题中日"直接交涉"，要求催办"福州惨案"和释放被捕的爱国人士，恢复各群众组织及人民言论、结社自由权利，到直隶省公署门前请愿示威。周恩来、郭隆真、于兰渚等四人为代表，入省署请见省长，结果被逮捕，押送至天津营务处。2 月 6 日，从营务处被转押到天津警察厅。4 月 7 日押送到河北地方检察厅。6 月 30 日，主持正义的辩护律师刘崇佑下午来检察厅告知：周恩来、郭隆真等四人被定为"骚扰罪"。[65] 7 月 1 日，周恩来代表郭隆真、于兰诸等四人起草给刘崇佑律师的"申辩书"，驳斥检察厅的荒诞罪名，就天津地方检察厅诉四人的"强暴胁迫，不服解

---

[60] 刘广定：《理性之光——民国著名律师刘崇佑》，第 128—130 页。
[61] 《北大学生案之辩护理由，刘崇佑律师之辩护书》，载《时事新报》（上海）1919 年 8 月 30 日。
[62] 刘广定：《理性之光——民国著名律师刘崇佑》，第 116—122、283 页。
[63] 《刘崇佑对学生案辩护书主张学生无罪之理由》，载《时事新报》（上海）1920 年 5 月 17—18 日。另参见刘广定：《理性之光——民国著名律师刘崇佑》，第 150—153 页。
[64] 怀恩：《周恩来年谱简编（1898—1976 年）》，载《社会科学研究》1981 年第 2 期。
[65] 怀恩：《周恩来年谱简编（1898—1976 年）》。

散"做了声明,为刘崇佑辩护掌握事实提供了基础。6日,天津检厅开始公开审理一·二九惨案被捕代表案。7日,审判厅继续开庭,传讯周恩来。8日,法庭审判长"提审"周恩来等四人。律师刘崇佑为周恩来等辩护。刘律师明确指出学生抵制日货和游行请愿的行为"事出公意,利在国家",进而从检察厅的起诉书入手,引法据理,层层驳斥,严正申明:"爱国救国本是合乎公理民意之壮举,根本说不上触犯刑律。""如果政府认为触犯了小日本的刑律,那我们就不得而知了!"检察官张口结舌。15日,刘崇佑等三辩护律师向天津地方审判厅递交"追加意旨书",为周恩来等人全力辩护。17日,天津地方审判庭被迫宣布释放周恩来、郭隆真等被捕代表。[66]

在这场官司的接触中,刘崇佑发现青年周恩来不仅相貌堂堂,而且思想进步,思维清晰且富有条理,是块难得的可造之才,于是建议他出国深造。而此时的周恩来,经过半年多的牢狱之灾,也希望到国外去进一步探求救国真理,但苦于没有出国经费。为此,南开学校创办人严修(严范孙)和刘崇佑各资助500银元作为其旅欧费用。周恩来于当年11月7日赴法留学。此后一两年间,刘崇佑让夫人廖孟同每月去东方汇理银行汇款20余银元给周恩来和同时赴法勤工俭学的张若茗二人作为生活费。直至两人来信说已获得助学金,才作罢。[67]上海解放后,周恩来委托上海市市长陈毅关照刘崇佑夫人及亲属。

刘崇佑律师五四时期在北京的职业生涯,还有个特点:他办了许多对抗权势的案件,他常常不收分文,义务援助,大义当头,可谓是"仁义"律师。比如,1921年6月马叙伦发起"索薪运动",被总统徐世昌起诉,刘崇佑表示义务为之辩护。后经调解,政府表示不再欠薪。其"好义如此",博得傲岸不羁的马氏衷心敬佩,事后二人结交。[68]财政部部长罗文干

---

[66] 怀恩:《周恩来年谱简编(1898—1976年)》。
[67] 刘广定:《理性之光——民国著名律师刘崇佑》,第170页。
[68] 夏晓虹:《刘崇佑:抗辩政府的大律师》,载《读书》1999年第5期。

因军阀争权而蒙冤入狱，刘崇佑仗义拯之，义务出任罗案辩护人。1923年4月，他公开发表《罗案开庭不合程序》一文，[69] 6月提出证据意见，[70] 刘崇佑以单行本印制的《罗文干等被告诈财及伪造文书案调查证据意见书》长达48页。最后为罗文干向北洋政府抗辩成功。[71] 刘律师的义字当头，颇受胡适钦佩，二人常有来往。[72]

正因为刘崇佑的口碑好，大案要案都会找到他，比如1925年的倪道烺教唆杀人案，刘崇佑与石志泉律师为倪氏辩护。[73] 刘律师的影响力不仅在北京，还在上海和天津，比如他1927年代理了上海纱布交易案，[74] 1928年参与天津协和贸易公司案，[75] 等等。

刘崇佑到底哪年南下上海？据刘广定讲是九一八事变后，那就是1931年。[76] 根据1929年7月25日司法行政部指令（指字第六四九三号），"呈报律师刘崇佑因事他往不能在平津两地方法院区域内执行职务请撤销登录"。[77] 撤销在平津两地执业登录，据此大体上可判断刘崇佑南下来沪执业律师的时间应该是1929年7月。刘律师除偶尔回北京小住，基本上都在上海工作、生活，达十二年。其书斋名"有不为斋"，取意"有所不为而后可以有为。不为，不为不义也。不为不义则可以为义"。从刘律师的诉讼信息来看，他在上海深居简出，隐逸于市，已经很少在律务案件中亲自出马，真正是"有所不为而后可以有为"。果不其然，当1937年发生沈钧

---

[69] 刘崇佑：《罗案开庭不合程序》，载《申报》1923年4月27日。
[70] 《罗案文开调查庭一次，刘崇佑提出调查证据意见书》，载《申报》1923年6月20日。
[71] 杨天宏：《罪与非罪："罗文干案"的审断与案情原委》，载《近代史研究》2016年第6期。
[72] 此后刘崇佑与胡适的朋友圈有了交集，如1923年12月17日刘律师在汤尔和家与胡适、罗文干为胡适23岁生日庆生；1924年1月21日刘律师与胡适、蒋梦麟、罗文干等为蒋梦麟过生日，算命取乐。参见曹伯言整理：《胡适日记全编》（1923—1927，第4册），第133、165页。
[73] 《倪案律师刘崇佑君辩护书（请参照本刊第一〇一、二期林、石二律师辩护书）》，载《法律评论》（北京）1925年第3卷第2期。
[74] 《农工商局呈报纱交案经过》，载《申报》1927年11月4日。
[75] 《协和案债权委员会复律师刘崇佑函》，载《大公报》（天津）1928年2月24日。
[76] 刘广定：《理性之光——民国著名律师刘崇佑》，第4页。
[77] 《司法行政部指令：指字第六四九三号（七月二十五日）》："令代理河北高等法院院长邵修文：呈报律师刘崇佑因事他往不能在平津两地方法院区域内执行职务请撤销登录祈鉴核备案由"，载《司法公报》1929年第31期。

儒、邹韬奋等"七君子"案时，他义无反顾地挺身而出，以花甲之龄与江庸领衔律师团，亲自担任了邹韬奋的首席辩护人，后因沈钧儒更换辩护人而接受其委托，又兼任沈的辩护人。[78]

与"京派"律师刘崇佑同时期的上海第一批名律师中，既有毕业于浙江法政学堂的秦联奎[79]，也有毕业于耶鲁大学的朱斯芾[80]，他们都是民国初创时期的律师。可是查阅当年的报刊及后人回忆，常常看到上海滩一些大名鼎鼎的律师们好投机、兼营商、傍大款、爱赌博的消息，甚至有"通天眼"或"护花使者"等花边名声。相比之下，刘崇佑是有公共功绩和良好口碑的执业律师。除前期的立宪主张之外，他在后期仍以律师和知识人的身份，在法庭与媒体两个舞台上推进中国初创时期的司法公正。刘大律师强调，民初法制肇建时代，需要树立司法典范。作为职业律师，刘崇佑参与司法改良、政治变革、推进民主。在此有一个现象值得我们关注：为何律师中很少出现革命家？曾有西方学者从知识、利益或知识资本的角度做了解释。[81]

依鄙人之见，法律人以教义式思维维护法的安定性，这是其保守性的普遍特征。此外，职业化的律师在法治秩序中，往往如蜜蜂那样在个案细

---

[78] 刘广定：《理性之光——民国著名律师刘崇佑》，第214页。

[79] 秦联奎（1888—1959），字待时，江苏无锡人，出生于杭州，1909年入新成立的浙江法政学堂读书，1912年毕业，在上海英租界当律师。1913年3月加入上海律师公会，是第一批会员，设律所于英大马路泥城桥汇芳照相馆楼上。1922年被上海律师公会推举为国是会议代表，1931年当选国民会议代表，1937年担任过杜月笙的律师，也曾参加"七君子案"辩护团，与张耀曾共同担任沈钧儒的辩护人。1949年前往香港后，患精神疾病，1959年病逝于香港。其哲嗣为著名美籍华人新闻记者秦家骢（Frank Ching）。

[80] 朱斯芾（1885—1953），字榜生，生于上海一富商家庭，祖籍浙江南浔，1904年赴美国留学，1905年考入耶鲁大学法学院，担任耶鲁中国留学生同学会会长，1909年毕业获得法学学士学位，同年秋回国，1910年参加庚戌考试中法政科举人，1911年廷试列一等十八名，奉旨受农工商部郎中，三品顶戴。辛亥革命后南归，离开官场，1914年2月加入上海律师公会，从事律师生涯，是湖社社员，一度成为上海滩律界闻人，有"护花律师"之称。因赌博加上投资失利，抗战前后家道中落，晚年笃信佛教，1953年因脑溢血病逝于上海。参见许懋汉主编：《民国大律师朱斯芾及其家族》，中国文史出版社2010年版。

[81] 西方有学者认为律师也具有某种保守性，来源于三个原因：第一，律师专于一整套连续的规则和原理——一种稳定的、整体的教义上的秩序结构的应用；第二，律师在维护其知识资本方面具有更直接的自私利益；第三，律师尤其最有才干的律师的利益与特定时代的幕后统治集团的有权势的或已经发达的人亲密认同的倾向。所以变革对于律师无任何好处。参见〔英〕罗杰·科特威尔：《法律社会学导论》，潘大松等译，华夏出版社1989年版，第229页。

节中建构法治秩序。当他们有用武之地时，只会局部地对规则适用进行挑剔和纠错，而不会对制度整体采取革命性的决裂行动。这也就是法学上所谓法律人之"保守"精神。当法律人在诉讼中能够充分施展专业才能时，他们就不会选择革命，更很少成为革命家。法律人对公共事务的政治关怀和知识干预，有着很独特的思维和方法。在一个有秩序的社会，律师很少走上革命道路成为革命家，但可以成为政治家。刘崇佑与李大钊、沈钧儒、邹韬奋、陈叔通等人过从甚密。这样一个与革命者亲近的刘崇佑，为什么没有走上革命道路？探究其原因，恐怕是前述法律职业的特性所决定，也与刘崇佑的志业理念与处事风格有关。他年轻时即立志"律师应仗人间义"，他性格耿直，疾恶如仇，长期从事律师工作，基于立宪民主的大格局，在个案中推进法制变革与进步。这正符合他"有所不为而后可以有为"的处事风格。

1941年9月23日下午8时，刘崇佑因患癌症在上海病逝，[82] 享年65岁。这位中国第一代律师的代表人物，还没来得及接受时代的崇高致敬，就离开人世。

《申报》与《东方日报》等报刊都对他进行了报道，回顾他的一生，并怀念这位曾经在法界叱咤风云的大律师。[83] 许多生前好友深切痛悼他们的挚友，几乎都提到刘公品质之"直"。陈叔通（1876—1966）在《挽刘崧生》中云："君是磊砢人，气盛能读律。秉性夙寡谐，见恶尤深嫉。颇不理于口，于此见直质。……年来国家事，俯仰忧愤溢。"[84] 侯官同乡好友、商务印书馆李拔可（1876—1953）与他互称"同年"，撰《挽刘崇佑同年》云："性分似系之，在野直声，作状筑亭同不朽。人才思贡父，离乡亲社，息阴择木已无多。"[85] 系之指刘系之，东晋文人；贡父指北宋文人刘贡父，即苏东坡挚友刘攽，为人疏隽，不修边幅，喜谐谑，以此比喻刘

---

[82] 《刘崇佑逝世》，载《申报》1941年9月25日。
[83] 《病逝海上之刘崇佑》，载《东方日报》1941年9月26日。
[84] 陈叔通：《挽刘崧生》，载《新闻报》1941年10月7日。
[85] 李拔可：《挽刘崇佑同年》，载《新闻报》1941年9月27日。

崇佑,颇为神似。

曾经被刘崧生批判过多次的余绍宋,一个月后才得知自己的好友刘崧生和罗钧任"二豪"[86]先后离世的噩耗,不胜凄感。余绍宋一首《挽刘崧生(崇佑)》,深情道出自己痛失故交的伤悲之情,也总结了刘公愤世奇俊的真性情,其诗云:

> 天生奇俊亦何为,又使遭逢困厄之。
> 怀抱向人无表里,卷舒有道不依违。
> 伤心直等穷途哭,愤世真宜荷锸随。
> 卅载故交零落尽,感君风义更增悲。[87]

如果说"卷舒有道",是他"有所不为而后可以有为"的处事风格,那么"在野直声",正是他"见恶尤深嫉"的公义信念。

---

[86] 余绍宋诗云:"已嗟一往难再得,更恸同时亡二豪。"摘自余绍宋:《挽钧任(文干)》,载《寒柯堂诗》,第138页。
[87] 余绍宋:《挽刘崧生(崇佑)》,载《寒柯堂诗》,第138页。

林行规——出则见庙堂，退则行民间

图 1　林行规（1882—1944）

1937年北平成为沦陷区之前，朱启钤和梁思成的中国营造社在紧急撤离前，曾有一大批社藏珍贵图纸和资料，寄存在天津外国租界银行，庋藏在地下仓库。他们商定了一个严格的提取手续——由三个人共同签字才行，三人缺一，不得开启。这三人是分别是社长朱启钤、法式部主任梁思成，还有一位律师，名叫林行规。①

1938年4月，胡适在美国为抗日开展外交活动。同在美国考察的林行规，与胡适常见面谈天，给胡适带来了不少的快乐。林行规走后，胡适就"极感觉孤寂"，"独自吃饭，真不好受"！② 于是写了一首表达"心焦"的诗。这是什么样的人，居然能让胡适为之心焦？

林行规是一位在北京乃至中国律师史上绕不过去的著名律师。迄今尚

---

① 单士元：《中国营造学社的回忆》，载《中国科技史料》1980年第2期。
② 曹伯言整理：《胡适日记全编》（1938—1949，第7册），第90页。

未有法学文章单独介绍林行规。俗话说"真人不露相",笔者始终没有找到林行规的尊容肖像。此处所用肖像是笔者根据林公塑像,通过电脑虚拟制作的。但这位重要的法律人物无疑是真实存在的。前些年,从事地震研究的机构和专家,从一块墓碑碑文中了解到林行规的一些行迹。这块墓碑就是《鄞县林斐成先生墓碑》,由林行规的好友、东京帝国大学法科海归陈宗蕃③先生所撰,并由林行规的鄞县同乡、故宫博物院院长马衡(1881—1955)先生以正楷书写。现林行规的墓地、墓碑已不复存在,只有碑文拓片收藏在国家图书馆。④ 林行规被地质界念念不忘,却被法律界草草遗忘,我们实在有负同行前辈。为此,本篇就林行规的行迹做些考证和挖掘。

一、本土学历

林行规(1882—1944),字斐成,英文名 Lin H. K.,浙江鄞县(今宁波市鄞州区)人。据《鄞县林斐成先生墓碑》记述:"先生林氏名行规,浙江鄞县人,先世自慈溪迁于鄞,清咸丰间遭洪杨之变,家中落。"碑文讲到林父式文先生,初学儒,后弃儒经商,"素性仁厚,好施与。配夫人柴太夫人佐之,有不足则撤钗瑱为助,乡里目为善人"。意思是林父乐善好施,柴夫人甚至把身上的首饰撤下来,以帮助乡人。可见林家是个仁厚

---

③ 陈宗蕃(1879—1954),福建闽候人,光绪三十年(1904)考中进士,光绪末年官费留学日本,在东京帝国大学学法政、经济,毕业回国后在邮传部任职。1911 年初曾参劾法部,认为"法政学堂学生文凭不足恃,竟有不通文理者举贡非通法律之人,刑幕即能法律亦只知旧而不知新,均不可以司法大权委任之"。辛亥革命后曾在苏州组织议会,1913 年 4 月组织共和党宪法讨论会,1914 年任审计署审计官,研究财政预算问题,1915 年 1 月任审查决算委员会坐办,1917 年任办理选举事务局评议,同年叙三等,1918 年任防疫委员会委员,1923 年 3 月任统计局参事,叙二等。1923 年在米粮库东口路北置地十余亩,自行设计,建成一座花园式住宅,取名"淑园"。1929 年辞公职,9 月在河北高等法院登录,从事律师。后任中华懋业银行北京行经理、北平市参议员等职。著有《亲属法通论》《古今货币通论》等法律著作,1930 年 1 月出版《燕都丛考》共三编,另还有《淑园诗存·傫然室忆语》等文集及诗集。
④ 林行规墓碑宽 61 厘米、高 151 厘米,碑文共 940 字。此碑拓片于 2003 年被编入《北京市石景山历代碑志选》(石景山区委宣传部等编)。参见高继宗:《捐助地震科研第一人》,载《城市与减灾》2010 年第 3 期。

好施的儒商之家。又述及行规弟兄两人,兄梅荪⑤先生继承父业,在沪上开设丝店,家乃益昌。行规排行老二,"幼岐嶷好,学不息,初亦学贾,主人曝肆储于场,使守之,先生执卷读不已,邻儿闻其不觉,尽盗之。主人出询其故,亦弗诃。告其家曰:此儿非阛阓中人,宜令读以成其志"⑥。

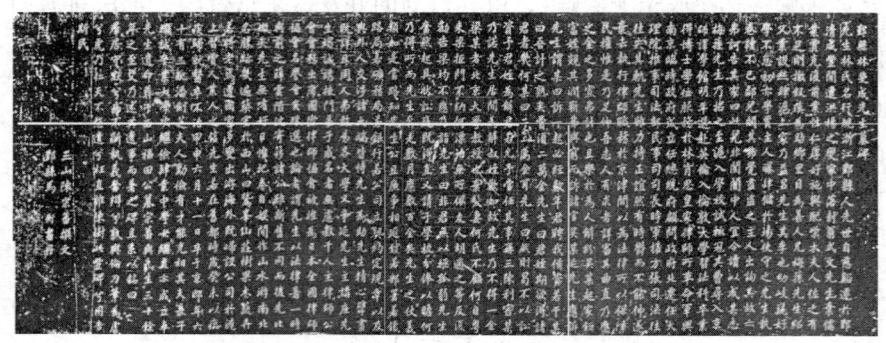

图 2 《鄞县林斐成先生墓碑》拓片(陈宗蕃撰,马衡书)

碑文在这里讲述了林行规年少时,曾学生意、当学徒的一段情节。某日,师傅在场上曝晒货物,让林行规看守。行规执书,只顾埋头而读,邻居小儿趁机将货物全部盗去。师傅出来,看见货物没了,询问其故,行规竟不知所以。师傅遂告其父母:你这儿子非从商之人,应该让他读书,以成其志。于是,碑文接着说:

> 梅荪先生乃招之至沪,入学校试辄冠其曹,寻入京师译学馆,明年游英伦,入伦敦大学习法科,卒业得博士学位,服务于林肯思皇家律师所。⑦

---

⑤ 林梅荪先生亦是饱学之士,浙江温岭人啸秋创办三成学校时,聘任林梅荪、陈德甫、孔翰波、林士能为教师,先开办小学班,学生约五六十人。参见《温岭文史资料》1985 年第 10 辑。

⑥ 陈宗蕃撰、马衡书:《鄞县林斐成先生墓碑》(1944 年)拓片,藏国家图书馆。标点由笔者所加,下同。

⑦ 陈宗蕃撰、马衡书:《鄞县林斐成先生墓碑》(1944 年)拓片。

照这一段叙述可知，林兄梅荪招弟弟行规到上海，入学校读书，每试"辄冠其曹"，屡胜他人，成绩出类拔萃，于是入京师译学馆。次年，便赴英国留学，入伦敦大学习法科，卒业得博士学位，服务于林肯思皇家律师所。这段履历相当模糊。问题是：林行规哪年到上海？入什么学校？哪年入读京师译学馆？哪年赴英国？入伦敦大学学习法科是否属实？获得了法学博士学位吗？毕业后是否服务于林肯思皇家律师所？所有这些问题，都要先从林行规哪年到上海入学开始。

首先，林行规是否毕业于南洋公学？目前所知，林行规有在上海南洋公学（上海交通大学的前身）读书的经历，但没有毕业。南洋公学中院（相当于中学）于1897年开始招收第一个学生，规定招生年龄为13—15岁。[8] 林行规入南洋公学中院的年龄正好是吻合的。中院学生的入学、肄业时间均比较宽松，比如杨荫杭入南洋的时间是1898年，离开时间为1899年。[9] 这一班的学生人数极少，只有13人，毕业5人，比如物理学家李复几等。这批学生所受的教育有显著的西学特色，中院的学习课程显示，"有翻译洋文功课，应择各国法律交涉诸书先行，翻译次，及理财商学诸书，翻译成册，教习校核精审，随时交译书院印行定价发售之资供"。[10] 从林行规的英文水平看，如果没有南洋公学这样的学校训练，恐怕难以有后来的优异学业。"南洋公学中院第一班"的相关史料显示，林行规"入校：民元前十三年二月，离校：民元前十一年一月，备注：中院肄业"。[11] 按照这个信息看，"民元前十三年"至"民元前十一年"，即1898年至1900年，是林行规在南洋公学的学习时间。

其次，林行规何时离开南洋公学，入读京师译学馆？有文章讲到林行

---

[8] "中院为中学，考选13以上15岁以下已通小学堂功夫者"，"俾得早充大学之选"，参见《照录南洋公学章程》，载《新闻报》1897年7月27日。

[9] 杨荫杭"在北洋学习三年之后，1898年转入上海南洋公学"，次年即1899年被南洋公学送往日本留学。Li Chen, "The Origin and Early Development of Chinese Connections at the University of Pennsylvania Law School", *Asian Journal of Legal Education*, Vol. 7, 2020, pp. 195–214.

[10] 《再续南洋公学章程》，载《新闻报》1897年7月30日。

[11] 据陈立教授从南洋公学档案中摘录的林行规信息，中院第一班全部共计13人，中院毕业共5人。

规从上海南洋公学"毕业后入读京师译学馆（北京大学前身）"[12]。实际上他和杨荫杭一样，没有毕业，中院肄业即从南洋公学离开，但入译学馆是真实的。此馆全称是"京师大学堂译学馆"。1902 年 11 月由管学大臣张百熙"奏请改同文馆为翻译科"，12 月诏以曾广铨为翻译科总办。1903 年 3 月，清廷为造就外交人才，就京都师大学堂迤北附近隙地购置民房，设立译学馆，并将原设翻译科并在内，仍由京师大学堂兼辖。"译学馆的学生来源，系以考取中学堂五年毕业生为主，但因开办伊始，暂行考取文理通顺及粗解外国语文者入馆肄习。"[13] 甚至原在进士馆的略通外国文者，也得调入。可见新办的译学馆招生是较为宽松的。那么林行规何时入读译学馆呢？"同年九月二十九日，译学馆开学授课。"[14] 因此，林行规正式就读京师译学馆的时间为 1903 年 9 月。也就是说，林行规 1900 年从南洋公学肄业后，于 1903 年 9 月入读京师译学馆甲班。这中间的三年空档，应该仍在上海，或许是在帮助哥哥梅荪干活。译学馆与以前同文馆育才相比有所改进和创新，强调中体西用，其外国文分为英、法、俄、德文各一科，每人选修一科，但需要修普通学和专门学。[15] 显然林行规选的是英文科，但他到底修普通还是专门，就不得而知了。

京师译学馆的人才培养目标是什么？"系专为学习外国语文的学生入馆肄业，以便翻译外国语文，办理中外交涉，并编纂文典。"[16] 为国家培养人才，因此"以修饬学生品行为主，以兼习普通或专门为辅"[17]。京师大学堂"为培养学生高尚的品格，在训导方面首重德育，故其课程亦列伦理学为首。所采用的教科书，其主旨亦在发明经传，以益身心"。庄吉发在

---

[12] 高继宗：《捐助地震科研第一人》。
[13] 庄吉发：《京师大学堂》，第 129—130 页。
[14] 庄吉发：《京师大学堂》，第 129 页。
[15] 普通学课程包括人伦道德、中国文学、历史、地理、算学、博物、理化、图画、体操九科。专门学包括交涉学、理财学、教育学三科，采用外国学校课本。参见庄吉发：《京师大学堂》，台湾大学文史丛刊 1970 年版，第 130 页。
[16] 参见庄吉发：《京师大学堂》，第 129 页。
[17] 参见庄吉发：《京师大学堂》，第 130 页。

《京师大学堂》一书中还专门介绍了该校学生的"爱国表现",强调"以激发忠爱,端正趋向为宗旨"[18]。这种学风的营造,对学生的人格塑造,无疑起巨大作用。

第三,林行规何时出国留学?译学馆学制为五年,本来按规定要学习五年,那么为何他于1904年赴英国留学?这与京师大学堂首批公派留洋学生有关。目前所知,这第一批47名学生中,分派日本为31名,分派西洋为16名,其中英国为8名,这8名中就有林行规,此外赴英习法科者还有范绍濂(江苏金匮人,1906年入播克贝克学院[Birkbeck College]学习,后在林肯律师会馆学习法律)和左承诒(雪稣,1906年在伦敦病故)。[19]这也就是说,林行规与余棨昌都是京师大学堂首批派出的,他们后来都成为中国也是北大历史上最早官派留洋的法科人才。京师大学堂首批派出的学生中有8位留英,于1904年4月到达英国。[20]这个时间应该是整批留学生派出的大概时间,然而对林行规而言并不准确。实际上林行规的出洋时间更早——据光绪三十三年(1907)9月30日《咨呈外务部译学馆出洋学生表册》记载,排名第一和第二的是林行规与范绍濂,二人"出洋年月"为"光绪二十九年十一月",即1903年11月。[21]也就是说,林行规1903年9月入译学馆,两个月后,11月即赴英国留学。这大大出乎今人的意料!由此可知,林行规在短短两个月里就获得译学馆的高度认可。更令人称奇的是,由林行规译述的《法国学制》,早在光绪三十年(1904)就由京师译学馆发行,在日本印制。

二、留学伦敦

林行规在英国学习的情况如何?要考证此事,本来是非常困难的事,但所幸林行规很受学部和学校的重视,留学伦敦时有一份珍贵的资料保存

---

[18] 庄吉发:《京师大学堂》,第113页。
[19] 冯立昇、牛亚华:《京师大学堂派遣首批留学生考》,载《历史档案》2007年第3期。
[20] 冯立昇、牛亚华:《京师大学堂派遣首批留学生考》。
[21] 《文牍:咨呈外务部译学馆出洋学生表册请查照文》,载《学部官报》1907年第38期。

了下来——1905 年至 1906 年间，林行规给译学馆监督和教务长寄来三封信。此三封信很受京师大学堂译学馆和学部的重视，全文刊登在《学部官报》1906 年第 2 期上。[22] 林行规还撰写了《英国学制》长文，连载刊登在 1907 年的《学部官报》上。[23]

林行规第一封信中写道："夫子大人钧右，前入攀拉书院时，曾与左生（指左承诒——引者注）肃函报告入学事宜，嗣后辄未修禀负愆实深。"[24] 这表明，此时林行规已经离开培训机构"攀拉书院"，此前在攀拉书院学习时，就与左承诒就给大学堂监督写信，报告他们的情况。林再次报告了其考试和学习的情况："近维政躬强健为颂。近届英国第二季学期，所有入学各节理宜禀陈，生此季已入伦敦大学。上午在大学院专习法律，下午在政治院听讲政治。法科所习四课，罗马法、英法、政体法，法理参较是也。"此处"法理参较"应该是指比较性质的法理学，相当于西方法理学。

而此信显然是林行规考入伦敦大学后写的，时间大约是 1905 年。从其所述入学伦敦大学的情形来看，从时间上推测，他在培训学校攀拉学院只待了一年，即 1904 年至 1905 年。1905 年上半年即入读伦敦大学，此信应该是到伦敦后的第二封来信，也即 1905 年的来信，刊于 1906 年的《学部官报》。

另外，他还讲到了政治科所习课程，又提到"左生仍在攀拉学院，范生（指范绍濂——引者注）在播克贝克学院"，还讲到留英其他诸学生的情况。继而，他讲到自己的心得和见闻，云："专学融会贯通自在研究阅历。至英以来夙夜考求广为质问。顷晤学部职员据言习交涉学以周知各国政要为要尤宜熟习公法，入门之初宜入法律院习为法议士以备将来交涉各案，可以直达无须仰鼻息于律师。"[25] 接着他介绍英国法律职业的两分法，

---

[22] 林行规：《译学馆派赴英国留学林行规报告三则》，载《学部官报》1906 年第 2 期（光绪三十二年八月初一日），京外学务报告。
[23] 林行规：《英国学制》，连载《学部官报》1907 年第 29、32、39 期。
[24] 林行规：《译学馆派赴英国留学林行规报告三则》。
[25] 林行规：《译学馆派赴英国留学林行规报告三则》。

说:"学法之道有二,一学理,如大学所课是也,一习练,如法律院所课是也。法律院所学亦有二途:一为辨护士,一为法议士。律师代书出自辨护顾问,法官成自法议,前者为道较卑后者,后者其用似广前者……"[26] 这个两分法应该就是指大律师(Barrister)和初级律师(Solicitor)的划分,所谓"法律院",应该是指伦敦四大律师学院,是一种专门培养律师职业的实务训练设置。此信内容丰富,他还讲到左生欲入开柏来治(应该是指剑桥大学),范生意在伦敦大学,然后讲到自己,"生亦拟入法律院,既免雷同复得各遂其学","生此季入伦敦大学盖欲广习政法以践前志,至法律院所需繁钜,非加至每年二百五十镑不克入学,所定为学各节是否有当尚请垂诲,不胜感激"[27]。这段话表明他想要入伦敦律师学院,并且为学费事宜请示学部监督。最后以一半的篇幅介绍英国大学学制,可能是供学部领导参考。

林行规的第二封信讲:"伦敦大学入学时,所考各科虽难,然如算学、拉丁、名学、理化各课,但于平日积功致力,亦不患不能及格,惟国文一课,所考乃数百年间古文,其用既异,其限又广,诠释训古,实为外人所难耳。又可议者,入门考试五课皆取均数(及格之数),设四课皆百分,一课只九十九分,则下次一切均须重考。"[28] 这里讲到入学考试有五门课,必须全部100分,如果4门课100分,只有一门课99分,也需要重考。信中还谈了上课情况,功课紧张得"大有日不暇给之势"。

林行规在汇报中的第二层意思是想读律师学院,但经费困难。他说:"规之本意拟入法律院习为法议士然先入大学者,规意专门亦犹普通也。普通与普通有密切之关系,专门亦然,不揆庸愚愿先究各专门学之门径以为研究专科之资而已,法律院学费最昂,现今所发学费实不敷用。"[29] 转而汇报其经费情况:"伦敦旅费较他处为昂,颇有经济之忧。伦敦大学不留

---

[26] 林行规:《译学馆派赴英国留学林行规报告三则》。
[27] 林行规:《译学馆派赴英国留学林行规报告三则》。
[28] 林行规:《译学馆派赴英国留学林行规报告三则》。
[29] 林行规:《译学馆派赴英国留学林行规报告三则》。

寄宿，大学又在城邑之中城。城中皆巨室，无处寄宿，规现所居之处，乃一大学讲师之家，离城十五里，来往坐火车，车票按节买亦尚便宜。教习渊重好学，家置藏书楼，朝夕在寓一切得资……"且讲到自己对于"书籍学费无所吝惜，惟起居非常节刻"[30]。此信中再次强调学费昂贵，官费已不敷支用律师学院的学费。这一封信中还有一个重要的信息：他是讲自己为了入读律师学院，而先读伦敦大学，他把这个阶段的普通学习当作后面争取律师学院的资格。这告诉我们，他为了省下律师学院的昂贵学费，在学费较低的伦敦大学学习法律，再去考律师学院，采取了迂回的办法，但仍然不知道学费最后能否顺利支持他考律师资格。

第三封信中，他提到二月初四收到监督和教务长的回信。然后汇报留学心得，曰："生为学晚，在国时虽列游南北学，然各科学皆异常空虚，及一入伦敦大学，几若啬夫见珍宝，巾袭楼藏而不自知其贪也。"转而谈到自己学习法律学和交涉学的体会，把它们与物理科学做比较，说："科学之事，有事事相为因果者，其律非仅信于冶工格致之事，其于治政法亦然，生所认学之科，乃交涉学。交涉学就术言则为外交，就学言，则为公法。外交乃政治之一端，是专家之事，非科学之事。公法乃法律之一门，是科学之事，非专家之事。二者虽途歧径异，然宜并讲而不可偏废也。"[31]年轻的林行规很有思想，信中还向领导讲述外交与法律，既不可只强调"偏于政"，也不能"偏于法"。他试图把外交与法律中的政治性和科学性问题做出区分。他说"偏于政"的毛病，例如"近世外交家其人虽富于权略机诈，然不明法理，知近而昧远"，这正击中我国外交官的弊端。"偏于法"的弊端则是"其理虽精而不当，此即大陆公法家其论虽辩，太泥于道德，权略家不取矣"。[32]第三封信还讲述了在英华人留学生的表现情形，并用大半篇幅介绍欧洲法政教育及他对国内大学建设的建议，

---

[30] 林行规：《译学馆派赴英国留学林行规报告三则》。
[31] 林行规：《译学馆派赴英国留学林行规报告三则》。
[32] 林行规：《译学馆派赴英国留学林行规报告三则》。

特别对京师大学堂的建设提出建议：建图书馆，改各聘洋教习为合聘，译学馆可分普通与专门二事，效仿国外做法，译学馆宜变通学生寄宿办法。

林行规在伦敦大学学习法律学和政治学两个方向，这与另一份资料的记载相符——1907年9月30日《咨呈外务部译学馆出洋学生表册》记载，林行规此时的学校是"伦敦大学校"，专业为"法科、政科"。[33] 但是林行规进入律师学院的学费来源，仍是个问题。有文章认为，林行规"仍因交不起学费而不能入学，后由留学生监督解私囊相助才得以入学。其父病故亦不能回家料理后事。林行规后来是得到译学馆监督以私款捐助，才得以进入林肯律师会馆"。[34] 但这一点没有证据支持。据他第三封信——第三次提出拟入律师会馆的学费问题，说律师学院"入学费约一百二十磅。今年学费尚恐不敷，拟与星使商酌于二年学费内抽提此数，按季折扣或能有济"。[35]

由此可知陈宗蕃先生所撰碑文所述"入伦敦大学习法律"是属实的，但"卒业得博士学位，服务于林肯思皇家律师所"的说法有错误。林行规在伦敦大学不存在毕业问题，也没有取得博士学位。因为他在伦敦大学学习法科的目标在于通过律师会馆考英国律师资格。这"林肯思皇家律师所"，应该就是 Lincoln's Inn（林肯律师会馆）。那时中国人对伦敦四大律师会馆不熟悉，这很自然。林行规后来从林肯律师会馆考取律师资格，被授予英国大律师执照。第一个在林肯律师会馆获得律师资格的人是伍廷芳，林行规比伍小40岁，相隔34年后，林行规在此院获得律师资格。至于时间，一种说法是来自陈立博士，他对所收集资料进行研判，得出结论：林行规1910年获得大律师资格，同年底离开伦敦，1911年初到达中国。这些细节有待进一步的研究考证。

---

[33] 《文牍：咨呈外务部译学馆出洋学生表册请查照文》，载《学部官报》1907年第38期。
[34] 冯立昇、牛亚华：《京师大学堂派遣首批留学生考》，载《历史档案》2007年第3期。
[35] 林行规：《译学馆派赴英国留学林行规报告三则》。

三、回国工作

碑文继续讲到,"革命军兴,南京临时政府成立,任总统府顾问,政府北迁,任大理院推事、司法部民事司司长。时军权方张,司法往往失其轨,先生虽力持正谊,然有时辩而不能伸,遂弃去,执行律师职务于京津间"。㊱ 这段文字是讲林行规回国后的工作。

首先,他有没有从事过南京临时总统府顾问工作?有文章指出"林行规于1912年初回国,担任中华民国南京临时政府总统府法律顾问"㊲,这可能是根据碑文所做的猜测。

林行规回国后到底做过哪些工作?目前发现,他1912年就已经在上海从事律师活动。在1912年的一起"孙沈氏亲告案"(自诉)中,林行规律师出任自诉方代理人。因委托人不服检察厅免予追责决定,向上海检察厅呈请再议。上海检察厅转江苏高等检察厅,高等厅做出批示,维持原决定,认为"至为允当"。㊳ 按当时的律师管理办法,律师执行职务是有固定地区范围的,因此可推测林行规回国后在上海从事律师事务。作为公派留学生,通常是结束学业就回国。㊴ 虽然民国律师制度建立于1912年9月,但此前已允许律师开展法律活动,况且林行规有英国律师执照。由代理此案的信息可见,林行规应该是在1912年之前的更早时间回国。当时正值大清覆灭前后,没有进入朝廷而是改做律师这一情节,符合事理情理。既然朝廷没了,那就自由执业吧,唯不知这位有忠宗思想的学子当时的复杂心情。

林行规当律师才一年左右,就很快转任大理院法官。民国元年(1912)11月,他已经出现在大理院判决书中。姚震任审判长推事,林行

㊱ 陈宗蕃撰、马衡书:《鄞县林斐成先生墓碑》(1944年)拓片。
㊲ 高继宗:《捐助地震科研第一人》。
㊳ 《高等检察厅批示:一件上海地方检察厅呈亲告孙沈氏代理律师林行规以本厅对于该氏所控之点先后却下不服呈请再议由》,载《江苏司法汇报》1912年第4期。
㊴ 笔者曾与同事陈立讨论林行规回国的时间,推测是1910年底离英,1911年初到达中国。

规与潘昌煦、张孝栘、胡贻壳署名为推事。[40] 是年 12 月至 1914 年 9 月，有一批民事和刑事判决由林行规以推事署名。仅 1913 年就有 23 件判决书，林推事 1913 年起办理民事案件，署名为"民事第一庭"。这或许是因为官方对法律人才有迫切需求，识其才。而从林行规的角度讲，既然是国家需要，离开律师业改从法官，也是为国效力，符合其初衷。1913 年 2 月，宪法起草委员会改为宪法研究会，[41] 各省陆续推荐委员到京，3 月，林行规担任宪法研究会会员。[42] 这份兼职的工作一直延续到 1925 年。

再说林行规与北大法科的关系。北大法科、商科学长余棨昌的任职时间是 1913 年 2 月至 1913 年 12 月，余棨昌辞职后，次年 1 月由大理院推事林行规兼法科、商科大学学长。但是林行规担任国立北京大学法科学长的起止时间是何时？有一种说法是"林行规 1914 年 1 月至 1914 年 11 月任北京大学法科学长"，而继任者王建祖[43]于 1914 年 11 月—1919 年 9 月任北京大学法科兼商科学长。[44] 这任职起始时间是不准确的。据《国立北京大学廿周年纪念册》（1918 年）所载"职员一览"，林行规任"大学法科学长"的起讫时间分别为"民国三年一月"和"民国四年十一月"，即 1914 年 1 月至

---

[40] 《姚震、林行规、潘昌煦判词：大理院判决贾绍卿强取财物一案（十一月二十六日）》，载《司法公报》1913 年第 4 期。

[41] 《组织宪法研究会之电令》，载《盛京时报》1913 年 2 月 22 日。

[42] 《宪法研究会员派定林行规、叶尔衡》，载《时事新报》（上海）1913 年 3 月 10 日。

[43] 王建祖（1879—1935），字长信，广东番禺人，祖籍江苏镇江。约 1903 年毕业于北洋大学堂，发表《论保国会》，公派赴日留学，后又改入美国加利福尼亚大学，攻读经济法专业。回国后曾任南洋公学教授，于 1907 年经学部游学生考试，成绩优异，授"法政科进士"，经廷试，授予翰林院检讨。1909 年著银行学论文公开连载。1909 年，充当赴美专使兼考各国财政大臣唐绍怡（绍仪）的随团参赞。再次回国后，任广东大清银行分行清理员，1913 年 8 月因病辞职。1914 年 1 月起任财政部开财政讨论会委员。1914 年 11 月至 1919 年 9 月任北京大学教授兼任法科学长暨商科学长。1919 年 6 月五四运动期间，因处理学生运动不当，遭遇运动中师生之驱逐。1920 年，在孙中山的广东军政府，担任外交次长。后曾任江苏银行协理、法权讨论会咨议，1923 年在北大演讲。1926 年任北京法政学校经济科学长，1927 年任燕京大学经济系教授，1928 年 5 月受江苏省任命为上海临时法院刑庭推事，7 月到任。1930 年任司法院秘书。1932 年 8 月任最高法院民一庭推事兼法官训练所教员，1933 年 8 月任行政法院评事。1935 年 2 月底病逝于南京。

[44] 参见北京大学经济学院官网"历史沿革"，https://econ.pku.edu.cn/xygk/lsyg/index.htm，最后访问日期：2022 年 4 月 19 日。

1915 年 11 月。㊺ 自林行规继任后，"是时又请芬来森（英国）、李方、冈田朝太郎、巴和、朱深、岩谷孙藏、陈治安、魏宗莲、伍朝枢、吴乃琛、张廷骧、刘光谦、陈宗藩、盛德镕、张象焜、孙恒、唐演为法科教员"㊻。王建祖是 1915 年 11 月之后才接北大法科学长职务的。1919 年，林行规复任北大法本科讲师。㊼

职员一览	大學預科學長	大學預科學長	大學法科學長	大學文科學長	譯書局分譯	譯書局分譯	譯書局分譯	譯書局筆述	譯書局筆述	混譯書分局總辦	官書局提調
	沈步洲	徐崇欽	林行規	夏錫祺	曾宗鞏	常彥	胡文梯	魏易	林紓	陳希彭	沈兆祉	瞿鴻禮
	民國二年八月	民國三年一月	民國三年八月	民國三年八月	光緒二十八年	光緒二十八年	光緒二十八年	光緒二十八年	光緒二十八年	光緒二十八年	光緒二十八年	光緒二十八年八月
	民國三年一月	民國六年九月	民國四年十一月	民國五年十二月								
	實任	實任	實任	實任								

图 3　林行规任北大法科学长的起止时间

1914 年 3 月，林行规从大理院转任司法行政部司长，因同批官员均系转任，大总统颁令指示"业经觐见拟请准予免觐"㊽。次日，司法行政部

㊺ 参见"职员一览"，载《国立北京大学廿周年纪念册》（1918 年），第 5 页。

㊻ 张国福：《北京大学法律学系前期的教学改革及其优良传统》，载《中外法学》1998 年第 3 期。

㊼ 参见"职员一览"、"前任职员录"，载《国立北京大学廿周年纪念册》（1918 年），第 5 页。参见冯立昇、牛亚华：《京师大学堂派遣首批留学生考》，载《历史档案》2007 年第 3 期。

㊽ 《大总统批令（中华民国四年三月二十二日）》："国务卿呈据铨叙局详称试署审计院审计吴学庄司法部司长林行规调署农商部秘书萧方骏文永誉等均系转任业经觐见拟请准予免觐由"，载《政府公报》1915 年 1031 期。

总长章宗祥颁发第三百六十七号令（中华民国四年三月二十三日），"饬本部司长林行规准此：为饬知事林行规业经呈准叙列三等应给第二级俸"。[49]是年，司法部正在修改"债务诉讼条例"，遂指派司法部派司长林行规与农商部司长陈介于11月赴汉口、上海，与当地各省商会接洽一切，参与改订。[50]这可能是林行规入职司法部司长以后的第一件主要公务。1915年12月16日，林行规获四等嘉禾奖章。[51]1916年2月，林行规与陈介两位司长完成调查后，就"债务诉讼条例调查"写出报告，把调查过程做了汇总，"奉饬派赴各繁盛商埠调查商情习惯，慰问商民疾苦兼讨论商民债务诉讼结案办法及清查积案，遵即次第前往汉口、九江、芜湖、上海、天津各埠，与各商会妥行接洽，沿途详察现行审判情形，冀得考证而资商榷"云云。[52]

此报告由张宗祥奏报袁世凯时，加了一个奏折，可是行文已经完全变了口气。奏折中第一句就是"奏为谨报派赴商埠各员调查情形恭折会陈仰祈"，最后一句是"皇帝陛下圣鉴训示再此折系由司法部主稿会同农商部办理合并陈明谨奏"。[53]张宗祥代表司法农商部的奏折时间注明为"元年二月七日"，这便是洪宪元年。

目前的通说是，林行规因不满袁世凯称帝和政府的司法舞弊，毅然辞去公职。这事发生在何时？今天的互联网传言是1918年，实际上时间更早。当年天津《益世报》一则报道是关于林行规以律师身份承办过的案

---

[49] 《司法部饬（三则）：第三百六十七号（中华民国四年三月二十三日）》："右饬本部司长林行规准此：为饬知事林行规业经呈准叙列三等应给第二级俸此饬"，载《政府公报》1915年第1048期。

[50] "前令各省商会参预改订债务诉讼条例现由司法部派司长林行规会同请农商……"，载《时报》1915年11月13日。

[51] 《奖赏（计命令二件呈五件奏一件咨三件饬五件批一件）》："策令：汤铁樵胡以鲁林行规朱绍濂均给予四等嘉禾章此令（四年十二月十六日，登十二月十七日政府公报）"，载《司法公报》1916年第51期。

[52] 《林行规、陈介：谨将派员调查各埠商情习惯原报告书缮单恭呈》，载《司法公报》1916年第54期。

[53] 《民事：陈报派赴商埠各员调查情形折并批令（附单）（元年二月七日司法农商部奏，登二月十三日政府公报）》，载《司法公报》1916年第54期。

件，时间是 1917 年 9 月。该案是津浦铁路管理局正副局长为被告的案件，林行规担任副局长盛文颐的辩护人。报道称"今日下午二时，地方审判厅续讯津浦路购车租车案，仍由盛文颐之辩护人林行规辩诉，历时甚久，由郭宝书律师要求休息，当经休息十分钟，续行审讯。由郭律师代盛辩护，谓租车有利国家，认为无罪，嗣提朱幼菴关保林略讯数语，因时间已晚，宣告退庭"云云。[54] 再查 1925 年印制的《北京律师公会会员录》，林行规的入会时间为民国"六年三月二十三日"，即 1917 年 3 月 23 日。其住址为"锡拉胡同十八号"[55]。由此判断，林行规辞职时间应该在 1917 年 3 月前后。

叙述到此，不禁又想起那句话——"天下有道则见，无道则隐"（《论语·泰伯》）。正如他在京师大学堂的同龄老同学余棨昌一样，林行规是 1917 年帝制闹剧后引退下野，余棨昌则是 1928 年政权更迭时归隐书斋。法律人有一个制度给予的优势，那就是下野退隐可做在野法曹。林行规与中年后下野的余棨昌不同——林行规此时只有 35 岁。回想起来，他有英国林肯律师会馆的背景，再说当初回国时，就在上海从事他所热爱的律师业。他一定会做这样的选择！

1912 年至 1926 年的十五年间，北京律师人数的增长速度远远快于上海。[56] 北京律师群体的特点是，多数律师出自本土的法政大学，像林行规这样的欧美法科海归当律师的很少。从 1912 至 1941 年间加入北京律师公会的 1358 名律师的学历来看，在有确切文凭记录的 1300 名律师当中，只

---

[54] 《今日下午二时地方审判厅续讯津浦路购车租车案仍由盛文颐之辩护人林行规辩》，载《益世报》（天津）1917 年 9 月 28 日。

[55] 《北京律师公会会员录》，1925 年 6 月。

[56] 在 1912—1926 年间，北京共增加律师 753 人，平均每年新增律师 50 人，并且出现两次入会高峰，即 1913 年的 122 人和 1917 年的 125 人。而同期这十五年间，上海总共只增加律师 122 人，平均每年新增律师 11 人，增长最多的一年（1917）也只有 31 人，而最少的一年（1920）仅有 3 人。1927 年以后，才发生转折，上海律师人数超过北京。1927 年至 1937 年的 11 年间，北京共新增律师 508 人，平均每年只新增 46 人；而上海共新增律师 1275 人，平均每年新增多达 115 人，几乎是北京新增律师的三倍。可见 1927 年以后，上海律师业得到前所未有的发展态势。参见邱志红：《民国时期北京律师群体探析》，载《北京社会科学》2008 年第 4 期。

有 246 名律师有过留学海外的经历，只占 18.9%。其中留学人数最多的国家是日本，共有 221 人，几乎占了全体有留学经历律师总数的 90.0%，有欧美留学经历的仅占 10.2%。有 925 名律师毕业于北京及河北地区的各级各类法校，所占国内出身律师比例高达 87.7%，其中朝阳大学毕业生就有 172 人。[57] 况且 1300 名律师中，执律师业之前曾任推事、检察官等有司法实践经历的只有 15 人，林行规和马德润就是其中的两位。所以，林行规具有留学经历与推事经历的双重优势，处在凤毛麟角的地位。那么，林行规做律师到底干得怎样呢？

四、律务生涯

林行规因不满政治生态而毅然辞去公职，离开体制。但他不是悲观消极的退隐心态，而是以精湛的业务和活跃的行动来从事律师业。令人折服的是，他把律师业务干到了极致。他的律师执业区域大致在京津两地，从办理法务范围来看，他也擅长刑事辩护，出任过诸多要案的辩护人，但他更擅长的业务是行业法务和涉外法务，范围大致在工业、商业、金融、农业等多个行业。

1920 年 10 月，唐山煤矿发生巨大的瓦斯爆炸，工人当场死亡 450 人，百余人受伤，这是近代华北最为严重的煤矿瓦斯爆炸事件，不仅造成了重大人员伤亡和财产损失，还引发了社会舆论的强烈反响。唐山煤矿隶属于开滦矿务总局，唐山煤矿成为名义上的中外合办企业，但实际上整个煤矿的经营权仍然掌握在英国人手中。矿难发生后，信息被隐瞒，但很快被媒体曝光，《申报》于 10 月底率先披露。[58] 直隶省长和农商部于是年年底接到报告，才开始重视此事。外交、内务、农商和交通四部共同派员前往调查。四部调查人员将所收集的材料递交中央，并恳请中央政府聘用专门的律师，为唐山矿难撰写调查报告。中央政府采纳了这一建议，最终决定，

---

[57] 邱志红：《民国时期北京律师群体探析》。
[58] 《唐山煤矿爆裂之详情》，载《申报》1920 年 10 月 27 日。

由农商部出面，聘请律师林行规担任法律顾问。[59] 今天国内个别图书馆收藏的《会查唐山煤矿灾情报告书》（民国九年版）正是林行规所著。

据查，农商部委托林行规为政府方代理律师的时间为 1921 年 1 月中旬，目的正是"以备交涉英公使"。[60] 然而林律师实际上的作用不只是为与英国公使交涉"备用"。到 3 月中旬，在四部调查过程中，"据王委员景春（交通部参事）呈请聘用法律专家总纂报告，当经各该部拟聘林律师行规，充任斯席，并经提出国务会议议决"。四部立即联衔"缮具聘函，请林氏对于此案法律问题悉心研究并拟具办法，以备各部酌核。至于办公费数目，亦由各该部会同核定"。[61] 可见，林律师不只是参与调查，提出法律意见，还起草全案调查总报告。林行规的报告是什么时候完成的？据查，是年 6 月，林行规起草的调查总报告完成时，唐山警方又发现矿井中有五具矿工遗体，有关方面请示是否将此情况加入到调查总报告中。[62] 林行规律师函复唐矿，续起死尸不必加入总报告，有关新事实报告可由部归案备查。[63] 由此可推测，大约调查报告的完成时间在五六月份。

本案中矿难的责任认定，需要查明矿方管理人员是否"明知危险"，而这个情节是调查的难点。林律师撰写的《唐山矿工惨毙多命调查报告》，对于矿局在这次瓦斯爆炸中所存在的问题进行了详细说明，对于肇祸原因做了深入细致的调查，认定"唐山煤矿第九槽煤向蓄沼气，坑道西部尤甚，该煤师等久知有危险之证象"。报告结合了矿局之前的事故记录，在 10 月 14 日瓦斯爆炸发生前，7 月 31 日与 9 月 12 日已先后发生两次爆炸，导致烧伤工人一名。但这并没有引起矿局注意，在预防瓦斯爆炸的工程设

---

[59] 陈甘霖：《试论近代华北矿工的生存困境——以 1920 年唐山矿难为中心》，载《巢湖学院学报》2020 年第 5 期。
[60] 《农商部委律师林行规办唐山矿工案备交涉英公使》，载《时报》1921 年 1 月 19 日。
[61] 《唐山矿工案总纂聘定》，载《时报》1921 年 3 月 14 日。
[62] 《函林律师行规：第四三二号（六月二十日）》："内务部转达审查一节相应抄录原附件函审查见复由"，载《农商公报》1921 年第 7 卷第 12 期。
[63] 《函内务部第四七一号（七月二日发）》："林律师行规函复唐矿续起死尸不必加入总报告书函请查照由"，载《农商公报》1921 年第 8 卷第 1 期。

备配备方面仍存在重大隐患,"减少火灾以分段通风为效,是爆发之前并未实施化学分析,气体分析器具向未置备,坑内气体未曾分析一次"。在上午瓦斯已经开始蔓延的情况下,"对于下午二时下井换班及各坑道做工工人并未有警报及停工之事,事前毫无准备,临时又复仓促,情形已可概见"。因此,矿局应该对整个事故承担责任。同时在报告中还以英国劳工法律为例,英政府于1906年颁布的《劳动偿恤条例》,揭露了在华英国商人处理劳工问题的双重标准。[64] 这显示了留英专习交涉学和法律学的林行规律师在涉外案件处理中的明显优势。

依据报告中的相关内容,并结合林行规律师所提出的法律建议,政府确定了四条解决办法,从其内容看,均属于法律问题,诸如:矿工薪酬与英国高级工人生活程度相同,增加矿夫之金,即刻废除或改订工头制度,按照英国《劳动恤偿条例》增加对因公受伤或毙命之工人恤金,救护出力人员亦应酌情给予奖励,劳动保护、培训、救险及技术措施等等。农商部随即将这四条要求转达给开滦矿务总局,并将此作为政府对于这一次矿难的最终处理意见。[65] 尽管后续中英双方就此案的谈判结果未予公布,但显示出来的是林行规律师在本案中所起的关键作用。

此外,林行规还参与了许多重大事件的法律事务,其中有行业法务,也有涉外法务。兹列其九大主要事案如下:(一)1919年轰动一时的《国民公报》编辑孙几伊"言罪案",林行规担任了本案的辩护,且自一审、二审到复审自始至终,二审开始与刘崇佑合作。[66](二)1920年3月,西南军政府内讧,财政及外交部部长伍廷芳携印信离粤赴沪,并将两笔关余以个人名义分存于港沪两地多家银行。这一历史性的大案,林行规也曾参与。1921年1月,"关余"款诉讼一事,上海会审公廨已判决,章士钊已败诉,但此案属于伍廷芳存放之五十万元而言,而西南全部"关余"款,

---

[64] 陈甘霖:《试论近代华北矿工的生存困境——以1920年唐山矿难为中心》。
[65] 陈甘霖:《试论近代华北矿工的生存困境——以1920年唐山矿难为中心》。
[66] 刘广定:《理性之光——民国著名律师刘崇佑》,第128—130页。

则尚无处理结论。因此，政府方面委托林行规律师赴港控诉，为俞凤韶之后盾，并于事前咨询法律顾问，说：政府派员赴港，催促"关余"案。[67]（三）1921年7月，中法实业银行停止营业，金融流通发生故障，北京银行公会特召集紧急会议，会议公推二人做代表，并与财政部法使署分头接洽。林行规律师受北京银行公会委托，与公会二代表前往中法银行查账，法国公使署派代表例行会同检查发行账及库存未发钞票，均开具清单，由公会代表、林律师及法国公使代表签字并盖章，将钞票封存库内。[68]（四）1921年7月驻古巴大使馆随员陈柏年离奇失踪，林行规受家属委托代理起诉。[69] 据传系由外交官同事吴克倬、罗则琦所谋害。"陈柏年君旧时译学馆同学在京百数十人也大动公愤，拟延请林行规律师，向法庭提起诉讼，并要求外交部速电王公使将吴克倬及叶莲开看管。"[70] 但外交部推诿责任，只借口可向法院起诉，于是京师地方检察厅介入调查此案，并移送京师地方审判厅审理。但在审理中证人不到庭，因此拖延至1923年，引起公愤。是年7月，译学馆同学再次商议向法院提出意见，吴、罗二人闻讯准备潜逃。[71] 1925年12月地方审判厅仍裁决不起诉。到1927年，此案仍然有鸣不平的媒体声音，但似乎就此不了了之。到底判决结果如何？直到1928年因被害人陈氏家属为吴、罗二人的出狱而上诉，才有法院批复的消息：本案已于1927年经过高地两厅审判，判决吴、罗二人有伤害人命之嫌疑，并认为陈柏年失踪绝非患精神病所致，法院各判决吴、罗徒刑。旋因1927年大赦时，吴等亦在列被赦。[72] 这才了断此宗疑案。（五）1922年

---

[67] 《林行规赴港之任务赴港控诉催索关余》，载《盛京时报》1921年1月28日。
[68] 《银行界消息汇闻：银行公会代兑中法实业银行钞票纪要：北京检查中法钞票情形：四日北京公会会议结果，公推代表二人借林行规律师（附表）》，载《银行月刊》1921年第1卷第8期。
[69] 《驻古巴陈柏年失踪、陈家属延林行规起诉、并请外部电王……》，载《新闻报》1921年7月19日第6版。
[70] 《陈柏年失踪之疑案》，载《申报》1921年7月20日。
[71] 《陈柏年案引起公愤，吴克倬等恐难逃法纲》，载《大公报》（天津）1923年7月11日。
[72] 《高审厅判决陈柏年案》，载《救世新报》1928年5月5日。

8月财政总长罗文干被捕，12月罗聘请林行规担任辩护人。[73] 因罗案涉及奥国债款，虽是刑事案件，但亦有涉外因素。因此罗文干聘熟悉涉外法务的林行规律师担任辩护人，是顺理成章的。1923年1月11日，受理此案的京师地方检察厅下达"不起诉处分书"，将罗等二人释放。可见罗文干在第一次的无罪释放，得益于林行规的辩护。孰料1月15日，国务总理张绍曾又授意司法总长再捕罗文干。这才有了刘崇佑在罗案第二次的出马，担任辩护人。[74] （六）1925年2月，段执政府聘请林行规为政府法律咨议，此背景是段执政府考虑到法律事务的重要性。当时有报道云："段执政为近年来内乱不已，朝野骚然，究察其因，未始非由于司法之不能独立，甚至总统法令不能出于宫门，执法营私任所欲为，抑若全国中无所谓法律也者，有感于此，特聘法律专家林行规大律师为执政府法律咨议，释解法律全责，俾得引伸法度，以佐政治之不逮云。"[75] 但实际上，这时的背景要复杂得多。1924年，段祺瑞出任中华民国临时政府执政，财政紧张。段祺瑞指示财政总长、外交总长与法国公使就"金佛郎案"进行秘密谈判。而政府在涉外法律事务的处理中需要涉外律师的审查把关。（七）1925年为倪道烺教唆杀人案辩护。倪道烺在案中被指控1921年6月在安庆学生游行时，唆使所带卫队杀害学生姜高琦。林行规与刘崇高、石志泉均为辩护人。对照林、石二律5月9日的辩护词，可以发现有一定的侧重和差异。石律师偏重于事实辩护，[76] 林律师基于对三个关键事实的问题的分析，偏重于法律上的辩护。林开篇即谓："就实体法言，正犯为伤害罪，造意犯不能成立杀人罪。就程序法言，正犯伤害罪应在赦例者，因既判之效力，造意犯依同条例第二百四十八条第三款起诉权业已消减。"在分析了三个方面的问题——倪是否带有卫队、倪是否有传令叫打确据、倪是否

---

[73] 《罗文干聘林行规律师为辩护》，载《新闻报》1922年12月7日。
[74] 刘广定：《理性之光——民国著名律师刘崇佑》，第177—178页。
[75] 《林行规被聘为法律咨议》，载《益世报（天津）》1925年2月4日。
[76] 《石志泉：倪道烺因教唆杀人嫌疑被告一案辩护书》，载《法律评论》（北京）1925年第102期。

有杀人之故意——之后，林得出结论，建议"应不起诉"。[77] 同年 5 月 19 日，法院判决"倪道烺应不起诉"，宣告自由。（八）林行规在金融行业也办理了多起案件，是北京银行公会的法律顾问。[78] 1927 年 5 月，林行规为北京银行公会起草公函，驳斥汇丰银行的意见。[79]（九）林行规作为金城银行总行的法律顾问，有史料证明，他于 1926 年至 1928 年间，为汉口金城银行商业性放款的一组重大纠纷进行战略协调和组织，并在天津地方审判厅代理起诉聚兴城银行。[80] 林行规律师不仅业务好，名气大，口碑也好，常为穷人打官司和提供法律援助，获得各界好评。

现有资料显示，林行规 1923 年就担任北京律师公会会长。[81] 1925 年 9 月 27 日下午，北京律师公会召开秋季总会暨选举会，林行规作为大会主席做报告。据云，北京律师共有 331 人，除去因故离京或去世的，还有 262 人，现到会人数已足法定人数三分之一以上，于是宣告开会。最后统计，出席会员 93 人，投票 90 张，林行规律师得 83 票，熊才律师得 50 票，因此二位当选为公会代表（相当于正副会长）。[82] 1927 年马德润当选并接任北京律师公会会长。

1934 年，天津金城集团通成公司下属机构——天津航业公司有一个租

---

[77] 林行规：《倪案林律师辩护书》，载《法律评论》（北京）1925 年第 101 期。

[78] 1925 年 5 月 16 日，林行规发函请拨还边业银行旧欠。参见《林行规函请拨还边业银行旧欠》，载《时报》1925 年 5 月 17 日。

[79] "国闻社二十八日北京电：俭（廿八）银公会由林行规起草，正式驳覆汇丰函不负法律责任，语词甚严峻"，载《民国日报》1927 年 6 月 1 日。

[80] 武汉档案馆保存有多件林行规律师与该案相关的往来函件，如林行规致金城银行周总理函（1927 年 3 月 13 日），武汉档案馆，档案号 165-1-333；律师林行规致金城银行总经理处函（1927 年 8 月 16 日），武汉档案馆，档案号 165-1-333；金城银行致林行规律师函（1927 年 8 月 25 日），武汉档案馆，档案号 165-1-333；律师林行规致金城银行总经理处函（1927 年 8 月 28 日），武汉档案馆，档案号 165-1-333；律师林行规致金城银行总经理处函（1927 年 9 月 4 日），武汉档案馆，档案号 165-1-333；律师林行规致金城银行总经理处函（1927 年 10 月 8 日），武汉档案馆，档案号 165-1-333；律师林行规致金城银行总经理处函（1928 年 1 月 29 日），武汉档案馆，档案号 165-1-333；律师林行规致金城银行总经理处函（1928 年 3 月 7 日），武汉档案馆，档案号 165-1-333。参见张茜茜：《汉口金城银行商业性放款纠纷研究》，华中师范大学 2019 年硕士学位论文。

[81] 《北京律师公会会员录》（民国十二年十月编），载《法律周刊》1923 年第 23 期。

[82] 《北京律师公会开选举会，选举律师协会代表，林行规与熊才当选》，载《时事新报》（上海）1925 年 9 月 30 日。

借"九号地产"项目。有学者认为董浩云在"九号地产"项目中起重要作用,指出"为争取该地段的租用权,董浩云与熟悉英国法律并被英国政府准许出席最高法院资格的中国律师林行规共同起草、审议、制定合同"[83]。对此,张柏年撰文明确质疑董浩云作为一个船务兼文书所起的作用。其文章认为,前文对董浩云的叙述不符史实,张文以事实证明了林行规律师在此案中的关键作用。文章指出,在"收购九号地产"一节所公布的 14 封信函中,有 3 封是有董浩云的落款。"第二封署名的信是向王更三经理汇报对契约的某些看法。提出:'除林律师所提二点意见外,似尚须补充及修正二点意见。'另外,还提出三点建议。董信说:'上述各节除提出修正补充二点外,云见似有过虑之处,爱书之,聊供参考。均乞详与林律师加以研讨。'"[84] 1934 年 10 月 2 日,律师林行规直接向丹仲(疑为周作民)先生发函汇报他审查契约的情况,提交对欠妥之处提出的修正条款稿。第二天即 10 月 3 日,董事长周作民立刻致函王更三经理。信文为:"租地契约经林律师审查,其中有欠妥恰之处,由其代拟复信及修正第三条甲、乙两款稿。兹连同林函统行寄上。至希察收,从速进行恰理。"[85] 实际上,"租约"文本,英方有现成的,无须另行"起草"。主要是对英方的"租约"进行审查和修正的问题。这两件事都是林律师独自完成的。10 月 4 日董浩云为"九号地产"事致函总经理叶绪耕(未落款),似是以文书身份。函中全面汇报林行规律师审查契约的情况和意见,汇报了按领导所布置的要求,按林律师提出的修正条款与英方洽商的结果,并请示如何应对英方的反应,最后还报告了"王经理今午赴平,对地皮契约事所有报告洽商","主要贡献者还包括主持洽商地皮契约事的王更三、审查和修正租地契约的律师林行规"。[86] 租用九号码头及其谈判过程,是我国民族工业发展艰辛的缩影。帝国主义者从腐败的清朝廷手中无偿地攫取了我国大量

---

[83] 王静:《船王董浩云与九号码头之争》,载《兰台世界》2010 年第 15 期。
[84] 张柏年:《船王董浩云在租借九号地产中的作用》,载《兰台世界》2011 年第 17 期。
[85] 张柏年:《船王董浩云在租借九号地产中的作用》。
[86] 张柏年:《船王董浩云在租借九号地产中的作用》。

宝贵的土地和港口，反过来又以高价和苛刻的条件向我国人民勒索。⑧⑦

在工商业法务中，事务律师闷声做事，可以只关心自己的腰包。可是林行规身在律师界，心有法治梦。他作为国宪起草委员会委员，于1925年在宪草会上，为改良司法、收回法权，与余荣昌等人提出"统一法权案"之建议，主张统一司法权。他详尽论述"我国司法权应采法权统一主义"，列出的目标是"举民事刑事行政选举诉讼及权限，争议解释宪法事件，均属通常法院"，废除已有的特殊诉讼的法院，"以符合人民在法律上平等无阶级区别之原则"；司法经费应列入"国用经常门，另以法律制定之，不受逐年预算之支配"；"改良司法为收回治外法权切要之图，亦即保障人民权利当务之急"，如仍无进步，"且每为世所诟病"。他们认为，"司法经费如不独立，则法权独立与法官保障之说，均属徒拖空言"⑧⑧。

有公义精神的律师往往最后会成为社会公众人物，社会公共事务的参与又往往显示了一位大律师的成熟。林行规律师于1925年8月起担任国宪委员会委员，⑧⑨时有法律议案提出，他曾与曾仪进、余荣昌、汪有龄、姚震等人共同联署支持梁士诒提出的议案，主张不必专门设立监察机关，理由是：已经有立法、司法两机关，还有平政院、文官惩戒委员会，再设监察院"与立法司法并峙，以事实考之，此举实成蛇足"。⑨⓪ 其主张基于法理，论证理由相当充分。林行规律师还与30年代全国推行的农村合作运动有关。1935年3月，林行规就农村合作运动的组织形式，提案"政府确定全国农业合作社之系统案"，建议"农业合作组织以合作社为单位，社数至相当成熟时，自应相机联合组织区联合会、县联合会、省联合会，完成合作社之系统，以收合作之效益"，至于全国联合会之设立，"因我国

---

⑧⑦ 张柏年：《船王董浩云在租借九号地产中的作用》。
⑧⑧ 《统一司法权之建议，林行规等在宪草会之提案》，连载《大公报》（天津）1925年9月20—21日。
⑧⑨ 《国宪起草委员会委员一览表（十四年八月十七日印布）》，载《国宪起草委员会公报》1925年第1期。
⑨⓪ 《议案：监察机关不必特设之理由》，载《国宪起草委员会公报》1925年第5期。

地方辽阔，各省情形不同，拟暂不设立，而以合作社全国会议代之"。他建议的办法为：第一，"合作社以村内及其附近之居民为组织分子，一村设立一处为原则"；第二，"区联合会，以区内合作社为组织分子，县联合会成立时解散之，县联合会认为必要时，得就区联合会所在地或择适宜地点设立办理处"；第三，"县联合会以区联合会及合作社为组织分子，并得为省联合会之代理人"；第四，"省联合会以县联合会区联合会及合作社为组织分子"；第五，"合作社全国会议每年开会一次，由各省联合会、县联合会或合作社推举代表参加，分组讨论，得向政府建议"。[91]

林行规律师在工业、商业、金融、农业等行业领域提供法律服务，此时已经功成名就。他在当时律师界的典型意义是什么？在于他在实践中拓展了行业法务和涉外法务，这两种律师业务在今天是非常发达的，但在百年前，却是非常稀罕的事。可以说，林行规是中国行业法务和涉外法务的最早开拓者之一。

然而，农村合作运动的提案，是林行规最后一次出现在媒体上。此后相当长一段时间里，林大律师的踪影消失了。他去哪了？有文章就他1937年后的情形，讲到"林大律师从此闭门谢客"[92]，也有文章说"迫于政治形势，林行规不得不放弃了律师职业，回到上海，改行经商"[93]。这些信息是否属实？下文将会专门论述。

五、人格口碑

我们从林行规的前述经历，还看不到他的人格品性和职业伦理。让我们再回看林行规留学时的那三封信，这些信展示了他为国笃志、刻苦节俭、勤奋好学、视野广博、思维清晰的特点。尤其在第三封信中他讲到，留英学生中有不少华人，但大都来自美洲或南洋诸岛，"彼等未受中国教育，罕有知忠爱宗国者"。他举了一个例子，说有位华人留学生举杯祝英皇万岁，林行规当时力斥其谬。他还提到说看到有人以"入异籍为荣，深

---

[91] 《全国合作事业讨论会，林行规等提案》，载《大公报》（天津）1935年3月2日。
[92] 冯新生、路保林：《情系鸳峰》，载《中关村》2013年第7期。
[93] 高继宗：《捐助地震科研第一人》。

感于率土之义乃不自揣，愚妄首议……以答朝廷栽培之切于自费者则勉其考求汉学以激其重乡忠国之诚"。他还用大段文字介绍他细考侨居外国之人薄于忠爱宗国心的情状。这些大体可反映林行规的品质和观念。

他给学部、大学堂的办学建议，无不流露其拳拳赤子之心。尤其在第三封信的最后，他谈道："今之世，中国非力兴实业、非能自行制造自行驾驶，不足以裕财力而辟外势奈之何，于此立国之本，而忽之耶。所望在政者立定宗旨，以毅力为这十年教育十年兴举十年聚蓄，通工易事，尽力而合作之，始能有济于事。"他还谈到国际战争法，认为我国军人"因不按国际战法致屡为外人籍口"，建议翻译国际法，让练兵处带兵者学习。[94] 尽管爱国心切，但他着眼于专业视角，理性而冷静地批评祖国弊政，给予良策建议。抚古思今，是否尚有可汲取之教训乎？

据那块珍贵的墓碑碑文讲，林先生"无嗜好，日惟把卷自娱，闲作山水游南北名胜迹数遍"。碑文还讲到他当年辞去公职、执行律务："虽力持正谊，然有时辩而不能伸，遂弃去，执行律师职务于京津间，以为法律所以保障民权，惟是乃足伸吾志。人有求者，详审其曲直，乃应之金之多宣弗计也，且乐于为人解纷。"[95] 这是讲述林行规的法治信念和职业品德。

碑文还具体讲述他当律师时的几段故事。他时常为穷困之人提供无偿的法律援助，碑文中特地讲到两件事。其一是巨富吴某想委托林律师代理诉讼。吴某家资巨富，其侄垂涎，要求分其家资，吴某不与，其侄恼羞成怒，起诉吴某。吴某很气愤，委托林律师应诉。林律师初步了解案情后，就有了这样一段落对话：

> 先生问某曰："诉一起必经数年，君聘我价资若干？"某曰："吾计之熟矣，费须二万金。"先生曰："君侄期欲得诸君者几何？"某曰："二三万金可。"先生曰："然则苟不以讼，资予君侄为解，君若允，

---

[94] 林行规：《译学馆派赴英国留学林行规报告三则》。
[95] 陈宗蕃撰、马衡书：《鄞县林斐成先生墓碑》（1944年）拓片。

> 当任其事。”再三陈利害，某乃诺先生居间，为解叔姪欢如故。先生乃不得一金。(96)

本来林律师接下吴某这场官司，就可以得二万大洋。可是林律师偏偏秉持化解纠纷的理念，使叔侄恩怨消除，并促使双方利益“最大化”，而他自己居间调解，费了精力，却未得一金。这是一种职业理念和精神，既符合孔子儒家的“息讼”和“无讼”观，也符合现代律师的职业伦理观。

碑文记载的另一事案是林行规受胡适之请，帮助弱者诉讼。碑文云：“梁某者，北京大学教授也，弃发妻何氏不顾，何自粤来，梁拒门不纳。何漂泊无所，依友人胡适之等及复劝告梁，均不应。乃请先生曰，非君无以拯孤弱，先生奋然起具状讼庭即得直。又请予学校分俸以赡，何乃得所。先生奔走数月，应数百金矣，先生之仗义类如是当略。”(97) 也就是说，梁教授拒绝履行对发妻的赡养义务，使其流落街市，最后胡适出面请林行规帮忙向法院起诉，才得以解决，还请学校在梁教授工资里扣下赡养费。而林先生费了数月，却分文不取。这就是著名的“梁宗岱婚变案”。胡适在1934年4月18日日记里专门记述了“梁宗岱婚变案”：“此案我于一九三二年十月十七日代何氏致函宗岱，提议离婚，她只要五千五百元，宗岱无赖，不理此事，就致诉讼。结果要费七千元，而宗岱名誉大受损失！”最后是诉讼中达成调解，梁支付抚养费一千六百元，加上何氏生活费五千二百元。(98) 4月28日，胡适亲自到银行为何氏取钱；5月底，北大文学院迅速商定，不续聘者六人名单中就有梁宗岱。(99) 墓碑文字虽少，却记述了胡适和林行规先生一起为弱者打抱不平的佳话。何氏找胡适找对了人，而胡适找林行规帮忙也找对了人。

---

(96) 陈宗蕃撰、马衡书：《鄞县林斐成先生墓碑》（1944年）拓片。
(97) 陈宗蕃撰、马衡书：《鄞县林斐成先生墓碑》（1944年）拓片。
(98) 曹伯言整理：《胡适日记全编》（1931—1937，第6册），第369—370页。
(99) 1934年4月28日、5月30日胡适日记记载。曹伯言整理：《胡适日记全编》（1931—1937，第6册），第375、388页。

碑文中还讲到:"先生公且廉,争相延,致若部署、若馆、若路局、若矿务局、若银行、若公司,立契约,定规章以及与外人交涉诸大端,皆恃先生为助。先生精心擘画,既详且周,人弗敢易。各大学又争延先生主讲座,先生竭诚,诱校门弟子盛名者,无处数千人。主律师会务,出席国际律师协会,被推为日本全国协会名誉会长。"[100] 碑文记述了林行规的家世、学历、性格、事迹,称赞林行规作为法律名人,可与法学界前辈薛允升、沈家本等媲美。

要了解林行规律师,不得不再提胡适。胡适比林行规年轻近十岁,是交往多年的好友,对林行规很敬重,尊称"斐成先生",也有书信往来。1936年1月胡适因至交丁在君(文江)病逝痛心疾首,1月6日日记云:"往访林斐成,他有在君的遗嘱副本,我摘抄其中关于丧葬的部分电告经农、韦曼。又电告遗嘱执行我竹垚生请他将遗嘱与咏霓商酌办理。"[101] 原来,林斐成是丁文江的好友,也是丁氏遗嘱起草人。丁的遗嘱最后一段文字为:"以上遗嘱,为余赴北平时,约集旧友眼同见证,同时签署,并嘱余友林斐成,本余意旨,为之撰文,合并记明。中华民国二十四年二月二十二日立于北平。"[102] 1937年3月22日胡适又致信林斐成先生,谈及招待协和医院的外国董事和教授,信中说:

斐成先生:

请客的事,一切承先生偏劳,多谢、多谢。弟处收到回信共四份,计允来者三人:Dr. Houghton、Miss Whiteside、Dr. Fortuyn。辞谢者一人:Dr. Weidenreich。今将诸函送呈。以后如有陆续来信,当即送呈。如有弟可以效力之事,乞赐示知。匆匆敬请双安。

弟胡适敬上,廿六、三、廿二。[103]

---

[100] 陈宗蕃撰、马衡书:《鄞县林斐成先生墓碑》(1944年)拓片。
[101] 曹伯言整理:《胡适日记全编》(1931—1937,第6册),第578页。
[102] 胡适:《丁文江的传记》,附录"丁文江遗嘱"。
[103] 西泠印社2016年春季拍卖会"中外名人手迹专场"上曾拍卖胡适致林行规的信函原件。见雅昌艺术网,https://auction.artron.net/paimai-art5090292179/,最后访问日期:2022年5月。

1937年3月27日胡适在日记中提到："晚上我与林斐成、方石珊合宴协和的董事与教授、副教授等，到客五十人。"[104]

1937年9月底胡适受派赴美国从事国民外交。1938年3月29日，胡适日记提到"听说林斐成先生到了，约了明早去看他"。次日上午，胡适去看望林行规，"邀他同到我旅馆中小谈，同吃午饭"[105]。然后是4月3、4、5、7、9日，二人每天见面交谈，足见他们彼此有多聊得来。4月9日，胡适日记提到与林斐成交谈，林向他讲起北洋政府时期的一些往事，原稿缺一些段落，但提到一个死刑案件："姚震、余荣昌审此案，证据实不充分，而即日宣判死刑。姜桂题、张勋、江朝宗诸人都不平，径入总统府谒老袁，老袁不见他们，他们都留府内宿；而董康从旁门入见，呈判状，老袁即批即日执行，派罗文干监刑。……斐成说，他从此看不起董康。"[106] 1938年4月18日"早九点与斐成先生同坐Harold Riegelman的车子去Albany，他的书记Miss Eleef（艾丽芙小姐）同行。一路上风景极好"。从胡适日记看，他们一起拜访了州立法会主席、法官和州长。"晚上八点，同斐成去Constitutional Convention（立法会议）旁听。"19日"早上八点十分，同斐成先生搭车回纽约"。4月20日，"晚上与斐成谈旧事"[107]。4月25日胡适日记中说："极感觉孤寂。斐成先生住此地，我们常见面，常谈天，给了我不少的快乐。他今早走了，故我今天甚觉难过。晚饭时，独自走出门，寻到他和我同吃饭的'俄国熊'小馆子，独自吃饭，真不好受！"[108] 胡适当日有诗一首：

孤单客子最无聊，独访俄熊吃剑烧。

急鼓哀弦灯影里，无人会得我心焦。[109]

---

[104] 曹伯言整理：《胡适日记全编》（1931—1937，第6册），第669页。
[105] 曹伯言整理：《胡适日记全编》（1938—1949，第7册），第70页。
[106] 曹伯言整理：《胡适日记全编》（1938—1949，第7册），第79页。
[107] 曹伯言整理：《胡适日记全编》（1938—1949，第7册），第82—84页。
[108] 曹伯言整理：《胡适日记全编》（1938—1949，第7册），第90页。
[109] 曹伯言整理：《胡适日记全编》（1938—1949，第7册），第90页。

由此可知，林行规此时也在美国，并且与胡适共住，愉快地度过了一阵好时光。后来林搬到别处，适之感到了孤寂。1938 年夏，政府有意派胡适为驻美大使。要不要接受，适之曾与林行规商量。胡适在 1938 年 7 月 20 日记道："下午得纽约转来一电，是蒋先生签名的，其意要我做驻美大使。此电使我十分为难。"[110] 7 月 25 日，"与林斐成兄谈。他力劝我莫辞"[111]。7 月 26 日，"我拟一电，说'二十余年疏懒已惯，绝不能任此外交要职'，最后推荐施植之，许以'以私人助其疏导舆论'。林斐成兄见此电稿，大不以为然，他不赞成我此时推却此事"[112]。然后 7 月 30 日、8 月 1 日胡适都与林斐成有交谈。1938 年 9 月 17 日政府发布胡适驻美大使的任命状。

由此佐证材料可知，1937 年 7 月抗战爆发后，迫于战争状态与敌伪活动的政治形势，林行规不得不放弃律师业务。林行规曾于 1938 年 3 月底起在北美呆过一阵，在华府及纽约有一阵子与胡适做伴。这与陈宗蕃先生所撰林氏碑文相吻合——"若将老，笃遭国家多变，出游海外，既归设公司于沪上。"他后来回国寓居上海，并创办公司。

墓碑碑文中还提到林先生"筑室于西山，曰'鹫峰山庄'，树果木蔬卉"。这是指北京西山秀峰寺和其周边地产。[113] 据传因林夫人潘承冠（剑芝）养疴之需，林律师夫妇于 1926 年和 1927 年先后购下位于北平西山之旸台山的消债寺和秀峰寺。当时的消债寺和秀峰寺残垣断壁，经林律师逐一修整为山庄，遂将山名改为鹫峰，将其山庄命名为鹫峰精舍，即鹫峰山庄，自办农业试验场，种粮不成，改种果树，以求保持水土，改善环境。

那么林行规的鹫峰山庄怎么会与地震观测台联系在一起的？这就不得不提到地质学家翁文灏，时任实业部地质调查所所长，翁文灏是林行规的鄞县同乡。1996 年出版的《书生从政：翁文灏传》中写道："建立地震观

---

[110] 曹伯言整理：《胡适日记全编》（1938—1949，第 7 册），第 138 页。
[111] 曹伯言整理：《胡适日记全编》（1938—1949，第 7 册），第 141 页。
[112] 曹伯言整理：《胡适日记全编》（1938—1949，第 7 册），第 142 页。
[113] 北平西山之旸台山有大觉寺、消债寺和秀峰寺。1917 年富绅徐容光在秀峰寺建别墅，1925 年徐容光去世，1926 年徐夫人将别墅卖给了林行规。

测台首先需要有一个良好的位置。他的愿望与设想被当时北京一位著名律师林行规先生得知。林行规主动提将坐落在北京西北鹫峰山坡的秀峰寺别墅旁的一块地产捐出，做地震台台址，后又从秀峰寺中北院群房内拨出三楹，用于地震台职员的宿舍。"[114] 2002 年中国地震局地球物理研究所的专家写的一篇文章中说："翁文灏认识到，地震现象不能只由地质学家通过宏观考察进行研究，还需要设立地震台进行观测，以便应用物理方法研究地震过程的本质。当时，在上海徐家汇有两座法国人建的地震观测台，可他们封锁观测资料。这种情况极大伤害了翁文灏的民族自尊心，他决心创建我国自己的地震观测机构。""1929 年，北平著名律师林行规在鹫峰修建别墅，无偿提供别墅旁的空地，做建立地震台观测室之用。"[115]

笔者查阅 1930 年 6 月天津《益世报》，证实了以上事实。当时地质学家翁文灏接受采访时谈到，其隶属于农商部（后更名农矿部）之地质调查所，正计划拟设立两种研究室，一为天文台，一为地震研究室。讲到地震研究室时，翁说："此项机关，承友人捐赠空地一块，及相当之现款，故得设计成立，其地点已定在距离北平约四五十里地方之北安河鹫峰山，房屋已建筑完毕，仪器亦自德国购来，惟缺少一钟，故尚难即时迁移。"[116] 这就是原农矿部直属地质调查所的来历，也是中国人创办的第一个地震观测台的缘起。林行规为科学家朋友、为科学事业慷慨解囊，不光贡献出地产，还捐赠了现金。后来，人们很自然地把旸台山称为鹫峰，把地质科研设施称为鹫峰地震观测台。为纪念林行规先生，还在秀峰古刹门口塑造林行规塑像。人们至今参观鹫峰地震观测台或讲述地质史之时，都会提到林行规大律师。

2011 年旧金山博翰拍卖会预展上，惊现胡适先生写于 1950 年的亲笔手书一帧。有人把它记存下来，从内容看，是胡适 1932 年游鹫峰后为林行规所作的诗，如下：

---

[114] 李学通：《书生从政：翁文灏传》，兰州大学出版社 1996 年版，第 63 页。
[115] 欧阳飚等：《中国自建的第一座地震台——鹫峰地震台》，《地震地磁观测与研究》2002 年第 6 期。
[116] 《翁文灏谈地质调查所》，载《益世报》（天津）1930 年 6 月 14 日。

《鹫峰寺,呈林斐成先生》

谁创此者?释子深,

谁中兴此?法家林。

五百年中事翻覆,

惟有山水无古今。

我游此地独心喜,

佛若有灵亦应尔。

建刹养僧修四禅,

不如开山造林福百里。

此诗是中华民国廿一年八月作的,十八年后写给继俭。

胡适

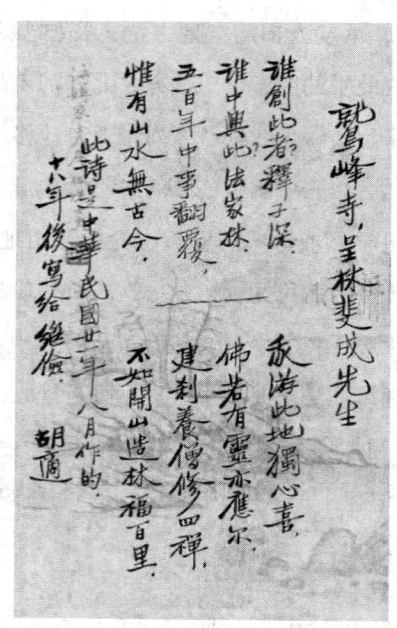

图 4　胡适 1932 年诗《鹫峰寺,呈林斐成先生》

此诗是 1932 年 8 月作的，十八年后的 1950 年，胡适亲笔抄写给继俭——林行规的次子。目前所知，胡适上鹫峰地震台不止这一次。

据墓碑云，林律师癸未年（1943）因癌症来京就医，不幸于甲申年（1944）6 月 11 日在北京病逝，享年 63 岁。碑文提到林夫人潘剑芝、长子继诚、次子继俭、女儿继贞均成家立业，奉遵先生遗嘱，葬其于京西西山福田公墓（今石景山区东界）。[117]陈宗蕃先生在碑文的最后，以四句铭文作结：

群居守默兮齿不断，执义奋辩兮孰与伦？
刀笔为虐兮虎乃仁，天不愍遗兮枉直谁陈？！

与仗义疏财的林行规一样，其夫人和子女的品性也相似，1950 年，他们欣然将鹫峰山庄与鹫峰林场全部捐赠给国家，鹫峰林场现已辟为国家级森林公园。[118]今亦有网络文章讲到，林夫人潘剑芝（承冠，前河北大学校长潘承孝之姐）为庆祝人民政府成立及遂行先君振兴农业的遗志，毅然将鹫峰山庄及秀峰寺林场一并捐献政府，后归北京林学院今北京林业大学所有。[119]

"君子尊德性而道问学。"（《中庸》）林行规从传统教育和西学训练中获得最初的营养，成长为我国早期从事行业法务和涉外法务的著名律师。林行规一生秉持法治精神，"出"则从政，以服务国家，恪守节操，抵制暴政；"隐"则从律，以服务民间，仗义疏财，援助贫弱。是可谓：有道出见庙堂，无道退行民间。

---

[117] 陈宗蕃撰、马衡书：《鄞县林斐成先生墓碑》（1944 年）拓片。
[118] 高继宗：《捐助地震科研第一人》。
[119] 《2021 年岁末畅想，消失的"消债寺"与"龙头"》，载网易"蒋南强读历史"，https://www.163.com/dy/article/GSFQG7NA0543I5ZM.html，最后访问日期：2022 年 6 月 1 日。

王开疆——创办三所大学的蹈海者

图1　王开疆（1890—1940）

底下是沉静碧蓝的大海，

而头顶是金色的太阳。

将要直面的，

与已成过往的，

较之深埋于它内心的，

皆为微沫。

——莱蒙托夫《孤独的船》

王开疆毕业于上海中国公学，成为上海著名律师。后赴日本早稻田大学深造，学习法科，回国后继续从事律师，他在上海先后参与或主事创办了三所大学，自己却从来不当校长。

1940年，王开疆蹈海自杀。从此他的生平信息亦随他的肉身石沉大海，当年甚至被怀疑与汪伪汉奸有染。目前关于他的史料，只剩下片鳞半爪。往事并不如烟，打捞史料，查证信息，我们仍然能够拼整合成一个尽可能真实的王开疆。我们从中可以看到一个法科知识人的真实面貌、个性情感、奋斗历程、事功痕迹。

一、求学立业经风雨

王开疆（1890—1940），字启黄，江苏如皋人。1890年（清光绪十六年）生于江苏东乡（今如东县）北坎镇（一说掘港镇）。父亲王继贤是郎中，业中医，精针灸推拿之术，以悬壶济世为生。父亲接济贫苦患者，不取诊费，崇医德，口碑好，深受桑梓父老的称颂。母亲马老夫人，勤劳贤惠，亦为乡亲称道。[1] 开疆幼年时，家遭火灾，家中仅有的资产尽毁，一家老小生活濒临绝境。等开疆稍长大时，父亲将他送到南通西亭镇某商店当打杂学徒。他半年后即返回家中，在长兄开设的私塾念书。少年开疆，聪颖好学，作文通畅，有新意且有主见，颇受乡里长者嘉勉。[2] 行医家庭，使贫寒少年王开疆比同龄人更能体会人间疾苦，也更懂得乐施助人。稍大后，他时时感到父母的艰辛劳苦，如果继续附身家庭，依靠父母，终不能遂男儿愿。于是他决定外出读书，学知识，长见识，将来施展一番抱负。15岁时，他离开家乡。

后来的情况，便有多种说法。一说他到南通县立师范学堂读书。[3] 该校由一代实业家张謇所办。张先生主张"专制教育"，对于学生严厉管教，声称"学校无共和"主张。王开疆秉性活跃，不愿受此拘束，于是在学潮中成为学生领袖。民国时期有一种说法：王开疆因此被张謇开除。但他并

---

[1] 王洪江、王洪流、王洪泽：《王开疆传略》，载《如东文史资料》1987年第2辑，政协如东县文史资料委员会1987年编印，第58页。
[2] 王洪江、王洪流、王洪泽：《王开疆传略》，载《如东文史资料》1987年第2辑，第58页。
[3] 平旦：《蹈海而死的王开疆——曾与徐谦合办过法政大学》，载《东方日报》1940年2月20日。

不回家，径往上海求学，入读中国公学。④

另据王开疆先生的后人回忆，他"离乡背井，只身外出，几经辗转，在南通城得识一代名流张謇"，并跟从张先生从事实业，受到器重。张謇委任 16 岁的王开疆为南通县渔团团练之职，设团部于南通城东北王藻祠内。后来张謇的垦牧公司发展到相当规模，需要管理人才，张謇很喜欢王开疆，希望他到公司任职。但王开疆已经到了读大学的年龄，他心中总有一股念头，他似乎明白了一些道理，想读书，将来想做更大的事。于是向张謇婉言辞谢，说想要去上海报考大学，以求深造。张謇是个明达之人，深知其抱负。不仅不阻拦，反而给予鼓励和资助。就这样，王开疆剪去辫子，离开南通，来到上海，考入中国公学。⑤

如果把这些不同的说法联系在一起，至少说明几个事实：其一，王开疆与张謇有交集；其二，王开疆有求学愿望，入读中国公学；其三，他从南通师范出校门或离开南通，应该是十七八岁时。按照年龄推算，时间应该是在 1906 年到 1907 年间。其后人撰写的《王开疆传略》中只提到，王开疆到上海后"考入中国公学"。但他在中国公学入读什么科，还是个谜。

中国公学是一所由学生创办的大学，其创办与 1906 年初一批悲情的留日学生有关。因留日学生抗议"日本文部省限制清国留学生"事件，约有 4000 名留日学生在悲愤情绪中归国，来到上海。这些留日学生中，姚宏业、孙镜清等人各方奔走，募集经费，先在上海北四川路横浜桥租民房筹办学校。开办后的校址为上海虹口黄板桥新靶子路（今武进路）⑥，据说 1906 年 2 月开学时就已租用新靶子路 160 号至 165 号三层楼西式住宅六幢作为校舍，每月租银 160 两（水电费另计）。⑦ 开办后不久，受到社会的猜疑或轻视，捐助者寥寥。因办学经费困难，且受社会情绪感染，公学庶

---

④ 平旦：《蹈海而死的王开疆——曾与徐谦合办过法政大学》。
⑤ 王洪江、王洪流、王洪泽：《王开疆传略》，载《如东文史资料》1987 年第 2 辑，第 58 页。
⑥ 《中国公学章程及自治公约》（约 1906 年印），第 11 页。
⑦ 季维龙：《胡适与中国公学》，载《华东师范大学学报》（教育科学版）1993 年第 4 期。

务干事姚宏业悲愤万分，为唤起国人对公学的关注，于 1906 年 3 月 27 日投黄浦江自尽[⑧]。开办伊始，中国公学的一条年轻生命为校殉命了。1906 年春天，在日本蹈海自尽的陈天华灵柩运回上海，中国公学为姚宏业和陈天华举行了一次公葬会议，到会千余人，会上宣读了姚宏业的遗书和陈天华的绝命辞。海内外为之震惊，故赞助经费者甚多，中国公学的命运因姚宏业的牺牲而得以挽救。据《中国公学章程及自治公约》记载[⑨]，当时中国公学的三位监学，也由回国留学生担任，其中两位是法科学生，一是日本早稻田大学学生、河南籍王敬芳[⑩]担任监学兼外务干事，二是日本法政大学学生、湖南籍谭心休[⑪]。上海澄衷学堂中学生胡适，也为中国公学姚宏业殉学投江而感动，于 1906 年秋考入中国公学。[⑫] 总之，中国公学自开办起，就具有悲情色彩。

创办之初，以"直进东西洋大学高等学之预备并养成各等学校教员之资格"为培养目标，可见其培养目标是留学预备和教员培养两个方面。设中学普通科、英文数学专修科、师范速成科、理化专修科，因此学制也比较短，英文数学专修科为两年，师范专修科为一年半，理化专修科为一

[⑧] 该具体时间参考郭世佑：《辛亥革命志士姚宏业和他的〈遗书〉》，载《益阳师专学报》1983 年第 3 期。

[⑨] 《中国公学章程及自治公约》（约 1906 年印），第 25 页。

[⑩] 王敬芳（1876—1933），字抟沙，河南巩县（今巩义市）人。清举人，早年留学日本，习法政，约 1905 年回国后筹办中国公学，任干事。1906 年致函学部，恳乎维持以期久远。1913 年起，支持孔教入宪定为国教，并倡导信仰自由。他是中国公学、河南大学（前身中州大学、河南留学欧美预备学校）和焦作工学院（前身焦作路矿学堂）三校的主要创办人。后担任众议院议员，1917 年提出辞呈，1922 年取消辞呈。1919 年与同事创办中国公学月刊《新群》，主张传播新文化。曾任河南省咨议局议员。民国后任河南中原煤矿公司、福中公司经理。1931 年因经营矿务纠纷，被河南中原煤矿公司整理委员会通缉，撤销其中原煤矿之股份。1933 年去世。

[⑪] 谭心休（1860—1922），字介人，号毅君，湖南宝庆府城（今邵阳市）人。1879 年中举人，1903 年被选派留学日本，习法政。1905 年秋加入同盟会，是早期革命党人，1906 年春回国，在上海参与创办中国公学，任干事，与马君武招考胡洪骍（胡适）入校。1911 年返湖南参加革命，任都督府宝靖招抚使，年底返上海，1912 年在上海。1913 年 6 月，"二次革命"前夕，受黄兴指派至滇，约蔡锷起兵，曰："我等若再忍耐，袁贼必将做皇帝。"1916 年参议院议员改选时，以湖南第一班改选当选为参议院议员，1922 年病故，遗缺由候补第一名章士钊递补。

[⑫] 季维龙：《胡适与中国公学》。

年。[13] 该校此时还没有法律系。由此可初步推测，他进入中国公学，所读的不是法律系，而应该是中学普通科。按公学章程，中学普通科年限为三年[14]，由此可知，王开疆在中国公学，先完成了三年中学普通教育。另据接触过王开疆的人讲，王先生作为南方人，普通话很标准，时而蹦出几句英语，被猜测为大学教授。[15] 可见他娴熟的英语也是在中国公学学习的。中国公学由学生和社会人士自筹经费创办，因此在公学章程中即规定了学费和宿膳费。第26条规定，"凡学生入学时每人当先缴纳应捐开办费20元"，"学费订为每学期20元于学期初缴纳"。第29条规定，"宿膳费定为每月6元5角，初入舍时须先缴三（个）月份，后可按月缴纳"。第30条规定，"通学生之在校午膳者每月初纳膳费1元5角"。[16] "因家境清寒，入学后就请求校方批准半工半读。校当局鉴于王开疆成绩优秀，乃准其所请。"[17]

1910年秋，校舍从新靶子路迁至吴淞炮台湾。辛亥革命爆发时，王开疆作为中国公学的学生，也参加了拥护奔走活动。[18] 中国公学因得到孙中山、黄兴等扶持，于1912年添招政治、法律、商学专门班。[19] 王开疆在中国公学开始攻读法律科的时间最早也只能在1912年。后来有报道称王开疆是中国公学的首届毕业生[20]，这应该是指该校法律科之首届毕业生。但目前所知，中国公学有法律别科（专科）毕业生始于1915年，毕业生陈

---

[13] 《中国公学章程》第1章"总则"第4、5、6、7条，载《中国公学章程及自治公约》，第1页。
[14] 《中国公学章程》第1章"总则"第4条，载《中国公学章程及自治公约》，第1页。
[15] 流芳：《王开疆之死——一个同舱者目击谈》，载《大公报》（香港）1940年2月13日。
[16] 《中国公学章程》第26、27、28、29条，载《中国公学章程及自治公约》，第8、9页。
[17] 王洪江、王洪流、王洪泽：《王开疆传略》，载《如东文史资料》1987年第2辑，第59页。
[18] 王洪江、王洪流、王洪泽：《王开疆传略》，载《如东文史资料》1987年第2辑，第59页。
[19] 季维龙：《胡适与中国公学》。
[20] 平旦：《蹈海而死的王开疆——曾与徐谦合办过法政大学》。

珆、吴崇藩等共九名，名单中没有王开疆。[21] 1916 年毕业生共五名，也没有王开疆。[22] 如果王开疆在此攻读法科，那么他极有可能是从中国公学法科肄业。

王开疆的后人回忆说："在读书期间，王开疆结识了社会名流及革命志士。"[23] 这是因为，中国公学的职员和学生中有不少是在日本加入同盟会的会员，多为革命志士。革命党人于右任、马君武、陈伯平等任教员，马君武曾兼任上海公学总教习。陶成章、秋瑾等来上海时多次驻足于中国公学。蔡元培是中国公学的董事。章太炎出狱（因《苏报》案被捕）后一度住在中国公学的王家庄宿舍内。开疆作为青年学生结识和仰慕老师是很自然的。但中国公学办学过程很不顺利，1913 年，还出现中国公学李荫秾登报"即返沪开办准备开学"的通告。[24] "校内爱国革命空气，极为高涨……教职员及学生则多献身革命。"[25] 王开疆受校风影响，有爱国救国思想，同时他未获毕业亦是可以想见的。

王开疆从中国公学肄业时，当时正值民国律师制度创立之初，上海的律师业已经很发达。据 1912 年《律师暂行章程》第 3 条关于"律师申请考试资格"的规定，他经考试获得了律师执照，并顺利创办了律师事务所。他精通法理，办案认真，"常以胜诉闻于沪宁一带，名声大振，遐迩皆知"。[26] 史料中曾有王开疆担任玉和公司代理人指控权贵伙霸矿井的文件资料。[27] 如果在中国公学未读法科，他是不具备申请律师考试资格的。

---

[21] 《咨江苏省长吴淞私立中国公学法律科补习生陈珆等九名准予毕业》，载《教育公报》1916 年第 3 卷第 11 期。
[22] 《吴淞私立中国公学法律、经济科毕业学生名单》，载《教育公报》1917 年第 4 卷第 1 期。
[23] 王洪江、王洪流、王洪泽：《王开疆传略》，载《如东文史资料》1987 年第 2 辑，第 59 页。
[24] 《北京李荫秾通告中国公学诸君电》，载《时报》1913 年 9 月 3 日。
[25] 严海建：《中国公学与清季革命》，载《历史档案》2014 年第 3 期。
[26] 王洪江、王洪流、王洪泽：《王开疆传略》，载《如东文史资料》1987 年第 2 辑，第 59 页。
[27] 《王开疆禀陈刘鸣鹤等伙霸矿井仰查明详复由》（令山东财政厅：第 224 号），载《农商公报》1917 年第 3 卷第 6 期。

后来，他还去北京考取了法官资格。1916 年，因反对袁世凯复辟帝制，王开疆挺身而出，加入了讨袁行列，在上海险遭军阀迫害。"当时上海街头，曾出现悬赏捉拿王开疆的通缉令，他并不为所屈。"一次秘密开会时，得知情报的探捕，前来包围捉拿。"时值炎夏，他机智地脱去外衣，仅剩一短裤，跋上拖鞋，赤膊摇扇，从容不迫地由楼顶爬至邻家，走出弄堂，使探捕们未能识其真面目，遂得脱险。"[28]

脱险后，他决定东渡日本，1916 年入东京早稻田大学法政科，再度攻读法律专业。1917 年毕业后回国定居上海当律师，1917 年 12 月加入上海律师公会，事务所地址或通讯地址为法租界南洋桥裕福里 13 号。[29] 他先后设律师事务所于上海、南京、苏州等地，闻名于沪、宁。后来扩大了地域，于南京贡院街、苏州瓣莲巷、上海南洋桥等地，颇有气势格局，直至 1928 年退出律师公会。[30]

1919 年，中国公学校友会推动恢复中国公学的活动中，王开疆与李登辉、胡朴庵、李荫秾、梁乔山、刘秉麟、张季鸾等人组成十人校友干事会。[31] 于右任为推动恢复中国公学，发公开函支持。在此活动中，于右任与王开疆又有更多的交往。

王开疆大约于 1920 年结婚。娶妻李蕙华，后生有子女五人。[32] 长子王洪济，1921 年 5 月出生于上海。[33] 次子王洪溥（后改名王火）生于 1924 年。

20 年代，王开疆活跃在上海律师界的公共事务中，关注社会公共事件，常有公开发声。他曾任上海律师公会常任评议员会议委员，是正会长张一鹏之下的两位干事员之一。[34] 在上海律师公会组织的法治协进会第一

---

[28] 王洪江、王洪流、王洪泽：《王开疆传略》，载《如东文史资料》1987 年第 2 辑，第 59 页。
[29] 《上海律师公会会员录（截止 1922 年）》，载《上海律师公会报告书》1923 年第 9 期。
[30] 《上海律师公会"退会会员"名单》，参见《上海律师公会报告书》1928 年第 23 期。
[31] 《恢复中国公学之进行》，载《民国日报》1919 年 3 月 10 日。
[32] 《王开疆前妻之契约讼》，载《世界晨报》1935 年 10 月 17 日。
[33] 陈祥志、王沙丽：《一切为了提升战斗力》，载《南通日报》2010 年 9 月 28 日。
[34] 《本会纪事》，载《上海律师公会报告书》1923 年第 10 期。

次会议上，王开疆针对时局提出法治问题的建议。[35] 此后的法治协进会活动中，王开疆与持志大学校长何世桢（参见专篇）成为律师界最活跃的两个人。据报载，1924年2月发生北京名伶徐碧云奸骗吴妾案，王开疆律师出于义愤，在上海发表公开意见称主张严惩徐碧云。其中用语激烈，提及"伶人乱政""益无忌惮""必有妖孽"等，[36] 遭到伶人联合会的公开质疑。[37] 王开疆还对外交热点、收回会审公廨司法主权问题发表文章。[38] 王开疆作为上海律师公会评议员，有对改良司法的提案，[39] 还有对整顿律师风纪的建议。[40]

二、法科办学显担当

王开疆在35岁之前，完成了读书、立业、结婚、生子等人生大事。35岁之后，他开始人生的第二个阶段——从事法科教育并创办法科学校。起先，他与人合作办上海法政大学，后退出，又创办了上海法科大学。校名仅一字之差，很容易混淆，此处可把前者简称作"法政"，把后者简称作"法科"。

先说"法政"这所大学。袁世凯当政时关闭了上海的七八所法律学校。国民党元老徐谦的夫人沈仪彬倡导女权运动，只考虑女子法政教育，于1922年初创立女子法政讲习所。[41] 讲习所专门请一些法律界名人如伍朝枢等人来讲学。[42] 后来讲习所改名"上海私立女子法政学校"，是中国女子学习法政之先例。

1923年，沈仪彬校长和丈夫徐谦决定在女子法政学校的基础上创办上

---

[35] 《法治协进会今日开常会——会员王开疆之提案》，载《申报》1923年7月22日。
[36] 《王开疆主张严惩徐碧云》，载《民国日报》1924年2月25日。
[37] 《伶联会再诘王开疆》，载《民国日报》1924年3月21日。
[38] 《王开疆发表收回沪廨意见》载《申报》1926年2月1日。
[39] 《王开疆对改良司法之提案》，载《新闻报》1926年1月18日。
[40] 《王开疆建议整顿律师风纪》，载《新闻报》1926年6月9日。
[41] 玉深、肃宜：《社评》（"上海近来有一位沈仪彬女士……"），载《现代妇女》1922年第7期。
[42] 《上海女子法政讲习所之演讲》，载《新闻报》1923年4月20日。

海法政大学（1929年又改名上海法政学院）。1923年11月校长沈仪彬向大本营内政部呈请一份准予立案之报告，得内政部部长徐绍桢批准。[43] 实际上，创办该校背后是由徐谦和王开疆共同合作的。[44] 大本营内政部批准之后，实际上男女生兼招，校名也就演变成"上海法政大学"。1924年9月，徐谦在女子法政学校基础上筹备创办上海法政大学，男女生兼收，开学之后，徐谦任校长，王开疆为法律教授兼校董，据说还担任过教务长。[45]

徐谦与王开疆在政治上以及办学理念上颇有分歧。当时社会舆论称"法政"校内有两派，一是徐校长的"布尔什维克派"，一是王开疆的"纯粹三民主义派"。[46] 此时，由校董冯玉祥出资5万元，在打浦桥金神父路口购地建舍，新校舍于1923年秋迁入。1926年上半年上海法政大学出现了驱徐驱沈的校内学潮。法政学校的学潮、经费与搬迁交织成一个紊乱之年。加上徐、王二人政见不合，很难合作，王开疆便重起炉灶，发起筹办上海法科大学。

王开疆办事踏实，有行动力，其商议者范围很广，除上海律师界知名人士之外，还包括章太炎、董康、李根源、诸辅成（惠僧）。1926年6月21日，他们在西藏路一品香二楼专门举行会议，推举聘任了章太炎和董康为正副校长，其他人出任各科教授，包括李祖虞[47]、陆鸿仪、陈霆锐、蒋

---

[43] 《大本营内政部批（中华民国十二年十一月十六日）》："原具呈人上海女子法政学校校长沈仪彬：呈一件为并办女子法政学校请准立案由"，载《陆海军大元帅大本营公报》1923年第37期。
[44] 平旦：《蹈海而死的王开疆——曾与徐谦合办过法政大学》。
[45] 《王开疆传略》，载《如东文史资料》（1987年第2辑），第60页。
[46] 平旦：《蹈海而死的王开疆——曾与徐谦合办过法政大学》。
[47] 李祖虞（1885—1968），原名祖健，字梦跆，又改名醒吾，江苏省武进人。1902年到日本广岛高等师范学校学习法科并毕业。回国后，经1909年游学生廷试以76分得优等，中法政举人派中书，1913年10月任大理院推事，1918年任法官惩戒委员会委员、司法官甄录试及初试典试委员，后担任民庭庭长，1919年进叙一等，不久因母病回籍省亲。1923年6月向司法总长呈请辞职。1923年8月加入上海律师公会，在上海做律师，担任通易信托公司法律顾问，兼任教于东吴法学院，研究票据法等民商事法律，曾办理陆小曼、王庚离婚案。做了十余年律师后，1934年2月至1935年5月任福建省民政厅厅长。之后继续执行律务并在东吴兼职任教做研究，发表文章。1940年起任汪伪交通部常务次长、伪实业部政务次长、伪国民政府政务参赞、伪商业统制总会委员兼设计处处长。1947年移居香港，1968年在香港去世。

保厘等人。㊽ 王开疆自己任校务主任，相当于后勤副校长。1926 年 7 月 1 日，在大东旅社举行了记者执行会。章太炎、董康出席并作演讲，宣讲办学理念。王开疆介绍了筹办过程，提到财务公开，欢迎各界监督等等。㊾ 7 月中下旬，举行了多次新生考试和面试。7 月 24 日参加考试的新生约有 100 人，由章太炎、董康、王开疆等主试。王开疆主试国文。法律试题涉及不平等条约的问题、商鞅变法等，由章、董二校长主试。㊿ 8 月下旬，为所设之法律系、经济系聘请教授 37 人。学生已有 300 余人。[51]

上海法科大学于 1926 年 9 月 6 日在上海蒲柏路（今太仓路）校园举行开学典礼。男女学生已达 400 人。史良就是这个时候从上海法政大学转入上海法科大学的，她还从上海法政大学带了 100 多位愤然离校的学生过来。学校给嘉宾发出的请柬上印有"国要图，教育为本，共和常识，法律为先……"[52] 开学典礼上，地方检察厅厅长孙绍康到场祝贺，许沅特派员代表以及吴凯声律师均到场祝贺。而章校长因事未出席开学典礼。王开疆在典礼上报告说，"与章太炎、董绶经两校长往复磋商，筹备半个月"，"鄙人不过追随两校长、诸同人之后，界别尽绵薄云云"。[53] 然后是董康校长宣布办校宗旨，提到说过去中国学生留学英美学习法律，结果多年后造就欧美化之国民，谓今后要少派出欧美留学，多办中国大学以养成适合国情之人才。[54]

孰料法科大学开办不到一个月，即发生学潮，后经吴凯声等人调解才得以平息。10 月 4 日下午举行了上海法科大学欢迎会，吴凯声、潘力山（大道）、李祖虞、陈霆锐等律师出席并致辞。校长董康致训辞，其中提到"本校开创未几，即起风潮，现经解决……但此次风潮解决迅速，全由吴

㊽ 《上海法科大学推定校长》，载《申报》1926 年 6 月 22 日。
㊾ 《上海法科大学昨日招待新闻界》，载《申报》1926 年 7 月 2 日。
㊿ 《上海法科大学考试新生》，载《新闻报》1926 年 7 月 25 日。
[51] 《上海法科大学聘请教授》，载《申报》1926 年 8 月 25 日。
[52] 《上海法科大学今日行开校礼》，载《新闻报》1926 年 9 月 6 日。
[53] 《上海法科大学昨日行开校典礼》，载《时报》1926 年 9 月 7 日。
[54] 《上海法科大学昨日行开校典礼》。

凯声先生排解，潘力山、李祖虞、陈霆锐三先生之调停，应加感戴……"[55]王开疆不仅是法科大学的校务主任，还担任法科教授，给学生授课。校长章太炎只是挂名。在时任校董会董事长褚辅成推荐下，于10月聘本校教务长潘大道律师为副校长，辅佐董康校长工作。董康也是大忙人，只是名誉性质的校长，因此实际上是辅佐校务主任王开疆主持校务。

法科大学虽经政局、学潮等波折，但终于在一年后有了第一届毕业生。按法科大学三年学制，[56]这届毕业生很可能是从外校转学而来的已读了两年书的法科学生。1927年6月，即有150位学生经过一年学习而毕业。其中经济系学士50人，法律科学士66人，政治经济科学士12人。[57]

1927年10月14日，副校长潘力山遭三个蓝色衣衫人的枪杀，法科大学被勒令停课。暗杀的背后原因言人人殊。国民党上海特别市党部发表一公开信，声称"潘大道同志……年来反对共产主义尤为激烈……"，"共产分子亦利用董康之昏瞶无知"等语，把案情引指到共产党人实行暗杀，谋害了潘大道。另有新闻报道称"校中同事语人，则谓潘生平无私仇，此次突遭暗杀，与校务不无关系"，此报道中也提及潘的生活作风问题。总之，暗杀案疑点重重。[58]董事长褚辅成返上海，处理法科大学善后事宜，组织学生复课，暂任校长，沈钧儒担任教务长。[59]然而，到10月18日，法科大学15位教授联名发布消息，指称暗杀系与学潮有关，谴责学生的这种"最卑劣最残酷的兽行"，提出复课前应成立潘案调查委员会，报告上海党部商请清校、悬赏缉凶要求。[60]

1927年至1928年，上海法科大学已毕业两届学生，共281人。其中

---

[55]《上海法科大学欢迎会纪》，载《新闻报》1926年10月5日。
[56] 钱龙生：《上海法科大学校史》，载《上海法科大学戊辰年刊》1929年，第65页。
[57]《上海法科大学毕业礼》，载《民国日报》1927年6月17日。
[58]《潘大道死于大道上——暗杀者三人蓝布衣衫》，载《时报》1927年10月15日。
[59]《潘大道死后之上海法科大学——董事长褚辅成回沪学生组织复课促进会》，载《时报》1927年10月17日。《上海法科大学定下星期一复课——教职员联席会议……组织潘案委员会》，载《申报》1927年10月22日。
[60]《上海法科大学教授对潘案宣言》，载《民国日报》1927年10月19日。

有 13 人获得中国律师执照，考取县长 2 人，考取承审员 1 人。[61] 1928 年发生的大事包括：改由钱永铭任董事长、胡适到校演讲、申请大学院立案未得通过。有迹象表明，他在九一八事变之后，热心参加抗战动员。比如 1931 年，他参加上海法政学院学生组织抗日救国会，担任干事，11 月 6 日出席救国会第六次干事会议，讲座的主题有"义勇军举行分区检阅"问题、义勇军成员惩戒办法、购办军服经费事宜、训练负责人等等。[62]

1928 年，王开疆关闭其上海江西路国民银行楼上的律所，退出上海律师公会，从此结束他执业十余年的律师生涯。[63] 王开疆淡出律师界和法科教育，这是为什么呢？原来，他做"官"去了。1928 年 7 月 3 日民国政府第 76 次会议决定，于右任担任法官惩戒委员会委员长，王开疆于 7 月 6 日被任命为法官惩戒委员会秘书长，[64] 他走马上任去了。传闻这与于右任对王开疆的器重和提携有关。[65] 王开疆是"积学之士，为人亢爽"[66]，受于右任器重也不奇怪。据王开疆和于右任的交集的事实看，目前只知道于、王二人 1928 年分别为一位名叫江镇三的人所著《刑法新论》写过序。此人是 1912 年的律师，但很快不执律务了。此人十年后当上了嘉定县（今上海市嘉定区）县长，可是经常犯事，被举报受贿、重婚、遗弃，后来在上海政法大学任刑法教员。[67]

---

[61] 《褚辅成 10 月 11 日函上海律师公会》，载《上海法科大学月刊》（校闻）1928 年第 1 期。

[62] 《学生活动：上海法政学院抗日救国会第六次干事会议纪录（十一月六日）》，载《法政周刊》（上海）1931 年第 3 卷第 10 期。

[63] 《退会会员》，载《上海律师公会报告书》1928 年第 23 期。

[64] 《国民政府命令：任命王开疆为法官惩戒委员会秘书长此令（中华民国十七年七月六日）》，载《司法公报》1928 年第 15 期。

[65] 《王开疆做官去矣》，载《明镜》1928 年 7 月 13 日。

[66] 平旦：《蹈海而死的王开疆——曾与徐谦合办过法政大学》。

[67] 江镇三（生卒年未详），湖南新宁人，南社会员。1912 年从事律师，1921 年因受贿被举报调查，江苏省长公署批（第三千三百五十四号，九月十七日）原具呈人六合县民张世强等呈为"委员江镇三得贿徇隐并未查办朦复请政要复查以证虚实"（《江苏省公报》1921 年第 2820 期）。1922 年 3 月，因重婚遗弃两罪嫌疑，江苏省长公署批（第八百四十一号）原具呈人吴县江邓淑兰"呈诉江镇三犯重婚遗弃两罪请澈究"（《江苏省公报》1922 年第 2962 期）。可是奇怪的是他于 1922 年 10 月担任嘉定县县长，江苏省长公署指令第一万七千四百二十三号令其于十月十七日接印任事并送凭照履历（《江苏省公报》1922 年第 3162 期）。20 世纪 30 年代，在上海法政大学任教，常在《法政周刊》做些法律咨询的答复。

于右任序写于 1928 年 9 月，而王开疆的序直到同年 12 月 16 日才写完。[68]

三、监察履职有廉明

1915 年至 1927 年北洋政府已实行司法官惩戒制度，设有委员会，最后一任委员长姚震于 1928 年 3 月任命，干了不到三个月，北洋政府就覆灭了。1928 年南京政府重建该项制度，设立法官惩戒委员会。6 月 1 日起任命委员于右任、周诒柯、李苤、翁敬棠、薛笃弼、王世杰、陈和铣等，[69] 于右任为委员长，开始派员接收前北京司法官惩戒委员会。王开疆于 1928 年 7 月 5 日就以法官惩戒委员会秘书长名义着手委员会筹备前前后后的后勤事务，诸如文件整理，还有委员会徽章、会务、预算等等。《法官惩戒委员会汇刊》上不断出现王开疆的名字。[70]

1931 年 6 月，《公务员惩戒委员会组织法》颁布。1932 年 2 月，王开疆被委任为中央公务员惩戒委员会委员，参加筹备工作，[71] 委员中还有夏勤等人，从七人增至十一人，主席委员为茅祖权。1932 年 1 月，《公务员组织法》出台；[72] 6 月，《公务员惩戒法》出台[73]，公务员惩戒委员会成立，国民政府决定裁撤法官惩戒委员会，并入公务员惩戒委员会。[74] 1932 年起，他接下来的工作任务是什么呢？主要任务就是依《公务员惩戒法》查

---

[68] 于右任、王开疆：《题江镇三著刑法新论序》，载《法官惩戒委员会汇刊》1928 年第 1 期。

[69] 《国民政府令（四件）（中华民国十七年六月一日至七月九日）》："任命于右任诒柯李苤翁敬棠薛笃弼王世杰陈和铣为法官惩戒委员会委员……"，载《法官惩戒委员会汇刊》1928 年第 1 期。

[70] 《法官惩戒委员会汇刊》1928 年第 1 期。

[71] 《司法院令：派王开疆参加公务员惩戒委员会筹备事宜此令（二十一年二月二十三日至二十五日）》，载《司法公报》1932 年第 7 期。

[72] 《国民政府训令：第十号（二十一年一月二十一日）》："令司法院：法官惩戒委员会呈送该会职员名册请令饬司法院转行公务员惩戒委员会委员长查照一案仰转行查照由"，载《国民政府公报》（南京1927）1932 年第 984 期。

[73] 《国民政府公布〈公务员惩戒法〉（二十年六月八日公布）》，载《司法公报》1931 年第 127 期。

[74] 《国民政府指令：洛字第七五六号（二十一年六月十六日）》："令司法院：呈为奉令知法官惩戒委员会结束移交一案已令饬中央公务员惩戒委员会接收保管呈复鉴核由"，载《司法公报》1932 年第 24 期。

办惩戒法官和公务员的"违法、废弛职务或其他失职行为"。王开疆参与承办的案件很多，现举若干典型案例，可了解他的工作，以及30年代公务员惩戒的运行情况：

案例一：原浙江仙居县长韦隽明惩戒案。1930年11月，浙江仙居县发生绑架案，绑匪被村民团抓到后正羁押之际，村保卫团王青拒绝县长移送令，并向绑匪勒索，县长遂抓捕王青入狱，王又越狱。召开党政联席会议做出决定，于次日枪决王青，并拟称其为当场格毙。韦县长构成"违法擅杀"并瞒报，被法院判三年徒刑，即行特赦，移付公务员惩戒委员会审查予以惩戒。该委员会于9月17日做出惩戒议决书，认定县长韦隽明"违法擅杀"并瞒报，"违反官吏服务规程，决定免职并停止任用一年零六个月"。[75]

案例二：原上海县县长严慎予惩戒案。1930年，上海实行新县制，自县市划分，曾经江苏省政府决定迁署乡间，县长严慎予迟延日久未迁往，又寓沪西，每于冬令，赴乡赛马，百十成群，践踏农田，蹂躏田苗，经县党部函请交涉公署制度。但因外国人不听劝阻，照常在乡间赛马，以严县长"抗不迁治、忽视领土"交付委员会惩戒，调查发现"事先既未征得有关农田业主之同意，事后亦无从向其要求赔偿"，最终于1932年9月作出议决——"降二级改叙"处分。[76]

案例三：原山西绛县县长苑友梅惩戒案。山西绛县采取向地方士绅征集公益捐款的办法，将所募得的5000余元用于安设本县电话线、图书馆、警士教室、城防御警室、修理监狱和看守所及男女学校等用，虽属财政局负责保管人直接操办，并非县长所独专，刑事嫌疑尚难认定，但县长苑友梅明知"违反早经禁止的公益捐款"，仍未呈请核销，依"人民非依法律不得处罚"之约法，"使人行无义务之事"，苑氏"既不专案呈报又复任

---

[75] 《惩戒议决书：中央公务员惩戒委员会议决书（二十一年度鉴字第五号）：韦隽明被付惩戒案议决书（中华民国二十一年九月十七日）》，载《司法公报》1932年第44期。

[76] 《惩戒议决书：中央公务员惩戒委员会议决书（二十一年度鉴字第十二号）：严慎予被付惩戒议决书（中华民国二十一年十二月三日）》，载《司法公报》1933年第55期。

意开支"，构成渎职，决定免职并停止任用一年。[77]

案例四：原江苏崇明县县长沈江与原承审员徐式昌惩戒案。沈江系江苏崇明县县长兼理司法，徐式昌系县承审官（司法官）。崇明县民黄稚卿在上海经商，在原籍诉追巨款。1933年3月，沈、徐二人开庭审理黄案，未终结。县长沈江于同月4日假座黄稚卿别墅宴客，并邀徐式昌公饮，经县民张某举报"承审员赴诉讼人家饮是否干禁"等情向司法行政部呈控，由部令饬江苏高等法院查悉，认定其不知自检，有失职务上之尊严咨请惩戒。在惩戒委员会审查时，质问：沈江即使有宴客之必要，何得假座于诉讼当事人家？徐式昌亦何得共赴诉讼当事人家？据辩称：黄氏已居沪有年，原籍别墅已托人看管，借此别墅宴客，与无锡梅园、西湖高庄无异，云云。委员会在惩戒书中认为：无锡梅园与杭州高庄系公开游览场所，而黄氏别墅仍为私人庭园，比拟不伦，适成遁饰，况宴请与黄案开庭相距仅有三日，嫌疑所在，何竟憪然。故决议认定沈、徐二人"属不自检束失职之咎"，违反公务员惩戒法，处"沈江减月俸百分之十，期间四月；处徐式昌减月俸百分之十，期间二月"。[78]

对于一位曾经的上海著名律师来说，担任官方公务员惩戒委员会委员，其个人损失是显而易见的。况且办案数量之巨，令人难以想象。此处不得不提一位值得尊敬的委员——毕鼎琛[79]，他的办案数量为最，仅1932年至1939年《司法公报》刊登的惩戒案，毕鼎琛参与所办之案件计有438件。毕鼎琛早年参加辛亥革命，是当时著名的法律家，曾从事审判工作，

---

[77] 《惩戒议决书：中央公务员惩戒委员会议决书（二十二年度鉴字第壹百号）：苑友梅被付惩戒议决书（中华民国二十二年十月十四日）》，载《司法公报》1933年第97期。

[78] 《惩戒议决书：中央公务员惩戒委员会议决书：二十二年度鉴字第七十九号（中华民国二十二年八月一日）：沈江等被付惩戒议决书》，载《司法公报》1933年第85期。

[79] 毕鼎琛（1879—1945），字体珍，湖北浠水人，早年入明治大学法科，并加入中国同盟会。回国后，任湖北法政学堂及法官养成所教习，在该校研究部研究宪法。1911年武昌起义后，参佐戎机，任鄂州军政府政事部秘书兼上诉审判所判事，历任党政教各机构要职，参与讨袁护法诸役，俱著勋劳。曾任律师，1916年5月任湖北私立法政学校校长。民国初开始担任众议院议员，从事立宪民主活动，1929年当选国民党三中全会代表，1931年起任中央公务员惩戒委员会委员，1944年暂代委员长职务。1945年5月12日在重庆逝世。因其在抗战中的卓越工作，政府于1948年1月单独予颁表彰令。

曾任律师，1916年任湖北私立法政学校校长。[80] 毕鼎琛早在1919年任众议院议员时，某次一剧团为广东救济粮食公益演出时挂议员名字，他与祝震、张知本等议员认为这是违规行为，致函予以纠正。[81] 1931年起任中央公务员惩戒委员会委员。直到1944年6月，毕鼎琛在重庆最后作出的委员会惩戒文件显示，此时他担任该委暂代委员长职务。[82] 国民政府于1948年1月对毕鼎琛单独颁表彰令，云："匡扶正义，建白宏多，嗣任中央公务员惩戒委员会委员，在职十余载，自矢公廉，抗战期间，艰苦弥奋，迺以积劳，在渝病故，追念勋勤，良深珍惜，应予明令褒扬。"[83]

王开疆在委员中的办案数量仅次于毕鼎琛，排名第二，为270件。其参与作出的惩戒议决书数量，据查阅民国时期《司法公报》，统计为：1933年5项，1933年达到35项，之后逐年递增，1934年60项，1935年63项，1936年85项，1937年仅半年亦达26项。被惩戒对象均为中央与地方机关的公务员和司法官，以县长行政渎职、失廉等为主，偶有法院推事和院长失职或不自检、检察官失职、公安局长违法拘禁、考试委员作弊、财税官员违法违纪、行政院公务员聚众赌博等失职渎职案件。[84] 在任期间，王开疆刚正不阿，"多次拒绝显贵豪门之请托，以廉洁无私著称"[85]。到1937年，王开疆还发表了一篇提倡司法改革的论文——《司法革新论》，他主张迅速交涉撤废领事裁判，调整中央司法系统、法官之任用考成，废除检察制度，考核律师，豁免或减轻诉讼费用，整顿司法经费，节制浪费，通盘筹设法院。[86]

---

[80] 《咨湖北巡按使私立法政学校改推毕鼎琛为校长应照准文（第一千四百九十号，五年五月二十二日）》，载《教育公报》1916年第3卷第6期。
[81] 《议员祝震等请转知永安公司风人社演剧不得冠以议员名称函》，载《众议院公报》1919年第7期。
[82] 《毕鼎琛：中央公务员惩戒委员会公示送达（示字第三号，民国三十三年六月二十二日），本会处理监察院移付惩戒……》，载《国民政府公报》（南京1927）1944年渝字688号。
[83] 《国民政府令：毕鼎琛早岁留学海外，加入同盟，辛亥武昌起义，参佐戎机……》，载《国民政府公报》（南京1927）1948年第3045期。
[84] 据《司法公报》1933年至1937年中央公务员惩戒委员会的惩戒议决书统计。
[85] 《王开疆传略》，载《如东文史资料》（1987年第2辑），第61页。
[86] 王开疆：《司法革新论》，载《中华法学杂志》1937年新编第1卷第5—6期。

四、洁身蹈海留气节

1940年2月8日王开疆与其两个儿子坐海轮从上海出发,准备前往香港。2月9日上午9点钟,洪济与洪溥从四等舱到三等舱来看父亲,却不见王开疆的踪影,只在床铺上父亲留下的礼帽下,看到一张字条。兄弟俩打一看,顿时痛哭。[87]父亲已经蹈海自杀!事后有人猜测,他与汉奸有染;有的说他被跟踪而被迫跳海;有的说他是畏罪自杀的。人死了,真相也被淹没了!

这是怎么回事?让我们回到1937年,拨开历史迷雾,澄清事实真相。

1937年淞沪会战爆发,8月15日,日寇又轰炸了南京。为避战乱,王开疆带着两个儿子洪济、洪溥(王火)兄弟俩随家人匆匆离开南京,几经辗转,最后到达香港。据当年媒体记者采访王开疆两个儿子了解到的一段细节是:政府从南京撤退到武汉时,王开疆曾专程去武汉,还拜访老领导监察院院长于右任,商谈恢复中国公学的事宜。转道香港小住之后,他返回上海,想找机会恢复中国公学,但学校已被汉奸捣乱,无法续办。[88]所以才有了"三吴大学"的创意和缘起。

自1938年7月起,上海一些新闻报纸上就出现一所新的大学——三吴大学。这所新创的三吴大学,由石频任校长,章维清任教务长兼法学院院长,胡朴安任文学院院长,王孝通任商学院院长。校址设于四川路仁记路97号中孚银行大楼。[89]可是人们并不知道这所新大学的背景。

据王开疆次子、作家王火先生介绍,王开疆是三吴大学的董事长,合作者有聂海帆,后来任三吴大学校长。当时聂海帆提出这个校名,说苏州、常州、湖州自古以来,叫作三吴。在上海办个大学,吸引苏州、常州、湖州这一带的学生,用这个名字合适。而王开疆"却觉得没什么

---

[87] 流芳:《王开疆之死——一个同舱者目击谈》。
[88] 《王开疆蹈海纪:汪精卫卖国史的一页》,载《星期文摘》1940年第1卷第7—8期。
[89] 《时报》1938年7月20日第6版。另参见《三吴大学计划扩充》,载《新闻报》1938年12月8日。

好！”[90] 后来好像聂海帆的意见和王开疆取得了一致。聂海帆坐船去上海了，他去开拓办“三吴大学”的局面去了。隔了一年（即1938年），在上海英租界，那时“三吴大学”已经办成开学，王开疆是董事长，聂海帆是校长。[91] 三吴大学设有文理法商四学院、十四个学系，前北大教务长徐崇钦、前大理院推事单毓华[92]、前广九铁路督办胡栋朝、前浙江法政学校校长黄庆中、前武进地方法院院长吴慈堪、巴黎大学法学博士胡毓寅[93]、鲁汶大学法学博士凌其翰、上海律师公会执行委员方俊杰和冯美学等，均在三吴大学法律系任教。法、商两院均开夜班，采美国芝加哥大学学制，一年三学期，大学四年学程缩短为两年零八个月。三吴大学另设中学部。[94] 办学不到一年，三吴大学就声名鹊起，还在新大联英语演讲比赛中夺得个人冠军和团体亚军的好成绩。[95]

1939年春，王开疆再赴香港。抗战形势日益严峻，他抗日心切，在香港耐不住。于是不顾个人安危，经转云南昆明再折回上海，不料在昆明突发疾病，于1939年秋天，毅然带着家人，又返回“孤岛”上海，投入三吴大学建设和恢复母校中国公学的工作之中。通过团结一批爱国人士和进步师生，秘密开展抗日救亡活动。[96] 这时候在上海从事抗战工作，其危险

---

(90) 王火：《抗战：无法忘却的记忆》，载《文艺报》2015年5月6日。

(91) 王火：《抗战：无法忘却的记忆》。

(92) 单毓华（1883—1955），字校叔、眉叔。江苏省泰州人。清光绪二十一年（1895）应县、州、府童子试，均为第一名。光绪二十五年任南京实业学堂。光绪二十九年赴日本留学，入东京法政大学，获法学学士学位。光绪三十四年回国，殿试中举人。1912年任职于镇江检察厅，1913年2月起任江苏高等检察厅检察官，后任京师高等审判厅署推事。1920年3月被人以赌博为诬陷理由遭逮捕，9月被宣告无罪，10月任天津地方检察厅厅长。1921年起任大理院推事、天津审判厅厅长、直隶高地审判厅厅长。1927年5月南下，在上海执行律师业，加入上海律师公会，兼职任教于上海震旦大学、上海法政学院等学校，曾任上海三吴大学法学院院长。

(93) 胡毓寅（1907—?），浙江萧山人，早年毕业于上海徐汇公学，与傅雷是同学，能诗，1926年曾在《崇善月报》发表多篇诗作。1929年震旦大学法科毕业。1933年获巴黎大学法学博士学位，专长民法、亲属法。1933至1939年间，在《中华法学杂志》、《法政半月刊》及《人言周刊》发表民法、中外刑事法、外国宪法等多篇论文。1934年7月开始在上海从事律师业，曾任上海法学院教授。

(94) 《申报》1939年1月15日。

(95) 《申报》1939年6月29日。

(96) 陈祥志、王沙丽：《一切为了提升战斗力》。

性可想而知。不久,三吴大学校长聂海帆就被谋害。

王火回忆说,某天,有两个敌伪杀手带了礼品,装作给聂海帆送礼,到了"三吴大学"的办公室见到聂海帆后立刻开枪,聂海帆顿时倒在血泊中牺牲了。刺客是日寇和汪伪合建的特务机构极司菲尔路76号派来的。接着,王开疆就收到了恐吓信,很快遭到绑架。那时,20多岁的王火才从父亲处知道"三吴"并不是苏州、常州、湖州的古称。"三吴"是指吴玠、吴易和吴樾。吴玠是南宋屡破金兵的名将,吴易是南明起兵抗清的将领,吴樾是近代民主革命的反清烈士。显然,王开疆后来同意用"三吴大学"这个校名是有道理的。[97]

目睹日寇肆虐,王开疆忧心忡忡,曾写下七律《伤时》一首:"镜里才觑白发新,梦中又听铁蹄声。山河破碎空悲切,孤岛沦亡暂寄身。宗悫长风须振奋,元龙豪气敢消沉。沧江岁晚浑无赖,且把行吟涤泪襟。"[98] 王开疆性格内向,家国忧愁不善于排解,虽然能埋头踏实做事,但他并不善于解除自己内心的愁苦和焦虑。

1939年秋折回上海后,大事就发生了。本来准备继续做律师维持生计,不料这时汉奸已经四处活动。他们探知王开疆回沪,便使出假招拉拢他——让他加入一个吟诗写作的集会。谁知这是个陷阱,王开疆不知底细,当发现背后秘密时,自己已经中了他们的圈套,想避之,其行动已被监视了。当时,汪精卫竭力拉拢有声望的名流做他的走卒。鉴于王开疆在社会上的声望,汪伪先后采取威胁利诱等各种手段,要王开疆参加汪伪政权,遭到王开疆拒绝。王开疆一家人竟被逼迫着迁住沪西愚园路。妻子与儿子知道他身陷圈套,又是手无缚鸡之力的文人,只好暂时忍辱,商议后决计一家人分离分住。这分明是软禁的状态!王开疆像坐监牢一样,脱身无望,心中充满了烦恼、抑郁、怨恨、愤怒,家人时常察觉到他有自杀倾向。妻子只好经常回来劝他:他们监禁你的身体,不能强奸你的意志。可

---

[97] 王火:《抗战:无法忘却的记忆》。
[98] 《王开疆传略》,载《如东文史资料》1987年第2辑,第61页。

是他还是那样苦闷，从无笑容。[99] 王开疆等于是处在被软禁的状态，失去自由达四五个月之久。

汪伪召开的"六中全会"委员名单中，竟然把王开疆的名字也列入。但王开疆托病决不到会。会议上选出伪中执委名单中，王开疆又名列其中。他苦痛难言，极度悲观地对妻儿说："我们一生从此休矣。"[100] 媒体的另一种说法也证实，他是在精神苦闷之下决定脱逃的。[101] 王开疆有两个性格特点，一是对一生清白看得很重，这是自检的风骨；二是性格内向忧郁，这是天生的个性。可是他是怎么脱逃的呢？

可能到了旧历年末，他才与外界取得联系。据说，国民党青岛党部主任委员葛覃在上海做秘密工作，乘敌伪戒备疏忽之际，买通守卫，于除夕夜至大年初一拂晓，开疆先生带着两个儿子逃出魔窟。[102] 为防日伪特工追杀，他让亲友帮助购买了上海开往香港的三张轮船票。1940年2月8日即大年初一下午2点，王开疆把自己化装后，登上上海开往香港的荷兰邮轮"芝沙莲加"号。父子为避免视线，分别登船——他20岁的长子王洪济和17岁的次子王洪溥也先后悄悄地登船了。

据两个儿子事后对记者说：除夕夜晚，王开疆父子买了三张四等舱住的船票。初五那天，他托辞去亲友处贺年，从愚园路住所逃出来。上午10点，他化装成一个商人上了轮船。船过吴淞口后，王开疆露才出了笑容，对两个儿子说道："从此跳出火炕，我们到重庆做个自由的国民吧"，"只要残躯在，终可报复侮辱我人格的大仇"。[103] 两儿子考虑到四等舱太挤，为父亲补了一张三等舱的票，之后他就搬进三等舱了。三四等舱是隔离的，大儿子带着弟弟在四等舱。当日吃过午饭，王开疆对儿子说，要把这次被逼的经过写成一篇很详细的稿子，公布汉奸的罪恶。但当时很累了，就相

---

[99]《王开疆蹈海纪：汪精卫卖国史的一页》。
[100]《王开疆蹈海纪：汪精卫卖国史的一页》。
[101]《王开疆蹈海经过》，载《申报》1940年2月17日。
[102]《王开疆传略》，载《如东文史资料》1987年第2辑，第62页。
[103]《王开疆蹈海纪：汪精卫卖国史的一页》。

约过一天再动手。儿子晚饭后再去请安,父亲依然谈笑自若,勉励他们要用功,学成报国。[104]

第二天早晨,兄弟俩曾三次往三等舱看望父亲,发现他的神色已不自然了,也不喜欢多说话。七点,四等舱验票,九点验完票时,王开疆同舱的一位旅客神色慌张地跑来找他们兄弟俩,使他俩感到父亲一定出什么意外了。随即找遍四等、三等、二等各个舱位的每个房间,王开疆的影子全无。最后在他房间里,找到了他的衣帽。在衣帽下发现了一张纸条,上面写着:"济溥两儿,父蹈海矣,儿等至港,可赴X先生处求救,或至四川江佺处,父绝笔。"[105]

王开疆于1940年2月9日蹈海自杀身亡!媒体几乎都不知道,没有报道!2月12日,中共重庆《新华日报》刊登有关王开疆投海明志的一则简单消息。[106] 但是,对于这个世界来说,真相还是不明!

真是苍天有眼——王开疆同舱房有位叫"流芳"的陌生旅客。这位"流芳"先生于2月13日竟然在香港《大公报》发表了一篇文章——《王开疆之死——一个同舱者目击谈》!这是有正义感的勇敢者!

"流芳"先生和王开疆同是三等舱11号房间。该房间共5张铺,5位客人。兄弟俩与父亲分开,住在四等舱。在船上的当天,白天和夜晚都很正常,王开疆还同同舱旅客聊天。流芳先生得知他姓王,"深褐色西装,同色领带,洁白衬衫,相当健全的躯干,不十分油亮而整齐的头发,态度沉着,行止风度大方"[107]。流芳先生得知他要继续去昆明或者重庆以后,猜测他是大学教授之流。他像南方人,可是普通话讲得很好,谈话中夹杂着不少的英语。他时而在想什么,保持沉默。那天,有时在舱面甲板上可以看到他。他不是坐在靠椅的角落里,就是倚着船栏,遥望着无边的波涛,沙鸥点点,掠过近船的海面。兄弟俩偶尔来父亲舱内看望、聊天,"脸庞

---

[104] 《王开疆蹈海纪:汪精卫卖国史的一页》。
[105] 《王开疆蹈海纪:汪精卫卖国史的一页》。
[106] 《王开疆传略》,载《如东文史资料》1987年第2辑,第62页。
[107] 流芳:《王开疆之死——一个同舱者目击谈》。

清秀，衣着整洁华贵"。父亲对儿子态度，有时十分亲热，有时又非常冷淡。他还有一个胖胖的朋友，也在三等舱，在11号舱的斜对门。王开疆先生当天吃晚饭时和胖先生在一起喝了好多酒。回舱房后说话也比较多了，还找流芳先生换零碎港币。王开疆兴趣正浓，找人聊天，可是人家想睡觉了。次日（2月9日）早上，他起得很早，与同船上的茶房谈什么打电报到上海去的一类话。两个儿子也来到舱房里，谈吐正常。可是就在这之后的一小时光景，他竟蹈海而死！[108]

王开疆可能就是在这一夜决定，以死来证明自己的清白。他一定反复在回忆那个令他作呕的吟诗写作的集会，反复回想着自己误入那帮伪文人圈的日子，想象着周围的友人们会怎样嘲笑和鄙视自己……他或许在船上回顾了他短暂而充实的一生；或许回想了母校中国公学，以及他创办的上海法政、法科和三吴大学；或许他还想到了陈天华和姚宏业的壮举；或许也想到了与他共事过的友人潘大道和聂海帆的被害；或许想到两个儿子已长大成人……

后来有位头等舱的客人，表示愿意抚养这两位可怜的没有父亲的青年。[109] 于右任得知噩耗，2月12日致电香港友人，请其探望、关怀王开疆的遗孤。洪济与洪溥二兄弟后来在香港穷困漂泊。逗留了一阵后，在父亲朋友的资助下，他们又返回上海。洪济取道浙江，去了重庆，投奔在江津做律师的堂兄王洪江处，在那里读完高中后，报考了中国兵工大学。[110] 弟弟王火1948年毕业于复旦大学新闻系。

王开疆不甘受辱，蹈海明志。那位与王开疆同舱度过半天一夜的"流芳"先生，在文章最后有一番感慨，他说道：

> 普通自杀，不外为了经济、爱情、政治作用三种，王先生的死，

---

[108] 流芳：《王开疆之死——一个同舱者目击谈》。
[109] 流芳：《王开疆之死——一个同舱者目击谈》。
[110] 陈祥志、王沙丽：《一切为了提升战斗力》。

决不像为了前两种，那么他的死因是颇含有政治意味如报上所载的。王先生死了，他为什么死？死在谁手里？这是明明白白的。王先生这样就死去，当然不是顶好的办法，但是比较那般还在继续的做着出卖国家民族的勾当，而还活着的人们，光明和卑鄙是不可同日而语了。自从汪兆铭叛国以来，以威逼利诱来拉拢的一批无耻份子，到今逐渐觉醒的已不在少数，而高陶的毅然跳出火坑，和此次王先生的'死'，我相信是两声最宏大的钟声，在这钟声下面，觉醒了若干迷途未还的人们，那么王先生的死，也许还很有价值的哩。[111]

我们至今不知道"流芳"是谁，他一定已经不在这个人世了。但我们从他的感慨中可以断定，他和王开疆一样，是个有良知的人！在那个汪伪爪牙遍地的世道之下，大多数人只能忍气吞声，但他竟敢于公开发表文章，揭露汉奸罪恶！"流芳"先生此番愤怒的发声，就是世道人心啊！

王开疆在抗日烽火中创办的三吴大学，至1941年10月，仍然在仁记路97号继续办学，"文理法商四院即日起将下午六时后上课之各特科课程，全部开放，听从选修，每学分费七元，定于本星期六截止"。[112] 在"孤岛"，仍然有少数几所继续办学、收留失学青年的大学。三吴大学是其中办学质量最好的，直到太平洋事变爆发，才宣布停课。1943年12月，有消息称三吴大学开展"复校运动"。[113] 1944年1月，中央大学校内有人筹备三吴同学会。[114] 1946年8月，有人在上海富民路筹备恢复三吴大学，除旧校董外，聘翁文灏、王云五等为校董。[115] 1948年2月仍然有人准备将三吴大学恢复。[116]

---

[111] 流芳：《王开疆之死——一个同舱者目击谈》。
[112] 《三吴大学（课程信息）》，载《新闻报》1941年10月18日。
[113] 《三吴大学复校运动》，载《申报》1943年12月19日。
[114] 《学生园地：国立中央大学三吴同学会缘起》，载《中大周刊》1944年第115期。
[115] 《三吴大学筹备复校简讯》，载《申报》1946年8月22日。
[116] 王言寺：《记三吴大学》，载《真报》1948年2月18日。

陈霆锐——律师的对价与公义

图 1 陈霆锐（1891—1976）

史上优秀律师不少，各有千秋，各自优点也难以一言以蔽之。撇开时代局限和褒贬不一的私人品性，倘若从律师个人成长的角度看，找一个可普适、可借鉴的名律师样板，或许陈霆锐是个不错的人选。与其说他是上海腔调的律师，不如说他是"东吴系"律师。陈霆锐的律师职业生涯有一个特点——既精于律务，又不沉没于律务。这是种很难平衡的状态，但其中确有魔性，倘若把握得好，就让这细节深处散发出无穷魔力。我们来看看他有怎样的特点。

一、有阅历的法科生

江苏吴县（今苏州）人陈霆锐，出生在清光绪十七年 12 月。此人很新潮，没有号，也从无别名，英文名是 Ding Sai Chen。清光绪三十一年废除科举,约于此时[1],陈霆锐在家乡苏州就读于东吴大学的前身"东吴大学堂"[2]的附中,力攻英语。这是一所 1901 年在美国田纳西州以"Central University in China"名称注册的学校。从 1905 年该校设置来看,包括文理、医学和神学三科和附中数所。1908 年,在美国田纳西州注册名称改为 Soochow University(东吴大学)。陈霆锐在此度过 5 年(1905—1909)的中学生活,因此成为"老东吴"校友。1909 年中学毕业后,旋从苏州到上海。在中学打下的英文基础赋予他娴熟的翻译能力,他于 1911 年进入上海中华书局任编纂员。由此开启了这位 20 岁沪漂青年的不凡阅历。

陈霆锐 1912 年起在上海《东方杂志》发表译文,[3] 1913 年在《进步》杂志发表多篇文章,1914 年在《中华实业界》《协和报》《中华教育界》等杂志发表近 30 篇文章。他在沪上媒体和文化圈的摸爬滚打中大长见识,也练就一支锐笔。陈霆锐资深到什么程度?他居然和梁启超一起共事过。1915 年 1 月 20 日,梁启超在上海创办《大中华》杂志,担任主编。此刊由中华书局总经理陆费逵与梁任公签约三年,[4] 由中华书局发行,风行一时。陈霆锐 1915 年加盟梁任公的《大中华》杂志编辑部,据称还"担任了副主笔,一时有瑜亮之称"。[5] 1915 年在《大中华》《中华学生界》上发表 38 篇科普性文章,1916 年在《中华教育界》《大中华》《中华学生界》上发表 27 篇文章,大都是经济、文化和科普类,也有小半是翻译文章。可是《大中华》于 1916 年 12 月提前一年停刊了。

1917 年,陈霆锐只在《青年进步》(由《中学生》杂志改版)、《昆

---

[1] 关于陈霆锐入读中学的时间,有不同说法,一是光绪三十一年(1905),一是光绪三十二年(1906),今已无法考证,只能采用早年介绍他的资料中的说法。参见《陈霆锐先生小传》,载《海上名人传》1930 年 5 月,第 58 页。

[2] 从江苏苏州的东吴大学前身这所大学来看,它 1904 年起就在上海的杂志上刊登招生广告,当时中文校名为"东吴大学堂"。Soochow University, *The North China Desk Hong List* January, 1904, p. 199.

[3] 陈霆锐:《世界女子参政之动机》(译美国评论之评论),载《东方杂志》1912 年第 9 卷第 3 期。

[4] 丁文江、赵丰田编:《梁启超年谱长编》,第 702 页。

[5] 《陈霆锐先生小传》,载《海上名人传》1930 年 5 月,第 58 页。

明教育月刊》等杂志上发表了 4 篇文章。1917 年发文量锐减，是什么原因呢？因为他在昆山路东吴大学法科上学了。此校名为 Comparative law school of China（中国比较法学校），两年前（1915 年）创办。因此他成为第三届入校的法科生。那时东吴法科生的年龄差距颇大，陈霆锐已经 27 岁了，可是同班级还有位小他十岁的小弟吴经熊。

1918 年，大二的陈霆锐又继续高产——在《青年进步》等刊物上发表了 20 多篇文章，但还是科普类、文化类的主题，没有涉及法律。1919 年，陈同学在《新中国》《新闻报》和《东方杂志》上发表近 10 篇文章，这其中才开始有时政和社科类的译文，如《美国上院对于山东问题之大激战》（摘译《纽约时报》）⑥、《社会改造原理》⑦等等。鲜为人知的是，陈霆锐在东吴读书期间还出版过两本书：1917 年（民国六年七月）在中华书局出版了他所著的《西洋拳术》，1919 年（民国八年十月）在中华书局出版了他翻译的美国卡尔女士原著《慈禧写照记》（清外史丛刊）。

1920 年（民国九年）6 月，陈霆锐从东吴大学法科毕业，获法律学士学位，成为东吴法科第三届毕业的九人之一，另外八位包括吴经熊、陆鼎揆、笪耀先、钟震、马景行、狄景森、张濯尘、杨绍彭（鹏）。6 月 24 日下午三点在昆山路 20 号东吴法科校址，九位毕业生参加了毕业典礼。教务长（相当于现在的院长）兰金（Charles Wright Rankin）⑧主持祷告，马景行与吴经熊两位同学代表分别就《中国永久宪法之请求》和《中国法制之改革》做了英语演说。⑨同年夏，陈霆锐与吴经熊同学自费赴美国留学。1921 年夏，陈吴二人一起毕业于密歇根大学，获 J.D.（法律博士）学位。

---

⑥ 陈霆锐：《美国上院对于山东问题之大激战》（摘译纽约时报），载《新中国》1919 年第 1 卷第 5 期。

⑦ 罗塞尔著、陈霆锐、邹恩润译：《社会改造原理：第一章：发达之原理》，载《新中国》1919 年第 1 卷第 8 期。

⑧ 兰金（Charles Wright Rankin，1872—1960），美国教育传教士，文学士。1912 年奉美国监理会之派来华布道兴学，驻苏州。1914 年调驻上海，任昆山路东吴大学附属第二中学校长。1915 年与同工葛赉恩等借二中校舍开办东吴大学法科，实即后来东吴大学法学院的前身。

⑨ 《东吴大学法科举行毕业礼纪》，载《申报》1920 年 6 月 25 日。

1921 年陈霆锐继续发表文章,如上海《改造》杂志上的《直接民治底要素:创议权复议权罢官权》一文。[10] 1921 年 12 月至 1922 年 2 月,正是"华盛顿会议"期间,他还在美国作为通讯员从美国发来《华盛顿特约通讯》,介绍华盛顿会议的新闻。[11] 据说,他于 1922 年又获密歇根大学政治学硕士学位,同年秋回国。[12]

可是疑问来了,一份 1922 年 1 月的政府文件却让我们怀疑起陈氏回国的时间问题。北洋政府外交部令第五号令(中华民国十一年一月十一日)中提到,"文官高等考试及格分发各部学习期满,即销去学习字样,以荐任职候补在原厅司办事",名单中有陈霆锐。[13] 根据这份官方文件,1922 年 1 月 11 日陈霆锐应该就已在国内。如果这样的话,他第二个学位——政治学硕士是否属实呢?

陈立提供的下面这份资料是 1922 年 M. A. 学位授予当年的名册(见下图)。而在另一资料中发现,陈氏 1923 年在《法学季刊》发表的一篇全英文论文 "Principles of State Succession as Revealed by the Versailles Treaty"(《凡尔赛条约所揭示的国家继承原则》)。这篇文章署名"陈霆锐"外,还附有学位头衔为"M. A., LL. B., J. D."字样。[14] 这三个学位,其中 LL. B. 是法学学士(指东吴法科),J. D. 是美国的法律博士,那么 M. A. 则是 Master of Arts(文学硕士),但陈霆锐实际学的是什么专业呢?

---

[10] 陈霆锐:《直接民治底要素:创议权复议权罢官权》,载《改造》(上海)1921 年第 3 卷第 10 期。
[11] 陈霆锐:《华盛顿会议通讯:华盛顿会议开幕情形》,载《新闻报》1921 年 12 月 16 日;《华盛顿特约通讯》,载《新闻报》1922 年 2 月 24 日。
[12] 王伟:《中国近代留洋法学博士考(1905—1950)》,第 70 页。
[13] 《外交部令(四则):外交部令第五六号(中华民国十一年一月十一日)》:"文官高等考试及格分发本部学习之胡致张继祖孙金钰陈定王翌儒查振声钱王伸陈霆锐现届学习期满……",载《政府公报》1922 年第 2111 期。
[14] "Principles of State Succession as Revealed by the Versailles Treaty",载《法学季刊》1923 年第 1 卷第 4 期。

```
              MASTER OF ARTS
           (in Municipal Administration)
Howard Granger Fishack, A.B.    Gale Lavere Wessinger, B.S.E.    2
              MASTER OF ARTS
John R. Adams, A.B.                 Ding Sai Chen, LL.B.,
William Birger Anderson, Ph.B.,       Soochow University, J.D.
   University of Chicago            Fei-Peng Chen, A.B.
Robert Cooley Angell, A.B.          Horace Frisby Clark, A.B., Pomo-
Jacob Bajema, A.B.,                    na College; LL.B., National Uni-
Ernest Ray Baxter, A.B.                versity Law School
Mildred Frances Baxter, A.B.,       Susanna Ada Clough, A.B.
   Vassar College                   Ellen Adeline Kaliff Coffey, A.B.,
Max Isaac Baym, A.B.                   York College
Newton Silas Bement, A.B.           Harold Coe Coffman, A.B.,
Lowe Franklin Berger, A.B.,            University of Kansas
   Columbia University              Lawrence Edwin Cole, A.B.,
Helen Cornelia Bishop, A.B.,           Oberlin College
   Pacific University, B.S., Colum- Robert Carl Cole, A.B.
   bia University                   Neil Estes Cook, A.B.
Velda Jane Bogert, A.B.             Grace Pearl Cooper, A.B.,
Julia Elizabeth Brittain, A.B.         Michigan State Normal College
Lois E. Brooks, A.B.                Estelle Miller Cozine, A.B.,
Herman Joseph Browe, A.B.              Albion College
Arold William Brown, A.B.,          Helen Davis, A.B.,
   Michigan State Normal College       University of Illinois
Nita Lorine Butler, A.B.            Howard Sylvester Ellis, A.B.,
Isabel MacBeath Calder, A.B.,          Iowa State University
   University of Minnesota          Manley Mills Ellis A.B.
Howard Burt Cannon, B.S.,           Samuel Paul Epstein, A.B.
   Michigan Agricultural College,   Ben Church Fairman, A.B.
   M.S., Cornell University         Irl Fast, A.B.,
Edward Hastings Chamberlin, B.S.,      Baldwin-Wallace College
   State University of Iowa         Byron Fiske Field, A.B.
```

图 2　密歇根大学 1922 年 M. A. 学位授予当年的名册
（右列第一位即是陈霆锐）

1923 年元旦，陈霆锐在《无锡新报》刊发一时评文章《市政与国政》，阐述如何改善市政的问题。署名为"法学博士经济学硕士陈霆锐"⑮。这是他仅有的一次在文章署名中标出硕士学位的专业。

至此可以确定：陈霆锐确实在法律博士（J. D.）之后又读了一个经济学的文学硕士学位（M. A.）。这至少为期一年，因此他回国时间必然是 1922 年夏天之后。那么北洋政府的那份公文所谓"文官高等考试"会不会是做了"通融"，比如跨洋报名根据其留洋学历予以"审核制"认定？不排除这种可能性。无论如何，看来陈霆锐很机灵，或者是外交部对他这种稀缺的海归给予了特别灵活的"关照"。但是他回国后并没有进入体制，

---

⑮　陈霆锐：《市政与国政》，载《无锡新报》1923 年 1 月 1 日。

1922年一回国就进入母校东吴法科任国际公法讲师。⑯ 1922年12月1日下午四时一刻，陈霆锐博士在上海东吴法学院举行了"瑞士公法"的讲座，成为一大新闻，还上了《申报》。⑰

1923年11月，陈霆锐开始当律师。这时上海律师公会已经成立十年，老一辈律师诸如秦联奎、朱斯芾、李时蕊等都是沪上律界元老。陈霆锐执业律师在当时也是件不大不小的新闻，因为当年的上海律师公会总共只有165位律师，⑱《申报》又对陈霆锐做了报道，曰"已领得法部证书，签入会审公廨律师名簿"，"并受美国樊克令律师公会之聘"，这家西人事务所设在北京路二号五层樊克令律师公馆，陈律师"中国法庭诉讼事务亦一律办理"。⑲ 这说明陈律师和一般律师不同，他可以在租界内外执业。据《上海律师公会报告书》记载，陈霆锐于11月14日入会，当时他32岁，事务所设在克明路顺大里54号。同年入会的还有何世桢何世枚兄弟、李祖虞、陆鼎揆、郭卫等等。⑳ 当时治外法权尚未收回，租界讼案请律师多取东吴，因为必须懂西律，至少能讲外语，因此出自东吴的律师红极一时。1926年，东吴有位法科毕业生蔡汝栋开始在公共租界会审公廨执业律师。1930年，陈霆锐与蔡汝栋律师合伙开设了以他们名字命名的律师事务所。当时陈律师家宅坐落于东京路和昌平路附近。㉑

在那个年代，一旦当上律师就可能成为公众人物，受到媒体的关注。陈霆锐律师与一般律师不同，他在上海滩特别走红，个中奥秘还有其他因素。

---

⑯ 《陈霆锐先生小传》，载《海上名人传》1930年5月，第58页。
⑰ 《东吴法科今日讲演瑞典公法》，载《申报》1922年12月1日。
⑱ 《上海律师公会会员录》，载《上海律师公会报告书》1923年第9期。
⑲ 《陈霆锐执行律师职务》，载《申报》1923年11月20日。
⑳ 《本会纪事：新入会律师名单》，载《上海律师公会报告书》1923年第11期（民国十三年三月出版），第7页。
㉑ 1931年，东京路及昌平路西北隅面临陈霆锐家附近一小块马路余地，面积为2厘4毫，经与工部局商议，让与陈霆锐，他支付了68两银子就拿到手了。参见《上海公共租界工部局公报》1931年第2卷第38期。

二、笔头勤快锐利的律师

在陈霆锐身上可以看到，写作是一种生活习惯。1923 年，是他回国后开始发表文章的第一年。当时正值曹锟宪法即 1923 年《中华民国宪法》（又名"双十宪法"）颁布前后，因此他较多关注宪法问题，比如省宪问题[22]、行政委员制[23]等，应《申报》特约，经常撰写政治法律专论，如《申报》1923 年 4、7、8、9、12 月连续刊登陈霆锐的宪法、行政法文章，往往结合时事，引用外国理论或经验来阐述。

专业的文章较多集中发表于东吴法学刊物《法学季刊》。他 1923 年在《法学季刊》上发表多篇论文，包括《自由权契约权财产权新论》（1923 第 1 卷第 4 至 5 期）、《法形论》（与李炘合著的书报评论，1923 年第 1 卷第 5 期）、《行政委员制论》（1923 第 1 卷第 7 期）、《省宪之几个根本原则》（1923 年第 1 卷第 7 期）。1923 年第 1 卷第 6 期刊有署名陈霆锐的《社论》。1924 年在《法学季刊》上发表 4 篇文章，即《论例案》《习惯法与成文法》《新宪杂评》和《论国家收用权》。[24] 1925 年在《法学季刊》上发表《论离婚》，同期的文章还有董康《论民国十三年司法》、吴经熊《论唐以前的法律思想》以及爱斯嘉拉《论中国商法典的修订》等等。[25] 同年还有《委员制续论》[26]《为撤销领事裁判权告国人》[27]《论制宪问题》[28]。1926 年他观察研究司法问题，撰写了《一年间之司法》。[29]

1923 年陈霆锐发文批评清华派留学生制度。一开头就说："今天清华学生又将放洋矣，如骨在喉，不得不吐。吾之评清华学生制有四大点：曰不公平，曰不经济，曰不进步，曰不认真。"他说，第一，清华每年派出

---

[22] 陈霆锐：《省宪之几个根本原则》，载《法学季刊》（上海）1923 年第 1 卷第 7 期。
[23] 陈霆锐：《行政委员制论》，载《法学季刊》（上海）1923 年第 1 卷第 7 期。
[24] 参见《法学季刊》第 1 卷第 8—9 期和第 2 卷第 2 期。
[25] 陈霆锐：《论离婚》，载《法学季刊》（上海）1925 年第 2 卷第 3 期。
[26] 陈霆锐：《委员制续论》，载《法学季刊》（上海）1925 年第 2 卷第 4 期。
[27] 陈霆锐：《为撤销领事裁判权告国人》，载《法学季刊》（上海）1925 年第 2 卷第 6 期。
[28] 陈霆锐：《论制宪问题》，载《法学季刊》（上海）1925 年第 2 卷第 4 期。
[29] 陈霆锐：《一年间之司法》，载《申报》1926 年 10 月 10 日。

学生留洋至美国，不下八九十人，而大都皆为清华之毕业生，连中下等之才，皆获选出国，这是不公平。第二，清华学生程度甚低，抵美后大约皆插入美国大学二年级，最上者亦不过三年级，平均费用当在一千二百元不等，每人三年就花掉三千多元。如果用于国内学生，成效至少可以十倍，这是不经济。第三，清华学生首批出洋者人才济济，因为首批选取于国内各校，后来就以清华为主了，选取范围窄则人才自然少，这是不进步。第四，虽然政府在美国设有学生监督，但其所有职务只在发放学生津贴，几无他事也。学生的学问勤惰、品德优劣，皆在不闻不问间，这是不认真。[30]他就是这么个爱管"闲事"、爱打抱不平的人。

当时正当收回法权之声又响起，一部分青年与教育家呼吁收回教育权。这涉及教育与爱国、办学与主权等颇具对峙性的复杂问题。1924年陈霆锐发表《论收还教育权》来谈这个复杂敏感问题。在陈霆锐看来，这只是舍本求末而已。他先分析道：教育乃至公无私之物。教育权本无此概念，是新名词，在一些人看来，教育是一国政府和人民所有之事，外国人不该越俎代谋。但要排斥或遏止外国人在华的教育机构，决非可以假手于政治手段，不可请求政府取缔或限止之类。在做这决定之前得先研究这种教育从何而来，在中国何以取信于社会，何以在中国占有重大势力等问题。而对比中国目前之学校，办学惟恐学生不来，以学位为钩饵，那些人不倡导改进教育，反而提出收回教育权，实在是可笑。他的立论基础是"教育公器本无专利（指专属）可言"。[31]此文章并不正面讲外国人在中国办教育的必要性，而是从教育本质入手来谈收回教育权的观点是舍本逐末，实在是有相当之见地。但很快就有人发表文章反驳，称其为"异军突起，高唱反对论调"。[32]

1924年他致苏省教育厅蒋竹庄厅长一信，批评省里派出留学资格仅限

---

[30] 陈霆锐：《评留学问题之二》，载《教育杂志》1923年第15卷第9期。
[31] 陈霆锐：《论收还教育权》，载《申报》1924年7月17日。
[32] 刘培风：《驳陈霆锐君论收还教育权》，载《时报》1924年7月24日。

于公立大学学生的规定,而教会与私立大学学生皆屏之,不能与试。陈质疑道:是以何为根据?然后讲理道:"官校学生未必果优,私立学校,学生未必果劣","苏省游学经费,苏省全体人民担之",留学考试制度"主旨无非欲得全省之英才",官立私立"政府社会当一体富贵之",教会与私立大学学生"同为江苏公民,其父若兄担负省政府支出……同与官校之父兄,于法于理均应受同等之待遇"。陈文还质疑所考八门科目,其中有七门与某校科目相同,况且留学经费"出自公家,当一秉至公"。[33] 此处讲到教育公平,陈文以公民平等担负政府支出为由,显示了他的宪制观念。过了三四日,教育厅蒋厅长即来函回复陈霆锐,并公开登在同一报纸上。"按部定规程及历届成案办理",说明只以在教育部立案的公、私立大学学生为限,而未经部立案的教会和私立大学学生不可报考。至于考试科目,是由本厅汇集各方意见呈奉省长,在省教育行政委员会会议上公开议决。[34] 这样一解释,事情的原委也就清楚了。但是此事反映了陈霆锐作为公民和律师的公义心与责任感,也反映了蒋竹庄先生处理得及时、公开、透明。

1924年4月陈霆锐发表的《精神文明与物质文明》,也是讨论社会问题的。[35] 1924年11月发表文章讨论救国的方案。[36] 1925年,陈氏关心实业失败的问题和实业改良问题的文章有两篇[37],作为律师,不可不谓跨度之大。1925年他在群治大学作了一场讲演,是关于英国内阁制的。[38] 1926年,陈霆锐目睹近二三十年文化衰退、教育停滞之现象,为此担忧,撰文论述国家前途与出版事业之密切关系。[39]

《申报》有读者问及此次宪法涉及贿选,那么此宪当毁不当毁。陈撰

---

[33] 《陈霆锐致蒋竹庄书论本年苏省招考留学事》,载《申报》1924年8月6日。
[34] 《教育厅覆陈霆锐书对于考选欧美留学资格及科目之说明》,载《申报》1924年8月10日。
[35] 陈霆锐:《精神文明与物质文明》,载《申报》1924年4月29日。
[36] 陈霆锐:《救国方案论》,载《申报》1924年11月17日。
[37] 陈霆锐:《中国实业失败之原因》,载《察哈尔实业月刊》1925年第1期。陈霆锐:《亟应改良棉业》,载《察哈尔实业月刊》1925年第2期。
[38] 陈霆锐:《英国内阁制》,吴兆钺记录,载《群治大学年刊》1925年第1卷第10期。
[39] 陈霆锐:《国家前途与出版事业》,载《申报》1926年3月30日。

文答曰：宪法当毁不当毁为一问题，宪法是否有效为另一问题。毁不毁宪法是政治问题，宪法效力是法律问题。二者不可相提并论。如果"当毁，则尽可采取政治上之相当手段以对付之毁弃之。……此制定机关为中国大部分默认之正式政府也，其颁布之根本法或通常法当然有效，无可非疑。至政府之善恶为另一问题，不具论"㊵。此文发出的第二天，《民国日报》也发表一篇署名狄山的文章《论伪宪効力质陈霆锐君》，批驳陈氏昨天的观点。㊶

抗战期间，陈律师一度前往重庆，他仍然研究学问。1942年，他就战争与国际法庭司法等问题发表文章，提前预见战后惩办战犯的国际法问题。㊷ 1943年，发表《世界法治论》和《收复国宝论》，均以前瞻性眼光看到抗战胜利，以及战后的任务。㊸ 1944年还在东吴《法学杂志》上连载发表《改良司法各论》。㊹ 1945年，发表《改良司法刍议：论司法阶段下之人民身体自由》。㊺ 1946年又发表了《法治浅论》。㊻

三、秉持公义精神的律师

1925年的"五卅运动"是中国人反对列强、确立自尊的一次伟大运动，对后来废除领事裁判权、收回会审公廨都产生直接而巨大的影响。"五卅事件"发生当时，陈霆锐就被上海学生会"五卅事件"救济会、东吴法科学生会聘任为法律股委员，任遇难学生代表，控诉上海公共租界工部局巡捕房，并出面交涉，但关于法律问题争议甚大，有谓强权问题，非法律所能奏效；有谓外交问题，需要政府当局以外交手腕解决。陈霆锐律

㊵ 陈霆锐：《票决宪法答客问》，载《申报》1923年12月18日。
㊶ 狄山：《论伪宪効力质陈霆锐君》，载《民国日报》1923年12月19日。
㊷ 陈霆锐在重庆发表的文章如：《论国际正义法庭》，载《大公报》（重庆）1942年8月19日。《大西洋宪章与威尔逊之十四点》，载《中央周刊》1942年第5卷第17期。
㊸ 陈霆锐：《世界法治论》，载《时代生活》（重庆）1943年第1卷第3期。陈霆锐：《收复国宝论》，载《东方杂志》1943年第39卷第2期。
㊹ 陈霆锐：《改良司法各论》，载《中华法学杂志》1944年新编第3卷第2、4期。
㊺ 陈霆锐：《改良司法刍议：论司法阶段下之人民身体自由》，载《震旦法律经济杂志》1945年第2卷第1期。
㊻ 陈霆锐：《法治浅论》，载《法令周刊》1946年第9卷第1期。

师于6月初提出，解决问题无非惩凶和赔偿二事，均需从法律上解决。凶手为英捕，无法在公廨审判，工部局在国际法上是非驴非马的机构，有必要"聘请英美律师，胜败在不可知之数，但英捕视华人性命如草芥，华人断不可默然而止，需在其号称文明国之法庭上一试其公平之有无也"。他反对重查沪案。[47] 他之后任纳税华人会秘书。

1925年6月，联太平洋会议在檀香山召开。中国有代表团参加会议，我国筹备处聘请陈霆锐律师为司法委员，拟具各项司法提案。陈霆锐之建议主要包括：为请求联太平洋会议与会各国代表敦促各国政府依照华盛顿会议案，速行派员调查中国司法情形。他认为中国司法锐意改革已数十年，现在应该已经达到撤销领事裁判权的条件。撤销在华领事裁判权是当然之事，不过步骤和办法可通过各国法律界名家来华考察以得出结论，进行协商。领事裁判权实乃中国外交上的重大障碍。如果不来考察或故意推诿，则是缺乏诚意的表现。[48]

1926年8月，上海发生"老鼠沙案件"，这是指高桥老鼠沙附近的永宁公司诸业户为争取地产与政府浚浦局之间关于冲积沙滩地产权的交涉案。陈霆锐接受高桥沙业户委托，担任法律顾问办理产权上的各种法律业务，参与纠纷的解决。他一听说丁总办和许交涉员要为此事做核议，马上致函告知，业主方面还没有提交事实证据材料，并指出浚浦局提出的材料只是一面之词，应当等我方提交材料后才能做出公允的判断。[49] 他的处事方法相当老到，于8月23日举行记者执行会，公开申述纠纷的真相。[50]

1930年4月16日，上海公共租界纳税华人会选举产生了华人董事五人，即袁履登、虞洽卿、徐新六、贝淞荪、刘鸿生，以及华人委员六人，

---

[47] 《中外大事记：其一，中国之部：沪案重查：陈霆锐反对重查沪案》，载《兴华》1925年第22卷第40期。

[48] 《联太平洋会议之司法提案，陈霆锐之建议》，载《申报》1925年4月20日。

[49] 《陈霆锐为高桥沙案致当道函》，载《新闻报》1926年8月10日。《陈霆锐对老鼠沙案之意见》，载《民国日报》1926年8月14日。

[50] 《高桥沙产权案之进行，今日申述真相》，载《时报》1926年8月23日。

即林康侯、秦润卿、陈霆锐、李馥荪、钱龙章、吴蕴斋。[51]

1931年一·二八事变后，日本兵侵入上海，而公共租界当局居然把公共租界内的虹口区域划归日军防守。在这紧急关头，律师公会站出来了——上海律师公会执监联席会一致决议，推举吴经熊、陈霆锐两会员向英美各国驻沪领事暨工部局负责人致函声明态度。陈霆锐与吴经熊于2月1日联名致函公共租界工部局，认为把虹口划给日军"已铸成大错，使公共租界失其中立之精神，日兵得此防区竟用为进攻我国领土之根据，已使虹口区域完全丧失其为公共租界一部分之历史地位"，并明确要求"于最短期内采用有效方法根绝租界危险"。[52]

1932年，人称"爱国犯罪"开枪除奸的义士刘崇武等多人被公共租界捕房拘捕，各界纷纷出手营救。此案1933年在上海第一特区法院审判时，陈霆锐与朱扶九律师义务为刘崇武担任辩护。一审后，捕房以量刑太轻而上诉，律师公会安排陈霆锐等继续出庭辩护。[53]

1933年4月23日，上海律师公会举行执监委常委[54]等换届并举行新职员就职典礼。在上海滩名律师云集的情况下，顺利当选是很困难的。21位投票委员中，沈钧儒和王维桢都超过10票，陈霆锐虽然只得了8票，但也以相对多数胜出了，当选为常委，负责会计事务。[55] 会议当天就针对租界当局干涉租界内工厂检查权，推举沈钧儒、陈霆锐等委员起草宣言，呼吁各界关注。

担任律师公会领导职务后，陈霆锐发挥出更大的作用。1933年5月31

---

[51] 《纳税华人昨开代表大会，……林康侯秦润卿陈霆锐李馥荪钱龙章吴蕴斋当选华委》，载《新闻报》1930年4月17日。

[52] 《致领袖领事克银汉、上海公共租界工部局、吴经熊会员陈霆锐会员函（为请于最短期内采用有效方法根绝租界危险由）》，载《上海律师公会报告书》1932年第30期。

[53] 《刘崇武案展期开审》，载《申报》1932年12月22日。另据《致上海市第一特区市民联合会函（为函复刘崇武案仍由陈霆锐等担任义务辩护由）》，载《上海律师公会报告书》1933年第31期。

[54] 上海律师公会1927年9月订立新的《上海律师公会会则》，律师公会由"会长制"改为"委员制"，常委三人，委员15人。参见李卫东：《从会长负责到委员主持：1927年上海律师公会改组述论》，载《江苏社会科学》2007年第3期。

[55] 《上海律师公会报告书》1934年第32期。

日，律师公会执监督委员会开会推举陈霆锐主持会议，讨论上海各大学教授会因华北抗日战事妥协屈服误国征求联衔宣言事宜。[56] 1933 年发生上海电力工潮，电力公司以独占优势侵害公共利益，利用电价压迫工人运动，律师公会于 11 月致函市政府声援。[57] 1934 年，陈霆锐与沈钧儒等三常委致函立法院，建议制定儿童保护法。[58] 1934 年，当律师办案受到租界当局或捕房干预时，陈霆锐等三常委代表律师界向工部局法律顾问处提出抗议。[59] 该会律师王述樵因被疑与 1930 年一暗杀案有关，被上海公安局拘捕扣押数月。政府方面误认王律师与其兄王亚樵的暗杀行动有关联，迟迟不予释放。沪律公会三常委为营救王律师，多次向上海市政府、宋子文及司法行政部等部门反复声请要求公安局依法移送法院侦查审判。[60]

1934 年 1 月，针对有当事人依仗日籍在法庭肆意咆哮，三常委致函法院，要求依法处置此行为人以维护法庭尊严。[61] 1934 年 11 月，法租界捕房阻碍律师办案，三常委致函法国总领事，要求其捕房停止干涉司法、阻碍律师办案。[62]

根据 1934 至 1935 年《上海律师公会报告书》的记载，三常委沈钧儒、陈霆锐与王维桢为履行职责发出的公函多达 100 余件，其中 1934 年为 57 件，1935 年为 64 件。[63] 相比前些年，上海律师公会三常委联署的公函则相对较少：1930 年至 1931 年的三常委联署公函只有 60 余件，[64] 1931 年

---

[56] 《上海律师公会报告书》1934 年第 32 期。
[57] 陈霆锐、沈钧儒、王维桢：《致上海市政府函（为函请援助租界电力工潮由）》，载《上海律师公会报告书》1934 年第 32 期。
[58] 陈霆锐、沈钧儒、王维桢：《呈立法院文（为呈请制定保障儿童法律以培国本由）》，载《上海律师公会报告书》1934 年第 32 期。
[59] 陈霆锐、沈钧儒、王维桢：《致法租界司法顾问处函（为函请查复捕房干预律师执务由）》，载《上海律师公会报告书》1934 年第 32 期。
[60] 陈霆锐、沈钧儒、王维桢：《致上海市政府函（为函陈王述樵律师与乃兄亚樵之政治嫌疑并无关系请免移提由）》，载《上海律师公会报告书》1934 年第 32 期。
[61] 陈霆锐、沈钧儒、王维桢：《致上海第一特区地方法院函（为请维持法庭尊严由）》，载《上海律师公会报告书》1935 年第 33 期。
[62] 陈霆锐、沈钧儒、王维桢：《致上海法总领事函（为请纠正所属捕房滥行职权干涉司法由）》，载《上海律师公会报告书》1935 年第 33 期。
[63] 《上海律师公会报告书》1935 年第 33 期。
[64] 《上海律师公会报告书》1930 年第 27 期。

换届后约为 40 件，1932 年约为 40 件，1933 年约为 35 件。[65] 沈钧儒与陈霆锐在公义担当方面，有相当高的共识，真是珠联璧合的一对搭档。

陈霆锐作为律师公会常委的职务行为之外，律师的公义精神既可以表现在他的律师执业中，也可以表现在非执业活动中。陈霆锐律师没有"沉没"于律务之中，在非执业活动中也常常以个人名义从事公义行为。

1936 年 12 月，上海人力车夫互助会第三届理事改选，陈律师被推举为主席，可见他在民间的公信力。[66] 1938 年，徐新六遭遇日军飞机追击，不幸遇难，被政府追认为烈士，陈霆锐致函公共租界纳税华人会，建议把北京路改名为徐新六路。[67] 1939 年河北壮士李高文暗杀汉奸俞耀章被起诉，陈霆锐出庭辩护，慷慨陈词，使李壮士获刑较轻，得到社会称赞。[68] 30 年代末，他领衔创办上海私立南方中学，成为校董事会主席。[69] 1941 年，陈霆锐担任上海公共租界工部局华董。[70] 抗战期间重庆纸张紧张，1943 年有一起著名的纸张案件正是由陈律师办理的：成记渝庄因不服政府没收其 240 捆纸张而提起行政诉讼，陈律师担任代理人为当事人打赢官司，最后政府以公平价格收买成记渝庄的纸张。[71] 鉴于他在律师界以及社会各界的声望，陈霆锐于 1941 年 1 月担任工部局华董，[72] 为争取华人在租界的利益尽力尽责。

1947 年，上海消防人员有趁火勒索的情形，据说西摩路武定路大火延烧 13 个小时，受灾住户中有多根金条及其他贵重物品失踪，消防人员坐

---

[65]《上海律师公会报告书》1931 年第 29 期，1932 年第 30 期，1933 年第 31 期。
[66]《人力车夫互助会陈霆锐被推为主席》，载《民报》1936 年 12 月 8 日。
[67]《陈霆锐建议纪念徐新六办法》，载《新闻报》1938 年 8 月 30 日。
[68]《暗杀俞耀章系奉命除奸，陈霆锐律师慷慨陈词》，载《申报》1939 年 2 月 16 日。
[69]《南方中学本市私立南方中学为教育界前辈陈霆锐等创办》，载《申报》1939 年 1 月 13 日。
[70]《华董江一平辞，陈霆锐继》，载《申报》1941 年 1 月 20 日。
[71]《诉愿决定：经济部再诉愿决定书：诉字第二五七号（中华民国三十二年十一月二十七日）》："再诉愿人成记渝庄代理人陈霆锐律师：为没收纸张事件不服重庆市政府决定提再诉愿一案依法决定撤销原处分原决定所购存纸张由日用必需品管理处依照公平价格收买由"，载《经济部公报》1944 年第 7 卷第 1 期。
[72]《华董江一平辞职将推陈霆锐继任》，载《新闻报》1941 年 1 月 20 日。《陈霆锐继任华董》，载《新闻报》1941 年 1 月 21 日。

在火场附近不救火，这些事实均得以初步验证。上海参议会派员考察此案，并取得相关证据。陈律师从友人处获得一事实——失火时有消防人员索取金条未遂而不救火，由此他就开始考虑这个问题。[73] 1947年1月28日，陈霆锐以市民资格致函市参议会议长潘公展，陈律师建议消防改民办。于是警政会决议将陈律师的意见提交讨论预算案全体大会，并函请陈律师提出具体办法。[74] 陈律师为此提出了具体办法，将中区消防队改为民办。[75] 他提出的民办方案如下：一是解决原来事权不统一，勿虞牵制；二是以义勇（即义务，亦是志愿者）制度，解决专门人才缺乏之弊，减少经费压力；三是义务消防员有义勇精神，无趁火打劫之弊；四是凡事民办，可解决官僚化及贪腐积弊。组织机构可由地方士绅和社团领袖来组织。将现在的经费用于民间自办义能消防，尽可绰有余裕。[76] 这件事诚为民间自治和社会治理的创新，在当时可谓标新立异。

陈霆锐律师总是这么具有公义精神，然其最重要的公义行为就是收回公廨的努力。

四、助力公廨收回的律师

我们总有一种观念，认为律师只是案件当事人的代理人。这个观念束缚了我们对律师的想象。其实律师作为法科知识人，有着重要的公共功能。这种公共功能可能是通过委托人的个案，也可能是不通过委托而形成专业（profession）意义上的作为。

早在1924年5月4日，上海律师公会就收回会审公廨问题召集会议，选定陈霆锐与董康、李祖虞、赵锡恩等四人作为收回公廨上海代表，于5

---

[73]《参会关怀武定路火灾案派五议员实地调查，经综合各方报告已获得端倪陈霆锐建议消防队应归民办》，载《益世报》（上海）1947年1月29日。
[74]《陈霆锐函正副议长中区火政主张民办》，载《申报》1947年1月28日第5版。《建议中区消防队民办陈霆锐提供具体方案》，载《申报》1947年2月10日。
[75]《建议中区消防队民办陈霆锐提供具体方案》，载《申报》1947年2月10日。
[76]《陈霆锐再函市参议会痛陈消防队时弊并列举理由主张民办》，载《益世报》（上海）1947年2月11日。

月 15 日坐快车赴北京，与外交司法各部门商讨。⁷⁷ 一行四人与外交总长顾维钧也进行了会面交谈，顾外长也与外国使团有磋商，使团要求大致有三点：一是沪廨经费须有相当之保障；二是公廨之前的判决中国方面均予承认；三是地方官须予以协助并妥为施行。此外使团就扩大租界以及外国人抽奖事宜也有要求。外交部认为以上三点可以容纳，曾当即复照予以承认，但对扩大租界持保留意见。上海商会得知后立即致电顾外长，反对以推放（扩大）公共租界为收回公廨的条件。⁷⁸ 另据报道，司法界已经有一定的共识：华人之间的诉讼必须由公廨办理，毋庸各国领事陪审；十年以上徒刑和死刑，须报法部核准，方可执行；收回公廨后，任用剑桥法官。据说陈霆锐反对这一观点，主张仍用旧廨人员，还提交了任用旧员意见书，谈了五条理由。四代表还与法权讨论会张耀曾交换了意见。⁷⁹ 1924 年 6 月初，陈霆锐先行返回上海。6 月 7 日《新闻报》初次报道陈氏对收回公廨问题的另一个谈话，简单介绍了情况并首次提出"上下一致、到底不懈"的八字方针。⁸⁰ 6 月 2 至 4 日，"沪廨"代表陆续返回上海。此四代表中，董康和陈霆锐最受关注，报纸上把陈霆锐称为东吴法科大学代表，把董康称为"司法策进会代表"。⁸¹ 上海商会于 6 月 21 日举行欢迎会并热情款待。⁸²

6 月初的另一个报道震动整个新闻界。陈霆锐就收回会审公廨问题对《密勒氏英文周报》记者发表谈话。这篇谈话稿以《陈霆锐之收回公廨谈》为题，在 6 月 7 日和 7 月下旬被多家媒体报道，包括《时报》《申报》《苏民报》《大公报》《益世报》《锡报》等七八家著名新闻报刊。直到

---

⁷⁷ 《请求收回公廨代表晋京》，载《申报》1924 年 5 月 17 日。
⁷⁸ 《收回沪公廨运动近状沪代表赴京接洽之报告……外部与使团磋商之程度……商界反对推放租界之条件》，载《时报》1924 年 5 月 30 日。
⁷⁹ 《收回沪公廨案之趋势，代表陈述意见法界另有主张》，载《益世报》（天津）1924 年 5 月 29 日。
⁸⁰ 《陈霆锐之收回公廨谈》，载《新闻报》1924 年 6 月 7 日。
⁸¹ 《交涉收回公廨代表返沪》，载《新闻报》1924 年 6 月 5 日。
⁸² 《总商会明日开会欢迎赴京交涉收回公廨之代表》，载《时报》1924 年 6 月 20 日。

1924年7月20日,《新闻报》还做了转载。[83]

他首先回顾了公廨历史。民国以前的公廨法官完全归本国政府管,领事只是涉及华洋案件时才陪审。民国元年,洋人趁上海混乱之际,将公廨收归己有,自此以后公廨完全入于领事团之手,华官完全由领事团雇佣。陈称此"为列强在华一种最显著的越权行为"。接着,他谈了对公廨不满意的六点理由:一是公廨在法律上无立足之地,列强所谓"时势之必要"只是一种推诿之词;二是公廨无上诉机构,既损害华人利益又损害洋人利益;三是公廨手续法简单,案积如山;四是公廨法官乃领事团雇佣,地位无保障,不能独立审理案件;五是诉讼采用会审,使用华洋文字,使当事人经济上有重大损失;六是公廨之中外国律师最为得势,对当事人需索至巨。记者问陈:为什么当事人不聘任中国律师,而都聘外国律师?陈答原因有三:一是中国律师不谙熟英语,二是中国律师不愿意在事实的而非法律的公廨办案,三是中国当事人知道领事陪审有较大势力,聘外国律师可操胜券。陈君还对收回公廨后的建设谈了看法,包括上诉机构的设立、审判法官需由精通中外法律之专家承乏、法官任期终身,等等。[84]

1924年7月11日,陈霆锐发表《敬告上海商人》。陈律师对商人说什么呢?原来是商会即将换届改选,选什么人很重要。他首先谈到先进国家商人在社会中的重要地位、商人在引领社会方面的重要性,又谈到上海商业在东亚的崛起地位,接着话锋转到商会换届,认为"商会会长无论姓甚名谁,必须为见理明达、宅心公正、才德俱备、中外信服之人"。继而讲到,"此次收回公廨问题,商会主持最有力,现在交涉开始,成败犹未可逆,睹海上商民正当齐心一致以为政府之后盾,若内部分裂,车辙迷乱,则正予外人以可乘之机"[85]。原来,他是为收回公廨的事而担心商会换届选举出什么差错。

---

[83] 《陈霆锐之收回公廨谈》,载《新闻报》1924年7月20日。
[84] 《陈霆锐之收回公廨谈与密勒报记者之谈话》,载《申报》1924年7月20日。
[85] 陈霆锐:《敬告上海商人》,载《申报》1924年7月11日。

1925年"五卅运动"期间，陈霆锐任上海遇难学生代表，控诉上海公共租界工部局巡捕房，并出面交涉。当交涉遭遇停顿时，陈针对英国罢工罢市发表谈话，认为收回公廨是"慢性"问题，罢工罢市损失太大，应立即取消，并转为专门针对英国的罢工和罢市。[86] 为趁势宣传推动撤销领事裁判权，他1925年10月发表一篇普及性、鼓动性文章《为撤消领事裁判权告国人》，1926年初该文被多家刊物转载。[87] 他首先认为："法权者，一国最高主权之主要成分也，不容放弃，亦不容他人之侵犯，放弃者不国，侵犯者非法。故独立自主之国，未有不宝贵爱护其法权者也。"继而他换个通俗角度，从民众角度列出了"必撤"之七大理由和两大方法。七大理由如下：一是自主国家法权应该完整；二是中外人民之不平等地位；三是华官不能审理外国人罪案；四是领事不懂法律且偏袒洋人；五是导致国人自甘于劣贱人种；六是领土内分若干法系，导致两造各主一端错综复杂；七是导致不平等更增加，中外人民关系恶化，阻碍中外交流。结论是："仅此八端，已可证明列强在华领判权有不可不撤之理，有不能不撤之势。"对于如何撤，他归纳有"四说"："时期撤销说""附条件撤销说""绝对撤销说""自动撤销说"。他否定这四说，认为"惟有全国一心，上下一致"，告于列强曰：自今以后，立即放弃在华裁判权！[88] 此文有多处笔误，可见文章是匆忙中完成的，但字句充满力量。同年，他还思考着公廨收回后的建设问题，发表文章谈收回后在法律上的具体操作问题。[89]

1926年1月3至4日，《申报》《新闻报》《民国日报》《时报》等不少媒体传言说陈霆锐被任命为江宁交涉员。[90] 过了几天，有报刊发文澄清

---

[86] 《陈霆锐主张专对英罢工罢市》，载《民国日报》1925年6月20日。

[87] 陈霆锐：《为撤消领事裁判权告国人》，载《法学季刊》（上海）1925年第2卷第6期、《太平导报》1926年第1卷第3期、《同学季刊》1926年第1卷第4期。

[88] 陈氏原文实际上写了八大理由，作者提"七大理由"实为笔误。此文被多家刊物转载。参见陈霆锐：《为撤消领事裁判权告国人》，载《法学季刊》（上海）1925年第2卷第6期。

[89] 陈霆锐：《公廨收还后建设刍议》，载《新闻报》1925年10月10日。

[90] 《陈霆锐将任江宁交涉员》，载《申报》1926年1月3日第14版、《新闻报》1926年1月4日、《民国日报》1926年1月5日、《时报》1926年1月4日。

说陈律师返申，交涉员是兼职，专职仍为律师和东吴法科教授。[91] 到 8 日，《申报》《新闻报》的报道才改口。4 月 11 日，陈霆锐、朱鸿达等人见中央政府陷于不可收拾地步，外交当局拖延此事坐失时机，遂主张以民间途径由地方人民自组委员会，由总商会担当此衔进行交涉。[92] 很快，上海部商会有动静了——因中央尚在纠纷，各团体推举董康、陈霆锐、李祖虞、赵晋卿于 4 月 25 日赴南京，"请省政府主持收回沪廨"。[93] 实际上陈不是交涉员，而是担任这个民间委员会中的法律委员。1926 年 8 月，担任收回公共租界会审公廨法律委员会委员，促成协约签字，丁文江、许沅等与五领事签订协约，并交北京领事团和孙传芳批准。[94]

会审公廨于 1927 年（民国十六年）1 月正式改组为临时法院。至此，撤销会审公廨、收回领事裁判权的运动有了实质性的进展，告一段落。

五、报头褒贬不一的律师

陈霆锐作为当时魔都的名律师，自然会被大刊小报追逐。这就产生了传播推广效应，所以陈霆锐律师事务所的广告较少出现在中文报纸，而基本都限于《字林西报》（*The North China Desk Hong List*）这类的英文报刊。[95] 上海的小报有其自身的风格，非常生活化，对陈律师的报道也不外乎生活。比如 1934 年报道他迁居到白利南路（今长宁路）兆丰别墅，[96] 1935 年 11 月又报道陈宅迁至安和寺路（今新华路）150 号，[97] 两年内两次

---

[91] 《陈霆锐返申执行律师业务》，载《新闻报》1926 年 1 月 8 日。
[92] 《陈霆锐与朱鸿达论收回沪廨由地方人民自组委员会》，载《新闻报》1926 年 4 月 11 日。
[93] 《各团体因中央尚在纠纷、推董康陈霆锐李祖虞赵晋卿径（廿五）晚赴宁》，载《益世报》（天津）1926 年 4 月 27 日。
[94] 《会审公廨协约已陆续签字，孙陈会委谢永森陈霆锐为法律委员时》，载《申报》1926 年 8 月 25 日。
[95] 比如 Chen Ding-Sai Law Office, Chen Ding-sai, LL. B., M. A., J. D., attorney and counsellor-at-law Tu Chi-mei, LL. B., attorney and counsellor-at-law Chang, Colman, LL. B., attorney and counsellor-at-law, *The North China Desk Hong List*, 1936.
[96] 《名律师陈霆锐君、现迁移白利南路兆丰别墅五十号》，载《小日报》1934 年 6 月 12 日。
[97] 《陈霆锐律师住宅新迁安和寺路一百五十号》，载《小日报》1935 年 11 月 17 日。

乔迁,确实真假难辨。陈霆锐与吴经熊发起聚餐,吃个饭,被报道;⁹⁸陈律师夫人遇盗,也被报道。⁹⁹抗战前,陈律师夫妇为4岁孪生儿子明志与明哲策划了一个生日游园会,邀请了一批孪生儿童家庭,这事连沪上名报《大公报》也报道。¹⁰⁰因为他爱跳舞,坊间就有传他喜欢与宁波籍某舞女跳舞的事,¹⁰¹一查才发现,这份报纸居然在1937年7月7日这一天还在刊登这样的文章,可见某些媒体不知"亡国恨",却爱唱"后庭花"。还有传言说他爱上某个舞女。¹⁰²的确,陈氏继室茹女士(香君)即为其舞伴,孪生儿子即香君因难产逝世所遗。1944年,媒体谣传"陈霆锐已逝世"¹⁰³。战后,坊间总有人议论他娶继室生双胞胎的事,¹⁰⁴还有说他收费论美金。¹⁰⁵陈律师名声在外,还高调得漫不在意。

基于这种被媒体追逐的公众人物身份,他执业中的大新闻更是广为报道。

1936年8月,全国国民大会推选代表候选人,律师团体也开展推选活动。上海律师界的候选人为章士钊、秦联奎、江一平¹⁰⁶、陈霆锐四人。章士钊要做官去了,所以只剩下三位候选人。按选举办法,全国律师协会由各地律师公会共推出20人,再由全国律师总投票,从20人中选出10人,作为律师的国民大会代表。以全国律师总数7000人计算,每人投一票,

---

⁹⁸ 《东吴法学院同学会、由吴经熊陈霆锐两博士发起聚餐会》,载《晶报》1935年7月5日。
⁹⁹ 《陈霆锐夫人遇盗记》,载《东方日报》1937年4月10日。
¹⁰⁰ 《孪生园游会陈霆锐夫妇昨举行》,载《大公报》(上海)1937年6月14日。
¹⁰¹ 橄榄:《宁波李丽与陈霆锐》,载《东方日报》1937年7月7日。
¹⁰² 辣手:《陈霆锐父子同科,热恋舞女董萍芳》,载《三字经》1946年创刊号。
¹⁰³ 《陈霆锐最近逝世》,载《东方日报》1944年3月25日。《陈霆锐逝世传疑》,载《东方日报》1944年3月27日。
¹⁰⁴ 《陈霆锐律师的艳遇》,载《海潮周报》1946年第30期。
¹⁰⁵ 《洋老虎究竟吃价,陈霆锐公费论美金》,载《飞报》1947年3月24日。
¹⁰⁶ 江一平(1898—1971),字颖君,浙江余杭人。早年入上海圣约翰大学,后转复旦大学、东吴大学,于1922、1923年先后毕业,获复旦大学文学士、东吴大学法学士学位,旋在上海公共租界会审公廨从事律师业务。1925年五卅运动中,为爱国学生做辩护律师。1932年被复旦大学授予名誉法学博士学位。曾任东吴大学法律学院议会法教授、复旦大学校董、上海法政大学校董、上海律师公会常委、上海公共租界工部局华人纳税会委员和董事等职。抗战期间赴重庆,曾任复旦总务长并暂代法学院院长。

每票举一人，10个代表平均如果得700票就可以当选。[107] 同属"东吴系"律师的陈霆锐和江一平，都进入了竞选候选人名单。陈回国后在东吴大学任教时，江一平还是东吴的学生，所以有人说陈与江是师生关系。1931年江律师成为海上巨商闻人虞洽卿的女婿，后台更硬了。大家担心二人会分散票数，两败俱伤。据说陈律师在选举前有个宴请，有人提议江陈二人联合进攻，而陈律师主张"要光明磊落地公开参选，联合参选则无从显示个人在社会的地位。这个态度引起一般人的敬意"[108]。也有报道称，"江一平宴费达万金，陈霆锐辟室请跳舞，秦联奎暗中大活动，鹿死谁手尚不可知"。[109] 最后，江一平胜出。

1936年至1937年，媒体就"七君子"案的报道铺天盖地。陈霆锐也是"七君子"的辩护团成员，可是却很少被报道。11月陈霆锐与刘崇佑、孙祖基搭档，担任"七君子"案中邹韬奋的辩护律师之一。[110] 七君子本身就是七位名人，加上21位律师都是全国各地的名律师，而陈霆锐又较年轻，就不是焦点了。刘崇佑大他14岁，是年近花甲的资深律师，刘律师领衔是当然之事，也因此而遮蔽了陈霆锐的光芒。事实上早在1936年2月，他就介入邹韬奋的一件事。邹韬奋经手之援助马占山捐款，受到不白的怀疑。邹先生为自证清白，聘请了立信会计事务所会计师潘序伦等二人办理查账手续。虽经证明邹先生是清白的，但外界仍有人误会。潘序伦专门请陈霆锐律师他出面发公开启事，将会计师提供的证据公布，以释众疑。[111]

日本入侵是民族的灾难，也是人性的考验。1937年八一三战役后，上海滩一些名律师都成为汉奸的附逆，比如董康、计超、甘德云等等。陈霆

---

[107] 《律师国选大战，陈霆锐起步领先江一平冲刺甚烈》，载《辛报》1936年8月15日。
[108] 《律师国选大战，陈霆锐起步领先江一平冲刺甚烈》。
[109] 黄叶：《国大开幕前本市律师界竞选一斑》，载《上海报》1936年8月25日。
[110] 刘广定：《理性之光——民国著名律师刘崇佑》，第213页。
[111] 泪史：《邹韬奋经手之援马捐款，会计师虽经证明外间仍有人误会陈霆锐代表启事提证据以释群疑》，载《铁报》1936年2月9日。

锐为躲避日伪威胁和利诱，才稍微收敛了些，在上海媒体面前低调了许多年。战争改变了他的生存状态，也可能影响着他的生活态度——他不想那么拼命了。1941 年陈霆锐南下香港，不料日军制造香港事件，他遂于 1942 年紧急转赴重庆，与老友江一平在山城做伴，后当选国民参政员。[112] 陈霆锐律师在抗战中没有消沉，更没有沉没，他的活动范围还很大。抗战胜利前的 1945 年 2 月，他赴美考察司法，2 月 17 日启程，预期半年。据当时报载，乃"奉司法院命"[113]，但另一说法是"自费"——按官价汇率换取美元。[114] 他 11 月中旬离开美国时，抗战已经胜利了，12 月 3 日抵沪。[115] 这次考察是以司法院特派员身份赴美考察司法，陈律师借美国友人的话表达他对中国未来的希望，一是中国人政治上要团结，二是有现代化的法律和健全完备的法院。他还谈到对大陆法系的看法，认为中国应当更多地学习英美法。其结论是，中国要在法治精神下产生健全的政府、工商业和社会。[116]

抗战是极其悲壮的，战后残局的收拾也是相当复杂的。1946 年开始惩办汉奸，他办了少量汉奸辩护案。比如他与章士钊共同出庭辩护的李泽汉奸嫌疑案。[117] 他为上海汉奸嫌疑袁履登辩护，却是义务出庭，不收律师费，他说这完全是出于个人交情。[118] 据说他和章士钊都是门庭若市，但也总是因此而受人诟病。法律与良知的复杂关系，令辩护律师难以做人。陈律师在舆论压力下，不为汉奸辩护了。据说杭州有个汉奸叫王五权，请他辩护，他就拒绝了，因此报纸传言他"不办汉奸辩护案"。[119] 1946 年 9 月，上海发生一个报人"言论"案件。合众社中国分社经理仑道尔被一德国人

---

[112] 范阳：《陈霆锐入蜀记》，载《东方日报》1942 年 4 月 14 日。
[113] 《陈霆锐赴美》，载《益世报》（重庆）1945 年 2 月 18 日。
[114] 倪征燠回忆当年赴美考察时，曾在华盛顿与东吴老师陈霆锐会面，并一同考察司法。参见倪征燠：《淡泊从容莅海牙》，第 83 页。
[115] 《考察司法竣事陈霆锐今返沪》，载《立报》1945 年 12 月 4 日。
[116] 《陈霆锐聘美归来畅谈实行法治》，载《申报》1945 年 12 月 16 日。
[117] 《李泽案高院今日续审》，载《新闻报》1946 年 2 月 11 日。
[118] 《陈霆锐辩护袁履登，激于情义不要公费》，载《新上海》1946 年第 23 期。
[119] 新陈：《陈霆锐不办汉奸案》，载《今报》（上海）1946 年 10 月 15 日。

"沈克"指控"妨害名誉"罪。原告"沈克"指控的是：仑道尔公布了该德人"沈克"被美军指控为二十三名纳粹战犯之一的信息。仑道尔反驳，认为自己的报道是根据美军公布的信息做出的；原告是敌方间谍，不但为中国人之耻辱，亦是他本人之耻辱。该案由陈霆锐为被告担任辩护人。[120] 经上海地方法院判决被告仑道尔无罪，"沈克"不服，提起上诉，最后经上海高等法院判决，维持无罪判决。[121] 战后，除了汉奸案、战争后遗案等等这些显性问题之外，还有社会隐性问题。某种意义上说，战争也带来许多社会心理的扭曲和后遗症，比如"抗战夫人"这类隐性的悲情问题。传说其好友江一平大律师就正好从重庆带回一位"抗战夫人"。[122] 陈律师在重庆后方时曾接手过一些类似"抗战夫人"诉请纠纷的案件。因此，著名电影编剧郑君里夫妇，当时被称为"流浪夫妻"，曾在战后漂泊来到上海，为写好剧本《抗战夫人》，还专门请教过陈霆锐。[123] 战后的社会事务相当复杂，是考验普通知识人修养的一个时期，也是检验律师职业素养的一个时期。

1947 年 2 月 2 日下午，黄坡南路的上海律师公会车水马龙，上海律师大会召开。当时上海律师已从 20 多年前的 100 多位发展到 1074 位，当天到会的有 400 余名，可谓浩浩荡荡。因抗战而延误的律师大会，从 1937 年至 1947 年长达十年没有开会了。陈霆锐与姜屏藩等当选理监。陈主持大会并致辞说："宪法已经公布了，中国走上法治的道路，因此，我们当律师的责任比以前更重大。如何推进宪法？如何促成法治？如何改良司法？均为吾人今后之课题。我们要互相勉励，互相督促，以求完成此时代的使命。"当天会议还讨论了交纳会费标准问题，存在是一万还是五千之争；另一争论是律师酬金标准，有人嫌低，要求提高。最后表决结论是把律师"酬金"这名称改为"公费"，标准"依民国二十六年生活指数为标准比

---

[120] 《仑道尔被控案由陈霆锐辩护》，载《时事新报》（上海）1946 年 9 月 23 日。
[121] 《仑道尔被控案昨覆判无罪》，载《益世报》（上海）1946 年 11 月 6 日。
[122] 蜀魂：《江一平将携抗战夫人返沪》，载《新上海》1946 年第 13 期。
[123] 海神：《编"抗战夫人"剧本，郑君里请教陈霆锐》，载《上海滩》1946 年。

例予以增加"。最后选举产生了新任理事和监事,21 位理事中有陈霆锐、江一平、沈钧儒、俞仲骆等。陈霆锐与其他出自东吴法科的 6 位理事被称为"东吴系"。[124] 由此可见,尽管媒体对陈霆锐褒贬不一,但是他在法律界,毕竟是有专业水平和职业素养的著名律师。东吴 6 人占 21 位理事的近三分之一,可见东吴法科在上海滩律界的地位之高。

1947 年初上海发生"洋老虎"案件,沪上外商马斯伯因投机操纵扰乱金融、违反紧急经济措施而被警备部捕获,3 月由地方检察处提起公诉交法院审理,"洋老虎"委托陈霆锐担任辩护人。[125] 陈律师"当庭巧辩图为主犯脱罪"。[126] 这一下又被媒体舆论抨击挖苦,说他的律师费居然拿的是美钞,"发洋财","拥护洋老虎"云云。

1947 年 9 月,政府以节约为名颁布了在全国禁绝营业性舞厅的法令。由于执行仓促,又没有良好的善后措施,在失业和饥饿的威胁下,沪上数千名舞业人员群情激愤,于 1948 年 1 月 31 日下午捣毁了上海市社会局大楼。此即为"舞潮案"。[127] 上海有关方面试图把此案归为特种刑事案件,成立特种法院。2 月份,上海舞业聘请陈霆锐律师为法律顾问,准备依照宪法提起行政诉愿(即行政诉讼)。[128] 3 月 14 日,上海市参议会正在筹备成立人权保障委员会。陈霆锐向市参议会人权保障委员会呈请报告:陈霆锐代表二十八家舞厅,请求该会转咨有关当局,为 1 月 31 日捣毁社会局事件而被押的 30 多位职工和七八位女性从业员保释,认为各位被捕职工不属于特种刑事范围,应由普通法院审理,移送普通司法机关侦询。同时他代表律师公会,要求对申新九厂 22 名被关押 50 多天的职工依普通法院

---

[124] 《律师界一盛会四百辩士各逞词锋 陈霆锐姜屏藩等当选理监》,载《申报》1947 年 2 月 3 日。

[125] 《"洋老虎"马斯伯定二十二日公审洋老虎已延陈霆锐律师辩护》,载《益世报》(上海)1947 年 3 月 19 日。

[126] 《陈霆锐当庭巧辩图为主犯脱罪被告请求交保仍被驳回》,载《益世报》(上海)1947 年 4 月 8 日。

[127] 马军:《1948 年上海舞潮案中的舞业同业公会》,载《近代史研究》2002 年第 2 期。

[128] 《延请陈霆锐律师进行法律上手续舞业仍拟提"行政诉愿"》,载《铁报》1948 年 2 月 3 日。

审理。⑫ 3 月 22 日市参议会人权保障委员会成立，推选市参议会议长潘公展兼主任委员。当天有舞业职工家属和申新九厂案职业家属到参议会请愿。人权保障委员会就两案做出决议：在特别法庭程序未完成前，舞业职工案和申新九厂案由普通法院审理。⑬ 这也是上海人权保障委员会成立后接手的第一起案件。可是也有人议论他接这个案子和热衷跳交谊舞的关系。

无论在哪国，律师本就是个充满职业矛盾的制度性角色，名律师更难免褒贬不一。"好律师是不是好人"这个问题一直被外界追问，制度理性应该怎么回答？律师具有公义性和对价性的紧张关系，处理不好这对关系就会出问题。律师的公义性是什么？哈佛法学院前院长罗斯科·庞德有一个经典的定义，当被问及如何定义一种 profession（职业）时，庞德说：

> 这个术语指的是一个群体……在公共服务的精神下，把一门学问作为一种共同的使命来追求——至少是一种公共服务，因为它可能碰巧是一种谋生的手段。以公共服务的精神追求博学技艺是其主要目的。⑬

陈霆锐交舞女、娶美人，在当时的社会中被批判是自然的。但这毕竟不属于律师职业伦理的范畴，而是私德问题。我们为他中年后的变化感到一丝惋惜，但他在当时社会没有成为"完人"也无可指责。相反，正是他作为律师所具有的公义性，才使他在法律职业共同体中站住了脚跟。而他获得高额的诉讼报酬以及屡购豪宅或其他事件，是律师"碰巧是一种谋

---

⑫ 《人权保障委员会接获第一件陈诉》，载《申报》1948 年 3 月 14 日。
⑬ 《人权保障会昨成立潘公展兼定两星期开会一次推陶百川等起草章程舞潮中新两案决请移法院审理》《陈霆锐代表律师公会反对成立特别法庭》，载《大公报》（上海）1948 年 3 月 23 日。
⑬ Roscoe Pound, "What is a Profession—the Rise of the Legal Profession in Antiquity", *Notre Dame Lawyer*, Vol. 19, Issue 3, 1944, pp. 203-228.

生"的可能结果。

据说，陈霆锐早在 1947 年 3 月就赴台湾办事。1948 年他还返回大陆，与杨兆龙等创办国际刑法学会中国分会，3 月下旬举行成立大会，他当选为分会主席，杨兆龙作筹备报告。[132] 1949 年初因夫人周聿震病危，陈律师从台北返回上海，延医调治，不幸百药罔效，陈夫人于 4 月 16 日逝世，遗下三子二女，其中二孪生子时年已十四，女儿陈庆云也读法科，在持志大学学习。[133] 不久，陈霆锐便赴台湾定居了。1954 年任台湾东吴法学院院长，1956 年去美国，定居于新泽西州普林斯顿。1974 年返回台湾，1976 年 8 月在台病逝，享年 86 岁。

杰出的律师总是"精于律务而不沉没于律务"。律界不乏所谓"闷声发财"的律师，可是能保持在律务中不"沉没"的能有几人？律务与商务的最大区别在于是否追求"利益最大化"。如果混淆律务与商业的界限，就意味着抛弃了 profession（职业），丢掉了公义，那就离自甘沉没不远了。

---

[132] 《国际刑法学会中国分会前日举行成立大会，由陈霆锐主持》，载《新闻报》1948 年 3 月 23 日。

[133] 海棠：《陈霆锐彩舞延》，载《社会日报》1934 年 1 月 6 日。

郭卫——"野外"生长者之野史

图1　郭卫（1892—1958）

略知民国法律史的人都知道，有一本叫《法令周刊》的著名杂志，封面上赫然印着"上海法学编译社出版""总编辑郭卫"。我们很容易把这个编译社和刊物误认为是官方的机构和刊物，其实非也。

这一社一刊，均为私人所办，出自同一个人——郭卫。俗话说"奇人异相"，郭卫当过律师、法官、军人、高官、教授、总编，法科历史上如此活跃的"异才"确实不多见，他也常以此为傲。但人们几乎不注意或不屑言及这类在野人士，其相关资料也几乎沉落史海。据目前的了解，唯个别法律史学者对郭卫做过简短介绍。[①] 通过本篇对郭卫生平的考证，可看见当时法律人江湖的多样性。

---

① 侯欣一：《郭卫与民国司法理论》，载《深圳特区报》2016年7月5日。

一、异才野外生长之野史

首先，郭卫于何时何地出生？

《法令周刊》命运曲折，1945 年复刊的第 1 期刊登了郭卫的《五一自述》（以下简称《自述》）。郭氏引言云："此为壬午秋日返沪后所作，顷因亲友久别重逢承询近况爰录此以代缕述。"② 此文是郭卫 1942 年（壬午年）秋返回上海后所写，时年 51 岁，故称"五一自述"。

据郭卫《五一自述》言，"余以光绪壬辰生于楚南"，光绪壬辰即公历 1892 年。"楚南"是古地名，泛指湖南。出生在湖南哪里呢？此公文字颇有文雅古意，也爱拐弯抹角。他说："地连南越，东邻尉佗之乡，野接苍梧，西近有虞之墓，山依九岭而临衡岳，水泛三湘以入洞庭。"③ 重点是"野接苍梧，西近有虞之墓"。在秦统一前，楚国就有洞庭、苍梧二郡，苍梧郡地域大致在长沙郡以南、桂林郡以北的地区。"虞之墓"指虞帝二妃之墓，现属岳阳君山。此公对家乡的描述以如此文雅而精准之词，令人费解，但这一定位也使我们可以确定他 1892 年出生于湖南常宁。

郭卫出身于湖南常宁怎样的家庭？《自述》说："世守一经之业，门盈芹藻④。人励八德之修，或览七略而通九流，或诵百家而穷万卷，未论道当官。"⑤ 看来这家族是多出才学之士的书香世家，历代多读书从教之士，却又不从政做官。这个家族颇有意思，自古"爱籍林园养志，乏世功为族，但求诗礼传家"。至其兄弟一辈，则有所变化，"或出游瀛海，或听鼓都门，或早通籍于逊清，或继服官于民国"。有出国游学的，也有晚清至民国做官的。然否斋藏有常宁县人民政府史志办公室田周林先生 1995 年的一篇未刊手稿，题为《莫向当时忆是非——郭卫和他的诗》。其中讲述郭卫之父郭冠群"终生不仕，以看风水自娱"，"郭卫兄弟五人，皆有文

---

② 郭卫：《五一自述》，载《法令周刊》1945 年复刊后第 1 期。
③ 郭卫：《五一自述》。
④ 芹藻，此处比喻贡士或才学之士。如苏辙《燕贡士》诗："泮水生芹藻，干旄在俊城。"
⑤ 郭卫：《五一自述》。

名。其三兄彝尊,曾任衡阳及福建等县知事,后任衡阳地方法院审判长。郭卫排行第四",其发妻邓氏,有一子一女。

问题在于:郭卫本人有没有读过法科?在哪里读的法科?郭氏却语焉不详。他自称"自幼喜读律"⑥,这在读书人羞于或不屑于读律的中国,是很少见的现象。加上"自幼"一说,更奇怪了,这不符合法律学习之规律。近年有学者撰文云,郭卫"就读于北洋大学法科,受过现代法学教育。毕业后,志向远大的郭卫与他的许多同学一样留学美国哥伦比亚大学法学院"⑦。这段经历是否属实?其自述称"稍习雕虫之技",可能是以谦逊之词称自己在早年学习经历中接触过法律。为何自述中不写明呢?根据其自述的履历,他后来还担任律师,如果没有读过法科,怎么会获得律师资格而从业呢?

其《自述》称:"民国初元,清社方屋,有怀题柱,无路请缨,稍习雕虫之技,每摘句而寻章,不避辽豕之讥,便含毫而吮墨。"⑧ 这段话是写自己在民国初年的求学生涯,自谦"稍习雕虫之技",应该是指学习法律。行文古雅却又含糊其辞。郭卫年轻时,有过文学创作,文笔极好。笔者在1911年《星期小说》第83期,发现一篇小说叫《余之再娶》,⑨ 署名"郭元觉"。元觉,是他的字。郭卫此时才19岁。他想象之丰富,文笔之老练,能把一个既像神话又如梦魇的时空倒错的婚恋故事,讲得令人身临其境。按照年龄推算,这时候他应该正在读大一。

据湖南学者考证,湖南法学教育起步较早,1903年就有仕学馆,趋重政法。1906年下半年,仕学馆附设法政速成科,同年在长沙一贡院内创办湖南公立法政学堂。1907—1908年有湖南法政学堂之官与绅两校。1909年,湖南咨议局就提出了《推广法政学堂以培植审判人材议决案》。1910年9月,湖南省开办第一届司法研究所,招收学生一百名,学生选自法政学堂及旧式的谳局,攻读期限为一年半。1912年将法政官绅两校合并为第

---

⑥ 郭卫:《聊贡一得》,载《服务》(重庆)1940年第2卷第6期。
⑦ 侯欣一:《郭卫与民国司法理论》。
⑧ 郭卫:《五一自述》。
⑨ 郭元觉:《余之再娶》,载《星期小说》1911年第83期。

一法政学校,改景贤法政学堂为第二法政学校,接收学生入学,学制三年。⑩ 在法政教育如此发达的湖南省,郭卫可能在该省某法政专门学校有过学习经历。如果这个推测是对的,那么根据郭卫的年龄,其就读时间应该是1910年至1913年。田周林手稿中的叙述是"1913年,即21岁毕业于湖南公立法政专门学校",这与笔者前述推测是相吻合的。

郭氏自述称任湘报主笔及政报总辑,这显然是他从事出版业的开始。1915年,湖南私立湖湘法政专门学校核准立案⑪,郭卫兼任湖湘法政专门学校讲席。这个兼职对他来说是个十分关键的履历。依照当时司法部订定之《律师暂行章程》第4条第6款之规定,"国立公立私立大学或专门学校充律师考试章程内主要课目之一之教授满一年者","不经考试得充律师"。⑫ 也就是说,他即便未曾学过法律,也能以此一年教学经历免考而取得律师资格。于是,郭卫于丙辰年(1916)执律师业,专任辩护职务。只要任教满一年而不管教学质量,正是这种捷径使其得以顺利获得律师资格。

执业律师不到一年,郭卫于1917年便出任长沙地方审判厅推事。⑬ 1918年,湘南护法军和两广护法联军与北洋军在衡山、宝山一带相持近一月,战况十分激烈。郭卫所在之地,成为两军言和息战的分界,被划作缓冲之区,沦为盗匪之乡。最初在山林,尔后渐临城邑。郭氏受南北双方委命,与易炳初共主防剿。经过艰难智勇的奋战,最终捉拿匪首,捣毁匪窟。一介书生,居然投笔从戎,"屯兵于四十八岗之间"。不久,郭卫出任

---

⑩ 夏新华、陈兵:《湖南近代法学教育发展研究》,载《法学教育研究》2018年第21卷。
⑪ 从清末发展到民初,包括湖南在内的全国法学教育达到繁盛并步入泛滥之境。有学者统计,民国初期全国存在的法政学校总共64所,而湖南共有6所,占全国近10%的比例,这6所学校分别为湖南公立法政专门学校、湖南群治法政专门学校、湖南达材法政专门学校、湖南爱国法政专门学校、湖南会通法政学校、湖湘法政专门学校。参见夏新华、陈兵:《湖南近代法学教育发展研究》,载《法学教育研究》2018年第21卷。
⑫ 司法部订定:《律师暂行章程》,载《政府公报分类汇编》1915年第36期。
⑬ 郭卫于另一文章中提到"余自民三初充律师,民五初任法院"。如此算来,应该是1914年初任律师,1916年入法院。参见郭卫:《律师与法官》,载《法令周刊》1946年第9卷第38期。

湖南省防营长兼清乡会办。至1920年（庚申年），"请假离湘投传来沪，海上盘桓游而忘返，忽忽二十有三年"。[14] 他就是在上海的这二十余年中，从事法律或法科办学事务，干得风生水起，乃至有声有势。

来到上海，郭卫最初想经商致富，发现自己并没有商贾才能。1921年9月，上海联络江浙及国外士绅发起组织中华全国道路建设协会，郭秉文为会长，王正廷、卢永祥、冯玉祥为名誉正副会长。郭卫与汪汉滔[15]担任中华全国道路建设协会法律部董事。[16] 1922年（壬戌年），重操律师业，据《上海律师公会报告书》记载，郭卫于1923年12月18日加入上海律师公会，事务所地址在太平桥爱福里14号。同批入会的还有陈霆锐、陆鼎揆等人。[17]

同年，郭卫开始兼任女子法校讲席。这个女子法校即是徐谦第二任夫人沈倩玉（仪彬，浙江山阴人）所办的上海女子法政学校。郭卫热爱教学，常以教书传道为满足。为补充新知识，他投函海外，订购外文报刊，以资学习。他常常出庭辩护，以保人权。1924年发表《现行公司条例详解》一文，署名是"郭卫律师"，[18] 可见其实用性研究之旨趣。

1924年，徐谦（季龙）与夫人沈倩玉、王开疆等诸先生创办上海法政大学，郭卫参与了筹备。据《民国日报》1924年5月的一篇报道，郭卫与徐谦（夫人沈仪彬代）、张一鹏、沈铭昌[19]、沈宝昌、沈尔昌、沈锡庆、

---

[14] 郭卫：《五一自述》。
[15] 汪汉滔（1891—1963），字纪南，浙江江山人，清廪生仲鸿公之幼子，幼年失怙，从族叔访平就读。既长，娶赵家乡武举人徐殿品之三女为妻，生有四子三女。青年时就读于上海神州法政大学，加入同盟会。毕业后1915年任浙江临海县承审员。1921年任吴兴县承审员，同年与褚辅成、王正廷等20余人以浙江省宪起草员参加省宪起草活动。1925年在中华全国道路建设协会法律部任董事。1927年9月任嘉善县县长，1928年6月任南京政府工商部秘书长，11月任该部参事。1931年5月任实业部参事，1932年12月任公路建设第一特区行政督察专员，1935年1月入财政部任税务整理研究委员会委员兼主任秘书，5月任财政部参事，6月兼该部整理地方捐税委员会专门委员。1937年，随政府迁至重庆。1941年由财政部简派任福建税务局局长。1942年辞职归里，集族产创办大陈萃文中学，任董事长兼校长。1944年6月在财政部以"另候任用"而免参事职。
[16] 《本会各部职员玉照：法律部董事郭卫君》，载《道路月刊》1925年第12卷第3期。
[17] 《本会纪事：新入会律师名单》，载《上海律师公会报告书》1923年第11期。
[18] 郭卫：《现行公司条例详解》，载《工商学报》1924年第1期。郭卫：《现行公司规则注册讲义》，载《工商学报》1924年第1期。
[19] 此处记者报道有误。浙江山阴人沈铭昌于1919年逝世，可能是其胞弟沈宝昌、沈其昌、沈尔昌兄弟三人到会。

潘大道、张知本、王开疆等人为此做事，确实是发起人，也参加了成立会议。[20]徐谦当校长，郭卫担任教务长。[21]

1926年11月国民政府迁至武汉，徐谦离沪赴任后，屡次来函催促郭卫赴武汉任职。不久遂到武汉，初掌狱司，后担任司法行政部秘书长，代理部务。1927年政府迁南京后，郭卫退返海上，惊回鹿梦。然后他在东吴法学院及上海各大学兼任教职。适徐宝鲁、王秋泉设立上海法学编译社，推郭卫为主任。世界书局创刊《现代法学》，聘请郭卫担纲"总其成"。接着，兼职担任华东法政大学校长及江南学院院长。应中国公学大学部先后延请，又担任法律系主任兼教务长。这一下他"脱胎换骨"了，重新执业律务。1928年有朝阳《法律评论》消息称：郭卫"前奉国民政府简任为司法部第三处处长，旋代理部务，后因宁汉合作来沪，现已不愿再入政界，仍在沪执行律师职务，事务所在法租界西门路润安里90号，并设分事务所于公共租界北京路"。[22]这消息相当于变相的律师广告。

1930至1931年间，郭卫一度参入军幕，游走于天津、北平、山东之间。然后被派到扬州担任法院院长。他甚至都自嘲，当初主管全国司法，现在却偏于一隅听讼。在扬州一直干到了1937年卢沟桥事变之时。事变爆发后，他离开扬州，妻邓氏回娘家，郭氏携妾潘氏逃到黄山隐居数年。再辗转到了重庆，任司法院法规研究委员兼法官训练所教授，旋任中央政治学校和中央警官学校教授。

郭氏之丰富经历，尤令他引以为豪，他常常会沾沾自喜——1940年他在重庆对"中政校"（指中央政治学校）法律系学生有一段非常自豪或自满的自我介绍，称自己"周旋于法学界者几三十年，其间或应教席，或执律务，或任法官，或事撰述，以言司法，自书记官长、推事、庭长、院长，以至全国最高司法行政长官职务，皆身历之。以言教学，自民四以

---

[20] 《上海法政大学成立》，载《民国日报》1924年5月11日。
[21] 郭卫：《五一自述》。
[22] 《郭卫在沪执行律师职务》，载《法律评论》（北京）1928年第235—260期。

来，历湖湘上海法政法科东吴复旦华东江南中公诸校，或长校政，或主教务，或任讲席，未尝或辍，惟以未一任检察职务为缺恨耳"㉓。如此的丰富经历，看来我们对此公了解真是太少了。

1941 年，正是战争最紧张的状态，郭氏应大东书局沈骏声之约，由重庆赴香港一游，居然还是坐着飞机去的。20 天后，被迫走水路取道广州、基隆返回上海，看来也是个爱玩到不顾性命的人。回到上海之后，他感到孤岛局势很压抑，的确，日伪的陷阱很多，"漫漫长夜"，"温饱之难图"，但他是个明白人，悟得"洁身终是自全之策"，"披裘固不拾金"，㉔这两句话把他在沦陷后的孤岛的生活以及志气都讲得很明白。

1948 年前后，郭卫从上海迁居到杭州，在西湖之滨清闲安稳地度日。㉕据田周林手稿，郭卫在杭州长生路太平里购地建新居，1949 年 2 月在新居楼下建更新小学，1958 年病逝于杭州。侯欣一的文章亦称，郭卫先生于 1958 年逝世。㉖

二、一人一社一刊的真事

郭卫称"自幼喜读律"，这对于传统中国人来讲令人难以置信，可是从其后来行迹看，"喜读律"是真实的。值得一提的是，郭卫于法律有某种高度匹配的异禀，他脑子机敏得简直就是个"经营"律务的天才。

前面郭氏《五一自述》已经提到与友人徐宝鲁、王秋泉在上海创办了"上海法学编译社"，担任主任，从事法律编译一事。这要追溯到"会文堂"㉗书局这家清末知名的出版机构。辛亥革命后，随着书局原持有人邵

㉓ 郭卫：《聊贡一得》，载《服务》（重庆）1940 年第 2 卷第 6 期。
㉔ 郭卫：《五一自述》。
㉕ 郭卫先生 1948 年曾提到"余自迁居西湖之滨，较为清闲"。参见《读杨兆龙君"新法学"诞生的前夕》（一），载《法令周刊》1948 年第 11 卷第 30 期。
㉖ 侯欣一：《郭卫与民国司法理论》。
㉗ "会文堂"诞生于晚清，戊戌变法后，在实业救国与教育救国的呼声中创办起来。1903 年，沈玉林、汤寿潜创办会文学社，1906 年加入上海书业商会，1926 年因内部改组而停业，后改名为"会文堂新记书局"，重新经营。参见吴平、李昕烨：《在追随大势中找准姿态——会文堂新记书局的出版特色和图书广告营销》，载《中国编辑》2016 年第 5 期。

伯棠、汤寿潜、张謇等人先后谢世，书局群龙无首，经营管理不善，几近倒闭。后汤寿潜的三弟出面将上海会文堂书局的所有权、出版权、发行权以及印刷机械、财产等全部盘给徐宝鲁，并改名为"上海会文堂新记书局"。徐宝鲁接管后，借助其在南京国民政府的人脉，得到独家经售大批法学书刊的许可，书局由衰转兴。[28]"会文堂新记书局"由徐宝鲁担任经理，王秋泉担任营业主任。在与出版商的这种合作中，1930 年有了"上海法学编译社"和《法令周刊》，郭卫担任编译主任兼刊物总编辑。1930 年夏出版《法令周刊》创刊号，1931 年 1 月 1 日出版"第一次特刊"。根据其发表于 1931 年《法令周刊》的《一年以来之本刊》中所述，担任总编辑的时间也是 1930 年。此周刊创办之初受司法行政一纸批文，宗旨在为法官律师提供适用法律的依据。[29]郭卫打开图书市场的同时，也结交了一批法律界和法学界的朋友。从 1931 年《法令周刊》新年"恭贺新禧"看，他与戴修瓒、翁敬棠、陈顾远等法学名家以及俞承修、俞钟骆大律师等都有来往。[30]据 1934 年底出版的《法令周刊》第 234 期，郭卫结束主编的工作，从 1935 年第 235 期开始，由吴经熊、俞承修[31]担任主编。[32]从 1945 年复刊第一期开始，郭卫继续担任主编，直至 1948 年。

会文堂自清末以来出版的图书以新式教科书、诗文集和演义小说为主。当代报刊研究学者发现，会文堂的"出版重心向法律类图书的转变过

---

[28] 吴平、李昕烨：《在追随大势中找准姿态——会文堂新记书局的出版特色和图书广告营销》。

[29] 郭卫（元觉）：《一年以来之本刊》，载《法令周刊》1931 年第二次特刊。

[30] 《恭贺新禧（题词）》，载《法令周刊》1931 年第一次特刊。

[31] 俞承修（1894—1967），字志靖，江苏常熟人。1912 年考入江苏省立政法专门学校，三年后毕业。1916 年，参加浙江省司法官考试，录取为专审员。1919 年，经北京高等司法官考试，录取后至北京司法官讲习所学习。1922 年至 1927 年，先后在浙江地方审判厅任候补推事及代理检察官、浙江高等审判厅办事。1927 年至 1930 年，在上海公共租界临时法院上诉法院任候补推事。1930 年辞法院工作，加入上海律师公会，随后任上海律师公会执行委员。1935 年起与吴经熊搭档担任《法令周刊》的主编。上海沦陷后，自行停止律师业务，拒绝参加敌伪组织。1945 年，抗战胜利，重新恢复律师业。1948 年，又替同济学生自治会代表瞿宇平等义务出庭辩护，办理国立同济大学学潮案件。1949 年至 1952 年，继续在震旦大学执教。

[32] 参见《法令周刊》1934 年第 234 期、1935 年第 235 期。

程比较突兀",这种以法律图书为主打专业的主题和风格,"并不是在以往出版品种的积累之上形成的,而是随着书局主持人的变更——徐宝鲁接管会文堂之后形成的"。㉝殊不知,徐宝鲁的背后是郭卫在起专业上的关键作用。图书市场的竞争很激烈,著作权以及相应的竞争意识也在增强。1931年,上海法学编译社与上海现代法学社之间发生过一起笔墨官司。起因是现代法学社的图书广告中提到的几本书籍的书名,与郭卫法学编译社出版的图书书名相同。郭卫发出公开信,质疑对方使用同名书出版,并强调虽然书名相同但内容和品质不同。而现代社也针锋相对地公开声称,法律书名使用统一的概念,是必然的。㉞

郭卫已然是法律界的江湖达人,人称"海上刑法著作三杰"之一。㉟其中"一杰"为赵琛㊱,30年代起为上海名律师,㊲后成为立法委员,有立法贡献,又有学术著作,是难得一见的从当律师走向从政的法律人。梅汝璈拒不入阁后,赵琛成了国民政府最后一任司法部部长(代理)。政权倒塌前的数月中,赵琛在任上被联名诬告打击,最终查清是被冤枉的,真相大白,算是踏实做事、老实做人的新官。

㉝ 吴平、李昕烨:《在追随大势中找准姿态——会文堂新记书局的出版特色和图书广告营销》。
㉞ 《现代法学社驳覆上海法学编译社启事》,载《中国新书月报》1931年第1卷第6—7期。
㉟ 《海上刑法著作三杰之一》,载《时报》1933年1月12日。
㊱ 赵琛(生卒年未详),字韵逸,浙江东阳人,1928年任上海法科大学法律系主任。1928年12月加入上海律师公会,事务所在静安寺马霍路口兴和里1912号,开始在上海执业。1931年起从事行政法研究,在《现代法学》连载发表《行政法总论》,1932年曾在外交官郭泰祺被殴案中为爱国民众辩护,以民众一腔热忱阻止停战协议,呈请不予起诉。1933年任立法委员,并参与修改刑法和刑事诉讼法。1935年7月为《新生》周刊总编杜重远案发声,公开表示支持其上诉。1937年1月被立法院法制委员会委任为冤狱赔偿法的主要起草人。1946年4月任南京高等法院院长,曾审理周佛海等汉奸案。1947年任司法人员考试典试委员会委员,1949年1月就任国民政府代理司法部部长。著有《新刑法原理》(1930)、《监狱学》(1935)、《新民法总则提要》(1936)、《刑法总则》(1945)等。
㊲ 《殴郭案中之雄辩,律师赵琛请予不起诉之理由 民众激于爱国热忱于法可恕 证明郭氏有意挨打无心起诉》,载《益世报》(天津)1932年6月1日。

另外"一杰",叫蔡天锡麟[38],更是位"野外生长"的法科奇才,聪明程度堪比他的老乡吴经熊,毕业后就从事写书编书之事,民刑通吃。他比郭卫小十岁,可能是郭卫的"粉丝",与之有交集,他会把自写的书稿请郭卫指教。1931年的某天,郭卫看到广益书局出版一本《刑法分则新论》,内有"郭卫校订"字样。郭卫发现它竟然打自己的名头,于是不客气地向出版社要求删除,并登报声明,说"鄙人对于该书内容未曾加以校订,实未敢掠美,且恐阅者有所误会"。[39] 蔡氏1932年曾撰写出版《财色活用读本》一书,被捕房以其中段落有伤风化而完全抄走。蔡受此打击,于十月赴香港,谒见胡汉民寻觅工作后返沪。蔡天锡麟1932年11月放洋赴德法,《申报》报道曰"法学家奉命考察法制"。阴历腊月廿五日重返香港,闭居于旅馆,不愿以真名示人,元月四日在旅馆自杀身亡。当警探现场勘查时,发现身边有一疑似兴奋剂的药瓶,手中紧握一美女彩色玉照,有题诗曰:"感到阳城迷下蔡,春申江上此佳人。玫峰疑似蓝田玉,脂靥错当紫贝珍。……人丁难画尽天锡,一个窈窕歌麒麟。"这显然是藏名诗,媒体报道称"美少年自杀","非失恋自杀?"[40] 蔡天锡麟这样的"野外"生存者,能出现在多元的魔都[41],可见此地有多魔幻。

20世纪30年代初,会文堂和法律编译社合作出版的图书,开展相当大阵势的广告宣传。在1933年9月、10月的图书广告中新增了一项全新

---

[38] 蔡天锡麟(1902—1933),字刑无,因属虎又名大虫,浙江宁波人,幼来沪上,入中国公学及法政大学读书,1932年毕业出校,在上海天潼路设一事务所,承办"一切法律事务",并组织一"上海人生学会,救济一般堕落火坑中之妇女"。从事著作、书籍出版,与郭卫、赵琛并称"本埠法律界中刑法著作之三杰"。1930年起在《法律评论》(北京)发表多篇文章,1931年在上海《法政周刊》连载发表《刑无谭片》,曾以法政学社名义在广益书局出版有《刑法分则新论》(1931)、《民法债编各论》(1931)及《民法债编总论》(1932)。1932年在上海《时事新报》连载发表《刑法修正草案》,11月放洋赴德法,《申报》报道曰"法学家奉命考察法制"。

[39] 《出版界消息:郭卫之声明》,载《中国新书月报》1931年第1卷第10—11期。

[40] 《海上刑法著作三杰之一蔡天锡麟死耗》,载《时报》1933年1月12日。

[41] "魔都"一词最早出自日本作家村松梢风(1899—1961)。他于1923年春坐船来到上海,做较长停留的观察,回去写了上海见闻录,1924年出版时,用"魔都"做书名。参见徐静波:《村松梢风:"魔都"词语与意象的制造者》,载《文汇报》2017年7月14日。

的设计——图书预览。9月的广告中，出现郭卫撰写的编辑起源和戴修瓒所写的序言。会文堂于1933年9月在《申报》上所做的关于《中华民国六法理由判解汇编》一书广告语曰："本书所采前大理院及现司法院最高法院之判例解释。自民国元年起至二十二年九月出版时止。……本书分类力求明晰。校订务期精详。俾应用者既足依据。又便检查。"[42] 据其在《申报》1933年全年中所做的图书广告来看（见下表），该年度会文堂共做有18个图书广告设计，涉及图书16种，其中，有2次做的是整版广告。当代研究者还发现会文堂"名人营销"的现象，认为会文堂与政界、学界多有联系。举例说，1933年6月关于《宪法学精义》的广告语："……立法院长孙科氏为之亲题一短序。"[43] 殊不知，这大都是郭卫的人脉，比如《法令周刊》四个字就是居正题的，其出版的图书都有王宠惠、林翔等人的题词。

1933年会文堂在《申报》中所做的图书广告一览表

月份	广告次数/次	广告内容	广告版面占比
1	0		
2	2	① 法学丛书预约 ② 法学新书与法律新书； 《大理院判决例全书》《大理院解释例全文》	1/14 1/2
3	1	《行政法令大全》《司法法令大全》 《现行六法全书》《袖珍六法全书》	1/4
4	3	①《民法总论》《宪法论》《法律哲学研究》 ② 法学书与法律书廉价三星期 ③ 法学书与法律书八折；《法令周刊》 《大理院判决例全书》《大理院解释例全文》	1/5 1/6 1/3
5	1	《民法总论》《宪法论》《法律哲学研究》	1/4

---

[42] 吴平、李昕烨：《在追随大势中找准姿态——会文堂新记书局的出版特色和图书广告营销》。

[43] 吴平、李昕烨：《在追随大势中找准姿态——会文堂新记书局的出版特色和图书广告营销》。

(续表)

月份	广告次数/次	广告内容	广告版面占比
6	2	①《中华民国六法理由判解汇编》《大理院判决例全书》《大理院解释例全文》 ②《宪法学精义》《比较宪法》《宪法论》	2/5 1/4
7	3	①《一问三答新尺牍》（2次） ②《中华民国六法理由判解汇编》	2/5 1/5
8	1	《中华民国六法理由判解汇编》《大理院判决例全书》《大理院解释例全文》	1/8
9	1	法学丛书； 《法令周刊》《中华民国六法理由判解汇编》	整版
10	1	《中华民国六法理由判解汇编》	整版
11	0		
12	3	《民法债编各论》（下）	1/16

（注：根据1933年《申报》相关内容整理，引自吴平、李昕烨的论文）

略知民国法律史的人都知道，有几部既"厚"又"重"又"贵"的大部头工具书，诸如《大理院解释例全文》（1931年会文堂新记书局出版）和《大理院判决例全书》（1933年世界书局出版）。这两本工具书也出自郭卫一人之手。众所周知，今天法院的判例汇集是很受法官和律师欢迎的，有很大的市场，有巨额发行量和码洋。当时在上海，一块大洋（银元，洋钿）可以请两客西菜套餐。而《大理院判决例全集》定价5块大洋，《大理院解释例全文》不同的装帧版本定价在10至20元大洋。按今天的做法，大都是法政部门的出版社"专营"。但当时的立法或司法部门并不插手更不垄断这一图书市场业务。而这一业务恰好被会文堂新记和法学编译社趁机揽入，由此可知，郭卫和会文堂的出版商是多么有潮流意识、开创精神和经营头脑。

郭卫虽然是在野的法律人，但他在法律界有特殊的地位和影响。1932年因立法院修改刑法、刑诉法，郭卫（名列第一）、赵琛、董康、张耀曾、盛振为、吴经熊等于1932年1月被上海律师公会常务委员会推为专门审查委员。[44] 郭卫负责编集各地律师公会关于刑法、刑诉法修改的意见，编录于《法令周刊》。[45]

郭卫在《法令周刊》不仅是总编辑，还是主笔。他开有相对固定的专栏，刊物就像自家的地，想种啥就种啥。他几乎每期都发表专论，可谓酣畅淋漓。比如自1930年至1934年，每期"法律质疑解答"栏目都有"平午"这个笔名的文章，从文笔特征上判断，很可能就是郭卫本人所写。1946年至1948年的《法令周刊》设了一个"法治庸言"专栏，全是署名"郭卫"的随笔文章。

1937年《法令周刊》第365期"编者载言"中仍然没有停刊的意思，"编者载言"中说，"托始于民国十九年七月，迄二十四年一月，从事革新。于灌输法学之外，更求阐明法理，探讨源流，广博宏织，纲目毕具。以故朝甫出刊，索购夕馨。今又阅两年余矣。……自本年七月起，复由编者承乏斯职，赓续进行。自当一秉成规"云云。[46] 可是，该刊出到1937年第384期后，便杳无音讯——显然全面抗战开始后他坚持了不久，便无法正常办刊。《法令周刊》1938年底停刊，直到1945年复刊。由此可知《法令周刊》办了八年，停刊了七年。

《法令周刊》的第二阶段是1946年至1948年。这个阶段里还有一个相关活动，就是每周一次的"法律问题座谈会"。1946年2月14日，上海法学编译社设有法律问题座谈会，由郭卫召集，每周一次。参会人员大致固定，有单毓华、陆绍宗、施霖、俞钟骆、郑文同、徐佐良、郑龄同、张旦平、王伯宪等，座谈会摘要刊登在《法令周刊》上。刊登第一次座谈会时，摘要前有一按语，称："本社为讨论法律问题，特设法律问题每周座谈会，约请法界名流于每星期开会一次。各界如有关于法律之疑难问题交

---

[44] 《致郭卫会员等函》："为立法院修改刑法刑诉法通知各会员陈述意见推为专门审查委员由"，载《上海律师公会报告书》1932年第30期。
[45] 《对于全国律师协会修改刑事法典委员会所收各提案之意见》，载《法令周刊》1932年第111—112期。
[46] 《法令周刊》1937年第365期。

会讨论者,可随时交由本社汇总。"㊼ 会议所讨论的问题,都是非常务实的问题,比如第一次座谈会讨论了五个问题,其中三个为:一是道契买卖有无书立卖契之必要,二是币值剧变下的银行存款是否适用情势变更原则,三是宪警官长能否签发传票拘票及搜索票?㊽ 这个法律问题座谈会就这样每周雷打不动地延续了三年。法律问题座谈会不仅对问题研讨很有帮助,还为《法令周刊》提供了选题策划、动态顾问的作用。就《法令周刊》的历史贡献而言,它对于推进司法改良、解决实务问题、促进社会法治化,都具有积极而有效的作用。

一直到1948年12月1日,郭卫召集上海法学编译社第124次法律问题座谈会,参加者仍然是单毓华、陆绍宗、施霖、俞钟骆、郑文同、徐佐良、郑龄同、张旦平、王伯宪等。㊾ 这是《法令周刊》1948年第11卷第49—50期,也是最后一期。因此,这也是法学编译社的最后一次座谈会。正如郭卫本人所说的,"我国法学界具有悠久历史之刊物,惟《法律评论》与本刊。《法律评论》注重常理的探讨,本刊注重法界实用材料之借给,兼及实际问题之解答"㊿。虽有王婆卖瓜之嫌,但《法令周刊》以其独特的办刊定位,在中国法律期刊史上有着重要的贡献,留下不灭的痕迹。郭卫作为在野法律人,办刊达到如此规模和程度,不可不说是"高手在民间"。

三、应用法学观念之洞见

郭卫不只是在法律出版或法律编辑上做出历史性贡献,还在法学研究上笔耕不辍,对法学专业问题有深入研究和独到见解。首先,郭卫有个人

㊼ 《上海法学编译社法律问题每周座谈会讨论问题摘要(三十五年二月十四日第一次)》,载《法令周刊》1946年第9卷第8期。

㊽ 《上海法学编译社法律问题每周座谈会讨论问题摘要(三十五年二月十四日第一次)》。

㊾ 《上海法学编译社法律问题座谈会谈论问题摘要(三十七年十二月一日第一百二十四次)》,载《法令周刊》1948年第11卷第49—50期。

㊿ 郭卫:《读杨兆龙君"新法学"诞生的前夕(一)》,载《法令周刊》1948年第11卷第30期。

著作，如 1930 年著有《刑法学各论》[51]，1931 年著有《刑法学总论》（上下册）。从郭卫先生 1930 年以来发表的文章来看，其专业为刑法。1930 年，郭卫在《法学丛刊》上发表《新刑法与刑事政策》[52]。1931 年开始就刑法总则发表长篇连载理论文章《刑法总则》，共十篇，连载十期，[53] 每篇约 20 页，堪称奇观。他在刑法上的文章占据最大比重，无疑是一位刑法学专家。郭卫在《法令周刊》上发表文章，主要集中在两个时期，一是 1931 年至 1933 年，一是 1945 年至 1949 年。从文章来看，郭卫始终保持相当一致的法学观，可概括如下：

第一，注重条文解释和个案判例。他重视现行制定法，关注立法理由和司法解释。1933 年，吴经熊负责起草的宪法草案公开征求意见，因此郭卫将之在《法令周刊》上发布，加了一个评论性的"总说明"，对吴氏宪草作了全面的评论，有肯定也有批评，客观公允。[54] 同年在《法令周刊》上对《刑法草案》也以同样方式作了个"总说明"，同样有评论。[55] 同年在《法学丛刊》上拟出《修订刑法意见书》，以原文、拟改、理由逐条拟出。[56] 1934 年郭卫出版了他的《违警罚法释义》。[57] 他特别关注法律解释适用问题。现行实定法的关键在于解释，这是他非常重视和强调的。1948 年还就司法解释，写了两篇文章——《为法律解释敬告大法官》《盼望大法官迅速解救解释上之饥渴》。他的文章关注个案，比如 1932 年发表《因恽惠芳案而论连续犯》《答"连续犯问题之讨论"》《因连续犯问题再答张师竹君》。[58] 前面提到，郭卫编纂出版了《大理院解释例全文》《大理院判决例全书》《中华民国六法理由判解汇编》《六法理由判解汇编》《民国六

---

[51] 郭卫（元觉）：《刑法学各论》（上下册），上海法学编译社 1930 年版。
[52] 郭卫：《新刑法与刑事政策》，载《法学丛刊》1930 年第 1 卷第 3 期。
[53] 郭卫：《刑法总则》（共十篇），连载于《现代法学》1931 年第 1 卷第 2 期至 1932 年第 12 期。
[54] 郭卫：《私拟吴氏宪法草案初稿改订案总说明》，载《法令周刊》1933 年第 162 期。
[55] 郭卫：《中华民国刑法修正案初稿按语》，载《法令周刊》1933 年第 181 期。
[56] 郭卫：《修订刑法意见书》，载《法学丛刊》1933 年第 2 卷第 2 期。
[57] 《图书介绍：违警罚法释义》，载《新语》1934 年第 2 卷第 12 期。
[58] 《法令周刊》1932 年第 113、117、121 期。

法理由判解汇编》等。编工具书是许多法学家所不屑的工作，可是这四部巨型工具书，却是填补当时空白的重要作品。撇开图书出版的经济效益讲，这些法律工具书也很有社会效益。从实务应用上看，它们是法律界最受欢迎的工具书；从法律理念上看，所有的法律实务精髓和法学理论源泉都出自司法判决。他敏锐地抓住了判例、解释、理由这三个核心问题，把实务与理论结合起来，把立法与司法贯通起来，这说明郭卫精通法务和法学，有独到的眼光。

第二，注重理论源流和制度历史。比如1933年他有一篇关于刑法上流刑的文章，他赞成流刑，从历史源流和现实理由上作了论述。[59] 1934年，他发表了《中国的法律思想及其制度》，指出中国古代法律思想是以刑法思想为主，梳理了历代法律思想的嬗递与刑法制度演变的关系。[60] 郭卫对中国刑法史相当熟悉，总以其当代刑法学的观念和精炼独到的文笔，夹叙夹议，对刑法变迁和规律做精准的把握和深刻的分析。1936年他发表《中国旧律之检讨——历代法典之嬗递及刑制之变迁》《清律名例（中国旧律之检讨）》[61]，1937年发表《清六律之检讨——中国旧律之检讨（上、中、下）》（《中华法学杂志》1937年新编第1卷第8—10期）。1939年仍在南京发表《清刑律之检讨》（《政治季刊》1939年第3卷第3期）。

第三，注重司法动向和职业素养。比如1937年在《中华法学杂志》上发表《现行司法制度之实际谈》[62]《检察制度之存废与扩充自诉问题之商榷》[63]。1940年，郭卫将其对"中政校"学生所述分为两个部分：一为"关于进修者"，指学生学习法律阶段，他指出要"留心世务""勤于思考""多举疑难""缜密判断"，谓"求则得之，舍则失之"；二为"关于服务者"，指毕业后的工作，分律师和法官两部分讲述，讲得十分精细，

---

[59] 郭卫：《流刑实施方案》，载《法学丛刊》1933年第2卷第2期。
[60] 郭卫：《中国的法律思想及其制度》，载《文化建设》1934年第1卷第1期。
[61] 郭卫两篇文章分别发表于《中华法学杂志》1936年新编第1卷第3期和第4期。
[62] 郭卫：《现行司法制度之实际谈》，载《中华法学杂志》1937年新编第1卷第5—6期。
[63] 郭卫：《检察制度之存废与扩充自诉问题之商榷》，载《中华法学杂志》1937年新编第1卷第5期。

把两种法律角色的特点、要求和注意事项讲得很透彻，也很实用。[64] 郭卫 1945 年发表了《司法复员问题》（《法令周刊》1945 年复刊后第 2 期），《司法效率问题（一二）》（连载于《法令周刊》1945 年复刊后第 3—4 期）。比如 1946 年的《法治精神与法官》一文，讨论了法官的操守、学识、个性三个方面。[65] 1946 年有一篇连载的长文《律师与法官》以他"于双方职务稍有体验"谈了律师在接受委托、撰写诉状、出庭辩论三个关键环节要注意避免的问题。关于法官，又谈了检察官与推事的职责特性，并分析他们易出问题的要害，最后谈律师与法官的关系，还根据当时《律师法》第 38、39 条规定，讨论了律师转任法官及执行职务的回避问题。[66] 1947 年又发表了《各级法院应设特种民刑事庭》《参加全国司法行政检讨会议之感想》《读密勒氏评论所论中国法庭一文之观感》。

第四，注重底层百姓和鲜活实务。在法学界以"象牙塔"自居的环境气氛下，能关注草根民生的法律问题，甚至是一些周遭的生活琐碎之事，是十分难能可贵的。虽然鲜见郭卫谈"人权"，但他涉及百姓切身利益的民权或人权的文章很多。比如 1946 年在《法令周刊》上发表《关于收回房屋之适用法律》《米贷舞弊案之法律观》《银行存款增加给付问题》《关于拟订房屋租凭条例之各问题》《违法建屋及窃地建屋问题》等等。1947 年的《为可怜妇女谋法律上之效济》《整理上海市交通之感想》《应由司法行政部长发起组织出狱人救助会》和 1948 年的《如何维持金圆券之价值》《对于制定房屋租赁条例上海补充办法之意见》《存兑金钞造成纷扰之责任》《答某君所提民法亲继问题》《打人与自杀》《取之于富还之于贫》《宜禁强饮》《多数意见与少数意见之价值》《恢复硬货政策不妨彻底》等等。其中《为可怜妇女谋法律上之效济》，指出法律上虽然有平等规定，但实际社会生活中"反受平等法律之害"。他分析了在当时女性文

---

[64] 郭卫：《聊贡一得》，载《服务》（重庆）1940 年第 2 卷第 6 期。
[65] 郭卫：《法治精神与法官》，载《法令周刊》1946 年第 9 卷第 33 期。
[66] 郭卫：《律师与法官》，载《法令周刊》1946 年第 9 卷第 38 至 42 期。

化缺乏、经济依附等外在条件下，妇女却获法律上的平等权，与男性私相恋爱，受男子诱惑而以婚姻之误会受到性欺诈甚至奸淫，却无法律保障。所以他提出法律修改补充的建议。[67]

第五，注重社会时务和重大时事。这是他最大的特点，他总是密切结合所处时代的法律事件主题，1931 年另有关于领事裁判权的文章发表。[68] 1932 年发表了一篇《改良监狱新议》。1936 年在《中华法学杂志》上发表三篇论文，包括《从理论与实际讨论现行法律》[69]。1945 年抗战胜利后，法制的一切方面都在恢复重建中，他的文章无一不是密切关注社会重大问题，切中时事和时务的。最典型的是 1946 年和 1948 年，他在"法治庸言"栏目的文章主题涉及许多重要社会话题。1946 年发表的 33 篇文章，主题都是当年的重大法律话题。包括大赦与汉奸、选举方法之改善、冤狱之界说及如何赔偿、科刑轻重标准不宜忽视、司法机关应增高紧急事件处置办法、国民参政会建议励行革新政治案之检讨、新土地法之观感、宪草观等等。1947 年，他在"法治庸言"栏目的文章主题涉及：法治之有效条件、考选方法之改善、大赦令之检阅、如何完成大赦之效果、非常时期之法治、如何防止贪污、甚嚣尘上之检察制度、徒刑期间之亟宜改善、对国民参政会大赦汉奸提案之感想、以礼救法责在立法之员司法之官守法之民、如何完成大赦之效果等等。1948 年他在"法治庸言"栏目的文章主题涉及：如何完成法治之任务、司法会议保留案之检讨、由税务人员因被诬自杀所得之感想、立法上所未及防之流弊、自治观、司法独立之危机、看行宪第二幕、读吕复先生之中国法律哲学上之汉奸大赦观、各方推测中之大赦问题、读杨兆龙君"新法学"诞生的前夕、如何实施节约、法律与人情、特别刑事法规之如何整理等等。

第六，注重实践经验和综合素养。其早年打下深厚的文学功底，为其

---

[67] 郭卫：《为可怜妇女谋法律上之效济》，载《法令周刊》1947 年第 10 卷第 10 期。
[68] 郭卫：《领事裁判权存于我国之现状》，载《现代法学》1931 年第 1 卷第 2 期。
[69] 郭卫的三篇文章均发表于《中华法学杂志》1936 年新编第 1 卷第 2 期。

法律写作提供了独具个性的文字功夫，文字古雅、精炼而有力，文辞表达雅俗共赏。这是郭卫自身综合素养的一个方面。他一生的经历之丰富，一直是他引以为豪的。他在1948年发表了《理想中之法律家》[70]一文，阐述了他对"法律家"的解释和素养条件。他说，常理与经验均不可偏废，法律理论家和法律实验家，每各有所偏，即各有所长。虽然两者都不易，但"更不容易者为理想中之法律家也"。然后他再次自夸加自谦，"余曾任法律教授三十余年，执行律师职务二十余年，亦曾任推事庭长与院长，且曾一度代行最高司法行政职务。寝馈于法令编辑事务者亦二十余年，可谓一生常与法律为伴侣。然于常理及经验不过稍有涉猎而已。距离法律家之程度过远"，"而世人偶有以法律家相称者，岂徒不自安而已哉"。这些内容都有点自谦口吻。有意思的是，他列出了理想中的法律家的"条件"共十一条，明显是根据他自身经历而提出的。其中大致包括：国内外大学修习法律学毕业、接触基层社会、时熟读各国法律及判例解释、任民庭与刑庭推事、任检察官、执行律师职务、办理法令编辑事务、赴欧美各国考察各国法学及制度、任法律教授。其中第二条和第三条是关于基层工作经验的，即"就任乡间保甲长若干时期，以觇得民间之情弊习惯，及农村社会之疾苦"，"充当城市之所谓马路政客，并嫖赌挥霍以透视各层社会之真象"。

近代以前的汉语之于法律人，多以"法家"相称。最早使用"法律家"者，源于1905年对外国法律人的称谓。[71] 沈家本1912年被公开称为"大法律家"，这是中国第一人。[72] 但当时的人都没有定义什么是法律家。后来偶有使用法律家，泛指律师等从业者，比如时而讲海外有女律师，即

---

[70] 郭卫：《理想中之法律家》，载《法令周刊》1948年第11卷第41期。
[71] 目前所知，中国最早使用"法律家"概念源于1905年的一篇文章《法国法律家之遗嘱》，介绍法国法律人"伦苦列西"把部分遗产捐赠给各校教师。参见《法国法律家之遗嘱》，载《大陆》1905年第3卷第1期。
[72] 《大法律家沈家本（照片）》，载《司法公报》1912年第3期。

称为"女法律家"[73]，时而讲王宠惠为"法律家"[74]。1922年，上海著名的《民国日报·觉悟》有署名"望道"（疑似陈望道）的文章，公开批评"法律家"之"不通"，是"蒙昧的堕落者"。[75] 郭卫这篇《理想中之法律家》是目前所见最早论述"法律家"素养的一篇文章，从其偏颇之语，可知其言外之恳切期许。

现在，我们可以这样来介绍这位民国法律人物：郭卫（1892—1958），字元觉，湖南常宁人，早年简习法科，当过律师、法官、军人、高官、教授、总编，创办并主持《法令周刊》和上海法学编译社达数十年，作为"在野"法律出版人，摸爬滚打而成为民国时期法科江湖上的知名法律评论家和法律出版家。在野法律人营造的江湖亦有一道道奇异风景，他们倔强地在"野外"生长，却要比那些在朝者任意地野蛮生长文明得多！

---

[73]《瀛闻：女法律家》，载《余兴》1917年第29期。
[74]《文学家、法律家王亮畴先生宠惠（照片）》，载《礼拜六》1921年第134期。
[75] 望道：《不通的法律家》（随感录），载《民国日报·觉悟》1922年第1卷第13期。

张志让——隐秘的半生路遇

图 1　张志让（1893—1978）

张志让中等身材，清癯瘦削，说话细声慢语，一口浓重的常州口音。[1] 他1893年12月28日出生在常州青果巷贞和堂张宅。张家是江苏武进县的一个名门望族。父赞宸，号韶甄，曾任湖北修补道，后受张之洞器重，任萍乡煤矿总办，曾兼任汉阳铁厂总办。张志让家中聘有中英文教习，1904年起与家中两兄一起跟从家庭教师读书，1910年起跟从家庭教师学习英文。这位"富二代"爱写诗，但不轻易示人，会唱几段青衣花衫，轻易不表演[2]，但在沈钧儒面前却是主动献唱。[3] 张志让性格就是这么

---

　　[1]　尚丁：《民主宪政运动的先锋战士张志让与〈宪政〉月刊》，载《文史资料选辑》（第85辑），第148页。
　　[2]　千家驹：《我所知道的张季龙同志》，载《文史资料选辑》（第85辑），第134页。
　　[3]　尚丁：《民主宪政运动的先锋战士张志让与〈宪政〉月刊》，载《文史资料选辑》（第85辑），第158页。

地克制和"隐秘"。当上名律师后，除了爱吸几支雪茄外，别无嗜好。④ 他谦虚，不苟言笑，生活简朴，终年着旧西装一套，私生活非常严肃，不谈恋爱，长期单身。他一生行迹都在追随大势，又一路遇到他的"贵人"，是行走在国共两党之间的无党派人士。他在民国时期有律师、教授、法学院院长的公开身份，但行踪复杂，政治面貌总处在"模糊"或"隐秘"状态，鲜为人知的是，他曾经秘密申请入党，具有中共"地下党"外围的隐秘身份。

张志让有一篇"自传"，是一份没有交出的入党申请书。自传初稿是1964年写的，还未完稿就因"文化大革命"而中断了。粉碎"四人帮"以后，他继续反复修改这份自传，其中不免带有那个年代政治背景下的口气和痕迹。众所周知，有些与其相遇的历史人物比较复杂，他不便多说。然而，他这些丰富而复杂的"人生路遇"，大致可以把他半生的行迹串联起来。通过今天的挖掘，从二十二个与他"隐秘"相遇的人，可以窥见他的"隐秘"身份。

一、遇陈巢南（1874—1933）。陈巢南又名陈去病，吴江同里人，1898年创办雪耻学会，陈巢南在1902年即结识金松岑及柳亚子的姑父蔡冶民，三人结盟，诗歌酬唱，以后又都倾心排满反清事业。1903年留学日本，1906年参加同盟会，追随中山先生，宣传革命，是"鉴湖女侠"秋瑾的同志和战友。35岁的陈巢南到张家公馆当西席前，正为秋瑾安葬之事奔走，受清廷侦捕。1909年上半年他在家养病，病愈后被张公馆聘去当了张志让的老师。⑤ 1909年，在清廷严密监视下，陈与柳亚子等人创建南社，团结了南方报刊杂志，以诗文鼓吹反清革命。很遗憾的是，张志让在这篇自传中没有提到陈巢南。张志让早年有写旧体诗的爱好，后来停了二三十年，据说是"已经没有那样的心情了。而且他也不鼓励青年再去学习旧诗

---

④ 武进政协文史资料研究会编：《张志让》，1995年印，第61页。
⑤ 钱听涛：《柳亚子早年的三位友人》，载《百年潮》1998年第2期。

或旧词,他以为唯有大众的雄壮的歌声,才适合当前的救亡的节拍"。读他早年哀婉古雅的诗句,简直不敢相信这是出自张志让之笔。现抄录一首《桃花曲拟长吉体·读清人诗》,一睹其当年"文青"之风骚:

> 桃花堕落燕子飞,剪碎红纱蝶影稀。
> 汉时才子秦家女,珠柱玉琯呼凤侣。
> 阳台柳暗春归去,满天飞絮迷行处。
> 烟雨溅湿水晶箔,虫声透入芙蓉幕。
> 红豆三升珠一斛,换来蛾黛长愁戚。⑥

二、遇柳亚子(1887—1958)。柳亚子与陈巢南 1909 年发起南社,1909 年 11 月 13 日在苏州虎丘张国维祠举行成立大会。16 岁的张志让成为见证南社成立的"编外"来宾。柳亚子后来回忆成立大会时说:"四方来会合的,便有十九筹好汉。""十九筹好汉中间,有十七筹是社友,而两筹却是来宾。""来宾二人(1)张采甄,江苏武进人。(2)张季龙,名志让,江苏武进人。采甄的侄子,陈巢南的学生……"⑦ 参加南社成立雅集的,都是创始社员,包括了赵厚生、柳亚子、蔡哲夫、俞剑华、胡栗长、黄宾虹、诸贞壮、朱少屏、庞树柏、林秋叶、景秋陆、朱梁任、冯心侠、陈去病、陈陶遗、沈道非、林立山……"十七筹"确实个个都是好汉!张志让在这篇自传中,也没有提柳亚子和南社的事。

三、遇王宠惠。张志让 1911 年在清华学校初级部肄业,1912 年北京大学预科理科肄业,又先后在上海大同学院和复旦公学读书。他因学潮返回上海入大同学院,1915 年在复旦公学读书一学期,即受时任复旦副校长、法学家王宠惠教授的影响,于 1915 年冬赴美留学,在加州大学文科

---

⑥ 张志让早年旧体诗,1937 年被记者披露。培林:《张志让先生访问记》,载《长城》1937 年第 4 卷第 11 期。

⑦ 柳亚子 1938 年所作的《我和南社的关系》一文提到的"采甄"即张志让的父亲张韶甄的弟弟。转引自《张志让传略》,载《张志让》,第 38 页。

学院读完三年级，1917年转学到哥伦比亚大学法律系。⑧ 1918年给《留美学生季报》来稿发表了游科罗拉多瀑布的游记和诗作。⑨ 1920年在此刊一气发表了《读太白诗有感》等四五篇诗作，⑩ 看来他年轻时擅长古体诗，功力颇深。1920年夏他从哥大毕业，也像王宠惠那样，又转赴德国柏林大学法律系读了一年。⑪ 张志让身披留学美德两大名校的光环，回到中国。张志让入党《自传》中说：

> 我出国留学，也无非是按照当时一般看法，认为外国大学比中国大学好。决定赴美，也只是因为当时中国学生留美的多，复旦毕业生资格已为美国大学所承认，可当然插入相当年级。至于选读法律，则完全出于偶然触发之一念。当时著名法学家王宠惠教授在复旦授课，他曾对学生说，美国大学各社会科学中以法律为最难读，肄业时间最长。当时我就想，我留美时倒要选习这一门最难的学科。这样后来就选定了法律系。这种选择专业的态度，当然是轻率而且幼稚的。⑫

四、遇董康。1921年夏天回国后，遇到其父亲的好友、同乡，正担任司法总长的董康，即被找去入司法部做事。张氏拥有上海的律师执照，但没有留在上海当律师。他后来的解释是："就我所习专科来讲，有教书、律师、司法三种职业可做。当时上海尚无高等院校法律系；律师界、司法界以及东吴法学院夜校都是洋人的世界。……但总觉得到洋人中去从事这种职业，太无道理。"⑬ 不过读哥大一年的学历，显然也无法进东吴法学

---

⑧ 《张志让自传》，载《文史资料选辑》（第85辑），第94页。
⑨ 张志让：《奈阿加拉瀑布纪游》，载《留美学生季报》1918年第5卷第1期。张志让：《诗录：秋来东美杂书赠汪子芗潭》，载《留美学生季报》1918年第5卷第1期。
⑩ 《留美学生季报》1920年第7卷第1期。
⑪ 姚柯夫：《张志让传略》，载最高人民法院政治部等编：《张志让文集》，人民法院出版社1995年版，第318页。
⑫ 《张志让自传》，载《文史资料选辑》（第85辑），第95页。
⑬ 《张志让自传》，载《文史资料选辑》（第85辑），第96—97页。

院。董康是张志让一生中第一份工作的提供者。就是通过董康，他才进入中国法律界最高层，接触到马德润、余棨昌、张耀曾，还在北大兼职授课，受到朝阳江庸、北大周鲠生和王世杰等大牌教授的关注。张志让写入党《自传》时，董康在政治上已遗臭万年了。张志让对董康三言两语带过，他只是说：

> 一九二一年冬至一九二六年秋，我在北京做事。当时是北洋军阀统治时期。前两年在司法部做事，名义上是参事上办事，找我去的是当时司法总长董康。他是常州人，与我父亲是朋友。他看见我学了法律回国，就找了我去。不久，他（董康——引者注）就离职了。⑭

五、遇马德润。1923 年马德润任修订法律馆总裁，其安排张志让作总纂，给了他参与起草民法典的机会。可是他并不喜欢专业性的立法工作。7 月，马德润在北京创办《法律周刊》。张志让响应马德润的"号召"，踊跃投稿，仅在 1923 年 7 月到 1924 年 9 月这一年多时间里，他就在该刊发表了近 40 篇文章（含同题连载），多数是外国法或宪法方面的文章或译文，⑮ 成为该刊的核心作者之一。在修律馆的两年是他学术精进、成果频出的高产期。同时，他也因修律工作接触了许多大腕，诸如江庸、张耀曾、周鲠生、王世杰等。张志让入党《自传》中说：

---

⑭ 《张志让传略》，载《张志让》，第 99 页。
⑮ 张志让在马德润的《法律周刊》上仅 1923 年就发表了《国民经济绝交政府对外法律上有无禁止与赔偿之义务》（1923 年第 2 期）、《英德契约法之比较》（1923 年第 3—4 期）、《德国民法之根本主义》（1923 年第 5 期）、《美国总统之继任及代理》（1923 年第 6 期）、《大理院关于善意取得动产判例及解释之质疑》（1923 年第 7 期）、《法国立法司法两权之消长》（1923 年第 12 期）、《捷克斯拉夫之宪法裁判院》（1923 年第 13 期）、《捷克斯拉夫之司法制度》（1923 年第 14、15、18 期）、《论宪法施行条文中关于设立省务院所应有之规定》（1923 年第 16 期）、《论我国国体在宪法上为联邦制》（1923 年第 17 期）、《美国在华领事裁判员制度》（1923 年第 24—25 期）、《新旧各派法律学说之一览》（1923 年第 26 期）等。1924 年还有外国法与比较法的论文。

当时有个"修订法律馆",有一时期是马德润做总裁。他是早期德国留学生,学法律,在京与我认识,找我去作总纂,担任起草民法典中的一部分。我辞谢未就,因为我觉得历来起草民法典的做法太无意义,无非是以一个外国民法典为依据,参酌其他几国的民法典,增删修改而成。⑯

……

当时有一"法权讨论委员会",为要求撤销外国在华领事裁判权做准备工作的,主要工作之一是将当时的法律、司法规章等译成英、法文。张耀曾任该会总裁,他邀我去兼任了几年的翻译工作。此外,我还曾在北京大学法律系兼课,是系主任王世杰找我的;在北京法政学校兼过课,是江庸找我的。⑰

六、遇周鲠生。1923年,张志让在《法律周刊》第一期上发表了《收回旅大法律上之根据》,北大著名教授周鲠生读到张文后,居然认真地写了篇《读张志让先生的"收回旅大法律上之根据"》,两个月后寄给张志让和《法律周刊》编辑部。张志让复函周教授,《法律周刊》把周文与张致周函件一并发表了出来。那么张周二人观点交锋在哪里?

《旅大租借条约》签订后,袁世凯制定新约法(袁氏"双十约法")。张文认为依此新约法,旅大租借于日本是无效的,这属"领土变更",必须经过立法院同意。显然,张志让很爱国,可是他设定的前提是承认袁世凯约法的有效性。周鲠生质疑两点:其一,新约法是否可决定条约的效力?其二,旅大租借是否可认为就是领土变更?周认为袁氏蹂躏约法、解散国会后,其政府是非法政府,且袁氏约法未经合法机关制定,没有法律效力。把租借与领土变更画等号也是个谬误。⑱周鲠生的观点是从法理上

---

⑯ 《张志让自传》,载《文史资料选辑》(第85辑),第95页。
⑰ 《张志让自传》,载《文史资料选辑》(第85辑),第96页。
⑱ 周鲠生:《读张志让先生的"收回旅大法律上之根据"》,载《法律周刊》1923年第10期。

论述的，非常专业，但他没有考虑贴"爱国"标签，从根本上否定袁氏政府和"双十宪法"的合法性。这从表象上看，是一种"政治正确"遇到另一种"政治正确"的冲突，而实质上是张的爱国观念与周的专业理性的冲突。

张志让复周教授函中很聪明地说："两个月以前，我做旅大问题那篇论说的时候，孤陋寡闻，还没有拜读周鲠生先生同样题目的一篇文章。拜读以后，狠为佩服。但是我那文内有一点，还没有论到。所以我就怂恿周先生从这一点上再做一篇。现在周先生做好，交与我读。并且以为一种杂志上能登两相反对的论说，是一种狠好的精神。所以就拿笔叫我将这原委写几句，和他的稿一同送上。……我对周先生的两点，还略有疑问，等有工夫有兴趣的时候，再当写出，送上请教罢。"[19] 显然，张一时无法接应周教授的"发球"。

七、遇王世杰。《法律周刊》第17期发表了张志让的《论我国国体在宪法上为联邦制》，以袁氏"双十"约法为依据，反复论证其为联邦制宪法，因此法律不能变更省权（地方权），[20] 结合张志让前后两篇文章，显然张是站在认可或拥护袁氏宪法的立场。时任北大法科主任王世杰也撰文与张志让商榷。王文认为，"双十"约法是"草率支离"的，其中规定了"剩余权"却不按照联邦制的原理——剩余权归地方所有，而是作了奇怪的规定：当有争议时由最高法院裁决。然而普通法院无法行使此宪法解释权，因为这类问题并非纯粹法律问题。袁氏宪法一面承认国会解释权，一面授予最高法院解释权，那么国会与法院解释发生矛盾应该怎么办呢？[21] 对王世杰的商榷文章，张志让后来没有就此再撰文给出应答，其自传中更没有提及此事。只是讲到，"我还曾在北京大学法律系兼课，是系主任王世杰找我的"。[22] 可见当时王世杰对小他两岁的张志让颇为欣赏。

---

[19] 张志让复周鲠生函，参见前引周鲠生文，载《法律周刊》1923年第10期。
[20] 张志让：《论我国国体在宪法上为联邦制》，载《法律周刊》1923年第17期。
[21] 王世杰：《论宪法上残余权及解释问题致张志让书》，载《法律周刊》1923年第19期。
[22] 《张志让自传》，载《文史资料选辑》（第85辑），第96页。

八、遇余棨昌。1923年至1927年间，余棨昌任大理院院长，执掌最高审判机关，兼修订法律馆总裁、司法官惩戒委员会委员长、司法讲习所所长。当时大理院院长余棨昌找张志让到大理院任推事，还亲自帮他以"个把月"就解决了当推事的两个重要的"资格"问题。当推事期间张志让完全转变，只在1925年发表了一两篇短文。[23] 张志让入党《自传》中说：

> 在京后几年是在大理院做推事，找我去的是当时该院院长余棨昌。他当时同我还没见过面，只是在我们所办的《法律周刊》上每期都看到我的写作，他很欣赏。任该院推事需要具备的两种资格，都由他担任去办。他把我的毕业文凭和成绩单送由有关的机关甄别审查合格，代替了法官考试。他与"修订法律馆"联系，将我调到该馆任职一短时期，来代替先在下级法院做过几年推事的资格。这样，我就在该馆做"纂修"，约个把月……[24]

九、遇张太雷。张太雷（字泰来）是张志让的远房堂弟，比他小5岁，1916年考入天津北洋大学法科，1920年加入北京共产主义小组。1926年国民革命军北伐到达武汉，国共两党合作在武汉建立革命政权机关，1927年2月国民党中央党部和国民政府分别在武汉正式办公。张志让1927年3月赴汉口去找张太雷，见了一面，与他进行了较长时间的谈话。和他说了革命的概况与形势。"在武汉逗留的短短几天内，我已确信蒋介石的反革命政府迟早必将失败，共产党的革命事业迟早必将成功。"[25] 张太雷介绍张志让到武汉国民政府最高法院工作，任民事案件的审判员。没有想到，4月就发生四一二反革命政变，在武汉最高法院的工作随之结束，

---

[23] 张志让：《调查法权声中之我国法律现状问题》，载《晨报副刊：社会》1925年第10期。

[24] 《张志让自传》，载《文史资料选辑》（第85辑），第95—96页。

[25] 《张志让自传》，载《文史资料选辑》（第85辑），第98页。

张志让回沪之前，去南湖看望堂弟。张太雷正在与外国客人谈话，见到张志让来便立即下楼接待，交谈片刻即互道珍重告别。[26] 谁知这次告别成了永诀——张太雷于 1927 年 12 月在广州起义中牺牲。张志让入党《自传》中就张太雷谈了很多，尤其是在他影响下自己的思想转变。[27]

十、遇徐谦。张志让曾短暂地在国民政府最高法院任民事审判员，院长是孙中山大元帅府秘书长徐谦。他们二人的字都是"季龙"。张季龙与上司徐季龙在此只见过两面。张志让入党《自传》中只有两句话："第一次见面时，他对革命表现很热情；第二次见面时，就完全不谈革命了。"[28] 张志让入党《自传》中谈了自己对革命的看法，以及对蒋介石国民党的看法，表示不愿意参加南京政府的法院工作。[29] 国民政府最高法院的短暂经历，也是一种资历。1927 年至 1929 年，张志让因忙于事务，只发表了一篇关于中国外交史的文章，[30] 可见其关注点已转向更广泛的问题。

十一、遇张庆孚。1927 年从武汉返回上海后，张志让开始担任律师。某日，他在李达[31]家中认识了张庆孚。[32] 张庆孚比张志让小 8 岁，是 1925 年入党的中共党员，应该是张志让接近中共组织的直接引路人。张志让特别强调了他结交张庆孚的事，张庆孚希望张志让不入党，"党认为像我这样在社会上已有一定面貌的人，保持原有面貌在党外做工作，比之入党，作用较大"[33]，即反而可以更好地为党工作。"在执行律师事务方面，我没

---

[26] 姚柯夫：《张志让传略》，载最高人民法院政治部等编：《张志让文集》，第 318 页。
[27] 《张志让自传》，载《文史资料选辑》（第 85 辑），第 97—100 页。
[28] 《张志让自传》，载《文史资料选辑》（第 85 辑），第 98 页。
[29] 《张志让自传》，载《文史资料选辑》（第 85 辑），第 99 页。
[30] 张志让：《中国外交史上之英帝国主义》，载《东方杂志》1928 年第 25 卷第 20 期。
[31] 李达（1890—1966），名庭芳，字永锡，号鹤鸣，湖南永州人，1909 年从永州中学毕业，考入了京师优级师范学堂（今北京师范大学）。1913 年考取了湖南留日官费生。1920 年，李达从日本留学归国到上海，随即与陈独秀、李汉俊等人组建中国共产党，筹备并参加中共一大，当选为中央局宣传主任。1922 年至 1923 年，应毛泽东之邀任湖南自修大学校长。1927 年至 1941 年，先后在武昌中山大学、上海法政学院、上海暨南大学、北平大学、中国大学、朝阳大学、广西大学、广东中山大学等学校任教。1949 年后，先后任中央政法干部学校副校长、湖南大学校长和武汉大学校长，是法理学家，著有《法理学大纲》等。1966 年，受迫害死于武汉。
[32] 姚柯夫：《张志让传略》，载最高人民法院政治部等编：《张志让文集》，第 324 页。
[33] 《张志让自传》，载《文史资料选辑》（第 85 辑），第 101 页。

有同较大的银行家和工商业资本家发生关系,业务上的收入不算多。小工厂厂主有以劳资纠纷来谈的,都劝他们对劳方让步息事,不接受其案件。我为共产党员被捕辩护的案件,不像潘震亚那样多。"㉞张志让1931年为邓演达做过辩护人。1935年,乌克兰人牛兰㉟在狱中抗议被捕而绝食,宋庆龄等人发起营救,张志让参与并随同赴南京。1936年5月,沈钧儒等人发起"全国各界救国联合会",张志让曾被人提名为常委人选,考虑到有关政治身份因素,他拒绝当常委。后来成为14位"特种委员"之一。张志让入党《自传》中讲:"张庆孚当初对我讲的话仍清楚地留在我的脑中,我就不加考虑,仍用以前所讲的话回答了沈老。他再劝无效,才结束了谈话。……凡是党决定我不要做的事,即便这事是我喜欢做的,我也坚决不做。"㊱1938年,张志让参加郭沫若为厅长的国民政府军委会政治部第三厅,任科长。后来被派到桂林行营政治部任宣传组长。㊲

十二、遇李登辉。1930年秋,"鉴于国内法治人才之需要",李登辉校长(1913年—1936年任复旦校长23年)将复旦原社会科学科改为法学院,并添设法律系,聘裴复恒为主任,徐象枢、吴颐皋、张元枚等为教授,第一学期仅招九名学生。翌年教育部备案,司法院核准设立。㊳张志让由武汉返回上海的时间大约是1931年,先是在东吴大学法学院夜校兼课。1932年春,裴主任就职政界,张志让受李校长器重,被聘入复旦法学院。他说"一九三二年春起,在复旦大学任法律系主任","我把上海各校法律系当时的几个左派教员都请了进去兼课"。㊴到1933年,学生

㉞ 《张志让自传》,载《文史资料选辑》(第85辑),第103页。
㉟ 牛兰(1894—?),共产国际联络部在上海的秘密交通站负责人,1931年,牛兰和夫人、儿子一起在上海被捕,即所谓"牛兰事件",成为轰动一时的世界头条新闻。1931年8月20日,宋庆龄和爱因斯坦、蔡特金、高尔基、史沫特莱等国际知名人士发起成立了设在欧洲的"国际营救牛兰委员会"。1937年8月27日,趁中日战争混乱之际,牛兰夫妇逃出位于南京的监狱前往上海。
㊱ 《张志让自传》,载《文史资料选辑》(第85辑),第105页。
㊲ 《张志让任桂省府顾问》,载《大公报》(香港)1939年10月21日。
㊳ 参见《法轨》1933年创刊号之《法律学系概况》。
㊴ 《张志让自传》,载《文史资料选辑》(第85辑),第100、102页。

有四个年级，达百余人。学生刊物《法轨》于 7 月创刊，专职与兼职的师资都在此刊发一文章。张志让在创刊号发表了一篇文章《论出母嫁母与亲生子之法律关系》，[40] 此后还有《借英国法中许多希奇有趣之点来阐明法律的性质》[41]《关于私文书盖章问题之举证责任》[42]。其大名还出现在"教授中之大律师"栏目。的确，他此时成为上海律师公会的活跃分子，在筹备宪法特别研究会中起了主导作用。[43]

《自传》中没有提李登辉校长的名字。张志让在复旦的工作时间到底多久？现整理如下：1932 年至 1938 年他在复旦法律系任教兼系主任，1935 年 8 月辞去他担任多年的上海大中中学校长一职，任复旦法学院院长。[44] 从 1935 年至 1938 年他担任院长职务，因抗战开始离沪而停止。"一九四〇年夏，复旦大学当局请我回校复任法学院院长职务。"其间一直兼职开办张志让律师事务所，他以复旦教授和律师身份，参与大量社会事务。1946 年复旦回迁上海，他仍在复旦执教。1949 年新政权下，复旦改校长制为校务委员会制，他被任命为主任，与陈望道副主任搭档。1949 年 10 月他北上担任最高法院副院长，1951 年春节期间回校一次，1952 年 9 月卸任复旦校长。张志让入党《自传》中简单提及在复旦的经历，讲述他与左派教授的活动，尤其是教授联谊会的进步活动。同样，"在东吴教书时，有些当时进步的学生同我较熟"[45]。从 1932 年至 1952 年的 20 年中，张志让断断续续在复旦工作大约有 15 年。

十三、遇沈钧儒。早有律师执照的张志让，于 1928 年 3 月转入上海律师公会，同年 4 月，董康入会，5 月沈钧儒入会。[46] 三十出头的张志让与五

---

[40] 张志让：《论出母嫁母与亲生子之法律关系》，载《法轨》1933 年创刊号。张志让 1934、1935 年各有一篇文章刊登于《法轨》。

[41] 张志让：《借英国法中许多希奇有趣之点来阐明法律的性质》，载《法轨》1934 年第 2 期。

[42] 张志让：《关于私文书盖章问题之举证责任》，载《法轨》1935 年第 2 卷第 1 期。

[43] 《沪律师公会研究宪法，定期召集特别会》，载《民报》1933 年 8 月 8 日。

[44] 《吴瑞年继任大中中学校长》，载《申报》1935 年 8 月 7 日。

[45] 《张志让自传》，载《文史资料选辑》（第 85 辑），第 102 页。

[46] 《上海律师公会会员录》，载《上海律师公会报告书》1929 年第 25 期。

十多岁的沈钧儒在上海滩从此成为同袍。1936年11月，沈钧儒等"七君子"案发，他接受记者采访，谈了两个问题：一是爱国有罪乎？他说爱国是人民的一种义务——他引用意大利三杰之一玛志尼（Giuseppe Mazzini）的话说这种义务非法律上而是道德上的义务。二是如何保障和限制言论自由，他以美国拉迦狄亚氏（Fiorello Henry La Guardia）批判希特勒的言论为例，认为这是公民宪法上的权利。[47] 他的发言立场鲜明，思路清晰，表达中肯。当时，张志让已是著名律师，手头刚好有一法院指定辩护的要案——"叶海生暗杀日本兵"案[48]，第一特区法院一审判处死刑，第二分院二审维持死刑后，1937年1月初叶再向最高法院上诉，张志让为其撰写了十项理由，字数之多，报纸连载了六天。[49] 尽管办案繁忙，但张志让依然加入"七君子案"辩护团。他先被江苏高三分院指定保出史良，后来转为"七君子"之一章乃器的三位辩护律师之一，排序第二。当初21位律师推举了江庸、刘崇佑、李肇甫、俞仲骆和张志让5位代表，草拟答辩状。[50] 另一种说法来自沙千里的辩护人汪葆楫[51]律师，他在自传中写道："被告家属宴请辩护律师商讨应对办法，当推江庸、张志让、李肇甫与我同赴苏阅卷，答辩状同张志让主稿，计二万余字。"[52] 有的回忆文章说

---

[47] 培林：《张志让先生访问记》，载《长城》1937年第4卷第11期。

[48] 1935年11月9日，广东人叶海生等人暗杀日本士兵中山秀雄，被公共租界捕房抓获，张志让被法院指定义务为其担任辩护人。参见《民报》1936年10月5日。

[49] 《日水兵中山案二审判决均不甘服叶海生呈上诉理由张志让律师代撰十点呈最高法院》，载《时报》1937年1月6日。十年后，此案被上海高等法院平反，可是叶海生早已死于狱中。

[50] 刘广定：《理性之光——民国著名律师刘崇佑》，第213页。

[51] 汪葆楫（1908—2005），字叔用，七十以后号补凫，原籍安徽休宁，出生于苏州富商家庭。14岁进东吴大学附中备班。1926年春，从东吴一中离校，从孙伯南先生读经于顾氏过云楼。1929年春，入上海东吴大学法科预科。1931年秋，升入上海东吴法科一年级。1934年冬毕业，1935年6月领得律师执照，初于陆鼎揆律师事务所练习实务，继到南京路中华劝工银行聘为法律顾问，事务所即迁行内信托部。期间与沙千里律师结识，加入蚁社。1936年"七君子案"中，受沙千里委托，担任其辩护律师。淞沪会战后，停止律务，另谋营生，创办文化墨水厂等公司，直到1949年。后辞职闲居，栖邅十余年，收藏碑版。1983年春，受聘于上海文史研究馆。2005年病逝。

[52] 笔者从汪葆楫律师后人手中得到其自传及日记，名为《汪存志堂文选》（四），由汪嘉霖整理为电子版。

张志让是"二十余位律师之首",[53] 或"首席辩护律师",这个说法严重不实。"七君子"每人三个辩护律师,分工相对明确,并且当时的江庸、刘崇佑等资深法律家都出马,21 位律师中不存在"首"的问题。1949 年,在筹建最高法院初期,沈老就登门征询张志让意见,希望他考虑聘任副院长,后来沈老还在张的北京住处的楼梯上摔了一跤,诚恐和感动,使他恭敬不如从命了。

十四、遇蒋介石。1937 年七七事变后,蒋介石邀请各方面人士开庐山会议,张志让参加。与会者还有张君劢、张寿镛、王云五、江问渔等。张志让等都作了发言。1937 年 10 月 22 日中国共产党发表了共赴国难的宣言,蒋 23 日发表了一个谈话予以回应,张志让发表了《统一呼声:读蒋委员长对共产党宣言之谈话后》,评价蒋"以全国最高领袖的地位,发表这篇谈话,使我读了之后,觉得它一面完成了精诚团结的大业,一面巩固了全民抗战的基础"。[54]《自传》中说:"抗战末期,蒋介石曾组织一个'宪政实施协会',他自己为会长,有各党派负责人参加,开会时董老(指董必武——引者注)也出席,我也参加了。"[55] 这是指 1943 年的事,这个"宪政实施协会"由蒋自任会长,邀请周恩来、董必武、沈钧儒、黄炎培、王云五、傅斯年、吴经熊、钱端升和张志让等共 36 人为委员。开会讨论时,推出起草宪政实施纲要的文件,由孙科为召集人,讨论后推张志让执笔,给小组通过后提出。结果协会秘书长陈布雷看稿后,感觉不对口径,大为反感。[56] 这就是张志让任主编的《宪政》月刊创办的政治背景。

十五、遇许广平。1938 年 6 月 23 日,许广平致信张志让:"北新书局本月份版税二百元,至今尚未付来。……为此敬乞先生可否便中向北新交涉,最好连本月共付六百元,若他推托付不出,则可否减为付四或二百,

---

[53] 冯和法:《〈张志让自传〉读后记》,载《文史资料选辑》(第 85 辑),第 122 页。
[54] 张志让:《统一呼声:读蒋委员长对共产党宣言之谈话后》,载《救亡文辑》1937 年创刊号。
[55] 《张志让自传》,载《文史资料选辑》(第 85 辑),第 109 页。
[56] 姚柯夫:《张志让传略》,载最高人民法院政治部等编:《张志让文集》,第 332 页。

其余之款，嘱其写一函，交广在北京支店照支，如此他似不便抵赖……又闻天马书店自鲁迅先生逝世，其自选集等生意大佳，且闻有百余元版税待付之说……不悉可否代询一声……”(57) 可见张志让在上海做律师已经很有名。但此时张志让已经不在上海，也没有去重庆。1938 年至 1940 年之间，张志让在哪里呢？

十六、遇梁寒操。1938 年初，国民政府军委会改组，中共中央同意周恩来担任军委政治部副部长（部长为陈诚）、郭沫若为军委政治部第三厅厅长。军委政治部第三厅成立，张志让参加了“第三厅”，担任宣传处的一个科长——但实际上第三厅是个精英荟萃之地，他接触到许多文化艺术界的名流，如胡愈之、范长江、田汉、徐悲鸿、杜国庠、冼星海、夏衍、杨东荪、千家驹等等。武汉陷落后，第三厅迁至长沙，张志让担任桂林行营政治部宣传组组长，曾兼任广西大学教授，胡愈之等曾给他介绍对象，他也婉拒了。政治部主任梁寒操传达陈诚的意思，要张志让加入国民党。不久胡愈之对张志让说，你的入党之事需要解决了。因不同的原因，张志让一个党都没加入。(58) 张志让入党《自传》中说：

> 在武汉时，钱俊瑞通知我，我可以申请入党，在申请前先与秦博古一谈。我按所定时间前往秦博古的住处，传达人员告诉我，他已外出，不在家。后来他亲自打电话与我，说他那时在家，传达人员以为他不在家。(59)
>
> ……
>
> 他（梁寒操——引者注）有一次由赴重庆回部，找我谈话，“军委政治部”主任陈诚要他劝我加入国民党，他也劝我，但他补充说，如果我已另入他党，则人各有志，他也并不劝我加入国民党。我回答

(57) 管继平：《谁言身后寂寞事——许广平致函张志让背后》，载《档案春秋》2016 年第 6 期。
(58) 《张志让传略》，载武进政协文史资料研究会编：《张志让》，第 51 页。
(59) 《张志让自传》，载《文史资料选辑》（第 85 辑），第 106 页。

他说，我并没有加入什么党，但我也无意加入国民党。此后不久，宣传组就进行改组，我和几个旧同事，除一两人外，就都离开了。[60]

十七、遇孙寒冰。复旦教务长、法学院院长孙寒冰是张志让过去在复旦的同事。孙在法学院任院长，张任法律系主任，孙对张很推崇。1938年学校后撤西迁，张志让也提到"复旦迁移后方，……我仍留沪"；[61] 1940年5月26日，孙寒冰对冯和法讲，自己将赴中山大学出任文学院院长，同时为《文摘》募捐，推荐张志让担任复旦法学院院长兼《文摘》主编。不料就在次日即5月27日，日寇飞机轰炸，年仅37岁的孙寒冰教授被炸罹难。[62] 据张志让讲，1940年夏，复旦大学请张志让回校复任法学院院长并担任《文摘》主编，但他没有立即赴重庆返校，直至冬季从桂林启程赴重庆。[63] 可见，复旦并没有马上任命张志让为法学院院长，相反，复旦大学校董会于12月2日任命著名校友、副校长江一平为法学院代院长。[64]《自传》提到，"这刊物是学校已故教务长孙寒冰创办和主持的"。然后他坦陈："我虽名义上任总编辑，实际编辑工作仍全由原有人员负责进行，我只起了对内未被反动或落后分子攫取和对外有所帮助的作用。"[65] 重新担任法学院院长后，"我常到重庆，寒暑假中逗留时间更长"。张志让当年遗存的名片上印着"重庆林森路打锣巷14号三楼"。实际上，他接任法学院院长后，并没有长住在北碚，因为他是社会活动家，多数时间住在上海。《自传》印证了这一点。"沪战结束后，我撤退较许多朋友们为迟。有一天早晨阅报，知寇军已入'租界'，遂即购买船票，当日乘轮赴香港。""我由香港重登大陆，未往复旦大学所在地（指北碚——引者注），由广州径

---

[60]《张志让自传》，载《文史资料选辑》（第85辑），第107页。
[61]《张志让自传》，载《文史资料选辑》（第85辑），第102页。
[62] 冯和法：《〈张志让自传〉读后记》，载《文史资料选辑》（第85辑），第121页。
[63]《张志让传略》，载武进政协文史资料研究会编：《张志让》，第52页。
[64]《最后消息（重庆十二月二日电）复旦大学董会十二月二日下午四时举行会议》，载《复旦同学会会刊》1940年第9卷第2期。
[65]《张志让自传》，载《文史资料选辑》（第85辑），第108页。

赴武汉，同救国会朋友们集合，准备继续同大家一起进行抗战工作。"⑯

十八、遇黄炎培。前面讲到1943年，民国政府成立的36人"宪政实施协会"，黄炎培和张志让同是委员。1943年11月29日在重庆打铜街原交通银行二楼召开发起人会议，商谈《宪政》月刊创刊办法。与会者基本上是发起人，包括钱新之、黄炎培、张志让、杜月笙、戴修瓒、康心如、吴羹梅、陆鸿仪、陈时、卢作孚、杨卫玉、向乃祺等26人（出席会议的有23位发起人）⑰。会议公推黄炎培任发行人（相当于今天的杂志社社长），张志让任总编辑，又称主编。出版机构采用出版社还是出版公司，则公推钱新之、黄炎培、张志让三人商讨决定。后来决定采取股份有限公司形式，命名为"宪政出版股份有限公司"。公司成立前夕由钱新之、杜月笙、吴羹梅（上海中国标准铅笔厂总经理）、黄炎培、张志让五位先生具函通知各发起人认购股款并全数缴付银行，此后便成立公司。⑱ 1944年1月，《宪政》月刊在重庆出版，黄炎培、张志让任主编。编辑委员依笔画繁简为序排列有：戴修瓒、褚辅成、杨卫玉、黄炎培、傅斯年、章友江、章行严、陆鸿仪、陈北鸥、祝世康、江问渔、向乃祺、王芸生。发行所为"重庆张家花园五十六号国讯书店"。主持或参加《宪政》讨论的多为江浙沪一带的学者、工商领袖。黄炎培为江苏川沙县人，张志让是江苏常州人，潘光旦为江苏宝山罗店镇人，钱新之原籍浙江吴兴（生于上海），沈钧儒为浙江嘉兴人，杜月笙为上海浦东人，与黄炎培是浦东同乡，江问渔为江苏灌云县人，杨卫玉为江苏嘉定人。戴修瓒与康心如虽然不是江浙人，但都在江浙沪一带工作过。⑲《宪政》月刊还定期举行座谈会，邀请这些名人参加。为什么办刊要请企业界名人呢？当然首先是为了有经费保

---

⑯ 《张志让自传》，载《文史资料选辑》（第85辑），第106页。

⑰ 刊物的发起人在后来又有所增加，比如王云五、章乃器、胡西园等，至1945年月刊的发起人增加到37人。

⑱ 发起经过仅凭《宪政》月刊第2期封二所刊《本刊发起经过》，虽无其他史料佐证，但可视为较可靠资料。

⑲ 孙笑侠：《60年前〈宪政〉月刊的人与事》，载《法学》2008年第1期。

障，但在张志让看来还不只如此，他说"宪政与社会各界都有关系，故必须由各界都来推进，才能真正积极展开"。⑩

十九、遇周恩来。大约就在1937年10月的庐山会议上，张志让开始与周恩来有交集。1938年在第三厅当宣传科长时，张志让可能与周恩来再次交集。讲到申请入党的事，他回忆说："我在桂林的初期，周总理曾路过桂林，稍有逗留……后来在饭桌上，胡（愈之——引者注）提到这事。周总理说，现在不入党也可以，甚至还可以加入国民党，说明是要为革命的三民主义而奋斗。"1944年在重庆办《宪政》月刊，为写一系列稿件时，"周总理在桂林给我的指导一直在我的心中，我一直以原来的面貌来写作"。⑪ 从中可以看到，他是因厌恶而不加入国民党，而他没有加入共产党，是听从周恩来的意见，是革命需要。这是他政治面貌"模糊"和"隐秘"的原因。

二十、遇毛泽东。1945年8月下旬，毛泽东到重庆参加国共谈判，特意抽空会晤了复旦大学张志让、陈望道、周谷城等人。1950年复旦校务委员会副主任陈望道致信毛泽东，恭请他为复旦题写校名。函发后一直未得到回复。1951年5月复旦大学致函张志让，请他在有机会时当面恭请主席题写校名。1951年下半载，陈望道请张志让重提校名题写之事。不久，张志让转托同事请主席题写校名。很快，张就接到了毛体亲笔函，内装主席题写在白宣纸上的"复旦大学"四字，尺寸为27.5厘米×13.9厘米。张志让把上有毛体的信封自己保存了起来，⑫ 把写有校名的宣纸给了复旦大学。到60年代初，有一次毛泽东对他说："你现在还是民主人士么？你打算做一辈子民主人士啦！"他一时竟无言以对。⑬ 于是张志让就在1961年写了入党申请，也就写了这篇自传。

二十一、遇李正文。1946年春，黄炎培召集民主建国会领导人在中华

---

⑩ 尚丁：《民主宪政运动的先锋战士张志让与〈宪政〉月刊》，载《文史资料选辑》（第85辑），第152页。

⑪ 《张志让自传》，载《文史资料选辑》（第85辑），第117页。

⑫ 何稚芬：《和志让同志生活在一起的日子》，载《文史资料选辑》（第85辑），第164页。

⑬ 《张志让自传》，载《文史资料选辑》（第85辑），第119页。

职业教育社开会，请知名民主教授张志让谈形势，这是中共地下党员李正文与张志让第一次见面。是年秋，李参加张志让发起的上海各大学教授联谊会活动。1947年"五二〇事件"时，张志让在复旦领导过一场成功的"罢教"。政府给复旦施加压力，要章益校长解聘一批教授。张志让提出撤掉自己的院长职务以代替解聘三十多位教授，结果达成协议。[74] 李正文1948年起从事策反工作。当张志让知道李是共产党员之后，便主动接近，有疑难问题便向李请教。为复旦拒迁台湾，张曾对章益校长做过大量工作。1949年5月，复旦军管代表李正文接管复旦。1949年7月张志让得到华北人民政府主席董必武等人器重，受命担任复旦大学校务委员会主任。

当然，他也遇上了新中国。1949年，柳亚子、张志让二人碰巧均被安排于1949年2月28日乘"华中轮"离开香港，于3月18日到达北平。[75] 4月16日，又由柳亚子发起，在中山公园来今雨轩举行南社临时雅集，柳亚子夫妇、茅盾夫妇、邵力子、欧阳予倩、胡先骕、张志让等16人到会。张志让40年前是"来宾"，而这次则作为社友。[76] 1949年的新政协筹备会上，第四小组的任务即是拟定"中华人民民主共和国中央人民政府组织法"。在第四小组讨论中，黄炎培和张志让意识到了"民主"与"共和"的重复，他们在提交会议的一个节略中提议改为"中华人民民主国"。而清华大学张奚若却看到了"人民"与"民主"的重复，提议去掉"民主"而称"中华人民共和国"。最后，张奚若的建议得到会议的采纳。[77] 1949年10月19日，张志让受中央人民政府任命，出任新中国中央人民政府最高人民法院副院长。他不仅没有像大多数旧法人员那样被淘汰，还是当年少有的能进入新政权做官的旧法人物。这可能与他曾在旧政权底下做律师时追求进步的表现有关。

1952年9月张志让卸任复旦校长，专任最高人民法院副院长。在近30

---

[74] 李正文：《党的亲密战友——张志让同志》，载《张志让》，第24页。
[75] 钱听涛：《柳亚子早年的三位友人》，载《百年潮》1998年第2期。
[76] 钱听涛：《柳亚子早年的三位友人》。
[77] 丛日云：《解读1949年国号之争》，载《炎黄春秋》2012年第12期。

年的最高人民法院工作中，他协助沈钧儒、董必武、谢觉哉、杨秀峰等历届院长，勤恳、严谨、专业，做了大量工作。张志让这个时期最重要的贡献是明确了刑事司法标准。当时尚无刑法与刑事诉讼法，由张志让负责起草的关于"刑事案件的罪名、刑种和量刑幅度"的材料，以最高法院名义发到各地法院，成为司法量刑的参考。

二十二、遇何稚芬。张志让长期独身，以致被传"生平未与女色交接"。[78]《东方日报》曾有"八卦"称其留美期间曾与一女留学生恋爱，后来女子变心，他从此决心独身。后来董康以为张志让与史良既同乡又同业，从中撮合，史良愿意而张以终身不娶之志婉拒。[79] 年逾70的他才遇到一位叫何稚芬的武进同乡女青年，1963年3月结婚。张志让在婚前不送任何礼物给未婚妻，他说，因为怕送钱送礼会影响她选择他的目的。何稚芬出于对张志让的敬爱，不顾年龄悬殊，于1963年3月嫁给了古稀之年的张志让。婚后生一子一女。[80]

张志让在"文革"中只是靠边站，没受到大的冲击。[81] 像他这样经历丰富的人，未受冲击真是个少有的特例。据说他私底下看不惯江青，只用"三点水"来代指。在那个令人窒息的时代，他会憋气，于是"活"了下来。1978年4月26日，张志让因患癌症，不治逝世。

张志让早年当律师有正义感，敢于抗争，追随大势，在隐秘中有追求社会进步的心，而不必用激进革命的方式。这都是因为他当律师的有利身份：律师能以职业行动有序推进社会进步。但50岁之后，他的温和低调，变成了隐忍谨慎，正所谓"慎终如始，则无败事"。这样的人生，于今人看来，太不自由，没有个性，是不是太憋屈了？隐秘中生存，谨慎中摸索，克制中喘息，这是前几代知识人的典型性格，没有个性就是他们鲜明的个性。

---

[78] 《记张志让律师》，载《新无锡》1936年7月25日。
[79] 《独身主义之张志让》，载《东方日报》1940年1月10日。
[80] 何稚芬：《和志让同志生活在一起的日子》，载《文史资料选辑》（第85辑），第162页。
[81] 冯和法：《〈张志让自传〉读后记》，载《文史资料选辑》（第85辑），第124页。

何世桢——寄啸山庄,豪门何"忧"?

图 1　何世桢(1895—1972)

出身豪门的"90后"何世桢,总是一脸的忧郁。1922年从美国获得J. D.(法律博士)学位后回国,不谋就业。他在忙碌什么呢?一边创业,一边忧公。他创的是什么事业?忧的是什么公事?何世桢生平从头说起,可概括为至少六个关键词:出身豪门——追随孙文——留洋博士——创办持志——执掌法院——疑入汪伪。

作为一个满脸忧容的29岁小伙子,何世桢何以能够创办一所著名大学? 33岁担任上海公共租界法院院长的他,何以敢凭独立司法抵制高官干预?当院长时与下属吴经熊讨论案件,他为何请美国人霍姆斯当裁判?抗战期间蒋介石和汪精卫两边都要置他于死地,他蒙冤多年,真相为何?他做事有底气、傲气、正气,"气"从何而来?何世桢一生传奇,因这个法科人物的特殊性,生平资料散失,人们很少把何世桢当作法律界人士看待。为此笔者对其生平重新考证、整理，挖掘这位职业法律人一生的非凡行迹。

一、出身双重"豪门"

今天我们都知道扬州城内有一座"何园"，又名"寄啸山庄"，被称为"晚清第一名园"。园主何汝持（1835—1908），号芷舠（亦作子舠），祖籍安徽望江县，曾为国子监太学生，官至湖北汉口、黄冈、德安道台（简称"汉黄德道"），后辞官退隐到扬州，建造了这座晚清时期独具特色的私家园林。这不是一般的豪门，而是一个集自然与人文为一体的私家园林，占地面积1.4万余平方米，光建筑面积就达7000余平方米。1500米复道回廊，是中国园林中少有的景观。亭台楼榭，左右分流，高低错落，衔山环水，登堂入室，人称"回环变化之美"和"四通八达之妙"。

何汝持有三子，声灏、声焕、声润。"声灏翰林院庶吉士官主事，记名军机章京；声焕朝考用知县举于乡，改兵部郎中；声润附生。"[①] 其中二公子何声焕，生于1866年，1888年（光绪十四年）戊子科优贡，官至兵部郎中。何声焕的长子叫何世模，次子叫何世桢，三子叫何世枚[②]。中国家庭伦理中历来有所谓"隔代亲"现象，爷爷从仕宦、盐商、隐者的多重身份走来，晚年热衷于对子孙们的培养，对第三代在文化教育上产生了重要的影响。长孙何世模留日，归国后奉祖父命携资进入大清户部银行（后改称"大清银行"），成为佼佼的大股东之一，曾积极响应并认购孙中山

---

① 叶玉麟：《子舠公传》，转引自宋路霞：《何园沧桑（上）——何汝持家族五代传奇》，载《江淮文史》2004年第1期。
② 何世枚（1896—1975），字朴枕，号澹园，何世桢胞弟，先后在复旦大学和北京大学预科学习英文，1921年毕业于上海东吴大学法学院，旋赴美国密歇根大学法学院，1922年获J.D.（法律博士）学位。1923年回国，应聘为上海大学教授，兼东吴大学刑法课程。1924年，与胞兄世桢创办"私立持志大学"，任副校长兼教务长。因校长世桢忙于政务，校务则多由他承担。1931年和1937年，学校被日军炮火炸毁，但两毁两建。1941年，改行经商，建立"和康地产公司"，自任经理。一年后，公司停办，赋闲在家。抗日战争胜利后，兄弟俩在沪成立法律事务所，从事律师业务。1950年由沪迁居苏州。1951年被捕判刑3年（后平反），1954年刑满回上海，不久迁居老家扬州。1975年病逝。著作有《忏悔》《一对年青夫妇之死》等；译作有汤姆·盖伦著《当他出生时》、约瑟夫·霍普金斯著《汤姆与雅典的少女》等。

民国政府的"军需公债",是民主共和政权的拥护者。

本文主人公何世桢,号干臣,字思毅,是何芷舠的孙子,何世模的弟弟。他 1895 年出生在寄啸山庄。1896 年,他弟弟何世枚出生。"世传何氏家法,延师儒教子弟,子弟蔚起。"③ 加上长兄何世模,兄弟三人从小生长在这样一个豪门,一起读书成长,并没有成为大观园内贾宝玉式的纨绔子弟。世桢与世枚先后在复旦大学和北京大学预科学习英文,弟弟世枚比两个哥哥内秀,爱好文学,1912 年读书时就在报刊连载发表小说《无名之乞丐》。④ 三兄弟似乎在性格上就有某种分工上的悄然默契:长兄世楷外向,长大后从商;小弟明显喜爱文学,长大后从事教育;唯独二哥世桢,似乎处于更广阔却又模糊的地带,试图兼顾于各种选择之间。

1918 年,世桢、世枚兄弟进入上海东吴大学法学院学习法律。在东吴读书期间,他们就经历并参与了重大历史事件。1919 年五四运动期间,24 岁的何世桢就是组织上海学生响应的负责人之一,担任上海学生联合会评议部评议长。⑤ 当时孙中山正在上海。孙先生和宋庆龄自 1918 年 6 月底起,住进了上海莫利爱路寓所(今香山路 7 号)。五四运动期间,孙中山在埋头思考他"打破重来"的革命规划,撰写《建国方略》中的《实业计划》。身为上海学生领袖,何世桢自然有机会得以结识和追随孙中山先生,经常晋谒并聆听中山先生教诲,其才智抱负也深得孙先生欣赏。后来熟悉了,他就经常到莫利爱路孙宅学习和工作。晚上疲倦时,小伙子常在孙家沙发上瞌睡入梦,孙先生总是将毛毯轻轻盖在何世桢身上,对他如自己的孩子,深为爱惜。

出何园,入孙门,这双重的"豪门"身世,无疑成为他后来做大事的心理铺垫。1919 年,何世桢由孙中山亲自介绍加入中国国民党。

1921 年 6 月初,何世桢与弟弟何世枚在上海东吴大学法学院参加了毕

---

③ 叶玉麟:《子舠公传》。
④ 何世枚:《无名之乞丐》,连载《时事新报》(上海)1912 年 8 月 22—25 日。
⑤ "上海学生联合会评议部在事务所开常会,由何世桢主席主持……",载《民国日报》1919 年 11 月 3 日。

业典礼。这是东吴第四届法科毕业生，据当时的报道，本届学生只有四位，而何世枚与何世桢分别以本届第一和第二名的优异成绩参加了毕业典礼，并分别作了简短的致辞。⑥《民国日报》等报刊报道毕业典礼，也提到本届毕业生何世枚与何世桢，说何世桢曾先后担任全国学生会上海学生联合会及该校学生会要职。"两何"将于8月间赴美留学，他们的前一届学生陈锐霆、陆鼎揆、吴经熊等东吴法科同学将于今年秋季获美国法律博士学位。⑦

何世桢成绩不如弟弟，他有大量社会"兼职"。除学生会要职之外，还担任第一义务国民学校理事长，深受学生联合会同仁好评。他用心整肃学联干部作风，此时发觉有"赤白党"在上海冒充学生联合会干部做不正经的事，于是他写信给《民国日报》的邵力子，商讨如何通过登报来揭穿这个事实真相。⑧ 同年弟兄二人赴美国留学前夕，义务国民学校举行欢送会⑨，该会新旧同人特于7月9日举行公宴欢送何世桢。上海《申报》对此作了报道："上海学生联合会理事长何世桢君，系此次东吴法科大学毕业生。何君两年来担任上海学生联合会职务，不惟办事才能为各界所称许，其精神毅力该会新旧职员皆所钦服。何君兹定于下月起程赴美留学。故该会新旧同人昨特公宴何君于一品香花厅。"到会者有裴国雄、蒋保鳌、潘公展、费公侠、孙镜亚、唐世昌等40余人。由裴国雄主席发表对于何君离国之感想，然后由何世桢演说，大旨谓两年来学生会于经济上颇感痛苦，深望同人于此设救济方法，俾本会得稳固之基础，云云。次列席者相继作滑稽演说，直至九时半。⑩

何氏兄弟大约1921年10月到达美国。到11月初，何世桢即有电文发回上海《申报》，介绍太平洋会议关于减少军备和远东问题的正当解决之

---

⑥ Four Graduate at Comparative School of Law, *The China Press*, June. 26. 1921, p. 8.
⑦ 《东吴法科第四届毕业》，载《民国日报》1921年6月21日。
⑧ 何世桢、韩宇恒、力子：《通信：游戏场中的真假学生》，载《民国日报·觉悟》1921年第4卷第14期。
⑨ 《义务学校欢送何世桢》，载《民国日报》1921年7月3日。
⑩ 《上海学生会欢送何世桢赴美》，载《申报》1921年7月10日。

动态。[11] 1922 年 9 月发表《合法国会究竟在哪里》,[12] 10 月 10 日"国庆节",何世桢在《民国日报·国庆增刊》发表的《问国民》一文,说民国已 11 年了,"民治两字,做到了没有?"认为不能怪武人政客,而要国民自觉认识到平等与权利,这种权利就是生命、自由和幸福……同日,他有一篇关于劳动法草案的长文发表在《申报》,大谈劳动契约规则、工人劳动待遇、工人权利、女工权利、争执仲裁、抚恤规则、劳动保障等等。[13]他还有篇关于世界各国劳动法发展趋势的文章发表在《农商公报》。[14] 一个"富二代"竟然会关心工人的劳动,可知这个年轻知识人的志趣抱负确实不同凡响。他这一年的美国 J. D.(法律博士)学习就是这样度过的。1922 年 8 月兄弟俩双双以优异成绩毕业于密歇根大学法学院并获 J. D. 学位后回国,成为当时有名的"兄弟洋博士"。但兄弟俩性格爱好不同,弟弟爱好读书,选择从教,不愿追逐于宦海。

何世桢回国后更加活跃,我们来看看他忙到什么程度。兄弟俩均在上海东吴大学法学院执教刑法学,[15] 1923 年 3 月底到会审公廨,在会审官关炯及副领事面前正式加入并担任律师。[16] 5 月 24 日兄弟二人首次加入上海律师公会,[17] 在卡德路 9 号设律所,何世桢还在闸北上海大学兼任英文系主任。何世桢律师曾于 1923 年代表中国上海、南京和苏州三埠律师公会,带了所写的论文参加在菲律宾马尼拉召开的国际律师协会学术会议,于 8 月 3 日启程出席国际律师协会第三次会议。当时出国是一桩盛事,因此很受人关注,媒体竞相报道。值得一提的是,是年 7 月 29 日晚,律师界举行晚宴欢送何世桢,国会代表褚辅成、顾维钧和律师界同袍及 20 余团体

---

[11] 《何世桢美国通信》,载《申报》1921 年 11 月 2 日。
[12] 何世桢:《合法国会究竟在哪里》,载《民国日报》1922 年 9 月 2 日。
[13] 何世桢:《劳动法规草案大纲并说略》,载《申报》1922 年 10 月 10 日。
[14] 《劳动法规说略(侨务五十七期何世桢)》,载《农商公报》1922 年第 9 卷第 5 期。
[15] 王伟:《中国近代留洋法学博士考(1905—1950)》,第 73 页。
[16] 《新加入会审公廨之两律师何世桢、何世枚》,载《申报》1923 年 3 月 30 日。
[17] 《本会纪事》,载《上海律师公会报告书》1923 年第 11 期。

出席欢送会。⑱ 他在菲律宾律师大会上发表演讲，题目是《法律与商业》，阐明法律的精神，并讲述商业与商业法在中国的必要和发展趋势。此次演讲稿全文刊登在《申报》。⑲ 何世桢于 8 月底自菲回国，恰逢徐谦离沪赴粤，徐何二人同赴徽宁同乡会为他们举行的交谊会，既欢送又欢迎。《申报》《民国日报》和《时报》均作了报道。⑳ 8 月 31 日，上海学生联合会第一义务国民学校主任裴国雄因病亡故，何世桢在其家中召集"季社"会议商讨裴之善后事宜。㉑ 1923 年 9 月曹锟贿选不久，就是"双十国庆节"。何世桢再度发文《我对于国庆纪念的疑问》，猛烈抨击政治生态，指责"军阀横行，政客营私，卖国是他们的惯技，贿赂是公开的秘密，人民的生命财产，没有丝毫的保障，人民的脂膏，差不多都搜括净尽，全国都在武力政治之下，暴力的专制，比那君主的专制，还要厉害。共和国家，做主人翁的人民，比做君主的奴隶，还要痛苦，难道这就是国家的利益，人民的幸福么？"何世桢在文章最后建议取消国庆节，"要使人知道武昌起义、革命并没有成功。我们要继续做先烈没有做完的事业，打倒一切民治的障碍，革除一切恶势力！"㉒ 1923 年至 1924 年他还在上海面向市民开设宪法与政治学的系列公开课，㉓ 在《民国日报·觉悟》发表《全民政治》一文，通过法律比较，赞成并支持孙中山的"全民政治"观点。㉔ 他还经常执行孙中山亲自交付的任务，担任孙中山的法律顾问。孙中山有很多日

---

⑱ 《欢送何世桢博士志盛》，载《求是新报》1923 年政治号。
⑲ 《何世桢君等之演讲》，载《申报》1923 年 11 月 28 日。
⑳ 《徽宁同乡会之交谊会欢送徐季龙欢迎何世桢》，载《申报》《民国日报》和《时报》1923 年 8 月 31 日。
㉑ 《季社讨论裴国雄身后问题今日下午三时在何世桢住宅开会》，载《申报》1923 年 8 月 31 日。
㉒ 何世桢：《我对于国庆纪念的疑问》，载《民国日报》1923 年 10 月 10 日。
㉓ 《暑期讲习会今日讲全民政治　何世桢博士主讲》（讲座海报）载："7 月 23—27 日，每天上午 9 点至 11 点在新重庆路庆余里民国女子工艺学校。"载《民国日报》1923 年 7 月 23 日。参见上海大学编委会：《20 世纪 20 年代的上海大学》（上），上海大学出版社 2014 年版，第 119 页。
㉔ 《民国日报·觉悟》1924 年 7 月 22 日。参见上海大学编委会：《20 世纪 20 年代的上海大学》（下），第 908 页。

本朋友，有些就由何世桢代表孙中山和日本友人保持联系，其中不乏日本政界要人。

1924年1月，中国国民党第一次全国代表大会在广州召开，上海选出十人，孙中山先生亲自指定何世桢为上海三名党代表之一。大会期间，何世桢与廖仲恺、李大钊、毛泽东等人担任党章审查委员会委员，一起共事。此次大会后，何世桢受委任上海大学学长（相当于教务长）。有个小插曲，据说上海大学校长于右任希望孙中山把上海大学改为党办的学校。孙中山答道："可以，但要由党派人去办。"于右任听了不悦，以为孙中山不信任他。过了几天，大本营发文委任何世桢为上海大学学长，于右任看了大笑："原来是他，先生何以不早说？"上海大学和黄埔军校作为当时著名的革命学校，一文一武，有"文有上大，武有黄埔"之称，是国民革命的左膀右臂，两校作为当时高校的杰出代表为国民革命输送了大量的人才。[25]国民党中央派出机构上海执行部召开第三次执行委员会议，决定黄埔军校招生事项，实际由毛泽东具体负责黄埔军校上海地区考生复试工作，招生地点就位于环龙路44号（今南昌路180号）的上海执行部办公地内，上大也曾作为军校笔试的考点。[26]同年2月25日中国国民党中央委员会上海执行部召开第一次执行委员会议，3月1日正式在上海环龙路44号办公。5月，国民党在上海建立执行部，何世桢任上海执行部青年部秘书，参加上海执行部的除国民党人叶楚伧、邵力子等人外，因国共合作，还有共产党人毛泽东、邓中夏、向警予、恽代英等。毛泽东时任上海执行部组织部秘书兼代理文书科主任。1924年5月5日，国民党上海执行部在莫利爱路孙中山寓所举行庆祝孙中山先生就任非常大总统三周年纪念活动，并合影留念。

---

[25] 王伟、任飞：《上海大学与黄埔军校：国民大革命的"左膀右臂"》，载《学理论》2013年第15期。

[26] 方宁：《共产党人在国民党上海执行部》，载俞克明主编：《现代上海研究论丛》，上海书店出版社2010年版。

图 2 何世桢与国民党上海执行部同事在孙中山寓所合影。第三排左起第二人为毛泽东、第八人为恽代英、第九人为邵力子；第二排左起第七人为何世桢；第一排左起第一人为邓中夏、第五人为张继、第七人为汪精卫、第十人为向警予

1924 年，何世桢兄弟二人双双入选"中国斐陶斐励学会"（Phi Tau Phi Scholastic Honor Society of China）东吴大学分会会员，同时入会的还有杨永清（后任 1932 年第二届董事会委员）、陈锐霆、蒋保釐、吴经熊等。"斐陶斐励学会"是由 1921 年北洋大学爱乐斯（J. H. Ehlers）教授发起的全国励学会，Phi Tau Phi 代表哲学、工学、理学（Philosophia, Technologia, Physiologia）三种学术，"以奖进学业、鼓励研究集合智能分子共谋学术之推展与促进高等教育及研究机关之联络"。[27] 第一届董事会于 1922 年 5 月 4 日在上海青年会成立，推选东南大学校长郭秉文为会长，唐山交通大学教授李斐英、燕京大学校长司徒雷登为副会长，圣约翰大学教授牛惠生为总干事，委员有金陵大学校长包文、南开大学校长张伯苓和圣约翰大学

---

[27] 《中国斐陶斐励学会章程》第 2 条，载《中国斐陶斐励学会》（手册），1936 年 5 月刊印。

校长卜舫济。1923年东吴大学设立斐陶斐分会，校长杨永清任会长。[28]

1924年11月，孙中山由广州北上前往北平，途经上海时，专门约见上海的国民党青年党员，再次详述了其"联俄、联共、扶助农工"三大政策，要求青年党员转变对共产党人的态度。此次在与何世桢谈话中，除了聊政治之外，孙中山推心置腹地对何世桢的政治道途寄予厚望。这是孙中山生前最后一次当面教诲何世桢。就在这次面晤中，孙中山对何世桢即将展开的独立创业之举表示赞赏与鼓励——此时，何世桢与弟弟何世枚正在筹办"私立持志大学"（今上海外国语学院的前身）。兄弟二人继承祖父何汝持的遗志，启用何汝持留存的资金，于1924年10月在上海体育会西路灵生校址创办"私立持志大学"。11月初设持志大学筹备处。[29] 1924年12月，何世桢辞去上海大学学长职务，准备投入他毕生最看重的事业。

二、创办持志大学

何世桢确定"持志"作校名，无疑是立意于祖父之名字——"汝持"，从中可以读出何世桢继承祖父遗志的决心、专心和恒心。"持志"又寓意秉持志向——从文献依据上讲，来自南宋朱熹"六大读书法"[30]中所谓"居敬持志"。何世桢、何世枚按照礼的传统，郑重地将祖父何芷舲尊为创办人，父亲何声焕尊为继志创办人，何世桢担任第一任校长职务，何世枚任副校长、教务长兼附中校长。当时，居正、于右任、孙科、蔡元培、何应钦、刘海粟等政界要人和社会文化名流，都曾为持志大学题词。持志大学校训为"好学近乎知，知耻近乎勇，力行近乎仁"。持志大学学生唱的校歌里，三次重复"读书非为己，学问无所私"。那么读书和学问是为什么呢？为社会，为国家，为民族。这就是持志所持之"志"。这歌

---

[28] 《中国斐陶斐励学会》（手册），1936年5月刊印。
[29] 《国内教育新闻汇编（十三年十一月）》："上海持志大学设筹备处（二日消息）"，载《新教育》1924年第9卷第5期。
[30] 朱熹"六大读书法"，即循序渐进、熟读精思、虚心涵泳、切己体察、着紧用力、居敬持志。

词出自何世桢的友人、南社诗人叶楚伧为持志大学创作的校歌:

> 读书非为己,学问无所私。人群导师,苍生衣被。持我此志,努力社会无穷期。读书非为己,学问无所私。发扬国光,纲纪政治。持我此志,努力国家无穷期。读书非为己,学问无所私。洋洋大同,皇皇汉裔。持我此志,努力民族无穷期。

图3 持志大学一周年纪念

持志大学先有英文学系一、二、三年级之设,后设国文专业。何世桢为持志大学奠定精神、设置专业之外,就是利用他的影响延揽名师。叶楚伧任中文系主任,孙邦藻任英文系主任,夏晋麟任政治系主任,商科主任为童逊瑗,后由李培恩担任主任。㉛ 南社诗人陈去病、文字训诂学家胡朴安(后担任系主任)和姚明辉、作家曹聚仁、历史学家卫聚贤、南社社员闻宥和周伯勋、报人俞颂华、医学家陆渊雷、国际篮球裁判舒鸿等都加盟持志大学。㉜ 1925年经得灵生主人同意,新建校舍一幢,可容400人。1926年英文系第一班毕业,得美国各大学认可,有学生赴美国留学得博士学位。1927年,持志聘张继(国民政府委员、国史馆长)、黄宗汉(黄兴

㉛ 《校史》,载《持志年刊》1928年第3期。
㉜ 俞可:《何世桢:持我此志而努力教育》,载《上海教育》2013年第9期。

夫人)、陈去病、钟明志（居正夫人)、何世模等何氏三兄弟共七人为校董。[33] 持志重视学生校园生活，校风活跃，活动丰富，因校长兄弟与东吴法科的渊源，常与东吴法科举办篮球赛，声势旗鼓相当。[34]

由于持志大学校长何世桢和教务长何世枚都是法律科班出身，因此，1927 年持志大学自行增设法科，待立案，由校长何世桢亲自主事，第一年招生即达到近百人。法科教授皆为上海第一流法学家。[35] 由此，法科成为持志的学科特色。教育部核准持志法科立案时间为 1931 年 7 月。因法科是特许专业，司法院于 1932 年 11 月经咨考试院、教育部，批准持志大学设法科法律系，[36] 法科分法律、政治和商学三系。[37]

何世桢有端正儒雅的人格魅力，能感召海归同仁加盟。比如年仅 24 岁的杨兆龙刚刚担任上海公共租界临时法院及上诉法院推事，旋即被何世桢校长聘为该校教授，且被委以教务长之重任。持志大学侧重英美法，民商法方面有汪翰章教授，但欧陆法特别是罗马法的师资也很强。1932 年获鲁汶大学罗马法博士学位的路式导 (Dr. S. D. Road，参见周枏专篇注 46)，回国后曾在持志大学担任夜班教授，后曾任持志大学法语兼罗马法教授。[38] 鲁汶大学法学博士陈朝璧 1933 年回国，被何校长聘入持志当教授，受何校长激励，他在持志撰写了《罗马法原理》。[39] 1934 年比利时鲁汶大学法学博士周枏（参见专篇）在持志大学法律系讲授日班课，用一年多写成一部 30 余万字的罗马法讲义，当时未能出版的此书，即后来的经典《罗马法原论》。

1926 年五卅运动中，宋庆龄召集各界代表成立后援会，指定何世桢为

---

[33]《校史》。
[34]《东吴法科与持志之篮球赛》，载《时报》1925 年 4 月 27 日。
[35]《校史》。
[36]《司法院咨字第四三号（二十一年十一月十六日）》，载《司法院公报》1932 年第 47 期。
[37] 1939 年教育部高等教育司编印:《全国公私立专科以上学校一览表》，第 15 页。
[38] 据持志大学资料记载，路式导曾任持志大学法语兼罗马法教授。1949 年时，其身份为持志大学教务主任、政治系主任。参见《持志年刊》1933 年第 8 期;《法政学院三十八年级毕业纪念刊》1949 年纪念刊。
[39] 俞可:《何世桢:持我此志而努力教育》。

法律组副主任。1926年，何世桢名列于声援胡汉民、反对蒋介石之通电中。1927年当选国民党中央执行委员会委员兼民众运动指导委员会委员。1928年，任安徽省教育厅长。1929年担任上海公共租界上诉院兼临时法院院长等职，[40] 由此退出律师公会。1931—1936年，何校长还一直是胡汉民反蒋驻沪办的负责人。[41] 1932年，国民政府委任他担任司法行政部政务次长，新闻都出来了，但他声称对政治并不感兴趣，还是要兼任持志大学校长。[42] 据说后来他仍然拒绝接受这一任命。

世桢校长主持校务大政，因忙于国事政务，日常校务则多由弟弟世枚承担。世枚热心于教育，不喜欢社会事务，更避免从政。他全力配合哥哥，不仅主持全校事务，还兼管持志麾下的中学，又要打理好何氏律师事务所，实在令人称叹。何氏兄弟虽然专攻法科，但他们堪称爱国教育家。1928年5月25日，何世桢受持志大学学生邀请，发表抵制日货的演说，由学生记录下来，冠以"我们的努力：抵制仇货"的标题，发表在校刊《持志》上。他谈了三点：抵制日货要竟力实行，消极抵制之外还要积极提倡实业，研究种种外交国际问题以谋达到收回关税的目的。他鼓励学生参与爱国行动，并阐明了一个道理：抵制日货只是头痛医头、脚痛医脚，正本清源的救国方法，是要我们用九牛二虎的力量，收回关税权。[43] 30年代初，兄弟二人都撰文反对日本侵略行径。如何世枚的《谈谈东北的商租权问题》，[44] 何世枚曾有一篇文章，提到上海的工商业环境"本不甚适宜于办教育，市尘的喧哗，繁华的引诱，使青年学子不能安心攻读和作德性的修养"，基于此，他主张学校的环境与设施建设要充足和完备，发挥学生多方面的兴趣，包括研究探讨、学生社团、体育比赛、文学刊物、艺术戏剧等等设施。[45] 这样的见解反映了何氏兄弟的办学理念，迄今仍有价值。

---

[40] "职员一览表"，载1934年《上海持志大学同学录》（民国二十三年）。
[41] 何祚榕：《被"选"入汪伪中央的何世桢是爱国者》，载《炎黄春秋》1996年第1期。
[42] 维摩：《记新任司法次长何世桢博士》，载《上海画报》1932年第778期。
[43] 何世桢：《我们的努力：抵制仇货》，载《持志》1928年第1卷第2期。
[44] 何世枚：《谈谈东北的商租权问题》，载《民力》1931年第1卷第9期。
[45] 何世枚：《上海大学生的学校生活问题》，载《上海教育界》1933年第3期。

所以持志创办后不久即有《持志年刊》，有三位学生参加了第七届远东运动会，为国增光。私立大学之所以能立足沪上，完全是因为办学者不但不功利反而更求诸办学质量和特色。持志大学在短短几年中就成为沪上名校。

可是，难料世事接踵而来。1930 年 12 月何氏兄弟的父亲逝世。同年，因无理工科，持志大学易名为"持志学院"。在这一年，持志名誉校董胡汉民被蒋介石囚禁。国民政府教育部与上海特别市党部企图接管持志，因校内许多名教授反对而未得逞。"中统"还派了一些"职业学生"打入持志，妄图鼓动风潮破坏学校，有的甚至用手枪威胁女生。何世桢坚决将他们开除出校。1931 年，日军进攻上海，持志学院首当其冲，被日军占领，成为战火连天的战场，七年心血毁于一旦。1931 年沪战后，何世桢又筹措经费，于上海东体育会路（今水电路广灵二路西首）重建校园。这年秋，持志学院迁入新舍复课。抗战期间，持志大学遭遇难以想象的惨痛命运，但是兄弟俩仍然坚持不懈，在艰难的岁月中，硬生生地把持志大学办了下去。到 1933 年，师资阵容相当整齐，以法科为例，有刑法教授周定枚、俞承修、宗维恭，继承法教授钟洪声，罗马法教授路式导，民法与商法教授汪翰章，破产法教授王去非，施霖法官从浙江省高院辞职来沪从业律师，即被聘入。㊻

何氏兄弟熟悉的法科，办出了特色，培养了大批优秀法律人才，短短几年工夫，持志成为沪上名校，堪称教育史上的奇迹。持志法科在当时声望可与东吴法科相抗衡，㊼ 或者说直逼东吴。由于持志法科毕业生在上海滩很有作为，当时上海律师公会 1300 名律师中，以东吴大学、持志大学、上海法政学院和上海法学院四校毕业生居多。1927 年，东吴大学法学院学生倪征𣋉因申请赴美攻博而需第二学位，便求助于正在该校担任刑法兼职教授的何世桢。何老师随即为倪征𣋉入学持志大学提供了便利。1928 年

㊻ 《持志大学教职员名录》，载《持志年刊》1933 年第 8 期。
㊼ 维摩：《记新任司法次长何世桢博士》。

夏，倪征𠷠终于持东吴法学院和持志大学双学士学位，顺利赴美求学。[48] 持志大学的其他学科也出了许多著名校友，如著名作家徐迟（1924年入持志附中）、著名翻译家傅雷（1926年入学）、爱国华侨李其雄（1926年入暨南大学后转入）、科学史家胡道静（1928年入学）、陕南红军创始人陈浅伦（1928年入学）、柔石女友暨左联五烈士之一的冯铿（1929年入学）、中国现代舞蹈之父吴晓邦（1929年之前在持志）、海运教育家茅珵、文献学家顾廷龙（1931年毕业）、表演艺术家舒适（1936年从复旦转入持志法律系）……[49]

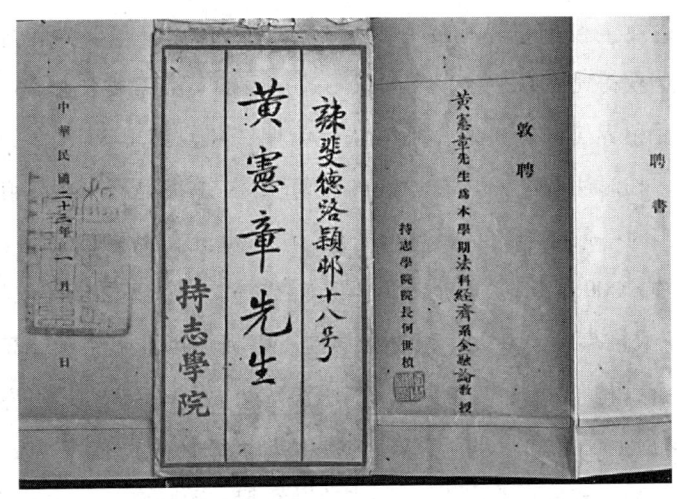

图4　何世桢校长民国二十三年（1934）一月签发的持志学院聘书（然否斋藏）

三、出任法院院长

1928年4、5月间，时任持志大学校长的何世桢，忽然接到政府司法部代表秘书长皮浩白和江苏省政府主席钮永建发来的电报，要他即去南京，有事面商，他就去了。原来，上海公共租界临时法院兼上诉法院前院

---

[48]　俞可：《何世桢：持我此志而努力教育》。
[49]　俞可：《何世桢：持我此志而努力教育》。

长卢兴原，因"庇护共产党徒"而被查，[50]后来以"违背并废驰职务"名义于1928年7月被法官惩戒委员会免职。[51]此院地位很重要，院长位置不能空缺。他们是要何世桢出任上海公共租界临时法院院长。

当时何世桢挂名担任安徽省教育厅厅长，因久病告假由他人代理，但未开缺，因此他表示不愿意就此新职务。他们一再敦劝，并说明苦衷，务要帮忙。何世桢就打消原意，接受了这个任务，同意担任公共租界临时法院院长兼上诉院院长，[52]1928年8月6日举行了就职典礼。[53]

上海公共租界临时法院的成立是收回治外法权运动的一个阶段性成果。但是它在主权上仍不彻底。它是基于江苏省政府与公共租界当局协定，名义上获得司法自主权，实际只不过是收回了人事委任权，临时法院本身还是受租界工部局控制。临时法院为期三年，到1930年3月届满后另行商议。临时法院因此具有"特殊身份"，其工资也高于中国政府官员的标准。当时一般政府官员最高待遇是月薪800元，但临时法院书记官长的月薪就有1200元，超过政府特任级达50%。院长是1400元，庭长是720元，正式推事是600元，候补推事是300元。因此，引起一班京官的眼红和钻营，他们"纡尊降贵"，宁愿谋求外放到上海公共租界临时法院。[54]何世桢上任不久，即有众多来贺或宴请者，何院长有一答友人私函，婉转申明立场，被报刊登出来，云："殷勤致贺，助励有加，珠玉缤纷，落自九天之上……惟是华洋并筦诉讼称繁，既须拥挤法权，尤应扫除弊害，履冰致惕覆悚堪虞，所望箴导，常施遵循有自，尤为馨香祷祝者也。"[55]

何院长履新后，以他个人魅力召唤了不少司法人才。其中包括与他曾

---

[50]《政府训令第五号（中华民国十六年十月四日）》，载《国民政府公报》（南京1927）1927年第1期。

[51]《苏省政府宣布卢兴原免职案由》，载《法律评论》（北京）1927年第5卷第22期。另参见《公字第六号（中华民国十七年七月十四日）》，载《司法公报》1928年第16期。

[52]何世桢：《记上海公共租界临时法院》，载上海政协文史资料工作委员会编：《文史资料选辑》1980年第4辑。

[53]《何世桢明日就职》，载《中央日报》1928年8月5日。

[54]何世桢：《记上海公共租界临时法院》。

[55]《上海临时法院院长何世桢答陆文中函》，载《联益之友》1928年第88期。

经擦肩而过的前民庭推事吴经熊——1928年4月底从临时法院辞职。他是何世桢在东吴法科和密歇根的师兄,何世桢当然对其水平深信不疑,特请江苏省政府任命吴经熊为上诉院刑庭庭长。因此吴经熊在短暂离开后再次回院工作。后来就接连发生了他们二人搭档的精彩故事。依恃临时法院的特殊环境和特殊条件,何世桢十分重视个案的司法质量,想以临时法院在司法界树立民主与法治的楷模。在此,我们既看到何世桢执掌上海临时法院后的崭新风貌,又可以看到留给我们后人许多有历史意义的永恒话题。

其一,坚持司法独立原则,依法"顶撞"行政干预。何世桢上任后就声明司法独立原则。这一方面是出于自己作为法律人的理念,另一方面可以借此树立新的法院形象、防范各方干预。

客观上,在临时法院这种华洋兼管的格局中,独立审判反而有了施展的空间。何院长对一些官方交办的"特殊"案件敢于顶撞,甚至对如日中天的蒋介石交办的事,也敢违抗。某次,蒋想救一个犯绑票罪的军人朋友,何院长不仅不按蒋的指示移交,反而依法把他给枪决了。[56] 另一次,在涉及28名政治嫌疑犯的案件中,国民党怀疑他们是共产党人,要求移交上海特别市公安局,临时法院承办法官已同意移提。可是上诉法院何院长和刑庭庭长吴经熊合计后,二人认为本院有权管辖、受理此案,作出裁定,不同意移提,发回临时法院。最后28名人犯中,27人以证据不足,宣告无罪。[57] 不久,蒋中正来电报,限何院长三天内亲自把28名人犯押解到南京去。但何院长早有防备,为免意外,在夜晚趁军警不上班时间,把27名人犯释放了。老友叶楚伧为何世桢担忧,出面调停,劝他把责任推给承办法官,何说:"我是法院院长,审理虽由陈,执行还在我,不能把责任推给他。"何世桢拒绝蒋中正干预临时法院司法的案例有多起,因此种下后来国民政府对他"明令查办"的根子。[58]

---

[56] 何世桢:《记上海公共租界临时法院》。
[57] 何世桢:《记上海公共租界临时法院》。
[58] 何世桢:《记上海公共租界临时法院》。

其二，撇开办案质量就无法从根本上树立司法权威，法院"公信力"不只从外部树立形象，还要从内在品质上去修炼。

新局面下的临时法院，除了体制改革走向"独立性"之外，内部优化提高办案质量同样重要。何世桢院长与吴经熊庭长为办案意见不同，有过一次笔墨官司：一起汽车交通肇事案，汽车车主雇佣的司机肇事，捕房对肇事司机提起刑事诉讼，被害人提起附带民事诉讼。当时还没有颁布民法，因此车主是否要对司机的过失负责、对被害人负民事赔偿责任的问题，无法可依。吴经熊主张：司机有捕房准许登记的（驾驶）执照，因此司机有过错，车主不应负任何责任。吴经熊的主张显然是基于古典民法过错责任原则的观点。何世桢的观点是："汽车是社会文明的产物，因此享受者应当对社会负责，对汽车司机肇祸，车主应负赔偿责任。"⑤ 在何世桢看来，这是社会法律哲学的观点。当年这一思想传入中国不久，而何世桢在法哲学上有造诣，还著有多篇法哲学的论文。⑥ 何院长思考的是很前沿的问题，他考虑现代工业文明风险产生的社会责任问题，在当时的确是个社会利益的问题。何院长和吴庭长讨论案件，司法高手过招，以法哲学来"说事"，这种状态反映了上海临时法院在司法界的新局面和高水平，中国司法曾经也可以有这样的新风，令人感叹！

更有趣的是，何院长与吴庭长就此案观点，各执一词。他们约定各自写出论点译成英文，寄给大名鼎鼎的美国联邦法院的赫姆司（Justice Holmes），即霍姆斯大法官，请他评定。结果呢，年近90岁的霍姆斯居然回信了！结论呢？霍姆斯在回信中同意了何世桢的观点。"当时我也以赫的'一言九鼎'而感到高兴，认为是自己的胜利。"⑥ 的确，此案涉及现代民法或经济法的归责原则之精神的变化，在新兴技术发达的时代，法律

---

⑤ 何世桢：《记上海公共租界临时法院》。

⑥ 何世桢在法学领域主要研究法理学—法哲学，其论著如《近代法律哲学之派别和趋势》，发表在《东方杂志》1929年第26卷第1期。后收入吴经熊、华懋主编的《法学文选》，上海会文堂新记书局1935年版。其《法律哲学概要》（1928年11月21日在俭德储蓄会学术演讲社所作演讲，由胡传厚记录）载《俭德储蓄会会刊》1930年第1期。

⑥ 何世桢：《记上海公共租界临时法院》。

上的民事责任和行政规制也应发生变化。

笔者曾查询到1927年何世桢尚未出任临时法院院长时吴经熊承办的一个案件，即上海临时法院民事判决（民国十六年A字第6587号）涉及"使用主于被用人执行业务时所致损害之责任"。[62] 目前不知此案与以上何吴二人讨论的案件是不是同一案件。如果是同一案件，则说明二人讨论的是已决案件，何世桢出任院长后还在关注已决案中的法理问题。

无论如何，这件事说明何世桢是位善于在法律问题上探索真理的法科知识人。因此何世桢会说这则花絮"大可发人深思"。审判就是学术被移到法庭，正如拉德布鲁赫所谓："不容许在是非真假上用命令插手干预。'学术自由'被用于实际的法律科学时，即成为'法官的独立性'。"[63]

其三，与西方人的交涉不是靠鲁莽强硬，而是从规则与法理上开展交涉。

法律上租界当局对何世桢院长坚持司法独立，态度上倒是给予支持。但涉及洋人利益时，他们也会干涉司法审判。当时各国领事对审判实行"观审"，不同国家的驻沪领事分别在五个庭"观审"。有个荷兰副领事范登堡干涉第五庭审判，当庭写条子给推事说，要把出庭律师开除出律师公会。何院长得知情况后表态：第一，被告律师在法庭上陈述意见，是他的职责所在，别人无权干涉。第二，律师在法庭上陈述意见，并不是向观审领事讲话，即便有冒犯，也不能对观审领事负责，观审者只有观察，没有发言权。第三，律师资格的取得与剥夺，完全属于中国法院行政职权范围，外国人不得干涉。该领事不服，挟持领事团出面交涉。僵持不下，何院长运用司法行政权，果决地关闭第五庭，实际上剥夺了他的观审权，让

---

[62] 吴推事在判决中强调了一点，"使用主于选任被用人及监督其事业已尽相当之注意者……不应令其赔偿损害"，并强调本案"被告既已证明已尽相当之注意自不应令其赔偿损害"。吴经熊的意思是说，车主尽到注意义务，则可免责。参见《新判例：民事：使用主于被用人执行业务时所致损害之责任：上海临时法院民事判决（十六年A字第6587号）》，载《法学季刊》（上海）1927年第3卷第5期。

[63] 〔德〕拉德布鲁赫：《法学导论》，米健等译，中国大百科全书出版社1997年版，第101页。

荷兰领事无庭可"观审"。最后领事团知道法理上讲不过何院长，又不肯撕破法治和司法独立的表皮，只好请美国领事出面，代表领事团向临时法院道歉，收回了范登堡的无理要求。[64]

众所周知，吴经熊因1929年7月审判墨西哥大赌徒"茄西亚"案而一案走红，闻名于上海滩。然而此案的背后，却离不开院长何世桢的大局谋划和坚定支持。因为何院长试图借向茄西亚开刀，以警戒当时的不法赌徒，并借机收回墨西哥在华的领事裁判权。根据1889年《中墨商约》，墨西哥在华享有的领事裁判权，本应在1928年11月30日期满失效。但一直拖延处在待定状态，到1929年11月，两国外交人员还在交涉之中。因此，本案还属于对"有约国"刑事被告的审判，这在临时法院设立后尚属首次。[65] 在被告方的疏通、中外要员的干扰、外国舆论的监控下，该案就是一个树标杆的大案，要处理好难度很大。吴经熊在个案中"宁愿依法办理，绝不有所顾忌而委曲了法律的尊严"，而院长何世桢无疑在背后为吴经熊抵挡了外力的干预。支持法官独立办案的同时，他有整体格局，因此才有了7月25日的"茄西亚"案的公正判决，也才有了11月12日中墨交涉中达成的结果——墨方自愿放弃在华领事裁判权。可是"茄西亚"案判决后，何世桢院长迅即提出辞职，8月6日就上了省府会议。[66]

那么，他辞职原因是什么呢？何世桢为人很低调，但当时一些大小报刊对他很感兴趣。早在1928年就有小报善意调侃何世桢连上海地痞黑话"白板对煞"都不懂，然后评论说"其居海上，不为不久，顾能守如玉。狎诡之言，无由入耳"[67]。《晶报》于1929年说何世桢"办华洋案件，风棱棱"。[68] 这些虽是小报，却反映了何氏在沪上的口碑。

儒雅低调的何世桢，为贯彻"司法独立"精神，却能多次得罪国民党

---

[64] 何世桢：《记上海公共租界临时法院》。
[65] 郑志华：《超越东西方的法哲学家——吴经熊研究》，浙江大学出版社2012年，第34页。
[66] 《何世桢辞职将照准》，载《中央日报》1929年8月7日。
[67] 不驼：《不知白板之何世桢》，《骆驼画报》，1928年第47期。
[68] 何世桢：《记上海公共租界临时法院》。

中央大员。沪上有小报报道称何院长"辞职真因，言人人殊。据可靠消息，何本一学者，办事主实事求是，故对领团方面、于美领观审异议案，及律师停职案，均能据理力争，故在领团方面，一方固觉其不易与，一方则又不能不佩其持正不阿也。惟何近日以精神欠佳，颇觉烦剧不易应对，故拟为急流勇退计，领团方面，闻何辞职之消息后，曾有某领以非正式之私人意见，向法院方面探询何氏辞职之真因，似疑其不若辞职书中之简单者，亦可见领团对何氏之钦仰"[69]。

1929 年 8 月何世桢呈请辞职完全是因为多次坚持和多次"得罪"。在辞去院长一职后，他推荐吴经熊继任，结果得到了江苏省政府的批准，1929 年 8 月 23 日吴经熊正式就职。何世桢宁愿引退办持志、做律师，也不愿在这种法院里当院长，显示了何世桢的傲气和正气。1931 年上半年，他继 1923 年首次加入律师公会后第二次入会，再次成为律师。[70] 后来官方又请他出任司法部政务次长，而据《申报》报道，1932 年 7 月，司法部政务次长何世桢因久未就职，被免职。[71]

四、蒙冤多年真相

1939 年 9 月 12 日，重庆国民政府公布了第三批通缉的九名汉奸名单。何世桢名列其中，被重庆方面认为是汪伪人员。其他八人分别是褚民谊、陈群、缪斌、梅思平、高宗武、丁默邨、林柏生、李圣五。

诡异的是，第二天即 9 月 13 日，汪伪特工总部以持志学院及附中抗拒"登记"为名，派 40 余名暴徒捣毁了持志学院。何世桢宣布持志学院及附中停办。9 月 14 日，蒋介石的陪都方面也勒令持志学院停办。

这事的蹊跷在于，汪、蒋这对立的双方都要置持志学院于死地。一向

---

[69] 芳草：《何世桢辞职与领事团》，载《上海画报》1929 年第 496 期。
[70] 《上海律师公会 1931 年"新入会会员"名单》，载《上海律师公会报告书》1931 年第 29 期。
[71] 《行政院决议案：何世桢免职，郑天锡继任石志泉为法部常次》，载《申报》1932 年 7 月 9 日。

平和低调的何世桢也被逼到了绝路，9月15日，何世桢致电向蒋介石抗议，并敦促其"光明的主和"[72]。这还不算，何世桢气愤难平，将抗议电文印成传单，租了飞机在上海及重庆两市上空散发，公开抗蒋。紧接着，何世桢在上海创办了《正气旬刊》，发文章澄清事实，阐明自己的立场。

这到底是怎么回事？何世桢的汉奸身份是真是假？这其中有一段隐秘曲折、错综复杂的史实。

事实的来龙去脉，要从抗战开始讲起。时任国民党中央候补监委的何世桢，理应随南京政府撤往后方，但他却没有走，而是和许崇智、陈中孚留在上海租界。然而战局恶化，身陷"孤岛"恨无贡献之机。[73] 此后，何、许、陈三人开始与孙中山的日本旧友联络。1939年，何世桢化名胡庶尊，与陈中孚前往日本东京。

问题的关键在于，与日本旧友联络是否得到重庆方面的秘密指示或认可？目前历史学家通过史料已经证实的是：何、许、陈三人曾经得到居正、于右任、王宠惠三人联合手书的秘密指令，希望何世桢三人联络利用日本人中孙中山旧友，去日伪内部开展情报工作和策反倒汪活动。只是这件事发生在什么时间有两种说法。

据何世桢自称，1938年5、6月间，最高国防委员会派秘书刘觉民来上海，带来居正、于右任、王宠惠三人联合手书，密交何世桢，希望何世桢三人联络利用日本人中孙中山旧友，去日本人内部开展情报工作。[74]

据葛覃、吴任沧、腾珂三人写给重庆方面的一份专谈何世桢、陈中孚

---

[72] 何世桢致蒋介石电报称："国家民族已至最危急时期，党既不能成为有主义、有精神之党，政府亦复不能为负有责任有能力之政府，全国人民已陷于水深火热之中，诸公犹以国家民族为孤注一掷，将置国家民族于万劫不复之境，此则诚可痛心疾首长太息者也。深望诸公幡然悔悟，以大无畏精神向国人公开谢罪，光明的主和，切实团结全国国力，共为光荣和平之奋斗。"参见杨天石：《打入日伪内部的国民党地下工作者——略谈何世桢、陈中孚与陆玄南》，载《抗日战争研究》1999年第1期。

[73] 据何世桢20世纪60年代的一份自述所述，留上海的原因是：正被诬搞暗杀、贪图租界的安逸、撤退时无头绪等。参见陈正卿：《深入东京活动的假"汉奸"——何世桢与抗战时期的中日秘密接触》，载《百年潮》2000年第10期。

[74] 参见陈正卿：《深入东京活动的假"汉奸"——何世桢与抗战时期的中日秘密接触》。

情况的报告，1938年秋，陈中孚、何世桢奉孔祥熙、于右任、居正三人嘱咐，探讨"中日和平途径"。适值陈立夫派陈惠到上海做"重要政治情报工作"，经腾珂介绍，与陈、何联系，"便中侦察日方对华政治动向，随时报告中央"。汪精卫初到上海时，首先拉拢陈中孚、何世桢，计划在广州组织伪国民政府，为陈、何拒绝。同时，北方的王克敏、南方的梁鸿志也多方诱迫何世桢参加伪府，许以司法院院长高位和20万元的经费。陈、何态度未定，腾珂等多方劝阻，二人遂加以拒绝。1939年，汪精卫到北平企图勾结吴佩孚。陈、何得到消息，立即北上，劝吴以国家为重，不要受汪精卫的愚弄，吴遂拒绝与汪会晤。汪精卫联吴失败后，回上海组织中山学会，旋改称"中央党部"，准备成立伪国民政府，陈、何即组织中国新同盟会相抗。[75]

1939年冬天，重庆方面的联系人汪啸涯又持最高国防会议密令到达上海，向他和陈中孚转交了居正、于右任、王宠惠三人的第二封指示函，表示："二兄开除党籍下令通缉完全是事出误会。望能仍以民族至上、国家至上。"继又指示："可否利用这被开除党籍和遭通缉的身份，高潮赴日本展开活动，希能实现米内下台、近卫组阁、以重庆为和谈对象这三项目标。"[76]

究竟是1938年5、6月间，还是1938年秋，还是交给历史学家去考证，这个细节已不重要，也不是本文讨论的重点。按何世桢行为脉络和过程，可以看出何世桢的"汉奸"身份究竟是真是假。

1939年春，日本军部小野寺来华，与陈、何续谈和平，陈、何再次提出："汪无解决时局能力，欲谋和惟有求诸中央。"[77] 1939年汪精卫叛国投敌后，多次拉拢何世桢。8月汪伪国民党第六次代表大会之前，汪精卫力邀何世桢参加大会并作为主席团成员。8月28日汪伪"六大"在上海举

---

[75] 参见杨天石：《打入日伪内部的国民党地下工作者——略谈何世桢、陈中孚与陆玄南》。
[76] 陈正卿：《深入东京活动的假"汉奸"——何世桢与抗战时期的中日秘密接触》。
[77] 杨天石：《打入日伪内部的国民党地下工作者——略谈何世桢、陈中孚与陆玄南》。

行。汪精卫仍在会上将何世桢列入中央委员名单并在报纸上公布。但何氏拒绝出席会议。⑱汪精卫许诺何为立法院院长，均遭拒绝。因此，汪精卫非常痛恨何世桢。当重庆国民党中央宣布开除何世桢党籍之时，汪精卫也在上海袭击了何主持的持志学院。⑲不料就在持志学院主动停办的同时，重庆当局误信何世桢投敌，将何开除党籍并加通缉，明令持志学院停办。这年12月初，汪伪"76号特工"绑架了何四岁的儿子祚昆。何在自述中说："这显然是对我威胁，我也只有置之不理，然如此一个多月竟毫无办法。"相隔一个月后，在日本友人帮助下，从汪伪"76号"手里将祚昆要了出来，但也狠敲了何世桢一笔竹杠，要100坛日本清酒，付两万元现金作为谢礼。何只得忍痛照付。⑳

1939年9月15日，何世桢在被重庆方面宣布开除党籍明令通缉之次日，致蒋介石电报。并公开散发，还发表在《正气旬刊》1939年第1卷第3期。《何世桢先生致蒋介石同志暨各同志电》首先质问蒋介石等，"所谓附者何指？所谓降者何据？"接着说："夫和战为国家大计。战固为救国，和亦为救国。况诸公之言和久矣。迄今在港谋和者犹有人在。诸公宁不知之武汉未沦陷以前，世桢即为受诸公委托言和之一人，来往电文俱在。可以覆按世桢之为和平奔走系受诸公之委托。"这段公开电文显然可以佐证，何世桢从事中日沟通是早已受党内人士委托。电文还强调自己的所作所为"在党自有历史，对国自有立场，可与天下人共见"。开除党籍和明令通缉"徒见诸公之一意孤行耳，与桢何伤！惟是国家民族已至最危急时期……"。㉑何世桢最后用了"光明的主和"这一措辞来劝告蒋介石，最多只能说明何世桢当时认识上对形势的误判和乐观预估。客观上讲，在复杂情势下，有部分力量从事与日方旧友沟通，也是一种救国策略。后来继续从事这方面

---

⑱ 会议司仪汪曼云说，在主席台上没有见到何世桢。参见陈正卿：《深入东京活动的假"汉奸"——何世桢与抗战时期的中日秘密接触》。
⑲ 杨天石：《打入日伪内部的国民党地下工作者——略谈何世桢、陈中孚与陆玄南》。
⑳ 陈正卿：《深入东京活动的假"汉奸"——何世桢与抗战时期的中日秘密接触》。
㉑ 《何世桢先生致蒋介石同志暨各同志电》，载《正气旬刊》1939年第1卷第3期。

的活动，也与正面抗战构成默契配合的关系。

1939年秋冬之交，重庆国民政府教育部部长陈立夫秘密派出的视察员周尚，在上海对何世桢拒绝与汪精卫合作一事，前后“记”得非常清楚，拟出电报稿给重庆的陈立夫报告实情，却因译电员被捕、电台投敌而未发出电报，致使重庆方面听信伪报，误认为何世桢已与汪伪合作，因而发出了那份包含何世桢在内的汉奸通缉令，后来，周尚回到重庆，见到陈立夫时，才知道在上海发的密电重庆未收到，因而“铸成大错”。(82)

但此事纯属绝密，又不能公开澄清。这样，就假戏真做下来了。何世桢在蒙冤状态下担负特殊使命，直至抗战结束，长达6年之久！最初真正知道内情的人，只有少数，国防最高委员会居、于、王三人之外，还有后来的周尚、陈立夫等人。后来蒋介石也知道内情了。据原蒋介石侍从室陈布雷部下主管情报工作的张令澳在《我在蒋介石侍从室的日子》披露：蒋介石通过国际问题研究所所长王芃生转达，希望何世桢基于爱国大义精神，在上海充分利用在日本政界重要人物的旧关系，设法打入日伪内部，成为埋伏在上海的一条内线。对此，何世桢表示“不入虎穴，焉得虎子”，从此真正成为“打入日伪内部的中国国民党地下工作者”，而且是中国国民党最高层次的谍报工作者。日方感到汪没有解决时局的能力时，陈、何乘机策动日方，“欲谋和，非向中央（指重庆）进行不可，否则徒受汪愚”。陈、何不仅利用日方倒汪，而且不时运用南北两个伪政权刁难汪精卫。汪精卫政权之所以难产，此为重要原因。(83)

1941年下半年，何世桢从日本政界元老处获悉，日本高层已决定日军“南进”方针（与美军开战）的绝密情报。他率先获取日军太平洋战争计划，可是当时恰与重庆联系的电报渠道中断，何世桢将情报通过第三战区司令部驻港办主任徐明诚代送重庆，后转发至美国军部。当美国军部转至太平洋海军时，海军却不以为然。当年冬天，“珍珠港事件”爆发，太平

---

(82) 参见陈正卿：《深入东京活动的假“汉奸”——何世桢与抗战时期的中日秘密接触》。

(83) 杨天石：《打入日伪内部的国民党地下工作者——略谈何世桢、陈中孚与陆玄南》。

洋战争打响。⑭可见何世桢的情报既准确及时，又非常重要。抗战结束，这也意味着何世桢"工作"的结束。

综观何世桢以上行为事实，可归纳为：1939年汪精卫叛国投敌后，多次拉拢何世桢，均遭拒绝。何世桢与许崇智、陈中孚一起，受命于国民政府国防最高会议，利用与日本政界元老的旧识关系，搜集日伪内部机密情报，包括战争与战事动态情报和日方对华政治动向；同时在日本方面内部开展倒汪活动。

再看何世桢主观思想，他是怎么想的？1939年为什么要与日本旧友做谈和的工作？笔者在搜索史料时看到何世桢在1939年《正气旬刊》第1卷第2期上发表的一篇文章，题为《对于和战问题应有的基本认识》。文章对"主战主和"问题作了深入细致的分析，虽然有些观点带有历史局限性，甚至是错误的，但大致反映了他的"和与战"观点。文章说，抗战现在是国策，可是七七事变前，和平何尝不是基本国策？"和与战，是一个国家在危急存亡时的两条大路。和苟有得，则随时可以和；战苟有利，则随时可以战。这是关系着整个民族的幸福，关系着国家的存亡，应当随时随地的考虑，而不是一成不变的。"⑮他分析当时的舆论说，主战被民意指为赤化，而主和被指为汉奸。文章分析了两种主战和两种主和之人群：一是血气方刚意气用事的抗战者，一是高喊抗战而囤积居奇的寄生者；一是沦陷区受苦难而欲求和平民众，最后他特地指出另一种"主和"之人，说："有一种人假借主和之名实行其攫取政权的主张，这也是同样不为我们所原谅的。"⑯这第四种人显然是针对汪伪行径。"需要和平，是求能得到光荣的和平，才谈得到民族的生存，国土主权的完整独立。不是空洞的和平主张，而置国家民族于不顾的。如果在急急地想夺取政权情形之下，

---

⑭ 陈正卿：《深入东京活动的假"汉奸"——何世桢与抗战时期的中日秘密接触》。
⑮ 何世桢：《对于和战问题应有的基本认识》，载《正气旬刊》1939年第1卷第2期。
⑯ 何世桢：《对于和战问题应有的基本认识》。

实际上就得迁就事实，哪里还谈得到有坚强的主张。"[87] 他指出这是一般民众所看不到的。文章从主战者角度分析了三个问题：一是国际援助有多少？二是作战能力问题？三是经济的力量？又从主和者角度分析了三个问题：一是和平的条件如何？二是谈判是否平等？三是双方是否诚恳？四是"大亚细亚主义"名词问题。[88]

从字里行间看，何世桢主张平等、诚恳、有底线的谈判，不主张失去主权和领土完整的谈判。但也可以看到，何氏是书生，过于乐观，对日本侵略者的估计严重不足，明显错误在于他承认日方"经济合作"甚至"共存共荣"的政策。[89] 但他在思想上仍然不是想卖国求荣的。他比那些热血爱国者要更加冷静，这是出于其法科知识人的职业理性。何氏明确反对主战者的言论中许多不合理的口号，譬如"'抗战至最后一人最后一弹'吧。那么我们抗战的目的是什么？"到那时，"国家也亡了，全民族也牺牲了，那不是与我们最初的目的相反了吗？"[90] 最后，他提出："我们应当以公正的立场，诚挚的态度，悲恻的襟怀，冷静的头脑，来讨论当前所务之急，不能再来情感用事了。"[91]

对汪精卫附逆，何世桢明确反对，坚决阻挠。对蒋介石，他不同意其某些政策和做法。在汪、蒋对立之间处于独立地位——他独立于民族大义，是一位真正的爱国者。他的独立不是消极旁观等待，而是另辟蹊径，自寻门路，深入日本元老中间去做"倒汪"工作。人品纯正的何世桢，不计个人得失毁誉，竟然在复杂的情势下从事"言和"，这种间谍式的工作极其复杂而冒险，更显示了真君子内心底气、意气、正气之珍贵！

1945年抗日战争胜利后，九人中有自杀的，有被枪决的，有被捕的，有立功的，而何世桢在抗战胜利时，冤案大白于天下！他被重庆方面恢复

---

[87] 何世桢：《对于和战问题应有的基本认识》。
[88] 何世桢：《对于和战问题应有的基本认识》。
[89] 何世桢：《对于和战问题应有的基本认识》。
[90] 何世桢：《对于和战问题应有的基本认识》。
[91] 何世桢：《对于和战问题应有的基本认识》。

党籍，委派其为接收大员，安居上海。有小报又以《何世桢假落水》为题，说："何世桢过去在沦陷时期的中的行动，一直像个谜一般的令人费解。许多人以为天亮以后何恐怕不免列为清算者之一，也有许多人以为何负有特殊使命……党籍果然恢复，大家才恍然大悟。"[92] 又比如 1947 年《沪光》报道说："何世桢亦国民党巨头，但被目为西山会议派，所以始终不大活动……敌伪时期，何世桢蛰伏上海，一度汪逆拉他出任司法院院长，他托词有病，没有落水……目前已在活动，他的活动不是做官，而是恢复持志学院，凭他的声望，地位，以及数万校长从旁协助，看来持志的复校运动，不久不难实现！"[93] 再比如另一报刊也报道说何世桢在沦陷八年中没有到后方去，在上海干的是爱国工作，这是他的忠贞不贰。敌伪方面几次要胁迫他落水，他无论如何不屈。文章颇有趣味地说：

  自从胡汉民逝世以后，何世桢便不作政治活动，息影海上，致力于保障人权与教育的事业，后来淞沪发生战事，何氏曾经避难到乡间去，到中国军队西撤以后，何氏虽然仍回上海，住在惇信路住宅内，杜门却扫，谢绝酬应，平日不轻易见客，何氏信奉佛法，特地请了一个西藏喇嘛，终日讲经说法，这时候敌伪对于他的胁迫，真是无孔不入。汪记政府……一定要叫他上台，当伪立法院院长，何氏对他们说："我已经依皈佛法，不再过问政治了。"哪知去劝他落水的人，突然变了狰狞面目，拔出了手枪，说你不答应，将死于无情枪弹之下，何氏遂瞑目不语，有大丈夫视死如归的神气，来人见他志不可屈，没有办法，只好悻悻而去。经过了这次之后，接着还有几次，威胁利诱，何氏惟一心念佛。他自己说："佛法确乎伟大，八年之中，我凭借了佛法，吓退了不知多少魔鬼！"[94]

---

[92] 未老：《何世桢假落水》，载《海星》1946 年第 11 期。
[93] 《何世桢与持志复校运动》，载《沪光》1947 年革新第 5 号。
[94] 佛脚：《何世桢佛法退魔鬼》，载《快活林》1946 年第 19 期。

1947年，何世桢还被推选为国民代表大会代表，出席了1948年的国民大会。上海解放前夕，国民党元老王宠惠来何世桢家居住十余天，劝何赴台，被何拒绝。他们全家妻儿老小都留在上海。何世桢夫人魏淑仪（1891—1936），长他三岁，出身湖南衡阳望族，育有一子二女，儿子祚新、长女祚章、次女祚敏。1936年5月何夫人因病逝世，终年47岁。何世桢携子女挥泪祭奠，曾作悼文曰："余频年奔走国事，屡折困折，人或非笑之，而夫人所以慰勖余者独厚。"[95] 何世桢后来续弦，1941年二子祚昆出生……长子祚新（歆），台北市著名律师，曾任律师公会常务理事，长媳为许崇智之女。二子祚昆是深圳企业家。三子在南京医学院任小儿专科医师。大女祚章和次女祚敏曾在上海青铎、南洋中学任教。[96]

　　新中国成立后，何世桢一直居住在上海。周恩来总理到沪在一次民主人士座谈会上，曾经征求何世桢愿否出来工作的意见，何世桢婉拒了邀请。1968年8月，何世桢受潘汉年事件牵连，被张春桥点名隔离审查，关押长达四年。1972年10月13日因病危被释放回家，四天后的10月17日病逝，终年78岁。1979年，上海市公安局作出《关于何世桢问题的复查决定》，认定何世桢"历史上与我党组织有过关系，曾做过有益人民的事，是有贡献的"。因而予以彻底平反，恢复名誉。

---

[95] 参见然否斋藏《何母魏夫人赴告》中何世桢之悼文。
[96] 何杰：《何世桢生平略述》，载安庆市政协文史资料委员会等编：《安庆文史资料》第28辑（教育史料专辑），第166页。

魏文瀚——先之,劳之,无倦

图 1　魏文瀚(1896—1987)

1928年9月20日下午2点,一位嫁在上海的美国女郎,行经南京路时,突然被一小青年袭胸。小青年当场被扭送总巡捕房,饬令交一百元保出。次日法院传审,被告律师在庭上称,被告孔某是一良好学子,现在东吴法科读书,事发当天因有急事经过南京路,不慎与原告相撞,实系无心。原告美国女郎听后,当即表示谅解撤诉。女郎的丈夫也是律师,见妻子表态,亦大度地表示请法庭撤案。西捕也当庭表示不反对。于是主审推事对被告说,本人也是东吴法科兼职教授,今日予做戒,以惩效尤,遂当庭销案。①

有记者把这个案子在报纸上披露了——这位美国女郎的律师丈夫,彼时名叫魏文瀚,也就是后来成为中国海商法大师的魏文瀚。大师曾经年轻

---

① 《被告东吴法科学生,原告自愿撤回诉讼》,载《时报》1928年9月27日。

过，也有过被八卦的往事。

一、先之：海商法务的先行者

这是个有故事的律界名人，但他的"人名"却有过争议。前些年还有学者在争论这位海商法大师的名字。有的人使用"魏文瀚"②，有的学者认为应该是"翰"而不是"瀚"，说"魏文瀚"是个错误。③ 究竟哪个对？

实际上，他早年多用"翰"，比如1928年致上海律师公会函中，署名为"魏文翰"。④ 大约在1935年至1936年，他就开始交叉使用"魏文瀚"的署名。⑤ 1943年他在上海滩名流聚会的"星五聚餐会"有个刊登出来的发言，名字的印刷体上还特地将原来"翰"字改打成"瀚"字，留下了修改痕迹。⑥ 到1949年，他与中共关于南北通航洽谈的通信中，其本人署名及中共领导人回复中均为"魏文瀚"。⑦ 由此可知，他的名字从早期的"翰"变成后来的"瀚"。这个只加了三点水的变化，读者可以自由联想其中的寓意。

魏文瀚，天津人，1896年10月生于天津。1905年弟弟魏文达⑧出生。1915年毕业于天津南开中学，1921年毕业于金陵大学，获得法学学士学

---

② 用"魏文瀚"名字的作品，如吴煦、司玉琢：《雇佣救助合同法律性质比较研究》，载《国际法研究》2017年第3期。

③ 孙思琪认为吴煦、司玉琢撰写的《雇佣救助合同法律性质比较研究》一文，通篇将其姓名误写为"魏文瀚"，是笔误。参见孙思琪：《魏文翰先生海商法著作钩沉——纪念中国海商法泰斗魏文翰先生逝世三十周年》，载《海大法律评论》2017年辑刊。

④ 《魏会员文翰覆函一》，载《上海律师公会报告书》1928年第24期。

⑤ 魏文瀚：《中国海商法概述》（孙增修记录），载《法学杂志》（上海），1935年第8卷第6期。

⑥ 《"星五聚餐会"演讲纪录：第五十六次"星五聚餐会"（三十二年一月八日举行）"限价问题讨论会：魏文瀚先生发表意见"》，载《西南实业通讯》1943年第7卷第2期。

⑦ 参见《"通航护权"文献：航界北上代表与中共当局洽商经过》，载《轮机月刊》1949年复3第3期。

⑧ 魏文达（1905—1994），天津人，1919至1924年就读于天津南开中学。1928年至1934年在东吴大学法学院学习，毕业后获学士学位。1934至1935年在英国特许保险学院专攻海商法。1935至1949年兼职从事律师，1935至1949年在上海任东吴大学比较法学院教授。1962年后转入上海海运学院任海商法教授。历任上海港务监督处顾问，中国海商法起草委员会副主任委员，是著名海商法学家，中国海商法学科奠基人之一。著有《共同海损规则条文解释》《海商法》《1906年英国海上保险法条文解释》等。参见林安民：《魏文达》，载上海市法学会编：《探寻法治的岁月：上海市法学会50年》，上海人民出版社2006年版，第538页。

位，1922年至1923年就读于美国哈佛大学，1927年毕业于美国芝加哥大学，获J. D.（法律博士）学位。魏文瀚读书时候不仅是个学霸，而且声音洪亮，精力充沛，人高马大，健壮无比。体育是他的强项，他曾是田径健将。[9]

魏文瀚于1928年5月加入上海律师公会，登记姓名中用"翰"字，律所就设在南京路12号。[10] 直至1938年的十年内，魏氏均在上海担任执业律师。魏文瀚是位极有商业头脑的人，精于理算。纵然从事高强度压力的律师业，都消耗不了太多他的精力和体力。1929年起至1937年间，他边做律师边兼任东吴大学法学院教授，还闯荡于上海滩的航运、海事、理算、理赔、保险等行业，是这些行业的创始人或元老级人物。其头衔有"旧中国三个理算师之首""保护华商海运界的大律师""法学教授""海商法权威""海损理算专家"等等。可见他年轻时，也没少折腾。

1928年，才刚刚涉足律师业，魏律师就因违背律师执业规则，而被江苏省高等法院首席检察官呈报江苏省律师惩戒委员会惩戒。此案惩戒"理由"有两项：其一，魏文瀚接受同案双方当事人委托：3月接受委托担任河北同乡会法律顾问后，代为登报声明。转而到了9月，他又接受了对造当事人顺直会馆的委托，又代顺直会馆登报声明。其二，魏文瀚在律师事务所内居然设了个所谓"保商部"，并普发广告，有类似"包揽"之语，"函征各商号登记，迹近招摇"，"有伤风纪"。魏文瀚第一次答复称"三月间尚未领到律师证"，第二次答复称"保商部"系由远东保商社朋友因未及时寻到办公地址而临时附设于律所。[11]

后来"保商部"于10月搬出律所，魏氏诚恳表示"初行职务，亦能自知错谬"。但事实中有一项对魏文瀚有利的细节，而未被关注——顺直

---

[9] 据1916年5月南开校内刊物《校风》上记载，魏文瀚是体育健将，在天津学校第十三次联合运动会上，取得了田径半英里比赛季军的好成绩，在南开中学举行的运动会上他获得了田径半英里、一英里和四百四十码比赛的冠军，还在田径二百二十码比赛中获得亚军。

[10] 据《上海律师公会会员录》，魏加入律师公会的时间为民国十七年五月，载《上海律师公会报告书》1929年第25期。

[11] 《魏会员文瀚覆函（一）（二）》，载《上海律师公会报告书》1928年第24期。

会馆委托之具体操办人武某某把会馆擅自变更为"河北公所"——魏文瀚并不知情，这导致河北顺直同乡会对武某某的追责，因此成为利益对抗的两造当事人。魏氏剩下的过错在于，在律所内设立保商部，并在《申报》登报的声明有"包揽"之意。所以监察委员在提请首席检察官的公函中也称"情形不无可原，应如何量予惩儆之处"，请贵首席检察官提付惩戒委员会斟夺。⑫

这事拖了一年，1929年10月30日，江苏省律师惩戒委员会作出训诫处分，复议申请期满前魏氏未声请，该惩戒生效，报省高等法院并报司法行政部备案。⑬ 从这件事可知，魏律师知悔而不究于细节，同时也可了解当时律师惩戒制度的严格程度。

1931年，留着卓别林式小胡子的魏文瀚律师，在其辣斐德路1295号住宅附近的空地上建造一汽车库房。这事又惹出麻烦，被法租界工部局查悉，诉到会审公廨，魏被判20元罚款，限期拆除。⑭

经历年轻时的这些事，张扬不拘的魏文瀚在法律职业生涯中有了重要转折。魏文瀚的重要转折点也正是1931年——他开始把律师业务专门化，重点转入海商领域的法律事务。

海商法早在公元12世纪就出现在欧洲，那时在海事方面就有以古法语编集的《奥列隆惯例集》。中国长期锁国闭关，实行海禁，无海商法可言。"海商法"概念什么时候出现在中国？大约1872年上海有份英文报纸，出现过Maritime Law一词。⑮ 后来1904年有上海的英文报纸报道中曾提及Maritime Law in Time of War（战时海商法）⑯ 或International Maritime

---

⑫ 《致上海地方法院沈首席检察官公函（魏文翰会员违反律师章程会则请付惩戒由）》，载《上海律师公会报告书》1928年第24期。

⑬ 《司法行政部指令第九一七号（十八年十月三十日）》，载《国民政府公报》（南京1927）1929年第316期。

⑭ 《律师知违章，何得擅建房屋？魏文翰受罚》，载《时报》1931年3月24日。

⑮ "Maritime & Commercial Law", *The Shanghai Evening Courier*, Friday, May. 17, 1872.

⑯ "Maritime Law in Time of War", *The North-China Herald and Supreme Court & Consular Gazette(1870-1941)*, July. 29, 1904.

Law（国际海商法）[17]。大约 1909 年汉语"海商法"出现在《外交报》上，当时是介绍当年 9 月即将在比利时布鲁塞尔召开的"第三次万国海商法会议"，"各国海法学者、裁判官、辩护士、行政官、航海业者、海上保险业者为会员"。[18] 1913 年，中国本地英文报纸根据柏林的报道，哥本哈根海商法会议决定建立一个起草海上安全计划的机构。[19] 从报道看来，中国没有参与。

我们什么时候开始有自己的海商法？中国第一部海商法为清末宣统三年（1911）脱稿的志田钾太郎《大清商律草案》第 5 编"海船法"草案 263 条。清廷崩塌后，这部海商法也就没有颁布实行。可是，口岸开放带来的海运货损纠纷接踵而来。海关遇到此类事件，无法处理。1915 年 3 月，江苏海关监督（关长）施炳燮曾遇到海运遇险中船主责任问题，函请司法部门"调查"海商法。"准江苏高等审判厅公函……除详请司法部核示外，相应函达请就华洋情形略示一二，俾得参考。"[20] 这个时候，中国没有海商法专家。"海商法大师"魏文瀚此时中学还没毕业。

1926 年，稍事修改的宣统三年"海船法"草案，于 11 月 18 日以大总统令予以公布，称为《海船法案》。再后来就是 1929 年的海商法。那么究竟是谁起草的呢？该法起草委员会有马寅初、楼桐荪[21]、焦易堂、史尚宽

---

[17] "The War, International Maritime Law: the United States View", *The North-China Herald and Supreme Court & Consular Gazette (1870-1941)*, August. 5, 1904.

[18] 参见《世界大事记：西洋之部：万国海商法会议》，载《外交报》1909 年第 9 卷第 18 期。此文报道说前两次会议均于 1905 年在布鲁塞尔举行。

[19] "Maritime Law Conference", *The North-China Herald and Supreme Court & Consular Gazette (1870-1941)*, May. 24, 1913.

[20] 江苏海关监督函请调查海商法，"准江苏高等审判厅公函，以我国海商法尚未颁行，所有通商口岸洋行及本国商人设有货物嘱托沙船装运其他口岸，如在中途遇险，以致损失货物，其船主有无应负责任及如何办法，除详请司法部核示外，相应函达请就华洋情形略示一二，俾得参考至紉公谊云云"。参见《时事新报》（上海）1915 年 3 月 14 日。

[21] 楼桐荪（1896—1992），字佩兰，浙江永康人。浙江法政专科学校毕业，法国巴黎大学硕士。历任浙江省政府秘书，浙江省立法政专门学校校长，上海法政大学教务主任，上海法科大学政治系主任，江苏行政研究所教务主任等职。后任中国国民党南京市党部执行委员。1928 年任浙江临时政务委员会机要秘书，浙江政治人员养成所所长，中国国民党浙江省党部执行委员。

等人，但只是参与草稿讨论和修改，实际上委员中没有海商法专家，据说争辩激烈。[22] 中旬起草完竣，[23] 却因海商法牵涉到航运商利益，是月下旬，沪上虞洽卿代表上海航业公会致函立法会胡汉民，认为草案尚有权限责任习惯未尽符合处，建议延缓一个月。[24] 等到胡汉民给虞洽卿复函，其中才透露：此草案系由法国人爱斯嘉拉[25]起草，并经起草委员会讨论，咨询习惯，已将"爱稿"修改过半，折中英美德日成规，力求简易可行，年内可完成。于是，国民政府于1929年12月30日公布实施了海商法。

就在这部海商法颁行后，上海律师魏文瀚开始钻研海商海事法。他在《航业月刊》上发表了多篇译介外国海事法的文章。例如《约克恩的华浦规则》（1931年第1卷第7期）、《英国海事专庭及海难询查审判所》（1931年第1卷第9期）、《一八九〇年约克恩的华浦规则》（续第7期，1931年第1卷第8期）、《一九二四年约克恩的华浦规则》（1931年第1卷第11期）、《一九二四年约克恩的华浦规则》（续第11期，1931年第1卷第12期）等等。1932年，他继续发表文章《海上保险关于船舶委付之研究》，就新近发生的船舶保险案例，围绕"能打捞之沉没"与"完全灭失"等问题，引用中外海商法与保险法进行了清晰的分析阐述。[26] 1932年，魏文瀚代理了宁绍轮船公司涉外海事案件。[27] 1933年魏文瀚编译出版了《海运法》（青光书局），成为我国第一部海上货物运输法方面的专门

---

[22] 《立法会议竟日讨论海商法仅通过四十余条》，载《时事新报》（上海）1929年12月18日。

[23] 《海商法起草完竣》，载《申报》1929年12月17日。

[24] 《海商法尚待研究，航商电立法院请展缓通过》，载《大公报》（天津）1929年12月22日。

[25] 让·约瑟夫·爱斯嘉拉（Jean Joseph Escarra, 1885—1955），法国著名民商法学家、汉学家，生于巴黎。在获得巴黎法学院法学和政治经济学双博士学位后，他先后在法国多地法学院任教。同时，他兼任巴黎中国学院讲习，还加入了法国比较立法学会、海牙国际比较法学院等学术组织。1921年11月，被中国政府聘请为司法部法官学校的比较法学教授，为期5年。1922年又被聘请为修订法律馆顾问，参与天津、上海等地的商事风俗习惯调查。1923年向治外法权委员会提交备忘录《治外法权问题》。这一时期他起草了《商法法典草案》两编。曾作为军人参加过两次世界大战。战后在巴黎法学院复职，直到1955年在巴黎去世。

[26] 魏文瀚：《海上保险关于船舶委付之研究》，载《中华法学杂志》1932年第3卷第7期。

[27] 《附录魏文瀚会员来函》，载《上海律师公会报告书》1933年第31期。

著作。同年译出了《海上保险法要论》（上海市保险业同业公会），也是我国第一部海上保险法方面的专门著作。有意思的是，1932年3月魏文瀚律师还在司法行政部编纂室兼职，从事国外司法资料的翻译。据"编纂室"同事倪征燠讲，魏文瀚任职不久就因觉得"编纂室"像和尚庙一样枯燥乏味而离去，说他可能是"想不久'外放'去当法官，因未达到目的掉首而去"。[28]

理论与实务总是相得益彰的。魏文瀚律师的海商法实务绕不开一个轰动一时的名案。1932年一·二八事变中，上海发生"源安诉中威"轮船租约案件。案情为：中威轮船公司于1931年12月5日订约将其太平号轮船一艘长期租给源安公司。租约订明，每月租金13500元，按月支付。租约第42条规定，如中国与外国发生战事受及影响时，则彼此无条件解约。预付第二期租金后，不料1月28日午夜，日本海军第一遣外舰队司令盐泽幸一指挥海军陆战队分三路突袭上海闸北，第十九路军在总指挥蒋光鼐、军长蔡廷锴指挥下奋起抵抗，直至3月3日停战。源安公司于2月3日以一·二八事变爆发、已遭遇战事为由，请求解约，索取预付各款，中威公司不允，[29] 于是源安公司到上海第一特区地方法院提出解约之诉，起诉中威公司。[30] 1932年7月14日，本案开庭，双方律师展开宏辩。[31]

本案关键的争议焦点在于：一·二八事变是不是法律意义上的"战争"？

魏文瀚律师被聘为被告中威公司代理人。魏文瀚律师围绕一·二八事变是不是租约所谓中外"战事"，从国际法与事实来进行法律解释，阐述理由。[32] 现把他的观点整理如下：第一，他在法庭上首先界定中外"战事"是指两国正式宣战的战争，而不是"逐步抵抗"之战事。抓住"争点"，进行规范与概念之辨析，这是职业律师的基本功。第二，魏文瀚律

---

[28] 倪征燠：《淡泊从容莅海牙》，第45页。
[29] 《中威租轮讼案明日上午开审》，载《申报》1932年7月13日。
[30] 《一二八战争是否国家战争》，载《申报》1932年7月10日。
[31] 《律师宏辩源安公司与中威公司，租轮解约案昨开审》，载《时事新报》（上海）1932年7月15日。
[32] 《源安控中威租船解约案辩论终结》，载《申报》1932年9月29日。

师引用国府要人以及驻外颜公使的多次对内对外讲话，认为一·二八事变只可认为是"抵抗"，因为中日两国尚未正式宣战，故在法律上犹不能构成战争行为，因而不能解除租约。这是事实分析，就形势与官方定论，视野开阔，不限于就事论事。第三，况且，所租之船其航线为南北洋各口岸，上海纵有战事，亦不妨碍航路。殊无解除契约之必要。第四，由于当时中国海商法理论不成型，魏律师就返还租金一层，还从外国法商法学说作为补充，他引用英国著名海运专家所著书籍与英国法官最近之判例，凡预付之船租，则无返还之理。这是魏律师的外国法和比较法功底的显示。第五，关于"垫款"一层，倘若判决解约，自应归还垫款。这说明魏律师懂得事理，进退自若。但先决条件是一·二八事变是否构成法律上之战争，是否即该租约第42条规定之战争。㉝

1932年10月底，本案最终认定一·二八事变构成解约条件，判决解约，源安公司胜诉，中威公司应返还部分款项。㉞ 判决理由中关于战争概念的认定，阐明了两点：其一，依两造间缔约之真意解释，其意义非专指中国与任何国家为自动、并具普遍性之战争而言，且就战争之定义言，乃一国或两国以上之间，而其争斗，又包含有各种强暴之行为时，则已构成所谓"战争"。至于战争之一般效果，是否具备，要无甚重要关系，故原告根据一·二八事变中的沪上战争为解约论据，自无不当。其二，依原契约订定，因战争致本契约受影响之条件言，不能以专就上海一埠或当沪战可以通航为未受影响或阻碍为该项解除条件未完成之理由。因当时客观战事之演进情况，既非当事人间所能预测，而沿海货运之情形如何，更难依平常状况以为推断。故原告谓沪上战事已影响于本契约，要难认为不合，故原告解约之请求甚属正当。

尽管此案以中威败诉告终，但是，就代理律师魏文瀚的专业手法而言，他已然是位有理论有实务经验的海商法专家了。他的名字，从翰林的

㉝ 《源安控中威租船解约案辩论终结》。
㉞ 《源安与中威租船判决解约》，载《申报》1932年10月28日。

"翰"到浩瀚的"瀚",或许也可以理解为,从书斋走向广阔天地。就这样,魏文瀚活跃于30年代的上海,成为中国海商法的先行者。

二、劳之:救亡图存谋航业

但凡先行者,需要去承担更多责任。魏文瀚之所以成为海商法大师,也正是他既敢为人先,又勇于担当。

年近不惑的魏大律师热心参与社会公共事务。1933—1934年间,出现经济危机,上海有500多家商店倒闭,农民终年劳动不得一饱。1934年2月,魏文瀚与江问渔、黄炎培、杜重远等社会名流,就经济不振之状况,发表联合声明,分析国内国际形势,倡议"吾人处此危机四伏之局面,惟有各就地位,从社会下层基本工作上加倍努力,使效能日益增进;同时唤起民众,感发其自觉心,各致力于团结奋斗,以为整个的民族复兴运动之基础",以此提振国人"渡过难关"的信心。[35] 公开信刊登在《国讯》上,其公义精神,大气彰显。

1935年,日本侵略中国的野心已日渐暴露,中国处在危急关头。是年12月,魏大律师受校长邀请在上海中学给学生演讲,题目为《中国的国难和出路》。魏律师称,你们现在还在读书求学,"然而再隔数年,诸位即须投身社会,为国家服务。我们极端地希望诸位在参加各种事业的时候,无论高低大小,都踊跃参加中国国家的事情,为中国国家服务。……中国将来的存亡,诸位都负有极重大的责任。诸位生为中国人,非得负起这重大的责任不可"。接着,他谈到以什么方法去准备的问题。第一要明了当前世界的情状,我们国家处在何种地位。他分析了当时中国对日本的"战与和"的两种思潮之纷争,从而把话题引向国际形势,讲到意大利侵略阿尔巴尼亚的强弱关系,再转到日本在九一八事变和一·二八事变中侵略中国,他质问道:"有什么理由吗?"唯一理由就是中国是个"半开化的民族",是"东亚最贫弱的民族"。最后,魏文瀚先生总结道,"世界最近的

---

[35] 《江问渔黄任之杜重远魏文瀚杨卫玉致友人书》,载《国讯》1934年第64期。

形势，还是停留在强权即是公理的阶段"，"中国当前的地位处在危如累卵的境地"，"复兴国家，要从生产、自卫、团结、自信四个方面并进"。㊱魏文瀚以他洪亮的声音，热血澎湃，慷慨激昂，而又理性专业，条分缕析，其对青年学生所作的演讲稿，在今天读看，我们都会有一种内心的感动。

魏大律师自1928年回国，不到5年内的种种转变，令人感慨——他渐成法律界大师之气象。

1935年，魏律师受聘为上海航业公会法律顾问。被业界称为"对于海事案件，特具专长，并著有英译海商法与海运法等专书"㊲。别说时人对海商法，就是对一般的法律知识都是很局限很陌生的。中国自古对外不通商，且禁止海上国际贸易，故无海商法可言。海商法完全是个舶来品，起源于欧洲地中海如菲尼斯、罗马等。近现代所订之海商法律，并非沿袭地中海沿岸国家之规则，而大部分根据北欧若干小城市对于船舶所订之规则。关于船舶碰撞，于1846年召开国际会议，拟定国际法规，经1899、1900、1929年先后多次修订。道光二十二年鸦片战争后，五口通商，始有外国船舶来中国。后来相关法律在中国也适用，比如在黄浦江上，船舶行驶也要援用。但中国一直没有海商法人才，中国轮船发生纠纷提交公断时，从前都必请外国理算员、海事专家来处理。直到20世纪20年代末胡汉民当立法院院长时才有第一部海商法，这也正是魏文瀚留学回国之际。

民生公司是他后来接手经营的一家长江航线上最大的私营轮船公司，该公司曾击败美英日等国轮船公司，拥有川江航运61%的业务。魏文瀚律师是民生公司四个常务董事㊳之一。1936年正是抗战前夕，形势明显恶化，魏文瀚来到四川重庆考察。

㊱ 魏文瀚：《中国的国难和出路》（周鉴文、朱继青记录），载《江苏省立上海中学校半月刊》1935年第99期。

㊲ 《本会法律顾问魏律师文瀚近影（照片）》，载《航业月刊》1935年第3卷第6期。

㊳ 民生公司董事长为郑东琴，常务董事为宋子文、魏文瀚、胡筠庄和周孝怀。董事有张公权、杜月笙、黄炎培、杜重远、康心如、钱新之等。

他这次战前重庆调研，事实上是为后来的抗战运输作了准备。他1936年在重庆发表了一次演讲，透露了他的内心思想。他引用孔子"先之，劳之，无倦"，强调"地位高点的人，应该比别人先做，比别人劳苦，纵然劳苦亦不现倦容"。他把"先之，劳之，无倦"转换成管理理念，说就是使人民得知识、得生产、得团结，即"能教、能养、能卫"的精神。不料讲演到中途，市内火警警报响起，钟声大起，场内听众惊恐不安。他平静地借机说话：大家安静，事情已糟了，越闹越糟，不闹就不糟。此话一出，场内突然平静下来并引来一阵会意的掌声。他转而借题发挥说，中国的问题也是要靠多数人联合起来，共同努力，靠坚忍耐劳，那么中国就有办法了。最后他以一句话结束了演讲：我们要让"民生公司发达起来，把中国拯救起来！"[39] 魏先生对员工的热情演讲，深入浅出，又充满激励。在魏先生身上，确实看到了"先之，劳之，无倦"的精神，特别是他做事的"无倦"，体现一种"君子以自强不息""乾乾不息于诚"的精神。

1937年4月，魏文瀚被推举为上海航业学会的理事长。[40] 这是当之无愧的。此时，也正是抗战即将开始的时候。由此他开始再一次转型，亲身进入航运界。

当时的民生公司被晏阳初称为中国实业界的"敦刻尔克"。1937年8月，随着战场局势的恶化，为了阻止日军沿长江西进，国民政府军事当局封锁了江阴航道，下游航运中断。民生公司集中了中下游全部船只，联合招商局、大达、三北等公司，以镇江为起点，组织撤退上海、苏州、无锡、常州地区的工厂设备、学校和机关，日夜不停地运往长江中游和上游。可是1937年八一三战役以后，中国航业界的轮船受日军轰炸与掠夺，轮船被掠夺29艘，炸沉无数，损失惨重。抗战爆发后，许多幸免于炸沉的中国轮船，或受日军管制，或挂上伪旗，或为逃避而挂上外国旗。[41] 这

---

[39] 《魏文瀚演讲"坚忍耐劳"》（萧本仁记录），载《新世界》1936年第90—91期。
[40] 《航业学会推魏文瀚为理事长》，载《大公报》（上海）1937年4月23日。
[41] 魏文瀚：《中国轮船运输事业及其建设机构》，载《大公报》（重庆）1942年5月22日。

个现象强烈刺激着魏文瀚!

由于他这次的战前调整和部署,为抗战开始后的运输赢得了时间。他初在镇江抢运,嗣在南京、芜湖抢运,1938年在武汉—宜昌—重庆两段参加抢运,在最短期间,即将数十万吨兵工器材,运至安全地带。他和公司还承担了200万抗战军人的运输。[42] 也正是这家轮船公司,承担了许多大学西迁的运输任务,功不可没!

基于战时航业严重受挫,魏文瀚于1939年担任了民生实业公司协理、代总经理。世界上通行的律师职业伦理要求律师不得兼营商业,这是至今仍需要普及的常识。依当时中国《律师章程》(1927年7月国民政府司法部令第一号)第14条之规定:"律师执行职务时不得兼营商业,但如果与职务无碍得律师公会许可者不在此限。"[43] 魏文瀚律师自1939年起停止律师执业,全身心投入抗战运输业。

1942年11月,魏文瀚接受委托作成"民本"轮共同海损理算书,应是国人首次承担共同海损理算事务,对于我国海损理算事业具有开创性意义。他与胞弟魏文达共同开办的"魏文记",从此以后也设有共同海损理算事务所。他投身海运实践,足迹涉及法律服务、船舶营运、保险行业等多个领域。抗战期间经济萧条的40年代,魏文瀚还创办了上海海鹰轮船公司(据上海地方志办公室统计,其档案起止时间为1946年至1953年),担任经理。海鹰轮船公司办公地址,与其胞弟魏文达的律师事务所同租在江西中路368号上海银行大楼一楼。应该说,他转行之后,为抗战期间的海上运输作出了重要的贡献。

魏文瀚在航运界经营着实业,他对受日军摧残的航运业痛心疾首,以专家的视角思考航运业的当下和未来。他于1942年5月在重庆《大公报》发表了《中国轮船运输事业及其建设机构》,对战争中航运业的政府扶持以及对战后重建中国航运业计划,发出了第一声。他参考国际上的经验和

---

[42] 魏文瀚:《民生实业公司与川江航运》,载《交通建设》1943年第1卷第12期。
[43] 《律师章程及律师登录章程》,载《上海律师公会报告书》1927年11月改组卷。

制度，建议政府尽快建立航运业的专门机构（委员会）来协调战争中的航运业，以免民营航运公司濒临破产，以免军民航运的中断。对于战后航运业的重建和扩展，他也提出了非常专业的建议。[44] 1943 年魏文瀚出版了《共同海损论》（中华书局），成为我国第一部共同海损方面的专门著作；1944 年出版了《海上保险学》（中华书局）。

魏文瀚在民生公司经理职务上实在过于繁忙，一直持续到 1943 年辞去职务。此后他去了哪里？查遍相关资料，才在东吴法学院的师资与课程表上发现，魏文瀚也到了重庆，他在重庆东吴法学院任教，教授保险法课程。[45] 抗战结束后，1946 年，他作为船东代表赴美国西雅图参加国际劳工组织国际劳工局第 28 届会议，并当选执行委员。[46] 魏文瀚在此期间先后创办海鹰轮船公司、海兴保险公司。1947 年，魏文瀚还以海鹰轮船公司经理身份，在国际劳工局行政委员会第 99 次会议上当选航业联合委员会船东组委员；[47] 1948 年担任上海市轮船业同业公会理事长；[48] 1948 年在上海创办海兴保险公司并任董事长；1948 年，担任上海轮船业联合会理事长，而全国轮船业联合会理事长是杜月笙，因此杜、魏二人经常联袂出现在公众面前。

在艰苦抗战的岁月里，魏文瀚作为航运业的专家和领导者，在做大事，也在履行大责任，践行着孔子的"先之，劳之"格言，确实令人钦佩。

三、无倦：国共通航促合作

1949 年 1 月，国共两党战局紧张到极点。毛泽东针对蒋介石的元旦社

---

[44] 魏文瀚：《中国轮船运输事业及其建设机构》。
[45] 《私立东吴大学沪江大学之江大学联合法商工学院校刊》1946 年，第 16 页。
[46] 孙思琪：《魏文瀚——中国海商法先驱》，载上海海事大学官网，https://www.shmtu.edu.cn/node/8845，最后访问日期：2021 年 6 月 29 日。
[47] 《航业消息：海鹰轮船公司经理魏文瀚当选航业联合委员会船东组委员》，载《航业通讯》1947 年第 9 期。
[48] 孙思琪：《魏文瀚先生海商法著作钩沉——纪念中国海商法泰斗魏文瀚先生逝世三十周年》，载《海大法律评论》2017 年辑刊。

论，已公开发出要"惩办战犯"的厉声威慑。淮海战役和平津战役结束后，渡江战役已在筹划，长江南北两岸军事对峙，决战之役箭在弦上。因此，关系民生的经贸交通也受到阻滞。

全国轮船商业同业公会全国联合会（简称"全国船联"）理事长杜月笙，最早提出南北通航"以煤换面"的想法，立即得到上海航运界非官方团体的支持，特别是上海航业同业公会会长魏文瀚等人热烈响应。[49] 据当年参与"以煤换面"的周启新讲，"当时中国的航运中心在上海，在航运方面有下列非官方团体中国航业同业公会，会长杜月笙，上海航业同业公会，会长魏文瀚，前者只是一个牌子，具体工作由后者办理"[50]。南京方面，在全国船联等民间团体的敦促下，行政院院长孙科于1949年1月28日以行政院（38）五交字第2146号文批示，恢复华北航运事，原则上已得同意。2月1日，迫于上海救急，行政院在《致财政部代电》中，对南北恢复通航问题又作了较为明确的指示，即"经院会议决，准予试办"，"准先以唐山号及大上海号轮船两艘试办"。

但是华北地区已在解放军的控制之下。2月7日，全国船联理事长杜月笙、上海轮船业联合会理事长魏文瀚联名致电毛泽东，要求洽商华北、上海间的通航等事宜。但是，当时战争箭在弦上，他们又担忧轮船行抵华北后的安全。

于是，全国船联等推选出以魏文瀚为首的全国船联与上海航业界公会代表和周启新（驾驶员总会代表）、俞惠芳（驾驶员联合会代表）、姜克尼（轮机师总会代表）等四人，作为北上商谈的代表。[51] 魏文瀚等四位代表，于1949年2月12日乘坐秦申航线上执行首班航次任务的"大上海"号海轮赶赴华北，准备与共产党商谈通航大计。[52] 据杜月笙致秦

---

[49] 黄景海：《1949年初解放区和国统区间通航之回顾》，载《大连海运学院学报》1993年第3期。
[50] 周启新：《回忆解放前夕的南北通航谈判》，载《航海》1985年第4期。
[51] 黄景海：《1949年初解放区和国统区间通航之回顾》。
[52] 黄景海：《1949年初解放区和国统区间通航之回顾》。

皇岛邮政的电报称,"大上海"轮带着一万袋面粉和4666件邮件从上海出发了。人虽在海路上,可是心里没有底,共产党方面会不会答应呢?

"大上海"轮离沪两天,到了2月13日、14日,海上因季风原因开始风浪骤增,轮船在黄海驶行非常缓慢,然而船上燃煤所剩不多。魏文瀚一行深为焦虑!四代表给全国轮联会暨高级船员团体联合会发了一份紧急电报,告急,表示要设法加燃煤。㊳

就在"大上海"号轮遇此危急之时,2月13日晚,毛泽东、周恩来就通航事宜在陕北电台发出广播!美国旧金山广播13日晚上也转播这一重大消息!可是魏文瀚他们在海上根本不知道这一消息!直到14日下午,上海轮船业联合会秘书长沈琪㊴给魏文瀚来电报了!电报称"陕北电台十三日晚广播,毛泽东周恩来先生对兄等表示欢迎,平津叶剑英及黄敬两市长并准备接待。弟琪"。㊵他们又接到一团体电报,称:"大上海航界各代表鉴:旧金山十三日广播,陕北消息:北洋复航,毛主席、周将军均同意,已电复杜、魏,并请天津市长黄、北平市长叶准备接待航界代表云云。到秦后,务祈前进,争取整个华北及沿海贸易,确保主权,以利民生,勿让外船分润。毋任盼祷!高级船员五团体寒。"㊶这可能是高级船员团体代表发给魏、周、俞、姜等人的电报。晚上8点,魏文瀚电报回复全国轮联会,称"丑元(电报代号)转来毛周两先生丑元电,各代表均极感奋"。

很快,秘书长沈琪又发来一电报,这次他把毛泽东、周恩来联名致魏文瀚等人回复的原话摘录也发过来了:

㊳ 参见"通航护权"文献:《航界北上代表与中共当局洽商经过》,载《轮机月刊》1949年复3第3期。

㊴ 沈琪(1905—?),江苏松江人。北平税务学校毕业。1936年获东吴大学法学士,曾在江西赣州海关工作。1937年获纽约大学S.J.D(法学博士)学位,专长海关法。其他履历不详。参见王伟:《中国近代留洋法学博士考(1905—1950)》,第105页。

㊵ 参见"通航护权"文献:《航界北上代表与中共当局洽商经过》。

㊶ 参见"通航护权"文献:《航界北上代表与中共当局洽商经过》。

恢复华北、上海间航运，以利生产之发展，极为必要。大上海、唐山两轮北驶，并派员至华北接洽，极表欢迎……所谓华中、华南中国船舶开往华北口岸，将不许其驶返原地等，系报纸造谣，先生等不应置信。(57)

“大上海”船上的燃煤没有希望坚持开到秦皇岛，怎么办？要不采取“返沪后包机北上”？可是，返回上海又有诸多不便。15 日上午，魏文瀚又给全国轮联会暨高级船员团体联合会发了第二份电报，提出：“较妥办法，惟有商请招商局赶派大拖轮相助，俾瀚等早达目的地，完成吾航界维护航权华北通航之使命。事态迫切，鹄待援手。务请今日将拖轮派出。”(58)看来是天遂人愿，不久海上天气转好。据周启新回忆，“船上燃煤不富裕，怕到不了秦皇岛，经商量后决定把航线放在山东高角与青岛之间，如大风继续，即去青岛添煤，如天气好转即按原计划，幸而不久风就小了，但船抵秦皇岛时燃煤只剩三两吨了”。(59) 魏文瀚他们所乘的“大上海”轮于 2 月 18 日到达秦皇岛。(60)“大上海”轮和魏文瀚等四代表受到秦皇岛市人民政府，开滦秦皇岛经理处官、职员及驻港军事代表的热情欢迎和接待。

2 月 19 日，北上四代表带着他们事先准备的文件，由政府官员陪同赴北平，下榻六国饭店。21 日，华北人民政府副主席、秘书长陶希晋(61)与北

(57) 参见“通航护权”文献：《航界北上代表与中共当局洽商经过》。

(58) 参见“通航护权”文献：《航界北上代表与中共当局洽商经过》。

(59) 周启新：《回忆解放前夕的南北通航谈判》。

(60) 2 月 17 日，魏文瀚又收到一电报，是署名“苏大钧”、“汤觉先”发来的，称“兄等明晨可抵秦皇岛，欣慰万分。此次兄等不辞艰苦，争取航权，沟通海运，不胜钦敬。敝轮招待欠周，诸希鉴谅……”参见“通航护权”文献：《航界北上代表与中共当局洽商经过》。

(61) 陶希晋（1908—1992），原名陶国华，江苏溧阳人。1908 年 3 月 4 日出生在江苏溧阳陶家村。1914 年（6 岁）至 1926 年（18 岁）在家乡私塾、小学及常州省立五中读书。1926 年秋考入南京国立中央大学法学院攻读法学，1929 年 10 月肄业，领导“溧阳暴动”后在上海流亡，结识女医生朱琏（1910—1978），1930 年结婚。1931 年夏与朱琏离沪，先后到安徽、石家庄工作，1935 年秘密加入中共。七七事变后，夫妇一起领导和组织石家庄民众投入抗日活动。1946 年曾在著名的“国共石门谈判”中代表中共主谈。1949 年 2 月，是南北航运国共合作谈判的直接参与者。顺利度过历次运动，1979 年起参与立法领导工作，组织民法起草小组，历时三年草拟了《民法草案（征求意见稿）》一至四稿，曾提出“新六法”主张。

平市市长叶剑英一起，协同农业部、交通部、人民银行天津分行等派员，与北上四代表举行会谈。2月25日，上海杜月笙给六国饭店魏文瀚等人来电喜报"大上海轮明日赴秦"，另有八轮轮流运输，交换物资，业经行政院核准。[62]

3月1日，魏文瀚等四代表为设立船舶统一调配机构以利通航，拟定设立"天津船舶统一调配委员会"的组织、业务、人选、会址、附注等五六项条款。3月2日，北上四代表返津继续会谈之后，天津军管委员会与华北人民政府主席董必武以华北人民政府"财经字第七号"文批准，称"航业代表魏文瀚、姜尼克、周启新、俞惠芳三月一日呈悉。所请设立天津船舶统一调配委员会及其组织、业务、会址各节，均准如所请办"。同时，批准四代表提出的"设立航业专用电台"的意见，另外，还给"大上海"等十轮补发了入口许可证。临行前，天津市人民政府于开滦矿务总局俱乐部，为北上代表举行宴会，天津各界知名人士三十余人陪同参加，祝贺南北通航问题洽商成功。

这可能是解放战争期间一次鲜为人知的"国共合作"！在1949年决定胜负的战争前夕，居然还有这么一次南北双方顾全大局的愉快合作！3月6日，四代表由秦皇岛乘"大上海"轮第二个航次返沪。返航时由秦皇岛满载开滦煤炭安抵上海黄浦江码头，从而实现了国统区和解放区相互通航易货的愿望。

其实，由魏文瀚作为首席代表，除了显见的专家身份之外，也是有隐在原委的，因为魏文瀚与周恩来是南开中学校友。魏氏比周恩来年长3岁，1911年至1915年在南开中学，而周恩来在校时间则是1913年至1917年，这样算来，二人同时在校两年，不仅认识，而且私交甚笃。1918年8月，中学毕业后的周恩来在日记里还曾描写过与魏文瀚等同学交往的情形。据说"以煤换面"的南北通航之事是保密的。周启新从北方回到上海

---

[62] 参见"通航护权"文献：《航界北上代表与中共当局洽商经过》。

不久，在一次会议上汇报通航谈判情况，多说了几句，"触怒了当局，四月下旬上海伪警察局同时逼令我和魏文翰、金月石、姜克尼离开上海，它的可笑理由是'你们在上海不安全'"[63]。

魏文瀚1949年后并未去台湾，而是和杜月笙一样去了香港。但他与周恩来、黄敬（俞启威）[64]等中共老友的交往一直到终老。1950年应周恩来的召唤，魏先生由香港回到内地。1950年4月20日，美国"加利福尼亚金熊号"轮船在大连开往烟台的航线上，撞沉我国"新安"号客轮，酿成旅客、船员70人惨遭溺毙的严重事件。[65]天津市市长黄敬邀请魏文瀚先生来天津，详细介绍如何按照国际法和国际惯例处理这一事件。4月27日，天津市人民法院组成的审判庭开始审理，经过10天左右的调查、讯问，最后以国际法为准绳，以事实为依据，作出判决，美轮船长威廉·茂莱在判决书和海事委员会关于赔偿的裁定书上签了名。这就是"新中国成立后第一次审理的涉外海事事件"。[66]

50年代魏文瀚还从事海商法研究，在国内发表一批海事法的论文，如《领海宽度问题的商讨》（《法学》[上海] 1957年第6期）、《船舶碰撞过失责任的研究》（《法学》[上海] 1957年第7期）。1959年原交通部在上海组建上海海运学院（即今上海海事大学），魏文瀚进入该校讲授海商法。从此，魏文瀚成为该校海商法的教学与学术梁柱。1962年，魏文瀚、魏文达兄弟二人创立新中国"海商法学学科"。1965年，70岁的魏文瀚（著）与胞弟魏文达（代讲）合作的《海商法讲座》在法律出版社出版。这是新中国海商法教材的"开山之作"，为后来海商法教材奠定了基础，搭建了框架。海商法成为该校传统特色专业，上海海事大学成为中国海商

---

[63] 周启新：《回忆解放前夕的南北通航谈判》。

[64] 黄敬（1912—1958），原名俞启威，祖籍浙江绍兴，生于北京。曾任天津市委书记兼市长，第一机械工业部部长、党组书记。

[65] 《当代中国的水运事业》编写组：《新中国水运事业大事记（1949—1984）》，载《中国科技史料》1987年第5期。

[66] 《口述：新中国成立后首次涉外海事案件的审理》，载凤凰网资讯频道历史专题"中国现代史"专栏，https://news.ifeng.com/history/zhongguoxiandaishi/200912/1203_7179_1460746.shtml，最后访问日期：2021年6月29日。

法的重镇。

1972年10月,时为上海市政协委员的魏文瀚希望携妻儿出境探亲,但遭遇重重阻力,只能向周恩来求助。周恩来在公安部的请示上批示:"请告魏先生夫妇及其子魏友忠,可以来去自由,不加限制。如愿回来参观,仍可携其他子女同回,参观后再去。如愿久驻海外,悉听其便。"[67] 1974年,魏文瀚移居美国新泽西州恩格尔伍德地区,此后由于健康原因也未能返回大陆。魏先生在美国去世时,中国法律界还没有人关注他逝世的时间。直到前几年,才有学者通过美国民政部门,得知魏文瀚先生在美国逝世的时间为1987年。[68]

俗话说"能者多劳",而在商业"能者"魏文瀚看来,他不仅"多劳",还能明白要承担更多社会责任的道理。他的确是按照他尊奉的"先之,劳之,无倦"的格言和信念工作着,生活着。在他身上能够看到商业经营者的责任心,这是商业的良心。从今天法学学科拓展的意义上看,他又是律师出身的一代海商法大师,把航运与法律进行科际(transdisciplinary)交叉,他是从行业法务中开拓出新领域、新专业、新学科的一个法律专家典型。

---

[67] 孙思琪:《魏文瀚先生海商法著作钩沉——纪念中国海商法泰斗魏文瀚先生逝世三十周年》。

[68] 据上海海事大学法学院杨召南教授通过美国民政部门调查得知,魏文瀚逝世年份为1987年。参见孙思琪:《魏文瀚先生海商法著作钩沉——纪念中国海商法泰斗魏文瀚先生逝世三十周年》。

史良——女律师的职涯与命运

图 1　史良（1900—1985）

"七君子"免罪开释，有记者采访"七君子"中唯一的女性史良律师。一见面，她就爽朗而幽默地笑称："关了 7 个月多 1 天，体重增加了 17 磅。"然后说，在看守所，是大学毕业以来最舒适的一段时光。[①] 对自己蹲监狱如此轻描淡写，第一句话就以体重自虞，足见此女子非同一般。

史良从小就不裹脚，是"天足"。在那个"不裹脚没人要"的时代，她真是个"没人要"的女人。从清末开始就有传教士在中国组织"天足会"[②]，后来也有中国知识人士倡导不裹脚，[③] 呼吁也没什么明显效果，可见打破传统观念就是这么难。"三寸金莲"是中国女性的文化符号，女性解放的第一步，就是放开这双脚。从"天足会"成立到"女律师"出

---

① 《七君子之一史良访问记》，载《福尔摩斯》1937 年 8 月 7 日。
② 《天足会》，载《申报》1895 年 4 月 25 日。
③ 《劝徽州人不要裹脚的道理》，载《安徽俗话报》1904 年第 4 期。

现，中国走了 30 多年，可见民众思想的固执程度有多深。本文从史料中找出一些鲜为人知的细节，来让我们对史良律师有一个更真实的认知。同时，也介绍一批早期女律师的典型，来观察女性律师的职业生涯和不同命运。

一、"女权"意识的长成

史良（1900—1985），字存初，江苏常州人，1900 年 3 月 27 日出生于常州一个知识家庭。祖父和外祖父都是前清的进士。父亲史刚（字子游）是位有九个孩子的私塾先生。姐姐史群是女师国文教师，靠微薄工资补贴家用。姐姐思想成熟，表达清晰，演说能力强，常支持和参与学生活动，因此成为史良的榜样。史良从小就不想做传统的女子，加上家中兄弟姐妹多，成长环境宽松，从小就受大家庭爱自由的空气熏陶，她 14 岁才入读武进县立女子师范附小读书。

她的中学是在江苏武进县立女子师范读的，成绩好，胆子大，生性倔强，说话做事爽脆，样样抢在前头。从女权意识角度看，其实史良本有女权的天赋，实非后天觉醒。史良在江苏武进县立女子师范读书时，活动能力远远超过一般学生。1919 年五四运动爆发时，她在学生运动中崭露头角，担任常州女师同学会的会长，是与各校学生组织联络的联系人。她被推为省立第五中学、常州男师和女师三校学生联合会的副会长兼评议部主任，参加了学界联合会。1920 年"五四"周年纪念活动时，史良组织同学们举办演讲会，又掀起了一个高潮。她还在读书期间，就在女师校内发起设立义务学校，不取分文，教育培养无力求学儿童及失学妇女。史良多才多艺，还有绘画天赋，读书时有写生作品刊登于校刊。④ 1922 年 7 月，史良从常州武进女师毕业后，来到上海，住在虹口窦乐安路（今多伦路 201 弄东方村 7 号），通过亲友资助和课余打工所得，在大同大学附属中学跟读。

---

④ 《江苏武进县女子师范史良绘（画图）》，《少年》（上海）1921 年第 11 卷第 2 期。

史良读大学的经历可谓一波三折。凭她的性格、能力和经历，她其实比一般女子早熟。她为读书，主动寻找机会。来上海不久，她了解到有人在筹办女子法政讲习所。一打听，方知系徐谦夫人沈仪彬考虑女子法政教育。因此有了"史良1922年暑假进入上海法政大学"的说法，可是为什么她到1927年才毕业呢？

实际上这所学校尚未在教育部立案，况且此时教育界对全国的各法政专门学校办学有争议。1922年正发生一个事件——教育部高等教育组有个议案中提出"废止法政专门学校"一案，据说，伯秋原主张改良，而陶孟和主张废止。⑤

1923年11月校长沈仪彬向内政部呈请一份准予立案之报告，得内政部部长徐绍桢批准，称："共和国家人民应具法政知识，教育既趋平等，则凡属女子亦应有讲求法学之方，该校并设沪滨，开通风气，良规已著，成绩可期，宏愿毅心，实深嘉尚，所请立案之处应予照准，此批章程存。"⑥1923年11月，上海私立女子法政学校开办，是中国女子学习法政之先例。1924年9月，徐谦在女子法政学校基础上筹备创办上海法政大学，男女生兼收，徐谦为首任校长，王开疆为法律教授兼校董。这个学校正合史良的兴趣口味，她报考并入学了。

该校校内事务实际由沈仪彬负责。可能是由于政治的原因，"法政"驱徐驱沈的学生运动连绵不断。史良参加了，结果有4个同学被开除。史良为此抱不平，走上讲台发表演说，并与100名同学随之组成护校团。徐

---

⑤ 胡适在1922年7月8日日记中讲到此事，"最多反对之声。此次伯秋原提出的议案是'改良法政专门'，被孟和改为'废止'，竟通过了。今天报告出来，即有反对很烈的论调。后来蔡先生与高等教育组商量，作为'保留'，而反对的人还是悻悻不已。……此案通过分组后，即有法政与高等师范的人在金水馆开会商议抵制……夺人饭碗在中国人眼里是大不道德的！"参见曹伯言整理：《胡适日记全编》（1919—1922，第3册），第721页。

⑥ 《大本营内政部批（中华民国十二年十一月日）》："原具呈人上海女子法政学校校长沈仪彬：呈一件为并办女子法政学校请准立案由"，载《陆海军大元帅大本营公报》1923年第37期。

谦校长与王开疆意见不合，⑦王开疆便退出"法政"，于1926年开始筹办上海法科大学，校名只是一字之差。于是，史良随即从"法政"转入"法科"。

史良性格开朗有人气，转校来的不只是她一个人，100多名参加护校团的同学，随她脱离上海法政大学。1926年9月，上海法科大学（后改名为上海法学院）开办招生，史良带着100多位同学转学来报到，成为该校首届学生。史良在政治科学习。校长是王开疆的合作者、司法元老董康，论专业与经历都有相当的号召力。史良父亲史刚与董康系武进县同乡，因此他把女儿托付给这位法界大腕。史良由此改学了法律，成了董康的得意门生。董康对史良欣赏与呵护有加，以至于史良后来就业之路都受他的引领和支持。她1924年入学，1926年转学，按照三年学制，1927年就毕业了。这一年刚好颁布了新《律师章程》，允许女性当律师，机会很好。往常以为，她毕业后就从事律师，事实上她头一份工作，并不是当律师。

有资料显示，史良于1927年出现在南京国民革命军总政治部政治工作人员养成所，担任养成所女队队长。但不久便出事了，有报章称她"平时于共产学说，颇有研究。其一切言行，亦多有可疑之点。顷被人告发，并检得证物。为当局捕去，暂羁于模范监狱"⑧。据说，她的上司是国民党清党委员会的重要官吏，生性倔强正直的史良非常憎恶他，两人处处对立。所以史良就因莫须有的罪名被捕入狱。据说两个月以后，她的父亲史刚通过董康，请蔡元培出面，才把她营救出来。

次年，这位曾经被捕的女嫌犯，却出现在江苏省特种刑事地方临时法庭——不过这次她不是被告，而是法庭书记官。她曾参与承办不少案件，其中有被告人王仪侃涉嫌共产党疑案。王仪侃被该法庭以证据不足宣判无

---

⑦ 平旦：《蹈海而死的王开疆——曾与徐谦合办过法政大学》，载《东方日报》1940年2月20日。
⑧ 《小日报》1927年8月18日。

罪。审判长为陆龙翔⑨，史良为书记官。⑩ 1930 年，史良到青岛国民党特别市党部任训政科主任，半年以后回到上海。同年，江苏举行第二届招聘县长考试，史良去报考，此时她的身份已是江苏妇女整理委员会常委。⑪

性格决定格局。史良不是一般女子，不关注家长里短，也不热衷云鬓花黄。她都关注些什么？经查，31 岁的她，关注的是世界经济大事。她发表的第一篇文章是 1930 年 12 月 1 日的《世界经济恐慌的展望》，刊登在青岛《前导月刊》1930 年第 1 卷第 1 期。这篇长达 8 页的文章，论述世界经济与列强战备形势，介绍日、法、意、美等国军事形势。其结论是："在这样险恶的风云之下，产业落后，战斗逊人的中国，应当怎样补救？怎样防御？这是我们同胞所急应转念的问题。未雨绸缪，人所同感，愿我生气勃勃的中央，注意及之！"⑫ 这篇文章以数据和事实说话，俨然一位研究国际政治问题专家的口气。

史良社交能力强，为人爽直，是个做律师的好材料，深得董康校长的欣赏和提携。经查《上海律师公会报告书》，1930 年 12 月以前的律师会员名录中还没有史良。1931 年 1 至 7 月的"新入会会员"名单中，出现了史良的名字。⑬ 为什么毕业四年后才干律师呢？很可能是受毕业院校性质决定的：因上海法科大学 1929 年改名上海法学院，并经教育部批准立案，"转正"了。因此，作为该校毕业生，史良申请并领到了律师证书。董康

---

⑨ 陆龙翔（？—1935），字坎生，江苏省松江县（今上海市松江区）人，早年留学日本早稻田大学法科，追随孙中山，加入同盟会。曾任江苏省特种刑事地方临时法庭法官，短期任江苏民政厅视察员、丹徒县（今镇江市丹徒区）县长，1929 年 1 月从丹徒调任松江县县长。1929 年 9 月起患疾，同时母亲逝世，1930 年 1 月去职。（参见《陆龙翔之略历》，载《金钢钻》1929 年 1 月 6 日）1930 年 3 月起在上海担任执业律师。（《时报》1930 年 3 月 21 日）1933 年 4 月起任江苏七县慈善董事。（《陆龙翔继七县慈善董事》，载《松报》1933 年 4 月 2 日）陆家有十个孩子，因家境中落，不得已将四岁的九子赠送严家领养，更名严世昌，现名严正，为华中师范大学教授。参见《我并不姓严，而姓陆——严正先生自述》，载"个人图书馆"网站，http://www.360doc.com/content/19/1126/12/66916529_875561559.shtml，最后访问日期：2021 年 5 月 25 日。

⑩ 1928 年《江苏省特种刑事地方临时法庭判决书》（十七年特字第 5 号），载《江苏特种刑事公报》1928 年创刊号。

⑪ 兰陵：《史良女士之淋病》，载《上海日报》1930 年 10 月 1 日。

⑫ 史良：《世界经济恐慌的展望》，载《前导月刊》（青岛）1930 年第 1 卷第 1 期。

⑬ 《新入会会员》，载《上海律师公会报告书》1931 年第 29 期。

将史良收为自己的徒弟，邀她当助理律师。

1931年7月初，史良"特辞党职，束装来沪，与司法界前辈董康合律师事务所于爱多亚路（今延安东路）39号"[14]。她住在法租界辣斐德路辣斐坊一号。而董康凭借高官履历，案源不断，一般案件都由史良出面承办。在老少搭档的合力下，史良在上海滩律师界获得迅速发展的机会。随着声名跃升，她也被一些小报热议，说她是"董康大律师的爱徒，平时与王亢候、董俞等律师同时附设办事处于董康律师事务所"。又说："闻史为人慷慨、貌似老妪，故有'老太婆律师'之雅号。"[15] 小报写手的损人笔法可谓辛辣。律师常受小报的关注和八卦，这自然与律师的对抗性职业风险有关，褒贬任由评说罢了。

其实史良不仅办案认真细致，而且特别有口才。她不仅做律师，还有接连不断的社会活动，比如发表公开演讲。1933年10月11日史良律师在上海青年会讲"妇女与民权"，演讲中举了民法、刑法、商法等男女不平等的规定，又讲了劳动法上虽然有男女平等规定，但她认为事实上男工报酬比女工高。她提出，我们妇女应当起来督促政府，改变不平等的法律，使不兑现的法律兑现。[16]

史良的名气，连国母宋庆龄都早有耳闻。1933年5月，有个叫施义的共产党人被捕。互济总会立即展开多方面的营救活动，除派人请唐豪[17]律师为施义先生辩护外，还将这一消息报告给了中国民权保障同盟主席宋庆龄，请她设法营救。宋庆龄专门约了史良到家里，要史良也为施义辩护。

---

[14] 《史良女士执行律务》，载《新闻报》1931年7月10日。

[15] 《史良律师之恶梦》，载《新春秋》1937年1月1日。

[16] 张书庚：《妇女与民权——史良女律师在上海青年会讲》，载《新闻报》1933年10月12日。又刊于《女铎》杂志1934年第22卷第8期。

[17] 唐豪（1897—1959），号棣华，江苏吴县（今苏州市吴中区、相城区）人，幼时师从刘震南，曾留学日本，专攻法政。自幼习武术，1919年，在上海公共体育场创办江苏教育会附设体育研究会国技部。1935年，任上海国术馆常务董事。1936年，在"七君子"同案中，顾留馨被扣留，唐豪参与辩护。1937年1月，唐豪与顾留馨去苏州，为沈钧儒、李公朴、章乃器、王造时、沙千里诸君演习劈刺。上海沦陷后，曾发起各界慰问"四行孤军"。新中国成立后曾担任上海市体育会筹备会常委。

史良年轻,感到压力大,便请她的老师董康律师一起办。两人分工合作得不错,史良还与法院、捕房人员进行疏通。结果,法院判决施义52天徒刑,同时可以交保释放。没想到的是,后来有人叛变,招供了施义的真实姓名——邓中夏。1933年9月,邓中夏在南京雨花台英勇就义。这是史良第一次承办为革命者辩护的案件。此后,宋庆龄常介绍案件给她,要么是"营救"类的政治案件,要么是妇女权益类案件。⑱多年后,她曾对朋友说起为什么当律师的事,她说:"我曾看见多少被陷害的有着革命意志的青年,弄得有冤无处诉,他们没有钱,没处请律师,我便感到不妨在这方面试一试,做一个不出卖灵魂的律师。"⑲

1933年冬天,父亲重病卧床,史良从上海带着医生赶回武进家中,不料只过一天,父亲就病逝了。到1934年,做律师才三四年,史良在律师界更有名了。有报纸写文章专门提起"史良律师哭父卧病"的事,赞扬她"名满沪上法坛"。⑳

史良除办理政治犯的案件之外,直接参与政治的时间,大概是1936年。1936年5月31日,宋庆龄、沈钧儒等人在上海成立了全国各界救国联合会。1936年7月15日,沈钧儒、章乃器、邹韬奋、陶行知联名发表《团结御侮的基本条件与最低要求》㉑,呼应国共双方停止内战、组成抗日民族统一战线的主张,要求国民党停止"剿共"。1936年为纪念九一八事变五周年,年轻律师史良也参加上海的抗议活动,结果在与军警冲突中,背部和手臂被打伤,送医院治疗。她接受了记者采访,慷慨激昂地讲述9月18日上海群众集会的经过和意义,以《九月的鞭笞:是一个创痛的纪念日!》为题的采访文章发表,还刊登的史良受伤的两幅照片。㉒同年11

---

⑱ 刘友梅:《史良与宋庆龄的友谊》,载《人民政协报》2020年6月4日。
⑲ 张贵志:《史良:新中国人民司法工作的开拓者》,载《法治周末》2021年7月1日。
⑳ 《史良女律师哭父卧病记》,载《女子月刊》1934年第2卷第7期。
㉑ 1936年7月初,邹韬奋与胡愈之、金仲华、柳湜等在香港讨论民族统一战线的问题,由邹起草了《团结御侮的基本条件与最低要求》。参见复旦大学新闻系研究室编:《邹韬奋年谱》,复旦大学出版社1982年版,第91页。
㉒ 史良:《九月的鞭笞:是一个创痛的纪念日!》,载《妇女生活》(上海)1936年第3卷第6期。

月 12 日，上海各界救国联合会举行了纪念孙中山诞辰 70 周年的活动，史良担任主席团成员。

在这样的节奏下，史良律师执业 5 年半的时候，也就是 1936 年底，她被"抓"了。[23] 毋庸多说，这就是大家熟知的"七君子案"，下面只说此案背后的细节。

二、"七君子案"前后的姻缘

1936 年 11 月 22 日深夜，史良被"抓"归案。这时候，快 40 岁的史良还没有结婚。

当夜归案的，还有沈钧儒、李公朴、沙千里、王造时、章乃器以及邹韬奋，六人合称之为"救国会"之"六君子"，另有一批同案人亦被捕。

11 月 23 日下午苏州"高三分院"的初审，史良和其他"同案犯"一起出席了。法院责令上海律师张志让（参见专篇）与唐豪二人负责保出史良。24 日史良回到上海，一下火车就被家人告知，家中有探捕，于是在旅社过了一夜。[24] 此后，史良就玩失踪了——避不到案。潜踪隐去，于是法院悬赏通缉。"赏格单"由法租界捕房出面，张贴于法租界、公共租界及华界之警务地点以及车站轮埠各场合。上有两张史良的照片，并用文字描述云："面方……烫发、画眉、眼角略竖，单眼皮双瞳流利，鼻梁塌而短，两孔甚大，……人中短，口阔唇薄……"[25] 警方如此描述，显然有故意损其形象之嫌。

法院见史良多日未现身，遂要求担保人张、唐二律尽快找到史良，令其到案侦讯。[26] 张、唐二律派人四处寻找，还找其家属，据说史母得悉后晕厥吐血卧病。法院限期紧迫，二律师于 12 月 4 日在《申报》《新闻报》等登文劝其归案。[27] 12 月 8 日的《上海报》有篇《史良出亡》的时评文

---

[23] 《七君子之一史良访问记》载《福尔摩斯》1937 年 8 月 7 日。
[24] 狂风：《史良案之前后史实》，载《东方日报》1937 年 1 月 3 日。
[25] 沉默：《史良律师的通缉单》，载《金钢钻》1937 年 2 月 15 日。
[26] 《史良一跑累了两律师，法院令张志让唐豪交保，沈钧儒等仍留市公安局》，载《时报》1936 年 12 月 2 日。
[27] 《张志让律师等登报，劝史良投案》，载《申报》1936 年 12 月 5 日。

章，认为已到案的六人可敬可佩，同时不无微词地说"惟有史良律师，由苏函沪代其作保的律师，声述不得已而只能出亡。这三十六计着，走为上着的一点，似乎畏首畏尾"，还说这"不像史君平日敢作敢为……是极为史君所惋惜的"。"这种被捕，是值得钦佩的。"[28] 报纸舆论对史良的未到案，颇有诟病，说"史良一跑，累了两律师"。[29]

宋庆龄于11月26日向报界发表声明，指责这种违法逮捕，后来还参与"七君子"的营救活动，甚至跑去苏州请愿，自愿要求也被关押。12月16日，宋庆龄、马相伯与何香凝三人向全国同胞发表《为七领袖被捕事件宣言》，"要求立刻无条件恢复几位被捕先生的自由"[30]。救国会的成员大都是知识分子，除一致主张抗日之外，他们在许多认识上是有差异的。史良也一样，她主张抗日，但她不赞成共产党人的主张。比如"七君子"被抓后当年12月，史良有一篇《"共同防共"与"联合抗日"之批判》仍然在《统一评论》发表，她并不赞成"联合抗日"。[31]

一个月过去了，史良仍未"归案"。史良去哪儿了呢？和谁在一起呢？她是沪上大律师，又因在公共事件中时有露面，因此沪上新闻媒体对史良的一举一动十分关注。有报刊文章借"史良婚期预测"的话题，公开曝出了史良的恋情——"惟一般与史良稔熟者，均谓史已获有相当恋爱之对象，虽经史矢口否认，然事实究胜雄辩，千虚终难逃实也。传史之爱人曰陆题东，此人系法租界捕房政治部之总翻译。陆以职守关系，乃精通三国文字，史器重其材，始与订交。陆固美丰姿，人亦温文尔雅，故彼俩阅时不久即订爱同居"[32]。

这个"陆题东"实为沪语谐音——陆殿栋，江苏吴江人（另一说为史良老乡，武进人），1907年出生，比史良小7岁。陆氏时年30岁，儒雅帅

---

[28] 许万安：《史良出亡》，《上海报》1936年12月8日。
[29] 《史良一跑累了两律师，法院令张志让唐豪交保，沈钧儒等仍留市公安局》。
[30] 刘友梅：《史良与宋庆龄的友谊》，载《人民政协报》2020年6月4日。
[31] 史良：《"共同防共"与"联合抗日"之批判》，载《统一评论》1936年第3卷第2期。
[32] 悠红：《史良婚期之预测》，载《金钢钻》1937年1月20日。

气，敦厚朴实，操一口流利的法语和英语，在法租界巡捕房任翻译。有报纸说："二载前（指 1935 年——引者注）因遵史嘱辞去翻译任务，继得史资助，入东吴法学院改习律法，客岁卒业、名列前茅。""史案发生，陆亦将就海上，执行律务，闻迩来自史案情暴露，屈身缧绁，陆为之奔走驰驱甚力，俩者间之情感，遂更晋一层。关于彼俩之婚姻问题，史之老母弱妹俱已赞同，故最近有人预料，未来史脱离陛犴之日，或即为与陆结褵之期也。"㉝ 陆殿栋于 1936 年至 1939 年间，时有文章发表，如《谈谈我们的恒社》（《恒社月刊》1936 年第 9 期）、《恒社的恒久、恒社三周纪念之贡献》（《恒社月刊》1936 年第 10、11 期）、《劳动立法与执法、契约之种类与意义》（合作，《恒社月刊》1937 年第 14 期）、《抗战中的汽车管理问题》（《中华邮工》1939 年第 5 期）等等。看来陆殿栋与杜月笙的恒社有关系，可能是其成员。

1936 年 12 月，史良受通缉，陆殿栋为她奔走，送她到自己的亲戚家躲避。史良后来"自行投案"㉞ 就是由陆殿栋陪她一同到苏州高等法院的。

史良自行投案是什么时候呢？报纸称"客腊除夕前一日，在吴门高等法院自动投到"，㉟ 这样推算其时间，应该是 1937 年 12 月 31 日。该文称其"勇敢果毅之令名，得恢复如初"。从此"七君子"全部到案。史良"幽禁吴门，陆心中焦灼异常"，陆曾前往探视。而"七君子"在看守所虽苦闷但也悠闲。经上海律师公会安排，史良的辩护人为俞钟骆㊱、俞承

㉝　悠红：《史良婚期之预测》。
㉞　《史良在苏受讯》，载《大公报》1937 年 1 月 21 日。
㉟　悠红：《史良婚期之预测》。
㊱　俞钟骆（1895—1972），字咏华，江苏丹徒县（今镇江市丹徒区）人，浙江公立法政专科学校法律科卒业。1922 年 11 月起在上海执行律师职务，曾任上海律师公会常务理事，先后兼任私立上海法学院、震旦法学院、复旦法学院教授。1927 年，与谭毅公、沈豫善接手郑毓秀及其男友魏道明之正诚律所。1929 年曾任上海律师公会三常委之一。1931 年与康焕栋合著的《刑事诉讼法论》在上海法学编译社出版，1932 年一·二八事变后，参加抗日救亡运动。1933 年与吴学鹏合作编辑出版《国民政府统一解释法令》及《续编》。1935 年为南京"孙凤鸣刺汪精卫案"的刺汪嫌犯之一张玉华担任辩护。曾为"七君子"案件史良的首席辩护人，为被迫害的爱国学生等做过辩护。1949 年第一届政协成立前自沪北上。

修、刘祖望㊲三位律师。1937年1月20日,史良律师被上海律师公会奉上海地方法院转江苏高等法院令,暂行停止律师职务。㊳ 只是不知她的恩师董康大律师有无露面或出过力。

有人称"七君子"辩护团团长是张志让,据说史良后来也附和这种说法。把"七君子"辩护团首领说成是张志让,这显然不符合史实。依辩护团律师们的资历和地位,刘崇佑和江庸两位都是资深律师,且为最年长者,无疑是领衔者。江庸曾任大理院院长。刘崇佑是长期执业的职业律师,经验丰富,且与上海律师公会领导人沈钧儒是故友。刘律师担任了邹韬奋的首席辩护人,后因沈钧儒提出换辩护人而委托其兼任辩护,㊴ 实际兼任两被告辩护人。他以花甲之龄与江庸律师共同领衔律师团,且"在法庭上发言次数最多"。㊵ 长达两万字的答辩书初稿,亦由刘律师先行起草,㊶ 之后才由张志让等年轻律师完成。

1937年7月5日,宋庆龄和胡愈之等知名人士一起,自带行李,从上海至苏州高等法院,再次自请入狱,即"救国入狱"运动。当然,当时中国知识界乃至全社会都支持"七君子"的爱国救国行动。在这样的形势面前,居然抓捕知识分子,欲定其罪,显然违逆民心,政府的治理能力可见一斑。

1937年7月31日,"七君子"在苏州被释放。有记者详细报道:刚出看守所,就听到一阵猛烈的爆竹声。200余群众高呼欢迎及抗战的口号,在烟雾和火药气味里,诸先生和家属陆续走出,坐上了黄包车,同时许多人和"七君子"一起,排队拿着旗帜前导,沿路高呼口号并唱救亡歌曲,走到金门南星桥的时候,沈钧儒见群众都在步行,他就下车,随着步行走

㊲ 刘祖望(生卒年不详),民国时期上海著名律师。1933年陈独秀案在江宁地方法院审理,刘祖望与章士钊、彭望邺、吴之屏、蒋士豪等律师联袂出庭为陈独秀辩护。1939年1月,受伪新政府司法行政部任命,任伪江苏高等法院首席检察官。
㊳ 《新闻报》1937年1月21日。
㊴ 刘广定:《理性之光——民国著名律师刘崇佑》,第214页。
㊵ 据谢居三《救国会七君子被捕案轶闻》所述。参见刘广定:《理性之光——民国著名律师刘崇佑》,第215页。
㊶ 刘广定:《理性之光——民国著名律师刘崇佑》,第213页。

到花园饭店召开欢迎会。沈钧儒向群众提议同唱《义勇军进行曲》，唱了三遍之后，史良领导大家高呼"中华民国万岁、万万岁"的口号。然后"七君子"向大家鞠躬而别。这位记者当场向史良要了亲笔题词——"敌人紧逼到这步田地，唯有抵抗才有生路——史良"。[42]

不能不说，此案的过程，为史、陆间的感情推波助澜了。1937年，史良获释后，与陆殿栋住在法租界辣斐德路（今复兴中路）辣斐坊1号家中。直至1938年2月，当时仍有小报搬弄是非抖八卦："伊家中即豢有爱人陆姓者。陆系东吴法学院卒业之高材生，史尝有意欲引之入政治舞台，惜七君子一案，遭遇重大挫折，至不果行，惟史氏既离沪，而伊爱人则仍居海上，所有一切善后，均由史临行之先，妥为部署就绪。陆先尝任翻译员，对各界人士，殊多接近，故安份蛰居，自不至产生困难也。"[43] 1939年，仍有小报继续八卦史、陆关系，说陆待战后"时局澄清时，与史举行结婚典礼"[44]。果然，史良去了重庆，而陆殿栋追从而往。就在1939年9月4日《小说日报》传出消息，说史陆预订9月10日（阴历7月27日），在重庆滨江"一品香"结婚，证婚人是蒋夫人宋美龄。[45] 史良确实很受蒋夫人器重，还曾作为蒋夫人代表在某些正式场合致辞。[46] 可是1939年9月9日第一届国民参政会第四次会议在重庆举行，史良作为参政员，又内定为"休会期间驻会委员"（相当于常委），重大的政事在即，这婚礼的消息看来是不靠谱的。

史良是公众人物，是40岁未出阁的大龄"名女人"，更重要的是，她是有大局观的政治人物，一旦结婚消息传出，一定招来全国关注。国难当头，到底何时结婚合适呢？也只有史良心中最清楚了。据说陆殿栋后来还

---

[42] 《七先生出狱时曾高唱义勇军进行曲》，载《立报》1937年8月9日。
[43] 凛洌：《史良出走后与其爱人》载《东方日报》1938年2月26日。
[44] 《史良之上海情人》，载《社会日报》1939年3月2日。
[45] 《女律师史良在重庆结婚》，载《小说日报》1939年9月4日。
[46] 《蒋夫人代表史良致词》，载《中央日报》（重庆）1939年3月1日。

远赴美国入哈佛大学学习法律,但未见相关史料证据。㊼

三、从女律师个体看职涯与命运

1913 年 9 月 16 日北洋政府司法部公布实施的《律师暂行章程》,规定律师只能是男性。其第 2 条第 1 款明确规定,充任律师者,必须为"中华民国人民,满二十岁以上之男子"。这显然是移植自日本 1893 年《辩护士法》的规定,辩护士必须"为日本臣民,有民法上能力之成年以上男子"(第 2 条第 1 款)。1920 年冬天,麦考莱氏夫人从美国来到上海,这不是一个普通的洋商,她是美国炮舰长麦考莱的夫人,1919 年的法科毕业生。这次与丈夫一起来上海,她准备留在上海,并且要做执业律师办理讼案。这是一则重要的社会新闻,《申报》很专业地抓取了眼球,在 1920 年 12 月 12 日刊登了这则消息,标题叫《沪上将有女律师出现》,多新鲜!在中国当时禁止女性从事律师的制度背景下,麦考莱氏夫人的到来,可以想象这是怎样的一种奇观和突破。1921 年 3 月 1 日,法国籍女律师雷声布(Flora Rosenberg)在上海广东路组建律师事务所挂牌执业。有意思的是,这纸律师执照并不是中国政府颁发的。当时上海存在租界这个事实为此打开了缺口——租界允许持外国律师执照在租界执业。麦考莱夫人成了上海滩第一个女律师,比 1926 年拿到上海租界外国律师执照的中国第一位法科海归女博士郑毓秀,足足早了五年。

史良 1931 年当律师之际,上海只有极少数女律师,据 1931 年的一篇《今日女律师的特别责任》介绍,上海约有七八个女律师。该文先是对法律院系数量过多表示莫名的担忧:仅上海就有十家,每年毕业生约有千人,试问他们到哪里去就业呢?转而文章又以上海妇女自杀人数(1930 年上半年每月 50 至 130 人不等)为特殊理由,认为要支持女律师从业,帮

㊼ 陆殿栋在新中国曾任中国外交部专门委员、中国人民政治协商会议第四届全国委员会委员。1976 年 1 月,全国政协举行周恩来逝世追思会,陆殿栋因哀痛过度,突发脑溢血逝世,享年 70 岁。

助妇女权益保障。[48] 与史良同时期的女律师中，只有少数女精英，但大都很出色。除中国女律师第一人郑毓秀外，在此也对其他人作些介绍，以便了解史良的执业环境以及她在女律师中的相应地位和特点。

海外华人妇女解放的步伐启动，似乎要早于中国大陆。笔者的同事陈立博士曾有专文介绍马来亚华人女性留洋攻读法科者。其中，他介绍了最早攻读法律的马来亚华人女性，是马来亚槟榔屿著名商人林金韶的女儿林鸣凤（Lim Beng Hong，1903—?），又名 B. H. Oon，于 1923 年 9 月前往伦敦，同年 10 月 29 日在伦敦大学学院注册为法律系一年级学生。她还寻求进入伦敦的一所律师学院，得到最高法院法官的推荐，称"她的目标是成为英国律师，希望能在马来亚执业。我们的律师协会没有女性成员，但迄今为止还没有女性申请。他们希望进入我自己的中殿基金会"。林鸣凤于 1923 年 11 月 14 日提出申请，并于 1924 年 1 月 18 日获准进入内殿学院。后来她的妹妹也留学英国读法律。[49]

张舜琴（Teo Soon Kim，1904—1978），是从英国拿到大律师资格后最早从海外迁居上海的华人女律师。她 1904 年 7 月 23 日出生在新加坡，祖籍广东潮州饶平，南洋民党前辈、新加坡华侨张永福先生女公子，生长于新加坡，才貌双全，早年就读于美以美女校，1923 年从新加坡考取英国留学，1924 年 5 月入伦敦大学专研法律，毕业后入内殿学院。张舜琴于 1927 年 6 月获英国大律师资格[50]，是继第一位"滨郎屿林女士"（即林鸣凤）之后的第二人。1927 年，她在一场舞会上结识了当时同在英国攻读政治学博士的浪漫才子罗隆基。1928 年复游历欧洲各国考察司法，1928 年冬与罗隆基返回新加坡结婚。婚后加入新加坡最大律所安盛律师事务所（Allen and Gledhill Co.）实习，于 1929 年 6 月 17 日领得律师执照，成为新加坡第一

---

[48] 金石音：《今日女律师的特别责任》，载《妇女共鸣》1931 年第 52 期。
[49] Li Chen, "The First Malayan Chinese Women Barristers and Their Pursuit of Legal Education in Britain（1923-1934）", pp. 3-4. https://www.tandfonline.com/loi/rsou20.
[50] Li Chen, "The First Malayan Chinese Women Barristers and Their Pursuit of Legal Education in Britain（1923-1934）", pp. 4-5.

位女律师，旋赴上海担任律师职务。[51] 1930 年，她与吴经熊、倪征燠同年加入上海律师公会，[52] 具体入会时间应该是 10 月。[53] 1930 年 11 月初，丈夫罗隆基被捕时，她的营救措施很得力，以至蔡元培、宋子文、张寿镛等人均为之保释，罗于次日得以出狱。[54] 可是，她像一朵无根的异域鲜花，却被种在了一处不适宜生长的土壤，在顽强的挣扎中枯萎。1931 年 5 月因丈夫出轨离婚后，返回新加坡，继又随父母迁回到中国。[55] 她于 1938 年到位于陕西城固的西北联合大学任教。西北联合大学分立后，又任教于新成立的西北师范学院，并担任外文系主任，与王振刚结为夫妻。1946 年因父亲涉嫌汉奸案，她出庭为之辩护，1948 年离开大陆去了香港，1952 年随丈夫又迁回北京，1978 年 4 月逝世。

周文玑（1913—1998）是本土毕业、才貌双全，经历司法界多重角色并跨界企业的女律师。她毕业于王开疆创办、董康任校长的上海法学院，出生于上海一医生家庭，父亲为上海中西大药房总经理周邦俊。她原名周文殊，个子高，人漂亮，因与某影星同名，遂改名文玑。周文玑毕业于上海市浸礼会晏摩士女子中学，入上海法学院学习法律。1927 年的律师章程将年龄标准从 1913 年的 20 周岁提高到了 21 周岁，周女士刚满 21 周岁，因此获得律师资格，在上海开业，是律师界最年轻者。[56] 周律师在执业之余关心公共问题，勤于发表文章评论时事。1931 年发表文章公开支持国民救国会，呼吁民意。[57] 她在《礼拜六》杂志上发表多篇文章，如 1932 年淞沪会战时，她挺身而出呼吁民族精神，[58] 对美国李顿调查团的报告书进行

---

[51]《女律师罗张舜琴女士到沪》，载《申报》1929 年 7 月 27 日。
[52]《新入会会员》，载《上海律师公会报告书》1931 年第 28 期。
[53]《张舜琴女士加入律师公会会员》，载《民国日报》1930 年 10 月 14 日。
[54] 偶音：《罗隆基被捕与张舜琴女士经各伟人保证得释》，载《铃报》1930 年 11 月 11 日。
[55] 李巧宁：《生若夏花，去若秋叶：鲜为人知的西北联大女教授张舜琴》，载《休闲读品（天下）》，2012 年第 3 期。
[56] 芬君：《又一女律师周文玑女士》，载《小日报》1931 年 11 月 22 日。
[57] 周文玑：《我所希望于国民救国会议的》，载《上海青年》（上海 1902）1931 年第 31 卷第 52 期。
[58] 周文玑：《民族精神》，载《礼拜六》1932 年第 483 期。

过评论,⁵⁹ 支持劳工运动,⁶⁰ 亦对司法制度如中国应否采陪审制发表过意见。⁶¹ 1932 年，周律师转轨，经中央法官考试，调任浙江黄岩县法院民事推事，为浙江省女法官第一人，曾著文《执法记：在黄岩》回忆她当法官的经历。⁶² 1933 年底被司法行政部调任浙江鄞县（今宁波市鄞州区）法院推事，1934 年 1 月初到任。⁶³ 她在任法官期间保持文学爱好，有多篇散文作品发表。⁶⁴ 周法官的婚事提到了议事日程，男方为浙江地方法院推事冯泽昌，由董康、沈钧儒介绍认识，1936 年 2 月订婚时，媒人董沈二人及潘公展等人亦同赴订婚宴，同时作证订立婚约。⁶⁵ 1936 年 11 月调浙江建德任检察官，又成为浙江检察官第一人。⁶⁶ 她判案决狱，曲直不偏，以女青天闻于浙省，曾得司法行政部嘉奖，确为女界不可多得之人才。自浙西沦陷后，经女界敦促，她于 1938 年重返律师业，入律师公会成为会员，在上海执行律务，有报道称"闻周律师以服务社会为目的，今出其所学，参以法曹经验，以为保障人权之用"。⁶⁷ 遗憾的是，1939 年 9 月，她向司法行政部申请撤销律师登录，⁶⁸ 原因不详，但可以理解的是，当时的上海已陷入战乱。像周女士这样的人生可谓精彩，总也不免闲人闲语。人生无常，先生在战乱中逝世，时间很可能就是她 1939 年放弃律师之前。所以她一直孀居于沪上，抗战结束前生出一些传闻，有说她"痴恋一医师"，还有本流行沪上的小册子，八卦她与汉奸有关联，还暗示其先生逝世与她有

---

⁵⁹ 周文玑：《李顿报告书的评价》，载《礼拜六》1932 年第 475 期。
⁶⁰ 周文玑：《今年的劳工运动状况》，载《礼拜六》1932 年第 473 期。
⁶¹ 周文玑：《中国应否采陪审制之商榷》（上、下），载《礼拜六》1932 年第 470、471 期。
⁶² 周文玑：《执法记：在黄岩》，载《天地》1944 年第 4 期。
⁶³ 《周文玑升任鄞法院推事》，载《新闻报》1933 年 12 月 18 日。
⁶⁴ 周文玑：《醒醒吧——女人们》，载《礼拜六》1934 年第 546 期。周文玑：《橘子园》（上、下），载《礼拜六》1934 年第 544、545 期。
⁶⁵ 《女推事周文玑订婚》，载《申报》1936 年 2 月 2 日。
⁶⁶ 《女检察官第一人，周文玑女士调建德》，载《民报》1936 年 11 月 19 日。
⁶⁷ 《女法官周文玑执行律师职务》，载《申报》1938 年 11 月 24 日。
⁶⁸ 《司法行政部指令：指字第七六七一号（二十八年九月十一日）》："令署江苏高等法院第三分院长杨鹏：呈一件呈报律师周文玑声请撤销登记祈备案由"，载《国民政府公报》（南京 1927）1939 年渝字第 197 号。

关，等等。她一怒之下起诉这本书的作者，还请女律师韩学章为代理人出庭。[69] 不过，令人敬佩的是，她并没有消沉。1941 年，她转入工商界，主持周父创办的明星化工股份有限公司业务（即后来的上海家用化学品厂）。1944 年，她组织明星篮球队，担任领队，[70] 精明干练，在实业界夙著声誉。她本人也精通篮球技战术，明星篮球队都是业余球员，但战绩可圈可点。[71] 周父因"反对英美协会"之莫须有罪名一度身陷囹圄，1947 年出狱。1949 年周家财产被充公，周文玑带着配方辗转香港，再到台湾，1998 年逝世。

留洋法科博士回国当律师的本就不多，法科洋博士女律师从政的就更是凤毛麟角了。钱剑秋（1904—1996），江苏镇江（丹徒）人，1928 年毕业于董康任校长的上海法学院（原上海法科大学）法律系，为该校第一届毕业生，获法学学士学位。1929 年自费赴美国留学，此前即有多家报刊谈论钱剑秋，其中一家画报称"不日赴美的法学兼戏剧家钱剑秋律师"。[72] 有报刊称钱剑秋"擅演爱美新剧，有声于时"。[73] 钱热爱戏剧，还亲自扮演角色，1920 年在《新妇女》杂志发表话剧剧本《软化吗?》[74]，是女性平等题材的话剧剧本，极有影响。1931 年获美国西北大学 J. D.（法律博士）学位，曾任上海法学院教授、律师、国民党上海党部委员兼三青团支团部组长。抗战后曾任上海市政府参事，1946 年当选国民大会代表。1948 年任立法委员，1949 年去台湾。

与前面几位一样，女律师往往和男律师不同，她们常常因抗战而停止律师执业。杨志豪亦是上海继郑毓秀之后较早从业的女律师，系徐谦创办之上海法政学院毕业生，名列前三，是郑毓秀的女弟子。1930 年其同班女

---

[69] 关霜：《周文玑痴恋一医师》，载《海风》（上海）1945 年第 5 期。
[70] 《明星篮球队整军经武，周文玑小姐访问记》，载《力报（1937—1945）》1944 年 8 月 24 日。
[71] 梅洁：《明星领队周文玑谈篮球战术》，载《申报》1944 年 8 月 20 日。
[72] 《不日赴美之法学兼戏剧家钱剑秋女律师》，载《上海画报》1929 年第 497 期。
[73] 《上海画报》刊登介绍钱剑秋女士的照片，载《上海画报》1928 年第 317 期。
[74] 钱剑秋：《软化吗?》，载《新妇女》1920 年第 3 期。

同学李朝柱出任上海地方法院推事,⑦⑤ 而杨志豪执业律师,双双被称为司法界之女杰。⑦⑥ 当时有篇文章借杨律师为名,评论女律师,称"女子生产,以自由职业为最宜。而更以律师及会计师为得当。盖女子性静精明,引理论律,足障人权……迩来上海女律师代理诉讼,已经惯见,而我苏州则犹未开此项风气"。文章又讲到吴县尚未有女律师出现,1931年地方法院受理的股东舞弊案,聘请的两律师中就有杨律师,"此为吴县地方法院之'处女庭'"⑦⑦。1934年,担任律师公会执行委员的杨律师,为新刑法男女罪罚之平等权而争,倡导女权的同时,对医事法律有研究,堪称中国医事法之先驱。⑦⑧ 杨律师思想传统,有一定的保守性,比如她支持蒋中正倡导的男女烫发罚拘禁的规定,反映了她和史良等女权主义者的差异。⑦⑨ 1935年之后,杨志豪因病淡出,抗战中更无力从事律务。

上海大厦大学法科也有女生,在上海较闻名的是1932年毕业的屠坤范,她在大学时爱好戏剧表演,曾为义务剧社成员,还曾受邀担任导演。1932年在上海执业律师。⑧⓪ 屠律师还有一定理论造诣,发表《中国古代法理学凌替原因》,认为中国古代法学的缺点是不能科学化,原因是:第一为法典中无公私法的区别,第二为法律同道德界域不清,第三为法典所载并不全是现行法,不能因时制宜,第四为对各类犯罪都设身体刑,第五为律文中缺少辩护的规定。⑧① 1933年以后,屠律师淡出,只有小报会对她作些零星的"八卦",诸如1933年12月生子,爱穿红衣服,被称为"红律师",等等。⑧② 1935年,她偶尔有社会活动,包括公开演讲,如在上海女

---

⑦⑤ 1931年11月上海出现第一位女法官张瑞华,系上海地方法院女书记官升任,就职于民事简易庭。参见《上海地方法院有女法官二人:张瑞华、李朝柱》,载《妇女共鸣》1931年第60期。另参见《地院女书记官张瑞华升任推事》,载《民国日报》1931年11月16日。
⑦⑥ 《司法界中之女杰女推事李朝柱、女律师杨志豪》,载《新闻报》1930年10月17日。
⑦⑦ 春坞:《杨志豪以卵击石》,载《大光明》1931年6月20日。
⑦⑧ 杨志豪:《医事法律讲座:医师业务上过失与病家妨害名誉之刑罪合论》,载《光华医药杂志》1934年第1卷第6期。
⑦⑨ 《本市妇女协会定期讨论蓄发问题》,载《福尔摩斯》1935年1月24日。
⑧⓪ 屠坤范:《妇女的责任》(四章),载《实业界专刊》1932年第4期。
⑧① 屠坤范:《中国古代法理学凌替原因》,载《实业界专刊》1932年第4期。
⑧② 《晶报》1933年12月9日。

中作关于“现代女权行使中的几个障碍”的演讲。她谈到了政治的、经济的、生理的、心理的和女子惰性共五个障碍。(83) 1936年11月代表妇女界援绥运动赴绥远作慰劳，呼吁太太小姐们捐款支援前线。(84) 1937年抗战开始，8月初起屠律师担任上海战时服务团副团长，黄金荣夫人为团长，(85) 但战争中她们就消失在人们的视线之外了。

女律师中也有个别的“奇葩”。1934年有位名叫韩家政的女性来上海从事律师业，她早年毕业于上海法学院，曾当过安徽、湖南的地方基层法院推事。(86) 刚来上海不到半年便被传“律务发达”，她深谙上海滩拜码头之规矩。丈夫李亚西是上海船舶管理处处长，初来乍到，韩律师设宴邀请上海达人数十人，连杜月笙、虞洽卿、袁履登都到场；(87) 她律所搬迁时，黄金荣、张啸林、杜月笙、虞洽卿齐聚捧场。韩律师宴客的消息之轰动，连《申报》《新闻报》《时事新报》《民报》等著名媒体都作了报道。(88) 为此，1934年8月上海律师公会公开致函予以警告，指出“律师为社会服务不分性别，依法令行使其职务与商业竞争之性质不同”，并指其广告有“故自标异，迹涉矜张，殊与风纪有碍”。(89) 这两句话把律师伦理的关键给精准地点到了，不得不服。这种律师伦理的健全与施行程度，以及严格的惩戒，迄今仍具有借鉴意义。不过，韩律师1936年就迁往广东，撤销律师执照登录。(90) 这是一位仰仗权势而出名的女律师，也是职业行为不规范的一个典型。

---

(83) 《上海女中昨请女律师屠坤范演讲》，载《民报》1935年9月28日。

(84) 《妇女界援绥运动》，载《大公报》（上海）1936年11月30日。《妇女界慰劳会屠坤范女士大声疾呼！》，载《大公报》（上海）1936年12月1日。

(85) 《上海妇女战时服务团黄金荣夫人任正团长屠坤范等为副团长》，载《大公报》（上海）1937年8月11日。

(86) 《韩家政执行律务》，载《时事新报》（上海）1934年3月26日。

(87) 《李亚西韩家政宴客》，载《时事新报》（上海）1935年5月26日。

(88) 《韩家政执行律务》。

(89) 《致韩家政会员函（为制止登载矜张标异之广告由）》，载《上海律师公会报告书》1935年第33期。

(90) 《司法行政部指字第二六六五四号（二十五年十一月二十日）》：“令江苏高等法院院长朱树声：呈报律师韩家政因事赴粤撤销登录请备案由”，载《国民政府公报》（南京1927）1936年第2216期。

虽然也是一线城市，平津一带女律师的规模，就不如上海。大约晚了三五年，才有少量女律师活跃在北平与天津。比如为妇女维权而出名的李德义、马荃、丁聪三位女律师。其中朝阳法科毕业的李德义，1934年针对《刑法》有夫女性犯通奸判处2年有期徒刑之规定，与另外两位女律师马荃、丁聪，强烈反对这一男女不平等的规定。[91] 不过，她们还不是最早或最有名的，在此，不得不提到一位鲜为人知却极富人生趣味的女权主义者，她叫濮舜卿（1902—?）。

天津在女权平等上领中国北方风气之先。早在1931年，史良刚在上海入行时，濮舜卿已是平津地区第一位女律师，她也是中国电影史上第一位女编剧。濮舜卿，又名儁，生于1902年，浙江杭县人。根据东南大学校史馆提供的资料信息：濮舜卿在1923年考入当时的国立东南大学预科，1927年3月从该校政治经济系毕业，彼时，濮舜卿主攻经济学。[92] 在东南大学与同学侯曜相识相恋，开始走到一起。1927年她的男友侯曜发表《收回恋爱权宣言》，在倡导恋爱婚姻自由的背景下，把恋爱当作一种权利形态。[93] 1927年《律师章程》通过后允许女性从事律师，于是濮舜卿通过努力满足了条件（很可能是法科修业三年）获得申请律师的资格。1931年10月，经司法行政部批准律师登录备案，[94] 被称作"以女子执律师业在华北为第一人"。[95]

濮舜卿当律师之前，早在20年代就是著名的电影人。在大学期间，她就才华横溢，1925年创作了电影剧本《爱神的玩偶》，1926年创作神话

---

[91] 《平市女律师李德义》，载《益世报》（天津）1934年11月12日。
[92] 东南大学校史馆提供了濮舜卿、侯曜就读的具体专业和毕业时间。参见许航：《女性社会先锋的影像表达——濮舜卿电影剧作中的社会性别意识》，载《南开学报》（哲学社会科学版）2020年第2期。
[93] 侯曜：《收回恋爱权宣言》，载《民新特刊》1927年第6期。
[94] 《司法行政部指令：第一六六一号（二十年十月三日）》："令河北高等法院院长胡祥麟：呈报律师孙永锋濮舜卿二员声请登录均在天津地方法院区域内执行职务检同名簿相片祈鉴核备案由"，载《国民政府公报》（南京1927）1931年第898期。
[95] 竹村：《以女子执律师业在华北为第一人濮舜卿女士（照片）》，载《天津商报画刊》1931年第3卷第22期。

剧《月老离婚》[96]，同年从事电影行业，拍禁毒电影《芙蓉泪》获奖。[97] 1927年撰写《西厢记本事》，同年拍成电影《西厢记》，[98] 同年发表《易卜生与史德林堡之妇女观》[99]，出版文学研究会通俗戏剧丛书《人间的乐园》（1933年再版）。1928年，她发表电影剧本《战地晴天》[100]，同年由丈夫侯曜导演改编并拍成电影上映，[101] 当年还发表有《革命军海陆空大战记》[102]。1931年，濮舜卿律师在其著独幕默剧《人间的乐园》一剧中扮演"智慧"一角。[103]

濮舜卿在天津与北平从事法律服务，[104] 在《大公报》设"公开顾问"作法律解答，全年9月至12月有9篇个案咨询和解答，咨询之内容反映了当时社会的妇女问题和状况。1933年1至6月，她在《大公报》共有21次法律解答，7到12月在天津《益世报》有《妇女应有的法律常识》的连载。她的工作以办理女权案件为主，"关于婚姻问题纠葛，要求财产继承权、争取自由权益，以及不愿作人妾眷、和家主脱离关系，或是沉沦在人间地狱里的妓女要脱掉鸨儿的羁勒案件，比较来得多"。[105] 1933年，前线战事紧急，濮舜卿与丈夫及友人共同发起天津市民自救会，4月4日在天津某学校召开成立大会，到会者两百余人。[106] 1934年迁上海继续执业律师。[107]

---

[96] 舒平：《第一个电影女编剧——濮舜卿》，载《电影新作》1994年第5期。
[97] 《拒毒会电影征求昨日揭晓，第一名濮舜卿得奖二百元》，载《申报》1926年7月18日。
[98] 濮舜卿：《西厢记本事》，载《民国日报》1927年9月25日。
[99] 濮舜卿：《易卜生与史德林堡之妇女观》，载《妇女杂志》（上海）1927年第13卷第9期。
[100] 濮舜卿：《电影小说：战地情天》，载《电影月报》1928年第5期。
[101] 《民新公司新片战地情天》，载《时事新报》（上海）1928年8月17日。
[102] 濮舜卿：《革命军海陆空大战记（附照片）》，载《电影月报》1928年第8期。
[103] 《电影导演名家侯曜君之夫人濮舜卿女士曾著〈人间的乐园〉一书（照片）》，载《天津商报画刊》1931年第3卷第8期。
[104] 《公开顾问如有法律问题需要解答 请径寄濮舜卿女律师处》，载《大公报》（天津）1932年7月28日。
[105] 心冷：《女律师濮舜卿访问记》，载《大公报》（天津）1932年4月30日。
[106] 《市民自救会昨开成立大会》，载《大公报》（天津）1933年4月5日。
[107] 《最近迁沪执业之女律师濮舜卿女士在其津办公室留影（照片）》，载《天津商报画刊》1934年第11卷第29期。

1935年在上海《女青年月刊》杂志上发表《妇女与法律知识》。[108] 1935年7月，呈请司法行政部撤销律师登录，7月20日照准。[109] 整个抗战八年中，她积极参与抗战的宣传和妇女救济工作。1945年，抗战后的濮舜卿在女性杂志上发表《从"抗战夫人"说起》[110]《"抗战夫人"余波》，表达她维护女权的看法。[111]

值得一读的是她写的抗战小说《英雄无奈是多情》，讲述八一三战役之后，主人公为了救国的责任，把新婚半载的多情夫婿，驱上战场……[112] 其实，这是作者在怀念她的先生。抗日战争爆发后，她先生侯曜导演执导了《血肉长城》《最后关头》《太平洋的风云》等一批抗日题材影片，后转至新加坡协助拍摄影片。新加坡被日军侵占后，他被指控为抗日分子，被扣上"摄制抗日影片"的罪名，1942年惨遭侵略军杀害，年仅40岁。濮舜卿与侯曜一生谱写的，就是一个壮美的悲情故事。濮舜卿的律师生涯、戏剧人生和爱情故事，既有意义也有意思，总之生命很完整，也很精彩。

女性的平等与自由是个伟大的理念。像张舜琴、濮舜卿、史良这样的女性法律人，在女权平等和自由方面做出过表率和推动。只是女性在那个年代，其生存会遇到男性所没有的困难和障碍。因此，她们往往在律师界从业时间较男性短，且难度大，并且不同的女性有不同的"活法"，又呈现了不同个体命运的差异。而史良律师从早年一直坚持到1949年，实属罕见。从这个意义上看，平民出身的史良是律界女性难得一见的硕果仅存者。

---

[108] 濮舜卿：《妇女与法律知识》，载《女青年月刊》1935年第14卷第6期。

[109] 《司法行政部指令：指字第一三四六一号（二十四年七月二十日）》："令河北高等法院院长胡祥麟：呈一件呈报律师濮舜卿声请撤销登录请鉴核备案由"，载《国民政府公报》（南京1927）1935年第1806期。

[110] 濮舜卿：《法苑漫游：从"抗战夫人"说起》，载《上海妇女》（上海）1945年第1卷第2期。

[111] 濮舜卿：《法苑漫游（二）："抗战夫人"余波》，载《上海女青年》（上海）1945年第1卷第3期。

[112] 濮舜卿：《英雄无奈是多情》，载《时论文萃》1946年第8期。

四、抗战动员与女权解放

从前面回顾可以看到，这个时代的著名女性律师都有一个共同点——积极参加抗战。这或许是独立的职业知识女性表现出来的共性，她们都怀抱着无畏感和悲悯心，以不同方式投入这场民族保卫战，以自身的知识和影响力做出了女性特有的贡献。

同样，史良也如此。抗战开始后，史良边做律师业务，边写宣传文章。她宣传两项主题：一是女性抗战动员，二是女权解放。1937年8月29日，中国职业妇女会组织演讲会，由史良发表《抗战时妇女应有的认识》的演讲。她认为，妇女工作在抗战到来之际，一要准确认识抗战时局，二是有战时妇女工作总纲领，三是每个妇女团体要有系统地组织起来，以自救抗战。[13] 1937年史良连续发表宣传和鼓励抗战的文章，包括《建设新中国的时候到了》（《战线》第6期）、《谈对日绝交》（《妇女生活》第5卷第3期）、《抗战形势与抗战意志》（特刊第7期）、《西安事变给予吾人的教训》（《统一评论》第3卷第6期）、《这是生死存亡的战争》（《中国呼声》第2卷第16期）、《战时妇女工作计划》（《世界知识》《妇女生活》《中华公论》《国民周刊》战时联合旬刊第4期）、《九国公约会议和我们的立场》（《妇女生活》第5卷第4期）。

1937年10月10日，史良在女将军、女作家胡兰畦等人编辑出版的旬刊《战时妇女》第7期发表《祝今年的双十节》一文。她说："民国到今天已经二十六年了，年年国庆，岁岁双十，点缀敷衍，非但没有真正可以庆祝的意义，而且每一检讨民国以来的成绩，会叫人痛心，会叫人失望。""可是今年的情形却迥乎不同了"，虽然日本侵略我们，"可是我们全民族现在已有了空前的团结，空前的反抗。为着国家，为着民族，四方八面，俱在分层的情绪下，坚决的意志下齐整的步调下，统一的指挥下，和敌人

---

[13] 《社会日报》1937年8月30日。

奋斗。在血光下展开我们全民族求生存，求解放的自由之战！"⑭

1938年至1939年，史良发表的文章很多，包括：

《今年的"三八"》（《抗战》[上海]第52期）、《今年"三八"纪念中的特殊任务》（武汉《战斗》第2卷第5—6期）、《对于动员妇女保卫大武汉意见》（《全民抗战》第3期）、《如何动员妇女参加抗战建国工作》（《国民参政论坛》第2期）、《统一抗战意志与争取最后胜利》（《统一评论》第5卷第2期）、《写在纪念"三八"节之前》（上海《妇女生活》第5卷第9期）、《妇女动员中的一点意见》（上海《妇女生活》第5卷第8期）、《参加国民参政会去》（《妇女生活》第6卷第2期）、《对于国民参政会第二届大会的感想》（《妇女生活》第6卷第9期）、《中国民族复兴运动之回顾与前瞻：纪念一二五民族复兴节》（《青年向导》第25期）、《关于援助抗属的我见》（《妇女生活》第7卷第5期）、《调查出征军人家属后的一点意见》（《妇女新运》第2期）、《妇女工作的回顾与展望》（《妇女生活》第6卷第11期）、《透过寒衣运动的教育与组织妇女工作》（《时事类编》特刊第43期）……

1940年至1949年，史良仍然继续发表与时势相关的文章，如：

《动员女青年的先决问题》（重庆《中国青年》1940年第2卷第3期）、《动员女青年的先决问题》（金华《浙江青年》1940年第1卷第12—13期）、《全国妇女组织现状与我见》（《妇女生活》1940年第8卷第10期）、《世界妇运动态：国内之部：新都妇女宪运的蓬勃（四川）》（泰和《大路》1940年第3卷第1期）、《四川省第八行政督察

---

⑭ 史良：《祝今年的双十节》，载《战时妇女》1937年第7期。

区一年来行政督察工作之回顾与前瞻》(《现代读物》1940 年第 5 卷第 7 期)、《中国妇女界致苏联女战友书：响应苏联妇女领袖对苏联妇女及全世界妇女之号召及莫斯科妇女反法西斯大会告全世界妇女书》(李德全、史良、曹孟君等，《中苏文化杂志》1941 年第 9 卷第 2—3 期)、《我妇女界致苏联女战友书：响应苏联妇女领袖对苏联妇女及全世界妇女之号召及莫斯科妇女反法西斯大会告世界妇女书》(李德全、张蔼真、史良等，《浙江妇女》1941 年第 5 卷第 4 期)、《妇女与民主：在三八节纪念晚会讲》(《现代妇女》1945 年第 5 卷第 4 期)、《原子炸弹发明简史》(北平《新世界》1945 年第 1 期)、《从法律观点论学生运动》(史良演讲整理稿，载《国讯》1947 年第 415 期)、《纪念韬奋先生：怀念韬奋》(《读书与出版》1947 年第 7 期) 等等。

1944 年黄炎培与张志让主持《宪政》月刊第四次讨论会，史良参加并作发言，她力主宪制与女权，认为宪法上虽然已经规定男女平等并有特殊权益的规定，但中国妇女受千年传统的束缚，因此要在宪制实施中明确落实，比如选举中妇女的名额等等。[113]

史良在学潮运动中，被请去作演讲。作为法律人，她对学潮持怎样的见解呢？她的演讲被记录整理发表了出来，叫《从法律观点论学生运动》。她首先把 1947 年当时的学潮运动分为三种目的——反饥饿、反暴行、反内战，然后分析说这些目的都是正当的。但是国府新颁布的所谓《维持秩序临时办法》和《紧急措施》不是法律，只是命令，但作为命令也必须符合宪法。最后还说："我自民国十六年在学校毕业，二十年开始执行律师业务，今日就法律上的观点来批评这两个文件，若有不当的，本人负责。最后希望同学们用合法的方法与行动，来就会这次运动，以求本身的稳

---

[113] 《妇女与宪政——陪都宪政月刊社举行座谈》，载《大公报》(桂林) 1944 年 4 月 10 日。

固，不致发生错误。"[116] 从演讲的立意看是基于法律的观点，毫不掩饰地支持学生运动，立场鲜明，逻辑严密，干脆利落。

在《现代妇女》杂志，刊物编辑把女性读者的法律问题来信转给史良，由她进行单个法律问题解答，并刊登出来普及法律知识。比如《法律顾问：堂兄妹可以结婚吗？》[117]。1944年4月25日，她回复刊物读者来信，进行法律问题解答，"未婚夫另有所恋，如何解除婚约？"[118] 1945年2月有新生活妇女工作队军政部队总务组给《现代妇女》来信，咨询婚姻法律问题，史良给予详细的答复。[119] 有位未成年读者"龙兴珍"，因被包办与人订婚，被迫一起生活，后来被该男子抛弃，哥哥为她提起诉讼，一审败诉。史良答复，败诉的是民事，此案应当依照刑法起诉其违背妇女意志，构成强奸，云云[120]。因为是未成年女孩，因此她认为这是构成强奸。史良总是能够抓住要害。解答很专业，准确简明，语言往往单刀直入。

中国的妇女解放运动，可以说是伴随着抗战而得到了快速的发展。这其中，也有史良的作用。

史良的文笔也颇具男性特点。1944年，史良写了《斯太林与秘密政治警察》，在《警声》上连载了三期。[121] 所讲的是关于苏俄秘密警察机关的人和事，包括残忍的杀人场面，政治暗杀，以及斯大林对政敌的权谋。她的语言非常男性化，比如描述斯大林"为人极有耐心，这是他的一种长处。他之所以能以大权在握，一半也是有赖于此。……别人一步可以迈到者，他宁可作分两步或三步。他以六个阶段之进行排除了托洛茨基，以四个阶段之进行排除了齐诺维埃夫和卡门纳夫，以三个阶段之进行排除了列

---

[116] 《从法律观点论学生运动》，载《国讯》1947年第415期。
[117] 《现代妇女》1944年第3卷第6期。
[118] 《现代妇女》1944年第3卷第5期。
[119] 《现代妇女》1945年第5卷第2—3期。
[120] 《现代妇女》1945年第5卷第1期。
[121] 史良：《斯太林与秘密政治警察》，载《警声》，1944年第5卷第7、10、11期。

考夫和汤姆斯基;他分两个阶段的进行才兼并了波罗的海诸国。他对任何政敌所施的手段与猫之捕鼠很相仿佛,先伸出爪牙去使对方看到他的力量,施以抓扑之后又必退后一步以观结果,最后才实行扑杀"[122]。她讲故事很有艺术性,不仅形象生动且引人入胜。

我们只知道史良大律师名气很大,但是她在民国时期的名气到底达到什么程度?这是我们过去并不很清楚的。先说她的律师名声吧,远在天津的《大公报》都对她作了赞美的报道,说:"女人有苦总是跑到她那儿去求助,换句话说,她的当事人以女性居多数,案子中间以婚姻纠纷居多数。"《大公报》还说她总用调解的办法处理婚姻案件,明知无理要输的案件就规劝当事人,对于无钱无势的乡里人,总是义务免费,还举了个1942年的例子,说为一个乡下小商义务出庭,与秘书田小姐雪天坐滑竿到南岸仁厚乡,手脚冻僵却无怨言云云。[123] 从妇女运动的地位来看,史良被当时的报纸称为"战时首都最活跃的妇女领袖之一"[124]。其实早在1939年,她就已经是全国知名的公众人物,最令人印象深刻的是,1939年3月有份《突击手》杂志,在补白处登了"名言集录",其中有四个名人的名言,其中包括黄炎培、蒋中正、马克斯(指马克思),而史良呢,位列第一!她被刊登的那句名言是:"组织民众,不但要了解他的要求尤其是要抓住他们的情绪。"[125] 到1949年解放军进城前后,特务仍在想方设法地抓捕史良。[126]

1949年10月,平民律师出身的史良担任了司法部部长,自1949年10月至1959年4月,在这个位置上待了整整十年。俞钟骆于1949年第一届政协前自沪北上,任最高人民法院委员,退休后为最高人民法院顾问。

1959年4月28日国务院提请第二届全国人民代表大会第一次会议

---

[122] 史良:《斯太林与秘密政治警察》,载《警声》1944年第5卷第11期。
[123] 《史良律师怎样处理案子》,载《大公报》(天津)1947年2月18日。
[124] 《东方画刊》1940年第3卷第8期。
[125] 《突击手》1939年3月号。
[126] 司空骢:《捉史良》,载《铁报》1949年6月10日。

《关于撤销司法部的建议》称:"由于司法改革已经基本完成,各级人民法院已经健全,人民法院的干部已经充实和加强,司法部已无单独设立之必要。建议撤销司法部,原司法部主管的工作,由最高人民法院管理。"[122] 司法部撤销后,史良仍能由司法部部长改任全国人大常委会委员。1985年9月6日,史良因病逝世,享年85岁,身后没有给亲属留下任何遗产。

---

[122] 1959年4月28日《国务院总理提出的关于撤销司法部监察部的议案》。

第四章
学术静观者

第一节 回心转型

戴修瓒——"劫"后的学术余生

图 1　戴修瓒（1887—1957）

　　与那个时代法科知识分子跃跃欲试于政坛类似，戴修瓒早年也曾有一段从政的"必然"经历。他30岁从北洋政府司法部佥事干起，后来担任了要职，不过他从事的不是典型的政治，而是司法官职业。在职业生涯中，他躲过了"诡异"的三"劫"，却躲不过第四"劫"——1928年6月1日，戴修瓒署最高法院首席检察官，可就在当日下午十点钟被捕入狱。

　　从此，戴修瓒发誓不再做官，年逾不惑，专心著书立说，纯粹当学者，先后任教于北大、朝阳、复旦、央大等校，以他的"劫"后余生，转型为专业静思的法科知识人，成为著名的民商法学家。

一、常德到东京

戴修瓒,曾用名修缵,字君亮,湖南常德人。1887年(清光绪十三年)出生在常德县(现常德市)柳叶湖戴家岗。其父戴宪诚,生有八个子女,戴修瓒就是其中一个。① 因不善经营生计家道中落,戴宪诚不得不进城当了一个布店伙计,因常年劳累不幸壮年去世。② 然而,这只是戴修瓒家境的一个侧面。

事实上,戴家自明朝起乃官宦之家,数百年间始终是当地的名门望族。清末民初,戴家多兄弟,其中有两位著名的人物即戴德诚与戴展诚兄弟。戴修瓒的伯父戴德诚曾参与湖南维新运动,管理南学会,担任《湘报》撰述。叔叔戴展诚与康有为同期进士,参与"公车上书",留学日本,后担任湖南全省师范学堂(今湖南第一师范学院)的监督。良好的家族风气是会感染和传递的。后来,戴氏家族相继出了读书人。比如戴德诚之子、戴修瓒的堂弟戴修骏③就是留法学生,在巴黎大学学习经济、政治、法律,获法学博士学位,曾在巴黎和会期间阻止北洋政府签字,回国之后任国立中央大学法学院院长、国民政府首届立法委员。

父亲病逝后,戴修瓒的大哥主家。为了不耽误弟弟们的学业,同时也为了延续戴氏家族的文雅温良家风,大哥竭力支持他们求学。1903年,16岁的戴修瓒就读于武陵县学堂。1906年时值原"三江师范学堂"易名为"两江优级师范学堂"(1914年改为南京高等师范学校)。就在这一年,戴修瓒从常德老家,奔赴南京北极阁报考,成为两江师范学堂首届学生,在两年制速成班学习。该校在当时颇领教育风气之先,教员中选派有举、

---

① 财政部官员、罗文干案的证人、诗人徐行恭,在诗中称戴君亮为"戴八兄"。这或许与戴氏的家中排行有关,待考。参见徐行恭:《正月十七日戴八兄亮集置酒寓斋约诸吟侣为法梧门先生生日诘朝走诗索和》,载《文字同盟》1928年第13期。
② 熊英:《近代常德籍法学家陈瑾昆和戴修瓒比较研究》,载湖南常德社联网,http://skl.changde.gov.cn/ztzl/cdbtwhyj/content_335211,最后访问日期:2022年4月23日。
③ 戴修骏(1894—?),字葵夫,湖南常德人,戴修瓒之堂弟。湖南省官费留学生,1925年获巴黎大学法学博士学位,回国后任教于国立北京法政大学,早年有译著若干。1927年任中央法制委员会委员,1928年经竞选担任国民政府第一届立法委员,后连任。1946年当选制宪国大代表。参见王伟:《中国近代留洋法学博士考(1905—1950)》,第204页。

贡、廪、增出身的中国教习,分授修身、历史、地理、文学、算学等学科,聘有日本教习十数人,承担教育、理化、农学、博物、图画等学科的教学。戴修瓒1908年从"两江"毕业后,即与小哥戴修治兄弟双双公费赴日留学。戴修瓒考入日本中央大学法科攻读经济与商法。这是1885年夏由穗积陈重等18位法律家创立的"英吉利法律学校"。1905年,该校新设经济学科,改称"中央大学"。当时在日本留学的宋教仁,因与戴氏兄弟是常德同乡,故宋曾多次往来于戴氏兄弟的住所筑地馆,交往密切,戴氏兄弟亦受其革命思想活动的影响。1909年驻日使臣胡惟德以宋教仁"素性懒惰常误工课仍不准留学"之名[④],"奉旨"取消宋教仁等二人公费留学资格。而戴修瓒在日本静心用功,1912年毕业回国。

　　戴修瓒从日本回国时,正赶上民国元年宋教仁筹办国民大学(后改名"中国大学"),他协助老友宋教仁参与筹备工作。事后看戴修瓒履历,这真是个偶然铸就的缘分。此校"为国父孙逸仙先生所倡办。民国元年冬,第一任校长宋教仁先生呈准政府在前清度支部余存饭食银两项下拨给八万四千五百两为开办费,推定校董彭允彝、袁家普、姚憾、吴瑞、李垣、洪逵、戴修瓒、毕惠康、殷汝骊、欧阳振声诸先生为筹备员,并租妥前内西城根原学堂校舍一部为校址,又自收买西角毗连空地一方"[⑤]。1913年春,国民大学筹备就绪时,宋教仁校长1913年3月22日在沪遇难。学校改推校董黄兴先生为第二任校长,彭允彝先生代行职务。该校于1913年4月13日开学,报道称:"闻该校将照早稻田大学办法注重政治学识,又闻该校由国民党主持,与官立之京师大学堂立于反对地位。"[⑥]该校学科仅设大学、专门两预科,又设法政别科及附属中学。不久,因二次革命,"黄校长及多数校董皆离北京,所领之开办费由袁世凯政府收回,经多方交涉,虽允发还,但已由湖南明德大学呈准分去其半,内忧外患,纷至沓来。此

[④]《驻日使臣胡惟德奏请开复》,载《时报》1909年11月27日。
[⑤]王致祥、陈传德1948年4月4日回忆文章《中国大学校史》,引自蒋梅选辑:《抗战胜利后私立中国学院谋求改为国立及恢复旧称相关史料》,载《民国档案》2007年第1期。
[⑥]《国民大学定于明日(十三日)举行开校礼》,载《神州时报》1913年4月13日。

本校国民大学时期之经过也。黄校长离京后，由教务理事袁家普先生兼代校长。是年冬，与学长姚憾、聂权、戴修瓒诸先生商讨维持之策"。[7] 这段偶然的办学经历，是戴修瓒从教职业生涯的序曲，但他没有继续从教从学——等候他的"必然"职业生涯开始了。

戴修瓒于1917年3月任司法部佥事，叙列五等。[8] 他从此开始与司法行政部同仁交往，尤喜欢和参事厅主任余绍宋交往，常来余绍宋家下棋，聊文艺，偶有招宴。但他很小心低调，到余家串门也都是喜欢独来独往。此时政坛复杂，司法系统纷争不少，人际交往也得小心翼翼。1918年4月1日朱深就职司法总长。1920年，经司法总长朱深呈准戴修瓒"进叙四等应给第四级"。[9] 朱深是1903年京师大学堂首批公派日本的留学生，虽然也是日本海归，但和余绍宋、戴修瓒不是一路人，交往稀少。1921年成立法权讨论会，王宠惠接受任命为委员长，修订法律馆总裁江庸任副委员长，但很快收回成命，改修订法律馆副总裁罗文干任副委员长，凭猜测这可能是王宠惠的提议。不久，1922年8月，张耀曾（镕西）任司法总长兼"法权讨论委员会委员长"，佥事戴修瓒此后不久担任了法权讨论会秘书。1922年10月随同张耀曾到各省考察司法。[10] 可见他得到张耀曾的器重，但是张耀曾毕竟是书生，为官高调有理想却不接地气。戴修瓒工作出色，还能撰文，曾于1923年7月撰写并发表《法权讨论委员会上海公共会审公廨视察报告》，[11] 于是，更受张耀曾器重。在部里的复杂人际中，戴修瓒与张总长是上下级关系，深得领导器重。但他私下交往中，则喜欢文艺的、轻松的文人圈子。这反映了他内心的另一面。

---

[7] 王致祥、陈传德1948年4月4日回忆文章《中国大学校史》，引自蒋梅选辑：《抗战胜利后私立中国学院谋求改为国立及恢复旧称相关史料》，载《民国档案》2007年第1期。
[8] 《大总统指令第四百三号（中华民国六年三月九日）》："令司法总长张耀曾：呈请将署佥事戴修瓒等叙列五等由"，载《政府公报》1917年第417期。
[9] 《司法部令第三五号（中华民国九年一月十九日）》："佥事戴修瓒已呈准进叙四等应给第四级俸此令"，载《政府公报》1920年第1419期。
[10] 余绍宋1922年10月21日日记，载《余绍宋日记》（第1册），第324页。
[11] 戴修瓒：《法权讨论委员会上海公共会审公廨视察报告》，载《法律周刊》1923年第6—12期和《法律评论》（北京）1923年第8—23期。

说到这，讲个小插曲。1921年5月胡适日记记载一场文坛闹剧，说的是北京某诗人出版诗集后，找了一班人为之登报推介，引起一位记者反感而撰文批评，时人猜测这是易某冒名代笔，然后就有了为易某撇清的八人登报声明。这八人中有戴修瓒以及李石曾、蒋方震、黎锦熙、孙几伊等。胡适反感这种随便滥用名字的做法，与高一涵专门给八人写了公开信（启事）登在《晨报》，严肃地批评这八人不应该出来为易某洗白。殊不知，八人声明也是个被冒用的幌子。胡适后来才发现，八人中有多位并不知情，黎锦熙给胡适来信说不知情，而戴修瓒面告高一涵说，他也不认识易某。[12]

1924年4月18日，戴修瓒被任命为惩戒委员会委员。[13] 11月3日，张耀曾同国务总理黄郛等人在冯玉祥支持下，在北京组织临时内阁，出任司法总长。11月18日戴修瓒即被任命担任京师地方检察厅检察长。[14] 如果与此后的遭遇相比，戴修瓒此前的经历真算是平步青云了。

二、京师遭四"劫"

京畿重地，天子脚下，京官难当。况且京师地方检察厅检察长的座席，更是个"诡异"的位置。此地清末就设有京师检察厅，徐谦曾任检察长。[15] 民国设京师地方检察厅和高等检察厅。所谓"检察"者，以法律监督为本职。地处"水很深"的京师衙门，上下左右掣肘，在那个特殊年代，更添几分诡异。1911年《北洋官报》就有告示称"浇风日甚，伪诉百出，诚恐有假。称本厅厅员在外招摇或捏称与某员熟识，可以请托官事……"，敬告"严禁诈伪"。[16] 即使不出事，检察厅厅长也频频换人。

---

[12] 曹伯言整理：《胡适日记全编》（1919—1922，第3册），第267、274页。
[13] 《大总统令（中华民国十三年四月十八日）》："派邵章潘昌煦戴修瓒兼司法官惩戒委员会委员"，载《政府公报》1924年第2901期。
[14] 《大总统命令：任命戴修瓒署京师地方检察厅检察长（十一月十八日）》，载《法律评论》（北京）1924年第75期。
[15] 《谕旨：八月初二日内阁奉上谕京师高等检察厅检察长着徐谦补授钦此同日奉》，载《政治官报》1908年第302期。
[16] "严禁诈伪：京师内城地方检察厅示云……"，载《北洋官报》1911年第2806期。

1912年蒋棻担任京师地方检察厅检察长,[17] 1913年蒋氏就以派出洋修习实务而被调离了。[18] 1913年6月2日新任检察厅检察长贾晋上任。[19] 数月后,1913年11月28日任命朱深为检察厅检察长。[20] 1914年接替此位的是政客尹朝桢,于3月14日被大总统任命。[21] 结果尹朝桢干了两年多后也没有好去处,1916年被司法部"调部派在参事厅办事",后来因释囚脱逃、解款违规被司法部呈请惩戒,[22] 以"尚属轻微","减俸两个月十分之一",[23] 继续当检察厅检察长。1919年11月翁敬棠接任京师地方检察厅检察长。[24] 1921年9月又换人,由梁宓接任检察厅检察长。[25] 梁宓干了一年多,于1922年被调离了。[26] 新任命的检察长叫龙灵,可是1923年发生了"龙灵滥捕律师案"。[27] 于是1924年11月18日戴修瓒被任命为检察长。从1911年到1924年,京师地方检察厅在短短12年内,竟然换了八个检察长!

同样的"厄运之神"紧追着戴修瓒而来。正是在京师高等检察厅检察长这一职务上,戴修瓒接受了专业性与政治性冲突的严峻考验。这是怎么一回事呢?1924年11月26日,章士钊因段祺瑞而得势,出任司法总长。[28] 戴修瓒的靠山张耀曾只当了23天的司法总长,就被迫辞职了。1925年8

---

[17] 《京师地方检察厅检察长蒋棻就任日期通告》,载《政府公报》1912年第181期。
[18] 《司法部部令(二则):第二百三十四号至第二百三十五号(中华民国二年十月十五日)》:"前派骆通何炳麟张祥麟蒋棻分赴美英法日本等国修习实务",载《政府公报》1913年第523期。
[19] 《署京师地方检察厅检察长贾晋就任日期通告》,载《政府公报》1913年第388期。
[20] 《京师地方检察厅检察长事务朱深就职日期通告》,载《政府公报》1913年第570期。
[21] 《京师地方检察厅通告:中华民国三年三月十日奉大总统令任命尹朝桢署京师地方检察厅检察长》,载《政府公报》1914年第680期。
[22] 《司法部实行呈请惩戒尹朝桢》,载《大公报》(天津)1917年2月17日。
[23] 《京师地方检察厅检察长尹朝桢惩戒案缮具议决书恭呈祈鉴文(附议决书)》,载《政府公报》1917年第503期。
[24] 《京师地方检察厅通告(中华民国八年十一月十四日)》:"为通告事本年十月七日奉大总统令任命翁敬棠署京师地方检察厅检察长",载《政府公报》1919年第1356期。
[25] 《大总统令(中华民国十年九月十五日)》:"任命梁宓为京师地方检察厅检察长此令",载《政府公报》1921年第1999期。
[26] 《大总统令:大总统指令第三千一百六十号》:"令署国务院秘书长梁宓:呈报就职日期由。"载《政府公报》1922年第2384期。
[27] 《龙灵滥捕高穰案不起诉》,载《法律评论》1923年第27—28期。
[28] 《司法总长章士钊就职日期通告(中华民国十三年十一月二十六日)》,载《政府公报》1924年第3117期。

月 29 日,地审厅全体推事联名"倒戴",呈请免去戴修瓒地检厅检察长职务。呈请免职理由为,刑庭推事吴廷桢被戴修瓒非法侦讯羁押,其中还强调了两个细节:其一,戴修瓒不许吴廷桢在法庭记录中改正误录之文字;其二,戴检察长不应该派警在法庭上监督吴廷桢。[29] 这种理由也是荒唐,全体推事联名呈请,这气势不只是暗流,简直是波涛汹涌!

结果如何?戴检察长于 9 月 3 日向总检察厅呈文,澄清事实:现任法官吴廷桢有诈财嫌疑,同级检察厅依法开展侦查,因属同级,戴氏嘱侦查办案同僚务必审慎;侦查讯问均为法检办公原地,并不存在羁押问题;吴法官恼羞成怒,指责笔录不可信,并嚣张辱骂办案人员,涉嫌妨害公务;经查其住宅,发现吴法官有吸毒嫌疑。吴法官如此违法违纪之事实,显然"于法庭威信关系甚钜"。此案侦查部分将呈请移转管辖,戴修瓒在呈文中作了语言平实的汇报,最后他表达了心灰意冷的极端"无力感",他说:"经吴廷桢捏造事实、取谤于素所敬爱的僚友,此则端居自念、深所寒心者也。"[30] 戴检察长这番话,显然已经把吴法官诈财一案"做实"了。可是后来吴氏案却不了了之,而戴检察长则躲过第一"劫"。

多事之秋,祸不单行——1926 年 3 月,戴修瓒陷入了更严峻的危机。3 月 16 日及 17 日,在北平的国共两党开会,徐谦以国民党执行委员会代表的身份同李大钊领导的中共北方区委决定,组织各学校和群众团体,于 18 日在天安门举行"反对八国最后通牒的国民大会"。3 月 18 日,80 多所学校共 5000 多人在天安门举行"国民大会",声言反抗"八国通牒"。北京段祺瑞临时执政府卫队,开枪杀害北京女子师大学生刘和珍、杨德祥等 47 人,伤 150 余人,造成震惊全国的三一八惨案。同时,政府下令通缉徐谦、李大钊,甚至列入周树人(鲁迅)等多达 50 人。鲁迅称这一天为"民国以来最黑暗的一天"。知识界力量汇集,周作人、林语堂、朱自清、

---

[29] 《地审厅推事请免戴修瓒职,为推事吴廷桢被押事件呈请免职理由有二》,载《申报》1925 年 8 月 29 日。

[30] 《吴廷桢案之戴修瓒呈文侦查吴案经过情形》,载《时报》1925 年 9 月 4—5 日。

蒋梦麟、王世杰、闻一多、许士廉、高一涵、杨振声、凌叔华等，甚至还有梁启超，纷纷谴责段祺瑞政府。

三一八惨案的司法管辖地正是京师地方检察厅，检察长戴修瓒和他的同袍们瞬间坐在了风口浪尖。据余绍宋日记，卢信给余来电说，政府又向司法部催办"金佛郎"和"三一八"两案，声言再不办理则直接免戴修瓒检察长一职。[31] 戴检察长怎么办？他很为法科知识人争气。他们检察厅敢于独立严格执法，对惨案进行了调查取证，并正式认定："此次集会请愿宗旨尚属正当，又无不正侵害之行为，而卫队官兵遽行枪毙死伤多人，实有触犯刑律第311条之重大嫌疑。"据说，戴修瓒以京师检察厅厅长之名，依法弹劾段执政。"他怒而出具法庭传票，传唤段祺瑞这个'暴君'到庭受审……段祺瑞一气之下下令逮捕他，幸亏及时脱逃。"[32] 军阀当道，司法机关为何能有如此大胆的举动？此事在历史文献中似没有记载，但分析当时的历史环境因素，大致有这样几个原因：

其一，从大背景来看，在经历推翻皇权的辛亥革命以及新文化和五四运动，法治与人权，相当于社会领域的赛先生与德先生，堪称茹女士（rule of Law）和秀女士（human right）。得益于此，当时1923年制定的"曹锟宪法"第101条，就有明确规定："法官独立审判，无论何人，不得干涉之。"足见立宪主义的司法精神已经深入人心。

其二，经由社会民主思想渗透、列强控制与民众反控制，北洋政府的司法制度，已经赢得独立性的一线生机。中国社会民主潮流使然，世势所趋，司法的独立性和职业化还是得到确认。[33] 无论北洋政府的执政者们是否意识到，推行独立司法将给他们这些靠枪杆子起家的军阀带来什么样的

---

[31] 余绍宋1926年4月17日日记，载《余绍宋日记》（第2册），第549页。

[32] 熊英：《浅论清末民初常德法律人才的兴盛》，载湖南常德社联网，http://skl.changde.gov.cn/ztzl/ctbtwhyj/content_313093，最后访问日期：2022年5月9日。

[33] 北洋政府在人民要求收回领事裁判权的斗争中，与列强展开外交交涉，此过程中也逐渐确立了司法的独立体制和初步职业化制度。比如制定了一系列法规，如《司法官惩戒法》《司法部酌定律师应守义务》《补定律师停止职务办法》《甄拔特种司法人员委员会章程》《司法官惩戒法适用条例》《法官升转暂行规则》《修正京外地方审检厅法官员缺序补办法》等。

后果，他们想强行干预司法也不是那么容易的事。

其三，司法系统也起用了大批具有民主、法治、宪制思想的法科知识人。㉞他们相当于专业知识人在法律领域的启蒙者和实践者，具有双重身份的优势。当时司法界人士即公开表态，就三一八惨案的法律问题进行澄清，比如总检察厅检察官翁敬棠4月1日在国立北京法政大学发表演讲，谈了三点：其一，本案不属军事法庭管辖；其二，执政府卫队不属于自卫；其三，本案责任，执政府难辞其咎。㉟

其四，从知识人的内心讲，他们蔑视军阀，早已看不惯军阀当道。检察厅厅长戴修瓒有职业素养，兼有知识人的良知，在这个惨案发生的背景下，自然会义无反顾。好在他这次已经豁出去了，免职也不怕！1926年4月9日段祺瑞被驱逐下台。

在1925年"吴廷桢案"和1926年"传唤段祺瑞案"的风险关口，戴修瓒阴差阳错地躲过了前两"劫"。表面看来，他是安全了。但是，激烈的潮流仍然潜伏着。

1926年7月14日下午7点，司法总长罗文干下令，对他停职惩戒，同时停职的还有其他相关人员如京师地方审判厅厅长邵修文推事、检察官杨绳藻等一道。㊱原因竟然是京师地院法官的事——宣判某案四被告无罪，却不及时释放。不料，此案又经过了漫长的一整年，才有了下文。1927年8月16日，司法官惩戒委员会作出了最终议决。委员长暨原大理院院长余棨昌，在为此案报请大元帅之《议决书》中称"检察长戴修瓒、检察官杨绳藻办案违法废驰职务"，同时提到处理程序："本会（指司法官惩戒委员会）指定委员调查，一面按照司法官惩戒法及本会审查规则将原呈钞交该被付惩戒人等提出申辩书。除杨绳藻提出申辩按期应询外，邵修文、戴修

㉞ 北洋政府在选拔司法人才上，注重专业性，客观上推动了初步的职业化，起用了一批法科知识人。如历任司法总长许世英、梁启超、章宗祥、林长民、江庸、傅增湘、朱深、董康、王正廷、章士钊等。他们大多受过西方文化熏陶甚至法学教育，具有法治、民权、自由、平等思想并有志于改良司法。他们相当于专业知识人在法律领域的启蒙者。

㉟ 翁敬棠：《三一八惨案法律问题》，载《法政学报》（北京）1926年第5卷第1—2期。

㊱ 《京地检长戴修瓒停职惩戒》，载《法律评论》（北京）1926年第4卷第3期。

瓒仅提申辩并未应询……兹经调取关系本案卷宗详细审查，复依照法定程序开全体评议会多数议决，该被付惩戒人京师地方审判厅厅长邵修文、地方检察厅检察长戴修瓒应依司法官惩戒法第一条第二款及适用条例第七条比照第六条第一款、同法第六条第七款受诫饬处分，推事调署山东福山地方审判厅……杨绳藻应不受惩戒处分……"㊲

这一议决书对审判厅厅长邵修文推事作了工作调动，而对戴修瓒除了诫饬之外，职务上未作任何调动。这个结果的公允性是显而易见的：其一，余、戴二人同是留日法科海归，又是多年同袍好友，余氏对戴氏的为人是相当了解的；其二，余棨昌是顶级专业法律人，戴在此案中并没有直接的职务责任，凭余氏的专业眼光无疑作了审慎地审查把关。事实上，余棨昌1928年秋即离开司法系统，也彻底离开政坛。继任大理院长的姚震已于1927年3月任命。这次惩戒案可能是余棨昌1928年离任前的最后一项功德。总之，戴修瓒又"虎口脱险"，逃过了"第三劫"。

传说戴修瓒担任过河南省司法厅厅长，这是否确切？经查发现一份司法总长王宠惠1927年11月2日签署的司法部指令文件刊登在1927年第一期《司法公报》上。指令称："令卸任河南司法厅长戴修瓒：呈一件呈报奉令准予辞职并移交情形请鉴核备案由。呈悉准予备案此令。"㊳该"指令"后附戴氏之"原呈"，可知戴修瓒的确曾被派任河南司法厅厅长。但他并没有前往履职，而是交代给二科科长何宇铨代行职务，并向上级作了呈报。他得到河南省政府第14870号同意其辞职的指令，指令称："戴委员修瓒赴汉逾月迭电请辞本兼各职，情词恳挚，所遗各职极重要未便久悬，应即派员接替，以重职守。兹派邓哲熙为河南省政府委员兼司法厅厅

㊲ 《兼司法官惩戒委员会委员长大理院院长余棨昌呈大元帅为议决京师地方审判厅厅长邵修文推事调署山东福山地方审判厅庭长马鸿远京师地方检察厅检察长戴修瓒检察官杨绳藻惩戒一案恭呈祈鉴文（附议决书）》，载《政府公报》1927年第4181期。

㊳ 《国民政府司法部指令：指字第七三号（中华民国十六年十一月二日）》："令卸任河南司法厅长戴修瓒：呈一件呈报奉令准予辞职并移交情形请鉴核备案由"，载《司法公报》1927年第1期。

长……"㉟河南省报至司法部，因此有了王宠惠最后签署的指令。至此，可以推测：很可能因 1926 年提起惩戒后，戴修瓒曾被派任河南司法厅长兼省政府委员。然而他很快便挂冠而去。

戴修瓒虽为湘中子弟，却内敛恬淡；虽习法科，却爱好文雅；虽蓄日式小胡子，却是质朴内秀的读书人一枚。从余绍宋日记看来，从 1917 年开始到 1926 年的十年里，余氏日记记载戴氏与余氏的往来有 94 天（次），算是余氏来往较密的友人。从戴和余所叙之主题看来，大都为文艺之事，偶尔下棋、招饮。但他总是独自前来，静谈离去，不结伴，不聚众，不留食，不像余氏朋友圈的其他人，整日结群游艺。余氏偶尔赠送自己所画作品于戴氏。㊵可是 1926 年 10 月 28 日戴氏来余宅叙谈之后，就长达八年没有来往。前些年戴氏已经在官场被整得焦头烂额，自然可以理解。直到 1934 年 10 月 9 日晚上，余绍宋"归寓后知戴君亮来……谈到十一时始去"。㊶但余氏对所谈内容未作记录，即使有所记，也是淡淡的。此后他们便渐行渐远。

继 1926 年第三"劫"之后，戴修瓒因政局突变，杳无音讯。政府迁到南京，北平沦为废都。当时北平有份鲜为人知的文学刊物，叫《文字同盟》，其 1928 年第 13 期刊登了一批文人雅集诗。从各位诗友提到的情况看，时间是 1928 年（戊辰）正月 17 日，为纪念清代蒙古族文学家法式善（1752—1813）诞辰，戴修瓒在家"集置酒觞客"㊷。法律出身的戴氏设宴雅集，招待一批诗人，乍听好生令人惊异。但细想也觉得很自然，戴修瓒本来就是个内敛风雅之人，况且经历数劫后的心境，更需要补充新鲜的能量。

㉟ 《国民政府司法部指令：指字第七三号（中华民国十六年十一月二日）》："河南司法厅长戴修瓒'附原呈'"，载《司法公报》1927 年第 1 期。

㊵ 如余绍宋 1918 年 1 月 5 日、1919 年 8 月 3 日日记均有记载。参见《余绍宋日记》（第 1 册），第 46、111 页。

㊶ 《余绍宋日记》（第 4 册），第 1202 页。

㊷ 《戊辰正月十七日法梧门先生生日戴君亮集置酒觞客先成一诗即次其韵》，载《文字同盟》1928 年第 13 期。

正是这之后的数月内，戴修瓒的厄运再次降临，"第四劫"接踵而至！

1928年6月2日《申报》第8版最下方角落有一则报道，称："最高法院首席检察官戴修瓒因有'共产嫌疑'，被黄埔同学会举发，今日由政训部特务组，在钞库街4号戴之寓所，将戴捕获，已送交宪兵团收押。（1日下午十钟——原注）"[43] 6月3日，另有媒体作了相似的报道，但不同的是"黄埔同学会设法营救"，"今日有人为之缓颊，不得要领"。[44] 看来，戴修瓒被捕属实，但该两份报道都把戴氏的职务称为"最高法院首席检察官"，这头衔究竟是否属实？经查戴修瓒没有担任此职务的档案记录。6月9日又有报道称"戴修瓒昨移解到司法部管押"，仍然称其为"最高法院检察官"，"因有某种关系"，"由宪兵团解往国府，现国府于今日（8日）派职员简允武率带手枪队数名，解交司法部讯办"。[45] 11日有报道称"被移送特种刑庭"[46]——即审讯政治犯的法庭。6月11日以后，即无公开的媒体消息。

戴修瓒到底有没有任职过"最高法院首席检察官"？据查民国政府档案，1927年4月2日，民国政府在广州时有一项决定，司法部部长徐谦"呈报筹设最高法院暨请任命最高法院庭长和首席检察官各职员"，"已有令分别发表"。[47] 奇怪的是，没有记载被任命的人员姓名。1927年12月中旬，最高法院在南京正式办公。1928年1月7日任命周诒柯为首席检察官。[48] 笔者在查阅《民国政府公报》政府令的时候发现，1928年6月1日国民政府令"最高法院首席检察官周诒柯另有任用应免本职"，"任安徽高等法院院长"。[49] 那么到底是谁接任首席检察官呢？当笔者再往下翻阅的时

---

[43] 《申报》1928年6月2日。
[44] 《戴修瓒押总部未释，黄埔同学会设法营救》，载《民国日报》1928年6月3日。
[45] 《戴修瓒昨解司法部》，载《民国日报》1928年6月9日。
[46] 《戴修瓒交特种刑庭》，载《时报》1928年6月11日。
[47] 《国民政府批：第八号（中华民国十六年四月二日）》："呈报筹设最高法院暨请任命庭长首席检察官各职员并颁发印章连同各该员履历名单乞鉴核施行由"，载《中华民国国民政府公报》（广州）1927年第2期。
[48] 《国民政府批：第二三号（中华民国十七年一月七日）》："最高法院首席检察官周诒柯：呈报就职并启用印信日期请鉴核备案由"，载《国民政府公报》（南京1927）1928年第22期。
[49] 《国民政府令（中华民国十七年六月一日）》："最高法院首席检察官周诒柯另有任用应免本职此令。"载《国民政府公报》（南京1927）1928年第63期。

候，就在同一天的政府令中，看到了真相——1928年6月1日，"任命戴修瓒署最高法院首席检察官此令"[50]。呜呼！戴修瓒6月1日被任命，当日下午十点钟就被捕了！

至于他被捕后的审讯情况和结果，就这样石沉历史大海。只能理解为，历史急转，这类政治嫌疑案，当时没有史料记载应属常态，但它让我们闻到那极端时期恐怖而荒唐的气息。迄今对戴教授有回忆纪念文章的，只有他后来的学生、原江苏省社科院赵树民教授。赵教授是法理学家、行吟诗人，20世纪90年代初与笔者在法理学界有交集。在他深情回忆戴老师的文字中，只提到1926年的经历，未提1928年的入狱遭遇。戴教授自己也从未提到入狱之事。留下的问题是，戴修瓒什么时候出狱？之后他去了哪里？

三、沪渎返北大

戴修瓒早年还是亦政亦学的，据说1923年在司法部时就有写书想出版的事，他想通过余绍宋请梁启超作序。[51] 出狱之后的事，搜索其论著和史料，目前只找到一小段相关信息，但很重要——藏在他1937年再版的《民法债编总论》的"例言"之中：

> 稿件屡易。每思刊行问世，顾以公私过忙未果。民国十七年，重游海外，遍览新籍，顿觉以前研究，颇违社会情势。偶阅旧稿，不觉汗颜。嗣后回归沪上，复任各法校讲座，念及国府颁布私法法律，为时无几。尚无系统著述。学子苦之。用敢不揣谫陋，欲将历年讲稿，按照我国现行法律，及现代法学思潮，增删修订，陆续编拟民法总则、民法物权、民法债编、公司法、票据法、保险法、海商法等书。[52]

---

[50] 《国民政府令（中华民国十七年六月一日）》："任命戴修瓒署最高法院首席检察官。"载《国民政府公报》（南京1927）1928年第63期。

[51] 余绍宋1923年5月12日日记云："戴修瓒来谈，为作书绍介梁任公。"参见《余绍宋日记》（第2册），第384页。

[52] 戴修瓒：《民法债编总论》（例言），上海法学编译社1937年版，第1页。

"民国十七年,重游海外,遍览新籍",这说明他 1928 年就出国了。说明这场牢狱之灾延续的并不很长。按照戴修瓒当时的心境、早年留学国别以及旅程便利等因素来看,他很可能是短期访问了日本。

我们难以知道戴修瓒 1928 年的入狱经历,也不知道这在他内心留下多大阴影。我想,他一定不由自主地回顾:当年在南京就读师范学堂的源头初心;当年回国协助宋教仁办大学的牛刀初试;当年在京师朝阳学院的商法课程。[53] 因长期从事法律专业,规则思维的严谨教条,使他天然倾向法治和自由。况且司法官具职业性特点,涉及政治纷争,他们会捍卫天职般地坚持法治立场。经此番接二连三的四次劫难,足以让他窥见中国政治法治化何等艰难。1928 年的大起大落和牢狱之灾,无疑给戴修瓒带来凤凰涅槃似的醒悟。失之东隅,收之桑榆。因此有了他"今生今世不再任法官而立志著书立说"的说法,"心境坦然,不再旁骛,与坦坦学子为伍,增长学识,却其乐无穷"。[54] 这话像发毒誓一般,也流露了真实的心声。从事教育最初是他的偶然,但后来却成了他的必然。从今往后,他决意终生从学从教。

"嗣后回归沪上",这说明日本回国后自南京到了上海。这就有了历任上海法学院法律系主任、中国公学法律系主任的事实。如果说 1928 年的日本之行是他清理心境的放松之旅,那么南下上海是他结束从政、重启学术的转折。他在上海中国公学任教时,就与郭开文[55]、辛扬藻、陈执中合著《中国公学讲义民法要论》,在上海文华书局出版。戴修瓒还在上海与

---

[53] "本校校董及职教员通讯录一览表",载《朝阳学院大学部毕业同学录》,第 8 页。戴修瓒列在"前任教员"名录中。

[54] 赵树民:《一代法学师尊戴修瓒教授》,载中央大学南京校友会、中央大学校友文选纂委员会编:《南雍骊珠:中央大学名师传略》,南京大学出版社 2004 年版,第 141—148 页。

[55] 郭开文(1878—1936),号橙坞,四川乐山人。郭沫若长兄。16 岁中了秀才,被乡人誉为神童。1903 年以第一名的成绩考入成都东文学校,苦读日语;1905 年公费入日本东京帝国大学法科,学习法制经济。回国后科举已废,但他参加北京保和殿廷试合格,仍获钦赐法科举人,以七品衔在司法衙门行走。1911 年春回成都,当过提学使,省城官班法政和绅班法政两个学堂教授。辛亥革命后做过的几个月的四川军政府交通部部长,其后作为川边略使尹昌衡的代表住在北京。尹昌衡垮台后,到重庆,在军阀刘湘(21 军军长)手下任秘书和顾问多年,兼任过《济川公报》总编辑。

郭卫有交集，担任郭氏主编的《法令周刊》译述部主任。[56] 1931年3月，他还与汪瀚章、董康、郭卫等人一起在上海大东书局办法律函授社。[57] 据说他在上海中国公学任法律系主任，兼任八所大学教职，还在大东书局、会文堂兼职法学丛书编辑，极博各校学生与社会人士所景仰。[58]

那么，他在上海逗留了多久？1931年上海《新时代》报道说，戴修瓒受蒋梦麟校长聘至北大后，"海上各校当局，闻讯之下，均纷纷挽留……中公当局尤为热烈。后蔡元培又代表蒋梦麟先生而请戴先生赴平任教。戴先生以盛情难辞，已久就北大职，唯行期暂定一年，后仍回上海任职。中公法律系主任仍为戴先生担任，唯其教务事宜则由戴先生另请法学名家代理云"[59]。这个消息是9月初刊登的，因此，戴氏离开上海的时间很可能是9月份。1931年10月23日，戴修瓒公开出现在《北大日刊》讲座公告栏里。[60] 所以，戴教授在上海只呆了大约三年时间。

北大要敦聘戴修瓒，连蔡元培都出面了。我们知道，戴氏之第四劫就发生在蔡元培兼任代司法部部长[61]之时。蔡部长在任司法部部长短暂的数月任期内，为董康"勾结共党谋杀潘大道案"批复确认"事多出于误会，并无确证"之呈请，并解除了对董康的通缉。[62] 这样推测下来，戴修瓒能够从劫难中顺利闯关，也许与蔡部长的助力有关。

蒋梦麟1930年12月任北京大学校长后，仿美国大学改革教育制度。蒋校长对法科改革的主要举措有：改法科为法学院，以周炳琳为院长；法

---

[56] 《本社译述部主任：戴君亮先生（照片）》，载《法令周刊》1931年第2次特刊。
[57] 《大东书局办法律函授社》，载《民国日报》1931年3月8日。
[58] 《戴君亮先生任北大教职》，载《新时代》（上海）1931年第9期。
[59] 《戴君亮先生任北大教职》。
[60] 《国立北京大学布告：本月二十六日（星期一）上午十时举行总理纪念周后请本校教授汪敬熙戴修瓒两先生讲演此布》，载《北京大学日刊》1931年第2715期。
[61] 《国民政府令第六九号（中华民国十七年三月九日）》："令知特任蔡元培代司法部长并任命朱履龢为司法部次长由"，载《司法公报》1928年第7期。
[62] 《中华民国国民政府批：第二一三号（中华民国十七年三月二十三日）》："兼代司法部长蔡元培：呈复关于上海特别市党部及潘大造等呈董康勾结共党谋杀潘大道一案令据江苏高等法院院长查复所控董及郑斌事多出于误会并无确证可否免予通缉请核示由"，载《国民政府公报》（南京1927）1928年第44期。

学院设政治、经济、法律三系。戴修瓒1931年起在法学院担任民法债编各论以及票据法、海船法课程，[63] 同时还兼任朝阳大学法学院债编总论和债编各论两课。[64] 戴修瓒与家人住在北京西城槐抱椿树庵四号，在经历了人生前半段的折腾与劫难之后，他真正回归书斋生活。1933年2月经河北省高等法院呈报，司法部批准戴修瓒在天津、北平两地院区域执行律师职务。[65] 1933年7月，戴修瓒接替何基鸿担任北大法律系主任。戴氏执长北大法律系期间，多有谋划兴革。后来上海发生沈钧儒等"七君子"案，据说戴修瓒在北京曾为"七君子"发声。他在北大期间，与胡适有一些交往。1937年，世界教育会议代表第一次集会，胡适是召集人，戴修瓒是与会代表之一。七七事变后，第二次会议在7月24日举行，当天胡适日记提到"来长谈的有：……戴君亮"。[66]

戴修瓒早已是法界名人，且从教后著述甚丰，连续修订再版，学界地位与日渐起。其专业领域大致在民法学，但他学识广博，兼及商法，甚至还有刑诉法。他从日本留学时即掌握法教义学方法，学理精细，注重专业性和技术性；因此，其著述学理可直接应用于司法实践和律师法务，影响深广；其教学传道，长期坚持"以身作则，传道、授业、解惑"十字教育理念。

四、复旦转央大

抗战爆发，北大西迁，与清华、南开合称"长沙临时大学"时，戴修瓒被选为法律教授会主席。1938年初，大学转移到昆明，成立西南联合大学，戴仍被推选为法律系教授会主席。但戴教授未到校。西南联大法学院"筹建未果"，应该是与戴教授未到任有关。至是年7月，联大常委会议

---

[63] 张国福：《北京大学法律系建立及前期概况》，载《中外法学》1994年第5期。
[64] 《朝阳学院概览》，第25页。
[65] 《司法行政部指令：第二〇四八号（二十二年二月）》："令河北高等法院院长胡祥麟：呈报律师戴修瓒等六员声请登录并分别指定天津北平两地院区域执行职务请鉴核由"，载《国民政府公报》（南京1927）1933年第1075期。
[66] 曹伯言整理：《胡适日记全编》（1931—1937，第6册），第697页。

决,才改燕树棠为法律系教授会主席。

1938年初戴教授没应聘西南联大去昆明,之后到底去了哪里?已确定的情况是,1941年6月,戴教授去了陪都重庆的中央大学,后面再叙。因此1938年到1941年6月,以及1941年6月至抗战结束,这前后两个四年他在哪里?可追溯以下三条线索:

第一,戴修瓒与湖南大学的关系。作为湖南人,这时的他会不会留在长沙任教于湖南大学?1938年"长沙临时大学"时期,戴修瓒手下有位青年教师李祖荫的确留在长沙湖南大学,但湖大没有法律系。1941年李祖荫出任系主任创办湖大法律系,聘请了不少法学名家。据李祖荫的侄子李蟠先生说,黄右昌、戴修瓒、李达等也在内。李达是李祖荫的湖南老乡,多年好友,但因反对李达的声音太大,李祖荫出于无奈,只好作罢。[67] 李蟠先生的回忆有不少确证的信息,但戴修瓒是否受聘于湖南大学?此说难以确定。1944年湖南大学校长原校长胡庶华突然被调走,李毓尧接任校长,因师生反对而罢课达一年之久。甚至李祖荫也因支持学生反对李毓尧而被解聘,而且险些被宪兵抓去,后返回老家祁阳。李达因失去了党的联系,处境非常困难,不得已回到了老家零陵,妻子也离他而去。直到抗战胜利,李毓尧离开湖大、校长换人的1946年下半年,李达才来到长沙。他原本想去上海找党,却被李祖荫留了下来,接讲法律系的《法理学》。[68] 1941年6月至1944年这三年,戴教授不可能在湖南大学专职任教,因为他身在重庆。很大的可能是戴教授于1938年在长沙短暂停留,或曾在湖南大学暂时任教。

第二,戴修瓒与朝阳、复旦的关系。经查,1938年到1941年6月这四年时间,他的确人在重庆——当时的陪都,但他绝不会再选择从政。现查明,他有三个"单位"三份工作:其一,戴教授在重庆开设了戴修瓒律

---

[67] 李蟠:《李达与李祖荫的友谊》,载《书屋》2013年第1期。
[68] 李蟠:《李达与李祖荫的友谊》。

师事务所,[69] 可以肯定的是,这是兼职执行律师业务。其二,戴教授在重庆连升湾的朝阳大学(时称朝阳法学院)分部被聘为兼职教授,主讲两门当时"少众"的法律课程,票据法和保险法。[70] 其三,戴修瓒在复旦任教。1938 年 2 月在北碚开学的复旦大学,离朝阳分部较近。1938 年的复旦法律系,教授只有张志让、潘震亚[71]、张定夫[72],没有戴修瓒的名字。[73] 由此可以推测,戴修瓒在北碚复旦法学院任教的时间很可能在 1939 年至 1941 年 6 月之间,但究竟是专任还是兼任尚无证据。

戴教授后来与复旦的"关系"有几个可确定的事实。1943 年 1 月他已担任复旦大学学生团体"法律学会"指导员。[74] 章益任复旦校长[75]之后,于 1944 年 8 月想从中央大学聘戴修瓒回来。章益校长在聘书存根上写着聘戴修瓒为"专任教授兼法律系主任",聘期为自 1944 年 8 月起 1945 年 7 月止。可是写完之后,又插入一行小字——"改兼任教授兼系主任易发聘

---

[69] 在陪都执业的知名律师还有林纪东、林亨元、崔国翰、林仲易、高步腾、陈述虞、杜眠英等。参见曾代伟、盛波:《陪都时期重庆法律人群体的特征》,载《重庆社会科学》2009 年第 7 期。

[70] 程波:《法律教育的实像:以〈夏勤法学文集〉的点校说明为中心展开》,载《夏勤法学文集》,第 9 页。

[71] 潘震亚(1889—1978),原名瑞荣,字震亚,号树庸,江西南城人。1908 年加入中国同盟会。1911 年武昌起义爆发,参加新军。1912 年考入江西法政专门学校法律科学习,1916 年毕业。1920 年加入中国国民党。1924 年初参加国民党一大,1927 年任武汉国民政府司法处处长。1928 年赴上海,执行律师业务。先后兼任上海法学院、文化学院、中国公学、华南学院、复旦大学及上海法政学院法律系教授。1934 年加入中国共产党,发起成立上海各界救国会,出任常务委员会委员。1938 年,随复旦大学迁重庆北碚,1946 年秋随复旦大学回到上海,继续在复旦大学教书和兼办律师业务。1949 年后任复旦大学校委会常务委员兼法学院院长。1962 年,经中共中央组织部批准,重新入党。

[72] 张定夫(1894—1966),湖北石首人。1913 年考入江汉大学,后留学日本法政大学。1926 年赴广州,随北伐军至武汉,旋任荆门县长。1928 年,与邓初民等在上海开办昆仑书店,翻译出版进步书籍。九一八事变后,与沈钧儒、邹韬奋等组织上海文化界救国会、上海大学教授救国会,任常务理事。1937 年抗战爆发时,任教于复旦大学,曾在贵州任复旦大厦联校第二分校法律系主任,后随校迁重庆北碚。1947 年 5 月,因支持学生运动曾遭逮捕,不久释放。1949 年后,历任华东军政委员会司法部副部长、华东人民法院副院长、全国人大常委会法制委员会委员等职。

[73] 王伟主编:《复旦大学法学院历史图片集——百年法律教育珍档》,第 49 页。

[74] 王伟主编:《复旦大学法学院历史图片集——百年法律教育珍档》,第 67 页。

[75] 《章益继任复旦大学校长》,载《大公报》(重庆)1943 年 2 月 20 日。

书",因此聘书重新颁发。[76] 时任法律系教授费青的回忆也提到了这一点,"因法律系主任戴修瓒住在中央大学,校方叫我事实上代理系务"[77]。可见戴教授在复旦的这一年聘期内,是兼职身份担任教授和系主任。

第三,戴修瓒与中央大学的关系。1941年6月之后,戴教授去重庆中央大学任教是可以确定的,那么这是怎样一回事呢?戴修瓒30年代起就在业界有很高的地位声望,他能身兼多门课程,如公司法、票据法、海商法、保险法、债权分论、刑事诉讼法等。虽处战火中,当年的大学也一样抢揽人才。何况像戴教授这样的名教授,被"挖"的现象并不稀罕。中央大学法学院马洗繁院长想"挖"西南联大的钱端升,报请罗家伦校长,罗、马二人共同出面聘钱端升,未果。1941年罗家伦离开中大前,曾亲自反复敦聘戴修瓒从复旦转到中央大学法律系。

1941年6月,教育部颁布《设置部聘教授办法》,此新制目的很显然,一为"尊其名位",二为"奖励学术"。然而,文科教授的水平很难鉴别,且容易滥竽充数,浑水摸鱼。唯有博采众议,方能坚持学术标准。现在我们重温当时部聘教授的遴选程序,颇值得今天借鉴。最初规定由教育部、各高校和全国性学术团体三个推选渠道推荐候选人。为准确和慎重起见,教育部又增加了两个渠道。第一,将被推荐符合条件的候选人分学科制成名单分发到公私立专科以上学校教务长(主任)、各学院院长暨各系科主任,就其本人相关学科于名单中荐举两名,并注明对于被选举人的意见,提交教育部。第二,为免除遗漏,教育部又决定将原名单"分发各院校转发任教授十年以上者荐举"。资深教授在荐举时,还可以荐举未列入名单的合格人员。民国教育部对部聘教授的荐选程序设计可谓谨慎而精心,广泛顾及同行专家的意见。

---

[76] 《复旦大学法律学系主任戴修瓒聘书存根》记载"每周六小时每小时600元,自(民国)三十三年八月起三十四年七月止",载王伟主编:《复旦大学法学院历史图片集——百年法律教育珍档》,第54页。

[77] 费青:《自传》,载《费青文集》(下册),商务印书馆2015年版,第699页。

1941 年 6 月开始第一届部聘教授荐举程序，1941 年底，教育部公布首批"部聘教授"，政治科周鲠生、法律科胡元义[73]上榜。而戴修瓒调入中央大学也正是同年 6 月，初来乍到，且罗家伦已离校。1943 年 10 月 7 日，教育部学术审议委员会第二届第二次常务委员会，讨论通过 1943 年度拟增部聘教授 15 人，分 15 个学科设置事项，相当于一学科一教授。戴修瓒以中央大学教授名义被荐举为候选人，得法律科人员举荐票数高达 13 票，遥遥领先于其他 6 人：余群宗[79]得 5 票、赵之远[80]得 4 票、杨兰荪得 2 票、赵凤喈得 1 票、蒋思道得 1 票、薛祀光[81]得 1 票，另外，政治科萧公

---

[73] 胡元义（1896—?），湖南常德人。早年毕业于日本东京帝国大学法科专业，获法学士学位，回国后历任湖北高等法院检察官及推事、国民政府司法部科长、武汉大学和清华大学教授，曾赴德考察，嗣任西北大学教授、四川大学教授兼系主任。从事民法总则、物权法、债法总则、破产法研究和教学，1941 年以四川大学教授身份被评为教育部第一批部聘教授，1945 年 7 月受同济大学校长徐诵明之聘担任法学院筹备主任，历任同济大学教授、法学院院长兼法律系主任，1947 年 9 月辞去院长职务，年底离职。著有《民法总则》（中、德文）、《物权法》、《破产法》等。

[79] 余群宗（?—1984），早年考取公费留学，赴日本学习法律十余年，回国后先后在中山大学、四川大学、同济大学、中央大学、重庆大学等校任教，曾任法律系主任，四川大学法学院院长等职。在宪法学、法理学、民商法、国际法领域有较多作品。1949 年后，曾在北京中央新法学院研究生院学习，调入西南政法学院国家法教研究室，任教授，曾任院务委员会委员。1953 年、1956 年两次出席成都政协会议。1958 年当选重庆沙坪坝区第三届人大代表。

[80] 赵之远（1894—1964），浙江绍兴人。1917 年考入国立北京大学法律系，1921 年毕业获法学学士学位。1922 年通过浙江欧美留学考试公派赴美，入哥伦比亚大学法学院，不久转入哈佛大学，继而又到芝加哥西北大学法学院深造，1929 年获法学博士学位后在华盛顿美国国会图书馆短暂从事专题研究，同年回国，任北京大学法律系教授。1931 年应中央大学之聘，任法学院教授兼法律系主任。1937 年抗战起，随校西迁至重庆，八年抗战中始终主持法律系。抗战后复员回到南京后，继续担任法律系主任兼法科研究所法律学部主任。1946 年应浙江大学竺可桢特邀，借调至浙大正在筹建的法学院，1946—1950 在浙大任法律系主任。1950 年夏重返南京大学（原中央大学）复任法律系主任。1952 年调入上海政法学院，后改任南京师范学院首任图书馆馆长。1956 年参加九三学社。

[81] 薛祀光（1900—1987），字声远，浙江瑞安人（莘塍薛里）。少受庭训，颖敏好学，1912 年以优异成绩考入浙江省立第十中学（温州中学前身），与同学郑振铎、夏承焘等为该校一时之秀。其父薛一清（号涤顾），浙江省立法政专门学校毕业，曾任律师，在永嘉（今温州）地方审判厅区域执业，素以持论公平饮誉东瓯。受父亲影响，以公费留学日本九州帝国大学，攻读法科，获法学博士学位。1928 年回国，任国立中山大学教授、法学院教授会会长、法学院院长，后为教育部部聘教授。专长为国际法、民法、法哲学和法文化。早年研究并介绍拉德布鲁赫（G. Radbruch）的相对主义法哲学、狄骥（Leon Duguit）法律思想，著有《管子六法》《法律业书》《民法概论》等书。抗战胜利后，被聘为远东军事国际法庭中国代表团顾问。在"反饥饿、反内战"学生运动中，凭其声望和影响，据理力争，迫使当局释放被捕的进步学生。为此被列入"黑名单"，毅然离开中山大学，返回故里。1948 年任同济大学法学院教授、司法组组长、代院长。1949 年后历任厦门大学副教务长，武汉大学、湖北大学教授。

权得 8 票，钱端升为 6 票。[82] 1943 年 12 月第二批部聘教授名章公布，戴修瓒才名列榜中。这一年全国部聘教授共 15 名，仅中央大学就占 7 名，分别是戴修瓒、楼光来、胡光炜、柳诒徵、常导直、高济宇、徐悲鸿。[83] 戴修瓒则是该年全国范围内法律科唯一的部聘教授。钱端升在政治科票数落后于萧公权而未能当选，所以，戴修瓒比钱端升更早当选部聘教授。

当时中央大学的地位，使它总是与政治有着千丝万缕的联系。在罗家伦主持校政时，派系林立、经费拮据、学生上书，在重重困境中，罗家伦辞职，继任的是顾孟余。1941 年 8 月初顾氏正式到校视事。可是顾氏到任一年半之后，便提出辞职，1943 年 2 月再次辞职，两次都引发师生挽留运动。在中央大学多次"易长"后，蒋中正找教育部部长陈立夫主动提出欲亲自兼任中大校长，试图尝试政治家治校。[84] 蒋校长上任后，中大的国民党、三青团和中统、军统嚣张于校园，对法学院法律系和司法组尤为公开干扰。就在抗战胜利后不久，中央大学随政治气候，也发生了变化。

无党无派的戴修瓒对这样的时局感到厌恶，虽无公开的亲国或亲共倾向，但他政治上主张开明和进步，是位有良知、有口碑的正直学者。1943 年 11 月 29 日，《宪政》月刊筹备发起人在重庆打铜街原交通银行二楼召开会议，商谈创刊办法。与会者基本上是发起人，包括钱新之、黄炎培、张志让、杜月笙、戴修瓒、康心如、吴羹梅、陆鸿仪、陈时等 26 人。[85] 1944 年 1 月 10 日，《宪政》月刊在重庆出版，戴修瓒是该刊的 13 位编委之一。[86] 1945 年 10 月重庆谈判时，中共代表秦邦宪（博古）两次到戴宅拜访。紧接着，中大进入战后调整阶段，此时中大的政治气候骤变，中大

---

[82] 同批部聘教授中，获同科举荐的文学科刘文典为 12 票、朱自清为 5 票，史学柳贻征 14 票，哲学冯友兰 5 票、金岳霖 4 票。参见沈卫威：《民国部聘教授及其待遇》，载《中山大学学报》（哲学社会科学版）2019 年第 4 期。

[83] 《学校近讯：本校楼院长等七人被选为部聘教授》，载《国立中央大学校刊》1944 年第 1 期。

[84] 陈立夫：《成败之鉴——陈立夫回忆录》，正中书局 1994 年版，第 307—308 页。

[85] 刊物的发起人在后来又有所增加，比如，王云五、章乃器、胡西园等，至 1945 年月刊的发起人增加到 37 人。

[86] 《张自让传略》，载武进政协文史资料研究会编：《张志让》，第 55 页。

法学这小小池塘也风波四起。

　　法律系和司法组是两个并列单位，司法组师资人数更多。法律系主任叫何义均，学术平庸，"武大郎开店——高我者不用"。他以国民党、三青团在中大的头目身份立足。1945年秋何义均任中大训导长，倚党压学，弄权挥棍。1946年初的学生运动，轰动重庆山城，何氏利用国民党、三青团，伙同中统军统介入干预，一时乌烟瘴气。占据中大训导长的何氏又瞄准法科，计划合并法律系和司法组，一人欲兼三职。师生察觉后，甚为不满，针锋相对。

　　戴修瓒是恬淡自持而又随和的名师，在中大法科师生中威信颇高。师生推崇戴师作两者合并后的法律系主任。为了催促戴师出山，学生使用了激将法，拿戴师自己在"劫"后留下的那段最富激情的"誓言"，来刺激戴师。[87] 何氏也针锋相对，放言："谁做我的法律系主任，我就让他难看，过不去！"花甲之年的戴师为大局着想，不顾何氏的威胁，慨然承允。出山后，他开始延聘多位学者到中大来执教。[88] 中大的这段旧闻在我们中国大学中屡见不鲜。大家都在琢磨学问，却总有不学无术者在琢磨人，搞"争斗"和"笼络"的人际把戏，不惜牺牲学术共同体的利益。当今某些法学院校风气不正，与这种在位或不在位的害群之马分不开干系。面对这种害群之马，不发声，不担当，才是一种懦弱和平庸。戴修瓒有公心，是勇敢的，有担当的。

五、身心修"五善"

　　习律者，最忌不律己，不修身。戴修瓒以他"劫"后之三十年余生，转型为学术为业、专业静思的法科知识人，心正言正，身正行正，遇事坦然，尊严自肃，成为真正的专业人士，成为有威望的法学家，塑造了早期

---

[87]　如前赵树民《一代法学师尊戴修瓒教授》文，载中央大学南京校友会、中央大学校友文选编纂委员会编：《南雍骊珠：中央大学名师传略》，第141—148页。

[88]　赵树民：《一代法学师尊戴修瓒教授》，载中央大学南京校友会、中央大学校友文选编纂委员会编：《南雍骊珠：中央大学名师传略》，第141—148页。

新型法科知识人的一个标本。

中央大学从重庆到南京数月的复员期间，政治紧张气氛加重。年近花甲的戴修瓒提出不再任司法组主任，而推荐留德的刘克儁[89]做司法组主任。刘氏学识高、人品正，又年富力强。戴修瓒慧眼识才，师生皆大欢喜。戴修瓒以身作则，以"师说"为据，声誉广及全校。随后，在与学校教师反对教育危机中，他又与进步教师为伍。"五二〇"学生运动中，他和同学同声相应。[90]中大教授会发表宣言，抗议政府的法西斯暴行，并致函教育部，要求严惩肇事的军警。为营救被捕的朱成学、华彬清和李飞，戴修瓒与吴传颐[91]两位教授挺身而出，接受"营救委员会"的委托，担任辩护律师，写出义正词严的"辩护书"，要求官方宣告三人无罪。1948年夏，"八一九"大逮捕中，他与法律系教授吴传颐在幕后筹划，运用法律手段，义正词严地设法援助学生。1948年至1949年1月间，鉴于败局已定，政府当局决定国立中央研究院代院长兼教育部部长朱家骅负责策划南京、上海等科技研究所搬迁台湾。戴修瓒以高龄担任了反搬迁委员会的委员，因不愿看到内战而于1948年离职，年底回到常德老家。[92]

我们对戴修瓒教授晚年的情况知之甚少。据赵树民教授介绍戴师1949年之后的经历：1949年初，为避免中统特务对知名贤达的迫害，戴修瓒应中共中央之邀悄然赴京；因晚年蓄须，有"美髯公"之誉；他将南京成贤

---

[89] 刘克儁（1893—1974），字卓吾，江西安福人。1927年获德国慕尼黑大学法学博士学位。1927年任武昌中山大学教授。1928年任立法院立法委员会兼法制及刑法委员会委员，后担任中央大学教授，国大代表。1947年任立法院法制委员会委员长。1948年任司法院大法官。1949年任湖南长沙民国大学、湖南大学教授。1953年任湖南师范大学图书馆副馆长、馆长。

[90] 赵树民：《一代法学师尊戴修瓒教授》，载中央大学南京校友会、中央大学校友文选编纂委员会编：《南雍骊珠：中央大学名师传略》，第141—148页。

[91] 吴传颐（1910—1978），江苏苏州人，毕业于震旦大学，历任民国大学、大夏大学教授、云南大学、贵州大学法学教授。1943—1949年在国立中央大学法学院法律系任副教授、教授、系主任及"中大校务维持会"委员。1949年7月被调往北京。新中国成立后，与戴修瓒、陈瑾昆等被任命为中央人民政府政务院法制委员会委员。1957年打成右派，1961年11月摘帽。1964年，被任命为湖北省政府参事。1966年后遭迫害，1978年10月在武汉含冤去世，终年68岁。

[92] 赵树民：《一代法学师尊戴修瓒教授》，载中央大学南京校友会、中央大学校友文选编纂委员会编：《南雍骊珠：中央大学名师传略》，第141—148页。

街的故居托其学生盛师祥看管;从此戴修瓒和陈瑾昆"一起投入了新中国法制建设的工作";戴修瓒在新中国成立前参与了《共同纲领》的研究准备,其间陈绍禹(王明)任政务院法制委员会主任委员,陈、戴二人同被任命为委员;1957 年,戴修瓒于 3 月 6 日在北京逝世,享年 63 岁。[83]

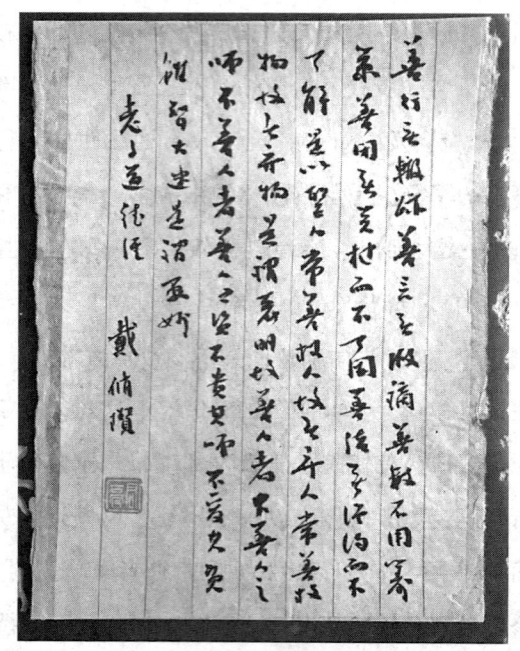

图 2　戴修瓒抄录老子《道德经》"五善"的手迹(然否斋藏)

戴修瓒书法了得,然否斋藏品中有一件戴氏晚年的书法珍品(图 2)。戴先生以毛笔章草书法抄录的老子《道德经》著名的"五善":"善行,无辙迹;善言,无瑕谪;善数,不用筹策;善闭,无关楗而不可开;善结,无绳约而不可解。是以圣人常善救人,故无弃人;常善救物,故无弃物,是谓袭明。故善人者,不善人之师;不善人者,善人之资。不贵其师,不爱其资,虽智大迷。是谓要妙。"署名"戴修瓒",钤印"君亮"。这件藏品不仅展现了戴修瓒的书法艺术和人文底蕴,也昭示了其淡泊自肃的人品

---

[83]　赵树民:《一代法学师尊戴修瓒教授》,载中央大学南京校友会、中央大学校友文选纂委员会编:《南雍骊珠:中央大学名师传略》,第 141—148 页。

和学品。

戴修瓒经历了"四劫"磨难，更参悟了"五善"真谛。文章至此，忽然对戴先生的大名"修瓒"有了几分理解。瓒，所谓"三玉、二石也"（《说文》）。"谓五分玉之中二分是石"（南唐徐锴《说文解字系传》）。"瓒"字在汉语中解为不完美的玉石。的确，人性和人生是不完美的，世界和世道更是如此，所以，人，需要"修身"，世，必须"修整"。修瓒先生诚可谓：

修身治律远是非，自肃尊严任曲直。
传道授业辨然否，混沌世道悟善恶。

陈瑾昆——奔赴延安的"旧法"教授

图1 陈瑾昆（1887—1959）

1946年10月，有位曾任北洋政府大理院庭长的北大著名教授，辞去所有教职，竟带着妻儿一家八口去了陕北延安。当时媒体竞相报道，轰动一时。他就是当年民法学著名教授陈瑾昆。陈教授与别的转型学者不同，他有两次转型，一是从司法机关向问学书斋转型，一是从大学校园向革命圣地转型，堪称愤世最激烈的法科知识人。

我们一直不太了解他奔赴延安的真实背景和细节，究竟是被召唤，还是主动投奔？在延安，是搞法学，还是干政治？"旧法"教授起草"新法"会遇到什么问题？

一、有名、有钱、有性格

陈瑾昆，字克生，曾名文辉、辉庭，湖南常德人，出生于常德月亮山（今常德市鼎城区）一个富裕农家。6岁起在家塾读书八年，1903年考入武陵县城高等小学堂（即德山书院）。1908 年，当时省都督府有申请官费留学的机会，21 岁的他前往省城长沙，到都督府申请官费赴日本留学，得到资助后，倔强的他不顾家人劝阻前往日本。陈瑾昆先进入东京一所中学学习，五年后的 1913 年，考入东京帝国大学法律系，1917 年 7 月毕业获法学学士学位。

有意思的是，陈瑾昆与他的常德同乡戴修瓒有许多相同之处——同乡，同年，同法科，同专业（民商法），还同是留日海归。可是他俩后来的经历有惊人的不同。下面请允许笔者把陈瑾昆的人生剧本一一展开。

和当时法科留学海归一样，回国后都有"体制内"的就业机会，陈瑾昆担任了奉天省高等审判所推事和庭长。1918 年 2 月，北洋政府大理院派遣他再赴日本考察司法。1919 年 1 月，北京修订法律馆成立时担任纂修，叙五等。[1] 十个月后，1919 年 11 月署大理院推事，准叙三等，给三等第五级俸。[2] 1920 年 3 月 29 日，受大理院院长任命，担任编辑判例汇览事宜。[3] 1922 年 6 月兼任司法官再试典试委员。[4] 1924 年 1 月，辞去再试典试委员。[5] 陈教授的专业领域有跨度，兼职任教中，一般都主讲民法总则和刑事诉讼。[6] 审判事务加上判例编辑的工作，是一种法教义学的实践，这对兼任于北京大学、朝阳大学、北京法政专门学校的教学而言，无疑很有裨益。对一位法科知识人来说，无疑塑造或强化了他教条严谨的职业性格。

1923 年至 1925 年，是陈瑾昆一生发表学术论文最多的三年，各种相

---

[1] 《大总统指令第一百七十二号（中华民国八年一月十七日）》："令司法总长朱深：呈请叙修订法律馆纂修陈瑾昆官等由"，载《政府公报》1919 年第 1063 期。
[2] 《大理院令第三十三号（中华民国八年十一月四日）》："本院署推事陈瑾昆现经呈准叙列三等给三等第五级俸此令"，载《政府公报》1919 年第 1347 期。
[3] 《大理院令第十二号（中华民国九年三月二十九日）》："兹依本院编辑规则第二条指定推事孙巩圻张康培邵勋陈瑾昆担任编辑判例汇览事宜"，载《政府公报》1920 年第 1486 期。
[4] 《大总统令（中华民国十一年六月二十八日）》："派吴源陈瑾昆麦鼎华充司法官再试典试委员此令"，载《政府公报》1922 年第 2271 期。
[5] 《大总统命令：典试委员陈瑾昆恳请辞职应照准此令（一月二十五日）》，载《法律评论》（北京）1924 年第 32 期。
[6] 1931 年住址为北平演乐胡同二号。参见《朝阳学院大学部毕业同学录》。

加共有八九篇。如发表在朝阳《法律评论》的《提议废止拘押民事被告人暂行规则》⑦《判例商榷》⑧《论民事诉讼条例所谓诉讼标的》⑨《说中国现时的婚姻》⑩《就改进司法计画略陈鄙见》⑪ 等等。相隔了十年到 1936 年的《刑事诉讼法修正案总评》，发表在《国立北京大学社会科学季刊》。⑫ 这说明他在 1923 年至 1925 年期间专心于学问，尽管北大教授有"述而不作"的风格，但他还是写了一些文章的。他偶尔自谦地称自己的文章是"野人献曝"。⑬ 或许这些文章正是他从大理院审判实务中获得的经验，转化为学术成果。这为他第一次转型打下了伏笔。

他何时开始兼任北京大学、朝阳大学教授呢？大致有三种说法。其一，据 1946 年出版的陈瑾昆《余为何参加中共工作》所附的《陈氏略历》介绍，其北大教职自 1918 年至 1938 年，中间只断一年；朝阳大学教职自 1918 年至 1937 年，从未间断。⑭ 其二，据陈瑾昆 1946 年《致北大朝阳同学书》中讲，"我与二校（指北大与朝阳），是有二十年历史。可以说，二校是我的第二故乡。又我在二校，是讲授法律，并可以说法律是我的第二生命，和学问是我的第二食粮"。⑮ 如此推算，陈教授在北大与朝阳的任教时间始于 1926 年。其三，据创办于 1917 年的《北京大学日刊》记载，陈教授在北大开课的时间最早的记录是 1923 年，⑯ 并于同年 9 月开始在朝阳《法律评论》发表论文。

陈瑾昆到底是何时开始任北京大学、朝阳大学教授？以上三个不同时

---

⑦ 陈瑾昆：《提议废止拘押民事被告人暂行规则》，载《法律评论》（北京）1923 年第 11 期。
⑧ 陈瑾昆：《判例商榷》，载《法律评论》（北京）1923 年第 24 期。
⑨ 陈瑾昆：《论民事诉讼条例所谓诉讼标的》，载《法律评论》（北京）1923 年第 27、28 期。
⑩ 陈瑾昆：《说中国现时的婚姻》，载《法律评论》（北京）1924 年第 41 期。
⑪ 陈瑾昆：《就改进司法计画略陈鄙见》，载《法律评论》（北京）1925 年第 82、83 期。
⑫ 陈瑾昆：《刑事诉讼法修正案总评》，载《国立北京大学社会科学季刊》1936 年第 6 卷第 1 期。
⑬ 陈瑾昆：《法窗随笔》，载《法律评论》（北京）1924 年第 47 期。
⑭ 《陈氏略历》，载陈瑾昆：《余为何参加中共工作》，1946 年编印，第 29 页。
⑮ 陈瑾昆：《致北大和朝阳同学书》，载《烟台日报》1946 年 12 月 11 日。
⑯ 《陈瑾昆先生于本星期六日补讲》，载《北京大学日刊》1923 年第 1374 期。

间，很可能是因为兼职与专任的概念有别而导致。1928 年，随着政治形势变化，陈教授辞去大理院庭长一职，改为专任北平大学、北京大学教授。这就是他的第一次转型，从司法机关向问学书斋的转型。模糊地讲，从兼职北大和朝阳起算，超过二十年，从专任北大教授起算，到 1946 年差不多也是二十年。

另外，他的著作基本上出版于三十年代，如《民法通义债编总论》（1930 年朝阳版）、《刑事诉讼法通义》（1930 年）、《民法通义总则》（1931 年初版）、《民法通义债权各论》（1931 年）、《民法债权总论》（民国大学讲义教科书）、《刑事诉讼实务》（1931 年朝阳版）、《刑法总则讲义》（1934 年北平好望书店）等。这表明陈教授三十年代初就有了学术和教学积累，出版了这批教材。

后来他在《我的希望》的阐述中，也讲到大理院庭长工作和 1928 年辞职的问题，说："我平生志愿，只是'法律报国'，出仕只在司法方面，至民十七为止。任大理院庭长已满五年，可谓曾执掌国家生杀与夺之大权，司法官已登峰造极……"[17] 他在司法系统，与余荣昌、石志泉、沈家彝等人是好友，对过往的司法经历还是有深厚感情的。1932 年 2 月，他与时任朝阳教授的余荣昌以及石志泉、李怀亮等一起受聘担任司法行政部司法法规起草员，[18] 这显然是兼职的。1933 年 2 月，陈瑾昆受罗文干盛情邀请赴南京，担任司法行政部民事司司长，[19] 兼南京法官养成所教员。但时间很短，到 1934 年 1 月，他便辞去司法行政部民事司司长职务。[20] 这就是陈教授自述中的在南京工作"仅五月，即不辞而别"一说的由来。[21] 这或

---

[17] 陈瑾昆：《我的希望》，载《文萃》1946 年第 29 期。
[18] 《司法行政部聘函公字第五五号（二十一年二月十日）》："函聘陈瑾昆为本部司法法规起草员由"，载《司法行政公报》1932 年第 3 期。
[19] 《国民政府令：任免职官令（计四件）（二十二年二月十日）》，载《司法行政公报》1933 年第 27 期。
[20] 《国民政府令：司法行政部民事司司长陈瑾昆呈请辞职（陈瑾昆准免本职）此令……（二十三年一月二十三日）》，载《司法行政公报》1934 年第 50 期。
[21] 陈瑾昆：《余为何参加中共工作》，第 2 页。

许与罗文干在政坛的不利形势以及对时局的不满有关。[22]

关于陈教授的传说不少，有说他曾经担任北京大学法律系主任，并在京、津两地开办法律事务所兼职做律师。从史料来看，陈教授没有担任过北大法律系主任。但他在天津地方法院管辖区域内执行律师事务，是有据可查的。[23] 传说他为一富孀打赢官司，得到一笔不薄的酬谢馈赠——北京城内的多处房产。[24] 陈教授1946年发怒的时候曾对记者说："我就住在汪芝麻胡同四号，特务们要抓我请来吧……我城内有房产，卖掉一间得600万元，不愁没有饭吃。"[25] 从当时一些报纸文章以及当时律师执业情况来看，有这事也不奇怪。当时一些小报花边新闻谈到陈瑾昆教授，大都持同情和肯定态度，至少也是中立地既讲他接受房产馈赠之事，也讲他偷听共产党电台的事。媒体还用他家中有大量房产来解释他不当汉奸的原因。[26] 这些花边新闻和传说，一定程度上印证了当时社会舆论对陈教授的正面看法，也说明他为人之坦荡。

陈教授是名流，在多所大学兼职任教，收入甚高。按20世纪30年代名教授的收入，即便没有额外收入，也足以购置地产。所以后来他声称：本已决定"在朝阳门外购地筑圃，娱我晚年"。据他自己讲，"年来出卖房地发票价金余额一千万元，月息收入百万元，若受北大或朝阳教授之聘，兼作律师，亦可月入数百万元"。[27] 所以陈教授比普通教授有钱，是可以肯定的。

二、从留守北平到反感强权

不料，1937年7月北平沦陷，人们生存环境发生了极大变化。日本人

---

[22] 参见罗文干专篇。
[23] 《司法行政部指令：指字第三一三二号（四月二十四日）》："令代理河北高等法院院长邵修文：呈报律师陈瑾昆声请登录在天津地方法院管辖区域内执行职务填表请鉴核备案由"，载《司法公报》1929年第18期。
[24] 《陈瑾昆赴延》，载《正报》1946年第12期；另参见《记"北平沦白堂"主角陈瑾昆》，载《消息》（上海）1946年第11期。
[25] 《记"北平沦白堂"主角陈瑾昆》，载《消息》（上海）1946年第11期。
[26] 徐大风：《中山堂前头破血流：风流寡妇与陈瑾昆》，载《香海画报》1946年第11期。
[27] 陈瑾昆：《余为何参加中共工作》，第1页。

先后多次威逼利诱陈瑾昆这位北大名教授，希望他加入伪政府或出任伪北京大学教授，都被他断然拒绝了。后来北大迁入西南，陈瑾昆教授也随之到了昆明，在西南联合大学任教。但因批评当局某项政策，为当局不满，一气之下返回北平。此时的北大校园已被日军进驻。与多数西迁的教授不同的是，他却"逆行"了。这又是他有性格的表现。

老师要离开昆明，学生到车站阻止他。他很干脆地对学生说："我回去决不做事，也绝不会作汉奸，请你们放心。"回归北平后，他果然不出家门一步。对此，他又用了两句话，这叫"君子居易以俟命，小人行险以侥幸"。[28] 像陈瑾昆这样的知识分子，是非对错鲜明，加上性格刚烈，尤其又是法科教授，一有与自己想法相抵触，他一定就有反感甚至反抗。个中原因是可以想象的，或许就是我们常常称为"原则"或"理念"的东西，表现在外部就是执拗或固执。笔者发现，抗战八年中，他没有发表过一篇文章。从短暂的西南联大任教返回北平后，至 1945 年，这些年他在干什么？既不从教，也未执律务。因为当时司法部有令，停止律师在沦陷区执行律务，他自己也说过早在此前"即宣言不作律师"。[29]

1945 年 8 月日军投降后，官方宣布处置敌伪军队与接收投降办法。此后至 8 月 20 日之前的某天，陈瑾昆与余棨昌等法界老友一起聚餐。正当众客群贺胜利之时，陈教授却发一冷语，谓"天下从此多事！"此言何意？当场被余棨昌斥为失言。9 月下旬的一天，陈瑾昆前妻江瑄（字季璧）[30] 的长兄江庸来家里，找他谈个要事。江庸开门见山地说明来意："我是奉命而来，请你参加特别军事法庭，专审日本战犯和战俘，不知老兄意下如何？"[31] 陈瑾昆当即兴奋地说："好啊，重操旧业当法官，让侵略者受到应有的审判！"可是当时从中央派来的接收大员中，有他看不上眼的，有的还干起了抢车子、票子、房子、裱子等中饱私囊的勾当，把"接收"变成

---

[28] 《记"北平沧白堂"主角陈瑾昆》，载《消息》（上海）1946 年第 11 期。
[29] 陈瑾昆：《余为何参加中共工作》，第 2 页。
[30] 江瑄系江瀚之女，江庸妹妹。参见江庸专篇。
[31] 彭正湘、余昭绪：《陈瑾昆，单骑赴延安》。

了"劫收"。当陈瑾昆听闻到这一切时，他火冒三丈："我怎么能与这些人为伍？"他退回了司法部的任命书。接着，他在《时代日报》上发表《是非与利害》一文，感叹"战争毁人，不仅毁物质，更是毁人心"。[32] 他是敢怒敢言的性情中人。审判战犯——这么重要的历史性使命，你看他就这么意气用事，轻易放弃了。

陈瑾昆所谓"天下从此多事"，似乎预料到内战的发展态势。他在抗战胜利后不久便多次在报刊杂志发文，表达自己希望和平，反对内战的立场。1945年8月20日，他发表《告国人书》，宣布"余以前只守个人岗位，自此当勉尽先知立言责任，以阻止他人'再第二次亡国危险'"，劝告开放政权，澄清吏治，停止内战，收揽人心。[33] 从此决意走出书斋、奋笔疾书、唤醒民众。《告国人书》还声明"今后誓言"，称"律师亦不欲作，官吏更不欲作，以后余生，将以专门著书送之"。他在《向教育界进一言》一文中称："为欲免第三次世界大战，须使我国完全成为现时代国家。我国复兴固为千载难逢之机会，然亦为千载至艰之事业，且此事系千头万绪，绝非一人一党一派并一时所能完成，又其中应以发达经济、改进科学、完成国防为首端。余为始终投身教育界与司法界之人，只能说本行话，窃以教育为将来复兴之根本，司法为现时复兴之起点。"[34]

前面说过，社会上对陈教授有一些传说，至少他作为大理院原庭长和北大原名教授，加上执业律师，已积累了财产，以至于可以购地筑圃、高价卖房，至少不像抗战中别的文人那么清贫。日本人投降时，他到了奔六的年龄。可是他开始有一股对政府的反感和怨恨。1946年发表的《我的希望》一文中还补了一句："教育为我终身事业，本不愿抛弃，在此现状下，亦只好'民亦劳止，迄可小休'，辞去中国大学导师名誉教授，朝阳学院班主任名誉教授，临时大学名誉教授各职，对于学生殷勤期望之当局与热

---

[32] 彭正湘、余昭绪：《陈瑾昆，单骑赴延安》。
[33] 陈瑾昆：《余为何参加中共工作》，第2页。
[34] 参见王凯：《法学家陈瑾昆参加开国大典》，http://wemedia.ifeng.com/31213680/wemedia.shtml，最后访问时间：2022年1月21日。

烈听讲之学生，实万分抱歉，惟有相约后会有期。"㉟ "至大学与法官训练方面，则自民八年后至二十七年，由西南联大暑期回平时止，从未间断，……自日本投降以后，政府措置，完全与'复员'复兴的途径相反，政治愈加腐败，人民愈加痛苦……"㊱ 后来从他的履历上看，到1946年就断然没了实职——他把自己担任的所有大学教授职务都辞了，而只剩下"国立北平临时大学名誉教授、朝阳学院主任兼名誉教授、中国大学导师兼名誉教授"等等虚职。㊲

"在目前生活奇昂之时，以我小康，亦尚可自给……律师本与教授均为自由职业，且为高尚职业。然国民党统治区律师并不高尚，故余早在国民党宣布'停止沦陷区律师执行职务期间'以前，即宣言不作律师。教授则因国民党化太甚，亦欲在其统治区内力图摆脱。且早将各大学主任与名誉教授均辞去。"㊳ 此语显然已经表明，他辞去律师和教职的原因，是对国民党统治的强烈不满。这在当时的知识分子中并不算稀奇，也是我们意料之中的，因此无须多言。

陈瑾昆从事法律工作还有长期的大学教授经历，在法学界颇有声望，1946年前后又再版《民事诉讼法讲义》《刑法各论》——抗战八年，他很可能就在家闭门改稿。其著作畅销度也成为当时第一人，其观点还曾被日本帝国大学教授引用，当时是国内法学界唯一一例。㊴ 我们不禁要问，如此有学术地位和丰硕收入的法学家，为何1946年突然要到延安去投奔共产党？

按理作为一个法律人，他不至于那么情绪化。首先笔者更想要关注的，是法学家陈瑾昆的性格特征。"矜气节"历来被用来评价湖南人，指的是身上有质朴、倔强、执着、傲岸、刚健、任侠的个性。这些在陈瑾昆身上都有，而且还带着正直、无畏和憨厚。陈瑾昆是个敢怒敢言、直率倔

㉟ 陈瑾昆：《我的希望》。
㊱ 陈瑾昆：《我的希望》。
㊲ 《陈氏略历》，载陈瑾昆：《余为何参加中共工作》，第29页。
㊳ 陈瑾昆：《余为何参加中共工作》，第1页。
㊴ 《陈氏略历》，载陈瑾昆：《余为何参加中共工作》，第30页。

强的湖南汉子,俗话说的炮筒子性格。这一点与他的湖南老乡戴修瓒形成了显明的反差。孔子说:"不得中行而与之,必也狂狷乎!狂者进取,狷者有所不为也。"(《论语·子路》)孔子细腻地概括并区分出文人君子的两种相关联又对应的气质类型。"狷者"退守、内敛、谦谨以至淡泊清持;"狂者"进取、豪放、倨傲乃至蔑俗轻规。用二者来定位戴、陈二位湘籍知识人的个性,最能解释他们的性格特征——如果说戴修瓒是"狷者",那么陈瑾昆则是"狂者"。但是这次他作出投奔延安的决定,仍然还是让人有疑问:花甲之年做事还是那么任性、高调,充满爆发力,令人费解。

三、为何奔赴延安?

分析原因,要把历史影像"倒带",回到 1946 年 4 月 21 日这天的北平中山公园音乐堂。

据说此日天色昏暗,风沙弥漫。下午 1 点多,众多青年学生和市民顶着大风从四面八方涌向中山公园。中山公园音乐堂,是一个四周用铁丝围起来的简陋露天剧场。舞台看来是经布置好的,上方悬挂着"北平市各界国大代表选举问题讲演会"的红色布标。中间挂着孙中山的像和国旗,台上台下还贴满了标语,上面写着"实行普遍、平等、无记名的投票选举""取消公民宣誓""我们要自己提出候选人"等等。[40] 大会主席台上就座的有"北平各界国大选举协进会"主要负责人张豫苓、徐伟,美国新闻处平津分处处长福斯特以及《北平解放报》《大公报》等报的记者,[41] 另外两位则是主角——今天的讲演人,法律教授陈瑾昆和民俗与宗教学教授江绍原[42]。陈

---

[40] 王非口述,闫聚峰、傅汉生记录:《一九四六年北平中山公园音乐堂事件始末》,载《党史博采》1996 年第 5 期。

[41] 王非口述,闫聚峰、傅汉生记录:《一九四六年北平中山公园音乐堂事件始末》。

[42] 江绍原(1898—1983),安徽旌德江村人,中国现代民俗学家和比较宗教学家。1920年去美国芝加哥大学攻读比较宗教学,1922 年在该校毕业后又在意林诺大学研究院哲学专业学习一年。1923 年回国任北京大学文学院教授,1927 年应鲁迅之邀去广州中山大学,任文学院英吉利语言文学系主任、教授,兼任国文系课程。1927 年四一二反革命政变大屠杀后离穗去杭州,靠卖文度日。以后,在北京大学、武昌大学、北平大学、中法大学、辅仁大学、中法文化交换出版委员会、上海中法孔德研究所、河南大学、西北大学等处任教授、编纂或研究员。

教授的夫人梁淑华和孩子也在下面坐着。他们是想等散会后家人们一起游园。

会场座无虚席,连四周过道都挤满了人,参加会议的有 5000 余人。大约到一点半,主持人张豫苓刚开始致开幕词,便是一阵起哄。当他讲道"我们要求民主选举"时,又有人狂叫:"我们不要民主!"随着一串肮脏的辱骂声,石块、砖头、烂菜便向主席台砸来,会场秩序一阵混乱。四周维持会场秩序的军警保持视而不见的平静。[43]

陈瑾昆看到如此会场秩序,本不想讲了。但这湖南人的脾气,一下子就被激怒了,不说几句难受!他愤然走向台前的讲桌,对着扩音器大声说道:"我,无党无派,是站在国人和本地市民的地位上,善意地说几句公平话,话题也不专在选举……"陈教授话音未落,台下的不明暴徒又开始哄起来,叫喊着:"散会,散会!""别听他那一套!"陈教授哪里肯歇,全然不理,继续大声演讲:"孙中山先生曾经说过……"[44]

没等陈教授说下去,又一阵石块砖头向他袭来。陈瑾昆猝不及防,被一块砖头击中前额,眼镜打碎了,鲜血流满一脸。坐在他身后的江绍原、福斯特等十多人都被石块击中。这时台上台下乱成一团,不明歹徒们更是大打出手,一些青年学生被打得血流满面,也有的被打得晕倒在地,还有 3 名受伤的年轻人被特务绑架。[45] 陈教授身边正好有记者,稍事平息,他转身就对记者说了一句著名的话:"决不为一块石头骇退!"

这就是 4 月 21 日的北平"中山公园事件"。这位教民法和诉讼法的教授,被不明身份者的石块打伤,能追究谁的责任呢?他的诉讼法教材明确写着,起诉必须得有确定的被告才能立案啊!这事件告诉你,这时候法律是没用的了。愤怒的陈瑾昆一边撰文匡论时事,向报刊发表,[46] 一边辞去

---

[43] 王非口述,闫聚峰、傅汉生记录:《一九四六年北平中山公园音乐堂事件始末》。
[44] 王非口述,闫聚峰、傅汉生记录:《一九四六年北平中山公园音乐堂事件始末》。
[45] 王非口述,闫聚峰、傅汉生记录:《一九四六年北平中山公园音乐堂事件始末》。
[46] 陈瑾昆:《余为何参加中共工作》,第 2 页。

各大学全部职务。㊼ 事件发生后，北大曾以书面和口头力邀其回校，朝阳学院也多方挽留，均被拒绝。㊽ 1946 年 6 月全面内战开始，夏天的形势发生了突变。7 月 12 日和 15 日，李公朴、闻一多先后遇刺身亡。

没想到，陈瑾昆于 6 月中旬就有了一个惊人举动——先后赴延安、张垣（张家口），实地访问考察后，决心去解放区参加建设。㊾ 在北平地下党的安排下，叶剑英亲自上门与陈瑾昆长谈时局。陈教授还专门买了一台德国收音机，一到半夜便收听延安电台的广播。㊿ 之后，陈瑾昆以中立的"第三方"身份，与符定一、鲍明钤一同，专程辗转去偏僻的山沟延安"旅行"——后来被称为"考察""参观"。在延安，还和边区参议院副议长谢觉哉讨论"个人本位和社会本位"[51]这一迄今难解的问题。毛泽东也和他见了面，商议筹办一所新型的"法律大学"等等。这是个有趣的话题，可惜没留下史料，无从知道毛陈二人谈话的具体内容。返回北平后不久，陈瑾昆即写下了《延安与张家口旅行记》，记述见闻感受，并发表在报纸上，对北平、天津的法学界、知识界产生了震动。

1946 年 8 月，北平地下党帮他送来的一张通行证，陈瑾昆偕家人一起开始了正式奔赴延安的行程。刚到车站，便碰到一个特务盘问，陈瑾昆急中生智地答道："我要到天津去一趟。"护送人员见状，决定马上改变计划，先送陈教授一家去了天津。不久到了晋察冀边区的张家口，陈瑾昆一家受到了贺龙司令员的热烈欢迎。由于战事，陈瑾昆在张家口作了短期停留，他有感于半年以来的见闻，提笔作了长文《余为何参加中共工作》，9 月 17 日公开发出，又于 10 月份刊登在一些报纸上。[52]

㊼ 参见《陈氏略历》，载《余为何参加中共工作》，第 29 页。
㊽ 参见《陈氏略历》，载《余为何参加中共工作》，第 30 页。
㊾ 《陈瑾昆赴延》。
㊿ 彭正湘、余昭绪：《陈瑾昆，单骑赴延安》，载《湖南党史月刊》1991 年第 10 期。
[51] 《谢觉哉日记》记述了他的谈话：要使国内国际更多的人了解中共，使第三次革命成功，不要再来一个"革命尚未成功"。他还说，十九世纪五十年代以前，中国是无党论、个人本位。五十年代之后，是有党论、社会本位。
[52] 陈瑾昆：《余为何参加中共工作》，载《烟台日报》1946 年 10 月 2 日。

果然，《余为何参加中共工作》这篇“政治声明”中讲到了他飞赴延安的原因。此文篇幅最多的是讲他在延安和张家口看到的气象，给出了“两句结论”：“解放区虽然尚非天堂，非解放区则确为地狱！”接着，是一阵对国民党欠账的“清算”，对解放区自治民主和“为人民服务”的赞扬。这次实地考察访问，他对延安解放区有了眼见为实的体验。此文一出，在北平和天津知识界引起轰动，尤其是知识阶层和法律界，震动很大。

陈瑾昆的这篇《余为何参加中共工作》发出之后，毛泽东在延安也读到了。1946 年 9 月 22 日，毛泽东写信邀请他来延安。实际上，陈瑾昆一家 9 月 19 日即三天前，就离开了张家口——前往延安了。陈氏一家经过山西蔚县、灵丘、崞县、神池、五寨等地，在各地欢迎会上发表演说，痛斥蒋介石内战政策。10 月 13 日抵达兴县，在晋绥边区各界欢迎会上，以“蒋介石的回光返照”为题发表演说，其中说道：“古语所形容的人民受暴君痛苦的话是‘如水益深，如火益热’；形容人民求解放的话是‘如解倒悬’。我们以前还不觉得如何痛切，现在则正是身临其境，心领其味了。”陈教授还对记者表示：“余年已六十，但愿再活二十年，为中国人民服务。”(53)

在许多场合他总是声明自己“无党无派”。他的《在晋绥边区各界响应“美军撤出中国运动”大会的演讲》中，第一句话就说：“我是无党无派的纯洁爱国者，主张和平民主。”(54) 赴延安的消息传出后，媒体关注度甚高。有记者爆料说陈瑾昆和王之相(55)、石志泉是“北平偷听后方广播之三老”。(56) 这说明，即使他是个独立性极强的学者，此时在理智和情感上已经有一定的倾向。

---

(53) 《陈瑾昆赴延》。

(54) 陈瑾昆：《在晋绥边区各界响应“美军撤出中国运动”大会的演讲》，载《正报》1946 年第 12 期。

(55) 王之相（1891—1986），奉天（今辽宁）绥中人，字叔梅。1915 年，毕业于北京法政专门学校，曾任北洋政府外交部主事、驻苏联海参崴总领事，北平大学俄文法政学院院长，北平大学法商学院、中国大学、北平警官学校教授。1949 年出席中国人民政治协商会议第一届全体会议。曾任政务院法制委员会委员兼编译室主任。1951 年加入九三学社，后任九三学社第三至七届中央委员，是第二至六届全国政协委员。著有《国际关系论》《外交史》《国际法》等。

(56) 《记“北平沧白堂”主角陈瑾昆》，载《消息》（上海）1946 年第 11 期。

四、在延安搞法学，还是干政治？

毛泽东9月22日致陈瑾昆的邀请信中说："今日阅悉专著《余为何参加中共工作》，义正词严，足以壮斗士之志，夺奸邪之魄。拟付《解放日报》发表并广播全国。蒋军正大举进攻张垣，拟请先生来延安共策工作之进行。"毛泽东诚挚地邀请他到解放区工作，提到要他"共策"的是"蒋军大举进攻"的军事工作，并没有说让他来作法律方面的工作。

可是，陈瑾昆很清晰地知道自己的定位，作法律学问的，政治不是他的本分。每每公开演讲或发表文章，他都强调自己的法学"本分"（本份）。正如他给余榮昌、沈季让等三位同行友人的信中坦言，自己"竟一反本怀与素性，过问非本分的政治，实非偶然"。在对记者的谈话中也强调"我是一个无党无派的人，并且是自守个人岗位的"[57]。可见他很看重"本分"与"非本分"这个问题——或者说，他内心想要坚持专业立场，不然就失去立命之本。那么，去解放区他会与其他人一样干革命、练兵、生产、织布吗？或者说，他会放弃法学吗？

这才是问题的重点。读完这篇《余为何参加中共工作》的自白，在文尾你会发现，他还提到一个重要问题——就国内外人士给共产党扣"乱"的帽子发表了看法。陈瑾昆谈了"乱"与"法"的关系，说道："现在他们（指中共）希望'不流血革命'。革命为打破现状。留意现状之人则以之为'乱'。不知改变只为一时现象，建设方为永久企图。在新民主主义下，除政治建设、经济建设外，亦尚有法律建设。余于法律尚为识途老马，将于此方面参加工作，于此历史翻篇。"[58]他还不忘对自己作了定位——我虽是法律界老马，但是我老马识途啊！最后这段话，他三句不离本行，对当前的"乱"与今后的"法"的关系，把自己的理解作了交代，他把握得很有水平。从理论上讲，"乱"与"法"的关系，正是革命与法

---

[57]《陈瑾昆先生对解放日报记者的谈话》，载陈瑾昆：《余为何参加中共工作》，第19页。
[58] 陈瑾昆：《余为何参加中共工作》，第12页。

律的关系。依毛泽东的阅读习惯，他不会不关注陈文的最后这段直面难题又具有"结论性"的话。

到达延安后，陈瑾昆就换上了延安统一的灰布军装。[59] 毛泽东在延安枣园驻地的窑洞里，热情接待了这位从北大来的法学家。法学家与革命家第二次见面了。席间，毛泽东以其一贯的风趣口吻，湘音十足地说："一砖头把你打到延安来了，还有国民党特务为你送行，真得感谢他们啊！"[60] 毛泽东时年53岁，比陈瑾昆足足小6岁。毛泽东对这位湖南老乡很亲切，也由衷地尊重和欣赏，由此开始并保持了他们家庭间的私交。[61]

毛泽东称陈为"瑾昆同志""瑾昆先生""瑾老同志""瑾昆兄"。交往和信函中对陈的态度，既有对专家的尊重，有私交的亲切，又有鲜明直接的政治观点。陈瑾昆也很钦佩毛泽东的一个理念。他在1946年给余荣昌、石志泉、沈家彝三位挚友信中，用特别赞赏的语气说："毛主席所倡'为人民服务'之宗旨，完全为党政军三方面所实行。均能理解其非在群众上面，系在民众中，自己即为民众中一人，为老百姓作事……其精神更在'公而忘私，国而忘家'。"[62]

身在延安的陈瑾昆还是惦记他北平的学生。1946年12月，他向北大和朝阳的学生致公开信。先是动情地说自己与北大、与朝阳的关系，与同学们"一时不能相见，很伤心，但同时也是我最很快心的"。然后他表明自己，"可自夸'忠义之士'"，"遇事都是为正义奋斗"。"我是一个无党无派的人，也是一个无偏见的人"，"绝没有为他人宣传"，"现在正是蔡

---

[59] 到延安后，有报社记者采访陈瑾昆，看到他身穿灰布军装，正在寓所检叠报纸。《陈瑾昆先生对解放日报记者的谈话》，载陈瑾昆：《余为何参加中共工作》，第19页。

[60] 韩伟：《"一砖头把你打到延安来了"——1946年法学家陈瑾昆两访延安》，载《北京日报》2018年3月19日。

[61] 1947年11月18日毛泽东致信陈瑾昆，除了谈形势、工作之外，结尾时毛泽东还谈到了自己的身体状况和对陈瑾昆家人的问候："弟（毛泽东自称）身体有时略有毛病，大体尚好，勿以为念。天寒尚祈珍摄。敬祝，安好！并问陈夫人及诸小弟妹好！"然后，毛夫人江青附添上一句："江青附笔祝全家安好！"陈与毛泽东的关系一直保持亲密的私交直至进京以后。1949年10月15日，毛岸英和刘思齐在家举行婚礼，新郎把自拟的邀请名单给父亲"审查"，上面除了邓妈妈、康妈妈、谢妈妈等之外，就有陈伯伯（瑾昆）。

[62] 陈瑾昆：《致友人书》，载《余为何参加中共工作》，第26页。

子民先生所谓'读书勿忘爱国'的时候了"。北大同学历来是先锋,朝阳同学以法律为特长,现在是争自由的时候,法律要为正气的时候。"同学们,莫要辜负了传统光荣,放弃了前进责任,现在正是国家兴亡、民族死活的紧要关头,为自由、为民主、为生存、为独立,大家起来吧!不是我们知识阶级再观望、再踌躇的时候了!"[63]

1947年4月,他在延安读报时看到两位熟人胡海门、战翼翘在加入蒋氏政府时发表的公开声明,陈瑾昆很反感,于是主动发表了致二人公开函——"对于二人最近声明辩解参加蒋记政府而发",其中长篇论述蒋氏政府的所作所为,称其"是与德国政府一样,一定要上断头台"。陈教授试图反驳二人的声明并进行规劝。[64]

五、旧教授起草新法律?

到达延安后,陈瑾昆欣喜地发现,共产党也在搞法制建设。当他初步介入之后发现,中共在起草法律中碰到的最大难题是:新法与旧法的关系怎么处理?这是搞法制建设必然碰到的一个前置难题。

到达延安后过了两个月,11月11日,谢觉哉日记才首次提及陈瑾昆,云"陈对边宪提了不少意见"。谢老这口吻显然是带着态度的。其实,"双十一"这一天,谢觉哉专程到陈瑾昆住处,咨询他对边区宪法草案的意见,两人相谈甚欢。然而陈瑾昆表示要写出书面意见。如此慎重,实为治法之人的严谨。陈瑾昆对延安搞宪法,既高兴又认真。因为在他心目中,搞宪法搞法制,就是搞专业搞科学一样,需要认真对待。谢觉哉没料到,次日就收到了陈瑾昆对边区宪法草案的书面意见。谢觉哉看了之后有什么反应?谢在11月12日日记中说:"接陈瑾昆对边宪草意见,许多不能采用。"[65] 显然这是个意味深长的一幕,——陈瑾昆碰钉子了。12月14日谢觉哉日记中写道:"自西柏坡回。法委会议未全完,因政府催,故回。法

---

[63] 《陈瑾昆致北大和朝阳同学书》,载《烟台日报》1946年12月11日。
[64] 《陈瑾昆致胡海门战翼翘的公开信》,载《烟台日报》1947年5月7日。
[65] 谢觉哉:《谢觉哉日记》(下卷),人民出版社1984年版,第1027页。

委会议主要议程：一、总结宪法工作。主要说明宪法上的国体、政体上重要理论问题。我写了一个，只能作提纲用。二、总结法律争论问题。主要对陈老（指陈瑾昆）的旧法观的争辩。现陈老口头已放弃其主张，拟写个东西说明新的法律观及应起草些什么法律。”(66) 争论的结果是陈瑾昆口头声明放弃其主张，随后，批判旧法思想进行得日渐猛烈，陈瑾昆所起草的《民法》不再被人提及。(67)

陈教授很认真地把自己的意见写出来，但是他的许多意见不能被采纳，这是自然的。他会作调整和改变吗？早年他在刑法理论中提出，“所谓真理，往往只为相对而非绝对”，特别是“法律政治经济之为物，原以人类理想为基础，以社会环境为背景，根本即无绝对是非，则研究此等对象之法律学政治学经济学，又安有绝对理论？”现在到了延安，他实践中就碰到了“相对真理论”的真问题。

12月，经林伯渠介绍，中共中央“直接”批准接受陈瑾昆为中国共产党党员。此后，陈瑾昆“积极”参与制定重要法律文件工作。1946年6月中央书记处批准成立的旨在研究法律、试拟《陕甘宁边区宪法草案》的“中央法律研究委员会”(68)，十多个委员中还没有陈瑾昆。到了1947年1月(69)，陈瑾昆成为正式成立的“中央法制委员会”委员。

当时解放区领导对旧法的态度，有不一致或者说是存在细微的冲突。谢觉哉已从“修改旧法”转变为“推翻旧法”。谢在1947年4月16日的日记中说：“不能把旧法律补葺罅漏，而只应把旧法律推翻，在旧法律废墟上建立起新法律来，虽然旧法律有多少好材料经验可采用。”“新的法

(66) 谢觉哉：《谢觉哉日记》（下卷），第1271页。

(67) 王平原：《董必武等领导的华北根据地〈民法典〉起草情况初探》，载《董必武法学思想研究文集》（第10辑），中国法学会董必武法学思想研究会会议论文集，2011年。

(68) 此前，延安就成立了“法规研究会”及“边区法学研究会”。1945年8月成立谢觉哉主持的“中央法制组”，11月中共中央决定成立7人宪法研究会，成员包括谢觉哉、何思敬、李木庵、李鼎铭、齐燕铭、张曙时、陈正人。

(69) 南京方面的宪法颁布不到一个月，周恩来即代表中央召集会议，指示法律研究委员会起草一个全国性的宪法草案（原边区宪法称“边宪”，全国性宪法称“国宪”），供解放区人民代表大会之用。

律，不止内容要冲破旧的范围，而且形式也不容为旧形式拘束，要使广大人民能了解。"[70] 当然旧法中的内容也有区别："国民党现行法律，公私法矛盾。公法如宪法、出版法很反动，私法如民法上继承权……等颇进步。"[71] 可是从刘少奇的观点看，他没有说"把旧法推翻"，而是"先就旧法改"。他说："刑法和民法先就旧的改一下施行，边做边改，有总比无好。现急需稳定秩序，财产有保障，使人民乐于建设……旧的经验不是全部否认，亦不是全部通用。那些部分适用，或不适用，谁也不能先肯定，靠商量，然后看使用时有助于人民建设的就对，否则就改。"[72] 刘少奇"先就旧的修改的立法思想"的想法显然是支持陈瑾昆的。

在此期间，陈瑾昆多次致信毛泽东，及时汇报起草情况。而毛泽东也至少有3次回信。1947年1月16日，毛泽东给陈瑾昆回信，提醒这位"旧法"教授说："从新的观点出发研究法律，甚为必要。新民主主义的法律，一方面，与社会主义的法律相区别，另方面，又与欧美日本一切资本主义的法律相区别，请本此旨加以研究。"[73] 这无疑又是一次关键的"点拨"。

2月3日，中共中央召开中央法制委员会会议，决定分宪法与法制两组，宪法组组长王明，法制组组长是陈瑾昆。[74] 中共中央决定起草一部全国性的宪法草案——《共同纲领》的前身。陈瑾昆作为起草组的重要成员，又是专家，全身心投入到了起草工作中。1947年初胡宗南进犯延安时，陈瑾昆去了山西临县后甘泉，但陈瑾昆、谢觉哉他们的法律工作并未停滞。4月12日，陈瑾昆报告法律改革意见。5月1日，谢觉哉和陈教授谈论国民党的法律时，陈谈道："司法界要消毒，贪污舞弊太多。"5月2

---

[70] 谢觉哉：《谢觉哉日记》（下卷），第1087页。
[71] 谢觉哉：《谢觉哉日记》（上卷），第707页。
[72] 谢觉哉：《谢觉哉日记》（下卷），第1203页。
[73] 毛泽东1947年1月16日致陈瑾昆回信。参见《毛泽东书信选集》，中央文献出版社2003年版，第260页。
[74] 张希坡：《解放战争时期"中央法律委员会"的变迁及其工作成就——兼评对中共中央废除国民党〈六法全书〉指示的某些不实之词》，载《法学家》2004年第6期。

日，报告商法问题，颇有奇论，陈说：“创造是好的，但也不宜创造太过。”5 月 3 日，陈报告民事诉讼法，谢觉哉说“切实可听”。5 月 6 日，陈续讲刑事诉讼法。(75) 1947 年 4 月至 7 月 9 日，法委分别讨论了司法制度、地方制度、民族自治等各章，复在七八月间进行一读、二读。起草过程中法委委员态度认真。谢觉哉 1947 年 5 月 19 日的日记中又记载：“今日讨论第三章，发言者都对陈瑾老提案不同意。”(76) 大家都不同意他，就说明新旧冲突了。委员里面有位被毛泽东称为“全国第一流的法学家”的人，叫何思敬(77)，据延安青年于光远说“在法学方面我没有请教过他任何问题”。(78) 有一次陈瑾昆与何思敬争得面红耳赤，还拍案辩论，凭陈教授的刚烈性格，以及何思敬的非科班出身，当时争辩的情景，可想而知。

新旧法转换之间，法科人才严重不足。毕竟是延安，没有吸引到几个做法律工作的年轻人。“法委的几个老头已做不了些什么。”(79) 这几个老头里面，应该不包括陈教授。从 1947 年 5 月起，由陈瑾昆单独起草《民法典》《民诉法》《刑法稿》。两个月后，《民法典》和《民诉法》于 7 月 21 日脱稿，《刑法稿》于 10 月底完成。陈瑾昆原本就是横跨民法、刑法和诉讼法的法律专家，但毕竟新旧法之间有差异，也谈不上“轻车熟路”(80)。这些都是为新中国成立作准备的，可惜新中国成立后没有立即继续着手民

(75) 张希坡：《解放战争时期“中央法律委员会”的变迁及其工作成就——兼评对中共中央废除国民党〈六法全书〉指示的某些不实之词》。

(76) 谢觉哉：《谢觉哉日记》（下卷），第 1096 页。

(77) 何思敬（1896—1968），浙江余杭人，1912 年赴日本学美术，回国后在杭州从事图案设计。1916 年，再次留学日本，一年后转入仙台第二高等学校学习法学和哲学。1920 年秋，以获政府官费生资格进入东京帝国大学，攻读美学、德文和社会学。1927 年 2 月回国，在国立中山大学任法学院教授兼法学院副院长。1937 年赴延安，历任抗日军政大学教员，延安大学法律系主任、法学院院长。1949 年 9 月，参加首届政协会议，先后任教于北京大学法律系、中国人民大学法律系和哲学系。1968 年受迫害逝世。1979 年平反昭雪。

(78) 于光远：《何思敬二三事》，载《先驱者：何思敬史迹》，中央文献出版社 2010 年版，第 72 页。

(79) 1948 年 12 月中央法律问题研究委员会向所做工作报告指出：“延安疏散时，分配到法委工作的几个青年，没有争取到一个来学法律。固然是他们志不在此，硬不肯学。但另一方面，应归咎于我们太不会吸引。法委的几个老头已做不了些什么，必须有一批青壮年来搞，及今培养，犹未为迟。”转引自董彦斌：《从 1947 年宪法草案看 1954 年宪法缘起》，载《中国法律》2012 年第 3 期。

(80) 此语为当时延安的法学家何思敬所言。谢觉哉：《谢觉哉日记》（上卷），第 707 页。

刑二法的制定。

7月13日，毛泽东来信："瑾老同志：大示敬悉。你的一家安于农村生活，闻之甚慰。立法工作是一新部门，得兄主持，日起有功，是大好事。时局如兄所料，人民战争是发展的，惟艰苦奋斗，尚须付以数年时间。"[81] 11月18日，毛泽东又致信陈瑾昆说："兄及诸同志对于宪草，惨淡经营，不胜佩慰。惟发表时机尚未成熟，内容亦宜从长斟酌，以工农民主专政为基本原则（即拙著《新民主主义论》及《论联合政府》中所指之基本原则），详由王谢二同志面达。"[82]

1948年底，中央法律委员会的任务和组织进一步调整和确定，委员会共九个委员，陈瑾昆仍然是九人之一。他又随着中央法律委员会经白文镇、兴县，最终到达西柏坡。5月，华北联合政府准备成立，在刘少奇的建议下，陈瑾昆担任华北人民法院院长[83]。1948年5月25日，负责领导华北工作的刘少奇在西柏坡宴请谢觉哉、陈瑾昆、李木庵，谢觉哉当时表态："华北大部分已没有敌人，可以着手建立正规法治……华北联合政府成立，要瑾昆去当法院院长，我去当司法部长。"[84]

陈瑾昆和戴修瓒都有"回心转型"，但他们有一个根本的不同：戴修瓒是从政坛转回到校园，而长期从学从教的陈瑾昆，把学术从北京转到延安，因为对政权的愤慨而转向对革命的赞成。尽管工作条件艰苦，但这位"旧法"大教授却报以巨大的热情和专业的认真。为什么？原因就是他对这个"新法"体系之初衷的认同——"为人民服务"，以及对未来新国家愿景的认同。这也是他之所以奔赴延安、投身法制、起草法律的初心和原点。在今天看来，这个初衷正是"人民的法治"之根本。

---

[81] 毛泽东1947年7月13日致陈瑾昆回信。参见《毛泽东书信选集》，第263页。
[82] 毛泽东1947年11月18日致陈瑾昆回信。参见《毛泽东书信选集》，第266页。
[83] 韩伟：《"一砖头把你打到延安来了"——1946年法学家陈瑾昆两访延安》。
[84] 谢觉哉：《谢觉哉日记》（下卷），第1203页。

史尚宽——民事立法宗师

图 1　史尚宽（1898—1970）

对于民国法学家史尚宽，今天法律界一般都是通过他的民法学著作知其为民法学大师级学者。中山大学黄瑶教授等对史尚宽在中山大学的经历作过详尽的考证和回顾。但是我们对史尚宽的求学经历、专业涉猎、立法贡献以及生平境遇了解不详，现有对史氏的零星介绍，也都因缺乏史料而作泛泛之谈。历史的长河和稀缺的史料使这位法学家的形象和地位显得支离破碎。在吾辈习法者心目中，史尚宽犹如学术妙堂的"神人"，又似绕不开的法典法条那样抽象无形。笔者近年经查找，发现部分有关史尚宽的史料，本篇撇开他在民法理论上的造诣，仅从他的生平经历和立法贡献，试图解析几个主要问题：他的立法功力来自哪里？何以成为中国历史上首部民法典起草的主将？他在民事立法上的历史贡献是什么？他究竟是个什么性格和类型的法科知识人？

一、东西洋留学十五载的法科学士

史尚宽,字旦生,因1898年元旦出生在史家湾,故以"旦生"为字。据言,史旦生性厚重而颖悟,11岁能作文。安徽桐城南乡,今属枞阳县会宫镇,世称"史家湾"。史家世祖于明代自江苏溧阳迁徙至此,后浸染桐城派传统,文风蔚起,同时秉承溧阳侯家风,晴耕雨读,渐成本地望族。安徽桐城派的传统是甘以文人自居、文道交融、经世济用。史尚宽后来学业成就的事实,证明了这个桐城旺族的文脉之盛。

1913年,史尚宽15岁即被家人送到日本读书,先在京都第三高等学校学习,而后以安徽省教育厅公费,进入著名的东京帝国大学法律系,接受法科系统训练,先后共9年。1922年春获得法学学士学位。史氏留日这段经历,除了时间出奇地长,其他大致都与当时留日法科生相似,貌似没有更多特别之处,可是史尚宽人生的重要转折就从他结束留日开始了。

和留日法科生一样,史尚宽深知德国法乃日本法之师,但不同的是他还迫切想要离开日本赴德国继续深造。可是赴德学习的费用怎么办?他通过驻日公使向安徽省教育厅申请"留日官费移作留德之用"。但是留日官费移赴西洋,缺乏教育部规定,本省也无先例。但安徽省教育厅仍然准予"移费",其理由是:"惟该生既系日本帝国大学毕业,程度甚优,又经驻日公使暨监督来函证明,拟请破格成全,准予移原有留日学费前赴德国留学。此后除留日帝大毕业生外,他人不得援例。"[①] 这显然是一次破例。

安徽省长依惯例将此案报请教育部查核办理,可是,教育部不同意省里的意见。1922年6月,教育部以第150号训令指出:"对于留学欧美各生转学办法限制綦严",曾有"非在原留学国受有博士学位者,不准转学之规定","留日学生转学欧美稽诸成案更无先例可援"。"留日帝大学生史尚宽移费赴德事属例外请求,该厅长何得擅予通融,自为风气,嗣后遇

---

① 《教育部训令(第一百五十号)》(1922年6月26日):"令安徽教育厅厅长杨乃康:已咨安徽省长撤消史尚宽转学原案仰该省教育厅遵照",载《教育公报》1922年第9卷第6期。

有此项请求事件，必须先行呈部核办以符手续而免纷歧。史生尚宽转学德国一案，既经省公署核准，除已咨请撤销以符向例外，合亟令仰遵照此令。"② 也就是说，这桩公案实际上就是安徽省教育厅同意史尚宽"移费"，省长报请教育部，教育部最终决定不可以破例"移费"。

而这位日本帝国大学的优等留学生史尚宽同学，在无法"移费"的情况下仍然决意要去德国，那就只能靠自费了。尽管史氏家庭富裕，可是欧洲游学费用之高昂，生活之艰苦，我们可以想象。史尚宽此时可能已经意识到欧洲游学之行对他学术积累的重要性，这才会促使他狠下决心孤身自费奔赴欧洲。

1922 年史尚宽进入柏林大学研究法律。当时的柏林大学颇受中国学生欢迎，是中国留德学生的首选。20 世纪前 50 年中国留学生获德国法科博士者只有 18 人，而柏林大学毕业者就接近一小半，分别是马德润、周泽春、徐道邻、唐嗣尧、安裕琨、李士彤、陈育凤 7 人。③ 史尚宽并没有考虑学位问题，当结束两年在德国的游学之后，他于 1924 年又转赴法国巴黎大学。值得关注的是，他在巴黎大学所选择的专业是政治和经济研究，而他撰写的论文却是研究国际法的。1925 年开始他在巴黎研究中国在"中比条约"中的解约权问题，次年完成了一篇论文《中比条约之法律观》，其中使用了中、英、法三种语言，最后落款为"中华民国十五年十一月于巴黎"。这篇论文的背景简单地说就是：1865 年中比商约于 1925 年 10 月 27 日期限届满，4 月 16 日，中国政府曾知照比利时旧约届期作废，希望另订新约。比利时以为，依中比条约第 46 条规定，只有比国有权通知解约，故准备等关税及法权两会议终局后，始肯另订新约。因此史氏文章就中比条约的两个争议点展开分析：一是条约之解释，二是由于情势变更而使条约失其存在的根据。其中涉及一个重要问题，即中国是否有解约预告

---

② 《教育部训令（第一百五十号）》（1922 年 6 月 26 日）："令安徽教育厅厅长杨乃康：已咨安徽省长撤消史尚宽转学原案仰该省教育厅遵照"，载《教育公报》1922 年第 9 卷第 6 期。
③ 王伟：《中国近代留洋法学博士考（1905—1950）》，第 329—331 页。

权。他根据国际法及条约文本研究论证得出的结论是：中国先期六个月通告比国解约，是行使其固有权利。此文一年后发表在国内《学艺》杂志1927年第8卷第4期。④ 看来史尚宽并没有太在意博士学位，相反他对中国问题特别是中国在国际上的主权利益最为关切。文章虽然充满抽象的术语概念和理性的逻辑论证，可是字里行间却让我们看到海外学子拳拳的赤子之心。1927年史尚宽从法国回到中国。

从1922年至1927年，史尚宽游学欧洲前后长达6年。我们可能会问：史尚宽为何留洋十数年却没有获得博士学位？自费负担重，或许是一个客观原因。但是联系当时一些学术精英的游学风气来看，他们主观上在乎学识而不在乎学位，史尚宽颇似只游学而不问学位的陈寅恪，并且他们游学欧洲的时间也大体在同一时期。就史尚宽后来在法律学科上的成就而言，不亚于陈寅恪后来在文史学科上的地位和作用。史尚宽留洋十五载，却没有博士学位，恰恰与同时代的不少留洋博士形成对照和区别，他因此而成为一个特殊标本。

他的法学功力首先就来自这15年的东洋西洋留学经历。法国和德国是大陆法系的两个代表，且以一前一后不同时代背景颁布各自的民法典为分水岭，使法国法与德国法成为大陆法系最重要的两支。史尚宽先后留学日本、德国、法国，历时15年，知识结构得到复合与拓展，还掌握了日语，熟悉德、法、英等国语言。他研究考察了大陆法系最有代表性的两个支脉，而大陆法系重视法典，又暗合了中国重法典的传统。他后来的立法实践证明，懂法学、政治学和经济学，为他的知识结构提供了一层重要的"复合"。有德国法背景的人本来就不多，早年留德的马德润和周泽春于1909年获博士学位之后，中间"断档"长达10年，再没有留德的法科才俊。直到1922年有位获汉堡大学法学博士学位的廖尚果，专长于国家法即公法；1927年刘克儁获慕尼黑大学法学博士学位，则是刑事法专业，

---

④ 史尚宽：《中比条约之法律观》，载《学艺》（上海）1927年第8卷第4期。

1928年也担任了立法院法制委员会委员。后来徐树铮之子徐道邻1931年在柏林大学拿到法学博士学位之时，史尚宽已经在民法典起草中发挥主力作用了。总之，同时期回国的法科知识人中，专长于大陆法系民法，同时又懂政治学和经济学的人才犹如凤毛麟角。史尚宽的立法功力就来自日、德、法三国留学经历以及法、政、经三科的知识复合。这些看似偶然拼接的元素，或许就是史尚宽回国发挥民事立法关键作用的人才"要素"。史尚宽一生以著作"巨富"著称，那么他的处女作是什么呢？

1925年11月——比前文提到的中比条约那篇文章早整整一年，他在巴黎大学完成一篇文章，题目是《论公司之国籍及在我国租界内之公司》（上、下篇）。这篇长文连同注释共21页，落款注明"民国十四年十一月七日脱稿于巴黎"。⑤ 有意思的是，它居然被一稿两用，先后刊登于1926年汉口《银行杂志》和上海中华学艺社发行的《学艺》两个学术刊物。目前为止笔者没有找到史氏比此文更早的文章，再加上他当时尚未回国，因此可判断这大概率是他公开发表的第一篇论文，是他的学术处女作。

这篇公司法的文章，结合公司法理论，关注中国本土实践，在中、德、比、英、法、意、日、瑞典等国公司法之间，既作比较又谈趋势，还论及中外政经形势，分析了三个方面的问题：一是何种公司始赋有人格；二是公司国籍之确定标准如何；三是在我国外国公司之现状及其救济方法如何。因领事裁判权的存在，中国境内设立的许多外国公司，有的在其本国租界，有的在外国租界，有的在中国开放商埠。史尚宽文章中特别注意到："试思各国在我国外交上之互相角逐，诡诈之流行，加以我国历年政况之混沌，皆与外人以可乘之隙。此等国际间变态之发生，无非由于领事裁判权之滥用，故难以普通国际私法上之原则，来解释在我国外人法人之

---

⑤ 《论公司之国籍及在我国租界内之公司》（上、下篇），载《银行杂志》（汉口）1926年第3卷第15—16期。《论公司之国籍及在我国租界内之公司》，载《学艺》（上海）1926年第7卷第5期。

现况也。"⑥ 因此确定公司之国籍十分重要，这就是他对现实关怀的"问题意识"。同样，在他 1927 年发表的那篇关于中比条约的文章来看，也具有鲜明的现实关怀和本土问题意识。

他在这篇论中外条约的文章中认为，我国虽不能完全行使对外国租界的主权，但不失为我国领土。因为租界内的地方也要向我国政府纳土地税，这是一证。进而，他从中国角度讨论现状弊端的救济方法。他认为虽然这些弊端与领事裁判权直接有关，但在撤销领事裁判权之前，"亦不可不有临时处置及预备"。当时的国际法及公法学者，兴奋点都在撤销领事裁判权上。虽然这是根本性的解决方法，但需要时日，且解决难度之大非一般人所能想象。而史尚宽则从公司法角度来关注过渡性处置与预备措施。他列举确定国籍的办法有：一是以公司所在地确定国籍；二是保留特种事业，非经中国政府特许，外国公司不得在中国经营；三是以公司本店（营业住所）确定国籍；四是以立法来约束外国人参加的中国公司，限制其间接取得土地；等等。文末还指出，如果不从法律上考虑，"外国资本家必将纷纷设立大工场于租界内。试观日本之纱厂在我国者，已四十余所之多。苟不及早图之，我国生计前途实有不堪设想者矣"⑦。

我们知道 1925 年上海日本纱厂引发的"五卅运动"，史尚宽写这篇文章正值此运动时期，所以他才会在文章中涉及日本纱厂问题。可见史尚宽身在欧洲游学，却始终关注着国内时事的大形势。他从制度规范的细节入手，提出建设性的立法意见。法律人思维的精微中，实有一种特殊之宏大。

史尚宽的第一份工作是什么？清末民初的法科知识人，多数以从政为主要出路，或从政兼从教。正如蔡元培所言："我国精于政法者，多入政界，专任教授者甚少，故聘请教员，不得不聘请兼职之人，亦属不得已之

---

⑥ 《论公司之国籍及在我国租界内之公司》，载《学艺》1926 年第 7 卷第 5 期。
⑦ 史尚宽：《中比条约之法律观》载《学艺》1927 年第 8 卷第 4 期。

举。"⑧ 学术成为独立的职业，是稍晚的事，大约在 20 世纪 20—30 年代。此间出现了专门从事学术和教育的法科知识人群体，他们不像以前的法科知识人，相反，他们中已经出现了以学术为业的独立职业，专职治学从教，整体性地构成了第一波学术型法科知识人群体。他们的"独立"是"不凭借学术以外的'势力'"，认为"学术自身有自足的价值"。⑨ 史尚宽 1927 年回国后，直接选择去大学任教，说明他受到此时法学学术化背景的影响，职业目标很清晰，也很单一。他决定不走早年法科知识人从政兼从教的道路。史尚宽受校长戴季陶之邀来到广州，最晚于当年 8 月进入国立第一中山大学（今中山大学），任法科教授，讲授民法总则、债权、中国法制史等课程。同时还担任戴季陶校长的秘书。此时的中山大学创办才一年，史尚宽参与拟定法科新组织法，编译丛书，创办《国立中山大学法科季刊》，为中山大学的法科创立做出了贡献。⑩

1927 年 9 月，他在国立第一中山大学政治训育部、宣传部主办的《政治训育》上发表了一篇具有政治倾向的文章——《党化教育的意义及其实施方法》。文章认为中国人缺乏政治智识及运用宪制的经验，虽经历辛亥革命，但共和制度有名无实，因此需要在青年学生中通过党化教育以"知先于信"。其政治立场是什么呢？他认为"民主政治"要有一个"为人民谋利益的革命政党"。⑪ 这是他初入大学任教时写的一篇文章，可以看到当时国民党试图对大学教育进行影响的趋势，也可以看到史尚宽的政治觉悟和政治倾向。一年后，史尚宽离开国立第一中山大学，前往南京。

二、从民法起草委员到民事立法宗师

1927 年 4 月，国民政府定都南京，开始着手立法。同年 6 月，设立法

---

⑧ 参见胡次威专篇注 1。
⑨ 徐复观：《现代中国知识分子的特性——悼念章于钊先生》，载《中国知识分子精神》，第 87—88 页。
⑩ 黄瑶、王薇、黎翀等：《百年传承：中山大学法科学人（1924—1953）》，中国法制出版社 2019 年版，第 69—70 页。
⑪ 史尚宽：《党化教育的意义及其实施方法》，载《政治训育》1927 年第 2 卷第 1 期。

制局。1928年12月，国民政府立法院成立，立法委员任期两年。史尚宽的工作发生了一个大变化，他被吸收到立法院的全新工作之中，因此于1928年末离开了中山大学。[12] 1929年1月，立法院成立法制委员会，下设"民法起草五人小组"，除史尚宽外，还包括傅秉常、林彬[13]、焦易堂[14]以及上海滩名律师郑毓秀。当时的立法院院长胡汉民1929年的一篇文章中讲到立法委员的工作状态时说："不分昼夜地开会，也和前方武装同志的打仗差不多，从朝到晚，用全副精神，向前干去。而且一切讨论都十分郑重，十分认真，以纯客观的态度来辩论义理所在，丝毫不让……并不因此而生芥蒂，分出彼此来。这种精神是国会或任何议会所不易见到的……""民法债篇起草时间为五个月前后开会一百五十余次。"[15] 同年1月22日，立法院院长胡汉民发布第二十二号训令，"加派史尚宽为本院经济委员会委员"。[16] 为何让法科海归任职于经济委员会？显然这和史氏在法国还研究过经济学有关。

由民法起草委员会五位委员署名，依次陆续向立法院大会提交并分别通过的是：民法第一编《总则》（148条），1929年5月23日颁布；民法第二编《债编》（608条）；民法第三篇《物权编》（211条）的三项起草

---

[12] 黄瑶、王薇、黎翀等：《百年传承：中山大学法科学人（1924—1953）》，第74页。

[13] 林彬（1893—1958），字佛性，温州乐清人，毕业于北京大学法律系，历任地方法院检察官、推事，高等法院庭长、推事及最高法院审判官等职，曾先后主办曹锟贿选总统案和段祺瑞政府高级官员杀伤请愿学生案，守正不阿，不畏权势。任国民政府第一至第四届立法委员，并兼任法制委员会委员长，参与起草多部法律。1946年当选国民代表大会代表。1948年当选行宪国民大会代表，同年7月任司法院大法官。1949年春去台湾，任"司法行政部部长"、台湾大学教授等。1958年逝世。著有《民法总则》《民法物权》《民法亲属继承》《刑法各论》《民法概论》《民刑法概要》等。

[14] 焦易堂（1879—1950），陕西武功人，早年在北京中国公学政法科学习。1909年，加入中国同盟会。1911年，与张仲良等革命人士领导武功县光复。辛亥革命后，焦易堂在陕西都督府供职，先后拒绝袁世凯、曹锟等人收买，致力于二次革命、护国运动、护法战争。1916年，焦易堂在上海谒见孙中山后，奉命秘密来往于广州、上海、天津、北京、西安等地开展革命斗争，极力宣传孙中山的革命主张。1926年参加北伐。1928年出任国民政府立法院委员兼法制委员会委员长，1930年兼任考试院考选委员会委员。1935年出任国民党中央最高法院院长，主张早日结束训政，实行宪制，还政于民。1941年辞去院长职务。1949年赴台湾，1950年在台湾病逝，终年71岁。

[15] 胡汉民：《民法精神》，载《区政导报》1929年第3期。

[16] 《国民政府立法院训令第二十二号（中华民国十八年一月二十二日）》："令本院经济委员会、委员史尚宽：为本院经济委员会委员由"，载《立法院公报》1929年第2期。

报告并附草案。报告人署名"傅秉常、史尚宽、林彬、焦易堂、郑毓秀"。[17] 史尚宽和其他四位委员还起草了《债编施行法草案》共 15 条与《民法物权编施行草案》共 16 条的起草报告。[18] 从 1929 年 5 月至 1929 年底,民法起草委员会傅秉常、史尚宽等五位委员,完成了民法典三编共计 967 条的起草重任。另外,民法典中的《亲属法》和《继承法》两编,虽然早在 1928 年就由当时的法制局拟订过两个草案,但此次民法起草委员会仍然负责重新起草这两个草案,由燕树棠主持起草《亲属法》,罗鼎主持起草《继承法》。1930 年底委员会向立法院提交了共 173 条的《亲属法草案》和 88 条的《继承法草案》。[19] 这就是《中华民国民法》体例内容的前后组成情况,它在体例上采 1912 年瑞士民法典的民商合一模式,以下简称"民国民法典"或"民法典"。

我们知道,史尚宽在编纂民国民法典的过程中起到很大作用,有的说他是起草人,有的说以他"为主起草"。从草案提交人署名的先后顺序看,分别为立法委员傅秉常、史尚宽、林彬、焦易堂、郑毓秀五人。说起来是"五人小组",其实这里面在法律上真是内行的,也就不过两人而已。此五人中,傅秉常属非法科人士,后来从事外交;焦易堂虽早年在北京中国公学政法科学习,但长期从政,虽是法制委员会委员长,但其实是政治家;所谓"留洋第一位女博士"郑毓秀实为一个社会活动家,至少民法不是她擅长的领域。史尚宽与林彬二人无疑是民法典起草的主将,但是林彬在法学理论尤其在欧陆民法方面的造诣显然不在史氏之上,他北京大学毕业后,便以从事司法审判工作为主。到民法典起草任务完成之前,五个委员中已无郑毓秀的名字,而是替换成王用宾。综合来看,可以毫不夸张地说,在五人中,精通民法且功底最厚实者,非史尚宽莫属;论法律、政治、经济知识复合结构之最宽广者,亦非史尚宽莫属。

---

[17] 《立法院公报》1929 年第 12 期。
[18] 《立法院公报》1930 年第 15 期。
[19] 《民法第四编亲属草案及第五编继承草案起草报告》,载《立法院公报》1931 年第 25 期。

中国数千年来德主刑辅,诸法合体,因而在户婚、田土、钱债方面,以礼入法[20],以"户律"或"礼"俗习惯代之,没有民法概念,更无民法典。早在1870年,有西洋人在中国英文报刊上评论中国"民法典"(Civil Code),实际是指传统中国的礼。[21] 1906年,上海《申报》介绍一则新闻,说韩国拟聘用日本教习来研究韩国民法。[22] 1907年农历四月初四一篇《论中国急宜编制民法》在《南方报》发表。[23] 1907年6月16日,突然出现一则报道说:裕左丞奉旨与各司商办"详订民法"。[24] 7月中旬,浙江法政大学学生秦联元[25]发表《论中国将纂民法(并告今日之当事者)》,论述了民法之意义、编别和内容等。[26] 这可能是中国人最早的民法文章。

1911年清末修律馆俞廉三等人拟订民律前三编,即总则、债权、物权三编,在《编辑民律前三编草案告成缮册呈览折》中,对民事立法的特殊性有了清晰的认识并选择了立法指导思想,认为民律"实较刑事等律为更难",聚焦地方风俗习惯差异性与民事立法统一性之间的矛盾,比较中外民法典,请松冈义正协同调查各省不同风俗习惯,依不同章节采纳不同国家立法例,兼顾形式与实质的关系等等。[27] 奏折中反映了立法者的清晰思路、踏实步骤和合理采选。1911年《大清民律草案》公布后不久清廷覆灭。1912年至1913年北洋政府在《江苏司法汇报》公布过《民律草案》和《民国民律暂行草案》。[28] 1915—1925年间又起草"民国民律草案",但

---

[20] 瞿同祖:《中国法律与中国社会》,中华书局1981年版,第303页。
[21] "The Civil Code of China is Well Worthy of Attention", *The North-China Daily News (1864-1951)*, April 14, 1870, p. 3.
[22] 《伊藤侯拟用日人与闻韩国之民法》,载《申报》1906年7月18日。
[23] 《论中国急宜编制民法》,原载《南方报》,转载于《东方杂志》1907年第4卷第6期。
[24] 《详订民法》,载《神州日报》1907年6月16日。
[25] 秦联元(不详—1933),生于浙江杭州,秦联奎之兄,浙江法政专门学校毕业,1915年任浙江玉环县修补知事,1916年任玉环知事不久被撤职。1920年起历任嘉兴县代理承审员,1924年任吴兴地方分庭监督检察官,1930年任衢县(今衢州市衢江区)分院首席检察官、江苏高等法院第一分院推事,后任律师,1933年病故。
[26] 秦联元:《论中国将纂民法》,连载于《时报》1907年7月11—12日。
[27] 《折奏:修订法律大臣奏编辑民律前三编草案告成缮册呈览折》,载《北洋官报》1911年第2957—2958期。
[28] 《民国暂行民律草案》,载《江苏司法汇报》1913年第9期。

再次搁浅，勉强称为"民律第一、二次草案"。1922 年修订法律馆迅速修订完成民、刑事诉讼条例之后，便以民法典的修订为急务。1925 年修订法律馆完成民国《民律草案》之总则、债、物权三编，1926 年完成亲属、继承两编。民国《民律草案》共 1522 条，仍分为五编。

从实际颁布施行的情况来看，《中华民国民法》实为中国法律数千年来的私法法典之始，可见其深远的划时代意义。

现代立法有新的世界性潮流，强调法的社会本位，它既不同于清末及民国早期的立法观念，也不同于资本主义自由竞争时代强调个人本位和自由权本位的立法。如果说中国现代立法以哪部法律为早期标志，那无疑就是这部民法典。当今学者评价道，在 1929 至 1930 年两年的时间内推出完整的民法典，"效率之高，速度之快，世所罕见，超前性明显"[29]。另有学者注意到，《中华民国民法》从体例上看，受瑞士私法模式影响，采取民商合一制度，[30] 从内容上看在所有权、契约、侵权责任等方面贯彻了注重社会公益的精神，并在亲属法方面确立了平等原则。民国时期民法典的制定不仅趋附民法新潮流，而且在移植外国法时视野比较开阔，但同时又注意保留好的民事传统。[31] 所以，这部民法典的起草和制定是现代立法精神进入中国的最初象征。考察这部民法典，足以看到现代立法精神和世界性法学潮流在近代中国的表现。

时任立法院院长的胡汉民对民法起草中的特点作过一些介绍，但他重点强调民法与政治的关系，比如强调贯彻孙中山三民主义，不搞罗马法和拿破仑法典的个人本位，而是强调多数人利益，以全国全社会的公共利益

---

[29] 张仁善：《寻求法律与社会的平衡——论民国时期亲属法、继承法对家族制度的变革》，载《中国法学》2009 年第 3 期。

[30] 曾任北京修订法律馆顾问的法国专家爱师嘉拉（Jean Escarra，1884—1955）就主张民商分立，曾为中国起草过"中国商法法典"。到史尚宽等起草民法典时，已在世界范围内出现民商合一的新趋势。瑞士率先制定的民商合一的民法典之后，随后又有苏联、泰国等国之民商合一证法。因此以 8 条理由来阐明中国采民商合一模式的必要，"考社会实际之状况从现代立法之潮流"。参见李秀清：《20 世纪前民法新潮流与中华民国民法》，载《政法论坛》2002 年第 1 期。

[31] 李秀清：《20 世纪前期民法新潮流与中华民国民法》。

为本位，处处体现保护弱者的精神，等等。他认为这就是民法的"王道"。他在文章中举例说："民法债篇普通叫做'债权篇'，而我们现在改为'债篇'。因为'债权'两字，从名义上看来，好像那种法是专保护债权人的。要知道，债务者常处于经济上弱者的地位，法律如果不问有理无理专保护债权者，那便是霸道了。"㉜

作为当时民法典起草的"主将"，史尚宽自己有没有明确的现代民事立法意识呢？史尚宽是法律专家，尤其精通欧陆民法，他的见解十分重要。如果只局限于胡汉民那样政治挂帅式的理解，亦难以确保民法典的专业性。笔者在一批史料中发现了史尚宽1936年夏天在广播电台有关于"最近我国立法之精神"的播讲，后被《广播周报》发表。他明确指出我国立法之精神与世界各国立法之趋势是同一步骤的，不过我国立法也有特殊之点。㉝ 可见史氏明确把国际立法趋势作为中国民法典起草的一个重要参照系。他在此文中始终抓住自由、平等和责任三个民事制度的要素，来阐述他关于立法的现代观念。这是中国前两次夭折的民事立法所缺乏的立法精神。下面结合史尚宽这个播讲稿以及史尚宽主持、参与起草的其他相关立法，在此列举史尚宽观点的若干具体表现：

第一，就民法上的自由而言，初步建立了现代民法的所有权相对主义和有限契约自由观念。他认为，一方面在保护个人之自由，例如自由及人格之规定，然而另一方面则为社会之利益，限制个人之自由。㉞ 他列举了"急迫仓卒及无经验者之保护"（民法典第74条）㉟、权利滥用之禁止（民法典第148条"权利之行使不得以损害他人为主要目的"）、利息之限制（民法典第205条）、所有权行使之限制（民法典第765条）、对契约自由

㉜ 胡汉民：《民法精神》，载《区政导报》1929年第3期。
㉝ 史尚宽：《最近我国立法之精神：九月一日在本台播讲》，载《广播周报》1936年第103期。
㉞ 史尚宽：《最近我国立法之精神：九月一日在本台播讲》。
㉟ 第74条第2款规定："法律行为系乘他人之急迫轻率或无经验使其为财产上之给付或为给付之约定，依当时情形显失公平者，法院得因利害关系人之声请，撤销其法律行为或减轻其给付。"

及所有权不可侵犯之原则。特别是法律行为与契约自由的限制方面,民法典虽然规定了契约自由的原则,但同时又对这一原则作了一些限制。比如:第71条规定,"法律行为违反强制或禁止之规定者无效,但其规定并不以之为无效者不在此限";第72条规定,"法律行为有背于公共秩序或善良风俗者无效";等等。可见,19世纪末国际上开始形成的所有权相对、限制契约自由的潮流,也在民国时期的民事立法中体现出来。

第二,就责任而言,民法典规定过错责任原则的同时,又规定了体现无过错责任原则的条文,以弥补单一的过错责任原则之不足。如第187条第1、2款规定:"无行为能力人或限制行为能力人,不法侵害他人之权利者,行为时如有识别能力,则由其法定代理人连带负损害赔偿责任。行为时如无识别能力,则由其法定代理人负损害赔偿责任。倘法定代理人于其监督并未疏懈,或纵加以相当之监督,而仍不免发生损害者,则不负赔偿责任。"同条第3款又接着规定:"法院因被害人之声请,得斟酌行为人与被害人之经济状况,令行为人为全部或一部之损害赔偿。"第188条规定:"受雇人因执行职务不法侵害他人之权利者,由雇佣人与行为人连带负损害赔偿责任,但选任受雇人及监督其职务之执行已尽相当之注意,而仍不免发生损害者,雇佣人不负赔偿责任。"

第三,就平等而言,史尚宽在前述文章中专门讲了男女平等、亲权与家长权的限制,撤废"妻子行为能力限制","男女均为家长","离婚条件相同","男女平等继承",等等。[36]现在看来不是问题的这一堆难题,都是源自中国传统社会的特征,因为儒家认为人有智愚贤不肖之分,不承认社会是整齐平一的。这是中国数千年儒教"差序"社会遗留的特征之一,清末沈家本修律时就曾遭遇强大阻力。在民法典总则编中没有规定以前民律第一、二次草案的限制妇女行为能力的内容,还废除了历次相关民事法律草案中的嫡子、庶子、嗣子及私生子的名称,统一纳入"婚生子

---

[36] 史尚宽:《最近我国立法之精神:九月一日在本台播讲》。

女"与"非婚生子女"两个概念，并规定非婚生子女因父母结婚或经生父认领，则可视为婚生子女（第1064、1065条），体现了现代民法的平等原则。

另外值得关注的是，平等原则在劳动关系中具有特殊性，这恰恰体现着现代立法的特征。史尚宽也是立法院劳工法起草委员会委员。1928年3月起，史尚宽还参与过另一项立法工作——劳动法。保护社会弱者这个精神，集中体现在他主导的劳动关系立法：一方面强调雇佣人与被雇佣人关系上的平等，由工会法、工厂法等规范和保证工人的有利地位。另一方面，注重雇佣人法律责任、保护被雇佣人的权益，这显然是对古典契约平等原则的一种政策性纠偏，是"社会本位"立法精神的体现。

他在劳动法方面也是有理论"准备"的，早在1927年至1928年间，他翻译了《法国劳动法典第四编》，分两期连载于《农工旬刊》1928年第6、7期。[37] 1929年起史尚宽与邵元冲、马寅初代表商会法起草委员会和劳工法起草委员会共同报告《拟具人民团体设立程序草案案报告》。[38] 1930年起史尚宽、邵元冲、吴铁城等委员向国民政府提交的劳工法起草委员会审查报告包括：《铁路员工服务条例草案审查报告》《劳资争议法草案案起草报告》《解释工会法疑义案审查报告》《团体协约法草案起草报告》《海员工会组织条例及民船船员工会组织条例案审查报告》《行政院据工商部呈请将劳工仲裁条例明令废止或分别补充修正案审查报告》《核议提取各地工厂商店营业溢利补助工人子弟教育经费及工人宿舍建筑经费案审查报告》《首都警察厅请修正工会法施行法第八条案审查报告》《工会法施行法草案案重行审查报告》《核议行政院呈据工商部呈复规定工会法第一条第二项职业工会产业工会类别之办法案审查报告》《上海特别市政府请中

・[37] 史尚宽译：《法国劳动法典第四编》，连载于《农工旬刊》1928年第6—7期。
[38] 邵元冲、马寅初、史尚宽：《商会法起草委员会劳工法起草委员会会同报告：拟具人民团体设立程序草案案报告》，载《立法院公报》1929年第11期。

央通令各地颁布劳工储蓄劳工保险各项法规案审查报告》《上海特别市政府呈请于新旧劳资争议处理法歧异之点未解决前明定权宜办法并拟具施行细则经工商部核议具复一案审查报告》。[39]

仅一部劳工法的起草，就有十余项审查报告，涉及主体、利益、内容之广泛，材料、观点、佐证之翔实，的确令人感叹。

史尚宽还对制定票据法起过作用。1929 年，马寅初、史尚宽、戴修骏等五委员呈请在《票据法草案》（1925 年起由王凤瀛主持起草）第 19 条和第 58 条后加两项内容：第 19 条后加一项"票据上之债权虽依本法因时效或手续之欠缺而消灭，执票人或承况人于其所受利益之限度得请求偿还"。第 58 条后加一项"被保证人之债务从为无效保证人仍负担其义务但被保证人之债务因方式之欠缺而为无效者不在此限"。为此，立法院专门发文《票据法草案审查报告》，认为此两条建议"以期完足本条意义便于施行"，予以采纳提交大会公决，并且经该院第 50 次会议，决定加派史尚宽委员、林彬委员会同商法起草委员会"重行审查"。[40]

1931 年（民国二十年），"立法院"立法委员换届，史尚宽继续担任"立法院"立法委员，其他委员包括吕志伊、宋美龄、焦易堂、陈肇英、林彬、马寅初、戴修骏、陶玄、彭养光、马超俊、张默君、刘师舜等人。[41] 据 1931 年 12 月 30 日公布的《修正国民政府组织法》，此后立法委员可以连任。因此史尚宽一直连任立委。史尚宽尽管长期从事立法工作，从事学术研究的时间很少，但他并没有疏离学术，还时有论文发表，且关注法律的国际趋势和动向。比如论述法国民法五十年之变迁[42]、论述劳资合同

---

[39] 《立法院公报》1930 年第 15—24 期。
[40] 《立法院公报》1929 年第 10 期。
[41] 1930 年（民国十九年）12 月史尚宽等人以政府令形式被任命为立法委员。参见《行政院公报》1930 年第 213 期。
[42] 史尚宽：《五十年来法国民法之变迁》，载《国立中央大学法学院季刊》1932 年第 2 卷第 1 期。

(团体协约)[43]、外国人在中国的地位[44]、住宅问题[45]、劳动契约法[46]、刑法的主观主义,[47] 等等。"六法"体系能在 1927 至 1937 年的十年间形成,可以说这些都离不开像史尚宽这样的有厚实法学功底和丰富立法经验的法科知识人。

至此,我们可以对史尚宽早期的贡献和地位作个概括。1931 年实施的民法典之历史地位,在于实现了中国数千年没有独立民法体系的突破;继受西方民法文化,也为改造中华古老法律传统提供了现代文明的元素。史尚宽在民法典起草中之所以能够发挥着主导作用,既与他对各国现代民法的精深研究有关,更和他对民法精神、礼法传统、时代趋势这三者的深刻把握有关。史尚宽作为中国第一部民法典起草的主将,把民法的现代精神融入本土立法,是中国民事立法现代化的第一人,因此也是中国民事立法现代化的一代宗师。

三、弹劾案:遭遇及其为人

关于史尚宽在立法院的职务,有一种流行至今的说法,认为他担任过立法院法制委员会委员长。这究竟是否属实?史尚宽尽管立法贡献卓著,但他的仕途并不顺利。这就不能不提及一件令他难堪的事件——1931 年至 1934 年之"史尚宽弹劾案"。

1931 年,正当史尚宽起草民法典最忙的那段时间,发生了一件事,史尚宽遭遇弹劾案!有人指控他"干预"司法。经笔者查阅,发现最早刊载这一消息的是《监察院公报》1931 年第 1 期的一篇文章,题为"史尚宽等干涉司法破坏党纲案:委员高友唐邵鸿基田炯锦弹劾文",时间是民国

---

[43] 史尚宽:《团体协约法解说》,载《中华法学杂志》1932 年第 3 卷第 5 期。
[44] 史尚宽:《论外国法人在我国之地位》,载《中华法学杂志》1936 年新编第 1 卷第 4 期。
[45] 史尚宽:《住宅问题与目前屋荒之救济》(连载),载《中华法学杂志》1938 年新编第 1 卷第 12 期。
[46] 史尚宽:《劳动契约法论》,载《法学杂志》(上海)1933 年第 6 卷第 3 期。
[47] 史尚宽:《刑法之主观主义》(上、下),载《时代公论》(南京)1934 年第 102—103 期。

二十年三月十三日，即 1931 年 3 月 13 日。称"据安徽桐城县国民党党员刘宗汉、吴光祖、孙盛等，举发立法院委员史尚宽、中央党部宣传部编辑主任方治，向安徽高等法院私函请托，干涉土劣叶芬等被控判处徒刑一案。……立法委员史尚宽违法行为，并涉及刑事，依法应提出弹劾。敬请院长核夺施行！"⁴⁸ 据当时相关报道，当时安徽桐城大兵过境，为维护治安，乡里推举叶芬等办兵差，叶芬经手账目不清，被控犯罪，涉讼经年，被判徒刑，叶芬不服上诉至省高等法院，经时未决。⁴⁹

发起弹劾的委员仍然是弹劾郑毓秀的著名监察委员高友唐，从中可见监察制度之严格，监察委员之尽责。监察院指派于洪起、王平政、周觉三人审查后，于 3 月 20 日提交审查报告，称"史尚宽身为立法委员，竟以委员名义，函电请托，平反要案，实为触犯刑法第 142 条之妨害公务罪"，并认为"应付惩戒，了无疑义"。3 月 26 日，监察院据此呈请国民政府，"鉴核严行处办"。⁵⁰ 同年 6 月监察院催促此案，呈国民政府文"转呈弹劾史尚宽案速付惩戒"，说：本院 3 月份呈请，迄今已过去两个月了，怎么还不提交国府会议呢？⁵¹ 6 月 6 日，原举报人高友唐也来函催促质问。⁵²

弹劾案迟迟没有进展。1932 年 2 月 22 日，监察院又呈文国民政府催促，再申明此案拖延多时，并称原举报人一再续控前来，认为"法院及检察处对于叶芬等被控案，何以迟迟不依法判决？其中恐有情节，应请依据院规，转行主管院饬查详复。……并希见复是荷！"⁵³

经史料查对，发现史尚宽弹劾案一直拖延到 1934 年 2 月，才有最后

---

⁴⁸《监察院公报》1931 年第 1 期。
⁴⁹《史尚宽方治对监察弹劾之申辩》，载《申报》1931 年 6 月 15 日。
⁵⁰《呈请惩戒官吏案》："本院呈国民政府文（二十年三月二十六日）：弹劾史尚宽等由"，载《监察院公报》1931 年第 1 期。
⁵¹《本院呈国民政府文（二十年六月）》："转呈弹劾史尚宽案速付惩戒由"，载《监察院公报》1931 年第 3 期。
⁵²《史尚宽等干涉司法破坏党纲案：委员高友唐邵鸿基田炯锦质问书（二十年六月六日）》，载《监察院公报》1931 年第 3 期。
⁵³《催办立法委员史尚宽等干涉司法破坏党纲案：本院呈国民政府文（二十一年一月廿二日）》，载《监察院公报》1931—1932 年第 7—12 期合刊本。

处理结论——国民政府政务官惩戒委员会，作出《议决书》（第十一号）。这份 11 号议决书对史氏作出了最终惩戒决定。

经查，此案原委是，民国二十年（1931），安徽桐城县（今桐城市）土劣叶芬等被控判处徒刑一案，史尚宽作为现任的立法委员，与该县旅京同乡十余人联名，先后致函电于安徽高徒法院院长曾友豪，请求平反。原函电均由史尚宽领衔，并于姓名下注以"立法院立法委员"等字。该法院将原函电附入案件卷宗，由律师沈云程阅卷时发现。后经该县公民刘宗汉等向监察院举报，监察委员高友唐等以史尚宽私函请托，干涉诉讼，认为犯刑渎职，提出弹劾，由监察院呈请国民政府交付惩戒。[54]

史尚宽是怎么申辩的呢？史氏称："原函系该县旅京同乡会集议缮就后，由同乡多人持往寓所，请求盖章，比以公意所在，未便独异，且原意系以公民资格，主张公道，并非干涉诉讼。至在各人姓名上附载职业一节，不过表示并非无业之人，与所谓委员等之名义本身无关。"[55] 史氏所谓"未便独异"，正是我们今天仍然熟悉的一种碍于面子的从众心理，乃是一种熟人社会的惯习现象，难以避免，却很容易自投于尴尬境地。这个案件在当时不算小，媒体关注度也颇高。那么媒体是怎么看的呢？

以《申报》为例，有记者引申说明：数十人署名的公开信件，而非一二人的私函，并以公民身份，且附入案卷，足证并非"关通"法院干涉诉讼，而法院下判决时自有权衡。注明职业，有大学教授、机关人员，只为表明他们并非无业之人，以昭信实。如果史、方二人不能因立委或主任身份，则等于剥夺其公民主张公道之权利。《申报》以史、方二人口吻继续声言，二人均在京城，监察院数月间无人来向史方二人当面调查，反而直接决定移送弹劾，等等。[56]《申报》对史尚宽申辩理由的报道，虽持论客

---

[54]《监察院惩戒案件：立法院立法委员史尚宽干涉诉讼案》，《国民政府政务官惩戒委员会议决书》（第十一号，民国二十三年二月二十二日），载《监察院公报》1934 年第 22 期。

[55]《监察院惩戒案件：立法院立法委员史尚宽干涉诉讼案》，《国民政府政务官惩戒委员会议决书》（第十一号，民国二十三年二月二十二日）。

[56]《史尚宽方治对监院弹劾之申辩》，载《申报》1931 年 6 月 15 日。

观，但也明显对史尚宽等人有同情倾向。

监察院审查后认为，他联名致函安徽高等法院"既系以公民资格，陈述意见，复出自同乡多人公意，自难谓为不合。惟于其姓名下注以'立法院委员'字样，核其用意，虽无籍以证明身份，假借权势之嫌，但以现任官职，视同普通职业，任人注载，致函法院，漫不加察，致因此以引起外界有利用地位、干涉诉讼之误会，疏忽之咎，要亦难辞"这段分析文辞，字斟句酌，堪称中肯准确。最后结论，认定史尚宽有违反公务员惩戒法第二条第二款之情事，对史尚宽予以申诫。[57] 公务员惩戒方式包括撤职、休职、降级、减俸、记过、申诫等。申诫者，属最低一档惩戒。决定作出之后，许多报刊公开报道，如1934年《法治旬刊》发表立委史尚宽被申诫的消息。[58]

作为立法委员理应审慎，但碍于面子和乡愿，如此署名当然有违相关法律，有干涉司法之嫌，由此被处分也不足惜。人无完人，谁人一生无过无错呢？年轻人在工作中有这样那样的瑕疵，实属正常。何况他署名不慎乃出于朴素的乡愿。像那些权高位重者，倘若果真要干涉司法，也就不必如此公开署名了。现通过此案介绍，也便于我们了解史先生的真实一面，也借此可知道民国时期相关制度与执行情况。

我们顺便了解一下在被弹劾期间，他的公务情况。1931年12月10日史尚宽被任命为刑法起草委员会委员。[59] 1932年7月，立法院修正刑法，指定史尚宽等人为起草委员。[60] 1932年，他还参与统计法草案，起草行政执行法案、预算法草案、户籍法草案等。[61] 1933年4月和6月，立法委员史尚宽，北上南下考察司法和监狱。[62] 1934年，他还从事刑事诉讼法的起

---

[57] 《监察院惩戒案件：立法院立法委员史尚宽干涉诉讼案》，《国民政府政务官惩戒委员会议决书》（第十一号，民国二十三年二月二十二日）。
[58] 《立委史尚宽被申诫》，载《法治旬刊》1934年第1卷第7期。
[59] 《国民政府立法院训令：第一三一九号（二十年十二月十日）》："令本院委员刘克儁、史尚宽、郗朝俊、蔡瑄、罗鼎：为刑法起草委员会委员由"，载《立法院公报》1932年第37期。
[60] 《立法院修正刑法指定史尚宽等为起草委员》，载《中央日报》1932年7月14日。
[61] 《立法院公报》1932年第37、38、40、41、42期。
[62] 《史尚宽等北上考察司法情况》，载《申报》1933年4月20日。《史尚宽等抵浙视察监狱》，载《中央日报》1933年6月16日。

草，从南京前往北平，驻西山，专事起草工作。[63] 1935 至 1939 年，史尚宽仍然有大量立法工作和活动。1937 年底至 1938 年初之间，立法院法制委员会委员长吴经熊据说因情绪低落而卸任[64]，1938 年 1 月起由史尚宽代理委员长。[65] 1938 年，他主持修正国民参政会组织条例等。[66] 1939 年，因抗战需要，由他牵头起草了《非常时期人民团体组织纲领草案》。1941 年至 1942 年参与一批关于抗战军事法规的起草，如《禁运资敌物品条例草案》《修正陆海空军奖励条例》《敌国人民处理条例》及《敌产处理条例草案》《优待出征抗敌军人家属条例草案》等等。另外还主持了修订行政院组织法、司法院组织法等重要的立法活动。[67] 1942 年 1 月，史尚宽因"另有任用"免去立法委员职，[68] 同年任考试院秘书长[69]。

由此可知，他没有担任过法制委员会委员长。作为立法功臣，却只是在法制委员会"代理"过委员长一职。他的立法"政绩"可谓贡献巨大，但是他并不在乎仕途。我们可以通过他下面这段演讲来了解史尚宽是个怎样的人。1945 年，考试院秘书长史尚宽在第五届"考政学会"年会上有一个演讲，他指出考证学会的任务和特色就在于"以文会友，以友辅仁"。他说，考证学会的会员都是经过考试的有学之士，我们所谓的"以文会

---

[63] 《中央日报》1934 年 8 月 21 日。《申报》1934 年 8 月 21 日。

[64] 据小报文章云，吴经熊 1936 年因与王世杰竞争出任教育部部长落空而情绪低落。参见轸怀：《闭门读经吴经熊》，载《东方日报》1939 年 12 月 29 日。

[65] 1938 年 1 月史尚宽已代吴经熊签署相关报告。如吴经熊、史尚宽：《本院法制委员会审查修正总理陵园管理委员会组织条例草案案报告》，载《立法院公报》1938 年第 95 期。之后史尚宽均以法制委员会"代理委员长"名义署名，如他与财政委员会委员长陈长蘅、外交委员会委员长傅秉常所作的《总预算案报告》。参见《本院财政委员会会同法制委员会外交委员会经济委员会军事委员会审查国难时期各项支出紧缩办法实施条款核定紧缩成数之二十六年度国家普通岁入岁出总预算及建设事业专款总预算案报告》，载《立法院公报》1938 年第 95 期。

[66] 《本院法制委员会审议修正国民参政会组织条例第三条及第四条条文案报告》，载《立法院公报》1938 年第 97 期。

[67] 史尚宽：《本院法制委员会审查修正行政院组织法将行政院政务处长改为特任案报告》，载《立法院公报》1942 年第 118 期。史尚宽：《本院法制委员会审查修正司法院组织法案报告》，载《立法院公报》1941 年第 115 期。

[68] 《国民政府令：立法院立法委员史尚宽另有任用应予免职此令（三十一年一月二十七日至三十一年二月二十五日）》，载《立法院公报》1942 年第 118 期。

[69] 《大公报》（重庆）1942 年 1 月 28 日。

友"之"文","不是舞文弄墨之文,不是风花雪月之文,而是载道之文,文韬武略之文"。⑦ 他说:

> 旧式的文人们所谓"以文人会友"多半是高谈性理,寻章觅句,这种集会,对于个人的修养,未必无益,对于国家社会的贡献,也不能一概抹煞,但是流风所至,竟演成晋代清谈误国,宋儒门户纷争,这未尝不是"以文会友"所产生的流弊。今天各位是新时代的人物,受过革命的洗礼,自然应该开末学之荒谬,承圣哲之真传,一扫过去文人的酸腐气和头巾气,从国学中,求真知以致用,先以天下国家为己任,心存利济,而后发为鸿文,自然是金声玉振了。再进一步说,"以文会友"的意思,就是文化建设运动。今日所谓文化,不仅是中国固有民族文化,同时包括国际交流的世界文化。但也不可舍己耘人,而放弃了千百年来固有的文化。㉑

接着,他继续谈"以友辅仁",云:"什么叫'仁',这个'仁'的理论就是孔子学说的中心思想,但无精确的定义。"他分析了关于"仁"的五派理论后,从孔子的论述中引申出恭、敬、忠、恕、宽、信、敏、惠等八种立身处事的美德。他认为"仁"的范围既是这样广大,仁之内容又是这样丰富,我们要想完成仁的任务,一方面"力行",一方面就需要良师益友的辅导,来共谋事业的发展。考政学会,大家一起"切磋琢磨,以恢复我们的良知,随时随地保持清醒的头脑,明确的思维,进步的人生观,强烈的正义感,这样才能贯彻始终"。㉒ 史先生此言到今天仍具有现实性。通过史先生这几段话,可以了解他的价值观,文化观和文人观。再联系他的法律业绩和学问特点,就不难明白他的学术特色与其理念是怎样的关联了。

---

⑦ 史尚宽:《以文会友以友辅仁之精义》,载《辅导通讯》1945年第8期。
㉑ 史尚宽:《以文会友以友辅仁之精义》。
㉒ 史尚宽:《以文会友以友辅仁之精义》。

史尚宽究竟是个怎样的人？史先生本质上还是个有传统士大夫精神的，有书生气、有责任心又接地气的淳朴学者。他和吴经熊恰好构成法学家群体中的一对"两极"代表。他在"法制委"比他的领导吴经熊还年长一岁，他没有吴经熊那么八面玲珑心气高调。恰恰相反，史氏之为人，厚道实诚得有点"迂"，甚至有点"乡土气"，还因乡愿情面而被弹劾惩戒。他也没有吴经熊那样的灵动、诗意和"超越"，长期埋头于民法教义学，实证主义精神使他更关注实定法的逻辑和实效。他在任何一个岗位都尽心履行职责，只问耕耘，不问收成。他在政坛越陷越深，因此无奈之中遗弃了早年归国时的专职从教的初心。尽管学术造诣与立法成就均臻至非凡权威，但他此时还是没有摆脱从政兼从学的旧形态法科知识人身份。那么关键的问题是，从事法政实务20年的史尚宽将年届五十，后面的人生该怎样度过？

1948年，史尚宽经总统提名列入司法院大法官17个人选名单，其中13人为法律专家。在监察院投票中，12位当选，5位落选。当选者均为法律专家，可是法律专家中唯独史尚宽落选。这在当时令人"百思不得其解"。[73] 有人猜测，是因史尚宽在某次讨论五院向立法院提案权的分组会议上的发言，因而得罪了监察院。在此次会议上，史尚宽公开主张只有行政院和考试院享有提案权，反对监察院、司法院的提案权。在他看来，司法院既向立法院提案，又自己解释法律，显然不合适。而立法院与监察院类似上下议院，互相不能提案。他的这个意见被认为"固颇有理由"，但也被人们议论为落选的原因。[74] 这个猜测不是没有道理。

1949年，史尚宽前往台湾。时势骤变，对大陆去台湾的法科知识人或多或少形成思想上的震荡。当然不同的人有不同的表现。那么，在史尚宽思想上发生怎样的变化呢？如果他停顿下来，那么他只是一位有立法贡献的法政实务家，他积累了20余年的民事立法经验，或许就此终结了。可是他没有终结，他意识到应该到了把民事立法经验提炼成理论的时候了。

---

[73] 《名落孙山之史尚宽》，载《铁报》1948年7月21日。
[74] 《史尚宽落选大法官的原因》，载《铁报》1948年7月22日。

于是，他在 1950 年起至 1970 年去世前的整整 20 年里，用常人难以想象的毅力先后完成《民法总论》《债法总论》《债法各论》《物权法论》《亲属法论》《继承法论》共 6 册巨著，共计 400 余万字，最终修成正果，合称《民法全书》。[75] 也就是说，53 岁至 73 岁这 20 年时间里，他厚积薄发，倾注毕生心血，实现了立法实务家到民法学大师的完美转型，也为他人生最后 20 年学术生涯画上圆满的句号。1970 年 11 月 12 日寅时，史尚宽因胃癌不治逝世，同月 25 日安葬于台北县八里乡米仓村飞雁山墓园，享年七十有三。[76]

史尚宽是深谙大陆法系精髓的法学百科全书式法学家，是有传统士人精神的从政兼从学的学者，是中国现代民商事立法的宗师。在近现代法学家中，唯独他拥有多个"之最"，其中有四个"最"可以冠于其名：一是精通大陆法系公法私法最早者，留学生涯长达 14 年，通晓日语、德语、法语、英语等；二是民事立法贡献最大者，为中国史上第一部民法典起草的主将，中国现代民商事立法之第一人；三是涉猎法学领域跨度最广者，精通私法与公法，对民法、刑法、宪法、行政法、劳动法、信托法、土地法等均有精深造诣；四是著述作品最丰者，一生著书四千万言，仅《民法全书》即 400 余万字。史氏精通欧法最早、立法贡献最大、法科涉猎最广、学术著述最丰，这四项之"最"汇集一身，堪称传奇。

---

[75] 纪坡民：《史尚宽：中国民法第一人》，载《南方周末》2002 年 5 月 12 日。
[76] 纪坡民：《史尚宽：中国民法第一人》。

吴经熊——超越？抑或人格分离？

图 1　吴经熊（1899—1986）

吴经熊一直被当作"神"一样的存在。① 无论法学内外，今天的读者知道他，大都通过吴经熊的《超越东西方》。这本书以优美的修辞塑造着一种境界，令人感动，乃至油然生起崇拜之情。可是，为何其真实生平在我们印象中仍然那么模糊？

正如他自己所言，"我不是在写自传，而是在写我的灵魂之旅"。② 他很聪明，只写灵魂，因此可以绕过生平的"关键"事实。由于吴经熊的宗教信仰和文学修辞，其生平和人格总是蒙着一层神秘色彩。我想，如果重

---

① 吴经熊说，一家美国报纸报道他的时候，用的标题是"所罗门王坐在审判席上（Solomon Sits in Judgment）！"一家中文报纸称他为"吴青天"。参见 John C. H. Wu, *Beyond East and West*, Sheed and Ward, 1951, p. 114. 吴氏到 21 世纪仍然被人们当神一样追念，除法学界的崇拜者之外，还有神学界，比如台湾郭果七（Benedicta Kuo, SMIC）修女：《吴经熊：中国人亦基督徒》，光启出版社 2006 年版。

② John C. H. Wu, *Beyond East and West*, p. 118.

复对他的赞美，只会更加模糊化这位了不起的"高人"。请允许我以凡俗之眼，对这位前辈冒昧地做些挑剔的解读。

一、他与他自己

吴经熊天资聪慧至极，还没上大学时，就能把古汉语名篇精准地译成英文发表。③ 1917 年，他在北洋大学读预科时，在学校 The Students Magazine（《学生杂志》）上发表 What To Do With Time（《如何利用时间》）一文。他把时间比作商业资本，认为人必须尽最大努力从这种资本中提取到期利益。乍看是在说珍惜时间，实为讲述他的"活法"。文章最后引用了这样一句格言：

<blockquote>
Live well——Die never；（好生，不死）
Die well——Live forever. （好死，永生）④
</blockquote>

1919 年 11 月 24 日上海西门体育场举行国民大会，在校生吴经熊代表东吴法科出席演讲。结果《申报》记者把吴经熊的身份误报为"洋布公会代表"，吴为此很较真，去函执意要求更正并登报。⑤ 他在东吴法科以第一名的成绩毕业。1920 年 6 月 24 日下午三点，东吴法科举行毕业典礼。同届九位毕业生中只选了两个学生作演讲，吴经熊是其一，题目是"中国法制之改革"。⑥ 他留美时就豪情满怀地对霍姆斯声称"作为中国人，我有一个祖国要拯救"（as a Chinese I have a country to save）。⑦

1924 年 6 月回国后，吴经熊进入母校东吴法学院执教，并兼任多所大

---

③ 吴经熊：《Chinese Classics Translated：李华吊古战场文（中英文对照）》，载《英文杂志》1917 年第 3 卷第 7 期。
④ 吴经熊：《What to do With Time》，载北洋大学《学生杂志》1917 年第 8 期。作者身份注明为"北洋大学预科"。文中所引格言，疑似出自于 Locke Delia, *Delia Locke Diary (1870-1874)*, University of Pennsylvania.
⑤ 《吴经熊来函》，载《申报》1919 年 11 月 26 日。
⑥ 《两校举行毕业典礼》，载《申报》1920 年 6 月 19 日。
⑦ John C. H. Wu, *Beyond East and West*, p. 91.

学教职。激情演讲之跨度，延伸到浪漫诗派文学。⑧ 1926 年来了个机会，经东吴校长保送准免法官考试。⑨ 1927 年 1 月 1 日，江苏省政府成立上海公共租界临时法院的当天，他欣喜地得知自己被任命为民事庭推事，这对一位年轻人是极大的荣誉。但他后来的书中一直没提谁人推荐这一事实。⑩ 从留学回国到 1927 年 5 月担任东吴法学院院长，⑪ 他只花了三年时间。比胡适当中国公学校长还早了一年多。实际上，他当上院长是东吴师生为争夺"校政权"⑫ 开展"反美"运动得胜的结果。此后不久，吴经熊和法院的同事谢永森⑬推事一起拜访胡适，可是胡适当天日记中只提道"谢永森、吴经熊两推事来谈，到半夜后始散"，却写了大段关于谢法官所谈的证据法方面的观点⑭——胡适似乎并没太在意这位东吴法学院院长。不久，胡适受聘短暂兼课于东吴法科。⑮ 按胡吴二人后来相当的名望地位，为何胡适与吴经熊就没有交集了呢？或许只能归结于气味不投缘吧。

他断断续续地涉足政坛十来年里，徘徊在从政与从学的举棋不定状态。他有过审判、立法与外交这三件官差，涉足在政治的边缘。这三段经

---

⑧ 比如在上海光华大学演讲、在上海美专作文学演讲。参见吴经熊：《法律之多元论——光华大学讲演》，载《法学季刊》（上海）1925 年第 2 卷第 6 期。《英国文学中之浪漫诗派：在上海美专讲稿》，载《新纪元》1926 年第 2 期。

⑨ 《吴德生教授保免法官照准》，载《政治家》1926 年第 1 卷第 7 期。

⑩ 1926 年，其东吴老师董康和老同学陈霆锐与时任淞沪商埠总办的丁文江一起商议收回会审公廨事。据说 1927 年吴经董、陈推荐任上海临时法院推事。参见郑志华：《超越东西方的法哲学家——吴经熊研究》，浙江大学出版社 2012 年版。

⑪ 《吴经熊任东吴法学院长》，载《兴华》1927 年第 24 卷第 16 期。

⑫ 费青：《自传》，载《费青文集》（下册），第 692 页。

⑬ 谢永森（1885—?），字植甫，绍兴府余姚县（今浙江省余姚市）人。1905 年自费赴英国留学，1907 年 8 月考入剑桥大学专习法律，1907 年通过驻英大臣申请改补给官费，同年底获得公费资助（《浙江教育官报》1908 年第 4 期，第 38 页）。1910 年毕业获剑桥大学学士学位并继续深造。1913 年为生病留学生争取医药费，曾被人诬告受伦敦警方错捕，蒙不白之冤。然经律师学院考试，于 1914 年获英国律师资格，系万国律师公会会员，1914 年回国在上海哈华托公馆任律师。1921 年 4 月与余日章等被选为上海纳税华人会五位华人顾问之一，同年为"致远号"英商致死华人命案，受中方交涉员指派前往调查。次年公共租界工部局华人顾问改选，获连任。1923 年 5 月再赴英考察一年。1924 年回国，外国律师公会曾推举任会审公廨正审官，接替引退的关炯之，未就。1925 年五卅期间受外交部聘请襄办交涉事宜。1926 年经中外交涉，与陈霆锐二人出任公共租界会审公廨法律委员会委员。1927 年 1 月起担任公共租界临时法院推事，11 月任代理院长，次年辞去。1929 年与夫人赴英国定居。

⑭ 曹伯言整理：《胡适日记全编》（1928—1930，第 5 册），第 17—18 页。

⑮ 盛振为：《法学院概况及本年大事记》，载《东吴年刊》1930 年第 2 期。

历看起来整齐，貌似他选择和设计的结果，其实不然，而是"命运"的安排：

图 2　1927 年 6 月 4 日新任东吴法科院长吴经熊（第一排左起第六位）与毕业生合影

从事司法——吴经熊 1927 年担任上海公共租界临时法院民庭推事。不久与新任院长卢兴原[16]交恶。1928 年 4 月底辞职离院[17]，回南京任司法部后发起控告乃至卢被免职。[18]不料被列为起草民法之委员，实现他"最美的梦想"[19]。于是他穿起中山装，还别着徽章，返回母校演讲时，俨然一个神采飞扬的革命家来训话。[20] 1928 年 8 月持志大学校长何世桢接任院长后，特请江苏省政府任命吴经熊为刑事庭长，吴于 8 月 15 日返院，在师弟手下干着庭长。[21]在何院长支持下，吴推事展露了才华，被中外媒体追捧为"中国的所罗门王"，这美誉一直让他沾沾自喜。1929 年 8 月 23 日吴

---

[16] 卢兴原（1885—?），广东澳门人，1910 年毕业于英国牛津大学，获硕士学位。回国后，任苏州大学讲师。1919 年，任广东政府外交部司长，并任陈炯明顾问、法典编纂委员会委员。1921 年，任广州军政府大理院庭长。1923 年 4 月，任大元帅府总检察厅检察长。1925 年 7 月，任广州国民政府大理院总检查厅检查长；12 月，任特别刑事审判所所长。1926 年 1 月，派为广州国民政府廖案审判委员会委员；2 月，任广东省会议高等审判厅厅长。1927 年 5 月，任上海租界临时法院院长，次年秋因"庇护共产党徒"而被查，以违背并废弛职务被免职，后长期在上海做律师。

[17]《上海公共租界临时法院推事吴经熊辞职荐应时接充》，上海市档案馆藏，档号 Q179-1-35。

[18]《吴德生先生小传》，载《海上名人传》1930 年 5 月，第 14 页。

[19] 吴被南京国民政府司法部任命为编订法典委员会委员，主要担任民法的起草工作，随后出任司法部参事。

[20]《东吴法律学院毕业纪念会上》，载《申报》1928 年 6 月 28 日。

[21]《吴经熊任上诉院刑庭长》，载《申报》1928 年 8 月 16 日。

任代理临时法院兼上诉院院长,实际是由辞职院长何世桢推荐,㉒ 而吴经熊只字不提何院长。1929年11月,他辞去院长职务。12月底吴远赴美国寻求教席,宣称两个目的:一为写法理学;二为东吴募捐,"不得百万元之数,决不回国"。㉓ 1930年秋,吴经熊回国,募捐没有下文,而是加入上海律师公会,㉔ 执律师业。

起草宪法——吴经熊得林森和孙科信任,出任"立委",并与法界老前辈张知本并列担任副委员长,主稿委员推举吴氏拟一份宪草。吴氏在30天内(1933年5月1日至31日)完成,在媒体发表,不料广遭批评。此事于此时此地,实为吃力不讨好。宪草终因时局变化而胎死腹中。吴在立委任上实际只干了三年多,因政坛失意及抗战情势,1937年9月便飘然离开南京,躲到上海法租界。1938年吴卸任法制委员会委员长,㉕ 1月份便携全家去了香港。

出使教廷——战后,天主教徒吴经熊于1946年代表中国,到任梵蒂冈。公使首次演讲,即赢得各界赞誉和教皇的赞赏。他利用这闲差带来的安静时间,修改《新约》译稿。可惜1949年内战败局已定,政治风险随时变人身危险,连薪俸亦十分窘迫,他5月向外交部提出辞呈,6月卸任,漂洋转道夏威夷,专任大学教职。

他这三段"玩票式"的涉政经历,收尾几乎都一样,既被迫无奈又轻灵任性。吴经熊无疑是天才。少年得志,早就被认为是著名法学家,自陈在上海滩狂放过,以至于上海一些小报会时常"八卦"吴经熊。这些"八卦"也验证了他曾经的"狂放":比如说他"所语极为精到,不但法理高深,抑且断论透彻……雅好演算八字"㉖。有的提道"吴氏为人可以用风趣,

---

㉒《吴经熊今晨就职》,载《申报》1929年8月23日。
㉓《欢送吴德生席上》,载《新闻报》1929年12月21日。
㉔ 吴经熊入上海律师公会的时间约在1930年7月至12月底之间,参见《新入会会员》,载《上海律师公会报告书》1931年第28期。
㉕ 参见轸怀:《闭门读经吴经熊》。
㉖ 舍予:《记吴经熊院长》,载《上海画报》1929年第505期。

间常高谈阔论，妙趣环生……每谓'老婆别人的好，文章自己的好'……又尝与二三知己入花丛看花，辄谓'目中有妓，心中无妓'……"[27]。早年的他确实很"皮"。他曾以诗记录与夫人吵架的事，曰："我生三十六，起居仍反覆。喜怒同小儿，思想未成熟。无才偏爱书，津津深夜读。忽听酣睡声，有妻不如独。怒气从中生，籍故与反目。怪我不早眠，振振岂肯服。心血忽来潮，抹唾佯为哭。见我泪如珠，顷刻即和睦。一滴能展眉，二滴能煮粥。食毕方就寝，红日映满屋。"[28]与夫人吵架，他都能吵出诗意来。

俗话说"从小看大，三岁看老"。他有一种强烈的意识，要把自己活成很高"段位"的人。若论情商高、水平高、声望高，吴经熊是中国法学界天赋最高的人物，也是学问与人生思考程度最深邃的法科人物，没有之一。到晚年，他还在灵修问禅。这或许就是他所欲"好生不死，好死永生"的高人境界吧。

他还有一个"高"，就是结交的眼界高，且不提他怨怼东吴的启蒙老师兰金院长，也不说结交孙科和杜月笙这样的权势贵人。带着长期以来对他的好奇心，我试图从他的人际交往来看他的个性。以下选取他与四个人的交集来了解吴经熊——分别是同学徐志摩、法官霍姆斯、导师斯塔姆勒和"总统"蒋中正。

二、吴经熊与同学徐志摩

吴经熊与徐志摩是老同学兼诗友。二人有许多外在共同点，背后又夹杂着更大的差异性。一是他俩都具有浙江人的聪慧灵敏。但吴经熊中学时期擅长自然科学，[29]而徐志摩喜欢文学。二是1916年同为沪江大学在校

---

[27] 海龙：《记吴经熊》，载《海光》（上海），1946年第12期。
[28] 吴经熊：《夜读》（诗一首），载《人间世》1934年第16期。
[29] 据其回忆，15岁时起，兴趣转到自然科学，在以代数、几何、化学、物理等课程为重的宁波效实中学就读时，这些课程的学习出类拔萃，尤其是物理总在班上稳居榜首。抱着继续学习（自然）科学的念头，他才选择入沪江大学。John C. H. Wu, *Beyond East and West*, p. 55.

生，年长两岁的徐志摩入沪江比吴经熊略早。㉚ 三是他俩都是婚后才来上大学的㉛，但后来对原配的态度截然相反：一个出轨离婚——"中国必须把旧东西破除掉"；一个终身厮守——"妻子成了我的好妈妈"。四是他俩1916年冬参加在上海举行的北洋大学入学考试，双双通过㉜，1917年春，二人同赴天津北洋大学，在法科特别班（预科）呆了半年预期升入本科。然而吴经熊的报考志愿只是因为志摩的一个临时起意。㉝ 五是二人同样立志高远，可是吴经熊取名John Wu（吴若望）只是因和"经熊"谐音，而志摩取名Hamilton，是"因为他很想成为立法者和经济学家。这样他就会被人们称作'汉密尔顿·徐'了"㉞。六是他俩都很"骚"，不过志摩是"闷骚"，若望则是"亮骚"加"闷骚"。这是文人骚客与生俱来的激情，一种文青内火的骚动，这也成就了他俩后来共同的爱好——写诗。徐志摩20岁以后才热爱诗歌，㉟ 而吴经熊早在少年时期的文笔就充满诗意；志摩擅长现代诗，若望钟爱古典诗。

当然，吴经熊与徐志摩是个性迥异的两个人。其个性差异还源于出生的家庭与社会背景：徐志摩出生在杭嘉湖平原，是海宁徐氏儒商的后代，

㉚ 徐志摩1915年毕业于浙江一中，1915年秋入北京大学预科读英语，1916年退学转而插班进入沪江大学。李秀清说，据徐氏在沪江大学的成绩单可知，1915年至1916年他就读于沪江。他于1915年完成了9门科目。参见李秀清：《从结拜兄弟到法科同窗——吴经熊与徐志摩早期交谊之解读》，载《比较法研究》2008年第6期。吴经熊1916年毕业于宁波效实中学，然后进入沪江大学。吴经熊读数学系的，而徐志摩父亲希望他将来进金融界。可是"我自己最高的野心是想做一个中国的Hamilton"。参见徐志摩：《猛虎集》序文，载顾永棣主编：《徐志摩诗全编》，浙江文艺出版社1987年版，第517页。

㉛ 1915年12月5日，18岁的徐志摩在硖石与原配张幼仪结婚。1916年4月12日，17岁的吴经熊在鄞县（今宁波市鄞州区）与6岁定亲的原配李友悌结婚。

㉜ John C. H. Wu, *Beyond East and West*, pp. 55-56.

㉝ 当徐志摩问他想不想一起去北洋大学学法律时，吴经熊一听到法律，心就跳动了起来，立即应答："好主意！"

㉞ John C. H. Wu, *Beyond East and West*, p. 66.

㉟ 徐志摩自言"在二十岁以前我对于诗的兴味远不如我对于相对论或民约论的兴味"。徐志摩：《我的家谱》，载《徐志摩人生笔记》，时代文艺出版社2006年版，第1页。

拥有舒适优裕的公子哥的生活，是稀有的"富三代"。㊱1915年娶上海宝山县罗店巨富张润之之女、张君劢妹妹张幼仪。徐志摩14岁就进了省城，经表叔沈钧儒介绍，考入杭州府中学堂，与郁达夫、厉麟似同班。1918年6月，徐申如让儿子徐志摩拜梁启超为师，并拿出1000银元作为拜师礼。徐志摩可谓优裕从容，见多识广。

而吴经熊出生在宁波鄞县（今宁波市鄞州区）。吴经熊对宁波人有过刻画，说宁波生意人多，而读书人少。他说宁波人"少投入艺术与文学"，"他们是土的，太实在的"，有"某种未调教的野性"、"充满动物信仰"和"实际的常识"。㊲吴经熊对本乡人有某种清醒的反思和坚定的逆反。吴经熊的祖父辈还是个贫穷人家，父亲吴传基只念过三年私塾，当学徒靠奋斗以成功的米商之姿跻身宁波总商会，出任首任会长。而吴经熊的生母在他4岁时去世，由父亲的原配、不会生育的"大娘"当宝贝养大。他从小没有离开过故土宁波。年仅6岁时，遵父母之命与钱庄经理之女李友悌定亲。他曾后悔娶了"大字不识的老婆"，但念她为自己生育13个孩子而不离不弃，在从政从学之余，享受着她带来的浓浓人间烟火。

当笔者写完两人异同之后，说来也巧，偶然发现吴经熊有一篇讲述自己与徐志摩之异同的英文文章，应是写于徐志摩1931年逝世之后。1937年，有译者将它译出来发表。来听听吴经熊自己是怎么说的：

> 予二人者，秉质既异，天性各殊，志摩非内省者，而予乃内省者。志摩豪放不羁、龙吟虎啸；予则恬静寡言、鸿冥蝉蜕。志摩雅好自然，常集三五友人，沉浸于泉石之下，遨游乎山水之间；予则酷喜幽闲，每当夜尽更阑、万籁俱寂，独坐斗室，愁绪满怀，哀吾生之须

㊱ 徐志摩的父亲徐申如是清末民初的实业家，早年继承祖业，独资经营徐裕丰酱园。光绪二十三年（1897），与人合股创办硖石第一家钱庄——裕通钱庄。后又开设人和绸布号，成为远近闻名的硖石首富。光绪三十二年（1906），加入政治团体预备立宪公会。徐志摩是徐家的长孙独子。沈钧儒是徐志摩的表叔，金庸是徐志摩的姑表弟，琼瑶是徐志摩的表外甥女。

㊲ John C. H. Wu, *Beyond East and West*, p. 14.

臾,叹尘世之渺茫。志摩有动乎中,必形诸外,歌舞之余,发而为诗;予为感触,神志窈冥,及其既寤,往事低徊,有如骤雨惊涛,欣快之极,热泪涔涔而下。志摩眼中,雪花飘舞而可爱,明月妩媚而含娇,"好鸟枝头亦朋友,落花水面皆文章";予眼观之,诗歌音乐,皆为天籁,法律经济,亦属自然;志摩如云雀在空,中有蕴藉,夺腔而出,歌声悠扬,沁人心脾,其视宇宙,若缱绻情人,热情所及,几欲拥之在怀,吞之入腹;予视宇宙,如滴滴甘泉,此饮彼啜,恰似蹀躞江岸之怯弱松鼠然。顾予二人,其异孔多,其同维何?予于其死后日记中得之,盖情焰是也,惟此情焰,遂维系予二人莫逆友谊,至于此极。然志摩之情焰,赫烈而散漫;予之情焰,唵暖而永恒;志摩允推天才,予一世界之哲学沉思者而已。嗟乎志摩!生而为英,死而为灵,煽我情焰,增其光旨,此我所馨香祷祝者也。[38]

吴经熊说自己"恬静寡言、鸿冥蝉蜕","予之情焰,唵暖而永恒"。这大体上承认了他有"骚"的性格。此说另有吴经熊日记为证,他说:"在社交上我努力像一只蝴蝶那样快乐而不在乎。可我独处时或宅家与某些友人一起谈论人生和文学时,我就显示出我的真我……人生是一门很难的艺术,就跟画一幅画似的——亮色与阴影都要用到,且彼此调和。"[39] 正是这一"亮"和一"闷"交相辉映,才有了他内外兼修的复合优势。

二人入学北洋不到半年,北洋法科预科即因北洋大学和北京大学之间的科系调整而被并入北大法科。他俩同样是已婚,却因不同的生活体验做出了不同的决定:吴经熊南归入东吴大学法科,而徐志摩随北洋法科预科并入北大政治学门。二人从此走上不同的"道路",各奔前程。"倘若吴、徐二人按部就班地毕业于沪江,他们两人各自此后的人生轨迹可能就完全

---

[38] 吴经熊:《平生珍怪录——予与志摩》,周诚译,载《重大校刊》1937年第11期。

[39] 吴经熊1937年1月28日日记记录了他与一位聪明女孩的谈话。参见 John C. H. Wu, *Beyond East and West*, p. 199.

不同了,若果真这样毕业,那就不是我们现在所论的内心都藏'火'的吴经熊和徐志摩了。"㊵ 他们的生命轨迹却恰恰相逆而行。徐志摩比吴经熊出世,所以浪漫放荡,悠然乎诗意而自由;而吴经熊比徐志摩入世,扎根于法律以济世。

吴经熊还在德国游学的时候,徐志摩正在闹离婚。1922 年 3 月徐志摩躲在柏林,有时借住在吴经熊和金岳霖等其他中国同学宿舍。于是发生了大家熟知的故事。张幼仪数次来电话,吴经熊都不肯吐露徐志摩的去处。而聪明的张幼仪却猜到丈夫就躲在吴经熊屋里。最后在张幼仪坚持下,夫妻见面。吴经熊面朝着幼仪,一手则指着徐志摩,厉声地说:"幼仪,这个要跟你离婚的人不过是个瘪三!他根本配不上你,离开他,对你只有好处!"此情此景,吴经熊这番话,显然是对死党明损暗帮的一种"小聪明"玩法,这恰恰是给张幼仪受伤的心上撒盐。离婚协议书签字时,旁边有两个证人,一个就是吴经熊,另一个是金岳霖。与吴经熊不同,老金就干脆厚道木讷到底。吴经熊 1924 年夏回国当法律教授,徐志摩 1922 年秋回国继续做浪漫诗人。徐志摩去世之后,他怀念这位死党,撰文纪念。吴经熊后来一直喜欢古典诗,还把唐诗信手拈来地写成《唐诗四季》,1938 年至 1939 年连载于他创办的《天下》。大家投身抗战,他却研究唐诗。

三、吴经熊与大法官霍姆斯

1921 年 3 月,联邦最高法院大法官霍姆斯(Oliver Wendell Holmes Jr., 1841—1935)收到一位名叫 John. Wu 的来信和他的一篇论文。

霍姆斯 1902 年起任联邦最高法院大法官,是"变成法官的诗人",是美国现实主义法学的人物,人称"伟大的异议者",当时已在联邦最高法院大法官位置上呆了近 20 年。这封唐突的来信引起了误会,霍姆斯以为这又是一个来求教的初学者,于 4 月 19 日不客气地回复了。当他第二天

㊵ 李秀清:《从结拜兄弟到法科同窗——吴经熊与徐志摩早期交谊之解读》,载《比较法研究》2008 年第 6 期。

阅读 John. Wu 的文章后，才发现自己误会了。John. Wu 是密歇根大学法学院 22 岁的中国留学生吴经熊，他在《密歇根法律评论》上发表了论文。于是，他主动写信给 80 岁的霍姆斯大法官，推荐自己这篇文章。

霍姆斯追寄了一封信过来道歉，说自己拜读了论文，才知是位"见识渊博的学者"，"我相信你会把我的无知朝好的方面想"。大法官回信中还讨论了这篇论文和一般的翻译艺术。是年，吴经熊还没触碰过电话座机，可是他已经接触到世界顶级的法学家。

5月，他得到了卡内基（Carnegie）国际和平基金会的"旅行奖"资金，也就是说可以自由选择除本校之外的世界上任何一所学校去游学。他首选了欧洲，不是德国，而是法国，当然是巴黎，他进入了巴黎大学。他不忘给霍姆斯写信，说："时空可以变化，但我对阁下您的爱与尊敬保持不变。"他附赠照片一张，大谈自己对祖国的使命感，要拯救中国。我们都记得他的那句豪言壮语，"我有一个祖国要拯救"。

接着他说："中国文明停滞的一个主要原因即在于错把与过去的连续当作了神圣的义务，并且忽视了过去的神圣权利与皇帝的神圣权利一样无根无据。"[41] 令人不得不钦佩的是，22 岁的吴经熊对中国之"问题"，有如此敏锐的观察和结论。他旋而提出一个问题——其实是请教一个令法科生困惑的常见问题——国际法靠什么拥有强制效力？吴经熊用他特有的火辣带腻的煽情语言，想尽量套出霍翁的回答，却拐弯抹角地说：老一代法学家有义务规划好未来，我代表年轻一代，为人类的福利，恳求你给我们留下见证，留下遗产吧。[42] 他这是像赶写论文需要有人开导时一样的焦急。

霍姆斯的答复给出三层意思：先就年轻人关于国际主义及国际法的提问，说恐怕我没你那么乐观。或许是因为我年老，见过的战争多了。但老法官还是接着说，"我痛恨打击年轻人对理性的信念"，但理性与人们的愿望冲突时，理性对行为的控制就不大了。对吴经熊的提问，老人

---

[41] John C. H. Wu, *Beyond East and West*, p. 91.
[42] John C. H. Wu, *Beyond East and West*, p. 92.

婉转地说:"恐怕我不能深入你邀请我做的自我批评,我请你去看看我的两篇小文章《理想与怀疑》(Ideals and Doubts) 和《自然法》(Natural Law)。"㊸

吴经熊后来继续着他们的讨论。吴经熊说自己试图假装赞同他,却实际上劝诱他采取自己的观点,说自己"像个孩子天真地想牵着一个老人的鼻子为他引路!"㊹ 这年轻的家伙,总是充满"野心"!他天赋很高,自恃很高,功名心气很高,交攀的人地位很高,当然,后来的某些造诣也很高。

老少二人在诗般的语言上具有相当大的共性,这只是一方面。更重要的是吴经熊擅长语言表达,特别能惹人重视。1923年5月14日霍姆斯致吴经熊信中也提道:"也许你会像我一样发现,思想并不难,难的是表达思想的语言。"㊺ 霍姆斯这话很精辟。事实证明,优秀的语言能力,是学术深度思考的助手。吴经熊后来在法学与禅学的学术造诣无疑得益于此。他俩优雅、深情、诗意的文字,也助益了他们的思想交流——与其说是法学的交流,不如说是文学加人生经验的交流。

吴经熊总以结识霍姆斯为骄傲,这也难怪他,因为霍翁的睿智太有魅力了。其实吴经熊一生只见过霍姆斯两次面。第一次是1923年12月。这年秋天,吴经熊从欧洲返回美国,他因霍姆斯法官向庞德推荐,㊻ 得以以研究员身份(research fellowship)在哈佛大学法学院师从院长庞德(Roscoe Pound, 1870—1964)㊼。吴经熊12月份去了霍姆斯在华盛顿的家,霍

㊸ John C. H. Wu, *Beyond East and West*, pp. 93-94.

㊹ John C. H. Wu, *Beyond East and West*, p. 94.

㊺ "Probably you will find as I do, that ideas are not difficult, that the trouble is in the words in which they are expressed." Max Lerner, *The Mind and Faith of Justice Holmes, His speachs, Essays, Letters and Judicial Opinions*, The Modern Library by Randon House, Inc., 1943, p. 421.

㊻ Paul Sayre, *The Life of Roscoe Pound*, Iowa City College of Law Committee, State University of Iowa, 1948, p. 310.

㊼ 吴经熊其实是庞德的第一个中国学生。1937年2月庞德曾环球旅行来过中国,吴在上海东吴法学院接待过他。但国民政府1946年邀请庞德的推进工作中,实际出力的却是杨兆龙和倪征燠,吴经熊并没有起到作用。

姆斯夫妇热情接待了他。他们在他书房谈得很轻松，很开心。首次见面，霍姆斯就很幽默，给这位20出头的中国学生最大触动是，"以审美的态度打量生活，别把自己看得太重（taking oneself not too seriously）"。[48]可是以他的个性，吴经熊做不到。第二次见面是七年后的事了。1929年冬，吴经熊辞去上海法院院长职务，受邀去美国讲学。1930年6月讲学结束回国前，他去比弗利山庄看望90岁的霍姆斯。还向老人展示了一篇未完成论文的开头部分，吴经熊擅长语言赞美，"他对其中一些我对他的评论极为喜悦"。

留学回国前的1924年4月5日，他致信霍翁，大谈中国及他的未来计划，豪迈地称中国正在再生，"一个中西联姻的婴儿的诞生，我将在这场光荣的运动中发挥自己的作用"。[49]在那个没有电子邮箱的时代，霍姆斯居然于4月10日迅速回信说：

> 你对中国和你的计划的介绍使我非常感兴趣。我不太可能在有生之年看到你们如何解决这些问题，但我的希望和预言与你们同在。也许你努力的方向会因你在家里的经历而改变，但生活的一部分就是在明确地知道努力的方向之前，感受它，并坚持信念。至少我是这样的。如果我将死去，我的临终遗言将是：坚定信念，追求未知的目标。[50]

此处霍翁猜到年轻人容易改变初心，有针对性地给予了教诲。但吴氏在《超越东西方》中删去了这段重要的话。事实上这不是吴经熊毕业回国前唯一的告别信。1924年5月15日，他再次致信霍翁，像总结他俩友谊历程一样，直到20世纪50年代重读，都能"深深打动"他自己，全信录入《超越东西方》（第115—118页）。

---

[48] John C. H. Wu, *Beyond East and West*, p. 104.

[49] 这是吴氏毕业回国前1924年4月5日致霍姆斯的告别信中的话。参见〔美〕安守廉、沈远远：《"法律是我的神明"：吴经熊及法律与信仰在中国现代化中的作用》，季美君译，载《湘江法律评论》总第2卷（1998）。

[50] Max Lerner, *The Mind and Faith of Justice Holmes, His Speachs, Essays, Letters and Judicial Opinions*, p. 423.

吴经熊 1924 年回国后，因为他无论客观和主观都很忙，所以与霍姆斯书信往来稀少。老人想念他，当突然接到吴的来信时，他会回复说，你失联了这么久，以至于我已经担心你在中国陷入什么麻烦了。1927 年 1 月 1 日，江苏省政府成立上海公共租界临时法院的当天，他被任命为民事庭推事。他立即写信给霍姆斯报告喜讯，欣喜地说"我是一个 praetor peregrini（外国人的总督）！……我可以试着将中国法律霍姆斯化了"。[51] 他曾一度忽略了与霍姆斯的通信，老头着急了——"霍姆斯写信给伦敦的拉斯基[52]教授，告诉他他很为我着急"！拉斯基则开始四处打听吴经熊，居然通过英国驻上海的领事来找他，想知道吴氏"是否还在人世"。

随着老少交往加深，霍姆斯对吴经熊并不是一味地赞赏，而是有睿智巧妙的点拨式批评。1926 年，有一次吴经熊致信问他一个奇怪的私密问题——对人的"来生"问题的看法（3 月 29 日吴信）。霍姆斯 5 月 5 日回信，回避了吴的这个问题，以不无告诫的口吻说"我想我所有的终极观念都带有有限的印记"，但要从实践上尊敬和关爱它；接着告诫说"我们必须严肃，以好好工作"。霍翁接着说："当我受到鼓励使我相信我做了我应该干的事情时，我有很大的幸福感，但在内心深处，我相信，我确实这样相信的，它算不了什么。"[53] 显然，霍翁强调务实履行职责，做好当下的事，这是要把吴经熊从幻想世界带回到现实。

然而，霍翁这封信还有下文——在吴经熊的《超越东西方》中被删掉了最后部分，原信中最后一段落有一句话——"这是私人谈话，不能向别人引用，因为一个人对自己内心的信念是羞涩而敏感的，除非是在像诗人和哲学家那样向世人倾吐的古怪时刻"[54]。霍翁的意思是，个人信仰和人生

---

[51] John C. H. Wu, *Beyond East and West*, p. 113.
[52] 霍姆斯的英国朋友拉斯基（Harold Joseph Laski, 1893—1950），英国工党领导人之一，政治学家，费边主义者，西方"民主社会主义"重要理论家。社会民主主义和政治多元主义的重要思想代表。
[53] John C. H. Wu, *Beyond East and West*, pp. 110-111.
[54] Max Lerner, *The Mind and Faith of Justice Holmes, His Speachs, Essays, Letters and Judicial Opinions*, p. 430.

观应当放在心里。所以吴经熊删掉这几句话是遵照霍翁意见的。霍翁的结论其实就是规劝青年人，“别胡思乱想，踏踏实实地做你该做的!”老人的睿智让年轻的吴经熊一定感到汗颜，所以他说霍姆斯的回信给了他“毁灭性的一棒”(this was certainly a crushing answer to me)。(55)

吴经熊收到的霍姆斯去世前的最后一封信，写于1932年3月14日。老人谈了自己退休后的生活状态，说:“前几天有人引用弗兰克福特(Frankfurter)(56)的话，建议我写一本关于法律的书。我能想到第一句话，但在那之后我想学习，我怀疑我是否还会继续学习。不管怎样，我的意思是暂时放松一下生活。”看来霍翁此时已心有余而力不足。然后接着说他写这封信期间，“卡多佐（Cardozo）打来一个电话，我觉得你会像我这样爱他的，从第一眼见他，我就觉得他是一个——优雅的精灵（a beautiful spirit）”。(57) 后来这句话果然成了给吴经熊最后的“遗嘱”式的暗示。

吴经熊这次给霍姆斯回的信，到达之日，正是霍姆斯逝世当天——1935年3月6日，离他生日只差一天。而收信的人变成了美国联邦最高法院大法官卡多佐（Benjamin Nathan Cardozo, 1870—1938)。这个噩耗就是从卡多佐致吴经熊的信中得到的。信中说:“你的信昨天传到我手里，这一天霍姆斯去世了。你会像我一样感到，一盏伟大的明灯消逝了。没有人能替代他的位置。他将于明天安葬——明天是他的生日。如果他活着，就94岁了。”(58)

吴经熊把霍翁与莎士比亚作比较，说“他们的心灵属于同一等级。他们的伟大在于将细节的掌握与对无限的经久渴望结合起来”。吴经熊是很有感知和悟性的，这一点倒很像这位老诗人。他对老人的情感是真诚的，

(55) John C. H. Wu, *Beyond East and West*, p. 111.

(56) 此处应该是指美国法学家费利克斯·弗兰克福特（Felix Frankfurter, 1882—1965)。我国有个译者将此处译为“前天我吃了香肠，这也许提醒我，我或许还可以提笔写书”。把人名Frankfurter误译为“法兰克福香肠”，我想，弗氏如果知道，一定会生气地找霍翁、吴经熊清算的。参见吴经熊:《法律哲学研究》，清华大学出版社2005年版，第332页。

(57) Max Lerner, *The Mind and Faith of Justice Holmes, His Speachs, Essays, Letters and Judicial Opinions*, p. 436.

(58) John C. H. Wu, *Beyond East and West*, p. 126.

对霍翁的理解也是准确的。与其说这对老少之间是忘年交,不如说是超级粉丝对偶像的崇拜。而从霍姆斯方面来讲,他不只是长者对年轻人的关爱,还有对 John. Wu 的灵气与诗性的欣赏。但是当涉及法哲学问题时,霍姆斯的态度就是另外一码事了。

四、吴经熊与导师斯塔姆勒

吴经熊获得美国密歇根大学 J. D.(法律博士)后,于 1921 年秋开始游学于欧洲。年轻人基于一般判断,有自由选择游学机会的话,一定是去欧洲——学完英美法之后,还要熟悉欧陆法。但他并不是很清晰应该去欧洲跟谁学。因此他先选了巴黎大学,呆了半年(另有"一年"之说),1922 年才前往德国柏林大学。这下他选对了!当时欧洲最著名且健在的法学家,应该是德国法哲学家鲁道夫·斯塔姆勒(Rudulf Stammler, 1856—1938)——被吴经熊称为"伟大的新康德派法哲学家"。他投入斯塔姆勒门下当了学生。

在这位严肃的德国法哲学大师面前,吴经熊就没有像他在霍姆斯面前那么轻松愉悦了。跟从斯塔姆勒,他吃力多了,因为这是体系严谨的法律哲学。吴氏称斯师为"法学之王"[59],显然很敬畏,这是因为他的学术,这"畏"与他对霍姆斯的"爱"不同。但吴经熊的性格中就是没有中国人常见有礼貌的谦卑感。他和导师合影时,居然做作地跷起二郎腿,显得气度轩昂的样子。

同时,他继续与霍姆斯保持通信,写信告诉他自己阅读黑格尔,也阅读斯塔姆勒。斯塔姆勒和霍姆斯的法哲学是迥异的。斯塔姆勒为法律哲学提出了这样的基本任务,即着手研究法律思想的逻辑基础,他认为法学家要做的事情是"理解法律最终统一的纯粹形式",也就是探寻以"法的概

---

[59] 吴经熊第一本法律哲学论文集的献词——三段诗中首句即为"身为法学之王,你是多么美妙的人物和朋友!语言想描述你,就失去灵妙!……"参见田默迪:《东西方之间的法律哲学——吴经熊早期法律哲学思想之比较研究》,中国政法大学出版社 2004 年版,第 30 页,注释 35。

念"为形式，以"法的理念"为内容的形式体系。[60] 斯氏强调体系思维，而霍氏强调感性洞见。1923 年 3 月吴经熊在《密歇根法律评论》上发表《霍姆斯大法官的法律哲学》，表达了"法律的概念与法律的感知"这二者的"综合"。正如他后来在《超越东西方》中说，斯氏"着重于法律的概念或逻辑方面，霍姆斯则看重感知的（perceptual）或心理（psychological）的方面"。他的雄心又来了，居然公开宣称"我的全部哲学都可视为调和霍姆斯和斯塔姆勒的法律思维的努力"。[61] 霍氏表示高兴，而斯塔姆勒则在《密歇根法律评论》5 月号上对此文发表了评论，被吴经熊说成"最为慷慨善意的评论"。这是很模糊的用语，现在无法看到评论内容，但可以猜想，很可能就是对吴经熊的批评。

此后，吴经熊在德国陷入了情绪的低谷，给霍姆斯写信诉苦。但他在《超越东西方》中始终没提自己这封信说了什么。翻阅霍姆斯 1923 年 6 月 16 日致吴经熊的回信，从中才得知，吴经熊刚经历了一次挫折——在德国再次申请卡内基奖学金落榜了。很可能吴经熊想延长时间继续留在斯塔姆勒身边，可惜没有钱了。"我为你对卡内基奖学金的失望感到遗憾，但这可能变成一件好事。"然后是霍氏安慰的话："这就是生活。我希望你对哲学的兴趣（明智地理解哲学是最大的兴趣）不会使你离具体问题太远。"[62] 这话点到了经熊的死穴——可能是他法学人生的死穴。但这不是霍姆斯回信的唯一重点，重点的重点在于——霍姆斯开始担心吴经熊的学术。霍姆斯 6 月 16 日回信中继续写道：

> 虽然我很尊敬斯塔姆勒，但我还是有点担心他会让你离日常生活太远。我注意到他批评了我关于经验和逻辑的评论，我想我很欣赏逻

---

[60] 顾肃、小田桐忍：《法律实证主义的哲学基础与方法论特色》，载《南京大学学报》（哲学·人文·社会科学版）1995 年第 2 期。

[61] John C. H. Wu, *Beyond East and West*, p. 98.

[62] Max Lerner, *The Mind and Faith of Justice Holmes, His Speachs, Essays, Letters and Judicial Opinions*, pp. 421-422.

辑——请见我的《法律论文集》，如果你有时间的话，第180页，在《法律的道路》中，但是我恐怕我应该在他的形式的绝对价值上有根本的不同——但这又回到了基本原理，这需要花费太长的时间来写。我对绝对真理并不相信或一无所知。[63]

同一封信，此处再次点了吴经熊的死穴。"当我在德国在伟大的新康德派法哲学家斯塔姆勒指导下学习时，霍姆斯生怕我太受系统思维的影响，在他看来，系统思想是贫乏空洞的，洞见才是有价值的，而洞见受系统的扼杀。我则试图把二者综合起来。"[64] 聪明而勤奋的吴经熊，敏锐发觉斯塔姆勒和霍姆斯法律理论的差异。是的，初生牛犊不怕虎，他居然展开一种大胆的尝试——协调两翁的学术思想！

图3　1923年吴经熊与斯塔姆勒合影

---

[63] Max Lerner, *The Mind and Faith of Justice Holmes, His Speachs, Essays, Letters and Judicial Opinions*, p. 422.

[64] John C. H. Wu, *Beyond East and West*, p. 98.

1923年3月,吴经熊写出题为《荷尔摩斯法官的法律哲学》的英文论文,一年后,稍作修改以德文发表为《法律哲学中的认识问题》,[65] 并把文章给了斯塔姆勒和霍姆斯。他后来更傲骄地自称:"读者可以把我的整个哲学理解为尝试在法学思想中协调荷尔摩斯与斯丹木拉两人的理念,包括知觉与概念、变化与生成、利益理论与正义理论、经验与理性。"[66]

那么斯塔姆勒和霍姆斯互相之间怎么看对方呢?霍翁不太理解也不赞同斯翁的观点;斯翁虽然看重霍翁关切的问题,但他相信以经验为出发点无法达到法律的中心。[67] 斯塔姆勒和霍姆斯,一个是追求法哲学体系的德国人,一个是洞见法经验真谛的美国人,分别是两座高峰,而20多岁的东方小伙子能选定这两峰,着实了不起。

吴经熊撰文试图在两翁之间协调和搭桥,那么,他到底有没有做好?田默迪(Matthias Christian, 1941—)是目前国际上对这个问题做过专门研究的学者,根据他对上述文章的分析,认为吴氏这篇文章"从很远的地方开始谈,但有时好像有所跳跃",使用双方材料时有"任意取舍的印象","由他引述的方式有时不太能看出他是否很彻底研究相关资料,或者他只表达一些个人联想到的事情。他对其他资料的附带提出有时是不精确的,甚至有时会引起误解"。"有些地方他给人感觉有一点自抬身价的味道。"吴氏想表现出"他也懂德文与法文","或者在一些无关紧要之处提到他个人与荷尔摩斯、斯丹木拉之间的交情","他在抽象的思维过程之间,有时安插了一首诗"。[68]

吴氏的个性决定了他的法哲学"高度"的特殊性。他的大脑、情感和身体三部分都是极其敏锐的。田默迪还讲到吴氏受爱因斯坦一段话的启迪,发现"吴氏深信每一位一流的近代思想家都包含有神秘的成分,甚至

---

[65] 田默迪:《东西方之间的法律哲学——吴经熊早期法律哲学思想之比较研究》,第35页。
[66] 田默迪:《东西方之间的法律哲学——吴经熊早期法律哲学思想之比较研究》,第35页。
[67] 田默迪:《东西方之间的法律哲学——吴经熊早期法律哲学思想之比较研究》,第35页。
[68] 田默迪:《东西方之间的法律哲学——吴经熊早期法律哲学思想之比较研究》,第42—43页。

好像一位学者愈伟大,他对神秘的敏感度愈高"[69]。把法学做成这样的"神秘"学问,这是他特殊的学术"高度"。

到了1925年,吴经熊对斯塔姆勒专门写了一篇重要的英文文章Stammler and His Critics,1926年被译成中文以《斯丹木拉之法律哲学及其批评者》为题发表。[70]此文历数三类学派对斯塔姆勒的批评,各派三人共九人,至少吴氏在文献收集、整理和阅读上狠下了功夫。文章开头先给斯氏以高度评价,认为:"斯氏法律哲学,非幻想也,非凿空之论也;其一生精力,为欲解决近代德国法律及经济生活之实在与切要问题也。"他说斯氏"不但为富于正义感之人,且具有科学家之天资也。故其哲学创作,具有科学与批评性质,亦必然之事也"[71]。转而认为这就是斯氏的"强"处与"弱"点之所在。一方面有"确定与理性"的思想,另一方面,纯以论理为据建设真理,实为难事也。他认为斯氏凭逻辑方法不能证明而勉强予以证明,这正是他的弱点。吴经熊又说:"吾非谴责吾师斯丹木拉也。"[72]此文多半是分列各家争论观点,文献上也不是没有瑕疵,比如在论述欧美各法学家对斯氏之批评时,吴经熊首先列举韦伯。可是他没有引用韦伯的原话,或许他当时没有读过韦伯的书,却转引舒摩尔(Shanvle)的关于韦伯的观点以替代。[73]

令人惊艳的是,斯塔姆勒1925年把弟子此文收入自己的文集《正义理论——现代法律哲学丛书》(The Theory of Justice: Morden Legal Philosophy Series)。这显然是对弟子的赞赏和肯定。而霍姆斯也读过这篇文章,他怎么看?1926年8月26日给吴经熊的信中,霍翁表示看过斯翁的文章,

---

[69] 田默迪:《东西方之间的法律哲学——吴经熊早期法律哲学思想之比较研究》,第163页。
[70] 吴经熊:《斯丹木拉之法律哲学及其批评者》,丘汉平译,载《法学季刊》(上海)1926年第2卷第8期。2005年清华大学出版社出版的《法律哲学研究》(参见第246—274页),注明的1933年版本则是后来上海法学编译社出版的中文书《法律哲学研究》。
[71] 吴经熊:《斯丹木拉之法律哲学及其批评者》,第249页。
[72] 吴经熊:《斯丹木拉之法律哲学及其批评者》,第249页。
[73] 吴经熊:《法律哲学研究》,第251—252页。

觉得没有太大的教益（I did not find it instructive）。他也读了吴氏的文章，信中接着很不客气地阐述他的观点：

> 我欣赏你附录中的内容更甚于其他一切。在我看来，这本书的主体似乎是在用学术语言阐述显而易见的东西，或是维护我不相信的命题。我忍不住觉得德国的过度系统化方法对你的影响太大了。在我看来，康德和黑格尔的体系似乎已经被扔进了废纸篓。……我真不想说任何让你们感到沮丧的话，但我从你们所写的东西中没有发现任何可能会像你们所期望的那样，对法律科学的发展产生深远影响的东西。也许你说的法律科学表明了我们分歧的开始。以前至少你和你的德国老师倾向于相信先验的终极法则。……我不认为这是一个绝对的原则，甚至不认为这是人类的终极目标，诸如人的尊严必须得到尊重等等。[74]

他试图"协调"斯翁和霍翁的思想，勇气可嘉，也无疑可助其形成学术登顶的外在气象。至于吴经熊后来在自然法的研究（1955），在自然法与实定法之上，又增加了圣托马斯·阿奎那的"永恒法"，他笃信这种所谓的"永恒法"，[75] 这是他"超越"的另一个表现，因为他完全进入另一个世界——宗教，超出笔者这个凡夫俗子所能评论的范围。

五、他与蒋中正先生

现在无法准确考证吴经熊与蒋中正最初见面的时间。据旧报称，1936年他想争取教育部部长一职，曾携带自己拟就的教育制度方案，赴庐山拜谒。[76] 此时的教育部部长是王世杰，是民国干得最好和最长的一任教育部

---

[74] Max Lerner, *The Mind and Faith of Justice Holmes, His Speachs, Essays, Letters and Judicial Opinions*, p. 431.
[75] 吴经熊：《正义之源泉》，张薇薇译，法律出版社2015年版，第24页。
[76] 轸怀：《闭门读经吴经熊》。

部长。1937年八一三战役，日寇把战火烧到上海，中国守军拼死抵抗。身为官方要员（中央委员、立法委员、法制委员会委员长）的吴经熊说他"非常想家"，夫人来电报说已把家安顿到法租界。他8月18日找了个摩托车从南京溜回上海。

吴经熊是怎么变成天主教徒的？他自己用一"绊"一"摔"来解释，说"这正是我皈依的情景：盲目地绊倒在门槛上，全身被摔进光明之屋"[77]。就是在八一三战役之后，他回到上海，从此躲进小屋开始闭门读书学宗教。从对此"毫不知情"，到"这些话吸引住我"[78]。9月16日，他脆弱到想自杀，事后承认自己"太悲观了，连自杀也不会，因为我真的不相信来世会比今世更好"[79]。10月10日国庆节，他受邀在广播里做了个颇为煽情的演讲，主旨曰"战事虽然未了，胜败已判若鸿沟"，赞美抵抗的军人，并谴责日军以鼓励民众。[80] 12月18日，读书三个月后的吴经熊皈依天主教，"心里感到多么快乐"。他不得不承认"我在天性上是怯懦的"[81]。1937年生日那天他在南京作《狂歌》一首，圣诞节前夕更作《廿六年圣诞前夕书怀》一首，他在自传中没有收录。《狂歌》中，他自叹"行届不惑惑正多"，并表达了对孔子、耶稣、释迦的怀疑。《廿六年圣诞前夕书怀》真实记录了他在悲观中的思想转变，摘录几句如下：

心羡鱼跃渊，身如鸟在笼；吟诗强自宽，聊以慰残梦。敬将圣诞迎，好把暮景送；一洩江南哀，稍减黍离痛。忆昔游金陵，闲官带清俸；名山堪吏隐，私心庆一统。谈笑多益友，诗文相折衷；一旦烽火起，展转作潜蛰。难民遍地是，死伤百万众；日煎红浪沸，风掀白波动。半载乱未已，生涯鸡菽瓮；靖平在望外，犹冀言不中。静思人心

---

[77] John C. H. Wu, *Beyond East and West*, pp. 224–225.
[78] John C. H. Wu, *Beyond East and West*, pp. 225、230、232.
[79] 吴经熊1937年9月16日日记中的自评，John C. H. Wu, *Beyond East and West*, p. 241。
[80] 《战事虽然未了，胜败已判若鸿沟》（吴经熊广播演讲），载《时报》1937年10月12日。
[81] John C. H. Wu, *Beyond East and West*, p. 317.

恶，文明添惛懵；不有赤子心，徒夸英雄种。咎由人自取，造物岂戏弄？念兹热中肠，泪炙双目肿；一腔悲世意，敢效穷途恸。今朝发弘愿，虔将余生贡；……誓将出世心，权作入世用。"

从他的诗句可推测他皈依的心理动态，与日军入侵、与仕途悲观的背景都有密切相关。1938年1月中旬，他带全家13口离开上海，去了香港，过起老婆孩子热炕头的生活。可他离开战乱中的中国大陆，撇下的不只是战争厄运，还有官员职责，还有东吴法学院和战乱中的学生。费青曾在自传中讲道"院长不久后便不负责任地独自离上海"，[83] 就是指东吴法学院院长吴经熊。

中国军民在淞沪会战拼死抵抗日军的90多个日夜里，他身为高官却独自躲在租界，"遁"入神的世界。而与此几乎同时发生的是，同样是法学家的钱端升，却忍心抛下怀孕的夫人，于1937年9月13日与胡适一道受命奔赴北美，从事抗战民间外交去了。或许人们会说，人家信仰天主教了。但这不是理由，没有哪条教义，说教徒可以在危难时刻临阵退却。淞沪会战起，97岁天主教徒马相伯老人都站出来了。有事实证明，当时上海同样是天主教人士，都义无反顾纷纷投入抗战和救济工作。[84]

在香港，吴经熊躲进小楼，编《天下》，谈诗词，译《圣咏》，于是，他又开始与蒋中正谈圣论经，密切交流。1939年秋，吴经熊从香港到访重庆，把自己翻译的《圣咏》交给蒋中正。蒋先生大为欣赏，便请他重译全部《新约》（新经全集）。[85] 奉蒋先生之命接受译经任务后，吴经熊投入几乎全部精力，为了找安静的地方、找助手、找参考书，他费尽心思，没少下苦功夫。

---

[82] 吴经熊：《廿六年圣诞前夕书怀》、《狂歌》（丁丑生日作于金陵），载《真理与生命》1939年第12卷第1期。

[83] 费青：《自传》，载《费青文集》（下册），第691、697页。

[84] 《抗日战争中上海天主教之救济事业》，载《圣心报》1937年第51卷第11期。

[85] 方豪：《吴德生先生翻译圣经的经过》，载吴经熊：《蒋"总统"的精神生活》，华欣文化事业中心1975年版，第252页。

1942年初日军占领香港,他被日本人盯上,日本人想用他,他巧言回绝。事后他为此事得意,居然说:"在我的一生里,发现逻辑和理性在应付不管什么人时都挺管用的。"⑧⑥ 最后陪都派人营救,5月吴经熊化装后带全家逃离香港,才住到内地的桂林。他"爱上"桂林的洁净街道和清新空气,迟迟不回重庆。"我想在如此劳累的旅程之后享受享受生活,因此在1942年9月1日之前,我一直未赴重庆。"⑧⑦ 他记性真不错,的确,东吴法学院在重庆开学前的9月6日,他倒是去露一次过面。⑧⑧ 这时候吴氏全家12个孩子,经济拮据,想重操律师业。孔祥熙夫人打电话告诉他,他妹妹蒋夫人想要跟他谈谈。吴经熊去见了宋美龄,她劝他别当律师,他反将一军:"要么请总司令派我去美国,在那儿我可为国家做些有用的事,要么,我就不得不干点法务。"⑧⑨ 这种讲话口气是否真实,只听他说,实在不得而知。蒋夫人提醒他翻译《圣经》的事,结果就为译《圣经》开价每月6000元,蒋夫人居然答应了,并且第一个月可拿到一万元。⑨⓪ 抗战时期,这可是大数目啊!

1943年春,蒋中正又召见吴经熊问他翻译的事,还关心着有谁可帮助他。⑨① 吴的译稿总是分批由陈布雷交给蒋中正。1943年10月,吴家迁往贵阳译经一年,1944年秋迁回重庆住在北碚复旦大学校园对面江边,继续译经。他总是闹中求静,香烟一支接一支地吸进去,译文一首首、一章章地译出来。他还常说,最好是到梵蒂冈去。⑨② 1943年11月出了个事故——上次的一份译稿因为手抄不慎,误字太多,陈布雷着急了,不敢交上去。结果,陈布雷捧出一大沓稿本,拉住方神父,当晚三人通宵校阅了起来,吴

---

⑧⑥ John C. H. Wu, *Beyond East and West*, p. 279.
⑧⑦ John C. H. Wu, *Beyond East and West*, p. 288.
⑧⑧ 《中央日报》1942年9月6日。
⑧⑨ John C. H. Wu, *Beyond East and West*, p. 288.
⑨⓪ John C. H. Wu, *Beyond East and West*, p. 289.
⑨① 方豪:《吴德生先生翻译圣经的经过》,载吴经熊:《蒋"总统"的精神生活》,第252—255页。
⑨② 方豪:《吴德生先生翻译圣经的经过》,载吴经熊:《蒋"总统"的精神生活》,第252—255页。

经熊一支接一支地抽烟。[93] 他后来回忆说，这三五年的快乐时光“确实有‘如坐春风’的感觉。这是我生平最愉快的年代，而且在学问与修养上也略有收获”[94]。

后来，吴经熊找了个借口忍不住向蒋中正建议：梵蒂冈有《圣经》委员会，对原文有疑义时，那里可请教的专家最多，因此表示他很想和方神父一起到梵蒂冈去。不料蒋先生非常赞成，并表示他本人在抗战完成后，也想到国外走一趟，罗马是必定要去的。[95] 1945 年春，蒋氏对《新约》全部译稿作了三次点阅。蒋氏的批点本使用红圈、红铅笔，有可商榷处，他用蓝色铅笔在上面表示，措辞非常客气，往往用橡皮擦了再写。比如吴氏原译句子“亏损漠不关”，蒋中正则批示“造句欠妥”，后来吴改为“得失等闲看”，再改为“得失非所患”。从这段译经的经历看来，中年的吴经熊已经增加了不少天主教徒的虔诚，还有御用文人的乖巧。真是岁月磨炼人，也不饶人。

1945 年 8 月 15 日抗战胜利后第十天，蒋氏又召见吴经熊和方神父，说：“我想请德生（经熊字）到梵蒂冈去，你能同去，便更好了。”1946 年 9 月，政府发布任命状——吴经熊为驻教廷公使。[96] 当时罗马拉德朗大学法学博士罗光[97]已在中国驻教廷使馆担任教务顾问。他们在此一直任职

---

(93) 方豪：《吴德生先生翻译圣经的经过》，载吴经熊：《蒋“总统”的精神生活》，第 257—258 页。

(94) 吴经熊：《蒋“总统”的精神生活》，第 8 页。

(95) 方豪：《吴德生先生翻译圣经的经过》，载吴经熊：《蒋“总统”的精神生活》，第 259 页。

(96) 方豪：《吴德生先生翻译圣经的经过》，载吴经熊：《蒋“总统”的精神生活》，第 260 页。

(97) 罗光（Lokuang, Stanislaus, 1911—2004），别名焯炤、焯照，湖南衡阳人。1930 年被衡阳天语教区选派赴罗马留学。1936 年获得罗马传信大学哲学博士学位，自毕业起在罗马传信大学教中国哲学达 20 多年。1939 年获罗马拉德朗大学法学博士，其博士学位论文为《中国法与教会法中的父权概念》（*De potestate patria in jure sinico et canonico*）。1941 年获罗马传信大学神学博士学位，成为有哲学、法学和神学三个博士学位的中国第一人。抗战时期，兼驻教廷使馆教务顾问。1949 年去台湾。1961 年出任天主教台南教区主教，一度任天主教全球主教大公会议传教委员会副主任委员。1966 年，任台北总教区总主教，在国际天主教界颇有声望。1978 年任台湾辅仁大学校长。曾兼任中国文化学院哲学研究所博士班教授、船山学会理会长、哲学会驻会常务理事。

到 1949 年。

1949 年 2 月，局势风雨飘摇，远在梵蒂冈的吴公使收到孙科的电报，要他回国，有急事相商。吴经熊 2 月 21 日午夜启程，本来飞香港，因大雾而降落上海。一到长子家中第二天，新生的孙子夭折了。这是不是不祥之兆？一些律师老友来告诉他，政府要让他接任司法部部长，劝吴经熊别接了，说内阁不受欢迎，估计很快就要垮台。意思是，你不要引火上身！吴经熊书上描述了这样的回答："你们不知道我是基督徒，只要我行得正，就不怕引火上身吗？如果人人都在政府危急的时候退缩，那只会加速它的垮台。"[98] 这话倒是显得铁骨铮铮。见了孙科，果真是让他当司法部部长，吴回答说，我是基督徒，本来牺牲就是我的职责。但吴经熊提出三个条件：一是司法不受任何干涉；二是提高法官的薪酬；三是关于囚犯教育问题，不要经费但要允许他请传教士帮助教育囚犯。[99] 这种时候还提这样的条件，相对于一个国家面临的大事，简直是隔靴搔痒的零碎小事——实在不像个有大格局的人。不过几天之后，孙科院长提名他之前，内阁就垮台了。为此，他说自己"既不高兴也不难过"（I was neither happy nor sorrowful at the news），不经意间流露了不可言说的内心独白："凭借着上主的恩典我已获得道德上的胜利。"（With the grace of God I had secured a moral victory.）"你看，慷慨是值得的！"（You see it pays to be generous!）[100] 在这种国运下，他那貌似境界超脱的话，实则透露了某种俗气。

1949 年 4 月国军积极布置长江防线，渡江战役即将打响。天主教徒蒋中正也"遁"回老家宁波奉化了。蒋氏此时之"遁"，究竟是他即将败北的心理，抑或抚慰心理的良药？在这高度紧张的战局气氛下，吴经熊回到宁波向亲兄长告别。同时也想到蒋前"总统"。蒋先生听说他来了，派车来接吴经熊。吴氏呈上经蒋批阅定稿的《新约》手稿复印件，说："我有

---

[98] 吴经熊：《法律哲学研究》，第 393 页。
[99] John C. H. Wu, *Beyond East and West*, p. 337.
[100] John C. H. Wu, *Beyond East and West*, pp. 339–340.

50岁了,一个人到了50岁该知道上主给他的人生使命了。我打算将余生投给教育和精神生活。我再也不会将时间浪费在政治上了。"蒋说:"啊,那太好了!"谈完后二人在草坪拍照留念,蒋选了右边那张椅子坐下了。按中国习惯,左比右贵,吴不肯坐,请蒋上位就座,蒋不愿意,说"请就座"。恭敬不如从命,吴坐下,神情拘谨,并拢双腿。摄影师按下快门拍下了那张二人在大陆的最后一张照片。吴经熊并拢的双腿,提醒我想到了胡适——那双在总统面前潇洒的二郎腿!

不久,吴经熊重新从宁波启程,去上海,再去香港,回到罗马收拾残局。1949年6月辞去公使职。他去了美国夏威夷,"我呆在火奴鲁鲁对我的智识、灵性及友谊都大有成果。诸多方面,这是我人生新篇章的开始"[101],在夏威夷大学任中国哲学与文学的资深客座教授。1951年到1966年之间,他又先后担任了美国新泽西州私立天主教大学西东大学(Seton Hall University)的法学教授和亚洲学术教授。

回放1937至1949年这12年,他是怎样"应对"这个大变局的?大家在为抵抗奔波,而他身为政府高官和社会名流却带全家"躲"了起来;当他曾经为之奋斗过的政权命悬一线时,他却没有常人那么多的烦恼,一切都可以像翻日历一样地"翻"走。如果是一位普通人,为避战火而逃生是无可非议的。而他偏偏是吴经熊。吴经熊一"摔"、一"躲"、一"遁"、一"翻",国难岁月就过去了。但这一"遁"一"翻"是经不起质疑的。若望啊,你年轻时要拯救祖国的豪言壮语丢到哪里去了?这正是你求"好生"的精致活法吧?

20世纪50至70年代,是他学术静思的黄金期。他抒情描写自己《超越东西方》(1951)的心灵史,挖掘自然法之《正义之源泉》(1955),融贯了《中国人文主义与基督教精神》(*Chinese Humanism and Christian Spirituality*, 1965)。晚年的吴经熊于1968年才到台湾定居,继续《中西文化

---

[101] John C. H. Wu, *Beyond East and West*, p. 343.

比较》（1968），穿越《禅学的黄金时代》（1969），打通《哲学与文化》（1971），钻研《国父的人格与学说》（1971），弘扬《三民主义与中华文化》（1978），探寻《内心悦乐之源泉》（1981）。还须提到的是，1971年他获聘"总统府"资政，1975年出版《蒋"总统"的精神生活》。他在该书自序中说，这部书"乃是本人在最近十年来所写的关于蒋公宗教思想与人生哲学的文章的一部选集"。他所描述和赞美的"蒋公的思想言行"，基本上是20世纪40年代末以来蒋氏的思想和言行，他笔下的蒋氏已经不是整体和实体意义上的蒋中正。与其说是吴氏对蒋氏的诠释，不如说是吴氏对自己的抒发。

吴经熊超越了法学家历来在律条和文字上的拘束，他在欧美两座高峰间穿行，在法律和人文间穿行，在科学与宗教间穿行，更在东方与西方间穿行，是中国法学有史以来学问最超逸、思想最玄奥、文字最诗意的法学家。其学术涉猎范围涉及法理学-法哲学、宪法学、中国法律思想史、哲学、儒学、唐诗、基督教、道教、宗教理论、禅学、心灵之学……他成为一位难以定义的灵修者。他一生经历了青葱的骄狂、壮年的精致、晚年的灵逸，不得不说，他在这个社会活得风生水起，是很成功的"高人"。1986年2月6日，吴经熊在台北病逝，享年87岁。

思想上想当超越者，但倘若思想与身体和行为分离，会是什么人格呢？他似乎一直按照18岁时引用的那句格言在追求"好生不死，好死永生"。那么，他的"不死"学问和等身著作，是否为他做了"好生""好死"的准备或者铺垫？

徐道邻——问学何必两抱恨

图 1　徐道邻（1906—1973）

1925 年 12 月 29 日下午，徐树铮乘火车离京赴津。深夜，火车行至廊坊站时，有多人拥入徐车。随员和卫兵十数人，无法阻止，睡梦中的徐树铮，穿着睡衣，被"请"出车厢，凌晨遭枪杀，陈尸旷野。

这起重大谋杀案在当时几无媒体及时报道。九天后，最早做出准确报道的媒体，反而是《寰球中国学生会周刊》，是刊于 1926 年 1 月 9 日发布消息——"徐树铮在廊坊被刺"。该报道言简意赅地讲了此事的来龙去脉，与今天史学家的考证基本一致：冯玉祥对徐树铮有旧恨新仇，下令借他人之名杀徐。①

徐树铮被杀时，其子徐道邻正在德国柏林大学攻读法律。

---

① 《徐树铮在廊坊被刺》，载《寰球中国学生会周刊》1926 年第 228 期。

一、徐道邻何时出名？

徐道邻最早出名在何时？这问题早在20世纪40年代就有人议论过，不少人说是1934年因一篇文章出名，因为那时发生了一件轰动全国的事。其实不然，徐道邻出名还在更早。或许可以说，徐道邻一生下来就出名了——因为他是徐树铮之子。

欲诠释徐道邻，必绕不开徐父。在那个时代，人人皆知徐树铮是北洋军阀皖系一秀才出身的名将，1905年留学日本陆军士官学校步兵科，身为军阀却颇有文韬，能诗会文，被承认"有绝才"。徐树铮1921年著有《建国诠真》，后来还留下《视昔轩遗稿》遗著一部②。徐树铮收复外蒙古，辅佐段祺瑞，既文武兼资，又毁誉交加。康有为对徐评价很高，称"其雄略足以横一世，其霸气足以溢九州，其才兼乎文武，其识通乎新旧"③。

徐树铮留日第二年，即1906年，妻子夏萱在东京生下第三个儿子，原名审交，道邻本为字，取意于《孟子》"交邻国有道乎"。④1910年，徐道邻妹妹徐樱出生不久，徐树铮举家回国。⑤徐道邻从小对上海很熟悉，家住南阳路34号徐宅。他斯文内敛，一表人才，遗憾的是有腿疾，走路略显异样。过去有人说是襁褓时失足坠地致伤，也有人说是因某个实验项目事故所致。他可能只从父亲基因里遗传了一半，那就是文才，会写诗爱昆曲，于音韵文辞讲求甚精，能填词谱曲。道邻的德文好到连德国人都佩服，又精通英语。⑥

徐道邻1925年入柏林大学攻读法律。他留洋的缘起与一段历史传奇有关。了解父亲徐树铮的行踪，就可以了解儿子徐道邻留德的起因。1924

---

② 1931年，徐树铮遗著《视昔轩遗稿》出版。
③ 《康南海祭徐树铮文》，载《国际公报》1926年第5卷第1—2期。
④ 陈新宇：《寻找法律史上的失踪者》（增订版），商务印书馆2019年版，第100页。
⑤ 宋庆阳：《"爱古人之词而涉于曲"——女儿眼中的徐树铮》，载《彭城晚报》2021年4月1日，另见中国徐州网，http://epaper.cnxz.com.cn/pcwb/html/2021-04/01/content_609425.htm，最后访问日期：2021年12月3日。
⑥ 《百年碎影》（二），载中国徐州网，http://epaper.cnxz.com.cn/pcwb/html/2011-11/28/content_611310.htm#，最后访问日期：2021年6月20日。

年9月,时任联军司令徐树铮因政治活动被捕房拘于公共租界,孙中山通过伍朝枢向北京外交团抗议。⑦ 然而各国领事对如何处置徐,意见不合。有三种意见:一是以内乱罪处置,二是内乱罪未遂,三是驱逐至境外或引流至中国政府,最后议决即日电告驻沪领事团,驱逐出上海。西探前往南阳路34号,徐树铮即表首肯,遂由捕房秘密安排登上开往英国的轮船。据报道云,家眷未同去。⑧ 但是,徐道邻不久便和父亲一起公开出现在了欧洲。1925年3月12日,孙中山在北京病逝,5月安葬时,正在欧洲考察的徐树铮用电报发回挽联:

百年之政,孰若民先,曷居乎一言而兴,一言而丧;
十稔以还,使无公在,正不知几人称帝,几人称王。

1925年6月26日晚,父亲带他到中国驻德使馆,参加为徐树铮举行的宴会,有新闻报道称:"德外长史特莱斯曼氏在致辞中言及徐树铮之子已留学德国一事,并述中德两国之共同利益,谓两国当因此而益臻密云。"⑨ 由此基本上可推断,徐道邻应该是1925年上半年在柏林大学入的学。只是,徐氏父子是否同时赴欧洲,则难以考证了。⑩ 无论如何,如此圆满的安排,当爹的也甚是放心了。

在欧洲走访英法德等国后,徐树铮于1925年12月启程返国,儿子徐道邻继续留在柏林大学念书。12月10日徐树铮抵沪,12月12日留美同学会顾维钧为他开了个盛大的欢迎舞会。⑪ 徐树铮继又北上,12月28日下午4点,段执政隆重接见徐树铮及其随行考察人员,政府国务安排"靓见

---

⑦ 《孙中山抗议徐树铮之被捕(中英文对照)》,载《英语周刊》1924年第476期。
⑧ 《徐树铮悄然赴英:昨晨由捕房押送登轮》,载《兴华》1924年第21卷第42期。
⑨ 《Weekly News:柏林中国使馆宴徐树铮(中英文对照)》,载《英语周刊》1925年第510期。
⑩ 1925年12月28日徐树铮海轮途经西贡时,致函国内密友报告行程,其中提到"家人均晕吐狼籍"。这说明其他家人跟他一起回国。《徐树铮海外归鸿》,载《兴华》1925年第22卷第3期。
⑪ 《十二月十二日留美同学会假新康花园开跳舞年会》,载《上海画报》1925年第66期。

单"上，称徐树铮为"特派考察欧美日本各国政治专使、陆军上将"[12]，然而，徐树铮廊坊遇害的一幕，就发生在29日夜至次日凌晨。

徐道邻在德国闻知父亲身亡噩耗，悲痛万分，从欧洲回国。[13] 尔后，随之一场官司更被众媒体曝料——徐道邻兄弟三人因父亲在上海所留的财产，被徐树铮之爱妾控告，在会审公廨诉讼逾一年。[14]

1926年徐道邻再赴柏林继续就读，1931年获柏林大学法学博士学位，年底回国，任职国民政府国防设计委员会，这是个从政起点很高的位置。徐道邻是历史上第五位获德国法学博士的中国人。1920年到1944年，中国人注册柏林大学法学院的学生共43人，根据袁同礼的目录，其中取得博士学位的仅五六人（徐道邻、安裕琨、萧作梁、陈育凤、李士彤）。[15] 稀缺的留德法学博士回国，自然会受到报刊追捧。1932年，有署名"什公"者赋诗《喜徐道邻至：君游学德意志得博士学位》公开登报庆贺，云："笑貌声音肖乃翁，英英将种气如虹。传家尚有楹书在，好与西贤校异同。举国狂驰二十载，可怜步步入茅丛。老夫盼子规宏远，蓄锐从来用不穷。"[16]

徐道邻才华横溢，还对古汉字有研究，曾作《晋斋札记》对"由""形""申""新旧"等字作考证。[17] 但更出色的是他在诗词上的天赋。当时南京有个叫《国风》的文学名刊，柳贻徵、张其昀、钱钟书等名家均在此刊发表作品。1933年至1934年，《国风》为徐道邻专设一个栏目"梦

---

[12] "中华民国十四年十二月二十八日下午四钟考察欧美日本各国政治专使徐树铮等……临时执政衔名"，载《政府公报》1925年第3496期。
[13] 王伟：《中国近代留洋法学博士考（1905—1950）》，第323页。
[14] 《徐树铮妾控诉徐子案昨开审》，载《中国报》1926年7月1日。《徐树铮子妾讼案了结》，载《民国日报》1927年7月20日。
[15] 杜卫华：《1949年前留德法学博士的学习和影响》，载《江苏师范大学学报》（哲学社会科学版）2016年第4期。根据王伟研究，再加上柏林大学法学博士学位唐嗣尧，则为六人。
[16] 什公：《喜徐道邻至：君游学德意志得博士学位（诗词）》，载《国闻周报》1932年第9卷第27期。
[17] 徐道邻：《晋斋札记》，载《国风》（南京）1934年第4卷第3期。

玉词"，在此一年内他就发表了二十余首诗词。[18] 细读会发现其中藏着些秘密。现摘录三首（部分）：

浣溪沙

柳叶双眉带笑湾，罗襦微露见珠环。满天风雪未知寒。昨夜梦魂疑素女，今宵残醉忆青莲。明朝离别更应难。

好事近

秋色动离人，又是一年飘泊。何故英雄心事，总年年虚约。胡天蓦地起征尘，短剑生微映。怕听荒鸡不寐，仰临窗寒月。[19]

拟催妆

银烛双行酒一卮，催妆宜有催妆辞。缠绵万语无从说，恰似当年苦离别。万里征帆为我行，波涛千尺可曾惊。少年落拓今犹昨，才薄情深我负卿。别后情肠未可论，旧欢新怨向谁言。青衫今夕留君认，此是啼痕此醉痕。不假铅华态自妍，一颦一笑总嫣然。重洋远渡无灵鹊，身是鸳鸯不羡仙。[20]

其风格乍看是风月残雪，实际写的是离愁情思，深沉委婉，细腻忧郁，读之犹如初恋少年的缠绵。果然，此时传来他结婚的消息。多家媒体曝料：1933年7月徐道隣与一西洋美女在南京结婚。[21] 有报纸称新娘Mrs. Hsu为"美女士"，实为德籍美女，汉名叫"璧君"[22]，人称舒璧君[23]。

---

[18] 徐道隣的诗词大都委婉抒情，如"东风第一枝：暑居魏城慕一女郎未通款曲秋来重游"，载《国风》（南京）1933年第3卷第8期。

[19] 徐道隣：《浣溪沙》《好事近》，载《国风》（南京）1933年第2卷第9期。

[20] 徐道隣：《碧笙诗草：拟催妆》，载《国风》（南京）1934年第4卷第4期。

[21] "Married. Dr. Hsu Dau Lin, Prominent Chinese Lawyer in Nanking", *The China Press*, July 9, 1933. p. 4.

[22] 《徐树铮子在京结婚》，载《申报》1933年6月12日。

[23] 《百年碎影》（二）。

二、"风波"浪尖的"文胆"

与文学作品同时并行，徐道邻还有专业文章，大致有两个主题：其一是宪法草案问题。1934年他在不同的刊物上发表法律、外交等方面的文章。其中关于宪法草案的文章，也都是条理清晰、言简意赅、直截了当的条款修改意见，如《对于宪法草案初稿之意见》，首先提出批评宪草之三前提：一是实际上之适用重于理论上之全善全美，二是须巩固中央政府之地位，三是不可忽略地方政治组织。徐文重点意见放在各机构权力配置、央地间权限与机能上。[24] 徐文意旨明确定位，显示其思维的敏锐，能针对当时的现实，追求实效性的研究风格。与其同期发表同名文章的瑞士海归吴昆吾博士，形成鲜明对比：吴氏注重宪法的精神层面，比如反对国家性质冠以"三民主义"定义，针对公民消极权利保障主张采取宪法直接保护主义，等等。[25] 吴昆吾突出宪法理念，而徐氏突出宪法实效。

其二是国际关系与外交。1933年，徐道邻在《中央时事周报》发表多篇国际问题的文章，包括《德国在东三省之贸易》（1933年第2卷第7期）、《德国在远东之贸易》（1933年第2卷第9期）、《论希忒勒内阁》（1933年第2卷第14期）、《对德意外交应取之基本政策与态度》[26]，以及1934年关于中俄外交[27]等方面的论文。他分析德意俄等国政治特点，分析中外关系，提出中国政府应持何种态度。他尽量抛弃学究气息，以实战举措提出建议，颇具针对性应用价值。显然他非常关注国际问题，关注外交问题。不料，就在这一年，他因一篇"大文章"爆出了大名声。

事件的背景是这样的：1934年，日本侵略中国的意图日益明显，蒋介石认为中日局势趋危急，正进入最后关头，极思设法打开僵局。蒋氏"打

---

[24] 徐道邻：《对于宪法草案初稿之意见》，载《中华法学杂志》1934年第5卷第1—2期。此文转载于《兴华》1934年第31卷第26期。《宪法草案初稿商兑》，载《独立评论》1934年第94期。

[25] 吴昆吾：《对于宪法草案初稿之意见》，载《时代公论》（南京）1934年第109期。

[26] 徐道邻：《对德意外交应取之基本政策与态度》，载《外交月报》1933年第3卷第4期。

[27] 徐道邻：《中国对俄外交之回顾与前瞻》，载《外交评论》1934年第3卷第7期。

开僵局"的想法显然不是纯军事意义上的。与国人中不少知识分子相似，作为国民政府首脑，一方面是欲反击日本的入侵，另一方面又焦虑于难以抗衡的日本实力。面子与实力不一致，可谓心有余而力不足也。即便是在接连发生过九一八事变与一·二八事变之后的时期，许多人对这个历来有文化亲缘关系的邻邦，仍然抱有幻想。显然，在这个特殊时间点，中日关系是极敏感的话题。知识界私下议论纷杂，然而公开发表意见时，几乎是一种统一的爱国口径——认为要抵制日本。可是就在此时，1934年下半年有篇搅动国人神经的文章，发出了另类的声音。

这篇题为《敌乎？友乎？——中日关系的检讨》的文章发表在 1934 年 12 月出版的《外交评论》第 3 卷第 5 期，署名三字——徐道邻。该文主要谈及三个大的方面的内容：其一为中日关系一般处理原则；其二为两国对外政策的评论；其三为如何调整两国关系。在外界看来，此文内容显然和公众抗日的声音不一致，反而是与日本谈和。但同时它又诡异地被各大报章争相转载，广为传播。如连载于《新闻报》1935 年 1 月 26 日至 31 日第 10 版，[28] 还有《大公报》（天津）自 1935 年 1 月 29 日第 3 版起转载，两者均为当时著名大报。《大公报》还专门发了"社评"，认为《敌乎？友乎？》一文基于中日两国立场而非中国一方立场，是超然的，有利于中方策略的，也是对日的一种警醒。1935 年 1 月《外交评论》以此文出了一本共 22 页的抽印本小册子。无疑，这篇文章引起了轰动，引来诸多公开发表的评论和反驳，甚至有扣上求和卖国的帽子的。但也有赞赏的。上海有个小报发了一篇评论《敌乎？友乎？》的文章，对徐给予认可，认为"在言论准统制化之时代，而竟有人为此坦白率直之文章，独不虑社会上之反响、政治上之忌讳"。[29] 有的报刊文章意味深长地说徐文"胆大而坦白"，"不但把中日外交的症结细微曲折地道出，而且对日本和中国的错误

---

[28] 徐道邻：《敌乎？友乎？中日关系的检讨》，载《新闻报》1935 年 1 月 26—31 日。
[29] 《徐树铮有子》，载《晶报》1935 年 2 月 2 日。

都尽量指摘说明"。还提到他近来提倡"文化外交",主张"文化制敌"。㉚据报刊说,徐道邻当时收到各方赞扬响应文章数十通。有人以为徐道邻是"和文章一起出名的",实为不知徐道邻早已出名,只是这篇文章让他成为了公众人物。

徐道邻的大名和文章,连鲁迅都注意到了。1935年2月9日,鲁迅在给萧军、萧红的信中写道:"你记得去年各报上登过一篇《敌乎?友乎?》的文章吗?做的是徐树铮的儿子,现代阔人的代言人,他竟连日本是友是敌都怀疑起来了,怀疑的结果,才决定是'友'。将来恐怕还会有一篇'友乎,主乎?'要登出来。今后就要将'一·二八'、'九一八'的纪念取消,报上登载的减少学校假期,就是这件事,不过他们说话改头换面,使大家不觉得。'友'之敌,就是自己之敌,要代'友'讨伐的,所以我看此后的中国报,将不准对日本说一句什么话。"㉛总之,对徐文毁誉皆存,褒贬不一。

蹊跷的是,抗战结束后,有人说《敌乎?友乎?》一文并非徐道邻所作。㉜今天来看,这篇文章的态度和立场,难以确定出自谁人,但从写作风格和语言口气来看,颇似徐道邻的手笔。此文署名的真相究竟是什么?有人怀疑是陈布雷起草,由徐道邻署名。徐道邻认识陈布雷的时间,正是1934年6月,当时在南昌的蒋中正,召徐道邻自南京到南昌。蒋问徐:"子识陈布雷先生乎?可多与之谈也。""次日雪冰为予约,见布雷先生于厅后街三号,一谈达二三时。"㉝直到20世纪90年代,有位史学家考证揭秘了这个事实:此文是蒋中正口述授意、陈布雷笔录、以徐道邻名义发表的。㉞蒋本人写道:

㉚ 《徐道邻文化外交》,载《上海报》1935年9月14日。
㉛ 张效民主编:《鲁迅作品赏析大辞典》,四川辞书出版社1992年版,第358—359页。
㉜ 据说1934年时由于日本侵华野心暴露无遗,全国各界抗日情绪高涨,蒋介石希望日本"醒悟",口述意图,由文胆陈布雷记录。署名过于官方不妥,完全民间又无影响,于是由徐道邻发表于《外交评论》。
㉝ 徐道邻:《忆布雷先生》,载《子曰丛刊》1948年第5期。
㉞ 林志浩:《鲁迅批判徐道邻——蒋介石》,载《鲁迅研究月刊》1991年第1期。

在病榻分章口述,而嘱布雷同志笔录其详,以此为中日两国朝野做最后之忠告,期以警觉,克免同归于尽之浩劫。惟以当时政治关系,不便以布雷名义出之,乃托徐道邻君印行。近阅是编,抚今思昔,不禁感慨万千!……中正。三十九年九月㉟

谜底揭开之后,不得不佩服鲁迅,他既点到"现代阔人",又批评"代言人",可谓清言洞见,一针见血。这桩历史公案,展示的是徐道邻了不起的文才,揭示的是初生牛犊凭借才华出位的规律,但最终说明的是:文人的价值迷离和政治幼稚,极容易沦为政治家假借的一个木偶文人。需要考究的是,文人以文参与政治,为的何种目的?仅仅为了搭上手沾点光?还是基于理念以智识贡献引领政治?目的不同,手法不同,效果截然不同。

三、从政目的之揭秘

徐道邻这个值得同情的年轻文人,自从 1931 年底回国到 1945 年抗战结束,一直在从政。但他的生活似乎是"人在政坛心在学"的悠游状态。根据笔者对徐道邻一生经历与论著的整理发掘,可以看出他这种"悠游状态":1934 年那篇《敌乎?友乎?》的著名文章之后,他继续一边做官履职,一边读书问学,至少表面上看起来安之若素。

1936 年,《独立评论》上有学者张忠绂撰文作"外蒙自治的回顾",认为"外蒙取消自治"(即 1919 年撤销"独立"回归中国)并非中国政府主动,意思是这与徐树铮无关。徐道邻读后根据他掌握的独有史料,摆出事实进行纠正,发表了《"外蒙问题回顾"的疑问》(《独立评论》1936 年第 203 期)。继以《答徐道邻先生关于"外蒙问题回顾的疑问"》作

㉟ 《敌乎?友乎?——中日关系的检讨》这篇有争议的文章,后来竟刊载于《先"总统"蒋公全集》第 3 卷"书告类"第 3133—3146 页,蒋介石于 1950 年 9 月为此文写了以上说明。参见林志浩:《鲁迅批判徐道邻——蒋介石》。

答，基本承认徐文意见，但仍认为是外蒙王公主动为之。㊱徐道邻再发《再论外蒙撤治》（1936年第209期），补充了新的证据，证明其父徐树铮在民七夏有致政府条陈筹边策的精密计划。㊲是年，他还发表了《营业界限争执之行政法观》（《行政研究》1936第1卷第2期）。1937年，徐道邻仍然在《行政研究》发表学术论文，诸如《论行政诉讼之范围》（第2卷第1期）、《论行政处分之拘束力》（第2卷第2期）、《行政诉讼中之赔偿损害问题》（第2卷第5期）。这些文章都是纯粹的理论性探讨，说明他由衷地热爱学术。

1937年11月1日，国民政府任命徐道邻为行政院秘书。㊳1938年7月徐氏担任中华民国驻意大利大使馆代办，㊴1941年9月离意回国，㊵10月2日到达陪都，继续在外交部任职。㊶毕竟是文人，徐道邻回国后还不忘写点做外交的体会和感受，发表了《关于驻外使馆的几个意见》㊷。1942年6月8日徐道邻被任命为铨叙部甄核司长。㊸

多年后徐父的老熟人蒋中正见到徐道邻，私下便以"世侄"称呼。㊹有趣的是，徐道邻近临政治中枢，却对金圣叹之类的历史典故感兴趣。有一次他给一报社去信说，在某报曾读到过一篇关于"金圣叹考"的文章，现在想不起来在哪里，能否帮忙给我找找？㊺他在中央训练团党政高级训练班的讲义《德义主要政党研究纲要》于1943年被印出来。他在甄核司长的位置上还静心做起了中国法律史的学问。

㊱ 张忠绂：《答徐道邻先生关于"外蒙问题回顾的疑问"》，载《独立评论》1936年第204期。
㊲ 徐道邻：《再论外蒙撤治》，载《独立评论》1936年第209期。
㊳ 《国民政府令（二十六年十一月一日）》："任命徐道邻为行政院秘书"，载《国民政府公报》（南京）1937年第2499期。
㊴ 《徐道邻代办驻义大使事务》，载《新闻报》1938年7月4日。
㊵ 《徐道邻将回外部任职》，载《大公报》（香港）1941年9月9日。
㊶ 《华驻义代办徐道邻抵渝》载《新闻报》1941年10月8日。
㊷ 徐道邻：《关于驻外使馆的几个意见》，载《三民主义半月刊》1942年第1卷第11期。
㊸ 《府令徐道邻任铨叙部甄核司长》，载《大公报》（重庆）1942年6月9日。
㊹ 《百年碎影》（二）。
㊺ 徐道邻：《征求"金圣叹考"》，载《中央日报》（《扫荡报》联合版）1943年3月15日。

到了 1945 年 4 月，抗战即将胜利，40 岁的徐道隣被任命为行政院政务处处长。[46] 可是只隔半年，就在抗战结束时，他做出了令人难以置信的事——辞职了！

刚接任处长，为何辞职呢？接着有媒体追踪到他的这个答案——替父报仇！原来，他于 1945 年 10 月底至 11 月初，上重庆北碚的司法管理局，控诉张之江谋杀其父，请求鞫讯！[47] 同时，也有新闻报道向军事委员会控告冯玉祥——时人必定把他的投诉解读为对冯玉祥的起诉指控。对啊！杀父之仇，至今未报！这一年，正是父亲徐树铮被暗杀 20 周年，过不了 1 个月就是刑事追诉期满！替父雪恨，君子报仇，到了不得不出手的时间了！

据说徐道隣在提出控告前，对任何人都没有透露。就连他多年的好友蒋复璁，也只是在读报的时候才得知这一重大消息。徐道隣后来说，当时不起诉是因为冯的军队将领都在前线，一旦起诉，怕引起若干将领对中央的误会。抗战八年，当时他已经在中央工作，辞职就是为了避免误会。[48] 谁知冯玉祥在媒体面前辩称，由于徐树铮 1918 年杀死陆建章，因此陆子为报父仇而杀死了徐树铮。[49] 此举颇令朝野吃惊，据说蒋介石也觉得很尴尬。[50] 政务处处长徐道隣于发动起诉的那 11 月，其辞职报告就被批准了。[51] 可是正如人们预料的，此件讼案却被故意拖延时间，最后以超出 20 年追诉期限为由，不了了之。徐道隣啊徐道隣，一介书生，无可奈何，只能听命。

后来徐道隣回忆往事时，道出了他埋藏多年的心声：

> 凡是读中国书，听中国戏，看中国小说的人，对于他，没有一件比替父申冤报仇更重要的。但是我那时知道，对于我，这却不是一件简单的事情。冯是一个手握重兵的大军阀。我是一个赤手空拳的孩子，怎么

---

[46] 《行政院政务处处长改由徐道隣继任》，载《益世报》（重庆）1945 年 4 月 4 日。
[47] 《徐道隣投诉控告张之江乃父之罪》，载《大公报》（重庆）1945 年 11 月 4 日。
[48] 陈新宇：《寻找法律史上的失踪者》，第 102 页，注释 3。
[49] 《双杀父案冯玉祥徐道隣各有说法》，载《立报》1945 年 11 月 25 日。
[50] 嘉惠：《徐道隣控告冯玉祥的内因》，载《海涛》1946 年第 14 期。
[51] 《行政院政务处处长徐道隣辞职照准》，载《立报》1945 年 11 月 14 日。

能谈报仇？想要报仇，必须努力向上，在社会上有了一点地位，然后才能作此想。因此我下定了决心：先拿报仇的精神去读书。等书读好了，再拿读书的精神去做事；等做事有点成就，再拿做事的精神去报仇！㊾

原来徐道邻从政做官是为了替父报仇。徐父军阀出身，陷于军阀争斗而被谋杀。时人对军阀口碑的掂量只能另当别论，单从儿子对父亲的情感上讲，徐道邻当年狠下替父报仇决心，忍恸节哀，拒绝消沉，反而尽责履职，潜心学问，隐匿于市，亦当是隐忍君子！

正是这一年——1945年的5月，徐道邻才华横溢的袖珍大作《唐律通论》问世了！他居然在繁杂的行政事务官位置上做起了学问，这学问已经不是他以前所学的德国宪法或擅长的公法或外交问题，而是上千年前的"老古董"——代表中华法律文明的《唐律通论》。某种意义上说，杀父之仇未报，却在隐忍中练就了禅心，坐冷板凳换来了一部独辟蹊径的佳作。容后文再作分析。

抗战胜利后，徐道邻1946年先担任台湾省政府秘书长，时人笑称父子构成了"秘书长之家"，可不到一年，徐道邻就挂冠而去，据说是派系不同意见不合，㊿也有人认为是台湾魏道明"长于外交、短于行政"之故，徐氏干了三个月即感"明珠暗投"㊾。1947年9月24日同济大学丁文渊校长聘徐道邻为法学院院长，其任上最重要的贡献是聘请了薛祀光以及中青年学者如陈盛清㊾、

㊾ 徐道邻：《二十年后的申冤》，载徐道邻编述、徐樱增补：《徐树铮先生文集年谱合刊》，第379页。转引自陈新宇：《寻找法律史上的失踪者》，第102页。
㊿ 董琪：《陈布雷识拔徐道邻》，《时报》1948年第46期。
㊾ 《徐道邻弃暗投明》，载《辛报》1949年3月28日。
㊾ 陈盛清（1910—2009），江苏溧阳人，1935年毕业于中央政治学校法学部。历任江苏省立医政学院刑法教员、国立云南大学法律系讲师、中央政治学校大学部民法副教授、国立英士大学刑法教授、国立暨南大学教授、国立同济大学教授。1949年后，曾任上海暨南大学教授。1951年后历任政务院政法委员会参事室研究员、中央政法干校教员、国务院法制局研究员、湖北麻城中学教员。1978年后历任中国社会科学院法学研究所研究员、中国大百科全书出版社编审。1980年调入安徽大学任教，曾任安徽大学法律系主任、中国法学会理事、名誉理事，中国法律史学会学术顾问，全国外国法制史研究会会长、顾问，安徽省社联副主席，安徽省法学会副会长、名誉会长等职。2009年12月18日13时，因病在北京逝世。

谢怀栻等到同济大学任教。另外值得一提的是他于 1948 年 6 月促成庞德给在沪七所法律院系做演讲。[56] 可是在同济才干了一年院长，[57] 徐道邻又从政去了——1948 年 9 月，他做了江苏省政府秘书长。然而妻子舒碧君和二女一子都在美国，让徐道邻成了"裸官"。

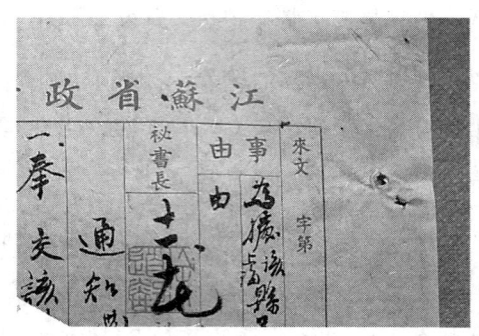

图 2　1948 年 11 月徐道邻任江苏省政府秘书长时签批的文件，钤印"徐道邻"（然否斋藏）

1949 年，徐道邻孑然一身从大陆前往香港，再通过他的特殊关系到达台湾。然而，在台湾无栖身之地，只好住在台北朋友家。由此与徐复观相识，成为好友。[58] 有一次徐道邻神色凄凉地对徐复观说："假定我不能很快到美国去，太太会和我离婚。要去，又没有钱买机票。你能不能想个办法？"如此落魄，令徐复观顿觉愕然，于是为他找了个熟人，可以为他负担机票的钱。可是阴差阳错，他没有去成，太太终于提出离婚，他除了接受外，更无他法。[59] 与前妻离异后，徐氏幸而不久进台大法学院任教，兼职于东海大学。不久认识了叶妙暎女士，一位崇拜他的台大女生。到了谈

---

[56] 同济大学法学院主编：《继往——同济大学法学院创办档案辑存（1945—1949）》，第 185—186 页。

[57] 1947 年 9 月 24 日同济大学校长丁文渊"聘徐道邻先生任法学院教授，月薪六百元，又，兼法学院院长。文渊卅六、九、廿四"。1948 年 9 月 23 日，同济大学发文称"法学院院长徐道邻教授请假三月，所有院长职务敦请该院司法组主任薛祀光教授兼代〈法学院院长〉"。参见同济大学法学院主编：《继往——同济大学法学院创办档案辑存（1945—1949）》，第 62 页。

[58] 徐复观：《痛悼道邻兄》（1973 年），载徐复观：《中国知识分子精神》，第 128—129 页。

[59] 徐复观：《痛悼道邻兄》（1973 年），载徐复观：《中国知识分子精神》，第 128—129 页。

婚论嫁时，请徐复观从台中来台北斗室亲眼一见。"叶女士赤着脚便走进来了，我看那一片天真热情的情形，哪有不赞成之理？"⁶⁰ 徐道邻遂继娶叶女士为第二任妻子，生育了一儿一女。⁶¹ 后来道邻去了美国，从美国写诗寄给复观，请他"和"诗，老友拖沓不"和"。过了一阵，道邻为和诗致信催促，逼得复观硬写了首诗寄过来。根据多年交往的细节，徐复观评论道："中年以后，还保有这种儿童心理状态的人，永远不会变成坏人的。"⁶²

出身优渥的徐道邻，在清贫日子里，并没有因此而觉得苦恼和寒碜。作为学者，徐道邻在清贫面前，反而对学问有更广博的兴趣，包括逻辑实证论、语意学、变态心理学等。为了学逻辑实证学，他还重新温习数学。在经济拮据中还不断购买大部头的英文书。徐复观说："对他的时代感受力之强，对新学问追求之热，心里非常佩服。"⁶³ 这正是"为知识而知识"的知识人。所谓学问追求"无用"，其实求知本身就是目的。所以说，"朝闻道夕死足矣"。闻道之知，乃真正知识人的本能。

1962年徐道邻远渡重洋，在美国先后任教于西雅图华盛顿大学、哥伦比亚大学、密歇根州立大学。1973年12月24日，徐道邻在美国西雅图病逝，时年68岁。

徐道邻逝世时，台北《中央日报》第三版只刊登了一则小消息，时人恐怕都不在意。其生前好友徐复观写了篇《痛悼道邻兄》，直到次年才在《中国时报》（1974年1月5日）发表。可惜徐复观不是法科人士，没有引起台湾法律界对徐道邻学问的关注，更不用说大陆法学界了。

四、学术真趣的三阶段

徐道邻的真正兴趣在于学术，大致有三个阶段，一是攻读博士阶段，二是抗战时期，三是晚年时期。第一个阶段是宪法学，第二个阶段是以中

---

⁶⁰ 徐复观：《痛悼道邻兄》（1973年），载徐复观：《中国知识分子精神》，第129页。
⁶¹ 《百年碎影》（二）。
⁶² 徐复观：《痛悼道邻兄》（1973年），载徐复观：《中国知识分子精神》，第129页。
⁶³ 徐复观：《中国知识分子精神》，第129页。

国法律史尤其是唐律为主,第三个阶段则是行为科学、语意学和逻辑学。因此,其研究领域跨度很大。下面对他学术三个阶段及其特点做些回顾。

第一,博士阶段他主要以法教义学方法研究宪法。徐道隣在柏林大学的导师为德国公法学家斯门德(Friedrich Rudolf Smend,1882—1975),早年在波恩大学任教。斯门德于1920年就受柏林大学邀请,但他最初拒绝了,到1922年才进入柏林大学。他1916年以"范式先驱"(paradigmatischer Vorläufer)首次提出了自己的宪法方法而著称。[64]徐道隣1931年毕业后的第四年,斯门德迫于政治压力,不得不接受哥廷根大学邀请直至任教终身,还在1944年至1949年期间担任过法学院院长。[65]这也就是说,徐道隣在柏林大学恰巧遇到了正在该校任教的斯门德。

徐道隣1931年的博士学位论文为《宪法的变迁》(Die Verfassungswandlung)。此文一出炉就受到德国出版公司青睐,于次年出版问世。"对于许多同时期的先后获得博士学位的青年学者而言,例如胡伯(E. R. Huber)与特奥多尔·毛恩茨(Theodor Maunz)等,却无此殊荣。而后些学者却是日后成为德国公法学界的巨擘,名声垂数十年而不坠。"[66]著名学者张佛泉1954年出版的《自由与人权》,不仅提到《宪法的变迁》,更提到发表于1932年德国最重要的公法杂志《公法文稿》的《形式主义与反形式主义的宪法概念》(Fomalistischer und antifomalistischer Verfassungsbegriff)。张佛泉说,瑞士学者Werner Kägi在Die Verfassung als rechtliche Grundordnung des Staates(《宪法作为国家之法的基本秩序》,1946年)一书中曾征引或建议参阅徐著此文及Die Verfassungswandlung(《宪法的变迁》)一书达17次之多。[67]半世纪后德国学者W. Fiedler(1972年)认为

---

[64] Manfred Friedrich," Rudolf Smend(1882 – 1975)", Archiv des öffentlichen Rechts, Vol. 112, No. 1, 1987, pp. 1-26.

[65] Manfred Friedrich," Rudolf Smend(1882 – 1975)", Archiv des öffentlichen Rechts, Vol. 112, No. 1, 1987, pp. 1-26.

[66] 陈新民:《惊鸿一瞥的宪法学彗星——谈徐道隣的宪法学理论》,载《公法学札记》,中国政法大学出版社2001年版,第178—216页。

[67] 王九渊:《法学大家徐道隣——幸与不幸的变奏》,参见商务印书馆学术中心博客,http://blog.sina.com.cn/s/blog_ 8390063b010169h5.html,最后访问日期:2021年6月25日。

"徐氏与业师斯门德教授是对宪法变迁问题讨论最深入的学者"，"自徐氏之后迄今，德国学界再无人以'宪法变迁'为题而撰写专书，可见得本问题之深奥、抽象"。(68)

徐氏宪法学方法论具有显著的德国法教义学路径，但不宥于此，他还有宪法社会学的进路。他把"宪法变迁"确定为"为宪法成文规定与宪法实际间不一致"的问题，徐氏认为宪法变迁是有必要的，但反对"恶性变迁"，主张"解释变迁"。至于徐氏为何放弃宪法学研究，放弃这种精微的技术与思想，或许与他对中国"有治人而无治法"的"骨感"政治现实有关。徐氏全文涉及宪法漏洞、条文老化、实质修宪、宪法解释、宪政惯例等等，实际上仍然以法教义学方法为主干。徐道隣的宪法教义学方法，不仅是当时中国学者中的凤毛麟角，甚至连德国宪法学界都为之称道。

1992年，台湾公法学家陈新民教授在台北发表了一篇研究徐道隣宪法学理论的文章，篇名叫《惊鸿一瞥的宪法学彗星——谈徐道隣的宪法学理论》，后来收录到《公法学札记》中并于1993年在台北出版。新民兄将此书连同他的其他新著给笔者寄了一本，很惭愧的是，笔者读了《惊鸿一瞥》一文之后，才知道前辈徐道隣。陈新民对徐道隣给予相当高的评价，称其为"惊鸿一瞥的宪法学彗星"。他还赞叹不已地说："不仅德文措辞精确晓畅，尤其是氏所援引的文献是特别严谨、广博，实是无法令人相信是出自一位当年仅25岁的'非德国人'——中国之法学者之手。"(69) 陈新民还对徐氏的《形式主义与反形式主义的宪法概念》作了详尽的介绍，给予徐氏高度评价。

第二，唐律研究中的鲜明方法论特点。徐道隣1945年5月出版的《唐律通论》，在唐律"四益说"中讲了唐律的四个启发。徐氏对唐律给予高度赞赏，是以拿罗马优士丁尼法典来作比较得出的，这种比较法方法

---

(68) 陈新民：《惊鸿一瞥的宪法学彗星——谈徐道隣的宪法学理论》，载《公法学札记》，第214页。

(69) 陈新民：《惊鸿一瞥的宪法学彗星——谈徐道隣的宪法学理论》，载《公法学札记》，第178—216页。

在当时也是领先于时代的。他认为唐律"系统精严,无异于优帝法典"。各章论述之角度更特别,有唐律与现代法、唐律与东亚各国、唐律与罗马法,再分析礼教中心论、家族主义、尊君、崇官、诉讼制度、不罚未遂罪、唐律无自卫说、唐律中的新颖思想等等,虽不成体系,但其主题视角、比较法方法、教义学方法、以司法为中心等等,均令人耳目一新。

从宪法到唐律的研究转变,这跨度不是一般的大,那么二者之间有没有什么联系呢?他在唐律研究中的规范比较,不乏洞见,比如讲到中国法律的社会本位,比附可以断罪,经义可以折狱;而以个人本位的西方法律,"则个人与个人之争,锱铢未可相让,故其法律注重形式文字,丝毫不容苟且,故西洋法系恃条文统制国家。以其意求统括,故有'法律空隙问题'之辩。明明为采伐葡萄起诉,而必以采伐'树木'为词"。[70] 他从中西法律精神的差异中分析出法律方法的不同。徐道隣把唐律当作实证法的文本来进行规范分析,较典型的是《唐律通论》第十一与第十二两章(这两章实际发表于 1943 年的《读唐律》,载《思想与时代》1943 年第 19 期),对"无未遂罪说""自首"和"无自卫说"作了规范实证分析。从规范意义上来看,没有"未遂罪""自首"的刑法概念,但他考察唐律相关规范,整理出五种:(一)贼盗律"谋杀人者徒三年";(二)卫禁律"化外人……私与禁兵器者绞,共为婚姻者流二千里,未入未成者减三等";(三)贼盗律"强盗不得财徒二年";(四)贼盗律"略人拟为奴婢不得,又不伤人,以强盗不得财徒二年";(五)诈伪律"诈欺官私取财物不得,准盗论减二等"等条款。以法教义学分析视角,他发现:唐律是有未遂罪之罚的。他说,除此五个方面之外,"未遂之罪皆无罚"。他分析说,"此事乍观,似觉欠阙,详思所以,则亦'自首得原'之必然结果",然后从立法目的上解释了既然这样,"执法者又何必操严刑峻罚以从其后乎?""律以正俗,刑以止杀,不有诛心之罚,奚作未犯之惩,则又何说?

---

[70] 徐道隣:《唐律通论》,中华书局 1947 年版,第 34 页。

曰：此儒家礼治论之效也。”(71) 徐氏《唐律通论》对唐律“无未遂罪说”、“自首”和“无自卫说”这三个方面相关规定的规范分析中，有语义分析，有体系的逻辑分析，又有立法目的分析，实际上就是教义学的概念解释、体系解释、目的解释。

此外，徐道隣文章中有明显的教义学方法论运用，大都结合规范视角、中西比较、司法中心观的学术特征。徐氏的规范实证方法论和鲜明的司法中心论特征是一脉相承的。徐氏《唐律疏议补注序》（写于1943年2月），对其中的错字或疏漏作了多处纠正。(72) 更明显的是《唐律通论》中对唐律“推原法意”、“不拘泥文字”、“比附论罪”(73)、“术语精密”、“注疏与律有出入”(74)、“文字取变化而不取划一”(75)、“间或陷入形式主义”(76) 等论述，均与他在德国留学时所习之教义学方法相承接。其学问之细心、潜心和耐心跃然纸上，更可见其实证主义的法教义学方法的功底和脉络。徐氏1948年的《开元律考》中论述到唐开元间的开元律修改与今本唐律校之有四点不同，并论述了永徽律与开元律的关系(77)。他后来撰文把开元律这种情况称为“窜改”，视同为大陆法系的Interpolation（将不同性质的东西插入到别的东西中），以区别于所谓的“修订”（Revision）。他说，“断定现有的律疏，文字上曾经过开元间的一种窜改（Interpolation）（罗马法中常有的现象）而不是一种修订（Revision）”(78)。总之，徐道隣这种法律史研究方法，是中国学者用欧陆法教义学方法来研究唐律的第一次尝试。

他在微观规范的精微分析之外，也有宏观的崭新视角，比如1944年发表的《唐律在中国法制史上及东亚诸国之价值》，对唐律的地位和影响

(71) 徐道隣：《唐律通论》，第58页。
(72) 徐道隣：《唐律疏议补注序》，载《图书月刊》1943第3卷第1期。
(73) 徐道隣：《唐律通论》，第81—84页。
(74) 徐道隣：《唐律通论》，第85—87页。
(75) 徐道隣：《唐律通论》，第88页。
(76) 徐道隣：《唐律通论》，第90页。
(77) 徐道隣：《开元律考》，载《新法学》1948年第1卷第3期。
(78) 转引自陈新宇：《先哲已逝，典范永存——缅怀徐道隣先生兼评〈中国法制史论集〉》。

作了"居最高之地位""中国法之中心"[79]等概括评价。我国当代法史学者偶有学者对此书单独作研究，给予的评价似乎都很高。[80]当然也有指出其书缺乏内在系统编排、简单汇集他人观点、西方视角又带来新的误解或混乱等不足。[81]倘若将徐氏的宏观研究与陈顾远及略早于徐氏《唐律通论》的杨鸿烈之法律史研究相比，《唐律通论》明显单薄，视角观点不免过于新锐。但这是环境使然，不无可原之情——"山居僻塞，典籍渺然，因亦罕所参稽"，徐氏在抗战艰苦岁月的工作之余，带着他对唐律的欣赏和把玩的心态，写成这本有学术含量的阅读笔记，仍可见其学问兴趣之浓郁。

笔者以为，徐氏《唐律通论》鲜明的方法论之外，许多观念在当时都具有新思维。这种思维大致可分为三种：一是至今仍为正确的观念，比如他对当时学界关于"家族主义"评论的评论，他反对"大义灭亲"，反对"有国无家"。二是替唐律的制度设计之理由作历史的、中立的分析。比如当他评析唐代司法与行政不分权时，他说"依中国传统政治哲学，德礼与刑罚，同为政教设施之方。'管'与'教'不分，则其集中于一人，亦理之必然。（县官）不亲狱讼，何以切知百姓之疾苦乎？"等等。[82]他对唐代司法与行政权不分，颇持赞成。这在今天是错误的，但他说理是审视当时历史文化语境，观点是中立的。三是他有草率的偏颇观点，较明显的有两点：其一，运用比较法方法的同时，在其西方视角下，一边褒扬唐律，一边认为"西洋法律制度者，今日已陷于末流者也"[83]，犯了常见的毛病——盲目信古偏好，对西方法律趋势的武断。其二，对唐律所作的褒扬中，存在一些古今价值判断上的错乱。徐氏书中有一些相当大胆独特的见

---

[79] 徐道隣：《唐律在中国法制史上及东亚诸国之价值》，载《图书月刊》1944年第3卷第2期。

[80] 余钊飞：《为往圣继绝学——评徐道隣先生〈唐律通论〉》，载《中西法律传统》2006年第5期。陈新宇：《先哲已逝，典范永存——缅怀徐道隣先生兼评〈中国法制史论集〉》，载《政法论坛》2007年第4期。

[81] 当代对徐氏《唐律通论》批评的文章不多，目前所知只有余钊飞的《为往圣继绝学——评徐道隣先生〈唐律通论〉》。

[82] 徐道隣：《唐律通论》，第52—53页。

[83] 徐道隣：《唐律通论》，第34页。

解。比如他为唐律的"官当"作了重新解读，赞成这种"崇官慎刑"，认为有利于"重名位以远货财也"，在"愚者众贤者寡"的中国，"官当"是对官员"慎刑"，符合刑罚的惩儆目的，刑不上大夫是为了保其自尊，是"惜才之制"。进而他以居官者之责任来加强论证，云"居官者之名位既崇，则其所受之拘束亦愈严，尤以限制其授受取与者为最尤"。[84] 徐道邻在这里流露了明显的反平等的精英主义倾向，可谓突破一般公认的价值观。此书出版当时，就有书评给予很高评价"独到之见解甚多，实已美不胜收"，但也批评其肯定"刑不上大夫"之义"为读者所不敢苟同"。[85] 1953年徐道邻出版了《中国法制史论略》（正中书局），拓展并丰富了前期的唐律研究，也为他第二个学术阶段告一段落。

第三，他从"有用"的法律学方法论深化到"无用"的学术兴趣，进而到语意学、行为科学和逻辑学。规范分析也好，法律解释也好，与语义学有着密切的关系，因此这个转承变化也有内在关联。徐氏的学术兴趣在40岁之后渐趋旺盛，宽窄自如，任性拓展。他离开大陆时才40多岁，学术生命力正旺。1956年徐道邻出版了《语意学概要》（友联出版社）。对此书的研究者极少，香港有学者认为："此书内容深入浅出，并且富有趣味性和实用性，当年在台、港之间备受欢迎，被誉为我国第一本介绍西方语意学的书。"[86] 他的学术兴趣随着时间扩展到整个社会科学领域的交叉研究，1958年徐道邻完成了《行为科学概论》（三民书局）。徐道邻1962年去美国大学任教，同年翻译并出版了译著《儿童行为》（文星出版社），是因为他对儿童心理感兴趣？抑或是他自己就有"儿童心理"？我们不得而知。1975年《徐道邻社会科学论文集》出版（友联出版社）。

---

[84] 徐道邻：《唐律通论》，第49页。
[85] 罗渊祥：《徐道邻著"唐律通论"》，载《中华法学杂志》1947年新编第5卷第7期。
[86] 黄展骥：《从"事实"、"信念"到"评价"、"行动"——略评徐道邻的〈语意学概要〉》，载《人文杂志》1997年第5期。

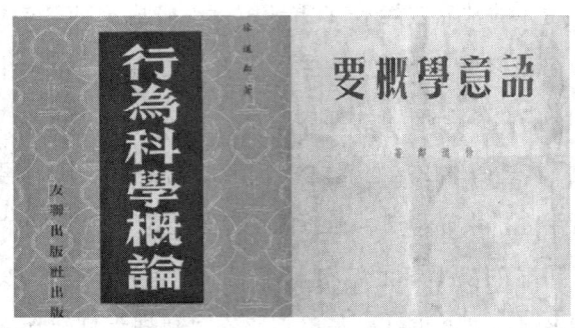

图3 徐道邻著《语意学概要》(1956) 与《行为科学概论》(1958)

由上可知,徐道邻的学术兴趣很广。这可能会引来非议或轻视,然而,一个人何必违背内心兴趣的召唤,非得学问也要"从一而终"呢?他兴趣的拓展和转化,与环境、与其内心某种心理都有关,但前后还是有内在联系的。比如他从法律实证主义的教义学方法论开始,进入到语意学、数理逻辑和行为科学乃至扩展到整个社会科学,不能说没有内在联系的合理性。他在台湾时,对逻辑实证论、语意学、变态心理学等,有非常浓厚的兴趣。为了学逻辑实证论,他又重新温习数学。在困难的生活中,徐氏还不断地买一厚本一厚本的英文书,如饥似渴地阅读、演算。见到徐复观,就和他聊这些话题。徐复观钦佩徐道邻的时代感受力,赞叹他对新学问追求之热。徐道邻还因学术思想的互相吸引,与著名逻辑学家、哲学家殷海光(1919—1969)结为忘年交。[87] 殷海光1949年到台湾,在台大哲学系任讲师,几年之后升任教授。这时,著名学者牟润孙也来到台大执教,经徐道邻之介绍与殷海光结识。[88] 据说,来台的大批作家、学者,50年代起常在周德伟官舍聚会,像殷海光、张佛泉、徐道邻、雷震、夏道平等人都是座上常客,"久而久之,形成了自由主义菁英在台聚会的大本营,随着国民党钳制力道的加强,这座简单的房舍似乎成了知识分子一座对抗蒋

---

[87] 徐复观:《痛悼道邻兄》(1973年),载徐复观:《中国知识分子精神》,第129页。
[88] 范泓:《殷海光其人其事》,载《老照片》第37辑,2004年10月。

家专制统治的堡垒"。⑧⑨

文章至此，我们可以看到徐道隣的全貌。他从政，决然不同于王宠惠、王世杰、胡次威等政学两栖之才俊。他没有太多的从政能力，也说不上兴趣。他的从政与从学经历，实际可用八个字概括——浮掠于政，沉潜于学。他浮掠于政坛，也只是小心谨慎地漂漂混混直到报仇雪恨之日，而学问才是他生活中的真爱，是他生命中的天分。他到50年代才明确地讲出来了——政治是机会的作用，"但是做学问则一分耕耘，一分收获，绝少机会的成分在里头。然而事实上，竟有不少有才华的学者，放弃了他们有把握的学问不做，而到没有把握的政治里去翻筋斗，真是使人难解"。⑨⑩ 所以人生最重要的是尽早认识自我，避开弱项，找到自己的天赋所长，尽情竭力发挥。

1962年他完成并出版了《徐树铮先生文集年谱合刊》（商务印书馆初版）。这是他早年"替父报仇"动机的转化。他生前曾对友人说："终天两抱恨，平生一未消?"后人总是猜测他为何事"两抱恨"？是心理创伤？是父仇未报？是政学两端都抱遗恨？抑或是对人生的悲观哀叹？徐道隣拥有如此的灵气和饱学，又何必抱恨呢？面对人生和世道的不如愿和不满意，宁有错误的乐观，也不要正确的悲观。

---

⑧⑨ 佚名：《殷海光："五四之子"的自由悲歌》，载水煮百年网，http://www.shz100.com/article-9-424-1.html，最后访问日期：2021年6月25日。

⑨⑩ 徐道隣在写《中国法律史论集》时发过这通感慨。参见陈新民：《惊鸿一瞥的宪法学彗星——谈徐道隣的宪法学理论》，载《公法学札记》，第218页。

第二节　针砭济世

张君劢——35 岁前后的学问与爱情

图 1　张君劢（1887—1969）

迄今仍有学者认为张君劢"纠结在政治与学术之间"[①]，认为他"政学两栖"[②]，这容易导致人们对他的误解。张君劢确曾自称"一生兴趣，徘徊于学术与政治之间"。依笔者之见，此"徘徊"是指他来回穿梭于学术和政治，表明他的学术与政治的密切关系，而不是像某些人误以为的他在从政与从学之间的"兴趣"选择上"徘徊"[③]。张君劢从早稻田大学毕业回国后，早在 1910 年就参加游学廷试，以 81 分的优异成绩得最优

[①]　孔令春：《纠结在政治和学术之间的张君劢》，载《文史精华》2012 年第 6 期。
[②]　高力克：《一个超越左右的现代性方案——张君劢的"立国之道"》，载《华东师范大学学报》（哲学社会科学版）2012 年第 2 期。
[③]　肖美丰：《徘徊于学术与政治之间的张君劢》，载《北方论丛》1997 年第 5 期。

等，④任翰林院庶吉士。如果要从政，则早就有机会。他30岁前有过短暂从政经历，1916年在浙江交涉署长任上提出辞职，未准，⑤他却硬生生地离任。

其实他后来在从政与否问题上，既不"两栖"，也不"徘徊"，更无"纠结"。他只专心于学问，政治是他学问的领域范围，他问政而不从政。那么问题是，张君劢只求学问不从政的定力发生在何时？他曾在德国学习政治学和宪法学，那么，他何时从社会科学转向哲学的？妹妹张幼仪和徐志摩在欧洲离婚时，他在干吗？为什么忙成那样？单身了十七年的他，什么时候对意中人一见钟情的？根据史实，这些问题都把时间指向1921年至1923年。张君劢生于1887年1月18日，到这个节点的张君劢正值35岁前后。这几年对他学问长进、政治影响力以及个人生活都至关重要，所以值得整理和分析一番。

一、妹妹离婚，无暇顾及

1922年，他35岁，正是他妹妹张幼仪离婚这一年，他却很少过问。先从妹妹离婚前后说起，可粗略了解二哥张君劢当时为什么忙成那样。

徐志摩与张幼仪婚后约过了两年半，才决定去美国留学。1918年8月14日他独自启行赴美留学，却把妻子张幼仪丢在家中。1921年他又从美国转赴英国剑桥大学留学。从徐志摩的《留美日记》（1919.1.26—1919.12.21）来看，张君劢与徐志摩通信不断。可是，张君劢总为妹妹担忧，写信给她说，"他这么久没写信给你，一定是出了什么岔子，你非去不可"。⑥真是兄妹情深，二哥对妹妹是爱护有加的。但是在妹妹到了欧洲之后，特别是到了妹妹离婚的重要关口，张君劢却无心顾及。

---

④《游学毕业单：游学毕业生等第分数单》，载《政治官报》1910年第1039期。
⑤ 浙江省长关于交涉署长张嘉森呈请辞职由批文云"该署长才学兼优，任职以来，敦睦邦交，深资得力。现正呈报中央以重官守，所请辞署长及高等顾问各职应毋庸议"。《浙江省长吕批（七月二十六日）：交涉署长张嘉森呈请辞职由》，载《浙江公报》1916年第1574期。
⑥〔美〕张邦梅：《小脚与西服——张幼仪与徐志摩的家变》，谭家瑜译，智库股份有限公司1996年版，第105页。

在此先把张君劢在妹妹离婚前后的情况梳理出来：[7] 1921 年 1 月 28 日张幼仪坐船赴英国，3 月 6 日抵法国马赛，徐志摩在码头迎接。张幼仪说："自从我到欧洲以后，我们又自然的成为没有感情的夫妻。"[8] 3 月，妹夫徐志摩来巴黎与张君劢会面长谈。是年春夏间，徐志摩夫妇从伦敦迁入剑桥郊外沙士顿；不久郭虞裳住在徐家。7 月 12 日，张君劢来剑桥妹妹妹夫家探望，最多呆不到四天。张幼仪说："在沙士顿的那一年，徐志摩对我冷若冰霜，不理不睬，甚至叫我去打胎。"[9] 7 月，张君劢离德赴巴黎，8 月自法返德，约哲学家杜里舒同游。8 月，徐志摩与家中客人郭虞裳不告而别，离开沙士顿的家。张幼仪说："我怀孕自始至终，一直没有徐志摩的消息。"[10] 但是，徐志摩顾忌内兄君劢，徐自己不敢说，再三托郭虞裳与俞颂华向张去开口。8 月，张君劢很忙，郭虞裳为徐与张离婚事去巴黎向张君劢试探，但碰了钉子。9 月，怀孕的张幼仪只身前往巴黎向二哥求救，后续不详。张幼仪生下二胎从医院回家，"才终于得到徐志摩的音讯——家里摆着一张他笔迹的信封"，信里说："无爱之婚姻无可忍……彼此尊重人格，自由离婚，止绝痛苦。"[11] 10 月 14 日，徐志摩的绯闻女友林徽因随父离开伦敦回国，11 月 23 日抵沪。

1922 年 3 月徐志摩躲在柏林，借住在吴经熊和金岳霖等中国同学宿舍。张幼仪数次给吴经熊来电话，都被忽悠说人不在。张幼仪到了吴经熊宿舍，徐志摩才露了马脚。离婚协议签字时，旁边只有吴经熊和金岳霖两个见证人（参见吴经熊专篇）。

二哥张君劢明知妹妹、妹夫在他眼皮底下闹离婚，甚至连协议最后签字时，居然都不在场。那么，他又在哪里呢？这应该算是个谜，后文再作

---

  [7] 以下关于徐志摩与张幼仪离婚经过的考证材料，见秦贤次：《徐志摩生平史事考订》，载《新文学史料》2008 年第 2 期。
  [8] 〔美〕张邦梅：《小脚与西服——张幼仪与徐志摩的家变》，第 113 页。
  [9] 〔美〕张邦梅：《小脚与西服——张幼仪与徐志摩的家变》，第 147 页。
  [10] 〔美〕张邦梅：《小脚与西服——张幼仪与徐志摩的家变》，第 157 页。
  [11] 〔美〕张邦梅：《小脚与西服——张幼仪与徐志摩的家变》，第 157、159 页。

考证。目前所知，1922年10月14日，徐志摩由伦敦经马赛回到上海，拜会梁启超、张君劢。事实上，张君劢1922年5月已经在上海忙碌于草拟《国是会议宪法草案》，10月起，张君劢陪同来华讲学的哲学家杜里舒巡回演讲。

二、二度留德，再次放弃

张君劢留学日本之后，曾两次赴德国留学，却均因故而回国。一次是1913年，另一次是1920年。前后两次留学的目的虽然都为政治，但有所不同，可以看到他在政治与学问关系上的变化。

1913年，他于而立之年赴德国，进入柏林大学攻读政治学博士学位。以前在日本留学时，他就向往德国宪法学。[12] 从日本回国后，他跟着梁启超积极参与政治，还通过梁建议联合袁世凯，可是受挫后对袁极为不满。张君劢在德国学了两三年后，梁启超致电他回国兴师讨袁。张君劢此时正在撰写博士论文，收到梁氏电令后，丢开论文于1915年底返国。梁启超盛赞他舍小己利益以顾全局的精神。可是据他本人讲"在德国读书约有两三年，而自己无多大心得……虽两三年中读书甚勤，但始终站在学问之外，学问与自己尚未打成一片。"[13] 张君劢第一次留德两三年，最终未获博士学位。和那个时代的许多学生一样，文凭甚至连学问本身，都不那么重要。应该说，第一次留德，他不是冲着文凭也不是冲着学问，而是抱着救国寻药的心情去德国取经的。

张君劢早在1917年就在北大法科教国际法课程。[14] 1918年起，有变化了——他转向学术探索，开始疏离政治。所以有了第二次留学。

---

　　[12] 在日本留学时，"教授常常所提起的，是德国著名学者如 Wagner 及 Schmoller 等，宪法学上也提起 Mayer 及 Laband 的名字，所以在日本留学时，已引起我对德国学问的羡慕心。我在早稻田也曾读德文三年，德文经济学、德文宪法也曾读过些，在那时我已有意到德国留学。"参见张君劢：《我从社会科学跳到哲学之经过》（1935年11月25日在广州岭南大学社会科学会讲，王世宪记）。

　　[13] 张君劢：《我从社会科学跳到哲学之经过》。

　　[14] 据《法科学长报告书》，在北大法科担任研究教员的王宠惠讲比较法律，张耀曾讲政治学，张嘉森讲国际法。参见《北京大学日刊》1917年12月22日。

1918年12月28日，张君劢陪同梁启超从上海启程赴欧洲观察巴黎和会。梁启超组团观察巴黎和会，旨在维护山东权益，为中国外交出力，可见梁启超对政治的热心程度。梁启超为何邀请张君劢陪同观察巴黎和会呢？原因有三：一是张君劢1907年协助梁启超组织政闻社，创办《政论》杂志，宣传立宪主张；二是张君劢曾游学德国，判断德国一战必败，主张中国对德宣战，在说服梁启超后，曾与梁启超一起游说段祺瑞等政府要人；三是1918年10月张君劢结束考察日本，向总统徐世昌提出应对巴黎和会的具体建议。在巴黎和会期间，张君劢协助梁启超拜会各国政要，忙于为中国代表团出谋划策。直到1919年6月28日巴黎和会结束之后，张君劢的心思才有机会从政治与外交转向学术研究，特别是转向宪法学研究，"1919年8月下旬，他在游次瑞士途中，得到俄国新宪法文本，便抽时间把它译成了中文"。⑮ 另据中国人民大学韩大元教授考证，最早完整翻译并发表1918年苏俄宪法译文的学者是张君劢。张君劢的苏俄宪法译文发表于《解放与改造》第1卷第6号的"世界观"栏目，标题为《俄罗斯苏维埃联邦共和国宪法全文》，署名为"君劢"。⑯

　　张氏1918年至1919年考察欧洲以后的转型，不是法政更不是宪法，而是转向哲学，严格来讲是精神哲学——明显是改做学问了，走上后来被称为"玄学鬼"的学问之路。其实他在日本留学时期就已经对哲学感兴趣，⑰ 而且随着年龄增长，兴趣愈浓。1919年，张君劢因随梁启超在欧洲，半途起意，致函当时德国著名的精神生活哲学家奥伊肯（Rudolf Eucken，又译倭伊铿、奥伊铿，1846—1926），于正月初一（1920年2月20日）造访奥伊肯位于耶拿的家中。这一见不要紧，却使他放弃归国计划，留在耶拿跟从奥伊肯学习哲学。是年，他致函林宰平，谈了自己最近来欧洲后的思想变化，说"渡欧以还，将自己生世细细一想，觉十年来为

---

　　⑮　郑大华：《张君劢传》，中华书局1997年版，第91页。
　　⑯　韩大元：《苏俄宪法在中国的传播及其当代意义》，载《法学研究》2018年第5期。
　　⑰　其实张氏早在日本读书期间，就喜欢政治哲学。他在1935年的《我从社会科学跳到哲学之经过》中说："政治哲学是选科，选者甚少，就只我一个人，读的书是陆克的《政府论》。"

经世一念所误,踯躅政治,至今不得一当","近月以来痛下工夫,断念吾第二生命之政治已略决定,此在公之知吾生平者必闻而深骇"。然后隆重介绍奥伊肯,说他"预言物质文明之破产,提倡新唯心主义,以与世界奋斗,其人为谁,奥伊铿氏是也"。最后说:"抑尚有一言请公转达国中同志者,数年来以政治为饮食水火之君劢,已断念政治矣。吾同志诚有出死入生之举,以急国家之难,则弟之赴汤蹈火,决不人后。若夫现实之政谭,则敬谢不敏。吾且暂别加富洱、卑士麦、格兰斯顿,而与康德、黑格尔为俦侣。万里相思,惟公有以策励而进之耳!"[18] 之后,便有了林宰平于年底去欧洲拜访奥伊肯。就这样,张君劢拜在奥伊肯的门下。这第二次留学的决定是临时决意,但也似乎是酝酿已久的。

张君劢后来在《我从社会科学跳到哲学之经过》中讲道:"由清末至民国初年,吾国知识界对于学问有一种风气:求学问是为改良政治,是为救国,所以求学问不是以学问为终身之业,乃是所以达救国之目的。我在日本及在德国学校内读书,都逃不出这种风气。"[19] 确实,在中国缺乏传统上学问家或学者不作为一种职业,如果说有职业出路那就只有一条——学而优则仕,所以20世纪初的学界风气,求学问不是以学问为终身职业的。他说,自1920年后,"我虽然专心于哲学,但对于欧洲之政治思潮与经济思潮亦时常注意。……不像以前单就政治论政治,单就经济论经济,而是拿了这种材料后,加以一种哲学的思考",所以他把理论分为两项"一曰科学之分科性,二曰各科学中之抽象历程"。[20] 这是他对学科分类与哲学特征的说明。而他自己也在35岁左右受倭师(即奥伊肯)的"直接触动","使我不满意于社会科学而转到哲学"。当然他还讲了"不能不从社会科学走到哲学的田园里去"的其他原因,包括各派社会科学的分歧,不能从中求到一种与自然科学同等的真理,看不清发展脉络的全貌,不能给人类一

---

[18] 张君劢:《致林宰平学长函告倭氏晤谈及德国哲学思想要略》,载翁贺凯编:《张君劢卷(中国近代思想家文库)》,中国人民大学出版社2014年版,第45页。
[19] 张君劢:《我从社会科学跳到哲学之经过》。
[20] 张君劢:《我从社会科学跳到哲学之经过》。

种人生观，等等。[21]

奥伊肯与张君劢师徒二人在性情上亦颇有相似之处。1920年11月，张君劢代为邀请奥氏来中国讲学，奥氏夫人来信直接拒绝，怕他七旬老人经此海行一趟难料后果。而奥氏则来信称很高兴受邀，但考虑到国内情势，"吾德之有需于吾，莫今日若矣"，因此需要暂缓，但中国之行时时在吾心中。奥伊肯因此而却聘。张君劢在致讲学社书中解释说，奥氏"自德挫败以来，常怀家国之痛"，因国家"困苦频连之日。国不自立，端赖人为。彼青年如此使老成如予者亦不复与今日国民同其甘苦。贪外国厚利而趋之，则德其何以自立耶"。[22] 张君劢为奥师所作的这番善解人意的话，是他家国情怀的反映与个人德性的流露。

张君劢在致讲学社这封信中，讲到婉拒梁启超邀请的法国柏格生，接着重点分析了世界哲学与自然科学的发展变化，柏格生推翻康德的理论，而爱因斯坦对奈端（牛顿）理论"起而颠覆之"，"此吾所以谓学术界大革命之将起也。方今吾国新文化运动正在发端，应如何应此大势而急起直追，则吾以为，凡哲学社会科学、自然科学应访求其主持新说之巨子而罗致之于东方，则一切陈言可以摧陷廓清，而学问之进步将远在各国上矣"。[23] 此信写于1920年，比爱因斯坦获诺贝尔奖（1922年11月）还早了两年。"新文化运动"在张君劢心目中，是一股强烈的情感，是他内心难以割舍的志趣所在。这个时期的中国政坛，军阀混战，轮番执政，知识界处于焦虑之中。而张君劢不仅没有像有些知识人那样的从政愿望，反而着眼于以文化思想革新中国社会。一言蔽之，张君劢所思考的是中国政治落后的整体性根源性问题。

再说，这时的张君劢已经在学界有相当的影响和声望。他要利用这种

---

[21] 张君劢：《我从社会科学跳到哲学之经过》。
[22] 《倭伊铿氏覆张君劢书》《张君劢致讲学社书》，载《改造》（上海）1921年第3卷第6期。
[23] 《倭伊铿氏覆张君劢书》《张君劢致讲学社书》。

学术上的优势来实现自己改造中国政治文化的理想。1921年6月19日下午，张君劢在巴黎，应留法学生组织的东亚问题研究会邀请，作关于世界大势的演讲。[24] 据到现场听讲的记者讲，"君劢先生的演讲甚长，讲到世界现实之状况，旁征曲引，悉以事实为根据，娓娓动听，故听者始终了无倦容，时时鼓掌"。据说他没有事先准备的讲稿，凭当时所记，大意是"世界问题与东亚问题息息相关，……关系好比以石投水，其影响无不波及于东亚"。演讲大体分三段：（一）世界战前之状况；（二）世界战后之现状及国际联盟之现在与将来；（三）国人应有之觉悟。张氏认为，中国要切实研究立国之根本之计，要靠自己中国人"跃于自动自主的地位"，这也是青年志士之责任。战后的财政比之战败国境遇尚优，在养实力之外，仍要对外交刻刻注意，未雨绸缪，亡羊补牢。[25] 他视野开阔，不仅研究哲学问题，也关注国内现实和国际形势。这个演讲中，可感受到张君劢对战后形势的理性分析，也可感受到他急切的爱国情愫。

他于1922年初决定放弃学业回国。在德国跟随奥师学习哲学，到1922年初已达三年苦读，可是他还是决定放弃！师徒二人颇有相似之处。奥师为他祖国的国事而不离开德国；而君劢为祖国的国事而放弃留学回国。1921年11月16日，他在巴黎与留法的北大同学座谈，题目是《学术方法之管见》，讲稿发表出来时，标题已经加上"与留法北京大学同学诸君话别之词"。[26] 他很可能就是要离开欧洲了。

1922年3月，张幼仪与徐志摩在柏林离婚。3月份，二哥张君劢在哪里？张君劢离开倭师之后到底是什么时候回国的？

我们从他1922年在国内学术活动的媒体报道来考证，可得到他1922年2月起的全年演讲行踪。张君劢2月18日在暨南学校商科讲"华侨与

---

[24] 澹庐：《张君劢在"东亚问题研究会"演说》，载《时事新报》（上海）1921年8月12日。
[25] 澹庐：《张君劢在"东亚问题研究会"演说》。
[26] 这篇演讲稿在《改造》杂志刊登，落款时间为1921年11月16日。参见君劢：《学术方法上之管见》（与留法北京大学同学诸君话别之词），载《改造》（上海1919）1922年第4卷第5期。

政治能力"。[27] 3月11日,[28] 3月12日[29]他在"苏社"职工教育馆讲"市制"中的自治问题。3月19日,他在纳捐人会议上作"上海公共租界法租界之自治组织及上海市民对于自治之责任"的讲演。[30] 4月16日他在上海美术专门学校讲"美术上的三大主义"。[31] 6月1日他在上海新闻记者联欢会上讲新闻学。[32] 9月28日,张君劢又在上海美专讲演,据主持人刘海粟校长介绍,"自由讲座"之制,其首倡者是蒋百里先生,本校是首次设立之学校。张氏此讲主题是"雪莱的美育论","但其讲词甚长","新颖而沉着"。[33] 10月19日,他赴杭州一师范学校作演讲。[34] 11月8,他与梁启超在南京省立第一女子师范学校同台演讲,梁氏所讲即著名的"人权与女权",张氏讲演题目为"欧陆女子教育与社交"。[35] 12月16日,他又应东吴法科之邀前往演讲,主题为"德国新宪法"。[36] 12月底他还在南京讲学社作了"政法的唯心主义"演讲。[37]

至此,我们可以得知,张君劢2月18日就已经出现在上海暨南学校。妹妹离婚时他当然不在欧洲。那么,他到底几月份回国的呢?经查考发现,他还有一次1922年的讲演,是他在江苏教育厅为中华教育改进社讲

---

[27] 《张君劢演讲华侨与政治能力》,载《申报》1922年2月19日。
[28] 张君劢:《英德美三国市制及广州市制上之观察》(民国十一年三月十一日本社第三届大会第一日之讲演),载《苏社特刊》1922年第2期。
[29] 《苏社昨日之大会,张君劢演讲市制》,载《时事新报》(上海)1922年3月12日。全文另见:《英德美三国市制之比较》(在上海苏社讲演),载《东方杂志》1922年第19卷第6期。
[30] 《昨日之纳捐人大会张君劢演讲自治之真义》,载《时事新报》(上海)1922年3月20日。全文另见张君劢《上海公共租界法租界之自治组织及上海市民对于自治之责任》(民国十一年三月十九日在上海市纳捐人会之讲演),载《苏社特刊》1922年第2期。
[31] 《张君劢在美专讲演》,载《时事新报》(上海)1922年4月17日。
[32] 《记者联欢会聚餐期,张君劢演讲新闻学》,载《申报》1922年6月1日。
[33] 《张君劢演讲美育,在美专自由讲座公开演讲》,载《时事新报》(上海)1922年9月30日。
[34] 《一师校今日(十九)请张君劢演说》,载《时报》1922年10月20日。
[35] 《梁张二君在一女师之演讲》,载《申报》1922年11月10日。
[36] 《东吴法科公法讲演,主讲人为张君劢讲题德国新宪法》,载《时事新报》(上海)1922年12月16日。
[37] 张君劢:《政法上的唯心主义》,载《时事新报》(上海)1922年12月29日。

演，题目是《欧洲文化之危机及中国新文化之趋向》[38]。那么问题来了，他是几月份在中华教育改进社作这次演讲的？刊物出版时间是 1922 年 2 月 10 日。那么，应该比这个时间更早。因此，应该是在此 1922 年 1 月底至 2 月初。

他通过讲欧洲文化，实际在思考中国文化向何处去。他既反对"将欧洲文化之经过之老文章抄一遍"，也反对墨守中国的旧文化，而主张走独立自主的发展道路，他说："吾之所谓危机者，盖以为欧人对于现时之学术、现实之社会组织，已入于怀疑之境，彼既自行怀疑，则吾国今后文化，更少依傍，舍自行独立外，尚有何法乎？"[39] 从这番话看，他或许比倡导学术"中国本位"[40]及后来学术"中国化"的人要早十多年。

张君劢这一连串的演讲，几乎贯穿全年，涉及国家、社会与公民的各种重要课题。这一年的政坛局势，亦更坚定了他从学不从政的志趣。

可是 1922 年初回国后他手头很紧，不从政光靠讲学酬金，生计拮据。怎么办呢？他于 4 月 5 日给梁启超写了封信，说："返国后私人生计，全恃借债度日。每月借钱殊属苦事，而屈计为公学所费时间确也不少，为劳力而得酬报，亦理之当然。应请商博沙假我半年之薪，每月以百元计，自正月起算。此层本不愿提，惟以森之穷，势不能默。果如博沙诚无法想，惟有自谋其他噉饭之地，以所得为筹办公学之费。"[41] 我们读这封信，才扯出他 1922 年回国的另一件公事——接办中国公学，在此不赘述。

据说张君劢邀请奥师不成，便邀请了当时德国研究康德与现代哲学的另一位著名哲学家、莱比锡大学教授杜里舒（Hans Driesch, 1867—

---

[38] 张君劢：《欧洲文化之危机及中国新文化之趋向》，《东方杂志》1922 年第 19 卷第 3 号。
[39] 张君劢：《欧洲文化之危机及中国新文化之趋向》。
[40] 何炳松、孙寒冰、陶希圣等：《中国本位的文化建设宣言》，载《新社会科学》1934 年第 1 卷第 4 期。
[41] 丁文江、赵丰田编：《梁启超年谱长编》，第 686 页。

1941）。㊷ 杜氏答应了。于是，杜氏夫妇于 1922 年 10 月 14 日晚上抵达上海，这是继罗素、杜威之后讲学社邀请的第三位来中国讲学的哲学家，㊸ 开始了预期一年的中国各地巡回讲学。由于精通德语，张君劢随即担任起杜里舒的翻译和助手，陪同杜里舒前往杭州、南京、北京、天津、武汉、等地讲学。杜里舒在江苏法政专门学校所讲的实在论"国家哲学"，其实是国家与法律哲学，从张君劢的校订后记来看，他对杜氏此论的脉络十分熟悉。㊹ 他不仅亲自翻译，还要对演讲记录稿作亲自校对。比如 1923 年 3 月起杜里舒的关于系统哲学的 24 讲内容，均由张君劢亲自担任口译。㊺ 不仅忙碌于陪同和翻译，1922 年的张君劢自己还正承担着一个重大课题——拟订宪草。

三、初拟宪草，栖学问政

1922 年，35 岁的张君劢，实在是忙碌无比。已经转向哲学的他，却在 1922 年有了一次亲身近距离深入接触立宪的机会。

"八团体国是会议"是各省议会、商会、教育会、农会、工会、银行工会、律师工会、报界联合会等组成的团体召开的会议。以黄炎培为主任的筹备委员会经过 7 个月的筹备，会议于 1922 年 5 月 8 日借上海总商会会场召开。到场共 29 人，除各省代表外，华侨代表李登辉等，来宾代表马相伯、张元济等到会。㊻ 出席名单未见张君劢，可是国是会议后来委托章太炎和张君劢分别起草宪法草案。㊼ 这是他从事立宪活动中最早的一次牛

㊷ 《德国大哲学家后日抵沪杜里舒教授与其夫人预定在中国讲学一年》，载《时事新报》（上海）1922 年 10 月 12 日。

㊸ 《德国哲学家杜里舒博士抵沪》，载《申报》1922 年 10 月 15 日。

㊹ 《国家哲学：杜里舒博士在江苏法政专门学校演讲》（张君劢先生翻译，史久鉴、唐瑛合记），载《时事新报》（上海）1922 年 12 月 19 日。

㊺ 《讲演：系统哲学》（第一至第二十四讲，张君劢口译，李小峰记录），载《晨报副刊》1923 年 3 月 8 日至 12 月 26 日。

㊻ 《八团体国是会议开幕记》，载《申报》1922 年 5 月 8 日。

㊼ 《国是会议国宪草拟会常会，代电各省速制省宪草宪将委托章太炎或张君劢》，载《四民报》1922 年 6 月 29 日。

刀小试，后来 40 年代由他为主起草《宪法》,[48] 他也成为民国"宪法之父"，应该说与 1922 年的这次经历不无关系。

这一年夏天，正是北大胡适他们搞"我们的政治主张"，推出"好人政府"，到王宠惠们"好人内阁"被迫倒台的时候。此处不得不拿张君劢与胡适作一下比较。我们今天总是拿胡适与文学家鲁迅作比较，认为鲁迅只讲人性道德，而胡适更重视制度。如果从这一层再往上一层比较的话，那么，可以说张君劢比胡适懂制度，更懂宪法。同样是 1922 年，胡适只在推行他们的"好人内阁"，仍然把思路定位在"人"的层面，而张君劢已经在宪法层面，在立宪主义的制度设计操作层面了。我们假设，如果胡适有法科专业知识，那会有怎样的好效果呢？当然，历史是没有"如果"的。

在"国是会议"上受"国宪草议委员会"的委托，张君劢、章太炎二人分别草拟了《国是会议宪法草案》甲、乙两份。两个文本之区别在于，张君劢的甲案，设总统与国务院制，而章太炎的乙本案，取委员会制。甲案代表张君劢本人的意见，也最能代表国是会议。7 月 22 日的大会上出现的是张君劢负责起草的这份"张氏宪草"。共十一章，共 106 条。第一章为总则，第二章为联合省及各省权限之划分，第三章为参议院，第四章为大总统，第五章为国务院，第六章为法院，第七章法律，第八章为行政，第九章为国民之权利义务，第十章为国民之教育与生计，第十一章为附则。[49] 张氏随后又作《国宪议》，在 1922 年 8 月交由时事新报社出版，详细阐述所拟宪法草案甲种文本的立法主旨、方法和理由。在这个宪法草案中，张君劢实际上主张在中国实行结合单一制和联邦制的政治体制。他

---

[48] 1946 年的政治协商会议，张君劢负责草拟和修正宪法草案，成为起草宪法的担纲人物。1946 年 11 月，国民党召开的制宪国大会议上，通过了由张君劢为主起草的《中华民国宪法》。

[49] 《国是会议开议国宪草案托张君劢草定》，载《时事新报》（上海）1922 年 7 月 22 日。宪草全文详见《专件：中华民国八团体国是会议宪法草案甲种》，载《上海总商会月报》1923 年第 3 卷第 1 期。

就行政首长问题与章太炎之间有书信讨论。[50]

章太炎认为今日之中国,"本可不设中央政府",唯因各国林立,需要一对外代表国家的象征,因此主张仿瑞士设委员会制,而张君劢主张总统制下的内阁制。[51]章太炎"不设中央政府"的观点,显然是激情之下的外行话。张君劢还公开与章太炎对谈,称:"太炎先生持瑞士委员会制说,我持总统下内阁制说。彼此各一是非,卒决议拟成两份宪法,吸国民采择。然决议之先,我与太炎曾有往复讨论之书。""持委员会说者曰,总统选举,必酿争端,往事昭昭在人耳目。况今日既无笼罩全国之人,而南北相持,各不相下。故莫若合各派领袖于委员会之中。""我以为一人之总统,能否得人,能否相安,此又一事也。"[52]他认为弃一人之制代之以数人,这种观点只知甲制之弊而不知乙制之利弊。他从瑞士委员会制的"公民向有直接与闻政治之习惯"的由来入手,认为此制"非他国人所可轻易效法"。[53]

此外,他对省宪的自治体制[54]、市政自治[55]以及特殊地方如上海租界的自治[56]和广州的地方自治[57],都做了宪法与行政法上的比较研究,还发表演讲或文章来谈其结论和主张。9月10日,在国是会议举行国宪讲演,主讲人就是章太炎和张君劢。章氏讲天坛宪法之劣点,张氏讲国宪草案之要点。[58]

---

[50] 《张君劢与章太炎讨论瑞士委员制》,载《四川筹备省宪周刊》1922年第7期。
[51] 《张君劢与章太炎讨论瑞士委员制》。
[52] 《张君劢与章太炎讨论瑞士委员制》。
[53] 《张君劢与章太炎讨论瑞士委员制》。
[54] 张君劢:《国宪中之省宪大纲》,载《太平洋》(上海)1922年第3卷第7期。
[55] 张君劢:《英德美三国市制之比较》(在上海苏社讲演),载《东方杂志》1922年第19卷第6期。
[56] 张君劢:《上海公共租界法租界之自治组织及上海市民对于自治之责任》(民国十一年三月十九日在上海市纳捐人会之讲演),载《苏社特刊》1922年第2期。
[57] 张君劢:《英德美三国市制及广州市制上之观察》(民国十一年三月十一日本社第三届大会第一日之讲演),载《苏社特刊》1922年第2期。
[58] 《昨日国是会议讲演国宪,章太炎讲天坛宪法之劣点张君劢讲国宪草案之要点》,载《时事新报》(上海)1922年9月11日。

总之，这次制宪是张君劢作为宪法专家在中国宪制史上初试莺啼。[59]

张君劢年轻时敬佩美国立宪领袖杰斐逊（Thomas Jefferson）。20世纪50年代，他曾与美国文学评论家艾兹拉·庞德相遇，在一次谈话中说起了杰斐逊，张君劢表示他对于杰斐逊的学说理论十分熟悉，但只讲杰斐逊的学说理论是不够的。张接着告诉庞德他曾经为中国撰写了一部宪法（指1946年宪法），而这部宪法就是建基于杰斐逊主义的原则之上的。据说张君劢自己也多次提到杰斐逊，说杰斐逊学说与儒家政治理论大有相通，赞赏杰斐逊相信人类理性，又夸杰斐逊学说近之于中国孔孟之道。说杰斐逊《独立宣言》中的"天赋人权，自为吾家旧物，遗留于海外二三百年之久，今可如游子之还乡矣。彼西方既采儒家言以建立其民主，吾何为不可以西方民主还之于儒家乎？"在35岁的张君劢看来，这种问政最理想的方式，也就是能够亲手起草宪法。讨袁以后的二十年中，"言政者好言革命而不喜言宪法；偶言宪法，则只乐言一党之宪法"。[60] 张君劢敬佩杰斐逊，并不是敬佩他的总统政绩，而是敬佩他参与制宪及其宪法思想。结果，他这个梦想于1946年实现了——正是由他主导，保全五权之名，运入宪制之实，以"巧手段"拟订了宪法，[61] 获得包括中共在内的各党派的称赞与好评。

张君劢青年时代关注政治，年轻时候虽短暂从政，但骨子里仍然是学者个性。到了1922年，张君劢在学问与政治的关系上，大致确立了他的立场——从事学问而不直接从政，或曰问政而不从政。即便他后来成立政党[62]，也只说明他有政治主张或政治理论。这不叫"从政"，更不是"当政"，而是说明他不认可当时的政治现实才根据自己的政治理论主张，另

---

[59] 龙长安：《联邦主义的和平宪政诉求——"国是会议"与"国是宪草"评述》，载《中南大学学报》2007年第5期。
[60] 徐复观：《中国知识分子精神》，第54页。
[61] 1946年1月31日，政治协商会议闭幕当天，蒋介石面对限制其总统权力的这部《宪草修改原则》，先是"欲哭无泪"（参见《蒋介石日记》[未刊稿]，1946年1月31日，美国斯坦福大学胡佛研究所档案馆藏），数月后却承认此宪草避免了被"中共所诋毁，即各国更认为国民政府真欲制成法西斯宪法，为世疑惧"。参见《蒋介石日记》，1946年12月21日。
[62] 为了抗争国民党的腐败无能，他秘密成立了中国国家社会党，并于1934年7月召开了第一次党代会，张氏担任党魁。

立政党。一些学者认为他是政治家,甚至有人认为他在政治与学问之间是"徘徊",还有说他"纠结在政治与学术之间",这都是对他的误读,其实他并不"徘徊"和"纠结"。这正是徐复观所称之"问政而未尝当政之君劢先生"。[63]

张君劢是个忠厚老实之人。[64] 即便他进入政坛,也会被淘汰或脱离出来。窃以为,并非所有的政治学家都是政治家。真正的学者,有真学问者,压根就不会为从政与问学的选择而纠结,而是出入自如。有学者说张君劢"政学两栖",实际并不准确。张君劢所从事的政治活动,并不是进入政坛从政,而是从政坛外部去影响政治。他并不是要做官,除非你让他当总统。这其实不是清高和孤傲,而是自知与明白。他内心有自信和定力,在做官从政与研究学问之间,天然会权衡。他后来对这个问题更明白了,自称"一生兴趣,徘徊于学术与政治之间",实际上是指"不因哲学忘政治,不因政治忘哲学"。如果孔丘游说列国中途从政,那么中国就没有孔子了。一个学者一旦入仕,则就丢掉学问了。越到中年以后,这一点越是得到了强化。1949 年 3 月 25 日,张君劢移居澳门,期间李宗仁曾邀请他出任行政院长,被他辞谢不就。1952 年转赴美国,飘零海外近 20 年间,过着清贫的学者生活终老。他不是"政学两栖",而是"栖学问政"。学才是本位。这使他与梁启超乃至之后那一代法科知识分子,有了明显的区别,确立了法政学问作为职业的独立性。总之,张君劢的立场是"栖学问政",张君劢的学问是"学融诸家"。

四、追随任公,超越左右

张君劢敬佩杰斐逊,更崇拜问政学术大师梁启超。从他佩服的这两个人来看,我们也能够知道他的兴趣与抱负。

张君劢崇拜梁启超,起于幼时,直至晚年。梁启超作为知识分子的模

---

[63] 徐复观:《中国知识分子精神》,第 54 页。
[64] 梁漱溟在晚年与艾恺的谈话中重复地讲张君劢"忠厚老实"。参见梁漱溟、〔美〕艾恺:《这个世界会好吗:梁漱溟晚年口述》,第 231、233 页。

式是：基于责任以学问政，而不是动机复杂的那种"以学入政"。戊戌政变后，张君劢在"广方言馆"的门口，高悬着康、梁两位"逃犯"的大幅照片，在张君劢眼里，二人全然呈现出"救世者"的姿态。1905年《新民丛报》登有震旦学院招生新闻——梁任公看到后就说，中国之有学术，自震旦学院始。这话非常刺激君劢的脑筋，于是就想进这个学堂，每半年要缴学费百多两银子，他设法缴了。年仅20岁张君劢阅读梁氏启超主编的《新民丛报》，开始在此报投稿。1907年10月梁启超组织发起政闻社之时，张君劢是个学生，却以发起人之一的身份，出席了政闻社在东京锦辉馆的成立大会，并担任了"评议员"一职。辛亥革命爆发后，张君劢建议梁启超联合袁世凯，得到梁的认同。张君劢从联袁到反袁，最后在梁启超的劝告下，远赴德国攻读博士学位。等到梁启超来电，张君劢又回国讨袁。直到段祺瑞重组内阁后，任命梁为财政总长，张君劢担任总统府秘书。不到半年，段倒台。1918年12月28日，梁启超带张君劢一行七人自上海启程，赴欧洲考察，朝夕与共。[65]

张君劢很忠厚，对梁任公的敬爱达到"相爱太过"，甚至令任公烦恼的地步。1922年10月下旬至次年1月中旬，任公在南京东南大学讲《中国政治思想史》两个半月，加上还有各种学术团体、法政学校、第一中学、女子师范等的讲演。张君劢在南京跟着任公，始终陪同其身边。任公因酒醉后伤风得病，经医生检查，心脏出了问题。由于担心任公的健康，张君劢多次强行"干预"任公上课。任公在给梁思成和女儿令娴的信中多次讲述这个情节："张君劢日日和我闹说：'铁石人也不以如此做'，总想干涉我。……但我没有一件能丢得下。""我疑心总是君劢造谣言。那天晚上是法政学校讲期，我又去了，君劢在外面吃饭回来，听见大惊，一直跑到该校，从讲堂上把我拉下来，自己和学生讲演，说是为国家干涉我。"有一次，任公照例到东南大学讲课，到讲堂门口时，才发现有告示说梁先

---

[65] 王蕾：《相逢平生师友间——清末民初的张君劢与梁启超》，载《书屋》2012年第5期。

生有病放假，学生都散了。任公就说“原来又是君劢捣的鬼”，“这种生活我如何能过得，神经过敏的张君劢，听了医生的话，天天和我吵闹，说我的生命是四万万人的，不能由我一个人作主，他既已跟着我，他便有代表四万万人监督我的权利和义务”。“我想我好好的一个人，吃醉了一顿酒，被这君劢捉着错处（呆头呆脑，书呆子又蛮不讲理），如此欺负我，你说可气不可气。君劢气势汹汹，他说我不听他的话，他有本事立即把我驱逐出南京，问他怎么办法？他说他要开一个梁先生保命会……”师徒二人最后磋商定下“条件”，除了本校正功课外，其余演讲一切停止。(66)

在学问上，他和梁启超的路数相似，即学术不分科的路子，是老一辈学者走的路子。在和梁任公的广泛兴趣相似之外，张君劢能在钻研法政的同时，深入西方政治哲学，熟悉德国宪制理论、魏玛宪法、斯密特思想……张君劢不是单一的专业和思想来源，其思想来源和理论构成比较多元，西学与中学融贯，宪制与儒学兼顾，法理与哲学汇通。张君劢 1922 年《欧洲文化之危机及中国新文化之趋向》一文中就谈到所谓的“自行独立”与“融会各家之言”的关系，说“思想之独立，或者曰融会各家之言，以自成一新说”。当时的知识人之所以有“不问西东”的知识精神，可能与一批学问横跨东西的学问家的引领作用相关，当然也与知识不分科的传统有关。所以张氏成为最后的大学问家不无道理。不难看出，他身上有梁启超的影子，但又不同于梁启超。因为他比梁氏更深入西方哲学，深入西学与儒学的结合之路。

在知识人中，有的不知不觉在左右思想谱系上给自己定了位。这对于知识人尤其对于法科知识人来说，何其忌讳。张君劢能“超越左右”，是因为他苦心孤诣，融合诸家，学贯中西。他后来于抗战烽火中的武汉撰写发表的《立国之道》（1938 年版），体现了“超越左右”和“无问东西”的精神。浙江大学高力克教授十分中肯地分析归纳了张君劢此作中的思想

---

(66) 丁文江、赵丰田编：《梁启超年谱长编》，第 969—970 页。

特征——"超越左右","是一部回应时代变局和中国问题的反思之作"。本人深以为然。张氏在民族主义与阶级政治、民族与国家、国家与国际、国家与阶级之关系、民主政治与威权政治、社会主义与资本主义、中国文化与西方文化等重大关系上,都超越了左和右对峙。他强调民族国家的国族主义,强调一种"修正的民主政治",主张国家社会主义之公私共有的混合经济,注重温和保守的中西文化之融合,寻求"权力"与"自由"之中道的现代性方案。[67] 这与他35岁前后打下的学融诸家之基础分不开,使他成为一位"超越左右"的复合型思想家的典型。

徐复观在谈到张君劢时说到他的贡献在于以一般精神的客观化为事业,即"精神回向"。其"精神的客观化"或"精神回向"是指什么?——即把传统文化精神通过宪法法治加以客观化。张君劢在其《比较中日阳明学》中,引日本学者之言说,阳明学在日本则成就事业,在中国乃变为枯禅,此系两国民族性之异。然而世界上岂有能创造其文化而不能自用其文化之民族性?[68] 徐先生认为问题在于中国有大一统的专制之毒,中国知识分子磨折于二千年的专制之下,他认为张君劢在宪法与政党上之努力,"乃表示中国知识分子面对新情势、新问题所发生之一大'精神回向'。必有此一回向,然后中国知识分子之志节可伸,中国文化之发展可全;民主科学,乃可与吾民族之血脉相贯通,而发荣滋长"。[69]

五、一见钟情,赢得芳心

转眼到了1923年,36岁的张君劢迎来迟到的"第二春"。

张君劢生于1887年1月18日。1906年春,19岁便奉父母之命与沈氏结婚,当月即赴日留学,夫妻关系名存实亡。直至十七年后的1923年,

---

[67] 高力克:《一个超越左右的现代性方案——张君劢的"立国之道"》,载《华东师范大学学报》(哲学社会科学版)2012年第2期。

[68] 徐复观:《中国知识分子精神之回向——寿张君劢先生》,载《中国知识分子精神》,第54页。

[69] 徐复观:《中国知识分子精神之回向——寿张君劢先生》,载《中国知识分子精神》,第54页。

张君劢才遇到比自己小12岁的美丽才女王世瑛。可以说张氏为遇到意中人，"盲等"了十七年。据说，是年在北京文化界的一次活动上，张君劢经友人介绍，认识刚刚大学毕业的王世瑛，一见钟情，便开始向她发动情书攻势。

我们来了解一下，让哲学家张君劢一见钟情的"女神"会是什么样的？王世瑛1899年出生于闽县（今福州市）登龙巷状元王仁堪故居内。其高祖父王庆云曾任两广总督、工部尚书，祖父王仁堪为清末状元，姑祖母王眉寿为陈宝琛的夫人，叔祖父王仁东一家也出了文物专家王世襄等许多文人。王世瑛的父亲王孝缉（王彦和）为清末举人，后捐纳为知县。解放前曾任东文学堂董事，还当过福建教育厅厅长。王世瑛早年就读于自家祖姑婆王眉寿创办的福州师范学校，在校期间与低年级的福建同乡谢婉莹（冰心）成为好闺蜜。1917年至1922年就读于北京女子师范学校国文专修科。1919年该校改称北京女子高等师范学校（1924年改名为北京女子师范大学）。女师读书时，正值五四运动，王世瑛和陈定秀、程俊英、庐隐合称为女师"五四四公子"。

王世瑛专习文学，热爱学术，富有思想。在大学期间，自1919年起即在《北京女子高等师范文艺会刊》上发表诗文等文学作品，如论说文《论中国历代文章必原于学术》（1919年卷第1期）、《文学与应用文之区别》（1919年卷第1期）、论说文《学生自治》（1919年卷第2期）、《我之人生观》（1919年卷第2期）、论说文《驳江艮庭、段懋堂之说》（题目中生僻汉字为笔者简化，1919年卷第2期）、诗歌《早起》（1919年卷第2期）、论说文《原"权"》（关于法律与平等权，1919年卷第3期）、诗歌《假日游中央公园》（1919年卷第3期）。现摘录其《早起》一诗，除了20岁女生那孤独的灵魂和青春的气息，是否可读出更多更美的意味？

寒风飒飒鸣，梦魂中夜惊，月白疑天曙，披衣急起行；出户见眉月，半钩挂太清。佳节已徂逝，月色亏不盈；盈亏虽迭代，时令且复更。仰望独徘徊，岁暮感吾生；年华易衰歇，学业苦难成。不进且立退，何以助前程？葆兹平旦气，千载垂芳声！

1921年，王世瑛发表的作品以短篇小说、文学评论等为主。如《心境》（《文学旬刊》1921年卷第4期，另《时事新报》［上海］1921年6月10日转载）、《苦女儿》（小说）（《文学旬刊》1921年卷第11期，另《时事新报》［上海］1921年8月20日转载）、《"不全则无"》（《文学旬刊》1921年卷第8期，另《时事新报》［上海］1921年7月20日转载）、《二百元》（《文学旬刊》1921年第10期，另《时事新报》［上海］1921年8月10日转载）、《怎样去创作》（《小说月报》1921年第12卷第7期）等等。

读她的青涩而朝气的作品，眼前浮现这位有诗情、有文才、有思想、有颜值的新青年形象。这位有着清丽容貌的才女，早在大学念书时有过一段悲戚的恋情。那是1919年，她曾与郑振铎相恋。王世瑛的母亲了解到郑家寡母在温州做针线活度日，竭力反对两人恋情，制造了这起爱情悲剧，也给张君劢创造了良缘。这才华横溢的美女，当然令张君劢眼睛发亮。可是，面对张君劢的爱情攻势，王世瑛有点犹豫不决。她想到小她三岁的闺蜜冰心，遂写信给在美国留学的冰心，请她帮自己拿主意。当世瑛给冰心写信说张君劢向她求婚之事时，冰心想：自己读过张君劢哲学和政治文章，以文识人，应该不错，加以"世瑛和她家庭方面，是没有问题的了"，于是"即刻在床上回了一封信，竭力促成这件事，并请她告诉我以嘉礼的日期"。这是冰心在《我的良友——悼王世瑛女士》中的回忆。其实，冰心"以文识人"的路径有一定道理，据笔者对张君劢作品的阅读和分析，张氏严谨、耐心，从容不迫、深思熟虑，待人亲切和蔼、心胸宽广；以踏实的方式追求成功，有顽强的毅力，善于独立实现自己心中的理想，即使遇到挫折也能砥砺前行。

1923年2月，名气日盛的张君劢应清华学生吴文藻之邀，为即将出国留学的清华学校的学生作"人生观"的演讲。冰心在 1923 年底赴美留学的海船上，与吴文藻相识。1925 年张君劢与沈氏离婚后，正式迎娶王世瑛。冰心赠宝石手镯作为贺礼。1927 年，有媒体刊登张夫人王世瑛的照片，称"张君劢夫人王世英女士有声于北京教育界"。[70] 由此猜测她从事的是教育工作。1929 年，张君劢与王世瑛生育三个孩子之后，便赴德国讲学。

　　抗战时期两对伉俪又因聚在重庆。一次晚宴后，因时近夜半，世瑛要留冰心住下。"文藻笑问，'那么君劢呢？'世瑛也笑说，'君劢可以跟你回去住嘉庐'。""这种同性情谊，在婚后也依然可以如此亲密而甜柔。"[71] 张氏伉俪二人共生育了五个孩子，两人共同生活了二十年，王世瑛于 1945 年在重庆因难产去世。张君劢为她鳏居二十四年，余生没有再娶，沉浸于学术，也终生没再从政。

---

　　[70]　《张君劢夫人王世瑛女士有声于北京教育界》，载《时报新光》1927 年 11 月 11 日。
　　[71]　赵慧芳：《冰心关于"同性爱"的演讲》，《中国现代文学研究丛刊》2013 年第 5 期。

周鲠生——书斋内外的知行极限

图1 周鲠生（1889—1971）

周鲠生的生命中，隐约存在一明一暗两条线索，由此可以看到他书斋内外的两个空间。

我们现在只知其"明线"，诸如渡洋留学、回国任教、筹创武大、书斋问学等等。这条"明线"，与一般法学家的典型模式没有太大的区别。但他似乎还有一条"暗线"。我们很少注意周鲠生的身世：他的家庭出身如何？他的朋友圈都有谁？他们一起做过什么？他为何改名？他的留学经历是什么？在北大任教期间还做了些什么？他办了几所大学？他怎样参与政治？他在抗战期间为何去美国长达6年？和谁在一起？他和胡适是怎样的友谊？他学术思想的底色是怎样的？这就是周鲠生的一条有待探明的"暗线"。

通过明暗两条线的交织可以看到他的"两个空间"——书斋内外的学术之"知"与实践之"行"的空间。作为学者，周鲠生深思于书斋，又践行于社会。他之于书斋内外的张力、兼顾与管控几乎是达到了极限。从"知与行"的理性上,他是近代法科知识人的一个典型标本。

一、孤儿热血,铁杆友谊

关于周鲠生的童年身世,虽有李谋盛教授的《周鲠生教授传略》(简称李文),但较为简略。笔者手头藏有一份关于周鲠生生平的未署名手稿原件,[①] 可与之相互印证,来拼图式再现他的少年时代。

周鲠生原名周览,1889 年 3 月[②]出生于湖南长沙一个教书先生之家。他父亲在世时受聘于长沙知府苏先烈[③]家坐馆。周览 5 岁丧母,11 岁丧父自幼便成了孤儿。知府知道周览聪慧好学,十分喜爱,就把他收留在家里,让他在他家私塾里读书。1903 年经知府苏先烈保举,周览年仅 14 岁就参加科举考试,中了秀才。[④] 不久,废除科举兴办西式"学堂",家境贫寒、年纪最小的周览靠"公费"在长沙进了湖南省立第一小学,曾称"师范学堂"(湖南第一师范的前身),这一年是 1903 年。周览 17 岁东渡日本,加入同盟会,辛亥革命前回国,与几个朋友办报,遭通缉,1913 年在黄兴支持下去英国留学。[⑤] 其间他经历了什么,他与哪些朋友办报?我们更不知道这过程是怎么样的。李文对这段经历没有作更细致的描述。周览的经历充满传奇,过去我们一直不太了解。提起这些就不能不提到他结交终身的几位"铁杆"朋友,他们的命运都牵在一起。

原来,孤儿周览在"师范学堂"时,认识了两个比他年长的长沙同乡——据年龄看不像是同级同学。一是杨端六(1885—1966),二是皮宗

---

① 笔者保存的一件 20 世纪 90 年代手写于"南京文艺"稿纸的介绍周鲠生的未署名文稿(以下简称"未名手稿"),共六页,对周早年的叙述内容虽然简略但相当具体和确定。与李谋盛教授的文章相互对照,多数可信。

② 周鲠生出生时间有两种说法,一是 1889 年 3 月 18 日,一是 1889 年 3 月 6 日。前者参见李谋盛:《周鲠生教授传略》,载《晋阳学刊》1988 年第 6 期。后者来自笔者保存的"未名手稿"。

③ "未名手稿"指出,长沙知府系苏先烈。

④ 有的文章认为是 13 岁。参见李谋盛:《周鲠生教授传略》。

⑤ 参见李谋盛:《周鲠生教授传略》。

石（1887—1967）。杨端六因祖父和父亲去世，原本富裕的家境发生变化，1903年毕业后，为谋生计还担任过小学老师。皮宗石出生在长沙东乡福临铺西冲皮家大屋一个农民家庭。三人之间各相差2岁，他们成为少年"死党"，成了"铁三角"。三人中，皮宗石是最早赴日留学的一个，1903年他考取湖南官费，以实习生名义赴日本留学。他在日本先读中学，后考入东京帝国大学攻读政治经济学，1905年加入中国同盟会。

接着是1906年，因领导学潮，周览被学校开除。19岁的杨端六自费，17岁的周览考取湖南省公费，双双于1906年东渡日本。周览进入早稻田大学政法经济科，学习政治、法律与经济等科目。杨端六先在宏文学院、正则英语学校学习，1908年考入东京第一高等学校。

三个少年"死党"同在日本，交往频繁自不在话下。皮宗石是最早加入同盟会的会员。在皮宗石的影响下，周览与杨端六先后在日本加入同盟会，还结识了黄兴。辛亥革命前夕，当时留日学生群体和国内一样，革命热潮汹涌澎湃，他们仨同时回国来到革命前夜的武汉。别看他们天生冷静理性，在那革命背景下，青年人的热血在燃烧。回国后，杨端六加入了辛亥革命队伍，担任了海军陆战队秘书长，旋回长沙，在《长沙日报》社担任撰述。他们仨在武昌与黄兴一直保持着联系。武昌起义后，三个读书人加上留学早稻田大学的湖南邵阳李剑农（1880—1963），受黄兴之托，于1912年初创办汉口《民国日报》，宣传共和。杨端六任总经理，后来加入的还有早稻田大学海归、同盟会会员任凯南（1884—1949）。1913年3月，宋教仁被刺案发，汉口《民国日报》连续数月发文声讨。动辄曰"袁贼"（袁世凯）和"赵犯"（赵秉钧），动辄曰"万恶政府"和"黎屠户"。被疑"常有不三不四之人出入该馆"。5月25日，法国捕房巡捕前来查封，报社"疑系政府指使，或系巡捕假托"。⑥ 26日有石隐、天泣二人到法领馆质问法领事，"法国为世界提倡共

---

⑥ 《汉口民国日报被法领干涉之内幕》，载《时报》1913年6月1日。

和之民国,十九世纪之民气何如其盛,环地球人士今犹赞叹之不少衰。法领事微笑而已"。后来他们继续质问:"鄂政府有无公文知会贵领事,贵领事曾否遣人干涉?"⑦ 情况还不只是封报馆,杨端六、皮宗石、周览三人同遭通缉。黎元洪派人于法租界将总经理杨端六逮捕,拘禁于法租界巡捕房,后经汉口法国领事会审,判决无罪释放。杨端六被护送到上海,周览也潜往上海,改名"周鲠生"。

大义宽厚的黄兴于此际迅速秘密设法让他们仨出国,并争取到湖南省官费资助,三人同赴英国留学,1913年夏,三人到达伦敦。杨端六入伦敦大学选货币银行,皮宗石入伦敦大学读经济学,而周鲠生入爱丁堡大学攻政治经济学。1915年,皮宗石在伦敦写就《弱国之外交》长文,向日本东京的《甲寅》投稿并发表。⑧ 在欧洲,他们仨刻苦读书之余,遍访师友,如鱼得水,又结识了大批留学生,如李四光、王世杰、陈西滢等。据"未名手稿"称,1917年3月,李剑农与周鲠生、杨端六、王世杰等创办《太平洋》(*The Pacific Ocean*)政论杂志,李任主编。这份《太平洋》杂志创刊于民国六年三月一日,创刊词"本刊宣言"称其宗旨为"考证学理,参酌国情,以求真是真非。于周下经济各问题,尤多所论列。不为何种政团张其党势亦不自立门户别成一新政团之机构"。编辑部设在上海白克路十号,由泰东图书局出版。创刊第一期就有剑农、端六、鲠生等人的文章,周鲠生的文章是《外蒙议员问题》。⑨ 其中还有吴敬恒、汪兆铭短文各一篇,汪文称"过伦敦时晤皓白端六讲得君知太平洋杂志之出版为期不远","遥知此杂志于法律政治经济讲得方面必能为正当之主张精密之辨析以大有裨于国人也"。⑩ 可见,杨端六等留学生和汪兆铭等人有过交集。

---

⑦ 《汉口民国日报被法领干涉之内幕》,载《时报》1913年6月1日。
⑧ 皮宗石:《弱国之外交》,载《甲寅》(东京)1915年第1卷第6期。文章末尾注明早就成稿于伦敦。
⑨ 《太平洋》(上海)1917年第1卷第1期。
⑩ 《太平洋》(上海)1917年第1卷第1期。

1919年春，周鲠生以全系第一名的成绩取得爱丁堡大学政治学硕士学位，并荣获金质奖章。随后他离英转往法国，进巴黎大学继续深造。⑪ 1919年巴黎和会期间，周鲠生和杨端六、皮宗石、王世杰、汪申、郑毓秀等这几个"铁杆"，⑫从欧洲各地各校集中到巴黎，诸同志成立"中国国际平和促进会"，组织活动，通报消息，为维护中国的合法利益而斗争。这期间，汪兆铭也在欧洲，还出席过李麟玉、王世杰等组织的"国际平和促进会"的集会活动。"民国八年（1919）七月四号下午三点开会。到会者五十四人，来宾有汪精卫、张默君、金仲文诸先生。"⑬巴黎和会签约前夕，他们带领留学生、华工、华侨，一起包围中国代表团驻地，阻止巴黎和会中方代表签署条约。⑭由此可知，周鲠生他们也在欧洲参加五四运动了。

图2 周鲠生（后右二）、皮宗石（前中）和杨端六（前左）在英国

⑪ 此处参考"未名手稿"的回忆。
⑫ 据"未名手稿"，还有李麟玉、李京侗、李宗侃、徐廷瑚、陈扬杰等。
⑬ 李麟玉：《国际平和促进会内部经过事项之报告》，载《旅欧杂志》1919年特刊第4号。
⑭ 参考"未名手稿"的回忆。回忆中的"中国国际和平促进会"应是笔误，1919年8月1日出版的《旅欧杂志》特刊第4号中记载，王世杰参加的这个机构叫"国际平和促进会"，不是"和平"，而是"平和"。

周鲠生在欧洲留学的八年日子里，经历和收获至为丰富。1920年2月14日他在巴黎完成了一篇论文《战争与割地条约》，寄回上海发表在《太平洋》杂志上。[15] 这时他还没有完成学业。1921年，他完成并通过博士学位论文答辩——题目是《英国、法国、美国对于外国政治的议会控制》，获得了巴黎大学国家法学博士学位，于年底回国。[16] 这时，杨端六已于1920年回国，在上海商务印书馆任《东方杂志》编辑。[17] 周鲠生回国后也到了上海，进了商务印书馆任法制经济部主任。商务印书馆当年的显赫地位和高薪制度，达到可以从北大挖人的地步。周鲠生有言"商务生涯原非所愿"，但毕竟欧美海归在商务的月薪高达二百五十元，[18] 况且这是一份能够兼顾学术的工作。事实上，从周鲠生发表的论著来看，他把这份工作看成做学问的书斋，而不是别的。

从学术产出来看，这一时期他的学术作品犹如石油井喷。仅看他1922年这一年，他都做了些什么？1月，他关于教育问题的论文发表在《教育杂志》上。[19] 3月，他在上海发表了《读广东省宪法草案》（1922年第19卷第6期）。4月24日，他在东吴大学作了《领事裁判问题》的演讲，次日即发表在《东方杂志》（4月25日出版）首篇，这特别待遇显然得益于杨端六当编辑的便利。7月1日起该文又在天津《益世报》连载了十一天。[20] 1922年7月，周鲠生在商务印书馆出版了《万国联盟》。是年，他还在上海《太平洋》杂志发表了三篇文章，即《省宪与国宪》（1922年第3卷第7期）、《万国联盟与委托治理》（第3卷第8期）等。值得特

---

[15] 周鲠生：《战争与割地条约》，载《太平洋》（上海）1920年第2卷第6期。
[16] 王伟：《中国近代留洋法学博士考（1905—1950）》，第165—166页。
[17] 杨端六1920年担任了来华访问的罗素在长沙演讲的翻译。长沙《大公报》特约记者毛泽东特邀杨端六到湖南长沙第一师范学校演讲，结果杨端六做了三次专题演讲，最后毛泽东就以《和罗素先生的谈话》为题发专稿，在长沙《大公报》1920年10月31号第10版上刊登，下面注明"杨端六讲 毛泽东记"。
[18] 刘猛：《铁肩担道义 妙手著文章——记政治学家周鲠生（上）》，载《传记文学》2018年第2期。
[19] 周鲠生：《读李石岑君"教育独立建议"》，载《教育杂志》1922年第14卷第2期。
[20] 周鲠生：《领事裁判权问题》（连载），载《益世报》（天津）1922年7月1—11日。

别强调的是，同年 8 月底，他在上海《东方杂志》发表《国宪上之外交权问题》，首次阐述了一个道理：外交权不只有外交执行权，还有外交监督权，前者属于行政权，后者属于议会权。这是文明国家之通例。[21]

当法律活动职业化到了一定阶段，中国便出现了以法律学术为业的独立职业，学术职业与政治、与社会现实相对分离，出现了专职的法学学者或教授，具有一定的超然性，这是近代中国法科知识发展进化的一个成果，尽管它到来得相对较迟，但毕竟是可喜的进步。成批的法科知识人问学从教专职化，大约出现在 20 世纪 20 年代初。周鲠生回国第一选择就是做学问，他赶上这一波早潮，后面的事实证明，他是具有时代象征性的。

二、学术为业，问学从教

1919 年北大改"学门"为"学系"，"法科"改为"法律学系"，可谓法科学术化演进的重要标志。1920 年北大所聘的师资大多为专职教授和讲师。比如燕树棠 1920 年留学回国就进入北大法律系。1922 年秋，周鲠生应蔡元培邀请，到北京大学任教授，讲授国际法，兼政治系主任。[22] 10 月，他在北大校报发表论文《常任国际裁判法院组织法平议》[23]；11 月 28 日上午 9 点，在北大第一院第四教室给政治系教授会作"国会与外交"讲座[24]。这很可能是他进入北大后的第一次公开亮相。

周鲠生到北大后专心于书斋。1922 年，北京法政专门学校学生驱逐校长王家驹，令教育部很头痛。12 月 23 日教育部紧急任命周鲠生为该校校

---

[21] 周鲠生：《国宪上之外交权问题》，载《东方杂志》1922 年第 19 卷第 21 期。
[22] 韩德培 1986 年在武汉大学法律系本科生、专科生、研究生大会上的讲话。参见《周鲠生先生生平、贡献和设置纪念周鲠生法学奖金的重要意义》，载《法学评论》1986 年第 1 期。
[23] 周鲠生：《常任国际裁判法院组织法平议》，载《国立北京大学社会科学季刊》1922 年第 1 卷第 1 期。
[24] 《政治学系教授会启事：本星期二（二十八）日请周鲠生先生讲演》，载《北京大学日刊》1922 年第 1118 期。

长。㉕但周鲠生并不愿意去搅浑水，提出辞职，教育部批准令曰"该校长坚请辞职未便强留应照准"。㉖于是，教育部于26日改派刘彦为校长。㉗次年，周就在商务印书馆出版了《领事裁判权问题》《近时国际政治小史》《新学制公民教科书》以及百科小丛书《法律》。

北大著名的校刊《国立北京大学社会科学季刊》自1922年创办起，开辟"学术书籍之绍介与批评"专栏，专门发表国际上最新著作的介绍和书评。这个新栏目的任务似乎被周鲠生、王世杰、燕树棠等少数新派海归包揽了。第一卷第一期的五篇书评中，王世杰、燕树棠、陶孟和各一篇，周鲠生占两篇，大有引领北大学术之势。1923年至1926年，他在北大《社会科学季刊》有12篇文章及15篇国外新书评介，在上海《太平洋》有6篇关于宪法与国际法的文章，在《现代评论》有20多篇，涉及领域包括国际政治与国际法、宪法理论、法约问题、清室优先条件等等。他还在《寰球中国学生会周刊》（1926年第243至246期）发表《中国的国际地位》，在《民国日报》向公众谈不平等条件等问题。北大周鲠生教授在知识界甚至社会上都有一定名声，因此也有人试图利用他的名气。这年10月有报纸连载了一篇署名"鲠生"的政治倾向明显的文章，叫《批评中国国民党》，后来周教授专门为此发声明，说这不是他的文章。㉘不久邵力子在《民国日报》发文章揭露"陈党"（陈炯明）的不良用意，他说他自己猜也不像是出自周教授，"自幸没有看错周鲠生先生"。㉙

㉕《教育部委任令第三十八、三十九号（十一年十二月二十三日）》："令派周览为北京法政专门学校校长"，载《教育公报》1922年第9卷第12期。

㉖《部令：指令：第一千九百七十二号（十一年十二月二十日）》："令北京法政专门学校校长周览：呈一件请辞职由"，载《教育公报》1922年第9卷第12期。

㉗《教育部委任令第三十八、三十九号（十一年十二月二十六日）》："令派刘彦为北京法政专门学校校长"，载《教育公报》1922年第9卷第12期。

㉘《周鲠生教授启事》："昨大学同人见有建设周刊第四期……"，载《北京大学日刊》1923年第1332期。

㉙ 力子：《介绍周鲠生教授一个启事》，载《民国日报》1923年11月16日。

**1922—1925 年《国立北京大学社会科学季刊》
学术书籍之绍介与批评文章统计表**

作者	学科	1922	1923	1924	1925	总计（篇）
周鲠生	法律	2	7	4	5	18
王世杰	法律	1	6	6	4	17
燕树棠	法律	1	6	1	2	10
陶孟和		1	3	2	2	8
钱端升	法律			2	3	5
顾孟余			4	1		5
皮宗石			4			4
白鹏飞				1	2	3
陈翰笙				1	2	3
陈大齐				2		2
高一涵				2		2
张志让	法律			1		1

正如蔡元培1919年批评过的那样，法科知识人从政兼职于从教，这是当时多数人的惯例。周鲠生在北大期间是否有兼职？笔者在《朝阳学院概览》中发现，他是朝阳学院的前任教员，曾任教一门课《外交史》，他的好友皮宗石也兼授朝阳的英文财政学和英文货币学课程。[30] 另外，鄙斋收藏一本"湖北省立法科大学讲义"《交通政策》的线装书，有周鲠生盖章和由其本人以毛笔添加的大量修改补充内容（参见图3）。这证明他曾在此校兼任《交通政策》课的教员。该校设在武汉，原名湖北公立法政专门学校，1924年更名为湖北省立法科大学，1924年起由张知本任校长。周鲠生在北大时期的兼职也只是限定在教学上。

---

[30] 朝阳学院《前任教员姓名略历》中记载周览任"外交史"课程。参见《朝阳学院概览》，第14—15页。

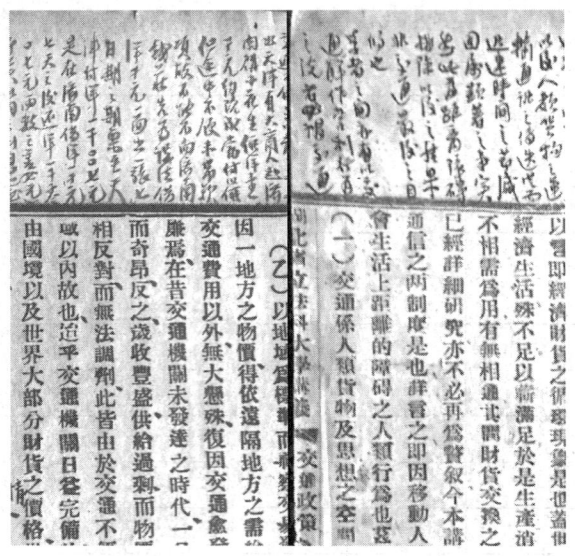

图 3　周鲠生批注的"湖北省立法科大学讲义"
《交通政策》（1924 年 8 月印，然否斋藏）

受蔡元培的办学思路影响，北大法律系倡导法学研究，学术十分活跃，相继出版了一批名著，也突显了北大法科的一批法学少壮派，周鲠生就是其中一位。他当时主讲国际公法课程，[31] 在课程讲义中根据西方先辈学者的著作，照自己的研究进行体系化，构建了一个严密的体系，阐述国际上"确定的原则"，去除学术争论点。其中翔实的资料大都来自 1906 到 1926 年之间的外文研究文献以及国际联盟规约和国际法庭组织法的原文。[32] 后来他把讲义编辑出版，形成了《国际法大纲》（1929 年 10 月首版）。此时，中国人已经开始重视国际法。殊不知这时候，与周鲠生《国际法大纲》同年出版的国际法著作还有两本：一是 7 月出版的朱采真著《国际法 ABC》（世界书局版），二是 9 月出版的黄梦楼著同名书《国际法大纲》（北新书局出版）。显然黄著和朱著二者均没有周著那么有影响。后来朱采真频频转到其他领域，还出版了《现代法学通论》《政治学 ABC》

---

[31] 张国福：《北京大学法律系前期的教学改革及其优良传统》，载《中外法学》1998 年第 3 期。
[32] 周鲠生：《国际法大纲》，商务印书馆 1929 年 10 月版。

《政治学通论》《行政法新论》及大辞典等等；而黄梦楼也转移到别的领域，1931年出版了《公司法ABC》（世界书局版）。

说到国际法，中国人再陌生不过了。恭亲王在为丁韪良《万国公法》请求允许刊印出版的奏折中提到，他在对外交涉时"彼此互相非毁之际"，才知有此书。他认为洋人和我们打交道都"窃查中国语言文字"和书籍，"往往辩论事件，援据中国典制律例相难"。㉝ 这道出了官方急需国际法专门人才和专业外交官的原委，也说明了《万国公法》得以出版的原因和初衷——作为外交中"攻击对方的手段"。㉞ 恭亲王对国际法的理解只停留在"交涉"与"算计"的意识上。㉟ 这是国际法舶入中国时最早的底色。

那么，从国际法人才来看，到20世纪初，情况骤变，留洋法科生学习国际法者，犹如过江之鲫。后来学界评价周鲠生是"我国现代国际法方面的祖师和泰斗"㊱，此话很中肯恰当。周鲠生能成为祖师和泰斗，并非因为他回国时间早。其实早年法科海归不少，甚至比他更早的海归，却也未见有如此"祖师"和"泰斗"级学者的。清末至20世纪20年代的法科博士海归人数持续增长。1900—1909年共有4位留洋法科博士，1910—1919年有24位留洋法科博士，1920年至1929年，也就是周鲠生这一波留洋法科博士达到125位。㊲ 其中专长（虽无专业之分）于国际法的博士海归占据相当大比例。㊳ 比周鲠生更早回国或同时代国际法专业海归中，多数不是从事学术和教育者，或者说从学从教转行的居多，比如当年有可能成为学界泰山北斗的人，如王宠惠，

㉝ 《同治朝筹办夷务始末》卷二十七。
㉞ 〔日〕佐藤慎一：《近代中国的知识分子与文明》，第53—54页。
㉟ 〔日〕佐藤慎一：《近代中国的知识分子与文明》，第74页。
㊱ 韩德培1986年在武汉大学法律系本科生、专科生、研究生大会上的讲话。参见《周鲠生先生生平、贡献和设置纪念周鲠生法学奖金的重要意义》。
㊲ 王伟：《中国近代留洋法学博士考（1905—1950）》，第358页。
㊳ 最早从法国获得法学博士的人是陈继善博士，1912年毕业回国，曾从教后做律师，再从政。后面有钱泰（1914年回国）当外交官，胡世泽（1918年回国）论文为《中俄近代关系的条约基础》，却当了外交官，孙绍康（1919年回国）教师转律师，王凤仪（1919年回国）从教但意外去世，梁仁杰（1920年回国）教师转任法官，王世杰（1920年回国）教师转从政，季宗孟（1920年回国）从政。1921年与周鲠生同年回国的有三人，一是从政的苏希洵（1890—1970），二是曾在清华当教授的余同甲（1885—1935），另有一位身份不明的Keun Yen Tsine（中文姓名不详）。在周鲠生之后还有大批法国法科海归。

也都终身从事政治与外交;还有曾在清华和圣约翰任教的刁敏谦,1922 年以后就当外交官去了。即便少数专事学术者,也因坎坷的历史而落花飘零。[39]

周鲠生是最早一波以学术为业的海归学者之一,是最早的国际法学术开拓者和耕耘者之一,是具有法外跨界知识的国际法专家,更是持续不懈从事国际法和外交学研究的一位法学家。同时代人当中,唯独周鲠生成为国际法一代宗师,这是有时代象征性的,也是有某种必然性的。从后来的客观结果说,中国大陆 20 世纪前 50 年的国际法与国际关系学者中,几乎无人达到周鲠生在国际法和国际关系学科领域的地位。

三、冲出书斋,再赴革命

1926 年 11 月,北大举行评议会选举,周鲠生与王世杰分别以 19 票和 15 票当选北大评议会委员。[40] 正当周鲠生的学术活动在北大得心应手的时候,北伐战争开始了。早年参加辛亥革命受挫并不影响他后来的革命热情。这场为统一中国的北伐,在斯文学究派的周鲠生心里,可能是一场需要并值得他投入精力的革命。

目前所知,他当时与北大王世杰等离开北大,南下参加革命,是应外交部部长陈友仁[41]电报之约。有文章说周鲠生于 1927 年 1 月南下。[42] 实际上,周鲠生已于 1927 年 1 月参与协助国民政府以革命外交之手段,收回

---

[39] 比如 1927 年的美国博士王化成(1902—1965)的博士论文是关于国际不法行为,在清华、北大从教,后从事外交,于美国逝世。1933 年的美国博士张鼎彝,博士论文是关于条约的解释,后在台湾从教;1939 年的美国博士董霖,博士论文是国际公法,但移居美国从教。

[40]《校长布告:本校本届评议员选举》,载《北京大学日刊》1926 年第 1987 期。

[41] 陈友仁(1875—1944),姓陈名 Eugene,据谐音名友仁,祖籍广东顺德,出生于中美洲英属西印度群岛的特立尼达。早年考入西班牙港圣玛丽学院攻读法律。毕业后从事律师工作。1911 年辛亥革命爆发后,同年底回国。1912 年初到北京,任北京政府交通部法律顾问,不久去职。1914 年任交通部秘书处办事。1917 年任北京英文京报记者时,因写《出卖中国》一文揭露段祺瑞卖国密谋被捕入狱,同年 6 月获特赦后南下广东支持孙中山的护法运动。1919 年任中国出席巴黎和会专门委员,1923 年任大本营航空局局长,1926 年 1 月出席国民党二大,被选为国民党中央执行委员,不久任广州国民政府外交部部长。同年底随政府迁都武汉,仍任外交部部长。1931 年辞外交部部长,1932 年重任继又被迫辞职。1938 年 10 月与宋庆龄、何香凝等联名通电批评蒋介石独裁政策。1941 年 12 月在香港遭日军逮捕,不久被押解至上海,拒绝日伪诱降,一直被软禁。1944 年 5 月 20 日因病在上海逝世。

[42] 刘猛:《铁肩担道义 妙手著文章——记政治学家周鲠生(上)》,载《传记文学》,2018 年第 2 期。

了汉口、九江英租界。㊸另有一种说法，时间是北伐军占领武汉之后㊹，倘若如此，那么应该是1926年9月之后至年底的这三个月间。陈友仁于10月19日在武汉与卸任外交部部长伍朝枢交接，㊺他是法科出身的外交部部长，更知工作中需要一批懂外交的法律专家。他聘请外交顾问的时间不会晚于1926年年底，周鲠生南下的时间很可能是11月底到12月底之间，一同南下的还有北大皮宗石、王世杰、陈翰笙等。

有文章说，周鲠生1927年在上海"拜访了著名的女律师郑毓秀"。㊻这恐怕是个误会，以周的地位、资历和性格，与郑氏见面也不会是拜访。事实上，在上海房租协会助北伐军饷委员会，周鲠生与王世杰及上海律师蒋保厘、吴凯声、梅华铨、郑毓秀等法律界人士担任该会顾问，1927年6月周氏在上海参加了会议㊼。这很可能就是与郑毓秀见面一事的由来。此时，蔡元培也到上海参加苏浙皖三省联合会，配合北伐战争，策划三省自治运动。周鲠生居然又像当年愤青一样，毅然放弃北大教职，成为北伐军中的"知青"，南下广州，参加革命，再随北伐军来到武汉，旋又转至南京。这个时代，一个书生的"革命"志向，是反清、反帝、反专制，这是进步思想，是理念认同，是公共关怀。而他的革命志向不是要做职业革命家，更不是为标榜和利己。所以，周鲠生的革命热情和行动才会是持续的。

尽管参加"革命的外交"，但周氏内心是平静的，仍然专注于学术。他们完成使命后，旋从武汉转至南京。此时杨端六受中央研究院院长蔡元培之邀，在南京担任经济研究所所长。同年，他在上海出版了文集《解放

㊸ 林海：《周鲠生：难以逾越的法律人生》，载《江淮法治》2015年第10期。
㊹ 薛毅：《王世杰传》，第24页。
㊺ 《中华民国国民政府指令第七二号（十六年十月十九日）》："令卸任外交部部长伍朝枢：呈报自五月十日起至九月三十日止经办对外交涉案件款项产物印信业已移交新任接收武汉外交部印信"，载《国民政府公报》（南京1927）1927年第2期。
㊻ 刘猛：《铁肩担道义 妙手著文章——记政治学家周鲠生（上）》。
㊼ 《上海房租协助北伐军饷委员会，昨函邀该会顾问郑毓秀、郭泰祺、周鲠生、王世杰、蒋保厘、吴凯声、黄镇盘、梅华铨等开会》，载《申报》1927年6月3日。

运动中之对外问题》（太平洋书店 1927 年版）和《近代欧洲外交史》（商务印书馆 1927 年版）。1928 年 8 月，周鲠生根据在武汉参与外事的经历，写就并在太平洋书店出版了《革命的外交》和《不平等条约十讲》。他在书斋内外的张力之间，几乎是达到了完美地兼顾和管控。

他矢志于学术，清楚地明白自己要干什么。1927 年经过革命之后，南京国民政府成立了，周鲠生似乎感觉到自己已经完成使命，他很自然地又要回归书斋。后来他拒绝受任立法院立法委员也说明这一点。韩德培回忆说："周先生不喜欢做官，解放前，南京政府成立立法院，任命他为立法委员，他没有接受。"㊽ 这是指 1928 年 11 月，周被任命为立法院立法委员。从当时的情况来看，许多人争先恐后地要当立法委员，可是周鲠生于 12 月致函国府及立法院长，呈请辞职，略谓："向在大学及研究院担任教授及研究职务，不能远离，故恳请准予辞去立法委员职务，俾得专心于教育及学术事业，以期于此方面报效党国。"㊾ 国民政府不同意他辞职。有一份 1928 年 12 月 25 日发出的关于周览请辞立法院委员职务的政府批文，称"呈悉该员学术精湛，正望发抒蕴抱赞助立法，所请辞去立法委员一节，应毋庸议"。㊿ 尽管政府不同意其请辞，但他还是辞了。其后，他应国民政府之聘，从事宪法制定事务，但因反对蒋介石的一些主张，数月后亦辞任。

他立志不做官，不等于不参与公共事务。相反，他对学术性公共事务不仅不拒绝，还热心投入。1927 年 11 月，蔡元培在大学院（相当于教育部）主持召集"大学院中央研究院"筹备会及各专业委员会成立大会。大学院聘请筹备委员约 30 余人，基本来自留学海归，周览就在其中。(51) 这次

㊽ 韩德培 1986 年在武汉大学法律系本科生、专科生、研究生大会上的讲话。参见《周鲠生先生生平、贡献和设置纪念周鲠生法学奖金的重要意义》。

㊾ 《周览辞立法委员》，载《民国日报》1928 年 12 月 25 日。

㊿ 《中华民国国民政府第四二二号指令（中华民国十七年十二月二十六日）》："令立法院立法委员周览：呈请辞去立法院委员职务由"，载《国民政府公报》（南京 1927）1928 年 12 月 27 日第 53 期。

(51) 《中央研究院筹备会及各专门委员会成立大会记事》，载罗家伦主编：《革命文献》第 53 辑，兴台印刷厂 1971 年版，第 352 页。

会议最后讨论并通过中央研究院组织条例,确定本院为中华民国最高科学研究机关,蔡元培兼任研究院院长。社会科学研究所筹备委员有:李煜瀛、孙科、叶元龙、周览、胡适、杨铨、杨端六、陶孟和、马寅初、蔡元培。其中李煜瀛、周览、蔡元培为社会科学研究所常务筹备委员。[52] 1928年4月,政府公布修正的中央研究院组织条例,改为"国立中央研究院",6月9日,蔡元培在上海东亚酒楼召集各单位负责人举行第一次院务会议,出席者有周览、徐摩渊、丁燮林、陶孟和、竺可桢、李四光、杨端六、王季同、杨杏佛、高鲁等等。1928—1929年的社会科学所所长正是周鲠生的老友杨端六。[53] 30多岁周鲠生就已经是一位知名度很高的国际法专家。

贫寒孤儿——结群盟友——反清斗士——留欧海归——专职学者——北伐知青,以上就构成了周览"暗线"的前半部分。这还不是全部,当我们继续往下挖掘,还发现这条"暗线"上有更多新的内容。

四、大学蓝图,笃行筹办

前文说他回国后"貌似"沉浸于书斋五年。实际上他那五年边做学问,边应对社会事务,其中就有办教育的任务。经笔者考证发现,周鲠生一生至少参加了四所大学的筹建,而最初的这些大学都是遵循孙中山的指示而创办。周鲠生是孙中山的忠实追随者,因此他义无反顾,从而也把他的大学理念落实到大学制度的设计上。接下来,周鲠生的"暗线"又将呈现另一端。

1922至1923年,周鲠生的家乡湖南省正在设想要筹备一所大学,周鲠生受委托起草湖南大学组织草案。根据湖南省宪法第79条规定"须设立大学一所",他发表《湖南大学组织草案及说明书》,在按语中言:"湖南省宪公布,法制编纂委员会成立,从事于编纂省宪规定必要之法令,当局者以上项大学组织令之起草,委任于愚。愚以年来在海外与少数同志颇

---

[52] 大学院编:《大学院公报》1928第1期。
[53] 中国第二历史档案馆编:《中华民国史档案资料汇编》(第5辑),江苏古籍出版社1994年版,第1344页。

有在南方创设大学计划之研究，归国以来，此志未怠，有于大学之组织问题，多所讨论，对于湖南之设立大学，自然有至饶之兴味，因慨然承诺湖南当局之委任，而草成上项大学组织案。兹以其草案，并附说明书，发表于本志，冀与海内学界共商榷焉。”(54)

“草案说明书”中，首先谈“大学之职务”是“促进高深学术，造就专门人才”，特地强调，此外“对于一般社会，尚履行一种传播思想知识之天职。”其次强调“大学之自治”，云“大学虽为省立，但若其内部行政，受省政府之干涉，是不惟有伤最高学府之体制。抑且有害大学个性之自由发达”。然后就大学的建设、经费、学级、组织、校长任命、教员等事宜作出规划和说明。周鲠生设计的学科相当齐全，几乎就是今天所谓综合性大学标准：文科设哲学、文学、历史和地理门；社会科学设政治、法律、经济、商业门；理科高数学、物理、佛学、地质、生物门；工科设土木、采矿、冶金、机械门；农科设农业、林业门；医科设医学、药学门。草案中的湖南大学初定名为“湖南省立大学”。(55) 这就是湖南大学的前身——1923 年经当时的省教育司筹划，将原有的工业专门学校、法政专门学校和商业专门学校三校合一，定名省立湖南大学。

1924 年初，孙中山决定在广州合并国立高等师范、广东法科大学、广东农业专门学校，创建“国立广东大学”，任命邹鲁为筹备主任。邹鲁联系聘请了 35 位官员政要、知名学者或教育家为筹备员。其中学界人士有胡适、李大钊、蒋梦麟、周鲠生、王世杰、顾孟余、王星拱、皮宗石、李石曾。但实际到广州开展筹备工作的为少数，即北大政治系周鲠生、法律系王世杰、经济系皮宗石、化学系王星拱等教授，他们大约于 1924 年 7 月 12 日到达广州。据中山大学黄瑶教授考证，北大之所以实质性地派出教授，是因为此时北大已经有“交换教授”的制度。(56) 法科由政治、法律

(54) 周鲠生：《湖南大学组织草案及说明书》，载《教育杂志》1922 年第 14 卷（号外）。另见周鲠生：《湖南大学组织令草案及说明书》，载《太平洋》（上海）1922 年第 3 卷第 5 期。

(55) 周鲠生：《湖南大学组织草案及说明书》。

(56) 黄瑶、王薇、黎翀：《百年传承：中山大学法科学人（1924—1953）》，第 5 页。

和经济三系组成,因此,法科筹备会议下设的法科委员会 22 位委员中,又多了周鲠生和皮宗石的老友——杨端六。[57] 这三个少年组成的"铁三角"又走到了一起。因为有湖南大学的筹备经验,周鲠生在广东大学的筹备中发挥了主要作用,参与制定了《国立广东大学规程》等三份文件,设置文理法农工五科,招聘师资,筹办广东大学法科。

1927 年,周鲠生参加了国立第四中山大学的筹备,这便是后来的中央大学。筹备委员均由张乃燕校长从外校所聘的专业学者组成,周鲠生列首位,此外还包括俞庆棠、汤用彤、竺可桢、戴修骏、谢寿康、杨端六、孟宪承、颜福庆、王世杰等二十四人。筹备委员共开会议七次,拟订第四中山大学本部组织大纲草案二十条,评议会组织大纲草案十二条,研究院规程草案十六条,等等,由校长报请中央教育行政委员会议决施行。[58] 杨端六又和周鲠生在一起创办大学。后来,周鲠生担任了第四中山大学政治系主任,杨端六则担任了商学院院长。[59]

1928 年 7 月,大学院(原教育部)决定在武昌中山大学基础上创建国立武汉大学。蔡元培任命刘树杞为筹备主任,李四光任新校舍建筑设备委员会委员长,另外还有王星拱等一起筹建国立武汉大学。由于与李四光是留英时的好友,二人同年属牛,周鲠生此时可能也受蔡元培委派,已经在外围参与了武大的筹备。1928 年 7 月 30 日,武汉大学筹备委员会举办第一次筹备会议,会议宣布民国政府大学院已聘任刘树杞、王星拱、李四光、周鲠生等九人为武汉大学筹备委员。出席会议的委员包括刘树杞、李四光、周鲠生等,会议讨论并通过组织大纲及各项规程,开始了创办武汉大学的工作。[60] 1928 年皮宗石受聘武大。1929 年 3 月,王世杰任校长,邀请同是留英又是曾经北大的同事周鲠生到武大任教。因此,周鲠生于 1929

---

[57] 邓植仪:《本校成立之经过情形记略》,载《国立广东大学半周刊》1924 年 7 月第 2 期。
[58] 《第四中山大学暑后可望开学 筹备大致就绪 条例呈请公布 常务负责有人 暑后可望开学》,载《民国日报》1927 年 6 月 25 日。
[59] 《第四中山大学商学院欢迎杨端六院长》,载《民国日报》1927 年 7 月 19 日。
[60] 《筹备武汉大学近讯》,载《时事新报》(上海)1928 年 7 月 31 日。

年向中央大学张乃燕提出辞职，张校长竭诚挽留，成为一大新闻。[61]而此前的5月份，清华大学政治系主任吴之椿也力邀周鲠生加盟清华，被周婉拒。周致吴的信上说，"弟个人久有北归之愿，到清华与兄等共同讲学，更所乐为。不过现因武汉大学初办，人才较缺，雪艇兄既去负此重责，如必需弟相助，则亦义不容辞"。[62]最终，周鲠生还是于1929年9月来到武汉大学，任教授兼政治系主任。当时媒体报道称"武汉大学之新气象，周鲠生被聘来武大，竺可桢请设气象台"。[63]可是北大那边电报急催到武昌，要周教授回北大上课。[64]

然而当时的武大什么也没有，连教授宿舍都还没有。周鲠生、陈西滢两位教授刚开始只能借住在皮宗石家（皮公亮回忆）。直到1932年珞珈山校舍初步建成，武大校址由武昌东厂口迁往现在的珞珈山，周鲠生和老友杨端六才一起把家搬了过来。1930年周鲠生与杨端六正式受聘于武大，皮、杨、周三"铁杆"又聚在了一起。皮、杨先后任法学院院长，周任法学院教授兼政治系主任。

1932年7月，中央大学原代理校长辞职，行政院急令李四光主持，但尚未到位，而中大所谓"整理会"（委员长蔡元培）委员周鲠生却在南京处理这一摊子杂事，周致电上海催蔡元培速返南京召集各委协商中大善后事宜。可是当年中大的事牵涉政治，复杂且诡异，周鲠生也想辞去委员一职。[65]1933年周鲠生担任武大法学院院长。1937年秋周鲠生被聘为教务长，1938年武汉大学西迁到四川乐山。此间，周鲠生兼任国民政府中央法政委员会委员、训政实施方案委员会委员、"国难会议"委员、中央研究

---

[61]《中大挽留周鲠生教授，经张校长挽留或能打消辞意》，载《中央日报》1929年8月5日。

[62]《周鲠先生致吴之椿先生信：本校政治学系聘请周鲠生先生事》，载《国立清华大学校刊》1929年第81期。

[63]《武汉大学之新气象，周鲠生被聘来武大，竺可桢请设气象台》，载《中央日报》1929年9月17日。

[64]《武昌大学转周鲠生先生鉴（函电）》，载《北大周刊》1930年第2447期。

[65]《中大整委员纷辞，周鲠生亦提辞呈》，载《时事新报》（上海）1932年8月22日。

院第一届院士、国民参政会第一至四届参政员。[66]

周鲠生是位教育家，他的大学理念中，除了学科综合性观念之外，最重要的是他的"大学使命"观。他认为"大学的重要使命是改造社会"，有学者把它概括为三层意思：一是大学须培养具有良好道德品性与修养的人才，并"濡染到社会"；二是大学通过文化改造社会；三是大学通过知识改造社会。[67] 周鲠生创办大学之经历，也让我们看到了一个意味深长的现象——专业主义精神。筹备委员都是各学科的专家，专业、革命加友谊，三重共性相交织，在一起办大学，构成了一道极美的风景线。回顾他1911年辛亥革命回国至1930年调入武汉大学的二十年经历，可以发现其人生线索上，除了"革命"、"友谊"和"大学"之外还有两个"要素"，那就是"公义"和"专业"。

五、秉持公义，保守理性

文章至此，另一个问题浮出水面——他是怎么处理神圣的公义精神与神圣的专业精神之关系的？让我们注意以下几个在他身上具有代表性的关系或矛盾：

第一，主权与改良的关系。当时的中国，最重要的问题是国家领土与主权问题，特别是辱国丧权的不平等条约及由其产生的治外法权下的领事裁判权，各地租界洋人掌握了司法权，这成为国人最扎心的病痛。可是有一个悖论或难题——列强以中国"刑法严酷""监狱状况恶劣""司法行政不分""歧视外人，法律上不以平等待遇"等为理由，拒绝中国的交涉。确实，中国当时的法制尚不健全，司法制度落后且不人道。如果按照"凡是洋人赞成的我们就反对"这样的"对抗思维"，那就无法解决这样的外交难题。这时候需要理性的专家用常理说话。怎么办？

1923年，周鲠生写就《领事裁判权问题》。他先从国际法角度认证侵

---

[66] 参考"未名手稿"。
[67] 黄瑶、王薇、黎翀：《百年传承：中山大学法科学人（1924—1953）》，第26—27页。

害国家主权的领事裁判权"断乎不能任其存在"。同时，他也呼吁改良司法，认为撤废领事裁判权要改良司法的不合理之处，提出的"司改建议"包括"要有完善的法律""法庭之改良""法官选任制度与律师社会之改良""改良并提高法律教育"。提出要"加一番发奋去做"，[68]与英美等国谈判撤废领事裁判权才有可能。周的观点对于北京政府推行"修约"运动起了积极的作用。1924年（民国十三年）末，他参加不平等条约改正运动，出版了《不平等条约十讲》。他还提出要像俄国革命那样，在外交上进行革命性创举，打破羁绊中国的"不平等条约体系"之网。

争取主权是一码事，改良落后的司法是另一码事。不能因为是洋人逼你改良司法，你就死赖不改。所谓爱国者的理性与非理性之界线，在这里得以充分地划定。如果只有爱国激情，缺乏科学理性，就会以盲目对抗相向，那又会是怎样的结局呢？

第二，关于外交的革命性、民主性与专业性。1926—1927年短暂而紧张的革命行动之后，周鲠生于1927年8月，根据自己在武汉参与外事的经历，写就《革命的外交》一书，认为对待老练的帝国主义，就应该采取"主动的、攻势的"外交，并且要"利用民众势力"来"打破一切传习成见和既存的规则"，"对于既存的国际规则、惯例，或条约的束缚，都要一概打破"。这是他对当时的革命外交实践的精辟总结。[69]在他的观念中"革命"一词，就具有争取民族独立、收回法权、争取自由的反帝色彩。

清末外交失败的痛点一直持续到民国，尤其是1919年经历了巴黎和会与五四运动，"国民外交"这一外交词汇盛行，成为舆论焦点。这引出一个理论与实践上的问题，即在外交主体问题上存在的争论——外交究竟是专业官僚的事，还是普罗大众的事？或者说，哪个更具有决定性意义？20世纪20年代前后，两者的对抗性极强。一些老派职业外交家如顾维钧，就认为"人民外交"是错误的。周鲠生1922年8月的《国宪上之外交权

---

[68] 周鲠生：《领事裁判权问题》（三篇连载），载《益世报》（天津）1922年7月9—11日。
[69] 高鹏：《周鲠生：中国国际法之父》，载《世界知识》2013年第2期。

问题》，首次阐述了一个道理：外交权不只有外交执行权，还有外交监督权，前者属于行政权，后者属于议会权。这是文明国家之通例，[70]也是他外交民主化思想的一部分。周鲠生于1927年便深刻而中肯地给出了一个观点，他针对政府所认为"外交之事，不是公众懂得的"情况，提出"关于外交官的仪节、外交的专门手续之类，也许只有职业的外交官知道清楚。但若讲到一般的外交方针，就不见得公众的见地不如所谓外交家。实则在许多处所，普通人所见，至少比较适合于国民的意思"，他认为中国要实现民众运动的目的，"首先要打破官僚外交"。[71]周鲠生后来在《国际法》中进一步指出："国民外交主要表现在个人或代表团体进行友好访问，发展国家间交往关系，并且有时通过这种非官方的接触，双方具有代表性的人民团体就两国间的关系问题得出一致看法，发表共同声明或联合公报或者就具体事务达成协议而正式签订民间协定。"[72]诚然，我们不能只把外交权看成是外交部的事权，还要重视外交的民主性；外交要讲究专业性，但同时也要调动民间力量发挥民间外交的优势。

第三，学术理性与公共社会。周鲠生的学术不是躲在书斋里的象牙塔，他在重大问题上既关注难点、切中时弊，又有所思想贡献和实务建设。1924年10月段祺瑞任中华民国临时政府的临时执政，12月，周鲠生在《我们所要的一个善后会议》一文里，矛头直指段祺瑞，开篇即谓"我们对现在的执政政府是很不满意的。我们对于他的解决时局的诚意和能力也是怀疑的。"[73]他勇于发声，针砭时弊。1931年日本侵占中国东北后，英法等国炮制《国联调查报告书》时，周鲠生发表《所谓伪满洲国之承认问题》，愤怒地予以严正反驳。然后，周鲠生以连载方式于1931年11月8日至16日在《中央日报》连发5篇《日本对华侵略政策》，揭露日本对华

---

[70] 周鲠生：《国宪上之外交权问题》，载《东方杂志》1922年第19卷第21期。
[71] 周鲠生：《解放运动中之对外问题》，太平洋书店1927年版，第286页。
[72] 周鲠生：《国际法》（下册），商务印书馆1981年版，第515页。
[73] 周鲠生：《我们所要的一个善后会议》，载《现代评论》1924年第1卷第2期。

侵略政策。[74] 这正是他的学术风格，也是他的过人之处。自1912年至1949年，民国时期学界共发表国际法论文500余篇，散见于近150余种刊物。有关学者列出其中关于"国家领土与主权"的最有影响的论文来看，周鲠生的论文占了近三分之一。[75] 据笔者初步统计，1931至1934年和1937年至1939年这两个阶段，是九一八事变日本侵略东北和七七事变后中国进入全面抗战的两个时期，也是周鲠生发表时评与论文的两个高峰时期，分别不少于40篇和45篇。

在1932年的史料中，笔者还发现周鲠生一段鲜为人知的经历。是年8月5日，行政院院长汪精卫忽然夜走上海，并高调向中央辞职，据说是以张学良索款为借口，来逼迫地方疆吏张学良下野，骤然发动政潮，其背后所针对的是蒋介石。蒋氏恼怒，日记中斥汪"此人之无定力与定识，不知责任为何物耶"[76]。适值在武汉因"在剿匪期间决不能回京"，蒋中正和中常委先后派何应钦、宋子文、朱家骅、陈公博、吴铁城等对汪氏劝留，后又派居正、于右任、吴敬桓等赴沪相劝，均未果。[77] 可见劝汪工作的难度之大。

8月11日中常委会议决议再挽留汪，蒋中正通过秘书长唐有壬委托武汉大学教授周鲠生执行此决议。周作为代表，于8月11日晨抵沪，上午与居正、何应钦等前往拜会汪精卫，但"因汪氏未在，仅由汪夫人陈璧君代表接洽，并无相当结果。惟闻汪夫人之表示，谓汪之态度，极为坚决，请各总长毋庸再事挽留"[78]。同时还有一个信息：8月11—12日，蒋中正恰好在武汉阅兵。[79] 周教授劝汪不成之后于8月26日离沪返汉。

---

[74] 周鲠生：《日本对华侵略政策》，载《中央日报》1931年11月8日。
[75] 王贵勤：《民国时期国际法研究考》，载《华东政法大学学报》2007年第4期。
[76] 罗敏：《蒋介石与1932年的汪（精卫）、张（学良）交恶》，载中国社会科学院近代史研究所编：《中国社会科学院近代史研究所青年学术论坛》（2011年卷），第276页。
[77] 《行政院长汪兆铭辞职之经过》，载《国难半月刊》1932年第3期。
[78] 《中常会决议再挽汪，蒋代表周鲠生等到沪》，载《时事新报》（上海）1932年8月12日。
[79] 《蒋昨赴武昌阅军》，载《时事新报》（上海）1932年8月12日。

为什么会派周鲠生前往劝汪？汪兆铭1903年留学日本，1913年被公派赴法国留学。[80] 如前文提到，周鲠生与汪兆铭至少在留欧期间为促使巴黎和会拒签时有交集。尽管我们不知道周、蒋、汪之间讲过些什么，这段历史事实真相还未能完整解读，但至少看到周鲠生作为著名法学家的影响力和特殊作用。当公共事务有需要的时候，周鲠生能知难而上，毅然走出书斋，响应公义，尽责之后，又悄然回归书斋。正是因为有这段历史的铺垫，我们才可以理解周鲠生后来在抗战时期的行迹，待后文再叙。

当年有革命志向的学者不少，但大都从政。周鲠生作为资深革命者，并不以政治为生，而是以学术为业。"革命"在那个时代一度成为招牌，五花八门，究竟是何种革命？今天来解读，革命本质上具有公共性，是在大格局中看问题，又为多数人谋利益，因此它内在蕴涵着一种公义精神，即孙中山的"天下为公"之"公"。周鲠生是坚定的革命者，但不是职业革命家。他把天下为公的"革命"精神融入学术，服务于社会。公义与专业的结合，实际上构成为周鲠生的生命主题和思想底色。

六、国难当头，密使外交

前面说到，周鲠生不做官，但有公共关怀，更有理性行动。自从九一八事变以来，外交与国防成为中国一大重要问题，周鲠生在其中发挥了重要的作用。

1932年11月，蒋介石通过建设国防设计委员会延揽了一批中国一流的学者，按照专业分科，有军事、国际关系、文化、财政经济、原料制造等，周鲠生与王世杰、谢冠生、徐淑希、钱端升等被聘为国际关系方面的国防设计委员会委员。[81] 1935年6月19日，在南京举行首届评议员选举，

---

[80] 《临时稽勋局局长冯自由呈大总统请将第三期派赴东西洋留学生汪兆铭等出发费饬部速发乞鉴核批准施行文并批（附表）（中华民国二年七月十五日）》，载《政府公报》1913年第431期。

[81] 薛毅：《王世杰传》，第47页。

产生 30 位评议员，周览当选为第一届评议员。[82] "评议会之性质与欧美各国之全国研究会议相等，其职务在联络国内研究机关，讨论一切研究问题，谋国内外研究事业之合作。"[83]

1938 年 2 月起武汉大学向四川乐山搬迁，不久，周鲠生被聘为教务长。众所周知，周鲠生批评民国政府教育"提倡实科，压缩文科"之偏向。据说 1939 年还与王星拱校长意见不合，坊间传闻武大派系分"淮军"和"湘军"，后者就是指周鲠生派。[84] 这并不稀奇，因为理工与文科思维不同，加上知识分子都死倔，闹分歧乃意料之中。王、周之争固然是事实，但周不至于因此跑到美国讲学长达 6 年之久。

目前对周先生 1939 年赴美的说法，通说都认为他因受邀"出国讲学"。[85] 我们知道，1939 年 8 月 19 日，36 架日军轰炸机从汉口出发，对乐山城进行了惨绝人寰的大轰炸，把整个乐山城毁掉三分之二，城中商业区几乎被夷为平地。小小乐山城死亡人数就达到了 7000 多人。在这次大轰炸中，武大有 5 位同学、2 名教职员和 7 名教职员家属遇难。周鲠生、杨端六、叶圣陶家被大火包围，30 余位教授的家当全部被毁。

1939 年周鲠生去美国，这是为什么？从当时到今天，通说认为他以"参加太平洋会议"和"受邀讲学"名义赴美国。[86] 可是他竟然在美国呆了将近 6 年，直至 1945 年才回国继任武汉大学校长。问题是，国难当头，周先生家舍刚刚被炸，书被毁，他就忍心这么离开？一个正常人，他会舍得他的家人，舍得他的学生吗？舍得他正在承受蹂躏的祖国吗？在美国"讲学"一呆就是六年，这不是很奇怪吗？

---

[82] 中国第二历史档案馆编：《中华民国史档案资料汇编》（第 5 辑），第 1344 页。
[83] 中国第二历史档案馆编：《中华民国史档案资料汇编》（第 5 辑），第 1333 页。
[84] 龚静染：《乱世书写者——乐山武大时期的朱东润》，《四川文学》2017 年第 10 期。
[85] 韩德培教授也只说周先生 1939 年去美国是因"出国讲学"。参见韩德培：《周鲠生先生生平、贡献和设置纪念周鲠生法学奖金的重要意义》。
[86] 如有学者称"周鲠生因出席太平洋国际学会年会赴美。会后周鲠生应胡适之请，留在大使馆任职，协助胡适处理外交事务，直到胡适任职期满。"参见欧阳军喜：《历史要重演吗？——1948 年的周鲠生、胡适之争及其意蕴》，载《安徽史学》2011 年第 4 期。

从抗战初期的行迹来看,近年揭示的史料证明,周鲠生曾拟定抗战初期《外交方略》,经参事室主任王世杰于"二十七年七月二十一日"提交到最高决策层。[87] 周当时是军委会参事室参事,他在《外交方略》中简明扼要地提出整体方略,其中第二部分第三点强调要促成英美的合作,结论是:"今后外交最重大的任务在竭力促成英美的合作。不过英美的合作成功与否,在现今情势之下,所系乎英国政策之动向者少,而所系乎美国政策之动向者多。为完成此重大的外交任务,我们在美国方面之外交、人事及活动方法上,似尚须多所改进。"[88] 这对于中华民族抗战史来讲,是一件珍贵史料,也是一份出自学者之笔的伟大文件!

可是从当年新闻媒体来看,媒体一直对周鲠生在国内活动的报道都很起劲,唯独对他去美国这事的原委却只字不提。周先生自己也没有什么回忆录或日记,仅仅是因为个性低调吗?今天鲜有资料可供考证。笔者以为,要解开这个谜,最起码要查明他出国经费来源和出国性质。这样才能对周鲠生在美国的活动作出基本判断。

我的同事陈立博士为我提供了周鲠生当年赴美的入境登记卡资料[89],上有周先生的英文名字 S. R. Chow。他于 1939 年 10 月 19 日在美国入境,登记卡上登记的信息显示,有三处打印其身份为 Gov't. official 或 Gov. official(政府官员或公派),特别是经费提供一栏(quota country charged)显示为 Gov. official,即政府公费。另外,其中关系人地址、名称等信息显示为 Chinese Embassy, Washington, U.S.A。由此应该至少可资判断:周鲠生1939 年 10 月至 1945 年 6 月旅美之行,不是个人因私出国,而是由政府官方派出。

---

[87] 任骏:《抗战初期军委会参事室参事周鲠生拟〈外交方略〉》,载《民国档案》2010 年第 3 期。

[88] 任骏:《抗战初期军委会参事室参事周鲠生拟〈外交方略〉》。

[89] 周鲠生 1939 年 10 月 19 日的美国入境登记卡。

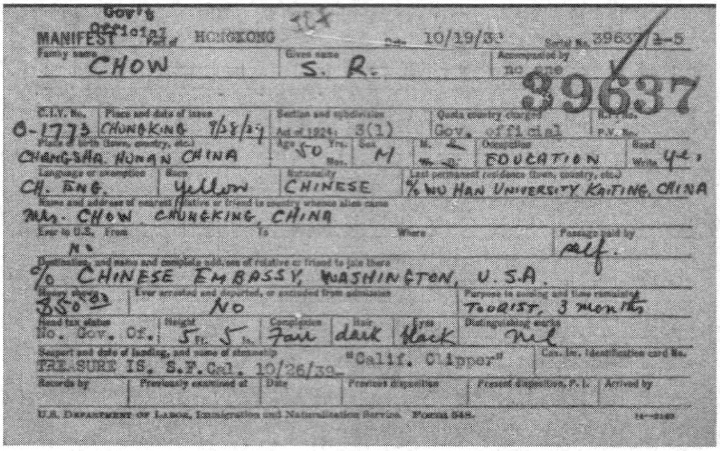

Gov't Official
MANIFEST Port of HONGKONG Date 10/19/39 Serial No. 39637/3-5
Family name CHOW Given name S. R. Accompanied by no one
39637
C.I.V. No. 0-1773 Place and date of issue CHUNGKING 9/28/39 Section and subdivision Act of 1924: 3(1) Quota country charged Gov. official
CHANGSHA, HUNAN, CHINA Age 50 Sex M Occupation EDUCATION
Language or exemption CH. ENG. Race yellow Nationality CHINESE Last permanent residence % WU HAN UNIVERSITY KAITING, CHINA
Mr. CHOW CHUNGKING, CHINA
Ever in U.S. NO
Passage paid by self
Destination, and name and complete address of relative or friend to join there % CHINESE EMBASSY, WASHINGTON, U.S.A.
Ever arrested and deported, or excluded from admission NO
Purpose in coming and time remaining TOURIST, 3 months
Head tax status No. Gov. Of. Height 5 ft. 5 in. Complexion Fair Hair dark Eyes black Distinguishing marks nil
Seaport and date of landing, and name of steamship TREASURE IS. S.F.Cal. 10/26/39. "Calif. Clipper"
Records by Previously examined at Date Previous disposition Present disposition, P. I. Arrived by
U.S. DEPARTMENT OF LABOR, Immigration and Naturalization Service. FORM 548.

图4 周鲠生1939年10月19日的美国入境登记卡（复旦大学陈立教授提供）

事实上，早于1937年9月，民国政府就决定以非官方的方式派遣胡适、钱端升和张忠绂三位学人在抗战初期（1937—1938）赴欧美，[90] 向美英和欧洲各国朝野说明中国抗战的真相，利用他们在美的良好关系和网络，劝说美国朝野洞察日本的侵略行为，促使美国的远东政策向有利于中国的方面转变，争取游说美国政府切断对日贷款与援助，转而支持中国的抗战。[91]

近年历史档案逐渐解密，使这段被隐藏的历史随之浮现。周鲠生与钱端升的美国之行性质无疑是政府派的公差，目的是进行国民外交，他们于1939年10月30日到达纽约。原本二人是一起去一起回的打算。钱端升1939年11月5日致王世杰函提道，“鲠生兄与弟于十月卅日飞抵纽约，与颜先生及适之见面”，“鲠生兄拟于一月底返国，弟则拟二月中以前返滇上课”。[92] 周鲠生11月9日致王世杰函中也提道，“预定一月底返国。

(90) 《胡适飞美，张彭春抵日内瓦》，载《大公报》（上海）1937年9月21日。《胡适偕北大教授钱端升二十日晨由港飞美》，载《立报》1937年9月21日。

(91) 钱元强：《抗战初期钱端升偕胡适出使美欧记——以〈胡适日记全编〉和〈钱端升日记〉为线索》，参见新浪博客：http://blog.sina.com.cn/s/blog_55ca7c730102yv51.html，最后访问日期：2021年12月23日。

(92) 《钱端升致王世杰函（1939年11月5日）》，参见中国第二历史档案馆任骏选辑：《周鲠生等为汇报美国外交走向事致王世杰函（1939年4月—1944年5月）》，载《民国档案》2010年第2期。

一则端升及弟顷赶第二学期授课，一则过细考虑实在在华盛顿多住亦无用处也"。[93] 这表明，周鲠生钱端升他们原本的牵挂和要早日回国的心情。

胡适在1939年11月4日日记中说："端升、鲠生来了，住我寓中"。[94] 周鲠生出席太平洋学会会议后，在美国留下来继续作国民外交工作。"嗣即由中国前驻美大使胡适氏留在大使馆任职。"[95] 这个说法尽管并不具有权威性，但与胡适的说法大体是一致的——"他是我在华盛顿的近三年的房客（house guest），他和我几乎每天都在谈论战争与和平的各种问题"，[96] 因此，周因公派从事外交而赴美的原因，是完全可以确信的。致于延长时间的原因，至今不明。

周鲠生等人在美国期间的活动很明显具有国民外交争取美国支持的目的。据钱端升讲，中央政府希望的国民外交有三个目的：促成美国劝英法不与日妥协，向美国借款，促成美国对日禁运石油、钢铁等。[97] 太平洋学会十一月廿二日起开会，"我方出席为颜（惠庆）、陈光甫、李国钦、周鲠生、张彭春[98]、钱端升、温源宁、陈炳章、冀朝鼎、戴儒鎏十人"。[99] 太平洋会议第三天，周鲠生致函王世杰，说"近来国务省方面不

---

[93]《周鲠生致王世杰函（1939年11月9日）》，参见《周鲠生等为汇报美国外交走向事致王世杰函（1939年4月—1944年5月）》。

[94] 曹伯言整理：《胡适日记全编》（1938—1949，第7册），第309页。

[95]《周鲠生氏即将返国讲学》，《读书通讯》1943年第62期。

[96] Hu Shih, Foreword, S. R. Chow, *Winning The Peace In The Pacific*, New York The Macmillan Company, 1944, pp. vi-vii.

[97]《钱端升致王世杰函（1940年1月8日）》，参见《周鲠生等为汇报美国外交走向事致王世杰函（1939年4月—1944年5月）》。

[98] 张彭春（1892—1957）字仲述，天津人，幼承庭训，早年就读于胞兄张伯苓天津敬业中学堂（后易名为"天津私立第一中学堂"，即南开学校前身）。1910年考取第二届"庚款"留学生，同胡适、竺可桢、赵元任等71人赴美深造，入美国克拉克大学，1913年获文学学士，后转哥伦比亚大学，研究文学，尤喜钻研欧美现代戏剧。1915年获哥大文学和教育学双硕士学位。1916年回国，进入张伯苓的南开大学工作。不久，他担任了南开学校专门部主任。1919年再次赴美，入哥伦比亚大学攻读博士学位，师从约翰·杜威，1924年获哥大教育学博士学位。1923年至1926年任清华大学教授兼教务长。1929年赴美，1931年任教于芝加哥大学。1946年6月，依据联合国宪章在联合国经济社会理事会成立了人权委员会，张彭春当选副主席（唯一），成为《世界人权宣言》的两位主导者之一，把儒家"仁"的概念融入人权的哲学思想，使《世界人权宣言》拥有了一颗"中国造"的"良心"。

[99]《钱端升致王世杰函（1939年11月20日）》，参见《周鲠生等为汇报美国外交走向事致王世杰函（1939年4月—1944年5月）》。

断有对于日本加警告或批评之谈话发表,尤以最近副国务卿威士之谈话为最可注意。此似乎都是一种向国内舆论之探示或反日空气之制造,故在此方面外交大有可为","来美已一月,从各方面所闻所见,觉得美国人对中国有真实的同情与友谊,中国应当多连络美国并信任美国,凡一切有损美国人感情之事务宜避免也"。[100] 1939年12月13日和1939年12月18日周鲠生致王世杰两次函,继续谈美国对日态度和禁运事,有详尽分析。周在信中说:"如最近不接到兄之函电,表示有久留之必要,则亦当定飞机赶于下月初或中旬由金山乘机返国,也许可以与端升在檀香山会齐同回也。"[101] 这说明周鲠生赴美和回国的时间长短,都是受王世杰的指令。可是,从周钱二氏的信中可知,王世杰此前一直都没有给周和钱回信。1940年1月21日,周致函王报告向美借款事,称"弟已定二月十三日由金山出发之飞机,届时如无故障,月底当可抵重庆也"。[102] 王世杰的回信并不及时,周鲠生也并未在月底回国,周在美国留下来,很可能是有需要继续留下的工作任务或接到新的指令。

1940年3月21日周鲠生致王世杰函,报告美国借款二千万已成,"现在二千万借款成立,第一项援助已做到一部分,但究竟尚不足为支持长期战事之用,今后尚须继续借款","中国长期抗战今后最关重要者在于经济支持力,而今后借款问题之困难如此,是诚大可虑也。弟近为此事甚焦虑亦与适之常谈及"。[103] 虽然第一笔借款已经解决,但从周在此函中分析描述可知,此时美国方面对于货物"禁运"手段有顾虑或反对。1940年3月31日周鲠生致王世杰函,谈到听闻中央要免胡适驻美大使职,调其回国担任中央研究院院长,周表示反对,他说:"弟意此时更易驻美大使,调渠

---

[100] 《周鲠生致王世杰函(1939年11月24日)》,参见《周鲠生等为汇报美国外交走向事致王世杰函(1939年4月—1944年5月)》。

[101] 《周鲠生致王世杰函(1940年1月13日)》,参见《周鲠生等为汇报美国外交走向事致王世杰函(1939年4月—1944年5月)》。

[102] 《周鲠生致王世杰函(1940年1月21日)》,参见《周鲠生等为汇报美国外交走向事致王世杰函(1939年4月—1944年5月)》。

[103] 《周鲠生致王世杰函(1940年3月21日)》,参见《周鲠生等为汇报美国外交走向事致王世杰函(1939年4月—1944年5月)》。

回国，关系颇大，应特别慎重。其理由已详十二月之一函。适之在美不能谓非适人，如觉其活动不彀，中央尚不妨随时训令督促也。”[104] 4月，王世杰才给周鲠生回复，1940年4月20日周鲠生致王世杰函，开头先说胡适任职的事，“适之自己并不知。此中曲折亦未便告他，最好趁彼不知之中得一圆满解决，免得彼心中多一阻碍也”。1940年4月24日、5月5日周鲠生又致王世杰两函。8月31日周鲠生致王世杰函中提道，“美国自身于滇缅路打通后，能卖给或送给我们以三四可驾新式战斗机及轰炸机助我抗战”。[105] 1944年5月12日周鲠生致王世杰函，提到王世杰来信就“下次太平洋会议我方应提之意见”，征求周的意见，周说已经起草了一份英文意见书，发回国内给王世杰。[106] 1944年，蒋介石还要向英美秘密增派宣传人士，王世杰致函蒋氏有云：“各员到美后最好避免使领馆之正式介绍，改由私人作非正式之介绍。例如教育界人士可由孟治、胡适、周鲠生等介绍，实业界人士可由李国钦等私人介绍，其他新闻界、政界人士可由夏晋麟设法托美国私人介绍。”[107]

1940年，远在美国华盛顿的周鲠生把一本英文版精装新书寄给老友杨端六，这本书是经济学著作——卡尔马克思的*Capital: A Critique of Political Economy*（《资本论》）。扉页上有赠书人题赠词“赠给端六兄 鲠生 二九，二，廿 於华盛顿”。少年的、革命的、学术的铁杆友谊，都在这里表达了。1943年周鲠生在美国期间，第一批45位（教育部）部聘教授公布，包括陈寅恪、吴宓、汤用彤、胡焕庸、李四光、茅以升等，武大共入选3

---

[104] 《周鲠生致王世杰函（1940年3月31日）》，参见《周鲠生等为汇报美国外交走向事致王世杰函（1939年4月—1944年5月）》。

[105] 《周鲠生致王世杰函（1940年8月31日）》，参见《周鲠生等为汇报美国外交走向事致王世杰函（1939年4月—1944年5月）》。

[106] 《周鲠生致王世杰函（1944年5月12日）》，参见《周鲠生等为汇报美国外交走向事致王世杰函（1939年4月—1944年5月）》。

[107] 中国第二历史档案馆壬之选辑：《蒋介石为改进派员出国宣传事与王世杰来往函电》，载《民国档案》2009年第3期。

位，其中有周鲠生与杨端六。[108]

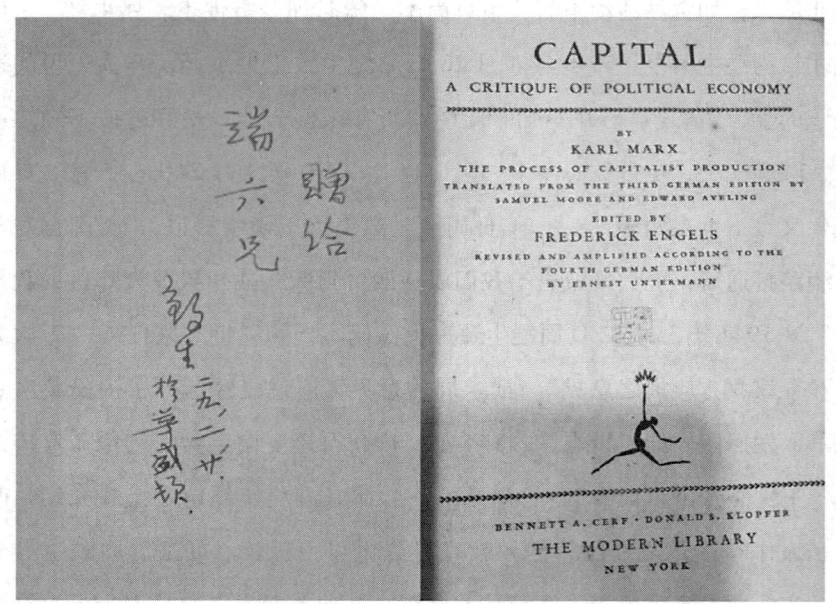

图 5　1940 年周鲠生自华盛顿签赠杨端六的《资本论》（然否斋藏）

1943 年，周鲠生在大使馆用英文写作了 Winning the Peace in the Pacific（《赢得太平洋的和平》）一书，由胡适作序，1944 年在纽约出版。我们从胡适序中可以看到这本书的意义，他说："几乎所有关于战后规划与和平问题的书籍和文章，都来自盎格鲁-撒克逊作家或流亡的欧洲学者，但几乎没有一本来自中国作家。"笔者把胡序摘译一段如下：

> 中国对战后世界或太平洋地区和平结构的更具体问题缺乏真实的态度和愿望，已经造成了一种错误的印象，即中国仍然过于沉迷于其艰难的、很少得到援助的战争，无法思考战后问题，也无法提出任何明确的方案供联合国人民公开讨论。由于中国没有告诉外界她对这些

---

[108]　《教育消息：中央部分：二、关于高等教育者：部聘教授发表》，载《教育通讯》（汉口）1942 年第 5 卷第 23—24 期。

问题的看法，目前关于战后问题的许多文章都受到了一个事实的影响，即对中国人民的和平目标关注太少。

正是为了纠正这种情况，并唤起美国和英国公众对中国人民关于这些重要问题的看法的新兴趣，太平洋关系研究所赞助出版了一位有思想、有远见的中国学者的观点，他虽然没有代表中国国家政府发言，然而，这最能反映中国许多知识分子领袖的愿望和希望。

周鲠生教授在中国更为人所知，他完全有资格从中国的角度研究和讨论太平洋战后规划问题。作为一名学生，他在日本待了五年，在英格兰和苏格兰待了五年，在法国待了三年。第一次世界大战期间他在英国，和平会议期间他在巴黎。在两次世界大战期间，他在三所中国国立大学教授国际法和国际关系。他是日本对华战争的受害者，在日本轰炸中失去了所有书籍和其他尘世财产，并跟随他的大学流亡。他是 1939 年在弗吉尼亚海滩（Virginia Beach）和 1942 年在蒙特伦布兰特（Mont Tremblant）举行的国际人民代表大会的中国代表。自 1939 年 10 月以来，他一直留在美国，专门研究战争和战后的国际问题。[109]

这本书的出版受到中美学界和政界的关注。《纽约时报》记者因此慕名拜访他，记者在采访时有相机，顺便拍了张标准像，一直流传到今天，成为我们了解这位大师的直觉根据——坚毅、沉着、儒雅、冷静……作为国际法知名教授，产生国际影响预期会更有效。

1945 年 6 月 12 日，周鲠生自美国经印度回国，返回重庆。[110] 6 月 26 日，在旧金山《联合国宪章》签订次日，联合国中国同志会在重庆召开理事会，陈立夫、程天放、杭立武、周鲠生、蒋复聪等出席，邀请周鲠生主

---

[109] Hu Shih, Foreword, S. R. Chow, *Winning the Peace in the Pacific*, pp. v-vi.
[110] 《周鲠生自美返国》，载《前线日报》1945 年 6 月 13 日。

讲，介绍了旧金山会议的情况。[111]

至此我们可以清楚地说，从 1939 年 10 月到 1945 年 6 月，周先生这 5 年零 8 个月在美国的经历，确实不是因受邀讲学，而是因国家之需要，从事抗日外交和对外宣传。

抗战胜利后，在战火中历经千辛万苦的王星拱校长准备引退，因病辞去校长职务。7 月，王星拱被调任中山大学校长。1945 年 7 月，教育部任命周鲠生接任武大校长，8 月 8 日到校宣誓就职。到任之后，他把广揽人才看作重建武大的头等大事。以他的声望，完全可以邀请一些故旧知交到武大工作。但他高瞻远瞩，着眼于在各个学术领域有发展前途的年轻人，特别是负笈海外名校多年的佼佼者，当年仅从哈佛就邀请到了韩德培、张培刚、吴于廑三位博士。韩德培、张培刚、吴于廑后来被誉为珞珈山的"哈佛三剑客"。周鲠生校长自己也很用功。有人每天清晨都听到楼上洪亮的外语朗读声，后来一打听，才知道这是周鲠生校长，这是他数十年不断的功课。

时因武大学生为复员费问题激动罢课，部分教师也因学生过激行为而欲辞职。当时政局一地鸡毛，身处夹缝中的周校长于 1947 年初萌生引咎辞职之意。2 月 3 日晨，周鲠生自汉口赴首都南京，专程向教育部坚辞武大校长。[112] 然而，经教育部部长朱家骅耐心慰留，在京在沪等各地的武大校友亦纷纷致电挽留，[113] 周校长才打消辞意，答应返校。15 日，在高教司司长周鸿经陪同下，返回武大。[114] 1947 年 6 月 1 日，武大两同学遭遇不明枪击，再次引发学潮。经过耐心细致处理，于 7 月安葬两罹难同学，由周鲠生校长亲自主祭。[115]

---

[111]《联合国中国同志会欢迎周鲠生》，载《中央日报》（重庆）1945 年 6 月 27 日。
[112]《周鲠生赴京，坚辞武大校长》，载《新闻报》1947 年 2 月 4 日。
[113]《武大京沪校友挽留周鲠生》，载《中央日报》1947 年 2 月 15 日。
[114]《武大校长周鲠生返汉 周司长同往》，载《中央日报》1947 年 2 月 18 日。
[115]《武大两罹难同学前日移葬张家山由校长周鲠生氏主祭》，载《大公报》（上海）1947 年 7 月 16 日。

七、周胡友谊，君子论战

周鲠生与驻美大使胡适在美国一起呆了将近六年光阴。学界均知道胡适为人友善大度，朋友很多。但胡适与周鲠生的朋友关系，非兄弟乡愿式的，也非文人墨客般。法学家周鲠生没有一般文人的浪漫气质，作为文化人的胡适，却很在乎周鲠生。这种“在乎”是理性和智识上的相互尊重。胡适曾于1947年提出“大学十年计划”，主张学术独立和反对经费平均分配，应当以五年为期，优先发展少数几所大学。这主张相当于今天讲的大学重点建设之“985工程”。周校长在中国工程师学会武汉分会第四届年会上公开表示，对胡适的“若干部分”深表赞同，“以少数教育经费，平均分配各校，则学校决难办好”。[116] 他们之间有共识，也有分歧。

胡适与周鲠生这对好友，早在1943年就对国际形势有不同看法。他俩在华盛顿住在一起的时候就整日争论国际战争与和平问题。我们来看看胡适在给周鲠生《在太平洋赢得和平》一书的序中，是如何评价周鲠生的：

> 从学生时代起，他就对英国、美国和西欧的民主制度和生活方式充满热情。他的学术成就、政治独立性和智识完整性（intellectural integrity）为他赢得了中国政府领导人和中国留学生界的高度尊重。很少有中国学者能像周教授那样，长期居住在海外，并在国际思维（international thinking）方面受过认真的训练，能够在这场可怕的战争结束后，着手撰写第一本书，阐述中国人民希望在太平洋地区看到什么。
>
> 当然，周教授并不指望他的读者同意他太平洋和平计划的所有观点。尽管他是我在华盛顿近三年的房客（house guest），他和我几乎每天都在谈论战争与和平的各种问题，例如，我们不同意他关于建立一

[116] 《对胡适大学计划 周鲠生表示赞同》，载《申报》1947年10月3日。

个太平洋区域组织的建议。我个人认为这样一个区域性机构是没有必要的。……

我举这个例子，只是想说明，对于任何这样的远东战后解决计划，都有足够的讨论和辩论的空间。我相信，通过呈现他自己的研究和思考的结果，这是作者最热切希望引出的富有成效的讨论和批评。

胡适
纽约，1943 年 6 月[117]

接下来是他俩在国内的公开论战了。1948 年 1 月周鲠生应独立时报社之请，撰一文章《历史要重演吗？》，发表在 1 月 11 日《益世报》上。周在文章中认为，第二次世界大战结束后英、美的对德对日政策，可能会导致德、日两国军国主义的复活，从而重蹈第一次世界大战后西方民主国家对德政策的覆辙。[118]

按照当时国际形势，存在两个争议焦点：一是如何看待"西方民主国家"的对德对日政策？二是苏联是不是一个可怕的侵略势力？周文被许多报刊转载，也引起他的老朋友胡适的关注。于是，胡适于 1948 年 1 月 21 日夜写了一篇文章《国际形势里的两个问题——给周鲠生先生的一封信》，[119]开头便说："鲠生兄：前几天读了老兄'历史要重演吗？'那篇文章，我颇惊讶我们两个老朋友对国际局势的观察竟相隔如此之远！所以我今天写出两点不同的意见来，请老兄指教。"[120]胡适针锋相对，对周的观点表示"吃惊"和反对。胡适为英、美的对德对日政策辩护，认为西方民主国家并未放弃防止德、日侵略势力复活的政策。在胡适看来，苏联已成为

---

[117] Hu Shih, Foreword, S. R. Chow, *Winning The Peace In The Pacific*, pp. vi-vii.
[118] 周鲠生：《历史要重演吗？》，载《益世报》（天津）1948 年 1 月 11 日。
[119] 胡适：《关于周鲠生胡适之的论战：国际形势里的两个问题：给周鲠生先生的一封信》，载《中央周刊》1948 年第 10 卷第 9 期。
[120] 胡适：《关于周鲠生胡适之的论战：国际形势里的两个问题：给周鲠生先生的一封信》。

一个可怕的侵略势力。周胡之间的争论当时被称为"论战"。

对于胡适的反驳，周鲠生发表《我对于国际局势的看法——答胡适之先生》，作出了回应，进一步阐述了自己的观点与立场。对于胡适的"苏联已成为一个很可怕的侵略势力"这一观点，周鲠生予以反驳。他说："苏联现今仍是联合国之一个重要会员国，尚在继续参加联合国活动，苏联一天不退出联合国，我们便假定他没有放弃国际合作之路，没有关闭和平之门。"[121] 与此同时，越来越多的人加入到这场讨论之中，或同情武大校长周鲠生，[122] 或支持北大校长胡适，列举事实证明苏联威胁和平。[123] 讨论逐渐演变成一场关于国际形势的大论战。

周鲠生与胡适在学术思想上有没有共性？他俩都有自由主义思想，因而具有某些相似之处。但他俩分属于两种不同的自由主义。有当代学者作过公允的评论："周、胡之争实际上就是理想主义外交与现实主义外交之间的一场争论。""胡适转变成一个现实主义者。他赞成美国扶植日本，主张对苏强硬。""周鲠生则始终坚持其理想主义的外交信念，相信美苏之间的和平是可以实现的。""这场争论表面上是关于国际局势的争论，实际上是关于中国出路的争论。它是中国知识界内部分化的产物，同时又加剧了这种分化的趋势，反映了战后中国自由主义的复杂走向。""周鲠生反映的是华莱士所代表的那种左翼自由主义理念，而胡适反映的则是杜鲁门所代表的右翼自由主义理念。""胡适选择的是一条向右的道路。他与周鲠生在自由主义理念上的差异及对国际局势的不同认识，大约就是他们俩人后来政治归宿不同的原因。"[124]

1948年3月25日，中央研究院首届81位院士选举出结果了。法学六

---

[121]　周鲠生：《我对于国际时局的看法——答胡适之先生》，载《中央日报》1948年3月21日第3版。

[122]　如李大德：《关于周鲠生胡适之的论战：同意周鲠生看法，胡适之有"恐苏病"》，载《中央周刊》1948年第10卷第9期。

[123]　如青年党曾琦表示同意胡适之看法。参见胡适：《关于周鲠生胡适之的论战：国际形势里的两个问题：给周鲠生先生的一封信》。

[124]　欧阳军喜：《历史要重演吗？——1948年的周鲠生，胡适之争及其意蕴》。

位候选人只选出二人，政治学五位候选人选出三人，周鲠生就是政治学三院士之一，和胡适同样都是首届院士。周鲠生与胡适二人抗战期间在美国联手开展对外宣传，结下了友谊。时值蒋介石有意退居行政院长，让王世杰来找胡适，动员他当总统候选人。3月30日，"王雪艇传来蒋主席的话，使我感觉百分不安"。他说自己拿不出勇气。胡适想找人商量，3月31日上午，"八点，约周鲠生来谈，把昨天的话告诉他。请他替我想想"，"午后与雪艇、鲠生谈了三点多钟。我不敢接受，因为我真没有自信心"。但晚上当王世杰再来电话时，胡适勉强又委婉地接受了。[125]

在周、胡二人针锋相对的论战之后不久，周鲠生照常热情邀请胡适之来武汉作报告。9月29日，"鲠生邀我去武汉走一趟，作几次公开讲演。他屡次邀我，我今回应允了。决定坐船去"。[126] 10月1日，"早七点出门，邀了李济之同到国际联欢社，与周鲠生、熊□□（'手稿本'原文如此——原编者注）同到招商局码头，搭小火轮上江泰轮船。十一点后，始开船"。[127] 10月3日，周校长与胡适之、李济之等人乘江泰轮抵武汉，下榻珞珈山。[128] 10月4日，胡适之和李济之在武大作讲座，[129] 周校长难得幽默地主持了"二之"的讲座。胡适则更风趣地说："周校长邀他（李济之——引者注）来汉讲学，我不过陪一陪而已，……现在我把李先生押解到山上来了。"[130]

1948年12月15日，胡适乘南京派来的专机飞离北平到了南京，他最终选择了"留在蒋的一边"。而周鲠生则留在了武汉，等待武汉解放的到来。从此俩人便再也没有见面。[131] 1949年初，胡适应蒋介石要求再度赴美，寻求所谓的"精神与道义之声援"。5月22日，他在给赵元任夫妇的

---

[125] 曹伯言整理：《胡适日记全编》（1938—1949，第7册），第707页。
[126] 曹伯言整理：《胡适日记全编》（1938—1949，第7册），第717页。
[127] 曹伯言整理：《胡适日记全编》（1938—1949，第7册），第718页。
[128] 章元海：《胡适在武汉的胡说：记武汉的讲学热》，载《客观》（广州）1948年第1卷第8期。
[129] 《胡适李济之赴武汉讲学》，载《益世报》（天津）1948年10月4日。
[130] 章元海：《胡适在武汉的胡说：记武汉的讲学热》。
[131] 欧阳军喜：《历史要重演吗？——1948年的周鲠生，胡适之争及其意蕴》。

信中，对好友周鲠生的情况很是关切："武汉大学怎样了？鲠生怎样了？"[132]

"1949 年初，国民党派人到珞珈山请他去做教育部长，他也拒绝了。他一生最感兴趣的，就是读书、教书和从事学术研究。他懂得好几国外语——日、英、法、德、俄语（他六十多岁才学俄语）。……所有接近过他的人，都非常敬重他，爱戴他。"[133] 1949 年 12 月 23 日，胡适又在给赵元任夫妇的信中说："香港《大公报》发表了几百个新'官'，……'周鲠生，武汉大学教授'是七十一人之一。"[134] 胡适的疑问，最终有了答案。

1954 年 2 月，周鲠生作为新宪法草案的两位法学顾问之一，参加了讨论。1956 年 9 月，周鲠生委托在法国的中间人——他与胡适的共同好友陈西滢（陈源）致函胡适，劝他回大陆看一看。西滢在信中说："你如回去，一定还是受到欢迎。……他要我转告你，劝你多做学术方面的工作，不必谈政治。他说应放眼看看世界上的实在情形，不要将眼光拘于一地。"此信还有一句话——"对于你，是对你的思想，并不是对你个人"——胡适收到信后提笔在这句话上重重地画了一条线，并作一批注："除了思想之外，什么是'我'？"[135] 是啊，都说我思故我在，有什么比知识人之间的思想不同距离更远呢？

1964 年，周鲠生完成了 60 万字的巨作《国际法》。"文革"开始后，周鲠生曾被抄家，但未受进一步迫害，被"闲置"起来。1971 年 4 月 20 日，周鲠生在北京逝世，享年 83 岁。据说，临终遗嘱将全部遗产作为党费上缴。

的确如胡适所说，"一个时代要有一个时代的'士大夫'"。[136] 周鲠生有传统士大夫的精神气质和追求，但他是第一波以学术为志业的知识人之一，是最早矢志于国际法与外交学学术与教育的法科学者之一；周鲠生又是理性而坚定的革命者，但不是职业革命家。他的"革命"概念就是爱国

---

[132] 王凯：《胡适悼念周鲠生》，载《文存阅刊》2016 年第 3 期。
[133] 韩德培：《周鲠生先生生平：贡献和设置纪念周鲠生法学奖金的重要意义》。
[134] 王凯：《胡适悼念周鲠生》。
[135] 王凯：《胡适悼念周鲠生》。
[136] 欧阳哲生主编：《胡适文集》（第 5 卷），北京大学出版社 1998 年版，第 416 页。

反清、反抗专制、抗击侵略、解放民族、争取民主的革命,这种革命精神实为一种至高无上而又十分具体的公共精神。这种"公",不只是包括国家,还包括社会、民族、人民和个人,乃是天下之公!这也成为周鲠生学术思想的"公义性"底色。

因持续不懈的公义性的学术与实践,他成为名符其实的中国国际法之父。他的学术不是纯书斋的学问,他用学术生命贯穿中国大半个世纪的主权独立的外交实践,他在书斋内外的平衡与管控程度达到了极限,理性之知与公义之行的兼顾程度堪称天花板。传统中国知识人的知与行之间的矛盾,在他身上得到最大限度的统一。思考的时候,实为一种行动;行动的时候,在作审慎的思考。正如菲尼斯(John Finnis [1940—])所谓"审慎考虑做什么,这本身就已经是一种行为","理性(reason)是理解和应用理由(reasons)的能力"。[130] 从这个意义上说,周鲠生在所有以学术为业的法科知识人中,更具有特殊的历史标本意义。

---

[130] 〔英〕约翰·菲尼斯:《行动中的理性》,刘坤轮译,中国政法大学出版社2016年版,引言。

燕树棠——纵议天下，洞明法理

图1　燕树棠（1891—1984）

如所周知，1925年"女师大风潮"时，鲁迅是支持学生的。可是法学界有一个著名教授与鲁迅唱反调，他就是北大法律系的燕树棠。学界围绕种种问题持续争论，形成了以鲁迅为代表的"语丝派"，与之分化对峙的是以《现代评论》杂志为阵地的"现代评论派"。燕树棠是"现代评论派"的主力。鲁迅和燕树棠都是现实批判者，但燕树棠不是鲁迅。约百年之后，历史学者雷颐看到了鲁迅和燕树棠在"学潮"问题上的不同立场和态度。

燕树棠是怎样一个人？他思考问题的特点究竟是怎样的？燕树棠的生平资料和学术印迹，被时光流水冲刷了百余年，其人其事都变得模糊不堪。直到新世纪以来，才引起学界重视，研究者不下十人。有的研究他的法理思想、法律思想、社会法学思想、国际法思想，也有兼而介绍燕氏生平的。但我们对燕树棠还了解得不够细致深入，本文围绕其履历细节、言论范围和学问程度这三点作些补遗。

一、履历：专职从教

晚年的燕树棠就已不愿意多谈自己，且所有个人资料毁于战火和政治运动。看得出来，燕氏子女和学界后人在回忆燕树棠教授时很为难。燕树棠先生哲嗣燕今伟先生在《一个悄然走过的老人》一文中，对父亲的履历也只说了后半部分。好在戴克中教授对燕氏作了相当的考证，笔者在其基础上，对燕公的履历作些考订。

燕树棠，字召亭，笔名召，河北定县人，1891年出生在河北定县的书香世家。其父燕友三，是前清举人，入京师大学堂读书，毕业后赴日本早稻田大学攻读教育学，回国后曾先后任直隶省立第九中学（保定）、河北大兴师范和顺德师范校长。燕树棠从小受父亲影响，酷爱读书，思考问题。1914年，23岁的燕树棠毕业于北洋大学法科。[1]

根据当时学制，法科正科为四年，预备班三年，因此燕氏入学时间约在1910年。值得关注的是，当时北洋法科在国内首屈一指，与朝阳法科偏大陆法、请日本教员不同的是，北洋法科采用中英双语教学，重视英美法且有一批外籍法科教授。[2] 当时东吴法科还没创办，因此英美法教育模式唯北洋法科独有，吸引了全国各地的学子，且培养了一批懂英美法的英才（参见徐谟篇）。管理体制上，自民国后，北洋大学隶属关系由地方转到教育部，但办学经费由直隶财政厅拨款。当然教育部会给予政策支持，比如1914年下达指令，在办工科之前，经费再少也要求北洋大学续招法科。[3] 虽然教

---

[1] 燕今伟：《一个悄然走过的老人》，载燕树棠：《公道、自由与法》，清华大学出版社2006年版，第4页。
[2] 贾鸽：《近代北洋大学法科教育探析》，载《社会纵横》2014年第8期。
[3] 1914年教育部指令北洋大学："经费所省无多，而造就人才无端缩减，殊非国家立学本意，请自民国四年起，本校于扩充工科未实行以前，法科续招新班"。参见：《教育部指令直隶民政长北洋大学法科准其续招新生文（第五百五十二号，三年五月十一日）》，载《教育公报》1914年第1期。

育部在1913年一度设想将北洋大学与北京大学合并，法科迁北京，④但延迟到1917年才实行。燕树棠作为高才生，毕业后留校有短期供职。凭他在北洋获得的良好教育，后来顺利通过清华公费考试，赴美国留学。

燕今伟先生、我同事王伟教授以及保定地方志，都确认燕树棠赴美时间是1915年，⑤先后入哈佛大学、哥伦比亚大学和耶鲁大学学习。据保定地方志记载，燕氏1917年获得哥伦比亚大学法学硕士学位（LL. M.）⑥。旋即进入耶鲁大学法学院攻读博士学位，于1920年获得耶鲁大学法科"博士"学位，我的同事王志强专门向耶鲁大学查询，得到的信息是：燕氏获得的是耶鲁的J. S. D.（法学博士）。⑦

燕树棠的回国时间目前的说法都是1921年，如燕今浩⑧、雷颐⑨、王伟等等。但也有不确定的模糊提法，如戴克中教授在《法学泰斗》一文中提道："那时留洋的莘莘学子很少羁留不归，燕先生拿到博士学位后就回来了。"⑩这个提法虽没有明确的时间，但比较接近事理。那么燕氏回国时间究竟是什么时候呢？这是第一个需要考订的问题。

当时北大蔡元培掌校，正在广罗天下英才。燕氏回国任教北大的时间有两个证据。据北京大学民国九年十一月编《国立北京大学职员录》记载，北京大学1919年成立的法律学系，1920年所聘的师资中分为教授和

---

④ 《北京大学与北洋大学并合后将分设京津两地法科留京工科移至天津》，载《时报》1913年11月30日。

⑤ 燕树棠哲嗣燕今伟先生确认其父1915年考取清华留美公费生。燕今伟：《一个悄然走过的老人》，载燕树棠：《公道、自由与法》，第4页。王伟：《中国近代留洋法学博士考（1905—1950）》，第68页。保定地方志也确认燕树棠赴美时间是1915年。参见http://ren.bytravel.cn/history/8/yanshutang.html，最后访问日期：2021年11月16日。

⑥ 王伟教授提供的信息是：燕树棠1918年获得哥伦比亚大学法学硕士（LL. M.）。然而，从1915年赴美的时间以及LL. M.学制一年的情况来分析，1917年的时间更接近事实。王伟：《中国近代留洋法学博士考（1905—1950）》，第68页。

⑦ 陈新宇：《法治的恪守者——燕树棠先生的生平与思想》，载《华东政法大学学报》2009年第4期。

⑧ 燕今浩：《怀念父亲燕树棠》，载燕树棠：《公道、自由与法》，第535页。

⑨ 雷颐：《重新唤醒历史的记忆——燕树棠思想浅析》，载《社会科学论坛》2011年第3期。

⑩ 戴克中：《法学泰斗》，载燕树棠：《公道、自由与法》，第529页。

讲师两类,并且其职员录中明确提道:"1920年又聘黄右昌、周龙光、燕树棠、陶孟和、毕善功为法律系教授。"[11] 另外还有个佐证,那就是《北京大学日刊》1920年9月20日报道,燕树棠于1920年开学初作过一个开学演说。他说:"北京大学是我们中国最高的学校。兄弟初次归国,能到这里帮办教务,非常荣幸。所愧的是学问不足。然学问之道,本来无穷无尽。就研究一门学问,毕生之力所不能罄。且说大学学生自治能力、求学的心思,渐就完全。不必用教员督催。所以大学生与教员的关系,应该以研究讨论的精神贯彻之。这样大学才能有所发明。"由此可判断燕树棠的回国时间应该是1920年,而不是1921年——他比周鲠生1922年进北大法律系还早了将近两年。

这应该是他在北大的首次公开演讲。燕氏的专业特点和特长是什么?讲完开场白,他转入正题。他说,我归国以来,见国内种种捣乱,乍与环境接触,引起许多的感触来。推求我们社会受病之大原因可分为二:第一是专制思想未去;第二是信仰颠倒,现存的人多信仰势力,以为势力万能……想要疗治这两个毛病,唯有培养共和的精神、尊崇公理的心思两个方法。共和的意思,是人我兼顾,公理乃是处世对人不易之道。他说,求学应当真心求学,不可存为预备将来活动的心思,这真心乃是信仰公理的作用,求学本是求真理。[12] 此处表明他所认为的学问的目的和本质。最后他说到自己的专业:我刚一回国,人家问我是学什么的,我回答学法律。他们不是没有下文,便是付之一笑。他说一般人都持这样的态度(意思是法律在中国有什么用),这也是前面两个原因的结果。最后他说:"研究法律须研究出'法律之所以然',知其所以然,信之自坚,奉行自力。庶几乎法律才有光明的一天。"[13] 这应该是燕氏在北大的首次公开演讲。可从中读出他的大学教育理念,研究学问的态度,以及他个人对专业学科划分范

---

[11] 同时受聘为教授的还有黄右昌、周龙光、陶孟和、毕善功等。参见《国立北京大学职员录》(民国九年十一月编)。

[12] 《开学演说录:燕树棠先生演说词》,载《北京大学日刊》1920年第697期。

[13] 《开学演说录:燕树棠先生演说词》。

畴和重点的认知。在他看来，他自己的专业就是法学，不分什么公法的私法的、国内的国际的。今天亦不妨称之为"全科法学"。

那么，燕树棠在北大担任哪些课程的授课教师呢？据 1925 年至 1926 年度《法律学系课程指导书》（附任课教员姓名）记载，燕树棠担任第一学年选修科目"罗马法"课程教师，担任第四学年选修科目"法律哲学"课程教师。[14] 1931 年法学院修订的"法律学系课程大纲"规定，燕氏担任三门必修课教师，分别为"民法总则"、"英文法律选读"、"国际私法"。[15] 如此大跨度的授课任务，实为罕见，也足以证明燕氏的学问水平与教学能力之优异。

有的论著提到，燕树棠归国后担任北京大学法律学系教授暨系主任，那么这是否属实呢？[16] 这是第三个需要考订的问题。经查，1919 年 12 月 3 日北京大学评议会又议决取消科制，改法律学门为法律学系。系设主任和教授会。主任由本系教授会公举，任期二年。第一届主任为黄右昌教授，1920 年 4 月黄任期满，开始选举第二届主任，黄又连续当选。1922 年何基鸿当选法律系第三届主任[17]，至 1923 年 4 月任期满。1924 年至 1927 年，法律系教授会选举王世杰为主任。1927 年至 1928 年间北大及法律系的教育建制由于遭北洋军阀的干预和反对，校名改换为京师大学校，不设系，原法律系改称"法科第二院"，派林修竹为学长。[18] 1927 年至 1931 年蒋梦麟校长按南京国民政府公布的改变学校和法律系的教学制度，首次取消预科，改法科为法学院，院长为周炳琳。院内设政治系、经济系和法律系。院长周炳琳与校长商议确定法律系主任为戴修瓒。[19] 燕树棠什么时候离开

---

[14]　《北京大学日刊》，1925 年 10 月 5—6 日。
[15]　《北京大学日刊》，1931 年 9 月 22 日、5 月 7 日。
[16]　如雷颐、王伟、陈新宇等均提及燕树棠担任过北大法律系主任。雷颐：《重新唤醒历史的记忆——燕树棠思想浅析》。王伟：《中国近代留洋法学博士考（1905—1950）》，第 68 页。陈新宇：《法治的恪守者——燕树棠先生的生平与思想》。
[17]　张国福：《北京大学法律学系前期的教学改革及其优良传统》，载《中外法学》1998 年第 3 期（总第 57 期）。
[18]　张国福：《北京大学法律学系前期的教学改革及其优良传统》。
[19]　张国福：《北京大学法律学系前期的教学改革及其优良传统》。

北大的？目前所知，他于1928年去了武汉大学，因此在此前的工作履历中，没有担任过北大法律系主任。那么后来他是否担任过北大系主任呢？容后再述。

燕树棠与武汉大学的交集始于何时？这是第四个需要考订的问题。1928年7月蔡元培主持的国民政府大学院（教育部）决定在武昌原国立中山大学基础上改创国立武汉大学。蔡元培任命了国立武汉大学代理校长刘树杞、武大新校舍建筑设备委员会委员长李四光等，并指定了燕树棠等人作为筹备组成员。8月开始勘察校址。所以后人只记得燕树棠随刘树杞、李四光等人勘察东湖新校址的事。当时正要勘察东湖边新校址以及校舍设计规划，这涉及一所新大学的基建工程，需要有海外经历的学者参与谋划。燕树棠受委派，很可能是由蔡元培指定。燕树棠来到武汉不仅参与勘察新校址，还担任了武大法律系第一任系主任。可是"武汉大学被人遗忘的名教授中，大概数法学家燕树棠先生最有名，也最销声匿迹了"。[20]

第五个要考订的问题：燕氏曾三次入武大工作，第二、三次入武大在后文交代，那么第一次入武大工作到哪一年为止呢？目前只有一种说法，燕氏在武大迁入珞珈山新址后即返回北大。[21] 1931年10月，新校舍第一期工程竣工。武大迁入珞珈山新址的时间是1932年2月。按这个时间推算，那就是说，燕树棠1928年8月至1932年2月都在武大法律系工作。但是，他应该是被蔡元培"借调"到武汉筹备国立武汉大学的，因此应该算是北大教授兼任于武大。1931年下半年他仍然在北大授课。[22] 那个时候的法政科教授极少，相互兼职的现象是"不得已之举"。蔡元培指派的筹备人员中，仅法学家就有王世杰、燕树棠、周鲠生三员大将，由此可知武大法科的发展与蔡元培对法科教育的重视分不开。他对武大未来寄予的厚

---

[20] 戴克中：《法学泰斗》，载燕树棠《公道、自由与法》，第528页。
[21] 戴克中：《法学泰斗》，载燕树棠《公道、自由与法》，第529页。
[22] 《本校法学院下学年教授名单：法律系》，载《北大日刊》1931年第2649期。

望，对学科人才调兵遣将的魄力，构成了今天武大成为法学重镇的一个"基因"。

据我了解，燕氏在这同期还有其他任务，因此第六个要考订的问题就是，他还有别的什么任务？1928年夏间，南京国民政府责成法制局着手起草亲属法及继承法两编，燕树棠主持起草亲属法。经过中央政治会议多次审查，两法于1930年冬完成。《亲属编》计7章171条，于1931年1月24日颁布施行，作为中国第一部民法典的组成部分，从多个方面实现民法的平等原则：一是否定了第一次草案认为妻为限制行为能力人。二是改进亲属分类。旧律及历次草案，除配偶外，一向分为宗亲、外亲及妻亲，这是以男系为主的亲属分类法；新定亲属法、继承法将亲属分为配偶、血亲、姻亲三类。三是废除嫡子、庶子、嗣子及私生子等名义。四是重新定义"家"为"以永久同居生活为目的而同居的亲属团体"。[23]

1932年返回北大后，燕树棠开始兼任清华大学政治系主任。此时期正是梅贻琦主政清华时期，梅校长于1932年起筹建法律学系，并获教育部备案，燕树棠被延聘为法律系首任系主任。可是，燕树棠偏偏遇上清华办学的困难时期。由于庚款停付引发的经费问题，加上当时政府"限制文法、发展理工"的教育政策因素，法律学系被要求停止招生。燕树棠焦急万分，在清华校刊上公开表达这个焦虑："现在中央教育当局好像业已具有决心停办本校法律学系。本学系之生命是否以本年始并以本年终？目前尚在不可知之数焉。"[24] 燕树棠与冯友兰到南京斡旋疏通，终是无可奈何。清华法律学系于1934年被裁撤，燕氏再次转入政治学系任教。[25]

第七个要考订的问题：燕树棠在清华工作了多久？这涉及他离开北平的时间。据说1937年七七事变当天，北大老同事戴修瓒告诉他，日本人

---

[23] 张仁善：《寻求法律与社会的平衡——论民国时期亲属法、继承法对家族制度的变革》。
[24] 燕树棠在"各院系概况"中介绍法学院相关情况，参见《法律学系之建制及法律图书事宜》，载《清华暑期周刊》1933年第3—4期。
[25] 陈新宇：《法治的恪守者——燕树棠先生的生平与思想》。

已把他列入黑名单，一定会抓他。于是燕树棠于7月9日只身一人离开北平，南下来到武大。三个月后，其夫人才携儿女随流亡学生一起来到武大。㉖ 这便是他第二次来到武大。因此，燕树棠在清华任教的期间应该是1932年至1937年7月9日。

1938年初，燕树棠随武大西迁至四川乐山。可是他不久就被"老东家"清华召唤了。1939年，北大、清华与南开在昆明成立西南联大，三常委之一、清华校长蒋梦麟正为西南联大经历西迁后的法科师资队伍发愁。为组织法学院重整旗鼓，需要一个合适的系主任。蒋校长力举延聘燕树棠。燕树棠遂于1939年起担任西南联大教授兼法律系主任——这就是燕氏担任北大法律系主任的真实情况。直至抗战胜利复员，一家人从昆明转成都飞回到离别八年之久的北京，与寓京留守的老人和孩子团聚。1947年，在北大任教的燕树棠，又接受了武汉大学校长周鲠生的聘请，去武大法律系任教。这是他第三次也是最后一次与武大的缘分。

二、性格：纵议天下

回顾燕树棠这一生，最好的时光是在北平——从1920年回国在北平任教，到1937年离开北平。燕树棠29岁就已经是北大正教授，课堂上极受学生仰慕和追捧。至于业余生活，其实可以说他没有业余生活。看看他在北平是怎么渡过的吧。

1924年夏天开始，他花了半年时间协助北大同事王世杰筹备创办《现代评论》。1924年12月13日，出版了《现代评论》创刊号。创刊号上就有燕树棠、王世杰、周鲠生、胡适、郁达夫、陈西滢等人的文章。燕氏的这篇是《法统与革命》，分析了政变之后法统已消灭，革命已成事实的形势，直截了当地针对临时政府说："革命改造之环境无毅然革新之魄力，有因循苟且之表现。时乎时乎，不再来！若人心已去，虽再欲徘徊歧路，

㉖　戴克中：《法学泰斗》，载燕树棠《公道、自由与法》，第529—530页。

岂可得乎！"㉗ 这很显示出他批判时政时直接而猛烈的性格。燕树棠从此与评论家陈西滢等成为《现代评论》发文最多的三员主将。他时以真名时以笔名"召"发文，关心社会公共问题，文思敏捷，笔杆锐利，仅1925—1927三年中就有以"召"署名的60余篇时事短评。

燕树棠在教育上的主张是教育独立与教授治校。1925年东南大学校长郭秉文被政府革职，燕树棠就发表文章表示质疑，认为大学应当是教授治校，政府不得干预大学。㉘ 他针对官方把政治渗透到大学的趋势，进行了针锋相对的批判，比如《扰乱的教育界》一文中，他指出："学校的目的就是育人，办学者、教育者不应有其他目的，不能把学校变成个人或政党的武器，不能把学校作为宣传机关。"㉙

1925年"女师大风潮"时，该刊以"现代评论派"之名"反对鲁迅"。实际上，该刊因宣扬自由、民主、法治，反对独裁，多次被北洋政府查封收缴，后又因反对国民党的"党治"多次被"开天窗"，于1928年底停刊。与支持学生运动的鲁迅不同，燕树棠的多篇文章，都从批评教育当局和大学校长的角度来谈当时的"学潮"，反对学生运动。雷颐在《孤寂百年——中国现代知识分子十二论》中专门讲到燕树棠，他分析道，因"反对鲁迅"后来成为"负面"形象，实际是一种集体记忆被主宰了的"选择性记忆"。㉚ 这是有道理的。但是在1925年"沪案"引发的"五卅运动"，燕氏又转而坚决支持学生参加爱国运动，并为之辩护，这作何理解？

雷颐看到了鲁迅和燕树棠在"学潮"问题上的不同态度。那么他们的区别在哪里呢？应该关注到：燕树棠对"学潮"这种模糊抽象概念作出更细致的类型化区分，这恐怕是法科知识人的一种思维优势。其实鲁迅也好，当时不少知识人也罢，他们的看法有一个共同点——但凡学生的罢课

㉗ 燕树棠：《法统与革命》，载《现代评论》1924年第1卷第1期。
㉘ 燕树棠：《最近几天京内外教育界的重要消息》，载《现代评论》1925年第1卷第5期。
㉙ 燕树棠：《扰乱的教育界》，载《现代评论》1925年12月第3卷第54期。
㉚ 雷颐：《重新唤醒历史的记忆——燕树棠思想浅析》。

游行等抗议行动之形式,以及一切"排外"都是"爱国"表现。这种非理性的大众思维至今存在。社会因学潮问题而分裂了,燕树棠成为少数派,他对"学潮"作出了细致的区分和梳理。法科知识人的理性思维,对一般人而言,其实也并不难,就是看能否避开情绪而对事实作出拆分和解析。

五卅运动期间,燕氏在《对爱国运动的谣言》中认为,"这个爱国运动不是学潮"。第一,他对"学潮"下了定义:"凡借国内政治上的小问题,为个人的目的,煽惑青年学生,若起他们群众举动,这才是学潮。学潮是不当的行为。"这次"抵制英日"是"纯洁爱国运动",所以"绝对不应加以'学潮'的恶名"。第二是他认为"这个爱国运动不是排外"。只有不管是非,反对一切外国人才是"排外",而"这次的举动只是对待'无理取闹'的英日,并不波及其他外国人"。显然,燕氏把"学潮"与"爱国"、与"排外"的复杂关系作了区分,认为并非所有的"学潮"都是"排外",都是"爱国"。[31] 他顶着社会广大民众运动式的高潮"逆流"发声,发表《爱国运动与暴民运动》,指出:"暴民举动是全国民意的公敌,是爱国运动的障碍。""爱国运动,是近年来国内明达的志士,对于现在国家政治问题,苦心审思而得来的结晶的表示。"而"暴民运动破坏社会生存的基础,不减于军阀土匪的行动"。[32]

燕树棠关注天下,主题包括法治、政治、民众、外交、教育等,富有批判性,大有纵议天下事的气度,无疑是五四时代末期的公共知识分子。我们来看1925年至1927年这三年他发表的文章目录:

1925年至1927年,中国政治与社会主题可概括为四个字——内乱外患。诸如金法郎案、中俄外交、女师风潮、五卅运动、汉口惨案、军阀混战、罢工运动、广州改组、中外协定、日本挑衅、八国通牒、三一八惨案、内阁总辞、报刊查封、北伐兵临、沪廨协定、法权会议、收回租界、

---

[31] 召(燕树棠):《对爱国运动的谣言》,载《现代评论》1925年第2卷第28期。
[32] 燕树棠:《爱国运动与暴民运动》,载《现代评论》1925年第2卷第52期。

第四章　学术静观者　1249

汉案协定、工人运动、反共政变、宣布迁都等等。我们对应地来看这三年的"燕氏时评"，会发现有多么紧扣时事：

1925 年"燕氏时评"有《最近几天京内外教育界的重要消息》（第 1 卷第 5 期）、《战争的谣言》（第 1 卷第 23 期）、《对爱国运动的谣言》（第 2 卷第 28 期）、《政府的三个外交机关》（第 2 卷第 31 期）、《军阀压迫爱国运动》（第 2 卷第 37 期）、《爱国运动与学潮》（第 2 卷第 38 期）、《政府与北京大学》（第 2 卷第 40 期）、《列强拒绝修约》（第 2 卷第 40 期）、《山西问题》（第 2 卷第 41 期）、《河南人思念吴佩孚》（第 2 卷第 42 期）、《国际联盟理事会中国又落选》（第 2 卷第 43 期）、《法院要究办金佛郎案》（第 2 卷第 44 期）、《俄船运械事件》（第 2 卷第 46 期）、《外国银行团又来了》（第 2 卷第 48 期）、《国务会议荣封河神》（第 2 卷第 49 期）、《苏俄也知讲法律》（第 2 卷第 50 期）、《菲律宾人的东方民族谈》（第 2 卷第 51 期）、《内乱与外国》（第 3 卷第 53 期）、《扰乱的教育界》（第 3 卷第 54 期）、《内乱与外患》（第 3 卷第 55 期）。

1926 年的"燕氏时评"有《日俄与东三省》（第 3 卷第 59 期）、《英俄与言论自由》（第 3 卷第 64 期）、《意有人帮苏俄行凶》（第 3 卷第 66 期）、《八国通牒与军阀》（第 3 卷第 67 期）、《进行俄款的步骤》（第 3 卷第 70 期）、《北京城内的外国旗》（第 3 卷第 74 期）、《日本与汉冶萍公司》（第 3 卷第 75 期）、《五卅惨案的周年》（第 3 卷第 77 期）、《英庚款与五卅案》（第 3 卷第 79 期）、《英日俄的经济手段》（第 4 卷第 81 期）、《工会与海关》（第 4 卷第 82 期）、《摩洛哥革命军失败》（第 4 卷第 83 期）、《熊案与沪廨的管辖权》（第 4 卷第 84 期）、《乐声与炮声》（第 4 卷第 87 期）、《大亚洲民族会议》（第 4 卷第 88 期）、《司法外交两部与沪廨协定》（第 4 卷第 90 期）、《司法外交两部与沪廨协定》（第 4 卷第 90 期）、《沪廨协定正式发表了!》（第 4 卷第 95 期）、《英国总理演说对华政策》（第 4 卷第 97 期）、《京师的国立各校》（第 4 卷第 101 期）、《法权会议的报告书》（第 4 卷第 104 期）。

1927 年的"燕氏时评"有《美国要自动的取消不平等条约吗?》（第 5 卷第 110 期）、《汉案的外交问题》（第 5 卷第 111 期）、《汉案与上海》（第 5 卷第 112 期）、《仇教排外与民众运动》（第 5 卷第 112 期）、《南北妥协》（第 5 卷第 115 期）、《汉案解决了》（第 5 卷第 116 期）、《美国众院通过单独对华修约案》（第 5 卷第 117 期）、《汉浔协定全案公布》（第 5 卷第 117 期）、《凋敝的北京》（第 5 卷第 118 期）、《兵匪压迫下的老百姓》（第 5 卷第 121 期）、《北京的寒气》（第 5 卷第 123 期）、《收回天津英租界》（第 5 卷第 124 期）、《宁案与五强》（第 5 卷第 125 期）、《五一劳动节》（第 5 卷第 126 期）、《五七国耻纪念日》（第 5 卷第 127 期）、《英国会讨论工团法》（第 5 卷第 128 期）、《日本出兵与山东》（第 6 卷第 133 期）、《上海市民拒绝租界增捐》（第 6 卷第 134 期）、《苏俄共产党的两大领袖将被除名》（第 6 卷第 135 期）、《三国海军会议》（第 6 卷第 136 期）、《奥京暴动已渐平静》（第 6 卷第 137 期）等。

雷颐教授在《孤寂百年——中国现代知识分子十二论》中，把燕树棠和容闳、梁启超、蔡元培、胡适、丁文江、傅斯年等十一人放在一起来写，说明法学家燕氏在知识界的影响。民国法学家引起法学以外的当代学者关注的并不多见。与今日广大法学家最大的不同在于，现今法学学科日益精细化而封闭化，知识贡献出不了本学科，甚至局限在二级和三级学科内部。如果说今天的优势是分工与研究的精细化，那么其劣势在于知识的狭窄、认知的机械、知识贡献的微弱、社会影响之低下。

燕树棠在时评中所表现出的独立、批判的愤青性格，似乎和大多数法科教授不同。燕今伟先生说过几个颇显他父亲性格的轶事，比如，燕氏在美国留学时看电影，剧中出现侮辱华人的镜头，燕树棠立即站起来大声抗议，使电影不得不中断。有人介绍他入党，一听说入党要按手印，他就不愿意了。那人请示了孙中山，说特殊人物可以不按手印，他才入了国民党。[33] 笔者还发现一件颇让燕树棠尴尬的事。他的家乡定县，是当时最有名的平民教育会实验基地，在乡村教育运动中是个典型，平教运动领袖晏阳初先生深受教育界敬仰。可是燕树棠对晏阳初也毫不留情，1933年他在丁文江和胡适创办的《独立评论》上发表文章，列举了些事实，口诛笔伐，说"平教会"有名无实，侮辱定县民众的人格，引起民间阶级纷争云云。甚至指名道姓批评县长霍六丁判案不公，"训戒'地主'不得压迫'租户'，'债主'不得压迫'借债人'"，"只本主义而行，并不依法办理"。[34] 结果霍县长不肯了，写了辩驳文章，投给《独立评论》。霍县长说："我想和您打个赌：由五月截至九月底，受理了一百二十五债务案件内，您若能指出一案是不依法办理，我便算输。"[35] 后来，燕树棠也不吱声了。

燕氏在生活中则是个几无生活常识的"老实人"，过而立之年仍然没有对象。后来有位定州同乡好友介绍，才认识了一位同是定州人在北京漂泊的年轻姑娘。人家姑娘虽然只念过两年初中，还是很懂珍惜和尊重知识。姑娘觉得老燕年纪大了点，但人家是北大教授，人也靠得住，于是就同意和他结婚。两口子靠一个人的工资就过上了幸福美满的家庭生活，生儿育女。[36] 1937年7月他居然只身一人离开北平，似乎不懂得体谅家人的感受和家庭生活。靠他一人百十来块工资，要维持全家八口，再加一对年迈的老父母的生活。他一门心思地从教做学问，生活上只有维持吃饭生存的基本要求，所以会把每月工资全数交给妻子，自己身边只带几毛钱。燕树棠生活简朴，不嗜烟酒，对物质生活几乎没有要求，或者说只有最低的

---

[33] 燕今伟：《一个悄然走过的老人》，载燕树棠：《公道、自由与法》，第4—5页。
[34] 燕树棠：《平教会与定县》，载《独立评论》1933年第74期。
[35] 霍六丁：《答燕树棠先生》，载《独立评论》1933年第76期。
[36] 燕今伟：《一个悄然走过的老人》，载燕树棠《公道、自由与法》，第4页。

要求——以吃饱饭维持生命为底线。在昆明西南联大，他忙于系主任工作又酷爱教学，连兼职律师也不干。据说他也在街头摆过地摊以补贴家用。他患严重眼疾，昆明没法医治，去外地又没钱。后来靠武大皮宗石教授帮忙，向教育部申请补助，再后来一个学生也资助了，他才到成都治疗眼睛，估计已经拖过最佳治疗时机，一只眼睛可能就是当时废掉的。[37]

燕树棠性格耿直、思想独立，这是他的淳朴本色。今天的知识人活得"精致"，明哲保身，那么当恶势力降临，就没人敢站出来发声了。燕树棠疾恶如仇，以法为剑，反抗威权。1926年三一八惨案发生后，他就有状告段祺瑞之举。1945年抗战结束后的反内战运动中，燕氏是《国立西南联合大学全体教授为11月25日地方军政当局侵害自由事件抗议书》的八名起草委员之一；在一二·一惨案发生后，他作为成员之一，对云南省前警备司令关麟征、第五军军长邱清泉在内的涉案人员提起诉讼。美国兵强污北大女生沈崇案发后的1947年1月，在胡适的组织下，燕树棠和赵凤喈、李士彤等六位教授组成"沈案"法律顾问委员会，负责为该案搜集法律证据。[38] 早年他当国民参政会参政员、兼任监察院监察委员以及宪政实施促进会委员时，既批评民社党、青年党的观点，又与周恩来、董必武常常争吵。传说周恩来有一句话"燕先生的话比国民党的飞机大炮还厉害"。他的个性特征，在今人看来，就是不懂世故、固执迂腐。燕今伟后来在美国遇到一位熟悉燕树棠的华人学者，得到一个评价"你父亲是共产党和国民党都不喜欢的人"。[39] 他是位品格正直、性格耿直、言语率直之人，加上专业搞法律，难免给人留下死嗑较真、恃才傲物的印象。

燕树棠是钻研学问的书呆子，1948年经总统提名、监察院选举，南京

---

　[37] 戴克中：《法学泰斗——燕树棠》，载燕树棠：《公道、自由与法》，第530页。
　[38] 1946年12月24日，北平一工人发现两名驻华美军在北平东单操场强奸了19岁的北大先修班女生沈崇。沈崇出身名门，是清代名臣沈葆桢之曾孙女，林则徐之外玄孙女，后来改名沈峻，成为丁聪夫人。1947年1月6日，胡适在北大第28次行政会议上"报告美兵强污女生事件"，还请燕树棠、赵凤喈、李士彤等六位教授组成法律顾问委员会，负责为该案搜集法律证据。9日，王世杰致电胡适，探询胡适是否准备为沈崇案出庭作证，并称"美方刻正羞愤同深，兄之地位或未便如此"。
　[39] 燕今伟：《一个悄然走过的老人》，载燕树棠：《公道、自由与法》，第6页。

政府"提任"燕氏去做司法院大法官,排名第二位,[40] 很多人劝他别去,可他固执己见,说反正只负责法律解释,不审案件,自己去看看,写几篇文章就回来。他说到做到,在南京工作了十个多月就回来了。可正因此番经历,埋下不祥之种。

人际交往上,不能不说燕氏是个书呆子。他不重礼尚往来,不屑交际,很少与人交往。或许因为内心淡泊坦然到极致了,使得他不屑于繁杂的交往,以极简方式处理人际。他常说"君子之交淡如水"。但也可以说,他的法科专业替代了灵动的性情,其内心是一个概念化、逻辑化的规则世界,加上那种机械的信念,也就习惯成自然了。

1949 年,教育部长杭立武要他一同自汉赴台,燕氏拒绝,选择留下。他是武大军管会最早解聘的三位教授之一。另外两位因从事自然科学,容易找工作,而燕氏从事法学,又届花甲之年,几乎断了生计。教授们看不下去,遂请当时比较走红的韩德培等人出面,进言。"理由是燕老先生一家八口,全靠他一人的薪水维持,老先生还有耄耋的双亲在京靠他赡养,如果解聘……"[41] 由此才得复聘,留校做编译、图书工作。这个在课堂上站了三十个春秋的旧法教授,从此离开讲台。因此,他暂时被人遗忘,无意中避开了思想改造等各类运动。可是到了 1957 年,却被"请"出来发表言论。俗话说"江山易改本性难移",他信以为这样的安排是一次表达的机会,当谈到党群关系时,他说岂止是墙与沟,简直是江河与城墙……于是,他被打成右派,工资降级,住房减少,搬入更小房子,从此沉默寡言。

受尽人间的折磨,却能活到九十岁以上,燕树棠教授可能是"最耐磨"的一位了。这需要怎样的生命意志?怎样的顽强人格?这位法学家中罕见的全科标本,也是一个罕见的生命标本!

---

  [40] 1948 年 7 月 14 日提任江庸、燕树棠、黄右昌等为司法院大法官。参见《总统府公报》1948 年第 49 期。
  [41] 戴克中:《法学泰斗——燕树棠》,载燕树棠:《公道、自由与法》,第 531 页。

1984年2月20日凌晨,燕树棠走完他九十三个春秋的人生历程,在武汉家中病逝。

三、学术:洞明法理

燕树棠从学和从教的一生中,成果最丰满、事业最顺利的时期,应该就是回国后至抗战前在北大、武大和清华的这段时光。他在北大讲授的课程有国际公法[42]、罗马法[43],还在政治系教授会上作"现代政治"的学术报告[44]。他在西南联大授课领域跨得更大了,上过民法概论、宪法、法理学、国际私法、国际法等课程。[45] 再从他发表的论文跨度来看,涉及法理学、国际法、民法、刑法、诉讼法、司法制度及法学教育等领域,覆盖面之广,在法学界也属罕见。所以他堪称"全科"法学家。这个称号用在他身上,不带任何贬义,因为他的确在跨度和精深两方面都做到了。

从燕树棠留下的专业论著来看,也大致是从北大、武大至清华这十七年的作品。他的多篇论文大篇幅地被《清华学报》(自然科学版)《撰述提要》摘登,[46] 相当于今天的转载。燕氏撰写并发表的论文有:

《权利之观念》(1922年11月)、《国际法与国内法上之政治犯问题》(1923年11月)、《国内土匪问题与国际法》(1923年6月)、《过错主义可否为侵权责任之唯一根本原则?》(1923年2月)、《私法中占有观念之两大争点》(1923年5月)、《刑事责任问题》(1923年8

---

[42] 《燕树棠先生所授法律系三年级国际公法现已讲毕》,载《北京大学日刊》1924年第1472期。

[43] 《燕树棠先生所授法律系一年级罗马法原在星期一第五六时现改在星期四》,载《北京大学日刊》1925年第1797期。

[44] 《政治学系教授会布告:星期五日午后三时请燕树棠教授继续讲授"现代政治"》,载《北京大学日刊》1924年第1437期。

[45] 戴克中:《法学泰斗——燕树棠》,载燕树棠:《公道、自由与法》,第530页。

[46] 如《国内战争与国际责任》,被《清华学报》(自然科学版)1925第1期《撰述提要》摘登;《中国领事裁判权问题之常识》,被《清华学报》(自然科学版)1925第2期《撰述提要》摘登。

月)、《法律之制裁》(1924年2月)、《英美分析学派对于法学之最近贡献》(1924年5月)、《英美之陪审制度》(1924年10、11、12月)、《法统与革命》(1924年12月)、《国内战争与国际责任》(1924年12月)、《中国领事裁判权问题之常识》(1925年6月)、《财产观念之变迁》(1925年4、5、6月)、《青年与法律》(1926年11月)、《苏俄的司法制度》(1928年2月)、《婚姻的制度问题》(1928年6月)、《法律与道德的关系》(1930年3月)、《国家与法律》(1930年9月)、《公道与法律》(1932年11月)、《自由与法律》(1934年1月)、《法律教育之目的》(1934年1月)、《法官之自由与责任》(1935年8月)、《法治与人治》(1935年9月)、《论法律的概念》(1936年9月)等论文以及评论吴经熊"五五宪草"的文章等部分时事评论。

燕树棠的专业领域是法学全科,"我是学法律的"——他1920年刚到北大的那次开学演讲所说的话,就是他的追求。不仅如此,他还跨学科到更广泛的领域,包括国际政治、外交,乃至所有社会事务。燕树棠能从现实问题出发来论述法学理论,从法学理论来论述现实问题。他对不平等条约、领事裁判权、战争责任、中英关系、中日关系、中俄交涉、蒙古问题、关税、国内土匪、政治犯、苏俄司法弊端、法统与革命、爱国与暴民、禁烟甚至情杀案件问题等等都做过研究。可以说当时的热点问题都在他的视野范围内,比如会审公廨问题,法权应当"收回"已成全国共识,但是怎么收回是个难题。他分析了当时的和平与强硬两种主张,提出解决的捷径有两个,一是让会审公廨丧失作用的四种方式,即惩办谳员、否认效力、官厅不配合和禁止中国原告在公廨起诉;二是在租界外另设临时法院以代替会审公廨。[47]燕树棠的这个主张比外交官徐谟发表《设置上海特别法院问题》(1926年2月22日)早了一年。1926年9月27日中国政府

---

[47] 燕树棠:《解决上海会审公廨问题之捷径》,载《现代评论》1925年第2卷第36期。

正式公布的《收回上海会审公廨暂行章程》中，就用了改设"临时法庭"的概念。目前材料来看，燕氏"临时法院"的这个主张，很可能是最早的。史学家雷颐看到了燕树棠思想的深刻性，曾著文评论："作为法学家，燕氏并非象牙塔中不问世事的纯学者，在治学、教学之余又积极参与现实政治。"[48]

燕树棠对外文文献的掌握程度也是同时代顶级。他总是第一时间或是首次及时引介国外最新的法学论著，并且选择眼光独到，原文著作几乎都成经典。比如1922年创刊的《国立北京大学社会科学季刊》有"学术书籍之绍介与批评"专栏，第1卷第1期的五篇书评中，就有燕氏介绍奥本海逝世后1921年出版的《国际法》最新版，即伦敦Longmans第3版的书评。[49] 耶鲁舍曼氏（Sherman）1922年版的《罗马法在当代世界》，1923年就被他介绍进来了。[50] 1923年，由燕氏介绍到中国并作书评的国际法名著有：荷兰国际公法教授鲁特氏（Louter）《实证国际法》[51]、德裔瑞士籍尼波鲁氏（Nippold）的《世界大战后的国际法发展》[52]、美国狄金森（Dickinson）1920年版《国际法上的国家平等》[53]、《劳动法的原则》1920年增

---

[48] 雷颐：《重新唤醒历史的记忆——燕树棠思想浅析》。
[49] 燕树棠：《学术书籍之绍介与批评：International Law 故英国剑桥大学国际法教授欧滨罕（Oppenheim）著，1921年增订第三版（伦敦 Longmans, Green and Co.）》，载《国立北京大学社会科学季刊》1922年第1卷第1期。
[50] 燕树棠：《学术书籍之绍介与批评：Roman Law in the Modern World 美国耶鲁大学前罗马法教授舍曼氏 Sherman 著（1922年再版）》，载《国立北京大学社会科学季刊》1923年第2卷第1期。
[51] 燕树棠：《学术书籍之绍介与批评：Droit international public positif 荷兰余图莱大学 Universite d'utrecht 国际公法教授鲁特氏 Louter 著》，载《国立北京大学社会科学季刊》1923年第1卷第2期。
[52] 燕树棠：《学术书籍之绍介与批评：Development of International Law after the World War，德人瑞士籍尼波鲁氏（Nippold）原著，美国贺森氏（Hershey）译》，载《国立北京大学社会科学季刊》1923年第1卷第4期。
[53] 燕树棠：《学术书籍之绍介与批评：Equality of States in International Law, University of Michigan 法律教授狄琴森 Dickinson 著》，载《国立北京大学社会科学季刊》1923年第1卷第3期。

订版[54]、《战争与和平的公意》1923年版[55]、《冲突法》[56]等等。

当时世界最新的法理学-法哲学著作，他都能以最快速度介绍到中国，比如牛津大学维诺格拉多夫（Vinogradoff）的《历史法理学》[57]，哈佛大学庞德1923年版的《法律史》[58]，康芒斯（J. Commons）1924年出版的《资本主义的法律根基》[59]，霍菲尔德的名著《法律概念的基础》[60]，威格摩尔的《世界法律体系》[61]，杰罗姆·弗兰克的《法律与现代观念》[62]，等等。古德哈特（Goodhart）《法理学论文》《法理学与普通法文集》1931年在牛津出版，次年燕氏就把它介绍到中国[63]，1935年他给前沿学科作品《法律心理学》作了简评，推荐到中国学界[64]。燕树棠和周鲠生、王世杰并驾齐驱，大有引领北大文科之势。

后来，燕树棠还把北大书评的传统带到武汉大学。从《国立武汉大学社会科学季刊》来看，燕氏仅1930年就在武大"新刊介绍与批评"中介绍四本新书，包括霍菲尔德的《法律概念的基础》（第1卷第1期）、《保罗·维

---

[54] 燕树棠：《学术书籍之绍介与批评：Commons and Andrews: Principles of Labour Legislation》，载《国立北京大学社会科学季刊》1924年第2卷第4期。

[55] 燕树棠：《学术书籍之绍介与批评：A. L. Lowell: Public Opinion in War and Peace（1923年版）》，载《国立北京大学社会科学季刊》1925年第3卷第2期。

[56] 燕树棠：《学术书籍之绍介与批评：The Student's Conflict of Laws, By Burgin and Fletcher. The Conflict of Laws, By Johnson. Leading Cases in the International Private Law of Scotland, By Mackennon. Precis de droit international prive, By Arwinjon》，载《国立北京大学社会科学季刊》1935年第5卷第4期。

[57] 燕树棠：《学术书籍之绍介与批评：Historical Jurisprudence. Vol. I, II 英国牛津大学教授费奥哥老道夫氏（Vinogradoff）著》，载《国立北京大学社会科学季刊》1923年第1卷第4期。

[58] 燕树棠：《学术书籍之绍介与批评：Interpretation of Legal History 美国哈佛大学 Harvard University 法学教授庞特氏 Pound 著》，载《国立北京大学社会科学季刊》1923年第2卷第1期。

[59] 燕树棠：《学术书籍之绍介与批评：J. Commons, Legal Foundations of Capitalism（1924年版）》，载《国立北京大学社会科学季刊》1925年第3卷第2期。

[60] 燕树棠：《新刊介绍与批评：Fundamental Legal Conceptions By Holfeld》，载《国立武汉大学社会科学季刊》1930年第1卷第1期。

[61] 燕树棠：《新刊介绍与批评：A Parorama of the World's Legal Systems, By Wigmore》，载《国立武汉大学社会科学季刊》1930年第1卷第3期。

[62] 燕树棠：《学术书籍之绍介与批评：Law and the Modern Mind, By Jerome Frank》，载《国立北京大学社会科学季刊》1935年第5卷第4期。

[63] 燕树棠：《书籍评论：Essays in Jurisprudence, By Goodhart, A. L.》载《清华学报》1932年第8卷第1期。

[64] 燕树棠：《书评：Legal Psychology, By H. E. Burtt, New York：Prentice-Hall 1931》，载《清华学报》1935年第10卷第3期。

诺格拉多夫论文集》（第 1 卷第 3 期）、威格摩尔的《世界法律体系》（第 1卷第 3 期）、门罗·史密斯的《欧洲法的发展》（第 1 卷第 3 期）。

1935 年燕氏那篇著名的《法治与人治》论文，其引用的英文文献包括了庞德、约翰·萨尔蒙德（John Salmond）、科尔库诺夫（N. M. Korkunov）、波洛克（Pollock）、托马斯·厄斯金·霍兰（Thomas Erskine Holland）等多国法学家的论著。其实早在其回国之初发表的论文，也是如此。以燕树棠 1922 年发表的《权利之观念》为例，燕氏指出，中国采取西洋法学之前，没有权利概念亦无权利观念，因此"对于权利之意义发生误解"。他在那时就敏锐地指出这种认识误区，"以主张权利，为争权夺利，以权利为攘夺之别名"。他考证后得到汉语"权利"一词的源头，即是曾留学荷兰的日本法学者须田博士（Dr. Tsuda）著《西洋公法论》（A Treaties on Western Public Law）（1868），连用权力与利益，始创"权利"二字。写这篇文章时，他就参考了梅因的 Ancient Law（《古代法》），庞德的 Outline of A Course on the History and System of the Common Law（《普通法的体系与历史课程大纲》），耶林的 Struggle for Law（《为法律而斗争》），19 世纪新黑格尔法学家约瑟夫·科勒（Josef Kohler）的 Philosophy of law（《法哲学》，1914），托马斯·厄斯金·霍兰（Thomas Erskine Holland，1835—1926）的 Elements of Jurisprudence（《法理学要素》，1905），寇库诺夫（N. M. Korkunov）的 General Theory of Law（《法的一般理论》，1909），托马斯·希尔格林（Thomas Hill Green）的 Lectures on the Principles of Political Obligation（《政治义务原理讲演录》），还有日本学者的著作，等等。其中还有一本约翰·萨尔蒙德（John Salmond）的 Jurisprudence（《法理学》），进入当时中国图书馆馆藏的则是燕氏著此文之后的 1924 年以来的第 7 版、第 8 版、第 9 版。⑥

燕树棠所论既有对西学、法理之梳理和引介，又有对中国传统与现实

---

⑥ 蒋隽：《论西文法律文献在我国的传播——以民国时期为中心》，载《中外法律文献研究》第 1 卷，北京大学出版社 2005 年版，第 128—140 页。

问题之研究和阐发。论述正义的法学家不少，但唯有燕氏用汉语"公道"来翻译 Justice 一词，他为什么不用"正义"？恐怕和他对中国传统文化的理解有关，越想越觉得其中蕴涵深刻的理念。限于篇幅，在此不作展开。

在近代本土法学家中，专门论述法律教育之目的的文章很少。燕氏的那篇《法律教育之目的》，认为"法律头脑"的培养是法律教育之目的，相当于今日"法律思维"和"法律价值观"的综合。更精彩的是，他认为"法律头脑"有四个条件：一是社会的常识，二是剖辩的能力，三是远大的理想，四是历史的眼光。四项内容暗合了社会实证法学、规范分析法学、自然法学和历史法学的脉络和主张。他明确指出法律人应当在专门知识之外，在可能范围内扩充普通知识，尤其是社会科学训练。[66] 吴经熊曾著文高度称赞燕树棠的法律教育目的论，说"再妙不过了"，认为燕氏把法律教育养成"法律头脑"的内涵扩充了，并特别肯定其三四两项，并对"远大的理想"与"历史的眼光"作了解读和诠释。吴氏特别赞赏燕氏这样的观点——"办理俗事的任务而有超俗的思想，此乃法律教育不可少之条件"，这就是笔者常说的"用高贵的灵魂处理凡俗的法务"。同时，吴氏又引用燕氏的话"法律问题是社会问题之一种。……不明社会的过去，无以明了社会的现在"，认为这"正和我向来主张的法律的相对论如出一辙"。[67] 燕公强调的"远大的理想"与"历史的眼光"，之于当代仍然是切中时弊的高论，燕公真乃法科教育之大师也！

评价历史上的学术人物，我们总会说，要"以过去的水准"来评价。但是在燕树棠身上，恐怕用今天的学术标准来衡量，他也不输给当代学者。尽管燕氏没有专著，只有论文和笔谈，但我敢说，他的法学学问在今天仍然是高水准的。以下试列举一例。

《法治与人治》是燕氏 1935 年 9 月发表在《北大社会科学季刊》的文章。法治与人治问题是个古老话题，很可能是近现代中国讨论持续最长的

---

[66] 《法律教育之目的》，载燕树棠：《公道、自由与法》，第 295—297 页。
[67] 吴经熊：《法律教育与法律头脑》，载《法令周刊》1935 年第 239 期。

一个话题，由此足以见得此话题的重要性和严峻性。因此，拿这个话题的研究作新旧比较，是有一定说服力的。在今天看来，法治与人治是个很普通的话题，但普通的论题并非不能隐含硬核之观点。燕氏此文清晰地梳理了问题，从中可观察到作者把握问题的全面性，这一点远远胜过以往乃至后来的作品。我们知道，发生于20世纪50年代和80年代的两次法治与人治的争论，在理论深度方面都没有超过燕氏文章中所探讨的程度。或者说，燕氏的大脑沟回的复杂程度已超过后来法学家。文章共分三部分，第一部分概述古今中外政治法律思想家相关讨论的情况。在讲完西方传统后，谈中国重人治轻法治的传统，他并没有至此给出结论，而是进一步指出："清季民初之间，中国国势不振，渐渐丧失从前重人重德之自信力，而以为泰西各国强盛，多赖法律，于是渐次崇尚法律，而轻视'人'的问题，迷信人事之一切皆可以取决于制度。"他认为："其实，法治人治之问题，在历史上及实际上不似言论界所想那样的单纯。"第二部分围绕人治，完全出乎读者的意料。第三部分谈法治的优点和不足，最后给出结论。

他谈了社会组织对个人的宗教、舆论和法律这三种支配力。接着他认为，国家维持法律秩序，不一定需要法律，认为无法也可以执法，这个观点很深刻。他说，依法执法也许较为妥善，而并非绝对的必要。无论法律多么精详，永远不能完全依靠规则。执法的官吏裁量之自由也永远不可能摒弃。这篇文章的深意在于：

第一，他把法治人治的问题的争点纳入到两个"要素"的关系之中——"法律"与"裁量"。前者是客观要素，后者是主观要素。其结论是，极端的法治主义者都是极端地阐明法律客观的要素，而否认主观的要素；极端的人治主义者都是极端地阐明法律主观要素而否认客观要素。[68]进而，他指出，人治在历史上不乏实例，比如周朝召公在甘棠之下听讼决狱；欧洲圣贤之君，如英王亨利二世依据自己的意思听讼解纷。

---

[68] 《法治与人治》，载燕树棠：《公道、自由与法》，第94—95页。

第二，他继而认为，现代国家私法上承认的"无法之执法"有四种显著例证：一是"裁量"权限，执法者以自己的良心自由处断。二是欧陆民法中的所谓"条理"或法理、学说，对执法者的自由比"裁量"有一定的限制。三是英美法"衡平"与法官的"良心"保留有很多的"裁量"之自由；四是欧陆法官所谓"法规合理之适用"，是法律适用"个化之学理"，是法国惹尼（Geny）和德国康德楼维茨（Kantorowicz）提倡最力。[69] 燕氏用"个化"来代表一种必要的矫正——法律统一适用所带来的一刀切现象。这是汉语法学界从未有过的思想，后来也没有人论述过。

第三，中国民众喜欢什么样的治理？人们为什么喜欢人治？他入木三分地分析道："民众总是喜欢刚强伟大之官吏行使无拘无束痛快干脆之处置。"不是吗？中国民众长期信赖包拯这样的官吏，而不相信法律的力量。燕氏分析了民众的"见地"，认为有四个特点，一是认为习法者与不习法者，对法律问题的解答都可以同样好；二是民众都自觉"万能"，而不知自己的无知无能，以为自己的见解至少与别人一样好；三是总会把民众的意思当作判断曲直的标准；四是民众对于具体的事实比对抽象的规则了解得较清楚。民众看见近处而看不见远处，看见目前的利害而看不见远大的利害。但是法律存在之重大理由，在于帮助我们防止为目前之利益而牺牲远大之利益。[70]

人们为什么喜欢人治？他分析说，人治确有人治的价值，一是有"人治"的执法能满足公众的公道心；二是有"人治"的执法更能体现情感需求的满足；三是有"人治"的执法可以避免繁杂的法律手续。所以，最好是由贤能之人酌量处断，轻微争讼，采取简易程序。但燕氏认为，人治有几项重大的缺点，安定性差，不可预知，所以只能以客观的法律和解释，而不能以主观的意思或冲动，最低限度是要有受过专门训练的执法者，才能减少他的意思或冲动的主观程度。他认为执法者只有经过专门训练，

---

[69] 《法治与人治》，载燕树棠：《公道、自由与法》，第95页。
[70] 《法治与人治》，载燕树棠：《公道、自由与法》，第96页。

"得到理解的头脑,才能入到'理'之景境,才能得到法律齐一与定然之效"。[71] 他进而指出,与农业社会简单的经济生活不同,工商社会经济利益复杂,处处有安定确定之要求,只依裁量而不用法律之执法制度,当然要被淘汰。所以法治人治问题的要害不在偏依偏尚,而在划定二者各自的领域,就其各自领域之内,以适当之发展。

第四,法治有重要的优点和缺点。其一,法律是可预知执法者所要求之路径。其二,法律可抵御执法者不当之动机及判断之错误。其三,法律借给执法者社会道德观念成形之标准,比如某些法律原则或一般性规定。他把法律看成道德观念的"成形标准",这是很有见地的。另外他还从执法者道德角度提出特殊道德标准,从法律专业伦理上讲这也是很有道理的。他认为在法律上不能确定的,可用一种特殊标准,即成形的道德或特殊的道德。其四,法律防止执法者迁就目前之利害而牺牲法律所要保护的基本利益。他说:"重近忧,轻远虑;重现在,轻将来;重当事者目前之利益而轻社会远大之利益,这本是人类常有之弱点。"[72] 这个观点的深刻意义在于,区分了法律上的"目前利害"与"基本利害"。比如因证据不足而宣判一个人无罪,可能会导致真凶脱离法律制裁——这一目前利害固然重要,但是相比于维护人权、法治权威和国家信赖这些基本利害来讲,孰轻孰重,则昭然于世。这个观点还具有现实意义,对于初建法治的中国所存在的"迁就"和"短视"来讲,实在不是空泛之谈而是太具有针对性了。其五,法律可使执法者提高自己思想和精神超于事实之上,可使执法者抑制个人情感和印象而服从抽象的推理。他强调法律是逻辑系统,借以养成用逻辑的方法观察事务的习惯,并可提醒自己注意争议之外的事项。

燕氏又分析了法治的缺点,一是过于刚性,二是保守性,三是不必要的繁杂,四是容易把法律本体看作一种目的,而忽略法律作为一种为实现

---

[71] 《法治与人治》,载燕树棠:《公道、自由与法》,第 97 页。
[72] 《法治与人治》,载燕树棠:《公道、自由与法》,第 101 页。

社会目的的手段。这就是说，法律容易被当作目的本身，因而僵化地执法。

第五，燕氏最后给出的结论是：法治只是秩序之一，还有其他秩序；绝对的法治是不可行的，反对绝对的法治主义；凡是主张绝对人治主义或绝对法治主义之人，都是好为一贯之论之偏见；社会幼稚时期多行人治尚可，现代复杂社会必须承认法治之原则；现代社会不容法外之人治，关键在于如何从法律上及立法政策上分配人治与法治之领域，即官吏行使裁量之自由与严格的适用法律。最后他又回到他论述的逻辑起点上来——裁量与规则二者的关系，达首尾呼应，一气呵成。

燕树棠是燕赵大地养育的刚毅汉子，生活简朴到只需维持最低限度，相反，全科学术精湛到保持同代人最高水准。这样的人生，不禁令人感慨万千，写完这篇之后，笔者脑海里出现了以下四句：

>　　甘苦伸屈无声息，
>　　行迹寸断留谜疑。
>　　纵横法科大跨度，
>　　耿直敢怒小脾气。

陈顾远——"五四"法科青年一生的行与知

图 1　陈顾远（1896—1981）

陈顾远是中国著名法律史学家,这是我们对他学术地位上的认识。可是他本人的生平往往被他学术光芒掩盖了。从新旧文献中阅读陈顾远这个人物,其生平的丰富多彩令笔者十分意外,与原有的法学家印象形成了强烈反差。

这个人物还具有多元的典型性:他是在北大这个"五四"风暴中心受洗礼的法科青年;他是地地道道非"海归"类型的西部(陕籍)本土学者;他是在近代反专制运动环境中成长的问政志士;他是用手中的笔进行现实批判的知识分子;他是用社会科学来解释中国法律史的法学先驱。本文择其三方面的典型意义作些叙述——即"五四"法科青年、批判问政学者、"社科"法学先驱。

一、"五四"法科青年

陈顾远,字晴皋,陕西三原人。陕西是我国传统律学名宿集中之地,清代就有丁士骧、薛允升、吉同钧、张成勋、段维等人。[①] 陈顾远少年时期受三原同乡秀才于右任影响,与同学们组织"警钟学社",宣传新知与革命。辛亥革命中加入同盟会三原支部。他早在1913年读西北大学预科时,就接触过法科课程。[②] 1915年陈氏参加西安反袁(世凯)逐陆(建章)暴动。这种边读书边行动的早年成长经历,已经为他的人生涂上一层底色。

1916年8月,陈顾远毕业于陕西省立第二中学,他以甲级第一名的成绩名列省长报给教育部的名单首位。[③] 同年他考入北大法学预科。陈顾远经历的北大校园生活,实际上就是北大老师和学生们不平凡的新文化思潮氛围,也是被称为中国文艺复兴的新文化启蒙运动。在北大法学预科,陈顾远开始接受法学教育,听过郑天锡的"法学通论",他回忆中提到从这门课中受益颇多。[④] 陈顾远一方面学习法科知识,另一方面又涉猎中国经史子集,还因为喜爱秦腔、话剧、京剧,组织实验剧社。陈氏学术年谱中提到他"创办人艺戏剧专门学校"[⑤],应该是指后来1922年蒲伯英出资在宣外南横街创办"人艺戏剧专门学校"[⑥],面向中学毕业生,校董有梁启超、林长民等人,陈顾远很可能是因对新戏剧的兴趣所致,也参与了。我们来追溯陈顾远的大学生活,可以看到新文化运动和五四时期的同学们都经历了什么,可以干些什么。

[①] 闫晓君:《走近"陕派律学"》,载《法律科学(西北政法学院学报)》2005年第2期。

[②] 1913年他读中学时原本在西北大学读预科,接触过法学课程,后来学校合并。参见尤陈俊:《法学家陈顾远笔下的〈中国婚姻史〉》,载陈顾远:《中国婚姻史》,商务印书馆2014年版,第224页。

[③] 《咨陕西省长省立第二中学校甲乙丙三级学生陈顾远等准毕业备案文(第二千零四十一号,五年八月二十三日)》,载《教育公报》1916年第3卷第10期。

[④] 尤陈俊:《法学家陈顾远笔下的〈中国婚姻史〉》,载陈顾远:《中国婚姻史》,第224页。

[⑤] 《陈顾远先生学术年表》,载陈顾远:《中国婚姻史》,第192页。

[⑥] 《人艺戏剧专门学校章程》,载《时事新报》(上海)1922年10月15日。

1919年五四运动风起云涌之时,陈顾远只是法学预科三年级学生,"虽没有被推为学生代表,却也参加过开会,请愿游行,而是一个实际行动分子。"⑦ 这时,因为北大罢课,陈顾远便回到老家三原。学潮过后,预科学业时间已期满,他必须回北大考试。可是从家乡到北大的路费成了问题。张家康撰文讲述过蔡元培为学生写推荐信的事,讲到家在农村的陈顾远,因经济窘困,路途遥远,难以筹措路费。情急之下,他找到时任靖国军总司令于右任,"解决了路费"。⑧ 查阅史料,按当时规定,成绩优秀者可向原籍省政府申请申请补给本科津贴。这相当于省政府的奖助学金,按陈顾远的成绩,他有资格申请。他的确申请了,可是据北大日刊三次通告,他还是没有得到陕西政府的本科津贴。第一次通告是1919年5月30日,告知陕西"省长公署来函谓该生所请尽先顶补碍难照准"。⑨ 第二次通告为是年11月18日,陕西省教育厅给北大来函告知说:"既成绩优良,即应准予记名立案,俟有相当缺出,即行依次核补",⑩ 相当于同意其助学金先立案排队候补。第三次,《北大日刊》发通告称其申请补给本科津贴因"本省本科额限十名",暂时未能拿到这笔津贴。⑪ 后来是怎么解决的?以上张家康的文章还讲到一个细节,于右任还给蔡元培写了一封信,让他帮助陈顾远找一份工作或半工半读。蔡元培读信后感到此事不大好办,因为当时北大毕业生都没有找到工作。蔡校长告诉陈顾远,北大由教授组成的"成美学会"是由教授捐资专门资助因经济问题而难以完成学业的同学。说着,蔡元培给胡适(是年9月代理教务长)写了八行书,希望给予陈氏资助。就这样,从1919年下半年到1920年9月,陈顾远可以每月领取30块大洋,这对陈顾远来说已是绰绰有余的了。⑫ 地方政府没给津贴,

---

⑦ 陈顾远:《参加五四运动的回忆》,转引自尤陈俊:《法学家陈顾远笔下的〈中国婚姻史〉》,载陈顾远:《中国婚姻史》,第224页。

⑧ 张家康:《蔡元培八行推荐信,暖暖的人情味》,载《文史博览》2018年第3期。

⑨ 《本校琐闻:陈顾远请补津贴未准》,载《北京大学日刊》1919年第391期。

⑩ 《本校琐闻:陈顾远王汝楠准记名立案》,载《北京大学日刊》1919年第489期。

⑪ 《本校琐闻:陈顾远请补给津贴》,载《北京大学日刊》1920年第540期。

⑫ 张家康:《蔡元培八行推荐信,暖暖的人情味》。

而北大给补上了。从新旧史料中反映的陈顾远这段经历，可以看到北大校方爱护贫困学生的宽容态度。也可以说，正是蔡、胡拨给的每月30大洋决定了陈顾远能够继续读本科。

陈顾远于1919年升入北大政治系本科，法学的课程听过黄右昌、张孝栘、林彬、周龙光、钟赓言、陈启修的授课，其中影响最大的是法制史与国际私法的程树德[13]教授，这对陈顾远后来从事中国法制史专业，无疑是起到重要的引导作用。但是，陈顾远并不局限于法科课堂，五四时期的北大甚至整个中国的气象，犹如暴风雨过后的晴空，更像严冬过后的春天，知识界拥有前所未有的广阔天地和氛围。下面我们来看，本科生陈顾远同学的天地之广，成果之多，简直是如鱼得水！

陈顾远早就萌生创办刊物的念头。1920年1月，他与旅京陕西学生联合会的同学，在北京创办了《秦钟》月刊。据发刊"启事"云，"本会创办秦钟月刊，宗旨是：（一）唤起陕人自觉心；（二）介绍新知识于陕西；（三）宣布陕西社会状况于外界"。根据"启事"，"关于本月刊编辑事项，请与北京后门景山街西老胡同十六号陈顾远君接洽"，可知陈顾远是本月刊的主心骨。这也印证了"爱国先爱家乡"这句话。《秦钟》创刊号上他发了两篇，首篇文章《什么是我们底生活呢?》就是陈顾远写的。文章列举了多种人的生活态度，认为我们的生活应当是有意思有目的的、是要进化的、是重自我的（"不能在神的范围，也不能求他我的"）、是要互助的生活。同时他在此刊发表了多篇文章，包括：《文学方面之陕西》（《秦钟》1920卷第2期）、《尊重妇女底人格和引起妇女底觉悟》（《秦钟》1920卷第3期）、《陕西底农民要宣告破产了》（《秦钟》1920卷第4期）、《只为

---

[13] 程树德（1877—1944），字郁庭，福建闽侯（今福州）人。清举人，后留学于日本，毕业于日本法政大学法律科，回国后于1908年以80.42分通过考试，廷试一等中法政科进士，着授翰林院编修。其后，历任国史馆协修、法典编纂会纂修、福建法政学堂教务长、留美生考试襄校官、法官考试襄校官、国务院法制局参事和帮办，历任北京大学、北平大学法学院、清华大学政治系讲师和教授等职。1937年后，北大西迁，失去教职，居家研究《论语》，生活拮据，患病无药，终至瘫痪。著有《中国法制史》《国际私法》《汉律考》《九朝律考》《论语集释》。

一个馒头》(《秦钟》1920 卷第 6 期) 等。

创办《秦钟》同时，1920 年 1 月，他与几位北大同学共同编辑出版《奋斗》旬刊（4 月 30 日停刊，共出 9 期）。1920 年 12 月，陈顾远以"奋斗社"成员身份，与李大钊一起成为北京大学社会主义研究会 8 位发起人之一。[14] 同年，他又与社会主义研究会的郭梦良、费觉天等人创办《评论之评论》季刊（共出 4 期停刊）[15]。一个人有办刊的热情，必是有思想表达的冲动。没错，陈顾远的思想相当活跃。这一年的 11 月，他在上海《民国日报》发表文章《家族制度底批评》[16]，还有一篇《为什么前次底国民大会变做泡影？今次自治运动惹人怀疑呢？》[17]，这是他关心时政的文章。在《评论之评论》杂志上，他又发表了两篇文章。一是《北京城里底小新闻纸》，对北京大大小小的新闻报纸作了分类分析，指出新闻界的弊端。[18] 二是《废除法律平议》，针对无政府主义者的法律观念，论述法是什么，法和社会生活的关系，法和自由的关系。[19] 陈顾远还在《新陇》上发表《思想与环境底关系》，认为"一代有一代的学说，一代有一代的思潮"。[20]

同样是 1920 年，陈顾远一边读本科，一边办刊物，还写了长篇论文，题为《孟子底政治哲学》，开始连载发表于《北京大学日刊》[21]，署名前面加了"政治系二年级生"。此文居然分 23 期连载，续到第 23 期（二十二

---

[14] 北大"社会主义研究会"的成立时间有两种说法，一是 1919 年 12 月，一是 1920 年 12 月。如果从奋斗社成立时间（1920 年）看，后一时间似更可信。"八人"包括李大钊、何北衡、徐六几、陈学池、郭梦良、陈顾远、费觉天、鄢祥禔。参见刘大蓉、何洪涛：《建党前夕"北京大学社会主义研究会"考辨》，载《上海党史与党建》2023 年第 2 期。

[15] 《评论之评论》于 1924 年在上海复刊，成为《民国日报》的周日副刊。参见《评论之评论》（上海）1924 年第 1 期。

[16] 陈顾远：《家族制度底批评》，载《民国日报》1920 年 11 月 5 日。

[17] 陈顾远：《为什么前次底国民大会变做泡影？今次自治运动惹人怀疑呢?》，载《民国日报》1920 年 11 月 21 日。

[18] 陈顾远：《北京城里底小新闻纸》，载《评论之评论》1920 年第 1 卷第 1 期。

[19] 陈顾远：《废除法律平议》，载《评论之评论》1920 年第 1 卷第 1 期。

[20] 陈顾远：《思想和环境底关系》，载《新陇》1920 年第 1 卷第 1 期。

[21] 政治系二年级生陈顾远：《孟子底政治哲学》（一至十九连载），实际上第十九篇（十八续）仍然注明"未完"，可是第 751 期之后已经中止连载陈顾远的《孟子底政治哲学》，直至第 792 期恢复连载，即第二十篇（十九续）。参见《北京大学日刊》1920 年第 750 期。

续），才写"完了"[22]。连载论文在北大《日刊》是罕见的。这位在校生居然对孟子的政治思想有相当的研究。陈顾远"政治哲学"一词很"前沿"也用得很恰当，这在当时只有少数学者使用。中国学界大约只有他北大的老师高一涵教授用过。高教授在《新青年》发表过《斯宾塞尔的政治哲学》和《老子的政治哲学》[23]，作为学生的陈顾远一定听过高一涵的课。此外，便是来华讲学的杜威。此时杜威正好在中国。1919年9月20日起，杜威每周六下午4点在北大法科大礼堂作十六次演讲的题目，就是《社会哲学与政治哲学》[24]。这个系列演讲，作为政治系大一学生的陈顾远应该不会错过，至少他应该从北大日刊上看到过杜威演讲的公告。

此时罗素正带着情人多拉·勃拉克来中国访问，四处演讲。中国人理所当然地将她当作他的夫人。让罗素感到一丝难堪的是，他很难向中国人解释勃拉克小姐的身份。[25] 结果中国媒体舆论为此热议了一番，几乎上了头条，甚至知识界有许多人发表文章公开讨论罗素与勃拉克的婚姻问题。[26] 陈顾远知道这事之后，也写了篇关于"怎样对付我们已经成婚没有爱情底妻子"的文章。[27] 到1923年这篇文章还被换了个题目重复刊登在原刊上。[28] 此文先是承认罗素与勃拉克的感情关系，再是赞赏罗素夫人（原配）并未因"没丈夫就饿死"，来说明女性独立的意义，进而联想到中国夫妻制度，

---

  [22] 陈顾远：《孟子底政治哲学（二十一续）》，载《北京大学日刊》1921年第799期。按：杂志原文标题有误。（二十一续）发表于794期，此实为（二十二续）。

  [23] 高一涵：《斯宾塞尔的政治哲学》和《老子的政治哲学》，分别发表于《新青年》1919年第3期和第5期。

  [24] 杜威：《社会哲学与政治哲学》（一），黄绍谷记录，载《北京大学日刊》1919年第452期。

  [25] 后来有记者得到罗素否认之后，他们又为先前草率而尴尬的误解惶恐不安，在报纸上特地发了一个带有歉意的声明。不过罗素还是希望中国人将勃拉克小姐当作他的夫人对待。但是这尴尬的事还没完。当有人介绍罗素到艺芳女校作演讲时，曾宝荪拒绝了，理由是已婚的罗素与同行的勃拉克小姐婚外同居。可是后来曾宝荪在《曾宝荪回忆录》（岳麓书社1986年版）中还回忆自己到英国，罗素不念旧怨，支持她申请庚子赔款。

  [26] 罗敦伟：《罗素勃拉克底婚姻问题：罗素婚姻与八大问题：罗素婚姻问题的释剖》，载《家庭研究》1921年第1卷第3期。

  [27] 陈顾远：《罗素勃拉克底婚姻问题：罗素婚姻问题与旧式结婚：怎样对付我们已经成婚没有爱情底妻子》，载《家庭研究》1921年第1卷第3期。

  [28] 陈顾远：《罗素婚姻问题与旧式结婚》，载《家庭研究》1923年第1卷汇刊。

认为缺乏婚姻自主，所以涉及伦理与经济两个方面。他认为伦理上并不是"三从四德"问题，而是恋爱自由的伦理。关于经济问题，"妇女经济没有独立之前，不能讲过极端的解放。况妇女知识还很幼稚，更不能作出离婚的事情"。伦理上不能休妻，女性经济又不独立，只好忍受着。[29] 他在伦理与经济这两点上把握和分析中国当时的婚姻制度，确实很有见地。

作为后来的著名婚姻制度史专家，这可能是他最早发表的婚姻家庭法的文章。陈顾远研究婚姻制度，最先是否是受罗素和勃拉克小姐启发的，我们不得而知。但他确实从此时开始连续发文论述婚姻制度。不久，陈顾远发表了另一篇相关的文章《家庭制度底批评》[30]。此文首先分理想与事实两个角度来展开论述。理想层面，他以六大理由主张"废除夫妻制度"：夫妻制度摧残自由恋爱、阻碍女子解放、维持私产继承、赞成奸非作娼、限制人类知识增长（他自己注明已在《奋斗》旬刊第三期发表《理想方面底废除夫妻制度》）。他认为夫妻制度带来大小家族的罪恶，废除夫妻制度刻不容缓，进而可以逐步废除家族制。从事实层面，他认为暂时难以废除夫妻制度和家族制度，但要一步步往前走，此事才能了结。[31] 其实他所谓"废除夫妻制度"是指废除当时中国的无恋爱的婚姻制度。与陈顾远这篇《家庭制度底批评》同一期，还有一篇署名 C.C. 的《婚姻问题的研究》[32]，就把这个问题说得比较清楚，估计也出自陈顾远之笔。废除夫妻制度，这是相当激进的观点，在当时居然也能刊登出来。可见五四时期思想解放、百家齐鸣之自由言论的氛围。

可是他并没有意识到自己的激进，反而，他公开著文劝导批评家要"守规律"。1921年1月，他在《民国日报》发表《批评家当守底规律》，提出批评家应当"守"一定的规律。他认为批评的价值一要搜求真理，二

---

[29] 陈顾远：《罗素勃拉克底婚姻问题：罗素婚姻问题与旧式结婚：怎样对付我们已经成婚没有爱情底妻子》。
[30] 陈顾远：《家庭制度底批评》，载《家庭研究》1920年第1卷第1期。
[31] 陈顾远：《家庭制度底批评》。
[32] C.C.：《婚姻问题的研究》，载《家庭研究》1920年第1卷第1期。

要预备实施,所以不能用主观的、独断的、全盘的和绝对的批评。[33] 陈顾远因参加第二届文官普通考试及格,是年 1 月 10 日以学习员身份被分发到平政院第三庭,[34] 开始接触到行政诉讼和审判官吏违法的案件。

1922 年 1 月,他的《孟子政治哲学》在上海泰东图书局出版(后来多次再版),可是署名的头衔却阴差阳错地被误印成"北京大学政治系教授",于是陈顾远致泰东图书局"专函更辩",并在《北大日刊》发"紧急启事",称"顾远为本校政治系三年级学生,事实昭然,何敢领此称谓"[35]。随着 1920 年恢复和筹备地方自治的思潮又起,陈顾远开始关注地方自治问题,于 1922 年出版了《地方自治通论》,该书清晰地分为地方自治的定名、观念、性质、范围、要素、由来、运动、主体、内容、维持、限度、派别、进程、价值共十四章,分别作了详尽论述。

1923 年是陈顾远从北大毕业之年,他面临学术与政治、就业与生活等一系列新的选择,也迎来比校园生活更丰富多彩的内容——8 月在泰东图书局出版了《墨子政治哲学》,在《政治评论》《民国日报》等报刊发表了系列时评文章,涉及议员与议会、布宪与守宪、裁员与裁兵等等时政话题。他加入中国国民党,与同学组成十人团赴广州晋谒孙中山。之后,他开始研究五权宪法并发表了文章《五权宪法论》。[36] 毕业前夕,适逢湖南平民大学招聘政治学教授,《北大日刊》登有一则消息,说明他事先受到朋友的邀请,但因"自身种种因素一时不能得其决定",所以在北大日刊发启事,广告其他同学考虑应聘。[37] 毕业后,陈顾远留在北大政治系当助教。

---

[33] 陈顾远:《批评家当守底规律》,载《民国日报》1921 年 1 月 23 日。
[34] 《院令平政院令第一号(中华民国十年一月十日)》:"令学习员刘允琨、王竞存、陈顾远:第二届文官普通考试及格分发来院学习",参见《政府公报》1921 年第 1768 期。
[35] 《陈顾远紧要启事:昨阅时事新报论前广告,拙著〈孟子底政治哲学〉出版》,载《北京大学日刊》1922 年第 984 期。
[36] 陈顾远:《五权宪法论》,载《新民国》1923 年第 1 卷第 2 期。
[37] 《湖南平民大学再聘教员:上次征聘之政治学教授,陈顾远先生以其自身种种关系一时不能得其决定》,载《北京大学日刊》1923 年第 1230 期。

陈顾远身在北大，工作空间跨度可谓广大。1924年，他兼任上海《民国日报》、东北《民报》驻北平记者，从事反军阀活动，发表了大量的战斗檄文，同年完成《中国古代婚姻史》，1925年1月在商务印书馆出版。不久就被日本学者关注。[38] 也正是在这个阶段，他认识了梅丽女士，并结为伉俪。梅丽常在上海《民国日报》发表文章。1925年，陈顾远遭奉军张宗昌通缉，"遂与妻微服逃沪，而结束三十年之北方生活"。[39]

二、问政批判角色

1923年10月5日，曹锟重金收买议员，以贿选当选为第五任中华民国大总统，还公布了宪法。1923年12月，陈顾远发表《布宪不守宪》，批评这种借宪法作秀"装饰门面"，"兴起的文字狱不下六七起"。[40] 其《骇人听闻的北政府受贿案》发表在《政治评论》1924年第5期和《民国日报》1924年1月27日。据传大选后费用剩余200多万元，称为"选余"。1924年1月27日，陈顾远在《民国日报》发表《新出的怪名词——选余》等一组杂文。[41] 其中"选余"一文就是讽刺"大选费用的剩余"，就是"未花完的贿选费"。1924年2月10日陈顾远在《民国日报》发表《曹锟与曹操》，公开抨击大总统曹锟，指其"入京后，什么成绩没有"，还讽刺当局秘密禁演《击鼓骂曹》《捉放曹》《挡曹》等剧目的做法，"现在北方怎么样呢？土匪成群……内部涣散，行将自溃，有人隐然要比起曹操来，太不知什么叫做羞耻了"。[42]

1924年，陈顾远发表时评文章二三十篇，几乎在《民国日报》《政治周报》和《政治评论》三刊并行发表。内容包括：

---

[38] 〔日〕松崎柔甫：《著述绍介：〈中国古代婚姻史〉（陈顾远著）》，载《辽东诗坛》1926年第10期。
[39] 《陈顾远先生学术年表》，载陈顾远《中国婚姻史》，第194页。
[40] 陈顾远：《布宪不守宪》，载《民国日报》1923年12月11日。
[41] 诸如《新起的祖师爷——张松》（《民国日报》1924年1月27日）、《帝国主义者作孽自毙》（《民国日报》1924年1月27日）、《骇人听闻的北政府受贿案》（《民国日报》1924年1月27日）。
[42] 陈顾远：《曹锟与曹操》，载《民国日报》1924年2月10日。

《反直与反宪》(《民国日报》1924 年 2 月 10 日及《政治评论》1924 年第 6 期)、《日内阁与英内阁》(《民国日报》1924 年 2 月 10 日)、《这是一种什么制度？》(《民国日报》1924 年 3 月 21 日及《政治周报》1924 年第 2 期)、《东交民巷的势力》(《民国日报》1924 年 3 月 21 日及《政治周报》1924 年第 2 期)、《世界经济状况与中国》(《民国日报》1924 年 3 月 28 日及《政治周报》1924 年第 3 期)、《误国贼和卖国贼》(《民国日报》1924 年 4 月 4 日及《政治周报》1924 年第 4 期)、《王克敏之胃》(《民国日报》1924 年 3 月 28 日及《政治周报》1924 年第 3 期)、《王正廷之手》(《民国日报》1924 年 3 月 28 日及《政治周报》1924 年第 3 期)、《外交问题中应参加私人的政治作用吗？》(《民国日报》1924 年 3 月 28 日及《政治周报》1924 年第 3 期)、《知法犯法的司法官》(《民国日报》1924 年 4 月 4 日及《政治周报》1924 年第 4 期)、《受困受气的孙宝琦》(《民国日报》1924 年 4 月 4 日及《政治周报》1924 年第 4 期)、《中俄交涉应静待国民政府成立后办理》(《民国日报》1924 年 4 月 11 日及《政治周报》1924 年第 5 期)、《中俄交涉期中之议员与军警》(《民国日报》1924 年 4 月 11 日及《政治周报》1924 年第 5 期)、《"民族自决"并非为单方利益的用语》(《民国日报》1924 年 4 月 18 日及《政治周报》1924 年第 6 期)、《全国应急起反对印刷附律》(《民国日报》1924 年 4 月 25 日及《政治周报》1924 年第 7 期)、《关于朝鲜史的讨论》(《民国日报》1924 年 5 月 9 日及《政治周报》1924 年第 8 期)、《德发债票问题的我见》(《民国日报》1924 年 5 月 16 日及《政治周报》1924 年第 9 期)、《日内阁与英内阁》(《政治评论》1924 年第 6 期) 等等。

在他的文章中我们只看到一个知识人的敏锐思想和犀利语言，其尖锐的政治批评与社会评论，在那个时代没人会认为陈顾远等人是"负能量"，反而被视为启迪民智、引领社会的言论。把批评看成"负能量"，只能说是民智的倒退。

　　1926年南下受聘于上海法科大学后，陈顾远的时评文章略有减少，貌似是改变环境稍事休息的状态，实际上是和当时上海的复杂政治形势直接有关。1927年的暗杀行动频发，仅法科大学就有副校长潘力山和经济学教授舒之鉴接连被刺杀身亡。1928年，在上海泰东书局《社会科学杂志》1928年创刊号，陈顾远发表了《社会力与团体力》（连载《社会科学杂志》[上海] 1928年第1卷第1期和第4期），从政治学的角度阐述团体组织的"力"之重要性。另外，他还在上海法科大学1928年新创刊的《法科月刊》上发表若干文章，诸如《全民政治与多数制度》（《法科月刊》[上海] 1928年第1期）、《国民对五三惨案应采的态度：忍耐的精神是绝对的方法吗？》（上海法科大学《反日运动专刊》1928年专刊）、《党治与自治》（《法科月刊》1929年第5期）、《向政治同学要求的》（《法科月刊》1929年第2期）、《全民政治与投票制度》（《法科月刊》1929年第3/4期）等等。1929年上海法科大学举行三周年校庆纪念，陈顾远为校庆的题词是"无衡必争，不平则鸣，以法为治，公正之旌"[43]，正是体现了他的批判精神与公义理念。

　　笔者发现，爱好戏剧的陈顾远在此时编排过一个话剧《到光明之路》，还在三周年校庆纪念游艺大会上表演。[44] 其中登场人物的角色很有意思，依次是：金面魔代表清室及帝国主义者，黑面魔代表北洋军阀，黄面魔代表官僚，丑面魔代表恶势力中之走狗及卑劣之政客，假面魔代表投机分子；青年甲代表民族主义，青年乙代表民权主义，青年丙代表民生主义；光明使者作为神装，在最后代表五权宪法；宣传使者四人作为神装，在最后代表自由平等博爱和平；等等。道具有十六面旗代表君权等。[45] 这是一部戏剧，但它简直就是陈顾远民意代表立场和观点的一个浓缩版大纲。

---

　　[43]《陈顾远为上海法科大学三周年纪念题词》，载《法科月刊》1929年第6期。
　　[44] 陈顾远：《到光明之路》（独幕哑剧，此剧于三周年纪念游艺大会表演），载《法科月刊》1929年第6期。
　　[45] 陈顾远：《到光明之路》（独幕哑剧，此剧于三周年纪念游艺大会表演）。

1928年审计院成立，于右任为院长，陈顾远被任命为机要秘书。可是陈顾远不屑于就任，他在上海法科大学照常忙于工作，迟不到任。1929年7月12日，于右任只好发文免其职务。[46] 陈顾远在上海法科大学工作了五年之后，于1930年受邀赴安徽大学任法学院法律系主任。1931年，日本加紧对华侵略，为响应"积极指导民众团体之组织，指导民众协助地方自卫"[47]，陈顾远在这个背景下才肯出山，担任国民党中央党部民众运动指导委员会特种委员及办公室主任，任期三年，从事抗日宣传和民众指导。他总是处于从学兼问政的状态，这能够使他保持知识人与政治间隔的独立思考者本色。

1931年至1932年，他出版了《国际私法总论》上下册（1931年）和《国际私法本论》上下册（1932年），均由郭卫主持的上海法学编译社出版。1934年，他在商务印书馆出版《中国法制史》和《中国国际法溯源》。1935年以后，他以专家身份担任训政时期立法院立法委员，出版《土地法实用》（1935年）、《中国婚姻史》（1936年）、《国际私法商事编》（1936年）、《国际私法要义》（1937年）。

1936年，陈顾远发表《儒家法学与中国固有法系之关系：关于中国法系回顾之一》，标志着他中华法系研究的"元年"。此文论述儒家法学的内容和经过，然后对儒家法学作了若干相关联的层层深入的批评。其第一层批评是针对儒家法学导致"罪刑法定主义不能早在中国实现，而人君以其法之创造者，并且法而不守"，"弊在重人轻法，政治素偏消极，遂使法学无系统研究，墨守旧制所致耳"。第二层批评是针对儒家"以刑罚视为道德义务的实践手段，归结于礼，法固失其独立地位"，但他又指出儒家法学这个特点暗合了欧洲自然法说和正义法说——"以道德理想为法理学之出发点"。第三层批评针对儒家"以民化于礼""政以为民"的传统，人

---

[46] 《国民政府审计院呈（中华民国十八年七月十二日）》："呈为呈请事查属院秘书曾道陈顾远现均因故不能到院任事理"，载《审计院公报》1929年第2卷第1期。

[47] 1932年国民党四届二中全会通过《国难期间临时党务工作纲要案》，参见秦孝仪：《革命文献》第16辑，"中央文物供应社"1979年版，第277页。

民依赖仁政而享有一定的自由,刑律抵制重利盘剥的行为,"未为资本主义化之一因","中国人民对于在上者无宪法或权利保障法一类之要求,亦间接与儒家思想有其关系也"。最后他指出,如果法家战胜儒家,则中国法系可与罗马法比肩,然而法家思想如果不再进步,则法家未必处处优于儒家法系。而儒家"因时代进展而难拘守,则惟有在法学上另求所宗矣"。[48] 这三个层次的批评与结论都相当有见地,不能不说陈氏这个观点有所洞见,只是展开得不够充分而已。1937年他又发表了两篇关于中华法系的文章。《家族制度与中国固有法系之关系:关于中国法系回顾之二》,揭示家族制度在三个方面的表现:一是在政事方面,二是民事方面,三是刑事方面。陈氏认为变法以来的去宗族化、去家族化以重视个人和妇女卑幼的人格是符合现代眼光的,但"欲绝对地否认其存在,不特莫能利用家族制度之效能,抑且与历史之势力相违,殊亦反乎民族之固有精神也"。"故能去往昔家族制度之弊害,而存其制度之优点,固未尝不可也。""往昔因重家族而忘国家,诚非所宜,今若因重国家而弃家族,或亦有失。"[49] 在《天道观念与中国固有法系之关系:关于中国法系回顾之三》中,他把中国法系"天道观念"解释为"颇与欧洲法学家之自然法观念相类似,虽彼此所获得之果不同,而视其为宇宙间之大法,使现实法有所遵循,并寄托理想于其中,则一也"。把天道观念与自然法观念作类比的这个定位,很有见地。他把天道观念分为法理方面、法源方面和法制方面来考察。他考证指出天道观念在百家争鸣前就已经出现,后来儒墨道法诸家均有法律之上的天道观念,进而影响到中国法系的法理、法源和法制。[50] 陈顾远这三篇文章分别考察中华法系三个特征,并作了批评和分析,与以往学者的角

---

[48] 陈顾远:《儒家法学与中国固有法系之关系:关于中国法系回顾之一》,载《中华法学杂志》1936年新编第1卷第3期。
[49] 陈顾远:《家族制度与中国固有法系之关系:关于中国法系回顾之二》,载《中华法学杂志》1937年新编第1卷第7期。
[50] 陈顾远:《天道观念与中国固有法系之关系:关于中国法系回顾之三》,载《中华法学杂志》1937年新编第1卷第9期。

度、观点形成明显的区别。(51) 从中不仅可以看到陈顾远深厚的法律史功底，还能发现他深厚的法理学-法哲学功底。

抗战期间，陈顾远在重庆。他的所思所想可以见于一篇文章——1938年他在《中国社会》发表了《儒家学说与抗战精神》，阐述“以精神战胜物质”、“微管仲，吾其被发左衽矣”、“儒虽穷困冻馁……而明于持社稷之大义”、“杀身以成仁”与“战阵无勇非孝也”、“舍生而取义者也”、“以之军旅有礼，故武功成也”、“知耻近乎勇”与“得道者多助，失道者寡助”、“三军可夺帅也，匹夫不可夺志也”、“浩然正气”、“天行健，君子以自强不息”、“发扬我们固有的民族精神”等等。(52) 他作为书生，亦不忘用笔支持和参加抗战，鼓舞军民的士气和斗志。

陈顾远的学术影响还扩展到海外，他在日本学术界很有影响，其多部著作在日本翻译出版，如日文版《中国法制史》、《中国婚姻史》（藤泽卫彦译，1941年大东出版社日文版）在东京出版，1944年陈著《中国土地法》在日本大雅堂出版。在重庆期间，他专做学问，同时履行立法委员职务，与史尚宽、戴修骏、林彬、赵乃传、梅汝璈、赵懋华等委员起草和审议各种立法文件。(53) 1942年3月起，他担任复旦大学（重庆北碚）法学院政治学系、法律学系专任教授，这算是双科双聘教授，由复旦代理校长吴南轩颁发聘书。(54) 1942年至1946年，他在重庆出版《立法要旨》《保险法

(51) 论及中华法系，最早是梁启超在《中国法理学发达史论》（1904年）一文中，谈到中华及世界各法系。他说：“近世法学者称世界四法系，而吾国与居一焉。”参见梁启超：《饮冰室合集·文集》（15），中华书局1988年版，第42页。后来研究中华法系的中国学者，其论文大约发表于1918年至1930年前后。比如卢复：《中国法系论》，载《法政学报》1918年第1卷第1期。高维廉：《建设一个中国法系》，《法学季刊》1926年第2卷第8期。薛祀光：《中国法系的特征及其将来》，载《社会科学论丛》第1卷第4期。1929年李次山：《世界法系中之中华法系》（共三篇），载《法学丛刊》1930年第1卷第2、3、4期。又如：《建树新中华法系》，载《法律评论》（北京）1930年第7卷第39期；程树德：《论中国法系》，载《法律评论》（北京）1934年第11卷第19期；等等。参见郭世佑、李在全：《“中华法系”话语在近代中国的建构》，载《江苏社会科学》2008年第6期。

(52) 陈顾远：《儒家学说与抗战精神》，载《中国社会》1938年第5卷第1期。

(53) 参见《立法院公报》1938年至1939年第96—99期。

(54) 王伟主编：《复旦大学法学院历史图片集——百年法律教育珍档》，第52页。

概论》《民法亲属法实用》，1947 年出版《政治学》（昌明书局），成为他在大陆的最后一部著作。1947 年学潮澎湃，开明的陈顾远在立法院表示，政府在大学里不能以"斗蟋蟀"方式处理学潮[55]，而是要引导学生，保证他们在国法允许范围内表达意见。1949 年陈氏赴台，1981 年 9 月 18 日逝世。

陈顾远一生，任"立法委员"达 45 年，代表民意可谓尽责，也符合其当初"五四青年"的取向和追求；陈顾远一生，从学任教达 55 年，著书立说，学术生命力延续至当下。

三、"社科"法学先驱

陈顾远 1934 年明确提出"问题研究法"，而"非编年史"式。[56] 这种倾向最早出现在他的《中国古代婚姻史》（1925 年商务版）中。其典型意义在于，它是陈顾远法律交叉研究的首部作品，代表一种社会学法学研究范式和风格。

陈顾远在《中国古代婚姻史》序言中，就明确定位它是社会学。他说："想用社会学的研究解决现有的问题，倘不明白这个题底起源和历史，便难寻出他的演进的原理和自身存在的所以然，也就无从下手了。"[57] 1936 年《中国婚姻史》自序中再次交代："系本梁任公纵断为史之法，与前作《中国法制史》同其体例。盖必如是，始可对于我国过去婚姻之观察，得其纲领，明其统系，不致支离散漫，偏于数斑耳。"在陈氏看来，"婚姻为社会现象之一，而又法律现象之一"，所以社会学家和法学家研究婚姻史应当"兼备两义"，"不能依意甲乙而定取舍也"。陈顾远明确了中国婚姻问题中包含国法与礼俗两部分，指出："按我国向之所谓婚礼，无论在婚

---

[55] 《陈顾远说千万不要斗蟋蟀》，载《大公报》（上海）1947 年 5 月 31 日。
[56] 早在 1934 年版《中国法制史》中，先生主张采取"问题研究法"，而不采取"时代研究法"。参见范忠信：《中华法系人文精神的出色阐释者——陈顾远》，载《法制史研究》（台北）2006 年第 9 期。
[57] 陈顾远：《中国古代婚姻史》，商务印书馆 1925 年版，自序第 1 页。

义或婚仪方面,除有类于现代民事法者之外,实即当时代社会意识之结晶,此与社会现象为有关者。……而在婚礼婚律范围以外,其涉及婚姻之事实习惯等等,并恒见焉。如此复杂之内容,起源变迁不皆一致,前后交错莫能划分,倘纯依朝代之兴亡,以为论断,则削足适履之讥,难乎免矣。"[58] 他也不忘关注赘婿制度、童养媳这样的婚姻习俗现象,有作品进行专门论述。[59] 他在此处,揭示了"问题"研究要突破的两种限制,一是律例条文,二是线性朝代。不拘泥于律例条文、亦不受制于朝代更替,这种鲜明而自觉的以"问题"为中心的学术意识,才是法律交叉研究的原动力。

近代以来治法律史者,如沈家本、董康、程树德等人,都是19世纪70年代及以前出生的学者。他们在法律史研究上有两大特点:其一是研究对象上,其所谓的"法制"采取以"法"统"制"的狭义对象——指历代实定法,甚至即指刑法;其二是他们在学问观念上,定位在政治经验的传达,而不是学术智识。[60] 陈顾远把恩师程树德的法制史概念界定为狭义的中国法制史,不仅没有固守门户之见,反而是与其师相反,坚持广义的法制史概念,他说:"为社会生活之规范,经国家权力之认定,并具有强制之性质者,曰法;为社会生活之形象,经国家公众之维持,并具有规律之基础者,曰制;条其本末,系其始终,阐明其因袭变革之关系者,是为法制之史的观察,曰法制史。"[61] 而陈顾远本身就是个有强烈社会批评与政治批判倾向的学者,其法律史的研究也带有这种学术智识的分析和批判性。研究对象与学问观念这两大方面,显然是陈顾远与其前辈学者之间的区别。陈氏于20世纪30年代就与其前辈学者之间划出了"学术代际"的

---

[58] 陈顾远:《中国婚姻史》,第1—2页。
[59] 陈顾远:《赘婿制度考》(作于民国十六年),载《经世》1937年第1卷第8期。陈顾远:《关于童养媳》,载《经世》1937年第2卷第1期。
[60] 正如苏力所言,"他们力求传达的是政治经验,是判断,而不是学术智识,必须借助的是读者的政治经验和悟性,而不是读者的理论思维。"苏力:《在学术史中重读瞿同祖先生》,载《法学》2008年第12期。
[61] 陈顾远:《中国法制史》,商务印书馆1934年版,序言。

界限。而其后的杨鸿烈和瞿同祖[62]等人，只是在陈顾远的基础上有所发展。

苏力曾经认为瞿同祖《中国法律与中国社会》和《清代地方政府》是"最早的、同时也是比较成功的法律交叉学科研究"。[63] 这个判断是值得商榷的。瞿同祖出生于 1910 年，1932 年入燕京大学，专业是社会学。1944 年瞿氏兼任西南联大讲师期间——此时还没有出国，就已经撰写了《中国法律与中国社会》一书。1945 年春，瞿同祖应邀赴美，在哥伦比亚大学和哈佛大学东亚研究中心从事汉史研究，才直接接触西方史学方法。苏力拿瞿先生和近代以来法律史学者作比较时，却只字未提陈顾远。我们都钦佩瞿同祖先生的学问，可是说他在这方面是"最早的"，未免不合事实。

首先，比较瞿氏《中国法律与社会》与陈氏《中国法制史》，如果不论史料多少，仅从分析和论述来看，陈氏在书中结合史实作了许多理论性的阐释，比如他分析论述中华法系三大特征，比以往的概括更加准确而凝练：一为儒家支配下的礼治、德治和人治，[64] 二为政治与狱讼的家族本位[65]，三为经济、家系、种族的阶级制度[66]。由此成为后世相对认同的最早的论断。而这一点看，瞿同祖仍然保留传统史学痕迹，理论阐述相对单薄。正如苏力所指出的，瞿同祖的研究存在不足，比如"核心问题是理论解说、论证的不足"，"瞿先生的两本著作特别是《法律社会》还有传统史学的痕迹，注重史料，论证简单，并没有充分展开其中隐含的理论寓意，因此还是缺乏这些研究本可能具有的更大的理论魅力"。[67]

---

[62] 瞿同祖（1910—2008），湖南长沙人。先后就读北京育英中学、汇文中学。1930 年以优异成绩被保送到燕京大学，主修社会学。1934 年获燕京大学文学士学位后，即入燕京大学研究院。1939 年任云南大学社会、政经、法律三系讲师，后升任副教授、教授，1944 年兼任西南联合大学讲师，期间撰写了《中国法律与中国社会》一书。1945 年春应邀赴美，先后任哥伦比亚大学中国历史研究室研究员、哈佛大学东亚研究中心研究员，从事汉史研究。另著有《清代地方政府》。1965 年回国。
[63] 苏力：《在学术史中重读瞿同祖先生》。
[64] 陈顾远：《中国法制史》，第 55—63 页。
[65] 陈顾远：《中国法制史》，第 63—74 页。
[66] 陈顾远：《中国法制史》，第 74—91 页。
[67] 苏力：《在学术史中重读瞿同祖先生》。

其次，从二氏社会学、人类学理论文献与实证资料的引用与支撑看，瞿氏书中理论性文献不多，看不出社科理论视野。比如"婚姻"章绝大多数引用的是历代律例规定，只是在全书第五章的巫术与宗教部分和第六章进行儒法思想对比时，才不得不引用了梅因（Maine）、霍贝尔（Hobel）、霍布豪斯（Hobhouse）以及爱斯嘉拉（Escarra）的论著，但均属资料性文献，而不是据以分析的理论根据。社会学出身的瞿同祖，在婚姻史以及整部《中国法律与中国社会》的研究是偏重于历史学的，其擅长之社会学交叉研究成分却被有意无意地淡化。

相反，陈顾远有较多社会学、人类学的文献运用，社科理论视野也更加开阔。陈顾远《中国婚姻史》这六章虽然使用的都是法言法语，但里面的梳理和分析却是兼顾了法律学、史学和社会学。其婚姻史研究大致可分为社会学（或人类学）、历史学（"婚姻志"式）、法律学三种路径脉络，陈顾远的独特性就在于"三合一"。尤陈俊在研究陈顾远时，对照同时期的董家遵和陈鹏等人的中国婚姻史著作，发现陈顾远的《中国婚姻史》的学术特点——"重视社会学、人类学民族学等学科文献的倾向，……对当时的一些社会调查和报导的关注"，还有对当时《民商事习惯调查报告录》等一些社会调查成果和报导的关注，有历朝正史、官颁通礼、律令典章、判牍判例等，有同时代其他史学研究者的文献，还有大理院判例、解释例等。[68]

再次，同样以中国婚姻史为研究对象，二人的选题各有侧重。但陈顾远的可贵在于，作为法学家，他能够像社会学家那样采用"问题研究法"。[69] 其《中国法制史概要》把法律史切分成组织、人事、刑事、婚姻、食货等等，进行现代解读。以陈顾远《中国婚姻史》和瞿同祖的《中国法律与社会》第二章"婚姻"相关问题选择来看。瞿氏涉及七节七个"问

---

[68] 尤陈俊：《法学家陈顾远笔下的〈中国婚姻史〉》，载陈顾远：《中国婚姻史》，第215页。

[69] 段秋关：《不可不读的〈中国法制史概要〉》，载陈顾远：《中国法制史概要》，商务印书馆2011年版，第365页。

题"：婚姻的意义、婚姻的禁忌、婚姻的缔结、妻的地位、夫家、婚姻的解除、妾。的确，按照选择的"问题"来研究，不得不承认瞿氏的"问题意识"和选题之高明。如果读过陈氏1936年《中国婚姻史》六章，会知道他也是以"问题"为导向，包括：婚姻范围、婚姻人数（含妾）、婚姻方法、婚姻成立、婚姻效力、婚姻消灭。读者可能会说，这不都是婚姻法概念吗？在法学家和社会学家眼里，对象不同就在于此。陈顾远首先以法律概念来整理史中的"婚姻社会现象"。而瞿同祖以纯粹社会学眼光来观察对象。前者是在制度框架内的，后者是在制度框架外的。

最后，仔细对照，瞿氏七个概念和问题基本没有跳出陈氏十余年前的六个概念和问题。瞿氏"婚姻的意义"，陈氏在第一章第二节即"婚姻目的"中已作论述，瞿氏"婚姻的禁忌"在陈氏的"婚姻范围"之"内婚制"与"外婚制"等作了分析。瞿氏"婚姻的缔结"解释了父母的绝对主婚权，陈氏放在"婚姻成立"之"婚姻之意责问题"。[70] 妻与妾的地位两章则在陈氏的"婚姻人数"、"婚姻效力"等章作了清晰的论述。尽管我们可以认为，瞿氏的第二章"婚姻"是作为"整体的中国"[71] 之一局部，固然不能着墨过多。

瞿同祖的婚姻史研究只在事实范畴内研究婚姻史，而陈顾远的婚姻史研究是在制度范畴内。这也正是没有法科背景的瞿同祖的弱势。有法科背景的陈顾远恰恰兼顾了法律学、政治学与社会学，较早地成功进行了"社科交叉"法学研究。我不想评论陈、瞿二氏学术水平高低，仅仅从法律"问题研究法"中的"社科交叉法学"倾向，"最早的、同时也是比较成功的法律交叉学科研究"，[72] 不是瞿同祖的《中国法律与中国社会》或《清代地方政府》，而是陈顾远的《中国古代婚姻史》和《中国婚姻史》。陈顾远1936年《中国婚姻史》要比1947年瞿同祖《中国法律与社会》的

---

[70] 陈顾远：《中国古代婚姻史》，商务印书馆1925年初版，第110页。
[71] 苏力：《在学术史中重读瞿同祖先生》。
[72] 苏力：《在学术史中重读瞿同祖先生》。

"社科交叉法学"研究法,要足足早了十年以上,如果算上1926年的《中国古代婚姻史》,则早了二十多年。

话说回来,"社科交叉法学"对于法学研究对象的多样性、研究程度的复杂性以及决策的有机性和科学性的研究是有意义的,但其并不能取代教义法学。其真正的价值在于立法,在于决策性的论证。陈顾远的法律史学引入社会科学方法,增强了法律史学的应用性。他之所以能够灵活应用于立法的现实,也是因为他有社会学法学思维。比如1935年立法取得较大进展,社会上有一种呼声,呈请立法机关规定民间通常的礼节以期纳民轨物。陈顾远著文《礼与法》,题目和以往的论述一样是理论性的传统问题[73],但他回应的却是社会之关切。他对此表示有限的支持,认为法律引入道德虽非立法机关之专责,但亦义不容辞。他先从法理上分析了两种观点:一说认为最初的法律范围小而道德范围大,"政权渐次独立而又扩大,于是法律之范围渐张,道德律之范围随而同减"。"愈后,则道德律之部分愈依次增加其强制性,而变为法律者遂非少数。"另一说认为"人民之守法者,虽非道德上积极之善,而亦认为有'行',其违法者则更构成道德上之恶"。他分析认为两说的共同点,在于否认道德与法律之绝对对立。在讲清楚二者关系之后,他分析了立法如何规定礼的问题,他认为立法从事礼制之订立,"纵非通常见解上之'应为',而亦法理事理上之'得为'也;既得为矣,自亦不发生权限何属问题。惟须注意者,立法机关所得为之部分,仅就其应须具有强制性之部分为限"。他这里强调的立法引道德入法,要注意区分有必要以强制性要求为限。涉及公共礼节的道德问题,他认为是可以法律加以强制性规定的。他举了一些例子,比如婚礼习俗本来属于"礼",是道德范畴,但涉及买卖婚姻,就可以强制限制。比如葬礼,涉及公共卫生,则可以作出限制。这个认识,对我们今天的立法也是

---

[73] 比如1906年穗积陈重氏《论礼与法》,沈秉衡译,连载《法政杂志》(东京)1906年第1卷第1—2期。又比如早五六年的《礼与法》,基本上是从法律史的角度来辨析,而没有关注现实问题。参见:《礼与法》,载《法律评论》(北京)1929年第6卷第27期。

很有借鉴价值的。[74]。

纵观陈顾远先生的一生,"五四"法科青年、问政批判角色、"社科"法学先驱,就是他的三个象征性符号。文章至此,我们可以毫不夸张地说,陈顾远是兼具公共关怀、法律理性和学术活力的法学家,其典型意义体现在他始终坚持学术责任、秉持理性观念、尊重本土问题,他是一位真正专业静思的法学家。

---

[74] 陈顾远:《礼与法》,载《半月评论》1935年第1卷第9期。

钱端升——激情四射的政法学家

图 1　钱端升（1900—1990）

钱端升是"00 后"，上海人，却一点不像上海人，他是个充满激情的人，16 岁就准确地自省曰"方有余而圆不足。血性方盛，谦和不足"。他 18 岁就在《清华周刊》发表宪法学处女作，19 岁那年当然也不会错过五四运动，还被抓去关押过。然后他去美国留学，21 岁的日记扉页上写下："学者，吾唯一之希望也！"[①] 从此一生从事他的政法学术生涯。

钱端升和周鲠生，是胡适最喜欢最亲近的两位法学家，但钱和周的性格、风格不同。我们来看看钱端升——这位激情四射的政法学者，在中国近现代知识人历史上，具有一种怎样的典型性和独特性。

---

① 钱元强:《钱端升学术年谱简编（1900—1990）》，载《北大政治学评论》2021 年第 1 期。

一、求学时期的激情

1900年2月25日，钱端升出生在江苏省松江府钱家塘（今上海市闵行区梅陇镇双溪村）一个世代行医的家庭，取名端升，字寿朋，又名雨农。父亲钱枚行医，伯父钱桐曾留洋。钱端升是钱家同辈男孩中的老大，居长子地位，加之少时聪敏好学，记忆超群，学业优异，有着与生俱来的"优越感"，亦深得父辈尤其是伯父钱桐的宠爱与赏识。1905年始，父亲和伯父们开始教他读书识字，其中有个堂伯父，是位老贡生，"对公羊、穀梁颇下过一番功夫"。随后钱端升在家乡读私塾。钱氏一族，特地为子侄延聘一位圣约翰大学毕业的先生当塾师。少年钱端升除了传统私塾的国文基础，还接触到数学、英文、史地等西学科目。经过5年多的启蒙教育后，10岁的钱端升"1910年下半年，随从堂兄就读于上海敬业学堂高等二年级（当时的小学有初等高等之分），次年升入三年级。在敬业共一年半"。敬业学堂首任校长为叶企孙的父亲叶景沄，钱在这里接受洋学堂的教育，并结识年长他两岁的好友叶企孙。他1910年下半年入校，1912年初转入上海市养正小学。1913年，钱端升考入江苏省立第三中学校（即松江三中），1915年三年级时，英文水平就很高，中译英作业《作息》被选登于该校《校友会杂志》。[②]

好友叶企孙早在1913年入读清华学校。而钱端升1916年投考清华学校失利。他在日记中写道"士子处世外圆内方，余方有余而圆不足。血性方盛，谦和不足，亦易受挫。以是日来，心绪颇恶。虽然士子岂能为一二些事所扰，岂能无自持之力？"[③] 因此年底转入上海市私立南洋中学准备再战。1917年1月11日，钱端升日记载"企孙复书，云今夏仍招考"[④]。1917年经7月考试，8月收到了清华留美预科学校录取通知书。[⑤] 1918年

[②] 《江苏省立第三中学校校友会杂志》1915年第1期。
[③] 王改娇：《钱端升的少年时代》，载《映像》（山西）2019年第7、8期。
[④] 王改娇：《钱端升的少年时代》。
[⑤] 《北京清华学校试验揭晓广告》，载《申报》1917年8月5日。

3月21日他在《清华周刊》第133期发表处女作《联邦制可否行于中国论》，文中提出："联邦不及统一，不可行于中国，而欲救今日之纷扰，在根本之教育，不在政体之如何也。"⑥

1919年五六月间，19岁的钱端升当然没有错过五四运动，他是因游行而被关进北大理科楼的一千多人之一。⑦ 8月他获清华学校官费赴美留学，选送进入北达科他州立大学，插入四年级攻读政治学，只读了一学期，翌年夏即获文学学士学位。暑期先入美国密执安大学暑期班，1920年9月入读哈佛大学研究院，主修政治学，兼修历史、经济和法学。从此立志当学者。

1922年6月他获哈佛大学文学硕士学位，1924年夏获哈佛大学政治学Ph. D.（哲学博士学位）。钱端升在美国再次展现他的激情，短短四年之内即获得了学士、硕士、博士学位。其好友陈翰笙赞叹：当时在美国的留学生很多，二十四岁便在著名大学获得Ph. D.最高学位，这是不多见的。

在哈佛，钱端升学术上受谁的影响？有学者在对钱氏的研究中提到，曾任美国政治学会主席、时任哈佛大学校长的洛厄尔对钱先生的影响，指出洛厄尔对"活动着的政府"实践的重视，是钱先生比较政治学研究的重要思想资源，也是其热衷政论的重要理据。⑧ 他的博士导师显然对他产生重要影响。清华的谈火生研究了钱氏的博士学位论文导师、时任哈佛大学政府系主任何尔康教授（Arthur Norman Holcombe）对钱端升的影响。他认为主要表现在：一是"在方法论上，注重历史研究和制度研究"，二是在治学理念上，注重比较政治研究和本国政治研究之间的互动，注重规范研究和经验研究之间的平衡。钱氏的博士论文关注的是议会委员会，他把欧洲三国的议会委员会和美国的议会委员会进行了比较。何尔康认为

---

⑥ 钱元强：《钱端升学术年谱简编（1900—1990）》。
⑦ 柏生：《几个"五四时代"的人物访问记》，载《人民日报》1949年5月4日。
⑧ 潘惠祥：《钱端升的美国政治学背景析论》，载《中国政法大学学报》2009年第5期。

"政治学不是科学,而是一种艺术",科学可以试错,而政治不可以。[9] 所以钱氏也有这样的观念,他回国后的一次演讲中也讲道 political science(政治科学)"此名尚不及中文'政治学'三字之妥当",原因之一在于"政治学是否为'science'尚属问题","欲求政治成为科学甚难"。[10] 把政治学不当作科学而当作艺术,这可能至今仍然有争论,但至少对钱氏政治学来讲,不作科学定位是清楚的。但是,谈火生说钱氏"横跨政学两界",这个讲法有待后文纠正。

钱端升在哈佛求学的 3 年零 2 个月间,除获得硕士和博士之外,其他收获亦颇为丰富,还担任过《留美学生季刊》编辑。[11] 他在美国留学期间即发表多篇论述宪法与政治问题的文章,入哈佛半年就写成 Are There Inherent Political Rights of Man?(《人的政治权利存在吗?》)、Freedom of Speech(《言论自由》)两篇英文论文,次年接着写成《中国的门户开放政策》《美国的贸易法庭》《国会中立法的附加条款》《托马斯·哈特·本顿和公共土地法》《詹姆斯·哈林顿》。实际上他还接触到其他更多的最新著作,比如他后来回国后发表的两篇新书评介:一是对朱利叶斯·哈切克博士(Dr. Julius Hatschek)的《德国与普鲁士宪法》(*Deutsches und Preussisches Staatsrecht*,1922 至 1923 年出版)作了长篇评介,刊登于《国立北京大学社会科学季刊》1924 年第 3 卷第 1 期。二是 Malborne W. Graham 的 *New Goveruments of Central Europe*(1924 年出版)。[12] 经哈佛洛厄尔校长介绍,钱氏 1924 年春到英国、法国、德国等地"漫游"半载,访问英法德奥诸国宪法学政治学学者、议会、议员,还熟悉了一些图书馆。

---

[9] 《定县通讯:何尔康谓政治学是一种艺术》,载《民间》(北平)1935 年第 2 卷第 3 期。

[10] 谈火生:《钱端升先生和他的老师》,载《北大政治学评论》2021 年第 1 期。

[11] 吴麟:《知识人与时代相遇:钱端升在〈益世报〉的主笔生涯之考察》,载《南昌大学学报》(人文社会科学版)2018 年第 5 期。

[12] 参见《国立北京大学社会科学季刊》1924 年第 3 卷第 1 期。这一期季刊上,发表文章的作者都是当时北大才俊或京城新秀,有高一涵、王世杰、周鲠生、燕树棠、陈翰笙,还有张志让等。

钱氏攻读的是政治学博士学位，但从其博士论文《议会委员会：比较政府研究》和其他研究成果看，侧重于比较宪法和政治学规范性研究。在中国学界开始学科划分之后，他便被归入政治学。1948年的第一届院士选举中，从成为候选人到当选院士，他都被列入政治学。但他实际发挥的作用，却无异于法学家的功能，这是后话。

二、清华学术的激情

1924年5月钱端升启程回国，6月到达上海。是年秋，24岁的钱端升开始任教于清华学校，担任历史系讲师，与老友叶企孙同住北院。入校不久，便发生两件令人印象深刻的事：一是与校方商榷，二是邀女孩跳舞。

当时清华作为留学预科学校正筹备改办大学，成立了大学筹备委员会。钱端升很有想法，他给这个筹委会写了个"商榷"文章。他比附英国"士人教育"，强调大学应该从事"读书知礼之士人教育"，而非农工商技术的"专门教育"，以使未来操政权者"高人一等，故政界绝少鄙污之事"。这涉及大学教育理念和学科结构的设置。清华应当以博雅的自由文理教育为理念，还是以专门的职业技术教育为导向？钱端升主张的是前者，观点有针对性，也有见地。结果此文刊登在1925年1月2日《清华周刊》上，这就是《清华改办大学之商榷》。⑬

清华当时虽还不是大学，但学校留洋海归已不少。即便如此洋味十足的学校，也难得一见"跳舞会"这种前卫的新鲜事。新年到来之际，钱端升和三五好友邀请数位女孩跳舞。此事被《清华周刊》以佚名新闻报道出来，说两博士、三先生"曾约请女友多人，于旧历除夕赴北京饭店新年跳舞会，翩翩翔舞之中，'读书知礼'之钱博士，尤承诸女友之青睐云"。虽然没有抨击，却有些许讥讽。清华园内，总有人把这两件事联系起来，说他与校方商榷讲"读书知礼"，却约女孩跳舞。⑭ 这事颇显钱端升的个性，

---

⑬ 《清华改办大学之商榷》，载《清华周刊》1925年第333期。
⑭ 佚名：《新年跳舞会》，载《清华周刊》1925年1月9日第334期。

也不能不说体现了知识界新旧观念的差异。

图2　清华"北院七号饭团"左起：施嘉炀、钱端升、陈岱孙、金岳霖、周培源、萨本栋、张奚若

不久，钱端升与吴宓相识，并交往甚密。在不知不觉中，他迅速成为清华的名人，也结识了学界不少人。对他亲近者有之，如吴宓、张歆海、金岳霖；远离者有之，如张彭春、章士钊。张彭春时任教务长（1923年9月—1926年），受校长曹云祥委托，设计改办清华大学的方案，清华国学研究院就是他建议并由吴宓负责筹建的。1925年设立的国学院，由吴宓苦心经营，聘请了梁、王、陈、赵四大导师。传统国学与现代科学之间的学科认识与利益冲突固然是一个方面，但更与清华当时的旧体制及其新旧人事的混杂相关。钱端升的一系列"商榷"从效果上看，其实直接得罪的就是张教务长。张彭春当然也痛恨以张歆海、钱端升等为代表的清华少壮派。⑮

钱氏燃烧的激情，使他如生龙活虎，1926年又连续发表《清华学校》

---

⑮　参见陈夏红：《钱端升先生年谱长编（上）》，中国政法大学出版社2017年版，第38—39页。

《清华改组之商榷》，草拟"清华大学组织大纲草案"，论述教授治校，而钱同时又反对"清华国学院"的建制，[16]"劝宓辞去研究院事"[17]，这对吴宓来说是无法接受的。1926年3月8日，清华改组委员会讨论决定，废除清华国学院，这个拥有四位大师的国学研究机构就此寿终正寝，今天我们向往的"大师梦"也常以这个仅存一年的清华国学院为例子。这等于采纳了钱端升他们的意见。张彭春辞去教务长。现在我们才意识到，任何改革之事，过激过头都不好。不过，经过校内一番风风雨雨，清华真的实行了教授治校。4月19日，第一次教授会议召开，选举梅贻琦为教务长。在七人评议员选举中，陈达、孟宪承、戴志骞、杨梦赉、吴宓、赵元任、陈福田分别以高票当选，钱端升以19票落榜，[18]但这并没有影响他的激情。

1925年，"大人物"章士钊作为教育部长，受到各校学生反对，学生聚集请愿罢免章士钊。是年12月，钱端升写信向章部长表示声援并借书，章不予回复，反而把钱之私信与其回复一同刊报公布，令钱端升很难堪。章士钊任段祺瑞政府秘书长期间，发生三一八惨案。而3月18日军警开枪射杀请愿学生，钱端升也在现场，被前来急救包扎的赵元任夫人杨步伟发现，他还能说话，但脸色苍白。[19]

1926年秋，清华园内有传言说清华校长曹云祥辞职，欲聘郭秉文来执掌清华。11月3日吴宓把消息告诉钱端升等人。4日，钱端升给胡适写了封长信，说："去年我已经问过你是否愿意担任清华校长，我现在请你再考虑一下"，"不过我们决不能让郭来。想来想去，最妥当的办法是劳你的驾"，"如果你肯来，什么问题都没有"，"只消你说你愿意考虑我的建议，我便想法宣传"，"临了，请你说明白，要是你可以来，我能否把你的复信酌量发表？这事我当然会谨慎将事，请放心"。[20]钱端升为聘请校长事致信

---

[16] 陈夏红：《钱端升先生年谱长编（上）》，第49页。
[17] 吴宓：《吴宓日记》（卷三），生活·读书·新知三联书店1998年版，第125页。
[18] 陈夏红：《钱端升先生年谱长编（上）》，第52、53页。
[19] 陈夏红：《钱端升先生年谱长编（上）》，第50、51页。
[20] 胡适：《胡适来往书信选》（上册），中华书局1979年版，第406页。

胡适，且以这样的口气，大大出乎我们的预料。胡适在原信作了眉批，说："我愿意考虑你的提议，却十分不愿意你去'设法宣传'。这是我的答复。请谅解此意。"[21] 1928 年 5 月 16 日晚上，胡适又收到钱端升来信，说"你几时来？太坚辞了也好像生气似的；演讲不要再却了罢？"第二天胡适从上海至南京开会，与钱端升一起在南京会面。[22] 从此之后胡适日记中就不断提到钱端升。后来曹云祥没有辞职，人称"钱端升的运动"落空。

当时中国政治混乱而学术圈出现难得的特殊氛围，激发了他的政治热情，既讲学又议政，如鱼得水，激情四射。钱端升仍然连连发表文章和出版著作，此外还有一批用笔名发表的文章。仅 1925 至 1927 年的论文，初步统计清单就有：

（1）《清华改办大学之商榷》，载《清华周刊》1925 年第 333 期；（2）《新近宪法中立法行政两机关之关系》，载《国立北京大学社会科学季刊》1925 年第 3 卷第 3 期；（3）《评 Marcel Prelot: La Representation Professionnelle dans l'allemagne Contemporaine（1924 年出版，巴黎 Editions Spes 发行）》书评，载《国立北京大学社会科学季刊》1925 年第 3 卷第 4 期；（4）《租界惨杀国人案交涉方法》载《晨报副刊》1925 年 7 月 2 日；（5）《过度之安分守己》，载《清华周刊》1925 第 24 卷第 2 期；（6）《评 Leon Duguit: Traite de Droit Constitutionnel》和《评 Maurice Hauriou: Precis Elementaire de Droit Constitutionnel》等三本书，载《国立北京大学社会科学季刊》1925 年第 4 卷第 1—2 期；（7）《对俄问题致勉已书》，载《晨报副刊：社会》1925 年第 5 期；（8）《帝国主义有无赤白的结论》，载《清华周刊》1925 年第 24 卷第 10 期；（9）《治外法权问题》，载《晨报七周年增刊》1925 年第 12

---

[21] 胡适：《胡适来往书信选》（上册），中华书局 1979 年版，第 406 页。
[22] 胡适在 1928 年 5 月 18 日日记中提及"与端升同到成贤街五八号，……现为端升、经农、奚若、楼光来诸人的寓所。他们要我住在这里"。曹伯言整理：《胡适日记全编》（1928—1930，第 5 册），第 114 页。

期；（10）《莫索尔问题》，载《晨报副刊：国际》1925 第 12 期；（11）《清华学校》，载《清华周刊》1925 年第 24 卷第 13 期，转载于《现代评论》1925 年第 2 卷第 52 期；（12）《论学潮赠新旧诸生》，载《清华周刊》1925 年第 24 卷第 1 期；（13）《壬子》，载《甲寅》（北京）1926 年第 1 卷第 28 期；（14）《甲寅周刊的"通讯"》，载《晨报副刊》1926 年 2 月 27 日；（15）《国际法庭》，载《晨报副刊：国际》1926 年第 15 期；（16）《政治学》（讲稿记录），载《清华周刊》1926 年第 24 卷第 17 期；（17）《收回上海租界的迫切》，载《现代评论》1927 年第 5 卷第 122 期；（18）《党治与用人》，载《现代评论》1927 年第 6 卷第 146 期；（19）《党纪问题》，载《现代评论》1927 年第 6 卷第 151 期；（20）《美国对华的外交》，载《现代评论》1927 年第 5 卷第 113 期；（21）《设立中央计画委员会刍议》，载《现代评论》1927 年第 6 卷第 138 期。（22）《党治与舆论》，载《现代评论》1927 年第 6 卷第 139 期；（23）《日内瓦海军会议》，载《现代评论》1927 年第 6 卷第 141 期；（24）《上海临时法院的存废问题》，载《现代评论》1927 年第 6 卷第 153 期；（25）书评：《王世杰氏的比较宪法》，载《现代评论》1927 年第 7 卷第 157 期。

钱端升这个时期的文章基调是积极建言与指名批评，比如 1925 年五卅事件期间，北京正在酝酿交涉代表人选，他于 6 月 18 日发文建议，主张与英国交涉不能不有派兵进入租界的决心，同时对沪案交涉（传言中的）五人代表，公开指名道姓地评论，说"郑曾无多大外交经验，虞不过为海式大商阀，许一交涉员而已，首席蔡（廷干——引者注）氏，亦无声臭或外交才具可言。五氏在沪，亦不过以畏缩柔弱著，……余早知其无济"[23]。他的《党治与用人》一文，认为国民党可以用非本党人士，但不

---

[23] 钱端升：《租界惨杀国人案交涉方法》，载《晨报副刊》1925 年 7 月 2 日。

应该用三种人，一是贪缘无耻、操守尽丧的官僚，二是游手好闲卖空买空的青年会派，三是无行的青年。抽象来讲并没有问题，可是他列举的人物，第一类以王宠惠为例，理由是王曾任北京政府官僚；第二类以余日章、王正廷为例，说他们借认识上海的洋人"吹牛拍马"。[24] 公开指名道姓，固然是他的大胆和激情，但把王宠惠、余日章等人作如此定性显然是欠妥的，好在历史自有时间来完成公论。钱氏自己也在文章中明说，西方体制中有"政务"与"事务"官僚之分，却否定王宠惠，王氏好歹也属于专业的事务官僚，又是国民党员，为何不能进入政府呢？

　　离现实政治稍远或与外交相关的话题，他的文章往往在专业性上把握得很好。比如1925年《治外法权问题》一文，比之以往的相关文章，如刁作谦1922年《论撤销治外法权》[25]，钱氏的论证更厚实，视野也开阔许多。他花大力梳理了治外法权的国际历史演变，再分析问题的难点，指明中国收回治外法权的策略和方法，极有说服力。[26] 比如《莫索尔问题》一文是我国近现代史上较早研究伊拉克问题的文献之一。此文只有五千字，虽短小精悍，却将伊拉克问题的来龙去脉说清楚了。此文分析了当时英国政府如何通过战争手段和条约体系及利用威尔逊的民族自决原则，假借莫索尔地方民意等各种手段，来巧取豪夺伊拉克的石油资源。英国在土耳其强烈反对之下，最后诉诸国际法庭，弄得进退两难。不到一个月他又发《国际法庭》一文，介绍国际常设法庭。后来发生济南日军暴行，钱氏发表《应付济南事变的方针》，他建议国民政府"尽可根据《联盟盟约》联络美英法三国"。还建议中央党部应"办一两种完善的西字报纸"[27]。这些意见有时事针对性，又基于专业理性，视野开阔，可操作性强。钱端升引起蔡元培等人重视，被召入机关，担任了国民党中央宣传部国际组编纂。[28]

---

　　[24] 钱端升：《党治与用人》，载《现代评论》1927年第6卷第146期。
　　[25] 刁作谦：《论撤消治外法权》，通一译，载《盛京时报》1922年1月1日。
　　[26] 钱端升：《治外法权问题》，载《晨报七周年增刊》1925年第12期。
　　[27] 钱端升（笔名山木）：《应付济南事变的方针》，载1928年5月12日《现代评论》第7卷第179期。
　　[28] 潘惠祥：《钱端升与中国国联同志会》，载《社会科学论坛》2013年第11期。

三、学者生活的激情

1924 至 1927 年，钱端升在北京。1927 年起他在北大兼政治学、宪法学课。可是 1927 年的政治形势和"迁都"，也给钱端升的生活带来激情和震动。

1927 年秋，他从清华教授位置上离开南下到南京，成为中央大学一员，却屈就为副教授。同年受蔡元培之邀到他主持的教育行政主管部门"大学院"兼职，1928 年 4 月 13 日被国民政府简任为大学院文化事业处处长，为蔡元培草拟和审查各种草案及部分文件。干了四个月，但他没耐心从政，1928 年 8 月，钱端升恳请辞职，到 10 月蔡元培只好核示同意。[29] 可是到 1929 年秋，他又被迫辞去中央大学教职。为什么辞职？据钱氏讲，"由于中央大学国民党派系之争和学生罢课，我被迫辞职。失去了教书之业，我只好另谋出路……"[30] 现在我们可以知道，他利用"失业赋闲"期间，把手头一大堆更"重要"的事做起来：一是 1929 年 5 月撰写《法国的政治组织》，1930 年由商务印书馆作为专著出版（1934 年大幅修订再版时改名为《法国的政府》）。二是翻译 60 万字的剑桥大学特里维廉（Trevelyan，当时译作"屈勒味林"）教授的《英国史》。三是 1929 年冬开始写作《德国的政府》（1934 年商务印书馆编入"大学丛书"出版）。

直至 1930 年秋，他才从南京北上返回清华任政治学系教授，同时兼课于北京大学。[31]

他的时政评论、新书译介与学术研究总是在并驾齐驱，连环发射。1930 年，他在《国立武汉大学社会科学季刊》发表的文章有《德谟克拉西的危机及将来》（第 1 卷第 1 期）、《世界公法学会》（第 1 卷第 3 期）、

---

[29] 《第一一四〇号（中华民国十七年十月十二日）》："大学院院长蔡元培：呈据文化事业处处长钱端升恳请辞职拟照准乞核示"，载《国民政府公报》（南京 1927）1928 年第 100 期。

[30] 钱端升：《我的自述》，载《钱端升自选集》，首都师范大学出版社 2010 年版，第 566 页。

[31] 钱元强：《钱端升学术年谱简编（1900—1990）》。

《哈林吞政治思想的研究》（第 1 卷第 4 期），另有 6 篇书评。[32] 1933 年 4 月完成 60 万字的《英国史》译稿，由商务印书馆编入"大学丛书"出版。[33]

  作为学者，钱端升的学术激情无法控制。自从 1927 年秋离开北平，在南京的三年内，他学术上也极其忙碌，生活也发生了巨大变化。这事就要"八卦"一下，扯到他的个人婚姻问题。

  我们都知道钱端升夫人叫陈公蕙（1910—2008），她 1935 年 4 月在上海与钱端升先生结婚。可是很奇怪，吴宓在 1928 年 9 月 12 日日记中提道，"正午郑之蕃来谈。因谈钱端升与郑君之侄女断绝事，宓遂以毅及彦之历史告郑。郑极言毅所行非理"。郑之蕃教授是北大数学系创始人，他有多位侄女，当大学教授的也有数人，究竟是哪位侄女不详。又据清华吴宓两年后的日记记载：1930 年 8 月 30 日晚，钱端升、叶企孙访吴宓，吴宓得知"钱夫人将至比京 Brussels 留学。兹查得火车票价如下：北京至巴黎或比京，头等，一〇一四元国币"[34]。这里的"钱夫人"当然指钱端升夫人，她即将赴比利时布鲁塞尔留学。钱端升 1935 年才结婚，此时哪来的钱夫人呢？这是不是说明 1930 年 8 月之前，钱端升已经结婚？

  笔者在查钱先生资料时，偶然发现上海《申报》1932 年 9 月 3 日的一则广告，这是钱端升发布的与夫人协议离婚的消息，其中钱端升自称：

---

  [32] 钱端升 1930 年在《国立武汉大学社会科学季刊》发表的 6 篇书评包括：《书评：Handbuch der Verfassung und Verwaltung in Preussen und dem Deutschen Reiche. Von Hue de Grais》（第 1 卷第 1 期）、《书评：The Mechanism of the Modern State, A Treatise on the Science aand Art of Govern》（第 1 卷第 3 期）、《书评：Les Reglements des Assemblees Legislatives de la France depuis 1789. (Notices Historiques et Textes.) Par Roger Bonnard》（第 1 卷第 2 期）、《书评：Grundzuge des Sovetrussischen Staatsrechts. Von N. Timaschew》（第 1 卷第 2 期）、《书评：Elements de Droit Constitutionnel Francais et Compare. Par A. Esmein》（第 1 卷第 2 期）、《书评：Les Constitutions de l'Europe Nouvelle. Par. Mirkine-Guetzevitch》（第 1 卷第 1 期）。
  [33] 钱元强：《钱端升学术年谱简编（1900—1990）》。
  [34] 吴宓：《吴宓日记》（卷五），生活·读书·新知三联书店 1998 年版，第 105 页。另参见陈夏红：《钱端升先生年谱长编》（上），第 91 页。

"端升现与萧淑娴离婚除另立协议离婚书外特此启事"㉟。这则消息解决了第一个疑问——钱端升早年经过了一段婚变。那么，钱夫人"萧淑娴"是谁呢？

据查，1930 年赴比利时留学的女性，只有一位叫"萧淑娴"的音乐家，她是原北大音乐系顶梁柱萧友梅教授的亲侄女萧淑娴（1905—1991），祖籍广东香山（今中山市）大涌南文村，1905 年 4 月 9 日出生于天津。父亲萧伯林（1876—1952）（字伯林）早年入天津英制北洋医学院学医，后任直隶天津卫生局医官、铁路局医生、车务处长、副局长职，20 世纪 20 年代初定居北平。母亲李芝蕙。二妹萧淑芳是画家，嫁吴作人，三妹萧淑熙是美籍生物学家。萧淑娴幼随家馆先生梁叔庄学习，国学根基甚深。1920 年，二叔萧友梅自德国回到北京大学任教，她随二叔到北京学习钢琴，考进辟才女子中学（后改称北平女子高等师范附属实验中学）。1924 年，她中学毕业，获保送到北平女子师范大学修读预科，同时兼修音乐，并随刘天华学琵琶。1930 年她赴欧洲，入比利时布鲁塞尔皇家音乐学院继续进修。

我们再来结合钱端升工作轨迹来回放他的生活：1924 年秋至 1927 年秋在北京（清华）的三年内，他与萧淑娴有机会结识并恋爱。1927 年秋至 1930 年秋在南京的三年中，和萧淑娴异地生活，其间又出现了失业赋闲的一年，直至萧淑娴 1930 年赴比利时留学。

离婚这事发生在萧淑娴留学期间。法政教授的粗疏与文艺青年的细腻，尽管都有激情，可是一对比，显然会有很大距离。离婚当年，钱时年32 岁，萧时年 27 岁。原来事出有因，萧淑娴在布鲁塞尔认识了她后来的丈夫、世界十大著名指挥家舍尔兴（H. Sherchen，1891—1966）。她于 1933 年及 1934 年获和声二等奖、对位法优秀一等奖和赋格曲奖 3 个奖项，

㉟ 参见《钱端升离婚启事》，载《申报》1932 年 9 月 3 日。《钱端升离婚启事》，载《大公报》1932 年 9 月 6—7 日。

1935年毕业，同年报读德国著名指挥家舍尔兴的指挥班。结业后，即回上海国立音乐院任教对位法。1935年秋萧淑娴毕业回国，1936年春，与专程来沪的舍尔兴完婚，婚后赴欧，定居瑞士。

钱端升第二任夫人陈公蕙，也是北平女子师范大学的毕业生，福建长乐（今属福州市）人，出生于江西南昌。父亲陈石舫，母亲李叔惺均出自福建书香门第。陈公蕙出生时，父亲时任江西某县县长。约1916或1917年，陈公蕙随父亲辞官后迁至上海。1929年她考取北平女子学院，1930年报考北平女子师范大学，就读于英语系。据钱先生子女钱大都等人回忆，其母陈公蕙"1934年毕业，毕业前经林徽因女士介绍结识了清华大学教授钱端升先生。而钱氏在清华不到三年，于1934年1月赴天津接替罗隆基主编《益世报》。㊱ 干了9个月，重新回到南京中央大学，担任系主任。1934年陈公蕙毕业后，钱端升曾介绍她就职于上海某图书馆工作"㊲。感情粗疏的钱端升与细心的陈公蕙及在结婚前还闹了个"小岔子"。据金岳霖回忆，钱端升是他多年的老朋友，金先生说：

> 钱端升和陈公蕙在结婚酝酿过程中出了一点小岔子，陈公蕙突然到天津去了。钱端升请求梁思成开汽车追。汽车中除梁思成、林徽因外，也有我。还好，到天津后，陈公蕙还在天津。陈、钱和好了，他俩一同到上海去结婚了。㊳

1935年4月陈在上海与钱端升结婚，蔡元培为证婚人。同年7月14日，胡适日记载："七点，与冬秀钱送张真如……并欢迎钱端升夫妇。"㊴ 这是钱陈新婚后回到北平的事。此后，胡适与钱端升开始了密切来往。

㊱ 钱端升：《我的自述》，载《钱端升自选集》，第566页。
㊲ 2008年10月，钱大都、钱仲兴、钱召南三兄妹在母亲逝世时所写的悼念文章《陈公蕙女士生平》中所述。
㊳ 金岳霖：《金岳霖忆友人》，载《读书文摘》2011年第12期。
㊴ 曹伯言整理：《胡适日记全集》（1934—1939，第7册），联经出版事业股份有限公司2004年版，第260页。

钱夫人陈公蕙，是一位典型的知识分子女性，也是钱教授的贤内助，婚后随时任南京中央大学教授的钱端升迁往南京。1936年1月长子钱大都在南京出生。1937年初夏，钱教授受北京大学之聘，要离开南京，中大政治系学生挽留钱老师。[40] 随后钱举家迁往北平，先住北总布胡同梁思成、林徽因家中，后迁至大佛寺福建亲戚华姓宅院居住。可是不久便发生了七七事变。

抗战初期，民国政府决定以非官方的方式派遣学者赴欧美，目的在于向美英和欧洲各国朝野说明中国抗战的真相，利用他们在欧美的良好关系和网络，特别是劝说美国朝野洞察日本的侵略行为，促使美国的远东政策向有利于中国的方面转变，还争取游说美国政府切断对日贷款与援助，转而支持中国的抗战。[41] 选派的学者为胡适、钱端升和张忠绂三人。[42] 此时钱端升夫人正好怀孕，一方面是家事，一方面是国难，他舍下家事，于1937年9月13日，就与胡适从武汉起飞，前往香港、吕宋、马尼拉、关岛、檀香山、旧金山，后来钱端升于1938年4月初又从美国飞英国。[43] 这一离开就是一整年。从胡适日记中看来，他是最喜欢和钱端升搭档了。

丈夫走后，陈公蕙于1937年11月在北平生次子钱仲兴。此时应该是钱家最艰苦的光景，妻子在北平要养育两个孩子，还要面临随时逃难的境遇。在大学校和亲友协助下，她只身携二子由北平出发，辗转经上海、香港、河内、海防抵达云南，转赴昆明，先后住邱家巷7号及正义路民生巷。[44] 1939年10月钱又和周鲠生一起赴美国参加太平洋会议。钱端升惦记

---

[40] 《中大政治系学生挽留主任钱端升》，载《中央日报》（南京）1937年6月6日。
[41] 钱元强：《抗战初期钱端升偕胡适出使美欧记——以〈胡适日记全编〉和〈钱端升日记〉为线索》，参见新浪博客：http://blog.sina.com.cn/s/blog_55ca7c730102yv51.html，最后访问日期：2021年12月29日。
[42] 《胡适飞美，张彭春抵日内瓦》，载《大公报》（上海）1937年9月21日。《胡适偕北大教授钱端升二十日晨由港飞美》，载《立报》1937年9月21日。
[43] 曹伯言整理：《胡适日记全编》（1938—1949，第7册），第75页。
[44] 2008年10月，钱大都、钱仲兴、钱召南三兄妹在母亲逝世时所写的悼文《陈公蕙女士生平》。

着回滇上课，原定 1939 年 11 月参加完太平洋会议后不久，于 12 月底回国。㊺ 实际上因工作耽误一阵后，他于 2 月 1 日起坐船经檀香山返国，1940 年 2 月中旬到达昆明。㊻ 钱端升返昆明后，才得与妻儿团聚，就任国立西南联合大学法商学院政治学系教授。

　　1941 年 10 月，少子钱召南诞生。1943 年举家再迁到昆明市内，住文林街民强巷 5 号。金岳霖回忆说：“在西南联大时，他是属于北大的，我们又在一块了”，"梁家（指梁思成林徽因家）和钱家（指钱端升家）都住在昆明东北郊的龙头村。我先住在梁家；梁家走后，住在钱家。幸而是住在钱家。"“钱、梁两家都在昆明东北乡间盖了房子，房子当然非常简便，木头架子竹片墙壁。目的只是不逃警报而已。”“做饭的成绩特别好的是陈公蕙，她是能够做大件菜的。新近住医院时还吃了她的红烧鱼。她做的白斩鸡非常之好吃，把鸡在香油姜丁里蘸一下味道就特别好了。她还告诉过我到市场上买母鸡应该注意些什么。……"㊼ 金岳霖回忆了很多友人，大体都是说友人本人，可是回忆钱端升，却一直在说钱夫人陈公蕙，并且都讲饮食生活的琐事，可见这令他难以忘怀。钱端升这个上海人太不像上海人，和金岳霖这个单身哲学家一样，都不懂柴米油盐，好在钱先生有贤妻。

　　至 1946 年，钱家生活十分贫困，据说联大复员回京时，他们家也没钱买车船票，只好"摆地摊，廉卖衣物书籍，书籍中还有他心爱的名著"㊽。6 月，随着西南联合大学陆续复员北上，陈公蕙女士即随钱先生同

㊺ 《钱端升致王世杰函（1939 年 11 月 5 日）》，参见中国第二历史档案馆任骏选辑：《周鲠生等为汇报美国外交走向事致王世杰函（1939 年 4 月—1944 年 5 月）》，载《民国档案》2010 年第 2 期。

㊻ "学校二月十五日即上课，弟拟于本月二十左右即西行，二月一日自旧金山坐船至檀香山，二月八日起飞，二月十三日到港，即返滇。如有必要当俟返滇后再飞渝一行。"参见《钱端升致王世杰函（1940 年 1 月 8 日）》，中国第二历史档案馆任骏选辑：《周鲠生等为汇报美国外交走向事致王世杰函（1939 年 4 月—1944 年 5 月）》，载《民国档案》2010 年第 2 期。

㊼ 金岳霖：《金岳霖忆友人》，载《读书文摘》2011 年第 12 期。

㊽ 《达官贵人衣锦还乡，钱端升教授摆地摊》，载《学生报》（昆明）1946 年 5 月 19 日第 16 期。

携3个孩子复员北平，6月先从昆明乘机抵渝，再由渝乘机抵沪，省视双亲大人。住法租界蒲石路（今长乐路）留园21号父母亲家中。1946年9月下旬，钱家始返抵北平，先住北大东斋宿舍，1947年初迁至东城贡院头条3号。[49]

四、时政批评的激情

钱端升的激情是天赋的，也是后天的专业塑造的。钱端升在政治学上是科班，但有意思的是，通常狭义的法律学与政治学两种出身，属于两个知识话语圈，话题对象相似而术语却相去甚远，更形成两种格格不入的思维模式，法律思维讲究规则内思考，相对保守，说好听点是严谨，而政治学者视野和思路开阔，可纵论天下。总之，二者各有自己的知识圈，所以政治学者通常不会到法律系任教。比如与钱端升几乎同时期的留美政治学海归岑德彰[50]，要么从政，即使不从政后从教，也只选择到他母校圣约翰大学这类不设法律系的大学。钱端升和岑德彰与众多的政治学者不同在于，他俩还精通国际法和宪法。

钱端升在50岁以前，简直就是个激情澎湃的年轻人。他的这种天赋用在学术上产出的是学理知识，用在时评上张扬的是资政意见。他以手中的激情笔墨，成了社会活动家。钱端升曾"脱产"就任"民国四大报刊"之一、天津民营大报《益世报》主笔，时间很可能是1933年底或1934年初。1933年12月23日，胡适在日记中写道："《益世报》总编辑刘豁轩来

---

[49] 2008年10月，钱大都、钱仲兴、钱召南三兄妹在母亲逝世时所写的悼念文章《陈公蕙女士生平》。

[50] 岑德彰（1899—?），广西西林人，约1913年就读于圣约翰大学附属中学，以二班最优生毕业，升入本科。1920年夏赴美国哥伦比亚大学，获硕士学位，在20—30年代翻译过许多名著，尤其以德国奥本海的《奥本海国际法：战争与中立》著称，1934年由上海商务印书馆出版，迄今堪称经典。1928年任上海特别市市政府设计委员会委员兼充建设讨论委员会秘书，1929年7月代理市政府第三科科长，1930年兼代教育局秘书，地方自治训练所筹备委员会主任委员。1931年任上海市政府营业税征收处副处长，同年出版《上海租界略史》。1936年任行政院参事，同年出版《中华民国宪法史料》。1941年被免去行政院参事职务，返回上海圣约翰大学任教授，曾任上海光华大学商学院院长。

谈。他今天去访蒋廷黻，廷黻推荐钱端升君继努生之任。"[51] 当时蒋、钱均执教于清华大学，二人关系不错，且持有相近的政治主张。从 1934 年 1 月至 1934 年 9 月间[52]，钱端升在天津《益世报》工作了 9 个月。1934 年该报因言论原因，被停止邮寄处分，两月后解禁，钱端升由此辞去总编辑一职。[53] 1934 年 9 月 21 日胡适带钱端升等人赴美考察教育。[54]

这 9 个月的任职期间，他究竟撰写了多少篇社论？钱氏在自述中所言"呆了八个月写了百七十篇社论"，但统计《钱端升全集》的收录，共有 217 篇《益世报》社论。[55] 钱端升发表议论，比他的前任罗隆基要更具宪法学的专业性，他的论政风格，有学者的专业造诣与本分，对宪法应当如何保障民权、监督公权，分析鞭辟入里，进而据此积极建言。当代学者吴麟作过统计，全部 217 篇社论中，以对政府举措、官员施政的态度作为分析指标，可得如下结果——赞扬 11 篇、中立 102 篇、批评 103 篇、缺失 1 篇。[56]

钱氏主持笔政期间，其言论立场随议题的具体性质而呈现不同面向，在审慎而冷峻的建言者和积极犀利的批评者之间，他更多表现为后者。作为一家有分量的民营大报的主笔，钱端升评议时局的空间可谓比较开阔，将近一半的社论都在批评政策举措，尤其在对日外交问题上直言反对当局妥协。[57]

钱端升把自己政治理论家的优势发挥到极致。吴麟在研究后认为钱端升有一种言论基调，"秉持一种复合型的言论基调，在政治体制议题上，是审慎而积极地建言；在中外交涉议题上，则不惮于成为'权力的批评者'。他与罗隆基均出于知识人报国的热望在批判时局，但存在明显的分际，一是局部而克制，一是全盘且激烈"。[58] 然而钱氏因针砭时弊，终被迫

---

[51] 曹伯言整理：《胡适日记全集》（1930—1933，第 6 册），第 730 页。
[52] 钱端升：《我的自述》，载钱端升：《钱端升自选集》，第 566 页。
[53] 《益世报解禁》，载《摄影画报》1934 年第 10 卷第 32 期。
[54] 《立报》1937 年 9 月 21 日。
[55] 吴麟：《知识人与时代相遇：钱端升在〈益世报〉的主笔生涯之考察》，载《南昌大学学报》（人文社会科学版）2018 年第 5 期。
[56] 吴麟：《知识人与时代相遇：钱端升在〈益世报〉的主笔生涯之考察》。
[57] 吴麟：《知识人与时代相遇：钱端升在〈益世报〉的主笔生涯之考察》。
[58] 吴麟：《知识人与时代相遇：钱端升在〈益世报〉的主笔生涯之考察》。

去职，再度往南京中央大学任教。柳亚子《怀人》诗，赞"钱郎才气颇纵横，抵掌能谈政与兵。揽辔澄清吾已倦，论坛一臂汝能撑"。

1934年钱氏在《东方杂志》发表《民主政治乎？极权国家乎？》（第31卷第1期），此文与蒋廷黻的主张新"专制主义"的那篇文章[59]相呼应，认为中国确需"一个有能力、有理想的独裁"，但要防止"残民以逞的独裁"，倡导新式"开明专制"统治，"以全民族的福利为目标的独裁"。[60]文章试图在民主与专制之间为中国找到一条缝隙狭路，从历史到现实、国际到国内，旁征博引，尖锐猛烈，既精细地把控好平衡，又语不惊人死不休。此外，钱氏1934至1936年还发表：

《评立宪运动及宪草修正案》（第31卷第19期）、《评中华民国宪法草案》（第31卷第21期）、《论极权主义》（《半月评论》1935创刊号）、《借款与外交》（《半月评论》1935第1卷第4期）、《国宪与党章》（《半月评论》1935年第1卷第19期）、《中央政制的改善》（《华年》1935年第4卷第41期）、《演讲：青年与国家》（《广播周报》1935年第61—63期）、《对于六中全会的期望》（《独立评论》1935第162期）、《孙中山先生的宪法观念》（载上海《民族》1936年第4卷第1期）、《青年与国家》（载《江西教育》第19期）、《论中日关系》（载《中国新论》第2卷第1期）、《波兰新宪法》（《国立中央大学社会科学丛刊》1936年第2卷第2期）、《世界资源重行分配问题》（《中国国际联盟同志会月刊》第1卷第1期）、《书评：法国的政府、议会制度》（北平《社会科学》第1卷第4期）、《怎样做一个现代中国的青年》（上海《中国学生》1936第2卷第1至4期合刊）……

---

[59] 蒋廷黻：《革命与专制》，载《独立评论》1933年第80期。
[60] 钱端升：《民主政治乎？极权国家乎？》，载《东方杂志》1934年第31卷第1期。

1936年9月，钱端升参加了中国国际联盟同志会，[61] 1936年9月24日下午五时召开本会理事会议，出席者有程锡庚、陈登皞、钱端升、楼光来、蒋复璁、杭立武、梁敬镦、谢寿康、褚民谊、罗家伦、朱家骅、杨公达等。[62]

1936年12月，王世杰早年名著《比较宪法》（1927年版）出了修订版，[63] 作者名字居然多了钱端升，成为合著。一个尚健在的作者，况且堪称开山之作，居然让另一人加进来修订这本书。这在古今学界都是个罕见之事。而此时的王世杰已经担任中央军事参事室室主任，进入权力中枢，加上工作压力，根本忙不过来。其实早在1927年《比较宪法》初版之时，钱端升就为此发表过书评，给予好评之外，也指出文献的疏漏和术语的遗憾。[64] 二人合著合署的新版书在原著五编基础上，把原第五编第二章"中国制宪问题的经过"进行扩写，成为新增加的第六编"中国制宪史略及现行政制"。后世学者大都认为二人合著版本比王世杰独著的那版要丰富些。[65]

抗日战争爆发后，钱氏参与筹建西南联大法学院，于辛勤教学外，撰写有关国际时事的论文和学术研究的专著，积极参加加强抗日统一战线的活动。钱端升的激情使他成为拼命三郎，在艰苦的西南联大时期，他与西南联大同仁主办政论刊物《今日评论》，对时事发表评论。仅1939年，他在《今日评论》发表的文章就有：

> 《日苏渔业纠纷》（第1卷第1期）、《抗战致胜的政治》（第1卷第12期）、《英美对日外交的新变化》（第2卷第7期）、《几件战时

---

[61] 潘惠祥：《钱端升与中国国联同志会》。
[62] 《中国国际联盟同志会月刊》1936年第1卷第6期。
[63] 此后还有1942、1946年出的第4版和第5版，参见沈宗灵：《再看〈比较宪法〉一书——为纪念钱端升先生百岁冥诞而作》，载《中外法学》1999年第5期。
[64] 钱端升：《王世杰氏的比较宪法》，载《现代评论》1927年第7卷第157期。
[65] 沈宗灵：《再看〈比较宪法〉一书——为纪念钱端升先生百岁冥诞而作》。

的不急政事》（第 1 卷第 17 期）、《政治的制度化》（第 1 卷第 7 期）、《统一与一致》（第 1 卷第 1 期）、《捷克灭亡后的欧局》（第 1 卷第 13 期）、《抗战致胜的途径》（第 1 卷第 11 期）、《侵略集团与防侵略集团》（第 1 卷第 16 期）、《抗战的目的》（第 2 卷第 1 期）、《苏德新条约及世界新局面》（第 2 卷第 11 期）、《对于六中全会的企望》（第 1 卷第 3 期）、《抗战中国际形势的转变》（第 2 卷第 3 期）、《欧洲各国的军备及战略》（第 2 卷第 8 期）、《英美法制日助我的最近形势》（第 1 卷第 5 期）……

1943 年 11 月钱端升出版《战后世界之改造》。1945 年，钱端升与萨师炯、郭登皞、杨鸿年、吕恩莱、林琼光、冯震等合著的《民国政制史》（上下册），入选商务印书馆"大学丛书"出版。

钱氏的法政思想有自由主义的特点，也有内在的折点。这在许纪霖的《作为知识分子的钱端升》中有深入的揭示，把它放在民国知识分子于 20 世纪 30 年代第一次大分化和抗战结束时的第二次大分化中来看待。[66] 我们如果从法科知识人的角度来看，需要作些补充。法科知识的一切观念集中在一起就是"法治"二字，也就是强调以规则控制公权力来实现社会与人民的自由，因此法科知识人具有天然的自由主义底色又有教义的保守主义思维。后者，是政治学与法学的根本区别。钱端升是个有宪法学知识背景的政治学家，他无疑是自由知识分子。因此具有了独特性：他与别的法律学者不同的是，他是政治学教授，理念性思考多于规范性思考，加上性格使然，他以手中的笔墨来挥洒激情。更重要的是，他实际上复合了本土关怀、问题意识和党派理念三个要素。因此，这位有法科背景的政治学家才会在 20 世纪 30 年代主张所谓开明的"独裁"。这个时期正好形成知识分子第一次大分化，钱端升属于拥护"新式独裁"的保守阵营。[67] 然而，十

---

[66] 许纪霖：《作为知识分子的钱端升》，载《北大政治学评论》2021 年第 1 期。
[67] 许纪霖：《作为知识分子的钱端升》。

多年的政治现实并不如他所愿——促使他重新调整自己的观点是必然的。1940 年，不惑之年的钱端升发表《浅说民权与极权一文》，对"极权"的态度有所调整，他表示"我们对于民主政治与极权政治之间要有所抉择，不能稍存惰性，也不能丝毫投机"，他明确肯定，"在人类文化演进的过程中，民主政治是迄今最进步的制度"，"极权主义只是在破坏方面有贡献，而在建设方面无贡献"。这是他对自己早期关于"独裁"的误判的一种调整。1941 年 1 月皖南事变发生时，国民参政会上有四个人起立质询，蒋介石最感头疼，这四个人就是张奚若、钱端升、罗隆基和周炳琳。

钱端升一方面对现政府当局失望，另一方面他还是吃力地用他学者的头脑来思考混乱不堪的政治现状。如此，他也只能求诸平衡折中的理想或幻想。他坚持原来强有力政府的观点，于是他转向政党制度的一种书斋式的构想。他总是在激情、艺术和极端中寻求平衡。至于说钱端升"横跨政学两界"这个提法，显然不妥，钱端升终生从事学术，兼任国民参政会这种虚职不能算从政。他说"28 年中，以教书为生，也以教书为业"[68]。他是终生"从学问政"的学者。他有深厚的西方政治学功底，可是此时的他面对中国宏大而复杂的问题，只能用理论、理想甚至幻想来谈论中国政治。这实际上已经不在学术范畴之内，而只能说是他有鲜明的政治倾向。

对钱端升早年激情产生决定性转折的，或许正是西南联大的一二·一惨案。1945 年 12 月 1 日，特务和军人在西南联大和云南大学制造了一二·一惨案，震惊全国。这对钱端升个人来讲，无疑是被"独裁"政权最沉重的一次羞辱。钱端升愤怒了，他与费青等 5 位教授组成法律委员会，调查惨案经过，收集证据，控告罪犯。[69] 然而，联大教授会致函监察院、最高法院控告，均石沉大海。[70] 此后，他成了西南联大中支持罢课的最坚定的教授之一，他拒绝执行教授会的复课决议。此后的钱端升"似乎变了

---

[68] 他所说的 28 年，即从 1924 年任教清华到 1952 年。参见钱端升：《我的自述》，载钱端升：《钱端升自选集》，第 565 页。

[69] 余广彤：《费孝通和他的三位兄长》，载《炎黄春秋》2000 年第 6 期。

[70] 胡冈：《监察院休矣！》，载《时代评论》（昆明）1946 年第 18 期。

一个人，不仅激进，而且悲观。他的好朋友周鲠生劝他再出面办刊物，大家公开说说话，钱端升一口拒绝了"，周给胡适写信说："他近来很悲观，尤其昆明联大惨案学潮令他多所感慨。"[71]

西南联大自由派教授们此时已然形成一个阵营。他很悲观，但悲观过后的激情就是对国民党的失望而走向激进，从原来支持当局的公共知识分子变成为反感当局的公共知识分子。所以，他想到自由的重要性，他发出要争自由的呼声，在北大纪念一周年大会上说："言论自由不可不争。受教育的人而不争言论自由，中国必将沦亡，必再没有前途和希望。"[72] 正如许纪霖分析说，在自由知识分子的第一次大分化之中，钱端升属于拥护"新式独裁"的保守阵营；在第二次大分化之中，他转向了激进的左翼阵营，"从一个向往威权的自由主义者转变为一个拥抱平民的民主主义者"，"钱端升逐渐褪去对威权主义的期待，转向民主主义"，"这是体制内的自由派知识分子继 20 世纪 30 年代民主与独裁大论战之后的第二次大分化，分化为左翼和右翼两个阵营，左翼的阵营站在联合政府一边，后来都留在了大陆，而右翼的阵营后来都跟随国民党去了台湾，或者流亡海外"。[73]

如果说中国法学家在国际上有一定影响，那他算得上一个。1937—1949 年间，他四次应邀赴美国参加学术会议和讲学。尤其是 1947 年 10 月，在其好友费正清安排下，他到母校哈佛大学作为客座教授讲学一年，讲《中国政府与政治》，连基辛格当年也是他门下的学生。[74] 后来还有美国学者称"钱端升教授是 20 世纪早期中国知识分子之勇气与忍耐力的典范"。[75] 1948 年 3 月第一届院士评选，钱端升还在美国讲学，却在学界自主的推选中当选院士。政治学候选人为周鲠生、萧公权、钱端升、张奚若和张忠绂，当选者为周鲠生、萧公权和钱端升，也就是说，他以票数碾压

---

[71] 许纪霖：《作为知识分子的钱端升》。
[72] 《钱端升氏谈争自由》，载《新文化半月刊》1946 年第 2 卷第 11—12 期。
[73] 许纪霖：《作为知识分子的钱端升》。
[74] 许纪霖：《作为知识分子的钱端升》。
[75] 钱端升在哈佛讲学时的助手、后来的美国著名中国学专家思卡拉皮诺语。引自许纪霖：《作为知识分子的钱端升》。

了他的好友张奚若和张忠绂。1948年11月，他在美国哈佛大学结束讲学时，没有选择留下，而是回到北平。12月4日北大校长胡适及行政部门公宴钱端升返回北大。1949年初，胡适离开北平去了南京，不久去了美国，而钱端升却从美国回来留在了北平。

钱端升迎来1949年。作为一个早就激情批判旧政权的法科知识人，对于新政权，自然带着热情和期待。1949年5月，钱端升被任命为北京大学法学院院长兼任北京大学校务委员会委员。1951年，钱端升远赴西南土改现场调研，写下《我要丢掉旧知识的重包袱》。11月6日，他在《人民日报》发表《为改造自己更好地服务祖国而学习》。1952年8月他以筹委会主任委员身份领命筹建北京政法学院，终得创建了新中国第一所法科独立学院，担任首任院长。1954年2月，钱端升与周鲠生作为宪法起草委员会法律顾问参与"五四宪法"起草工作。从1962年到1966年，钱氏受命主编《当代西方政治学文选》，由他拟定文选提纲，从60多位西方著名学者的著作中择其要旨，译成中文，并配以介绍性文字，共计150余万字。可惜书稿在"文革"中散失。[76] 1974年，钱氏出任外交部国际问题研究所顾问及法律顾问。长期兼任外交部顾问。1990年1月21日钱端升在北京逝世，享年90岁。

钱端升会怎样评价他自己？这很难找到根据。看他1988年在编辑出版《自选集》时为自己作品的筛选，他只节选了《德国的政府》《法国的政府》《比较宪法》这三部他较满意的书以及少量的论文。他在自序中有自我评论，对选入的《战后世界之改造》，他认为"有不切实际之处自所难免"，另外也讲到入选的一篇短文，坦承"向读者袒露了我对实际政治的天真"。[77] 钱端升在民国时期的知识人当中相当于今天讲的公共知识分子。就其公共性来讲，钱端升的知名度碾压大多数法科知识人。理查德·波斯纳（Richard A. Posner）在《公共知识人》一书中讲到一个通过调查

---

[76] 钱元强：《钱端升学术年谱简编（1900—1990）》。
[77] 《钱端升学术论著自选集》（自序），北京师范学院出版社1991年版，第2—3页。

得到的结论,叫作"公共越多,智识越少"(More public and less intellectual),他说举法律专业来说,"社会公众对有关法律的信息和意见的偶然随意、不加批判的需求,少量法学学者便能满足。这正是一些公共知识人把他们的商品销售给无鉴别力的消费者公众的一些证据。"[78] 当然话说回来,如果没有知识人从事时政批评,那么社会民众在舆论场就缺乏专业人士的引领。因此对于公共知识人,还要分两方面来看,在知识专业度低和重复之外,也要看到和肯定他们的公共担当和社会贡献。

---

[78] Richard A. Posner, *Public Intellectuals*, Harvard University Press, 2003, p. 167.

费青——童心傲骨九天渺

图 1　费青（1907—1957）

这张照片不是穿法袍的法官，而是东吴法科生费青，他 1929 年从东吴法科毕业时，穿学士服在模拟法庭上拍的。上大学时，费青是个"闹事"学生。他《自传》中的第一个阶段就以此告一段落。他把自己分成四个阶段："少壮时期"（1907—1929）；"落后时期"（1929—1941）；"前进时期"（1941—1949），"学习时期"（1949 以后），开始新的历程。[①] 写于 20 世纪 50 年代的费青《自传》虽然事实叙述很客观，但这四阶段划分，掺杂了些 50 年代的自我反省和剖析，可以看到他写作当时的新政权新时代的背景，带有时代烙印和意识倾向。

实际上他的四个时期分别蕴藏着四种情绪：革命激情、小资情调、抗争怒气和欣然期待。除此之外笔者以为，费青一生分为两场，上半场是体

---

① 费青 1951 年在加入民盟时写的《自传》，载《费青文集》（下册），第 691 页。

验,下半场是静思。那么,中间转折点在哪里?在1932年,正是他25岁哮喘病大发作,转到北平养病、结识张君劢那年。1932年以后其实构成他整体的人生下半场。费青的前半场人生体验有激情,后半场学术静思有精彩。费青的法哲学功底不亚于他的老师吴经熊,师徒二人学术上的不同在于,费青有本土学术意识和现实批判精神。他1932年之后,更钦佩张君劢,成为忘年至交,但又有自己个性的学术追求。因而他在中国法学史上有相当的典型意义。他只活了50年,爱憎分明,活得很真实,是反抗现实与批判时政的知识人,更是体验人生、静思世界的文化人。

一、体验:人生上半场

费青之父,苏州府吴江的费朴庵(璞安),曾是1905年的公费留日学生,1908年就发表文章呼吁中国急宜组织工会,② 武昌起义第二天,就在吴江震泽两县光复大会上被推举为临时主席,③ 1917年他又是江苏恢复自治赴京请愿的代表。④ 父亲的观念和行迹,必然给子女留下深刻烙印。费青的母亲杨纫兰也承教于家学,受过新式教育,毕业于上海务本女学,创办当地第一所幼儿园,从事幼儿教育。费家四子一女,都是读书人。二哥费青,生于1907年10月9日,和五弟孝通相差3岁,两人本来都想学医科,可后来成了五兄妹中仅有的两个文科生。

费孝通在成名乃至升任领导人后,仍像小时候一样钦佩二哥费青,曾大赞二哥"修养造诣和才华实在我们兄弟之上"⑤。在四兄弟中,费青的确是最有才华也是最帅的一个。他的才华总是有着张力,能作古典诗词,却有理性思辨。爱传统国画,晚年经常临摹、指画、写生,虽属初学但有童趣,用"吴牛"题款。费青字仲南,笔名图南,其实另有一个笔名,但

---

② 吴江、费璞庵:《论中国急宜组织工会》,载《时报》1908年2月29日。
③ 《吴江震泽光复记》,载《时报》1911年11月12日。
④ 《恢复地方自治之不易费朴庵急须南旋》,载《神州日报》1917年2月25日。
⑤ 费孝通只讲到"他是法学家这一点是肯定的、公认的";"他精通中英德文,修养造诣和才华实在我们兄弟之上"。参见《费孝通先生谈费青》(1987),载《费青文集》(下册),第748页。

他总是有意地掩着。

他不仅有文艺天赋，还是兄妹中最有思想和激情的一个。费青13岁入读中学时，正值五四运动，他跟着大哥费振东参加街头演讲活动，开始有了政治意识和爱国思想。他16岁入东吴大学附中读高中。1924年入东吴大学理学院医预科后，就显示了他生龙活虎的劲儿，成为苏州各校学生联合会的活跃分子。他和同学办了个平成工人夜校（后来他给儿子取名平成），请恽代英、萧楚女等到学校来讲演，并帮助纱厂工人罢工。⑥

反抗、运动、革命成为时代青年的主旋律，他们生怕不这样就跟不上时代。1926年"五卅运动"期间，校长文乃史禁止学生参加运动，费青和同学们一起抵制。1926年暑假，费青被选为江苏学生代表，秘密去了广州，出席第八次全国学生代表大会。广州在当时是革命中心，他身临其境，受到鼓舞。回到苏州后，他受到军阀孙传芳的通缉，不能呆在苏州。因被校方认定为"闹事"学生，下令必须转学，费青只好从东吴大学医学预科，转入上海的东吴大学法科。事后看来，这个转折，无论从他的性情、志趣，还是经历，似乎都是一种必然。

1927年3月费青与同学们一起组织群众欢迎北伐军进入苏州。与此同时，东吴大学师生正在苏州发动"收回教育权"运动，校长文乃史主动辞去校长一职并要求选举中国人任校长。最后东吴大学董事会表决一致推选华人杨永清担任新校长。12月，杨校长就职。

而就在这个时候，费青来到上海东吴法科。费青自然也参加到与美方人士之间的校政权争夺。⑦美方于2月就确定东吴法科由中国人主政，并确定年仅28岁的吴经熊担任法学院院长，但今天我们对这个过程还不是很了解。其实费青于3月底，就被选为学生会这次收回教育权运动的委员会的九个委员之一。九人委员会，负责推进向董事会收回一切教育权的工

---

⑥ 白晟：《费青先生年谱》，载《费青文集》（下册），第828页。
⑦ 费青：《自传》，载《费青文集》（下册），第692页。

作。⑧ 费青和委员同学们工作推进很快，据 4 月 1 日报道：东吴法科学生会自本星期二议决并对外宣言，向校董会收回教育权后，星期三由委员黄经荣、屠广钧、章寿昌、费青、查良鉴等九人，公请华（指华人——引者注）教授及新院长吴经熊博士、新教务长盛振为博士，于大中华酒楼聚会，由章寿昌主持，经过长时间之讨论，华教授一致承认此举为决不可少者，随由学生会、华教职员共同向校董会提出下列条件：第一，校一切设施，依照国民政府教育部所颁条例办理；第二，校董会应行津贴之款项，完全公开，由教职员及学生会之委员会，每学期定额算表交校董会负担；第三，院长有全权委派教授为关于学校所收入之经济、行政及法学季刊等会委员，不受校董会管辖；第四，院长有全权开设法学研究院、授予毕业生硕士博士等学位等，共计八项。⑨ 至此，法学院院长的"教政权"才有了清晰的界定。

"清党"时，费青又被学校当局上报到政府，列入学生黑名单。他带着五弟费孝通逃往吴江农村躲避。此时，小弟费孝通在苏州东吴附中继续读高中。同时代的青年都有过激情燃烧时刻，谁没有年轻过？谁没有青春时代？可是他为何没有加入党派，也没有走上革命道路？他自己后来自我剖析说，气喘病"这个痛苦、麻烦，无法根治的老毛病不仅时时阻碍着我的行动，并且也多少影响了我的思想意识"，"我起初虽还冒险找寻到革命朋友的联系，但在当时大环境的极端恐怖，和学校里小环境的权诈的缓和下，我终于失掉了革命联系，自己也就逐渐深埋到书堆里，只想求到点专门知识，以为将来终会有用处"。⑩ 身体与环境的限制，这应该是他自己对此最适切的答案。

费青在激情燃烧的同时，似乎比同时代青年更爱从中体验，从中感悟。1926 年，还在东吴读医科的 20 岁的费青以笔名"图南"写了一篇《觉悟》，发表在东吴大学学生杂志《新东吴》上。文章说，"觉悟？就是认清了自己的环境，而依理知所示给的方法来勇敢地对付他（它，指环

---

⑧ 《东吴法科学生运动澈底收回》，载《时事新报》（上海）1927 年 3 月 30 日。
⑨ 《东吴法科教育权圆满收回》，载《新闻报》1927 年 4 月 1 日。
⑩ 费青：《自传》，载《费青文集》（下册），第 691—692 页。

境——引者注)"⑪,这就是他的真实想法和正在实践的念头——要对环境进行革命。无疑,费青有从事社会革命的热情,但这种"觉悟"实际上是一种年轻人的体验。况且,身体与环境的原因,使他更容易安静下来,先学习专业知识和本领。

那么问题来了,年轻的费青在运动中如此持续又如此投入,会不会影响他的专业学习?事实证明,费青活跃于学生革命运动,却并不影响他的学习。他果然是个天资聪颖的学问天才,思想早熟,且擅长思辨。在东吴法科读书时,就能写出高水准的国际法和法理学专业论文。他居然以学生身份在其母校东吴《法学季刊》(第 4 卷第 1 期即 1929 年复刊后的第 1 期)上发表《国际法上"情势变迁"原则之研究》。该文就开头所引之国民政府外交部"一七年七月七日"颁布的宣言展开论述,由此可知此文写作时间最早起于此时,而该文落款自署"十七年岁底脱稿"⑫,可知费青本文写作期间为 1928 年 7 月至 12 月。当时费青正就读于东吴法学院三年级第一学期。本文所刊的《法学季刊》同期上,社评与论文作者为陆鼎揆(3 篇)、徐百齐、费青、吴经熊,其中徐百齐和费青为学生作者。

紧接着,同年《法学季刊》(民国十八年十一月)第 2 期上,费青再次发表论文,题目为《法律不容不知之原则》。登上封面标题的有 3 篇"上海临时法院判例",其中一篇第一作者郑文楷是法院推事兼东吴法科教授。而封面上正式论文只有 4 篇,论文作者分别是陆鼎揆、徐砥平⑬、陈

---

⑪ 图南:《觉悟》,载《新东吴》1926 年第 1 卷第 2 期。
⑫ 费青:《国际法上"情势变迁"原则之研究》,载《法学季刊》(上海)1929 年第 4 卷第 1 期。
⑬ 徐砥平(1902—1979),又名徐之冰,江苏南通人。上海震旦大学毕业,后留学法国,获法国格勒诺布大学法学博士。1928 年 3 月回国后,任上海法政学院教授,加入上海律师公会。1929 年应聘厦门大学法学教授,1930 年 2 月起兼法律学系主任。旋于 1931 年离校,历任立法院外交委员会秘书、上海法政学院教授、上海法商学院教授等职。抗战胜利后,任上海高等法院筹备处专员,奉命接受提篮桥监狱,后任代理典狱长。1946 年 1 月离职,继任上海暨南大学教授。1949 年后任上海中华工商专科学校教师、上海外语学院教师。1957 年被错定为右派,1979 年得到纠正。1979 年 7 月病逝于上海。著有《国际私法》(1932 年)等,译著有《公法的变迁》(〔法〕莱昂·狄骥,1933 年)、《〈拿破仑法典〉以来私法的普通变迁》(〔法〕莱昂·狄骥,1937 年)。

文藻、费青。⑭ 这位陈文藻（生卒年不详），英文名 V. C. Chen，江苏人，1924 年在东吴法科学习，⑮ 1930 年东吴毕业纪念册上有他的硕士毕业照，注明 LL. B. 和 LL. M.，说明他是东吴本科生，又于同年获东吴法学硕士学位。陈文藻后赴厦门大学任教直至 1947 年，有国际法与刑法学论著。本期论文作者中，只有陈文藻与费青是学生，陈是研究生，而费青则是本科生。

1929 年夏，23 岁的费青从东吴法科毕业。经其老师吴经熊院长介绍，前往四川新改为国立的成都大学（四川大学的前身）及华西大学等校任教，讲授国际公法、罗马法和英美法等课程。费青在自传⑯中提到，"我教书当然很用功卖力，已教了一年半，学生突然不上我的课了。一打听，才知道因为他们不满于我没有出洋留过学。这提示给我当时一条规律：要在大学里教书必先出洋留学。"⑰ 1931 年离开成都，于 7 月回到上海，他仍然要从事教育。经东吴兼任教师、著名律师刘世芳（参见郭云观专篇注 97）介绍入暨南大学任讲师，讲授罗马法课程。他还到上海进入国立暨南大学任教，教罗马法课程。1931 年上海《新闻报》有《费青重行执行律师职务》的报道，简要讲了费青毕业之初，与刘世芳合办律师事务所。后赴四川任教，现在设律所于北京路六十四号，与袁仰安⑱律师合作。⑲ 这

---

⑭ 费青：《法律不容不知之原则》，载《法学季刊》（上海）1929 年第 4 卷第 2 期。
⑮ 陈文藻有大量基督教文章，其中一篇《关于主日学校的几个问题》在落款处写有"一九二四，四，灯下东吴"，说明此时仍然在东吴就读。参见陈文藻：《关于主日学校的几个问题》，载《兴华》1924 年第 21 卷第 15 期。
⑯ 费青的《自传》写于 1951 年加入民盟时，带有时代色彩，但比一般人写的入党自传要更丰满详细，也更有精准的文笔。
⑰ 费青：《自传》，载《费青文集》（下册），第 693 页。
⑱ 袁仰安（1905—1994），浙江定海人，是著名律师、出版人和电影导演。早年作过捕房译员、律所翻译，在职攻读东吴大学法科，1929 年毕业，在石颖律师事务所任律师，并兼任暨南大学法科助教，1930 年加入上海律师公会，自设律所于北京路，曾任上海律师公会负责人。华东基督教联合会中学校长。1938 年初入戏剧界兼职工作，后任上海良友图书出版公司董事长。抗战胜利后到香港，成立长城电影制片有限公司，任总经理、导演、编剧。导演的第一部作品《孽海花》获选参加英国爱丁堡电影节，曾执导《阿 Q 正传》（1958 年）等多部电影作品。直至 1947 年仍保持律师执业。
⑲ 《费青重行执行律师职务》，载《新闻报》1931 年 7 月 3 日。

"重行"的潜台词应该指他毕业之初从事过律师业。但他加入上海律师公会的时间要晚些。据《上海律师公会报告书》，费青加入律师公会时间在1931年上半年。[20] 据费青在自传中讲，1931年他在上海执行律师职务，同时在暨南任课。当时他接受了一个政治犯案件的辩护，有两位相熟的同事好心来劝他把案子退了。"我那时想起了林肯的故事，难道中国连一个林肯都不出么？所以第二天我准备了一下就出庭了"，结果在法庭上真用了林肯证伪的辩护技巧。[21] "我办了几件辩护共产党人嫌疑犯的案件"，"我那时还是个初出茅庐、天真未凿的小律师，更怀着对国民党政权的仇恨和过去革命朋友的系念，却真的不顾自己死活地替他们辩护起来"。[22] 费青就是这种热心肠，同情革命朋友，热衷主持正义。据说遭官方嫉恨，费青在上海已难以存身。

1932年费青支气管哮喘病发，于8月暑假期间回家乡休息。这时的心情是可以理解的，一方面革命热情受到压制，另一方面健康状况很严峻。但他会消沉吗？

就在苏州浒关"潜庐"的躲避和养病期间，费青、费孝通兄弟俩合作翻译了英文原著《中日战争目击记》（又名《龙旗下》），发表在张君劢办的《再生》杂志。这篇回忆录的原作者是个英国没落的富家子弟，流落到旧金山，后来作为美国军火商船上的帮工来到天津，和大清军队作军火买卖。作者在渤海和黄海亲眼看见、亲身经历了中日海战大清败北的惨烈往事。[23] 我们知道，费氏兄弟翻译此文的时间背景——1932年，正是日本入侵中国的头几年。忧国忧民的费氏兄弟在"译者的话"中，开头就这样说道：

---

[20] 费青入会时间约在1931年1月至7月底之间。参见《新入会会员》，载《上海律师公会报告书》1931年第29期。

[21] 白晟：《不该遗忘的法科学人费青》，载《政法论坛》2014年第4期。

[22] 费青：《自传》，载《费青文集》（下册），第694页。

[23] 费青、费孝通：《中日战争目击记》（一、二、三，亦名"龙旗下"），载《再生》1932年第1卷第7、8、9期。

　　　　肃杀的西风已刮到了东亚。岂但融融的欢笑顿时吹散；听，哀号，悲泣，染着血腥，不是已逼人四至？数千年悠然地安于田野，家园生活的民族，在此烽火遍地之际，还有那一点不像绿荫如盖的梧桐，猝遇秋风，纷纷叶落？我们中华古国，以敬以爱，矢诚矢勤的文化，就将在此残杀，争斗，火拼，人吃人的战雾中消灭了么？和平和爱，在世界上从此就没有地位了么？我们的民族从此就永远地，没有翻身地，被注定于死，沦亡，消灭而完了么？[24]

在简要描述"致远号"沉没前的悲壮一幕和甲午战争惨败的情景之后，费氏兄弟总结说，"这里是一本残酷和懦弱的记录，是一幕最黑暗的活剧，是我们民族遇到狂风的初夕"。接着针对1932年日本侵略中国的形势，说："三十八年后却是'珠歌犹绕将军座，祖国河山一夜墟'。""君劢先生曾说：'我们要唤醒的不是什么人，什么阶级，是潜伏在每个人心中的本能'——战和爱。中国人早已失了他为人的本能了。""天下只有勇敢的才有生路；屈膝乞怜的，只有死。"

读这篇译者前言，仿佛看到两个青年被压抑的热血，喷涌于纸上！他们是在用热血向国人讲述甲午战败的惨痛教训，也是用热血向国人唤醒侵略战争的重演危机！君劢先生第一次出现在费氏兄弟的文章当中，精辟的论断在两个青年心目中，有着格外突出的地位。往后，费青开启了人生的下半段旅程——从上海到北平，从北平到柏林，到南洋，回国赴昆明，又到上海、重庆、北京……这一切都伴随着他无法根治的哮喘病，这也正是他自传中所讲的"痛苦"和"麻烦"。

二、静思：人生下半场

1932年初冬，费青因病情复发，转到北平养病，次年健康稍稍恢复，

---

[24] 费青、费孝通：《中日战争目击记》（一、二、三，亦名"龙旗下"）。

经刘志敭（扬）[25]介绍在北平朝阳学院任讲师，讲授英美法课程，但朝阳师资名录中没有费青的名字。费青又在燕京大学当"特别生"，和小弟孝通成为同学，后来又到朝阳学院兼职教罗马法。经张君劢介绍，他还在北平《晨报》兼做国际新闻版编辑。这一年，他通过弟弟孝通的朋友认识了从事医护工作的叶蒟小姐。[26]

1933 年，费青继续关注战争与国际形势，他又翻译了一篇《大战后世界政治之推演及其前途》[27]，对当时国际情势的空前危机向国内作了预警。同年，费青撰写了《西弗黎氏论法国政治》，介绍当时法国最新进的政治学家齐格弗里德（André Siegfried）。

我们会发现，费青这个时期的许多文章发表于《再生》杂志。《再生》创办于 1932 年 5 月 20 日，其背景就是前一年的九一八事变，当时东三省为日本所侵占，张君劢、张东荪、罗隆基等人有感于民族危机与国家腐败，发起建立"再生社"，"以国家社会主义再造中华民国"作为宣传"再生社"的宗旨。[28]张君劢担任主编，在此发表大量的政论文章，可以说《再生》是他观点的重要阵地。据笔者查阅 1932—1934 年的《再生》杂志，张君劢 1932 年在此刊发表了 14 篇，1933 年发表了 10 篇，1934 年发表了 9 篇，这样一直延续到 1949 年。而 25 岁的费青已成为《再生》的

---

[25] 刘志扬（？—1951），字抱愿，江苏武进人，东京帝大法科毕业。1914 年任私立北京化石桥法政专门学校民法教员，1915 年 6 月改聘为教务主任，仍任兼民法、民事诉讼法等学科教员，直至 1918 年 8 月。该校改组始解职，同年 9 月经北京私立中国大学聘为民法教员，12 月复经国立北京法政专门学校聘为教务主任兼任民法教员。因上述法科教员经历，符合免试任职司法官资格，经司法官再试典试委员会批准，于 1920 年 6 月免甄录试初试并再试等程序，入职司法官。1921 年 6 月经司法行政总长批准，署京师高等审判厅推事。1923 年 11 月起署大理院推事。时有民法论文发表，30 年代初兼任朝阳学院民法教授，自 1935 年起即任教北京大学法律系，著有《民法物权编》。七七事变后北大西迁时，继续留在北平，1941 年任汪伪华北政务委员会内务总署参事，兼伪北京大学法律系主任，1943 年任伪司法部法规编修委员会委员。抗战胜利后因汉奸罪判刑，疑于 1949 年前出狱，被周炳琳聘回北大任法律系教授，1951 年因病逝世。

[26] 白晟：《费青先生年谱》，载《费青文集》（下册），第 831 页。余广彤：《费孝通和他的三位兄长》，载《炎黄春秋》2000 年第 6 期。

[27] 费青：《大战后世界政治之推演及其前途》，载《再生》1933 年第 1 卷第 9 期。

[28] 王毅：《九一八事变后知识分子民主言说的特色——以 1930 年代〈再生〉为中心》，载《社会科学论坛》（学术评论卷）2009 年第 8 期。

主要作者，出国前的 1932 与 1933 年，就在《再生》发表了 7 篇文章。费青著文构思谨严，且古雅辞句中有自己的独特魅力，与同时代法科知识人相映照，几乎形成费氏风格。当他用笔名"仲南"、"图南"时，你也能把他与其他同名作者（比如另一位作者"图南"，往往写"江湖卖艺"之类的社会杂观）区别开来。

1933 年冬开始，热爱哲学的费青开始翻译哈佛大学哲学教授霍金（William Ernest Hocking，1873—1966）的 *Present Status of the Philosophy of Law and of Rights*（《法律哲学现状》），费时一年，于 1934 年冬完成。费青为何选择翻译霍金？虽然难以考证确定，但他热爱哲学，想离开法律从外部发现问题。他至少在翻译中发现了作为非法科哲学家的认识误区，也通过霍金书中的比较和批判，了解了斯塔姆勒与柯勒这"两个巨擘"的基本观点。译书过程中，他断断续续地生病。他为译著写了序言[29]，称"这本小册子竟能在病困中断断续续地译完了；……这是译者翻译法律哲学的初次尝试。就当他一件病中的纪念也好"[30]。从序言的口气听来，他并不全盘接受霍金，后文还会提到。

1934 年，"图南"还在《人言周刊》上发表了《吧城的中国妓女》（1934 年第 1 卷第 27 期）、《荷印的移民条例》（1934 年第 1 卷第 29 期）、《荷印的华侨教育》（1934 年第 1 卷第 30 期）、《香港的法律》（1934 第 1 卷第 31 期）、《爪哇的土人》（连载于 1934 年第 1 卷第 33 期与第 1 卷第 34 期）、《暹英荷三属的华侨概况》（1934 年第 1 卷第 35 期）等。此外 1934 年在《新生周刊》上有两篇关于南洋的文章，一篇是写南洋的军事和政治，开篇就预言第二次世界大战的到来，分析国际关系风雨，落款时间为 1934 年 4 月 5 日写于香港；[31] 另一篇是写"革命之母"南洋华侨受政治和

---

[29] 该序言 1935 年发表在《再生》第 3 卷第 1 期。1937 年出版霍金《法律哲学现状》时，序言成为"译后语"，参见霍金：《法律哲学现状》，费青译，中国政法大学出版社 2007 年版，第 133 页。

[30] 费青：《翻译霍金氏法律哲学序言》，载《再生》1935 年第 3 卷第 1 期。

[31] 图南：《从南洋归来：帝国主义的备战在南洋》，载《新生周刊》1934 年第 1 卷第 16 期。

经济的影响而没落,为之惋惜,写作时间是 1934 年 6 月 24 日。[32] 是年 6 月 14 日他写成了一篇《日本的南侵与荷属东印度》发在《东方杂志》上,分析日本垂涎荷印向南扩张的军事企图。[33] 笔者阅读过程中依稀看到了费青在南洋考察的英姿,也仿佛看到他在书斋坐看战云渐起的情景。目前没有资料表明他于 1934 年去过南洋,但他的大哥费振东此时正在南洋苏门答腊岛的棉兰工作,所以难以排除他亲赴南洋休病假探亲的可能。从这一系列文章的国际政治、经济、法律和历史的内容和知识结构来看,也像极了费青。非常遗憾的是,这位才华横溢的文坛赤子健康状况一直欠佳。

1934 年秋,费青卧病于燕京大学新校址淑春园,长达三个月,感怀此园盛衰兴亡,赋诗四章,发在《燕大旬刊》,兹录其中两首:

> 一任西风哭管弦,又见娇柳伴松眠。
> 月明应有凌波影,笑指这台似昔年。
>
> 午梦无凭日易垂,扑花老蝶死琉璃!
> 钟声不解西山隐,度入秋窗酿病诗。[34]

费青的病诗,借景抒情,描述那种细腻、慵懒、无奈而无言的童心情趣,这正是他自传中反省的那种"小资产阶级知识分子"情调,可见哮喘病带给他多大的影响。费青不愧是诗人,但不只是诗,他随笔也写得很精彩又富思想。1935 年 3 月有篇读书笔记又发在燕京大学《燕大旬刊》,对经常出现于诗中的"人不识"或"无人识"发表了感想。他说这有两种理解,一是文人对自己未被人识而满腹怨怼的心理,众生役役半为求名;二是文人不愿为人所知的一种超越心境,人间谁配作我知音?在这两种相

---

[32] 图南:《南洋华侨的没落》,载《新生周刊》1934 年第 1 卷第 28 期。
[33] 图南:《日本的南侵与荷属东印度》,载《东方杂志》1934 年第 31 卷第 16 期。
[34] 仲南:《废园秋感》,载《燕大旬刊》1934 年第 2 期。

反的见地,似乎觉得后者更动人听闻。他说,可是,我们的问题真就解决了吗?他借休谟、尼采和叔本华来解释,说:"能解释的事物,我们早就用理论来解释了,独是人世间的迂回微妙,欲说无辞的境界,才会不得已而流到诗人的笔端,来得到一个最后的宣泄。"这里,他揭示一个事实:人性中有些"微妙得欲说无辞"的情感需要诗,或者说诗能表述人性。接着他说,人总是处在"欲人知"和"不欲人知"之间徘徊莫决,形成"两个极端相反的意欲,会在他们的自心里交替上下,不知究极"。"本来呀,这是无边人生的大海中,一点表面的微波而已。人们需要安乐,但有时更需要苦难;人们要醒,有时更要睡;人们有时仰望道德,但有时更会叫出:'礼法非为我辈而设'。"于是,他感慨道:"我们不得不庆幸人间有着诗人,他们才有本领只轻轻地只用了两三个字,已把人心深处的无可奈何的意境,写得愁悠不尽。"于是,从"人不识"或"无人识"看到了诗人"怎样想逃出人生,但怎样又能不任他的怀想全无诉说的对象"。㉟

诚如《论语》曰:"人不知而不愠,不亦君子乎?"这是一种修养吧?这篇随笔既可看到费青对诗性的深刻理解和体验,能看到他在仰望星空,也看到他作为知识人对"名"的通透觉悟。诚如陈忠实所说,"生命体验由生活体验开始,但能够进入生命体验的只是少数"。这或许正是他掩藏在笔名背后的心思。这算是他离京前给《燕大旬刊》的一篇告别文章,也是对生命体验的觉悟,是另一种意义上的更深刻的觉悟。他体验了革命与读书,感悟了理性与诗情。

1934年,费青报考了清华大学第二届"庚款"留美公费考试,并通过"国内实习"。最后,考取留美学生共20人,其中包括费青、张光斗、夏鼐、曾炳钧、赵九章、钱学森等20人。1935年的新闻报道称"费青等10人年内出国"。报道中,费青名列第一位,他是这届当中唯一的"法律门"留学生,专攻国际私法,还专门说他是去美国。但费青有自己的考

㉟ 仲南:《读书随笔一则》,载《燕大旬刊》1935年第8期。

虑，他申请改派德国，"费青改派德国，到德后因再决定应入学校。在德专习国际法"。㊱费青自己的说法是："我因为英美法系和我国法系太不相类，所以特别请求转赴德国。这请求被允准了。"这里用了"特别请求"，原因是"英美法系和我国法系太不相类"㊲。

费青离开"北漂"了四年的北平，于1935年9月㊳赴德国留学。到了德国确定入柏林大学，边修课程边补习德语。在费青赴德留学前，其师吴经熊建议他应该去拜访许当姆勒（R. Stammler，即斯塔姆勒），并写了介绍信。直到寒假，他才有余暇按老师吴经熊的盼咐，给德国法哲学大师斯塔姆勒写信，预约见面时间。1936年3月30日，费青去凡城（Wernigerode，德国中部城市韦尼格罗德）的梅汰街（Mettestr.）别墅，拜谒年届八旬的斯塔姆勒，相谈甚欢，且及时拍摄了照片。当晚，他在旅舍记下拜访叙谈内容，相当于完成了一篇法哲学论文，很快发回国，在东吴《法学杂志》发表。㊴

五弟费孝通后来在清华研究院毕业后，也考取了公费留学资格，于1936年到英国伦敦政治经济学院攻读博士学位。这年寒假期间，他从伦敦到柏林去看望生病的二哥费青。

1937年1月18日，英国著名法学家波洛克（Sir Frederick Pollock，1845—1937）逝世，费青在柏林写了文章《纪念派拉克氏》以纪念波洛克，发回国给东吴《法学杂志》，于1937年第6期发表。㊵

1938年3月，德军入侵奥地利，加上春季哮喘病加重，费青无法继续学业，更无法获得学位。但是他也无法回到祖国，此时国内已经进入全面抗战，日寇战火烧遍他的家乡。费青自德国东返，来到南洋群岛（印尼）——这里有他的大哥费振东。费青在苏门答腊棉兰和槟榔屿的热带气

㊱ 《清华大学二届留美生》，载《大公报》（天津）1935年3月3日。
㊲ 费青：《自传》，载《费青文集》（下册），第695页。
㊳ 1936年3月费青去拜访斯塔姆勒时说来德已"忽忽半载"，据此推测他来德国的时间应该是1935年9月。
㊴ 费青：《谒许当姆勒氏（R. Stammler）记》，载《法学杂志》1936年第9卷第3期。
㊵ 费青：《纪念派拉克氏》，载《法学杂志》1937年第9卷第6期。

候下休养了半年多,哮喘病有所恢复。他十分享受着南洋气候、热带花木和夜市瓜果,后来他写道:"'海外风物',在我的回忆中,始终在憧憬着,尤其是'四时丝丝皆盛夏,一雨便成秋'的南洋风物,美丽的'热带情调',是永远使我有诗意的回味。"㊶ 结合 1934 年的南洋考察文章,我猜测这次很可能是他第二次赴南洋。

1938 年初冬,费青经越南西贡沿滇越铁路,进入云南。到了昆明,他正赶上西南联大在昆明重新开学季(12 月)。他接受西南联合大学(北京大学)法学院和云南大学法学院邀请,在两校开设"国际私法"、"法理学"等课程。在西南联大(北大)法学院任教期间,费青先后任讲师、副教授和教授,讲授过民法(含债权总论、民法物权、民法亲属、民法继承)、国际私法、诉讼实习和法医学等课程,1938 至 1939 年度费青还开设了法理学课程。

1939 年,费青和费孝通兄弟俩先后在昆明结婚成家——费青与叶筠结婚,费孝通继前妻王同惠意外逝世 4 年后,娶孟吟为妻。费氏兄弟两家在文化巷(今五华区)租了房子,同住在一个院子里。可怜的费青因不能适应昆明的高原与潮湿气候,喘病逐渐加重,以致敌机轰炸时无力往防空洞"跑警报"。但费青没有停止思考,也没有消减内心的激情。1940 年 7 月,病重中的费青写了一篇至今读来仍然令人感动的书评。评论的是《新生代》(第 1 部,1939 年初版,1940 年 4 月再版),这是抗战时期著名的杂文作家齐同为一二·九运动所著。他评价说这是叙写"北平学生救亡运动一部美丽的史诗,也是民族解放战争的序曲!"此书将一二·九运动至卢沟桥畔烽火爆裂为止,当时青年思想变迁过程,分写三部。费青评论的这一部,刻画了青年在抗战时代的熔炉中,由"离心而向心"。费青说:"它是血泪交织成的画面,它映现着满溢热情,嘶喊着,奔跃着漫长的行列,抢救祖国生存的先锋队伍底英姿!他们火般的热情和碧血,换来的是目前

㊶ 图南:《热带情调下的南洋风物》,载《侨声报》1946 年 9 月 20 日。

民族解放战争，这一运动底推动作用，是具有多么伟大和喜悦呵！"转而，费青又联系当时知识人的各种毛病进行抨击，他说："熟读理论满口术语的'空头革命家'，暗下和敌人勾接，出卖同志，今日抗战的阵营中不乏其人，不过经过时代筛子的淘汰，是会没落成渣滓的。"㊷ 身体的疾病丝毫没有减少他内心的激情。

1940年夏，日军轰炸昆明。费青因喘病严重，又不能跑警报，校医劝费青快离开昆明。东吴法学院也催他回来当法律系主任。是年秋，费青只好携夫人叶筠取道越南回到上海，他还是选择从教，在东吴法学院担任教授、系主任。1940级的潘汉典正是费青任教的学生。费青带病教的课包括哲学概论、民法总则、债编总则和债法分则。费青说自己没有准确估计好国际形势，以为上海租界是安全的，太平洋战争爆发，"震醒了我的迷梦"，使他意识到人生的第二个时期——"落后时期"，要在政治立场上有所选择，振作精神，走向光明。㊸ 的确，1928至1941年这十多年里，他正在求学、任教和养病，鲜有社会实践和批判火力。这被他自传称为"落后时期"。他把1941至1949年，称为"前进时期"，因为这是他批判现实和政权的时期。

不久，日军占领上海，东吴法学院努力支撑着，毕业班学生也于1942年1月提前毕业。5月东吴奉令解散，校董会通过"停办学校案"，文理法三分校各奔东西。盛振为于9月初由沪脱险到达重庆，㊹ 10月即带领部分师生在重庆办学复课。㊺ 东吴法科在上海还留了个办学点，据说是为让无法远去内地而留沪的约200余名学生继续学习。有学生回忆了细节：费青率先联络同事，商量对策，与张中楹、王遽徵等一起克服困难。师生决意不入汪伪学校执教和就读，也不愿失业和失学。最后大家留守在上海办学，费青任教务长，鄂森为秘书长，取"董法记"之名，暂借法租界南昌

㊷ 图南：《书评："新生代"（一）》（齐同著），载《益友汇报》1940年第12期。
㊸ 费青：《自传》，载《费青文集》（下册），第696—697页。
㊹ 《东吴法学院将由沪迁渝》，载《中央日报》（《扫荡报》联合版）1942年9月4日。
㊺ 《沈体兰抵桂谈东吴内迁情形》，载《大公报》（桂林）1942年10月5日。

路中华职业教育社的地址恢复上课。学校在 10 个月里，四易其址，[46] 后来有人回忆东吴法学院校址，说设于西藏路慕尔堂。[47] 根据目前的史料，1942 年 8 月就有报道说：东吴法学院改为"比较法学院"，至少迁了两次校址，先"设重庆路新寰中学内"，后迁入"南阳路爱国女中"。[48] 这应该都是西藏路慕尔堂之后的校址。但是 1942 年 8 月初，东吴比较法研究院由汉奸吴蕴斋担任"院主席"[49]，可能是被重组了。可见在"孤岛"的费青，虽然冲破重重困难，但最终还是陷入了危险境地。

1943 年 9 月，费青被迫冒险只身离开上海，经两个月辗转到达重庆。[50] 应张志让之请，在北碚复旦大学法律系任教授及朝阳学院（重庆分院）教授，讲授民法、法理学和国际私法等课程。因系主任戴修瓒住在中央大学，校方让费青代理系务，担任代理系主任的他还受三青团的学生攻击。[51] 可见费青这时有更鲜明的进步思想倾向。徐悲鸿也于 1944 年秋到达重庆，筹办中国美术学院。据说费青先生与徐悲鸿在重庆有交集，曾赠费青一幅画，并亲笔题款："仲南先生雅教 甲申大暑悲鸿写 东海王孙（印）"。据费青学生袁文回忆，徐悲鸿从抗战后回到北平直到晚年，仍然与费青、芮沐保持密切交往。[52]

前面提到费青有另一个笔名，是什么呢？1945 年，有位叫"胡冈"的人在费孝通主编的《时代评论》（昆明）发表了《侦探与侠义》[53]，次年费青写了篇法理学长文，特地说胡冈这篇文章"是胡冈先生和笔者有一天在讨论侦探小说和侠义小说的问题时所提出的。胡先生把那次讨论的大意写成了一篇'侦探与侠义'的短文"，"这里可先简述那篇短文的内容，

---

[46] 白晟：《不该遗忘的法科学人费青》。
[47] 诚培：《东吴法学院动态》，载《益世报》（上海）1946 年 10 月 18 日。
[48] 《东吴正式停闭》，载《东方日报》1942 年 8 月 7 日。
[49] 《东吴正式停闭》。
[50] 费青：《自传》，载《费青文集》（下册），第 698 页。
[51] 费青：《自传》，载《费青文集》（下册），第 699 页。
[52] "静静的白天鹅"的博客，载新浪微博，http://blog.sina.com.cn/s/blog_6297ed870102zbka.html，最后访问日期：2022 年 3 月 31 日。
[53] 胡冈：《侦探与侠义》，载《时代评论》（昆明）1945 年第 9 期。

来做本文的楔子"。他总是把"胡冈"说成是他的朋友,比如 1947 年《吴先生的表:抗战里关于教授的故事》一文中,费青开篇又说"这里是我的朋友胡冈先生于民国三十四年在昆明讲给我听的一段故事。"接着还说:"胡冈先生是一位不大不小的公务员,在抗战里各处的流浪中,结识了几个教授朋友。"[54]

其实,这个"胡冈"就是费青自己。他最早用"胡冈"笔名大约起于 1937 年,有篇文章叫《人做环境呢? 环境做人呢?》。文章提出一个问题:"是人做环境呢? 还是环境支配人呢?"他分析后得出结论"只要大家一条心,打倒了我们的敌人,逐出了我们国土里的鬼子,我们的环境不是可以转好吗?"[55] 这与费青 1926 年那篇《觉悟》中的观点如出一辙!"胡冈"继《侦探与侠义》之后,1946 年发表的 8 篇文章或随笔,有的发在《民主周刊》,有的发在《时代评论》(昆明)和《上海文化》。"胡冈"1946 年发表的系列文章清一色都是讨论宪法问题。一个"不大不小的公务员"怎么会写宪法和民主的文章呢? 明眼人一看就知道,胡冈就是费青本人。

1940 至 1945 年这五年内,他没有以"费青""仲南"或"胡冈"名义发表文章,只是偶尔以笔名"图南"发表少数几篇随笔。1945 年 8 月抗战胜利,费青特别向往北京,所以应邀再次回到昆明,再跟北大复员北京。[56] 费氏在西南联大(北大)法律系任教授,讲授国际私法、民法物权和民法债编等课程,同时在云南大学法律系兼课。1945 年 11 月、12 月,费青在昆明参与了反专制的民主斗争,用笔作武器抗议当局的镇压学生的一二·一惨案。抗战胜利显然给费青带来学术第二春。1946 年,他发表了 12 篇文章(其中以笔名"胡冈"发表 8 篇)。

1946 年 8 月,西南联大解散,费青随校分批复员北平。1946 年 12 月

---

[54] 费青:《吴先生的表:抗战里关于教授的故事》,载《知识与生活》(北平)1947 年第 11 期。

[55] 胡冈:《人做环境呢? 环境做人呢?》,载《小民报》1937 年 4 月 25 日。

[56] 费青:《自传》,载《费青文集》(下册),第 699 页。

24日晚，侵华美军在北平强奸北大女生沈崇，引起北平学生运动。费青与北大同事袁翰青、吴恩裕、马大猷、沈从文、许德珩、楼邦彦、钱端升、朱光潜、向达、容肇祖等47名教授联名向美国驻华使馆发出抗议信，强烈谴责美军这一暴行。这封信除直接送司徒雷登外，还在1946年12月31日《世界日报》上发表。[57] 据费青自传中回忆，沈崇家长由袁翰青带着来见费青，详考法律政治各方面，商定了应付的办法。这时，胡适以沈崇的监护人自居，挺身而出，同时以法律系教授们为班底组织了一个法律委员会，而单单把费青的名字除去。费青认为这是胡适对他"阴毒压迫"事例之一，也是为控制这个案件的政治影响，"不让它对国民党和帝国主义太不利"。[58] 确实，费青对此案有发表激烈抨击美军的言论，还指出，如果由美方审判，"我们有权使用国民外交"[59]。但事实上费青还在这个顾问委员会，只是没有出庭辩护。[60] 费青对胡适的看法，只是政治立场分裂后对同一事物的一种解说。

1947年12月，北大学生孟宪功等"共党嫌疑"案被移送河北省高等法院。胡适、赵乃抟、贺麟等北大教授乃至全国各地许多大学师生都发声了。费青和蔡枢衡、李士彤三位北大法律系教授以律师身份为孟宪功担任辩护人。[61] 他们三人和北大系科代表会产生的北大人权保障委员会一起进行了商议和准备，使人权委员会有机会到法院看守所探望孟宪功。1948年1月19、20日，费青等三辩护人去法院抄录卷宗，23日费青和李教授去看守所会见孟宪功，不久，诉辩状就送到法院。[62]

---

[57] 许德珩：《为了民主与科学——许德珩回忆录》，第272页。
[58] 费青：《自传》，载《费青文集》（下册），第700—701页。
[59] 庄家：《主权独立一再丧失》（平津学生抗暴联及名教授谈沈崇案），载《联合晚报》1947年2月8日。
[60] 据《北京大学史料》，北大请燕树棠、赵凤喈、李士彤、蔡枢衡、费青、纪元组织法律顾问委员会，出庭法律代理人为赵凤喈、李士彤。参见白晟：《费青先生年谱》，载《费青文集》，第839页注1。
[61] 《孟宪功移法院后北大人权会探监》，载《燕京新闻》1947年第14卷第7期。
[62] 《法律尊严再受考验，孟宪功案将公审：蔡枢衡等教授作辩护人》，载《燕京新闻》1948年第14卷第14期。

费青不仅文章高产，还与吴晗、袁翰青等创办了中国建设服务社的《中建》半月刊，于1946年6月1日出版了《中建》创刊号。1948年7月该刊北平版问世，费青任主编，王艮仲任发行人，但因鼓吹民主，1949年1月就被当局查封，被迫停刊。[63]

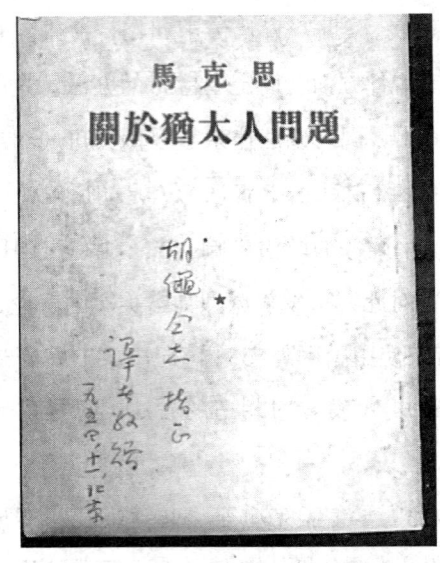

图2　费青翻译并签赠胡绳的《关于犹太人的问题》（然否斋藏）

不久，费青迎来1949年，用他的话说是进入第四个时期——"学习时期"。作为一个早就批判旧政权、积压了社会改革诉求的法科知识人，对于革命和新政权，带着好感和期待欣然接受了。《中建》停刊数月之后，在周恩来建议下，于1949年9月8日重新创刊，改名为《新建设》（双周刊），张志让主持社务，费青仍担任总编辑。[64]尔后他动手术切除了一叶右肺和三根肋骨。1951年9月，费青给他的学生潘汉典的信中，表示愿意推荐潘进北大法律系，并劝他"努力向进步方向接近，摆脱旧的一套"，"你尚未结婚，没有家累，正来得及善用这点自由"，[65]满满显示了费青对

---

[63] 王艮仲：《忆费青》，载《费青文集》（下册），第761页。
[64] 参见费青：《发刊词》，载《新建设》（双周刊）1949年第1卷第1期。
[65] 费青：《致潘汉典》，载《费青文集》（下册），第707页。

新政权的真诚。他为潘汉典进北大写了至少六封信，如此耐心地爱护学生，也真是个彻底的热心肠。他兼任最高人民法院委员、政务院法制委员会委员等等，但他仍在高校从教，历任北京大学教授兼法律系主任、北京政法学院教授和副教务长。社会上开始搞司法改革研究，可又一再反复时，费青向钱端升建议"我们自己搞"，但领导不同意。1954年费青当选第一届政协委员，同年抱病翻译并出版了《关于犹太人的问题》，1955年翻译了《马克思黑格尔法律哲学批判导言》。1957年前夕，他住到无锡大箕山疗养院休养。吴晗写信给他说"北京气候不好，暂时不要回来"，这使费青躲过了厄运。当北京的两个兄弟都成了右派，费青心情抑郁，疾病日益加重。7月24日，费青病逝于太湖之滨，年仅51岁。他逝世前心境甚为悲凉，失眠，自称"鹅鸽"（二哥），留下一首《病中不寐》：

> 五湖风雪满旧船，求药南来意惘然；
> 久病帷余诗是伴，无眠怕度夜如年。
> 鹅鸽肺折沦凡鸟，菡萏香残委逝川；
> 无复峥嵘往日泪，搴帷起坐看霜天。

三、思辨：本土法哲学

费青在东吴读书时期写的第二篇论文《法律不容不知之原则》，已经达到相当高的水准。此文可是填补中国法理学空白的一篇论文，这个主题别说当时，就是当今我国法学界研究者亦是寥寥而已。这属于一个鲜为学界关注的法理学问题：凡人违犯法律，不能以不知法令为免责之理由，这是各国法律相同之原则。可是问题在于其理由是什么？简单地看，容易理解——不予追责等于奖励不知法者，法律等于具文，有悖于立法本意。然而，我们来看费青的问题意识是如何提炼出来的：经过他的考证，发现此中还有问题：法律发展至近世，"其繁缛不特逸乎常人所可知"，连学习法律的人亦难于穷尽全貌。费青追问到：英美法上不苛求律师尽知法令，而对普通人，为何法律却不容不知呢？这是不是有点违背人之常情？没想到，这个看似通说的原则，却隐含着无穷丰富的学理，又环环相扣地关联着一堆问题，被这位大四的学生一一挖掘了出来。

他先从罗马开始梳理列举了两大法系的法律与诸多判例，然后，从优士丁尼学说汇纂开始，将布莱克斯通、奥斯丁、霍姆斯、萨尔蒙德（Salmond）、波洛克（Pollock）、埃玛氏（S. Amos）等法学大家的学说一一引用，并清晰地分析他们对此原则解释的不同之处。比如布莱克斯通类似于优帝，认为法律不容不知，且"应知而推定为知"，而奥斯丁则认为不能混淆"所知""可知"与"应知"，还存在"不得已的不知"，法官怎么办？另外提出何为有知法之责？这是理论上未解决的问题。费文判例典型精准，学说广征博引，引注原典丰富，论述逻辑严密，持论中肯平稳。从中可读出费青自己的见解，即法律原则的例外问题，"受制于各种例外而未归划一"，并非像自然科学定律那样具有绝对性，各国各时代各学者虽有探索，但"迄未抵于完善"。[66] 这样的结论也十分中肯并富有智慧和启发性。

费青的论文，总是思维缜密，富于哲理，文笔精炼，辞语典雅，充分发挥了他的逻辑思维和文学修养。可能因这两篇文章，激励了他，使他开始知道自己真正喜欢什么，适合做什么。

放眼国际，立足本土，是他早期就有的一个特点。1933年他翻译了一篇《大战后世界政治之推演及其前途》[67]，对当时国际情势的空前危机作了预警。费青作为译者，在开头指出，该文虽然是从英国的角度，不具体针对远东问题，但也具有可推演和启示作用。他希望在民族危亡时刻及时唤醒国人。费青在北平一面工作，一面还坚持学习和翻译外国政治学[68]、

---

[66] 费青：《法律不容不知之原则》，载《法学季刊》（上海）1929年第4卷第2期。
[67] 费青：《大战后世界政治之推演及其前途》，载《再生》1933年第1卷第9期。
[68] 费青译：《大战后世界政治之推演及其前途》，载《再生》1933年第1卷第9期。

经济学[69]的相关论文。同年，费青撰写了《西弗黎氏论法国政治》，介绍当时法国最新进的政治学家西弗黎（Andre Siegfried）关于法国"国性"、法国政治、法国政党、外交关系、与盎格鲁-撒克逊的对照等等。此人以1930年的《论法国政治的法国国性研究》而闻名，揭示法国个人主义的"国性"。[70]而西弗黎此文章发表后不到三年，费青即以一名青年讲师的身份，对西弗黎在中国首次加以介绍。文章最后，费青把"国性"问题联系到中国国性，其实就是在谈论中国国民性和国情问题。

费青年轻时就佩服张君劢。他比张君劢整整小20岁，但他与张氏关系密切，属忘年之交，因为他们在法律与本土文化的关系上有共鸣。费青文章中常引用张君劢的话，却很少引用老师吴经熊，虽然在东吴读书时，吴师在西方法哲学上带给他扎实的西方法哲学基础。吴经熊在西方法哲学上拼着搏出位，也只不过是试图"打通"两个学派，与中国、与本土、与文化问题并无关联。1935年的吴经熊正紧跟孙科在立法院法制委员会当委员长，只偶尔发表些演讲或学术文章，并无什么能吸引费青的。费青已经成熟了，并不是不爱吴师，而是他读懂了君劢。后来他在自传中就提到过吴和张二师，他说"欣赏过吴经熊写得非常漂亮的英文法学文章，也敬佩过张君劢敢于在宪法课上痛骂当时气焰正盛的国民党政权"[71]。你看，一个用"欣赏"，一个用"敬佩"，显然在心底里有着不同的分量。

1933至1934年，费青翻译哲学家霍金的《法律哲学现状》时，接触到德国法学家斯塔姆勒的法律哲学时，意识到一个重大问题——他对被近代法制化切断后的中国本土传统有强烈的担忧。费青在译霍金书的《序言》中反思了这个问题。他提到，有一天和君劢先生闲谈，费青说"中国自己的法律史早已整个地被切断了，现在我们所有的法律原是为了国家存续的不得已，或是为收回法权的必要，生吞活剥地从外面硬塞进来的"。

---

[69] 柯尔：《现代经济学》（费青译），载《再生》1933年第1卷第12期。
[70] 费青：《西弗黎氏论法国政治》，载《再生》1933年第1卷第9期。
[71] 费青：《自传》，载《费青文集》（下册），第693页。

君劢先生很感慨地接着说:"就是在中国任何其他方面,那(哪)一样不是已像法律一般的整个地被切断了!但是我们终有一天将再造我们自己的历史。"[72] 这里提出了一个普遍性的、迄今还存在的矛盾:外来制度与本土传统怎么兼顾融合?我们来看费青是怎么理解这个问题的,接着他说:

盲目地拒斥外来的法律,当然已不是此后"再造自己法律历史"的适当方法,但实际上我们尤须反对的还在:既没有懂得外国法律的本意所在,和我国社会的真正需要,却只从外国法律的表面条文中东抄西袭地来凑成几部法典,还敢厚颜地夸耀着说:这是我国自己的法律!我们若是一考这种法典的内容,不必说什么便民利国,就是各条文的字面意义,有时在逻辑上还讲不通![73]

所以,他赞同石志泉(参见马德润专篇)的观点,要"先去设法明了一下外国法律的条文背后的'主义'、'本意',或'哲学',然后再把它们来比较我们自己的需要和思想,纲领既得,才能进一步而详制条文。法律哲学原来是有实用的。"接着,费青说,虽然翻译外国法律哲学的作品渐渐增多,但基本都是介绍外国法学家的结论,而很少介绍他们是怎样得出结论的。"所贵乎法律思想或法律哲学者,乃在它们的立论和立论方法,而不在它们的结论。我们所以读法律哲学者,更不是在学到他们的结论,而是在学到他们怎样去运用思维。等到我们能够自己运用思维了,那时才能创造我们自己的法律哲学。"[74] 费青的这个看法很精辟。今天我们在讨论法律或法学"中国化"时,仍然要"学到他们怎样去运用思维"来创造中国的法律哲学。费青带给我们的启示是:21世纪的中国,这对矛盾关系则转换为外来文明与本土特色的关系问题,究竟怎样处理?对待这一问

---

[72] 费青:《翻译霍金氏法律哲学序言》。
[73] 费青:《翻译霍金氏法律哲学序言》。
[74] 费青:《翻译霍金氏法律哲学序言》。

题，仍然需要从法律哲学和思维方法出发，而绝不能凭空任性。

至此，可以推测，费青选择翻译霍金这本小册子，的确是想从法律外部来思考法哲学问题。但随着他翻译的完成，他发现霍金的理论仍然是有问题的。他并不盲从霍金的观点。可以说，翻译霍金前后，是费青在法哲学上成熟的转型期。他知道作为哲学家的霍金只是从哲学——"法律外"来看法律，提醒读者"法律不是一个与外界隔绝的莫测深渊"。费青赞同霍金的基本假定和思维方法，但极不赞成霍金所谓法律之目的论，以"发展各个人的能力为目的"的结论。因为，费青认为"法律固需有一个法律以外的目的，但这个目的也不能相离太远了，而使它和其他诸种社会制度的目的无从分辨"，"'发展各个人的能力为目的'原是教育、科学等等的共同目的，而法律既然是一个独立的存在，它一定还具有一个特殊的目的。这目的实在不外乎达到'社会的存在'"。因此，费青同意斯塔姆勒的法律的目的论，"法律的目的是使社会能够存在。有了这最小度的社会的存在，然后我们始能掺入其他目的"。[75] 这个观点与他后来强调的"法律之内"理念是相一致的。

其实费青在翻译霍金之前在东吴读书时，就熟习西方法哲学脉络。这从他1936年拜访斯塔姆勒一节可以了解到。由于其师吴经熊的授课和推荐，再加上他在阅读霍金时讨论过斯塔姆勒的法哲学，因此他1936年3月拜访斯塔姆勒就能够顺利对话了。当夜下榻韦尼格罗德（Wernigerode）旅店，他在手头没有任何参考资料的情况下，完成了那篇访问文章——其实是一篇上乘的法哲学论文。回到柏林大学后，他在图书馆加上了一些注释。[76]

斯塔姆勒见面后就问费青，在德学习法哲学有何心得？费青先是谦虚了一番，说自己来德先是补习了德语，还没来得及好好学习德国法哲学。但通过英文阅读及在吴师（经熊）课堂了解，略知德国法律哲学与英美法

---

[75] 费青：《翻译霍金氏法律哲学序言》。
[76] 费青：《谒许当姆勒氏（R. Stammler）记》。

律哲学的异同之点。他继续回答斯氏提问,说:"英美法学以实效主义为出发点,以'利益'、'幸福'等为批判标准。'利益'、'幸福'自身既无纯一标准,于是不得不创所谓'多原论'。德国法律哲学则反是,常努力于最高单一标准的寻求。"至此,斯塔姆勒教授忽然击桌高呼曰"对了,我们所需要的是一个 Begriff,一个可以把手来握取的 Begriff,犹之我用手来握取这只茶杯一般"[77]。接着,教授问费青,Begriff 一字在中国怎么讲?费青回答说就是"概念",教授又问这词是否自古有之?费青解释说,"概"和"念"二字是自古有之,只是连缀成辞则是始于近代。"念"是名词,"概"是形容词……费青又把这个汉语构成与德文对应地作了番解释。教授听后很得意地说:"这正是 Begriff 一字的真义。Begriff 的意义是'具有纯一性的思想(einheitliches Denken)'。法律哲学的任务,第一就在获得一个法律概念,一个具有纯一性的思想,这概念自身须超于一切各个性的具体事物之上,于是始能'无往而不准'。至于像英国边沁辈所创最多数人的最大幸福,就始终没有走出这各个性的具体事物的圈子之外,无怪他们永远得不到结论。我们既有了一个法律的概念,然后再须寻求一个法律的 Idee,英文里叫 Idea,他是法律的目的,即是'正义'(Gerechtigkeir)。全部法律哲学唯有这二个问题,一个是法律的概念,一个是法律的 Idee,再简单没有了。"[78]

费青的哲学功底极好,他当场就联想到康德哲学,他知道斯塔姆勒这一思想来源于康德。他在文章第一个注释[79]中写道:"我们只须真能窥见许氏(指斯塔姆勒)法律哲学和康德哲学的关系,就已知道了许氏学说的关键,这里所谓'关键的知道',便是许氏谈话中所谓'恍然大悟'。"他在注释中讲到,在许氏之前,法学始终没有走出具体经验的圈子之外,自然法学所谓的权利、天赋人权,始终还是在经验界,就不得不受历史变易的

---

[77] 费青:《谒许当姆勒氏(R. Stammler)记》。
[78] 费青:《谒许当姆勒氏(R. Stammler)记》。
[79] 这个注释很长,几乎占了4整页,甚至可谓是一篇关于西方法哲学总纲的梳理。

统辖，于是丧失其"古今不变"性。而历史法学所谓的"民族精神"论，最大的毛病在于是在把法律置于历史因果律之下，人的意志对它是无法左右的。这个毛病被耶林看出来了，他指出法律是脱不了人的目的的。这目的是什么呢？费青说耶林从英国"实效论"里找到他的答案，即幸福或利益。这种思想被庞德带到美国，而形成所谓"利益称量论"。费青信手拈来，把问题的源流整理得如此清晰，足见其功力非同一般。

费青在这个"第一注释"里阐述了斯塔姆勒从康德理论中获得的"恍然大悟"。它是什么呢？费青说它就是不能只有"外来的感觉"，而应当有"内在的范畴"。因为"感觉"自身是零乱颠倒的，绝不能成为知识。内在的基本范畴，便是时间与空间，有了时间与空间的架子，"感觉才能装进去成为知识"。这样我们才能觉察，在逻辑上是先验的，其意义便是康德所谓的"先验"，我们不能用处理经验的方法去处理，而只能用"批判方法"。费青由此得出结论，如果不了解康德的知识论，就无法认识斯氏的法律哲学。费青认为斯氏的所谓法律的"概念"可以用批判方法完全获得，而斯氏的 Idee，就是一个法律所努力向往的"鹄的"，即"一切具体法律事物的总和谐"，以此鹄的为准向的便是所谓的"正义"，合乎正义的便是"正义法"。

《纪念派拉克氏》[80] 的篇首，费青引用龚定盦（自珍）的诗："乾隆朝士不相识，何故飞扬入梦多"，他说纪念波洛克，"不只因他是个法学家，而却更因在他的风格品性中"，他把波洛克称为"可爱的前朝文物"——波洛克曾在 84 岁写的自传里自号为"维多利亚朝的遗民"。他说，就像我们阅读沈寄簃或薛允升时能看到其中的古典遗辉和我们自己的种血，也能感受到现代博学之士。文章中可以看到，费青钟爱"前朝文物"式的学者，鄙视现代文化圈那一辈"失却国性的专家"。费青讲完波洛克这个人物之后，介绍他的法学贡献和立法经历，再又描述波洛克所代表的英国法

---

[80] 费青：《纪念派拉克氏》。

学家的"仇视"逻辑的思维特点，即反对"可以用一个简单的概念，来统括许多看似错综杂乱的现象"，这就是英美与德国法学者最后的歧异点。[81] 费青的学术旨趣和思考深度都有过人之处。但非常遗憾的是他的健康状况不佳，使他无法完成要获得博士学位所需的学业。

1945年，费青（胡冈）的《侦探与侠义》，把英美侦探小说和中国侠义小说作了比较，他说侦探与侠义（两种小说）都是为实现公平正义；可是西方的侦探小说，是在法律之内获得公平；而中国的侠义小说所表示的，乃在法律之外获得公平。侠义小说所以在我国特别盛行，以及侦探小说的所以无法用中国背景来写，都说明了在迄今的中国，公平正义只存在于法律之外，而不在法律之内。[82] 换句话说，在中国，用合法方法是无从得到公平正义的。

费青借助这个从小说中来的灵感，写了篇长文《从法律之外到法律之内》，1946年在生活书店出版小册子。文章开头就说"法律之外"和"法律之内"这两个名词，"是胡冈先生和笔者有一次在讨论侦探小说和侠义小说的问题时所提出的"。接着他把话题引向法学，联系到人民的生活和意识，联系到"纸上的法律"，联系到法治。他写道："事实上，中国人民的生活，多是在法律之外，很少是在法律之内。不仅是正义与法律分了家，即是人民的生活亦和法律脱了节。我国现时'纸上的法律'尽管很多，学校里尽管讲授着分门别类的法律，而人民的实际生活却是另外一套。……所谓法治，最广义地讲，就是一种在法律之内的生活方式。于是，我国当前的大问题乃成为：如何使一向在法律之外的人民生活方式，能进到法律之内？"[83] 是啊，中国人好谈道论德，面临所有的问题，都会先从先验的道德伦常上进行判断，而不喜欢考虑规则、事实和逻辑。费青对"法治"作了一个最广义的定义——"就是一种在法律内的生活方式"，

---

[81] 费青:《纪念派拉克氏》。
[82] 胡冈:《侦探与侠义》。
[83] 费青:《从法律之外到法律之内》（时代评论小丛书），生活书店1946年版，第3页。

这是一个独到而有见地的发现。"我国当前的大问题"的解决，乃在先找到为什么中国人的生活一向是在法律之外的真正原因。[84]这一判断颇有深刻的文化意涵，对我们的启示是：中国法治问题要从中国人的生活来考察，更不能离开"法律内"来谈法治，从法律外部谈法治只会否定法治。这是他的又一个发现。他揭示了中国人的生活思维习惯与法治的关系，因此再次验证了中国法哲学不能离开本土问题。

费青借"胡冈"短文，引出深刻的法理学问题，立意很精巧。所以费孝通说二哥文章"构思谨严"，着实说对了。费青对法律问题的思考总是具有某种天才的独到性和深刻性。再举一例，当他强调法律和法治的重要性时，他会从反面来论述。比如针对"法律是骗人的"这个观点，他在一篇《几种法律否定论之检讨》中，细致地分析了五种情形：第一最彻底的含义是根本否定法律的存在可能，人可以依主观的价值标准来规律自己的行为，法律的基本假定就从根本上无法成立。第二种态度并不根本否定法律的存在，但总觉得法律是要不得的，道德、礼教比法律高明得多，这以儒家为代表。第三是道家，虽也和儒家一样，但它反对一切"人为"的规范。第四种是不满于现实的法律。批评法律的立场有两种，集中表现为两名朴素对立的观点，"法律是强者压迫弱者的工具"和"法律是弱者束缚强者的工具"。第五种是针对法立而不行的现象的牢骚。[85]这篇文章很有意思，思路伸展很开阔，但还意犹未尽，值得再深入探讨。

四、批判：时政宪法学

费青能承担罗马法、民法、国际私法课程，甚至还有诉讼实习和法医学的教学工作。可是他在学术著述上，基本上是限定在政治学、法哲学和宪法学等重大的理论与实践问题。我想，这与他的"蓄意"取舍有关。到了40年代中后期的政治形势下，他的重点是宪法与人权等重大而现实的

---

[84] 费青：《从法律之外到法律之内》（时代评论小丛书），第3页。
[85] 费青：《几种法律否定论之检讨》，载《东方杂志》1944年第40卷第5期。

紧迫问题。这可以看出他的学术旨趣和重点关注所在,也可以看到他针砭时政的理论批判倾向。他在宪法上的论述大致可分为以下几个方面:

第一,提出"宪法的人民立场"。1945年12月1日,特务和军人在西南联大和云南大学制造了一二·一惨案,昆明师生震怒,全国知识界震怒!次日,费青与钱端升等5位教授组成法律委员会,调查惨案经过,收集证据,控告罪犯。[86]联大教授会致函监察院、最高法院控告,均石沉大海。1946年初,张君劢来电找费青参与起草宪法,费青拒绝了,"警告他不要做将来历史上的罪人,更希望他能悬崖勒马。几年来我和张君劢的师友私谊至此断绝"。[87]知识人最远的距离不在空间上,而是思想上,尤其是涉及政治方面,会置人于绝交境地。费青于1946年3月愤然撰文,从宪法和法理上对镇压学生运动进行了严厉的斥责,反驳"是政治问题而非法律问题""现在特殊时期不是五权制"的论调。"国民党失信于民的最大原因,便是在自己立了法而不实行法,尤在太顾政治而牺牲了法律。"[88]费青写下挽联,刊登在12月6日出版的《时代评论》悼念专辑的封面,民主教授愤怒的血性跃然纸上:

此处是民主堡垒,贫贱未移,威武不屈,更使尔碧血英魂常共守卫;

空负了锦绣山河,豺狼当道,鸱鸮飞天,当此际阴风惨日无限悲怆。[89]

1946年,费青以笔名"胡冈",发表《人民应立刻注意宪法问题》,大胆揭示五五宪草中直接关系人民祸福的问题,他呼吁民众要立刻清醒起

---

[86] 余广彤:《费孝通和他的三位兄长》。
[87] 费青:《自传》,载《费青文集》(下册),第700页。
[88] 胡冈:《监察院休矣!》,载《时代评论》(昆明)1946年第18期。
[89] 挽联与社论《献给烈士们!》《伟大的史诗》《为和平民主而工作》等文刊于《时代评论》封面。参见《时代评论》(昆明)1945年第6期。

来，关注宪法问题。[90] 同年，费青又以笔名“胡冈”发表《宪法与宪政》一文，提出“要建立一个以召集国是会议为中心的人民推动力量”。他认为“人民的力量是潜在的，一个代表人民力量总和的组织，超出党派利益，代表广大的中间群人民利益的组织在今天是必要的”[91]。还是 1946 年，他发表《从人民立场批评五五宪草》，以“宪法的人民立场”这个概念说出了宪法的精义。他根据孙中山的“政权与治权”理论批评五五宪草，从理论上讲，“政府只是受人民的委托而来处理众人之事的机关。这机关的权力本是受之于人民，若是人民不愿意把太大的权力授予政府，政府除了不能像他所希望的多做点事外，本就没有向人民争权的理由”。从事实上讲，“若是政府真是想为和能为人民多做点事，人民为了自身的利益，那有不愿给予政府以必要权力之理?”据五五宪草，费青认为人民的政权太小，政府的治权太大。他还讲到宪法解释权应当由立宪机关行使，他指出宪法上“非依法律不得限制公民权利”有问题，因为仍然可以通过制定法律来限制公民权利。认为法律上能否限制权利，还得看该项法律是否违反宪法。费青还质疑五五宪草中的司法院性质，它掌握宪法解释权，而不是最高法院，向国民大会负责，其权力又司法行政权混合，那么司法院到底是行政机关还是司法机关？司法权独立性何以体现?[92] 这个问题上，费青确实是指出了五权宪法在司法权设计上的不自洽之弊。

第二，指明人权保障的意义和分类。1947 年，费青冒着被怀疑为“共党外围”的风险发表文章论述“人权”这个敏感话题。这篇文章有两个关键。其一是指出“人权不仅是任何好政府的基础，更是任何政权所以取得民心而取用反对者的最高明和最有效的合法武器”。在当时从法学上对人权作出这样的定位，既有理论创意，又有实用策略。[93] 其二，费青还区分

---

(90) 费青以笔名“胡冈”发表《人民应立刻注意宪法问题》，载《文萃》1946 年第 25 期。
(91) 费青以笔名“胡冈”发表《宪法与宪政》，载《民主周刊》（北平）1946 年第 15 期。
(92) 费青：《从人民立场批评五五宪草》，载《再生》1946 年第 107 期。
(93) 费青：《从法律平议人权保障》，《知识与生活》（北平）1947 年第 2 期。

了"人身权"为中心的人权与"免于匮乏"的人权。用今天的话来讲，就是消极的自由权和积极的福利权。他说，在外国已竞相讲求如何实现人权"免于匮乏"的人权时代，而我国连起码的人身权还成问题。[94] 这个关于人权"两分法"的独到思想，一直沿用至今。

其实早在 1944 年，他就研究和介绍英国的法治与人身自由保障问题。[95] 费氏从人身自由保护角度强调法治的重要性，特别是法院及其程序应不受政府干涉。1948 年费青还发声抨击"戡乱时期"设立的特种刑事法庭，他的文章比较特别——能从法理入手来论证反对的理由，认为这违反两个原则：第一，"只要你有妨害戡乱治安"嫌疑，就把你送进特种刑事法庭，这是违反"无罪推定原则"，第二，用新颁之法治过去之行为，这违反"法不溯及既往原则"。[96]

费青在另一篇 1947 年的《过了五四看时局》中，认为不是辛亥革命而是五四运动才使国人从传统中解放出来，这种解放是以"现代的意识形态"的引发为标志的。接着他阐述道："现代的意识形态是以各个人认识自己的'人的价值'为基础的，从而更认识他人的'人的价值'，再进而用这个'人的价值'，来重新估定一切事物的价值。简单地说：人发现了自己，发现了他人，发现了世界。"[97] 这是他深挖人权观念的根源，也是为人权理论所作的深层铺叠。

他在人权方面不仅有理论阐释，还能够在现实事件中针锋相对地为人权发声。1948 年，在学生反饥饿反内战运动中，费青发声，他说："学校诚然不是租界，学生诚然不能享受治外法权，但当一国法律或法律的运用已和正义公道脱了节，甚至足供统治者用为政治上的工具，以摧残异己、扼杀青年，断丧民族国家生机的时候，负教育责任者就应该挺身而出，谋

---

[94] 费青：《从法律平议人权保障》。
[95] 费青：《英国的法治制度与人身自由》，载《宪政月刊》1944 年第 3 期。
[96] 费青、居仁：《我们为什么要反对特种刑事法庭?》，载《北大半月刊》1948 年第 6 期。
[97] 费青：《过了五四看时局》，载《知识与生活》（北平）1947 年第 3 期。

取保护青年之道，虽有背狭义现实法而不惜。"[98]

第三，揭示言论自由的真义与效力。1946 年，费青就有篇文章介绍了 1919 年"Jacob Abrams 诉美国"案件，Jacob Abrams（雅各布·艾布拉姆斯）等有散发反对军国主义、反对美国干涉俄国革命的传单。费青特别强调，霍姆斯法官的异议书成为言论自由的权威解释，奠定英美言论自由的不朽经典。文章指出案件的核心：多数法官判决被告有罪，并非如判决理由所说，为了他印发传单之行为，而是"为了他所信奉'主义'"，"以法律来禁止信仰不同的言论，才是违反了宪法保障言论自由的主旨"。[99] 费青在文章中大段引用了霍姆斯那段著名的异议——"关于言论自由的真义"，"惟有在思想的自由贸易中，他们才能逐渐获得真理——真理的最好试验，便是它在自由竞争的市场中能被接受，也是因为它是真理，才能获得实现。"[100] 同年他还有一篇《知识与知慧》，认为"知之为知之，不知为不知，是为知也"（孔子），前四个"知"字为知识，最后一个"知"为智慧。他区分了知识与智慧之后，指出智慧就是虚怀，转而强调为政者不应禁止反对的意见，这是民主政治的精义，而其出发点便是我们所讲的虚怀态度。[101]

1947 年费青有篇短文《一句公道话有多少效力?》，阐明了"讲公道话"的现实意义。当时刚刚发生过北平"六二"学生反饥饿反内战运动，政府当局指责为有人指使蓄意扰乱，而胡适校长公开表示学生运动是纯洁自发的。费青对胡适的言论表态给予高度肯定，从这个事例中来讨论"公道话"的效力。费青说："在这个一切正好像决定于枪杆的年头，……很多宅心公正却又过于聪明的人士，因为觉得公道话的没有力量。所以索性闭了口。于是大好中国就只听得到暴厉、权诈、谄媚、诬蔑、攻讦和一些

---

[98] 费青：《学校诚然不是租界》，载《中建》（北平版）1948 年第 1 卷第 5 期。
[99] 费青：《美国宪法上的言论自由》，载《再生》1946 年第 114 期。
[100] 费青：《美国宪法上的言论自由》。
[101] 费青：《知识与知慧》，载《再生》1946 年第 137 期。

遑顾左右而言他的话。我们试读从秦始皇以来的黑暗历史,专制的魔手固然扼杀了公道话,但是公正人士自认公道话的无能为力而索性不说,也正是助成专制的有力因素。"[102]

中国传统知识人认为诤谏是他们的天职(calling),"宁鸣而死,不默而生"(《范文正公集》卷一),现代中国知识人更从中得到争取言论自由的启示。[103] 费青先是反军阀,后来批判国民党专制,虽然说不上明显地"亲共",但他内心始终有一个社会理想,把学术变成一把尺子和镜鉴,随时对照着这个人世。费青是一位早熟却又早逝的天才法哲学家,有法哲学深度又具现实批判精神。也正是这一点,费孝通钦佩二哥,却又碍于不可说透的原因,省略了理由。费青先生是旧政权旧政治的批判者,其法理深度和清高骨气,使他成为一代新型法科知识人,他是个难得的典型。

我们对英年早逝的费青缺乏了解,实质上是对他的思想缺乏学习和了解。这个时期的中国法科知识人,已经摆脱了法科知识人的老模式——不必通过从政或寄生趋附以实现法科理想。某种意义上说,费青就是取吴经熊加张君劢两重优势的一个结果,但他既不同于保守的自由主义学者张君劢,又不同于他老师吴经熊——自从政型转变为超越型再转变成精神生活远离现实的分离型。费青尝试法哲学的中国理论转化,其自由主义思想脉络的灵光乍现,势头直指当时中国法学的金字塔顶!就此而言,费青可以说是专心深耕于法理学问的新一代法学家代表。

童心傲骨两难驯,鹓鸰折肺九天渺。[104] 生命的价值,不只在于时间之长短,更在于体验之深浅。费青承受疾病痛苦,却做出了比别人更深更思辨的学问。面对一地鸡毛的政治现实,却尽到了现实批判的知识责任。在50年的短暂生命里,费青在激情体验中觉悟,又在理性静思中批判。更可贵的是,他细腻地领略了世界文明和人生甘苦。

---

[102] 费青:《一句公道话有多少效力?》,载《知识与生活》(北平)1947年第5期。
[103] 余英时:《中国知识人之史的考察》,第15页。
[104] 前句来自费青《童心傲骨两难驯》,后句来自费青《病中不寐》的"鹓鸰肺折沦凡鸟"和《咏怀》中的"枕戈情重渺云天"。参见《费青文集》(下册),第652—653页。

第三节　书斋觅境

梅仲协——沉默于学问与命运的秘境

图1　梅仲协（1900—1971）

今天谈民法教科书，法科师生们必提梅仲协的《民法要义》。梅仲协早年的学生谢怀栻、姚瑞光，以及为《民法要义》校勘的我的老同事张谷，都对梅氏作了学术上的很高评价。梅仲协是个如雷贯耳的名字，可是我们几乎没有完整介绍梅仲协生平的文章。梅仲协成为一位蒙着神秘感的民法学家，或者说，这个人物抽象到只成为我们心目中一部民法学经典的作者。

笔者大海捞针似地搜索，找到了一些散落的资料和他发表的文章，以及当年报刊对他的零星报道。现在根据这些史料，对梅仲协的生平作些有限的复原。通过梅仲协，我们可以深切感受到抗战期间的法学教授有过怎样的窘迫？战后的梅教授为什么会如此沉默？他经历了怎样的惊悚？更重要的是梅教授除了民法学之外还在法学上有怎样的造诣？这一切都沉默在他独特命运与学术的深境之中。

一、身世迷境

因史料稀少，探寻梅仲协的身世，其家庭出身、教育背景、生平行迹均为零星片断，令人如入迷境一般。

梅仲协，字祖芳，浙江永嘉（今温州市）人。梅姓在中国是个小姓氏，近代名人中，耳熟能详者仅有梅兰芳、梅贻琦、梅汝璈等，再加一位汉奸叫梅思平。近代浙江梅氏有一支在温州。笔者曾于多年前在故乡温州托人打听梅氏家族后人，始终没有音讯。梅氏家庭情况不详，但据说他"兄弟很多"，待后文考证。

关于梅祖芳的教育背景，人们在回忆或介绍中一般只提及梅仲协是法国巴黎大学法学硕士。梅祖芳的本科在哪里学习？出国留学前有过什么经历？

据 1924 年《教育公报》所载 "1923 年浙江公立法政专门学校法律、政治经济本科毕业生名单"，梅祖芳名列毕业生名录之中。[①] 由此可知，梅祖芳 1923 年毕业于浙江公立法政专门学校，是法律科班出身。目前所知，梅祖芳大学毕业后，一度曾任律师。曾有人回忆梅祖芳当年在温州执业律师的事——温州籍民国老律师、陈虬之孙陈安枢，在回忆温州（旧称永嘉）律师公会时，提到了梅祖芳律师。他说："我在 1932 年申请加入永嘉律师公会时，会址是租用大同巷夏家祠堂，记得当时的会员有刘如南、叶飞、白文俊、张明东、余立、范任、梅祖芳、陈枭、陈卓等一百多人。"[②] 这个提法并不表明梅祖芳 1932 年还在温州执业，但律师公会中有其名字是完全可能的。有旧报刊表明，1927 年 11 月 13 日浙江永嘉（温州）律师公会改组成立时，梅氏被选举为九人执行委员之一。[③] 另有官方

---

① 《浙江公立法政专门学校法律、政治经济本科毕业生名单》，载《教育公报》1924 年第 11 卷第 2 期。
② 陈安枢：《我所知道的永嘉律师公会》，载《温州市政协文史资料》2007 年第 4 辑。
③ 《温州通信：永嘉律师公会正式成立》，载《时事新报》（上海）1927 年 12 月 6 日。

历史文档显示，梅律师于 1927 年曾被温州当地流氓抓捕，梅律师致电省政府称"文日午后突有多数流氓在县党部门口将芳私擅逮捕诬为祖庇碾米机器暴行加害，恳速电令当地军政长官严予制止等情"。浙江省政府电令永嘉（温州旧称）县长，"迅即查明妥为办理为要"。④

梅祖芳似乎并不满足于执业律师，他准备出国留学。当时能起留学服务作用的机构很可能就是"寰球中国学生会"，其功能之一相当于现在的留学中介。当时欧美各大学大都在九十月间开课，各校准备留学的学生在此之前纷纷函询出洋手续。1928 年，梅祖芳在致寰球中国学生会函中自称："祖芳 1923 年毕业于浙江公立法政专门学校法律本科，曾任杭州青年会执事，若干中等学校教员，现在温州执行律师职务，拟于今秋赴美留学（或赴法）。……贵会招待留学，颇具热忱，用敢函恳，希即将请领护照及每年费用概算暨其他必知事项覆函详示，至深盼感。"⑤ 这个咨询函中的信息很有价值，他不仅告诉我们他的本科学历，还讲到毕业后"曾任杭州青年会执事，各中等学校教员，现在温州执行律师职务"。这至少表明他在 1927 至 1928 年均在温州执业律务，同时可知他当时可能申请了美国与法国的大学。

浙江公立法政专门学校本科学制为 4 年，由此可推知：他于 1919 年夏天从温州来到杭州就读。就在梅氏入学当年，该校正好有一位毕业生郑文礼赴法国巴黎大学留学。⑥ 当时的社会动荡，时常发生学潮。1922 年 2 月至 5 月，也就是他大三的时候，学校因换校长引发学生和校友的抵制，20 多名学生至校议会请愿并发表宣言，挽留前校长张羽生，并要求查办新校长周伯雄。⑦ 无论如何，梅祖芳是从该校毕业了。但是他的学业成绩如何？

巧合的是，1923 年 8 月 1 日，该校校刊经多次提议终于创刊，名为

---

④ 《浙江省政府令永嘉县电：据律师梅祖芳电称被流氓私擅逮捕等情仰查明办理由》，载《浙江省政府公报》1927 年第 138 期。
⑤ 《各校学生纷纷函询出洋手续》，载《寰球中国学生会周刊》1928 年第 315 期。
⑥ 郑文礼于 1927 年起历任浙江高等法院首席检察官、浙江高等法院院长等职。
⑦ 参见《时报》1922 年 2 月 25 日、5 月 14 日。

《浙江公立法政专门学校季刊》⑧。此创刊号上,有张君劢、何炳松等当时学界名流的文章。在这本创刊号封面目录中居然有梅祖芳的一篇文章——《法律之进化观》。此文内容从原始社会的复仇到赔偿,再到私力的社会化和公权化,论述了法律的进化,是一篇对法律进化进行阐释的文章。⑨ 这也就是说,梅祖芳在毕业之际,完成了他的处女作,并发表在校刊创刊号上。文章中可以看到他的引用大量来自国外的资料,很可能当时他是位专注于学习的高才生。

至此,我们得出结论,梅祖芳的大学母校是浙江公立法政专门学校。梅祖芳1923年本科毕业后,在杭州任青年会执事,若干中等学校教员,旋回籍在温州执行律师职务。

1928年九十月间,梅祖芳没去美国而是去了法国。和他的师兄郑文礼一样,他顺利入读巴黎大学学习法律。"留学法国,专攻法律,志在法律知识之增进,及对于法律作广泛、深入之研究,不随庸俗,为求得博士(疑为'硕士'笔误——引者注)学位,而钻研法律中之微末疑难。留学期间,除研究民法外,兼及整个欧洲近代法律思想,法国宪法,德国、瑞士民法。"⑩ 相比之下,奔三十的梅祖芳留学时年龄已经是偏大了。这个时期,在巴黎大学留学的中国法科生不少,而且有些人是攻读博士学位的。比如丁作韶⑪

---

⑧ 该刊属于校园类刊物,由时任该校商学教授胡祖同、财政学教授寿毅成提议创办。参见序,载《浙江公立法政专门学校季刊》1923年8月创刊号。此刊由浙江公立法政学校校友会负责编辑和发行。由浙江印刷股份有限公司负责印刷,由浙江公立法政学校校友会担任总发行所,由杭州商务印书馆作为分发行所,该刊为季刊,每季季中发行一册。

⑨ 梅祖芳:《法律之进化观》,载《浙江公立法政专门学校季刊》1923年第8期。

⑩ 姚瑞光语,载梅仲协:《民法要义》,中国政法大学出版社1998年版,姚序。

⑪ 丁作韶(1902—1978),字舜廷,河南夏邑人。早年就读于河南留学欧美预备学校英文科转法文科,1922年毕业考入上海震旦大学。1927年获复旦大学法学学士,继远赴法国巴黎大学留学,1931年以《中国关税论》论文毕业,获巴黎大学法学博士学位。回国之前,收到时任厦门大学法律系主任徐砥平来函,力邀其到厦门大学法律系执教。但因与东北友人有约,遂决定先赴东北一游,不料此行实地考察了日本对我东北的图谋,冒险见证了国土沦丧的过程。1931年9月底到达厦门,受聘为厦门大学法律系教授,10月5日在集美抗日救国会全体大会上作演讲,并多次报告日军侵占沈阳,发表国际形势分析文章动员民众警醒,抗战期间就国际国内形势提出动员与应对建设意见。在厦大承担刑法总则、刑法分则、国际公法、国际私法等课程的教学任务。1945年抗战胜利后来天津执律师业务,并任天津《益世报》法律顾问。1946年被选为天津临时参议会会员、参议会议员。1949年任云南省政府秘书长,不久去台湾。

1931年获得巴黎大学法学博士学位,比如王伯琦⑫后来继续深造,攻读博士学位。而1933年从巴黎大学拿到博士学位的就有张企泰、胡毓寅、胡崔淑言三人。梅氏四年后获法学硕士,于1933年回国。俗话说"人比人比死人",不是说不能比,而是不能作具体细节和暂时短线的比较,而是要从宏观上比较。

1933年回国后梅氏任教于南京国立中央大学法学院,担任民法讲席,并在中央政治学校兼课。就这样,他在南京安居乐业,一直到1937年七七事变发生。但他在这五年的工作或论著信息,几乎没留下踪影。笔者最近只找到一份"民国二十六年四月"他在国立中央大学授课公司法的学生成绩单,下端任课教师栏中签名与盖章为"梅祖芳"。那么梅祖芳1933年至1937年这五年除了教学还在干什么呢?翻阅1943年梅著《民法要义》,从其"初版序"中可以读到他的一段话,可解开这个迷,他说:"著者在国立中央大学及中央政治学校担任民法教席,十载于兹。本书底稿,原系授课所用之讲义,初成于民国二十三年至二十六年,厥后逐年增订,得八十余万言。"⑬ 由此可推想,他回国后在中央大学任教的最初五年,没有忙于发表,而都在忙于民法学的授课讲义和备课。他的《民法要义》有个不同寻常的"绪论",不同于"民法总论",而是匠心独运地分两章讲述法律和权利,这是从法理上解决民法的根源或根本问题,至少这一点就透露出他的法理功底,也是此书不同于别的民法学书籍之特别之处。可见梅氏十年磨一剑,铸就了《民法要义》这部经典。

---

⑫ 王伯琦(1909—1961),江苏宜兴人,曾在上海光华大学读书,1931年毕业于东吴大学。1931年夏赴法国巴黎大学留学,专攻民法学。1936年获巴黎大学法学博士学位,同年回国,任浙江省政府视察,1939年任云南大学法学教授。1940年任云南大学法律系主任。1949年随教育部迁往广州,在中山大学任教。1949年赴台湾,任"司法行政部"参事。1953年任东吴大学教授。

⑬ 梅仲协:《民法要义》,初版序。

清末以来温州出过许多法科名士，诸如龙湾天河王氏兄弟王鸿年[14]与王荣年[15]，鹿城黄群（参见梁启超篇注58），苍南殷汝熊[16]和郑汝璋[17]，瑞安薛祀光，还有乐清林彬和倪文亚[18]，然而他们多数以从政为主，唯梅氏及与梅氏同龄的薛光是从事学术的法学家。像梅仲协这样以学术为业并成为法学大家者，应是近代以来温州籍法学家第一人。

二、八年困境

搜寻梅仲协资料的难度很大，但令人欣喜的发现是，梅教授有篇回忆抗战八年的文章。这就是他在抗战结束后的1945年12月6日和7日发表的《蜀居八年琐记》，当年分两天刊载于《中央日报》。找到这篇文章令

---

[14] 王鸿年（1870—1946），字世玙，号鲁璠，浙江永强（今温州龙湾）人。1898年以使馆官费考入东京帝国大学法科。毕业后，应聘办四川将弁学堂及山东法政学堂。光绪三十二年，参加留学生考试，考取法政举人，以内阁中书录用，供职学部，光绪三十二年二月至三十三年十一月兼京师大学堂法制教习和译馆教席。次年，调任外务部丞参厅主事，随考察宪政大臣赴日本考察。1909年后，曾任留学生考试襄校官。1912年，任职于外交部，长期从事外交。1936年，卸任回国，寓居北平。1937年抗日战争爆发，日寇侵占华北，敌伪多方诱胁，辞以腿疾，闭户八年。1945年秋，日本投降，赋诗志捷。1946年冬，病逝北平。著有《国际中立法则提要》《战时国际法规总纲》及外交著作与诗文。

[15] 王荣年（1889—1951），字世瑛，号紫珍，又号梅庵，人称梅庵先生，浙江永强（今温州龙湾）人。早年考入北京法政专门学校，后赴日本明治大学法学院留学，攻读政治经济学。1916年再度赴日，任留学生监督处学务科，经理浙江、江西两省留日学务，1920年回国。据《申报》记载，1923年任司法部修订法律馆文牍主任兼阅查员，以及1924至1926年任北京法政大学教席和担任中外二十人法权调查委员。1926年为林风眠作介，聘余绍宋任画科主任。30年代曾任青岛市第三科科长，是当时青岛市政府组成成员之一，负责外事工作。抗战爆发后，避乱返乡。1940年起，在家乡倡导教育，筹资创办了天河乡中心学校（今天河小学），义务担任校长四年，诗字皆妙，文章草。1951年被作为反革命分子误杀。1989年平反昭雪。

[16] 殷汝熊（1884—?），温州苍南人，早年留学日本，毕业于鹿儿岛第七高等学校。1911年参加学部举行的游学毕业生廷试，中法政科洋举人，派着农工商部小京官。1916至1917年担任湖南省高等审判庭庭长，1920年任山东特别区法院筹备处主任，1922年任北洋政府大理院推事（五品），1927至1930年任浙江、山东的高等法院院长，著有《政治学》《比较宪法》《殖民政策》等。

[17] 郑汝璋（1884—1962），浙江苍南人。1910毕业于日本早稻田大学法科，回国考取法政举人。民国时历任鄞县（今宁波市鄞州区）、丽水、杭县、金华、嘉兴等地方审判厅厅长、法院院长，浙江高等法院第二分院院长，1948年被选为立法院候补立法委员。

[18] 倪文亚（1902—2006），温州乐清人。厦门大学暨上海大厦大学教育科毕业，1928年获美国哥伦比亚大学文学硕士学位。1928年回国后，历任上海大夏大学和暨南大学教授、系主任，中央陆军军官学校教官。抗战时期，任职中央军校、三青团中央团部，并当选国民党第六届候补中央执行委员，1946年任制宪国民大会代表、国民党中央青年部部长。1949年赴台，在"立法院"历任副院长、代理院长、院长。

笔者如获至宝，其中记载了他赴四川重庆前以及居蜀的八年生活，笔者把它结合相关考证转述于此：

1937年七七事变时，正值暑假，梅教授携家眷返故里温州。至八一三战役时，温州至上海航运断绝，而学校则于9月初开学，于是，他只身由公路赴杭州转嘉兴，循苏嘉路抵达南京时，正是大轰炸次日早晨，即8月29日。他到家后即开着私家车前往中央大学，却只见除门口有校警两名外，校园空无一人。一问才知学校正要西迁。而中央政治学校则已迁至江西庐山。他只能暂时居住在南京南郊。9月初，胡次威来访，带来消息说，中央政治学校发电报邀请梅教授先至庐山授课。梅教授当场答应了，9月18日抵九江，上山后即从事教读。同事中单身人多，有眷属的少，往往三五友好寄居在有眷属的同事家中，过起了大家族式的家庭生活。是年11月，梅教授又回温州奔丧，匆匆办完，即偕妻子和妻弟遄返庐山。12月5日，中央政治学校从庐山继续迁校，历舟车经长沙、沅陵，到芷江时已是1938年岁首，接近阴历除夕了。中央政治学校在芷江开课约六个月，终因过偏僻，师资亦殊难以罗致，经校务委员会决议，于1938年暑假再迁重庆。择定离重庆海棠溪十八公里的南泉为中央政治学校校址。当时，梅教授的幼弟及次男和两女儿也已经抵芷江。于是一家七口随校搬迁，两天一夜，抵达贵阳，由贵阳至重庆，途经高山峻岭，汽车蜿蜒疾驶了三天，出入于匪窟生苗之区，十分危险，所幸全校约千数百人，竟无一人罹疾或被劫。[19] 南泉风景极好，后来梅教授赋诗一首，对南泉赞叹不已：

忆昔在南泉，晨夕相游眺。景林观鱼跃，涵村听虎啸，欲寻建文迹，每苦巉岩峭，归来山色冥，买鲜共烹调。今子游远方，花溪胜独钓。同尘不渝贞，此中得要妙。

---

[19] 梅仲协：《蜀居八年琐记》，载《中央日报》1945年12月7日。

梅仲协教授继续回忆道，来到重庆南泉（今巴南区西部），"税居清华旅社，七人共居一室。此际物价尚未波动，但以几度搬迁，损失已属不费，且当时薪给，仅发七成，生活颇感清苦，家累重者，则更不堪。"1939 年夏，梅教授移居怡园，也只有一间屋。不断有敌机轰炸，重庆市内稍微繁华点的区域像都邮街中山公署等处皆夷为平地，大火两昼两夜不熄，人口死伤无数。物价立时上涨，但还算不很剧烈。1940 年，日军发起惨无人道的所谓"恶性轰炸"与"疲劳轰炸"。"南泉于九月十五十六两日，连被轰炸。中政校（指中央政治学校——引者注）大礼堂及教授宿舍，均化为灰烬，而陈家湾一带之死伤尤惨，全家罹难者，亦有数起，幸南泉镇街，损失较为轻微耳。"[20]

当时战时物价飞涨，生活贫苦程度难以想象。著名电影导演洪深和妻子在重庆因穷困而双双服毒自杀未遂，迁到云贵川的大学教授也是度日如年。据梅教授文章中讲，"二十九年（1940 年——引者注）冬，物价突然飞涨，尤以粮食一项，涨风最烈，公教人员之恃固定收入以营生者，在此物价威胁之下，几至不能呼吸。斯时，余于支持妻儿两女五口之生计外，尚须负担胞弟与妻弟之膳食教育诸费用。于是课余之暇，辄埋头写作，冀易升斗之粟以糊口，可怜物价猛涨，而稿酬仍极菲薄。往往万字不足以换斗石，撰稿既不济，不得已典卖衣物以弥补之。"他在抗战时期发表的学术文章，后文再作介绍。

1941 年，情况尤为悲惨。"一闻物价波动，面面相觑，坐立不安，终夜彷徨，一若大祸之将至，岌岌不可终日。"于是梅先生写了一首七言古体诗，其中有云："义不帝秦西入蜀，卜居巴之南山麓。江南家破媵一身，七口共住半椽屋。年来生计益艰难，一斛明珠一升粟，束修不敷半月粮，春衣典尽债台筑。悔不当年事耦耕，……半生坎坷凭教读，老死妻儿委沟壑。"[21] 物价飞涨之下，梅教授不只是作诗叹苦，也著文建言。他从专业角

---

[20] 梅仲协：《蜀居八年琐记》。
[21] 梅仲协：《蜀居八年琐记》。

度建议"实行战时米谷国有政策以平均物价"，连发两篇文章。[22] 此外，他还关注四川省不耕佃农的问题，从民法角度连发三篇文章，阐述不耕佃农与大佃契约的法律问题。[23]

1941年冬，梅教授得到了一个机会。当时中央大学法学院院长马洗繁[24]邀梅兼课，"每月可增益数百金。但南泉与中大校址之沙坪坝，相距甚远，交通费用难由公家负担"。"王书林先生见余窘困若是，强慰之曰，家中饭菜，自较馆子洁净，余会其意，颔首苦笑以报之。……艰苦中，总坚信如吾侪为人，而仍不免于饿死，则直煞天理矣。山穷水尽疑无路，柳暗花明又一村。自民国三十二年（1943年——引者注）起，得中政校暨各书局之协助，余之积稿，得以陆续出版，版税所得，为数不费，兼理律师业务，收入亦略有可观。……八年艰苦，体重减轻四十余磅。……殷望此后不再为衣食忧虑，安心多读几年书，以了此余生也。"[25]

这段时间的确如梅教授本人所说，他在"埋头写作"。1938至1945年的八年间，他利用课余时间埋头写作，1943年5月脱稿，在重庆出版《民法要义》，1944年出版《法律论》（公诚法律会计事务所"公诚法律丛书"初版）和《国际私法新论》（大东书局印行，中华民国三十三年十月初版），1945年出版《公司法概论》（正中书局沪一版），1946年出版《中国票据法释义》。他还发表了大量的论文，大致可分五类。第一类当然是他专长的领域——民商法论文；第二类是法学教育与司法职业研究，1938

---

[22] 梅仲协：《实行战时米谷国有政策以平抑物价》，载《中央日报》（重庆）1940年8月27日。梅仲协：《再论实行战时米谷国有政策以平抑物价》，载《中央日报》（重庆）1940年11月30日。文章观点又被摘登于《农报》1940年第5卷第31—33期。

[23] 梅仲协：《四川的不耕佃农与大佃契约》，载《中央日报》（重庆）1941年12月7日。梅仲协：《再论四川之不耕佃农与大佃契约》，载《中央日报》（重庆）1942年3月22、27日。

[24] 马洗繁（1894—1945），河北昌黎人，生于名宦世家。1913年入天津南开学校，毕业后东渡日本求学，参加"新中学会"，继而赴美国哥伦比亚大学、英国伦敦经济政治学院深造，攻读政治学与经济学理论，获硕士学位。1923年学成回国从教，曾担任朝阳大学、北京法政大学教授以及河北训政学院院长。1932年受校长罗家伦之聘赴中央大学任教，兼政治系主任、法学院院长、中央大学研究院法科研究所所长历11年。终因国恨校难，心事淤结，身染重疾，1945年4月25日逝世。

[25] 梅仲协：《蜀居八年琐记》。

年抗战之初，他就发表文章《改革法律教育与提高司法官待遇》[26]《大学一年级不分系之商榷》[27]《改革律师制度刍议》[28]，等等；第三类是司法制度；第四类是欧美法律制度；第五类是法理学——法哲学。[29] 1940 年至 1943 年的文章有：

《法国行政审判的起源及其组织》、《改进吾国司法现状的几点意见》（《新政治》1940 年第 4 卷第 5 期）、《民法债编立法技术上之批评》（《新政治》1940 年第 5 卷第 2 期），还与人合译狄骥的作品，发表了《狄骥氏的法律思想概述》（《政治季刊》1940 年第 3 卷第 4 期）。1942 年，他继续埋头书斋，发表的文章有《法律与道德》（《新认识》1942 年第 6 卷第 2 期）、《三民主义的法学原理》（《革命理论》1942 第 7 期）、《法律技术论》（《文化先锋》1942 年第 1 卷第 15 期）、《法治之理论的基础》（《文化先锋》1942 年创刊号）、《法治论》（《三民主义半月刊》1942 年第 1 卷第 3 期）。1943 年发表的文章更多了，且文章的理论含量也有相当的提高，《权利义务论》（上下）（《新认识》1943 年第 7 卷第 5—6 期、第 8 卷第 1 期）、《古代希腊的法律思想》（《新政治》1943 第 7 卷第 1 期）、《读书指导：怎样研究公司法学？》（《读书通讯》1943 年第 61 期）、《法律新论》（《文化先锋》1943 年第 2 卷第 18 期）、《自然法论》（《中山文化季刊》1943 年第 1 卷第 1 期）、《法与礼》（《三民主义半月刊》1943 年第 3 卷第 10 期）、《有社会必有法律，有法律斯有社会：法律与社会》（《文化先锋》1943 年第 2 卷第 12 期）、《法德瑞士苏联四国夫妻财产制的检

---

[26] 梅仲协：《改革法律教育与提高司法官待遇》，载《新政治》1938 年第 1 卷第 2 期。
[27] 今天一些大学规定一年级不分专业，受到不少专业教师的质疑和批评。不料无独有偶，早在民国时期教育部曾统一规定大学一年级不分专业，法学界吴学义和梅仲协均表示异议。参见梅仲协：《大学一年级不分系之商榷》，载《民意》（汉口）1938 年第 40 期。
[28] 梅仲协：《改革律师制度刍议》，载《新政治》1939 年第 2 卷第 3 期。
[29] 台湾大学法律学系"法学论丛"曾刊印梅氏发表的论文目录，分为民法、商法、外国法、法律思想、政治、一般问题六部分。参见姚瑞光序，载梅仲协：《民法要义》。

计》(《国立中央大学社会科学季刊》1943 年第 1 卷第 1 期)、《不平等条约废除后外国人在中国法律上之地位》(上下)(《三民主义半月刊》1943 年第 2 卷第 3 期、第 5 期),等等。

1944 年至 1945 年发表的文章主要包括:

《保障人民身体自由办法述评》(《雍言》1944 年第 4 卷第 8 期)、《特种刑事案件诉讼条例之学理上的探讨》(《中央周刊》1944 年第 6 卷第 47—48 期)、《现代法学之趋势》(《中华法学杂志》1944 年新编第 3 卷第 10 期)、《外国人组织职业团体问题之探讨》(《中山月刊》[重庆] 1944 年第 5 卷第 2 期)、《改造社会风气与司法界》(《文化先锋》1944 年第 3 卷第 13 期)、《法律与国家》(《中华法学杂志》1944 年新编第 3 卷第 5 期)、《中国票据法释义》(《法令周报》[重庆] 1944 年第 1 卷第 7 期)、《关于涉外事件应如何适用外国法》(《中华法学杂志》1944 年新编第 3 卷第 1 期)、《票据法在法律体系中之地位及其统一运动》(《中华法学杂志》1944 年新编第 3 卷第 7 期),等等。1945 年,发表的文章包括:《商事法之二元性》(《中华法学杂志》1945 年新编第 4 卷第 5 期)、《法治与人治》(《国风》[重庆] 1945 年第 46 期)、《狄骥的国家论》(《新世纪》[重庆] 1945 年第 2 期)、《法治论》(《胜流》1945 年第 2 卷第 3 期)、《票据制度之沿革》(《中华法学杂志》1945 年新编第 4 卷第 4 期)、《修正法院组织法简评》(《法令周报》[重庆] 1945 年第 3 卷第 16 期)和《法律界之展望》(《法令周报》[重庆] 1945 年第 3 卷第 1—2 期),等等。

在重庆期间,抗战形势与生活煎熬使他内心极度悲愤,1942 年,他写了一首悲叹国土沦丧的"七哀诗":

> 步登嘉陵岸，回首望三吴，豺虎踞北陆，狐狸窟南都，白骨蔽原野，存者为贼奴，墟落尽烧焚，鸡犬并屠刳，念我平常居，悽怆复叹吁，何时跨东海，丑类尽歼诛。㉚

在这样的苦难中煎熬，还有如此丰硕的学术论著成果，非常人所能及。1945年，他曾言，"我从小选定教书为我终身的职业，这目的毕竟完全达到。"㉛ 早年放弃执业律师，立志于教书做学问，在艰苦的抗战岁月中，梅教授仍以事实证明了他说的这一点。

三、战后窘境

梅仲协在《中央日报》1945年12月23日发表文章《如何领导青年》，他自言在学校"挂了个训导主任"职务，应该是在中央政治学校负责学生训导工作。这可能是他第一个"行政职务"。但这篇文章中，可以看到他角色转换的那种"别扭"。他说了两层意思：一是从训导主任和教师角度讲，重在坦白、诚恳；二是从学生来讲，一要求实学，二要守纪律。其中提到，"切不可把教书作为商品，作为跳板"，还说领导者"不能把青年当作自己的爪牙，更不能把青年当作自己政治野心上的工具"。㉜ 这种说法，颇不像个训导主任的口气，但他不虚伪，很真诚。

那么，后来他去了哪里？按战后复员的一般常态，教授大都是跟随所在大学返回原校任教。可是梅教授的后续不详，又成了个待解的谜。史料十分欠缺，唯有从当年一些小报上获取梅教授零星消息。1946年5月5日于上海出版的《京沪报》上，有篇《大学教授穷途末路：梅仲协当律师》，对梅教授做律师进行了一番描写和评论。文章说：

> 近来在报纸上不是常常可以看梅祖芳仲协大律师的广告吗？不过

㉚ 梅仲协：《七哀诗一首》，载《新认识》1942年第6卷第1期。
㉛ 梅仲协：《如何领导青年》，载《中央日报》1945年12月23日。
㉜ 梅仲协：《如何领导青年》。

没有王龙[33]之辈大出其风头罢了！梅先生是国内有名的法学权威，当律师是他的穷途末路，因为梅先生到了三十岁的时候，开始立志，在学问上用功夫，重行念书。抗战期中，在重庆教书，以奉薪所得，实在不能维持生活，乃开始挂起律师牌子，由重庆乡下到重庆，整日的光阴白白被鞋子踏去了，哪里还有功夫研究学问。并且一度穷得要命，将一个肥壮的身躯，饿成了现在的形状，足足减去了三十磅，若不是王书林先生接济的话，哼！恐怕还要减掉三十磅，那么简直要像久拘在希特勒集中营里的人物了。唉！百无一用是书生，现在回到我们临大教书，满望从此可不再干律师的勾当，事实偏偏又出乎意料之外，由于物价指数的直线上升，所得的薪水，真是名符其实，完全化在煤球与自来水上了。试问清水能养活人吗？于是，在报纸上常常出现了我们的梅先生。[34]

这篇文章带有几分冷讽，但透露出知名教授梅仲协在抗战期间的窘迫生活，也流露出国人对律师业的某种传统的偏见。"现在回到我们临大教书"的这个"临大"就是"临时大学"。1945年10月，教育部针对"收复区失学青年数以万计流浪无归急待安置"的情形，下令在南京、上海、北平、天津、武汉、广州等区设置的临时大学实习班。[35]后来到1948年，临时大学就取消了。这就是大牌教授梅仲协任教于临时大学的背景。

1946年12月，检察官陈光虞向军事法庭起诉日本战犯、南京大屠杀主犯谷寿夫，罪名包括"战争罪""违反人道罪""违反和平罪"，应分别

㉝ 王龙（1901—？），字天瑞，安徽巢县（今巢湖市）人，1916年在芜湖惜阴学社读书时，与李克农是同班同学并结为兄弟。1922年毕业于南京法政大学，1923年留学日本。因对日本政府不满，参与了要求收回旅顺、大连租借地和废除"二十一条"的爱国学生运动，被日本警察押送回国。1926年，他掩护过芜湖中共负责人李克农、章朗青等十余人脱险。1928年任江苏地方临时法庭审判官。次年专职从业律师，成为首都南京著名的律师。1951年入狱，1978年平反。

㉞ 志心：《大学教授穷途末路：梅仲协当律师》，载《京沪报》1946年第8期。
㉟ 《教育部呈：第五二四二五号（三十四年十月十七日）》："呈报设立临时大学补习班办法请鉴核备案由"，载《教育部公报》1945年第17卷第10期。

论罪。㊱ 1947 年初，梅仲协与张仁德律师以辩护人身份坐到了军事法庭的辩护席上，因为梅、张二律师被指定担任谷寿夫的第一辩护人。1947 年 3 月 10 日下午，南京审判战犯军事法庭战犯谷寿夫的最后宣判。审判长宣布开庭之后，被告谷寿夫被宪兵押上法庭。审判长石美瑜宣布审判谷寿夫的判决。对照起诉书与判决书的罪名，我们可以看到终审判决没有认定原起诉之"违反和平罪"，而只认定两项罪名，即"战争罪""违反人道罪"。㊲ 梅氏被指定为这样一位恶魔的辩护律师，不能不说梅祖芳受到了极其严峻的专业伦理考验和社会舆论煎熬。

梅教授抗战期间在重庆的愿望是，希望战后能"安心多读几年书，以了此余生也"，可是事实上后来怎么样呢？后来，他从临时大学离开，去哪里工作呢？1946 年 11 月出版的刊物上还记载着他的职务为"中央政治学校教授兼系主任"，㊳ 但后来的情况完全出乎意料——查阅的结果告诉我们，1947 年，也就是谷寿夫审判结束之后，梅仲协这位法科大牌教授却离开南京，孤独地去了浙江中西部的金华。

当时金华有所新迁入的大学，即英士大学。英大筹建于 1938 年 11 月，系浙江省政府为安置战地失学青年而创立，初名为"省立浙江战时大学"，筹备委员有民国政府行政院社会部部长谷正纲、时任浙江省教育厅长许绍棣等 9 人。1939 年 2 月，省立战时大学在杭州正式开办。1939 年 5 月，为纪念陈英士，改称浙江省立英士大学，分设工、农、医三院于浙江山区松阳和丽水。1942 年 5 月英士大学内迁浙江山区云和。同年 12 月 29 日行政院第 606 次会议决定：东南联合大学归并英士大学，而将英士大学改为国立。该校许多青年学子从英士大学走向抗日战场和解放战场。1943 年 5 月

㊱ 《战犯谷寿夫起诉书》，载《申报》1946 年 12 月 31 日。

㊲ 《战犯谷寿夫判决书全文（中华民国卅六年三月十日）》，载《国防部公报》1947 年第 2 卷第 5 期。

㊳ 梅仲协在《中华法学杂志》1946 年新编第 5 卷第 6 期上发表了一篇《票据之经济的作用》，编辑在"编辑后记"中称："中央政治学校法律系主任梅仲协先生是国内知名的民商法学者，'票据之经济的作用'这一篇大文，可以说是代表梅先生对于票据法的正确观察。"参见《中华法学杂志》1946 年新编第 5 卷第 6 期。

转迁至泰顺司前，师生多达 800 余人。6 月 2 日，教育部指令地处福建建阳的东南联大文、理、商三学院并入暨南大学，东南联大法学院与艺术专修科并入英士大学。至此英士大学增设了法学院，设司法组、行政法学组、政治系、经济系。1946 年 3 月英士大学奉令移址金华，1949 年 8 月 25 日被金华军管会解散。

1947 年秋，梅仲协受聘于浙江金华的英士大学法学院，据 11 月 10 日出版的校刊消息云："本校新聘法学院教授梅祖芳氏，为国内有名学者，近已到校，本学期讲授学程为法理学、比较民法、商事法概论。"㊴ 究竟是什么原因，一位大牌法学教授，抗战后没有留在首都的一流名校，反而去了地处浙江偏远的英士大学？这令人难以理解，也疑惑重重。通过下文了解他 1946 年的处境，就有答案了。

四、家中险境

1946 年，有报刊文章称，抗战期间梅仲协"对他哥哥的附逆自属不齿，但这次复员后，究属有些手足之谊，不能不在法律的立点上，略为尽些力量，据说其中还闹过笑话"。文章说的是梅仲协去拜访其老师、最高法院夏勤院长，被误以为是来为哥哥求情而被婉言拒绝。㊵

这篇文章提到梅祖芳的哥哥"附逆"。哥哥是谁呢？哥哥原名梅祖芬（1896—1946），字思平，即大汉奸梅思平。梅祖芬比弟弟梅仲协大四岁。一些文章也还提到，梅思平还有一位弟弟叫梅祖薰。㊶ 另有报刊说梅氏兄弟很多，二弟梅祖薰任伪江苏财政厅主任秘书，三弟叫梅祖慈，原为中央大学教授，后成为伪铨叙部要职，二人都是汉奸。㊷ 来自温州中学老校友

㊴ 《梅祖芳教授到校》，载《英士大学校刊》1947 年 11 月第 10 期。
㊵ 鲁人：《梅思平连累梅祖芳》，载《大地》（周报）1946 年第 21 期。
㊶ 啸翁：《梅思平的抗战弟弟：代兄请覆判》，载《海星》（上海）1946 年第 22 期。
㊷ 天风：《三位一体全是汉奸：梅逆思平之两弟：梅祖勋与梅祖慈》，载《快活林》1946 年第 9 期。

的一篇文章讲到,温州中学高中部有位教师陈楚淮,[43] 自编自导一出抗日的话剧,剧中有一个汉奸,由高三同学梅祖荫担任,梅在日军面前低头哈腰,丑态百出,把汉奸演活了。想不到舞台上的假汉奸,后来成了真汉奸。这个梅祖荫同学的哥哥后来就变成了汉奸。梅祖荫可能还不是梅仲协《蜀居八年琐记》中所提到的"幼弟"。因此可以知道,梅氏兄弟至少五人,但排行不详。若按伯、仲先后习惯推测,梅仲协(祖芳)应该是二弟,梅氏其他兄弟梅祖薰、梅祖慈、梅祖荫的排行就无法推测了。

梅思平当汉奸后,他在温州读书的 13 岁女儿梅爱文于 1939 年 12 月 15 日在《浙瓯日报》发表《我不愿做汉奸的女儿,我要打倒我的爸爸》。[44] 梅思平的继母梅王氏,率同他的两个异母妹妹鹤邻、鹤春也在《浙瓯日报》连续 3 天刊出与之脱离一切关系的《启事》,称其"附逆作贼,害国辱祖"。这事震动全国。此时的梅祖芳在重庆乡下。

1945 年抗战结束后就开始惩办汉奸,我们来看看梅仲协经历了怎样的惊悚?就梅仲协而言,当年哥哥声色犬马之际,正是弟弟水深火热之时,可是哥哥没给弟弟带来好处,弟弟不仅没有投靠哥哥,还"自属不齿"地避开哥哥,躲到了后方。显然这从空间上形成了"切割"。但并没有证据证明他与哥哥梅思平之间是否保持着联系。当然,也有文章提到梅祖芳与梅思平有联系。据说著名教育家何思源的外国太太被日本人抓去关押时,便托正在重庆任教的梅仲协教授,找其兄梅思平进行帮忙。梅思平向冈村宁次说情,终得释放。[45] 这种情节虽然没有可靠证据,但有时传闻比事实更可怕。

---

[43] 据《怀念陈楚淮老师》一文,陈楚淮是该文作者念温州中学高中部时(1935—1937)的英语老师。据陈霖先生讲,1935 至 1937 年之间温州中学确实有一位教师陈楚淮。陈楚淮(1908—1997),字江左,浙江瑞安人,1919 年至 1923 年就读于瑞安中学,1924 年考入南京东南大学预科。

[44] 梅爱文:《梅思平是我的爸爸吗?我要打倒他!》,转载于《浙江妇女》1940 年第 2 卷第 1 期。

[45] 王晓华:《审判汉奸梅思平》,载《炎黄春秋》2017 年第 8 期。

1946 年，梅思平的辩护人是由法院指定的公设辩护人。[46] 汉奸梅思平被一审判处死刑。他一面申请复判，一面授意妻子王绶卿赶紧收集对自己有利的证据呈送法院。据说梅思平特意请弟弟梅仲协专程赶往庐山，求援于国民党元老李济深。李济深答应在会晤蒋介石时乘机替他求情免死，但被蒋介石严词拒绝。梅仲协黯然返京，通知梅思平，要有最后的准备。[47] 为亲哥哥求情免死一说，未见证据。梅仲协为哥哥申请复审的说法[48]，应该是可信的，因为这复审申请是当事人及其家属的权利。

有小报报道说，梅氏兄弟二人在监狱相见，梅仲协说已经尽力了，没有办法再拖延了，梅思平知道死期快到，与弟弟商量后事。弟弟告诉他说，"请放心吧，一切都由我来预备。只是遗嘱方面，你要写得详细一点"[49]。这是弟弟在最后唯一能吩咐的话了。

1946 年 9 月 14 日上午 9 时，梅思平手拿一卷遗书，被法警押往了刑场。临刑之前，梅思平将自己写的四封遗书拜托法官转交，一封是写给蒋介石，一封是写给当时司法行政部部长谢冠生及次长洪陆东、谢瀛洲等人，一封写给自己的兄弟梅仲协，一封写给自己的老婆王绶卿。[50]

关于执行梅思平的枪决，有一种说法，梅思平被押到刑场——老虎桥监狱后侧围墙前的一块杂草丛生的空地，迅即被小口径子弹从其后脑经左鼻，穿孔而出，一枪致命，保全了尸首脸部的完整。现场目击的众记者不禁惊愕——监刑官尚未下令，执刑人怎么已经开枪了？并且，这精准的一枪简直太神了。[51] 显然，人们会猜测这是经过人为安排的死刑执行。短短一周多时间后，《中央日报》《南京日报》等报馆记者对此事查摸到了一个大致原委：老虎桥监狱刑场上那神秘一枪与梅思平胞弟梅仲协有关。大

---

[46] 《梅逆思平今宣判》，载《中央日报》（重庆）1946 年 5 月 4 日。
[47] 王晓华：《审判汉奸梅思平》，载《炎黄春秋》2017 年第 8 期。
[48] 啸翁：《梅思平的抗战弟弟：代兄声请覆判》，载《海星》（上海）1946 年第 22 期。
[49] 钱鼎：《梅思平泣不成声》，载《快活林》1946 年第 29 期。
[50] 东方明：《刑场上的神秘一枪》，载《检察风云》2018 年第 19 期。
[51] 东方明：《刑场上的神秘一枪》。

意是说，首都高等法院驳回梅妻的复审申请（即上诉）后，梅仲协知道胞兄判死已是板上钉钉了。作为另一种自我安慰，也为了慰藉家属之悲伤，梅仲协想到了一种常人难以实施而法律上又不会追究的方式：对梅思平执刑时不使用毁人遗容的达姆弹，而用普通子弹。弟弟梅仲协当天到老虎桥监狱，领取梅思平的尸体，由中国殡仪馆的接尸车将尸体运往该馆。[52]

无论这些后来的描述是否属实，梅仲协在法律界的实力和声望，令人自然联想到这件事上。人们猜测：抗战胜利梅思平被南京宪兵司令部逮捕后，梅仲协无论从兄弟情分还是律师职业来说，自然都想争取留下梅思平的性命。早在地方法院检察处预审阶段，他就已经积极为长兄作了"运动"。后来梅思平被判处死刑后，由其妻出面一再抗告、申请，而人们猜测的幕后推手也指向梅仲协。

当时中国已经怀疑甚至抛弃"亲亲相隐"传统，兴起"大义灭亲"的国家主义论调。哥哥锒铛入狱，亲弟弟能不念手足之情吗？可亲哥哥是大汉奸，这让弟弟情何以堪？！弟弟作为律师，还是位大牌法学家，要帮这汉奸哥哥，你能帮到什么程度？这对于弟弟梅仲协，着实是心理的煎熬，是能力的检验，是伦理的考验，更是人性的拷问！在得知保不住兄长性命的最后关头，尽手足之情，剩下唯一能做的，只是助他死得干脆些，让尸首干净些！

文章至此，我们大致可以知道，在其汉奸长兄被处决前后，梅仲协有怎样的体验。他1947年从中央政治学校调往金华的英士大学，也就不奇怪了。1948年秋，梅仲协去了台湾，历任台湾大学法学院民法教授，并任系主任，还主持该校法律研究所。梅氏好读书，"除能文外，并能赋诗，兼擅书法，字体略似赵子昂，而别具一格"，他无意于仕宦，据说林彬在台湾任"司法行政部部长"时，曾邀梅氏出任该部"政务次长"，梅仲协以读书人不适于做官，未应所邀。"居常布衣淡饭，随缘度日，但逢参加

---

[52] 东方明：《刑场上的神秘一枪》。

庆典或接待外宾，则西装革履，风度高尊。他待学生，如同兄弟、朋友"。[53] 王泽鉴教授也曾对笔者说过，他在台大读书时，梅仲协教授曾是指导过他的老师。梅教授曾兼任"司法行政部"司法官训练所民法讲师，台湾省立中兴大学法商学院商事法教授，政工干部学校、"中央"警官学校、军法学校和私立东吴大学法学院等院校兼任民法教授，曾任台湾"教育部"学术审议委员会委员。1971年，梅仲协教授在台北逝世，享年72岁。

五、法理佳境

梅仲协教授在法学上涉猎甚广，对民商法、票据法、公司法、宪法、国际私法及司法制度都有深入研究和杰出作品。尤其他在民法上的精湛造诣，是广为人知的。但我们多数人不了解的是，他在法理学上的造诣同样很高，也有大量的作品，这很可能肇始于他的留法时期就研读欧洲法律思想。从民法学进入到法理学，这是法学大师的节奏，且达到相当程度的佳境，这在当时是超越许多部门法法学家的。

梅仲协这位民法学家，在法理学—法哲学上不是一般的兴趣，而是有相当系统深入的研究。梅仲协先生1944年出版的法理学著作《法律论》，即是他的"法理学大纲"，他在序中称本书又名《法理学大纲》。全书共十一章，包括：第一章法律汎言、第二章法律的普遍性与确实性、第三章自然的法理、第四章法律与实力、第五章法律与经济、第六章法律与技术、第七章法律与习惯、第八章法律与正义、第九章法律与道德、第十章法律兴礼、第十一章法律与义务。许多章节的内容对法理学教材体系是具有开创性的，对我们今天的法理学教材仍有启发。

梅仲协在法理学—法哲学问题的论文，涉及主题几乎涵盖大部分重要范畴和重大理论问题，包括法治与人治、权利与义务、法律与道德、礼与法[54]、自然法与实证法、中国传统与世界趋势、法律技术与法律目的，以

---

[53] 姚瑞光语，载梅仲协：《民法要义》，序。
[54] 梅仲协：《法与礼》，载《三民主义半月刊》1943年第3卷第10期。

及包括古代希腊在内的欧洲法律思想。其中关于法治的文章，最早有一篇《法治之理论的基础》（载《文化先锋》1942年创刊号），还有《法治与人治》（《国风》[重庆]1945年第46期）、《法治浅言》（《智慧》1947年第29期）。但梅氏论法治最著名的是《法治论》，从中国法治思想、西方法治思想再到中国现实的法治，作了系统全面的论述。此文刊登在《三民主义半月刊》1942年第1卷第3期。尽管中国法学界讨论"法治"的文章在1933—1934年已经"井喷"过两年[55]，但多数是泛泛而谈。梅氏这篇写于1942年的文章，仍被多次重刊，如《胜流》（1945年第2卷第3期）、《台湾省训练团团刊》（1946年第2卷第4期）都重登了《法治论》，甚至《三民主义半月刊》于1946年第9卷（第1期）再次刊登了这篇文章。他1947年发表的《老子与管子的法律思想》，引经据典地阐述老子与管子的法律思想，显示其对古典思想文献深厚的功底。[56]

之所以说梅教授在法理上达到佳境，可喜可观，是因为梅教授在法理学和法哲学上有系统的积累和造诣。他在1942年的《法律与道德》与1943年的《自然法论》两文中，均涉及西方实证法与自然法关系的争论，他穿梭纵论在两个流派的众多法学家之间。在《法律与道德》一文中他就针对实证主义诸如奥斯丁的观点进行了反驳，其结论认为"实证法是人为的作品，在性质上，往往不能尽善尽美。道德可以不断批评实证法之内容，使其渐渐提高，而合于理想，这便是所谓法律之进化"。文章评论了耶纳（耶林内克）的"法律是最低限度的道德"，认为如果认为法律只有社会的目的及手段，而与道德与人格无直接关系，则耶氏之说，未始不通。但我们却认为法律与道德相关甚密，法律应该把道德的范围扩张到整个社会生活的任何角落。在这个意义上，"法律是最大限度的道德"。他批评了奥斯丁关于法律与道德分离的实证分析，也批评庞德的貌似折中的观

---

[55] 据笔者搜索"全国报刊索引"资源库，中国报刊讨论"法治"问题的文章，1933年达到1257篇，1934年达到1608篇。1932年与1935年，分别只有108篇和121篇。

[56] 梅仲协：《老子与管子的法律思想》，载《中华法学杂志》1947年新编第6卷第4期。

点，在梅氏看来，连民商法中的技术性规定都是基于道德原本的支配。"在法律秩序中，殆无处没有道德的足迹。""实证法中，其与道德无直接关系的部分，亦系为服役道德上的目的而设定的。"此文从一位民法学家的角度出发，不乏真知灼见，比如他认为权利"其本身应具有伦理的性质"。[57] 这个观点十分深刻而有意义。

梅仲协的《自然法论》，阐述其对自然法的理解，进一步指出，中国儒家也主张自然法。他举孟子为例："仁义礼智，非由外铄我也，我固有之也。""至于心独无所同然乎？心之所同然者，何也？谓理也，义也。"梅氏认为，孟子此言，都在证明人类之有普遍性，而普遍性便是自然法之所从出。文章进而指出"古今中外的学者，其所承认的自然法，即系基于天赋而共通的人性而生之道德原理，此种原理之存在，各人得依其自然的理性之光，而能自明"。针对实证主义对自然法的抨击，梅教授认为，自然法即从此人之本性为其基础。"自然法是人类社会之最基本的行动法则，自然法决不是因人类之相互的约定而成立，乃根植于人类之共同的人性，而发育滋长。""即便实证法对于其事未有明文规定，或者第三人或国家机关，知之而不加制裁，但该为不义行动之人，其内心必自相矛盾，而感受痛苦。所以自然法亦不失为自然的道德原理之一部分。"梅教授还特别阐述了斯塔姆勒"正当法"的观点，赞成其"可变的内容之自然法"，"以示与传统的自然法有别"。梅氏认为"吾人应知自然法之存在，乃人类眼前之事实"，对自然法的把握非常准确。梅氏区分广义自然法与狭义自然法，前者指"一切自然的道德原理"，后者指固有意义上的，"仅就有关人类的社会生活而规律其人我之间的分际"。他说："人定的实证法，缺陷之处，在所难免。实证法有缺陷时，审判官仍不得委卸其审判之责，应该设法予以填补。"但这种填补不能以主观信念，必须遵循客观的自然法原理。[58]

---

[57] 梅仲协：《法律与道德》，载《新认识》1942第6卷第2期。
[58] 梅仲协：《自然法论》，载《中山文化季刊》1943年第1卷第1期。

我们知道，这篇文章是 1942 至 1943 年写成的，当时战争正处在最严酷时期。笔者不禁感佩，如此精到的论文竟出自贫困、饥饿和轰炸的战乱年代。我们难以想象的是，讨论自然法这个主题的高潮在西方法学界尚未到来——后来对纳粹审判中产生的恶法非法问题，才引发战后对实证法与自然法的三次辩论。梅仲协先生这两篇论文，在当时的中国恐怕是凤毛麟角，在今天的法学界，也不失为高水准的法哲学论文。更令人钦佩的是，梅仲协作为民法学家，对西方法哲学的把握如此准确，真是难得一见的法学大家。

他写过《古代希腊的法律思想》[59]，对世界法律思想有相当的关注，著有《现代法学之趋势》[60]、《欧洲中古与近代的法律思想》[61]、《欧洲现代的法律思想》[62]，从中可以看到，他不仅对西方现代法学趋势很了解，还对西欧法律思想脉络也很熟悉，如圣奥古斯丁、圣托马斯（阿奎那）、葛鲁球（格劳秀斯）、霍布斯，到普芬道夫、托麦齐斯（Christian Thomasius, 1655—1728）、卢梭、康德等等。他还是狄骥法律思想的最早研究者之一，如前文提到的 1940 年发表的译文《狄骥氏的法律思想概述》，可能是他关于狄骥的最早作品，后来又翻译了狄骥《法律与国家》[63]、《论宪法上之人民的自由》[64] 和《狄骥的国家论》[65] 等论文。更难以置信的是，出版于 1945 年的狄骥名著《宪法精义》（大东书局 1945 年 1 月版），就是由梅仲协翻译的。看来，梅氏外文功夫了得，据姚瑞光与谢怀栻回忆，1938 至 1942 年在此校法律系读书期间，梅师正在中央政治学校法律系任教并担任系主任。作为系主任，面对大一不分专业的学生，他不希望很多同学选读法律，总是说，法律系很难读，法律是一门艰深的学问，仅凭我国的文字

---

[59] 梅仲协：《古代希腊的法律思想》，载《新政治》1943 年第 7 卷第 1 期。
[60] 梅仲协：《现代法学之趋势》，载《中华法学杂志》1944 年新编第 3 卷第 10 期。
[61] 梅仲协：《欧洲中古与近代的法律思想》，载《政治季刊》1947 年第 5 卷第 1—2 期。
[62] 梅仲协：《欧洲现代的法律思想》，载《政治季刊》1948 年第 5 卷第 3—4 期。
[63] 梅仲协译：《法律与国家》，载《中华法学杂志》1944 年新编第 3 卷第 5 期。
[64] 梅仲协译：《论宪法上之人民的自由（一）》，载《中华法学杂志》1945 年新编第 4 卷第 3 期。
[65] 梅仲协译：《狄骥的国家论》，载《新世纪》（重庆）1945 年第 2 期。

书籍和资料，无法读好法律。他还总强调外语，"要成为法学家……只会英文是不够的，必须学德文和日文"⑯。

另外，梅教授还有不少智慧之语和思想之光。比如他在《法律技术论》一文中谈了两个问题，一是法律上之技术规范；二是法律本身即技术。为了保持社会之为一个庞大有机体的秩序，便不能不整饬其组织，因而，法律本身变成一种重要的技术，在这个意义之下，"政治就是社会上最伟大的技术"，"整个法律秩序，也可认为系一个社会的技术"。他认为："立法者在制定法规之际，应该与物理的技术家，取同一的态度，而且还须作进一步仔细考虑。物理的技术家，只须为经济上与美学上的打算，而立法的技术家，对于各种错综复杂的利益，无论是社会的或个人的，精神的或物质的，各种主义的相互关系，以及理想与现实之调和，——都须周详考虑，其工作当然较物理的技术家更为艰巨。""整个法律秩序的领域，并不是完全为'目的性'所支配。"⑰ 这显然是表达法教义学意义上强调的"安定性"，而梅氏只不过是换个角度——从法律技术性上来强调这种"安定性"。

再比如，在《权利义务论》（上下篇）中，他以一位民法学家的视角，精到地论述了权利的法理。他认为人与人的关系至为错综复杂，法律所规定的关系，只是最小的一部分。还有大部分，则受道德宗教等所支配。甚至他阐明了一个道理——雇佣契约的关系中，除法律关系之外，尚有不少道德要素。⑱ 这个观念对于我们在执行法律之际，处理人与人的关系，至今仍有启发。反观20世纪90年代中国社会权利观念勃兴之时，法学界缺乏对权利作这样的理解，以至走向片面强调个人权利而忽视对他人的义务，包括法律与道德上的义务。在文章中，他还论述了权利与法律秩序的关系，认为"权利就是抽象的法律秩序之具体化"。"法律秩序，于特定的情形下，便会个别化，具体化，形成了法律关系，而这个法律关系，

---

⑯ 姚瑞光序与谢怀栻序，载梅仲协：《民法要义》。
⑰ 梅仲协：《法律技术论》，载《文化先锋》1942年第1卷第15期。
⑱ 梅仲协：《权利义务论（上）》，载《新认识》1943年第7卷第5—6期。

为特定的人的利益,常赋予以权利。"所以,德国学者常称法律为"客观意义的法律"或简称客观法,而称权利为"主观意义上的法律",或简称"主观法"。[69] 梅氏还阐述了权利主体——人格及其自然差异的问题,认为法律实际上是承认并规定了"个人间的自然和人为的差异",比如在权利能力之外,对行为能力也作了规定。[70] 当时能提出这个问题,也是基于梅氏学术精细的特点。

梅仲协与大陆法系诸多法学大师一样,从个别部门法扩展到一般法理论,从法学专家成为严格意义上的法学大师。梅先生"学贯中西,博通古今",从民法学上看,"立法、学说、判例兼重"[71],如果从法学范式上讲,则是"教义、社会、哲理并重"。正如张谷所言,梅仲协总是"阐幽发微",也正是这种学术佳境,使他一生都深藏并沉默于命运的秘境。这便是学术人生的一种境界,如那些文史哲学者一样,专注于书斋。

梅仲协的名声只在同专业的师生当中,社会民众根本不知其何许人也。知识人中有所谓坐冷板凳的,梅仲协应该算一个。许多时候,连知识界自身都会有一种误解,以为知名度不高就不是好学者。殊不知,隔行如隔山,法律学者有时像理工科一样,不是日常生活必需品,就不会被公众知晓。梅仲协与钱端升先生同年,都是 1900 年生人,都是政法科教授,可是梅与钱二氏形成法科知识人当中几乎是"对极"的差异。如果说钱端升所代表的是公共的"高光"知识人(public intellectual),那么梅仲协这类的知识人是否可称为 implicit intellectual("隐形"知识人)?笔者不是要对他们作高低比较,而只是指出同一时代会有两种截然不同的学术人生。正如波斯纳所言,"著名不等于最好"("Prominent" is not a synonym for "best")[72]。我们既需要钱端升这样的"高光"知识人,又需要梅仲协这样的"隐形"知识人。

---

[69] 梅仲协:《权利义务论(上)》。
[70] 梅仲协:《权利义务论(下)》,载《新认识》1943 年第 8 卷第 1 期。
[71] 张谷:《校勘说明》,载梅仲协:《民法要义》,第 2 页。
[72] Richard A. Posner, *Public Intellectuals*, Harvard University Press, 2003, p. 170.

盛振为——半壁法科，于斯为"盛"

图 1　盛振为（1900—1997）

中国法科知识人群体中，如果要选一位职业化的法学院院长，或选一位最敬业又最低调的法学教育家，此人非东吴大学盛振为莫属。他可以牺牲自己的学术，却让东吴法科因校友灿若星河而留下辉煌一页。"北朝阳，南东吴"之美誉，后半句话实际上和他的苦心经营分不开。可是他个人生平信息却寥寥阙如。这位东吴法学院任期最长的院长，竟然如此销声匿迹，令人感叹不已。

一、土生土长的东吴法科生

盛振为，上海人，1900 年 3 月出生于上海，父亲是基督教卫理公会的牧师。盛振为小时候曾读过一年中式私塾，本科在苏州东吴大学学习，1921 年获文学学士；随即又返回上海，入读东吴大学"中国比较法学校"（Comparative Law School of China，即所谓东吴大学法科），1924 年获得法学学士；1926 年 9 月成为东吴大学法学院第一位华人教务长；1942 年担任东吴大学法学院第三任院长，直至 1951 年 4 月。

盛振为 1921 年入读东吴法科时，正是美国专家刘伯穆（W. W. Blume）博士担任教务长。当时仍未成立法学院，不设 Dean（院长）一职，因此刘伯穆是接替兰金（C. W. Rankin）的第二任教务长。与兰金的"宗教为体，法律为用"理念不同，刘伯穆逐渐淡化东吴法科的宗教色彩，突出执业律师的教育目标。他以美国法学院作为参照，不仅在课程设置上基本照搬了美国法学院主要的英美法课程，[①] 还与密歇根大学、西北大学法学院建立了友好交流关系，引入美国"型式法庭"（即模拟法庭）教学。

在毕业典礼的前一天，6 月 13 日下午 4 点，东吴法科按惯例举行"型式法庭"（模拟法庭），邀请了上海检察厅厅长和美国"按察使署"审判官娄敦为会谳，用上海会审公廨手续法（程序），双方原被告律师译员证人、检察员均系该校毕业生。其中原告译员由盛振为等两同学担任。[②]

教会大学的毕业典礼是什么样子的？带着好奇，笔者找到盛振为毕业时的零星资料。1924 年 6 月 14 日下午 4 点，东吴大学法科在昆山路校舍举行法科第七届毕业典礼，并授予董康、王宠惠法学博士学位。到会男女来宾四百余人。下午四时前，校长、教务长、教授等与学生等均着学位服，先集体摄影留念。四时入场，仪式进入"序曲前奏"：先奏乐，祷告，再由黑夫人单人独唱。再授予学士学位：先由教务长刘伯穆致辞，谈了本届毕业式有三项可纪念点：其一，东吴法科从最初的昆山路 20 号东吴大学第二附中迁此（指迁至昆山路 11 号[③]）后，今日为第一次举行毕业礼；其二，今年毕业生人数比较前六届为多；其三，本届毕业生捐助本校藏书楼一百五十元，以作购买中国法律书之用。毕业生杨逢春、李中道两君各科分数均在九十分以上，云云。[④]

[①] 沈伟：《民国东吴大学法科的建立及其影响新议》，载《东吴学术》2017 年第 2 期。
[②] 《申报》1924 年 6 月 13 日。
[③] 从《申报》1924 年 1 月起招生广告中，东吴法科校址均为"昆山路 11 号 A"。
[④] 《东吴法科昨行毕业典礼》，载《申报》1924 年 6 月 15 日。

其次，由东吴大学现任校长文乃史博士（Walter Buckner Nance, 1868—1964）向毕业生致训辞。文校长强调学生毕业后，"当知法律真义，为人类谋幸福，使世界太平"；同时，校长还透露了一个重大信息——"自下学期起，东吴法科将与圣约翰大学合办"⑤。此时，圣约翰校长卜舫济就坐在主席台上。原来并不看好东吴法科的他，这次居然亲自光临东吴法科毕业典礼。东吴法科创办人、法学院第一任教务长兰金一贯主张"宗教为体，法律为用"的办学理念，而圣约翰校长卜舫济不看好东吴传授英美法，因此也导致东吴与圣约翰大学曾经的"合办"意向"失之交臂"⑥。可是在东吴校长文乃史和法科教务长刘伯穆的努力下，此时合作意向出现了转机。后来没有实现这一合作项目，可能仍然是教育理念的差异，然而细节不明。合办或不合办，这对两校是喜是忧，当时孰能知详？

接着，现场气氛最热烈的高潮到来——董事部长薛伯赉博士颁授文凭，共计毕业生15人，分别是张金润、陈文柏、程颖侯、奚士昌、高君湘⑦、李中道⑧、盛振为、蔡德诒、蒋国芳、祝匡朋、杨逢春、姚希琛、荫武、赵传鼎、谢颂三⑨。学位授毕，由毕业生代表李中道赠予教务长刘伯穆博士绣

---

⑤ 《东吴法科昨行毕业典礼》。
⑥ 沈伟：《民国东吴大学法科的建立及其影响新议》。
⑦ 高君湘（1901—?），又名筠，号彬彬，江苏金山县（今上海市金山区）人。南社社员高吹万之第三子。早年毕业于复旦大学，1924年毕业于东吴大学法科，1925年获密歇根大学法学硕士，1926年获美国底特律法学院（今密歇根州立大学法学院）法律博士学位（J.D.）。曾任上海法学院教授，1932年执律师业，南社社员。1948年高家举家迁往香港。长子高锟，为诺贝尔物理学奖得主。
⑧ 李中道（1900—1986），字仲道，江苏吴县（今苏州市吴中区和相城区）人。1918年毕业于南洋公学，后在日本学习语言和文学，1920年入东吴大学法科读书，1924年以优异成绩获法学学士学位，为东吴法科第七届毕业生。1924年赴美国密歇根大学留学，1925年获法学硕士（LL.M.），1926年获西北大学法律博士学位（J.D.）。同年回国，先在浙江省立第四中学任教，后在上海执律师业。1929年起在民治中学兼职教课。并担任私立景林中学夜校校长，以其父李维格命名的基金会成立后，作为继承人担任基金委员会负责人。1931年左右当选为东吴大学校董并在学校兼课，以后长期担任校董。
⑨ 谢颂三（1900—1989），浙江杭州人。生于长老会牧师家庭。1914年进苏州东吴大学附属中学，毕业后继续在东吴大学求学。在校时曾任学生青年会会长、学生布道团长。1924年毕业于东吴法科，获法学学士，当年赴美，在纽约州奥朋神学院学习，1927年毕业，获神学士学位，同时由美国长老会按立为牧师。1928年回国后，担任上海青年会德育部主任干事，一年后担任苏州东吴大学教师。1932年起担任监理会基督教教育部执行干事，1941至1958年担任上海慕尔堂主任牧师。1941至1951年曾任上海基督教联合会会长。1958年上海基督教实行联合礼拜，谢曾任黄浦区联合礼拜筹备委员会委员。

旗一面，上书"循循善诱"四字，此外还赠学生编印的年刊一册。接着进行荣誉法学博士学位授予仪式，本次授予两人，一是董康，二是王宠惠。由陈霆锐博士致辞，先介绍被授予人董康，说"中国自革命以还，各界甚少杰出之人才，惟法界方面，则大有人在。董氏为司法界前辈，经验深邃，著作宏富，学识湛博，道德高尚，素为国人所崇拜。本校特赠法学博士荣誉学位与董先生，希望董先生前途无量"等等⑩。然后由董康发表演说"前清法制大概"。

值得一提的是，由于王宠惠没有到场，无法举行当面授予仪式。到傍晚时分，王宠惠来电报，表示"承认该校授予法学博士"。接着由圣约翰大学校长卜舫济博士主持"祝福"仪式，这是东吴毕业典礼必经的压轴环节。晚八时，毕业生与校长、教务长、教职员、来宾、校友等在大东旅社继续举行晚会，师生相继以中英文演讲，关切未来鼓励之语，关系法学真诠之意。直到夜十点结束。⑪

此时的盛振为只有 24 岁，他压根没有想到的是，东吴法学院教务长刘伯穆会在三年后卸任，更没有想到，接替这个位置的是他自己。

我们一直以为盛振为是东吴当年毕业即去美国留学的，事实并不如此。1924 年 6 月中旬，与盛振为同届的 15 位同学中，有李中道、高君湘、姚希琛、张命润、谢颂三共 5 人赴美留学，且至少有 3 位是去密歇根大学。⑫ 他的同班同学李中道于 1924 年去密歇根大学，1925 年获得法学硕士学位（LL. M.），1926 年获得西北大学法律博士学位（J. D.）。而盛振为也于 1926 年获得美国西北大学的法律博士学位（J. D.）。如果按照当年西北大学 J. D. 的学制，应该是一年时间。因此可以推测如果直接攻读 J. D.，那么他至少于 1925 年赴美留学。据《申报》图片新闻"承天中学学生欢

---

⑩ 《东吴法科昨行毕业典礼》。
⑪ 《东吴法科昨行毕业典礼》。
⑫ 《东吴法科赴美之五学生》，载《申报》1924 年 6 月 20 日。

送盛振为君赴美留学"的时间为1925年8月。报道称盛振为是该学校教师。[13] 说明他赴美之前在东吴法科读书时兼职任教于此。1926年7月回国时，承天中学又举行欢迎会，《申报》7月26日有报道称"前星期四返国"，因此可推知盛博士回国到达上海的时间为1926年7月22日。[14] 另据然否斋藏品中有盛振为1984年9月亲笔填写的《东吴大学校友会会员登记表》"最后学历：毕业院校名称"一栏中，发现了这一事实：表上赫然写着"美国西北大学法律研究所毕业得法学博士学位"，"1925年9月至1926年6月"。（参见图2）因此可以确定，盛振为赴美留学时间为1925年8月，1926年7月22日返回上海。

值得一提的是他的美国导师，享誉世界的法学家、西北大学法学院院长威格摩尔（John H. Wigmore，1863—1943），哈佛毕业，波士顿执业律师，美国选举法改革问题的领导者，日本明治时期曾聘为外国顾问、东京庆应大学教授，研究江户时代德川幕府的法律，1893年回到美国西北大学，1901年担任西北大学法学院院长直到1929年。他还是1907年创立的美国律师协会比较法局的主任，其年度公报是美国第一本比较法期刊。所以有人称他是法学家和改革家。[15] 1904年，威格摩尔出版了他最著名的著作《英国普通法审判证据系统论文》（通常称为 Wigmore on Evidence 或 Wigmore），这是一项关于证据法发展的百科全书调查。这项发明被称为"威格摩尔图形分析方法"，就是指威格摩尔开发的用于分析法律证据实验中的图解方法，它是现代贝叶斯网络（A Bayesian network）的早期形式。在1917年修订的《美国陆军法院军事手册，1917年》一书中，第14页将"证据"章节归功于"西北大学威格摩尔教授的协助"。因此盛振为成为中国新一代证据法专家，在东吴大学出版《证据法学》，无疑是受他导师

---

[13] 《承天中学学生欢送盛振为君赴美留学》，载《申报》1925年8月3日。承天中学是1916年建于上海沈家湾的一所中学。参见《承天中学近闻》，载《时报》1925年11月12日。

[14] 《承天校友会欢迎盛博士》，载《申报》1926年7月26日。

[15] William R. Roalfe, John Henry Wigmore, Scholar and Reformer, *The Journal of Criminal Law, Criminology, and Police Science*, Vol. 53, No. 3, 1962, pp. 277–300.

威格摩尔的影响。

  盛振为 1926 年 7 月回国，9 月入上海东吴法科任教（参见图 2），在上海法科大学兼课，1927 年担任东吴大学法学院教务长，兼证据法教授，由此成为东吴法科历史上第一位华人教务长。1928 年 2 月盛氏加入上海律师公会。[16] 但从史料来看，他实际上并没有时间从事律务。

二、东吴法学院的华人内当家

  盛振为为何能在 1927 年担任东吴法科教务长？其背景是什么？东吴法科于 1927 年 2 月至 4 月间发生重大变化。2 月 16 日，东吴大学自行决定改"中国比较法学校"为"法学院"。[17] 上海的媒体报道称"昆山路东吴法科为杰出之法律学校，成绩之美、蜚声中外。其毕业生中，现在法界肩任要职者，指不胜屈。现已改为东吴法学校，为积极进取起见，特由该大学董事部于本月十六日议决，聘任华人吴经熊法学博士为该院院长，又聘盛振为法学博士（时年 27 岁——引者注）为教务长。"[18] 人选的消息提前传出了，东吴聘华人为法学院院长和教务长，这是其校史上的首次。不过，东吴法科教政权的实际界定，还没有确定。直到 3 月底 4 月初，才通过学生会选举出的九个委员，研究讨论出"教政权"的规则，向美国人主持的校董会提出意见。

  3 月 10 日晚上，法学院师生 80 余人在新新酒楼举行了一个庆祝活动。3 月 17 日是吴经熊 30 岁生日，所以，当晚这场庆祝活动也成了为吴院长提前举行的庆生派对。教务长盛振为致辞，同时也向前代教务长萨赍德（George Sellett）博士为学院所做的贡献表示感谢。东吴法学院校园内持续洋溢着庆祝气氛，4 月 13 日，学生又为法学院换华人院长举行庆祝活动。其实该活动有两个相关的时代背景主题，即"上海为党军克复""收回教

---

  [16] 《上海律师公会会员录》，载《上海律师公会报告书》1929 年第 25 期。
  [17] 实际上东吴法学院直到 1935 年才得到教育部立案批准。《东吴法学院被教育部立案批准》，载《中央日报》1935 年 6 月 6 日。
  [18] 《东吴法科改为东吴法学院》，载《申报》1927 年 2 月 26 日。

育权运动"。⑲ 华人执掌这所著名的法学院,国人和媒体都为之兴奋,认为具有划时代意义。

这两位"90后"的华人青年接办了东吴法学院。但是吴经熊在临时法院当推事,校务主要靠教务长盛振为。他积极整顿校务,不遗余力,成绩显著。其一,严格师资遴选标准,延揽聘请师资,不到3个月就新聘定胡治毅、钟鸿声、徐谟、伍守恭、董康、乔万选、刘世芳为东吴教授。还添聘胡适之讲授哲学课程,另有徐志摩、林语堂、张慰慈、潘光旦等先生掌教。⑳ 其二,调整课程,准备于下学期将添设预科。计划开设硕士班。其三,扩充学额,为便利学生留学欧美研究法律起见,开办暑期学校俾学生得直接入欧美大学研究院。当时男女兼收,报名颇形踊跃。㉑ 东吴法律学院为便利学生留学欧美及潜心研究比较法者起见,特计划于1928年暑期开设进修课程三科,聘请墨西哥领事阿乐满担任海商法教授,临时法院推事高君湘担任合伙法教授,盛振为自己担任损害赔偿法教授。㉒ 另外还在原有预科班基础上,增设一级,使得与旧制或新制中学最高级之间相衔接。其四,邀请海内外名家讲演。但因为校舍紧张,只够七八十个学生居住,学校四周,邻舍栉比,无从扩建。只好把预科学生迁回到苏州。此举引来社会各种异议和猜测的压力,只得由盛教务长向多方解释。㉓

在吴、盛接手东吴法学院后第三个月,毕业生(三年制)行将毕业。这是盛振为担任教务长以来的第一届毕业生。盛教务长要张罗毕业典礼了!他们确定为6月4日下午四时在昆山路东吴二中大礼堂举行毕业典礼,并请新聘教授胡治毅、钟鸿声、徐谟、伍守恭作演说。此外邀请中西女塾学生歌咏队表演,晚上有同学聚餐会和文艺晚会,教师还出了节目,包括陈霆锐说苏州官话致辞,石颖玩广西戏法,蒋国芳律师表演梵哑铃

---

⑲ 《东吴法学院今日开庆祝会》,载《申报》1927年4月13日。
⑳ 盛振为:《法学院概况及本年大事记》,载《东吴年刊》1930年第2期。
㉑ 《东吴法学院明日行毕业礼》,载《申报》1927年6月3日。
㉒ 《东吴法学院暑校近讯》,载《申报》1928年7月16日。
㉓ 盛振为:《法学院概况及本年大事记》。

（小提琴英文 Violin 旧译）东洋调，院长吴经熊唱京戏，教务长盛振为献唱一首法兰西歌曲。[24] 年轻的院长、教务长、教授们与毕业生同学年龄相差无几。这种师生欢聚其乐融融的场景，给东吴法科学子留下多少温馨美好的永久回忆啊?!

东吴法科为了批准立案，因政府变更也颇费折腾。1925 年经前北京教育部批准立案。1928 年国民政府重新成立后，前大学院要求重新审批。因此盛教务长忙碌于学院组织沿革、行政系统、校舍、经费、教职员及现肄业学生已毕业同学及图书馆概况等项目的核查统计，详细拟订。教务长是"内当家"，盛振为在民国政府教育行政权之下，一定也填了不少表格，费了不少心血。1929 年 6 月，教育部副部长带队来学院视察，对校内情形实地考察明确后，才在 7 月正式发布命令，重新批准立案。[25]

至 1929 年秋，学生人数从原来的百七十人，增加到 232 人，破以往纪录。本科三个年级，还设有硕士班 17 人。1929 年秋季起，开设硕士班，规定主要科目一种，次要科目两种，先后入学者 17 人，由吴经熊指导，每周二晚间至其书斋听讲，相当于开小灶。令人难以想象的是，1929 年起到 1930 年，来东吴大学法学院留学的人也有了。居然还是来自美国康乃尔、纽约大学、科劳鲁劳大学、哈佛大学、密歇根大学的学生来东吴留学，有学工程、文学、商科的，也有学法律的，其中肄业于本院的达 7 人。[26]

1927 年至 1929 年，吴经熊在法院任职，其实内心"不安宁"（吴自称），这也影响到他对东吴法学院的职责的履行，好在有教务长盛振为。当时的法科人才奇缺，兼职现象颇多。吴院长也曾在毕业典礼上亲口对师生说过："东吴法学院事全仗盛教务长一手包办，才不虚陨越。我很感谢他。"[27] 1929 年 1 月江苏特派交涉公署委派盛振为兼任上海华洋上诉处帮

---

[24] 《东吴法学院明日行毕业礼》。
[25] 盛振为：《法学院概况及本年大事记》。
[26] 盛振为：《法学院概况及本年大事记》。
[27] 《东吴法律学院毕业纪念会上》，载《申报》1928 年 6 月 28 日。

审官，时常与承审法官徐谟搭档。㉘ 据其本人后来有关登记表此职被填写为"审判员"。盛振为上任后即履行职责。1929 年 1 月，审讯英捕枪杀西崽案，交涉署派上诉庭帮审官盛振为到庭观察。㉙ 盛振为回国后即注册了律师执照，可是担任教务长之后，几无执行律师事务。在他这里，校外兼职除帮审员一职属公共事务之外，几乎没有其他兼职工作。1929 年 12 月，吴经熊受邀赴美国哈佛与西北大学讲学一学期，院务工作完全由教务长盛振为主持和负责。从法学院井井有条的事务可见，这位基督信徒、低调勤勉的教务长，有多么勤勤恳恳。

1932 年秋，盛教务长加强院务行政阵容：一是找本院劳动法教授孙晓楼㉚，1933 年起任副教务长；另一个更重要，他找到了一个图书管理的专门人才——喻友信㉛。东吴大学法律图书馆隶属于本院教务长，设有图书管理员一名，助理二人。喻友信是图书管理员，也称"图主任"，掌管全馆事务，实际上就相当于图书馆馆长。同时，该馆还设有图书委员会，除教务长与图书馆管理员为当然委员之外，还聘请校内教授或校外名流担任委员。当时有中西文图书万余册（据介绍，"现正在进行登记编目中故未有确数"），中文约占 30%，英文约占 50%，此外还有日文（0.8%）、法文（0.6%）、德文（0.5%）、俄文（0.1%）。经典藏书有 *Corpus Juris* 共

㉘ 《盛振为被聘为华洋上诉处帮审官》，载《申报》1929 年 2 月 17 日。
㉙ 《英按署昨日审讯英捕枪杀西崽案》，载《申报》1929 年 1 月 24 日。
㉚ 孙晓楼（1902—1958），江苏无锡人。1927 年毕业于东吴大学法学院，后赴美国西北大学法学院法科研究所深造，并于 1929 年毕业，获法学博士学位。回国后，先后担任东吴大学文学院教授（1929—1931），上海地方法院推事（1931—1933），东吴法学院副教务长（1933—1939），民国政府行政院参事（1940—1941），朝阳学院院长（1941—1945），联合国善后救济总署闽浙分署署长（1945—1947）等职。1947 年重返东吴大学法律学院任教。新中国成立后，于 1953 年被分配到复旦大学图书馆工作，后担任法律系教授。著有：《法律教育》（1935）、《劳动法学》（1935）、《领事裁判权问题》（上、下，1936）、《苏俄刑事诉讼法》（译作，1937—1939）等。
㉛ 喻友信（1909—?），字鸿先，安徽芜湖人。1930 年秋考入私立武昌文华图书馆专科学校，1932 年进入东吴大学法学院，担任图书管理员，1948 年被东吴大学法学院派往美国进入哥伦比亚大学图书馆学院学习，1949 年夏获硕士学位后回国，继续担任东吴法律图书馆馆长，前后任期达 16 年，是近代著名的法律图书馆专家。著译主要涉及图书馆管理与利用研究，国外分类法评介，以及编撰法学论文索引与研究图书馆立法问题等三大领域。参见郑锦怀：《喻友信早期图书馆生涯考察》，载《大学图书馆学报》2012 年第 1 期。

59 册，*United States Code Annotated* 共 50 册，中文书如唐明律合编、宋刑统、大元圣政国朝典章、大清会典、大清会典事例等全部 200 册，大清律例根源全部 60 册。中文法学杂志寥寥，外文杂志有十余种。鉴于中国法学图书馆的本土特点，结合杜威图书分类法，创造了东吴自己的分类。[32]1933 年，在盛教务长和喻馆长的努力之下，法学院决定在原有法律图书基础上，建造一座大规模法律图书馆，由董康及校友何世桢、陈霆锐、江一平、杨永清、吴经熊等数十人发起，额定筹资三十万元，[33]其中十万作建筑经费，二十万作购买图书经费。[34]喻友信努力跟外国法学杂志进行交换，以提高该馆馆藏刊物数量与质量，为东吴大学法学院师生的教学与研究活动提供便利。可惜这种交流不够稳定，换来的刊物不全。他还努力搜集民国以前各朝各代的法典律书，以备研究中国古代法制史之用。喻氏对东吴法律图书馆的沿革、组织、经费、设备、管理、藏书、分类与目录等八个方面了如指掌。[35]

法学院图书馆办得如何，是检验院长院务质量的重要标志之一。暂且不"数"千百位灿若星辰之东吴法科"风流人物"，作为法学院教务长，盛氏建设了一个远东最好的法律图书馆，因此盛振为堪称中国的"兰代尔院长"。

1934 年正值东吴法科 15 周年之际，教务长盛振为作了个总结，后来写成《十九年来之东吴法律教育》一文，发表在东吴《法学杂志》。他说东吴法科"教育方针之递嬗，殊有足述者：本校原以英美法与中国法为依据，而旁参以大陆法，继应时势之需求，改以中国法为主体，以英美法与大陆法为比较之研究。俾学生对于世界各大法系之要理，皆有相当认识"。东吴法学院课程一方面按照本国教育部对法科教育的课程要求，另一方面又参照世界各国著名法学院课程的优点，这样中外匹配的好处，恰恰顺应

---

[32] 喻友信：《东吴大学法律学院图书馆概况》，载《文华图书馆学专科学校季刊》1932 年第 4 期。

[33] 《东吴法学院将建法学图书馆》，载《中华图书馆协会会报》1934 年第 9 卷第 6 期。

[34] 《上海东吴法学院图书馆近讯》，载《中华图书馆协会会报》1933 年第 9 卷第 3 期。

[35] 郑锦怀：《喻友信早期图书馆生涯考察》。

两种需求：一是学生在国内法界服务的需要，二是留学深造可免试插入国外名校。"此则本校适内而应外之鸟瞰也。"㊱ 接着，他具体介绍了东吴法学院的办学方针："施教重质不重量"、坚持教训鼓舞学院士气、"行政居超然地位"不受政局影响、"课程以切于实用为标准"、"教授选任以专门学识为要件"。他还列出一串教授名单，诸如王宠惠、梅华铨、谢永森、陈霆锐、张君劢、何世桢、郑天锡、林鼎章、罗炳吉（Lobingier）㊲、佑尼干（Jernigan，美籍律师）、林百克（Linebarger）㊳、费信惇（Fessenden）㊴、刘伯穆、博良（Bryan）㊵等先后任本院主要学科。他还提到最近聘请的教师，包括罗马法的丘汉平，公司法的潘序伦，德国民刑法的刘世芳，法制史的董康，刑法与刑诉法的赵琛、俞承修、郁曼陀（参见专篇），劳动法的孙晓楼，国际公法的梁鋆立、姚启胤、夏晋麟……英美法

㊱ 盛振为：《十九年来之东吴法律教育》，载《法学杂志》（上海）1934年第7卷第2期。
㊲ 罗炳吉（Charles Sumner Lobingier，1866—1956），美国驻华法院法官，1888年毕业于内布拉斯加大学，获文学学士学位，继而修得文学硕士、法学硕士学位。1900年在内布拉斯加大学获罗马法博士学位，并受聘为该校法学教授。1904年，罗炳吉被委任为菲律宾初审法院法官。1910年参与菲律宾大学法学院的初创，教授民法，著有《民法之演进》（The Evolution of the Civil Law）。1914年，罗炳吉被委任为美国驻华法院法官，在上海参与援建东吴大学法学院。参见李洋：《罗炳吉与东吴大学法学院》，载《华东政法大学学报》2014年第6期。
㊳ 林百克（Paul Myron Linebarger，1871—1939），又译作莱因巴格，美国律师。1889—1895年在法国巴黎、德国海德堡学习法律。1895年起先后在美国、菲律宾从事法律工作。1912年来华，开始任孙中山的顾问。1928年任南京国民政府顾问，后执律师业。1941年出版著作《孙逸仙传记》。
㊴ 费信惇（Stirling Fessenden，1875—1943），美国人。1903年来上海任律师。1905年与其他外籍律师合组律师事务所。后为佑尼干律师事务所合伙人。1920年入选上海公共租界工部局董事会，1923—1929年任工部局总董。1938年再次当选工部局总裁，曾经顽强地和日本人控制租界的举动进行斗争，日本人恨之入骨。1939年6月30日因眼疾辞去总裁职务退休。1941年太平洋战争爆发后被日军拘禁，受到严重迫害。在作为战俘交换获得回国机会时，拒绝说："与其死在海上，不如死在上海"。1943年9月20日死于上海的外侨集中营。
㊵ 博良（Robert Thomas Bryan Jr，1892—？）美国人，生于上海，为沪江大学创办人，美籍传教士万应远之子。1910—1911年在苏州浸会学校教授英语及军事学。后回美国，就读于北卡罗莱纳大学，获文学及法学学士。毕业后在美国执律师业。1917—1928年间在上海与多名外籍律师合组律师事务所，并任东吴大学法学院教授及美国在华法院律师。1928年被费信惇引入工部局任法律顾问，1930年任工部局法律处处长。太平洋战争爆发后被日军囚禁于大夏大学集中营。抗战胜利后任美国驻华大使馆及驻上海总领事馆特别助理，参与中美商约的谈判。1946年11月继续执业律师。著有《中国商标法》《中国离婚法》《佑尼干律师小史》《美国应否放弃在华治外法权》《美国在华之商标商名版权及专利权》等书。

的张志让、萨赞德、卢峻㊶，海商法的查良鉴，国际私法的徐砥平，等等。他还提到担任审判实务的沈锡庆也来东吴兼职授课。㊷

1935年司法院鉴于东吴大学法学院课程编制及其他设备均尚完善，特许准东吴大学设立法学院。㊸ 东吴法学院走过了20年的历程，其教育理念大致可归纳为四个阶段：从最初的"宗教化法科"，到留学预科式法科，到转型中国化法科，再到后来向司法人才、行政法人才和外交人才的多元化法科。盛振为在其中付出了人们看不见的心血。

三、临危受命，任期最长的院长

1933年，教务长盛振为与院长吴经熊双双担任立法委员。1936年，他俩又被司法院委任为商法委员会委员。㊹ 1937年7月全国抗战开始后，东吴法学院继续在上海办学。八一三战役发生后，昆山路校区沦为战场，师生从昆山路迁到南洋路。法律图书馆喻友信馆长早有准备，贵重法律图书也一并转移，开学一学期后，又迁至虞洽卿路慕尔堂内上课。㊺ 当时，东吴法学院还四处搜集法学旧籍，尤其大理院公报及判决录，以重价收购。当时该院法律藏书已受全国关注，据说中外法官和律师在别处借不到的书，在这里都可以借阅。㊻

南京失守后的1938年，吴经熊不想干院长了，由盛振为接任东吴法学院院长。1939年，孙晓楼也不干副教务长去行政院做官了，可是盛振为

㊶ 卢峻（1909—2000），浙江宁波人。复旦大学文学士、文学硕士。1930年东吴大学法律学院法学士；美国哈佛大学1933年法学博士。曾任新中国学院法律系主任、国立暨南大学法学教授、私立光华大学法学教授、东吴大学法律学院法学教授、西北法商学院院长、中央大学法学院院长。1949年后历任复旦大学、东吴大学、华东政法学院、上海社会科学院法学研究所教授。著有《国际私法之理论与实际》。
㊷ 盛振为：《十九年来之东吴法律教育》。
㊸ 《司法院特许东吴大学设法学院》，载《兴华》1935年第32卷第25期。
㊹ 《院令：第一三三五号训令（二十五年五月六日）》："令委员盛振为：兹加派盛委员振为为商法委员会委员由"，载《立法院公报》1936年第81期。
㊺ 《东吴法学院图书馆近况》，载《中华图书馆协会会报》1938年第13卷第2期。
㊻ 《东吴法学院图书馆搜求法学旧书》，载《中华图书馆协会会报》1939年第13卷第4期。

仍然继续在东吴法学院从事着惨淡而艰辛的经营。直到1942年上海成为孤岛，东吴法学院面临极度困境，必须撤离上海转入内地。盛振为临危受命，担任了东吴大学代理校长。

9月初，盛振为带领东吴法学院部分师生迁到重庆。[47] 9月6日受到东吴法学院重庆校友的欢迎宴请。有人注意到，吴经熊、陈霆锐等亦到会。实际上他是从香港来重庆，经过旅途劳顿的吴经熊似乎苍老了些，嘴上留起了小胡子。[48] 10月，重庆东吴法学院即开始复课。[49] 次年，盛院长在重庆保安路找到一处社交会堂，以此重修成校舍，[50] 于1943年春季迁入。盛院长对外宣布已聘请名律师陈霆锐、名法官查良鉴等来任教。[51] 对东吴有很深感情的萨赍德博士，感慨于东吴法学院复校，表示要赞助东吴继续办学，他承诺返回美国后收集一批图书，运至重庆。[52]

1944年，迁至曲江的东吴文理学院因战火停办。而东吴法学院在重庆复校两年内，从上海来渝的鄂森短暂任院长，仍然在代理校长盛振为的努力下，各种设备渐臻完善：建立了法科研究所比较法专门部，学生会主办的《东吴法学》复刊，恢复了法律与会计两个系，学生人数达350余人；继续开设2年制的硕士学位和5年制的学士学位，还有教育部指定举办的法商实习（夜）班。在重庆这两年任教于东吴法科的名师有：江一平教继承法、法律伦理，盛振为教英美衡平法，此外还有大陆民法张企泰、民诉倪征、保险法魏文翰、强制执行查良鉴、英美诉讼法陈丕士、英美亲属法陈霆锐、国际私法与土地法何襄明。[53]

---

[47] 《东吴法学院将来由沪迁渝》，载《中央日报》1942年9月4日。
[48] 《中央日报》1942年9月6日。
[49] 《东吴内迁情形》，载《大公报》（桂林）1942年10月5日。
[50] 《东吴大学法学院在渝筹划复校》，载《中央日报》（《扫荡报》联合版）1943年2月15日。
[51] 《中央日报》1943年2月15日。
[52] 《东吴大学法学院在渝筹划复校》。
[53] 《私立东吴大学沪江大学之江大学联合法商工学院校刊》（民国三十三年秋至三十五年春，重庆），1946年，第16页。

东吴大学从美国运大批参考图书到重庆，以充实久负盛名的东吴图书馆。[54] 1945 年 8 月抗战胜利时，东吴法学院联合在渝的沪江大学与之江大学师生，在陪都青年馆共同举行庆祝大会。1945 年底，盛振为院长作好上海方面的协调工作。1946 年 1 月寒假开始后，东吴法学院回迁上海。[55] 至 1946 年 10 月，昔日东吴法律名教授又云集于上海原址昆山路 11 号，与迁校前相比，仍不示弱。东吴法学院的沪渝两部分终于"破镜重圆"了。名校毕竟像老店招牌，炮弹战火也摧毁不了。但这里面渗透着盛振为院长多少心血啊！不久，他受国防最高委员会指派赴国外考察法规。[56]

东吴法学院经历战乱，需要多方谋划。首先在学科设置上不断与时俱进，迁回上海后便酝酿拓展之策，于是 1946 年 7 月增设司法组。[57] 1947 年 8 月，东吴法学院特呈准教育部又增设行政法组与国际法组，以培养行政法与外交法律人才。[58] 另外，还有许多补漏与恢复的事务，比如东吴法学院图书馆的图书，过去曾以藏书富甲亚洲，可是迁回上海后，却要登报征集散佚的图书。[59] 东吴法学院为筹募清寒学生助学基金，还举办筹募音乐会。法学院为学生想得多么周到，着实令人感动。[60] 经过八年战乱，能上得起学的学生为数不多，到 1948 年，一学期 85 金圆的学费，学生和家长难以筹措。学院只得按延缓一周收取滞纳金 6 金圆，于是被媒体诟病，真是进退两难。[61]

其实在那个经历残酷战争的年代，不只是学生贫困，整个大学或者说教育界都极度寒碜。1947 年 2 月，中国基督教教会大学组成联合募捐委员

---

[54] 《东吴法学院消息：东吴大学法学院在渝复校时仅二载》，载《中华基督教卫理公会通讯》1944 年复刊第 26 期。

[55] 《东吴法学院寒假时迁沪》，载《申报》1945 年 11 月 30 日。

[56] 《盛院长振为因国防最高委员会之选派赴国外考察法规》，载《私立东吴大学沪江大学之江大学联合法商工学院校刊》（民国三十三年秋至三十五年春，重庆），1946 年，第 13 页。

[57] 《东吴法学院增设司法组》，载《申报》1946 年 7 月 10 日。

[58] 《东吴法学院增设培养行政及外交人材》，载《申报》1947 年 8 月 17 日。

[59] 《东吴法学院征求散佚图书》，载《学生日报》1946 年 11 月 1 日。

[60] 《东吴大学法学院筹募清寒基金》，载《和平日报》1946 年 8 月 17 日。《东吴大学法学院筹募助学基金，昨在兰心举行音乐会》，载《民国日报》1946 年 8 月 24 日。

[61] 《东吴法学院算盘何其精》，《真报》1948 年 9 月 11 日。

会讨论募捐问题。2月8日上午11时,在东吴大学法学院举行会议,出席者有东吴大学代理校长、法学院院长盛振为,燕京大学代表孔祥熙,之江大学校长李培恩,圣约翰大学校长涂羽卿,沪江大学校长凌显扬,齐鲁大学代表邓镜眉,福建协和大学校长檀仁梅,金陵女大校长吴贻芳,金陵大学校长陈裕光等,教育部次长杭立武亦应邀列席。会议主席凌显扬,会议议决成立常务委员会,由京沪区基督教大学代表负责,预定募捐时间为六个月,国内募款数目一百亿元,国外一千五百万美金。杭次长当即表示愿意赞助。因战后的交通困难,尚有华西、华中、华南、岭南四所基督教大学,未能派员参加。会议拟定3月中旬在上海举行全国基督教大学联合募捐委员会大会。[62]

今人素闻东吴法学院之盛名,然而盛振为院长治院当年,办学境况之细节如何却鲜为人知。1947年6月,物价上涨,经济陷入空前窘境。同在上海的圣约翰、东吴法学院与之江大学三教会大学,只得联合举行毕业典礼,因此从圣约翰大学原定的6月28日,改为6月21日三校联合举行。[63] 有媒体将当时的校园气氛作了趣闻式的描述,说学生成分有"三教九流,无所不包","教室内有市府公务员,有法院书记官,有帮辩律师,有中小学教师,有银行职员,有新闻记者"。说法庭上威风凛凛的法官来此讲学,却变成了"和蔼可亲,一任同学嬉皮笑脸"。同学来此多有"留美之梦",同学们的谈资常为"外汇之涨落,护照之难易"。东吴法学图书馆所藏之图书,为全国之冠,"惟近年英美出版之新书,则付厥如。现正积极计划,向国外订购,以臻完备"。近来有同学自办刊物,定名"进刊","整天在宿舍推销"。其实校园条件局促简陋,时有传说一些师生学生趣闻。比如说到冬天学生食堂之阴冷,只见学生把桌凳搬至膳堂外空地,露天晒太阳以取暖。学院操场仅门前方寸之地,附近土地,虽为校产,但已出租于他人筑房,不到期满不得拆除,学院称将来可在人家房屋上建操场。媒体称

---

[62] 《教会大学联合募捐委会讨论募捐问题》,载《申报》1947年2月9日专栏。
[63] 《约翰·东吴·之江联合举行毕业礼》,载《中华时报》1947年5月30日。

之为"吃饭晒太阳,露天作饭厅;借天不借地,空中筑操场"[64]。

1947年2月,有记者采访东吴法学院盛振为院长。盛院长一开始先谈其个人对于法治之观感,称"国家之根本大法,厥维宪法,吾人目前唯祈望此一法治之基础工作,能早日奠定,则推行宪政,如纲在纲,庶易措施。本院现正努力此项研究工作"。记者说:"言下肃然,似寄有无穷切望者。"当谈到院史,他如数家珍。从1915年兰金创法科开始,回顾前人的筚路蓝缕,亦谈到东吴法学教育理念与办学举措之演变。[65]

盛院长治校严厉是有名的。1948年7、8月间,上海学潮汹涌,不少学校处理学生。东吴大学也不例外,劝退学生百余人,引起社会关注。有媒体称盛氏自接任院长以来,"积极整饬学风。前此已有大考作弊之学生数人遭开除,此次大规模行动已属第二次矣"云云。[66] 这个校长的治校风格与其最初维护"学校行政居超然地位"、不受政局影响之理念有着密切关联。至此,不禁想起圣约翰大学因阻挠学生爱国行动而毁誉参半的校长卜舫济。同样的基督徒,同样的教育家,同样的长任期校务,同样的敬业和奉献,同样的严厉和固执……二人难得的不同之处在于:卜校长是基于信仰的知识,盛院长是基于信仰的智慧。

盛振为出身于牧师家庭,早年在东吴读书期间,仍接受教会的洗礼,在此皈依成为基督徒。他与教会、教会学校发生了终身不可分割的联系。现在观察他一生,从1919年至1950年,其求学与职业轨迹,几乎都和东吴大学连在一起,其特点就是没有"动过"位置。从他身上,可以了解到盛振为这位深受教会熏陶的法科知识人的敬业守责的耐力。1947年3月,有消息传出,说东吴法学院学生长期没有过基督教活动,新近有美籍华格朗教授自美返校,才使学生礼拜这类"沉寂已久"的活动重新恢复。[67] 盛

---

[64] 《东吴法学院:吃饭晒太阳……》,载《大公报》(上海)1947年1月9日。
[65] 俞和荪:《大学校长访问记之四》,载《新闻报》1947年2月4日。
[66] 《东吴法学院百余人退学》,载《飞报》1948年8月2日。
[67] 《东吴法学院:团契不团结,分列两单位……》,载《大公报》(上海)1947年3月26日。

院长对学生宗教活动的态度如何，他如何淡化地处理教育与宗教的关系，从中可解读出一些信息。

1951年4月，是盛振为结束东吴法学院院长工作的日期。不久他便在提篮桥（上海监狱的别称）作了阶下囚。“1925年他与几位青年学子同乘国际邮轮去美国留学途中，为了消磨时间就尝试着模仿古人下起了盲棋，不意二十多年后在‘提篮桥’还用上它了”。后来他对女儿盛芸说，“我人虽坐在‘提篮桥’阴暗的牢房里，心里却亮堂堂的”，“我的案子发生在新旧中国交替、社会大动荡之际。人是应当把目光放得远一些的，不公道的事情不可能永远继续下去，再说世界上要是没有了冤案，还要我们这些律师做什么呢？”[68]

经历了各种运动，盛振为在80年代迎来春天。然否斋的一件藏品是盛振为1984年亲笔填写的“东吴大学上海校友会会员登记表”，上面记载着：工作单位为华东政法学院，工作单位地址为万航渡路1575号，家庭

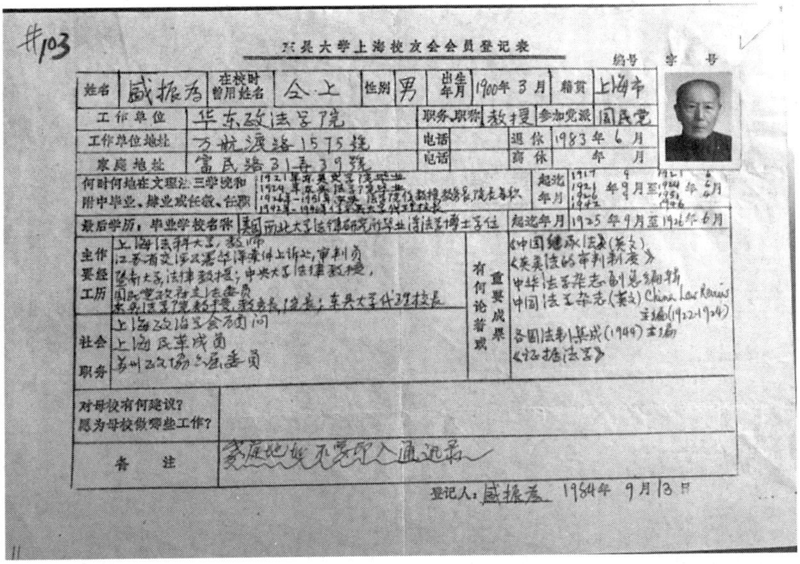

#103

东吴大学上海校友会会员登记表

编号　字　号

姓名	盛振为	在校时曾用姓名	仝上	性别	男	出生年月	1900年3月	籍贯	上海市
工作单位	华东政法学院			职务职称	教授	参加党派	国民党		
工作单位地址	万航渡路1575号			电话		退休	1983年6月		
家庭地址	富民路31弄39号			电话		离休	年　月		
何时何地在文理法三学院和附中毕业、肄业或任教、任职	[illegible]					起讫年月	[illegible]		
最后学历，毕业学校名称	美国西北大学法律研究所毕业法学博士学位					起讫年月	1925年9月至1926年6月		
主要工作经历	上海法科大学，教师；江苏省交涉公署华洋诉讼上诉处，审判员；暨南大学法律教授；中央大学法律教授；国民党政府立法委员；东吴法学院教授、教务长、院长；东吴大学代理校长			有何重要成果论著	《中国继承法》（英文）；《英美法的审判制度》；中华法学杂志副总编辑；中国法学杂志（英文）China Law Review 主编（1922-1924）；各国法制集成（1949）主编；《证据法学》				
社会职务	上海政治学会顾问；上海民革成员；苏州政协六届委员								
对母校有何建议？愿为母校做哪些工作？									
备注	家庭地址不要印入通讯录								

登记人：盛振为　1984年9月13日

图2　盛振为1984年亲笔填写的《东吴大学校友会会员登记表》（然否斋藏）

[68] 近年，安徽大学历史系专攻世界中世纪史的盛芸教授谈及其父亲盛振为，我们才知她正是盛公之次女，毕业于南京大学，在安徽大学任教30余年。参见盛芸：《法学家盛振为晚年的思考》，载《炎黄春秋》2013年第2期。

地址为上海"富民路 31 弄 39 号",最后落户于华东政法学院工作,于 1983 年 6 月退休,党派为国民党,社会职务为上海政治学会顾问、上海民革成员,苏州政协六届委员。重要成果有《证据法学》、《中国继承法》(英文版)、《英美法的审判制度》等,主编《各国法制集成》,曾任《中华法学杂志》(*China Law Review*)副总编,1922 至 1924 年任主编。

盛振为先生 1997 年在上海逝世,享年 97 岁。

他是东吴法学院历史上首任华人教务长,担任教务长和法学院院长职务前后 20 余年。自 1927 年"东吴大学法科"扩展为"东吴大学法律学院",开始设立院长一职以来,先后仅有三位院长:首任院长是吴经熊先生(1927—1938),盛振为是第二任院长(1938—1951),第三任院长是杨兆龙(1951—1952),仅任职了一年。三人中,盛振为是执掌东吴法科时间最久的院长,是最职业化的院长,也是东吴法科 37 年辉煌教育史上在校时间最长的学长。中华大地,半壁法科江山,于斯为"盛"也!

杨鸿烈——清华国学院出身的异才

图 1　杨鸿烈（1903—1977）

说起清华国学院，大家的话题兴趣都在王、梁、陈、赵四大导师，自然不会多关注大师的研究生弟子，更不会关注国学院的一个搞法律的年轻学子。

这个年轻学子叫杨鸿烈，来清华国学院报考前，研究过"文心雕龙"，出版过《苏曼殊传》，还有一本《中国诗学大纲》专著——这是不可小觑的首创。他和胡适当面讨论文学，胡适认为诗是没有原理的，他不赞成，认为诗也存在它的原理，于是把《中国诗学大纲》写了出来。他还是整体挖掘清代思想家袁枚（1716—1798）之第一人，除了研究袁枚的人生哲学、文学、史学、经济学、法律学、教育学、民俗学，还把袁枚历次纳妾、哪年生子都系统地捋了一遍，甚至把这位美食家的食谱和烹饪方法都搞得一清二楚。

此人兴趣广泛，考证扎实，思想活跃，文笔犀利，展露了强盛的学术天赋，有"学问大师"之"坯"，堪称跨界天才。后来他成为中国法律史大家，学术声誉遍及海内外，连英国著名科学家李约瑟都读过他写的法律史，给予大赞。但是林子大了，什么鸟都有，在抗战结束后，杨妻因汉奸罪受到审判，而他自己，也被追查……他就是本篇主人公杨鸿烈。

一、自由趣味的问学者

1920年8月8日，杨鸿烈凌晨5点半起床。母亲昨晚替他收拾行李忙到1点，现在就看到母亲已经在为他做早饭。母亲一边做事，一边流泪，父亲在一边，沉默无语，为的是儿子要出远门——赴北京读书。父母都从家乡云南晋宁县赶到昆明，来和儿子同住，为儿子作出发前准备。这也是他自幼第一次出门远行，所以父母都格外地依恋。杨鸿烈从中学开始就有赴北京"留学"的志愿了。无奈考不取"本校"的初试，只好补习了一年。1920年6月"本校"又来云南招生，他就再次报考，最终考取。他忙着领"护照"，花了三天向亲友师长辞行。这天清晨，用过早餐，他辞别母亲，便开始了他的"万里长征"。父亲送他到昆明火车总站。相约同行的同学共7人，车站上来为同学送行的各种好友成群结队。只见父亲和亲友不停地拭眼泪……7点40分，车开动了……

前面这段写实的文字，来自时年17岁的杨鸿烈所写的《二十一天旅行的日记》。这是他1920年8月8日至29日前往北京的21天旅途游记中的一段。从云南到北京，那时要坐火车再经海道，对于一位初出远门的少年，简直是一次放飞翱翔。他把21天的沿途风光、见闻和感想都用白话文详细记录了下来，文笔细腻，修辞讲究，文采不凡。这篇游记于1921年发表在家乡的《云南教育杂志》。[①]

杨鸿烈，别名宪武，曾用名炳堃、志文。[②] 此行赴北京上学，是因为

---

① 杨鸿烈：《二十一天旅行的日记》，载《云南教育杂志》1921年第4—5期。
② 何勤华：《杨鸿烈其人其书》，载《法学论坛》2003年第3期。

他被录取到北京高等师范学校（1923年更名为北京师范大学）。他是个激情文青，趣味盎然，文思锐利。1921年，除这篇游记之外，杨鸿烈还在《云南教育杂志》发表了《批评论》（第10卷第4期）、《云南之民性与教育》（第10卷第5期）、《对于今日中国整理国故的一个感想》（第10卷第5期）。他在《北京高师教育丛刊》1921年第2卷第2期上发表了《戏剧论》。值得一提的是《云南之民性与教育》一文，先对云南民性的背景作介绍，认为云南历史较短、地理交通不便利。然后指出云南民性的优点，是没有在南方诸省中轻佻奸猾的恶民性，也没有北方诸省的"信而好古"的保守与傲大，因此云南人"既有天生的清楚头脑又具有淳直刚毅四种最好的天性"。他又指出，云南民性坏的方面在于两种，一是"自小"，二是"自大"。在这样的铺叠之后，他才开谈云南的教育问题。③

杨鸿烈1925年9月写给章士钊的一封信，后来以《头脑》为题摘登在章氏主编的《甲寅》杂志。此信建议章氏及其刊物，多多系统介绍晚近西方政法思想家诸如狄骥等人的作品，其中开篇提到"愚昔肄业法政学校时，即得读尊著国文典、双枰记及甲寅杂志等，甚佩词旨渊雅，思理缜密……"，最后又说"愚因失眠症重发，书不尽意，容他日续陈之……杨鸿烈 琉璃厂 师范大学校研究科 九月二十六日"。④《头脑》一文的落款处有"琉璃厂 师范大学校研究科"，基本可判断杨氏住在师大，那么，早前读过法政学校是什么情况呢？

在当年的北京城，其所谓"法政学校"应叫北京法政专门学校（1923年升格为北京法政大学）。杨鸿烈自称"肄业法政学校"，合理的解释只有一个：在就读北京师大的四年间，去法政学校"跨校辅修"但肄业。另外，他本科期间确实研究过教育考试制度，撰写了一文章，长达10页。他论述了中国考试制度发生的历史、欧美考试制度发生的历史，于是把考

---

③ 杨鸿烈：《云南之民性与教育》，载《云南教育杂志》1921年第10卷第5期。
④ 杨鸿烈：《头脑》，载《甲寅》（北京）1925年第1卷第12期。

试制度分为职业的与非职业的两种。⑤ 这应该是杨鸿烈的第一篇涉及制度的历史考证文章，但算不上是法学论文。事实上，读本科时的杨鸿烈兴趣就在文学和历史。1922年他对文心雕龙颇有研究，曾写过一篇《文心雕龙的研究》，连续6天连载于1922年10月24日至29日的《晨报副刊》⑥。1923年他研究苏曼殊，撰《苏曼殊传》⑦，同年发表了他的专著处女作《史地新论》（北京晨报社丛书）。也就是说，他本科时虽然辅修法律，但实际兴趣是在文学。

1922年10月31日，胡适日记讲道，"杨鸿烈来信。我前天问他可知道方玉润，他不知道；我托他去查，现在他的第一次报告来了。"杨鸿烈为这事只花了3天，30日晚上他就给胡适写信报告其查访方玉润的履历和著作的详细结果。原来，他查到并联系上云南旅京前辈中的李姓先生，然后冒着大风灰进城到西单，当面请教。如此求知欲，如此求教方式，都是在今天的学生中极罕见的。杨鸿烈在信中继续写道：

> 如果先生另有搜集材料的法路，只消来函告知，我一定出力帮忙。我很为方先生吐气，因为他碌碌一生，只有遗下的几本残书，还惹起先生的注意；如果先生能为他"从（重）新估价"，发表于世，那么不惟方先生和他的后人感激先生，就是我们云南全省的人，也是感激先生的！
>
> 我那本不成样子的《史地新论》，还是希望先生花个时间同（给）我看一看，以后我有暇时，我就来府上同先生讨论研究，领教一些，那么我的求知欲也就得着满足，我也仿佛得个新生命了！我的功课和私事都很忙，每天都是用大部分精力在"外国语言文字之末"；我在百忙中，还幸得把高师所有的文科的英文书籍看了许多，以后我

---

⑤ 杨鸿烈：《考试制度的研究》，载《北京高师教育丛刊》1922年第3卷第3期。
⑥ 杨鸿烈：《文心雕龙的研究》，载《晨报副刊》1922年10月24至29日。
⑦ 杨鸿烈：《苏曼殊传》，载《晨报副刊》1923年11月22日至29日。

可以带几本文稿来请先生看看；我也有白话诗稿。今年因我遭家变，——我的母亲在阴历五月去世，我的祖父在闰五月去世，我的唯一兄弟鸿杰又在七月殇亡，都是由于时疫所致，——我的"有生之乐趣"仿佛尽了！我的诗，也只是泪和墨的结晶！不过有大部分是在西山消夏作的，以后也可以送来请先生看看。总之，我希望先生以后把我当做个"学生"看待，丝毫不要客气，不要吝教！我很自信我自己的学修行为，很可以担保着做先生的一个忠实的门人，想来先生也可以相信。⑧

就这样，杨鸿烈走近胡适。据胡适日记，1922年11月19日上午，杨鸿烈和陆侃如等三人到胡适家拜访。1924年3至7月，《晨报副刊》开辟"史地新论"一栏，专门刊登杨鸿烈两年内所写的23篇关于史地新论的系列文章。他说自己要替历史地理"洗涮污垢"，把历史的真面目、真作用、真价值和真目的还原出来，他自认为"具有革命性"。⑨

1924年9月起，杨鸿烈的《中国诗学大纲》连载于《晨报副刊》。第一篇是他为《中国诗学大纲》写的自序，其中提道：

> 我以为中国已有关于戏剧的材料，已有王国维先生理出个头系，小说也有周树人和其他诸先生整理爬剔过；只有诗歌，现却落在我的手里，成就怎么样，就要靠读者的评判，我自己是丝毫没有把握的。
>
> 我在这书初稿刚写成之后，陡患大病，几乎死去，这书也差不多成为一本遗著。现时健康虽是复原，但缠绵两年的失眠症和无希望全好的耳炎，都是我的工作的大敌。总之，我这书是从艰难繁困无聊的校课和疾病中挣扎出来的产品，在我的生活的一段里是很值得纪念

---

⑧ 曹伯言整理：《胡适日记全编》（1919—1922，第3册），第872—875页。
⑨ 杨鸿烈：《史地新论》，载《晨报副刊》1924年3月15日。

的。一九二四，四，二十记于北京。[10]

他说，中国戏剧原理和中国文学这两个"课题"已有王国维和周作人承担了，那么诗歌原理这个"课题"就由我来搞定，我把书也写出来了。这篇序写于 1924 年 4 月 20 日，正是他在师范和法政念书时，"我这书是从艰难烦困无聊的校课和疾病中挣扎出来的产品"。连这自序都充满天才般的气息，他对校课（包括跨校法政课）有多厌倦！这证明了今天我们说的一句话："杰出的天才都是散养野生的。"

第二期的正文里头，开篇提出两个问题：一，诗有没有原理？二，中国有没有诗学原理？他大胆地认为，诗是有原理的。他首先质疑胡适，他说："记得前不多时胡适之先生和我谈话，就说：在外国学校里研究文学的，并没有'文学概论'这一种科目，因为那些所谓的文学原理，不过是些批评家弄出来的把戏，而批评家都是做不出好的东西来，要是听了他们的话去赏鉴文家作品，就是上大当！尤其是诗，我想怎样可以使它原理化（theorize）？"[11] 杨鸿烈不赞成胡适的意见，他说："诗的原理的内容，却不只是定下一个标准来衡量诗的长短好坏的批评一方面，除此而外，我们很可以用客观的科学方法，来分析一般诗的组合的成分，因其成分性质的不同，既可以区别它的种类，更可因此追究诗在人的心理上的要求，和历史上的起源的时代，然后诗在我们情志方面的影响和功效如何，我们藉此就可以判断诗的真实的价值，……真的诗和假的诗就可以此为一块'试金石'。"杨氏还借英国教育家约翰·亚丹士（John Adams）关于原理之于事物的关系的原话来论证。[12] 他很认真地反驳胡适，至于"真诗假诗"之语是不是有所讽刺，则各自领会了。

---

[10] 杨鸿烈：《中国诗学大纲》，载《晨报副刊：文学旬刊》1924 年 9 月 21 日第 48 期。
[11] 杨鸿烈：《中国诗学大纲》，载《晨报副刊：文学旬刊》1924 年 10 月 5 日第 49 期。杨鸿烈：《中国诗学大纲》，商务印书馆 1933 年 10 月国难后第 1 版，第 3 页。
[12] 杨鸿烈：《中国诗学大纲》，载《晨报副刊：文学旬刊》1924 年 10 月 5 日第 49 期。杨鸿烈：《中国诗学大纲》，商务印书馆 1933 年 10 月国难后第 1 版，第 3—4 页。

经过一整章的论述之后,他给诗下了一个著名定义:"诗是文学里用顺利谐和带音乐性的文字和简练美妙的形式,主观地发表一己心境间所感现,或客观地叙述描写一种事实,而都能使读者引起共鸣的情绪。"[13] 这诗的定义,不管诗人和文学研究者是否同意,至少令笔者耳目一新、印象深刻,这使我想起,他后来做中国法律史学问时的一些重要而独特的定义。

这个时期的文章和著作,可以从中看到一个兴趣广泛、考证扎实、文笔犀利的"大师坯子"。这前后时期,正是他趣味式学问"野蛮"生长或连续"井喷"的鼎盛期,仅1924年就发表了80余篇文史类文章,其中在《晨报副刊》发表50余篇(含连载),另在《京报副刊》《民国日报》《教育周报》发表多篇。

1925年2月,杨氏又发表他新的作品,这是关于清代思想家袁枚的研究。第一篇导言中提到袁枚,说"差不多没有几个人知道","记得胡适之先生第一次给我的信有说:'我是爱打不平的,生平最喜欢表彰那些埋没了的学者和文人',这话在这里可替我作开场道白了"[14]。这就是后来的《大思想家袁枚评传》(商务印书馆1927年版,1933年再版为《袁枚评传》)。此项研究对袁枚的人生哲学、文学、史学、经济学、法学、教育学、民俗学甚至食物学,作了系统研究和阐述。杨鸿烈对博学的袁枚给予极高的褒扬,一方面体现了杨氏为支持"五四"反孔教而挖掘袁枚对"道统"的反叛,[15] 另一方面也体现了杨氏对学术渊博的热衷和追求。

杨氏在20年代虽然在学术上自由地蓬勃发展,但他亦曾是热血青年。那么,他在报考清华国学院之前,与梁启超有过交集吗?至少目前所知有一事——杨氏公开致信劝梁任公"入党"。

1925年1月5日他写了一篇《劝梁任公张君劢胡适之三先生与中国国民党合作书》(以下简称《劝》文),公开劝梁任公、张君劢、胡适之三

---

[13] 杨鸿烈:《中国诗学大纲》,商务印书馆1933年版,第43页。
[14] 杨鸿烈:《袁枚评传》,载《晨报副刊》1925年2月23日。
[15] 杨鸿烈:《袁枚的思想的根本出发点》,载《晨报副刊》1925年4月8日。

先生与中国国民党合作。⑯开头就提到"我是一个常有以信札或谈话与先生们讨论学术的荣幸的人，这次为纯洁的良心，长期的考虑，和最真挚的情感驱迫着我要说几句不能不说的话"⑰。何事如此严肃正经？原来这封信有段故事：当时杨鸿烈想请吴稚晖介绍《劝》文给《现代评论》，于是请吴写序，吴序云"杨先生鸿烈，我在各处刊物上读了他的大著不少，而拜识他的仪范，却止新近在东车站欢迎会中，才慰数年饥渴的仰慕"。杨对吴说，你有什么附加意见可随时补上。吴当即明白，杨是想请他过目，其实是商量商量有无可能性。吴言"当我占卦先生一样"——因为他们都知道梁、张、胡三人"性质各各不同"，劝三人与国民党合作有些唐突，吴一看题目就大吃一惊。⑱

在这篇公开信中，可以看到杨氏对三先生的高度评价，认为三者是"对中国改革运动有过相当贡献"，"三位先生的人格也是我素来最钦服爱敬的"。转而大量引经据典来阐述他的一个中心思想——希望三先生都来和我们站在民众方面加入国民党，做根本改造政治的事业。接着，他把改组后的国民党与普通政党作了区别。最后可以看到他当时的政治倾向和热情：

> 我于前年的春天毅然决然的加入中国国民党，随后编辑上海民国日报的《教育周刊》就自由信仰向宣传的路上走了。现时中山先生来京，发表最稳健的政见，提倡国民会议及废止不平等条约……所以……大胆写了这篇劝告的文章，全不管先生们这回睬我不睬我了。

"五卅惨案"后，他愤怒发声，刊发《沪案专号：将由上海惨杀的影

---

⑯ 此文原欲投《现代评论》，后来因《现代评论》稿子多而转到孙伏园的《京报副刊》。参见杨鸿烈：《劝梁任公张君劢胡适之三先生与中国国民党合作书》，载《京报副刊》1925年第51期。

⑰ 杨鸿烈：《劝梁任公张君劢胡适之三先生与中国国民党合作书》。

⑱ 杨鸿烈：《劝梁任公张君劢胡适之三先生与中国国民党合作书》。

响占卜我国的运动》，公开支持爱国运动。⑲

至此，虽在"法政学校"念书，但杨鸿烈的兴趣都在中国文学与历史，没有发表过法律的论文，也没有研究法学的迹象。他到底有没有获得师范学校或法政学校的文凭？这至今仍是个疑问，但其实已不那么重要了，因为有一个绝好的机会在等待着他。

二、清华国学的梁门徒

1925年夏，清华成立"清华学校研究院"，即后来所谓"清华国学院"。依吴宓拟定之《清华学校研究院章程》，该研究院目的专在养成两种人才，一是"以著述为毕生事业者"，二是"各种学校之国学教师"（章程第三条"科目"）。⑳ "聘宏传精深、学有专长之学者数人为专任教授，常川住院，任讲授及指导之事。"同时在"某种学科素有研究之学者"，"随时聘特别讲师"（章程第四条"教授及讲师"）。㉑ 梁启超和王国维、赵元任、陈寅恪四大导师已于1925年6月聘定，4月起陆续入驻清华园。㉒

杨鸿烈早就关注和研读梁任公。从他的历史观来看，其完全赞同梁任公的历史目的论。他在1924年的《史地新论》第五章讲到"历史的目的"时，引用了梁任公的话——反对历史的资治、明道、经世等目的，"其结果必至强史就我，而史家之信用乃坠地"，然后杨说"这话已说尽我要说的了"。㉓ 在北京高师期间杨鸿烈一定阅读过梁启超1922年发表的《学问之趣味》㉔。凭他自己的学术旨趣和经验，可以想象，他一定信服任公的学问"趣味"论。这对师徒的匹配度实在太高了！小伙子很可能正是基于

---

⑲ 杨鸿烈：《沪案专号：将由上海惨杀的影响占卜我国的运动》，载《晨报副刊》1925年6月13日。
⑳ 《清华学校研究院章程》。
㉑ 《清华学校研究院章程》。
㉒ 吴学昭：《吴宓与陈寅恪》（增订本），生活·读书·新知三联书店2014年版，第46页。
㉓ 杨鸿烈：《史地新论》，载《晨报副刊》1924年4月12日。
㉔ 梁启超：《学问之趣味》（八月六日在东南大学为暑期学校学员讲演），载《晨报副刊》1922年8月13日。

"趣味"相投，才决定报考清华国学院。

1925年9月8日，梁启超搬入清华园，独自一人住进自租的北院教员住宅第二号。9月9日开学，9月14日正式上课。他第一年要开设的"普通演讲"是"中国通史"，指导学员的专题研究是诸子、中国佛学史、宋元明学术史、清代学术史和中国文学。㉕任公利用这几天备课，可是"新编教材极繁难"，令他这位导师都感到吃力，"费的脑力真不少"；清华电灯到夜晚还要拉闸停电；虽然患了大伤风，梁却兴奋地沉浸在校课忙碌之中。㉖

梁氏所谓"新编教材"，其实不是这么低端的所谓教材，而是国学院编印的丛书。据第二次教务会议记录，包括三类：（一）精校古籍，影印孤本；（二）国学要籍；（三）以新科学方法及西人所得材料，研究中国学术事物所获结果，刊印专书，或选欧美东方学家及汉学家之重要著述，而译成国文。以上三类出版前，须经国学院教授会审定。㉗中西学术交汇于此，此"国学"非旧国学也。看来，"400元薪水还用不完"㉘的清华国学院导师也不好做啊。

那么杨鸿烈呢？按章程规定的手续，杨鸿烈早在1925年7月，先报名投考国学院，然后是资格审查。据《章程》第五条第二款规定，有三类资格：一是国内外大学毕业生，或具有相当之程度者；二是各校教员，或学术机关服务人员，具有学识及经验者；三是各地自修之士，经史小学等，具有根柢者。㉙据此规定，杨鸿烈即使没有大学毕业文凭，也有研究经历和成果，通过资格审查顺利拿到准考证。考题分三个部分：经史小学问答，做论文一篇，专门科学。第三部分的"专门"设立有经学、中国

㉕ 吴学昭：《吴宓与陈寅恪》（增订本），第50页。
㉖ 参见梁启超1925年9月13日《与思顺书》，载丁文江、赵丰田编：《梁启超年谱长编》，第1056页。
㉗ 吴学昭：《吴宓与陈寅恪》（增订本），第52—53页。
㉘ 参见梁启超1925年11月9日《给孩子们书》，载丁文江、赵丰田编：《梁启超年谱长编》，第1064页。
㉙ 《清华学校研究院章程》。

史、小学、中国文学、中国哲学、外国语（英德法）、自然科学、普通语音学八门，任择三门（章程第五条"学员"）。㉚ 根据杨鸿烈的"趣味"，他很可能首先选中国史，此外加上中国文学、中国哲学等。但他选了什么作为研究"专题"呢？这是个问题。

杨鸿烈在考试中又顺利获得通过，拜在梁启超门下，正式成为梁启超在清华国学院的第一批"入室弟子"。这种"入室"在清华国学院叫"住院研究"——"常川住宿，屏绝外务，潜心研究，笃志学问，尊礼教授，并不得有逾越行检，妨害本院之行为"。"研究年限，以一年为率，但遇到有研究题目较难，范围较广，而成绩较优者，经教授特别许可，得续行研究一年或二年。""免交学费及宿费，但每学期入学时应缴膳费约三十五元"（第五条"学员"）。㉛

国学院的指导培养方式，依国学院《章程》，仿旧日书院及英国大学制度，研究方法注重自修、教授专任指导分组不以学科而以教授个人为主，"期使赏与教授关系异常密切"。"教授所担任指导之学科范围，由各教授自定，俾可出其平生治学之心得，就所最专精之科目，自由划分，不嫌重复，同一科目，尽可有教授数位并任指导，各为主张，学员须自由择定教授一位，专从请业"，如果有必要，亦可由数位教授指导。"但择定之后，不得更换，以免纷乱。"教授的指导方式有"分组指导"、"专题研究"，同时教授须作"普通演讲"——每周至少一小时，研究院成员均须到场听受。研究院设"特别讲师"的演讲，课题相关学员，均须到场听受（第六条"研究方法"）。㉜

杨鸿烈进入清华国学院师从梁任公，研究什么？从杨鸿烈入清华国学院之前的著作看，没有法律方面的作品。而从他1925年发表的论著来看，

㉚ 《清华学校研究院章程》。
㉛ 《清华学校研究院章程》。
㉜ 《清华学校研究院章程》。

研究重点在中国诗学[33]和袁枚评传[34]。他在清华国学院的研究课题难道是文学或历史？我们知道，成果产出的时间一定晚于问学时间。尤陈俊的研究结论告诉我们：杨鸿烈《中国法律发达史》一书的原稿，便是杨鸿烈当年在梁启超指导下完成的毕业论文。[35]杨鸿烈的同届同门师弟吴其昌（1904—1944）在主持编制的《清华学校研究院同学录》中记载，杨鸿烈"所著中国法律史盈一箱，任公师许为必传之名著"[36]。

杨氏是什么时候开始连续发表法律专业文章的呢？《宋代的法律》发表于《吴淞月刊》1929年第1期。[37]这是他1927年从清华国学院毕业后的第3年。接着就是《中国法律发达史》，于1930年10月由商务印书馆出版。以上事实证明了杨鸿烈在清华国学院所做的研究是中国法律史，进一步说，他的法律史研究，正是从清华国学院开始的。

1927年6月，杨鸿烈从清华国学院毕业，8月经梁启超介绍，在南开大学任教两年。1928年9月，应上海吴淞中国公学校长胡适聘请，杨鸿烈加盟该校文理学院[38]，任史学社会学系主任兼教授，同期又任教或兼课于大夏大学、复旦大学、上海法科大学等。这个时期，杨鸿烈涉猎仍然很广泛。杨鸿烈与上海的清华同学听说梁师"玉体违和"入协和医院，于1928年12月1日，联合徐中舒、程璟、方欣、陆侃如、周传儒等原清华研究院的同学共8人，致梁任公一书，表达对师座的恳切慰问并祷祝。

杨鸿烈1928年发表过一篇《陶渊明的人生观》，文中竟然把陶渊明的人生观解读为"人生终无目的的可怜"、"人生终无意味"，所以从"沸

---

[33] 杨鸿烈：《中国诗学大纲》，载《晨报副刊：文学旬刊》1925年第59—73期。

[34] 杨鸿烈：《袁枚评传》，载《晨报副刊》1925年4月23至25日。

[35] 尤陈俊：《中国法系研究中的"大明道之言"——从学术史角度品读杨鸿烈的中国法律史研究三部曲》，载《中国法律评论》2014年第3期。

[36] 吴其昌编：《清华学校研究院同学录》，载夏晓虹、吴令华：《清华同学与学术薪传》，生活·读书·新知三联书店2009年版。转引自尤陈俊：《中国法系研究中的"大明道之言"——从学术史角度品读杨鸿烈的中国法律史研究三部曲》。

[37] 杨鸿烈：《宋代的法律》，载《吴淞月刊》1929年第1期。

[38] 《中国公学新组织本科设文理社会两院，胡适高一涵各长一院》，载《中央日报》1928年7月21日。

点"冷到"冰点"。最后杨鸿烈总结道,"渊明对于人生的见解,彻头彻尾都是悲观,而所持的态度乃是'不喜也不懼'的'委率''自然'任运而化。不知道任公先生和一般读者肯不肯承认我是一千五百年后渊明的一个知己?"[39] 其竟然如此立论独特?把"不为五斗米折腰"的田园诗人解读成"人生终无目的的可怜"、"人生终无意味"。此论断太特别,究竟是他年少轻狂,抑或是他积极向上?这至少表明他不懂隐逸清士的境界为何物。这种心态,最容易出现在一个刚刚出道而价值观缺失的"凤凰男"身上。

1931年杨离沪赴北平,先后任教于北平师大、云南师大、河南大学。1933年他在某"署"讲演会发表"中国文化与世界文化"的演讲,开头就提出,日本人在九一八事变以后,在国际上宣传中国"是无组织的国家、非现代的国家,没有国家的资格,以为强占中国的口实"。他认为:"其实我们中国的文化是有不可磨灭的价值。日本竟然这样污蔑,真是我们的奇耻大辱。所以今天再将中国文化与世界文化,提出讨论,以纠正日本的反宣传,而坚定我们的自信心。"[40] 看来杨鸿烈氏很有抗日爱国精神。

杨鸿烈准备留学,本来选择的是美国,1934年8月至北平参加留美考试,落榜,[41] 转而于9月东渡日本,留学于日本东京帝国大学研究院。尽管留学东洋,但他的研究重点还是中国问题。1934年,他发表一篇关于"清代庄史案"的文章,[42] 1935年发表《中国法律在东亚诸国之影响》一文。[43] 1935年12月《新民》第1卷第7—8期合刊,作为新专著介绍,刊登了杨鸿烈《中国法律在东亚诸国之影响》的导言,共57页。[44] 1936年

---

[39] 杨鸿烈:《陶渊明的人生观》,载《国学月报汇刊》1928年第1期。
[40] 杨鸿烈:《中国文化与世界文化》(刘坚记录),载《绥靖旬刊》1933年第5期。
[41] 尤陈俊:《杨鸿烈先生学术年表》,载杨鸿烈:《中国法律在东亚诸国之影响》,商务印书馆2015年版,第641页。
[42] 杨鸿烈:《清代庄史案之重鞫》,载《中华法学杂志》1934年第5卷第8—9期。
[43] 杨鸿烈:《中国法律在东亚诸国之影响(附图表)》,载《新民》1935年第1卷第7—8期。
[44] 杨鸿烈:《〈中国法律在东亚诸国之影响〉导言》,载《新民》1935年第1卷第7—8期。

11月,他在商务印书馆出版《中国法律思想史》。1937年他有一篇关于后魏司法之种族成见的文章发表,[45] 1937年2月出版《中国法律在东亚诸国之影响》。这些都是他从清华国学院毕业后连续不断从事中国法律史研究的成果。可见清华国学院对杨鸿烈中国法律史研究起了多大的作用!

1937年卢沟桥事变,不久杨氏结束4年留日生活,到了没有战火的香港九龙。1939年初春,杨鸿烈阖家老小从香港九龙迁到上海法租界拉都路附近。杨教授与二三友人终日苦于微雨寒天,枯守书房的岑寂无聊,遂筹办一名为《大众言论》(半月刊)的秘密刊物,办了几期后因经费不足停刊。杨氏在创刊号以署名"张刚"发表《中日战争与孙总理的大亚细亚主义》。[46]

1939年至1940年,杨氏在广西北流,任教于唐文治创立并西迁的无锡国学专科学校[47]。1939年4月杨氏在商务印书馆出版《史学通论》。1939年发表《关于司马迁的种种问题》(《文学研究》1939年第1卷第1—3期)、《"档案"与研究中国近代历史的关系》(《社会科学月刊》第1、3期)、《史迹的模糊与复现》(《社会科学月刊》第2期)等数篇史学文章。杨鸿烈1940年离开广西以后去了哪里?后文再表。

三、中华法史的学问家

在杨氏《中国法律发达史》以前,中国法律史研究者往往以分朝代的制度考证和注释为主。梁启超、章太炎、王振先、徐朝阳等人都有过类似的著述,而晚近法律史大师程树德1927年的《九朝律考》,也只考证唐以前九朝之律令法条。杨氏不称"中国法制史",而称"中国法律发达史",似乎要先声夺人地区别于以往的中国法律史研究。《中国法律发达史》将

---

[45] 杨鸿烈:《后魏司法上因种族成见牺牲的大史案》,载《中华法学杂志》1937年新编第1卷第8期。

[46] 杨鸿烈:《我与日本》,载《华文大阪每日》1942年第8卷第9期。

[47] 此时,上海无锡国学专科学校已西迁至北流。参见《全国公私立专科以上学校概况一览》,载《学生之友》1940年创刊号。

历史纵向与横向结合，从上古胚胎开始到民国时期的沿革，系统地从法理研究角度论述中国法律发展史，无疑填补了空白。

《中国法律发达史》一书的特点，正如其导论所言，注重沿革研究、系统研究和法理研究。这可以说开启中国法律史研究的先河。杨鸿烈在第一章中首先就写"中国法律之特点与其在世界文化的位置"——既作理论概括，又有国际定位，这是一种梁任公式的魄力。其中国法律史"三分法"很精到也有说服力。他把中国法律从古至今演变的历史划分为三个时期：上古至秦为胚胎时期；西汉至明为成长时期；清至民国为欧美法系侵入时期。这部《中国法律发达史》具有扎实的考据，丰富的引证，特别是崭新的视角，宽幅的视野，分明与清华国学院的中西合璧的新式学术训练分不开。因此，《中国法律发达史》被导师梁任公赞许为"必传之名著"。这个预见是准确的，也于今日得到了验证。

1933年阮毅成发文对杨著作书评，认为不失为"煌煌巨著"，有三大优点和四个不足。优点是：一是完全的中国法制史，系统性；二是将中国法律发达史往前推，自胚胎时期始，但抱存疑的严谨态度；三是材料完备，"原料和副料差不多是中国法律书目的全部……少有遗漏"。当然，阮氏自谦以"求全之论"提出四个不足：一是关于编制的体裁方面，缺乏"分线"，这"不一定与朝代分际相应合"，但对光绪二十八年（1902）的继受欧洲法律这个"大转变的前后"却不作为分际，反而笼统归入清代一章。二是关于比较方法的方面，与作者导言中所谓不一致，"两国以上的比较方法，从未用过"，"独缺比较方法"。三是"材料引用方面不免觉得杂乱"，"如能分成中国法制史、中国法典编纂沿革史及中国法律思想史三本独立的著作，自更可以使人醒目"。所用材料"在叙述上每觉夹杂不清"。四是关于所用名词不妥当的方面。[48]阮毅成除《国际私法》和晚年《法语》两本法律书之外，似鲜有专著大作，但阮氏此番对杨著的评论显

---

[48] 阮毅成：《杨鸿烈的〈中国法律发达史〉》，载《图书评论》1933年第1卷第8期。

示了法律史学的不俗眼力。这反过来也说明,当官兼从教的留法海归阮毅成对杨著给予了特别的重视。

阮氏"三加四"的评论对杨鸿烈起到什么作用?或者说杨鸿烈有没有吸收阮氏的批评?不久,杨氏出版了两本著作:其一是1936年11月出版的《中国法律思想史》,他根据中国法律思想发展的特点并结合学派的变化情况,把中国法律思想史分为四个时代:殷周萌芽时代;儒、墨、道、法诸家对立时代;儒家独霸时代;欧美法系侵入时代——弥补了阮氏批评的"编制体裁"即分阶段的缺陷。正如杨鸿烈自己所言:"著者九年前曾著《中国法律发达史》一书,为'中国法系'之内包的研究,兹编则从事'中国法系'外延的研究。"[49] 其二是1937年2月出版的《中国法律在东亚诸国之影响》,弥补了"缺乏比较"的不足。而三本著作合在一起正与阮氏建议的"分成中国法制史、中国法典编纂沿革史及中国法律思想史三本独立的著作"相吻合。当代学者尤陈俊已撰文作过全面细致的论述,结合杨氏1936年的《中国法律思想史》和1937年的《中国法律在东亚诸国之影响》两本著作的分析,陈俊的结论是"明显感受到他对阮毅成当年批评的那些缺陷各自所作的弥补"[50]。但是杨氏连续出版、"反应"如此快速,或许是早有准备,或许是"英雄所见略同"?杨鸿烈前后三部著作,不断改进,把数千年中国法律史作了制度、思想和影响三方面的递进式梳理与阐述。那么,杨著"三部曲"留下的影响如何?

杨鸿烈因此在国际上产生了学术影响。《中国法律发达史》出版不到两年,日本学者小早川欣吾就于1932年在日本的《法学论丛》上发表专题书评,除了向日本学界介绍该书的各章节内容,还盛赞此书是最稳健最

---

[49] 杨鸿烈所谓"九年前"的话,指他在《中国法律发达史》"全书提要"开头所提之语。参见杨鸿烈:《〈中国法律在东亚诸国之影响〉全书提要》,载《商务印书馆出版周刊》1937年新第227期。

[50] 尤陈俊:《中国法系研究中的"大明道之言"——从学术史角度品读杨鸿烈的中国法律史研究三部曲》。

富价值的著作。(51) 著名科学家李约瑟在谈到中国法律史时，曾高度评价杨鸿烈的著作。他认为："关于法律史，最好的中文专著是杨鸿烈的《中国法律发达史》和《中国法律思想史》。"(52)

当代中国学者对此著也不乏好评。20世纪90年代初，刘广安对杨氏中国法律史研究特点和贡献作了归纳，称其"具有世界性的法学眼光"，用"比较先进的研究方法"，"根据法律演变和法学发展的自身特点构建著作体系"，"广泛吸收利用当时中外学者的最新研究成果"，"重视当代法律史的研究"。(53) 刘广安认为此著"在体系上使中国法律史学科初步具有独立的品格"，"杨鸿烈虽然没有明确认识到中国法律从古至今演变的这三次大的运动，但他的三期划分法是与这三次大的运动相吻合的。"(54) 新世纪初，何勤华评价杨氏《中国法律发达史》"标志着近代中国法律史学科的基本定型"，而《中国法律在东亚诸国之影响》，几乎是"唯一的一部"研究中华法系的内涵以及中国法律对周边国家的影响的作品。(55) 范忠信等人认为杨著《中国法律发达史》乃"厘定中国法制史学科体系框架的代表作"。(56) 更有学者以杨氏为例，著文《"法制史"、"法律发达史"、"法律史"——一个历史维度的观察》，揭示了"法律发达史"的内涵和意义。(57) 此外，还有尤陈俊等人的评论文章。肯定的评论不一而足。笔者就杨氏

---

(51) 〔日〕小早川欣吾：《书评杨鸿烈氏著〈中国法律发达史〉》，载《法学论丛》1932年第27卷第2号。转引自尤陈俊：《中国法系研究中的"大明道之言"——从学术史角度品读杨鸿烈的中国法律史研究三部曲》。

(52) 〔美〕李约瑟：《中国科学技术史》（第2卷），科学出版社、上海古籍出版社1990年版，第559页。

(53) 刘广安：《杨鸿烈与中国法律史学》，载《法学家》1994年第3期。

(54) 刘广安认为："中国法律从古至今的演变，实际上是由三次大的运动构成的。第一次是先秦的成文法运动（习惯法变为成文法的发展过程）；第二次是汉唐至明清的儒家化运动（儒家学说在法律中取得支配地位的过程）；第三次是清末以来的西方化运动（吸收西方法律，改造传统法律，建立中国新的法律体系的过程）。"参见刘广安：《杨鸿烈与中国法律史学》。

(55) 何勤华：《杨鸿烈其人其书》。

(56) 范忠信、郑智、李可：《杨鸿烈先生与〈中国法律发达史〉》，载杨鸿烈：《中国法律发达史》，范忠信等校勘，中国政法大学出版社年2009版，第7页。

(57) 徐彪：《"法制史"、"法律发达史"、"法律史"——一个历史维度的观察》，载《湖北警官学院学报》2004年第2期。

"三部曲"现作些补充评论和引申思考,分三点:

第一,杨著对法律史体例创新的意义值得进一步挖掘。可有三层:(1)这种编排方法,在体系上没有落入以往中国史学的俗套,不只是独具特色的问题,更有优势,即比按朝代顺序编排制度演变,从历史观上更加淡化"资治""明道""经世"的国家主义立场和目的,这与他 1924 年赞成梁任公的历史观是一脉相承的。(2)同时,杨氏创新法律史阶段划分,更能体现法律演进运动的历史整体性,比社会类型划分法更能展示法律演变的中国特殊性。(3)杨鸿烈笔下的中国法律史,更富有法学的思想性和法理性,因此也更有利于揭示民族特色背后的文化意旨。这种分期法表明,杨鸿烈对中国法律和法律思想发展特点的认识是准确深刻的,也是十分独到和创新的。在今天看来,杨鸿烈作为法学家,得益于他深厚的国学和中国史学功底。因此,他的著作是具有长久学术生命力的。

第二,作为 20 世纪的法律史学家,他突破了前人法律史只从本国历史纵向上因袭式考证的做法,杨氏法律史有"时空观"、"科学观"和"实践观"。(1)空间上关注中国亦关注世界,时间上重视过去(历史)亦关注当下(民国)甚至还顾及未来。他用比较法的世界空间观,来观照外国法律和法律观,或者说杨氏对中国传统法律的研究有西方的视角,从西方法学角度来理解中国传统法律。杨氏吸收国外学者的研究方法,包括日本学者的研究方法、美国威格摩尔的法系分类、德国柯勒尔(Josef Kohler)和温格尔(Leopold Wenger)、法国学者爱斯卡拉(J. Escarra)的三种方法(历史的方法、比较的方法、观察的方法)。(2)杨氏明确将法学理解为科学,把法学与数学并列为清代以来"科学方法的总源头"。[58] 杨氏给出的理由有二:其一,刑名之学讲究条理明晰;其二,案件审判在应用它的时候,又最注重汇集及调查证据。我们知道科学观并不是中国固有的,但以科学观来审视法律和法学是有相当的国际视野的。

---

[58] 杨鸿烈:《大思想家袁枚评传》,商务印书馆 1927 年 3 月版,第 168 页。又见杨鸿烈:《袁枚评传》,商务印书馆 1927 年版,第 168 页。

(3) 杨氏有一定实践性的问题意识,他结合当时的法治实践,从法律史中挖掘制度史和思想史资源,这是他的"本土实践观"。比如在法律本质论中的"特殊法律问题的辩难",他阐述了刑法上的平等问题、法律公布问题、亲属相容隐问题、刑讯存废问题、族株连坐问题、复杂行为问题、肉刑复兴问题、以赃定罪问题、赦罪当否问题。比如关于"司法专业化"的思想史资源,他引述了古代儒家关于司法独立、罪刑法定主义、司法专业化人才养成等经典论述。刘广安也提到,杨氏认为立法家要用深远敏锐的目光,来接济这个在过渡期间变化极剧烈的中国司法界的需要。[59]

第三,杨氏在中华法系研究中欲探寻和处理的难题,至今仍然有价值,值得追问。(1) 中华法系理论,从问题缘起,到杨鸿烈这一代学者,大致是这样:较早向中国介绍穗积陈重的"法系"理论,大约发生在20世纪初的留日学生译书活动,如吴振麟署名"攻法子"的《世界五大法系比较论》[60],首次把日文"法族"转换成汉语"法系"。[61]专门介绍外国法系的文章比谈"中国法系"或"中华法系"略早,[62]专门研究中国法系的论文是15年之后了——很可能是1917年卢复的《中国法系论》。[63]到杨鸿烈的时代,背景发生了变化。浅见伦太郎等人发出"中国法系无继续之意义"的观点,这无疑引起了杨氏的情感性愤怒和学术焦虑。(2) 杨氏当时面临并要处理好的首要难题是什么?当时正处在外国人贬低中华法系的背景下,他意识到须迟早摒弃以欧美为镜鉴的"旧自我",代之以独立于欧美、自立于世界的"新自我"。[64]这也就是说,他有民族主义意识和倾向,

---

[59] 刘广安:《杨鸿烈与中国法律史学》。

[60] 攻法子:《世界五大法系比较论》,载《政法学报》(原名《译书汇编》)1903年第3卷第2期。

[61] 赖骏楠:《建构中华法系——学说、民族主义与话语实践(1900—1949)》,载《北大法律评论》2008年第9卷第2辑。陈灵海:《"攻法子"与"法系"概念输入中国——近代法学史上的里程碑事件》,载《清华法学》2017年第6期。

[62] 蝉蜕:《英美法系之由来》,载《民国》1914年第1卷第6期。

[63] 卢复:《中国法系论》,载《楚宝》1917年第2期。此文影响颇广,后载于《法政学报》1918年第1期,再载于《东方杂志》1918年第15卷第7期。

[64] 陈灵海:《"攻法子"与"法系"概念输入中国——近代法学史上的里程碑事件》。

同时，他又需要从学术上客观地来阐述问题，避免和超越根深蒂固的"中国中心论"观念，这是十分困难的。(3) 他面临的第二个难题是寻找中国法的价值。薛祀光 1929 年较温和地提出了"中国法系自身有没有可以维持自己生命的要素存在"之问题。薛氏把中国法系特点归纳为"法律与道德非常接近"和"刑罚非常繁重"，并分析这一对"立在互相否定的地位"，但经过发展，刑罚趋轻。而中国法系优点在于法律与道德接近，但问题是二者支配范围未分化。薛氏认为中国道德中存在永久不变的范畴，如义、诚、仁，随着民生而变化，法律思想可以随道德而变化，这就是中国法系的生命所在。⑥ 杨鸿烈也涉及中国法的现代价值问题，比如他明知"今日为个人主义民权主义的世界"，仍然认为中国法"不能说它不适用于今日个人主义民权主义的世界便毫无价值"。⑥ 可以肯定的是，杨氏知道，在寻找中国法的价值时，不能从单一的中国角度来看，而是要从新的社会背景和观念中来挖掘其生命力。但是问题在于，既要避免简单肯定和否定的泥潭，又能挖掘出真正的中国法价值，如何进一步把这种价值转化为有现代生命力的资源？这些问题至今仍然是难解的问题。在如何塑造中国式法治与法学上，固然需要前后数代人的接力，但是绝不能以狭隘的民族自我意识去抵抗文明和进步。

杨氏完成这三部法律史的传世名著的时间在 1937 年之前，正是他青壮年时期。相比于他的梁师，杨鸿烈在学术旨趣和学问广度上类似或接近于导师梁启超，在专门程度和学术精度上直追甚至超越了梁启超，堪称法律史学术大师。

四、附逆汪伪的嫌疑人

抗战胜利后，1946 年肃奸中有个被抓的女人名叫万孟婉，时任国立模范女子中学的校长，曾毕业于日本女子师范。有媒体报道万孟婉汉奸消息

---

⑥ 薛祀光：《中国法系的特征及其将来》，载《社会科学论丛》1929 年第 1 卷第 4 期。
⑥ 杨鸿烈：《中国法律发达史》（上册），上海书店 1990 年版，第 2—3 页。

时，竟说了一句话：她是大名鼎鼎的杨鸿烈教授的妻子！[67] 还有报道说，她从日本回国后当教师，在南京沦陷后凭着一口日语，混进官方教育机构，后成为汪伪领导下的妇女运动健将。[68] 令人难以置信的是，另有报道说，万孟婉被收押监禁后，又有传说：杨鸿烈为妻子出事"哭肿双眼"，出于"伉俪情深"，去要求以自己调回妻子，可是人家说名单上没有你。杨一次次去，宁愿自己坐牢。最后人家也把他一并收押了。[69] 尽管这系列传言不准确，令人半信半疑，但俗话说，无风不起浪。

万孟婉于 1946 年 10 月被判 2 年缓刑，判决时恰满 2 年羁押，当场释放。据报载，这是几千件附逆案中少有的两个受缓刑者之一。另一个也是第一个判缓刑的，就是汪精卫的儿子汪孟晋。[70] 那么，此时杨鸿烈在哪里呢？

1946 年 12 月出版的上海《国光英语》杂志上，有一篇疑似杨鸿烈的文章。这是一篇英文散文，题目是 A Lonely Evening（《孤独之夜》），署名"国立交通大学 Hung Lieh Yang（杨鸿烈）"，括号中汉字姓名亦为原署名。全文的辞句和情景充满着荒诞和诡异，现摘译如下：

> 我倚在床柱上，环顾四周。课桌上书堆成一堆。一只碗被平静地放在一本大词典上。书中有一双筷子。在墙上的一件毛衣旁，可以看到一幅画的局部，微笑的耶稣基督凝视着黑暗寂静的房间。
>
> 打开窗户，我一眼就看到香蕉树旁有一些骄艳迷人的花。在田野的远处，夕阳仍在山顶上徘徊。红色的晚霞灿烂着。但它们马上就变成了紫色。在昏暗的光线中，麻雀疲倦地往家飞去。绿色的树枝在晚风中摇曳。宇宙被安排成一个沉默而孤独的舞台。

---

[67] 《万孟婉夫妇双入狱》，载《力报》1947 年 4 月 22 日。
[68] 《杨鸿烈有妻失节》，载《飞报》1947 年 8 月 31 日。
[69] 《万孟婉夫妇双入狱》。
[70] 《杨鸿烈有妻失节》。

不知不觉,另一个舞台出现在我面前。在一个场景中,许多人死于洪水,而那些活着的人正在与它进行巨大的斗争。在另一个场景中,数百万人死于饥饿。在第三幕中,无数的人因为所谓的内战而被杀害。尸体到处都是。多么可怕的世界!

我似乎沉浸在冥想中。我仿佛听到它说:"让这个晚上过去吧。黎明即将来临。"晚风吹着我。[71]

读完这篇散文,笔者不禁打了个冷颤!

经查史料,目前所知如下:1940年9月汪精卫创办《宪政月刊》,在本刊撰稿人一栏中,有胡兰成,也有杨鸿烈。[72] 1941年至1945年,杨氏在汪伪控制下之南京中央大学史学系任教授。1941年,他在《华文大阪每日》第2期发表《我们的主张:德意枢轴诸国的国府承认》,大谈枢轴八国对汪伪政府的承认,认为形势大好。[73] 在抗战进入白热化的1940年5月,杨鸿烈参加"赴日答礼使节团,又在日本住了差不多一个月"[74]。1940年8月15日,一本名为《大亚洲主义》的月刊创刊,杨氏在这一期发表《大亚洲主义与英国》。在日本侵略中国、肆虐百姓的战争状况下,他在文章中居然大谈"大亚洲主义",称中日是黄种人"互相提携"的关系,"由是而新文明得以实现"。杨氏还自吹自己在上海创办《大众言论》时的勇敢,说当时正值"汪先生发表艳电不久的时候"[75],上海法租界"是暗杀事件最多的","现在回忆当时环境的险恶,以手无寸铁的几个书生出来干起这样要牺牲性命的玩意儿……"。[76] 1941年他又在《大亚洲主义》

---

[71] 杨鸿烈:《The Reader's Page: A Lonely Evening》,载《国光英语》1946年第3卷第1期。
[72] 参见《宪政月刊》1940年9月20日创刊号第1页"本刊撰稿人"。
[73] 杨鸿烈:《我们的主张:德意枢轴诸国的国府承认》,载《华文大阪每日》1941年第7卷第2期。
[74] 杨鸿烈:《我与日本》,载《华文大阪每日》1942年第8卷第8期。
[75] 这是指汪精卫1938年12月29日致蒋介石的电报声明,表示其对日妥协的政策。声明称"艳电",系因29日的韵目代日为"艳"。
[76] 杨鸿烈:《大亚洲主义与英国》,载《大亚洲主义》1940年第1卷第1期。

七篇连载发表《"中国文化"与"世界文化"》。[77] 1941年国庆日，杨氏在日伪控制的无锡地方自治会出版的《新锡日报》发表《三十国庆感言》。就在同一版，汪精卫、汤宗尧、梅思平、江亢虎等诸位大汉奸分别发表文章，他们在报端齐名露脸。1942年2月5日，杨鸿烈以宣传部主任身份发表广播讲话，主题是"东亚联盟与大亚洲主义"。[78] 为了宣传"东亚联盟和大亚洲主义"，他把历史考证的学术工夫用足了。1942年，他以《我与日本》为题在《华文大阪每日》发表9篇连载的文章。[79] 对自己两次东渡的经历，以他史家惯有的细腻笔法，娓娓道来，不亦惑人。1942年5月，汪伪刊物《中央月报》在"名人群像"栏目对他有介绍云："颖悟超越，学遂不凡"，"此任国府宣传部事业司司长，施公果敢，谋略卓越，是而人咸钦仰也"[80]……够了，找他的附逆证据至此，笔者已不用再多列了。

1947年，民国政府"最高法院"检察署检察长郑烈[81]签发一系列训令，其中一个1月17日"平字第101号"训令，使真相终于浮出水面！"案奉司法行政部三十五年（1946）12月27日京训刑字八五八七号训令，呈请"通缉汉奸杨鸿烈归案"，通缉理由为潜逃。[82] 也就是说，著名

---

[77] 杨鸿烈：《"中国文化"与"世界文化"》（七篇连载），载《大亚洲主义》1941年第2卷第1期至第3卷第3期。

[78] 《"东亚联盟与大亚洲主义"宣传部主任编审杨鸿烈二月五日广播讲词》，载《新锡日报》1941年2月9日。

[79] 杨鸿烈：《我与日本》，载《华文大阪每日》1942年第8卷第8期至第9卷第4期。

[80] 《宣传部事业司长杨鸿烈氏》，载《中央月报》1942年第2卷第5期。

[81] 郑烈（1888—1958），字晓生，号天啸生，福建闽侯人。幼患目疾，10岁方开蒙，13岁入南京水师学堂，后转长沙实业学堂肄业。1905年东渡入东京弘文学院普通科学习两年，1906年加入同盟会。1907年入江京大学攻读法律，获法学士学位。1911年3月回国，准备参加广州起义失败，11月福建光复后，历任福建军政府司法部部长、公立福建法政专门学校校长、昆明地方法院检察厅检察长。1915年为反袁辞官返乡。1916年后历任江苏省高等审判厅推事后任庭长、护法军政府大理院及平政院庭长、粤军总司令部参议、广西高等审判厅厅长、福建高等审判厅厅长、福建私立尚宾法政学校校长。1927年赴厦门执律业兼任厦门大学法科讲师。1928年11月起任最高法院检察署检察长，次年退出律业，担此职达20年。1947年下令通缉毛泽东，1949年赴台湾。著有长篇剧本《精忠柏史剧》（四册）等，其女郑秀毕业于清华法律系，是曹禺前妻。

[82] 《最高法院检察署训令及最高法院检察署通缉书（他字第三九号，三十六年，杨鸿烈汉奸一案）（附通缉令表）》，载《国民政府公报》（南京1927）1947年第2748期。

教授杨鸿烈已经被认定有汉奸嫌疑而遭官方通缉。

我们知道清华国学院的院风,"治学和做人并重","院中都以学问道义相期","'九一八'国难勃发,吴其昌君全家绝食赴南京请愿抗日;北平沦陷后,刘盼遂君拒绝在伪大学任教,而佣书糊口"[83] 等等,同出师门,却有杨鸿烈这样的可耻行径,令人唏嘘,也催人深思。

可是受通缉之时杨氏已不在大陆。1946 年至 1955 年,杨氏避居香港 10 年,在香港大学任教授并充任《星岛日报》英文翻译。1947 年至 1948 年,杨氏署名还有零星发表的文章,如译文《走马英伦》(1947 年 2 月),译文《粉笔生涯在美国》(1948 年),1948 年还有《关于司马迁》连载于《中华时报》(1948 年 10 月 18、25 日和 11 月 1 日)[84]。1949 年 6 月,杨氏获东京大学文学博士学位后居香港。1955 年 6 月,自港返回广东,任广东文史馆馆员。[85] 据说其"生前与郭沫若、沈钧儒、楚图南和史良保持着良好的交往"[86]。1977 年杨鸿烈逝世。

文史天才、法史大家杨鸿烈,受诱惑而脱离书斋,沦为附逆。书斋并不必然带来纯净。或者说他最终还是没有走出书斋,成为书斋的迷失者、可耻的书虫。这让我联想起他 25 岁时对陶渊明的那番评论,这个学术上极为成功的"凤凰男"走到这一步是有必然性的。在被通缉之时,不知他有没有回想起 1920 年赴京读书出发前的清晨,有没有回想起熬夜为他收拾行装的母亲?

---

[83] 蓝文徵:《清华大学国学研究院始末》,载陈平原:《追忆王国维》(增订本),生活·读书·新知三联书店 2009 年版,第 229 页。

[84] 杨鸿烈:《关于司马迁》,载《中华时报》1948 年 10 月 25 日。

[85] 尤陈俊:《杨鸿烈先生学术年表》,载杨鸿烈:《中国法律在东亚诸国之影响》,第 643 页。

[86] 何勤华:《杨鸿烈其人其书》。

李浩培——无感逆运乐于知

图 1　李浩培（1906—1997）

1928 年 6 月 23 日下午，上海东吴法学院毕业班刚刚举行了毕业典礼。当晚 6 点，毕业班"型式法庭"准时开庭。案件是中德两国涉外婚姻纠纷诉讼，是涉及国际私法的民事附带刑事自诉。担任审判长与推事的，均为真法官或真律师，而出庭的检察官、书记官、原被告律师、原被告证人均由毕业班学生担任。担任法庭书记官的是倪征燠同学（参见专篇），原告律师是李浩培同学。[①]

倪李这两位东吴同届法科毕业生同年同月出生，是上海持志大学和东吴大学的校友，又都是留洋海归。居然如此巧合，他们在后来一前一后做了国际大法官。

可是更有意思的是，李浩培与倪征燠这两人的家庭出身、性格旨趣、

---

① 《东吴法学院毕业时之型式法庭》，载《新闻报》1928 年 6 月 29 日。当时媒体有用"型式法庭"，也有用"假法庭"来指称"模拟法庭"。

履历机遇和学术造诣却存在很大的悬殊。倪先生是职业司法官中的顶级法科知识人，是资深法律家；而李先生是专业读书人，资深法学家。李浩培在性格上是谨慎派，在职业上是从学派，在专业上是技术派，从事学术研究到90岁高龄，离世前仍然笔耕不辍，可谓"以有涯，随无涯"。无涯知识与有涯生命的关系，是来自庄子的一个难题，我们到底怎么看？

一、青春无感于逆运

李浩培从小吟诵唐诗，亦偶尔写诗，80多岁高龄的他在笔记本扉页写道："宝剑锋从磨砺出，梅花香自苦寒来。"李浩培从出生到成为教授的30余年堪称苦寒磨砺，宝剑与梅花是他真实的写照。年轻时吃过苦的人一定有个体会——青春无感于逆运，这是为什么？

他虽是上海人，却出自平民家庭。1906年7月6日（阴历五月十五）他出生在父亲李颂熙所开的小米店——上海虹口区吴淞路的"同德米号"。母亲凌英在家操持家务。1913年李浩培7岁，入上海吴淞路私塾学习四书五经。这是当时中国读书人的必修课。除了出生地上海有文化视野上的地域优势，李浩培似乎没有什么额外的优越条件。在这个生活清贫的家庭，要读书升学是个奢望。与他的同时代法学家相比，李浩培青少年时期的读书和留学经历除坎坷之外，并没有什么特别的亮点，反而是"输"在了起跑线上。

1919年2月，李浩培入上海商业学校学习，1922年2月，入上海昌世中学学习，9月，转入上海沈家湾承天中学学习。1925年2月，入上海持志大学文科学习一个学期，获得修完两年的资格，9月，转入东吴大学法科学习。从别校文科转学到东吴法科，这一经历与倪征燠一样。可是，和倪征燠不同的是，李浩培要靠自己拼命挣钱付学费。他在东吴读的是夜校班，每日下午四时半至七时半上课，上午直至下午四时以及晚八时至九时在母校承天中学教课，以其工资所得支付学费，生活和学习颇为艰苦。

1928年8月，22岁的李浩培以总平均成绩名列第二的优异成绩，从东吴法科毕业，获法学学士学位。教务长盛振为对媒体发布消息：得法学士学位者有艾国藩、李浩培、李剑虹、胡家宝、姚启胤、倪征燠、徐黁、徐正大、郭启明、章寿昌、陈维东、黄观效、鄂森和厉志山计十四人。② 拍毕业照时，倪征燠洋装革履，而李浩培则一袭单衣布大褂。

图 2　1928 年东吴法学院毕业照（后排左二为李浩培，左五为倪征燠）

与倪征燠直接出国留学不同，李家家境贫寒，无力承担留学费用。李浩培留在上海，参加了律师资格考试，并于 1929 年 2 月获准登录在江苏高等法院执业。③ 他在"公信事务所"任法律部主任。从上海《新闻报》刊登的上海特区法院公告中可看到，李浩培 1930 年在此院办理了一批民事和地产登记行政案件。④ 同年，他与姑姑的女儿、表妹凌日华女士结为伉俪。李浩培大学毕业后就开始"创业"，与其承天中学的同学合办了一所私立"旦华中学"，并被推举为校长。一边办学、教书，一边兼办律师业务。

---

② 《东吴法律学院本届毕业生》，载《新闻报》1928 年 6 月 28 日。
③ 同时在江苏高等法院获准律师登录的还有何世桢、徐维震、赵琛等二十余位。参见《司法行政部指令：指字第 847、848 号（1929 年 2 月 4 日）》："令署江苏高等法院院长张君度：呈报律师先后声请登录列表请鉴核备案由"，载《司法公报》1929 年第 6 期。
④ 1930 年 6 月上海特区地方法院公告上，以李浩培律师名义的案件公告多达十余起。参见《新闻报》1930 年 6 月 2、4、5、6、7、14、15 日。

就这样，他辛苦打拼了五六年。1935年，29岁的他经考试被录取参加法官训练所，进行为期一年的学习。第四届中英庚款公费留英考试报名开始，这是时人梦寐以求的天花板式的考试，但也是难度极高的考试。前三届名额分别是9名、26名和24名，本届名额反而比前两次减少，全国仅招20名，连同上届余额1名，共21名。法律是十五种学门之一，只招收2名，且强调两个方向，一是民法，二是行政法。可是全国382位报考者中仅法律专业报名者就有40人。[5]李浩培在妻子凌日华支持下，利用在法官训练所期间的春假，准备了一周，参加了这次庚款留英考试。最终李浩培杀出重围，被录取了！

这一下李浩培成为新闻人物了，上海诸大报刊报道了他将要留英的消息。[6]报道称他"担任公信事务所法律主任、兼任旦华中学校长。英才硕学，兹已考取庚款公费学额，将于八月四日，乘拿尔特拉号放洋，入伦敦大学攻习政治。他日学成定可预冀。公信同人，特于昨晚在邓脱摩饭店举行饯行"[7]。当时李浩培是民法专业，与他同批庚款留英录取的法科生中，还有一位楼邦彦[8]，专业为行政法，与李浩培一样都是伦敦政治经济学院的学生[9]。但楼氏后来没有获得博士学位。

1936年8月4日，李浩培乘拿尔特拉号轮船放洋，赴英国留学。他入学的是著名的伦敦政治经济学院！此前，入读这所世界名校获法学博士学

---

[5]《第四届留英公费生考试案（附表）》，载《管理中英庚款董事会年刊》1936年第10期。另参见管理中英庚款董事会：《第四届留英考试录取人数与应考人数比较（表格）》，载《管理中英庚款董事会年刊》1936年第10期。

[6]《李浩培将赴英》，载《申报》1936年8月2日。《李浩培将赴英留学》，载《大公报》（上海）1936年8月2日。《李浩培君赴英留学》，载《民报》1936年8月2日。

[7] 该报道还提到了公信所的另外两位律师，分别是姚福园、张赓麟。参见《李浩培君赴英留学》，载《民报》1936年8月2日。

[8] 楼邦彦（1912—1979），笔名硕人，浙江鄞县（今宁波市鄞州区）人。1930至1931年，在上海沪江大学学习。1936年毕业于清华大学政治系，同年中英庚款公费留学英国伦敦政治经济学院。1939年回国曾任西南联合大学副教授及武汉大学、中央大学、中央军校第七分校、北京大学教授。1949年后，历任北京大学、北京政法学院（后更名中国政法大学）教授，北京市司法局副局长，第二届全国政协委员。长期从事司法行政和政法教学，专于行政法和宪法，著有《欧美员吏制度》《法国地方政府》《不列颠自治领》。

[9]《中英庚款会第四届留英公费生入学情形》，载《新闻报》1937年2月14日。

位的中国人极少,大约只有赵冰、黄正铭和钱清廉三人,赵冰于1921年获得博士学位,后来还获得牛津大学民法学博士,回国后从政,经历了司法、铁道部、大学从教和执业律师的多重曲折。[⑩]而黄、钱二人于李浩培入校的1936年就获得了博士学位,回国后,他们也都有改行的波折。黄氏回国后先任教于中央大学,后出任外交官。钱回国后在浙江省政府当秘书,抗战期间才出任中山大学法学院院长。[⑪]

与大多数同龄的留洋生相比,人家都已经衣锦还乡了,而李浩培到而立之年才开始留洋。那么东吴老同学倪征燠呢,早在1929年6月就从斯坦福拿到博士了。倪和李一个是美国J.D.(法律博士)学位,只需要一年,一个是英国的Ph.D.(哲学博士学位),至少得三年。李浩培的导师,一个是研究国际公法的劳特派特教授,一个是研究国际私法和比较民法的卡恩-弗劳因特教授。他知道难度有多大,只能加倍用功。除听课外,每日从上午十时至晚十时均在图书馆做研究。他打算在英国拿到博士之后,再到法国深造一段时间。根据李浩培的进度,他预计要到1939年才能毕业,即使顺利,也比倪征燠足足晚了10年。

可是更令人沮丧的事来了!到了第三年即1939年9月,德国入侵波兰,难民涌入伦敦,英国对德宣战,伦敦处于战争威胁的恐慌之中,大学毕业考试不能如期举行。厄运与混乱就这么来了:一方面,他担心时间拖下去,战争加剧,交通阻断,不得不中断学业,准备回国——尽管有位教授为他具函证明若参加考试,就可以获得博士学位。另一方面,当时

[⑩] 赵冰(1892—1964),字蔚文,广东新会人,生于香港,14岁加入同盟会,1906年入北京交通传习所,1910年参与刺杀摄政王载沣。后赴美国加州伯克利大学留学,1914年转芝加哥大学,1915年获哲学学士学位。同年入哥伦比亚大学攻读国际法,1916年获外交学硕士学位。1917年至1919年在哈佛大学法学院学习,之后赴伦敦政治经济学院学习,1921年获法科哲学博士学位(Ph.D.),1922年获英国大律师资格。1923年获牛津大学民法学博士学位(D.C.L.),同年回国,历任南昌、厦门、中山等地方法院院长,湖北高等法院院长。1926年任广州国民政府高级顾问兼外交部法律顾问。后在湖南大学、政治大学、广西大学、广东华侨大学任教。1949年赴香港从事律师,参与新亚书院创办,后任香港中文大学董事长。参见王伟:《中国近代留洋法学博士考(1905—1950)》,第168—169页。

[⑪] 王伟:《中国近代留洋法学博士考(1905—1950)》,第170—171页。

他已经收到武汉大学聘书，校方催其回国任教。他还是果断决定离开伦敦回国。

殊不知，与此同时，武汉大学正在战火中经历着迁校。迁校委员会主任、法学院院长杨端六，提前亲自入川，和当地政府及士绅接洽，恳求帮助，最后在嘉定（乐山）文庙确定了校址。1938年至1939年间陆续迁入乐山。1939年8月19日，日军数十架飞机对乐山进行大轰炸，乐山城毁掉三分之二！

李浩培于10月15日起程回国，这时武大教授周鲠生已离开乐山并于10月19日到达美国。李浩培费尽周折，辗转了两个多月才到达中国。他没来得及去上海看望家人，就直奔四川乐山的武汉大学。12月下旬，他抵达四川乐山。

就在这样的情境之下，他选择安心做个教授。这时候家人不在乐山，他把所有的精力都用在学问上。1943年，教育部欲聘李浩培做高等教育司长和司法部参事，他谢绝受聘，他要做个好教授。其后来还担任了法律系主任，潜心钻研学问。此时，他与夫人孩子分居已达七年。直到1943年11月，夫人凌日华带着两个儿子，在其弟、弟媳的陪同下，风尘仆仆地走了四个月才到达四川团聚，女儿凌岩则因体弱留在了上海。

抗战炮火中的艰苦岁月，书生除了备课、研究、上课和带学生，还能怎么度过呢？此时的倪征𣋉正在司法系统，从上海到了重庆，先在江津法院当首席检察官，再升为重庆地方法院院长。二人都不容易，只是他俩追求不同，李浩培静心专职当教授，他要教书读书，要了解国际前沿，要研究学问，要潜心写作。1941年起至1944年，他每年发表2至3篇论文。1945年抗战形势好转，他发表了5篇论文。随着武大复员回迁，李浩培也进入珞珈山美丽的校园。此时，刚过不惑之年的他已经是著名教授了，正所谓"梅花香自苦寒来"，青春之所以无感于逆运，不是没有痛感，而只是因为有促人拼搏的目标，减弱了痛感。

二、竺可桢聘李浩培

竺可桢校长是气象科学家,但他是个广博之人,且在行动上有慎思、明辨、笃行的个性。[12] 竺校长1939年选定"求是"作校训,特别能体现他的治学治校风格。1945年8月他在遵义时撰写的《为什么中国古代没有产生自然科学?》[13] 今天再来拜读便不得不钦佩,竺可桢不愧是学贯中西、兼通文理的科学家。这也决定了他对各科院长人选的要求是有原则的,甚至是苛刻的,事实上他对法学院院长人选考虑得极为慎重乃至"挑剔"。从竺校长物色法学院院长的过程,可以增加我们对李浩培这个人物的了解。

从竺可桢日记可知,他对于法学院的重视远超过他欲筹建的其他学科或学院。1945年5月2日(星期三)他在日记中表示浙大法学院的设立势在必行,但院长人选需郑重:"余谓浙大势必须有法学院,但院长、系主任之人选须郑重耳。"[14] 1945年7月1日之前,"浙江大学院系稍有增改,增设法学院。本校近奉部令,增设法学院,须先成立法律系"。[15] 抗战后尚未从贵州湄潭全部复员回杭州前,浙大就于1946年2月在杭州招收了首批59名法律学新生,其中有高铭暄、吴祖谋、曹孔六、谢瑞淡等。1946年6月14日竺可桢在求是书院遗址举行的全体师生大会上说,战后浙大的最大困难是校舍,"由于校舍的限制,对于招生与添设医学院以及法学院的增系,均须有所考虑"。[16] 可见他早已在考虑筹建法学院之事。办法学院事情很着急,院长人选也应该是急务。但是竺可桢对院长人选很慎重。他是什么时候开始考虑院长人选的?

---

[12] 1939年2月,竺可桢在浙大演讲中说:"所谓求是,不仅限于埋头读书或是实验室做实验。求是路径,中庸说的最好,就是博学之、审问之、慎思之、明辨之、笃行之。"参见竺可桢:《求是精神》,载《科学画报》1939年第5卷第21—22期。

[13] 竺可桢:《为什么中国古代没有产生自然科学?》,载《科学》1946年第28卷第3期。

[14] 《竺可桢全集》(第9卷,1944—1945),上海科技教育出版社2006年版,第391页。

[15] 1945年7月1日《国立浙江大学日刊》记载,参见孙康:《浙江大学法学院民国办学史片记》,载《浙大法律评论》2018年卷。

[16] 《竺可桢校长演讲浙大的今天和明天》(朱任大录),载《申报》1946年6月25日。

据竺可桢1945年3月7日日记："晨7点起。上午作函数通。9点至总办事（处）晤骝先（朱家骅）。骝先劝浙大设法学院，并介绍林彬（参见史尚宽专篇注13）、钱清廉，余颇以人选难得为辞。"⑰ 这是教育部部长朱家骅向竺可桢建议浙江大学设立法学院，并且推荐院长人选，为什么竺对朱部长的人选择表示慎重？我们可以作出分析：林彬虽然在立法院有实务贡献和经验，但他是北大出身，没有留洋背景；而钱清廉虽然是伦敦政经学院的博士，可是回国即选择在浙江省政府当秘书，志向在从政。这两个人不在他的理想范围内。

1945年11月15日竺可桢致函时任浙江省民政厅厅长阮毅成⑱，请其兼任法律课程事，提及"至于法学院院长一席，如吾兄能俯就自极欢迎，但敝校院长不能兼任，故目前虚座以待"。⑲ 竺氏此函的态度很得体也很明朗——你愿意来当院长，就必须是专职，言下之意是要他辞掉官职，没有折中余地。11月17日竺可桢又在想这事，是日记曰："晨六点半起。八点早餐。餐后至康庄一号晤次仲（竺妻哥陈洪——引者注），余询以法〔学〕院院长人选。渠对于阮毅成、林彬及范扬㉑三人，以为无疑地林彬最为适宜。〔林〕历任法官及立法院委员各十余年。对于毅成，以为其不

---

⑰ 《竺可桢全集》（第9卷，1944—1945），第346页。
⑱ 阮毅成（1904—1988），字静生，号思宁，学名冠华，浙江余姚人，1904年出生在余姚临山，阮性存之子。1918年入省立一中就读，五四时期任一中学生自治会评议员，组织"新吾学社"，与同学查猛济创办《明星》月刊，后相继改为《双十》《浙江新潮》。1927年毕业于中国公学大学部政治经济系。1931年毕业于法国巴黎大学，获法学硕士学位。同年回国，历任国立中央大学法学院教授、中央政治学校教授兼法律系主任、《时代公论》主编。1937年任浙江省第四行政督察专员。抗日战争初期任浙江省政府委员兼民政厅厅长，英士大学教授、行政专修科主任等职。1945年受国立浙江大学校长竺可桢所聘筹建法学院，1946年法学院成立前因公务离职，任"制宪"国民大会代表。1949年去台湾，曾任台湾"中央日报"社社长、《东方杂志》主编、中山学术文化基金会董事会董事兼总干事、台湾政治大学教授兼法律系主任、世界新闻专科学校教授。著有《政言》《国际私法》《中国亲属法概论》《法语》等。
⑲ 参见《浙江大学馆藏档案》2013年总第8期。
⑳ 范扬（1899—1962），浙江金华人，1916年赴日本留学，1928年自东京帝国大学法学院法律科毕业。学成回国后，先后于浙江警官学校、南京国立中央大学、安徽大学、中山大学任职，为法律系教授。抗日战争爆发后弃教从政，历任国民政府军事委员会政治部第三厅厅长、考试院参事。1942年2月，范扬担任同济大学法学院教授兼行政学组主任，后专任复旦大学教授、上海社科院哲学研究所研究员等职。研究涉猎遍及行政法、民法、法律思想、法律哲学、康德哲学等多个领域，著有《行政法总论》《警察行政法》《继承法要义》等，参与翻译黑格尔《法哲学原理》。

切实际。"㉑ 竺可桢12月5日的日记，态度更加明朗，曰："阮毅成欲兼法学院院长，余则主张暂时不给名义，俟阮摆脱民政厅后始任正式院长。因兼任以后，将来辞不去，则必常川兼下去也。"㉒ 可见，竺校长对官员来兼职是有明确的拒斥态度的。

阮毅成本人回忆："浙江大学于1946年自贵州迁返杭州，校长竺藕舫先生来我家中见访，谓浙大决增设法学院，请我为之筹备，并担任首任法学院院长。……但我在未能将民政厅职务辞去之前，我尚只能在事实上帮忙，不能公开居院长名义，我一面向中央请辞现职，一面经常到浙大去处理法学院院务……我辞现职事仍未获核可。只得向竺可桢校长辞去院长，竺乃改聘李浩培先生担任。"㉓ 实际上不存在"辞去院长"之说，只是短暂的筹备，阮没被聘过院长。平心而论，阮氏还是有相当的学术能力的，只是因厅长职位羁绊，权衡再三，最后还是中断参与浙大法学院的短暂的筹备工作。与此同时，这位民政厅长又多了"制宪"国民大会代表的头衔。

其实，竺可桢要聘法学院院长并不是不着急。在从阮毅成到李浩培之间，竺可桢曾主动联系过至少一个人，这就是1946年还在美国哈佛的韩德培㉔。据韩德培教授2007年对笔者讲，竺校长在聘任李浩培之前，曾先行邀请尚未留学回国的韩德培。韩先生补充说，"可是我已经答应周鲠生校长回武大了，所以竺校长找了老李。"这个"老李"指李浩培。这至少反映了当时竺校长聘请法学院院长还是急迫的，是主动、积极去物色的，

㉑ 《竺可桢全集》（第9卷，1944—1945），第566页。
㉒ 《竺可桢全集》（第9卷，1944—1945），第579页。
㉓ 转引自孙康：《浙江大学法学院民国办学史片记》，载《浙大法律评论》2018年卷。
㉔ 韩德培（1911—2009），江苏如皋人，1934年毕业于中央大学法律系，获法学学士学位，1939年考取中英庚款留英公费生，因战争爆发，于1940年8月改赴加拿大多伦多大学留学，1942年毕业获法学硕士学位。同年，以特别研究生的身份转往美国哈佛大学法学院继续从事研究工作。1946年，应武汉大学周鲠生校长之邀，到武汉大学担任法律系教授。1947年任武汉大学法律系主任，并被推举为武汉大学教授会主席。1949年后继续在武汉大学任教，从事国际私法教学和研究。80年代推动武汉大学环境科学与法学学科交叉，在中国首创环境法学科。

但同时也决不轻率确定人选。

实际上竺可桢这时已经不再寄希望于阮毅成了。他在1946年2月23日日记中记载:"法学院院长,以为范扬(在考试院)与李浩培(武大)二人可聘。"3月2日记:"又晤罗凤超,嘱其接洽李浩培为法学院院长。李,江浙人,东吴法科毕业,四届英官费,现任武汉法律系主任。"㉕ 3月6日记:"法学院院长,余谓毅成若不辞去民政厅厅长,则不得不另行物(色),并告以已接洽李浩培。"㉖ 一个是日本海归、从政官员,一个是留英海归、武大教授,很显然优势在后者,此时竺可桢决意已定,在范扬与李浩培之间,他当然选择后者。

竺可桢1946年5月31日日记云:"罗凤超来,允明日电李浩培(英款第四届),邀其至浙大。"㉗ 但李浩培似乎还没答应来。大概是了解到李浩培近日回沪省亲,竺可桢于6月29日赴上海,亲自登门诚邀李浩培。与李浩培会面后,当天日记云:"出乘一路电车,自静安寺路至施高(塔)路东照里五一号晤李浩培,谈十分钟。"㉘ 可见这次并没有完全确定,原因显然是李还没有下定决心。但是对于经验丰富的竺校长来说,亲面李浩培之后,心里至少已经有谱了。李浩培比竺可桢小16岁,他们几乎是两代人。二人短暂相见,竺可桢一定明白,李浩培是与他同类型的知识人,客观,务实,谨慎,冷静。

1946年7月25日,学校讨论大学研究院存废与研究生待遇问题,决议废除研究院,单设研究所,法律系得独立为法律学院。这是一个重大决策,现在已不知道是不是李浩培的建议,但至少对他受聘法学院院长是个很重要的因素。7月31日(杭州)记:"作函与李浩培、黄尊生等等。"㉙ 到了八月中旬,李浩培来浙大了,处事谨慎的他要来做点初步考察。竺校

㉕《竺可桢全集》(第10卷,1946—1947),第57页。
㉖《竺可桢全集》(第10卷,1946—1947),第60页。
㉗《竺可桢全集》(第10卷,1946—1947),第128页。
㉘《竺可桢全集》(第10卷,1946—1947),第150页。
㉙《竺可桢全集》(第10卷,1946—1947),第173页。

长 8 月 17 日记："中午李浩培来，与谈法学院事，告以赵之远已来校，陈令仪可应聘。渠谓须待鳗生之答复，始可定夺云云。"㉚ 李浩培回去又考虑了将近一个月，才致信竺可桢，答应来浙大就任。竺可桢 9 月 16 日（杭州）记："接李浩培来函，知渠愿就浙大法学院院长职务。"㉛ 竺可桢遂通过赴武大登门拜访并函请武汉大学周鲠生校长许可，李浩培仅以"暂时借调"名义，全职到浙江大学工作——筹办法学院。但竺对周戏言"只借不还"。

1946 年 10 月，竺可桢在南京开会时，向多家媒体宣布文学院、理学院、师范学院和法学院各院长，文学院由张其昀接替逝世的梅光迪任院长，理学院胡刚复任院长，师范学院郑晓沧任院长，同时说道"法学院新聘李浩培教授，原系武汉大学法律系主任"等语。㉜ 这四院院长阵容，足以碾压受抗战摧残的国内任何一所名牌大学。

三、院长的四年风雨

40 岁的李浩培正式来到浙江大学，开启他人生新的历程，开始履行他法学院首任院长的职责。为了办好法学院，李浩培围绕着学科、师资、教学、图书和学生五个方面，抓住新建法学院的"牛鼻子"，首先拟订五条方针：一是先设法律系和司法组两大学科机构。二是师资必须符合标准，宁缺毋滥，教师经审查认为合格聘任后，如在一年聘任期内成绩不好，就不徇情面，不予续聘。如有课无教师，他就自己任教。三是各课讲授中，着重比较研究，以期博采各国法制之长，建立"中国法学"。学生自学多看参考书。四是将经费主要用在图书设备上，以使师生有研究和学习的适当资料。五是对学生进行思想陶冶，教导学生养成良好风气，勿为名利或钻营舞弊，并强调法制、法律应对一切人平等执行，才能维持社会秩序，

㉚ 《竺可桢全集》（第 10 卷，1946—1947），第 185 页。
㉛ 《竺可桢全集》（第 10 卷，1946—1947），第 207 页。
㉜ 《竺可桢畅谈浙大近况》，载《时事新报》（上海）1946 年 10 月 22 日。

以至国家富强。㉝

李浩培院长从学科设置、师资延聘、教学理念、图书保障、学生思想五个方面作了顶层构思。其理念在今天看来仍然不过时,有的思路与今日法科教育具有共性的生命力。没有罗马法教授,他就亲自讲;因未聘任到合格的刑法教员,他就亲自备课教授刑法。就后来的师资队伍看,前来任教的大都有留学和法务背景,诸如后来担任法律系主任的留美博士赵之远,曾任大理院推事的邵勋及其子、留日的邵锋,留德的周子亚,留美的严仁赓,还有施宏勋、黄炳坤、孙恒、蒋固节、漆竹生等。㉞李浩培院长在浙大法学院几乎从零开始,打造了一个风生水起的法学院。

1948年6月18日,司法行政部顾问庞德带领司法调查团一行自上海抵达杭州。在司法行政部的统一安排下,庞德在杨兆龙和浙大法学院李浩培院长陪同下,向师生作了学术演讲。据浙大法学院1946级学生曹孔六教授和高铭暄教授对我们讲,当天庞德的演讲本来按惯例应该是由杨兆龙翻译,但这一场却由院长李浩培亲自翻译。

谢瑞淡是民国象棋大师谢侠逊先生哲嗣,也是1946级当年李浩培的学生。谢教授回忆李浩培当年在浙大,给他们讲授《罗马法》《国际私法》等课程。谢教授在笔者于杭州大学念书时就总是称李浩培为"李师",他说:"由于涉猎广、见闻多、学识渊博,有不寻常的记忆力,又能事先充分准备,注意教学方法。……李师善于教书,也很重视育人,注意培养学生的德行。他循循善诱语重心长,对我们讲得最多的,莫过于'自爱、自重、自律、自信、自治、自强'等词汇。……记得他第一次讲课,整整用了一个小时讲治学和做人的道理。在治学方面,他教诲我们必须遵循'求是'的校训,既要勤奋,又要严谨。而在做人方面则着重指出,我们以后走向社会,工作中牵涉到的主要是法律的尊严和人的合法权益。因此应该维护公理伸张正义,廉

㉝ 孙康:《浙江大学法学院民国办学史片记》。
㉞ 《师长通讯录》,载《国立浙江大学法学院通讯录》,杭州东南文化印刷公司1949年5月4日印制。

洁奉公刚正不阿,决不可迫于权势或趋炎附势,拿原则做交易向邪恶低头。这虽然是六十多年前的往事,但李师的教诲,我至今记忆犹新历历在目。李师品学双馨,谦恭儒雅。平时掬诚待人,乐于助人,人际关系很好。他对待学生慈祥可亲,关爱备至,使学生很容易和他接近。"㉟

李师亲学生、护学生是为师的一大特色。虽然是"借调"的院长,可是那种"现场"的"带入感",会带着人勇往直前。1947年,浙大学生会主席于子三等人因共产党嫌疑被捕。李浩培多次前往浙江省高等法院,了解案情,揭露对学生的迫害,同竺校长商量对策。不料于子三在狱中离奇死亡,轰动全国,各高校学生声援。在浙大学生悼念活动中,特务和打手挥舞棍棒,殴打学生。被激怒的学生和群众奋力与暴徒搏斗,当场抓住了11个暴徒。李院长亲自对这些暴徒进行"预审",大义凛然地支持学生。法学院院长李浩培自始至终站在爱国学生一边。

1948年暑假期间,吴大任等数名浙大学生又被国民党军警逮捕。竺可桢校长和李浩培商议营救对策。李浩培建议请杭县律师徐家齐(1906—?,字治平)为学生辩护。李浩培之所以推荐徐家齐律师,不只因为徐是自己东吴法科同龄校友,还因为这是位有情怀的律师,执业之余还总是发表文章。㊱徐律师愿意免费为学生辩护。竺校长采纳了这个建议。开庭和宣判那天,李浩培亲自前往旁听。徐家齐律师辩护道,这些学生的犯罪嫌疑不充分,查获的书是一般的社会主义书籍,不能证明其有危害民国的企图。但是一周后,法庭仍然判处吴大任有期徒刑10年。1949年1月前后,趁国共有和谈的意思,浙大派李浩培出面到特刑庭交涉保释吴大任等5名被囚禁的浙大学生。李浩培同苏步青及同学代表多人到特刑庭。李浩培与庭长王家楣交涉后,写了一个保释书,5名学生终于被释放。

㉟ 谢瑞淡:《驰骋国际法庭的中国法官李浩培》,载《纵横》2007年第4期。
㊱ 徐家齐曾在报刊发表民法与宪法的文章,比如1930年在东吴《法学季刊》发表文章,参见徐家齐:《由遗嘱问题谈到社会法学派》,载《法学季刊》(上海)1930年第4卷第4期。徐家齐还曾翻译吴经熊论文《新民法侵权行为责任的两种方式》,载《浙江杭鄞金永律师公会报告录》1931年第139期。另外,徐家齐在《民国日报》1931年5月8日至23日有一系列民法学文章连载。

李浩培在浙江大学教授中的声望也与日俱升。因物价飞涨，薪俸过微，国立大学教职员不足以维持最低生活限度之生活。1949年3月初，浙江大学行政会议议决，推举一位教授代表为要求改善大学待遇的经费问题赴京商洽。被推举为浙大教授会代表的居然是李浩培教授。后来第117次行政会议议决，增补另一教授偕往，最后改由李浩培和理学院院长胡刚复两教授赴京，直接晋谒代总统李宗仁，要求依沪大学例拨付应变费。㊲李胡二教授在南京先后8天，"已洽得储粮费3000万元，已由临时行政会议议决分配比例"。另外，教职员薪金按350倍发放。㊳但据李浩培教授返回后向学校的报告中指出，"此次奉准拨发紧急支付3000万元不称应变费，将来须在经常费内扣还。"㊴李浩培这次商洽回来的钱款简直是雪中送炭，学校当即决定补发员工三月份薪给350倍公费，每人以4000元为基础换算；3000万元的拨款，以百分之廿配与学生拨作自费生贷金，以百分之卅配给工友，以百分之五十配给教职员，各自平均分配。㊵就这样解决了燃眉之急。

　　1949年3月，在李浩培大法官补选中当选后，新闻媒体评论说"李浩培苦学成功"。㊶在外界看来，他当上大法官是"成功"了，但事实上李浩培并不把这事当"成功"，他不当一回事，拒绝上任，他仍在浙江大学乐于继续他的院长工作。

　　1949年5月初解放军进入杭州城。浙大法学院如往年一样，编辑了《国立浙江大学法学院通讯录》（曹孔六老师所赠，现藏于然否斋），1949年5月4日由杭州东南文化印刷公司印制。5月11日，李浩培还为本院师生作了《苏联法律之发展及其精神》的学术报告。㊷由此可见，李浩培实

㊲ 《校闻：教授会代表李浩培胡刚复两教授赴京：晋谒李代总统速拨补助费》，载《国立浙江大学日刊》，1949年2月28日复刊新112期。
㊳ 《本校教授代表李浩培胡刚复两先生前为要求中央改善待遇》，载《国立浙江大学日刊》1949年3月7日复刊新115期。
㊴ 《本校教授代表李浩培胡刚复两先生前为要求中央改善待遇》。
㊵ 《本校教授代表李浩培胡刚复两先生前为要求中央改善待遇》。
㊶ 《李浩培苦学成功》，载《罗宾汉》1949年4月2日。
㊷ 《法律学会曾于昨日下午六时半，假该系阅览室敦请李浩培教授讲演"苏联法律之发展及其精神"》，载《国立浙江大学日刊》1949年复刊新142期。

际上早已着手苏联法律研究。但是,浙大决定停办法学院,李浩培院长当时就提出不同意见:"百年树人,现在停办法学院,将来恐缺少法律人才。"可是最后,李院长保留法学院的呼吁无效。5月下旬,浙江大学法学院撤销。就在此后,首届在校高材生高铭暄没得书读了,李浩培遂将高同学推荐到北京大学继续法律学业。10月,李浩培经军管会同意,前往北京参加新法学研究院的学习。不久便担任中央人民政府法制委员会外事法规委员会专职委员,参与我国第一批外事法规的起草工作。

李浩培在繁忙的浙大法学院院务之外,仍然勤于笔耕,自1946年至1948年三年内,李浩培院长仍然每年都有系列论文发表。李先生与浙大师生保持着终生的联系。笔者的然否斋收藏有他九十年代致"春晖同学"的一封信。信中写道:"最近写就国际法的概念和渊源一稿,作为政法袖珍文库之一。此后即写中国国际私法稿。工作较忙,身体尚好。"落款为"弟 浩培"。据查这位"春晖同学"是其过去浙江大学的学生,曾发表小

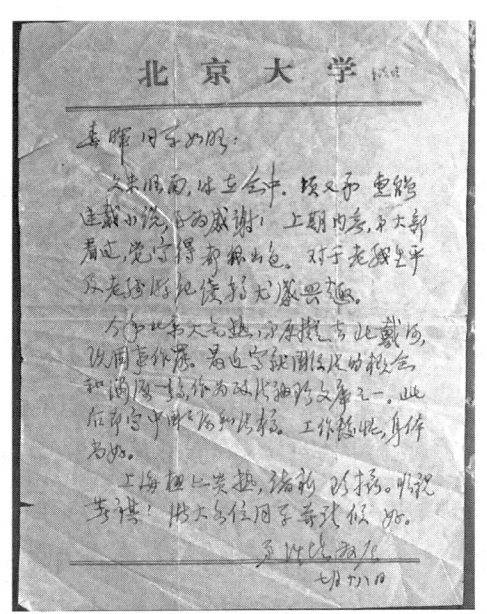

图3　李浩培1994年7月18日致浙大
"春晖同学"的信(然否斋藏)

说。根据信中提及的写作计划，我推测此信写于 1994 年，因为《国际法的概念和渊源》一文发表于 1994 年。李时年 88 岁，此时他仍在为下一个目标——撰写全面系统的《中国国际私法》著作——而努力，真是老骥伏枥，宝刀不老。

四、"技术派"法学学术

从李浩培发表的文章看，"技术派"法学风格应该起始于回国后的 1941 年。此后的一段时间，无论经历什么，他都保持每年发表两三篇的幅度，不可不谓厚积薄发，把控得当。这种专业态度表现在他持续、专注、谨慎的特点上，形成鲜明的"技术派"法学风格。他是国际私法和国际公法的专家，既要追逐国际前沿又要接本国地气。他需要阅读外语文献，因此他练就了很棒的外语能力。"李师懂英、法、德、俄、日、拉丁等六种外语。其中，除英语外，都是在而立之年以后陆续依靠自学掌握，其意志之高远，毅力之坚强确不寻常。"[43]

1941 年至 1948 年，他持续每年发表 2 至 3 篇论文，基本都专注于国际法与外国法问题，"不越雷池一步"。大致如下：

> 1941 年他发表了 2 篇论文，一篇是《怎样研究国际私法》(《读书通讯》1941 年第 27 期)；一篇关注外国法，《在埃领事裁判员权制度及其撤废》(《春秋》1941 年第 2 卷第 3—4 期)，介绍并分析埃及撤废领事裁判权制度的经过。1942 年发表的 2 篇均可列入国际法范畴，包括《在华领事裁判权发生之原因》(《世界政治》1942 年第 7 卷第 13 期)、《契约实质成立要件及其效力之准据法》(《国立武汉大学社会科学季刊》1942 年第 8 卷第 1 期)。1943 年发表了 2 篇：《新约与移民法》(《世界政治》1943 年新约特号)、《美加澳移民法与华侨问题》(《世界政治》1943 第 8 卷第 3—4 期)。1944 年发表了 2 篇国

---

[43] 谢瑞淡：《驰骋国际法庭的中国法官李浩培》。

际私法的，即《评王著"新约研究"（王铁崖著）》（《读书通讯》1944 年第 98 期）和《国际私法中之反致与转致的问题》（《中华法学杂志》1944 年新编第 3 卷第 6 期）。1945 年抗战形势好点了，他发表了 4 篇，包括：《国际私法中的公共秩序问题》（《中华法学杂志》1945 年新编第 4 卷第 1 期）、《关于侵权行为的国际私法问题》（《中华法学杂志》1945 年新编第 4 卷第 3 期）、《死亡宣告的管辖冲突与法律冲突问题》（《中华法学杂志》1945 年新编第 4 卷第 4 期）和《权利能力的准据法》（《中华法学杂志》1945 年新编第 4 卷第 5 期）。1946 年，李浩培发表了《本国法主义与住所地法主义的论争》（《大陆评论》1946 年第 2—3 期），与人合作发表了《英国的司法与司法制度》（参见《民国日报》1946 年 8 月 15 日报道），另外还有书评《评"英国司法制度"（英国贾克逊［Jackson］著）》（《观察》1946 年第 1 卷第 5 期）。

李浩培在浙大法学院院长任上，仍然挤出时间做研究。1947 年至 1948 年两年内，李浩培院长仍然有一系列论文发表，包括：

  1947 年《法国法关于他人行为之民事责任》（《知言》1947 年创刊号）两篇论文、《法国法关于他人侵权行为之民事责任》（《大公报》［上海］1947 年 9 月 19 日、9 月 26 日连载）、《法治实行问题》（《观察》1947 年第 2 卷第 12 期）、《法治与宪法》（《军人魂》1947 年第 15 期）、《物权的准据法》（《浙江学报》1947 年第 1 卷第 2 期）、《轰动伦敦的人权案：卖报妇与警察》（《书报精华副刊》1947 年第 9 期）、《法治实行问题》（《现实文摘》1947 年第 1 卷第 5 期）、《关于离婚及别居的国际私法》（《新法学》1948 年第 1 卷第 5 期）、《十九世纪的国际私法学》（《新法学》1948 年第 1 卷第 1 期）、《国际私法中的当事人本国法主义》（《新法学》1948 年第 1 卷第 3 期）、《安全理事会中大国的否决权》(《新路周刊》1948 年第 1 卷第 23 期)、《联合国的安全理事会与国际和平》(《观察》1948 年第 4 卷第 7 期)、《关于婚姻成立问题的国际私法》(《浙江学报》1948 年第 2 卷第 1 期)、《婚姻的形式成立要件的准据法》(《中华法学杂志》1948 年新编第 7 卷第 1 期)和《子女身分的准据法》(《中华法学杂志》1948 年新编第 7 卷第 8 期),还有一篇书评《国际人权保障公约刍议:An International Bill of The Rights of Man (by H. Lauterpacht, Columbia University Press, New York, 1945)》(《中建:华北航空版》1948 年第 1 卷第 6 期)。

作为学者,他不像梅仲协和周枏那样不问世事,也不像他的前辈周鲠生和燕树棠那样全面丰富,更不像钱端升和费青那样直击政治。国际私法领域的多数冲突规则问题都不关涉政治,而国际公法除技术性问题之外,还维护本国利益,能与政治保持一致性。当然,李浩培偶尔也越出国际法范畴,涉足民法技术,这是国际私法研究的必要,也是他法教义学功底的表现;或涉足法治建设与法律教育,这是他作为法学家和法学教育家最关切的问题。比如 1941 年的《建设新中国与发展法律教育》(《今日评论》1941 年第 5 卷第 9 期)和《论法律教育的改进与加强》(《客观》1945 年第 8 期)。1943 年的《法治与建国》,是他"党政班廿七期降旗报告",他所论述的"法治与建国",也是围绕法治的要素来谈,论述法治的中国古代传统,强调法治与建国、强国、兴国的关系,强调法治实行的政府责任、官员守法、司法威信、宣传守法等法治之基础要素。[44]对照今天理论所谈的法治要素,几乎不出其左右,显然他早就深思熟虑了。

值得关注的是他 1946 年于惩办汉奸期间对"何德奎案"的评论,发表在 1946 年 12 月《观察》的《何德奎案》。这是指上海市政府秘书长何

---

[44] 李浩培:《法治与建国:党政班廿七期降旗报告》,载《中央训练团团刊》1943 年第 201—202 期。

德奎汉奸嫌疑案,据 1946 年 9 月初的报道,"何德奎被参议员罗蘅检举汉奸嫌疑,初如疾风骤雨,现已渐成冷歇。兹据悉,当局以何某在沦陷期中负有使命留沪,其情颇可原,此点并已令饬司法行政当局注意,似此可能即是了结。"⑮ 据报道,"九日晨最高国防委员会曾讨论沪市府秘书长何德奎汉奸嫌疑案,经核定何氏无罪。何案前经罗蘅等六参议员检举,请送政府查办,嗣由司法行政部调查,证明何氏确为地下工作者,曾奉命留沪掩护工作,故应无罪。"⑯ 另据同日《前线日报》的报道,明确指出,"轰动一时的何德奎汉奸嫌疑案,现在才有一个下文,国防部昨晨会议通过,何并无该项嫌疑。对于这件案子的处理,不能令人满意,这不是说他既是地下工作人员,而要硬把他抱下水才甘心,而是案件的解决,非由法院审判无罪,并提出若干反证,却是国防部会议通过。"⑰ 也就是说,何氏汉奸嫌疑案未经司法审判程序,而由最高国防委员会作了决定。

李浩培对此案作了调研并发表了看法。调研的情况是:司法行政部谢部长指派吴则韩参事调查出具一份报告;吴氏报告经司法行政部复核无异,之后报国防委员会讨论,再报给参议院。李浩培分析出的观点是:第一,吴氏的报告中并未确认"何氏绝对无罪";第二,指出吴氏的报告中的若干不完备处;第三,吴氏报告与法部复核,二者虽然"复核无异",但是不能代替检察官的不起诉处分或法院的无罪判决。"但如果政府不将何氏交检察官侦查,而视司法行政部参事的调查报告等于何氏无罪的判决,政府即自毁其成法。政府既不守法,安能望人民守法?则法治的提倡,不过空谈而已。"最后,他仍然暗示,"政府既应将何氏交由检察官侦查,参政会自可再行催请速办。"最后声明自己的评论此案的宗旨和一贯立场:"如果何氏确系无罪,其无罪必须由法院宣告。这是法治。我爱何氏,我尤爱法治!"⑱ 李浩培这篇算是其最接近政治主题的文章,但他对何

---

⑮ 《何德奎案如此收场》,载《大公报》(天津)1946 年 9 月 8 日。
⑯ 《国防会核定何德奎无罪》,载《大公报》(上海)1946 年 10 月 10 日。
⑰ 《何德奎无罪》,载《前线日报》1946 年 10 月 10 日。
⑱ 李浩培:《何德奎案》,载《观察》1946 年第 1 卷第 15 期。

案的分析评论体现的却是技术派的风格——就程序讲法理。

我们很少看到李浩培写西方法哲学的文章，但是1947年的《卡度佐的判决过程论》是个例外。这是他介绍和分析卡多佐的司法判决理论的文章。他首先非常准确地把握了卡多佐所谓"司法过程"，"判决工作，或精确言之，判决过程，是不易捉摸的东西。不但一般人对于这个问题易发生误解，即大部份的法官对之，也'知其然而不知所以然'。"他发现卡多佐是法官的一个例外，在于"把法官的判决过程予以精密的分析"，"在分析法官如何适用判例法"，从判例法中"搜求规则而据以判决"。"事实与本案相类似的先例，亦属阙如的情形"，但法官又不能以法无规定而拒绝审判，那么法官该如何判决呢？李浩培把问题精准地提了出来，接着介绍说，卡多佐认为在这种情形下法官的工作有二：第一，他必须从颇多先例中找出判决理由或法律原则；第二，他必须将所找出来的法律原则，予以适当的发展，"换言之，予以适当的扩张或限制，而将经发展的法律原则适用于所受理的案件，以资解决。"[49] 他接着问——如何从先例中找出法律原则呢？他说这是技术问题，但更重要的在于，"如何将这种法律原则发展，方可认为适当——这才是个最困难亦最重要的问题，我们自须予以密切注意"。他完全进入卡多佐的问题意识。接着，李浩培介绍了卡多佐的法律哲学方法：演进方法（Method of evolution）、传统方法（Method of tradition）和社会学方法（Method of sociology）。[50] 值得一提的是，李浩培还把卡多佐的学说与历史法学派（萨维尼）与自然法学派（新旧两派）的异同作了联系和比较。比如他说："萨维尼认为法律发展过程是默默发展无目的非人为的过程；而卡多佐虽承认法律系历史的产物，但他强烈地主张法律同时系有意识且有目的的产物。"[51] 李浩培不仅对卡多佐的司法方法论思想表述得很精准，而且对西方法哲学整体也有全面把握，这是难能可贵的。

---

[49] 李浩培：《卡度佐的判决过程论》，载《思想与时代》1947年第44期。
[50] 李浩培：《卡度佐的判决过程论》。
[51] 李浩培：《卡度佐的判决过程论》。

你一定会觉得奇怪，笔者在介绍国际法大师李浩培时，为什么要如此详细介绍他这篇关于卡多佐的文章。在此我想提出一个问题，李浩培对西方法哲学和司法方法论有涉猎，会对他产生什么作用呢？有句话叫"书到用时方恨少"，其实只说对了一半——知识，另一半是思维，这是能力，随时随地会用到。更有趣的是，李浩培没有想到他后来会当法官，而且真的用到了司法方法这一能力！容后文再述。

凭他的纯粹学问，李浩培受到学界与社会的认可。1947 年，中央研究院院士候选人公布，浙江大学共有 6 人入围，包括陈建功、苏步青、竺可桢、贝时璋、吴定良和李浩培。[52] 1948 年，他被公推为联合国同志会杭州分会会长。1949 年 3 月，经代总统提名，监察院第 48 次会议选出 8 人为大法官：夏勤、翁敬棠、叶在均、李浩培、梅汝璈、向哲濬、魏大同、苏希洵。[53] 其中李浩培、翁敬棠、梅汝璈、向哲濬 4 人未就任，夏勤去了香港，魏大同、苏希洵、叶在均 3 人就任大法官。3 月，司法院曾南迁至广州挂牌，条件简陋，人心涣散，[54] 因此司法院在撤退到台湾前，大法官会议都开不成。不久，就任大法官的 3 位赴台，李浩培等 4 位不就任的留下。

五、转轨和回归

20 世纪 50 年代，李浩培先后担任国际问题研究所研究员和外交学院教授，伏案研究，努力转轨。

在这个时期，他撰写的论文基本上是结合新时代政治来发挥自己的特长的，诸如《拿破仑法典初步批判》（《政法研究》［北京］1955 年第 2 期）、《论公民的劳动权》（《新建设》1954 年第 8 期）、《国有化与国际法》（《政法研究》1958 年第 2 期）、《谈法律和法律科学的继承性》（《光

---

[52] 《中央研究院院士候选人》，载《国立浙江大学校刊》1947 年复刊第 168 期。
[53] 《大法官考委人选监院同意提名计夏勤梅汝璈等十七人》，载《益世报》（上海）1949 年 3 月 29 日。
[54] 《司法院南迁，大法官要移尊就教》，载《珠江报》1949 年新 140 期。

明日报》1957年4月29日），有节译作品《希腊最近有关国际私法的编纂》（马里达基斯著，载海牙国际法学院讲演集1954年第1分册，载《政法译丛》1957年第7期）。

1956年，李浩培与吴德峰、李祖荫、戴克光、严景耀、倪征𣋴、雷洁琼、张志让、张定夫、任继圣等学者发表关于法学界贯彻"百家争鸣"方针的看法，以《关于在法学界贯彻"百家争鸣"方针的问题》为题刊登在《政法研究》（北京）上。他以《尽速清除思想障碍》为题发表了意思，认为自从毛主席提出"百家争鸣"号召以来"研究法学的知识分子都是欢欣鼓舞，想在中国新法学的发展有所贡献。但是，据我所知，法学者们对于百家争鸣的思想障碍是存在着的。这主要是由于法学有高度的阶级性和思想性，有些法学者怕犯错误，怕被戴上'六法观点'或者'丧失立场'的帽子。显然，这是对'百家争鸣'的方针了解不够和患得患失的心理所造成的错误思想。这种思想障碍应当自己尽速清除，才有利于法学研究的开展"[55]。

他在1957年的运动中没有受到正面冲击，一方面是他谨慎性格使然，另一方面是他在作调整，包括把重点转移到外交实务上来，从这时期发表的论文看，他已经把自己的研究向新中国新理念靠近。从1963年开始，他担任了外交部法律顾问，参加过多次国际法学界会议以及对许多重大外交案件的研究和处理工作。[56] 1969年他参加"学习班"，写交代和自我批判材料，从7月起，开始读德文的毛主席语录，11月初到湖南平水黄沙铺外交部五七干校。1972年，因工作需要调回外交部。1976年带病坚决报名参加了两次庆祝游行。

1977年，古稀之年的李浩培迎来学术第二春，又回归他技术派的学术生涯，继续研究国际私法和我国参与国际事务的问题。他回归的标志性成

---

[55] 《关于在法学界贯彻"百家争鸣"方针的问题》，载《政法研究》（北京）1956年第5期。

[56] 孙康：《浙江大学法学院民国办学史片记》。

果就是出版于 1987 年的《条约法概论》。这本传世之作的写作始于 1974 年，一直写到 1987 年，用了 13 年的时间，可谓"十年磨一剑"。2003 年由法律出版社重新印刷出了第二版。该书一直被列为我国最权威的条约法经典著作，堪称一部经得起时间考验的杰出的国际法学术著作。[57] 1984 年 11 月倪征燠当选海牙国际法庭法官时，李浩培就正在写他的《条约法概论》。

1986 年，80 岁的他受邀参加联合国维也纳会议，参与制定《国家与国际组织之间以及国际组织相互间的条约法公约》。1993 年 9 月 15 日，联合国大会选出前南斯拉夫国际刑庭八名法官，87 岁的李浩培没有到纽约参加竞选，却在第一轮选举中就以高票当选了。9 月 17 日联合国大会又选举产生另三名法官。从 11 月起，他就开始自行草拟前南斯拉夫国际刑庭的程序和证据规则。11 月 17 日，法官们在海牙和平宫宣誓上任，至 12 月 1 日举行了第一次法官全体会议，李浩培被分配担任上诉分庭的法官。也就是说，87 岁的倪征燠 1994 年在海牙国际法院作了 9 年法官已经退下来了，而 87 岁的李浩培晚了 9 年，刚到国际刑庭担任法官。

李浩培女儿、中国政法大学国际法教授凌岩有篇回忆父亲的文章，其中讲述了李浩培在国际法庭审理的一个参与杀害无辜平民的案件。一名被告埃戴莫维奇，因参与集体杀害无辜穆斯林平民约 1200 人（他承认自己大约枪杀了 70 人），被检察处指控犯了战争罪或危害人类罪。一审法庭判处 10 年徒刑，他不服判决，提起上诉，理由是他是在上级的胁迫下开枪杀的人。在审议该案时，有人争论说，即使上诉人拒绝在死亡的威胁下执行命令，所有无辜的穆斯林也会被他小分队的其他战士灭绝，因此他的行为应以此为开脱罪责的理由。

这也就是说，战争中军人被胁迫是否可成为屠杀无辜平民的完全辩护？李浩培研究并发现，既没有可适用的协定国际法，也没有可适用的习

---

[57] 周洪钧、王勇：《国际法大师级的经典之作——重读李浩培〈条约法概论〉述感》，载《华东政法学院学报》2007 年第 1 期。

惯国际法。他查阅了二战后军事法庭的判决,从这些判决中总结抽象出一个可完全辩护的例外原则:如果该行为是极凶残的罪行,例如杀害无辜的平民或战俘,那么胁迫不能成为完全的辩护,而只能是减轻惩罚的一个理由。他分析道:第一,如果允许被胁迫为屠杀无辜平民的完全辩护或合理理由,等于鼓励下级在胁迫下杀害这样的人而不受惩罚,而不是制止他犯下这种可怕的罪行;它也有助于上级杀害平民的企图。国际社会永远不能容忍这种反人类的法律政策。第二,一些大陆法系的国家没有规定这种例外。在这种情况下,国际法庭只能选择最适于保护无辜人民的解决办法。㊽

这个案例很典型,在规则适用出现法律漏洞的情况下,李浩培从以往判决中抽象出例外规则,并从法律目的论和效果论的解释,从司法个案中把规则引向人道主义和自然法,论证了这一例外规则的成立。这体现了法官终生学习的特点,也体现了司法的专业素养和理性精神。最后,上诉分庭的多数法官同意了他的意见。时任前南斯拉夫国际刑事法庭庭长卡塞塞在称赞李法官的时候,准确指出了这一点,他说:"他对人的基本权利和对人类的深刻意识注入了他的司法方法。在对法律问题审议的过程中,他经常看到问题的实质,坚定地坚持基本原则。"

此案,必然让我们想起他1947年那篇《卡度佐的判决过程论》,讨论判例法的司法方法是如何从判例中找到原则,并作出适当的发展而适用于个案。我们终于可以明白,李浩培大法官的司法方法论是多么娴熟,应用得有多么恰当!

当他还在海牙法官任期内的1997年,91岁的李浩培在海牙一家医院住院期间突然意外逝世。直到2002年,荷兰警方调查发现:荷兰女护士露茜·德伯克有连环谋杀住院病人的嫌疑,最后,这个恶魔受到海牙地区和高等法院的审判。最终查明,露茜·德伯克杀死由她照料的5名儿童和8名老年人,给他们注射致命的药物,时间在1997年2月至2001年9月

㊽ 凌岩:《活跃法坛十载——国际大法官李浩培》,载《中国审判》2007年第2期。

期间。[59] 至此，李先生的突然死亡之谜最终有了定论。

从普通法科学生到国际法庭大法官，李浩培经历了从卑微到辉煌的特殊人生。江湖上常说的"宝刀不老"的原因是什么？"李师在工作之余，爱好太极拳、散步和阅读古典文学及历史书。他在20世纪50年代学会打太极拳，40年来1天3次从不间断。他童年时读过6年私塾，有较深厚的古典文学基础。他也酷爱唐诗、宋词和许多散文名篇，经常看一些古诗词和文史书。这既是他的休息和娱乐，也是调节他日常生活的特殊方法。他用背诵古诗词来抒发感情，陶冶操守，偶尔也赋诗言志。"[60]

李浩培曾在日记中写道："我的人生观是：人生的目的在于奉献，而不在于享受"，"准备好好完成一部国际私法著作，以了此生"。李浩培从少年起，青春无感于逆运，活到老学到老。2006年，李浩培先生百年诞辰，浙大法学院纪念大会，我邀请李先生的女儿凌岩教授参加。她说父亲珍惜每一分光阴，认为"浪费一分光阴，等于抛弃一分寿命"。因而把"宜勤勿懒，宜急勿缓。迟之一日，悔之已晚"作传家格言。"我的父亲不重金钱重学问，相信'不会毁灭的无价之宝是一个人的学问，任何财富不能同它相比（印度格言）'。"然而，我们知道生命有限，而学问无限。人们常会引用庄子的话说："吾生也有涯，而知也无涯。以有涯随无涯，殆已；已而为知者，殆而已矣。"（《庄子·养生主》）李浩培是否就处在庄子的这种为知而"殆"的"危险"之中？我们来看看他自己怎么看？在他生命的最后一年，90高龄的李浩培写下两首诗：

人生不必苦追求，一瞬百年万事休。
何似书中常蠹蛀，淡于名利乐悠悠。[61]

---

[59] 易爱军：《荷兰"黑心天使"受审，谋杀中国法官等13人》，载《北京晚报》2002年9月18日。

[60] 谢瑞淡：《驰骋国际法庭的中国法官李浩培》。

[61] 凌岩：《李浩培，我诗情画意的大法官父亲》，载《法律与生活》2005年第3期。

他在诗中已经给自己提出问题，并作了回答。第一句似乎流露出追悔——人生苦短，何必苦追求。但是为何自己读书像书虫那样呢？他转而回答道：这种以书为伴的生活方式，成全的则是淡于名利的乐悠悠。唯有读书才不叫苦，反而是乐。这应该是真正读书人的真实体验。

中国读书人总以淡泊其志自勉，这固然已经是一种很高的境界，不过，读书人中还有比淡泊更高级的境界。它是什么呢？其实，庄子所谓的"知"应该作"真知"解。求"真知"才是知识人的使命，淡泊不是使命，只是不受名利的诱惑罢了。不把握这一点，就理解不了李浩培淡于名利和求"知"作"乐"。我们通过李浩培，可以看到他所代表的一类知识人，他们明知"生"有涯而"知"无涯，可以躺平，却乐于终生求"知"。这是因为他的"知"是一种知识乐趣，是一种生活方式，也是一种修为功夫，可谓——有心学问淡于名，无感逆运乐于知。

周枏——艰难存活的罗马法种子

图 1 周枏（1908—2004）

论罗马法种子降临东方国家的时间，日本比中国至少早了 30 年。早在 19 世纪 70 年代，罗马法即进入日本教学课堂。[①] 20 世纪初的中国留学生赴日本学法科时，速成法科没有开设罗马法课程[②]——因为已经不用借助于罗马法，而是直接学习日本民法就能满足需要。本文要回顾周枏，并以他为线索讲述罗马法在中国的"学脉"、"更替"及其"精理"。

---

　　① 日本于 19 世纪 70 年代起，开展罗马法翻译和教学。如日本东京大学前身"东京开成学校"（1874 年定名后），开设"罗马律"的讲座；如早稻田大学"校母"小野梓于 1871 年留学英美学习罗马法，1874 年回国翻译出版罗马法著作《罗马律要》。参见李求轶、李硕芬：《罗马法在日本——大学·大家·思考》，载《湘江法律评论》总第 12 卷（2015）。

　　② 据《法政速成科关系资料》记载的法政速成科教员名单（1904 年）、法政速成科第一班毕业考试试题来看，均没有罗马法课程。参见朱腾：《清末日本法政大学法政速成科研究》，载《华东政法大学学报》2012 年第 6 期。

一、学脉年谱

最早接触和学习罗马法的中国人是谁？早期赴欧洲的零星几位留学生，接触过罗马法。据陈立考证，1877年1月获得伦敦林肯律师学院律师资格的伍廷芳，在此之前的考试科目中包括罗马民法，在结业考试时仍然有整门罗马法的试题。1877年11月，上海徐家汇的马建忠进入法国巴黎政治科学学院学习国际法，1879年11月，他以罗马法为选题完成并打印了毕业论文。马的论文共109页，写了三个不同的主题——其中一个是罗马法关于合伙的（on the Roman law of Pro socio）问题，他对罗马法中的合伙作了评论和分析。由此可推断马建忠是第一位撰写并发表罗马法论文的中国人。[3] 无疑，伍廷芳是最早学习罗马法的华人，马建忠是最早研究并撰写罗马法论文的华人。但这种情况，在中国是极个别的偶然例外。何况伍廷芳和马建忠后来所从事的工作，也和罗马法知识的传播并无直接关联。

那么，罗马法知识究竟何时开始在中国传播？有学者认为是京师大学堂1906年设立的罗马法课程。[4] 中国开设罗马法课程的确定时间应该更早，是在1902年。京师大学堂管学大臣张百熙主持下的法律学课程进度表，于1902年开始将"罗马法"设为速成科仕学馆法律学科目第三学年课程，1902年9月招收57名仕学馆学生，[5] 那么罗马法开课时间确切地说，应该是1904年至1905年。第一部罗马法书籍，应该是1905年（光绪三十一年），湖北法政编译社出版的湖北人樊树勋（？—1914，曾任清廷内务部佥事）翻译的日本学者所著的《罗马法》。[6] 1907年，北洋大学（原名天津中西学堂）就有了罗马法和罗马法律史课程。1907年，中国安

---

[3] Li Chen, "Roman Law in the Curriculum of the First Chinese Students in England, France, and China", *The Legal History Review*, Vol. 88, No. 3-4, 2020, pp. 532-556.

[4] 张卓明：《点样前言》，载《朝阳法科讲义》（第1卷），上海人民出版社2013年版，第7页。

[5] 庄吉发：《京师大学堂》，第29、47页。

[6] 张卓明：《点样前言》，载《朝阳法科讲义》（第1卷），第7页脚注8。

徽留日学者王克强把日本学者户水宽人⑦的作品首次译成中文,以《罗马法研究之必要》为题,发表在东京中国法科留学生创办的刊物《法政学报》上。⑧ 1908年,一个人物出生了,他叫周枏,活到2004年,是时间跨度最长的中国罗马法学者。下面让我们按周枏先生的年谱线索,进行以下对照梳理,来了解中国罗马法研究者的历史脉络。

1908年(光绪三十四年),周枏1岁。是年5月9日,周枏出生在江苏溧阳的耕读人家,字恋曾,号叔厦,父亲周济良是清末秀才、村私塾创办人。这是他和他妻子史翠娥的第三个儿子。

1911年(宣统三年),周枏4岁。从父亲自办的本村私塾转入期成小学读书。数千年来的中国第一部民法典《大清民律草案》参照德国、瑞士和日本拟就,于是年3月奏请朝廷,修律大臣奏曰:"各国民法导源于罗马邱司基尼恩人民法典,其后有那坡仑民法法典。多数之民法如日本德国奥义等国皆从此出。……各系依形式论,皆依罗马不过大同小异。"⑨ 武昌起义发生辛亥革命,大清灭亡,该民律草案遂流产。

1912年,周枏5岁。在溧阳期成小学读二年级。是年起,民国政府沿袭《大清民律草案》颁布《民国暂行民律草案》。⑩ 教育部《大学令》和次年的《大学规程令》(1913)把罗马法作为法科大学法律专业的必修课。⑪ 此时上海已有《法政杂志》刊登介绍欧洲的罗马法教授。⑫ 留日法

---

⑦ 户水宽人是日本1903年"户水事件"的主角。时年东京帝国大学法科大学的户水宽人等7名教授,主张对俄国采取强硬的外交政策,宣扬应立即开战,并参加反对缔结媾和条约的运动,亦称"帝大七博士事件"。1905年5月,文部省根据文官隆令开除户水宽人教授。此事件成为日本最早发生的政府与大学间的抗争事件。其著作《罗马法》发表于明治三十二年,即1899年,而事实上日本的罗马法研究早在20年前的19世纪70年代就开始了。
⑧ 〔日〕户水宽人:《罗马法研究之必要》,王克强译,载《法政学报》(东京)1907年第4期。
⑨ 《折奏:修订法律大臣奏编辑民律前三编草案告成缮册呈览折》,载《北洋官报》1911年第2957—2958期。
⑩ 《民律草案》(第1编总则共109条),载《江苏司法汇报》1912年第4期。
⑪ 张卓明:《点样前言》,载《朝阳法科讲义》(第1卷),第7页。
⑫ 《德国兰薄芝大学教授:罗马法大家沙摩博士(照片)》,载《法政杂志》(上海)1913年第3卷第5期。

科海归黄右昌[13]1912年在北大为大一学生开设罗马法课程。同年，朝阳大学开设罗马法课程，东京帝国大学法科学士朱深成为首位兼职教员。[14]

1914年，周枏7岁。是年，北洋大学法科应届毕业生贾文范[15]译辑《罗马法》，由此出现罗马《十二表法》最早的中译本。[16]同年北洋大学在五个"学门"中设"律例"，[17]相当于后来的法科，按西方大学课程设置，其中开设了"罗马律例"等课程。[18]

1915年，周枏8岁。是年，北大教授黄右昌编印了《罗马法》讲义供学生使用。与此同时，浙江私立法政专门学校的罗马法教员陈允[19]亦编辑出版了一本《罗马法》（私立浙江法政专门学校讲义）。[20]

1918年，周枏11岁，在溧阳读小学最后一年。是年，北大授罗马法

---

[13] 黄右昌（1885—1970），字黼馨，号潙江子，湖南临澧人，出身诗宦世家，黄道让的嫡孙。12岁成秀才，17岁中举人。于湖南时务学堂毕业后，19岁被选送留学日本岩仓铁道学校，后转入日本法政大学。23岁归国，1908年参加游学（留洋）生戊申部试中法政举人，优等派内阁中书补用。后任湖南法政学校教授、校长及省议会会长等职，教授民法、罗马法课程，后转任北京大学法律系教授兼系主任，同时兼任清华大学、法政大学、朝阳大学、中国大学、民国大学和天津法商学院教授。执教18年期间，著有《罗马法与现代》《海法与空法》《法律之革命》《民法要义》等，有"黄罗马"之称。擅赋诗，著有《潙江诗集》。1930年起从政，历任南京国民政府立法委员，欲以言行学问兴邦，从事户籍法、森林法、统计法、预算法等起草，1933年担任商法委员会和自治法委员会委员，1934年负责起草商业登记法。1948年虽被提名司法院大法官，未就，决定引退回湘，任湖南大学法律系教授。

[14] 《朝阳学院前任教员姓名略历》，载《朝阳学院概览》，第7页。

[15] 贾文范系北洋大学法科应届毕业生，曾尝试以俏生款设立女校以浚教育未成，于1914年12月毕业，因此其《罗马法》译辑应属在校期间完成。参见《咨直隶巡按使准咨送北洋大学毕业生贾文范等二十一人名单业经由部分咨外交司法两部酌予录用文（第一千三百零八号，三年十二月五日）》，载《教育公报》1915年第8期。

[16] 徐国栋：《〈十二表法〉研究》，商务印书馆2019年版，第434页。

[17] 《拟设天津中西学堂章程请奏明立案》，载《时务报》1896年第8期。

[18] 刘玉华：《论北洋法科对当代法律教育的启示》，载《吉林师范大学学报》（人文社会科学版）2017年第1期。

[19] 陈允（1876—?），字众孚，又名仲孚，早年留学日本，归国后任教于浙江公立法政专门学校，讲授罗马法，浙江法政学校自1929年奉教育部令停止招生，1930年停办后，仍居杭州，1928年起为杭州金庄衙皋园东皋雅集成员，直至1937年解散止。1937年3月15日最后一次出现在余绍宋日记。《余绍宋日记》编委会称其为"国民政府军事参议院参议"，系误解，此陈众孚另有其人。

[20] 程波：《近代中国罗马法教育的开创：从陈允、应时的〈罗马法〉说起》，载《湘江法律评论》2014年总第11卷，第216页。

课程者已不止黄右昌一个人，还有雷孝敏等教师。[21] 同年，黄右昌向政府内务部呈送《罗马法》著作样本申请注册给照，"根据著作权法注册程序及规费施行细则……缴纳注册费银五元，来部领照可也"，[22] 这成为中国第一部经版权登记的罗马法著作。同年黄氏《罗马法》重行付印订正增补版，达 450 余页。蔡元培与王宠惠分别作序，王称其为"斯学之明星也"。[23]

1919 年，周枏 12 岁，小学毕业，本想学医，但学费昂贵，便决定学商，考入溧阳"乙种商业学校"。是年，北京大学法科四年级学生译书，其中有两种与 Roman Law（罗马法）有关。[24] 1920 年起，朝阳大学出版《罗马法》（朝阳大学法律科讲义，作者未署名）。[25]

1921 年，周枏 14 岁，在溧阳"乙种商业学校"读最后一年书，爱看中国古典小说。是年，日本学者涿鹿吕威把美国耶鲁法学院谢尔曼（Sherman）教授的《罗马法与近世》翻译成中文，连载介绍到中国。[26] 1921 年，修订法律馆王凤瀛在其《自然债务应否认其存在》论文就论及罗马法，认为"自然债务导源于罗马法"。[27]

1923 年，周枏 16 岁，在无锡"公益工商中学"读职业中专商科二年级。痴迷小说，沉迷于三国、水浒、西游、红楼和封神。同年，燕树棠在北大发表对耶鲁大学谢尔曼教授《罗马法与近世》的书评。[28] 这个时期，中国法学界逐渐重视罗马法，但研究者甚少，目前所知大约有：1923 年

---

[21] 《法科学长告白》："一年级罗马法，请雷孝敏先生担任"，载《北京大学日刊》1918 第 40 期。

[22] 《内务部批第四八〇号（中华民国七年十月七日）》："原具呈人黄右昌：呈一件呈送罗马法样本请注册给照由"，载《政府公报》1918 年第 976 期。

[23] 北大法科研究所：《〈罗马法〉出版介绍》，载《北京大学日刊》1918 年第 212 期。

[24] 《法科四年级译书目录》，载《北京大学日刊》1919 年第 302 期。

[25] 继此之后，1925 年和 1927 年 10 月，朝阳大学还先后出朱深和应时两个版本的罗马法教材讲义。参见程波：《近代中国罗马法教育的开创：从陈允、应时的〈罗马法〉说起》。

[26] 〔美〕谢尔曼：《罗马法与近世》（1917），涿鹿吕威译，载《四存月刊》1921 年第 1 期至 1922 年第 13 期。

[27] 王凤瀛：《自然债务应否认其存在》，载《法学会杂志》1921 年第 1 期。

[28] 燕树棠在"学术书籍之绍介与批评"发表书评，对美国耶鲁大学谢尔曼教授于 1922 年再版的《罗马法与近世》进行评介，载《国立北京大学社会科学季刊》1923 年第 2 卷第 1 期。

曾泽芬翻译了日本学者的《罗马法研究之必要》。[29] 同年，蔡孝宽氏发表文章分析罗马法发展的五个历史阶段。[30] 有位叫应时的人发表关于罗马十二表法的论文。[31] 1924年有杨宗颜的《罗马法的沿革》论文。[32]

1925年，周枏18岁。仍在无锡读书，与同学合作发表了多篇文章，包括马寅初来校讲演记录稿，英译中的英国财政家的文章，经老师修改和推荐发表在无锡《商兑》杂志上。[33] 可是周氏回家后才知道父亲已经去世。是年，北大教授燕树棠为大一学生开设罗马法课程。[34] 上海东吴《法学季刊》发表东吴法科在校生的两篇罗马法文章，一是丘汉平[35]的《罗马法役权之研究》[36]，二是傅文楷[37]的《罗马法永佃权之研究》[38]。

1926年，周枏19岁。毕业前参加学校实习银行、实习商店，并在实习商店担任经理。因参加报社征集对联活动而结识钱钟书。[39] 是年夏天，周枏考入上海中国公学大学部继续学商科。其中有门课叫商法，他学到了

---

[29] 千贺着：《罗马法研究之必要》，曾泽芬译，载《洞庭波杂志》1923年第1卷第1期。
[30] 蔡孝宽：《罗马法发达中之五大时期》，载《法律评论》（北京）1923年第26—28期。
[31] 应时：《罗马十二表法之概略》（一），载《浙江公立法政专门学校季刊》1923年第8期。
[32] 杨宗颜：《罗马法的沿革》，连载《法律周刊》1924年第45—46期。
[33] 周叔厦、顾念曾译：《英伦五十年前之三大财政家》，载《商兑》（无锡）1925年第2期。
[34] 《燕树棠先生所授法律系一年级罗马法》，载《北京大学日刊》1925年第1797期。
[35] 丘汉平（1903—1990），福建海澄人（今属厦门市），出生于缅甸。少时回国在集美学校读书，1921年入暨南大学商科，1924年毕业，1925年获中国公学商学士，1927年获东吴大学法学士。1929年获美国国家大学（National University）S. J. D.（法学博士学位）。1931年回国，任暨南大学外交领事系主任、海外文化部主任兼中学部主任，在东吴大学、暨南大学、国立交通大学、中国公学等校任教，同时在上海兼任律师，与同学傅文楷创办民权律师团，从事律师业务。1939年回福建，先后任福建省政府委员兼省银行总经理、财政厅长。1947年返沪重操律师业，并当选宪第一届立法委员。1949年去台湾。去台湾后，任东吴补习学校（台湾东吴大学前身）校长，铭传商业专科学校董事长等职。著有《先秦法律思想》《历代刑法制》《国际汇总与贸易》《罗马法》《法律通论》《违警罚法》等。
[36] 丘汉平：《罗马法役权之研究》，载《法学季刊》（上海）1925年第2卷第5期。
[37] 傅文楷（1902—?），字子模，广东梅县人，丘汉平同届同学，1927年获东吴大学法学士，1929年获美国国家大学 S. J. D.（法学博士学位）。1931年回国，在东吴大学、暨南大学、交通大学任教，与丘汉平创办民权律师团，从事律师业务。1932年8月任厦门大学法学院教授。1933年兼任法律系主任。后赴马来西亚。1960年出任新加坡南洋大学商学院院长。参见王伟：《中国近代留洋法学博士考（1905—1950）》，第87页。
[38] 傅文楷：《罗马法永佃权之研究》，载《法学季刊》（上海）1925年第2卷第6期。
[39] 周一煊、周莉华、周芝华：《怀念我们的父亲》，载安徽省法学会编：《周枏与罗马法研究》，安徽人民出版社2010年版，第198页。

"时效制度"和"共同海损"规则,这是他第一次接触到罗马法的内容。[40]

1927年,周枏20岁。校董事会推举胡适先生来校接任校长。是年,傅文楷等人在上海《法学季刊》发表了一篇题为《罗马十二表法之研究》的论文。[41]

1928年,周枏21岁。出于节省学费考虑,他提前一年修满课程学分,并获得留学机会。可是按新校规住校不满年限不能拿到毕业证。周枏为此去校长办公室找胡适。校规与情理发生冲突,胡适查看其优异的成绩单后,睿智变通,建议他留校工作,待满一年就解决毕业证书问题。可是周枏不同意。胡适校长敏思果敢,当场磨墨铺纸,为周枏写就证明书。8月,周枏自上海坐货轮赴比利时留学。经过40多天航行,到达法国马赛,再从马赛乘火车经巴黎和布鲁塞尔,到达鲁汶,经人介绍入读语言学校。[42] 是年,上海两所大学开设罗马法课:上海暨南大学法律系开设罗马法课程,为4学分;[43] 持志大学由巴黎大学国际法博士徐传保讲授罗马法课。[44]

1929年,周枏22岁,是年秋天从语言学校转回鲁汶大学,学习商科,下半年因战争断了邮路,家里的汇款无法到达,生活陷入绝境,靠打工糊口。他偶然认识了陆徵祥,得到其帮助做了一位教徒的家庭教师。[45] 此时中国宜兴留学生路式导[46]正在鲁汶大学开始攻读罗马法博士学位。

---

[40] 周一煊、周莉华、周芝华:《怀念我们的父亲》,载安徽省法学会编:《周枏与罗马法研究》,第199页。
[41] 子模、知行:《罗马十二表法之研究》(连载),载《法学季刊》(上海)1926年第3卷第1期。
[42] 周一煊、周莉华、周芝华:《怀念我们的父亲》,载安徽省法学会编:《周枏与罗马法研究》,第199—203页。
[43] 《法律系教授方案:罗马法用 Sohm's Institute of Roman Law 为课本》,载《暨南周刊》1928年第2卷第4期。
[44] 《徐传保博士:罗马法教授(照片)》,载《持志年刊》1928年第3期。
[45] 周一煊、周莉华、周芝华:《怀念我们的父亲》,载安徽省法学会编:《周枏与罗马法研究》,第206页。
[46] 路式导(1903—?),江苏宜兴人,早年获持志大学文学士学位,1928年赴比利时留学,1932年获得鲁汶大学法学博士学位。回国后在上海任持志大学夜班罗马法教授,白天从事律师业务,一度发表法学论文。后曾任沪江公司经理。1937年1月筹办中法联谊会"社会科学组"筹备人。抗战后当选上海参议会议员,1947年登记为国大立委候选人,不久在审核中发现未经党部提名而被撤销候选资格。1949年离开大陆。

1930年，周枬23岁，在鲁汶大学法学院攻读政治外交专业。是年，留美回国的丘汉平连续发表罗马法文章。[47]

1931年，周枬24岁，7月在鲁汶大学获政治外交硕士学位，因成绩优秀，获得比国政府用庚款设置在鲁汶大学的奖学金，同年秋，以硕士生的资格插入鲁汶大学法学院三年级，学习《罗马法通论》课程，教授是比国罗马法权威第柏里埃（Dupriey），教授讲得很快、记不下来，周氏只好从高年级同学手中以低价买到打印的稿子。[48] 这时候，在鲁汶攻读罗马法博士的中国学生，有五年级的路式导[49]，四年级的陈朝璧[50]和徐直民[51]，还有三年级的徐铸[52]。是年3月，陈允与一位名叫"应时"的作者合著的《罗马法》在上海商务印书馆出版[53]（1931年首版，1935年列入"大学丛书"），但是，这位"应时"的身份不明。同年，黄右昌从政而离开了讲台。

1933年，周枬26岁，博四在读。是年，路式导已经在持志大学法律系任教授，讲授法语和罗马法。[54] 同年4月18日至20日在意大利召开国

---

[47] 丘汉平：《罗马法之渊源论》（上、下），载《法学季刊》（上海）1931年第4卷第7—8期。

[48] 周一煊、周莉华、周芝华：《怀念我们的父亲》，载安徽省法学会编：《周枬与罗马法研究》，第209页。

[49] 周枬：《我与罗马法》，载安徽省法学会编：《周枬与罗马法研究》，第6页。

[50] 陈朝璧（1905—1982），又名大白，江苏盐城上冈区（今射阳县）人。幼年随父攻读诗书，略通经史，曾在国立中央大学（南京大学前身）就学一年后获公费留学资助，于1929年考取比利时鲁文大学法学研究院，1932年获法学博士学位。回国后在持志大学法律系从教，1933年加入上海律师公会。抗战期间，随迁闽西江苏学院任教授，1942年起在厦门大学任法律系教授、系主任、教务长等职。1952年全国高校院系调整，改任厦门大学中文系教授。1976年退休，1979年参加复办厦门大学法律系工作。著有《罗马法原理》等，是我国罗马法的著名教授。

[51] 徐直民（1908—?），江苏阜宁人，1928年赴比利时鲁汶大学留学，学习罗马法，曾获中比庚款补助，1932年获鲁汶大学法学博士学位。回国后历任教授、教官、总教官、第十战区政治部第三组组长、省立江苏学院院长。1948年任河南大学教授，1949年去台湾。

[52] 徐铸（1903—?）字仲陶，安徽怀宁人。国立北平大学肄业。1931年赴比利时留学，与周同级，约1934年获法学博士学位。1935年回国，曾任朝阳学院讲师、民国学院教授，中央政治学校、广西大学、暨南大学等校教授。1951年任湖南大学法律系主任，后任中南政法学院教授。参见王伟：《中国近代留洋法学博士考（1905—1950）》，第310页。

[53] 周枬、路式导：《编著罗马法之缘起并告诸同学》，载安徽省法学会编：《周枬与罗马法研究》，第23页。

[54] 《路式导先生：法律系教授》，载《持志年刊》1933年第8期。

际罗马法学会会议,中国学者吴经熊接到邀请,但因忙于起草宪法无法分身,只寄了篇论文《罗马法与东方》,权当出席会议。⑤

1934年,周枏27岁,7月25日获鲁汶大学罗马法博士学位,11月乘船离开比利时,12月24日到达上海,寄住在师兄路式导律师家中。是年1月,王景岐⑯之子、从比利时布鲁塞尔大学留学回国的法学博士王遂徵⑰回到上海,入东吴大学法学院从事罗马法教学。⑱ 同年,王去非⑲在复旦《法轨》1934年第2期上发表《十二铜标法之正文》⑳,9月,王去非的《罗马法要义》在上海法学书局出版。

1935年,周枏28岁。他在持志学院讲授日班《罗马法》课,路式导白天执行律师业务,晚上在持志学院讲授夜班《罗马法》课。是年,周枏与路式导在比较了以前已经出版和发表的罗马法论著之后,商定由周负责编写罗马法讲义。㉑ 路式导律师业务繁忙,顾不上罗马法讲义的事。事实上,路博士后来为从商完全抛弃罗马法,经营沪江公司去了。是年9月,丘汉平在会文堂新记书局出版《罗马法》上册;9月,黄俊编译的《罗马

---

⑤ 《国际罗马法学会请吴经熊出席参加》,载《申报》1933年2月28日。
⑯ 王景岐(生卒年未详),号流星,福建闽县(今福州市区)人。清光绪二十六年(1900),赴法国研习政治,3年后回国任京汉铁路秘书。1908年留学法国,入巴黎政治大学,兼驻法使馆翻译。1910年毕业后,入英国牛津大学,专攻国际法。1912年回国从事外交工作,1920年任外交部参事,兼任北京大学中外条约史教授。1921年8月任驻比利时特命全权公使达八年,1928年兼国际联合会禁烟顾问委员会委员,1929年出席国际禁烟会议,在日内瓦之禁烟提案,各国应在殖民地放弃财政政策,租借地禁烟应由中国警察协助。嗣后于年底回国。1930年12月继易培基接任上海国立劳动大学校长,兼任中华国民拒毒会主席。1936年任条约委员会副委员长,同年任驻瑞典兼挪威公使,1939年4月辞任驻挪威公使。
⑰ 王遂徵(生卒年未详),福建闽县人,1921年赴比利时留学,入圣米歇尔学院(College St Michel),1934年1月获布鲁塞尔大学法学博士学位。回国后任律师、东吴大学法学院教授,讲授罗马法、劳动法、国际法和法文。1936年参加外交部举行的"岳军杯"网球赛夺冠。抗战期间发表有《空战中立国之法律地位》《远东所受之威胁》《国联盟约与巴黎和约之连带性》《法国新旧宪法比较观》等论文,能查到的最后发表文章是《在波兰的少数民族》,发表于《东方杂志》1939年第16期。
⑱ 《王景岐公子王遂徵学成返国》,载《申报》1934年1月9日。
⑲ 王去非(?—1942),湖南湘阴人,毕业于中国大学,在河南法政专校及河南中山大学任教10年,旋赴南京文化学院任教半年,后到上海,于上海法学院、法政学院、中国公学、持志大学、复旦大学、东吴法科等校任教凡7年。后历任开封地方法院首席检察官、九江地方法院推事、上海地方法院推事,最终于特区第一法院推事5年,坚持在报刊发表时论文章,孤岛时期辞职,陷于贫困,于1942年12月6日自缢而亡。
⑳ 王去非:《罗马十二铜标法之正文》,载《法轨》1934年第2期。
㉑ 周枏:《我与罗马法》,载安徽省法学会编:《周枏与罗马法研究》,第9页。

法》在世界书局出版。是年,李景禧在北京朝阳《法律评论》发表《罗马十二铜表法译注》。[62]

1936年,周枏29岁。周枏在路式导家客厅摆开阵势,以权威的一手资料和多种已有书籍为参考,用一年左右的时间完成了30万字的罗马法讲义,同时每完成一章即在持志学院打印成册,发给学生作教科书学习。[63]此书原约定由中华书局出版,王宠惠已为之作序,后因抗战开始而未能付梓。是年,丘汉平读到周枏在持志课堂上所发讲义,便在东吴发文《罗马法上几个问题商榷之一》,质疑周枏与路式导的观点。[64]次日周枏即撰写(与路式导共同署名)并发表了同名争鸣文章,长达11页。[65]当代有学者认为此文"充分反映出当时他对于罗马法把握与理解已经高人一筹"[66]。同年3月,丘汉平在上海会文堂出版《罗马法》下册。[67]

1937年,周枏30岁,与路式导合作发表了《罗马十二表法》,就十二表法之制定、十二表法之散佚与整理、十二表法之译文、十二表法之真伪四个问题,作了考证和阐述。[68]周枏在阅读了丘汉平的《罗马法》之后,于3月4日在《大公报》发表《〈罗马法〉书评》,[69]对已有相当地位的丘汉平提出若干商榷[70]。同年,中央大学法律系主任赵之远邀请周枏去任教,周欣然同意,可是中大因抗战内迁,周枏未加盟随去,而是接受李寿雍召唤去了长沙的湖南大学,讲授民法与商法。[71]是年,上海东吴大学法学院(兼任复旦大学)民商法教授金兰荪(?—1945)编著的《罗马法》在黎

---

[62] 李景禧:《罗马十二铜表法译注》,载《法律评论》(北京)1935年第13卷第1—2期、1936年第13卷第12期。
[63] 周枏:《我与罗马法》,载安徽省法学会编:《周枏与罗马法研究》,第9页。
[64] 丘汉平:《罗马法上几个问题商榷之一》,载《法学杂志》(上海)1936年第9卷第2期。
[65] 周枏、路式导:《罗马法上几个问题商榷之一》,载《中华法学杂志》1936年新编第1卷第3期。
[66] 米健:《读周枏先生〈罗马法原论〉札记》。
[67] 《丘著罗马法出版》,载《民报》1936年4月3日。
[68] 周枏、路式导:《罗马十二表法》,载《社会科学月报》1937年第1卷第2期。
[69] 周枏:《我与罗马法》,载安徽省法学会编:《周枏与罗马法研究》,第9页。
[70] 米健:《读周枏先生〈罗马法原论〉札记》。
[71] 周枏:《我与罗马法》,载安徽省法学会编:《周枏与罗马法研究》,第10页。

明书局出版;[72] 7月，陈朝璧在商务印书馆出版《罗马法原理》初版。

1939年，周枏32岁。他在湖南大学教授罗马法。36岁的丘汉平回福建改行从政，从此不再从事罗马法研究。

1940年，周枏33岁。他打算离开湖南大学，但他此时已成为各法律院校抢手的罗马法"宝贝"，中央大学、云南大学、广西大学纷纷邀请，最后去了内迁到武夷山的江苏大学任教。此时周枏功力见长，阅读了师兄陈朝璧的《罗马法原理》，周枏一看就知其主要内容的来源，直言不讳地说，这是翻译鲁汶高年级同学整理老师的讲义而成。[73]

1942年，周枏35岁。是年春，因日军进犯威胁武夷山，周枏离开江苏大学去福建长汀的厦门大学，担任法律系主任并教授罗马法和民法总论的课程。当时法律系只有三四两个年级共计仅6名学生，是法学院内学生人数最少的一个系。[74]但周枏讲课还是很认真，缺教材，他就请在桂林广西大学的老同学徐铸订购了包括丘、陈的罗马法著作在内的一批书籍，维持上课。同年9月，已是"钻石王老五"的周枏，与其原在湖南大学教过的1940届毕业生陈景明结婚。是年，丘汉平因公出差途经长汀，周枏邀请他来作讲座；陈朝璧于是年秋应聘来厦门大学任教，所以厦大罗马法有陈朝璧，还是与周枏分不开。是年12月早年罗马法研究者王去非自杀而逝。[75]

1945年，周枏38岁。抗战胜利，周枏结束四处漂泊的生活回到上海。

1946年，周枏39岁。暨南大学也陆续从福建建阳搬回上海。李寿雍转任暨大校长，大刀阔斧清理师资，把周枏聘入暨南大学兼任系主任。从此周氏在暨大和上海法政学院任教，讲授罗马法。周枏在不同学校以及不

---

[72] 徐国栋：《〈十二表法〉研究》，商务印书馆2019年版，第432页。
[73] 周枏：《我与罗马法》，载安徽省法学会编：《周枏与罗马法研究》，第9页。
[74] 1941年厦门大学法学院下属各系二三年级学生人数：政治系19人、经济系83人，以及大一未列入系科的41人。参见《三十年度国立厦门大学各科学生人数表》，载《厦大通讯》1942年第4卷第1—2期。
[75] 劳师：《王去非小传》，载《社会日报》1943年6月14—15日。

同学期的讲课内容，都尽量避免重复。他说这是为更全面、系统、深入地研究罗马法。[76] 当时的暨南大学汇集了周枏、徐铸两位罗马法专任教授。是年，路式导开始参政，成为上海市参议会的议员。[77] 陈朝璧从事行政，担任厦门大学教务长。[78]

1947年，周枏40岁。是年春，受路式导之邀，周枏与之合作在上海开办勉中律师事务所，开始兼职执业律师。在1948年1月国民大会选举中，路式导原为立法委员的区域候选人，但他被发现未经党部提名，被依法取消候选人资格。[79]

1949年，周枏42岁。新学期到了，周枏没有像往常那样接到暨南大学聘书。最后只得到暨南大学的一纸"证明书"，证明周枏"于一九四六年八月起至一九四九年七月止任本校法学院法律系教授（讲授民法总则商事法罗马法法学结论等课程）兼任法律系主任并自一九四八年八月至一九四九年七月止任法学院院长月薪陆百二十元。"旧法废除了，旧法院校陆续撤销了，暨南大学撤销了，周枏失业了。上海法政大学"三八级毕业纪念册"上，印着教务主任兼政治系主任路式导的照片和名字，[80] 但路式导已不知去向。

二、学人更替

常态下总是人才辈出，后浪拍前浪。可是近现代中国，时代像大浪淘沙，席卷残云。如果要了解周枏在罗马法领域的地位，我们再来回顾一下中国罗马法学者以及他们的行踪吧。

---

[76] 周枏：《我与罗马法》，载安徽省法学会编：《周枏与罗马法研究》，第11页。

[77] 路式导：《上海市参议会之页：对于上海市参议会之期望》，载《中国国民》（上海）1946年第1卷第2期。

[78] 《谢教务长请辞兼职照准，遗缺聘请陈朝璧教授代理》，载《厦大校刊》1946年第6期。

[79] 《国民大会代表、立法院立法委员上海市选举事务所公告沪选（三七）字第三九九号》："为查本所签署登记之立委候选人路式导未经国民党上海市党部提名依法应予撤消登记公告周知由"，载《上海市政府公报》1948年第8卷第5期。

[80] 《现任教职员：教务主任兼政治系主任：路式导先生（照片）》，载《法政学院三十八年级毕业纪念刊》1949年纪念刊。

从日本学习罗马法回国的黄右昌,无疑是中国罗马法研究的先驱,可是他毕竟不是留学欧洲的。黄右昌 1931 年起从政,向北大蒋梦麟校长请假,称"现因立法院电催甚急,拟请自民国二十年起,准假一年,以便留得余暇,从容整理讲稿,继续供他日之用",他还辞去了《北大社会科学季刊》的编辑主任工作,"今则离平在即,远难兼顾,拟请先行另聘本刊编辑主任"。[81] 名义上是去立法院工作一年,实际上一去不复返,从此北大法律系少了一位罗马法顶梁柱。

陈允是留日的。与他合作写罗马法书的应时,即应溥泉[82],是留学德国的欧洲海归,这是多么珍稀的大陆法学者。程波教授细致考证了应时的生平,其中提到应时第二次游学回国任教于浙江公立法政专门学校的时间是 1922 年。[83] 这个时间判断是符合事实的。现查明相关佐证材料:1923 年 6 月,正在杭州休闲的胡适,与应时博士和他的夫人、女儿 Alice、儿子 Victor 见面;10 月 5 日离开杭州前,"到法院街养和里访应溥泉夫妇"。[84] 1923 年应时在《浙江公立法政专门学校季刊》上发表《罗马十二表法之概略》[85];1923 年在浙江省立商校发表演讲称"留欧有年,目睹欧战后各国经济之日趋困难"[86],同年又作演讲,称"海外乍归,寄迹武林,忽逢旧雨,承延宴席……",由此引到国人饮食浪费的习惯,进行反思,建议改

---

[81] 《函牍:黄右昌教授致蒋校长函》,载《北大日刊》1931 年第 2542 期。

[82] 应溥泉(1886—约 1943),名时,字溥泉,浙江吴兴人,从小父母双亡,靠奖学金在南洋公学完成学业。1907 年末赴英国伯明翰大学选修理科,因病停学,继进修德文,接触德国诗歌,爱上诗歌。1911 年 3 月从德国回到上海与章肃结婚,出席婚礼有王一亭、戴传贤。1914 年出版中德对照的《德诗汉译》。之后再赴德国留学,于 1922 年春回国,先在浙江公立法政专门学校任教务长,讲授罗马法。曾先后任职兼任教于修订法律馆副总裁、外交部条约研究委员会顾问、法权讨论会顾问、东吴大学法学院教授、中国公学教授、上海地方法院推事,后担任安徽高等师范学堂教务长、重庆中央政治学校。受胡适、李大钊等尊重,20 世纪 20 年代初起二人有交读。1939 年《德诗汉译》再版,约 1942—1943 年间在重庆逝世。以上参考程波:《近代中国有罗马法教育的开创:从陈允、应时的〈罗马法〉说起》。

[83] 程波:《近代中国罗马法教育的开创:从陈允、应时的〈罗马法〉说起》。

[84] 胡适 1923 年 6 月《山中杂记》,载曹伯言整理:《胡适日记全编》(1923—1927,第 4 册),第 64、103 页。

[85] 应时:《罗马十二表法之概略》(一),载《浙江公立法政专门学校季刊》1923 年第 8 月期。

[86] 《应溥泉博士在浙江省立商校之合作演讲》(王延福、夏鹏年记录),载《浙江公立法政专门学校季刊》1923 年第 8 月期。

良宴会习俗。[87] 应时后续的行迹尚有不明之处，现在此作些补充。1928 年应时发表《世界民法编纂史略》论文。[88] 遗憾的是回国后的应时没有坚持从学从教——他也从政去了。证据是 1930 年应时发表的《特许法草案》，据编者按称："本法草案，系应时先生曩日供职修订法律馆时所编。迨国民政府统一南北，该馆旋废，而本法亦未采用。近立法院急欲编竣各项法律，以应社会需要。闻先生曾草本法，特专函索取，拟即以此为蓝本，重加修改，以便颁布。"此草案完成于 1927 年 1 月 12 日，[89] 由此可知，应时于 1928 年之前曾从事修订法律馆的工作。1929 年应时已经在上海临时法院民庭推事从事审判工作，[90] 有两份 1931 年 8 月 18 日及 9 月 4 日的上海第二特区法院致上海会计师公会的复函，署名"院长应时"[91]。1937 年，应时担任冀察政务委员会法制委员会专门委员。[92] 1938 年他在东吴《法学杂志》发表《民法第一〇〇一条但书之检讨》，从文章可知，他仍住在上海，这期间他经历了什么？他在文章开头说：

> 非常时期，闲居孤岛，寒来暑往，年复一年；和平之期，似犹窎远，坐吃山空，固可忧虑，赋闲日久，尤觉无聊；友人过从，互诉窘况，坚劝执行律师职务，籍遣愁闷，守株待兔，计亦良得，姑从其议，旁门小试，时局如斯，律业清淡，予非健者，讵能独盛，事务所收支且难相抵，乌能酌盈赡家，其所以勉强支持未告停歇者，精神更为颓废。九月闻上海法政学院忽命担任法律系主任兼比较民法讲座，

---

[87] 应时：《改良宴会刍言》，载《浙江公立法政专门学校季刊》1923 年第 8 期。

[88] 应时：《世界民法编纂史略》（未完），载《法科丛刊》1928 年第 1 期。

[89] 应时：《特许法草案》，载《法学季刊》（上海）1930 年第 4 卷第 5 期。

[90] 《推事应时判例：买卖契约非要式行为无论口头或书状俱得成立：上海租界临时法院民事判决（十六年皮字第六五一号）》，载《法学季刊》（上海）1929 年第 4 卷第 2 期。

[91] 《江苏上海第二特区地方法院覆函》，载《上海会计师公会会刊》1931 年第 16 期。《江苏上海第二特区地方法院应时第七三号公函》，载《上海会计师公会会刊》1931 年第 17 期。

[92] 《冀察政务委员会指令：秘字第一〇三一八号（二十六年六月廿四日）》："令法制委员会专门委员应溥泉更名溥泉呈请备案另发委状由"，载《冀察政务委员会公报》1937 年第 147 期。

但予对于此调不弹已久矣。深惧弗克胜任,顾处境若此,奚容多虑,惟有善自振奋,重作冯妇。(曩在上海第一特区地方法院庭长及第二特区地方法院院长任内曾兼东吴大学法学院、震旦大学法学院、上海法政学院等校教课)嗣又忆及东吴大学法学院向以比较法律学校标榜,应设比较民法一科,予偶尔提议,竟蒙该校当局不弃,即命讲此一科,昨特征文于予,以充法学杂志篇幅……[93]

这段自述验证了我们对应时在抗战前后经历的许多推测。后来很可能是日伪统治下,应时在上海待不下去了,才迁往重庆,任教于中央政治大学。时任法律系主任的梅仲协教授罗马法,用的教材是德文版,[94]这正好是法律系学生谢怀栻在读期间(1938 年至 1942 年)。因此,中国民法学的薪火从梅仲协、应溥泉至谢怀栻,有着薪火传承关系。

至于留美的丘汉平,研究罗马法缺了点学术"正统性",1939 年就退出学界。丘的老同学傅文楷后来离开厦门大学,可能是因日本入侵而去了南洋。那么,留学欧洲的海归呢?近代赴欧洲的中国留学生,留法的 106 篇博士论文选题中没有一篇罗马法论文,留德的 13 篇博士论文中也没有选作罗马法的,而留学意大利的法学博士只有个位数,又恰恰没有一个学罗马法的。[95]这些留欧的法科博士,研究题目基本以宪法行政法、国际法、民商法、刑法为主,尤其偏好结合中国法背景来做博士论文。一些大学开不了罗马法课,只好请留欧的法科海归兼开罗马法课,比如 1926 年的巴黎大学法学博士徐传保,在法国学的是国际公法。[96]再比如费青(参见专篇)也兼授罗马法课。

所以,罗马法的文脉大致可归到比利时鲁汶大学这一脉的法科留学

---

[93] 应时:《民法第一〇〇一条但书之检讨》,载《法学杂志》(上海)1938 年第 10 卷第 4—5 期。

[94] 谢怀栻 1998 年在梅仲协《民法要义》的序中的回忆。参见梅仲协:《民法要义》谢序,中国政法大学出版社 1998 年版。

[95] 王伟:《中国近代留洋法学博士考(1905—1950)》,第 293—298、331—334 页。

[96] 王伟:《中国近代留洋法学博士考(1905—1950)》,第 209 页。

生。在路式导之前,有朱鹤翔、赵谦、刘之谋、方正、杨琦[97]等法科博士,但都不专习罗马法。因此从路式导开始,徐直民、陈朝璧、周枏、宋玉生、徐铸以及1934年1月从比利时毕业的王遂徽,是专攻过罗马法的,算是有希望成为罗马法在中国的传人的。可是学罗马法回国的人,为维持生计,要么改行,要么只能从事法科教育,当律师也很勉强。徐直民从政,宋玉生当军校教官,这批鲁汶的海归博士也只剩上海的周枏、王遂徽和厦门的陈朝璧三位在当罗马法教授了。王遂徽在东吴兼授国际法、法国民法和法文课,发表的论文很少,仅有的也大体是关于中立国、远东问题、国联盟约与巴黎和约等国际法问题的。

1949年,周枏得不到暨南大学的聘用,处于失业状态,而路式导已经失踪。12月,周枏赴北京参加新法研究院学习。至此,罗马法学最有希望的"鲁汶系"只剩下上海的周枏和厦门的陈朝璧。

50年代,随着批判否定旧法运动开始,学术研究以阶级分析方法切入,证明罗马法的奴隶制性质及其专制主义特征;强调社会主义没有私法,只有公法。和国际法在新中国派上用场不同,罗马法没有实用价值。因此,罗马法这颗种子在中国荒废了半个世纪,经历了长达半世纪的沉寂。1951年,45岁的周枏从新法研究院结束学习,等待工作分配。经其在北京新认识的同乡陶希晋向最高法院西南分院推荐,周枏3月去了重庆,随后全家迁到重庆。1952年全国性院校调整,政法院校或合并或撤销。1953年陈朝璧因厦大停办法科,转入中文系教中国古典文学史。

1958年,周枏51岁。听说"青海有法学可教",耿直而倔强的周枏便选择了青海。满怀着对法学教育的真挚热忱,于9月到达西宁。他在青海师范学院图书馆工作了18年。周枏"为人豁达,对发生的坎坷想得开,能处之泰然"[98]。1965年,周枏妻子陈景明于9月病逝。十年运动期间,

---

[97] 王伟:《中国近代留洋法学博士考(1905—1950)》,第303—307页。
[98] 周一煊、周莉华、周芝华:《怀念我们的父亲》,载安徽省法学会编:《周枏与罗马法研究》,第253—254页。

周枏把30万字的罗马法书稿混进旧鞋堆里，藏在麻袋中，躲过了劫难。[99] 惊恐过后，他才喘口气淡定回来。那么后来他的罗马法书稿藏到哪里去了呢？他随身带到了青海农村，这部代表彼时中国最高水平的罗马法名著之书稿，就这样被塞进臭鞋麻袋，藏身于西北农村。

1976年，年近70的周枏在朋友帮助下，返回22年未归的上海，与黄友瑜女士结婚。1978年，中国大地迎来了久违的春天，这一年周枏满70岁。同年，北大、吉大和西南政法学院首批恢复法科招生。西政聘请他赴重庆，因此他开始在西南政法学院讲授罗马法。此后周枏在陆续恢复法学教育和研究的华东政法学院、安徽大学和上海法学研究所，讲授罗马法。这一年，罗马法的种子在中国复苏，重新发芽。1978年北京大学沈宗灵发表了《略论罗马法的发展及其历史影响》，[100] 但此文不是刊在法学刊物，而是在《历史研究》上。1979年，75岁高龄的陈朝璧发表了《罗马法的历史地位和借鉴作用》。[101] 1981年，陈朝璧又提出罗马法的可继承性，[102] 这是他生前关于罗马法的最后一篇论文。陈朝璧1982年在厦门逝世。至此，罗马法的文脉只剩75岁的独苗——周枏了。他是艰难存活的罗马法唯一种子。

1980年8月，周枏与陈盛清教授一起来到安徽大学任教。周枏在课堂上溧阳口音浓重，学生回忆说他"讲课精当，条分缕析，深入浅出，口若悬河，滔滔不绝"。[103] 是的，从《罗马法原论》中就可以感受到这种精当、精细、精练、精确的风格。可是除了罗马法，他在生活中却是个没有特别兴趣爱好的人。在担任民法学教授期间，70多岁的周枏形成了一个讲稿，安徽大学法律系于1982年将它印出来供师生使用，成为《罗马法提要

---

[99] 周一煊、周莉华、周芝华：《怀念我们的父亲》，载安徽省法学会编：《周枏与罗马法研究》，第260页。

[100] 沈宗灵：《略论罗马法的发展及其历史影响》，载《历史研究》1978年第12期。

[101] 陈朝璧：《罗马法的历史地位和借鉴作用》，载《厦门大学学报》（哲学社会科学版）1979年第2期。

[102] 陈朝璧：《试论罗马法的可继承性》，载《法学研究》1981年第1期。

[103] 安徽省法学会编：《周枏与罗马法研究》，第223页。

（初稿）》。1983 年，他在《安徽大学学报》第 3 期发表《罗马〈十二表法〉》，包括一个《十二表法》全译本。1987 年，安徽大学将《罗马法》书稿报国家教委批准列入 1988—1992 年度哲学社会科学研究规划项目，定名为《罗马法原论》。安徽大学法律系主任汪汉卿为加快进程，还专门成立了五人工作小组来推进这项工作，并亲自担任组长。汪汉卿主任是这部经典名著的"催生婆"，是幕后英雄。

据周枏后人回忆，路式导博士在香港、台湾经商，一直对罗马法书稿很关心。改革开放后，他从海外回上海探亲，见到周枏主动问及罗马法书稿，当得知书稿经历劫难仍保存下来后非常高兴。路式导曾设法把《罗马法》书稿在海外出版，但未能成功。[104] 1990 年，82 岁的周枏从安徽大学退休。1992 年，他在《安徽大学学报》1992 年第 1 期发表《〈十二表法〉中"私犯"规定的研究》，被学界称为最具专业性。[105] 这一年，正是邓小平发表南方谈话，强调市场经济，必须大胆吸收和借鉴人类社会创造的一切文明成果。1994 年 6 月，《罗马法原论》印了 1500 册出版，不久就售罄，再印 8000 册。《罗马法原论》初稿成于 20 世纪 30 年代，80 年代以讲稿形式印成百余页的《罗马法提要（初稿）》，最后于 20 世纪 90 年代集中完成。可谓六十年磨一剑。而对照《罗马法提要（初稿）》与《罗马法原论》，你会发现结构差异不大，除了总论、人法、物权法、继承法、债法，只增加了诉讼法。可是《罗马法原论》的内容有大量的增加，达到 73.6 万字。其研究对象不只局限于某一部法律，而是选择《十二铜表法》至《国法大全》这一千余年间的罗马法律文献。

周枏与他同时代的罗马法学者相比，不只在留学国别和传承的正统性上存在优势。米健教授对周先生《罗马法原论》作过评论：文献丰富，治学严谨，表达通畅，体系全面。[106] 这是从此书的形式优势来讲。从内容上

---

[104] 周一煊、周莉华、周芝华：《怀念我们的父亲》，载安徽省法学会编：《周枏与罗马法研究》，第 214 页。
[105] 徐国栋：《〈十二表法〉研究》，第 403 页。
[106] 米健：《读周枏先生〈罗马法原论〉札记》。

米健也举例给予高度评价，比如"把握制度整体，洞察事物本质"，"敏锐深刻，勇于探讨"，澄清了不少被误读的问题，等等。[107] 因此，周枏被誉为"罗马法泰斗"，"罗马法活字典"。

1994年，86岁高龄的周枏出席北京"罗马法·中国法·民法法典化国际研讨会"，他思路清晰地说，《罗马法原论》"取材仅限于40年代以前，50年代以来，国外有关的专著就未阅读，不能吸取专家们新的研究成果，引为憾事"。[108] 周氏对自己的学问有清醒的认识，坦然地公开承认自己研究的缺陷。他对学问的真诚和敬畏，令人钦佩。2003年，他度过95岁生日。2004年4月《罗马法原论》第5次印刷，4月15日，周枏在安徽合肥逝世，享年96岁。

三、法理精髓

苏格兰传教士韦廉臣（Alexander Williamson，1829—1890）的《希利尼律例备考》1877年被翻译成中文，主要介绍希腊刑法。[109] 1879年，还是这位传教士韦廉臣，在中国发表了一篇文章《罗马与中国相合之处》。他说罗马风俗人情与中国相似：一是罗马"为西国之领袖"，其"所属之国虽执币不通、言不达要，皆以罗马为巨擘"；二是罗马既然属国多，则为人才聚会之区，授以官职；三是旁国之"服饰器用航海而至，席丰履厚"，导致奢靡生活；四是文人学士将上帝至尊地位"置诸不论不议之列"，导致"烧香还愿"者"拜偶像矫揉造作"，云云。韦廉臣的意图很显然，是为上帝信仰，而不是为罗马法律。[110] 实际上，罗马与中国的差异不是一般的大。中国至少有类似希腊的刑法典，却没有罗马那样的民法典。连韦廉臣自己向中国传播西方法律时，都先推希腊刑法，而

---

[107] 米健：《读周枏先生〈罗马法原论〉札记》。
[108] 参见周一煊、周莉华、周芝华：《怀念我们的父亲》，载安徽省法学会编：《周枏与罗马法研究》，第276—277页。
[109] 韦廉臣的一篇文章《希利尼律例备考》，讲述了希腊政治家的生平和立法，被翻译成中文。参见韦廉臣：《希利尼律例备考》，载《万国公报》1877年第459期。
[110] 韦廉臣：《罗马与中国相合之处》，载《万国公报》1879年第523期。

不谈罗马民法。

户水宽人在《罗马法研究之必要》中强调罗马法意义在于:"研究罗马法为比较法学之初基也","研究法律之历史,必不可不知罗马法","罗马法律学者持论不涉理想,专求实用,故能适合法理而为天下后世所称颂也"。[11] 这是他关于罗马法研究的三个必要性的观点,但还是不够透彻。罗马法对于中国有什么特殊意义?

1918年9月,蔡元培给黄右昌《罗马法》作序云:"西洋文明发源于希腊罗马。希腊之哲学及美术迄今不朽,而法学则不得不让诸罗马。何哉?希腊法家若德拉康、梭伦等类皆偏重刑法,而民法则未遑多及,惟罗马法家略于刑法而详于民法。故欧洲各国民法无不以罗马法为根据,蔚然成一法系焉。""借以求民法之原理,而应用于我国,其影响必非浅尟也。"蔡元培高屋建瓴地把罗马法放在西洋文明中来看,从私法文明来看。他还联系中国礼与法之别,"法者今之所谓刑法也,而今之所谓民法,则颇具于礼","战国以后,贵族平民之阶级既除,而民法遂无由以建设",[12] 此处蔡校长把"礼"作"民法"解,应是从功能意义上的理解。罗马法作为西洋文明,与东方文明或中华文明相比到底有何优势?

蔡元培对比希腊与罗马,提出了问题:为什么罗马能以法律胜出?恰巧王宠惠也为此书作序,无意中解答了蔡氏提出的问题,王序说:"罗马法古法也。世界学者至今研求不遗余力,非好古也,以其法理之精。德儒异夜林格(指耶林——引者注)谓罗马征服天下凡三次,第一次以兵力,第二次以宗教,第三次以法律。惟法律征服天下,最和平而长久。"[13] 王氏所谓"最和平而长久"作何解?耶林在这段原话中就指出罗马法"第三次与前面二次相比,具有精神的力量"。[14] 因为罗马法有"精神"的力量,所以才会有法律的"最和平而长久"的力量。那么,耶林或王宠惠所谓罗

---

[11]　〔日〕户水宽人:《罗马法研究之必要》。
[12]　蔡元培:《〈罗马法〉序一》,载《北京大学日刊》1918年第212期。
[13]　王宠惠:《〈罗马法〉序二》,载《北京大学日刊》1918年第212期。
[14]　李求轶、李硕芬:《罗马法在日本——大学·大家·思考》。

马法征服世界的"精神"是什么呢？

正如德国法学家维瑟尔（Uwe Wesel）所言，罗马《民法大全》是"融合希腊理性、基督教神启、罗马法三者为一体的一部法学理论大著，是罗马法的集大成，它包含了三大部分：即法理概要（Iustiniani Institutiones）、法学家们的文摘（又称《学说汇纂》，Didesta 或 Pandectae）及帝国政体的《法典》（Codex），将理性概念落实到法典之中"[⑬]。其中的希腊理性是指希腊人独具特色的理性自然法哲学观，"这正是科学精神最基本的因素"，再加上斯多噶派自然法思想的影响，为罗马万民法的出现铺平了道路。

众所周知，就中国历史和传统而言，缺乏自然法哲学、商品经济和私法文明。那么罗马法恰恰为我们提供了异域文明。法律承载着不同的文化，当我们阅读某部法律时，尽管读者有不同的解读，但读罗马《学说汇纂》毕竟不同于读莎翁《哈姆雷特》，因为法学比文学至少具有确定性。中国学者读罗马法也至少有数十种不同的角度和"读法"[⑯]。中外罗马法学者对罗马法的"读法"中，还有一些值得引起高度重视的独到解读。比如恩格斯于1886年发现，罗马法是"商品生产者社会的第一个世界性法律"[⑰]。罗马法是"商品经济关系的经典性规范"[⑱]，所以恩格斯说它"以致一切后来的法律都不能对它作任何实质性的修改"[⑲]。这是我们非常熟悉的论断。正因为看到罗马法的市场性，看到它与市场经济的关系，才解放了思想，让法制建设为改革开放保驾护航。因此1992年邓小平启动市场经济建设后，罗马法研究以及民法学乃至整个法学都得到了长足的进步和

[⑬] 〔德〕乌维·维瑟尔：《欧洲法律史——从古希腊到〈里斯本条约〉》，中央编译出版社2016年版，第63页。

[⑯] 徐国栋列举了中国学者对《十二铜表法》的66个关注点，就是不同的角度和"读法"。参见徐国栋：《〈十二表法〉研究》，第410—422页。

[⑰] 〔德〕恩格斯：《路德维希·费尔巴哈和德国古典哲学的终结》，载《马克思恩格斯选集》（第4卷），人民出版社2012年版，第259页。

[⑱] 周枏：《罗马法原论》，商务印书馆1994年版，第12页。

[⑲] 〔德〕恩格斯：《论封建制度的瓦解和民族国家的产生》，《马克思恩格斯全集》（第21卷），人民出版社2016年版，第454页。

发展。这是罗马法体现的市场精神。此外，还有一种更深层、更根本和更重要的精神，那就是逻辑精神。

德国思想家莱布尼茨早在1667年阅读了罗马法之后，认为"罗马法作为数学理性在法律实践中的投影，它的体系形态以及对演绎推论的仰仗，都不亚于几何学"（Nova methodus discendae docendaeque Jurisprudentiae）。[⑲] 他在《论组合术》中，就把罗马法学家盖尤斯在《法学阶梯》中对繁杂的罗马私法体系进行的系统和合理的梳理、归纳和排序，看作组合术的应用之一，比如委托以五种方式签约，那么在委托人、受委托人和第三人之间存在有7种组合数。[⑳] 莱布尼茨还把法学家处理特殊案例的模式作为组合术的应用，他说："排列案例的技术是建立在我们的组合学说基础之上的。因为正如法学在其他事情上类似于几何学一样，它们在具有元素和具有案例方面也类似。凡元素都是简单事物；在几何学中，其元素为图形，如一个三角形、一个圆等；在法学中，其元素为一个行为、一个允诺、一次销售等。……欧几里得写作了《几何原本》，而法的原理则囊括在《罗马民法大全》之中。"[㉑] 1680年，莱布尼茨在《推进科学的规划》中进一步论述了罗马法学家运用逻辑的精确性，他说："没有任何一个作家的写作方式比罗马法学学者的写作风格（他们作品的片段在《学说汇纂》中可以找到）与几何学家的写作风格更相仿。在根据确实是在它们之间建立起来的某个规则赋予它们以某种习惯或其他东西为基础的一些假设之后，我们钦佩这些法学家对逻辑的坚持和运用；他们以如此简单的规律和如此微妙的精确性进行推理，以至于即使在那些最具哲学思辨的问题上也让我们的哲学家蒙羞，这些问题往往是他们不得不予以处理的。因此哲学上声称不可能维持推理所必须的精确性是没有任何理由的。"[㉒] 早在

[⑲] 陈林林：《法律中的数学理性》，载《光明日报》2008年9月9日。
[⑳] 还比如，该著确立了罗马私法的三大中心：人、物、诉讼，围绕三者各自论述一系列基本问题。参见〔德〕莱布尼茨：《莱布尼茨逻辑学与语言哲学文集》，段德智译，商务印书馆2020年版，第63页。
[㉑] 〔德〕莱布尼茨：《莱布尼茨逻辑学与语言哲学文集》，第65—66页。
[㉒] 〔德〕莱布尼茨：《莱布尼茨逻辑学与语言哲学文集》，第390—391页。

1907年之前，日本学者即已发现德国哲学家"来播利智"（莱布尼茨）的这一论述，认为"罗马法持论不涉理想专求实用，故能适合法理而为天下后世所称颂也"，曰莱布尼茨"以数学比罗马法律以其原则与数学精理相似也"，"日本法学家亦谓研究罗马法足以启发法律思想而深究法律之原理也。吾故曰，欲深究学术的法律之原则者，必不可不知罗马法也"。[124]

商品交换的市场，讲究计算的逻辑。或者说，在逻辑与市场之间，有着天然的密切联系。罗马法适应市场经济的显著优势，恰恰在于"持论不涉理想，专求实用"（户水宽人语），注重逻辑关系，因而具有世界的普适性，正如数学和逻辑普适于人类一样。这就是所谓科学理性的品质。所以，德国19世纪中期形成的"潘德克顿学派"，以罗马《学说汇纂》作为超越实证的源头，以"形式—概念的、体系—建构的方法"，"从中抽出一般的法规则和法概念，并对之进行体系化，以科学方法尤其是体系思维来形成一种（现行的）共同私法之教学上无矛盾的实证体系"。[125]这个来自罗马法"学说汇纂"传统的学派，有三大原理：一是坚持"涵摄（归类）理论"，即演绎推理；二是倡导"法律体系逻辑完备的原理"；三是强调法律解释的"客观"解释。[126]

周枏在《罗马法原论》中设了一章专门讲罗马法的法律解释方法。这也是他对中国法律方法论的一个重要贡献，因为90年代的中国法学方法论意识仍然是很淡漠的，虽然80年代中期开始就有相关研究者，但大都是从立法和司法职权分工的层面而不是从方法论意义上着眼，直到90年代初才有法律方法论意义上的研究作品。[127]周枏首先列出了罗马的三种立法方法，即概括主义、例示主义和列举主义，这是罗马法解释的缘由和意义出发点，此外还有立法疏漏而未规定的内容，再加上社会的不断发展，

---

[124] 〔日〕户水宽人：《罗马法研究之必要》。
[125] 舒国滢：《法学的知识谱系》，商务印书馆2020年版，第935—936页。
[126] 舒国滢：《法学的知识谱系》，第960—961页。
[127] 比如，梁慧星：《法解释方法论的基本问题》，载《中外法学》1993年第1期；沈宗灵：《论法律解释》，载《中国法学》1993年第6期；等等。

新的法律关系的产生,因此法律解释成为必要。他又准确介绍了法律解释和学理解释,特别把后者分为文义解释和伦理解释两种,[128] 这为了解法律解释的历史提供了权威的讲解。

周枏在谈到学习罗马法意义的时候,讲到"法律注重形式主义",他认为法律是一门科学。[129] 他说原因其实就是罗马法把道德从法律中分离了,这使罗马法处于价值无涉的技术状态。比如,基于管教子女的责任和权利,中外父母均享有对子女的惩戒权,问题是子女可否反抗父母?中国是礼教之邦,数千年来都因一个"孝"字,而以道德来处理这类问题,故以道德中心主义的"礼法"来处理民事关系。直到1910年沈家本起草刑律时,才引发那场充满火药味的激辩。子女可否对来自尊亲的侵害行使正当防卫?法派与礼派为此激烈争辩之后才确立了子女的防卫权,更别奢求法律来确认子女对父母的起诉权了。可是千年以前的罗马法已经规定,经过长官允许,子女可以起诉自己的父母,后来大法官还授予子女以事实诉(actio in factum)。[130] 这种分离了道德之后的法律平等观念,又无疑与罗马的商品经济生活养成的科学理性有关。中华法系"以刑为主诸法合体",没有实定法意义上的民法(到1930年才有《民法典》),民法的功能以非成文的"礼"来代替。而罗马法系以民法为统领,以确定的私权规则体系来调整商品交换关系和人身关系。中华法系的刑律是以礼教道统来处理伦理化差序关系中的犯罪问题。中国法缺乏的正是罗马法的形式化(与道德内涵相分离)、平等观念、权利义务,乃至法律中蕴含的商业文明和人文精神等等。从这个意义上讲,罗马法或民法的东渐,象征着道德中心主义"礼法"根基的动摇。

关于罗马法中的逻辑及其理性,有学者发现罗马法中有斯多葛学派的影响,甚至断言罗马法学家是斯多葛哲学的追随者,也有学者从罗马法中

---

[128] 周枏:《罗马法原论》,第90—95页。
[129] 周枏:《罗马法原论》,第15页。
[130] 周枏:《罗马法原论》,第184页。

发现了斯多葛学派的术语,认为斯多葛主义对法律的形式和术语的影响绝不可忽视。[131] 例如,在"具体化"或"新形式"这一重大问题上,普鲁士学派继斯多葛学派之后,将形式视为包括所有这些基本属性,通过这些属性,一个事物成为它是什么,或者(换句话说)通过这些属性,一个明确的特征被印在其他不确定的事物上。现在,如果这个"物质"在自然界中被视为是一致的,那么很明显,制作者实际上是事物的创造者,因此普鲁士人完全一致地坚持认为,一个人用葡萄或者属于另一个人的金属制成的葡萄酒或花瓶属于制造者,而不是原始材料的所有者。另一个例子是,普鲁士学派关于成年应该被固定的学说,不是通过参考物理事实,而是通过参考"七年为期"——这是明显的斯多葛主义,该学派将人类生活划分为七年周期,其中前三个时期的标志为:(1)第二个牙齿终止;(2)青年;(3)长胡子。[132] 此外,罗马法上严格遵守不动产不得被盗的原则,也是从相应的逻辑中推出的。可见法律上的逻辑不是一种纯物理意义上的自然逻辑或自然理性(natural reason),而是基于常识和公理设计的逻辑,是一种人为逻辑或技术理性(artificial reason)。根据逻辑精神,形成了契约精神,由此形成产权意识、私权自治、诚信观念、归责原则等等,因而契约精神就是逻辑精神在民法中的具体实现。

逻辑精神之所以能促进道德与法律的分离,是通过有逻辑性的法律解释方法,进而促进价值观、常识、常情等融入法律解释方法的运用,因而保持罗马法与时俱进的稳定生命力。比如《十二铜表法》没有承认胎儿的继承能力,但乌尔比安在其《萨宾评注》第14卷(D. 38, 16, 3, 9)中解释说:早先的《十二铜表法》授予法定继承权给在母腹中的人,但以他活着出生为条件。再比如《十二铜表法》在监护人规定上只包括宗亲(如叔叔、伯伯),而没有规定血亲(如舅舅),但在查士丁尼皇帝公元531年

---

[131] Wolseley Emerton, "Stoic Terminology in Roman Law", *Law Quarterly Review*, Vol. 3, No. 1, 1887, p. 64.

[132] Wolseley Emerton, "Stoic Terminology in Roman Law", *Law Quarterly Review*, Vol. 3, No. 1, 1887, pp. 64-65.

的一个敕答（C.6, 58, 14, 6）中，承认外甥可以继承舅舅，以此为舅舅监护外甥创造了条件。[13] 所以，法律在解释中获得生命力和道德正当性，法律并没有排斥道德，反而促进了道德的进步。

这告诉我们，罗马法用逻辑方法，能够结合道德，并发现人类基于平常心、同理心和同情心的常识。在逻辑中注重常识，会产生怎样的效果？比如同样年龄的人，行为能力会有不同，对成年与未成年的年龄划分，在法律上一刀切规定合适吗？罗马法规定了统一的年龄界线，然后对特殊情况如精神病患者等，作特殊处理。这就是一种科学的形式理性，解决了道德或事实上的纠缠和纠结。比如，罗马法上对"私犯"（相当于今天的侵权责任法）的规定已经相当具有科学理性，而不拘泥于迂腐的泛道德化的考虑。各种对私人财产、人身的侵害，以"赎罪金"制度代替了过去的同态复仇，这是商品交换普遍以后的产物，是把道德从法律中分离出来的一种表现。但分离道德不等于排斥道德，而是以价值判断的方法论来代替漫无边界的道德衡量，这又使道德问题化作逻辑方法中的应有之义。根据逻辑推理建立的规则体系又十分细致精微，比如罗马大法官已经将"倒泼和投掷"的责任，"堆置或悬挂物体"的责任，"船东、旅馆业主和马厩商"的责任，均按无过失责任加以处理，目的是为维护公共安全，避免或减少损害发生。[14] 中国如今高楼林立，空中抛物问题（投掷、悬挂物）的责任，一直困扰中国民法学者和民事法官，我们今天也规定到《民法典》之中了。不只是法律规则，罗马法还有一些法律格言也体现了法律理性，比如"对同意者不构成损害"，这就是因契约精神中的"同意"而免责的原理，今天也进入我国，即《民法典》中的"自甘风险"规则。

西方法律文明能否移植到中国本土？能否在中国开花结果？牛津大学著名比较法学家 F. H. 劳森（F. H. Lawson, 1897—1983）论述了罗马法的理性主义和常识。他说："或许，罗马法对世界文明最伟大的贡献就在于，

---

[13] 徐国栋：《〈十二表法〉研究》，第344—345页。
[14] 周枏：《罗马法原论》，第804—806页。

它向世人表明,以不同民族及其不同发展阶段都能够接受的常识为基础,建立一套法律体系是完全可能的。人们常说自然法的困难在于它并不包含一些详尽具体的内容。但是,正如我们已经表明的那样,这方面正是罗马人通过一个相反的过程,通过赋予某些制度以丰富的常识性内涵并剔出法律中的非理性因素所取得的成就所在。另外,他们又把适用于一个小城邦市民的法律扩展到适用于巨大的帝国的所有居民,而不论培育这些居民的语言、文学或宗教如何。如果罗马法不变得理性化,它便不会成为地中海世界的共同法;如果确立法律基本特征的法学家没有感到将罗马法扩大到整个罗马帝国之必要,理性主义也就不可能如此强烈地呼唤他们了。"[13] 罗马法在欧洲的复兴,从本质上讲,它是罗马民法精神、知识与技术在欧洲的传播。劳森还说"罗马法是古罗马对西方文明做出的最伟大的贡献不仅如此,罗马法还经常被人们称为现代社会的主要支柱之一"。[14]

罗马法进入中国的意义,至少可以从两个角度来观察,一是作为西学知识的补课,二是作为思维方法的启蒙。从思维启迪或方法模式来看,传统中国法在法律实践上有两个天生的缺陷:一是缺乏民法传统,逻辑模糊不清的民事礼俗为文人式司法官提供了滥施裁量的空间,且长期无法形成具有确定性、可检验的法律方法。二是法律与道德混合不分,保守僵化的义利观给产权、商品生产与交换的法律带来障碍。而罗马法的逻辑性与市场性,对中国法的意义恰恰就在于形成他山之石的"对极"之优势。

最后笔者把思考简要归纳为四点:第一,罗马法在两个方面,与中国法古老传统形成"对极"的差异,一是逻辑,二是市场。在这两项的轴线上,中西差异恰恰构成"对极"的两端。当中国进入近代社会转型与变法之时,罗马法他山之石的意义就可想而知了。罗马法历经千余年,具有如此持久的生命力,根本就在于科学理性的品质,而这种品质恰恰就是逻辑

---

[13] 〔英〕F. H. 劳森:《罗马法对西方文明的贡献(上)》,黄炎译,载《比较法研究》1988年第2期。
[14] 〔英〕F. H. 劳森:《罗马法对西方文明的贡献(上)》。

与市场造就的。第二，在以前通过日本这个"中介"能间接地接触罗马法皮毛已是一桩幸事。而周枏和陈朝璧等中国罗马法学者，直接从罗马法的故乡把这西洋知识体系引入中国，并延续到新中国。不同时期民商立法、各种法律执业人士，无不从罗马法获得程度不同的知识滋养，由此，罗马法之重要意义可想而知。第三，周枏和他的罗马法学为什么到90年代中后期才被重视？因为中国直到此时才全面确立市场经济建设期，才有需要私法特别是民法的急迫感。周枏的《罗马法原论》，是中国经历一甲子而新鲜存活的一颗罗马法知识种子。因此，周枏是艰难存活的"罗马法种子"，成为新中国"罗马法泰斗"，是当之无愧的。第四，罗马法知识的种子到中国只有百余年历史，且经历了数度枯萎和重新发芽的周折，今天，我们在中国培植罗马法知识之树的同时，其讲逻辑、讲常理的深层精神还没有被完全挖掘和吸收，理性主义的文明光辉还没有在中国彻底焕发出来。因此，任重道远！

芮沐——法之中庸，正道与定理也

图 1　芮沐（1908—2011）

北大民法与经济法教授芮沐，无论从中国学术史还是新中国法科教育史都是有典型性的。从学术史来讲，他是相对较晚的留德海归，代表晚一辈法科知识人，专事学术，功底深厚，思考精深，理性中庸。从法科教育史来看，他是经历多个时期却有拓展新学科创造力的学者，他是新中国倡导经济法并开创经济法学科的第一人。

可是因时代机遇的原因，他命运多舛，一生遇到各种苦痛：早年家人被殴打致残，起诉却迟迟得不到赔偿；奉父母之命的婚姻，导致与原配离异；留欧苦得"真传"，回国却派不上用场；因支持学潮，受处分被迫离校；学术壮年时期遭遇战乱和运动；深谙"经济法"真谛，却被"大民法"打垮……对芮沐的了解，能够让我们更清晰地了解中国法学史的某种无奈和隐忧。

一、书生的时代苦痛

芮沐的人生经历，有不同于他同辈人的特殊苦痛。他回国后还没来得及喘气，就进入抗战时期，抗战结束后又进入大变局。所以，要成就这一代的学术大师，比之前的时代要难得多。

芮沐的出生时间和出生地，有过不同的记载。他自己在博士论文后记中写明：Ich wurde am 14. Juli 1907 in Ou-Hing, Provinz Tché-Kiang, China——"我于1907年7月14日出生在浙江省吴兴（今浙江湖州）"。① 目前大家都把他的出生时间确认为1908年7月14日。据他后来的回忆，父亲是从浙江吴兴乌镇来的，他本人出生在上海南翔。

父母为其取名为"敬先"，排行老三。父亲是纸商，从湖州到江西一带的造纸业者手里买纸品，再贩到城市，20年代在上海新北门外天主堂街（今四川南路新永安路至延安东路段）开设恒通纸号。② 敬先幼年随父母来到上海，有七兄弟一个妹妹。他们的童年在上海租界度过，曾转学到上海法国人办的教会学校 Sun-Fan-Szi Gymnasium（或可译为圣房记中学），③ 从小学习了英语和法语。1926年从中学毕业后，敬先选择到有法国教会背景的震旦大学文学法政科，学习文学和哲学，也是在震旦熟悉了法国和欧洲文化。

芮敬先上大学的时候，家里发生一件大事：二哥芮寿先，是通和银行职员，民国十六年（1927）6月，在租界某运动场被人殴伤，告到上海临时法院，经查明：被告谢律师是日在天文台路棒球场殴打搭球的小孩，原告见而不忍上前劝解，被告以木棍击断芮寿先的牙床骨，致医院救治后，数年卧床不起。行凶人为上海罗杰律师事务所的谢惠源律师，原籍美国，后恢复华籍。当年经一审判决罚金200元，二审判决徒刑三个月，但并未

---

① 芮沐：《论实证法与自然法的关系》德文后记，载《芮沐文集》，北京大学出版社2020年版，第45页。
② 《律师伤人案，芮寿先追三十年抚慰金与医药费，谢惠源亦不服》，载《时报》1929年10月5日。
③ 芮沐：《论实证法与自然法的关系》德文后记，载《芮沐文集》，第45页。

执行。拖了两三年，且原告芮寿先因医疗诊断为绝对不能恢复，芮家见公诉已完成，遂于 1929 年 2 月向法院提起抚慰金诉讼。被告谢某一直恃其跨籍美国，不奉执行，旋由交涉署将谢逮捕，因谢某在本国司法行政部有律师证书，系完全华籍，故不允美国领事之请求，押送地方法院监狱执行。④ 但是直到 1929 年 10 月，赔偿数额问题仍未有结果。⑤ 二哥的这个悲惨经历，成为他的动力⑥，使他开始确定自己未来的专业——他决心去学法律，将来要去留学。

就在二哥致残后，芮敬先奉父母之命，与王翠娥氏结婚。新婚年余，芮敬先于 1930 年夏从上海震旦大学毕业，获文学学士学位。不久便离开家人赴法国留学，入巴黎大学学习。这个时候，梅仲协已于 1928 年在巴黎大学攻读硕士学位，1931 年夏，王伯琦自费入读巴黎大学。1933 年，芮沐毕业获硕士学位。同年赴德国留学，入法兰克福大学攻读博士学位，芮敬先的德文名字为 King-Sien Joei，导师为佛睿慈·冯·黑佩尔（Frize von Hippel，1897—1991）。1935 年 6 月，他完成并通过博士学位论文《论实证法与自然法的关系》（Von Positivenrecht zu Naturrecht），⑦ 6 月 26 日，他以这篇法哲学论文，获得法兰克福大学法学博士学位。51 年后的 1986 年 8 月，法兰克福大学为芮沐（芮敬先）颁发了荣誉证书。

芮敬先五易寒暑，学成归国，于 1935 年 8 月抵沪。回到上海的工作情况不详，有资料谓"回国，任立法院专员"。⑧ 他有位法兰克福留学生

---

④ 《律师行凶打伤芮寿先，谢惠源改处徒刑》，载《时报》1929 年 2 月 13 日。
⑤ 《律师伤人案，芮寿先追三十年抚慰金与医药费，谢惠源亦不服》，载《时报》1929 年 10 月 5 日。
⑥ 据芮沐先生讲，在震旦大学读书时，他的二哥在街头见到有人打架，便好心上前劝阻，不料反被打伤，不幸致死。但凶手一直无法寻找，无处可告，最后只能不了了之。二哥之死给芮沐很大的刺激，使他萌生了学法律的想法。
⑦ 王伟：《中国近代留洋法学博士考（1905—1950）》，第 324—325 页。
⑧ 王伟：《中国近代留洋法学博士考（1905—1950）》，第 325 页。

同学叫江海潮[9]，晚他一年，攻宪法专业。江氏在德国认识了耶拿大学刑法女留学生陈蜀琼[10]，1937 年，陈氏亦获得博士学位，二人携手回国。江海潮 1936 年毕业时，就通过导师 F. 吉斯教授向中国外交部部长王宠惠和德国驻华大使推荐自己，于是得王宠惠和于右任的青睐，成为监察院于院长的简任秘书，为其提供宪法和国际法方面的咨询意见。[11] 然而，芮敬先似乎没有官场靠山，家中还有个早年奉父母之命结婚的妻子。他在南京工作，家却安在上海，生活不便。他的家室住在上海巨籁达路（今巨鹿路）宜夏邨 404 号，是他翁姑（芮敬先的姑姑）之住所。1936 年 1 月初，结婚已经 7 年的芮敬先与原配王翠娥，因感情问题，时生龃龉。王氏离家归宁（可能是南京人），后委托律师致函与芮交涉，并于 1 月 13 日登报警告芮道歉忏悔，称不明丈夫行踪，变成只与翁姑同居。王氏称"抱定从一而终的宗旨"，要求与丈夫同居生活。芮敬先阅报后也委托律师代表登报驳复。王氏最后具状上海特二法院民庭，经调解无效，正式进入诉讼。[12]

好在他埋头做学问，走出这段阴影。1936 年他连续撰写一组文章，开始以"芮沐"署名在国内发表文章和书评。目前所知，1936 年的四篇文章是：《法西斯主义对法律革新之贡献》（《明日之中国》1936 年第 1 卷第 1 期）、《司法院对行政法令之解释》（《明日之中国》1936 年第 1 卷第 2 期）、《中国法律教育问题几点》（《明日之中国》1936 年第 1 卷第 3

---

[9] 江海潮（1908—?），号瀛波，山东即墨人，出生于辽宁岫岩。1926 年至 1929 年在东北大学法学院读书，本科肄业，获张学良资助于 1929 年赴德国留学，入法兰克福大学法学院攻读宪法、国际法，师从 F. 吉斯教授和斯特禄普教授。1936 年毕业获得法学博士学位，同年在德国科学院国际法研究所从事研究，1937 年回国，到监察院在于右任身边担任简任秘书。曾任重庆大学商学院民法教授，中央政治学校法律系教授，复旦大学法学院比较法教授。1949 年后历任华东政法学院、上海社会科学院、上海财经学院、复旦大学国际政治系教授。
[10] 陈蜀琼（1910—?），女，福建福州人，生于四川成都。1928 年从燕京大学附属高级中学毕业，是赵萝蕤的高中同学，高中毕业即赴德国留学，入耶拿大学攻读刑法学博士，1937 年获博士学位。1937 年与丈夫江海潮一同回国，1938 年在南通学院任教。1949 年后继续从事教育，历任上海外国语学院、华东政法学院、上海社会科学院教员。
[11] 赵以仁：《江海潮对法学思想的拓展》，载《贵州文史丛刊》1989 年第 2 期。
[12] 1936 年春，芮敬先与原配王翠娥在上海离婚，麻烦到被对方"吵"上了报纸。参见《芮敬先留学回国忽与发妻龃龉》，载《申报》1936 年 2 月 6 日。另参见《少妇王翠娥不愿故挂名夫妻》，载《时事新报》（上海）1936 年 2 月 6 日。

期)以及书评 Le Droit Chinois par Jean Escarra (《中华法学杂志》1936 年新编第 1 卷第 4 期)。他关注司法解释、法律教育以及爱斯嘉拉的新作，从这些早期文章作点探究，大致可以了解他早年的学术兴趣和基本观念。从欧洲留学回国后，芮沐始终把学术触觉伸向国外学术最前沿。

值得一提的是芮沐的《法西斯主义对法律革新之贡献》[13] 一文，1936 年 5 月发表在南京的《明日之中国》半月刊，这可能是他在国内发表的处女作。今天看题目会觉得有违"政治正确性"。当时背景是，早在 1934 年 7 月，德国政府在一天之内颁布了两个强化垄断经济的法律，即《卡特尔变更法》和《强化卡特尔法》。虽然当时二战尚未爆发，法西斯主义的臭名尚未传播，但他敢冒风险写作此文，确实出人意料。从全文来看，涉及政治但他并非只谈政治，而是论述了法西斯主义于经济作用上的法律概念——行业组合原则，指"促进参加政治共同生活致经济界各职业的组织化和生命化"，尤以劳工法为典型代表，"行业组合乃统一组织国内生产力，并绝对代表其利益之机关，且经济利益本系国家利益，故工团组合当社为国家机关"[14]。究其内容实质，是论述行业自治团体与政府权力在经济中的权力分配的公平程度问题。这才是芮沐文章的主旨。他从经济角度看意大利法律的新趋势，我们不得不承认其问题意识和学术敏锐性。从这里，或许能看到他后来强调"经济法"的源头。

抗战开始后，芮沐较早离开上海，迁往重庆。1938 年至 1939 年，他在重庆的中央大学和中央政治学校从事法律教学，讲授"民法""外国民商法"和"国际私法"等课程，并在这些年都有论文发表。据说英俊帅气的芮沐热爱运动，打球、骑马、击剑，还和同事一起演中英文话剧，俨然是学生心中的"骑士"。[15] 他特别有语言天赋，懂多门外语，后来的学生称他"精于英、法、德等语言，亦通拉丁文、意大利文、俄文和日文"。[16]

---

[13] 芮沐：《法西斯主义对法律革新之贡献》，载《明日之中国》1936 年第 1 卷第 1 期。
[14] 芮沐：《法西斯主义对法律革新之贡献》。
[15] 《芮沐：103 岁的法学泰斗》，载微信公众号"北大出版社法律图书"，2016 年 11 月 28 日。
[16] 邵景春：《师恩如海》，载《北京大学学报》(哲学社会科学版) 2008 年第 4 期。

在重庆，芮沐结识了小他九岁的终身伴侣、金陵女子文理学院学生周佩仪。1940年，芮沐33岁生日这天，他与周佩仪喜结良缘。[17] 芮沐先生1966年9月21日亲笔写的关于家庭问题的交代手稿中有这样一段话是介绍夫人周佩仪的：

> 周佩仪家庭出身是工商业兼地主家庭。她本人高中毕业后，正是抗日战争时期，她跟随学校由长沙到达重庆之后，即和家庭失掉了经济联系。大学毕业前结婚。毕业后曾作过学校会计工作和教书，但为时不久，主要是依靠爱人薪金生活。[18]

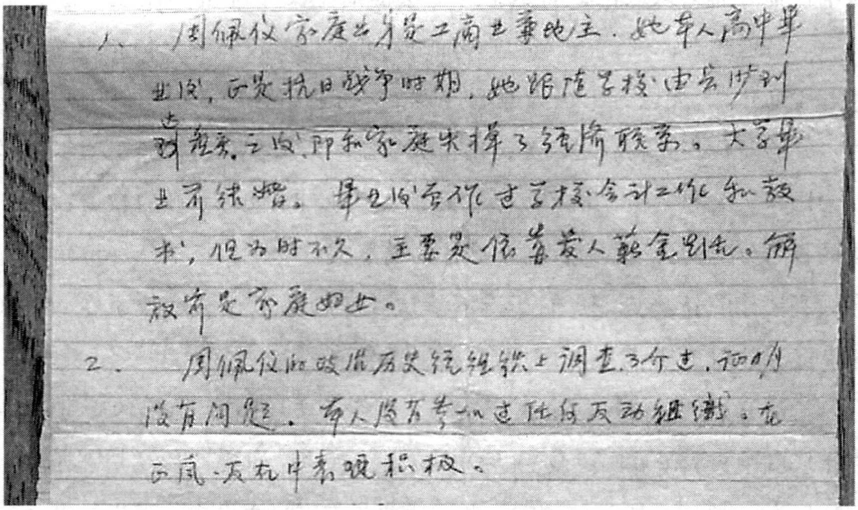
1、周佩仪家庭出身是工商业兼地主。她本人高中毕业后，正是抗日战争时期，她跟随学校由长沙到达重庆之后，即和家庭失掉了经济联系。大学毕业前结婚。毕业后曾作过学校会计工作和教书，但为时不久，主要是依靠爱人薪金生活。解放前是家庭妇女。

2、周佩仪的政治历史经组织上调查过，证明没有问题。本人没有参加过任何反动组织。在整风、反右中表现积极。

图2　芮沐1966年9月21日亲笔写的关于家庭问题的交代手稿（然否斋藏）

据芮夫人后来回忆，正是他们1940年结婚这一年，芮沐因被人举报，而遭中央大学校方解聘，罪名为“包庇学生反动言论”。于是芮沐转到昆明，任教于西南联合大学法律系。因此也就有了“在重庆与永嘉梅仲协先

⑰《芮沐：103岁的法学泰斗》。

⑱ 摘录自芮沐先生1966年9月21日亲笔写的关于家庭问题的交代手稿，然否斋藏品。

生（中央政治学校教授）、在昆明与宜兴王伯琦先生（国立云南大学教授）相往还，盖三位先后在法国巴黎大学学习法律，其时皆为民法教授"[19]。

由于经济十分困难，他课余兼任律师，妻子周佩仪做绣花手帕等出卖。当时物价飞涨，依靠工薪维持生活的人们，生活非常困难。在昆明西南联合大学的许多教职员的眷属，做一些绣花手帕、围巾之类卖给美国兵增加一些收入。在1944年到1945年4月份之间，"我也作绣花手帕等出卖，不时有些美国兵来买绣花"[20]。此时，芮沐与西南联大同事闻一多交好，得其镌刻阳篆"芮沐"一枚（参见图3），经历半个多世纪一直随身使用到晚年。这时，徐悲鸿也于1944年秋到达重庆，筹办中国美术学院。据费青学生袁文回忆，徐悲鸿从抗战后回到北平直到晚年，仍然与费青、芮沐保持密切交往。[21] 战乱时期是他们最艰苦的岁月，也是知识人惺惺相惜、苦中作乐的非常年代。芮沐在1937年至1943年间每年都有论文发表，可是从1944年开始至1948年没有发表一篇文章。除战乱之外，还有什么原因呢？

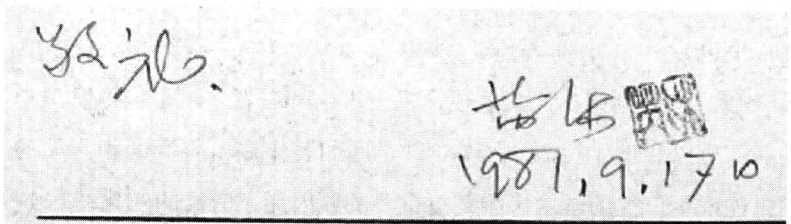

图3 芮沐印章（疑为闻一多为其镌刻的阳篆）

1945年4月，芮沐受邀赴美国佛罗里达州立大学法律系做访问学者，带着妻子和刚满1岁的儿子芮太初，离开了昆明到美国大学任教。[22] 芮沐

---

[19] 张谷：《名实之间忆芮翁》，载微信公众号"法律那些事儿"，2015年9月23日。
[20] 芮沐夫人周佩仪1957年7月17日写给组织的"交代材料"，然否斋藏品。
[21] "静静的白天鹅"的博客，载新浪博客，http://blog.sina.com.cn/s/blog_6297ed870102zbka.html，最后访问日期：2022年3月31日。
[22] 芮沐夫人周佩仪1957年7月17日写给组织的"交代材料"，然否斋藏品。

在美国还受哥伦比亚大学、纽约大学之邀，到两校任教。1947年夏天，芮沐只身一人先回到北平，在北大法律系任教授。时隔数月，芮夫人带着儿子在北大数学系教授许宝騄的帮助和陪同下，于1947年冬从美国回到国内，与芮沐团聚。

抗战八年间，芮沐完成了他的力作《民法法律行为理论之全部》，充分展示了他的法学理论与民法理论功底。张谷2001年从北大法学院借到芮先生的这本旧著，他历来评论谨慎，但这次忍不住说："披览之后，有如醍醐灌顶，石破天惊，立马对芮先生佩服得五体投地，惊为天人。"[23] 他认为这"是芮先生撮取法德民法之精粹，以旧中国民法总则编和债编为标的，从事理论构建和阐释的一部力作。该书起草于抗日战争之前，完成于抗战时期，曾经作为芮先生在西南联合大学时施教的教材"。"《民法法律行为理论之全部》也是生不逢时、命运多舛的一部作品。它面世之时，正值国民党统治后期，政府滥发金圆券，通货膨胀。人民朝不保夕，食不果腹，卖书唯恐不及，何谈买书？纸张贵，成本高，销售难，书商自不愿出版。幸有友人帮助，才由河北第一监狱印刷厂承印。"[24] 但此书正式出版却是1948年10月，足足延迟了三年。出版之后不到4个月，随着政权更替，旧法很快废止。"这部著作是1949年以前中国民法著述中的'绝响'。1949年以来大陆地区的民法著述，也无有出其右者。这是中国民法学者撰写的一部可以和世界对话的作品。"[25] "这部著作在出版后的相当长的历史时期未能发生广泛的学术影响，更重要的原因在于时局的变化。"[26] 这对于任何一个作者来讲，都是难堪的"痛点"。

时代总是捉弄人。在整个百年留洋法科博士中，1930年至1939年这十年里有220位留洋法科博士，占全部法科博士的49.77%，接近一半。

---

[23] 张谷：《名实之间忆芮翁》。
[24] 张谷：《芮沐先生民法学术思想简说》（在"北京大学法学院芮沐先生百岁华诞暨法学思想研讨会"上的发言），载《检察日报》2007年9月14日。
[25] 张谷：《名实之间忆芮翁》。
[26] 张谷：《芮沐先生民法学术思想简说》。

1940年为转折点，之后的10年中留洋法科博士突然下降。[27] 这应验了一句法谚："战争一开始，法律就沉默"（Inter arma silent Leges）。且这一半法科留洋博士的事业成功率，远不如之前的那几代人。从这个意义上讲，芮沐这一代法科知识人，已经是不幸的一代。

从1947年回国起，芮沐仍在北京大学法律系当教授，1949年后继续留任。1950年冬天，他去北京郊区参加土改，开始进入全新环境。为加强与苏联的交流，凭着语言天赋，他自学掌握了俄语。50年代他多次陪同最高法院副院长张志让出访苏联和东欧，成了张出访时身边不可缺少的人。院系调整后的1953年，因钱端升任院长的缘故，芮沐曾短暂担任北京政法学院法律系教授，1954年调回北大法律系。"从1955年至1976年这20多年时间里，先生从不满48岁到'文革'结束时的68岁，本应是学者一生中最出成果的时期，但那时国内高校的教学与研究工作几乎都中断了。"[28]

恢复法学教育后，法学教育迎来春天。1979年开始"经济法"被倡导，芮沐1979年至1983年任中国社会科学院法学研究所副所长，1980年6月，72岁的芮沐被批准入党。[29] 1985年，有从美国回来的青年教师向他建议，学习美国的法律资源库，他当即拍板，这就有了今天的"北大法宝"。20世纪80年代芮沐担任全国人大常委会法制委员会委员，90年代担任香港基本法起草委员会委员。2000年，92岁高龄的他仍在带博士生。这位法学大家，与法律结缘达81年，于2011年3月20日在北京逝世，享年103岁。

二、思辨的法律哲学

芮沐在他留德时的博士论文之篇首，引用了《中庸》的一句话：

---

[27] 王伟：《中国近代留洋法学博士考（1905—1950）》，第358—359页。
[28] 吴志攀：《恩师芮沐先生文集序》，载《芮沐文集》，第2页。
[29] 张琳、孙战龙：《芮沐：人瑞尽逍遥 牧法得真义》，载《北大名师》（"北京大学第二届蔡元培奖"获得者专辑），北京大学出版社2010年版。

> 不偏之谓中，不易之谓庸。中者，天下之正道。庸者，天下之定理。

这句话为什么引到此处？我们熟知的民法学家芮沐，在留德时的博士学位论文并不是民法学，而是法哲学。其题目为《论实证法与自然法的关系》。文章分三章，一是实证法，二是自然法，三是实证法与自然法的关系。他提出的问题是："我们的一般立场是否定自然法。但另一方面，我们又一次清楚地认识到，我们决不能纯粹历史性地建构实证法，而任由它无意识地自我发展；相反，我们必须让实证法不仅作为对已发生事实的解释，还要看到它当下状态下的展望性（zukunftsblick）。对实在法未来的展望的呼吁，在某种程度上将类似于自然法，使我们很难反对它。"

芮沐论述实证法与自然法的关系之独特视角在于他通过法律方法论的路径，以法官思维为切口。其论述大致可简化为三层意思：

其一，"实证法"有三种真实形式——立法、判决、习惯，他把三者统称为"规范性表达"。㉚ 他选择法官"判决"的权衡为切入口，来揭示他所提出的实证法的"展望性"——法官权衡（erwagungen）哪些因素呢？

他提出了五个权衡，即道德权衡、历史权衡、经济权衡、政治权衡以及法律或逻辑权衡，并认为这些"权衡"不是纯粹、单独出现的，而是同时化入一个整体。他还论述了五种权衡与普遍理性的交汇，"权衡只是一种观察方法规律性的改变"，历史权衡是对过去的观察，政治权衡是对未来的观察，经济、道德和逻辑权衡则是对当下的观察。"权衡与普遍理性交汇"，构成我们所谓人类的"普遍理性"（allgemeine Vernunft），称为理念。㉛ 论文第一部分努力证明"实证法的形成不过是一个有关普遍理性调

㉚ 芮沐：《论实证法与自然法的关系》，载《芮沐文集》，原文第9页，中译文第49页。
㉛ 芮沐：《论实证法与自然法的关系》，载《芮沐文集》，原文第22、24页，中译文第57—58页。

节功能的思想，或者以分析性的形式表达不同各类的文化的权衡"。

其二，他论证了"自然法亦化入普遍理性"。他认为没有人承认自然法作为永恒的完善系统来控制和批判实证法，恰恰只是鲜活的人在控制和批判实证法。㉜ 芮沐对自然法有两个基本看法，既认为自然法"亦化入普遍理性"，又对既有自然法观点有批判。其中后者是重点。他质疑的是现有的自然法学家，从人类原始的本能出发，假设本能的特征，这种人类本质是否值得作为理想状态看待？芮沐避开人性善恶"向好或向坏"的悬殊之途，从人性中间道路即"中性的"——人类品性在自我建构中是自由的，"人类理性是理念的最终流入的地方，是一个永恒的任务，一种持续的自我发展、自我塑造的思考"，他认为现有的自然法总是不进行一般性思考，而是个别性思考。他观点中的自然法理念不只是"习俗的理念"，而是一个包括文化习俗在内的"关系到普遍理性调节功能的理念"。因此"理性法"概念比自然法更恰当。这样，实证法与自然法就有了"统一以及同一"的可能。㉝

其三，他赞同"法官确实不知道他们在判决过程中到底使用了什么知识，因此归因于直观的方法"（卡多佐）。这种看似武断的判断，只有在我们了解到主观原因、客观原因、整个文化的精髓在此如此接近，它们几乎完全相同时，才能理解。换言之，这意味着法官只运用了他们最深刻的普遍理性（allgemeine Vernunft），即文化理性（die Kulturvernunft）。㉞ 芮沐讲到自然法"控制和批判"实证法的两种可能：一是建立更完善的规范——内容充实的规范系统，如法典形式，但至今没人承认；二是鲜活的人基于普遍理性而进行控制和批判——思考着的人类精神。他认为只有第二种可能是具有意义的。因此他把问题引向法律人的专业化思维方式，反思实证法，认为其"过于专业化于一种思维方式，这其实最明显不过地与专业化

㉜ 芮沐：《论实证法与自然法的关系》，载《芮沐文集》，中译文第58—61页。
㉝ 芮沐：《论实证法与自然法的关系》，载《芮沐文集》，中译文第58—63页。
㉞ 芮沐：《论实证法与自然法的关系》，载《芮沐文集》，中译文第70页。

背道而驰。人们停留于一个狭窄的、人为制造的语言领域并以演绎法行事"。他认为"法律的理性不过是文化理性本身事实的和历史的实在化表现","法官不过是使用了他们最深刻的普遍理性,即文化理性"。在此他要解决的问题是,实证法与自然法的矛盾,化入文化中,才有普遍理性的真实显现。[35]

吴经熊早在20年代开始就研究自然法,50年代写成《正义之源泉》。芮沐与吴经熊对自然法的论述的相同之处在于,都讲到"理性",都讲到自然法的不足。不同的是,芮氏在谈实证性与自然性的文化,而吴氏在超然的宗教框架内谈自然法。吴氏从阿奎那的理论中来解释这种"理性",把自然法与宗教意义上所谓完美的"永恒法"区别开来,进而认为自然法在普遍原理上天然分离了永恒法。[36] 吴经熊把自然法与宗教意义上的永恒法联系在一起来寻找其中的"理性",只有信仰上的意义。而芮沐则是把自然法与实证法联系在一起,来寻找他们相关联的要素——普遍理性,其直接把自然法理论与实证法上法官的法律方法相联系,因而具有实证意义。

要知道,芮沐写这篇博士论文时,二战尚未开始,而西方实证法与自然法三次大论战是到了二战后才开始的。芮沐这么早就注意到实证法学有过于狭窄的一面,同时也不赞成自然法学的空泛,并且他从法官判决的实证法思维中发现了具有"展望性"的"权衡",进而发现了法官"权衡"中所包含的普遍理性是一种文化理性。这就不难理解,为什么他在论文开头引用《中庸》的那句话了。往后再读他的文章,即使是批判性的时评,都可以发现他保持一种"中"(正道)和"庸"(定理)的追求。

"中者,天下之正道。庸者,天下之定理。"的确,法律的价值观和方法论,一直都在追求和权衡一个目标——中庸。失去中庸,就失去正道和定理。

对芮沐1936年及之后发表的三篇文章和一篇书评作点探究,大致可

---

[35] 芮沐:《论实证法与自然法的关系》,载《芮沐文集》,中译文第66—67页。
[36] 吴经熊:《正义之源泉》,第24—25页。

以了解他早年在法律方法论上的学术兴趣和基本观念。第一篇文章是《司法院对行政法令之解释》,此文是针对《司法院组织法》(1928 年 10 月颁布、11 月修订)第三条之规定作出的理论与应用分析。第三条规定是关于司法院的法律解释权的。芮沐就此作了现实、历史和理论上的分析,实为一篇法律解释的论文。第二篇是他 1937 年发表的《司法院解释例之检讨》,又是关于法律解释的论文。[37] 第三篇是《中国法律教育问题几点》,针对当时法律教育的四种现状提出自己的看法,最精彩的是他的结论,认为"法律是逻辑,法律是组织,是生活之规模,是生活之理解;法律是计划,法律是自范,法治者即使国家之生活逻辑化、组织化,使人的独断减至最低限度,而以理智预计之方针替代其统治,欲建立法治之基础,先必改善其教育"。[38] 这段话把法律的功能作了别出心裁的归纳,反映了他平时的深度思考和精练的语言能力。

接下来是一篇书评。1936 年 5 月,法国法学家让·爱斯嘉拉的《中国法》(*Le Droit Chinois*)在巴黎出版(由中国印刷,北平中国法文图书馆发行)。爱氏《中国法》对中国法律思想、立法、司法、法律教育等现行法律制度作了论述。芮沐是第一个介绍此书的中国学者,撰写了书评发表在《中华法学杂志》。芮沐评价说:"本书材料丰富,批评确当,文笔亦清润谨严",对其资料之翔实作了评价之后,感慨其特殊地位能够得到政府资料的便利。同时指出"外国人批评本国事物,有时固不免隔靴抓痒,但往往能以局外人地位具独到的见解,这是有裨于我们学问长进的"[39]。芮沐按自己的顺序介绍了该书的法律教育(原第四部分)、立法(原第二部分)、司法(原第三部分)和法律精神(原第一部分)。

就在这篇书评中,芮沐提到爱斯嘉拉的一个观点——不赞成民商事合一法典。芮沐说:"中国商人有其特殊的精神并阶级。中国形式上虽无商

---

[37] 芮沐:《司法院解释例之检讨》,载《中华法学杂志》1937 年新编第 1 卷第 5—6 期。
[38] 芮沐:《中国法律教育问题几点》,载《明日之中国》1936 年第 1 卷第 3 期。
[39] 芮沐:《书评 *Le Droit Chinois par Jean Escarra*》(让·爱斯嘉拉的《中国法》),载《中华法学杂志》1936 年新编第 1 卷第 4 期。

事法庭，但事实上中国商人仲裁判断的事自古已有。况且没有商事法庭，我们也不能就推论说不需要独立的商事法典，例如意大利就是没有商事法庭却有商事法典的。另外，许多特殊商事法规之存在也不能作为反对独立商事法典的理由。"[40] 另外，在关于中国法律思想的部分，芮沐十分详细地介绍了爱氏的一个观点——"中国法律的科学与技术"（指法律方法），也是本书的结论。芮沐指出爱氏这部分议论来自德国仇尼（F. Gény, 1861—1959，今译为惹尼）[41] 的 *Méthode d'interprétation*。惹尼把法律分为"原得"（Donne）[42] 和"外构"（Construit）。所谓"原得"就是社会一般的情状及其意识，这可以用科学方法探讨之。与"原得"对峙者"外构"的意思是在"原得"上面加以构造，使原始的规则经改革或柔化后得实行于社会间，这是讨论法律技术方面的问题。"外构"包括七方面的方法。[43] 爱斯嘉拉最后认为，中国在"原得"上做得很透彻，而在"外构"（方法）上虽经法家努力却收效甚微，"原得"得胜超过了"外构"。当时学界能够读懂爱斯嘉拉法语版《中国法》的人，估计不会太多。况且这本书的第一部分涉及惹尼法哲学问题，而中国学者中恐怕只有极少数人接触过惹尼，如吴经熊，芮沐书评中也谈到吴经熊的《法律哲学研究》。这说明芮沐认真读了，并且作出了一个判断，称之为"最精彩"部分。

这四篇涉及法律解释、法科教育以及法国法律方法理论，在内容上有

---

[40] 芮沐：《书评 *Le Droit Chinois par Jean Escarra*》（让·爱斯嘉拉的《中国法》）。

[41] 惹尼（F. Gény, 1861—1959），法国法学家，起初研究罗马法和民法，1890年至1900年任职第戎大学期间，结识萨莱耶，受其影响，研究重心在19世纪末转向法律方法论。1899年，出版第一部也是最重要的一部专著《实存私法上的解释方法与法源》（上、下卷）（*Méthode d'interprétation et sources en droit privé positif: Essai critique Tome 1-2*），对注释法学派的理论和解释方法进行了严厉批判。惹尼的思想被编入20世纪30年代出版的《现代法律理论》一书，在英美等国亦有重要影响，卡多佐、庞德等人皆从惹尼那里得到过很大启发。参见李倩：《弗朗索瓦·惹尼——法国法律方法的革新者》，载《法制日报》2020年5月20日。

[42] 惹尼所谓"原得"，可理解为法律精神的形成，据芮沐书评介绍分为四方面，物质"原得"、历史"原得"、唯理"原得"、理想"原得"。

[43] 惹尼所谓"外构"，可理解为法律形式、法律程序与法律方法，据芮沐书评介绍，有七方面的方法：其一，现实法形式上渊源之应用；其二，法律规则实质成分的简化手续；其三，形式主义；其四，范畴之应用；其五，以紧扣的逻辑分析概念及研究其运用，这就是"法意创建"（Construction Juridique）；其六，用名词及句法之方法使思想更稳固；其七，以虚构及制定的方法来克服事实上的困难。

某种内在联系，视角带有大陆法系的特点，且都与大陆法系的法律实践或理论相关联。同时，通过这四篇文章可以了解到，芮沐此时兴趣仍然保持在他博士阶段的法哲学和法律方法论，并且这一学术兴趣似乎一直保持到20世纪40年代末。

芮沐的留德经历和哲理思辨决定了他对法律方法论的重视，进而重视对法科学生的方法技能训练。1947年11月15日，他编辑的《比较法律方法的材料与案例》中有一篇英文前言，汇集了牛津大学法理学教授古德哈特（Arthur Lehman Goodhart, 1891—1978）的四篇论文，认为"古德哈特不仅将向学生展示英美法在本质上的复杂运作，还将向学生展示其作为一种技术体系的地位，以及与其他国家，尤其是大陆法系国家的司法操作相关的地位"。同时，考虑到还要从英美法法院学习如何在不同案例中创制规则，他又采用了帕特森（Edwin W. Patterson）的新书《法律方法》中的一整章。他说目的是"帮助学生获得独立和富有成效的思考技巧"。从芮沐最后致谢周炳琳院长的情况来看，这本书应该是北大法学院的教辅书。[44]

思辨的法哲学功底在他后来的民法学研究中有无作用呢？作于抗战时期的《民法法律行为理论之全部》书稿虽命运曲折，但真金不怕火炼，其学术价值经受了历史考验，终究还是在同行中得到认可。有人称赞"该书是讨本究原、明体达用的会通之作，是不泥陈说、独抒己见的佳作，并相信该书的出版对于学术浮夸、学术消沉，能够发挥救弊起衰的作用"[45]。张谷总结了芮先生这部力作的五大特点：一是以新方法治民法学，二是缘国法以构建民法学，三是以民法之所以为民法之理，统驭各种散在之素材，自成体系，四是以通晓语言文字学为治民法学的基础和首务，五是法度谨严，锦绣满篇。[46] 其中，除法律方法论运用的特点之外，尤其是第三个特

---

[44] Jouai Mo, Materials and Cases for Comparative Legal Method, 载《芮沐文集》，第217页。
[45] 张谷：《芮沐先生民法学术思想简说》。
[46] 张谷：《芮沐先生民法学术思想简说》。

点,"以民事法律关系的内容(权利义务责任)为经,以私法自治的工具——法律行为(包括意思表示、代理)为纬,以债的关系的生灭变化为重点,打通总则和债法,自成系统。"芮沐民法理论框架中的债编,成为他重构整个私法逻辑体系的中枢。"此编在手,钻研与财产权有关的其他私法领域,无不所向披靡。"[47]

1937年至1943年,芮沐每年都有论文发表,这是战争期间,西迁静思留下的痕迹。1944年至1947年,他没有正式论文,这是复员动荡留下的痕迹。阅读抗战期间芮沐的文章,其哲理思辨的深邃、精密都给我们留下深刻印象。西迁静思时期,芮沐的文章关注点在四个方面:一是司法问题,比如《司法院解释例之检讨》[48]《最近关于法院审级制度的讨论》[49]《司法界的人才供应问题》[50]《法权收回后几个司法立法上的技术问题》[51]。二是欧洲外交问题,比如《客观论与反玩具论的外交观》[52]《地中海之海军势力比较》[53]《德意志虎视下的捷克》[54]《法国政府的右倾》[55]《意大利之经济现状》[56]《凯末尔之死和土耳其的将来》[57]《德国要求殖民地的原因》[58]。三是宪法问题,如《宪政的基础及其实施》[59]《中国国籍法上可以商讨的几点》[60]《从法国宪法论及国民大会的常川设置机关问题》[61]。1941

---

[47] 张谷:《芮沐先生民法学术思想简说》。
[48] 芮沐:《司法院解释例之检讨》,载《中华法学杂志》1937年新编第1卷第5—6期。
[49] 芮沐:《最近关于法院审级制度的讨论》,连载《中央日报》(重庆)1939年2月27—28日。
[50] 芮沐:《司法界的人才供应问题》,载《星期评论》(重庆)1940年第6期。
[51] 芮沐:《法权收回后几个司法立法上的技术问题》,载《当代评论》1943年第3卷第9期。
[52] 芮沐:《客观论与反玩具论的外交观》,载《翻译与评论》1938年第2期。
[53] 芮沐:《地中海之海军势力比较》,载《翻译与评论》1938年第2期。
[54] 〔法〕阿孟哥、芮沐译:《德意志虎视下的捷克》,载《时事类编》1938年特刊第18—19期。
[55] 芮沐:《法国政府的右倾》,载《翻译与评论》1939年第3期。
[56] 芮沐:《意大利之经济现状》,载《外交研究》1939年第1卷第1期。
[57] 芮沐:《凯末尔之死和土耳其的将来》,载《翻译与评论》1939年第4期。
[58] 芮沐:《德国要求殖民地的原因》,载《外交研究》1939年第1卷第3—4期。
[59] 芮沐:《宪政的基础及其实施》,载《政治建设》1940年第2卷第3期。
[60] 芮沐:《中国国籍法上可以商讨的几点》,载《外交研究》1940年第2卷第4期。
[61] 芮沐:《从法国宪法论及国民大会的常川设置机关问题》,载《法学杂志》(上海)1940年第11卷第2期。

年《民主与集权的剖解》[62]。四是私法问题，如《占有概念之比较》[63]《非常时期的私法关系》[64]。

如此看来，芮沐在抗战期间只写了两篇民法或私法方面的文章。而事实上，我们可以倒过来想，这位留德的法哲学学者，能够从事民法私法研究是多么稀奇呢？芮先生理论功底之扎实，不是一般学者能比的。不仅如此，他还有更大的跨界——论述文化问题。

他不像那些能以诗寄情的法学家，但他偶尔也有自己的情绪流露和文化思考。读一读他1938年的《文化的奋斗》，可以看到法科知识人参与对抗战时期文化的反思，也能体会到芮沐在抗战时期专业文章中难得一露的情感。他认为谈论文化在战时与平时有不同，战时有明确的目的。那么芮沐此时谈文化的目的是什么呢？他认为要从选择一种与抗战精神相符合的文化，"我们所努力的还须要有奋斗的文化。我们今后不能面顺着消极的自由主义而行为，结果这必将等于反文化、反抗战"。这种文化是"有定向的奋斗，却仍与政治不同，并且还须与政治的实务严格地分割开来，使它们不相互掣肘"。那么，"为使它们不冲突，也只有一个办法，就是选择一个与抗战精神具同样精神的文化做我们奋斗的立场"[65]。

三、不惑之年的倾向

芮沐在进入不惑之年后，一度有过现实批判倾向。这恰恰发生在20世纪40年代后期。

1947年12月25日行宪前三日，政府颁布《戡乱时期危害国家紧急治罪条例》。当时，"反对戡乱就是反对政府"[66]。学术界谙然无言，更鲜有对此发表评论者。芮沐却毫不顾忌，于《观察》杂志1948年1月24日发

---

[62] 芮沐：《民主与集权的剖解》，载《沙磁文化》1941年第1卷第2期。
[63] 芮沐：《占有概念之比较》，载《国立武汉大学社会科学季刊》1937年第7卷第3期。
[64] 芮沐：《非常时期的私法关系》，载《时事类编》1938年特刊第15期。
[65] 芮沐：《文化的奋斗》，载《文化国际》1938年第1期。
[66] 《总动员可提早结束内乱反对戡乱即系反对政府》，载《前线日报》1947年7月8日。

表了看法。芮沐的文章是《行宪前夕的一个违宪之法：论〈戡乱时期危害国家紧急治罪条例〉》。他认为这条例把普通的罪型特殊化，把罪罚提高到最重刑罚的程度，"很容易流为溯及既往的法律；违反着刑法上的最基本的原理"。认为宪法上规定的"一切程序上的限制、人身权的保障，以及普通司法机关的提审权，就将被剥夺殆尽"。他以抨击的口气指责说，我们的宪法不应该只"排列出一串不准备切实保障的人民权利和自由的东西"，"贸然通过的这样一个违宪的法律，其矛盾突兀，出人意料"。"我们希望政府能早日废止。"⑥⑦ 这篇文章是他1947年从美国回国后的第一篇文章，显然一改过去学术上的委婉，有着批判性的火力。

继1月份的批判文章之后，1948年5月他在《中央日报周刊》上发表的《论大赦》成为这一期封面的首篇。⑥⑧ 1948年5月，他还发表了《政府怎样替"特种刑事法庭"辩护》，他说，特种刑事法庭不禁使人联想起中世纪的"圣庭"，接着他分析政府的借口或可有政治的与法律的两个，从政治上讲，他抓住戡乱条例中"意图妨害戡乱"来驳斥，以揣测"意图"行自由判断，认为这是实行警察政治，并公开点名孙科。从法律上讲，"宪法有它固有的逻辑"，"立法机关不应订立剥夺人权的立法"。⑥⑨ 这种基于宪法原理的技术性批判当然是很有力的。

《新路》周刊是中国社会经济研究会的刊物，主要对当时中国政治、外交、经济、社会各问题进行探讨，以期探索中国的前途，1948年5月在北平创刊，停刊于1948年12月。1948年7月31日，芮沐发表《大法官的解释权》，认为这是个良好的制度，但指出其弊端：宪法空洞，而大法官行使宪法解释权，"怎样能在许多政治暗潮之中维持其独立和高超"？也不能含糊地作他们八股文章，最困难的任务是如何去领导现实，在政治上

---

⑥⑦ 芮沐：《行宪前夕的一个违宪之法：论〈戡乱时期危害国家紧急治罪条例〉》，载《观察》1948年第3卷第22期。
⑥⑧ 芮沐：《论大赦》，载《中央日报周刊》1948年第4卷第7期。
⑥⑨ 芮沐：《政府怎样替"特种刑事法庭"辩护》，载《新路》1948年第1卷第3期。

作一个开明的前驱者呢?[70] 他发现这个问题不能只限于学术期刊，还应该被更广泛地传播，于是提前到 1948 年 7 月 29 日，在《中央日报》发表了《大法官》一文，给新设的"大法官"释宪制度泼点冷水。这代表着他学术介入政治议题的开始。他谈了以下几点：第一，评论宪法设立大法官制度的目的。他认为"司法是一部证实了的顽钝的机器。这机器需要修消调整，从事更新"。"中国当局不知利用现存的机器以促进政治，犹似社会不知利用现代的工具提高生活水平情形一般。""司法官有独立权力，这权力亦从无人积极加以摧残过，然而却始终未能利用权力发挥其特有的精神。司法界自弃其良好机会。"第二，揭示大法官的宪法解释权的特点。他认为这"实质上原是非分之百的一种立法"。宪法上抽象的规定均可由大法官解释，则必定天天增加而愈形繁复。但有一个大前提，即人们确有玩这种法律把戏的意思，"上下人等若俱有执行遵守的能力和意志，政治也即好办，大家就也有争取良法的需要"。这样，"法律始能形成一有意义的工具，大法官的解释也能成为有活力的利器"[71]。第三，提醒大法官的解释"千万不能认为是立法与行政的帮闲"。"在三权或五权彼此克制的理论下，行政立法司法固可共同合作，以底于成，但彼此也可能相互领导，作为牵制。"他提醒无论行政命令或立法决策，在超出宪理的范围时，大法官可予以纠正。"能否做到，则视其有否气魄与素养而定。因其措置比较具体，他们所发布的意见，结果也可能远较立法者为严重。……解释一具体提案，必须附以详细的理由，严格地讲，即连动机也应加以分析，录于纸上。法律的陈述且须有学理上的根据；来源出处，连理契合，承上接下，面面俱到。"芮沐这是揭示宪法解释的技术操作。第四，由释宪技术转而讲到释宪目的和法官素养问题，他说："但任务最困难的一面乃在如何配合现实，而领导现实，作一个政治的前进者。"他很清晰地指出释宪目的

---

[70] 芮沐：《大法官的解释权》，载《新路》1948 年第 1 卷第 12 期。
[71] 芮沐：《大法官》，载《中央日报》1948 年 7 月 29 日。

是引领政治进步。他结合中国现实说，不能再设置一些"八股法官"，做些重复宪法条文的解释。因此我们需要的大法官"非但要有学问见解，且须有独特的操守，大无畏的精神"。他说目前只有公布的人选名单，至于解释权范围与程序等重要问题，却迄无定论，如此，确定人选的意义就非常平凡了。第五，他分析中美大法官释宪的不同，认为中国的解释没有限于具体诉讼，任何人提问即可发动解释。如果这样，"大法官势将成为否决立法的裁判者"。第六，他指出，政府必须要明白否决权的道理，它是个巨大的权力，到底要还是不要大法官的否决权呢？芮沐非常冷静而机智地抛出这个问题，"政府必须事先严重地考虑大法官工作的范型，做一份事得先像一份事，否则在这动乱的时代，大法官实是'小事体'了"。

芮沐显然是在批评政府搞这个释宪制度考虑欠周，但他不像别的批判者那样激烈，而是很会拿捏分寸。他对政治问题看得比较明白，也从技术上很讲究分寸，不把话说死，颇有海派风格。他提出的是个四两拨千斤的质疑——政府做事先要掂量掂量，要"拎得清"啊！

如所周知，20世纪40年代末，知识界中间分子呈现极度分化。芮沐在1948年有一篇很有意思的文章，叫《开明自由的中路知识份子》。他议论的对象是那些没有党派立场的知识分子，芮沐这样描述他们："似觉有理想，但说不上理想该定于何所。大部分反对政府，但对于求进步之如何做法，却也模糊得很。"对于国共之战，芮沐分析说，"中间份子多数是主张和的，……少数认为政府干脆应该投降，让人家来干；这种人坦白率直……"他说也有其他种类的中间分子，如"希望政协一题的局面重复出现"，"有些则根本不知道替政府说话设法，抑是替另党说话设法"。芮沐认为这些人的心理都是"在贪图他们已享受了一辈子的习惯与生活"。他认为和谈只是谣言，"但战，或许对中国民族反而健康些"。"中间阵营者，只是一种态度，一种没有行动的阵线。"[72] 芮沐在这里明显表露出他自己的

---

[72] 芮沐：《开明自由的中路知识份子》，载《中建》（北平版）1948年第1卷第2期。

政治态度，至少他不赞成中间分子的观望，他对现状很不满意，希望通过战争来解决目前的惨状。从这篇文章，或许能解读出他没有去台湾而留在大陆的原因吧。

1949年1月，中共中央宣布废除六法全书。6月，他对废除六法发表了上下两篇连载文章，提出自己的看法。首先肯定废除六法，论述四个方面的理由，[73]然后承认六法"里面也还有许多渣滓和技术，至少在新民主主义的阶段里还是可以保留着应用的"。"过去六法的个别成分假如可以复现，这些成分必定是在完全崭新的面目下始能出现的。"[74]最后论述这个崭新的法律体系当有三个发展方向：一是马列主义与毛泽东思想结合，二是公私法界限逐渐消失，三是法学方法向辩证唯物史观改变。这篇文章的结构很严谨，观点也与时俱进。显然，凭他的理论功底，短期内就已经认真学习领会了新社会新理论新思想。其中也不乏自己的创见，比如讲到新民主主义的审判实务，"非但将是执法的，也将成为立法的沟渠"；"所谓大陆制度的成文法方法，必须由具体案件所产生的抽象原理来代替它，成文法典产生的副作用，就是那建筑于形式逻辑上的概念论，当然不能再用了"。[75]这一点又发挥了他擅长的法律方法论，对新格局作出预测和建议，他的潜台词似乎告诉我们，在废除六法后，没有成文法典，可通过审判来达到立法的功能。在非成文法国家，依判例法建立法律体系在学理上不是不可能。文章最后，芮沐联系新法学教育，提出四点建议，特别指出司法"不再是一种只管民间私人民刑事的偏僻机构"，主张要扩大范围，"各阶层间各企业间的一切纠纷，希望都能通过它而获得解决"。所以新法学教育不必像过去那样来安排课程，以克服"偏重技术，而不讲问题"的弊端。[76]新社会条件下，芮沐思想与观念的顺利"转型"，是他学习能力和

---

[73]　芮沐：《从废弃六法全书谈到今后的法律和法律教育》（上），载《进步日报》1949年6月12日连载。
[74]　芮沐：《从废弃六法全书谈到今后的法律和法律教育》（下），载《进步日报》1949年6月13日连载。
[75]　芮沐：《从废弃六法全书谈到今后的法律和法律教育》（下）。
[76]　芮沐：《从废弃六法全书谈到今后的法律和法律教育》（下）。

理论功底的反映。但不同于别人的是，他始终保持着政治学习和学术思考相结合。

1956年后，芮沐先后发表了《中华人民共和国成立以来我国民事立法的发展情况》(《新华半月刊》1956年总第75期)、《反动旧法学的"魂"招得回来吗?》(《人民日报》1957年7月18日)、《关于全行业公私合营后资本家生产资料所有权的讨论》(《政法研究》1957年第2期)、《加强法律科学的战斗性（驳右派）》(《政法研究》1957年第6期)、《敌对阶级社会间法律的继承性问题》(《新建设》1957年总第105期)、《旧法学家必须思想大跃进》(《争鸣》1958年第5期)、《新中国十年来婚姻家庭关系的发展》(《政法研究》1959年第5期)。

芮沐有留学德国的法理功底，学脉正统，持论平稳，外语娴熟，视野开阔，为人做事朴实无华。[77] 他不喜宣传，更不张扬，到后期甚至述而不作。在新旧法思想断然更替的过程中，他的文章带着一些时代烙印，他的"批右"文章又表现出某种激进。运动过后，他逐渐淡出法的一般理论领域，又因深谙民法方法论，可以躲向法学的技术性领域，深挖于民法、经济法和国际经济法。

四、法科的分支创新

"经济法"概念来自欧洲，[78] 而在中国倡导"经济法"的代表人物是留学欧洲的芮沐。要梳理中国的"经济法"概念史、学术史或学科史，都离不开留学德国的芮沐。

1979年，芮沐随中国社会科学调查团赴美考查回国后，"对调查材料

---

[77] 芮沐曾抄录东汉荀悦《申鉴·俗嫌》中的16字："不受虚言，不听浮术，不采华名，不兴伪事"，称其为"这是做人的金玉良言，也是做学问的朴实道理。"

[78] 法国空想社会主义者摩莱里在1725年的《自然法典》中最早提出了"经济法"这一概念。1842年法国空想社会主义者德萨米在其《公有法典》中、1865年蒲鲁东在其《工人阶级的政治能力》中也都提到了经济法一词。德国经济法学派赫德曼（T. Hedemann）于1916年在《经济字典》上开始使用"经济法"这个概念，主要包括四类法律即工会法、经济的契约法、劳动法、土地法。这一提法接近于今天所谓"经济法"概念。参见王河：《"经济法"概念是雷特首先使用的吗?》，载《学习与探索》1983年第6期。

进行了仔细的分析研究,认为法学研究要为实践服务,必须跟上经济建设的发展步伐,打破传统的学科概念,开创新的边缘学科,从而建立适合我国国情,具有中国特色的法学体系"[79]。是年,芮沐以笔名"申徒"发文介绍了美国和西欧的"经济法",指出:"'经济法'是西方工业化国家在其生产发展现阶段由于垄断资本与国家机构更紧密结合它们在特定历史条件下为组织和管理生产、干预劳动、控制资源、调节商品货币关系、控制市场、左右消费——也就是说为调节整个经济生活而制定或形成的一系列法律的总称。"[80]还是这一年,他发表了《民法与经济法如何划分好》,这是中国学界首次提出这个问题的文章。值得称赞的是他看到了这个问题,并把它联系到法律由于经济发展而突破的语境中来认识。但不足在于,他把经济法理解成调整"经济组织之间经济关系"的法,与民法调整个人权利义务关系相对应。[81]这一年他又在《法学研究》发表了《美国和西欧的"经济法"及"国际经济法"》。1979年6月,全国人民代表大会五届二次会议的官方文件提出:"随着经济建设的发展,我们需要制定各种经济法。"这都是在强调经济法作为法律体系的一个独立部门,不是一个单一的法令,因此需要从学科上予以匹配。

1979年下半年起,芮沐在北大法律系开始了"经济法"教研机构和专业的设置。1979年下半年北京大学法律学系成立了民法经济法教研室(设民法、经济法教研组),芮沐任主任。1980年1月10日,北大法律学系的经济法学者起草了《关于成立经济法专业的报告》。同年2月25日,教育部批准在北京大学法律学系"增设经济法专业,学制四年,1980年暑假开始招生"[82]。接着北大法律学系的经济法学者起草了经济法专业教学方

---

[79] 刘俍:《道心惟微 神理设教——访著名法学家芮沐教授》,载《法学杂志》1984年第6期。
[80] 申徒(芮沐笔名):《美国和西欧的"经济法"及"国际经济法"》,载《法学研究》1979年第5期。程信和:《经济法之原创性——芮沐先生经济法学术思想心得》,载《北京大学学报》(哲学社会科学版)2008年第4期。
[81] 芮沐在中国社会科学院法学所举办的"关于民法与经济法的学术座谈会"上的发言,参见《法学研究》1979年第4期。
[82] 杨紫烜:《中国经济法学的开拓者和奠基人——芮沐老师对经济法学科建设的巨大贡献》,载《北京大学学报》(哲学社会科学版)2008年第4期。

案并积极组建经济法学科的师资队伍，1980年成立了经济法教研室，芮沐是第一任经济法教研室主任。在这个时间点，全国没有一所法学院校有"经济法"课程和教研室。

与此同步，芮沐对中国经济法的学术研究也逐步成熟。1980年，芮沐又发表文章《经济法和国际经济法问题》，他还分析了苏联、东欧国家经济法形成和发展的情况。在此基础上他得出如下结论："经济法是世界各国在新的历史条件下产生的法律现象，它的出现具有一定的历史必然性。它是适应这些国家的社会经济关系的变化而产生的。经济法是这些国家用来在国内管理经济、解决不同经济体制中所发生的具体矛盾和在国际间处理国际经济关系并为这些关系的斗争服务的法。"[83]

芮沐于1980年起，就与联合国跨国合作事务办公室建立并保持合作关系。在联合国跨国合作事务办公室代表鲍里斯·韦利奇（Boris Velic）致芮沐信中可以看到："1980年1月两人在北京的愉快见面。同时很高兴听说你们法律系开设国际经济法的课程。"他还给芮沐教授寄来若干论文（附11篇论文清单，均涉及国际经济法）。芮沐回信说："抱歉迟复。感谢您2月15日寄来的论文，它们4月底已到我手里。它们都是美国最新发表的论文，对我们今后国际合作中的研究很有用。另外，我还想请你帮助提供一些论文，此信附清单。"这是他创立"国际经济法"的一个见证。

与国内经济法相并列，他还倡导国际经济法，1983年发表《关于国际经济法的几个问题》，进一步阐述国际经济法在国际上的发展状况来论述其调整对象的独立性。[84] 1984年，芮沐撰文指出了经济法的"相对独立性"，他说："经济法作为上层建筑有其相对的独立性；但比起其他法来它是最直接地针对经济领域内的矛盾。调整有关经济关系的经济法律行

---

[83] 芮沐：《经济法和国际经济法问题》，载《国际经济学讲座》（第2册），中国社会科学出版社1980年版。

[84] 芮沐：《关于国际经济法的几个问题》，载《国外法学》1983年第1期。

为的动机是经济的,内容是经济的,发生或要求其发生的效果也主要是经济的。"芮沐提出:"经济法兼管经济生活中的纵向与横向关系调整的重点是纵向经济关系。"他说:"在经济法对经济关系的调整中国家因素居于主导地位。"[85] 有学者总结了芮沐的经济法学,认为其原创性在于,纵向关系与横向关系同时考虑、纵向关系与横向关系统筹兼顾、公法规范与私法规范一并应用、国内法与国际法兼容互动、创立新兴的法律形态和法律学科。[86]

芮沐不仅倡导经济法,还手把手指导青年教师开设经济法课。"记得1982年6月21日、22日、23日连续三个晚上芮先生召我谈话围绕一个主题:如何开设《经济法总论》。他说:'经济法总论是经济法专业的基础理论。总论中提出的问题和解决的方法,在理论上应当站在统帅的地位。要分析为什么会出现经济法?经济法是什么?经济法的"法"在哪里。要有理论有实践从实际到抽象。总论应当概括各门分论课程透露出来的总问题画龙点睛提高到法律上来讲'。"[87] 没有教材,研究所就在芮沐先生的带领下自己编写。当时已经70岁高龄的老先生,依然给本科生上经济法课。[88]

1983年全国统一公布实施的《高等学校和科研机构授予博士和硕士学位的学科、专业目录(试行草案)》,把经济法纳入法学,成为法学13个二级学科之一。与此同时进入二级学科的环境法学,则是武汉大学韩德培倡导和创立的。我们应当看到这种学科拓展与法学家们的远见卓识分不开。芮沐、韩德培等人探索法学的内生外延、交叉复合、从无到有,在这一贡献上他们具有典型意义。1984年2月教育部批准了北大法律学系的经济法学者起草的《关于成立经济法研究所的报告》,北大成立了经济法研究所。[89]

---

[85] 芮沐:《经济法概述》,载《中国法制报》1984年3月19日。
[86] 程信和:《经济法之原创性——芮沐先生经济法学术思想心得》。
[87] 程信和:《经济法之原创性——芮沐先生经济法学术思想心得》。
[88] 《芮沐:103岁的法学泰斗》。
[89] 杨紫烜:《中国经济法学的开拓者和奠基人——芮沐老师对经济法学科建设的巨大贡献》。

正当芮沐在北大把经济法搞得热火朝天的时候，全国人大的《民法通则》草案起草也开始争论，甚至达到白热化程度。当时，参与《民法通则》起草担任顾问的是四位中青年学者。㉚ 既精通民法又主张经济法的芮沐，因为年近八旬，没有参加"民法通则"草案起草。但可以想象的是，他在此处真正的"痛点"是民法与经济法争论中的认识肤浅和理论混乱。

民法与经济法关系之争，缘于 1985 年"民法通则"草案的第二条规定——民法的任务是调整公民之间和依法成立的组织之间，以及他们相互之间的财产关系和人身关系。"这个规定引起经济法学界轩然大波，以至于在民法通则通过前的 4 个月内集中交锋了 3 个回合。"除民法与经济法两个学科的学者争论之外，其中还夹杂着全国人大有关部门与国务院经济法规研究中心的意见分歧。胡康生事后认为这场争论"绝不是什么'意气之争''领地之争''生死存亡之争'，背后的实质是中国经济走向之争，是中国经济改革中计划作用与市场作用之争"㉛。这个表态从客观上强调了争论的正面意义，有可取之处。1986 年 4 月 12 日《民法通则》正式通过并颁布，的确对中国市场经济的起步起到良好的效果。当然，这不等于说少数派的观点是错误的。

今天来看，其实不排除当时有人既说不清民法与经济法的关系，又携带着"意气之争""领地之争"的意味。我们不否定基于民法作为私法之母的重要性，但强调民法平等调整之范围的"大"而"广"，是有所偏颇的。但当时主张"经济法"独立的"明白人"，包括少数从事民商法研究的江平、陶和谦等人，和芮沐一样，担心的是《民法通则》颁布后，人们忘记在民法之外，法律还有另一个功能——政府对经济生活和财产关系的

㉚ 这四位包括中国人民大学佟柔、中国政法大学江平、中国社会科学院法学所王家福、北京大学魏振瀛，被民法圈内称为"四大名旦"，他们作为《民法通则》起草时的顾问，起"把关作用"。

㉛ 黄钰钦：《民法立法之路：曲折坎坷 渐行渐进》，中新社北京 1985 年 12 月 21 日电。

规制。[92] 这里涉及的是两个问题：其一，民法功能是确保主体地位平等、权利本位、过错责任和意思自治（契约自由）；其二，经济法功能是确保市场与竞争在有规制的条件下健康运行。前者是保证有米下锅，后者是保证米饭公平分配。诸如消费者保护、劳动保障、保险与社会保障、产品质量、不正当竞争乃至垄断等，单凭民法的功能是解决不了问题的，它们也不属民法"职能"范围。后来的立法和执法事实证明，我们的消费者保护法、劳动保障法、产品质量法，乃至整个金融法、不正当竞争法、反垄断法、保险法，大都是公法与私法结合的行业法或领域法，都是经济法，它们与《民法通则》（或今天的《民法典》）分工有序、并行不悖、各司其职。而当时《民法通则》第二条规定的范围虽"大"，却也取代不了经济法的功能。

可是到了2000年8月，最高法院机构改革方案出台，在所谓的"大民事审判新格局"下，取消了原来的经济审判庭，改经济审判庭为民二庭，理由是为了"使审判庭与我国现行三大法律体系相对应，机构设置更规范，布局更合理"。这是诉讼程序意义上的理解，因为民事诉讼法适用于民事和经济审判。从一般审判理论讲这不是不可以，因为多数发达国家的法院并不按"专业"分庭。但是问题在于，经济庭改民庭之后，民事法官更不在乎经济法的独特精神了。作为承担政府规制市场行为所特有的经济法，在司法中被当作普通的民法对待，从而淡化了经济法强制性、政策性、宏观性、干预性的一面。比如消费纠纷案、不正当竞争案、环境公益诉讼案，被当作普通民事纠纷。解决消费纠纷或竞争纠纷或环境纠纷，虽然解决了一对当事人的纠纷，但是并不等于解决了被告在其他法律关系中的不规范行为。比如不正当竞争案、消费纠纷案涉及的不只是个案起诉的个体利益相关人，还涉及社会面的广大消费者和受不正当竞争侵权的受害者。民庭审判只解决

---

[92] 江平、陶和谦：《谈谈民法与经济法的划分问题》，载《北京政法学院学报》1979年第1期。

一对诉讼当事人的利益问题,却解决不了其他问题。近年出现地方法院以严格的民事诉讼受理标准来对待环境公益民事诉讼的情形,就是一例,强求公益诉讼原告的主体资格,反而让破坏环境的责任主体逍遥法外。[93] 这实际上正是某些法院和法官在观念上受民事自治性特征的限制,一叶障目的表现。缺失理性,则物极必反。

　　实务界长期不重视经济法精神与理论,许多法律院校经济法教学与学科日渐式微,这才可能是芮沐先生最大的"苦痛"。在这个时代,社会需要民法,并不等于经济法不重要。一方面,不能因为强调市场、强调自由、强调意思自治,而缩减、荒废甚至抛弃经济法。另一方面,经济法学科的发展也依赖专业人士的理论造诣,它需要比民法更多的法科之外的知识,如芮沐先生所倡导的,要懂经济学,至少要懂经济活动事实和规律。这实际上也是在强调法学与其他学科的交叉复合。最后我们要对所谓"学科"有一个清醒的认识,学科发展并不只是在这个"计划"化的框架内去发展,而应该是芮沐和韩德培式[94]的内生外延、交叉复合、从无到有的发展,这才使法学拥有回应时代的力量。不然,芮先生如果在天有灵,一定会不安!

---

[93] 最高人民法院第 75 号指导性案例:"中国生物多样性保护与绿色发展基金会诉宁夏瑞泰科技股份有限公司等腾格里沙漠污染系列民事公益诉讼案。"宁夏回族自治区高级人民法院 2015 年 11 月 6 日 (2015) 宁民公立终字第 6 号民事裁定。

[94] 与芮沐先生相似,韩德培先生在武汉大学倡导环境法的交叉研究,创立了环境法学科。

附：本书所涉法科知识人名单*

第一章

第一节

沈家本（专篇）、薛允升（注9）、赵舒翘（注17）、冈田朝太郎（注32）、松冈义正（注33）、丁士源（注35）、周绍昌（注61）、王仪通（注62）、姚大荣（注63）、范熙壬（注64）、李方（注65）、崔云松（注75）、蔡枢衡（注77）

伍廷芳（专篇）、马建忠（注3）、何启（注56）、古德诺（F. J. Goodnow，注74）、伍朝枢（注77）

第二节

严复（专篇）、杨度（注81）

梁启超（专篇）、有贺长雄（注10）、林宰平（注28）、蹇念益（注57）、黄群（注58）

第三节

董康（专篇）、章宗祥（注12）、沈锡庆（注65）、姒艮成（注81）

江庸（专篇）、唐宝锷（注7）、黄尊三（注10）

汪有龄（专篇）、吴振麟（注15）、梅谦次郎（注24）、曹汝霖（注41）、张孝杉（注42）、吉同钧（注43）、施愚（注49）

---

* 本书所涉共309位法科人物，依各自在本书中出现先后为序。除选定专述的60位人物之外，文中还涉及其他中外法科人物249位，其中在书中附带详细介绍的有11位，以脚注呈现的有238位（15位外籍）。

第二章

第一节

刘春霖（专篇）、朱汝珍（注18）、商衍鎏（注19）、汤化龙（注20）、易宗夔（注37）

褚辅成（专篇）、徐谦（注24）、阮性存（注32）、汤漪（注35）、潘大道（注46）、吴凯声（注58）

沈钧儒（专篇）、熊范舆（注5）、恒钧（注6）、李次山（注27）

第二节

马德润（专篇）、周泽春（注10）、于式枚（注26）、金问泗（注49）、苏希洵（注50）、钱泰（注51）、李登辉（注53）、陈箓（注57）、廉隅（注58）、黄德章（注59）、陆鸿仪（注77）、石志泉（注78）、蔡寅（注79）

张知本（专篇）、宋教仁（注1）、居正（注7）、楼桐孙（注80）

章士钊（专篇）、李煜俊（注44）、翁敬棠（注48）

李大钊（专篇）、郁嶷（注7）

第三节

关炯（专篇）、金绍城（注2）、杨润之（注58）、徐维震（注73）

郑天锡（专篇）、刁作谦（注4）

顾维钧（专篇）、戴恩赛（注9）、高而谦（注61）

冯炳南（专篇）、蒋保釐（注39）

徐谟（专篇）、赵天麟（注13）、冯熙运（注14）、龚钺（注27）

第四节

王宠惠（专篇）、梁敦彦（注2）、张煜全（注5）、严锦镕（注9）、卢兴原（注48）、吴昆吾（注54）

余绍宋（专篇）、沙彦楷（注24）、卢信（注38）、何基鸿（注70）、沈家彝（注71）

罗文干（专篇）、钟赓言（注46）、严鹤龄（注47）、毕善功（Louis. Be-

附：本书所涉法科知识人名单　　1493

van，注49)

王世杰（专篇）、张国恩（正文）、董必武（注9）

郑毓秀（专篇）、崔淑言（注19）、王世熊（注20）、徐汉豪（注21）、刘南溟（注22）、凌其翰（注31）、魏道明（注34）、梅华铨（注45）、高友唐（注73）

胡次威（专篇）、柯凌汉（注11）、裘千昌（注55）、吴永权（注56）

第三章

第一节

杨荫杭（专篇）、雷奋（注6）、杨廷栋（注7）、富士英（注8）、聂榕卿（注47）、许世英（注67）、张耀曾（注77）、张一鹏（注92）

余棨昌（专篇）、曾仪进（注14）、屠振鹏（注15）、陈发檀（注17）、朱深（注18）、唐演（注20）、潘昌煦（注40）

郁曼陀（专篇）、陆家骥（注30）、萧叔衡（注47）、余达父（注48）、孔昭焱（注49）、唐鸣时（注73）

郭云观（专篇）、何鸿基（注24）、吕复（注29）、刁敏谦（注30）、查良鉴（注59）、刘世芳（注97）、李祖荫（注100）

夏勤（专篇）、万宗乾（注1）、何启澧（注34）、黄镇磐（注70）、刘含章（注71）、蒋慰祖（注75）、谢怀栻（77）、魏大同（注91）、叶在均（注92）

向哲濬（专篇）、裘劭恒（注72）、刘子健（注73）、高文彬（注75）

梅汝璈（专篇）、冀贡泉（注13）、弗朗西斯·比德尔（F. B. Biddle，注61）

杨兆龙（专篇）、罗斯科·庞德（Roscoe Pound，正文）、赖班亚（Sttilio Lavagua，正文）、陆鼎揆（注17）、梁鋆立（注28）、王用宾（注37）、谢冠生（注53）

倪征燠（专篇）、鄂森（注25）、史久镛（注57）

第二节

刘崇佑（专篇）、黄远庸（注5）、熊垓（注14）、陈筑山（注33）、朱献文（注49）、尹朝桢（注50）、徐彭龄（注53）、刘震（注56）、秦联奎（注79）、朱斯芾（注80）

林行规（专篇）、陈宗蕃（注3）、王建祖（注43）

王开疆（专篇）、王敬芳（注10）、谭心休（注11）、李祖虞（注47）、江镇三（注67）、毕鼎琛（注79）、单毓华（注92）、胡毓寅（注93）

陈霆锐（专篇）、兰金（C. W Rankin，注8）、江一平（注106）

郭卫（专篇）、汪汉滔（注15）、俞承修（注31）、赵琛（注36）、蔡天锡麟（注38）

张志让（专篇）、李达（注31）、汪葆楫（注51）

何世桢（专篇）、何世枚（注2）

魏文瀚（专篇）、让·约瑟夫·爱斯嘉拉（Jean Joseph Escarra，注25）、陶希晋（注61）

史良（专篇）、林鸣凤（正文）、张舜琴（正文）、周文玑（正文）、钱剑秋（正文）、杨志豪（正文）、屠坤范（正文）、韩家政（正文）、濮舜卿（正文）、陆龙翔（注9）、唐豪（注17）、俞钟骆（注36）、刘祖望（注37）

第四章

第一节

戴修瓒（专篇）、戴修骏（注3）、郭开文（注55）、潘震亚（注71）、张定夫（注72）、胡元义（注78）、余群宗（注79）、赵之远（注80）、薛祀光（注81）、刘克儁（注89）、吴传颐（注91）

陈瑾昆（专篇）、王之相（注55）、何思敬（注77）

史尚宽（专篇）、林彬（注13）、焦易堂（注14）、秦联元（注25）

吴经熊（专篇）、谢永森（注13）、卢兴原（注16）、罗光（注97）

附：本书所涉法科知识人名单　　1495

徐道隣（专篇）、陈盛清（注55）

第二节

张君劢（专篇）

周鲠生（专篇）、陈友仁（注41）、张彭春（注98）

燕树棠（专篇）

陈顾远（专篇）、程树德（注13）、瞿同祖（注62）

钱端升（专篇）、岑德彰（注50）

费青（专篇）、徐砥平（注13）、袁仰安（注18）、刘志扬（注25）

第三节

梅仲协（专篇）、丁作韶（注11）、王伯琦（注12）、王鸿年（注14）、王荣年（注15）、殷汝熊（注16）、郑汝璋（注17）、倪文亚（注18）、马洗繁（注24）、王龙（注33）

盛振为（专篇）、高君湘（注7）、李中道（注8）、谢颂三（注9）、孙晓楼（注30）、喻友信（注31）、罗炳吉（C. S. Lobingier，注37）、林百克（P. M. Linebarger，注38）、费信惇（S. Fessenden，注39）、博良（R. T. Bryan，注40）、卢峻（注41）

杨鸿烈（专篇）、郑烈（注81）

李浩培（专篇）、楼邦彦（注8）、赵冰（注10）、阮毅成（注18）、范扬（注20）、韩德培（注24）

周枏（专篇）、黄右昌（注13）、陈允（注19）、丘汉平（注35）、傅文楷（注37）、路式导（注46）、陈朝璧（注50）、徐直民（注51）、徐铸（注52）、王景岐（注56）、王遂徵（注57）、王去非（注59）、应溥泉（注82）

芮沐（专篇）、江海潮（注9）、陈蜀琼（注10）

后 记

本书缘起于我在做法律职业研究之时,最初是兴趣,感觉"有意思";后来又从中发现"有意义",像追根问祖、寻古探幽,连接当下与未来,还能借此诠释启发。

在读史和写作过程中,我常常沉浸在历史深处的情绪与情感之中,时而悲愤到要爆粗口,时而感动到热血沸腾。近十年在史料文献的烟海中搜索和阅读,工作量之大,是我前所未遇的。本书只是个人体验式考证加探索式写作的一部作品。在整理和重塑人物形象时,会有"破案"或"猜谜"的体验,时而好奇,时而胆怯。好奇的是从史料中发现真相,窥见"真人肉身";胆怯的是生怕自己误解前辈,曲解历史。就历史学求真的局限性与相对性而言,任何历史研究"都是中期报告(interim report)"(荷籍德国历史学家彼得·盖尔[Pieter Geyl]语)。鉴于此,加上我治史水平有限,这本书权作"初期报告",算是探索与求教之作。

本书写作中得到许多朋友的鼓励、支持和帮助,在此向他们致谢。中国法理学研究会、中国法学教育研究会以及法律史学界的朋友给予我精神上的鼓励和支持,特别是徐显明教授为本书进行审读并提供了审读意见,沈家本公的曾孙沈厚铎教授以及多位法科先贤的后人给予我支持和帮助。复旦大学老同事陈立、韩涛、王伟等教授,上海交通大学李学尧教授,中南财经政法大学陈林林教授,厦门大学郭春镇教授,浙江大学王凌皞教授以及同济大学钱一栋博士、中国计量大学黄城博士等,给予我许多帮助、支持和鼓励,我的博士生李志颖、周易培、冯岳澄同学为部分文稿进行了校订,在出版过程中亦得到商务印书馆同仁的帮助和支持,在此一并深表谢忱。

孙笑侠
2023 年 9 月底于浙江大学

图书在版编目（CIP）数据

法科知识人：现代中国早期60位典型人物重述 / 孙笑侠著. — 北京：商务印书馆, 2023
ISBN 978-7-100-21738-5

Ⅰ. ①法… Ⅱ. ①孙… Ⅲ. ①法学家—人物研究—中国—现代 Ⅳ. ① K825.19

中国版本图书馆 CIP 数据核字（2022）第 174543 号

权利保留，侵权必究。

法科知识人
现代中国早期 60 位典型人物重述

孙笑侠　著

商　务　印　书　馆　出　版
（北京王府井大街36号　邮政编码100710）
商　务　印　书　馆　发　行
南京爱德印刷有限公司印刷
ISBN　978-7-100-21738-5

2023年11月第1版　　开本 720×1000 1/16
2023年11月第1次印刷　　印张 94
定价：360.00 元